€ 66,/44,-

5,-

GESCHICHTE
DER STADT WÜRZBURG
BAND II

D1675062

Geschichte der Stadt
WÜRZBURG

Band II

*Vom Bauernkrieg 1525
bis zum Übergang
an das Königreich Bayern 1814*

❖❖❖

Herausgegeben von
Ulrich Wagner

Ulrich Wagner (Hrsg.),
Geschichte der Stadt Würzburg.
Band I, Von den Anfängen
bis zum Ausbruch des Bauernkriegs,
Stuttgart 2001.

Ders. (Hrsg.),
Geschichte der Stadt Würzburg.
Band II, Vom Bauernkrieg 1525
bis zum Übergang an das Königreich Bayern 1814,
Stuttgart 2004.

Bibliografische Informationen Der Deutschen Bibliothek
Die Deutsche Bibliothek verzeichnet diese Publikation in der
Deutschen Nationalbibliografie; detaillierte bibliografische Daten
sind im Internet über http://dnb.ddb.de abrufbar.

Umschlaggestaltung: Neil McBeath, Stuttgart,
unter Verwendung einer Abbildung aus dem Silbernen Ratsbuch
mit Darstellung einer Stadtratssitzung um 1770
(StadtAW, Rb 17, fol. 128 r)

Für den Inhalt der Beiträge sind die Autoren verantwortlich.

© Konrad Theiss Verlag GmbH, Stuttgart 2004
Alle Rechte vorbehalten
Gestaltung und Satz: ES Typo-Graphic, Ellen Steglich, Stuttgart
Reproduktion: ReproContact, Ostfildern
Druck und buchbinderische Verarbeitung:
Druckhaus Beltz, Hemsbach
ISBN 3-8062-1477-8

Geleitwort

Es ist eine angenehme Pflicht, den zweiten Band der neuen Würzburger Stadtgeschichte mit einem Geleitwort zu eröffnen. Zum einen zeigt das pünktliche Erscheinen des zweiten Bandes, dass wir auf einem guten Weg sind, das Gesamtprojekt planmäßig fortzusetzen und schließlich auch mit dem dritten Band zum vorgesehenen Abschluss zu bringen. Zum anderen erfüllt es mich als Stadtoberhaupt mit besonderer Genugtuung, dass der 2001 erschienene erste Band des Gesamtwerks eine so hervorragende Aufnahme gefunden hat, sowohl was den Verkauf, als auch was die Beurteilung durch die Kritik angeht. Daran erweist sich nicht zuletzt, dass der Stadtrat 1996 den richtigen Beschluss gefasst hat, als er eine wissenschaftlich anspruchsvolle, aus den Archivquellen erarbeitete neue Stadtgeschichte in Auftrag gab und das Stadtarchiv mit der Übernahme dieses Projektes betraute.

Die frühe Neuzeit, in unserem Fall also der Zeitraum vom Ende des Bauernkriegs 1525 bis zur endgültigen Eingliederung der Stadt in das damalige Königreich Bayern 1814, ist vom Standpunkt der Würzburger Stadtgeschichte eine durchaus ambivalente Epoche. Einerseits wurde durch die zahlreichen großen Bauten dieser drei Jahrhunderte – von denen viele Weltrang haben und eines, die Residenz, sogar zum Weltkulturerbe gehört – das Bild der Stadt entscheidend geprägt, sodass Würzburg heute eher den Charakter einer barocken als einer romanischen oder gotischen Stadt trägt. Andererseits war die frühe Neuzeit für die Entwicklung einer selbstbewussten und selbstständigen Bürgerschaft und Stadtverwaltung nicht immer günstig; mehrfach versuchten Würzburger Bischöfe als Stadtherren die städtische Selbstverwaltung so zu beschneiden, dass – hätten sie sich damit auf Dauer durchsetzen können – Bürgermeister und Stadträte nur mehr subalterne Ausführungsorgane der bischöflichen Regierung gewesen wären. Es bedurfte ständiger Aufmerksamkeit, großen Verhandlungsgeschicks und einer gewissen Anpassungsfähigkeit von Seiten des Stadtrats, um wenigstens einige wichtige Entscheidungskompetenzen und Tätigkeitsfelder einer bürgerlichen Selbstverwaltung zu bewahren. Dass dies zum erheblichen Teil gelang, gibt uns heute die Zuversicht, die anders gearteten, aber nicht minder gravierenden Probleme der Stadtverwaltung in unserer Zeit meistern zu können.

Die neue Würzburger Stadtgeschichte hat einen doppelten Anspruch: Sie soll wissenschaftlich fundiert sein und neue Forschungsergebnisse erbringen, zugleich soll sie aber für jeden historisch Interessierten gut lesbar und ansprechend sein. Ich glaube sagen zu können, dass beides im vorliegenden Band in reichem Maße gelungen ist. Wieder konnte eine große Zahl von kompetenten Autoren gefunden werden, die die Würzburger Stadtgeschichte unter ganz verschiedenen sachlichen Aspekten beleuchten; zahlreiche, zum Teil bisher kaum oder gar nicht publizierte Abbildungen, Karten und Diagramme erläutern die Texte und liefern bildhaftes Anschauungsmaterial. Die Zeittafel und die Listen der Landesherren, Bürgermeister, Stadtschreiber und Oberschultheißen gewähren einen raschen Überblick über die wichtigsten Ereignisse und die handelnden Personen.

Der große Umfang des vorliegenden Bandes weist bereits darauf hin, dass Herausgeber und Verlag nicht der Versuchung erlegen sind, die vielleicht in der Geschichte unserer Stadt bei oberflächlicher Betrachtung gegenüber dem Mittelalter weniger glänzende Epoche der frühen Neuzeit zu gering zu gewichten. Im Gegenteil, der jetzt vorliegende Band der Würzburger Historie dürfte jedem Leser, dem Fachhistoriker wie dem Laien, Neues und Interessantes bieten.

Dankenswerterweise ist auch die Geschichte der Würzburger Stadtteile ausführlich berücksichtigt worden. Zahlreiche kurz gefasste Schlaglichter beleuchten besondere, zum Teil auch ausgefallene Ereignisse und Aspekte der Stadtgeschichte, die in den großen Artikeln nur am Rande oder gar nicht berücksichtigt werden konnten. Das hohe Niveau des ersten Bandes der Stadtgeschichte ist, so kann zusammenfassend festgestellt werden, ohne Zweifel wiederum erreicht worden.

Es ist mir ein Anliegen, allen Autoren und sonstigen Mitarbeitern dieses grundlegenden Werkes für ihre Mühe und ihr sehr oft über das normale Maß hinausgehende Engagement zu danken. Insbesondere gilt mein Dank unserem Stadtarchiv, das die Konzeption dieses anspruchsvollen Projektes entwickelt und zügig realisiert hat, und auch bei diesem Band präzise und zuverlässig die oft diffizilen und aufwändigen Korrektur- und Redaktionsarbeiten erledigte. Nicht zuletzt danke ich dem Konrad Theiss Verlag Stuttgart für seine technisch kompetente und optisch ansprechende Umsetzung dieser umfassenden Stadtgeschichte.

Würzburg, im Herbst 2003
Pia Beckmann, Oberbürgermeisterin

Vorwort

Die Archive reden von der Wahrheit. In dieser Gesinnung haben wir versucht, den Gang Würzburgs durch drei ereignisreiche Jahrhunderte hinweg wissenschaftlich fundiert und dennoch allgemein verständlich darzustellen. Viele unbekannte oder wenig bekannte Fakten und Ereignisse werden vermittelt, neue Sichten und Zusammenhänge eröffnet, die Entwicklung der Stadt wird vor dem Hintergrund der mainfränkischen und deutschen Geschichte verfolgt. Möge auch dieser zweite Band der Würzburger Stadtgeschichte dazu beitragen, das Verständnis für die reiche und einmalige Historie dieser Kommune in die Gegenwart zu vermitteln und in die Zukunft weiterzugeben. Das öffentliche Interesse am ersten Band scheint darauf hinzudeuten, dass die Geschichte ihres persönlichen Umfeldes bei den Bürgern neue Faszination gewinnt und dieser Wunsch nicht illusorisch ist.

Das nun vorliegende Buch berichtet von der städtischen Geschichte in der frühen Neuzeit, thematisiert demnach die knapp 300 Jahre vom Bauernkrieg 1525 bis zur endgültigen Eingliederung Würzburgs in das Königreich Bayern 1814. Nachdem der erste Band in der Öffentlichkeit eine breite positive Resonanz und in der stadthistorischen Zunft eine dezidierte Zustimmung gefunden hat, sahen sich Herausgeber und Verlag in der Gesamtkonzeption bestätigt. Der chronologische, von der politischen Ereignis- und Verwaltungsgeschichte bestimmte Teil wurde daher wieder um einen systematischen Abschnitt erweitert, der die für Würzburg bedeutsamen Spezialthemen enthält. In drei Sitzungen mit den Autoren konnten die methodischen Fragen diskutiert und die Quellenlage geklärt werden. Erforderlich war es, ausgewiesene Vertreter der historischen Spezialdisziplinen zu einer stets auf die Stadtgeschichte konzentrierten Darstellungsweise zu motivieren, die insbesondere die Verflechtungen zwischen Verwaltung und Politik einerseits, militärischen und wirtschaftlichen Zwängen, kulturellen und sozialen Entwicklungen andererseits herausarbeiten sollten. In die Texte eingestreute, auffallend markierte Schlaglichter haben die Funktion, prägnant einzelne Personen zu werten, detailliert unterschiedliche Einzelthemen abzuhandeln oder herausragende Ereignisse sachkundig zu erläutern. Diese sollen nicht nur die Fakten sprechen lassen, sondern auch Hintergründe, Intentionen und Wirkungen, Misserfolge und – zum Teil auch unerwartete – Ergebnisse aufzeigen. Die Schlaglichter stehen nicht isoliert, ihre Position ergibt sich aus den übergeordneten thematischen Zusammenhängen.

Die Stadt Würzburg ist reich an Spuren fränkischer und deutscher Geschichte. Wichtige und beeindruckende mittelalterliche und neuzeitliche Bauten haben sich bis heute erhalten. Da sind die Burg, die Reste der alten Stadtmauern und ihrer Türme, die Kirchen, das Rathaus und die Spitäler, die repräsentative fürstbischöfliche Residenz, die weiten Straßen und Plätze mit den Palais der Domherren und den großbürgerlichen Wohn- und Geschäftsbauten. Das vorliegende Buch gibt einen Einblick in die Geschichte Würzburgs in diesen 300 Jahren der frühen Neuzeit, eine Phase, in der sich die von der Marienburg überragte und oft dominierte spätmittelalterliche Bischofs- und Handwerkerstadt am Main zur prächtigen und weitläufig angelegten Residenz absolutistisch regierender Fürstbischöfe entwickelte. Wie sich rasch zeigt, ist auch in dieser Epoche die Würzburger Geschichte mehr als reine Lokalgeschichte. Als traditioneller Ort eines nicht unbedeutenden Reichsfürsten, als uneinnehmbar geltende Festung der katholischen Liga, als Wirtschafts- und Finanzplatz, als Sitz einer renommierten Universität und nicht zuletzt als Stätte eines weit über Mainfranken hinausragenden Kunsthandwerkes besaß die Stadt eine überregionale Ausstrahlung und eine weithin anerkannte Bedeutung. Kennzeichen der allgemeinen Entwicklung waren insbesondere die erzwungene Rückkehr der Einwohnerschaft zur konfessionellen Einheitlichkeit, die eingeschränkte, aber nie völlig aufgehobene Selbstverwaltung durch den Stadtrat und eine starke Stellung des Kunsthandwerks bei Hof und Geistlichkeit als wichtigsten Auftraggebern. Weiter sind zu nennen die nur mäßig erfolgreichen Versuche zur wirtschaftlichen Diversifizierung, schließlich übergreifend die Funktion als Haupt- und Residenzstadt mit der bis weit ins 19. Jahrhundert hinein die Stadtstruktur prägenden Festungseigenschaft. Als Zentrum einer kontinuierlich wachsenden Bürgergemeinde war sie indes immer der natürliche Mittelpunkt, Brennpunkt und Spiegel auch der Geschichte Mainfrankens.

Es wurde nicht nur versucht, die Stadt in ihrer individuellen Gestalt, als großen Organismus zu verstehen, sondern sie auch insgesamt als Kunstwerk zu betrachten. Im Gesamtbild erscheint sie durch ihre Mauern scharf von einer Umwelt getrennt, von der zumeist nichts Gutes zu erwarten ist. Von außen bedrohen sie Soldaten, marodierende Banden, Gaukler, Bettler und Diebe. Die weithin ungezähmte Natur steht im Gegensatz zu ihr, dem geordneten Gebilde. Die teilweise untergegangene Stadtphysiognomie hat Dokumentcharakter, das in Karten, Holzschnitten und Gemälden überlieferte Stadtbild steht für die Idee einer fernen Vergangenheit. Um diese verschiedenen Wirklichkeiten des gewandelten Erscheinungsbildes vorzuführen, haben wir mehrere neuzeitliche Gesamtansichten der historischen Stadt in diesen Band aufgenommen.

Ziel war es, dass dieser Band nicht nur den gegenwärtigen Forschungsstand widerspiegelt, sondern neue Ergebnisse präsentiert. Natürlich sind nicht jeder Zeitabschnitt und nicht alle Bereiche der Stadtgeschichte bisher gleich intensiv erforscht worden. Gerade die frühe Neuzeit war bei vielen Themen noch Brachland. Um so verdienstvoller ist es, dass die hier beteiligten Autoren dazu beigetragen haben, einen neuen Forschungsstand zu erreichen. Wesentliche Desiderate bleiben sicherlich bestehen; hin und wieder wurde auf Forschungslücken hingewiesen, die noch zu schließen sind. Auch die Geschichte der eingemeindeten Vororte wurde berücksichtigt. Hier ist jeweils der Mittelalterteil mit einbegriffen; dies erschien von der Gesamtgliederung her günstiger, als deren separate Abhandlung jeweils isoliert im ersten Band der Würzburger Stadtgeschichte einzubauen. Besonderer Wert wurde wiederum auf eine reiche Illustrierung gelegt, wobei diese gleichermaßen umfassend wie auch ausgewogen sein sollte. Mit dem wachsenden Umfang des Buches um ein Drittel hat sie sich zwangsläufig erweitert.

Insgesamt wurde ein reiches archivalisches und gedrucktes Material aufgearbeitet. Die Quellenlage für diese 300 Jahre der Stadtgeschichte ist günstig, da weitgehend lückenlos. Neben dem städtischen Urkundenbestand wurde insbesondere die städtische Amtsbuchüberlieferung des Zeitraums 1525 bis 1814 (Ratsprotokolle, Oberratsprotokolle, Ratsbücher wie Bauamtsbücher, Söldnerbücher, Handwerkerbücher, Steuer- und Güterlagerbücher, Bürgermatrikel, Siegelbücher, Polizeiprotokolle etc.), die differenziert und chronologisch dicht erhalten ist, berücksichtigt. Hier stand ein zuverlässiges informelles Gerüst zur Verfügung. Ergänzt werden diese Bestände durch die Ratsakten, die für den relevanten Zeitraum über 3 000 Faszikel umfassen. Weiter konnte auf die Bestände des Staatsarchivs Würzburg zurückgegriffen werden. Hier kamen insbesondere die Würzburger Urkunden, die Standbücher, die libri diversarum formarum, die Domkapitelsprotokolle, die Rechnungen, die Akten des Würzburger Gebrechenamtes sowie die Sammlungen des Historischen Vereins von Unterfranken und Aschaffenburg in Frage.

Der Herausgeber, der diesen Band zu verantworten hat, ist vielen zu Dank verpflichtet. Ein Buch dieses Umfangs und dieser Ausstattung kann nur unter Mitwirkung zahlreicher Helfer entstehen. Den Autorinnen und Autoren, die mit Disziplin, Enthusiasmus und auch Fantasie die Quellen durchforscht, die Literatur überprüft und die Ergebnisse wissenschaftlich exakt und anschaulich niedergeschrieben haben, sei daher an erster Stelle gedankt. Einige haben bereits am ersten Band mitgearbeitet. Zahlreiche Professoren der Würzburger Universität und anderer Hochschulen, wie auch verschiedener Archive, Bibliotheken und sonstiger wissenschaftlicher Einrichtungen haben die Chance zur Mitarbeit genutzt. In diesem Sinne dokumentiert auch dieser Band in gewisser Weise eine gelungene Beziehung zwischen Stadt, Universität und Region.

Für vielfältigen Rat und außerordentliche Unterstützung danke ich im Stadtarchiv insbesondere Herrn Privatdozenten Dr. Hans-Peter Baum und Frau Sybille Grübel M. A. Wertvolle, weiterführende Anregungen erfuhr ich von Herrn Prof. Dr. Alfred Wendehorst (Erlangen) und Herrn Prof. Dr. Walter Ziegler (München). Die zahlreichen Gespräche mit ihnen, wie auch mit den anderen Autoren sowie mit den Kolleginnen und Kollegen im Staatsarchiv Würzburg, im Mainfränkischen Museum und in der Universitätsbibliothek Würzburg haben überraschende Aspekte, bislang unbekannte Fakten und teilweise auch völlig neues Bildmaterial erschlossen.

Weiter habe ich an dieser Stelle das gesamte Team des Stadtarchivs zu erwähnen, das neben dem regulären Dienstbetrieb routiniert, zuverlässig und effektiv bei diesem Band mitwirkte. Zu danken habe ich Frau Gabriele Fiederling und Frau Karin Böhm, Frau Franziska Wenzel, Frau Ingrid Rack, Frau Michaela Strohalm und insbesondere Herrn Dr. Christoph Bauer. Wichtig war die Hilfe von Herrn Privatdozenten Dr. Joachim Schneider (Universität Würzburg), Frau Dr. Renate Schindler, Herrn Dr. Dirk Rosenstock und Frau Melanie Bauer M. A. bei den Korrektur- und Registerarbeiten.

Für zahlreiche Neuaufnahmen danke ich Herrn Andreas Bestle von der CTW, Bereich Grafik und Fotografie, und dem Fotoclub Würzburg, Herrn Otto Kindermann. Mit Bildvorlagen unterstützten uns die im Bildnachweis verzeichneten Archive, Bibliotheken, Museen und sonstigen Einrichtungen, hier vor allem das Mainfränkische Museum und das Staatsarchiv Würzburg.

Die fachmännische Reinzeichnung der Karten und Skizzen führte Herr Winfried Weber vom Geographischen Institut der Universität Würzburg aus. Ohne dieses die Textinformationen rasch und präzise erläuternde Anschauungsmaterial bliebe der Informationsgehalt des Buches fragmentarisch. Ihm und Herrn Prof. Dr. Günter Löffler sei für ihre Unterstützung aufrichtig gedankt.

Schließlich gilt der Dank dem Stadtrat von Würzburg, insbesondere seinem Kulturausschuss, den Referenten Frau Dr. Claudia Strobel, Herrn Reiner Hartenstein und Herrn Stadtkämmerer Dr. Uwe Schreiber sowie Frau Oberbürgermeisterin Pia Beckmann. Sie haben die Realisierung des Projektes mit stetem Interesse und wohlwollendem Zuspruch begleitet und auf der politischen Ebene aktiv unterstützt. Einen namhaften Druckkostenzuschuss gewährte uns freundlicherweise das Kuratorium der Sparkassenstiftung Mainfranken.

Nicht zuletzt danke ich dem Konrad Theiss Verlag Stuttgart für sein Engagement. Herr Jürgen Beckedorf, Frau Karin Dechow und Herr Stefan Brückner haben auch diesen zweiten Band kompetent betreut und zügig zum Druck gebracht.

Würzburg, im Herbst 2003
Ulrich Wagner

Inhalt

Die Autoren

Dr. phil. Karlheinz Bartels, Apotheker, Lohr am Main

Privatdozent Dr. Hans-Peter Baum, Stadtarchiv Würzburg

Prof. (em.) Dr. Peter Baumgart, Institut für Geschichte der Universität Würzburg

Prof. Dr. Karl Borchardt, Stadtarchiv Rothenburg ob der Tauber

Dipl.-Theol. Joachim Braun, Würzburg

Prof. Dr. Enno Bünz, Historisches Seminar der Universität Leipzig

Ellen Christoforatou M. A., Historikerin, Würzburg

Prof. Dr. Hubert Drüppel, Institut für deutsche und bayerische Rechtsgeschichte der Universität Würzburg

Prof. Dr. Rüdiger Glaser, Institut für Geographie der Universität Heidelberg

Sybille Grübel M. A., Stadtarchiv Würzburg

Archivoberrätin Dr. Ingrid Heeg-Engelhart, Staatsarchiv Würzburg

Prof. Dr. Bernhard Janz, Institut für Musikwissenschaft der Universität Würzburg

Klaus-Peter Kelber, Institut für Mineralogie und Kristallstrukturlehre der Universität Würzburg

Ltd. Regierungsdirektor a. D. Dr. Peter Kolb, Würzburg

Prof. Dr. Stefan Kummer, Institut für Kunstgeschichte der Universität Würzburg

Werner Loibl, Museumsleiter a. D., Gauting

Dipl.-Ing. Dr. Jörg Lusin, Architekt, Würzburg

Ltd. Museumsdirektor a. D. Dr. Hanswernfried Muth, Würzburg

Dr. Michaela Neubert, Institut für Kunstgeschichte der Universität Würzburg

Prof. (em.) Dr. Martin Okrusch, Institut für Mineralogie und Kristallstrukturlehre der Universität Würzburg

Bibliotheksoberrätin Dr. Eva Pleticha-Geuder, Landeskundliche Abteilung der Universitätsbibliothek Würzburg

Prof. Dr. Winfried Schenk, Geographisches Institut der Universität Bonn

Dr. Ulrich Schlegelmilch, Institut für Klassische Philologie der Universität Würzburg

Dr. Ekhard Schöffler, Staatsarchiv Würzburg

Archivoberrat Dr. Herbert Schott, Staatsarchiv Würzburg

Dr. Wolfgang Schulz, Leiter der Werkstattbühne Würzburg

Prof. Dr. Bernhard Sicken, Historisches Seminar der Westfälischen Wilhelms-Universität Münster

Dipl.-Theol. Erik Soder von Güldenstubbe, Bistumshistoriker, Würzburg

Marcus Sporn M. A., Historiker, Gerbrunn

Ltd. Museumsdirektor a. D. Dr. Hans-Peter Trenschel, Mainfränkisches Museum Würzburg

Ltd. Archivdirektor Dr. Ulrich Wagner, Stadtarchiv Würzburg

Prof. Dr. Wolfgang Weiß, Institut für Historische Theologie der Universität Würzburg

Prof. (em.) Dr. Alfred Wendehorst, Institut für Geschichte der Universität Erlangen-Nürnberg

Akademischer Direktor a. D. Dr. Erich Wimmer, Würzburg

Prof. Dr. Dr. Klaus Wittstadt (†), Institut für Historische Theologie der Universität Würzburg

Prof. Dr. Norbert Richard Wolf, Institut für deutsche Philologie der Universität Würzburg

Aspekte der vorindustriellen Umweltgeschichte des Würzburger Siedlungsraums

RÜDIGER GLASER UND WINFRIED SCHENK

Würzburg profitierte besonders in vorindustrieller Zeit von seiner Lage am Main, die die Zufuhr auch schwererer Güter wie Holz etwa aus dem Frankenwald ermöglichte. Dennoch musste man im Wesentlichen mit dem auskommen, was an nachwachsenden energetischen Potenzialen – Holz, Wasserkraft, Klima und Fruchtbarkeit der Böden – im engeren Umfeld der Stadt vorhanden war. Auch wenn im regionalen Vergleich der Würzburger Raum durchaus begünstigt war,[1] so beschränkten doch die von der Natur bestimmten Rahmenbedingungen die Handlungsmöglichkeiten der Menschen. Da diese für die gesamte Zeit von den ersten Anfängen Würzburgs bis zum Import von Energie in Form von Kohle und Düngemitteln über die Eisenbahn ab 1854 im Prinzip gleich waren, ist es sinnvoll, den gesamten vorindustriellen Zeitraum in einem Beitrag zu behandeln, zumal sich die Geschichte unserer Umwelt nicht in so klare Epochenabschnitte gliedern lässt wie die Herrschafts- oder Verfassungsgeschichte. Der Schwerpunkt der Ausführungen liegt auf Phänomenen, die Bezüge zur Gegenwart erkennen lassen. Grundsätzlich ist zu beachten, dass die Quellenlage nur fragmentarische Aussagen zu Prozessen und Abläufen der natürlichen Umwelt zulässt; der lange Betrachtungszeitraum und der hier zur Verfügung stehende knappe Platz zwingen zudem zu einer Konzentration auf zentrale Aspekte der Entwicklung der Umwelt Würzburgs in vorindustrieller Zeit. Damit sich die Darstellung nicht nur in Schlaglichtern erschöpft, sollen, sofern das die Quellenlage zulässt, »Lange Reihen«[2] die Entwicklung einzelner Elemente verdeutlichen.

Wald und Offenland – Struktur und Dynamik der Bodennutzung

Im Bereich des linksmainischen Waldsassengaus erreichte im Frühmittelalter der Wald den engeren Würzburger Raum, während das Talbecken weitgehend waldfrei war.[3] Heute nimmt der Wald in der näheren Umgebung von Würzburg knapp ein Drittel der Fläche ein. Im Vergleich zum übrigen fränkischen Gäuland, das nur zu einem guten Viertel von Wald bedeckt ist, ist das ein hoher Wert. Dieser hohe Grad an Waldbedeckung unmittelbar vor den Toren der Stadt erklärt sich vordergründig daraus, dass es aufgrund des erheblichen Gewichts und der daraus resultierenden Transportwiderstände nahe lag, die vorindustriezeitliche Zentralressource Holz unweit der Siedlungen zur Verfügung zu haben. In diesem Sinne werden in der Regel die Forste von Guttenberg und Gramschatz als Holzreservoire für die nahe Stadt Würzburg interpretiert. Untersucht man jedoch die Brennholzversorgung der Stadt Würzburg in der Frühneuzeit genauer, so zeigt sich, dass der überwiegende Teil des Brennholzes für die privaten Würzburger Haushalte bis zum Bau der Eisenbahn 1854 über den Main stromaufwärts mittels getreidelter Kähne aus würzburgisch-hochstiftischen und andersherrischen Wäldern in Spessart und Vorrhön kam. Zur Mitte des 18. Jahrhunderts benötigte die Bürgerschaft etwa 20 000 Reifen an Brennholz, die Hofhaltung 6 000 und das Juliusspital 2 400; das waren umgerechnet etwa $2^1/_2$ Ster pro Kopf und Jahr. Solche Mengen konnten die stadtnahen Forste, wie gleich am Beispiel des Guttenberger Waldes erläutert werden wird (s. Abb. 1), nicht liefern. Da also Brennholz aus weiter Entfernung, dazu gegen den Strom und von fremder Herrschaft immer wieder behindert, nach Würzburg geschafft werden musste, waren Holzmangelerscheinungen trotz der großen Forste direkt vor den Toren der Stadt recht häufig.[4] Dieser für die Würzburger Stadtgeschichte bedeutsame Befund erklärt sich nicht zuletzt aus den Waldbesitzverhältnissen im Umfeld der Stadt. Nur ein kleiner Waldzipfel im Steinbachtal gehörte zum engeren Würzburger Stadtgebiet; bis ins 17. Jahrhundert hinein war auch der Marienberg parkartig bewaldet. Lediglich Heidingsfeld verfügte über einen eigenen Stadtwald, dessen Ausdehnung schon in der ersten Markbeschreibung von 779 umrissen wird und der heute den Hauptbestand des »Würzburger Stadtwaldes« bildet. Die großen Forste um Würzburg waren jedoch in hochstiftischer Hand. Während der Gramschatzer Wald zum unbestrittenen Altbestand des Hochstifts zählte und selbst in der hochmittelalterlichen Expansionsphase nahezu siedlungsfrei gehalten wurde – wenngleich auch die umliegenden Gemeinden Nutzungsrechte hatten –,[5] entstand das heute weitgehend geschlossene Waldareal des Guttenberger Forstes erst im Spätmittelalter aus herrschaftlichem Kalkül. Das ging folgendermaßen vor sich: Um 1400 sind auf den zum Teil lössbedeckten Böden des heutigen Forstes nicht weniger als 23 Siedlungen nachzuweisen.[6] Das waren durchweg Kleindörfer mit etwa 15 Hufen oder gar nur Weiler. So umfasste zum Beispiel Rohrensee, heute totale Ortswüstung, 16 Hufen; an der Stelle des heutigen Forsthauses Irtenberg lag eine Siedlung mit 12 bis 13 bäuerlichen Stellen, und der heutige Weiler Limbachshof, der vier Höfe besitzt, ist erst im 18. Jahrhundert entstanden, und zwar dort, wo im Mittelalter ein Kirchdorf mit 17, wahrscheinlich sogar 20 bäuerlichen Stellen lag. Der höheren Siedlungsdichte wegen waren die Gemarkungen, wie die Analyse von Flurnamen zeigt, kleiner als heute. Mit Sicherheit setzte zu Beginn des 15. Jahrhunderts, vermutlich aber schon früher, ein Wüstungsvorgang ein, in dessen Verlauf nicht weniger als 14 der genannten 23 Siedlungen aufgegeben wurden. Die Ortsstellen fielen total wüst, die Fluren überzogen sich teils ganz, teils partiell mit Wald. Als der Wüstungsprozess in den 60er Jahren des 16. Jahrhunderts auslief, war die um 1400 vorhandene Waldfläche um gut 70 Prozent gewachsen. Die Bischöfe hatten diese Vorgänge dazu genutzt, systematisch die von Bauern aufgegebenen Hofstellen an sich zu ziehen und auf den Fluren wieder Wald aufkommen zu lassen. So war bis 1585 ein von fremden Rechten weitgehend freier Forstbezirk in hochstiftischem Besitz entstanden, der nun für die herrschaftliche Jagd[7] und die Holzversorgung des Bischofshofs genutzt werden konnte.[8] Der Einschlag

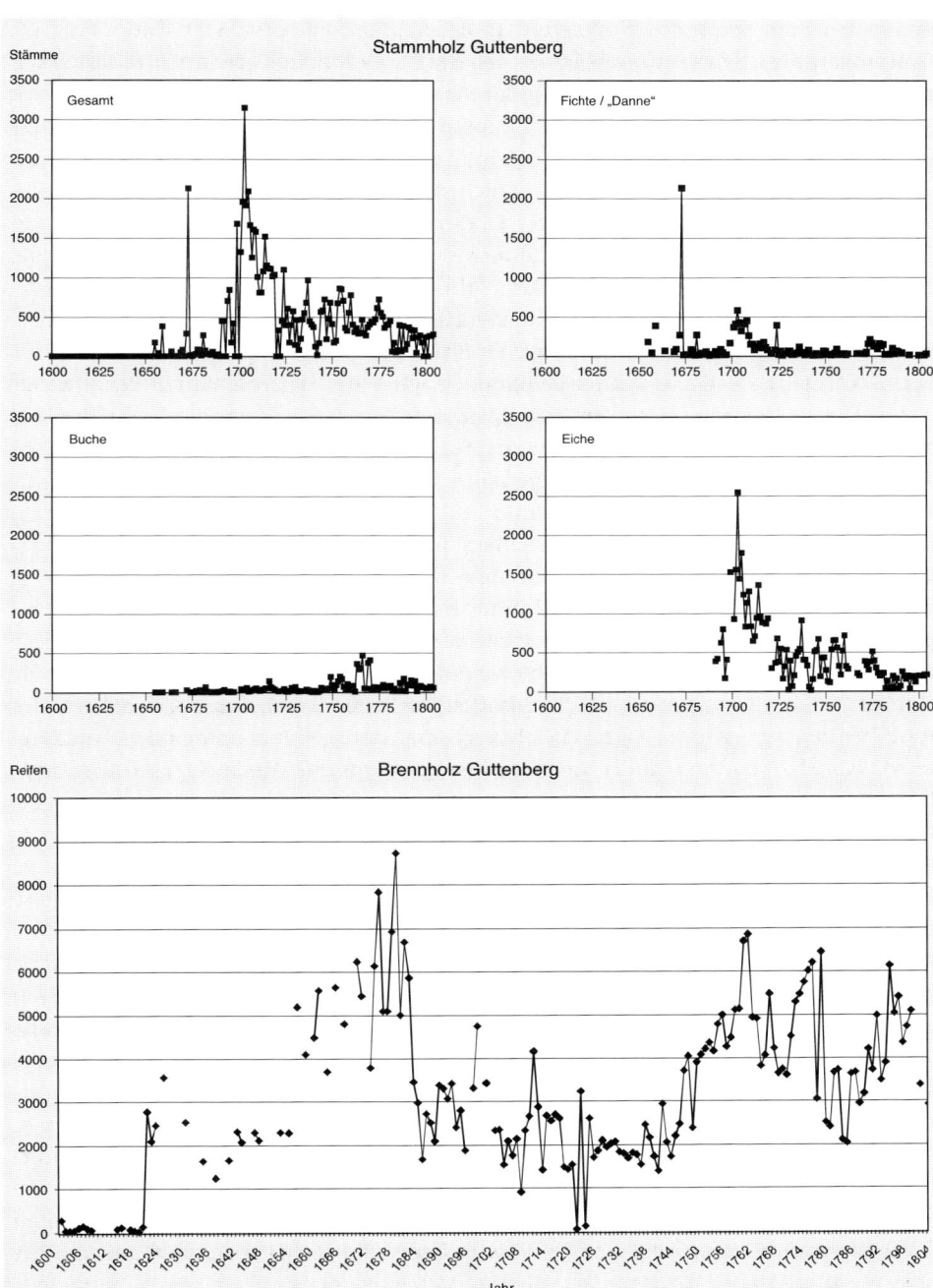

Abb. 1: Stamm- und Brennholzentnahme
aus dem Guttenberger Forst zwischen 1600 und 1804.
(StAW, Rechnungen 41122 ff.)

von Eichenstämmen war vor allem um 1700 und der von Buchenstämmen nach 1760 recht hoch; die Pionierbaumart Kiefer – in den Quellen *Danne* genannt – dürfte vor allem auf ehemaligem Kulturland aufgekommen sein (s. Abb. 1). Die Entnahme von Brennholz erreichte zwei Höhepunkte, einmal in den 80er Jahren des 17. Jahrhunderts und dann im letzten Jahrzehnt des 18. Jahrhunderts, lediglich etwas abgemildert durch regulierende Eingriffe des um 1730 reorganisierten Oberjagdamtes. Zur Mitte des 18. Jahrhunderts muss man sich den Guttenberger Forst als einen in großen Teilen verhauenen, lichten Mittelwald vorstellen, also einen zweischichtigen Wald vor allem mit der ausschlagfähigen und masttragenden Eiche und Buche im Oberholz sowie einem je nach Standortverhältnissen mehr oder minder reichen Unterholz aus schnellwüchsigen Weichhölzern wie Birke, Espe, Salweide, Linde, Elsbeere und Hainbuche. Eine zeitgenössische Aufnahme der Bestockungsverhältnisse weist aus, dass der Anteil der mehr als 50jährigen Bäume zwischen 1698 und 1759 von etwa 17 Prozent auf gerade 3 Prozent der Gesamtbestockung abgesunken war;[9] heute dominieren hier Hochwälder aus Buchen und Eichen, durchsetzt mit Fichten und Kiefern.

Fasst man diesen Abschnitt zusammen, so veränderte sich das Landschaftsbild unmittelbar vor den südlichen Toren der Stadt Würzburg in den letzten tausend Jahren mehrfach grundlegend: um 1000 wohl überwiegend noch Wald, im Hochmittelalter in Rodungsinseln kleine Dörfer, im Spätmittelalter deren Auflassung mit sukzessiver Wiederbewaldung, in der Frühneuzeit Mittelwälder mit der Tendenz zur Bestandsauflösung, heute nahezu geschlossene Hochwälder.

Eine ähnliche, von herrschaftlichen Wünschen bestimmte Dynamik in der Landnutzung können wir auf der engeren Würzburger Gemarkung bei den Rebgärten nachweisen. Beispielhaft dafür steht der Beschluss Bischof Herolds (1165–1171) vom Jahre 1170 »zur Mehrung seines Bistums und dessen Verbesserung das an Würzburg angrenzende Waldtal, welches Dürrebach genannt wird, mit Stumpf und Stiel auszuroden und Bauern dort anzusiedeln«.[10] Das dort mit Besitzungen angrenzende Kloster Oberzell erhielt auf seine Bitte bei dieser Gelegenheit 16 Huben Land zugewiesen mit der Auflage, dieses Land in Äcker und Weinberge umzuwandeln. Da sich die steilen Hänge kaum zum Ackerbau eignen, war das die Geburtsstunde des Winzerorts Dürrbach. In diesem Namen schwingen die Probleme der Versorgung mit Wasser im karstigen Muschelkalk mit, und für die Rebkultur mussten die von Steinscherben durchsetzten flachgründigen Böden erst hergerichtet werden. Zeugen davon sind die an einigen Stellen verbliebenen Steinriegel, die die Hänge hinabziehen, also die Höhenlinien schneiden. Sie entstanden dadurch, dass Steine im Zuge der häufigen Kulturarbeiten im Weinberg aufgelesen, an den Parzellenrand getragen und dort oft kunstvoll aufgeschichtet wurden; legte man einen Weinberg neu an, grub man sogar bis zu 40 cm tief Steine heraus.[11] So entstanden im Laufe der Zeit relativ scherbenfreie Böden, die allerdings erosionsgefährdet waren. Die Differenz zwischen der heutigen Bodensohle und der Höhe der Weinberge vermittelt eine Vorstellung von der Menge des abgetragenen Materials. Das abgeschwemmte Material wurde meist auf dem Rücken wieder den Hang hinaufgetragen und dort aufgebracht; solche »Trageböden« stellen einen eigenen Bodentypus dar.[12] Standen Geld und Arbeitsleistung zur Verfügung, wurde versucht, die Erosion durch hangparallele Mauern zu verhindern, wofür es zahlreiche Belege auf der Würzburger Gemarkung gibt. Sofern aus der Nutzung genommen, was nur in den kleineren Seiten-tälern der Fall ist, bilden die unverfugten Weinbergsmauern heute als besonnte Fels-Ersatzstandorte einen eigenen Biotoptyp für Schlangen und Nattern, Eidechsen, ver-schiedene Heuschreckenarten und Ameisenvölker. Dabei kommt ihnen neben der Be-sonnung und dem Reichtum an Fugen und Kleinhöhlen auch das schon recht hohe Al-ter dieser Standorte zugute. So können sich hier beispielsweise die sehr standorttreuen Arten unter den Wildbienen seit Jahrhunderten darauf verlassen, ausreichend Brutplät-ze und Nahrungsquellen in nächster Umgebung zu ihrem eigenen Schlüpfplatz zu fin-den. Aus kulturgeschichtlicher Sicht bezeugen Steinriegel und Weinbergsmauern durch ihre Zahl und Mächtigkeit auf beeindruckende Art und Weise den Arbeits- und Kräfte-aufwand früherer Arbeitsabläufe und die nahezu komplette Umgestaltung der Hangla-gen im Würzburger Talkessel infolge des Rebbaus. Für das Jahr 1644 kann Ohlhaut auf Würzburger Gemarkung mehr als 160 Weinbergslagen anhand der Örtlichkeitsnamen nachweisen und die meisten lokalisieren.[13] Danach waren nicht nur die Hänge mit Re-ben bestanden, sondern Weingärten zogen sich bis in die Talniederungen hinab; die Weingartenstraße nahe der Adalberokirche im Stadtteil Sanderau erinnert daran. Lutz (1965) rekonstruierte schließlich für das Ende des 18. Jahrhunderts die Weinbergslagen in der Würzburger Feldmarkung auf der Katasterkarte (s. Abb. 2), in einer statistischen Übersicht weist er querschnittartig für die Jahrhunderte seit dem Hochmittelalter bis 1800 den Besitz der einzelnen Grundherrschaften an den Weinbergslagen in Würzbur-ger Morgen aus. Danach waren neben den heute bekannten Lagen auch das Steinbach-tal, der ganze Bogen vom Neuberg bis Grombühl und weite Teile der Zellerau mit Re-ben bestanden. Eingedenk der Zufälligkeiten der Überlieferung verzichtete Lutz wohl-weislich auf eine Bilanzierung der Rebflächenangaben. Dennoch wird in den Tabellen eine Konzentration des Weinbaus nach einer Hochspekulationsphase im 16. Jahrhun-dert mit der Erschließung auch mäßiger Areale hin zu besseren Lagen gegen Ende des 18. Jahrhunderts sichtbar. Das lässt sich auch aus der Orientierung der größeren Grund-herrschaften hin zur Produktion von Qualitätsweinen als Reaktion auf Marktkrisen und die klimatischen Verschlechterungen der so genannten Kleinen Eiszeit nach 1570 erklären.[14]

Angesichts der Ausbreitung der Rebflächen verwundert es nicht, dass sich in den Zins- und Salbüchern nur wenige Angaben für »Artfelder« – das ist Ackerland – auf der Würz-burger Gemarkung finden. Sie lagen vor allem weiter außerhalb der Stadtmauer in den fla-cheren Tallagen[15] und reichten keinesfalls zur Versorgung der Städter, welche daher auf die Zulieferung aus dem nahen Gäu angewiesen waren. Der Selbstversorgung dienten Haus-gärten innerhalb der Stadtummauerung und »Krautgärten«, welche sich direkt an die Außenmauer anschlossen und weit hinauszogen; besonders begehrt waren Gärten an den wenigen Bächen, da hier die Wasserversorgung recht einfach war. Ausgedehnte Baum-gärten erstreckten sich unter anderem im »Sand«, im »Bogen«, auf dem Greinberg und auf dem Schottenanger; Weichselgärten befanden sich am Kürnachberg und bei Himmels-pforten. Als städtischer Gemeinwasen[16] dienten Plätze am linken Mainufer vor dem Bur-kardertor bis zur »Fischerstube« und vor dem Sandertor im »Sand« bis zur städtischen Zie-

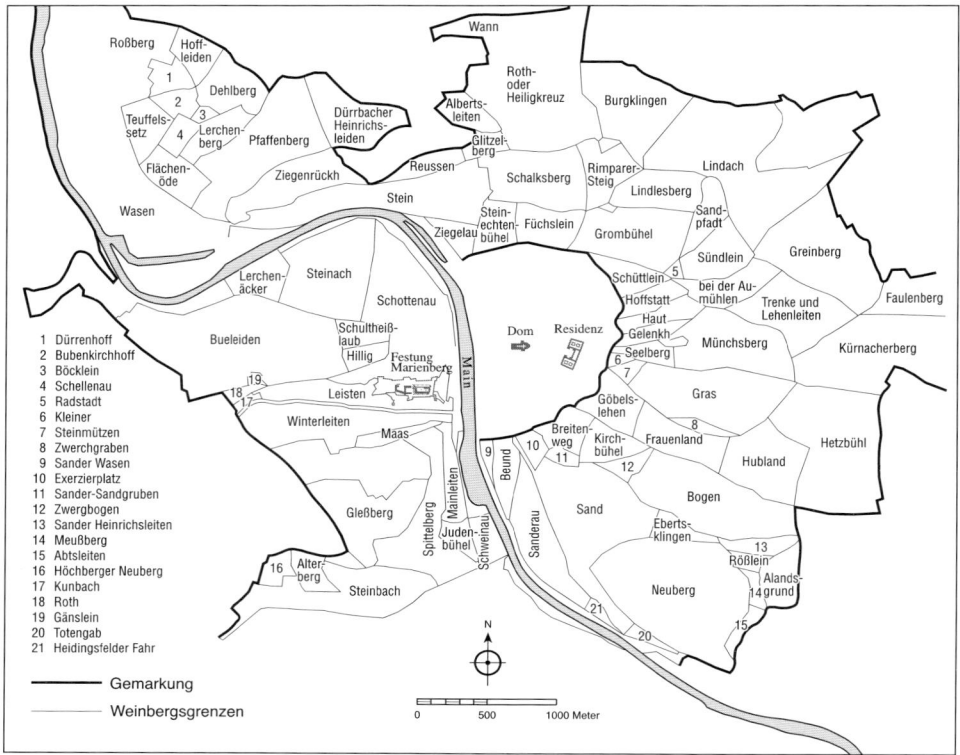

Abb. 2: Die Würzburger Feldmarkung
und ihre historischen Weinbergslagen am Ende des 18. Jahrhunderts.
(Kartenbeilage aus Lutz, 1965)

gelhütte am Main, Sanderwasen genannt. Aufgrund der intensiven Nutzung war deren Grasnarbe ungleichmäßig und schrundig. Eine Viehtrift zog sich zum »Hollgarten« außerhalb des Burkardertors, eine weitere unterhalb des Roßbergs wurde »Fischerau« genannt. Die Hauptwege durch das Maintal und auf die Hochflächen waren zwar mancherorts hangwärts mit Mauern gesichert, doch meist *ganz pfühlicht und tief*.[17] Zum Schutz der äußeren Stadtmarkung war eine Landwehr[18] errichtet worden, 2 bis 5 m tiefe Gräben, deren Aushub auf der Seite gegen Würzburg zu einem mehrere Meter hohen Wall aufgeschaufelt worden war. Vom Steinernen Kreuz auf der Zellersteige bis zum »Kalten Loch« hatte man sogar eine doppelte Landwehr errichtet, es waren also auf beiden Seiten der Gräben Wälle aufgeworfen. All das sollte die Annäherung eines Feindes erschweren. Die Durchgangspunkte der Heerstraßen durch die Landwehr sicherten Landtürme.

Die skizzierten Verhältnisse in der Bodennutzung auf und im Umfeld der Würzburger Gemarkung beeinflussten die Dynamik der Bodenerosion und den Wasserhaushalt. Sie sind auch bedeutsam für die Ausprägung des Regional- und Lokalklimas gewesen.

Historische Flussdynamik und Uferlinien des Mains und seiner Zuflüsse

Der Main floss in frühgeschichtlicher Zeit in einem unregelmäßigen und infolge seiner Geschiebeführung stark veränderlichen Bett dahin. Kompakt gelagerte Sande und Gerölle konnten fest zusammenhängende und gerade verlaufende Uferstrecken bilden. Der mittelalterliche Main war dagegen ein breiter, gewundener Fluss mit natürlichen Steilufern und kiesbedeckten Gleithängen, der alljährlich seinen Lauf neu suchte.[19] Diese Veränderung erklärt sich daraus, dass durch die Rodung im Früh- und Hochmittelalter und die dadurch beschleunigte Bodenerosion dem Fluss vermehrt sehr feinkörnige Sedimente zugeführt wurden. Die daraus resultierende Änderung der Sedimentfracht hatte nachhaltigen Einfluss auf die Fließdynamik: Wegen der höheren Geschiebefracht verlor der Main seinen Charakter als einarmiger mäandrierender Fluss und entwickelte sich tendenziell zu einem verzweigten Flusslauf. Zudem waren die Anwohner bestrebt, den vormals dynamischen Flussverlauf festzulegen. Ab dem Spätmittelalter war in weiten Bereichen Uferschutz mit Pfahlbauten, Faschinen (Astwerkbündel, die mit Draht zusammengehalten wurden), Steinkörben und Dämmen rege Praxis. So ist es verständlich, dass sich ab dem 15. Jahrhundert Klagen über Versandung des Flusses häuften. Zu den direkten Eingriffen müssen auch die baulichen Maßnahmen wie Brücken, Mühlen und Wehre gerechnet werden, denn sie beeinflussten das Strömungs- und damit auch das Sedimentationsverhalten.

Im Dreißigjährigen Krieg war die am Fuß des Steinbergs gelegene Bischofsmühle, erbaut in den Jahren 1512–1517, zerstört worden. Stattdessen wurde unter Fürstbischof Johann Philipp von Schönborn 1643/44 die untere Mainmühle auf der rechten Mainseite an der Mainbrücke gebaut. Im Frühjahr 1644 wurde mit dem Bau eines Streichwehrs vom Altwasser am Burkarder Tor bis zum dritten Brückenpfeiler begonnen, und der dritte Brückenbogen wurde durch ein Nadelwehr aus eingesteckten Baumstämmen geschlossen. Das ergab ausreichend Stauwasser zum Betrieb der Mühle. Da man die Mainmühle mit bischöflichen Mitteln errichtet hatte und die Stauanlagen zum erweiterten Mühlbereich gehörten, entwickelte sich dieser Flussabschnitt zu einem herrschaftlichen Bannwasser, das mit dem Namen »Wehr- oder Lochfischerei« belegt wurde; bis 1945 trug ein Wein- und Fischhaus in der Ersten Felsengasse den Namen »Zum Lochfischer«.[20] Dieser Name rührt daher, dass nach dieser Abriegelung des Flusses Schiffen und Flößen nur die Durchfahrt am dritten Bogen verblieb, welcher eben mit dem Nadelwehr versehen war. Dazu wurden die »Nadeln« oder »Stickel« des Wehres gezogen und ein »Loch«, auch »Wehrloch« genannt, gab die Durchfahrt frei; die abgetrifteten »Nadeln« mussten danach wieder eingefangen werden. 1675 bis 1680 war zur Verbesserung der Schifffahrt im Zuge der Errichtung der barocken Stadtbefestigung bei St. Burkard ein Kanal, der so genannte Umlaufkanal, mit einer Schleusenkammer angelegt worden, sodass die mühsame Bedienung des Nadelwehrs nur noch für Flöße erfolgte.

Trotz solcher Eingriffe blieb der Main ein weitgehend natürliches System mit Mäanderbewegungen, Laufverlagerungen und Verzweigungen. So zeigte die Mehrzahl der historischen Mäander die dafür typische Dynamik: sie dehnten sich aus, wanderten talabwärts und brachen durch. Der Mensch reagierte auf dieses System, er veränderte es aber erst nachhaltig mit der Anlage zahlreicher Staustufen zur Mitte des 20. Jahrhunderts.

Auf der linken Uferseite war der Mainlauf in der Frühneuzeit besonders oberhalb der Stadt von kleineren oder größeren Inseln, »Wörthe« oder »Werthe« genannt, durchsetzt, und der Uferlauf sprang vor und zurück. Um diese Verlandungen zu sichern, hatte man sie meist mit Weidenbüschen planmäßig bestockt. Sofern sie nur gelegentlich vom Hochwasser überflutet wurden, trugen die Ufersäume spärlichen Graswuchs und wurden als Viehtriften genutzt. Manche der mit dem Stromstrich gewöhnlich lang gezogenen Inseln schlossen Altwasser ab. Diese wurden nicht selten gegen den Fluss hin durch Gitter oder auch massive Verbauungen aus Holz und Stein versperrt und als »Hegwasser« für die Fischzucht regelrecht bewirtschaftet.[21] Die große Maininsel auf der linken Mainseite knapp oberhalb der Löwenbrücke verdankt ihre Entstehung vermutlich verschiedenen Hochwässern. Erodiertes Bodensubstrat aus den Weinbergshängen und Abschwemmungen aus dem Steinbachtal wurden hier in einem vielschichtigen Prozess vom Main innerhalb seines Hochwasserbettes abgelagert und aufgeschichtet. Die Vegetation sichert dieses fragile Gebilde bis heute.

Blickt man auf das Altstadtareal, so verlief das rechte Ufer des Mains lange Zeit wohl dort, wo sich heute die Linie Büttnergasse – Karmelitengasse hinzieht, vielleicht mit einer Ausbuchtung auf den heutigen Markt zu.[22] Im Mittelalter hatte das rechte Mainufer noch keine Ufermauer, wohl nur eine Pfahlbefestigung. Erst im 16. Jahrhundert wurde eine Mauer angelegt, die beim Pleidenturm begann und sich etwa bis zum heutigen Alten Kranen zog; nach der Entfestigung im 19. Jahrhundert wurde der heutige Mainkai angelegt, der das Ufer weit in den Fluss hinein verlegte. Das linke Ufer lief flach aus,[23] und der Main floss lange Zeit vor allem durch den östlichen Brückenbogen der beiden heute hinter der hohen Ufermauer verborgenen Uferrampen der alten Mainbrücke.

Der Uferbereich des Mains – nicht der Fluss selbst – lag also insgesamt niedriger als heute und zog sich weit in die heutige Stadt hinein. Damit war der Grundwasserstand im Altstadtbereich höher als heute. Ein von Wamser erstellter Plan der rechtsmainischen Talbucht rekonstruiert in schematischer Weise die Höhen- und Vernässungsverhältnisse dieses Bereichs im frühen Mittelalter.[24] Das Areal um den heutigen Dom stellte sich danach als Hügel dar, der fast ringsum von wasserführenden Erosionsrinnen sowie feuchten und sumpfigen Senken umgeben war. Dieser gut 225 × 225 m messende »Stadthügel« war sicherlich aus Schutzgründen ein idealer kleinräumlicher Ansatz für eine Besiedlung. Auch das Gelände zwischen Semmelstraße und Kapuzinergasse war einst eine recht sumpfige Gegend mit mehreren kleinen Seen darin. Wie das natürliche Bachsystem im Norden der Stadt aussah, ist kaum noch zu rekonstruieren, denn es wurde im Zuge der verschiedenen Stadterweiterungen nahezu vollständig überbaut. So umging die Pleichach wie heute die Stadt in einem Bogen, floss aber auf großen Strecken nicht in ihrem jetzigen Bett, sondern vielmehr längs des Hauger Rings herunter, am Südhang des Hügels, auf dem das Stift Haug (houc = Hügel) errichtet wurde, vorbei, bog dann wieder nach Nordwesten aus, um schließlich etwa ab der Harfenstraße im heute noch vorhandenen, aber überdeckten Lauf zum Main zu fließen. Sie folgte dabei einer Tiefenlinie, die sich südlich bis an die Pleicher Vorstadt, weiter östlich bis zum Barba-

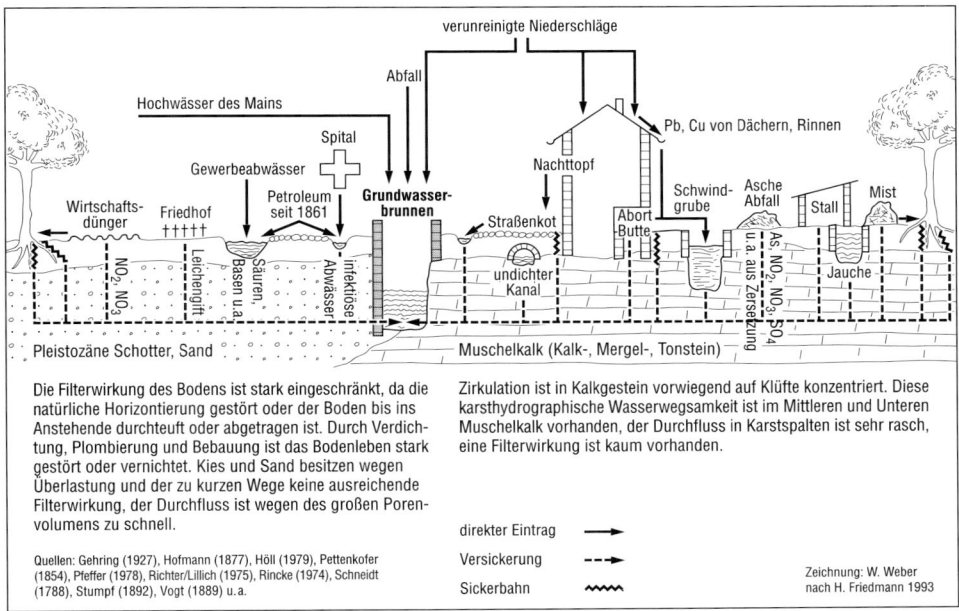

Abb. 3: Gefährdung der Grundwasserbrunnen in Würzburg um 1850.

rossaplatz und etwa bis zur Heinestraße erstreckte. Noch vor 130 Jahren musste deshalb ein Fußgänger, von der Theaterstraße kommend, nachdem er die über den Barbarossaplatz zum Juliusspital ziehende Kürnach gekreuzt hatte, eine Treppe von mehreren Stufen abwärts gehen. Die Kürnach selbst war, wie die Geländeformen andeuten, in der Frühzeit nur ein Nebenlauf der Pleichach, der unterhalb des Greinbergs in diese einmündete; an beiden Bächen standen Mühlen mit entsprechenden Stauhaltungen.[25] Gleich nördlich des Kranen ergoss sich früher eine Kürnachableitung in den Hauptfluter, das heißt in den Main. Beim Ausgang der Gerbergasse, dort, wo sie auf den Main stößt, mündete der Pleichachmühlgraben. Die natürliche Pleichach – der Quellenbach – aber erreichte den Main zwischen heutigem Congresszentrum und Zollamt. Außerhalb der Vorstadtmauer gelegen war hier in der Neuzeit ein Schwemmgelände. Erst die Ablagerungen der Kürnach ließen dort Auffüllungen entstehen, die die Bachmündung immer weiter nach Norden verschoben, bis sie sich am Ausgang der Gerbergasse mit der Pleichach vereinigte. Das Stadtmodell im Mainfränkischen Museum hilft, sich diese alten Verhältnisse vor Augen zu führen.[26]

Nur wenig lässt sich über die Qualität des Oberflächenwassers ableiten. Der Fang von Forelle, Lachs und Stör noch im frühen 19. Jahrhundert zeigt immerhin an, dass im Main noch weitgehend naturnahe, sauerstofffreie Verhältnisse herrschten und ein natürliches Wandern der Fische möglich war.[27] Dennoch wird es unterhalb von Würzburg und auch an den kleineren Bächen im Stadtbereich durch Fäkalien und einschlägige Gewerbe wie die Färbereien in der Pleich zu lokalen Verschmutzungen gekommen sein. Das war auch mit dem Auge gut zu erkennen, weshalb man den offenen Gewässern wohl nur Brauchwasser entnahm. Trinkwasser konnte man ab 1733 aus der hygienisch recht unbedenklichen »Wasserkunst« des Balthasar Neumann (Wasserleitungssystem) beziehen, die noch 1852 aus 12 Laufbrunnen mit 17 Ausläufen zusammen 3,7 Sekundenliter Wasser in die Stadt brachte.[28] Die Brunnen waren allerdings recht ungleich in der Stadt verteilt. Da die Reichweite eines öffentlichen Laufbrunnens nur etwa 150 m betrug und das Wasser zudem wegen Verschmutzung und Verkalkung der Röhren nur sehr langsam lief, muss man davon ausgehen, dass die Mehrheit der Würzburger ihr Trinkwasser aus einem der etwa 600 Privatbrunnen und mehr als 40 Zieh- und Pumpbrunnen bezog, wie sie gegen 1800 nachgewiesen werden. Dabei handelte es sich meist um Schachtbrunnen, also mehr oder weniger tiefe Bassins, in denen sich Grundwasser sammelte. Sie waren ausgemauert oder aus dem Muschelkalk gehauen. Über der Erde umkränzte ein Mauerring den Schacht, er trug Pumpe oder Winde. Aufgelegte Gitter oder Bretter verhinderten grobe Verschmutzungen von oben. Die Qualität des Wassers war aber hauptsächlich vom wasserführenden Gestein, von der Verweildauer des Wassers unter Tage und von den Gefährdungen im jeweiligen Wassereinzugsgebiet abhängig.

Abbildung 3 fasst die Vielzahl von Gefährdungen des Würzburger Trinkwassers vor der Eröffnung der zentralen Wasserversorgung ab 1856 differenziert nach den beiden bestimmenden geologischen Aquiferen zusammen. Beiden Schichten ist eine geringe Mächtigkeit gemeinsam, sodass sie auf Niederschläge oder Mainspiegelschwankungen sehr schnell reagieren; in Trockenzeiten versiegten die Brunnen vor allem im Unteren und Oberen Muschelkalk oft gänzlich; hier liegt der Grundwasserspiegel schon in Normalsituationen 9 bis 11 m unter Flur. Hauptverursacher von Verschmutzungen waren Sickergruben, in die hinein die Abtritte entleert wurden, obwohl sich schon in der Frühneuzeit ein einfaches Kanalsystem entwickelt hatte. Die Kanäle verliefen aber planlos mit oft gegenläufigem Gefälle, waren zum Teil offen und teilweise ohne feste Sohle. Sie mussten mehrfach im Jahr gesäubert werden und galten dennoch als Jauchegruben. Einzelne Verordnungen gingen gegen die Unsitte vor, Nachttöpfe einfach aus dem Fenster zu kippen.[29] Auf den Straßen und in den Gräben lag Kot von Zugtieren. In den Höfen befanden sich oftmals Mist- und Müllhaufen. Im Rückschluss aus aktuellen Untersuchungen muss man davon ausgehen, dass darunter Schwefelwasser entstand, der Boden mit Ammonium angereichert war und sich die Wasserhärte dadurch weiter erhöhte. Bis 1854 besaß das Juliusspital in seinem Garten einen eigenen Friedhof, von wo aus Leichengift in umliegende Brunnen gelangen konnte. Obgleich er die chemischen Prozesse noch nicht durchschaute, hatte ein Wissenschaftler zur Mitte des 19. Jahrhunderts ohne Zweifel Recht mit seiner Behauptung: Der Boden Würzburgs war »von den vielen flüssigen Abgängen der menschlichen Haushaltungen durchtränkt«.[30]

Bodenabtrag und Akkumulation: Veränderungen der Böden und des Reliefs

Für die Würzburger Gemarkung berichten mehrfach Salbücher und Ratsprotokolle, dass nach Wolkenbrüchen oder in nassen Jahren durch fortgesetzte Regengüsse Erdschlipfe, also kleinere Spalten oder Erdfälle, entstanden seien, sich nach kurzer Zeit aber immer wieder geschlossen hätten;[31] das ist für Muschelkalkgebiete auch ohne Eingriffe des Menschen durchaus typisch. Die Bodenerosion als großflächiger Prozess ist dagegen vornehmlich durch die Aktivitäten des Menschen verursacht. Sie setzte mit der Rodungstätigkeit des Menschen im Neolithikum ein und erreichte ihr Maximum in der Mitte des 14. Jahrhunderts. An Kulturwechselstufen mit Sprunghöhen von über 2 m zwischen erodiertem Offenland und konservierten Waldböden oberhalb des Weilers Limbachshof bei Kleinrinderfeld lässt sich die Wirksamkeit des nutzungsbedingten Bodenabtrags sehr deutlich ablesen. Im engeren Stadtgebiet sind diese landschaftsverändernden Prozesse nicht mehr so offensichtlich, traten aber wohl ebenso auf und wirken vielfältig bis heute nach. Wer etwa auf dem nördlichen Heuchelhof baut, stellt überrascht fest, dass der Boden an vielen Stellen flachgründig ist. Hier stehen Kalkbänke und Lettenkeuper unmittelbar an, und der karge Boden vermag kaum Wasser zu halten. Trockenrasen gedeihen, und der Hausgärtner klagt über viele Disteln. Erwarten müsste man eine tiefe und ertragreiche Humusschicht aus Lössauflage, wie sie sich um den Gutshof Heuchelhof herum und südlich davon findet. Diese Abweichung erklärt sich wohl daraus, dass auf den heute degradierten Böden einst das Dorf Heuchelheim gestanden hat, welches wohl im Spätmittelalter aufgegeben worden ist; beim Bau des Körperbehindertenzentrums fand man tatsächlich Siedlungsspuren. Die einstigen Wirtschaftsflächen sind wiederholt mit Fichten bepflanzt und gerodet worden, was die Erosion förderte.[32]

Dieses Beispiel zeigt eindrücklich: Großflächige Bodenerosion ist vor allem ein Produkt der Siedlungsentwicklung. Sie erfolgte insbesondere auf den steileren Talhängen eher flächig. Typischer für das Maintal ist dagegen die linienhafte Abtragung von den offenen Hochflächen in den Talkörper hinein über Kerbtäler. Sie werden in Franken »Klingen« oder »Gräben« genannt.[33] Sofern nicht durch Unrat oder bewussten Erdeintrag verfüllt oder gar durch dichte Besiedlung nach und nach eingeebnet wie im Fall der »Ebertsklinge« im Frauenland, können entlang solcher Leitlinien der Abtragung nach und nach richtige Schluchten entstehen, wie der Name der »Annaschlucht« im Steinbachtal treffend anzeigt. Je tiefer und von Nutzungen ungestörter die Klinge, umso spezifischer stellt sich das Lokalklima mit schattig-kühlen und feuchten Wuchsbedingungen dar. Haselnuss, Schlehe, Weiß- und Kreuzdorn und Hainbuchen stocken an den Böschungen und verwachsen mit Wildem Hopfen, der Zaunwinde und der Waldrebe mancherorts zu einem dichten »Dschungel«. Hier lebt die Nachtigall, im Übergang zwischen Hecken und Brachland kann der Neuntöter beobachtet werden. Im lichten Schatten gedeihen Knoblauchsrauke und Ruprechts-Storchschnabel, Giersch, Brennnessel, Taubnessel, Kleb- und Leimkraut. Auf der Grabensohle besiedeln einzelne Weiden, Rossminze und Knöteriche vor allem die feuchteren Stellen, und mit etwas Glück kommt dort auch der Feuersalamander vor. Häufig treten in den Klingen kleine Quellhorizonte auf, aus denen auch noch im Sommer Wasser austritt. Im trockenen Dürrbachtal wusste man das durch den Bau eines Brunnenhauses im »Ziegelhüttengraben« zu nutzen. In der Folge wurden Teile des weiteren Grabenverlaufs »verrohrt«. Heute drängt man darauf, solche Abschnitte wieder offen zu legen, auch wenn sich damit die Gefahr erhöht, dass es bei Starkregen zu Überschwemmungen kommt und große Mengen Bodens abgeschwemmt werden, obgleich das Einzugsgebiet solcher Kerbtäler auf den Talhöhen meist nur recht klein ist. Allgemein wurden im Zuge solcher Massenverlagerungen von den Talhöhen herab in den erodierten Bereichen die Bodenprofile verkürzt, im Maintal aber kam es durch Akkumulation des abgetragenen Erdreichs zu mehrere Meter mächtigen Auelehmpaketen mit guten Filterwirkungen; die Wasseraufbereitungsanlagen am unteren Dallenberg nutzen diesen Effekt.[34]

Der Prozess aus Abtrag und Akkumulation lief sukzessive ab. Das gewässernahe Relief im Mittelalter war daher belebter, als es sich heute darstellt.[35] So lag der Platz vor dem Grafeneckart deutlich tiefer, wie man an den Räumen des Erdgeschosses und am Turmeingang sieht, dessen Sockel heute in der Erde steckt. Die Domstraße stieg steiler an als gegenwärtig, und Langgasse und Schustergasse hatten eine stärkere Neigung. Der Bereich des heutigen Grünen Markts steht auf einer verlandeten Mainbucht; der moorige und sandige Untergrund und der alte Örtlichkeitsname »Rigolsee« sind Belege dafür. Geringer waren die Veränderungen der Höhenlagen jenseits einer Linie Schönbornstraße – Münzstraße, denn dort kommt der Fels im vom Main ansteigenden Gelände nahe an die Oberfläche. Doch auch für diese Areale gilt, dass über Jahrhunderte hin der Kehricht und Abfall unbekümmert einfach auf die Straße geworfen und bei Umbauten und Bränden der Schutt nicht abgefahren wurde. Ein Großteil der Straßen war bis in die frühe Neuzeit hinein zudem nicht gepflastert, sondern wurde lediglich immer wieder aufgeschottert. Schließlich wurde im Zuge der Anlage der mittelalterlichen Stadtmauer das Gelände im Sander Viertel erhöht, im Rahmen der Neubefestigung des 17. Jahrhunderts der Boden im Bereich des heutigen Hauptbahnhofs und nördlich davon abgetragen. Eine Vielzahl solcher Maßnahmen brachte im Laufe der Zeit eine Anhebung der Stadtsohle und eine Einebnung des natürlichen Reliefs im Talkessel mit sich.

Kalte Zeiten, warme Zeiten –
Grundzüge der klimatischen Entwicklung in historischer Zeit

Wer die Ratsprotokolle Würzburgs sichtet, trifft immer wieder auf Eintragungen zum Witterungsgang. Mit den Aufzeichnungen des Magisters Enno verfügen wir über die ältesten schriftlichen Hinweise auf das Klima in Franken.[36] Sie beziehen sich auf besondere Ereignisse, auf Extreme oder Anomalien, die deutlich machen, dass auch in historischer Zeit keine konstanten Witterungsverhältnisse geherrscht haben. So verzeichnet Enno für 1333 eine Überschwemmung in Würzburg, für Ende April 1334 Reif in Franken, für 1335 großen Wind in Würzburg, für 1338 Reif in Franken, der den Wein zerstörte, für 1342 Überschwemmungen in Würzburg und große Kälte und für 1343 große Wärme. Aus solchen und zahlreichen anderen Quellenbefunden sowie weiteren

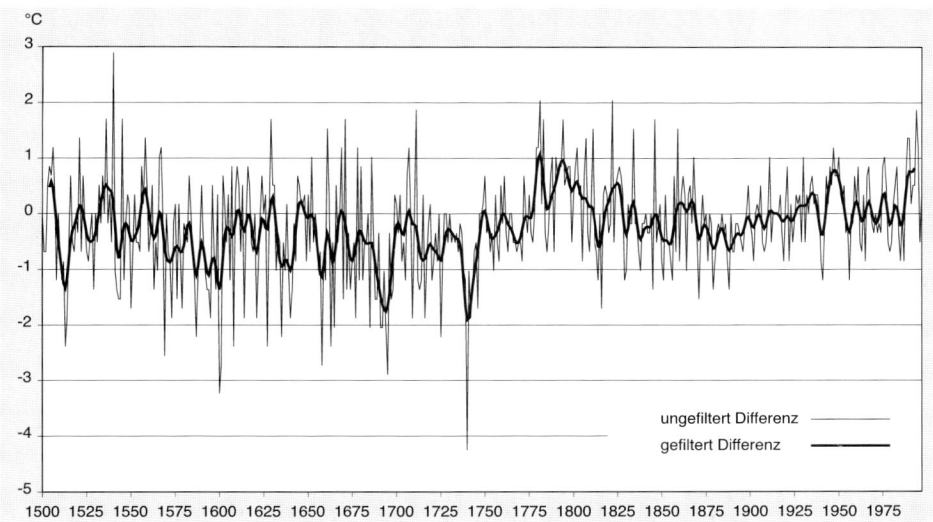

Abb. 4: Temperaturentwicklung für den mainfränkischen Raum 1500–2000,
Abweichungen vom Mittelwert 1951–1980.
(R. Glaser, 2001)

Klimahinweisen wie Dendrodaten konnte mittlerweile für den mitteleuropäischen Raum das Klima ab 1500 recht genau rekonstruiert werden. Ein nicht unerheblicher Teil der Daten stammt dabei aus Würzburger und anderen fränkischen Chroniken; und da sich das Klima in großräumigen Zusammenhängen entwickelt, gelten diese für die hiesigen Verhältnisse, zumal Würzburg als Vergleichsstation herangezogen wurde (s. Abb. 4).

Die Temperaturkurve ist selbst erklärend und soll daher nicht im Einzelnen vorgestellt werden. Auffallend sind aber die zahlreichen Schwankungen. Hervorzuheben ist dabei die Temperaturverschlechterung, die nach 1500 einsetzte und ab Mitte des 16. Jahrhunderts in die so genannte Kleine Eiszeit überging. Diese Kaltperiode, die sich in allen Jahreszeiten bemerkbar machte, hielt bis Mitte des 18. Jahrhunderts an, ehe sie von einer Warmperiode abgelöst wurde. Diese ging nach einer erneuten Verschlechterung zwischen 1850 und 1920 in die heutige moderne Warmphase über.

Etwas akzentuierter verlief die Entwicklung der Niederschläge. Innerhalb eines mittelfristigen Trends traten immer wieder Extremjahre auf, wie beispielsweise 1540. In diesem extrem heißen und trockenen Jahr konnte man durch den Main waten, und es wurde ein Jahrtausendwein geerntet. Das eigens für diesen Wein gefertigte Schmuckfass kann man noch heute in den Weinkellern unter der Würzburger Residenz bestaunen. Vorausgegangen war ein Jahrzehnt extremen Wechsels der Witterung mit heißen und trockenen oder feuchten und kühlen Sommern. Die Weinqualitäten spiegeln das wider, und die Bäume reagierten darauf mit sehr engen und dann wieder sehr weiten Baumringen, sodass man heute diese so genannte Sägezahnsignatur als markanten Fingerabdruck des Klimas dieser Zeit verstehen kann.

Abb. 5: Zusammenstellung quantifizierter historischer Hochwasser am Main in Würzburg 1342–1784.

Jahr	Pegelstand (m)	Abfluss (m³/s) [1]	Abfluss (m³/s) [2]	Wiederkehr-zeit (Jahre)
1342	10,30	ca. 3 000	3 300	1 000
1433	8,54	ca. 2 050		91
1442			2 300–2 500	189
1451			2 200	123
1546	6,90	(ca. 1 200)	2 300	149
1573	7,60	ca. 1 650		60
1595	8,40	ca. 2 000		81
1618	9,00	ca. 2 400		259
1633	7,90	ca. 1 700	1 900	65
1682	8,63	ca. 2 100	2 200	105
1709	6,44	ca. 1 400		51
1740	6,83	ca. 1 250		48
1744	6,98	ca. 1 450		55
1764	8,05	ca. 1 750		72
1781	6,73	ca. 1 150		45
1784	9,28	ca. 2 500	2 600	412

Quellen: (1) Seberich (1958/I), (2) Schiller (1986), Berechnung der Wiederkehrzeiten nach Gleichung aus Seberich

Wenn sich der Main zur Katastrophe auswuchs

Hochwasser zählen zu den Ereignissen, welche die Bewohner von Würzburg schon immer bewegten. Kaum steigen die Wassermassen, wie 1982 und 1995 geschehen, schon setzen sich Scharen Schaulustiger zum Mainufer in Bewegung. Dem war bereits früher so, wie zahlreiche Abbildungen beispielsweise zum großen Hochwasser von 1784 zeigen[37] (s. Tafel 1). Daher verwundert es nicht, dass Hochwasserereignisse sich auch in den Aufzeichnungen des erwähnten Magisters Enno finden. Über den hydrologischen »GAU« von 1342 berichtet eine Gedenktafel, die am Hof zum Großen Löwen in der Dominikanergasse in Würzburg angebracht war und sich heute im Mainfränkischen Museum befindet. In Übersetzung lautet der Text:

»Im Jahre des Herrn 1342, am zwölften Tage vor den Kalenden des August, das war am Sonntag vor Jacobi, schwoll der Main so stark an wie nie zuvor, daß er oberhalb der Stufen des Würzburger Doms und darüber hinaus die ersten steinernen Statuen umspülte. Die Brücke mit ihren Türmen, die Mauern und viele steinerne Häuser in Würzburg stürzten zusammen. In diesem Jahr gab es eine ähnliche Überschwemmung in ganz Deutschland und anderen Gebieten. Und dieses Haus wurde durch Meister Michael von Würzburg erbaut.«

Vorausgegangen waren mehrtägige heftige Niederschläge. Es soll damals mehr als die Hälfte der heute üblichen jährlichen Niederschlagsmenge in nur rund acht Tagen gefallen sein! Kein Einzelereignis in historischer Zeit hatte einen derartigen Einfluss auf

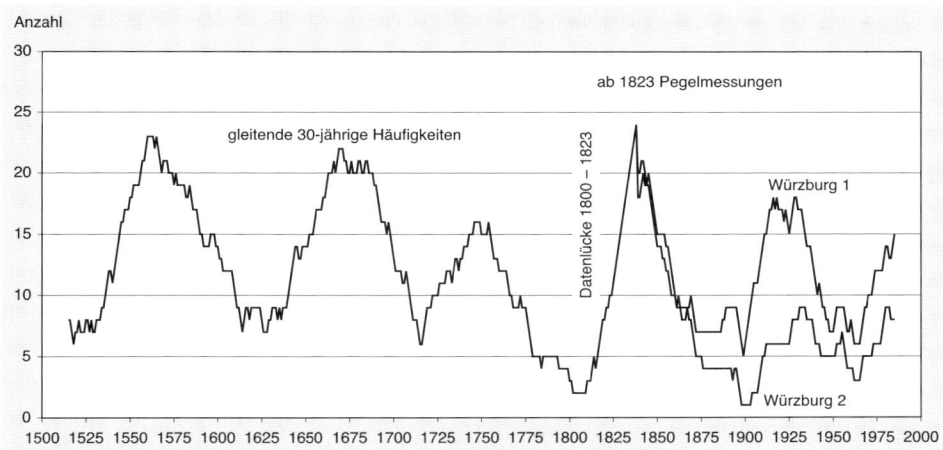

Abb. 6: Zusammenstellung der Hochwasserereignisse am Main 1500–2000.
(R. Glaser, 2001)

die Oberflächengestaltung gehabt. Auf vielen Ackerflächen und selbst unter Wald kam es zum Schluchtenreißen, wurden Erosionsrinnen geschaffen, die auch heute noch landschaftsbestimmend sind.

Überall finden sich im ufernahen Bereich des Stadtgebiets Hochwassermarken, so auch am Rathaus. Ihnen verdanken wir die genauesten Informationen über die Größe von Hochwassern, da sie ausgemessen werden können und sich im günstigsten Fall mit heutigen Pegelständen in Beziehung setzen lassen. Dadurch werden Berechnungen etwa der Abflussmengen möglich. So hatte schon 1958 Seberich[38] historische Wasserstandsmarken und detaillierte Ortsbeschreibungen großer Hochwasserereignisse in Würzburg auf aktuelle Pegelstände bezogen und damit verschiedene Abflussparameter rekonstruiert. Auch wenn der stark hypothetische Charakter derartiger Bewertungen hervorgehoben werden muss, so vermitteln sie dennoch einen Eindruck von der Dimension des jeweiligen Hochwassers (s. Abb. 5).

Bei ausreichender Quellendichte können Zeitreihen zur Häufigkeit von Hochwässern abgeleitet werden. In Abbildung 6 sind die historischen Hochwässer am Main ab 1500 aufgetragen. In der Phase bis zum Beginn der Pegelmessung 1823 an der Station in Würzburg sind alle gemeldeten Hochwässer gewertet; in der Phase danach wurden als Hochwasser die Ereignisse gezählt, die – in der oberen Kurve dargestellt – den Mittelwert des Zeitraumes 1901–1990 an der Station Würzburg um die 7,5fache Standardabweichung überschreiten. In der unteren Kurve ist das Kriterium die 10fache Standardabweichung. Um den mittelfristigen Verlauf zu dokumentieren, sind die Einzelereignisse in Form von 30-jährigen gleitenden Häufigkeiten dargestellt.

Danach traten Hochwässer auffallend häufig zwischen 1550–1560, dann wieder um 1675 und – wenn auch in abgeschwächter Form – um 1750 auf. In der modernen Periode, die dann zunehmend durch stärkere Überbauungen gekennzeichnet war, wiederholte sich dieses Muster um 1850 und 1920–1930.

Der Würzburger Siedlungsraum vor dem Beginn der Industrialisierung

Die Geschichte Würzburgs in vorindustrieller Zeit ist ein ausgezeichnetes Beispiel dafür, wie der Mensch sich an die vorgefundenen naturräumlichen Verhältnisse – Relief, Gewässernetz, Gesteinsuntergrund, Klima- und Bodengüte – anzupassen und die darin wohnenden Potenziale zu nutzen wusste. Zugleich macht die umweltgeschichtliche Forschung aber auch deutlich, mit welchen Begrenzungen er dabei zu kämpfen hatte, namentlich mit Wasserknappheit, den Einflüssen der Witterung und den Wandlungen des Klimas. In diesem Wechselspiel von Mensch und Umwelt war aus natürlichen Ökosystemen im Laufe der vorindustriellen Zeit eine weitgehend vom Menschen umgestaltete Landschaft geworden, eine Kulturlandschaft. Die Veränderungen waren jedoch primär mechanischer Art. Chemische und stoffliche Veränderungen wirkten noch nicht flächendeckend. So gesehen betrachteten wir in diesem Beitrag zwar einen vom Menschen veränderten Raum, dem aber die nachhaltigen Umweltbelastungen, wie sie für die heutige Zeit charakteristisch sind, noch fehlen.

Das Hochwasser von 1784

HERBERT SCHOTT

Im Jahre 1784 erlebte das gesamte Maintal eines der größten Hochwasser, seit Menschen das Tal besiedelten. Bis Mitte Januar 1784 herrschte eine extreme Kälte, die in den folgenden Wochen nur geringfügig nachließ. Mitte Februar gab es viel Schnee und Eis, sodass die Regierung des Hochstifts Würzburg als oberste Polizeiaufsicht sich veranlasst sah, die Bevölkerung zu ermahnen, da diese viel Unrat aus den Häusern in den Schnee schüttete, und der Unrat sich mit Schnee und Eis zu einer gefährlichen Mischung vereinigte. Bischof Franz Ludwig von Erthal gab 100 Dukaten aus seiner Schatulle, um Eis und Schnee aus der Stadt schaffen zu lassen, die Hofkammer sollte Hofpferde stellen, die beim Wegschaffen gebraucht werden sollten. Gefährlich waren auch die so genannten Holländerbäume, die mainabwärts geflößt wurden und die bei hohem Pegelstand des Mains schwere Schäden am Ufer verursachen konnten. Um den 23. Februar 1784 änderte sich die Wetterlage, es kam zu einem plötzlichen Wärmeeinbruch, der den Schnee schmelzen ließ. Erschwerend kamen starke Regenfälle hinzu, sodass das Zusammenwirken von Schmelzwasser, Niederschlägen und Aufbrechen des Eises auf dem lange zugefrorenen Main zu einem starken Anstieg des Pegels führte. Zwischen dem 28. Februar und 1. März 1784 erreichte der Mainpegel seinen Höhepunkt, in Würzburg war das Hochwasser zwei Schuh drei Zoll höher als beim Hochwasser 1682, das Ratsprotokoll berichtet vom *angeschwollenen, mit gräßlichsten Eisschollen und Holländer Bäumen vermischten wilden Wasser*.[1] Die Viertelmeister und die Bürgerschaft hielten am Wasser nächtliche Wache, die gefährdetsten Plätze wurden beleuchtet. Am 27. Februar 1784 fing das Eis in Würzburg an zu brechen. Es begann sich etwas oberhalb der Brücke zu stemmen und brach dann gegen 12 Uhr, als der Bischof von der Brücke ging, ab; Eisschollen, Holländerbäume und Gehölz richteten Schaden an (s. Tafel 1). Der Wasserstand wuchs bis zum 29. Februar um 4 Uhr, da hatte der Main den Kürschnerhofbogen beim Regierungsgebäude erreicht. Durch eine Änderung der Großwetterlage sank der Mainpegel danach wieder rasch.

Die Schäden in den einzelnen Mainorten waren unterschiedlich, in Bamberg stürzten 36 Menschen in den Tod, als das Hochwasser eine Brücke zerstörte. Die Regierung des Hochstifts Würzburg hielt einen Circularbefehl betreffend Schadensfeststellung nicht für nötig, da in der Stadt Würzburg *einestheils dahier ausser einer 80jährigen Spithalpfründnerin niemand ersoffen seye; anderentheils kein Haus durch die Fluthen hinweg gerissen worden, die eingestürzte Garthen Mauern [...] in keine Betrachtung zu zie-nen seyn*, die Bürgerschaft ihre Mobilien und Gerätschaften meist gerettet habe, *der überige Schaden ausser denen größtentheils durch Unvorsichtigkeit verunglückten Weins nicht sonderlich bedeutend seyen*.[2] Dass die Schäden am Eigentum der Menschen doch beträchtlich waren, zeigt der Befehl der Regierung an alle am Main liegenden Ämter und Klöster, zu verkünden, dass alle Funde von Mobilien und Gerätschaften am Main, die nicht der Obrigkeit angezeigt wurden, als Diebstahl eingestuft werden sollten. Der Stadt Würzburg war es nicht recht, dass Soldaten aus den Kasernen in bürgerliche Häuser ausquartiert werden mussten; der Stadtrat zeigte sich besonders besorgt um die weibliche Jugend.

Besondere Probleme bereitete das Hochwasser den Kirchen und Klöstern. Im Protokoll des Ritterstifts St. Burkard heißt es etwa, dass die Kirche St. Burkard *in solche Verwüstung gekommen ist, daß allda die Blatten und Gräber aufgerissen, die Kirchenstühle aufgehoben und untereinander geworfen, und vieler Unrath dahin eingeführet worden*,[3] weshalb wegen der Gefahr von Krankheiten kein Gottesdienst stattfinden könne. Die geistliche Regierung des Hochstifts ließ alle Kirchen, in die Wasser eingedrungen war, schließen, statt in St. Burkard fanden die Gottesdienste in der Kirche des Deutschen Ordens (heute Deutschhauskirche) statt, und zwar bis zum 16. Mai 1784. Auch andere Kirchen wurden geschlossen, zum Beispiel die Kirche der Karmeliter (Reuererkirche), das Barbarakloster und die Pleicher Kirche. Von der Karmelitenkirche wurde berichtet, es gebe Gerüchte, dass sie voller Wasser sei, *die Gräber eröffnet, und die todte Leiber, ins besondere der kürzlich beerdigte H[err] v[on] Botzheim, darinnen herumschwimmete*.[4] Grundsätzlich sah die weltliche Regierung die Gefahr, dass die durch das Wasser *zurückgebliebene viele Dünste der menschlichen Gesundheit* nach dem Gutachten der Ärzte sehr schädlich seien;[5] nach Absprache mit der geistlichen Regierung wurden diese Kirchen geschlossen. Nachdem das Wasser abgelaufen war, untersuchten Professoren der medizinischen Fakultät der Universität Würzburg die Kirchen und rieten allen Einwohnern, die vom Hochwasser betroffen waren, an gefahrfreien Plätzen Tannenholz mit der größten Behutsamkeit anzuschüren und die Häuser mit Wacholdersträuchern auszuräuchern, *wozu dann auch die Anzündung des Schiespulvers und das Tabac-Rauchen angerathen werden könne*.[6] Die Regierung empfahl die Anschürung nur in gewöhnlichen Herdstellen, von der Verwendung von Schießpulver riet sie aber ab. Die Karmeliter- und die Pleicher Kirche wurden Anfang April wieder eröffnet, doch waren die Gefahren offenbar noch nicht endgültig gebannt. Hofrat von Brée hielt den Besuch der Kirchen wegen der Feuchtigkeit noch für bedenklich, angeblich wurden Gottesdienstbesucher in der Pleicher Kirche deswegen ohnmächtig, *ja sogar der plötzliche Todesfall des dortigen Schuhlrectores sothanen Feuchtigkeith zugeschrieben werden solle*, deshalb wurde die Beerdigung *von bloßen Körper in sothanen Kirchen* wie bei den Augustinern noch untersagt.[7] Das Hochwasser brachte für die Kirchen auch finanzielle Nachteile: Für das Abhalten der Gottesdienste statt in der Burkarder Kirche in der Deutschhauskirche musste das Rückermainamt drei Dukaten für den Deutschhausverwalter, vier Reichstaler für den Deutschhauskirchner und einen Konventionsgulden für den Kirchenjungen zahlen.

Außerdem waren die Keller des St. Burkardischen Rückermainamtes mit Wasser voll gelaufen, die Kalter dort umgestürzt, zwei Fuder Wein in einem Fass zugrunde gegangen, und es mussten vier Fässer im Keller mit Eisen gebunden werden, weil die hölzernen Reifen durch das lange anhaltende Wasser abgesprungen waren.

Zur Hilfe für die vom Hochwasser in Stadt und Hochstift Würzburg betroffenen Untertanen rief Bischof Franz Ludwig von Erthal zu Spenden auf. Der Bischof betonte, der Hinweis, er selbst solle helfen, sei richtig, doch könne er es nicht allein. Er bat die Bevölkerung um Hilfe aus christlichen Motiven. Der Bischof ließ der Stadt zur Verteilung 400 Exemplare seines Aufrufs geben, der den Titel trug: *An das Würzburger-Hochstifts-Publikum: Bedrangte Einwohner der Residenzstadt und des Fürstl. Hochstifts Würzburg die am 27ten und 28ten Hornung 1784 durch die Wasserfluthen in Unglück gerathen*.[8] Die geistliche Regierung forderte die Pfarrer auf, Spenden zu sammeln und ein Verzeichnis der Spender zu erstellen. Jeder Spender sollte einen nummerierten Schein erhalten, auf dem die Höhe der Spende sowie der Name des Gebers standen, nach Schluss der Kollekte sollten die Spenden mit der Nummer im Wochenblatt veröffentlicht werden. Die Verteilung der Spenden sollte durch eine Kommission erfolgen, der Bischof behielt sich persönlich die Prüfung vor. Das Ritterstift St. Burkard spendete zum Beispiel 100 Gulden, ein Teil des Personals der Hofkammer 200 Gulden, die Stadt Würzburg 400 Gulden – je 100 Gulden gaben das Bürgerspital, das Wasserzollamt, die Getreidestiftung und die Brücknersche Stiftung –, mehr konnte die Stadt nach eigener Aussage nicht geben. In der Stadt Würzburg wurden vor allem die Brückenbögen und Brückenpfeiler beschädigt, das Wehr, die untere Mainmühle und die Kranenmauer; dafür forderte die Hofkammer als Abschlag 5 000 Gulden von den Holzhändlern, da die so genannten Holländerstämme auf dem Main unkontrolliert geschwommen waren und viele Schäden angerichtet hatten. Der Stadtbaumeister klagte, dass verschiedene Gebäude der Stadt, das Pflaster und gemeine Straßen und Wege durch das Hochwasser ruiniert und unbrauchbar geworden waren. Zerstört wurde auch die Augustinerschanz. Probleme bereitete zeitweise auch die Versorgung der Bevölkerung mit Brot, da viele Backöfen in Würzburg unter Wasser standen und die Kanal- und Mainmühle schwere Schäden aufwiesen. Die Behebung der Schäden dauerte zum Teil Jahre und kostete die Stadt Würzburg viel Geld. Sie weigerte sich zum Beispiel noch 1788, die durch das Hochwasser unter dem Mainloch angehäuften Steine auf ihre Kosten zu räumen. Da die Stadt Würzburg aber trotz allem noch glimpflich davongekommen war, wurde am 18. März 1784 in der Marienkapelle ein Dankfest unter Teilnahme des Bischofs abgehalten.

Die Stadt Würzburg im Bauernkrieg

Ulrich Wagner

Dem Bauernkrieg, der »Revolution des gemeinen Mannes«[1], waren bereits mehrere Einzelerhebungen der Untertanen vorausgegangen. Schon 1476 war es durch die Predigten des Pfeifers von Niklashausen, dessen Forderungen und Ziele teilweise mit jenen der Zwölf Artikel übereinstimmten, im Tauberraum zu Unruhen gekommen.[2] 1502 hatten sich im Bistum Speyer die Bauern erhoben, ein Aufstand, der vom Pfalzgrafen bei Rhein niedergeschlagen wurde, und 1514 in der Bewegung des »Armen Konrad« die in Schwaben empört. In Franken begann nach Erhebungen im Hochstift Bamberg 1524[3] der eigentliche Aufruhr am 22. März 1525 in der so genannten Rothenburger Landwehr, dem Territorium der fränkischen Reichsstadt. Rasch breitete er sich in die Nachbargebiete aus.

Vielfältig waren die Gründe, die 1525 zum allgemeinen Aufstand führten, einige wesentliche seien angeführt. In den Jahrzehnten vor der Erhebung bewirkte die durch eine Agrarkrise bedingte wirtschaftliche Schlechterstellung der Landbevölkerung wachsende Steuerbelastungen und beträchtliche Einkommensverluste. Der Gegensatz zwischen Arm und Reich verschärfte sich, grundlegende Bedürfnisse breiter Bevölkerungsschichten waren nicht mehr zu erfüllen; zudem wuchs die Bevölkerung, nicht jedoch die zur Versorgung nötige Anbaufläche. Zunehmende politische Erwartungen der Bauern in mehr dörfliche Autonomie oder in eine Konstituierung als Landstand bzw. Landschaft wurden nicht realisiert. Göttliches Recht und Evangelium, die nunmehr das Alte Herkommen ersetzen sollten, erlaubten es andererseits den Untertanen, ihre Nöte und deren Abschaffung als sittlich berechtigte Forderung vorzutragen.[4]

Der Würzburger Bischof Konrad von Thüngen (1519–1540), der die Ursachen der Empörung offensichtlich aus der Reformation herleitete und anfangs die Gefahr unterschätzte,[5] bat, als in den Grenzgebieten des Hochstifts die ersten Untertanen zu den Bauern überliefen, sogleich die benachbarten Fürsten, den Statthalter des Erzbischofs von Mainz und Ludwig V., den Pfalzgrafen bei Rhein, »ihn nicht mit Hilfe und Beistand zu verlassen, wenn die Empörung auch gegen ihn sich richten werde.«[6] Im Schreiben an den Pfalzgrafen vom 21. April 1525 verwies er allerdings darauf, dass er *bishere bey unsern burgermaistern, rathe und den furnemsten in unser hauptstat Wirtzburg nit vernomen, das inen solch der bauren furnemen gefalle.*[7] Aufgrund eigener Schwierigkeiten sahen sich die Angeschriebenen jedoch nicht in der Lage, konkrete Unterstützung zu leisten.

Bischof Konrad forderte Anfang April 1525 die Grafen, Ritter und Herren des Hochstifts gerüstet nach Würzburg, berief Landsturm und Landtag ein, hatte aber hiermit nur zum Teil Erfolg. Als die Ritterschaft des Stiftes zusagte, sich bewaffnet in der Stadt Würzburg einzufinden, erregte dies Unruhe und Unwillen in der Bürgerschaft. Man fürchtete die Einquartierung Bewaffneter, denen man sich schutzlos ausgeliefert glaubte, und Aushebungen in der Einwohnerschaft zum Kriegszug des Landesherrn gegen die Aufständischen. In der Stadt kam es zu Ausschreitungen gegen bewaffnete bischöfliche Knechte und insbesondere im Hauger- und Mainviertel gegen Geistliche, die teilweise selbst rüsteten.[8]

Inzwischen hatte die Erhebung der Bauern weiter um sich gegriffen. Nach der Einnahme der Deutschordensstadt Mergentheim verstärkten sich die Aufständischen im Taubertal. Im Norden des Hochstifts brachen unerwartet Unruhen aus; Scharen unzufriedener Bauern sammelten sich im Hauptlager Bildhausen. An Neckar und im Odenwald formierte sich ein Bauernhaufen unter Führung des Götz von Berlichingen. Als mehrere Bitten an den Schwäbischen Bund um Unterstützung oder Rücksendung der dem Bundesheer zur Verfügung gestellten Truppen erfolglos blieben – man wollte in Franken erst eingreifen, wenn in Schwaben die Aufstände niedergeschlagen waren –, wurde für Bischof Konrad deutlich, dass er von außen nicht mehr mit rascher Hilfe rechnen konnte. Er befahl, die verbliebenen Burgen und Schlösser für eine Belagerung in Stand zu setzen und deren Verproviantierung vorzunehmen.

Ausschlaggebend wurde nun die Rolle der Residenzstadt Würzburg, die für den Landesherrn mehr als zuvor die entscheidende Operationsbasis gegen die Aufständischen darstellte, andererseits für jene aber der unverzichtbare Ausgangspunkt für den Angriff auf die Feste Marienberg war. Zwar zeigte sich der städtische Rat dem Bischof ergeben, entsprechend beantwortete er Anfragen verschiedener Territorialstädte auf sein zukünftiges Verhalten, doch setzten die Umtriebe des Hans Bermeter und seiner Mitläufer die Bürgerschaft in Unruhe und Aufruhr.

Der Bischof, der das Gefahrenpotenzial inzwischen offensichtlich realistisch einschätzte, schrieb einen Ritterschaftstag für den 5. April nach Würzburg aus und begründete dies mit der Rebellion der Bauern um Rothenburg. Die Würzburger fürchteten indes, dass diese Versammlung gegen sie intendiert sei; dem Rat wurde Kollaboration gegen die Einwohnerschaft vorgeworfen. Über den Stadtrat und die Viertel versuchte der Fürstbischof sich der Loyalität der Bürgerschaft zu versichern und bat um Vorschläge zu verschiedenen Forderungen.[9]

Am 13. April antworteten Rat und Viertelvertreter nach internen Beratungen: Jene Würzburger Einwohner, die sich den aus dem Taubertal näher rückenden Bauernhaufen anschlossen und in der Stadt zum Aufruhr aufriefen, sollten bestraft werden. Mehrere Hundert gerüstete Bürger zum Niederwerfen des Aufstandes bereitzustellen, lehnten sie hingegen ab. Die Stadt selbst müsse ja bewacht und geschützt werden, zumal *viel geistlicher und freyer leut hie sitzen, die nichts thun.*[10] Einig war man sich, dass die Vorräte an Korn und Mehl in der Stadt überprüft und nichts mehr ausgeführt werden sollte, ebenso sollte die Feuerordnung neu in Kraft gesetzt werden. Strittig blieb der Wunsch des Fürsten, eine gewisse Anzahl von Reitern in die Stadt zu legen. Dies wollte der Rat nicht.[11] Schließlich forderte man den Zusammentritt der Landschaft, um die Gravamina zu beraten. Nur bei einer Beseitigung der Missstände sei es möglich, den Aufruhr zu verhindern. Allerdings scherten das Gänheimer und das Hauger Viertel aus dem allgemeinen Konsens aus. Ersteres verlangte, die Bettler und Arbeitsscheuen auszuweisen und die freie Predigt des Evangeliums einzuräumen, Letzteres forderte die Aufhebung der Vorrechte von Stiften und Klöstern, insbesondere des Rechts auf unbesteuerten Weinimport, und ebenfalls die freie Auslegung der Heiligen Schrift. Am 14. April zeigte sich der Bischof hinsichtlich der meisten Forderungen kompromissbereit und war damit einverstanden, einen Landtag einzuberufen, zu dem auch das Landvolk eingeladen werden sollte.[12]

Städtische Vermittlungsversuche, zwischen Bauernschaft und Fürstbischof einen Ausgleich zu finden, schlugen allerdings fehl, da sich die Aufständischen weigerten, an dem auf den 30. April 1525 in der Hauptstadt angesetzten Landtag zu erscheinen. Erste Anzeichen eines Frontwechsels wurden nun in der Bürgerschaft sichtbar. Die antiklerikalen Tumulte eskalierten. In der Woche vom 23. zum 29. April plünderten Würzburger Einwohner die Klöster Ober- und Unterzell sowie Himmelspforten und steckten Letzteres in Brand. Am 30. April wurde der Rat gezwungen, die Artikel des Gänheimer Viertels für den Landtag als verbindlich zu akzeptieren, dies ein eindeutiges Zeichen, dass sich die revolutionären Viertel gegen die etablierte städtische Obrigkeit durchsetzten. Die Gänheimer Artikel hatten sicherlich nicht die Zwölf Artikel der oberschwäbischen Bauernschaft als Vorlage, doch stimmten sie in wesentlichen Punkten, wie freie Pfarrerwahl, Aufhebung der Belastungen, Freiheit des Wildes und Waldes, Aufhebung der Leibeigenschaft, mit diesen überein.[13] Dennoch erschienen Gesandte von Städten und Ämtern zum Landtag in Würzburg.

Nachdem er die Feste Marienberg in verteidigungsfähigem Zustand sah, eröffnete Bischof Konrad, begleitet von seinem Sekretär Lorenz Fries, am 1. Mai 1525 persönlich – und dies war nicht ohne Risiko – die Versammlung in der Stadt. Hier brachten vor allem die einzelnen Viertel die bekannten Beschwerden vor. Zwar wurde die Obrigkeit anerkannt, jedoch sollten alle Stifte und Klöster aufgehoben werden. Anstelle des Zehnten sollte zum Unterhalt der Geistlichen nur noch der 30. Teil abgeliefert werden. Völlig entfallen sollten Zinsen, Gült, Handlohn und der kleine Zehnt, beseitigt werden sollte insbesondere die Leibeigenschaft. Da die Hauptbetroffenen, nämlich die Bauern, auf dem Landtag nicht vertreten waren, blieb ein Interessenausgleich ausgeschlossen. Zudem waren die auf dem Landtag versammelten Städte nicht bereit, sich vom bäuerlichen Lager separieren zu lassen: Ohne die Bauern seien sie nicht bereit zu verhandeln! Andererseits war der Fürstbischof nicht willens, auf das zuletzt vorgebrachte Angebot der Gegenseite einzugehen, nämlich der Bauerneinung beizutreten. So scheiterte der Landtag und führte Würzburg mit den angeschlossenen Städten vollends in das Lager der Aufständischen.[14]

Für den Landesherrn wurde die Situation prekär. Als Alternative verblieb, auf der Burg den wann auch immer eintreffenden Entsatz durch die Truppen des Schwäbischen Bundes abzuwarten, dort gegebenenfalls unterzugehen oder aber das Hochstift zu verlassen. Als sich am 5. Mai 1525 ein weiterer einflussreicher Vasall des Fürstbischofs, Graf Georg von Wertheim, unter massivem Druck des »Hellen Haufens« den Odenwälder Bauern anschloss – die Grafen von Rieneck und die Herren von Limpurg waren bereits

Abb. 7: Gerüsteter Bannerträger von Würzburg zur Zeit des Bauernkrieges. (StadtAW, Zeitgeschichtliche Sammlung, Militär)

zuvor auf die Seite der Aufständischen gewechselt – und schließlich die Bauernhaufen von verschiedenen Seiten näher zur Stadt rückten, zog Konrad von Thüngen die Konsequenz. Mit einer kleinen Schar von Vertrauten, darunter dem Marschall Heinz Truchseß von Wetzhausen, seinem Sekretär Lorenz Fries und Dr. Nikolaus Geys von Hanau, verließ er am 5. Mai 1525 den stark befestigten Marienberg, um in Heidelberg bei Herzog Ludwig V., Kurfürsten und Pfalzgrafen bei Rhein, Hilfe zu erbitten.[15]

Auf die Nachricht von der Flucht des Landesherrn brachen die bei Ochsenfurt und Kitzingen plündernden Bauern sofort nach Heidingsfeld auf, am 7. Mai rückten die Odenwälder Bauern in das Lager in Höchberg ein. Die Stadt Würzburg wurde zum Anschluss an die Bewegung aufgefordert. Nach der Darstellung des Würzburger Stadtschreibers Martin Cronthal[16] drohten im Grafeneckart vor versammeltem Rat und Gemeindevertretern Hauptleute der Bauern unter anderem mit der Verwüstung der Weinberge, der Lebensbasis der Einwohnerschaft, sodass sich der Stadtrat in das Unvermeidliche fügte, nicht ohne zuvor dem Landesherrn *durch ein offen brief* mit Datum vom 9. Mai 1525, der durch den Ratsdiener Wilhelm Leisner auf dem Marienberg übergeben wurde, die Ursache seines Handelns darzulegen. Demnach sah sich die Bürgerschaft *aus betrangter noth gezwungen, bruderliche vereinigung und das heyl[lige] evangelium aufrichten helfen, der bauerschaft zuzusagen.*[17] Allerdings hatte sich die Bürgerschaft ausbedungen, bei einer Eroberung des Schlosses nicht herangezogen zu werden. Die weitere Entwicklung ging jedoch über Bürgermeister und Stadtrat hinweg, es verblieb ihnen kein Entscheidungsspielraum, die Bauern und ihre Führer bestimmten das nunmehr eskalierende Geschehen. Konsequent unterschied in der Folge – und dies war nach dem Sieg des Bundes für Würzburg besonders hart – das fürstliche Lager nicht mehr zwischen loyalen und aufständischen Elementen in der Stadt.

Am selben Tag, dem 9. Mai 1525, zogen die Bauern unter Florian Geyer in Würzburg ein, es kam zu Übergriffen und Plünderungen von geistlichem Besitz, der Rat hatte Mühe, Gesetz und Ordnung aufrecht zu erhalten. Wie alle Hauptleute war Florian Geyer in seinen Entschlüssen nicht selbstständig, sondern den Weisungen des Bauernrates unterworfen.[18] Die Bauernhaufen setzten in Würzburg den Rothenburger Ernfried Kumpf zum Schultheißen ein und übernahmen damit die Herrschaft. Fries bemerkt hierzu sarkastisch, dass die Würzburger viel von ihrem Schultheißen gehalten hätten, der sich unter anderem mit dem Spruch beliebt machte, dass die Stadt Würzburg früher zum Römischen Reich gehört hätte (als Reichsstadt), durch die Tyrannei der Bischöfe aber davon abgebracht worden wäre. Jetzt sei wieder die Zeit gekommen, diese auszuschalten. Das Schloss müsse herab und nichts anderes.[19]

Verhandlungen zwischen den Hauptleuten der Bauern und der Schlossbesatzung sowie Vermittlungsversuche des Grafen Georg von Wertheim blieben erfolglos. Der Taubertaler Haufen forderte gegen den Rat des Götz von Berlichingen für den freien Abzug der Besatzung vom Marienberg ein enormes Lösegeld in Höhe von 100 000 Gulden.[20] Möglicherweise war dieses so hoch angesetzt, um eine Übereinkunft von vorneherein zum Scheitern zu bringen.[21] Am 14. Mai begannen die Bauern früh morgens ab 4 Uhr die Burg zu beschießen (s. Tafel 4), die Besatzung schoss ab 6 Uhr für eine Stunde mit allen Geschützen zurück, zu einer Zeit, wie Fries trocken bemerkt, zu der man sonst die Glocken für die Messe zu läuten pflegte. Man schoss aber nicht auf die Geschützstellungen der Aufständischen, sondern in die Stadt, aus der viele herausflohen, um sich auf Flößen unter der Mainbrücke in Sicherheit zu bringen. So wurde bezeichnenderweise an diesem Sonntag *Cantate* (d. h. Singet), dem 14. Mai 1525, *on unterlas aus und in das sloss mit den buchsen wol gesungen.*[22] Nachts begann der Sturm auf die Burg, der mit schweren Verlusten der Angreifer endete.[23] Da die von der Stadt Nürnberg erbetene Waffenhilfe ausblieb, fehlten den Bauern insbesondere schwere Geschütze. Von der Reichsstadt Rothenburg wurden zwar solche zur Verfügung gestellt, doch trafen diese, wie wohl auch jene aus Tauberbischofsheim ausgeliehenen, erst nach dem 15. Mai in Würzburg ein.[24] Die gut gesicherte und rechtzeitig verproviantierte Marienburg mit ihren 400 Mann Besatzung stand unter dem Kommando des Dompropstes Markgraf Friedrich von Brandenburg als oberstem Hauptmann, assistiert von einem Kriegsrat,[25] die militärische Verantwortung lag beim Hofmeister Sebastian von Rotenhan.[26]

Inzwischen rückte unter der Führung des Georg Truchseß von Waldburg das Heer des Schwäbischen Bundes – zu dem bei Neckarsulm Ludwig und Ottheinrich, die Pfalz-

Abb. 8: Der Würzburger Tradition nach trafen sich die Anführer der Bauern im Hof zum Stachel.

grafen bei Rhein, mit ihren Truppen, sowie Kurfürst Ludwig von Trier und Bischof Konrad von Thüngen gestoßen waren – gegen die Tauber und Würzburg vor. Götz von Berlichingen verließ daraufhin rasch am 28. Mai mit dem Odenwälder Haufen den Kreis der Belagerer und entging damit der am 2. Juni 1525 bei Königshofen stattfindenden mörderischen Schlacht, in der die wenig kriegsgeschulten Bauernhaufen mit ca. 7 000 Mann, 47 Geschützen und 300 Wagen[27] völlig aufgerieben und größtenteils vernichtet wurden. Zwei Tage später, am Pfingstsonntag 1525, ereilte das von Würzburg herangeführte bäuerliche Ersatzheer mit etwa 4 000 – 5 000 Mann und 26 Feldschlangen (fahrbare Geschütze) dasselbe Schicksal. Insbesondere gegen die kriegserfahrene Reiterei hatten die Fußknechte und Geschützmannschaften der Aufständischen auf der Gäufläche bei Sulzfeld und Ingolstadt südlich von Würzburg keine Chance.[28] Für das bündische Heer lag damit der Weg nach Würzburg offen. Die Stadt versuchte sogleich, in Verhandlungen einzutreten. Am 3. Juni 1525 kam in das bündische Lager in Königshofen Heinz Megel, vereidigter Würzburger Bote, mit einem Brief von Bürgermeister und Rat zu Würzburg an den Feldhauptmann. In diesem legten jene ihre Unschuld dar und baten um Gnade und Vermittlung bei ihrem Herrn, dem Fürstbischof. Sie erhielten jedoch keine Antwort, die Stadt hatte sich auf Gnade oder Ungnade zu ergeben.[29]

Am 8. Juni 1525 nahm der Schwäbische Bund Würzburg ein, von Heidingsfeld ritten die Fürsten in die Stadt. Als Erstes wurden den Bürgern die Schlüssel zu allen Toren und zum Grafeneckart abgenommen. 115 Rädelsführer aus Stadt und Land wurden hingerichtet (s. Tafel 4), über 150 Bürger, darunter fast der gesamte Stadtrat, wurden gefangen gesetzt – hierbei nahm man dem Würzburger Bürgermeister das städtische Sekretsiegel und das Bargeld ab[30] –, teilweise gefoltert[31] und erst am 8. August die meisten gegen Schwören von Urfehde und Ableisten einer Schatzung wieder freigelassen. Unter ihnen waren auch der Bildschnitzer und frühere Bürgermeister Tilman Riemenschneider und der Stadtschreiber Martin Cronthal.[32] Hans Bermeter, der Aufwiegler, war geflohen; er wurde in Nürnberg gefasst, eingekerkert und 1527 hingerichtet.[33]

Am 9. August 1525 ließ Fürstbischof Konrad von Thüngen morgens um 7 Uhr die Bürger zum Hof Katzenwicker kommen, Erbhuldigung, Pflichtleistung und eine öffentlich verlesene Verschreibung beschwören, nach der, um nur einige Bestimmungen zu nennen, alle noch vorhandenen Waffen abgeliefert werden mussten, sämtliche überkommenen Rechte der Bürgerschaft aufgehoben waren und die zukünftige Regelung der Stadtverwaltung dem Landesherrn anheim gestellt wurde.[34] In 14 zusätzlichen Artikeln[35] wurden bereits einige grundlegende Einsetzungsverfahren neu geordnet. Demnach blieben nunmehr Wahl und Entlassung von Stadtrat und Stadtschreiber allein dem Landesherrn und dem Domkapitel vorbehalten, jegliche städtische Korrespondenz war dem bischöflichen Schultheißen zur Einsicht vorzulegen. Zum Ausgleich der Schäden in Hochstift und Stadt wurde eine Anlage ausgeschrieben, die innerhalb der nächsten zwei Jahre von jedem Einwohner zu leisten war.[36] Zehn Ratsherren, unter ihnen Tilman Riemenschneider, wurden wegen der Teilnahme am Aufstand aus dem Rat entfernt, Martin Cronthal seines Stadtschreiberamtes enthoben.[37] Schließlich erließ der Fürstbischof am 18. November 1525 eine Stadtordnung für Würzburg, der 1528 eine erweiterte Reformation folgte.[38]

Aus dem Scheitern des Bauernkrieges, der zwar kein Religionskrieg war, aber ohne die Reformation wohl nicht ausgelöst worden wäre, und dessen politische Konzeption bei einer Abschaffung der geistlichen Herrschaft auf eine Stärkung der kaiserlichen Reichsgewalt zielte und eine umfassende Reform des Reiches als Ganzes vorsah, gingen im Hochstift Würzburg wie auch anderswo als eigentliche Sieger die Landesfürsten hervor. Das Bauerntum und Teile der städtischen Mittel- und Unterschichten schieden für Jahrhunderte aus dem politischen Leben in Deutschland aus.[39]

Tilman Riemenschneider
ca. 1460–1531
Bildschnitzer und Ratsherr an der Wende zur Neuzeit

ULRICH WAGNER

Weit über Franken hinaus ist Tilman Riemenschneider als der Bildschnitzer von Würzburg, der *fürsichtige und weise Meister*, eben als der herausragende mainfränkische Künstler um die Wende vom 15. zum 16. Jahrhundert bekannt. Riemenschneider war nicht nur Leiter der größten spätmittelalterlichen Bildschnitzerwerkstatt Würzburgs, sondern auch wohlhabender Bürger, der mehrfach Spitzenämter im Stadtrat und im Oberen Rat innehatte und als städtischer Bürgermeister die Geschicke der Stadt lenkte.

Abb. 9: Selbstbildnis Tilman Riemenschneiders in der rechten Nische der Predella des Marienaltars, um 1505/08, Creglingen, Herrgottskirche.

Geboren wurde er um 1460 im thüringischen Heiligenstadt als Sohn eines Münzmeisters. Bereits 1478/79 ist er in Würzburg belegt, wo sein Onkel Nikolaus seit 1458 als einflussreicher Notar und Fiskal des Domstifts (*procurator fisci*) wirkte. Offensichtlich befand Tilman sich, wie bei Handwerksgesellen üblich, auf Wanderschaft. Aus Osterode im Harz kam er 1483 endgültig nach Würzburg und wurde am 7. Dezember 1483 als »Malerknecht« in die Lukas-Bruderschaft aufgenommen, in der Bildschnitzer, Glasmaler und Maler vereint waren. Riemenschneider war viermal verheiratet, wobei ihm die erste Ehe 1485 mit Anna Schmidt, der Witwe eines Goldschmiedes, den Eintritt in das Bürgerrecht und die Übernahme der Meisterwürde maßgeblich erleichterte und damit auch den gesellschaftlichen Aufstieg ermöglichte. Die Goldschmiede zählten zu den angesehensten Handwerkern der Stadt.

Am 5. Mai 1491 erhielt Riemenschneider vom Stadtrat den Auftrag für die freistehenden Plastiken von Adam und Eva am Portal der Marienkapelle, 1493 konnten diese bereits aufgestellt werden. 1496 bis 1499 schuf er das prächtige Grabmal für Fürstbischof Rudolf von Scherenberg, 1499 erhielt er den Vertrag für das Kaisergrab im Bamberger Dom. 1505 bis 1519 schnitzte er den Hochaltar für den Würzburger Dom, der 1701 abgebrochen wurde, 1506 gestaltete er den berühmten 3-Wappen-Tisch für das Würzburger Rathaus. Diese Großaufträge waren Anerkennung einer außergewöhnlichen Meisterschaft, denn in genialer Weise beherrschte er nicht nur die verschiedensten Materialien wie das weiche Lindenholz, den Solnhofener Kalkstein oder den Untersberger Marmor, sondern er vermochte auch die unterschiedlichsten in Auftrag gegebenen Themen handwerklich gekonnt umzusetzen. Er verschloss sich nicht den Neuerungen der Zeit, sondern übernahm, wie beim monumentalen Grabdenkmal für Lorenz von Bibra, seit dem zweiten Jahrzehnt des 16. Jahrhunderts die neuen Formen der Renaissance.

Steil verlief auch seine politische Karriere. Im November 1504 wurde er in den Würzburger Stadtrat berufen, 1505 kam er in den Kreis des »Hausgenossen« des Domkapitels. 1505 zum Stadtbaumeister und 1512 zum Steuerherrn gewählt, wurde er 1509, 1514 und 1518 als Stadtrat in den Oberrat abgeordnet. 1520 wählten ihn die Ratsherren in das kommunale Spitzenamt des Bürgermeisters, 1521 bestimmten sie ihn zum Altbürgermeister und Oberratsmitglied. Als sich die Stadt Würzburg im Bauernkrieg 1525 unter dem Druck der Aufrührer gegen ihren Landesherrn, den nach Heidelberg geflohenen Konrad von Thüngen entschied, geriet auch Tilman Riemenschneider in den Sog der Ereignisse. Nach der vernichtenden Niederlage der Bauernhaufen in der Schlacht von Königshofen war er zusammen mit dem Stadtschreiber Martin Cronthal unter jenen 40 Bürgern, die auf dem Marienberg eingekerkert und erst nach fast neunwöchiger Gefangenschaft gegen Urfehde (Friedensschwur) entlassen wurden. Laut Cronthal wurde auch Riemenschneider *hart gewogen und gemartert*, also auf der Folter mit Gewichten gestreckt. Dass man ihm die Hände brach, ist nicht belegt. Ein Teil seines Vermögens wurde eingezogen. In den nächsten Jahren führte er, teilweise unterstützt von seinem Sohn Jörg, noch einige kirchliche Aufträge aus, so in Maidbronn, Kitzingen und Marktbreit. Am 7. Juli

1531 verstarb er etwa 70-jährig und wurde auf dem Friedhof der Dompfarrei bestattet. 1822 fand man den Grabstein bei Straßenbauarbeiten.

Über 40 Jahre hatte Riemenschneider als Steinbildhauer und Bildschnitzer gewirkt, in Würzburg war er zu materiellem Wohlstand und hohem gesellschaftlichen Ansehen gelangt: Innerhalb der Ratsherrschaft erreichte er die höchsten Ämter. Mit seinem erfolgreichen künstlerischen Schaffen wirkte er weit in den mainfränkischen Raum. In seinem spätgotischen Stil, der durch eine gewisse melancholische Grundstimmung gekennzeichnet ist, orientierte er sich, wie insbesondere der jugendlich-schöne Adam von der Marienkapelle belegt, am Ideal klassisch-harmonischer Wirkung. Seine Spätwerke lassen erkennen, dass er sich bewusst der neuen Kunst der Renaissance öffnete.

Das konfessionelle Zeitalter
(1525–1617)

HANS-PETER BAUM

Im Zuge des im 16. Jahrhundert überall in Europa, besonders in den Städten, festzustellenden kräftigen Bevölkerungswachstums[1] scheint auch die Bevölkerung der Stadt Würzburg während des hier zu behandelnden knappen Jahrhunderts deutlich zugenommen zu haben. Am Vorabend des Bauernkriegs wird man Würzburg wohl auf etwa 8 200–8 500 Einwohner schätzen können.[2] Aus dem Jahr 1571 liegt das Ergebnis einer ersten wirklichen Kopfzählung vor; danach wurden *in Summa ahn Persohnen der acht Viertel ausserhalb der vier Stifften, Clostern, Spitale und Armen Häuser gefunden 8 590 jung und alt*.[3] Da in der Mitte des 16. Jahrhunderts Stifte und Klöster in Würzburg vielfach sehr schwach besetzt, teils ganz verlassen waren, wird man auch bei Vollbelegung der Spitäler und Armenhäuser kaum mehr als 5–600 Insassen dieser Institutionen als Einwohner hinzurechnen; daraus ergäbe sich eine Einwohnerzahl von 9 100–9 200 in jenem Jahr.[4] Nach Scharold, der eine verloren gegangene Quelle zitieren dürfte, hatte im Jahr 1621 die Stadt Würzburg 1 120 Häuser und zählte 9 782 Seelen. Dabei wird nicht deutlich, ob diese Zahl die Gesamtheit der Einwohnerschaft, also inklusive der Insassen von Klöstern und Spitälern, oder ohne diese darstellt; wenn sie noch hinzugezählt werden müssten, beliefe sich die Einwohnerzahl in jenem Jahr auf rund 10 300–10 400.[5]

Da diese Zahlen die Ergebnisse wirklicher Kopfzählungen, keine bloßen Schätzungen sind, wird man die darin sichtbar werdende Bevölkerungszunahme als Faktum akzeptieren müssen, auch wenn die Menge der Steuerzahler – eines der wichtigsten Indizien für die Entwicklung der Bevölkerung – über das gesamte 16. Jahrhundert nicht erkennbar zunahm, die Einwohnerzahl demnach also stagniert hätte.[6] Für eine fühlbare Bevölkerungszunahme im 16. Jahrhundert sprechen auch Äußerungen wie die Anfrage bischöflicher Räte beim Würzburger Stadtrat im Sommer 1544, wie man sich des *unendlichen Gesinds der uber das Jare Burger worden* und die doch weder liegende noch fahrende Habe hätten, *entschlagen und ledig werdenn mocht*.[7]

Die ummauerte Fläche der Stadt erfuhr im Zeitraum 1525–1617 keine Veränderung, sondern blieb auf dem 1506 nach der Einbeziehung des Klosters St. Afra in die Stadtmauer erreichten Stand.[8]

Unter Bischof Konrad von Thüngen 1525–1540

Die Stadt Würzburg ging aus dem Bauernkrieg politisch sehr geschwächt hervor. Zwar hatte sie keine großen Bevölkerungsverluste erlitten, wenn auch einige Stadtbewohner als Rädelsführer der Unruhen hingerichtet worden waren.[9] Auch dürften die finanziellen Verluste durch die Entschädigungszahlungen an die siegreichen Fürsten des Schwäbischen Bunds und an die bischöfliche Regierung letzten Endes im Rahmen des Erträglichen geblieben sein.

Der Stadt waren 8 000 Gulden *Prantschatzung* auferlegt worden.[10] Bezeichnend ist der Bericht des Ratsprotokolls über einige Umstände der Bezahlung dieser Summe. Ludwig (V.), Pfalzgraf bei Rhein und Kurfürst, wendete sich wegen ihm zustehender 4 000 Gulden an den Bischof. Die daraufhin in die Kanzlei bestellten Bürgermeister sagten aus, ihres Wissens sei diese Summe dem Pfalzgrafen bereits ausgezahlt worden; dies könnten einige Ratsherren bezeugen. Die sogleich herbeizitierten Ratsmitglieder teilten mit, der pfalzgräfliche *Pfenningmeister* habe über den Empfang dieser Summe eine Quittung ausgestellt, die im Gewölbe neben der Ratsstube aufbewahrt werde. Diese und weitere dort aufgefundenen Quittungen wurden nun in die bischöfliche Kanzlei gebracht, wobei der Rat dringend darum bat, die *in Verwarung zu behalten uff das einem Rathe wo die verlegt oder verloren nit Nachteil und Schade daraus entstunde*.[11] Das Kennzeichnende für die politische Lage der Stadt war, dass ihr selbst solche vergleichsweise unbedeutenden Urkunden weggenommen wurden. Tatsächlich wurden ihr damals nicht nur mit dem Bauernkrieg in Zusammenhang stehende Unterlagen, sondern fast alle irgend politisch bedeutenden Urkunden und Korrespondenzen abverlangt und in die bischöfliche Kanzlei überführt. Aus den Ratsprotokollen wurden die auf den Bauernkrieg bezüglichen Seiten entfernt.

Im Sommer 1526 bemühte sich die Stadt intensiv, die Gnade des Bischofs wieder zu erlangen, nicht zuletzt deswegen, weil diesem nach seiner Auffassung wegen der Beteiligung der Bürger an dem Aufruhr der dritte Teil aller bürgerlichen Vermögen verfallen war.[12] Die Bürger wurden aufgefordert, für den verlangten dritten Teil ihrer Güter *etwas* zu geben, die Schäden an der Festung Marienberg zu beseitigen und die Geistlichen zu entschädigen, die während des Bauernkriegs Verluste erlitten hatten. Der Rat setzte jedoch eine Supplik an den Bischof auf, er möge von der Einziehung des dritten Teils der Güter der Bürger und Einwohner – ein Wert von 100 000 Gulden, nun aber wohl niedriger zu veranschlagen[13] – absehen und die Bürger wieder in Gnade setzen. Der Bischof ließ wenige Tage später durch seinen Kanzler antworten, statt des dritten nur noch den zehnten Teil aller bürgerlichen Vermögen einziehen zu wollen.[14] Die Bürger erklärten sich, wenn der Bischof darauf beharre, damit zwar einverstanden, baten aber zugleich um weitere Ermäßigung, besonders für den Fall, dass Missernten oder *grosse schwere Krigsleufft* einträten.

Bischof Konrad setzte aufgrund einer Empfehlung durch den Reichstag zu Speyer im Jahr 1527 die Würzburger Bürger wie alle Stiftsuntertanen formell wieder in den früheren *Stand irer Eren* ein. Das bedeutete, dass sie von Rechts wegen wieder Räte und Gerichte besetzen und Ämter innehaben durften;[15] de facto war der Würzburger Rat schon

Ende 1525 wieder eingesetzt worden. Schon im Frühjahr 1528 traten die von Rat und Bürgerschaft angesprochenen »schweren Kriegsläufte« ein, und der Bischof sah sich gezwungen, die Stiftsuntertanen und insbesondere die Bürger von Würzburg um ihre Hilfe zu bitten.

Der »Hessenkrieg« bzw. die »Packschen Händel« gehören zu den seltsamsten politischen Verwicklungen, in die Stadt und Hochstift Würzburg je hineingezogen wurden. Im Frühjahr 1528 erfuhr man in Würzburg, dass Landgraf Philipp von Hessen und Kurfürst Johann von Sachsen in großem Stile rüsteten; im Laufe der folgenden Wochen wurde deutlich, dass die Rüstungen sich nicht zuletzt gegen das Hochstift Würzburg richteten. Der Bischof forderte die Bürger und Einwohner seiner Hauptstadt auf, sich auf einen Krieg vorzubereiten, Proviant in die Stadt und in die Haushalte der Bürger zu bringen, die Stadtbefestigungen zu überprüfen und nötigenfalls zu verstärken, Büchsen, Geschütze und Mannschaften auf die Türme und »Letzen« zu legen; er werde auch Artillerie von der Festung herunter liefern.[16] Der Rat ließ umgehend ein Verzeichnis aller vorhandenen Büchsen und Geschütze anlegen; danach verfügte die Stadt über 1 *Falckenetlein* (Falkonett: kleine Feldschlange), 3 *Halbschlangen* (Schlange: langrohriges Feldgeschütz), 5 *Doppelhacken*, 128 einfache *Hacken* (Haken: Handfeuerwaffen) und 187 *Handrore* (sicherlich auch Handfeuerwaffen).[17] Zugleich fragte der Bischof an, ob die Bürger ihm, wie es Stifte und Geistlichkeit bereits zugesagt hätten, Geld und Silbergeschirr gegen gebührliche Verzinsung leihen könnten.[18] Die vier großen Stifte in Würzburg – Dom, Neumünster, Stift Haug und St. Burkard – mussten ihre Kirchenschätze abliefern, um sie einschmelzen und Geld für die Kriegführung daraus schlagen zu können; sie erhielten aber einige Zeit später alles unversehrt zurück.[19] Bischof Konrad berief seine Lehensleute zur Verteidigung des Hochstifts ein und warb zusätzlich 3 000 Landsknechte aus Schwaben und vom Bodensee an, die als Besatzung in die Hauptstadt gelegt wurden. Die Vikare am Domstift mussten täglich Bleikugeln gießen, Pferdemühlen wurden in der Stadt angelegt und Tag und Nacht Korn gemahlen. Neben anderen Gebäuden wurde die alte Allerheiligenkirche hinter dem Dom abgerissen, um einen geeigneten Sammelplatz für die Verteidiger der Stadt zu haben. Der Bergfried auf der Festung wurde niedriger gemacht. Der Abriss eines Stadttores und sogar des Bürgerspitals, das ja unmittelbar vor dem Haugerburgtor lag, wurden bereits geplant, damit sich der Feind in ihnen, falls die Stadt belagert würde, nicht festsetzen konnte. Bevor es aber dazu kam, wurde *die Sachen vertragen und abzuprechen nichts ferners bevolhen ... Got hab Lobe*, wie der Rat erleichtert feststellen konnte.[20]

Vor dem tatsächlichen Ausbruch von Feindseligkeiten schickten nämlich Landgraf Philipp von Hessen und Kurfürst Johann von Sachsen im Mai 1528 eine Gesandtschaft nach Würzburg, die Bischof Konrad zu seiner Überraschung darlegte, dass der Landgraf und der Kurfürst sich durch ein Bündnis bedroht fühlten, das eine Reihe von geistlichen und weltlichen Fürsten, unter ihnen auch der Bischof von Würzburg, gegen sie geschlossen hätten, um sie als Anhänger der Lehre Luthers aus ihren Ländern zu vertreiben und die neue Lehre zu unterdrücken. Zum Beweis legten sie eine Ausfertigung des Bündnisvertrags vor, die der würzburgische Kanzler allerdings als Fälschung erkannte. Bischof Konrad – und in der Folge auch die anderen Partner des angeblichen Bünd-

Abb. 10: Soldaten beim Würfelspiel, 1529.
(Germanisches Nationalmuseum Nürnberg, Inv.-Nr. St.NBG. 16714, Kapsel 45)

nisses – erwiderten zu Recht, dass dieses nie existiert habe, niemand Kriegspläne gegen Hessen und Kursachsen hege. Viel später stellte sich heraus, dass der erst sächsische, dann landgräflich hessische Rat Dr. Otto von Pack das angebliche Fürstenbündnis gegen Hessen und Kursachsen erfunden und die gefälschte Bündnisurkunde erstellt hatte; ob dies im Auftrag des Landgrafen geschehen war, wurde nie klar. Bei weiteren Verhandlungen in Schmalkalden unter Vermittlung des Erzbischofs von Trier und des Pfalzgrafen bei Rhein wurde zwar der Frieden zwischen dem Hochstift Würzburg, Hessen und Kursachsen wiederhergestellt, allerdings sah sich Bischof Konrad gezwungen, dem Landgrafen von Hessen als Entschädigung für dessen Rüstungskosten 40 000 Gulden zu zahlen, während Kursachsen auf finanzielle Forderungen verzichtete.[21]

Der Bischof bat den Rat, die erste Rate der Stadt Würzburg – 4 000 Gulden – einer vom Landtag beschlossenen dreijährigen Anlage, die eigentlich je zu Weihnachten fällig war, bereits bis *Nativitatis Marie* (8. September) auszuzahlen. Wenn die Bürger sich hierin als treue Untertanen zeigten, wolle der Bischof ihnen die *hohe Verschreibung*, die sie infolge des Bauernkriegs über sich ausgestellt hätten, wieder zurückgeben. *Wurde im Rat beschlossen in solch seinen fürstlichen Gnaden unthertheniglich zu wilfaren und nit abzuschlahenn.*[22] Anscheinend legte der Rat, um die Summe schnell aufzutreiben, eine Anleihe auf. Am 12. September quittierte der bischöfliche Kammermeister über den Empfang von 3 905 Gulden von der Stadt.[23] Auf diese Weise dürfte es der Stadt gelungen sein, die als Drohung immer noch über ihr schwebende Einziehung von einem Zehntel der bürgerlichen Vermögen im Wesentlichen abzuwenden; die finanziellen Folgen des Bauernkriegs waren damit wohl größtenteils überwunden. Allerdings waren auch die Würzburger Bürger zur Zahlung der 7 ½ Gulden verpflichtet, die von allen Haushaltungen des Hochstifts als Ersatz für die im Bauernkrieg verursachten Schäden gefordert wurden; die *Anlagen* zur Aufbringung der Verpflichtungen aus dem »Hessenkrieg« schlossen sich nahtlos an.[24] Die Stadt Würzburg erklärte gegenüber Bischof Konrad von Thüngen in einer neuen *Verschreibung* ihren Dank dafür, dass sie wieder in Gnaden angenommen war; die Bürger sicherten zu, sich fortan als treue Untertanen zu verhalten.[25]

Am deutlichsten zeigt sich die politisch geschwächte Stellung der Stadt in der neuen Stadtordnung, die Bischof Konrad noch 1525 erließ und die 1528 novelliert, ergänzt und verschärft wurde.[26] Wesentlich an diesen beiden Stadtordnungen war, dass Bürgermeister und Rat nicht mehr als städtische Selbstverwaltung, sondern nur noch im Namen und Auftrag des Bischofs tätig sein sollten.[27]

Der Oberrat wurde gänzlich suspendiert, seine Funktionen weitgehend dem – vom Bischof eingesetzten – Oberschultheißen übertragen; damit war der Einfluss des Domkapitels auf die Verwaltung der Stadt erheblich zurückgedrängt. Dem Domkapitel blieb allerdings das Recht, alternierend mit dem Bischof die Ratsherren des Unterrats einzusetzen, wobei der Bischof sich das Recht vorbehielt, diese auch wieder ihres Amtes zu entheben. Von den unmittelbar nach dem Ende des Bauernkriegs sämtlich ihres Amtes enthobenen Ratsherren wurden im November 1525 zehn, darunter auch Tilman Riemenschneider, nicht wieder in ihr Amt eingesetzt, obwohl sie eigentlich auf Lebenszeit gewählt waren.

Der Unterrat – also der eigentliche Stadtrat – verlor das Selbstversammlungsrecht und wurde nun vom Oberschultheißen einberufen, der auch den Vorsitz führte und die Tagesordnung bestimmte. Ein Beschluss durfte nur nach Unterrichtung und Anweisung des Bischofs oder eines seiner Räte erfolgen; der Oberschultheiß oder ein bischöflicher Rat mussten auf jeden Fall dabei anwesend sein. Dies galt insbesondere auch bei der Erledigung jeglicher Korrespondenz; der Rat der Stadt Würzburg, die im 13. Jahrhundert selbstständig dem Rheinischen Städtebund beigetreten war und mit der königlichen Kanzlei korrespondiert hatte,[28] durfte nun nicht einmal mehr unbeaufsichtigt einen Brief öffnen!

Der Rat verlor 1528 die Befugnis, die Bürgermeister und sonstigen Träger von Ratsämtern zu wählen; sie wurden nunmehr ebenso wie ein neuer Stadtschreiber vom Bischof eingesetzt. Der Zuzug von Einwohnern und die Aufnahme von Neubürgern wurden von der Zustimmung des Bischofs bzw. des Oberschultheißen abhängig gemacht. Der bischöflichen Verwaltung wurde auch die Rechnungsführung der städtischen Ämter unterstellt; Überschüsse durften nur nach Anweisung des Bischofs verwendet wer-

den. Auch die fiskalische Selbstständigkeit der Stadt war also im Wesentlichen aufgehoben. Die Viertelmeister erwiesen sich bei der Einziehung der Wachtgelder und anderer
städtischer Abgaben als unentbehrlich und blieben erhalten, geschlossen wurden aber
die Viertelhäuser, da die Stadtviertel, die dort die Stützpunkte ihrer Organisation hatten, im Bauernkrieg die eigentlichen Unruheherde gegen die Obrigkeit gewesen waren.

Die Stadtordnung von 1528 befasste sich auch mit der Einschärfung von Zucht und
Sitte und mit der Begrenzung des Luxus bei Hochzeiten und Kindtaufen; das Zutrinken
und Spielen um Geld wurde verboten. Die Bürger wurden verpflichtet, Nachrichten,
selbst nur Gerüchte, von Worten, Werken und Schriften, die sich gegen die Ordnungen
der alten Kirche richten und zu Aufruhr führen könnten, dem Schultheißen oder den
Räten anzuzeigen. Diese Ordnung sollte zur Einschärfung jedes Jahr an den Osterfeier-
tagen in allen Pfarreien von der Kanzel verlesen werden. – Darüber hinaus wurde auch
die Verwaltung des Bürgerspitals dem Würzburger Unterrat entzogen.[29]

Die Würzburger Stadtordnungen von 1525 und 1528 fügen sich mit anderen in der Regierungszeit Konrads von Thüngen für andere Städte des Hochstifts erlassenen Ordnungen zu einem geschlossenen Bild: Der Bischof wollte offensichtlich nicht nur zeitweilig
Gewohnheitsrechte suspendieren, sondern der landesherrlichen Verwaltung alle die Kompetenzen auf Dauer übertragen, die er der bisherigen städtischen Selbstverwaltung entzog.[30] Diese einheitliche und nach den Erfahrungen des Bauernkriegs nicht zuletzt gegenüber der Stadt Würzburg mit Härte durchgesetzte Politik Konrads von Thüngen
rechtfertigt es auch, seine Regierungszeit aufgrund ihrer weitgehenden Unterdrückung eigenständiger städtischer Verwaltung als einen besonderen Abschnitt der Würzburger
Stadtgeschichte anzusehen. Unter seinen Nachfolgern war die Stadt Würzburg in der Lage, einen erheblichen Teil der verloren gegangenen Kompetenzen zurückzugewinnen.

Die Reformation hatte sich in Würzburg vor 1525 vor allem in der Tätigkeit der
Domprediger Paul Speratus und Johann Poliander (Graumann) bemerkbar gemacht.[31]
Auch der Weihbischof Johann Pettendorfer, vorher Professor an der Universität Ingolstadt, trat spätestens 1525 ins Lager der Reformation über, verließ aber nach Ende des
Bauernkriegs die Stadt Würzburg.[32] Bischof Konrad von Thüngen stand von Anfang an
klar auf Seiten der alten Lehre, wie nicht zuletzt die Verkündigung der päpstliche Bulle
Exsurge Domine noch im Jahr 1521 erweist.[33] Er ließ aber zu, dass Speratus und Poliander, auf den er selbst das Domkapitel als Kandidaten für die Würzburger Domprädikatur
aufmerksam gemacht hatte, in evangelischem Sinne predigten, solange sie in ihrem
Handeln und persönlichen Leben keine kirchenrechtlichen Vorschriften übertraten.
Speratus war 1520–1521, Poliander 1522–1525 in Würzburg tätig. Anders verhielt sich
der Bischof, als die beiden geistlichen Räte und Stiftsherren von Neumünster Dr. Johann Apel und Dr. Friedrich Fischer den Zölibat brachen und Ehen bzw. eheähnliche
Verhältnisse eingingen, Apel noch dazu mit einer Nonne aus dem Kloster St. Markus in
der Pleich.[34] Der Bischof versuchte zunächst, Apel in einer persönlichen Unterredung
zur Einhaltung des kanonischen Rechts zu bewegen; dieser antwortete tags darauf mit
einer schriftlichen Rechtfertigung, die den Bischof allerdings nicht beeindruckte. Er ließ
Apel und Fischer am 1. Juni 1523 in aller Öffentlichkeit durch den Fiskal verhaften und
auf die Festung Marienberg bringen. Sie wurden erst im August nach Einspruch des

Reichsregiments, an das sich ihre Familien gewandt hatten, wieder freigelassen und verließen Würzburg. Bezeichnend für den relativ schwachen Widerhall, den die lutherische Bewegung in Würzburg bis dahin gefunden hatte, ist die Tatsache, dass die Gefangennahme von Apel und Fischer in der Stadt kaum Aufsehen, geschweige denn Widerspruch, erregt hatte und dass die beiden Domherren Jakob Fuchs d. J., der die Frauen Apels und Fischers gewarnt hatte, und Jakob Fuchs d. Ä., der eine Schrift zu ihrer Verteidigung verfasste, danach Würzburg verlassen mussten. Schon auf dem Landtag vom Dezember 1523 forderte Bischof Konrad eine Beratung darüber, wie man sich gegenüber denen verhalten solle, die abweichend von der altkirchlichen Lehre predigten und dadurch Zwietracht und Aufruhr hervorriefen. Nach 1525 wurde seine Haltung gegenüber der Reformation noch erheblich ablehnender, da er in ihr den Ursprung und eigentlichen Grund des Bauernkriegs erblickte. Zu den religiösen Bedenken gesellten sich schwer wiegende staatsrechtliche Befürchtungen. Daher begann Konrad von Thüngen 1526 damit, die Konformität der Predigt mit der altkirchlichen Lehre zu erzwingen; er ließ eine Reihe lutherischer Prediger gefangen nehmen, die öffentlich Widerruf leisten mussten.[35] Drucker und Buchhandel in Würzburg wurden seit dem Bauernkrieg streng und anscheinend erfolgreich überwacht, sodass unliebsame Schriften nicht mehr auf den Markt kommen konnten. Angeblich soll Bischof Konrad schon 1525 drei hoch besoldete Theologen zur Predigt gegen das Luthertum eingestellt haben.[36] Die Wiedertäufer, die in den Jahren 1527–1529 auch in Unterfranken auftraten, wurden verfolgt. Aufsehen erregte dabei besonders die öffentliche Hinrichtung des der Wiedertäuferei verdächtigten Friedrich Pretscher, eines ehemaligen Augustinermönches und Pfarrers von Nordheim a. M., auf einem vor dem Sandertor in Würzburg errichteten Scheiterhaufen im April 1528.[37] In welchem Umfang die reformatorische Lehre die Bürger und Einwohner Würzburgs außerhalb eines Kreises gelehrter Theologen und Humanisten in der Regierungszeit Konrads von Thüngen erreicht hatte, ist – insgesamt gesehen – kaum auszumachen.

Dass die Forderungen nach einer Reform der Kirche nicht völlig unberechtigt waren, zeigten nicht zuletzt zwei Mordfälle, in die Herren des Würzburger Domkapitels als Täter und Opfer in Thüngens Regierungszeit verwickelt waren und die nicht nur in der Stadt erhebliches Aufsehen erregten.[38] Im Januar 1532 erstach der Domherr Christoph Graf von Henneberg nachts auf dem Markt ohne erkennbaren Anlass einen »Scharwächter«, also einen städtischen Polizisten. Er verließ die Stadt, bevor er ergriffen werden konnte. Bischof Konrad bestand darauf, dass ihm seine Domherrnpfründe in Würzburg entzogen wurde. Im Oktober 1536 ermordete der jüngste Domherr Kilian Fuchs aus nichtigem Anlass seinen ehemaligen guten Freund, den Domherrn Wolf Dietrich von Schaumberg, spät abends auf offener Straße und flüchtete sich dann in den Dompropsteihof, einen so genannten Freihof, in dem nicht verhaftet werden durfte. Einige Tage später gelang es ihm, aus der Stadt zu fliehen. Auch er musste auf Druck des Bischofs auf seine Pfründe verzichten.

In Würzburg starb am 7. Juli 1531 mit Tilman Riemenschneider der wohl bedeutendste Bildhauer und Bildschnitzer Deutschlands in seiner Zeit. Seit seiner Enthebung vom Bürgermeisteramt und seiner Haft 1525 war es um ihn sehr still geworden. Er hatte nur noch wenige neue Aufträge bekommen, war aber bei seinem Tode nicht völlig verarmt, denn bei der Anlage des Jahres 1529 zur Finanzierung der Zahlungen an den Landgrafen von Hessen zählte er mit rund 500 Gulden Vermögen immer noch zu den relativ Wohlhabenden, wenn er auch 1497 ein erheblich größeres Vermögen versteuert hatte.[39]

Die Jahre 1540–1580

Obwohl dieser Zeitraum die Regierungszeiten mehrerer Bischöfe umfasst und obwohl es sich um politisch sehr ereignisreiche Jahre handelt, ist es vom Standpunkt der würzburgischen Stadtgeschichte berechtigt, diese Jahre zu einer Ära zusammenzufassen, da – unabhängig davon, welcher Bischof regierte – die Stadt Würzburg in dieser Zeit wesentlich freier und selbstständiger agieren konnte, als es ihr unter Bischof Konrad von Thüngen möglich gewesen war.

Am 16. Juni 1540 starb Bischof Konrad von Thüngen im Alter von etwa 74 Jahren. Er wurde mit all dem Pomp beigesetzt, der im Laufe des Mittelalters bei der Grablegung eines Würzburger Bischofs üblich geworden war. Die Stadtbevölkerung Würzburgs beteiligte sich in großem Umfang an den Feierlichkeiten. Wie herkömmlich wurde der Leichnam des verstorbenen Bischofs geöffnet, die Eingeweide herausgenommen und gesondert begraben.[40] Der restliche Körper wurde einbalsamiert, mit den bischöflichen Gewändern bekleidet und von der Festung Marienberg in feierlichem Zuge unter dem Geläut aller Glocken der Stadt in den Dom getragen. Nach einem Gottesdienst im Neumünster am folgenden Tag unter Mitführung des Leichnams wurde dieser schließlich wieder in den Dom gebracht und dort feierlich bestattet. Das Herz wurde jedoch wie das aller Würzburger Bischöfe jener Zeit ins Kloster Ebrach überführt und dort beigesetzt. In dieser Form ging die Bestattung aller Würzburger Bischöfe im 16. Jahrhundert vor sich.

Am 1. Juli 1540 schritt das Domkapitel zur Wahl des neuen Fürstbischofs.[41] Die ursprünglich guten Aussichten des Domdekans Melchior Zobel von Giebelstadt waren geschwunden, da er verdächtigt wurde, dem Luthertum zuzuneigen; außerdem agitierte gegen ihn erfolgreich der aus Frankreich herbeigeeilte würzburgische Vasall Wilhelm von Grumbach (s. Abb. 11), der in der Geschichte von Stadt und Hochstift noch eine verhängnisvolle Rolle spielen sollte.[42] An der Kurie erwartete man, dass der Dompropst Moritz von Hutten gewählt würde, obwohl er bereits seit 1539 Bischof von Eichstätt war. Tatsächlich wurde aber einstimmig der etwa 50-jährige Propst von Neumünster, Konrad von Bibra, zum neuen Bischof von Würzburg gewählt und mit großem Zeremoniell in sein Amt eingesetzt. Auch die Stadtbürger hatten dabei bestimmte Funktionen. Das Wichtigste für den neuen Bischof und für die Bürger war aber die Erbhuldigung, die sie als Einwohner der Hauptstadt ihm als erste seiner Untertanen schon am 6. Juli 1540 im Hofe Katzenwicker leisteten.

Am 30. Juni 1540 waren – ein einmaliger Vorgang in der Geschichte Würzburger Bischofswahlen – Bürgermeister und Rat vom Domkapitel bei der Vorberatung der Wahl-

Abb. 11: Wilhelm von Grumbach (1503–1567).
Holzschnitt des Meisters P. R. (P. Röddelstedt?) der Cranachschule;
im Hintergrund die Belagerung von Gotha im Jahr 1567.
(A. Bechtold, 1935/V, S. 133)

kapitulation, also der eidlichen Verpflichtungen, die der neue Bischof gegenüber dem Domkapitel eingehen musste, aufgefordert worden, in Monatsfrist nach der Bischofswahl Bescheid zu geben, *ob sie sondere Beschwerd, Gebrechen und Mengel hetten.* Mit der Abfassung der Wahlkapitulation selbst hatten die Ratsherren also nichts zu tun.[43]

Noch bevor nach dem Tod Thüngens der neue Bischof gewählt worden war, wurde dem Würzburger Stadtrat vom Domkapitel die Verwaltung des Bürgerspitals wieder übertragen, wobei allerdings die jährliche Rechnungslegung vor Bischof und Domkapitel erfolgen sollte.[44] Der Rat suchte anlässlich der Erbhuldigung im Katzenwickerhof beim neuen Bischof und beim Domkapitel um Restitution der *alten Freiheit, wie ein Rathe die bey Bischoff Lorentzen gehabt,* nach, die er allerdings zu Recht wegen der Verwicklung in den Bauernkrieg verloren habe.[45] Obwohl Bischof und Domkapitel zunächst kühl mitteilten, von derartigen Freiheiten sei ihnen nichts bekannt, erhielt der Stadtrat in der Folge das Recht zurück, die Bürgermeister selbst zu wählen und auch die anderen

Ratsämter wieder selbstständig zu besetzen. Der Oberschultheiß führte nun nur noch bei der Bürgermeisterwahl, bei der Rechnungslegung über die Steuer und wenn dem Unterrat Mitteilungen des Bischofs zu machen waren, den Vorsitz in den Ratssitzungen.[46] Einlaufende Briefe konnten nun wieder von den Bürgermeistern allein geöffnet werden, nur ausgehende Schreiben mussten weiterhin durch den Oberschultheißen kontrolliert werden.[47] Der Stadtrat erhielt wieder das Recht, eine Sechserliste als Vorschlag für neu einzusetzende Ratsherren vorzulegen; meistens hielten sich von 1540 bis in die 80er Jahre Bischof und Domkapitel – die ja weiterhin im Turnus die neuen Ratsmitglieder bestimmten – an diese Vorschlagsliste. Allerdings konnte sie nicht mehr, wie vor 1525, verbindlich gemacht werden; schon 1542 schuf Bischof Konrad einen Präzedenzfall, als er einen nicht auf der Liste stehenden Mann zum Ratsherrn machte, weil ihm von den auf der Liste Vorgeschlagenen keiner *gelegen sein wolle*.[48]

Das Jahr 1540 brachte in Würzburg und Umgebung wohl den besten Weinjahrgang des 16. Jahrhunderts, möglicherweise sogar einen der besten Jahrgänge des ganzen Jahrtausends hervor; noch heute bewahrt das Bürgerspital eine Flasche 1540er Würzburger Stein als weltweit ältesten Jahrgangswein auf.[49]

Noch 1541 wurden Schadensersatzforderungen an die Stadt Würzburg gestellt, die auf den Bauernkrieg zurückgingen; der *edel und vest* Moritz von Schirnding klagte mit Unterstützung des Markgrafen von Brandenburg wegen Weins, dessen sein verstorbener Bruder Christoph, ehemals Domherr in Würzburg, im Bauernkrieg verlustig gegangen war.[50]

Im Herbst 1541 wurden die Bürgermeister in der Frage der Verbesserung des Unterrichts der Bürgerkinder vor das Domkapitel bestellt; da der Kantor, der diesen Schulunterricht durchführte, ein geringes Einkommen hatte, sollte ihm auf Wunsch von Domdekan und Kapitel der *Tisch* (Freitisch) im Bürgerspital gewährt werden. Der Rat beschloss stattdessen, dem Kantor jährlich 10 Gulden aus dem Reichen Almosen auszuzahlen.[51]

Im selben Jahr 1541 kam es erneut zu einem Totschlagsfall unter Domherren, der wiederum erhebliches Aufsehen in der Stadt und darüber hinaus verursachte. Die Grafen Philipp von Hohenlohe und Boppo von Henneberg waren beide große Liebhaber der Jagd und gerieten wegen eines Hasen, den beide als Jagdbeute beanspruchten, in Streit; kurze Zeit später kam es deswegen zum Duell, bei dem Philipp von Hohenlohe schwer verwundet wurde. Henneberg floh aus der Stadt. Etwa zwei Wochen nach dem Kampf erlag Philipp von Hohenlohe seinen Verletzungen. Boppo von Henneberg verzichtete 1543 auf seine Domherrnpfründe und verglich sich wegen des Totschlags mit der Familie Hohenlohe; nach Würzburg kehrte er nie mehr zurück.[52]

Ebenfalls 1541 kam der Rat mit dem Steinmetz Niclas überein, dass er gegen 460 Gulden den äußeren Bogen an der Mainbrücke zwischen dem Tor und dem Zollhaus wölben solle; die Arbeit sollte aber erst 1543 aufgenommen werden.[53]

Im Februar 1542 gelang es Bischof Konrad, das reiche und zentral in Mainfranken gelegene Amt Mainberg (bei Schweinfurt) im Tausch gegen das Amt Meiningen und die Aufzahlung von 170 000 Gulden von Graf Wilhelm IV. von Henneberg-Schleusingen zu erwerben, wobei für den Fall des Aussterbens der Henneberger der Rückfall Meiningens an Würzburg offen gehalten wurde.[54] Andererseits wurde 1542 die seit langem dem Hochstift verpfändete Stadt Möckmühl ausgelöst und fiel an Württemberg. [55]

Im Frühjahr desselben Jahres brach in Würzburg und anderen unterfränkischen Städten eine schwere Seuche, wohl die Pest, aus, an der viele Menschen starben. Wer konnte, floh aus der Stadt; der Bischof zog sich im Sommer auf die Burg Aschach (bei Bad Kissingen) zurück, die Kanzlei zog nach Neustadt/Saale um. Bischof Konrad ließ im Herbst dem Stadtrat durch zwei seiner Räte mitteilen, dass die Friedhöfe bei den Predigern (Dominikanern) und den Augustinern zu dieser *geschwinden Zeit unnd Sterbens Leufften ganz durchgrabenn* seien, und gab deswegen den ernstlichen Befehl, den Acker vor der Ziegelhütte in der Pleich zu einem Begräbnisplatz zu kaufen; das Domkapitel solle dazu 100 Gulden geben, der Rat 300 Gulden aus der Steuer nehmen.[56] Später hieß es dann, statt in den Gärten vor dem Pleichacher Tor solle zunächst eine Begräbnisstätte im Reuerergarten eingerichtet werden; der Rat führte aber weiter Verhandlungen über den Ankauf von Gärten vor dem Pleichacher Tor für ein *gemein cristlich Begrebnus*, also wohl einen Friedhof, der Altgläubigen und Lutheranern gleichermaßen zur Verfügung stand. Der Friedhof vor dem Pleichacher Tor sollte in den 80er Jahren des 16. Jahrhunderts erneut in die Würzburger Stadtgeschichte hineinwirken.[57]

Im Jahr 1543 übertrug Bischof Konrad seinem Günstling Wilhelm von Grumbach das würzburgische Marschallamt.[58] Grumbach, eine kraftvolle, aber ambivalente Persönlichkeit, der auch mit dem Bischof verschwägert war, hatte sich beim Abschluss des Vertrages über den Erwerb des Amtes Mainberg von den Hennebergern Verdienste um das Hochstift erworben. Andererseits lag er seit langem im Streit mit dem Hochstift um Rechte und Nutzungen im Gramschatzer Wald, wobei Bischof Konrad zum Nachgeben neigte; der Streit wurde 1541 vertraglich beigelegt. Er setzte Grumbach 1542 erneut – wie bereits im Jahr 1528 – auf drei Jahre als Amtmann in den würzburgischen Ämtern Dettelbach und Stadtschwarzach ein und trat ihm schenkungsweise, vielleicht als Lohn für seine Vermittlung beim Erwerb von Mainberg oder für seine Wahlhilfe, eine Schuldforderung von 10 000 Gulden ab. Wegen der strittigen Rechte und seiner Geldforderungen an das Hochstift sollte Grumbach in der Folgezeit zu einer Schlüsselfigur in der Geschichte des Hochstifts, nicht zuletzt auch der Stadt Würzburg werden.[59] Wie weitgehend der Bischof Wilhelm von Grumbach unterstützte, zeigt sich an einer kleineren Auseinandersetzung, die Grumbach mit dem Rat der Stadt Würzburg im Sommer 1543 hatte.[60] Grumbach hatte *hinterstellige* Zinsen an Hans Bruckners Almosen zu zahlen; er versprach, die *Hauptsumme* (das geliehene Kapital) von 600 Gulden im kommenden Februar zurückzuzahlen und bat um Nachlass bei den aufgelaufenen Zinsen von über 444 Gulden. Der Rat beschloss, ihm 144 Gulden Zins nachzulassen. Wenige Tage später erschien der bischöfliche Sekretär Lorenz Fries vor dem Rat und forderte namens des Bischofs, dass Grumbach von der aufgelaufenen Zinsschuld nur noch 100 Gulden zahlen solle, *des wolt sein Gnade gegen einen Rathe in Gnadenn erkennen*. Der Rat beschloss, diesem Wunsch in Untertänigkeit zu willfahren.

Im Jahr 1544 sah der Rat sich mit einer Forderung des Kaisers nach einer Hilfe gegen den *Erbfeindt den Turcken* konfrontiert, die sich für Würzburg auf 2 370 Gulden belaufen und auf alle Bürger umgelegt werden sollte. Daran schloss sich ein Streit an, ob das *Hofgesinde* wie zum Beispiel die Kanzleischreiber gemäß ihrer Forderung von dieser Steuererhebung ausgenommen werden dürften oder ob alle *reisepflichtigen* (wehrdienstpflichtigen) Personen beitragen müssten.[61] Das Jahr 1544 war darüber hinaus durch sehr regnerisches Wetter gekennzeichnet, sodass die Trauben am Weinstock verfaulten.[62]

Am 8. August 1544 starb Bischof Konrad von Bibra. Er ließ ein nicht zuletzt durch den zwar im Sinne der Abrundung des würzburgischen Herrschaftsgebietes sinnvollen, aber kostspieligen Erwerb des Amtes Mainberg erheblich verschuldetes Hochstift zurück. Er hinterließ außerdem zwei natürliche Kinder, Konrad und Katharina, genannt Biber, denen er in seinem Testament bestimmte Geldsummen aussetzte; auch diese Legate sollten in der Geschichte des Hochstifts noch eine verhängnisvolle Rolle spielen.[63]

Am 19. August 1544 wurde – gewissermaßen im zweiten Anlauf – der wohl 44-jährige Domdekan Melchior Zobel von Giebelstadt einstimmig zum neuen Würzburger Bischof gewählt.[64] Auch ihm leisteten die Bürger von Würzburg natürlich den Huldigungseid. In seiner Wahlkapitulation hatte er unter anderem versprochen, gegen die Juden im Hochstift vorzugehen; wohl deswegen wurden diese im November 1544 verpflichtet, einen gelben Ring an ihrer Kleidung zu tragen; auch wurden ihnen Wuchergeschäfte untersagt.[65] Im Übrigen konnten die Juden unter Zobels Regierung unbehelligt im Hochstift leben.

Zobel war schon seit Jahren ein Gegner Wilhelm von Grumbachs gewesen, der nun seinen Einfluss auf die Regierung des Hochstifts verlor. Zobel widerrief die erwähnte Schenkung eines landgräflich-hessischen Schuldbriefs über 10 000 Gulden durch Konrad von Bibra an Grumbach, da sie ohne die Genehmigung des Domkapitels erfolgt war. Grumbach, dem 1544 vom Landgrafen die Schuldsumme ausbezahlt worden war, wurde gezwungen, dem Hochstift seinerseits einen Schuldbrief über diese Summe auszustellen; bis 1552 zahlte er tatsächlich 3 000 Gulden an das Hochstift zurück. Wegen seiner Differenzen mit dem Bischof nahm er 1545 seinen Abschied als Marschall des Hochstifts und trat in die Dienste des Markgrafen Albrecht Alcibiades von Brandenburg-Kulmbach (s. Abb. 12).[66] Der so begonnene Konflikt zwischen Bischof Melchior Zobel und Wilhelm von Grumbach sollte noch schwerwiegende Folgen für das Hochstift, nicht zuletzt aber auch für die Stadt Würzburg haben.[67]

Das Jahr 1546 begann für die Stadt Würzburg mit einem schweren Hochwasser des Mains Ende Januar, das große Teile des Markts (das heißt der Domstraße) überflutete und die Stadtmauer im Mainviertel auf einer Strecke von etwa 50 Metern zum Einsturz brachte.[68] 1547 hatte man offensichtlich trotz der damals herrschenden Kriegsgefahr noch nicht einmal mit dem Wiederaufbau dieses Stücks der Stadtmauer begonnen.[69] In der Mitte des 16. Jahrhunderts wurde Würzburg noch mehrfach von extremen Wettererscheinungen heimgesucht: Im Mai 1551 stand ein Gewitter mit Starkregen sechs Stunden lang über Würzburg, sodass viele Weinberge abgeschwemmt und viele Keller überflutet wurden, in denen teils noch im Juni das Wasser stand; im Januar 1552 führten tagelange Unwetter schon wieder zu einem Hochwasser.[70]

Beherrschendes Thema der Jahre 1546/47 war auch in Würzburg sicherlich der Schmalkaldische Krieg, obwohl Stadt und Hochstift zum Glück nicht ernstlich in ihn hineingezogen wurden. Die Bevölkerung Würzburgs war aber im Frühjahr und Sommer 1546 über Wochen oder sogar Monate auf das Höchste beunruhigt; Wohlhabende brachten ihre Familien und ihre bewegliche Habe in evangelische Orte außerhalb des

Hochstifts; die Bewohner der Vorstädte schafften ihre Wertsachen in die stärker befestigte Innenstadt. Allgemein wurde angenommen, dass Landgraf Philipp von Hessen sich des Hochstifts bemächtigen wollte.[71]

Im Juli 1546 ließ der Bischof dem Würzburger Stadtrat zuerst durch seinen Kanzler mitteilen, dass er nicht wisse, gegen wen sich die vielfältigen Rüstungen im Reich richteten, dass aber zumindest die des Kaisers auf Erhaltung des Friedens gerichtet seien und dass das Hochstift niemandem Anlass zu Feindseligkeiten gegeben habe. Dann erschien der Oberschultheiß vor dem Rat und forderte ein Verzeichnis der Wein- und Getreidevorräte in der Stadt an. Am nächsten Morgen sollten alle Bürger früh um fünf Uhr im Katzenwickerhof erscheinen, um die Anordnungen des Bischofs entgegenzunehmen. Aus den Ämtern Karlstadt und Arnstein seien 300 Personen nach Würzburg bestellt worden, die auf Geheiß der bischöflichen Kriegsräte und der Bürgermeister Fronarbeiten verrichten sollten. Das vom Bischof angeworbene Kriegsvolk sollte einen Tag später auch im Katzenwicker die Befehle des Bischofs empfangen. Der Bischof ließ dann anfragen, ob er nach Meinung des Rates im Kriegsfall in Würzburg bleiben oder die Stadt verlassen solle, um beim Kaiser oder bei Verbündeten Hilfe zu holen. Die Abgeordneten des Rats teilten dem Bischof am folgenden Tag auf der Festung mit, dass sie, wenn der Kurfürst von Sachsen oder der Landgraf von Hessen das Stift *vergewaltigten*, dem Bischof raten würden, Würzburg zu verlassen, um auswärts Hilfe zu erbitten. Diesem Ratschlag stimmte der Bischof zu. Dem Rat wurde schließlich vom Bischof aufgetragen, für 1 000 Gulden Getreide einzukaufen und eine Rossmühle in der Stadt zu installieren; auf der Festung sei noch eine vorhanden.[72]

Wie schon im »Hessenkrieg« wurde ernstlich erwogen, Teile der Vorstädte und einzelne Gebäude außerhalb der Stadtmauern, die einem Angreifer nützlich sein konnten, abzureißen; wieder stellte sich gerade noch rechtzeitig, bevor man damit begann, heraus, dass kein Angriff auf Würzburg bevorstand; es wurde daher nichts abgebrochen. Die fürstlichen Räte hielten allerdings die Würzburger Bevölkerung für unzuverlässig im Kriegsfall und wollten, damit man die Bürgerschaft im Griff habe, nach Möglichkeit 3 000 Soldaten in der Stadt stationieren. – 800 Mann wurden dann in die Vorstädte gelegt und richteten an Gärten und Feldern der Bürger beträchtliche Schäden an.[73]

Im Sommer 1546 zogen die Truppen des Landgrafen von Hessen und des Kurfürsten von Sachsen durch Teile des Hochstifts und verursachten dabei erhebliche Schäden; das Hochstift kam aber in jenem Jahr – insgesamt gesehen – glimpflich davon, und die Stadt Würzburg war überhaupt nicht berührt. Im Spätsommer durchzog ein für den Kaiser in den Niederlanden angeworbenes Heer den Südwesten des Hochstifts; Zobel versorgte diese Truppe sorgfältig, um Unbill von seinen Untertanen abzuwenden.[74]

Obwohl die bischöflichen Räte weiterhin erhebliches Misstrauen gegenüber der Mehrheit der Würzburger Stadtbevölkerung hegten und im Dezember 1546 bereits wieder Pläne zur Befestigung der Stadttore nach innen fassten, sodass die Bürger sie im Belagerungsfall nicht dem Feind öffnen könnten, bemühte sich Bischof Melchior um ein gutes Verhältnis zum Würzburger Stadtrat; er lud ihn im Februar 1547 an einem Sonntag zum Frühstück auf dem Marienberg ein, eine Einladung, die der Rat selbstverständlich annahm.[75]

Abb. 12: Markgraf Albrecht Alcibiades von Brandenburg-Kulmbach (reg. 1541–1557). Ölgemälde von Andreas Richl d. Ä.?, 16. Jahrhundert. (Bayerische Staatsgemäldesammlungen, Plassenburg, Kulmbach, Inv.-Nr. 7138)

Am 24. April 1547 endete der Schmalkaldische Krieg mit Kaiser Karls großem Sieg bei Mühlberg an der Elbe; obwohl es im Winter 1546/47 und im darauf folgenden Frühjahr noch eine Reihe kritischer Situationen für das Hochstift gegeben hatte, nahm es aufgrund glücklicher Umstände und wohl auch dank des diplomatischen Geschicks von Bischof Melchior Zobel keinen erheblichen Schaden.[76]

Markgraf Albrecht Alcibiades trat noch während des Kriegs an die fränkischen Reichsstände mit dem Wunsch heran, ihm seine Rüstungskosten zu ersetzen, da es nur ihm zu verdanken sei, dass sie vom Krieg weitgehend verschont geblieben seien. Damit hatte er nirgends Erfolg, und er erhielt auch keine Hilfe von ihnen, als wenige Monate später sein Land von sächsischen Truppen bedroht wurde. Diese Zurückweisung vergaß er nicht.[77]

Im November 1548 hielt Bischof Melchior eine Diözesansynode auf der Grundlage der mit dem »Augsburger Interim« zusammenhängenden *formula reformationis* in Würzburg ab, deren Teilnehmerlisten zeigen, dass infolge der Fortschritte der Reformation seine geistliche Jurisdiktion nicht mehr die ganze Diözese umfasste, sondern auf das Gebiet des Hochstifts, also seinen weltlichen Machtbereich, geschrumpft war.[78] Möglicherweise in Vorbereitung der Synode hatte der Bischof bereits Ende August den Rat aufgefordert, den Unrat in den Gassen der Stadt, insbesondere um das Rathaus herum, beseitigen und das Pflaster der Straßen ausbessern zu lassen; der Rat teilte darauf mit, dass das Pflastern der Straßen in die Zuständigkeit des Oberrats falle, er habe nur Steine und Sand dazu zu liefern.[79]

Am 5. Dezember 1550 starb in Würzburg der bischöfliche Sekretär, Rat und Archivar Lorenz Fries, dem die wichtigste Darstellung der mittelalterlichen Geschichte von Stadt und Hochstift Würzburg zu verdanken ist. Er war nicht nur als Diplomat, Geschichtsschreiber und Archivleiter eine bemerkenswerte Figur am bischöflichen Hof, sondern hatte sich durch seine beiden Ehen auch in der bürgerlichen Oberschicht der Stadt etabliert, in der er ein sehr stattliches Haus bewohnt hatte, nämlich den Hof zum Großen Löwen, in dem 1402 Teile der ersten Würzburger Universität untergebracht gewesen waren.[80]

Im Herbst 1551 begannen Rüstungen des Markgrafen Albrecht Alcibiades (s. Abb. 12) den ganzen Fränkischen Reichskreis zu beunruhigen; im Frühjahr 1552 brach der Krieg aus, für den das Hochstift Würzburg in keiner Weise gerüstet war. Die Stadt Würzburg wurde im so genannten Markgräfler Krieg 1552–1554 zwar nicht zum unmittelbaren Kriegsschauplatz, war aber durch die Vorbereitungen zu der befürchteten Belagerung, durch die großen Schäden, die ihre Bürger erlitten, und durch hohe Geldforderungen des Landesherrn doch sehr fühlbar betroffen; daher ist hier ein gerraffter Überblick über die Ereignisse zu geben.

Im Frühjahr 1552 stand der Markgraf von Brandenburg zunächst auf Seiten der wenigen verbündeten deutschen Fürsten, denen es durch einen unerwarteten Angriff auf Kaiser Karl V. in der »Fürstenerhebung« gelang, die Ergebnisse des zu ihren Ungunsten – nur der jetzt auch zu den Aufständischen gehörige Moritz von Sachsen hatte profitiert, da er zum Kurfürsten erhoben worden war – verlaufenen Schmalkaldischen Kriegs weitgehend zu revidieren.[81] Sehr schnell zeigte sich aber, dass es dem wie die übrigen Fürsten mit dem französischen König Heinrich II. verbündeten Albrecht Alcibiades viel weniger um die »teutsche Libertät« als um seine eigene Macht ging. Noch im Frühsommer 1552 erpresste er durch einen militärischen Angriff die Reichsstadt Nürnberg um ca. 200 000 Gulden, das Hochstift Bamberg, das überdies etwa ein Drittel seines Territoriums an ihn abtreten musste, um 80 000 Gulden; das Hochstift Würzburg musste schließlich 220 000 Gulden innerhalb weniger Wochen in bar entrichten, auf längere Frist markgräfliche Schulden von 350 000 Gulden übernehmen und auf den Erbschutz über das Kloster Ebrach verzichten. Außerdem sollte das Hochstift keinerlei Rechtsmittel gegen diesen erpressten Vertrag einlegen. Die ursprünglich noch viel höheren Forderungen waren auf Vermittlung von Wilhelm von Grumbach, der inzwischen eine hohe Stellung am markgräflichen Hof einnahm und großen Einfluss auf den Markgrafen hatte, ermäßigt worden; andererseits mussten auch an ihn einige größere Besitzungen rund um den Gramschatzer Wald abgetreten, seine würzburgischen Lehen in freieigenen Besitz umgewandelt und ihm die 7 000 Gulden, die er dem Stift noch schuldete, erlassen werden.[82] Der Markgraf zog mit seinem Heer im Sommer 1552 an den Rhein, ohne die fränkischen Lande weiter zu behelligen.

Der Kaiser hatte sich im August mit den aufständischen Fürsten im Passauer Vertrag geeinigt und bestand nun darauf, dass die fränkischen Reichsstände die ihnen aufgezwungenen Verträge mit Albrecht Alcibiades aufkündigten; dies geschah auch. Im Herbst 1552 belagerte der Kaiser jedoch die Stadt Metz, an deren Besitz ihm sehr viel lag. Um den Markgrafen, der mit seinem Heer in der Nähe stand, vom französischen König weg auf seine Seite zu ziehen, kam er mit ihm dahingehend überein, dass die ge-

Tafel 1: Das Augsburger Guckkastenbild zeigt seitenverkehrt – durch den Guckkasten dann richtig gesehen –
das verheerende Hochwasser von 1784 in Würzburg, kolorierter Kupferstich.
(UBW, Sammlung Brod)

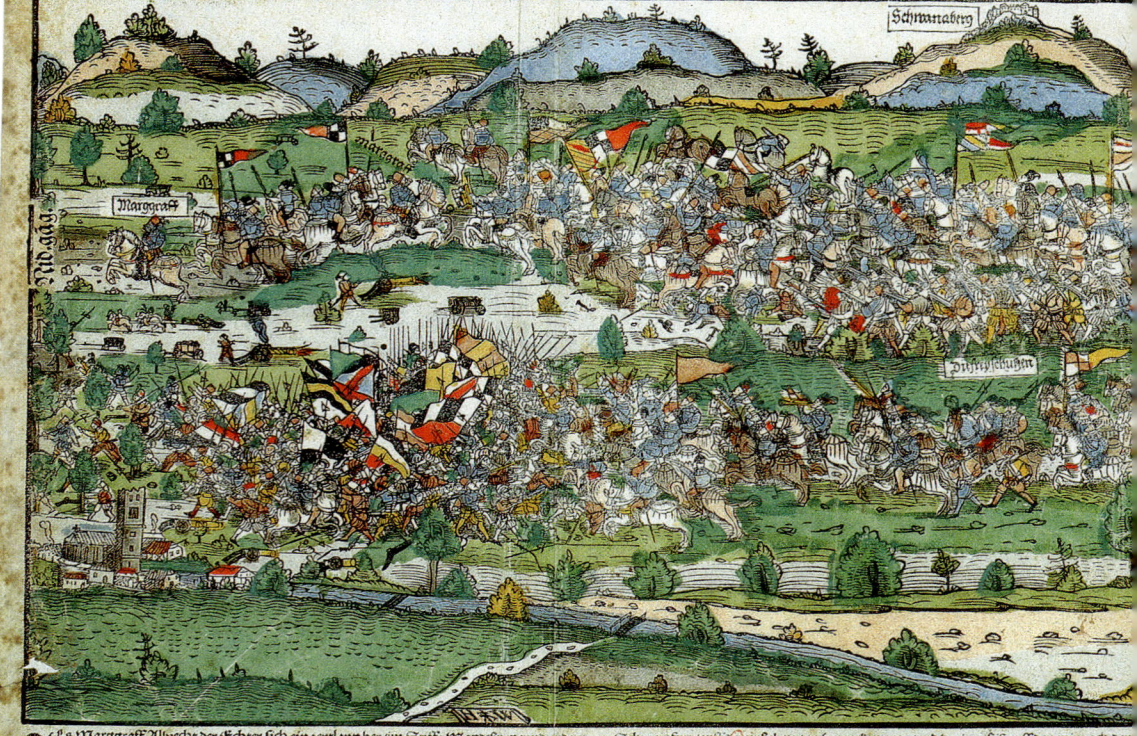

Labels within image: Marggraff · Marggraff · Schwanaberg · Diepoltzhusen

Als Marggraff Albrecht der Echter sich ein zeytlang her/jm Stifft Magdeburg/vnd andern
orten vnd Gepieten/auff ein newes vmb Kriegs volck/zu Roß vnd Fuß/geworben hat/vnd zu
Ilmenaw ein Musterplatz angericht/Welchen der Oberst Rö: Kö: May: Der Edel vnd wol
gebozen/Herr Bohußla Felir/Herr von Hassenstein/sampt etlichen der einig verwanten Stende
Kriegs volck/zu trennen vnterfangen vnnd all bereyt im anzug gewesen. Ehe sie aber von beyder
Belegerung zusamen gestossen/hat sich zu tragen/das der Echter Marggraff Albrecht/am Son
tag den zehenden. des Monats Junij/frü vor tag/vngeferlich mit siben/biß in die Acht hundert
pferden/vnnd Fünff Fendlein Knechten vnuersehenlich auß der Hennenbergischen art/in die Stat

Schweinfurt/auff den vnbelegerten seyten/kommen/vnd darinnen biß auff den mitwoch nach
henden/diß Monats blieben. In der selben nach/hat er sich mit den hinein gebrachten Rai
Sibenzehen. Fendlein Kriegs volck/sampt allen Geschütz/Kriegsrüstung vnnd plünder/
stat gethan/auch die burgerschafft vnd bawerschafft auß etlichen dözffern mit vnd auff seu
nen nach dem mayn hinaß/auff Lizing zu/des vorhabens sich vnd in der selben Lands art
Kriegs volck zu strecken. Wie nun solchs wolgemelter Herr von Hassenstein/vnnd andere
Haupt vnd Befelchs leute vernemen/haben sie sich erhebt/vnd dem feind vnuerzogenlich na
vñ bey dreyen meilen vngeferlich mit der vorzug der Reysigen eriten. als mã aber vermei

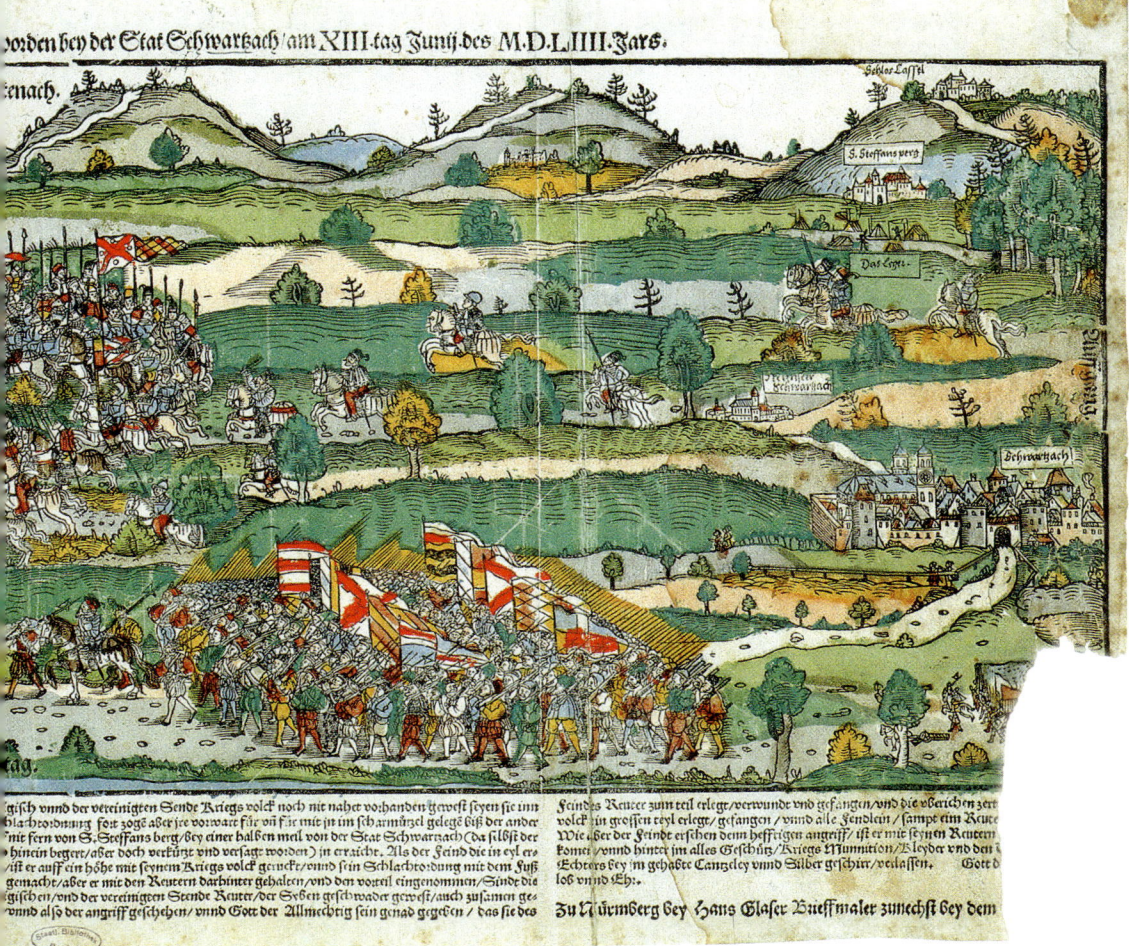

Staatl. Bibliothek Bamberg

Tafel 2/3: Die Schlacht bei Stadtschwarzach am 13. Juni 1554, koloriertes Flugblatt, Hans Glaser.
(Staatsbibliothek Bamberg, V C 309ᵐ)

*Tafel 4 a: Belagerung des Marienbergs über Würzburg durch die aufständischen Bauern
im Mai 1525, kolorierter Holzschnitt.
(Staatsbibliothek Bamberg, RB.H.bell.f.1, fol. 67)*

*Tafel 4 b: Entsatz des Marienbergs durch die Truppen des Bundes und Strafgericht
Konrads von Thüngen im Juni 1525, kolorierter Holzschnitt.
(Staatsbibliothek Bamberg, RB.H.bell.f.1, fol. 68)*

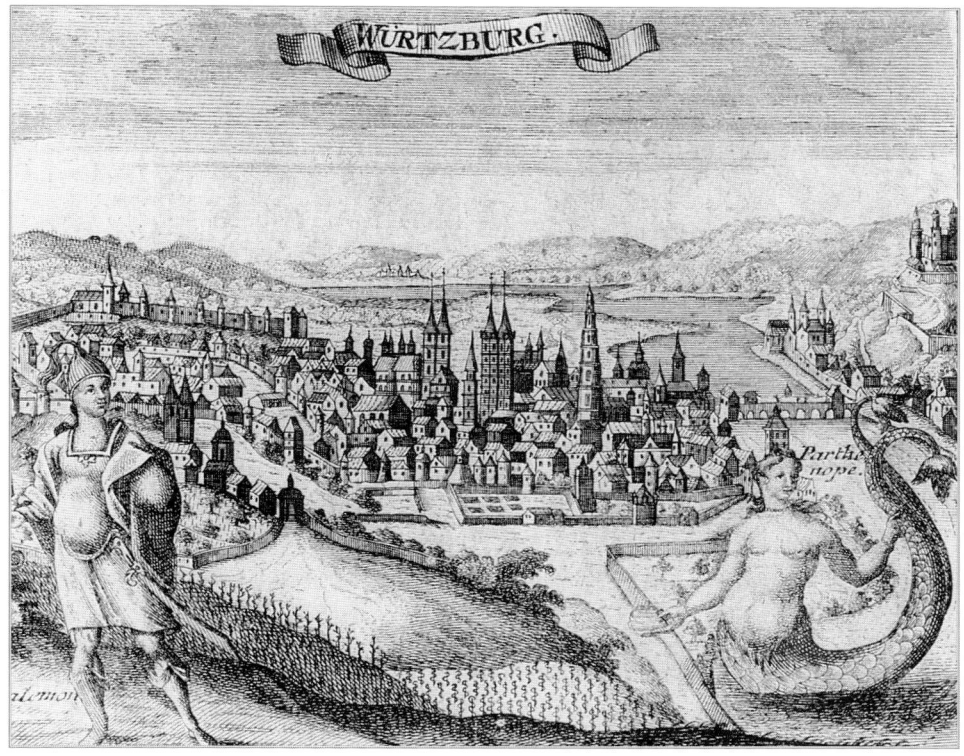

Abb. 13: Würzburg um 1550, Kupferstich, 17. Jahrhundert.
(Germanisches Nationalmuseum Nürnberg, Inv.-Nr. S.P. 10343, Kapsel 1140)

rade eben für null und nichtig erklärten Verträge mit Bamberg, Würzburg und Nürnberg nun doch wieder gültig sein sollten. Diese *cassatio cassationis* erregte im Reich gewaltiges Aufsehen und stellte den Kaiser in ein zweifelhaftes Licht.

Die fränkischen Reichsstände waren nun aber nicht mehr bereit, die Verträge mit dem Markgrafen zu erfüllen, sondern begannen ihrerseits gegen ihn zu rüsten. Melchior Zobel zog überdies im Sommer 1553 alle würzburgischen Lehengüter Wilhelm von Grumbachs ein.[83] Nach einem letzten, vergeblichen Versuch der friedlichen Beilegung des Streits im März 1553 in Heidelberg entbrannte im Frühjahr 1553 der Krieg in Franken. Der Markgraf wendete sich zunächst gegen Bamberg; eine würzburgische Truppe, die zur Unterstützung Bambergs ausgesandt wurde, schlug er bei Pommersfelden. Bischof Melchior ließ, um die ausbrechende Panik zu dämpfen, Rat und Bürgerschaft von Würzburg beruhigen: Die Niederlage sei nicht sehr schwerwiegend gewesen; er habe noch große Truppenreserven zur Verfügung; sie sollten *unerschrocken* sein.[84] Es gab aber noch andere Gründe, weswegen die Würzburger Bürger beunruhigt sein konnten, denn im Januar 1553 waren die Viertelmeister zu besonderer Aufmerksamkeit verpflichtet worden, weil unter dem in Würzburg stationierten Kriegsvolk die Rede gehe, dass man meutern und die wohlhabenden Bürger ausplündern solle.[85] Nach der Niederlage der würzburgischen Hilfstruppe bei Pommersfelden eroberte der Markgraf Bamberg und brandschatzte danach in großem Stil das Gebiet des Hochstifts Würzburg, so etwa die Stadt Hassfurt und das Kloster Theres. Ende Mai 1553 nahm er sogar die Reichsstadt Schweinfurt ein, die er zu einem wichtigen Stützpunkt im Krieg machte.

Im Frühjahr 1553 wurde auch die Stadt Würzburg direkt vom Krieg betroffen, da man eine Belagerung durch den Markgrafen erwartete (s. Abb. 13). Die bischöflichen Kriegsräte entschlossen sich dazu, die Vorstädte preiszugeben und erst die viel stärker bewehrte Innenstadt zu verteidigen. Um freies Schussfeld zu gewinnen und dem Feind die Deckung zu nehmen, wurden daher zahlreiche Häuser in den Vorstädten und vor dem Stadtgraben niedergelegt und Erdschanzen an einigen Stadttoren aufgeworfen. Besonders schmerzlich für den Stadtrat dürfte gewesen sein, dass diesmal auch das Bürgerspital und seine Kirche abgebrochen werden mussten, wobei anscheinend vom Spital selbst nur das aus Fachwerk gebaute Obergeschoss abgetragen wurde. Die Pfründner wurden im dem Spital gehörigen Ulmer Hof untergebracht. Ebenso fiel die Hauger Pfarrkirche, nicht jedoch die große Hauger Stiftskirche, diesen Maßnahmen zum Opfer. Erst nach 1555 konnten die Pfründner in ihr neu aufgebautes Bürgerspital zurückkehren, die Kirche scheint erst nach 1571 wieder errichtet worden zu sein.[86]

In der Pfingstwoche 1553 erschien die Vorhut des markgräflichen Heers tatsächlich auf dem Greinberg;[87] der Markgraf entschied sich jedoch gegen die Belagerung von Würzburg, sondern wendete sich nach Norddeutschland, um dort seinen Krieg gegen Kurfürst Moritz von Sachsen und Herzog Heinrich d. J. von Braunschweig-Wolfenbüttel zu führen. Er wurde bei Sievershausen vernichtend geschlagen und traf im Spätherbst 1553 mit den Resten seines Heers wieder in Franken ein, wo inzwischen seine Kriegsgegner ihrerseits große Teile seines Landes besetzt hatten. Der Markgraf konnte schnell einige Orte zurückerobern und bald kursierten Gerüchte, dass er wieder in großem Stil aufrüste. Im Umkreis der Stadt Würzburg wurden auf Befehl des Bischofs alle Türme der Landwehr mit zwei Büchsenschützen besetzt, die bei Annäherung von Reitertrupps Signal geben sollten.[88] Dies war sicherlich notwendig, da die Truppen des Markgrafen weiterhin das Umland von Schweinfurt und Würzburg ausplünderten und verheerten.

Zur Finanzierung zunächst der Vereinbarungen mit dem Markgrafen und dann auch der Kriegsführung hatte sich Bischof Melchior gezwungen gesehen, in großem Umfang den Gold- und Silberschatz der Kirchen zu Münzmetall einschmelzen zu lassen; auf diese Weise verlor zum Beispiel der Würzburger Dom damals sein berühmtes großes silbernes Standbild des hl. Kilian. Auch die Würzburger Bürger mussten darlehensweise ihre Silbergeräte an die bischöfliche Regierung abliefern.[89]

Die finanzielle Lage der Hochstifte Würzburg und Bamberg war infolge des Kriegs so verzweifelt, dass anscheinend im Winter 1553/54 die Bischöfe Melchior Zobel und Weigand von Redwitz ernsthaft daran dachten, ihre Herrschaft einem Sohn König Ferdinands zu übergeben. In Würzburg waren beispielsweise Rat und Bürgerschaft im September aufgefordert worden, weil der Bischof in diesen *harten geschwinden Krigsleufft Gelts gantz notturftig* sei, den ersten Teil einer zweijährigen *Anlage*, die bewilligt worden war, unbedingt auf Martini (11. November) zu zahlen, weswegen die ganze Bürgerschaft zum *Grünbaum* bestellt wurde.[90]

Im Frühjahr war aber die Zaghaftigkeit überwunden, obwohl Hilfsgelder nicht in ausreichendem Maß eingekommen waren. Der Kaiser drängte nun auf Vollzug der Acht, die er im Dezember des Vorjahres über Albrecht Alcibiades verhängt hatte. Es zeigte sich bald, dass der Markgraf über keine schlagkräftige Truppe mehr verfügte. Im Juni erreichte er zwar noch das im weiten Umkreis von seinen Gegnern eingeschlossene Schweinfurt, doch konnte er sich dort nicht festsetzen, weil weder Vorräte noch Munition mehr vorhanden waren. Es gelang ihm auch noch, sich unbemerkt mit seinen Truppen aus dem belagerten Schweinfurt abzusetzen, doch holten ihn die Verfolger schon bei Münsterschwarzach ein, wo er am 13. Juni 1554 abermals vernichtend geschlagen wurde (s. Tafel 2/3). Der Markgraf entkam dem Desaster fast allein nach Frankreich.

Am 11. April 1554 hatte Bischof Melchior Zobel die Bürger von Würzburg aufgefordert, alle Schäden, die sie im Markgräfler Krieg durch Brandschatzung, Geldschatzung, Plünderung von Getreide, Wein und Vieh, die Verheerung von Dörfern und Feldgütern, durch Kriegsdienste und den Unterhalt von Militär erlitten hatten, schriftlich zu melden; die vorläufige Mindestsumme, die daraufhin erstellt wurde, belief sich auf 140 000 Gulden.[91] Am gleichen Tag forderte der Bischof übrigens die Bürger auf, die erst am Bartholomäustag (24. August) fällige, bewilligte *Anlage* wegen der Besoldung des Kriegsvolks, womit er sehr bedrängt sei, bereits innerhalb der nächsten 14 Tage an ihn zu zahlen.[92]

Die Vermögensschäden, die die Bürgerschaft von Würzburg durch den Markgräfler Krieg erlitten hatte, betrugen also rund ein Fünftel ihres Gesamtvermögens, das sich auf etwas über 700 000 Gulden belief.[93] Nominell war das Gesamtvermögen der Würzburger Bürger zwar zwischen 1529 und der Mitte des 16. Jahrhunderts auf etwas mehr als das Doppelte angestiegen; dem dürfte aber keine reale Steigerung ihres Reichtums entsprochen haben. Wegen der »Preisrevolution« des 16 Jahrhunderts, einer kräftigen Inflation und Kaufkraftminderung des Silbers, dürfte der echte Wert der bürgerlichen Vermögen während des ganzen 16. Jahrhunderts etwa auf dem gleichen Stand geblieben sein.[94]

Auch nach Beendigung der Kampfhandlungen im Markgräfler Krieg hörten die Geldforderungen an die Würzburger Bürger nicht auf; noch bis zum Herbst 1554 stand fremdes Kriegsvolk im Land. Mitte November wandte sich der Bischof bereits wieder an den Rat, da er wegen der *unverursachten markgräflichen Fehde* in Geldschwierigkeiten sei, insbesondere dem braunschweigischen Kriegsvolk noch seinen verdienten Sold schulde; dieses wolle sofort bezahlt sein, andernfalls werde es durchs Stift ziehen und sich seinen Sold selbst beschaffen. Der Bischof benötigte von der Stadt bis zu 10 000 Gulden. Der Rat beschloss einstimmig, alle *habhaffte* Bürger zu *beschicken* und um Anleihen zu bitten. Was zusammenkäme, solle man dem Bischof *uf Caution* darleihen.[95] Diese Formulierung macht deutlich, wie wenig Kredit der Landesherr selbst in seiner Hauptstadt nach dem Krieg noch hatte. Tatsächlich belief sich die Summe aller Kriegskosten und -schäden des Hochstifts je nach der Art der Berechnung auf 2,2 bis 3,5 Millionen Gulden;[96] das Hochstift war mit mindestens 700 000 Gulden verschuldet, sodass die regulären Einnahmen kaum für die Zinszahlungen ausreichten;[97] viel Hochstiftsbesitz hatte verkauft und verpfändet werden müssen. Es sollte noch Jahrzehnte dauern, bis die Finanzen des Hochstifts wieder geordnet waren.

Immer wieder wurden Landtage nach Würzburg einberufen, so etwa im Juli 1554[98] und im September 1557[99], die anscheinend im bischöflichen Saal neben der Kanzlei zusammentraten. Wichtigste Beratungsthemen waren die Schulden des Hochstifts, 1557 auch die Sicherheit auf den Landstraßen. Zur Unterdrückung des Straßenraubs schlug der Bischof die Aufstellung von drei berittenen Rotten zu je 20 Mann vor, welche die Landstraßen patrouillieren sollten. Die Kosten für diese 60 Reiter würden sich bei 14 Gulden Monatssold pro Mann auf rund 10 000 Gulden im Jahr belaufen, die der Bischof aber nicht habe und die daher von der Landschaft zu tragen seien. Diese lehnte den Vorschlag ab. Zur Behebung der Stiftsschulden schlug der Bischof neben der Verlängerung des seit 1554 als indirekte Verbrauchssteuer bestehenden Ungelds ein direktes *Ungheld* von einem halben Gulden pro 100 Gulden Vermögen von den Weltlichen und die Abgabe eines *Zehnten* von den Einkommen der Geistlichen auf 15 Jahre vor. Die Landschaft und die Stadt Würzburg erklärten sich in Bezug auf die Höhe und zeitliche Dauer dieser Sondersteuer aber nur bereit, so viel zu geben, wie es die Ritterschaft tun werde. Diese lehnte derartige Zahlungen grundsätzlich ab.

Die Stadt Würzburg hatte übrigens 1557 mit Magister Thomas Fabri einen Syndikus, den der Rat aufforderte, die Stadt auf dem Landtag zu vertreten. Dieser aber *hatz rund abgeschlag[en] und nit thun wöllen*, wofür er vier Gründe aufführte, vor allem, dass er nicht gern gegen den Bischof auftreten wolle und dass er wegen seiner Bestallung mit dem Rat noch nicht einig sei.[100]

Trotz aller Bedrängnisse bemühte Melchior Zobel sich in den 50er Jahren des 16. Jahrhunderts um die Errichtung einer höheren Bildungsstätte in Würzburg und erwirkte vom Papst zumindest die Mittel zur Berufung von Theologen als Prediger und Lehrer hierher.[101] Er sorgte sich einerseits um die Stärkung des katholischen Glaubens in seinem Bistum, war aber andererseits von zahlreichen protestantischen Beratern umgeben.[102]

Im Januar 1557 starb mit Markgraf Albrecht Alcibiades einer von Melchior Zobels gefährlichsten Gegnern. Unablässig musste sich der Bischof aber seit 1553 mit Wilhelm von Grumbach auseinander setzen, der für die Rückgabe seiner würzburgischen Lehengüter und seiner im Vertrag von 1552 erworbenen Güter mit gerichtlichen Klagen und in Streitschriften kämpfte, wobei Zobel gegen ihn in gleicher Weise aktiv war und dabei ein Urteil zur Restitution der grumbachschen Güter verschleppte.[103] 1557 fasste Grumbach anscheinend den Entschluss, sich der Person Zobels zu bemächtigen, um die Rückgabe seiner Güter, wofür er keine legale Möglichkeit mehr sah, zu erpressen. Ein Entführungsversuch bei der Jagd im Herbst 1557 scheiterte, ebenso ein zweiter im Februar 1558. Grumbach gab aber nicht auf; eine neue Truppe zur Entführung des Bischofs unter Führung von Christoph Kretzer, der ein persönliches Motiv zum Vorgehen gegen Zobel hatte, wurde in seinem Auftrag zusammengestellt. Am Vormittag des 15. April 1558, als Bischof Melchior Zobel von der Kanzlei auf die Festung Marienberg zurückreiten wollte, wurde er im Mainviertel von diesem Trupp überfallen und erschossen.[104] Der Mord erregte im ganzen Reich ungeheures Aufsehen und Empörung.[105] Im Ratsprotokoll wird die Ermordung des Bischofs nicht nur erwähnt, sondern auch der Tathergang geschildert.[106]

Der ermordete Bischof erhielt das übliche feierliche Begräbnis. Bereits zwölf Tage nach seinem Tod kamen die Würzburger Domherren zur Wahl seines Nachfolgers zusammen. Einstimmig gewählt wurde der 1507 geborene Domdekan Friedrich von Wirsberg. Die Wahlkapitulation verpflichtete ihn zur Spendung der Firmung, zur Visitation seines Bistums, zum Erhalt von Klöstern und Gotteshäusern, zur Besetzung des Würzburger Unterrates und des Geistlichen Rates ausschließlich mit Bekennern des alten Glaubens, ganz besonders aber zur Verfolgung und Bestrafung der Mörder Zobels.[107]

Schon am 2. Mai 1558 huldigten die Würzburger Bürger dem neuen Bischof im Hof Katzenwicker, wobei der Rat nach seinen Glück- und Segenswünschen an Wirsberg durch den Syndikus Thomas Fabri bitten ließ, die Beschwerden der Bürgerschaft in einigen Tagen schriftlich vorlegen zu dürfen.[108] Der Rat bat darin zunächst um die Genehmigung von Begräbnissen mit allen christlichen Zeremonien, insbesondere Gesang und Geläut, und die Beerdigung der Verstorbenen, wo auch deren Eltern und Verwandte begraben lägen; dies dürfte sich darauf bezogen haben, dass es bei der Beerdigung von Protestanten zu Schwierigkeiten gekommen war. Es handelte sich dabei um eine brisante Frage, da der Bischof bei Dissidenten eine vollständige kirchliche Zeremonie zunächst nicht zulassen wollte; nach Erkundigungen in anderen Diözesen und einer langen Auseinandersetzung mit dem Domkapitel fand man schließlich einen Kompromiss.[109]

Der Rat beklagte sich, dass die Adligen, denen man gutwillig die Errichtung eines Altars und das Begräbnis in der allein dem Rat gehörigen *Frauen Capelle auf dem Judenplatz* gestattet habe, nun das Begräbnisrecht für sich allein und auswärtige Adelsgenossen beanspruchten, obwohl sie nichts zum Unterhalt der Kirche beitrügen; der Bischof möge den Rat bei seinem *alten Possess und Gerechtigkeit* belassen und das vom Adel verlangte Begräbnisgeld nicht zulassen.

Der Unterrat, so der nächste Beschwerdepunkt, habe das Patronatsrecht mehrerer geistlicher Lehen in der Marienkapelle, der Ratskapelle und im Bürgerspital; wenn also Kinder von Ratsherren studierten und Geistliche würden, sollten diese die Pfründen erhalten. In den vergangenen Jahren seien andere Leute dort eingesetzt worden. Bei Freiwerden dieser Pfründen sollten künftig die *preces episcopales* auf die geistlichen Benefizien des Rates wieder aufgehoben sein.

Weiterhin bat der Rat um die Einrichtung besserer Schulen in Würzburg, damit die Kinder nicht mit großen Kosten an fremde Orte geschickt werden müssten.

Fremde Weine sollten auf Wunsch der Bürger erst ab dem 1. Mai nach der Weinlese in Würzburg verkauft werden dürfen, da der Weinbau praktisch der einzige Erwerb der Würzburger sei; der Verkauf fremder Weine schädige die Bürger vor allem deswegen, weil Weltliche und Geistliche das ganze Jahr über Geld auf auswärtigen Weinbau ausliehen und im Herbst daher Würzburg von auswärtigem Wein überschwemmt würde, sodass die Bürger ihren Wein nicht verkaufen könnten.

Großen Raum in den Beschwerden nahm dann der Wunsch der Bürger ein, die Juden aus Würzburg zu vertreiben, die angeblich die Christen durch ihren Geldverleih gegen Wucherzinsen schädigten und sich überdies zum Nachteil der Bürger in Handel und Gewerbe hineindrängten.[110]

Der neue Bischof ging auf diesen Wunsch von Rat und Bürgerschaft ein; er erwirkte 1559 ein Mandat von Kaiser Ferdinand I. (s. Abb. 14), das es ihm erlaubte, innerhalb von anderthalb Jahren die Juden aus dem Hochstift zu vertreiben, und erließ tatsächlich im September 1560 ein Mandat zu deren Ausweisung.[111] Die Juden wandten sich unter Berufung auf die Rechte, die sie seit Bischof Gottfried Schenk von Limpurg (1443–1455) innehätten, mit einer Eingabe an den Fürstbischof, sie im ruhigen Besitz ihrer Habe zu belassen. Wirsberg erlaubte ihnen gemäß einer Mitteilung an den deutschen König vom November 1560, ein weiteres Jahr im Hochstift zu bleiben. Anscheinend wurde das Aufenthaltsrecht der Juden im Hochstift dann stillschweigend Jahr für Jahr bis zu einem neuen Vertreibungsmandat von 1567 verlängert; auch in der Stadt Würzburg dürften noch Juden gewohnt haben.[112]

1561 erließ die bischöfliche Regierung ein Mandat zum Schutz des Würzburger Weines, nachdem 1560 speziell für die Stadt Würzburg das Verbot des Fleischverkaufs und des Fleischverzehrs in den Fastenzeiten eingeschärft worden war.[113]

Auch hinsichtlich der Schulprobleme in Würzburg wurde Wirsberg gleich zu Beginn seiner Regierungszeit aktiv. Er wollte ursprünglich in seiner Hauptstadt, nicht zuletzt zur Schulung der Geistlichen, ein Jesuitenkolleg und eine von den Jesuiten geleitete Gelehrtenschule errichten und verhandelte deswegen auf dem Augsburger Reichstag 1559 mündlich und im folgenden Jahr brieflich mit dem Provinzial der oberdeutschen Ordensprovinz der Jesuiten, Petrus Canisius.[114] Dieser Plan ließ sich allerdings wegen finanzieller Probleme, der dünnen Personaldecke der Jesuiten in Deutschland und wegen des Widerstands des Domkapitels gegen diesen Orden nicht durchführen. Das Domkapitel wies auch darauf hin, dass die Bürgerschaft keine Gelehrtenschule, sondern eine verbesserte allgemeine Schule im Auge habe; dies sei die vordringliche Aufgabe, erst später könne man an eine neue höhere Schule denken.[115] Dennoch wurden im Einklang mit dem Domkapitel 1560 zwei namhafte Professoren, Kaspar Stüblin und Konrad Dinner, aus Freiburg i. Br., einer konservativ ausgerichteten Universität, wo auch Wirsberg selbst studiert haben dürfte,[116] nach Würzburg berufen. Im Februar 1561 entschied sich der Bischof für das leer stehende Kloster St. Agnes als Sitz der neuen Schule, die am 28. April 1561 – genau drei Jahre nach seiner Wahl – eröffnet werden konnte. 1562 wurde der Lehrkörper um drei weitere Gelehrte ergänzt. Das Niveau des Unterrichts und der sonstigen Veranstaltungen der Schule – Disputationen und Vorträge – zeigte, dass die neue Anstalt weit über einer normalen Lateinschule rangierte und sich den Artistenfakultäten der Universitäten näherte. Damit war Wirsbergs Schulgründung nicht nur als Instrument der Gegenreformation anzusehen, sondern gehörte in die große Reihe wissenschaftlich anspruchsvoller Schulgründungen jener Jahre in katholischen wie protestantischen Territorien im ganzen Reich.[117]

Im Jahr 1562 hatte man endlich Erfolge bei der Ergreifung der Mörder von Melchior Zobel. Es gelang, den Haupttäter Christoph Kretzer, der zwar nicht der Mordschütze gewesen war, aber den Angriff auf Zobel im Detail geplant hatte, durch Verrat auf einem lothringischen Schloss, wohin er sich mit seiner Frau geflüchtet hatte, zu ergreifen. Er

Abb. 14: Kaiser Ferdinand I. (1556–1564) vor der Stadtansicht Wiens,
Kupferstich von Hans Sebald Lautensack, 1556.
(Bildarchiv der Österreichischen Nationalbibliothek Wien)

wurde gefangen nach Franken geführt, nahm sich aber, bevor Würzburg erreicht war, entweder selbst das Leben oder starb an den Verletzungen, die er bei seiner Gefangennahme erlitten hatte. Auch zwei weitere Mittäter wurden in jenem Jahr gefasst und verhört und starben im Gefängnis oder wurden zum Tode verurteilt; ein weiterer mutmaßlicher Mittäter wurde in Norddeutschland verhaftet, aber auf Einspruch Wilhelm von Grumbachs wieder freigelassen.[118]

Im Herbst 1562 erlebte die Stadt Würzburg eine Reihe nicht alltäglicher Besuche hoch gestellter Persönlichkeiten: Zuerst hielten sich am 14. Oktober Herzog Albrecht von Bayern und seine Frau, eine Tochter Kaiser Ferdinands, über Nacht in Würzburg auf. Am 19. Oktober kam Kaiser Ferdinand (s. Abb. 14) selbst nach Würzburg und zog zwei Tage später weiter nach Frankfurt am Main zur Krönung Maximilians II. zum römischen König. Bei dieser Krönung übernahm übrigens Bischof Friedrich die Dienste des Erzbischofs von Trier, der noch nicht geweiht war. Am 11. November schließlich stieg eine türkische Gesandtschaft an den Kaiser auf dem Weg nach Frankfurt mit 25 Pferden und sechs wohl ziemliches Aufsehen erregenden *Camelthieren* in den Gasthäusern »Krone« und »Rebstock« ab.[119]

Bei der Mahlzeit zum Amtswechsel der Bürgermeister im Rathaus am selben Tag war der Bischof als Gast anwesend und schlug dem Stadtrat vor, das Dorf Laub, dessen Einkünfte einen wesentlichen Teil der Finanzen des Bürgerspitals ausmachten, gegen Gerbrunn zu vertauschen; es wurde aber nichts aus diesem Vorschlag.[120]

Seit Jahren hatte Wilhelm von Grumbach mit den Mitteln des Rechts, der Diplomatie und der Publizistik immer wieder versucht, seine ursprünglichen Würzburger Lehengüter, die ihm im Verlauf des Markgräfler Krieges entzogen worden waren, sowie seine Erwerbungen von 1552, die er aufgrund der kaiserlichen Kassation des Vertrags zwischen Albrecht Alcibiades und dem Hochstift wieder hatte herausgeben müssen, zurückzuerhalten, war aber bei Wirsberg auf ebenso entschiedenen Widerstand gestoßen wie vorher bei Zobel.[121] Er griff daher erneut zur Gewalt, um seine Forderungen durchzusetzen.

Begünstigt wurde er durch eine im Sommer 1563 in Würzburg ausgebrochene pestartige Seuche, weswegen neben vielen Bürgern der Bischof und seine Regierung sowie zahlreiche Domherren die Stadt verlassen hatten.[122] Grumbach hatte mit einigen guten Bekannten aus Kreisen des Militärs, die auch Beschwerden gegen das Hochstift hatten, nämlich Ernst von Mandelslohe und Wilhelm von Stein zum Altenstein, eine Truppe von etwa 800 Reitern und 500 Fußknechten zusammengestellt und zog mit ihr im September 1563 in direkten Märschen, ohne aufgehalten zu werden, auf Würzburg zu. Am 3. Oktober wurde gerüchtweise bekannt, dass Grumbach in der Nähe Würzburgs gesehen worden sei; der Bischof eilte sofort von Karlstadt auf die Festung Marienberg, beauftragte einige Offiziere mit der besonders sorgfältigen Bewachung der Stadt und zog dann gleich weiter nach Bad Mergentheim, um militärische Hilfe zu organisieren. Die Offiziere nahmen aber anscheinend die Gefahr nicht sonderlich ernst und ordneten nur unzureichende Maßnahmen an.

Am 4. Oktober 1563 um drei Uhr früh, bei nebligem und regnerischem Wetter, umging Grumbach mit seiner Truppe an einer seichten Stelle des Mains einen Stadtturm

Abb. 15: Kaspar Eck (1521–1584),
mehrfach Älterer Bürgermeister der Stadt
Würzburg zwischen 1559 und 1572,
Ölgemälde eines unbekannten Würzbur-
ger Künstlers, 1577.
(Mainfränkisches Museum, Stadt-
geschichtliche Dauerausstellung, Inv.-Nr.
S. 11369)

und erschien vor dem am wenigsten bewachten Roten Tor.[123] Dessen hölzerner Riegel wurde durchgesägt, ein eiserner Verschluss *mit zuvor unerhorten ungewonlichen Instrumenten* aufgesprengt,[124] und Grumbachs Truppe stürmte in die Stadt. Viele Bürger glaubten wegen des Geschreis an ein Feuer und stürzten auf die Straßen, wo ein Vikar vom Neumünster und 13 Bürger erschossen wurden.[125] Grumbach ließ ausrufen, dass er gegen die Bürger nichts vorhabe, sondern nur gegen den Bischof und seine Regierung, von denen er die ihm vorenthaltenen Güter zurückfordere. Sodann ließ Grumbach den älteren Bürgermeister Kaspar Eck (s. Abb. 15) vor sich rufen und verlangte von ihm die Herausgabe aller Schlüssel zu den Stadttoren, aller Waffen und die Huldigung der Bürger. Eck erwiderte, dazu nicht ermächtigt zu sein. Darauf wurde ihm erlaubt, sich mit dem Senior des Domkapitels, Andreas von Thüngen, zu beraten. Als auch dieser und weitere Domherren Bedenken erhoben, drohte Grumbach mit Mord, Brand und Plünderung. Er versicherte den Bürgermeistern und Domherren, gegebenenfalls zu bezeugen, dass sie durch äußerste Not gezwungen gehandelt hätten. Daraufhin huldigten ihm Bürgermeister und Stadtrat namens aller Bürger und gaben die geforderten Schlüssel und Waffen heraus. Die Domherren mussten sich verpflichten, die Stadt nicht zu verlassen. Grumbach und seine Offiziere bezogen nun zunächst Quartiere. Nachdem er sich Suppe und Braten hatte reichen lassen, die der älteste Domherr vorkosten musste, teilte Grumbach den Zweck seines Überfalls auf die Stadt mit. Er verlangte den sofortigen Abschluss eines Vertrages mit dem Hochstift, wonach ihm alle vorenthaltenen Güter zurückgegeben würden und Ersatz für die ihm seit Jahren entgangenen Einnahmen und die an seinen Besitzungen während des Markgrafenkrieges vom Hochstift und seinen Verbündeten angerichteten Schäden geleistet werde. Wenn man auf diese Forderung nicht eingehe, so Grumbach, werde er *der Stat Wirtzburg ain Letze hinterlassen, das man die Hende ober dem Kopffe zusamen schlagen solte,* er und seine Gesellen seien bereit, *allenthalben ain Creutz durchs Land zu brennen* und die Häuser des Adels so zuzurichten, wie seine eigenen im Markgräfler Krieg zugerichtet worden waren.[126] Die Domherren erbaten eine Frist, um die Zustimmung des Bischofs einzuholen, doch ließ sich Grumbach darauf nicht ein. Um seinen Forderungen Nachdruck zu verleihen, erlaubte er die Plünderung einiger Höfe und Häuser, wobei erheblicher Sachschaden entstand. Die in einer Quelle genannte Schadenssumme von mehreren hunderttausend Gulden[127] dürfte aber kaum zutreffen, weil dann etwa die Hälfte des gesamten bürgerlichen Vermögens, das doch zu einem ganz erheblichen Teil aus dem Wert der Immobilien bestand, geraubt worden wäre. Im Jahr 1564 war denn auch der Gesamtwert der bürgerlichen Vermögen zwar etwas, aber nicht um Hunderttausende niedriger als 1547. Die Wahrscheinlichkeit spricht dafür, dass die durch die Plünderung einiger Höfe, aber nicht der ganzen Stadt, hervorgerufenen Schäden sich eher im Bereich mehrerer zehntausend bis zu hunderttausend Gulden bewegten, wenn auch zu berücksichtigen ist, dass wohl neben bürgerlichen Häusern vor allem Domherrenhöfe und Warenlager auswärtiger Kaufleute geplündert wurden und die Schäden daran sich in einer Aufstellung bürgerlicher würzburgischer Vermögen nicht auswirkten.[128] Auf Bitten der Domherren gebot Grumbach schließlich der Plünderung Einhalt.

Am 7. Oktober 1563 wurde dann der in allen Punkten Grumbachs Forderung entsprechende Vertrag abgeschlossen; diesem mussten außerdem zur Besoldung und baldigen Wegführung seiner Truppen in drei Fristen 25 000 Reichstaler ausbezahlt werden; Ernst von Mandelslohe und Wilhelm vom Stein wurden mit 6 000 und 10 000 Reichstalern abgefunden. Außerdem wurde noch vereinbart, dass alle Urteile gegen Grumbach und Stein am Reichskammergericht und am Würzburger Lehengericht hinfällig sein sollten.

Am 8. Oktober 1563, nachdem ihm die ersten 10 000 Taler ausbezahlt worden waren,[129] entband Grumbach Würzburgs Rat und Bürgerschaft von dem ihm geleisteten Eid, gab die Torschlüssel und Waffen vertragsgemäß zurück und verließ mit seinem Kriegsvolk die Stadt. Seine Truppe entließ er kurz darauf. Grumbachs Überfall auf die Stadt Würzburg erregte im Reich größtes Aufsehen.[130]

An dieser Stelle sei zeitlich vorgegriffen, um die Geschichte der Grumbachschen Händel in Kürze zu Ende zu erzählen. Obwohl Wirsberg zunächst – nicht zuletzt aus Rücksichtnahme auf die Gefährdung von Stadt und Landschaft im anderen Fall – den

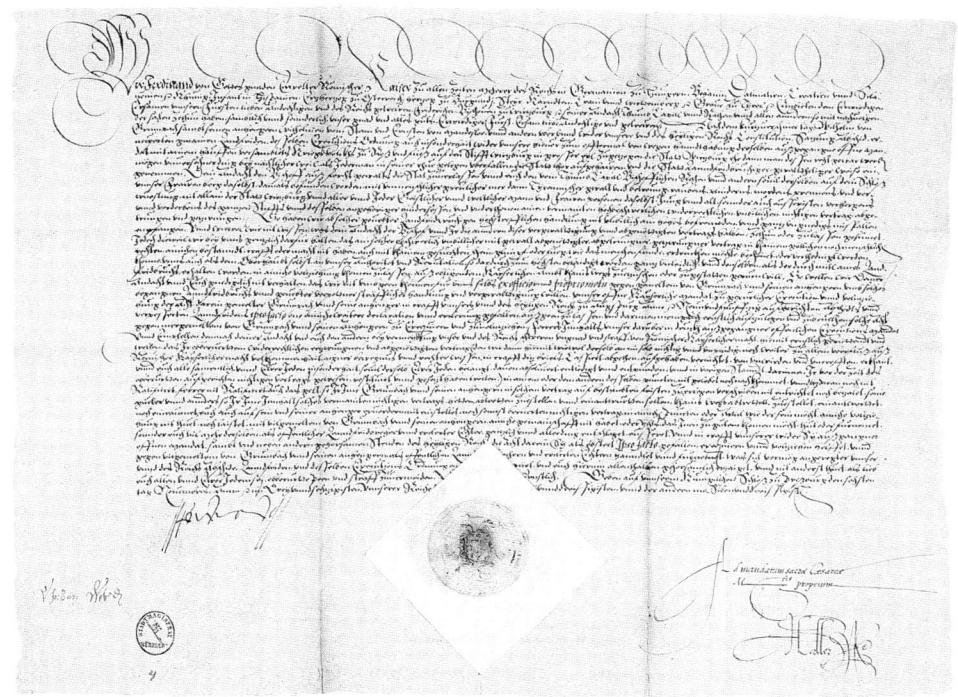

Abb. 16: Mandat Kaiser Ferdinands I.
vom 6. November 1563 zur Exekution der Acht gegen Wilhelm von Grumbach.
(StadtAW, RA 140)

Vertrag mit Grumbach erfüllen wollte,[131] schwenkte er doch bald um, nachdem der Kaiser Grumbach noch im Oktober in die Reichsacht erklärt und den mit ihm geschlossenen Vertrag kassiert hatte, und verlangte nun die Exekution der Acht (s. Abb. 16). Grumbach begab sich nach Gotha unter den Schutz des sächsischen Herzogs Johann Friedrich. Die gegnerischen Seiten wurden in den folgenden Jahren publizistisch aktiv und stellten ihre Standpunkte in mehreren umfangreichen gedruckten Streitschriften dar. Der Bischof befürchtete vor allem – und wohl nicht zu Unrecht –, dass Grumbach viele Anhänger in der Ritterschaft habe und diese zu aktivem Einschreiten motivieren könne. Deshalb lebte er fast ständig auf der Festung Marienberg unter ungewöhnlich starker militärischer Bedeckung; tatsächlich kursierten Gerüchte, dass Grumbach ihn überfallen wolle. Mehrere Reichstage mussten sich noch mit der Grumbachschen Angelegenheit befassen, bis im Dezember 1566 auf Drängen Wirsbergs und des Landsberger Bundes gegen die Suppliken Grumbachs und einiger seiner fürstlichen Parteigänger endgültig die Exekution der Reichsacht gegen ihn von Kaiser Maximilian II. angeordnet wurde. Kurfürst August von Sachsen wurde damit beauftragt; eine nicht unbeträchtliche Truppe des Fränkischen Kreises beteiligte sich an der Belagerung von Gotha, wo sich Grumbach immer noch aufhielt. Nicht zuletzt aufgrund von Meuterei unter den Truppen der Belagerten musste Gotha am 13. April 1567 kapitulieren. Gegen Grumbach wurde ein Prozess eröffnet, am 18. April wurde er auf dem Marktplatz von Gotha bei lebendigem Leibe geviertelt.[132] Nach Grumbachs Tod trat für Stadt und Hochstift Würzburg eine längere Periode ohne militärische Bedrohung ein.

Doch zurück in den Spätherbst 1563. Wegen des Todes des angesehenen Kaspar Stüblin und des – wenigstens teilweise durch die Seuche veranlassten – Weggangs mehrerer weiterer Lehrer und Schüler, möglicherweise auch wegen des Grumbachschen Überfalls musste Wirsbergs 2½ Jahre zuvor gegründetes Pädagogium zum Jahresende 1563 oder in den ersten Monaten des Jahres 1564 seinen Lehrbetrieb einstellen.[133] 1564 wurde der spätere Bischof von Augsburg, Egolph von Knöringen, zum Würzburger Domscholaster bestellt. Er ging unter diesen Umständen, da nicht absehbar war, ob die bischöfliche Schule wiedererstehen würde, unverzüglich an eine grundlegende Reform der Domschule, was auch den Interessen der Bürgerschaft und des Domkapitels entsprach; diese war 1565 abgeschlossen.[134]

Doch Wirsberg unternahm sofort neue Versuche zur Einrichtung der ihm notwendig erscheinenden höheren Schule in Würzburg. Er hatte ja schon seit 1561 mit den Jesuiten über die Errichtung eines Kollegs in Würzburg verhandelt; nach einigen Unterbrechungen konnte er im Juni 1567 den Stiftungsbrief des Kollegs ausstellen, dem das verödete Kloster St. Agnes mit allen Einkünften inkorporiert und weitere 1500 Gulden jährlicher Einkünfte zugesagt wurden; im Ausgleich mussten die Jesuiten die Lehrverpflichtungen an einem neu einzurichtenden Gymnasium übernehmen. Am 20. Oktober 1567 lud Wirsberg die Söhne seiner Untertanen zum Besuch des neuen Gymnasiums ein. Schließlich konnte dieses am 11. November 1567 seinen Lehrbetrieb mit den Jesuitenpatres aufnehmen; er ist seitdem ohne erhebliche Unterbrechungen an der heute »Wirsberg-Gymnasium« genannten Institution weitergegangen. Schon 1568 war die Zahl der Dozenten auf 23 und die der Schüler auf über 300 gestiegen; 1569 wurde bereits die Aufnahme auswärtiger Schüler abgelehnt, da die Schule überfüllt war. Es spricht für die hohe Qualität des Unterrichts am Gymnasium, dass auch protestantische Adlige sich um den Eintritt ihrer Söhne bemühten, wobei diese nur vom Besuch der Messe und des Katechismus-Unterrichts befreit sein sollten.[135] Im dem Jesuitenkolleg benachbarten Hof »Zum Fresser« wurde 1568/70 ein Alumnat eingerichtet; 1573 stiftete der Bischof dort 24 Freiplätze für mittellose Schüler. Wirsbergs Ehrgeiz ging allerdings dahin, sein Gymnasium zur Universität zu erheben;[136] dieses Ziel konnte er nicht mehr erreichen. Die Stadt Würzburg hatte aber eine auf lange Dauer wirksame, wichtige neue Institution erhalten.

Im Januar 1565 wurde abermals ein Würzburger Domherr, Simon Truchsess, in einem Streit mit einem anderen Adligen auf öffentlicher Straße in Würzburg so verwundet, dass er einige Tage später seinen Verletzungen erlag.[137]

Eine Hauptsorge des Bischofs waren die hohen Schulden des Hochstifts; der Landtag von 1562 befasste sich – ergebnislos – mit der Frage der Schuldentilgung.[138] Auch kurz nach dem Grumbachschen Überfall auf Würzburg verhandelte der Bischof wegen eines *eilenden Pfennings* von 100 000 Gulden nicht zuletzt mit der Stadt, die allerdings eine Umlage auf die ganze Landschaft und insbesondere auch die ritterschaftlichen und geistlichen Besitzungen forderte.[139] Im März 1566 war Wirsberg dann auf dem Würzburger Landtag in der Lage, die Vertreter der Landschaft zur Bewilligung von 600 000 Gulden zur Schuldentilgung zu bewegen, wobei er mit unorthodoxen Methoden vorgegangen zu sein scheint. Die Abgeordneten, die eigentlich nur 400 000 Gulden bewilligen wollten, mussten den ganzen Tag warten, wurden dabei aber sehr reichlich mit Wein bewirtet; abends wurden sie dann in einen großen Saal geführt und mit der Bemerkung eingeschlossen, sie würden erst nach Bewilligung von 600 000 Gulden wieder freigelassen.[140] In diesem Zusammenhang gelang dem Würzburger Stadtrat ein politischer Coup, indem er die Kontrolle über die auf dem Landtag neu zur Verwaltung der Schuldentilgung gegründete und für die ganze Landschaft zuständige »Obereinnahme« in seine ausschließliche Kompetenz brachte, während die übrigen Städte der Landschaft nicht darin vertreten waren. Zunächst fungierten zwei Herren des Unterrats und zwei Vertreter der Stadtgemeinde, später nur noch drei Würzburger Ratsherren als »Obereinnehmer«.[141] Bis zum Ende von Wirsbergs Regierungszeit waren schon mehr als 730 000 Gulden von den Schulden und 167 000 Gulden rückständiger Zinsen getilgt; er legte nicht nur die Grundlage für die 1581 unter seinem Nachfolger Echter erreichte völlige Entschuldung des Hochstifts, sondern trug schon einen sehr großen Teil dazu bei.[142]

Trotz dieser unbestreitbaren Leistungen gilt Wirsberg bis heute als Regent, der von den Staatsfinanzen und der Wirtschaft des Hochstifts wenig verstanden habe;[143] ihm wurde 1564 wegen seiner angeblich nachlässigen Haushaltsführung vom Domkapitel ein Regimentsrat oktroyiert, der allerdings bald scheiterte.[144]

In den ersten Januartagen 1570 entstand ein großes Feuer im Herzen der Stadt: Acht Häuser an der Nordseite der Domstraße zwischen Schustergasse und Blasiusgasse brannten nieder, zwei Kinder kamen dabei zu Tode.[145] In seiner ersten Sitzung dieses Jahres musste sich der Rat mit der Sicherung der Ruinen, Hilfe für die Abgebrannten und der Entlohnung der zahlreichen Helfer, die aus den umliegenden Gemeinden herbeigeeilt waren, um beim Löschen zu helfen – allein aus Heidingsfeld 251 Männer – befassen. Als es im Frühjahr an den Wiederaufbau der zerstörten Häuser ging, wurde entschieden, dass anstelle der acht alten Häuser vier Doppelhäuser erbaut werden sollten, die nicht mehr mit der Giebelseite, sondern mit der Traufseite zur Straße stehen sollten. Dadurch und durch die Forderung nach Erdgeschossen in reiner Steinbauweise hoffte man, in Zukunft bessere Feuersicherheit zu erreichen. Eines der damals neu errichteten Häuser stand bis 1911.

Am 22. Februar 1572 kam es wieder zu einem großen Feuer in Würzburg, diesmal auf der Festung Marienberg, das im Gemach des Bischofs – vielleicht durch dessen eigene Unvorsichtigkeit – ausbrach und den Gebäudetrakt mit der wertvollen Bibliothek zerstörte; der Bischof konnte sich mit knapper Not retten.[146] Noch im selben Jahr begann der Wiederaufbau und konnte weit vorangebracht werden.

In einer Zeit von Brotknappheit und Teuerung wurde dem Unterrat im März 1571 gegen seinen Willen vom Bischof die Verantwortung für die Getreideversorgung der Stadt übertragen; folgerichtig erhielt er dann auch die vorher dem Oberrat zustehende Aufsicht über das Bäckergewerbe. Der Stadtrat versuchte bei einem erneuten Getreidemangel im Herbst 1573, sich diesem ungewollten neuen Aufgabenbereich zu entziehen, doch ging Wirsberg nicht darauf ein. Auch die Versuche des Domkapitels 1573 und 1587, die Getreideversorgung der Stadt wieder in die Verantwortlichkeit des Oberrats zu

ziehen, scheiterten.[147] Seit der Übertragung der Getreideversorgung auf den Unterrat
nahm dessen so genanntes Kastenamt an Bedeutung zu; die Besoldung des Kastenmeis-
ters stieg von acht auf 50 Gulden im Jahr; ihm wurden drei weitere Ratsherren beigeordnet, ohne deren Zustimmung er keine Entscheidungen treffen konnte. Außerdem
erbaute die Stadt in den Jahren 1574–1577 ein eigenes Kornhaus.[148]

Mitte Januar 1573, so berichtet der Würzburger Botenmeister Adam Kahl, waren *alle
Wasser und insonders der Mayn so gross gewesen, als bei Menschen Gedenken nit gescheen;*[149]
welche Schäden dieses ungewöhnlich große Hochwasser in Würzburg hinterließ, ist
nicht bekannt.

Friedrich von Wirsberg war nicht nur persönlich fromm, sondern auch in vielfältiger
Weise – nicht allein durch seine Schulgründung – um die Förderung des katholischen
Glaubens bemüht. Seine Erfolge bei der Durchführung der Gegenreformation blieben
allerdings noch sehr beschränkt, nicht zuletzt in seiner Hauptstadt, wo der Protestantismus sich auch unter seiner Regierung weiter ausbreitete und einflussreiche Kreise der
Bevölkerung erreicht hatte.[150] Die Rückführung der Bevölkerung des Dorfes Hörblach
zum Katholizismus im Jahr 1572 ließ bereits die Vorgehensweise seines Nachfolgers anklingen.[151]

Am 12. November 1573 starb Friedrich von Wirsberg an Krebs und einer fehlgeschla-
genen Operation und wurde am 16. November im Dom beerdigt.[152]

Am 1. Dezember 1573 wurde mit nur 11 von 22 Stimmen des Domkapitels der erst
28-jährige Domdekan Julius Echter von Mespelbrunn (s. Tafel 5) zum neuen Bischof gewählt; seine – wie das Stimmenverhältnis zeigt, durchaus nicht sichere – Wahl wurde
besonders von der Kurie, den katholischen Fürsten und den Jesuiten begrüßt. Bereits
am 4. Dezember leistete ihm die Würzburger Bürgerschaft die Erbhuldigung.[153] Niemand konnte zu dem Zeitpunkt absehen, dass der »feine, stille Herr«, den die Würzburger Bürger wegen seiner zurückgezogenen Lebensweise weniger kannten als andere junge Domherren,[154] in einer fast 44-jährigen Regierungszeit Stadt und Hochstift Würzburg
mit großer Energie auf lange Dauer prägen sollte. Dies gilt insbesondere in der Frage der
Konfession der Stadtbürger, die in seiner Amtszeit auf mehr als zwei Jahrhunderte entschieden wurde.

Am Pfingstsonntag 1575 wurde Julius Echter zum Bischof geweiht; 135 bewaffnete
Bürger aus den verschiedenen Stadtvierteln *sindt in der Rüstung gangen*, um den Feierlichkeiten einen würdigen Rahmen zu geben und wohl auch sie zu sichern.[155]

Schon in den Jahren 1575 und 1576 beschaffte der neue Bischof sich die kaiserlichen und päpstlichen Privilegien zur Gründung einer Universität in Würzburg, die
allerdings aus finanziellen Gründen erst sieben Jahre später tatsächlich durchgeführt
werden konnte.[156] Im Jahr 1575 erlebte Würzburg den gleichzeitigen Besuch der drei
Kurfürsten von Mainz, Köln und Trier bei Bischof Julius.[157]

Im Februar 1575 erneuerte Echter unter ernstlicher Strafandrohung das Mandat,
durch das Wirsberg die Juden aus dem Hochstift und damit auch der Stadt Würzburg
vertrieben hatte; den hochstiftischen Untertanen wurden alle Geschäfte mit Juden
untersagt, die dennoch geschlossenen Kontrakte für nichtig erklärt und alle Schuldfor-
derungen von Juden gegen Hochstiftsuntertanen zugunsten des Bischofs eingezogen.

Bei der Durchreise durch das Hochstiftsgebiet hatten Juden sichtbar einen gelben Ring an der Kleidung zu tragen.[158] Mit diesem Mandat fand Echter zweifellos den Beifall der Würzburger Bürger.[159]

Dass die Stadtbürger jener Jahre nicht nur Juden ablehnten, zeigt eine kleine Eintragung im Ratsprotokoll von Ende August 1575, wonach *ettlich Zigeuner begeren d[a]z man sie einen Tag oder 2 in d[er] Zigelhütten wol lig[en] laß[en]* möge; es solle der Stadt keinen Schaden bringen: *Ist abgeschlagen worden.*[160]

In den Jahren 1575–1580 kam es neben den häufigen kleineren Grenzstreitigkeiten zwischen der Stadt Würzburg und den benachbarten Orten – als Beispiel sei nur der mehrere Seiten des Ratsprotokolls füllende Streit mit Lengfeld[161] erwähnt – zu einer langwierigen Auseinandersetzung mit (Unter-)Dürrbach wegen der Gemarkungsgrenzen. So heißt es im Ratsprotokoll zum 10. September 1576, die Dürrbacher unterstünden sich, eine eigene Gemarkung zu machen, die von der Würzburger abgetrennt sei, sie pfändeten die Würzburger Metzger *uff ihrer vermeinten Marckung,* sie richteten neue Wege auf Würzburger Gemarkung ein, wollten zum Gut Heilig Kreuz gehörige Äcker einziehen und enthielten die Steuer von ihren in Würzburger Gemarkung gelegenen Gütern vor. Tatsächlich seien aber *die von Durbach dises allen unbefugt, und d[a]z gantze Flecken Durbach mit allen seinen begriffenen Veldung in und uff Wirtzburger Marckung gelegen.*[162] Nach zahlreichen weiteren Eintragungen in dieser Sache heißt es schließlich im Ratsprotokoll vom 15. Dezember 1581, der Vertrag mit Dürrbach sei (im Rat) verlesen worden, die Steine würden am nächst kommenden Montag gesetzt,[163] während ein in einem Ratsakt erhaltener, unter Vermittlung von Bischof Julius Echter abgeschlossener feierlicher Vertrag zwischen der Stadt Würzburg und der Gemeinde Unterdürrbach über die Errichtung einer eigenen Dürrbacher Gemarkung bereits auf den 19. Dezember 1580 datiert ist.[164]

Einen ähnlichen, zwar für die Stadtgeschichte relativ bedeutungslosen, aber für die damaligen Ratsgeschäfte nicht untypischen Sachverhalt betraf die langwierige Auseinandersetzung mit dem Höchberger Schäfer, als dieser seine Herde in Würzburger Weinberge getrieben hatte und ihm deshalb Schafe gepfändet worden waren.[165] – Wichtig für die Würzburger Wirtschaft war dagegen, dass der Rat 1577 feststellen konnte, *gemeine Stat Wirtzburg* habe die Freiheit, dass innerhalb von drei Meilen (22,5 km) um die Stadt kein (Jahr-)Markt eingerichtet werden dürfe.[166]

Im Jahr 1576 begann Julius Echter, möglicherweise auf Rat seines Kanzlers Balthasar Hellu, eines elsässischen Protestanten,[167] den er von seinem Vorgänger übernommen hatte, mit dem Versuch, die Fürstabtei Fulda gegen den Willen der Fürstäbte, aber auch der Kurie und des Kaisers mit dem Hochstift Würzburg zu vereinigen, anders gesagt, sie zu annektieren. Die so verursachten »Fuldischen Händel«, die sich bis ins Jahr 1613 hinziehen sollten, trugen ihm herbe Kritik und spürbare politische Schwierigkeiten ein.[168] Da sie aber die Stadt Würzburg nicht erkennbar tangierten, ist weiteres Eingehen darauf in unserem Zusammenhang nicht nötig.

Schon seit 1572 war Julius Echter anscheinend gewillt, das Spitalwesen in Würzburg grundlegend und großzügig zu reformieren. Verhandlungen mit dem Domkapitel im Jahr 1573 wegen einer Spitalneugründung im verlassenen Kloster der Reuerinnen zerschlugen sich allerdings; das Kapitel bevorzugte eine Reform der bestehenden Spitäler. Echter ließ 1575 erneut im Domkapitel vortragen, dass unlängst wegen der begrenzten Aufnahmefähigkeit und Verwaltungsmängeln bei den bestehenden Spitälern zahlreiche arme Menschen auf Würzburger Straßen gestorben und tot aufgefunden worden seien.[169] Ob übrigens die Probleme der Würzburger Spitäler 1575 wirklich noch als Folgen von Bauernkrieg, Markgräfler Krieg und Grumbachschen Händeln anzusehen sind, wie vielfach in der Literatur behauptet, sei dahingestellt.[170] Die geschilderten bedrückenden Vorkommnisse rührten Echters soziales Gewissen, nicht zuletzt auch als Landesherr, an und veranlassten ihn, im Frühjahr 1576 den Grundstein seines neuen Spitals auf dem Gelände des alten jüdischen Friedhofs in der Pleich unmittelbar vor der Innenstadtmauer zu legen. Der Bau nach den Plänen des Kurmainzer Baumeisters Georg Robin und eigenen Vorstellungen Echters schritt rasch voran; bei der Ausstellung der feierlichen Stiftungsurkunde im Jahr 1579 war der Bezug des Spitals absehbar. 1580 wurde die Spitalkirche eingeweiht.

Der Neubau wurde noch 1577 vom Domkapitel als militärische Gefährdung der Würzburger Innenstadt kritisiert, da ein möglicher Belagerer ihn als idealen Stützpunkt nutzen könne; man glaubte allerdings nicht mehr, die Errichtung des Spitals noch stoppen zu können.[171] Die Proteste der Judenschaft gegen die widerrechtliche Beschlagnahmung ihres Friedhofs als Baugrund, die bis an den Kaiser gelangten, überging Echter rücksichtslos.[172]

Erneut, wie bei Wirsbergs erst wenige Jahre zurückliegender Schulgründung, erhielt die Stadt Würzburg durch die Gründung des Juliusspitals (s. Abb. 17) ohne eigenes Zutun eine bedeutende Einrichtung, die ihre Urbanität erhöhte und die bis heute ihr Bild prägt. Die Stadt war insofern mit dem Spital verbunden, als der Würzburger Stadtrat nach Echters ursprünglicher Verfügung jeweils einen der drei Spitalpfleger stellen sollte.[173] Zwar war auch das Juliusspital zunächst in erster Linie ein Pfründnerheim, doch hatte Würzburg damit zugleich erstmals ein wirkliches Krankenhaus im modernen Sinn bekommen, wo die Kranken täglich einen Arzt sahen und sogar – in jener Zeit keine Selbstverständlichkeit – je ein eigenes Bett hatten.[174] Aufgrund seiner reichen Dotierung entwickelte sich das Juliusspital in kurzer Zeit auch zu einer Darlehenskasse.[175] Echter nutzte sein neues Spital häufig als Stadtresidenz; an jedem Gründonnerstag versorgte er in eigener Person zwölf Spitalinsassen.[176]

Im Januar 1578 vernichtete ein Feuer das Haus des Stadtzimmermanns Claus Müller bei den Fleischbänken sowie das Nachbarhaus und beschädigte einige weitere Häuser schwer; die Auseinandersetzung um diese Schadenssache wurde vor die fürstlichen Räte gebracht.[177] Um die Sicherheit des Eigentums scheint es in jenen Jahren zuweilen schlecht bestellt gewesen zu sein: Ein langer Eintrag im Ratsprotokoll teilt mit, nachdem sich *Dieberey und nachtlich Einbruch* gehäuft hätten, hätten sich etliche Bürger im Sanderviertel angeboten, eine stille, heimliche Wache zu gehen, um *schadhaffte Leut* auf frischer Tat zu fassen.[178] Das Domkapitel stimmte zu, der Bischof, der ebenfalls Kenntnis von diesem Plan erhielt, erteilte bis auf Widerruf seine Genehmigung.

Sehr ausführlich befasste sich der Rat mit der Sauberkeit, speziell am Main und auf der Mainbrücke, aber auch sonst in der Stadt, und bat den Bischof um eine diesbezügli-

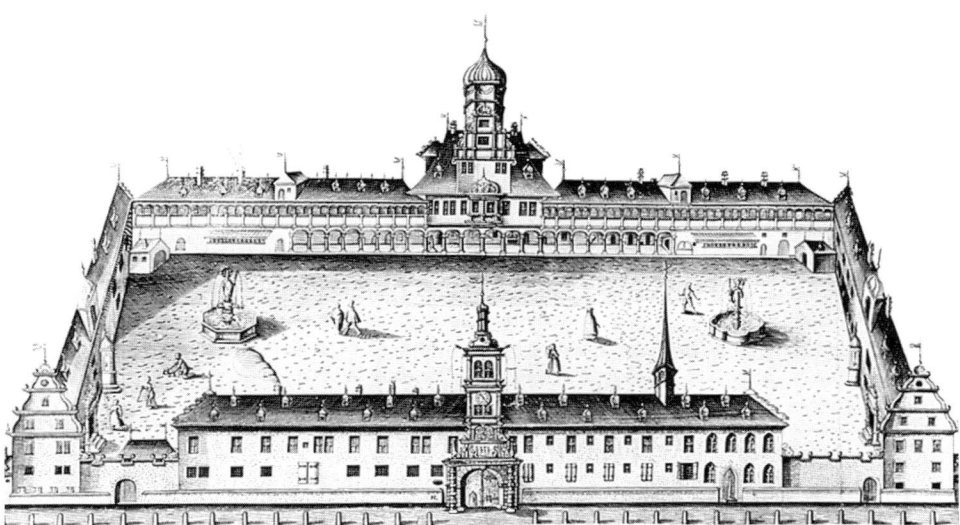

Abb. 17: Das Juliusspital, Vogelschauansicht von Süden, Kupferstich von Johannes Leypolt nach einem Gemälde von Georg Rudolph Hennenberg, 1603, aus: Christophorus Marianus, Encaenia et tricennalia Juliana …, Würzburg 1604. (Mainfränkisches Museum Würzburg, Stadtgeschichtliche Dauerausstellung, Inv.-Nr. S. 20505)

che Ordnung, die am 3. Mai 1581 vorlag.[179] Danach sollten unter anderem *Abraum und Unsauberkeit* nicht an den Main geschüttet werden. Am Main sollten *heimliche Gemäch* gebaut werden, und niemand durfte außerhalb seine Notdurft verrichten, worauf besondere Diener ein *Aufsehens* haben sollten; diese sollten aus den Geldstrafen Zuwiderhandelnder bezahlt werden. In den unteren Stockwerken von Häusern an oder auf der Stadtmauer sollten aus Sicherheitsgründen keine Öffnungen gemacht werden. *Heimliche Gemäch* seien möglichst innerhalb der Häuser einzurichten; jeweils zwei oder drei Nachbarn sollten sich zusammentun und die *Unsauberkeit* in einer unterirdisch gelegten *Döle* in den Main ableiten. Nur Abfall, der wegschwimme, dürfe über die Mainbrücke abgekippt werden. Der Main sollte in der ganzen Stadt in Mauern gefasst, die Ufer eingeebnet und weitgehend gepflastert werden. Überhaupt sollte *vermittelst götlicher Gnaden also gehaust werden, das … in der Statt nicht so abscheulicher Unlust, sonder lustige saubere Plätz zu befinden seyen.* Schließlich wurden Plätze für die Schüttung von Abfall bei der Ziegelhütte vor dem Pleicher Tor und an einem anderen Tor am Main ausgewiesen. Wie viel von diesem recht ehrgeizigen Programm Wirklichkeit wurde, muss allerdings offen bleiben; im Zusammenhang mit einer in der Stadt ausgebrochenen Epidemie wurde schon im Herbst 1585 ein weiteres Mandat betreffend die Reinlichkeit in der Stadt erlassen, das sich mehr auf die Sauberhaltung der Straßen und der Hausgrundstücke beschränkte.[180]

Am Jahresende 1584 erklärte der Stadtrat sich erstmals bereit, vom Oberrat die Verwaltung und Aufsicht über das Straßenpflaster, *sovil deßelbigen außerhalb der gemeinen Plätz jetziger Zeit alhie ist*, mitsamt der Säuberung zu übernehmen; dazu sollte ständig ein Pflasterer angestellt werden. Der Rat bat sofort – allerdings zunächst ohne Erfolg – um die Gewährung eines Zuschusses zu dieser neuen Aufgabe, die ihm endgültig in größerem Umfang im April 1604 übertragen wurde.[181]

Noch bedeutsamer und folgenreicher für die Stadtgeschichte als die Gründung des Juliusspitals war Echters Neugründung der Würzburger Universität in den ersten Januartagen des Jahres 1582. Der Beitrag der Stadt Würzburg beschränkte sich anscheinend darauf, dass das große Festbankett nach der akademischen Inaugurationsfeier in der Franziskanerkirche am 2. Januar 1582 im Rathaussaal (wohl im Wenzelsaal) ausgerichtet wurde.[182]

Echter hatte seine Pläne gegen den hartnäckigen Widerstand des Domkapitels, das sie für nicht finanzierbar hielt, durchsetzen müssen; der Gegensatz zwischen dem Bischof und den Domherren in dieser Frage war so scharf, dass diese – mit Ausnahme des Domscholasters – nicht einmal an den Eröffnungsfeierlichkeiten teilnahmen.[183] Echter bezog sich bei der Neugründung ausdrücklich auf die erste Würzburger Universität von 1402. Neu war die von allen Professoren und Promovenden verlangte *Professio fidei Tridentina* (Leistung des Tridentiner Glaubensbekenntnisses), wodurch die neue Würzburger Universität eine klar gegenreformatorische Ausrichtung erhielt. Echter arbeitete zwar einerseits eng mit den Jesuiten zusammen, die auch die Professorenstellen an der theologischen und der »Artisten«-Fakultät (philosophischen Fakultät) besetzten, machte dem Orden zu dessen Enttäuschung aber andererseits unmissverständlich klar, dass der Landesherr die neue Institution nach seinen Vorstellungen leitete und nicht zu einer rein jesuitischen Lehranstalt machen ließ. Echter ließ sich daher auch im Universitätsgebäude einen Raum reservieren. Er und nicht etwa ein Professor des Jesuitenordens wurde am 4. Januar 1582 zum ersten Rektor gewählt; das Verhältnis zwischen Echter und den Würzburger Jesuiten war des Öfteren sehr gespannt.[184]

Noch 1582 ging man unter der Leitung von Georg Robin an die Errichtung der neuen Universitätsgebäude auf dem Gelände des alten Ulrichsklosters, dessen Inkorporation in die Universität Echter vom Papst erwirkt hatte. Dabei zog er, weil die Grundstücke des Ulrichsklosters und der zusätzlich angekauften Häuser zu klein waren, gegen den Protest der Jesuiten einen Teil des Geländes ihres Kollegs ein. Mit dem Baugeviert der heutigen »Alten Universität« erhielt Würzburg einen Hochschulbau von europäischem Rang hinsichtlich seiner Architektur; er kostete etwa 130 000 Gulden.[185] Im September 1591 wurde im Beisein des Herzogs Wilhelm von Bayern, seines ältesten Sohnes, des späteren Kurfürsten Maximilian, und zahlreicher anderer hoher Gäste – samt ihrem Gefolge etwa 400 Personen – die Universitätskirche eingeweiht.[186]

Der Ausbau der Universität vollzog sich nicht auf einen Schlag; so wurden die juristische und die medizinische Fakultät erst 1587 und 1593 eröffnet. Wie im Falle des Juliusspitals war auch die nach einem sehr komplizierten System angelegte Dotation der Universität so reichlich, dass sie binnen kurzem in der Lage war, bedeutende Geldsummen auf Zins auszuleihen.

Mit der Universität verbunden war die Gründung von vier Kollegien, wovon das St. Kilianskolleg das Priesterseminar war, dessen Einrichtung schon seit Jahren von der Kurie erwartet wurde. An ihm lehrten Jesuiten; es bot 40 Studienplätze an; die Absolventen wurden verpflichtet, der Diözese Würzburg zu dienen. Das 1589 eingerichtete Collegium Pauperum bot 40 mittellosen Studenten einen freien Studienplatz. Das vierte Kolleg mit Freiplätzen für 24 adelige Studenten entstand erst 1607 unter dem Namen »Adeliges Seminar«. Das Marianische Kolleg hatte ebenfalls 40 Plätze und war die Fortsetzung der früheren Wirsbergschen Stiftung; als Einziges blieb es im Hof »zum kleinen Fresser« und zog nicht in den Universitätsneubau.[187]

Das Priesterseminar diente vor allem der besseren theologischen Ausbildung der künftigen Pfarrer. Schon seit seinem Amtsantritt hatte Echter sich um die moralische Besserung der Kleriker gesorgt. So war 1575 – ohne großen Erfolg – der Befehl ergangen, dass alle Geistlichen in der Stadt Würzburg einschließlich der Dom- und Stiftsherren ihre Konkubinen entlassen sollten. Als aber der Würzburger Augustiner-Prior und seine Konkubine in jenem Jahr verhaftet wurden, verwendeten sich sofort Bürgerschaft und Stadtrat für ihre Freilassung.[188] In ähnlicher Weise wurde 1577 den Heidingsfeldern untersagt, zum Besuch protestantischer Gottesdienste aus der Stadt zu laufen.[189] Mit wirklichem Nachdruck ging Echter aber erst nach etwa 1580 an die Durchführung der Gegenreformation. Von seinen Maßnahmen wurde auch die Stadt Würzburg in erheblichem Maß betroffen.

Die Stadt Würzburg in der Zeit der Gegenreformation und des Frühabsolutismus seit etwa 1580

Unter den Bürgern und Einwohnern Würzburgs gab es beim Regierungsantritt Echters eine erhebliche Zahl von Protestanten. Noch bedeutsamer als deren reine Zahl war jedoch, dass gerade in den führenden bürgerlichen Kreisen der Stadt der Protestantismus verbreitet war. So waren um 1575 alle drei »Obereinnehmer« der Landschaft, bei denen es sich ja zugleich um Würzburger Ratsherren handelte, Protestanten.[190] Zu den reichsten Bürgern der Stadt gehörten überdurchschnittlich viele Protestanten. Als diese am Ende der 80er Jahre des 16. Jahrhunderts zum Wegzug aus Würzburg gezwungen wurden, mussten sie die Nachsteuer für ihre aus dem Hochstift abgezogenen Vermögen entrichten, eine Abgabe, die 1583 von Echter von ein auf zwei Prozent des Vermögenswertes erhöht worden war.[191] Dabei wurden mehrfach Spitzenvermögen von 5000 bis über 10000 Gulden versteuert, während sich das Durchschnittsvermögen eines Würzburger Steuerzahlers 1564 auf knapp 400 Gulden belief.[192] Der Reichtum und die guten gesellschaftlichen Verbindungen der führenden Würzburger Protestanten wurden ebenso daran deutlich, dass viele von ihnen Inhaber domkapitelischer Ämter wie etwa des Becherer-, des Kochmeister-, des Schlüssel- oder des Bergmeisteramtes waren. Als solche waren sie zugleich domkapitelische Hausgenossen, was die Exemtion von den meisten bürgerlichen Lasten, insbesondere vom Wachdienst und der städtischen Steuer, sowie einen privilegierten Gerichtsstand bedeutete. Es kann daher nicht verwundern, dass solche Ämter zu Preisen gehandelt wurden, die etwa dem Jahresgehalt eines bischöflichen Rates entsprachen.[193] Die Inhaber solcher Ämter gehörten zweifelsohne zur städtischen Oberschicht.

Die führenden Würzburger Protestanten waren aber nicht nur wohlhabend, sozial integriert und angesehen, sie gehörten tendenziell auch zu den Gebildeteren, und viele hatten hohe Positionen in der Stadtverwaltung inne. Wie Wirsberg hatte sich auch Echter in seiner Wahlkapitulation verpflichten müssen, nur Katholiken in den Würzburger Stadtrat einzusetzen.[194] Dem standen aber in der Praxis erhebliche Schwierigkeiten entgegen. Schon 1571 hatte Wirsberg sich beklagt, dass auf der Vorschlagsliste für die Ernennung neuer Mitglieder des Unterrats nur Protestanten stünden. 1573 war das Domkapitel an der Reihe, neue Ratsherren zu ernennen; es wählte einen Protestanten, um seinen Wegzug aus der Stadt zu verhindern. 1575 wurde der Protestant Konrad Müller in den Rat eingesetzt, da man ihn als Fachmann im Getreidehandel benötigte und keinen gleich qualifizierten Katholiken fand. Noch 1582 wurde übrigens Konrad Müller zum Bürgermeister gewählt.[195] 1583, als Bischof und Domkapitel dann ernsthaft daran gingen, nur noch katholische Bürger in den Unterrat zu bringen, beschwerten sich einige Ratsherren beim Domkapitel, seit kurzem würden Personen in den Rat gesetzt, die weder lesen noch schreiben könnten und daher für Ämter, in denen Rechnungen zu führen seien, ungeeignet seien; man möge ein Einsehen haben.[196] 1583 überging der Bischof die Kandidatenliste des Rats und setzte einen katholischen Ratsherrn ein; daraufhin beschwerte sich der Unterrat mit dem Hinweis auf die anscheinend nicht makellose Geburt dieses Kandidaten, vor allem aber mit der Behauptung, er habe das Recht, eine bindende Vorschlagsliste einzureichen. Man hoffe, der Fürstbischof werde beim alten Herkommen bleiben und aus der Vorschlagsliste wählen, die der Rat zur Förderung der Reputation von Stadt und Domkapitel aufstelle, und nicht ansehen, welcher Konfession die Ratsherren angehörten. Der Rat ging offensichtlich von der Gleichberechtigung beider Konfessionen aus.[197] Tatsächlich waren in den Jahren um 1580 nicht nur Konrad Müller, sondern auch die Bürgermeister Balthasar Rüffer und Philipp Mercklein sowie zahlreiche weitere Ratsherren lutherisch, so etwa der Pfleger des Bürgerspitals, Georg Reumann, und der der Marienkapelle, Balthasar Külwein; lutherisch war auch der Stadtschreiber Valentin Wildmeister.[198]

Es ist dabei wesentlich zu bemerken, dass die Würzburger jener Jahre sich konfessionell nicht scharf voneinander abgrenzten. Die Protestanten in der Stadt waren keineswegs auf eine konfessionelle Trennung aus, sondern erwarteten vor allem, dass man ihre abweichende Haltung in der Frage des Laienkelches tolerierte.[199] Dazu war zumindest das Domkapitel bis um 1580 auch bereit, solange die übrigen kirchlichen Sakramente und Zeremonien beachtet wurden. Würzburger Protestanten konnten um 1580 durchaus zu den eifrigen Besuchern der Gottesdienste in der Dompfarrei gehören, ihre Ehen im Dom schließen und ihre Kinder dort taufen lassen.[200] Würzburger Domherren waren Paten der Söhne des protestantischen Bürgermeisters Balthasar Rüffer, in dessen Haus auch Persönlichkeiten aus der engsten Umgebung Julius Echters verkehrten.[201] Gerade die gemeinsame Anerkennung der Taufe als Sakrament war den »Augsburgischen Konfessionsverwandten« wichtig, wie eine Bittschrift Heidingsfelder Bürger an das Domkapitel vom März 1586 zeigt: *So sindt wir doch (Gott lob) kaine Juden, Turcken oder Hayden, sondern getaufte Christen, auch kainer verbotener ... sonder der im heyligen Reich Teutscher Nation ... zugelassener Religion Augsburgischer Confession ...*[202] Dieses Argument dürfte

Abb. 18 a, b: Medaille mit dem Porträt und dem Wappen Balthasar Rüffers d. J., 1606.
(Mainfränkisches Museum, Münzsammlung)

auch von Seiten der altgläubig Gebliebenen weitgehend akzeptiert worden sein; im praktischen Umgang miteinander gab es ganz offensichtlich gegenüber den Protestanten nicht die Vorstellung, man habe es mit Häretikern zu tun, mit denen keine Gemeinschaft möglich sei. Darüber hinaus bestanden auch in Würzburg zahlreiche konfessionell gemischte Ehen, bei denen es nichts Ungewöhnliches war, wenn in einem Ehevertrag festgelegt wurde, dass keiner der Ehepartner versuchen würde, den anderen in der Frage der Konfession zu bedrängen.[203]

Diese auf gegenseitiger Toleranz beruhenden Konfessionsverhältnisse in der Stadt, die sich seit mehr als 40 Jahren entwickelt hatten, wurden von 1583 an durch Julius Echter dauerhaft beseitigt. Er hatte seit seinem Amtsantritt aufgrund politischer Rücksichtnahmen zehn Jahre mit der Einleitung der Gegenreformation warten müssen, was ihm den Ruf eines Zauderers eintrug; in der älteren Literatur wurde sogar angenommen, er sei ein Sympathisant des Luthertums gewesen.[204] Eine straffe Gegenreformation hätte aber seine Kandidatur für das Erzbistum Mainz mit Sicherheit aussichtslos gemacht; erst nach deren Scheitern 1582 spielte diese Rücksicht keine Rolle mehr. Die Steuerbewilligung des Landtags von 1577 lief 1582 aus; eine neue Verpflichtung der Landstände durfte nicht durch unpopuläre Maßnahmen – und das wären energische Versuche zu einer Gegenreformation gewesen – gefährdet werden. Überdies wollte Echter die Obereinnahme in seine Hand bekommen, die, wie berichtet, von Protestanten beherrscht wurde. Erst nach der neuen Steuerbewilligung des Landtags von 1583 und der gleichzeitigen Übernahme des Steuerkollektionsrechts durch die bischöfliche Verwaltung, also der Ausschaltung der Obereinnahme, war die Möglichkeit härteren Eingreifens gegeben. Schließlich durften die Verhandlungen mit Kursachsen um den Erwerb der zahlreichen Orte und Höfe, die im Austausch für das bei Sachsen verbleibende Amt Meiningen aus dem Erbe der ausgestorbenen Henneberger 1583 an das Hochstift fallen sollten, nicht durch hartes Auftreten in Religionsfragen gefährdet werden.[205]

Im Herbst 1583 leitete Echter aber strengere religionspolitische Maßnahmen in Würzburg ein, indem er den Würzburger Protestanten befahl, einen von ihm nicht genehmigten Bau auf dem Friedhof vor dem Pleicher Tor wieder abzureißen.[206] Die Würzburger Protestanten hatten sich damit abgefunden, diesen Friedhof, der entfernt von den übrigen Friedhöfen in der Stadt lag, benutzen zu müssen.[207] Zum Ausgleich für diesen als diskriminierend empfundenen Zwang sollte nun offensichtlich der eigene Friedhof mit besonders ansehnlichen Bauten und Grabstätten gestaltet werden. Nach der Chronik des Würzburger Jesuitenkollegs geriet der im Sommer 1583 begonnene Ausbau so prächtig, dass auch Altgläubige sich ihre Begräbnisstätte dort erwählen wollten. Echter erließ im November 1583 eine strikte Anweisung zur Einstellung jeglicher Bautätigkeit. Jedoch ließ sich Konrad Müller, der die Baumaßnahmen leitete, keineswegs einschüchtern und setzte sie fort. Ende Dezember äußerte sich Echter wiederum, dass es ihm ein besonderes Ärgernis sei, einen solchen Bau in seiner Residenz dulden zu sollen. Im Januar 1584 kam ein erneuter Befehl des Bischofs, die Friedhofsbauten abzureißen; auch diese Anweisung wurde von Müller selbstbewusst übergangen, dem es mit etwas Druck auf einzelne altgläubige Ratsherren sogar gelang, eine Supplik des Würzburger Unterrats an Echter gegen den befohlenen Abriss der Bauten abfassen zu lassen und eine teilweise Finanzierung der Friedhofsbauten durch die Stadt zu erreichen. Der Ausbau des protestantischen Friedhofs wurde anscheinend erst gegen Ende des Jahres 1584 gestoppt; schließlich mussten die Gebäude dann doch abgerissen werden. Der hartnäckige Widerstand gegen die fürstbischöflichen Befehle gibt aber einen guten Eindruck von der selbstsicheren Haltung der führenden Würzburger Protestanten noch kurz vor ihrer Ausweisung aus Würzburg.

Echter ergriff nun in rascher Folge weitere Maßnahmen gegen die Protestanten in Würzburg und im ganzen Hochstift. Er warf dem Rat 1584 die Vernachlässigung seiner Pflichten vor; insbesondere habe er den Pfarrer im Dom bei der Engelmesse nicht begleitet. Wer dies nicht, wie herkömmlich, tun wolle, solle es nur erklären; der Bischof werde sich dann entsprechend verhalten. Er könne Klauseln in Eheverträgen bei Mischehen nicht dulden, in denen darauf verzichtet werde, Ehepartner zur Konversion zu drängen; der Stadtschreiber, der solche rechtswidrigen Verträge aufsetze, führe ohnehin auch der katholischen Kirche abträgliche Reden in der Öffentlichkeit. Der Pfleger der Marienkapelle lasse auch bei Begräbnissen von Protestanten die Glocken läuten; er sei deswegen sofort abzusetzen.[208] Der Rat wollte erst aktiv werden, wenn der Pfleger turnusgemäß ersetzt werden musste. Balthasar Külwein, der betagte Kapellenpfleger, starb, bevor er abgesetzt wurde. Im Oktober 1585 sollte der Pfleger des Bürgerspitals nur deswegen entlassen werden, weil er *unseres genedigen Herrn Religion nicht ist.*[209] Auf Bitten des Rats konnte er zwar bis auf Weiteres im Amt bleiben, sollte sich aber so verhalten, dass er keinen Anstoß errege. Schon wenige Monate später, im Januar 1586, musste er dann auf Druck des Bischofs aus dem Amt weichen. Ebenso unerbittlich wurde im selben Jahr der Stadtschreiber, der Echter ein besonderer Dorn im Auge war, aus dem Amt gedrängt.[210] Sein Nachfolger wurde übrigens der vormalige Kanzlei- und Gerichtsschreiber Dr. Georg Hummel, der bis 1605 amtierte und als einer der ersten Stadtschreiber in den Rat gewählt wurde.[211]

In den Jahren 1585 und 1586 bereiste Echter die meisten Städte des Hochstifts und führte in ihnen in eigener Person die Gegenreformation durch, im Wesentlichen überall nach dem gleichen Schema: er hielt eine Messe, zu deren Besuch die ganze Stadtbevölkerung gedrängt wurde, empfing danach die Bürger zu einem Gespräch und versuchte, diejenigen, die evangelisch bleiben wollten, zur Rückkehr zum katholischen Glauben zu überreden. Wer nicht konvertieren wollte, musste das Hochstift verlassen.[212]

Als die Dettelbacher Bürger nach einem solchen Bekehrungsgespräch den Bischof baten, trotzdem beim evangelischen Glauben bleiben zu dürfen, äußerte dieser im Zorn, ein solcher Ungehorsam sei ihm noch nicht vorgekommen und sie sollten nicht meinen, dass ihm viel an 200 oder 300 Bürgern gelegen sei.[213] Diese Äußerung dürfte in vieler Hinsicht charakteristisch für Echters Herrschaftsauffassung gewesen sein. Die Forschung ist sich einig, dass Echter bei dem Unterfangen, seine Untertanen zum alten Glauben zurückzuführen, keineswegs durch rein religiöse Motive bewegt wurde. Glaubensinhalte spielten wahrscheinlich gegenüber dem Bestreben, einen konfessionell einheitlichen Staat zu schaffen, die Untertanen sozial und staatspolitisch zu disziplinieren, eine untergeordnete Rolle. Bezeichnend ist, dass die Begriffe »gehorsam« und »ungehorsam« in der fürstlichen Kanzlei synonym für katholisch und protestantisch verwendet wurden.[214] Bezeichnend ist ebenso, dass nicht etwa nur Theologen und Prediger, sondern ganz massiv die weltliche Verwaltung des Hochstifts, also die Amtmänner und Amtskeller, bei der Durchführung der Gegenreformation eingesetzt wurden.[215] Echters Haltung gegenüber den Untertanen, in diesem Fall dem Würzburger Rat, zeigt auch das bekannte Zitat *Er were unser Herr, ließ Ime nicht an das Hefft greiffen, Er woll einmal ainenn oder zweien, do fur Ine kumen, weisen, waß fur Unterschied zwischen Unterthanen und Obrigkeit sey.*[216]

Im Frühjahr 1587 wurde dann die Gegenreformation in Würzburg durchgeführt. Am 19. März morgens um 8 Uhr wurde der Würzburger Stadtrat in die Kanzlei bestellt. Alle Ratsherren, auch die protestantischen, wurden gemahnt, in der kommenden Osterzeit das Abendmahl nach katholischem Ritus zu empfangen. Wer das nicht täte, würde als Ungehorsamer behandelt. Zweifler wurden zu Gesprächen mit dem Weihbischof und den Jesuiten eingeladen. Der Rat antwortete, dass die katholischen Ratsherren beim katholischen Glauben bleiben wollten, dass die Anhänger der augsburgischen Konfession eine Erklärung abgeben würden. Der Bischof gab ihnen daraufhin unbefristete Bedenkzeit.[217]

Bei der in den unmittelbar folgenden Wochen vorgenommenen Visitation aller Würzburger Pfarreien wurden 600 Protestanten angetroffen. Wenn – wie anzunehmen – hiermit vor allem Haushaltsvorstände gemeint sind, würde das bedeuten, dass zwischen einem Viertel und einem Drittel der Würzburger Bevölkerung protestantisch war.[218] Die große Mehrheit der Würzburger Protestanten beugte sich dem Druck und kehrte zum Katholizismus zurück; 73 entschieden sich dafür, bei ihrem Glauben zu bleiben; sie mussten die Stadt verlassen.[219] Im Laufe des Jahres 1587 schieden dann alle protestantisch gebliebenen Ratsherren aus dem Rat aus, so am 28. April Georg Reumann, am 13. Mai auch Konrad Müller auf bischöflichen Druck hin; es gelang Echter dann in diesem Jahr, den Würzburger Stadtrat, der noch 1585 für die Protestanten suppliziert hatte, in seinem Sinn so zu umzuwandeln, dass dieser selbst die Entfernung Balthasar Rüffers aus dem Rat betrieb.[220] Selbst der alte Rats-Bierschenk Hans Gros wurde der Konfession wegen aus dem Bieramt entlassen.[221] Darüber hinaus wurden mit Ausnahme Konrad Dinners alle noch im bischöflichen Dienst stehenden Protestanten aus ihren Ämtern entfernt.[222] Von 1587 bis zum Beginn der bayerischen Herrschaft 1802 mussten alle Würzburger Bürger der katholischen Konfession angehören. Tatsächlich konnten sich heimliche protestantische Konventikel nur noch wenige Jahre nach 1587 in Würzburg halten. Im Juni 1594 wurden 14 Familien aus dem Pleicher- und Sanderviertel vor das geistliche Gericht gefordert, da sie verdächtigt wurden, der lutherischen Lehre anzuhängen; wohl zu Recht, da einige von ihnen die Stadt verließen.[223] Wie erfolgreich die Gegenreformation in Würzburg durchgeführt wurde, lässt sich an der treu katholischen Haltung der Würzburger unter der schwedischen bzw. sachsen-weimarischen Regierung in den 30er Jahren des 17. Jahrhunderts erkennen.[224]

Die aus Würzburg Ausgewiesenen mussten kurzfristig und meist unter erheblichen finanziellen Verlusten ihren Besitz verkaufen – auch die weitere Nutzung ihrer im Hochstift gelegenen Landgüter wurde ihnen nicht gestattet [225] – und in protestantische Städte oder Territorien gehen, zum Beispiel nach Schweinfurt, Kitzingen oder Ansbach. Die Stadt Würzburg verlor nicht nur – wie bereits erwähnt – einen großen Teil ihrer wirtschaftlich aktivsten und erfolgreichsten Bürger, sondern auch eine politische Elite. Dieser durch den Fürstbischof erzwungene Verlust erinnert an ähnliche Vorgänge im Mittelalter,[226] von denen sich die Stadt nur langsam wieder erholt hatte. Ganz ähnlich war es auch jetzt; die unter großem Druck, wie Zeitgenossen bezeugen,[227] durchgeführte Gegenreformation schadete der Stadt ohne Zweifel auf längere Dauer. Welch tatkräftige Familien vertrieben wurden, erkennt man daran, dass beispielsweise Balthasar Rüffer d. J. (s. Abb. 18 a, b) binnen kurzem zum Reichsschultheißen in Schweinfurt aufstieg und Konrad Müller schon 1592 als markgräflicher Rat in Kitzingen nachweisbar ist.[228]

Die Steuereinnahmen sanken durch den Wegzug der Protestanten in Würzburg zunächst fühlbar, worauf der Rat 1588 den Bischof hinwies; nach einigen Jahren erholten sie sich allerdings wieder. Bestimmte Handelszweige, etwa der Dörrfischhandel oder Teile des Tuchhandels, wurden ganz von Würzburg abgezogen.[229] Da die Stadt Schweinfurt die Würzburger Protestanten ohne weiteres aufnahm, untersagte Echter 1587 jeglichen Handel zwischen Würzburg und Schweinfurt, ein »Wirtschaftskrieg«, der sich bis 1611 hinzog.[230]

Am gleichen Tag, an dem der Rat in der Frage des Abendmahls auf die Kanzlei bestellt worden war, wurde ihm mitgeteilt, dass der Bischof durch den Erlass einer neuen Polizei-, Almosen- und Steuerordnung ganz erheblich in seinen Kompetenzbereich eingegriffen hatte.[231] Dabei blieb es nicht, wie es bei Echters Herrschaftsauffassung auch kaum anders zu erwarten war: 1599 erließ er eine Ratsordnung, durch die sich der Würzburger Stadtrat wieder auf den Stand der Jahre 1525/28 zurückgeworfen sah.[232] Zwar wurden dem Rat keine Geschäftsbereiche entzogen, der Bischof stellte aber unter ausdrücklichem Bezug auf die Stadtordnung von 1525 klar, dass die Stadtverwaltung nicht als Selbstverwaltung anzusehen war, sondern im Auftrag und unter enger Überwachung des Stadtherrn geschah, ohne dessen Bewilligung sich der Rat zu nichts verpflichten durfte.[233] Schon 1580 hatte Echter dem Rat eigene Rechte mit der Formulierung bestritten, er, Echter, sei Bürgermeister und Rat. Auch die Bürgermeister, so Echter, hätten keine Jurisdiktion in Würzburg, sondern seien zu Gehorsam verpflichtet.[234] Das Recht der Selbstversammlung des Rats war wieder aufgehoben; Ratssitzungen an ungewöhnlichen Orten und Zeiten wurden strikt untersagt; der Rat tagte nur noch nach Aufforderung durch den Oberschultheißen, der auch an den Ratssitzungen teilnehmen sollte. Die Bürgermeisterwahl und die Besetzung anderer Ratsämter stand zwar weiter dem Rat zu, doch musste der Oberschultheiß der Wahl beiwohnen; dem Bischof war die Bestätigung der Gewählten vorbehalten, die auch an Weisungen des Bischofs gebunden waren. Bestellung und Entlassung des Stadtschreibers stand allein dem Bischof zu, vor dem der Schreiber auch seinen Eid leistete und dem gegenüber seine Pflicht zur Verschwiegenheit aufgehoben war. Ohne Genehmigung des Bischofs durfte kein Ratsadvokat (»Syndikus«) eingestellt werden. Die Viertelschreiber und -knechte wurden durch den Oberschultheiß, nicht durch den Rat verpflichtet.

Der Würzburger Unterrat trat bis in die 80er Jahre des 16. Jahrhunderts, von Ausnahmen wie Kriegs- und Hungerjahren abgesehen, nur etwa 30 Mal im Jahr als Plenum zusammen, seit 1599 jedoch wöchentlich zweimal.[235] Zwar waren alle Ratsmitglieder bei Zahlung einer Buße zum Erscheinen verpflichtet, doch in der Praxis erschienen selten alle vollzählig; auch mangelnde Pünktlichkeit wurde immer wieder beklagt.[236] Vor der Ratssitzung bestand die Gelegenheit zum Gottesdienstbesuch. Die Sitzungen wurden vom Älteren Bürgermeister geleitet, der zur Herbeiführung eines Beschlusses eine Umfrage bei allen Ratsherren vom dienstältesten bis zum jüngsten hielt und deren Voten abschließend zusammenfasste. Ein gültiger Beschluss wurde dann vom Stadtschreiber protokolliert und in der nächsten Ratssitzung wieder verlesen. Die Ratsherren sollten Verschwiegenheit über die Beschlüsse wahren, was aber anscheinend nicht immer eingehalten wurde. Sie sollten auf den Sitzungen nur dann reden, wenn sie gefragt wurden, und anderen Herren nicht ins Wort fallen; nur mit Erlaubnis des Bürgermeisters durfte ein Ratsherr die Rede eines anderen unterbrechen.[237]

Als eine seiner vornehmsten Aufgaben war dem Rat auch nach 1599 Verleihung und Entzug des Würzburger Bürgerrechts verblieben. Dessen Verleihung war an den Nachweis eines Mindestvermögens, persönlicher Freiheit und ehelicher Geburt sowie die Stellung von Bürgen geknüpft.[238] Das Bürgerrecht ermöglichte die Gründung eines eigenen Hausstands, die Ausübung von Handel und Gewerbe sowie den Erwerb von Grundbesitz in der Stadt. Es verpflichtete andererseits zur Zahlung der Stadtsteuer, einer direkten Steuer vor allem von Liegenschaften innerhalb der Stadtmauer und der Stadtmarkung, und weiterer städtischer Abgaben, denen nicht alle Einwohner unterlagen.[239]

Nur ein Teil der Abgaben, die unter Mitwirkung des Stadtrats und der Viertelmeister von den Bürgern und Einwohnern Würzburgs erhoben wurden, verblieb in der Verfügungsgewalt des Rates. Dessen wichtigste Einkommensquelle war neben der Stadtsteuer das Ungeld, eine indirekte Steuer auf den Weinverkauf; von beiden behielt die Stadt jeweils normalerweise drei Viertel, während ein Viertel an die fürstliche Kammer abzuführen war.[240] Die Stadt erhob verschiedene Zölle, so den Torzoll und den Brückenzoll zur Erhaltung der Mainbrücke; seit 1552 besaß die Stadt auch die Einkünfte aus dem Mainzoll, einer Abgabe auf jene Waren, die auf dem Wasserweg durch Würzburg geführt wurden.[241]

Abb. 19 a, b: Doppelter Goldgulden Fürstbischof Julius Echters von Mespelbrunn,
auf der Vorderseite das Brustbild des hl. Kilian mit den Porträtzügen Echters,
auf der Rückseite dessen dreifach behelmtes Wappen, 1590.
(Mainfränkisches Museum Würzburg, Münzsammlung)

Die Ratsämter, die mit der Verwaltung der kirchlichen und sozialen Aufgaben der Stadt betraut waren, wurden als »Pflegschaften« oder »Pflegen« des Rats bezeichnet. Seit 1540 gehörten dazu wieder die Pflegschaft über die Marienkapelle und die Dompfarrei, vor allem aber die Verwaltung des Bürgerspitals, der wohl größten karitativen Einrichtung im Besitz der Stadt, sowie von sieben weiteren Spitälern und Armenhäusern; die Verwaltung dieser Häuser blieb auch nach 1599 beim Stadtrat, nicht zuletzt die Entscheidung darüber, wer dort aufgenommen wurde. Die Pflegen unterstanden jeweils einem oder mehreren Ratsherren (s. Tafel 6), die für ihre Tätigkeit eine Besoldung erhielten. Die Abrechnungen der verschiedenen städtischen Pflegen wurden vom Stadtrat geprüft, seit den 90er Jahren des 16. Jahrhunderts anschließend noch von der bischöflichen Regierung.[242] Zusätzlich zu den Spitälern und Armenhäusern verwaltete der Rat eine Reihe von Almosen, also Stiftungen, aus deren Kapital Bedürftigen Geld ausbezahlt oder Kleidung gegeben wurde; trotz der Versuche Echters, das Almosenwesen ganz der bischöflichen Regierung zu unterstellen, behielt der Rat bis zum Ende seiner Regierung zumindest ein Mitspracherecht.[243]

Im Besitz der Stadt und in der Verantwortung des Rates blieb die Stadtbefestigung, und zwar sowohl die Stadtmauern mit ihren Türmen und Toren als auch die die Gemarkung schützende Landwehr; nur mit seiner Zustimmung durften insbesondere Anbauten an die Stadtmauer erfolgen.[244] Stadtmauern und Landwehr mussten relativ häufig inspiziert werden. Dem Stadtrat unterstanden die Torschließer, die er selbst wählte; sie waren dafür verantwortlich, dass die Stadttore zur rechten Zeit geschlossen bzw. geöffnet wurden und dass nachts niemand die Stadt betreten oder verlassen konnte. Für die eigentliche Bewachung der Stadt war zunächst der Oberschultheiß mit zweimal 16 »Scharwächtern« zuständig, später der Stadthauptmann, dem 4 Wachtmeister und 40 »Scharwächter« unterstanden. Der Hauptmann hatte dem bischöflichen Oberschultheißen und den Bürgermeistern Treue zu geloben; er und 2 Wachtmeister wurden vom

Bischof besoldet, 2 Wachtmeister und die Scharwächter vom Rat bzw. den Stadtvierteln. 2 Wachtmeister und 20 Scharwächter sollten nachts in der Stadt patrouillieren. Zusätzlich bewachten Nachtwächter die Türme und Tore der Stadt und vier Fischer den Main; letzteren war es aus Sicherheitsgründen verboten, nachts jemanden über den Main zu setzen. In Kriegs- und Spannungszeiten mussten zusätzlich Bürger die Stadt bewachen; es gab allerdings viele, die davon ausgenommen waren, zudem wurde häufig beklagt, dass Bürger ungeeignete Ersatzleute schickten.

Das städtische Bauamt war zuständig für alle Gebäude in städtischem Besitz, insbesondere wiederum die Stadtbefestigung, für deren Erhalt große Geldsummen aufgebracht werden mussten, die vor allem den Einnahmen aus der Stadtsteuer entnommen wurden. Dem Stadtbaumeister, einem Ratsherrn, unterstanden alle Bauhandwerker, die mit fester Bestallung oder im Gedinge für die Stadt arbeiteten; für Transportarbeiten und Ähnliches wurden Bürger als bezahlte Fronarbeiter herangezogen.[245]

Die Stadt beschäftigte im Untersuchungszeitraum eine stattliche Anzahl von Bediensteten. Die wichtigsten waren der Stadtschreiber, der den Bürgermeistern täglich zur Verfügung stehen musste, die Ratsprotokolle sowie die städtische Aktenregistratur und das Archiv führte und außerdem den Bürgern nach Bedarf verschiedene Urkunden ausstellte; sein Gehalt stieg während des 16. Jahrhunderts von 40 auf 100 Gulden im Jahr, er hatte freie Wohnung in dem 1577 neu erbauten Ratsschreiberhaus. Die Stadtschreiber waren zwar juristisch vorgebildet, vertraten die Stadt aber nicht in Rechtsfragen.[246] Das war vielmehr die Aufgabe der städtischen Advokaten oder Syndici, die zunächst von Fall zu Fall bestellt wurden, zeitweilig aber auch eine feste Bestallung hatten.[247] Daneben gab es städtische Schreiber in der Steuer und im Ungeld, dann in der Obereinnahme und im Rügamt; auch die Viertelschreiber und -knechte unterstanden der Stadt wie die Knechte im Bauamt und im Stubenamt. Die zahlreichen Beschäftigten im Bauwesen und im Wach- und Sicherheitsdienst der Stadt wurden bereits erwähnt. Schließlich beschäftigte der Rat ein Kirchnerehepaar und einen Organisten in der Marienkapelle, zumindest zeitweise einen Domkirchner sowie Hausverwalter in allen den Pflegen unterstehenden Einrichtungen und seit 1582 mit Dr. Posthius erstmals einen Stadtarzt. Die geschworenen Hebammen wurden zwar vom Unterrat besoldet, unterstanden aber dem Oberrat.[248]

In den Jahren 1582–1585 war es in den Sommer- und Herbstmonaten in Würzburg zu leichteren Ausbrüchen von Epidemien mit einer gewissen erhöhten Sterblichkeit gekommen. In diesen Jahren konnte sich die Stadt stets auf die Dienste von Dr. Wilhelm Opilio (Upilio) verlassen, der Leibarzt des Bischofs, leitender Arzt am Juliusspital und später auch Professor an der Universität war; er diente bereitwillig auch der Stadt und versorgte das Ehehaltenhaus. Er starb 1594. Schwierigkeiten hatte die Stadt dagegen mit seinem Nachfolger, Dr. Johann Stengel, der insbesondere nicht der Pestarzt der Stadt sein wollte und sich 1605 zum Beispiel weigerte, die Armenhäuser zu besuchen. Trotzdem erhielt er zunächst ein Dienstgeld von jährlich 30 Gulden von der Stadt und wurde 1606 mit 50 Gulden Dienstgeld als Stadtphysikus angenommen.[249] Er dürfte diese Position auch in der großen Pestepidemie von 1607/08 innegehabt haben, wahrscheinlich dem schwersten Ausbruch der Krankheit in Würzburg im Zeitraum zwischen Bauernkrieg und Dreißigjährigem Krieg. Die in den Quellen genannte Zahl von 2 400 Toten dürfte – wie oft bei derartigen Angaben – übertrieben sein, doch lag beispielsweise in der Dompfarrei 1607 die Sterblichkeit mit 212 Gestorbenen drei- bis viermal so hoch wie in normalen Jahren.[250] Wieder verließen Bischof und Hochstiftsregierung die Stadt Würzburg – der Bischof hielt sich in Rimpar auf –, die Universität und die Schulen wurden ebenso geschlossen wie die Badestuben und erst nach fast einem halben Jahr im Januar 1608 wieder geöffnet.[251] Während der Epidemie wurde täglich morgens in allen Pfarrkirchen eine Seelenmesse für die Verstorbenen gelesen; die Beerdigungen fanden dagegen nachts ohne Gottesdienst und ohne Geistliche statt.

Im Jahr 1611 kam es erneut zu einem Ausbruch der Pest; die Angabe, dass innerhalb eines halben Jahres – von Juli bis Ende Dezember 1611 – in Würzburg etwa 300 Personen daran gestorben seien, erscheint glaubwürdig.[252] Auch 1611 wurden die Badestuben ein halbes Jahr lang geschlossen, die Schulen und die Universität jedoch anscheinend nicht.

Im April 1598 wurde der Verwalter des Würzburger Deutschordenshauses, Georg Melchior von Schwalbach, nach einem Streit bei einem Trinkgelage adliger Herren in der Nähe des Grafeneckarts von Wolf Adam von Steinau, genannt Steinrück, erstochen; der Täter konnte mit Hilfe seiner Freunde trotz verschärfter Bewachung der Stadttore entkommen.[253]

Am 28. März 1600 kam es wieder zu einem großen Brand auf der Festung Marienberg, dem der Ostflügel und weitere Teile des Bauwerks zum Opfer fielen. Echters große Sammlungen konnten aber größtenteils gerettet werden. Der Wiederaufbau begann unverzüglich und war 1607 weitestgehend abgeschlossen; dabei wurde die Befestigung der Westseite durch einen neuen Turm verstärkt.[254]

Auch an anderer Stelle wurde damals in Würzburg gebaut; nur einiges kann hier erwähnt werden. 1607/08 gab es große Umbauarbeiten im Dom, der neu eingewölbt wurde. Von Mai bis Dezember 1607 diente deswegen die Marienkapelle als Pfarrkirche der Dompfarrei.[255] Im August 1609 ließ der Stadtrat im Dom auf Antrag des Bürgermeisters Franck und auf Stadtratsbeschluss vom 3. Oktober 1608 einen neuen *Predigstul*, also eine Kanzel, aus Alabaster errichten, die man sich 500 Gulden kosten ließ; bereits im Oktober war sie auch für weitere 800 Gulden mit Gemälden ausgestattet.[256] Ende Dezember 1609 waren die gesamten Malerarbeiten im Dom abgeschlossen; zu Weihnachten hielt Echter das erste Mal nach Beginn der Bauarbeiten wieder eine Messe im Dom.[257] 1615 wurde das Ratsherren-Gestühl im Dom an der Nordseite des Schiffs installiert. Die Anregung dazu war vom Domprediger ausgegangen. Der Schreiner Konrad Fischer fertigte für 130 Gulden das 25sitzige Gestühl an, das im November aufgestellt wurde und nach allgemeinem Urteil *der Kirchen einen Zier* gab.[258] Im selben Jahr erhielt der Dom auch eine neue Orgel, die von dem Kölner Orgelbauer Jakob Neuhöfer erstellt wurde. Zunächst war seine Preisforderung dem Domkapitel zu hoch erschienen; nachdem ein billigerer Bewerber sich als unfähig erwiesen und seinen Vorschuss verprasst hatte, man sich mit einem dritten nicht hatte einig werden können und Neuhöfer mit seinem Preis herunterging – er betrug aber immer noch 3 500 Reichstaler –, stellte er im Herbst 1615 das neue Werk fertig.[259]

Im Oktober 1615 kamen auf Betreiben Echters die Kapuziner nach Würzburg, für deren Klosterbau das Bürgerspital auf Drängen des Bischofs, aber gegen den Wunsch des Rats und des Spitals, einige Wiesen und Baumgärten nahe der Kartause im Austausch für weniger wertvolle Grundstücke bei der Aumühle zur Verfügung stellen musste.[260]

Während der Jahre 1607–1610 wurde die Jesuitenkirche St. Michael errichtet.[261] Der Stadtrat bewilligte eine finanzielle Beihilfe von 300 Gulden zum Bau und lieferte aus dem Steinbruch am Faulenberg das Material zum Gewölbe. Auf Wunsch Echters schenkte er der Kirche eine Glocke. Überdies gewährte der Rat den Jesuiten ein Darlehen von 1 000 Gulden zum üblichen Zinsfuß. Die Pleicher Pfarrkirche St. Gertraud wurde von 1612 bis 1614 im so genannten Echter-Stil neu errichtet.[262] An städtischen Bauten sind die neuen Brottische – Verkaufsstellen der Bäcker – um die Marienkapelle herum, die Ende April 1609 fertig gestellt waren, zu erwähnen, weiterhin die 26 neuen Fleischbänke – Verkaufsstellen der Metzger – in der heutigen Kärrnergasse, die im Mai 1615 eröffnet wurden, nachdem man die alten am Maintor wenige Tage zuvor abgerissen hatte. Dies geschah beschleunigt auf besonderen Wunsch des Bischofs, der Prozessionen nicht länger an den hässlichen alten Gebäuden vorbeigehen lassen wollte, und gegen die heftigen Einwände der Würzburger Metzger, mit denen der Stadtrat sich mehrmals zu befassen hatte.[263]

Auf Betreiben Julius Echters wurde in jenen Jahren das Wehrwesen der Stadt Würzburg gründlich reformiert. Die wehrfähigen Bürger der Stadt wurden in vier Fähnlein eingeteilt, wobei das Dietricher und das Bastheimer Viertel das erste Fähnlein bildeten, das Cresser und Pleicher Viertel das zweite, das Gänheimer und das Mainviertel das dritte, das Hauger und das Sander Viertel schließlich das vierte. Deren Offiziere und Unteroffiziere, nämlich je einen Hauptmann, einen Leutnant, einen Fähnrich und einen Führer, konnten Rat und Bürgerschaft selbstständig wählen. Die Wehrübungen wurden gestrafft, die Bewaffnung der Bürgerwehr verbessert und insbesondere durch die Einführung von Luntenschlössern an den Gewehren und neuen Harnischen modernisiert. Besonders wehrtüchtige Personen, vor allem jüngere Bürger, wurden in den zur erhöhten Dienstbereitschaft verpflichteten *Ausschuß* berufen. Die Bürger scheinen andererseits das Exerzieren, zu dem sie wie zum Wachegehen verpflichtet waren, vielfach nicht allzu ernst genommen zu haben. Die Bürgerwehr wurde schließlich – es ist aber fraglich, ob auf längere Dauer – in den echterschen Farben weiß und blau uniformiert.[264]

Bereits 1556 war das Grafenhaus von Wertheim im Mannesstamm ausgestorben; Erbe war Graf Ludwig von Stolberg-Rochefort. Die umfangreichen würzburgischen Lehen der Wertheimer, die an ihn gekommen waren, sollten ursprünglich an seine zwei ältesten Töchter und deren Nachkommen fallen, während die jüngste Tochter keinen Anteil daran haben sollte. Nachdem die älteste Tochter ohne Nachkommen gestorben war und die zweite kinderlos in hohem Lebensalter stand, die jüngste aber mehrere Kinder hatte, erhob ihr Ehemann, Graf Ludwig von Löwenstein, gestützt auf eine nicht zweifelsfreie letztwillige Verfügung von Graf Ludwig von Stolberg, Ansprüche darauf. Echter als Lehensherr musste diese Ansprüche ablehnen. Er bestand auf dem Übergang der Lehen nur an die nach dem ursprünglichen Vertrag Erbberechtigten bzw. auf ihrem schließlichen Heimfall an das Hochstift. Um diese Güter kam es in den Jahren 1604–1612 zu erbitterten militärischen Auseinandersetzungen, an denen auch die Würzburger Bürgerwehr mehrfach beteiligt war. Die Würzburger Soldaten führten den Krieg so, *daß auch der Türk nicht feindlicher und tyrannischer hätte hausen und toben kön-nen.*[265] Der Würzburger Tuchscherer Jacob Röder, der Leutnant über tausend Mann der Bürgerwehr war, berichtet zum Jahr 1605 über einen Zug ins Wertheimische mit 4 000 Mann, um den Kornzehnten einzuholen, wobei das *Gesind* des Grafen von Löwenstein-Wertheim in die Flucht gejagt und das Dorf Urphar geplündert wurde.[266]

Das Verhältnis des Hochstifts Würzburg zum Markgrafen Georg Friedrich von Bran-denburg-Ansbach war in den Jahren 1598/99 gespannt gewesen, weil dieser Truppen auf würzburgischem Gebiet stationiert hatte; dies wiederholte sich unter seinem Nach-folger Joachim Ernst, der 1610 Truppen für die protestantische Union anwarb und wiederum 6 000 Mann mehrere Monate in würzburgischen Ortschaften stationierte;[267] der Schaden, den diese Soldateska durch Plünderungen und Requisitionen anrichtete, wurde von Echter auf 200 000 Gulden beziffert.[268] Beunruhigt durch die Anwesenheit dieser fremden Truppen in der Nähe der Stadt ließ der Stadtrat im Mai 1610 alle Würz-burger Bürger mustern, was seit Jahren nicht mehr geschehen war.[269] Weitere Folgen für die Stadt Würzburg ergaben sich dadurch, dass nunmehr auch die katholische Liga Truppen zusammenzog und einen Teil davon, mehrere hundert Mann, etwa ein halbes Jahr lang in Würzburg stationierte. Das führte sofort zu den üblichen Konflikten zwi-schen den Bürgern und den einquartierten Soldaten; die Ratsprotokolle im Sommer 1610 sind voller Beschwerden über Disziplinlosigkeit, Trunksucht, Diebstähle der Solda-ten und ihres Anhangs. Wegen der *vorstehenden Kriegsgefahr* sollten auch die eigentlich vom Wachdienst Befreiten dazu herangezogen werden und jede Nacht 100 Bürger zu-sammen mit den Soldaten Wache gehen. Erst nach den erfolgreichen Verhandlungen in München zwischen der Union und der Liga konnten Anfang Dezember 1610 die in Würzburg einquartierten – wie alle anderen – Truppen entlassen werden.[270]

Markgraf Joachim Ernst brachte im Frühjahr 1610 auch den Beitrag des Hochstifts zur Bundeskasse der Liga von 52 000 Gulden auf dem Transport von Würzburg nach Bayern in seine Gewalt und gab sie erst nach umständlichen Verhandlungen lange nach dem vereinbarten Termin wieder zurück.[271]

Seit dem Frühsommer 1610 machte sich Getreidemangel in Würzburg bemerkbar. Die Bäcker wandten sich deshalb mehrfach an den Rat; der Ratsherr Kaspar Kirchner wurde im August zum Einkauf von Getreide in der Wetterau abgeordnet. Der Bischof stellte als kurz befristetes Darlehen zum Getreideeinkauf 50 000 Gulden bereit. Im Win-ter 1610/11 kam es tatsächlich in der Stadt zu hohen Getreidepreisen und in der Umge-bung zu einer Hungersnot, jedoch fielen dann die Kornpreise bald wieder, sodass die Stadtbevölkerung keine tief greifende Not gelitten haben dürfte.[272]

Im August 1610 wurden die beiden hölzernen Bögen an der Mainbrücke erneuert, wozu der Bischof von Bamberg dem Rat zwölf große Stämme schenkte.[273]

Im Februar 1610 und im April 1611 tagten die Abgeordneten der Liga, also des ka-tholischen Bündnisses, in Würzburg, und zwar wurden die Beratungen *zum Grünen-baum in der großen Stuben*, also wohl im Wenzelsaal abgehalten. Über den Inhalt der jeweils etwa zehn Tage dauernden Gespräche – die vor allem finanzielle und militärische Fragen sowie 1611 auch die Frage der Aufnahme des kurfürstlichen Hauses Sachsen in den Bund betrafen – erfuhren die Würzburger Bürger nichts. Dass wichtige Persönlichkeiten sich in der Stadt aufhielten, merkten sie jedoch daran, dass die Wachen erheblich verstärkt wurden, dass beispielsweise 30 Bürger abends zwischen dem Rathaus und dem Rennweg patrouillieren mussten und 72 die Tore zu besetzen hatten.[274]

Große Ereignisse für die Würzburger waren der Tod von Kaiser Rudolf im Januar 1612, für den Echter am 14. Februar im Dom unter großem Gepränge eine Seelenmesse hielt, und noch mehr die Durchreise seines Nachfolgers Matthias im Mai 1612 auf dem Weg zur Krönung. Für ihn wurden zwei Ehrenpforten errichtet, eine beim *Colegio*, die andere auf der Mainbrücke; auf der ersten, wo auch *statlich Gesang und Musica gehalden* wurde, waren die Wappen von Ungarn, Böhmen und Österreich, auf der anderen der Reichsadler angebracht. Fünf Fähnlein Kriegsvolk standen an verschiedenen Stellen der Stadt in der Schlachtordnung, während der König vorbeizog; 29 Geschütze schossen Salut. Drei *Kochhütten* wurden in der Stadt aufgebaut, die jeweils einige Dutzend Tische und Tafeln mit Essen versorgten.[275] Ob auch Bürger der Stadt an diese Tische eingeladen wurden, wissen wir nicht.

Des Öfteren reisten in den Jahren vor dem Dreißigjährigen Krieg bedeutende Fürsten durch die Stadt, und man wird sich vorstellen können, dass diese Durchreisen für eine Stadt wie Würzburg ein Ereignis waren, denn solche Herren kamen üblicherweise mit einem Gefolge von 100–120 Reitern und dazu 6–8, manchmal sogar mehr als 20 Kutschen, sodass es für die Bürger viel zu sehen gab und die Gasthäuser viele Menschen und Tiere zu versorgen hatten.[276] So machten etwa zwischen Mai und Juli 1613 auf dem Wege zum Regensburger Reichstag der Fürstabt von Fulda mit 30 Pferden und 2 Kutschen, der Erzbischof von Mainz mit 150 Pferden und die Erzbischöfe von Köln und Trier mit zusammen 230 Pferden Station in Würzburg.[277]

Während das konfessionelle Zeitalter seinem tragischen Höhepunkt, dem Dreißigjährigen Krieg, entgegenging, wurde ein weiteres, besonders für Stadt und Hochstift Würzburg düsteres Kapitel der Geschichte der frühen Neuzeit aufgeschlagen, das der Hexenverfolgungen, die in den letzten Jahren der Regierung Echters einen ersten Höhepunkt erreichten. Echter selbst glaubte offensichtlich an Hexen und Hexerei und lehnte Milde in den Prozessen ab; nur durch Härte meinte er, der Schutzverpflichtung gegenüber seinen Untertanen gerecht werden zu können.[278] Die Stadt Würzburg war bis 1617 weniger betroffen; anscheinend wurden hier erstmals im Januar 1617 ein Mann und drei Frauen unter dieser Anklage verbrannt. Im Sommer 1617 wurde jedoch von der Domkanzel verkündet, dass innerhalb des letzten Jahres im Bistum Würzburg über 300 Personen als Hexen oder Zauberer verbrannt worden seien.[279]

Am 13. September 1617 starb Bischof Julius Echter auf der Festung Marienberg. Viele seiner Zeitgenossen rühmten ihn, so auch der Würzburger Bürger Jacob Röder in seinem Tagebuch mit den Worten *Got geb Gnad und geb uns Franncken wider ein solchen Vatter und Haushalter!*[280] Ähnlich positiv ist Echter auch in der gesamten älteren Literatur dargestellt worden. Vom Standpunkt der Geschichte der Stadt Würzburg muss das Urteil über ihn aber zwiespältig ausfallen; seinen unbestreitbar großen Verdiensten um die

Stadt – zu nennen sind vor allem die Gründung von Universität und Juliusspital – stehen als Negativa die Vertreibung der Protestanten und der Juden und die Einschränkung der städtischen Selbstverwaltung gegenüber. Das Hochstift Würzburg war den Vorstellungen des Frühabsolutismus angepasst und auf die Höhe der Zeit geführt worden; die Stadt Würzburg und ihre Bürgerschaft hatten dabei aber an Bedeutung und Selbstbewusstsein verloren.

IVLIVS ECHTER A MESPELBRVN
ELECT. EP. HERB. 1573. OBYT
ANNO. 1617. REGN. ANNIS 44

*Tafel 5: Julius Echter von Mespelbrunn, Fürstbischof von Würzburg 1573–1617,
Gemälde eines unbekannten Künstlers, Würzburg, um 1700.
(Festung Marienberg, Fürstensaal)*

Tafel 6 a: Siegelbuch 1621–1693, Titelblatt.
(StadtAW, Rb 228)

Tafel 6 b: Wappen der Bürgermeister
Jörg Renckner und Jörg Holzmann, 1594/95.
(StadtAW, Rb 227, S. 19)

Tafel 6 c: Wappen der Bürgermeister
Niclas Nunsam und Veit Falck, 1597/98.
(StadtAW, Rb 227, S. 77)

Tafel 6 d: Wappen der Bürgermeister
Jörg Weltz und Martin Zinck, 1601/02.
(StadtAW, Rb 227, S. 163)

Tafel 7: Mutmaßlich schwedischer Offizier, um 1631.
(Mainfränkisches Museum Würzburg)

Tafel 8: Das Domkapitel hebt am 9. September 1724 kurz nach dem Tode des Fürstbischofs die restriktive Ratsordnung des Johann Philipp Franz von Schönborn aus dem gleichen Jahr wieder auf.
(StadtAW, Ratsurkunde 208)

Das Attentat auf Bischof Melchior Zobel von Giebelstadt

HANS-PETER BAUM

Der Mord an Bischof Melchior Zobel von Giebelstadt (s. Abb. 20) am 15. April 1558 im Auftrag des fränkischen Ritters und würzburgischen Lehensmannes Wilhelm von Grumbach (s. Abb. 11) hatte eine jahrzehntelange Vorgeschichte.

Nach dem Tod Bischof Konrads von Thüngen 1540 bewirkte die Agitation Grumbachs, dass statt Zobels als eigentlich aussichtsreichstem Kandidaten der eher schwache Konrad von Bibra zum Bischof gewählt wurde. Grumbach stand bei Bibra in hoher Gunst und nahm bald eine bedeutende Stellung am Bischofshof ein. Bibra gab in einem alten Streit des Hochstifts mit der Familie Grumbach um Rechte im Gramschatzer Wald sehr weit nach; das Domkapitel unter Führung Zobels widersetzte sich dem energisch. Bibra hatte Grumbach zudem als Dank für seine Wahlhilfe oder für die erfolgreiche Vermittlung beim Erwerb des Amtes Mainberg durch das Hochstift eine Schuldverschreibung über 10 000 Gulden geschenkt. Diese Schenkung widerrief Zobel sofort, als er nach Bibras Tod 1544 doch zum Bischof gewählt wurde, da sie ohne Zustimmung des Domkapitels erfolgt war; Grumbach musste sich verpflichten, die 10 000 Gulden an das Hochstift zurückzuzahlen.

Grumbach, der von Zobel eher kühl behandelt wurde, trat 1545 von seinen würzburgischen Ämtern zurück. Einige Jahre später wurde er zum Statthalter, also zum Leiter der Regierung des Markgrafen Albrecht Alcibiades von Brandenburg-Kulmbach bestellt; er hatte großen Einfluss auf den wesentlich jüngeren Markgrafen.

Im Krieg mit dem Markgrafen wurde dem Hochstift Würzburg 1552 ein unvorteilhafter Vertrag aufgezwungen. Grumbach, der angeblich die ursprünglich noch härteren Friedensbedingungen für das Hochstift gemildert hatte, erhielt als Lohn für diese Vermittlung bedeutende Rechte in mehreren Orten um den Gramschatzer Wald, seine würzburgischen Lehen wurden in freies Eigen umgewandelt und seine Schulden gegenüber dem Hochstift erlassen. Er hatte sich also zu diesem Zeitpunkt auf ganzer Linie gegenüber Zobel durchgesetzt, zumal dieser sich verpflichten musste, diese Abmachungen niemals anzufechten.

Wenige Wochen später wurde aber der offenkundig ungerechte Vertrag zwischen Hochstift und Markgrafschaft von Kaiser Karl V. annulliert. Grumbach wurde nicht zuletzt aufgrund der harten Haltung Zobels gezwungen, seine gerade gewonnenen Güter an das Hochstift zurückzugeben und den in freies Eigen umgewandelten Besitz wieder zu Lehen zu nehmen. Die Rückzahlung seiner Schulden blieb ihm aber

Abb. 20: Melchior Zobel von Giebelstadt, Fürstbischof von Würzburg 1544–1558,
Kupferstich von Johann Salver, 1712, aus: Ludewig, 1713, nach S. 930.

auch jetzt erlassen. Als der Krieg zu Ungunsten des Markgrafen ausging, verlor sein Statthalter Grumbach auch seine Lehengüter und fast allen sonstigen Besitz an das Hochstift und dessen Verbündete. Er klagte auf Rückgabe seiner Eigengüter, seiner Lehen und auch der Güter, die ihm 1552 zugeschrieben worden waren, während Zobel und seine Verbündeten ihrerseits gegen Grumbach wegen Landfriedensbruch und Felonie (Untreue gegenüber dem Lehensherrn) klagten. Beide Parteien kämpften überdies 1554–1558 mit den Mitteln der Diplomatie und der Publizistik gegeneinander.

Parallel dazu hatte Grumbach, der inzwischen als Oberst in französische Dienste getreten war, aber wohl 1557 schon beschlossen, sich der Person Zobels zu bemächtigen, um eine Regelung in seinem Sinne zu erpressen. Zobel sollte auf der Jagd entführt und zum Nachgeben gezwungen werden. Zur Planung und Ausführung eines solchen Anschlags hatte Grumbach einen Mann namens Christoph Kretzer gewonnen. Dieser war mit Katharina Biber, der natürlichen Tochter Bischof Konrads von Bibra, verheiratet. Ihr war von ihrem Vater ein Legat von mehreren hundert Gulden ausgesetzt worden; Zobel jedoch hatte sich trotz Fürsprache durch das Domkapitel und den Markgrafen geweigert, ihr dieses auszahlen zu lassen. Überdies hatte Kretzer im Markgräfler Krieg in markgräflichen Diensten gestanden und hatte als Kriegsfolge seinen gesamten Besitz verloren, wofür er Zobel die Schuld gab. Er hatte also starke persönliche Motive zum Vorgehen gegen den Bischof.

Kretzers erster Versuch, mit acht Verschwörern Zobel bei der Jagd im Herbst 1557 zu entführen, misslang, entweder weil Zobels Begleitung zu stark war oder weil er nicht an der erwarteten Stelle erschien. Nun wurde der Plan dahingehend geändert, Zobel auf dem Weg von der Stadt auf den Marienberg abzufangen. Ein Versuch dazu im Februar 1558 mit einer Gruppe von nun schon 15 Verschwörern scheiterte, weil ein Teilnehmer in letzter Sekunde absprang.

Grumbach verstärkte die Entführerbande auf nunmehr 20 Personen, von denen 16 beritten waren. Diese quartierten sich – angeblich als Kaufleute auftretend – am 14. April 1558 in mehreren Gruppen in verschiedenen Würzburger Gasthäusern ein. Am Freitag, den 15. April 1558, hatte Melchior Zobel sich früh um 7 Uhr in die Kanzlei neben dem Dom begeben, um Regierungsgeschäfte zu erledigen. Etwa um 10 Uhr ritt er mit einem Gefolge von nicht mehr als 12 Personen zurück auf die Festung Marienberg. Unmittelbar nach Überquerung der Mainbrücke wurden er und seine Begleiter von den Entführern angegriffen, die angeblich mit den Worten »Pfaffe, du musst sterben!« sofort das Feuer eröffneten; warum sie von ihrem eigentlichen Entführungsplan abwichen, wurde nie geklärt. Zobel wurde in die Brust getroffen. Er versuchte, trotz seiner tödlichen Verwundung den Marienberg zu erreichen und ritt, noch durch Zurufe die Passanten alarmierend, die steile Tellsteige hoch. Bald verließen ihn aber die Kräfte; seine Begleiter hoben ihn vom Pferd, er erhielt geistlichen Zuspruch und die Absolution. Man versuchte, ihn noch lebend auf die Festung zu bringen, doch er starb, bevor das Tor erreicht war. Zwei Männer aus seinem Gefolge wurden in dem Gefecht ebenfalls tödlich getroffen, drei weitere verletzt. Die Täter erlitten keine Verluste. Sie trafen auf ihrer Flucht außerhalb der Stadt auf einen Neffen des Bischofs, Hans Zobel von Giebelstadt, der von ihnen durch einen Schuss verletzt und ausgeraubt wurde, aber mit dem Leben davonkam. Die zu spät eingeleitete Verfolgung der Täter wurde abends ergebnislos abgebrochen.

Fast der gesamten älteren Literatur galt Christoph Kretzer als der Täter, der Zobel erschoss; tatsächlich weisen aber seine Aussagen sowie die der Mittäter, deren man habhaft werden konnte, eher darauf hin, dass er bei dem Überfall und Feuergefecht an der Mainbrücke nicht zugegen war, sondern vor der Stadt die Flucht der Verschwörer sicherte. Dass er die Tat geplant hatte und dass Grumbach der Anstifter war, ist jedoch unzweifelhaft. Erst Jahre später konnten Kretzer und einige seiner Mittäter gefasst werden; Kretzer nahm sich entweder selbst das Leben oder starb an den Verletzungen, die er bei seiner Gefangennahme erlitten hatte, die übrigen wurden zum Tode verurteilt. Grumbach wurde, nachdem er 1563 die Stadt Würzburg in spektakulärer Weise überfallen hatte, im Jahr 1567 im Zuge einer Reichsexekution in Gotha gefasst und auf dem dortigen Marktplatz bei lebendigem Leib geviertelt.

Der Mord an Bischof Melchior Zobel löste großes Aufsehen und Entrüstung im ganzen Reich aus, wie zeitgenössische Flugblätter und zahlreiche literarische Werke zeigen. Drei von seinem Nachfolger im Bischofsamt errichtete Gedenksäulen erinnern in Würzburg bis heute an die Untat.

Dreißigjähriger Krieg (1618–1648)

Bernhard Sicken

Stadtverteidigung und Stadtbefestigung bei Ausbruch des Kriegs

Zu Beginn der bewaffneten Auseinandersetzungen im Reich, aus denen der Dreißigjährige Krieg[1] hervorging, war die Stadt Würzburg mehr schlecht als recht gerüstet. Das kann nicht erstaunen, denn das Kriegswesen war eine landesherrliche Domäne und schloss normalerweise den Schutz der Hauptstadt ein, sodass den Bürgern und Einwohnern – vom Unterhalt der Befestigungsanlagen und dem Wachtdienst abgesehen – nur in besonderen Fällen ein Engagement zur Verteidigung von Land und Leuten abverlangt wurde. Mehr als eine subsidiäre Rolle kam solchen Aufgeboten[2] der Untertanen im Allgemeinen nicht zu, weil Heere aus geworbenen Söldnern, die den Kriegsdienst wie einen Beruf ausübten, die Feldzüge beherrschten. Nur dann gewannen die Aufgebote und vor allem die Ausschüsse, die eine Auswahl anhand funktionaler und sozialer Kriterien verkörperten, militärisches Gewicht, wenn sie sich an bewährtes Kriegsvolk anlehnen konnten oder an Feldbefestigungen oder städtischen Fortifikationen Rückhalt fanden, da hierdurch der Mangel an Waffenfertigkeit, Kampferfahrung und Standfestigkeit bedingt wettgemacht wurde.

Die Zahl der Waffenpflichtigen in der auf ca. 10 000 Personen zu veranschlagenden Einwohnerschaft Würzburgs[3] belief sich in der ersten Hälfte des 17. Jahrhunderts auf knapp 1 250 Mann,[4] lässt man die Einbrüche nach 1631 außer Betracht. Diese Dienstpflichtigen repräsentierten wegen vieler Befreiungen von der lästigen Verpflichtung allerdings nur 50 bis 60 Prozent der Wehrfähigen. Die Mannschaft war in vier Fähnlein eingeteilt,[5] die für ein Mindestmaß an Ausbildung im Kampf zu Fuß zu sorgen hatten und zudem organisatorische, disziplinare und kontrollierende Aufgaben wahrnahmen. Um 1620 waren diese »Bürgersoldaten« überwiegend mit Musketen bewaffnet, während der Anteil der Stangenwaffen (Piken) auf unter 25 Prozent gesunken war; die Schutzwehren waren zumeist dürftig. Manchem armen Einwohner musste die Stadt mit dem Nötigen aushelfen, um einen hinlänglichen Rüstungsstandard sicherzustellen. Nur wenige Städter konnten sich den prestigereichen Dienst zu Pferd leisten, der bei der Stadtverteidigung ohnehin geringen Wert hatte. Das Artilleriematerial Würzburgs war zum Teil veraltet und insgesamt dürftig, sodass im Notfall zur Ergänzung auf landesherrliche Geschütze zurückgegriffen werden musste.[6] Am sachkundigen Bedienungspersonal herrschte ebenfalls Mangel, wie aus einem fürstbischöflichen Befehl zur Einweisung ei-

Abb. 21: Musketier, Laden und Schuss,
aus: Jacob de Gheyn, Wapenhandelinghe van Roers, Musquetten ende Spiessen, Den Haag 1607.
(Deutsches Historisches Museum Berlin, RB 57/4747)

niger Bürger in das Handhaben der Geschütze aus dem Jahr 1616 hervorgeht.[7] Zeitweise scheint das Würzburger Aufgebot uniformiert gewesen zu sein,[8] jedoch ist fraglich, ob die fürstliche Anordnung längerfristig Beachtung fand, da die üblichen Klagen über die Kosten und Mängel ausblieben.

Das Aufgebot unterstand vorrangig dem Landesherrn und nachgeordnet dem Stadtrat. Die Befehlsgewalt in den Fähnlein hatten entsprechend militärischer Hierarchie bürgerliche Offiziere inne, während der Stadthauptmann nur weisungsbefugt war, wenn auf Teile des Aufgebots zur Verstärkung der Wachen zurückgegriffen wurde und demnach ein unmittelbarer Einsatz zur Gefahrenabwehr für die Stadt geboten war. Die Sicherheit Würzburgs im engeren polizeilichen Verständnis[9] fiel in die Zuständigkeit der Kommune, deren Organ auf diesem wichtigen Gebiet der erwähnte Stadthauptmann war; bezeichnenderweise war dieser sowohl Bürgermeister und Rat als auch dem Fürstbischof, also dem Stadtherrn, verpflichtet. Der Wachtdienst an den Toren oblag besoldetem Personal, um die Bürger und Einwohner zumindest in Friedenszeiten von dem unbeliebten Dienst zu entlasten.[10] Mit der Scharwacht in Stärke von rund drei Dutzend Mann, die nachts in den Vierteln patrouillierte und zudem die Tore visitierte, sei eine weitere, von der Stadt bezahlte Truppe genannt, die für Ruhe und Sicherheit verantwortlich war, jedoch anscheinend im Gefolge der schwedischen Eroberung ihr Ende fand. Beachtung verdient, dass der Landesherr seit dem Bauernkrieg durchweg einige Söldner und in Krisenzeiten sogar mehrere Dutzend Geworbene in Würzburg stationiert hatte, die ausschließlich seinen Weisungen unterlagen und zu Lasten des Hochstifts unterhalten wurden, womit einerseits der Schutz der Bischofsstadt verbessert und andererseits deren Abhängigkeit und Kontrolle hervorgehoben wurde.

Würzburg war eine befestigte Stadt, deren Doppelmauer samt Graben, einigen Schanzen, den Türmen und Toren vordergründig einen wehrhaften Eindruck machte, deren fortifikatorischer Ausbau tatsächlich aber hinter der Entwicklung zurückgeblieben war; das sei mit dem Hinweis auf das Fehlen von Erdwällen zum Mauerschutz, von doppelten Gräben und von Bastionen zur vorteilhaften Postierung von Geschützen lediglich angedeutet.[11] Auch die im Vorfeld gelegene Landwehr hatte ihre Schutzfunktionen weitgehend verloren und wurde bestenfalls notdürftig instand gehalten.[12] Bemühungen um eine durchgreifende, zeitgemäße Modernisierung, die auf einen Umbau zum bastionären Befestigungssystem hätte hinauslaufen müssen, gab es nicht. Bei Ausbruch des Dreißigjährigen Kriegs war die Stadt unzureichend gewappnet und vermochte bei einer Belagerung durch einen gut gerüsteten Gegner keinen längeren Widerstand zu leisten. Auch das oberhalb Würzburgs gelegene, durch Lage und Fortifikationsbauten besser geschützte Schloss Marienberg[13] konnte in einem solchen Fall kaum größeren Rückhalt bieten, da dieses Bollwerk, das dem Fürstbischof als Wohnsitz diente, zwar als schwer einnehmbar galt, jedoch nicht übermäßig von Verteidigern entblößt werden durfte. Zudem erlaubte die Reichweite der Geschütze auf dem Marienberg nur einen begrenzten Feuerschutz, sodass von einer wirksamen Unterstützung für die Stadt nicht die Rede sein konnte.

Dieser Überblick sei im Folgenden um einige konkrete Beobachtungen zur Stadtverteidigung in den ersten Dezennien des 17. Jahrhunderts ergänzt. Im Untersuchungszeitraum belief sich die Fläche der Stadt auf gut 126 ha, einschließlich der Ausbuchtung bei dem St. Afra-Kloster im Nordosten und dem Schottenkloster im Nordwesten auf 131,4 ha.[14] Die Gesamtlänge der äußeren Stadtmauer samt beidseitig zu deckendem Flussufer betrug 5 375 m und hatte folglich eine Ausdehnung, die bei Gefahr mehr Kräfte zur Sicherung beanspruchte, als aller Voraussicht nach mobilisiert werden konnten. Etwa 25 Tore und Pforten, bei denen die binnenstädtischen Durchlässe zwischen Kernstadt und Vorstädten eingeschlossen sind, gewährten Zugang ins Zentrum und mussten bewacht werden. Ungefähr 100 Türme, Türmlein und Letzen (erkerähnliche, in die Mauer integrierte Wehrbauten) dienten der Verteidigung[15] und waren bei Gefahr zu besetzen. Hierfür kamen durchweg nur im Umgang mit Schusswaffen geübte, dienstpflichtige Städter und – falls verfügbar und bereitgestellt – landesherrliche Söldner in Betracht.

Das Instandhalten der Befestigungsanlage war Aufgabe der Stadt[16] und erforderte kontinuierliche, doch häufig verschleppte große Aufwendungen. Deswegen waren unterspülte Mauern und Erdeinbrüche im nassen Graben, morsche Holzbrücken, schadhafte Türme, bröckelndes Mauerwerk, verrottete Brustwehren und Ähnliches für beinahe jede, meist auf fürstbischöflichen Befehl vorgenommene Besichtigung kennzeichnend. Dieser schloss sich dann zwar regelmäßig eine Weisung zum raschen Beseitigen der Missstände an, die aber selten viel bewirkte; die Grenzen landesfürstlicher Macht werden somit sichtbar. Fehlende Einsicht bei den Verantwortlichen und den Einwohnern in die Notwendigkeit rechtzeitiger Vorsorge auf der einen Seite und die Unterschätzung der Kriegsgefahren und -folgen auf der anderen Seite waren hierfür in erster Linie verantwortlich und verursachten Unzulänglichkeiten, die bei Gefahren kaum noch auszumerzen waren.

Eine solche Kontrolle der Stadtbefestigung fand beispielsweise 1621 statt, als die Oberpfalz vorübergehend zum Kriegsschauplatz geworden war und gegnerisches Kriegsvolk die Nachbarregionen bedrohte. Federführend bei den Inspektionen waren fürstliche Kommissare, die wie so oft viele Schwachpunkte feststellten und unverzügliche Ab-

Abb. 22: Johann Tserclaes Graf Tilly,
bayerisch-ligistischer und kaiserlicher
Heerführer (1559–1632), Kupferstich.
(Germanisches Nationalmuseum
Nürnberg, Inv.-Nr. P. 9924, Kapsel 907)

IOANNES Â TSERCLAES S.R.I.COMES, BARO
DE TILLÿ SACRÆ CÆS. MAIT: ᵨGENERAL.

hilfe verlangten.[17] Zu den Forderungen zählten das Verstärken der Rondelle, das Errichten von Wachthäusern, das Verbessern der Brustwehr, das Erhöhen bestimmter Mauerpartien, Reparaturen an den Türmen, Schutzvorkehrungen an einigen Toren und nicht zuletzt das Vermauern von ein paar Pforten und Nebentoren samt Niederlegen der dortigen Brücken. Vorsorglich waren zudem für alle Viertel zweckmäßig gelegene Alarmplätze bestimmt worden, die ein rasches Beziehen des jeweiligen Verteidigungsabschnitts sicherstellen sollten. Damit nicht genug, die Kommissare verlangten zusätzlich zu den vorhandenen vier Fähnlein Aufgebotener die Formation einer Reserve, die bei Bedarf zur Abwehr im Angriffsschwerpunkt vorgesehen war; dazu sollte auf die vom Routinedienst im Aufgebot Befreiten zurückgegriffen werden, ein Vorschlag, der die mangelnde Waffenübung mancher bedingt Begünstigten unberücksichtigt ließ und deswegen kaum praktikabel war.[18] Dass überdies eine sorgsame Revision der Musterrollen angeordnet wurde, um untüchtige Aufgebotene auszusondern und irrtümlich übergangene Städter zu ihrer Pflicht anhalten zu können, verweist auf beträchtliche Nachlässigkeiten, mit denen die Listen offenbar geführt worden waren. Wie üblich werden diese Gebote nur zögernd und partiell verwirklicht worden sein; das traf allerdings nicht für

eine sorgsamere Bewachung der Stadt zu, denn neben landesherrlichen Söldnern mussten vorübergehend Nacht für Nacht ein paar Dutzend Angehörige des Aufgebots aufzie-
hen und Würzburg vor einem Handstreich schützen.

Über größere Vorhaben zur Modernisierung der Befestigung ist bis zum Schwedeneinfall nichts bekannt, wenn man von ergänzenden Bauten in der südöstlichen Altstadt
einmal absieht. Am Stephanstor entstand nämlich zwischen 1624 und 1626 eine Bastion auf Kosten der Stadt,[19] die als zeitgemäßes Vorwerk zugleich der Artillerie eine vor-
teilhafte flankierende Feuerstellung bot.[20] Zu weiteren Verstärkungen – vom Beseitigen
diverser Mängel abgesehen[21] – schien hingegen kein konkreter Anlass zu bestehen, weil
die ligistisch-kaiserlichen Streitkräfte ihren Gegnern überlegen waren und sich das
Kampfgeschehen nach Norddeutschland verlagert hatte, sodass nicht mit größeren Gefahren zu rechnen war.

Stadt und Hochstift in den Jahren ligistisch-kaiserlicher Dominanz

Wie angedeutet, konnte die Stadt Würzburg nur ausnahmsweise auf direkten landesherrlichen Rückhalt setzen. Denn das geistliche Fürstentum gebot als Mitglied der Liga,
eines von Bayern geführten reichsständischen Bündnisses mit stattlicher Streitmacht,
nur zeitweise über eigene Truppen, galt doch das Ligaheer als Schutzschild, dem normalerweise die Mittel für die Rüstung zuflossen. Zu Kriegsbeginn verfügte das Hochstift
allerdings unmittelbar über Kriegsvolk, weil nach Ausbruch der böhmischen Wirren die
Lage im Reich in höchstem Maße unsicher war und rechtzeitige Vorsorge nötig schien.
Dazu bestand um so mehr Anlass, als das Neben- und das Gegeneinander der Liga und
ihres Pendants Union mit beiderseits fränkischen Mitgliedern die Spannungen verschärften und Feindseligkeiten nahe lagen.[22] Die daraufhin angeworbenen Truppen mussten
aber nicht zum Schutz des Hochstifts in Aktion treten, weil zwischen Liga und Union im
Juni 1620 ein Neutralitätsabkommen ausgehandelt werden konnte, das einen Waffen-
gang in der Region ausschloss. Franken blieb auch in den folgenden Jahren vom unmittelbaren Kriegsgeschehen verschont, wenn man die Übergriffe durchziehenden
Kriegsvolks außer Betracht lässt, da sich die Kämpfe nach Norden verlagert hatten. Diese
günstige Entwicklung dank ligistisch-kaiserlicher Erfolge bedeutete jedoch nicht die Ver-
schonung von jedweder weiterer Kriegslast, sondern zwang kontinuierlich zur Bereitstellung umfangreicher Mittel für den Heeresunterhalt. Anfang 1623 war das Fürstbistum
Würzburg bereits mit mehr als 1 Million Gulden und demnach in ungewöhnlicher Höhe
verschuldet.[23] Zu dem großen Defizit hatte die Besoldung jener Geworbenen beigetragen, die 1619 in Sold genommen und 1621 vorübergehend vermehrt worden waren.[24]
Erst 1624 gelang es, diese Kavalleristen und Infanteristen in Stärke von knapp 3 000
Mann[25] offiziell zur Liga zu überstellen und auf diese Weise schwere Unterhaltslasten
abzustoßen. Über Soldtruppen verfügte das Hochstift in den folgenden Jahren nicht.

Der Verzicht auf geworbenes Kriegsvolk war in erster Linie auf die finanzielle Lage
zurückzuführen und machte das Fürstentum anfällig, konnte es doch aus Mangel an
Kräften nicht einmal dem Einfall einer feindlichen Streifschar entgegentreten. Mehr

Abb. 23: Reiterei (Kürassiere, Arkebusier-reiter, Dragoner), aus: J. J. v. Wallhausen, Kriegskunst zu Pferdt, Frankfurt/Main 1616.
(Herzog August Bibliothek Wolfenbüttel, N 194.2⁰ Helmst. [4])

noch, auch Übergriffen der Truppen Verbündeter etwa bei Winterquartieren war das Land – selbst vor den Toren Würzburgs gelegene Weingüter blieben nicht verschont[26] – beinahe hilflos ausgesetzt, da papierene Proteste ohne handfesten Nachdruck ebenso-wenig ausrichteten wie die halbherzigen Rückgriffe auf das lokale Aufgebot. Um diesem Übelstand abzuhelfen, empfahl die Liga im Frühjahr 1626 ihren Mitgliedern zusätzlich die Formierung eines Landausschusses, also einer Kerntruppe aus dienstpflichtigen Untertanen.[27] Die Stärke des Ausschusses war für das Fürstbistum Würzburg auf 3 000 Mann zu Fuß und 500 Berittene festgesetzt worden, jedoch scheint es nur zum Aufstel-len Bewaffneter für den Fußkampf gekommen zu sein, deren Leistungsvermögen zudem als bescheiden zu veranschlagen war und die »Kampfkraft« des im Hochstift ca. 30 000 Mann zählenden Aufgebots[28] nur wenig übertraf. Dieses Unvermögen und Ungenügen, das im Wesentlichen wohl auch für die vier Würzburger Fähnlein charakteristisch war, scheint dem Landesherrn nicht entgangen zu sein. Trotz anhaltender Finanznot ent-schloss er sich nämlich im Frühsommer 1631 neuerlich zur Bestallung von Söldnern, als sich die drohenden Anzeichen durch die wachsende Unterstützung König Gustav Adolfs durch nord- und ostdeutsche Reichsstände mehrten und obendrein die Unruhe unter den evangelischen Mitständen in Franken – unter anderem hervorgerufen durch das Restitutionsedikt – auffällig zunahm. Die Rüstungen sahen die Werbung von 500 Reitern und 1600 Mann zu Fuß vor,[29] die vor allem zur Verstärkung des Ligaheeres vorge-sehen waren, von denen offenbar aber ein kleinerer Teil im Land verblieb, um die fes-ten Plätze, hauptsächlich das Schloss Marienberg und die Festung Königshofen, zu si-chern.

Die Eroberung von Stadt und Festung durch König Gustav Adolf

Der Sieg des schwedischen Königs bei Breitenfeld am 17. September 1631[30] beendete schlagartig die Dominanz, die die kaiserlich-ligistische Seite in den Vorjahren errungen hatte. Nach diesem Triumph übernahm Gustav Adolf (s. Abb. 24) unverzüglich die Initiative und stieß mit einem kampferprobten Heer nach Süden vor;[31] Ziel war das Gebiet am Main und am Mittelrhein mit seinen geistlichen Fürstentümern. Am 10. Oktober stand der Monarch vor der würzburgischen Grenzfestung Königshofen,[32] deren schwache Besatzung sich noch am selben Tag zur Übergabe bereit fand und dadurch den zur Organisation der Verteidigung des Hochstifts dringend benötigten Zeitgewinn fahren ließ. Vier Tage später traf das Heer vor der Stadt Würzburg ein, die umgehend zur Übergabe aufgefordert wurde; bei Widerstand drohte man ihr mit der Erstürmung und Brandschatzung das Schicksal Magdeburgs an.

Da der Fürstbischof und mit ihm die meisten Angehörigen der weltlichen und geistlichen Regierung geflohen waren, lag die Entscheidung über Kampf oder Übergabe bei den wenigen zurückgebliebenen fürstlichen Räten, die sich nach Beratung mit dem Kommandanten der Feste Marienberg angesichts viel zu schwacher Verteidigungskräfte über die Aussichtslosigkeit von Widerstand rasch einig waren und die Unterwerfung der

Abb. 24: König Gustav Adolf von Schweden (reg. 1611–1632), Rötelzeichnung von Lorenz Strauch, 1632.
(Mainfränkisches Museum Würzburg, Stadtgeschichtliche Dauerausstellung, Inv.-Nr. Lg. 60398 – Leihgabe der Evang.-Luth. Kirchengemeinde Madenhausen)

Landeshauptstadt beschlossen.[33] Stattdessen sollte das Schloss Marienberg, das umfangreiches und wertvolles Stiftsgut barg und manchem Vornehmen als Fluchtort diente, mit allen verfügbaren Söldnern behauptet werden. Nach kurzem Zögern, das durch den Versuch zum Aushandeln günstiger Kapitulationsbedingungen verursacht war und dem Vorwurf vorschneller Resignation vorbeugen sollte – schwedische Truppen waren unterdessen ins Hauger Viertel und von dort in weitere Vorstädte eingedrungen –, erfolgte am 15. Oktober und somit am nächsten Tag die Übergabe der Stadt. Würzburg hatte daraufhin eine Besatzung aufzunehmen und musste eine auf 80 000 Reichstaler (120 000 Gulden) heruntergehandelte, demnach fast halbierte Kontribution erlegen. Außerdem hatten die Städter alle Waffen abzuliefern, womit de facto dem Aufgebot ein Ende bereitet war, und sie mussten überdies dem König huldigen und somit die neue Herrschaft anerkennen. Auf der anderen Seite sagte Gustav Adolf den Würzburgern Schutz des Eigentums, freie Religionsausübung und ungestörten Fortgang von Justiz und Verwaltung zu (s. Abb. 25), kurzum, die Strukturen und Institutionen des öffentlichen Lebens wurden weitgehend bewahrt und die städtischen Amtsinhaber in ihren Funktionen bestätigt. Daran war dem König schon insofern gelegen, als das Schloss Marienberg noch unbezwungen war und er dessen Eroberung nicht ohne Not durch eine Provokation der Stadtbevölkerung erschweren wollte. Die Einnahme der ca. 80 m oberhalb Würzburgs auf einem nach drei Seiten, zum Teil steil abfallenden Höhenrücken gelegenen Feste war unverzichtbar, um die operativ und logistisch wertvolle Position am Mittelmain zu sichern. Nicht der Flussübergang, der wegen zweier zerstörter hölzerner Brückenjoche zunächst auf Kähnen erfolgte,[34] stellte das Haupthindernis für einen Angriff dar, sondern die Höhenlage in Verbindung mit stattlichen Fortifikationen und einer kampfentschlossenen Besatzung.

Dem Sturm auf die Feste Marienberg, deren Kommandant zweimal die Übergabe abgelehnt hatte, gingen die Einnahme des Vorfelds auf dem linken Mainufer und eine lockere Einschließung voraus. Diese Annäherung an die Außenwerke hatten die Verteidiger, die ungefähr 600 Mann zählten und mit dem Kriegsnotwendigen reichlich versehen waren, nicht verhindern können. Über die Chancen zur erfolgreichen oder wenigstens längerfristigen Verteidigung kann nur spekuliert werden, doch deutet der später von Gustav Adolf befohlene Ausbau der Werke an,[35] dass Verstärkungen nötig waren, während die Besatzung unter quantitativen Aspekten als knapp, aber zumindest für einen auf Zeitgewinn angelegten Kampf als hinlänglich einzuschätzen ist.

Am 17. Oktober 1631 nachmittags ließ der König nach heftigem Artilleriebeschuss von ausgesuchten Truppen einen ersten Angriff auf die Feste von Westen unternehmen. Der handstreichartige Sturm scheiterte unter erheblichen Verlusten.[36] Die Aktion wurde am nächsten Tag mit stärkeren Kräften und besser vorbereitet wiederholt, bei der – um die Abwehr zu erschweren – die lange Nordflanke und die aus topografischen Gründen leichter zugängliche, daher besonders stark fortifizierte Westseite im Zentrum standen (s. Abb. 26 a, b). Nach mehrstündigem Kampf, der den Angreifern herbe Verluste eintrug, fiel überraschend die Entscheidung, als es den schwedischen Truppen nach Eroberung eines Vorwerks gelang, über eine zu lange zur Aufnahme Weichender heruntergelassene Zugbrücke, die alsbald mit vielen Verwundeten und Toten bedeckt war und

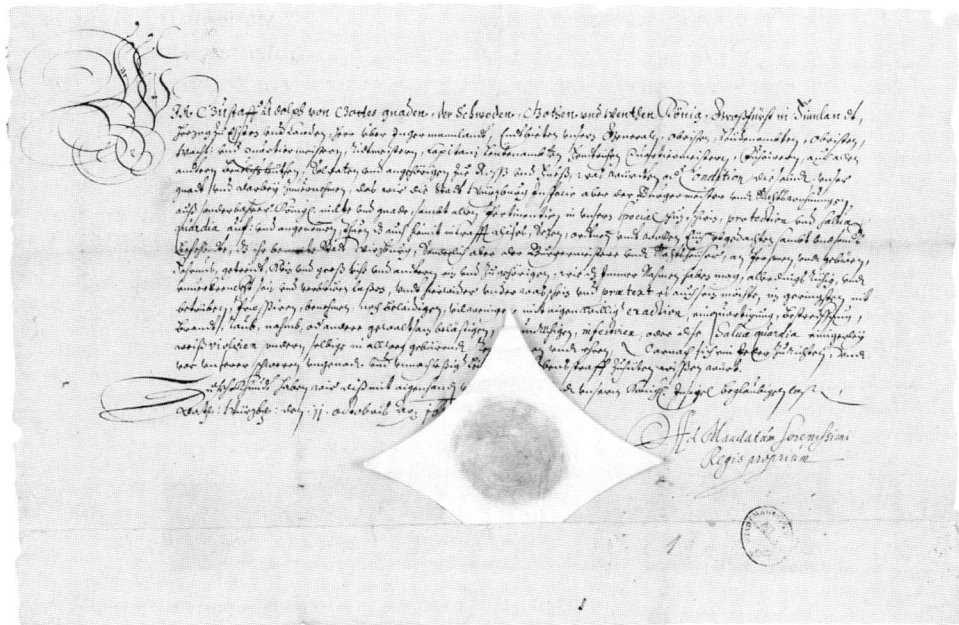

*Abb. 25: Salva Guardia (Schutzversprechen) König Gustav Adolfs von Schweden
für die Stadt Würzburg vom 11. Oktober 1631.
(StadtAW, RA 147)*

unter deren Gewicht nicht rasch genug hochgezogen werden konnte, den anschließenden Graben zu überwinden, zum Tor der Vorburg vorzustoßen und diese mit einer Petarde, einer vorgefertigten speziellen Sprengladung, aufzubrechen. Die Verwirrung unter den dortigen Verteidigern nutzend, wurde flugs auch das letzte, den Zugang zum Festungskern sperrende Tor erreicht und zerschmettert, worauf die Sieger sturzflutähnlich in das Festungsinnere eindrangen. Mit einem Blutbad unter der Besatzung endete der Kampf, bei dem auch viele Nichtkombattanten zu den Opfern zählten. Erst das Eingreifen Gustav Adolfs setzte dem Wüten nach geraumer Zeit ein Ende.

Die Eroberung des Marienbergs trug dem Sieger reichen Gewinn an Vorräten, Kriegsmaterial, Pretiosen und anderen Wertgegenständen ein. Unter der Beute befand sich neben der Kunst- und Raritätensammlung des Landesherrn die wertvolle Hofbibliothek,[37] die in den nächsten Wochen nach Schweden versandt wurde und unwiederbringlich verloren war. Noch bedeutsamer war aus militärischer Sicht, dass der König jetzt seine Position am Main ausbauen konnte. Davon kündet zum einen die Anlage von Magazinen in diversen fränkischen Städten,[38] die die Operationsfreiheit für weitere Vorstöße logistisch absicherten, und zum anderen der Ausbau der Feste Marienberg, die für solche Unternehmungen als wichtige Etappe und notfalls auch als starker Rückhalt dienen konnte. Zwischen 300 und 500 Mann bildeten fortan die Besatzung,[39] deren Aufstockung im Fall einer Bedrohung allerdings geboten war, sollte der Platz mit Aussicht auf

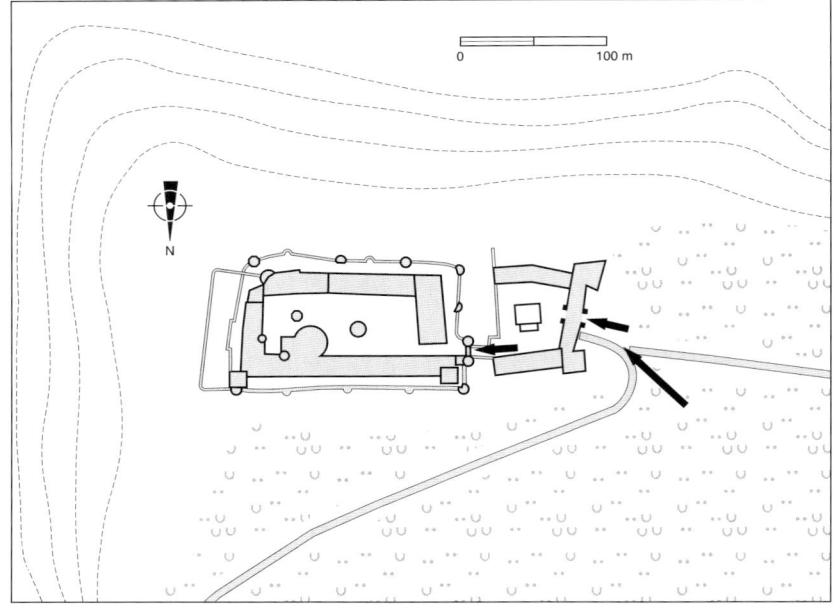

Abb. 26 a, b: Schwedischer Angriff und Einbruch in die Feste Marienberg am 18. 10. 1631.

Erfolg verteidigt werden. Die alsbald eingeleiteten Fortifikationsarbeiten konzentrierten sich neben der Beseitigung der Kampfschäden auf den Bau von Bastionen an der West-front und an der Nordflanke des Marienbergs;[40] hierbei hatten die Städter, die – von mi-litärisch begründeten Forderungen abgesehen – recht maßvoll behandelt wurden,[41] tat-kräftig Hand anzulegen.[42] Im Übrigen schlossen diese Ausbaupläne das Errichten großflächiger Außenwerke im südlichen Mainviertel ein, denen alle Gebäude zwischen dem Stift St. Burkard und der Auffahrt zur Mainbrücke zum Opfer fallen sollten.[43] Gegenvorstellungen gegen die massiven Eingriffe fanden kein Gehör, weil angeblich der König selbst das Konzept für den Ausbau entworfen hatte. Exakte Aktenauszüge

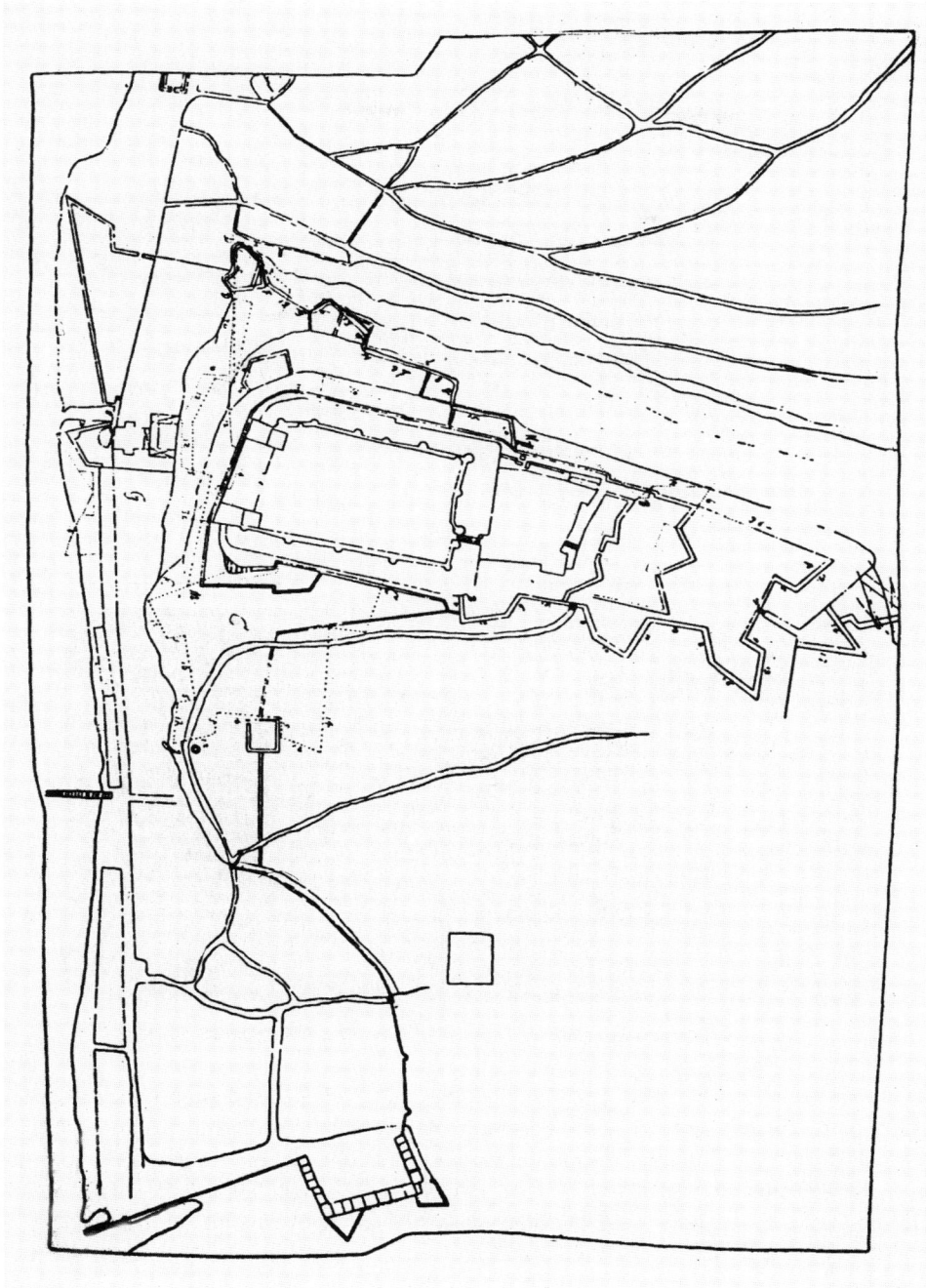

Abb. 27: Der so genannte Schwedenplan der Festung Marienberg und des Mainviertels, ca. 1632.
(Seberich, 1962, Abb. 70)

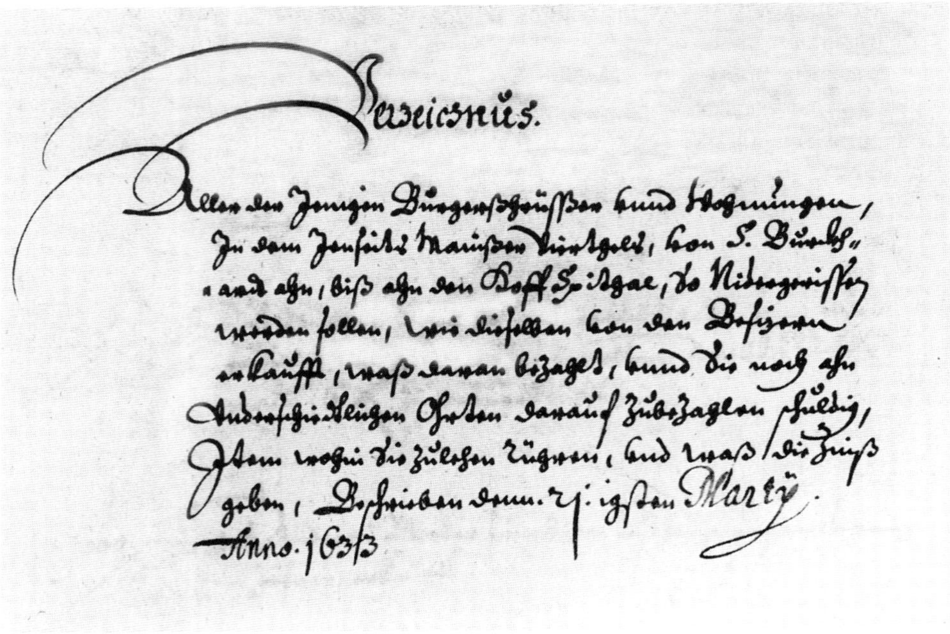

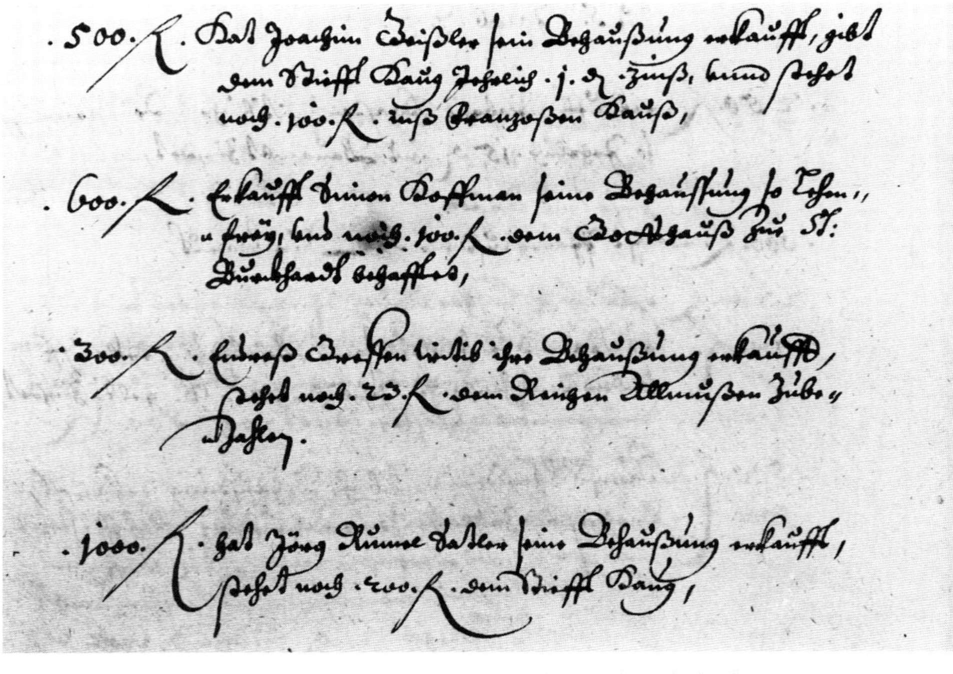

Abb. 28: Verzeichnis der Häuser und Wohnungen im Mainviertel,
die im Zug des geplanten Ausbaus der Festung Marienberg abgerissen werden sollten,
21. März 1633, Titelblatt und Textausschnitt. (StadtAW, RA 502)

über den Wert, die Belastungen und die Steueranschläge der Häuser sowie vorsorgliche Maßnahmen zur Sicherstellung der Altäre der Stiftskirche belegen, dass der Rat mit dem Schlimmsten rechnete. Zum Glück für die Stadt ging die Gefahr jedoch ohne größere Abrisse vorüber, weil der Eifer zum umfangreichen Ausbau der Festung allmählich erlahmte und in der kurzen Epoche der weimarischen Regierung schließlich erlosch.

Gustav Adolf hatte in dem kraft Kriegsrecht in Besitz genommenen Fürstentum Würzburg mit einem Landesregierungskollegium eine Behörde eingesetzt, die fortan als oberste Verwaltungsinstanz fungierte. Dieses Gremium mit Sitz in der Stadt Würzburg wurde von Angehörigen der evangelischen Reichsritterschaft beherrscht,[44] die sich frühzeitig auf die Seite Schwedens gestellt hatten und nun – verständlich nach längerer Unterdrückung – ihren Vorteil suchten. Betroffen war vor allem kirchlicher Besitz,[45] doch hielten sich die Ansprüche und Konfiskationen zunächst in Grenzen. Das änderte sich nach dem Tod des schwedischen Königs bei Lützen am 16. November 1632, denn jetzt nahm die Begünstigung der protestantischen Minderheit spürbar zu.[46] Die militärische Entwicklung trug hierzu insofern bei, als sie der katholischen Seite vordergründig Auftrieb gab, worauf die verunsicherten Machtinhaber einen schärferen Kurs einschlugen und diesen mit angeblicher politisch-religiöser Illoyalität begründeten. Bald wurden großzügige Dotationen mit eroberten, vorwiegend geistlichen Territorien zum wohlfeilen Mittel, die Parteigänger Schwedens auf die Fortsetzung des Kriegs zu verpflichten.

Zur Belohnung militärischen Engagements und Festigung der bestehenden Bindungen musste nicht zuletzt das Fürstbistum Würzburg herhalten, das zusammen mit Bamberg im Juni 1633 Herzog Bernhard von Weimar (s. Abb. 36), dem bedeutendsten deutschen Heerführer im Lager Schwedens, zugesprochen wurde.[47] Mit dem nunmehr als Herzogtum Franken firmierenden Land übernahm der Wettiner zugleich die Deckung der Positionen der nordischen Macht südlich des Mains. Wollte der Weimarer diese Erwerbung nicht verlieren, die ihm mit erheblichen Belastungen zugefallen war – unter anderem blieben die Festungen Marienberg und Königshofen auf Kriegsdauer in schwedischer Hand –, so musste er rückhaltlos auf die Kriegskarte setzen.

Die Bevölkerung begegnete der sächsischen Landesherrschaft, deren Abhängigkeit von Schweden den Würzburgern so deutlich vor Augen stand, mit latentem Argwohn. Die Vorbehalte resultierten zum einen aus den nicht abreißenden Kriegslasten, verbunden mit Requisitionen des mehr schlecht als recht bezahlten Kriegsvolks, dessen Willkür der Obrigkeit angelastet wurde, und zum anderen aus den kirchlich-religiösen Reglementierungen und Beschränkungen, die auf die Mentalität der Untertanen keine Rücksicht nahmen und dadurch eine feindselige Stimmung und Widersetzlichkeiten provozierten. Zu den Anzeichen konfessioneller Umorientierung[48] mit dem langfristigen Ziel der Reformation des Landes zählten die Vergabe vakanter katholischer Pfarreien an evangelische Seelsorger, der Anspruch auf den Würzburger Dom für den evangelischen Gottesdienst, das Verbot öffentlicher Prozessionen, die Rückkehr zum Julianischen Kalender, Restriktionen für die beliebten Bruderschaften und die Umwandlung der Universität in eine evangelische Bildungsanstalt, kurzum, hierzu gehörten unterschiedliche Ge- und Verbote, die zwar nur partiell durchgesetzt werden konnten und somit die Grenzen der landesherrlichen Autorität spiegeln, jedoch die Stoßrichtung erkennen las-

sen. Die Hoffnungen auf eine Kriegswende, auf die vor allem bei den an den Rand gedrängten sekundären Führungsschichten spekuliert wurde, verschärften die Spannungen.[49] Für Bürgermeister und Rat in Würzburg stand in dieser Zeit die Selbstbehauptung
im Mittelpunkt, indem sie ihre herkömmlichen Rechte und Kompetenzen verteidigten
und zudem Versuche der sächsischen Regierung zu längerfristigen Einschleusungen von
evangelischen Mitgliedern abwehrten.[50] Zudem mussten sie wiederholt die Bürger und
Einwohner in ihrer Renitenz von Unachtsamkeiten gegen die neuen Herren abhalten,
deren exorbitante Kontributionsforderungen[51] wachsende Not und Verzweiflung hervorriefen.

Das Ende der schwedisch-weimarischen Herrschaft

Im Sommer 1634 zeichnete sich auf dem süddeutschen Kriegsschauplatz ein Waffen-
gang ab, der für den weiteren Kriegsverlauf in diesem Teil des Reichs von erheblicher
Bedeutung sein musste. Operatives Ziel der kaiserlich-ligistischen Kriegspartei war es,
den Gegner aus Bayern zu verdrängen und ihm überdies den Rückhalt in Schwaben,
Franken sowie am Ober- und Mittelrhein zu nehmen. Mit dem Sieg bei Nördlingen am
6. September 1634[52] wurden tatsächlich die Voraussetzungen geschaffen, um den Feind
in den folgenden Monaten Zug um Zug zum Weichen zu zwingen. Auf seinem fluchtar-
tigen Rückzug machte Bernhard von Weimar Mitte September für einige Tage in Würzburg Station und ersuchte notgedrungen die Untertanen um ein Darlehen, das angesichts des bevorstehenden herrschaftlichen Umbruchs allerdings nur noch zum Teil
zusammengebracht wurde.[53] Zur tatkräftigen Verteidigung des Landes fehlten die
Grundlagen, da es an den erforderlichen Truppen mangelte und die Haltung der Bevölkerung eher feindselig war. Auch die in den Festungen Marienberg und Königshofen
liegenden schwedischen Besatzungen, über die der Herzog keine Verfügungs- und Befehlsgewalt hatte, konnten nur punktuellen Widerstand leisten und kamen als Basis für
eine Behauptung des Territoriums kaum in Betracht.

Wenig später erreichten die ersten kaiserlichen Streitkräfte den Main; unweit Würzburgs bezogen sie ein Feldlager, um die zum Angriff erforderlichen Truppen zu sammeln. Zur gleichen Zeit war die schwedisch-weimarische Besatzung in der Stadt bemüht, die Verteidigungsanlagen zu verstärken. Unter den Verpflichtungen zum Schanzen,
zur Lieferung von Proviant sowie den Geldforderungen hatte die Bevölkerung schwer
zu leiden, zumal deren widerwillige, wenn nicht aufrührerische Haltung harte Sanktionen provozierte und Erpressungen des Kriegsvolks den Boden bereitete.[54] Würzburg
wurde am 14. Oktober 1634 nach leichtem Kampf durch die Kaiserlichen eingenommen; an entschiedene Gegenwehr hatte die schwache Besatzung nämlich nicht denken
können und sich nach einigen Scharmützeln auf die Festung Marienberg zurückgezogen. Daraufhin übernahm ein habsburgischer Offizier das Regiment in der Stadt, stand
doch die Eroberung der Feste noch aus, die einer systematischen Vorbereitung bedurfte.
Wie zuvor dominierten in Würzburg die Kriegsnotwendigkeiten, zu denen nicht zuletzt
der Unterhalt des kaiserlichen Kriegsvolks und der zur Erstürmung des Marienbergs zu-

sätzlich herbeigeholten Truppen rechnete.[55] Deshalb konnte die namens des im Exil weilenden Fürstbischofs alsbald eingerichtete Zivilregierung nur mühsam zur konstruktiven Tätigkeit finden.

Würzburg stand unter dem Gesetz des Kriegs. Hieran ließ die Besatzung auf der Feste keinen Zweifel aufkommen, die aus ihrer vorteilhaften Höhenstellung Teile der Stadt unschwer unter Feuer nehmen und die ersten Aufforderungen zur Kapitulation um so leichter zurückweisen konnte, als ihnen die Kaiserlichen keinen Nachdruck gaben. Schließlich waren im Dezember einige Geschütze in Stellung gebracht, die mit der Beschießung begannen, ohne allerdings rechte Wirkung zu erzielen.[56] Das war nicht auf mangelndes Können des Stückmeister zurückzuführen; offenbar sollte das Artilleriefeuer keine schweren Zerstörungen anrichten, vielmehr nur den ernsthaften Willen zum Kampf demonstrieren, weil dem Fürstbischof daran gelegen war, Festung und Schloss ohne gravierende Schäden zurückzugewinnen. Trotz dieser Zurückhaltung der Belagerer wurde die Lage für die Besatzung, die auf keinen Entsatz rechnen konnte und durch Krankheiten dezimiert war, allmählich schwierig. Anfang Januar 1635 begannen endlich Übergabeverhandlungen, die nach dem üblichen Ringen um die Kapitulationsbedingungen Mitte des Monats ihren Abschluss fanden.[57] Der Akkord ließ die kaum beschädigte Festung an den geistlichen Landesherrn zurückfallen und gewährte der auf rund 310 Mann zusammengeschmolzenen Besatzung, von der ein Teil jedoch kurzerhand ins kaiserliche Heer übertrat, einen ehrenhaften freien Abzug.

Kriegslasten und Festungsbau 1635–1648

Die Kriegsbürden rissen für das Fürstbistum Würzburg und seine Hauptstadt nicht ab, nachdem die Fremdherrschaft zusammengebrochen war. Zu den Kriegserfordernissen rechneten sowohl vielfältige finanzielle und materielle Leistungen für kaiserliche Regimenter als auch Vorkehrungen zum Schutz vor Übergriffen Verbündeter und Einfällen des Feindes, wobei die Unterschiede zwischen Kontribution, Requisition, Plünderung und Erpressung aus der Sicht der Untertanen schließlich nur noch gering waren. Vorsorge war also geboten, sollten Stadt und Land nicht zum wehrlosen Opfer werden,

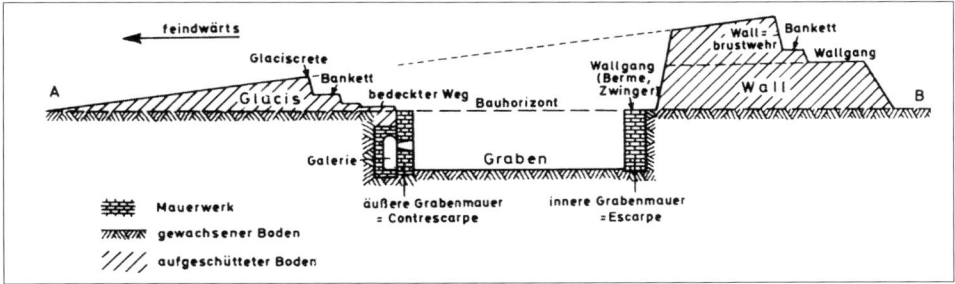

Abb. 29: Schema einer bastionären Befestigung.
(Georg Ortenburg, Waffe und Waffengebrauch im Zeitalter der Landsknechte,
Koblenz 1984, Abb. 73)

auch wenn angesichts der verfügbaren Ressourcen der Selbsthilfe enge Grenzen gezogen waren. Zu den institutionellen und fiskalischen Rüstungsvoraussetzungen, die der Territorialherr verbesserte, gehörte einerseits das Einrichten einer Kriegskanzlei, die fortan die einschlägigen Materien zu bearbeiten hatte,[58] und andererseits der Übergang zur Akzise, also zur Neuordnung und Erweiterung der Verbrauchssteuer.[59] Zögernd nahm 1636 der Landesherr auch wieder besoldetes Kriegsvolk in Dienst, das ca. 1 500 bis 1 800 Fußsoldaten und eine schwache Reitereinheit mit 50 Mann zählte.[60] Einige Artilleristen in der Feste Marienberg sowie das reorganisierte Aufgebot, an dessen Spitze bevorzugt kriegserfahrene Amtleute gestellt wurden,[61] komplettierten den »Kriegsstaat«, der im Kern trotz mancher Wechselfälle bei den Geworbenen und ihren Einheiten bis zum Ende des Dreißigjährigen Kriegs erhalten blieb.[62]

Von den Söldnern lag meist eine Kompanie mit ca. 200 bis 250 Mann im Schloss Marienberg – möglicherweise waren ein paar Dutzend Mann auch in der Stadt Würzburg stationiert –, während die übrigen mit stattlichen Quoten in Königshofen und Kitzingen und in kleineren Gruppen auf dem Land garnisonierten.[63] In erster Linie oblag diesem Kriegsvolk der Schutz des Hochstifts vor gegnerischen Streifkorps und die demonstrative Überwachung der Truppendurchmärsche Verbündeter. In Kooperation mit lokalen Aufgeboten der Untertanen[64] wurde das Ziel zumindest zeitweise erreicht. Von einer derartigen Zusammenarbeit kündet nicht zuletzt die Wache in der Stadt Würzburg, die sich beispielsweise im Sommer 1638 an den Toren und Schnellern auf fast 100 Mann belief, die sich zu ca. 60 Prozent aus Söldnern und zu 40 Prozent aus Städtern rekrutierten.[65]

Interesse verdienen ferner die Anstrengungen, die zum fortifikatorischen Schutz unternommen wurden. Bekanntlich waren bauliche Verstärkungen an der Feste Marienberg vor allem auf der West- und Nordseite erforderlich, die nun anhand der schwedischen Pläne trotz knapper Mittel schleppend fortgesetzt wurden.[66] Betroffen vom Ausbau war zudem das Mainviertel, das durch große Schanzen im Süden und Norden gleichsam zum Vorwerk der Festung werden sollte und später in der Tat entsprechend umgestaltet wurde, worüber aber noch zwei, drei Jahrzehnte verstrichen. Die rechts des Mains gelegenen Stadtviertel blieben nicht unberücksichtigt, allerdings reichten die Kräfte zunächst nur für einige zusätzliche Erdwerke, Palisaden und Gräben und somit für provisorische Maßnahmen. Doch angesichts wachsender Bedrohung gab der Fürstbischof schließlich größere Arbeiten in Auftrag und ließ 1640 im Südwesten (Sanderviertel) die Hirtenschanze anlegen und den Hirtenturm umbauen und analog im Nordwesten (Pleichacher Viertel) die Ochsenschanze (s. Abb. 30, 31) aufwerfen, um die »Wasserfront« zu sichern.[67] Selbstverständlich hatten die Städter hierbei Hilfe zu leisten; die Zahl der täglich zu stellenden Schanzarbeiter betrug 96 Mann.[68]

Der Regierungsantritt Johann Philipps von Schönborn im Sommer 1642 bedeutete für die Befestigung Würzburgs eine Wende, denn dieser Fürstbischof trieb nicht nur den Aus- und Umbau mit Tatkraft und unter Einsatz stattlicher Landesmittel voran, sondern begann mit der systematischen Modernisierung, die aus den beiden Komponenten Marienberg und Stadt eine konzeptionell geschlossene, bastionäre Festungsanlage hervorgehen ließ. Dass dieses Projekt mehr als drei Generationen bis zum Abschluss benötigte

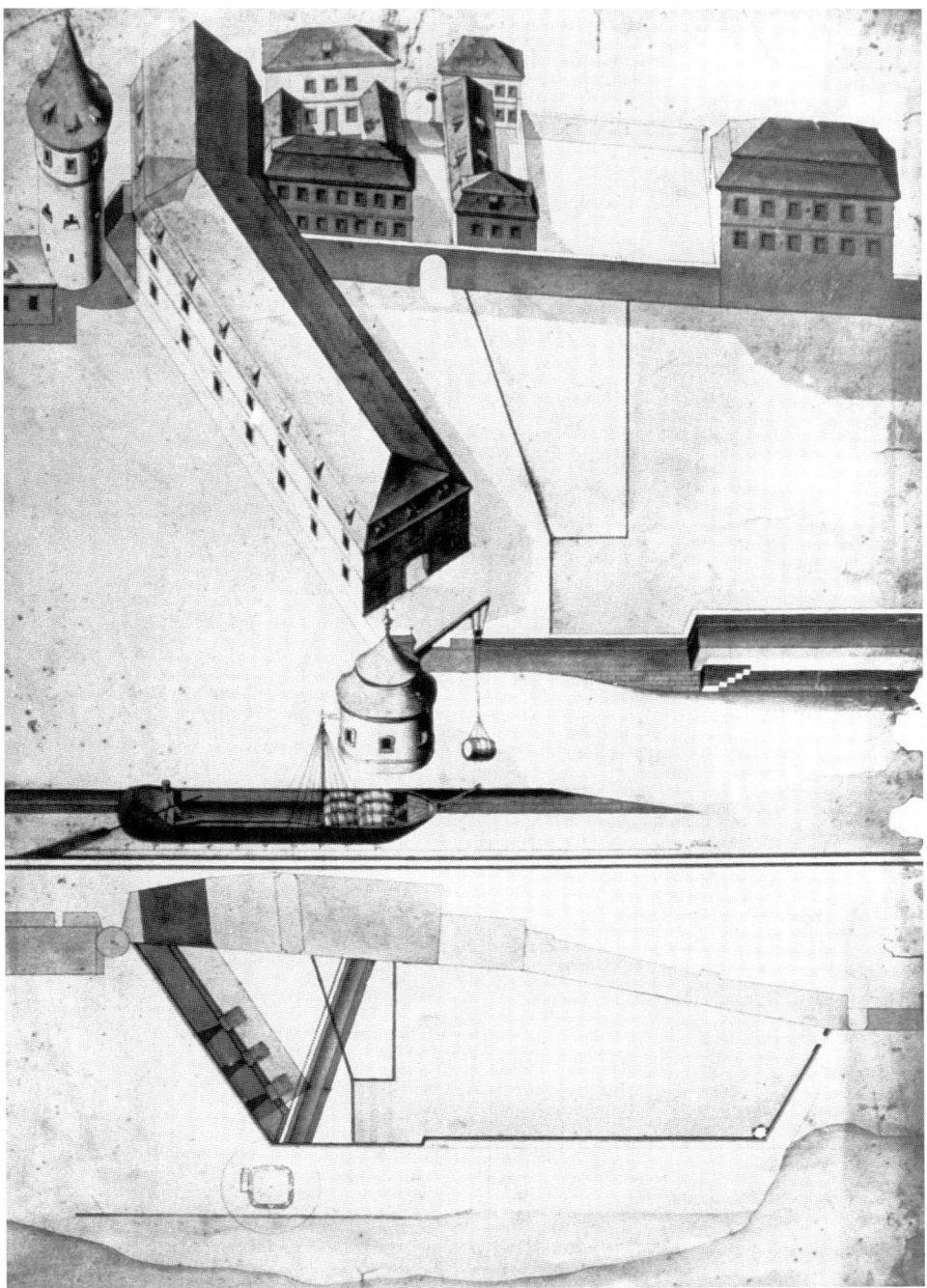

Abb. 30: Die Ochsenschanze der Altstadtbefestigung.
(Mainfränkisches Museum Würzburg, Sammlung Eckert, Blatt 361)

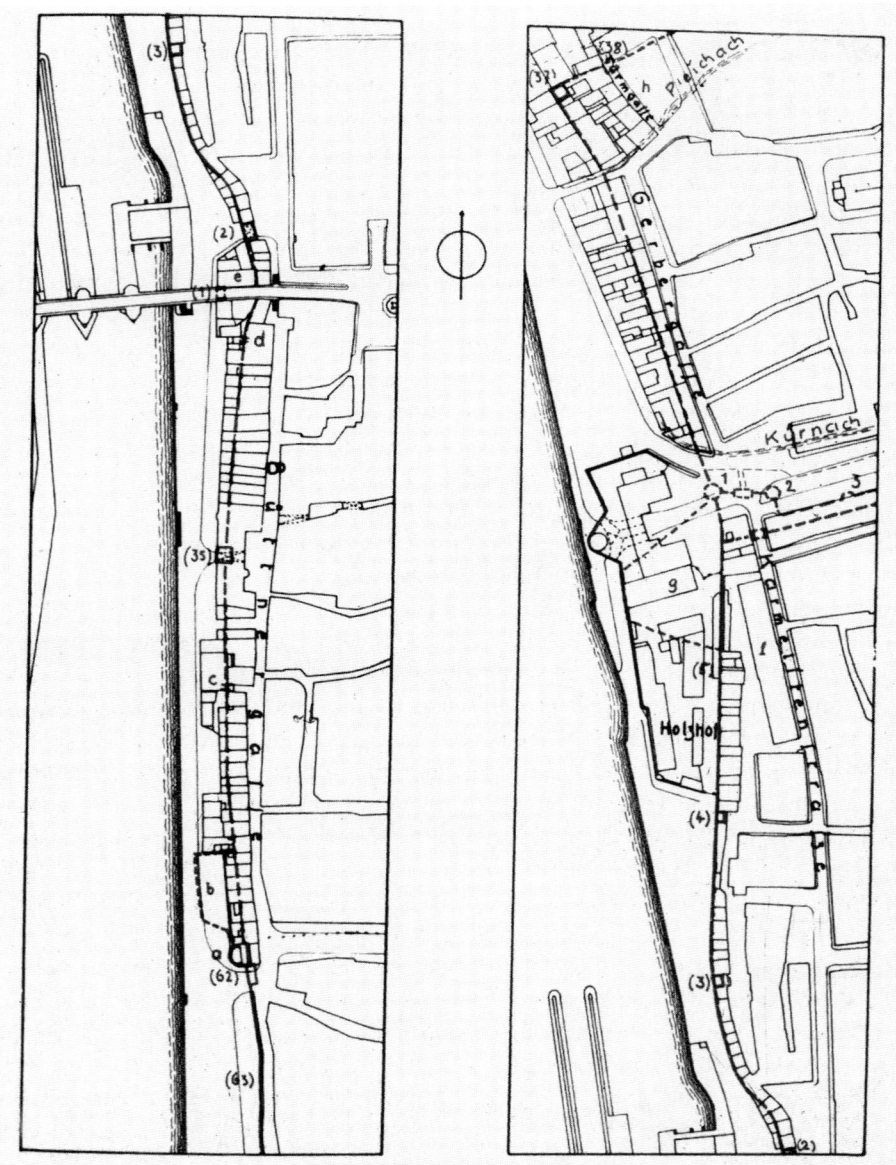

Plan der Mainmauer

Südliche Hälfte:
a Pleidenturm
b Augustinerschanze
c Pforte bei der Mittelstube
d Pforte bei dem Löwen

Nördliche Hälfte:
f Fleischbank
g Ochsenschanze
h Frühere Brudermühle

Abb. 31: Südliche und nördliche Hälfte der Mainmauer mit Ochsenschanze.
(Seberich, 1962, Abb. 36)

– neue fortifikatorische Erkenntnisse fanden Berücksichtigung[69] – und das Großvorhaben bei den Städtern auf erhebliche Vorbehalte stieß,[70] verweist auf den Umfang des Unternehmens und die Belastungen der Bürger und Einwohner.

Bei den Ausbauten gab der Landesherr erwartungsgemäß der Sicherung des Marienbergs und des unmittelbaren Vorfelds den Vorrang und ließ hier »eine geschlossene Umwallung im Bastionärsystem [...] nach der damals gebräuchlichen deutsch-niederländischen Manier anlegen«.[71] Damit knüpfte er im Wesentlichen an jene Planungen und Vorbereitungen an, die bereits Gustav Adolf von Schweden initiiert hatte. Städtischerseits war von den Baumaßnahmen mit Schanzen, Wällen und Bastionen zuerst das Mainviertel betroffen. Die Kosten hatte zum geringeren Teil die Stadt Würzburg zu tragen, während der Hauptteil auf das Hochstift entfiel;[72] aus der Stadtbefestigung wurde nunmehr eine Landesfestung, wie die Finanzierung belegt. Bei den Bauarbeiten, vor allem den Erdarbeiten, griff man wie üblich auf die Städter sowie außerdem auf die Landbevölkerung aus der näheren Umgebung zurück; auch die dem Domkapitel verpflichteten Untertanen, die sonst oft verschont blieben, waren nicht ausgenommen.[73]

Die Arbeiten scheinen recht rasch vorangeschritten zu sein, obgleich es dem Stadtrat Mühe bereitete, die erforderlichen Gelder und Baumaterialien zu beschaffen, doch war Johann Philipp von Schönborn nicht der Landesherr, der Ausflüchte bei dem als dringend notwendig erachteten Werk duldete, wie Mahnungen und Drohungen erkennen lassen.[74] Inwieweit man bei den schon um 1643/44 fertig gestellten ersten Anlagen, darunter zumindest eine Bastion, auf Vorarbeiten hatte zurückgreifen können, ist nicht zu sagen; hingegen lässt sich belegen, dass neben Bürgern und Dorfbewohnern sogar die in Würzburg garnisonierten Soldaten – aber nur gegen gesonderte Vergütung – sich zum Schanzen herbeiließen.[75] In den folgenden Jahren finden sich immer wieder Hinweise auf umfangreiche Erdaushübe und die Lieferung von Kalk und Steinen für Mauerwerk im Mainviertel, wobei diese Materialien wohl primär dem Bau von Bastionen sowie dem Auskleiden des Grabens dienten. Beinahe zur gleichen Zeit wurden die Befestigungsarbeiten im Süden des Mainviertels aufgenommen, das in diesem Bereich lediglich einen schmalen Streifen zwischen dem Flussufer und dem steil geböschten Osthang des Marienbergs umfasste. Jedoch scheint man hier zunächst nur eine provisorische Verstärkung bezweckt zu haben, da gegen Ende des Dreißigjährigen Kriegs dem Hochstift und der Stadt noch mehrfach Gefahr drohte. Bei den Stadtbefestigungen auf der rechten Mainseite begnügte man sich offenbar mit Reparaturen.[76]

Zum Glück blieb Würzburg von einem Angriff verschont, dem die Stadt ohnehin wie in den Jahren 1631 und 1634 keinen ernsthaften Widerstand hätte entgegensetzen können und der die Festung auf dem Marienberg in einem zwar besser gerüsteten, doch noch unfertigen Zustand getroffen hätte. Dieses gute Geschick verdankten die Bewohner nicht zuletzt den Kontributionszahlungen, zu denen sich der Landesherr bereitfand, um das Schlimmste abzuwenden. Andererseits scheinen diese Zahlungen, die selbstverständlich durch zusätzliche Steuerausschreibungen aufgebracht werden mussten, sowie ferner die Kosten der Fortifikation, die Last der bei den Bürgern und Einwohnern einquartierten Söldner und möglicherweise die unentgeltliche Unterbringung von Schanzarbeitern die Leistungskraft der Städter weitgehend erschöpft zu haben, so dass

Abb. 32: Soldatentrupp mit »Gefolge« auf dem Weg zum Fouragieren oder Marodieren,
Radierung von Johann Hülsmann.
(Staatliche Graphische Sammlung München, Inv.-Nr. 113691)

der schon angesprochene Unmut über das aufwändige Fortifikationswesen verständlich
ist und die Steuerrückstände offenbar rasch wuchsen.[77] Auch der ersehnte Friedensschluss des Jahres 1648 brachte zunächst keine merkliche Erleichterung, weil ein neuer-
liches Ausbrechen von Kämpfen nicht auszuschließen war. An das Einstellen der Bauarbeiten oder wenigstens eine Verlangsamung des Bautempos war darum nicht zu
denken, und das umso weniger, als die Defensive dem politischen Konzept insbesondere der mindermächtigen Reichsstände entsprach und Verteidigungsanlagen angesichts
begrenzter Mittel noch immer den besten Schutz versprachen.[78]

Die Stärke der durch den Landesherrn bestallten Soldtruppen lag in den letzten Jahren des Dreißigjährigen Krieges bei ca. 1 000 bis 1 200 Mann, gegliedert in fünf oder
sechs Kompanien Infanterie und eine schwache Reitereinheit; zeitweise wurden zudem
einige Dutzend Dragoner unterhalten.[79] Die Aufgaben dieser Truppe blieben unverändert, und das bedeutete: Vorrangig war die Festung Marienberg samt der Stadt Würzburg zu sichern, mussten die Grenzen vor allem im Norden des Hochstifts überwacht
und die Pässe an den wichtigsten Heer- und Handelsstraßen – also Fluss- und Gebirgs-
übergänge sowie andere Engpässe – gedeckt werden.[80] Gelegentlich kam noch der Einsatz gegen Stiftsuntertanen hinzu, wenn bei Säumigen rückständige Steuern einzutreiben waren und es zugleich die landesherrliche Gewalt durchzusetzen galt. Schwächeren

Abb. 33: Soldaten mit »leichtfertigen Frauen« im Gasthaus,
Radierung von Hans Ulrich Franck.
(Staatliche Graphische Sammlung München, Inv.-Nr. 20413)

Feinden vermochten diese Kräfte entgegenzutreten, zumal notfalls auf das Aufgebot von Untertanen zurückgegriffen werden konnte. Doch waren die Verteidiger überfordert, wenn die Invasion eines Heers oder auch nur eines Korps von ein paar tausend Mann drohte. Ziel solcher Vorstöße war in den 40er Jahren des 17. Jahrhunderts durchweg das Abwälzen von Unterhaltslasten auf den Gegner; damit gewann man bei knapper werdenden Ressourcen nicht nur die nötigen Kriegsmittel für die eigene Streitmacht, sondern entzog sie dem Feind und schmälerte finanziell und logistisch dessen Operationsfreiheit. Dass eine Politik des Rette-sich-wer-kann in jenen Jahren nur von begrenztem Nutzen sein konnte, war dem Würzburger Fürstbischof klar, der deshalb um eine engere Kooperation im Fränkischen Kreis bemüht war und das Einrichten einer gemeinsamen Defension anregte, ohne sich mit dem Vorschlag aber durchsetzen zu können.[81] Bis zum Kriegsende blieb es deswegen bei isolierten, mehr schlecht als recht einzustufenden Schutzvorkehrungen der fränkischen Reichsstände, zu denen auf Würzburger Seite auch Sonderabmachungen mit feindlichen Heerführern gehörten.[82] Diese Politik war insofern erfolgreich, als der Stadt bekanntlich eine abermalige unmittelbare Gefährdung erspart wurde; andererseits ließ sie den Landesherrn, dessen Einfluss spürbar wuchs, nachdem er 1647 zusätzlich Kurfürst von Mainz und somit Erzkanzler des Reichs geworden war, zum Vorkämpfer eines Friedensschlusses werden.

Über die Kriegsauswirkungen auf die Stadt und ihre Bewohner gibt es nur grobe Erkenntnisse. Zwar mangelt es nicht an Informationen über Steuerausschreibungen, Quartierforderungen, Aufgebote für Wacht-, Schanz- und Fuhrdienste und Ähnliches, doch welche konkreten Belastungen oder gar Notlagen für den Einzelnen daraus erwuchsen, ist nicht annähernd abzuschätzen. Deswegen lässt sich weder die Frage beantworten, ob sich die Vermögensverhältnisse der Städter im Lauf des Krieges nivellierten oder die Unterschiede vergrößerten, noch Zahl, Chancen und Profit etwaiger Kriegsgewinner angeben. Da eine Auswertung der breit überlieferten Rechnungsakten fehlt, sind auch keine Angaben über die gesamten Kriegslasten möglich, die Würzburg zwischen 1618/19 und 1649/50 zu tragen hatte. Ein Forschungsdesiderat stellt außerdem die Kriegswahrnehmung durch die Bevölkerung dar, denn die vorliegenden punktuellen Beobachtungen führen über vage, oft indirekt erschlossene Einsichten kaum hinaus. Bei der Sinnsuche und -deutung standen selbstverständlich Religion und Glauben im Vordergrund; die Häufigkeit und Teilnahme an Gottesdiensten, öffentlichem Gebet, Wallfahrten, Prozessionen und die Aktivitäten der Bruderschaften sind hierfür Beleg, dem obendrein die anscheinend große, konfessionell akzentuierte Glaubenstreue in den Jahren der Fremdherrschaft zugeordnet werden muss.[83] Plünderungen und Zerstörungen, von denen die Würzburger hauptsächlich durch die schwedische Eroberung betroffen waren,[84] markieren die eine Seite der Kriegsschrecken und -folgen, Ängste vor eingeschleppten Seuchen die andere Seite, die 1631/32 deshalb die Obrigkeit zu eindringlichen Mahnungen zur Vorsorge an die Apotheker[85] und Ärzte[86] veranlassten. Zu Beginn des schwedischen Regiments und somit in der Zeit des Umbruchs kam es vorübergehend auch zur Überteuerung von Lebensmitteln, beispielsweise in exorbitanter Weise beim Bier[87] und in moderatem Umfang beim Brot,[88] wobei vor allem die Soldaten die Geprellten waren. Derartige, sicher nicht ungewöhnliche Übervorteilungen verweisen insofern auf die für einige Würzburger ins Wanken geratene Ordnung, als manche jetzt *kein Obrigkeit mehr [für] gültig* und folglich alles für erlaubt hielten.[89] Möglicherweise deutet sich hier ein Krisenbewusstsein an, das mit dem herrschaftlichen Umbruch zugleich Recht und Moral in Frage gestellt sah. Schließlich sei noch erwähnt, dass die Jahrzehnte schwerer und schwerster Belastungen und Unsicherheit tradierten Stereotypen ebenfalls Vorschub gaben. Diese richteten sich hauptsächlich gegen die Juden, deren *Einschleichen* in die Stadt, verbunden mit angeblichem Ankauf von Häusern und Gütern, nach Ansicht von Bürgermeister, Rat und generell der Bevölkerung daher durch den Landesherrn unterbunden werden sollte,[90] wie mit der vermeintlichen Rückkehr zu geordneten Verhältnissen 1636, also der Restitution des Fürstbischofs, verlangt wurde; zur Verschärfung der bestehenden Restriktionen scheint es aber nicht gekommen zu sein.

Der schwierige Übergang zum Frieden

Die Friedensschlüsse zu Osnabrück und Münster vom 24. Oktober 1648 bedeuteten das Ende der Kampfhandlungen im Reich; trotz erheblicher Skepsis unter den Vertragschließenden und mitunter krisenhafter Zuspitzungen zwischen dem Kriegsvolk ruhten daraufhin die Waffen. Damit war jedoch nicht das Ende jenes ruinösen Aufwands ver-

Abb. 34: Gedenktafel im Kreuzgang der Franziskanerkirche an die Kapuziner
P. Leopold von Gumppenberg (Guardian) und P. Simon, die bei der Erstürmung der Festung Marienberg
am 18. Oktober 1631 durch schwedische Truppen getötet und hier beigesetzt wurden.

bunden, der für den Unterhalt der Streitkräfte gefordert wurde und bis zur ordnungsgemäßen Abdankung aufgebracht werden musste.

Eine solche Entlastung konnte nur Zug um Zug durch die Kriegsparteien erfolgen, da Zweifel an den lauteren Absichten des Gegners eine einseitige Abrüstung ausschloss. Sie setzte außerdem eine Begleichung aller Soldrückstände voraus, denn sonst waren die Truppenkörper nicht zum Niederlegen der Waffen zu bewegen. Die im Friedensvertrag der Krone Schweden zugesagte *satisfactio militum* in Höhe von fünf Millionen Reichstalern verweist auf die schwere Last, die die so hart mitgenommenen Reichsstände zu tragen hatten.[91] Damit nicht genug, es kamen noch jene Gelder hinzu, die viele Landesherren den Truppen ihrer Verbündeten aus den Vorjahren und unter Umständen auch denen des bisherigen Gegners schuldeten. Nicht zuletzt mussten die eigenen Streitkräfte abgefunden werden, bevor – wie im Fall des Hochstifts Würzburg – an eine Reduzierung gedacht werden konnte, für deren Umfang das noch im Land liegende fremde Kriegsvolk Maß und Ziel setzte. Dass im Würzburgischen eine vollständige Entlassung der Geworbenen nicht in Betracht kam, war selbstverständlich, galt es doch die mit erheblichem Aufwand ausgebaute Festung auf dem Marienberg nach zeitgemäßem Standard, also mit erfahrenen Kriegsleuten, zu sichern.[92] Hingegen übernahmen den Wachtdienst in der Stadt wieder die Bürger,[93] was angesichts der allgemeinen Geldnot in Zeiten geringerer Gefährdung auch nicht anders zu erwarten war. Der Anteil des Hochstifts Würzburg an der Schweden zugebilligten Satisfaktion stellte sich auf 122 108 Reichstaler,[94] jedoch war damit nur ein Teil der dem Fürstentum abverlangten Leistungen erfasst, weil noch exorbitante Unterhaltsgelder und -lieferungen für schwedische

Abb. 35: Im Gefolge der Kriegshandlungen kam es zu massenhaften Hinrichtungen, Vorlage von J. Callot.
(Mainfränkisches Museum Würzburg)

Truppen hinzukamen, die sich in Franken einquartiert hatten und auf die Erlegung der Satisfaktionsgelder warteten. Hierbei handelte es sich um einen stattlichen Teil des schwedischen Heeres, das im Herbst 1648 bei einem Vorstoß ins Böhmische vom Friedensschluss »überrascht« worden war und kurzerhand in Franken Unterkunft bezogen hatte. Diese Streitkräfte waren die Herren im Land, denen es nicht an den nötigen Druckmitteln fehlte, um eine reichliche Versorgung zu erpressen, die in ihrem Umfang im Wesentlichen durch den Willen des Kriegsvolks bestimmt war.[95] Hierauf verweisen unter anderem die Ausgaben schwedischer Offiziere für Tafelfreuden bei Besuchen in der Stadt Würzburg, deren Begleichung selbstredend dem Hochstift zufiel.[96] Neben solchen »Gefälligkeiten« hatte das geistliche Fürstentum im Jahr 1649 für viele Monate jeweils 13 500 Taler aufzubringen, um den Unterhalt für gut zwei Dutzend Kompanien und einen Teil des in Schweinfurt liegenden Generalstabs sicherzustellen.[97] Auch wenn die Anforderungen bis zum endgültigen Abzug der Schweden im Sommer 1650 sanken, so übertrafen sie insgesamt doch merklich jene Summe, die an Satisfaktionsgeldern auf das Hochstift entfiel. Dass in der Stadt Würzburg die so genannten Kontributionsgelder, die überwiegend dem fremden Heer zuflossen, von manchem Steuerpflichtigen unter Androhung von Gewalt durch würzburgisches Militär eingetrieben werden mussten,[98] belegt die Not der Städter. Die erst eineinhalb Jahre nach Friedensschluss endenden Kriegslasten künden vom schwierigen Übergang zum Frieden.

Resümee

Würzburgs Geschichte zwischen 1618 und 1648 war von Kriegslasten geprägt, sie schloss den kostspieligen Unterhalt fürstbischöflicher, verbündeter und fremder Truppen ein und führte zum landesherrlichen Ausbau der Stadtbefestigung. Voraussetzung und Folge war die Intensivierung der Landesherrschaft;[99] das verdeutlicht die sinkende Bedeutung der Landstände, von der vorrangig die Städte betroffen waren.[100] Ist diese Seite des ruinösen Konflikts und der maßgebenden Entwicklung im Großen und Ganzen erforscht, so fehlt es hingegen an fundierten Kenntnissen über die konkreten Auswirkungen des Kriegs auf die Stadtbewohner, erst recht bei der wünschenswerten Differenzierung nach Armen und Reichen, nach Schicht und Geschlecht. Auch die Wahrnehmung von Leid und Gewalt sowie die Bewältigung der scheinbar Recht und Moral fragwürdig machenden Krisenzeit sind nicht hinlänglich untersucht.[101] Offenbar dienten aber Religion und Glauben wie seit Jahrhunderten in erster Linie zur Verarbeitung; davon gibt das Würzburger Ratsprotokoll Kunde, in dem zum Jahreswechsel 1631/32 lapidar festgehalten wurde: *ist vielerley Klag vorkommen, so nicht zu remediren ist, biß Gott ein Besserung verschaftt.*[102]

Würzburg unter
schwedischer Herrschaft 1631–1634

Ulrich Wagner

Der Dreißigjährige Krieg mit seinen Folgen zählt für Franken und Würzburg zu den markantesten Einschnitten ihrer Geschichte. Nach der Schlacht bei Breitenfeld im September 1631, in der die kaiserliche Armee unter ihrem Feldherrn Tilly (s. Abb. 22) eine schwere Niederlage gegen Gustav Adolf (s. Abb. 24) erlitt, lag dem Schwedenkönig der Weg in die katholischen süddeutschen Territorien offen. Rasch stieß er mit seinem Heer von 30 000 Mann zum Main vor, wobei nach dem unerwartet schnellen Fall der Festung Königshofen eine allgemeine Panik und Fluchtbewegung sein Vorwärtskommen erleichterte. Insbesondere Geistliche und wohlhabende städtische Bürger setzten sich ab. Am 12. Oktober 1631 ging das protestantische Schweinfurt zu den Schweden über. Bischof Franz von Hatzfeld (1631–1642) entschloss sich daher zur Flucht in die Rheinlande.

Am 14. Oktober 1631 stand Gustav Adolf mit seinen Truppen vor den Mauern Würzburgs und ließ die wenig befestigten Vorstädte Pleich, Haug und Rennweg mit ihren reich ausgestatteten Kirchen, Klöstern und Spitälern plündern. Rasch beugten sich Rat und Bürgermeister der Drohung des Schweden, bei anhaltendem Widerstand als Vergeltung für die Zerstörung Magdeburgs durch die Liga Würzburg in Schutt und Asche zu legen; mit Billigung der fürstbischöflichen Regierung öffnete man daher die Tore der Stadt. Bereits nach vier Tagen erstürmten die Schweden unter erheblichen Verlusten die für unbezwingbar geltende Festung Marienberg, deren Schätze, wie die berühmte Bibliothek Julius Echters und die fürstliche Silberkammer, die Archive und Kleinodien verschiedenster Stifte und Klöster, eine Beute des Schwedenkönigs und seiner Soldateska wurden. Mehrere hundert Verteidiger, darunter zahlreiche Geistliche, wurden niedergemacht (s. Abb. 34).

Am 3. November 1631 setzte Gustav Adolf eine *königliche Landesregierung* ein, die Hochstifte Würzburg und Bamberg wurden schwedische Erblehen und im Juni 1633 dem einflussreichen General im schwedischen Heer, Herzog Bernhard von Sachsen-Weimar (s. Abb. 36), als Herzogtum Franken geschenkt. Dieser dachte an eine völlige Umgestaltung des religiösen und geistlichen Lebens im Sinne des Protestantismus und an eine dauernde Festsetzung in Franken. Von Stadtrat und Bürgerschaft forderte der schwedische König im Januar 1632 die Erbhuldigung, von der auch der verbliebene katholische Klerus nicht ausgenommen wurde. Bürgermeister und Rat vermochten die von den Schweden geforderte *schleunige Hilfe* von 150 000 Talern

Abb. 36: Herzog Bernhard zu Sachsen-Weimar (1604–1639), protestantischer Herrscher des Herzogtums
Franken und Würzburgs 1633/34, Kupferstich von Johann Dürr nach einer Vorzeichnung von Christian
Richter, 1641. (Mainfränkisches Museum Würzburg, Inv.-Nr. S. 65048)

auf 80 000 Taler herunter zu handeln, doch lasteten in der Folge zahlreiche Einquartierungen und Plünderungen, Ausschreitungen und Kontributionsforderungen der Truppen schwer auf den Einwohnern. So musste 1632 die Bürgerschaft für die Verpflegung von fast 2 000 fremden Söldnern aufkommen. Im Februar 1634 beklagte sich die Stadt bei dem schwedischen Oberst (s. Tafel 6) auf der Festung, dass Soldaten begonnen hätten, im Mainviertel Häuser niederzureißen. Dies wurde zwar untersagt, doch stellte sich heraus, dass das Militär zum umfassenden Ausbau des Marienbergs den Abriss des gesamten Mainviertels mit der Stiftskirche St. Burkard plante.

Trotz des Todes von Gustav Adolf am 16. November 1632 in der Schlacht von Lützen brachte erst die vernichtende Niederlage der Unionstruppen in der Schlacht bei Nördlingen vom 6. September 1634 die entscheidende Wende: Die schwedische Herrschaft in Süddeutschland brach zusammen. Rasch wurde das feindliche Desaster in der Stadt bekannt, die Bürger verhehlten der Besatzung ihre Freude nicht. Um Ausschreitungen vorzubeugen, forderte der Magistrat die Einwohner auf, die Waffen

Abb. 37: Durch das Maintor, den ersten Stadtzugang flussabwärts der Mainbrücke (Pfeil), gelangten die Kaiserlichen am 14. 10. 1634 in einer Überrumpelungsaktion in die Stadt. Ausschnitt aus Matthäus Merian, »Topographia Franconiae«, Frankfurt a. M. 1648. (Mainfränkisches Museum Würzburg, Inv.-Nr. 20370)

abzugeben; vereinzelt kam es zu Gewalttätigkeiten. Das Ende der sächsischen Landesregierung stand damit fest. Protestantische Geistliche und Beamte setzten sich zahlreich ab. Auch Herzog Bernhard, einer der Verlierer von Nördlingen, kam auf seiner Flucht am Abend des 12. September nach Würzburg und musste feststellen, dass es für eine Verteidigung von Stadt und Land zu spät war. Er forderte von seinen Untertanen Treue und ein Darlehen von 10 000 Reichstalern, gab sich nach mühseligen Verhandlungen mit 7000 Reichstalern zufrieden und verließ am 15. September 1634 schleunigst seine Hauptstadt, um nie wieder zurückzukommen.

Wie uns die städtischen Ratsprotokolle berichten, eroberten am 14. Oktober 1634 früh morgens zwischen 4 und 5 Uhr die Kaiserlichen die Stadt zurück. Diese war von den Schweden nur schwach verteidigt worden, ihr Kommandant Graf Thurn hatte sich mit seinen Truppen auf den Marienberg zurückgezogen. Ein dichter Nebel hatte es den Angreifern erlaubt, unbemerkt bis an das Maintor heranzurücken, dieses aufzusprengen und überraschend in die Stadt einzudringen (s. Abb. 37). Etwa ein Dutzend der Besatzungssoldaten fielen, andere wurden gefangen genommen, der Rest flüchtete. Nicht verhindert werden konnte, dass einige Häuser geplündert wurden.

Der General Melchior Graf von Hatzfeld, der Bruder des Fürstbischofs, organisierte die Versorgung der kaiserlichen Truppe und die Rückeroberung des Marienbergs. Der Magistrat sandte mehrere Schreiben an Fürstbischof Franz in Köln – inzwischen war dieser 1633 auch zum Bischof von Bamberg gewählt worden – und bat um baldige Rückkehr in seine Hauptstadt. Die Versorgungslage in Stadt und Hochstift war katastrophal. In Würzburg grassierte eine Seuche, viele Häuser konnten nach dem Abzug der Schweden nicht mehr bewohnt werden. Allein durch die Rückkehr des Landesherrn, die dann am 23. Dezember 1634 erfolgte, erhoffte man Besserung.

Fürstlicher Absolutismus
und barocke Stadt

Herbert Schott

Die Geschichte der Stadt Würzburg in den Jahren zwischen dem Westfälischen Frieden (1648) und dem Amtsantritt des letzten Würzburger Fürstbischofs Georg Karl von Fechenbach (1795–1803) wird in zwei sich ergänzenden Teilen behandelt. In einem ersten Teil erhält der Leser einen chronologischen Überblick zur Stadtgeschichte mit Schwerpunkten auf der Herrschaft der Fürstbischöfe[1] und der außenpolitischen Entwicklung; daneben werden einige wichtige Ereignisse der Stadtgeschichte benannt, die im zweiten Teil dieses Beitrages oder in einem der Aufsätze über Einzelaspekte eine detaillierte Abhandlung erfahren werden. Im zweiten Teil des Beitrages werden einige Längsschnitte zu Themen der Stadtgeschichte dargeboten, die in anderen Beiträgen weniger ausführlich abgehandelt werden.

Die Würzburger Bischöfe und ihre Politik

Die Würzburger Bischöfe wurden vom Domkapitel gewählt.[2] Nach ihrer Wahl zogen sie in feierlichem Aufzug zum geschmückten Rathaus; roter und weißer Wein floss traditionell aus zwei Löwenköpfen in der Ehrenpforte. Der Stadtsyndikus hielt eine Lobrede auf den neu gewählten Bischof, dem die Stadtschlüssel überreicht wurden. Ursprünglich übergaben die beiden Bürgermeister die Schlüssel, aber da der Stadtkommandant sie später erhielt, stand er 1673 neben den Bürgermeistern bei der Übergabe. Der Bischof nahm sie an sich und gab sie sogleich an den Stadtkommandanten weiter – das Domkapitel hatte diesen Ablauf im Interregnum, der Zeit zwischen dem Tod eines Bischofs und der Neuwahl, entschieden.[3] Auf dem Weg des neuen Bischofs zur Festung erschollen Vivatrufe. Von der Festung selbst wurden meist 100 Kanonenschüsse abgefeuert, die Kanzlei in der Stadt wurde illuminiert; die Bürger paradierten am Weg, ausgerüstet mit ihren Gewehren. Vor dem Tor der Festung überreichten die beiden Statthalter, Domkapitulare, dem Bischof die Schloss-Schlüssel. Seit der Wahl des Adam Friedrich von Seinsheim (1755–1779) am 7. Januar 1755 zog der Bischof nicht mehr zur Festung, sondern zur Residenz, vor deren Tor ihm die Schloss-Schlüssel überreicht wurden.

Der Stadtrat gratulierte dem Bischof jährlich zum Wahltag und ließ in der Marienkapelle eine Messe lesen. Um Neujahr verehrten die beiden Bürgermeister und der Stadtsyndikus dem Bischof 50 neu geprägte Goldgulden als Geschenk. Die Würzburger Bischöfe wollten dem Gemeinwohl nutzen, wie auch immer man dieses interpretierte. Einige Bischöfe stellten das Glück des Einzelnen in den Vordergrund, andere das des ganzen Gemeinwesens. Wichtig war das patrimoniale Staatsverständnis der Bischöfe, das sich in den unterschiedlichsten Wendungen ausdrückte. So sprachen Bürgermeister und Rat in einem Schreiben an Johann Philipp von Schönborn (1642–1673) 1652 von dessen *vätterlich Wollen* und *vätterlich Dirigirn*, ein andermal von *fürstvätterlicher Obsorg* für die Untertanen.[4] Jedoch waren die Kosten für die Bischöfe sehr hoch. So stiegen zum Beispiel die Leichkosten in der zweiten Hälfte des 17. Jahrhunderts kontinuierlich an, von 11 743 Gulden für Johann Philipp von Schönborn auf fast 16 000 Gulden bei seinen Nachfolgern; für Johann Gottfried von Guttenberg (1684–1698) mussten schon 28 972 Gulden aufgebracht werden.[5]

Die Untertanen des Bischofs von Würzburg mussten nach seiner Wahl die Erbhuldigung leisten,[6] das heißt einen Eid darauf ablegen, dass sie Bischof und Domkapitel getreu, gewärtig und gehorsam seien. Die Erbhuldigung wurde vom Bischof im Beisein von Vertretern des Domkapitels entgegengenommen, wobei in der Regel erst die Bewohner der Stadt Würzburg huldigten, dann auf einer oder mehreren Huldigungsreisen die Landbewohner ämterweise. Bis 1729 einschließlich wurde im Juliusspital gehuldigt, seit 1746 in der Residenz. Huldigen mussten die Bürger und Beisassen einschließlich der Witwen, außerdem die Müller, deren Mühlen zur Stadt gerechnet wurden; befreit von der Huldigungspflicht waren die Mehrzahl höherer Beamter und Hofdiener – diese hatten schon vorher die so genannte Hofhuldigung zu leisten –, sowie der Adel, Klöster und Stifte, auch wenn sie bürgerliche Häuser oder Güter in der Stadt hatten. Wer huldigen musste und nicht erschien, zum Beispiel weil er krank war, wurde aufgeschrieben, der Grund des Fehlens überprüft. Die Kosten der Huldigung in der Stadt Würzburg musste diese aus der Schatzung und der Steuer zahlen, ebenso das Huldigungsgeschenk für den Bischof, zusammen je Huldigung mehrere Tausend Gulden.

Die Bischöfe zwischen Westfälischem Frieden und dem Beginn des Residenzbaus in Würzburg (1648–1719)

Johann Philipp von Schönborn[7] war seit 1642 Bischof von Würzburg. Durch seine Rolle bei den Friedensbemühungen und da er seit 1647 auch Erzbischof von Mainz war, wurde er im dritten Viertel des 17. Jahrhunderts zu einem der wichtigsten Männer im Reich (s. Abb. 38 a). Der Westfälische Friede brachte auch Würzburg den so lange ersehnten Frieden. In einer Chronik heißt es, dass mit der Regierung des Johann Philipp *der allgemeine teutsche Friedt* wieder anfing *zu gruenen, welcher durch den kalten, rauhen, mitternächtigen schwedischen Luft fast erfrohren* war.[8] Am 11. November 1648 sollte eine Dankesprozession für den Frieden stattfinden. Wegen ungestümen Windes und großen Regenwetters wurde die Prozession verkürzt, man zog vom Dom aus durch die Neumünsterkirche und um den Dom. Dann hielt Generalvikar Doktor Söllner eine Dankpredigt im Dom, *darbey überauß viel Volck sich befunden.* Danach gab es ein Hochamt durch den Prälaten zu St. Stephan, das Te Deum wurde gesungen. Die Glocken wurden am Abend zuvor und um 12 Uhr mittags geläutet, dann die Kanonen auf dem Marienberg betätigt. Dreimal wurden große Freudensalven verschossen. Schließlich wurde *nachts zwischen 5 und 6 Uhrn ein künstliches Fewerwerck* veranstaltet.[9] Mit dem Friedensschluss zu Münster und Osnabrück waren die Leiden auch für die Stadt Würzburg noch nicht zu Ende, noch standen fremde Truppen – Schweden, kaiserliche und bayerische Truppen – im Fränkischen Kreis. Erst nach langwierigen Verhandlungen und der Zahlung der so genannten Satisfaktionsgelder an Schweden (s. unten S. 187 f.) zogen diese Truppen ab. Nach der Räumung Frankenthals durch die Spanier 1652 war der Dreißigjährige Krieg für Franken endgültig beendet. Johann Philipp wollte weitere Kriege vermeiden, vor allem versuchte er alles, um zu verhindern, dass das Reich durch den Kaiser in den Krieg Frankreichs gegen Spanien, der erst 1659 endete, hineingezogen werde. Französische Gesandte kamen auch nach Würzburg, um Johann Philipp dem Kaiser zu entfremden. Frankreich gelang es, den Bischof »mit politischen Argumenten, mit klingender Münze und mit der Drohung, Frankreich werde gegebenenfalls die Waffen sprechen lassen«, vom Kaiser wegzuziehen.[10] 1658 wurde der so genannte Rheinbund gegründet, dem katholische und protestantische Reichsstände sowie Frankreich und Schweden angehörten. Johann Philipp, einer der führenden Männer in diesem Bund, wurde für diese Politik durch die Geschichtsschreibung des Bismarckreiches scharf angegriffen, er habe Frankreich gegen den Kaiser und damit französische Interessen unterstützt. Johann Philipp lavierte zwischen Frankreich und dem Kaiser und konnte so das Hochstift Würzburg aus allen Auseinandersetzungen heraushalten. Als er erkennen musste, dass die französische Politik auf Expansion und Krieg setzte, schloss er sich in der Marienburger Allianz – benannt nach der Festung Marienberg über Würzburg – 1671 wieder dem Kaiser an.

Die Stadt Würzburg blieb möglichen Angriffen gegenüber relativ schutzlos, das war Johann Philipp klar. Deshalb ließ er die Stadtbefestigung und die Festung Marienberg ausbauen,[11] was nicht ohne massive Eingriffe in die Bausubstanz der Stadt vor sich ging. 1657 wurde Stift Haug samt Mühle und Höfen abgebrochen, 1670/71 das St. Afrakloster, 1667 der Dicke Turm und 1670 das Konradstor. Er sorgte auch für Ausgleich, sofern dies möglich war: 1667 versprach er, Stift Haug neu bauen zu lassen. Am 20. Mai 1670 wurde der Grundstein für die neue Kirche gelegt, fast gleichzeitig geschah dies auch für das neue Kloster St. Afra. Johann Philipp ließ weitere wichtige Baumaßnahmen durchführen. So veranlasste er 1656, eine Schneid-, Walk-, Papier- und Pfeffermühle beim Burkarder Tor zu bauen, schon vorher, 1644, eine Mainmühle. 1669 wurde die Reuererkirche eingeweiht, zu diesem Bau gab er 1000 Reichstaler. Johann Philipp nahm seine religiösen Pflichten sehr ernst. Er förderte die Andacht auf dem Nikolausberg und ließ dort eine Kapelle errichten. Das vom Wind 1661 herabgeworfene Marienbild auf dem Schlossturm ließ er für 102 Reichstaler wieder erneuern. 1659 wurde ein Kinderhaus erbaut, in dem ehelich geborene Waisenkinder verpflegt wurden. Ein großes Ereignis für Würzburg war der Besuch des Kaisers 1658. Bereits im Februar wurden die Bürger aufgefordert, ein Quartier für bis zu zwei Tage bereitzuhalten, wie es einem getreuen, gehorsamen Bürger zu tun obliege und gebühre.[12] Am 10. August 1658 trafen kaiserliche Fouriere ein, um Quartier zu machen und die für das kaiserliche Gefolge notwendigen

Abb. 38 a, b

5-Dukaten, Schönborn, 1652, Vorderseite.
(Privatbesitz)

Medaille, Dernbach, 1676, Vorderseite.
(Privatbesitz)

Vorbereitungen zu treffen. Am Sonntag, dem 11. August, kamen der Kaiser und Erzherzog Leopold. 5 000 Mann des Landausschusses und hunderte geworbener Knechte machten ihnen oberhalb der Zeller Steige die Aufwartung. Der ganze Klerus kam zum Zeller Tor, der Kaiser wurde unter einem Himmel in das Domstift begleitet. Die Bürgerschaft wartete ihm in ihren vier Kompanien vom Zeller Tor bis zum Dom stehend auf, in der Stadt wurden die Glocken geläutet, und die Kanonen abgefeuert, im Dom wurde das Te Deum gesungen. Dann fuhr der Kaiser auf die Festung Marienberg. Am 12. August besuchte er die Universität, die Mainmühle und das Kinderhaus sowie die Schneidmühle bei St. Burkard. Am 13. August reiste er in Richtung Kitzingen ab. Die Bürgerschaft stand auf dem Rennweg, ihm die Ehre erweisend.[13] Johann Philipp frönte dem Bistumschronisten Ignaz Gropp zufolge weder der Jagdleidenschaft noch sonstigen weltlichen Freuden, weder an schönen Kleidern noch *zarten Speisen und lieblichen Getränck* fand er Geschmack.[14] In die Geschichte und das Andenken der Menschen aber ging er ein als *ein Friedens-Stiffter und [-]Liebhaber* (Gropp), der Stadtrat gedachte seiner nach seinem Tod 1673 als hochgelobtem und weltberühmtem Friedensfürst *und restaurator pacis in Romano Imperio*, der wegen seines *hocherleuchten Verstands* und weiterer guter Eigenschaften im Reich und im Ausland sehr beliebt und geehrt war.[15] Johann Philipp bemühte sich um den Wiederaufbau des durch den Dreißigjährigen Krieg schwer getroffenen Landes. Diese Bemühungen wurden von seinen Nachfolgern fortgesetzt.[16]

Als Johann Philipp starb, hatte König Ludwig XIV. von Frankreich einen neuen Krieg begonnen, diesmal gegen die Niederlande. Nachfolger des großen Schönborn wurde der Domdekan und Dekan von Stift Haug, Johann Hartmann von Rosenbach. Er wurde am 13. März 1673 einstimmig gewählt, doch soll er sich anfangs geweigert haben, die schwere Last und Bürde des Herzogtums auf sich zu nehmen; *gleichsamb mit weinenden Augen* habe er dann doch zugestimmt.[17] Johann Hartmann wollte im Krieg neutral bleiben, er stellte sogar die Fortifikationsarbeiten auf dem Marienberg ein, um Frankreich nicht zu provozieren. Trotzdem standen sich Ende 1673 französische und kaiserliche Truppen, zu denen auch solche des Fränkischen Kreises stießen, südlich von Würzburg gegenüber. Während der französische Befehlshaber Turenne sein Hauptquartier in Tückelhausen aufschlug, war der kaiserliche Heerführer Montecuccoli in Marktsteft. Kaiserliche Truppen plünderten die Orte nördlich von Würzburg, unter anderem Zell, Margetshöchheim und Zellingen. In einer Chronik heißt es, die Leute vom Land schafften mit großen Flößen alles in die Stadt, *das ein Jammer zu sehen war*.[18] Das Kloster Unterzell beklagte sich, die Orte nördlich von Würzburg seien samt dem Klosterhof *gänzlich verderbt* worden, so dass man *kein Gefäll weder von ihnen noch anderen haben können*, die umliegenden Dörfer wurden *gänzlichen ruinirt*.[19] Nach drei Wochen hatten der Spuk und die Angst der Würzburger ein glückliches Ende gefunden, da Montecuccoli offenbar mit Unterstützung des Würzburger Bischofs den Main bei Würzburg überquert und dem französischen Nachschub bei Wertheim empfindliche Verluste beigebracht hatte.[20] Montecuccoli zog Richtung Frankfurt a. M. weiter, gefolgt von Turenne. Zumindest finanziell musste auch die Stadt Würzburg noch für den Krieg aufkommen: Johann Hartmann befahl im März 1674, das Hochstift müsse sich nach einem Beschluss des Reichstages von Regensburg an den Kosten, die der Herzog von Lothringen forderte, damit er feste Plätze räume und Truppen vom Reichsboden wegführe, beteiligen; es handelte sich um eine halbe Monatsanlage, die die Stadt Würzburg innerhalb von 14 Tagen zur Hälfte an die Hofkammer zahlen sollte, sonst drohte der Bischof mit Strafe und Exekution.[21] Johann Hartmann verschmähte jede Pracht, er hatte tiefes Gottvertrauen. Angesichts der militärischen Bedrohung des Jahres 1673 sagte er, von seinem Domkapitel, *von meiner lieben Burgerschafft und Unterthanen, wann sie bey mir, wie ich hoffe, treu halten, weiche ich nicht*.[22]

Der Nachfolger des Johann Hartmann wurde mit tatkräftiger Unterstützung des Kaisers der Bischof von Bamberg, Peter Philipp von Dernbach (s. Abb. 38 b).[23] Nach Gropp war er *ein großmüthiger Vertheidiger der Kirchen-Freyheit und seiner Fürstlichen Rechte*, er wollte den Leib abtöten und *geißlete sich streng biß auf das Blut*.[24] Seine Regierungszeit (1675–1683) war vom Versuch bestimmt, ein stehendes Heer einzurichten. Er stellte dem Kaiser 5 000 Mann gegen Geldzahlungen (Subsidien) und ein Hilfeversprechen zur Verfügung. Peter Philipp erwartete, seine beiden Hochstifte dadurch von den lästigen Winterquartieren zu befreien. Dies gelang nicht wirklich: In einer Rechnung über Extra-Einnahmen und -Ausgaben der Jahre 1675 bis 1679 werden Kosten für die Einquartierung brandenburgischer Truppen in Würzburg von Februar bis Mai 1675 aufgeführt, Quartiergelder für kaiserliche Truppen von November 1675 bis April 1676, des Weiteren Allianz-, Rekruten- und doppelte Monatsgelder für die Zeit von Dezember 1676 bis Januar 1679.[25] Das Hochstift Würzburg stellte zwar Truppen für Kaiser und Reich, musste aber weiterhin die Unterkunft fremder Truppen in der Stadt Würzburg bezahlen, ohne sich eines Schutzes sicher zu sein. Wegen der Außenpolitik kam Peter Philipp mit dem Würzburger Domkapitel in Streit, das gegen zu viele Soldaten und zu viele Baumaßnahmen für die Verteidigung war. Nach dem Ende des Reichskriegs mit Frankreich (1679) schloss er mit dem Domkapitel einen Vergleich. Trotzdem sah der Bischof weiterhin eine Gefahr in der aggressiven Außenpolitik Ludwigs XIV. von Frankreich, der sich durch die

Réunionen Stadt um Stadt sicherte, 1681 auch Straßburg. Peter Philipp suchte ein Bündnis mit dem Schwäbischen Kreis, 1682 schloss er sich der Laxenburger Allianz mit dem Kaiser an, denn Frankreich habe ihm *ärger dan einer faisten Gans* gedroht;[26] er befürchtete, die Franzosen könnten die Festung Würzburg angreifen. Einen wirklichen Schutz konnte ihm der Kaiser nicht geben, war er doch selbst durch die Türken bedroht (Belagerung Wiens 1683) – dafür mussten das Hochstift und auch die Stadt die einquartierten Truppen verpflegen.[27]

Peter Philipps Regierungszeit war durch einige gewichtige Ereignisse geprägt, vor allem durch die Einführung der Akzise (siehe unten), einer Steuer, die in einer Chronik als schwer zu ertragende Akzise bezeichnet wurde, worüber in der Stadt Würzburg und im ganzen Land heftig geklagt und geflucht wurde[28] – dies war selbst für die von Steuererhöhungen geplagten Würzburger ein schwerer Schlag. Daneben wurde Würzburg von Naturereignissen heimgesucht: So soll es am 15. März 1681 zwischen 15 und 16 Uhr von Heidingsfeld bis an den Kühbach neben dem Schloss Blut geregnet haben;[29] von Weihnachten 1680 bis März 1681 war ein Komet am Abendhimmel zu sehen, der einen sehr langen Schweif hatte und die Menschen in Angst versetzte. Im Januar 1682 gab es ein großes Hochwasser, das Wasser stand auf der Brücke und ging über den alten Fischmarktbrunnen hinaus.[30]

Nachfolger des bedeutenden Peter Philipp wurde Konrad Wilhelm von Werdenau,[31] Domdekan in Bamberg und Vetter des neuen Bamberger Fürstbischofs Schenk von Stauffenberg. Konrad Wilhelm war nach Gropp ein Mann, der sich insbesondere um die Armen kümmerte, dazu *ein Fürst des Friedens*,[32] und das, obwohl er 1673, als die Franzosen bis nahe an Würzburg herangerückt waren, Kommandant in Ochsenfurt gewesen war. Er war *ein Herr eines dapfferen undt herrischen Gemüths*, dessen Herrschaft aber unter einem schlechten Stern zu stehen schien.[33] Das Domkapitel war gegen eine zu enge Anlehnung an den Kaiser, Konrad Wilhelm musste in seiner Wahlkapitulation beschwören, dass er ohne Einverständnis des Domkapitels keine Allianz schließen werde – gleichzeitig versprach er dem Kaiser, der Not des Reiches Rechnung zu tragen. Der programmierte Konflikt blieb aus, da er schon am 5. September 1684 starb, ohne die päpstliche Bestätigung seiner Wahl erlangt zu haben.

Nachfolger Konrad Wilhelms wurde Johann Gottfried von Guttenberg.[34] Er nahm seine bischöflichen Verpflichtungen sehr ernst. So erließ er 1693 eine neue Kirchenordnung für das Bistum, führte die Ewige Anbetung ein, gründete eine Marienbruderschaft in Würzburg und sorgte sich um die Universitätskirche. Den Armen half er auch mittels seines Privatvermögens. Der Umbau Würzburgs wurde von ihm vorangetrieben: Er habe *ein hölzernes Wirtzburg gefunden, aber ein steinernes hinterlassen*, heißt es in einer Chronik.[35] Der Kammerregistrator Holzheimer meinte, er wollte die Stadt Würzburg, die in *Disformität* geraten war, in Ordnung bringen; er ließ die Häuser auf der Brücke von der Obereinnahme kaufen und abbrechen, Straßen verbessern, die Stadtbefestigung ausbauen, sogar den Marktplatz wollte er, allerdings vergeblich, erweitern;[36] er ließ auch das erste Zucht- und Arbeitshaus in Würzburg errichten (s. Tafel 10). Johann Gottfried war ein herrischer Mensch, der sich von seinem Domkapitel nichts sagen lassen wollte; es gelang ihm, ein päpstliches Verbot gegen die so genannten Wahlkapitulationen zu er-

Die Fürstliche Residentz Vestü

Roma vetus septem celebratur montibus : uno
Se iactat Romæ Francia · monte parem.
Hunc structura, situs, ditio, Munimen opesque;
Et Regum decorant nomina, et acta Ducum.
Quæ memorant Asia sarti, quæ Gallia honorat.
Cæsari Illa vires; Regi et Illa vires.

Namque Varamundi virtutem Gallia cantat:
Conradi sensit Cæsaris arma Asia.
Alma Ducum sedes; caput es, tu Gentis Asylum;
Iustitiæ et iuris · Mons·Mariane Domus.
Orbem fama tui complet; Laus sidera tangit:
Crescat ut æternum, quæ tibi corde precor!

Abb. 39: Festung Marienberg mit Mainviertel und Alter Main

73. (Germanisches Nationalmuseum Nürnberg, Inv.-Nr. 3719)

reichen, jene Versprechungen, die jeder Bischof vor seiner Wahl den Wählern, dem Domkapitel, gegenüber machen musste. Dieses Verbot wurde vom Kaiser bestätigt (»Innocentiana« des Papstes und »Leopoldina« des Kaisers).[37] Gropp lobt ihn, von seiner *gleichsam Salomonischen Regierung* gebe die Stadt Würzburg sattsam Zeugnis, in Franken habe man trotz des Krieges (siehe unten) relativ ruhig leben können: es *habe ein jeder bey seinen Weinstock, [...] in erwünschter Ruhe gesessen, wenn es auch einige empfindlich stechende Dörner* gab, sodass man in Würzburg im Vergleich zu anderen *unter lauter guldenen Rosen* gesessen habe.[38] Dem stehen andere Meinungen gegenüber, er habe zwar sparsam gelebt, sei aber *prozeßsüchtig und ein vehementer Herr* gewesen, der keine Freigebigkeit kannte und von dem es hieß: *Gefürchtet von allen, geliebt von niemandem. Daher war auch keine Trauer an seiner Aufbahrung zu spüren.*[39]

Die Regierungszeit des Johann Gottfried war geprägt vom so genannten Pfälzer Erbfolgekrieg (1688–1697), den Frankreich wegen vermeintlicher Ansprüche auf das Pfälzer Erbe mit dem Kaiser, zahlreichen Reichsständen und europäischen Mächten führte. Das

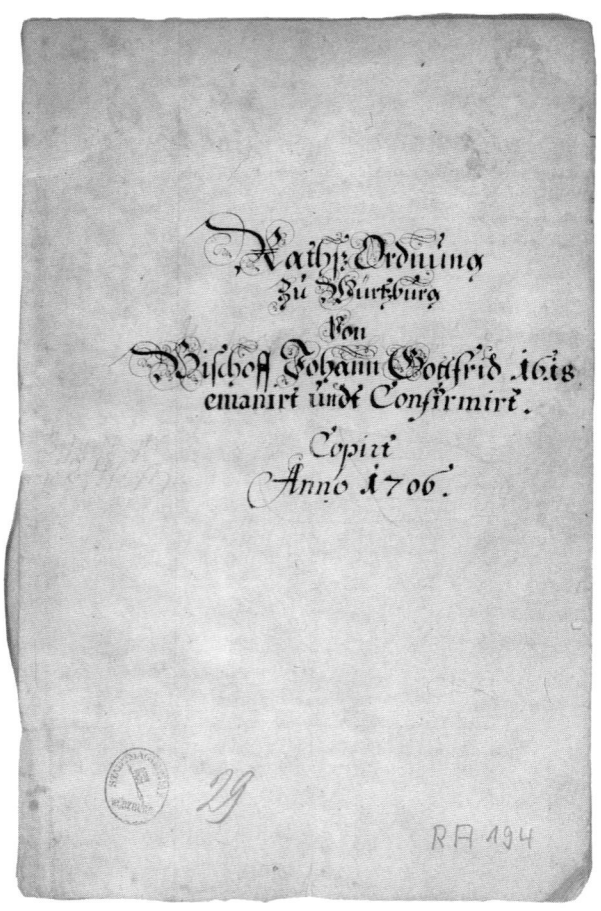

Abb. 40: Würzburger Ratsordnung von 1618 (Abschrift von 1706), Titelseite. (Stadt-W, RA 194)

Hochstift Würzburg sah sich vor allem am Anfang des Krieges von Frankreich bedroht, das Truppen bis ins Landgebiet der Reichsstadt Rothenburg o. d. T. geschickt hatte; das Hochstift sollte 1688 50 000 Livres an Frankreich zahlen. Die Menschen im Hochstift wurden nach Gropp *jämmerlich tractirt*, es wurde *alles geraubt*.[40] Johann Gottfried ließ die Festung Marienberg *mit eilfertiger Schantzarbeit in mogliche Defension* versetzen und verfügte weitere Gegenmaßnahmen, bis sächsische Truppen und solche des Kaisers der Stadt und dem Hochstift zu Hilfe eilten.[41] Während die Würzburger Truppen an den Kaiser vermietet worden waren, mussten die Sachsen als Schutz im Hochstift einquartiert werden; das soll ca. 100 000 Gulden gekostet haben. Zur Finanzierung des Krieges ließ Johann Gottfried auch die Geistlichkeit besteuern, und zwar ohne die Landstände zu befragen, was der Kaiser, da es in seinem Sinne war, genehmigte. »Als beispielsweise die Abtei Ebrach der Zahlung nicht nachkam, ließ Guttenberg als Pfand die umfangreichen Weinbestände im ›Ebracher Hof‹, deren Würzburger Niederlassung, konfiszieren«.[42] Im September 1693 sprach der Bischof wieder von der von Frankreich ausgehenden Gefahr, den *Irruptiones, und Verstörungen, und grausame Geldpressuren*, also der Erpressung von Geld durch Frankreich, gegen die man sich schützen müsse, und zwar sollten sächsische Truppen am Main und Neckar den Fränkischen Kreis decken; für ihre Unterbringung, die so genannten Winterquartiere, war zu sorgen. Er ließ diese Kosten auf die Schatzung schlagen. Die Stadt Würzburg sollte demnach 1666 Reichstaler 12 Batzen monatlich neben der Kontribution erheben und an die Hofkammer abgeben; Bürgermeister und Rat der Stadt forderten, dass auch Bewohner der umliegenden Orte, soweit sie Besitz auf Würzburger Markung hatten, sich an den Kosten beteiligen müssten.[43] Die Stadt blieb vor weiteren Angriffen in diesem Krieg verschont, aber das Hochstift und damit auch die Stadt Würzburg mussten schwere finanzielle Opfer bringen. Das Hochstift bezifferte in einer am 4. Mai 1697 vorgelegten Aufstellung seine Kosten für die Kriegsführung, Wiedergutmachung von Schäden und Kontributionszahlungen auf ca. 4,9 Millionen Gulden.[44] Der Friede war für das Hochstift und die so genannten Vorderen Reichskreise unbefriedigend, Frankreich blieb eine Gefahr. In einer Aufstellung des Kammerregistrators Holzheimer über die Kosten, die das Zahlamt für die zur Fortifikation eingezogenen Güter und Nutzungen zahlte -- Einträge für 1624, 1630, 1646, 1650 bis 1700, mit Lücken --, werden insgesamt 89 379 Gulden errechnet. Besonders teuer waren folgende Jahre:

1660	3 252	Gulden	1670	3 717	Gulden
1666	16 493	"	1680	4 743	"
1667	8 914	"	1686	5 368	"
1669	3 299	"			

In den Kriegsjahren blieb dagegen eher weniger Geld für den Ausbau der Befestigungen übrig.[45] Angesichts all dessen ist es kein Wunder, dass Johann Gottfried eine Münze mit der Aufschrift *Kein Heil liegt im Krieg, vom Frieden erhoffen wir alles* prägen ließ.[46]

Neben den Franzosen waren es vor allem die Türken, die das Hochstift Würzburg als Feind ansah. Als kaiserliche Truppen bei St. Gotthard a. d. Raab in Ungarn einen Sieg über die Türken errangen, wurde am 24. August 1664 auch in Würzburg ein Dankfest abgehalten, dem der ganze Klerus und die Bürgerschaft beiwohnten; der Dompropst ging zwischen dem Domdechanten und dem Dechanten von St. Burkard unter dem Ratshimmel, im Dom wurde das Te Deum gesungen, die Stücklein (Kanonen) auf der Festung wurden dreimal abgefeuert und am folgenden Tag noch Seelenämter für die Gefallenen gehalten, weswegen auch die Sitzung des Stadtrates verschoben wurde.[47] Solche Feierlichkeiten waren in Würzburg während der Türkenkriege nicht ungewöhnlich, wurde dieser Feind doch allgemein als Erbfeind der Christen gesehen.[48] Als Würzburger Truppen am 4. August 1683 von Zell aus Richtung Wien zogen, um die von den Türken belagerte Stadt entsetzen zu helfen, erhielten sie den bischöflichen Segen. Am 11. September unternahm der Bischof auch einen Bittgang nach Höchberg, am 19. September wurde ein Dankfest anlässlich der Befreiung Wiens in der Schlosskapelle gefeiert, am 21. im Dom. »Bei der hiezu angeordneten Prozession, die aber wegen eingefallenem Regen nur durch den Kreuzgang sich bewegen konnte, trug der Fürst selbst das Allerheiligste.«[49] Am 9. September 1685 gab es ein Dankfest im Dom wegen der Eroberung der Festungen Gran und Neuhäusel in Ungarn. Würzburger Truppen mussten mehrfach gegen die Türken in den Krieg ziehen. Viele Soldaten kamen dabei um, meist durch Krankheiten; auf dem Schlachtfeld zeichneten sie sich kaum aus. Umso mehr ereiferte sich manch einer zu Hause in blutrünstigen Reden, zum Beispiel der Chronist Geißler 1739: Er schrieb, den Würzburger Soldaten *dürst nach Türcken Bluth*, die Türken sollten sich in Acht nehmen, die Würzburger würden sie verhauen und ihnen bittere Pomeranzen zeigen, *der Saft ist aber roth, bringt dir den bittrn Toth*. – Die Wirklichkeit sah jedoch anders aus.[50] 1740 kamen die letzten Soldaten des Hochstifts, die gegen die Türken ausgezogen waren, in bemitleidenswertem Zustand zurück.

Johann Philipp von Greiffenclau zu Vollraths wurde 1699 zum Würzburger Fürstbischof gewählt. Er war Domkapitular in Würzburg und in Mainz, wo er auch Domdekan war. Dieser Mann war sehr auf seine religiösen Pflichten bedacht; seine Marienverehrung zeigte er unter anderem dadurch, dass er, nachdem der Turm der Marienkapelle durch ein heftiges Gewitter am 1. Juni 1711 in Brand geraten und vom Stadtrat mit Mitteln des Wasserzolls wiederaufgebaut worden war, eine Marienstatue stiftete. Während die unter seiner Herrschaft geschaffene Fassade der Neumünsterkirche noch heute ein Blickfang ist, sind seine sonstigen Bautätigkeiten, wie das Rennwegschlösschen, Episode geblieben; der Erweiterungsbau der Kanzlei neben dem Neumünster, der 1700 einstürzte, wurde durch einen Neubau ersetzt. Da die Zeiten kriegerisch waren, ließ auch er an der Fortifikation Würzburgs bauen (Höchberger Tor, Werke am Burkarder Tor, Zeughaus auf dem Marienberg). Ein Glanzpunkt seiner Regierungszeit war der Besuch des neu gewählten Kaisers Karl VI., der auf seiner Rückreise vom Wahlort Frankfurt am 13./14. Januar 1712 Würzburg besuchte; Bischof und Stadt betrieben einen großen Aufwand zur Ehre des Kaisers. Den größten Teil der Regierungszeit dieses Bischofs war das Hochstift Würzburg im Krieg. Es handelte sich wieder um eine Auseinandersetzung des habsburgischen Kaisers mit Frankreich, und zwar um den so genannten Spanischen Erbfolgekrieg (1701–1714). Johann Philipp überließ dem Kaiser bereits 1701 Truppen gegen Subsidien (Unterstützungsgelder), erst 1702 schloss sich der Fränkische Kreis dem

Kaiser und seinen Verbündeten der Haager Allianz an, 1702 erklärte das Reich Frankreich den Krieg. Gefährlich erschien vor allem Bayern, das sich mit Frankreich verbündete und benachbarte Reichsstände überfiel. Doch nach dem Sieg des Prinzen Eugen und seiner englischen Verbündeten wurde Bayern von Kaiserlichen besetzt, die Gefahr eines französischen Einfalls schien gebannt. Nur 1707 bedrohten die Franzosen Süddeutschland, doch wurde Würzburg selbst nicht angegriffen; Johann Philipp ließ aus Dankbarkeit, dass sein Hochstift verschont wurde, ein Marienbild fertigen und auf dem Marienturm der Würzburger Festung anbringen.[51] Würzburg hatte für den Kaiser einen hohen Blutzoll erbracht und viel Geld bezahlt; die von den so genannten Vorderen Reichskreisen, auch dem Fränkischen, quasi als Gegenleistung erhoffte Reichsbarriere gegen Frankreich am Rhein und westlich davon wurde vom Kaiser nicht durchgesetzt. Die Stadt Würzburg wäre bei einem französischen Angriff weitgehend schutzlos gewesen, da die Fortifikationsmaßnahmen unzureichend und die Würzburger Truppen im Sold des Kaisers oder im Namen des Fränkischen Kreises bzw. des Reiches weit weg von Würzburg im Einsatz waren.

Die Würzburger Bischöfe vom Baubeginn der Würzburger Residenz bis zu den Revolutionskriegen (1719–1795)

Johann Philipp Franz von Schönborn[52] wurde am 15. Januar 1673 in Würzburg geboren. Er studierte an verschiedenen Universitäten, war jung in diplomatischen Diensten unterwegs und seit 1687 Domkapitular in Mainz, seit 1699 auch in Würzburg. 1704 erlangte er das Amt eines Dompropstes in Würzburg, nicht gerade zur Freude des Johann Philipp von Greiffenclau; 1714 gelang ihm dies auch in Mainz. 1717 wurde er Statthalter des Mainzer Erzbischofs in Erfurt, einer Stadt, die sein Vorfahre Johann Philipp von Schönborn 1664 militärisch unterworfen hatte. 1719 kandidierte er mit anderen Bewerbern um den Würzburger Bischofsstuhl. Sein härtester Konkurrent war sein jüngerer Bruder Friedrich Karl, der von beider Onkel, dem Bamberger Bischof und Mainzer Erzbischof Lothar Franz von Schönborn, favorisiert wurde. Es gelang Johann Philipp Franz jedoch, alle anderen Bewerber auszustechen, seinen Bruder nicht zuletzt dadurch, dass das Würzburger Domkapitel, das den Bischof wählte, einer engen Verbindung mit dem Hochstift Bamberg abgeneigt war – Friedrich Karl war dort Koadjutor, das heißt, er hatte ein Anrecht auf die Nachfolge des Lothar Franz. Johann Philipp Franz wurde am 18. September 1719 einstimmig vom Würzburger Domkapitel gewählt (s. Abb. 41). Gropp[53] zeichnet ein positives Bild von seinem Charakter, er lobt seine intellektuellen Fähigkeiten, seinen Großmut und seine Frömmigkeit; Letztere zeigte sich zum Beispiel in der Förderung der 1722 gegründeten Maria-Trost-Bruderschaft oder darin, dass er 1721 eine 40-stündige Andacht in der Marienkapelle anordnete.[54]

Johann Philipp Franz setzte trotz seiner kurzen Regierungszeit Zeichen, die das Leben in der Stadt das ganze Jahrhundert und teilweise darüber hinaus prägen sollten. 1720 ließ er den Grundstein für die Würzburger Residenz legen. Finanziert wurde der Bau anfangs aus dem Vermögen des inhaftierten früheren Hofkammerpräsidenten Gal-

lus Jakob, der unter Johann Philipp von Greiffenclau der mächtigste Mann im Hochstift
gewesen war; dieser soll 500 000 bis 600 000 Gulden bezahlt haben, um freizukommen
(s. S. 291–293). Bis 1780 wurden über 1,5 Millionen Gulden für die Residenz verbaut,
über 25 000 fränkische Gulden im Jahresdurchschnitt. Johann Philipp Franz nahm persönlich großen Einfluss auf das Projekt, für das er einen bis dahin unbekannten Baumeister, Balthasar Neumann, auswählte. Johann Philipp Franz wohnte während des Residenzbaus im Hof Rosenbach, für den deshalb weder Schatzung noch Steuern zu
zahlen waren. Neben dem die Stadt dominierenden Neubau der Residenz wollte Johann
Philipp Franz aber auch eine Umgestaltung der bürgerlichen Stadt. Wenn er Baumaßnahmen sah, die ihn störten, griff er ein. So verlangte er einen Baustopp und die Vorlage des Baurisses, als er sah, dass das Rückermaingebäude zu weit in die Gasse geführt
worden war. Durch die 1722 erlassene Bauordnung wurden die Stadtgeschworenen, die
vom Oberrat abhängig waren, entmachtet. 1723 wurde eine Baukommission eingerichtet, die alle neuen Baumaßnahmen zu prüfen und zu genehmigen hatte. Johann Philipp Franz störte sich an vielen Details im Stadtbild, die Häuser waren ihm nicht gleichmäßig genug gebaut, die Gestaltung der Fenster oder Dächer ästhetisch nicht gelungen,
Erker, Überbauten und ungleich hohe Stockwerke störten ihn. Um seine Vorstellungen
zu verwirklichen, wurden von der Baukommission bis zu zehn Jahre Freiheit von Schatzung und Steuer bewilligt, wenn man nur im Sinne des Bischofs und gemäß der Bauordnung baute.

Im Interregnum 1719, also zwischen dem Tod des Bischofs und der Neuwahl des
Nachfolgers, bat der Stadtrat das Domkapitel um eine Bestätigung der Ratsordnung von
1618 (s. Abb. 40); diese Bitte wurde gegenüber dem neuen Bischof wiederholt. Es hatte
Probleme gegeben um die Besetzung der Ratsämter und die Stelle des Schatzungsein-
nehmers. Johann Philipp Franz verweigerte die Bestätigung der Ratsordnung, vielmehr
setzte er eine Kommission zu deren Neuregulierung ein. Die neue Ratsordnung wurde
Bürgermeistern und Rat am 7. März 1724 übergeben. Sie war der Versuch des Bischofs,
Würzburg »nach seinen entschieden absolutistischen Grundsätzen zu bestimmen und
zu gestalten«.[55] Die Ratsordnung entmachtete den Stadtrat weitgehend, er wurde zu einer subalternen Verwaltungsbehörde degradiert. Wesentlich waren vor allem folgende
Bestimmungen: Der Bischof erhielt deutlich größeren Einfluss bei der Wahl neuer Stadt-
räte, der Oberschultheiß (Vicedom) erhielt ein Vetorecht gegenüber der Tätigkeit des
Rates, der Rat durfte nur noch untergeordnete Stellen allein besetzen, und der Hofkammer wurden entscheidende Rechte bei der Überprüfung der Rechnungen von Ratsämtern und Pflegen eingeräumt. Der Rat hatte einen eigenen Vorschlag erarbeitet, der eine
Ausweitung seiner Rechte vorsah, doch spielte dieser offensichtlich keine Rolle bei der
Einführung der neuen Ratsordnung. Der Stadtrat war gegenüber Johann Philipp Franz
fast servil, dankte ihm überschwänglich und stiftete eine jährliche Messe für den Wahl-
und den Todestag des Bischofs. Offenbar hatte der Rat befürchtet, in seinen Kompetenzen noch weiter zurückgedrängt zu werden, vielleicht hoffte er aber auch von Anfang
an darauf, dass die Opposition im Domkapitel die Entscheidung rückgängig machen
werde. Während der Regierungszeit des Johann Philipp Franz ging das Domkapitel
nicht gegen die Ratsordnung vor, doch sofort nach dessen Tod versprach der Domde-

*Abb. 41: Drei Generationen des gräflichen Hauses Schönborn
in Verehrung der hl. Dreifaltigkeit, Hochaltarblatt von Franz Lippold
in der Pfarrkirche zu Gaibach, um 1745, Ausschnitt.*

kan Bürgermeistern und Rat deren Aufhebung, denn sie war *ein wider des hohen Stiffts Herkommen angemasstes Werckh.*[56] In einer feierlichen Urkunde vom 9. September kassierte das Domkapitel die Ratsordnung, die auf *ungleich beschehene Einratung* ohne seine Zustimmung erlassen worden sei (s. Tafel 8). Der Nachfolger im Amt, Christoph Franz von Hutten, bestätigte am 20. November 1724 die alte Ratsordnung von 1618. Der Stadtrat belohnte die, die ihm bei der Restitution der Ratsordnung behilflich gewesen waren, großzügig. Mehrfach sah der Rat die Ratsordnung von 1618 bedroht, doch kein Bischof wagte es fortan, sie aufzuheben, wohl nicht zuletzt deshalb, weil das Domkapitel die Aufrechterhaltung der Ratsordnung 1746 in die vom neuen Bischof zu akzeptierenden Monita aufnehmen ließ. Als Johann Philipp Franz am 18. August 1724 starb, gab es Spekulationen um einen Giftmord, die allerdings völlig aus der Luft gegriffen waren. In Würzburg gab es ob seines frühen Todes *eine allgemeine Erstaunung, aber kaum große Traurigkeit, als allein bei einigen Hofbedienten,* heißt es in der Chronik des Klosters Unterzell.[57] Und das, obwohl er große Spuren in Würzburg hinterlassen hat. Neben den genannten Baumaßnahmen sei nur an die neue Feuerordnung und den Bau eines Schlachthauses erinnert, das am 1. Juni 1722 in Betrieb genommen wurde.[58]

Zum Nachfolger des Johann Philipp Franz von Schönborn wurde sein größter Gegner im Domkapitel, Christoph Franz von Hutten[59], gewählt. Er wurde 1673 in Würzburg geboren, wurde später Mitglied der Domkapitel in Würzburg und Bamberg. Seit 1716 war er Domdekan in Würzburg, seit 1717 Propst im Stift Haug. Obwohl das Kaiserhaus in Wien den Bruder des Verstorbenen, Friedrich Karl, als Bischof in Würzburg sehen wollte, konnte sich Christoph Franz nach hartem ›Wahlkampf« durchsetzen. Die unterlegene Schönbornpartei sparte nicht mit Beschimpfungen für das Domkapitel, das partout keinen Schönborn wählen wollte[60] – das war allerdings nach den harten Auseinandersetzungen des Johann Philipp Franz mit dem machtbewussten Domkapitel kein Wunder. In der Stadt jubelte man sehr über die Wahl, hatte der verstorbene Bischof doch mit vielen Streit gehabt und sich durch sein Auftreten viele Feinde gemacht. Christoph Franz war sehr religiös und ein Verehrer der Muttergottes, er errichtete die Bruderschaft von der Unbefleckten Empfängnis in Würzburg und sorgte sich um die Ausbildung des Klerus und die Kiliansbruderschaft. Der Jubel des Volkes verebbte rasch, denn die Politik des Christoph Franz war eher sprunghaft, inkonsequent und verwirrend. Er ließ seine Günstlinge gewähren, insbesondere den Stadtrat Gerhard, der auch Hofkammerrat und Leiter des Zollamts war und in der Praxis gleichsam als zweiter Mann im Staat auftrat, und brachte viele gegen sich auf. Christoph Franz führte verschiedene kurzlebige neue Abgaben ein, so Stampf-, Siegel-, Leder-, Glas- und Weinabgaben. Nach seinem Tod wurden diese weitgehend aufgehoben, sein Günstling Gerhard als Stadtrat suspendiert, dann abgesetzt und schließlich zu einer hohen Geldstrafe verurteilt.[61] Er sorgte auch finanziell für seine Familie, seinen Hofstaat bezeichnete der Chronist Geißler als *recht königlich*.[62] Die Baumaßnahmen in Würzburg wurden unter Christoph Franz erst gestoppt, doch bald – wenn auch gebremst – wieder aufgenommen. Der Bischof ließ die ersten Heiligenfiguren auf der Mainbrücke anbringen – bereits 1652 hatte man mit dem Gedanken daran gespielt –, sein Nachfolger Friedrich Karl ließ sie vervollständigen. Der Geschichtsschreiber Gropp nannte die *Figuren ein unverweßliches Denckmahl*.[63] Christoph Franz starb überraschend am 25. März 1729. Seine Regierungszeit war nur ein kurzzeitiges Intermezzo zwischen den beiden großen Schönbornbischöfen des 18. Jahrhunderts.

Beim dritten Anlauf gelang es Friedrich Karl von Schönborn[64] endlich, Bischof in Würzburg zu werden. 1674 in Mainz geboren, führten ihn zahlreiche Reisen ins Ausland. Er studierte Jura und Theologie und übernahm frühzeitig wichtige Aufgaben in diplomatischen Missionen, vor allem für seinen Onkel, den Mainzer Erzbischof und Bischof von Bamberg, Lothar Franz von Schönborn. 1704/05 wurde er Domkapitular in Würzburg und Bamberg, 1708 Koadjutor in Bamberg. Daneben war er im Reichsdienst beschäftigt: Von 1705 bis 1734 fungierte er als Reichsvizekanzler am Kaiserhof in Wien. Seine Stellung dort war trotz enger Beziehungen zu Prinz Eugen von Savoyen oft gefährdet, er hatte neben Freunden auch ernste Widersacher. Dies dürfte nicht zuletzt ein wichtiger Grund dafür gewesen sein, dass er sich Anfang 1729 zum Bischof von Bamberg wählen ließ, kurz darauf auch zum Bischof von Würzburg. Das Domkapitel kehrte nach der eher unglücklichen Episode des Christoph Franz von Hutten zur Familie Schönborn zurück. Zum ersten Mal seit Johann Philipp stimmte es einer Personalunion zwischen Würzburg und Bamberg zu, wie dies später auch unter Adam Friedrich und Franz Ludwig der Fall sein sollte. Friedrich Karl war es gewohnt, die Akten genau zu studieren, er kümmerte sich um fast alles, sein Pflichtbewusstsein ließ ihn den von ihm so genannten *hiesige[n] Fürstenkefich* ertragen.[65] Offenbar eher unwillig und dazu gedrängt schied er 1734 aus dem Reichsdienst aus und kehrte in seine Bistümer zurück; diese *seuffzeten unabläßig*, bemerkt der Geschichtsschreiber Ignaz Gropp.[66] In Würzburg wirkte er etwas resigniert und fühlte sich *zu anderem als meinem Pfaffenhandwerk und der vergnüglichen Gärtnerei nicht viel mehr nutz*, wie er am 7. März 1736 dem Prinzen Eugen schrieb.[67]

In den 1720er Jahren waren im Deutschen Reich Befürchtungen aufgekommen, es könne einen neuen Religionskrieg geben. Johann Philipp Franz nutzte dies als Argument für die von ihm durchgeführten Baumaßnahmen an der Würzburger Fortifikation. Wurden in den 20er Jahren jährlich ca. 23 000 Gulden für die Fortifikation ausgegeben, waren es unter Friedrich Karl noch über 16 000 Gulden, unter seinen Nachfolgern maximal 6 000 Gulden. Besonders in den Jahren 1721 bis 1724 und 1736 wurden Grundstücke für Befestigungszwecke abgetreten, die Stadt Würzburg dadurch auch finanziell schwer geschädigt. Die Bedeutung der Fortifikation war militärisch gesehen gering, sie hatte »eher die Bedeutung eines Demonstrations- und Prestigeobjekts«.[68] Friedrich Karl war in den 30er Jahren eindeutig auf der Seite des Kaisers, der gegen Frankreich im so genannten Polnischen Erbfolgekrieg (1733–1735/38) kämpfte. Das Hochstift Würzburg stellte im Krieg sein Reichskontingent und vermietete Truppen an den Kaiser. Die Stadt war weitgehend von Truppen entblößt und wäre einem französischen Angriff schutzlos preisgegeben gewesen. Dieser erfolgte allerdings nicht. Größeres Kopfzerbrechen machte Friedrich Karl allerdings die Auseinandersetzung um das Erbe Kaiser Karls VI., der 1740 ohne männliche Erben starb. Die Erbfolge seiner Tochter Maria Theresia wurde nicht von allen Seiten anerkannt, der preußische König Friedrich II., genannt der Große, eroberte Schlesien, der bayerische Kurfürst Karl Albrecht wollte Kaiser werden und fiel in Oberösterreich und Böhmen ein, Frankreich stellte sich auf die Seite der Gegner Maria Theresias. Das Hochstift Würzburg hielt sich im so genannten Österreichischen Erbfolgekrieg (1740–1748) neutral, obwohl es 1366 einen Bündnisvertrag mit dem inzwischen habsburgischen Böhmen eingegangen war, der noch in Kraft war; Friedrich Karl lavierte hin und her, letztendlich stellte er aber Maria Theresia keine Truppen zur Verfügung. Den Durchmarsch von Soldaten verschiedener Seiten durch den Fränkischen Kreis konnte er aber nicht verhindern. Zumindest stellte er sich nicht auf die Seite des neuen Kaisers Karl VII. (1742–1745), also des bayerischen Wittelsbachers. Ein angebliches Angebot, erneut Reichsvizekanzler zu werden, lehnte er ab. Nach dem Tod des Kaisers wurde der Gemahl Maria Theresias, Franz Stephan von Lothringen, 1745 in Frankfurt zum Kaiser gewählt, und auf der Rückreise nach Wien wurde Maria Theresia mit Gefolge in Würzburg festlich empfangen. Dies war nicht ungewöhnlich, war doch schon 1725 die Erzherzogin Elisabeth von Österreich bei ihrer Durchreise durch Würzburg mit einer Wasserjagd und einem Feuerwerk auf dem Main (s. Abb. 171 und 172), das Balthasar Neumann arrangiert hatte, erfreut worden. 1792 sollte Kaiser Leopold II. Würzburg besuchen.[69] Der vom protestantischen Preußen ins Spiel gebrachte Gedanke, geistliche Staaten zu säkularisieren und Bayern einzuverleiben, hatte 1742/43 Friedrich Karl in Angst und Schrecken versetzt. Er sah darin eine unermessliche

Begierde der weltlichen Staaten, ein unchristliches Vorhaben, das einer Versammlung auf dem Mond entsprungen sein müsse.[70] Auch wenn sich der wittelsbachische Kaiser notgedrungen davon distanzieren musste, blieb in Würzburg die große Angst vor dem Verlust der Selbstständigkeit.

Am 16. Juni 1732 kam es in Würzburg zu einem Zwischenfall: Im Anschluss an die Wallfahrt Würzburger Bürger nach Walldürn gerieten in der Domgasse Soldaten und Studenten aneinander, hierbei starben mindestens zwei Menschen. Friedrich Karl war sehr irritiert, Bürgermeister und Rat wehrten sich gegen Vorwürfe, Bürger seien an den Auseinandersetzungen beteiligt gewesen. Friedrich Karl vermutete, dass die Stadtviertel, die in den Jahrhunderten zuvor aufsässig gewesen waren, wieder Unruheherde seien. Worte wie Aufruhr oder Empörung gegen die Herrschaft wurden in den folgenden Monaten immer wieder im Zusammenhang mit den Ereignissen gebraucht. Bürgermeister und Rat distanzierten sich, Friedrich Karl ließ den Oberbürgermeister zur Audienz kommen, er fasste dessen Äußerung als Entschuldigung auf. Eine Kommission untersuchte die Vorfälle. Friedrich Karl forderte die Todesstrafe für einen Soldaten, der einen Studenten erschossen hatte, doch wurde diese vermutlich nicht vollzogen. Bis Anfang 1733 legte sich die Aufregung.[71] Einen ähnlichen Vorfall hatte es bereits 1699 gegeben: es gab einen *Allarm unter denen Studenten und Soldaten*, dabei hat des Oswald Müllers *Rathsherrn undt Apodeckher eltester Sohn geschossen, und darauf als er gefallen, endlich mit einer Musqueten zu Todt geschlagen worden.*[72] Studenten und teilweise fahrende Handwerksburschen bildeten Unruheherde in der Stadt.

Friedrich Karl lenkte die Geschicke der Stadt nachhaltiger als die Mehrzahl der Würzburger Bischöfe. So ließ er unter großem Aufwand, der die Finanzen der Stadt lange belastete, ein so genanntes Kaufhaus auf dem Markt bauen. Er vollendete den Rohbau der Würzburger Residenz, ließ ein Brennholzmagazin in Würzburg errichten sowie das Arbeitshaus erneuern und regelte die Zusammensetzung und die Kompetenzen des Oberrats neu – dem Stadtrat gelang es nur unter Aufbietung aller Kräfte, die für ihn einschneidendsten Änderungen bezüglich der Kompetenzen des Oberrats zu entkräften und rückgängig zu machen.[73] Friedrich Karl zeigte sich insbesondere in seinen letzten Lebensjahren reformfreudig und teilweise rücksichtslos gegen einen Stadtrat, der in seinen Augen unflexibel und bequem geworden war.

Als Nachfolger des großen Friedrich Karl wählte das Würzburger Domkapitel am 29. August 1746 den wohl eigentümlichsten Würzburger Bischof der Neuzeit: Anselm Franz von Ingelheim (s. Abb. 42a, b). Er soll seine Wahl mit 200 000 Gulden erkauft haben. Adam Friedrich von Seinsheim, der Neffe des Friedrich Karl, hatte sich vergeblich Hoffnungen auf den Bischofsstuhl gemacht; er wurde nach eigener Aussage übergangen, weil das Domkapitel keinen engen Verwandten des Friedrich Karl wählen wollte. Starke Bischöfe waren nicht im Sinne der Wähler.[74] Anselm Franz war der Sohn eines kurmainzischen Amtmanns in Tauberbischofsheim, hatte in Rom Kirchenrecht studiert und war Ende 1728 bereits zum Priester geweiht worden – viele Bischöfe erhielten die Weihe erst nach ihrer Wahl. Er hatte einen Sitz in den Domkapiteln Würzburg und Mainz. Anselm Franz zeigte aufklärerische Züge, er schränkte Auswüchse des kirchlichen Brauchtums ein, wie dies dann später Adam Friedrich von Seinsheim mit der Re-

Abb. 42 a, b: Ingelheimmedaille 1746.
(Privatbesitz)

duzierung von kirchlichen Feiertagen weiterzuführen versuchte. Persönlich war er fromm, er frönte weder der Jagd- noch der Bauleidenschaft seiner Vorgänger. Balthasar Neumann bekam von ihm keine Aufträge. Auch andere Günstlinge seines Vorgängers manövrierte er ins Abseits, zum Beispiel den mächtigen Geheimen Referendar Freiherr von Borie. Während seiner kurzen Regierungszeit wurde erstmals ein Würzburger Hof- und Staatskalender gedruckt, 1749 erschien das erste Wochenblatt in Würzburg. Anselm Franz verfiel rasch dem Spuk der Alchemie. Dubiose Geschäftemacher und Günstlinge, die sich nur gegen Bestechungsgelder beim Fürstbischof für ihre Auftraggeber verwandten, verdunkeln das Bild des Anselm Franz, dessen Herrschaft als »ein misstönendes Intermezzo« beschrieben wurde.[75] Symptomatisch erscheint es, dass die Bürgerschaft sehr zum Ärger des Bischofs tatenlos zusah, als am 15. August 1748 das Gebäude der Hofkammer zwischen Residenz und Kloster St. Afra abbrannte; neben der Residenz wurde eine neue Hofkammer erbaut.[76] Anselm Franz starb bereits am 9. Februar 1749, aber nicht, wie Zeitgenossen vermuteten, an den Folgen der Einnahme gefährlicher Mittel, die ihm Alchemisten gegeben haben sollen. Der Hoffourier Spielberger fand nur harte Worte für ihn: *Und jeder rechtschaffene Mann wird vermerken, daß es Zeit ware durch den Tod des Fürstens denen täglich mehr um sich fressenden moralischen und civilen Üblen ein jähes aber heilsames Ende zu machen. […] so danke ich Gott noch bis dato, der denen Seinigen noch immer zu rechter Zeit hilft.*[77] Die jüdischen Hoffaktoren, die Alchemisten und Günstlinge des Anselm Franz wurden nach seinem Tod auf Befehl des Nachfolgers und mit Unterstützung der Bürgerschaft sofort verhaftet, bestraft und ausgewiesen, der Spuk seiner Regierung war rasch zu Ende. Würzburg und seine Entwicklung beeinflusste er kaum, auch außenpolitisch hatte er sich nur durch die damals nicht unübliche Vermietung von Truppen – in diesem Fall an die Niederlande – hervorgetan.

Karl Philipp von Greiffenclau zu Vollraths wurde am 1. Dezember 1690 geboren. Obwohl er in Würzburg 1728 Domkapitular wurde, hielt er enge Verbindungen zum Erzstift Mainz, wo er von 1738 bis 1749 Rektor der Universität war. Nach Ansicht des zeitgenössischen Chronisten Geißler waren *Gott und das Volk* für ihn,[78] der Jubel soll groß gewesen sein. Der sächsische Gesandte Baron von Stein berichtete am 1. Oktober 1749 nach Dresden, *der Fürst darf sich nur plickhen lassen, so rufet man überal Vivat.*[79] Würzburg erhoffte sich nach dem Fiasko der Regierung des Anselm Franz mehr Glanz am Hofe. »Man verstand zu leben am Hof zu Würzburg. Selbst die Fastenzeit wurde nicht unbedingt ernst genommen«,[80] auch Karl Philipp aß oft Fleisch, dabei war er durchaus religiös. So sah er die Schuld am Weinmisswuchs darin, dass zu wenig gebetet wurde. Im Rahmen von zahlreichen großen Essen konferierte er mit seinen Beratern, unter ihm wurde die in anderen Territorien nicht unübliche Geheime Konferenz als oberstes Beratungsgremium für den Fürstbischof de facto verwirklicht. Karl Philipp erhielt seinen Platz in der Geschichte hauptsächlich dadurch, dass er bedeutende Künstler wie den Hofschmied Johann Georg Oegg oder den Maler Johann Zick beim Ausbau der Residenz beschäftigte. Seine wichtigste Tat aber war zweifellos die Berufung des Giovanni Battista Tiepolo nach Würzburg. Darüber sollte man seine weiteren Aktivitäten nicht vergessen, zum Beispiel die 1749 eingerichtete neue Studienordnung für die Universität Würzburg mit der Aufwertung der naturwissenschaftlichen Fächer, seinen Kampf gegen die Weinpantscherei, den er so heftig wie kein anderer Würzburger Bischof führte, und die Förderung des Weinhandels.[81] Eher am Rande der Stadtgeschichte ist zu vermerken, dass unter seiner Herrschaft Renata Maria Singer als letzte Frau im Hochstift unter dem Vorwurf, eine Hexe zu sein, vor der Stadt verbrannt wurde.

In der Stadt Würzburg wurden Einheiten der Landmiliz nur dann einquartiert, wenn die eigentlich in der Stadt stationierten Truppen außerhalb Dienst taten. Die Bevölkerung der Stadt selbst stellte keine Milizangehörigen. Die im Frieden ca. 3 000 Mann Miliz wurden von der Landbevölkerung aufgebracht und auf dem Land stationiert. Als Ende 1749 Würzburger Truppen ausrückten, um im Streit um einen Holzdistrikt bei Impfingen im Würzburger Amt Grünsfeld Truppen des Erzstifts Mainz Paroli zu bieten, ließ der Stadtkommandant durch den Oberbürgermeister aus der Bürgerschaft die zur Besetzung der Festung nötigen 294 Mann aufbieten; für ihre Verpflegung musste das Quartieramt ca. 187 Gulden aufbringen. Nach drei Wochen war Mitte Januar 1750 die Angelegenheit erledigt und waren die Truppen nach Würzburg zurückgekehrt.[82] Karl Philipp starb bereits am 25. November 1754.

Im Jahre 1755 wurde Adam Friedrich von Seinsheim (geb. 1708) zum Fürstbischof von Würzburg gewählt.[83] Er war mütterlicherseits der Neffe des Friedrich Karl von Schönborn, sein Vater war Minister des bayerischen Kurfürsten. Adam Friedrich hatte an verschiedenen Universitäten studiert, war einige Zeit in Rom gewesen und von seinem Ziehvater Friedrich Karl protegiert worden. Trotz gewisser Bedenken entschied er sich für die geistliche Laufbahn. Er trat in die Domkapitel Würzburg und Bamberg ein und machte in beiden Hochstiften Karriere. Auch unter den Nachfolgern Friedrich Karls war er erfolgreich, allerdings musste er sich den Anspruch auf das Amt des Würzburger Hofkammerpräsidenten 1748 regelrecht für 2 000 Gulden erkaufen.[84] Unter Karl Philipp war er der wohl einflussreichste Berater und hielt sich meist in seiner Nähe auf. Nach dem Tod Karl Philipps wollte das Domkapitel diesmal keinen Neuanfang wie noch 1746; so wurde Adam Friedrich einstimmig gewählt, nicht zuletzt dank der Unterstützung durch das Kaiserhaus. Der Regierungsstil seiner Anfangsjahre war bestimmt von dem Anspruch, allein zu herrschen. Er schrieb seinem Bruder am 9. November 1755, wenn *man selbst das Auge will über alles haben, so hat man genug zu tun, welches aber notwendig ist*; er wollte das Domkapitel in seinem Sinne lenken, *die Weiber und die Religiosen [haben] in Regierungssachen nichts zu sagen*, schrieb er am 11. Dezember 1756.[85] Nach den Erfahrungen des Siebenjährigen Krieges musste er einsehen, dass ein selbstherrliches Herrschen im Hochstift Würzburg nicht möglich war. Adam Friedrich war im Gegensatz zu seinem Nachfolger ein Mensch, der den Freuden des Lebens gegenüber aufgeschlossen war. Er liebte die Jagd, wollte 1759 auf dem Würzburger Schießplatz selbst mitschießen, ließ spätestens 1766 in der Residenz ein Opterntheater einrichten und hatte nichts gegen Pracht und Luxus einzuwenden. Seine Untertanen vergaß er dabei nicht, so erließ er für 1768 und 1771 die sechs Simpla an Steuern, die für die Tilgung der Kriegsschulden vorgesehen waren, wegen Weinmisswuchs und Getreidenot. Nach der Hochwasserkatastrophe von Neujahr 1764 veranlasste er, dass die Betroffenen Brot und Fleisch von der Hofkammer erhielten. Seinen kirchlichen Verpflichtungen kam er nach, bis 1763 soll er 11 374 Firmungen vorgenommen haben. Den Ideen der Aufklärung gegenüber war er aufgeschlossen. Er wandelte zum Beispiel die Todesstrafe für Deserteure 1778 in lebenslange Schanzarbeit um, reduzierte die Zahl der kirchlichen Feiertage und lehnte das Angebot der Regierung ab, die neue Witwengesellschaft nach ihm zu benennen. Als der Papst 1773 den Jesuitenorden aufhob, ließ er die ehemaligen Ordensangehörigen in seinen Bistümern weiterhin Volksmissionen durchführen. Er gehörte wie viele herausragende Persönlichkeiten seiner Zeit einer Freimaurerloge, den Aux Trois Canons zu Wien, an. Adam Friedrich war beliebt, das Volk trauerte sehr um ihn, als er im Februar 1779 starb.

Kurz nach Antritt der Regierung sah sich Adam Friedrich einer außenpolitisch entscheidenden Frage gegenübergestellt, nämlich wie er sich im später so genannten Siebenjährigen Krieg (1756–1763) verhalten sollte.[86] König Friedrich II. von Preußen hatte 1740 das bis dahin zu Österreich gehörende Schlesien erobert und in zwei Kriegen (1740–1742 und 1744–1745) verteidigt. Nach der so genannten Umkehr der Bündnisse war Friedrich II. mit England – der englische König war auch Herzog von Hannover –, Erzherzogin Maria Theresia von Österreich aber mit Frankreich und Russland verbündet. Um einem möglichen Angriff Österreichs auf Schlesien zuvorzukommen, eroberte Friedrich II. 1756 in einem von ihm als Präventivkrieg angesehenen Feldzug Sachsen. Adam Friedrich hatte Angst, das Hochstift Würzburg könnte von Preußen säkularisiert werden, man müsse Maria Theresia unterstützen, damit *sie diesem Torrent um so mehr Widerstand thun kann, welches uns desto gewisser schüzet von derley betrübten Invasionen, denn ist er einmal Vainquer [= Sieger], so gelten ihm alle Länder gleich, sie mögen sich gegen ihn gesezt oder neutral gezeigt haben*.[87] Er schloss noch 1756 als erster Reichsfürst ein Bündnis mit Maria Theresia, die auch Königin von Böhmen war, denn Friedrich II. bedrohte Böhmen. Würzburg hatte 1366 einen noch gültigen und vom Domkapitel in seiner Wahlkapitulation bekräftigten Bündnisvertrag mit Böhmen abgeschlossen. Das Heilige Römische Reich schloss sich Österreich an, da Preußen den Frieden gebrochen hatte. Würzburger Truppen kämpften mit der so genannten Reichsarmee, doch konnte diese das Hochstift nicht schützen. Die Stadt Bamberg wurde zweimal von preußischen Streifkorps bedroht und eingenommen.

Trotz der großen finanziellen Anstrengungen, die zur Befestigung (Fortifikation) der Stadt Würzburg und der Festung Marienberg unternommen worden waren, war die Stadt alles andere als sicher. Die meisten Truppen wurden als solche des Fränkischen Kreises abgezogen, um mit der Reichsarmee zu kämpfen. In Würzburg verblieben zu wenige Soldaten, um die Stadt vor einem Angriff schützen zu können. Die Ausstattung mit Gewehren ließ sowohl von der Zahl als auch vom Zustand derselben sehr zu wünschen übrig. Die Stadtbefestigung war in den letzten Jahren vernachlässigt, notwendige Reparaturen und Instandhaltungsmaßnahmen waren nicht durchgeführt worden, Vorratsmagazine fehlten weitgehend. Zum Schutz Würzburgs sollten Truppen der Landwehr dienen, doch waren die vom Generalfeldmeister von Hutten als notwendig angesehenen 6 000 Soldaten kaum zu bekommen. Adam Friedrich wollte mehrfach *unnütze Brodfressere*[88] ausschaffen lassen, um bei einer Belagerung oder Blockade der Stadt länger durchhalten zu können. Würzburg wurde mehrfach durch fremde Truppen bedroht oder zu Lieferungen erpresst. Im Juni 1758 sah sich die Stadt durch preußische Truppen in Bedrängnis gebracht. Stadträte mussten an den Stadttoren zur besseren Kontrolle Fremder Dienst tun. Im April 1759 rückten hannoveranische Truppen von Norden gegen das Hochstift vor und forderten große Mengen an Heu, Stroh und Mehl, sonst würde der Anspruch verdoppelt und man würde sich diese Güter aus dem Hochstift selbst beschaffen. Da Bischof Adam Friedrich in Bamberg war, musste sein Statthalter in Würzburg handeln; er lehnte die Forderungen der Hannoveraner ab und wollte die Festung verteidigungsbereit machen. Adam Friedrich stimmte nur zögernd zu. Anfang Mai wurde die Lage erneut kritisch, Adam Friedrich floh vor den anrückenden Preußen ins Oberamt Jagstberg. In der Stadt wurde hektisch überlegt, was zu tun sei, denn die Enttäuschung über die verbündeten Franzosen und die Reichsarmee war groß. Diese meinten, die Stadt sei nicht zu verteidigen. Der Rat befahl den Bäckern, einen Getreidevorrat anzuschaffen, der Oberrat sollte das Holzmagazin evakuieren. Der Rat ließ das Silber des Stubenamts und der Marienkapelle vorsorglich für die Flucht verpacken, da *fast alles ausser Stadt geflüchtet, und anderstwohin in Verwahrung gebracht zu werden scheinet.*[89] Zu einem Angriff auf Würzburg kam es dann aber doch nicht.

1762 wurde Würzburg nochmals bedroht, die Stadt war ganz offensichtlich wehrlos. Der Chronist Geißler berichtet, am 23. November 1762 seien 16 Mann in preußischem Dienst bis nach Würzburg vorgedrungen, sie hätten mit ihren Büchsen in die Stadt geschossen und hätten nach der Plünderung der Schlüpferleinsmühle abziehen können, nur einer sei von kaiserlichen Truppen gefangen genommen worden.[90] Die wirtschaftliche Lage des Hochstifts wurde immer prekärer, die Kosten waren nicht mehr finanzierbar. Deshalb sah sich Adam Friedrich, der *mit mehr als einer gläublichen Standhaftigkeit, welche sonst kein Beispiel hat, die härtesten Anfälle bis nun ausgehalten* hatte,[91] gezwungen, eine Neutralitätsvereinbarung mit Preußen anzustreben. Durch einen Zufall konnte sein Neutralitätsangebot nicht rechtzeitig übergeben werden, sodass ihn der Frieden von Hubertusburg zwischen Preußen und Österreich vom 15. Februar 1763 aus seinem Dilemma befreite. Das Hochstift und die Stadt Würzburg waren wie Adam Friedrich noch einmal davon gekommen: *Er hat zwar das Bein gebrochen, es ware aber ein Glück, das es der Hals nicht gewesen ist.*[92]

Neben der Bedrohung durch fremde Truppen war die Einquartierung so genannter Verbündeter eine große Belastung für die Stadtbevölkerung und die Landesherrschaft. Letztere vermochte ihre Souveränität bei Anwesenheit fremder Militärs nur noch bedingt durchzusetzen; verstärkt wurde dieses Problem durch die Tatsache, dass Adam Friedrich sich während des Krieges eher selten in Würzburg aufhielt und der Statthalter, ein Domkapitular, ihn vertrat. 1757 wurden 400 Kroaten zeitweise in der Neuen Kaserne untergebracht, dann auch französische Feuerwerker. 1759 wurden kaiserliche Truppen und Soldaten der Reichsarmee eine Zeit lang in Würzburg einquartiert, ca. 2 000 Mann insgesamt, die am 28. Mai wieder abzogen. Mitte November 1759 kamen fränkische Kreis- und andere Truppen. Einen Monat später wurden ca. 1 500 Sachsen ins Mainviertel verlegt, diese zogen am 24. Mai 1760 wieder ab. Ihnen folgten Franzosen, teilweise wurden sie in Nachbarorten untergebracht. Im Winter 1761/62 und 1762/63 waren Franzosen bzw. Sachsen in Würzburg einquartiert. Für Ende 1760 gab das Gebrechenamt 3 169 Köpfe – Generalstab, Kommissariat, Offiziere, Gemeine, Frauen und Kinder – an. Die Einquartierungen erfolgten durch den Quartiermeister Stadtrat Seidner bzw. die von ihm beauftragten Viertelbeamten. Der überforderte Seidner arbeitete nicht so, wie man es von ihm erwartet hatte, die Rechnungslegung bereitete Schwierigkeiten, sodass 1760 auf Vorschlag der Regierung eine Kommission für die Einquartierung eingerichtet wurde, in der die Vertreter des Stadtrates in der Minderheit waren. Problematisch war die möglichst gleiche Verteilung der Einquartierten, da jeder in der Stadt versuchte, sich diesen Lasten zu entziehen. Besonders die Geistlichkeit sah keinen Grund, in Häusern, die ihr gehörten, Soldaten oder Offiziere einzuquartieren. Darüber kam es immer wieder zum Streit, wobei Adam Friedrich und die weltliche Regierung im Regelfall die Geistlichkeit zu den Lasten heranzuziehen versuchten. Dies geschah aber nur teilweise und nicht zu allen Zeiten gleichmäßig. Besonders der Deutsche Orden wehrte sich dagegen, in die Einquartierung einbezogen zu werden; doch trotz allen Widerstands wurde auch der Deutsche Orden in die wegen der Einquartierung eingeführte Nummerierung der Häuser eingebunden. Dagegen befreite die Regierung das Kloster Ebrach schließlich von der Einquartierung, da sie eine außerordentliche sei.

Wie die Bevölkerung sich gegen die lästige Einquartierung wehrte, schrieb Adam Friedrich seinem Statthalter: er habe *unter der Hand* erfahren, Würzburger würden ihre Häuser verändern oder einlegen, um ihr zu entgehen.[93] Viele Würzburger zahlten lieber Geld, als Fremde in ihrem Haus aufzunehmen. Die Belastung durch die Einquartierten war groß. Für die Verpflegung einquartierter Soldaten mussten alle Bewohner des Hochstifts Würzburg aufkommen, so zum Beispiel für die ersten vier Monate des Jahres 1761 mit zwei Reichstalern pro Winterquartiersportion und Monat. Der Stadtrat musste auf Befehl des Adam Friedrich jedem Würzburger, der Soldaten im Winterquartier hatte, pro Soldat und Tag drei, später zwei Batzen zahlen. Dies gefiel dem Rat, der dafür keinen Ausgleich erhielt, natürlich nicht. Der Stadtrat und damit ebenso der städtische Haushalt mussten auch für Brennholz und Licht für die Wachstuben herhalten. Die Hofkammer hatte dagegen für die Herbeischaffung des Holzes nach Würzburg zu sor-

gen, obwohl sie diese Kosten gerne auf die Holzkasse des Oberrats abgewälzt hätte. Im
Winter 1762/63 wurden allein an die sächsischen Offiziere 393^1/$_2$ Karren Holz geliefert;
dies bedeutete erhebliche Kosten für eine Stadt, die immer wieder unter Brennholzmangel litt. Ein weiteres Problem war zum Beispiel, dass die Hofkammer im Sanderviertelhof durch einen französischen Proviantbäcker für die in Würzburg einquartierten Soldaten backen ließ, und das, obwohl fünf Backhäuser leer standen. Der Viertelhof wurde
umgebaut, der Backhausbeständner auf die Straße gesetzt. Der Rat musste schließlich
die Hälfte der Kosten für die Wiederherstellung des Viertelhofes zahlen, dazu vorher
den für die Franzosen eingerichteten Ofen, außerdem wurde der Hauszins des Bestän-
ners gesenkt. Viele solcher Kosten summierten sich zum Nachteil der Stadt. Der Stadtrat
musste auch zähneknirschend zusehen, wie Sachsen oder Franzosen sich Dinge heraus-
nahmen, die die Würzburger nicht durften; so wurde für das von den Soldaten benötigte Fleisch die Akzise, eine Verbrauchssteuer, abgeschafft. Ihre Musiker spielten sonn-
und feiertags der Bürgerschaft auf, was die Würzburger Musiker nicht durften. Außerdem kam es zu gewaltsamen Auseinandersetzungen mit den Soldaten, die sich nicht an
Verbote hielten und etwa unerlaubt in Weinberge eindrangen oder den Kaffeewirt Borst
verprügelten. Der Stadtrat sah sich wegen der Einquartierungen zusehends in die Defensive gebracht, ja *fast außer alle Aktivität gesetzt*.[94] Statthalter und Bischof konnten
ebenfalls das Kriegsende und das einige Zeit später erfolgende Ende der Einquartierungen kaum erwarten. Der Statthalter schrieb am 23. Mai 1762 an Adam Friedrich, hof-
fentlich kommen solche Gäste so schnell nicht wieder. Adam Friedrich kommentierte
den Abzug französischer Truppen aus Würzburg am 29. Mai 1762 mit der Bemerkung,
sie sollen nur recht lang ausbleiben.[95]

Neben den Einquartierungen hatte die Stadt Würzburg vor allem für verschiedene
Lieferungen an die Reichsarmee, die Truppen des Fränkischen Kreises oder französische
Soldaten aufzukommen.[96] Anfang 1761 musste Würzburg Fuhren (Mehlsäcke) aus den
Magazinen zu Karlstadt und Schweinfurt nach Fulda bezahlen, um die Franzosen zu
unterstützen; bis zum 13. Februar 1761 kostete das die Stadt 2 578 Gulden. Im Juni waren ähnliche Fuhren zu finanzieren, auch 1762. Außerdem wurde Fourage für die Pferde
geliefert, so genannte Kavallerie-Portionen. Statt in Naturalien (Heu) zu liefern, zog es
die Stadt vor, zu bezahlen, und zwar allein für die Fourage im Jahr 1761 5 789 Gulden
12^1/$_2$ rheinische Kreuzer, im Jahr 1763 etwa die gleiche Summe. Gegen die kaiserlichen
Bagagefuhren protestierte die Stadt, man sei schließlich keine Landstadt, doch ließ sich
die Hofkammer davon nicht beeindrucken. Auch das Hochstift Würzburg musste viel
Geld aufbringen. Adam Friedrich sah sich mehrfach gezwungen, das Domkapitel um Erlaubnis zu bitten, Summen in der Größenordnung von 100 000 Gulden aufzunehmen.
Seine Hoffnung, die Franzosen würden ihm nach dem Krieg das Geld zurückerstatten,
wurde enttäuscht. Die Stadt Würzburg erhoffte sich Geld von der so genannten Reichs-
operationskasse, da Würzburg nach Ansicht des Stadtrates Reichsfestung sei; als Adam
Friedrich diese Einschätzung 1760 endgültig ad acta legte, kam Würzburg nicht mehr
um die Aufnahme großer Summen, insbesondere bei den städtischen Pflegen und Stiftungen, herum. Zwischen 1761 und 1763 nahm die Stadtkasse so 19 800 fränkische
Gulden auf. Diese Ausgaben waren für die Kommune ein wirkliches Problem, da sie

noch an den Kosten des Neumannschen Marktbaus zu tragen hatte und die Ausstände nicht gezahlter Schatzung sehr groß waren. Adam Friedrich genehmigte schließlich, dass die Stadt so genannte Extraschatzungsmonate erheben ließ, 1762 mussten die Bürger sechs Schatzungsmonate zu den eigentlich fälligen 37 zahlen. Der Rat senkte die sechs Monate 1764 auf vier, 1768 schließlich auf zwei. Im Ganzen gesehen war der Siebenjährige Krieg für die Stadt sehr ernüchternd: Die Stadt hatte große Lasten zu tragen, ohne dass sie dafür einen wirksamen Schutz erhielt. Außerdem entzogen sich immer mehr Personen der Aufsicht und dem Einfluss des Rates. Die Stadt hatte der Landesherrschaft die Verteidigung der Stadt übertragen, die Bürger hatten kein Interesse mehr daran, für ihren Schutz mitzusorgen. Die in Würzburg im Mai 1757 vorhandenen 7571 Gewehre waren in schlechtem Zustand, bei fast der Hälfte fehlte das Bajonett. Die Stadt hatte sich auf Gedeih und Verderb in die Hände der Landesherrschaft begeben, diese wiederum in den Schutz der Reichstruppen und der Franzosen. Aber diese hatten an einer wirksamen Verteidigung kein großes Interesse.

Das Hochstift hatte lange an den finanziellen Folgen des Siebenjährigen Krieges zu leiden;[97] deshalb und aus einer gewissen Frustration über den Kaiser und die Franzosen versuchte Adam Friedrich, sich aus allen kriegerischen Abenteuern herauszuhalten, und das erfolgreich. Nach außen stützte er sich auf Vorgaben des Domkapitels. Im so genannten Bayerischen Erbfolgekrieg 1778/79 zwischen Preußen und Österreich hielt er sich folgerichtig neutral. Dafür setzte er in der Innenpolitik deutliche Zeichen. In den Krisenjahren 1770/72 versuchte er, den Mangel an Mehl und Brot, so gut es möglich war, zu lindern, ebenso die ausgebrochene Epidemie. Die Gründung der Brandkasse fiel in seine Amtszeit, außerdem führte er die allgemeine Schulpflicht ein. In der Armenpolitik setzte er mit der Bettelordnung vom 9. Januar 1772 Zeichen, indem er den Bettel verbot und das Almosensammeln obrigkeitlich regulierte. Um gegen Bettler vorzugehen, ersetzte er die acht Bettelvögte durch 25 Rumorknechte, die härter durchgreifen sollten. Diese wirksamen Maßnahmen ergriff er allesamt Anfang der 70er Jahre, bis dahin hatte er sich zu sehr auf die schon seit Jahrzehnten überholten und letztlich gescheiterten Vorgehensweisen seiner Amtsvorgänger verlassen. Als er am 18. Februar 1779 starb, war die Trauer im Volk groß, er wurde zu Grabe getragen »wie der letzte Grandseigneur des Rokoko [...], der er auch war«.[98]

Als Nachfolger des Adam Friedrich wurde nicht zuletzt auf Wunsch des Kaiserhauses Franz Ludwig von Erthal (1730–1795)[99] zum Fürstbischof von Würzburg gewählt; kurz danach wurde er auch Bischof von Bamberg. Franz Ludwig, Sohn des kurmainzischen Oberamtmanns Philipp Christoph von Erthal, hatte Erfahrungen im Reichsrecht und in der Diplomatie gesammelt. Er war im Gegensatz zu seinem Amtsvorgänger ein fast asketisch lebender, jeglichen weltlichen Freuden abgeneigter Mann, der sich schwarz kleidete und außer der Trinkschokolade kaum Genüsse kannte. Sein Stil war »von Zögern, Ängstlichkeit und Misstrauen gekennzeichnet«, sein Verhalten »nahm allmählich psychopathische Züge an«, oft war er depressiv.[100] Bis ins Detail kümmerte er sich um die Verwaltung, zu vielen Einzelfragen nahm er Stellung und gab detaillierte Anweisungen, wie sich den Resolutionen zu ihm vorgelegten Protokollen entnehmen lässt. Von Anfang an sah er sich als autokratischer Herrscher. Deshalb lehnte er die so genannten

Monita, die ihm statt einer Wahlkapitulation vom Domkapitel vorgelegt wurden, ab mit dem Hinweis, dass *verschiedene Puncta in den Monitis enthalten seyen, welche entweder gar niemahlen in Ausübung, oder aber schon lang ausser Übung gekommen, oder nicht practicabel* wären.[101] Aus Misstrauen seinen Beratern gegenüber wollte er selbst entscheiden, verfing sich dabei aber oft in Zweifeln und zögerlichem Verhalten. In der Praxis konnte er nicht gegen das Domkapitel regieren und hielt sich meist an dessen Vorgaben. Seine religiösen Verpflichtungen nahm er sehr ernst. Er predigte oft selbst, zahlreiche Hirtenbriefe sind von ihm überliefert. Bezüglich der Stadt Würzburg war er sehr innovativ, genannt seien nur seine Verdienste um das Schulwesen – Einführung von Mädchenschulen in jeder Würzburger Pfarrei, Einsetzung Oberthürs als Stadtschuldirektor 1780, neue Lehrbücher – und die Universität, wo er unter anderem das Studium der Schriften des protestantischen Philosophen Kant förderte. Die Zensur wurde von Franz Ludwig einem Zensurkollegium anvertraut. In seiner Regierungszeit wurde aber auch eine gelehrte Zeitung für Würzburg begründet, 1785 entstand eine öffentliche Lesegesellschaft. In der Bekämpfung der Armut setzte er auf Hilfe statt Verbote, auch die Aufhebung des Lottos sollte diesem Ziel dienen. Das von ihm begründete Armeninstitut in Würzburg sollte den wirklich Armen helfen, gesunde und arbeitsfähige Bettler hingegen sollten zur Arbeit ermuntert werden. Durch den Bau eines Zuchthauses im Mainviertel 1788 setzte er Zeichen, denn die im Arbeits- und Zuchthaus seiner Vorgänger eingesetzten und beschäftigten Armen sollten eindeutig sichtbar von Straftätern getrennt werden. Wichtig waren seine Initiativen im Bereich der Gesundheitsförderung; in Würzburg ließ er das Juliusspital, für dessen Gestaltung er über 30 Instruktionen verfasste, zum Teil nach eigenen Vorstellungen umbauen (Neubau des Südtrakts und der zwei anschließenden Seitenflügel). Er ist »ohne Übertreibung als zweiter Gründer des Spitals anzusehen«.[102] 1786 wurde das Kranken-Gesellen-Institut errichtet, kranke Gesellen und Jungen aller Zünfte sollten im Juliusspital verpflegt werden. Franz Ludwig bestätigte die Errichtung der Gesellschaft. 1791 errichtete er eine Witwen- und Waisenkasse für Staatsdiener. Auf seine Initiative hin erhielt die Stadt eine Beleuchtung (s. Abb. 43).

Außenpolitisch waren die Französische Revolution[103], die 1789 offen ausbrach, und die Frage, wie er sich in den militärischen Auseinandersetzungen zwischen dem revolutionären Frankreich und den deutschen Großmächten Preußen und Österreich verhalten sollte, für Franz Ludwig das größte Problem. Noch Mitte der 80er Jahre hatte er sich dem unter preußischer Führung gebildeten Fürstenbund, dem sein Bruder, der Erzbischof von Mainz, beigetreten war, verweigert, weil er den deutschen Erzbischöfen aus kirchenpolitischer Sicht misstraute und der Meinung war, der Anschluss an den Fürstenbund könne Würzburg nicht vor der Säkularisation schützen, allenfalls nur ein solcher an den Kaiser in Wien. Den Ideen der Französischen Revolution, die das Gesellschaftssystem der Zeit umstürzten und die – was Franz Ludwig besonders gefährlich schien – oftmals antikirchlich waren, wollte er sich widersetzen, aber ohne Gewalt und ohne den Einsatz von Spionen im Volk, wie dies seine Regierung vorschlug. Dies war für ihn *schlechterdings unter Meiner Würde und selbst unter der Würde des Publikums Meiner Residenzstadt.*[104] Franz Ludwig sah sich ganz im Sinne des deutschen aufgeklärten Absolutismus und in der Tradition Friedrichs des Großen von Preußen als erster Diener des

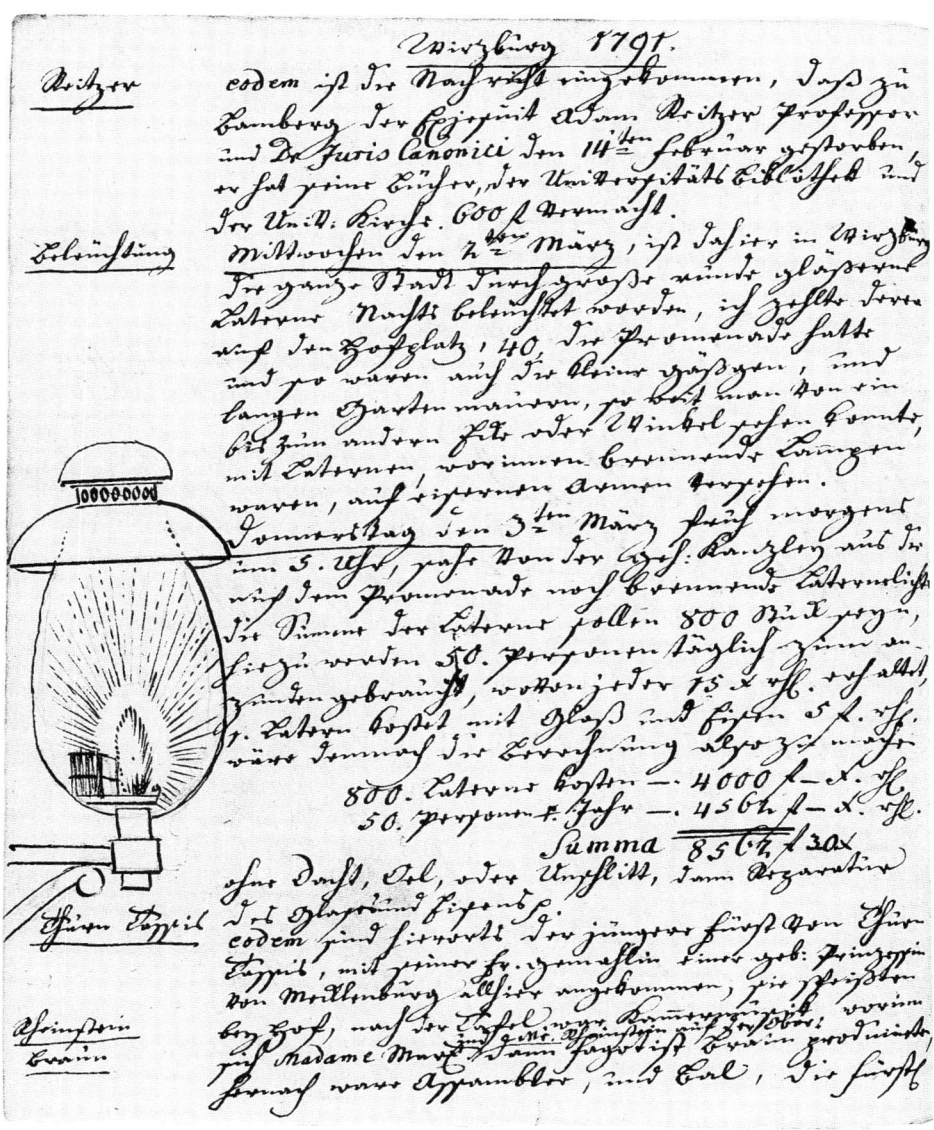

Abb. 43: Würzburger Straßenlaterne, Zeichnung im Tagebuch
des Geheimen Kanzlisten Johann Georg Endres, 1791.
(Staatsbibliothek Bamberg, H.V. Msc. 538, fol. 262v)

Staates.[105] Durch Zensur und Hirtenbriefe wollte er den Ideen der Französischen Revolution – im Hochstift sprach man vom *französischen Unsinn*[106] – begegnen, durch Aktion und Argumentation also, denn in seinem Land gab es, wie er meinte, keine Unruhen und keine Freiheitsbäume.[107] Mahnende Worte schienen angebracht: *Desgleichen befehligten Wir Unsere Beamten, zu Abwendung alles besorglichen Freiheitsschwindels den Untertanen durch gelinde Behandlung und vernünftige Vorstellung begreiflich zu machen*, dass, wenn sie sich *von der ihnen vorgespiegelten Glückseligkeit der vermeinten Freiheit würden hinreißen lassen*, dass sie die Pflichten, die sie der Herrschaft schuldeten, hintansetzten, *sie die üblen Folgen gewiß mit unersetzlichem Schaden wahrnehmen und empfinden würden*.[108] Vor der Erklärung des Reichskriegs gegen Frankreich 1793 ging man in Würzburg nur zögerlich gegen Franzosen und ihr Gedankengut vor. Die Würzburger Regierung ließ zur Allerheiligenmesse 1792 französische Händler nur mit Zaudern, das heißt erst nach genauen Kontrollen am Stadttor zu. Gegen Flugschriften ging man *ohne grelles, die Neugierde des gemeinen Mannes erweckendes Geräusch* vor, da Franz Ludwig noch 1794 davon ausging, dass die Wirkung der Ideen überschätzt werde.[109] Im November 1793 erhielt Franz Ludwig über diplomatische Kanäle einen Brief des Peter Sybilla zu Würzburg an den Handelsmann Pitot in Frankfurt, in dem dieser sich über französische Erfolge erfreut zeigte. Franz Ludwig ließ eine Hausdurchsuchung bei Sybilla vornehmen. Es wurden zahlreiche Briefe beschlagnahmt, und der Universitätssprachmeister Santkin wurde verpflichtet, die Korrespondenz durchzusehen und verdächtige Briefe in Übersetzung vorzulegen. Santkin fand in 32 Briefen verdächtige Stellen, doch die Regierung sah nach Durchsicht der Übersetzungen keinen Grund zum Handeln, die Briefe wurden zurückgegeben, Sybillas ferneres Betragen aber überwacht. Auch eine von Bürgermeistern und Rat der Stadt Frankfurt im Dezember 1793 angezeigte Geheimgesellschaft, die hinter verschlossenen Türen tage und bei der man nur mit einem Passwort hineinkomme, erwies sich als bedeutungslos. Die Regierung lobte die Aufsicht des Stadtrats auf verdächtige Gesellschaften.[110]

Franz Ludwig sah es sehr ungern, dass französische Emigranten, später Flüchtlinge aus von Frankreich besetzten oder bedrohten Gebieten auch nach Würzburg flohen. Im Herbst 1792 gab es mehr Emigranten, als in den Würzburger Gasthäusern unterzubringen waren; sie wurden teilweise in Privathäusern einquartiert. Im Spätherbst 1792 waren es über 400 Personen. Franz Ludwig forderte, dass sie nur so kurz wie möglich in Würzburg blieben; er wollte die französischen Revolutionsarmeen nicht provozieren, weshalb zum Beispiel Personen, die mit der Postkutsche nach Würzburg kamen und hier die Pferde wechseln wollten, von einer Wache vom Stadttor zur Post und zurück begleitet wurden. Franz Ludwig forderte vom Vicedomamt in Würzburg, auf die Gasthäuser und Privatquartiere *strengste Aufmerksamkeit* zu halten. Wirte mussten bei einer Strafdrohung von 20 Reichstalern sofort Namen und Aufenthaltsdauer von Gästen melden. Es sollte nur kurz Gastfreundschaft gewährt werden. Personen höheren Standes sollte dies der Vicedom selbst sagen oder mitteilen lassen, aber ohne sie zu beleidigen.[111] Im Herbst 1794 waren trotzdem über 500 Flüchtlinge in Würzburg, viele davon aus den Niederlanden, bis zum Frühjahr 1795 sollen es kurzzeitig über 1200 gewesen sein.[112] Franz Ludwig wollte die *Sittlichkeit* seines Volkes wahren, sie sei ihm, schrieb er, *zu teuer gewesen und ist mir auch noch zu teuer, als daß ich sie von Franzosen verderben lassen sollte.*[113]

Die Kriegsgefahr war spätestens 1790 unübersehbar. Franz Ludwig stellte Kaiser Leopold II. Truppen für die Festung Luxemburg zur Verfügung, da in den Österreichischen Niederlanden ein Aufstand ausgebrochen war (s. Tafel 9). Nachdem Österreich und Preußen dem revolutionären Frankreich 1792 den Krieg erklärt und der Reichstag am 23. November 1792 die Aufstellung einer Reichsarmee zur Sicherung der Reichsgrenzen beschlossen hatte, war die Erklärung des Reichskriegs gegen Frankreich im März 1793 nur logische Konsequenz. Franz Ludwig hatte sich vergeblich für die Neutralität eingesetzt, doch meinte er, sich schließlich nicht entziehen zu können. Die Stadt Würzburg blieb von den Folgen noch verschont, nur die Landämter mussten gemäß ihrer Steuerleistung Soldaten stellen.[114] Als die Franzosen gegen Mainz vorgingen, war man in Würzburg nervös. Die Landmiliz wurde einberufen, und die Bevölkerung gewarnt, sich nicht durch eventuelle französische Streifen von der Feldarbeit abbringen zu lassen oder gar in fremde Kriegsdienste zu treten. Ende Oktober 1792 sandte Franz Ludwig einen Hilferuf an die mergentheimische Regierung, der Fränkische Kreis sei in Gefahr. Die Klugheit erfordere Verteidigungsmaßnahmen, diese seien in der Stadt Würzburg bereits ergriffen worden. Um eine längere Belagerung durchzustehen, bräuchte er mehr Truppen in Würzburg. Deshalb solle der Deutsche Orden das mergentheimische Kreiskontingent so schnell wie möglich schicken, *als die Stadt Würzburg gewissermassen der Schlüssel zu dem ganzen Fränkischen Kreise sey, und wann diese Stadt fallen sollte, sie auch das Fallen der Stadt Mergentheim nach sich ziehen müßte.* Die Regierung in Mergentheim wollte diesem Argument nicht folgen. Franz Ludwig musste ihren Abgesandten von Rabenau erst überzeugen.[115] Das Schreiben wurde mit Stafette nach Mergentheim gesandt. Anfang November 1792 sollten bereits fremde Truppen in der Stadt Würzburg einquartiert werden, dies sollte das Stadtquartieramt besorgen. Es handelte sich um Truppen des Fränkischen Kreises, die der Deutsche Orden gestellt hatte. Das Domkapitel forderte, dass einer seiner Beamten bei der Einquartierung zugegen sein müsse, da Franz Ludwig im Bastheimer Viertel und dort auch in Häusern der Geistlichkeit einquartieren lassen wollte. Der Bischof sah keinen Grund, warum das Domkapitel *bei Ausübung meines unstreitigen Territorialrechtes, in Ansehung der Einquartirungen des Militärs in der hiesigen Residenzstadt* einen Anteil habe. Deshalb erlaubte er lediglich, dass ein Beamter des Domkapitels bei den Einquartierungen in Häusern des Domkapitels dabei war.[116] Im Bastheimer Viertel wurden sieben Mann in sechs Häuser der Geistlichkeit gelegt, im Dietricher 15 Mann in ebenso viele Häuser, im Hauger 29 Mann in 28 Häuser. Daneben wurden einige Offiziere aus Bamberg in der Stadt untergebracht. Nach vier bis fünf Wochen wurden die Quartiere gewechselt. Da die Gefahr eines französischen Angriffs zum Jahresende 1792 beseitigt schien, befahl Franz Ludwig am 28. Dezember 1792 den Bamberger Kreistruppen, abzumarschieren; die Hilfstruppen des Deutschen Ordens zogen im Januar 1793 ab. Der kaiserliche Gesandte Graf von Schlick wünschte kurz danach, im Februar 1793, dass ein Artilleriedepot und zwei Kompanien Artilleristen und eine halbe Bombardierkompagnie in Würzburg aufgenommen würden. Die Regierung schlug eine Unterbringung nördlich von Würzburg in Veitshöchheim und Margetshöchheim vor. Die Hofkammer wollte sie in der Stadt selbst einquartieren, was

Franz Ludwig erboste, denn er fürchtete *die Folgen aus einer einmal gezeigten Nachgiebigkeit,* die die Hofkammer nicht berechne. Graf von Schlick wollte außerdem, dass eine Anzahl von Lafetten und »Protzen« (Vorderwagen der Geschütze und Munitionswagen) auf der Festung Marienberg und die Verschläge in zwei abgelegene und trockene Kasematten dort gebracht werden sollten. Dem musste der Bischof wohl oder übel zustimmen, auch die Einquartierung einiger Soldaten zur Bewachung des Artilleriedepots glaubte er hinnehmen zu müssen, aber diese sollten auf eigene Kosten untergebracht werden und keinesfalls 40 bis 50 Mann umfassen, wie das die kaiserliche Armee wünschte. Auf Drängen des Grafen von Schlick musste Würzburg schließlich auf die Erstattung der Einquartierungskosten der kaiserlichen Artillerieoffiziere und der Soldaten verzichten. Die Artilleristen blieben in Würzburg, Franz Ludwig erlebte ihren Abzug nicht mehr. Schon im April 1793 hatte er sich geäußert, dass Reichsstände ohne große Armee *sich gegen den ersten Act, so lange als möglich, währen* müssten, da dem hundert andere folgen würden. Selbst die Einquartierung von Mannschaften sei dafür schon ein Beispiel.[117] Neben der Einquartierung kaiserlicher Soldaten musste die Stadt immer wieder weitere Belastungen ertragen. So blieb die Equipage des Königs von Preußen vom 10. bis 12. Oktober 1793 in Würzburg; sie wurde in Wirtshäusern einquartiert. Teuer waren vor allem auch die Fourage-Rationen, die zu stellen waren, insgesamt 330 Stück.[118] Als Franz Ludwig am 14. Februar 1795 starb, dauerte der so genannte 1. Koalitionskrieg noch fort. Preußen schloss bald darauf in Basel einen Sonderfrieden mit Frankreich, der Teile des Reiches neutralisierte. Der Fränkische Kreis verblieb jedoch im Krieg, die französische Bedrohung ebenfalls. »Die Trauer in der Bevölkerung über den Tod dieses Fürsten war groß und echt.«. Franz Ludwig wurde am 5. März 1795 im Würzburger Dom begraben, sein Herz am 8. März im Bamberger Dom.[119]

Die Stadt Würzburg:

Stadtviertel, Einwohnerzahl, Bürgerrecht, exemter Besitz

Würzburg hatte nach einem Bericht des Stadtrats an den Bischof im Jahre 1571 nicht mehr als 8 590 Einwohner (ohne Geistlichkeit, Spitäler, Armenhäuser). Nach Seberichs Berechnungen waren es im Jahr 1617 bereits 11 500. Für das Jahr 1703 liegt eine Aufstellung der Stadtviertel vor. Demnach lebten in Würzburg 13 883 Menschen, darunter 1 201 Bürger, 1 325 Bürgersfrauen und -witwen und 3 102 Bürgerskinder; das waren 40,54 Prozent der Stadtbevölkerung. Deutlich geringer fiel die Zahl der Beisassen (605), ihrer Frauen und Witwen (687) sowie deren Kinder (1 131) aus (ca. 17,5 %). Von den insgesamt 30 Kategorien, die die Liste aufzählt, sei wenigstens noch auf die Dienstboten und Ehehalten (2 661 Personen = 19,17 %), Soldaten (105 abgedankte Soldaten und Konstabler, 141 Frauen, 193 Kinder), auf die Kirche (430 Geistliche, 37 Domherren), Pfründner in Spitälern (515 Personen) und Studenten (677) verwiesen. Um 1772 hatte die Stadt 15 000 Einwohner (ohne Militär und Klöster), Ende des 18. Jahrhunderts dank der Flüchtlinge aus Frankreich und dem Westen des Reichs ca. 20 000. Bundschuh errechnete aber »nur« 15 538 Seelen in Würzburg – wohl ohne Flüchtlinge und Militär –,

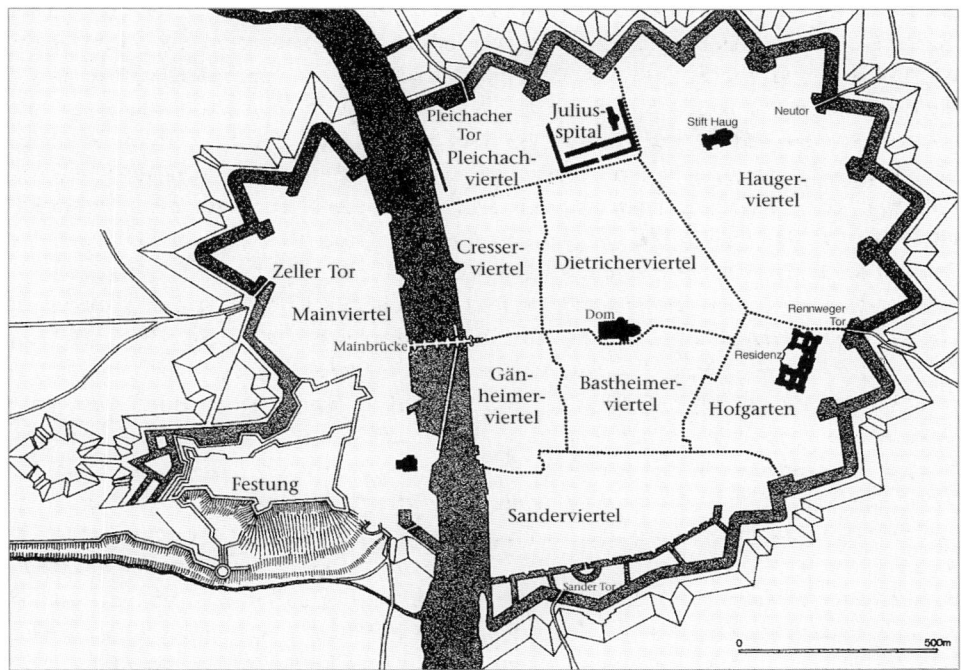

Abb. 44: Die Würzburger Stadtviertel.
(Sicken, 1988, S. 329)

die in 1933 Häusern wohnten.[120] Würzburg war eine katholische Stadt, in der erst
Adam Friedrich von Seinsheim ganz wenige Protestanten wohnen ließ.

Würzburg war seit 1410 in acht Stadtviertel eingeteilt, und zwar in die vier inneren
(Cresser, Gänheimer, Dietricher und Bastheimer) und die vier äußeren Viertel (Pleicher,
Hauger, Sander und Mainviertel) (s. Abb. 44). Die Leitungsorgane der Stadtviertel hatten während des späten Mittelalters als die Hauptzentren des Widerstands gegen den
Bischof gegolten. Nach dem Bauernkrieg wurden die Viertelhöfe den Vierteln abgenommen, die Viertelmeister dem Bischof unterstellt, doch in der Mitte des 16. Jahrhunderts
wurden diese Maßnahmen rückgängig gemacht. Nach dem Westfälischen Frieden wurden einzelne Viertelhöfe auch baulich erneuert; so kosteten der neue Keller und der
darauf gesetzte Bau im Sanderviertelhof, der neben dem Wirtshaus zum Rößlein lag,
1664 immerhin über 1900 Gulden, für die Reparatur des Dietricher Viertelhofes wurden 1654 ca. 750 Gulden veranschlagt,[121] der Pleicher Viertelhof wurde bis 1673 neu gebaut.[122] Der Viertelhof des Mainviertels – der alte war abgerissen worden – war 33 × 27
Schuh groß und hatte zwei Stockwerke: unten waren eine Schulstube und zwei Kammern, oben die Küche und drei Räume (s. Abb. 45).[123] Die Stadtviertel wurden jeweils
durch zwei Viertelmeister verwaltet, ihnen standen ein Vierteldiener und ein Viertelschreiber zur Seite. Die Viertelmeister wurden nach 1540 wieder vom Stadtrat gewählt,

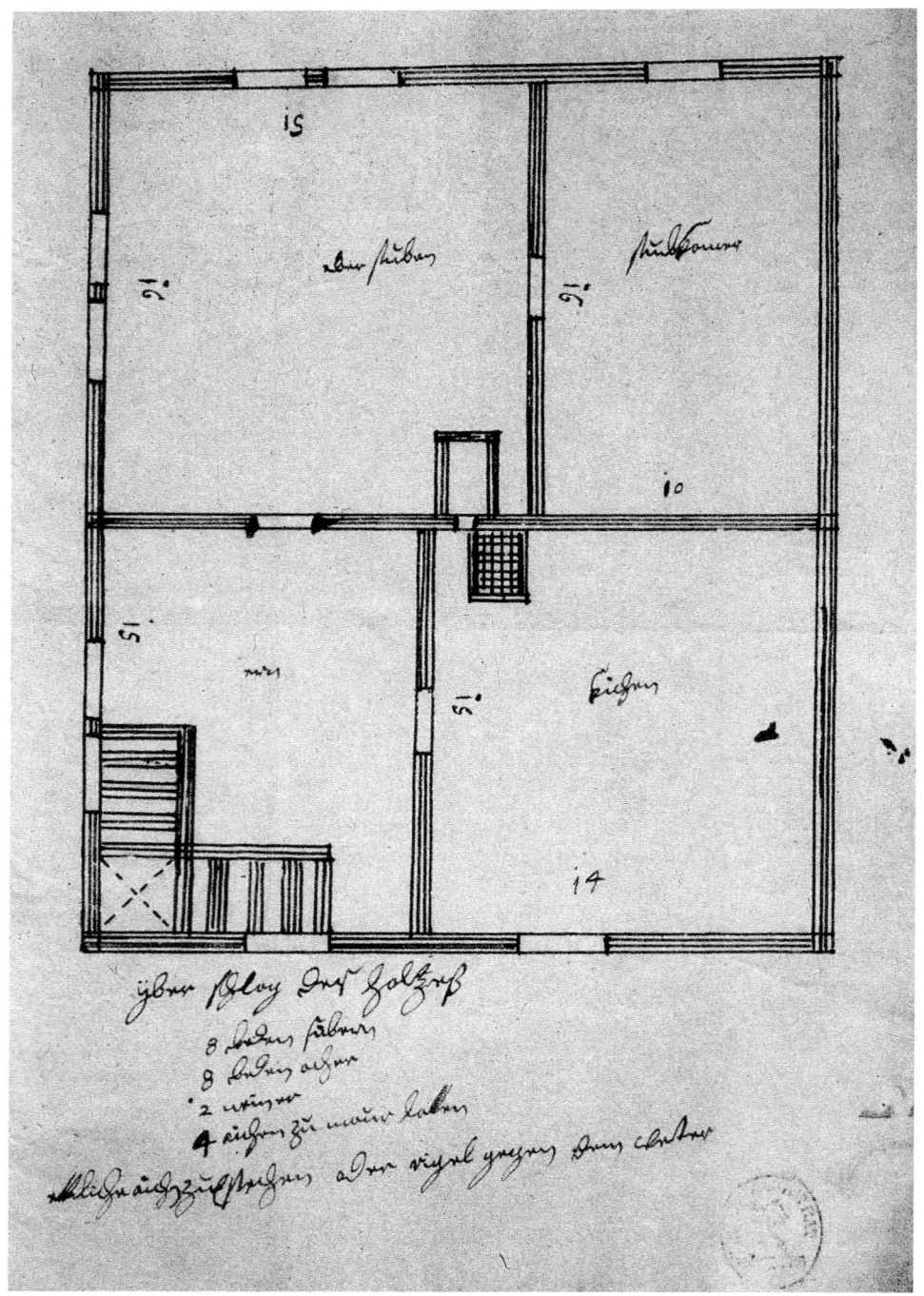

Abb. 45 a: Der Viertelhof des Mainviertels, Grundrisszeichnung, 166!. (StadtAW, RA 299)

*Tafel 9: Schützenscheibe von 1790 mit einer Darstellung der Einschiffung
eines Würzburger Truppenkontingents an der Alten Mainbrücke,
Öl auf Holz.
(Mainfränkisches Museum Würzburg)*

Tafel 10: Wappen von Würzburger Stadträten des 17. und 18. Jahrhunderts
auf Tafeln aus der Ratstrinkstube.
(Mainfränkisches Museum Würzburg)

Tafel 9: Schützenscheibe von 1790 mit einer Darstellung der Einschiffung eines Würzburger Truppenkontingents an der Alten Mainbrücke, Öl auf Holz.
(Mainfränkisches Museum Würzburg)

Tafel 10: Wappen von Würzburger Stadträten des 17. und 18. Jahrhunderts
auf Tafeln aus der Ratstrinkstube.
(Mainfränkisches Museum Würzburg)

Tafel 11: Das 1690–1696 errichtete Arbeits- und Zuchthaus, in der Nähe des Juliusspitals.
(Archiv des Juliusspitals Würzburg, A 4580)

*Tafel 12: Gedenkblatt des Stadtgerichtsassessors Georg Wilhelm Casimir Lurz
anlässlich seiner Aufnahme in den Würzburger Stadtrat am 8. Oktober 1744.
(StadtAW, Rb 17 – Silbernes Ratsbuch, fol. 99r)*

ihm waren sie auch verantwortlich. Ihre Aufgaben bestanden in Dienstleistungen für den Rat, so die Einnahme der Wach- und Wochengelder; sie hatten die Aufsicht auf die Feuerinstrumente, auf Viehhut, Weide und gemeine Wege. Sie kontrollierten auch das Verhalten der Bevölkerung und verteilten die Almosen; außerdem vertraten sie die Interessen der Stadtviertel. Solange es Landtage gab, wurden auch Viertelmeister als Vertreter der Gemeinde entsandt; im 18. Jahrhundert hatten sie keine politischen Aufgaben mehr. Der Stadtrat kämpfte gegen alle Versuche, die Aufsicht auf das Personal der Viertel zu schmälern und konnte seine Position weitgehend behaupten.[124] Im 17. Jahrhundert wurde auch noch die Viertelrechnung von den Viertelmeistern im Rat vorgelegt und dort angenommen.[125] Renitent erwies sich von den Stadtvierteln nur das Pleicher Viertel, das mit dem Stadtrat vor allem um die Kosten für die Baulast der Pleicher Schule stritt. Das Viertel rief sogar das Reichskammergericht an, allerdings scheint der Rechtsstreit trotz langer Dauer nicht mit einem Urteil beendet worden zu sein.[126]

Abb. 45b: Die Stadtviertel Würzburgs: Einwohnerzahlen und Berufsstruktur 1729 (Sander Viertel 1724)[127]

	Bastheimer Viertel	Hauger Viertel	Dietricher Viertel	Cresser Viertel	Mainviertel	Gänheimer Viertel	Pleicher Viertel	Sander Viertel	Summe
Zahl der Bürger	61	142	224	212 (einschl. Offizianten)	182	175	104	154 (136)	1 254
Zahl der Beisassen	17	102	66	43	101	46	61	116 (159)	552
Zahl der Bürgerwitwen		43	53		43	34	25	59 (40)	257
Zahl der Beisassenwitwen		19	11		14	12	3	15 (54)	74
Zahl der Bürger und Beisassenwitwen	29			67					96
Sonstige zur Huldigung verpflichtete Personen	37		95 huldigen nicht		40		10	(38 Räte und Bedienstete)	182[128] + (38)
Beamte, Verwaltung, Hofbediente	39	9	106	26	38	47	16	(12)	281 + (12)
Bediente der Kirche	2	3	7	8	2	3	1	(2)	26 + (2)

	Bast-heimer Viertel	Hauger Viertel	Diet-richer Viertel	Cresser Viertel	Main-viertel	Gän-heimer Viertel	Pleicher Viertel	Sander Viertel	Summe
Musi-kanten	0	4	1	3	4	6	0	(1)	18 + (1)
Tage-löhner	1	24	12	6	26	9	35	(51)	113 + (51)
Militär, Feuer-werker	8	5	1	12	32	1	1	(16 Offi-zianten, + Huboisten, Konstab-ler; dazu 4)	60 (20)
Fischer	0	0	0	0	51	0	0	(0)	51
Herstel-lung von Bekleidung	19	15	40	28	12	24	31	(18)	169 + (18)
Metzger, Fleischpro-duktion	0	8	3	3	2	1	17	(6)	34 + (6)
Händler, Verkäufer	5	7	36	13	6	7	0	(1)	74 + (1)
Häcker	3	55	14	2	34	8	8	(28)	124 + (28)
Bau-gewerbe	5	33	17	11	5	13	13	(46)	97 + (46)
Schuster	6	8	27	18	11	13	3	(11)	86 + (11)
Transport-wesen	0	4	10	26	4	12	3	(18)	59 + (18)
Metallver-arbeitung	2	0	9	11	8	1	0	(8)	31 + (8)
Holzverar-beitung	4	6	4	9	12	5	13	(13)	53 + (13)
Brother-stellung	4	12	10	16	10	5	9	(10)	66 + (10)
Wirte	1	13	1	5	1	3	2	(1)	26 + (1)
Buch-binder, Buch-drucker	5	1	7	1	0	3	0	(0)	17
Künstler	1	1	4	1	0	2	1	(1)	10 + (1)
Büttner	0	6	6	6	6	28	9	(6)	61 + (6)

	Bast-heimer Viertel	Hauger Viertel	Diet-richer Viertel	Cresser Viertel	Main-viertel	Gän-heimer Viertel	Pleicher Viertel	Sander Viertel	Summe
Wagner	1	1	2	1	1	0	0	(1)	6 + (1)
Landwirt-schaft	0	10	1	0	3	2	2	(9)	18 + (9)
Ohne Angabe	1	1	12	10	15	4	3	(10)	46 + (10)

Berufe, die in einzelnen Gruppen zusammengefasst werden:

– Beamte, Verwaltung, Hof etc.: Bürgermeisterdiener, geheimer Rat, Rat, Stadtrat, Bediener des Juliusspitals, Viertelbediener, Zöllner, Hofhandwerker, Hofkünstler, Stadtknecht, Justizbediener, Kanzleibediener etc.
– Bediente der Kirche: zum Beispiel Totengräber, Koch im Seminar, Rosenkranzmacher
– Musikanten: Huboist, Organist
– Tagelöhner
– Militär, Feuerwerker: Hauptmann, Konstabler, Leutnant, Feldscherer, Büchsenmacher und -schäfter
– Fischer
– Herstellung von Bekleidung: Weber, Bortenmacher, Huter, Knopfmacher, Kordelmacher, Kürschner, Perückenmacher, Schneider
– Metzger: auch Hausmetzger, Brückensperrer
– Händler: Frucht-, Haber-, Spezerei-, Bretter-, Flohhändler, Handelsmann, Krämer, Höckner, Weinunterkäufer
– Häcker
– Baugewerbe: Maurer, Dachdecker, Glaser, Schieferdecker, Tüncher, Maler
– Schuster, Altmacher (Flickschuster)
– Transportwesen: Kerner, Schiffknecht, Kutscher, Sackträger, Schröter
– Metallverarbeitung: Hammerschmied, Kupferschmied, Schlosser, Schmied, Zeugschmied
– Holzverarbeitung: Zimmerer, Schreiner, Drechsler
– Brotherstellung: Bäcker, Brotsitzer, Konditor, Kornmesser, Müller, Melber
– Wirt: Wirt, Bierschenk
– Buchbinder, Buchdrucker
– Künstler: Kupferstecher, Goldschmied
– Büttner
– Wagner
– Landwirtschaft: Gärtner, Hüter, Hirte

Die Ausdifferenzierung der Berufe war sehr groß, die Spezialisierung auch in den Berufsbezeichnungen weit fortgeschritten. Allerdings werden bei vielen Namenseinträgen keine Berufsbezeichnungen angegeben, sodass alle genannten Zahlen nur als Näherungs- und Vergleichswerte aufzufassen sind, die aber einen Eindruck von der Berufs-struktur der geistlichen Residenzstadt Würzburg zur Zeit des Baus der Residenz geben können. Die Zahl der Berufe, die in keine der genannten Kategorien eingeordnet werden konnten, ist relativ groß, vor allem für das Dietricher Viertel (58 Einträge), aber auch das Hauger, Cresser, Main- und Gänheimer Viertel (jeweils zwischen 30 und 38 Einträge). Tagelöhner gab es vor allem in den äußeren Vierteln (Hauger, Main-, Pleicher und Sander Viertel), die Beschäftigten des Militärs wohnten meist in der Nähe der Kasernen (Main- und Sander Viertel), die Metzger traditionell vor allem im Pleicher Viertel, wo auch die Schlachtbrücke und dann das Schlachthaus zu finden waren. Die Händler wohnten in den inneren Vierteln, vor allem im Dietricher. Häcker und damit wohl zusammenhängend die im Weinbau tätigen Personen waren im Nordosten der Stadt, im Hauger Viertel, zu finden, die Büttner dagegen vor allem im Gänheimer Viertel. Wegen der Weiden im Nordosten und Südosten der Stadt lebten die in der Landwirtschaft Tätigen[129] im Hauger und Sander Viertel, die Fischer dagegen traditionell im Mainviertel. Andere Betätigungsfelder finden sich ebenfalls in einzelnen Vierteln konzentriert, so die Schuster im Dietricher, die Mitarbeiter des Transportgewerbes im Cresser, die des Baugewerbes im Sander und Hauger Viertel. Beamte, Hofbediente und in der Verwaltung tätige Personen wohnten im größten Viertel der Innenstadt, im Dietricher Viertel. Dort waren zum Beispiel das Kollegiatstift Neumünster, zahlreiche Pflegen und Domherrnhöfe, aber auch der Sitz der fürstlichen Verwaltung zu finden. Ein Vergleich mit der Berufsstruktur der Stadtviertel im 16. Jahrhundert[130] ergibt einige deutliche Unterschiede: Damals waren die Schuhmacher vor allem im Gänheimer Viertel zu finden, die Lederverarbeitung konzentrierte sich auf das Bastheimer Viertel, die Wirte auf die Innenstadt, ebenso das produzierende Gewerbe; die Bäcker, Schmiede und Weber arbeiteten ebenfalls vor allem in der Innenstadt. Dies alles hatte sich, wie die obige Tabelle zeigt, zum Teil grundlegend geändert. Anderes war geblieben, so die Konzentration der Metzger auf die Pleich, die der Fischer im Mainviertel, der Häcker und Tagelöhner auf die äußeren Viertel oder die der Händler in der Innenstadt. Die Gründe für diese Veränderungen der Bevölkerungsstruktur sind noch nicht erforscht. Für das späte 18. Jahrhundert charakterisiert Sicken das Bastheimer und Gänheimer Viertel als eher vornehme Viertel, da dort viele Standespersonen wohnten, im Cresser Viertel wohnten »offenbar auch zahlreiche vermögende Kaufleute«, das Dietricher Viertel wurde von Handel und Gewerbe dominiert, das Hauger und Sander Viertel hätten »kleinbürgerliche Züge« geprägt.[131] Ein kurzer Vergleich mit der Stadt Schweinfurt[132] mag das Bild weiter erhellen: In Schweinfurt gab es Ende des 16. Jahrhunderts 76 Häcker und 16 Bauern (um 1800: 105), 53 Fischer (57), 23 Bäcker (27) und 16 Metzger (25); 1585 gab es 763 Bürger in Schweinfurt – in Würzburg 1703 dagegen 1 201. In Würzburg war die Zahl der Fischer damit relativ gesehen kleiner, die der Häcker und Metzger deutlich höher, ebenso die Zahl der bei der Brotherstellung Beteiligten, was nicht zuletzt damit zusammenhängt, dass die Müller der Umgebung in Würzburg huldigen mussten. Würzburg hatte bezüglich der Brot- und Fleischproduktion zentrale Bedeutung für das Umland, war aber bei der Belieferung mit Getreide und Schlachtvieh von seiner großen Markung, dem Umland und seinen Märkten abhängig.

Der exemte Besitz in der Stadt Würzburg[133] war seit langem ein großes Problem. Grund- und Hausbesitz, der in der Hand der Kirche – so genannter Besitz der toten Hand – oder des Adels war, besaß viele Freiheiten, insbesondere war er frei von so genannten bürgerlichen Lasten wie zum Beispiel der Verpflichtung zu Wachdiensten, vor allem aber von der Auflage, Steuer und Schatzung zu zahlen. Der Stadtrat hatte hier kaum Möglichkeiten, sein Recht durchzusetzen. Dieser Besitz war auf alle Stadtviertel verteilt. 1661 gab es folgende bürgerliche Häuser im Besitz des Adels: im Dietricher Viertel sechs Höfe und sieben Häuser, im Sander Viertel neun Höfe und zwölf Häuser, im Bastheimer Viertel neun Höfe und drei Häuser, im Cresser Viertel zwei Höfe und drei Häuser, im Mainviertel zwei Häuser – die Liste enthält hier Nachträge, die unklar sind –, im Gänheimer Viertel einen Hof und zwei Häuser, im Hauger Viertel 23 Häuser und ein halbes, dazu kamen hier 13 geistliche Häuser; in den meisten dieser Häuser lebten Bürgerliche.[134] Einen noch besseren Status hatten die so genannten Freihöfe, die auch von der Aufnahme von Schänzern oder Soldaten bei Einquartierungen befreit waren sowie von bestimmten Zahlungen, so dem Viertelalmosen oder den Ziehbrunnengeldern. Wichtig waren auch rechtliche Einschränkungen: Stadtdiener oder Wachen durften die Freihöfe in amtlicher Funktion nicht betreten. Der Hofschultheiß durfte etwa in Vikarshäuser des Domkapitels auch dann nicht hinein, wenn dort verbotenerweise geschossen worden war. Die Domherrenhöfe waren Fremdkörper in der Stadt. Ein besonderes Problem bildete der domkapitelische Bruderhof am Dom, der nach Ansicht des Kapitels eine *area clausa*, ein geschlossenes Gebiet war, sodass sich die Bewohner erfolgreich weigern konnten, sich in Kriminalfällen als Zeugen zitieren zu lassen. Besondere Rechte machten auch die Niederlassungen der Ritterorden, insbesondere des Deutschen Ordens, geltend, die die Aufnahme von Schänzern kategorisch verweigerten. Auch der Münzhof, der in den Besitz des Mainzer Kurfürsten gelangt, und der Rote Bau, der 1708 an die Familie des Würzburger Bischofs gekommen war, sowie die dem Domkapitel gehörende Brudermühle waren den Freihöfen gleichgestellt.

Um den Umfang und die Privilegien des exemten Besitzes zu begrenzen, sollten für ihn Lehenträger, Portatoren genannt, eingesetzt werden. Das waren Bürger, die für einen adligen Besitzer oder für eine kirchliche Institution die eigentlich am Besitz haftenden Pflichten einschließlich der Steuerpflicht übernehmen sollten. Portatoren mussten beim Stadtrat gemeldet werden, auch wenn sie ihr Amt aufgaben. Da sie aber im Konfliktfall keine Möglichkeit hatten, etwa gezahlte Steuern von Adel oder Kirche einzutreiben, ist ihre Bedeutung nicht zu hoch einzuschätzen. Des Weiteren versuchten die Bischöfe durch immer neue Mandate, den Verkauf von bürgerlichen Gütern an Exemte zu verhindern. Schon 1623 forderte ein entsprechendes Mandat, jeder Verkauf bürgerlicher Güter müsse vorher dem Bischof gemeldet werden, ohne dessen Einverständnis der Verkauf nicht möglich sei. Es seien Portatoren zu stellen. Ähnliche Mandate mit immer neuen Forderungen, wie dies umgesetzt werden solle – zum Beispiel sollten exemte Käufer die Zustimmung des Bischofs vor fürstlichen Räten im Rathaus präsentieren –, wurden vielfach wiederholt. Mandate dieser Art sind zum Beispiel aus den Jahren 1654, 1666, 1681, 1696, 1698, 1708, 1720 und öfter bekannt. So wurde 1681 von Peter Philipp von Dernbach beklagt, dass Adelige und Geistliche viele Jahre gegen diese Mandate gehandelt hätten, indem sie bürgerliche Güter erworben oder sie nach Erbschaften nicht nach Jahr und Tag verkauft hätten. Bürgermeister und Rat sollten herausfinden, wer eine besondere Erlaubnis zum Kauf bzw. Besitz solcher Güter hätte. Dieser sollte den Lehenträger stellen oder bei einem unlehenbaren Gut einen reichen Bürger, der die Lasten trage. Dazu gab es vier Wochen Frist. Wer ohne Erlaubnis bürgerliche Güter erworben hatte, sollte sie innerhalb eines Jahres verkaufen, sonst würde der Wert des Gutes geschätzt und dieses an den Ersten verkauft, der den Schätzpreis zahle.[135] Dies waren allerdings leere Drohungen, von einem entsprechenden Zwangsverkauf ist nichts bekannt. Der Rat klagte 1701 dem Bischof, Adel und Kirche brächten nicht nur *die bequembste Wohnungen und Häuser* in der Stadt an sich, und zwar ohne Erlaubnis des Bischofs, sie würden auch keine Portatoren stellen. Durch den fortgesetzten Erwerb bürgerlicher Güter *würden alle Nahrung, Handel und Wandel geschwächt*, jedoch der wachsenden Bürgerschaft *nur wenige schlechte, und uneinträgliche Gütter uberbleiben*. Dafür müssten die Bürger aber alle Lasten tragen. Obwohl der Rat die Bitten mehrfach wiederholte, änderte sich nichts an der Lage der Dinge.[136] In den Akten und Protokollen lassen sich zahlreiche Fälle nachweisen, in denen der jeweilige Bischof dem Kauf eines bürgerlichen Gutes oder der Annahme des Erbes eines solchen zustimmte. Es hat den Anschein, dass es gleichgültig war, ob er dies tat oder nicht. Auch Portatoren wurden nur selten gestellt. 1762 legten Bürgermeister und Rat *eine fast 2 Finger dicke Designation* exemter Personen vor, die keinen Portatoren gestellt hatten.[137] Nach Lutz besaß etwa Stift Haug im Jahre 1700 Weinberge im Umfang von 504,475 Würzburger Morgen auf der Würzburger Markung, im Jahre 1800 aber 775,5 Morgen; auch das Kloster Unterzell konnte seinen Weinbergsbesitz in dieser Zeit um 50 Prozent vergrößern.[138] Der Erwerb solcher Güter ging zum Beispiel wie folgt vor sich: Der Jesuitenorden lieh einem Herrn von Clesheim Geld, dieser versetzte dafür 4,5 Morgen Weinberge am Steinberg. Da Herr von Clesheim die Schuld nicht einlösen wollte oder konnte, erwarben die Jesuiten den Weinberg, auch wenn Friedrich Karl von Schönborn die Auslösemöglichkeit durch die Bürgerschaft befahl – den Preis, den die Jesuiten gezahlt hatten, konnte kein Bürger bezahlen. Für den Bau der Jesuitenkirche (heute Michaelskirche), der 1765 begonnen wurde, erlaubte Fürstbischof Adam Friedrich von Seinsheim den Kauf von Grundstücken. Nach der Auflösung des Jesuitenordens wurde dessen Besitz von einer Güteradministration verwaltet. 1792 war sie noch zuständig für folgenden ehemals schatzbaren Besitz der Jesuiten: $10\frac{1}{4}$ Morgen Weinberg (Abtsleite), $9\frac{1}{2}$ Morgen Ellern im Sanderroth, das Häuslein zum Kleinen Fresser und das zum Fresser, den so genannten Pfauenhof und $2\frac{1}{4}$ Morgen Weinberg in der Abtsleite.[139] Das Problem des exemten Besitzes blieb bis zum Ende der fürstbischöflichen Herrschaft ungelöst.

Ein zentrales Problem war die Frage, wer in Würzburg legal leben durfte.[140] Immer wieder gab es Visitationen, bei denen man die Personen, die kein Aufenthaltsrecht in Würzburg hatten, finden und in der Regel ausweisen wollte, vor allem Bettler oder wandernde Handwerksburschen, die blieben, ohne Arbeit zu finden. Der Stadtrat musste zahlreiche Personen dulden. In den Quellen heißt es, sie wurden toleriert, da sie etwa als Handwerker oder Diener bei Hofe oder beim Adel tätig waren. Ein eingeschränktes Bleiberecht hatten die so genannten Beisassen, sie besaßen nicht das volle Bürgerrecht.

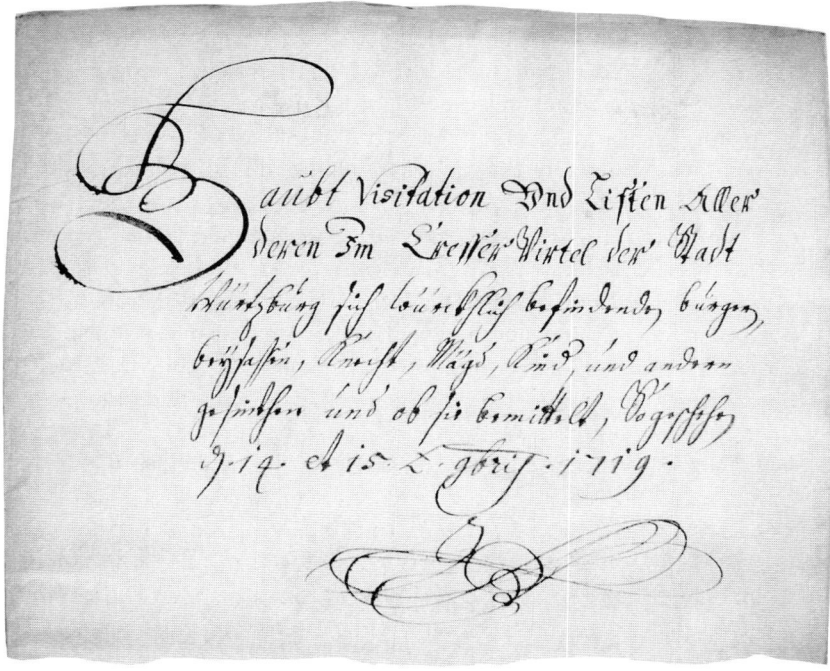

Abb. 46: Gesamtaufnahme der Würzburger Einwohner vom 14./15. November 1719,
hier Titelblatt der Liste des Cresser Viertels.
(StadtAW, RA 1107)

Wer Beisasse werden wollte, musste nachweisen, dass er sich in Würzburg ernähren konnte, außerdem wurde ein ehrliches Verhalten gefordert. Beisassen mussten 6 Gulden Einzugsgeld zahlen, doch konnte der Bischof davon im Einzelfall befreien. Grundsätzlich war es dem Rat möglich, Beisassen auszuweisen, wenn sie sich nicht ordentlich benahmen, doch fanden sie meist Beschützer, zum Beispiel im Adel, wenn sie für ihn arbeiteten. Der obigen Tabelle (S. 161–163) kann entnommen werden, wie viele Beisassen in Würzburg 1729 wohnten; es waren deutlich weniger als Bürger, doch ist ihre Zahl nicht zu unterschätzen. 1701 hatten 9 Prozent der Würzburger Bevölkerung das Bürgerrecht, aber nur 4,54 Prozent den Beisassenstatus – die Zahlen beziehen die Frauen, Witwen und Kinder der Bürger und Beisassen nicht mit ein.[141] Die meisten Beisassen arbeiteten als Handwerksgesellen oder als Tagelöhner, außerdem als Bedienstete. 1728 befahl Bischof Christoph Franz von Hutten, es dürften keine Beisassen mehr angenommen werden, da die *Stadt mit mehreren Beysassen alß Bürgere angefüllet* sei.[142] Schließlich forderte Christoph Franz, ohne Erlaubnis des Bischofs keine Beisassen mehr aufzunehmen. Im 18. Jahrhundert wurde der Beisassenstatus nur noch selten verliehen. Die Visitation 1703 ergab, dass durch die Miliz, die Wollfabrik und die Hofdiener, insbesondere die Hofkutscher und Fuhrknechte, die meisten fremden und mittellosen, zum Bürgerrecht *nit einmahl qualificirte Personen*, dazu Bettler in die Stadt gezogen worden waren.[143]

Die Zulassung zum Bürgerrecht erfolgte durch den Stadtrat, dessen Vergabe eines seiner wichtigsten Rechte und Aufgaben war. In der Ratsordnung von 1618 wurde festgelegt, wie das Bürgerrecht verliehen wurde. In der Regel erhielt ein Mann das Bürgerrecht. War er verheiratet, erwarb er es gleichzeitig für seine Frau, auch Witwen wurden manchmal zu Bürgerinnen aufgenommen. Wer Bürger werden wollte, musste einen Vermögensnachweis führen. Seit 1564 mussten 40–45 Gulden nachgewiesen werden, in der ersten Hälfte des 18. Jahrhunderts 200–300 Gulden. Allerdings beachtete der Stadtrat diese seine Regelung nicht immer. 1760 forderte der Oberrat eine deutliche Erhöhung des Nachweises des geforderten Vermögens, da ein Neubürger, der das Meisterrecht erwarb, durch zahlreiche Abgaben finanziell oft so schlecht dastand, dass er sein Handwerk nicht mehr ordentlich ausüben konnte. Der Stadtrat schlug ein Stufensystem vor, das belohnte, wenn die Eltern von Mann und Frau, die das Bürgerrecht anstrebten, selbst schon Bürger waren. Auf Vorschlag der Regierung genehmigte Adam Friedrich von Seinsheim eine Regelung, nach der je nach Berufsgruppe 400 oder 800 Gulden nachgewiesen werden mussten – der Stadtrat hielt sich aber nicht an diese Regelung. Die Nichtbeachtung von Vorschriften scheint typisch für den so genannten Absolutismus zu sein. Das Bürgerrecht wurde in der Regel daran geknüpft, ob der Oberrat dem Aspiranten auch das Meisterrecht zugestehen wollte. Mit dem Bürgerrecht erwarb man Rechte und Pflichten, vor allem ein unbeschränktes Aufenthaltsrecht in der Stadt und das Recht, Immobilien zu erwerben. Stadtrat und Oberrat versuchten immer wieder, Handwerker, Wirte oder Hofdiener zur Lösung des Bürgerrechts, das heißt zur Bürgeraufnahme, zu bewegen. Oft scheiterte man, da diese Personen den Schutz einflussreicher Persönlichkeiten hatten. So misslangen auch die meisten Versuche, den Kauf bürgerlicher Güter an den Erwerb des Bürgerrechts zu binden. Andererseits lehnte der Rat verschiedentlich Bürgerrechtsgesuche ab, teils mit fadenscheinigen Begründungen, teils mit Hinweis darauf, der Gesuchsteller schade der Stadt und den Interessen ihrer Bürger. Auch befahlen der Bischof oder die Regierung immer wieder die Aufnahme einer Person als Bürger oder man senkte das nachzuweisende Vermögen. Die Bürgerschaft wurde erst seit 1791 an der Prüfung der Bürgerrechtswilligen beteiligt, denn seitdem wurden diese durch Bürgerkommissionen in den Vierteln begutachtet.

Jeder Neubürger hatte verschiedene Abgaben zu zahlen, und zwar das Bürger-, Brunnen- und Torschließgeld. Das Bürgergeld betrug um 1564 nur 5 Gulden, Anfang des 17. Jahrhunderts 10 Gulden, wobei es Unterschiede gab, je nachdem ob es sich um Bürgerkinder handelte oder nicht. Als Friedrich Karl von Schönborn Springbrunnen in Würzburg einführte, wurde zu deren Finanzierung das Bürgergeld erhöht: Neben dem bisherigen Brunnengeld, das für die Ziehbrunnen vorgesehen war, wurde ein weiteres Brunnengeld auf das Bürgergeld geschlagen und dieses in der Regel auf 18 Gulden hochgesetzt. Man konnte, insbesondere auf Befehl des Bischofs, vom Bürgergeld befreit werden. Davon profitierten die so genannten Hofbedienten, denn von 26 nachweisbaren Befreiungen der Zeit von 1750 bis 1779 waren 15-mal diese betroffen; weitere Befreiungen wurden erteilt, wenn es sich um Konvertiten oder um Künstler handelte.

Die Stadt Würzburg und ihr Umland

Würzburg[144] hatte eine große Markung. Die meisten Grenzsteine, die man bei der Begehung der Markung 1740 fand, stammten aus der Zeit um 1650. Zur Würzburger Markung zählten auch Nachbarorte. In den städtischen Quellen heißt es meist, dass diesen Orten, zum Beispiel Höchberg oder Zell, keine eigene Markung zugestanden worden wäre. Eine große Markungsbegehung war recht selten; gut überliefert ist die von 1740, als ein alter Stadtbaudiener den Ritt um die Markung anführte, gefolgt von Jahrhütern, Abgesandten des Rats, beiden Bürgermeistern und einigen anderen Personen. Der Zug kontrollierte und fand an zwei Tagen 113 Markungssteine.[145] Der Stadtphysikus Horsch gibt für die Zeit um 1800 folgende Zahlen an: 6 822 Morgen Weinberge, 2 323 Morgen Äcker, 144 Morgen Wiesen, 296 Morgen Ellern (Ödland), dazu gab es einige Hundert unspezifizierte Morgen Land.[146] Die umliegenden Orte erkannten die Grenzen der Würzburger Markung und die damit verbundenen Rechte der Würzburger und ihre eigenen Pflichten oft nicht an; Streit war an der Tagesordnung. Johann Philipp von Schönborn höchstpersönlich schlichtete zum Beispiel 1649 einen Streit mit Waldbüttelbrunn, 1652 mit Randersacker. Bezüglich Waldbüttelbrunn entschied er, dass die Würzburger ihr Recht bis an die beiden Gräben gegen Waldbüttelbrunn hätten, der Würzburger Stadtrat sollte sie als Landwehr ausbauen dürfen; Waldbüttelbrunn behielt die Rechte an der Weide, an Hut und Trieb, auch Schatzung und Steuer. Mit Randersacker wurde die genaue Grenze festgelegt: Den Würzburgern wurde erlaubt, den Weg vom Brücklein bis zum steinernen Marterbild und bis hinab in den Alandsgrund zu versteinen, damit die Würzburger, die Weinberge hatten, im Herbst ihre Weintrauben und ansonsten Weinbergspfähle, Mist als Dünger oder Reben nach Würzburg bringen konnten, ohne über Äcker der Randersackerer zu gehen und diese zu beschädigen; dafür verblieben denen zu Randersacker die Wiesen, Äcker und Weingärten am Main unter dem Landturm und dem gemeinen Fahrweg.[147]

Ein weiteres Beispiel sind die Streitigkeiten mit Höchberg. Hier ging es unter anderem um die Schatzung (Steuern) auf Weinberge, die Würzburger in Höchberg hatten. Laut Bürgermeistern und Rat der Stadt Würzburg hatte Bischof Julius Echter 1617 die Schatzung für diese Güter der Stadt Würzburg zugestanden, doch 1647 waren diese Güter auf der *vermainten Hüchberger Marckung* im Würzburger Schatzungsregister gestrichen worden.[148] Daraufhin wurde die Markungsfrage diskutiert. Bürgermeister und Rat stellten dabei fest, dass die Höchberger zwar eine Landwehr oder einen Graben als Markungsgrenze vorgäben, diesem jedoch vom Feldgericht widersprochen worden wäre; die Würzburger Markung sei gegen die Nachbarorte abgesteint, die Steinsetzung und Belegung immer ohne Zuziehung von Höchbergern erfolgt. Vielmehr gehe die Würzburger Markung über die Landwehr und Höchberg hinaus bis Kist, (Wald-)Büttelbrunn und Eisingen. Auch gehe die Viehweide über Höchberg hinaus, die Schatzung im Hutbereich gehöre nach Würzburg, die von den Höchbergern vor 11 bis 12 Jahren gesetzten Steine hätte man nicht gesehen, da man nur die äußeren besichtigt habe.[149] Damit hatte die Stadt Würzburg zwar ihre Ansprüche dargelegt, aber die Streitigkeiten gingen weiter: So rissen die Würzburger Feldgeschworenen und ihre Begleiter 1741 mehrere von den Höchbergern gesetzte Markungssteine heraus und zerschlugen sie.[150] Das Ritterstift St. Burkard, dem der Ort Höchberg gehörte, war erbost über diese Eingriffe der Stadt und forderte die Bestrafung derer, die die Steine herausgerissen hatten, und verlangte Ersatz für diese. Der Oberbürgermeister war empört über diese *bissigen Anzüglichkeiten*, er verwahrte sich gegen eine *garstige Hirn Geburth*, denn Höchberg habe keine Markung, sondern gehöre zu Würzburg. Die Regierung stellte sich schließlich auf die Seite des Rates, denn eine Stärkung der Mediatherrschaft des Ritterstifts St. Burkard konnte nicht in ihrem Interesse sein.[151] Im Jahre 1700 beschwerte sich die Stadt Würzburg, nicht allein viele Bürger und Eingesessene, sondern auch Auswärtige, besonders die aus Gerbrunn, Rottendorf, Versbach, Lengfeld und Dürrbach, aber auch die Müller der Umgebung, hätten der Stadt zustehende Feldstücke, die zur Pleichacher, Hauger oder Sander Hut gehörten und auf hiesiger Markung lagen, angegriffen, umgerissen, bebaut, genutzt und als Eigentum behauptet. Die wegen dieser Vorfälle eingesetzte Kommission untersuchte die Angelegenheit, ohne der Stadt Würzburg auf Dauer Sicherheit geben zu können.[152] Bürgermeister und Rat hatten zwar die Kompetenz über die gemeinen Wege, Stege und Plätze, dies wurde ihnen von der Regierung auch bestätigt, doch war das nur ein geringer Schutz gegen Übergriffe. Nur wenn sie sich Vorteile davon versprachen, wollten die umliegenden Orte zu Würzburg gehören. So behaupteten die Unterdürrbacher die Befreiung vom Torzoll, die aus Zell, Dürrbach und Heidingsfeld hatten wie die Würzburger ein Vorkaufsrecht auf dem Markt (vor 10 Uhr). Die Zeller weigerten sich hartnäckig, den so genannten Marktdreyer zu zahlen, das war eine Abgabe für die zwei Marktknechte, die den Zwischenhandel verhindern, Anbieter schützen und den Markt hinterher säubern mussten. Die 1754 von der Regierung beschlossene Befreiung konnte gegen den Willen des Oberrats durchgesetzt werden – manchmal lohnte es sich, sich als Würzburger betrachten zu dürfen.

Die Gemeinden des Würzburger Umlandes hatten vielfach Güter auf Würzburger Markung. Die dafür fälligen Abgaben und Steuern waren allerdings für den Stadtrat, der die Steuern für die hochstiftischen Behörden einzuziehen und abzugeben hatte, nicht immer leicht einzutreiben. Johann Philipp befahl 1651, die auf Würzburger Markung liegenden Feldgüter der umliegenden Orte in der Würzburger Schatzungsanlage zu beschreiben.[153] 1712 erlaubte der Bischof die Arrestierung der ausständigen Beträge, vor allem Schatzung, Steuer und Quartiergeld, das heißt, Erträge vom Besitz der umliegenden Orte in Würzburg konnten beschlagnahmt werden.[154] Die ausständigen Steuern und Abgaben waren dabei nicht unbeträchtlich. So konnte der Stadtrat die bis 1716 ausständigen Quartiergelder für Bewohner der umliegenden Orte auflisten: für Lengfeld notierte er 28 säumige Zahler, Gerbrunn 16, Estenfeld zwei, Veitshöchheim einen, Versbach 21, (Wald-)Büttelbrunn 52 und Höchberg 75, dazu kamen für Dürrbach mehrere Personen für die Jahre 1705 bis 1708.[155] Dabei hatten Bürgermeister und Rat etwa 1693 an die umliegenden Orte geschrieben, die Quartierkosten – eine Abgabe, die gezahlt wurde, damit keine Soldaten einquartiert wurden – seien auch von den auswärtigen Besitzern von Gütern auf Würzburger Markung zu zahlen, und zwar monatlich;[156] die Zahlung von Quartiergeld durch die Umlandbewohner für ihre Güter auf Würzburger Markung war schließlich vom Bischof befohlen worden.[157] Die Möglichkeiten, solche

Gelder einzutreiben, waren für den Stadtrat begrenzt, insbesondere galt dies für auswärtige Güterbesitzer.

Das Umland und die große Markung waren für die Stadt Würzburg lebenswichtig. Die Mehrzahl der Weinberge lag außerhalb der Stadt, aber auf deren Markung. Der für diese notwendige Dünger wurde durch das Vieh, das auf den Weiden um die Stadt herum graste, produziert. 1778 schlug der Oberrat ein Verbot der Ausfuhr von Dung aus der Würzburger Markung vor, das die Regierung mit verschärften Strafdrohungen dann auch erließ. Der Wein war ein wichtiges Exportprodukt, sein Ausschank in der Stadt auch für viele Einwohner zum finanziellen Überleben notwendig, weshalb die Weineinfuhr weitgehend verboten war und der Bierausschank vom Stadtrat sehr restriktiv gehandhabt wurde. Händler und Weinbergsbesitzer aus den Nachbarorten versuchten immer wieder, Wein ohne Genehmigung in Würzburg einzulagern und auszuschenken. Der Wein wurde in die Stadt gebracht unter dem Vorwand, er diene an Zahlungs statt; viel Wein wurde auch illegal zum Beispiel durch die Fischer hereingebracht. Besonders schlimm scheint die Situation in der Mitte des 18. Jahrhunderts gewesen zu sein, als einige Weinhändler – vor allem Johann Wiesen und der Händler Fleischmann aus Zell, Conrad Giesübel aus Oberleinach, H. Kuntz aus Unterleinach – erfolgreich große Mengen an Wein in Würzburg einlagerten, und das, obwohl der Rat sich mit Strafdrohungen dagegen wehrte. Nach seiner Meinung wurden die Würzburger Bürger dadurch in ihrem Gewerbe geschädigt, doch fehlte ihm eine wirkliche Unterstützung durch die Landesherrschaft. Das Argument zum Beispiel der Heidingsfelder, der Verkauf ihres Weins würde ihnen dadurch versperrt, wurde mit dem Hinweis beantwortet, es bliebe ihnen das Beneficium, dass sie ihren Wein den Bürgern zur Hausnotdurft verkaufen könnten.[158] Wichtig war die große Markung für die Weiden um die Stadt Würzburg, die neben der Versorgung mit Dünger für die Weinberge vor allem für die Versorgung mit Fleisch notwendig waren. Dabei gab es immer wieder Probleme und Streitigkeiten. So beschwerten sich Bürgermeister und Rat 1695, dass die Schäferei auf dem Wöllriederhof Hut und Weide auf der Würzburger Markung suche und dass sie die offenen und gehegten Felder betreibe; sogar in die Weinberge wurden Schafe getrieben. Der Bischof verbot der Schäferei diesen Trieb, man hielt sich aber nicht immer hieran, wie Beschwerden zum Beispiel aus dem Jahr 1705 zeigen.[159] Auch die umliegenden Orte trieben Hammel bis nahe an die Stadt heran, so die Dürrbacher, Estenfelder und Höchberger Schäfer; selbst das Kloster Unterzell hatte eine Schäferei auf Würzburger Markung. Viehtrieb war nach einem Vergleich zwischen dem Domkapitel und der Stadt von 1460 nur auf ungehegtem Gelände und auf Stoppelfeldern erlaubt; 1650 bestätigte Johann Philipp diese Regelung.

Durch die Fortifikationsarbeiten des 18. Jahrhunderts wurde der Bereich der Hut des Sander und Mainviertels stark eingeschränkt. Ersatz konnte nur in unzureichendem Maße geschaffen werden und außerdem nicht dauerhaft. Die Stadt Würzburg hatte mehrere Hirten, so den Pleicher, Hauger, Mainser und Sander Viehhirten, daneben gab es so genannte Hammeljungen. Die Zahl des auf die Würzburger Markung getriebenen Viehs schwankte; der Stadtrat wollte sie senken, die Metzger sie erhöhen. Um 1700 durften die Metzger gerade 300–500 Stück Vieh zwischen Pfingsten und St. Andreas auf die Weiden treiben, in der Zeit von St. Andreas bis Pfingsten aber keines. Die Metzger wollten die Zahl auf 1200 erhöhen, die Regierung erlaubte ab 1722 gerade einmal 600 für die Zeit bis Weihnachten, davon 400 jenseits des Mains. Für die Zeit um 1722 liegt eine Aufstellung vor, wie viel Hammelvieh auf die Weide getrieben wurde: 31 Personen trieben 524 Stück. Als 1732 aber 798 Stück Hammel unter den Toren gezählt wurden, wurden den Metzgern Strafen angedroht. Wegen des größeren Fleischbedarfs im Siebenjährigen Krieg erlaubte die Regierung 1761 die Haltung von 800 Stück Vieh durch die Metzger. Es gab immer wieder Konflikte zwischen den Schafhaltern und denen, die Vieh auf Weiden treiben wollten. Der Stadtrat fürchtete zu Recht, dass der Schaftrieb in die Weinberge diese schädigen würde. Der Viehtrieb wurde je nach Jahreszeit beschränkt, die Hammeljungen sollten zwischen Laurentius und Martini beim Ave-Maria-Läuten in der Stadt sein, sonst würden sie bestraft; 1741 legte die Regierung fest, sie müssten in der Zeit vor Laurentius bis um 8 Uhr in der Stadt sein.

Zusammen mit den Würzburger Bürgern mussten die Inhaber bestimmter Mühlen[160] in Würzburg dem neuen Landesherrn huldigen. Die größte Mühle war die 1644 in Würzburg gebaute untere Mainmühle. Sie gehörte ursprünglich zu je einem Drittel dem Bischof, der Hofkammer und dem Grafen von Hatzfeld. Letztgenannter verkaufte seinen Anteil bald an die Hofkammer, diese erhielt nach dem Tod des Johann Philipp auch den bischöflichen Anteil. 1747/48 gab es in Würzburg neun und in den Vorstädten 12 Mühlen, Scharold zählte um 1800 in der Stadt 11 und im Umland 23. Die Müller mit Mühlen an Pleichach und Kürnach gehörten spätestens seit der Mitte des 16. Jahrhunderts zur Würzburger Müllerzunft, die dem Rat unterstand. Zum Hauger Viertel gehörten die außerhalb der Stadt liegenden Lindles-, Hatzfeld-, Neue, Schlüpferleins-, Au- und Walchmühle. In den nördlichen Nachbarorten zählten zu den Würzburger Mühlen zwei in Estenfeld, vier in Zell, zwei in Rimpar, zwei in Lengfeld und je eine in Maidbronn, Lengfurt, Güntersleben und Kürnach. Auch wenn diese zur Würzburger Müllerzunft gehörten, war ihnen verboten,[161] Mehl oder Brot nach Würzburg zu verkaufen; sie durften aber Getreide für Würzburger Bürger mahlen, da die Kapazität der Mühlen in der Stadt Würzburg nicht ausreichte. Dem Rat war es auch aufgegeben, sich um die Kürnach und Pleichach zu kümmern. So musste er auch für Reparaturen an Bacheinfassungen, Wehren und Wasserrinnen aufkommen.

Die Aufsicht auf die große Würzburger Markung, insbesondere die Weinberge und Gärten, stellte ein wirkliches Problem dar. Felddiebereien wurden *fast ohne Scheu getrieben und nach und nach allgemein*, hieß es 1745.[162] Einbrüche in Gartenhäuser, Zerstörung von Zäunen, Beschädigungen an Büschen, Bäumen und Weinstöcken, Diebstahl von Trauben und Feldfrüchten waren an der Tagesordnung. Der Stadtrat tat sich schwer, dagegen vorzugehen, denn die Täter waren sehr oft Personen, gegenüber denen er keine Rechte hatte, so vor allem Soldaten und Studenten. Unterstützung erhielt er bei seinen Bemühungen, solche Frevel einzudämmen, nur selten von der Landesherrschaft. So wurde ein Verbot für Studenten, zur Erntezeit die Stadt zu verlassen, 1726 von der Landesherrschaft wieder aufgehoben. Der Rat konnte schließlich das Recht erlangen, Feldfrevler zu bestrafen; hierbei handelte es sich vor allem um Geldstrafen. Dieses Recht musste er sich allerdings gegen das Ober- und Hofschultheißenamt regelrecht erstreiten; der Rat gewann 1696 den Bischof und 1699 das Domkapitel für sich.[163] Zur Ergreifung von Felddieben wurden Jahr- oder Beerhüter eingesetzt. 1547 legte Bischof Melchior Zobel von Giebelstadt fest, dass der Oberschultheiß jährlich vier Jahrhüter annehmen sollte. Durch die Rügordnung von 1561, die 1673 erneuert wurde, erhielten Bürgermeister und Rat das Recht der Annahme dieser Hüter. Erst gab es vier Jahrhüter, für jedes der vier äußeren Viertel (Sander, Mainser, Hauger, Pleicher) einen, seit 1730 wegen der vielen Diebstähle deren acht. Die Jahrhüter mussten durch Mensch oder Vieh verursachte Schäden auf den Feldern oder in den Weinbergen melden, außerdem den Holzdiebstahl sowie das nicht genehmigte Fahren oder Jagen in Weinbergen und in gehegten Gütern. Sie achteten darauf, dass die Weiden nur zu genehmigten Zeiten betrieben wurden, und hatten die Aufsicht auf Schäfer und Hammeljungen. Im 18. Jahrhundert waren die Jahrhüter auch bewaffnet.

Zur Abstrafung von Freveltaten auf der Würzburger Markung gab es zwei teilweise miteinander konkurrierende Gerichte: das Rüggericht und das Feldgericht. Das Rüggericht, für das 1561 und 1673 Rügordnungen erlassen wurden, war städtisch. Der jüngere Bürgermeister stand ihm vor, des Weiteren saßen in ihm einige Stadträte. Es tagte relativ selten, und wenn, dann nur sonntags; gegen eine Verlegung auf Werktage, wie sie 1747 der Kanzler forderte, opponierte der Stadtrat, allerdings erfolglos. Das Rüggericht verhängte in der Regel geringe Geldstrafen, eher selten wurde ein Übeltäter in der Kohlkammer (Gefängnis für Männer) oder dem Pleicher Turm (für Frauen) kurz inhaftiert oder zu einer anderen Strafe verurteilt. Es kam vor, dass Obst- und Traubendiebe mit ihrer um den Hals gehängten Beute öffentlich an den Pfahl gestellt wurden. Die Bestrafung von Bewohnern der umliegenden Orte war schwierig, meist gar hoffnungslos, da die Dorfherrschaften in der Regel eine Auslieferung verweigerten, trotz eines bischöflichen Dekrets vom 11. Oktober 1700, das die Festnahme solcher Täter ausdrücklich erlaubte. Besonders schwer scheint es der Stadtrat mit den Versbachern gehabt zu haben, deren Dorfherrschaft Stift Haug war. Neben dem städtischen Rüggericht gab es ein herrschaftliches Feldgericht, das für Feldfrevel auf der Markung zuständig war. Das Feldgericht war älter als das Rüggericht. Es wurde vom Hofschultheißen, also einem bischöflichen Beamten, geleitet. In ihm saßen im 18. Jahrhundert außerdem fünf Feldgeschworene. In der Praxis kümmerte sich das Feldgericht um das Messen und Versteinen von Gärten, Weinbergen und Grundstücken außerhalb der Stadt – innerhalb der Stadt waren die Stadtgeschworenen zuständig –, sowie um das so genannte Erdenschlagen (unerlaubte Abfuhr von Erde). Felddiebstähle gehörten aber offenbar nicht zu seinen Aufgaben. Das Feldgericht konnte sich ähnlich wie das Rüggericht gegen die Bewohner des Umlandes nicht durchsetzen. Es gab ein ständiges Kompetenzgerangel mit dem städtischen Rüggericht, insbesondere wegen der Aufsicht über die Hüter. Die Felddiebstähle blieben ein Dauerproblem, ebenso die Eingriffe in die Weinberge sowie der Viehtrieb auf gehegte Güter und in die Weinberge. Die große Markungsfläche der Stadt warf zahlreiche Probleme auf.

Die Straßen in und um Würzburg waren meist in schlechtem Zustand. Versuche, diesen zumindest zu halten, scheiterten an der Frage der Zuständigkeit und des Geldes. 1712 schloss der Stadtrat einen Vergleich mit der Hofkammer, laut dem der Rat ein

Drittel und die Hofkammer zwei Drittel der Kosten zur Erhaltung der Heergeleits- und öffentlichen Straßen auf der Würzburger Markung zu übernehmen hatten. Wege außerhalb der in dieser Vereinbarung festgelegten Straßen musste die Stadt alleine in Stand halten. 1765 installierte Adam Friedrich von Seinsheim eine Straßenbaukommission für das Hochstift Würzburg; »der Neubau und die Ausbesserung des Straßennetzes« waren nach Ansicht seines Biographen »seine wichtigsten Werke, die er zur Hebung des Wohlstandes seiner Länder in Angriff nahm und durchführte«.[164] Seit 1766 hatte die Stadt Würzburg Geld an die Straßenbaukommission zu zahlen, sie sollte die Beträge von den Schatzungspflichtigen eintreiben, in der Regel 1500 Gulden im Jahr. Doch war die Einhebung leichter gefordert als durchgeführt. Wichtige Straßenbauprojekte gab es nach Höchberg und Zell. 1763 bat das Ritterstift St. Burkard als Dorfherr von Höchberg um eine Reparatur und Verbreiterung der Straße zwischen Höchberg und Würzburg. Dem Würzburger Stadtrat gelang es, die Regierung dazu zu bewegen, gegen den Wunsch der Hofkammer den Anteil der Stadt an den Kosten zu begrenzen, und zwar auf die Strecke bis zur Landwehr; die Höchberger mussten für den aufwändigeren Teil ab der Landwehr aufkommen, obwohl die Würzburger Markung nicht an der Landwehr endete. Der Rat berief sich erfolgreich auf die Abmachungen des Jahres 1712 mit der Hofkammer. Die Instandhaltung der Straßen und des Mains, hier insbesondere des Mainlochs am Siechenhaus, das durch Überschwemmungen mit Steinen, Sand und Kies voll war und die freie Schifffahrt behinderte, bereitete der Stadtverwaltung ebenso Probleme wie auch die Gassen in Würzburg, deren Pflasterung kaum zu finanzieren war.

Armenordnungen, Bettelvögte und das Armeninstitut

Die Ordnung des Bettels und des Almosengebens gehörte zu den zentralen Aufgaben jeder Stadt, sie durchzieht die Geschichte Würzburgs auch in der frühen Neuzeit.[165] Die Zahl der Armen war groß, ihre genaue Anzahl ist nur schwer zu schätzen.[166] Zur Regelung des Bettelns, das in den Quellen meist als Bettlerunwesen geschildert wird, wurden so genannte Almosen-, Armen- oder Bettelordnungen erlassen. Ziel war es grundsätzlich, das Almosengeben, das unter religiösen Vorzeichen (Mildtätigkeit) durchaus erwünscht war, zu regeln, um vor allem so genannten Müßiggängern und Arbeitsunwilligen, die statt zu arbeiten nur betteln wollten, die Grundlage zu entziehen; dies erschien der Obrigkeit nötig, um Bettler und fahrendes Volk, dem man misstraute, da es die Ordnung stören konnte, unter Kontrolle zu halten. Die älteste erhaltene Armenordnung der Stadt Würzburg stammt aus dem Jahr 1490; in ihr wurde die Bettelei geregelt, nicht verboten. Zuständig für die Armenpolitik war damals der Oberrat. Nach dem Bauernkrieg erlangte die Stadt selbst mehr Rechte in der Armenpolitik. Die von Bischof Konrad von Thüngen aufgerichtete und von Bischof Konrad von Bibra verbesserte Almosenordnung wurde 1606 unter Julius Echter erneuert.[167] Sie sah ein Verbot vor, Almosen auf der Straße zu geben; erlaubt war lediglich, diese in ein Haus zu geben, in dem Bedürftige wohnten. Der Oberrat sollte vier Pfleger verordnen – je einer aus Geistlichkeit und Stadtrat, zwei aus der Gemeinde –, die Almosen von den Stiftungen sowie testamentarisch vererbte Spenden annehmen und geregelt weitergeben. Die Bedürftigen wurden viertelweise aufgelistet und die Almosenempfänger mit einem Zeichen gekennzeichnet. Das Bettlerverzeichnis sollte alle Quatember (Vierteljahr) korrigiert werden, die Austeilung der Almosen wöchentlich erfolgen. Die Ordnung enthielt noch viele Detailvorschriften, zum Beispiel für die Versorgung von Kranken. Die Almosenordnung von 1636 sah markante Änderungen vor: Der Stadtrat sollte jetzt die Bettler auflisten, diese sollten ein aus Blei gegossenes Zeichen um den Hals tragen. Der Rat sollte für jedes Viertel Personen bestimmen, die eine wöchentliche Haussammlung vornahmen. Diese Almosen sollten durch drei zuverlässige Personen – je ein Geistlicher, Stadtrat und Gemeindevertreter – verteilt werden. Zur Bekämpfung des unerlaubten Bettels gab es Bettelvögte, die weiterhin dem Oberrat unterstanden. Neben diesen Ordnungen wurden zahllose Mandate gegen den Bettel erlassen. So befahl etwa ein bischöfliches Mandat vom 15. März 1676, dass Bürgermeister, Rat und Oberschultheiß die älteren Bettelmandate durchsetzen und besonders gegen die halbwüchsigen Buben und Mädchen vorgehen sollten. Der Bischof bot an, auf Anforderung von Bürgermeister und Rat Patrouillen zu stellen und die, die sich nicht von den Gassen vertreiben oder *uff verspührende Wiederspenstigkeit mit Gewalt aufheben* lassen wollten, zur Schanzarbeit bringen, notfalls exemplarisch abstrafen zu lassen.[168] Es wurde ausdrücklich gesagt, diese Maßnahmen richteten sich nicht gegen die Bedürftigen, sondern gegen den Missbrauch.

1685 wurde eine neue Almosenordnung erlassen, eine weitere stammt aus dem Jahre 1703. Letztere wurde offenbar für nötig befunden, nachdem eine große Stadtvisitation ergeben hatte, dass die Zahl der Bettler trotz aller bisherigen Verordnungen sehr hoch war. In der Almosenordnung von 1703[169] heißt es, dass in der Stadt Würzburg wiederum *das moleste Gassen-Betteln* eingerissen und das Betteln und Almosensuchen *gleichsamb zu einem Gewerb deß otiosen faulen Gesindels* geworden war, wodurch den wirklich Armen das Almosen abgeschnitten worden sei. Der Bischof ließ die Ordnung durch geistliche und weltliche Räte überarbeiten. Im Sander Viertelhof sollte ein Boden zur Speicherung von gespendetem Korn ausgewiesen werden, einzelne Institutionen mussten festgesetzte Abgaben dafür liefern: das Hofkammerzahlamt 200 Gulden, das Futteramt 50 Malter Korn, das Universitäts-Rezeptoratamt 25 Malter, das Juliusspital 35 Malter, das Hofspital 15 Malter. Auch das Domkapitel und die Klöster sollten jährlich eine Gabe geben. Vierteldiener und Brotträger sollten montags und donnerstags sammeln, das Geld an vom Rat verpflichtete Pfleger und das Brot in den Sanderviertelhof gegeben werden. Freitags verteilte man in Gegenwart von Vierteldienern und Pflegern Brot und Geld an Bedürftige. Die bischöfliche Ordnung stellte ausdrücklich fest, dass der Stadtrat die *völlige Direction und Administration in dem Allmosen-Wesen* habe und dass er aus seinem Gremium einen Almosenpfleger benenne. Das Examen Pauperum – das heißt die Prüfung, wer bedürftig war und ein Almosen erhalten sollte – wurde im Viertelhof durch den jüngeren Bürgermeister und Vertreter des Stadtrats im Beisein der Viertelmeister, die die Armen ihres Viertels kennen sollten, vorgenommen. Arbeitsfähige sollten im Sommer zur Arbeit angehalten werden, nach dem Ende der Feldarbeit wurde ein Winterbrot ausgewiesen. Es gab Vorschriften für bestimmte Bevölkerungsgruppen, so für wandernde Handwerksburschen oder Studenten. Gesindel sollte nicht in die Stadt gelassen werden. Der Gassenbettel und besonders das *verdrießliche Kirchensitzen* wurde verboten, Patrouillen und Bettelvögte sollten die Aufsicht führen, dem *starcke[n] junge[n] Gesindel* aber sollten Beinschellen angelegt und sie mit dem *Schubkarren* bestraft werden. Nach Befinden des jüngeren Bürgermeisters konnten sie zur Schanzarbeit, zur Säuberung der Gassen und anderen öffentlichen Arbeiten herangezogen werden.

1720 erließ Johann Philipp Franz von Schönborn, der wohl am stärksten absolutistisch regierende Würzburger Bischof, eine neue Almosenordnung ohne Zuziehung von Bürgermeistern und Rat. Das Almosengeben sollte wiederum nur auf wirklich Bedürftige beschränkt werden. Soldatenfrauen und -kindern wurde das Betteln untersagt, fremde Geistliche, Eremiten und Exulanten durften nur nach besonderer Genehmigung des Stadtrats zum Beispiel für so genannte Türkengefangene sammeln, den Fischern wurde verboten, Bettler unerlaubt in die Stadt zu bringen, nächtliches Singen zwecks Bettelei wurde verboten, der Zuzug von Armen in die Stadt untersagt. Es ist durchaus kennzeichnend für das Zeitalter des so genannten Absolutismus, dass die zahlreich erlassenen Verordnungen nicht eingehalten wurden, dass sie vielfach wiederholt und die Strafandrohungen verschärft wurden, ohne dass dies viel nutzte. Typisch ist der Ausspruch des Stadtrats 1726, dass die Almosenordnung von 1720 *bishero gar nicht mehr observieret* wurde.[170] Friedrich Karl von Schönborn erließ 1732 eine neue Almosenordnung für die Stadt Würzburg: Die Bettelei wurde grundsätzlich verboten, Bettler sollten in das von Friedrich Karl erneuerte Zucht- und Arbeitshaus eingeliefert werden. Da die Regierung die Möglichkeiten des Rates, Bettler einzuweisen, aber rasch einschränkte, erwies sich diese Strafandrohung als nicht wirksam – davon, die Ursachen der Armut anzugehen, war ohnehin nicht die Rede. Die neue Oberratsordnung des Friedrich Karl von 1745 übertrug die Oberaufsicht über das Almosenwesen auf den Oberrat, der auch die Aufsicht auf die Torexaminatoren und Viertelmeister beanspruchte. Der Stadtrat wehrte sich dagegen, dass ihm wichtige Rechte genommen wurden. Friedrich Karl bestätigte ihm immerhin, dass er für die Vollziehung der Ordnung zuständig war, das heißt, Stadtrat und Oberrat waren jetzt gemeinsam für die Armenpolitik verantwortlich. Die nächste Almosenordnung sollte nicht lange auf sich warten lassen: Karl Philipp von Greiffenclau erließ sie 1749. Die neue Ordnung brachte nur kosmetische Änderungen, zum Beispiel eine Verschärfung der Zuchthausstrafen durch die Verabreichung von Schlägen. Die Hauptprobleme, zum Beispiel die wandernden Handwerksburschen, die, auch wenn sie keine Arbeit fanden, länger als die erlaubten drei Tage (zur Arbeitssuche) in der Stadt blieben und bettelten, konnten so nicht gelöst werden. Eine Alternative zur Einweisung in das Zucht- und Arbeitshaus war die Ausweisung aus der Stadt. Auch Zigeuner und liederliches Gesindel wollte man aus dem Hochstift Würzburg ausweisen. Großen Erfolg hatte man damit nicht, da sie immer wieder zurückkehrten. Adam Friedrich von Seinsheim musste dem allem weitgehend machtlos zusehen. Er schrieb der Regierung 1771, sie habe Gottes Lob und Segen, wenn sie *den bisherigen Unrath von allerley so tag als nachts mit Ärgernuß herumschwermender Müßiggänger auszukehren sich angelegen seyn* lasse.[171] Kurz danach erließ er eine neue Almosenordnung, die in wenigen kurzen Punkten festlegte, dass das Betteln in Würzburg verboten sei; das Almosensammeln wurde obrigkeitlich reguliert und kontrolliert, sodass das unerlaubte Geben von Almosen an nicht dazu berechtigte Sammler unter Strafe gestellt wurde. Wer unerlaubt in Würzburg Aufenthalt nahm, sollte unnachsichtig ausgewiesen, arbeitsfähige Arme zu öffentlichen Baumaßnahmen herangezogen werden. Wichtig war auch die Einführung so genannter Rumorwachen (s. unten).

Im 17. Jahrhundert gab es in Würzburg vier Bettelvögte – seit ca. 1751 meist Armenvögte genannt –, Anfang des 18. Jahrhunderts fünf. Friedrich Karl von Schönborn erhöhte ihre Zahl auf acht, das heißt, es gab dann für jedes Stadtviertel einen. Der Oberrat bestimmte einen Bettelvogt, der Stadtrat die übrigen. Es war Aufgabe der Bettelvögte, Bettler oder so genanntes Gesindel ausfindig zu machen und sie zum Unterbürgermeisteramt zu bringen, wo entschieden wurde, ob sie auszuschaffen oder ins Arbeits- und Zuchthaus zu verbringen waren. Die Bettelvögte verabreichten den ertappten Bettlern oft Prügel, was vom Stadtrat bzw. der Landesherrschaft sanktioniert war. Besondere Probleme hatten die Bettelvögte mit Studenten und Soldaten, die nicht der Aufsicht des Stadtrates unterstanden. Es gibt zahlreiche Berichte, dass diese die Bettelvögte verprügelten oder bereits gefasste Bettler befreiten. Seit 1767 forderte der Oberrat einen neunten Bettelvogt, der als eine Art Unteroffizier die Aufsicht auf die anderen acht haben sollte. Durch die Almosenordnung des Adam Friedrich von Seinsheim 1772 wurden die Bettelvögte abgeschafft und durch so genannte Rumorknechte ersetzt. Es wurden 25 Rumorknechte eingesetzt, von denen der Stadtrat sieben und der Oberrat 18 ernannte. An der Spitze stand ein Rumormeister, die Kontingente von Stadt- bzw. Oberrat wurden von je zwei Rottführern angeführt. Die Rumorknechte unterstanden anders als ihre Vorgänger, die Bettelvögte, dem Oberrat. Doch konnte dieser sich nicht immer gegen die Ansprüche des Hofschultheißen, eines bischöflichen Beamten, durchsetzen. Die Rumorknechte hatten erweiterte Aufgaben: Sie sollten gegen alle Arten der Übertretung so genannter Polizeyordnungen einschreiten. Dazu wurden sie mit Stöcken und Seitengewehren bewaffnet. Doch konnten sie sich ebenso wenig wie ihre Vorgänger wirklich Respekt verschaffen. Mit Mitteln der Gewalt war das Armen- und Bettlerproblem nicht zu lösen.

Die Bettelei wurde von der Obrigkeit verboten. Dagegen war das organisierte Sammeln von Almosen gestattet, ja die milde Gabe für so genannte wirklich Bedürftige galt als gottgefälliges Werk. Das Domkapitel, die Pflegen und Stiftungen, auch der Stadtrat gaben Almosen. Die Bischöfe vermachten meist einen Teil ihres Privatvermögens an Arme; zum Beispiel hinterließ Johann Philipp von Schönborn 1673 200 Reichstaler an das Seelhaus und 500 Reichstaler zur Austeilung an Hausarme.[172] Eine neue Armenpolitik versuchte Franz Ludwig von Erthal umzusetzen.[173] Kurz nach seiner Wahl 1779 äußerte er gegenüber dem Domkapitel, er wolle gegen den *allzu sehr eingerissenen Übel der Gutthätigkeit und des Müßiggangs, der durch die Zuversicht mittels des hie und dort zu erhaltenden Allmosens sich bequemer fortbringen zu können, nicht wenig genähret werde*, einschreiten.[174] 1785 gründete er nach einigen Vorarbeiten das Armeninstitut, das die Almosenvergabe steuern sollte. Dazu wurde eine Oberarmenkommission unter seinem Vorsitz eingerichtet, die neben dem Bischof 14 Mitglieder aus dem Domkapitel und verschiedenen Verwaltungs- und Regierungsstellen zählte. Um das Armeninstitut zu finanzieren, sollten die milden Gaben der Bevölkerung und die bisher regelmäßig geleisteten Spenden des

Domkapitels, des Stadtrates und der zahlreichen Spitäler und Stiftungen zusammengefasst werden. Hinzu kamen großzügige Gaben des Bischofs selbst. Die Bürger sollten für das Institut spenden, dadurch könnten sie einen Beitrag zum Wohl des Staates, der Armen und ihrer selbst leisten, heißt es in Erthals »Hirtenbrief zur Unterstützung der Armenpflege« aus dem Jahre 1786.[175] Das Armeninstitut bestand in der Vergabe von Almosen durch die Oberarmenkommission. Seit 1787 wurden die Armen in drei Klassen eingeteilt. Die erste Klasse waren Arme, die kein Einkommen hatten, alt und gebrechlich waren; sie erhielten Geld – 18 Schillinge oder 14 Schillinge und einen Laib Brot pro Person. Die zweite Klasse umfasste Arme, die sich oder ihre Familie nicht ganz ernähren konnten; sie erhielten einen Zuschuss, der sich nach ihrem Bedarf richtete. Die dritte Klasse an Armen erhielt nichts, denn das waren die, die offenbar aus Faulheit bettelten. 1790/91 zählten in Würzburg 192 Männer und 643 Frauen zur ersten Klasse der Armen. Die Protokolle der Oberarmenkommission sind nur für das Jahr 1798 erhalten.[176] Sie zeigen, dass die organisierten Sammlungen in der Stadt bei weitem zu wenig einbrachten, um die Ausgaben zu decken; unter Georg Karl von Fechenbach mussten die städtischen Stiftungen deshalb ihre Beiträge aufstocken. Franz Ludwig setzte als Erben die Oberarmeninstitute in Würzburg und Bamberg ein. Für die Armen auf dem Land hielt er sein Vermögen nicht für ausreichend.[177] Der Kampf gegen Bettelei und Armut erwies sich für die Stadt Würzburg und das Hochstift als ein Kampf gegen Windmühlen; der Herausgeber der Sammlung der Landesverordnungen schrieb anlässlich des Abdrucks von Erthals Bettelverbot aus dem Jahr 1786, am 18. Mai 1798 sei die Verordnung erneut eingeschärft worden, *da sich wieder so viele unverschämte und zudringliche Bettler dahier eingeschlichen hatten.*[178]

Würzburg als Haupt- und Residenzstadt

Würzburg war anziehend für Fremde. Bernhard Sicken hat dafür drei Gründe angegeben: Würzburg war »Hauptstadt eines mittelgroßen Fürstentums«, hier waren geistliche und weltliche Behörden konzentriert; die Anziehungskraft beruhte zweitens auf der »dominierenden Marktstellung in einem größeren Umland überwiegend agrarischer Prägung mit günstigen Verkehrsbedingungen«; hinzu kam die Funktion der Stadt als »Wallfahrtsort, Universitätsstadt, Gerichtsort sowie Festungs- und Garnisonsstadt«.[179] Würzburg empfand sich als Haupt- und Residenzstadt. Allerdings zog es die Würzburger Bischöfe vor allem im 18. Jahrhundert immer öfter in andere Schlösser: Anselm Franz von Ingelheim nach Zellingen, seine Nachfolger nach Veitshöchheim. War der Würzburger Bischof zugleich Landesherr im Hochstift Bamberg – nach 1648 war dies bei vier Bischöfen der Fall –, kamen die dortigen Schlösser, vor allem Seehof, hinzu, für die Schönborn-Bischöfe auch Gaibach und Wiesentheid. Obwohl der Bischof oft außerhalb der Stadt weilte, musste diese sich auf seine Bau- und Repräsentationswünsche einstellen, was teuer war. Der Stadtrat argumentierte auch mit der Residenzeigenschaft der Stadt: 1692 schrieb er dem Bischof, das Stadtpflaster sei besonders in den Hauptgassen *ruinos, ausgefahren, und durchlöchert*, er sei bereit, das Pflaster *pro decore hiesiger Residenz* zu reparieren, forderte aber ein finanzielles Entgegenkommen der Landesherrschaft.[180]

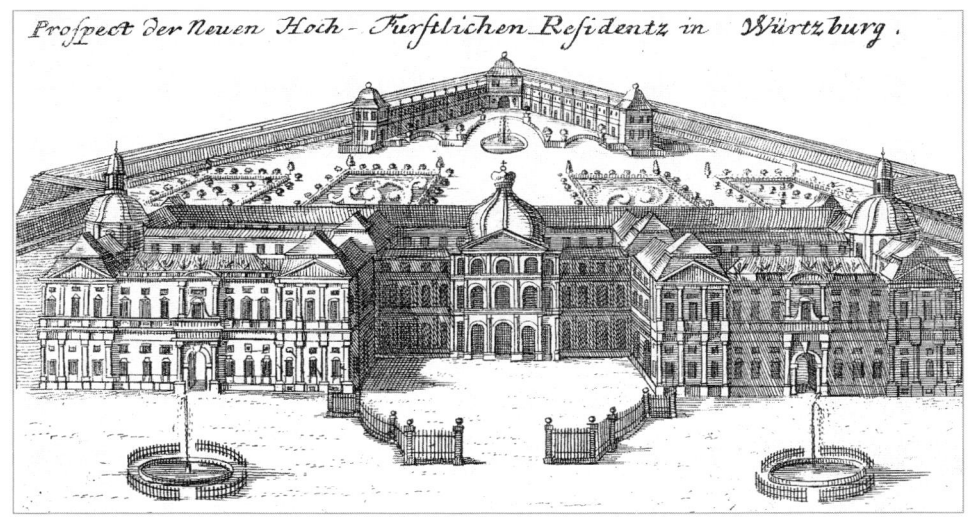

*Abb. 47: Residenz, Stadtfront von Westen. Die Fassadengestaltung
entspricht im Wesentlichen dem Planungsstand von 1723. Kupferstich aus: Johann Hermann Diethelm,
Denkwürdiger ... Antiquarius des Neckar-, Main-, Lahn- und Mosel-Stroms ...,
Frankfurt 1740. (UBW)*

In Würzburg wurde insbesondere nach dem Westfälischen Frieden 1648 in großem Stil gebaut, es waren vor allem Bauten im Bereich der Befestigung sowie seit 1719 der Bau der Residenz (s. Abb. 47). Dafür wurden zahlreiche Arbeiter, so genannte Schänzer, benötigt.[181] Im dritten Quartal des 17. Jahrhunderts musste jeder Untertan des Hochstifts Würzburg jährlich eine bestimmte »Rutenzahl« (Arbeitsleistung) erbringen – eine Rute war eine Längeneinheit – oder für jede Rute einen bestimmten Geldbetrag (drei Batzen) zahlen.[182] Die Zahl der Schänzer, die vom Land nach Würzburg kamen, schwankte naturgemäß. Unter Johann Philipp Franz von Schönborn waren es meist um die Tausend, später meist mehrere Hundert jede Woche, Mitte der 30er Jahre aber deutlich über Tausend. Die Landbevölkerung musste in der Stadt Würzburg Schanzdienste leisten oder Ersatzleute bezahlen, die Stadtbevölkerung war davon befreit. Sie musste allerdings die Schänzer unterbringen, was immer wieder zu großen Problemen führte, da insbesondere der Adel keine Schänzer aufnehmen musste, die Klöster dies nur unter großen Klagen taten und insbesondere die Höfe des Deutschen Ordens und der Johanniter in Würzburg die Aufnahme erfolgreich verweigerten. Der Rat versuchte, möglichst alle Schänzer so unterzubringen, dass niemand sich dem entziehen konnte. Dennoch war deren Unterbringung und Verpflegung im Allgemeinen schlecht, vielfach mussten sie im Freien kampieren. Immer wieder kamen Personen als angebliche Schänzer in die Stadt, wollten dort aber nur betteln.

Der Wunsch der Bischöfe, Würzburg als Residenzstadt zu gestalten, war für den Stadtrat zum Teil sehr teuer; beispielhaft genannt seien der Marktbau, die Pflasterung und die Brunnen.[183] Seit 1728 gab es Planungen für eine Umgestaltung des Marktes, unter Friedrich Karl von Schönborn wurde Balthasar Neumann damit beauftragt, einen neuen großen Marktbau zu errichten. Der Stadtrat sah sich gezwungen, dafür Geld bei Pflegen und Stiftungen und beim Arbeitshaus aufzunehmen – erst 1778 konnte er die Schulden abtragen. Neumanns Rechnungslegung brachte ihn in Konflikt mit dem Stadtrat, der Streit konnte erst nach seinem Tod mit seiner Witwe geklärt werden. Die Pflasterung der Stadt wurde durch eine Pflasterordnung Bischof Julius Echters 1604 geregelt, zuständig war der Stadtrat. Die Kosten liefen dem Rat davon, insbesondere seit 1686, als er seinen Anteil ($^{1}/_{4}$) am Fleisch- und Brotakzis an die Landesherrschaft verlor. Im Interregnum 1699 bat er das Domkapitel um Rückgabe dieser Einnahmen, um das Pflaster finanzieren zu können, doch vergeblich. Friedrich Karl von Schönborn schuf Abhilfe, indem er erlaubte, das Bürgergeld, das jeder Neubürger einmalig zahlen musste, um sechs Gulden zu erhöhen. Eine dauerhafte Finanzierung brachte aber erst der 1793 unter Franz Ludwig von Erthal eingeführte Pflasterzoll. Ursprünglich sollte der Rat sich an der Finanzierung der 1747 von Anselm Franz befohlenen Pflasterung des Residenzplatzes beteiligen, doch gelang es ihm, den Bischof von seiner prekären finanziellen Lage zu überzeugen. Die Hofkammer musste einspringen. Bis 1782/83 wurden der Residenzplatz und die Wege zur Residenz gepflastert. Ein Argument des Rates war es, dass der Residenzplatz nicht zu den *confines* der Stadt gehöre, also außerhalb der eigentlichen Stadt liege. Der Zustand der Straßen und Gassen in der Stadt Würzburg war oft schlecht; 1744 sollte der Weg zwischen Hofkammer-Gebäude und Residenz gepflastert werden, *daß mann nicht also in Morast paßiren müste*, wie Neumann an Bischof Friedrich Karl schrieb.[184] Stadtphysikus Horsch schrieb 1805, das Pflaster in der Stadt sei im Durchschnitt gut, aber auch *ungleichmäßig, da auf weniger gangbare Straßen auch wenige Rücksicht genommen* werde.[185] Ein weiterer wichtiger Aspekt für die Residenzstadt war der Zustand ihrer Brunnen. In Würzburg gab es zahlreiche Ziehbrunnen, die für die Trinkwasserversorgung und im Notfall auch für die Brandbekämpfung wichtig waren; für sie war der Oberrat zuständig, der dafür von jedem Bewohner das Ziehbrunnengeld erhob. Unter Friedrich Karl von Schönborn wurden dann auch die ersten Röhrenbrunnen gebaut, nicht zuletzt deshalb, um Würzburg den repräsentativen Charakter einer Residenzstadt zu verleihen. Die Errichtung der Brunnen und der Wasserleitungen – Letztere waren erst aus Holz, doch als dieses verfaulte, ließ Balthasar Neumann Wasserleitungen aus Blei herstellen – war sehr teuer. Friedrich Karl akzeptierte ähnlich wie bezüglich der Pflasterkosten eine Erhöhung des Bürgergeldes für Neubürger, von denen jeder zwei Gulden für die Röhrenbrunnen zahlen musste, Mittel, die, im Gegensatz zu den Ziehbrunnengeldern, vom Stadtrat verwaltet wurden. Der Stadtrat sah sich allerdings gezwungen, größere Summen, vor allem aus dem Schatzungsrückstand, dazuzuzahlen. Die Röhrenbrunnen sollten der Zierde der Stadt dienen, doch die Menschen nutzten sie auch gerne zum Reinigen von Wäsche, Pferden, Hunden oder Wagen oder zum Tränken der Pferde. Die breite Bevölkerung hatte andere Bedürfnisse als die nach Repräsentation strebende Landesherrschaft.

Würzburg als Festungsstadt

Würzburg war die Hauptfestung des Hochstifts Würzburg,[186] das nur noch in Königshofen i. Gr. eine Festung von allerdings weitaus geringerer Bedeutung besaß. Seit dem Dreißigjährigen Krieg wurden sowohl die Festung Marienberg als auch die Stadtbefestigung sukzessive ausgebaut. Für die Stadt entscheidend war immer, dass über ihr eine militärisch starke, von der Stadtseite her nur sehr schwer anzugreifende Festung lag; allerdings musste die Bevölkerung auch damit rechnen, dass sich bei einem feindlichen Angriff die Verteidiger auf die Burg zurückzogen und die Stadt ihrem Schicksal überließen. In Würzburg war man lange der Meinung, dass die Stadt 1648 zur Reichsfestung erhoben worden war; dieses Argument wurde verwandt, um möglichst alle, das heißt auch die Exemten, zu Zahlungen für die Verteidigung heranzuziehen. Die Eigenschaft als Reichsfestung blieb stets umstritten. Reichsrechtlich wurde sie nie anerkannt, aber erst Adam Friedrich von Seinsheim nahm während des Siebenjährigen Krieges offiziell Abstand von dieser Einschätzung (s. Abb. 48).

Während die Stadt bis zum Bauernkrieg immer wieder in militärische Konflikte mit ihrem Bischof geraten war, hielt sie sich in den folgenden Jahrhunderten auf militärischem Gebiet sehr zurück. Vielmehr forderte der Stadtrat den Bischof auf, die Stadt zu verteidigen. Alles was zum Komplex Militär und Verteidigung zählte, wies sie weit von sich, für die Stadtmauer betrachtete sie sich nicht als zuständig. So lehnte der Stadtrat etwa den von Adam Friedrich von Seinsheim gewünschten Abriss und Neubau der Sandertorbrücke 1758, die Reparatur der neuen Hauptwache auf dem Markt 1760 oder die Bezahlung von Licht und Holz für die beiden Leutnante bei den zwei Sperrtoren ab mit der Begründung, das gehöre zum Militärbereich, dafür zahle man der Obereinnahme bereits die Schatzung.

Die Stadt zahlte ihre Steuern, dafür erwartete sie Schutz durch den Bischof. Diese Haltung zeigt sich auch beim so genannten Bürgermilitär und bei der Bewaffnung der Bürger. Im 18. Jahrhundert gab es fünf Bürgerkompagnien und die Handlungskompagnie zu Pferd. Eigentlich sollten pro Bürgerkompagnie jedes Jahr 400 bis 500 Bürger exerziert werden, um die Verteidigungsbereitschaft für den Ernstfall aufrechtzuerhalten. Die Offiziersstellen für die Bürgerkompagnien wurden vom Rat meist auf Empfehlung durch den Stadtkommandanten besetzt. Jeden Sonntag von Anfang Mai bis Ende August sollten Bürger kompagnieweise unter Aufsicht eines Wachtmeisterleutnants, den der Stadtkommandant auswählte, exerzieren, doch gab es sehr viele Befreiungen von diesem Dienst; viele Bürger erschienen einfach nicht, weshalb der Rat mit Geldstrafen drohte. Über den Wert dieses Exerzierens kann man sicher streiten; 1733 und 1737 lehnte die Landesherrschaft zum Beispiel eine Schießpflicht für neu angenommene Bürger ab, da die Kosten für die Gewehre und den Verdienstausfall zu hoch seien. Noch im 17. Jahrhundert sollte jeder Neubürger ein Gewehr und einen Degen anschaffen, eine Forderung, der man nicht nachkam. Erst im Siebenjährigen Krieg dachte der Rat auf Drängen des Bischofs daran, dies wieder einzuführen. 1759 wurde beschlossen, jeder Neubürger solle vier rheinische Gulden zahlen, damit dafür ein Gewehr angeschafft werde; die Gewehre sollten mit einer Nummer versehen werden, damit man beim jähr-

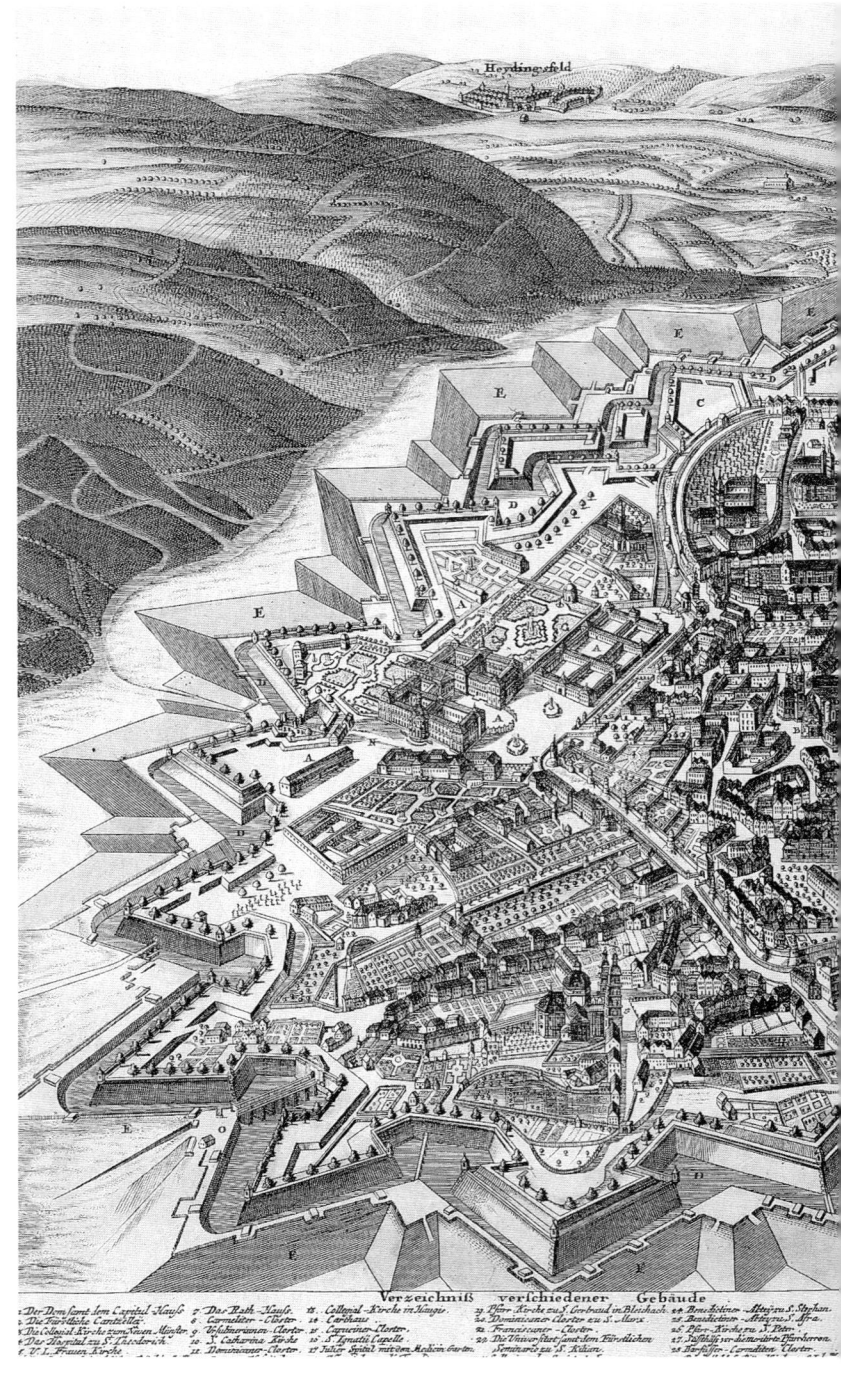

Abb. 48: Würzburg als Festung von Norden, Kupferstich von Johann

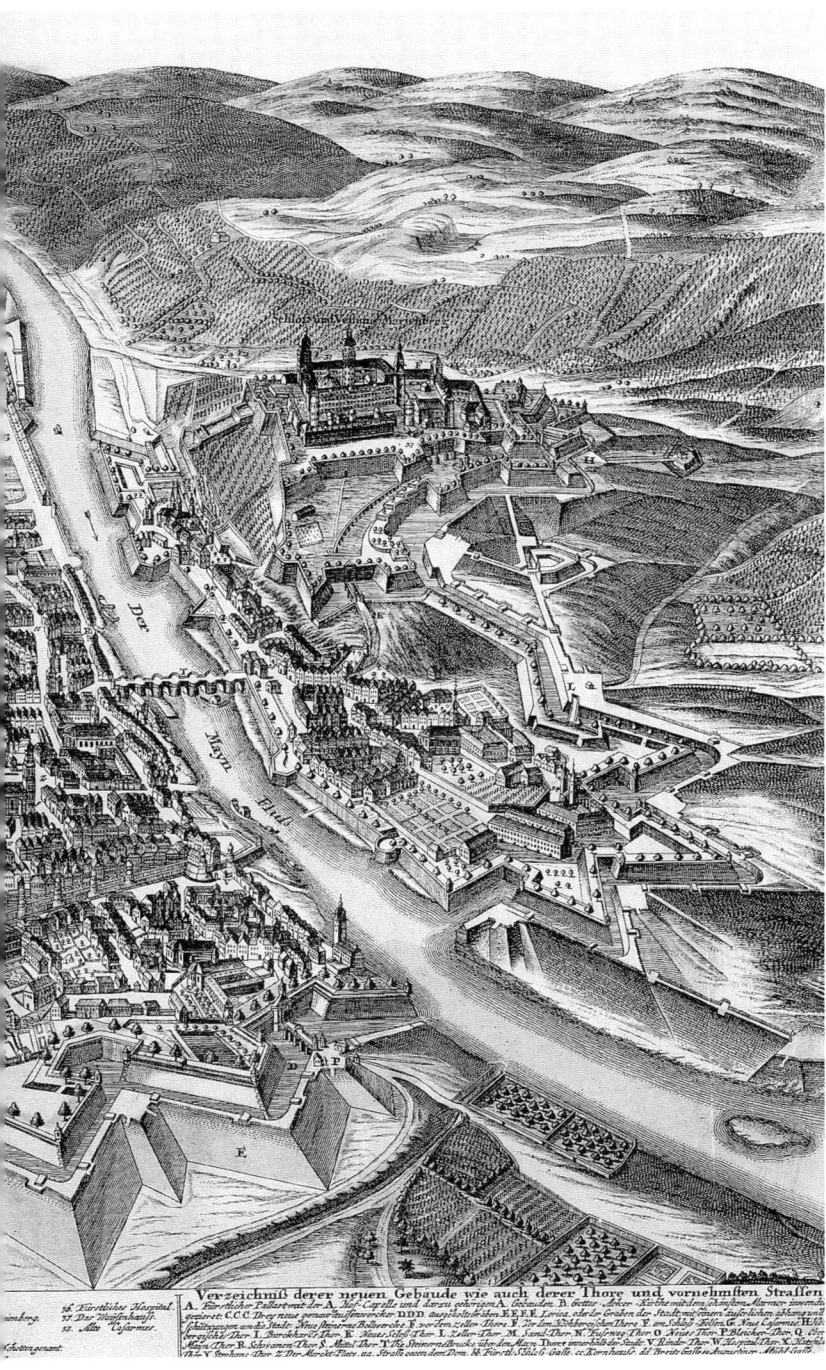

Verzeichniß derer neuen Gebäude wie auch derer Thore und vornehmsten Straßen

n, 1723. (Germanisches Nationalmuseum Nürnberg, Inv.-Nr. Sp 3721)

lichen Aufzug nachprüfen konnte, ob es noch da und nicht verkauft oder verliehen worden war. Viele Gewehre waren in schlechtem Zustand und bei Gefahr im Verzug wohl kaum zu verwenden. Ähnlich sah es mit Geschützen aus. Der Rat hatte zwar einen Ratszeugwart und einen Oberschossmeister, doch das besagte in der Praxis nichts. Die größte Kanone der Stadt ließ der Rat 1716 auf die Festung Marienberg bringen; der Bischof ließ gleich in Richtung Höchberg Probe schießen. Der Vorrat an Geschützen bestand 1740/41 im Wesentlichen aus einem neuen Regimentsstück, einem auf Rädern montierten Geschütz, drei Feldschlänglein, 14 kleinen Stücklein, 51 montierten Doppelsack und 529 Handgranaten. Für eine Verteidigung der Stadt war das absolut unzureichend, aber die Stadt verließ sich auf den Schutz durch die Landesherrschaft. Als jedoch im Siebenjährigen Krieg von den Militärs mit dem Gedanken gespielt wurde, bei einem möglichen Angriff auf die Stadt diese sofort zu räumen und sich auf die Festung Marienberg zurückzuziehen, war der Stadtrat konsterniert.

Es war üblich, Soldaten in den Festungsstädten bei der Bevölkerung einzuquartieren. In Würzburg wurden im 17./18. Jahrhundert mehrere Kasernen gebaut, Soldaten im Normalfall nicht mehr in bürgerlichen Häusern einquartiert. Zwischen 1673 und 1676 sind Kasernen (*paraquen*) hinter dem Schottenkloster fassbar;[187] damit war Würzburg eine der ersten Städte im Deutschen Reich mit einer Kaserne. Die Alte Kaserne in der Nähe des Schottenklosters wurde 1703 fertig, Balthasar Neumann baute in den 20er Jahren des 18. Jahrhunderts eine Kaserne vor dem Sandertor, auch auf der Festung Marienberg wurden Soldatenunterkünfte errichtet. Nach Kopp lagen in Würzburg um 1735 ca. 500 Mann auf der Festung Marienberg, 1200 in der alten Kaserne in der Schottenau und 2000 in der neuen Kaserne, wobei er drei Mann pro Lager rechnete.[188] Die Kasernen reichten aber nicht immer aus. Mehrfach wurden in den verschiedenen Kriegen Truppen in Würzburg einquartiert; 1742 ließ Friedrich Karl kurzfristig 1500 Mann Landesausschuss nach Würzburg verlegen, davon wurden 800 bei der Bevölkerung untergebracht. Das Vorhandensein von Kasernen war zweifellos von Vorteil für die Bevölkerung. Allerdings war es nicht umsonst. Die Würzburger mussten quasi als Ausgleich das so genannte Quartiergeld zahlen. Nach dem Tod des Peter Philipp von Dernbach 1683, der als erster Würzburger Bischof ein stehendes Heer eingeführt hatte, wollte die Bürgerschaft kein Quartiergeld mehr zahlen mit der Begründung, dass der Bischof gestorben und man es nicht mehr zu zahlen schuldig sei.[189] Der Stadtrat erhoffte sich Hilfe vom Domkapitel, das nach dem Tod des Bischofs im so genannten Interregnum die Regierung innehatte, allerdings vergeblich. Durch die Quartierordnung von 1684 wurden aber zumindest die Befreiungen vom Quartiergeld geregelt, außerdem befahl der Bischof, dass auch die Auswärtigen, die auf Würzburger Markung Güter hatten, einen Beitrag zum Quartiergeld leisten sollten. Während des Pfälzer Erbfolgekrieges wurde das Quartiergeld von 900 Gulden auf die stolze Summe von 2000 Gulden angehoben. Im Interregnum 1699 beklagte sich der Stadtrat darüber beim Domkapitel, die Bürger würden oft mehr als für die Schatzung zahlen, die Vermögenden blieben verschont, alles werde auf den *mittelmeßig gemeinen Man* abgewälzt; man forderte, auch das Land solle für die Würzburger Kasernen zahlen, schließlich suche die Landbevölkerung bei Gefahr Zuflucht in der Stadt. Das Domkapitel reduzierte die Summe noch 1699 auf die ursprüngliche Höhe.[190] Im nächsten Jahr schrieb die Hofkammer Bürgermeister und Rat im Streit um den Schatzungsrückstand, dass die Stadt von militärischer Einquartierung und Verpflegung verschont sei, *welche letztere allein über eine halbe Jahrs Schatzung auftraget*, das Land müsse das allein tragen.[191] Mit diesen 900 Gulden, die die Stadtbevölkerung jährlich aufbringen musste, wurde die alte Kaserne finanziert. Johann Philipp Franz von Schönborn führte zur Finanzierung für die neue Kaserne einen so genannten *Paraquen Monath* ein,[192] das heißt eine zusätzliche Steuer in Höhe einer monatlichen Schatzung. Nach seinem Tod wurde diese Steuererhöhung vom Domkapitel wieder aufgehoben. Sein Nachfolger Christoph Franz von Hutten erhöhte als Ersatz das Quartiergeld deutlich – doch auch hier korrigierte das Domkapitel nach seinem Tod diese Entscheidung, da sie ohne Zustimmung des Kapitels vorgenommen worden sei. Die neue Kaserne musste ohne Zusatzsteuer finanziert werden. Auch die umliegenden Orte hatten ihren Anteil am Quartiergeld zu zahlen. So gab die Gemeinde Zell seit 1717 pauschal sechs Reichstaler pro Jahr für die von ihren Bewohnern auf Würzburger Markung innegehabten Güter; seit 1762 forderte der Stadtrat gegen den Widerstand Zells eine individuelle Zahlung jedes Zeller Güterinhabers. Viele Bewohner der Stadt versuchten, sich vor der Zahlung des Quartiergeldes zu drücken, teilweise mit Erfolg, hatte der Stadtrat doch nur geringe Möglichkeiten, seine Ansprüche durchzusetzen. Die Rechnung des Quartieramtes wurde bis auf ein Intermezzo zur Zeit des Christoph Franz von Hutten vom Stadtrat abgehört, der Quartieramtsmeister vom Stadtrat gewählt. Im Siebenjährigen Krieg hatte dieser sich auch um die Bezahlung der Einquartierung von Truppen in Würzburg zu kümmern, seine Rechnung wies größere Unregelmäßigkeiten auf. Große Probleme bekam Quartiermeister Seidner allerdings erst 1769, als es sich die Hofkammer nicht mehr länger gefallen lassen wollte, dass die Quartiergelder seit 1762 nicht mehr gezahlt worden waren. Erst nach längerem Hin und Her wurde die ausstehende Rechnung angenommen. Der Quartiermeister Seidner musste schließlich auf Druck des Stadtrats seine Ratsherrnstelle abgeben.

Trotz der Kasernen lebten noch immer Soldaten in der Stadt, allerdings nicht bei der Bürgerschaft einquartiert. Dies führte immer wieder zu Klagen. So beschwerte sich der Stadtrat, dass 1683 über 60 Soldaten einschließlich Frauen und Kinder nicht in der Kaserne untergebracht werden konnten.[193] Die oben angegebene Statistik der Erbhuldigung von 1729 – für das Sanderviertel die Zahlen von 1724 – ergab eine Zahl von 76 (Soldaten, Konstabler, Feuerwerker etc.), von ihnen lebten 32 im Mainser, 16 im Sander und 12 im Cresser Viertel. Hinzu kamen ihre Frauen und Kinder. Für den Stadtrat waren Soldaten in der Stadt ein Problem; deshalb versuchte er immer wieder, ihren Aufenthalt zu beschränken, sie bei Vergehen auszuweisen und ihre Heirat zu verhindern. Gerade im 18. Jahrhundert gibt es zahlreiche Berichte und Vorwürfe gegen Soldaten, die die Bettelvögte behinderten, selbst bettelten, nachts Ruhestörungen begingen und Fenster einwarfen. Überhaupt suchten sie sich einer bürgerlichen Ordnung und Aufsicht zu entziehen. Auch wegen der Versorgung ihrer Kinder waren Soldaten dem Stadtrat suspekt. Insbesondere die auf der Festung stationierten Husaren streiften durch die Umgebung von Würzburg und richteten Feldschäden an. Vielen war es auch ein Dorn im Auge, dass aus der Kaserne heraus Waren verkauft wurden, zum Beispiel Backwaren, die

Handwerker in der Stadt aber allein die Steuern für ihr Handwerk zahlen mussten. Betroffen waren vor allem auch die Schuhmacher, da viele Soldaten dieses Handwerk gelernt hatten und ihre Produkte und Dienstleistungen in die Stadt verkaufen konnten. Soldaten der Miliz durften ihre abgelegten Monturen veräußern, was sie zu einem schwungvollen Kleiderhandel nicht nur mit Monturen nutzten. Soldatenmusiker waren auch sehr beliebt, konnten sie doch, da von der Steuerlast befreit, für die Hälfte des Lohns aufspielen; an die eng begrenzten Spielzeiten bürgerlicher Musiker brauchten sie sich nicht zu halten. Obwohl Soldatenmusikern 1726 das Aufspielen nur noch bei Offizieren erlaubt wurde sowie für den Fall, dass keine bürgerlichen Musiker auftreten konnten, änderte sich an der Praxis nichts, da die Soldatenmusiker rechtlich dem Hofkriegsrat unterstanden, der hier nicht eingreifen wollte. 1728 soll es allein 30 bis 40 Soldatenmusiker in Würzburg gegeben haben.

Für eine Stadt war die Sicherung der Tore wichtig. Die wichtigsten Eingänge Würzburgs waren im 18. Jahrhundert das Mittelmaintor, das Rennweger und das Zeller Tor; für diese drei waren drei Torschließer zuständig, für die anderen sieben Tore je zwei. Hatten die Tore in früheren Jahrhunderten hauptsächlich der Abwehr von Feinden gedient, wurden sie nach dem Westfälischen Frieden zur Kontrolle der Ein- und Ausreise – Bettler und in Krisenzeiten der Spionage Verdächtige durften nicht eingelassen werden – und des Warenverkehrs (Zollstätten) genutzt. Die Schließung und Bewachung der Tore oblag der Bürgerschaft, die Baulast dem Stadtbauamt – Sander-, Mittelmain- und Ochsentor – bzw. der hochstiftischen Hofkammer. Nachts waren nur die so genannten Sperrtore – Zeller und Rennweger Tor – offen, aber auch hier war der Durchgang beschränkt und kostenpflichtig. Die Torexaminatoren taten tagsüber Dienst an »ihrem« Tor; sie wurden vom Stadtrat angenommen und verpflichtet. Manchmal konnte die Hofkammer ihren Einfluss geltend machen mit dem Hinweis, dass die Examinatoren auch Zöllner waren und der Zoll ihr unterstand; entlassen wurden sie in der Regel vom Stadtrat. Gegen Jahresende nahm der Stadtrat alle Examinatoren in Pflicht, auch während des Jahres gab er ihnen zahlreiche Anweisungen. Im 17. Jahrhundert gab es nur Examinatoren am Zeller, Rennweger und Pleicher Tor; der Bischof befahl 1703, auch am Sander und Neuen Tor Examinatoren anzustellen, bald tat an jedem Tor einer seinen Dienst. Die Examinatoren führten das Torbuch und kontrollierten die Ein- und Ausreise, sie händigten Nachtzettel aus (Erlaubnis, in Würzburg zu übernachten) und prüften die ein- und ausgeführten Waren, vor allem im Weinhandel. Geschlossen wurden die Tore durch bürgerliche Türschließer; diese öffneten die Tore morgens auch wieder. Die Türschließer wurden von den Viertelmeistern vorgeschlagen und vom Steuerpfleger, einem Stadtrat, überprüft. Vergütet wurden sie aus dem Torschließgeld, das jeder Neubürger bei der Bürgeraufnahme zahlen musste; 1711 wurde es vom Bischof auf sechs Reichstaler festgelegt. An den Mauern, auf den Wällen und an den Toren mussten Bürger abwechselnd Wachtdienst leisten. Nachdem es durch bischöfliche Entscheide zahlreiche Ausnahmen gegeben hatte, befahl Christoph Franz 1726 deren Ablösung durch Geld – das Domkapitel hob diese Entscheidung nach seinem Tod 1729 wieder auf und ließ eine Ableistung des Wachtdienstes oder eine Ausgleichszahlung zu. Im Laufe des 18. Jahrhunderts nahm der Anteil an Soldaten, die die eigentlichen Bürgerwa-

chen übernahmen, zu. Die an Mauern und Toren eingesetzten Soldaten und die Hauptwache unterstanden dem Stadt- und Schlosskommandanten, einem vom Fürstbischof
eingesetzten Adligen. Der Stadtkommandant war zuständig für die Aufsicht auf Fremde
und Standespersonen, die durch die Würzburger Stadttore in die Stadt gelangten. Die
Torexaminatoren sollten ihm deren Namen melden, was aber nicht immer geschah,
weshalb es zu Konflikten kam. Häufig gab es auch Streitigkeiten zwischen Militär und
Stadtbevölkerung, die teilweise zu tätlichen Auseinandersetzungen führten.

Die Kosten des Friedens von 1648

Der Westfälische Frieden des Herbstes 1648 war auch in Würzburg ersehnt worden, die
finanziellen Lasten des Krieges bekamen eine neue Dimension. Bischof Johann Philipp
von Schönborn rief die Untertanen, die während des Krieges in fremde Lande gegangen
waren, zurück; dieses Mandat wurde mehrfach wiederholt. Die Folgen des Krieges wirkten aber lange nach.[194] Die Nachricht vom Friedensschluss beinhaltete für die Stadt
Würzburg auch die Aufgabe, 14 000 Reichstaler zahlen zu müssen, davon sollten sehr
schnell 8 000 Reichstaler abzüglich 2 000 Reichstaler für Soldatensold der Monate September bis Dezember ausgegeben werden; dieses Geld wollte und musste man als Darlehen von den Bürgern aufnehmen. Mitte November 1648 schrieb der Statthalter dem
Rat, er müsse 18 000 Reichstaler zahlen, auch hier wurden 6 000 Reichstaler als aufzu-
nehmendes Darlehen genannt. Der Rat wollte alle vermögenden Bürger zum Grünen
Baum zitieren, ihnen die bischöflichen Befehle vorlegen und sie zur Zahlung auffor-
dern. Innerhalb eines Jahres wollte man ihnen das Geld zurückerstatten. Da nicht alle
zahlen wollten, wurde schon nach wenigen Wochen auf Befehl des Oberschultheißen
die Exekution gegen sie durchgeführt, das heißt, sie wurden zur Zahlung gezwungen.
Bis Mitte Dezember 1648 konnte der Stadtrat die 6 000 Reichstaler als Darlehen aufbringen und der Hofkammer übergeben.[195] Die Stadtviertel hatten je nach Möglichkeit dazu
beigetragen.[196] Dies darf nicht darüber hinwegtäuschen, dass der Stadtrat Probleme hatte, die nötigen Gelder einzutreiben; dies betraf auch die so genannten Monatsgelder, eine reguläre Abgabe, aus der Ende 1648 ebenfalls für die Bezahlung des Friedens, das
heißt als Ausgleich für die Kosten der Schweden und deren Unterhalt bis zu ihrem endgültigen Abzug aus den zu räumenden Gebieten, 8 000 Reichstaler zu zahlen waren. Im
Januar 1649 beschloss der Rat, säumige Darlehensgeber in den Grünen Baum zu rufen,
ihnen den Ernst der Lage darzustellen und sie, sollten sie nicht zahlen, im Arrest zu behalten. Wer seine Monatsgelder nicht zahlen wollte, dem sollten Soldaten ins Haus geschickt werden. Solch drastische Maßnahmen waren für den Rat absolut unüblich,
doch wusste er um die Brisanz der Zahlungsaufforderungen und um den Rückhalt beim
Bischof. 1649 galt es, auf Befehl hin weitere Gelder bereitzustellen: Von Januar bis März
1649 sollte die Stadt monatlich je 1 500 Reichstaler für den schwedischen Generalstab
und den Unterhalt von Truppen zahlen. Davon verlangte der Bischof 300 Reichstaler
innerhalb von 14 Tagen; er forderte, dass die Umlage gleichmäßig auf die Bewohner der
Stadt verteilt werde, was offenbar in den vorhergehenden Fällen nicht geschehen war.

Im September forderte Johann Philipp, dass innerhalb von sechs Wochen 6 000 Reichstaler zu zahlen seien, die Hälfte bis zum 24. Oktober.[197] Hinzu kamen zahlreiche Einzelzahlungen in Geld oder Naturalien – vor allem Wein und Vieh – direkt an schwedische Einheiten.[198] Als im April 1649 der Pfalzgraf und schwedische Generalissimus Carl Gustav zur Visitation nach Würzburg kam, musste ein Teil seiner Begleiter in der Stadt untergebracht werden – natürlich auf deren Kosten.[199] Weitere Belastungen fielen etwa durch den Transport von Kanonen und Feuermörsern von Kitzingen nach Schweinfurt an, für den die Stadt Würzburg 26 Pferde mit Geschirr und Wägen sowie Seile und Ketten bereitstellen musste.[200]

Die Bezahlung der Gelder zog sich noch über Jahre hin. Im Juli 1650 mahnte Bischof Johann Philipp die noch ausstehenden 674 Reichstaler Friedensgelder von der Stadt an. Bürgermeister und Stadtrat hatten ihn einige Wochen vorher gebeten, die Garnison und die Wachdienste, die die Bürgerschaft leisten musste, zu verringern, doch Johann Philipp wies darauf hin, dass der geschlossene Friede noch nicht ausgeführt sei; viele Plätze seien noch von den Schweden besetzt. Französische und schwedische Offiziere hätten ihm gesagt, dass sie Überfälle auf Würzburg geplant, aber wegen der starken Bewachung und des Kampfeswillens der Bevölkerung von diesem Plan abgelassen hätten.[201] Für Johann Philipp war die Gefahr nicht abgewendet, bis die letzten fremden Truppen den Fränkischen Kreis verließen; dies war erst 1652 der Fall. Mit dem Erfolg des Nürnberger Exekutionstages 1649/50 konnte sich das Hochstift Würzburg von den beschwerlichen Einquartierungen befreien, eine Steuersenkung erschien der Landesherrschaft aber unmöglich, da weitere schwedische Satisfaktionsgelder zu zahlen waren. Deshalb sollte die Stadt Würzburg ab dem 1. August 1650 monatlich 1 200 Reichstaler an die fürstliche Kammer geben, sowie 100 Malter Getreide – davon $2/3$ Korn, $1/3$ Hafer – je zur Hälfte an zwei Terminen. Insgesamt musste der Fränkische Kreis über eine Million Gulden Satisfaktionsgelder an die Schweden zahlen, das Hochstift Würzburg davon 183 162 Gulden.[202] Auch das Reich forderte von den Reichsständen Gelder für die Finanzierung des Friedens. Das Hochstift Würzburg sollte 1652 dafür 25 Römermonate zahlen, weshalb Bischof Johann Philipp den von der Stadt Würzburg zu entrichtenden Anteil auf 900 Reichstaler festsetzte; die Zahlungen sollten gemäß der Schatzungsanlage, das heißt nach der Verteilung der aufzubringenden Steuern, gerecht auf die Stadtbevölkerung verteilt werden, *damit niemandt insonderheit der Arme vor dem Reichen beschwehrt, sonder in allem die Billigkeit gehalten* und die Gelder rechtzeitig abgeliefert würden.[203] Damit der Herzog von Lothringen die von ihm besetzten festen Plätze räume und seine Truppen abziehe, wurden ihm vom Reich 1654 noch 300 000 Reichstaler bewilligt. Das Hochstift Würzburg setzte dafür eine halbe Monatsanlage der Schatzung an, auch die Stadt Würzburg musste hierzu beitragen[204] – dies dürfte die letzte Zahlung für die Durchführung des Westfälischen Friedens in Würzburg gewesen sein.

Schatzung, Stadtsteuer und Akzise

Die Stadt Würzburg musste neben außerordentlichen Abgaben, wie sie zum Beispiel infolge des Westfälischen Friedens zu leisten waren, vor allem Schatzung, Stadtsteuer und Akzise an die Landesherrschaft zahlen. Für die Finanzen des Hochstifts war die Hofkammer, auch als Zahlamt bezeichnet, zuständig, von der die Obereinnahme getrennt wurde.[205] Die weltliche Steuer wird *insgemein Schatzung oder Contribution genennet*, die geistliche Steuer dagegen s*ubsidium charitativum*, stellte Kammerregistrator Holzheimer fest. Die weltliche Steuer wurde den Untertanen im Hochstift auferlegt. *Die Communiteten* mussten *für ihr Schatzungsquantum stehen, undt damit solches richtig bezahlet werde, einen Überschuss machen, welcher Modus an sich so billig als nöthig sei*, schrieb die Hofkammer. Die Stadt Würzburg hatte laut Hofkammer ohnehin eine niedrigere Schatzung als das Land; in der zweiten Hälfte des 17. Jahrhunderts wurden 600 Reichstaler – das sind 666 $^2/_3$ Gulden – monatlich gezahlt, die jährliche Schatzung wurde als ein Simplum bezeichnet[206] (8 000 Gulden). Die jährliche Schatzung (Kontribution) schwankte in der Regierungszeit Johann Philipps von Schönborn zwischen 7 200 und 10 800 Reichstalern.[207] Im 18. Jahrhundert wurde die Schatzung mehrfach erhöht und wieder gesenkt, Residenz- und Fortifikationsbau sowie die Kriege, in die das Hochstift Würzburg direkt oder indirekt verwickelt wurde, erforderten große Summen an Geld. Ende der 30er Jahre wurde ein zeitweiliger Höchststand von 36 Schatzungsmonaten erreicht. Bis 1749 wurde dieser Satz auf 24 Monate reduziert, unter Adam Friedrich von Seinsheim wegen der Kosten des Siebenjährigen Krieges dann zeitweise wieder deutlich erhöht. Die Änderung der Zahl der Schatzungsmonate oblag dem Bischof,[208] der die Zustimmung des Domkapitels einholen musste. Da im 18. Jahrhundert keine Landtage mehr einberufen wurden, entschied in der Praxis der Bischof alleine; das Domkapitel wurde oft erst im Nachhinein informiert, Widerspruch erhob es nicht. Aber nach dem Tod eines Bischofs kam es durchaus vor, dass das Domkapitel die Steuerhöhe senkte, so 1724 und 1749, oder erhöhte, so 1729. Mitentscheidend für diese Stärkung der Verfügungsgewalt des Bischofs über die Finanzpolitik war gewesen, dass während des Dreißigjährigen Krieges die Bewilligung der Gelder durch die Stände zum Problem geworden war.[209] Seit 1736 wurde ein so genannter Husarenmonat eingeführt für die Unterhaltung der Husaren, das heißt ein zusätzlicher Schatzungsmonat pro Jahr. Die Schatzung wurde, wie das obige Zitat der Hofkammer verdeutlicht, von der Stadt Würzburg erhoben und an die Hofkammer abgeführt. Die von der Stadtverwaltung von der Bevölkerung geforderten Gelder waren höher als der abzuliefernde Betrag, da man einkalkulierte, dass viele ihre Steuern nicht oder verspätet zahlen würden (so genannte Schatzungsrestanten). Schatzung musste gezahlt werden für Immobilien – Häuser, Grundbesitz, Weinberge auf der städtischen Markung – sowie als Steuer auf den Beruf. Die Schatzung wurde je Zunft festgelegt, die Zunft verteilte den Betrag auf die Meister, wobei die Zahl der Gesellen wichtig war. Die Schatzung wurde also nicht auf das Einkommen erhoben, sondern auf den Stand innerhalb der Zunft. Problematisch war hier die Stellung der so genannten Hofhandwerker und Hofkünstler, die meist ganz von der Schatzung befreit waren. Hofschlosser Oegg zum Beispiel verweigerte jede Zahlung, musste sich aber nach langjährigen Auseinandersetzungen schließlich dazu bequemen, zumindest die Verschatzung von zwei Gesellen, die *in die* Stadt arbeiteten, das heißt, die keinen Dienst für den Hof leisteten, zu akzeptieren. Oegg beschäftigte mehr Gesellen als die Würzburger Schmiedezunft insgesamt, aber wegen seiner Arbeit für Hof, Adel und Geistlichkeit wurde er privilegiert, sehr zum Unmut der übrigen Handwerker in der Stadt.[210] Befreit von der Schatzung waren die, die vom Stadtrat oder der Landesherrschaft privilegiert wurden, sowie zum Beispiel die Güter der Dompropstei, des Domkapitels, Pforten- und Obleiamtes. Alle Güter wurden in einer Schatzungsmatrikel eingetragen; diese wurde mehrfach erneuert, so 1651 und 1684 bis 1686. Die Schatzungsrechnung wurde in der Regel vom Stadtrat abgehört, da die abzugebende Summe ja vorher feststand. Die Hofkammer versuchte immer wieder, die Kontrolle über die Rechnungslegung der Schatzung zu erringen. Große Probleme in der Schatzungsstube der Stadt Würzburg brachten Bischof Konrad Wilhelm von Werdenau 1686 dazu, zu verlangen, dass die Schatzung von zwei Einnehmern eingebracht wurde. Außerdem befahl er, die Rechnung nach der Revision durch den Stadtrat zur Hofkammer zu liefern; diese sollte eine Art Oberrevision durchführen, erst anschließend wollte sie der Bischof genehmigen. Der Bischof stellte eindeutig klar, dass er, sollte die Stadt hier weiter versagen, noch weitgehender eingreifen werde.[211] Der Hofkammer gelang es nicht, die völlige Kontrolle über die Abhörung der Schatzungsrechnung zu erlangen. Weitere Versuche, so 1723, 1728, 1738 oder 1768, konnten vom Stadtrat mit Hilfe des Bischofs verhindert werden.

Ein Dauerproblem bildeten die Schatzungs- und Steuerrestanten, das heißt diejenigen, die die geforderten Steuern nicht oder nicht vollständig zahlten. So betrug der Ausstand an Schatzung nur für die Stadt Würzburg aus der Zeit 1644 bis 1685 stolze 22 331 Gulden 2 Pfund 19½ Pfennig. Besonders hohe Ausstände hatten die Bewohner des Mainser, des Sander und des Gänheimer Viertels; zu den Rückständen der Viertel kamen solche aus Vormundschaften, von geistlichen und auswärtigen Besitzern, Begüterten, Arbeitern und Dorfschaften.[212] Die Eintreibung solcher Ausstände war für die Stadt nahezu unmöglich, da sie keine Strafmöglichkeiten gegen die Schuldner hatte. Der Stadtrat zitierte die Schuldner und ließ sie eindringlich ermahnen, ohne großen Erfolg. Die Bischöfe forderten zwar regelmäßig die militärische Exekution, das heißt, es sollten Soldaten in den Besitz der Schuldner gelegt und diese dadurch zur Zahlung gedrängt werden. Auch die Versperrung von Kellern und Pfändungen wurden angedroht, aber dies war weder bei allen Schuldnern möglich noch sinnvoll, da der Besitz, für den alte Steuern gezahlt werden sollten, seitdem manchmal mehrfach den Besitzer gewechselt hatte. Johann Philipp bezeichnete solche Steuerrestanten als *halsstärrig* und *zimblich widerwertig*.[213] 1697 hatte der Bischof ein Einsehen und gab 16 000 Gulden Schatzungsausstände als verloren; die Hofkammer musste akzeptieren, dass diese Zahlungen nicht mehr erfolgten.[214] Das Problem wurde dadurch aber nicht gelöst. 1743 verzeichnete die Schatzungsstube gar einen Ausstand von 25 749 Gulden, von denen sie mindestens ein Drittel als verloren betrachtete, bei Einnahmen von 24 000 Gulden. Die Bischöfe beklagten auch im 18. Jahrhundert immer wieder diese Zustände. Der Stadtrat wusch seine Hände in Unschuld; was sollte er auch tun, wenn zum Beispiel Graf Hatzfeld mehrere Tausend Gulden Steuerschulden hatte und sich bei seiner Weigerung, zu zahlen, darauf bezog, dass ihm die Hofkammer Geld schulde, und er ein Junktim zwischen beiden Fällen erwartete – und von der Hofkammer schließlich erhielt. Das vom Rat verfochtene Recht, die Steuern, deren Höhe die Landesherrschaft festlegte, selbst einzutreiben, zeigte seine Schwächen. Die konkrete Arbeit wurde in den Stuben vollbracht: in der Schatzungs-, Steuer- und Umgeldstube. Der Stadtrat konnte relativ unangefochten je einen Delegierten in die drei Stuben entsenden. Die praktische Arbeit in der Schatzungsstube verrichtete der Schatzungseinnehmer, der Hilfspersonal zur Verfügung hatte. Als um 1684 die Unordnung in der Schatzungsstube zu groß wurde, griff Bischof von Werdenau ein und befahl, man dürfe die Gelder nicht mehr nur einem Einnehmer geben, vielmehr forderte er einen zweiten, quasi zur Kontrolle. Der Rat schlug vor, das Geld solle von einem Einnehmer im Beisein des anderen angenommen werden, außerdem sollte diese Aufgabe zwischen den beiden wöchentlich wechseln. 1708 wurde den Schatzungseinnehmern befohlen, dem Stadtrat wöchentlich Bericht zu geben, bei grundsätzlichen Fragen aber die Hofkammer einzuschalten.[215] Im 18. Jahrhundert musste der Rat sein Recht, den Obereinnehmer zu bestimmen, verteidigen, was ihm nicht immer gelang, denn der Bischof saß im Zweifelsfall am längeren Hebel.

Neben der Schatzung war die so genannte Stadtsteuer, in den Quellen meist Steuer genannt, die wichtigste Einnahmequelle für den Stadtrat. Die Steuer wurde auf die bürgerlichen Güter auf Würzburger Markung erhoben, das heißt auf Grundbesitz und Häuser. Außerdem mussten alle, die zwei Gulden Schatzung pauschal als Schutzgeld zahlten, das heißt, die keinen Immobilienbesitz verschatzen mussten oder konnten, einen halben Gulden pro Jahr Steuer zahlen; die Beisassen waren steuerpflichtig. Das Handwerk wurde anders als bei der Schatzung nicht versteuert. Die meisten Stadtviertel zahlten etwa ein Fünftel ihrer Schatzungshöhe als Stadtsteuer, das Pleicher Viertel aber weniger. Der Stadtrat finanzierte aus der Stadtsteuer unter anderem Baumaßnahmen, Dienstbesoldungen und Verehrungen, das heißt Geschenke, die bestimmten Personen regelmäßig zu leisten waren, um ihre Gunst nicht zu verlieren. Seit 1436/37 zahlte der Stadtrat ein Viertel der Stadtsteuer an die Landesherrschaft – freiwillig, wie er immer wieder betonte. Als Grund gab der Rat 1679 an, dies sei der Preis gewesen für die Hilfe der Landesherrschaft bei der Eintreibung der Steuerrestanten. Seit dem 15. Jahrhundert wurde eine eigene Rechnung erstellt für den Anteil von einem Viertel für die Hofkammer. Der Stadtrat behielt aber die Aufsicht auf die Steuerrechnung und das Personal der Steuerstube.[216] Der Stadtrat hatte außerdem den vierten Teil der Nachsteuer inne, das war eine Abgabe für die, die aus Stadt und Hochstift Würzburg wegzogen bzw. ein dortiges Erbe in ein anderes Territorium transferieren wollten.

Das Ungeld war eine indirekte Steuer auf Wein, die Akzise eine solche vor allem auf Getreide. Beide Steuern waren alt, doch erst Peter Philipp von Dernbach führte 1676 eine allgemeine, sehr hohe Akzise ein. Er begründete seinen Schritt mit der gefährlichen außenpolitischen Lage des Hochstifts, weswegen er mehr Soldaten, ja ein stehendes Heer benötige, um vor Überfällen geschützt zu sein. Da die Gefälle der Hofkammer für die Kosten der Soldatenwerbung nicht reichten, benötigte er die Akzise. Peter Philipp forderte von Bürgermeister und Rat der Stadt Würzburg Kooperation, man solle statt des Privatinteresses das Wohl des von Gott anvertrauten Landes und der Bevölkerung sehen.[217] In seinem nur wenige Tage später, am 5. März 1676, erlassenen Mandat begründete er die Akzise für das Hochstift wieder mit der Außenpolitik; das Domkapitel sei einverstanden, es sei nicht ratsam, alles auf die Schatzung zu schlagen. Deshalb solle, bis der göttliche gerechte Zorn gestillt werde, von allen, auch Durchreisenden und Fremden, *auff alle Consumptibilien an Brod, Getranck, Fleisch, Schmaltz, Speck, Brandtewein, Taback, Saltz, grün- und dürres Fischwerck und dergleichen* die Akzise erhoben werden, niemand sollte befreit sein. Die Höhe der Akzise wurde wie folgt festgesetzt: drei Batzen je Malter Korn oder Mischgetreide, sechs je Malter Weizen; was von den Bäckern gemahlen und verkauft wurde, wurde mit zwei bzw. drei Batzen für das Malter Korn bzw. Weizen veranschlagt. Die Fleischakzise wurde festgelegt je nach geschlachtetem Tier, das Ungeld auf Wein wurde als Akzise erhöht.[218] Eine Chronik nannte diese Steuer ein *schwerer undt gleichsamb unerträglicher Accis, worüber man in der Stadt und im ganzen Land ein grosses Wehklagen, undt Schreyen, wie nit weniger Fluchen undt Verwüntschung* hören konnte. Die Akzise wurde auf alle Waren auf dem Markt erhoben, die Häuser wurden visitiert und der Verbrauch je Person nach deren Alter gestaffelt geschätzt.[219] Die Hofkammer befahl dem Stadtrat, Torschreiber am Zeller und Teufelstor deswegen aufzustellen, die Viertelmeister und andere sollten die Fisch- und Wochenmarktakzise einnehmen. Das bischöfliche Mandat vom 5. März 1676 hatte für jede Stadt und jedes Dorf zwei Akziseeinnehmer vorgesehen. Die 1676 eingeführte hohe Akzise wurde in den folgenden Jahren beibehalten.

Die Stadt Würzburg hatte unter Johann Philipp von Schönborn ein Drittel der Fleisch- und Brotakzise bekommen, um das Pflaster in der Stadt zu erhalten. Unter Peter Philipp von Dernbach war dies nicht der Fall, und das, obwohl die Akzise jetzt flächendeckend und mit einem hohen Satz erhoben wurde. Gegen Ende des 17. Jahrhunderts versuchte der Rat immer wieder, dieses Drittel der Akzise zurückzuerhalten, da man im Pfälzischen Erbfolgekrieg die Kosten für das Pflaster nicht hatte aufbringen können. Im Interregnum 1699 stimmte das Domkapitel der entsprechenden Forderung der Stadt zu.[220] Die Ungeldstube, die die Einnahmen aus indirekten Steuern auf Getränke verwaltete, war im 17. Jahrhundert bereits unter der Verfügung des Rats. Einzelne bischöfliche Versuche, hier Einfluss zu gewinnen, waren im Wesentlichen unter der kurzen Regierungszeit des Johann Philipp Franz von Schönborn erfolgreich, ansonsten konnte der Rat seine Position behaupten.

Zölle und das Pfandhaus

Die Stadt Würzburg hatte den so genannten Mainzoll und den Brückenzoll inne; diese Zölle waren wichtige Rechte und Einnahmequellen.[221] In der Regel gehörten die Zölle im Hochstift Würzburg der Landesherrschaft, die sie durch die Hofkammer verwalten ließ. Der Wasserzoll, das heißt der Zoll, der beim Passieren der Stadt auf dem Main fällig wurde, war 1353 vom Bischof an das Domkapitel verkauft worden; dieses wiederum hatte ihn 1552 an den Stadtrat für 40 Gulden pro Jahr weiter veräußert, allerdings sich die Wiedereinlösung des Zolls vorbehalten. Dass dieser Verkauf den Bischöfen alles an-

Abb. 49: Schiffsknecht am Alten Kranen in Würzburg,
Aquarell von Johann Adam Klein, 1815.
(Museen der Stadt Nürnberg, Graphische Sammlung, Inv.-Nr. Norica 104)

dere als recht war, kann man sich denken, doch ihre Versuche, den Zoll der Stadt zu nehmen, scheiterten, unter Julius Echter kam es deswegen sogar zu einem Prozess vor dem Reichskammergericht. Als 1695 der Melber Sebastian Schübel eigenmächtig 200 Malter Korn in Würzburg auslud, ohne den Zoll zu zahlen, bestrafte der Stadtrat den Unterzöllner mit 10 Reichstalern. Der Stadtrat bat den Bischof, ihn bei *seinen ohne dem wenigen Befugnußen* zu erhalten.[222] Daraufhin forderte der Bischof sowohl das Original-zollprivileg als auch die Konzessionen für die Bestrafung von Zollfrevlern. Der Rat konnte daraufhin nicht anders, als über die Verluste seiner Unterlagen im Dreißigjährigen Krieg zu klagen, die auf die Festung gebracht werden mussten, ohne je zurückgegeben zu werden – hätte man sie zurückerhalten, wäre darunter sicherlich auch das entsprechende Dokument über den Wasserzoll gewesen.[223] So konnte der Rat nur darauf verweisen, dass er den Zoll schon seit undenklichen Zeiten innehabe und seine Rechte auch ausgeübt habe. Er bat den Bischof um die Bestätigung des Rechts, was ihm von den fürstlichen Räten auch zugestanden wurde, wenn auch mit dem Hinweis, er müsse die Inspektion darauf halten, damit niemand übervorteilt werde. 1730 wollte Fürstbi-schof Friedrich Karl von Schönborn den Würzburger Wasserzoll an das Hochstift zie-hen, dem Stadtrat wurde ein Kündigungsschreiben für den Zoll übersandt. Der Stadtrat wand sich einige Zeit und versuchte alles, den Zoll zu behalten, wobei er insbesondere auf die Verwendung der Gelder für die Marienkapelle hinwies, wovon *sozusagen der gröste Seegen des lieben Vatterlandts* herrühret. Gleichzeitig schrieb er dem Grafen von Schönborn, bei Ausfall der Gelder müsste er *die ohnehin bey wohlfeylen Wein Jahren bis auff das Bluth erarmbte getreue Bürgerschafft* mit einer neuen Abgabe belegen.[224] So zalte der Rat etwa in der Zeit zwischen 1700 und 1730 aus Mitteln des Wasserzolls für den Wiederaufbau des am 1. Juni 1711 durch Blitzschlag zerstörten Turms der Marienkapelle, für schwarzen Samtornat, Fenster, Reparatur der Pyramide, Statuen, die Orgel und das Weißen der Kapelle; von 1700 bis 1730 flossen immerhin 13 853 Gulden an die Marienkapelle.[225] Friedrich Karl ließ sich zwei Jahre Zeit, bis er der Bitte des Rats doch entsprach. Auch Adam Friedrich von Seinsheim dachte zeitweise an einen Rückkauf des Wasserzolls, die Pläne wurden aber nicht konkretisiert. Der Wasserzoll wurde von einem Unterwasserzöllner eingenommen, der Bürger sein musste und in seiner Amtsausübung von einem Oberwasserzöllner kontrolliert wurde. Der Unterwasserzöllner musste alle Waren, die auf dem Main transportiert wurden, nach der vom Rat beschlossenen Zollrolle verzollen. Die am 13. April 1740 vom Rat angenommene Zollrolle sah unterschiedliche Zölle für verschiedene Waren vor, zum Beispiel betrug der Zoll einen Pfennig für zwei Eimer Bier oder eine Kuh, zwei Pfennig für einen Malter Korn oder Weizen und 12 Pfennig für einen Fuder Wein – makabrerweise wurde der höchste Zoll für den Transport eines toten Juden gefordert, und zwar ein Gulden.[226] Der Rat konnte auch einzelne Personen oder -gruppen vom Wasserzoll befreien. Wer gegen die Bestimmungen der Zollrolle verstieß oder den Zoll nicht zahlen wollte, wurde vom Rat bestraft.[227]

Der zweite Würzburger Zoll, den die Stadt innehatte, war der ursprünglich sich in bischöflichem Besitz befindende Zoll auf der Mainbrücke,[228] der spätestens 1485 an die Stadt gekommen war. Der Ertrag des Brückenzolls diente in erster Linie zur Erhaltung der Brücke, besonders für ihre Pflasterung. Der Zoll wurde vom Brückenzöllner erhoben, und zwar gestaffelt nach Art des Zugtiers und der Ladung zwischen einem und zwölf Pfennigen, wobei auch hier ähnlich wie beim Wasserzoll die Juden stärker als Christen zur Kasse gebeten wurden. Befreit vom Brückenzoll waren die Würzburger Bürger sowie von der Herrschaft Privilegierte. Der Brückenzöllner wurde vom Rat eingesetzt und aus der Stadtsteuer besoldet; seit 1756 wurde sein Gehalt umgestellt, er erhielt jetzt 10 Prozent des Zollertrags. Der Stadtrat versprach sich davon, dass der Brückenzöllner besser auf die Erhebung des Zolls achten werde, dessen Erträge unbefriedigend waren. Die Benutzung der Brücke war für Juden besonders wichtig, da viele von ihnen in linksmainischen Orten wohnten, vor allem in Heidingsfeld und in Höchberg, und entweder in der Stadt Würzburg oder in rechtsmainischen Orten, wo viele Juden wohnten, zum Beispiel Veitshöchheim, zu tun hatten; als Alternative zum Übersetzen über den Main blieb ihnen sonst nur die Fähre in Heidingsfeld. Der Stadtrat kam ihnen eher widerwillig entgegen, indem er auf Antrag eine pauschale Nutzungsgebühr für einzelne Juden oder für die eines Ortes akzeptierte.

Die so genannte Verschwendungssucht oder die Liebe zur Pracht, insbesondere bei der Kleidung, war den Bischöfen und ihren landesherrlichen Behörden eigentlich immer ein Dorn im Auge. Friedrich Karl von Schönborn nannte die Kleiderpracht eine *landesverderbliche Pracht*. Die merkantilistische Sicht der Wirtschaft beklagte den durch die Prachtliebe geförderten Geldabfluss ins Ausland. 1795 bezeichnete ein Artikel in der Zeitschrift »Merkur« den Luxus und die deshalb nicht geleisteten Abgaben als Betrug an der Herrschaft.[229] Gegen die Folgen der Verschwendungssucht wollte Friedrich Karl ein Pfandhaus einrichten. Der Stadtrat stimmte zu, wollte aber die Stoßrichtung gegen die *vielfältigen jüdischen Betrügereyen* richten[230] – der Bischof sah das anders. Der Stadtrat wählte drei Pfandherren, doch nach dem Tod des Friedrich Karl ruhte das Projekt zeitweilig, erst Bischof Karl Philipp nahm den Faden wieder auf. Die neue Pfandhausordnung[231] erlaubte nur, Habe und Ware gegen Geld als Pfand zu geben, aber keine Schuldverschreibungen oder ähnliche Papiere. Geleitet wurde das Pfandhaus, das im Rathaus angesiedelt wurde, von drei Stadträten und einem vom Stadtrat eingesetzten Buchhalter; der erste Amtsinhaber war der Händler Kuhn. Der Rat kümmerte sich nicht besonders intensiv um die Rechnungslegung des Pfandhauses und seinen Zustand, Kuhn konnte in den 50er und 60er Jahren ohne wirkliche Kontrolle schalten und walten. In den 70er Jahren griff die Regierung, die von weiteren Missständen gehört hatte, endlich ein. Stadtrat Englert hatte jahrelang nahezu alleine die Geschäfte des Pfandhauses geleitet. Eine Kommission untersuchte wochenlang in fast täglichen Sitzungen die Missstände und förderte zu Tage, dass Englert über 13 000 Gulden ohne Sicherheiten an einen Händler verliehen hatte. Bis März 1774 wurde als Ersatz dafür schließlich Englerts umfangreicher Besitz in Würzburg gepfändet. Bischof Adam Friedrich war hellauf empört über den Rat in seiner Gesamtheit, der hier eindeutig versagt hatte. Stadtrat Englert appellierte gegen die gegen ihn verhängten Sanktionen an den Reichshofrat, doch verstarb er vor einer Klärung des Streits. Seine Witwe konnte einen Kompromiss erreichen. Adam Friedrich war verärgert über den Rat, drohte einigen Räten auch mit Entlassung, doch blieb es bei solchen verbalen Angriffen. Vielleicht war der Bischof zu gutmütig, hart durchzugreifen, vielleicht hatte er aber auch gegenüber derartigen Schlampereien in der Verwaltung resigniert.

Bäcker, Müller und die Brotversorgung der Stadt

Dem Stadtrat unterstanden innerhalb der Zünfte nur die Bäcker und Müller,[232] die allerdings für die Brotversorgung der Stadt zentrale Bedeutung hatten. Der Stadtrat hatte die Aufsicht über die Bäcker Ende des 16. Jahrhunderts vom Oberrat übernommen. In den folgenden Jahrhunderten wechselte dieses Aufsichtsrecht mehrfach, wobei die Zeiten, in denen der Oberrat hier das Sagen hatte, eher kurz waren. Der Oberrat erhielt die Aufsicht über die Bäcker durch das Domkapitel im Interregnum 1683, aber bereits 1701 gelang es dem Rat, dieses Recht zurückzubekommen.[233] Der Rat hatte dabei vor allem auf den Zusammenhang mit dem Kastenamt verwiesen, das städtisch war und für die Versorgung der Bäcker mit Mehl und für die Versorgung der Stadt mit Getreide zuständig war; nur wenn die Bäcker unter dem Rat stünden, könne dieses verlustfrei arbeiten und die Versorgung der Bevölkerung mit Getreide sicherstellen. Die Strafen für Bäcker und Müller, zum Beispiel wegen zu leichten Brotes, dienten der Stadt für die Erhaltung des Pflasters. Da alle genannten Gründe der Landesherrschaft einleuchteten, erhielt der

Stadtrat die Bäckeraufsicht zurück. Der Oberrat war aber nicht gewillt, aufzugeben. 1718 bat sein Präsident den Bischof um Rücküberstellung der Bäcker, 1729 wollte die Regierung dies auch tun. Doch scheint Christoph Franz von Hutten anderer Meinung gewesen zu sein als seine Regierung. Erst Friedrich Karl von Schönborn vollzog schließlich diesen Schritt: die neue Oberratsordnung von 1745 reformierte nicht nur die Zusammensetzung des Oberrats, sie gab ihm auch zahlreiche neue Funktionen, darunter die Aufsicht über die Bäcker und Müller. Der Oberrat setzte seine diesbezüglichen Rechte in der Praxis rasch um, auch wenn der Stadtrat sich damit nicht abfinden wollte und versuchte, dem Oberrat immer wieder Knüppel zwischen die Beine zu werfen. Friedrich Karl starb schon 1746. Jetzt sah der Stadtrat seine Chance gekommen, die Entscheidung von 1745 zu revidieren. Der Stadtrat gewann offenbar das Domkapitel für sich, dann auch den neuen Bischof Anselm Franz von Ingelheim, der dem Stadtrat bereits am 6. November 1746[234] die Bäckeraufsicht zurückgab. Der Stadtrat trat sofort in seine wiedergewonnenen Pflichten und Rechte ein, der Oberrat hatte bis zum Ende des Fürstbistums Würzburg keine Zuständigkeit mehr über die Bäcker.

Die Angelegenheiten der Bäckerzunft waren in einer Zunftordnung geregelt. Diejenige aus dem Jahr 1612 gab dem Stadtrat entscheidende Rechte, insbesondere die Freiheit, Regelungen für die tägliche Arbeit der Bäcker zu erlassen. 1718 verfügte Bischof Johann Philipp von Greiffenclau eine neue Ordnung für die Bäcker,[235] da ein Teil der Sätze und Artikel der bisherigen Ordnung ohne bischöfliche Zustimmung erlassen worden sei. Der Bischof ließ die Ordnung teilweise renovieren, teilweise wurde sie auch konfirmiert. Dem Stadtrat wurde ausdrücklich verboten, die Bäckerordnung eigenmächtig zu verändern. Bindeglied zwischen Kastenamt der Stadt und Bäckern waren die Geschworenen des Handwerks; für die Bäcker gab es vier, für die Müller zwei. Diese leisteten dem Stadtrat die Pflicht. Die Geschworenen mussten jeden Mangel berichten (Holz-, Wasser-, Kornmangel). Der Stadtrat bzw. in seiner Vertretung das Kastenamt regelten die Zulassung der Bäcker zum Meisterrecht sowie die Überprüfung der entsprechenden Vorschriften wie Ableistung von Sitz- und Wanderjahren oder das Meisterstück. Die Zahl der Bäcker wuchs im Laufe der Zeit: Ein Verzeichnis der Weißbäcker umfasste für die Jahre 1679 und 1683 nur 18 Bäcker, 1708 gab es 26 Weiß- und Schwarzbäcker; im 18. Jahrhundert finden sich Zahlenangaben um die 40 für Bäcker, 1770 schließlich 42 Meister, vier ehemalige und vier derzeitige Geschworene.[236] Daneben waren zahlreiche andere Berufsgruppen an der Brotherstellung beteiligt, so Brotsitzer, Konditoren, Kornmesser, Müller und Melber; 1724 waren es 66 – ohne Sanderviertel, in dem es 1729 nochmals zehn gab –, wie aus der oben (S. 162) angegebenen Bevölkerungsstatistik hervorgeht. Brot wurde außer in kleinen Läden vor allem in den Viertelhöfen und im Brothaus verkauft. An zwei Orten konzentrierte sich dieser Verkauf: zum einen auf dem Markt in einem Gebäude, das dem Kloster Himmelspforten gehörte, zum anderen im Brothaus unterm Grünen Baum – dem Rathaus –, das der Rat Ende des 17. Jahrhunderts errichten ließ.[237] Es war aufgeteilt in ein schwarzes und ein weißes Brothaus, wobei das schwarze Brothaus unter Christoph Franz von Hutten einige Jahre als Teil der kurzzeitigen Lederfabrik verwendet wurde. Vertreter der Bäcker im Brothaus war der Brotsitzer. Die Müller unterstanden wie die Bäcker dem Rat bzw. dem Oberrat, auch für sie gab es Zunftordnungen. Wichtig ist, dass die Müller aus einem gewissen Umkreis mit zur städtischen Zunft gehörten und als Würzburger Müller huldigten.[238]

Der Stadtrat hatte die Aufsicht über das Brotgewicht und den Brotpreis. Entscheidend für das Brotgewicht war die jährliche Getreideprobe, die das Kastenamt durchführen ließ und deren Ergebnisse im Ratsprotokoll vermerkt wurden. Getreide, das vom Domstift und den drei Nebenstiften (Haug, Neumünster, St. Burkard) angefordert wurde, wurde untersucht, wobei vor allem der Kleieanteil ermittelt wurde; aus einem Malter Getreide wurde Brot gebacken, das Kastenamt errechnete nach Bewertung der Ausgaben der Bäcker den Preis für bestimmte Brote und Backwaren. Der vom Kastenamt festgestellte und vom Rat genehmigte so genannte Abgang war entscheidend für das geforderte Gewicht der Backwaren: je höher der Abgang, desto leichter durften die Waren sein. Da viele Bäcker versuchten, mehr Brote aus einem Malter Getreide herzustellen, als ihnen erlaubt war, musste der Rat seiner Kontroll- und Strafbefugnis nachkommen.[239] Seit 1586 sind Brotwieger belegbar, es waren sechs, je zwei Stadträte, Viertelmeister und Vertreter der Gemeinde. Im 18. Jahrhundert wurde falsches Brot-, Brezen- und Semmelgewicht durch den Kastenmeister, einen Stadtrat, bestraft. Die Strafen waren in der Bäckerordnung von 1612 festgelegt. Beim dritten Vergehen in einem Jahr sollte der Bäcker ins Gefängnis kommen. In der Praxis begnügte man sich mit Geldstrafen, die nach dem fehlenden Gewicht gestaffelt wurden, außerdem wurden zu leichte Backwaren beschlagnahmt. Oft konnte der Rat die verhängte Geldstrafe nicht eintreiben und begnügte sich mit einer Teilzahlung. Härtere Strafen wurden immer wieder gefordert, so zusätzlich zu Geldstrafen auch eine öffentliche Beschimpfung des straffällig gewordenen Bäckers. Harte Strafen blieben aber die Ausnahme: Als Hofrat Sixtus 1771 vier Laib Brot, die Bäcker Göbel nach Zellingen verkaufte, aufschnitt und diese voller Wasser fand, sandte er sie dem Hofkammer- und Regierungspräsidenten zu, der den Bäcker auf die Hauptwache setzen ließ.[240] Die in der Folgezeit von der Regierung eingeführten härteren Strafen – beim zweiten Mal sollte der Bäcker an den Pranger gestellt werden, beim dritten Mal Handwerk und Bürgerrecht verlieren – wurden offenbar nicht umgesetzt.

Der Stadtrat war auch für die Festsetzung und Überwachung des Brotsatzes (Brotpreises) zuständig. 1648 legte der Rat den Brotsatz auf 15 Pfennig je Laib fest, *damit an Rocken Brot kein Mangel oder Zottel sey.*[241] Grundlage für die Festsetzung des Brotpreises blieb über viele Jahrzehnte aber die Berechnung des Jahres 1659/60: Laut dieser kostete der Malter Korn zwei Gulden, woraus der Rat einen Brotpreis von 13 Pfennig je Laib errechnete. Da der Oberrat 1685, als er für die Bäcker zuständig war, aber einen Brotpreis von 12 Pfennig errechnet hatte, warf man den Bäckern vor, durch den unterschiedlichen Preis größere Gewinne zu machen. Der Brotpreis war natürlich nicht immer konstant. Der Rat erlaubte mehrfach zeitlich und manchmal auf bestimmte Backwaren beschränkt eine Erhöhung des Brotsatzes, was allerdings die beständigen Klagen der Bäcker nicht verhindern konnte. Insbesondere durch seine Aufsicht auf den Kornmarkt konnte auch der Oberrat auf den Brotpreis Einfluss nehmen; seit Mitte des 18. Jahrhunderts tat dies auch die Regierung. Gegen eine Überschreitung des verordneten Brotpreises griff der Rat ein, wenn auch nur zögernd. Das Lamentieren der Bäcker ist in den Ratsprotokollen vielfach belegt.

Brotmangel oder ein Zottel, wie es in Würzburg hieß, gab es relativ oft. 1571 hatte Bischof Friedrich von Wirsberg der Stadt die Aufgabe der Getreideversorgung übertragen; genauer gesagt hatte er den Stadtrat, der dagegen war, dazu gezwungen. Da Notzeiten meistens mit Kriegen verbunden waren, musste auch die Landesherrschaft gegen den Mangel Schritte einleiten. Das waren meist das Verbot des Branntweinbrennens und ein Exportverbot für Getreide, eine so genannte Fruchtsperre. Da das Hochstift Würzburg kein geschlossener Territorialstaat war, waren solche Verbote allerdings schwer durchzusetzen. Zeiten des Mangels waren zum Beispiel die Jahre 1675, 1692/93, 1698/99 und 1707.[242] In späteren Krisen versuchte man, durch Mischungen das Brot im Preis erschwinglich zu halten, so 1725 und vor allem 1739/41, als man auf Wunsch des Fürstbischofs Friedrich Karl von Schönborn ein neues Brot herstellen ließ, das zu $2/3$ aus Kartoffeln und zu $1/3$ aus Kornmehl bestand. Per Mandat wurde für Würzburg und alle Orte, in denen Mehlmangel herrschte, dieses Kartoffelbrot befohlen. Allein, es fand kaum Zuspruch bei der Bevölkerung, sodass es nur bis 1742 gebacken wurde. 1754 sollte auf Wunsch der Regierung ein Gerstenbrot gebacken werden, doch wurde dies von den Bäckern weitgehend boykottiert. Zumindest das Mischbrot aus Gerste und Weizen wurde einige Zeit gekauft, aber nur, weil es billiger war. 1757 scheiterte ein ähnlicher Versuch bereits nach zwei Monaten, weil sich diese Art von Mischbrot als Ladenhüter erwies. 1770 wurde in der Zeit des großen Brotmangels nochmals ein solches Brot gebacken und mit tatkräftiger Unterstützung der Regierung verkauft; ohne diese wäre es kaum dazu gekommen. Ein weiteres Mittel gegen den Brotmangel sah man in der Vorratshaltung von Getreide bzw. Mehl. Der Rat forderte von den Bäckern immer wieder, Mehlvorräte anzulegen, er zwang sie in der Regel aber nicht dazu. Die 1758 in Würzburg liegenden Vorräte von 291 Maltern Weiß- und 631 Maltern Roggenmehl reichten nach Angabe des Rates gerade für drei Wochen, ohne die Flüchtlinge des Siebenjährigen Krieges aus Bamberg gerechnet.[243] Die Landesherrschaft wollte vor allem zur Zeit des Siebenjährigen Krieges ein Getreidemagazin in Würzburg. Doch blieben solche Versuche nur Stückwerk, da man sich nicht über die Finanzierung einigen konnte. Im Krieg gab es häufig Brotkrisen, so 1756 und 1762, aber auch nach Kriegsende (1764).

Den schlimmsten Mangel an Brot gab es in den Jahren 1770 bis 1772.[244] Im Hochstift Würzburg wurde im Oktober 1769 die keimende Saat durch frühen Schnee vernichtet, anhaltende Nässe und Schnee sowie starker Regen vor der Ernte ließen die Ernteaussichten bedrohlich erscheinen. Hinzu kamen örtliche Wetterkatastrophen, zum Beispiel Hagel und Wolkenbrüche in Heidingsfeld Ende Juli 1770, oder die Getreidekrankheit Mehltau. 1771 gab es eine Missernte in großen Teilen des Deutschen Reiches. Bischof Adam Friedrich von Seinsheim griff bereits im Juli 1770 ein und forderte, dass eine Kommission aus Mitgliedern der Regierung, der Hofkammer, des Oberrats und des Stadtrats zusammenkomme und ihm täglich Bericht erstatte. Man griff zu den schon oft erprobten Maßnahmen: Die Ausfuhr von Getreide und Mehl aus dem Hochstift wurde verboten, später auch eine Stadtsperre verhängt, das heißt, dass aus der Stadt Würzburg solche Waren nicht mehr weggebracht werden durften. Außerdem legte man Höchstpreise für die verschiedenen Getreidearten fest. Die Getreidesperre wurde schließlich auf Waren wie Erbsen oder Linsen ausgedehnt, die Stadtsperre an den Toren überwacht. Die Hofkammer lieferte das von ihr gehortete Mehl an die Bäcker aus. Aber das half alles nur wenig: Trotz der im Juli 1770 erlassenen Höchstpreise für Getreide stiegen diese bis Anfang Oktober um 50 Prozent. Man setzte jetzt viel Hoffnung auf Visitationen auf dem Lande: Dort vermutete man Getreide- oder Mehlvorräte, die man aufspüren und in die Stadt Würzburg bringen lassen wollte. Zahlreiche Einzelmaßnahmen wurden ergriffen, um die Zufuhr von Getreide nach Würzburg zu steuern – man hatte Angst davor, dass für Würzburg bestimmtes Getreide auf dem Weg weiterverkauft wurde – und die Abfuhr zu verhindern; so mussten etwa die Müller außerhalb der Stadt Bescheinigungen vorlegen, die die Abholung von Getreide und die Rückführung von Mehl regelten. Zahlreiche Personen waren zur Überwachung eingesetzt, zum Beispiel so genannte Fruchtsperraufseher. Wegen des relativen Misserfolgs aller getroffenen Maßnahmen organisierte die Landesherrschaft den Kauf von Getreide vor allem in den Niederlanden. Allerdings war es schwierig, die dafür nötigen Gelder aufzubringen. Die städtischen Stiftungen und Pflegen konnten die entsprechenden Forderungen nicht erfüllen, sodass man sich gezwungen sah, auf die durch das Lotto eingenommenen Gelder zurückzugreifen. Der Schiffs- und Wehrmeister Johann Philipp Öhninger kaufte im Auftrag 10 002 Malter Getreide, meist Roggen. Das teuer eingekaufte Getreide wurde etwa für den halben Preis an die Würzburger Bäcker weiterverkauft, was zu einem hohen Defizit führte.[245] Im Mai 1771 wurden auch Visitationen bei all denen vorgenommen, bei denen man in Würzburg Getreidevorräte erhoffte, sogar bei der Geistlichkeit. Es wurde zwar eine nicht unerhebliche Menge Getreide gefunden, doch konnte so das Problem des Brotmangels nicht gelöst werden. Der Chronist Geißler notierte unter dem 6. Juni 1771, in der ganzen Stadt sei kein Brot für Geld und gute Worte zu kaufen.[246] Ende Juli 1771 wurden die Stadtsperre und der Höchstpreis für Getreide aufgehoben, die Regierung hoffte nun, dass die Sperre an den Grenzen des Hochstifts und der freie Handel die Versorgung verbessern würden. 1772 wurde Getreide vor allem aus der Pfalz eingeführt. Die Defizite dafür waren noch höher als beim Kauf des niederländischen Getreides, aber die Notkäufe waren nach Ansicht der Hofkammer *das bittere Hülfsmittel*, das unumgänglich war.[247] Zur Begleichung der Defizite für die Getreidekäufe wurde von der Hofkammer eine Sondersteuer erlassen, und das, obwohl die Armut in der Stadt wegen der Teuerung *eine fast unglaubliche Meng Menschen* drückte.[248] Der Rat wollte 1772 mit Geldern, die die Stiftungen aufbringen sollten, unter der Hand Getreide einkaufen; dies misslang jedoch, da Bischof Adam Friedrich von Seinsheim überall auf dem Lande Getreidemagazine errichten ließ, sodass nur wenig Getreide für den Rat übrig blieb. Die Ernte von 1772 führte schließlich zu einer Entspannung der Lage. 1773 ließ der Kaiser die Getreidesperren im Deutschen Reich aufheben. Die Notlage der Jahre 1770 bis 1772 war auch deshalb so schlimm gewesen, weil zur gleichen Zeit eine Krankheitsepidemie[249] und ein gravierender Brennholzmangel die Stadt Würzburg heimsuchten.

Die Holzversorgung der Stadt Würzburg

Die Bedeutung der Versorgung der Stadt Würzburg mit Brennholz, daneben auch mit Bauholz, kann für die Frühneuzeit nicht hoch genug eingeschätzt werden. Holz gehörte bis ins 19. Jahrhundert »zu den Grundbedürfnissen jeden Hauses«, und zwar »genauso wie Nahrung und Wasser«.[250] Die Stadt Würzburg benötigte im 18. Jahrhundert ohne Hofhaltung, Militär und Juliusspital ca. 20 000 bis 30 000 Karren Holz, der Hof zusätzlich 5 000 bis 6 000 Karren, Klöster und Spitäler über 2 000 Karren und die Kasernen einige Hundert Karren.[251] Kennzeichnend für die Lage der Stadt Würzburg war es, dass man das nötige Holz nicht aus den umliegenden Wäldern holen konnte, da die Hofkammer die Wälder für die Baumaßnahmen des Hochstifts – Fortifikation, Residenzbau – und den Bedarf des Hofes reservierte; des Weiteren nutzte der Fürstbischof die umliegenden Wälder für ausgedehnte Jagden. Nur in äußersten Notfällen, so 1759, durfte die Stadtbevölkerung in bischöflichen oder klösterlichen Wäldern in der Umgebung der Stadt Holz hauen. Bis 1742 war es aber immerhin den Würzburger Armen erlaubt, im Guttenberger bzw. Gramschatzer Wald so genanntes Brechholz zu holen. Jene, die dazu berechtigt waren, erhielten ein so genanntes Holzzeichen. Seit 1742 bekamen die Armen in der Regel zu Anfang des Jahres 100 Karren Brennholz vom Bischof, der teilweise städtische Stiftungen für die Finanzierung heranzog. Das für die Stadt Würzburg benötigte Holz wurde zu einem großen Teil aus fremdherrschen Gebieten importiert, so aus hessischen, hanauischen, thüringischen, fuldischen und mainzischen Wäldern nördlich und westlich von Würzburg, sehr oft etwa aus dem so genannten Sinngrund. Auch der Waldbesitz des Juliusspitals war hier wichtig. Das Holz wurde auf Flüssen, insbesondere der Saale und dem Main, nach Würzburg geflößt bzw. durch Schiffe transportiert, die stromaufwärts gezogen werden mussten. Dabei war die Stadt auf den bischöflichen Landesherrn angewiesen, der politisch die Wege offenhalten musste, denn es wurde durch fremde Territorien geflößt. Manchmal gab es auch eine Konkurrenzsituation, wenn etwa Kurmainz für eine neue Glashütte das Holz selbst beanspruchte. Auch war man in Würzburg auf die Natur angewiesen, denn bei Hoch- oder Niedrigwasser waren die Zufahrtswege weitgehend unbrauchbar. In den Quellen liest man oft, dass im Sommer die Wassertiefe zu gering war, im Winter dagegen Eisschollen den Transport behinderten. Der Main war bei weitem noch nicht so tief wie heute. Nicht nur in Kriegszeiten war es manchmal schwierig, Transporteure für das Holz zu finden.

Die Bestellung von Brennholz war in der Regel keine Angelegenheit von Privatleuten. Dies war im Lauf des Jahres nur bis Michaelis erlaubt und endgültig seit 1744 an die Erlaubnis des Oberrats gekoppelt. Um Holzmangel vorzubeugen, wurde seit Julius Echter mehrfach die Errichtung eines Holzmagazins erwogen, aber erst Friedrich Karl von Schönborn setzte dies durch. Der Stadtrat versuchte, den Plan zu boykottieren, indem er auf Probleme bei der Finanzierung hinwies, doch Friedrich Karl blieb hart. In den 30er Jahren des 18. Jahrhunderts blieb das Holzmagazin aber ein Verlustgeschäft, da es der Stadtrat an Energie, Sorgfalt und Willen fehlen ließ. Das eingekaufte Holz wurde lange gelagert, ein Teil wurde gestohlen oder trocknete ein, die Rinde fiel ab. Die Bevölkerung zögerte mit dem Kauf des teuren Holzes, denn für die Unkosten bei der Be-

Abb. 50: Hofkanzler Franz Ludwig von Fichtl, Gemälde von Johann Zick, 1749.
(Mainfränkisches Museum Würzburg)

schaffung wurde ein Aufschlag je verkauftem Karren Holz erhoben. Außerdem ließ sich der Stadtrat mit Händlern ein, die ihn regelrecht übervorteilten und Absprachen nicht einhielten, so mit Peter Reusch, Schultheiß zu Gräfendorf. Friedrich Karl sah das eine Weile mit an, handelte dann aber entschieden: Durch das Holzmandat vom 31. März 1740[252] wurde dem Stadtrat der Auftrag der Holzbeschaffung entzogen und dem Oberrat übertragen. Der Oberrat bezahlte mit Geldern, die von den städtischen Pflegen und Stiftungen ausgelegt wurden, sowie von einem Aufschlag auf alles verkaufte Holz den Unterhalt und die Befüllung des Holzmagazins. Der Oberratsassessor Busch engagierte sich für das Magazin, er kontrollierte die Holzunterkäufer und die Kärrner, die den Transport innerhalb der Stadt vornahmen. Aufgabe der Holzunterkäufer war es, den Preis des verkauften Holzes zu kontrollieren, das am Main ankommende Holz aufzunehmen und an die Bürger weiterzugeben sowie die herrschaftlichen Gebühren beim Holzverkauf zu erheben. Der Oberrat hatte vor allem in den 40er Jahren des 18. Jahrhunderts seine Schwierigkeiten mit der Rechnungslegung der Holzunterkäufer. Friedrich Karl machte sich um die Holzversorgung der Stadt verdient, wie Kanzler von Fichtl (s. Abb. 50) ihm auch schrieb: Man erzähle, dass die Bürger die Abwesenheit des Bischofs bedauerten, *als welche so mildreich und landßvätterlich bey dem vorgewesenen Holz- und Frucht Mangel für selbige gesorget hatten, wo sie vielleicht sonsten grosse Noth würden zu leyden gehabt haben, und nuhn nicht wisseten, da es ohne dem wegen dem Brennholz schon anfange verwirret außzusehen, wie eß bey dero Entfernung ihnen ergehen mögte;*[253] die Bevölkerung vertraute dem Landesherrn, dem im Zeitalter des Absolutismus eine Sorgepflicht angetragen wurde, und nicht dem Stadtrat, der sich nicht nur in dieser Frage als untätig erwiesen hatte.

Ähnlich wie bei der Brotversorgung gab es immer wieder Engpässe beim Brennholz; deren Beseitigung stellte auch die Landesherrschaft vor Probleme. Alle Versuche, die Brennholzversorgung der Stadt von fremden Herrschaften unabhängig zu machen, scheiterten, die Not war oft groß; im November 1739 sollen nach Aussage des Chronisten Geißler oft mehr Würzburger am Main gewesen sein als Holzscheite.[254] Große Probleme mit der Holzversorgung gab es auch im Siebenjährigen Krieg, vor allem ab 1760. Regierung, Hofkammer und Oberrat schoben sich regelmäßig die Schuld am Holzmangel zu. Bischof Adam Friedrich war nicht der Mann, der entscheidend eingreifen wollte. Es gab Streit um unterschiedlichste Fragen. So wollten die Kärrner mehr Geld für den Transport, für die angebotenen 20 Batzen je Karren lehnten sie es ab, Pferde nach Gemünden zu bringen, die für das Ziehen der Schiffe mainaufwärts nötig waren; sie forderten drei fränkische Gulden je Karren. Am Ufer des Mains wurden 1761 in Karlstadt und Veitshöchheim Husaren stationiert, die das vorzeitige Ausladen von für die Stadt Würzburg bestimmtem Holz verhindern sollten. Probleme gab es dann mit den im Hochstift einquartierten Franzosen: 1762 konnte die Landbevölkerung bei Gemünden wegen der Einquartierungen nicht genug Vieh halten, dieses fiel als Zugtiere aus. Außerdem beanspruchten die in der Stadt Würzburg einquartierten französischen Truppen relativ viel Holz für sich. Das Problem wurde erst durch den Frieden von Hubertusburg 1763 und den allmählichen Abzug der Franzosen gelöst.

Die Schlacht bei Würzburg
vom 1. bis 3. September 1796

HANS-PETER BAUM

Im Jahr 1796 ging der so genannte 1. Koalitionskrieg, in dem das revolutionäre Frankreich den konservativen Mächten Europas gegenüberstand, bereits in sein fünftes Jahr. Preußen, dem sein Anteil an der dritten Teilung Polens 1795 wichtiger war als Verwicklungen mit Frankreich und das wegen des wenig glücklichen Verlaufs der Kampfhandlungen im Westen kriegsmüde war, hatte im April 1795 in Basel einen Sonderfrieden mit Frankreich geschlossen; Österreich führte im Bund mit den süddeutschen Staaten und mit englischen Subsidien den Krieg zur Wiederherstellung der »legitimen« Fürstenherrschaft in Frankreich weiter. Frankreich verteidigte keineswegs nur die Errungenschaften seiner Revolution, die französische Politik strebte vielmehr nach den »natürlichen« Grenzen Frankreichs, und das hieß im Osten die Rheingrenze.

So fasste man den Plan, 1796 mit drei Armeen auf getrennten Wegen nach Wien zu marschieren: eine Armee unter dem Befehl des noch ganz jungen und unbekannten Napoleon Bonaparte durch Oberitalien, die Sambre-Maas-Armee unter Marceau bzw. Jourdan – auch er erst 34 Jahre alt – am Main entlang nach Osten und die Rhein-Mosel-Armee unter Moreau dem Donautal folgend. Über Bayern und Tirol sollten die nördlichen Armeen sich dann mit der oberitalienischen vereinigen und Wien bedrohen oder einnehmen.

Marceau blieb zur Sicherung der Festungen am Rhein und entsandte Jourdan mit ursprünglich etwa 50 000 Mann nach Osten. Dieser drängte die ihm entgegengestellten Österreicher zurück. So musste am 24. Juli 1796 auch Würzburg kapitulieren und wurde besetzt. Dem Hochstift wurden 5 Millionen Livres Kriegskontribution auferlegt, denn die französischen Armeen wurden durch die besetzten Länder ernährt und bezahlt. Fürstbischof und Regierung waren geflohen.

In der zweiten Augusthälfte konnte der – übrigens erst 25jährige – Oberbefehlshaber der österreichischen Nieder-Rhein-Armee, der sehr talentierte Erzherzog Karl, der Bruder des Kaisers, eine fehlerhafte Operation Jourdans bei Amberg ausnutzen und ihm eine Niederlage beibringen, die ihn zum Rückzug nach Westen zwang.

Jourdan plante nun, sich auf das stark befestigte Würzburg und die Festung Marienberg zu stützen, um hier mit seiner noch ca. 41 000 Mann starken Armee den Erzherzog zu erwarten und ihm eine Schlacht zu liefern. Wenn diese für ihn günstig ausging, konnte er wieder die Offensive ergreifen, seinen Vormarsch nach Osten erneut aufnehmen und die Verbindung mit Moreaus Armee an der Donau herstellen. Bei ungünstigem Ausgang konnte er hier in sicherer Stellung die noch bei Mainz unter Marceau stehenden 25 000 Mann als Verstärkung erwarten. Der Besitz von Würzburg war also, ohne dass dies vorher geplant oder absehbar gewesen war, für den französischen Feldzug von 1796 nördlich der Alpen von entscheidender Bedeutung geworden. Erzherzog Karl erkannte dies sofort und sah, dass alles darauf ankam, Jourdan den Weg nach Würzburg abzuschneiden. Als dieser daher seiner erschöpften Truppe am 1. September bei Schweinfurt einen Ruhetag gönnte, nutzte Erzherzog Karl die Zeit zum schnellen Vormarsch.

Schon am Nachmittag des 1. September glückte den Österreichern in einer tollkühnen Aktion die Inbesitznahme der rechtsmainischen Stadt Würzburg, obwohl die Franzosen sehr sorgfältig seit dem 27. August alle Maßregeln für eine Belagerung getroffen hatten. Ein Trupp von nur 20 *Chevauxlegers* (leichte Reiterei) überrumpelte die Torwache des äußeren Sandertors, öffnete dann mit Hilfe einiger beherzter Bürger auch das innere Tor und galoppierte in die Stadt hinein. Die Franzosen, von denen etwa 20 getötet oder verwundet und 100 gefangen genommen wurden, zogen sich, da sie die geringe Zahl ihrer Gegner zu spät erkannten, überstürzt auf die Festung zurück. Würzburg wurde noch am gleichen Tag von zwei österreichischen Bataillonen besetzt. Zwischen den Franzosen auf der Festung und den österreichischen Stellungen auf dem Galgenberg entspann sich bald heftiges Artilleriefeuer über die Stadt hinweg. Am 2. und 3. September, als die Schlacht noch unentschieden war, versuchten die Franzosen mehrmals von der Festung aus einen Durchbruch zu ihren Truppen auf dem Steinberg, wurden aber jedes Mal auf der Mainbrücke durch Kartätschenfeuer zurückgeworfen.

Am 2. und noch intensiver am 3. September wurde die Schlacht von Würzburg auf einer Frontlänge von mehr als zwölf Kilometern vom Steinberg bis in den Raum Prosselsheim zwischen etwas mehr als 30 000 Mann der französischen Armee – eine Division bei Schweinfurt kam nicht zum Einsatz – und etwa 44 000 Mann des österreichischen Heeres ausgefochten (s. Abb. 51). Es ist hier nicht der Raum, den Verlauf der Schlacht im Einzelnen nachzuzeichnen. Ihr Ausgang war bis zum Nachmittag des 3. September offen, da es den Franzosen mehrfach gelang, nicht unbedeutende Stellungsvorteile zu erkämpfen und die Österreicher aus günstigen Positionen zu vertreiben. Entscheidend war wohl das überragende Feldherrntalent von Erzherzog Karl, dem es auch unter geschickter Ausnutzung natürlicher Phänomene wie des ungewöhnlich dichten Nebels am Morgen des 3. September immer wieder gelang, »überlegene Streitkräfte auf den entscheidenden Punkt zu bringen«, so sein Grundsatz, und die Franzosen so zu schlagen und zum Rückzug in Richtung Rhein zu zwingen. Bei dem die ganze Schlacht entscheidenden Gefecht am späten Nachmittag des 3. September zeichneten sich zwei würzburgische Grenadier-Kompanien, die dem Bataillon des Oberstleutnants Paulus zugeteilt waren, besonders aus.

Die französischen Verluste betrugen etwa 2 000 Gefallene und Verwundete, etwa 1 000 wurden gefangen genommen, die Österreicher verloren 1 450 Mann. Am späten Abend des 3. September schickte der bestürzte Jourdan zwei Offiziere zum Erz-

Abb. 51: Erzherzog Karl in der Schlacht bei Würzburg am 3. September 1796, Lithographie von Zöller.
(Mainfränkisches Museum Würzburg, Inv.-Nr. 42300)

herzog und bat dringend, ihn auf dem Rückzug nicht anzugreifen, da er sonst gezwungen sei, zu seiner Deckung weitere Orte niederzubrennen. Ohnehin war während der Schlacht bereits Lengfeld in Flammen aufgegangen und hatten die Franzosen zur Sicherung ihres Rückzugs die Dörfer Unterpleichfeld, Burggrumbach und Mühlhausen angezündet.

Durch unausgesetzten Druck und geschicktes Manövrieren gelang es Erzherzog Karl, im Verlaufe des Herbstes 1796 beide französische Armeen zum Rückzug über den Rhein zu zwingen. Währenddessen setzte aber Napoleon mit siegreichen Kämpfen in Oberitalien seinen Vormarsch in Richtung Wien fort, und auch der im Frühjahr 1797 gegen ihn entsandte Erzherzog Karl konnte das Kriegsgeschehen nicht mehr entscheidend wenden, sodass sich Österreich 1797 zum Friedensschluss von Campo Formio mit der Französischen Republik gezwungen sah. Der große Sieg bei Würzburg blieb somit im gesamten 1. Koalitionskrieg nur eine Episode, die den Gang der politischen Ereignisse nicht tief greifend beeinflussen konnte.

Übergang an Bayern (1795–1814)

WOLFGANG WEISS

Würzburgs letzte Jahre als Hauptstadt
des Hochstifts (1795–1802)

Der Bischofswechsel 1795

Tod und Begräbnis eines Fürstbischofs sowie Wahl und Amtseinführung seines Nachfolgers waren stets bewegende und bewegte Tage im Leben der fürstbischöflichen Haupt- und Residenzstadt Würzburg. Nicht anders, als am 14. Februar 1795, tief betrauert von der Bevölkerung, der Fürstbischof Franz Ludwig von Erthal verstarb.

Das Trauerzeremoniell bot ungeachtet aller aufgeklärten Tendenzen der letzten Jahrzehnte ein Schauspiel barocker Trauerkultur. Zuerst wurde der Leichnam im Weißen Saal der Residenz auf einem Paradebette liegend ausgestellt, dann wurde er einige Tage in der Hofkirche aufgebahrt, und erst am 5. März wurde er in feierlicher Prozession von der Hofkirche in den Dom überführt. Der Trauerkondukt bestand aus den Angehörigen der Stifte und Klöster der Stadt, den Prälaten der Landklöster, den Vasallen des Hochstifts, der Regierung und den Stadtbehörden. Spalier standen neben dem hochstiftischen Militär auch die städtischen Bürgerkompanien. Alle Glocken der Stadt läuteten.[1]

Zum letzten Mal sollte sich dieses Schauspiel entfalten. Der Trauerzug war ein sinnfälliger Ausdruck für den Lebenszusammenhang, der Würzburg seit der Stadtwerdung im 8. Jahrhundert prägte, nämlich das Miteinander von geistlicher und weltlicher Herrschaft.

Als Franz Ludwig verstarb, waren die Zeichen einer neuen Zeit unübersehbar geworden. Seit dem Ausbruch der Französischen Revolution 1789 war Europa nicht mehr zur Ruhe gekommen. Ab 1792 herrschte Krieg zwischen dem revolutionären Frankreich und dem Deutschen Reich. Das nahe Mainz fiel in französische Hände und auch Würzburg schien bedroht. Noch blieb aber Franken das Schicksal von Kriegshandlungen erspart.

In dieser schwierigen Situation wurde am 12. März 1795 Georg Karl von Fechenbach (s. Abb. 52) zum neuen Fürstbischof gewählt. Ihm sollte kaum Zeit bleiben, in Ruhe sein Fürstbistum zu regieren und die von seinen Vorgängern angegangenen Reformen weiterzuführen.

*Abb. 52: Georg Karl von Fechenbach, Fürstbischof von Würzburg
(reg. 1795–1803, gest. 1808), Ölgemälde eines unbekannten Künstlers.
(Mainfränkisches Museum Würzburg)*

Das Emigrantenproblem

Vom Revolutionsgeist selbst war in Würzburg, ganz anders als in manchen rheinischen Städten, nur wenig zu spüren. Fürstbischof Franz Ludwig hatte ein großes Vertrauen in die Sicherheit der inneren Lage an den Tag gelegt,[2] und auch sein Nachfolger Fürstbischof Georg Karl konnte mit der Treue der Mehrheit seiner Untertanen rechnen. Die Fürstbischöfe versuchten, das Würzburger Land von den Entwicklungen im Westen abzuschirmen. Selbst mit den Opfern der Revolution, den Emigranten, wollte man möglichst wenig zu tun haben. Franz Ludwig lehnte die Aufnahme von Emigranten rundweg ab. Nur bei schwerer Krankheit und Lebensgefahr machte er eine Ausnahme. Etwas großzügiger verhielt sich Fechenbach. Vornehmlich Niederländer und Deutsche aus den linksrheinischen Gebieten bekamen nun Aufenthaltsrechte. Die Folge war, dass Würzburg von französischen Emigranten weitgehend frei blieb, »aber überbesetzt [war] von Deutschen und Niederländern«.[3] Nach den Würzburger Emigrantenlisten kamen bis November 1795 insgesamt 847 Personen in die Stadt.[4] Die meisten von diesen, die vorwiegend den höheren Ständen und der Geistlichkeit entstammten, hielten sich aber nur vorübergehend in der Stadt auf. Von großen Problemen mit den Emigranten in Würzburg melden die Quellen nichts.

Die erste französische Besatzungszeit 1796

Die Emigranten bildeten nur das Vorspiel für eine zwei Jahrzehnte währende Phase ununterbrochener politischer Umwälzungen und kriegerischer Unruhen. Franken wurde 1796 selbst Kriegsschauplatz. Nachdem Frankreich die Truppen der Koalition vom eigenen Gebiet vertrieben hatte, plante es den entscheidenden Schlag gegen Österreich und das Deutsche Reich. In Italien und in Süddeutschland rückten französische Truppen vor. In dieser Situation sah Georg Karl keine andere Möglichkeit, als seine Residenzstadt am 18. Juli 1796 in Richtung Böhmen zu verlassen. Mit dem Fürstbischof kehrte ein Großteil des Adels und der Domherren der Stadt den Rücken. Teile der Bevölkerung sollen nach dem Urteil von Zeitgenossen dem Vormarsch der Franzosen, die sich doch die Parole von Freiheit, Gleichheit und Brüderlichkeit auf die Fahnen geschrieben hatten, nicht ohne Sympathien begegnet sein. Besonders der »Entschluss der Adligen, sich nicht nur selbst, sondern auch unter Mitnahme möglichst vieler Vermögenswerte auf die Flucht zu begeben«,[5] förderte diese Haltung. Die Proklamation des französischen Generals Jourdan vom 30. Juni 1796, Person und Eigentum zu sichern, bestärkte profranzösische Tendenzen: »als die Franzosen im Lande waren, wurde die Bevölkerung rasch eines Besseren belehrt«.[6]

In Würzburg herrschte in diesen Tagen eine aufgeregte Atmosphäre. Zahlreiche Flüchtlinge aus dem Frankfurter und Aschaffenburger Raum trafen in der Stadt ein – »zur nicht geringen Freude der Würzburger Gastwirte, die voll auf ihre Rechnung kamen«.[7] Die zurückdrängenden österreichischen Truppen belasteten mit Einquartierungen und Verproviantierungen die Stadt. Unmut erregten vor allem die *Rothmäntel*, Bosniaken und Kroaten, unter denen die Zivilbevölkerung besonders zu leiden hatte.

Für die Verteidigung der Stadt bereitete man sich kaum vor. Die Eroberung durch die Franzosen wurde als unvermeidliches Schicksal betrachtet. Die militärische Führung der Stadt war schlichtweg überfordert. Festungskommandant Rafen überlebte die Aufregungen nicht; er verschied am 22. Juli 1796 an einem Schlaganfall.[8] Der Stadt- und Festungskommandant Generalfeldmarschall-Leutnant Freiherr von Ambotten fiel in Ohnmacht, als ihm am 24. Juli gemeldet wurde, dass die Franzosen unmittelbar vor der Stadt stünden. Tags zuvor hatte er noch angekündigt, die Stadt mit allen Mitteln zu verteidigen.[9] Noch am gleichen Tag kapitulierte Ambotten mit Vertretern des Würzburger Magistrats, ohne dass ein Schuss gefallen war, und übergab die Stadt an die Franzosen. Die in der Stadt stationierten fürstbischöflichen Truppen konnten abziehen.[10]

Wenig erbaulich scheint in diesen Tagen das Verhalten des Stadtrates gewesen zu sein. Nach dem Eindruck des Hauger Stiftskanonikers Jenum, eines wachen und manchmal auch etwas boshaften Beobachters jener Vorgänge, dessen Aufzeichnungen über die französische Besatzungszeit uns eine wertvolle Quelle für jene turbulenten Tage bieten, war er den Franzosen gegenüber allzu willfährig: *Solche Burschen sollte man nicht in der Stadt, noch weniger im Stadtrat dulden, denn solche Leute trachten auf nichts als auf den Ruin der Bürger und den Untergang der ganzen Stadt. Des Stadtrats Dasein ist, den Bürger zu schützen und zu vertreten; durch solche Art Menschen aber wird der Bürger verraten und verkauft.*[11] Weiter berichtet er: *Nach unterzeichneter Kapitulation wurde in dem Rathaus […] zu Nacht gespeiset und wegen des so glücklich vollendeten Kapitulationsgeschäftes bis lang nach 12 Uhr grausam gesoffen. […] Sämtliche Würzburger Herren, welche diesem Abendschmaus beiwohnten, konnten zwar noch nach Hause gehen, doch wann sie nach Hause kamen, wußten anderntags viele nicht.*[12]

Am 25. Juli 1796 marschierten die französischen Truppen in die Stadt Würzburg. Was kam, war *eine barmherzige, zerfetzte und verlumpte, aus etwa 1 500 oder 1 600 Mann bestehende Infanterie mit Kappen, Hüten, halb barfuß, in Montur, in bürgerlichen Röcken mit mehreren Farben.*[13] Die französischen Soldaten waren durchweg in einem jämmerlichen Zustand und auch ihre Bewaffnung ließ zu wünschen übrig. Neugierig bestaunten die Würzburger diese bunte Schar. Ebenso wenig stellte die erste Wachparade der Franzosen am 26. Juli 1796 ein besonders eindrucksvolles militärisches Schauspiel dar: *[…] mehrere hatten auch ihr Brot an ihren Bajonetten stecken. Alle Gemeinen und auch viele Unteroffiziere hatten ihren blechernen Eßlöffel in dem Knopfloch der linken Rockklappe stecken.*[14]

Die Würzburger, an ihre Untertanenrolle gewöhnt, bereiteten den Besatzern nur wenig Schwierigkeiten, obwohl viele Bewohner wegen der Einquartierungen großen Verdruss hatten, *denn die Franzosen begehrten übermäßig Essen und Trinken, mehrere noch dazu gute Bedienung und ausgesuchte Speisen.*[15]

An sich hatten die Okkupanten zugesichert, alle Plünderungen, Erpressungen und Misshandlungen zu unterlassen. Zur Sicherung von Ruhe und Ordnung wurde sogar ein Vertrag zwischen den Franzosen und dem Fränkischen Kreis ausgehandelt, in dem die Kontributionsleistungen genau geregelt waren.[16] Der Abschluss dieser Übereinkunft scheiterte aber an den Franzosen, die lieber freie Hand behalten wollten. Einseitig wurden nun durch die Besatzer der Stadt und dem Fürstentum Würzburg umfangreiche Requisitionen (300 Reit- und 300 Zugpferde, 100 000 Paar Schuhe, 25 000 Paar Stiefel,

100 000 Gamaschen und 100 000 Hemden) und 5 Millionen Livres Kriegssteuer auferlegt.[17] Um die Erfüllung der Kontributionen zu sichern, musste die Stadt Würzburg 15 Geiseln stellen, die nach Givet in Frankreich gebracht wurden.

In den Besatzungstagen konnten die Würzburger erstmals eine der neuesten Erfindungen bestaunen, einen Heißluftballon, der den stolzen Namen »L'Hercule« trug. Die Franzosen wollten dieses technische Wunder zur Feinderspähung einsetzen. Folgen wir dem Bericht Jenums über diese Sensation in Würzburgs alten Mauern:

In der Afrakirche sind heute alle Bilder und die Kanzel abgebrochen und sämtliche Betstühle auf die Seite gebracht worden, denn die Franzosen wollen in dieser Kirche ihren Luftballon zurichten. […] Am 22. August […] früh kam der Luftballon auf einem Wagen an das Afrakloster. Er war in ein Leinentuch gewickelt und wurde durch 4 Mann in die Kirche gebracht. […] In der Afrakirche wurde der Luftballon frei an der Decke aufgehangen, und 4 Mann fingen an, abwechselnd denselben aufzublasen. […] [25. August] Früh wurde der Luftballon vollends aufgeblasen, und hierauf war er gegen ein Trinkgeld oder gegen ein hier auf der Seite angebrachtes Billet zu sehen. Der Ballon wurde von den Würzburgern recht häufig besucht. Nun was von dem Luftballon. Er war schier ganz eiförmig, aus etlichen 100, nach Aussage der Franzosen aus 400 Ellen weißen Taft in Paris gemacht. Er war mehr braun als gelb gefirnißt, hatte in der Breite 30 und in der Höhe 50 Pariser Schuh. Er stieg schon dreimal und wurde wegen seiner besonderen Güte als der beste in Paris verfertigte Ballon sehr hoch geschätzt.[18]

Der Ballon wurde am 27. August wieder eingepackt.[19] Der Grund dafür war, dass die Franzosen ihn vor den anrückenden Österreichern retten wollten.

Der Kriegsverlauf hatte nämlich eine Wendung genommen. Die kaiserlichen Truppen unter dem Oberbefehl von Erzherzog Karl waren auf dem Vormarsch; vom Steigerwald her kommend marschierten sie in Richtung Würzburg. Am 27. August 1796 verhängten die Franzosen über Würzburg den Blockadezustand. Alle Tore wurden geschlossen, Vorbereitungen zur Verteidigung der Festung und der Stadt getroffen. Die Würzburger verrammelten aus Furcht Fenster und Türen.

Am 1. September 1796 gelang einem österreichischen Kavallerievortrupp unter Mithilfe der Bevölkerung in einer handstreichartigen Aktion die Öffnung des Sandertores. Österreichische Truppen konnten damit fast ungehindert einrücken. Die Überraschung der Franzosen war perfekt. Sie sahen keine andere Möglichkeit mehr, als die rechtsmainische Stadt aufzugeben und sich in das Mainviertel und auf den Marienberg zurückzuziehen. Am 2. und 3. September brachten die kaiserlichen Truppen den Franzosen in der so genannten Schlacht von Würzburg (s. Abb. 53) eine entscheidende Niederlage bei.[20] Zu den Beutestücken jener Schlacht gehörte auch der Heißluftballon »L'Hercule«, der Stolz der Franzosen (s. Tafel 14 und 15).[21]

In der Nacht vom 3. auf den 4. September kapitulierte die französische Festungsbesatzung. Erzherzog Karl zog noch am gleichen Tag in der Stadt ein. *Vor der Ankunft des Erzherzogs war eine sehr große Menge Menschen vor und in der Stadt versammelt. Diese machten zwei schier ununterbrochene Spaliere vom Rennwegertor durch die Stadt. Diese Menschenmenge bezeigte dem Erzherzog durch unaufhörliches Jubelgeschrei und Vivatrufen für die Befreiung von der gehabten Plage ihren Dank. Der Erzherzog marschierte ganz gerührt mit entblößtem Haupt durch beide Spaliere bis vor das Rathaus, allwo er die von dem Stadtsyndi-*

Abb. 53: Schlacht bei Würzburg am 3. September 1796 – Reitertruppen greifen an.
(StadtAW, Fotosammlung »Napoleonische Kriege«)

*kus Milon im Namen des Magistrats und des Volkes gehaltene kurze Anrede mit großer Freund-
lichkeit und ausgezeichnetem Dank beantwortet hat.*[22]

Die Würzburger waren froh, dass der Franzosenspuk zu Ende war. Der Fürstbischof
kehrte aus seinem Exil zurück. Ein allgemeines Dankfest wurde angeordnet. Die Marianische Bürgersodalität unternahm eine Wallfahrt zum Käppele, wo der Kapuzinerpater
Lukas Vitus Fuchs eine *Feyerliche Dankrede wegen der baldigen und glücklichen Befreyung
der Stadt Würzburg und des ganzen Vaterlandes* hielt. Stadtmagistrat und Bürgerschaft ließen diese Predigt mit einer Widmung an den siegreichen Feldherrn Erzherzog Karl, *dem
Schrecken der Gallier und dem mächtigen Retter [des] Frankenlandes*, drucken.[23]

Die Würzburger hofften, dass nun wieder die gewohnte Ruhe und Ordnung einkehren
würde. Tatsächlich bildete die Auseinandersetzung von 1796 nur die Ouvertüre einer bewegten Epoche. Das Jahr 1796 markiert eine Wende in der Würzburger Stadtgeschichte. In
der kollektiven Erinnerung haben sich die Ereignisse und Gräuel dieses Jahres tief in das Gedächtnis eingegraben. Eine andere, fremde und unberechenbare Welt hatte sich gezeigt.

Die zweite französische Besatzungszeit 1800/1801

Der zwischen den Kriegsparteien am 17. Oktober 1797 geschlossene Frieden von Campo
Formio (s. Abb. 54) sollte den Würzburgern nur eine kurze Zeit zum Aufatmen schenken. Die Verhandlungen auf dem Rastatter Kongress, auf dem ab Herbst 1797 das Deutsche Reich nach der Abtretung des linken Rheinufers eine neue innere Ordnung finden

Abb. 54: Würzburger Schützenscheibe auf den Friedensschluss von Campo Formio 1797
mit Huldigung für Erzherzog Karl und Darstellung der Stadt Würzburg sowie,
auf der linken Seite, der Schlacht bei Würzburg 1796.
(Mainfränkisches Museum Würzburg)

sollte, scheiterten, und neuerlich begann der Krieg (2. Koalitionskrieg). In Rastatt wurde offen über die Säkularisation geistlicher Territorien gesprochen. Noch aber herrschte in Würzburg die Überzeugung, dass die Säkularisation vermieden werden könne.[24]

Am 1. März 1799 erschien eine französische Armee unter General Jourdan am Rhein bei Mannheim. In Würzburg beeilte sich das österreichische und hochstiftische Militär, die Festung und das Mainviertel kriegstauglich zu machen.[25] Anfangs konzentrierten sich die Kampfhandlungen besonders auf Schwaben, sie nahmen aber einen unglücklichen Verlauf für die Verbündeten des Hochstifts.

Am 15. Juli 1800 wurde ein Waffenstillstand geschlossen, der das linke Mainufer als Waffenstillstandsgrenze vorsah. Mainviertel und Festung waren damit an sich den Franzosen zugefallen. Der österreichische Generalmajor Dall'Aglio wollte aber die Festung Marienberg nicht freiwillig aufgeben. Fürstbischof Georg Karl verließ in dieser prekären Situation am 30. August 1800 neuerlich Würzburg und begab sich nach Meiningen in Sicherheit.[26]

Nach der Kündigung des Waffenstillstands zum 28. November 1800 rückten französische Truppen bzw. Einheiten der niederländischen Verbündeten gegen Würzburg vor und schlossen die Stadt ein. Die rechtsmainische Stadt wurde ihnen daraufhin am 30. November übergeben, während sich die kaiserliche Besatzung ins Mainviertel und auf die Festung zurückzog. Schon am nächsten Tag, dem 1. Dezember, trafen beim Rat der Stadt die ersten Anzeigen über das unruhige Verhalten, über Exzesse und üble Trunkenheit der gallo-batavischen Truppen ein.[27] Gegenüber dem Jahr 1796 war aber das Aussehen der Besatzer weniger spektakulär. Sie trugen ordentliche Uniformen und waren insgesamt mehr an militärische Disziplin gewöhnt.

Die französischen Truppen begannen umgehend mit der Belagerung des Marienberges. Französische Batterien auf dem Nikolausberg und dem Hexenbruch beschossen die Festung, die mit heftigem Artilleriefeuer antwortete. Bei einem Ausfall der Kaiserlichen am 5. Dezember ging das bei Himmelspforten liegende Hofgut Moschee in Flammen auf. Auch das Kloster selbst wurde beschädigt. Am 27. Dezember 1800 unternahm General Dall'Aglio nochmals einen erfolgreichen großen Ausfall.[28]

Allerdings war zu diesem Zeitpunkt bereits ein neuer Waffenstillstand – am 25. Dezember 1800 – abgeschlossen worden. Der kaiserliche Festungskommandant General Dall'Aglio erhielt den Befehl, die Festung aufzugeben. Am 6. Januar 1801 zogen seine Truppen mit »fliegenden Fahnen, klingendem Spiele und brennenden Lunten«[29] ab. An die Belagerung erinnern bis heute zwei Kanonenkugeln auf dem Käppele. »Die eine steckt in der Stationskapelle XI (rechte Schrägwand), die andere im Hauptportal der Kirche (am linken Wandpfosten, oben)«.[30]

Ganz Würzburg war nun in den Händen der Franzosen. Der französische Stadtkommandant General Julien, dessen nobler Charakter gerühmt wurde, erließ am 10. Januar 1801 ein Regulativ für die Quartiergeber, *um allen Zwistigkeiten und unangenehmen Auftritten zuvor zu kommen.*[31] Der Friede von Lunéville vom 9. Februar 1801 bahnte das Ende der zweiten französischen Besatzungszeit an. Am 24. April 1801 zogen die letzten französischen Truppen ab. Am gleichen Tag kehrte Fürstbischof Georg Karl von Fechenbach unter dem Jubel der Bevölkerung in seine Residenzstadt zurück.

Der neuen Friedenszeit traute aber kaum einer. In der Chronik der Ursulinen heißt es: *Recht und gut denkende äussern über diesen Frieden wenig Freude, weil er von keiner Dauer und üble Folge nach sich zu ziehen scheinet.*[32] Die bange Frage der kommenden Monate lautete: Wird das Hochstift weiterbestehen? Kann die drohende Säkularisation noch abgewendet werden?

Die erste bayerische Zeit: Würzburg als Provinzhauptstadt (1802–1806)

Militär- und Zivilokkupation

Vorausblickenden Zeitgenossen war 1801 klar, dass ein Ende der geistlichen Hochstifte nur eine Frage der Zeit war. In Würzburg dagegen gab man sich gerne der Illusion hin, in Verbindung mit dem habsburgischen Kaiserhaus das Hochstift erhalten zu können. Tatsächlich wollte auch Österreich sich nicht ernsthaft für den Erhalt der geistlichen Territorien einsetzen.

Nachdem sich Kurpfalzbayern im Sommer 1801 von seinem bisherigen Verbündeten Österreich abgewandt und Anlehnung an Frankreich gesucht hatte, wurde offen darüber spekuliert, dass Würzburg bayerisch werden dürfte. Im April 1802 tauchte der kurpfalzbayerische Major von Ribaupierre – offiziell inkognito – in Würzburg auf, um über die Lage in den Entschädigungsgebieten Erkundigungen einzuholen. Er schreibt über die Situation in Würzburg: *Was nicht direkt zum Hof gehört, hängt nicht an dem Fürsten, sondern an der nährenden und belebenden Residenzstadt. […] Die Domherren sehen eine Säkularisation für ebenso unmöglich an als einen Ritt nach dem Monde.*[33] Ribaupierre rechnete damit, dass sich die bürgerlichen Kreise der Stadt, die Handwerker und Gewerbetreibenden schnell mit dem Regierungswechsel abfinden würden und sogar Vorteile erwarteten. Sie wären nämlich übermäßig mit Abgaben belastet: *Zwei Dritteile der Stadt sind geistlich oder adelig und zahlen nichts. 1 200 Bürger tragen alle Lasten.*[34]

Im Juli 1802 wurde in Würzburg der offizielle Entschädigungsplan bekannt; danach sollte das Hochstift bayerisch werden.[35] War nun die Säkularisation unvermeidbar, so sollte sie wenigstens nach dem Wunsch der Würzburger mit möglichst wenig Einschnitten für Stadt und Land verbunden sein. Fürstentum und Residenzstadt sollten ihre bisherigen Strukturen weitgehend bewahren. Ein Mittel dafür schien die Einberufung der Landstände als sichtbarer Ausdruck Würzburger Eigenständigkeit. Oberbürgermeister Georg Ignaz Brock übergab am 18. August 1802 Fürstbischof Fechenbach ein Schreiben des Rates, in dem im Namen der Stadt Würzburg *als erstem Stand der weltlichen Landschaft* die Bitte geäußert wird, die landständische Verfassung zu erneuern und die Landschaft wegen des drohenden Besitzwechsels einzuberufen. Fechenbach allerdings sah das in diesem Augenblick für bedenklich an, beteuerte aber, sich bei den Verhandlungen in Regensburg für den Erhalt der landständischen Verfassung einzusetzen.[36]

Die Würzburger Aktivitäten wurden von der politischen Wirklichkeit überholt. Mitte August 1802 begannen in Regensburg die Verhandlungen der Reichsdeputation, die den Entschädigungsplan in seinen Einzelheiten zu klären hatte. Gleichzeitig nahmen die einzelnen deutschen Staaten, um sich ihre Beute rechtzeitig zu sichern, die Entschädigungsgebiete militärisch in Besitz. Am 3. September 1802 zog die kurpfälzische Division des bayerischen Kurfürsten unter Generalleutnant Georg August Graf zu Ysenburg in Würzburg unauffällig und ohne militärischen Pomp ein. Im Ratsprotokoll heißt es zu diesem Vorgang: *Heute vormittag gegen 11 Uhr trafen die pfalzbayerischen Truppen zu zwey Colonnen mit Artillerie und Munition […] hier ein, die Mannschaft warn vom Feldwaibel abwärts 2 547 worunter auch Cavallerie und bey 400 H. Officier zwey Generäln nemlich Graf von Isenburg und Freyherr v. Wreden, mehrern Obristen, Obristlieutenanten, Majors, Hauptleu-*

Abb. 55: Ansicht der Stadt Würzburg von Südwesten zu Beginn des 19. Jahrhunderts,
Christian Gottlob Hammer nach einer Vorzeichnung
von Christian Friedrich August Richter.
(Mainfränkisches Museum Würzburg, Inv.-Nr. S 20400)

then p. p. und bis 400 Pferde waren und dann ohne solche anzugeben auch an Weiber und Kinder einige 100 Köpfe.[37] Was auf die Stadt neuerlich zukam, waren die gefürchteten Leistungen zur Verproviantierung mit den bekannten Folgen wie Teuerung und Nahrungsmittelknappheit.

Der Fortgang der Regensburger Verhandlungen erlaubte es, dass Bayern am 29. November 1802 zur offiziellen Zivilbesitzergreifung schritt. Einen Tag vorher hatte Fürstbischof Georg Karl von Fechenbach in einer Proklamation von seinen Untertanen Abschied genommen.[38] Am 30. November wurden dann die städtischen Beamten auf den neuen Landesherrn verpflichtet, nachdem sie ermahnt worden waren, *S[ein]er Kurfürstl[ich]en Durchlaucht unserm gnädigsten Landesherrn die unverbrüchliche Treue Gehorsam und tieffste Unterwürfigkeit zu leisten.*[39] An den Amtsgebäuden wurden die kurfürstlichen Wappen angebracht, dann wurde der Regierungswechsel *durch den Trommelschlag [...] dem ganzen Volk publiciert.*[40] Würzburg war nun zu einer bayerischen Provinzhauptstadt herabgesunken.

Wandel des Stadtprofils

Diese Aktionen gingen ohne große Aufregung über die Bühne. Von Emotionen war in diesen Tagen wenig zu spüren, obwohl für die Stadt Würzburg sich Grundlegendes veränderte. Die Bevölkerung hatte sich wohl durch die Diskussionen der letzten Jahre auf Veränderungen eingestellt. Es bestand die beste Absicht, sich auf die neue Situation einzulassen. Die Würzburger erwarteten die baldige Ankunft des neuen Landesherrn in ihren Mauern und trafen erste Vorbereitungen, diesem einen würdigen Empfang zu bereiten.[41] Aber der Besuch des Kurfürsten ließ zur Enttäuschung der Würzburger auf sich warten. Dies sollte nicht ihre letzte Enttäuschung sein.

Die bayerischen Beamten unter dem im April 1803 eingesetzten Präsidenten der Landesdirektion Graf Friedrich Karl von Thürheim begannen, in Würzburg so ziemlich auf jedem Gebiet die alte Ordnung umzukrempeln. Es vollzogen sich in den nächsten drei Jahren ohne Rücksicht auf die Stimmung in der Bevölkerung zahlreiche Veränderungen.

Die Umorganisation der Gerichts- und Verwaltungsstellen nach modernen Gesichtspunkten sollte deren Effizienz und Transparenz steigern. Auch die städtischen Behörden wurden völlig neu geordnet. Die bisherigen Gerichtsstellen sowie der hochfürstliche Stadtrat und Magistrat wurden aufgelöst. An ihre Stelle traten drei neue Behörden, das Stadtgericht zur Rechtspflege, der Verwaltungsrat zur Finanz- und Vermögensverwaltung sowie die Polizeidirektion zur Aufsicht und Regelung der öffentlichen Ordnung.[42] In Schule, Militär, Finanz- und Wirtschaftsordnung griffen die bayerischen Behörden nachhaltig ein. Mit dem Verlust des Residenzstadtcharakters verloren die Würzburger zur allgemeinen Enttäuschung auch Privilegien wie die Freistellung von der allgemeinen Konskription zum Militärdienst.[43]

Das Stadtprofil veränderte sich radikal. Die ganze soziale Struktur wandelte sich. Das adelige Domkapitel und ebenso die drei weiteren Kanonikerstifte der Stadt (St. Burkard, Stift Haug und Stift Neumünster) wurden aufgelöst. Die Männer- und Frauenklöster verschwanden bis auf wenige Ausnahmen.[44] Das adelige Damenstift wurde säkularisiert und dessen Kirche in einen Theaterraum umgewandelt.[45] Das Karmelitenkloster (Karmelitenstraße) wurde als Chevauxlegerskaserne und die Karmelitenkirche als Futtermagazin benutzt.[46]

Die Stadt verlor ihren einheitlichen, katholischen Charakter. Bereits mit den pfalzbayerischen Soldaten kam eine größere Anzahl von evangelischen Christen nach Würzburg. Der Feldprediger Fuchs erhielt am 8. September die Erlaubnis, in der Schottenkirche Gottesdienst für die protestantische Militärgemeinde zu feiern. Nach 168 Jahren (also seit der Schwedenzeit) wurde nunmehr wieder ein öffentlicher evangelischer Gottesdienst in Würzburg gehalten.[47] Am 10. Januar 1803 wurde von Kurfürst Max IV. Josef das Religionsedikt für die Entschädigungslande erlassen, das der katholischen und evangelischen Konfession Parität (Gleichberechtigung) zubilligte.[48] Zahlreich waren auch die Eingriffe in das Frömmigkeitsleben; Wallfahrten, Prozessionen und Bruderschaften wurden zurückgedrängt. Besonders die Masse der Bevölkerung, die an der traditionellen Religiosität hing, wurde durch die aufgeklärte Reformwut vergrämt.[49]

Dagegen fand die Universität vielfache Förderung. Ihre innere Ordnung wurde weitgehend reformiert. In ihr zog vor allem durch die Berufung auswärtiger Größen, wie die

des Philosophen Friedrich Schelling, ein fortschrittlicherer Geist ein. In den Jahren der
ersten bayerischen Herrschaft konnte die Universität ihre Frequenz nennenswert steigern.[50]

Insgesamt entstand ein offeneres, freieres und bürgerlicheres Klima in Würzburg.
Presse, Theater, Kasinos und öffentliche Belustigungen sorgten für eine abwechslungsreichere, kommunikations- und diskussionsfreudigere Atmosphäre.[51] Das in Würzburg
bisher vorherrschende katholische und klerikale Element trat in den Hintergrund. Dafür bestimmte mehr eine eher aufgeklärt-bürgerliche Oberschicht das Lebensgefühl. Im
Stadtprofil schälten sich zwei im 19. Jahrhundert zunehmend konkurrierende Ebenen
heraus, die katholisch-konservativ geprägte Bischofsstadt sowie die liberal ausgerichtete
Universitäts- und Beamtenstadt. »Die Verwandlung des geistlichen Staates in einen
weltlichen war mehr als ein Wechsel in der Person des Landesfürsten; das Wesen des
kleinen Staates wurde überhaupt ein anderes: Verwaltung, Rechtspflege, Wirtschaft, das
geistige Leben, seine ganze Kultur erhielten nach und nach eine neue Richtung; das
Land machte in den drei Jahren von 1802 bis 1805 stärkere Fortschritte als in den vorausgegangenen drei Jahrhunderten.«[52]

Dritter Koalitionskrieg 1805

Die ständige Reformiererei, der gewaltige Veränderungsdruck erweckten den tiefen
Unmut breiter Bevölkerungskreise. Selbst die intellektuellen Schichten Würzburgs und
die durchaus für Reformen aufgeschlossenen Kreise, die anfangs die bayerische Politik
freudig begrüßt hatten, gingen zunehmend auf Distanz. Das Vorgehen wurde allgemein als überhastet und unorganisch, zu wenig die lokalen Verhältnisse beachtend
verurteilt.[53]

Die weit verbreitete antibayerische Stimmung machte sich auch bemerkbar, als im
Herbst 1805 nach Ausbruch des dritten Koalitionskrieges, in dem Bayern an der Seite
Frankreichs kämpfte, Kurfürst Max IV. Josef München, das von österreichischen Truppen bedroht war, verließ und sich mit Hof und Regierung nach Würzburg begab. Als
er am 11. September in Würzburg eintraf, war von Begeisterung für den Landesherrn
nichts zu hören und nichts zu sehen; er wurde mit »Kaltsinn« aufgenommen.[54] Nach
den schnellen Waffenerfolgen Napoleons konnte der Kurfürst bereits am 26. Oktober
Würzburg wieder verlassen. Mit dem endgültigen Sieg Napoleons in der Schlacht bei
Austerlitz am 2. Dezember 1805 fand der Krieg sein Ende. Der anschließend abgeschlossene Friede von Preßburg (26. Dezember 1805) sah für Würzburg neuerlich eine einschneidende Veränderung vor. Das Fürstentum Würzburg wurde Bayern wieder abgenommen und dem ehemaligen Großherzog von Toskana und seit 1803 Kurfürst von
Salzburg, Erzherzog Ferdinand, als neu geschaffenes Kurfürstentum Würzburg zugesprochen. In Würzburg wurde diese Veränderung mit erwartungsfroher Begeisterung aufgenommen.

Bis zu ihrem endgültigen Abzug schafften die Bayern die beweglichen Güter systematisch aus Würzburg weg, was ihnen schließlich die letzten Sympathien raubte. Festung und Residenz wurden regelrecht geplündert. Keine einzige Kanone wurde zurückgelassen. Die Kassen wurden weggeführt, ebenso Wein- und Getreidevorräte.[55]

Nach Abmarsch der bayerischen Truppen waren die Würzburger für kurze Zeit Herr
im eigenen Haus. Am Abend des 1. Februar 1806 »übernahm das Bürgermilitär die Tor-
wachen und damit trat ein Zustand ein, den es seit 1525 nicht mehr gegeben hatte. Die
Bürger schützten ihre Stadt selbst.«[56] In dieser Situation machten die Würzburger ihrer
Abneigung gegenüber der bisherigen bayerischen Herrschaft Luft, indem sie die bayerischen Wappen herunterrissen und mit Dreck beschmutzten.[57]

Residenzstadt des Großherzogtums Würzburg (1806–1814)

Regierungsübernahme Erzherzog Ferdinands

Am 1. Februar 1806 erfolgte die offizielle Regierungsübernahme Erzherzog Ferdinands
als Kurfürst von Würzburg (s. Abb. 56). Bürgerkavallerie und -infanterie zogen an diesem Tag mit Musik und begleitet von einer jubelnden Volksmenge zum Residenzplatz,
wo der Landesdirektionssekretär Karl Gottfried Scharold das Besitzergreifungspatent des
neuen Landesherrn verlas. An fünf weiteren Orten (Neubaustraße, am Brückentor über
dem Main, vor dem Rathaus, auf dem Marktplatz und auf der Domstraße) wiederholte
sich dieses Schauspiel. Als Wiedergeburt des Vaterlandes wurde dieser Tag gefeiert.[58]

Am 1. Mai 1806 wurde der große Tag des Einzugs des neuen Landesherrn begangen.
Allenthalben herrschte Volksfeststimmung. Das Bürgermilitär und das Schützenkorps
paradierten; Illuminationen und Ehrengerüste, Theateraufführungen umrahmten die
Festlichkeiten.[59] Caroline Schelling, die Frau des Philosophen Schelling, die den Regierungswechsel und das Treiben in ablehnender Distanz begleitete, beschreibt in ihren
Briefen nicht ohne boshafte Seitenhiebe die Vorgänge. Zu den Vorbereitungen führt sie
aus: *Wir laborieren hier an der Ankunft des Regenten. […] Unzählige Illuminationsgerüste stehen fertig. […] Tag und Nacht exercirt das Bürgervolk, sie müssen noch bersten vor Patrio-
tismus und Zuneigung, wenn der Herr nicht bald kommt.* Über den Tag des Empfangs selbst
heißt es bei ihr: *Es ist ein ungeheurer Lärm in der Stadt, der mit Tagesanbruch mich schon
weckte; denn die Menge der Trommeln und Querpfeifer kanst Du Dir nicht vorstellen.*[60]

An der Seite Napoleons

Die traurige Wirklichkeit der kriegerischen Ära Napoleons holte die Würzburger aber
schnell wieder ein. Ein neuer Krieg bahnte sich an. Ab dem Sommer 1806 bereitete sich
Napoleon auf einen Feldzug gegen Preußen vor, und Würzburg wurde von französischen Truppen besetzt. »Aber wenn auf die Vorstellung des Landesherrn hin auch die
Hauptstadt wieder freigegeben wurde, so rissen von nun ab die Durchmärsche und Einquartierungen nicht mehr ab.«[61]

Kurfürst Ferdinand war außenpolitisch in einer schwierigen Situation. Als Habsburger
an sich Österreich verbunden, sah er einen dauerhaften Bestand seiner Herrschaft nur
dann gesichert, wenn er sich wie die anderen süddeutschen Länder mit Frankreich verbündete und dem Rheinbund anschloss. Am 25. September 1806 trat er schließlich dem
Rheinbund bei. Dies brachte auch die Umbenennung des bisherigen Kurfürstentums in
Großherzogtum mit sich. Würzburg war von nun an großherzogliche Residenzstadt.

*Abb. 56: Die Ausrufung Erzherzog Ferdinands von Österreich (zunächst)
zum Kurfürsten von Würzburg am 1. Februar 1806,
Kupferstich, wohl von Johann Pleikard Bitthäuser.
(Mainfränkisches Museum Würzburg, Inv.-Nr. S. 42379)*

Im Zuge des französischen Aufmarsches gegen Preußen kam auch Kaiser Napoleon persönlich nach Würzburg (s. Tafel 17). »Der Großherzog beeilte sich dem Kaiser die Residenz als Wohnung anzubieten, die Napoleon von Mainz kommend am 2. Oktober bezog. Die kaiserliche Garde, die er mitbrachte, an die 10 000 Mann, nahm in der Stadt Quartier, die andern Truppen, die nach einander eintrafen, wurden in der Umgebung untergebracht. […] Kaum war die Tinte trocken, mit der Ferdinand den Beitritt zum Rheinbund ratifiziert hatte, als sein Land schon erfahren mußte, wie kostspielig die Freundschaft Napoleons und Frankreichs sei. […] Sogleich wurden 19 400 Zentner Weizen und 2 400 Zentner Roggen requiriert, und diese Requisition mußte nochmals wiederholt werden. Täglich waren 600 Zentner in die Magazine zu liefern, dazu 500 Schlachtochsen und anderes. […] Der Empfang des Kaisers, den sein Bruder Jérôme begleitete, am 2. Oktober war so glanzvoll als es die Umstände gestatteten.«[62] Am nächsten Tag besichtigte Napoleon die Festung. Vor allem als Depot maß er ihr militärische Bedeutung zu, weswegen sie eine starke Besatzung behalten sollte. Am frühen Morgen des 6. Oktober begab sich Napoleon weiter nach Bamberg, wo er Preußen am gleichen Tag noch den Krieg erklärte.

Der Krieg verlangte der Bevölkerung neuerlich schwere Lasten ab. Zwischen dem 28. September und dem 21. Oktober musste die Stadt 41 137 Personen und 8 850 Pferde einquartieren und verpflegen.[63] Die Einwohner zeigten sich nach außen unterwürfig; im Inneren wuchs dagegen die Abneigung gegen die Franzosen und den Rheinbund. An sich gehörten die Sympathien weiterhin Österreich. Der großherzogliche Minister Wolkenstein betonte, »es koste ihm alle Mühe und Aufmerksamkeit, die Zeitungsschreiber und das Volk von unklugen Schritten abzuhalten«.[64] Kennzeichnend für die Stimmung in Würzburg war, dass auch die Schrift »Deutschlands tiefste Erniedrigung« in der Stadt kursierte. Die Würzburger Buchhändler Stahel und Göbhard boten diese Druckschrift an und verkauften einige Exemplare.[65]

Keines der kommenden Jahre verging, ohne dass neue Kriegslasten die Menschen bedrückten. 1807 kämpften Würzburger Truppen gegen Russland. 1808 musste ein Würzburger Truppenkontingent auf »Einladung Napoleons« nach Spanien ausrücken, um die dortigen Aufstände niederzuschlagen. Immer wieder waren neue Truppenaushebungen notwendig. Für die Bewohner der Stadt Würzburg gab es insofern eine Erleichterung, als sie von Großherzog Ferdinand (s. Abb. 57) am 7. Januar 1807 wiederum von der allgemeinen Konskription freigestellt wurden. Wie in fürstbischöflicher Zeit hatte sie nur für das Artilleriekorps zur Stadtverteidigung die Mannschaften zu stellen. Allerdings waren unter den Offizieren nicht wenige Bürgersöhne.

Während Napoleon in Spanien beschäftigt war, witterte Österreich eine neue Chance, Napoleons Vorherrschaft zu überwinden. So kam es 1809 zu einem neuen Krieg zwischen Frankreich und Österreich. »Wieder wurde Würzburg mit Durchmärschen heimgesucht. […] Die Lasten waren schwer zu ertragen und halfen nicht, die Stimmung der Bevölkerung zu heben. Den Franzosen blieb das nicht verborgen und immer schärfere Maßregeln gegen die ohnehin zahme Presse wurden gefordert.«[66] Die Würzburger setzten allgemein ihre Hoffnungen auf einen Sieg der Österreicher, besonders nach deren Anfangserfolgen.

Abb. 57: Großherzog Ferdinand von Toskana bzw. Würzburg
(reg. 1806–1814, gest. 1824), Ölgemälde von Karl Kaspar Fesel, 1809.
(Mainfränkisches Museum Würzburg, Inv.-Nr. F. 40581)

Nach dem neuerlichen Sieg Napoleons war der Stadt wiederum nur eine kurze Periode der Ruhe vergönnt. Von einer Friedenszeit konnte aber auch jetzt kaum gesprochen werden, denn Einquartierungen und Truppendurchzüge gingen ununterbrochen weiter.

Dagegen traf die Kontinentalsperre, mit der Napoleon die Handelsnation England niederzwingen wollte, Würzburg nur in geringem Umfang. Zwar folgte Großherzog Ferdinand den Verpflichtungen als Verbündeter Napoleons und unterband die Handelsbeziehungen, aber wegen der geringen Bedeutung des Handels in Mainfranken waren damit kaum Einschnitte für die Bevölkerung verbunden.[67]

1812 beeinträchtigte der Feldzug der *Grande Armée* Napoleons gegen Russland das Leben in Würzburg. An wichtigen Verkehrsverbindungen gelegen, wurde die Stadt neuerlich in die kriegerischen Aktivitäten hineingezogen. So kam im April 1812 die kaiserliche Garde mit 10 000 Mann und 5 000 Pferden nach Würzburg. Um die hohen Lasten tragen zu können, mussten Sondersteuern eingeführt werden. In der zunehmend aufgeladenen Stimmung blieben auch Ausschreitungen nicht aus, sogar von blutigen Schlägereien zwischen Bürgern und Soldaten wird berichtet. »Der Besuch des Kaisers und der Kaiserin in Würzburg am 13. Mai 1812 gab dem grauen Bild lebhaftere Farben. Seit Ende April wartete man auf das große Ereignis, das immer wieder verschoben wurde. Die Behörden waren fruchtbar in Vorschriften für den Empfang: [...] beim Eintreffen des Kaisers vor der Stadt sind die Kanonen zu lösen und die Glocken zu läuten; der Verwaltungsrat von Würzburg mit dem Oberbürgermeister Brock an der Spitze empfängt das Kaiserpaar beim Zeller Tor; von dort bis zur Residenz paradieren das Bürgermilitär und das bürgerliche Schützenkorps; die Schuljugend hat Spalier zu bilden; die Gymnasiasten und die Studierenden der Universität stellen sich am Residenzplatz auf, der Klerus beim Dom. Allgemeine Stadtbeleuchtung wird angeordnet, desgleichen Festtheater und Musik auf den öffentlichen Plätzen. [...] Die Polizeistunde wird verlängert, Tanzmusiken werden gestattet und – nicht das letzte – das Straßenpflaster wird ausgebessert. – In Flammenschrift war zu lesen: *Victori perpetuo* [dem beständigen Sieger].«[68] Trotz der Festivitäten war der Empfang durch die Bevölkerung eher kühl; die offiziellen Kreise »befleißigten sich natürlich korrekter Haltung«.[69]

Nach der katastrophalen Niederlage Napoleons im Russlandfeldzug des Jahres 1812 begann sein Stern zu sinken. Begierig nahmen die Würzburger die Nachrichten vom Untergang der großen Armee auf.[70] Noch aber stand das Großherzogtum auf der Seite Napoleons, und Würzburg geriet wegen seiner geografischen Lage neuerlich ins Zentrum der militärischen Aktionen. Die Stadt am Main wurde im Frühjahr 1813 zum Sammelplatz der verbündeten Truppen Württembergs, Badens, Hessen-Darmstadts und Frankfurts sowie französischer Truppen unter Marschall Ney. Die Festung wurde auf Anordnung Napoleons verteidigungsfähig gemacht und die Stadt unter französische Militärkommandantur gestellt. Diese Maßnahme war auch deshalb geboten, weil die Franzosen ihren Verbündeten zu Recht nicht mehr trauten und der Unwille der Bevölkerung gegen die Franzosen nicht zu übersehen war. Bis Mitte April verließen die Truppen wieder die Stadt. Nur die Festung blieb von Franzosen besetzt. Deren ständige Garnison ließ Napoleon sogar erhöhen. Daneben erhielt sie zusätzliche 50 Geschütze. Sie

*Abb. 58: Großherzoglich-würzburgisches Militär von 1807, Lithographie aus: Richard Knötel, Handbuch
der Uniformkunde, 1896. (Mainfränkisches Museum Würzburg, Inv.-Nr. 62256)*

sollte einen sicheren Punkt im Rückraum der militärischen Aktionen Napoleons bilden
und möglichst viele Truppen der antinapoleonischen Allianz binden.

Am 2. August 1813 befand sich Napoleon ein drittes und letztes Mal in der Stadt
Würzburg. Er reiste inkognito unter dem Namen Berthiers; das Inkognito ließ sich aber
nicht wahren. Nur kurz verweilte er, inspizierte Festung und Truppen und nahm im
Guttenberger Hof das Mittagessen ein. »Alles drängte sich, den Kaiser zu sehen, aus seinem Antlitz die Zukunft zu lesen.«[71]

Würzburg als Kriegsschauplatz 1813/14

Der Krieg entwickelte sich zu Ungunsten Napoleons. Seine deutschen Verbündeten verloren das Vertrauen in die Fortune des Korsen. Bayern wechselte am 8. Oktober 1813 die Seiten, während Großherzog Ferdinand noch zu Napoleon stand. In der Völkerschlacht bei Leipzig (16.–19. Oktober 1813) erlitt Napoleon die entscheidende Niederlage. In dieser Situation verkündete der französische Stadt- und Festungskommandant Turreau den Belagerungszustand. Zwar wurde an die Franzosen die Bitte gerichtet, sie möchten sich bei einem Angriff in das Mainviertel zurückziehen. »Aber Turreau, zu dem man Heffner im Namen der Landesdirektion und Brock als Oberbürgermeister geschickt hatte, wollte sich darauf nicht einlassen.«[72]

Am 24. Oktober 1813 erschien General Wrede mit einer bayerisch-österreichischen Armee vor Würzburg. Als Turreau eine Übergabe der Stadt ablehnte, ließ Wrede die Stadt beschießen (s. Abb. 59). Hierbei wurde auch die Gartenseite der Residenz getroffen; die Einschläge sind heute noch zu erkennen. Wrede erreichte in dieser Situation, dass Ferdinand, der sich in Bad Mergentheim aufhielt, das Bündnis mit Napoleon aufkündigte. Daraufhin zogen sich die Franzosen ins Mainviertel und auf die Festung zurück. Am 26. Oktober 1813 konnte General Wrede in das befreite Würzburg einreiten.

Die Würzburger waren über die Beschießung durch Wredes Truppen ziemlich verbittert. Sie sahen sie als militärisch überflüssig an; noch Jahrzehnte erregte sie die Gemüter. »Man argwöhnte, daß die Beschießung die nachträgliche Bestrafung für die Abnei-

Abb. 59: Beschießung Würzburgs am 24. und 25. Oktober 1813,
kolorierter Kupferstich von Leopold Beyer nach einer Zeichnung von Wilhelm Kobell.
(Mainfränkisches Museum Würzburg, Inv.-Nr. 20700)

Tafel 13: Schlacht bei Würzburg am 3. September 1796,
Plan der Truppenbewegungen.
(StadtAW, Karte E 202)

*Tafel 14: Erzherzog Karl besichtigt den in der Schlacht bei Würzburg
am 3. September 1796 erbeuteten französischen Kriegsballon.
(Wien, Heeresgeschichtliches Museum)*

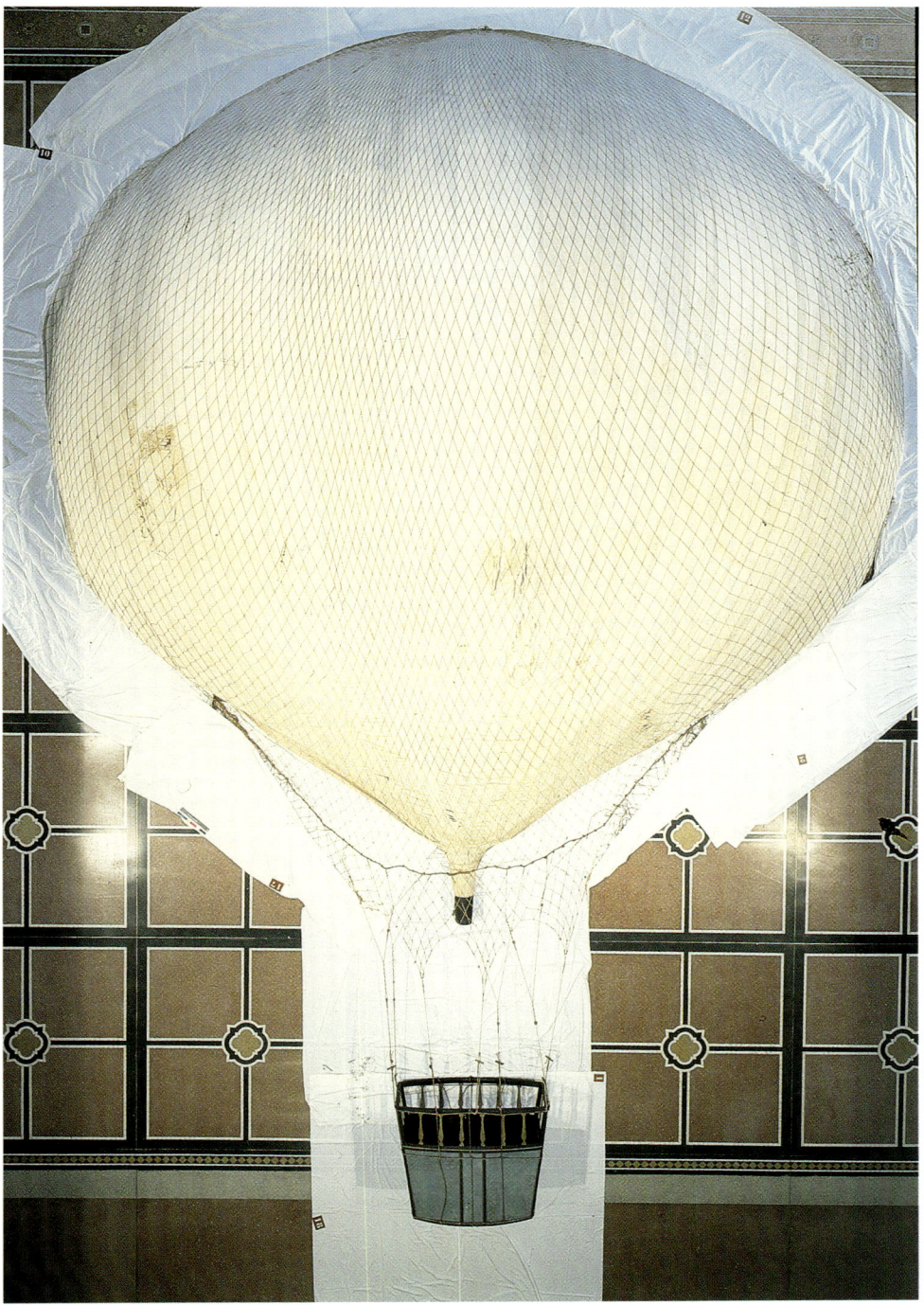

Tafel 15: Der französische Kriegsballon »Intrepide«.
(Wien, Heeresgeschichtliches Museum)

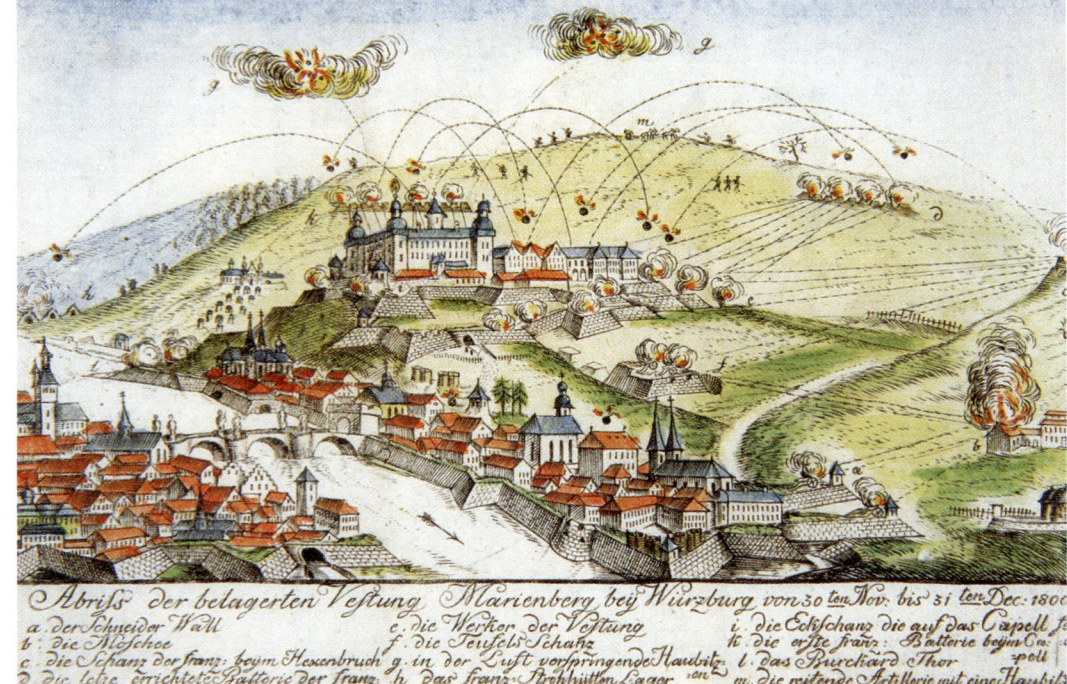

Tafel 16: Belagerung und Beschuss der Festung Marienberg, 30. November – 31. Dezember 1800.
(StadtAW, Nachlass Ziegler, Nr. 5091)

*Abb. 60: Zusammenstoß des Würzburger Militärs mit der französischen Brückentorbesatzung
auf der Alten Mainbrücke am 26. November 1813, zeitgenössische Lithographie.
(Mainfränkisches Museum Würzburg, Inv.-Nr. S. 46995)*

gung darstellen sollte, die Würzburg im Jahre 1805 der bayrischen Regierung gezeigt
hatte, und Wrede war unklug genug, bei der Übergabe der Stadt, als ihm der Magistrat
die Schlüssel überreichte, *ernste Worte über das Benehmen vieler Angehöriger dieses Landes
im Jahre 1805* zu sprechen.«[73]

Würzburg war nun, wie bereits 1800/1801, eine geteilte Stadt. Militärische Auseinandersetzungen, wie der Zusammenstoß Würzburger Einheiten mit der französischen
Brückentorbesatzung am 26. November 1813 (s. Abb. 60), waren aber eher die Ausnahme. Man entschied sich nämlich, die französischen Truppen auszuhungern, und verhängte eine Blockade über das Mainviertel. Zu den Leidtragenden gehörten dessen
2 500 Einwohner.

Würzburg hatte nach dem Vormarsch der Verbündeten bis Frankreich keine strategische Bedeutung mehr. So gaben die Franzosen am 28. März 1814 das Mainviertel frei
und zogen sich in die Festung zurück. Am 3./4. Mai 1814 kapitulierte die französische
Festungsbesatzung und erhielt freien Abzug.[74]

Ab dem 12. November 1813 stand die Stadt unter dem österreichischen Militärgou-
verneur General Fürst Heinrich XII. von Reuß-Greiz. Dieser regte am 13. und dann noch
einmal am 22. Dezember die Gründung eines Korps Würzburger freiwilliger Jäger nach
preußischem Vorbild an. Am 24. Dezember erfolgte die offizielle Gründung des Korps,
das sich vornehmlich aus den gebildeten Ständen rekrutieren sollte. Der Geist der Frei-

heitskriege sollte auch in Würzburg Früchte tragen. Euphorie und Heroismus der Würzburger hielten sich allerdings in Grenzen. Aus der Stadt meldeten sich 193 Mann zum persönlichen Waffendienst bei den freiwilligen Jägern.[75] Insgesamt blieb damit die Zahl der Freiwilligen gering. Um die Größe eines Bataillons zu erreichen, mussten daher Wehrpflichtige herangezogen werden.

Würzburg wird wieder bayerisch

Der Pariser Friede vom 30. Mai 1814 beschloss eine schwere Zeit für Würzburg. Trotzdem sahen die Würzburger der kommenden Friedenszeit mit gemischten Gefühlen entgegen. Denn mit dem Sieg der alliierten Truppen war es immer wahrscheinlicher geworden, dass Großherzog Ferdinand in die Toskana zurückkehren, das Würzburger Land neuerlich zur Disposition stehen und vielleicht sogar wieder an Bayern kommen würde. Wie der Aufenthalt Kaiser Franz' I. (bzw. II.) vom 11. bis 13. Dezember 1813 in Würzburg eindrucksvoll gezeigt hatte, schlug aber das Herz der Mainfranken für Habsburg. So trug man sich in Würzburg mit der Hoffnung, ein anderer Erzherzog könnte Herr in Würzburg werden.

Die Pariser Konvention zwischen Bayern und Österreich vom 3. Juni 1814 zerschlug solche Hoffnungen, beinhaltete sie doch den neuerlichen Übergang Würzburgs an Bayern. Am 5. Juni verließ der Großherzog für immer Würzburg (s. Abb. 61). Am 28. Juni 1814 erfolgte die offizielle Regierungsübernahme Bayerns durch den Besitzergreifungskommissar Feldmarschall Fürst Wrede.

Nun, da alles entschieden war, begann in Würzburg die Stimmung umzuschlagen.[76] Auch die bayerische Regierung versuchte, aus den Fehlern der ersten Herrschaftsperiode zu lernen. Bereits vom 25. August bis 29. August 1814 besuchte König Max I. mit Gemahlin Würzburg. Den Verlust der Selbstständigkeit und der Residenzstadtherrlichkeit wollten die neuen Herren damit kompensieren, dass Kronprinz Ludwig seine Hofhaltung in Würzburg aufschlug. Die Würzburger, vor allem die führenden Kreise und die Beamtenschaft, begannen, sich mit den neuen Herren zu arrangieren.

An die Toskanazeit erinnert man sich in Würzburg gern und nicht ohne Wehmut. Die Vorstellung, souverän zu sein, sozusagen Herr im eigenen Haus zu sein, beflügelt die Fantasie bis in die Gegenwart und weckt Träume von einer mainfränkischen Selbstständigkeit mit einer Hauptstadt Würzburg. Die Realität der Toskanazeit war aber keineswegs so rosig. »Das vom Großherzogtum erwartete goldene Zeitalter war nicht gekommen.«[77] Der Würzburger Kleinstaat war ein Spielball napoleonischer Machtpolitik. Die Universität versank in Provinzialität. Die Künste hatten in einer Zeit ständiger Kriege nur wenig Entfaltungsmöglichkeiten. Der Ausbau zu einer klassizistischen Residenzstadt ließ sich nicht verwirklichen. Sicher, der eher konservative Grundzug Großherzog Ferdinands nach der bayerischen Reformorgie gefiel der Mehrheit, das stärkere Betonen des Katholischen versöhnte kirchliche Kreise, die Zulassung volksfrommen Brauchtums beruhigte die Massen, die Hofhaltung eines Souveräns und die Gesandtschaften europäischer Mächte beeindruckten viele Würzburger. Dazu behagte ihnen die biedermeierli-

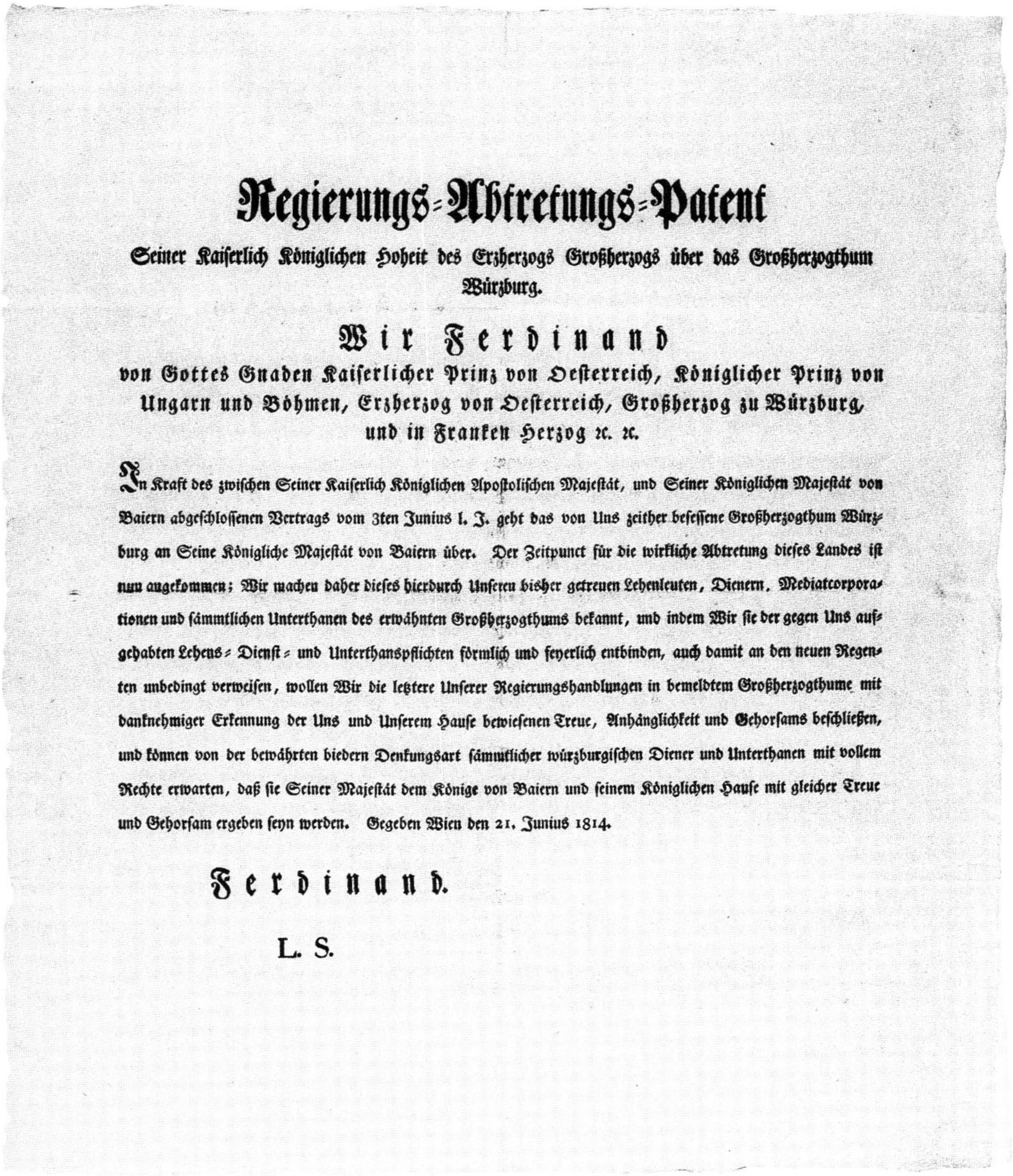

Regierungs-Abtretungs-Patent

Seiner Kaiserlich Königlichen Hoheit des Erzherzogs Großherzogs über das Großherzogthum Würzburg.

Wir Ferdinand

von Gottes Gnaden Kaiserlicher Prinz von Oesterreich, Königlicher Prinz von Ungarn und Böhmen, Erzherzog von Oesterreich, Großherzog zu Würzburg, und in Franken Herzog &c. &c.

In Kraft des zwischen Seiner Kaiserlich Königlichen Apostolischen Majestät, und Seiner Königlichen Majestät von Baiern abgeschlossenen Vertrags vom 3ten Junius l. J. geht das von Uns zeither besessene Großherzogthum Würzburg an Seine Königliche Majestät von Baiern über. Der Zeitpunct für die wirkliche Abtretung dieses Landes ist nun angekommen; Wir machen daher dieses hierdurch Unseren bisher getreuen Lehenleuten, Dienern, Mediatcorporationen und sämmtlichen Unterthanen des erwähnten Großherzogthums bekannt, und indem Wir sie der gegen Uns aufgehabten Lehens-Dienst- und Unterthanspflichten förmlich und feyerlich entbinden, auch damit an den neuen Regenten unbedingt verweisen, wollen Wir die letzte Unserer Regierungshandlungen in bemeldtem Großherzogthume mit danknehmiger Erkennung der Uns und Unserem Hause bewiesenen Treue, Anhänglichkeit und Gehorsams beschließen, und können von der bewährten biedern Denkungsart sämmtlicher würzburgischen Diener und Unterthanen mit vollem Rechte erwarten, daß sie Seiner Majestät dem Könige von Baiern und seinem Königlichen Hause mit gleicher Treue und Gehorsam ergeben seyn werden. Gegeben Wien den 21. Junius 1814.

Ferdinand.

L. S.

Abb. 61: Regierungsabtretungspatent Großherzog Ferdinands
von Würzburg vom 21. Juni 1814.
(StAW, WU 32/119)

che Überschaubarkeit der Verhältnisse, zumal sie ja gleichzeitig mit dem Gefühl einer internationalen Bedeutung und der Gewissheit um die eigene Identität verbunden war. Wen würde eine solche Unabhängigkeit, selbst wenn sie nicht das halten kann, was sie verspricht, nicht immer wieder neu faszinieren?

Napoleon in Würzburg

ULRICH WAGNER

Napoleon Bonaparte, der Kaiser der Franzosen, hielt sich nicht nur 1806 in Würzburg auf, als er die Residenz »das schönste Pfarrhaus Europas« nannte, sondern ebenso vor und nach seinem verhängnisvollen Russlandfeldzug.

Nur wenige Tage nach seinem Beitritt zum Rheinbund am 25. September 1806 konnte Erzherzog Ferdinand von Toskana, der jüngere Bruder des österreichischen Kaisers, in Würzburg, der Hauptstadt seines neuen Großherzogtums, Napoleon Bonaparte begrüßen. Dieser war, kurz vor dem Krieg gegen Preußen, auf der Durchreise zu seinen Armeen. Auch Großherzog Ferdinand, Landesherr von Napoleons Gnaden, hatte sich um dieses Treffen bemüht. Mit dem Anschluss an den Rheinbund war Würzburg gleichsam französische Festung geworden. Bereits vor dem Besuch waren französische Truppen in die Mainmetropole eingerückt, die für die anstehenden Auseinandersetzungen strategische Bedeutung erhielt. Würzburg wurde zum zentralen Waffenplatz.

Napoleon kam von Aschaffenburg und traf am Abend des 2. Oktober 1806 mit seiner Garde von knapp 10 000 Mann in Würzburg ein. Ferdinand bot ihm die Residenz zur Unterkunft an, die Soldaten erhielten in Stadt und Umland Quartier. Bonaparte blieb vier Tage in Würzburg. Hier erhielt er das preußische Ultimatum, das den Rückzug der Franzosen hinter den Rhein verlangte. Angeblich inszenierte er bei der Übergabe des Dokumentes einen Wutanfall.

Die Zusammenkunft des französischen Kaisers mit dem österreichischen Großherzog hat der Maler Hippolyte Lecomte 1812 in einem großflächigen Ölgemälde festgehalten. Vorgesehen war es für das kaiserliche Beratungszimmer im Grand Trianon in Versailles (s. Tafel 17 und Abb. 62). Das Bild zeigt, wie Napoleon im Gespräch mit dem Großherzog durch den Hofgarten spaziert, im Hintergrund ist überhöht die Turmsilhouette der Stadt, überragt von der Festung, zu sehen. Im Gefolge des Korsen befinden sich rechts einige Offiziere, auf der linken Seite beobachtet interessiert eine Gruppe von Bürgern die beiden – ungleichen – Herrscher.

Wie andere Staatsgemälde sollte auch dieses in einer kritischen Situation den Zusammenhalt des Rheinbundes dokumentieren. Der Aufenthalt Napoleons in Würzburg war insbesondere hinsichtlich seines Verhältnisses zu Österreich von Bedeutung, denn er suchte vor dem Feldzug gegen Preußen ein Bündnis und wünschte den Großherzog als Vermittler. Daher achtete er besonders darauf, dass im Umgang

Abb. 62: Napoleon Bonaparte und Großherzog Ferdinand im Hofgarten der Residenz, Oktober 1806,
Ölgemälde von Hippolyte Lecomte, 1812, Ausschnitt.
(Musée National du Château de Versailles)

mit Ferdinand, seinen Offizieren und Beamten die Form gewahrt wurde. Der Großherzog sollte seinem kaiserlichen Bruder in Wien schreiben, dass der Augenblick
jetzt günstig wäre, sich mit Frankreich zu alliieren. Dies tat er auch, doch Franz I.
entschied sich für strikte Neutralität.

Für Ferdinand selbst brachte das Treffen kaum greifbaren Gewinn. Vielmehr verursachten der Durchmarsch der französischen Armee durch Stadt und Land und die
Einquartierungen beträchtliche Kosten. Laut Akzessionsvertrag hatte Würzburg zudem ein Truppenkontingent von 2 000 Mann zu stellen und auszurüsten. Nach der

Doppelschlacht von Jena und Auerstedt (14. Oktober 1806) rückte das Bataillon aus und kehrte – stark dezimiert – erst am 22. Dezember 1807 wieder nach Würzburg zurück.

Zwei weitere Male weilte Napoleon in Würzburg. Bei seinem offiziellen, mehrmals verschobenen Besuch am 13./14. Mai 1812 wurde er von Kaiserin Marie Louise begleitet. An der Spitze des Stadtrates empfing Oberbürgermeister von Brock das Kaiserpaar am Zeller Tor, in den Straßen stand die Schuljugend Spalier, der Klerus hatte sich am Dom, die Gymnasiasten und Studenten der Universität am Residenzplatz aufgestellt. Die Stadt war festlich geschmückt, auf den Plätzen spielte die Musik und die Kanonen schossen Salut. In der Residenz trafen Napoleon und Ferdinand mit dem König von Württemberg und dem Großherzog von Baden zusammen. Ein letztes Mal machte Napoleon nach dem katastrophalen Ende des Russlandfeldzuges am 2. August 1813 in Würzburg kurz Halt, wo er Festung und Truppen besichtigte und dann im Guttenberger Hof zu Mittag speiste (s. S. 223). Zu dieser Zeit rechnete man hier bereits mit seinem Sturz.

Ratsverfassung
und städtisches Gerichtswesen

HUBERT DRÜPPEL

Ratsverfassung

Der Stadtrat (Unterrat) in den Stadtordnungen des 16. Jahrhunderts

Die bedingungslose Kapitulation am 7. Juni 1525[1] stellte Würzburg vor einen verfassungsrechtlichen Neuanfang, den der fürstbischöfliche Landesherr Konrad II. von Thüngen (1519–1540) als Sieger ausgestaltete. Nach summarischer Verhaftung nahezu sämtlicher politischen Funktionsträger der Stadt, nach Bestrafung führender, aber auch weniger prominenter Parteigänger der bäuerlich-stadtbürgerlichen Revolution, nach Plünderungen und Konfiskationen, persönlichen Abrechnungen und Denunziationen[2] wurden die Würzburger für den frühen Morgen des 9. August 1525 zur Erneuerung ihrer Erbhuldigung[3] in den Hof zum Katzenwicker geladen. Dort ließ der Bischof ein vorbereitetes Schriftstück verlesen, das der Stadt die Kollektivschuld am Bauernkrieg, die Missachtung göttlichen, kirchlichen und kaiserlichen Rechts, Bruch des Landfriedens sowie der Untertaneneide anlastete und ihr unter anderem den rechtsförmlichen Verzicht auf sämtliche herkömmlichen *Lehen, Freyheiten, Herrlichkeiten, Gewalt und gemeiner Statt Einkommen und Nutzung* abnötigte.[4] Die Unterwerfungsurkunde wurde von allen Bürgern eidlich anerkannt, sodann von Bürgermeistern, Rat und Viertelmeistern mit *der Statt Wurtzburg gemeinen und bishero gewönlichen Insiegel* versehen.[5]

Wenn man dem Bericht des Stadtschreibers Martin Cronthal Glauben schenken darf, unterwarf sich die Stadt am Huldigungstag auch einer in 14 Punkten programmatisch formulierten Verfassungskonstruktion des Landesherrn: Der maßgeblich vom Domkapitel beeinflusste Oberrat war ersatzlos beseitigt; die Befugnisse dieses Organs fielen an den bischöflichen Schultheißen, der künftig auch den Unteren Rat zu leiten und zu kontrollieren hatte.[6]

Das Modell wurde am 18. November 1525 in einer ersten *Reformacion vnd Ordnung der Stat Wurtzburg*[7] zur landesherrlichen Satzung erhoben (s. Abb. 63). Ihre zwölf Artikel konzentrierten sich auf das Vordringlichste, auf die nach dem Prinzip von Befehl und Gehorsam gestaltete Normierung des Verhältnisses zwischen dem Landesherrn und seinen stadtwürzburgischen Amtsträgern. In der Präambel erläuterte Konrad von Thüngen Zweck und Ziel seiner Legislatur. *Reformieren* – das heißt in die *richtige* Form, auf ein *richtiges*, dauerhaftes Ordnungsmodell zurückführen[8] – wollte er einen Zustand, der zu *Aufrur* geführt habe. Nun, da die Rebellion mit *gotlicher Hilff* niedergeschlagen war, galt

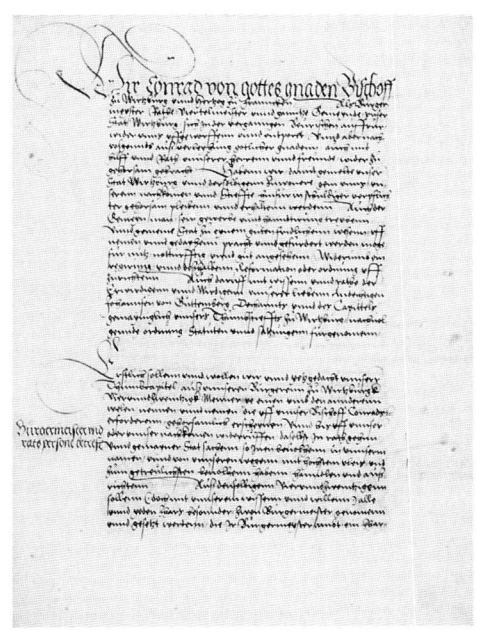

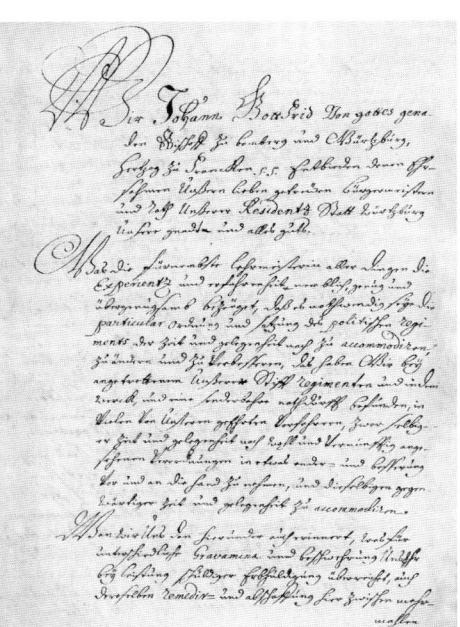

Abb. 63: Würzburger Stadtordnung von 1525,
1. Textseite.
(StAW, Historisches 316, fol. 2r)

Abb. 64: Würzburger Ratsordnung von 1618,
1. Textseite.
(StadtAW, RA 204, fol. 2r)

es, die *richtige* Grundordnung in straff obrigkeitlichem Sinne zu festigen und für die Zukunft abzusichern, nicht zuletzt im wohlverstandenen Interesse der Untertanen selbst,
nämlich ihres eigenen und der Stadt *gutenn fridlichen Wesenn[s], Vffnemen[s] vnnd Gedey-
en[s]*.[9] Nach knapp drei Jahren folgte, gewissermaßen als zweiter Teil, eine *Newe Ordnung
der Statt Wurtzburg* von 1528, die in 24 Artikeln das Regelwerk von 1525 ergänzte und
präzisierte.[10] Hatte die Stadt vor dem Bauernkrieg zwar keinen autonomen Status, wohl
aber beachtliche Selbstverwaltungsrechte innegehabt, so sollte sie nun möglichst fugen-
los in das System landesherrlicher Administration eingegliedert werden.

Beide Satzungen wiesen dem Schultheißen, später Oberschultheiß genannt, die Führungsposition zu. Er war landesherrlicher, rein formal auch dem Domkapitel, aber nicht
der Stadt verpflichteter Amtsträger.

Ratssitzungen mussten ihm angezeigt werden und durften nur in seiner Gegenwart
stattfinden.[11] Anders als der frühere Schultheiß, dem ein Votum nur bei Stimmengleich-
heit zukam,[12] wirkte der Oberschultheiß nun mit ordentlichem Stimmrecht an Ratsbeschlüssen mit. Er kontrollierte die Ratskorrespondenz,[13] sorgte für strikte Befolgung der
obrigkeitlichen Satzungen und übte die Zwangsgewalt gegen Gesetzesungehorsam aus.
Ihm oblagen die Aufrechterhaltung der innerstädtischen Sicherheit, die Fremdenpoli-
zei, die Oberaufsicht über die Stadttore, die Disziplinargewalt über das stadtbürgerliche
Wachpersonal, die Anwerbung, Bestellung und aus städtischen Geldern gespeiste Besoldung zusätzlicher Wächter.[14]

Dem *erbern Rathe der Stat Wurtzburg* teilte die Nachkriegsverfassung nurmehr die Rolle eines Befehlsempfängers zu; Konrad von Thüngen bestimmte, *das die gemelten vnsere Burgermeistere vnd Rathe fur sich selbst nichts, sonder aus vnserem oder vnnserer Nachkomen Beuelhe, Geheisse vnnd in vnserem Namen handlenn sollen.*[15] Ratstätigkeit war damit eine nicht der Stadt, sondern dem Landesherrn geschuldete, *mit hochstem Vleys vnd zum getrewlichsten* zu erfüllende Pflicht.[16] Auswahl, Nominierung und Einsetzung der 24 Ratsherren behielt sich der Landesherr in Alternation mit dem Domkapitel vor. Städtische Beteiligungsrechte in Form einer Kooptation (Nachwahl) oder Präsentation neuer Mitglieder durch den Rat selbst waren nicht vorgesehen. Zugestanden wurde lediglich, dass das Gremium mit Stadtbürgern besetzt werden sollte; als Eignungskriterien nannte die Stadtordnung von 1528 Tüchtigkeit, soziales Ansehen, untadelige Herkunft und vorzüglichen Verstand.[17] Die Bestellung der Ratsherren erfolgte nicht auf Lebens-, sondern auf unbestimmte Zeit.[18] Ihre *Pflicht*, den Amtseid, hatten sie vor dem Fürstbischof und, weil es *preuchlich herkomen* sei, auch vor dem Domkapitel zu leisten.[19] Zur Absetzung eines Ratsmitglieds war jedoch nicht das Kapitel, sondern nur der Landesherr befugt; dieses Recht nach freiem Belieben jederzeit auszuüben, behielt er sich ebenso vor wie die Alleinbestimmung über alle anderen städtischen Ämter und deren Nutzungen.

Aus den Ratsherren sollten alljährlich zwei Bürgermeister *genomen vnnd gesezt werden.* Doch die eigentliche Personalentscheidung war dem Rat bereits durch die erste Stadtordnung entzogen, da er die Kandidaten nur mit landesherrlichem *Wissen vnnd Willenn* »wählen« durfte. Die Stadtordnung von 1528 beseitigte dann diesen inhaltsleeren Formalismus und verkürzte das Bestellungsverfahren auf den politischen Kern: Der Landesherr allein besetzte die Bürgermeisterstellen. Die Inhaber sollten nach jeweils einem Amtsjahr ausgewechselt werden.[20]

Ihre Kompetenzen waren nicht näher bestimmt. Ausdrücklich vorgeschrieben wurde lediglich die Anwesenheit eines Bürgermeisters, wenn ein Stadttor während der gewöhnlichen Sperrzeiten ausnahmsweise geöffnet werden musste; doch nicht er, sondern der Oberschultheiß hatte die Öffnung zu erlauben oder zu verbieten.[21] Im Übrigen fungierten die beiden Bürgermeister als Sprecher des Ratsgremiums.

Die Zuständigkeit des Rates war ebenfalls nicht exakt umrissen; anvertraut wurden ihm *gemeiner Stat Sachen*, und was darunter zu verstehen war, zählte die Stadtordnung von 1528 exemplarisch auf: *Strassen, Stege, Wege, Mauren, Thore, Thurn, Graben, Zwinger, Brunnen, Landtwere, Bach, Schrengkhen, Rigel* sollten instand gehalten, dringende Angelegenheiten des gemeinen Nutzens beraten werden.[22] Beschlüsse durfte der Rat jedoch nur fassen, wenn zuvor ein entsprechender obrigkeitlicher Bescheid eingeholt worden war. Ein Selbstversammlungsrecht stand dem Gremium nicht zu; die Ratssitzungen sollten allwöchentlich an drei Vormittagen unter Aufsicht des Oberschultheißen und eines vom Fürstbischof Beauftragten stattfinden. Sämtliche Briefe, die an Bürgermeister und Ratspersonen in deren amtlicher Eigenschaft oder an die *Gemeind* adressiert waren, mussten in Gegenwart des Oberschultheißen geöffnet und verlesen werden; nur mit obrigkeitlicher Zustimmung durften sie beantwortet werden. Der engmaschigen Kontrolle der Ratsaktivitäten diente nicht zuletzt die Umgestaltung des Schreiberamtes.

Vormals Bediensteter des Rates,[23] wurde der Stadtschreiber nun zur Vertrauensperson des Landesherrn, der ihn einstellte und nach freiem Belieben wieder entließ.[24]

Von den herkömmlichen, an die Ratsmitgliedschaft geknüpften Nebenfunktionen blieben dem Gremium immerhin die fiskalisch bedeutsamsten, nämlich die Verwaltung des Steuer-, des Ungeld- und des Stubenamtes, ferner das Bauamt sowie diverse Pflegschaften über kirchliche und soziale Einrichtungen der Stadt.[25] Doch das Bürgerspital wurde ihm entzogen, ein Verlust, den der Chronist Cronthal als besonders schmerzlich hervorhob.[26] Die Inhaber der verbliebenen *Ratsämter* sollten zwar aus dem Rat, aber nicht durch ihn bestellt werden. Ihre Auswahl und Ernennung behielt sich vielmehr der Landesherr vor, der auch über die Verwendung der Erträgnisse bestimmte und die Geschäftsführung seiner direkten Rechnungskontrolle unterwarf. Von einer Mitwirkung des Rates am Rechnungsverhör war nicht die Rede. Zum Verfahren selbst traf die Stadtordnung von 1528 eine einheitliche Regelung, deren Adressaten nicht mehr nur die Ratspersonen, sondern die Vorsteher und Verwalter sämtlicher *gemeiner Ampter* waren. Sie alle hatten ihre Rechnung mündlich sowie in doppelter schriftlicher Ausfertigung alljährlich zum angekündigten Termin vor fürstbischöflicherseits Beauftragten abzulegen.[27]

Einen empfindlichen Schlag erlitt der zur Unterbehörde degradierte Rat ferner durch die Bestimmungen über Erwerb und Verlust des Stadtbürgerrechts. Hatte er vor 1525 in diesem grundlegenden Bereich kommunaler Selbstverwaltung faktisch autonom entscheiden können, so sollte das Einbürgerungsverfahren nun vor eigens Beauftragten des Fürstbischofs betrieben werden, der Austritt aus dem Bürgerverband nur mit obrigkeitlicher Bewilligung statthaft sein.[28]

Handlungsspielraum für die Gestaltung eigenständiger städtischer Politik bot die neue Verfassung nicht mehr. Um den Rat, aber auch die übrigen ehemals einflussreichen städtischen Funktionen mit tauglichen, also fachkundigen und hinreichend vermögenden Bürgern besetzen zu können, normierte bereits die erste Stadtordnung den Amtsannahmezwang.[29] Die Personaldecke war dünn; schon bei der Erstbesetzung des Rates mussten, wie Götz nachgewiesen hat, Bischof und Domkapitel auf »Belastete« des Aufstandes zurückgreifen.[30] Der Prestigeverlust der in die Subalternität gedrückten Rattätigkeit wurde auch nicht etwa durch materielle Vorteile aufgewogen, denn der Ratssitz als solcher blieb unvergütet. Lediglich den Bürgermeistern und den Verwaltern der besonderen Ratsämter stand die *gepurliche, gewonliche Besoldung* zu.[31] Indes stellten Beträge von jährlich 15 bis 20 Gulden allenfalls eine bescheidene Aufwandsentschädigung dar.[32]

Nächst dem Rat galt das scharfe Augenmerk des Landesherrn den Viertelmeistern. Ihre Versammlungsgebäude, die *Virtelheuser*, wurden als Brutstätten der *Meytereien vnd Entporungen* konfisziert, ihr Sechserkollegium beseitigt, sie selbst von Trägern des politischen Willens der Stadtbevölkerung zu Kollektoren des Wach- und Wochengeldes herabgestuft.[33]

Gänzlich verboten wurden Bürgerversammlungen, sämtliche Zünfte, profanen Gesellschaften und Bruderschaften sowie Zusammenkünfte in Handwerkerstuben.[34] Kein innerstädtischer Lebensbereich sollte sich der vorbeugenden Überwachung entziehen dürfen. Jedermann war bei exemplarischer Strafe an Leib und Gut verpflichtet, der Obrigkeit alle Erkenntnisse oder auch nur Gerüchte über Worte, Handlungen, Predigten und Schriften anzuzeigen, die gegen *Ordnung vnnd Satzung der heiligen cristennlichen Kirchen* zu Ungehorsam, Aufruhr, Empörung und Friedbruch verleiten könnten.[35] Weitere Vorschriften griffen tief in die private Lebensführung ein. Um dem Selbstruin des Einzelnen entgegenzuwirken, wurden die Immobiliarbelastungen obrigkeitlicher Kontrolle unterstellt,[36] übermäßiger Aufwand bei Festtagsgeschenken, Hochzeiten, Taufen, Kirchweih verboten, strikte Sperrstunden für den Wirtshausbesuch verordnet. Jeder hatte sich so zu verhalten, wie sich *seinem Stannd vnnd Personn nach* gebührte.[37] Glücksspiele waren bei strenger Strafe untersagt, weil sie nicht nur die Gefahr der Güterverschwendung in sich trügen, sondern auch Ursache zu *Diebstall, Raub vnnd Mordt* wären.[38] Als besonders sozialschädliche Delikte brandmarkte die Stadtordnung von 1528 das *Zutringken*, also den mutualen Trinkzwang, und die Gotteslästerung, da sie *den graussam Zorn Gottes* nicht nur auf den Täter, sondern auf die Allgemeinheit lenkte.[39] Die Bestimmungen gehören zum typischen Regelungskanon des frühneuzeitlichen *Polizey*rechts, das einen obrigkeitlich definierten Zustand guter, gesitteter Ordnung des Gemeinwesens herstellen und absichern sollte.[40] Waren Vorschriften ähnlichen Inhalts früher unter städtischer Beteiligung erlassen worden, so nahm der Fürstbischof nun die Satzungsgewalt als primär landesherrliches Recht in Anspruch.

Insgesamt prägte ein schroff herrschaftsbetonter, dirigistischer und paternalistisch bevormundender Zug die thüngensche Stadtgesetzgebung. Gleichwohl darf nicht übersehen werden, dass die Präzisierung der ersten durch die zweite Stadtordnung ein beachtliches Maß an Rechtsklarheit, tendenziell auch an Rechtssicherheit, für Amtsträger, Bürger und Inwohner brachte. Überdies rückte der Landesherr ersichtlich von Geist und Inhalt des Unterwerfungsdiktats ab. Am 14. Januar 1527 stellte er die Rats- und Gerichtsfähigkeit der Stiftsuntertanen durch eine förmliche Rehabilitationserklärung wieder her.[41] Den Vorwurf der Kollektivschuld ließ er fallen; seine zweite Stadtordnung unterschied ausdrücklich zwischen den Führern des Aufstandes und den *fromen Gehorsamen*, die *mit Anraitzungen, Rathen, Drohen vnnd annderm zu diesem Vbel bewegkht* worden seien.[42] Die totale Entwaffnung der Würzburger[43] wurde rückgängig gemacht; verboten blieb nur der private und kommunale Besitz bestimmter Schutz- und Trutzwaffen, die für den militärischen Einsatz auf Distanz und im Formationskampf verwendet werden konnten.[44] Aber die Wehrkraft der Stadt zu erhalten, lag nicht zuletzt im landesherrlichen Interesse; 1533, acht Jahre nach der Kapitulation, wurde daher die Schützengesellschaft wieder zugelassen.[45] Als praxisfern erwies sich binnen kurzem auch die dem Rat zugedachte Position einer befehlsabhängigen Unterbehörde. Bereits bei der langwierigen Reparationsabwicklung wurde er als Verhandlungspartner benötigt; freilich fehlte ihm die Macht, den ruinösen Forderungen des fürstbischöflichen Siegers wirksam entgegentreten zu können.[46] In der zunächst drängendsten Verfassungsfrage gelang dem Rat jedoch ein entscheidender Erfolg: Am 11. September 1528 erreichte er, dass Konrad von Thüngen den oktroyierten Unterwerfungsvertrag außer Kraft setzte und der Stadt ihren drei Jahre zuvor erzwungenen Revers zurückreichte. Im Gegenzug hatte sich die Bürgerschaft erneut zu Pflichten zu bekennen, die ihr durch die

Abb. 65: Der Grafeneckart, ältester Teil des Würzburger Rathauses, Anfang des 16. Jahrhunderts.
(StadtAW, Rb 412, fol 160v)

Stadtordnungen ohnehin schon auferlegt waren: Treue und Gehorsam gegenüber dem Landesherrn und der katholischen Kirche, bereitwillige Steuerzahlung, aktive Unterstützung der Obrigkeit in Krieg und Frieden.[47] Vertrat der Rat hier existenzielle gemeinstädtische Interessen, so konnte er auch für sich selbst beachtliche Prestigegewinne erzielen, etwa durch Wiedererlangung des Patronatsrechts und der Befugnis, die Ratspfründen besetzen zu dürfen.[48]

Mit Bischof Konrads Tod am 16. Juni 1540 schien dem Rat die Gelegenheit gekommen, im Bündnis mit dem auf Wiederherstellung der Mitregentschaft bedachten Domkapitel zum verfassungsrechtlichen Vorkriegszustand *der alten Freiheit* zurückzukehren.[49] Der Vorstoß scheiterte; der neue Landesherr Konrad von Bibra (1540–1544) und das Kapitel schlossen eine Wiederbelebung der städtischen Teilautonomie, die kraft erzwungenen Verzichts am 18. November 1525 erloschen war, definitiv aus.[50] Im Detail jedoch erreichte der Rat wesentliche Konzessionen: Wurde eine Ratsstelle vakant, so durfte das Gremium seine Personalwünsche künftig wieder in Gestalt einer Vorschlagsliste an die Herrschaft herantragen. Vorgesehen war zunächst wohl die Benennung von jeweils vier Personen.[51] Aber schon bei der ersten Präsentation am 7. April 1541 reichte der Rat entsprechend dem Vorkriegsherkommen eine Sechserliste ein,[52] und das blieb bis zu Beginn des 17. Jahrhunderts die Regel.[53] Bindungswirkung kam dem Vorschlag nicht zu.[54] Landesherr und Kapitel haben sich zwar meistens an den Listen orientiert, wirkten aber der Gefahr gewohnheitsrechtlicher Verfestigung entgegen, indem sie hin und wieder einen vom Rat nicht Vorgeschlagenen einsetzten.[55] Die Absetzung eines Ratsherrn blieb dem freien Belieben des Landesherrn überlassen.

Konnte das Gremium nunmehr über seine Zusammensetzung wieder mitbestimmen, so gewannen auch die Bürgermeisterämter an politischem Gewicht. Unterstützt

vom Domkapitel, gelang es dem Rat im November 1541, das Recht der jährlichen Bürgermeisterwahl *wie vor alter* zurückzuerlangen.[56] Auch sein Bestreben, den beherrschenden
Einfluss des bischöflichen Oberschultheißen zurückzudrängen, deckte sich mit dem
Interesse des Kapitels.[57] Weitere bedeutsame Konzessionen gegen den Wortlaut der Stadtordnungen erreichte der Rat mit der Restitution seines Rechts, die Ratsämter zu besetzen und das Rechnungsverhör, allerdings in Gegenwart des Oberschultheißen, durchzuführen.[58]

Mit der Abkömmlichkeit dieses landesherrlichen Vertreters zu den Ratssitzungen, die
ja ohne ihn nicht stattfinden durften, scheint es schlecht bestellt gewesen zu sein; 1540
jedenfalls bat der Rat, das Domkapitel möge einen eigenen Beauftragten bestellen, damit *uffs wenigst in der Wochen ein mal zu frue uf einen benanten Tag Rathe gehalten* werden
könne.[59] Eine Abhilfe erfolgte zwar nicht durch Änderung der Rechtsnorm, wohl aber
in der Praxis; künftig nahm der Oberschultheiß nur noch an wichtigeren Sitzungen
teil.[60]

Die Politik der kleinen Schritte war also durchaus erfolgreich. Aber sie setzte die Stadtordnungen Konrads von Thüngen nicht außer Kraft. Die Unsicherheit des über Jahrzehnte
hinweg von der Obrigkeit Konzedierten oder auch nur Geduldeten wurde deutlich, als mit
Julius Echter (1573–1617) ein Landesherr antrat, der seine hoheitliche Gewalt über die
Stadt wieder ebenso schroff wie straff zur Geltung brachte. Bis 1587 wurde der protestantisch durchsetzte, oppositionelle Stadtrat im Zuge der echterschen Gegenreformation dis-
zipliniert; mit den in die Emigration getriebenen oder zum Glaubenswechsel veranlassten Mitgliedern verlor das Gremium seine Wortführer.[61] Unmittelbare Folge dieser
Auseinandersetzungen war eine Rats- und Stadtordnung, die Fürstbischof Julius 1599 erließ und die eine umfangreiche neue Wachtordnung enthielt.[62] Inhaltlich orientierte sich
seine Stadtverfassung an ihren Vorgängerinnen von 1525/28, deren Bestimmungen
weiterhin als bestandskräftig galten, soweit sie durch die neue Satzung nicht ausdrücklich
außer Kraft gesetzt wurden.[63]

Als Gründe für die Rechtserneuerung nennt die Präambel Missstände bei der Verwaltung *gemeine[r] Gefelle und Gütter unserer Hauptstat* sowie bei der Rechnungslegung. Vor
allem aber sollte die durch *Nit Haltung* gesetzlicher Vorschriften eingerissene Unordnung beseitigt werden. Unter dem Namen »Bürgermeister und Rat zu Würzburg« hätten sich *etliche derselben unlängst* erdreistet, ihre von Gott *furgesetzte Obrigkeit* in einen
unnotigen Prozess am Reichskammergericht zu verstricken. Als Erstes wurde dem Rat daher verboten, einen ständigen Advokaten in Dienst zu nehmen.[64] Die anschließenden
Bestimmungen sollten das Über- und Unterordnungsverhältnis zwischen dem Landesherrn und seinen städtischen Amtsträgern aufs Neue gesetzlich festigen.

Hinsichtlich der Nominierung und Einsetzung der Ratsherren blieb es beim bisherigen Verfahren, die Absetzung behielt sich der Landesherr vor.[65] Ihren Amtseid legten
die Ernannten vor Bischof und Domkapitel ab. Die Eidesformel, ein Pflichtenkatalog in
Kurzfassung, war strikt einzuhalten; eigenmächtige Änderungen, die den Schwörenden
unmittelbar auch dem städtischen Gemeinwesen verpflichten sollten, erklärte Bischof
Julius für *abgethan*, da *der Rath ohne Verwilligung vnser seiner Obrigkeit sich nichts verschreiben oder verbinden soll noch kann.*[66]

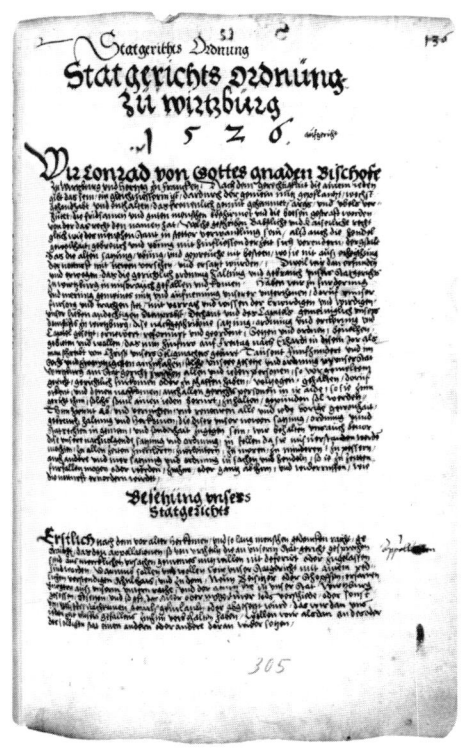

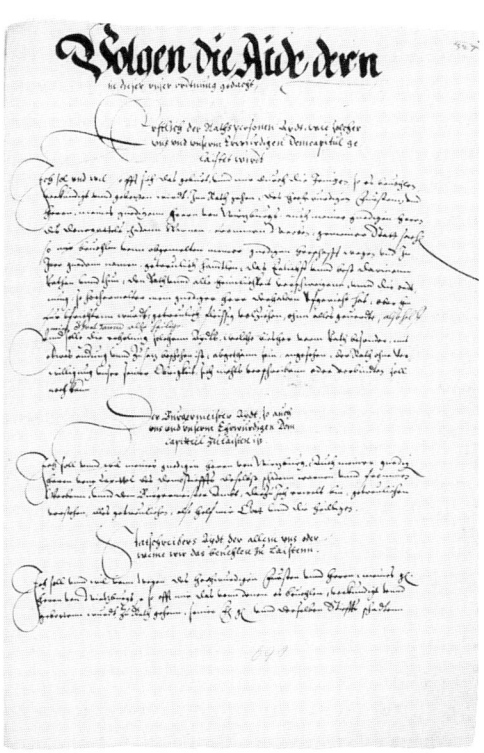

Abb. 66: Würzburger Stadtgerichtsordnung
von 1526, 1. Textseite.
(StAW, ldf 28, S. 305)

Abb. 67: Bürgermeister- und Stadtschreibereid
in der Würzburger Stadtordnung von 1699.
(StAW, ldf 32, fol. 691)

Die Bürgermeister sollte der Rat jährlich aus seiner Mitte nach fachlicher Qualifikation, *nit aber aus Gunst*, wählen. Zuvor waren die Kandidaten dem Fürstbischof zu benennen; dieser behielt sich auch die *Approbation* der Gewählten vor. Ihren Amtseid hatten sie dem Bischof und dem Domkapitel *bey unserer Canzlei* zu leisten.[67] Ratssitzungen waren dem als Oberschultheiß titulierten Vertreter des Landesherrn unter Beifügung der Tagesordnung anzukündigen, damit er *dem Rath beiwohnen vnnd das nutzlichste vnnd beste vf vnnser Approbation handlen vnd schliessen helffen* könne. Betont wurde also nurmehr die kontrollierende, nicht wie ehedem die dominierende Funktion des Amtsträgers. Das Zusammentreffen einzelner Mitglieder zu einem *sondern Winkelrath vngewohnlicher Ortt vnnd Zeit* ohne Wissen des Oberschultheißen und der *Mehrverständigen* im Rat war strikt untersagt.

Die Bestimmung über das Ratsschreiberamt entsprach formal der Regelung von 1525; Ein- und Absetzung sowie Vereidigung dieses Bediensteten behielt sich der Fürstbischof vor. Grundsätzlich war er zu strikter Amtsverschwiegenheit verpflichtet; ausgenommen wurden nur solche Interna, die den landesherrlichen Belangen zuwiderliefen *vnnd derwegenn [...] zu offenbarn nötig* waren.[68]

Primär dem Landesherrn verpflichtet wurden auch die Inhaber der Ratsämter; ihm leisteten sie den Eid, dem Rat lediglich das Handgelübde. Doch getreuliche Amtsführung beschworen sie nicht nur von Bischofs, sondern auch von Rats und der Stadt wegen. Vor allem aber sollten die Ämter, die *bißhero aus Mittel des Raths bestellet* worden waren, *noch also bestellet sein.*[69]

Nicht zuletzt die Eide der subalternen Bediensteten zeigen, dass dem Rat ein Teil seiner nach 1540 wieder errungenen Mitwirkungsbefugnis und Befehlsgewalt erhalten blieb. Der Kastenmeister beispielsweise hatte dem Bischof, aber auch dem Rat *von gemeiner Stadt wegen* Rechnung zu legen.[70] Der Schoßmeister war in seiner Geschäftsführung an Wissen, Gutheißen und Bewilligung der Bürgermeister und Steuerherren gebunden.[71] Steuer- und Ungeldschreiber, Viertelknechte und -schreiber schuldeten nächst der Stadtherrschaft auch dem Rat Gehorsam und Treue.[72] Die Torschließer, denen eine entscheidende Funktion im städtischen Sicherheitswesen zukam, wurden von Oberschultheiß, Bürgermeistern und Rat gemeinsam ausgewählt; sie verpflichteten sich eidlich, dem Oberschultheißen und den Bürgermeistern *ahn stat der Obrigkeit Gehorsam* zu sein.[73]

Alles in allem verfolgte die echtersche Stadtordnung daher nicht das Ziel, den Verfassungszustand von 1525/28 wiederherzustellen. Ihr Zweck lag vielmehr darin, die gewachsene städtische Selbstverwaltung und die Befugnisse, die der Rat nach 1540 an sich gezogen hatte, kräftig zurückzuschneiden. Insoweit, gemessen an der Würzburger Verfassungswirklichkeit vor der Echterzeit, handelte es sich tatsächlich um eine Gesetzgebung *etwas geschärpfften Inhalts.*[74] In Kraft blieb sie jedoch weniger als 30 Jahre, wobei die Praxis nicht selten der starren Norm zuwiderlief; die Anstellung eines Ratsadvokaten beispielsweise ist schon im ersten Jahrzehnt des 17. Jahrhunderts erneut dokumentiert.[75]

Die Ratsordnung von 1618

Fundament der Würzburger Ratsverfassung bis zum Ende des Hochstifts wurde die im Jahr 1618 erlassene Ordnung (s. Abb. 64, S. 233) des Fürstbischofs Johann Gottfried von Aschhausen (1617–1622).[76] In auffälligem Unterschied zu Konrad von Thüngen und Julius Echter trat der Nachfolger seinen *lieben getrewen Bürgermeistern und Rath* der *Residentz Statt Würtzburg* nicht als gestrenger, geschweige denn ungnädiger Zuchtmeister, sondern mit landesväterlichem Wohlwollen entgegen. Großzügig berücksichtigte er die *Gravamina und Beschwehrung,* die ihm vorgetragen worden waren. Zugleich betrachtete er den im Jahr 1525 erzwungenen Verzicht auf die alten Rechtsgewohnheiten der Stadt als hinfällig, um stattdessen bei verschiedenen ratsfreundlichen Regelungen ausdrücklich zu vermerken, sie entsprächen dem *von alten und unerdencklichen Zeiten hero [...] üblichen Herkommen,*[77] wären *vor alders hero braüchlich gewesen*[78] oder beruhten gar auf einer vor mehr als zwei Jahrhunderten speziell erteilten *Freyheit.*[79]

Ersichtlich sollte dem Stadtrat die Würde, die ihm im hierarchisch gegliederten Behördensystem des Territoriums zukam, wiedergegeben und der organisatorische Freiraum für möglichst effiziente Durchführung seiner Aufgaben gewährt werden. Zur städtischen Autonomie hingegen führte kein Weg zurück. Die neue Ratsordnung wollte vielmehr als landesherrlicher Lohn für Gehorsam, Treue und Untertänigkeit sowie *zu*

Abb. 68: Zwei nach zeitgenössischer spanischer Mode
schwarz gekleidete Würzburger Ratsherren begrüßen sich
am Eingang des Roten Baus, in dessen mittlerem Bogen der
doppelköpfige Reichsadler eingelassen ist, 1704.
(StadtAW, Rb 18, fol. 3r)

mehrerem Antrieb solches erbotten beharrlichen Gehorsamb verstanden sein. Ihre 13 Titel erwiesen sich als flexibel genug, um – abgesehen von einer kurzen Unterbrechung im Jahr 1724[80] – fast zwei Jahrhunderte zu überdauern.

Der Rat bestand wie bisher aus 24 Mitgliedern, die ihr Amt aber nicht mehr auf landesherrlichen Widerruf, sondern grundsätzlich lebenslang ausüben sollten; *sonsten verlediget* wurde eine Ratsstelle in der Praxis durch freiwilligen Rücktritt des Inhabers,[81] während die *Cassation*, also die zwangsweise Amtsenthebung, künftig äußerst seltene Ausnahme blieb.[82] Vor allem aber wurde dem Rat nun das lange vergebens erstrebte verbindliche Vorschlagsrecht für die Wiederbesetzung einer vakanten Ratsstelle zugestanden.[83] Die Vorgeschlagenen mussten ehrbar, von gutem Leumund, *aus Mittel dahiesiger Bürgerschafft*, also Inhaber des Würzburger Stadtbürgerrechts, und katholischer Konfession sein; protestantische Bewerber kamen seit dem Sieg der Gegenreformation nicht mehr in Betracht.[84] Besonderen Wert legte die neue Ordnung auf den Bildungsstand der Ratsmitglieder: Durch die Universität sei die *gemeine Bürgerschafft auch mit gelehrten Personen zimblich ersetzt*; man solle daher keine Analphabeten, sondern Leute vorschlagen, *dero Verstands und anderer von Gott verliehener und mit Lehrung guter Künsten erleüchter Qualitaten man sich bey Administration [...] ersprießlicher* bedienen könne.[85] Über die Ratsbesetzung wurde anfangs mündlich,[86] ab spätestens 1651 in geheimer Stimmzettelwahl abgestimmt.[87] Jeder Ratsherr benannte seine drei Kandidaten; auf die Vorschlagsliste kamen die drei Personen, denen die meisten Stimmen zugefallen waren.[88] Aus den vom Rat Präsentierten ernannte der Bischof in Alternation mit dem Domkapitel das ihm genehme künftige Ratsmitglied, das sodann seinen Ratseid nacheinander vor dem Landesherrn und dem Kapitel leistete, bevor es förmlich in den Rat gesetzt wurde. Dass sich die obrigkeitlichen Einflussmöglichkeiten freilich nicht auf eine limitierte Auswahl und die Handhabung von Rechtsformalitäten beschränkten, zeigt die Praxis namentlich des 18. Jahrhunderts. Mehrfach gab der Rat den ausdrücklich geäußerten Personalwünschen von Bischof und Domkapitel schon im Vorfeld der Kandidatenauswahl nach.[89] Gefährdet war häufig die Verbindlichkeit des konsiliaren Vorschlagsrechts;[90] die kurzlebige Ratsordnung von 1724 wollte die Bindungskraft sogar gänzlich beseitigen und durch Personalentscheidungen nach freiem bischöflichen *Gefallen* ersetzen.[91] Aber im Großen und Ganzen hat der Rat sein Wahlrecht bis zum Ende der geistlichen Territorialherrschaft behaupten können.

Zur Optimierung der Geschäftsführung, insbesondere aber zur Vorberatung von Gegenständen, die *uff gewiese Zeit in sonderer Änge und Geheimb* zu halten waren, schuf die Ordnung von 1618 einen achtköpfigen *Inneren Rath*; die übrigen 16 Ratsherren bildeten den *Eüßeren Rath*. Bei Abgang eines Mitglieds kooptierte der Innere Rat binnen 14 Tagen den Nachfolger in Gegenwart des landesherrlichen Oberschultheißen durch Wahl aus den Reihen des Äußeren Rats. Verbindliche Beschlüsse sollten zwar nur von sämtlichen 24 Ratsmitgliedern – *wo nit insgemein, doch per majora* – gefasst werden können,[92] doch in der Praxis versammelte sich das vollzählige Gremium lediglich aus besonders wichtigem Anlass.[93]

Geführt wurde der Rat durch zwei Bürgermeister[94] mit einjähriger Amtszeit. Ihre Wahl durch alle Ratsherren fand jeweils am 19. November, *uf S. Elisabethae Tag*, statt; Wiederwahl war zulässig. Zum Älteren oder Oberbürgermeister konnte nur ein Mitglied des Inneren, zum Jüngeren oder Unterbürgermeister musste einer der 16 Herren des Äußeren Rates gewählt werden. 1651 wurde die Stimmzettelwahl eingeführt.[95] Die mit Majorität Gewählten wurden vom Bischof bestätigt und vereidigt; auch vor dem Domkapitel hatten sie den Amtseid zu leisten, bevor sie ihre Dienstgeschäfte aufnehmen durften. Im Übrigen behielt sich der Landesherr ausdrücklich vor, die *Confirmation* zu verweigern; mehrere Vorgänge dieser Art hat Dümig für das 17. Jahrhundert nachgewiesen.[96]

Der Oberbürgermeister war Vertreter der Stadt nach außen; er berief die Ratssitzungen ein und leitete sie. Als wichtigster Mitarbeiter stand ihm der Stadtschreiber zur Verfügung. Dem Unterbürgermeister oblag nach der Ratsordnung von 1618 speziell die Mitverantwortung für den sicheren Verschluss der Stadttore.[97]

Abb. 69: Bund Torschlüssel, Würzburg,
2. Hälfte 17. bis 19. Jahrhundert.
(Mainfränkisches Museum Würzburg,
Inv.-Nr. S. 13647)

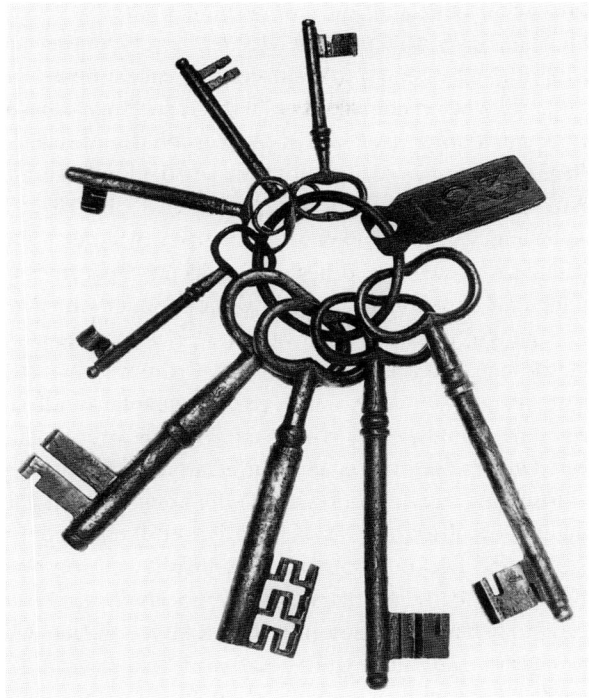

Auffällig geschwächt erscheint nun die Position des Oberschultheißen, der ab den 20er Jahren des 18. Jahrhunderts zumeist unter dem Titel *Vicedom* auftrat. Formal blieb er als Vertreter des Landesherrn und Hüter der fürstbischöflichen Rechte *Vorgesetzter* des Rates. In dieser Eigenschaft trug er dem Bischof etwaige Bedenken gegen eine Bürgermeisterwahl vor; auch präsentierte er die neuen Bürgermeister und Ratsmitglieder im Domkapitel und im Rat.[98] Die Inhaber der Ratsämter und die Bediensteten des Rates hatten zuerst ihm, dann den Bürgermeistern ihr Handgelübde abzulegen, bevor sie ihren Diensteid leisteten.[99] Er verkündete dem Rat die mündlichen Befehle seines Herrn und war andererseits Übermittler konsiliarer Bitten und Anträge an den Bischof. Doch von einem Schultheißenregiment, wie es die Stadtordnungen nach dem Bauernkrieg normiert hatten, war jetzt, im Zeichen herrschaftlicherseits restituierter Selbstverwaltungsbefugnisse, nicht mehr die Rede. Seine früheren Leitungsbefugnisse kamen den Bürgermeistern zu. Erhalten blieb ihm die Kontrollfunktion. Er sollte *dem Rath allerwegen beywohnen* und bei Ratsbeschlüssen befragt werden, ob er von *des Landtsfürsten wegen darmit zu frieden seye.*[100] Unverminderte Bedeutung kam der verfassungsrechtlichen Publizitätswirkung des Amtes zu; mit dem Schultheißen als formal vorrangigem Amtsträger wurde nach außen kundgetan, dass Würzburg eben kein autonomes Gemeinwesen, sondern eine der Landesherrschaft untergeordnete Stadt war.

Zu den Stadtämtern – Verwaltungsstellen und zugleich Finanzbehörden[101], die mit Ratsangehörigen zu besetzen waren – äußert sich die Ordnung von 1618 ratsfreundlich knapp: Soweit sie *bißhero aus Mittel des Raths bestellet worden, sollen [sie] noch ferner ohne alle Einred von denselben bestellet werden [...]*.[102] Die Abkehr von der landesherrlichen Politik kleinlichster Beschneidung der städtischen Selbstverwaltung ist unübersehbar, auch wenn es nicht selten eben doch zu Eingriffen seitens der fürstbischöflichen Regierung gekommen ist.[103] Gewählt wurden die Amtskandidaten nach Zweiervorschlag des Inneren Rates mit Stimmenmehrheit beider Ratsgremien, ihren Amtseid hatten sie zunächst dem Oberschultheißen, alsdann den beiden Bürgermeistern zu leisten. Ihre *Mühwaltung*, also ihr Zeit- und Arbeitsaufwand, sollte den Amtsträgern vergütet werden. Auch die Auswahl und Bestellung der Amtsgehilfen lag in der Kompetenz des Rates. Erwies sich ein Amtsinhaber als *unfleissig* oder wurde er dienstunfähig, so war der Innere Rat befugt, ihn abzusetzen.[104]

Zu den bedeutsamsten, in der Ordnung von 1618 nicht aufgelisteten Ratsämtern zählten neben denen der Bürgermeister das Stadtbauamt unter dem Stadtbaumeister, dem die Kontrolle und Förderung des städtischen Bauwesens oblag, das Kastenamt unter dem Kastenmeister, zuständig für die Getreideversorgung, die Aufsicht über den Kornhandel sowie die Kontrolle der Müller und Bäcker, ferner das von zwei Ratsherren geleitete Stubenamt, das die städtischen Weinberge und das Ratsvermögen verwaltete.

Im Rahmen der städtischen Selbstverwaltung oblag dem Quartieramt die Erteilung befristeter Aufenthaltsbewilligungen, die Kontrolle des innerstädtischen Wohnungswesens, die Vereinnahmung der von den Viertelmeistern[105] erhobenen Quartiergelder, ferner die Einquartierung von Schanzarbeitern und Truppen. Das Bürgermeisterzinsamt zog die Abgaben von städtischen Lehnsgrundstücken ein. Das Schossamt sorgte zunächst für die städtische Rüstung, beschränkte sich aber später auf das Monopolgeschäft des Pulververkaufs und die Beaufsichtigung der städtischen Schützengesellschaften. Das Fischamt beaufsichtigte die Stadtgräben, Altwässer und Seen. Das Mainzollamt erhob den namengebenden Zoll.[106]

Schärferen personellen Einfluss nahm die fürstbischöfliche Regierung auf drei Ämter, die das unmittelbare fiskalische Interesse sowohl der Stadt als auch des Landesherrn wahrzunehmen hatten. Die Zuständigkeit des Stadtsteueramtes erstreckte sich im Wesentlichen auf die bürgerlichen Steuern, das Bürgergeld eintretender, die Nachsteuer abziehender Bürger, den Brückenzoll, das Torschließgeld. Die Ungeldstube zog die Verbrauchssteuern, die Schatzungsstube die Landessteuern ein.[107]

Auch auf die Besetzung der Ratskonsulentenstelle wahrte der Landesherr seinen Einfluss. Zwar wurde dem Rat nunmehr ausdrücklich zugestanden, zur Erledigung seiner Rechtsangelegenheiten einen erprobten Juristen in Dienst zu stellen. Dieser musste jedoch aus dem Kreis der landesherrlichen *geheimbten- oder Hoff- und Cantzlei-Räthen* genommen werden.[108]

Der *Stattschreiber* dagegen war nun wieder primär der konsiliaren Dienstsphäre zugeordnet. Allein dem Rat oblag die Auswahl eines *wohl qualificirte[n]* Kandidaten, der freilich des landesherrlichen Konsenses bedurfte, bevor er angestellt werden konnte. Das *Iurament* leistete er dem Vicedom als dem Vertreter des Landesherrn, den Bürgermeistern anschließend das *gebührrente Handtgelöbnuß*.[109] Seinen weitgefächerten, anspruchsvollen Pflichtenkreis legte die Ratsordnung von 1618 in groben Zügen fest.[110] Vorzugsweise wurde die Stelle mit einem Juristen besetzt;[111] als *Syndicus* wurde der Schreiber zum Leiter der inneren Verwaltung. Für das hohe Ansehen seiner Funktion spricht nicht zuletzt, dass sie mit der Innehabung einer Ratsherrenstelle kompatibel war.[112]

Die Wahl der Viertelmeister hatte der Stadtrat zwar nach 1540 wieder vornehmen dürfen,[113] doch es bedeutete mehr als die schlichte Anerkennung einer langen Gewohnheit, wenn nun präzis bestimmt wird: Da sie *biß anhero von einem Rath bestellet gewesen, so soll es darbey verbleiben und die Bürgermeister dieselbe, wie bißhero bräuchig gewesen, ihres Gefallens zu setzen, auch auf ihr Übelhalten, gestalten Sachen nach, wiederumb zu entsetzen Macht haben.*[114] Als Befehlsempfänger des Rates nahmen sie, unterstützt durch ihre Schreiber und Knechte, einen Aufgabenbereich wahr, der von der Einnahme bürgerlicher Abgaben über den Vollzug der *Polizey*gesetze bis zum Beisitz im Rüggericht reichte. Auf der anderen Seite fungierten sie, denen die örtlichen und personalen Verhältnisse jedes der acht Stadtviertel am besten vertraut waren, als unverzichtbare Mittler zwischen Obrigkeit und Stadtvolk. Der Rat hat in der Folgezeit besonders zäh gerungen, wenn seine dienstherrlichen Befugnisse geschwächt zu werden drohten.[115]

Das Ende der von landesherrlichem Misstrauen diktierten älteren Regelung dokumentieren auch die neuen Bestimmungen über das Wachtwesen, vor allem über die Verwahrung der Stadtschlüssel sowie die Einsetzung der Torschließer durch Rat und Bürgermeister.[116] Die Aufnahme von Neubürgern fiel nun ebenfalls ausdrücklich wieder in die Kompetenz des Rates.[117] Bestätigt wurden ferner die Ratspatronate an der Marienkapelle, an der Rathauskapelle St. Felix und Adauctus, an der Bürgerspitalkirche, an der Martins- und der Michaelskirche; die in den drei erstgenannten Gotteshäusern *vacierende[n] Beneficia* sollte *niemand anderst als Burgermeistern und Pflegern zu conferiren* gebühren.[118] Innerstädtischer Verwaltung unterstanden die Kranken- und Sozialfürsorge; die Pfleger für das Bürgerspital, das Ehehaltenhaus, sechs weitere Armenhäuser und zahlreiche Almosenstiftungen setzte der Rat ein.[119]

Über die Ratsgerichtsbarkeit, wie sie 1618 konzediert wurde, wird später noch zu sprechen sein.

Bei alledem war die Ratsordnung Fürstbischof Johann Gottfrieds viel zu knapp und allgemein gehalten, als dass sie das entscheidende Problem einer Kompetenzabgrenzung zwischen Landesregierung und städtischer Selbstverwaltung grundsätzlich hätte lösen können. Nicht nur die asymmetrischen Machtverhältnisse, sondern auch und vor allem das unstrittige Gesetzgebungsrecht des Landesherrn bargen die latente Gefahr obrigkeitlicher Eingriffe in die vom Rat praktizierten Zuständigkeiten. Einen Tiefpunkt dieser Entwicklung stellt die kurzlebige, 13 Titel umfassende Ratsordnung des Fürstbischofs Johann Philipp Franz (1719–1724) vom 6. März 1724 dar:[120] Der Innere Rat sollte seine wesentlichen Befugnisse einbüßen, die Position des Oberschultheißen erheblich verstärkt, die Kontrolle der städtischen Finanzen durch die Hofkammer intensiviert, die umfassende dienstherrliche Stellung des Rates auf die Anstellung niederer städtischer Amtsträger reduziert werden.[121] Indes stellte die domkapitelsche Zwischenregierung bereits im September 1724 den alten ratsfreundlichen Verfassungszustand wieder her.[122]

Rückblickend lässt sich feststellen, dass die städtische Selbstverwaltung, wie sie von den Generalklauseln 1618 umrissen worden war, zwar nicht im Detail,[123] wohl aber im

Kernbereich das Ende des Hochstifts überlebte,[124] um dann auf das Nachfolgeorgan, den *Verwaltungsrath*, überzugehen: die Administration des *gesammten städtischen Vermögens* und der *weltlichen milden Stiftungen*, die *Besorgung der allgemeinen bürgerlichen Angelegenheiten* einschließlich der *Bürgeraufnahme*, die *Einnahme der landesherrlichen Gefälle und Auflagen*.[125]

Der Oberrat

Das nach dem Bauernkrieg beseitigte Gremium,[126] dessen Aufgaben im Jahr 1525 teilweise dem Schultheißenregiment übertragen worden waren, war 1540 auf Drängen des Domkapitels restauriert worden.[127] Die Kompetenzen des jährlich erneuerten Oberrates erstreckten sich vornehmlich auf Kontrolle und Regelung des städtischen Zunft-, Markt- und Handwerkswesens, auf die Fixierung von Arbeitslohntaxen sowie auf den Brennholzhandel; des Weiteren war er für die Wahrung der Sittenzucht zuständig.[128] Als Polizeigericht entschied er die Streitfälle seines weiten Zuständigkeitsbereiches; auch die Rechtsprechung in Injuriensachen (Beleidigungen) kam ihm zu.[129] Personell bestand der Oberrat nach der Restauration aus dem Senior des Domkapitels als Vorsitzendem, drei weiteren Domherren, drei Kapitelsherren von den Nebenstiften Haug, Neumünster und St. Burkard, dem scheidenden Oberbürgermeister und zwei Mitgliedern des Äußeren Stadtrates sowie zunächst je einem Vertreter der Bäcker-, der Metzger- und der Häckerzunft. An die Stelle des Becken trat später ein Bürger, der keiner der beiden anderen Zünfte angehören durfte. Die bürgerlichen Mitglieder wurden alljährlich vom Stadtrat abgeordnet und dem Domkapitel präsentiert.[130] Als Vertreter des Bischofs, jedoch mit umstrittenem Stimmrecht, gehörte auch der Oberschultheiß dem Gremium an.[131]

Die Stellung des Oberrates im städtischen Organisationsgefüge war nach seiner Wiederherstellung schleichendem Verfall preisgegeben. Das Domkapitel scheiterte mit dem Versuch, ihn als Instrument seiner Ansprüche auf Mitherrschaft über die Stadt durchzusetzen. Der Stadtrat wiederum, dessen Kompetenzen sich in wichtigen Bereichen mit denen des Oberrates überschnitten, strebte nach Zurückdrängung des Konkurrenten und konnte sich dabei im 16. und 17. Jahrhundert nicht eben selten auf wohlwollende Förderung durch den Landesherrn stützen. Die Polizeigerichtsbarkeit des Oberrates schließlich war viel zu weit gefasst, als dass sie in vollem Umfang hätte behauptet werden können.[132] Gleichwohl wurde der Niedergang in den letzten Jahrzehnten des Alten Reiches noch einmal aufgehalten: Die *Ordnung des hochfürstlichen Polizeygerichts* vom 28. Mai 1745 gab dem Oberrat personell und kompetenziell einen festen Rahmen.[133] Unter einem Domkapitular als Präsidenten und dem Oberschultheißen als Vizevorsitzenden fungierten als Beisitzer je ein Stiftsherr von Haug und Neumünster, zwei Juristen, der Stadtphysicus, der erste Architekt, zwei Mitglieder des Stadtrates und *vier aus unsrer Burgerschaft*.[134] Letztere wiederum sollten *redlich ehrbare, verständige, und des gemeinen auch Stadtwesens kündige, dann in Commerziensachen erfahrne, wohlangesessene Männer* sein, während den rechtsgelehrten Konsulenten neben der fachlichen Qualifikation auch die Befähigung *zur geschwinden Entschließung, und zu einem wahren Richter- oder Bescheidungsamt ohne alle Advocaten-Gefährde* abverlangt wurde.[135] Wenn freilich zur Zuständigkeit verlautet, der Oberrat solle *gebiethen und verbiethen, setzen, ordnen, erken-*

nen und urtheylen in allen Polizeysachen, und was dahin einschlaget, nichts ausgenommen,[136] so ist das keineswegs wörtlich zu nehmen. Zwar werden ihm alle Handwerker einschließlich derjenigen, die vordem seiner Zuständigkeit entzogen waren, aufs neue unterstellt,[137] die Aufsicht über *Handel- und Gewerbschaften*, Maß und Gewicht, die Kontrolle der Warenqualität und der Sittenzucht, die Vorsorge gegen Brand und Flut zugewiesen.[138] Doch *Vögtey- und Frevelfälle* werden ihm ebenso entzogen wie die Jurisdiktion in *Schmach- und Schuldsachen* außer jenen, *die wegen Handwerkssachen* vorkommen.[139] Eine klare Kompetenzabgrenzung schuf die Oberratsordnung also nicht; die Konflikte, zumal mit dem Stadtrat, dauerten fort.[140] Nach dem Ende des Hochstifts fielen *alle, ehedem von dem Stadtmagistrate und dem Polizeygerichte des obern Raths verwalteten Zweige der weltlichen Polizey* unter die Zuständigkeit der *Polizeydirection*, einer Unterbehörde der kurfürstlich bayerischen Landesdirektion.[141]

Städtisches Gerichtswesen

Gerichtsherrliche Stellung kam der Stadt Würzburg nicht zu; *omnimoda iurisdictio* lag vielmehr, wie Julius Echter im Jahr 1582 betonte, beim bischöflichen Stadtherrn.[142] Von städtischer Gerichtsbarkeit kann daher nur insoweit gesprochen werden, als sich in der personellen Zusammensetzung etlicher stadtgesessener Gerichte kommunaler Einfluss geltend machte. Das trifft auf die Instanzen der Personalgerichtsbarkeit über etliche stadtgesessene Gruppen – Klerus, landesherrliche Hofbedienstete, Militärpersonen, Universitätsangehörige – ersichtlich nicht zu, auch wenn gerade diese Kreise die Geschicke Würzburgs nachhaltig mitbestimmt haben. Zur städtischen Gerichtsbarkeit selbst im weitesten Sinne gehören ferner weder die geistlichen Gerichte noch das Kaiserliche Landgericht des Herzogtums Franken.

Die Darstellung beschränkt sich daher auf jene Foren, die neben dem Polizeigericht des Oberrates ebenfalls stadtbürgerlich geprägt waren, obwohl sie allesamt ihre Legitimation von der Landesherrschaft ableiten.

Den Einwohnern standen viele Wege offen, ihr Recht gerichtlich geltend zu machen. Häufig hatten sie sogar die Wahl, welches der Gerichte sie anrufen wollten; denn auch das Würzburger Justizwesen kennzeichnete die zeittypisch »konkurrierende Zuständigkeit verschiedener Gerichte«.[143]

Das Stadt- oder Salgericht und das Brückengericht

Bereits in der ersten Stadtordnung von 1525 hatte Fürstbischof Konrad angekündigt, auch die beiden Gerichte reformieren zu wollen.[144] 1526 erließ er zunächst eine neue *Stat gerichts ordnung zu Wirtzburg*,[145] (s. Abb. 66, S. 239) die laut Präambel am 12. Januar in Kraft treten sollte. Das ausgearbeitete, 56 Artikel umfassende Werk ist offenkundig den mit städtischer Rechtsgewohnheit Vertrauten, insbesondere auch den Schöffen zur Stellungnahme vorgelegt worden; diese brachten umfängliche Korrektur-, Änderungs- und Ergänzungsvorschläge ein.[146] Offen geblieben war beispielsweise die Frage, ob ein Geistlicher, der vor dem Stadtgericht gegen einen Laien klage, von diesem widerbeklagt werden dürfe. Die Antwort, orientiert am *privilegium fori* des kanonischen Rechts, laute-te negativ: Gegenklage dürfe der Bürger nicht erheben, doch solle ihm gegen den geist-lichen Kläger *sein Defension vnd Gegenwere,* mithin die prozessuale Verteidigung, gestat-tet sein.[147]

Das Stadtgericht entschied über Schuldklagen der Einwohner gegen Mitbürger und Stadtfremde sowie über trockenen Frevel (Körperverletzungen, bei denen kein Blut fließt) im Stadtbezirk.[148] Appellationen an eine höhere Instanz waren ausgeschlossen; das sei, wie die Ordnung betont, *vor alter herkommen, vnd so lang Menschen Gedencken raicht.*

Das Kollegium bestand aus dem bischöflichen Schultheißen, der den Vorsitz inne-hatte, und neun *Beisitzer[n] oder Schopffen, erfarnen Burgern auß vnserm Rathe vnd der Ge-meinde,* denen die materielle Rechtsfindung oblag.[149] In Person der Schöffen also, die als Stadtbürger auf der Grundlage des örtlichen Rechts urteilten, konnte sich ein kräftiger kommunaler Einfluss auf die Rechtspflege behaupten.[150] Doch Auswahl, Ein- und Abset-zung der auf unbestimmte Zeit bestellten Gerichtspersonen behielt sich allein der Stadt- und Gerichtsherr vor.[151] Die Qualifikationskriterien dieser Laienrichter – Redlichkeit, Sachverstand, Erfahrung – entsprachen der älteren einheimischen Tradition. Mit dem vordringenden römisch-kanonischen Recht nicht vertraut, holten die Stadtgerichts-schöffen in der Praxis wohl häufig bei den bischöflichen Kanzleiräten *Unterricht und Weisung* ein.[152] Ebenfalls nach alter und eigentlich überlebter Übung sollten die Par-teien weiterhin ihren Fürsprech aus dem Kreis der Schöffen nehmen dürfen.[153] Zum weiteren Gerichtspersonal gehörten Schreiber und Stadtknechte.

Das Gericht tagte *an gewonlicher Stat,* nämlich im bischöflichen Saal beim Dom. Feste Gerichtstage in der Arbeitswoche sah die Ordnung nicht vor, doch sollte der Samstag gerichtsfrei sein;[154] insbesondere betonte sie, dass auch die Juden an diesem Tag, *irem Sabat, mit Furbieten vor Gericht zuerscheinen oder Aide zu schweren nit sollen beles-tigt werden.*[155] Sitzungsfrei blieben ferner die zahlreichen religiösen Feiertage und Fest-wochen Würzburgs; Art. 3 (*von den Ferien oder Stilstant der Gericht*) bietet hierzu einen kulturhistorisch instruktiven Überblick.

Ein moderner Zug tritt in Art. 46 zu Tage: Durften Schultheiß und Schöffen vordem die vom Gericht verhängten Frevelbußen unter sich aufteilen, so sollte diese Sportel-praxis nun – *als dem Rechten nit gemeß vnd aus anderen bewegenden Vrsachen* – beseitigt und durch *redliche Besoldung vnd Belonung* ersetzt werden; die Stadtordnung sah für jeden Schöffen konkret ein wöchentliches Fixum von einem halben Gulden vor.[156] Die Aufwandsvergütung war aus den jährlich abzurechnenden Gerichtsgefällen zu zahlen.[157]

Den Hauptteil der Ordnung bilden die im engeren Sinne verfahrensrechtlichen Vor-schriften über Fürgebot und Ladungsungehorsam (Artt. 4–13), Güterarrest und Sicher-heitsleistung (Artt. 14, 15), Klage und Antwort (Artt. 17, 18), Ausstellung von Gerichts-urkunden (Artt. 19, 25) sowie über Gewährung und Versagung von Schubfristen (Artt. 20–22). Ausführlich geregelt wird das Beweisrecht in den Artikeln 26 bis 28; hinter der Zeugenaussage, der Urkunde und der Sachverständigenexpertise spielt der Parteieid nurmehr eine nachgeordnete Rolle.[158] Weit ab vom alten, starren Formalismus kennt die Ordnung bereits eine Art Beweiswürdigung durch das Gericht.[159] Nicht minder detaillierte Bestimmungen finden sich zum Vollstreckungsrecht[160] und zu den Gerichtsgebühren.[161]

Materielles Zivilrecht kommt dagegen nur beiläufig zur Sprache, zum Beispiel Bürgschaft, Bürgenhaftung, Pfandrecht,[162] eheliches Güterrecht;[163] strafbewehrte Vorschriften schränken das Vertragsrecht ein.[164] Den Juden werden Zins- und Pfandgeschäfte in der Stadt Würzburg verboten, *aber mit irer Kunst vnd Arbait irer Hand mogen sie sich neren*;[165] der Restriktion folgten aber schon in der zweiten Hälfte des 16. Jahrhunderts generelle Niederlassungsverbote.

Neben den bürgerlichen Sachen erstreckte sich die Kompetenz des Stadtgerichts auch auf Bagatelldelikte in der Stadt. Die Neigung der Einwohner, Frevelfälle anzuzeigen, soll pekuniär belohnt werden, der Schultheiß in Verdachtsfällen von Amts wegen vorgehen, rügepflichtig sind die übrigen Gerichtspersonen. Die sechs folgenden Artikel enthalten einen zeittypischen Bußgeldkatalog, der exemplarisch die ganze Bandbreite der Realinjurien im städtischen Alltagsleben beleuchtet. Eine den politischen Rechten des Täters nachteilige Ehrminderung sollte aber mit seiner Verurteilung zu einer pekuniären Frevelbuße grundsätzlich nicht verbunden sein: *Wir wollen auch, das in allen obangezaigten Fellen, wan der Freuel mit Gelt verbust wird, ainem solche Straff an seinem guten Leumut nit schedlich noch verletzlich sein soll.*[166]

Hingegen oblag die Aburteilung schwerer Kriminalfälle in der Zent Würzburg erstinstanzlich dem Zentgericht, dem der Hofschultheiß als Zentgraf vorsaß; Urteilsfinder waren Personen aus dem Gerichtssprengel, der außer der Stadt auch die Gemarkungen etlicher Dörfer im Würzburger Umland umfasste.[167]

Das Brückengericht, benannt nach seiner Gerichtsstätte jenseits des Flusses an der Alten Mainbrücke, erhielt 1527, ebenfalls von Fürstbischof Konrad, eine neue, aber vergleichsweise knapp gehaltene Ordnung.[168] Die Zusammensetzung des Spruchkörpers war identisch mit der des Stadtgerichts, allerdings ergänzt durch fünf Schöffen aus den linksmainischen Dörfern Zell, Waldbüttelbrunn und Höchberg. Anders als das Stadt-, handhabe das Brückengericht als Oberzentgericht und Appellationsinstanz für die Zenten des Hochstifts Würzburg jedoch die peinliche Justiz, die Aburteilung von Verbrechen, die mit Leibes- und Lebensstrafen bedroht waren. In ihren formalen Vorschriften über das Urteil bzw. die Achterklärung gegen den Straftäter folgte die Ordnung von 1527 noch ganz den altehrwürdigen Rechtsritualen.[169] Als Zivilinstanz sollte das Brückengericht für Klagen Würzburger Einwohner – geistlichen wie weltlichen Standes – gegen auswärtige Schuldner zuständig sein. Ein Problem war und blieb jedoch die Vollstreckung solcher Urteile draußen im Lande. 1554 stellte das Gericht seine Tätigkeit denn auch völlig ein,[170] sehr zum Verdruss der Stadt, die den bischöflichen Herrn wiederholt um Wiederherstellung bat.[171] Nach jahrzehntelangem Stillstand waren Besetzung und Zuständigkeiten des Brückengerichts jedoch so unklar geworden, dass im Jahr 1580 die Erinnerung der beiden letzten noch lebenden Brückenschöffen abgefragt werden musste.[172] Die Befragten selbst waren sich übrigens keineswegs in allen Punkten einig; Kaspar Gros, Ratsmitglied, behauptete beispielsweise, Brückengerichtssachen seien vom Stadtgericht übernommen worden, während sein ehemaliger Mitschöffe Dr. Kaspar Eck erklärte, sie seien *anderßwohe niergents hin gewisen worden, sonder also unerörtert ersitzen pliben.*[173]

Ob Julius Echter die Restauration eines selbstständigen Brückengerichts zumindest anfangs im Sinne hatte, kann dahingestellt bleiben; seine Reformation von 1582[174] jedenfalls verfügte die Vereinigung beider Tribunale zum Stadt- und Brückengericht. Getrennt blieben nur die Gerichtsstätten: Ein und dasselbe Gremium trat zur Entscheidung über Stadtgerichtssachen im bischöflichen Saal, über Strafen zu Hals und Hand als Brückengericht links des Maines zusammen. Die echtersche Stadtgerichtsordnung folgte übrigens weitgehend der konradinischen von 1526. Als Gerichtstage wurden nun Dienstag, Donnerstag und Freitag festgeschrieben. Die Sitzungen sollten in der Fastenzeit um sechs, sonst um sieben Uhr beginnen. Als Sachwalter der Parteien traten die – zunehmend juristisch ausgebildeten – Prokuratoren auf; Fürsprecher sollten nicht mehr aus dem Kreis der Gerichtspersonen genommen werden dürfen. Jedem Beisitzer wurde sein Schöffendienst von der fürstbischöflichen Kammer mit pauschal 50 Gulden jährlich vergütet, eine überaus bescheidene Aufwandsentschädigung, die den Diensteifer der *Assessores* nicht eben beflügelte. Entsprechend negativ wurden Tätigkeit und Effizienz des Stadtgerichts in den folgenden Jahrhunderten seiner Existenz beurteilt.[175]

Im 18. Jahrhundert tagte das Stadtgericht oder *Judicium civicum* zwei- bis dreimal wöchentlich, und zwar mittwochs und freitags, im Bedarfsfall zusätzlich am Dienstag. Sein Kompetenzbereich deckte sich mit dem in der echterschen Reformation beschriebenen. Im Prinzip konnte zwar alles, was nicht in die Kompetenz des Landgerichts oder der geistlichen Gerichte fiel und auch keiner besonderen Personaljurisdiktion vorbehalten war, vor das Stadtgericht gebracht werden, doch ausschließlich zuständig war es nur in Ausschatzungs- und Insolvenzsachen. Die meisten anderen Zivilklagen aber konnten wahlweise auch vor dem Vicedom oder aber vor dem Hofschultheißen in deren Funktion als Einzelrichter verhandelt werden;[176] das vereinfachte Verfahren versprach raschere Entscheidungen. Bürgerliche Baurechtsstreitigkeiten, Handwerkssachen und Servitutenklagen wiederum entschied der Oberrat, der seine konkurrierende Jurisdiktion auch in Schmäh- und Schuldsachen zu wahren trachtete.[177] Die gewachsenen Strukturen zu entflechten, ist bis zum Ende des Hochstifts nicht mehr gelungen. Erst unter kurbayerischer Herrschaft kam es zu einer Reform; die Zuständigkeiten des alten Stadtgerichts, des früheren Vicedom- und Hofschultheißenamtes, des Oberrates in Bausachen, die Kriminaljurisdiktion erster Instanz sowie sämtliche Angelegenheiten der freiwilligen Gerichtsbarkeit wurden der ausschließlichen Kompetenz einer neuen Justizbehörde zugewiesen, die nurmehr im Namen – Stadtgericht – an die Vorgängerin erinnerte.[178]

Das Sonntags- bzw. Montagsgericht

Den Namen führte das Gericht nach dem Tag, an dem es gewöhnlich seine Sitzungen hielt, seine andere Bezeichnung ist Feldgericht. Die in der ersten Stadtordnung angekündigte Neuregelung[179] erließ Fürstbischof Konrad im Jahr 1527.[180] Den Vorsitz führte der Hofschultheiß des Bischofs. Die fünf Schöffen setzte der Stadtherr ein; dass sie aus der Bürgerschaft genommen werden müssten, gesteht die Sonntagsgerichtsordnung nicht ausdrücklich zu. Später gehörte auch noch ein Schreiber zum Personal. Im 18. Jahrhundert schlug der Hofschultheiß bei Vakanz einer Beisitzerstelle der Regierung drei Kandidaten, regelmäßig aus dem Kreis der Stadtbürger, vor.[181]

Lokal zuständig war das Gericht in der Würzburger Stadtgemarkung, seine sachliche Kompetenz erstreckte sich auf Feldschäden, die durch Mensch und Vieh verursacht wurden. Den Tätern bzw. Tierhaltern drohten Geldbußen. Die Flurüberwachung und Rüge oblag bediensteten Feldhütern; diese hatten auch Schäden durch die herbstlichen Treibjagden Geistlicher und Weltlicher zur Anzeige zu bringen.[182] Legte ein Feldhüter *Vnfleys* an den Tag, so sollte er, wie die Stadtordnung von 1528 befahl, dem Hofschultheißen durch die Grundstücksbesitzer angezeigt werden.[183]

1558 beschwerte sich die Stadt, das Gericht begnüge sich nicht mit den Bußgeldern, sondern konfisziere zum Nachteil der Besitzer auch noch die von ihren Feldern gestohlenen Früchte. Diesem Missbrauch wurde durch die Errichtung des Rügamtes abgeholfen.[184] Das Feldgericht selbst blieb bestehen; es entschied bis zum Ende des Hochstifts über Feldstreitigkeiten.[185]

Das Rüggericht des Stadtrates

Das Gericht wurde 1558 gegründet, personell stand es von Anfang an unter kommunalem Einfluss. Stellte der Stadtrat zunächst nur die vier Beisitzer, so hatte ab 1564 der jährlich neu gewählte jüngere Bürgermeister den Vorsitz inne. Zudem fanden die Sitzungen sonn- und feiertags in der Ratsstube statt. Das Gericht urteilte Feld- und Gartendiebstähle ab, die außerhalb der Stadt auf Würzburger Gemarkung vorfielen.[186] Vor allem aber wurde dem Rat im 17. Jahrhundert auch die Exekution der Rüggerichtsurteile zugesprochen.[187]

Die Zusammensetzung des Kollegiums variierte im Laufe der Entwicklung; Ende des 17. Jahrhunderts amteten neben vier Ratsherren noch vier Viertelmeister als Beisitzer. Vorsitzender blieb jedoch stets der jüngere Bürgermeister.[188] Gegen die Ansprüche des Hofschultheißen, der dem konkurrierenden Feldgericht vorsaß, wusste der Rat die Kompetenzen zäh zu verteidigen, obwohl sich die Sitzungsintervalle im 18. Jahrhundert unerträglich ausdehnten. Nicht einmal die Minimalforderung nach allmonatlicher Tagung fand Gehör. Das wirft ein fatales Licht auf die Rechtspflege des Stadtrates in einem durchaus bedeutsamen Teilbereich.[189]

Strafgewalt und zivile Personaljurisdiktion des Stadtrates

Ruhe und Ordnung in der Stadt notfalls mit Zwangsmitteln durchzusetzen und aufrecht zu erhalten, zählte der Rat seit jeher zu seinen Aufgaben.[190] Die Nachkriegsordnungen des 16. Jahrhunderts indes wiesen ihm hier lediglich Anzeigepflichten und Hilfsfunktionen zu; die Strafgewalt selbst handhabe der bischöfliche Schultheiß oder eine andere vom Stadtherrn zu bestimmende Instanz.[191] Die Ratsordnung Fürstbischof Johann Gottfrieds von 1618 hingegen verbriefte dem Stadtrat in Titel 13 erstmals eine wenn auch beschränkte, so doch eigene Strafkompetenz. Dem engen Wortlaut nach erstreckte sie sich auf die Ahndung *ungebührliche[r] Sachen*, die in der Stadt *bey Tag und*

Nacht uf den Gassen oder anderstwo [...] mit Rauffen, Schlagen, Schreyen, Stehlen, Einbrechen oder dergleichen vorfielen.[192] Beide Bürgermeister sollten *vollen Gewalt haben, die Straffwürdige zu gefänglichem Verhafft zu nehmen.* Die Bestimmung ergänzt Vorschriften des Titels 10, wonach wegen nächtlicher *Schlägereyen, Tumult, Morthgeschrey oder dergleichen* Festgenommene bei Tagesanbruch dem Oberschultheißen und beiden Bürgermeistern vorgestellt, verdächtige Sachen und Personen nächtens in Wirtshäusern, Garküchen, *Schlüpffecken*, Hurenwinkeln von Schultheiß und Bürgermeister *visitirt*, sichergestellt bzw. inhaftiert werden sollten. Der bischöflichen Kanzlei war Bericht zu erstatten.[193] Dem Rat wurde also keine ausschließliche, sondern nur konkurrierende Zuständigkeit übertragen. Auch bei der Zuweisung von Diebstahls- und Einbruchsfällen, die ihrer Natur nach vor das Zentgericht gehörten, sind Abstriche angebracht: Der Jurisdiktion des Rates unterfallen sie nur, soweit sie überhaupt mit Haft geahndet werden können.[194]

Gleichzeitig wird das Gefängniswesen neu geordnet: Das Große und das Kleine Loch sind künftig zur Aufnahme von *Malefitz Personen und grobe[n] Delinquenten* bestimmt, in die Kohlkammer gehören *aigentlich* nur säumige Schuldner. Die vom Rat *geringen Verbrechens willen* verhängte Freiheitsstrafe dagegen soll im Pleidenturm verbüßt werden, und der Rat verwahrt die Schlüssel zu dieser *bürgerlichen Gefängnus.*[195] Die gewonnene Strafgewalt erwies sich als ausbaufähig, blieb aber dem Bereich der Bagatelldelikte verknüpft.[196]

Von hoher Bedeutung für die Position des Rates als Behörde besonderen Ansehens war die ebenfalls 1618 gewonnene Personaljurisdiktion. In bürgerlichen Sachen, mit Ausnahme der in die Kompetenz des Landgerichts fallenden Nachlassangelegenheiten,[197] wurden die Ratsherren sowie das gesamte städtische Personal – *Schreiber, Uffwärter, Viertelknecht, Wächter und was von Grünenbaum besoldet wird* – von allen anderen zivilrechtlichen Instanzen eximiert. Lediglich die Provokation an die landesherrliche Regierung blieb aufrecht erhalten. Wem die Zivilklage gegen eine dieser Personen zustand, hatte vor dem kollegial verfassten Ratsgericht zu prozedieren. Mitglieder des Gremiums waren die beiden Bürgermeister sowie die acht Herren des Inneren Rates.[198]

Die Vorteile dieser Exemtion liegen auf der Hand: Der Rat wurde faktisch Richter in eigener Sache, eine nicht nur heutigem Rechtsdenken zuwiderlaufende Konstellation, denn auch den Zeitgenossen war die Gefahr für das hohe Gut unparteiischer Justiz sehr wohl bewusst. Die Mahnung des Fürstbischofs freilich, es solle *ohne Ansehen der Person schleunig* gerichtet werden, bot dem Kläger nur geringen Schutz gegen missbräuchliche Handhabung der Personaljurisdiktion.

Unklar äußerte sich die Ratsordnung zur Vollstreckung: Der Oberschultheiß solle *zu verhelffen schuldig sein*, dass die Urteile *gebührlich exequirt und vollzogen* würden.[199] Vonseiten des Rates scheint dies als fakultative Vorschrift ausgelegt worden zu sein. In dem von Schott mitgeteilten Fall aus der Mitte des 18. Jahrhunderts jedenfalls behauptete der Rat unter Berufung auf Titel 13 der 1618er Ordnung, ihm stehe neben der Jurisdiktion auch die Exekution seiner Urteile zu. Dieser Auffassung schloss sich die Regierung jedoch nicht an.[200] Ebenfalls unterband sie den Versuch, die zivilrechtliche Exemtion zur strafrechtlichen auszuweiten.[201]

Wie begrenzt aber die Doppelprivilegierung von 1618 auch immer war, sie erwies sich als ebenso beständig wie vorteilhaft und erfüllte vollkommen den Zweck, den Fürstbischof Johann Gottfried fördern zu wollen erklärte:

Damit [...] auch gedachter unser Statt Rath in gebührendem Respect gehalten und noth-wendigen Gehorsamb haben möge [...][202]

Eid des Stadtschreibers von 1557

Ulrich Wagner

Im folgenden wird der Eid des Stadtschreibers von 1557 wiedergegeben.[1] Als Leiter der Verwaltung und auf Lebenszeit ins Amt gewählt kam ihm innerhalb der Kommunaladministration eine Spitzenfunktion zu: Er beaufsichtigte Registratur und Archiv, durch seine Hände lief der gesamte ein- und ausgehende Schriftverkehr der Stadt, schließlich protokollierte er verbindlich die Sitzungen und Beschlüsse des Rates (s. Abb. 70). Wie der Eidestext zeigt, stand er in einem besonderen Vertrauensverhältnis zu Bürgermeistern und Rat.

[fol. 1] Des Statschreibers Aide, [fol. 2] also geendert und gebessert im Jar 1557.

[fol. 3] Ich soll und will alles und iedes, wes mir in Craft meiner [fol. 4] Bestallung verlesen und uferlegt worden, getreulichen halten, [fol. 5] demselben meines besten Vermuhens [Vermögens] nachkomen, alle Raths[fol. 6]taege [Ratssitzungen], so oft ich dessen ermanet wirde, besuchen, [fol. 7] die Rathschlege und was in haltendem Rathe gehandelt [fol. 8] und beschlossen wirdt, mit Vleiß aufschreiben, registriren [fol. 9] und niemands eroeffnen, sunder in gehaim und verschwigen [fol. 10] halten. Was auch fur Rathspersonen ieder Zeit [fol. 11] vorhanden [anwesend] gewesen, vleissig vermercken und aufzaichnen. [fol. 12] Die Ratsbuchere mit [be]treuen und vor Schaden verwaren, [fol. 13] auch in fremde Hendt [Hände] nit komen lassen, daraus nichtz [fol. 14] ziehen [keine Auszüge anfertigen], schreiben oder andern mitthailen. Kain Missive [Sendbriefe] oder andere Brief im Namen des Raths ausgehen lasen, [fol. 16] auch nicht unterschreiben one Bevelch und Vorwissen [fol. 17] der Burgermeister und [des] Raths. Und sunst in [fol. 18] gemain alles dasjenig thun, handeln und befurdern, [fol. 19] was ainem erbarn Rathe und gemainer Stat zu Nutz [fol. 20] und Frommen kumen und geraichen mage, getreulich und [fol. 21] one alle Geverde [Arglist]. Also helff mir Got und sein heiligs [fol. 22] Evangelium, Amen.

*Abb. 70: Der Stadtschreiber (am Tisch rechts) protokolliert eine
Sitzung des Würzburger Stadtrats um 1770,
Miniatur im Silbernen Ratsbuch, Ausschnitt.
(StadtAW, Rb 17, fol. 128r)*

Siegel und Wappen der Stadt Würzburg im ausgehenden Mittelalter und in der Neuzeit

Enno Bünz

Wie die meisten Städte im deutschsprachigen Raum hat Würzburg seine im Hochmittelalter entworfene Siegelform jahrhundertelang beibehalten. Während das 1195 erstmals nachweisbare Siegel mit der schlichten Umschrift ›WIRCIBVRC‹ nur einige Jahrzehnte in Gebrauch gewesen ist, wurde spätestens 1237 ein neues Rundsiegel eingeführt, welches dann bis zur Mitte des 16. Jahrhunderts verwendet wurde.[1] Wie der spätromanische Dom mit seiner charakteristischen Doppelturmfassade und den beiden Osttürmen, der im Mittelpunkt des Siegelbildes steht, wurde auch das Bildprogramm des Siegels selbst später nur noch geringfügig modifiziert, indem 1440 durch Nachgravur ein Stern zwischen den beiden Domtürmen eingefügt worden ist.[2] Die Umschrift ›+ SIGILLVM CIVITATIS HERBIPOLENSIS‹ blieb unverändert.

Das Stadtsiegel war ein Mittel städtischer Repräsentation und Selbstdarstellung, es musste darüber hinaus aber praktischen Zwecken im Rahmen der städtischen Verwaltung und Rechtspflege dienen. Im Zuge der anwachsenden Schriftlichkeit des Spätmittelalters erwies es sich deshalb als zweckmäßig, neben dem großen, repräsentativen Stadtsiegel ein Geschäftssiegel einzuführen, das sich leichter handhaben ließ und wegen des geringeren Wachsbedarfs auch geringere Kosten verursachte; der Vorgang lässt sich in Deutschland – beginnend mit den rheinischen Städten – seit etwa 1300 verfolgen.[3] In Würzburg ist ein solches Siegel *ad causas* – für die täglichen Verwaltungsangelegenheiten – erstmals 1396 und 1398 nachweisbar. Das Siegelbild ist in allen wesentlichen Elementen mit dem großen Stadtsiegel identisch, wurde aber etwas vereinfacht. Das war auch wegen der geringeren Größe dieses Geschäftssiegels (7,5 cm gegenüber 9 cm Durchmesser des großen Stadtsiegels) erforderlich. Die Umschrift lautet ›S[IGILLVM] CIVITATIS HERBIPOLENSIS AD CONTRACTVS ET AD CAVSAS‹.[4] Seit 1456 ist außerdem ein städtisches Briefsiegel nachweisbar, dessen Bildprogramm wiederum vereinfacht wurde (Durchmesser 6,4 cm) und das die Umschrift trägt ›S[IGILLVM] CIVIV[M] HERBIP[IPOLENSIVM] AD L[ITTE]RAS MISSILES‹.[5] Es diente nicht nur zur Beglaubigung, sondern auch als Verschlussmittel der – wie üblich – zusammengefalteten Briefe.

Bezeichnend für den Wandel des Siegelwesens in der frühen Neuzeit ist der Umstand, dass das 1560 neu geschaffene Hauptsiegel der Stadt Würzburg mit einem Durchmesser von 5,3 cm kleiner war als selbst die erwähnten spätmittelalterlichen Geschäftssiegel. Aus welchen Gründen man damals den Würzburger Goldschmied Wendel Walther beauftragt hat, ein neues Stadtsiegel anzufertigen, ist unbekannt. Im Ratsproto-

*Abb. 71: Das Würzburger Stadtsiegel
(Siegeltypar) von 1560.
(Mainfränkisches Museum Würzburg,
Stadtgeschichtliche Dauerausstellung,
Inv.-Nr. S. 33218)*

koll heißt es lediglich am 3. Mai 1560: *vf heut ist das new silberin sigill gemainer stat Wirzburg mit solcher vmbschrift: Sigillum Civitatis Herbipolensis, verfertiget worden*[6]. Diese Angaben lassen sich anhand des silbernen Typars überprüfen, das noch erhalten ist (s. Abb. 71); es ist der älteste überhaupt erhaltene städtische Siegelstempel Würzburgs. Auf der Rückseite ist tatsächlich die Jahreszahl 1560 eingraviert worden. In der Umschrift findet sich allerdings – abweichend vom Wortlaut des Stadtratsprotokolls – die hochmittelalterliche lateinische Namensform ›HERBIPOLENSIS‹ durch ›WIRCEBVRGENSIS‹ ersetzt. Das Siegelbild ist hingegen in allen wesentlichen Bestandteilen mit dem mittelalterlichen Stadtsiegel identisch und zeigt die Stadtmauer mit Tor und hl. Kilian sowie die diesem Heiligen geweihte Dom- und Stadtpfarrkirche. Das Typar befindet sich heute im Mainfränkischen Museum Würzburg.[7]

Siegel und Wappen hatten noch im späten Mittelalter unterschiedliche Funktionen. Vereinzelt schon seit dem 15. und vollends im Laufe des 16. Jahrhunderts ist es aber zur Gleichsetzung von Siegel- und Wappendarstellung gekommen, was sich auch an der Würzburger Entwicklung ablesen lässt[8]. Der Übergang zum Wappensiegel entsprach einem allgemeinen Trend im Siegelwesen deutscher Städte. So wurde 1570 in Würzburg ein neues Siegeltypar eingeführt (inschriftlich auf der Rückseite datiert), dessen Bildfeld in einem Schild die viergeteilte fränkische Fahne zeigt (Durchmesser des Siegels 3,5 cm).[9] Die Umschrift lautet ähnlich wie auf dem Typar 1560 ›Sigillvm Civitatis Wvrcebvrgensis‹. Wie zahlreiche Städte in der frühen Neuzeit orientierte sich Würzburg mit diesem neuen Siegelbild an den Symbolen der Landesherrschaft des Würzburger Fürstbischofs: an der spätmittelalterlichen Fahne des Herzogs von Franken, dem so genannten Rennfähnlein, das als heraldisches Zeichen aus der Lehnsfahne hervorgegangen ist.[10] Eine landesherrliche Verleihung dieses neuen Siegelbildes ist nicht nachweisbar und auch wenig wahrscheinlich.[11]

Der heraldische Siegeltyp mit der Fahnendarstellung findet sich seit dem späten 16. Jahrhundert auf allen städtischen Siegeltyparen, die hier jedoch nicht im Einzelnen be-

Abb. 72: Holzkästchen zur Aufbewahrung der Siegeltypare der Stadt Würzburg mit aufgemalten Wappen der Stadt und der beiden Bürgermeister Octavian Maternstein und Georg Dürr, 1650.
(Mainfränkisches Museum Würzburg, Stadtgeschichtliche Dauerausstellung, Inv.-Nr. H. 6643)

handelt werden können, weil das neuzeitliche Siegelwesen Würzburgs noch völlig unerforscht ist.[12] Selbstverständlich sind auch diese jüngeren Siegel, von denen in der Regel die Typare im Mainfränkischen Museum verwahrt werden, wertvolle Zeugnisse der städtischen Verwaltungsgeschichte. Es kann jedoch nicht übersehen werden, dass das frühneuzeitliche Siegelwesen der Stadt Würzburg ebenso wie das vieler anderer Städte im deutschsprachigen Raum von künstlerischer Verarmung und ikonographischer Vereinfachung gekennzeichnet ist, finden sich doch keine Siegel mehr, die ästhetisch mit den oft prachtvollen und aussagekräftigen Stadtsiegeln des Mittelalters vergleichbar sind.[13]

Wie die Würzburger Siegelstempel in der frühen Neuzeit verwahrt wurden, zeigt ein Holzkasten, der 1650 in der Amtszeit der Bürgermeister Octavian Maternstein und Georg Dürr angefertigt worden ist (s. Abb. 72). Das Kästchen trägt die Wappen der Stadt Würzburg sowie der beiden Bürgermeister und befindet sich im Mainfränkischen Museum.[14]

Stadtsiegel und -wappen haben sich in Würzburg seit 1570 parallel entwickelt. Das Würzburger Stadtwappen, das seit der Mitte des 16. Jahrhunderts vielfach nachweisbar ist, zeigt im schwarzen Feld eine von Rot und Gold gevierte Fahne an silberner Lanzenstange (s. Abb. 73 und Tafel 21)[15], während das Wappen des Herzogtums Franken rot und silbern im blauen Feld an goldener Stange tingiert war[16]. Die wohl älteste Bilddarstellung des Würzburger Stadtwappens befand sich im heute weitgehend verlorenen

Abb. 73: Wappen der Stadt Würzburg im
Siegelbuch von 1621-1693.
(StadtAW, Rb 228, fol. 1)

Wappenfries des Wenzelsaals im Grafeneckartbau des Rathauses und könnte noch in der ersten Hälfte des 14. Jahrhunderts angefertigt worden sein.[17] Die moderne Gesetzgebung hat der skizzierten Entwicklung zum Wappensiegel Vorschub geleistet.[18] Bis heute zeigen Wappen, Siegel und Dienststempel der Stadt Würzburg deshalb die einprägsame rot-gold gevierte Fahne des 16. Jahrhunderts und nicht das künstlerisch bedeutendere Stadtsiegel des Hochmittelalters.

Das Rathausinventar im Jahre 1731

Ulrich Wagner

Um einen Nachweis über die im Rathaus vorhandenen Einrichtungsgegenstände zu haben, ließen die Bürgermeister am 21. Februar 1731 ein Inventar erstellen.[1] Dieses zeigt, dass die Ausstattung der Räume, insbesondere der Ratsstube, der Grünen Stube und des großen Saales, mit zahlreichen Gemälden, so u.a. des Kaiserpaares, der Fürstbischöfe, der Wohltäter der Stadt, sowie mit mehreren Dutzend roten, gelben und blauen Plüschsesseln, mit Hänge- und Wandleuchtern aus Messing und verschiedenen mit schweren Decken überhängten Tischen ausgesprochen repräsentativ war. Die aus Holz gefertigte Wandregistratur mit ihren 28 Schubfächern war in den Ratssaal eingebaut.

[fol. 1r] Verzeichnus deren in dem Rathaus befindlichen und [den] Stubendienern zur Obsicht und Verwahrung überlassenen Mobilien.

In der ordinarie Raths-Stuben:
Ein viereckig-eichener Tisch sambt grünen tüchenen Teppich. Ein schwarzgebaizter Schreibzeug mit einem daraufstehenden Crucifiz und Sandt-Uhr.
Ahn Gemähl [Gemälde] und Kupfer[stichen]:
14 fürstlich und 2 andere Contrafait [Portraits]. 2 Histori-Stückh. 1 Nachtstuckh [nächtliche Szene], [den] St. Hieronimum vorstellend. 1 Stuck H[eilige] Trinitatem [Dreifaltigkeit] zeigend. Salvator Mundi et Mater Dei [Jesus mit Maria] im Kupfer. Kayser Leopold mit der Kayserin dito. 6 Stuck weisse Vorhäng sambt zugehörigen Kräntzen nach Arth und Weis darin befindlicher Fenstern. 3 papierne Kupfer mit Raamen [eingerahmte Kupferstiche]. Ein dedicirtes Mariae-Hülff-Billd auf Pergament mit der Feeder geschrieben. [fol. 1v] Dombkapitul- und Raths-Calender mit Raamen (s. Abb. 75). Ein Scheuben-Uhr mit dem Perpendicul [Scheibenuhr mit Pendel]. Ein neben am Offen in die Wand festgemachte Registratur mit 28 Schiebladen. Zwey viereckig aichene Spiel-Tischlein. Ein Behalter von Eichenholtz mit zwey aufeinander stehenden Thüren. Ein klein tannenes Kästlein verschlossen.

In dem Vor-Platz der Raths-Stuben:
Ein messinger Henckleichter [Hängeleuchter] in der Mitte. Sieben messinge Wandtleuchter allda. Ein Gemähl [Gemälde] Judas der Verräther im Nachtstückh [mit nächtlicher Szene]. Sechs kayserlich und fürstliche Portrait in Lebens-Grösse. Zwey Kästen, darinnen die

Abb. 74: Hellebarden (Partisanen)
des Stadtmilitärs.
(Mainfränkisches Museum, Stadt-
geschichtliche Dauerausstellung)

Rathsfahnen und Partisonen [Hellebarden] aufbehalten werden. Ein grosser Oval-Tisch sambt einen grünen tüchenen, etwas alten Teppich.

[fol. 2r] In der grünen Stuben:
Ein lang aichener Tisch mit grünen Teppich. Ein tannenes Täfelein ohne Deck[e]. Vier Stückh weisse Fürhäng [Vorhänge] sambt Gräntzen [Kränzen] ahn denen Fenstern. Zwey Duzent neue roth plüschene Sässel, mehr ein Duzent blaue, und ein Duzent gelblichte Sässel, ein Duzent alte lederne Sessel.

In dem grossen Saal:
Siebenzehen neue messinge Henckleichter, theils im Saal, theils in denen Vorplätzen. Ein eichener Tisch sambt grünen tuchenen Decke. Zwey alte grüne Teppich auf die Tische. Sechs-

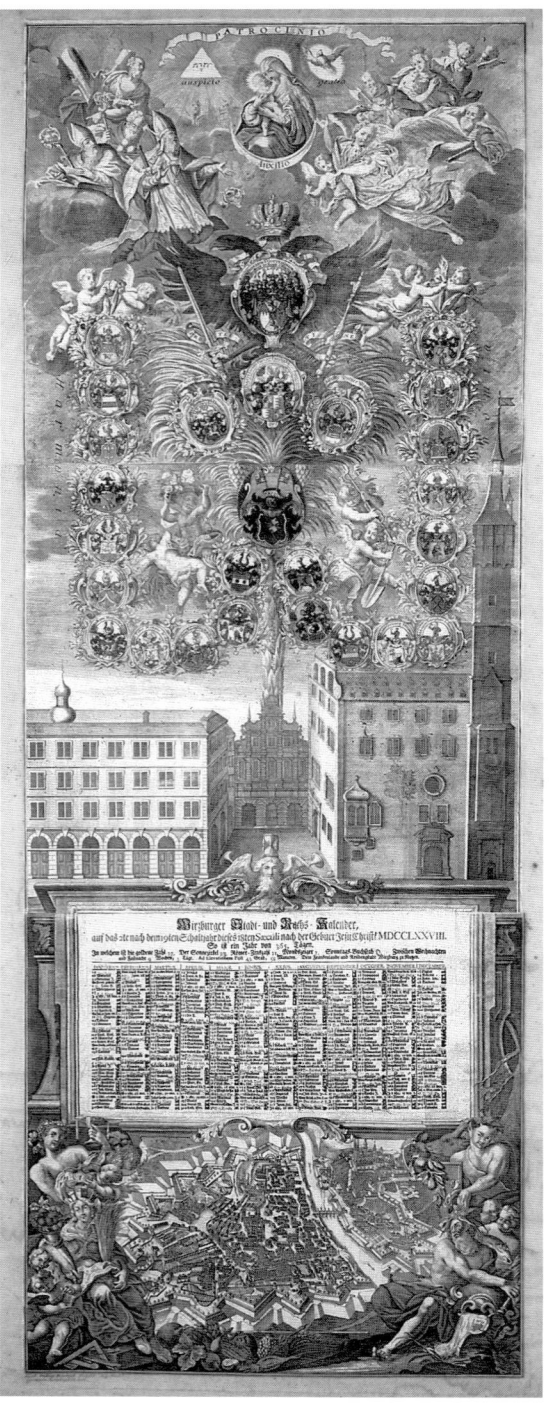

*Abb. 75: Ratskalender von 1778
mit Ansicht des neuzeitlichen Rathaus-
komplexes und der Stadt.
(Mainfränkisches Museum,
Stadtgeschichtliche Dauerausstellung)*

zehen Paar weisse Fürhäng [Vorhänge] vor iedem Fenster, sambt zugehörigen Gräntzen. Zwey grosse Spiegel mit verguldeten Raamen. [fol. 2v] 1 kayserlich und 1 fürstlich Portrait in Lebensgrösse. 17 alte fürstliche und Benefactorn [Wohltäter] Portrait. 2 grüne tüchene Vorhäng vor zwey Nebenthürn alda. 2 Schenkbänck [Ausschenktische] alda.

In der Bürgermeister-Stuben:
Ein marmorsteinerner runder Tisch [wohl Riemenschneidertisch, s. Stadtgeschichte Bd. I, Abb. 47], sambt alten grünen Teppich. Ein tannenes Schencktischlein. Ein rundes Spieltischlein. Zwey Portrait alter Stubenmeistern. Ein messinges Klöcklein, so beym Rueggericht [Schöffengericht, s. S. 251] gebraucht wird. Ein kupferner Wasserstenter [Wasserbehälter] sambt Rollen. Ein runder Tisch unterm Salet [Kammer]. Zwey Tisch in der so genanten Kuchenstuben.

[fol. 3r] Insgemeinn:
Eine alte Trisour [Tresor] im Boden stehent. Eine neue Presß [wohl für Stempelpapier]. Eine spannische Wandt. 12 höltzerne Stühl. Zwey Kästen in der Kuchenstuben. 2 alte Portrait vor der Burgermeisterstubn. 1 alte Latern. 1 Hencklatern unten im Hoff. 4 messinge Leuchter. 2 zinnerne Schreibzeug. 2 zinnerne Nachtgeschirr. 1 Schauffel. 1 eyserne Offengabel. Ein Sch[r]enklein, so ehedessen zu denn Engelskleidern gebraucht worden. Ein alte lange Banck ausser der Rathsstuben. Ein Duzent Messer und so viel Gabel mit schwarzer Schalen. Ein dergleichen Tranchier-Messer. Lange und oval Tisch und Tafeln zu denen Tractamenten [Bewirtung mit Speis und Trank] im Boden befindlich.
Nachtrag: Krüg, Gläser, mehr 6 Deller [Teller] herausen.

Obige angeführte Mobiellen befiendten sich also wie betreffend.
Johann Georg Urlaub, dermahlige Stubendiener, manu propria subscripsi.
[Ich habe mit eigener Hand unterschrieben]

[fol. 4v] Inventarium über die im Rathhaus befindliche und [den] Stubendienern zur Obsicht und Verwahrung überlassenen Mobilien.
Sub 21. Februarii 1731.

Die städtebauliche Entwicklung
1525–1814

Jörg Lusin

Das Stadtbild bis zum Anbruch der Renaissance

Unsere Kenntnis vom Erscheinungsbild Würzburgs zu Beginn der Neuzeit ist eine sehr spärliche – wir schöpfen sie lediglich aus einer Grafik des Berner Künstlers Hans Rudolf Manuel Deutsch, die ihrerseits auf eine heute verschwundene Vorzeichnung des Würzburger Malers Martin Seger zurückgeht. 1548 ist der Druckstock entstanden, zwei Jahre später der Holzschnitt in der voluminösen *Cosmographia* Sebastian Münsters erschienen (s. Abb. 76). Der Blick des Betrachters richtet sich aus der Vogelschau von Osten auf die spätmittelalterliche Stadt. Sie ist stark vereinfacht dargestellt, doch in ihren Grundzügen, ja selbst in Einzelheiten erstaunlich zuverlässig wiedergegeben.[1]

Will man das Blatt topografisch auswerten, bedarf es freilich erst des Vergleichs mit späteren Stadtansichten und Stadtplänen; ferner ist die Befragung von Archivalien nötig, die Einbindung von baulichen Relikten unabdingbar. Der hochverdiente Würzburg-Forscher Franz Seberich hatte sich dieser Aufgabe gestellt, und das glücklicherweise in einer Zeit, in der noch wesentlich mehr Zeugen mittelalterlicher Architektur und Fortifikation zu finden waren als heutzutage.[2] Als Zusammenfassung vieler einzelner Forschungen ist die 1933 veröffentlichte Stadtansicht »Würzburg um 1550« entstanden. Sie ist auch aus der Vogelschau ausgebreitet, aber von Norden betrachtet (s. Abb. 77).[3] Die zeichnerische Rekonstruktion war eine hilfreiche Vorarbeit für das drei Jahrzehnte später entstandene Modell »Würzburg um 1525« (s. Tafel 18/19).[4] Bildlich und plastisch bringt uns Seberich so die Stadtgestalt Würzburgs am Anfang der zu betrachtenden Zeitspanne zwischen Mittelalter und Biedermeier nahe.

Über dem Steilhang des Bergsporns, vis-à-vis der Stadt im Kessel, thront die Festung, ein Gebäudekomplex in einem schlichten Bering, den Otto von Wolfskeel 1339 anlegen ließ.[5] Am Fuß des Schlossbergs ragt die Stiftskirche St. Burkard auf; von ihr aus zieht sich die Fischersiedlung am flachen, unbewehrten Mainufer bis hoch zur Komturei des Deutschen Ordens und weiter nach Nordwesten zum Kloster der Schottenmönche. Aus dem »Viertel jenseits Mains« spannt sich eine Brücke über den Fluss – 1512 war damit begonnen worden, die provisorischen Holzjoche zwischen den neu erbauten Pfeilern durch massive Steinbögen zu ersetzen. Die Arbeiten sollten noch längere Zeit in Anspruch nehmen.[6] Als Teile der ersten Brücke sind deren Tore auf den beiden Rampen erhalten geblieben: Das äußere auf der Mainviertelseite stand bis 1691, das innere auf der

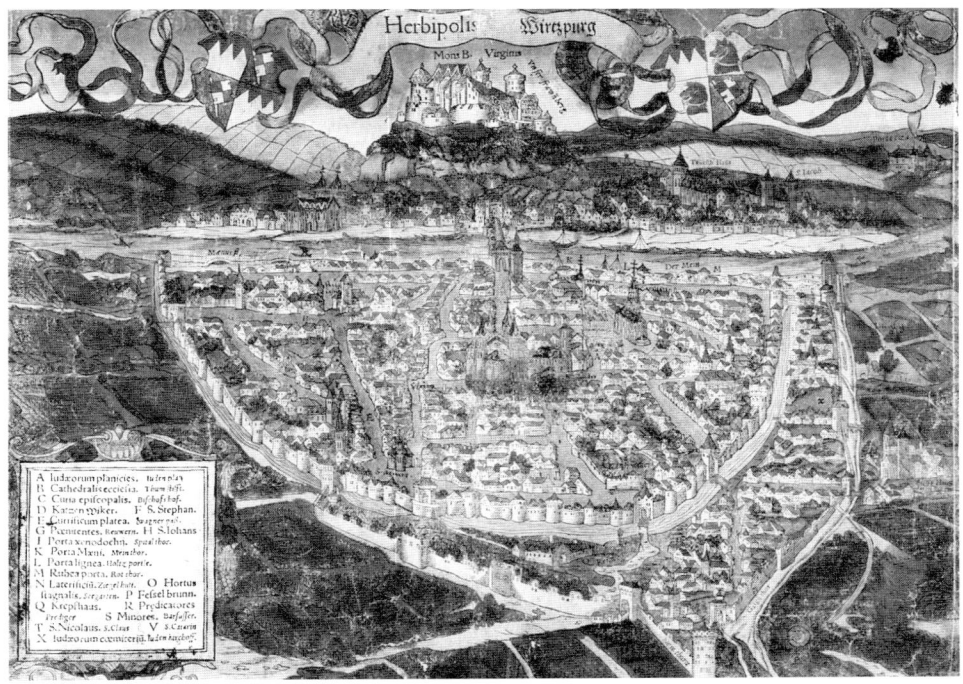

Abb. 76: Würzburg von Osten 1548, Holzschnitt von Hans-Rudolf Manuel Deutsch,
in: Sebastian Münster, Cosmographei oder Beschreibung aller Laender, Basel 1550.
(Mainfränkisches Museum Würzburg, Inv.-Nr. H. 33061)

Höhe der Gotthardskapelle wurde unter Balthasar Neumanns Regie 1722 abgebrochen.[7] Der Flussübergang ist exakt auf das Zentrum der Stadt ausgerichtet. Geradlinig strebt von seiner Rampe eine breite Straße auf den Dom zu, die einzige richtungsbezogene, aber nicht durchgängige Magistrale der mittelalterlichen Stadt.

Ihren Auftakt bildet das Rathaus, das damals nur aus dem zweigeschossigen Hof zum Grafeneckart (auch »Grüner Baum« genannt) und dem Turm bestand, der ihm 1453 aufgesetzt worden war.[8] Auf der Südseite der alten Marktstraße unterbrechen zwei schlichte Freiflächen die feingliedrige Reihe der giebelständigen Häuser: Der Ort vor dem Rathaus war die Urzelle des Markttreibens, er atmete noch die Knoblauchdüfte aus den Buden der Garköche.[9] Der folgende Platz – später wurde er Sternplatz genannt – war noch in der Regierungszeit Bischof von Scherenbergs Eiermarkt und schon damals Stätte des Marktgerichts. Bis zur Verlegung in die Karmelitenstraße zu Beginn des 17. Jahrhunderts ist hier auch der Fischmarkt abgehalten worden, der sich bis weit in die Domstraße hinein zog. Mittelpunkt des Platzes war ein überdachter Ziehbrunnen, bei dem gelegentlich auch der Galgen aufgeschlagen wurde.[10]

Die Straße, ursprünglich Teil eines frühgeschichtlichen Fernwegs, des »Rennwegs«,[11] endet abrupt vor dem Westwerk des Domes. Aus dem ehemaligen Herzogshof auf einer hochwasserfreien Erhebung im weiten Talkessel war die Trias Dom – Neumünster – Bi-

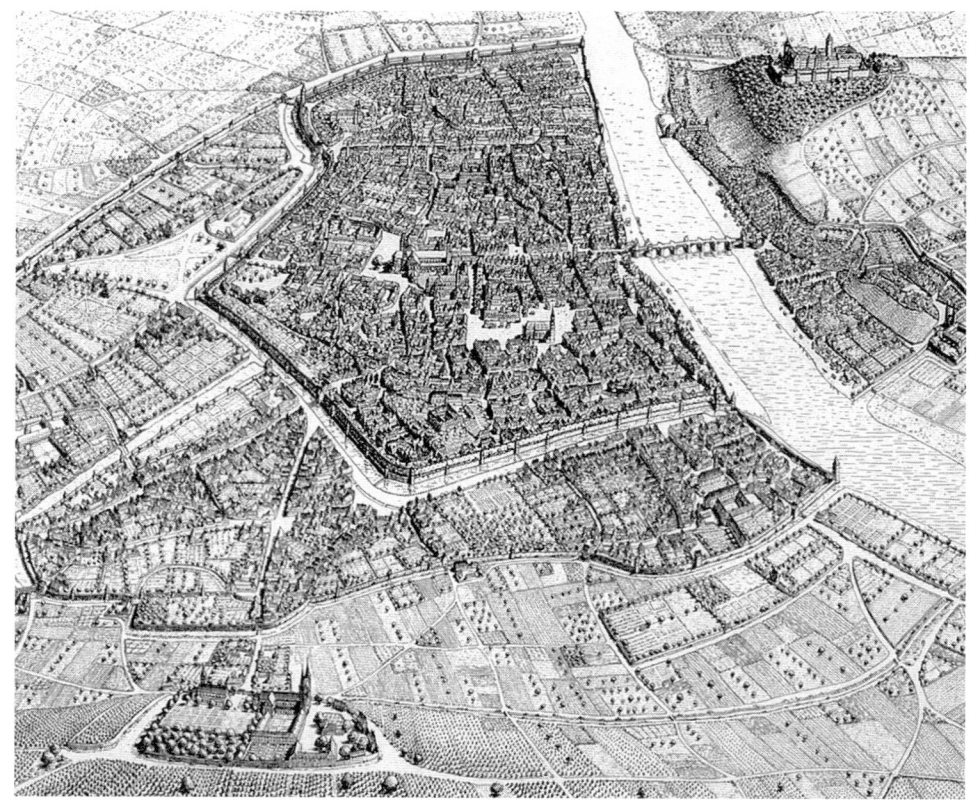

Abb. 77: Würzburg um 1550,
Rekonstruktionszeichnung von Franz Seberich, Ausschnitt.
(Mainfränkisches Museum Würzburg, Inv.-Nr. H. 14188)

schofspalais entstanden. Im Süden begrenzt den geistlichen Komplex der Bruderhof um den Domkreuzgang, im Norden runden ihn die Konventbauten um den Kreuzgarten des Neumünsters ab.

Dies war der Schwerpunkt des pentagonal umwehrten Stadtgrundrisses. Zum betrachteten Zeitpunkt war seine Südflanke allerdings bereits aufgebrochen, denn um 1200 ist, als wohl erste Vorstadt, das Sander Viertel um das Stephanskloster und entlang der Ausfallstraße nach Süden in den Bering einbezogen worden; seit Beginn des 15. Jahrhunderts sicherte diesen erstmals erweiterten Stadtkern landseits bereits eine Zwingeranlage mit nassem Graben.[12]

1410 hatte Bischof Johann von Egloffstein Würzburg in seinem damaligen Umfang in je vier Innen- und Vorstadtviertel eingeteilt.[13] Von Westen nach Osten war die »Bischofsmütze« auf dem Zug der Domstraße über den Paradeplatz zur Hofstraße halbiert, die Nord-Südlinie dagegen teilte die Altstadt in einem Verhältnis eins zu zwei: Sie führte auf der Linie Ulmergasse – Häfnergasse über den Marktplatz zur Schustergasse und nach der Domstraße weiter über den Sternplatz und die Sterngasse in die Franziskaner-

gasse. Die außermittige Teilung reagierte auf die deutlich engere Bebauung und eine damit verbundene größere Einwohnerdichte im westlichen Drittel der Stadt und schuf somit annähernd gleich große Steuerbezirke. Im Uhrzeigersinn nordöstlich beginnend
waren so die Stadtteile Dietricher, Bastheimer, Gänheimer und Cresser Viertel definiert.
Diese Gliederung in Viertel hielt sich fast vier Jahrhunderte, bis sie 1805 von einer neu-
en Einteilung in fünf Distrikte abgelöst wurde.[14]

Das Stadtgefüge war von unterschiedlicher Dichte geprägt – Stränge schmalbrüstiger
Häuser entlang enger Gassen wechselten mit Bereichen ausgedehnter Bürgerhöfe oder
mit den geräumigen Anlagen von Klöstern ab; geradezu luftig schlang sich der weite
Bogen der Domherrnkurien östlich um die Bischofskirche, breiteten sich landwirtschaftlich und gärtnerisch genutzte Areale aus, insbesondere am Rand der Befestigung.
Und drei beachtliche Plätze hielten sich im Häusergewirr, zeichneten sich auch von be-
pflanztem Boden ab: großzügig und regellos um die Marienkapelle, streng trapezförmig
um den Domchor, ein Rest der ehemaligen Domfreiheit vielleicht, und als weiter Hof
der größten Domherrnkurie schließlich, des geheimnisvollen Katzenwickers.[15]

Um 1300 muss die Einwohnerzahl in einem Maß angewachsen sein, dass trotz reich-
lichen Baulandes ein Drittel der etwa 6 000 Menschen Wohnraum und Arbeitsstätte nur
noch vor der Stadtmauer finden konnte.[16] Dies musste in den unruhigen Zeiten bald zu
einer zweiten Stadterweiterung führen. Vorausdenkend geplant ist ein weiter Teil des
Talkessels in den Schutz der neuen Ummauerung einbezogen worden. Sie holte entsprechend aus, begann südlich am Sander Viertel und umschlang einen weiten, dünn besiedelten Bereich um den Rennweg. An der nordöstlichen Ecke – das Afrakloster blieb
außerhalb der Stadtbefestigung liegen – bog der Mauerzug nach Westen ab und schlän-
gelte sich bis zu seinem Eckpfeiler am Main, dem bis heute erhaltenen Schneidturm.
Hier knickte er um und führte zurück zur Ecke der ersten Befestigung am Ochsentor.
Damit waren rechtsmainisch nach der Sander Vorstadt das Hauger und das Pleicher
Viertel ummauert, jenseits des Flusses säumte das Mainviertel den unbefestigten Ufer-
rand und erklomm die Hangfläche.

Während das Afrakloster 1506 im Rahmen einer dritten Stadterweiterung noch in
den Bering einbezogen wurde,[17] blieb das Stift Haug weiterhin – trotz mancher Bemühungen – isoliert auf einem Hügel im Norden vor der Stadt liegen.[18]

Im Bauernkrieg ist die Festung auf dem Marienberg 1525 ebenso heftig wie erfolglos
bestürmt worden. Die Auseinandersetzung hat dort, wie auch unten in der Stadt, nur
unerhebliche Schäden an Gebäuden angerichtet[19] und deshalb zu keiner umfangreichen Neubauphase geführt. Das 16. Jahrhundert hat die Einwohnerzahl weiter steigen lassen: von etwa 8 000 um 1512 auf rund 8 600 im Jahr 1571.[20] Dies hatte eine
fortschreitende Bebauung zur Folge, die insbesondere die Vorstadtviertel anwachsen
ließ.

Die drei kriegerischen Ereignisse nach dem Bauernaufstand haben Hochstift wie
Stadt zwar finanziell ausgeblutet und größere Bauvorhaben in weite Ferne gerückt, sie
brachten aber keine Verwüstungen mit sich. Im Hessenkrieg ist 1528 lediglich die Allerheiligenkapelle nahe dem Domchor abgebrochen worden, um einen aufnahmefähigen
Sammelplatz für den Fall eines feindlichen Angriffs zu schaffen;[21] im Markgräflerkrieg

1552[22] haben nur Kirche und Pfründnergebäude des Bürgerspitals gelitten,[23] und der Überfall Wilhelm von Grumbachs 1563 führte nicht zur befürchteten Feuersbrunst.[24]

Sieben Jahre später hingegen brach in der Domstraße ein Großbrand aus. Der überhitzte Ofen eines Hauses »Unter den Greden« löste die Flammen aus, die sich über die Dächer der benachbarten, giebelständigen Fachwerkhäuser rasch ausbreiteten. Acht Gebäude, dicht gedrängt auf 28 Meter, fielen in Schutt und Asche.[25] Die Gestaltung der Giebelfront war damals bereits per Bauordnung genauestens geregelt: Die beiden unteren Geschosse waren schnurgerecht hochzuführen, danach erst durfte um »einen halben Werkschuh herausgefahren werden«.[26] Die Ausbildung der Traufseiten und damit der vorbeugende Brandschutz war allerdings durch keine Verordnung bestimmt. Man zog jedoch eine Lehre aus dem Brand des Jahres 1570. Eine Kommission empfahl die Zusammenlegung von je zwei Häusern zu einem Doppelhaus, dazu die Ausrichtung von First und Traufen parallel zur Straße, darüber hinaus die Errichtung von Schiedmauern als Brandwände zwischen den Gebäuden. Die Wandlung der giebelständigen Häuser des Mittelalters in traufständige der Neuzeit vollzog sich mit der Verschmelzung der tiefen, aber schmalen Grundstücksparzellen. Das geschah in der Folgezeit allerorts umfassend. Mit dem praktischen Nutzen der Firstschwenkung ging natürlich eine optische Wirkung einher, die das Erscheinungsbild der Straßenzüge entscheidend veränderte.[27]

Diese richtungsweisende Entwicklung schritt freilich langsam voran und daneben geschah nicht viel, denn: »An Architektur ist aus der Zeit wenig zu berichten.«[28] Fritz Knapp erwähnt auf seinem kunstgeschichtlichen Rundgang lediglich »die hübsche holzgeschnitzte Laube im Domherrnhof Seebach (1567)«,[29] den Renaissanceerker am Rathaus (1544) und »das feine Holzschnitzwerk am Ehemannschen Haus«.[30]

Fürstbischof Julius Echter setzt Maßstäbe

Die Ruhe im Baugeschehen sollte sich rasch in lebhafteste Bautätigkeit umkehren. Deren Ergebnis wurde im 19. Jahrhundert, vielleicht allzu überschwänglich, eine lokale Sonderrolle innerhalb der Renaissance eingeräumt, als dem »Juliusstil«.[31] Als unbestritten darf freilich gelten, dass Julius Echter, der als 28jähriger Domdekan am 1. Dezember 1573 den Bischofsthron bestieg,[32] die städtebauliche Entwicklung Würzburgs wie kaum ein anderer Regent mit seinen Ideen bestimmte. Am Anfang seiner Planungen stand der Bau eines Spitals; nach einer nicht realisierbaren ersten Überlegung bei der Suche nach einem Grundstück fiel sein Blick auf das Areal des jüdischen Friedhofs im Pleicher Viertel. Es war vorhersehbar, dass der Erwerb dennoch Schwierigkeiten bereiten würde, hatte sich doch bereits 1541 die Judenschaft Begehrlichkeiten der Stadt widersetzt, die einen neuen christlichen Begräbnisplatz anlegen wollte. Julius Echter duldete keinerlei Widerspruch, er beschlagnahmte kurzerhand das unverkäufliche Gelände. Den Prozess am Kaiserlichen Kammergericht, der dieser Annektierung folgte, überstand er auch noch ohne Zahlung einer Entschädigung. Schon zwei Jahre nach seinem Amtsantritt, am 12. März 1576, konnte er zur feierlichen Grundsteinlegung schreiten.[33]

Die Platzwahl Echters war überlegt. Ein derart riesiges, unbebautes Grundstück – er arrondierte die Fläche des Friedhofes noch erheblich – war innerhalb des Mauerfünfecks nicht mehr zu finden. Es grenzte aber daran, und einen geeigneten Zugang von der Stadt, durch die »Julierpforte« über den Stadtgraben, ließ der Rat auf Verlangen des Bischofs pflichteifrig durch die Befestigung brechen.[34] Der Standort in der Pleicher Vorstadt garantierte unschätzbare Vorteile für ein Spital, *allda Wassers und Luffts halb guete Bequemblichkeit ist.*[35] Und die Kürnach musste nur leicht nach Süden umgeleitet werden, um als Antrieb für die Spitalmühle und danach zur Entwässerung der Anlage genutzt werden zu können.[36]

Die Ausrichtung des Gebäudes auf die Stadtbefestigung ist eine städtebauliche Glanzleistung – sie nahm die Überlegung Balthasar Neumanns 160 Jahre später vorweg, an Stelle von vier Mauerzügen der »Mitra« breite Prachtstraßen anzulegen.[37] Die nördliche Flucht der späteren Juliuspromenade gab der Bau des Spitals jedenfalls vor.

Der Kupferstich Johannes Leypolts von 1604 (s. Abb. 17, S. 81) nach einem Ölgemälde Georg Rudolph Hennenbergs[38] gibt den 1585 vollendeten Gründungsbau[39] aus der Vogelschau wieder. Außer dem Stiftungsrelief Hans Rodleins aus dem Torturm ist von ihm heute nichts mehr erhalten. Der aus den Niederlanden gebürtige Mainzer Baumeister Georg Robin[40] hatte den Entwurf für die ausgedehnte vierflügelige Anlage um einen lang gestreckten Hofraum geliefert; geschickt verstand er es, der Straßenfront die Länge zu nehmen, indem er die Flügelbauten mit Volutengiebeln auf die Grundstücksgrenze treten ließ und nach vorne zinnengekrönte Mauerstreifen zwischen die Flügel und das Vordergebäude schob.

Die weite Fläche des Hofs akzentuieren nur zwei Brunnen, aber hinter dem Nordflügel, dem »Pfründnerbau«, und vor dem Mauerzug der ersten Stadterweiterung wogt auf dem Ölbild das üppige Grün einer sorgfältig angelegten Parkanlage. Man darf darin sicher den Beginn des Botanischen Gartens sehen, den der Fürstbischof der medizinischen Fakultät seiner Universität versprochen hatte: als »einen Platz zum Kultivieren von einheimischen und ausländischen Pflanzen«, vordergründig selbstverständlich von Heilkräutern, *so zur Artzney dienlich erbauet werde.*[41]

Bereits drei Jahre vor Fertigstellung seines Spitals begann Echter mit dem Bau eines zweiten Monumentalbaus. Am 11. Juni 1582 legte er den Grundstein für die Würzburger Universität, der neben dem Domkomplex größten planmäßigen Anlage im kleinteiligen Stadtgrundriss. Wieder wählte er Georg Robin als Baumeister, und abermals ist zuerst an ein anderes Grundstück gedacht worden; war für den Spitalbau anfangs das aufgelassene Kloster der Reurerinnen vor der Südflanke der Befestigung ausersehen, so stand jetzt das Areal des Katzenwickers in der Ostspitze der Stadtmauer zur Diskussion.[42] Erst am 2. Juni, also keine zwei Wochen vor der Grundsteinlegung, hat sich Julius Echter für das verlassene Ulrichskloster hinter der ehemaligen Südfront der »Bischofsmütze« entschieden.[43] Östlich grenzte das Grundstück nach Zukauf von einigen Häusern und Höfen an das Jesuitenkolleg im ehemaligen Klarissenkloster St. Agnes und schloss dessen dreiseitiges Areal[44] als annähernd rechtwinkliges Geviert ab.

Die Standortwahl für den Universitätsbau, der europaweit in jeder Hinsicht seinesgleichen sucht,[45] folgte den Überlegungen, die schon sechs Jahre vorher die Lage des

Spitals bestimmt hatten. Das Grundstück fand zwar noch in der fünfeckigen Kernstadt Platz, weil die Universität wesentlich weniger Fläche als das Spital beanspruchte; es orientierte sich aber wieder am Verlauf der alten Stadtmauer und bildete – zusammen mit dem des späteren Priesterseminars – ihren südöstlichen Eckpunkt. Die beiden echterschen Gründungen liegen sich in der Nord-Süd-Achse des Domes gegenüber und zeichnen deutlich die Flanken der mittelalterlichen Stadt nach – Balthasar Neumann musste als Stadtbaumeister später eigentlich nur noch weiterdenken.

Bei aller Schlichtheit der Grundrissstruktur fehlt es dem Baukörper nicht an städtebaulichen Raffinessen: Der Ostflügel tritt nur leicht, der schräg verlaufende Westtrakt aber deutlich vor die Nordfassade mit ihrer Durchfahrt – damit ist der Eingangsbereich eindeutig gekennzeichnet. Die Universitätskirche im Südflügel stellt sich ihrerseits vor die Linie des Westtrakts. Darüber hinaus überschreitet sie die übrige Bauflucht der Straße und unterstützt so die Dominanz des Turmes. Nach nur neun Jahren Bauzeit war die Universität fertig gestellt. Am 8. September 1591 ist sie mit der etwas später begonnenen Kirche feierlich eingeweiht worden (s. Abb. 88).[46]

Zu einem beinahe 30jährigen Unternehmen dagegen geriet das Großprojekt Echters auf dem Marienberg, der Ausbau der mittelalterlichen Burg zum Schloss der Renaissance. Den Anlass für erste Baumaßnahmen hatte sein Vorgänger Friedrich von Wirsberg gegeben, als er am Abend des 22. Februar 1572 vergaß, eine Kerze auf seinem Schreibtisch zu löschen. Er entfachte so einen Brand, der sich im Fürstenbau und bis in den Südflügel ausgebreitet hatte; weitere Bauschäden waren entstanden, weil man das Feuer wegen der zugefrorenen Zisternen nicht mit Löschwasser bekämpfen konnte, sondern durch Einreißen von Wänden in Schach halten musste.[47] Der kränkliche Wirsberg veranlasste nur noch die notwendigsten Reparaturen, Julius Echter fand einen desolaten Wohnsitz und damit ein großes Aufgabenfeld vor.

Die Sanierung der betroffenen Partien war sein erstes Ziel, doch schon bald folgten die Neubauten im inneren Burgbereich.[48] Zu Ostern 1600 ist dann im Nordflügel wieder ein Großbrand ausgebrochen. Diesmal wurde »fast das halbe Schloß« Raub der Flammen.[49] Bis in den Mai 1607[50] zogen sich die Bauarbeiten hin, als deren Ergebnis die regelmäßige Vierflügelanlage des fürstbischöflichen Sitzes mit drei Ecktürmen und einer dreiflügeligen Vorburg nach dem Halsgraben entstanden war (s. Abb. 201).

Etwa zeitgleich mit dem Bau des Marienturms im Nordosteck des Schlosses, der als Blickfang in der Achse der Neubaustraße und als Pendant des Turms der Neubaukirche zu stehen kam, wurde von Echter das Zeughaus auf dem Schottenanger errichtet, dessen mächtiger Staffelgiebel auf die Achse der Juliuspromenade ausgerichtet ist. Das sind sicher keine Zufälligkeiten, sondern erste Ansätze eines Städtebaus, der sich der Blickverbindungen als Gestaltungselemente bediente.[51]

Der Sakralbau erlebte während der Regentschaft Julius Echters in Würzburg keine besondere Blüte. Neben der Universitätskirche ließ Echter lediglich die Pleicher Pfarrkirche St. Gertraud an der Stelle ihres Vorgängerbaus 1611 neu errichten.[52] Ein Jahr vor seinem Tod hat er noch das Kapuzinerkloster südwestlich der Kartause Engelgarten im Rennweger Viertel gegründet und bauen lassen;[53] das Grundstück, eine Wiese im Besitz des Bürgerspitals, hatte er im Tausch erworben.[54]

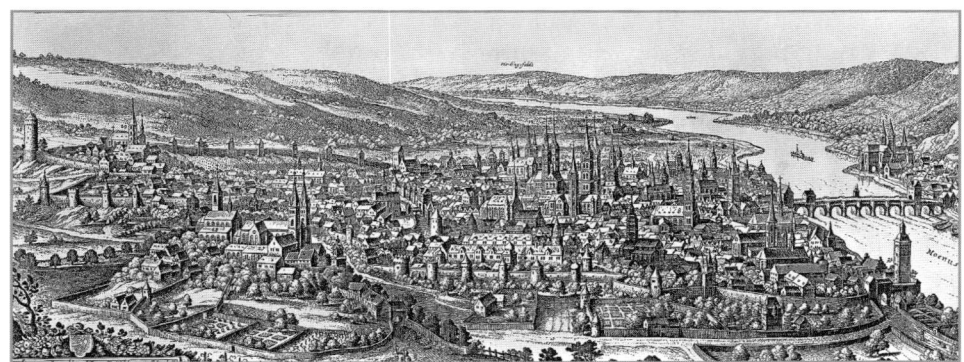

Abb. 78: Ansicht der Stadt Würzburg von Norden aus Matthäus Merians
»Topographia Franconiae«, Frankfurt a. M. 1648.
(Mainfränkisches Museum Würzburg, Inv.-Nr. 20370)

Echters Handschrift hat das Bild der Domstadt entscheidend bestimmt. Im Grundriss ist heute noch vieles ablesbar, an Bausubstanz nur mehr wenig erhalten. Das gilt besonders für die Profanbauten, allen voran die Fachwerkhäuser mit ihren teilweise
höchst dekorativen Zierformen, wie sie am Ehemannshaus Augustinerstraße 12 oder
am Bachmannschen Haus Neubaustraße 2 auf Bildern noch nachweisbar sind.[55] Die
einfachen Wohnhäuser sind ebenso verschwunden wie die ausgedehnten Bürgerhöfe,
die sich in der Renaissance zu blockhaften, introvertierten Drei- und Vierflügelanlagen,
also zu »kleinen bürgerlichen Stadtpalästen«,[56] weiter entwickelten. Sie lagen meist
abweisend an engen Gassen, wie der Bauernhof in der Dettelbachergasse, der Hof zum
Wolfhart in der Sterngasse oder der Wickenmaierhof in der Sandgasse. Im Sandhof
gegenüber hat sich 1594–1597 erstmals die Pracht der Bauplastik an Flacherker und
Zwerchgiebel entfaltet.[57] Der wohlhabende Bauherr, der Dechant von Neumünster
und Universitätsrektor Dr. Johann Wilhelm Ganzhorn, ließ diesen Schmuck allerdings
nur versteckt an den Hoffassaden zur Wirkung kommen. Dem Gestaltungselement
»Eckerker« fiel in der Echterzeit eine andere und besondere Rolle zu, als Gelenk-
stelle gleichsam an städtebaulich exponierter Ecklage, als Dreh- und Angelpunkt eines
Platzes. Noch heute wirken diese markanten Blickfänge am Bischofspalais, dem ehemaligen Domherrnhof Conti (um 1590),[58] am Vorderen Gressenhof (1591), dem derzeitigen Gebäude der Castellbank, und am Haus Schöneck (um 1600) am Beginn der
Martinsgasse:[59] Alle drei Gebäude zieren zweigeschossige, reich gegliederte polygonale
Erker.

Julius Echter, der leidenschaftliche Bauherr auf dem Bischofsstuhl, starb 1617, im
Vorjahr des Dreißigjährigen Kriegs. In dieser verheerenden Zeit und noch lange danach
stagnierte selbstverständlich das Bauwesen.[60] Als bedeutendes Beispiel für diese Leere
fristete die Universitätskirche bis zum Wiederaufbau 1696–1703 ein Dasein als überwu-
cherte Ruine. Schon bald nach dem Tod Echters wurden Wand- und Deckenteile baufällig und mussten eingelegt werden.[61] Die städtebauliche Überlegung, den Kirchenbau etwas vor die ehemalige Stadtmauer zu stellen, schob die Fundamente der Straßenfront in

den verfüllten Stadtgraben, und die unterschiedlichen Setzungsverhältnisse des Baugrundes führten zu verhängnisvollen Rissen im Baukörper.

Zwei Ansichten vermitteln ein Bild der Stadt in der Kriegszeit: das topografisch erstaunlich zuverlässige Ölbild Hans Ulrich Büelers von 1623 mit dem Blick von Osten (s. Tafel 22/23)[62] und die 1633 erstmals erschienene Radierung Matthäus Merians d. Ä.[63] Wenngleich künstlerisch höher einzustufen, ist diese von Norden ausgebreitete Stadtansicht allzu fantasievoll ausgefallen. Dennoch gibt die später vielfach reproduzierte Darstellung ein bemerkenswertes Stimmungsbild der kirchenreichen Stadt im Gürtel ihrer mittelalterlichen Befestigung wieder. Das Häusergewirr macht die drangvolle Enge deutlich, die innerhalb des turmbewehrten Mauerzugs geherrscht haben muss (s. Abb. 78).

Barocke Bastionen schützen Ufer und Berg

Mehr noch als der knapp gewordene Platz innerhalb der veralteten Stadtbefestigung ist diese dann selbst zum Problem geworden – nahezu mühelos konnten die Schweden, trotz heftigen Geschützfeuers von der Festung gegenüber, im Oktober 1631 die Mauern der Pleicher und Hauger Vorstadt überwinden und anschließend die Öffnung der Tore zur Innenstadt erzwingen.[64] Wenige Tage später ist ihnen auch das tapfer verteidigte Schloss auf dem Marienberg in die Hände gefallen. Kurioserweise waren es ausgerechnet die Eroberer, die dann schnell eine neuzeitliche Befestigung in Angriff genommen haben. König Gustav Adolf selbst gab nach der Einnahme die Anweisungen für den Ausbau, Umbau und sogar Neubau von Werken der Festung. Die Planung der Vorwerke erstreckte sich 1632 bis an das Flussufer – man beabsichtigte aus fortifikatorischen Gründen sogar, die Häuser im Mainviertel vom Stift St. Burkard bis zur Mainbrücke abzureißen. Der in dieser Zeit entstandene »Schwedenplan« (s. Abb. 27) sah dann zwar die Erhaltung der Burkarder Kirche vor, er schloss nun allerdings das gesamte Mainviertel ein.[65] Dass die Schweden die Umsetzung ihrer Pläne vor dem Truppenabzug am Nordhang des Marienbergs bereits begonnen hatten, ist auf der Stadtansicht Merians gut erkennbar.

Am 16. August 1642 wählte das Domkapitel einstimmig den 37jährigen Johann Philipp von Schönborn zum Fürstbischof von Würzburg. Der kriegserfahrene Offizier erkannte rasch die fortifikatorischen Unzulänglichkeiten seiner Residenzstadt, knüpfte alsbald an die fortschrittlichen schwedischen Vorarbeiten an und ließ zunächst den Marienberg zu einer zeitgemäßen Festung ausbauen.[66]

Die Arbeiten begannen bereits 1643 mit Reparaturen am zerschossenen Mauerwerk der ersten schwedischen Befestigungen; ihren vorläufigen Abschluss bildete 1658 der Bau der Bastion St. Michael vor dem Schönborntor.[67] In der Manier eines deutsch-niederländischen Bastionärsystems war ein hoch aufgeschütteter Gürtel lang gestreckter Kurtinen (Verbindungswälle) zwischen spitz vorgeschobenen Bastionen um das Renaissanceschloss entstanden.

Das Erscheinungsbild der unter Schönborn entstandenen Stadtfront der Festung mit dem barocken Wehrsockel blieb als trutziges Wahrzeichen bis heute weitgehend unverändert. Lediglich auf den besonders gefährdeten west- und nordwestlichen Flanken des

Abb. 79: Das Dreikronentor.
(Ansichtskarte aus der Sammlung Lusin)

Marienberges wurde die Befestigung erweitert. Danach kam es nur noch zum Bau von Schanzen und vorgeschobenen Außenwerken, der mit dem Wallschild des »Reichs-Ravelins« im Westen unter Konrad Wilhelm von Wernau (1683/1684) begann.[68] Nach der Errichtung des »Höllenschlunds« (1714/1715) im Südosten entstanden noch zwei Werke nach Plänen Balthasar Neumanns, die »Teufelsschanze« (1721–1726) im Norden und ein weit in den Felshang des Leistengrunds abgesenkter, kraftstrotzender Rundbau mit drei Geschützplattformen (1724–1728), der »Maschikuliturm« (s. Tafel 59).[69]

Von Anfang an hatte Fürstbischof Schönborn beabsichtigt, das Mainviertel als Vorwerk der Festung zu nutzen und lückenlos zu befestigen – bislang lag ja die Flussseite der Fischersiedlung als offener Uferstreifen völlig ungeschützt da. Schon 1643 wurde mit dem nördlichen Abschnitt begonnen, der sein gezacktes Band vom unteren schwedischen Werk, von der späteren Bastion St. Sebastian westlich des Neutores, bis zu dem bullig runden Batterieturm in der Mainfront, dem »Dicken Turm«, ausbreiten sollte. Nicht viel später als im Norden muss auch im Süden mit der Fortifikation begonnen worden sein, von einem Werk beim Stift St. Burkard ist erstmals 1645 die Rede. Im Jahr 1663 berichtete der damalige Stadtkommandant Johann Christof, die Befestigung des Mainviertels wäre zumindest so weit gediehen, dass sie im Notfall brauchbar wäre. Die Uferlinie war damals lediglich durch Palisaden geschützt.[70]

Erst ab 1663 und hauptsächlich in der Regierungszeit Fürstbischof Peter Philipp von Dernbachs (1675–1683) wandte man sich ernsthaft der Vollendung der kurzen Südfront des Mainviertels zu. Sie bestand aus einer Flanke gegen den Felsen des Marien-

Abb. 80: Stadtplan von Würzburg (nach Süden), aquarellierte Federzeichnung von Kilian Bauer, 1726.
(Mainfränkisches Museum Würzburg, Inv.-Nr. H. 33516)

bergs, der Kurtine mit dem 1680 fertig gestellten Burkarder Tor und einer ausgreifenden Bastion, eine der »markantesten Partien der Altstadt«.[71] Vor dieser imponierenden Anlage wurde ein Kanal vom Main abgeleitet, in einen Tunnel der Kurtine, danach hinter die Burkarder Kirche geführt und vor einer Bastion in der Flussfront wieder in den Main entlassen. In diesem Kanal wurde die erste Schleuse Würzburgs eingerichtet, die nach holländischem Muster mittels zweier Holztore geschlossen werden konnte. Kurz vor dem oberen Tor ist dem Umlaufkanal über ein Gerinne Wasser abgezweigt worden, das eine Mühle antrieb.[72]

Der längst überfällige Ausbau der Flussfront zu einer hohen Ufermauer mit Brustwehr und Wehrgang fiel zum größten Teil in die Regierungszeit des Fürstbischofs Johann Gottfried von Guttenberg (1684–1698). Die Befestigung begann im Süden mit der Dernbachschen Bastion neben dem Burkarder Tor. Nach einer kurzen Kurtine (Verbindungswall) folgte auf der Höhe der Burkarder Kirche die Mühlbastion mit unregelmäßigem Grundriss, weil sie auf die Ausrichtung des 1644 angelegten Streichwehrs Rücksicht nahm.[73] Die Grundfläche der Bastion wurde fast vollständig von der Oberen Mainmühle eingenommen, deren fünf Wasserräder von einem Kanal aus dem Main angetrieben wurden. Johann Philipp von Schönborn ließ die Mühle um 1653 errichten; eines ihrer Räder trieb ein Pumpwerk an, das Quellwasser vom Fuß des Marienberges auf die Festung drückte. Das mächtige Mühlgebäude mit dem hohen Dach stand ehemals frei auf dem Ufer, bevor es von der Bastion umschlossen wurde.[74]

Es erstaunt, wie einfühlsam die Stadtbefestigung, die ja uneingeschränkt der Verteidigung dienen sollte, sich hier einer vorgefundenen baulichen Situation angepasst hat. Dies war im Mainviertel so nicht immer der Fall: Dem Umlaufkanal beispielsweise fielen 1677 Westchor, Turm und Querhaus der Burkarderkirche zum Opfer.[75] 1699 ist der Westbau der Schottenkirche abgerissen worden, weil er der Planung der Befestigung im

Wege stand.[76] Die gerade Strecke von der Mühlbastion bis zum Dicken Turm unterbrachen nur die Tivolibastion und nach der Brücke die Sternbastion.[77] Damit war die Front geschlossen, lediglich vier Öffnungen vermittelten zum Ufer, eine Pforte südlich, zwei Pforten und das stattliche Dreikronentor (s. Abb. 79) nördlich der Brücke.[78]

Bis zu seinem Abbruch 1691 schloss ein alter Torbau die Brücke linksmainisch ab. Nach der Befestigung des Mainviertels auf der Flussseite galt es natürlich, insbesondere diese Lücke wieder zu schließen; zehn Jahre später ist damit begonnen worden, und 1705 war das neue Brückentor fertig gestellt.[79] Damit ist allerdings alles andere als ein militärischer Zweckbau entstanden. Dessen Aufgaben hätte dieses Prachttor in keinem Fall erfüllen können: Es wies keine einzige Schießscharte auf außer den beiden putzigen in der niedrigen Brüstung der Plattform, die lediglich für die Aufstellung zweier Salutböller tauglich gewesen wäre. Das Ganze erinnert eher an einen römischen Triumphbogen, und einem Italiener, Antonio Petrini, wird der Entwurf ja auch zugeschrieben. Die Schwachstelle im Vorwerk der Festung nahm man sicher bewusst in Kauf, weil vorrangig ein würdevoller Auftakt auf dem Weg zum fürstbischöflichen Schloss geschaffen werden sollte, das Johann Philipp von Greiffenclau drei Jahre vor Baubeginn des Tores wieder bezogen hatte (s. Abb. 80).

Nach dem Dicken Turm musste die Befestigung einen weiten Bogen zur westlichen Bastion der Neutoranlage schlagen und dabei das Schottenkloster einschließen. Auf dieser Strecke trat ein Wechsel in der Manier der Festungsbaukunst ein, der zu einer typisch Würzburger Lösung führte: der Mischung aus einem Bastionär- und einem Tenaillensystem.[80] Welcher Festungsbaumeister wann an welcher Stelle tätig geworden ist, bleibt wohl für immer im Dunkel der Geschichte verborgen.[81]

Von der Bastion St. Andreas[82] führte das gezackte Mauerband zur Bastion St. Kolonat. In ihrer linken Flanke lag der zweite Eingang ins Mainviertel. Den rund 60 Meter breiten Graben zwischen Wallmauer und der Kontereskarpe überwand zunächst eine Holzbrücke. Im Jahr 1754[83] wurde sie von einer achtbogigen Steinbrücke abgelöst, die eine Wipp- und eine Zugbrücke unterbrach. Auf diese Weise waren alle sechs Würzburger Stadttore gesichert. Das Zeller Tor – mit dem Burkarder Tor das heute einzig noch erhaltene – war bereits 1664 vollendet worden. Auffallend ist seine Lage seitlich der Zellerstraße – das mittelalterliche Tor lag als Stadteingang noch genau in ihrer Achse.[84] Offensichtlich bedingte die komplizierte Struktur des barocken Mauersystems einen solchen Umweg.

Der Mauerpanzer legt sich um die Stadt

Die Arbeiten an der Befestigung des Marienbergs und des Mainviertels waren in vollem Gange, als Fürstbischof Johann Philipp von Schönborn 1652 dem Rat vorschlug, auch die rechtsmainische Stadt zu befestigen – man lebe jetzt zwar in Frieden, doch wie lange der währe, sei nicht berechenbar, und die jüngsten Überraschungen sollten eine Lehre sein; im Angriffsfall könne man sich so ja auch gegenseitig helfen. Die Zeiten aufsässigen Bürgertums waren vorbei, die Stadt war nicht mehr Gegenspieler des Bischofs. Sie war ihm so sicher, dass die Zukunft in einer gemeinsamen Befestigung zu liegen schien. Im Jahr darauf wurde vermessen und entworfen. Am 23. Februar 1656 warb der Fürstbischof in einem Schreiben an das Domkapitel für sein Vorhaben[85] – erfolgreich, denn im Jahr der Bekanntgabe sind bereits die ersten Grundstücke beim Schneidturm erworben worden. Von dort aus sollte sich der Strahlenkranz der spitz auszackenden Barockbastionen knapp vor die weichen Linien der mittelalterlichen Stadtmauern legen, bis zu ihrem südlichen Ende am Main, nahe dem Hirtenturm. Viel zusätzlicher Platz war damit nicht gewonnen: Die Fläche innerhalb der alten Grenze hatte etwa 131 ha betragen, jetzt waren es gerade 4 ha mehr.[86]

Raumgewinn war offensichtlich genauso wenig beabsichtigt wie Rücksichtnahme auf bauliche Anlagen vor der alten Mauer. So stand beispielsweise im Norden das Kollegiatstift Haug sehr ungünstig – der gesamte Komplex mit Stifts- und Pfarrkirche, Wohnhäusern der Chorherren und Vikare, Mühle und Wirtschaftsgebäuden wurde 1657 restlos abgebrochen. Das gleiche Schicksal ereilte den Dicken Turm und 1670 das Kloster St. Afra im Osten.[87] Auch die Vorstadtbefestigung ist nahezu restlos gefallen mit ihren Toren und Türmen, bot sie doch bestes Baumaterial; um ein Haar wäre auch der Schneidturm als günstig gelegener Steinbruch verwendet worden.[88]

Das im Mainviertel entwickelte Mauersystem wurde weiter verbessert; die Flanken stießen jetzt nicht mehr unmittelbar spitz zusammen, sie trennte nun ein kurzes Kurtinenstück. Der damit entstandene sechseckige Kessel[89] im Grabenbereich, der Spitze der Kontereskarpe gegenüber, war besonders gut zu verteidigen – aus diesem Grund lagen in seiner Mitte auch die drei Stadttore nach Norden und Osten. Das war das Pleichacher Tor, das sich seit 1658 zum Uferweg entlang nach Norden öffnete, dann das zehn Jahre später entstandene Neutor, das auf die Straße in Richtung Schweinfurt führte, und schließlich das 1673 fertig gestellte Rennweger Tor, das aus dem Talkessel hoch auf die Straße nach Nürnberg gerichtet war. Für das vierte barocke Stadttor rechts des Mains nach Süden fehlte damals noch das Umfeld, denn der Zug der fortschrittlichen Neubefestigung brach auf der Höhe des mittelalterlichen Hexenturms unvermittelt ab und endete mit einer kleinen Bastion provisorisch vor dem Stadtgraben.[90] Die veraltete Zwingeranlage schützte weiterhin die Südfront der Stadt.

Ursprünglich waren noch dreieinhalb weitere Bastionen bis zum Main geplant,[91] aber finanzielle Gründe oder dringende Arbeiten an der linksmainischen Befestigung führten zur Einstellung der Fortifikation. Erst ein halbes Jahrhundert später begann Johann Philipp Franz von Schönborn (1719–1724), vermutlich noch im Jahr seiner Wahl zum Fürstbischof, mit ihrer Vollendung. In der Zwischenzeit war das Festungsbauwesen allerdings weiter entwickelt worden, wozu namentlich der Franzose Sébastien le Prestre de Vauban mit seinen »Manieren« beitrug. Sein modernes System wurde auch den Würzburger Ingenieuren bekannt und sie wandten es an: Andreas Müller, sein Schüler Balthasar Neumann, vielleicht beide gemeinsam? Wer es war, ist nicht bekannt. Nach Vaubans Muster entstanden jedenfalls nur noch zweieinhalb Bastionen, deren Besonderheit darin lag, dass sie selbstständige, voneinander unabhängige Werke waren. Dazwischen lagen niedrigere Grabenscheren. Die Funktion des von Vauban entwickelten Hauptwalls hinter dieser Kombination übernahm in Würzburg Kosten sparend der beibehaltene mittelalterliche Bering.[92] Diese Aufgabe hat zweifellos dazu geführt, dass Teile davon – als Raritäten – heute noch im Stadtbild präsent sind. 1783 war mit dem Bau des Sander Tors als südlichem, sechstem Südeingang, die barocke Befestigung vollendet;[93] auf der Flussseite der rechtsmainischen Stadt war sie nicht geplant.

Baumeister Antonio Petrini bringt den Barock

Als das letzte Viertel des 17. Jahrhunderts anbrach, war Würzburg von einem Mauerpanzer umklammert, der zwar äußerste Sicherheit versprach, aber nicht mehr die geringste Ausdehnung der Stadt zuließ. Vor den hohen Bastionswänden zog sich ein breiter Wallgraben hin, und vor der Kontereskarpe dehnte sich das schussfrei zu haltende, somit unbebaubare Band des Glacis aus. Die Stadt konnte sich nur noch innerhalb der neuen Grenzen entwickeln. Für die beiden prominenten Opfer der Befestigung fand sich aber noch großzügig Platz. Nach gewisser Verzögerung – der Abbruch begann ja bereits 1657 – wurde für die neue Hauger Kirche 1670 der Grundstein gelegt, 1691 konnte sie eingeweiht werden.[94] Sie gilt als eine der ersten großen Barockkirchen Deutschlands. Architekt war der Italiener Antonio Petrini, der sich bereits als Festungsbaumeister in Würzburg einen Namen gemacht hatte.[95] Der fränkische Barock wird als »Würzburger Stil« auf ihn zurückgeführt,[96] und dem Bau der neuen Kirche Stift Haug ging in der Tat ein richtungsweisender Entwurf voraus. Dieses Attribut gilt auch für den sorgfältig gewählten Standort, der den mächtigen Kuppelbau mit der turmflankierten Fassade, leicht verdreht, in die Achse der späteren Juliuspromenade setzte, als prachtvolle Kulisse, als weithin sichtbaren städtebaulichen Akzent (s. Abb. 91). Nördlich und östlich der Kirche, in der Richtung zum alten Platz und zum neuen Stadtausgang, reihten sich die Höfe des Stiftes mit selbstbewussten Fassaden entlang der heutigen Bahnhofstraße und Heinestraße.[97] Und auch das St. Afra-Kloster ist verlegt worden; den Benediktinerinnen wurde ein Grundstück vor dem Stephanstor zugewiesen, der ehemalige Friedhof von St. Michael. Im Mai 1670 wurde der Grundstein für die geräumige vierflügelige Klosteranlage gelegt.[98]

Während sich in der zweiten Hälfte des 17. Jahrhunderts der gewaltige Mauergürtel um die Stadt langsam zu schließen begann, hat sich auch ihr Inneres unübersehbar gewandelt: Die Barockarchitektur hat allerorts Einzug gehalten, sie hat das noch immer vorrangig mittelalterlich geprägte Stadtbild überformt. Eine Vielzahl der Neu- und Umbauten ist mit dem Namen des welschen Baumeisters Antonio Petrini verbunden. Vieles ist gesichert sein Werk, mehr noch wird ihm aufgrund der Stilformen zugeschrieben.[99]

Am Anfang der Sakralbauten steht die Karmelitenkirche (1662–1669) mit einer klar gegliederten, repräsentativen Fassade, die wie vorgeblendete Dekoration wirkt, wie ein eigenständiger, vom Baukörper losgelöster Bauteil. Nach der Hauger Kirche folgte 18 Jahre später die 1824 abgebrochene Kirche des Augustinerklosters (1688–1691). Zum Höhepunkt seines sakralen Schaffens geriet Petrini der Wiederaufbau der Universitätskirche mit der Aufstockung ihres Turms um zwei Geschosse (1696–1703). Als dann Joseph Greising die laternengekrönte Kuppel aufgesetzt hatte, trat das von Julius Echter intendierte Kirchendreieck noch deutlicher in Erscheinung, stach dessen Spitze noch markanter hervor: Von der Universitätskirche verlief ein Strahl in Richtung Norden über die Marienkapelle zur Kirche St. Gertraud, die er neu erbaut hatte, der zweite nach Westen fluchtete über die Kirche St. Burkard hin zur Marienkirche auf der Festung, die Echter als Hofkirche nach dem Brand umgebaut hatte.[100]

Die Großbauten Antonio Petrinis mit ihren palastgleichen Fassaden dominierten bald das Bild von Straßen und Plätzen. Sein Stil beeinflusste die Baumeister in der zweiten Hälfte des 17. Jahrhunderts. Die Baugeschichte titelt sie respektvoll »Petrinizeit«. Die Ostfront des Marktplatzes beispielsweise bestimmte die lange, rhythmisch gegliederte Wand des Dietricher Spitals (s. Abb. 85 und 181). Petrini hatte die Entwürfe des Domkapitelbaumeisters Michael Kaut überarbeitet und 1670 mit dem Bau begonnen; 15 Jahre später stand am Platz gegenüber sein eigenes Wohnhaus.

Auffallend ist die rege Bautätigkeit des bereits betagten Architekten in den 90er Jahren, in der letzten Hälfte der Regierungszeit Fürstbischof Johann Gottfried von Guttenbergs (1684–1698) und zu Beginn des Wirkens seines Nachfolgers Johann Philipp von Greiffenclau (1699–1719). Etwa 1689 entstand das Priesterseminar, dessen dreiflügelige Anlage den Platz um die Pfarrkirche St. Peter nach Süden begrenzte. Nach sieben Jahren wurde das Gebäude mit dem Guttenbergwappen über der Einfahrt Münzstätte. Das gleiche fürstbischöfliche Wappen wies über dem Eingang zum vierflügeligen Bau des Strafarbeitshauses auf den Auftraggeber hin. In der Flucht des Juliusspitals gelegen, wirkte das 1690–1696 entstandene Karree wie ein bescheidener Ableger des Echterschen Spitalbaus. Genial wie beim Entwurf dieses Solitärs inmitten kleinteiliger Bürgerhäuser wusste Petrini 1694 die heikle Aufgabe zu lösen, mit dem Bau der Deutschordenskomturei die harmonische Anbindung an die frühgotische Deutschhauskirche zu schaffen, indem er die Untergeschosse ihres spätromanischen Turms barock verblendete und damit die harte Schnittstelle entschärfte.

Gegen Ende des 17. Jahrhunderts kulminierten die Aufträge des nun bald 80jährigen Baumeisters aus dem Trentino. Eine der bedeutendsten Aufgaben war zweifellos der Entwurf für den Fürstenbau des Juliusspitals, nachdem der Mittelteil des Nordflügels 1699 durch einen Brand zerstört worden war und anschließend der gesamte Trakt abgerissen werden musste. Joseph Greising brachte den Bau 1704 zu Ende. An sein Hauptwerk knüpfte Petrini an, als er 1699 das Kapitelhaus neben der Kirche Stift Haug baute. Dieses Werk vollendete sein italienischer Weggefährte Valentin Pezzani im Jahre 1703. Selbst fertig gestellt hat Petrini, wieder 1699 nach der Jahreszahl am Portal, die Dreiflügelanlage des Hofs Emeringen, eines Kanonikatshofs des Stiftes Neumünster in der Martinsgasse. Nur vage in die Zeit um 1700 sind zwei Adelshöfe datierbar, die er kurz vor seinem Tod fertig gestellt haben muss: den vierflügeligen Bechtolsheimer Hof in der Hofstraße und die dreiflügelige Anlage des Rosenbachhofs nördlich des späteren Residenzplatzes.

Bis auf das ehemalige Strafarbeitshaus, das 1865 zum Pleicher Schulhaus umgebaut wurde, prägen die letztgenannten Petrinibauten noch heute das Stadtbild. Anders erging es zwei weiteren Werken: Schon 1683 vom Domkapitel beschlossen, entstand erst in den Jahren 1700–1705, höchstwahrscheinlich nach Petrinis Entwurf, das »Schlösschen am Rennweg« als neue fürstbischöfliche Hofhaltung in der Stadt. Die sich nach Westen über einen Ehrenhof öffnende Dreiflügelanlage stand, seltsam beziehungslos, in schrägem Winkel zum kurz zuvor fertig gestellten Rosenbachpalais. Südlich flankierte es ein Verwaltungsgebäude, die alte Kammer.[101] Wegen schwerer Bauschäden ist das Schlösschen nie bezogen worden; Balthasar Neumanns Plan von 1719, es in eine vergrößerte Anlage mit zwei Binnenhöfen zu integrieren, ist glücklicherweise nicht ausgeführt worden; das Gebäude wurde abgebrochen.[102]

Die Urheberschaft des Italieners ist zwar nicht gesichert, aber wahrscheinlich ist der Bau der ersten Kaserne Würzburgs – eine der ältesten Deutschlands – um 1700 nach seinem Entwurf entstanden. Die beiden lang gestreckten Gebäude stießen mit geringem Abstand rechtwinkelig aufeinander und begrenzten so eine große Freifläche auf der nördlichen Bastion St. Kilian in der Befestigung des Mainviertels. Das Wappen auf dem 1986 abgerissenen Ostflügel wies Johann Philipp von Greiffenclau als Bauherrn dieses Traktes aus – möglicherweise ist der 1945 ausgebrannte und fünf Jahre später abgebrochene Westflügel noch in der Regierungszeit Johann Gottfried von Guttenbergs entstanden.[103] Antonio Petrini hat das Erscheinungsbild Würzburgs »nach großen kompositionellen Gesichtspunkten« neu geformt.[104] Im April 1701 starb ein Mann, dessen Name zu Recht mit dem Frühbarock in der Bischofstadt und darüber hinaus gleichgesetzt wird.

Der Vorarlberger Joseph Greising bestimmt den Stil

Eine Zählung der Einwohnerschaft Würzburgs im Jahr 1703 ergab die Summe von knapp 13 900 Seelen. Das waren etwa 3 400 mehr als bei der vorangegangenen Registrierung von 1621, aber nur rund 600 weniger als bei der nächsten Zählung 1758.[105] Der geringe Zuwachs brachte freilich keine Stagnation im Bauwesen mit sich, und für Joseph Greising, der ja bereits mit Petrini zusammengearbeitet hatte, gab es ausreichend Arbeit. 1664 in der Nähe von Bregenz geboren, war er als Zimmermann schon seit 1698 in Würzburg tätig und ist 1715 zum »fürstlichen Baumeister« avanciert.[106] Seine Handschrift war beschwingter, er entwarf detailreicher als sein Vorgänger, verspielt, unbelastet von der Aufgabe des Festungsbaus, aber ebenso prägnant. Und auch er beeinflusste die Kollegen nachhaltig. Dies macht es schwer, seine eigenen Werke zu erkennen. So war er beispielsweise Baumeister beim 1711 begonnenen Umbau der Neubaukirche und entwarf ihre imposante Kuppel. Die ihm gewöhnlich zugeschriebene Westfassade des Neumünsters von 1712–1716, die den Kürschnerhof überstrahlt, »eines der großartigsten Werke des süddeutschen Barock«[107], ist nach jüngeren Erkenntnissen jedoch nicht seine Schöpfung.[108]

Der Nordflügel des Jesuitenkollegs (1715–1719) mit seinem repräsentativen Portalrisaliten in der schlichten Fassade geht aber ebenso zweifelsfrei auf seine Planung zurück wie die Dreiflügelanlage des Rückermainhofs (1715–1723) in der Karmelitenstraße.[109] Während der lange Baukörper des Kollegbaus an der engen Domerschulgasse zwischen Michaelskirche und Universität eingespannt ist, steht der ehemalige Amtshof des Stiftes

*Abb. 81: Der Fischmarkt mit der Front des Rückermainhofes (rechts)
und dem Gasthaus zum Reichsapfel (links) im Jahr 1906.
(Ansichtskarte aus der Sammlung Lusin)*

St. Burkard dreiseitig frei. Seine Breitseite liegt fast hälftig an der heutigen Karmeliten-straße, die damals eine schmale Gasse war, erstreckt sich aber ein wenig länger dem Fischmarkt gegenüber. Das reichte noch, um dorthin das Portal auszurichten. Greising umgab es mit einem kraftvollen Portalrisaliten, den fein gegliederte, reich ornamentier-te Fassaden säumen. Das Erdgeschoss ist in Rundbögen für Kaufläden aufgelöst und ver-stärkt so noch die repräsentative Wirkung des ausgedehnten Baublocks, dem mit einem raffinierten Trick die Kantigkeit genommen ist: Die Gebäudeecken sind abgerundet und schaffen damit einen geschmeidigen Übergang in die Gassen. Im Erdgeschoss des etwa zeitgleich entstandenen Gasthauses zum Reichsapfel[110] an der Nordseite des Fisch-marktplatzes hat Greising zum selben Gestaltungsmittel gegriffen (s. Abb. 81).

Am Beispiel dieser Baugruppe wird deutlich, wie sehr sich nun ein Großbau in das Stadtgefüge einpassen, auf die vorgefundene Umgebung reagieren musste. Der Platz ist seit der Echterzeit enger, die Integration damit umso notwendiger geworden. Das führte freilich nie zu bescheidener Unterordnung, die Gebäude wirkten durchaus selbstbe-wusst. Aus der Summe der mit Gespür aufeinander abgestimmten und auf ihre jeweilige Nachbarschaft geschickt antwortenden Einzelbauten ist Zug um Zug das Stadtbild Würzburgs als »Gesamtkunstwerk«[111] entstanden.

Auch im Sakralbau bewies der vielbeschäftigte Vorarlberger städtebauliches Finger-spitzengefühl. Beim Neubau der Pfarrkirche St. Peter[112] im Sanderviertel galt es, ein stattliches Bauvolumen auf einer dafür nicht gerade üppigen Platzfläche unterzubringen. Die Übernahme von Teilen der baufälligen, wesentlich kleineren mittelalterlichen Kirche, die Bindung an die Lage der romanischen Türme und des gotischen Chores schufen weitere Zwänge. Dennoch gelang es Greising, mit einer dreischiffigen Hallenkirche ohne Querschiff der entstehenden Enge im Südosteck der Platzfläche Herr zu werden und sich die Schräglage des Gotteshauses zu den umgebenden orthogonalen Platzwänden zu Nutze zu machen. Er hat schließlich eine imposante Westfassade ausgebildet, die mit ihrem bewegten, kleingliedrigen Grundriss und dem schwungvoll hoch strebenden Aufriss gleichwohl keine bedrückende Monumentalität aufkommen lässt.

Nach dem Italiener Antonio Petrini und vor dem Egerländer Balthasar Neumann räumt das Inventar der Kunstdenkmäler von 1915 auch dem Vorarlberger Joseph Greising eine nach ihm benannte Epoche im Baugeschehen Würzburgs ein, in der Zeit von »ca. 1700–1720«.[113] Die Adelspaläste strahlten bereits im Glanz der neuen Epoche, jetzt waren die Bürgerhäuser an der Reihe. Rund 20 bedeutende Wohnbauten sind bei Mader als »gesicherte Greisingschöpfungen« aufgelistet, von denen – neben dem »Talaveraschlößchen« von 1719 – aber wohl nur der erstgenannte, 1714 gebaute »Hof zum Heubarn«, Sanderstraße 7, nach heutiger Forschung dazu zählen dürfte.

Einiges ist mit Sicherheit nicht sein Werk, wie das Haus Nr. 14 der Neubaustraße (s. Abb. 235), das zwar Teil der bislang »Greisinghäuser« genannten Dreiergruppe ist, jedoch vom domkapitelschen Baumeister Georg Bayer als eigenes Wohnhaus errichtet wurde.[114] Der eine oder andere Bau könnte vielleicht noch als Greisings eigene Arbeit festgestellt werden, wie beispielsweise das um 1715 datierte Haus Nr. 16 der Alten Kaserngasse, der spätere Frankensteinsche Hof.[115] Zierlich verspielt, vornehm repräsentativ und klar strukturiert – die Formensprache Greisings ist vielseitig und unterscheidet sich deutlich von der kühlen Strenge Petrinis.

Zwischen der Architekturauffassung dieser beiden bewegte sich der Ingenieurhauptmann Andreas Müller. Trotz zweifellos reicherer Fassadengliederung orientierte er sich aber eher an der kantigen Formensprache Petrinis, seines Kollegen aus dem Festungsbau. Als »Rote Bauten« entstanden 1706–1709 das Familienpalais Fürstbischof Johann Philipp von Greiffenclaus am Osteck der alten Stadtmauer[116] und 1717–1718 die Dreiflügelanlage um den Hof des Bürgerspitals.[117] Das Zeughaus begrenzt nach seiner Planung seit 1709 den Hof vor der Echterbastion auf der Festung, seine Fassaden strukturiert ebenfalls der von ihm so geschätzte Rotsandstein.[118] Größtes Verdienst dieses viel beschäftigten Architekten der Barockzeit ist aber zweifellos die Entdeckung und Förderung Balthasar Neumanns gewesen.

Balthasar Neumann entwickelt kühne Konzepte

Max H. von Freeden hat in seiner Dissertation 1935 das Wirken Balthasar Neumanns als Stadtbaumeister grundlegend erforscht und gewürdigt.[119] Der Gießereigeselle aus Eger wanderte mit einem Lehrbrief der Büchsenmacher in der Tasche 1711 nach Würzburg, lernte in der Gießerei Ignaz Kopps auf dem Schottenanger, erwarb sich Fähigkei-

Abb. 82: Stadtplan von Würzburg, Balthasar Neumann, 1715, Kopie von Joseph Fischer, 1775.
(Mainfränkisches Museum, Stadtgeschichtliche Dauerausstellung)

ten darüber hinaus, wurde von Andreas Müller als begabter junger Mann entdeckt, gefördert, und stieg schließlich zum Fähnrich im Dienste des Hochstifts auf. 1715 fertigte er, knapp 30jährig, die denkbar solideste Basis für künftige städtebauliche Überlegungen: Nach genauer Vermessung zeichnete er den Stadtgrundriss auf, in einem etwa 1,85 × 1,25 Meter großen Bestandsplan (s. Abb. 82).[120] Das getuschte Original ist verschollen, aber eine genaue Kopie von 1775 hat sich glücklicherweise im Kriegsarchiv in München erhalten.[121] Trotz kleinerer Schwächen ist dieser Stadtplan insgesamt höchst zuverlässig, selbst in Einzelheiten, die sich bis hin zu Grundrissstrukturen von Gebäuden erstrecken. Er war eine ideale Voraussetzung für die zweite große Aufgabe, die Neumann fünf Jahre später gestellt wurde: 1720 sollte er im Auftrag Johann Philipp Franz von Schönborns, der ein Jahr zuvor zum Fürstbischof gewählt worden war, ein Konzept für die städtebauliche Entwicklung der Residenzstadt erstellen.

Die Denkschrift Balthasar Neumanns mit Zielsetzungen, *wie ein und das andere zur Zier der hochfürstl. Residenz Statt Würtzburg nach und nach einzurichten*, ist erhalten, sie gliedert sich in acht Punkte:[122]

- Als Erstes schlug Neumann vor, entlang der bedeutungslos gewordenen Züge der ersten Stadtbefestigung Spazierwege anzulegen, um die drei Flanken des alten Mauer-Grabensystems vom Ochsentor bis zum Stephanstor damit zu erhalten; zum angenehmeren Flanieren sollte sie eine Maronenallee säumen. Den Rückweg schlug er auf dem neuen Wall vor, wohin Aufgänge im Residenzgarten und beim Pleichacher Tor anzulegen waren. Zur Abwechslung sollte dort oben eine Nussbaumallee Schatten spenden. Neumann erwies sich schon mit der Erhaltung der Stadtmauer als Pionier des Denkmalschutzes und mit der Anlage der Alleen als Vorläufer der Verschönerungsvereine. Aber es geht noch weiter.

- Im zweiten Abschnitt wollte er den Spaziergang noch *ergötzlicher* gestalten: Dem alten Stadtgraben sollte wieder Mainwasser zufließen, dessen Strömung mittels Schleusen zu regeln sei; er empfahl das Einsetzen von Schwänen und Wildenten, die Mauer müsse neu verputzt, mit einem Balustergeländer abgeschlossen und mit Statuen besetzt werden.

- Nun wandte sich Neumann der Mainfront zu, die er einheitlich neu zu gestalten dachte. Vom Sandertor bis zur Büttnergasse schlug er den Bau einer langgestreckten Kaserne vor, und der Rest des Uferverlaufes bis zur anderen Ecke der mittelalterlichen Befestigung, also bis zum Schneidturm, sollte ebenfalls in *Gleichförmigkeit* neu bebaut werden, wobei den Bauherren eine Steuervergünstigung zugute kommen sollte.

- Neumann strebte im vorangegangenen Punkt großzügig gestaltete Häuserfluchten an, und da musste ihm natürlich besonders die Domstraße missfallen. Die vor- und zurückspringenden Häuser dort sollten also jeweils auf eine Linie gebracht und die Brückenrampe darüber hinaus freigestellt werden.

- Weiter sollte die dann einheitlich neu bebaute Domstraße eine Straßenbeleuchtung erhalten, für deren Betrieb und den Bau der neuen Häuser die Anwohner ebenfalls in den Genuss einer Steuererleichterung kommen sollten.

- Im sechsten Punkt erinnerte Neumann an den bereits vorliegenden Plan des Neubaus der Domfassade und

- im siebten dachte er an Besucher, die über die Brücke in die Stadt kommen. Damit ihnen das neue Ensemble der Domstraße *herrlich in die Augen falle*, sollte das innere Brückentor abgerissen werden.

- Schließlich war ihm noch die Straßenverbreiterung beim heutigen Johanniterplatz ein Anliegen, dafür müsse ein störendes Wohnhaus abgebrochen werden.

Mit diesem Programm hatte sich Neumann viel vorgenommen – und er konnte einiges erreichen: Die Spazierwege sind entstanden, sie wurden sogar gepflastert;[123] der Kasernenbau ist 1724 an der vorgesehenen Stelle bezugsfertig geworden,[124] aber an den Abriss der übrigen Uferzeile war schon aus Kostengründen nicht zu denken. Die Neugestaltung der Domstraße blieb weitgehend Idee, die Domfassade unverändert, die Straßenbeleuchtung ist erst gegen Ende des Jahrhunderts verwirklicht worden. Die Häuser an der Brückenrampe wurden aber abgerissen, und mit dem Bau des Gasthofes zum Hirschen am Platz um den späteren Vierröhrenbrunnen gelang Neumann ein architektonisches wie städtebauliches Meisterwerk. Das innere Brückentor fiel 1722 und schuf damit erst die Vorstellung eines figürlichen Schmucks der Brückenpfeiler; auch die Straßenverbreiterung am Johanniterplatz wurde schließlich 1726 realisiert.[125]

Die Bemühungen des Fürstbischofs um eine Regulierung des Stadtbilds führten 1721 zu einem Dekret, in dem er Richtlinien für neue Baumaßnahmen herausgab. Danach sollten *Deformitäten* wie Erker und Überbauten künftig nicht nur verhindert, sondern bestehende auch beseitigt werden; für jeden Neubau war ein Riss zur Genehmigung vorzulegen. Im nächsten Jahr folgte ein Baumandat, über dessen Einhaltung eine Stadtbaukommission wachte. Nunmehr war der *Baulustige* gezwungen, genaue Vorschriften einzuhalten, die insbesondere auf die Einbindung eines Neubaus in seine Umgebung zielten. Es wurden dazu beispielsweise Baulinie und Gebäudehöhe, Dachneigung und Fensterform vorgegeben. Aber auch der Brandschutz war berücksichtigt, und die Nachbarn wurden beteiligt an diesem Verfahren, das im Übrigen mit Steuervergünstigungen in gestaffelter Höhe zu locken wusste. Dass bei all dem Balthasar Neumann als Stadtbaumeister die Feder führte, versteht sich von selbst.[126]

Seine Handschrift trägt auch das 1723 von Johann Salver in Kupfer gestochene Thesenblatt des Freiherrn von Reitzenstein, mit der Stadtansicht aus der Vogelperspektive von Norden (s. Abb. 266).[127] Dem Betrachter bietet sich ein phantastisches Bild Würzburgs aus den 20er Jahren des 18. Jahrhunderts – genauer ist es nicht zu datieren, weil Neumann in seiner Darstellung den Bestand mit später Gebautem, aber auch nur Geplantem raffiniert vermengt. Entstanden sein dürfte die Ansicht 1722, worauf beispielsweise der lange Baublock in der Kapuzinergasse als gerade aktuelle Idee Neumanns schließen lässt, als Stadium vor dem realisierten Entwurf der beiden Wohnhäuser für ihn selbst und den Kammerrat Hartmann; heute sind das die Gebäude der Rotkreuzklinik und der Hueberspflege.[128] Auch die Südfront der rechtsmainischen Stadtbefestigung erscheint bereits verwirklicht, obwohl sie zur Entstehungszeit der Grafik ja noch in den ersten Anfängen stand; die Residenz wäre samt Ehrenhofgitter ebenso fertig gestellt wie die Schönbornkapelle, was alles reichlich vorgegriffen war. Das Streichwehr oberhalb der Mainbrücke dagegen fehlt, vielleicht weil es bereits zu marode war, um einer Darstellung wert zu sein – ein Neubau nach Neumanns Plan stand ja gerade bevor.[129] Das alles aber bleiben Marginalien.

Majestätisch in den Strahlenmantel ihrer Bastionen gewandet, entfaltet sich die Stadt im Talkessel – wie ein weites Netz, das vom burggekrönten Bergrücken am anderen Flussufer ausgeworfen wurde. Ihr Zentrum, die Mitra des Mittelalters, ist prall gefüllt, nur in ihrer Spitze haben sich, Luftblasen gleich, Freiflächen gehalten. Die alten Vorstädte drängen bis an den Rand der neuen Festungswälle; nördlich wird es im Pleicher Viertel eng, weil das Juliusspital viel Platz beansprucht, südlich quetschen sich die Häuser zwischen Stephans- und Karmelitenkloster vor zum Sander Tor. Das noch schwach bebaute Hauger Viertel dominieren voluminös die Hauger Stiftskirche und linear der Häuserstrang der späteren Semmelstraße, der in Richtung Neutor zieht.

Auffallend leer und erstaunlich großräumig umschlossen von den Stadtmauern, der mittelalterlichen wie der barocken, war bis dahin das Rennweger Viertel gewesen. Als gegen Ende des 17. Jahrhunderts der Gedanke gereift war, die fürstbischöfliche Hofhaltung von der Festung in die Stadt zu verlegen, hatte man zwei Standorte in Erwägung gezogen, ihre Vor- und Nachteile eingehend verglichen: das Mainviertel mit drei Vari-

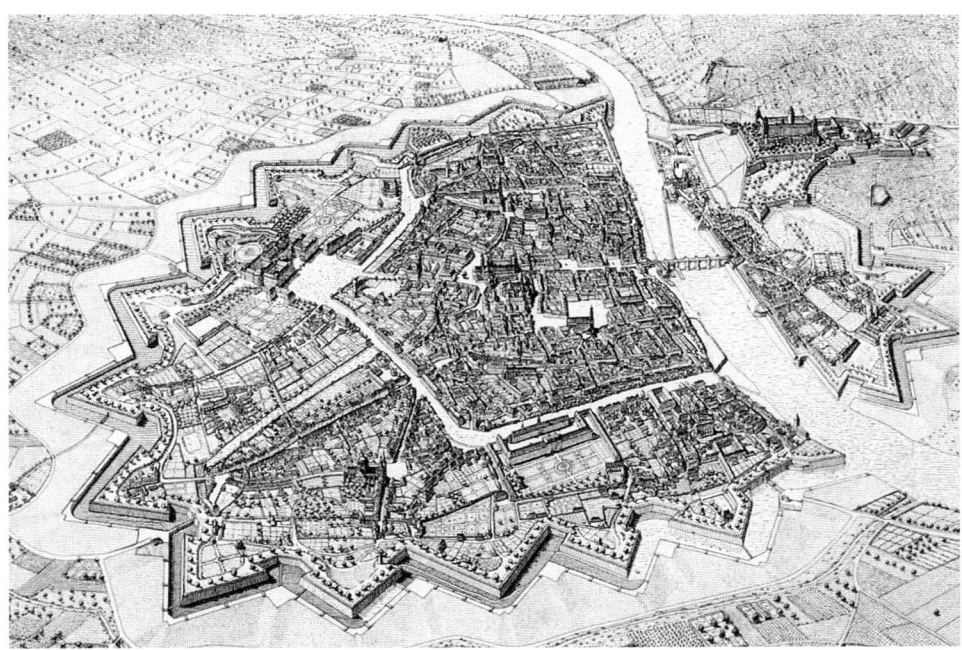

Abb. 83: Würzburg um 1750, Rekonstruktionszeichnung von Franz Seberich.
(Mainfränkisches Museum Würzburg)

anten und die Fläche vor dem Rosenbachpalais im Rennweger Viertel auf der anderen Flussseite.[130] Auf dieses Areal fiel schließlich die Wahl: weil es nicht über die Brücke erreicht werden musste, keine Häuser abzubrechen waren oder störend in der Nähe standen, weil die Stelle hoch lag und die Residenz damit ins Auge falle, die Luft dort gesund sei und ein uneinsehbarer Garten geschaffen werden könne. Schließlich könne ein vortrefflicher, trockener Keller gebaut und der alte, südlich benachbarte Hof Grobshausen für Wirtschaftszwecke genutzt werden. Bald nach der Entscheidung ist das erwähnte *Schlößlein* am Rennweg entstanden, es ist jedoch nie bezogen worden.

Nachdem dann der Plan aufgegeben wurde, das leer stehende Gebäude in einen größeren Neubau einzubinden,[131] konnte die ursprünglich vorgegebene, seltsame Ausrichtung der Residenz verlassen und eine beziehungsvollere gesucht werden. Nach einer Idee des Mainzer Kurfürsten Lothar Franz von Schönborn ist sie verwirklicht worden: Der Onkel des Würzburger Bauherrn hatte vorgeschlagen, die Mittelachse des Residenzbaus mit der Winkelhalbierenden der Bastion dahinter in Deckung zu bringen.[132] Das war ebenso einfach wie genial. Damit war nämlich nicht nur Raum geschaffen für eine interessante, symmetrische Gartenanlage nach Osten, auch eine regelmäßige Platzfläche zur Stadt hin war so gleichsam vorgegeben: Das Schloss stand nun nahezu orthogonal zum flankierenden Rosenbachpalais und ungefähr parallel zur alten Stadtmauer als der Gegenseite.

So hat es Balthasar Neumann in seiner Stadtansicht auch wiedergegeben – in der Form einer sehr frühen Entwurfsphase. Tatsächlich ist der Bau in der Entstehungszeit der Grafik gerade erst an der Stadtseite des Nordflügels begonnen worden.[133] Zu diesem Zeitpunkt war auch noch, nach der Entscheidung, den Hof Grobshausen abzubrechen, an die Errichtung eines ausgedehnten, bis zu zweigeschossigen Komplexes von Verwaltungs- und Wirtschaftsgebäuden gedacht, der sich südwestlich der Residenz erstrecken sollte.[134] Er ist ebenso wenig gebaut worden wie die zwei Brunnen auf dem Platz. Aufgerichtet wurde dagegen – für ein kurzes Dasein leider nur – das dargestellte Ehrenhofgitter.

Die Residenz, »eine der großartigsten Monumentalkunstschöpfungen, die Deutschland besitzt«,[135] hebt sich markant im Stadtgrundriss ab. Ihre gewaltige Masse ist aber geschickt gegliedert und zugeordnet: Die geschlossene Breitseite richtet sich eindrucksvoll gegen den feinteiligen Gartenpark, zum großflächigen Platz hin erscheinen dagegen bescheidener nur zwei Flügelbauten um einen tiefen Ehrenhof. In den alten Stadtkörper greift der Fürstensitz nicht ein, im Gegenteil, er distanziert sich vornehm von seinem Gewinkel, erhebt sich nach einem weiten, leicht ansteigenden, gewölbten Platz und reckt sich souverän über das Dächergewirr der Altstadt.

Das Schloss ist mit der Stadt auch kaum verbunden. Ein einziger Straßenzug führt vom Residenzplatz direkt in sie hinein, zielgerichtet auf den Dom hin, eine Sackgasse gleichsam, denn von dort geht es nicht weiter. Die Nähe der Residenz zur Kathedrale war aber eines der Argumente für die Standortwahl, und um diese Verbindung zu verbessern, ließ Neumann gegen teils massiven Widerstand der betroffenen Hausbesitzer die krumme Gasse zur »Hofstraße« begradigen und verbreitern.[136] Sie war genau auf das Zentrum des Mittelbaus orientiert und eröffnete von dort aus wiederum den Blick auf die Grabkapelle des Hauses Schönborn, die Balthasar Neumann nach Vorarbeiten Maximilian von Welschs und Lukas von Hildebrandts 1734 fertig stellen ließ.[137] Die eigentlichen Auffahrtsstraßen zum Schloss liefen nicht von der alten Stadt aus dorthin, sie begleiteten lediglich deren östliche Grenzen auf dem dreieckigen Abschluss der »Mitra«: nach heutiger Bezeichnung die Balthasar-Neumann-Promenade und die Theaterstraße. Die Idee der Denkschrift von 1720 war nun überholt, die alten Stadtmauern säumten nicht länger gemütliche Spazierwege, sie wurden zu Straßenzügen ausgebaut. Wie die Hofstraße zielte die Theaterstraße auf das Zentrum der Residenz, ihr galt deshalb ein besonderes Augenmerk Neumanns. Wenn er auch den Titel eines Stadtbaumeisters gar nicht trug, so darf er doch seit der Zeichnung des Stadtplans und dem Verfassen der Denkschrift als Erster gelten, der in Würzburg mit diesem Aufgabengebiet betraut war. Offiziell war er nicht einmal Beamter des Hofbauamtes, er gehörte, zuletzt als Oberst, immer noch dem Militär an.[138]

Beim Ausbau der Theaterstraße nun konnte sich Neumann als Ingenieur, Städteplaner und Architekt beweisen. Zuerst ließ er 1737, aus den Steinen der abgebrochenen Stadtmauer gebaut, einen Kanal in den ehemaligen Stadtgraben verlegen, der das Abwasser aus der Residenz in den Main entsorgte.[139] Dann setzte er eine Baulinie fest und entwarf die Westseite der neuen Straße: Vom Residenzplatz bis zur Eichhornstraße wechselten sich, aneinander gereiht, vier dreigeschossige Gebäude mit dazwischenlie-

Abb. 84: Die Juliuspromenade um 1900.
(Ansichtskarte aus der Sammlung Lusin)

genden zweigeschossigen ab, danach zog eine gleich typisierte Reihe von drei hohen und dazwischen zwei niedrigen Häusern hin zur Juliuspromenade. Neumann hatte damit die modellmäßige Ordnung einer Straßenfront geplant, die er in der Denkschrift 1720 für die Domstraße vorgeschlagen hatte. So konsequent wie aufgezeichnet ist die Häuserflucht dann doch nicht entstanden, allein schon weil sich der Bau des Damenstiftes zur hl. Anna, nach der bischöflichen Schenkung des Bauplatzes 1743, in den südlichen Abschnitt geschoben hat. Es war Balthasar Neumanns Idee, den mittelalterlichen Mauerverlauf mit Prachtstraßen zu säumen, am Main beginnend und 700 Meter entfernt dort wieder endend. In die Neubaustraße hat er eingegriffen, die Hofpromenade entworfen; vor dem Ausbau der Juliuspromenade war die Gestaltung der Theaterstraße aber der Höhepunkt des großartigen städtebaulichen Wurfs.

Neumann räumte auf, ordnete, wo er konnte, und ein besonderes Anliegen war ihm dabei die Hervorhebung von Plätzen in der Form regelmäßiger Flächen. Später zierten sie Brunnen, wofür sein Projekt der Wasserversorgung ja die Voraussetzung geschaffen hatte:[140] Der Vierröhrenbrunnen bildet seit 1765/1766 den Blickfang des Platzes vor dem Rathaus, der Chronosbrunnen schmückt seit etwa 1780 das Plätzchen an der Hofstraße, und in der Mitte des Marktplatzes steht seit 1805 der von Johann Andreas Gärtner entworfene Brunnenobelisk (s. Abb. 85 u. 260/261).[141] Um den Grundriss dieses »irregulären« Platzes zu begradigen, sollten bereits 1723 viele kleine, alte Häuser in seinem

Abb. 85: Der Marktplatz mit dem Brunnenobelisken um 1900.
(Ansichtskarte aus der Sammlung Lusin)

Südostbereich abgerissen werden;[142] der Abbruch stieß aber auf teilweise heftigsten Widerstand der Hausbesitzer und verzögerte sich entsprechend. 1741 war dann der Neubau fertig, ein freistehendes Kaufhaus um einen Binnenhof, das der Meister geplant und in die Südostecke des Marktplatzes eingebunden hat. Mehr noch als das architektonische Geschick, mit dem er die Architektur auf den Petrinibau der Ostseite antworten ließ, ist das innovative Programm dieses Gebäudes zu bewundern: Im Erdgeschoss, das in Arkaden aufgelöst ist, gibt es sieben Läden, mit jeweils gleich großer Lagerfläche im Halbgeschoss darüber. In den beiden Obergeschossen liegen die Wohnungen der Händler, und jede ist über eine eigene Treppe mit dem Geschäft verbunden. Neumann konnte so den Eigentümern der abgebrochenen Häuser Ersatz unter einem Dach, hinter einheitlichen Fassaden schaffen. An diesem geradezu revolutionären Konzept einer städtebaulich ordnenden Gestaltung erstaunt, wie singulär es geblieben ist.

Neben derart spektakulären Ergebnissen waren es aber auch ganz solide, wenngleich nicht weniger prachtvolle Entwürfe, die Neumanns Baubüro verließen, das bürgerliche Wohn- und Geschäftshaus Rohmbach in der Eichhornstraße und der Domherrnhof Marmelstein beim Bruderhof seien dafür nur beispielhaft genannt.[143] Auch diese Bauten setzten Maßstäbe, und ihre Architektur wurde Vorbild. Beispiellos blieb dagegen das einzige Großprojekt, das vor dem Festungsgürtel entstanden ist, aber tief in sein Inneres hineinwirkt: das Käppele auf dem Nikolausberg, als »zierlich leichtes Gegenspiel zu der

Tafel 17: Zusammenkunft Napoleons
mit dem Großherzog von Würzburg im Hofgarten der Residenz am 3. Oktober 1806,
Ölgemälde von Hippolyte Lecomte, 1812.
(Musée National du Château de Versailles)

Tafel 18/19: Stadtmodell »Würzburg um 1525«, nach Franz Seberich, Ausschnitt.
(Mainfränkisches Museum Würzburg, Stadtgeschichtliche Dauerausstellung)

Tafel 20: Die mit dem Archiv kombinierte Registratur, hier die des Domkapitels,
der bevorzugte Arbeitsplatz eines Schreibers und Archivars.
Die Urkunden und Akten wurden meist in Schubfächern
(Mitte rechts) verwahrt, 1749.
(StadtAW, Rb 17 – Silbernes Ratsbuch, fol. 101r)

massenschweren Festung«.[144] Neumann knüpfte mit seinem weltberühmten Spätwerk (s. Abb. 255) an die bestehende Gnadenkapelle an und verband sie 1747–1750 mit einem Zentralbau, dessen Doppelturmfassade auf dem Bergvorsprung weit ins Stadtbild strahlt. 1778 ist die alte Kapelle aufgestockt, der Kreuzweg fertig gestellt worden.[145]

Der geniale Baumeister starb 66jährig im August 1753 – nach seinem Schaffen war »der vorläufige Abschluß der Neuformung des Stadtbildes vollendet, der letzte Abschnitt und die Krönung eines großen Werkes dreier Generationen: Petrini, Greising, Neumann«.[146] Max H. von Freeden hat mit diesem Schlusssatz in seinem »Stadtbaumeister« die Situation treffend gezeichnet. Damit sollte aber sicher keine Gleichwertigkeit ausgedrückt werden, denn Balthasar Neumann hatte weder einen ebenbürtigen Vorgänger noch einen Nachfolger. Das war aber auch nicht nötig. Das Stadtbild Würzburgs war geformt, bereichsweise auch nur überformt. Es war jedenfalls ein Organismus, den Emil Kieser so beschrieb: »Jeder Platz und jede Straße ist ein nach Raumbewegung und körperlicher Begrenzung sinnvoll geformtes Gebilde von bestimmtem individuellen Charakter, und die Abfolge der Straßen und Platzräume bildet eine Kette lebendig rhythmischer Beziehungen«.[147] Was im späten 18. Jahrhundert noch folgte, war Lückenschließen, Abrunden und Ergänzen, aber auch die Betonung und die Vollendung begonnener Projekte.

Peter Speeth schließt den Kreis der großen Architekten

So kann beispielsweise der Gesandtenbau, der unter der Regie des Bauamtmanns Johann Philipp Geigel als Kopie des gegenüberliegenden Rosenbachpalais Petrinis 1765 begonnen wurde, nicht eben als geistreiche Schöpfung gelten. Er fasste aber den Residenzplatz im Süden, und die Fortsetzung seiner Seitenabgrenzung mit den Kolonnaden, die auf Monumentalsäulen stoßen, vollendete 1774 das Ensemble.[148] In unmittelbarer Nähe war ebenfalls 1765 der Grundstein für einen Neubau der St. Michaelskirche gelegt worden, deren Fassade nach Plänen Geigels und seines Kollegen Johann Michael Fischer, eines Schülers Neumanns, die Einmündung der Neubaustraße in die Hofpromenade akzentuiert.[149] Neumanns Sohn Franz Ignaz, dessen Entwurf dabei keine Berücksichtigung gefunden hatte, kam zum Zug, als es eines der heutigen Wahrzeichen Würzburgs zu konstruieren galt: Der Mainkranen, eine technische Meisterleistung, ist 1773 in Betrieb genommen worden.[150] Der Sohn bereicherte das Werk des Vaters, indem er den Rundbau, dessen Hintergrund seit der Toskanazeit das dreiflügelige Hauptzollamtsgebäude bildet,[151] als Point de vue in die Achse der Juliuspromenade setzte und sie zum Fluss hin abschloss.

Johann Geigel wiederum hat den Boulevard aufgewertet, als er 1789 den Südflügel des Juliusspitals neu erbaute,[152] mit einer Straßenfront, die einer Palastfassade gleichkam. Mit über 200 Meter ist sie länger als die Residenz und dazu noch als zusammenhängende Wand ausgebildet: Die beiden zweigeschossigen Haupttrakte unterbrach lediglich ein dreigeschossiger Mittelpavillon; von gleich hoch abgesetzten Eckpavillons wurden sie gerahmt (s. Abb. 84).[153] Die Akzentuierung war ein Stilmittel des Klassizismus, und dieses Ziel verfolgte auch der Hofarchitekt Adam Salentin Fischer, als er 1793 die Fassade des Kirchleins im Spital zu den vierzehn Nothelfern entwarf[154] – sie stach deutlich aus ihrer Umgebung heraus, wenngleich sie situationsbedingt nicht in die Lage gebracht werden konnte, in der ihre Wirkung noch verstärkt worden wäre: genau in die Achse der Mainbrücke.

Das beginnende 19. Jahrhundert führte zu keinen städtebaulichen Höhepunkten mehr, wohl aber zu einem wesentlichen gesellschaftlichen Wandel. Das geschah in einem Bereich, der das Stadtbild stark mitbestimmte, im »Geistlichen Viertel«. Mit den großräumigen Kurien der Domherren legte es sich östlich um die Kathedrale und hob sich deutlich von der kleinteiligen Struktur der Grundstücke rundum ab. Der Reichsdeputationshauptschluss hat 1803 zur Säkularisierung der Domherrnhöfe geführt, sie wurden Eigentum des bayerischen Staates, sind nach und nach zum Kauf ausgeschrieben und anschließend den neuen Zwecken entsprechend umgebaut worden.[155] Die profane Nutzung bis hin zu gewerblichen Betrieben wie Brauerei und Druckerei zog ins ehemals so ruhige Wohnviertel der Kanoniker ein. Die Fläche dieses Areals hatte mit dem Dom zusammen immerhin fast ein Drittel der mittelalterlichen »Bischofsmütze« eingenommen.[156]

In der Regierungszeit Großherzog Ferdinands, die nach den ersten Jahren bayerischer Verwaltung mit dem Frieden von Preßburg 1806 begann und 1814 mit dem endgültigen Übergang Würzburgs ans Königreich Bayern endete, geschah städtebaulich noch einmal Sensationelles. Diesmal kam der Architekt aus Mannheim, er hatte Napoleons Ägyptenreise interessiert verfolgt und brachte 1807 die Ideen der französischen Revolutionsarchitektur hierher: Peter Speeth, von dem man sagt, er sei zu Größerem geboren worden, als in der damals gar nicht mehr so bedeutenden Stadt ein paar Häuser zu bauen.[157] Diese wenigen setzten freilich Akzente. Die monumental angelegten, großflächigen Fassaden Speeths beherrschen antikisierende und ägyptisierende Elemente, ihr Schmuck ist symbolhaft, auf Einzelflächen reduziert. Sein Hauptwerk und überregional einzigartig ist der 1809/1810 entstandene, fremdartig bedrückende Neubau des Frauenzuchthauses südlich der Burkarderkirche.[158] Am anderen Ende des Mainviertels ist erst 1824, nach etwa zehnjährigem Streit seit seiner Planung, das Wachthaus vor dem Zeller Tor fertig geworden, ein städtebauliches Schmuckstück, das so gar nicht dem simplen Zweck genügen will.[159] Neben der Musikschule an der Domsepultur waren dies auch Wohnbauten wie der des Bankiers von Hirsch in der Ebrachergasse, des Landrichters Wirth in der Sanderstraße oder das Gerichtsdienerhaus in der Turmgasse des Pleicher Viertels. Als Peter Speeth 1831 in Odessa starb, erlosch vor 170 Jahren das Leben des letzten Architekten, der im Würzburg der frühen Neuzeit Stadtbaugeschichte geschrieben hat.

Gallus Jakob und
die Finanzierung des Residenzbaues

HANS-PETER BAUM

Fast alle Würzburger wissen, dass »ihre« Residenz als eines der bedeutendsten Bauwerke des 18. Jahrhunderts zum Weltkulturerbe gehört. Wer aber weiß, wie es bei auch damals chronisch leeren öffentlichen Kassen möglich war, neben der neuen Stadtbefestigung zugleich einen so gewaltigen Neubau zu finanzieren, wer weiß, dass ein großer Skandal am Beginn des Residenzbaues stand?

Schon vor 1700 hatte das Domkapitel die Würzburger Bischöfe wegen der hohen Kosten doppelter Hofhaltung auf der Festung und in der Stadt aufgefordert, ganz in die Stadt zu ziehen. Als Residenz der Fürstbischöfe wurde daher in den Jahren 1700–1705 beim Rosenbachschen Hof am Rennweg, also auf dem heutigen Residenzplatz, ein Schlösschen erbaut, das im Umfang aber nur einem der größeren Domherrenhöfe entsprach. Bald stellten sich neben mangelnder Repräsentativität gravierende Baufehler heraus, sodass dieses Gebäude schon kurz nach seiner Fertigstellung wieder aufgegeben wurde. Die Planungen für eine neue Residenz der Bischöfe bestanden aber weiter.

Im Spätherbst 1719 wurde mit Johann Philipp Franz von Schönborn ein Mann zum Bischof von Würzburg gewählt, der wie keiner seiner Vorgänger den fürstlichen Absolutismus verkörperte. Er war zugleich, wie man sagte, vom *Bauwurmb* befallen. Mit Balthasar Neumann hatte er auch bald einen jungen, kongenialen Architekten gefunden und machte sich mit ihm und berühmten anderen Baumeistern unverzüglich an großartige Planungen für eine neue Residenz.

Es wäre aber bei großen Plänen geblieben, wenn Johann Philipp Franz nicht gleichzeitig auch – wie es in der Korrespondenz mit seinen Verwandten heißt – einen *Schatz* bzw. den *Stein der Weisen* gefunden hätte. Nun hieß es sofort: *Bauconcepte her*, nun konnte man tatsächlich an den Bau einer neuen Residenz gehen. Es handelte sich bei dem Schatz um das riesige Vermögen eines Mannes, der unter Schönborns Vorgänger Johann Philipp von Greiffenclau zwölf Jahre lang der eigentliche Regent des Hochstiftes gewesen war. Dieser Mann hieß Gallus Jakob von Hohlach.

Gallus Jakob war 1665 in Tauberbischofsheim als Sohn eines Seilermeisters geboren worden und stand 1698 als Kammerdiener in würzburgischen Diensten. 1699 wurde er zum Kammerrat ernannt, 1700 heiratete er in die hoch angesehene würzburgische Beamtenfamilie Ganzhorn ein. 1707 wurde er zum Direktor der Hofkammer ernannt. Als solcher war er mit der Ausrüstung der würzburgischen Truppen

Abb. 86: Porträt des Gallus Jakob von Hohlach, Gemälde von Georg Franz Mika, 1714.
(Mainfränkisches Museum Würzburg, Inv.-Nr. 33089)

betraut, insbesondere aber mit den Verhandlungen am Wiener Kaiserhof über die Zahlung der Subsidiengelder für diese Truppen. Darin erwies er sich als besonders gewandt; der Fürstbischof dankte ihm einmal für einen erfolgreichen Verhandlungsabschluss mit einem Geldgeschenk von 10 000 Gulden. Ähnlich erkenntlich zeigten sich auch andere Fürsten. Sogar in Wien bemühte man sich um ein gutes Verhältnis zu Gallus Jakob und ernannte ihn 1712 zum wirklichen kaiserlichen Hofkammerrat mit Sitz, Stimme und Gehalt im Hofrat. Neben seinen großen legalen Einkünften hat Gallus Jakob aber wohl auch – nicht untypisch in jener Zeit – in ganz großem Stil in die eigene Tasche gewirtschaftet. Er besaß bald zahlreiche Häuser, Höfe und Weinberge in Würzburg und erbaute ein Palais etwa an der Stelle des heutigen Echterhauses. 1717 erreichte er sogar die Erhebung in den erblichen Adelsstand als Gallus Jakob von Hohlach, Mitglied des Ritterkantons Odenwald.

Sein kometenhafter Aufstieg hatte Gallus Jakob natürlich auch viele Feinde gebracht, darunter nicht zuletzt den Dompropst Johann Philipp Franz von Schönborn. Als dieser zum Bischof gewählt worden war, gehörten die Entlassung des *Jacqueli*, wie er in der Korrespondenz der Schönborns hieß, und die Einsetzung einer Kommission zur Untersuchung von dessen Amtsführung zu seinen ersten Regierungshandlungen. Um einem Prozess zu entgehen, der sicherlich viel belastendes Material ans Tageslicht gebracht hätte und ihn vielleicht den Kopf hätte kosten können, bot Jakob immer größere Geldsummen an und konnte den Prozess schließlich mit dem Angebot von über 640 000 Gulden abwenden. Der Bischof bestand auf sofortiger Zahlung; innerhalb von etwa sechs Monaten lag die volle Summe in Bargeld, Juwelen, Silbergerät und abgetretenen Liegenschaften vor. Ihre Bedeutung erhält diese Zahl, wenn man sie mit dem Jahreshaushalt des gesamten Hochstifts Würzburg vergleicht, der sich damals auf etwa 750 000 Gulden belief.

Abgesehen von einigen 10 000 Gulden, die für dringende Schuldentilgungen und für Militärbauten verwendet wurden, floss die ganze Summe in den Bau der Residenz, an der zwischen 1720 und 1780 schließlich ca. 1,5 Millionen Gulden, also rund 25 000 Gulden im Jahr, verbaut wurden. Die Jakobschen Gelder aber hatten den Baubeginn ermöglicht. Ironisch schlug der Bamberger Bischof Lothar Franz von Schönborn vor, an geeigneter Stelle dem Gallus Jakob als Geldgeber ein Denkmal zu setzen.

Dieser versuchte, am Wiener Kaiserhof eine Klage gegen den Würzburger Bischof anzustrengen, der ihm den größten Teil seines Vermögens widerrechtlich abgepresst habe, blieb damit aber erfolglos, nicht zuletzt deswegen, weil der für die Bearbeitung des Prozesses zuständige Reichsvizekanzler Friedrich Karl von Schönborn hieß. Jakob starb wenige Jahre später als gebrochener Mann in Würzburg.[1]

Bildliche und kartografische
Darstellungen der Stadt

HANSWERNFRIED MUTH

Das wachsende Interesse des Menschen an seiner Umwelt ließ an der Wende des Mittelalters zur Neuzeit ein neues Bildmotiv entstehen: die Vedute, die wirklichkeitsgetreue Wiedergabe einer Landschaft, eines Stadtpanoramas, auch von Plätzen und Einzelgebäuden, in Grafik und Malerei.[1] Wie allgemein bei größeren und bedeutenderen Städten mehren sich seit der Mitte des 16. Jahrhunderts auch die Ansichten von Würzburg. Aus der stattlichen Anzahl können im Folgenden nur die wichtigsten ausgewählt werden. Diese Beschränkung rechtfertigt sich auch aus der Beobachtung, dass bis zum 19. Jahrhundert die Zahl der authentischen Veduten eher gering ist. Vielfach begnügte man sich mit dem Kopieren bereits vorliegender älterer Ansichten, ohne zwischenzeitlich eingetretene Veränderungen des Stadtpanoramas zu berücksichtigen. Unterschiedlich ist infolgedessen die Aussagekraft vieler Ansichten zur Stadtgeschichte. Unter diesem Gesichtspunkt hat Franz Seberich »den topografischen Gehalt der älteren Würzburger Stadtansichten« untersucht und eingehend beschrieben.[2]

Würzburg in den Städtebüchern des 16. und 17. Jahrhunderts

Die rasche Verbreitung des Buchdrucks, die Entwicklung neuer druckgrafischer Techniken waren Voraussetzung für das Aufkommen zahlreicher und umfangreicher geografischer Publikationen und Ansichtenwerke im 16./17. Jahrhundert.[3] Die »Cosmographia universalis« – mit deutschem Titel »Cosmographei oder beschreibung aller laender« – des Sebastian Münster[4] ist das erste der bedeutenden Städtebücher, die in der zweiten Hälfte des 16. Jahrhunderts in dichter Folge erschienen. Sie alle waren gemeinschaftliche Werke gelehrter Verfasser, von Künstlern und Verlegern, von Holzschneidern und Kupferstechern. In Wort und Bild breiten sie eine reiche Stofffülle vor dem Leser aus. Sie wollen ihm ein lebendiges Bild vom damaligen Zustand der Städte und deren Bewohnern geben, berichten von Sitten und Gebräuchen; auch Hinweise auf wirtschaftliche Verhältnisse fehlen nicht.

Sieht man ab von den Miniatur-Ansichten, die Martin Seger zur Illustration der Bischofschronik des Lorenz Fries geschaffen hat,[5] findet sich – gut ein halbes Jahrhundert nach der Würzburg-Ansicht in der Schedelschen Weltchronik von 1493 – eine Wiedergabe der Stadt erst wieder in den späteren Ausgaben von Sebastian Münsters »Cosmographei«. Sie war 1544 erstmals erschienen. Unbekümmert benutzte man in den ersten Ausgaben die nämlichen Fantasieansichten mehrfach und unverändert zur Darstellung der unterschiedlichsten Städte. Demgegenüber brachte die Ausgabe von 1550 einen grundlegenden Wandel der Stadtdarstellungen. Die Ortsbilder sollten nun wirkliche, authentische Ansichten sein. Als Vorlage benutzten Zeichner und Holzschneider teils ältere Abbildungen, teils auch neue Ansichten, die vielfach eigens für diesen Zweck aus den betreffenden Städten angefordert und geliefert worden waren. Dieses Vorgehen ist auch am Beispiel der beiden Würzburg-Darstellungen der »Cosmographei« besonders deutlich nachvollziehbar. Während man für die kleine Abbildung des Marienberges[6] den entsprechenden Ausschnitt aus der Gesamtansicht Würzburgs in dem »Buch der Chroniken« von Hartmann Schedel aus dem Jahr 1493 kopierte, wurde die große Ansicht der gesamten Stadt nach einer neuen Vorlage geschaffen und in Holz geschnitten.[7] Sie ist deshalb auch mit der Künstlersignatur *HRMD* (ligiert) des Hans Rudolf Manuel Deutsch bezeichnet und datiert *1548* (s. Abb. 76, S. 265). Für die Überlassung der neuen Vorlage, der *contrafehtung*, wohl einer entsprechenden Zeichnung, bedankt sich der Textautor bei Fürstbischof Melchior Zobel von Giebelstadt (1544–1558). Des Weiteren erwähnt er, dass die *gelerten Männer Herr Ewaldus von Creutznach und Herr Laurentius Frieß jetztgedachts Fürsten Räth und Secretarius […] darzu* – und das meint wohl bei der Beschaffung der Unterlagen – *treuwlich geholffen* hätten. Arthur Bechtold hält den Würzburger Maler Martin Seger für den Autor dieser Vorlagezeichnung.[8] Doch die Gesamtansicht Würzburgs in der »Cosmographei« unterscheidet sich so grundsätzlich von den topografischen Darstellungen der Fries-Chronik, die mit Sicherheit von Martin Seger und seiner Werkstatt geschaffen wurden, dass diese Zuschreibung kaum zutreffen wird.

Der Holzschnitt zeigt die Stadt im Überblick von Osten, gesehen von einem irrealen Standort, das heißt aus der »Vogelschau«. Auf einem zum Betrachter hin schräg geneigten Grundriss sind Straßen und Plätze der rechtsmainischen Stadt ihrem tatsächlichen Verlauf entsprechend eingetragen. In perspektivischer Ansicht erscheinen in den einzelnen Stadtquartieren die Hauptgebäude. Bei der Wiedergabe des Mainviertels mit dem Marienberg ändert sich dagegen die Darstellungsweise. Dort werden die wichtigsten Gebäude ebenso wie das hochragende Schloss in reiner Frontalansicht dargestellt. Alle späteren Auflagen der »Cosmographei« enthalten diese Würzburg-Ansicht. Nur das dekorative Beiwerk wurde schon 1552 geändert. Die Ausgabe von 1550 zeigte über dem Marienberg ein über die ganze Bildbreite flatterndes, von zwei Wappenschilden flankiertes Spruchband mit dem lateinischen und deutschen Stadtnamen, der Datierung und dem Künstlermonogramm. In den folgenden Ausgaben ist diese schmückende Zutat entfallen und durch eine ausführlichere Bildlegende verdrängt.[9]

Der »Cosmographei« des Sebastian Münster war ein außerordentlicher Erfolg beschieden. Bis 1628 wurden 36 Auflagen in verschiedenen Sprachen verlegt. Eine ähnlich erfolgreiche Konkurrenz entstand ihr erst 1572 mit dem mehrbändigen Städtewerk »Civitates orbis terrarum« von Georg Braun und Franz Hogenberg (s. Vorsatzblatt).[10] Bereits im ersten Band ist Würzburg mit einer Gesamtansicht vertreten.[11] Sie ist – verkleinert und als Radierung in einer anderen Technik ausgeführt – eine Kopie nach dem Holzschnitt in Sebastian Münsters »Cosmographei«. Da dem ortsfremden Stecher Lo-

Explicatio Literarum.

Cæterum quod vulgo Marienburg dicitur.b. Quarta pars urbis a Moeno fluvio dicta.c.Canonicorum Collegio
regione Templum St. Burchardi.d. Pons lapideus.e. Moeno junctus.f.Cœnobium Ursinum Ordinis St. Domini
...St. Marco dictum.g. Templum Parochiæ a fullonibus linteariis nuncupatum.h. Palatium illud quod Fugger
...nam dicitur.i. Templum et Monasterium Carmelitarum.k.Xenodochium Julianum.l.Templū Stæ Mariæ m.Curia.n.
Hospitium ad Cygnum aureum dictum.o. Templum et Monasterii St. Dominici. p.Templum Basiliců novum.q.Templū
...usticum Haus dictū.r.Ecclesia cathedralis.ſ.Templum et Monasterium Cartusianorū.t.Templum et Monasterium RR.
...Pes Ord. St. Augustini.u.Templum et Monasterii RR.PPes Ord.St. Francisci.w. Domus equitū Teutonicorū.x.Templū
...Monasterii Capucinorū.y.Ecclesia Universitatis.z. Palatiū Rosenbachiū.A.Castrū novū.B.Collegiū et Ecclesia RR.PPes de Soc
...su C.Ecclesia St. Petri.D.Templum et Monasterium RR.PPes Ord. St. Benedicti.E.Cænobiū Virginū Ord. St. Afrę.F.Templum
...Monasterii Carmelitarū discalceatorū G. Domicilia militum. H.Horti privati Rndmi Principis et Episcopi Christophori Francisci

Urbs Herb...
Serenissimi ...

...ng von Salomon Kleiner, 1740. (Mainfränkisches Museum Würzburg, Inv.-Nr. S. 20461h)

kalkenntnisse fehlten, unterliefen ihm einige Fehler. So liegt das Kloster Himmelspforten nicht mehr unmittelbar am Mainufer, sondern auf einer Anhöhe, die bischöfliche Mainmühle am rechten Bildrand wie eine Insel mitten im Fluss. Auch das Städtebuch von Braun/Hogenberg, dessen sechster und letzter Band 1617 herauskam, fand reiche Nachfolge und wiederholte Nachahmung. Angeregt von den beiden Publikationen entstanden zu eben jener Zeit eine Reihe topografischer Werke. In allen diesen Publikationen ist Würzburg mit einer Gesamtansicht vertreten. Dabei handelt es sich durchwegs um mehr oder weniger geglückte Nachstiche nach den Ansichten bei Sebastian Münster oder bei Braun und Hogenberg.[12]

Alle diese Ansichtenwerke wurden in ihrer Bedeutung, auch in ihrer fortdauernden Popularität übertroffen durch die seit 1642 von Matthäus Merian in Frankfurt herausgegebenen »Topographien«. 1648 erschien als neunter Band die »Topographia Franconiae«, gewidmet Johann Philipp von Schönborn, Kurfürst-Erzbischof von Mainz und Fürstbischof von Würzburg (1642–1673).[13] Die darin enthaltene Gesamtansicht Würzburgs (s. Abb. 78, S. 271)[14] hatte zuvor bereits mehrfach in verschiedene Publikationen des Merian-Verlags Eingang gefunden: 1633 in die Chronik der ersten Jahre des Dreißigjährigen Kriegs von Johann Philipp Abele, die 1637 als zweiter Band des »Theatrum Europäum« nochmals aufgelegt wurde, dann 1638 in Merians »Archontologia Cosmica«. Die Würzburg-Ansicht, ein großes Doppelblatt, ist eine der schönsten und künstlerisch qualitätvollsten der gesamten Produktion Merians, der offenbar die Vorzeichnung selbst fertigte. Merian porträtierte die Stadt bereits 1632, als die Schweden Stadt und Burg besetzt hielten und mit dem Bau neuer Befestigungen am Nordhang des Marienberges begonnen hatten.[15] Auf diese frühe Entstehungszeit deutet auch ein handschriftlich *1632* datiertes Exemplar im Besitz des Mainfränkischen Museums Würzburg hin.[16] Zum ersten Mal wird die Stadt von Norden, vom Steinberg aus gesehen. Bewusst ist das Stadtporträt künstlerisch gestaltet. Ausgedehnt ruht die rechtsmainische Altstadt im Zentrum des Bildes, die dicht gedrängten Türme der Kirchen unterstreichen den Anspruch der geistlichen Macht der Fürstbischöfe. Gegenpart ist das Schloss auf dem Marienberg, das Merian unter Hintansetzung topografischer Richtigkeit zum ebenmäßigen Renaissanceschloss stilisiert und damit idealisiert. Am linken Bildrand schließen, überhöht auf Hügeln gelegen, die beiden Kirchen des alten Stifts Haug sowie der Benediktinerinnenabtei St. Afra die Komposition des Stadtbildes ab.

Neben dieser Gesamtansicht fanden vier weitere Veduten aus Würzburg Aufnahme in die »Topographia Franconiae«. Die Vorlagen zu diesen Radierungen stammten von verschiedenen Künstlern: Die beiden schönen Ansichten des Marienberges – von Westen und vom Mainufer aus mit der Brücke gesehen[17] – gehen auf Zeichnungen Wenzel Hollars, eines früheren Mitarbeiters in Merians Verlag, zurück.[18] Für die Ansichten des Juliusspitals und der Universität hat Merian auf ältere, im Druck bereits vorliegende Ansichten von Johann Leypolt zurückgegriffen.[19]

Ansichten der Echter-Zeit

Der Bautätigkeit des Fürstbischofs Julius Echter von Mespelbrunn (1573–1617), ebenso fürstlichem Repräsentationsbedürfnis, verdanken wir die Einzelansichten dreier Gebäude der Stadt. Es sind dies: das Schloss »Unser Frauen Berg«,[20] das nach den Brandkatastrophen in den Jahren 1572 und 1600 in veränderter Form wieder aufgebaut worden war, weiterhin das Kollegiengebäude der Universität[21] und das Juliusspital,[22] – beide von Julius Echter begründet. Die Ansichten, drei große Kupferstiche, erschienen am 15. Dezember 1603, am 30. Jahrestag der Wahl des Fürstbischofs. Anlass und Datum der Erstveröffentlichung nennt die Widmung, jeweils rechts oben eingedruckt: *[...] sic delineata, & edita ipso Anniversario die eius Electionis; Calendis Decemb[ris], Anno Salutis M. D. CIII.* Die Ansichten sind ferner der von Christoph Marianus verfassten Festschrift »Encaenia et tricennalia Juliana« beigefügt. Die Veröffentlichung sollte ebenfalls zum 30. Regierungsjubiläum des Fürsten vorliegen; sie wurde jedoch erst verspätet am Weihetag der Schlosskirche, am 26. September 1604, herausgegeben. In der deutschen Ausgabe unter dem Titel »Christlicher Fränckischer Ehrenpreiß« sind die gleichen Ansichten mit geändertem, deutschem Text enthalten; außerdem existieren undatierte, von den gleichen Platten gedruckte Exemplare; auch sie sind mit deutschen Erklärungen versehen. Geschaffen wurden die Kupferstiche von Johann Leypolt. Als Vorlagen benutzte er die Arbeiten anderer Künstler. Für die Ansichten der Universität und des Juliusspitals bediente sich Leypolt zweier Gemälde von Georg Rudolph Hennenberg (s. Abb. 203 u. Abb. 17);[23] für die Ansicht des Marienbergs stand ihm vermutlich eine Visierung oder das Architekturmodell des Nürnberger Baumeisters Jacob Wolff d. Ä. zur Verfügung.[24] Alle drei Ansichten versuchen eine möglichst umfassende Vorstellung der Bauten zu geben. Die angewandte Darstellungsmethode kommt diesem Wunsche entgegen. Es handelt sich um eine Kombination aus Grundrissplan und perspektivischer Ansicht, die den Eindruck erweckt, als seien die weitläufigen Gebäudekomplexe von einem erhöhten Standpunkt aus, in einer »Vogelschau« aufgenommen.

Von Osten, das heißt von der Stadtseite, wird dem Betrachter ein Überblick über das Schloss Marienberg geboten. Wiedergegeben ist der Bauzustand, den die Gebäude unter Julius Echter von Mespelbrunn gewonnen hatten bzw. noch gewinnen sollten. Berücksichtigt wurden nämlich auch Baumaßnahmen, die 1603 – zur Zeit der Entstehung der Ansicht – erst geplant waren, wie die Echterbastei, die 1605/06 erbaut wurde (s. Abb. 202),[25] oder der Kiliansturm am Nordwesteck der Burg, dem man erst im Mai 1607 die bekrönende Figur des Stiftsheiligen aufsetzte.[26] Dem Zeichner müssen demnach die Planungen auch in Details bekannt gewesen sein, ebenso wie zunächst beabsichtigte weitere Baumaßnahmen, die nicht zur Ausführung kamen. Während der stadtseitige Flügel des Schlosses im Wesentlichen die spätmittelalterliche Bausubstanz bewahrte – mit Fensterumrahmungen und Ziergiebeln modisch ausstaffiert – ist der lang gestreckte Nordflügel, die »Schottenflanke«, weitgehend ein Neubau der Echter-Zeit. In der Ansicht bildet ein ähnliches Gebäude die Südseite des Gevierts in dessen gesamter Ausdehnung. Tatsächlich wurde jedoch zur Echter-Zeit die »Nikolausflanke« nur in ihrem Ostteil neu gebaut. Nicht ausgeführt wurde dagegen die geplante Erneuerung des Westteils, wie sie von Leypolt bereits als bestehend vorgestellt wird. Dagegen blieb die unter Rudolf von Scherenberg (1466–1495) im Jahr 1477 gebaute Hofstube bis 1865 in ihrem spätmittelalterlichen Bestand erhalten. Besonderen Wert legt die Ansicht offenbar auf die Darstellung der Kirche in der Nordostecke des Innenhofs. Der durch Giebel und Erker gezierte Kapitelsaal über ihrem Chor ist ein besonders charakteristischer Neubau Echters.

Auch das Kollegiengebäude der Universität wird von Leypolt in einer Vogelschauansicht dargestellt, sodass sich wiederum ein informativer Einblick in den nahezu quadratischen Hof ergibt. Im Vordergrund, entlang der Domerschulstraße, liegt der Nordflügel mit seinem die Mitte betonenden Ziergiebel und drei Portalen. Das Hofportal, links, wird betont durch das große Reliefbild, das die Ausgießung des Hl. Geistes darstellt (s. Abb. 106, S. 356) und den Universitätsstifter in den Kreis der Apostel einbezieht. Über dem Relief ist das fürstbischöfliche Wappen angebracht, flankiert von den – heute nicht mehr vorhandenen – Figuren des hl. Kilian und der hl. Katharina. Dicht unter dem weit vorspringenden Schutzdach lagern auf dem abschließenden Segmentgiebel zwei Putti. Auch der rechtwinklig gegen die Straße vorspringende Flügel, dessen Anschluss an Nord- und Westflügel perspektivisch irreführend dargestellt ist, zeigt einen Ziergiebel, der vermutlich erst um die Mitte des 19. Jahrhunderts abgetragen wurde. Die offenen Arkaden im Erdgeschoss des Ost- und Westflügels wurden 1720/21 durch Balthasar Neumann geschlossen, um mehr Raum, vor allem für die Bibliothek, zu gewinnen. Den Südflügel nimmt in nahezu ganzer Ausdehnung die Kirche ein. Gleich den anderen Flügeln wird die Fassadenmitte auch hier durch einen hohen Ziergiebel akzentuiert; ebenso zeigt das Portal gegen den Hof Renaissanceformen. Im Gegensatz stehen dazu der spitze Dachreiter und die in drei Geschossen angeordneten Fenster mit nachgotischem Maßwerk. Die Fensteranordnung verrät deutlich den inneren Aufriss der Kirche mit doppelter Emporenanlage. Unklar bleibt die Verbindung des mächtigen Turms mit dem Kirchengebäude. Die Darstellung erweckt, gewiss fälschlich, den Anschein, als stehe er außer Verbund mit dem Langhaus.

Von besonderem Interesse ist die Ansicht des Juliusspitals (s. Tafel 24), zeigt sie doch die ursprüngliche, im 18. Jahrhundert vollständig durch Neubauten ersetzte Renaissanceanlage des Spitals. Um einen längsrechteckigen Hof sind die Spitalgebäude angeordnet. Den schlichten, zweigeschossigen Trakt im Vordergrund akzentuieren der Uhrturm über dem Hauptportal und ein hoher, spitzer Dachreiter. Über dem Portal sind das steinerne Stiftungsrelief von Hans Rodlein und das von zwei sitzenden Figuren flankierte fürstbischöfliche Wappen zu erkennen; beide Reliefs befinden sich jetzt im Durchgang des barocken Fürstenbaues. Nach Osten, im Bild rechts, schließt dieses Gebäude mit der dem hl. Kilian geweihten, vierjochigen Kirche ab, kenntlich an der doppelten Reihe spitzbogiger Fenster und an dem ebenfalls spitzbogigen Portal zur Straße. Die schmalen, dreigeschossigen Seitenflügel schließen mit geschwungenen Stufengiebeln ab, während kleinere Ziergiebel die Mitte der Hoffronten betonen. Aufwändig ist der rückwärtige, nördliche Trakt durch doppelgeschossige Arkaden geordnet. Die Gebäudemitte ist mit einem ausladenden Erker, mit einem gegliederten, hohen Schweifgiebel und mit einem achteckigen, kuppelbekrönten Turm besonders reich strukturiert. Dieser Mittelbau,

Abb. 88: Die Universitätskirche (Neubaukirche), Ansicht von Südwesten,
Kupferstich und Radierung (Mischtechnik) von Johann August Corvinus
nach einer Zeichnung von Salomon Kleiner, 1740.
(Mainfränkisches Museum Würzburg, Inv.-Nr. S. 35234)

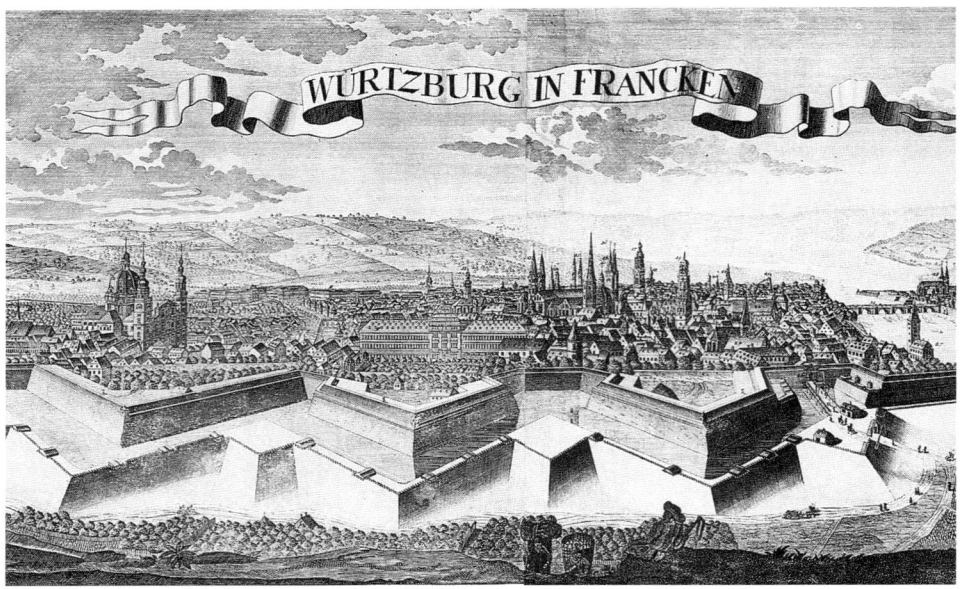

Abb. 89: Die Ansicht der Stadt Würzburg von Norden von Salomon Kleiner, 1725,
ist Teil einer umfangreichen Serie europäischer Städteansichten,
die in Augsburg erschien.
(Mainfränkisches Museum Würzburg, Inv.-Nr. S. 42280)

schon damals *Fürstenbau* genannt, diente dem Fürstbischof wiederholt als zeitweilige Stadtresidenz. Den Hof schmücken zwei große Brunnenbecken. Die Ziersäule des Brunnens rechts wird von einer Statue des hl. Kilian bekrönt, die linke ebenfalls von einer Bischofsfigur, vermutlich des hl. Burghard.

Von eminenter Bedeutung für die historische Topografie der Stadt ist das große Ölgemälde von Hans Ulrich Büeler, wohl nachträglich bezeichnet *Prospect der Stadt Würzburg wie sie 1623 gestanden* (s. Tafel 22/23).[27] Franz Seberich hat den Wert des Gemäldes, dem der Charakter einer Urkunde zur Stadtentwicklung zukommt, gewürdigt und ihren topografischen Gehalt ausführlich erläutert.[28] Das Gemälde war 1623 vermutlich von Fürstbischof Philipp Adolf von Ehrenberg (1623–1631) unmittelbar nach seinem Regierungsantritt in Auftrag gegeben worden. Der Bischof kniet im Vordergrund vor einem Kreuz, ihm gegenüber sein Oheim Julius Echter von Mespelbrunn. Offensichtlich war das Bild nicht zuletzt als posthume Würdigung der Bautätigkeit Julius Echters gedacht. Denn besonders hervorgehoben sind die Bauten, die in dessen Regierungszeit entstanden waren: das Schloss, das Juliusspital und die Universität. Der Maler war bemüht, das Panorama der Stadt möglichst umfassend wiederzugeben. In dieser Absicht kombinierte er die wissenschaftlich errechnete, planartige Abwicklung des Stadtganzen mit einer bildmäßigen, perspektivischen Darstellung der Gebäude. Zu diesem Zweck wählte er einen idealen, erhöhten Standort im Nordosten der Stadt. Dies und die Vermeidung allzu starker Überschneidungen, eine Art Kavalierperspektive, ermöglichte es, Plätze, Straßen und Wege so aufzuzeigen, dass der Betrachter sie mit dem Auge durchwandern kann. Dieses Verfahren erlaubte ihm zudem, die Lage der einzelnen Gebäude und viele ihrer Details zutreffend wiederzugeben.

Aus dem 16. und 17. Jahrhundert sind uns im Gegensatz zu diesen planartigen Darstellungen – »Abriss« genannt – nur wenige individuell gesehene, unmittelbar erfasste Stadtansichten überliefert. Von Würzburg kennen wir nur die Federzeichnung eines unbekannten Künstlers aus den Jahren um 1600, eine Ansicht der Stadt von Südwesten, etwa aus der Gegend der heutigen Löwenbrücke.[29] Mit sicherem Blick hat der Zeichner das Panorama der türmereichen Stadt aufgenommen, von der Mainbrücke mit ihren beiden Toren links bis zum Sandertor und dem Hexenturm am rechten Bildrand. Mit wenigen Strichen gelingt es dem Künstler auch, die umgebende Landschaft und die Atmosphäre eines sonnigen Tages anzudeuten.

Pläne und Ansichten der Neumann-Zeit

Während des 17. und 18. Jahrhunderts erweisen sich viele der Ingenieuroffiziere weit über Architektur und Festungsbau hinaus als Universalgenies auf allen Gebieten der Technik und Zeichenkunst. Nicht wenigen von ihnen verdanken wir die ersten exakten Stadtdarstellungen. Balthasar Neumann schuf zwei Darstellungen der Stadt Würzburg, einen Grundrissplan (s. Abb. 82, S. 282) und eine Überschauansicht. 1715 arbeitete Neumann – er war seinerzeit Fähnrich der fürstlichen Leibkompanie und in seinem dritten Studienjahr der Geometrie, der Architektur und der Feldmesserei – an einer Aufgabe, die wie eine Vorbereitung für seine spätere städtebauliche Tätigkeit wirkt: Er fertigte einen Grundrissplan der Stadt. Der von Neumann gezeichnete Plan ist nicht erhalten; 1775 jedoch schuf Joseph Fischer eine Kopie, bei der es sich zweifellos um eine getreue Wiederholung des Originalplans handelt.[30] Balthasar Neumann hatte seine Arbeit bezeichnet und signiert: »GRUNDRISS UND PROFIL DER HOCHFÜRSTLICHEN RESIDENZ STADT WÜRZBURG von Mittag gegen Mitternacht zu sehen, Balthasar Neumann 1715«; dem fügte der Kopist hinzu: *Delineavit Joseph Fischer 1775*. Über diesem Titel steht als schmales Band eine Profilzeichnung, die einen Schnitt durch die Stadt zeigt, von der westlichen Bastion des Marienberges, durch die Gebäude der Festung, die Burkarder Kirche, dann durch das Bett des Mains, die Häuser und Kirchen der Neubaustraße und schließlich durch die Wallmauer der östlichen Stadtbefestigung. Der Stadtplan selbst ist mit äußerster Genauigkeit aufgenommen und wiedergegeben. Die öffentlichen Gebäude, Kirchen und Klöster sowie die Domherrenhöfe sind sogar in ihren Grundrissen ausgearbeitet und vielfach bezeichnet, weitere Einzelheiten des Plans werden auf zwei Schrifttafeln erläutert. Die gewiss mühseligen Arbeiten an dem großen Stadtgrundriss ließen Neumann mit dem überkommenen Stadtbild vertraut werden. In dieser umfassenden und genauen Kenntnis der vorgefundenen Gegebenheiten sind in der Folge seine städtebaulichen Vorschläge und Maßnahmen begründet. Die große Bedeutung des Planes als der ersten genauen Aufnahme der Stadt Würzburg ist von Arthur Bechtold und Rudolf Pfister ausführlich gewürdigt worden.[31]

Abb. 90: Stadtplan von Würzburg (nach Norden),
Radierung von Johann August Corvinus
nach einer Zeichnung von Salomon Kleiner, 1740.
(Mainfränkisches Museum Würzburg, Inv.-Nr. S. 20442)

    Für den Kupferstecher Johann Salver schuf Balthasar Neumann die Vorzeichnungen zu den Ansichten auf dem überdimensionalen Thesenblatt, mit dem Freiherr Franz Wilhelm von Reitzenstein im Juli 1723 zur öffentlichen Verteidigung seiner Doktorthesen einlud.[32] Hauptmotiv des repräsentativen Blattes und des ungewöhnlichen Bildprogramms ist eine Darstellung der Stadt aus der Vogelperspektive, von Nordosten gesehen. Die Überschauansicht bot Balthasar Neumann die willkommene Möglichkeit, eine hervorragende räumliche Vorstellung der Stadtgestalt darzubieten, ohne dabei auf die perspektivische Anschaulichkeit verzichten zu müssen, wie dies bei der reinen Grundrisszeichnung des älteren Stadtplans der Fall war. Er benutzte zudem die Gelegenheit, um seine Vision von der zukünftigen Residenzstadt Würzburg anschaulich vorzustellen. Daher wurden auch solche Gebäude in das Schaubild aufgenommen, die gerade im Bau oder gar erst projektiert waren. Dazu gehörten die Residenz, die Schönbornkapelle am Dom und der Kranz der Bastionen, der zu jener Zeit noch nicht vollständig geschlossen war.

    Balthasar Neumanns Vogelschauansicht der Stadt fand weite Verbreitung durch die Übernahme in den Atlas des Johann Baptist Homann, 1723 in Nürnberg erschienen. Ebenso nahm sich der Kupferstecher Johann Balthasar Gutwein die von Neumann gezeichnete Ansicht zum Vorbild, als er 1757 vom Stadtrat Würzburg beauftragt wurde, den Ratskalender zu erneuern; bis 1802 wurde sie alljährlich auf den Kalendern wieder-

Abb. 91: Die ehemalige Stiftskirche St. Johannes in Haug, Ansicht von Südwesten,
Kupferstich und Radierung (Mischtechnik) von Johann August Corvinus
nach einer Zeichnung von Salomon Kleiner, 1740.
(Mainfränkisches Museum Würzburg, Inv.-Nr. S. 20461c)

holt.[33] Das von fünf Platten gedruckte, aufwändige Thesenblatt des Freiherrn von Reitzenstein selbst war hingegen vermutlich in einer nur sehr kleinen Auflage erschienen.
Es sind bisher erst zwei Exemplare bekannt geworden; beide befinden sich im Mainfränkischen Museum Würzburg.[34]

Die mehr mathematisch-konstruierten Stadtdarstellungen des Ingenieurarchitekten
Neumann werden auf das glücklichste ergänzt durch die mit Künstleraugen erfassten,
dennoch realistischen Veduten, die als Kupferstichfolge von Johann August Corvinus
nach Zeichnungen Salomon Kleiners 1740 im Verlag von Johann Andreas Pfeffel in
Augsburg erschienen sind.[35] Der weitschweifige Titel »Magnifica Pulchritudine et vali-
dissimis Munitionibus per orbem celeberrima Ducalis et Episcopalis Residentia Wurz-

burgum seu Herbipolis in Franconia [...] – Die so wohl wegen prächtiger Schönheit, als unvergleichlicher Bevestigung Weltberühmte Hoch-Fürstlich und Bischöffliche Residenz-Stadt Würtzburg in Francken [...]« spiegelt die Absicht wider, die Stadt vorteilhaft in ihrem neu gewonnen Glanz vorzuführen. Dem entspricht auch die Auswahl der Gebäude, die neben dem Titelblatt, neben einem Stadtplan (s. Abb. 90)[36] und einer Gesamtansicht von Südwesten (s. Abb. 87)[37] Aufnahme in die zwölfteilige Folge gefunden haben. Es sind mit Ausnahme des Mainviertels mit der Festung Marienberg und der Mainbrücke[38] durchwegs Bauten, die erst in den jüngst vergangenen Jahrzehnten, seit der Regierungszeit des ersten Schönborn-Bischofs Johann Philipp (1642–1673), entstanden waren. Es sind dies: eine Vogelschauansicht der fürstbischöflichen Residenz (s. Abb. 89),[39] die Schönbornkapelle am Dom mit den Domherrnhöfen am Paradeplatz im Hintergrund,[40] die prächtige Fassade der Neumünsterkirche mit dem ehemaligen Salhof und einem geplanten, jedoch nicht realisierten Neubau des Kapitelshauses,[41] der mächtige Kuppelbau der Stiftskirche St. Johannes in Haug mit dem anschließenden Kapitelshaus (s. Abb. 91) und dem Hof »Zum Wolfram«,[42] die Universitätskirche mit dem von Antonio Petrini und Joseph Greising neu errichteten Turm (s. Abb. 88),[43] das Rückermaingebäude mit dem Fischmarkt,[44] Park und Fürstenbau des Juliusspitals[45] sowie der Marktplatz mit der spätgotischen Marienkapelle, die 1713 eine neue Bekrönung des Turmes erhalten hatte.[46]

Die Vorzeichnungen zu dieser Ansichtenfolge sind viele Jahre vor der Drucklegung entstanden. Bereits 1723 bis 1726 hatte Salomon Kleiner für Lothar Franz von Schönborn die Favorite in Mainz sowie die Schlösser in Gaibach, Pommersfelden und Seehof bei Bamberg für eine Kupferstichpublikation der Schönborn-Schlösser aufgenommen. Zur gleichen Zeit müssen auch die Würzburg-Veduten von Salomon Kleiner gezeichnet und – wenigstens teilweise – durch Johann August Corvinus in Augsburg bereits auch in Kupfer gestochen worden sein. Jedenfalls spiegelt das Blatt mit Ansicht der Residenz den Planungszustand von 1723 wieder; es zeigt zudem in der Torbekrönung des Ehrenhofgitters das Wappen des Fürstbischofs Johann Philipp Franz von Schönborn (gest. 18. August 1724). Im November des vorhergehenden Jahres hatte der Fürstbischof seinem Bruder Friedrich Karl, damals Reichsvizekanzler in Wien, geschrieben, dass er ihm Risse und Abdrucke – also Kupferstiche – von der Stadt und den führenden Gebäuden sende.[47] Es müssen demnach bereits Probedrucke einer geplanten Ansichtenfolge existiert haben. Das Vorhaben wurde auch unter dem Nachfolger, Fürstbischof Christoph Franz von Hutten (1724–1729), weiterverfolgt, wie Karl Gottfried Scharold zu berichten weiß.[48] Die Publikation der Würzburg-Ansichten kam offenbar durch die relativ kurze Regierungszeit der beiden Fürstbischöfe Johann Philipp Franz von Schönborn und Christoph Franz von Hutten jedoch zunächst nicht zu Stande. Die Zeichnungen Salomon Kleiners zu dieser Folge befanden sich im Kupferstichkabinett des Martin von Wagner-Museums der Universität Würzburg; sie sind am 16. März 1945 verbrannt.

Von Salomon Kleiner stammt auch die Vorzeichnung zu einer 1725 datierten großen Gesamtansicht Würzburgs von Norden, die bei Jeremias Wolffs Erben in Augsburg erschienen ist.[49] Neben der Ansicht von Merian handelt es sich um die wirkungsvollste Darstellung des Stadtbildes in der Nordansicht, in der vor allem die machtvollen Bastio-

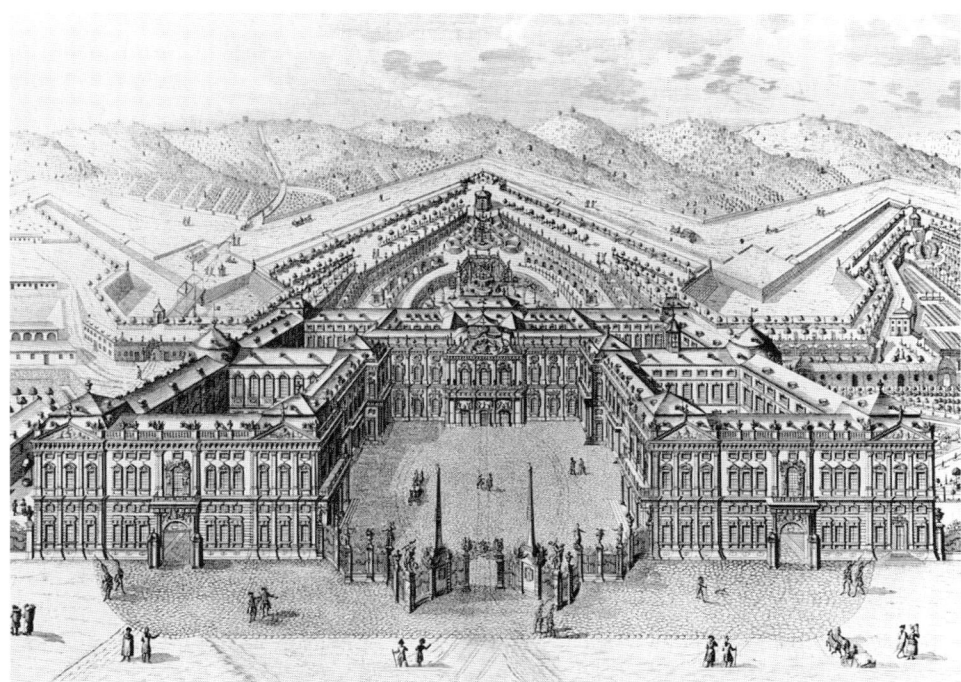

Abb. 92: Die Residenz, Vogelschauansicht von Westen, Kupferstich und Radierung (Mischtechnik) von Johann Oswald Berndt nach einer Zeichnung von Johann Joseph Kayser, um 1775. (Mainfränkisches Museum Würzburg, Inv.-Nr. S. 37705)

nen als horizontale Grundlinie des Stadtganzen wirken, zu der die überhöht wiederge-gebenen Türme einen effektvollen Gegensatz bilden. Damit war die Stadt zugleich her-ausgehoben, aber auch abgetrennt von der sie umgebenden Landschaft. Die zugehörige Stichvorlage, eine lavierte Federzeichnung, befindet sich in Würzburger Privatbesitz.[50]

Vergleicht man diese Nordansicht Salomon Kleiners, die manche Nachahmung gefunden hat, mit einer Gesamtansicht aus der Frühzeit des 19. Jahrhunderts – etwa der »Ansicht der Groß = Herzoglichen Residenz = Stadt Würzburg. Standpunkt auf dem Steinberg«, einer schönen Radierung des Nürnberger Künstlers Johann Adam Klein aus dem Jahr 1811[51] –, so wird einem unmittelbar bewusst, dass sich in dem zurückliegen-den Jahrhundert die Gesamterscheinung der Stadt trotz der regen Bautätigkeit des 17./18. Jahrhunderts im Ganzen kaum verändert hat (s. Tafel 27). Immer noch umgeben die breitlagernden Bastionen schützend, aber auch einengend die dicht gedrängte Stadt, die geradezu als Gegensatz zu der sie umgebenden Landschaft empfunden wer-den muss. Erst die Aufhebung der Festungseigenschaft – für die rechtsmainische Stadt 1857 – hat die Voraussetzungen für eine Ausbreitung und damit für ein gewandeltes Stadtbild geschaffen.

Stadt und Kirche

Alfred Wendehorst

Bilanz um die Mitte des 16. Jahrhunderts

In den frühen 20er Jahren hatte die Reformation in die Oberschicht der Stadt Würzburg Eingang gefunden.[1] Sie begann auch hier als Prozess, mit dessen theologisch-kirchlichen Komponenten sich politische und soziale – in Würzburg auch die einer städtischen Autonomiebewegung mit langer Vorgeschichte – verflochten. Die Gewinne der Reformation entsprachen den Verlusten der alten Kirche. Solange die Obrigkeit ihre Hauptaufgabe als Verteidigung der überkommenen Ordnungen und Wertvorstellungen auffasste, konnte sich die bürgerliche Sozialisierung in der Bischofsstadt zwar lockern, aber es kam auf das Verhalten der geistlichen Institutionen an, von denen Handel und Handwerk weitgehend abhängig waren.

Gewiss, von der Domkanzel wurde in den frühen 20er Jahren reformatorisch gepredigt, im positiven wie in einem gegen das Bestehende gerichteten Sinn. Zwei Weihbischöfe kehrten der alten Kirche den Rücken, und es gab Übertritte von Angehörigen des Stifts- und Klosterklerus zur neuen Lehre, darunter auch spektakuläre,[2] aber der Apparat funktionierte noch. Doch ist die Reformation in der Stadt Würzburg an dem frühen und spätestens seit 1525 auch klaren Nein des Bischofs Konrad von Thüngen, dann »infolge der überlegenen Energien des geistlichen Landesfürstentums schließlich gescheitert«.[3]

Bis zu einer Trendumkehr war freilich noch ein tiefes Tal zu durchschreiten. Wichtigster Indikator für krisenhafte Entwicklungen in der katholischen Kirche ist die Zahl der Weihekandidaten. Waren im Jahr 1520 noch 66 Weltkleriker und 46 Stifts- und 3 Ordenskleriker in Würzburg zu Priestern geweiht worden, so setzte danach ein allmählicher, 1525 ein abrupter Abfall ein. 1526 betrugen die Weihezahlen 9 (Weltgeistliche) und 14 (Ordensgeistliche), 1530 10 und 4, erreichten 1533 mit 7 und 1 ihren absoluten Tiefpunkt und stiegen seit 1536 ungeachtet einiger Rückschläge allmählich wieder an.[4]

Weltliche und Geistliche Regierung

In Würzburg gab es nicht nur städtische Behörden. Die Stadt war in erster Linie Sitz der weltlichen Regierung für das Hochstift und der geistlichen für das Bistum. Die Beamten in den höheren, repräsentativen Rängen waren durchweg adelige Kleriker.[5]

Fest in der Hand des Adels waren das Domkapitel[6] und das Stift St. Burkard[7]. Nur insofern der Dom und St. Burkard auch Pfarrkirchen waren (s. unten), hatten sie Anteil an der Geschichte der Stadt. Ebenso nur schwach verbunden mit der Geschichte der Stadt war das erst 1683 von Anna Maria Gräfin von Dernbach, geb. Voit von Rieneck, gegründete adelige Damenstift St. Anna.[8]

Adelige Lebensform blieb, auch wenn sie sich in den in der Bischofsstadt gelegenen Stiften mit der geistlichen mehr oder weniger fest verband, mit den Sitzen der Familien auf dem Land verflochten, war archaischer als die bürgerliche und folgte anderen Gesetzen der Güterzirkulation. Die urbane Welt war in den adeligen Stiften auf eine auffällige, wenn auch unpolemische Weise abwesend.

Stifte (Dom, St. Burkard, Haug, Neumünster)

Bei Hofe, beim Domkapitel und bei den anderen Stiften waren die Beamtenstellen und Prokuraturen begehrt. Inhaber und Bewerber entstammten zum Teil einer neuen, sich seit der Mitte des 16. Jahrhunderts bildenden bürgerlichen Oberschicht, welche mit der Professionalisierung der Verwaltung ihre Funktionen und ihren Platz fand. Ihr Aufstieg fällt etwa zusammen mit dem Rückzug von Kanonikern aus Ämtern, welche auch von Laien wahrgenommen werden konnten. Bischof Julius Echter von Mespelbrunn (1573–1617) hat diese Schicht, deren er zur Ausbildung des frühabsolutistischen Staatswesens bedurfte, in welchem gelehrte Juristen bald die wichtigsten Plätze einnahmen, nachdrücklich gefördert. Mit der Gründung der Universität (1582) vergrößerte sich diese Gruppe, die zu einer effizienten Verwaltung des Hochstifts wesentlich beitrug. Angehörige bekannter, seit dem 17. Jahrhundert mehrfach miteinander versippter Juristenfamilien finden sich unter den Inhabern der Laienämter der Stifte: die Schlehenrieth, die Brand, die Staudenhecht, die Schultheis, die Demeradt, die Habermann und andere. Manchmal wurde das Amt vom Vater auf den Sohn vererbt.[9] Das gilt auch für die vorwiegend bürgerlichen Stifte Haug und Neumünster.

Die alten Klöster

Auch die alten Orden standen nach der Reformation nicht mehr in ihrer Ursprungsgestalt im Kontext ihrer Gründungsphase, sondern in einem veränderten Sozialgefüge und in einer in ihrer Existenz infrage gestellten, angeschlagenen Kirche vor neuen Aufgaben.[10] Martin Luther hatte die Legitimität des Mönchtums bestritten.[11] Die Einführung der Reformation in den Territorien und Städten bedeutete in der Regel das Ende der Klöster. Aber die Krise erfasste das Mönchtum auch in den geistlichen Staaten. Die Rahmenbedingungen für ihr Leben und Überleben blieben in der Bischofsstadt zwar vorgegeben, doch gab es verschiedene Grade der Resistenz, welche bei den adeligen Korporationen – sieht man vom Deutschen Haus und der Johanniterkommende ab, welche nur noch als ordenseigene Wirtschaftseinheiten weiterbestanden – im Allgemeinen größer war. Doch ist ein ordenstypisches Verhalten gegenüber der Reformation allenfalls bei den Augustinern zu erkennen.

St. Stephan. Der wirtschaftliche und disziplinäre Niedergang des Klosters erreichte ungeachtet bischöflicher Reformstatuten ein Ausmaß, welches 1590 zur Absetzung des Abtes Kilian Lantz und zur Einsetzung des tüchtigen Münsterschwarzacher und Banzer Abtes Johannes Burckhardt durch Bischof Julius Echter führte.[12] Die Aufwärtsentwick-

Abb. 93: Die Johanniterkirche im Jahr 1608, Federzeichnung. (A. Bechtold, 1935/V, S. 203)

lung des Klosters hielt seitdem an und erreichte unter Abt Eucharius Weiner (1667–1701), der seit 1677 auch Abt von Banz und seit 1699 Administrator des Schottenklosters St. Jakob war, einen Höhepunkt.[13] Zum Konvent von St. Stephan gehörte der produktivste Geschichtsschreiber und Editor Frankens im 18. Jahrhundert, P. Ignaz Gropp (gest. 1758), der eine Zeit lang auch Bibliothekar des Klosters war.[14] Die Bibliothek stand im Rang gleich hinter der Universitätsbibliothek.[15] Der Konventuale Matern Reuß (gest. 1798) gehörte zu den Schrittmachern der kritischen Philosophie Kants im katholischen Deutschland.[16] Dem Konvent gehörten bei der Säkularisation des Klosters 1803 außer dem Abt 21 Patres an.[17]

   St. Jakob. Das so genannte Schottenkloster, dessen irischer Konvent vermutlich 1498 ausstarb, wurde danach von deutschen Mönchen besiedelt und Johannes Trithemius (1506) zum Abt berufen, unter welchem es einen großen Bekanntheitsgrad erreichte. Als dieser Konvent 1547 ebenfalls ausstarb, wurde das Kloster zunächst durch Administratoren verwaltet; 1583 wurden seine Einkünfte der fürstbischöflichen Kammer zugeschlagen. Bischof Julius Echter hat das Kloster wegen seiner sehr schwachen ökonomischen Basis erst spät wiederhergestellt und gegen den Widerstand des Klosters St. Stephan 1595 mit Schottenmönchen neu besiedelt. In den Zeiten seiner nationalen Geschlossenheit hatte der Konvent kaum Anteil an der Geschichte der Stadt, von deren Bevölkerung er durch die Sprachbarriere doch weitgehend getrennt blieb. Offenkundige Misswirtschaft führte 1598 bzw. 1605 zur Absetzung des Abtes Richard Irving und seines Nachfolgers Francis Hamilton (1602–1605), zur zeitweiligen Administration der Abtei durch das Regensburger Schottenkloster und zur Herabsetzung der Anzahl der Mönche. Unter Abt William Ogilvie (1615–1635), der während der Schwedenzeit in Würzburg aushielt, gelang für kurze Zeit eine Konsolidierung.[18] Doch werfen die Hinwendung des P. Marianus Gordon zum Protestantismus, die Umstände seiner Inhaftierung und sein Selbstmord in der Haft am 12. November 1734[19] kein günstiges Licht auf den Konvent. Bei der Säkularisation zählte das Kloster außer dem Prior sieben weitere Konventualen.[20] Der letzte von ihnen, Andreas Geddes (gest. 1839), verfasste nach der Rückkehr in seine Heimat das Gedicht »The Banks of the Main«.[21]

Bettelorden

Die Würzburger Bettelordensklöster kamen wie die Kartause mehr schlecht als recht über den Graben der Reformation. Die personellen Verluste wurden weniger durch formloses Verlassen der Klöster verursacht, es war vielmehr hauptsächlich der ausbleibende Nachwuchs, der das Überleben bedrohte, welches oft nur mit personeller Hilfe aus den Niederlanden, Spanien und Italien gesichert werden konnte. Mit der Ausbreitung der Reformation verkleinerten sich auch die Terminierbezirke (für das Almosensammeln zugewiesene Gebiete), und damit wuchs die Armut. Doch leiteten die Reformen Bischof Julius Echters, die etwa mit der Jahrhundertwende zu greifen begannen, eine kontinuierliche Konsolidierung ein. Bald hatte jedes der Klöster in der Bürgerschaft seine durch Familienangehörige im Konvent verstärkte Klientel, die in den Gottesdiensten präsent war und auf deren Hilfe es auch in Not- und bei Baufällen rechnen konnte. Angehörige der Bettelorden wirkten häufig als regelmäßige Beichtväter in den Säkularkanonikerstiften. Für außerordentliche Predigten suchten diese jedoch meist Jesuiten zu gewinnen.[22]

Das Franziskanerkloster. Anders als die Mehrheit der deutschen Franziskaner hatte das Würzburger Kloster sich nicht den Observanten angeschlossen, die in völliger Armut leben wollten, sondern verblieb bei den Konventualen (Minoriten), welche sich einem bürgerlichen Lebensstil angenähert hatten. Gegen Versuche der Observanten, in der Stadt Fuß zu fassen oder das Würzburger Kloster für sich zu gewinnen, blieb der Konvent resistent.[23] Das Kloster erlitt, als die Aufständischen dort während der Bürger- und Bauernrevolte im Frühjahr 1525 »eine Art Hauptquartier« aufgeschlagen hatten, schwere materielle Verluste.[24] Später erlebte es einige Glanzpunkte: Petrus Canisius hielt während der Fastenzeit 1566 in der Klosterkirche regelmäßig Predigten und auch Katechesen für Erwachsene und Kinder. In der Klosterkirche eröffnete Bischof Julius Echter am 2. Januar 1582 die Universität. Er ließ die Klostergebäude durch einen weitgehenden Neubau ersetzen und die Valentinuskapelle und die Kirche wiederherstellen (1611/15).[25] Groß war die Zahl der Bürger, welche sich bei den Franziskanern bestatten ließen.[26] Bruderschaften entstanden im 17. und frühen 18. Jahrhundert: die Strick-

Abb. 94: Denkmal für Bischof Julius Echter von Mespelbrunn in der heutigen Juliuspromenade, errichtet durch König Ludwig I., Bronzestatue von Max Ritter von Widnmann, 1846/47, Fotografie um 1910.

gürtelbruderschaft (1615), die der Verklärung Christi (1616),[27] die der beiden heiligen Johannes (1643), die des als Helfer in jeder Not angerufenen heiligen Antonius von Padua (1650) und die der Unbefleckten Empfängnis Mariens (1720)[28]. Zwar hat die alte Valentinsbruderschaft die Mitte des 16. Jahrhunderts nicht überdauert, aber die Feier des Valentinsfestes zog Gläubige aus ganz Franken an.[29]

Das *Dominikanerkloster*[30] sperrte sich weiterhin gegen die Observanz, überdauerte aber als ein religiöses und geistiges Zentrum der Stadt die Reformation. Das Kloster war zeitweise Studienhaus, der Orden stellte mit dem von Bischof Friedrich von Wirsberg aus dem Kölner Kloster berufenen Anton Resch einen Weihbischof (1567–1583).[31] Krisenhafter Erscheinungen in der zweiten Hälfte des 16. Jahrhunderts[32] konnte eine 1617/19 durchgeführte Visitation Herr werden. Das Provinzialkapitel verlegte 1618 das Zentralnoviziat der Ordensprovinz Teutonia vorübergehend von Mainz nach Würzburg und bestätigte die Rosenkranzbruderschaft,[33] welche die Tradition der mittelalterlichen Marienbruderschaft weiterführte. Während seiner Zeit als Prior veröffentlichte Friedrich Steill eine auf breiter Quellenbasis beruhende Ordensgeschichte.[34] Einer seiner Nachfolger im Priorenamt, Albert Steffan, ließ 1716 seine Predigten in einer offenbar viel benützten Sammlung im Druck erscheinen.[35] Obwohl auch die Würzburger Dominikaner

Abb. 95: Pfarrkirche St. Gertraud im Stadtviertel Pleich.

schon 1237 von Papst und Kaiser mit der Aufspürung und Verfolgung von Irrlehren beauftragt worden waren,[36] hat sich weder ihre direkte Beteiligung an der Inquisition noch ein besonderer Anteil an den Hexenprozessen nachweisen lassen.[37] Bis zum Jahr 1751 stieg der Konvent auf 28 Brüder an, danach fiel die Zahl wieder ab.[38] Die Bibliothek, welche sich durch zahlreiche und auch rare Handschriften auszeichnete, ebenso durch Inkunabeln, wurde im 16. Jahrhundert von humanistischen Editoren benutzt[39] und war im 18. Jahrhundert Ziel gelehrter Reisender.[40] Die Kirche (heute Augustinerkirche) erhielt ihre spätere Gestalt durch Balthasar Neumann, der 1743 mit einem weitgehenden Neubau begann; die (1945 zerstörte) prachtvolle innere Einrichtung geht auf Johann Wolfgang van der Auwera und seine Schüler zurück.[41] In das 1803 aufgehobene Kloster übersiedelte 1813 der Augustinerkonvent.

Das Augustinerkloster. Martin Luther fand in seinem eigenen Orden mehr Anhänger als in anderen geistlichen Gemeinschaften. Auch in Würzburg entliefen mehrere Brüder aus dem Kloster. Einer von ihnen heiratete und wirkte als Prädikant (Prediger) im Gefolge der Bauern; eingefangen und zum Tode verurteilt, verlangte er das Sakrament unter beiderlei Gestalt. Die im Auftrag des Bischofs im Januar 1528 durchgeführte Visitation ließ auf vorwiegend ungute Zustände schließen.[42] Doch finden sich gerade im

Würzburger Kloster Verteidiger der alten Kirche, welche über die Stadt hinaus wirkten. Einer der Lehrer Luthers, Bartholomäus Arnoldi von Usingen (gest. 1532), der Erfurt 1525 verlassen musste, fand im Würzburger Kloster Zuflucht, wo er in Predigten und Veröffentlichungen vor allem gegen die Anhänger der Reformation Stellung bezog.[43] 1553 wurde der volkstümliche Andreas Siegfried (gest. 1562) Domprediger und übte dieses Amt bis zu seinem Tod aus.[44] Mit dem Konvent ging es allgemein wieder aufwärts, seit der Niederländer P. Anton Keerbeck zur Zeit Bischof Julius Echters und wohl auf dessen Betreiben 1599 das Priorat übernommen hatte.[45] Im Jahr 1798 zählte der Konvent 30 Professen.[46] Im Kloster lebte Martin Luther in einer katholischen Antilegende fort, deren Ursprung ungeklärt ist.[47]

Karmeliten (Beschuhte). Als der Provinzial Andreas Stoß, ein Sohn des bekannten Bildschnitzers, am 18. August 1534 das Würzburger Kloster besuchte, traf er außer dem Prior nur noch zwei Patres, einen Novizen und zwei Kandidaten an.[48] Nachdem im Karmelitenorden die strenge Observanz unter dem Einfluss der Teresa von Avila (gest. 1582) und des Johannes vom Kreuz (gest. 1591) an Ansehen gewonnen und ihr Anspruch im Jahr 1593 zur organisatorischen Trennung des Ordens geführt hatte, wurden auch im Würzburger Kloster gegen Ende des 16. Jahrhunderts Hausordnung und Klausur strenger. Doch man verblieb im alten Ordensverband, dessen Angehörige erst, als es reformierte Unbeschuhte Karmeliten gab, als Beschuhte bezeichnet wurden. Das Hausstudium war im 17. Jahrhundert angesehen, die Bibliothek galt nach einer 1614 eingeleiteten Reorganisation als respektabel und enthielt auch Kostbarkeiten.[49] Doch stand das Kloster trotz der 1649 eingeführten Reform von Tourain[50] schon bald nach der Gründung jenes der Unbeschuhten Karmeliten (1627) in dessen Schatten. Der Personalstand war von 8 Patres und 2 Fratres im Jahr 1614 bis zur Mitte des 18. Jahrhunderts auf insgesamt 30 Konventualen angestiegen und sank erst im Vorfeld der Säkularisation auf 16 Priester, 2 Klerikernovizen und 5 Laienbrüder. Die Karmeliten waren in der Militärseelsorge tätig, über einhundert Jahre (ca. 1530–1660) versahen sie die Pfarrei St. Gertraud in der Pleich (s. Abb. 95),[51] einige Zünfte hielten in der Kirche regelmäßig Gottesdienste ab.[52] Ihr Lektor und Prediger Johannes Reutter (gest. 1536) wurde 1526 Weihbischof Bischof Konrads von Thüngen.[53] 1719 wurde mit einem vollständigen Neubau des Klosters begonnen.[54] Es wurde 1805 säkularisiert und nach kurzer militärischer Nutzung in den Rathauskomplex einbezogen, die gotische Kirche St. Barbara, in welcher der Architekt Antonio Petrini (gest. 1701) bestattet war,[55] 1824/25 abgebrochen. Die Bilder der Ordensheiligen gelangten durch Schenkung Großherzog Ferdinands an das so genannte Reuererkloster, wohin auch die Skapulierbruderschaft umgesiedelt wurde.[56]

Die Kartause Engelgarten

Der Konvent, in welchem man sich mit lutherischem Gedankengut beschäftigte, hatte die Reformation nur mit starken personellen Verlusten überstanden.[57] Noch in der zweiten Hälfte des 16. Jahrhunderts stand er vor dem Aussterben, erholte sich dann aber personell und wirtschaftlich rasch wieder.[58] Die Jesuiten Gottfried Henschen und Daniel Papebroch, welche im Jahr 1660 Würzburg besuchten, rühmten die kostbar ausgestattete Kirche der Kartäuser und ihre reichhaltige Bibliothek.[59] Aus dieser konnte

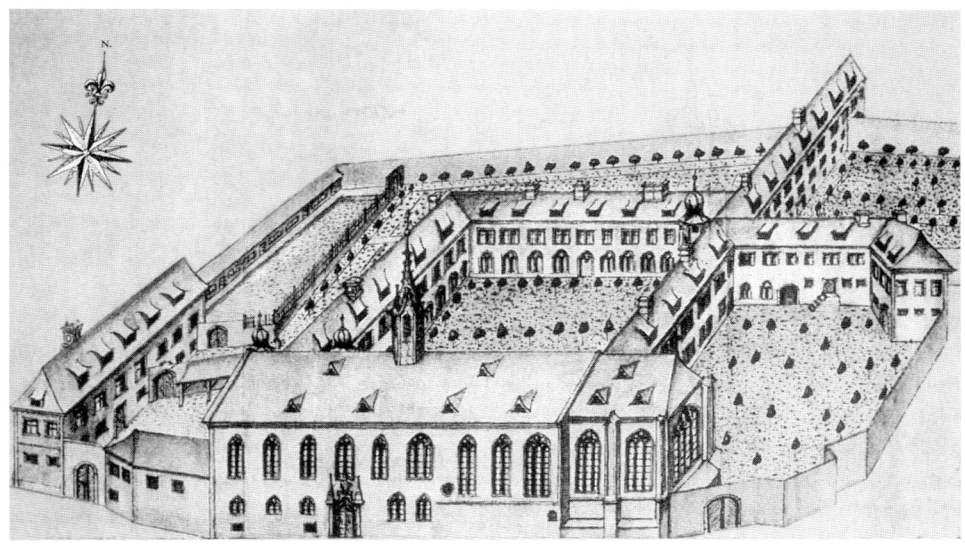

Abb. 96: Das Dominikanerinnenkloster St. Marx, Stich von N. A. Berwein, 1803.
(Mainfränkisches Museum Würzburg, Inv.-Nr. H. 14188)

auch die »Bibliotheca Cartusiana« des Kölner Kartäusers Theodor Petreius, eine ausführliche Bibliografie des Kartäuserordens (Köln 1609), mit einigen umfänglichen Beiträgen beliefert werden.[60] Unter den Angehörigen der Kartause trat Simon Weiser (gest. 1609) als einer der intellektuellen Vertreter der Gegenreformation und als Haushistoriker hervor.[61] Im Jahr 1786 zählte die Kartause 13 Konventualen.[62]

Die Antoniter

Der Antoniterorden verkaufte 1546 sein Würzburger Haus, nachdem er es nicht mehr besetzen konnte.[63] Seine in Verfall geratene spätgotische Kirche hat der Würzburger Rat im Verein mit dem bischöflichen Kanzler Johann Brandt wiederherstellen und neu ausstatten lassen; sie wurde am 25. November 1610 durch Weihbischof Eucharius Sang wieder geweiht.[64] Die unter Bischof Johann Philipp von Greiffenclau aus Kitzingen gekommenen Ursulinen kauften 1712 Kloster und Kirche; 1722 wurde das Würzburger Haus selbstständig. Nachdem 1741 der Umbau fertig gestellt worden war, konnten sie sich ihrer Hauptaufgabe widmen: der Erziehung der weiblichen Jugend in Schule und Internat.[65]

Frauenklöster

Nachwuchsmangel, disziplinäre Probleme und Armut führten bei den Frauenklöstern zu raschem und meist unumkehrbarem Niedergang.

St. Afra. Bischof Lorenz von Bibra (1495–1519) hatte das heruntergekommene adelige Frauenkloster in der Güterverwaltung und der geistlichen Aufsicht wieder fest mit der Abtei St. Stephan verbunden und nach den Bursfelder Statuten reformiert[66] mit der

Folge, dass es nun auch Bürgertöchtern offen stand. Christine Marschalk von Ebneth war die letzte adelige Äbtissin (1513–1516). Wie das alte, außerhalb der Stadtmauer gelegene Stift Haug fiel auch das von diesem nicht weit entfernte und ebenfalls noch auf dem Merian-Stich von 1648 gut erkennbare alte Afra-Kloster[67] der Neubefestigung der Stadt zum Opfer und wurde 1670/71 samt der erst 1609 erneuerten Kirche[68] abgebrochen. Am 10. Mai 1670 legte Bischof Johann Philipp von Schönborn den Grundstein für den Neubau in der Nähe des Stephanstores, welcher drei Jahre später bezogen wurde.[69] Bei der Säkularisation (1803) wurden die Klosterfrauen umgesiedelt. Die kostbaren Ausstattungsstücke der Kirche, Ornate und liturgisches Gerät konnten von Pfarreien erworben werden, während die Gebäude versteigert wurden.

St. Agnes. Im vermögenden Klarissenkloster St. Agnes hatten Bauernkrieg und Reformation den Niedergang beschleunigt. Nach dem Tod der Äbtissin Margarethe von Wildenstein 1554 waren nur noch drei Nonnen übrig. 1560 hob Bischof Friedrich das Kloster auf[70] und eröffnete in seinen Räumen 1561 ein Gymnasium. 1568 übergab er das Kloster förmlich den Jesuiten.[71]

St. Maria Magdalena. In das seit 1564 leerstehende Reuerinnenkloster in der Sander Vorstadt (s. Stadtgeschichte Bd. I, S. 285 ff.) zogen 1627 Unbeschuhte Karmeliten (Diskalzeaten) ein (s. unten).

St. Marx. Die Geschichte des Dominikanerinnenklosters (s. Abb. 96) ist wenig erforscht. Das ursprünglich adelige Kloster ist wohl noch im Mittelalter auch für Bürgertöchter geöffnet worden. Gleichwohl war es nach der Reformation vom Aussterben bedroht, sodass die Priorin Agatha von Reinstein (1541–1571) Nonnen aus Löwental am Bodensee nach Würzburg holte.[72] 1587 setzte Bischof Julius Echter strengere Klausurbestimmungen durch,[73] welche der Ordensvisitator 1618 nochmals verschärfte.[74] 1610/12 wurde die Klosteranlage neu gebaut,[75] doch ist die Erforschung der Baugeschichte von St. Marx noch nicht abgeschlossen. Der Personalstand betrug im Jahr 1622 21 Chorfrauen und 9 Laienschwestern.[76] Durch Krieg und Plünderung verarmte das einst reiche Kloster, das 1644 24 Schwestern zählte.[77] Im Jahr 1751 stieg deren Zahl auf 37 an,[78] sank danach aber wieder.[79] In der Klosterkirche wurden Reliquien des heiligen Märtyrers Adrianus verehrt, welche das Kloster 1628 aus Rom erhalten hatte; diese gelangten nach der Säkularisation (1803) in die Pfarrkirche St. Gertraud (s. Abb. 95).[80]

Pfarreien

Würzburgs mittelalterliche Pfarreistruktur blieb bis weit ins 19. Jahrhundert hinein im Wesentlichen unverändert bestehen. Lediglich das Juliusspital, in welches die Bischöfe Konversionswillige aller Art einlieferten,[81] wurde entweder bereits bei seiner Gründung 1576 oder wenig später zur Pfarrei erhoben.[82] Der Regens des Priesterseminars erhielt 1604 Pfarrrechte.[83] Den Johannitern (s. Abb. 93), seit dem ausgehenden 17. Jahrhundert für ihre Kommende darum bemüht, konzedierte der Bischof sie 1743.[84]

Die Dompfarrei ging, nachdem der Domherr Richard von der Kere (gest. 1583) sie nach seiner Priesterweihe (1556) eine Zeit lang versehen hatte, an Geistliche außerhalb des Domkapitels über, welchen der Bischof sie erst verleihen konnte, wenn im Domkapitel niemand bereit und in der Lage war, sie zu übernehmen. Danach wurde die

Abb. 97: Juliusspital, Gesamtansicht von Süden, Kupferstich und Radierung (Mischtechnik),
aus: Matthäus Merian, Topographia Franconiae, Frankfurt 1648.
(StadtAW, Wiss. Bibliothek)

Dompfarrei meist Kanonikern der Stifte Neumünster und Haug übertragen. So begegnen 1563 Johann Gassenmann aus dem Stift Haug und 1626–1635 Mag. Nikolaus Übelhör aus dem Stift Neumünster, dessen Dekan er später wurde.[85] Während die linksmainische Stiftskirche St. Burkard auch als Pfarrkirche diente und, von Ausnahmen abgesehen, von Stiftsvikaren versehen wurde,[86] hatte das vor den Mauern der Stadt gelegene Stift Haug neben der Stiftskirche eine eigene Pfarrkirche erbauen lassen, die Bischof Julius Echter erweitert und 1591 neu geweiht hatte.[87] Sie wurde ebenfalls meist von Stiftsvikaren versehen. Beide Kirchenbauten, welche auf dem Merian-Stich von 1648 gut erkennbar sind, wurden, da sie der neuen Bastionenbefestigung hinderlich waren, 1657 abgebrochen.[88] Beim Wiederaufbau des Stiftes innerhalb der neuen Befestigung 1670/91 wurde nur noch eine einzige Kirche errichtet,[89] welche auch dem Pfarrgottesdienst diente.

Die Pfarrkirche St. Gertraud wurde 1612/13 von Bischof Julius Echter vollständig neu erbaut und dabei mit einem nachgotischen, so genannten Echterturm versehen.[90] In der Kirche wurde der (1945 verbrannte) Rock (»Schürze«) der heiligen Gertraud aufbewahrt, von deren Verehrung bei schweren Geburten Erleichterung erwartet wurde.[91]

Die Pfarrkirche St. Peter, deren Patronatsrechte beim Domkapitel lagen, wurde bis gegen Ende des 17. Jahrhunderts häufig von Kanonikern des Stiftes Neumünster versehen. Die Kirche erhielt in den Jahren 1717/20 durch Joseph Greising ihre heutige Gestalt und später »die schönste Kanzel Würzburgs«, welche als Werk des Johann Wolfgang van der Auwera gilt (s. Abb. 251).[92]

Gegenreformation und kirchliche Erneuerung

Die Gegenreformation und ihre gesellschaftlichen Folgen

Das Ende des Konzils von Trient 1563 schließt die Standortbestimmung der katholischen Kirche ab. Vor Ort wurde sie nicht nur aus den Ressourcen des späten Mittelalters erneuert, sondern auch durch die Konfrontation mit einem durch Martin Luther veränderten Glauben abgegrenzt und konfessionalisiert.

Gerrit Walther hat in einem Vortrag auf dem 42. Deutschen Historikertag die Gegenreformation als obrigkeitlichen Zwangsakt infrage gestellt. Durch Schaffung neuer gesellschaftlicher Kristallisationspunkte – eines Jesuitenkollegs, marianischer Sodalitäten, reaktivierter und neuer Bruderschaften – und auch durch eine Strategie vielfacher Begünstigungen sei es gelungen, neue Eliten zu schaffen, die sich durch politisch-kirchliche Loyalität auszeichneten und dadurch bemerkenswerte Aufstiegsmöglichkeiten erhielten.[93] Die neuen kirchlichen Aktionsformen, an denen teilzunehmen die Laien aufgefordert wurden, haben in der Stadt zu nachhaltigen mentalen Veränderungen geführt. Seit 1583 wurden Protestanten am Hof Bischof Julius Echters nicht mehr geduldet, 1587 aus dem Stadtrat ausgeschlossen.[94] Um diese Zeit mussten sie auch aus den Diensten des Domkapitels und der Stifte ausscheiden.

Die Jesuiten und ihre Sodalitäten

Schon bald nach der Gründung des Gymnasiums in Würzburg (1561), das nicht recht gedieh, versuchte Bischof Friedrich von Wirsberg (1558–1573) mit Hilfe des Petrus Canisius (gest. 1597), den er auf dem Augsburger Reichstag 1559 kennen gelernt hatte und 1565 für Predigten im Würzburger Dom gewinnen konnte, ein Jesuitenkolleg in Würzburg einzurichten. Am 27. Juni 1567 konnte er nach langwierigen Verhandlungen mit der Ordensleitung und hinhaltendem Widerstand des Domkapitels[95] den Stiftungsbrief ausstellen, am 23. Oktober trafen die ersten Jesuiten in der Stadt ein und übernahmen die Leitung des zunächst sechsklassigen Gymnasiums, welches großen Zulauf hatte.[96] Die Jesuiten bildeten die missionarische und apologetische Elite der alten Kirche mit lange Zeit normativer Kraft.

Nach der Inauguration der Universität (1582) versahen sie zunächst nur drei Lehrkanzeln in der Theologischen und mit sieben die Mehrzahl in der Philosophischen Fakultät, seit 1607 alle theologischen.[97] Damit hatten sie das höhere und zu einem großen Teil auch das mittlere Schulwesen in der Hand, was sie in die Lage versetzte, die Studierenden lebenslang für die Ideale des Ordens zu gewinnen. Die Organisationsform, mit welcher sie diese Ziele zu erreichen versuchten, waren die den Bruderschaften anderer Orden vergleichbaren Sodalitäten, deren es, angepasst an die ständische Ordnung der Zeit, in Würzburg fünf gab.[98] Die Sodalen übernahmen zahlreiche Verpflichtungen, von häufigen Gottesdienstbesuchen und der Lektüre asketischer Schriften bis zum Almosengeben und dem Dienst an Armen und Kranken. Charakteristisch war die starke Betonung der Meditation und die demonstrative Herausstellung kirchlicher Gesinnung. Wie die Jesuiten dem alten heimischen Heiligenhimmel überall neue Strahlkraft zu verleihen suchten, so stellten sie in Würzburg St. Kilian, dessen Legende

Abb. 98: Johann Gottfried von Aschhausen, Fürstbischof von Bamberg (1609–1622)
und Würzburg (1617–1622), Stich aus: Johannes Salver, Imperialis Cathedralis Ecclesia Bambergensis
in iconibus episcoporum suorum, 1727.
(Mainfränkisches Museum Würzburg, Inv.-Nr. H. 14188)

einen dramatisch wirksamen Stoff bot, auf die Bühne und machten ihn aufs Neue zum Missionar.[99]

Die Jesuiten wirkten, soweit ihre personellen Ressourcen dies zuließen, in die Stadt und ins Land hinein durch Predigt und Katechese,[100] nach dem Dreißigjährigen Krieg auch durch Volksmissionen und, insbesondere für Priester, durch Einzelexerzitien. Ihre an der Stelle der abgebrochenen Klosterkirche St. Agnes errichtete Kirche St. Michael wurde am 11. November 1610 geweiht[101] und ihrerseits kurz vor der Aufhebung des Ordens durch einen Neubau ersetzt.[102] Über die Geschichte ihres Kollegs in Würzburg und dessen häufig wechselnde und landsmannschaftlich bunte personelle Zusammensetzung ist man für das 16. Jahrhundert und die Jahrzehnte vor der Aufhebung des Ordens (1773) vergleichsweise gut unterrichtet.[103] Im 18. Jahrhundert zählte es stets um die 50 Mitglieder: Priester, Scholastiker und Laienbrüder (*coadjutores*).[104] Acht wirkten als Professoren an der Universität, fünf am Gymnasium. Zu letzteren gehörte der 1626 an der Universität immatrikulierte Johannes Gamans,[105] der bis 1630 auch am Gymnasium unterrichtete und später einer der erfolgreichsten Zulieferer der Bollandisten wurde.[106] Der größte Teil seiner *Schedae* gelangte an die Bibliothek des Jesuitenkollegs,[107] die auch einen bemerkenswerten Bestand mittelalterlicher Handschriften enthielt.[108] Unter den Jesuitenprofessoren, welche teils längere, meist aber nur kürzere Zeit in Würzburg wirkten, ragen heraus: Nicolas Serarius (gest. 1609), eine Schlüsselfigur der Gegenreformation,[109] Petrus Thyraeus (gest. 1601),[110] Martin Bekanus (gest. 1624), später Beichtvater Kaiser Ferdinands II.,[111] Balthasar Hager (gest. 1627),[112] Maximilian Sandaeus (gest. 1656),[113] der auch Universitätsprediger war, schließlich der Universalgelehrte Athanasius Kircher (gest. 1680).[114]

Die Jesuiten fanden im Beichtstuhl Zugang zu den Gewissen aller Bevölkerungsschichten, aber auch der Regierenden. Schon Bischof Julius Echters letzter Beichtvater war Jesuit gewesen (P. Matthäus Rymäus).[115] Nicht nur sein unmittelbarer Nachfolger als Bischof, Johann Gottfried von Aschhausen (s. Abb. 98), setzte diese Tradition fort – dessen letzter Beichtvater war der bekannte P. Adam Contzen (gest. 1635), der später bei Kurfürst Maximilian I. von Bayern in diese Funktion einrückte[116] –, sondern fast alle Bischöfe von Würzburg, von denen nur wenige ihre Beichtväter, deren Einfluss sehr hoch eingeschätzt wurde, aus dem Franziskanerkloster holten.

Nicht der Inhalt ihrer Lehre als vielmehr ihre Methode, ihr Quasimonopol im höheren Bildungswesen und ihr allgemeiner Einfluss trug den Jesuiten zunächst einzelnen Widerspruch, dann weitgehende Ablehnung ein.[117]

Das Priesterseminar

Bischof Johann Philipp von Schönborn hat den Jesuiten die Leitung der Priesterausbildung im Jahre 1654 entzogen – künftige Pfarrer sollten nicht durch Ordensgeistliche ausgebildet werden – und sie den Bartholomäern, einer von Bartholomäus Holzhauser (gest. 1658) gegründeten (s. Abb. 103, S. 339), im Geiste des Mailänder Erzbischofs Karl Borromäus (1560–1584) wirkenden Gemeinschaft von Weltpriestern (*Institutum clericorum saecularium in commune viventium*), übertragen.[118] Doch gerieten diese in Kompetenzprobleme mit der von den Jesuiten besetzten Theologischen Fakultät. Johann Philipps zweiter Nachfolger Peter Philipp von Dernbach legte die Seminarleitung, da die Bartholomäer auswärtigen Oberen unterstanden, wodurch er seine Jurisdiktion beschnitten sah, im Jahr 1679 in die Hände von Würzburger Weltpriestern.[119] Die Entscheidung blieb lange umstritten. Es war die Absicht Fürstbischof Franz Ludwigs von Erthal (1779–1795), dass die Theologiestudierenden, ohne die Zurüstung für die Seelsorge im engeren Sinn zu vernachlässigen, zu philanthropischen Tugendlehrern, welchen nicht zuletzt die »zeitliche Wohlfahrt« ihrer Untergebenen ans Herz gelegt wurde, ausgebildet werden sollten.[120]

Tafel 21: Wappen der Stadt Würzburg
als Vorsatzblatt im Silbernen Ratsbuch.
(StadtAW, Rb 17, fol. 4r)

Tafel 22/23: Würzburg von Osten im Jahr 1623, Ölgemälde von Hans Ulrich Büeler.
(Mainfränkisches Museum Würzburg, Stadtgeschichtliche Dauerausstellung, Inv.-Nr. S. 33063)

Tafel 24: Juliusspital mit Spitalgarten,
Ölgemälde von Georg Rudolph Hennenberg, 1603.
(Juliusspital Würzburg)

Dreißigjähriger Krieg und Barockzeit

Die Kirche unter der schwedischen und sachsen-weimarischen Regierung

Mit dem Augsburger Religionsfrieden (1555) hatte die Militarisierung der beiden Konfessionen begonnen, deren im Einzelnen hier nicht mehr genauer zu verfolgende Entwicklung zum Dreißigjährigen Krieg führte. Als die katholische Partei zu obsiegen schien, kam der Schwedenkönig Gustav Adolf seinen bedrängten Glaubensbrüdern im Reich zu Hilfe und stieß in raschem Zug nach Franken vor. Am 14. Oktober 1631 stand er vor den Toren Würzburgs. An Widerstand war nicht zu denken. Am 18. Oktober stürmten seine Truppen den als fast uneinnehmbar geltenden Marienberg, dessen Kommandant die Übergabe verweigert hatte.[121] Hier hatten Bürger mit wertvollem mobilem Besitz, Stifts- und Ordensangehörige mit ihren Kirchenschätzen Zuflucht gefunden. Nach der Erstürmung fand ein Gemetzel statt; unter den etwa 700 Toten befanden sich der Prior der Kartause Bruno Linder und sein Vikar Johann Hupmann,[122] aus dem Kapuzinerkloster der Guardian P. Leopold von Gumppenberg und P. Simon aus Greding (s. Abb. 34).[123] Einige Konvente waren aufs Land geflohen. Die Jesuiten, von denen allgemein angenommen wurde, dass sie am meisten zu befürchten hätten, flohen auf Anweisung des Bischofs und kehrten als Letzte nach dem entscheidenden Sieg der Kaiserlichen über die Schweden bei Nördlingen (6. September 1634) nach Würzburg zurück.[124] Vom Domkapitel blieb nur der Senior Erhard von Lichtenstein. Zu denen, die ebenfalls in der Stadt ausharrten, gehörten der Abt des Schottenklosters, William Ogilvie, und der Prior der Unbeschuhten Karmeliten (Reuerer) (zur Bezeichnung Reuerer s. unten S. 323) mit seinen sechs Konventualen[125] und die meisten übrigen Konvente der Bettelorden. Gustav Adolf selbst hat das seinem französischen Verbündeten im Vertrag von Bärwalde (23. Januar 1631) gegebene Versprechen, in den von ihm eroberten Orten die Ausübung des katholischen Glaubensbekenntnisses zuzulassen, grundsätzlich eingehalten. In den nicht verlassenen Stifts-, Kloster- und Pfarrkirchen der Stadt ging der katholische Gottesdienst weiter, nachdem die zuständigen Geistlichen auf König Gustav Adolf einen Treueid, der Gewissen und Glauben unberührt ließ, abgelegt hatten.[126] So weit die Kirchen verlassen worden waren, wurden sie allerdings profaniert, zu Viehställen und Schlachthäusern verwendet. Das Stift St. Burkard war vom Abriss bedroht, da Gustav Adolf den Marienberg zu einem strategischen Stützpunkt für Oberdeutschland ausbauen wollte, dem dann alle Gebäude zwischen dem Burkarder Tor und der Mainbrücke hätten weichen müssen; doch gerieten die Abbrucharbeiten ins Stocken und nur die Bauten südlich der Kirche samt dem Kreuzgang wurden eingelegt.[127] Die Verhärtung der schwedischen Religionspolitik nach Gustav Adolfs Tod in der Schlacht bei Lützen (16. November 1632) bekam man bald auch in Würzburg zu spüren. Der Dom wurde zunächst Simultaneum, das der aus Hof berufene Generalsuperintendent Dr. Christoph Schleupner am 4. Juli 1632 mit einer »Preis- und Dankpredigt an die göttliche Vorsehung, die endlich in die finstern Räume des uralten St. Kilians-Doms das Licht der augsburgischen Konfession nach einem Jahrhundert ihrer beseeligenden Existenz hat eindringen lassen«, einleitete.[128] Am 17. Juli 1633 belehnte der schwedische Reichskanzler Axel Oxenstierna Herzog Bernhard von Sachsen-Weimar, der die Regierung jedoch bald seinem Bruder Ernst dem Frommen als Oberstatthalter übergab, mit dem Fürstentum Würzburg, das die sächsischen Fürsten auf Dauer zu annektieren beabsichtigten.[129] Ernst der Fromme nahm den Tod des einzigen in Würzburg verbliebenen Domherrn, Erhard von Lichtenstein, zum Anlass, den Dom zur ausschließlichen Nutzung den Protestanten einzuräumen.[130] Während der Rat in dieser Frage nachgeben musste, hat er allen Drohungen zum Trotz an der Marienkapelle am Markt als »seiner Kirche« festgehalten, sich auch der Forderung nach Wiedereinführung des alten (julianischen) Kalenders unbeirrbar widersetzt und den Vorwurf, er, der Rat, maße sich Episkopalrechte an, zurückgewiesen.[131] Bis zur Rückeroberung durch die Kaiserlichen am 14. Oktober 1634 wurde die Stadt mit ihren Bürgern, Kapiteln und Konventen nicht nur durch außerordentliche Steuern und Abgaben, sondern auch durch Plünderungen bis zum Äußersten ausgesogen, musste doch außer dem Militär auch eine hohe Zahl von Nichtkombattanten verproviantiert werden. Nach dem Einzug kaiserlicher Truppen sind die kirchlichen Einrichtungen rasch wieder zurückerstattet worden, doch hat sich die Versorgungslage der Stadt zunächst nicht verbessert.[132]

Auch zur Zeit des Westfälischen Friedens (1648) waren in Würzburg die Kriegsfolgen noch nicht beseitigt. Die kampflose Eroberung der Stadt durch die Schweden hatte wie ein Schock gewirkt. Die schon von Bischof Franz von Hatzfeld geplante, von Johann Philipp von Schönborn durchgeführte Neubefestigung des Marienbergs und der Stadt führte bereits in den 40er Jahren zu ersten Eingriffen in das Schottenkloster und die Jakobskirche,[133] 1657 zum Abriss des alten Stiftes Haug mit der Stifts- und der Pfarrkirche; der Neubau an der heutigen Stelle mit nur einer Kirche wurde 1691 vollendet.[134] Ein gleiches Los traf das Frauenkloster St. Afra, welches 1670/71 abgebrochen und 1673/78 innerhalb der Stadtmauern an der Stelle des späteren Kilianeums wiedererrichtet wurde.[135] Neue schwer wiegende Eingriffe erfuhr das Bautenensemble von St. Burkard seit 1643. Der unter dem Eindruck einer französischen Bedrohung 1689 von Bischof Johann Gottfried von Guttenberg gemachte Vorschlag, die Befestigungen des Marienbergs weiter auszubauen und das Stift St. Burkard in das Deutsche Haus zu verlegen, stieß allerdings auf eine diskussionslose Ablehnung seitens des Stiftes.[136]

Stabilisierung und Verfestigung des konfessionellen Bewusstseins

In der Zeit der schwedischen und sachsen-weimarischen Besatzung hat sich das neue, in der Zeit Bischof Julius Echters gebildete Selbstverständnis der Bürgerschaft in allen Anfechtungen bewährt und in der Bewährung stabilisiert. Der alte Glaube gewann in der Stadt innerlich und äußerlich an Boden.

Neue Bettelorden

Kapuziner. Bischof Julius Echter holte in seinen letzten Lebensjahren den jungen, dynamischen Kapuzinerorden, dessen Bedeutung nur von den Jesuiten übertroffen wurde, nach Würzburg. 1615 wurde das Kloster gegründet, am 8. Oktober 1617 die Kirche, ein einfacher, der Ordenstradition entsprechender Bau, durch den Kölner Nuntius Antonio Albergati – Julius Echter war am 13. September verstorben – zu Ehren der Mutter Gottes und St. Kilians geweiht.[137] 1747 übertrug Bischof Anselm Franz von Ingelheim den Ka-

puzinern die Wallfahrtsseelsorge auf dem Nikolausberg, wo seit der Mitte des 17. Jahrhunderts ein Bildstock mit einer Pietà verehrt wurde.[138] In den Jahren 1747/50 erbaute
Balthasar Neumann unter Belassung der älteren Wallfahrtskapelle als Seitenkapelle die
neue Wallfahrtskirche, eine der bedeutendsten Barockkirchen Frankens. Der stim-
mungsvolle Terrassenaufgang mit seiner doppelläufigen Stiegenanlage wurde 1761 begonnen, 1766/78 wurden die Kapellen mit den Kreuzwegstationen von Johann Peter
Wagner erbaut.[139] Während das Kloster in der Stadt 1803 säkularisiert und die Kirche
profaniert wurden, überdauerte die Ordensniederlassung beim Käppele (s. Tafel 28).[140]

Unbeschuhte Karmeliten. Bereits Bischof Julius Echter hatte wie an allen der kirchlichen Erneuerung förderlichen Gemeinschaften Interesse auch daran, die Unbeschuhten
Karmeliten (Diskalzeaten) nach Würzburg zu holen. Doch kam eine Klostergründung
damals nicht zustande, die Kapuziner waren vor ihnen da.[141] Erst 1627 haben Bischof
Philipp Adolf von Ehrenberg und das Domkapitel auf nachdrückliche Empfehlungen
Kaiser Ferdinands II. den Unbeschuhten Karmeliten gegen Widerstände – es gebe bereits fünf Mendikantenklöster in der Stadt und diese würden durch ein weiteres geschädigt – das seit 1564 leer stehende Reuerinnenkloster zugewiesen (weshalb sie in Würzburg merkwürdigerweise Reuerer genannt werden).[142] Auch die Beschuhten Karmeliten
(s. oben S. 314) standen ihnen reserviert gegenüber, und es fehlte nicht an gegenseiti-
gen Klagen, besonders weil die karmelitischen Ordensfeste (außer den eigenen Ordensheiligen noch Mariä Vermählung, Unsere Liebe Frau vom Berge Carmel, St. Anna[143]) in
der Stadt zweimal zu gleicher Zeit gefeiert wurden. Nur die Feier des St. Josephsfestes
war wie anderswo so auch in Würzburg eine Besonderheit des Konventes der Unbeschuhten Karmeliten, bei denen auch eine Josephsbruderschaft angesiedelt war.[144] Der
Zulauf in ihre Kirche übertraf bald den in die Kirche St. Barbara der Beschuhten Karmeliten, Gleiches galt für die Zahl der gestifteten Jahrtage. Eine Nachbildung des »Prager
Jesuleins« mag Beter ebenso in die Kirche gezogen haben[145] wie die Figur, welche Jesus
nach dem Verhör vor Kaiphas gebunden im Kerker zeigt (ca. 1760).[146] Das Kloster erfreute sich bald vieler hoch gestellter Wohltäter, nicht zuletzt aus dem Domkapitel, und
der besonderen Gunst des Kurfürsten von Mainz und Bischofs von Würzburg, Johann
Philipp von Schönborn.[147] So konnte 1654 mit dem Neubau der Klosteranlage begonnen werden, und nach den Plänen von Antonio Petrini entstand 1661/66 die erste Ba-
rockkirche in Franken.[148] Die Kirche »muss in der damals noch immer mittelalterlichen
Stadt wie der Fanfarenklang einer neuen Zeit gewirkt haben«.[149] Seit Beginn des
18. Jahrhunderts war Würzburg Studienhaus für die Kölner Ordensprovinz. P. Matthäus
a S. Arnoldo, ein bekannter Prediger, der 1646 zum Prior in Würzburg gewählt wurde,
übersetzte die Schriften der hl. Teresa von Avila erstmals aus dem Spanischen ins Deutsche und verstärkte damit ihren ohnehin bereits starken Einfluss auf die Spiritualität in
den katholischen Ländern des Reiches. Die 1649 erschienene Übersetzung erlebte noch
neun Auflagen und blieb bis 1827 die einzige deutsche Gesamtausgabe der Schriften der
hl. Teresa.[150] Der wortgewaltige Prediger P. Archangelus a S. Georgio (Georg Schwarz-
hueber) war im ausgehenden 18. Jahrhundert Angehöriger des Würzburger Konventes.[151] Als einziges Kloster der Unbeschuhten Karmeliten in Deutschland überlebte es
die Säkularisation.

In der Stadt Würzburg begegnete der Ordensmann auf Schritt und Tritt. Die religiösen Orden und die Bruderschaften hatten eine Fülle von Wallfahrten, Prozessionen und Volksandachten wiederbelebt oder neu auf den Weg gebracht, für alle Gottesdienste liebte man die feierliche, triumphale Note. Nach der Wende zum 18. Jahrhundert hat dann die Aufklärung in Teilen des oberen Klerus und der Beamtenschaft zu einer allmählichen Mentalitätsveränderung geführt.

Kurz vor der Aufhebung der Gesellschaft Jesu hatten Angehörige des Würzburger Kollegs ein vollständiges Kompendium der Theologie in 14 Bänden herausgebracht, die so genannte »Theologia Wirceburgensis« (Würzburg 1766/1771), welche noch 1879/80 in Paris eine dritte Auflage erlebte (s. Schlaglicht S. 349 f.). Aber sie war ein Schlussstrich gewesen. Ihre Verfasser waren Ulrich Munier (gest. 1759), Thomas Holtzclau (gest. 1783), Heinrich Kilber (gest. 1783) und Ignaz Neubauer (gest. 1795).[152]

Die Rezeption der Aufklärung in den Stiften und Klöstern der Stadt

In der weltlichen und geistlichen Regierung bestimmte bereits vor der Aufhebung der Gesellschaft Jesu (1773) Fortschrittsoptimismus die Atmosphäre, und man war vielfach von der Hoffnung durchdrungen, Glauben und Denken durch Belehrung, welche freilich oft genug der Versuchung einer Erziehungsdiktatur erlag, versöhnen zu können. Die Aufklärung sagte dem Aberglauben und allem, was ihre Anhänger dafür hielten, den Kampf an, entwickelte den Toleranzgedanken und vertrat im Sinne Kaiser Josefs II. tendenziell die Reduktion der Religion auf Moral (»dem Armen eine Suppe geben«). Mehr als eine Begleiterscheinung der Aufklärung waren die Ablehnung von Menschenführung und Unterrichtsbetrieb der Jesuiten und der auf Distanz zum Papsttum gehende so genannte Febronianismus. In Würzburg wurde die Aufklärung eingeleitet in der Juristischen Fakultät (durch welche die Beamtenschaft der Stadt und des Landes ging) mit der Berufung des Staatsrechtlers Johann Adam Ickstadt (gest. 1776), der hier von 1730/31 bis 1741 wirkte.[153] Johann Kaspar Barthel (gest. 1771), der von 1727 bis zu seinem Tod Professor des kanonischen Rechtes an der Juristischen Fakultät war, vertrat die bischöfliche Autonomie gegenüber der römischen Kurie.[154]

Die Aufhebung der Gesellschaft Jesu durch Papst Clemens XIV. 1773 vollzog sich in Würzburg wie überhaupt im Reich in schonender Form. Drei der sechs Jesuitenprofessoren wurden in ihren Stellungen belassen.[155] Da sie nach ihrem Ausscheiden jedoch nicht mehr durch Ordensmitglieder ersetzt werden konnten, kam es an Universität und Gymnasium zwar nicht zu einem Traditionsbruch, aber doch zu einem raschen Traditionswandel, welcher der Aufklärung weiteren Boden verschaffte.[156] Philosophie lehrte seit 1773 Columban Rösser (gest. 1788),[157] Benediktiner der Abtei Banz, einer Hochburg der katholischen Aufklärung. Michael Ignaz Schmidt (gest. 1794) wurde 1773 auf die neu eingerichtete Professur für Reichsgeschichte berufen. Der Jesuitengegner hatte großen Einfluss auf das Schulwesen, seine »Geschichte der Deutschen« wurde viel gelesen.[158] 1780 kehrte er von einer Reise nach Wien nicht mehr zurück.[159] In die Reihe der im Sinne der Aufklärung wirkenden Juristen gehört auch Christian

Abb. 99: Franz Ludwig von Erthal, Fürstbischof von Bamberg und Würzburg (1779–1795), Ölgemälde eines unbekannten Künstlers.
(Staatsarchiv Bamberg)

Bönicke (gest. 1805), der erste Geschichtsschreiber der Universität, seit 1781 Professor.[160]

Die Aufklärung, wie sie an der Universität verstanden wurde, wirkte um so mehr in die Stifte Haug und Neumünster hinein, als einige Professoren der Universität dort Kanonikate und Dignitäten innehatten. Barthel war von 1738 an Kanoniker und von 1754 bis zu seinem Tode Dekan des Stiftes Haug gewesen. Auch der umtriebige Franz Oberthür (gest. 1831), ein Mann mit universellen Interessen und unbegrenztem Vertrauen in die menschliche Vernunft, seit 1773 Professor für Dogmatik, war seit 1774 Kanoniker im Stift Haug.[161] Andreas Joseph Fahrmann (gest. 1802), welcher als »Bannerträger der Aufklärung« bezeichnet wurde, war von 1773 bis 1779 Professor der Moraltheologie, von 1779 bis 1789 Kanoniker und Prediger im Stift Haug und zuletzt Generalvikar und Weihbischof.[162] Nikolaus Steinacher (gest. 1789), der 1773 Ethik zu lehren begann, die er als »Glückseligkeitslehre« verstand, aber nach Anfeindungen der Anhänger der alten Richtung 1781 seine Professur niederlegte, wurde 1778 Kanoniker des Stiftes Neumünster. 1787 ernannte Fürstbischof Erthal ihn zum Professor der Kirchengeschichte.[163] Der als Freigeist geltende Adam Joseph Onymus (gest. 1836) wurde 1782 Subregens des Priesterseminars, 1783 Professor der Exegese und 1786 mit einem Kanonikat im Stift Neumünster versorgt.[164] Die im Jahr 1785 erfolgte Berufung des radikalen Rationalisten Franz Berg (gest. 1821), dessen transzendentale Verankerung zu Zweifeln Anlass gab, wirkte wie ein Erdrutsch; auch er erhielt 1789 ein Kanonikat im Neumünster.[165] Es waren durchwegs Menschen ohne geistliches Charisma.

In den Stiften wirkten aber auch Gegner und Überwinder der Aufklärung, zu welchen unter anderem die Germaniker zählten,[166] unter ihnen Valentin Neumann (gest. 1802), Sohn des bekannten Architekten, der 1785 zum Dekan des Stiftes Neumünster gewählt wurde.[167] Gregor Zirkel (gest. 1817), 1792 Kanoniker im Stift Neumünster und 1795 Professor für orientalische Sprachen, wirkte, nach rationalistischen Anfängen 1802 Weihbischof geworden, nach der Säkularisation als entschiedener Verteidiger kirchlicher Rechte gegenüber der Staatsgewalt.[168]

Weitgehend resistent gegen die Aufklärung blieben das Domkapitel und das ebenfalls adelige Stift St. Burkard; hier lebte die katholisch-altadelige Welt weiter.[169] In den Klöstern, welche in der Einschätzung der Geistlichen Regierung und in der öffentlichen Meinung an Ansehen verloren, blieben die Spannungen zwischen den Brüdern, welche an überlieferten Lebens- und Frömmigkeitsformen festhielten, und jenen, welche Anpassungen an den Geist der neuen Zeit forderten, mit Ausnahme des Konventes der Unbeschuhten Karmeliten[17] meist latent. P. Matern Reuß (gest. 1798), den Fürstbischof Erthal selbst nach Königsberg schickte und der zurückgekehrt einer der Schrittmacher der kantischen Philosophie in Oberdeutschland wurde, blieb in seinem Konvent St. Stephan doch eine Ausnahmeerscheinung.[171] Insgesamt hat die Aufklärung mit ihrer Tendenz zur Einheitlichkeit die Eigenprofile der Orden verwischt.

Seelsorge und Frömmigkeit
im frühneuzeitlichen Würzburg
(1525–1814)

KLAUS WITTSTADT †

*Der Verfall des altkirchlichen Frömmigkeitslebens
und der Seelsorge infolge der Reformation*

Besonders deutlich wird die Forderung nach einer *ecclesia semper reformanda* in der Reformationszeit. Zum Beispiel stellte die Diözesansynode, die am 12. und 13. November 1548 im Würzburger Dom stattfand, einen Versuch dar, einige der Trienter Konzilsdekrete über die Reform des Klerus zu verwirklichen.[1]

In den meisten Städten staute sich die Unzufriedenheit der Einwohnerschaft deshalb an, weil viele der kirchlich Verantwortlichen ihrem geistlichen Auftrag nur unge-

*Abb. 100: Petrus Canisius S. J.
(1521–1597), Stich.
(O. Braunsberger, Beati Petri Canisii …
epistulae et acta, Bd. 1, Freiburg/Br.
1896, Frontispiz).*

nügend nachkamen. Wie sich das Frömmigkeitsleben in Würzburg gestaltete, wird von einem Zeitzeugen sehr genau beschrieben. Auf Veranlassung des Fürstbischofs Friedrich von Wirsberg predigte Petrus Canisius in den Jahren 1564, 1566 und 1567 im Dom. In der Fastenzeit 1566 hielt er auch wöchentlich zweimal, und zwar montags und mittwochs um 2 Uhr nachmittags, in der Würzburger Franziskanerkirche für Kinder und Erwachsene Christenlehre.

Petrus Canisius zeichnete ein anschauliches Bild vom Verfall des altkirchlichen Frömmigkeitslebens. So führte er unter anderem an: »Die ganze Stadt ist durchseucht von häretischen Meinungen, und die in ihren Lastern versunkenen Geistlichen gleichen mehr Soldaten als Heiligen. Von ihnen und der Bevölkerung dürfen sich unsere Leute wohl eine so schwere und vielfältige Gegnerschaft erwarten, wie nur irgendwo in Deutschland.« Speziell über die Würzburger Bürger bemerkte Canisius: »Auch das Volk ist weithin interesselos, es muss ermahnt werden, die Kinder in die Katechismusstunden zu schicken.«[2]

Die in der Stadt Würzburg ansässigen Orden vermochten das religiöse Leben nicht zu erneuern. Hinsichtlich einer Neuordnung der Seelsorge ist lapidar festzustellen: »Ruhmestaten sind dazu nicht überliefert.«[3] Ein geistliches Vakuum hatte sich gebildet, sodass die Empfänglichkeit für neue Ideen in besonderer Weise gegeben war. Geeignete Einfallstore für solche Ideen stellten Predigt und Buchdruck dar.

»Reformatorische Predigt und Schriften bildeten in Würzburg Ansätze einer Prädikantenbewegung, wie wir sie andernorts als erste Phase der Reformation kennen.« Allerdings gingen »die frühreformatorischen Ansätze in Würzburg mit der Niederlage des Aufstandes 1525 unter. Danach verhinderte die politische und religiöse Kontrolle, dass reformatorische Ideen eindrangen.«[4]

Derartige Ansätze zeigen sich erst wieder ab dem Jahre 1557. Im Blickfeld standen vor allem Buchhändler, die in Würzburg auf der Kilianimesse »häretische Bücher« verkauften. »Wie andere Händler zogen auch die sogenannten Buchführer mit den neuesten Druckerscheinungen: Gebetbüchern, Gelegenheitsschriften, gelehrten Büchern auf den Messen umher und trugen damals des geschäftlichen Gewinns wegen viel zur Verbreitung häretischer Schriften und Flugblätter bei, durch deren Lektüre das Volk [...] in die Irre geführt wurde.«[5]

Beklagt wurden auch Hetzreden gegen die alte Kirche, zum Beispiel: *es sey mit der Pfaffen Plerren lautter Schelmerey*, und die Abhaltung verbotener, nicht rechtgläubiger Konventikel. Bei diesen geheimen Zusammenkünften empfingen Würzburger Bürger die Kommunion unter beiderlei Gestalt. In den Pfarreien der Stadt war dies strikt verboten, da das *sub utraque* als Fanal der Reformation galt.[6]

Bereits 1558 »machte sich die Stärke des städtischen Protestantismus bemerkbar: Als erster Punkt der Beschwerden der Stadt Würzburg bei Regierungsantritt Friedrichs von Wirsberg erschien die Forderung, den Protestanten ein feierliches kirchliches Begräbnis nicht zu verweigern«.[7]

Wie sich die Situation in Würzburg gestaltete, zeigt folgendes Beispiel: Der domkapitelsche Pfortenschreiber war verstorben; er wünschte auf dem Friedhof der Dompfarrei – zwischen Dom und Neumünster – beigesetzt zu werden. Der Protokolleintrag vom 10.

April 1559 lautet: *dhieweil er das Sacrament vnter beden Gestalten in seinem Leben entpfangen*, sollte er *hinaus fur die Stat vf dem Pleichacher Kirchhoff begraben* werden.[8] An dem Fall des Pfortenschreibers entzündete sich eine Diskussion über die Beisetzungspraktiken in der Stadt Würzburg. Das Domkapitel wollte in der Begräbnisfrage jede Schärfe vermeiden; es bezog deshalb den Standpunkt, dass jemand, der *nichts ergers in seinem Leben begangen hat dan der Communion halben des Sacraments vnder beyderley Gestaldt, sonst aber die vbrichen Ceremonien der Kirchenn nicht veracht, sonder in Irem Werdt gehalten: das ein solcher von denn Andern, so disem Allem zuwider gewesen, pillich gescheyden seyn vnnd zu begerenter Begrebnus erlich gelassen vnnd bestattet werden solt.*[9]

Fürstbischof Friedrich von Wirsberg war weniger tolerant. Er hatte 1566 angeordnet, »daß die Protestanten seiner Kirchengemeinden nicht auf den katholischen Friedhöfen innerhalb der Stadt, sondern nur vor den Mauern beerdigt werden durften«.[10] Unterstützt wurde der Ausbau eines protestantischen Friedhofs vom Stadtrat. Es darf daher vermutet werden, »daß die meisten Mitglieder des Rats, wenn auch nicht engagierte Protestanten, so doch mit dem Bau einverstanden waren. In der Tat reichten die Konfessionsanteile in der Stadt von engagierten Altgläubigen über Reformwillige bis zu den engagierten Lutheranern.«[11]

In der Forschung wird herausgestellt, dass »der Rückhalt der evangelischen Gemeinde in der Stadt stark« war.[12] So wurde zum Beispiel 1564 dem Pfarrer von St. Peter vorgeworfen, dass er sich *ime Predigen etwas seer verdechtig mach, vnnd mit Singen der Teutschen Lieder vnd Psalmen zuvil Neuerung anfahe*. Weiter wurde er beschuldigt, öffentlich gepredigt zu haben, *das den Geistlichen kein weltlich Regiment gebuere*. Ihm wurde bedeutet, dass dies nicht der Erbauung der Zuhörer diene, *sondern mehr zu Aufruhr vnnd Widerwillen bey denselben gereicht.*[13] Das Beispiel von St. Peter deutet darauf hin, dass in Gemeinden der Stadt Würzburg im Sinne der Reformation Liturgie gefeiert und gepredigt wurde. Würzburg als geistliches Zentrum beherbergte auch Persönlichkeiten, die sich mit der Lehre Luthers auseinander setzten und mit Entschiedenheit die Standpunkte der alten Kirche verteidigten. Als Beispiel sei auf Dr. Bartholomäus Arnoldi von Usingen verwiesen. Er war Lehrer Luthers an der Universität Erfurt und später dessen Gegner. Von 1525/26 bis zu seinem Tod am 9. September 1532 lebte er im Würzburger Augustinerkloster. Während dieser Zeit verfasste er verschiedene Schriften, in denen er mit aller Klarheit die Autorität der Kirche und der Konzilien gegen die Auffassungen des damaligen Würzburger Dompredigers Johannes Haner verteidigte.[14]

Fürstbischof Friedrich von Wirsberg war es gelungen, für die Bildungs- und Seelsorgearbeit in Würzburg Jesuiten zu gewinnen. Im Sommer 1566 kam Pater Rabenstein, am 23. Oktober 1567 trafen weitere 18 Patres in der Stadt ein. Nur wenige Wochen später wurde die den Jesuiten anvertraute Schule feierlich eröffnet.

So sehr Friedrich von Wirsberg versuchte, »die katholische Kirche zu stärken, so räumte er doch den Protestanten, da er jede Gewaltanwendung verabscheute, ein Daseinsrecht ein, das allerdings ständig von den Geboten der altgläubigen Obrigkeit überschattet blieb«.[15]

Die beginnende Gegenreformation und katholische Reform

Wie die erste Zählung im Jahre 1571 zeigt, lebten in der Stadt Würzburg 8590 Personen außerhalb der Stifte, Klöster, Spitäler und Armenhäuser. Als Haupt- und Residenzstadt erwies sich Würzburg für das unterfränkische Umland als Bevölkerungsmagnet.[16]

In dieser Situation trat jene Würzburger Bischofspersönlichkeit auf, mit der die Begriffe Gegenreformation und katholische Reform verbunden werden müssen, Julius Echter von Mespelbrunn (1573–1617). Zehn Jahre nach seinem Regierungsantritt (1583) begann Echter »mit einem dezidierten neuen Kurs«. Er wandte sich gegen die bisherigen Gepflogenheiten und setzte einen katholischen Ratsherrn ein, »der nicht auf der Kandidatenliste des Unterrats gestanden hatte«. Das Gremium protestierte und forderte »Gleichbehandlung der Angehörigen der römischen Kirche und der Augsburgischen Konfession«.[17]

Von nun an häuften sich die Konflikte. Die städtische Verwaltung der Armenfürsorge geriet in den Strudel der Auseinandersetzung wie die Kontrolle der Türkensteuerveranlagung. »Gleichzeitig setzte die religiöse Disziplinierung der Ratsherren und der Bürgerschaft ein.«[18]

Der Fürstbischof kritisierte, dass trotz seiner Ermahnung kaum Ratsherren in der Kreuzwoche den Bettag und die Wallfahrten besucht hätten. »Der Rat solle von Haus zu Haus den Bürgern gebieten, solche Bettage und Wallfahrten fleißig und andächtig zu besuchen.«[19]

Eine eindrucksvolle Begebenheit ereignete sich am 19. März 1587. Echter berief den gesamten Unterrat zwischen 8 und 9 Uhr vormittags in die Kanzlei. Er ermahnte die Ratsherren, die noch nicht katholisch waren, in der Osterzeit das Sakrament nach katholischem Ritus zu empfangen und sich auf diese Weise der katholischen Kirche einzuverleiben und sich wie einem *fromme Christ gepurt gehorsamblich* zu verhalten. Die noch unsicher waren, wolle »er durch den Weihbischof, durch Jesuiten und Priester belehren lassen, Dissidenten aber als Ungehorsame behandeln«.[20] Dies war mehr als Einflussnahme auf die ersten Bürger der Stadt. So verließen im Laufe des Jahres 1587 die bekanntesten protestantischen Ratsherren den Rat. Sie kehrten wie andere Protestanten Würzburg auf Dauer den Rücken.

»Wir sehen also zwei Verbindungspunkte zwischen Stadt und protestantischer Bewegung: einmal suchten die protestantischen Ratsherren in den städtischen Positionen eine Verteidigungsbasis. Sie bot jedoch keinen Halt gegen den Zugriff eines Landesherrn, der seine Herrschaftsinstrumente nutzen und ausbauen wollte. In seiner doppelten Zielsetzung waren Stadt und Protestantismus verbunden: trotz der bereits vorhandenen Kontrollmöglichkeiten verschärfte Julius Echter die politische Disziplinierung und erzwang die konfessionelle Konformität.«[21] Allerdings vermochten sich »krypto-protestantische Geheimvereinigungen etwa im Pleicher- oder Sanderviertel« noch »bis in die Mitte des letzten Jahrzehnts des 16. Jahrhunderts« zu halten.[22]

Um 1600 war die Monokonfessionalität in der Stadt Würzburg wieder hergestellt. Etwa 70 Jahre haben die Lutheraner »das geistig-geistliche Leben Würzburgs und auch das politische Geschehen dieses Gemeinwesens zum Teil in vorderster Linie mitbestimmt.«[23]

Abb. 101: Büste des Fürstbischofs
Julius Echter von Mespelbrunn
(1573–1617), um 1600.
(Würzburg, Altenheim des Juliusspitals)

Julius Echter ist es als Gegenreformator gelungen, die Lutheraner aus Würzburg zu vertreiben. Mit seinem Namen verbunden ist aber auch der Begriff »katholische Reform«. Hier bemühte er sich persönlich, bei den Bürgern eine neue Kirchlichkeit zu begründen. So visitierte er im Jahre 1587 die fünf Stadtpfarreien Würzburgs, die Dompfarrei, Stift Haug, St. Burkard, St. Gertraud und St. Peter. Ferner ist die 1589 erlassene Kirchenordnung zu erwähnen. Danach sollte der Gottesdienst neu geordnet werden, die religiöse Unterweisung sollte den ihr gebührenden Platz erhalten, Zustand und Ausstattung der Kirchen sollten verbessert werden. Leiten ließ sich Echter bei allen diesen Maßnahmen von den Reformdekreten des Konzils von Trient (1545–1563).

Zwei – auch für die Stadt – herausragende Taten waren die Gründung eines Seminars sowie die Wiederbegründung der Universität. Am 2. Januar 1589 setzte Echter die Diözese von seinen Seminargründungen öffentlich in Kenntnis.

Diese Proklamation darf als der eigentliche Gründungstermin des Würzburger Priesterseminars angesehen werden. Der Seminar- bzw. Universitätsbau kostete über 130 000 Gulden und war einer der stattlichsten Universitätsbauten der damaligen Welt.[24] Nach Echter sollte das Seminar »Haupt und Herz« der neuen Hohen Schule sein.

Am 2. Januar 1582 begannen die Eröffnungsfeierlichkeiten für die Universität. Im gleichen Jahr schrieb er dem Jesuitengeneral Aquaviva, dass nur auf diese Weise auch die Laien zu katholischer Gesinnung erzogen werden könnten; »hätte sich nämlich bei den Studenten und Jugendlichen erst einmal die lutherische Lehre Eingang verschafft, wäre es ungemein schwierig, diese in späteren Jahren wieder zurückzugewinnen.«[25]

Für die Stadt Würzburg bedeutsam war auch eine Reform des Volksschulwesens. Wurden hier begabte Schüler entdeckt, so sollten Pfarrer und Lehrer von den Eltern die Einwilligung zu erlangen suchen, ihren Knaben durch einen Lateinlehrer fürs Gymnasium in Würzburg vorzubilden.[26] Wie sehr Echter das Schulwesen am Herzen lag, zeigt, dass die Amtsführung und das Privatleben der Lehrer durch Visitatoren überwacht wurden. »Mindestens einmal im Monat sollten der Pfarrer und eine dazu bestellte Ratskommission die Zustände in der Schule prüfen.«[27]

Echter teilte in seiner Kirchenordnung alle Untertanen des Hochstifts in vier Klassen ein: »In der Hauptstadt gehörten der ersten Klasse die bischöflichen Räte und die Professoren der Universität an; zur zweiten Klasse zählten die Kanzlei- und Kammerbeamten, die Mitglieder des Stadtrates, die Gerichtsassessoren und vornehme Kaufleute und Richter, die mehr als 4 000 Gulden versteuerten; der dritten Kategorie durften sich Krämer und Handwerker mit mindestens 3 000 Gulden Vermögen zurechnen; die übrigen Bürger bildeten die vierte Klasse.«[28] Für jeden Stand bzw. für jede Klasse schrieb die Verordnung bis in kleinste Einzelheiten Vorbereitung und Verlauf der Familienfeste vor. Hiermit war gleichsam in der Stadt Würzburg ein festes Ordnungsgefüge gegeben, nach dem, zumindest auf dem Papier, keine Ausgelassenheiten zu befürchten waren.

Neue Ansätze lutherischen Lebens ergaben sich mit der Besetzung durch Gustav Adolf im Dreißigjährigen Krieg. Am 15. Oktober 1631 hatte sich die Stadt Würzburg ergeben. »Am Tor beim Bürgerspital zog der Schwedenkönig über die Brücke des Stadtgrabens – heute die Theaterstraße – in die Stadt. Am 18. Oktober wurde die Festung Marienberg, die sich verteidigte, im Sturm genommen [...] Nach der Eroberung ließ der König am folgenden Tag Gottesdienst halten, der erste evangelische in Würzburg seit der Vertreibung der Protestanten durch Julius Echter.«[29]

Jetzt hatten in der Stadt Würzburg sowohl Katholiken wie Protestanten Daseinsberechtigung. Die Lutheraner hatten ihren Gottesdienst in der Kapelle des Bürgerspitals bzw. im großen Versammlungsraum der Universität. Ab März 1632 fanden auch in der Jesuitenkapelle evangelische Gottesdienste statt. Nach dem Tode Gustav Adolfs (16. November 1632) wurde der Würzburger Dom »noch vor dem 1. Juli 1633 beiden Konfessionen zur Hauptkirche bestimmt. Damit herrschte im Dom das Simultaneum. Zwischen 6 und 8 [Uhr] hielten dort die Katholiken und anschließend die Evangelischen ihren Gottesdienst.« Wie reagierten die Würzburger Bürger? Sie verhielten sich ablehnend. »Der Stadtrat – noch vor 50 Jahren der Mittelpunkt des Würzburger Protestantismus – und die Bevölkerung nahmen gemeinsam gegen das neue Regime Stellung [...]. So wurden dann die Fronleichnamsprozessionen und die Verlegung der Dompfarrei in die Marienkapelle zu eindeutigen Kundgebungen für den katholischen Glauben.«[30] Am 14. Oktober 1634 wurde Würzburg von kaiserlichen Truppen besetzt, die Zeit des Simultaneums war beendet.

Die Dompredigt – ein prägendes Element in der Stadt Würzburg

Domprediger Dr. Johann Reyss

Dass Würzburger Bürger sich für fähige Domprediger engagierten, zeigt das Beispiel des berühmten Kanzelredners Johannes Geiler von Kaysersberg. In Baden-Baden hörten Würzburger Kurgäste dessen Predigten, und »ihr begeisterter Bericht veranlasste das Domkapitel, ihn nach Würzburg einzuladen«.[31] Es gelang jedoch nicht, Geiler von Kaysersberg für Würzburg zu gewinnen.

Eine der bedeutendsten Persönlichkeiten auf der Würzburger Domkanzel war Dr. Johann Reyss. Er entstammte einer alteingesessenen Würzburger Bürgerfamilie. Das Anwesen der Familie Reyss lag im Gänheimer Viertel *hinter der Münze* (zwischen Domstraße und Franziskanerkirche), wahrscheinlich an der Franziskanergasse. Johann Reyss wurde um 1457 in Würzburg geboren. Der erste urkundliche Beleg, dass er Priester war, stammt aus dem Jahre 1491. Die Kanzeltätigkeit entsprach seinen Neigungen. »Durch seine glänzende Festpredigt in der Schottenkirche am Jakobstag 1497 hatte er seine besondere Befähigung bewiesen und die Aufmerksamkeit auf sich gelenkt.«[32]

So wird Reyss im Ratsprotokoll der Stadt Würzburg zum 19. September 1503 erstmals als Prediger bezeichnet.[33] Seine Predigten müssen die Menschen bewegt haben, denn er war gerade beim einfachen Volk sehr beliebt. Die Bemühungen der Domprediger richteten sich in besonderer Weise gegen die Spielbank im »Grünen Baum«. Die ersten Proteste stammten von dem Domprediger Magister Benedikt Elwanger vom Dezember 1484. Der Stadtrat überlegte zwar, *ob man vom Würfelspile lassen wölle oder nit*, änderte aber dann doch nichts.[34] Ein Kämpfer gegen die »Spielbank« war auch der Domprediger Johann Reyss.

Am 13. März 1504, zur Zeit der Mittfastenmesse, erschien er in der öffentlichen Stadtratssitzung, um aufs Neue *von wegen des Schollers oder unrechten Gewynnes zum Grünbaum aus Libe in Got mit einem Rat zu reden*. In einer regelrechten Predigt stellte er ihnen die Verwerflichkeit ihres Tuns vor Augen. Er begann in echt humanistischer Weise mit den allgemeinen menschlichen Beweggründen, die sich schon aus der *Lere und Geberde der Heyden* ergäben, kam dann auf die *burgerliche Liebe* und die profane Gesetzgebung zu sprechen, durch die sie als verantwortliche Unternehmer *iren Eren beraubt und zu erlichen Sachen untuglich* würden, und schloss mit dem Hinweis auf die Liebe zu Gott und das christliche Sittengesetz, nach dem ein solcher Spielbetrieb mit der Religion eines frommen Christenmenschen nicht zu vereinbaren sei. – Die Stadtväter ließen ihm durch den Stadtschreiber versichern, sie seien überzeugt, dass seine Erinnerung *auß gantzer guter getreuer Meynung gescheen* sei. Der Rat werde sich *aller Gebure vleissen und erzeigen, das ime unverweislichen sey*. Man wollte also keine bindende Zusage geben. Aber mit einer so vagen Erklärung ließ sich der Prediger nicht abspeisen und spielte nun seinen letzten Trumpf aus: *Wo es nit kurtzlich abgestellet, wurde er geursacht Ampts und Stands halben, offentlich dawider zu predigen*. Diese Drohung schlug ein. Noch in der gleichen Sitzung wurde beschlossen, *durchauß uff den Tag den Grunbaum zutzuthun*, und der Beschluss wurde unverzüglich in die Tat umgesetzt.[35]

Als Reyss von der bevorstehenden Wiedereröffnung des »Spielsalons« erfuhr, wandte er sich von der Domkanzel gegen das Spielen. Freudenberger bemerkt: »Ein wahrer Ha-

Abb. 102: Kanzel im Dom, geschaffen 1609/10 von Michael Kern.
Die im Katechismus des Petrus Canisius
genannten sieben Tugenden schmücken – allerdings in anderer Reihenfolge –
die Brüstung der Kanzelstiege.

gel von Vorwürfen ergießt sich über die verantwortlichen Stadtväter. Sie verdienten, wie *schindfeßler* missachtet zu werden, seien keiner Ehren würdig und *zum furstand nit tuglich*. Ihr Beschluss sei nicht redlich, sondern *unerbarlich*; seine Durchführung dürfe durch die *oberhand* nicht geduldet werden, am allerwenigsten in einem Gemeindehaus, denn *wo der Abt die Würfel darlegt, da spielt der Konvent gern*. Die Schuld trügen etliche herrschsüchtige Elemente, denen das Herz brechen wolle, wenn es nicht stets nach ihrem Kopf gehe, und die nur allezeit laufen und umtreiben, auf dass ihr Wille erfüllt wird. Solche Vorsteher einer Stadt seien *auß dem Vater des teufels, wann sie ubten die wergk des teufels*.«[36] Auf die Intervention des Fürstbischofs Lorenz von Bibra hin wurde der Spielbetrieb weitergeführt.[37]

Der Schlüssel zum Verständnis für die Abwehrhaltung von Reyss ist »in seinem tiefen Mitgefühl mit seinen verarmten Mitbürgern zu sehen. Unter den Unglücklichen, die sich hilfesuchend an ihn wandten, mögen auch Leute gewesen sein, die als traurige Opfer ihrer Spielleidenschaft um Hab und Gut gekommen waren.«[38]

Reyss hat sich in der Stadt Würzburg als »Vater der Armen und Schirmherr der Notleidenden« ausgezeichnet. Er mietete ein Haus von der Stadt Würzburg (*nest die Ranin*). Es war das alte Beginenhaus beim Dominikanerkloster, damit *die armen Leut, die uf der Gassen ligen und sterben, ir Wonung darinnen haben sollen*.[39] Nach Aufgabe dieses Hauses sorgte Reyss für eine neue Unterkunft für Arme und Notleidende. Die Stadt Würzburg leistete vierteljährliche Zuschüsse zum Unterhalt der Armen *in Dr. Reißen Haus zu Sandt*, das 21 Personen beherbergte.[40]

Mitte Februar 1510 war Johann Tetzel in Würzburg als Ablasskommissar aufgetreten. Die Aufgabe des Dompredigers bestand in der amtlichen Publikation der Ablassbulle. Auch in der Ablassfrage bezog Reyss eine eigene Position, »war er doch der einzige theologische Fachmann der ganzen Stadt«. Seine Bedenken lauteten: Die Leute sind arm und man darf sie nicht schutzlos der systematischen Ausbeutung ausliefern, auch nicht zu einem frommen Zweck.[41]

Reyss starb nach dem 11. Juli und vor dem 18. August 1517. Er ist etwa 60 Jahre alt geworden. Sein Tod bedeutete für die Stadt Würzburg einen schweren Verlust.

In den folgenden Jahren sind mit der Prädikatur berühmte Namen und ein wechselvolles Geschick verbunden. Im Jahre 1520 wurde Paul Speratus Domprediger; kaum ein Jahr später wurden seine Predigten in Würzburg beanstandet; Speratus hatte sich für das *Sola-scriptura*-Prinzip (Hl. Schrift als einzige Quelle des Glaubens) eingesetzt sowie für das allgemeine Priestertum gegen die Mönchsgelübde. Er musste Würzburg verlassen. In ähnlicher Weise predigte sein Nachfolger Johann Poliander. Das gleiche Los traf 1524 ebenfalls wegen reformatorischen Predigens den Weihbischof Johann Pettendorfer (gest. nach 1533) und den Kartäuser Georg Koberer.[42]

Domprediger Andreas Sigifridus

Ein nicht unbedeutender Domprediger im Würzburg des 16. Jahrhunderts war der Augustinerpater Andreas Sigifridus.[43] Im Jahre 1553 wurde Sigifridus zum Domprediger ernannt. Eine seiner Hauptsorgen war der Besuch seiner Predigten. »Daß gerade das niedere Volk sich gern und zahlreich bei den Predigten im Dom einfand, dabei allerdings das rechte Empfinden für die Würde des Gotteshauses vermissen ließ, zeigt eine Beschwerde über das ungebührliche Verhalten der Besucher.«[44] Das Protokoll des Domkapitels vom 13. April 1557 gewährt einen Blick hinter die Kulissen. Der Domdekan habe gebeten, *zu bedencken und zu berathschlagen die grosse Unordnung mit den ungeschickten Weibernn und Mannen, die unter der Predig und heiligenn Emptern also mit Kötzen und Burden Holtz, Reben, Stangen, Stroe und andern in und durch die Kirchenn lauffen, dorjn stehen, dasselbig abheben und dobey der Predig oder andern Emptern außwartten wollen, dardurch dan andere verhindert und auch damit Schaden geschicht an den Ampeln und andern Kirchengezierden.*[45]

»Offenbar fühlten sich nicht wenige von der volkstümlichen Beredsamkeit des Predigers besonders angezogen und ließen sich nicht gern eine Gelegenheit entgehen, ihn zu hören, auch wenn sie gerade zu Einkäufen auf dem Markt oder zur Feldarbeit unterwegs waren. Das Domkapitel, das nicht ohne Befriedigung den guten Besuch seiner Kathedrale beobachtet haben mag, hütete sich, direkt mit Strafen einzugreifen. Da man aber so grobe Unordnung in der Hauptkirche des Bistums nicht dulden konnte, wurde *fur gut angesehen, das man solche abthun und ernstlich menniglichen uff offentlichen cantzeln in allen pfarhen vermanen solle, davon abzustehen und sich dessen zu enthalten. Auch das ein jedes sein viech daheimen behalt und die fursorgung thun, das die nit also in die kirchen lauffen.*«[46] Sigifridus starb am 23. Januar 1562.

Der »Catechismus« des Jesuiten Georg Vogler

Wie in Würzburg die religiöse Unterweisung durchgeführt wurde, zeigt der »Catechismus in Außerlesenen Exempeln« des Jesuiten Georg Vogler aus dem Jahre 1625. Dieser Katechismus war ein Jahrhundert lang bevorzugtes Unterrichtsmaterial in den Würzburger Volksschulen. Der Verfasser »stellt auch die Lebensgemeinschaft seiner Umwelt vor. Er zeigt das religiöse Leben mit seinen Formen und Gewohnheiten. Plastisch wird der Alltag in der Hausgemeinschaft vorgeführt, ausführlich gibt uns der Verfasser Einblick in die Kindererziehung, das Verhältnis von Eltern und Kindern; farbig wird das Treiben auf den Gassen, werden die Unsitten der Zeit geschildert.«[47]

Zur Verdeutlichung ein Beispiel für das, was Vogler den Würzburger Kindern beibrachte: »Die Augen«. Hier sagte er: »Trübe Augen verraten die Neigung zum Neid. Sie sehen alles verdreht an wie Schlangenaugen. Aufgeschwollene Augen, wie die der Pferde, verraten Hoffart. Schläfrige Augen sprechen von Trägheit, andere sind vom Geiz verblendet. Unreine Augen verraten unkeusche Gedanken. Alle diese Augen müssen gereinigt und beschnitten werden, und es ist von Nöten, dass die Kinder ihre Augen in Zucht halten.«[48]

Der Vertiefung des religiösen Lebens dienten auch Theateraufführungen und Volksmissionen der Jesuiten.

Eigenarten der Barockfrömmigkeit in Würzburg

Besonders kennzeichnend für die katholische Barockfrömmigkeit ist der sinnfällige Formenreichtum im liturgischen und mehr noch im volksreligiösen Bereich. Vor allem die Wiederbesinnung auf den Geist der Liturgie bewirkte eine neue Wertschätzung des liturgisch-sakramentalen Lebens. In Büchern, Predigt und Katechese wurde der Wert der Sakramente, vor allem die Bedeutung der Eucharistie herausgestellt.

Das Konzil von Trient hatte die Bedeutung der Kunst und ihre Beziehung zum Religiösen betont. »Überall, wo die katholische Kirche im Abendlande damals zu neuer Lebendigkeit erwachte und wo opferfreudiger kirchlicher und künstlerischer Sinn die materiellen Mittel bereitzustellen vermochte, kleidete die Kirche sich in das Gewand der vom römischen Süden her, zunächst von Rom und Italien aus nach Deutschland vorgedrungenen, hier aber ›verdeutschten‹ und in landschaftlichen Sonderformen ausgebildeten Barockkunst.«[49]

In besonderer Weise gilt dies auch für die Stadt Würzburg. Hier leitete der Westfälische Friede von 1648 eine neue Epoche ein. Am 16. August 1642 wurde Johann Philipp von Schönborn zum Fürstbischof von Würzburg gewählt. Unter ihm verlor die katholische Reform ihren aggressiven Charakter. Eine neue Epoche, die Barockzeit, die in Franken untrennbar mit den Fürstbischöfen aus dem Geschlecht der Schönborn verbunden ist, brach an. Unter den Schönborn sollte in Würzburg das geistige und religiöse Leben neu erstehen.

Dabei »wurde die geistliche Prägung des Landes trotz allen familiären Selbstbewusstseins der Schönborn nicht so sehr von dynastischen Erwägungen getragen, sondern sie ging primär von der Liturgie als dem Herzstück der Kirche und ihrem Erlösungsauftrag aus.«[50]

Verschiedene Reformversuche zur Hebung des religiösen Lebens

Ein Schritt in diese Richtung war die Berufung der Weltpriesterkongregation der Bartholomiten (auch »Kommunisten« genannt) 1656 nach Würzburg. Die Kongregation war von Bartholomäus Holzhauser (1613–1658) gegründet worden (s. Abb. 103). Den Bartholomiten gelang es, im Priesterseminar die Ausbildung des geistlichen Nachwuchses auf ein den Reformen des Konzils von Trient entsprechendes Niveau zu heben und damit die religiöse Bildung zu vertiefen. Ausgestaltung und Verschönerung des Gottesdienstes waren ein wichtiges Anliegen Johann Philipps von Schönborn. Er bezeichnete die Einführung der Bartholomiten in das Seminar und Hochstift Würzburg »als das schwierigste Werk seines Lebens«.[51]

1647 entstanden »Geistliche Gesänge vom Hl. Rosenkrantz«, 1649 folgte die Neuausgabe des Würzburger Gesangbuches. Über Gesang und Dichtung sollte die Verkündigung anschaulicher und attraktiver werden. Weitere Beispiele von Gesang- und Andachtsbüchern ließen sich anführen. Neue Marienwallfahrtsorte entstanden. Bis in die Gegenwart von Bedeutung ist zum Beispiel die Wallfahrt zum Käppele auf dem Nikolausberg in Würzburg.

Hinsichtlich der sich vertiefenden Passionsfrömmigkeit ist darauf hinzuweisen, dass das Glockengeläut jeden Donnerstag zum Gedenken an das Leiden Jesu und zum Gebet für den Frieden eingeführt wurde. Generalvikar und Weihbischof Söllner initiierte die Renovierung der Kreuzgruft im Ostchor von Neumünster. Infolge von Baumaßnahmen – Würzburg wurde zu einer modernen barocken Festungsstadt – wurden Stift Haug und das Benediktinerinnenkloster St. Afra verlegt.

Johann Philipp von Schönborn hielt zur Erreichung seiner Reformziele Diözesan-Synoden in Würzburg ab. Die erste fand am 23. Dezember 1649 im Dom statt, die zweite am 16. März 1650, die dritte am 13. Dezember 1650 und die letzte am 4. März 1653. »Auf diesen Synoden wurden die Priester des Hochstifts auf das eindringlichste an die hohen Würden des Priestertums erinnert.«[52]

Dem Kirchenbau in Würzburg fühlte sich Johann Philipp besonders verpflichtet: »Zum Neubau der Kirche des Ritterstifts St. Burkard, dessen Propst er einst gewesen war, hat er eine große Summe aus eigenen Mitteln zur Verfügung gestellt, am Fortgang des Werkes besonderen Anteil genommen und sie dann am 3. Juli 1667 persönlich eingeweiht.« Am 26. April 1670 legte er in feierlichem Zeremoniell den Grundstein zur neuen Kirche von Stift Haug. Zum Baumeister dieser gewaltigen Kathedrale berief er Antonio Petrini. »Schönborn legte auch den Grundstein zum Neubau von Kloster und Kirche St. Afra in Würzburg. […] Den Karmeliten in Würzburg stiftete er für die Erbauung der Reuerer-Kirche und des gleichnamigen Klosters 1000 Reichstaler aus seinem persönlichen Vermögen und weihte die Kirche am 19. März 1669 selbst ein.« Johann Philipp von Schönborn hat durch die Beauftragung Antonio Petrinis »die glanzvolle Epoche des barocken Sakralbaus in Würzburg eröffnet.«[53]

Unter Johann Gottfried von Guttenberg (1684–1698) erlebten die eucharistische Verehrung und die marianische Frömmigkeit eine besondere Blüte. Er förderte besonders die Corporis-Christi-Bruderschaft, die Anbetung des Allerheiligsten und die Maria-Hilf-Bruderschaft.

Die Phase der Bartholomiten fand unter ihm 1693 ihr endgültiges Ende. Guttenberg verband das Priesterseminar mit der Pfarrei St. Peter und Paul in Würzburg und ließ ein neues Gebäude dafür gleich neben der Pfarrkirche errichten. Bereits sein Nachfolger Johann Philipp von Greiffenclau zu Vollraths (1699–1719) verlegte das Seminar wieder in die ursprünglichen Gebäude. Unter diesem Fürstbischof erhielt der Barock die glanzvolle Note, die den süddeutschen Spätbarock auszeichnet. Er ließ die Reliquien des hl. Bruno erheben, intensivierte den Kult der Diözesanpatrone und förderte die Wiederbelebung der Verehrung des hl. Aquilin, der der Legende nach in Würzburg geboren sein soll. Die Corporis-Christi-Bruderschaft bekam im Dom einen eigenen Sakramentsaltar und eine kostbare Monstranz. Auch die Marienverehrung wurde nicht vergessen. Johann Philipp stiftete eine Statue für den Turm der Marienkapelle.

Ein wichtiges Element der Glaubensvermittlung war auch in Würzburg die Wortverkündigung in der Predigt und im religiösen Schrifttum. Wie die Baukunst alle Mittel der Begeisterung und Illusion für ihre Zwecke einsetzte, so machte sich die Predigt alle rhetorischen Möglichkeiten dienstbar. Sie nahm einige Stunden in Anspruch und wurde vor der Messe gehalten. Auch im Bistum Würzburg hielt diese Art Predigt Einzug. Eine

Abb. 103: Bartholomäus Holzhauser (1613–1658), Gründer der Welt-priesterstervereinigung der Bartholomäer, mit »Maria vom Siege, Ingolstadt«, Ölgemälde, 18. Jahrhundert. (Laugna, Holzhauser-Geburtshaus)

bekannte Predigerpersönlichkeit war Dompfarrer Dr. Thomas Höflich (1639–1695). Seine Predigten waren wahre Feuerwerke barocken Esprits und Wortreichtums. Beim Tod von Fürstbischof Konrad Wilhelm von Wernau sprach er am 17. September 1684 die »Leich- und Lob-Predig[t]« während der Exequien in der Hofkirche. Ein Textbeispiel aus dem Kapitel »Fürstbischof von Wernau Liebhaber der Priester« vermag seinen Predigtstil zu verdeutlichen: *Nun ist es auch Zeit liebe Priester dass wir heulen, weinen und wieder umb einen guten Ober-Hirten bitten, durch dessen Schutz und Obsorg die Schaff und Lämmer deß Herrn wieder vigilantissime mögen geweydt werden [...] Gleich wie Vesuvius in Campanien, Aethna in Sicilien, Heda in Engelland Fewer umb sich werffen, also wolte Conrad Wilhelm lauter fewrige, das ist eiferige Priester umb sich haben, die neben ihrem Fürsten als hohe Berg dem Pöfel, nach seinem Symbolo consulte et constanter zu gutem Exempel möchten vorleuchten. Zumaln je würdiger die Persohn, je kräfftiger wird das Exempel der Tugend seyn [...].*[54] 1685 war beim Tod von Dompropst Franz Konrad von Stadion wieder sein Predigertalent gefragt. Da Konrad von Stadion schon sehr alt und gebrechlich gewesen war, stellte er den Tod als letzten und großen Triumph des Lebens dar, durch den man vom Leben erlöst wird und in eine herrliche Zukunft eingeht. Die Erbärmlichkeit unseres Kreaturseins, die durch den Tod überwunden wird, zeichnete er deshalb in kraftvollen Tautologien. *Brich, brich mein altes Herz, lass sterben den Leib, diesen Madensack, dieses Würm-Nest, diese Kothbutten, diesen Erdentopf, dieses lebendige Todten-Aaß, dieses sechsschuhige Nichts.*[55] 1686 veröffentlichte Höflich ein Predigtbuch.[56] Es enthält 100 lateinische Leichenpredigten für die verschiedensten Stände, Berufs- und Personengruppen.

Besondere Prägung durch die Schönborns

Dem 1719 zum Würzburger Fürstbischof gewählten Johann Philipp Franz von Schönborn war nur eine kurze Amtszeit vergönnt. Als Initiator der Würzburger Residenz und Auftraggeber Balthasar Neumanns hat er sich unsterblich gemacht. Persönliche Veranlagung wie auch der Zeitgeist bewirkten, dass die Baulust eine seiner hervorstechendsten Eigenschaften war. Sein Hang zur Prachtentfaltung äußerte sich am eindrucksvollsten bei dem von ihm initiierten Bau einer groß angelegten Residenz in der Stadt Würzburg.

Was seinen Onkel Lothar Franz als Kurfürst von Mainz und Fürstbischof von Bamberg ausgezeichnet hatte, zeigte sich bei ihm noch verstärkt. Er liebte glanzvolle Auftritte; die Neigung zur Selbstdarstellung steigerte sich bis zur Selbstherrlichkeit. Stolz und Eigensinn wurden ihm nachgesagt. Ungeachtet dieser Tendenz seines äußeren Gebarens bewies er eine natürliche Frömmigkeit; er verkörperte geradezu den Typ eines Barockbischofs, bei dem Lebens- und Diesseitsfreude im höfischen Luxus Ausdruck fanden, der aber den Blick auf das Jenseits nicht aus den Augen verlor. Charakteristisch für ihn waren, wie bei vielen Zeitgenossen, seine Leidenschaft für Pferde und Jagd. Dies wiederum korrespondierte mit einer echten Sorge um die Sonntagsheiligung und der Förderung von Wallfahrten und Prozessionen sowie dem täglichen Brevier- und Rosenkranzgebet. In seiner Amtszeit wurde zum Beispiel 1722 die Andacht zur hl. Bilhildis eingeführt. Um die Marienverehrung in der Stadt Würzburg zu stärken, wurde im Jahre 1722 unter besonderer Förderung Schönborns eine »Maria-Trost-Bruderschaft« in der Augustinerkirche gegründet.[57]

Johann Philipp Franz von Schönborn weihte am 26. Januar 1721 den Neubau der Pfarrkirche St. Peter in Würzburg feierlich ein. Dies war seine erste bischöfliche Funktion. Am 4. Juni 1721 legte er den Grundstein zu der Schönborn-Totenkapelle im Dom. Er wollte damit seiner Familie bei der Domkirche ein großes Mausoleum schaffen. Sein Bruder Friedrich Karl weihte sie am 1. Juli 1736 und am 15. September 1743 die Hofkirche in der Residenz.

Vor allem wollte Johann Philipp Franz den Glauben durch Andachtsübungen, Wallfahrten und Prozessionen bei den Menschen tief verwurzeln. Ein Beispiel: »Die Prozession zu Ehren des sterbenden Erlösers, die in Würzburg in der Karfreitagnacht stattzufinden pflegte und wenig Teilnehmer fand, wurde von Schönborn auf den Palmsonntagnachmittag verlegt und im Jahre 1721 zum erstenmal mit großer Feierlichkeit unter persönlicher Teilnahme des Fürstbischofs und des gesamten Hofstaates durchgeführt.«

Ein weiterer Schönborn, Friedrich Karl (1729–1746), hat sich ebenfalls große Verdienste um Würzburg erworben. Ignaz Gropp schreibt: *Es ist kein Stiffts-, Closter- oder Pfarr-Kirche in der gantzen Stadt Wirtzburg*, die er nicht zu gottesdienstlichen Anlässen besucht hätte.[58] Friedrich Karl nahm stets an den Prozessionen auf dem Marienberg teil, ordnete eine besondere Andacht in der Oktav des Corporis-Christi-Festes in der Hofkirche an. Am Karfreitag war er bei den Zeremonien im Würzburger Dom anwesend und »beteiligte sich am Nachmittag an der langen Prozession, die man damals in Würzburg zu den einzelnen ›Heiligen Gräbern‹ der verschiedenen Kirchen veranstaltete.«[59]

Besonders nahm er sich der Universität an, gründete einen Lehrstuhl für Chirurgie und Anatomie, womit er eine Blüte der medizinischen Fakultät einleitete, und einen Lehrstuhl für Geschichte, zukunftsweisend für eine Epoche, in der sich geschichtliches Bewusstsein Bahn brechen sollte. In die gleiche Richtung zielte die Berufung des Leibniz-Schülers Johann Georg Eckhart zum Hof- und Universitätsbibliothekar. Ferner setzte er sich besonders für den mathematischen Unterricht und die Bereicherung des botanischen Gartens ein. Auch der Plan zur Errichtung eines anatomischen Theaters geht auf ihn zurück. Diese Maßnahmen sind Zeugnisse dafür, dass ein neuer Geist von Frankreich und England her auch in Würzburg Einzug hielt. Es war die wissenschaftsgläubige Aufklärung, die schließlich die Epoche des Barock ablösen sollte.

Gegen alle Erwartungen wurde nach dem überraschenden Tod von Johann Philipp Franz im Jahre 1724 nicht sein Bruder Friedrich Karl zum Würzburger Bischof gewählt. Das schönbornkritische Domkapitel entschied sich für Christoph Franz von Hutten (1724–1729). Auch Hutten war von der Baubegeisterung des Barock erfüllt. Ablesbar wird dies daran, dass er die Mainbrücke mit den beeindruckenden Heiligenfiguren ausstatten ließ. Auch für die Wissenschaft schlug sein Herz; so errichtete er das von seinem Vorgänger geplante anatomische Theater in dem Greiffenclauschen Gartenhaus innerhalb der Umfassungsmauer des Juliusspitals. Daneben ist die Gründung eines Lehrstuhls für Mathematik zu nennen. In seine Zeit fiel auch die Berufung Johann Caspar Barthels zum Regens des Priesterseminars und auf den Lehrstuhl für Kirchenrecht.

Als Christoph Franz von Hutten nach fünfjähriger Amtszeit starb, war das Würzburger Domkapitel wieder bereit, mit Friedrich Karl (1729–1746) einem weiteren Schönborn das Vertrauen zu schenken. Friedrich Karl hatte zu diesem Zeitpunkt bereits eine beachtliche diplomatische Karriere hinter sich. Schon früh mit diplomatischen Aufgaben betraut, rückte er 1705 mit der Übernahme des Reichsvizekanzleramtes und damit als Leiter der Reichskanzlei in Wien ins Zentrum des politischen Lebens. Nach anfänglichen Vorbehalten konnte Friedrich Karl das Vertrauen des Habsburgerhofes erwerben. Bereits seit 1710 war er in Bamberg Koadjutor seines Onkels Fürstbischof Lothar Franz von Schönborn (1655–1729) und besaß damit das Nachfolgerecht auf diesen Bischofsstuhl. Nachdem er 1729 Fürstbischof von Würzburg und Bamberg geworden war, behielt er bis 1734 das Amt des Reichsvizekanzlers bei. In den folgenden Jahren widmete er sich ganz den Aufgaben in den beiden fränkischen Fürstbistümern.

Unter dem letzten Schönborn erreichte Würzburg den Höhepunkt an barockem Glanz: »An hohen Festtagen entfaltet sich in Würzburg der ganze Prunk des Hofes, zum Beispiel wenn alljährlich am Tage des Stiftspatrons St. Kilian der Fürstbischof sich in den Dom begibt. Musik schallt dann durch die Straßen, Fanfaren klingen auf. Ein langer festlicher Zug bewegt sich vom Portal her durch den Ehrenhof des Schlosses gegen den Dom zu, allen voran der Hoffourier als Zeremonienmeister, gefolgt von Dienern und Kavalieren. Dann folgen sechs sechsspännige Kutschen mit den Hofchargen, darauf zwei Läufer, vierundzwanzig Lakaien in Purpur, Grün und Silber, hinter denen achtzehn Pagen mit Mänteln in den Wappenfarben Schönborns einherschreiten. Hinter ihnen erblickt man fünfzig Edelleute vor der Staatskarosse des Fürstbischofs, der zur Seite der Oberstallmeister und der Kommandant der Leibwache reiten, während sie beiderseits von zwei Reihen Schweizern in alter Tracht flankiert wird. Dahinter erscheinen fünfzig Mann der Leibwache in Purpurrot und Silber und zum Abschluss noch einmal drei sechsspännige Kutschen. Vor dem Domportal hat sich das Domkapitel versammelt; beim Eintritt in die Kathedrale werden dem Fürsten, wie schon auf dem ganzen Wege, das Banner des Herzogtums Franken und das Herzogsschwert vorangetragen [...]. Solcher prächtiger Kirchenfeste gab es viele unter Friedrich Karls Regierung: die Jahrhundertfeier der Corporis-Christi-Bruderschaft 1730, die Tausendjahrfeier des Bistums 1742 mit großer Prozession und den Salutschüssen von der Festung dazu, die Weihe der Schönbornkapelle 1736 und die großartige Weihe der Hofkirche 1743; schließlich die Totenfeiern für zwei Päpste und zwei Kaiser.«[60]

Als Vollender der Würzburger Residenz blieb Friedrich Karl im Gedächtnis der Nachwelt. Neben seiner ausgedehnten Bautätigkeit bemühte er sich um eine Steigerung der Finanz- und Wirtschaftskraft seiner Hochstifte. Viele der Maßnahmen des Fürstbischofs zeitigten Erfolg. Vom wirtschaftlichen Aufblühen der Stifte Würzburg und Bamberg geben nicht nur die fürstbischöflichen Prachtbauten Zeugnis, sondern auch die vielen bürgerlichen Häuser und Gehöfte sowie die über 100 Kirchen, die während seiner Regentschaft in Franken gebaut oder renoviert wurden.

Sein besonderes Interesse galt dem Ausbau der Universität. 1734 gab er ihr eine neue Ordnung. Besonders den juristischen Fächern widmete er seine Aufmerksamkeit; er gründete den ersten Lehrstuhl für Staatsrecht in einer katholischen Universität. Innerhalb der Theologenausbildung wurde das Studium der Moraltheologie verpflichtend, auch auf das Studium der Kirchengeschichte richtete er sein Augenmerk. In diesen Maßnahmen erwies sich Friedrich Karl als ein Anhänger der anbrechenden Aufklärung.

Wohl schon seit seinem Studienaufenthalt in Rom hatte Friedrich Karl eine distanzierte Haltung zum Hl. Stuhl. Später betonte er die Selbstständigkeit der Ortskirchen und der deutschen Reichskirche gegenüber dem Papst. Er beauftragte den Ordinarius für Kirchenrecht und Regens im Priesterseminar, Johann Kaspar Barthel, die reichskirchenrechtlichen Traditionen zu berücksichtigen und besonders die Rechte des Bischofs und der Ortskirche zu betonen. Dabei hatte er nicht die Absicht, das Papstamt generell in Frage zu stellen. Er leistete stets den nötigen Respekt und stand in enger Beziehung zu den jeweiligen Päpsten.

Was für seine Vorgänger galt, gilt auch für Friedrich Karl; nie vergaß er trotz seiner höfischen Lebensart seine kirchlichen Aufgaben.[61] Er dekretierte mehrfach Maßnahmen zur religiösen Hebung von Klerus und Volk. So führte er 1736 im Bistum Würzburg das »Ewige Gebet« (»Ewige Anbetung«) ein. Seine Zeitgenossen rühmten seine tiefe Frömmigkeit. Die tägliche Messfeier war eine Selbstverständlichkeit. An Hochfesten zelebrierte er selbst die Pontifikalgottesdienste. Er spendete die Firmung – insgesamt über 40 000 Mal – und die geistlichen Weihen, konsekrierte Altäre und Kirchen. Besonders hinzuweisen ist hierbei auf die Weihe der Neumann-Kirchen in Wiesentheid, Münsterschwarzach, Gaibach und Etwashausen.

Friedrich Karl von Schönborn verstarb am 26. Juli 1746. »Zu den ehrenvollen Nachrufen, die ihm gewidmet wurden, zählt der des evangelischen Oberpfarrers Johann Friedrich Hobbhahn von Kitzingen, der am *eyffrigen Bischoff* vor allem dessen Toleranz,

*Abb. 104: Die Schönbornkapelle am Dom,
Balthasar Neumann, 1721–1736.*

Religiosität und Sorgfalt lobte. Mit dem genialen Friedrich Karl, dem letzten bedeutenden Reichsvizekanzler, starb die brillanteste und politisch wirkungsvollste Persönlichkeit der dritten Schönborngeneration.«[62]

Welche Stimmung in diesen Jahrzehnten herrschte, wird in den folgenden Worten Hans Dünningers deutlich: »Die glanzvollen sakralen und profanen Prozessionen der Barockfürsten forderten zum Mit- und Nachvollzug heraus, umso mehr, als jene Zeit ganz allgemein eine besondere Vorliebe für prunkvolle Umzüge hatte.« Wie sich die Würzburger bei solchen Anlässen fühlten, beschreibt Dünninger in folgender Weise: »Es steigert das Selbstgefühl, in feierlichem Rahmen zu schreiten – man ist wer, wenn man dabei ist, zumal wenn man dadurch Gott und den Fürsten zugleich verherrlichen kann.«[63] (s. Tafel 28 und 39).

Frömmigkeitsformen der Aufklärung

Die religiöse Situation in der Stadt Würzburg

Infolge zahlreicher außer- und nebenliturgischer Frömmigkeitsformen geriet auch in Würzburg die eigene Pfarrgemeinde ins Abseits. »Die Nebenkirchen, Klosterkirchen, waren an Sonn- und Feiertagen überfüllt, während die Pfarrkirche leer stand.«[64] So klagte Fürstbischof Adam Friedrich von Seinsheim 1764: Viele Christen kommen durch Hintansetzung des öffentlichen Pfarrgottesdienstes nie zu einem »reifen Begriff eines wahren Christentums; lernen ihre Seelenhirten überhaupt nicht kennen«.[65] Am 1. März 1770 erschien in Würzburg der Erlass über die »Verlegung verschiedener Feiertage«. »Seinsheim begann ihn mit einem feierlichen Bekenntnis zur Rechtmäßigkeit der christlichen Heiligenverehrung, wie diese auch das Konzil von Trient bestätigt habe.«[66] Dabei war die Barockfrömmigkeit in der Stadt Würzburg durchaus noch lebendig. Der Geschichtsschreiber Ignaz Gropp aus dem Kloster St. Stephan beschreibt, wie um die Mitte des 18. Jahrhunderts die Fronleichnamsprozession in Würzburg abgehalten wurde. Für ihn »war der barocke Formenreichtum noch ganz selbstverständlich und nicht nur legales, sondern höchst lobenswertes Mittel zur Verherrlichung Gottes und der Demonstration der eigenen Glaubensstärke.«[67] Wenn man bedenkt, dass Würzburg gegen Ende des 18. Jahrhunderts kaum 20000 Einwohner hatte, war durch die Pfarr- und Klosterkirchen geradezu eine seelsorgliche Überversorgung festzustellen. Dennoch wurde über Glaubenslosigkeit geklagt. Angeführt wurden immer wieder die Abnahme der Zahl derjenigen, die die Sakramente empfangen, und das Fernbleiben vom Pfarrgottesdienst. »Die Leute, besonders die besseren, schämen sich, an Wallgängen teilzunehmen. Man verachtet das Weihwassernehmen in der Kirche, selten hört man in der Familie ein lautes Gebet.«[68] Als Gründe für diesen Zustand wurden nahezu übereinstimmend von allen kirchlich Verantwortlichen genannt »die Pressefreiheit, die Ausartung der Geistlichkeit, ›die missverstandene kantische Philosophie‹, die Roman- und Komödienleserei der Jugend, das ›fade, profane und kantische Predigen‹ so vieler jüngerer Geistlicher, das Vorurteil, als dürften nur moralische Predigten gehalten werden und keine Glaubenslehren vorgetragen werden«. So sei die theologische Fakultät der Universität Würzburg aufzufordern, »die drohenden Religionsgefahren zu beherzigen, sie solle sich bemühen, ihren Ruhm mehr in der stärkeren Begründung des äct katholischen Religionssinnes, als in der Aufstellung neuer und von Schwachen gar leicht zu missdeutenden Grundsätzen zu suchen.«[69] In den »Würzburger gelehrten Anzeigen«[70] wurde darauf hingewiesen, dass viele Menschen ohne Sakramente sterben müssten, selbst *in Städten, in welchen man keine Gasse passiren kann, ohne einem Priester zu begegnen.*

    Worauf in der Stadt Würzburg besonderer Wert gelegt wurde, zeigt ein Eintrag im »Magazin für Prediger zur Beförderung des praktischen Christenthumes und der populären Aufklärung«.[71] In dieser Zeitschrift wurde der Stadtpfarrer von St. Peter und Vorsteher der Mittelschulen in Würzburg, Dr. Johann Adam Emmert, ein *um die vaterländische Aufklärung bestens verdienter Mann* genannt. Weiter hieß es: *er war gar nicht von gemeinem Schlage jener Menschen, die unbekümmert in dem Geleise fort traben, worein sie die Erziehung, Gewohnheit und Vorurtheile gebracht haben, gehörte aber auch nicht zu jenen, die nur mit oberflächlichen Ideen alles Alte verwerfen, und alles Neue aufhaschen.* Es wird darauf hingewiesen, dass er durch sein Studium der Kirchengeschichte *geläuterte und solide Begriffe von Religion und Theologie* erhielt. Er sei ein Feind des Aberglaubens und dringe auf reines und tätiges Christentum.[72] Die Kurzcharakteristik eines Würzburger Seelsorgers zeigt, wie in der Stadt auch Seelsorge betrieben wurde.

Bahnbrechend für die katholische Aufklärung in Würzburg war Franz Oberthür. In einer Rede aus dem Jahre 1794 behandelte er die Liturgie. Er sagte: *Freylich war leider nicht immer der öffentliche Unterricht in der Religion aufgeklärt genug für den Verstand, nicht immer würksam genug für's Herz und leicht anwendbar für's Leben. Das war das traurige Los der Menschen in den vergangenen Zeiten der Dunkelheit. Glücklicher sind wir in diesen Tagen der immer höher steigenden und weiter sich verbreitenden Aufklärung, wo die Priester des Herrn genauer kennen, und tiefer fühlen als je ihren hohen Beruf, Lehrer und Führer der Menschen zu seyn zur ächten Menschentugend und Menschenglückseligkeit nach den Erfordernissen der Menschennatur und dem Geist des Evangeliums.*[73] Nach Oberthür soll die Absicht des Gottesdienstes in der christlichen Kirche Erweckung der Gottes- und Nächstenliebe zu einem tätigen Leben sein.

Ein anderer Vertreter der Aufklärung in Würzburg war Franz Berg. In seiner *Predigt bey der feyerlichen Eröffnung des wohlthätigen Instituts für kranke Handlungsdiener, Gesellen und Lehrjungen zu Wirzburg, gehalten in der Michaelskirche zu Würzburg den 19. Hornung im Jahre 1786* bemerkte er: *Dann hat der Gottesdienst seinen Zweck und seine Höhe erreicht, wenn er sich so nahe an Tugend, zumal an Menschenliebe anschliesst, wie diesmal. [...] Es gereicht der christlichen Religion zu einer vorzüglichen Ehre, daß sie Menschenliebe und Wohltätigkeit für den besten Gottesdienst erklärt.* Er fuhr fort: *Wie merkwürdig und neu ist nicht die Erscheinung, dass heute zum erstenmale unter uns milde Beyträge für leidende Mitmenschen beym öffentlichen Gottesdienste gesammelt werden und daß wir von der genauen Verbindung desselben mit der Wohltätigkeit, die in der ersten Kirche herrschte, einmal eine Probe sehen?*[74]

In seiner Trauerrede auf Franz Ludwig von Erthal sagte Franz Berg unter anderem: *Wie sehr bemühte sich nicht unser Bischof, den unschicklichen Prunk vom Gottesdienste zu entfernen, schädliche Vorstellungsarten vom Ablasse umzubilden, die weiten Wallfahrten wenigstens zu mäßigen, die Geistlichkeit zur Verfertigung eines vernünftigen und für unseren Zustand der Cultur passenden Gesang- und Gebethbuches zu erwecken, zur Verfassung eines besseren Katechismus Vorbereitungen zu machen, dem gemeinen Manne die abergläubischen Andachts- und Lesebücher und Calender aus den Händen zu spielen und ihm bessere dafür zu geben.* Hier ist das gesamte Reformprogramm Franz Ludwigs hinsichtlich des Frömmigkeitslebens in Kürze zusammengefasst.[75]

Der Einsatz für kirchliche Reformen

Intensiv bemühten sich viele Persönlichkeiten um Reformen des kirchlichen Lebens. In einer Predigt am Fest der Himmelfahrt Mariens, gehalten vor den Mitgliedern der Marianischen Bürgersodalität in der Michaelskirche zu Würzburg im Jahre 1787, legte Michael Feder seine Ansicht von der Bestimmung des Gottesdienstes dar: *O daß Sie sich überzeugen, auf das Lebhafteste überzeugen möchten, daß all das Geräusch, all der Schimmer und alle die Pracht, womit Sie das Fest ihrer Erhöhung heute feyern, Sie nichts hilft, Sie nicht um das Geringste beliebter bey ihr und dem Sohne macht, wenn Sie nicht besser, nicht tugendhafter, nicht demüthiger werden!*[76]

In einer anderen am Festtage des hl. Johannes des Täufers, gehalten in der Hauger Stiftskirche im Jahre 1791, sprach Feder wieder über den Sinn und Zweck des wahren Gottesdienstes. Er sagte: *O daß diese in der H. Schrift so nachdrücksam empfohlene, diese eines Menschen, eines Christen so würdige Tugend auch die unsrige wäre. […] Wie viel würden wir dann Gutes stiften und wie sehr würden wir uns dann um die Kirche und den Staat verdient machen!*[77]

Auch der in Würzburg geborene Domvikar Franz Nikolaus Baur urteilte ähnlich über den Zweck des Gottesdienstes: *Die Meinung, als würde Gott nicht blos durch Erfüllung der Pflichten gegen sich selbst und seinen Nächsten, durch Ergebenheit in den Willen der Vorsehung, und Dankgefühl gegen den Geber alles Guten gedient, sondern, als forderte er noch gewisse Gebräuche, zu welchen einige Menschen besonders abgerichtet werden müßten, ist abergläubisch, und offenbare Abgötterey.*[78]

Der gemäßigte Würzburger Aufklärer Franz Oberthür forderte eindringlich die Verwendung der Landessprache wenigstens bei der Spendung der Sakramente.[79] Auch sprach er sich für die Predigt während der Messe aus. Im Zusammenhang mit einem Predigtzyklus vor den Schülern der polytechnischen Schule in Würzburg betonte er: *Ich hielt jedesmal die Rede am Altare, unter der Messe nach dem Evangelium, las ihnen dann dieses, wie die Epistel in deutscher Sprache vor, verwebend den Inhalt von beyden mit dem der Rede, so gut es angieng, ohne einigen Zwang mir dabey anzuthun […] Ich wählte diese Einrichtung, weil sie mir der Sitte der alten Kirche näher zu kommen, dem Begriffe vom Gottesdienste, der eine zusammenhängende aus Gebethen, Feyer des höchsten Geheimnisses, und mündlicher Belehrung an das Volk bestehende Handlung seyn soll, besser zu entsprechen, und dieser Unterricht, selbst am Altare, mitten unter den übrigen Teilen des Gottesdienstes, ohne Deklamation, ganz schlicht und einfach, dem um ihn herum versammelten Volke wie mit kindlichem Sinne denen den Worten des Vaters horchenden Kindern, väterlich-wohlwollend und zutraulich vom Priester ertheilt, tiefer in die Gemüther der Zuhörer einzudringen schien.*[80]

Franz Oberthür hat alle Felder kirchlichen Handelns als ausgewogener katholischer Aufklärer durchdacht. Er hat damit auf die Seelsorger und diese wiederum auf die Gläubigen in der Stadt Würzburg Einfluss ausgeübt. Zwei Momente bestimmten seine Reformgedanken: einmal die Hebung der Sittlichkeit oder allgemein der Tugend, zum anderen seine Idee von der Möglichkeit einer Wiedervereinigung der christlichen Konfessionen.[89]

Gregorius Heeger, Pfarrer in Würzburg, brachte 1796 eine Predigtsammlung heraus. Dies zeigt, wie hoch der Einsatz für die religiöse und sittliche Bildung der Stadtbevölkerung war. Hinsichtlich des Gebets stellten die »Würzburger gelehrten Anzeigen« heraus: *Alle Gebete sind in einer einfachen reinen Herzenssprache abgefaßt, frey von allen schwülstigen und mystischen Ausdrücken, so dass jeder Mensch diese Gebethe auch mit Verstand und natürlicher Herzensempfindung bethen wird.*[81]

Wie stand es in Würzburg mit der Kirchenmusik? Im Jahre 1798 brachten die »Würzburger wöchentlichen Anzeigen« eine Würdigung des Würzburger Hofmusikers und Chordirektors Ignaz Franz Kürzinger, der am 21. August 1797 im Juliusspital verstorben war. Er wird als Urheber verschiedener kirchenmusikalischer Reformen bezeichnet. *Vorzüglich unzufrieden war er darüber, daß man gegen alle Regel Arien und andere Stücke aus italienischen Opern und Operetten in den Kirchen aufführte, ohne Rücksicht darauf zu nehmen, ob Text und Melodien dahin passen.* Über seine Wirksamkeit in Würzburg heißt es: *Er brachte vorzüglich die Kirchenmusik empor und lieferte so viele neue Arbeiten, daß er vielleicht auf ein ganzes Jahr den Chor mit eigenen Stücken hätte versehen können. Hier war er der Erste, welcher teutschen Gesang für die lateinischen Texte in die Kirche einzuführen suchte […]. Er machte vorzüglich durch das Einschalten teutscher Lieder die in der Charwoche gewöhnlichen Oratorien für das Volk passend.*[82]

In der Stadt Würzburg setzte sich die Reform mit einem neuen Gesangbuch nur zögernd durch. Zwar wird berichtet, dass in der Pfarrkirche St. Burkard *die neuen Messlieder in der Woche und an manchen Feiertagen, wo der Stiftchor bis dahin nicht gehindert hatte, gesungen wurden; ferner werden in der Hofspitalkirche, die zu St. Burkard gehört, schon […] an Sonn- und Feiertagen deutsche Vespern gesungen.*[83] Allem Anschein nach vermochten sich die Würzburger aber mit der neuen Gesangsweise nicht gut anzufreunden. Ein Beleg hierfür stammt aus dem Jahre 1805. Hinsichtlich des neuen deutschen Gesangbuches heißt es: *[…] allein noch kennt man sein Dasein mehr in den Dorfkirchen als in hiesiger Stadt; wie wenn der deutsche Gesang mehr für den Landmann als für den Städter geeignet wäre.*[84]

Gerade in Würzburg selbst wurden Auseinandersetzungen über kirchliche Zeremonien geführt. So wurde berichtet: *Mittags um 12 Uhr fieng schon der Tumult an und währte einige Stunden fort. Der Geistliche mußte mitten in der Kirche unter dreymaligem Gesange das hölzerne Bild, welches den auffahrenden Heiland vorstellen sollte, emporheben und mit vielem Geräusche wurde es dann zur Kirchen-Decke hinauf gezogen (Am Pfingstfeste wurde von der Decke eine hölzerne Taube im Schwunge herabgelassen, die dann der Geistliche unter Gesang empfing). Noch mehr erhöhte sich das Geräusch, als nach dem Hinaufziehen oder Herablassen des Bildes, Oblaten, brennendes Papier (zur Vorstellung der Feuerzungen am Pfingstfeste) herabflogen und zugleich Wassergüsse erfolgen. Jeder wollte dem Feuer und Wasser ausweichen: doch fehlte es nicht, daß manches Kleid durch Feuer und Nässe verdorben wurde;* die Jugend stieg auf Stühle und Bänke, um eine Oblate zu erwischen, und die Alten ergötzten sich an diesem Schauspiel.[85] Diese Praxis entsprach allerdings nicht dem Geiste der Aufklärer, aber die Würzburger hingen wohl an solchen religiösen Bräuchen. 1791 wird der Dompfarrer zur Verantwortung gezogen, weil in diesem Jahr im Würzburger Dom die Zeremonien an Christi Himmelfahrt unterblieben seien.[86]

In der Stadt Würzburg gab es eine Kirche, die genau den Idealen der Aufklärer entsprach: Es handelt sich um die Kirche im Juliusspital. Sie wurde unter Franz Ludwig von Erthal erbaut. Karl Gottfried Scharold schrieb: »In der Kapelle des Juliusspitals scheint der selige Erbauer, Fürstbischof Franz Ludwig, ein Muster angegeben zu haben, wie alle Kirchen und Kirchlein von innen sollten erbaut werden. Durch eine seltene Simplicität wird in derselben eine hohe und feyerliche Wirkung hervorgebracht. In der Mitte ein kleiner Altar von vaterländischem Marmor, den Bethenden von allen Seiten her sichtbar, und nur durch einige Kerzen erleuchtet, daneben eine einfache marmorne Kanzel, eine schön gebaute Orgel, und am mittleren Fenster eine der sieben weisen Jungfrauen, gleichfalls aus inländischem Marmor gehauen in dem Act, wie sie das Oel in die Schaale gießt und das ewige Licht unterhält, sind die einzigen Gegenstände, die das Auge anziehen, und mit Gewalt das Herz zur Andacht erheben.«[87]

Als die Kirche fertig gestellt war, fehlte es nicht an vielfacher Kritik; der schärfste Vorwurf lautete: Man habe eine lutherische Kirche gebaut. Erthal war darüber sehr betroffen. Seine folgende Aussage charakterisiert treffend die Stimmung der meisten Würzburger Katholiken: *Man hätte sich doch nicht so weit von der gemeinen Meinung der hiesigen Menschen entfernen sollen.* Er fügte dann noch hinzu: *Das gemeine Volk klebt noch zu sehr an den Nebensachen der Religion.*[88]

Auch den Wallfahrten und Prozessionen standen die Würzburger Aufklärer ablehnend gegenüber. Das folgende Beispiel zeigt wieder die Spannung zwischen dem Empfinden der Bürger und den Maßnahmen der Obrigkeit. Am 19. August 1793 wurde Franz Ludwig von Erthal von einem Knaben eine Bittschrift überbracht, in der es hieß: *Etwelche alte gute Bürger* ziehen *schon lange Jahr* hinauf nach Vierzehnheiligen, wo schon so viele Mirakel geschehen seien und wo der Bittsteller selbst – Friedrich Schreck – von Blindheit befreit worden sei. Sie stellen den Antrag, *mit einer Fahnen samt einem Geistlichen ofendlich* dorthin wallen zu dürfen, damit diese Andachten in Vierzehnheiligen auch in der hiesigen Residenzstadt vermehrt werden. Erthal gab Anweisung, das Gesuch abzulehnen.[90]

Auch Oberthür lehnte als ein Hauptvertreter der Aufklärung in Würzburg große Wallfahrten ab. So stimmte er der Entscheidung der Kreuzbruderschaft zu, die Kreuzbergwallfahrt von fünf Tagen in eine von einem halben Tag auf den nahen Nikolausberg umzuändern. Die Konsultoren der Bruderschaft, die als aufgeklärt bezeichnet werden, setzten sich jedoch nicht durch. In der Folgezeit bestanden die beiden Prozessionen nebeneinander, auf den Nikolausberg und auf den Kreuzberg. In der Stadt Würzburg stand die jährliche Palmsonntagsprozession in besonderem Ansehen. Veranstaltet und finanziert wurde diese Prozession von der akademischen Sodalität. Auch diese Wallfahrt wurde untersagt.[91]

Besonders erbost waren die Gläubigen über die Reduktion der Feiertage. Erst mit der Zeit nach der Jahrhundertwende beruhigte sich das Volk wieder. Als 1802 die Bayern in Franken einzogen, »begannen sie sofort mit einer Revision des gesamten Kultus, die zu einer Flut von einengenden Verordnungen führte.«[92]

Die Säkularisation 1803 bedeutete mit Ausnahme der kurzen Episode zwischen 1806 und 1814 das Ende für Würzburg als Residenzstadt. Aufgrund neuer Strukturen und neuer sozio-kultureller Gegebenheiten entwickelten sich im 19. Jahrhundert auch neue Formen kirchlichen Lebens in der Stadt Würzburg.

»Theologia Wirceburgensis«

KLAUS WITTSTADT †

»Kurz vor der Auflösung des Jesuitenordens 1773 erreichte die Jesuitentheologie in Würzburg noch einen letzten Höhepunkt durch die Herausgabe der so genannten Theologia Wirceburgensis. Das Werk ist ein Kompendium der scholastischen Theologie und setzt sich zusammen aus den Traktaten der vier Jesuiten Heinrich Kilber, Thomas Holzklau, Ulrich Munier und Ignaz Neubauer.«[1]

THEOLOGIA
DOGMATICO-POLEMICO-
SCHOLASTICA
PRAELECTIONIBUS ACADEMICIS
ACCOMMODATA
À
P. THOMA HOLTZCLAU, S. J.
SS. THEOL. DOCTORE, EJUSDEMQUE IN
ALMA WIRCEBURGENSIUM UNIVERSITATE
PROFESSORE PUBL. ET ORDIN.

TRACTATUS
DE
DEO VERBO
INCARNATO.

CUM PERMISSU SUPERIORUM.

Wirceburgi, Norimbergæ, & Pragæ
SUMPTIBUS PAULI LOCHNER ET MAYER.
Typis Franc. Ernesti Nitribitt, Universit. Typographi.

Abb. 105:
Die »Theologia Wirceburgensis«,
Band 1, Titelblatt.
(Universitätsbibliothek Augsburg)

Die »Theologia Wirceburgensis« umfasst 14 Bände und erschien 1766–1771 in Würzburg unter dem Titel: »Theologia dogmatico – polemico – scolastica, praelectionibus academicis accomodata«.

Besondere Beachtung fand das Werk im 19. Jahrhundert, das in der Theologiegeschichte als Zeitalter der Neuscholastik bezeichnet wird. So ist zum Beispiel für den bekannten Theologen Matthias Joseph Scheeben die »Theologia Wirceburgensis« »das bedeutendste« Handbuch seiner Zeit. Nach Scheeben berücksichtigt es »in gleicher Weise das positive und spekulative Element« und »schließt in würdiger Weise die alte Theologie in Deutschland ab«.[2]

Ablehnend stand die Aufklärungstheologie der »Theologia Wirceburgensis« gegenüber. Der bedeutende Würzburger Theologe Franz Oberthür nennt die Traktate einen »Mischmasch von Dogmatik, Polemik, Geschichte, Scholastik«, die »den Namen einer Dogmatik nicht verdienen«.[3] Eine andere Charakteristik Oberthürs lautet: »Die Theologia Wirceburgensis« ist »ein ganz nach der alten trockenen scholastischen Methode, ohne natürliche Ordnung, ohne Zusammenhang zusammengetragenes Machwerk«.[4] Trotz dieser Negativkritik bildete auch für Oberthür die »Theologia Wirceburgensis« die Grundlage für seine Vorlesungen. Dennoch, Oberthür kam es mehr auf den Geist des Menschen an, auf wahre Humanität und weniger auf Gedächtnistraining.[5]

Bildungswesen und Geistesleben
(ca. 1525–1814)

PETER BAUMGART

Wohl in kaum einem anderen Bereich des öffentlichen Lebens war die Stadt Würzburg so wenig autonom und derart abhängig von den Maßnahmen und Weisungen der fürstbischöflichen Landesherrschaft wie im Bildungswesen; darüber hinaus blieb sie beständig eingebettet in die allgemeinen Trends des Geisteslebens, denen sie sich nicht entziehen, die sie selbst aber allenfalls marginal beeinflussen konnte. Die Geschichte der Universität und des Schulwesens in Würzburg angesichts des Humanismus, im konfessionellen Zeitalter, unter der Vorherrschaft der Jesuiten, während der Aufklärungsperiode sowie im Übergang zur von der Romantik geprägten Restauration geht daher während des gesamten Zeitraums nicht in der Stadtgeschichte auf, sondern weist beständig über sie hinaus; sie bedarf der ergänzenden und erklärenden landesherrlichen Perspektive vor dem überregionalen kulturellen Hintergrund.

Die kulturelle Dominanz der geistlich-weltlichen Doppelherrschaft in der Residenzstadt korrespondierte mit den politischen Rahmenbedingungen, zumal seit dem Ende des »Bauernkrieges« in Franken 1525. Die Realität des städtischen Autonomieverlustes kam in der noch 1525 erlassenen und 1528 abermals verschärften Stadtordnung Fürstbischof Konrad von Thüngens sinnfällig zum Ausdruck.[1] Unter Fürstbischof Julius Echter wurde sie 1599 dann fortgeschrieben getreu seiner Devise von 1584: *Er were unser Herr* und wolle den Rat schon weisen, *waß der Unterschied zwischen Unterthanen und Obrigkit sey.*[2]

Humanistische und reformatorische Tendenzen
während der ersten Hälfte des 16. Jahrhunderts

Die bischöfliche Residenzstadt am Main war weder ein Zentrum des deutschen Humanismus noch wurde sie von der Reformation voll erfasst, aber beide Bewegungen hinterließen dort ihre deutlichen Spuren. Der Humanismus in seinen unterschiedlichen Erscheinungsformen prägte die gelehrte Geistlichkeit seit dem Würzburger Wirken des Abtes Johannes Trithemius (bis 1516) ebenso wie die von ihr geförderte neulateinische Dichtung,[3] für die hier nur der fürstbischöfliche Rat und Oberhofmeister Sebastian von Rotenhan (bis 1532) als Förderer genannt sei. Sein Mäzenatentum wurde später noch übertroffen von dem Würzburger Domherrn und Domdekan Erasmus Neustetter.[4] Der Humanismus erfasste auch die Fürstbischöfe, so Lorenz von Bibra (1495–1519) und in

Grenzen seinen dritten Nachfolger Melchior Zobel (1544–1558). Er formte nicht nur die Literaten und Neulateiner, wie den Protestanten Johannes Postius, der sich bis zur durchgreifenden Rekatholisierung 1585 am Würzburger Hof hielt, oder den gelehrten Historiographen Lorenz Fries (bis 1550),[5] der nacheinander als Geheimsekretär und Archivar drei Fürstbischöfen diente. Vielmehr blieb der Humanismus auf lange Sicht die für das Schulwesen wie für die wieder gegründete Universität bestimmende Kraft.

Die rasche Ausbreitung der reformatorischen Bewegung seit ca. 1518 ließ die mainfränkische Bischofsstadt keineswegs unberührt.[6] Das reformatorische Gedankengut wurde dort sogar von der Domkanzel herab seit dem Sommer 1520 bis in die Fastenzeit 1525 verbreitet; der entschieden altgläubige Fürstbischof Konrad von Thüngen griff jedoch nach Abschluss des Bauernkriegs energisch durch und konnte in seiner Residenzstadt wie im Hochstift das alte Kirchenwesen vorerst stabilisieren. Dennoch wuchs die protestantisch gesinnte Bürgerschaft besonders seit den 50er Jahren nochmals beträchtlich an und dominierte sogar zeitweilig den Rat der Stadt, ehe dann Julius Echter während der 80er Jahre die katholische Konfessionalisierung rigoros durchsetzte.[7]

Die Situation des Schulwesens vor und nach der Berufung der Jesuiten

Um die Mitte des 16. Jahrhunderts besaß die alte Bischofsmetropole Frankens noch kein voll ausgebildetes Gymnasium, geschweige denn ein gegliedertes Schulsystem. Sie verfügte lediglich über die traditionsreiche Domschule sowie die verschiedenen Stifts- und Klosterschulen mit vorwiegender, wenngleich nicht ausschließlicher Zielsetzung der Bildung des Nachwuchses für den Welt- und Ordensklerus. Die dürftige Überlieferung erlaubt allerdings kaum konkretere Aussagen.[8] Vom Rat der Stadt dauerhaft betriebene Schulen sind nicht nachgewiesen. Schulen bei einzelnen Pfarreien (St. Peter, Pleichach) und privat organisierte Trivial- oder Lateinschulen sowie »teutsche Schulen« als so genannte »Winkelschulen« scheinen mehr oder weniger kontinuierlich existiert zu haben.[9]

Es waren hauptsächlich die anhaltenden politischen Turbulenzen seit dem großen Bauernkrieg, sodann der Markgräflerkrieg, die Grumbachschen Händel und die instabil-unklare religiöse Situation infolge der reformatorischen Einflüsse in Franken, die den Fürstbischöfen wenig Spielraum für bildungspolitische Maßnahmen ließen. Immerhin gab es Ansätze zur Erneuerung des Bildungswesens unter dem Humanistenfreund Melchior Zobel, die jedoch über Einzelmaßnahmen wie die Umwidmung von Kanonikaten an den Stiften Haug und Neumünster für Lehrer der Theologie und des Kirchenrechts nicht hinausgingen.[10] Zwar knüpfte schon dieser Fürstbischof erste Beziehungen zum Jesuitenorden, der damals unter maßgeblicher Mitwirkung des Petrus Canisius das Schul- und Universitätswesen im Reich für die altgläubig gebliebenen Territorien zu reorganisieren begann, aber eine Bildungsreform im Hochstift leitete doch erst Fürstbischof Friedrich von Wirsberg (1558–1573) ein.[11] In voller Loyalität zur alten Kirche stellte er sich auf den Boden der Reformdekrete des eben damals zum Abschluss gelangenden Trienter Konzils (1564). Den wichtigsten Hebel zur Hebung des Bildungsstandards erblickte er in der Schaffung von einheimischen Ausbildungseinrichtungen für

*Tafel 25: Einzelstücke aus dem Silberschatz des Würzburger Stadtrates (Ratsgeschirr),
hier Geschenke des Fürstbischofs Johann Philipp von Greiffenclau zu Vollraths (1699–1719).
(StadtAW, Rb 18, fol. 17r)*

Tafel 26: Zwei schwarz gekleidete Würzburger Ratsherren begrüßen sich am Eingang
des Roten Baus, in dessen mittlerem Bogen der doppelköpfige Reichsadler eingelassen ist, 1704.
(StadtAW, Rb 18, fol. 3r)

Tafel 27: *Ansicht Würzburgs von 1780 im Silbernen Ratsbuch.*
(StadtAW, Rb 17, fol. 133r)

*Tafel 28: Gedenkblatt des Ratsherrn Johann Baptist Häusler anlässlich
seiner Aufnahme in den Stadtrat am 26. März 1795.
(StadtAW, Rb 17 – Silbernes Ratsbuch, fol. 152r)*

die Geistlichkeit und die Beamtenschaft seines Hochstifts. Er plante dabei bereits neben der Einrichtung eines Gymnasiums die Wiedererrichtung der alten Universität in Würzburg.

Die bildungspolitischen Anstrengungen Wirsbergs zur Gründung eines Gymnasiums oder einer »Partikularschule« in Würzburg mit Hilfe der Jesuiten scheiterten zunächst an den zu hohen finanziellen Forderungen des Ordens für die Errichtung eines Jesuitenkollegs sowie an der Opposition des eigenen Domkapitels, das in Übereinstimmung mit der Würzburger Bürgerschaft eigene Schulpläne für eine »gemeine Schule« beim Dom verfolgte. Die dennoch im April 1561 im aufgelassenen Klarissenkloster St. Agnes eröffnete fünfklassige Schule mit auswärtigen Lehrkräften und anspruchsvollem Unterrichtsprogramm, das über das Niveau einer traditionellen Lateinschule hinausging, geriet alsbald in Bedrängnis und musste den Betrieb schon 1564 wieder einstellen, ohne dass Wirsberg jedoch resignierte.

Es dauerte nun bis 1567, ehe der Fürstbischof in langwierigen Verhandlungen mit den Jesuiten die Errichtung eines Jesuitenkollegs mit Partikularschule auf dem Areal des dem Kolleg inkorporierten Agnesklosters durchsetzte, während er selbst eine Konvikts- und Alumnatsstiftung für arme Studenten (»Collegium pauperum«) und geistliche Pfründeninhaber im benachbarten Hof »Zum Fresser« einrichtete.[12] Die *newe Schul* (»Pädagogium«) wurde mit dreitägigen Feierlichkeiten ab dem 15. November 1567 eingeweiht. Der Andrang von etwa 200 Schülern bereits im Eröffnungsjahr und mit 23 Dozenten der Humaniora 1568 bestätigte eindrucksvoll die Notwendigkeit einer derartigen Schule im altgläubig gebliebenen Franken. Die Verbindung des Gymnasiums mit dem 1568 seitens des Ordensgenerals Franz Borgia bestätigten Jesuitenkolleg[13] gab der Würzburger Gründung ihr spezifisch gegenreformatorisches Gepräge. Sie diente dem Orden zugleich als ein wichtiger Baustein in dem groß angelegten Schul- und Universitätsprogramm, das er seit etwa 1550 gestützt auf humanistische Pädagogik nach einheitlichen Grundsätzen im altgläubigen Reich zu realisieren unternahm.[14]

Die Universität zu Würzburg als neues Bildungszentrum in Franken

Fürstbischof Julius Echter und die zweite Gründung der Universität (ca. 1575–1582)

Erst Wirsbergs Nachfolger Julius Echter von Mespelbrunn gelang es, das jesuitisch geprägte Pädagogium in Würzburg zu einer Universität auszubauen. Zum Erfolg hat sicherlich die willensstarke und tatkräftige Persönlichkeit des jungen Fürstbischofs (1545–1617) entscheidend beigetragen, der seinem Bildungsgang nach eher Kirchenjurist als Theologe oder Seelsorger war und dem Würzburger Kapitel als Domscholaster wie zuletzt als Domdekan gedient hatte.[15] Julius Echter als Landesherr bestimmte den universitätspolitischen Kurs in Würzburg. Als Repräsentant des »geistlichen Absolutismus« (v. Pölnitz)[16] ließ er sich weder durch das opponierende Domkapitel, noch durch die hochstiftischen Landstände, in denen der vielfach protestantisch gewordene fränkische Adel dominierte, noch durch die Jesuiten beirren, die als Schulträger eine weitgehende Autonomie über die von ihnen betriebenen Bildungseinrichtungen beanspruchten. Echter hingegen benutzte sie als Werkzeuge bei seiner Bildungsreform, die er ohne Zweifel seit Beginn seiner Regierung fest ins Auge fasste. Eine »Jesuitenuniversität« im strengen Wortsinn ist die nicht ohne Grund nach ihm benannte »Alma Julia« deshalb zur Enttäuschung der Patres nicht geworden.[17] Es gelang ihnen nicht, die neue Würzburger Hochschule aus der landesherrlichen Jurisdiktionsgewalt des Fürstbischofs zu lösen. Ebensowenig hatte die hartnäckige Opposition des Domkapitels Erfolg, der er mit Schärfe und Rücksichtslosigkeit begegnete, sodass sich die Domherren beklagten, Echter *wolle alles nach ihrer fürstl. Gnaden Kopf machen und vexiere ein ehrwürdig Domkapitel.* Der Fürstbischof setzte sich ohne Rücksicht auf seine Wahlkapitulation einfach über ihre anhaltenden Bedenken hinweg.[18]

Alsbald nach seinem Regierungsantritt begann er mit dem Ausbau des Gymnasiums und mit der Erweiterung des Lehrprogramms. Auf dem Weg zur Universität musste er jedoch die universalen Gewalten der Zeit, Kaiser und Papst, einschalten, damit sie sein Studium privilegierten und ihm so die allgemeine Anerkennung als »Generalstudium« mit den akademischen Graduierungsrechten verschafften.[19] Auffälligerweise hat Echter als geistlicher Fürst nicht zuerst ein päpstliches Privileg angestrebt, obschon er dabei an dasjenige von 1402 seines Amtsvorgängers Johann von Egloffstein für das kurzlebige erste Würzburger Generalstudium anknüpfen konnte. Vielmehr ist die traditionelle Datierung des Privilegs Papst Gregors XIII. für das Würzburger Studium nach neueren Untersuchungen zu revidieren:[20] Die Urkunde stammt erst vom 28. März 1576, während das Privileg Kaiser Maximilians II. bereits mit Datum vom 11. Mai 1575 ausgestellt wurde, also den zeitlichen Vorrang beanspruchen kann.

Inhaltlich bezog sich das neue päpstliche Privileg ausdrücklich auf das ältere von 1402 sowie auf die Gymnasialstiftung Wirsbergs. In formelhafter Manier gewährte es der neuen Hochschule alle Rechte einer *universitas studii generalis* nach den Vorbildern von Bologna, Paris etc.; darüber hinaus verpflichtete es aber die künftigen Promovenden und Professoren, eine »Professio fidei« auf das Tridentinum abzulegen, wie sie seit 1568 von allen katholischen Universitäten gefordert wurde. Diese folgenschwere Bestimmung ordnete die »Academia Julia« mit den Generalstudien im herzoglich-bayerischen Ingolstadt, im bischöflich-augsburgischen Dillingen und anderswo dem Typus der schon von den Zeitgenossen als »Academia Catholica« bezeichneten konfessionell geprägten Hochschulen zu, der seine zeitgemäße Entsprechung im protestantischen Bereich fand.[21] Demgemäß beanspruchte die Landesherrschaft des konfessionellen Zeitalters entsprechend ihrem im Augsburger Religionsfrieden von 1555 verankerten Reformationsrecht die Festlegung und Kontrolle des religiösen Bekenntnisses der Universitätsangehörigen; von Glaubens- oder Bekenntnisfreiheit war mithin nicht die Rede.[22]

Die Vorziehung des kaiserlichen Privilegs durch Julius Echter erklärt weitgehend die Schwierigkeiten, die dem Fürstbischof am Kaiserhof zu Prag zunächst gemacht wurden. Denn dort wollte Maximilian II. der Würzburger Neugründung vorerst nur den Status einer »Minderuniversität« mit eingeschränkten Graduierungsrechten einräumen, wie sie zuvor das neugläubige reichsstädtische Studium in Straßburg (1566) und wenig später das nahe konkurrierende Altdorf (1578) erhielten. Offenbar konnten die fürstbischöflichen Gesandten aber diese Statusminderung, die auf ein Zweifakultätsstudium hinausgelaufen wäre, abwenden, indem sie sich der kaiserlichen Bürokratie in Prag gegenüber der vielfach zeitüblichen *munera et schmiralia, wie hier gebräuchlich*, bedienten.[23]

Materiell wich das nach den Formularen der kaiserlichen Kanzlei gefertigte Privileg Kaiser Maximilians II. für das Würzburger Generalstudium daher nicht nennenswert von denen anderer, älterer oder gleichzeitiger Universitätsgründungen ab: Die in der Bischofsstadt bereits bestehenden Schuleinrichtungen wurden zum *studium universale et gymnasium* erhoben, der Verbund von Hochschule und Jesuitengymnasium wurde mithin sanktioniert. Das Vierfakultätenmodell der älteren Universitäten mit Promotionsrecht in allen vier traditionellen Fakultäten sollte auch in Würzburg gelten, die Universitätskorporation Autonomie erhalten; das eigene Satzungsrecht stand jedoch unter landesherrlichem Genehmigungsvorbehalt, die Eigengerichtsbarkeit blieb beschränkt.

Der Vorrang der Landesherrschaft wurde von Echter wiederholt gegenüber den Jesuiten wie gegenüber dem Domkapitel demonstriert:[24] Er wusste sich zwar in den gegenreformatorischen Zielen seiner Bildungspolitik mit den Jesuiten vollständig einig, er erhöhte auch die bisherigen knappen Zuschüsse für das Kolleg in einem zweiten Fundationsbrief von 1588 auf ca. 3 000 Gulden.[25] Aber dennoch beklagten sich die Patres bei dem Ordensgeneral über Echters Rücksichtslosigkeit und Härte: »Seit 12 Jahren verhandelt er über eine bessere Fundation, verspricht viel und hält nichts …« Es verwundert daher nicht, wenn die Ordensoberen bei einer Visitation des Würzburger Kollegs unerfreuliche wirtschaftliche Zustände feststellen mussten: »Viele Schulden, fast keine Vorräte, saurer Wein in geringer Qualität, sehr schlechtes Brot«. Fürstbischof Julius belegte die auf ihre Autonomie pochende Jesuitenniederlassung gegen ihren Protest auch mit einer Steuer und ließ sich demonstrativ im Kollegiengebäude ein Zimmer einrichten.

Auf dem Weg von der Privilegierung zur Eröffnung des Würzburger Generalstudiums waren noch beträchtliche Schwierigkeiten zu überwinden. Vor allem musste die finanzielle Ausstattung und wirtschaftliche Fundierung gesichert werden, was der Landesherr nur in Auseinandersetzung mit dem wenig kooperativen Domkapitel sowie unter Heranziehung der Stifte und Klöster des Hochstifts erreichen konnte, und zwar durch fürstliche Kammereinnahmen, Beisteuern der Stifte und Klöster, erhebliche Kredite etc.[26] Davon wiederum hing die personelle Ausstattung, die Besetzung der Professuren mit qualifizierten Lehrkräften ab. Hinzu kam die Ausarbeitung einer Universitätssatzung. Da der Fürstbischof sich in den folgenden Jahren überdies stark in der Reichspolitik engagierte, zumal in den »Fuldaer Händeln«, blieb für die Bildungs- und Innenpolitik vorerst wenig Spielraum. Es dauerte deshalb noch mehr als sechs Jahre, ehe in Würzburg tatsächlich die feierliche Einweihung der Universität erfolgte. Insbesondere mit dem Domkapitel, dessen Mitglieder keinen klaren Einblick in Echters Finanzierung der teuren Hochschule besaßen und sich als Mitregenten des Hochstifts dabei übergangen fühlten, kam es zu heftigen Konflikten. Der Fürstbischof setzte sich schließlich über ihre systematische Opposition souverän hinweg, indem er die überraschten Kapitelherren kurzerhand vor vollendete Tatsachen stellte.[27] Er zwang die adligen Domherren nach langen Verhandlungen über den Standort der Universitätsbauten[28] (Hof zum Katzenwicker, Reuererkloster) auch zur Anerkennung der von ihm gewünschten Alternative: Auf dem Areal des dem Jesuitenkolleg benachbarten Klosters St. Ulrich ließ er im Sommer

Abb. 106: Hauptportal der Alten Universität
mit dem Relief »Ausgießung des Heiligen Geistes« von Johann von Beundum, ca. 1585/86.
(Kopie von 1886)

1582 nach den Plänen des Kurmainzer Baumeisters Georg Robin mit den Bauarbeiten beginnen. Er zögerte in der Folge nicht, einen zusätzlich benötigten Streifen des anschließenden Jesuitengrundstücks gegen den Protest des Kollegrektors in die Baukonzeption einzubeziehen. Auch die päpstliche Genehmigung zum Abbruch des verlassenen Benediktinerinnenklosters wartete er nicht ab.

In neunjähriger Bauzeit wurde der großzügige Kollegienkomplex als um einen Innenhof gruppierte Vierflügelanlage mit einem Kostenaufwand von über 130 000 Gulden fertig gestellt, und zwar zunächst schon 1584 das St. Kilianskolleg im Ostflügel als Priesterseminar, während die Hörsäle und Amtsräume teils im nördlichen »Auditoreibau«, teils im Westflügel untergebracht wurden, wo sich auch die große Aula befand. Als krönender Abschluss wurde schließlich 1592 die südlich gelegene Universitätskirche vom Fürstbischof in Gegenwart Herzog Wilhelms V. von Bayern feierlich eingeweiht. Die noch heute eindrucksvolle Anlage, die alle Hochschuleinrichtungen in einem massiven Baukörper kollegartig verband, ragte unter den zeitgenössischen deutschen Hochschulbauten deutlich hervor. Sie setzte auch kunstgeschichtlich eigene Akzente (»Echterrenaissance«) und repräsentierte sogar einen besonderen Typus europäischer Universitätsarchitektur.[29] Damit war der äußere Aufbau der Würzburger Universität weitgehend abgeschlossen.

Die Juliusuniversität als privilegierte Korporation in der Stadt

Der Fürstbischof schritt schon vor der vollen Konsolidierung seiner Gründung in Würzburg zur feierlichen Eröffnung, um den universitären Lehrbetrieb so früh wie möglich beginnen zu lassen. Die glanzvollen viertägigen Inaugurationsfeierlichkeiten,[30] die am 2. Januar 1582, für das opponierende Domkapitel anscheinend überraschend, begannen und am 5. Januar mit einer philosophischen Disputation ausklangen, aber gleichwohl lange vorbereitet worden waren, umfassten alle für einen derartigen Gründungsakt erforderlichen Schritte. Insbesondere konstituierte sich die Julia am 4. Januar 1582 als akademische Korporation mit ihren Ämtern unter Julius Echter als erstem Rektor. Für die tatsächlichen Amtsgeschäfte setzte dieser einen Prorektor ein, und zwar den Dechanten beim Stift Haug, Michael Suppan. Der Fürstbischof ernannte auch die ersten Dekane und richtete damit die vier Fakultäten ein. Die ersten akademischen Grade verlieh die junge Würzburger Universität am 19. Januar 1582.

Im festlichen Zug, der sich zu Beginn der Feier zur Franziskanerkirche bewegte, ging neben den geistlichen und weltlichen Würdenträgern des Hochstifts und dem fränkischen Adel zum ersten Mal auch der Würzburger Stadtrat als Repräsentant der Kommune, in deren Mauern die neue Hochschule fortan ihren Sitz hatte. Im Rathaus ließ Echter außerdem das Festbankett am ersten Tag stattfinden. Noch blieb das Verhältnis der Stadt zur Hochschule rechtlich in der Schwebe, denn es fehlten die Universitätsstatuten, die fortan die Beziehungen der akademischen Korporation zur Mainmetropole auf der Grundlage des kaiserlichen und päpstlichen Privilegs regeln sollten.

Die dominierende Stellung Julius Echters, der als Rektor wie als Promotor fungierte und alle entscheidenden Weichen stellte, überdeckte dies zunächst. Erst als der Fürstbischof sich schließlich doch mit seinem Domkapitel arrangierte, wurde das für die Promotionen unentbehrliche Amt des Universitätskanzlers dem jeweiligen Dompropst übertragen, der einen Vizekanzler aus dem Kreis der Universitätsangehörigen benannte. Andere Kapitelherren übten in der Folge zeitweilig das Rektorat aus. Mit Beginn des neuen Studienjahres trat Ende September 1585 der damalige Dompropst Neithard von Thüngen das Ehrenamt des Rektors an; 1589 folgte ihm der frühere Hauptwidersacher Echters und Domdekan Erasmus Neustetter, während ein Theologieprofessor für ihn die Rektoratsgeschäfte ausübte.[31]

Bis zum Erlass der Universitätsstatuten 1587 durch Echter, die den Abschluss der langen Gründungsphase markierten, vergingen seit der Inauguration nochmals fünf Jahre. Dazwischen lag, wohl nicht zufällig, die groß angelegte, ebenso systematische wie rigorose Gegenreformation des Fürstbischofs in seinem Hochstift.[32] Sie führte innerhalb weniger Jahre zu einer weitgehenden Rekatholisierung sowohl der Residenzstadt wie des Würzburger Landgebiets. Der 1587 immer noch hohe evangelische Bevölkerungsanteil an der Würzburger Bürgerschaft wurde durch Übertritte oder Emigration drastisch reduziert. Erst jetzt ließ der Landesherr die noch in seinen Diensten stehenden Protestanten durch Katholiken ersetzen.

Schon lange vorher hatte er jedoch mit der Rekatholisierung der lateinischen wie deutschen Schulen begonnen,[33] die Schulangelegenheiten 1575 dem Geistlichen Rat übertragen und 1576 die Schulen des Hochstifts visitieren lassen. In der Kirchenordnung von 1589 wurden dann die Aufgaben der Lehrer neu umschrieben, ihre Amts- und Lebensführung wie der Zustand der Schulgebäude seit 1609 einer Überprüfung unterworfen, ohne dass die Ergebnisse sonderlich günstig ausfielen. Beim Juliusspital richtete Echter in Verbindung mit dem Waisenhaus eine »Trivialschule« für den Elementar- und eine »Principistenschule« für den Lateinunterricht ein. Aus diesen Waisenhausschulen rekrutierten sich nach strengen Kriterien ausgesuchte bedürftige Schüler für den Besuch des akademischen Gymnasiums und der Universität. Sie behielten als Studenten weiterhin Wohnrecht im so genannten »Musäum« (»Studentenstube«), das allerdings erst seit 1704 unter diesem Namen dort nachweisbar ist.[34]

Das umfangreiche Statutenwerk von 1587/1588, das Fürstbischof und Domkapitel schließlich gemeinsam unterzeichneten und siegelten,[35] kann als eine Art Grundgesetz für die Alma Julia während der beiden folgenden Jahrhunderte bezeichnet werden, zumal in Verbindung mit den gleichzeitig erlassenen Statuten für die Fakultäten,[36] die als quasi selbstständige Teilkorporationen besonders im Graduierungsverfahren fungierten. Hingegen enthielten sie keine explizite Anleitung zum Studium und zur Lehre, bekräftigten aber erneut den katholisch-tridentinischen Charakter der Hochschule. Die Statuten regelten ziemlich umfassend die universitäre Organisationsstruktur, die Mitgliedschaft und Ämter in der akademischen Korporation, ferner Verfahrensfragen, insbesondere bei der Wahl des Rektors (Titel III), Senats und der Dekane, bei der Bestellung von weiteren Universitätsbediensteten wie des Notars und Pedells. Sie unterwarfen die Studenten einer strengen Immatrikulationspflicht (Titel V) und besonderen Disziplinargesetzen.

Indem das Statutenwerk die Privilegien und den eigenen Gerichtsstand der Universitätsangehörigen vom Studenten bis zum Professor und den »Universitätsverwandten« (Titel I, IV–V, XI–XII) präzisierte, stellte es zugleich die Beziehungen der universitären Korporation zur Stadt langfristig auf eine feste rechtliche Grundlage. Das war besonders deshalb bedeutsam, weil das Verhältnis zwischen den zwei mehr oder weniger eigenständigen Körperschaften in Würzburg wie in den meisten anderen Universitätsstädten sich nie gänzlich spannungsfrei gestalten konnte.

Des Näheren wurde der Universitätskorporation in traditioneller Weise Eigengerichtsbarkeit zugebilligt (Titel I), die zunächst der Rektor ausübte, die sich aber nur auf zivilrechtliche Angelegenheiten und Disziplinarfälle erstreckte, soweit die niedere Gerichtsbarkeit zuständig war; »Kriminalfälle« waren ausdrücklich an die dafür zuständigen Gerichte (Zentgerichte) zu übergeben. Die städtischen Polizeiorgane wurden angewiesen, die »Immunität« der Universitätsangehörigen zu respektieren und etwa festgenommene Studenten alsbald dem Rektor zu überstellen. Ausdrücklich blieben die Ordens- und Weltgeistlichen den geistlichen Gerichten unterworfen.

Die Disziplinargesetze für die Studenten (Titel IV) orientierten sich am Leitbild des »musterhaften Studenten«,[37] der keinen Religionsspott treibt, keine verbotenen Bücher liest, seine Studentenwohnung im Sommer abends nach neun, im Winter nach acht Uhr nicht mehr verlässt, allenfalls in Begleitung und mit Licht, jedenfalls als Theologie- oder Artistenstudent keinen Degen trägt, nie im Main badet, aus Würzburg nicht ohne Bezahlung seiner Schulden abreist etc. Dieser landesherrliche Idealstudent sollte die zeittypischen Studentenexzesse meiden, also fragwürdige Wirtshäuser und den Umgang mit zweifelhaften Frauen, Würfel- und andere Spiele; er sollte nicht maskiert in der Stadt herumlaufen, auch nicht während des Faschings etc. Auf alle derartigen Verstöße stand ein abgestuftes System von Strafen (Titel XVII), die von Geldstrafen über Karzerhaft bis zum Ausschluss von der Hochschule reichten, deren Wirksamkeit aber durchweg fragwürdig blieb, wie der Erlass immer neuer Disziplinarordnungen in der Folge bezeugt.[38]

War das Auftreten und Verhalten der Studenten gegenüber den Stadtbürgern ein wichtiger Gradmesser für den Stand der Beziehungen zwischen Universität und Kommune, so berührten die Privilegien und »Immunitäten« der Universitätseinrichtungen, Professoren, Studenten und »Universitätsverwandten« (Titel XI) das Wirtschaftsleben und die Finanzen der Mainmetropole nachhaltig. Denn neben den Gebäuden und Nebenstiftungen der Hochschule waren alle Professoren, ferner die in die Universitätsmatrikel eingetragenen Mitglieder von den städtischen Steuern, Zöllen und Abgaben, von sämtlichen Real- und Personalkosten, wie Wachdiensten etc., befreit *(immunes sunto)*. Allerdings blieb die gegenseitige Amtshilfe im Interesse des »öffentlichen Nutzens« gewährleistet, zumal gegenüber den in der Stadt wohnenden Studenten. Und als Wirtschaftsfaktor spielten die exemten Universitätsangehörigen gleichwohl in der Stadt eine bedeutsame Rolle, schon wegen des Konsums und der Unterbringung eines beträchtlichen Personenkreises.

Die wirtschaftliche Bedeutung der Hochschule für die Stadt hing natürlich in hohem Maße von der zahlenmäßigen Entwicklung der Juliusuniversität, von ihrer Frequenz, ab, ferner von der Relation zur Einwohnerzahl Würzburgs, die für das späte 16. und 17. Jahrhundert nicht exakt angegeben werden kann, jedoch bei ungefähr 8 000 bis etwa 10 500 Personen lag unter Einschluss der Geistlichen und Spitalinsassen.[39] Schon die Zeitgenossen überschätzten nicht selten die Zahl der Studenten und prahlten mit überhöhten Besucherzahlen, die spätere Geschichtsschreiber dann übernahmen, um das Prestige ihrer Hochschule zu vergrößern. Tatsächlich reduzieren sich die Angaben zur Frequenz,[40] die im Übrigen wegen der fehlenden Exmatrikel und der Einschreibung zahlreicher Nichtstudenten schwierig zu ermitteln sind, auf einen Jahresdurchschnitt von etwa 130 Immatrikulierten im Jahrfünft von 1581–1585, sie erreichten mit 210 Studenten im Jahrfünft von 1606–1610 wohl bereits das Maximum der Frühzeit. Danach fiel die Kurve wieder auf Durchschnittswerte zwischen 150 und 170 Studenten ab, um von 1621–1625, also mitten im Dreißigjährigen Krieg, in der von direkter Kriegseinwirkung noch verschonten Stadt nochmals 212 zu erreichen. Nach dem Schwedeneinfall in das Hochstift 1631 tendierte sie dann jedoch gegen null, wuchs aber allmählich wieder zu einem Durchschnitt von 80 Studenten zwischen 1636–1640 an. Mit steigender Tendenz erreichten die Besucherzahlen 1651–1655 bereits wieder über 220 Personen. Mit dieser Steigerungsrate gehörte die Alma Julia zu den wenigen deutschen Landesuniversitäten, die sich gegenüber dem Vorkriegsstand vergrößern konnten, während ihre Frequenzzahlen lange im unteren Mittelfeld der Hochschulen verharrten.[41]

Die Studenten verteilten sich auf die vier Fakultäten unterschiedlich:[42] Die überwältigende Mehrzahl gehörte der von den Jesuiten beherrschten philosophischen oder Ar-

tistenfakultät an, die den überlieferten Kanon der propädeutischen Studien auf spät-
scholastisch-humanistischer Grundlage (*Humaniora*) vermittelte. Bereits die Schüler der
Abschlussklassen des Jesuitengymnasiums waren in der Artistenfakultät immatrikuliert
und erhöhten so ihr numerisches Übergewicht,[43] während in den Anfängen der Academia Julia weder die Jurisprudenz noch gar die Medizin großen Zulauf erhielten. Demgegenüber behaupteten die Theologen zunächst ihren Vorrang in der Hochschule unangefochten, rein zahlenmäßig standen sie hinter den Artisten an zweiter Stelle, zumal zu
ihnen die Alumnen des Geistlichen Seminars im Ostflügel des neuen Kollegienbaus
gehörten. Im Kilianeum waren anfangs auch zahlende Nichttheologen, sogar junge
Adlige mit ihren Hofmeistern, untergebracht, bis der Fürstbischof, wohl vor allem auf
Drängen der Jesuiten, dann 1607 ein »Adliges Seminar« (»Collegium nobilium«) als Ne-
benstiftung mit eigenem Kapitalstock zur standesgemäßen Erziehung von zunächst 24
Adligen einrichten ließ.[44]

Selbstverständlich bestand eine erhebliche soziale Differenzierung der Studentenschaft; sie lässt sich vor allem aus der Abstufung der Immatrikulationsgebühren ablesen, die jeder Student bei seiner Einschreibung an der Academia Julia entrichten musste.[45] In den Statuten wurden vier Kategorien unterschieden, nämlich Adlige, Reiche
(*divites*), durchschnittlich Bemittelte (*mediocres*) und Arme (*pauperes*). Die Matrikel vermerkte diese Unterschiede, wenngleich nicht lückenlos. Danach rechnete die Mehrzahl
der Studenten wohl zu den durchschnittlich Bemittelten (*mediocris fortunae*), häufig sogar zu den Armen, die einen sozialen Aufstieg erstrebten, hingegen gab es nur wenige
Reiche und Adlige. Die Matrikel hielt ebenso die regionale Herkunft der Würzburger
Studentenschaft fest:[46] Sie rekrutierte sich in ihrer großen Mehrzahl aus dem Hochstift
und der Diözese, darunter nicht zuletzt aus der Residenzstadt Würzburg selbst, die bis
1600/01 bei insgesamt 1137 Immatrikulationen 85 Studenten, anschließend bis zum
Schwedeneinfall 1631 immerhin 273 Studenten bei 2790 Immatrikulierten stellte. Indes dehnte sich das Einzugsgebiet darüber hinaus auf die altgläubig gebliebenen Regionen des Reiches, vornehmlich im Süden, sowie auf verschiedene europäische Länder
aus; allein mehr als hundert Studenten kamen aus Polen an den Main.

Hinsichtlich der theoretisch durch die Statuten und wiederkehrende landesherrliche
Verordnungen streng geregelten studentischen Disziplin klafften auch in Würzburg,
wie überall in den engen und relativ kleinen Universitätsstädten, rechtliche Norm und
gesellschaftliche Realität stark auseinander; das Zusammenleben der landsmannschaftlich und sozial sehr unterschiedlichen Studentenschaft mit der ortsansässigen, teils auf
den geistlichen Hof orientierten, teils zunftmäßig kleinbürgerlichen oder der Armut zu-
gerechneten Bevölkerung gestaltete sich keineswegs konfliktfrei, sondern eher schwierig. Dennoch gehörte die Academia Julia ungeachtet des auch dort praktizierten Penna-
lismus und des problematischen Systems der Landsmannschaften mit ihren negativen
Auswüchsen nicht zu den übel beleumdeten Hochschulen im Reich, an denen die »Bur-
schenfreiheit« bisweilen zu schweren Exzessen und Disziplinarkrisen führte. Die noch
nicht ausgewerteten Disziplinarakten[47] der Julia enthalten die durchaus üblichen Beschwerden und Anklagen wegen studentischer Raufhändel, ausgelassenen Fastnachts-
treibens, Schmähungen, nächtlichen Lärmens und Herumschwärmens trotz Ausgangs-

*Abb. 107: Innenhof des Priesterseminars
(ehem. Jesuitenkolleg) in der Domerschulstraße mit Michaelskirche.
(Diözesanarchiv Würzburg)*

sperren, Schlägereien und Konflikten mit der Würzburger Bürgerschaft und zumal mit den organisierten Handwerksgesellen, Eindringens in Hochzeitsfeiern, aber auch blutiger Auseinandersetzungen mit der Waffe, daneben Schwängerungen von Bürgertöchtern etc., die dann meist nur zu einer milden Bestrafung führten oder ungeahndet blieben. Denn mit Rücksicht auf die Frequenz und das Sozialprestige der (adligen) Studenten begnügte sich die Obrigkeit mit bloßen Ermahnungen, Karzer- oder Geldstrafen, und der Rektor stellte sich gegenüber den städtischen oder landesherrlichen Polizeibehörden schützend vor seine Universitätsangehörigen. Darunter musste die Glaubwürdigkeit der bestehenden Verordnungen leiden. Im Übrigen dürften die weitgehende Organisation der Studenten und Gymnasiasten in einer Marianischen Kongregation, die an die Bruderschaft in Rom angeschlossen war, sowie der hohe Anteil an besonders beaufsichtigten Seminaristen zur weitgehenden Disziplinierung der Studentenschaft in Würzburg beigetragen haben.[48]

Während seiner langen Regierung hat Julius Echter seine Ziele mit der Würzburger Universitätsgründung in weitem Umfang realisiert, übrigens ohne erkennbare Rücksichtnahme auf die Belange der Stadt; er hat dabei sein gegebenes Versprechen[49] einge-löst, die Academia Julia finanziell wie personell so zu konsolidieren, dass sie auch kri-senhafte Zeiten überdauern konnte. Nennenswerte organisatorische Neuerungen waren dafür bis 1617 nicht mehr erforderlich. Nur unvorhergesehene äußere Einflüsse wie ein Pesteinbruch 1607 konnten den Lehrbetrieb vorübergehend lahm legen.[50]

Von den beiden weniger bedeutenden Nachfolgern Echters gingen keine signifikan-ten Impulse auf das Bildungswesen in Würzburg aus. Unter Johann Gottfried von Asch-hausen (1617–1622), der zu Beginn seiner Regierung als Rektor der Alma Julia fungierte, wurde aus einer 1619 angelegten Büchersammlung der Grundstock für eine Universi-tätsbibliothek gelegt.[51] Aus dem Jahrzehnt der Regierung Philipp Adolfs von Ehrenberg, der zu den entschiedensten Verfechtern der Gegenreformation in Franken zählte, sticht vor allem eine Intensivierung der schon seit Echters Zeit durchgeführten Hexenprozesse im Hochstift hervor;[52] an ihnen war die Juristische Fakultät als Gutachterkollegium wie-derholt beteiligt, während der Jesuit Friedrich Spee (von Langenfeld), der spätere muti-ge Kritiker der Hexenprozesse und geistliche Lyriker, als Student von 1612–1615 an der Academia Julia inskribiert war.[53] Zu den als »Hexer« in Würzburg verbrannten Opfern zählten 1629, im Jahr des Restitutionsedikts, auch zwei ohne Einschaltung des akade-mischen Senats abgeurteilte Jurastudenten.[54]

Im akademischen Bereich herrschte demgegenüber offenbar Stagnation. Es gab län-gere Vakanzen in der Juristenfakultät, und über deren Unterricht beschwerten sich außerdem die Studenten beim Rektor; gleichzeitig kritisierten die Domherren die starke Unterbelegung des erst 1607 eingerichteten Adligen Seminars,[55] mit dessen Hilfe der Gründer den fränkischen Adel wieder stärker an das Hochstift zu binden hoffte. Die Medizinische Fakultät fiel damals offenbar fast gänzlich aus. In der Philosophischen Fa-kultät wirkte zwar vorübergehend der später berühmte Polyhistor, Mathematiker und Astronom Athanasius Kircher (1602–1680),[56] allerdings nur von 1629–1631, sodass er dort kaum sehr prägend sein konnte, allenfalls durch seinen Schüler Kaspar Schott, der 1655 als Professor der Mathematik nach Würzburg zurückkehrte.

In dieser Situation des intellektuellen Stillstands und finanzieller Engpässe fiel die bis-her vom großen Kriege noch weitgehend verschonte Mainmetropole rasch und unerwar-tet 1631 in schwedische Hand. Der Schwedenkönig Gustav Adolf eroberte am 18. Okto-ber die Feste Marienberg. Damals regierte das Hochstift bereits der Anfang August vom Dom-kapitel einmütig gewählte Franz von Hatzfeld (1631–1642). Angesichts der heranrücken-den schwedischen Armee ging er nach einigem Zögern ins Exil, um in Köln die Wende des Kriegsglücks abzuwarten. Die Errichtung eines schwedischen Besatzungsregimes und da-nach die Übertragung der fränkischen Hochstifte an den Herzog Bernhard von Weimar brachte auch für das Würzburger Bildungswesen eine tief greifende Zäsur:[57] Da die etwa 80 Jesuiten aus der Stadt flüchteten, denen sich die Professoren und Studenten zumeist anschlossen, hörte die Hochschule praktisch zu existieren auf.

Unter der Statthalterschaft Herzog Ernsts des »Frommen«, der das lutherische Re-formfürstentum seiner Generation repräsentierte, entwickelte die kurzlebige sächsisch-weimarische Administration Pläne, in Würzburg anstelle des bisherigen Jesuitengymna-siums ein gleichartiges evangelisches Bildungsinstitut zu errichten; diese scheiterten jedoch ebenso wie das Vorhaben, die Academia Julia durch eine protestantische Fürstenschule sächsischen Typs zu ersetzen.[58] Die inzwischen eingetretene Verhärtung der Fronten zwischen den Konfessionen trug dazu wesentlich bei. Ausgleichsversuche von der Art des im Herbst 1633 von Herzog Ernst nach Würzburg berufenen bekannten Helmstedter Vermittlungstheologen Georg Calixt ließen sich nicht oder noch nicht realisieren.[59]

Mit dem Sieg der Kaiserlichen über die Schweden in der Schlacht bei Nördlingen Anfang September 1634 trat eine abermalige Wende des Kriegsgeschehens ein. Sie brachte die alsbaldige Rückkehr Fürstbischof Hatzfelds nach Würzburg und die Wiederherstellung des Status quo ante. Nun konnte die Universität ihren Lehrbetrieb wieder aufnehmen. Die seit dem Juli 1631 unterbrochenen Eintragungen in die Matrikel setzten mit dem 1. Oktober 1636 ein, und zwar demonstrativ unter dem erneuerten Rektorat Hatzfelds.[60] Jedoch kam der Wiederaufbau der Hochschule nicht recht voran. Ihre Gebäude befanden sich in schlechtem Zustand: Das ausgeplünderte Jesuitenkolleg musste völlig saniert werden, der Turm der Universitätskirche drohte wegen Nachgebens der Fundamente sogar einzustürzen. Ähnliche Schwierigkeiten bereitete die Wiederaufnahme des Schulbetriebs. Das Hauptproblem indes waren die prekären Finanzen, da der seinerzeit mit großer Raffinesse von Julius Echter aufgebaute Universitätsfonds seine Einkünfte großenteils eingebüßt hatte. Die Schuldner, darunter das Hochstift Bamberg und die fränkische Ritterschaft, denen der Hochschulfonds erhebliche Summen geliehen hatte, waren infolge des Kriegs nahezu zahlungsunfähig geworden.[61] Während der Ära Hatzfeld bis 1642 ließen sich die vielerlei Schwierigkeiten nicht mehr beheben.

Das Bildungswesen nach dem Dreißigjährigen Krieg – zwischen Barock und Aufklärung

Der Wiederaufstieg der Academia Julia und die Reorganisation des Schulwesens setzten erkennbar erst unter Fürstbischof Johann Philipp (1642–1673) ein, dem ersten Vertreter des Hauses Schönborn auf den fränkischen Bischofsstühlen. Diesem bereits 1647 zur Würde des Mainzer Erzstuhls und Reichserzkanzlers gelangten und als irenischer Friedenspolitiker in der Schlussphase des Dreißigjährigen Kriegs hervorgetretenen Schönborn[62] dürfte in seinen zahlreichen Ämtern wenig Zeit geblieben sein, in die Würzburger Universitätsverhältnisse konkret einzugreifen. Er ließ daher auch die starke Position der an den Main zurückgekehrten Jesuiten ziemlich unangetastet, übertrug jedoch 1654 die Leitung des erneuerten Geistlichen Seminars nunmehr den Bartholomiten.[63] Diese Neuerung erwies sich zwar als kurzlebig, aber auch die Jesuiten erhielten die Bastion der Priesterausbildung in Franken nicht mehr zurück. Unabhängig davon setzte unter dem hochgebildeten Johann Philipp, der selbst literarisch hervortrat, ein religiös-geistiger Klimawechsel ein. Die Academia Julia, die eben damals in Wettbewerb mit der 1647 im nahen Bamberg eröffneten »Academia Ottoniana«, einem Zweifakultätenstudium, treten musste, konnte sich jetzt allmählich wieder von ihrem Tiefstand im Krieg erholen; dies spiegelte sich in der steigenden Frequenz wider.

Aber von dem langsamen Wandel der geistigen Einstellung nach dem Großen Krieg, der in Europa wie im Reich mit einer zunehmenden Entkonfessionalisierung und Hinwendung zu den mathematisch-exakten Wissenschaften sowie zur Medizin (s. Tafel 29) begleitet wurde, war im universitären Alltag der Academia Julia einstweilen noch wenig zu spüren. Bis in die 20er Jahre des 18. Jahrhunderts gab es in Würzburg im Bildungssektor, im Schulwesen wie an der Universität, keine größeren Veränderungen. Von der bischöflichen Landesherrschaft, die teils in rascher Folge wechselte und lediglich unter Johann Gottfried von Guttenberg (1684–1698) und unter Johann Philipp von Greiffenclau-Vollraths (1699–1719) länger als ein Jahrzehnt währte, gingen nur vereinzelt Anstöße zur Reform aus. Die pompös begangene erste Säkularfeier[64] der Universität im Jahre 1682 unter Fürstbischof Peter Philipp von Dernbach hinterließ kaum Spuren. Die Struktur der Hochschule und die Lehrprogramme, die bei der Philosophischen und Theologischen Fakultät nach wie vor nach den Vorschriften der 1599 erlassenen »Ratio Studiorum« des Jesuitenordens abliefen, erfuhren vorerst keine substanziellen Änderungen.

Guttenbergs Bauprogramm umfasste auch den Reparaturbeginn der unbenutzbaren Universitätskirche sowie einen Neubau für die Alumnen des Kilianeums neben der Peterkirche (»Petersbau«), der allerdings nicht lange genutzt wurde.[65] Ihm verdankte der Botanische Garten hinter dem Juliusspital, der aus dem alten, bereits mit Arzneipflanzen versehenen Spitalgarten der Gründungsepoche hervorging, seine systematische Neugestaltung[66] seit 1695 nach dem berühmten Leidener Modell und mit von dort beschafften Heilpflanzen. Die Anlage wurde Johann Bartholomäus Adam Beringer übertragen, der als Professor der Anatomie und Botanik um die Jahrhundertwende eine Musteranstalt für den akademischen Unterricht schuf. Beringers Nachruhm beschränkte sich keinesfalls auf die Affäre um die ihm untergeschobenen »Lügensteine«, die er 1726 in der Dissertation »Lithographiae Wirceburgensis« »wissenschaftlich« beschreiben ließ. Das zunehmende Interesse für Medizin zeigte sich erneut unter dem sehr baufreudigen Johann Philipp von Greiffenclau, der nicht allein für den Abschluss des Wiederaufbaus der Neubaukirche (durch Petrini u. a.) sorgte,[67] sondern außerdem für die Universität und das Jesuitenkolleg Erweiterungsbauten errichten ließ. Der abgebrannte Nordflügel des Juliusspitals, das jetzt zusätzliche Aufgaben als Lehrkrankenhaus erhielt, wurde durch ihn erneuert. Das anatomische Theater als eigenständiges Institut für den akademischen Unterricht wurde hingegen erst unter Fürstbischof Christoph Franz von Hutten durch Umbau eines Pavillons im Spitalgarten nach seit 1724 existierenden Plänen eingerichtet (1726/27).[68] Hutten gelang 1727 die Fusionierung der zahlreichen, miteinander verschachtelten Stiftungsfonds zu einem Universitätsgesamtfonds, was künftig Strukturänderungen erheblich erleichterte. Die von Greiffenclau wohl 1713 veranlasste Revision der medizinischen Statuten[69] indes setzte fachlich keine zukunftweisenden Akzente. Vielmehr beschränkten diese sich primär auf die penible Regelung von Verfahrensfragen: Es ging um die Rezeption neuer Professoren in der Fakultät, um die fortdauernde Geltung der »Professio fidei« für die Promovenden und die Höhe der Promotionsgebühren für die Medizinkandidaten (52 Reichstaler). Die kostspieligen Doktorschmäuse wurden trotz eines bereits 1656 mit Billigung des Landesherrn unternommenen Vorstoßes des akademischen Senats zur Abschaffung dieser aufwändigen Gastmähler bei den Medizinern beibehalten.[70]

Im Übrigen gestaltete sich das Zusammenleben zwischen Studenten und Würzburger Bürgerschaft nach wie vor nicht konfliktfrei. Blutige Auseinandersetzungen blieben nicht aus. Das Verbot des Waffentragens beschränkte sich auf Studenten der Artistenfakultät und Gymnasiasten. Daher kam es neben Raufhändeln wiederholt zu Duellen oder Duellforderungen. Häufiger war auch der Gerichtsstand zwischen Stadt und Hochschule strittig. Ein scharfes Edikt Johann Philipps von 1668 sollte Abhilfe schaffen.[71] Es richtete sich unter Androhung hoher Strafen gegen die Gewalttätigkeiten der Studenten wie *anderer junger lediger Mannspersohnen und Handwerckspurschen*, ferner gegen das nächtliche Herumschwärmen in der Stadt. Sein Erfolg dürfte ebenso begrenzt geblieben sein wie der seiner zahlreichen Vorgänger und Nachfolger.

Ein Neuanfang kündigte sich mit der Wahl eines weiteren Glieds der Schönborndynastie zum Fürstbischof von Würzburg im September 1719 an: Johann Philipp Franz[72] (1719–1724) berief alsbald eine Kommission zur Untersuchung (*Respicierung*) der Universitätsangelegenheiten, wie er auch den großen Neubau der Residenz initiierte. Indessen war seine Regierung zu kurz, um durchgreifende Änderungen zu realisieren, die er wohl beabsichtigt hatte. Übrig blieb eine nachhaltige Förderung der »naturkundlichen« und medizinischen Fächer, der Universitätsbibliothek, für deren Erweiterung bereits der Vorgänger Greiffenclau gesorgt hatte, sowie die Berufung des Leibnizschülers Johann Georg von Eckhart als deren zweiter Bibliothekar und als Hofhistoriograph. Vor allem veranlasste der Fürstbischof die Einrichtung einer Professur für Geschichte und Kirchengeschichte in der Theologischen Fakultät,[73] die er mit dem Jesuiten Johannes Seyfried besetzte, der bis 1742 die »moderne« Reichshistorie lehrte.

Den entscheidenden Schritt zur Modernisierung des Würzburger Bildungswesens verbunden mit einer bewussten Hinwendung zur Frühaufklärung, die sich unter den beiden Vorgängern bereits anbahnte, brachte dann erst die Ära Fürstbischof Friedrich Karls (1729–1746), des dritten Schönborn auf dem Würzburger (und Bamberger) Bischofsstuhl.[74] Noch aus dem Amt des Reichsvizekanzlers in Wien beauftragte er eine hochkarätig besetzte Kommission mit der Ausarbeitung einer neuen, umfassenden Studienordnung für Würzburg, die in ihrer Erstfassung im November 1731, in einer erweiterten und verbesserten Version dann 1734 (21. Juli) von Friedrich Karl erlassen und 1743 im Druck verbreitet wurde (s. Abb. 108).[75] Die bezeichnenderweise erstmals in deutscher Sprache abgefasste Ordnung stand unter der Prämisse, die seit Echters Zeiten bestehenden schulischen und universitären Einrichtungen so abzuändern, *wie es die gegenwärtige seit derselben ersten Anfang mercklich geänderte Umstände und dermahlige Läufften der Zeiten und Unseres geliebten Teutschen Vatterlandes erfordern, damit solchergestalten die freyen Künsten und Wissenschaften nach ihrem wahren Grund und völligem Begriff mit besserem Nutzen und Erfolg gelehrt* und die Studenten zu ihren künftigen Berufen *desto mehr fähig und tüchtig gemachet werden*.

Die neue Ordnung, deren Durchsetzung auf mancherlei Widerstände stoßen sollte, umfasste die gesamte Pyramide des Bildungssystems von den »unteren Schulen« über die Gymnasien zur Universität. Für die Elementarschule forderte sie eine Einschulung nicht vor dem achten Lebensjahr, qualifizierte und entsprechend auskömmlich besoldete »Schulmeister«, Ermunterungsprämien zum Leistungsansporn *in allen fünff unteren Schulen* der Stadt, eine strenge Auswahl unter den Bewerbern für das auf das Studium hinführende Gymnasium, gerade auch unter den Kindern *ohnbemittelter* In- und Ausländer, damit keine *untüchtigen* Studenten durch die milden Stiftungen gefördert werden, ferner Schulbücher in deutscher Sprache für den elementaren Lateinunterricht, sorgfältigen Religionsunterricht darüber, *was der wahre Christ-Catholische Glauben und ein tugendsames Leben erfordert*, außerdem historische Grundkenntnisse. Das Gymnasium sollte sodann in seinen fünf Klassen die Humaniora vermitteln, neben dem Lateinischen auch das Griechische und die Kirchen- und Profangeschichte etc., darüber aber auch die *teutsche Mutter-Sprach nach ihrer Fürtrefflichkeit* nicht verachten etc. Den obligatorischen Kurs in der Philosophischen Fakultät zu Beginn jedes Studiums verlängerte die Studienordnung von zwei auf drei Jahre, er sollte nach vorausgehenden strengen Examina mit der Magisterpromotion oder dem Baccalaureat abgeschlossen werden. Allerdings ließ sich diese Studienverlängerung nicht lange halten. Bereits der Nachfolger Ingelheim verkürzte den Kurs wiederum auf zwei Jahre, damit die Studierenden sich nicht unnötig lange bei der »Weltweisheit« aufhielten.[76]

Der pragmatisch-utilitaristische Charakter dieser Ordnung und ihre Betonung der Praxisnähe durchaus im Sinne der Aufklärung[77] zeigten sich an zahlreichen Einzelbestimmungen für die Fächer, so etwa in der medizinischen Ausbildung am Krankenbett, mit der Einführung einer Professur für zivile und Militärarchitektur (Balthasar Neumann), mit dem Vordringen der deutschen Sprache in den Vorlesungen zunächst für Mathematik anstelle des obligatorischen Latein, bei der Zurückdrängung der Polemik in der Theologie, mit der Einschiebung eines gesonderten *Studium historicum* für Juristen und Theologen, ferner mit der Einführung des Studiengangs *Cameralwissenschaften* und nicht zuletzt mit der deutlichen Akzentverschiebung in der Jurisprudenz vom Römischen Recht zum Reichsstaatsrecht, Lehnrecht auf historischer Grundlage sowie zum Natur- und Völkerrecht. Die Rechtswissenschaft erhielt fortan nach dem Muster der »modernen« Universität Halle ein immer größeres Gewicht in der Hochschule. In der Rangfolge der Wissenschaften sollte sie den Spitzenplatz einnehmen. Ihr Exponent war in Würzburg Johann Adam Ickstatt, der 1731 als Professor des *Jus publicum et Jus naturae* berufen wurde. Er blieb der Hochschule nur zehn Jahre erhalten, wirkte aber durch seine Schüler fort (Sündermahler).[78] Auch das Kirchenrecht erfuhr durch den in Rom promovierten Kanonisten Johann Caspar Barthel seit 1727 eine historische Ausrichtung.[79]

Die Schönbornsche Studienordnung durchbrach mit ihren Neuerungen den festen Kanon des jesuitischen Unterrichtssystems, wie es seit 1599 ziemlich unverändert überall praktiziert wurde. Die flexibler gewordenen Jesuiten konnten ihre Stellung zwar noch weiterhin in Würzburg behaupten, aber nicht mehr so unangefochten, wie die zunehmende Kritik zeigte. Auch der streng konfessionelle Charakter der Hochschule wurde aufgeweicht, wenngleich der die Protestanten ausschließende Religionseid für die Promovenden weiterhin galt. Eine Konzession an die vielfach auf Ritterakademien verlagerte Adelsbildung war es, wenn die Ordnung nunmehr die modernen Fremdsprachen sowie die »ritterlichen Übungen« Reiten, Tanzen, Fechten in das Lehrangebot der

Abb. 108: Titelseite der Studienordnung für die Universität Würzburg von Fürstbischof Friedrich Karl von Schönborn, 1743. (StadtAW, Wiss. Bibliothek)

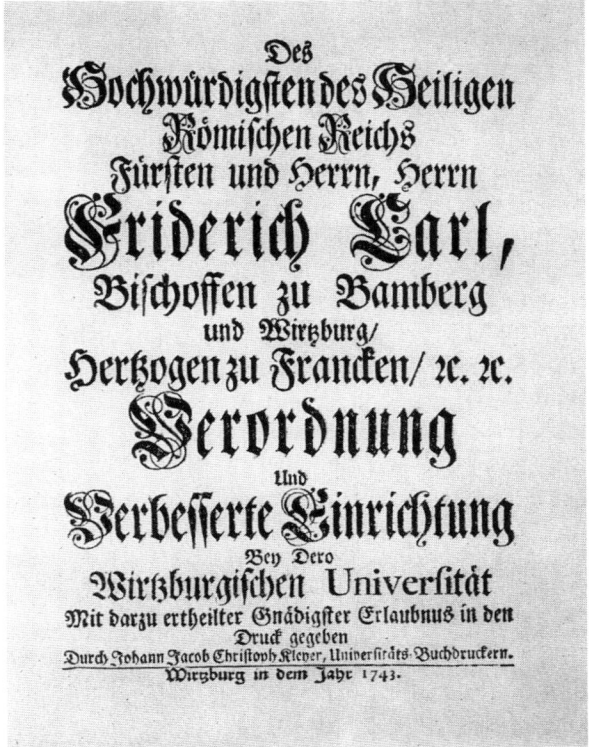

Des Hochwürdigsten des Heiligen Römischen Reichs Fürsten und Herrn, Herrn **Friderich Carl,** Bischoffen zu Bamberg und Wirtzburg/ Hertzogen zu Francken/ ꝛc. ꝛc. **Verordnung** Und **Verbesserte Einrichtung** Bey Dero Wirtzburgischen Universität Mit darzu ertheilter Gnädigster Erlaubnuß in den Druck gegeben Durch Johann Jacob Christoph Kleyer, Universitäts-Buchdruckern. Wirtzburg in dem Jahr 1743.

Alma Julia einbezog. Zur besseren Durchsetzung der neuen Ordnung wurde das Amt der Kuratoren eigens eingeführt und mit zwei Geheimen Räten der fürstbischöflichen Regierung besetzt, die weit reichende Kontrollrechte erhielten.[80] Gleichzeitig jedoch wurde die bisherige Eigengerichtsbarkeit der Universitätskorporation erweitert und ihr *die völlige Gerichtsbarkeit über alle ihre zugehörige Personen in bürgerlichen und peinlichen Sachen* ausdrücklich übertragen, und zwar *ohne den mindesten Eingriff von Unseren Stellen und Gerichtern* lediglich mit vorheriger Berichterstattung an den Fürstbischof *in wichtigen Sachen.*

Gleichwohl konnte die Juliusuniversität die ihr unter Fürstbischof Friedrich Karl vor allem durch Ickstatt vermittelten Neuanstöße noch nicht in vollem Maße verwirklichen und so zur eigentlichen Reformhochschule im süddeutsch-katholischen Raum werden; dazu war sie weder personell noch organisatorisch-finanziell in der Lage; und überdies blieb die landesherrliche Zensur von Lehre und Publikationen bestehen, deren Wegfall den raschen Aufstieg der Universität Göttingen seit 1736 stark begünstigte.[81] Die nur kurzen Regierungen der Schönbornnachfolger Anselm Franz von Ingelheim und Karl Philipp von Greiffenclau setzten kaum neue wissenschaftlich-kulturelle Akzente; alchimistische Experimente und der letzte Hexenprozess in Würzburg (1748/49), jedenfalls unter Beteiligung der Jesuiten, demonstrierten vielmehr eher rückwärts ge-

wandte Tendenzen.[82] Dazu passt, dass die unter Greiffenclau 1749 erlassenen, als »Erneuerung« und »Erweiterung« gepriesenen Statuten für die Hochschule nicht nur wieder in lateinischer Sprache abgefasst waren, sondern außerdem die alte Rangfolge der
Fakultäten wiederherstellten, inhaltlich aber keine Weiterentwicklung zeigten; allenfalls die Einrichtung einer eigenen Professur für Experimentalphysik wies in die Zukunft.[83]

Dies schloss nicht aus, dass sich die Aufklärung in Würzburg dennoch ausbreiten
konnte. Ein Kristallisationskern dafür war der kirchenrechtliche Lehrstuhl Barthels bei
den Juristen, dessen Vorlesungen die Priesterkandidaten ab dem dritten Studienjahr
hörten. Der Kanonist und Anhänger der romkritischen Richtung, der dem Episkopa-
lismus und Febronianismus in der Reichskirche den Weg bereitete, profilierte sich als
entschiedener Gegner der scholastischen Jesuitentheologie und Philosophie. Seine kri-
tisch-historisierende Methode prägte über lange Zeit das geistige Klima am Würzburger
Priesterseminar. Unter seiner Leitung (bis 1748) und der seiner Nachfolger, namentlich
des Regens Damian Gottfried Günther (1761–1776), konnte das Würzburger Seminar
geradezu zu einem »Musterseminar« der Aufklärung im katholischen Deutschland werden,[84] aus dessen Absolventen sich die Reformer der nächsten Jahrzehnte rekrutierten.

Würzburg als Zentrum der katholischen Aufklärung

Indem die Fürstbischöfe Adam Friedrich von Seinsheim (1755–1779) und Franz Ludwig
von Erthal (1779–1795),[85] die gleichzeitig die Hochstifte Würzburg und Bamberg regierten, sich den aufgeklärten Zeittendenzen öffneten und diese Eingang fanden in die
Herrschaftsmaximen ihrer geistlichen Fürstenstaaten, verhalfen sie damit der Auf-
klärungsbewegung[86] zum Durchbruch in Würzburg und im katholischen Franken. Obschon von der Persönlichkeit wie vom Herrschaftsstil her sehr verschieden, mit ausge-
prägt höfisch-rokokohaften Zügen bei Adam Friedrich und mit der asketisch-pflichtbe-
wussten Regierungsauffassung eines »aufgeklärten Absolutisten« bei Franz Ludwig,
bestimmten doch aufgeklärte Grundsätze ihre Politik, speziell ihre Bildungspolitik. Das
Schul- und Universitätssystem ihrer Hochstifte gedachten sie nach einem möglichst
einheitlichen Konzept im Geiste einer gemäßigten *wahren und zweckmäßigen Aufklärung*
(Erthal) zu reformieren und umzugestalten. Zwar lag die große Zäsur erst um das Jahr
1773, als Papst Clemens XIV. auf Druck vor allem der süd- und westeuropäischen Mo-
narchien den Jesuitenorden aufhob, aber sie wurde in Würzburg bereits in den vorausgehenden zwei Jahrzehnten der Regierung Seinsheims, der keine Sympathien für die
Gesellschaft Jesu hegte, weitgehend vorbereitet.

Seit Beginn seiner Herrschaft beabsichtigte Adam Friedrich eine Neuordnung des
Schulwesens im Hochstift.[87] Wegen fehlender Mittel musste er sich vorerst damit begnügen, die Schulsituation in seiner Residenzstadt zu verbessern. Um eine schon früher
in der Kirchenordnung von 1693 intendierte, aber nie realisierte allgemeine Schulpflicht einführen zu können, veranlasste der Fürstbischof die Zuordnung jeweils einer
Pflichtschule zu den einzelnen Vierteln (»Bezirken«), während für Kinder unbemittelter

Abb. 109: Michael Ignaz Schmidt (1736–1794), Würzburger Theologe, Bildungsreformer und »Geschichtsschreiber der Deutschen«, Kupferstich von Friedrich Wilhelm Gmelin nach einer Zeichnung von Anton Urlaub. (Universität Würzburg, Archiv des Rektorats und Senats, Porträtsammlung)

Eltern zwei weitere Schulen unentgeltlich Unterricht erteilen sollten. Den Anstoß zu umfassenderen Reformen gab dann aber erst eine Stiftung des Hofkanzlers von Reibelt *zur Verbesserung des Schulwesens* 1765 in der stattlichen Höhe von mehr als 30 000 Gulden.[88] Als Ergebnis der langwierigen Diskussion um die zweckmäßige Verwendung dieser Gelder kam es im Frühjahr 1770 zur Bildung einer Schulkommission durch den Fürstbischof, deren Arbeit auf den sehr ungünstigen Ergebnissen von Situationsberichten aus dem gesamten Hochstift (1768) aufbauen konnte. In dieser Kommission unter Leitung des Weihbischofs Daniel von Gebsattel, der außerdem zwei Domherren, der Hofkanzler und weitere geistliche wie weltliche Räte angehörten, wirkte der damalige Präfekt am Adligen Seminar Michael Ignaz Schmidt (1736–1794) als treibende Kraft.[89] Auf seinen kritischen Bericht hin wurde nicht nur die Schulkommission selbst errichtet, sondern auch seit 1768 die Bildung eines Lehrerseminars in Würzburg eingeleitet, ehe dann der Kaplan bei St. Peter David Götz im April 1770 als *Direktor zur Einrichtung des Schulwesens und besonders zum besseren Unterricht der Schulmeister* ernannt wurde und das Seminar selbst mit zunächst acht Kandidaten im Halbjahr im Herbst seine Tätigkeit aufnahm.[90] Ab September 1771 sollten dann nur noch Absolventen des Würzburger Lehrerseminars im Petersbau bei der Besetzung von Lehrerstellen berücksichtigt werden. Gleichzeitig verloren die Gemeinden ihr Stellenbesetzungsrecht, das nun bei der Schulkommission lag. Das inhaltliche Profil der neuen Anstalt orientierte sich an der durch Schmidt vermittelten »neuen Lehrart« des schlesischen Schulreformers Abt Johann Ignaz Felbiger aus Sagan.[91] Der Fächerkanon umfasste Erziehungslehre, Religion, Katechese, dazu Schönschreiben, Sprachlehre, Rechnen, Geschichte, Geografie und Musik; später wurde er erweitert.

Als Schlussstein der Schulreform unter Seinsheim kann die 1774 erlassene und im Jahr darauf publizierte »Schul-Ordnung für die Niedern Stadt- und Land-Schulen des fürstlichen Hochstifts Würzburg« gelten.[92] Sie sah eine Schulpflicht vom 6. bis 12. Lebensjahr vor, regelte den Ablauf des Schuljahres, proklamierte den gemeinsamen Unterricht in sechs Klassen, schrieb die Lehrbücher und Unterrichtsinhalte nach Klassen vor und ergänzte die bisherige alleinige Aufsicht der Geistlichen durch die der fürstlichen Beamten, und zwar durch getrennte, regelmäßige Schulvisitationen. Den bislang häufig dürftig ausgestatteten Lehrern wurde eine zureichende Besoldung in Aussicht gestellt. Der Übergang in die »gelehrten Schulen« für die dafür Befähigten sollte durch Lateinunterricht ab der 5. Klasse erleichtert werden. Für die bisher in Koedukation betriebene Mädchenbildung[93] sah die Ordnung nach dem Muster der beiden weiblichen Schulorden Ursulinen (seit 1712/22 in Würzburg) und Englische Fräulein eine Trennung der Geschlechter vor. Diese und andere Vorschriften eines aufgeklärten Schulideals, die eine steigende Tendenz zur staatlichen Zuständigkeit für den Schulbetrieb und die vernachlässigte Lehrerausbildung erkennen lassen und zugleich eine Ablösung von der primär konfessionell-religiösen Orientierung der Schule,[94] eilten der Schulwirklichkeit in Stift und Stadt Würzburg wohl noch voraus, wenngleich es durchaus günstige Urteile auswärtiger Beobachter über die *dortigen Schuleinrichtungen* im letzten Drittel des Jahrhunderts gab.[95] Fürstbischof Adam Friedrich nahm ein dauerndes Interesse am Schulwesen und dem von ihm mit hohen eigenen Geldmitteln unterstützten Würzburger Lehrerseminar, er vermachte dem Hochstift sogar testamentarisch 30 000 Gulden *zur Unterhaltung des Schulwesens*, eine Einstellung, die sein Nachfolger Erthal durchaus teilte.

Die Schulkommission war auch für das »gelehrte Schulwesen« zuständig, in erster Linie für das Gymnasium in der Residenzstadt. Ihr kam bei der Aufhebung des Jesuitenordens 1773 eine zentrale Bedeutung zu. Das Ende des jesuitischen Teilbildungsmonopols, mit dem ein tragender Pfeiler des ganzen bisherigen Systems seit Julius Echter weggebrochen war, erforderte durchgreifende Reformen des Schulwesens wie der Theologischen und Philosophischen Fakultät an der Würzburger Universität. Seinsheim leitete die Umgestaltung nicht radikal, sondern eher vorsichtig und rücksichtsvoll ein, wie sich im September 1773 bei der Auflösung des Jesuitenkollegs selbst, aber auch daran zeigte, dass eine Reihe von Exjesuiten ihre Professuren an der Academia Julia behielten.[96]

Bei der Neuordnung wies der Fürstbischof Michael Ignaz Schmidt eine Schlüsselrolle zu. Der Jesuitenkritiker visitierte zusammen mit dem Regens Günther 1769 das Würzburger Jesuitengymnasium. Schmidt wurde dann im Zuge der Reorganisation eine auf seine Person zugeschnittene Professur für »deutsche Reichsgeschichte« in der Theologischen Fakultät übertragen,[97] wo er als Weltgeistlicher die Neuorientierung der Würzburger Theologie im Sinne einer gemäßigten katholischen Aufklärung beeinflussen konnte. Unmittelbar nach der Kollegauflösung erhielt er den Auftrag, ein vertrauliches Gutachten für den Landesherrn und die Schulkommission zu entwerfen, das er in Gestalt des *Entwurfs der Wirzburger Schulen Einrichtung* vorlegte. Schmidt präsentierte neben einem

Konzept zur Neuordnung der Lateinschulen gleich einen umfassenden Studienreformplan für die beiden Fakultäten. Obschon nur partiell verwirklicht, bleibt dieser 1774 gedruckte Entwurf[98] doch aufschlussreich für die zeitgenössischen aufgeklärten Reformvorstellungen. Er behandelte nacheinander die Theologische und Philosophische Fakultät, sodann die Schulen. Zentrale Bedeutung für das Theologiestudium gewannen damals die Bibelwissenschaft und Exegese, ferner die Kirchengeschichte und die Moraltheologie als Lehre von den *Tugenden und Pflichten*, schließlich noch die praktische Theologie mit ihren Teildisziplinen. Demgegenüber sollten Dogmatik und Kontroverstheologie zurücktreten. Die fürstbischöfliche Verordnung zur Neuregelung der Theologenausbildung vom 24. Oktober 1773 basierte teils auf diesen Vorschlägen.[99] Der Fächerkanon der Philosophischen Fakultät sollte gleichfalls nachhaltig verändert werden, und zwar mit historischer Schwerpunktsetzung. Allerdings gelangte der Lehrstuhl für Reichsgeschichte erst nach Schmidts Weggang 1780 folgerichtig im Sinne einer Trennung von Profan- und Kirchengeschichte in die Philosophische Fakultät.

Schmidts Lektionsplan, der den gymnasialen Reformen zugrunde lag, unterschied sich nach Inhalten und Methoden ebenfalls deutlicher von den jesuitischen Vorgängern. Zwar blieb der Vorrang der alten Sprachen unbestritten, aber daneben gewann der Deutschunterricht, generell die Verwendung der »Muttersprache«, an Bedeutung; neben den Formen (Grammatik) sollten die Inhalte (antike Autoren und Realienkunde der Antike) stärker gepflegt werden. Gleichzeitig konnte mit dem Ausscheiden des Jesuitenordens und der teilweisen Ablösung der Patres auch die Staatsaufsicht über das Gymnasium intensiviert werden, für das 1773 ein zur Berichterstattung an die Schulkommission verpflichteter Direktor bestellt wurde.[100]

Ungeachtet zahlreicher Verbesserungen des Schulwesens während der Ära Seinsheim blieb es offenbar doch häufig bei bloßen Verordnungen oder vergeblichen Anläufen. Dies berichtete dem Nachfolger Erthal der neue Domscholaster und Vorsitzende der Schulkommission. Seit 1780 übte diese Ämter der Reichsfreiherr Karl Theodor von Dalberg (1744–1817) aus,[101] damals zugleich kurfürstlich mainzischer Statthalter in Erfurt, der in jenen Jahren oft in Würzburg weilte und sich dort energisch für die Schulen und die Universität engagierte, deren Rektor er von 1784 bis 1788 war. Der Fürstbischof sah es im Rückblick (1793) geradezu als *seine erst Sorge [an], … vorzüglich die Trivial- und gymnasialen Schulen in eine mit der wahren Aufklärung unseres Jahrhunderts im Verhältnis stehende Verfassung zu setzen.* Dabei verfolgte er ein doppeltes Ziel: *Aufklärung der Vernunft und Besserung des Herzens*; es ging ihm also nicht um die bloße Förderung der Verstandeskultur bei der Jugend, sondern zugleich um das moralische Verhalten und die seelische Einstellung.[102]

Die Reaktivierung der Schulkommission, die zu einer institutionalisierten Einrichtung mit festen Aufgaben geworden war, verband der Fürstbischof mit systematischen Schulvisitationen, deren Berichte überliefert sind. An ihnen beteiligte sich neben dem Domscholaster sogar Erthal selbst. Dabei zeigte sich, dass die berufliche wie soziale Situation der Lehrer, ihre Ausbildung und Besoldung, noch vielfach zu wünschen übrig ließen, ferner, dass die methodischen Neuerungen noch nicht weit durchgedrungen waren. Vor allem konnte von einer allgemeinen Durchsetzung des Schulzwangs noch keine Rede sein. Die Finanzierung blieb weiterhin ungesichert, obwohl auch Franz Ludwig mit Eigenmitteln großzügig einsprang. Dennoch gab es ermutigende Anzeichen einer Wendung zum Besseren dank des persönlichen Engagements des Fürstbischofs und seines Domscholasters. Dalbergs Plan jedoch, zur Verbesserung der bescheidenen Lehrerbesoldung einen Schulfonds unter Zuhilfenahme hochstiftischer Mittel zu bilden, stieß bei Franz Ludwig auf Widerstand.

Hingegen gelang es ihm, den zu seinem Würzburger Freundeskreis gehörigen Franz Oberthür (1745–1831),[103] der als Jesuitengegner 1773 die zentrale Professur für Dogmatik und Polemik in der Theologischen Fakultät erhalten hatte, zum Direktor der Würzburger Trivialschulen zu machen. Er unterstützte ihn bei den Bemühungen um Schulneubauten sowie bei der Einführung des strikten Klassensystems in den städtischen Schulen. Der vielseitige und umtriebige Oberthür, der an Gelehrsamkeit und Scharfsinn hinter dem älteren Schmidt und Barthel zurückstand, aber ein geschickter Popularisator war, gründete unter Dalbergs Protektion und gegen den Widerstand Franz Ludwigs in Würzburg eine aufgeklärte Lesegesellschaft, ferner, wenngleich ohne Erfolg, eine fränkische Dichterakademie und eine Zeitschrift für fränkische Geschichte. Oberthür, der seinem Freund Schmidt posthum eine Biografie widmete, verstand die christliche Lehre primär unter dem Aspekt der Humanität, des »Rechthandelns«, weniger des »Rechtglaubens«. Er engagierte sich daher stark in der Volksbildung wie in der Sozialpolitik. Darin war er Dalberg eng verwandt, der 1779 ein umfangreiches Gutachten zur *Verbesserung der Armen-Polizey* in Würzburg vorlegte. Die von Dalberg aus sozialpolitisch-utilitaristischen Gründen vertretene Konzeption von berufs- und realienbezogenen »Industrieschulen« ließ der Fürstbischof erst ab 1789 realisieren. Außerdem befürwortete er die Einrichtung eigener Mädchenschulen in Würzburg, die nach dem Bericht der Schulkommission bereits 1782 bei jeder Würzburger Pfarrei existierten und für die weibliche Lehrkräfte im Lehrerseminar ausgebildet wurden.

Für Erthal bildete die Gymnasialbildung, der er als vermeintlich rein intellektuell eher misstrauisch gegenüberstand, kein Feld bevorzugter Reformanstrengungen. Ihm schien zunächst die Disziplinierung der Gymnasiasten wie die Erschwerung des Zugangs weiterer bedürftiger und ungeeigneter Bewerber wichtiger als die Revision des jesuitischen gymnasialen Lehrkanons. Dieser wurde daher nur begrenzt verändert, das Deutsche, die modernen Fremdsprachen und die »Realienfächer« blieben eher vernachlässigt. Allerdings wurde der auf sieben Klassen verteilte Lernstoff vom universitären Unterrichtsstoff abgegrenzt, Gymnasium und Universität sollten ab 1794 strikt getrennt sein.[104]

Auch gegenüber der eigenen Universität kehrte der asketische Erthal, der von sich selbst sagte, dass er nur *der erste Diener und Bürger im Staate* sei, primär den strengen und sparsamen Landesherrn heraus, der das moralische Verhalten der Würzburger Studentenschaft kritisierte und sie in einem Hirtenbrief 1780 vor Müßiggang warnte. Noch die *allgemeinen akademischen Statuten* von 1785[105] waren in diesem Geiste abgefasst. Sie sahen den *wahren und einzigen Zweck eines Studierenden* allein in dem künftigen *Nutzen*, mit dem er *an dem allgemeinen Wohl [des] Vaterlandes arbeitet*. Von den »Landeskindern« verlangten diese regelmäßigen Kollegbesuch und die Einhaltung der Studienpläne; sie

*Abb. 110: Professor Franz Oberthür
(1745–1831), Ölgemälde von Ferdinand
Jagemann, 1816.
(Mainfränkisches Museum Würzburg,
Inv.-Nr. 40184)*

schränkten das Schuldenmachen drastisch ein. Das »Privilegium fori« der Immatrikulierten dürfe nicht fehlinterpretiert werden: *Die von vielen mißverstandene akademische
Freyheit, so manche in einer zügellosen Lebensart suchen,* soll *auf unserer Academie gänzlich
ungekannt seyn.* Daher wurden auch die *Eheverlöbnisse* von nichtgraduierten Akademi-
kern für unverbindlich und nicht einklagbar erklärt. *Hazardspiele* blieben selbstverständlich verboten. Die Studenten sollten durch ihr Verhalten beispielhaft *auf die übrigen Volksklassen wirken.* Es war deshalb nur konsequent, wenn der Fürstbischof weder
für uneingeschränkte Lehrfreiheit noch für die Aufhebung der Zensur eintrat, sondern
diese durch die Zensurordnung von 1792 erneut bestätigte.[106]

Aus Anlass der Zweihundertjahrfeier[107] allerdings gab der äußerst sparsame Landesherr die Zurückhaltung auf und ließ im Hochsommer 1782 mehrtägige aufwändige
Feierlichkeiten ausrichten, an denen unter den Repräsentanten auswärtiger Hochschulen auch die Abgesandten der protestantischen Universitäten Erlangen, Marburg und
Rinteln teilnahmen. Dies galt in den Augen zeitgenössischer Beobachter als ein Beweis
für die *immer weiter fortschreitende Toleranz […] in Religionssachen.* Aber wohl erst die Rivalität der Mainzer Reformuniversität unter der Regierung seines älteren Bruders Friedrich Karl auf dem dortigen Erzstuhl spornte Franz Ludwig, der selbst 1782 nochmals das
Rektorat übernommen hatte, zu energischeren Reformanstrengungen an der Alma Julia
an; er wurde dabei beraten von dem ab 1784 als Rektor fungierenden Dalberg. Dieser
proklamierte die Devise *Freyheit, Ehre und Geld,* um die Würzburger Universität »aufblü-

Abb. 111: Medaille auf die 2. Säkularfeier der Universität, 1782.
(Mainfränkisches Museum Würzburg, Inv.-Nr. H. 14188)

hen« zu lassen,[108] stieß damit aber bei Erthal selbst nicht unbedingt auf Gegenliebe. Dieser hielt nicht nur an der Zensur fest, sondern wollte auch von einer generellen Verbesserung der Professorenbesoldung oder einer großzügigeren Dotierung der Alma Julia nach Mainzer Vorbild mit Hilfe der Säkularisation von Kirchengütern nichts wissen. Er kritisierte vielmehr einen derartigen Schritt seines Mainzer Bruders als Tor zur Aufhebung der geistlichen Fürstentümer selbst. Deshalb lehnte er auch Dalbergs Vorschlag ab, die Jesuitengüter dem Stiftungsvermögen der Universität zuzuschlagen. Erst Erthals Nachfolger Karl Georg von Fechenbach veranlasste 1802 ihre Einverleibung in die Universitätsfundation[109] und rettete sie so vor der allgemeinen Säkularisation.

Dennoch konnte die Würzburger Universität von dem zeitweiligen Zusammenwirken der beiden so unterschiedlichen Prälaten Erthal und Dalberg profitieren.[110] Ihr sozialpolitisches Engagement führte zur Förderung der nützlichen und modernen naturwissenschaftlich-medizinischen Disziplinen. Es erfolgte eine Expansion der Medizinischen Fakultät[111] durch den Ausbau des Anatomischen Theaters für einen zeitgemäßen anatomischen Unterricht (1788), durch die Neuanlage des Botanischen Gartens (1782), die Einrichtung eines pharmazeutisch-chemischen Laboratoriums und eines eigenen Lehrstuhls für diese Disziplin (1782), ferner nach dem Vorbild des Wiener Allgemeinen Krankenhauses durch den Neubau des Südflügels des Juliusspitals (1787–1793), wo nun die Kranken getrennt von den alten und siechen Spitalpfründnern untergebracht wurden. Die Neuorientierung der Medizinerausbildung in Würzburg blieb vor allem mit dem Namen Carl Caspar Siebolds,[112] der 1769 als Anatom, Chirurg und Geburtshelfer berufen wurde, verknüpft; dieser stellte das Studium auf eine klinisch-induktive Grundlage. Tatsächlich gewannen die Fakultät und das Julius-Spital durch ihn ein weit ins Reich ausstrahlendes Ansehen, das sich nicht zuletzt im Anstieg der Studentenzahlen spiegelte, die von nur 18 im Jahr 1770 auf 96 Mediziner 20 Jahre danach und im Jahr 1800 sogar auf 264 Mediziner zunahmen. Die Fakultät, die 1782 acht Professoren hatte, konnte mit drei weiteren Söhnen Siebolds zu einer Art »Academia Sieboldiana« werden. Unterdessen lag die jährliche Durchschnittsfrequenz der Gesamtuniversität während des 18. Jahrhunderts aufgrund häufiger Schwankungen nicht wesentlich höher, nämlich bei 286 Studenten. Sie konnte damit aber ihren Vorsprung vor den übrigen Hochschulen in Franken, vor Bamberg, Altdorf und Erlangen (seit 1743), behaupten und lag der Größenordnung nach im oberen Mittelfeld von 31 deutschen Universitäten.[113]

Vor allem in den philosophisch-theologischen Fächern und Fakultäten war die ratend-gestaltende Hand des Rektors Dalberg spürbar, der eine gezielte Berufungspolitik betrieb und sich an der Neuorganisation der Studiengänge beteiligte. Eine 1782 erlassene, später abermals eingeschärfte landesherrliche Verordnung hielt am vollen zweijährigen philosophischen Grundkurs für alle weiterführenden Studien fest, den Landeskinder nachweisen sollten.[114] Unter Dalbergs Rektorat wurde 1785 das Semesterprinzip mit halbjährigen statt ganzjährigen Vorlesungskursen eingeführt. Die von ihm unterstützte Verwendung der deutschen Sprache im akademischen Unterricht konnte sich nur langsam durchsetzen, Professoren wie Oberthür und Siebold bedienten sich ihrer.

Während die Juristenfakultät mit sechs Professuren im Wesentlichen auf der von Ickstatt und Barthel schon unter Friedrich Karl eingeleiteten, besonders auf das Reichsstaats- und Reichskirchenrecht sowie Naturrecht ausgerichteten Linie verblieb, die durch neue Spezialfächer ergänzt wurde (Fränkisches Recht, Strafrecht), gelangte in der Philosophischen wie Theologischen Fakultät, die nun nicht mehr unter der Regie der Jesuiten standen, die Aufklärung weit stärker zur Geltung. Dort fand mit der Berufung des Benediktiners Matern Reuss aus dem Kloster St. Stephan 1782 (als Nachfolger seines Ordensbruders Columban Rösser) auf die Professur für Logik, Metaphysik und praktische Philosophie die kritische Philosophie Immanuel Kants in Würzburg einen beredten Fürsprecher.[115] Reuss, der mit einer Kant-Vorlesung 1788 große Resonanz fand und 1792 überdies vom Fürstbischof ein Reisestipendium nach Königsberg erhielt, etablierte so die kritische Philosophie an den katholischen Universitäten des Reiches. Er stieß dabei allerdings auch auf Widerstand, der den Landesherrn zu einem Gutachten über die Vereinbarkeit mit dem christlichen Offenbarungsglauben veranlasste. Der Autor des nicht erhaltenen Gutachtens war Franz Berg (1753–1821),[116] der 1783 unter Beteiligung Dalbergs eine Professur für alte Kirchengeschichte (Patristik) in Würzburg erhielt. Dieser kritisierte zwar die Kantische Philosophie, verfocht jedoch selbst theologisch entschieden radikale Aufklärungspositionen, die den Rahmen der katholischen Aufklärung sprengten, wenn er sie nicht geschickt verborgen hätte. Als Gegner der Französischen Revolution und als entschiedener Verfechter des alten Reichssystems fand der theologische Skeptiker und »fränkische Voltaire« jedoch die Protektion des Landesherrn und konnte sich über alle politischen Umbrüche hinweg im Amt halten.

Die Veränderungen seit 1773 waren vor allem in der Theologischen Fakultät zu spüren, wo sich nach der Ersetzung der letzten Jesuiten durch Verfechter der Aufklärungstheologie als Grundtendenz eine gemäßigte katholische Aufklärung durchgesetzt hatte,[117] neben Oberthür vertreten etwa durch den Moraltheologen Anton Joseph Rosshirt und den Bibelexegeten Adam Joseph Onymus, der dank Dalbergs Fürsprache Direktor der »Mittelschulen« und Subregens des Priesterseminars (1782–1789) wurde.

Unter der Regierung des letzten, unsicher gewordenen Fürstbischofs Georg Karl von Fechenbach (1795–1802), der seit 1788 das Universitätsrektorat bekleidete, erwies sich dann, dass die gemäßigte Aufklärung in Würzburg nicht voll durchgedrungen war.[118] Ohne mit der Aufklärung zu brechen, gab der Oberhirte den Gegenkräften Gelegenheit, sich zu artikulieren und durch Berufung von dezidierten Aufklärungsgegnern wie dem Exjesuiten Georg Martin Bergold als Dogmatiker die aufgeklärten Positionen zu konterkarieren. Eine geistige Tendenzwende hin zur Romantik und zur kirchlichen Restauration zeichnete sich bereits ab, noch ehe die große Säkularisationswelle das Fürstbistum Würzburg mit dem gesamten Reichskirchensystem von der Landkarte des Reiches tilgte. Exemplarisch dafür war die Person des Oberthür- und Berg-Schülers Gregor Zirkel (1762–1817),[119] der als von Fechenbach ernannter Weihbischof in der Mainmetropole ab 1802 nach außen dem säkularisierenden und säkularen neubayerischen Staat unter dem Reformminister Montgelas entschieden entgegentrat und nach innen den aufgeklärten Rationalismus vom Boden der kirchlichen Tradition und der Romantik aus bekämpfte.

Zwischen revolutionärem Umbruch und Restauration:
Würzburger Bildungswesen unter kurbayerischer und großherzoglich-toskanischer
Herrschaft (1802–1814)

Als Anfang September 1802 aufgrund des Lunéviller Friedens und im Vorgriff auf den Reichsdeputationshauptschluss vom Februar 1803 bayerische Truppen Würzburg besetzten und Ende November die zivile Besitzergreifung folgte,[120] bedeutete dies für das fränkische Hochstift und seine Kapitale das Ende einer Epoche und einen radikalen, zunächst allerdings nur temporären Neubeginn, der rasch in eine Restauration mündete. Mit der geräuschlosen Abdankung Georg Karls von Fechenbach am 28. November 1802 von Schloss Werneck aus, der eine Abschiedsbotschaft des scheidenden Fürstbischofs an seine Universität vorausging,[121] sah sich das genuin katholische geistliche Staatswesen der Säkularisation ausgesetzt. Die bisherige Residenzstadt drohte zur bayerischen Provinzstadt zu werden und die dezidiert katholische Universität verlor plötzlich ihren konfessionellen Charakter.

Die mit Säkularisationsabsichten verbundenen Souveränitätsansprüche des neubayerischen Reformstaates unter Kurfürst Max IV. Joseph mussten sich im Bereich der religiösen Kultur und des Bildungswesens besonders empfindlich auswirken. Die Würzburger

Hochschule, deren Fortexistenz zunächst noch nicht gesichert war, wurde deshalb zu einem bevorzugten Exerzierfeld staatlicher Reformabsichten, deren Exponent in Franken nach einer kurzen Übergangsphase seit April 1803 Friedrich Reichsgraf von Thürheim war.[122] Als Generalkommissar für die fränkischen Erwerbungen Würzburg und Bamberg oblag ihm in der »Landesdirektion« Würzburg die Planung und Durchsetzung der zentralstaatlich orientierten Kultur- und Universitätspolitik, auf die die Stadtverwaltung Würzburgs keinerlei direkten Einfluss nehmen konnte. Die erste einschneidende Maßnahme von weit reichenden Konsequenzen war die Übertragung des Edikts »im Betreff der Religionsfreiheit« vom Januar 1803 auf die ehemaligen fränkischen Bistümer.[123] Der neubayerische Staat sicherte darin *allen christlichen Religions-Verwandten* freie Religionsausübung und gleiche (bürgerliche) Rechte zu. Als praktische Folge ergab sich daraus eine weit gehende Entkonfessionalisierung der Universität wie des Schulwesens.

Der Grundsatz der Parität musste im Schulsektor zur Aufhebung des religiös-katholisch bestimmten Charakters der Unterrichtseinrichtungen führen:[124] Die Schulkommission in Würzburg wurde nunmehr der dortigen Landesdirektion als rein weltlich zusammengesetzte Abteilung zugeordnet und einem für die fränkischen Provinzen in Bamberg neu eingerichteten Ober-Schul- und Studien-Kommissariat unterstellt, wobei für den konfessionellen Religionsunterricht je ein katholischer bzw. evangelischer Oberschulkommissär zuständig war. Aufgrund einer Inspektionsreise von Beamten der Münchner Zentrale durch Franken im Sommer 1804 wurden die deutschen und lateinischen Schulen in Würzburg wie im ehemaligen Hochstift teils reorganisiert,[125] teils aufgehoben, darunter die dem Ursulinenkloster angegliederte Mädchenschule in Würzburg, die als rein weltliche Institution wieder erstehen sollte. Allerdings gab es inzwischen bei jeder Würzburger Pfarrei eine eigene Mädchenschule.[126] Die Seminare für die Lehrerbildung hingegen sollten aus Würzburg nach Bamberg verlegt werden. Umfassendere Pläne für eine säkularisierte, am Nützlichen und Praktischen orientierte Schulpolitik gelangten wegen des abermaligen Herrschaftswechsels zu Beginn des Jahres 1806 kaum über das Planungsstadium hinaus.

Hingegen nahm der Umgestaltungswillen bei der Würzburger Hochschule alsbald sehr viel konkretere Formen an: Ohne jede Mitwirkung der Universitätskorporation erging nach einer Phase der Ungewissheit für die Betroffenen am 11. November 1803 das neue Organisationsstatut[127] für die als zweite »höhere Lehr-Anstalt« neben Ingolstadt/Landshut vorgesehene Universität; an der Konzeption hat neben dem Freiherrn von Zentner im Münchner Ministerium auch Graf Thürheim, der fränkische Generalkommissar und zugleich Universitätskurator, mitgewirkt.[128] Die Neuorganisation war in ihrem Kern eine Verfassungsreform, die sowohl mit dem katholisch-konfessionellen Charakter als auch mit der überlieferten korporativen Selbstverwaltung der hochstiftischen Academia Julia radikal brach und sie durch eine großzügige, die finanziellen Ressourcen langfristig jedoch weit übersteigende Berufungspolitik auf eine neue wissenschaftlich-lehrmäßige Grundlage stellte.

An die Stelle der bisherigen Fakultäten trat in Analogie zu den Wissenschaftsakademien eine Einteilung der »Lehrgegenstände« nach zwei »Hauptklassen« mit je vier »Sektionen«, nach »allgemeinen« und »besonderen« Wissenschaften; dabei fungierte die

Theologie nunmehr nur noch als erste Sektion der besonderen Wissenschaften, die der Vermittlung der *für die Bildung des religiösen Volkslehrers erforderlichen Erkenntnisse* diente, und zwar als paritätische Sektion, die sowohl die katholische wie die protestantische Theologie umfasste.[129] Mit der Auflösung der alten Fakultätsordnung entfiel zugleich ihre bisherige Hierarchie, die Fächer wurden in allgemeinbildende und berufsbezogene Disziplinen eingeteilt. Der weiteren Entkonfessionalisierung entsprach die Abschaffung *aller unnötigen Eide* der Professoren. Die zentrale Stellung innerhalb der Universität erhielt künftig die Kuratel, die mit weit reichenden Kompetenzen versehen als Mittler zwischen den Universitätsorganen (Prorektor und Senat aus Vertretern der acht Sektionen) und dem Münchner Ministerium auftrat. Lag bereits darin eine empfindliche Einschränkung der korporativen Selbstverwaltung, so wurde diese weiter eingeengt durch Beschneidung des Wahlrechts und der akademischen Gerichtsbarkeit.[130] Die Universitätsangehörigen sollten so in den allgemeinen Untertanenverband eingegliedert werden, die *allgemeinen Polizeygesetze, da sie für Stadt und Universität gemeinschaftlich sind,* sollten auch für sie gelten. Die Professoren erhielten zwar den *Rang eines wirklichen Rates* und genossen die *Rechte und Vortheile der übrigen Staatsdiener,* verloren aber ihre korporativen Privilegien als *Hofräte* und *geistliche Räte.* Die Studierenden sollten sich in eine straffe Lehrordnung einfügen, als »Inländer« mussten sie ihr Studium an den Landesuniversitäten absolvieren und sich einer scharfen Reglementierung bei Vorlesungen und Prüfungen unterziehen.

Alle diese Bestimmungen machten die Universität Würzburg zu einer den Staatszwecken straff untergeordneten säkularen Staatsanstalt. Sie war eine Neuschöpfung, als deren *zweyter Stifter* sich der bayerische Kurfürst sah. Aus der hochstiftischen Universität war die *Julio-Maximilianea* geworden,[131] der durch Berufungen von angesehenen auswärtigen Gelehrten ohne Rücksicht auf ihre Herkunft oder Konfession Glanz und Anziehung auch außerhalb des neubayerischen Staates in Konkurrenz zu den norddeutschen Hochschulen verliehen werden sollte. Hauptsächlich dank der Bemühungen des Kurators Thürheim gelangten so unter großzügigen Bedingungen in rascher Folge exponierte Vertreter der idealistischen Philosophie und neuhumanistischen Philologie sowie der evangelischen Theologie und Pädagogik aus Jena, Göttingen und anderswo an den Main, darunter aus Jena neben dem jungen Schelling (1775–1854) der evangelische Theologe und Pädagoge Friedrich Niethammer und der Jurist Gottlieb Hufeland, ferner der Rationalist Heinrich Paulus u.a. Dieser ersten Invasion von »Nordlichtern« in Würzburg[132] mussten allerdings zwölf amtierende Professoren weichen, die der Kurator Thürheim als *unbrauchbar* einstufte und kurzerhand in den Ruhestand versetzen ließ. Darunter waren so profilierte Würzburger Aufklärer wie der Theologe Franz Oberthür oder der Jurist Joseph Maria Schneidt.[133]

Tatsächlich wirkte sich die personelle und institutionelle Erneuerung der Würzburger Hochschule durch die bayerische Regierung jedenfalls kurzfristig günstig auf den Zustrom der Studenten nach Würzburg aus, wenngleich die strenge Reglementierung und die Stationierung eines zahlreichen Militärs in der Festungsstadt Würzburg, die Reibungen mit der Studentenschaft provozierte, alsbald auch wieder abschreckend gewirkt haben. Gradmesser dafür war die Frequenz, die zwar nach der Matrikel nicht derart günstige Zahlen ausweist, wie sie sich in der Literatur bis jetzt finden,[134] die aber doch vorübergehend signifikante Steigerungsraten verzeichnet: Lag die jährliche Immatrikulationshöhe in den Jahren 1800 bis 1802/03 nur bei 104 bzw. 127 und 114, so stieg sie 1803/04 auf 204 und 1804 sogar auf 410 an, sank dann aber schon 1805 auf 216 und 1806 mit dem Regierungswechsel auf 71 Studenten ab. In großherzoglich-toskanischer Zeit stagnierte sie auf niedrigem Niveau, 1809 bei 133, um erst mit Beginn der zweiten bayerischen Periode ab 1814 wieder auf 202 anzusteigen.

Derartige Frequenzeinbrüche wirkten sich nicht allein ungünstig auf das städtische Wirtschaftsleben und das Einkommen der Professoren (Kolleggelder) aus, sie galten auch als Barometer für den Ansehensverlust der Hochschule, die sich aufgrund des abermaligen Herrschaftswechsels infolge des Preßburger Friedens (26. 12. 1805) erneuten Veränderungen ausgesetzt sah. Die Regierung des Kurfürstentums und seit dem Beitritt zum Rheinbund (25. 9. 1806) Großherzogtums Würzburg[135] unter dem anfangs in Würzburg mit Beifall begrüßten Erzherzog Ferdinand knüpfte zwar in der Verwaltung und Gerichtsorganisation an die kurze bayerische Herrschaft an, betrieb aber eine durchgängig restaurative Bildungs- und Kulturpolitik. In der alten und neuen Residenzstadt am Main konnte sie sich dabei auf die Mitwirkung der nur zeitweilig zurückgedrängten Vertreter des alten Hochstifts stützen, deren Exponent Weihbischof Gregor Zirkel war, der das (seit 1808 vakante) Bistum unter dem Vikariat Stauffenberg de facto leitete und eifrig bestrebt war, die Neuerungen der vergangenen Ära rückgängig zu machen. Dies galt für das Schulwesen und die Universität gleichermaßen. Die *Hauptübel der Zeit [...], die falsche Aufklärung und die verkehrte Erziehung der Jugend,* sollten abgeschafft werden.[136]

Es gelang Zirkel, den Großteil seiner schulpolitischen Wünsche beim Großherzog durchzusetzen. Sie liefen auf ein weitgehendes kirchliches Mitspracherecht in Schulangelegenheiten hinaus. Namentlich wurde die Schulkommission in ihrer früheren weltlich-geistlichen Zusammensetzung wiederbelebt und mit einem Vikariatsbeirat versehen, der auf die Anstellung und Beurteilung der Lehrer wie auf die Einführung von Schulbüchern etc. Einfluss nahm; im Zuge der Restitution der Klöster wurde die Mädchenschule mit Internat der Ursulinen wieder eröffnet etc. Von diesen Rekatholisierungsmaßnahmen waren die Würzburger Protestanten, denen Großherzog Ferdinand *ungemein viel Toleranz bewiesen* haben soll,[137] nur indirekt betroffen, da sie einem im April 1808 wieder begründeten eigenen Konsistorium unterstanden und im Februar 1809 eine erste rein evangelische Schule für sie eingerichtet wurde. Gleichzeitig entwickelte sich Würzburg zu einem zentralen Schulort: Die Stadt beherbergte zeitweilig (1811–1815) eine als »Normalschule« für die Lehrer der ländlichen Industrieschulen konzipierte Zentralindustrieschule. Ferner bestand die durch Franz Oberthür 1806 begründete »Polytechnische Gesellschaft«,[138] die der *Vervollkommnung der mechanischen Künste und Handwerke* dienen sollte, das heißt der theoretisch-praktischen Elementar- und Weiterbildung von Handwerkslehrlingen in Gestalt von Sonntagsschulen. Mit steigender staatlicher Hilfestellung wurde sie so zum Ausgangspunkt des modernen Gewerbeschulwesens. Nach mehrjähriger Unterbrechung nahm auch das Würzburger Lehrerseminar seine lehrerbildenden Aufgaben wieder auf.

Hinsichtlich der Universität ging es Weihbischof Zirkel um die durchgreifende Rekatholisierung, die Wiedereinrichtung der katholisch-theologischen Fakultät und die kirchliche Kontrolle über die Theologenausbildung. Zwar erklärte sich die großherzogliche Regierung alsbald bereit, die Fakultätsstruktur wieder herzustellen und die Einteilung nach Sektionen und Klassen aufzuheben,[139] aber im Übrigen ließ sie sich mit der Reorganisation der Hochschule Zeit. Vorschläge der Professoren zur Wiedergewinnung der akademischen Selbstverwaltung, die der neue Kurator Wagner großenteils unterstützte,[140] blieben unberücksichtigt. Unterdessen ließ sich die Finanzkalamität des wegen der kostspieligen Berufungspolitik Thürheims hoch defizitären Universitätsfonds durch den Exodus zahlreicher Professoren, die in bayerische oder andere Dienste wechselten, nicht kompensieren, sodass die Kuratel schließlich (1809) abermals zum Instrument der Quieszierung griff, von der diesmal vorrangig protestantische Professoren betroffen waren.[141]

Nahezu drei Jahre lang wurde die Universität im Ungewissen gelassen über ihre künftige Verfassung, ehe die großherzogliche Organisationsakte vom 7. September 1809 Klarheit schuf.[142] Sie brachte die Restauration der Alma Julia als genuin »katholische Universität« (§ 1), bestätigte gleichzeitig die vier Fakultäten (§ 7), substituierte aber die Theologische Fakultät durch das aus dem Universitätsfonds finanzierte Geistliche Seminar *unter der Aufsicht und Leitung des Bischofs und seines Vikariats*, dem der Seminar-Regens als ständiger Dekan unterstand (§ 8). An eine Rückkehr zur von den Professoren erhofften akademischen Selbstverwaltung und Eigengerichtsbarkeit war indessen nicht zu denken. Vielmehr ging die großherzogliche Ordnung bei der staatlichen Reglementierung der Hochschule noch über den bayerischen Zentralismus hinaus: Sie ordnete Prorektor (§ 5) und Professorenkollegium (§ 6) der weisungsgebundenen Kuratel (§ 3) und dem ganz selbstständig agierenden Rezeptorat (§ 4) klar unter, ein Universitätssenat war nicht mehr vorgesehen, die *Zivil- und Kriminalgerichtsbarkeit über alle Angehörigen und Studierenden* fiel den ordentlichen Gerichten zu (§ 15). Die *Rechte* der Professoren als *wirkliche Räte* mit Pensionsberechtigung (§ 13) wurden durch einen Pflichtenkatalog (§ 14) ergänzt, zu dem täglich drei Vorlesungsstunden gehörten (§ 17), während die bisherigen Privatkollegs wegfielen und etwaige Vorlesungsänderungen oder die Auswahl der Kompendien ebenso wie die Vorlesungsverzeichnisse von der Kuratel genehmigt werden mussten. Gleichzeitig dekretierte die Regierung auf entsprechende Eingaben nur konsequent, dass *Zensur Freyheit nicht statt[findet]*.[143] Im Übrigen wurde das Lehrangebot erheblich reduziert, und Vakanzen blieben aus Einsparungsgründen unbesetzt. Die neue Besoldungsklassifikation sah deutlich reduzierte Gehälter vor (§ 19), ohne dass die finanziellen Probleme der Hochschule dadurch wesentlich gemildert werden konnten, zumal die Pensionen für die in den Ruhestand versetzten Professoren stark ins Gewicht fielen.[144]

Es war leicht vorauszusehen, dass eine derartige restaurative Universitätsgesetzgebung im Zeitalter der Humboldtschen Neugründung der Universität Berlin (1810) zum raschen Niedergang der Würzburger Hochschule, ihres akademischen Ansehens wie ihrer Frequenz, beitragen musste, zumal die *politisch-militärischen Conjuncturen* des Rheinbundalliierten, besonders im Wendejahr 1813, zusätzliche Probleme schufen. Die Zahl der Studierenden soll im Sommer 1814 nur noch 247 bei einem Anteil von 56 Nicht-Würzburgern betragen haben. Die Gesamtzahl nach 1806 lag stets unter 400.[145] Nach dem Urteil des bayerischen Staatsministers Montgelas auf seiner Reise durch Franken im Sommer 1814 war die Würzburger Universität seit 1806 *sehr herabgekommen*.[146] Die Stadt Würzburg, in deren Festungsmauern sich dieser Niedergang ihres einstigen Aushängeschildes vollzog und die vor allem die wirtschaftlichen Auswirkungen davon verspürte, blieb wie schon in der vorausgehenden Ära der hochstiftischen und der kurzen bayerischen Reformen auf die Rolle des mitleidenden Beobachters beschränkt.

Würzburger Studentenleben
in der frühen Neuzeit (16.–18. Jahrhundert)

HANS-PETER BAUM

Nach einem lateinischen Vers behinderten an der 1402 gegründeten ersten Würz-burger Universität Bäder, Gesang, Wein, Liebe, Würfelspiel, Streit und Geschrei das Studium. Julius Echter bemühte sich bei seiner Neugründung der Universität 1582, derartiges durch eine strenge Studienordnung auszuschließen. Grundsätzlich lässt sich sagen, dass an der Würzburger Hohen Schule des 16. bis 18. Jahrhunderts wegen der recht intensiven geistlichen Aufsicht durch die Jesuiten und wohl auch wegen der Anwesenheit des fürstbischöflichen Hofes das studentische Leben zu nicht ganz so wilden Exzessen führte wie an anderen zeitgenössischen Akademien. Wie der in Echters Studienordnung vorgesehene ideale Student sich verhalten sollte, ist in Umrissen in diesem Band bereits beschrieben worden.[1]

Es zeigte sich aber noch zu Echters Lebzeiten, dass die Studenten der frühen Neu-zeit um keinen Deut besser waren als die des späten Mittelalters. Unter »Studenten« sind in Würzburg übrigens auch die Schüler der Oberklassen des Gymnasiums zu verstehen, die in vielen einschlägigen Akten von den eigentlichen Universitätsange-hörigen nicht unterschieden werden.

Zu ständigen Klagen der Würzburger Bürger über die Studenten führten zunächst deren Traubendiebstähle in den Bürgern gehörenden Weingärten, wobei es immer wieder zu tätlichen Auseinandersetzungen zwischen mit Flinten und Degen bewaffne-ten Studenten und Weinbergshütern kam. Des Öfteren musste der Stadtrat deswegen bei der fürstbischöflichen Regierung vorstellig werden. Ebenso häufig klagten die Bürger darüber, dass man Tag und Nacht keine Ruhe habe vor in den Straßen singenden und musizierenden Studenten. Diese begnügten sich aber nicht mit nächtlichen Ruhestö-rungen, sondern amüsierten sich beispielsweise auch damit, nachts die Verkaufsstän-de auf dem Markt umzuwerfen. Wurden sie dann von städtischen Ordnungshütern verhaftet, beriefen sie sich auf das Privileg, nicht dem städtischen Gericht zu unter-stehen, sondern nur dem Rektor der Universität. Dort kamen sie in den meisten Fäl-len mit einigen Tagen Haft im Universitätskarzer bei Wasser und Brot und mit der Leis-tung von Schadenersatz davon. Nur bei schweren Verbrechen galt dieses Privileg nicht; Universitätsangehörige wurden in solchen Fällen wie jeder andere vor das Zentgericht gestellt, bis in der Mitte des 18. Jahrhunderts die Universität auch die Hohe Gerichts-barkeit erhielt. Nicht selten verschwanden Akademiker unter Hinterlassung großer Schulden und unehelicher Kinder heimlich aus der Stadt ihrer Alma Mater.

Abb. 112: Karzeransicht, Aquarell von Conrad Westermayr, um 1786.
(Institut für Hochschulkunde Würzburg)

Gerade in den Jahren von der Universitätsgründung bis zum Schwedeneinfall, der den akademischen Betrieb auf einige Jahre praktisch zum völligen Stillstand brachte, zeigten sich die unheilvollen Konsequenzen der Tatsache, dass die Studenten mit dem Degen bewaffnet waren. Fast jedes Jahr erstachen sich Studenten gegenseitig. Sie drangen aber auch als ungeladene Gäste in Hochzeiten und Tanzveranstaltungen von Bürgern und Handwerksgesellen ein, zettelten dort Streit an und griffen zum Degen, wenn sie hinausgeworfen wurden. Auch hier waren immer wieder Tote und Verletzte zu beklagen. Besonders schlimm wurde das Jahr 1611. An einem Septemberabend trafen städtische *Scharwächter* in der Domerschulstraße auf eine Gruppe Studenten, die die Fenster von Bürgerhäusern einwarfen. Zur Rede gestellt, griffen diese sofort mit Steinen und mit ihren Rapieren (Degen) die Ordnungshüter an und drängten sie zunächst zurück, bis Verstärkung eintraf. Dann gewannen die Polizisten die Oberhand und trieben die Studenten in die Flucht. Ein Student wurde schwer verletzt auf die Wache gebracht; er verstarb nach einigen Tagen. Die Studentenschaft machte die *Scharwächter* für dessen Tod verantwortlich und schwor blutige Rache. Im Bündnis mit jüngeren, ebenfalls schwer bewaffneten Hofjunkern machten die Studenten nun regelrecht Jagd auf die städtische Polizei, die sich nur noch in großen Gruppen auf die Straße wagen konnte; die öffentliche Ordnung war des Nachts aufgehoben, die Studenten führten sich als Herren der Stadt auf.

Natürlich beschränkten sich die feucht-fröhlichen Unternehmungen der Studenten nicht auf die Stadt Würzburg. Ende August 1739 kam es zu einem Skandal, als eine Anzahl von ihnen einen Ausflug nach Dürrbach unternahm, dort die Fenster einwarf und unter fürchterlichem Lärmen den Heimweg antrat. Ein Bürger, der sich wohl darüber beschwerte, wurde verprügelt. Dann zogen die Studiosi zum Galgenberg, wo sie mit den Gerippen der Gehängten Unfug trieben. Die auf den Lärm herbeigeeilte Wache und einige Offiziere des fürstbischöflichen Hofes wurden verhöhnt, tätlich angegriffen und mit der Waffe bedroht. Vor allem wegen dieses Angriffs auf Offiziere ließ Bischof Friedrich Karl von Schönborn ein strenges Strafgericht verhängen. Sechs schwer belastete Täter verließen von sich aus die Universität, vier weitere wurden zwangsweise exmatrikuliert und auf drei Jahre des Landes verwiesen.

1660 hatte eine Gruppe von Studenten in Eussenheim gezecht und allerlei Unfug getrieben. Auf dem Rückweg nach Würzburg jagten sie Passanten mit blankem Degen von der Straße; an einem Steg wurde ein Reiter überfallen, schwer misshandelt und zuletzt erstochen. Der Haupttäter hatte auch in Fulda und Bamberg schwere Verbrechen begangen, trotzdem kam er mit einer Karzer- und Geldstrafe davon.

In der Stadt Würzburg gerieten die Studenten des Öfteren mit den Offizieren und Hofjunkern aneinander. 1764 kam es zu acht Tage dauernden Raufereien, als die Hofpagen den Studenten das Tragen weißer Federn am Hut verwehren wollten, da dies ein Vorrecht des Adels und der Offiziere sei.

1769 sollte auf der Domstraße der Knecht des Scharfrichters einen Delinquenten öffentlich auspeitschen, jedoch befreiten die Studenten diesen und peitschten statt seiner den Henkersknecht aus. Bevor für diesen Hilfe eintraf, waren die Studenten in dem Auflauf der Schaulustigen verschwunden. Die fürstliche Regierung wertete dies als besonders schweren Angriff auf die staatliche Hoheit. Einige verdächtige Gymnasiasten und Studenten wurden verhaftet, woraufhin die Studenten mit einem »Vorlesungsstreik« drohten. Es ist nicht bekannt, wie dieser Fall ausging.

Die Studenten fielen natürlich nicht nur negativ auf. Es gab akademische Anlässe der Universität wie Promotionen und Habilitationen oder das Universitätsstiftungsfest, die festlich begangen wurden. In einem imposanten Schauspiel zogen jährlich am Ende des philosophischen Kurses die neuen Bakkalauren und Magister, einheitlich gekleidet, unter Trompeten- und Posaunenschall durch die Straßen. Bei Fürstenempfängen war auch die Studentenschaft stets beteiligt. Zum Karneval wurden, so etwa 1751, 1763 und 1767, von der Studentenschaft große Schlittenfahrten mit bis zu 24 von Pferden gezogenen Schlitten organisiert, die jeweils besondere Themen aus dem akademischen Leben oder dem ausgewählten Generalthema des Festzuges darstellten; es ist bekannt, dass diese Aufzüge das Gefallen des Fürstbischofs fanden.

Ob es an der Würzburger Universität im 16. und 17. Jahrhundert Landsmannschaften oder Trinkgesellschaften wie an anderen Universitäten gegeben hat, kann nicht mit Sicherheit gesagt werden; manches spricht dafür, da gerade bis 1631 viele Ausländer, besonders Polen, in Würzburg studierten. Im 18. Jahrhundert scheint es bis etwa 1790 keine studentischen Geheimgesellschaften oder Verbindungen in

Abb. 113: »Der in aller Still abziehende Student«, Stich.
(Institut für Hochschulkunde Würzburg)

Würzburg gegeben zu haben; erst ganz am Ende des Jahrhunderts sind die ersten Spuren solcher Gesellschaften wie etwa des Amicistenordens feststellbar. Auch das Burschenwesen ist erst damals in Würzburg heimisch geworden. Es gab deshalb und auch wegen des strikten Verbots in Würzburg im 17. und 18. Jahrhundert seltener förmliche studentische Duelle mit öffentlicher Forderung, Sekundanten usw.[2]

Auf einen ganz besonderen Aspekt studentischen Lebens im 18. Jahrhundert weisen die Würzburger »Lügensteine« hin. Sie zeigen, wie viel Zeit, Mühe und wahrscheinlich auch Geld es sich Würzburger Studenten auf Anregung einiger Professoren kosten ließen, um einem anderen Professor einen bösen Streich zu spielen. Sie machten sich die Vorliebe des Professors für Botanik, Mineralogie und Medizin, Johannes Bartholomäus Adam Beringer, für Fossilien aus Muschelkalk zunutze und ließen seltsame Tiere, Pflanzen, aber auch hebräische Lettern in Steine aus Muschelkalk einmeißeln. Diese vergruben sie bei Eibelstadt. Dann machten sie ihren Lehrer auf diese »Naturwunder« aufmerksam. Beringer sammelte in kurzer Zeit über 500 derartige Steine und ließ einen seiner Schüler darüber in seiner Dissertation mit der Abbildung von 200 Steinen berichten. Gleich nach Erscheinen dieser Arbeit wiesen anonyme Briefe Beringer darauf hin, dass nicht ein Spiel der Natur, sondern ein Streich seiner Studenten den Steinen zugrunde lag. Er hätte ohnehin gewarnt gewesen sein müssen, denn auf einem der Steine war das Wort »Esel« in hebräischen Lettern eingemeißelt. Beringer versuchte, um der wissenschaftlichen Schmach zu entgehen, alle Exemplare der ihn bloßstellenden Schrift aufzukaufen, was ihm jedoch nicht gelang. So ging er als leichtgläubiges Opfer studentischer und kollegialer Boshaftigkeit in die Geschichte ein.[3]

Würzburger
Buch- und Bibliothekswesen

EVA PLETICHA-GEUDER

Buchdrucker

Die ersten Würzburger Drucke

Als in Würzburg die ersten Buchdrucker tätig wurden, gab es bereits in über 80 Städten Druckerpressen.[1] 1479 rief Fürstbischof Rudolf von Scherenberg den Wanderdrucker Georg Reyser und zwei Gehilfen in die Stadt.[2] Begründet wurde dies mit der notwendigen Neuausgabe schadhafter Messbücher, die in kurzer Zeit einheitlich und zu vertretbarem Preis im Bistum verbreitet werden sollten. Reysers Würzburger Brevier enthielt als erstes in Deutschland gedrucktes Buch einen Kupferstich, eine technisch schwierige Kombination verschiedener Druckverfahren (s. Abb. 114).[3] Reyser wird auch mit dem ersten Musiknotendruck mit beweglichen Lettern in Verbindung gebracht.[4]

1481 erhielt er ein Privileg,[5] das auch für seine Nachfolger mehrfach erneuert wurde. Solche Druckerprivilegien regelten Aufgaben und Rechte der Buchdrucker. Bischof oder Domkapitel gaben den Auftrag, bestimmten den Preis und gewährten dafür Schutz. Die Buchdrucker waren von den bürgerlichen Lasten befreit, zahlten also unter anderem keine Steuern in der Stadt. Mit dem Privileg von 1518 wurde ein Buchdrucker erstmals in den Hofdienst aufgenommen, mit Besoldung und Vergünstigungen wie Mahlzeiten und Kleidung, aber auch zusätzlichen Diensten.[6]

Die Obrigkeit förderte nicht nur den Buchdruck für ihre Zwecke, sie nahm bereits sehr früh Einfluss auf die Inhalte der Bücher. Päpstliche Bullen und Reichsabschiede regelten die Zensur, ketzerische Äußerungen mussten unterdrückt und Druckereien durften zur besseren Überwachung nur in Residenz- und Universitätsstädten angesiedelt werden. Die Würzburger Bischöfe hielten sich streng an diese Vorgaben. Angeblich stammt die erste Verordnung zur Einführung einer Vorzensur aus Würzburg (1482).[7]

Die Drucker des 16. Jahrhunderts

Bereits Reyser durfte seine Drucke frei verkaufen, trat also als so genannter Druckerverleger auf, bei dem noch keine Trennung von verlegerischem Risiko und handwerklicher Tätigkeit bestand. Da es nach Erledigung der kirchlichen Arbeiten kaum mehr Aufträge gab, war die wirtschaftliche Situation der ersten Drucker in Würzburg schlecht.[8] Sie druckten überwiegend amtliche Erlasse, Kalender und ähnliche Gelegenheitsschriften, mehrere von ihnen waren gleichzeitig als Buchführer tätig. Offenbar war auch die Aus-

*Abb. 114: Kupferstich des Meisters A. G. im Missale Herbipolense,
Würzburg: Georg Reyser 1481. (UBW, Inc. f. 6)*

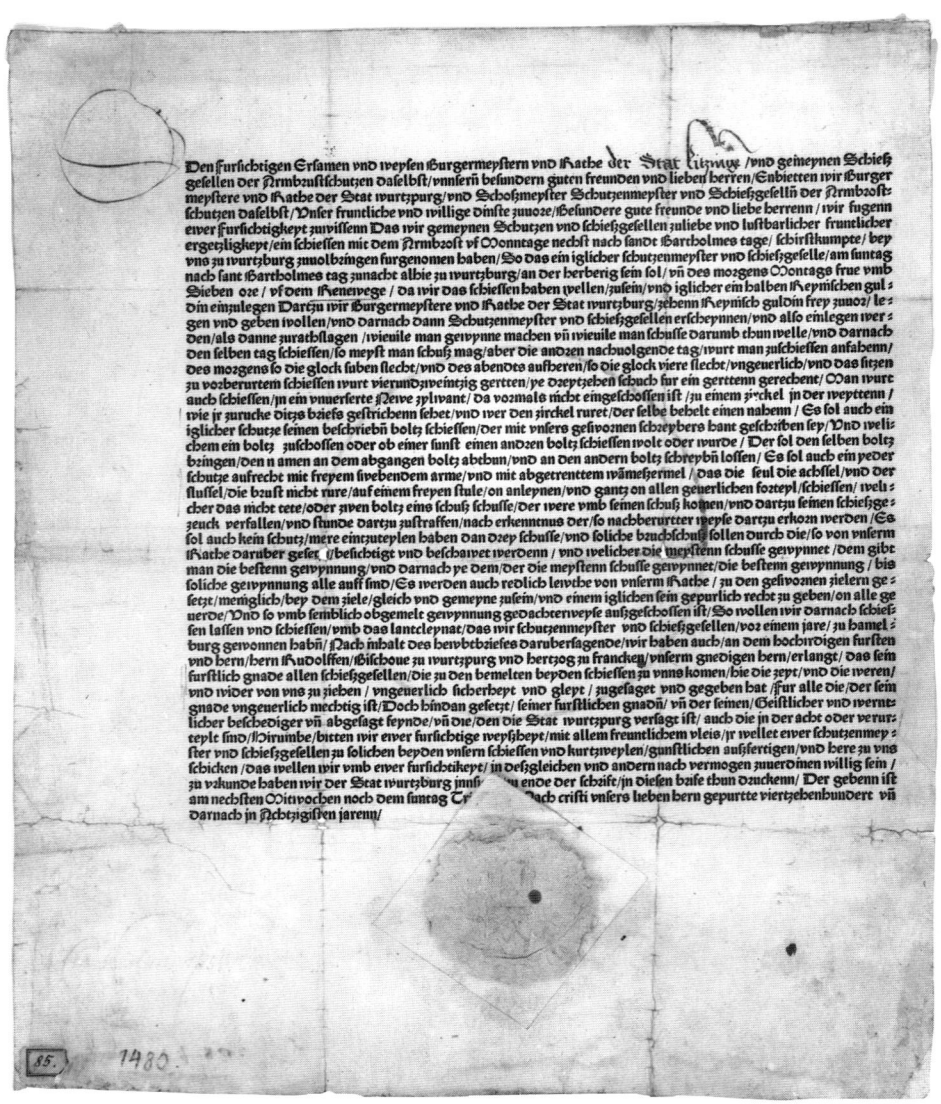

Abb. 115: Bürgermeister und Rat von Würzburg laden für den 28. August 1480
zu einem Armbrustschießen ein, Einblattdruck,
vermutlich Würzburg: Georg Reyser 1480.
(UBW, Einbl. 1554)

stattung der Würzburger Offizin mit Lettern und Druckerpressen ungenügend, sodass Aufträge nach auswärts vergeben wurden. Die Anzahl der heute noch nachweisbaren Drucke ist vergleichsweise gering.[9]

Weitgehend unklar ist die Stellung einiger Buchdrucker und -führer namens Müller. 1489 wurde ein *Jorg Müller von Nürnberg, Buchdrucker*[10] als Bürger in die Stadt aufgenommen, und bis zum Ende des 16. Jahrhunderts erscheinen weitere Müller in den Ratslisten der Stadt, auch als Bürgermeister;[11] sie waren also keine Hofbediensteten.

Die Universitätsbuchdrucker

Die Hofbuchdrucker bekamen Konkurrenz in der Stadt selbst. Bereits 1580, also noch vor Eröffnung der Universität, berief Julius Echter seinen Hofbuchdrucker Heinrich von Aachen zugleich als Universitätsbuchdrucker. Auch später waren häufig beide Ämter miteinander in Personalunion verbunden. Wie anderswo war der Universitätsbuchdrucker zugleich Pedell und Notar der Universität, der die lateinische Sprache beherrschen musste.[12] Die Universitätsbuchdrucker und ihre Gehilfen wurden in die Matrikel aufgenommen, unterstanden damit der Gerichtsbarkeit der Universität und hatten keine bürgerlichen Lasten zu tragen, ein auch später beanspruchtes Vorrecht.[13]

Hofbuchdruckerei und Universitätsdruckerei im 17. und 18. Jahrhundert

Der Hof- und Universitätsbuchdrucker Elias Michael Zinck d. Ä. wurde 1636 entlassen,[14] was auf Kontakte zu den Schweden im Dreißigjährigen Krieg hindeutet. In den folgenden Jahrzehnten wechselten die Amtsinhaber häufig. In der Universitätsdruckerei wurden in diesen Jahren weit über 1000 Dissertationen gedruckt. Im 18. Jahrhundert hatte der Hofbuchdrucker gegen 132 Gulden Bestallung sowie 24 Malter Korn und ein Fuder Wein alle Druckarbeiten im Umfang eines Bogens kostenlos auszuführen, ab zwei Druckbogen wurde er zusätzlich entlohnt.[15]

Größtes Verlagsunternehmen des letzten Hofbuchdruckers Franz Sebastian Sartorius war der Druck der Sammlung der landesherrlichen Verordnungen. Die erhaltenen Akten zeigen, dass die lange Tradition der Hofbuchdruckerei die Ausbildung kaufmännischen Denkens verhindert hatte: Die Auflagenhöhe war viel zu groß bemessen, Personal- und Materialaufwand nicht richtig berechnet, entsprechend scheint das Ganze ein ausgesprochenes Verlustgeschäft gewesen zu sein. Der Universitätsbuchdrucker sollte sich an dem umfangreichen Werk beteiligen, konnte seinen Verpflichtungen aber aufgrund mangelhafter Ausstattung seiner Druckerei nicht nachkommen – dies wirft ein Licht auf den Zustand der Universitätsdruckerei.[16]

Weitere Druckereien im 18. Jahrhundert

Im 17. Jahrhundert hatte es einige kurzzeitige Versuche gegeben, eine weitere Offizin in der Stadt zu unterhalten. Seit Beginn des 18. Jahrhunderts bestanden nun drei, später vier Druckereien nebeneinander. Besonders erfolgreich waren sie nicht, denn 1787 klagt David Christian Blank, seine Druckerei stehe öfters leer, und in den folgenden Jahren scheint er zur Sicherung des Lebensunterhalts Totenzettel gedruckt zu haben; er erledigte außerdem die Auftragsarbeiten des Stadtrats.[17] Daneben gab es von 1763 bis

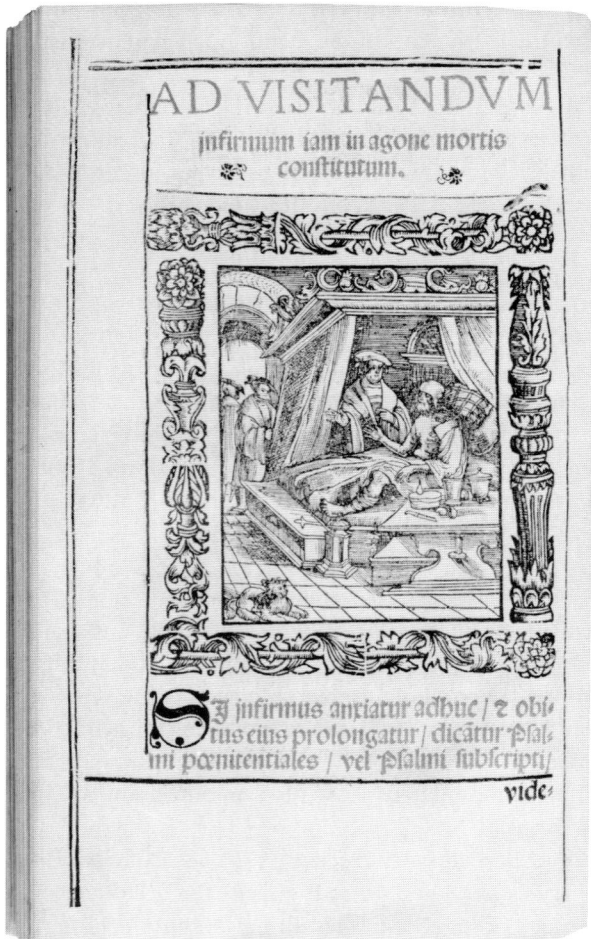

Abb. 116: Agenda Ecclesiastica Secvndvm Vsum Ecclesiae Vvyrzebur-gensis …, Würzburg 1564, S. 104, Besuch bei einem Kranken. (UBW, Rp 9,207)

1786 als Besonderheit eine fürstliche Lottodruckerei, doch mit dem Ende des Lottos kam auch das Ende der Druckerei. 1794 scheiterte der Versuch sie wiederzubeleben am Widerstand der Konkurrenten.[18] 1763 kaufte Johann Jacob Stahel zur Ergänzung seiner bereits bestehenden Buchhandlung die Universitätsbuchdruckerei auf, betrieb sie allerdings nicht als solche weiter; er wollte die Druckerei aber in herkömmlicher Weise selbst führen, weshalb der schon Vierzigjährige in Frankfurt/Main in die Lehre ging.[19]

Verleger des 18. Jahrhunderts

Damals begann eine neue Phase in der Geschichte des Würzburger Druck- und Verlagswesens, da nun nach kommerziellen Überlegungen gedruckt wurde und die Trennung von Verlag und Druckerei einsetzte. Auch Buchhändler traten als Verleger bzw. Auftraggeber der Druckereien auf. Diese Änderungen stehen in Zusammenhang mit dem Wan-

Abb. 117: Veit Joseph Stahel, Ueber den Zustand des Buchhandels in Würzburg, Würzburg 1803, Titelblatt. (UBW, Rp 14,11)

del des gesamten Buchmarktes und der Literatur in Deutschland: Die Produktionszahlen stiegen und auch das Leseverhalten änderte sich grundlegend. Erster dieser Verleger in Würzburg war Philipp Wilhelm Fuckert, der 1724 als Buchhändler in die Stadt kam und dessen spektakulärstes Werk Beringers »Lügensteine«[20] waren. Seit 1765 war Tobias Göbhardt[21] in Würzburg ansässig, der bereits in Bamberg als Buchhändler und Verleger wirkte. Er brachte Anregungen, aber auch rüdere Geschäftsmethoden in die Stadt. Göbhardt gab zahlreiche Druckaufträge nach auswärts, was er mit der mangelnden Qualität der Würzburger Drucke erklärte.[22] Die Konkurrenten stellten immer neue Anträge auf Privilegien für ihre Druckwerke, die sie auch mit Göbhardts Nachdruck-Unwesen begründeten. Und in der Tat war Göbhardt einer der berüchtigsten Nachdrucker Deutschlands, der Erstverleger und Autoren um ihren Verdienst brachte. Es bestand aber keinerlei Unrechtsbewusstsein, und so schritt die würzburgische Regierung wegen

Göbhardts Nachdruck im Hochstift selbst nicht ein, da Privilegien nur zum Schutz gegen auswärtige Buchdrucker galten,[23] außerdem das Geld auch beim Bücherkauf nach Möglichkeit nicht ins Ausland abwandern sollte.

Sonderfälle: Kalender und Zeitungen

Kalender waren die bis ins 18. Jahrhundert hinein am weitesten verbreitete Literaturgattung und bildeten neben einfachen Schulbüchern und dem Katechismus eine sichere Einnahmequelle, weshalb sich fast alle Würzburger Drucker mit Kalenderdruck befassten.[24] Dies waren zunächst die Kalender für Bischof und Domkapitel, die sich vom schlichten Einblattdruck des 15. Jahrhunderts zu großformatigen Wappenkalendern entwickelten, also Wandkalendern mit Wappen, Stadtansicht und Ähnlichem in kleiner Auflage. Seit 1684 gab auch der Rat der Stadt einen eigenen Wappenkalender in Auftrag, außerdem erhielten die Räte so genannte Schreibkalender, also Kalender in Buchform mit Raum für persönliche Eintragungen. Seit dem 18. Jahrhundert druckte man in Würzburg einen Hof- und Staatskalender, der sämtliche Amtsinhaber auflistete. Wohl seit 1577 gab es eigene Würzburger Schreibkalender für ein breiteres Publikum. Bei der Bevölkerung waren vor allem die volksmedizinischen Hinweise, etwa zum Aderlass, gefragt, Astrologie sollte helfen, die Welt zu erklären und den Alltag zu bewältigen. Gegen Ende des 18. Jahrhunderts wurden, ganz im Sinne aufklärerischen Bemühens um He-

Abb. 118: »Prognosticum Astro-Physiologicum, Das ist Ordentliche Jahrs-Beschreibung«, in: Ordinary Würtzburger Stadt- und Land-Calender, Würzburg 1710. (UBW, Rp 5,54–1711)

bung der Volksbildung, Druck, Einfuhr und Verbreitung solcher Kalender mehrfach untersagt, aber die Bevölkerung hing beharrlich an diesen.

Seit Beginn des 17. Jahrhunderts erschienen in Deutschland Zeitungen. In Würzburg wurde erstmals 1688 der Druck einer Zeitung genehmigt. P. W. Fuckert versuchte sich als Nächster an einem »Kundschaftszettel«, doch das Vorhaben scheiterte. Erst ab 1749 wurden kontinuierlich die »Hoch-Fürstlich Würtzburgischen Wochentlichen Frag- und Anzeigungs-Nachrichten« veröffentlicht, später »Intelligenzblatt«, im Volksmund »Blättle« genannt. Verlag und Druckerei wechselten mehrfach, seit 1762 wurde der Verlag regelmäßig unter den ortsansässigen Druckern bzw. Verlegern meistbietend versteigert. Politische Tagesmeldungen waren in dieser Zeitung kaum enthalten, da die Obrigkeit in steter Furcht vor Verwicklungen mit auswärtigen Mächten sehr enge Grenzen zog; dafür enthielt das Blatt amtliche Mitteilungen, Veranstaltungshinweise, Inserate usw. Wer es sich leisten konnte, bezog auswärtige Zeitungen, denn erst 1804 erschien mit der »Fränkischen Staats- und gelehrten Zeitung« des Professors Klebe in Würzburg eine politische Zeitung, die seit 1806 von Stahel unter dem Titel »Würzburger Zeitung« publiziert wurde.[25]

Zensur

Druckerzeugnisse wurden von der Regierung ständig überwacht. Zur Vorzensur mussten alle geplanten Werke vorgelegt, im Rahmen der Nachzensur Belegexemplare abgeliefert werden. Buchhandlungen wurden visitiert, bei Vergehen wurde gegebenenfalls konfisziert, dazu kamen weitere Strafen. Die Überwachung der Vorzensur lag bei der Universität bzw. bei den Jesuiten und beim Kanzler der weltlichen Regierung, bis 1793 ein *Censur-Collegium* eingesetzt wurde.[26] Die drei Konfessionen in Deutschland sollten geschützt, die Ruhe im Staat erhalten, außenpolitische Spannungen vermieden und das breite Publikum vor Missverständnissen bewahrt werden. Die Stimmung unter den Druckern und Verlegern war vielfach gereizt, sogar der Hofbuchdrucker versuchte, die Zensur zu umgehen. Göbhardts Faktor schlug vor, der Zensor solle die Zeitung doch selbst machen, wenn er so viel streiche – und wanderte daraufhin wegen respektlosen Verhaltens in die Kohlkammer, also ins städtische Gefängnis.[27] In Würzburg und anderswo erschienen kritische Stellungnahmen.[28] Auch unter bayerischer und dann großherzoglicher Regierung änderte sich die Situation nur formal, denn nun war Rücksicht auf französische Interessen zu nehmen.

Drucker und Verleger in der Stadt

Hof- und Universitätsbuchdrucker unterstanden samt ihren Gehilfen nicht der bürgerlichen Gerichtsbarkeit. Sie hatten keine Abgaben zu entrichten, außer sie besaßen bürgerlichen nichtbefreiten Grundbesitz in der Stadt.[29] Im 16. Jahrhundert engagierten sich einige offenbar als Angehörige des Rats. Im Verhältnis zur Gesamtbevölkerung war ihre Zahl in Würzburg gering, als Vertreter eines hochspezialisierten Berufs waren sie im Allgemeinen sehr angesehen. Eine eigene Zunft bildeten sie nicht – die schwarze Kunst galt tatsächlich als Kunst, nicht als Handwerk im üblichen Sinne. Im Laufe der Jahre folgten sie jedoch den andernorts entwickelten Richtlinien für die Ausbildung. 1768 führten dann Streitigkeiten der Drucker untereinander dazu, dass sie dem *Polizeigericht*

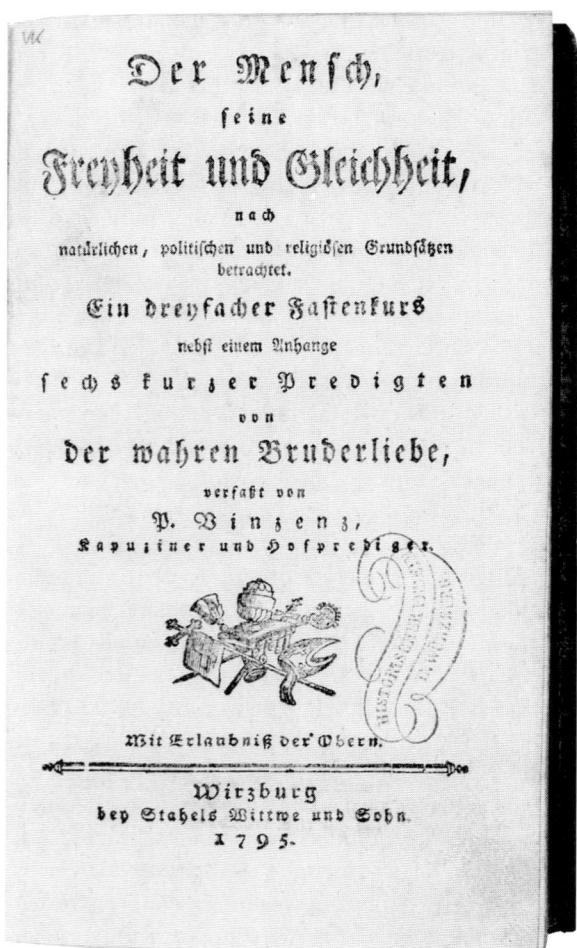

*Abb. 119: Nicolaus Vincenz Glock,
Der Mensch, seine Freyheit und
Gleichheit …, Würzburg 1795, Titelblatt.
(UBW, 52/Franc. 1631)*

des oberen Rats unterstellt wurden und man notfalls zwangsweise eine Zunftordnung einführen wollte.[30]

Neben den Druckerverlegern selbst gab es in der Stadt ihre Gehilfen: den Faktor, der den Betrieb selbstständig leiten konnte, und die Gesellen, dazu kam noch der Korrektor, der aber bisher kaum zu belegen ist. Die Anzahl je Offizin dürfte unterschiedlich gewesen sein, Sartorius etwa hatte für besonders umfangreiche und eilige Arbeiten vier Gehilfen zu beschäftigen, die jedoch nicht immer ausgelastet waren.[31]

Die Buchdrucker wohnten und arbeiteten innerhalb der Stadt überwiegend im Dietricher und im Bastheimer Viertel: Plattnerstraße, Domstraße und Kürschnerhof boten sich an, denn hier waren auch die Buchbinder ansässig, hier gab es die zumindest in der Anfangszeit benötigte Nähe zum Metall verarbeitenden Handwerk, das Lettern und Stempel herstellen konnte. Dazu kamen für die Universitätsbuchdrucker die heutige Domerschulstraße, die Kettengasse und ihre Nachbarschaft. Nur wenige Buchdrucker erreichten den sozialen Status eines Sartorius oder der Engmann, die zur Zeit Balthasar Neumanns einen Neubau in der Domstraße errichten konnten. Nach der Säkularisation erwarben die Stahel einen Domherrnhof in der Plattnerstraße (heute Main-Post-Gebäude).

Noch nicht abschließend erforscht sind die verwandtschaftlichen Beziehungen der Drucker untereinander. Neben der gängigen Übernahme durch den Sohn wurden Offizinen zum Teil durch Witwen mit Hilfe eines Faktors geführt, häufig wurden Betrieb und Haus dann mit der Witwe erheiratet. Nur ansatzweise bekannt sind bisher die Beziehungen nach auswärts. Heinrich von Aachen und Stahel kamen aus Köln, andere aus den österreichischen Erblanden, viele aber auch aus dem Hochstift selbst, andererseits wanderten Buchdrucker auch wieder ab.

Buchbinder

Dies alles trifft auch für die Buchbinder zu. Es gab bis zu 14, wohl meist kleine Betriebe in der Stadt.[32] Buchbinderei galt als Handwerk, das zunftmäßig geregelt wurde. Die erste Würzburger Buchbinderordnung von 1585 legte Ausbildung und Gebräuche nach Augsburger Vorbild fest, ebenso die letzte Ordnung von 1717.[33] 1585 wurden die Buch-

Abb. 120: Der Buchbinder, in: Abraham a
Santa Clara, Etwas für Alle ..., Nürnberg,
gedruckt in Würzburg 1711, Abb. 37,
nach S. 232.
(UBW, 52/B1.50–1)

binder der Universität unterstellt, was jedoch in späterer Zeit nur noch für die ernannten Universitätsbuchbinder zutraf.

Die Arbeit der Buchbinder blieb im Allgemeinen anonymer als die der Drucker. Die von ihnen gebrauchten Platten- und Rollenstempel wurden als wertvoller Besitz weitergegeben und oft jahrzehntelang verwendet. Den heute üblichen Verlagseinband gab es noch nicht, Neuerscheinungen wurden ungebunden gehandelt. Der Käufer beauftragte dann den Buchbinder, der die Einbände häufig zum Beispiel mit persönlichen Supralibros versah (s. Tafel 30).

Seit der Echterzeit sind Buchbinder namentlich bekannt. Julius Echter selbst beschäftigte mehrere für seine Hofbibliothek, die die heute als so genannte Echterbände bekannten prachtvollen Einbände schufen (s. Abb. 122). Mehrfach kamen Buchbinder aus Sachsen, wo die Einbandkunst in besonders hoher Blüte stand. Sie waren auch für andere Auftraggeber in der Stadt tätig.[34] Seit dem 17. Jahrhundert gab es in Würzburg die »Buchbinderdynastie« der Fesenmeyer mit einer Vielzahl von Familienangehörigen, danach die mit ihnen verwandte Familie Vierheilig, die seit 1727 als Universitätsbuchbinder arbeiteten und wegen ihrer innovativen Buchbindetechnik bekannt wurden.[35]

Abb. 121: Bucheinband aus dem Kloster St. Stephan: José de Acosta, De natura novi orbis libri duo, Köln 1596. (UBW, 35/E 8.308)

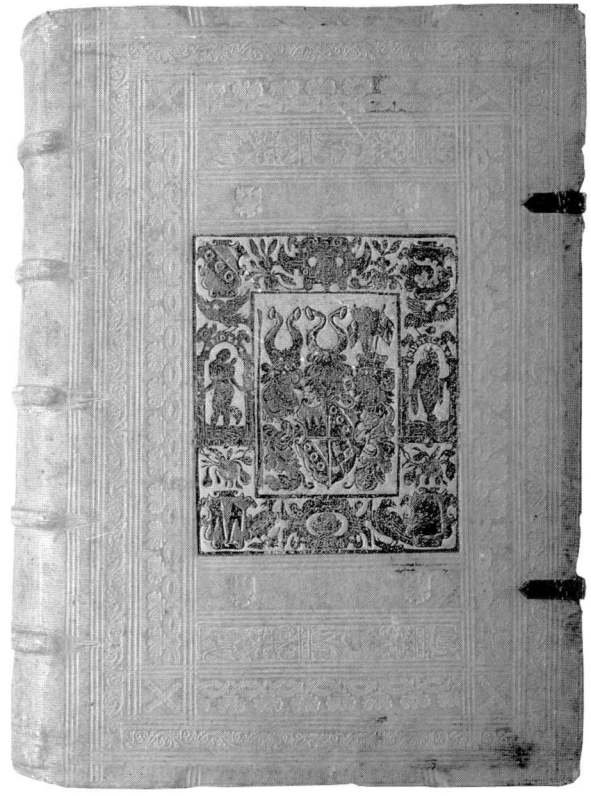

Abb. 122: Echter-Einband mit
Wappen-Supralibros.
(UBW, 35/E 6.104)

Buchhandel

Buchbinder handelten gleichzeitig mit Büchern. Dies war häufig Anlass zu Streitigkeiten mit Buchdruckern und Buchhändlern. Seit dem 17. Jahrhundert bestimmte eine Vielzahl von Verordnungen, dass nur die Buchbinder mit gebundenen und gefalzten Druckwerken handeln durften, Buchdrucker dagegen mit ungebundenen Titeln und auch mit alten Büchern. Immer wieder musste gegen konkurrierende fremde Buchbinder vorgegangen werden, die auf die Messen kamen und Geld abzogen, gleichzeitig die gefürchteten *lutherischen* Schriften ins Land brachten, sowie gegen *Stümpler und Stöhrer*, die unrechtmäßig und außerhalb der Messen hausierten.[36] Offizieller Laden der Buchbinder war *uf den greden*, also in der Domstraße. Nur hier und auf den Messen durfte verkauft werden.

Zeitweise gab es in Würzburg keine regulären Buchführer, wie die Buchhändler bis ins 18. Jahrhundert bezeichnet wurden. Im 16. Jahrhundert waren vielfach die Buchdrucker gleichzeitig als Buchführer tätig. Außerdem hatte die berühmte Firma Koberger aus Nürnberg hier eine Niederlassung eingerichtet; sie hatte zumindest 1526 verbotene Bücher auf Lager.[37] Spätestens seit 1637 betrieben dann die Bencard Buchhandel; Johann Bencard war gleichzeitig Universitätspedell und -notar. Schließlich verlagerten sich die Interessen der Familie immer mehr auf den Buchdruck, wofür aber in Würzburg kein Platz mehr war.[38]

Bücher konnten über auswärtige Händler und Messen beschafft werden. So legte Elias Michael Zinck 1650 einen *Catalogus librorum* mit ca. 3 000 Werken vor,[39] die er auf der Frankfurter Messe besorgen konnte. Und noch 1777 unterhielt die Nürnberger Firma Lochner und Mayer einen Stand anlässlich der Kilianimesse.[40] Damals gab es mit Fuckert, dann Stahel, Göbhardt und Rienner längst wieder Buchhändler in der Stadt.

Die Geschäftsbücher der Firma Stahel[41] zeigen die enge Einbindung in den so genannten Reichsbuchhandel, denn Stahel tauschte nur mit Partnern in Österreich, Süddeutschland und am Rhein. Über den Besuch der Messen in Leipzig konnte er norddeutsche, protestantische Literatur erwerben, die es im Reichsbuchhandel nicht gab. Anlässlich der Genehmigung einer Buchhandlung für Professor Köl 1797 zeigte sich die Regierung nicht unkritisch: Es fehle dem Würzburger Buchhandel der Geschäftssinn, er sei teuer, langsam und unfreundlich, man besorge die Bücher daher vielfach außerhalb, was aus allgemeinen wirtschaftlichen Überlegungen nicht wünschenswert sei.[42]

Bibliotheken

Universitätsbibliothek

Viele der einst in Würzburg gedruckten Bücher findet man heute noch trotz erheblicher Kriegsverluste in der Würzburger Universitätsbibliothek. Julius Echter hatte seine 1582 gegründete Universität nicht mit einer eigenen Bibliothek ausgestattet, da er die bestehenden Bibliotheken der verschiedenen Kollegien für ausreichend erachtete. Erst 1619 begann man daher mit der Einrichtung einer Bibliothek, die im Obergeschoss des Universitätsgebäudes untergebracht war. Zum raschen Bestandsaufbau erwarb man geschlossene Sammlungen, sodass bereits die Verluste durch den Dreißigjährigen Krieg erheblich waren. In der zweiten Hälfte des 17. Jahrhunderts mangelte es an der nötigen finanziellen Ausstattung. Erst Fürstbischof Johann Philipp von Greiffenclau wurde zum zweiten Begründer der Bibliothek, die zwar nie Rang und Umfang anderer deutscher Sammlungen erreichte, aber für ihre gute Ausstattung mit historischer Literatur bekannt war. Anfang des 18. Jahrhunderts war die Bibliothek wieder so umfangreich, dass Balthasar Neumann einen neuen Bibliotheksraum errichten musste. Bedeutende Professoren, Johann Georg von Eckhart und Michael Ignaz Schmidt, wurden als Bibliothekare berufen, Mitarbeiter bestellt, Kataloge erarbeitet und die Benutzung geregelt. Im Zuge der Säkularisation erhielt die Universitätsbibliothek eine Flut wertvollster Bücher, die aus den aufgehobenen Klöstern des Hochstifts nach Würzburg gebracht wurden.[43]

Weitere Sammlungen

Julius Echter hatte mit erheblichem Aufwand eine Hofbibliothek auf der Festung einrichten lassen, die in eigenen Räumen untergebracht und mit einheitlichen Einbänden ausgestattet war. Diese Sammlung, die auch Hof- und Universitätsangehörigen offen stand, ging als Kriegsbeute an die Schweden verloren,[44] ebenso die Jesuitenbibliothek, die aber zum Teil wieder zurückgekauft werden konnte.

*Abb. 123: Johann Michael Feder, Sammlung auserlesener Fabeln für Kinder,
Würzburg 1802, XIII. Fabel: Der fliegende Fisch. (UBW, 54/Rp 8, 1821)*

Bibliotheksreisende des 18. Jahrhunderts[45] lobten daneben die Bibliothek des Schottenklosters, die auf Abt Johannes Trithemius zurückging, und jene von St. Stephan. Sie
konnten auch bereits wieder die Dombibliothek besichtigen, die versteckt und 1717
durch den späteren Fürstbischof Christoph Franz von Hutten auf dem Dachboden des
Doms wieder entdeckt worden war.[46] Bekannt sind Sammlungen in fast allen Klöstern
(s. Tafel 31).[47] Im Juliusspital bestand eine so genannte Armenbibliothek für bedürftige
Schüler, 1813 setzten dann Bemühungen um die Schaffung einer umfassenden Gymna-
sialbibliothek ein.[48]

Auch zahlreiche private Bibliotheken wurden zusammengetragen, blieben aber nicht
erhalten. Erinnert sei nur an die bedeutende Sammlung des Johann Egenolph von Knöringen.[49] Vor allem zu Beginn des 19. Jahrhunderts wurden in der Stadt mehrfach umfangreiche Privatsammlungen unterschiedlichster Größe und Zusammensetzung versteigert:[50]
reine Gelehrtenbibliotheken ebenso wie Sammlungen mit mehr praktischer Zielsetzung;
auffallend ist bei ihnen insgesamt der geringe Anteil an belletristischer Literatur.

Die Lesegesellschaft und die Leihbibliotheken

Spätestens seit 1800 gab es in Würzburg eine Leihbibliothek, die durch Heinrich von Kleists bekannte Schilderung in die Literaturgeschichte eingegangen ist.[51] Leihbibliotheken und Lesegesellschaften sollten den Zugang zu unterhaltender wie ernsthafter Lektüre auch ohne Kauf ermöglichen und waren eine Reaktion auf steigende Buchproduktion und geändertes Leseverhalten. Während die Leihbibliotheken überwiegend von den niederen Schichten besucht wurden – aber zum Missfallen der Lehrer auch von den Gymnasiasten[52] –, blieb das Bürgertum in den Lesezirkeln, -kabinetten und -gesellschaften unter sich. Persönlichkeiten wie Karl Theodor von Dalberg oder Franz Oberthür sprachen sich in Würzburg mehrfach für die Errichtung einer Lesegesellschaft aus, konnten sich aber gegen den misstrauischen Fürstbischof nicht durchsetzen. So bestand das erste Würzburger Lesekabinett nur 1785–86, der nächste Versuch 1790 scheiterte gänzlich. Erst 1803 entstand mit dem »Museum« eine Lesegesellschaft, die rasch wuchs, später mehr gesellige Unterhaltung bot und seit 1812 unter dem Namen »Harmonie« fortbesteht.[53]

Würzburger Frauen mit Doktortitel
im 17. und 18. Jahrhundert?

HANS-PETER BAUM

Den biografischen Lexika und der sonstigen Literatur zufolge war die 1715 in Quedlinburg geborene und dort 1762 verstorbene Dorothea Christiane Erxleben, geb. Leporin, die erste Frau in Deutschland, die den medizinischen Doktortitel, ja wohl überhaupt erstmals als Frau einen Doktortitel erwarb. Sie verdankte ihre erstaunliche Beherrschung des Lateinischen dem Unterricht durch Rektor und Konrektor der Quedlinburger Ratsschule, ihre naturwissenschaftlichen Kenntnisse ihrem Vater, der in Quedlinburg Stadtphysikus war und sie und ihren Bruder in theoretischer und

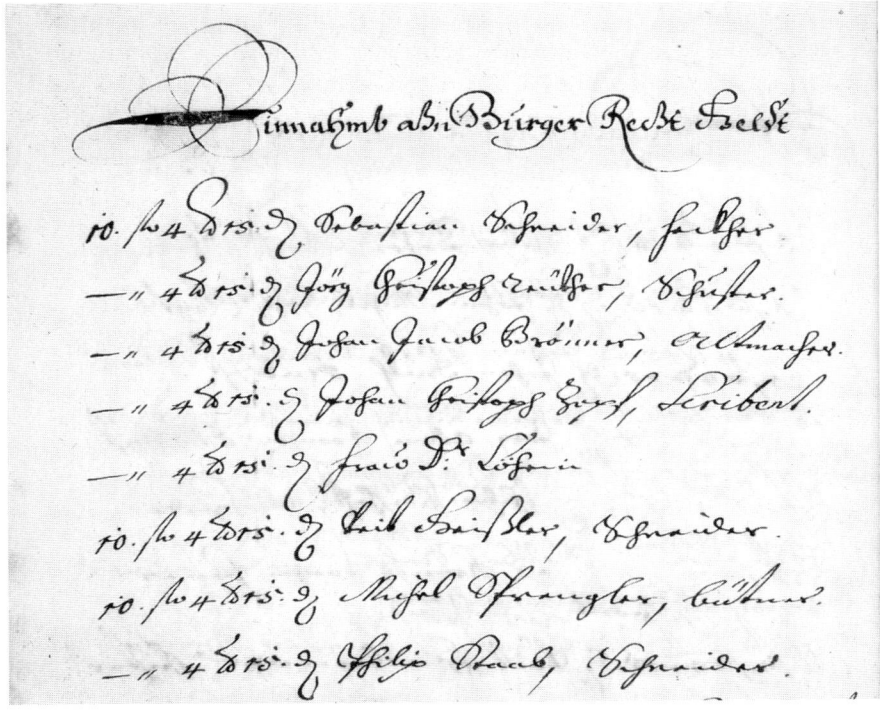

Abb. 124: Eintrag von »Fraw Dr. Löhrin« in der Steuerrechnung von 1706
unter der Rubrik »Einnahmb ahn BurgerRechtGeldt«, 6. Zeile von oben.
(StadtAW, Rechnung 5726, fol.274r)

praktischer Medizin unterwies. Sie heiratete einen Pfarrer, der vier Kinder aus erster Ehe mitbrachte, ließ sich aber durch ihr Hausfrauendasein nicht vom Studium der medizinischen Literatur ablenken und wurde 1754 auf Anregung Quedlinburger Ärzte an der Medizinischen Fakultät der Universität Halle promoviert. Bis zu ihrem Tode übte Dorothea Christiane Erxleben eine ausgedehnte ärztliche Praxis aus.

In Würzburger Quellen des 17. und 18. Jahrhunderts werden schon erheblich früher drei Frauen ausdrücklich mit dem Doktortitel genannt. In dem im Stadtarchiv aufbewahrten Ratsakt 1117, einer nur bruchstückhaft erhaltenen und nicht datierten, aber wohl um das Jahr 1630 anzusetzenden Zählung der Juden, die sich in der Stadt Würzburg aufhielten, wird festgehalten, dass eine jüdische Familie *inn der Frau Doctor Hamelin Behausung* (s. Abb. 301) im Sanderviertel wohne. In den Steuerrechnungen 5726 und 5735 für die Jahre 1706 und 1711 werden ausnahmsweise die Neubürger namentlich einzeln genannt. Unter ihnen befinden sich 1706 *Fraw Dr. Löhrin* und 1711 *Fraw Dr. Warnecthin [Warneckhin?]*. Es ist dabei nicht überraschend, dass Frauen selbstständig als Bürgerinnen ansässig werden. Zwar sind in den Steuerrechnungen und Bürgerbüchern der Stadt sehr viel weniger Frauen als Männer genannt, die als neue Bürger und zugleich Haushaltsvorstände in den städtischen Bürgerverband aufgenommen werden, es sind aber genügend, um solche Fälle nicht als unübliche Ausnahmen werten zu müssen. Weiterhin ist festzustellen, dass es in den Jahren vor und nach der Aufnahme von Frau Dr. Löhrin und Frau Dr. Warnecthin [Warneck] keine Männer namens Dr. Löhr oder Lohr oder Dr. Warnecthin bzw. Warneck gibt, die Bürger werden. Beide Frauen dürften allein stehend gewesen sein, da auch kein Bürger für sie als seine Ehefrau das Bürgergeld zahlt – ein häufiger Fall in den Bürgerbüchern und Steuerrechnungen. Die beiden Frauen könnten daher ihre Doktortitel aus eigenem Recht geführt haben. Von Interesse ist vielleicht noch, dass gemäß der gezahlten Bürgeraufnahmegelder Frau Dr. Löhrin eine Würzburger Bürgertochter gewesen sein müsste, Frau Dr. Warnecthin hingegen eine Auswärtige. Bei Frau Dr. Hamelin kann darüber nichts ausgesagt werden.

Es wäre von großem Interesse zu wissen, ob diese drei Würzburger Frauen tatsächlich bereits in so früher Zeit akademische Titel erworben haben. Nicht auszuschließen ist allerdings – darauf ist abschließend nachdrücklich hinzuweisen –, dass es sich bei ihnen um Akademikerwitwen handelte, die selbstständig das Bürgerrecht erwarben und die aus Courtoisie in den Quellen und wohl auch im täglichen Umgang mit dem Doktortitel angesprochen wurden.

Nach Quellen des Staatsarchivs dürfte Letzteres wohl bei Frau Dr. Hamelin und Frau Dr. Löhrin der Fall gewesen sein.

Wirtschaftsgeschichte Würzburgs
1525–1650

Marcus Sporn

Die Entwicklung der europäischen Wirtschaft im 16. und 17. Jahrhundert

Das »lange 16. Jahrhundert« – so wird allgemein der Zeitraum vom ausgehenden 15. bis zum Beginn des 17. Jahrhunderts bezeichnet, der für die meisten Regionen Europas durch einen Anstieg der Bevölkerung und ein kontinuierliches Wirtschaftswachstum gekennzeichnet war, bevor mit der Krise in der ersten Hälfte des 17. Jahrhunderts auch die Wirtschaft zunächst stagnierte und dann zusammenbrach.[1] Im Verlauf des 16. Jahrhunderts wurden die – vor allem durch die Pest verursachten – Bevölkerungsverluste des 14. und 15. Jahrhunderts wieder ausgeglichen. Die städtische Bevölkerung, vor allem die der Handelsmetropolen und Residenzstädte, wuchs im 16. Jahrhundert deutlich an.[2] Für die landwirtschaftliche Produktion war besonders die erste Hälfte des 16. Jahrhunderts klimatisch noch relativ günstig, doch setzte sich danach der Trend sinkender Temperaturen bis zum Ende des 17. Jahrhunderts erneut fort.[3] Da die Landwirtschaft extensiv betrieben wurde und keine Steigerung der Produktivität stattfand,[4] waren – relativ zum Bedarf – ab der Mitte des Jahrhunderts sinkende Ernteerträge die Folge. Dies und ein insgesamt gesehen kontinuierliches Bevölkerungswachstum führten, verschärft durch die zunehmende Edelmetallmenge und die daraus resultierende sinkende Kaufkraft des Geldes, rasch zu einem Anstieg der Lebensmittelpreise und insbesondere der Preise für Getreide.[5] Lag dieser Preisanstieg für den Zeitraum von 1552 bis 1617 tatsächlich nur bei zwei Prozent pro Jahr,[6] so wurde er doch als viel dramatischer empfunden, da die Löhne weit weniger stark stiegen.[7] Von dieser Entwicklung war die städtische Bevölkerung ungleich stärker betroffen als die ländliche, die ihre Nahrung oder Kleidung noch selbst erzeugte. Das Gewerbe konnte durch Steigerung der Produktion flexibler auf die erhöhte Nachfrage reagieren,[8] jedoch blieben so die Preise der städtischen Gewerbeprodukte deutlich hinter den weniger elastischen Preisen für Nahrungsmittel zurück. Für den einzelnen Handwerker hatte dies negative Auswirkungen, da die Produktionssteigerung nicht durch Erhöhung der Produktionszahlen der einzelnen Betriebe, sondern durch eine Zunahme der Gewerbebetriebe entstand.[9] Die Wirkung der geringer steigenden Preise für Gewerbeprodukte konnte so nicht aufgefangen werden, und ein beständig wachsender Teil des Einkommens wurde für Lebensmittel verbraucht. Auch ein Großteil der ländlichen Bevölkerung, deren Agrarproduktion kaum über dem Existenzminimum lag, konnte von den steigenden Lebensmittelpreisen kaum profitieren.[10]

Zudem stiegen die Löhne wegen des gewachsenen Arbeitskräfteangebots nur moderat, was einen weiteren Rückgang der Nachfrage nach gewerblichen Produkten zur Folge hatte. Um das Jahr 1570 erreichten die Getreidepreise europaweit Spitzenwerte,[11] doch sind auch für die Jahre 1527–1534 sowie die 1550er Jahre Hunger- und Teuerungskrisen festzustellen.[12] Eine Wende hin zu sinkenden Getreidepreisen und steigenden Löhnen wurde erst um 1620/1630 erreicht.[13]

Die Handelswege

Würzburg war der zentrale Verkehrsknotenpunkt in Mainfranken und durch die Straße über Aschaffenburg – Lengfurt – Würzburg – Kitzingen – Iphofen – Neustadt/Aisch mit den bedeutenden internationalen Handelsstädten Frankfurt am Main mit seiner Messe und Nürnberg, dem bedeutenden Handelszentrum für Textil- und Metallwaren sowie Waffen, verbunden.[14] Über diese Städte war Würzburg an das Netz des internationalen Warenaustauschs angeschlossen (s. Tafel 33).[15] Zwar floss ein erheblicher Teil des den Landweg benutzenden Warenverkehrs über die alternative Route von Nürnberg über Langenzenn – Windsheim – Aub – Tauberbischofsheim – Miltenberg – Aschaffenburg nach Frankfurt an Würzburg vorbei. Da aber die schlechte Qualität der Straßen oft berechtigten Grund zur Klage gab und den Handel über Land erschwerte, der ein Vielfaches des Warentransports auf den Flüssen kostete,[16] wurde – trotz der weiteren Entfernung – der Handel zwischen Nürnberg und Frankfurt meist über den Main abgewickelt.[17] Die 1553 einsetzenden Rechnungen über den Wasserzoll geben Aufschluss über den Warenverkehr auf dem Main.[18] Der in Würzburg an der Brücke erhobene Main- oder Wasserzoll unterstand ursprünglich dem Domkapitel, wurde aber 1552 dem Unterrat gegen eine jährliche Zahlung von 40 Gulden Zins überlassen.[19] Die Würzburger Geistlichkeit war vom Mainzoll befreit. Anders als Bamberg, Miltenberg und Mainz besaß Würzburg kein Stapelrecht. Eine eigene Schifferzunft hatte sich daher nicht entwickelt.[20] Nur das auf dem Main transportierte Holz musste vor dem Weitertransport für drei Tage in Würzburg angeboten werden.[21] Holz war einerseits der wichtigste Brennstoff und andererseits für den Weinbau (Pfähle, Fässer) sowie als Baumaterial unerlässlich. Daher bedurfte die Ausfuhr von Holz der besonderen Genehmigung des Oberrats.[22] Bis 1605 wurde das Holz direkt von den Flößen auf dem Main verkauft, doch da so die Bürger beim Einkauf mit den Fremden konkurrierten, mussten die Flößer ab 1605 ihr Holz auf den Markt tragen, wo es die ersten beiden Tage nicht von Fremden erworben werden durfte.[23] Neben Holz in verschiedensten Formen wurde vor allem Getreide auf dem Main transportiert. Nach Würzburg eingeführtes Korn (Roggen) und Erbsen wurden mit einem Pfennig pro Malter[24] nur geringfügig belastet, da sie zur Grundversorgung der Bevölkerung benötigt wurden. Für Gerste und Hafer war schon der doppelte Zoll fällig, ebenso für Getreide, das nur weitertransportiert werden sollte. Seit 1580 werden in den Rechnungen die verzollten Malter an Früchten (Getreide) angegeben. Die Mengen schwanken ganz beträchtlich, zwischen 942 Maltern (ca. 163 000 Liter) 1601/02 und 21 581 Maltern (3 734 000 Liter) 1609/10. Während der schwedisch-

Abb. 125: Porträt des Fernhändlers Johannes Eck, Hans Heunisch, 1609.
(Mainfränkisches Museum Würzburg, Stadtgeschichtliche Dauerausstellung, Inv.-Nr. S. 11385)

sächsischen Zeit wurden von 1632 bis 1634 ein doppelter Zoll auf alle Waren, außer auf Wein, erhoben und die gesamten Zolleinnahmen als Kontributionen abgeführt.[25] Die meisten Schiffe auf dem Main stammten aus Bamberg, gefolgt von Lichtenfels, Lohr und Kronach.[26] Über Bamberg kam vor allem das Holz aus dem Frankenwald, während aus Frankfurt Metalle den Main hinauf getreidelt wurden.[27] Im Winter war der Schiffsverkehr auf dem Main weitgehend eingestellt. Ab April verkehrten dann auch wieder die Personenfähren, die ebenfalls zum Transport von Waren genutzt wurden.[28]

Die städtische Wirtschaft zwischen Landesherrschaft,
Domkapitel, Ober- und Unterrat

Die Zuständigkeit für die Wirtschaftspolitik in der Stadt Würzburg lag bis zum Bauernkrieg von 1525 beim Oberrat.[29] Nach der Katastrophe des Bauernkriegs hob Bischof Konrad von Thüngen diesen 1525 auf und übertrug dessen Kompetenzen an den bischöflichen Oberschultheißen. Auch der städtische Unterrat war im Gefolge des Bauernkriegs entmachtet worden und stand unter dem Vorsitz des Oberschultheißen. Die Ratsordnungen von 1525 und 1528 fixierten die Kontrolle des städtischen Rates durch Bischof und Domkapitel. Erst nach dem Tode Bischof Konrads von Thüngen 1540 konnte der Unterrat viele verlorene Rechte zurückgewinnen.[30] Auch der vom Domkapitel dominierte Oberrat wurde 1540 wieder eingerichtet. Er hatte unter anderem den Handwerkern ihre Satzung und Ordnung zu geben, die Tagelöhne zu fixieren; bei ihm lag die Marktaufsicht.[31] Seiner Zuständigkeit zumindest teilweise entzogen waren die Apotheker, Huter, Seiler, Kessler, Fischer und Wagner, später dann auch die Bäcker.

Löhne und Arbeitszeit

Es lassen sich zunächst nur für die Bereiche des Wirtschaftslebens Aussagen machen, für die besondere Ordnungen erlassen und überliefert wurden.[32] Dies sind in der Regel nur die abhängigen Arbeiter, die einen Tagelohn erhielten, vor allem die auf dem Bau tätigen Handwerker. Im Rahmen der großen Zusammenstellung der Handwerks- und Gewerbeordnungen zu Beginn der Regierungszeit Julius Echters wurde auch dieser Bereich geregelt.[33] Die Arbeitszeit der Werkleute begann im Sommer um 4 Uhr und endete um 19 Uhr, im Winter sollte von morgens, sobald man sehen kann, bis nachts, wenn es finster wurde, gearbeitet werden. Allerdings hatten die Handwerker, die sich selbst versorgten, je eine Stunde Pause um 7 Uhr für die Suppe, um 11 Uhr für das Mittagsmahl und um 15 Uhr zum *Unterbrodt* oder *Deisseln*. Wer vom Bauherrn verköstigt wurde, hatte zwei Stunden Pause. Die tatsächliche Arbeitszeit lag folglich im Sommer zwischen zwölf und dreizehn Stunden täglich, jedoch müssen auch die vielen kirchlichen Feiertage berücksichtigt werden.

Tageslohn in Pfennigen (ohne Verpflegung)

	Meister	Geselle	Lehrling	Speisen
Zimmerleute	36	30	24	12/10
Steinmetze	36	36	24	
Maurer	30	30	24	
Schreiner	30	30	18	12/6
Dachdecker	36	30	24	

Die Kosten für »Speisen« (Meister/Lehrlinge) wurden vom Lohn abgezogen. Nicht mehr als eine halbe Maß Wein sollte gereicht werden. Hilfskräfte, die den Maurern zur Hand gingen, bekamen 18 bis 20 Pfennige.[34] Auch Frauen arbeiteten auf dem Bau mit und machten Handreichungen, bekamen dafür aber nur zwölf Pfennige. Im Winter (16. Oktober bis 22. Februar) wurden jedem Handwerker wegen der verkürzten Arbeitszeit generell sechs Pfennige weniger bezahlt. Vergleicht man diese festgesetzten Tagelöhne mit den (von Elsas) für Würzburg ermittelten tatsächlich gezahlten Löhnen für andere ungelernte Arbeiter in Steinbrüchen, Erdarbeiter sowie Transport- und Ladearbeiter,[35] so bewegen sich deren durchschnittliche Löhne um die 20 bis 24 Pfennige und somit auf gleicher Höhe wie die vom Oberrat verordneten Tagelöhne für ungelernte Bauarbeiter. Für die Arbeit von Frauen hat Elsas für die Jahre um 1577 keine Löhne ermittelt, sie lagen aber in den 50er Jahren mit nur 14 Pfennigen ebenfalls deutlich unter dem, was ungelernte Männer verdienten. Zum Vergleich seien hier für die Zeit um 1577 noch die ungefähren Preise einiger Güter angeführt: Ein Pfund Kerzen kostete ca. 13 Pfennige, ein junges Huhn 15 Pfennige, ein Pfund Rindfleisch sieben Pfennige, ein Pfund Karpfen zehn Pfennige und ein Pfund *Canarizucker* 100 Pfennige.[36] Wollte man sich etwa einen langen einfachen Mannsrock schneidern lassen, so waren dafür 24 Pfennige zu bezahlen, für eine zottige oder sonst einfache weltliche Kappe mit Zipfel zehn Pfennige und für ein langes Paar Socken sechs Pfennige.[37] Im Jahr 1614 sollte ein bei einem Schneidermeister beschäftigter Geselle 24 Pfennige und ein junger Schneider 14 Pfennige pro Woche als Lohn erhalten.[38] Es lässt sich ein sehr starkes Beharrungsvermögen der Löhne auf einem Niveau feststellen. Für Arbeiter im Steinbruch etwa blieben die Löhne über mehr als ein Vierteljahrhundert von 1531 bis 1558 praktisch unverändert und stiegen auch danach nur minimal an. Erst Anfang des 17. Jahrhunderts kam es zu einer deutlichen Erhöhung des Lohnniveaus. Vergleicht man nun die Steigerung der Löhne mit dem Anstieg der Getreidepreise, so ergibt sich ein düsteres Bild der Lebensverhältnisse. Stiegen die Löhne eines Ladearbeiters von 1526 bis 1572, kurz vor der Preisexplosion für Getreide, um etwa 100 Prozent, so stieg der Roggenpreis im gleichen Zeitraum um etwa 400 Prozent,[39] was eine entsprechende Reduzierung der Reallöhne zur Folge hatte. Ähnlich sah es bei anderen Tagelöhnern aus. Allerdings gehörten die Tagelöhner und auch die Meister der Bauhandwerke zur Gruppe mit den geringsten Einkommen in der Stadt, ähnlich wie die Weber, *Kerner* (Kärrner) und Schuster.[40]

Der Markt

Im Mittelalter war der Würzburger Markt auf mehrere Plätze und Straßen verteilt.[41] Aus dem Jahre 1574 liegt eine Marktordnung vor, welche die Verhältnisse im 16. Jahrhundert beleuchtet.[42] Am Sonntag oder an Feiertagen vor der Messe war der Verkauf verboten. Es wurde Wert darauf gelegt, dass die Höckner (Kleinverkäufer) ihre Waren (Eier, Hühner, Butter, Käse oder Obst) nicht in unmittelbarer Nähe (innerhalb von drei Meilen) der Stadt oder gar auf dem Markt selbst einkauften, um sie weiterzuverkaufen. Nur auf den Wochenmärkten nach der Glocke durften sie kaufen. So sollte verhindert wer-

Abb. 126: Jahrmarkt vor den Domgreden (Domtreppen), Anfang des 16. Jahrhunderts.
(StadtAW, Rb 412: Fries-Chronik, Domkapitel-Exemplar, 1546, fol. 167v)

den, dass für die Versorgung der Bevölkerung notwendige Waren zwischengehandelt wurden. Die Stellordnung auf dem Marktplatz vor der Marienkapelle war für die einzelnen Tische und Stände genau geregelt. Auch sollten die Plätze wöchentlich gewechselt werden, sodass kein Händler einen Vorteil aus einem günstigeren Standplatz ziehen konnte. Auf dem Markt fand man Verkäufer für Mehl, Brot, Fleisch fremder Metzger, Obst fremder Kärrner, Samen, Salz, Milch, Zwiebeln, Rüben, Kräuter und Gewürze. Auch die Krämer hatten dort ihren Platz. An Gewürzen wurden Mitte des 16. Jahrhunderts Safran – der billige türkische Safran war allerdings verboten –, Zimt, ungefärbter Ingwer, Nelken, unzerstoßener Pfeffer, Muskatnuss sowie Muskatblüten und Zimtrinden aus Venedig angeboten.[43] Alle Gewürze mussten vor dem Verkauf von den geschworenen Würzbeschauern begutachtet werden. *Confect* durfte von den Krämern nur verkauft werden, wenn es von *lauterem guten Zucker* ohne *allen falsch vberzogen* war. Zitronen, Mandeln, Rosinen und Limonen fanden sich am Anfang des 17. Jahrhunderts in kleinen Mengen ebenfalls auf dem Markt.[44] Ein großes Problem für den Warenhandel war der so genannte Fürkauf. Über ihn tauchen in den Quellen immer wieder Klagen auf. Es handelte sich dabei um den spekulativen Aufkauf von Waren, bevor diese den Markt erreichten. Besonders die Juden wurden bezichtigt, allen Fürkauf zuerst zu treiben, *domit sie alle Whar dem gemeinen Man vertheuren.*[45]

Die fürstliche Waage

Spätestens seit dem 15. Jahrhundert mussten alle größeren Geschäfte mit gewogenen Gütern in der fürstlichen Waage abgewickelt werden. Die mittelalterlichen Waagordnungen[46] scheinen im Verlauf der Jahrzehnte zunehmend ignoriert worden zu sein. Ein Versuch, die Waagordnung 1561 zu erneuern, hatte keine Wirkung gezeigt, und so unternahm Fürstbischof Friedrich von Wirsberg 1569 erneut einen energischen Versuch.[47] Alles, was über 25 Pfund wog, war in der fürstlichen Waage zu wiegen. Um diesem Gebot

Nachdruck zu verleihen, wurde der Besitz von Gewichten über 25 Pfund verboten.[48] Die Qualitätssicherung wurde als Berechtigung für die fürstliche Waage angeführt; so durften Dörrfisch oder gesalzener Fisch seit alters nur in der Waage verkauft werden. Hielten sich die Fischweiber nicht daran, so drohte ihnen der Verlust ihres Geschäfts. Im Mittelalter war es üblich gewesen, dass von einem in der Waage gehandelten »Stück« Stockfisch zwei Fische vom Verkäufer und einer vom Käufer für die fürstliche Küche abzugeben waren. Diese Pflicht hatte sich im Laufe der Zeit zu einer Geldabgabe gewandelt, die zunehmend durch den Handel außerhalb der Waage umgangen worden war. Dieser Handel außerhalb der Waage wurde nun verboten und der *freye offene Kauf* wieder eingeführt.[49] Erstaunlicherweise wurde aber die Bezahlung der Gebühr in Geld nicht beibehalten, sondern die fälligen drei Stockfische sollten nach mittelalterlichem Brauch wieder in die fürstliche Küche gebracht werden. Hier wurde von der Obrigkeit versucht, den aus dem täglichen Wirtschaftsleben erwachsenen Prozess der Umwandlung von Natural- in Geldabgaben wieder rückgängig zu machen. Neben den Dörrfischen waren auch alle *Scheuben* (Scheiben) Salz in der Waage zu handeln. Neben den bereits genannten Waren sollten auch alle Eisenwaren (die oft nur nach geschätztem Gewicht, aber ungewogen zum Schaden des Kunden verkauft wurden), Federwerk und Alteisen genauso wie Speck, Butter, Käse, *Schmer* (rohes Schweinefett), Unschlitt (Fett vor allem als Schmiermittel und zur Beleuchtung) sowie Honig, Flachs, Hanf und dergleichen in der Waage gehandelt werden. Ausgenommen waren nur die kleinen Mengen an Butter und Käse, die auf dem Wochenmarkt verkauft wurden. Für die häufige Missachtung des Verkaufszwangs in der Waage gab es mehrere Gründe. Neben den durch die Abgaben verursachten Kosten waren es vor allem die zeitlichen Beschränkungen, denen der Handel in der Waage unterlag. Um den Handel ein wenig zu erleichtern, wurden die Öffnungszeiten der Waage erweitert. Waren bisher alle waagepflichtigen Güter der Händler während der vier Messen dem Geschäft entzogen, da sie in der Waage eingeschlossen blieben, so sollte die Waage nun zu drei der Messen (Mittfasten, Kiliani und Michaelis) normal geöffnet sein. Nur an den Tagen der Allerheiligenmesse sollte die Waage, wie alle anderen Läden und Geschäfte auch, geschlossen bleiben.

Abb. 127: Metallene Eichmaße für Salz, 16. Jahrhundert.
(Mainfränkisches Museum Würzburg, Inv.-Nr. S. 7465, 7466, 7470)

Doch auch die normalen Öffnungszeiten der Waage waren nicht besonders geschäfts-
freundlich, war sie doch jeden Tag nur für zwei Stunden am Morgen aufgeschlossen, und
Klagen über Unterkäufer und Waagknechte, die zu spät oder gar nicht erschienen, scha-
deten dem Handel zusätzlich. Die geschworenen Unterkäufer fungierten als Makler für bestimmte Waren, für die sie die fälligen Gebühren erhoben und deren Qualität sie zu überwachen hatten. So mussten etwa die Lederunterkäufer es den Sattlern und Taschnern
mitteilen, wenn eine neue Lieferung Leder eingetroffen war, und diese fragen, ob sie Leder kaufen wollten.[50] Schlechtes Leder hatten sie aus dem Verkehr zu ziehen. Mit der Zeit
hatte sich bei den *Löbern* (Gerbern) eingebürgert, das Leder in ihrem Haus direkt an Fremde zu verkaufen. Zum Schutz der städtischen Wirtschaft räumte der Oberrat den Schustern
daher das Recht des Vorkaufs ein, das heißt, sie allein durften auf dem Markt zwischen
7 und 8 Uhr Leder kaufen, Fremde erst danach.[51]

Getreide, Müller und Bäcker

Das wichtigste Grundnahrungsmittel war das Brotgetreide, das heißt für Mitteleuropa
der Roggen. Bei der zunehmenden Anspannung der finanziellen Möglichkeiten der kleinen und mittleren Haushalte war eine Hinwendung zu dem Nahrungsmittel mit der
günstigsten Preis-Nährwert-Relation die Folge. Diese war und blieb, trotz des rapiden
Preisanstieges, beim Getreide günstiger als beim Fleisch. Daher war der Roggen das für
die Grundversorgung wichtigste Gut. Die Schwankungen des Getreidepreises, der
wegen seiner deutlichen Abhängigkeit von Witterungseinflüssen kein geeigneter Indikator für die allgemeine wirtschaftliche Entwicklung sein kann,[52] hatten direkte und
massive Auswirkungen auf die Kaufkraft und den Lebensstandard der Menschen. Die
Zuständigkeit für die Getreideversorgung war zunächst auf Oberrat und Unterrat verteilt, was zu Kompetenzstreitigkeiten führte. Diese Regelung versagte während der Hun-
gerkrise 1570/71, sodass Fürstbischof Friedrich von Wirsberg 1571 dem Unterrat die
Verantwortung für die Getreideversorgung übertrug.[53] Bei der schon 1573 eintretenden
Bewährungsprobe konnte sich der Unterrat bei den Spitzenpreisen für Getreide nicht
gegen die Bäcker durchsetzen. Der Fürstbischof übertrug deshalb dem städtischen Rat
auch die Aufsicht über die Becken.[54] Um Betrügereien entgegenzuwirken, wurde das Getreide von vereidigten Kornmessern in Maßen, die von der Obrigkeit gekennzeichnet
und regelmäßig geeicht wurden, gemessen.[55] Da das städtische Kornmaß aber von dem
der Klöster in der Stadt und erst recht von Maßen anderer Orte abwich, mussten aufwändige Umrechnungen vorgenommen werden.[56] Die Notwendigkeit, die Kornmaße
dieser Städte zu kennen, lässt auf einen regen Getreidehandel Würzburgs mit Schweinfurt, Rothenfels, Röttingen, Mergentheim, Haßfurt, Königshofen, Ebern, Schlüsselfeld,
Ochsenfurt, Fladungen, Neustadt, Hammelburg, Stadtlauringen, Gerolzhofen, Karlstadt
und Arnstein schließen. Die Müller waren auf das Mahlen des Getreides in den ca. 15
Mühlen beschränkt.[57] Ihnen selbst waren der Fürkauf von Getreide und der Verkauf von
Mehl verboten.[58] Jährlich wurde die Qualität durch die Getreideprobe für Weizen und
Korn überprüft und publiziert. Damit die Mühlen an der Pleichach und an der Kürnach

betrieben werden konnten, mussten die Bäche immer wieder *gefegt* (von Abfällen gereinigt) werden; außerdem stauten die Bauern die Bäche auf und legten Bewässerungsgrä-
ben an, um das Wasser auf ihre Felder umzuleiten.[59]

Einen weiteren Einblick gibt die umfangreiche »Ordnung und Satz der Becken und
Müller« von 1576.[60] Es gab etwa 25 Bäcker in Würzburg.[61] Verkaufte ein Bäcker unterge-
wichtiges, mit Kleie versetztes, verwässertes oder unausgebackenes Brot, so hatte er die
ersten beiden Male eine Geldstrafe von zehn bzw. zwanzig Pfund zu zahlen,[62] beim dritten Mal wurde er ins Gefängnis gesteckt und nur mit Wasser und seinem *verderbten* Brot
gespeist, beim vierten Vorfall wurde dem Bäcker das Handwerk für ein Jahr entzogen.[63]
Ein guter Teil der städtischen Vorratshaltung lag auf den Schultern der Bäcker, die stets
zehn Malter Mehl und zehn Reif Mainholz oder fünf Reif Langholz vorrätig zu haben
hatten. Auch in den einzelnen Vierteln wurde Getreide aufbewahrt, der Rat hatte seinen Getreidevorrat im Grafeneckart. Das städtische Kastenamt, das seit 1571 für die Getreideversorgung der Stadt zuständig war, unterhielt einen kleinen Getreidevorrat, der
in den folgenden Jahren durch den Bau eines eigenen Kornhauses erweitert wurde.[64]
Die wöchentlich taxierten Brotpreise, die von den Bäckern nicht einfach bei gestiege-
nen Getreidepreisen erhöht werden konnten, mussten bei schlechten Ernten zu einem
sinkenden ökonomischen Anreiz zum Backen führen. Um dem entgegenzuwirken, wurden die Bäcker zum Backen verpflichtet.

Die Bäckergesellen konnten in Zeiten der Not, etwa bei Krankheit, auf die Unterstützung durch das Handwerk, meist wohl in Höhe von zwei Gulden aus der *Büchse* (Kasse),
rechnen.[65] Ansonsten hatten sie regelmäßige Abgaben in die Büchse des Handwerks,
insbesondere zum Unterhalt der Kerzen in der Kirche, zu leisten. Im Winter hatten die
Bäckerknechte eine eigene Stube und Herberge. Diese bereitete der Obrigkeit wegen der
rauen Sitten manche Sorgen. So wurde bestimmt, dass derjenige, *welcher sich vber trin-
cket und vollwurdt, und das wider von im gibt, soll ein halb Pfundt Wachs geben.*[66] Nach Bezahlung der Zeche hatte der Geselle die Stube zu verlassen.[67]

Für das Jahr 1569 existiert eine Auflistung von 32 Gesellen und Jungen des Bäcker-
handwerks.[68] Drei der genannten Gesellen stammten aus Würzburg. Je zwei Gesellen
kamen aus Wertheim, Estenfeld, Mellrichstadt und Bischofsheim in der Rhön. Alle anderen kamen aus verschiedenen anderen Orten in Franken.

Fleisch und Metzger

Neben Getreide/Brot war Fleisch ein wichtiges Grundnahrungsmittel, dessen Bedeutung aber wegen der sinkenden Reallöhne und der damit verbundenen Hinwendung
zum günstigeren Getreide abnahm. Insgesamt gab es etwa 30 Metzger in Würzburg.[69]
Das Handwerk der Metzger hatte, wie die meisten anderen Handwerke auch, vier geschworene Meister, welche die Aufsicht zu führen hatten.[70] Diese, jährlich zu Martini
(11. November) gewählten und vor dem Oberrat vereidigten Metzgermeister hatten alle
zwei Wochen ihre Befehle vom Oberrat entgegenzunehmen und diesen über die Gefahr
eines Fleischmangels in der Stadt zu informieren. Alle Tage mussten sie bei den Bäckern

und Metzgern, die Schweinefleisch anboten, dieses beschauen und darauf achten, dass kein schlechtes Fleisch verkauft wurde.[71] Um den erhöhten Fleischbedarf nach der Fastenzeit zu decken, mussten alle Metzger mit ihren Knechten rechtzeitig nach Vieh suchen und es in die Stadt treiben. Die Satzung ging so weit, einem Metzger, der am Osterabend kein Fleisch anbieten konnte, den Verkauf für den ganzen Rest des Jahres zu untersagen. Auch Müller und Bäcker trugen ihren Teil zur Fleischversorgung bei, jedoch wurde die Haltung der Bäckerschweine eingeschränkt.[72] Ihr Handwerk hatten die Metzger, wie man einer Satzung Bischof Johanns II. von Brunn (1411–1440) entnehmen kann, in den Vorstädten zu betreiben, und so finden sie sich vorwiegend in der Pleichach.[73] 1534 war Ochsenfleisch das teuerste (5 1/2 Pfennige pro Pfund), gefolgt von gutem Kuh- oder Kalbfleisch (je vier Pfennige pro Pfund) und Rindfleisch (zwei Pfennige pro Pfund); Schweinefleisch kostete zwischen vier und fünf Pfennige.[74] Preistaxen für Geflügel fehlten, da hier die meisten Bürger Selbstversorger waren.[75] Hammel- oder Schaffleisch durfte nur zeitlich begrenzt verkauft werden[76] und spielte insgesamt eine untergeordnete Rolle. Ausdrücklich wird den Metzgern befohlen, den Kunden das gewünschte Fleisch zu verkaufen, auch kleine Mengen von 1/2 Pfund abzugeben, damit sich auch die ärmeren Einwohner Fleisch kaufen konnten.[77]

Jeder angehende Meister musste, genau wie im Bäckerhandwerk, über ein jährlich zu verbürgendes Kapital von 300 Gulden verfügen.[78] Gab es bei vielen Zünften in anderen Städten Abschließungstendenzen, indem die Meister dort Konkurrenz ausschalten und ihre Exklusivität sichern wollten und daher die Aufnahme neuer Meister beschränkten, so lag in Würzburg der Fall anders. Die Metzgermeister wehrten sich heftig gegen die von der Obrigkeit erlassene Zugangsbeschränkung zum Handwerk und beschwerten sich, *das ihnen [den Metzgermeistern] nicht gezimen wolle, einen redlichen Knecht umb Armut willen am Meister Recht zuverhindern*[79], woraufhin der Oberrat lapidar antwortete, das Handwerk solle keineswegs jemandem den Zugang zum Meisterrecht verwehren, denn dies sei Sache des Oberrats. Ohne Grund war diese Regelung jedoch nicht erlassen worden, denn so mancher Metzger hatte nicht genug Kapital, um das zum Schlachten notwendige Vieh zu kaufen, und so hatten sich die Klagen wegen unbezahlter Schulden gehäuft. Fleisch durfte nur auf den Fleischbänken verkauft werden,[80] und zwar täglich außer freitags und an Sonntagen nicht vor elf Uhr, an anderen Feiertagen erst nach Ende der frühen Predigt im Dom. Nur an den hohen Festtagen mussten die Fleischbänke geschlossen bleiben. Seine Preise musste der Metzger nach dem jährlich festgelegten Fleischsatz richten, der nach den von den vier geschworenen Metzgermeistern gemeldeten Verkaufspreisen für Vieh berechnet wurde. Ab 1584 wurden die Fleischpreise vierteljährlich neu festgesetzt.[81] Ähnlich wie die Bäcker waren auch die Metzger dazu verpflichtet, ihr Handwerk regelmäßig auszuüben.

Nur am Rande kann hier noch die Bedeutung der Fischerei in Würzburg hervorgehoben werden. Es gab in Würzburg etwa eben so viele Fischer wie Bäcker, und die Bedeutung des Fischfangs für die Stadt wird durch ein eigenes, wenn auch unrentables städtisches Fischamt unterstrichen.[82] Vor allem Karpfen und Hechte wurden in den Befestigungsgräben der Stadt gezüchtet.

Der Kleinhandel

Den täglichen Bedarf der Stadt deckten neben den Bäckern und Metzgern die Höckner, die Kleinhändler.[83] Sie boten Käse, Butter, Schmer, Dochte, Armseil, Salz, Heringe und Kerzen an. Der Zugang zum Höcknerhandwerk, das zwei Geschworene hatte, unterlag nicht so strengen Regeln wie bei anderen Handwerken, jedoch wurde auch hier 1577 ein Mindestvermögen von 100 Gulden eingeführt. Ähnliches galt auch für die Dörr-fischweiber. Jeder Bürger, der über das entsprechende Kapital verfügte, durfte sich als Höckner betätigen. Die Ordnung bemüht sich auch explizit, die Kleinhändler vor ge-fährlicher Konkurrenz zu schützen. Die (Dörr-)Fischweiber und Eisenkrämer sollten nicht länger Käse, Butter und andere Höcknerware anbieten, außer sie betätigten sich selbst als Höckner und hielten sich somit auch an die damit verbundenen Auflagen. Der *Hockelhandel* konnte also als Nebenerwerb betrieben werden. Der Obrigkeit war sehr am Schutz der Höckner gelegen, da sie, wie die Höcknerordnung von 1577 zeigt, einen wichtigen Beitrag zur Versorgung der Stadt, insbesondere auch bei der Vorratshal-tung, zu leisten hatten. Jeder Höckner hatte zu jeder Zeit zwei Zentner Butter, vier Zent-ner Unschlitt, zwei Zentner Käse und weitere Waren vorrätig zu haben, was monatlich kontrolliert werden sollte. Ihre Gewinnspanne jedoch blieb unverändert. So sollten sie nach altem Herkommen pro Pfund Höcknerware nicht mehr als einen Heller Profit ma-chen. Für die Dörrfischweiber galt eine einfache Regel: Was sie an Gulden für die Tonne gesalzenen Fisch gezahlt hatten, das durften sie in Pfennigen für das Pfund Fisch beim Verkauf verlangen.[84]

Weinbau und Weinhandel

Das verbreitetste landwirtschaftliche Produkt in Würzburg war der Wein, der weit ge-rühmt und das wichtigste Exportgut war.[85] Die Stadt war aufgrund ihrer Lage in einem Flusstal und der geologischen (Kalkstein) und klimatischen Bedingungen hervorragend für den Weinbau geeignet. Daher bestimmten Weinberge und -gärten, die sich von den Hängen bis an die Stadtmauer erstreckten, das Landschaftsbild. Die Weingärten, die zu einem geringen Anteil mit Wiesen, Obstbäumen, Weiden und Ähnlichem durchsetzt waren, fanden sich aber nicht nur außerhalb der Stadtmauern, sondern auch in der Stadt selbst wurde Weinbau betrieben.[86] Die meisten Einwohner Würzburgs hatten Weinbergsbesitz, wenn auch gut die Hälfte dieser Weinberge nicht größer als vier Mor-gen war.[87] Das Obereigentum über die Weinberge lag zum überwiegenden Teil in der Hand geistlicher Institutionen, allen voran des Domstifts, an die der fällige Zins (Gült) von den bürgerlichen Häckern zu entrichten war.[88] Da der kirchliche Zehnt, anders als die Gült, vom Zehntherren direkt bei der Lese in den Weinbergen eingefordert wurde, bestanden die aus dem Mittelalter bekannten Laubenordnungen fort, die einerseits dem Zehntherren die Kontrolle erleichterten und den Bedarf an geschulten Kräften für die Weinlese reduzierten, andererseits aber verhinderten, dass bei der Lese Rücksicht auf den Reifegrad der Trauben genommen werden konnte. Obwohl ein Verzeichnis des Unterrats von 1644 eine Klassifizierung der Weinlagen vornahm,[89] war die Weinproduktion weiterhin auf Quantität und nicht auf Qualität ausgerichtet. Die Weinlese selbst wurde genau von den Herbstordnungen (Einungen) geregelt, die sich vor allem gegen die unerlaubte Weinlese und den Verkauf dieser *entwendeten* Trauben richteten.[90] Die mit dem Wein direkt oder indirekt zusammenhängenden Berufe, allen voran die Häcker (sowohl Weinbergsbesitzer als auch Tagelöhner), Büttner, Weinmesser, Weinschröter (Transport der Weinfässer), Wirte und andere machten einen bedeutenden Teil der Würzburger Bevölkerung aus. Dementsprechend stellten die Häcker auch den größten Anteil an Zuwanderern.[91] Häufig waren die Winzer aus Geldnot gezwungen, ihre Trauben noch vor der Lese deutlich unter Wert an Aufkäufer zu verkaufen. Gegen diese wucherische Kreditaufnahme richteten sich zahlreiche Verordnungen.[92] An Abgaben hatten die Wirte je ausgeschenktem Eimer[93] Wein das Ungeld abzuführen.[94] An der Grenze war pro Fuder[95] Wein der Guldenzoll zu zahlen. Der Weinhandel lag in den Händen der dafür vereidigten Unterkäufer, die als eine Art Makler fungierten. Sie hatten den zu verkaufenden Wein anzubieten.[96] Von jedem Fuder Wein erhob der Unterkäufer eine Gebühr von bis zu acht Pfennig, von der jedoch ein nicht aus Würzburg stammender Käufer fünf Pfennige und der Verkäufer nur drei Pfennige zu zahlen hatte. Kamen sowohl Käufer als auch Verkäufer aus Würzburg, so zahlten beide die Hälfte der Gebühr. Um den Verkauf des Weines zu fördern, sollten die Unterkäufer mit einem fremden *Gast*, der Wein kaufen wollte, in bis zu sechs Keller pro Tag gehen. Dabei hatte der Unterkäufer auf unerlaubte Verunreinigungen des Weins, wie etwa durch den Zusatz von Senf oder *sonst mit geverlich Gemechtnus*, zu achten und diese dem Oberrat anzuzeigen. Bemühungen, auf die Qualität des aus der Stadt zu verkaufenden Weines zu achten, finden sich nicht. In welchen Keller der Unterkäufer auch kommt, soll er getreulich verkaufen helfen, *unnd ob ein Wein schimelt, oder nit recht schmeckhet, solle er still schweigen*[97] und den Wein verkaufen.

An fremden Weinen waren in Würzburg die *suesse getrenck* wie Malvasier oder Reinfall begehrt, die zum Nutzen der Kranken und anderer ausgeschenkt wurden.[98] Da diese aber zu teuer verkauft wurden, schlugen Bischof und Domkapitel 1560, nach dem Vorbild anderer Städte im Reich, die Errichtung eines städtischen Ratskellers vor, der das alleinige Recht zum Kauf und Ausschank von süßem Wein und Bier haben sollte. Der Unterrat lehnte mangels eines geeigneten Kellers und wegen der hohen Kosten zunächst ab.[99] Widerwillig musste er aber schließlich den Ausschank im »Grünen Baum« (Grafeneckart) übernehmen.

Seit dem Spätmittelalter besaß die Stadt das alleinige Recht, Bier zu brauen. Ausgenommen war nur der Eigenbedarf der Stifte.[100] In Jahren mit schlechter Weinernte gewann der Bierausschank an Bedeutung, aber man wechselte nicht gänzlich vom eigenen Wein auf das Bier,[101] sondern importierte und kelterte auch Trauben aus dem Süden.[102] Gegen Ende des Dreißigjährigen Krieges mit seinen Schäden für die Weinproduktion errichtete Fürstbischof Johann Philipp von Schönborn gegen den Widerstand des Unterrats 1643 ein Brauhaus (an der heutigen Juliuspromenade 17).[103] Der Stadtrat musste für den Ausschank des Würzburger Bieres Lagerkapazitäten für zunächst 30 Fuder (fast 27000 Liter) bereitstellen, was sich aber – trotz des Misstrauens gegen das Bier – später als sehr einträgliches Geschäft erweisen sollte.

Weitere Gewerbe

Auch für die Schmiede, Wagner, Schlosser, Messerschmiede, Plattner, Sporer, Kessler, Rotgerber, Hutmacher, Seiler, Häfner, Zinn- und Kannengießer galten die mittelalterlichen Bestimmungen nach altem Herkommen fort. Allerdings sahen sich Fürstbischof und Domkapitel mit der Zeit genötigt, die Ordnungen durch Bestimmungen zur Verbrechensbekämpfung zu ergänzen. So sollte kein Schmied oder Schlosser einen Schlüssel aus einem Abdruck anfertigen, es sei denn, er habe den Abdruck selber gemacht; zudem durfte *Brechgezeug* nur auf Geheiß des Bischofs oder Domkapitels hergestellt werden.[104] Im Textilgewerbe[105] wurden jährlich vier geschworene Schneider und ein Tuchschneider, die auch vor Gericht als Gutachter fungierten, gewählt.[106] Den Schneidern war es verboten, Hosen und Gewänder aus Barchent oder Leinen zu fertigen. Die Zahl der Hosenschneider aber sollte ab 1574 auf vier begrenzt werden. Für Tuchscherer und Schneider war eine Lehrzeit von einem Jahr in Würzburg üblich. Da in anderen Städten die Lehrzeit aber zwei Jahre betrug, wurden die Würzburger Tuchscherergesellen auf ihrer vorgeschriebenen Wanderschaft nirgendwo eingestellt. 1584 wurde daher die Lehrzeit auf zwei Jahre angehoben.[107] Meister durfte werden, wer nach den zwei Jahren Lehre noch fünf Jahre auf Wanderschaft und zwei weitere Jahre bei einem Würzburger Meister verbracht hatte.[108]

Um Meister zu werden, musste nicht nur der übliche Nachweis der ehelichen Geburt und ausreichender Lehrjahre erbracht, sondern beispielsweise bei den Bäckern auch ein Vermögen von 300 Gulden jährlich verbürgt werden. So sollte sichergestellt werden, dass der Bäcker auch in der Lage war, Getreide bzw. Mehl in ausreichender Menge zu kaufen und zur Versorgung der Stadt beizutragen. War der angehende, dem Oberrat präsentierte Meister der Sohn eines ansässigen Meisters, oder hatte er eines Meisters Tochter geehelicht, so musste er nur die Hälfte der fälligen Abgabe leisten.[109] Die Meister des Handwerks durften kleinere Vergehen und Zwietracht im Handwerk selber regeln, doch alle schwereren Fälle mussten vor den Oberrat gebracht werden. Gebote und Verbote durfte das Bäckerhandwerk nur mit Erlaubnis von Bürgermeistern und Rat erlassen.[110]

Epochen der Würzburger Geldgeschichte

In der Frühen Neuzeit waren, im Gegensatz zu heute, die Funktionen des Geldes als Tauschmittel/Wertaufbewahrungsmittel und Recheneinheit noch getrennt. Bei Geldangaben in städtischen Rechnungen handelt es sich in der Regel um ein Rechengeldsystem, dem nicht unbedingt eine real existierende Münze entsprechen musste.[111] Das Münzwesen war gekennzeichnet durch eine unübersichtliche Vielzahl von Sorten verwirrender Namensgebung und unterschiedlichster Münzherren.

Zu Anfang des 16. Jahrhunderts drangen immer mehr auswärtige Münzen gegen den Widerstand der Obrigkeiten nach Franken vor.[112] Im Reich wurde man sich zunehmend der Probleme des zerrütteten Münzwesens bewusst. Die Reichsmünzordnung von Esslingen 1524 verbot zwar die Prägung von Batzen,[113] legte jedoch einen so hohen Münzfuß[114] fest, dass dessen Einhaltung bei der Herstellung kleiner Münzen ein erhebliches Verlustgeschäft für die Landesherren bedeutet hätte.[115] In Würzburg wurde unter den Fürstbischöfen Konrad II. von Thüngen (1519–1540) und Konrad III. von Bibra (1540–1544) nicht mehr gemünzt. Das Fehlen neuer Würzburger Münzen machte sich allerdings kaum negativ bemerkbar, da vor allem von den anderen fränkischen Ständen zuvor so viele Pfennige geschlagen worden waren, dass ihr Umlauf für den täglichen Bedarf vollkommen ausreichte.[116]

Die zunehmende Verbreitung der Münzsorten machte eine einheitliche Regelung notwendig, um ein Mindestmaß an Ordnung in die unübersichtlichen und den Handel erschwerenden Verhältnisse zu bringen. Mit dem Ausscheiden Würzburgs aus dem fränkischen Münzverein 1457 nahm die Entwicklung des Pfennigs in Franken und Würzburg unterschiedliche Wege. In Würzburg pendelte sich das Verhältnis von Gulden zu Pfennig schließlich bei 1 Gulden = 168 Pfennige ein, während der Pfennig im übrigen Franken weit stärker an Wert verlor und 1 Gulden = 252 Pfennige galt.[117] Von nun an muss die Unterscheidung zwischen dem Würzburger »neuen Pfennig« und dem fränkischen »alten Pfennig« (Verhältnis 2 : 3) beachtet werden. Die Reichsmünzordnungen legten das österreichische System zu Grunde und rechneten mit 1 Silberguldiner[118] = 30 Halbbatzen = 60 Kreuzer = 240 (österreichische) Pfennige. In Würzburg hingegen galt 1 Silberguldiner = 30 Halbbatzen = 60 Kreuzer = 168 (neue oder Würzburger) Pfennige. Diese zunächst verwirrende Unübersichtlichkeit erklärt sich dadurch, dass die Reichsmünzordnungen die Reichsmünzen zwar bis hinab zum Sechs-Kreuzerstück regelten, sich aber des Problems der Scheidemünzen nicht annahmen und daher die Regelung der Pfennig- und Hellermünzen dem jeweiligen Münzherren überließen, anstatt einen einheitlichen Reichspfennig einzuführen.

Das 16. Jahrhundert ist lange durch das Ringen zweier konkurrierender Münzsysteme, des in Österreich, Bayern, Schwaben und am Oberrhein gültigen Kreuzersystems auf der einen, und des Systems der ober- und niedersächsischen Währung auf der anderen Seite, gekennzeichnet. Obwohl in dieser Auseinandersetzung der führenden Silberbergbauge-

Abb. 128 a, b: Schilling, Philipp Adolf von Ehrenberg, Vorder- und Rückseite.
(Privatbesitz)

Tafel 29: Porträt des Botanikers und Arztes Jacob Amling (1628–1698),
Ölgemälde von Oswald Onghers, um 1680.
(Mainfränkisches Museum Würzburg, Inv.-Nr. H. 32425)

Tafel 30: Bucheinband von Franz von Paula Schwertlen, Universitätsbuchbinder: Guilielmus Becanus, Serenissimi principis Ferdinandi … triumphalis introitus in Flandriae metropolim Gandavum, Antwerpen 1636. (UBW, 35/E 1.601)

prima pars secunde partis sume theologie eximij doctoris sci Thome de Aquino ordinis pdicatoru. ¶ Questio prima.

Dia sicut Damascenus dicit: Homo factus ad imaginem dei dicit scdm cp p imagines significat intellectuale z arbitrio liber z p se potestatiuu: postcp pdictu est de exemplari.s. de deo z de his que pcesserut er diuina potestate sm eius voluntate: restat vt sideru de eius imagine. i. de hoie scdm cp ipse est suoru oper pncipiu cp liber arbitriu habens z suor oper potestate. Ubi pmo cosideradu occurrit de vltimo fine hu vite z deinde de his p que homo ad huc fines puenire pot vel ab eo deuiare. Er fine. n. os accipe rones eoru que ordinaf in fine z quia vltim finis humane vite ponif ee beatitudo: os pmu considerare de vltimo fine in coi: deinde de beatitudine. Circa p mu querunf.8. primo vtz hois sit agere ppter finem. 2º vtz hoc sit ppriu rónale nature. 3º vtz actus hois recipiat spem a fine. 4º vtz sit aliquis vltim finis huane vite. 5º vtz vni hois possint esse plures vltimi fines. 6º vtz homo ordinet oia in vltimu finez. 7º vtz idez sit finis oium hominu. 8º vtz illo vltimo fine omniu alie creature pueniant.

AD primum sic pcedif. Videf cp hoi no pueniat agere ppter finem. Ca.n. natu raliter por est: sz finis habet rones vltimi vt

ipm nomen sonat: cp finis no habet rationez cause. sed ppt illud agit homo cp e causa actionis: cu hec ppositio. ppt designet habitudinz cause: cp hoi non puenire agere ppt fine. ¶ P. illud quod e vltim finis no est ppt fine: sed in cbusda actiões sut vltim: vt pz p phm in pmo ethico: cp no oia ho agit. ppt fine ¶ P. tuc videf homo agere ppter fine cp quado deliberat: sed multa ho agit abscp delcberatiõe de quib etiã cp quado cp nihil cogitat: sicut cu aliquis mouet pede vel manu alijs intent vel fricat barbam: no cp ho oia agit. ppt fine. ¶ Sz cõ Dia que sut i aliq gne deriuãt a pncipio illius gnis: sed finis est pncipiu i operabilib ab hoie: vt pz p phm in .2º z phisico: cp hoi puenire oia agere. ppt finem.

Re Dicendu cp actionu que ab hoie aguntf ille sole. pprie dicunt humane cp sunt. ppie hois inquatu est homo. Differt aut homo ab alijs irrõnalib creaturi i hoc cp est suo actuu dñs. Unde ille sole actões vocant. ppic huane cp ab homine est dñs Est aut homo dñs suo actuu p rationez z voluntate, vnde z liber arbitriu ee df facultas voluntat z rõnis. Ille cp actiões. ppic humane dicunt que ex voluntate delcberata pcedut. Si que aut alie actiões hoi puenint possunt dici aliquã hois actiones: sed no. ppric humane cu non sint hominis inqtu est homo. Manifestu e aut cp omnes actiões que pcedut ab aliq potentia causaf ab ea sm rões sui obiecti. Obiectu aut voluntat e finis z bonu. vn oportet cp oës actiões huane. ppt fine sint

¶ Ad pmu cp dic. cp finis z sisit postrem in execute: est tñ pmus i intentiõe agetis. z hoc modo habet rõne cãe. ¶ Ad secundu cp dic. cp si qua actio humana sit vltimus finis oportet eã sit voluntaria: z si no est humana vt dcm est. Actio aute aliq dupliciter dicif voluntaria. Uno modo cã imperaf a voluntate: sic ambulare vel loqui Alio modo quia elicif a voluntate: sic ipm velle. Impossibile aute est cp ipse actus a voluntate elicif sit vltim finis: nã obiectu voluntate est finis sic obm visus est color

Tafel 31: Initiale auf Blatt 1r einer 1478 in Venedig gedruckten Summa des Thomas von Aquin aus dem Besitz des Würzburger Karmelitenklosters.
(UBW, Itf 261)

Tafel 32: Pokal der Müllerzunft von 1715.
(Mainfränkisches Museum Würzburg, Inv.-Nr. 10903)

Tafel 33: Gedenkblatt des Handelsmanns Johann Nicolaus Höffling
anlässlich seiner Aufnahme in den Würzburger Stadtrat am 13. Oktober 1729.
(StadtAW, Rb 17 – Silbernes Ratsbuch, fol. 74 r)

*Tafel 34: Gedenkblatt des Oberratsassessors Franz Joseph Öhninger, Schiffseigner und Kaufmann,
anlässlich seiner Aufnahme in den Würzburger Stadtrat am 21. September 1786.
(StadtAW, Rb 17 – Silbernes Ratsbuch, fol. 140 r)*

Tafel 35: Waagordnung vom 11. März 1641 mit dem Wappen des Fürstbischofs Franz von Hatzfeld.
Der in Holzdeckel gebundene Band war wohl im Waaghaus angekettet.
(StadtAW, Rb 392)

Tafel 36: Verherrlichung des Würzburger Außenhandels,
Gedenkblatt des Oberratsassessors Johann Baptist Broili
anlässlich seiner Aufnahme in den Würzburger Stadtrat am 18. Juli 1765.
(StadtAW, Rb 17 – Silbernes Ratsbuch, fol. 120r)

Abb. 129 a: Münze, Melchior Zobel 1555, Vorderseite; b: Münze, Sachsen-Weimar, Rückseite.
(Privatbesitz)

biete – Tirol und Böhmen gegen Harz und Erzgebirge – die ober- und niedersächsische Währung die größere Bedeutung hatte, entschieden die Reichsmünzordnungen zu Gunsten des in den habsburgischen Landen gültigen Währungssystems.[119] Franken lag genau im Schnittbereich dieser beiden Geldsysteme, und so war in Würzburg bei den kleineren Münzen die Bedeutung der sächsischen Groschen größer als die der süddeutschen Kreuzer. Bei den großen Münzen hingegen lehnte man bis zur Mitte des 16. Jahrhunderts den Taler ab und blieb beim Gulden.[120] Diese Trennung in einen Gulden- und einen Talerraum verfestigte sich 1566 mit der Einführung des Reichstalers zu 68 Kreuzern,[121] wobei in der Stadt Würzburg am Rechnungsgulden festgehalten wurde. In Würzburg wurde nach 1551 unter Fürstbischof Melchior Zobel die Münzprägung wieder aufgenommen. Konkreter Anlass für die Wiedererrichtung einer Münze waren die kriegerischen Auseinandersetzungen mit Markgraf Albrecht Alcibiades. Der Markgräflerkrieg neigte sich im Juni 1554 dem Ende zu, die Abdankung der Truppen jedoch zögerte sich hinaus, nicht zuletzt, weil die nötigen Gelder fehlten. Die Zerrüttung der Hochstiftsfinanzen spiegelt sich auch im Münzwesen wieder. Neben Steuererhöhungen, Krediten, Verpfändungen und Ähnlichem griff man in Würzburg angesichts der angespannten Finanzlage zum Mittel der Münzverschlechterung, um kurzfristig die Einnahmen zu erhöhen.[122] Etwas übersichtlicher wurde das Münzwesen nach 1559, da Münzen von nun an eine Wertangabe zu tragen hatten, die ihren Wert entweder in Kreuzern oder als Bruch im Vergleich zum Reichsguldiner angab.

Münzbetrügereien und der Kampf gegen das minderwertige Geld

Das unübersichtliche Münzwesen musste zwangsläufig zu Betrügereien verleiten. 1566 wurde ein Amtmann auf ein Loch im Wald, in dem sich ein Amboss und *drey Huet* voll falscher Münzen befunden haben sollen, aufmerksam gemacht.[123] Zwar waren die falschen Münzen bis auf einige wenige bereits verschwunden, als der Amtmann am Tatort eintraf, doch schlussfolgerte er sogleich, dass die Juden, von denen einige Münzmeister gewesen waren, dafür verantwortlich seien müssten. Was es mit der in den Münzmandaten angedrohten *gepürlichen Straff und Peene*[124] in solchen Fällen auf sich hat, zeigt eine Eintragung in der Ratschronik der Stadt Würzburg, die sich auf einen ähnlichen Fall bezieht. Am 23. Februar 1566 wurde ein Jude, der falsche Münzen gemacht hatte, vor dem Sandertor verbrannt. Einige Wochen später wurden ein anderer Jude und ein Goldschmied – beide waren Gesellen des zuvor Verbrannten – zum Tod durch Feuer verurteilt, dann aber aus Gnade nur enthauptet.[125] Die Erfolglosigkeit solcher drakonischer Maßnahmen musste aber eingestanden werden.[126] Die *schlechten Münzen* verbreiteten sich so stark, dass sie 1571 zum Vermünzen in der Kreismünzstätte abgegeben werden sollten. Dafür wurde den Untertanen eine nicht näher definierte Entschädigung mit *gutem Geld* in Aussicht gestellt. Welches Ausmaß die Verbreitung des schlechten Geldes hatte, wird aus einem Ratschlag der fürstlichen Kammer ersichtlich, die nach Einzug des schlechten Geldes mit einem Mangel an Münzen rechnete.[127] Die Reaktion der Obrigkeit auf den Abfluss guten Geldes bestand zumeist darin, den Silbergehalt der eigenen Münzen noch stärker zu senken, was eine Inflationsspirale bei den kleinen Münzen zur Folge hatte. Fürstbischof Friedrich von Wirsberg scheint sich diesem Trend nicht angeschlossen, sondern seine Münzen gemäß den Münzordnungen ausgebracht zu haben.[128] Die Überhandnahme fremder Münzen im Jahre 1571 mag ihn dazu bewogen haben, die Prägung von Schillingen wieder aufzunehmen, doch endete die Herstellung kleiner Nominale mit dem Tode des Fürstbischofs 1573 schon wieder.[129] Die Würzburger Münzstätte jedenfalls scheint schon bald in Verfall geraten zu sein. Julius Echter ließ in Würzburg nur noch *Körtlinge* (1/84 Gulden), seine großen Münzen aber in Augsburg prägen, und unter Johann Gottfried von Aschhausen wurden selbst die kleinen Nominale nicht mehr in der Würzburger Münze, die in ein Gefängnis umgewandelt wurde, sondern in Oberschwarzach geprägt.[130]

Die Kipper- und Wipperzeit[131]

Die Anfang der 20er Jahre des 17. Jahrhunderts ihren gewaltigen Höhepunkt erreichende Inflation war zu einem erheblichen Teil durch die Entwicklungen im Münzwesen hervorgerufen. Münzenverschlechterer, so genannte Kipper und Wipper, trieben ihr Unwesen. Die Ordnungen der Reichskreise, bei denen spätestens seit 1571 die Kontrolle des Münzwesens lag,[132] waren nur mangelhaft eingehalten worden.[133] Am 5./15. Mai 1618 konnten die Fürsten der drei Korrespondierenden Kreise (Franken, Bayern und Schwaben) nur die zerrüttete Situation des Münzwesens beklagen, Strafen androhen[134] und die schlechten Münzen bekannt machen.[135] Im Jahre 1620 hatte sich der Wertverfall der Kleinmünzen schon so weit beschleunigt, dass die Reichsstädte Augsburg, Nürnberg, Ulm, Straßburg und Frankfurt während der Frankfurter Fastenmesse mit einer Verdoppelung der Preise rechneten.[136] Als Gegenmaßnahme erwogen sie die Prägung eigener Scheide- und Handelsmünzen für den täglichen Gebrauch, ein Plan, den die geistlichen Fürsten erst zwei Jahre nach den Reichsstädten aufgreifen sollten. Ein Befehl des Fürstbischofs warnte vor einigen schlechten Münzen, da die fürstliche Kammer diese gar nicht und grobe Sorten nur abgewertet annehmen werde.[137] Da die Scheidemünzen beständig an Wert verloren, war ein relativer Wertanstieg bei den groben Sorten, die im Silbergehalt recht konstant blieben, die Folge. Dieser Wertverfall des Kleingeldes begann bereits vor Ausbruch des Dreißigjährigen Krieges, etwa ab 1604. Danach beschleunigte sich der Wertanstieg der Kurantmünzen bis zum Prager Fenstersturz im Mai 1618. Mit Ausbruch des Dreißigjährigen Krieges stieg der kriegsbedingte Geldbedarf an und die Münzverschlechterung bekam einen neuen Schub. Vom Mai 1618 bis zum Februar 1620 stiegen die großen Silbermünzen erneut um über 30 Prozent.[138] Ihren Höhepunkt erreichte die Inflation im Februar 1622. Innerhalb eines Monats waren der Reichstaler um 33,3 Prozent, der Guldentaler um 30,8 Prozent und der Goldgulden um 20 Prozent gestiegen. Schon im Oktober 1621 hatte sich diese Entwicklung derart beschleunigt, dass sie als exzeptionell empfunden worden war. Die Preise schnellten »urplötzlich« in die Höhe, obwohl in Würzburg die Ernte reichlich war und die Preise eigentlich hätten sinken müssen.[139] Da jedoch häufig mit *Drey- und Sechspatzner pur lauter Blech* bezahlt werde, die *auch an denen Orten, da sie gemünzet, selbsten nit genommen werden*, können die Würzburger aus der guten Ernte bei hohen Preisen keinen Nutzen ziehen.[140] Konsequent wurde daher ein Getreideausfuhrverbot verhängt, das so lange gelten sollte, bis jeder Haushalt mit Getreide für ein halbes Jahr versorgt war, Bäcker und Müller aber einen Vorrat von mindestens 20 Maltern Korn und zehn Maltern Mehl angelegt hatten. Zudem sollte ein Überblick über die Finanzen der Gemeinden und Kirchen geschaffen werden, um durch den Aufkauf von Getreide mit diesem Geld die Teuerung zu steuern.

Es befanden sich nur noch die schlechten Münzen im Umlauf, die guten Sorten jedoch wurden daheim gehortet. Das führte dazu, dass, obwohl *an Gedraidt, Wein und andern zu Leibs Underhalt nöttigen Victualien, Gott lob, kein sonderbarer Mangel*, diese wegen der wertlosen Münzen nirgendwo käuflich zu erwerben waren, sondern *auß lauterm vorsetzlichem Wucher* gehortet wurden. Vor allem *die arme und unschuldige Kinder [litten] durch Entziehung des lieben teglichen Brotts*.[141] Viele Bäcker, Metzger, Wirte, Krämer und andere Gewerbetreibende scheinen ihre Arbeit ganz eingestellt zu haben.[142] Angesichts dieser Krise verständigte sich der Fürstbischof mit den benachbarten Reichsständen auf die Einführung einer eigenen Landmünze, um den Umlauf der wertlosen 3- und 6-Batzenstücke zu unterbinden. Für etwa drei Monate sollte eine Übergangsregelung gelten, während der die besseren dieser Batzen, nachdem sie von der Kammer abgewertet und mit einem Stempel versehen worden waren, noch gültig bleiben sollten.[143] Auf diese Weise wurde dem gemeinen Mann ein Anreiz geboten, seine Münzen in der Kammer abzugeben, um einen Teil ihres Wertes zu retten. Die Obrigkeit hingegen erhielt so die Möglichkeit, die schlechten Münzen ohne Entschädigung aus dem Verkehr zu ziehen und ein Mindestmaß an Geldumlauf – und damit auch Handel – aufrechtzuerhalten. Welche Probleme diese Bestimmung gerade für den regionalen Handel mit sich brachte, zeigt eine Beschwerde von Bürgermeister und Rat des brandenburg-ansbachischen Kitzingen bei Markgraf Joachim Ernst.[144] Die Kitzinger Metzger, Bäcker und Höckner weigerten sich, die Batzen des Markgrafen zu ihrem nicht abgewerteten Kurs anzunehmen, da sie mit Würzburg Handel trieben. Durch den Gebrauch der nicht gestempelten Batzen würden sie einen Verlust erleiden, den sie

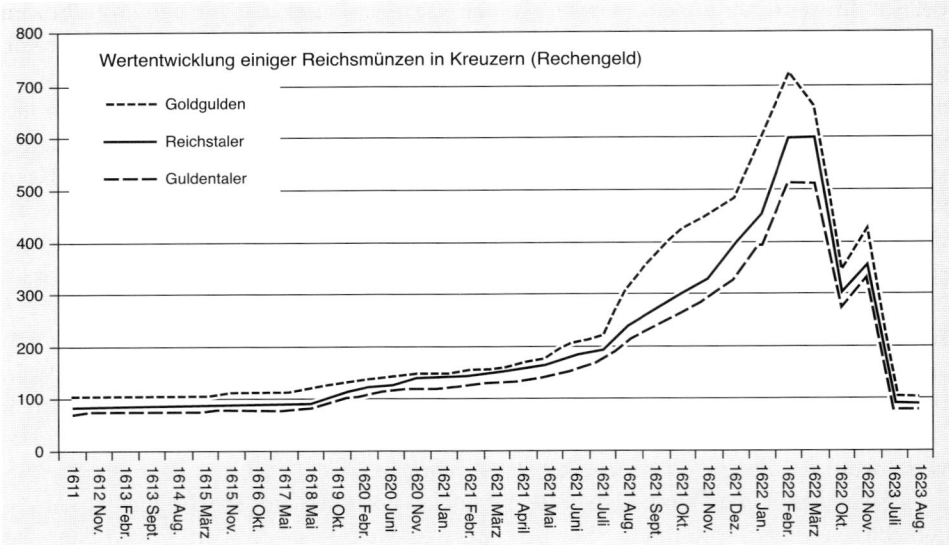

Abb. 130: Diagramm der Wertentwicklung einiger Reichsmünzen.

auf die Waren umlegen müssten. Doch so weit sich innerterritoriale Mandate aufgrund wirtschaftlicher Verflechtungen auch auswirken mochten, um auch nur ansatzweise Hoffnung auf Erfolg zu haben, mussten wirtschafts- und geldpolitische Entscheidungen überterritorial gefasst werden. Der Abschied der drei Korrespondierenden Kreise von Augsburg vom 8./18. Juli 1623 stellte fest, dass im Bayerischen und Schwäbischen Kreis die Reduktion des Reichstalers zu 1 $1/2$ Gulden bereits beschlossen worden war. Die Prägung der neuen *Land oder Schidmuntz* wurde genau begrenzt.[145] Zudem wurde jeder Stand ermahnt, nicht mehr Kleingeld zu münzen, als für den alltäglichen Bedarf notwendig war. Insbesondere wurde angestrebt, den Bäckern ihre Scheidemünzen gegen grobe Sorten zu wechseln, da bei diesen wohl ein Großteil des Kleingeldes umgesetzt wurde. Auf dem Höhepunkt der Inflation in Würzburg im Februar 1622 waren im Vergleich zum Stand von 1582 der Reichstaler um 782 Prozent, der Guldentaler um 750 Prozent und der Goldgulden um 860 Prozent im Wert (in Kreuzern) gestiegen,[146] die kleinen Münzen des alltäglichen Gebrauchs hatten folglich entsprechend an Wert eingebüßt.

Die Neuordnung des Münzwesens

Im Fränkischen Kreis war man in der Hochzeit der Krise im Jahr 1622 zeitweilig zu Kupfermünzen als Kleingeld übergegangen, die nun auch in der wiedererrichteten Würzburger Münze geprägt werden konnten.[147] Um wieder Ordnung im Münzwesen zu schaffen, wurden im Oktober 1622 die Kurantmünzen um etwa 50 Prozent und im Juli 1623 um weitere 75 Prozent abgewertet.[148] Im Juli 1623 lagen nun also der Reichstaler bei 132 Prozent, der Guldentaler bei 133 Prozent, der Reichsguldiner bei 130 Prozent und der Goldgulden bei 139 Prozent ihres Wertes von 1582. Die Münzkonvention von Baiersdorf von 1624, an der neben Würzburg auch Brandenburg-Ansbach, Brandenburg-Kulmbach und Bamberg beteiligt waren, versuchte die Situation durch eine Begrenzung der Geldmenge weiter zu stabilisieren. Es wurden ein neuer Münzfuß bestimmt und für das Prägen der neuen Münzen, die in Fürth und Nürnberg geschlagen werden sollten, Höchstgrenzen festgesetzt, die kein Stand überschreiten sollte.[149] Würzburg wurde wieder zu einer der Kreismünzstätten bestimmt. Nach der schwedischen Besetzung (1631–1634/35) wurden die Münzkonvention 1637 erneuert und wiederum Mengenbegrenzungen beschlossen. Johann Philipp von Schönborn (1642–1673) ließ seine Münzen zunächst noch in der Brudermühle (spätere Pleichertorstraße 5 und 7) herstellen, seit seiner Wahl zum Mainzer Kur-Erzbischof 1647 jedoch auch die Würzburger Münzen in Mainz schlagen.[150] Eine endgültige Stabilisierung des Münzwesens war während des Dreißigjährigen Krieges wegen der immer wieder auftretenden Münzverschlechterungen zur Kriegsfinanzierung nicht möglich.

Zusammenfassung

In dieser Betrachtung wurden diejenigen Bereiche herausgehoben, die für die meisten Einwohner Würzburgs im alltäglichen Leben relevant waren.[151] Von großer Bedeutung war die Versorgung der Bevölkerung mit einer ausreichenden Menge an Lebensmitteln (Getreide und Fleisch) zu erschwinglichen Preisen. Bei der Betrachtung der Arbeitszeiten und Tagelöhne wurde eine die Lebensqualität der unteren und mittleren städtischen Schichten bedrohende Diskrepanz zwischen Lohn- und Preisentwicklung erkennbar. Für die berufliche Ausbildung lässt sich am Beispiel der Bäcker, Metzger und Schneider feststellen, dass Würzburg gezwungen war, sich den Normen anderer Städte anzupassen, und dass die Obrigkeit bemüht war, durch finanzielle Zugangsschranken zum Meisterrecht funktionierende Betriebe zu gewährleisten. Der Wein war das einzige echte Exportgut der Stadt, von dem viele Einkommen abhingen. Schwer erschüttert wurde das ganze Leben in der Stadt durch die Krise des Münzwesens, die den zeitweiligen Stillstand der städtischen Wirtschaft zur Folge hatte. Insgesamt ist eine starke Kontinuität des Wirtschaftslebens im Vergleich zu den mittelalterlichen Verhältnissen nicht zu übersehen. Die Konkurrenz zwischen dem städtischen Unterrat und dem für die meisten wirtschaftlichen Aspekte zuständigen Oberrat vermochte der Wirtschaft kaum belebende Impulse zu geben. Zwar wuchs die Würzburger Wirtschaft über das ganze 16. Jahrhundert gesehen, jedoch weniger, als dies der allgemeine wirtschaftliche Aufschwung erwarten ließ. Insbesondere im Vergleich mit anderen Residenzstädten scheint die wirtschaftliche Bedeutung Würzburgs nur gering gestiegen zu sein. Anfang des 17. Jahrhunderts schränkten die Münzverschlechterung und der Dreißigjährige Krieg die wirtschaftliche Entfaltung stark ein. Doch mit Johann Philipp von Schönborn begann sich dann eine neue Entwicklung abzuzeichnen.

Balthasar Rüffer –
Ein protestantischer Würzburger Kaufmann

Marcus Sporn

In Würzburg, mit seinem fürstbischöflichen Hof und seiner Funktion als zentraler Markt für die Umgebung, konnte die Nachfrage nach gehobenen Gütern und Luxusartikeln nur zu einem geringen Teil durch das einheimische Handwerk gedeckt werden. In Konkurrenz zu den nahe gelegenen Fernhandelszentren, vor allem Nürnberg und Frankfurt am Main – wobei Nürnberg auch noch eine bedeutende Gewerbeproduktion aufzuweisen hatte –, hatte sich ein Zwischenhandel durch Würzburger Kaufleute nicht entwickeln können. Doch war auch der Import von Gewerbeprodukten und Luxusgütern (wie etwa Gewürze, Tuche und Stockfische) sowie die Ausfuhr von Wein ein einträgliches Geschäft. So stellten die Händler in Würzburg nicht nur eine der größten, sondern vor allem die Gruppe mit dem höchsten Vermögen dar.[1] Unter dieser ökonomischen und politischen Führungsschicht der Stadt fand die evangelische Konfession seit der Mitte des 16. Jahrhunderts bald zahlreiche Anhänger, die sich gleichwohl politisch ruhig verhielten. Einer dieser protestantischen Kaufleute war der 1534 in Fulda geborene Balthasar Rüffer,[2] der 1552 nach Würzburg zugewandert war und sich im Gänheimer Viertel niedergelassen hatte.[3] Er betätigte sich erfolgreich als Fernhändler (vor allem mit Wein, Wolle, Zwilch und Dörrfisch) und lag 1564 bereits auf Platz 40 in der Steuerliste (2 710 Gulden netto).[4] Wegen seiner Konfessionszugehörigkeit wurde Rüffers Wahl in den Unterrat trotz besserer Eignung – einige katholische Kandidaten konnten weder lesen, schreiben noch rechnen – vom Domkapitel mehrmals abgelehnt.[5] Erst 1577 wurde Rüffer in den städtischen Rat gesetzt (die Amtszeit war unbegrenzt) und sogleich 1578 Jüngerer Bürgermeister. Julius Echter jedoch betrieb seit 1582 energisch die Verdrängung der Protestanten aus den städtischen Ämtern. Obwohl Rüffer am 26. November 1585 noch zum Älteren Bürgermeister gewählt werden konnte, wurde er am 13. Juni 1587, nachdem er den Übertritt zur katholischen Konfession abgelehnt hatte, wie andere protestantische Ratsherren, seiner Ämter enthoben. Über seine Amtsgeschäfte hat er noch genau Rechnung abgelegt und ist dann am 1. Mai 1588 in die protestantische Reichsstadt Schweinfurt abgewandert. Bei seinem Abzug aus Würzburg hatte Rüffer 400 Gulden zu zahlen, was bei den in einem solchen Fall üblichen zwei Prozent an Nachsteuer auf ein geschätztes Vermögen von rund 20 000 Gulden schließen lässt.[6] Er führte nicht ohne Grund drei Geldsäcke im Wappen. Als er 1595 seine *Handlung* an seine Söhne Balthasar den Jüngeren und Hiero-

*Abb. 131: Porträt des
Großkaufmanns Balthasar Rüffer
d. Ä. (1534–1599), Ölgemälde eines
unbekannten Künstlers, um 1590.
(Mainfränkisches Museum
Würzburg, Stadtgeschichtliche
Dauerausstellung, Inv.-Nr. S. 35155)*

nymus übergab, bestand diese neben den nicht näher aufgeführten Waren aus einem Barvermögen von 16000 Gulden, das zunächst mit vier und später mit fünf Prozent verzinst werden sollte.[7] Nicht erfasst sind hier das Privatvermögen sowie der Wert der Immobilien, doch soll Rüffer zu den größten Haus- und Grundbesitzern in Schweinfurt gezählt haben.[8] Von Rüffer scheint ein erheblicher Teil des Handels mit Öl, Dörrfisch, Zwilch und Wolle von Würzburg nach Schweinfurt gezogen worden zu sein.[9] Er starb am 16. Mai 1599 in Schweinfurt. Das Vermögen Balthasar Rüffers d. Ä. war so groß, dass es seinem gleichnamigen Sohn als Sprungbrett in die höchsten Ämter der Reichsstadt gedient hat. Balthasar d. J. (1569–1637) war 1606, 1613 und von 1620 bis 1630 Bürgermeister und seit 1636 auch Reichsvogt von Schweinfurt. Rüffer war nur einer von vielen Protestanten, wenn auch einer der reichsten, die nach 1587 Würzburg verlassen mussten. Mit ihnen kehrte ein großer Teil der politischen und ökonomischen Führungsschicht, aus der viele auch im Geldgeschäft tätig gewesen waren,[10] der Bischofsstadt den Rücken. Der Unterrat klagte über den befürchteten Rückgang der Steuereinnahmen.[11] Tatsächlich brachen die Steuereinkünfte bis 1590 erheblich ein, stabilisierten sich in den folgenden Jahren aber wieder auf ihrem alten Niveau.[12] Dennoch verursachte der Abzug der zumeist vermögenden Protestanten eine erhebliche Schwächung der Wirtschaft.

Aspekte der Wirtschaftsgeschichte Würzburgs vom Ende des Dreißigjährigen Krieges bis zum Ausgang des Alten Reiches*

ELLEN CHRISTOFORATOU

Einleitung

»Die Fürstbischöfliche Residenz – ein prachtvolles Denkmal absolutistischer Machtde-
monstration«, heißt es in einem Würzburger Stadtführer.[1] Das als Weltkulturerbe ausge-
zeichnete Schloss erfreut sich heute vornehmlich wegen seiner bautechnischen und
künstlerischen Virtuosität hoher Besucherzahlen.

Weniger bekannt ist, welche wirtschaftlichen Impulse vom Bau der Residenz ausgin-
gen. Ohnehin darf der Einfluss des Fürstbischofs, der zunächst auf der Marienfestung
und später in der Stadt residierte, auf das Wirtschaftsleben nicht unterschätzt werden,
denn der fürstbischöfliche Hof übte eine starke Anziehungskraft nicht allein auf auswärtige Künstler und Handwerker aus. Der Fürstbischof war an einem funktionsfähigen
Handels- und Gewerbeleben »seiner« Stadt besonders interessiert. Mit welchen Mitteln
er gestaltend in die Wirtschaft eingriff und auf welche strukturellen Voraussetzungen er
dabei traf, ist ein Aspekt des vorliegenden Beitrags.

Zunächst jedoch soll ein besonderes Augenmerk darauf gerichtet werden, welchen
Einflüssen die Einwohner der Stadt in ihrem ökonomischen Dasein unterlagen. Dabei
erhebt sich die Frage, ob sich die wirtschaftliche Lage der Bevölkerung, die sich bereits
während des Dreißigjährigen Krieges stark verschuldet hatte, unmittelbar nach Friedensschluss besserte, bzw. welche Hemmnisse einen sofortigen Aufschwung verhinderten. Weiterhin ist zu untersuchen, wie sich die jahrzehntelangen Auseinandersetzungen

---

*   Der vorliegende Beitrag ist eine Zwischenbilanz meines Dissertationsprojekts über die Wirtschaftsgeschichte Würzburgs bei Prof. Dr. Peter Baumgart am Institut für Neuere Geschichte. Die in diesem Beitrag
festgehaltenen ersten Ergebnisse bedürfen weiterer Ergänzungen und Auswertungen, bevor ein Gesamtüber-
blick geleistet werden kann. Diese Einschränkung ist nicht zuletzt vor dem Hintergrund des derzeitigen For-
schungsstands zu verstehen: Zwar finden sich in den Biografien der Fürstbischöfe immer wieder Abschnitte
über deren wirtschaftspolitische Maßnahmen, doch beziehen sich diese mehrheitlich auf das gesamte Hochstift und lassen kaum Rückschlüsse auf die städtische Wirtschaft zu (Flurschütz, 1965; Fleckenstein, 1924;
Hofmann, 1903; Mentz, 1896/1899; Roda, 1980; Scherf, 1930; Wild, 1906). Auch verschiedene Arbeiten über
die wirtschaftliche Verwaltung des Hochstifts führen bei der Erforschung der Stadt nur bedingt weiter (Feineis, 1996; Heiler, 1985, S. 159–189; Schröcker, 1977; Zöpfl, 1893; ders., 1894). Trotz einer Reihe von mitunter
sehr detailreichen Studien (Kittel, 1914; Johanek, 1968; Fischer, 1958, S. 11–36; ders., 1969, S. 19–38; Kreutzer, 1925; Brandt, 1992; Opp, 1925; Vogt, 1921; Weineck, 1943; vgl. weiterhin die faktenreiche Darstellung
Schotts mit einem ausgiebigen wirtschaftsbezogenen Abschnitt, 1995/I, S. 395–532) hat die Forschung bislang keine größere Untersuchung der städtischen Wirtschaft in der Frühen Neuzeit hervorgebracht.

Abb. 132: Alte Mainbrücke, Mainviertel und Festung Marienberg, Kupferstich und Radierung (Mischtechnik)
von Johann August Corvinus nach einer Zeichnung von Salomon Kleiner, 1740.
Die Mainbrücke ist stark frequentiert, zahlreiche Frachtkähne nutzen den Fluss als Verkehrsweg.
(Mainfränkisches Museum Würzburg, Inv.-Nr. S. 42390)

auf die konjunkturelle Entwicklung der Stadt auswirkten, und welche weiteren Faktoren die Preisbildung auf dem städtischen Markt in der Folgezeit bestimmten.

Wiederholt drängt sich bei solchen Überlegungen die Frage auf, welche Rolle die städtischen Instanzen, vor allem aber der Fürstbischof als Landesherr bei der Gestaltung der Wirtschaft Würzburgs spielten. Wenn Würzburg die »Metropole Mainfrankens« war,[2] müsste sich gerade am Beispiel der Stadt beurteilen lassen, in welchem Ausmaß eine fürstbischöfliche Wirtschaftspolitik im Hochstift betrieben wurde und ob vielleicht sogar merkantilistische Tendenzen nachweisbar sind.

Die wirtschaftliche Situation der Stadt nach dem Dreißigjährigen Krieg

Um die Mitte des 17. Jahrhunderts war die Wirtschaft der Stadt weitgehend von den Spätwirkungen des Dreißigjährigen Krieges bestimmt: Die Einwohner, die sich bereits während des Krieges durch die Zahlung von Sondersteuern für Brandschatzung und Kontributionen sowie auf Grund der Einquartierung von Söldnern stark verschuldet hatten,[3] wurden durch die mit dem Westfälischen Friedensschluss anerkannten hohen Abstandszahlungen an Schweden zusätzlich belastet.[4] Noch während des Krieges wurde mit dem Ausbau der Befestigung begonnen, die wegen immer wieder erforderlicher Reparaturen und Neugestaltungen erst in der zweiten Hälfte des 18. Jahrhunderts fertig

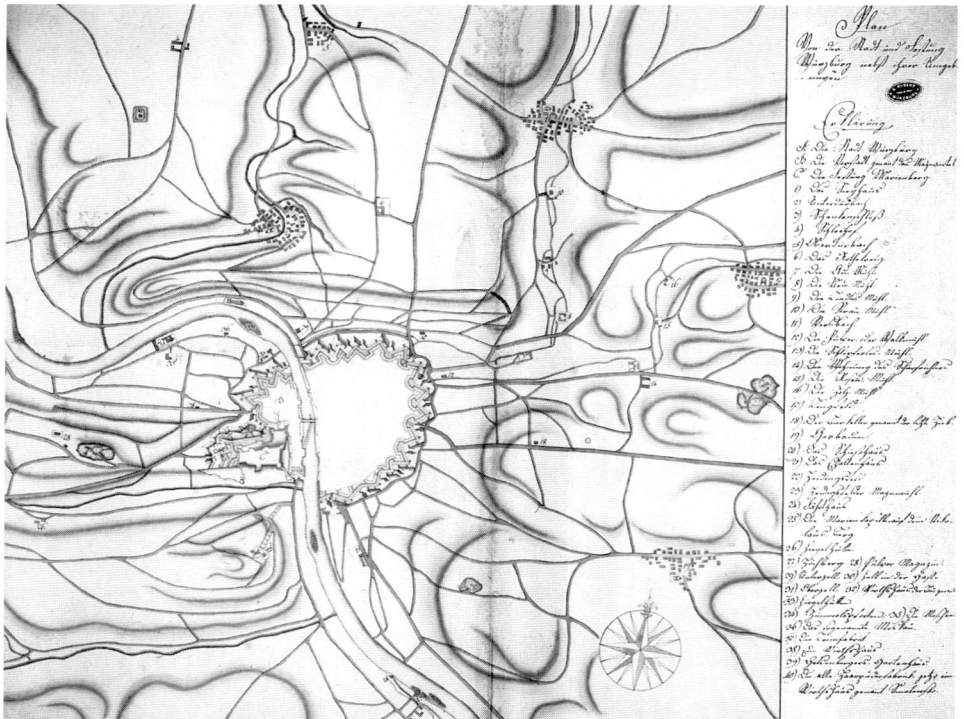

Abb. 133: Plan von der Stadt und Festung Würzburg nebst ihren Umgebungen, 18. Jahrhundert.
Diese frühe thematische Karte gibt insbesondere Verkehrswege und Geländeformationen wieder.
(StadtAW, Karte A 112)

gestellt wurde.[5] Obgleich der Fürstbischof als Landesherr ein beträchtliches Quantum der anfallenden Kosten übernahm – der weitaus größte Teil der Fortifikationsarbeiten wurde aus den Steuereinnahmen des Territoriums finanziert –, war die Bevölkerung somit enormen wirtschaftlichen Belastungen ausgesetzt.[6] Erschwerend trat hinzu, dass durch die Befestigungsarbeiten ein Teil der zuvor agrarisch genutzten Flächen, darunter Kraut- und Baumgärten, Äcker, Wiesen und besonders Weingärten, zerstört wurde. Die Hofkammer entschädigte einen privaten Weinbergsbesitzer nur selten mit einem anderen Weingarten, sondern fand ihn zumeist mit Geldzahlungen ab, wobei der Grundstückswert häufig mit bestehenden Schulden oder zukünftigen Steuerausschreibungen verrechnet wurde.[7] Die Einwohner mussten ihre Äcker und Gärten, die gerade in Zeiten wirtschaftlicher Depression als Versorgungsstütze gedient hatten, aufgeben und konnten aus Geldmangel nicht einmal Ersatz erwerben.[8]

Die Fortifikation der Stadt belastete die Bürger noch in weiterer Hinsicht: Um die Arbeitskosten möglichst gering zu halten, zog der Fürstbischof die Landbevölkerung aus dem Hochstift in beträchtlichem Umfang zu Frondiensten und Schanzarbeiten heran.[9] Durchschnittlich arbeiteten etwa 500 bis 600 Schänzer an der Befestigung, für deren Beherbergung die Bürger und Beisassen, aber auch die Klöster und die Geistlichkeit in der Stadt zu sorgen hatten. Sie mussten die Schänzer entweder bei sich einquartieren oder auf eigene Kosten in Wirtshäusern bzw. bei anderen Einwohnern unterbringen.[10] Da Angehörige des Domkapitels und des Adels sowie ein Großteil der Hof- und Staatsbediensteten von verschiedenen Abgaben befreit waren und sich viele Bürger ihrer Verpflichtung unter Hinweis auf vorgebliche Privilegien oder durch grundsätzliche Verweigerung der Quartierlasten erfolgreich zu entziehen wussten,[11] bedeuteten die Einquartierungen eine schwere wirtschaftliche Bedrückung für relativ wenige Einwohner; diese hatten zudem für die Unterbringung der seit der zweiten Hälfte des 17. Jahrhunderts zunehmenden Anzahl von Soldaten aufzukommen.[12] Vor diesem Hintergrund ist es kaum verwunderlich, dass die Klagen und Bitten der Bürger um künftige Erleichterungen mit den Jahren zunahmen.[13] Dadurch konnte indes nicht verhindert werden, dass die Zahl der unterzubringenden Schänzer seit dem Beginn des Residenzbaus weiter anstieg und erst um die Mitte des 18. Jahrhunderts, als die Landbevölkerung zusätzlich zu Straßen- und Brückenbauarbeiten herangezogen wurde, ihren Höhepunkt erreichte.[14]

Die Konjunkturentwicklung in ihrer Abhängigkeit von externen Faktoren

Die Wirtschaftskraft der Stadtbewohner war nicht nur durch die Abgaben und Dienste bestimmt, die sie zu leisten hatten, sondern auch von den auf dem Markt herrschenden Preisen, die selbst wiederum von verschiedenen Größen beeinflusst wurden. Hierbei lassen sich lang- und kurzfristige Faktoren unterscheiden:

Einen entscheidenden Faktor für die langfristige Preisentwicklung bildeten die demografischen Veränderungen der Stadt. Seit dem Dreißigjährigen Krieg stieg die Bevölkerungszahl kontinuierlich an und hatte sich bis zum Beginn des 19. Jahrhunderts auf etwa 20 000 Einwohner verdoppelt.[15] Die damit verbundene erhöhte Nachfrage wiederum trug, trotz einer Zunahme auch der Produktion, zu einer ständigen Teuerung der Lebensmittel bei, wie sie sich trendmäßig aus den Preisgrafiken ablesen lässt.

Ein zweiter Faktor ist die auch nach der so genannten ersten Kipper- und Wipperzeit fortdauernde Münzverschlechterung, der weder auf Reichs- noch auf Kreisebene dauerhaft Einhalt geboten werden konnte.[16] Die anhaltende Münzabwertung ging auf die unterwertige Ausprägung der Münzen zurück, deren Metallwert bei unverändertem Nominalwert sank. In der Folge wurden die Kaufkraft des Münzgeldes immer weiter herabgesetzt und bestimmte Münzen aus dem Handel zurückgerufen.[17] Das Dilemma beim Vorgehen gegen die fortschreitende Inflation bestand darin, dass durch die ineinandergreifenden Kompetenzen von Stand, Kreis und Reich keine unabhängige und zugleich ausreichend starke Exekutive vorhanden war. Zwar wurde die Ausmünzung geringhaltiger Sorten im Reichsgutachten von 1737 und dem daran anschließenden Reichsschluss des Jahres 1738 verboten, und es erging die Aufforderung an die Stände, die Heckenmünzstätten *niederzuwerfen*,[18] doch hatte der Reichsabschied in der Praxis keine Auswirkungen auf die Politik der Münzherren, die am Ausgang des Alten Reiches in einen »Währungswirrwarr« mündete.[19]

Da keine Lösung auf Reichsebene herbeigeführt werden konnte und sich wiederum erwiesen hatte, dass die Verordnungen eines einzelnen Landesherrn nicht durchsetzbar waren, solange sie nur im eigenen Territorium Gültigkeit besaßen, konzentrierten sich die Arbeiten an der Verbesserung des Münzwesens auf einen Zusammenschluss der *drey im Münzwesen correspondirenden Crayse.*[20] Unter Friedrich Karl, der als Fürstbischof von Bamberg zugleich Direktor des den Fränkischen, Schwäbischen und Bayerischen Kreis umfassenden Münzbundes war, wurde die Zollkontrolle verstärkt, um die Ausfuhr von gemünztem und ungemünztem Edelmetall zu verhindern. Weiterhin wurde zwischen den Münzwardeinen (Münzprüfern) der einzelnen Kreise eine engere Verbindung hergestellt. Durch möglichst übereinstimmende Beschlüsse in den einzelnen Kreisen sollte schließlich eine annähernde Gleichheit in Geltung und Wert der Münzsorten herbeigeführt werden.[21]

Ein einseitiges Vorgehen eines Landesherrn gegen die Missstände war in einem territorial so zersplitterten Raum wie Franken nicht praktikabel. Die vielfältigen Bemühungen der Fürstbischöfe, die Münzdepravation (-verschlechterung) beispielsweise durch die Wiederaufrichtung der Würzburger Münzprägestätte aufzuhalten, waren daher auf Grund der desolaten Situation im gesamten Reich zum Scheitern verurteilt.[22]

Dass die Preisbildung von einer Reihe weiterer Faktoren abhing, soll im Folgenden am Beispiel der Getreidetax verdeutlicht werden.[23] Die Einwohner wurden mit Feldfrüchten aus der unmittelbaren Umgebung der Stadt selbst oder zumindest aus dem Hochstift versorgt.[24] Darüber hinaus war Getreide Exportgut und wurde etwa sowohl an holländische Händler als auch an Lohrer und andere Mainzer Untertanen abgegeben, deren Kaufkraft die Preise auf den Märkten erheblich beeinflussen konnte.[25] Da der Getreidepreis nur in besonderen Notzeiten amtlich festgesetzt war, spiegelt die Grafik (s. Abb. 134) die tatsächlichen mittleren Preise auf dem Würzburger Wochenmarkt wider, die je nach Überfluss oder Mangel erheblichen Schwankungen ausgesetzt waren.[26] Die Kurve veranschaulicht die Preise des jeweils ersten Wochenmarkts im Monat September. Da die Preise direkt nach der Sommerernte festgesetzt wurden, lassen sich die Erntezyklen besonders gut beobachten:[27] Nach der Ernte war Getreide gewöhnlich am billigsten, die Preise stiegen jedoch bei schlechter Ernte in diesem Monat besonders stark an.[28]

Hohe Preise sind nicht allein durch witterungsbedingte Missernten wie 1770/71, sondern zuweilen auch durch kriegerische Ereignisse erklärbar: Die Teuerungen der Jahre 1741/42 und 1762 fallen mit Durchmärschen französischer bzw. preußischer Truppen zusammen, die versorgt werden mussten und hie und da ganze Getreidefelder verwüsteten.[29] Bei Versorgungsknappheit stiegen die Getreidepreise und fielen erst nach der Ernte des Folgejahres.

Fehlendes Getreide auf den Wochenmärkten – so zum Beispiel über drei Wochen im Juli 1762, als kein Markt abgehalten wurde, weil *nichts dagewesen* war – ist häufig, aber nicht immer auf Getreidemangel zurückzuführen. Im Winter konnte zuweilen *kein Getrayd herein komen wegen des üblen Weegs* (2. Februar 1704) oder gar *wegen großen Wasser[s]* (22. Dezember 1748). Es steht außer Frage, dass gerade in Zeiten mit besonderem Getreidemangel unter der Hand Getreide verkauft worden ist.[30] In welchem Umfang der Schleichhandel neben dem Getreidehandel auf dem Wochenmarkt betrieben wurde

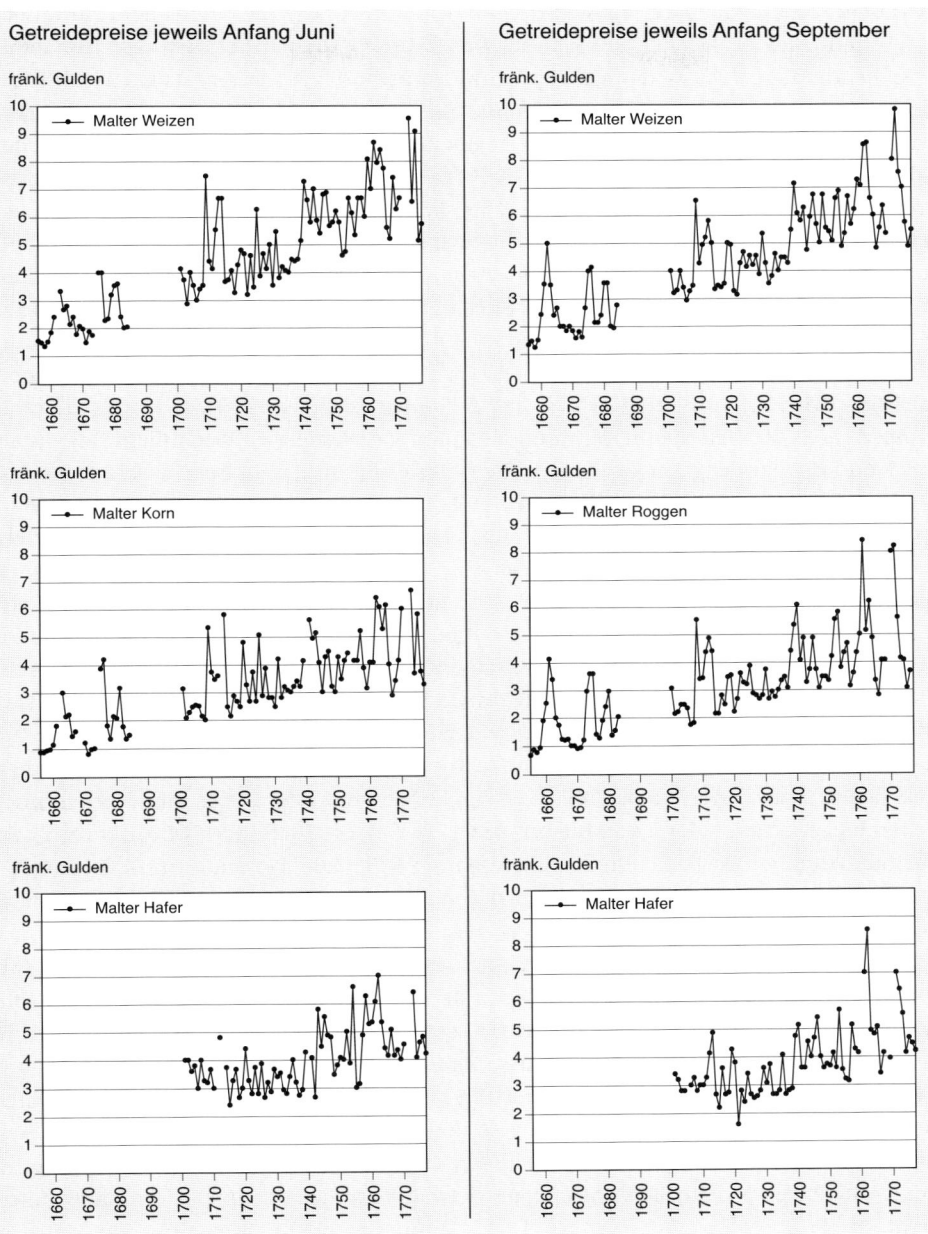

Abb. 134: Diagramm der Getreidepreise.

und wie weit der Schwarzmarkt die offiziell verzeichneten Preise beeinflusst hat, lässt sich heute allerdings nicht mehr feststellen.

Anhand der protokollierten Getreidepreise lassen sich die Erntezyklen des städtischen Umlandes ablesen, denn wegen seines geringen Eigenwerts und der hohen Transportkosten konnte Getreide nur in äußersten Notzeiten wie 1770/71 importiert werden.[31] Da Missernten gewöhnlich überregionaler Natur waren und – wie etwa in den Jahren 1708 bis 1712, 1722 bis 1728, 1739 bis 1741 und 1770/71 – nicht nur Stadt und Hochstift betrafen, konkurrierten zu solchen Zeiten viele Territorien um das wenige verfügbare Getreide und trieben dadurch die Preise weiter in die Höhe.[32] Import konnte somit zwar die prekäre Versorgungslage teilweise lindern, war jedoch als Preisregulativ nicht geeignet.[33] Auch durch die verschiedenen Getreideböden und Viertelhöfe, wo in Überflusszeiten Vorräte gesammelt werden sollten, wurden spekulative Preisaufblähungen bei Getreidemangel nicht verhindert, da besonders in Notzeiten nicht genügend Getreiderücklagen vorhanden waren, auf die hätte zurückgegriffen werden können.[34]

Anders als die Getreidepreise waren die Preise für Wein und Fleisch nicht frei gestaltbar, sondern wurden von der städtischen Obrigkeit mit fürstbischöflicher Genehmigung festgesetzt.[35] Wenngleich sich die Versorgungslage der Stadt mit Fleisch und Wein wegen der Preisbindung nicht unmittelbar auf die Preiserhöhungen und -senkungen niederschlug, zeigt ein Vergleich der Fleisch- und der Getreidepreise, dass die Entwicklung der festgelegten und freien Preise trendmäßig in allen Hauptphasen übereinstimmt.[36] Dies lässt sich möglicherweise darauf zurückführen, dass sich Oberrat und Regierung bei der Festschreibung der Fleischtaxe an der Entwicklung der Getreidepreise orientierten.[37] Zusätzlich beeinflussten die Berichte der hochstiftischen Beamten, Auskünfte des Brückensperrers und des Hofmetzgers, die Bamberger Taxe sowie bis zum Ende des 17. Jahrhunderts auch Probeschlachtungen die Taxfeststellung.[38] Die außerordentlichen Teuerungen in den Jahren 1704, 1772 und 1796 lassen sich vornehmlich durch Viehseuchen – der Epidemie im Jahr 1796 fielen 40 000 bis 45 000 Tiere aus dem Hochstift zum Opfer – erklären, die im gesamten Reich zu Preiserhöhungen führten.[39]

Neben dem Getreide war vor allem der Wein als Konsumgut überaus bedeutend.[40] Die Höhe des Weinverbrauchs lässt sich erahnen, wenn man sich vor Augen hält, dass bereits zum zweiten Frühstück ein Schoppen zur Stärkung, ein weiterer zur Vesper, eine Maß Wein zum Abendessen und häufig vor der Bettruhe noch eine Maß getrunken wurden.[41] Die von Bürgermeister und Stadtrat jährlich festgesetzten Weinpreise[42] waren in geringerem Ausmaß als der Getreidepreis klimatisch bestimmt, da die Bevölkerung auch bei Missernten auf alten Wein oder auf Bier ausweichen konnte. Bei einer schlechten Ernte stiegen die Preise für den wenig schmackhaften Wein nicht proportional zum Ernteausfall an, wie dies tendenziell bei den Getreidepreisen beobachtbar ist. Nach einer reichen Weinernte wiederum mangelte es häufig an leeren Holzfässern, deren überhöhte Preise den Wein verteuerten.[43] Da zudem der Handel in weit höherem Maße regulierend wirken konnte, ist bei Wein hinsichtlich der Preisbildung keine so drastische Schwankungsbreite wie bei Getreide zu verzeichnen.

An der Wende zum 19. Jahrhundert wurde jedoch ein immenser Preisanstieg beklagt, für den mehrere Gründe anzuführen sind. An erster Stelle ist der hohe Weinkonsum

Abb. 135: Medaille auf die gute Ernte 1702.
(Mainfränkisches Museum Würzburg, Münzsammlung)

während der Kriegsjahre zu nennen, der zu einer erhöhten Nachfrage geführt hatte.[44] Weiterhin ist eine Reihe von aufeinander folgenden Missernten nachweisbar, die auf starke Fröste zurückzuführen waren,[45] aber auch mit der kontinuierlichen Erweiterung der Anbauflächen zusammenhängen: Besonders im 18. Jahrhundert wurden auch weniger geeignete lehm- und tonhaltige Böden bepflanzt, die wegen des notorischen Viehmangels nicht einmal ausreichend gedüngt werden konnten.[46] Angesichts der hohen Abgaben, die sie trotz Missernten zu leisten hatten, verschuldeten sich besonders Winzer mit geringem Weinbergsbesitz zunehmend und konnten langfristig ihren Besitz nicht halten.[47] Als ein untrügliches Indiz für die schleichende Verarmung der kleinen Weinbergsbesitzer kann der Rückgang der Heckenwirte, also Bürger mit einem eigenen Weinberg und eigenem temporären Weinausschank, angeführt werden, deren Zahl sich im letzten Jahrzehnt des 18. Jahrhunderts von 174 (1790) auf 100 (1800) drastisch reduzierte.[48]

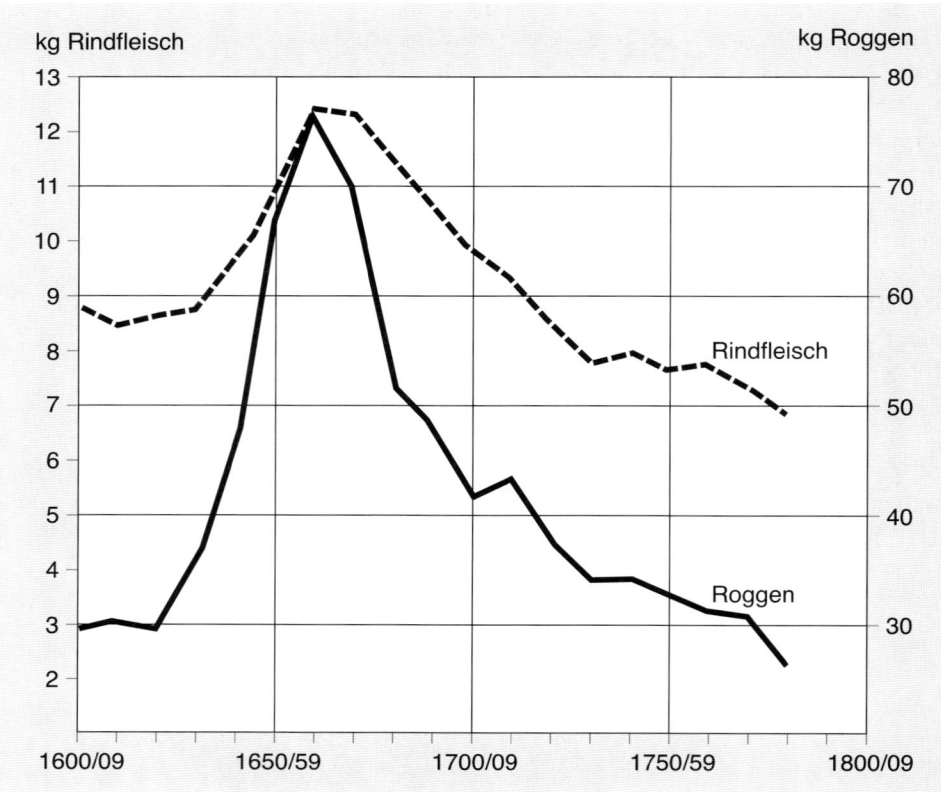

Abb. 136: Diagramm der Rindfleisch- und Roggenpreise.

Bei aller Vorsicht gegenüber der Hochrechnung von Löhnen in der frühen Neuzeit, deren Höhe zuweilen saisonal bedingt stark schwankte, abhängig von der Arbeitsart und -dauer war und nicht selten wegen zusätzlicher Vergütungen wie Trinkgeld, Biergeld und Badegeld verzerrt ist,[49] lässt sich doch festhalten, dass das Einkommen der Bevölkerung nicht proportional zu den allgemeinen Kosten stieg. Die Kaufkraft der Bevölkerung seit der Mitte des 17. Jahrhunderts verhält sich disproportional zur Preisentwicklung, wie zum Beispiel die Reallohnkurve eines Steinbrucharbeiters bestätigt.[50] Noch während des Dreißigjährigen Krieges war es im Zuge des anzunehmenden Bevölkerungsschwunds aus Mangel an Arbeitskräften zu Lohnerhöhungen gekommen, die sich in Verbindung mit den Lebensmittelpreisen in besonderem Maße auf die Kaufkraft auswirkten. Da das Bevölkerungswachstum nach dem Krieg zu einem hohen Arbeitskräfteangebot führte, wurde das anfänglich hohe Lohnniveau nivelliert, und der Reallohn sank in der Folgezeit mitunter drastisch. Zwar fiel die Kaufkraft des Einkommens gegenüber dem Rindfleisch nicht so stark wie gegenüber dem Getreide, doch musste sich zumindest die ärmere Bevölkerung auf die je Nährwerteinheit immer noch billigeren kohlehydratreichen Nahrungsmittel konzentrieren.[51]

In der zeitgenössischen Literatur werden als Ursachen für die Teuerungen, die besonders durch das Zusammentreffen von Kriegen, Missernten und Viehseuchen gegen Ende des 18. Jahrhunderts für die Bevölkerung beängstigende Ausmaße annahmen, freilich weniger die hier genannten Faktoren, sondern vielmehr die Auswirkungen des vordringenden Luxusgewerbes auf die Kaufkraft des Bevölkerung genannt: *Man klagt in unsern Tagen so laut und häufig über Geldmangel, warum will man denn nicht die Quellen davon verstopfen? Man beklagt sich, daß man Armen und Leidenden nicht nach Wunsche dienen könne; warum will man denn nicht eine ganz unnütze Verschwendung wie jene des Puderns und Pomadirens aufgeben? Man klagt über Theuerung der Lebensbedürfnisse, warum fährt man denn immer noch fort, das köstliche Mehl in die Luft zu streuen und dadurch den Armen den Bissen Brod zu vertheuern?*[52] Da die Luxuswaren, die sich die Angehörigen des Hofstaats und der Adel, zunehmend aber auch Bürger der Stadt leisteten – feine Tücher und Zeuge, Leinwand, Mousseline, Batiste, Zitze, Stickereien, seidene Stoffe, Silber, Rauch- und Schnupftabak, Kaffee, Zucker, Zitronen, Pomeranzen und Öle –,[53] trotz vielfältiger Versuche, das Luxusgewerbe zu etablieren, letztlich doch importiert werden mussten, floss ein Großteil des verfügbaren Geldes aus dem Hochstift. Die für Kleinstaaten nicht untypische passive Handelsbilanz des Fürstbistums dürfte zur Preissteigerung beigetragen haben, ist aber eben nur als eine Ursache neben anderen zu nennen.

Das Zunftsystem als strukturelle Voraussetzung für das Wirtschaftsleben der Stadt

Das Handwerk war als die tragende Stütze des gewerblichen Lebens der Stadt von herausragender Bedeutung.[54] Der städtische Markt war auch nach dem Dreißigjährigen Krieg von den Zünften beherrscht. *Stümplern* oder *Stöhrern*, also nicht Gewerbeberechtigten, war die Ausübung eines Handwerks beinahe ausnahmslos untersagt.[55]

Durch Korporationszwang (s. Tafel 32) und die zeitweilige Begrenzung der Mitgliederzahl einer Zunft sollten Wettbewerb und Preiskämpfe innerhalb der einzelnen Handwerkssparten weitgehend verhindert und dadurch die Existenz der Betriebe gesichert werden.[56] Beispielsweise durften die Bäcker ihr Brot nicht in ihren Häusern verkaufen, sondern mussten ihre Ware gemeinsam in den so genannten Brotlauben, an Brottischen am Bruderhof oder aber in den Brothäusern gegenüber der Marienkapelle und später im Rathausgewölbe anbieten,[57] wo ein eigens vom Rat angestellter Brotsitzer einen möglichst gleichmäßigen Absatz gewährleisten sollte.[58] Am Beispiel der Metzger lässt sich nachweisen, dass, obwohl die Zünfte nur selten die Festsetzung einer Höchstzahl von Meistern erreichen konnten,[59] die Meisterwerdung in der Praxis doch auf Meistersöhne und diejenigen Gesellen, die Töchter oder Witwen der Meister heirateten, beschränkt blieb.[60] Die Anzahl der Gesellen, die ein Handwerksmeister beschäftigen durfte, war ebenso festgelegt wie die Produktpalette, die von dem betreffenden Handwerk angefertigt wurde.[61] Auf diese Weise wurde indirekt die Produktionskapazität der

Betriebe eingeschränkt. Ferner wurde durch die Vorgabe der Löhne die Verdienstspanne der Handwerker begrenzt.[62]

Allerdings lässt sich die Wirklichkeit nicht allein anhand der normativen Quellen wiedergeben.[63] Entgegen anderslautender Bestimmungen der Zunftstatuten arbeiteten in der Stadt beispielsweise immer wieder Meister, die kein Bürgerrecht besaßen, ohne dass der Oberrat, trotz Strafandrohungen, diesen Missstand erfolgreich hätte beheben können.[64] Ferner waren die Meister untereinander keineswegs wirtschaftlich gleichgestellt. Neben den Handwerkern, die ständig Gesellen beschäftigten, gab es Meister, die sich nur vorübergehend Mitarbeiter leisteten oder sich mit anderen einen Gesellen teilten. Darüber hinaus suchten die Handwerker ihre Produktionskapazitäten unter Umgehung der Zunftstatuten zu erweitern, indem sie etwa illegal Soldaten beschäftigten, die ihrerseits angesichts ihrer geringen Besoldung auf ein Nebeneinkommen angewiesen waren, um sich und ihre Familien zu ernähren.[65] Die Soldaten unterstanden der Militärgerichtsbarkeit und besaßen daher kein Bürgerrecht, weshalb schon aus diesem Grund eine Aufnahme in die Zünfte nicht möglich war. Da die Soldaten nach Bedarf eingestellt oder entlassen werden konnten, nutzten die Arbeitgeber sie gerne als Arbeitskräfte, zumal sie auf Grund ihrer militärischen Sozialisation an Disziplin gewöhnt waren. Ob die Nutzung des mit der Etablierung des Militärs in der Stadt frei werdenden Arbeitskräftepotenzials auch in Würzburg letztendlich zur Sprengung des mittelalterlichen Zunftsystems beigetragen hat, sei dahingestellt.

Eine nicht zu unterschätzende Konkurrenz für die zünftischen Bäcker und Metzger, denen immer wieder die künstliche Herbeiführung von Teuerungen vorgeworfen wurde,[66] stellte der Verkauf von Brot und Fleisch durch die Landbevölkerung dar, der von Oberrat und fürstbischöflicher Regierung gleichermaßen gefördert wurde. Durch die Beseitigung der zünftischen Monopolstellung sollte eine billige Versorgung der gesamten Bevölkerung gewährleistet werden.[67] Die Landbäcker, die zwei- bis dreimal wöchentlich Schwarz- und Weißbrot an gesonderten Tischen auf dem Markt verkaufen durften, kamen aus den umliegenden Dörfern, aber auch aus Ochsenfurt und Zellingen.[68] Sie waren verpflichtet, regelmäßig, das heißt sowohl in wirtschaftlichen Blüte- wie auch in Krisenzeiten, den Laib Brot um mindestens einen Pfennig billiger als die zünftischen Bäcker zu verkaufen.[69]

Auch das Verkaufsmonopol der Metzger war während des Dreißigjährigen Krieges dauerhaft beseitigt worden, als diese die von der Obrigkeit festgesetzten Fleischpreise nicht akzeptiert hatten.[70] Die so genannten Freibänker, die ihre Ware zunächst neben dem Grünen Baum und später in kleinen Bänken in der Gegend der heutigen Karmelitenstraße anboten, durften qualitativ geringerwertiges Vieh wie Jungrinder oder Kühe schlachten und günstig verkaufen.[71] Zeitweilig wurden sogar Landmetzger an der Fleischversorgung der Stadt beteiligt.[72] Seit 1673 durften die Bürger der Stadt zudem Fleisch aus den umliegenden Orten beziehen.[73] Durch die genannten Veränderungen wurde die Einflussnahme der zünftischen Bäcker und Metzger auf die Preisgestaltung stark eingeschränkt. Indem sie die Landbevölkerung an der Versorgung der Stadt teilhaben ließ, hatte die Obrigkeit ein Preisregulativ gegenüber den Metzgern und Bäckern in der Hand und konnte deren Monopolstellung brechen.

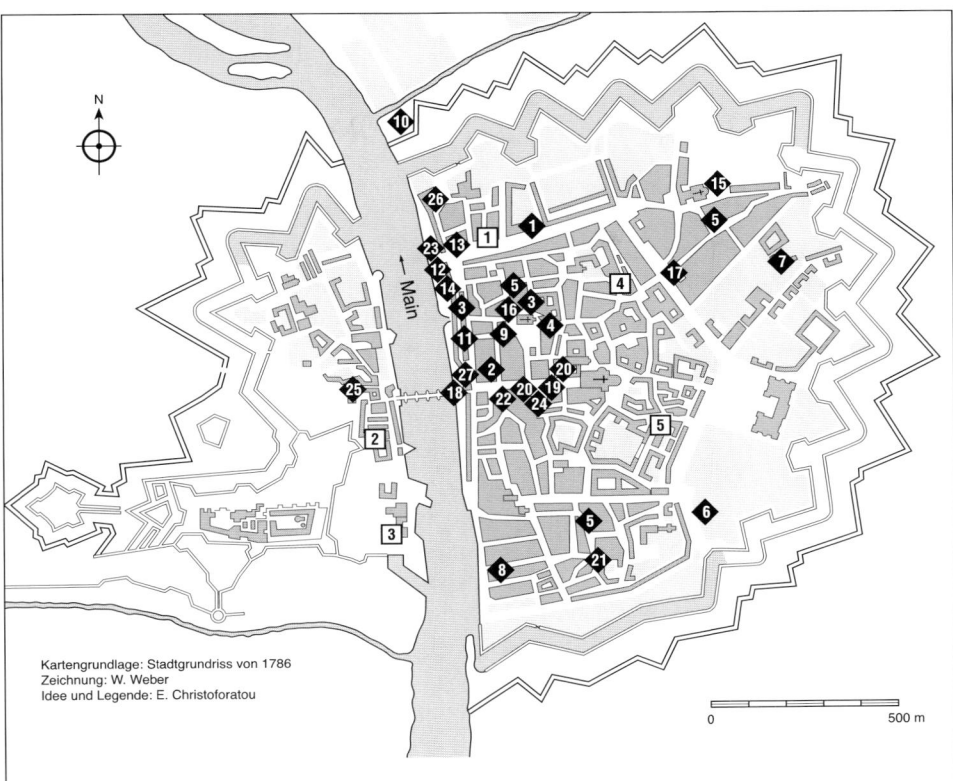

Kartengrundlage: Stadtgrundriss von 1786
Zeichnung: W. Weber
Idee und Legende: E. Christoforatou

0   500 m

◆ Gebäude und Märkte

1 Brauhaus
2 Grüner Baum (Rathaus)
3 zwei Fleischbänke
4 Strohmarkt
5 drei Viertelhöfe[1]
6 Brauerei am Afrakloster (ab 1806)
7 Brauerei in der Kartause (ab 1811)
8 Kornmarkt (auch „Castenboden" genannt)
9 Brothaus, seit 1803 Stadthauptwache
10 Viehmärkte
11 Fischmarkt
12 1654–1773 Mehlwaaghaus, 1773 Alter Kranen
   mit zwei Lagerhäusern zum Aufbewahren der
   Kaufmannsgüter, seit 1810 mit
   Hauptzollamtsgelände
13 Ochsenplatz
14 Städt. Brennholzmagazin (seit 1740)
15 Holzhof auf dem früheren Stift Hauger Friedhof
16 Häfnermarkt
17 Holzmarkt vor dem Bürgerspital (1809)
18 Kohlenmarkt
19 Heumarkt
20 zwei Messeplätze
21 Münzstätte (1771)

22 Leder- und Schuhmarkt
23 Schlachtbrücke und Brückensperrerswohnung
24 Eier- und Fischmarkt
25 Brauhaus
26 Brudermühle (seit 1643 Münzstätte)
27 Heuwaage

☐ Soziale Einrichtungen

1 Zuchthaus (1695) und Tuchfabrik,
   1732 Arbeits- und Zuchthaus
2 Arme Kinder-Haus
3 Strafarbeitshaus (1788)
4 Armenhaus Himmelskrone
5 Domkapitelscher Bauhof,
   „Ipsmühle" genannt

[1] „...dient theils zum Aufbewahrungs- und Vertheilungs-Ort des
Allmosens für die Stadtarmen, vorzüglich der Kleidungsstücke, Betten,
Möbeln, und des Brods, welches darin gebacken wird, theils auch
zum Einstellen desjenigen Getreids, welches die Landleute auf den
Wochenmarkt hierher gefahren, aber nicht verkauft haben." Scharold,
Würzburg und die umliegende Gegend, S. 282.

Abb. 137: Karte der Gebäude und Märkte sowie der sozialen Einrichtungen.

Ebenso wie das Handwerk war auch die Kaufmannschaft (s. Tafel 33 und 34) darauf bedacht, den städtischen Markt gegen auswärtige Konkurrenz abzusichern und dabei gleichzeitig den Erwerbskampf innerhalb der Einwohnerschaft einzuschränken.[74] Eine besondere Bedeutung kommt der 1699 erlassenen Handelsordnung zu, die erstmals feste Bestimmungen über Ausbildung und Zulassung zur Kaufmannschaft enthielt.[75] Durch die Zusammenfassung aller Würzburger Händler *in Communione und in einem unzertrennlichen Corpore zu ewigen Zeiten* erhielt der Handelsstand zünftischen Charakter, der in der erneuerten Handelsordnung aus dem Jahr 1709 noch verstärkt zum Ausdruck kam.[76] Die Kaufleute wurden, abhängig von der Größe ihres Geschäfts, in drei Klassen eingeteilt und hatten künftig ein Einleggeld von 12, 18 oder 24 Gulden zu zahlen. Die Aufnahme eines Händlers in den Handelsstand wurde mit der Meisterannahme gleichgesetzt.[77] Zum Kaufmannsstand wurde zugelassen, wer die Ableistung von fünf Lehr- und drei Servierjahren nachweisen konnte, wobei ebenso wie im Handwerk den Meistersöhnen auch den Söhnen ansässiger Kaufleute die Inkorporation erleichtert wurde.[78] Jeder Kaufmann war gezwungen, der Innung beizutreten und musste im Falle eines Ausschlusses aus der Korporation seinen Laden aufgeben.

Ähnlich wie im Zunftwesen konnten einzelne Handelssparten auf fürstbischöfliches Geheiß hin abgeschlossen werden. Beispielsweise wurde im Jahr 1787 den Spezereiwarenhändlern zugesagt, dass erst nach Schließung zweier bereits bestehender Läden neue Spezereiwarenhändler inkorporiert würden.[79]

Bei aller Vorsicht gegenüber übereilten und allzu negativen Beurteilungen des zünftischen Systems, das in Würzburg offenbar auch auf den Handel übergriff, lässt sich doch festhalten, dass das Wirtschaftsleben angesichts des fehlenden Konkurrenzdrucks und der mangelnden Anreize durch fremde Kaufleute wenig dynamisch war. Fürstbischof Friedrich Karl soll sogar über die »Schlafsucht der Franken« geklagt haben, »die nicht aufzurütteln seien, während ringsum alles voranschreite«.[80] Zwar florierte der Kleinhandel, doch trotz verschiedener wohl wenig erfolgreich betriebener Versuche der Fürstbischöfe, so durch den Ausbau Kitzingens zur Hafenstadt, die Erweiterung des Straßennetzes im Hochstift, die Errichtung des Kranen[81] oder die Bildung einer Kommerzienkommission[82] die Wirtschaft in Stadt und Hochstift zu fördern, konnte Würzburg als Handelsplatz kaum überregionale Bedeutung erlangen. Auch die drei an Mittfasten, Kiliani und Allerheiligen abgehaltenen Messen gaben dem städtischen Wirtschaftsleben keine Impulse, denn sogar Frankfurter Kaufleute hielten einen Besuch der Messen angesichts der überhöhten Preise, die in Würzburg für Unterkunft und Verpflegung verlangt wurden, für kaum lohnenswert, da diese in keinem Verhältnis zu den zu erwartenden mäßigen Einnahmen stünden.[83] Daher war *von großen Handelsspeculationen [...] nirgends die Rede, nirgends ein Caravanenzug aus fremden Ländern sichtbar, keine reiche schwer belastete Güterwagen, keine geschäftige Packleute, keine Mäckler, keine schwarze Gruppen polnischer Juden, keine Griechen, keine Russen, etc., wie man dies alles in Leipzig, in Frankfurt an der Oder und anderwärts zu sehen gewöhnt ist; sondern durchaus das Bild eines Jahrmarktes, der, je länger er oft dauert, desto unbemerkter bleibet [...] Gewiß macht ein reicher Britte auf Leipzigs weltberühmten Messen oft in einer Stunde ein größeres Geschäft, als die hiesigen Meßfiranten allinsgesammt in einer ganzen 3 oder 4 Wochen andauernden Messe abzuthun das Glück haben.*[84]

Die Wirtschaft der Stadt im Spiegel der fürstbischöflichen Politik

Die Frage nach der Zuständigkeit für Handel und Gewerbe in der Stadt lenkt den Blick zunächst auf die städtischen Instanzen: Das gewerbliche Leben war vornehmlich dem Oberrat unterstellt, der die Aufsicht über Handwerkssachen, Marktwesen (s. Tafel 35), Gewerbepolizei und städtisches Bauwesen ausübte.[85] Dem Oberrat war der Großteil der städtischen Zünfte untergeordnet, lediglich die Schlosser, Bildhauer, Strumpfstricker, Perückenmacher und Weißgerber unterstanden dem Hofschultheißen, bis sie 1745 in die vom Fürstbischof erlassene Oberratsordnung eingeschlossen wurden.[86] Dagegen waren die Hofhandwerker nicht den städtischen Instanzen, sondern Kanzlei, Oberstallmeister- bzw. Marschallamt verpflichtet. Auch der Stadtrat, der das Kastenamt verwaltete, beanspruchte ein Mitspracherecht in Wirtschaftsfragen und konnte sich zuweilen sogar gegenüber dem Oberrat durchsetzen. Ihm unterstanden die Bäcker außer in den Jahren 1671, 1683 bis 1701, 1729 und 1745/46.[87]

Die städtischen Instanzen behinderten sich allerdings gegenseitig in ihrer Arbeit durch immer wiederkehrende Kompetenzstreitigkeiten, die nicht selten wie 1745 erst durch die fürstbischöfliche Regierung entschieden wurden. Ohnehin behielt sich der Fürstbischof ein Eingreifen in alle Wirtschaftsbereiche vor und befasste sich dabei auch mit den alltäglichen Wirtschaftsabläufen, etwa indem er die Einkaufszeiten der Bürger und Bäcker auf dem Getreidemarkt festlegte, die Ausweitung des Obstbaus in der Stadt plante, den städtischen Weinausschank der Schank- und Heckenwirte regelte oder wegen des im vieharmen Würzburg notorischen Düngermangels zur Hebung der Weinernten Düngerexportverbote erließ.[88] Besonders aber griff der Fürstbischof in wirtschaftlichen Krisenzeiten ein, um die Versorgung der Bevölkerung sicherzustellen. Während der Hungersnot 1770/71 etwa verhängte er Ausfuhrverbote für Getreide und Lebensmittel, die zur Streckung des Brotes genutzt werden konnten, und erließ strenge Kontrollbestimmungen für den Durchgangsverkehr.[89] Des Weiteren stellte er beträchtliche Geldmengen für den Import zur Verfügung.[90] In seltenen Fällen erfolgte sogar eine Festsetzung von Getreidehöchstpreisen, die jedoch lediglich die Folge hatte, dass das wenige verfügbare Getreide vom offiziellen Markt verschwand und statt dessen die Schwarzmarktpreise in die Höhe schnellten.[91] Bei Fleischknappheit wurde die Fleischausfuhr durch Ausfuhrzölle eingeschränkt.[92] Der Fleischimport wurde hingegen auch in Zeiten horrender Teuerung vonseiten der Regierung allgemein nicht subventioniert.[93]

Die Gewerbepolitik der Fürstbischöfe wirkt nur auf den ersten Blick uneingeschränkt pro-zünftisch. Zwar befahl Friedrich Karl 1736 eine Begrenzung der Meisterzahl bei Altmachern (Flickschustern), Bäckern, Büttnern, Schneidern, Schreinern und Schustern, da deren Auskommen bei den derzeitigen Einkünften nicht gesichert sei,[94] eine generelle Begrenzung der Zunftmitglieder propagierte er jedoch nicht.[95] Auch gilt es diesbezüglich noch einmal auf die Freimetzger und Landbäcker hinzuweisen, die ein fester Bestandteil des städtischen Gewerbes waren und besonderen obrigkeitlichen Schutz genossen.

Trotz des korporativen Zusammenschlusses konnten sich auch die Händler nicht dauerhaft gegen unerwünschte Konkurrenz schützen. Hierüber dürfen auch nicht die unzähligen Hausierverbote hinwegtäuschen, die im Übrigen auf vielfältige Weise unterlaufen wurden.[96] Zwar war den Fürstbischöfen zweifelsohne schon allein um der Abgaben und Steuern willen an einem ausreichenden Einkommen der ansässigen Kaufleute gelegen, doch wurden auch die Hausierer zuweilen als eine Art Preisregulativ gegenüber den einheimischen Händlern genutzt. Dies lässt sich aus einem Hausierverbot Johann Philipps von Greiffenclau für Zitronen- und Pomeranzenhändler schließen (s. Schlaglicht S. 445 ff.), in dem dieser ausdrücklich darauf hinwies, das Verbot gelte, so lange die ansässigen Spezerei- und Gewürzkrämer der Nachfrage der Bevölkerung nachkommen würden.[97] Zu Beginn des 18. Jahrhunderts muss das Hausierverbot wieder aufgehoben worden sein, denn bereits wenig später wurde Tiroler Zitronenhändlern sogar das Bürgerrecht erteilt.[98] Nicht wenigen ehemaligen Hausierern gelang mit herrschaftlicher Unterstützung die Einwanderung nach Würzburg, was besonders durch Friedrich Karl von Schönborn begünstigt wurde, der sogar in allen bedeutenderen Handelszeitungen annonciert haben soll, um auf diese Weise auswärtige Kaufleute nach Würzburg zu locken. Dabei scheint der Fürstbischof erfolgreich gewesen zu sein, denn während zwischen 1716 und 1742 nur acht Kaufleute nach Würzburg zogen, lassen sich in der Folgezeit nicht weniger als 41 zugezogene Händler mit Spezerei- und Galanteriewaren, Wolltuchen, Leder, Leinwand, Seide und Tabak aus Orten und Gegenden wie Lierna/Italien, Sutrio/Italien, Siajo/Venetien, Partenkirchen, Philippsburg, Mittenwald, Kurmainz, Paderborn, Vels/Tirol oder Lanneburg/Savoyen belegen.[99] Während die Würzburger Kaufleute ihre Waren per Zwischenhandel aus Frankfurt und Nürnberg kauften und diese sich dadurch verteuerten, versuchten die zugewanderten Händler, die Güter möglichst direkt zu beziehen, weshalb zum Beispiel die Familie Broili (s. Tafel 36) an der Wende zum 18. Jahrhundert bedeutende Geschäftsverbindungen nach Trient, Genua, Wien, München, Augsburg, Basel, Nantes, Prag, Leipzig, Hamburg, Amsterdam, Antwerpen, London, Marseille und sogar Petersburg unterhielt.[100]

Eine weitere den städtischen Handel dynamisierende Gruppe waren die Juden, die zwar seit 1642 nicht mehr in der Stadt wohnen, sich aber tagsüber dort aufhalten und auf Märkten und offenen Plätzen, seit Ende des 18. Jahrhunderts sogar in gemieteten Räumen *mit Jubelen, Ringen, Silbergeschmeid (jedoch ohne Verschmelzung und außer Land Führung) sodann altem Kupfer, Zinn und Messing, wie auch Pferden, Zug- und anderem Viehe, Federn, Zwilch, ganz und ungemachtem Bettwerk, alten Kleidern, leinen- und wöllenen Tüchern, […] nicht weniger mit dürren und rauhen Häuten, hingegen ohne alles Eindingen oder Vorbehalten bey Verkauf-, Verleih- oder anderer Begebung des Viehes auf Montag, Mittwochen und Freytag* handeln sowie zu einem Zinssatz von fünf Prozent Geld verleihen durften.[101] Dass die fürstbischöfliche Regierung die Bedürfnisse jüdischer Händler berücksichtigte, zeigte sich beispielsweise in der Genehmigung zur Einrichtung so genannter Judengarküchen am Vierröhrenbrunnen.

Bislang sind keine quantitativen Aussagen über die Wirtschaftskraft der Juden und der eingewanderten Kaufleute möglich. Dennoch bleibt festzuhalten, dass durch die Öffnung des Handels und die Zulassung von Konkurrenz zum städtischen Markt ein Preiswettbewerb entstehen konnte, der über das mittelalterliche System des Zusammenschlusses hinauswies und die Macht der Zünfte und der Handelskorporation erheblich schwächte.

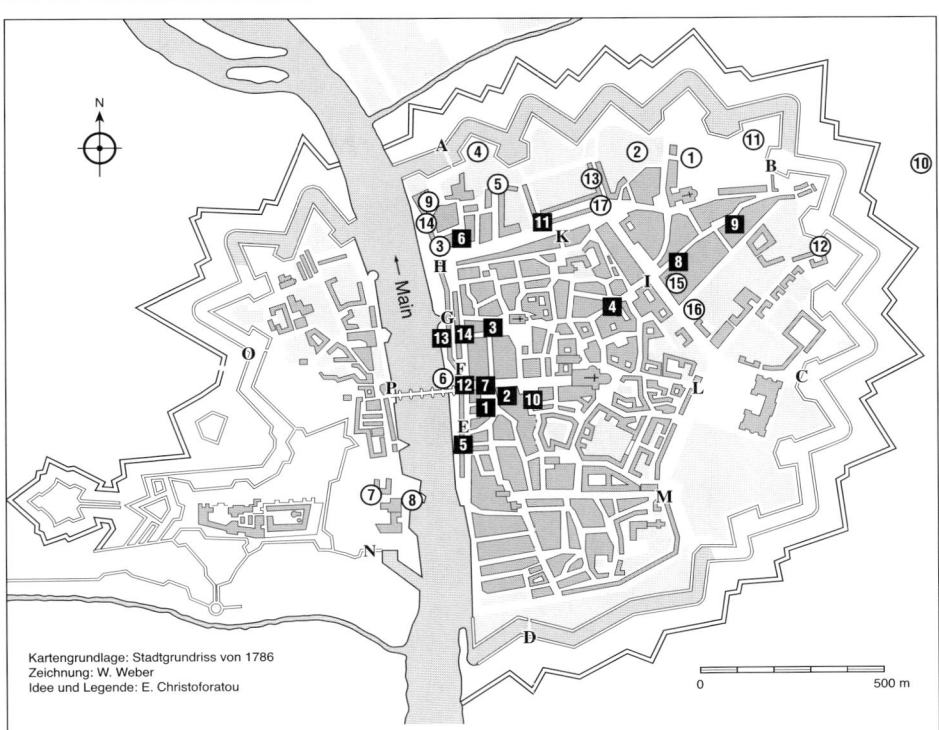

Kartengrundlage: Stadtgrundriss von 1786
Zeichnung: W. Weber
Idee und Legende: E. Christoforatou

0   500 m

⭕ **Mühlen in der Stadt¹**

1 Gullenmühle
2 Reisgrubenmühle (Ende des 17. Jahrhunderts baufällig; 1709 Wiederherstellung)
3 Gansenmühle, später Pfaffenmühle
4 Walkmühle (1746, herrschaftliche Tuchwalkmühle)
5 Bohnesmühle (urspr. Baumgartenmühle)
6 Untere Mainmühle (1644)
7 Kanalmühle (1676)
8 Obere Main-, Schneide- und Gipsmühle (1656)
9 Brudermühle
10 Ehem. Aframühle, wohl zunächst Pulvermühle, um 1680 explodiert, seit 1702 Walk-, dann Mahl- und Schneidmühle
11 Pulvermühle, später Mahlmühle
12 Karthäusermühle (1677, seit 1686 Papiermühle)
13 Ellenmühle (bis 1650 Pulvermühle; 1663–1670 Walkmühle; seit der Neubefestigung ein wichtiges Wasserwerk)
14 Heringsmühle (letzter Beleg 1707, nunmehr als „behaußung")
15 Groezzmühle (1654 erneuert)
16 Bürgerspitalsmühle
17 Juliusspitalsmühle

⬛ **Gasthäuser²**

1 Gasthaus Goldener Hirsch
2 Gasthaus zur Rose
3 Gasthaus Schwarzer Adler
4 Gasthaus Eichhorn
5 Gasthaus zum Schwanen
6 Gasthaus zum Ochsen
7 Buden der Garköche
8 Gasthof zum Storchen
9 Erbschenk- und Schildwirtschaft Zur weißen Lilie (1717); weitere Gasthöfe in der Semmelgasse: Einhorn, Engel, Greif, Kleebaum, Goldene Sonne
10 Gasthaus zum Stern
11 Gasthaus im Juliusspital
12 Anker
13 Stadt München
14 Reichsapfel

Tore

A Pleichacher Tor (nach Karlstadt, Hammelburg, Fulda)
B Neues Tor (nach Schweinfurt und Sachsen)
C Rennweger Tor (nach Bamberg und Nürnberg)
D Sandertor (nach Ansbach)
E Schwanentor
F Rotes Tor (auch Holztor)
G Ochsentor
H Spitaltor
I Spitaltor
K Spitalschneller
L Hatzfelder Schneller
M Stefanstor
N Burkharder Tor
O Zeller Tor (nach Mergentheim, Frankfurt etc.)
P Maintor

¹ Bei der Zeichnung der Karte wurden folgende Mühlen nicht berücksichtigt, da sie im Zuge der Stadtbefestigung eingeschanzt wurden (die in Klammern gesetzten Zahlen geben jeweils das Jahr der Einschanzung an): Hauger Pfarrmühle (1667), Teufelsmühle (1660), Großmühle (1666), Riedmühle (nicht ermittelbar, ob im Dreißigjährigen Krieg zerstört oder eingeschanzt), Bischofsmühle (im Dreißigjährigen Krieg zerstört).

² Bei der Auflistung der Gasthäuser besteht kein Anspruch auf Vollständigkeit. Für die Zeit um 1800 ist eine Reihe von weiteren Lokalitäten belegt, die im Folgenden aufgeführt sind, jedoch nicht genau lokalisierbar sind:
Baierischer Hof am Residenzplatz; Fränkischer Hof oberhalb der unteren Promenade; Römischer Kaiser, jenseits des Mains; Schwarzer Bär, Pleichacher Viertel; Goldenes Kreuz, Augustinergasse; Rother Löwe, Sandertor; Goldenes Schiff, Kärrnergasse; Schönbrunnen, Domgasse; Schwarze Traube, Blasiusgasse; Vogel Strauß, an der unteren Allee; Walfisch, nächst der großen Fleischbank; Jenseits des Mains: Stadt Frankfurt; Goldene Gans; Drei Kronen; Der Wilde Mann; 9 Caffeehäuser.

Abb. 138: Karte der Mühlen, Gasthäuser und Tore.

Abb. 139: Falke auf dem Giebel des Falkenhauses, eines repräsentativen Wohn- und Gasthauses des 18. Jahrhunderts.

Obwohl die Zünfte im gesamten zu betrachtenden Zeitraum unvermindert fortbestanden, ist seit der zweiten Hälfte des 17. Jahrhunderts eine beginnende Fluktuation beobachtbar, die sicherlich im Zusammenhang mit dem Aufstieg des (kirchen-)fürstlichen Absolutismus zu sehen ist: Die städtischen Zünfte mit ihren personellen Beschränkungen und ihrer strukturell bedingt begrenzten Produktionskapazität waren den neuen Aufgaben, die durch Befestigungsarbeiten, Militär und später durch den Residenzbau an das Handwerk gestellt wurden, nicht gewachsen. Die durch das Repräsentationsbedürfnis des Hofes erhöhte Nachfrage, die ihren Höhepunkt im Bau der Würzburger Residenz fand, wurde durch zugewanderte Hofhandwerker und -künstler bzw. durch städtische Handwerker gedeckt, die für die Arbeiten am Hof von den zünftischen Beschränkungen dispensiert und vom Fürstbischof mit dem Hofprivileg und sonstigen Begünstigungen wie der Befreiung von staatlichen und bürgerlichen Lasten versehen wurden.[102] Das Hofprivileg konnte besonders begehrten Handwerkern wie Johann Georg Oegg sogar noch vor dem Erwerb der Meisterwürde verliehen werden.[103] Zuweilen wurden die Handwerker auch von der Anfertigung ihres Meisterstücks oder der Ableistung der Wanderjahre befreit. Da das Zunftwesen den Anforderungen, die Residenzbau und Fortifikationsmaßnahmen an das Baugewerbe stellten, mit seinem beschränkten Arbeitspotenzial von zwei bis drei Gesellen und einem Lehrling pro Meister nicht gewachsen war, wurde die Begrenzung für die Hofhandwerker aufgegeben. Künftig durften – mit wenigen Ausnahmen – so viele Gesellen und Lehrlinge eingestellt werden, wie für ein Bauprojekt erforderlich waren. Auch die Annahme der Hilfskräfte wurde dem Bedarf angepasst.[104] Neben den Zünften entstanden jetzt Großbetriebe mit Spezialisierung, Arbeitsteilung und Rationalisierung.

Vor allem durch die im 18. Jahrhundert erhöhte Nachfrage nach Luxusartikeln entstand ein verstärkter Bedarf an kunsthandwerklichen Spezialwerkstätten. Da die einheimischen Handwerker die für das Luxusgewerbe notwendigen Fertigkeiten nicht besaßen, mussten auswärtige Künstler ins Land gezogen werden. Eine im Jahr 1747 verfasste Aufstellung weist insgesamt 56 *Professionen* auf, darunter Pergamentmacher, Samtweber, Leinwandweber, Strick- und Nähnadelmacher, Drahtzieher, Fingerhutmacher, Porzellanmacher und Zeugwirker, die mit der Bewilligung von Freijahren gelockt werden sollten.[105] Die Ausbildung eigener Kräfte war häufig billiger als die Heranziehung fremder Künstler, weshalb zusätzlich talentierte einheimische Handwerker vom Fürstbischof mit Stipendien versehen und auf Wanderschaft geschickt wurden, *umb allda die Handwerke und Professionen zu lernen, welche zu Würzburg mangeln.*[106] Zur Herstellung der Luxuswaren, beispielsweise Leder, Tuche, Porzellan und Spitze, wurden auf fürstbischöfliches Betreiben hin im gesamten Hochstift, vor allem aber auch in der Stadt, Manufakturen gegründet und durch die Vergabe von Monopolen und sonstigen Privilegien gefördert.[107] Dass das Mode- und Repräsentationsbedürfnis der Fürstbischöfe bisweilen nur zu wirtschaftlichen Teilerfolgen führte, zeigt sich an deren letztendlich wenig ergiebigen Versuchen, durch die Anpflanzung von Maulbeerbäumen in Veitshöchheim (1669) und später auch in der Stadt Würzburg die Seidenraupenzucht zu etablieren – ein Unterfangen, das schon aus klimatischen Gründen schwer zu realisieren war.[108] Als ebenso wenig erfolgreich erwiesen sich Versuche, in Würzburg ein Tabakmonopol zu errichten und gar eine Tabakspinnerei zu betreiben.[109]

Wie sich aus dem Vorangehenden entnehmen lässt, stand der Fürstbischof nicht nur als eine übergeordnete und regulierende Instanz über dem Wirtschaftsleben der Stadt, sondern wirkte seinerseits auch als treibende Kraft auf die Residenzstadt. Zudem beteiligte er sich etwa mit dem fürstbischöflichen Brauhaus als Unternehmer an der städtischen Wirtschaft und war als solcher schon wegen der Abgaben aus Bierproduktion (Kesselgeld) und -verkauf (Braugeld und Akzise) an einer Steigerung des Bierverbrauchs interessiert.[110] Der Umsatz des zunächst im Pleidenhaus (heute Juliuspromenade 17) errichteten und 1737 in das ehemalige Waschhaus verlegten Brauhauses, das von der Hofkammer verwaltet wurde, hielt sich allerdings in engen Grenzen, was angesichts des hohen Weinkonsums der Stadt nicht weiter erstaunt.

Zusammenfassung und Ausblick

Auch nach dem Ende des Dreißigjährigen Krieges waren die Einwohner der Stadt Würzburg enormen wirtschaftlichen Belastungen ausgesetzt, die zu einer fortschreitenden Verschuldung eines großen Teils der Bevölkerung führten. Immerhin waren die Lebensmittelpreise um die Mitte des 17. Jahrhunderts auf Grund der geringen Nachfrage durchschnittlich sehr niedrig, sodass die Einwohner mit ihrem Lohn ein großes Quantum an Lebensmitteln kaufen konnten. Solche Berechnungen dürfen jedoch nicht darüber hinwegtäuschen, dass die Bevölkerung zusätzlich durch vielfältige Abgaben und Dienste erheblich belastet wurde, von denen der Fürstbischof als Landesherr zunehmend Gebrauch machte. Neben den herkömmlichen Abgaben und Steuern mussten die Bürger Schänzer und bis zum Bau der Kaserne auch Soldaten bei sich aufnehmen bzw. Quartiergeld zahlen und auf diese Weise ihren Teil zur Finanzierung des aufkommenden stehenden Heeres, des Fortifikations- und schließlich auch des Residenzbaus beitragen.

Am Beispiel der Getreideversorgung lässt sich nachweisen, dass Fürstbischof und städtische Obrigkeit durchaus bemüht waren, die wirtschaftliche Lage der Einwohner zu heben, indem sie konjunkturell bedingten Getreidepreisschwankungen durch die Anlage von Getreidespeichern, die Festsetzung von Höchstpreisen in Hungerjahren, Importe oder Ausfuhrbeschränkungen zu begegnen suchten. Zwar konnte eine etwaige prekäre Versorgungslage der Stadt durch die genannten Maßnahmen gemildert werden, Preissenkungen wurden jedoch nicht erzielt.

Die handwerkliche Produktion Würzburgs war überwiegend auf den lokalen Markt und auf die Bedürfnisse des Hofes bezogen. Dabei dominierte die so genannte Kundenproduktion.[111] Der gewerbliche Sektor wurde zwar während des gesamten Zeitraums von den Zünften beherrscht, doch konnte durch die fortgesetzte Zulassung der Freibänker und Landbäcker zum städtischen Markt die Monopolstellung der Zünfte durchbrochen werden. Eine weitere Schwächung erfuhren die Zünfte durch die mit dem Repräsentationsbedürfnis der Fürstbischöfe einhergehende Bautätigkeit im zivilen und militärischen Bereich, für die städtische, aber auch auswärtige Handwerker verpflichtet und mit besonderen Vergünstigungen versehen wurden. Die in landesherrlichen Diensten stehenden Handwerker waren von den zünftischen Beschränkungen befreit und durften daher eine größere Anzahl von Arbeitern beschäftigen. Die städtischen Meister, denen solche Privilegien nicht vergönnt waren, konnten weder in der Preisgestaltung noch in der Arbeitsgeschwindigkeit mit den in fürstbischöflichen Diensten stehenden Handwerkern dauerhaft konkurrieren. Die bewusste Privilegierung einzelner (Hof-)Handwerker und die Erweiterung ihrer Produktionskapazitäten führte langfristig zu einer Umstrukturierung des alten zünftischen Gepräges.

Wenngleich die Interpretation, die Obrigkeit habe sich als die »natürliche Gegnerin der Zünfte« verstanden,[112] zu relativieren ist, ist doch festzuhalten, dass die genannten Maßnahmen der Fürstbischöfe einen tiefen Eingriff in das bisherige, vom Zunftwesen beherrschte gesellschaftliche und wirtschaftliche Leben bedeuteten, dessen Ausmaß trotz einiger gründlicher Vorarbeiten noch nicht hinreichend erforscht ist.[113] Eine gänzliche Aufhebung der Zünfte oder gar die Einführung der Gewerbefreiheit hingegen lag auch den Fürstbischöfen des 18. Jahrhunderts fern.

Ebenso wie die Handwerker waren auch die Würzburger Kaufleute bemüht, sich gegen unerwünschte Konkurrenz nach außen abzuschließen. Die Fürstbischöfe nahmen gegenüber der 1699 gegründeten Handelskorporation eine ambivalente Haltung ein: Einerseits wurde die Aufsicht über den Handel durch die Etablierung dieser Körperschaft erheblich vereinfacht, doch konnte sich andererseits durch die zünftische Prägung kein Konkurrenzdruck einstellen, von dem wiederum die Bevölkerung profitiert hätte. Die Obrigkeit unterstützte daher Juden und zuweilen Hausierer, die neben den Kaufleuten mit bestimmten Waren handeln durften, und warb seit der Mitte des 18. Jahrhunderts verstärkt um die Einwanderung auswärtiger Händler, deren Inkorporation in die Handelsinnung sie wiederum begünstigte. Nicht zuletzt durch die Subventionierung von Manufakturen hoffte die Obrigkeit, den Binnen-, aber vor allem auch den Exporthandel zu beleben. Allerdings scheint die Gewerbeförderung zumindest bis zur Mitte des 18. Jahrhunderts nur wenig erfolgreich betrieben worden zu sein, denn noch 1747 fehlten offenbar *Meister, welche das Leder zu bereithen und zu färben wissten*, weshalb *die mehriste rohe Haut mit Schaden und Schand ausser dem Land verkauffet, und hernach um doppelten oder dreyfachen Preyß wieder eingehandelt und zurückgebracht* worden sei.[114]

Angesichts der Diskrepanz zwischen Anspruch und Wirklichkeit erheben sich Zweifel, ob sich die Wirtschaftspolitik der Fürstbischöfe, die offenbar zu einem beträchtlichen Teil das Leben in der Residenzstadt beeinflusste, in die Epoche des Merkantilismus eingliedern lässt.[115] Dabei muss zunächst auf die prinzipielle Strukturschwäche der geistlichen Territorien hingewiesen werden, in denen sich keine über eine Dynastie definierte kontinuierliche Herrschaft ausbilden konnte. Wenngleich die Fürstbischöfe das Domkapitel zunehmend zurückdrängen konnten, machte dieses ebenso wie die päpstliche Nuntiatur und die Kurie selbst zumindest partiell weiterhin seinen Einfluss geltend.[116] Die Beantwortung der Frage, ob es eine dem geistlichen Absolutismus korrespondierende Wirtschaftsordnung auf merkantilistischer Grundlage gegeben haben könnte, ist ein Desiderat der Forschung.

Auch die äußeren Rahmenbedingungen des sowohl territorial als auch rechtlich stark zersplitterten Hochstifts lassen an der Möglichkeit einer merkantilistischen Wirtschaftspolitik zweifeln, zumal ein wirtschaftlicher Protektionismus angesichts der fehlenden territorialen Geschlossenheit nicht durchsetzbar war.[117] Trotz verschiedener Versuche vonseiten der Regierung konnte auch die Vereinheitlichung von Münze, Maß und Gewicht nicht erfolgreich betrieben werden, was erhebliche Behinderungen des Binnenhandels zur Folge hatte.[118] Immerhin verdoppelte sich die Bevölkerung seit dem Dreißigjährigen Krieg, was einerseits zu einer Erhöhung der Nachfrage, andererseits aber auch zu einer Steigerung der Produktion führte. Die (groß-)gewerbliche Produktion und der Außenhandel wurden durch Privilegierungen sowie Ein- und Ausfuhrregelungen gefördert, doch Wein und Getreide blieben die wichtigsten Exportgüter des Hochstifts.[119] Eine aktive Handelsbilanz ließ sich nicht erzielen.[120]

Ein abschließendes Urteil über die obrigkeitliche Wirtschaftspolitik kann beim derzeitigen Forschungsstand und angesichts einer hier nur undifferenziert vorgenommenen Betrachtung der in Persönlichkeit und Herrschaftsauffassung sehr verschiedenen Fürstbischöfe nicht gefällt werden und bleibt zukünftigen Untersuchungen vorbehalten. Die erörterten Maßnahmen zur Förderung von Gewerbe, Handel und der Konjunktur überhaupt – gleich, ob sie künftig einer traditionellen oder merkantilistischen Wirtschaftspolitik zugeordnet werden – waren fiskalischen Erwägungen entsprungen. Durch eine Vermehrung der Untertanen und die Hebung der Wirtschaft sollten die landesherrlichen Einnahmen erhöht und dadurch letztlich die Autorität der Fürstbischöfe gestärkt werden, die die Bevölkerung zunehmend in den Dienst des Staatsausbaus stellten.[121] Als ein Beispiel für diese durchaus absolutistische Haltung mag Friedrich Karl von Schönborn dienen, der im Jahr 1741 seinem Kanzler Fichtl auf dessen Warnungen vor dem Unmut der Würzburger Untertanen über weitere Steuererhöhungen entgegnete: *Sie mögen nur schmälen. Wenn es nach Landesart nicht anders sein kann, als daß geschmält wird, so ist es besser, die Leute schmälen, weil sie ihr Geld hergeben müssen, als daß ich schmäle, weil ich nicht der Herr bin.*[122]

Zum Südwarenangebot
auf dem Würzburger Markt im Jahre 1725

Hans-Peter Baum

Eine kleine, nur drei handgeschriebene Seiten umfassende Quelle des Stadtarchivs, Ratsakt 1759, gewährt uns einen höchst interessanten Einblick in das Angebot von Waren aus dem Mittelmeerraum auf dem Würzburger Markt in der Schönbornzeit, der ersten Hälfte des 18. Jahrhunderts. Sie zeigt, dass bereits vor knapp 300 Jahren Kaufleute in Würzburg ein reichhaltiges Sortiment solcher Waren bereit hielten, dass ein Angebot südlicher Früchte, Gewürze, Weine und anderer Leckereien keine erstmalige Errungenschaft unserer Zeit ist. Dabei ist zu bedenken, dass in Würzburg durch den bischöflichen Hof, ausländische Künstler und ein wohl recht verwöhntes bürgerliches Publikum auch die entsprechende Nachfrage bestanden haben muss. In den kleineren fränkischen Landstädten und auf dem Lande dürften derartige Waren damals kaum zu haben, ja kaum bekannt gewesen sein.

Ratsakt 1759 stellt den schriftlichen Niederschlag von Beschwerden der *allhiesigen bürgerlichen Specereyhändler oder Würtzkrämer* gegen die so genannten *Tyroler Citronen Männer* und die Entscheidung von Oberrat und Bischof in dieser Sache dar. Die Gewürzkrämer warfen danach den Zitronenhändlern vor, sich nicht auf den Zitronen- und Pomeranzenhandel zu beschränken, sondern ohne Konzession auch viele andere Waren anzubieten. Bischof und Oberrat hatten aber mehr als die Wünsche der Gewürzkrämer nach einer Beschränkung des Handels der Zitronenmänner das Interesse des Publikums, ja sogar das staatliche Interesse an einem preiswerten Angebot von Südwaren im Auge. Sie wollten deshalb durch eine großzügige Konzessionierung der Zitronenhändler die Konkurrenz beleben und damit bessere Marktpreise erzielen. Bischof und Oberrat lagen in dieser Förderung der Konkurrenz auf dem Markt auf einer Linie, die sie schon seit dem späten Mittelalter gegenüber den zunftmäßig organisierten Würzburger Händlern und Handwerkern verfolgt hatten. Nach dieser Entscheidung sollten die Tiroler Zitronenhändler mit folgenden Waren handeln dürfen:

… *nemblichen frische Citronen, Lemonien [wohl Limonen], Citronat, Pomerantzen [eine Orangenart], Granatäpfel, trockene mit Zucker überzogene Citronen, Citronat und Pomerantzen-Schaalen, dürr dergleichen, Feigen, Lorber und deren Bletter, Piniolen [wohl Pinienkerne], Pistacien, Brustbeer oder Jujuben[1] und sebester Chicosamin[2] [?], allerhand welsche Früchten und Blühe [wohl getrocknete Blüten], welsche Nüß, Vermicelli [eine Nudelsorte], Parmesan und allerhand welsche Käse, welschen Gersten Schleim, Tonina [gesalzener*

Abb. 140: Limone mit St. Leonhard in Nürnberg als Hintergrund, Volkamer, 1708.

Thunfisch] Cephali [Meeräsche]³, linguatili [?]⁴, allerhand marionirte welsche und frembte Fische, Capheus [Kaffee?⁵], Oliven, Capern tartofili [?], Champiggons, welsche grose Rosinen, spanische Rosinen, kleine Weinbährlein, Sardellen, italienische, spanische, auch imperial Tabackh, Cerbolat-Würst, Mortadelli, ambrosin [beste, süße Mandelsorte] und welsche Mandlen in und ausserhalb der Schaalen [...], venetische Seiffen, Dattelen, Jasminöel, spanische Büntlein [Gewürzbündel ?], romanische Instrumentensaiten [vermutlich aus Därmen], veritable Parder-Öel [?]⁶ und allerhandt italienische [...] und frembte Weine, auch Tyroler, ausser dem spanischen, so Burgermeister und Rath allein hergebracht [den nur Bürgermeister und Rat ausschenken dürfen], allerhand Essentien, allerhandt Liquers, Rossolien [Rosolio, ein süßer Likör], Refraichirung [Erfrischungen] und Limonaten, allerhand welsche Gewächsbäumen Saamen und dergleichen, allerhand Salat zu präpariren, allerhandt roman[ische] und genuesische Handschuhe.

Im Gegenzug zu dieser großzügigen Konzessionierung sollten die Tiroler Zitronenhändler verpflichtet sein, Bürger zu werden; außerdem sollten sie *nach Proportion* [also nach Vermögen oder Umsatz] *zur Schatzung angelegt*, d. h. zur staatlichen Steuer veranlagt werden; die städtische Steuer wurde dadurch fällig, dass sie Bürger wurden. Auf diese Weise war auch den »bürgerlichen« Gewürzkrämern, die alle diese Steuern ebenfalls zahlen mussten, Gerechtigkeit widerfahren, denn so hatten die Tiroler Zitronenhändler keine ungebührlichen geschäftlichen Vorteile mehr. Sie wurden außerdem bei Androhung von Strafen bis zum Entzug der Konzession verpflichtet, sich strikt an den Handel mit den hier spezifizierten Waren zu halten, ihre Waren *von erster Hand [also direkt, nicht über Zwischenhändler]* zu importieren und *beflissen [zu] seyn, daß sie in dem Preis niemand übernehmen [übervorteilen] und ihre Waaren in [...] billigen Preis geben.*

Eindrucksvoll bleibt die umfangreiche Liste der Waren, mit denen allein schon die Tiroler Zitronenhändler handeln durften. Die eigentlichen Gewürzkrämer dürften ein mindestens ebenso reichliches Angebot anderer exotischer Artikel bereit gehalten haben. Wenn auch wahrscheinlich nicht alles jederzeit angeboten wurde, wird erkennbar, dass in der Schönbornzeit bei normaler und guter Wirtschaftskonjunktur in Würzburg ein breites Sortiment mittelmeerischer Waren erhältlich war.

Die Würzburger Zunft der
Schlosser, Büchsen-, Uhr- und Windenmacher[1]

HANS-PETER TRENSCHEL

Im frühen und hohen Mittelalter zählten die Schlosser zu den »Kleinschmieden«, die sich von den das Roheisen bearbeitenden »Großschmieden« unterschieden. In einer Zunft waren alle »Genossen« dieses Handwerks zusammengeschlossen und damit in einer Gemeinschaft vereinigt, die für jedes Mitglied zum wirtschaftlichen, gesellschaftlichen, geistigen und religiösen sowie zum politischen und auch militärischen Lebensraum wurde.

In Würzburg taucht das Wort »Zunft« erstmals zur Mitte des 13. Jahrhunderts auf. Die Zunft der Schmiede findet in einer Urkunde des Bischofs Berthold von Sternberg vom 17. März 1279 ihre erste Erwähnung; ihr gehörten neben den Schmieden und Schlossern auch die Huf- und Sensenschmiede sowie die Schleifer an. In der Folgezeit nahm sie aktiven Anteil an den politischen Auseinandersetzungen zwischen den Zünften und dem Rat der Stadt Würzburg auf der einen und dem Bischof als Landes- und Stadtherrn auf der anderen Seite. Das Ziel der sich durch das ganze 14. Jahrhundert hinziehenden Machtkämpfe war die Erringung der städtischen Selbstverwaltung und letztlich der Reichsfreiheit. Das Ende der Träume brachte die Schlacht bei Bergtheim am 11. Januar 1400. Die Stadt Würzburg verlor ihre politische Selbstständigkeit, die Zünfte wurden verboten. Dennoch hatten sie im Wirtschaftsleben der Stadt weiter Bestand. Ihre Struktur wurde nun durch Zusammenschlüsse zu kirchlich orientierten Bruderschaften bestimmt. In der zweiten Hälfte des 15. Jahrhunderts festigte sich ihr Aufbau in gewerblicher und religiöser Hinsicht. Es scheint in dieser Zeit zu einer Trennung des Schlosserhandwerks von den Schmieden gekommen zu sein. Jedenfalls führt eine Prozessionsordnung aus dem Jahr 1479 erstmals die Schlosser als selbstständig mitziehende Handwerker auf. Im Laufe des 16. Jahrhunderts wurde mit den Büchsenmachern eine Berufsgruppe, die es zuvor noch gar nicht gegeben hatte, den Schlossern angegliedert.

Am 8. Oktober 1572 erließ der Oberrat der Stadt Würzburg eine Zunftordnung für die Schlosser und Büchsenmacher. In 18 Artikeln wurden die Grundlagen des Handwerks definiert, wobei man auch die Abgrenzung von anderen Gewerben festlegte. Besonders breiter Raum ist der Bestimmung der Meisterstücke vorbehalten. Sie bestanden aus einem Türschloss, einem Tisch- oder Truhenschloss, einem Malschloss (Vorhängeschloss) und einem Kastenschloss.

*Abb. 141: Zunftlade der Würzburger Schlosser, Uhr-, Büchsen- und
Windenmacher, 1660 (oben), und Zunftlade der Würzburger
Uhr- und Büchsenmacher, 1787 (unten).
(Mainfränkisches Museum Würzburg, Inv.-Nr. S. 6615, H. 6596)*

Es ist für den noch gänzlich untergeordneten Stand der in der Zunft vertretenen Büchsenmacher bezeichnend, dass deren spezifische Belange überhaupt nicht berücksichtigt wurden. Nicht einmal ein berufsbezogenes Meisterstück war von ihnen gefordert, sie hatten die gleichen Stücke wie die Schlosser anzufertigen.

Im Laufe des 17. Jahrhunderts waren die Uhr- und Windenmacher der Zunft angegliedert worden. Nicht eine Berücksichtigung der Interessen dieser für die Zunft neuen Gewerbe, sondern die stetig zunehmende Spezialisierung der Büchsenmacher war für den Oberrat am 17. November 1684 Anlass, die Zunftordnung zu erneuern und zu korrigieren.

Den Büchsenmachern wurde mit der Herstellung einer Pirschbüchse und eines Pistolenpaares ein besonderes Meisterstück zugewiesen. Für die Schlosser blieb es bei den 1572 vorgeschriebenen Stücken. Lediglich bei dem Türschloss sowie bei dem Tisch- und Truhenschloss wurde die Zahl der Kolbenreifen bzw. der Reifen des Eingerichtes – Eingerichte wurden als zusätzliche Sicherheit im Schloss konstruiert, damit das Öffnen und Schließen nur durch einen Schlüssel mit den entsprechenden Einschnitten erfolgen konnte – erhöht. Es wurden in der neuen Satzung der Vorgang der Meisterwerdung, die Kosten und die Möglichkeiten zu Ermäßigungen geregelt. Die Fragen des beruflichen Werdegangs fanden hingegen eine nebensächliche Beachtung und wurden nur insoweit angesprochen, als sie aus der Sicht des Meisters von Interesse waren. So wurden zwar die zulässige Zahl der Lehrjungen und Gesellen pro Meister und die Dauer der Lehrzeit fixiert, nicht jedoch die Modalitäten der Gesellenausbildung und der Wanderschaft.

Die Mängel dieser Zunftordnung waren offenkundig. Hinzu kam, dass die der Zunft inkorporierten Uhrmacher – wie einst die Büchsenmacher in der Satzung von 1572 – überhaupt nicht angesprochen waren.

Eine vollständig überarbeitete Satzung erließ die fürstbischöfliche Kanzlei am 11. August 1714, wobei die behördliche Oberaufsicht dem Oberrat der Stadt Würzburg entzogen und dem fürstbischöflichen Oberschultheißenamt zugeteilt wurde. In insgesamt 37 Artikeln legte man all das fest, was dem ganzen Handwerk und seinen Zunftmitgliedern zu dienen hatte. Für die Uhrmacher wurde die auch andernorts übliche Unterscheidung zwischen Groß- und Kleinuhrmachern verfügt.

In der neuen Zunftsatzung war nun auch die berufliche Ausbildung genau geregelt. Die Annahme als Lehrling war von einer 14-tägigen Probezeit abhängig. Die Lehrzeit betrug bei den Schlossern und Büchsenmachern drei Jahre; ein angehender Großuhrmacher hatte drei Jahre, ein Kleinuhrmacher vier Jahre zu absolvieren. Es war einem Meister nicht gestattet, zur gleichen Zeit mehr als einen Lehrjungen zu beschäftigen. Nach Beendigung der Lehrzeit war ein Lehrbrief auszustellen, um dessen Anfertigung sich der angehende Geselle selbst zu sorgen hatte.

An die Lehrzeit schloss sich die Wanderschaft als Geselle an, die für einheimische Meistersöhne bei den Schlossern, Büchsen- und Großuhrmachern auf drei Jahre, bei den Kleinuhrmachern auf vier Jahre, für auswärtige Gesellen hingegen generell auf fünf Jahre anberaumt war. Diese Zeiten durften nicht unterschritten werden. Widrigenfalls blieb nur das Hoffen auf das Wohlwollen der fürstbischöflichen Be-

Abb. 142: Meisterstück in Form einer Eisentruhe mit 18 Riegeln,
Marcus Gattinger, 1741/42.
(Mainfränkisches Museum Würzburg, Inv.-Nr. S. 42572)

hörde. Eine längere Wanderzeit als vorgeschrieben war keine Seltenheit. Für alle Gesellen war der Lehrbrief von geradezu lebenswichtiger Bedeutung.

Die personelle Besetzung einer Werkstatt war im Hinblick auf ihre Obergrenze von der Zunftordnung festgelegt. Zuzüglich zu dem einen Lehrjungen durfte ein Meister nicht mehr als drei Gesellen gleichzeitig beschäftigen.

Nach der Wanderschaft, den *Muthjahren*, folgte für diejenigen, die sich zum Meister berufen fühlten, die *Jahreszeit* am Ort der endgültigen Niederlassung. Ein Fremder hatte zwei Jahre, der Sohn eines einheimischen Meisters und ein Geselle, der willens war, die Witwe oder Tochter eines Meisters zu heiraten, hingegen nur ein halbes Jahr abzuleisten. Insbesondere für einen Fremden war die Annahme zum Meisterstück fast immer mit Schwierigkeiten verbunden. Entsprach doch das scharfe Konkurrenzdenken der einzelnen Zunftmeister einem wesentlichen Lebensprinzip der damaligen Knappheitsgesellschaft, für welche – am Rande ständigen Mangels – die Sicherung der eigenen Nahrung eine fundamentale Bedeutung hatte. Entweder opponierten einzelne Meister oder es sprach sich gar die ganze Zunft gegen den Neuen aus.

Trotz des steten Widerstands der etablierten Zunftmeister zeigte sich die Behörde bei Aufnahmegesuchen neuer Meisteranwärter im Allgemeinen recht aufgeschlossen. Bot sich doch hier die Möglichkeit, dass Innovation und technischer Standard des Handwerks gemehrt würden.

War die Genehmigung erreicht, musste das Meisterstück bei den Schlossern, den Büchsen- und Großuhrmachern innerhalb von sechs Monaten, bei den Kleinuhrmachern innerhalb von vier Monaten fertig gestellt werden. Dem Prüfling wurde zur Herstellung seines Meisterstücks eine neutrale Werkstatt zugewiesen. Die Arbeit an dem Meisterstück musste der Anwärter ganz allein und ohne Beihilfe ausführen, was vor Beginn dem Oberrichter zu geloben war.

Als Meisterstück hatte ein Schlosser ein Türschloss, ein Gewölbe- und ein Kastenschloss sowie ein Malschloss zu fertigen. Bei den Büchsenmachern hatten die Zunftgeschworenen unter einer Pirschbüchse, einer doppelten Flinte und einem Pistolenpaar zwei Stücke zu bestimmen. Die Kleinuhrmacher waren verpflichtet, eine Sackuhr mit Schlagwerk und Repetition herzustellen, die Großuhrmacher eine Stubenuhr mit Schlagwerk, Repetition, Wecker und Monatsanzeige.

Der Aufnahme als Meister hatte der Erwerb des Würzburger Bürgerrechts zu folgen. Neben der Erlegung des Bürgergeldes war hierzu die Vorlage des Geburtsbriefes nötig.

Die Leistungsfähigkeit einer Werkstatt ließ sich infolge der von der Zunftsatzung festgelegten personellen Obergrenze nicht durch eine Mehrung der Mitarbeiter steigern. Einer gezielten Aufnahme besonders qualifizierten Personals stand jedoch nichts im Wege. Hingegen war es streng untersagt, eine Arbeit an einen nicht der eigenen Zunft inkorporierten Meister abzugeben.

Im Verlauf des 18. Jahrhunderts geriet die Würzburger Zunft der Schlosser, Uhr-, Büchsen- und Windenmacher in zunehmendem Maße in ein Dilemma. Es war die sich stetig weiterentwickelnde Qualifizierung der Uhr- und Büchsenmacher, die bei einer solch heterogenen Zusammensetzung der Zunft zwangsläufig zu Spannungen führen musste. Im Januar 1787 eskalierte der Streit, sodass der Oberrat am 5. Februar 1787 die Neugründung einer nur aus Uhr- und Büchsenmachern zusammengesetzten Zunft befürwortete und den ganzen Vorgang an das Hochfürstliche Gebrechenamt weiterleitete. Am 16. Februar 1787 erfolgte hier die Zustimmung, die neue Zunft war damit konstituiert.

Die Uhr- und Büchsenmacher erhielten eine eigene Zunftordnung, deren Wortlaut leider nicht überliefert zu sein scheint. Die neue Zunft wurde zur Sicherung ihrer Lebensfähigkeit über das ganze Hochstift Würzburg ausgedehnt. Es kamen damit die so genannten Landmeister hinzu, die bisher noch nicht zünftig organisiert waren. Für die Zeit von 1791 bis 1826 sind insgesamt 37 solcher Landmeister nachzuweisen. Es blieb nicht aus, dass auch in der Schlosserzunft innovative Maßstäbe Raum gewannen. Sie fanden Ausdruck in einer Neuregelung des Meisterstücks, für das nun ein Türschloss mit komplizierter Mechanik in einem Messinggehäuse vorgeschrieben wurde.

Eine lange Existenz war weder der Zunft der Schlosser und Windenmacher, noch der Zunft der Uhr- und Büchsenmacher vergönnt. Das Gewerbegesetz von 1826 führte zur Umwandlung beider Zünfte in Gewerbevereine, deren Auflösung durch die Verkündigung der völligen Gewerbefreiheit im Jahr 1868 veranlasst wurde.

Die Zunftaltertümer gelangten in die Obhut des Historischen Vereins von Unterfranken und Aschaffenburg. Auf diese Weise wurde die 1787 bei Neugründung der Uhr- und Büchsenmacherzunft gefertigte Lade mit jener alten Lade von 1660 wieder vereinigt, die im Besitz der Schlosser und Windenmacher verblieben war. Beide Laden befinden sich nun im Mainfränkischen Museum Würzburg. Gleiches gilt für die beiden Zunftsiegel, von denen das eine aus der ersten Hälfte des 18. Jahrhunderts, das andere aus der Zeit um 1800 stammt. Die in bemerkenswerter Ausführlichkeit erhaltenen Zunftakten kamen mit den Beständen des Historischen Vereins in das Staatsarchiv Würzburg.

Alle in der Zunft vertretenen Handwerke hatten eine stattliche Zahl herausragender Meister aufzuweisen, deren Namen auch noch heute Klang besitzen. Bei den Schlossern sind besonders zu erwähnen die fürstbischöflich-würzburgischen Hofschlosser Nikolaus Neeb (1664–1734), der geniale Johann Georg Oegg (1703–1782), dessen Sohn Johann Anton Oegg (1745–1800) und der domkapitelsche Schlosser Marcus Gattinger (1713–1753). Die Büchsenmacher hatten in den beiden Hofbüchsenspannern Georg Ignaz Staudinger (1698–1773) und Andreas Hauer (1739–1807) ihre führenden Vertreter. Bei den Kleinuhrmachern dominierte Johann Henner (1676–1756), dem die 1714 in die Satzung aufgenommene Neuordnung seines Handwerks zu verdanken ist. Er war ebenso Hofuhrmacher wie sein Schwiegersohn Johann Trauner (1720–1772) sowie dessen Nachfolger Georg Joseph Rumpelsberger (1738–1801), Johann Baptist Eyrich (1768–1813) und Johann Jacob Kreuzer (1776–1854). Diesen Titel führten bei den Großuhrmachern Martin Schipani (1693–1759), Johann Joseph Langschwert (1712–1783) sowie Andreas Steib (1752–1828).

Die erhaltenen Arbeiten jener Meister legen Zeugnis ab von höchster handwerklicher und künstlerischer Fähigkeit. Die in den Sammlungen des Mainfränkischen Museums Würzburg vorhandenen Werke verdeutlichen dies in beeindruckender Anschaulichkeit.

Manufakturen –
Die Residenzstadt und die Großbetriebe
des Merkantilismus

Werner Loibl

Jede Wirtschaftsepoche entwickelt ihre speziellen Betriebsformen. So wie global agierende Internet-Firmen nur im Computer-Zeitalter denkbar sind, so waren Manufakturen – als unzünftischer Großbetrieb mit innerbetrieblicher Arbeitsteilung und vorherrschender Handarbeit verstanden – reale Manifestationen der Wirtschaftstheorie des Merkantilismus. Wohl gab es vor der Mitte des 17. Jahrhunderts schon arbeitsteilige Organisationen in personalintensiven Einrichtungen, zum Beispiel im Bergbau, in Salinen, in der Eisenverarbeitung, auf Glashütten und Schiffswerften, in Ziegeleien oder in der Papierherstellung. Aber während in diesen Bereichen der zentralisierte Großbetrieb die einzig mögliche Produktionsmethode darstellt, verlangte seine Einführung in anderen Fertigungsbereichen eine wirtschaftspolitische Handlungsbereitschaft mit merkantilistischer Zielvorgabe. In dieser fast immer mit dem Fürstenabsolutismus gleichgesetzten und in Deutschland überwiegend als Kameralismus verstandenen dirigistischen Wirtschaftspolitik intervenieren staatliche Organe nachhaltig in den ökonomischen Regelkreis und gestalten damit auch die Voraussetzungen zur Gründung von Großbetrieben. Territoriale und methodische Beschränkungen hielten jedoch alle Auswirkungen des Wirtschaftshandelns der fränkischen Hochstifte in engen Grenzen, die ideal konzipierte Autarkie war weder politisch noch wirtschaftlich möglich und eine städtische Merkantilpolitik zur Schaffung von Manufakturen undenkbar. Unübersehbar ist dabei, dass die Wirtschaftstheorie aus einer militärisch bestimmten Denkweise von der Rivalität als Grundregel menschlichen Handelns definiert worden war und von einer Fortsetzung des Kriegs mit wirtschaftlichen Mitteln ausging. Ideologische Ressentiments in einem geistlichen und schwachen Fürstenstaat zu diesem von Montaigne treffend charakterisierten System – »Des einen Vorteil ist des anderen Schaden« – waren deshalb auch in der Residenzstadt Würzburg nicht unberechtigt.[1]

Voraussetzungen und Unternehmungsfaktoren

Die Symbiose von Stadt und Hochstift prägte alle kameralistischen Maßnahmen in der Metropole. Deren ursprünglich ökonomisch begründete Kompetenz war weitgehend in die hochstiftischen Rechte integriert. Die Wirtschaftspolitik der Fürstbischöfe schuf die Rahmenbedingungen für alle kommunalen Aktivitäten. Dazu gehörte auch der Ver-

Abb. 143: Ein- und Ausgang des Kanals bei St. Burkard,
Ausschnitt aus einer Ansicht der linksmainischen Stadt
von Johann August Corvinus, 1740.
(Mainfränkisches Museum Würzburg, Inv.-Nr. S. 42390)

such, möglichst alle Gewerbe in Würzburg zu konzentrieren und die in Landeszünften vereinigten Handwerker an das fürstliche Polizeigericht zu binden.[2] Derartige Aktionen weisen über die bloße städtische Wirtschaft hinaus und dokumentieren die anvisierte Zentralitätsfunktion einer staatlich geförderten Residenzstadt. Nach dem die Selbstständigkeit kleinerer Territorien stimulierenden Westfälischen Frieden gehörte dies landauf, landab zu den Postulaten.

Erste Ansätze, das ökonomische Handeln in Großbetrieben zu bündeln, lassen sich in Würzburg erst unter Johann Philipp von Schönborn finden. In Verbindung mit den auf militärische Absicherung zielenden Baumaßnahmen um die Festung Marienberg entstand die Idee eines »Industriezentrums« im so genannten Kanalhof bei St. Burkard (s. Abb. 143). Dort sollte ein Umgehungskanal ausreichend und ständig Wasser liefern,[3] um eine Wasserhebemaschine und einen Lastenaufzug zur Festung, eine Pulvermühle, eine Schönfärberei mit angeschlossener Walkmühle, ein Geschützbohrwerk sowie mehrere Kornmahlgänge anzutreiben. Jedoch konnte die vollständige Realisierung erst unter den Nachfolgern geschehen und zudem muss fraglich bleiben, ob sich »Manufakturen« unter den Anlagen befunden haben. Aber die beachtliche Komplexität der Maßnahme verweist eindeutig auf den ersten Schönborn und entspricht seiner auch in Kurmainz nachweisbaren Merkantilpolitik. Aus der Not des vorausgehenden Kriegs geboren, überwiegend für militärische Zwecke geschaffen und mit teilweise »absolutistischen« Maßnahmen durchgesetzt, präsentierte sich im Mainviertel erstmals eine zweckdienliche Verbindung mehrerer Großbetriebe in räumlicher Konzentration im gesicherten Glacis der aufragenden Festung. Die signifikante Demonstration einer methodischen Kombination hätte nicht prägnanter ausfallen können.

Unverkennbar ist der Würzburger Kanalhof ein Projekt des Landesherrn gewesen, das jedoch nicht allein den Visionen des viel gelobten Regenten sein Entstehen verdankte. Gerade Johann Philipp von Schönborn umgab sich mit den fähigsten Köpfen seiner Zeit, unter denen die »Kameralisten« Johann Rudolph Glauber, Johann Daniel Crafft, Johann Joachim Becher, Martin Elers und Gottfried Wilhelm Leibniz herausragten.[4] Die Anlage von Energie liefernden Kanälen gehörte zu ihrem Grundsatzprogramm: Becher hatte schon einen Kanal von Wertheim über die Tauber und Wörnitz an die Donau vorgeschlagen,[5] und Crafft in Brandenburg den Dossekanal initiiert. Darüber hinaus legten die Kameralisten vielfach Zeugnis von ihren Intentionen ab. So war Crafft im Spessart die Erfindung des Milchglases gelungen, und sein Lehrer Glauber hatte den Schönborn überzeugen können, dass eine im nahen und günstig gelegenen Veitshöchheim errichtete zentrale Pottaschensiederei durch den damit verbundenen Monopolhandel nach Köln und in die Niederlande zu den einträglichsten Unternehmungen des Hochstifts gehören könnte.[6] Wohl scheint die zweijährige Lehrtätigkeit des späteren Universalgelehrten Athanasius Kircher in Würzburg keine betrieblichen Spuren hinterlassen zu haben, aber der neugierige Jesuit experimentierte damals bereits mit zukunftsweisenden Wasserantriebsmaschinen.[7] Wie schnell man in Würzburg die Chance von Fachberatungen ergriff, zeigen auch der Einsatz Johann Friedrichs von Pfeiffer im Hochstift ab 1762 und damit 20 Jahre vor seiner Übernahme der ersten Professur für Kameralistik in Mainz[8] sowie des Würzburger Chemieprofessors Johann Georg Pickel unermüdliche Aktivitäten für die Verbesserung der hochstiftischen Wirtschaftsbedingungen ab 1782.[9]

Außer bei dem ersten Schönborn fehlt das strategische Handeln mit klaren ökonomischen Zielprojektionen bei allen Fürstbischöfen, viele Maßnahmen waren lediglich symbolische Einzelaktionen oder bloße Reaktionen auf die bedarfsbezogenen Forderungen des Augenblicks. Auch die postulierte *zeitliche Wohlfahrt deren Unterthanen* stellte bei wirtschaftlichen Unternehmungen nur ein wenig verpflichtendes Ziel ohne konkrete Dispositionen dar. Frühzeitig wurden deshalb auch die proto-industriellen Verlagsformen[10] der Textilverarbeitung in die ländlichen Gegenden außerhalb der Stadtbefestigung abgedrängt, wo der soziale Abstieg der dabei Beschäftigten unaufhaltsam weiterging. Vordergründig sorgten sich die meisten Landesherren schon um das Wohl des Staates und den verbesserten Unterhalt der Bevölkerung, doch in Wirklichkeit spielten nepotistisches Familieninteresse, private Vorlieben und supranationales Prestige eine wesentlichere Rolle. Viele Maßnahmen des Hochstifts in der Residenzstadt verdanken deshalb nicht merkantilistischem oder kameralistischem Denken ihre Existenz, sondern waren lediglich fiskalische Maßnahmen zur Steigerung der Staatseinnahmen. Erst mit vollen Kassen ließen sich die variationsreichen Wünsche der prestigesüchtigen Bauherren verwirklichen, die den bleibendsten Eindruck dieser Epoche hinterlassen haben.

Die ehrgeizige Imitation mächtiger Vorbilder und erfolgreicher Großstaaten musste angesichts der eigenen Möglichkeiten eine Fata Morgana bleiben. Es war deshalb kein Wunder, dass man zu allen Zeiten gerne auf ausländische Ideen oder fremdes Kapital zurückgriff, um dem Territorium neue Impulse zu geben oder erweiterte Einnahmechancen zu erschließen. Wohl wusste man um die Gefahr, dass bei diesem Rennen um die Gunst kapitalkräftiger Zuzügler auch Scharlatane und Glücksritter unterstützt wer-

Abb. 144: An der nördlichen Vorstadtmauer, Aquarell über Bleistift, vor 1832.
Die Häuser gehörten einst zu einer im 17. Jahrhundert errichteten Pulvermühle,
nachmals Walkmühle der Buchlerschen Lederfabrik, die dahinter anschließenden Gebäude
beiderseits der Pleichach zum ehemaligen Glasveredelungsbetrieb der Spiegelmanufaktur.
(Mainfränkisches Museum Würzburg, Inv.-Nr. S. 42153)

den konnten, doch in der Regel überwog die Aussicht auf Gewinn alle Bedenken. Obwohl es dem merkantilistischen Prinzip entsprach, dass die wirtschaftliche Stärkung des Staatsgebildes durch eine parallele Mobilisierung bürgerlicher Kräfte flankiert werden sollte, fanden sich in Würzburg nur selten private Unternehmer, die ein neues Verfahren finanzierten oder die Chancen des residenzstädtischen Absatzmarktes nutzten. Erst nach Beendigung des als Wirtschaftskrieg geführten Siebenjährigen Kriegs nahmen die Gründungen zu, vorher hatten nur fünf Unternehmer dieses Abenteuer gewagt. Es war jedoch eine Verkennung der Verhältnisse, wenn Karl Theodor von Dalberg 1779 dem Fehlen von Fabriken auch die Schuld am zunehmenden Betteln zuschreiben wollte,[11] denn wer von den 1788 in Würzburg nachgewiesenen 77 Kaufleuten und 140 Wirtschaftstreibenden[12] hätte über die zur Errichtung von Fabriken notwendigen privaten Finanzmittel verfügen sollen? So wurde risikomüden Unternehmern die Schuld an einer gegenüber dynastischen Fürstentümern konstatierbaren Rückständigkeit zugeschoben, für die alleine das schwache Hochstift mit seiner systemlosen und unkontinuierlichen Wirtschaftspolitik verantwortlich war. Weil es zusätzlich hieß, dass Manufakturen nicht in die Residenzstädte gehörten[13] und nur wenige Entrepreneurs davon eine Ausnahme erreichten, blieben größer dimensionierte Privatbetriebe in Würzburg so selten.

Wie in vielen Bereichen demonstrierte gerade Balthasar Neumann mit seiner Gründung der staatlichen Spiegelmanufaktur in Würzburg die verbliebenen Chancen und

Abb. 145: Mit dem Zunftsiegel der Würzburger Bäcker bekräftigter Lehrbrief für Andres Fröhling,
der nach dreijähriger Lehrzeit als Bäckergeselle freigesprochen wird; 16. Januar 1725.
(StadtAW, Ratsurkunden 4493)

die entscheidenden Standortvorteile der Residenzstadt. Nicht allein die häufig anzutref-
fende Voraussetzung der ausreichenden Wasserzufuhr zum Antrieb teilmechanisierter
Maschinen positionierte seine eigennützige Neugründung an der Pleichach im Nordosten der Stadt (s. Abb. 144), wo sich in der Folge mit Spiegelmanufaktur, Lederfabrik und
Porzellanmanufaktur nach dem Kanalhof ein neues »Industriezentrum« bilden sollte,
ausschlaggebend waren viel mehr die grundsätzlichen Standortkriterien eines solchen
Veredelungsbetriebs. Denn für die arbeitsaufwändige Weiterverarbeitung der im Steiger-
wald erzeugten Glastafeln durch Schleifen, Polieren, Belegen, Facettieren und Rahmen
benötigte man viele anlernbare Arbeiter, die nur in größeren Siedlungen in ausreichender Anzahl rekrutierbar waren. Zudem konnte der einflussreiche Hofbeamte lediglich in
Würzburg damit rechnen, dass er die zunftabhängige Stadtverfassung als System einer
Kooperation mit abgestuften Mitgliedschaftsrechten am leichtesten umgehen konnte.
Deshalb wird die offizielle Begründung für die Residenzstadt nicht anders als im benachbarten Württemberg ausgefallen sein, wo man 1706 mit *der Bequemlichkeit, der le-*
bendigen Waßerquelle, Commodität der Post und nahe Gelegenheit der Residenz argumentiert
hatte.[14] Neumann ließ die Anlage nach seinen Plänen mit staatlichen Geldern errichten, um sie nach Fertigstellung gegen eine gleichbleibende Summe zu pachten und den

erwirtschafteten Gewinn in seine eigene Tasche zu streichen. Zweifelhaft bleibt, ob sich die hochstiftischen Baukosten der Residenz dadurch verringern ließen, sicher ist nur, dass Neumann seinen amtlichen Flachglasbedarf (Spiegelkabinett!) damit zu seinen privaten Gunsten selbst befriedigte. Er wollte in Würzburg günstigste Produktionsbedingungen mit idealen Transportmöglichkeiten verbinden und zugleich den wichtigsten – und überwiegend von ihm als Architekt dominierten – Absatzmarkt vor der Türe finanziell abschöpfen. Der überproportionale Bedarf der Residenzstadt war ein wesentliches Argument für die Etablierung des Zusatzbetriebs und dessen Standortbestimmung. Neumann hoffte, mit seiner Dekorationsdominanz zwischen den finanzstarken Händlern aus Frankfurt und Nürnberg ein eigenes Marktsegment zu erobern, was ihm im Spiegelbereich leichter als im Hohlglassektor erreichbar erscheinen musste. Denn der Kampf um profitreiche Marktanteile tobte zwischen Spessart und Steigerwald nicht nur in der Glasproduktion, Handlanger in Würzburg – wie der Schiffer und spätere Bankier Johann Philipp Öhninger für die Frankfurter Kochs – dürften sich bei näherer Betrachtung auch in anderen Produktionszweigen aufspüren lassen.

Die Luxusprodukte aus Glas, Porzellan, Seide oder Genuss- und Schönheitsmittel zeigen jedoch auch die große Gefahr derartiger Unternehmungen. Denn sie waren alle von einer elitären Bevölkerungsschicht als Käufer abhängig, mit dem Verlust der schichtspezifischen Ansprüche verschwanden auch solche Waren vom Markt. Hinzu kam die starke Bindung der Produkte an den Modegeschmack einer jeweiligen Epoche, die manche verheißungsvolle Unternehmung rasch beendete. Unveränderte Risikofaktoren blieben Unerfahrenheit, Missmanagement, Kapitalmangel, obrigkeitliche Auflagen und Abwerbungen, aus denen der Stillstand einer Produktion und die Aufgabe einer Unternehmung resultieren konnten.

Produktionszweige[15]

Das Textilgewerbe (s. Tafel 37) war am weitesten verbreitet, es hatte die längste Tradition und die größte Stabilisierung der hochstiftischen Wirtschaft bewirkt. Weil die Erzeugung überwiegend in Form des Hausgewerbes und die Vermarktung durch selbstständige Verleger erfolgten, konnten zentralisierende Maßnahmen kaum aufkommen. Wie überall in Deutschland wurde das aus Schaf- und Baumwolle gewonnene Garn bis ins 19. Jahrhundert auf den Spinnrädern in Heimarbeit hergestellt. Als Meinrad Heller 1746 eine Tuchfabrik in Würzburg gründen wollte, brachte er deshalb vorher sechs Spinnräder als Muster aus Schweinfurt mit;[16] trotzdem besitzen wir keine zuverlässigen Nachrichten über seinen Erfolg. Auch aus den geplanten Garn-, Bleich- und Zwirnfabriken von Joseph Wahl scheint 1768 nichts geworden zu sein.[17] Verantwortlich dafür könnte der wachsende Kostendruck gemacht werden, denn dadurch verlagerten sich die Herstellung des Garns und die Weberei zunehmend aus der Stadt in die Landgebiete, wo vorher lediglich die Veredelung der Gewebe großgewerblich organisiert gewesen war. So hatte schon einer Ansiedlungswerbung unter Friedrich Karl von Schönborn nur ein Würzburger Händler Folge geleistet, der sein im Ausland erworbenes Bortenwirkerei-Wissen mit einem Muster vor Balthasar Neumann demonstrierte und daraufhin 1736 eine weitgehende Konzession erhielt (s. Abb. 146).[18]

Als die Landesregierung 1743 die Errichtung von Spinnhäusern zur Verhinderung des Bettels durchführen wollte, lehnte der Würzburger Stadtrat diese Maßnahme mit Hinweis auf die Ungeübtheit der Bevölkerung und die hohen Kosten ab.[19] Mit quasi sozialen Begründungen waren auch am Sitz eines Fürstbischofs nur Disziplinierungsanstalten propagierbar gewesen. Deshalb konnte lediglich das 1690 gegründete und mit dem Juliusspital vollständig verbundene Arbeitshaus, das mit dem späteren »Zuchthaus« nur den Namen gemein hatte, erfolgreich als Textil-Manufaktur geführt werden.[20] Die organisatorisch veränderte Einrichtung war 1732 durch einen Neubau in der Pleich behaust worden, doch erst Erthal setzte die tatsächliche Trennung zwischen Strafarbeitshaus und 1787 neu erbautem Zuchthaus am Burkarder Tor durch. Spätestens seit 1771 stand auch die im Kanalhof verbliebene Schönfärberei in Verbindung mit der forcierten Textilherstellung im straff organisierten, staatlichen Arbeitshaus.[21]

Ebenfalls in den Textilbereich gehört die 1760 von Franziska Nenzl geplante Kattundruckerei in Würzburg.[22] 1799 erhielt der Professor für Naturgeschichte Johann B. Vogelmann ein Privileg zur Errichtung einer Fabrik für feine Baumwollstoffe,[23] und noch 1801 gründete Georg Fischer aus Stammheim eine Piqué- und Mousseline-Fabrik in der Residenzstadt.[24]

Untrennbar mit Würzburg verbunden war die bereits 1649 versuchsartig gestartete und seit den späten 50er Jahren des 17. Jahrhunderts in Veitshöchheim funktionierende Seidenraupenzucht.[25] Das dort erzeugte und überwiegend aus florettseidenem Gespinst bestehende Halbfertigprodukt wurde unverarbeitet nach Frankfurt geliefert. Zur Kosteneinsparung für die projektierte Prunkausstattung der Residenz konnte 1721 ein ausländischer Teppichwirker angeworben werden, dessen ehemaliger Lehrling Andreas Pirot die entstandene Wandteppich-Manufaktur zwischen 1730 und 1745 im alten Münzgebäude zur eigentlichen Blüte führte (s. Tafel 37).[26] Speziell zur Bekämpfung der Bettelei von Jugendlichen gründete 1746 Johann Maurer aus Prag eine Spitzenmanufaktur, die bis zum 15. Februar 1749 mit teilweise zwangsweise in die Einrichtung eingewiesenen Mädchen arbeitete.[27] Die Goldmayersche Hutmanufaktur beeindruckte 1804 in Würzburg lediglich durchreisende Fremde.[28]

Außerhalb des Textilbereichs verringern sich die Manufaktur-Nachweise deutlich, denn die fehlenden Rohstoffe im Hochstift mussten sich hemmend auf beabsichtigte Gründungen von veredelnden Manufakturen auswirken. Sowohl der deshalb zu entrichtende Einfuhrzoll, der etwaige Gewinne umgehend aufzehrte, als auch Beschaffungsprobleme und Zunftstreitigkeiten konnten lähmende Auswirkungen entfalten. Unterblieben sind deshalb die Aktionen eines Galanteriewarenfabrikanten 1724 in Würzburg[29] und die projektierte Fabrikgründung eines 1768 in Würzburg aufgetauchten sächsischen Nadelfabrikanten.[30] Noch 1795 hätte ein böhmischer Schnallenhersteller das benötigte Metall im Ausland ankaufen müssen, was seinen Würzburger Plänen rasch ein Ende bereitete.[31]

Zur ansonsten ungewöhnlichen Häufung von chemischen Laborbetrieben der Frühzeit trug nicht allein die an urinreichen Garnisonsstandorten übliche Salpeteranlage

*Abb. 146: Porträt des Bortenwirkers
Johann Jacob Riautz (geb. 1670),
Ölgemälde von Franz Ignaz Roth, 1737.
(Mainfränkisches Museum Würzburg,
Inv.-Nr. 60507)*

bei,[32] sondern auch die durch Andreas Bernhard Klinger in seinem Laboratorium erzeugten Chemieprodukte.[33] Vor allem gehörten die von dem vielseitigen Johann Georg
Pickel in seiner Fabrik für chemisch-pharmazeutische Apparate präsentierten Waren
zum Staunen der Zeitgenossen.[34] Dem gebürtigen Bonner Johann Caspar Geyger, der in
Würzburg ab 1767 zum geheimen Kanzlisten und 1772 zum Vikariats- und Konsistori-
alrat ernannt worden war, gelang es nur mit tatkräftiger Unterstützung von Fürstbischof Seinsheim, seine kleine Porzellanmanufaktur nach der Erlaubnis vom 7. November 1775 zu realisieren.[35] Die Warenfertigung ist in erster Linie durch noch existierende
Exemplare gesichert (s. Abb. 147), Quellen zu Produktionsumfang, Rohstoffversorgung,
Mitarbeiterzahl und Betriebsorganisation fehlen. Da Geyger bereits 1780 im Alter von
34 Jahren starb und die privat geführte Manufaktur in zeittypischer Form vom Unternehmer nicht nur in finanzieller Hinsicht abhängig war, hatte die nur knapp fünfjäh-
rige Betriebszeit ein schnelles Ende gefunden. Ähnlich war es der privaten Gründung
des Würzburger Häfners Ferdinand Grünberger ergangen, seinen 1788 unternommener
Fabrikationsversuch von Steingut-Geschirr durch seinen frühen Tod 1790 rasch zum Erliegen gekommen war.[36] Seiner Witwe wurde am 22. Juni 1790 lediglich gestattet, *das
angeblich Würzburgische Steinguth in einem besonderen Laden oder Boutique verkaufen zu
dörfen.* Die mit Bezug auf die Zunftsregelungen dagegen protestierenden Würzburger

Abb. 147: Würzburger Porzellangeschirr aus der Manufaktur
von Johann Caspar Geyger, 1775/80.
(Mainfränkisches Museum Würzburg, Inv.-Nr. S. 44761, S. 49302)

Häfner wurden mit Hinweis auf den *blosen Nahrungsneid* zurückgewiesen und ihnen anheim gestellt, *derley Geschirr in der nemlichen Qualität zu bearbeiten*.[37]

Würzburgs bedeutendste und dauerhafteste Manufaktur war der 1742 von Balthasar Neumann unmittelbar nach dem Einlauf der Pleichach zwischen den Bastionen 14 und 15 (heutige Wallgasse) gegründete Spiegel-Veredelungsbetrieb.[38] Seitdem der das Würzburger Bauwesen dirigierende Fachmann gezwungenermaßen die Glasproduktion in Schleichach als Pächter übernommen und dort einen Gusstisch für Glastafeln installiert hatte, benutzte er seine Stellung, um den für eine Endproduktion nötigen Veredelungsbetrieb mit einer Schleif- und Poliermühle sowie einer Belegstube in der standortbegünstigten Residenzstadt durchzusetzen. Auch die Neumann folgenden Pächter behielten die Manufaktur bis Ende des 18. Jahrhunderts bei, erst nach dem Tod des seit 1798 als Betreiber wirkenden Würzburger Glashändlers Philipp Neft wurde 1810 die Kombination mit Schleichach beendet, womit auch die Produktion der Fertigwaren in Würzburg zum Erliegen kam. Die 1814 an Bayern übergegangenen Gebäude wurden jedoch erst 1842 versteigert und dem Würzburger Kaufmann Lorenz Bonn zugeschlagen.[39]

Die modeabhängigen Tabak-[40], Schokolade-[41] und Haarpuder-Manufakturen[42] waren von der Käuferschicht der Residenzstadt und des Militärs geprägt und sind mit dem Alten Reich eingegangen. Bemerkenswert erfolgreich war nur die 1777 unmittelbar neben der Spiegelmanufaktur gegründete Lederfabrik des Hofkammerrats Johann Balthasar Buchler.[43] Die von bis zu 42 Arbeitern erzeugten Produkte umfassten 1788 ein erstaunliches Spektrum: *Nebst lakirten Riemenzeuge, Reitstiefeln, Wildkappen und andern größern Ar-*

tikeln eine Menge kleinlicher Gegenstände, z. B. rothe und schwarze Halbbinden, Kräglein für geistliche mit blauen und weißen Streifen, Käpplein für Geistliche, Haarzöpfe, Zopfmaschen, Kokarden, deutsche Hüte, Chapeau-bas, Haarbeutel u. a.[44] Zu Beginn des 19. Jahrhunderts sollen in Würzburg noch folgende Fabriken bestanden haben: *1 Etui- und Portefeuille-Fabrik, 1 Leder- und Saffian-Fabrik, 1 Lichter-Fabrik, 1 Parfümerie-Fabrik, 4 Tabaks-Fabriken, 1 Tuch-Fabrik und 2 Zucker-Fabriken.*[45]

Fazit

Würzburgs Manufakturen waren nicht das Ergebnis einer systematischen Wirtschaftspolitik, sondern isolierter Einzelinitiativen. Während die staatlichen Gründungen militärischen und disziplinierenden Anforderungen und dem wachsenden Repräsentationsbedürfnis des fürstbischöflichen Hofs entsprangen, lockte private Investoren lediglich die Aussicht auf finanziellen Gewinn. Chancen dazu boten sich Privatpersonen nur durch eine wirksame Verbindung zur Hofgesellschaft, Unternehmer rekrutierten sich deshalb häufig aus Hofbeamten oder höfischen Protegés.

Von den 98 im heutigen Unterfranken nachgewiesenen Betrieben – auch wenn die meisten weder in der Lebensdauer noch in der Beschäftigtenzahl verlässlich dokumentierbar sind – lagen 47 im ehemaligen Hochstift und davon 22 in Würzburg; die Hälfte davon war erst nach 1775 entstanden. Infolge der Abhängigkeit der Luxusindustrie vom erhöhten Bedarf der Residenzstadt, wo nur etwa sechs Prozent der hochstiftischen Bevölkerung lebten, bestand dort fast die Hälfte aller kleinstaatlichen Manufakturen. Das Missverhältnis würde noch aussagekräftiger, wenn man berücksichtigen würde, dass nahezu alle außerhalb der Mauern existierenden Textilbetriebe nur dezentrale, in Verlags- und Heimarbeit organisierte »zerstreute Manufakturen« darstellten und Glas- sowie Keramikbetriebe bevorzugt rohstoffbegünstigte Standorte suchten. Die Dominanz der Residenzstadt als hochstiftischer Manufakturstandort ist unübersehbar, auch wenn sich dort bemerkenswerte Einrichtungen auf lediglich zwei Standorte konzentrieren: anfänglich im Kanalhof und später an der Pleichach im Nordosten der Stadt. Sogar die in Veitshöchheim wegen Umweltbelästigungen und besserer Transportbedingungen lokalisierte zentrale Pottaschensiederei, die dort mehrfach begonnene Seidenerzeugung und ebenfalls eine frühe Lederfabrik gehörten eigentlich zu den städtischen Manufakturen Würzburgs.

Wie es Arbeitshaus oder Spiegelmanufaktur demonstrieren, konnte nur das Hochstift selbst langlebige und personalintensive Manufakturen mit nicht gewinnorientierter Zielrichtung unterhalten. Da sich auch in den Haushaltseinnahmen der fehlende Wille zur Innovation und Erschließung neuer Finanzquellen äußert,[46] muss von einem verbreiteten Desinteresse an langfristigen Investitionen ausgegangen werden. Unverkennbar lag die Ursache der kurzfristigen Handlungsweise im ständigen Führungswechsel an der Spitze des Hochstifts und dem dadurch ausgelösten permanenten Dualismus von Staats- und Familieninteresse. Im domkapitelischen Wahlverfahren der Fürstbischöfe verbirgt sich die Begründung für das Scheitern einer den dynastischen Territorien vergleichbaren Manufakturpolitik und der ständigen Schuldzuweisung an immanente – und damit unkorrigierbare – Ursachen.[47]

Sozialgeschichte der Stadt Würzburg
1500–1815

Erik Soder von Güldenstubbe

Zur sozialen Struktur

Bereits das äußere Stadtbild Würzburgs[1] zeigt Strukturen, die auf soziale Schichtungen der städtischen Bevölkerung hinweisen. Mit der Niederschlagung des Bauern- und Bürgeraufstandes 1525 durch den Schwäbischen Bund war die Herrschaft des Bischofs über die Stadt erneut gefestigt.[2] Die unübersehbare Festung auf dem hoch über der Stadt gelegenen Marienberg war lange Sitz des Herrn der Stadt, des Fürsten und Bischofs von Würzburg, und seines Hofes.[3] Nach dessen Umzug in die Residenz am Rande der damaligen Altstadt im 18. Jahrhundert blieb die Festung Garnison, zu der im Mainviertel weitere *Militair-Paraquen* (Unterkünfte) kamen.[4]

Gleichfalls unübersehbar steht der viertürmige Dom im Zentrum der rechtsmainischen Stadt. Zusammen mit den Bauten des Domkapitels war und ist der Dom Symbol der geistlichen Stadt, deren Herr ein Bischof der römisch-katholischen Kirche war, Symbol zugleich einer doppelten Dichotomie:

Hier der Stadtherr, ein Fürst des Heiligen Römischen Reiches deutscher Nation, als Herzog von Ostfranken Inhaber eines kaiserlichen Land- oder Provinzialgerichtes, dort der Bischof, der im Idealfall als oberster Seelsorger für die Gläubigen seines Sprengels zu sorgen hat, also für die Verkündigung des Evangeliums, für eine geordnete Liturgie und Sakramentenspendung, für Arme und Notleidende durch Werke christlicher Caritas, für Bildung und spirituelle Formung der Seelsorger in Stadt und Bistum, für die Einhaltung kirchenrechtlicher Bestimmungen.[5]

Zugleich symbolisierte der Dom die zweite Dichotomie der Reichsbistümer, wie Würzburg eines war, nämlich die oft unterschiedliche Interessenlage von Bischof und Domkapitel. Sowohl im Geistlichen wie im Weltlichen forderten die so genannten Wahlkapitulationen von jedem, der aus dem Domkapitel zum Bischof gewählt werden wollte, ein Mitspracherecht der Kapitulare.[6] So waren im Oberrat der Stadt Würzburg neben dem Oberschultheißen, der die Rechte des Bischofs wahrnahm, drei Domherren, die im Auftrag des Kapitels votierten.[7]

Neben dem Domkapitel standen die drei weiteren Kollegiatstifte der Stadt, die ebenfalls Vertreter in den Oberrat schicken durften, aber im Unterschied zu diesem nur je einen. Diese drei Chorherrenstifte waren das Neumünster, in unmittelbarer Nähe zum Dom, das Stift Haug und das Ritterstift zu St. Burkard im Mainviertel.

Abb. 148: Mittelpavillon der Huebers-Pflege mit Stifterrelief von Balthasar Heinrich Nickel, 1794.

Die Interessen der Bürger zeigten sich im Stadtbild besonders verkörpert im Bau des Rathauses, an der Handelszeile der Domstraße gelegen,[8] zwischen der für Würzburg so wichtigen Alten Mainbrücke[9] und dem Dom, eng benachbart den Fleischbänken am Brückenkopf, den Eier- und Schmalzmärkten sowie den beiden großen Marktplätzen, wo am grünen Markt die gotische Bürgerkirche steht, bescheiden Marienkapelle genannt. Die an der Stelle der mittelalterlichen Synagoge errichtete Marienkapelle ist der einzige Kirchenbau der Stadt, der sein Entstehen der Bürgerschaft verdankt.

Von der sozialen Einstellung der Stadtherrschaft und der Bürger zeugen die großen Spitäler, die heute noch im Erscheinungsbild unübersehbar sind, das schlossartige Juliusspital[10] und das aus dem 14. Jahrhundert stammende Bürgerspital zum Heiligen Geist,[11] das frühere Dietricher Spital am Marktplatz, das ehemalige Hofspital – im Volksmund liebevoll Spitäle genannt[12] – jenseits der Alten Mainbrücke im linksmainischen Würzburg, das Ehehaltenhaus, ursprünglich weit vor dem Sander Viertel gelegen, die im späten 18. Jahrhundert entstandene Huebers-Pflege an der Ecke Hofstallstraße und Kapuzinerstraße[13] (s. Abb. 148) und viele andere mehr.[14]

Einen besonderen Stellenwert besitzt in Würzburg die 1582 eröffnete Julius-Universität. Ihre Vierflügelanlage mit der so genannten Neubaukirche, den umliegenden Seminaren und dem – bis 1829 hier untergebrachten – Gymnasium zeigt die Bedeutung, die

ler und Armenhäuser sozial und rechtlich eine eigene Gruppe. Mit dem Eintritt in eines dieser Sozialinstitute verloren die Pfründner ihr Bürgerrecht und unterstanden der vom Stadtrat, vom Domkapitel oder vom Bischof abhängigen jeweiligen Hausleitung (Spitalmeister, Hausmutter bzw. -vater).[30]

Nicht unumstritten, jedoch wesentlich nachhaltiger geschützt als beispielsweise die Juden lebten unter Sonderrecht Mitglieder von Regierung, Verwaltung, Justiz, deren Bediente und Dienstuende am Fürstenhof,[31] beim Domkapitel,[32] in den Klöstern und Stiften. Diese Stadtbewohner waren nicht verpflichtet, das Bürgerrecht zu erwerben, besaßen es jedoch häufig kraft Erbes oder Erwerbs. Sofern sie über bürgerliche Vermögen verfügten, hatten sie diese zu versteuern. Umstritten waren aber *Freiungen* von den *bürgerlichen Beschwerden*, wozu das so genannte *Wachgeld* gehörte, eine Abgabe für die Bewachung von Mauern und Toren. 1549 beschloss der Stadtrat, von allen, die keine fürstbischöfliche Ausnahmebestätigung vorlegen konnten, die städtischen Abgaben zu fordern. 1558 beschwerte sich der Rat über die Freiung von Doktoren, Kanzlisten, Prokuratoren, Hofgesinde, von Bediensteten der Stifte und Klöster, von Kirchnern und Messnern.[33] Von denen, die im Dienst des Domkapitels standen, waren regulär befreit: Syndikus, Pfortenschreiber, Obleischreiber, Baumeister und Präsenzmeister, 1587/88 kamen die Kirchner und die Dienerschaft der Domherren hinzu. Die Handwerksleute des Domkapitels waren zeitweise ebenfalls befreit, nicht aber bei Kriegslasten der Stadt. Uneinig war man sich auch darüber, ob die Dienerschaft auswärtiger Klöster, die in Würzburg eigene Wirtschaftshöfe oder Studienhäuser unterhielten, von städtischen Abgaben befreit sein sollte.[34]

Die Juden bildeten eine Art Sondergemeinde. 1547 erzwang der Schmalkaldische Krieg außerordentliche Kontributionen; dabei wurden die Juden besonders belangt, und man zählte 31 Juden in der Stadt, die in sieben Haushalten lebten. Als der Finanzbedarf des Hochstiftes im zweiten Markgräflerkrieg nochmals enorm stieg, ließ Fürstbischof Melchior Zobel von Giebelstadt[35] trotz Widerstandes von Seiten des Domkapitels und des Stadtrates vermehrt Ansiedlungen von Juden zu und berief sogar 1552 einen gewissen Abraham zu seinem Schatzmeister. Andere Angehörige dieser Religionsgemeinschaft waren namhafte Ärzte.[36] Über die Zahl der Würzburger Juden damals gab es widersprüchliche Angaben; während das Domkapitel 300 zählte, kam Zobel nur auf 60.

Aber schon unter dem nächsten Fürsten konnten große Teile der Bürgerschaft und das Domkapitel die Ausweisung der Juden durchsetzen. Seit 1562 leben keine Juden mehr im Hochstift, die dafür verstärkt in die Besitzungen der reichsritterschaftlichen Familien aufgenommen wurden.[37] In späteren Jahren siedelten sich wieder einige Juden in der Stadt an, bis 1642 Fürstbischof Johann Philipp von Schönborn ihren Anklägern nachgab und erneut die Ausweisung verfügte. Ab dieser Zeit durften jüdische Kaufleute nur noch tagsüber ihren Geschäften in der Stadt nachgehen, besonders zu Zeiten von Handelsmessen und Jahrmärkten. Im benachbarten Heidingsfeld gab es einen Oberrabbiner, der als geistliches Oberhaupt der Judenfamilien im Hochstift Würzburg und in den ritterschaftlichen Dörfern fungierte, aber auch als Richter für innerjüdische Angelegenheiten. In Heidingsfeld lebten 1805 rund 600 Juden, mit Ausnahme der Stadt Fürth die größte Judengemeinde Frankens.[38]

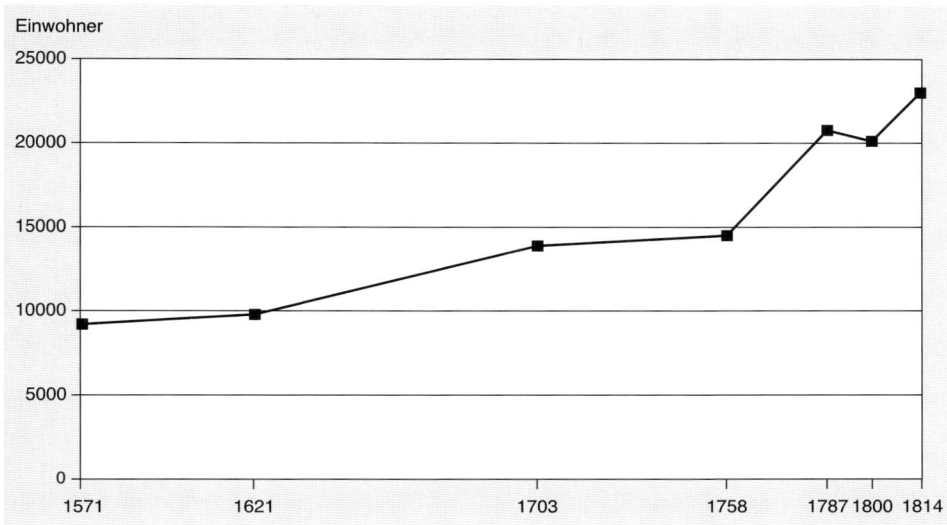

Abb. 149: Diagramm der Einwohnerzahl der Stadt Würzburg 1571–1814.

Nach dem Ende der Fürstenmacht der Bischöfe 1802/03 wuchs die Zahl der Juden in der Stadt Würzburg – noch unter vielen einschränkenden und drückenden Bedingungen.[39] 1808 gestattete Großherzog Ferdinand erstmals wieder offiziell die Ansässigmachung von Juden in seiner Residenzstadt. 1814 waren es dann 29 Familien mit 172 Seelen, die meist aus den nahe gelegenen Orten Heidingsfeld und Höchberg oder dem weiteren fränkischen Umland kamen. Im selben Jahr wurde auch der Sitz des Oberrabbiners, damals Abraham Bing, von Heidingsfeld in die Stadt Würzburg verlegt.[40]

Die gesamte Bevölkerung der Stadt ließ erstmals Fürstbischof Friedrich von Wirsberg im Jahr 1571 amtlich feststellen. Sein Rentmeister, also ein Finanzbeamter, und der Hofschultheiß Jörg Möring nahmen die Bewohner der acht Stadtviertel auf. Mit Ausnahme der vier Stifte (Dom, Neumünster, Haug, St. Burkard), der Klöster, Spitäler und Armenhäuser wurden nicht mehr als 8 590 Personen gezählt, darunter auch etliche ohne Bürgerrecht sowie Unbemittelte, die *doch loß Gesindt bei sich herbergen* und deswegen *zu straffen vnd hinaußzuweisen* seien.[41]

Für das Jahr 1621 – also die Anfangsphase des Dreißigjährigen Krieges – errechnete man 9 782 Stadtbewohner, die in 1 120 Häusern lebten, während man für das Jahr 1701 auf die Zahl 13 883 kam.[42] Für 1787 bezifferte der Stadtphysicus Horsch die städtische Bevölkerung auf 18 070 Personen; davon waren 8 399 männlichen und 9 671 weiblichen Geschlechts, bei 2 347 Ehepaaren. Unberücksichtigt blieben dabei die Militärangehörigen. Diesen Bevölkerungsanteil miteingerechnet, gab es im Jahr 1800 einen Männerüberschuss: 10 318 männliche Individuen standen 9 802 weiblichen gegenüber. Es gab 2 466 verheiratete Paare.[43]

Horsch differenzierte die städtische Bevölkerung am Ende des 18. Jahrhunderts auch *nach den verschiedenen Ständen*. 1787 zählte er 1 969 Schulkinder bis zu zwölf Jahren

(995 Knaben und 974 Mädchen), 639 Studierende und 926 Bedienstete. Dem geistlichen Stand gehörten damals 501 Männer und 149 Frauen an, letztere ausschließlich Ordensangehörige. 72 Einwohner waren Kaufleute, 929 Handwerker, 117 *Wirtschaftstreibende*. Bei den Taglöhnern überwog der Anteil der Männer mit 510 deutlich den der Frauen mit 55. *Ladendiener* und Gesellen zählte man 999, Lehrjungen 215. Bei den fest angestellten Dienstboten standen 513 Männer 1938 Frauen gegenüber.

Unter den sozial schlechter Gestellten waren die Frauen deutlich in der Überzahl, das zeigen auch die Zahlen der Almosenempfänger, von denen 182 Männer und 567 Frauen von öffentlicher Unterstützung leben mussten. In Spitälern und Pflegeeinrichtungen lebten 1787 164 Männer und 286 Frauen. Als Fremde, das heißt ohne Bürgerrecht hier Lebende, wurden 785 Männer und 564 Frauen gezählt. Beim Militär standen im angegebenen Jahr 2700 Personen.

Erst das darauf folgende Jahr machte auch Angaben über (Voll-)Bürger: 1789, dann so genannte *Beysassen*, also Menschen mit geringerem Rechtsstatus: 152 und Künstler: 90. An Soldatenfrauen bzw. weiblichen Soldatenkindern verzeichnete das Jahr 1788 794 Personen.

Die *Seelen-Conscription vom Fürstenthume Wirzburg für das Jahr 1798* führt 21 380 Bewohner der Residenzstadt auf, die in 1913 Häusern wohnten. Als *Einwohner* galten 6051 Männer und 3918 Frauen, 2879 Söhne und 4136 Töchter. *Hohe Bedienstete* zählte man 397, *geringe* 2377. Als Bauern wurden damals keine Stadtbewohner mehr eingestuft, Handlungs- oder Gewerbetreibende waren 307, Handwerksleute 987. *Fremde nach dem Seelenstande*, also Zugezogene ohne Bürgerrecht, wurden 750 Männer und 279 Frauen gezählt. Dazu kamen 400 Taglöhner, 904 Handwerksgesellen, 539 Knechte sowie 1924 Mägde. Juden waren für dieses Jahr keine angegeben.[44]

Die folgenden Jahre brachten nach Horsch keine allzu starken Veränderungen, lediglich die Zahl der Almosenempfänger war bis 1800 bei den Männern von 182 auf 53 zurückgegangen, bei den Frauen von 567 auf 388.[45] Allerdings druckte Schöpf in der *Seelen-Conscription* von 1801 abweichende Zahlen. Danach hatte Würzburg 15 538 Bewohner, darunter 671 inskribierte Arme, und 1933 Häuser.[46]

In seinem Kommentar zu dieser *Conscription* bemerkte der gelehrte Benediktiner Gregor Schöpf, dass die dort genannte Anzahl der Bewohner und Häuser höher sein muss: *Die Hypothese, daß man bey der angegebenen Summe von 1933, durchgängig zwey-, meistens drey-, auch vier- und mehrstöckigen Häusern auf jedes Haus, eines in das andere gerechnet, 10 Seelen annehmen dürfe, wirft an und für sich schon eine Summe von 19 330 Seelen ab. Nun nehme man noch jene Gebäude dazu, – und zwar die vornehmsten und zugleich zahlreichen Gebäude, welche in der oft erwähnten Berechnung weggelassen sind, als z. B. die Hochfürstliche Residenz, das Juliushospital nebst den andern zahlreichen Spitälern, das geistliche und adeliche Seminar, die sämmtlichen Stifts- und Klostergebäude, den Leibgardisten- und Husarenbau, den Burkardinischen und Domstiftischen Vikarienbau, das Zuchthaus, die Fabrik, das Schloß Marienberg, die 2 Casernen, und noch viele andere Gebäude mehr, deren inwohnende Individuen mit Einschluß der Studenten und Akademiker mehr als den dritten Theil der hypothetischen Seelensumme ausweisen, so mag das Personale in der Residenzstadt Wirzburg sich wohl auf 27–28 000 Seelen belaufen.*[47] Mag diese Berechnung von Schöpf vielleicht etwas zu hoch ausgefallen sein, fest steht, dass bei der Einbeziehung der Bewohner kirchlicher und sozialer Einrichtungen sowie des Militärs die von ihm kritisierte Zahl 15 538 für das Jahr 1801 sicher zu niedrig angesetzt war.

Die von Horsch veröffentlichte *Seelenkonskriptionstabelle vom Jahre 1803* listet die Einwohnerzahlen dieses Jahres differenziert nach den Stadtvierteln auf, wobei das einheimische und fremde Gesinde, also Mägde, Knechte, Lehrjungen und Gesellen, auch gesondert ausgewiesen sind:

Seelenkonskriptionstabelle vom Jahre 1803[48]

	Seelenzahl		Bedienstete, Geistliche, Beisassen oder Schutzverwandte	Kinder bei den Eltern	Gesinde							
					Einheimische				Fremde			
	Männl.	Weibl.			Knechte	[Lehr-]Jungen	Mägde	Ge-sellen	Knechte	[Lehr-]Jungen	Mägde	Ge-sellen
Stadt Würzburg	7 942	8 680	1 894	4506	120	150	631	203	346	180	1 357	492
Dietricher Viertel	1 197	1 464	344	763	60	91	325	135	–	7	84	56
Cresser Viertel	789	908	117	574	8	12	54	14	23	31	190	98
Bastheimer Viertel	715	629	253	290	16	5	53	6	90	18	212	32
Gänheimer Viertel	892	1 140	106	628	8	12	37	21	30	30	226	90
Hauger Viertel	1 071	1 258	184	545	6	6	39	5	76	9	226	47
Sander Viertel	1 717	1 594	706	687	12	9	44	8	58	14	215	35
Pleichacher Viertel	641	728	91	478	4	5	20	8	29	13	95	40
Main-viertel	920	959	96	540	6	10	35	6	40	28	109	94

Anmerkung: Die Festung, die beiden Kasernen und der Johanniterhof sind nicht mitgerechnet.

Indem Horsch zu den 16 422 zivilen Einwohnern die in der Tabelle nicht erfassten Militärangehörigen hinzurechnete, kam er auf eine Bevölkerung von über 20 000 Menschen.[49]

Am Ende des Berichtszeitraumes, erhoben auf Grund einer Anordnung des bayerischen Ministers Graf Montgelas von 1814/15, wurden ohne das Militär 19 814 Einwohner in Würzburg ermittelt.[50] Mit den Militärpersonen zusammen waren es 23 006. Von den *zivilen Einwohnern* waren 4 373 männliche und 4 400 weibliche Erwachsene, 3 816

Mädchen und 3 141 Jungen. Familien bestanden 4 062. Das Gesinde wurde nicht mehr nach einheimisch und fremd unterteilt; man zählte 2 302 Mägde, 1 282 Gesellen und 500 *Bedienstete und Knechte.*

Unter den 3 192 Einwohnern *vom Militär-Stande* waren auch 100 Soldatenfrauen sowie 87 Mädchen und 69 Jungen aus Soldatenfamilien. Allerdings wurden die Zahlen über den tatsächlichen Garnisonsstand – wohl zu Recht – angezweifelt. *Wirklich aktive Bürger* waren es damals 1 595, *bürgerliche Beisassen und Schutzleute* 1 075, *Bauern und Landbewohner* 184. Unter *aktiven Bürgern* verstand das Gesetz des Königreiches Bayern solche Einwohner, die im Unterschied zu den so genannten *bürgerlichen Beisitzern und Schutzleuten* ein wirkliches Bürgerrecht in Städten und Marktflecken besaßen.[51]

In Bezug auf die Religionszugehörigkeit wird sich nicht mehr präzise feststellen lassen, wie viele Anhänger der Reformation im 16. Jahrhundert in der Stadt lebten. Soweit zu sehen ist, waren besonders die begüterten und gebildeten Schichten der Kirchenreform gegenüber recht aufgeschlossen, darunter nicht wenige Geistliche, Ratsfamilien und Akademiker sowie höhere Beamte und Offiziere.[52] Seit den entsprechenden Maßnahmen unter Fürstbischof Julius Echter von Mespelbrunn ab den frühen 80er Jahren des 16. Jahrhunderts waren dann die Protestanten entweder zum Katholizismus konvertiert oder ausgewandert.[53]

Gegen Ende des 18. Jahrhunderts lebten *in der Residenzstadt Wirzburg einige Protestanten a) unter dem Adel bey Hofe und unter dem Militair b) unter den Kaufmannsdienern und Handwerksgesellen c) unter weiblichen und männlichen Dienstbothen. Die protestantischen Soldaten halten sich des Gottesdienstes wegen gemeiniglich nach Sommerhausen, einem dem Grafen von Rechtern zugehörigen Marktflecken, zwey Stunden von Wirzburg.*[54] 1814/15 standen 19 481 Katholiken 396 Lutheranern, 14 Reformierten und 138 Juden gegenüber. Andere Religionen waren zu dieser Zeit in Würzburg nicht vertreten.[55]

Zu- und Abwanderung

Neben Bevölkerungsverlusten durch Kriege und die damit meist einhergehenden Seuchen waren in der neuzeitlichen Geschichte der Stadt besonders drei größere Abwanderungswellen zu beobachten. Die Erste fand 1525/26 statt, ausgelöst durch den so unglücklich ausgegangenen Bauern- und Bürgeraufstand, die Zweite auf Grund der Rekatholisierungsbestrebungen des Fürstbischofs Julius Echter von Mespelbrunn[56] im späten 16. Jahrhundert, in deren Gefolge eine Reihe – oft begüterter – Einzelpersonen und Familien aus Würzburg meist in die umliegenden Reichsstädte wie Schweinfurt, Rothenburg oder Windsheim sowie in protestantisch gewordene Herrschaftsgebiete wie die beiden zollerischen Markgrafschaften, die sächsisch-thüringischen Fürstentümer, das Herzogtum Württemberg, die Grafschaften Hohenlohe, Castell, Rieneck oder Wertheim und die nahe gelegenen reichsritterschaftlichen Besitzungen zogen.

Eine dritte größere Auswanderungsbewegung ging aus dem Frankenland heraus nach Südosteuropa, besonders in das durch die Kriege gegen das Osmanische Reich entvölkerte Ungarn und in das Banat, gefördert durch die Kaiserin Maria Theresia, ihren Berater

Egyd von Borie, der aus dem Würzburger Bistum stammte, sowie durch den Fürstbischof Friedrich Karl von Schönborn, den langjährigen Reichsvizekanzler in Wien,[57] dessen Familie durch den Erwerb zweier ungarischer Herrschaften (Munkács und Szent-Miklós) unmittelbar an der Einwanderung fränkischer Kolonisten interessiert war.[58]

Im späteren 18. Jahrhundert begann im Würzburgischen in größerem Umfang die Auswanderung nach Amerika, die damals noch mit vielen Risiken verbunden war. Durch Rekrutierung für das Militär verlor die Stadt ebenfalls viele junge Bewohner; auch wurden in Notzeiten Kinder, besonders Waisen, nach Wien und anderwärts *hingegeben*.[59]

Neben den oben schon zitierten statistischen Angaben zeigt die Tatsache, dass von 1701 bis 1800 im Jahresdurchschnitt 493 Menschen in Würzburg zur Welt kamen, während im selben Jahresdurchschnitt 578 verstarben,[60] dabei aber die Einwohnerschaft anwuchs, dass die Zahl der von außen zuziehenden Bewohner stets beträchtlich gewesen sein muss. Wir können das im Folgenden etwas präzisieren.

Begonnen sei mit den vielen geistlichen Institutionen in der Mainmetropole. Das Domkapitel bestand aus 24 Kapitularen und 30 Domizellaren, die meist dem landsässigen Adel der Reichsritterschaft entstammten, also von auswärts kamen.[61] Ebenso war es im Ritterstift St. Burkard,[62] nur dass dort je acht Anwärter- und acht Kapitularpfründen existierten. Die Vikare beider Stifte und ebenso die Kanoniker und Vikare in den Stiften Haug[63] und Neumünster[64] stammten zum größten Teil aus bürgerlichen Familien von Stadt und Umland. Im Dom waren 31 Vikare,[65] in St. Burkard zwölf, in Stift Haug 13, in Neumünster neun, die in eigenen Bruderschaften zusammengefasst waren. In Stift Haug lebten neben Propst und Stiftsdekan 17 Kapitulare und sechs Domizellare, während in Neumünster neben Propst und Dekan 15 Kapitulare und zehn Domizellare zu zählen waren.[66] Auch die Benediktinerinnen von St. Afra,[67] die Benediktiner von St. Stephan, die Dominikanerinnen von St. Markus (St. Marx)[68] und die Zisterzienserinnen von Himmelspforten rekrutierten sich überwiegend aus derselben bürgerlichen Schicht und Landschaft. Bei den Alumnen der Würzburger Seminarien – mit Ausnahme vom Seminarium Nobilium,[69] das ausschließlich jungen studierwilligen Adeligen offen stand – war der bäuerliche Anteil höher. Gymnasiasten kamen überwiegend aus der Region, während bei den Universitätsstudenten der Herkunftsradius wesentlich weiter war.[70] Beispielsweise waren nicht selten Schweizer, Elsässer, Niederländer, Polen und Litauer in Würzburg immatrikuliert. Besonders seit dem späten 18. Jahrhundert zog der wachsende wissenschaftliche Rang der Alma Julia viele Ausländer an.[71]

Die Angehörigen der zentral geleiteten Ordensgemeinschaften wie Dominikaner, Augustiner, Karmeliten, Kartäuser, Jesuiten, Franziskaner oder Kapuziner kamen oft von weit her; vor allem bei den Jesuiten gab es sehr schnellen Wechsel, selbst auf den Lehrstühlen, die dieser Orden lange Zeit an den beiden Fakultäten der Philosophie und Theologie einnahm, nicht zuletzt in naturwissenschaftlichen Fächern.[72] Im Ursulinenorden lehrten vielfach frankophone Ordensfrauen wie Französinnen oder Walloninnen.[73] Die Vertreter der Ritterorden, die im neuzeitlichen Würzburg nur wenige Köpfe aufwiesen und von denen die Antoniter schon im 16. Jahrhundert ihre hiesige Niederlassung auflösten, gehörten dem Reichsadel an. Das unter Fürstbischof Julius Echter 1595 wieder besiedelte Schottenkloster St. Jakob wies bis zu seiner Aufhebung 1803 schottische Be-

nediktiner auf. Einer der letzten Mönche dieses Klosters, P. Benedikt Ingram, begründete an der Würzburger Universität den Lehrstuhl für Englische Sprache.[74]

Zahlenmäßig die größten Fluktuationen gab es bei den Handwerksgesellen, die zu
mehrjähriger Wanderung verpflichtet waren, sowie beim Militär. Auch drängten vom
Lande her viele Lehrjungen in die Stadt, ebenso viele Bauernmädchen, die eine Stellung
suchten, manche nur für einige Jahre, andere auf Lebenszeit.

Zwischen 1535 und 1544 wurden 901 Menschen in den städtischen Bürgerverband
aufgenommen. Davon waren 349 Bürgersöhne, also Einheimische, jedoch 552 Auswärtige, demnach 61 Prozent, ein Anteil von Zugewanderten, der sich in den nächsten
Jahrzehnten noch steigerte. Viele waren aus Mainfranken, aber es kamen auch Einwan-
derer aus Fulda, Schleusingen, Römhild, Weimar, Erfurt, Leipzig, Meißen, Bayreuth,
Wunsiedel, Eger, Bamberg, Forchheim, Nürnberg, Eyb, Beilngries, Regensburg, aus Alt-
bayern, Österreich, Böhmen, Schwaben, aus dem Rheinland, dem Elsaß, aus der Pfalz
und aus Hessen.[75]

Zahlenmäßig wohl von geringer, für das kulturelle Leben der Stadt aber von großer
Bedeutung waren die nach Würzburg berufenen oder aus eigenem Entschluss gekommenen Gelehrten, Kunsthandwerker und Künstler, seien es Musiker, Gießer, Gold- und
Silberschmiede, Teppichwirker, Stuckateure, Ingenieure, Baumeister und Architekten
etc. Eine ganze Reihe von ihnen konnte sich hier etablieren, andere weilten hier nur,
solange sie Aufträge oder Anstellungen erhielten. Da bis zum Beginn der bayerischen
Zeit in Würzburg der Zunftzwang bestand, war es vielen von auswärts berufenen Kunst-
handwerkern nur möglich, im fürstlichen Dienst oder durch kirchliche und adelige
Auftraggeber Beschäftigung zu finden, was nicht selten zu Spannungen mit den eingesessenen Zünften führte.

In diesem Zusammenhang sei auch erwähnt, wie sehr viele Institutionen in der
Stadt rechtlich und personell mit dem Umland verbunden waren. Vielfach kamen die
Erträgnisse für die Ordensleute, für Stiftungen und Spitalinsassen vom Lande, und diese
ländlichen Besitzungen und Einkünfte mussten verwaltet werden. Vom Hochstift Würzburg einmal abgesehen, das in 54 Ämter eingeteilt war, die der weltlichen Regierung des
Fürstentums unterstanden, ebenso abgesehen von der geistlichen Regierung, die zusammen mit dem bischöflichen Generalvikariat und Konsistorium die Pfarreien und Landkapitel des Bistums ordnete, besaß das Domkapitel als Mediatherrschaft zwei Städte,
nämlich Eibelstadt und Ochsenfurt, und 18 Dörfer. Das Ritterstift St. Burkard hatte vier
Dörfer, das Stift Haug zehn, das Neumünster zwei, die Würzburger Universität sieben,
das Juliusspital 13, die Jesuiten-Administration zwei, das Adelige Damenstift St. Anna
zwei und das Würzburger Bürgerspital und die Kartause Engelgarten je eines.[76]

Wie aus dem oben Gesagten hervorgeht, waren sowohl die ersten Juden als auch die
Protestanten, die nach 1803 wieder in zunehmender Zahl in Würzburg wohnten, Zuwanderer.

Viele Fürstlichkeiten, Adelige, Politiker, Gesandte, Gelehrte, Kaufleute, Militärpersonen, sonstige Reisende, aber auch Prediger, Studenten, Bettelmönche, Pilger, Obdachlo-
se, Wandermusikanten und Theaterleute, Gaukler, Schausteller, abgedankte Soldaten,
Bettler, darunter nicht selten Behinderte, Zigeuner, Vagabunden etc., hielten sich meist

nur kurz in der Stadt auf, in der Regel besonders viele zu Festzeiten wie Kiliani und während der Handelsmessen und Jahrmärkte, die viel fremdes Volk anzogen.[77] Oft beschränkte die Obrigkeit rigoros den Aufenthalt unerwünschter Personen oder ließ solche von vornherein gar nicht die Stadttore passieren.[78] Die mannigfaltigen Fluktuationen in der Stadt betrafen demgemäß fast alle Gesellschaftsschichten und Stände.

Die einzelnen Stadtteile soziologisch betrachtet[79]

Die Altstadt Würzburgs war in fünf Viertel geteilt. Rechtsmainisch bestanden das Gresser, das Dietricher, das Bastheimer und das Gänheimer Viertel, linksmainisch das Burkarder Viertel, auch Mainviertel genannt. Dazu kamen bereits im Mittelalter die Vorstädte in der Pleich, im Haug und im Sand, abgesehen von dem kleinen Neudorf vor dem Beckentor und dem dünn besiedelten Gebiet am Rennweg, das von einer langen Mauer gesichert war. Die rechtsmainische Innenstadt umfasste rund 43 Hektar; zusammen mit den ummauerten Vorstädten erreichte Würzburg im 16. Jahrhundert eine Fläche von rund 130 Hektar.[80] Die städtische Bürgerwehr war seit ca. 1590 entsprechend der Viertel unterteilt. Auch das durch Fürstbischof Erthal geschaffene Armeninstitut gliederte sich im Stadtgebiet nach den Vierteln, weswegen jeweils die Pfarrer und die Viertelmeister der Armenkommission angehörten.[81]

Nach dem Dreißigjährigen Krieg begann Fürstbischof Johann Philipp von Schönborn 1656 das neue Befestigungswerk der Stadt nach französischem Vorbild, das, von seinen Nachfolgern fortgeführt, bis 1786 abgeschlossen war, nicht zuletzt mit Hilfe französischer und italienischer Baufachleute. Die neuzeitlichen Fortifikationen schlossen die alten Vorstädte mit ein. In der Zeit zwischen 1805 und 1815 teilte man dann die Stadt anders ein, nämlich in fünf Distrikte, von denen der erste die beiden alten Vorstädte Haug und Pleichach umfasste, der zweite das Dietricher und das Gresser, der dritte das Bastheimer und das Gänheimer Viertel, der vierte die frühere Vorstadt zum Sande und der fünfte das Mainviertel links des Flusses.[82]

Im Mainviertel lebten unterhalb der Festung Marienberg hauptsächlich die Fischer, die in einer heute noch bestehenden Zunft zusammengefasst waren. An kirchlichen Einrichtungen sind besonders das Ritterstift St. Burkard, zugleich die Pfarrkirche dieses Viertels, die Deutsch-Ordens-Kommende und das schon vor den Stadtmauern gelegene Schottenkloster zu nennen; näher am Main in der Schottenau lag noch das Zisterzienserinnenkloster Himmelspforten, gleich dem Schottenkloster von Stickelzaun und Mauern umgeben.[83] An sozialen Institutionen befanden sich hier das so genannte Spitäle oder Hofspital, zeitweise auch das durch Fürstbischof Franz von Hatzfeld[84] begründete Waisenhaus[85] und das Siechenhaus vor dem Zellertor, das überwiegend Menschen mit ansteckenden Krankheiten aufnahm, was die Seuchengefahr in der Stadt verringerte.[86] Insgesamt galt das *Mainser* Viertel neben dem Hauger als eines der ärmsten, was besonders einer größeren Anzahl von Tagelöhnern zuzuschreiben ist, die dort lebten. Von den 200 bis 300 Haushalten, die im 16. Jahrhundert nachweisbar sind – ungerechnet die Geistlichkeit –, waren keine zehn der Oberschicht zuzuweisen.[87] Eine ganze Reihe

Abb. 150: Siechenhaus St. Nikolaus an der Veitshöchheimer Straße, errichtet 1664/65
als Ersatz für das Siechenhaus vor dem Zeller Tor.
Lithographie in Heffner/Reuß, 1852, nach S. 96, nach einem Aquarell von Wilhelm Schöner.
(Mainfränkisches Museum Würzburg, Inv.-Nr. H. 14188)

von kleineren Hofbediensteten lebten hier. 1675 wohnten im Mainviertel 143 Bürger, darunter 59 Zugewanderte, acht Beisassen, von denen fünf von auswärts kamen, und 24 Witwen,[88] dazu sechs Bettler.

Das Hauger Viertel war benannt nach dem Chorherrenstift, das bis zur barocken Neubefestigung der Stadt auf dem Gelände des heutigen Hauptbahnhofes stand, zusammen mit den Gebäuden für Stifts- und Pfarrkirche, Chorherren und Vikare, und dann an den heutigen Platz verlegt wurde. In dieses Viertel gehörte an sozialen Einrichtungen besonders das Bürgerspital zum hl. Geist. In der Nähe der Hauger Pfarrmühle stand der 1617 durch Fürstbischof Julius Echter erbaute Wasserturm, der mittels einer Hydraulik das Juliusspital und einige städtische Brunnen versorgte.[89] Etliche Müller und Bäcker (Semmelstraße) waren die reicheren Bewohner neben den vielen ärmeren Häckern, also Winzern und Tagelöhnern, in diesem relativ dünn besiedelten Viertel. Zwischen Mittelmauer und Kürnach breitete sich im Vorfeld die Kartause Engelgarten aus.[90] Noch weiter östlich, etwa im Bereich des heutigen Berliner Ringes, lag die Benediktinerinnenabtei St. Afra, bevor sie wegen der Fortifikation im späten 17. Jahrhundert auf das an den barocken Hofgarten anschließende Gelände verlegt wurde. Um 1550/60 wurden im Hauger Viertel über 200 Haushalte gezählt, von denen nicht mehr als fünf zu den reichen Haushalten der Stadt gehörten.[91] 1675 führte die Huldigungsliste beim Regierungsantritt des Fürstbischofs Peter Philipp von Dernbach 141 Bürger, davon 80 Zugewanderte, 22 Beisassen, davon 15 Zugewanderte, und 25 Witwen auf.[92]

1585 legte Fürstbischof Julius Echter vor dem Hauger Tor den so genannten Studentengarten an, einen Park, der der Erholung der Studierenden diente. Dieser Garten lag nahe dem Dicken Turm bei der Kapelle *zum roten Schächerkreuz*.[93] Gleichfalls vor dem Hauger Stadtteil befand sich die 1775 entstandene Porzellanmanufaktur des Johann Caspar Geyger.[94]

Das Pleicher Viertel am rechten Mainufer, zwischen Kürnach und der namensgebenden Pleichach gelegen, beherbergte besonders Metzger und Gerber, Gewerbe, die, ähnlich wie die Müller, wasserreiche Gegenden bevorzugten und die relativ gut gestellt waren. Daneben gab es viele Häcker, da dieses Viertel einen hohen Anteil an Wein- und anderen Gärten aufwies. Die Pfarrkirche war St. Gertraud, unter dem Patronat des benachbarten Dominikanerinnenklosters St. Markus (St. Marx). Bis zum späten 16. Jahrhundert befand sich dort auch der Judenfriedhof, dessen Gelände dann das 1576/79 fundierte Juliusspital einschloss.[95] Die Haushaltszahl stieg im 16. Jahrhundert im Pleicher Viertel nicht über 150. Vermögenslose zählte man 1547 und 1563 30, während 1547 13 Bewohner über 1000 Gulden versteuern mussten.[96] 1675 huldigten hier 100 Bürger, davon 56 Zuwanderer, 15 Beisassen, davon elf Zuwanderer, und 23 Witwen.[97] Von der nördlichen Stadtmauer bei der Ellenmühle bis in die Nähe des Pleichacher Tores reichte – gegen die Straße mauergeschützt – der See- oder Bischofsgarten, der als Zier- und Erholungsgarten durch Julius Echter erweitert wurde.[98]

Das Sander Viertel, im Süden der Altstadt gelegen, wies ähnlich wie die bereits behandelten Viertel viele Häcker und Taglöhner auf, daneben standen – ähnlich wie im Hauger Viertel – auch Bäcker, und dazu kam noch eine Reihe von Webern. Große Höfe gingen zum Teil noch auf Sitze mittelalterlicher Ministerialen zurück. Des Weiteren saßen hier Wagner und Schmiede, ebenso Häfner. Die Pfarrkirche dieses Viertels war St. Peter in der Nähe der Benediktinerabtei St. Stephan. Auch die Johanniter und die Reuerinnen oder Magdalenerinnen hatten hier ihren Sitz. Nach dem Aussterben des mittelalterlichen Frauenkonventes folgten im 17. Jahrhundert die reformierten Karmeliten. Vor dem Sandertor lag in der Nähe der städtischen Ziegelhütte das Siechenhaus zu St. Nikolaus, das als Ehehaltenhaus-Stiftung später überwiegend für alte, kranke und gebrechliche Dienstboten bestimmt war (s. Abb. 151).[99] Die Haushaltszahl dieses Viertels unterlag im 16. Jahrhundert größeren Schwankungen, zwischen 200 und 400. 1547 waren 126 als vermögenslos gemeldet, jedoch 17 in der höchsten Steuerklasse.[100] 1675 standen 159 Bürgern des Sander Viertels, davon 99 Zugezogene, 66 Beisassen, davon 52 Zugezogene, gegenüber. 64 Witwen hatten dort damals einen eigenen Hausstand.[101]

Im Bastheimer Viertel ist hinsichtlich der ansässigen Gewerbe eine starke Kontinuität vom Mittelalter her festzustellen. Hier arbeiteten und lebten jedenfalls im 16. Jahrhundert besonders Leder verarbeitende Handwerker wie Sattler, Zaummacher, die überwiegend Geschirre für Zugtiere herstellten, oder Beutler, die Ledertaschen und andere Behältnisse fertigten. Daneben wirkten dort auch viele Angehörige Metall verarbeitender Berufe, besonders der Waffenherstellung: Schwertfeger, Messerschmiede, Harnischmacher oder Plattner sowie Sporer. Im Bastheimer Viertel lagen vor allem aber auch der Dom und ein Großteil der Kurien seiner Kanoniker und Vikare, das Kloster der Franziskanerminoriten, auch Barfüßer genannt, ebenso die kleinen Frauenkonvente zu St. Agnes (Clarissen) und St. Ulrich (ursprünglich Beginen, ab dem 15. Jahrhundert Benediktinerinnen). Als diese beiden Konvente im 16. Jahrhundert ausstarben, erstand bei St. Ulrich der monumentale Vierseithof der Universität mit der Neubaukirche im Stil der Renaissance, bei St. Agnes das Kolleg der Jesuiten, mit Gymnasium und weiteren Studienseminaren in unmittelbarer Umgebung. Hier lebten wenige Arme. Im 16. Jahrhundert schwankte die Zahl der meist gut situierten Haushalte dieses Viertels zwischen 142 und 126.[102] 1675 wurden 47 Zugewanderte unter 73 Bürgern gezählt, 16 Auswärtige unter 24 Beisassen und 24 Witwen. Dazu lebten damals noch sieben fürstliche Räte sowie Ärzte im Bastheimer Stadtteil.[103]

Naturgemäß erlaubte die dichtere Besiedlung der Innenstadt nur einen geringeren Anteil an landwirtschaftlicher Nutzung. Das galt auch für Dietricher, Gänheimer und Gressenviertel, in denen im Gegensatz zu den zuerst skizzierten Außenvierteln wesentlich weniger Häcker und Tagelöhner zu finden waren, wobei deren Anteil im Dietricher Stadtteil – wenigstens im 16. Jahrhundert – noch am höchsten war.[104]

Im Dietricher Viertel waren an Berufsgruppen besonders Bäcker und Weber vertreten, daneben ebenso viele Tagelöhner, weshalb im 16. Jahrhundert der Anteil der vermögenslosen und ärmeren Bewohner hier relativ groß war. Allerdings fanden sich auch viele Händler und Gastwirte, Kürschner (Kürschnerhof beim Dom), Barbiere und Schneider sowie Vertreter der Metall verarbeitenden Berufe wie Schlosser, Kannengießer oder Goldschmiede.[105] Benannt war das Viertel nach dem Dietricher Spital, einer Sozialeinrichtung des Domkapitels am Markt, unweit der Marienkapelle. Hierher gehörte auch das Neumünsterstift mit seiner Kirche, in der die Märtyrergräber viele Wallfahrer anzogen, und den Stiftsgebäuden und Kanonikatshöfen. Das Dominikanerkloster, auch *zu den Predigern* genannt, lag ebenfalls im Dietricher Viertel. Innerhalb der Innenstadt war dieser Bezirk im 16. Jahrhundert der mit den meisten Gebäuden, Weingärten und sonstigen Gärten, zumindest was die Zahl der einzelnen Besitzer betraf,[106] wobei die Tendenz, landwirtschaftliche Nutzflächen zu überbauen, im Laufe der Jahrhunderte stieg. Bei der Huldigung der Bürger im Jahre 1675 meldeten sich 221 Bürger, von denen 132 auswärts geboren waren, 62 Beisassen, von denen 45 eingewandert waren, und 56 Witwen mit eigenem Haushalt.[107]

Das an das Dietricher Viertel grenzende, zum Main hin reichende Gresser Viertel war flächenmäßig das kleinste der Altstadt. Benannt war es nach einem Hof *Zum vorderen Gressen* (später Wittelsbacherhof, Marktplatz Nr. 1).[108] Öffentliche Gebäude wie das Rathaus, das Kloster der Karmeliten älterer Observanz und der Rückermainhof, der Verwaltungssitz des linksmainisch gelegenen Ritterstiftes St. Burkard, traten hinzu. Der Judenplatz, heute Marktplatz, im älteren Volksmund auch Bauern- oder grüner Markt genannt, und ebenso die Judengasse waren zwischen Dietricher und Gresser Viertel aufgeteilt. 1697 wurde der Platz gepflastert.[109] Die Kärrnergasse längs des Flusses hatte ihren Namen von den im Mittelalter hier ansässigen Fuhrleuten. Gleichzeitig lagen auch hier bedeutendere Höfe, in denen Angehörige der Oberschicht lebten;[110] daneben gab es viele Händler sowie kleinere Handwerker. Hinsichtlich seiner Bevölkerungszahl lag das Gresser Viertel zwischen dem Bastheimer und dem Gänheimer.[111] 1675 zählte man im Gresser Viertel 114 Vollbürger, von denen 62 Zuwanderer waren,

Abb. 151: Das Ehehaltenhaus, Ansicht von Nordosten,
Aquatintaradierung von Carl Scharold nach einer Zeichnung von v. Meere, um 1850.
(Mainfränkisches Museum Würzburg, Inv.-Nr. H. 65559)

und 15 Beisassen, von denen lediglich ein einziger in Würzburg geboren war, sowie 28 Witwen.[112]

Das Gänheimer Viertel, ebenfalls nach einem alten Stadthof benannt, schloss sich auf der Höhe der Alten Brücke mainaufwärts südlich an das Gresser und westlich an das Bastheimer Viertel an. Hier lagen das ehemalige Augustinerkloster sowie die Johanniterkomturei St. Oswald. Straßenbezeichnungen wie Schuhmarkt oder Büttnergasse belegen alte Standorte von Handwerksberufen. Östlich davon aber lagen ehemalige Höfe von Münzern und Ministerialen, die auch im 16. Jahrhundert noch überwiegend von reichen Handwerkern, Händlern und Beamten bewohnt wurden. So teilten sich die mehr als 200 Haushalte dieses Viertels im 16. Jahrhundert in alle Vermögensklassen auf.[113] 1675 wohnten dort 167 Vollbürger, 106 davon Zugewanderte, 16 Beisassen, von denen nur fünf Einheimische waren, sowie 29 selbstständig lebende Witwen.[114] Dietricher, Bastheimer und Gänheimer Viertel gehörten kirchlich zur Dompfarrei.

Neben den genannten Territorialpfarreien bestanden noch als Personalpfarreien diejenigen beim Juliusspital, beim Militärspital, die in der Festung Marienberg und seit dem frühen 19. Jahrhundert die der Protestanten, deren Pfarrgebiet sich damals über die ganze Stadt erstreckte.[115]

Lebenshaltung

Die Lebensbedingungen hingen früher mehr als heute vom Platz des Einzelnen und seiner Herkunftsfamilie in der ständisch gegliederten Sozialhierarchie ab. Darüber hinaus spielen Bildungsstand, Leistungsfähigkeit, Gesundheit sowie politische und wirtschaftliche Rahmenbedingungen eine entscheidende Rolle.

Würzburg war im Großen und Ganzen gesehen keine arme Stadt, was nicht bedeutete, dass alle Bewohner reich gewesen wären. Nach den Not- und Kriegszeiten des 16. Jahrhunderts entstanden in der langen Friedenszeit unter Fürstbischof Julius Echter (1573–1617) viele Bauten im Renaissancestil. Von den großen Schäden des Dreißigjährigen Krieges erholte sich die Stadt erst spät, zumal unter Fürstbischof Johann Philipp von Schönborn die Sicherung der Bewohner durch neuartige, barocke Befestigungsanlagen im Vordergrund stand. Kirchengebäude und Adelshäuser folgten; im 18. Jahrhundert durch Steuernachlässe begünstigt, bauten viele reiche Bürger neu.[116] In der Neuzeit bildeten meist gut gebaute Häuser aus Stein die Wohnstätten, die auf Grund fürstbischöflicher Anordnung, um Stadtbrände zu vermeiden, seit 1688 keine Strohdächer mehr besitzen durften.[117] 1724 verschärfte Fürstbischof Johann Philipp Franz von Schönborn dieses Verbot und ordnete an, dass Feuerwände und Kamine aus Stein gemauert werden müssten.[118] Um 1800 existierten aber auch noch viele Holzhäuser, während die Neubauten überwiegend aus Stein entstanden. 1808 verbot eine großherzogliche Verordnung den Bau von Wohnhäusern aus Holz.[119]

Die »kleinen Leute« wohnten oft in kleinen, einstöckigen Hütten, viele Bürgerhäuser aber hatten auch drei und manche sogar vier Stockwerke. Breite Straßen waren selten, in die engen Gassen fiel wenig Licht. Die Luft, die nicht zuletzt durch mancherlei Abfälle verunreinigt war, erneuerte sich durch die vielen im Stadtgebiet liegenden Gärten, die noch um 1800 mehr als ein Viertel der gesamten Fläche einnahmen. Auch zu vielen Privathäusern gehörten Gärten oder Innenhöfe, besonders am Stadtwall.[120] Keller und Erdgeschosse waren – vor allem im vom Hochwasser gefährdeten Bereich – oft feucht, was für nahezu ein Viertel des Stadtgebietes zutraf. Die Ärmsten mussten sich um 1800 wegen der relativ hohen Mieten mit Bodenkammern oder mit sonnenarmen Winkeln begnügen.[121] Bei eng stehender Bebauung war naturgemäß auch die Brandgefahr groß. 1721 erneuerte Fürstbischof Johann Philipp Franz von Schönborn eine Feuerordnung, die unter anderem bestimmte, dass jeder Neubürger einen Löscheimer stellen musste.[122] Seit 1768 war in Würzburg eine Brandassecuranz-Gesellschaft entstanden,[123] eine Vorgängerin der heutigen Brandversicherungen.

Nach einer Aufzählung des Stadtarztes Horsch bestanden im Jahre 1804 rund 1900 Häuser, 33 Kirchen, 18 Kapellen, neun Mannsklöster, vier Frauenklöster, 71 Höfe und 70 Häuser der Geistlichen, drei Spitäler, neun Stiftungs- oder Pflegehäuser, Seminar, Universität und 63 Staatsgebäude. Bei den Klöstern, die 1803 meist durch die Säkularisation aufgelöst und enteignet worden waren, vermerkte der »aufgeklärte« Mediziner kritisch: *welche nun größtenteils zu bessern Zwecken verwendet werden.*[124]

Allwöchentlich gab es zwei Viehmärkte in der Stadt. Viehseuchen, wie die von 1796, verteuerten zeitweise die Fleischpreise. Es gab zünftige Metzger und so genannte Haus-

Tafel 37: Wandteppich »Chinesische Hochzeit«, Andreas Pirot nach einem Karton
von Johann Joseph Scheubel d. Ä., 1735–1740.
(Mainfränkisches Museum Würzburg, Inv.-Nr. S. 66219)

Tafel 38: Würzburger Schatzfund aus dem Dreißigjährigen Krieg:
Frauengürtel, Ulrich Scherer, Würzburg, Ende 16. Jahrhundert;
Silbervergoldeter Deckelpokal, Hans auf der Burg, Nürnberg, um 1600;
Silberbecher, Philipp Breuning, Würzburg, 1620.
(Mainfränkisches Museum Würzburg, Stadtgeschichtliche Dauerausstellung,
Inv.-Nr. A. 5522, A. 10844, A. 10841/42)

Tafel 39: Bekrönung einer Prozessionsfahne, Franz Thaddäus Lang und David Theodor Saler, Augsburg, 1743/45. (Mainfränkisches Museum Würzburg, Inv.-Nr. 42571)

Tafel 42: Hexensabbat und Prozess, Bern 1568,
kolorierte Zeichnung in der Nachrichtensammlung des Zürcher Chorherrn Johann Jakob Wick, gest. 1588.
(Zentralbibliothek Zürich)

Tafel 43: Dr. Wilhelm Ganzhorn, Jurist und bischöflicher Rat, Sohn des Ratsherrn Georg Ganzhorn, 1538.
Er vertrat mehrfach die Stadt in Prozessen.
(Mainfränkisches Museum Würzburg)

Tafel 44: Würzburger Bürgertambour aus dem 16. Jahrhundert.
(C. G. Scharold, I/3, 1820, nach S. 254)

metzger, die private Schlachtungen im Auftrag vornahmen. 1770 wurde bestätigt, dass auch Landmetzger in die Stadt liefern durften. 1682 wurde für Viehhandel betreibende Juden eine Viehbeschau vorgeschrieben, 1776 im Zeitalter der Aufklärung dann allgemein.[125] Das Rindvieh wurde an einer eigenen Schlachtbrücke am Main geschlachtet, die Abfälle ins fließende Wasser geworfen. Zwei Fleischbänke, also Verkaufsstellen, befanden sich zwischen dem Kranen und dem Mainmühltor, eine dritte hinter der Marienkapelle. Neben Rindern und Schweinen schlachtete man auch Schafe, Ziegen und Geflügel. Daneben kam Wildbret auf den Markt. In der Stadt selbst wurden nur Milchkühe gehalten, keine Schlachtrinder, ab dem 18. Jahrhundert auch vermehrt Milchziegen. Es bestand eine Schweizerei zur Verarbeitung von Milchprodukten, die aber keineswegs für den Bedarf ausreichte, sodass Einfuhren vom Lande her nötig waren.

Fischer wohnten meist im Burkarder Viertel und schlossen sich in einer heute noch existierenden Zunft zusammen, deren Ordnungen 1556 und 1576 von Seiten der fürstbischöflichen Regierung geregelt worden waren. Besonders waren die Ordnungen auf den Bestandserhalt der Mainfische ausgerichtet.[126] Das Polizeigericht regulierte die Preise des inländischen Fischmarktes. Als die Fischpreise um 1800 stiegen, nahm der Fleischverzehr zu.

Der fruchtbare Würzburger Boden war großteils mit Weinreben bepflanzt,[127] andere Flächen dienten als Gärten und Wiesen, die in der zweiten Hälfte des 18. Jahrhunderts zunehmend mit damals neuen Futterkleesorten bebaut wurden, daneben auch mit Getreide. Dafür eigneten sich besonders die kalkhaltigen und tonigen Erden. Vor dem Zeller und vor dem Sander Tor dienten die sandigen Felder überwiegend dem Gemüseanbau. Durch den Mangel an natürlichem Dünger – besonders empfohlen wurde Mergel und Gips – reichten die 478 Gärten, ungerechnet die am Stadtwall, mit ihrem Ertrag an Obst und Gemüse nicht für den Bedarf aus, ebenso wenig das Getreide. Für Getreide und Brot als wichtige Grundnahrungsmittel gab es immer wieder Verordnungen wegen der Preise oder der Qualität und Warnungen vor Unterschleif der Müller und Bäcker oder vor gesundheitlichen Gefahren, wie beispielsweise 1772 und 1785 vor dem so genannten Mutterkorn.[128]

Stadtphysicus Horsch veröffentlichte 1805 folgende Zahlen: Auf der Würzburger Gemarkung gab es damals noch 6 822 Morgen Weinberge, 2 323 Morgen Äcker, 144 Morgen Wiesen, 296 Morgen Ellern, also Brachland, das aber zum Teil schon wieder bestellt wurde. Von den 478 oben genannten Gärten lagen 268 außerhalb des Mauerringes. Hinzu kamen noch einige Hundert Morgen *Gemeinheitsgründe und Weiden*, die zum Teil zum Viehhüten, zum Teil zum Bleichen der Wäsche etc. benutzt wurden. Horsch stellte fest, *nächst dem Brode haben die Kartoffeln bey uns als Nahrungsmittel den ersten Rang*. Er zählte auch 71 Gemüsesorten auf, die zu seiner Zeit angebaut wurden. Ebenso stand der Obstbau in Blüte.[129]

Für den Kochbedarf reichte dennoch im 18. Jahrhundert die einheimische Produktion nicht aus. So importierte man aus dem Ausland unter anderem Reis, Sago, Südfrüchte, Mandeln, Rosinen oder Rohrzucker, meist auch die nötigen Öle. Zwei Hauptmahlzeiten kannten die alten Würzburger: Mittag- und Abendessen, zu denen hauptsächlich Bier oder Wein getrunken wurde. Zum Frühstück tranken die Schwerarbeiter oft Branntwein, *die meisten aber Kaffee*. Die Qualität des Würzburger Trinkwassers wurde gerühmt.[130] Sobald der Weinpreis – meist infolge von Missernten – stieg, nahm der Biergenuss zu. Seit dem 17. Jahrhundert existierte in Würzburg im Mainviertel ein Brauhaus, zu dem um 1801 noch ein zweites neben dem Juliusspital kam.[131]

Im Jahre 1549 erließ der Oberrat der Stadt Würzburg eine *Ordnung und Satzung der Schneiderlöhne,* in der für die verschiedenen Bestandteile der Männer- und Frauenbekleidung die Preise festgelegt wurden, die die Schneider fordern durften.[132] Naturgemäß mussten solche Lohn- und Preisfestsetzungen immer wieder den veränderten Verhältnissen angepasst werden. Wie in einer ständisch strukturierten Gesellschaft nicht anders zu erwarten, gab es auch immer wieder aktualisierte Kleiderordnungen für die verschiedenen Gesellschaftsschichten und Berufszweige. Beamte, Geistliche, Professoren, Studenten und Gymnasiasten trugen eigene Standestrachten oder Uniformen, ebenso natürlich das Militär.

In der frühen Neuzeit wurden in Würzburg mehr einheimische Textilien verarbeitet und getragen, in späteren Epochen veranlasste das wechselhafte Diktat der Mode verstärkte Einfuhren. Flachs- und Hanfanbau war besonders in der Rhön verbreitet, wo viele Menschen ihren Lebensunterhalt mit Spinnen und Weben bestritten, indem sie Garne, gröbere Leinwand, Zwillich, Barchent und Damast, ebenso Wolltuche und Flanell herstellten. Viele Tuche wurden aber auch aus Sachsen und Brandenburg sowie aus Schwaben eingeführt. Im 18. Jahrhundert kamen feinere Tuche aus Holland oder Frankreich in den Handel. *Die Kleiderpracht ist aufs Höchste gestiegen, Mutter, Tochter und Magd schämen sich, leinene, baumwollene oder sonst dauerhafte Kleider zu tragen. Mouseline, Taffet, Seide, die feinsten Zitze werden in den ärmsten bürgerlichen Familien zu Kleidungen verwendet.*[133] Über steigenden Luxus und über teuere Importe finden sich stets wiederholte Klagen. Zur Frauentracht gehörten Mäntel und Hauben. Bei den Bürgermädchen bestanden die Hauben für die Sonn- und Feiertage aus Goldstoff, und sie trugen farbiges Schuhwerk. Mäntel aus Pelz waren selten, häufiger waren solche aus schwerem Tuch.[134]

Viele Gewerbetreibende der Stadt waren mit Herstellung und Vertrieb von Textilien, Schuhwerk und anderen Bekleidungsgegenständen beschäftigt: Bortenmacher, Kleiderhändler oder Krämpler, Knopfmacher, Perückenmacher, Schneider, Schuhmacher, Strumpfstricker, Tuch- und Zeugmacher, Weber und Tuchscherer waren nach einer Aufzählung aus dem Jahre 1803 mit jeweils mehr als zehn Betrieben vertreten. In den Arbeits- und Zuchthäusern, die dem Merkantilismus und der Aufklärung ihre Existenz verdankten, wurden, neben anderen Arbeiten, auch Wolltücher hergestellt, und der umtriebige Professor für Chemie und Pharmazie Johann Georg Pickel betrieb in seinen vielen Unternehmen auch eine Haarpuderfabrik. Bedeutender freilich war dessen Fabrik für chirurgische Instrumente, die in der Franziskanergasse stand.[135] Die Metallverarbeitung stand in Würzburg schon seit dem Mittelalter in Blüte und differenzierte sich immer mehr in die verschiedensten Fachgebiete aus; so gab es Schmiede, Schlosser, Waffenschmiede, Büchsenmacher, Uhrmacher und Kunstschmiede.[136]

Gesellschaftliches Leben

Kirchliche und weltliche Feste brachten Menschen der verschiedenen sozialen Gruppen miteinander in Berührung, sieht man einmal von amtlichen oder kommerziellen Kontakten ab. Meist aber blieben die verschiedenen Stände unter sich und sonderten sich damit von anderen ab. Besonders galt das für die Geistlichkeit – sofern sie nicht im seelsorglichen Einsatz war –, für den Adel, den Fürstenhof, das Militär und für den *Rathsstand*, das waren die Mitglieder ratsfähiger Familien, also die bürgerliche Oberschicht, die meist auch zu den Reicheren der Stadt zählten. Um 1800 kam die recht statische Gesellschaft stärker in Bewegung, unter anderem durch die Einführung von so genannten Casinos[137] oder Vereinigungen wie die *Harmonie*,[138] sodass es zu einer stärkeren Annäherung der einzelnen Stände kam, wobei die Handwerker bzw. der Gewerbestand sich nur zögerlich auf die Aufweichung der ständischen Hierarchie einließen.

Neben den Kirchenfesten, von denen in Würzburg die Kilianifestoktav und die Kirchweihfeste besonders populär waren, weil sie immer auch mit weltlichen Festen, mit Umzügen, Jahrmärkten oder Handelsmessen verbunden waren, wurden Fastnacht und Weinlese gern gefeiert.[139] Die Jesuiten ließen am Gymnasium regelmäßig Theaterspiele durch Schüler aufführen. Ein Hoftheater bestand unter Johann Philipp von Schönborn auf der Festung.[140] Unter dem vorletzten Fürstbischof Franz Ludwig von Erthal wurde das Hoftheater in der Würzburger Residenz geschlossen. Nach der Säkularisation initiierte Julius Graf Soden ein neues Theater, das an die Stelle des aufgelösten Adeligen Damenstiftes zur hl. Anna trat.[141] In der Zwischenzeit boten wandernde Schauspielertruppen volkstümlichen Ersatz.[142] Von den Künsten war die Musikpflege sehr geschätzt; weite Kreise musizierten, Konzerte und Chöre erfreuten sich großer Beliebtheit, vorzüglich der akademische Chor und die Militärmusik.[143]

Bei den Gewerbetreibenden und Handwerkern spielte sich das gesellschaftliche Leben großteils innerhalb der Zünfte oder Innungen ab, die in Bruderschaften oder Sodalitäten auch religiös ausgerichtet waren, geistlich in der Regel von einem der ortsansässigen Klosterorden – meist der beliebten Bettelorden – betreut. Zum Beispiel war die Kirche der Franziskanerminoriten der Treffpunkt der seit 1426 bestehenden Handwerkerbruderschaft der Kessler, Drechsler, Wagner, Plattner und Schmiede. Die Büttnerzunft stiftete dorthin 1620 einen Altar. 1667 verlegte das Seilerhandwerk seinen Jahresgottesdienst von der Karmelitenkirche in die Franziskanerkirche.[144] Die Zünfte der Barbiere, Tüncher, Schuhmacher sowie die Bäckergesellen feierten ihre Gottesdienste in der Augustinerkirche.[145] Die Schustergesellen trafen sich in der Karmelitenkirche, ebenso die Seiler, die Bader aber im Dominikanerkloster.

Im Mittelalter waren die Zünfte der Altreußen (Flickschuster) und der Köche in der Augustinerkirche religiös beheimatet. Ihre Bedeutung trat später zurück, wie die manch anderer Handwerksbruderschaften. Dagegen gewannen im 17. und 18. Jahrhundert kirchliche Bruderschaften und Vereinigungen, so genannte Sodalitäten, an Bedeutung auch im sozialen Bereich.[146] Seit 1647 wallte alljährlich die Heiligkreuzbruderschaft von Würzburg zum Kreuzberg in der Rhön und feiert nach ihrer Rückkehr am 24. August eine Dankandacht im Neumünster und die populäre Zwiebelkirchweih in der Semmelstraße.[147] 1630 entstand in Würzburg die *Hochlöbliche Ertz-Bruderschaft Corporis Christi in der Hohen Domb-Kirchen zu Würtzburg*.[148] Am Käppele, dem berühmten Marienheiligtum auf dem Würzburger Nikolausberg, bildete sich 1754 aus einer Marianischen Bürgersodalität die heute ebenfalls noch bestehende Mariae-Schmerz-Bruderschaft heraus.[149]

Die Zünfte sorgten für die gute Ausbildung des Berufsnachwuchses und dafür, dass nicht zu viele Meisterbetriebe einander schädliche Konkurrenz machten; sie regelten Qualität, Preise und Löhne und vertraten durch ihre gewählten Repräsentanten die Berufsinteressen im Stadtrat und vor der Regierung.[150] Zu der Zeit, als das alte zünftische Wesen durch neuzeitliche Gesetze und wirtschaftliche und technische Umwälzungen bereits geschwächt war, schlug der Geistliche Rat und Universitätsprofessor Franz Oberthür die Bildung einer *Gesellschaft zur Vervollkommnung der mechanischen Künste* vor, zu der sich 1806 eine Reihe bedeutender Handwerksmeister zusammenschlossen unter aktiver Teilnahme Oberthürs und des Großherzoglich Würzburgischen Kammerherrn Freiherr Franz von Hutten. Im ehemaligen Dominikanerkloster entstand das erste Heim dieses Vereins, der die berufliche Bildung auf eine tragfähige und bis heute erfolgreiche Basis stellte.[151]

Öffentliche Hygiene

Das Klima in Würzburg ist dank der Kessellage der Stadt relativ warm und bietet viele Sonnentage, während die Winter meist mild sind. Vor 200 Jahren war auch die Luft gesund dank der vielen Obst-, Wein- und Gemüsegärten sowie der Wiesen. Viele Obstbäume aus dem Süden gedeihen im Würzburger Klima gut.[152]

Als Problemzonen galten die dicht bevölkerten, engen und hochwasserbedrohten Gassen entlang des Flusses, deren feuchte Bebauung oft zu Krankheiten bei der dort hauptsächlich wohnenden ärmeren Bevölkerung führte. Sanierungspläne, die Balthasar Neumann 1720 erarbeitete, scheiterten großteils an der Kostenfrage.[153] Meist wurde mit Holz, teilweise auch mit Holzkohle, wenig aber mit Steinkohle geheizt. 1805 ließ die Landesdirektion nach Wegfall der meisten Klöster einige Wärmestuben für arme Stadtbewohner und Reisende einrichten.[154]

Dem christlichen Gebot der Nächstenliebe entsprach es, den Armen zu helfen. Angesichts der wachsenden Verelendung nach dem Siebenjährigen Krieg (1756–1763) konnten weder die staatlichen Obrigkeiten noch die Magistrate, weder die herkömmlichen Sozialeinrichtungen noch private Hilfsbereitschaft dem Elend umfassend gegensteuern. Daher unterschied man, auch in Würzburg, stärker zwischen den »würdigen Armen« und den »unwürdigen«. Letztere waren meist heimatlos gewordene Vagabunden oder Menschen, deren Verarmung als selbst verschuldet angesehen wurde. Diese Unterscheidung war bereits seit der Reformationszeit getroffen worden, jetzt aber traf es das »Bettlergesindel« besonders hart, das für sein Betteln kriminalisiert, scharf überwacht, überstreng bestraft und oft aus dem Territorium gewiesen, nicht selten auch zum Militär gepresst wurde. Die einheimischen Armen durften mit behördlicher Lizenz betteln, sie konnten in Armen- und Pfründnerhäusern ihr Leben fristen oder wurden in Arbeitshäuser eingewiesen.

Die Reform im Armenwesen unter Franz Ludwig von Erthal verband prophylakti-sche Maßnahmen mit der systematisierten Erschließung finanzieller und wirtschaft-licher Ressourcen.[155] In diesen Bereich gehörten die von ihm eingerichteten Armen-Kommissionen, der Ausbau der hausärztlichen Armenpflege und der ambulanten Krankenpflege, die in der Stadt weitgehend von eigens aufgestellten Amtsärzten und Chirurgen, seit 1807 von der Poliklinik ausgeübt wurde.[156] Vorläufer der neuzeitlichen Krankenkassen waren beispielsweise das 1785 geschaffene Kranken-Gesellen-Institut oder das Institut für erkrankte Dienstboten.[157]

Bei Kärrnern und Lohnkutschern standen die Pferdeställe oft zu nahe an den Woh-nungen. Die Kanalisation war nicht gleichmäßig über die Stadt verteilt. In dieser Hin-sicht waren das Hauger und das Pleichacher Viertel benachteiligt, fast ebenso sehr das Burkarder. Dort nahmen Senkgruben Fäkalien und Unrat auf, den so genannte *Nachtar-beiter* in gewissen Abständen wegräumten. Abwässer entstanden verstärkt an den Stand-plätzen der Gerber, der Seifensieder, der Lichterzieher (Kerzenmacher) und der Metz-ger.[158] Die verunreinigten Wässer flossen ungeklärt in den Main. Nachdem die einstigen Vorstädte in den städtischen Mauerring einbezogen waren, lagen die Schlachtbrücke, die Gerbereien und die Wasenmeisterei, also Einrichtungen, die Wasser und Luft verun-reinigten, innerhalb der Stadtmauern.[159]

Die Wasserversorgung erfolgte teils durch Hausbrunnen, teils durch öffentliche Röh-renbrunnen. Das Wasser der Hausbrunnen war wegen des kalkreichen Gesteins ziem-lich hart, weswegen zum Waschen meist Regen- oder Flusswasser genutzt wurde. Das quellengespeiste Wasser aus den Röhrenbrunnen war dagegen weicher.[160] Das Quellwas-ser, von außerhalb zur Stadt geleitet, so zum Beispiel vom Faulenberg her, wurde seit 1733[161] durch zwei Druckwerke in den Wasserturm auf dem Wall an der nordöstlichen Stadtseite hochgetrieben und von dort in Bleirohren in die Röhrenbrunnen und in die Bassins des Hofgartens geleitet.[162] Das aufwändige, aber für die Hebung der Volksge-sundheit nötige Werk kam unter Fürstbischof Friedrich Karl von Schönborn zu Stande, Hauptplaner war Balthasar Neumann.[163] Vom Wasserturm gingen zwei Hauptleitungen aus, die erste durch das Teufelstor, wo ein Seitenstrang zur Pfaffengasse abzweigte und den Rohrbrunnen beim Bürgerspital im Hauger Viertel speiste. Vom Teufelstor ging der Hauptstrang weiter durch die Reißgrube beim Juliusspital bis in die Mitte der Unteren Promenade, von wo aus ein weiterer Seitenstrang zum Brunnen beim Brauhaus führte; die Hauptlinie zog zum Dominikanerkloster, weiter durch den inneren Graben und das Katharinengässchen hinter der Marienkapelle vorbei, von wo aus eine Seitenleitung den Zweiröhrenbrunnen auf dem Marktplatz speiste. Das zweite Hauptrohr führte vom Wasserturm durch die Gärten am Wall und im Bach der Spiegelschleifmühle bis zum Neutor, durch den Hauptwall in den Stadtgraben und oberhalb des Rennweger Tores durch den Wall wieder in die Stadt. Ein Seitenarm zog von dort aus dem Brunnen an der Weth in der Nähe der Hofstallungen (heute noch: Hofstallstraße) und über den Rennweg in den Hofgarten, wo drei weitere Abzweige einige Bassins und einer die bei-den Hofküchen mit Wasser versorgten. Die Hauptleitung selbst füllte weitere Bassins, zwei Abzweige nahmen Abfälle auf, ein anderer führte Wasser in die Küche des Priester-seminars und in das Universitätsgebäude. Das Hauptrohr endete an einem Brunnen in der Weth und versorgte zuvor noch den Brunnen in der Schweizerei beim ehemaligen Kloster St. Afra.

Dazu kamen 30 Pumpbrunnen, 12 Ziehbrunnen und 634 Brunnen, die in privaten Anwesen gegraben waren. Die offenen Ziehbrunnen waren früher zahlreicher; weil sie oft verunreinigt wurden oder unfallträchtig waren, ersetzte man sie seit etwa 1780/85 weitgehend durch Pumpbrunnen.[164] Probleme brachten auch manche Hausbrunnen, wenn die Viehställe zu nahe standen und die Brunnen zu wenig ausgetieft waren und daher nur wenig gefiltertes Oberflächenwasser zu Tage förderten. Die Festung Marienberg erhielt ihr Wasser von einem Tiefbrunnen, gekrönt durch ein Brunnenhaus der Renaissance, und durch eine Wasserleitung aus Höchberg, die im Bauernkrieg 1525 zerstört und zehn Jahre später durch Fürstbischof Konrad von Thüngen wieder hergestellt wurde.[165]

Auf dem Main existierten zu Beginn des 19. Jahrhunderts zwei Badeschiffe unterhalb des Kranen, wo heiße und kalte Bäder geboten wurden. Das Baden im offenen Main war nur an bestimmten Stellen polizeilich erlaubt.[166]

Die meisten Straßen waren gepflastert, aber die Beläge der weniger befahrenen oder begangenen Gassen wurden seltener erneuert. In Winkeln zwischen den Gebäuden sammelte sich oft Unrat. Auch auf den Straßen blieb Unrat liegen, nicht selten sogar der Mist, der bei der innerstädtischen Viehhaltung anfiel. Die Abflüsse aus den Häusern führten meist zu den Rinnen in den Straßen; dort, wo diese Rinnen nicht in das unterirdische Kanalsystem abfließen konnten, waren die Straßen häufig verunreinigt. Die ersten Abwässerkanäle und Abzugsgräben entstanden bereits im Mittelalter und wurden besonders in der Barockzeit ausgebaut. In Würzburg hießen sie Döhle. Neben dem Main nahmen auch seine Zuflüsse wie Kürnach und Pleichach einen großen Teil des Regenwassers, der Abfälle und Fäkalien auf. Die Straßen reinigte man regelmäßig einmal in der Woche, die Marktplätze nach Ende der Marktzeiten.[167] Der Schlamm, der sich bei den häufigen Überschwemmungen ablagerte, wurde teilweise zum Düngen der Gärten und Felder verwendet, jener in den beiden Bächen zweimal im Jahr ausgehoben, auf die Straßen geschüttet und erst nach dem Austrocknen weggefahren. Kürnach und Pleichach flossen im 16. Jahrhundert großteils noch frei durch die Stadt; bis zum Ende des 18. Jahrhunderts waren sie weitgehend überbaut. Die Pleichach floss großteils nördlich des Stadtteiles, dem sie den Namen gab, ebenso nördlich des Hauger Viertels; sie kam von Osten und ergoss sich westlich in den Main. Die Kürnach floss durch das Klostereal von St. Afra, südlich an der Kartause Engelgarten vorbei, von dort aus zum Bürgerspital und am Dominikanerkloster und südlich am Juliusspital vorbei und beim Inneren Pleichacher Tor in den Main. Wie schon erwähnt, zog sich die Feuchtigkeit stark in die angrenzenden Häuser.[168]

Bei Dunkelheit waren nur wenige Häuser beleuchtet, meist mussten sich die Passanten mit eigenen Windlichtern und Fackeln behelfen. Seit 1791 galt die Vorschrift, dass in gleichmäßigen Abständen des Nachts die Häuser beleuchtet werden sollten, mit speziellen Instruktionen für die *Lampenfüller* und *Lampenanzünder*.[169]

Die ständischen Unterschiede blieben nach dem Tod bestehen:[170] Im Dombau fanden die Leichen der Fürstbischöfe, Dompröpste und Domdekane ihre letzte Ruhe, wo-

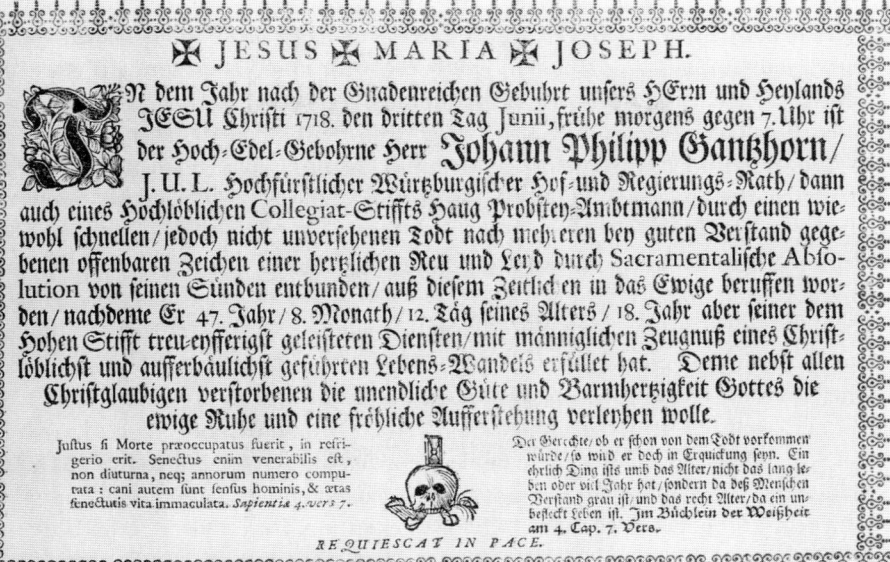

✠ JESUS ✠ MARIA ✠ JOSEPH.

In dem Jahr nach der Gnadenreichen Gebuhrt unsers HErrn und Heylands JESU Christi 1718. den dritten Tag Junii, frühe morgens gegen 7. Uhr ist der Hoch-Edel-Gebohrne Herr **Johann Philipp Gantzhorn/** J. U. L. Hochfürstlicher Würtzburgischer Hof-und Regierungs-Rath/ dann auch eines Hochlöblichen Collegiat-Stiffts Haug Probstey-Ambtmann/ durch einen wiewohl schnellen/ jedoch nicht unversehenen Todt nach mehreren bey guten Verstand gegebenen offenbaren Zeichen einer hertzlichen Reu und Leyd durch Sacramentalische Absolution von seinen Sünden entbunden/ auß diesem Zeitlichen in das Ewige beruffen worden/ nachdeme Er 47. Jahr / 8. Monath / 12. Täg seines Alters / 18. Jahr aber seiner dem Hohen Stifft treu-eyfferigst geleisteten Diensten/ mit männiglichen Zeugnuß eines Christlöblichst und aufferbäulichst geführten Lebens-Wandels erfüllet hat. Deme nebst allen Christglaubigen verstorbenen die unendliche Güte und Barmhertzigkeit Gottes die ewige Ruhe und eine fröhliche Aufferstehung verleyhen wolle.

Justus si Morte præoccupatus fuerit, in refrigerio erit. Senectus enim venerabilis est, non diuturna, neq; annorum numero computata: cani autem sunt sensus hominis, & ætas senectutis vita immaculata. *Sapientia 4. vers 7.*

Der Gerechte/ ob er schon von dem Todt vorkommen würde/ so wird er doch in Erquickung seyn. Ein ehrlich Ding ists umb das Alter/ nicht das lang leben oder viel Jahr hat/ sondern da deß Menschen Verstand grau ist/ und das recht Alter/ da ein unbesteckt Leben ist. Im Büchlein der Weißheit am 4. Cap. 7. Vers.

REQUIESCAT IN PACE.

Abb. 152: Totenzettel des
am 3. Juni 1718 gestorbenen Hof- und Regierungsrats Johann Philipp Ganzhorn.
(UBW, Franc. 1329, Totenzettel)

bei die Eingeweide der Bischöfe pietätvoll nach der Einbalsamierung in der Rundkirche auf dem Marienberg beigesetzt wurden. In der Sepulturkapelle im Erdgeschoss des Kapitelshauses am Paradeplatz bestattete man die verstorbenen Domherren, während im Domkreuzgang die Domvikare sowie die domkapitelischen Amtleute und Offizianten beigesetzt wurden. Die Stifts- und Klosterkirchen oder deren Kreuzgänge nahmen die Leichen ihrer Pröpste oder sonstigen Vorsteher auf, gelegentlich auch der Kanoniker und Ordensleute selbst sowie einer Reihe von Wohltätern und Förderern mitsamt deren Familien. Heute noch besteht beispielsweise ein großes Grabgewölbe unter der so genannten Reuererkirche. 1880 fand man beim Pflastern der Domerschulstraße neben der Michaelskirche eine unterirdische Gruftanlage mit acht abzweigenden Gängen, die entweder noch dem St. Agnetenkloster oder dem später dort gelegenen Jesuitenkolleg als Grabstätte gedient hatten.

Viele Menschen, die sich dem Stift oder Kloster verbunden fühlten, erhielten auch in den dazu gehörigen Friedhöfen ihre letzte Ruhestätte. Solche Friedhofsanlagen, wie sie neben anderen bei den Dominikanern und bei den Franziskanern bestanden, bildeten nicht selten ein Verkehrshindernis in den ohnehin schon relativ schmalen Gassen. Wegen der sehr begrenzten Flächen solcher Klosterfriedhöfe war besonders nach Epidemien sehr häufig eine Umbettung der Gebeine in so genannte Ossarien nötig, um erneut Platz zu schaffen. Ähnlich war es bei den Gottesäckern, wie frommer Sinn die Begräbnisplätze oft nannte, die für die Pfarreien unterhalten wurden. Am bekanntesten ist der ehemalige Leichenhof zwischen Dom und Neumünster, wo unter anderem auch Tilman Riemenschneider sein Grab fand. Die Fläche heißt heute Kiliansplatz.

Den Leichnam Balthasar Neumanns, der nicht nur fürstlicher, sondern gewissermaßen auch städtischer Baumeister war, nahm die Bürgerkirche am Marktplatz auf, die so genannte Marienkapelle. In der Marienkapelle durften sich auch Stadträte und die Mitglieder des Ritterordens der Fürspänger beisetzen lassen, in der Franziskanerkirche auch Mitglieder der Schmiedezunft, in der Augustinerkirche auch die adelige Schwesternschaft der *Agelblume*, heute Akelei genannt[171], sowie die Fraternität der so genannten Gürtelbruderschaft und verschiedene Totenbruderschaften, die man später als Sterbekassen bezeichnet hätte.

Nach längeren Verhandlungen und Seuchen wurden 1542 beim damals infolge des Aussterbens des Konvents leer stehenden Reuerinnenkloster und vor dem Äußeren Pleichacher Tor neue Friedhöfe angelegt. Der Erstere wurde anscheinend bald wieder aufgegeben, der Zweite diente in späteren Jahren den Lutheranern zur Grablege, während der 1558 vor dem Stefanstor Angelegte den Katholiken zur Verfügung stand. 1641, in der Spätphase des Dreißigjährigen Krieges, wurden die Mauersteine des inzwischen verfallenen protestantischen Friedhofs zu Schanzarbeiten am Hirtenturm im Südwesten der Altstadt benutzt.

Der erste Michaelsfriedhof, auf dem heutigen Kilianeums- und einem Teil des Landgerichtsgeländes gelegen, 1558 eingeweiht und 1606 mit einer St. Michaelskapelle versehen, musste unter Fürstbischof Johann Philipp von Schönborn um 1670 weichen und wurde 1674 in Richtung auf das Rennweger Tor verlegt. Auch dieser zweite Michaelskirchhof verschwand, als dort der Residenzbau und der Hofgarten entstanden.[172] Die Militärgarnison bestattete ihre Verstorbenen vor dem Zeller Tor.

1803 wurden die Friedhöfe der Innenstadt behördlich geschlossen und drei neue außerhalb der Mauern angelegt, je einer vor dem Neu-, dem Sander- und dem Zellertor.[173] Der Friedhof vor dem Neutor wurde ab 1803 zum Zentralfriedhof der Stadt, die anderen beiden existierten nicht lange. Der Zentralfriedhof kannte keine konfessionelle Beschränkung mehr. An der Westmauer legten der fränkische Adel sowie das Großbürgertum der Stadt ihre Grablegen und Erbbegräbnisse an.[174]

Die Kalenderreform von 1583

ULRICH WAGNER

In der Stadt Würzburg und im Hochstift ließ Fürstbischof Julius Echter auf Drängen Kaiser Rudolfs II. und gegen den Widerstand des Domkapitels den neuen »Gregorianischen Kalender« am 29. Oktober 1583 durch die Pfarrer von der Kanzel verkünden. Im Monat November sollten zur Korrektur zehn Tage ausgelassen werden. Julius Echter ordnete an, die zehn Tage vom 5. bis 14. November zu streichen und auf den 4. November den 15. November folgen zu lassen. Das Fest des hl. Martin wurde daher in Würzburg erst am 21. November gefeiert.

Über das gesamte Mittelalter galt im Heiligen Römischen Reich Deutscher Nation der bereits in der Antike durch Gaius Julius Cäsar 46 v. Chr. eingeführte »Julianische Kalender«. Da in diesem ein Durchschnittsjahr berechnet worden war, das mehr als 11 Minuten länger war als das Sonnenjahr, ergab sich infolge dieser Fehlerquote im Lauf der Zeit eine zwar nur allmählich feststellbare, sich aber doch kontinuierlich steigernde Verschiebung der Jahreszeiten. Die Differenz betrug in 128 Jahren einen vollen Tag; bis ins 15. Jahrhundert war sie bereits auf mehr als 10 Tage angewachsen. Mittelalterliche Rechenmeister hatten bereits früh auf die gerade von der Landbevölkerung bemerkte Zeitverschiebung aufmerksam gemacht und Lösungsvorschläge erarbeitet.

Auf dem Reichstag zu Augsburg 1582 wurde über eine Kalenderreform debattiert, ohne dass man sich einigen konnte. Papst Gregor XIII. ließ auf der Basis von Forschungen des Nicolaus von Cues und des Kopernikus eine fundierte Kalenderkorrektur ausarbeiten, die darauf abzielte, den Frühlingsbeginn wieder auf den 21. März zu bringen – inzwischen lag er Anfang April – und ihn auf diesem Termin festzuhalten. Mit der Bulle vom 24. Februar 1582 verfügte der Papst die Ablösung des Julianischen durch den Gregorianischen Kalender.

Kaiser Rudolf II. und die katholischen Länder nahmen den neuen Kalender 1583 an, nicht aber die protestantischen Fürsten; sie hielten auch den neuen Kalender nicht für fehlerfrei. Gerade an Orten, wo Katholiken und Protestanten nebeneinander lebten, führte die Neuregelung zu beträchtlichen Verwirrungen. Die Augsburger Unruhen jener Zeit wurden als so genannter Kalenderstreit bekannt.

Für Würzburg und die Region brachte die Kalenderreform mancherlei Umstellungsprobleme. Einzelne Buchdrucker druckten die neuen Jahreskalender nach dem

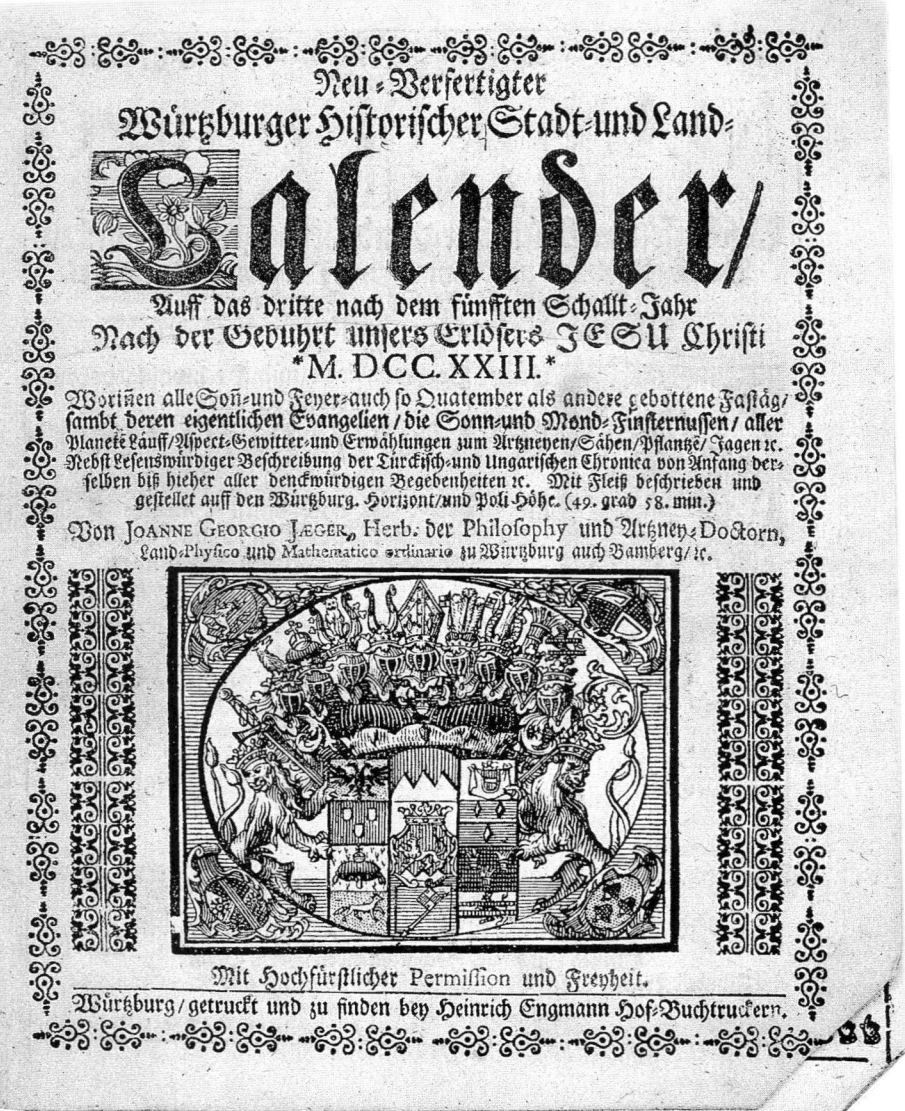

Abb. 153: Als Hilfsmittel für die Gestaltung und Ordnung des täglichen Lebens hatten bereits vor der Kalenderreform gedruckte Kalender, die häufig als Almanache bezeichnet wurden, weite Verbreitung gefunden. Diesen aufgrund astronomischer Berechnungen erstellten Verzeichnissen der Tage, Wochen und Monate wurden die Heiligentage, die kirchlichen Feste, die Jahreskennzeichen und die Witterungssymbole hinzugefügt. Nach 1583 wurden die Kalender immer umfangreicher gestaltet, neben zahlreichen Illustrationen boten sie astrologisch-medizinische Rezepte, Tabellen der günstigen Tage zum Aderlassen sowie der Unglückstage, Anleitungen für die Feldarbeit, seit dem 18. Jahrhundert vermehrt auch erbaulich-unterhaltende Lektüre. (StadtAW, Würzburger historischer Stadt- und Landkalender, 1723)

alten Stil weiter, sodass zwei Datierungen nebeneinander bestanden. Als die Schweden 1631 Würzburg besetzten, führten sie wiederum den alten Julianischen Kalender ein, der bis zum Ende der sachsen-weimarischen Zwischenregierung 1634 in Kraft blieb.

In den nichtkatholischen Ländern setzte sich der Gregorianische Kalender nur langsam durch. Im Jahr 1700 übernahmen ihn schließlich die protestantischen Gebiete des Reiches, England folgte 1752, Schweden 1753; im orthodoxen Russland blieb der alte Julianische Kalender bis ins 20. Jahrhundert in Gebrauch. Um im Zwischenzeitraum von 1582 bis 1700 Unklarheiten bei Datierungen zu vermeiden, wurden öffentliche Akten und wichtige Schriftstücke, wie zum Beispiel Staatsverträge, meist doppelt datiert, das heißt der alte Stil wurde vor oder über dem neuen Stil angegeben.

Hexenprozesse

HUBERT DRÜPPEL

Der Hexenwahn

Okkultismus und magische Praktiken sind zeitlose Phänomene der Menschheitsgeschichte. Der Glaube, das eigene Geschick und das anderer könne durch Beschwörung übersinnlicher Mächte gesteuert werden, ist ebenso uralt wie die Furcht vor Personen mit der vermeintlichen Befähigung, Schaden und Nutzen herbeizaubern zu können. Für die Kirche des Spätmittelalters verkörperte sich die magisch angerufene Macht im Widersacher Gottes, in Satan und seinen Dämonen; wer sich ihnen zuwandte, verleugnete Gott. Die weltliche Obrigkeit hingegen konzentrierte sich auf die Ahndung des Schadenszaubers, profaner Tatbestände wie Mord, Körperverletzung und Vermögensschaden, die nach allgemeiner Überzeugung mittels schwarzer Magie verwirklicht werden konnten. Gerichtlich verhandelte Zaubereiklagen im Würzburgischen hat Friedrich Merzbacher für das ausgehende 14. und frühe 15. Jahrhundert nachgewiesen.[1] 1470 wurde die Magd eines Würzburger Bürgers wegen eingestandenen Liebeszaubers abgeurteilt und im Main ertränkt.[2]

Mit Beginn der Neuzeit mehren sich die Nachrichten über Ermittlungen gegen Hexereiverdächtige in der Region.[3] Epidemisch breitete sich die fränkische Hexenverfolgung gegen Ende des 16. Jahrhunderts aus. Sie war Welle einer Flut, die in den 80er Jahren vom Erzstift Trier über Bayern, Schwaben und Franken bis Westfalen strömte.[4] Ihre Höhepunkte im Würzburgischen erreichten die systematischen Hexenjagden am Ende der Regierungszeit Julius Echters und dann erneut unter Fürstbischof Philipp Adolf von Ehrenberg. Treibende Faktoren waren die sich häufenden Missernten, gefolgt von Hungersnöten und Seuchen,[5] die man nicht auf die natürliche Ursache der globalen Klimaveränderung durch die so genannte Kleine Eiszeit, sondern auf einen Bund Satans mit Zauberern und Hexen zum Verderbnis der Menschheit zurückführte. Die Angst saß tief in allen Bevölkerungsschichten; genährt wurde sie auch durch den sichtbaren Zerfall der kirchlichen und weltlichen Autoritäten in den religiösen und politischen Umbrüchen der Reformationszeit.

Das ideologische Rüstzeug der Massenverfolgung lieferte der bereits 1486 publizierte, immer wieder neu aufgelegte »Malleus maleficarum« (»Hexenhammer«)[6] des elsässischen Dominikaners Heinrich Kramer (Institoris).[7] Dieser Großkommentar enthielt das in Jahrhunderten entwickelte, theologisch bestätigte, durch eigene Erfahrungen des Au-

tors als Inquisitor angereicherte »Wissen« seiner Zeit über Zauberei und hexende Un-
holde. In Einklang mit der kirchlichen Lehre von der Frau als lediglich nachgeordnetes
Ebenbild Gottes[8] prägte den »Hexenhammer« eine extrem misogyne Tendenz; Prototyp
der mit böser Magie umgehenden Person war für Kramer das Weib, die verbrecherische
Hexe (*malefica*),[9] die es zu zermalmen galt. Gestützt wurde die Autorität des Verfassers
durch die Bulle »Summis desiderantes affectibus« Innozenz' VIII. vom 5. Dezember
1484;[10] das päpstliche Dokument hob den häretischen Charakter der Zauberei hervor
und fasste die landläufigen Vorstellungen von den Untaten der Hexenleute in einem
Kurzkatolog zusammen.

Reichsrechtlich geregelt wurde der Hexenprozess in der »Peinlichen Gerichtsordnung« Kaiser Karls V. von 1532, der »Constitutio Criminalis Carolina«.[11] Die professio-
nelle Handhabung des Gesetzbuches stieß freilich auf Schwierigkeiten, da die Richter
und Schöffen der fränkischen Zentgerichte *ungelehrte* Rechtspraktiker waren. Damit
schlug die Stunde der im römisch-kanonischen Recht ausgebildeten Juristen; einige, die
sich später als kontrollierende Kommissare in den Hexenprozessen besonders hervorta-
ten, hatten ihr Jurastudium an der von Julius Echter (1573–1617) im Jahr 1582 wieder
gegründeten Universität Würzburg absolviert.[12]

Die Hexenjagden (1590–1629)

Die urkundliche Überlieferung der ersten Jahrzehnte ist lückenhaft. Die frühesten
Nachrichten über echterzeitliche Hexenprozesse fallen in die Jahre 1590, 1593 und
1596; angeklagt waren allerdings nicht Personen aus der Hauptstadt selbst.[13] 1602 be-
schuldigte eine Viehmagd die Pfründnerin Dorothea Messing im Juliusspital der Hexerei.[14] Auch 1606 wurde in Würzburg prozediert.[15] 1611 erhob Wolfgang von Castell bei
Bischof Julius Protest gegen die Aburteilung geständiger Hexen in der Zent Remlingen.
Der Graf äußerte sich skeptisch über die Verwertbarkeit erfolterter Aussagen und verbot
die Exekution. Er war aber auch besorgt über das rigorose Vorgehen des Landesherrn,
das seine Stellung als Mitzentherr zu beeinträchtigen drohte;[16] denn grundsätzliche Bedenken gegen die Hexenjagden scheinen ihm, wie den meisten seiner Zeitgenossen,
fremd gewesen zu sein.[17] Echter brachte das Verfahren daraufhin an das Würzburger
Brückengericht, das als Oberzentgericht des Hochstifts in Fällen der *iustitia denegata*,
hier also der Rechtsverweigerung des Remlinger Tribunals, zuständig war.[18]

Ihren Höhepunkt erreichte die echterzeitliche Verfolgungswelle in den Jahren
1616/17.[19] Der Bischof habe, so berichtet ein 1616 in Tübingen gedrucktes Flugblatt,[20] *das
Hexenbrennen im Franckenlande angefangen,* wolle *das Vngeziffer gentzlich ausrotten* und habe
allbereit zu Geroltzhoffen starcke Braendt gethan. Er habe befohlen, künftig alle Dienstage
Massenexekutionen von je mindestens 15–25 Abgeurteilten durchzuführen. Bemerkenswert ist die Aussage, sogar der Teufel selbst sei *barmhertzger / als die Vnholden vnd Hexen,*
denn er habe den Hexen erklärt, dass sich die Menschen in Notzeiten zu Gott bekehrten,
im Wohlstand hingegen zu Sünde und Verbrechen neigten. Dennoch hätten die Hexen
nechst vergangenen Walpurgis / die Frost vnd Raiffen gemacht / vnnd was uebrig / durch die

Schlossen vnnd Hagelstein also strichweiß erschlagen [...] Der ergrimmte Teufel habe die Ungehorsamen daraufhin teils umgebracht, teils *also tractirt*, dass die Verletzungen geraume Zeit sichtbar geblieben seien, und dies habe denn auch zur Entdeckung geführt.[21] Hier scheint durchzuschimmern, was Kramer im »Hexenhammer« zu beweisen versucht hatte: Die Sünde der Hexerei wiege sogar schwerer als die der bösen Engel.[22]

Während die echterschen Massenverfolgungen demnach sogar im fernen Württemberg wahrgenommen wurden, äußert sich ein privates Dokument aus Würzburg selbst[23] auffallend einsilbig: Der Tuchscherer Jakob Röder vermerkte in seinem ab April 1598 geführten Tagebuch zwar Seuchenepidemien und Unfälle inner- wie außerhalb der Stadt, Kriegs- und Hungersnöte im Hochstift. Doch die Prozesse etwa gegen Frauen aus Arnstein und Lauda, die im ausgehenden 16. und beginnenden 17. Jahrhundert vor dem Würzburger Brückengericht[24] geführt wurden, erwähnt er nicht. Nur sein Eintrag vom 31. Oktober 1608 über ein vom Bischof angeordnetes Gebet *umb Außreutung der Keczerei und Uncatholischen*[25] stellt die Verbindung zur Hexenjagd her. Am 21. Januar 1617 schließlich findet sich der Eintrag: *Ist ein Man und 3 Weiber verprandt worden*, und für den 11. Juni vermerkt Röder: *Wurd uf der Canzel im Dhom verkündiget, daz in Jarszeit in disem Franckenlandt und Bistum Würzburg uber 300 Hexen oder Zauberin verbrant worden.*[26] Von den Massenverfolgungen, wie sie aus der Zent Gerolzhofen mit 261 Todesopfern zwischen 1616 und 1619 überliefert sind,[27] blieben die Einwohner der Hauptstadt selbst offenbar noch verschont.

Die persönliche Verantwortung des fürstbischöflichen Gerichtsherrn für die Justizmorde steht außer Frage. Anders jedoch als die Gegenreformation wurde die Hexenausrottung vom breiten Konsens zwischen Landesherrn und Untertanen getragen. Der Würzburger Stadtrat, wohlinformiert über die Verbrennungsexzesse in nächster Nachbarschaft, rühmte dem am 13. September 1617 Verstorbenen nach, er habe *glücklich, wol und fridlich regirt*,[28] eine offizielle Verlautbarung zwar, aber Ähnliches findet sich auch im Röderschen Tagebuch: *Got [...] geb uns Franncken wider ein solchen Vatter und Haushalter!*[29]

Echters Nachfolger, Fürstbischof Johann Gottfried von Aschhausen (1617–1622), hatte sich bereits in Bamberg als Hexenverfolger profiliert.[30] Auch sein zweites Hochstift wollte er vom Hexenunwesen säubern. Am 25. März 1618 befahl er drei zehnstündige Gebete *umb Gluck und Segen, die Zauberey außzureuden*.[31] Im selben Jahr ließ er das *Muentz-Hauß in dem Cantzley-Hoefflein* zu einem *Gefaengnuß mit 8 Gewölben oder Cammern, sambt zwo Stuben für die Unhulden oder Hexen* umbauen, damit die Gefangenen nicht mehr von entfernten Haftlokalen *über die Gassen* zum Verhör geschleppt werden mussten.[32] Um denunzierten Personen die Flucht in einen anderen Herrschaftsbereich zu erschweren, schloss Aschhausen mit Kurmainz ein Zulieferungsabkommen.[33] Die Prozesse in Gerolzhofen liefen weiter, Verfolgungen fanden auch andernorts im Hochstift statt.[34] Ob aber unter Fürstbischof Johann Gottfried auch Würzburger Einwohner als Hexenleute belangt und exekutiert wurden, bleibt ungewiss.[35]

Wie schon sein Vorgänger, zeigte auch der neue Landesherr gelegentlich Barmherzigkeit, etwa durch die Anweisung, Verurteilten den Tod zu erleichtern,[36] doch an der Notwendigkeit der Hexenausrottung zweifelte er nicht. Seine persönliche Überzeugung,

Abb. 154: Druten Zeitung (zeitgenössischer Bericht über das Hexenwesen),
Schmalkalden (Nürnberg) 1627.
(Staatsarchiv Nürnberg, Bildsammlung 107.1)

aber auch die der hochstiftischen Führungsschicht, von der Realität des Schadenszaubers wird nicht zuletzt in Titel 51 § 3 der von ihm 1618 erlassenen Landgerichtsordnung deutlich: Eltern, die ihre Kinder *mit Zauberey, Gift und dergleichen Mittel zu tödten sich unterstünden*, sollten von den Abkömmlingen enterbt werden können.[37] Indes machte Aschhausen dieselbe Erfahrung wie alle Hexenverfolger vor und nach ihm: Die Prozesse führten nicht zur Unterdrückung, sondern scheinbar zur Verbreitung des Wahndelikts. 1620 ließ er daher erneut Bittgottesdienste zur Eindämmung der Hexerei und des Irrglaubens halten.[38] Doch die anbrechenden wirtschaftlichen und politischen Notzeiten hemmten den Verfolgungseifer des Bischofs und zunächst auch den seines Nachfolgers Philipp Adolf von Ehrenberg (1623–1631), des »Hexenbischofs«.[39]

Als Datum der ersten Hinrichtung unter dem neuen Landesherrn, einem Neffen Julius Echters, gilt der 3. Februar 1625.[40] In Stadt und Hochstift Würzburg grassierten Seuchen,[41] das folgende Jahr 1626 brachte eine Missernte, wie sie *bei Manns Gedenken nit beschehen* war. Die Bevölkerung sah *Zauberer unt Unholden* am Werk.[42] Im Amt Lauda und in der Herrschaft Grünsfeld kam es 1626 sogar zu gewalttätigen Übergriffen der von panischer Hexenangst getriebenen Untertanen gegen mehrere *der Zauberey halben beschraite Personen*, verbunden mit Drohungen gegen die Obrigkeit, der man mangelnden Einsatz bei der Hexenbekämpfung vorwarf.[43] Tatsächlich jedoch breiteten sich die Verfolgungen jetzt rasch über das Hochstift aus.[44] Spätestens im Frühjahr 1627, vermutlich aber schon 1626,[45] wurde wegen Zauberei auch gegen Einwohner der Stadt Würzburg ermittelt. Damit kam eine Prozesslawine in Bewegung, die, bevor sie Ende August 1629 auslief, mindestens 219 Menschen[46] – Frauen, Männer, Kinder – das Leben kostete.

Ausgelöst wurde die innerstädtische Hexenjagd durch die Festnahme einer Hebamme, die sich unter der Folter anscheinend als Initiatorin einer Würzburger Hexenverschwörung »bekannte«. Das in einem Druck aus dem Jahr 1745 überlieferte, unvollständige *Verzeichniß der Hexen-Leut, so zu Würtzburg mit dem Schwerdt gerichtet und hernacher verbrannt worden*,[47] nennt sie die *Schickelte* – also schielende – *Amfrau*;[48] beides passte zum Hexenklischee.[49] Ausdrücklich wird vermerkt: *von der kommt das ganze Unwesen her*. Schon dem »Hexenhammer« galt die Hebamme als abscheulichster und gefährlichster Prototyp der Schadenszauberinnen schlechthin.[50] Nicht in den zeittypischen geburtsmedizinischen Unzulänglichkeiten, sondern in teuflischem Hexenwerk glaubte man die Ursache der hohen Säuglingssterblichkeit gefunden zu haben.[51]

Die *Amfrau* wurde erst bei der vierten von insgesamt 29 aufgelisteten Massenverbrennungen exekutiert, wohl um zuvor noch die Namen möglichst vieler Komplizinnen aus ihr herauszupressen. Dabei gerieten den Hexenjägern nicht nur Angehörige der Unterschicht, sondern von Anfang an auch Frauen aus Handwerker-, Händler- und Ratsfamilien in die Fänge. Bereits beim ersten Brand am 15. Mai 1627 starben die Witwe eines ehemaligen Ratsherrn und die des Bürgermeisters Gutbrod, mit ihnen eine verwitwete Wirtin und eine Hökerin (Kleinhändlerin). Allein stehende Frauen gehörten zwar auch andernorts zu den am meisten beargwöhnten Personen, doch genossen sie, soweit sie zu den Oberschichten zählten, gewöhnlich den relativ sicheren Schutz ihrer einflussreichen sozialen Gruppe. In Würzburg brach diese ständische Schranke während der Jahre 1627–1629 völlig zusammen.

Auch andere Besonderheiten verdienen Beachtung: Der Anteil der wegen Hexerei denunzierten und hingerichteten männlichen Personen stieg bereits 1627 ungewöhnlich stark an und erreichte vor Februar 1629 Spitzenquoten von rund 70 Prozent. Fügte sich der erste Hingerichtete, ein bei *Fürsten und Herr* beliebter Spielmann, noch nahtlos in die geläufigen Wahnvorstellungen ein – Musikanten gehörten zu den unentbehrlichen Akteuren der *Hexentänze*[52] –, so wurde schon kurz darauf ein *vornehmer Kramer* gefasst und exekutiert. Ihm folgten Berufsgenossen, Handwerker, Wirte, Amtsträger, Gelehrte und alsbald, nach der Verbrennung seiner Ehefrau, mit Jakob Baunach[53] auch der erste von fünf *Hexerei halben* hingerichteten Ratsherren.[54]

Ein weiteres Würzburger Spezifikum ist die ungewöhnlich hohe Zahl verbrannter Kinderhexen[55] beiderlei Geschlechts. Nach einem beim siebten Brand erwähnten *fremd Mägdlein von zwölf Jahren* wurden noch mindestens 26 weitere Minderjährige aller Altersstufen Opfer der wahnhaft zuschlagenden Justiz, darunter zahlreiche Schüler. Einer von ihnen war Johann Bernhard Reichard aus Markelsheim, den sein geängstigter Vater im Dezember 1627 aus der Schule des hexereiverdächtigen Neumünsterstifts genommen und bei den Jesuiten in Dettelbach untergebracht hatte. Von dort wurde das neunjährige Kind Ende März 1628 nach Würzburg geschleppt und hier am 9. Mai verbrannt.[56] Da ab Mitte dieses Jahres monatlich mindestens eine Gruppenexekution stattfand, dürfte Reichard zu den Opfern des 16. Brandes gehören.[57]

Mit Domvikar Johann Schwerdt wurde im Herbst 1627 erstmals ein Geistlicher wegen Zauberei hingerichtet.[58] Im folgenden Jahr setzten die Würzburger Klerikerprozesse ein; ihre Erforschung ist Elmar Weiß und Harald Schwillus zu verdanken. Bis zum 30. August 1629 wurden insgesamt 48 Geistliche, überwiegend aus den Stiften Haug und Neumünster, als geständige Teufelsbündner exekutiert. Mit wenigen Ausnahmen handelte es sich um Personen von untadeligem Lebenswandel.[59] Unter der Folter aber gaben auch sie, wie üblich, Personen erst des weiteren, dann des engeren sozialen Umfelds als angebliche Komplizen ihrer Zaubereiverbrechen preis.[60]

Wenn nicht einmal mehr das *Privilegium canonis*, das die Verletzung eines Klerikers mit dem Anathem bedrohte,[61] Folter und Tod durch Henkershand abzuwenden vermochte, versagte erst recht die niedergerichtliche Kompetenz der Universität; ihr blieb nichts als ein zahnloser Protest, als die Jurastudenten Hir und Johann Gottfried Schwegler auf dem Scheiterhaufen endeten.[62] Schlechthin alle waren der Verfolgung ausgeliefert, und jede der grausam durchgeführten *Befragungen* produzierte tendenziell unzählige neue Opfer.

Die drängende Frage, wie denn der gewaltige Gerichtskostenaufwand zu finanzieren sei, hatte das fürstbischöfliche Konfiskationsmandat mit *Instruktion* schon frühzeitig, am 10. Juni und am 28. Juli 1627, gelöst.[63] In Widerspruch zu Art. 218 der »Carolina« (CCC), aber auch gegen den Willen des Domkapitels, verfügte der Landesherr, das Vermögen exekutierter Hexenleute solle, abgestuft nach dem Verwandtschaftsgrad der Hinterbliebenen, zu 20 bis 100 Prozent eingezogen werden, um *dauon zum vordersten der Inquisition vnd Exekution Kosten* zu bestreiten.[64] Der Gefahr, die Untersuchungen aus schnödem Geldmangel[65] einstellen zu müssen, war also vorgebeugt. Der Prozess ernährte den Prozess,[66] und er griff um sich: *Der Bischof läßt nit nach, bis er die ganze Statt verbrent hab*, klagte eine Inhaftierte.[67]

Auch in dem überarbeiteten Auszug eines Briefes, der aus dem Jahr 1629 und von einem *chancellier de Wurtzbourg* stammen soll, wird befürchtet, auf Dauer werde Würzburg durch die Hexenjagd ein Drittel seiner Einwohner verlieren.[68] Hochstiftskanzler jener Zeit war der schon von Fürstbischof Johann Gottfried ernannte Dr. Johann Brandt.[69] Er, der selber in leitender Position bei der Verfolgung mitwirkte,[70] hätte in der Tat das ganze Ausmaß der Hexenjagd am besten beurteilen können. In dem Schriftstück heißt es, mehr als 400 Personen hohen und mittleren Standes, beiderlei Geschlechts, Weltliche und Geistliche seien von Inhaftierung bzw. Hinrichtung bedroht. Verwickelt seien Adlige, Gelehrte, Hofräte, Gerichtspersonen, Stadträte. 13 oder 14 der 70 Alumnen des Priesterseminars seien der Hexerei bezichtigt, 300 andere Kinder verführt worden, darunter sogar Mädchen von drei bis vier Jahren, die mit dem Teufel sexuell verkehrt hätten.[71] Er, der anonyme Verfasser, sei Augenzeuge der Hinrichtung siebenjähriger Kinder, zehn- bis fünfzehnjähriger adliger und anderer Schüler gewesen. Auch Einzelschicksale werden beispielhaft erwähnt: die Hinrichtungen eines Diakons, *excellent musicien*, vor wenigen Tagen, die Verbrennung der schönsten und sittenreinsten Jungfrau Würzburgs vor acht, die Enthauptung des jungen Rotenhan vor 14 Tagen, die Exekution der Tochter des Eichstädter Altkanzlers. Aber die Detailangaben sind unstimmig: Zwischen Barbara Göbels Tod und dem des Junkers lagen mehrere Monate, nicht acht Tage, die Kanzlerstochter Anna Maria Schultheiß war laut Protokoll vom 4. September 1627 als Ledige eingekerkert[72] und keineswegs *mariée à un bourgmaister et conseiller;* umgebracht wurde sie am 6. Oktober 1628.[73] Der Brief kann also nicht, wie er vorgibt, unmittelbar nach den Hinrichtungen der exemplarisch erwähnten Personen geschrieben worden sein; der unbekannte Verfasser schöpfte aus seinem Gedächtnis, nicht aus frischem Erleben. Doch in den Umrissen trifft das Gesamtbild, das er entworfen hat, auf die Würzburger Zustände zu. Das gilt vor allem für die unnachsichtig konsequente »Gleichheit vor dem Unrecht«; in einem Protokoll aus dem Jahr 1628 betonten die fürstlichen Räte, bei Hexereiverdächtigen dürfe *khain Respect an Reichen vnd Armen gehalten* werden.[74]

Es war denn auch nicht die hohe Zahl der Opfer, die viele Menschen in Deutschland entsetzt auf Würzburg blicken ließ. Mitten im Dreißigjährigen Krieg war man ans Massensterben gewöhnt. Schrecken erregte vielmehr, dass die Würzburger Inquisitoren rücksichtslos gegen Angehörige privilegierter sozialer Gruppen vorgingen. Diese Einebnung der Standesunterschiede meinte ein Bürgermeister aus dem kölnischen Westfalen 1630, als er vom *Wuertzburgisch Werck*[75] sprach: Dort werde gerade auch bei den denunzierten *Vornembsten* nicht *durch die Finger* gesehen.

Eine als Zwischenbericht gedachte Bilanz der Massenverfolgungen findet sich in zwei mit *Bewilligung des Bischoffs vnd ganzen Thumb Capittels* publizierten Flugschriften von 1629/30.[76] Sie beziffern die unter Ehrenberg im Hochstift als Hexenleute Hingerichteten insgesamt auf *über die neun hundert*. Damit dürfte eine realistische Größenordnung wiedergegeben sein; denn der Fürstbischof, der mit der Hexenausrottung einer *Goettlichen Anweisung*[77] zu folgen glaubte, hätte keinen Grund gehabt, sein vermeintlich gutes Werk schamvoll zu verkleinern. Ebensowenig lag es an einem Gesinnungswandel Ehrenbergs,[78] dass die Zwischen- zur ungefähren Endsumme geriet.

Die Hexenleute und ihre Richter

Entwicklungsgeschichtliche Grundlage des Verfahrens gegen Hexen war der kirchenrechtliche Ketzerprozess.[79] Da der Schadenszauber zugleich profane Straftatbestände – Mord, Körperverletzung, Sexual- und Vermögensdelikte – einschloss, fiel er in die Kompetenz sowohl des kirchlichen als auch des weltlichen Gerichts. Prozediert wurde nach den Regeln des römisch-kanonischen Verfahrens.[80] Der *Besagung* durch mehrere – in Würzburg dreier[81] – Personen folgte die Festnahme der Beschuldigten, deren räumliches Umfeld nach Indizien, insbesondere »Hexenwerkzeug« abgesucht wurde. Als Hexengefängnisse dienten in Würzburg neben dem bereits erwähnten Münzhaus unter anderem das *Loch* im Grafeneckart, der Schneid- und der Hexenturm,[82] speziell für Kinderhexen das Juliusspital; zur Unterbringung der sprunghaft steigenden Zahl Gefangener richtete man 1627 neun weitere Hafträumlichkeiten ein.[83] Am Körper des Häftlings wurde nach typischen Hexenmerkmalen gesucht; als solche galten vor allem Melanome, aus denen beim Einstich kein Blut floss.[84] Mit der nichtöffentlichen Befragung des

Abb. 155: Darstellung des auf der Folterleiter angebundenen Inquisiten, in: Constitutio Criminalis Theresiana. Maria Theresias Peinliche Gerichtsordnung, Faksimiledruck der Ausgabe Wien 1769, Osnabrück 1975, Tafel XXIII.

Gefangenen trat das Verfahren in die entscheidende Phase; die Untersuchung (*inquisitio*) sollte die »Wahrheit« ans Tageslicht bringen (s. Tafel 42). Verhört wurde anhand von Katalogen, die in Einzelpunkten auflisteten, was nach dem »Hexenhammer«,[85] nach lokalem Aberglauben und in der wahnhaften Fantasie der Inquisitoren zum Hexenwerk gehörte:[86] Pakt und Beischlaf mit dem Teufel, Ausfahrt zum *Drudentanz*, der in Würzburg vorzugsweise auf dem Nikolaus-, dem Schalks- und dem Greinberg sowie auf dem Sanderwasen stattfinden sollte,[87] Anhexung von Krankheit und Tod, Kindstötung, Leichenschändung und Anthropophagie, Herstellung von Hexensalbe, der *schmier*, Milchdiebstahl mittels magischer Gerätschaften, Schadenszauber gegen Vieh und Frucht (s. Tafel 41/42). Besonderer Wert wurde auf die Preisgabe angeblicher Komplizen gelegt. Die Inquisitoren erwarteten vom Häftling uneingeschränkte Kooperation, das heißt ein detailliertes »Geständnis«. Widersetzte er sich, so schritt man zur *peinlichen Frage*. Zunächst wurde das Marterwerkzeug vorgezeigt und seine Anwendung beschrieben. Blieb die bloße Bedrohung fruchtlos, folgte die physische Tortur; in Würzburg kamen vorzugsweise die Rute, der bambergische Bock, die Leiter (s. Abb. 155) sowie Daumen- und Beinschrauben zur Anwendung.[88] Erwies sich ein anderes Gerät als besonders wirkungsvoll, empfahl man es weiter; so rühmte beispielsweise der Würzburger Hexenkommissar Dr. Christoph Faltermayer[89] am 8. Oktober 1628 in einem Schreiben an seinen Bamberger Kollegen und Schwager Dr. Ernst Fasold[90] die Nützlichkeit der *zackigen Stühle*: er kenne *keine bequemere Folter*.[91] Die Aussagen der Gequälten wurden protokolliert. Für eine Verurteilung war erforderlich, dass die gefolterte Person ihr Geständnis *außerhalb der marter* wiederholt hatte.[92] Die Inquisitoren reichten dem Gerichtsherrn ihren Urteilsvorschlag ein. Nach dessen Bestätigung erhielten die Delinquenten Gelegenheit zur reuigen Beichte und zu letztwilligen Verfügungen. Die öffentliche Verhandlung vor dem Brückengericht am *Endlichen Tag* vollzog sich zwar nach altehrwürdigem Ritual, war aber nurmehr reiner Formalakt. Der Urteilsverkündung folgte die Hinrichtung auf dem Sanderwasen. Regulär stand auf Hexerei zwar der Feuertod, aber schon Julius Echter hatte gelegentlich Milde walten lassen und ein weniger qualvolles Sterben angeordnet.[93] Auch die weitaus meisten Verurteilten der Jahre 1627–1629 starben nicht auf dem Scheiterhaufen, sondern wurden zuerst enthauptet und dann eingeäschert. Die Liste vom 16. Februar 1629 vermerkt zu lediglich einer Frau – der Brüglerin[94] – und vier Männern, darunter drei Klerikern, sie seien *lebendig verbrennt worden*; vermutlich waren ihnen besonders schwere Verbrechen oder Unbußfertigkeit angelastet worden. Ebenfalls öffentlich verbrannt wurden die Leichen der Personen, die in der Haft Suizid begangen hatten. Eine besondere Strafmilderung, die den Ruf des Delinquenten schonte, stellte die *heimliche* Exekution mit anschließender Verbrennung der aufgebahrten Leiche dar; bezeichnenderweise wurde sie außer einem kleinen Mädchen nur zwei Adligen und einem Doktor der Theologie zuteil.

Der äußeren Erscheinung nach war der Hexenprozess ein gesetzlich geordnetes Verfahren. Die Würzburger Praxis jedoch ignorierte selbst jene Residualrechte, die den Angeklagten nach der »Carolina« zustanden. Taugliche Beweismittel beispielsweise waren nach Reichsprozessrecht zwei oder drei glaubwürdige, gutbeleumdete *zeugen, die von eynem waren wissen sagen*.[95] Der »Hexenhammer« ließ auch Personen von schlechtem Ruf, insbesondere Komplizen der Beschuldigten, zum Zeugnis zu; nur Todfeinde sollten zurückgewiesen werden.[96] Die Würzburger Inquisitoren folgten hier dem »Hexenhammer«; gerade die unbeschränkte Verwendung »überführter« Hexen als Zeugen ließ die Zahl potenzieller Opfer sprunghaft steigen, persönliche Gegnerschaft galt ebenfalls als unbeachtlich.[97] Julius Echter hatte 1616 noch Bedenken gehabt, ein neunjähriges Kind als Zeugen zuzulassen;[98] zur Zeit Ehrenbergs kannte man dergleichen Skrupel nicht mehr. Auch andernorts führte man die Erfolge der Würzburger Hexenjagden darauf zurück, dass dort nicht die *facta*, sondern die *denunciationes* den Ausschlag gaben.[99]

Gemäß Art. 88 CCC war dem Angeklagten gestattet, sich durch einen *Fürsprech* verteidigen zu lassen. Selbst der »Hexenhammer« gestand dies zu, wenngleich unter derart massiven Beschränkungen, dass eine wirksame Verteidigung als nahezu ausgeschlossen erscheinen musste;[100] den Würzburger Hexenleuten hingegen blieb ein Anwalt versagt.[101]

Bei Zauberei schrieb die »Carolina« für das Verhör unter der Folter bestimmte Fragen vor, doch sollte nichts in den Inquirierten hineingefragt werden.[102] Das blieb freilich graue Theorie. Den stereotypen Interrogationsschemata entsprachen ebenso einförmige, erfolterte Aussagen. Da Art. 109 CCC explizit nur die *schädliche* Zauberei mit der Todesstrafe bedrohte, kam es wesentlich auf das Geständnis an, Leib, Leben oder Vermögen anderer Personen geschädigt zu haben. Bereits in den Würzburger Klerikerprozessen[103] ließ man es jedoch anscheinend bei der Bekennung von Religionsverbrechen bewenden, und wenn man dem erwähnten *Lettre du chancellier* Glauben schenken darf, genügte 1629 generell das Geständnis, Gott verleugnet und am Hexentanz teilgenommen zu haben; darüber hinaus, so wird betont, hätten die Verurteilten keine Missetat und keinen Schaden an Menschen verübt.[104]

Zumindest in der Spätphase hatte sich die Würzburger Praxis demnach weit von den Bestimmungen der »Carolina« entfernt. Dennoch registriert der Verfasser des Exekutionsverzeichnisses vom 16. Februar 1629 die Massentötungen überwiegend nüchtern. Betroffenheit, vielleicht auch schon behutsame Zweifel, deutet er nur ausnahmsweise an, etwa beim achtzehnjährigen *Göbel Babelin*,[105] das er *die schönste Jungfrau in Würtzburg* nennt, bei einem Studenten, der *viel Sprachen gekont, und ein vortrefflicher Musicus vocaliter und instrumentaliter*, besonders deutlich bei *Juncker* Erhard Adolph von Fischborn,[106] der ein *guter vom Adel* gewesen sei. Dem Verfasser einer früheren, auf den 28. Oktober 1627 datierten Liste[107] ist Mitleid völlig fremd. Eher scheint die Schadenfreude eines subalternen Amtsgehilfen durchzubrechen, wenn er die Vornehmheit und den Reichtum der Opfer aus Kaufmanns-, Handwerker- und höheren Amtsträgerkreisen oder den Hochmut der jungen, schönen Köchin eines adligen Domherrn betont: früher sei sie *gangen wie eine vom Adel*.[108] Neid und Missgunst erklären, warum schon vor August 1627 vier Haushälterinnen der Hexerei bezichtigt und hingerichtet wurden; als berufstätige Frauen, die noch dazu in Diensten zölibatär gebundener Kleriker standen, zählten sie ohnehin zu einer besonders verdächtigen Gruppe. Gefährdet waren nach der krausen Logik des »Hexenhammers« andererseits aber auch Mädchen von notorischer Frömmigkeit und tadellosem Ruf.[109]

Der »Hexenhammer« lehrte ebenfalls, dass die Familie einer Hexe grundsätzlich als *infiziert* zu gelten habe.[110] Anhand der beiden Würzburger Exekutionsverzeichnisse lässt sich verfolgen, wie der tödliche Verdacht auf Angehörige ausgeweitet wurde: Der am 15. Mai 1627 verbrannten Ratsherrnwitwe Lieblein folgte, wohl Anfang 1628, ihre vierundzwanzigjährige Tochter in den Tod. Unter den Eingeäscherten des vierten Brandes befand sich die Gattin des Bürgermeisters Siegmund Bauer; er selbst war 1627 ebenfalls inhaftiert worden und lag Ende 1628 noch im Kerker. Nach Daniel Gering, einem der Opfer des sechsten Brandes (1627), wurden im Frühjahr 1628 erst seine beiden Töchter, am 10. November desselben Jahres sein *klein Söhnlein* hingerichtet. Frau und Tochter des Bäckers Michael Bentz wurden gemeinsam exekutiert,[111] einer nicht namentlich genannten Mutter erst die Kinder, ein *klein Mägdlein von neun oder zehn Jahren* und ein *geringeres, ihr Schwesterlein*, umgebracht, bevor sie im nächsten Brand, Ende 1627 oder Anfang 1628, selbst den Tod erlitt.[112] Der Hutmacher Hans Gering endete am 13. Januar 1629 auf dem Scheiterhaufen, nachdem seine Ehefrau bereits im Vorjahr verbrannt worden war.[113] Ausgerottet wurde die Familie des Ratsherrn Veit Stoltzenberger; in der zweiten Hälfte des Jahres 1628 verlor er nacheinander seinen kleinen Sohn, seine erwachsene Tochter und seine Ehefrau, er selbst starb 1629 in einem der letzten 13 Brände.[114]

Im selben Jahr quittierte der würzburgische Hofrat Dr. Philipp Dürr[115] seinen Dienst als Hexenkommissar und trat in den Kapuzinerorden ein, wo er dann *ein exemplarisch Leben geführt haben* soll. Erklärt wird die Metamorphose des Verfolgers zum Mönch mit seelischen Erschütterungen: Dürr habe sich einen Hexenprozess, an dem er von Amts wegen beteiligt gewesen sei, *uber die Massen zu Gemüth geführet*; auch seien *sein Eheweib und Kinder bald nach einander von dieser Welt abgefordert worden*.[116] Näher liegt freilich die Vermutung, dass ihn die ständige Angst, das Schicksal seiner zwei Jahre zuvor als Hexe hingerichteten Mutter[117] teilen zu müssen, zermürbt hatte.

Warnendes Beispiel war der Syndikus und bewährte Hexenjäger Dr. Johann Friedrich Burckhart,[118] den man 1627 selbst unter Zaubereiverdacht festgenommen hatte; doch bevor er unter der Tortur zerbrach, gelang ihm die Flucht.[119] Möglicherweise wurde Burckhart vorsätzlich von Häftlingen denunziert; einen Hinweis darauf liefert die Aussage der Nürnberger Arzttochter Anna Maria Müller vor den bambergischen Untersuchungsrichtern: [...] *als sie noch zu Würtzburg in Verhafft gelegen, hätte sie von anderen Gefangenen den Rathschlag gehört, vff alle Examinatores auch zu bekhennen.* Mit solchen gezielten Denunziationen, fügte die tapfere Frau hinzu, werde man fortsetzen, und dann werde *das Bluetbadt über denen zusammenschlagen, welche die Leuth examinierten*.[120] Deutlicher konnte die Wertlosigkeit erfolterter Bezichtigungen bereits zu Beginn der letzten großen Verfolgungswelle nicht dargetan werden.

Das Ende der Massenbrände

Zu einer Glaubwürdigkeitskrise scheint es in Würzburg erst im Laufe des Jahres 1629 gekommen zu sein, als die Verfolgungen über die stadtbürgerliche Oberschicht hinaus in die geistliche und adlige Elite vorgedrungen waren. Unter der Folter wurden bereits Personen aus der Verwandtschaft höchster Würdenträger benannt, beispielsweise die Base des Würzburger Weihbischofs, die ein inhaftierter Fünfzehnjähriger beim Hexentanz auf dem Sanderwasen als Sexualpartnerin des Nicodemus Hirsch, Kanonikus des Stifts Neumünster, gesehen haben wollte.[121] Deutliche Zweifel zwar nicht an der Realität gigantischer Hexenverschwörungen, wohl aber an der Legalität der Würzburger Prozesspraxis und ihrer Ergebnisse äußert der Verfasser des angeblichen Kanzlerbriefes: *En vérité je ne puis comprendre cette procedure.*[122]

Der Landesherr selbst teilte diese Zweifel nachweislich nicht; er war im Gegenteil der festen Überzeugung, die Prozesse müssten fortgesetzt werden.[123] *Es wuerde dieser Bischof*, schrieb Theophilus Franck 1755, *in seiner Hexen-Inquisition noch weiter gegangen seyn, wann ihm nicht die Kayserl. Cammer zu Speyer ein Mandatum inhibitorium dieserwegen insinuiret haette.*[124] Eine zweite, ältere Nachricht weist in dieselbe Richtung. Ihr zufolge hatte sich Dr. Johann Friedrich Burckhart nach seiner Flucht aus einem der Würzburger Hexengefängnisse an das Reichskammergericht in Speyer gewandt und nach zweijährigem Verfahren,[125] also wohl 1629, ein Urteil erstritten, das dem Fürstbischof befahl, *mit d[ies]em Process ein zu halten.*[126] Eine Akte des Reichskammergerichts-Prozesses Burckhart ist nicht aufgefunden worden.[127] Wenn es sich aber um ein Mandatsverfahren handelte, dürfte der ehemalige Hexenjäger Burckhart als Kläger wohl vorgetragen haben, die fürstbischöflich-würzburgische Justiz habe gegen ihn zu Maßnahmen gegriffen, die *an ir selbst von Rechts oder Gewonheyt wegen verbotten und, wo dieselbig begangen, auch on eyniche weiter Erkantnuß für straffwürdig oder unrechtmessig zu halten* seien.[128] Ein Blick auf die etwa gleichzeitig laufenden Prozesse des Bamberger Kanzlersohnes Dr. Georg Haan gegen seinen fürstbischöflichen Landesherrn[129] verdeutlicht, was dem Reichskammergericht als gesetzlos und unrechtmäßig galt: die Verhaftung einer unbescholtenen Person nur aufgrund von Denunziationen und ohne ausreichende Indizien, unverhältnismäßige Folterung, Verweigerung des Rechts auf einen Verteidiger – samt und sonders Verfahrensmängel also, die auch den Würzburger Hexenprozessen anhafteten. Über den Fall Burckhart hinaus dürfte Ehrenberg aus dem Speyerer Mandat ersehen haben, dass die von ihm gebilligte Prozesspraxis in ihren Grundfesten erschüttert war. Der sukzessiven Freilassung der Häftlinge, verstärkt ab Dezember 1629,[130] ging möglicherweise eine nach den Vorgaben des Reichskammergerichts durchgeführte Einzelfalluntersuchung voraus.

Mit dem 42. Brand am 30. August 1629 enden die Nachrichten über Massenverfolgungen in Würzburg; als letztes namentlich erwähntes Opfer starb der Domprediger Johann Ring.[131] Immerhin war Fürstbischof Philipp Adolf im Februar 1630 der Ansicht, das *Executionswesen*, das *eine zeitlang* unterbrochen worden sei, dürfe *nicht stecken blei-be[n]*, sondern müsse *wider erhoben werden*.[132] Doch dann wurde zweifelhaft, ob sein Konfiskationsmandat von 1627 als Rechtsgrundlage der Prozessfinanzierung Bestand haben werde.[133] Auch innerstädtischer Widerstand trat nun zutage; im März 1630 fand man in Würzburg an mehreren Orten *Feindes- oder Absagebriefe*, in denen die Einäscherung der Stadt, vom Jesuitenkolleg bis zum anderen Ende, angedroht wurde. Aus dem Hinweis auf die Jesuitenschule mutmaßte der Rat, die Briefe könnten von Eltern verfasst worden sein, *deren Kinder aus der vierten Schuel wegen beschuldigten Lasters der Hexerey, von den Jesuiter ausgestossen worden* seien.[134] Strafrechtliche Konsequenzen sind

nicht bekannt. Im Jahr darauf, am 16. Juli 1631, befreite Ehrenbergs Tod die Stadt von
der latenten Gefahr, noch einmal Massenverbrennungen erleben zu müssen.

Der Nachfolger des »Hexenbischofs«, Franz von Hatzfeld (1631–1642), flüchtete bereits im zweiten Monat nach seiner Wahl vor der Schwedeninvasion. Als einziger weltlicher Rat des Landesherrn harrte übrigens der berüchtigte ehrenbergische Hexenkommissar Dr. Christoph Faltermayer in der Stadt aus,[135] anscheinend ohne Furcht, in den
Wirren des Zusammenbruchs von den Angehörigen seiner Opfer gelyncht zu werden.
Nachdem sein mörderisches Metier außer Übung gekommen war, diente er dem Hochstift noch mehr als zwei Jahrzehnte treu und tüchtig in anderen Funktionen.[136]

Nach dem Rückzug der schwedisch-weimarischen Okkupanten, die keinerlei Maßnahme zur Abschaffung der fränkischen Hexenprozesse trafen,[137] kam es am 14. Februar
1637 erneut zu einer Beratung über das künftige Vorgehen gegen Zauberer und Hexen.
Die Mehrheit der geistlichen Räte war der Meinung, man müsse zwischen Besserungsfä-
higen und Renitenten unterscheiden. Den Ersteren solle man mit geistlichen Mitteln
helfen, gegen die Unverbesserlichen jedoch mit der Schärfe des Gesetzes einschreiten
und sie dem weltlichen Gericht überlassen.[138] Hatzfeld persönlich war wohl kein Förderer der Hexenjagd.[139] Dennoch gab es auch während seiner Regierungszeit einzelne Hexenverfahren.[140]

Wie es heißt, hat Johann Philipp von Schönborn (1642–1673) unter dem Einfluss
Friedrichs von Spee die Hexenprozesse offiziell abgeschafft.[141] Ein explizites Verbots-
mandat hat sich bislang nicht finden lassen.[142] Aber die Juristische Fakultät der Universität Würzburg hätte die Vernunftwidrigkeit der Hexenprozesse in einem Gutachten
von 1651 wohl kaum so scharf zu betonen gewagt,[143] wenn der Landesherr anderer Ansicht gewesen wäre.

Der Schlaf der Vernunft[144]

Unabhängig vom faktischen Ende der Prozesse lebten der Hexenwahn, aber auch die
Verfolgungsbereitschaft, nicht nur »im Volk« kräftig fort. Kein Geringerer als Ignatius
Gropp OSB, der verdienstvolle Historiograph Frankens, kommentierte 1748 die Hexenjagden der Ära Aschhausen mit den Worten: *GOtt gebe sein Gnad, daß solches Unkraut
und Geschmaiß moege ausgereut werden.*[145] Schon im Jahr darauf begann in Würzburg vor
einer von Fürstbischof Anselm Franz von Ingelheim (1746–1749) eingesetzten geistlichen Kommission der letzte Würzburger Hexenprozess gegen eine gebrechliche,
70jährige Frau, die Subpriorin des Klosters Unterzell Maria Renata Singer von Mossau.[146]
Bei der Durchsuchung ihrer Zelle fand man typisches Hexenwerkzeug – *Schmierhafen*,
Zauberwurzeln, allerhand Kräuter sowie einen goldgelben Rock, in dem sie zu Hexentanz und -versammlung auszufliegen pflegte. Das Interrogatorium nach altbewährtem
Muster enthielt 211 Fragen, die von Maria Renata nebst zahlreichen Zusatzfragen ohne
physische Folterung beantwortet wurden. Sie bekannte, schon als Siebenjährige zur Hexerei verführt worden zu sein, mit dem Teufel einen Pakt geschlossen und sexuell verkehrt, zehn Personen durch Anhauchen und Verabreichung von Kräuterpulver verhext,

vier Mitschwestern eine Krankheit und sechs weiteren die Besessenheit angezaubert zu haben. Die Geständige wurde am 23. Mai 1749 degradiert, das heißt strafweise in den Laienstand zurückversetzt, und dem weltlichen Gericht übergeben. Dieses eröffnete den Prozess am 4. Juni auf der Festung Marienberg. Erneut legte man der physisch und psychisch gebrochenen Frau 174 Hauptfragen vor. Am 7. Juni interessierte sich das Tribunal vor allem für die Namen der Personen, die sie auf den Hexenversammlungen erkannt habe. Am 18. Juni verurteilte man sie zum Tod auf dem Scheiterhaufen. Ingelheims Nachfolger, Karl Philipp von Greiffenclau (1749–1754), bestätigte das Todesurteil, milderte es aber aus besonderer Gnade dahingehend ab, dass die Delinquentin vorher enthauptet und ihre Leiche dann auf dem Hexenbruch verbrannt werden sollte. Die Exekution erfolgte am 21. Juni 1749.

Dass sich eine Gruppe um den Kanonisten Johann Caspar Barthel bemühte, den absurden Justizmord abzuwenden, gereicht ihr zur Ehre. Bezeichnend ist aber, dass sie sich gegen die Hinrichtungsbefürworter aus Stadtrat, Dom- und Ordensklerus nicht durchzusetzen vermochte. Zwei Jahre nach Maria Renatas Tod, am 19. August 1751, richtete Fürstbischof Karl Philipp an die Klosteroberen und Pfarrer der Stadt eine streng vertrauliche Aufforderung, ihm über hexische Umtriebe Bericht zu erstatten; immerhin gingen zwei Meldungen über insgesamt drei detailliert geschilderte Vorgänge ein.[147]

Kurz vor dem Ende des Alten Reiches wurde in Würzburg noch einmal ein Fall von Schadenszauber publik; eine unbekannte Hexe hatte in der Juliusspitalmühle ihr Unwesen getrieben. Die fruchtlosen Ermittlungen zogen sich von 1794–1799 hin; sie beschäftigten Justiz, Verwaltung, Regierung und die beiden letzten geistlichen Fürsten des Hochstifts.[148] Was in den Jahrhunderten zuvor schreckliche Tragödie gewesen war, endete als Narrenspiel.

Alltag, Feste und Bräuche

Erich Wimmer

Wohnung und häusliche Arbeit

… die burger in der Statt seind zu guten theil in des Bischoffs vnd Hertzogen dienst / etlich füren kauffhändel / etlich seind handwercksleüt / aber das gemein volck gibt sich auff den weinbaw / welcher an dem ort vberflüssig wachßt …[1]

Die berufliche Zuordnung und die soziale Gliederung der etwa 8 000 Einwohner Würzburgs um die Mitte des 16. Jahrhunderts, die Sebastian Münster hier andeutet, könnte weitaus differenzierter beschrieben werden: der Adel bei Hof, die Domherren und die Kleriker unterschiedlichen Ranges, die fürstbischöflichen Räte, die Stadträte, die Dienerschaft der Hofhaltung, die Kaufleute und Krämer, die Handwerksmeister und deren Gesellen und Gesinde, die Häcker und Taglöhner, dazu die Erwerbslosen, die dürftig zu versorgen oder deren Bettelgänge zu reglementieren waren, und schließlich auch *allerlei unnützes und mutwilliges Gesinde* auf den Gassen ohne *beständige Wohnung*, dessen Treiben laufend Gegenstand landesherrlicher Mandate und polizeilicher Verordnungen war.[2]

Der Bevölkerungsdichte in der Stadt entsprechend standen die Häuser eng gedrängt, zunächst giebelseitig zur Gasse, meist Fachwerkbauten, ab dem 18. Jahrhundert vielfach verputzt. Großzügiger weiteten sich dazwischen Adelshöfe und Klöster. Den strengen Bauvorschriften gemäß bestand das Erdgeschoss der Bürgerhäuser aus Bruchsteinmauerwerk; Auskragungen der Stockwerke und Erker waren nur eingeschränkt zugelassen. Nach dem großen Brand in der Domstraße 1570[3] wurden die Neubauten mehr und mehr traufseitig zur Straße errichtet (s. auch Abb. 156). Erst allmählich ging die Holzbauweise zurück, noch 1805 berichtet der Stadtphysikus Philipp Horsch: *Die neuern Gebäude sind meistens ganz von Steinen gebaut, doch ist die Zahl jener noch sehr groß, welche von Holz mit leichten Mauern aufgeführt sind.*[4] Hinter dem Wohnhaus lag ein kleiner Hof, oft auch ein Krautgärtlein. Als einziges Beispiel eines solchen Kleinbürgerhauses hat das Handwerkerhaus in der Pleicherschulgasse 8 (mit der Jahreszahl 1552 über dem Türstock) allen Wandel und auch die Bombennacht im März 1945 überlebt.[5]

Nicht so gut wie über das Aussehen der Häuser und das Stadtbild sind wir in den literarischen Quellen über die Wohnräume und ihre Ausstattung unterrichtet. Wir hören von getäfelten Stuben, vom Schreiner gefertigt und mit Firnis bestrichen. Die Möblie-

*Abb. 156: In der Neubaustraße, hier Nr. 8 bis 14, wurden seit Beginn des 18. Jahrhunderts
aus Stein bürgerliche Geschäfts- und Wohnbauten mit einheitlicher Geschosszahl
und traufseitig zur Straße abschließendem Dach errichtet.
(Bildarchiv Marburg)*

rung der Stuben und Kammern beschränkte sich auf das Notwendigste: Tisch, Bank, Stuhl, Truhe und Bett.[6] Die Fries-Chronik vermittelt ein Bild von einer gutbürgerlichen Stube des 16. Jahrhunderts: In der Darstellung des »Essens der Martinsgänse« sitzt man übereck auf Truhenbänken und einem Schemelstuhl; davor der gedeckte quadratische Tisch, in der anderen Ecke ein Kachelofen, an der Wand ein Schränkchen mit Waschgelegenheit, mit langem, schmalem Handtuch, daneben an der Wand eine kleine Anrichte, ein Wandbrett mit bauchigen Flaschen, die schmalen Fenster mit Butzenscheiben verglast und ohne Vorhänge. Der Durchblick zur Küche zeigt Magd und Knecht am gemauerten Herd mit offenem Feuer und Drehspieß (s. Abb. 157). Bescheidener zeichnet die Möblierung der Stube die eine Generation früher gemalte Vorlage dieser Miniatur im Domkapitel-Exemplar der Chronik.[7]

Was außer der Essenszubereitung zum häuslichen Arbeitsbereich der Frau gehörte, zeigen die Hausordnungen des Bürgerspitals in der Zeit von 1584 bis 1711. Danach waren die Pfründnerinnen *zu thun schuldig: [...] Obst aus dem Garten auf den Boden oder Keller zu tragen, dasselbige auslesen und warten, Butters ausrüren, Holz tragen, [...] gelbe und weiße Rüben das Kräutig abschneiden und in Keller tragen, Kraudt, Rüben, Zwiebel auslesen und warten, Gartenpflantzen zihen und jaedten, Brodt tragen, Gäns beräfen und die Federn zum Betten bewahren, Erbesen, Linsen und Gersten lesen, Krautblätter lesen, waschen und schaben, Obst, Rüben schelen und schneiden, [...] Seck machen und bessern, auch Brodttücher,*

Abb. 157: Essen von Martinsgänsen; der Kachelofen konnte von der Küche aus beheizt werden.
(UBW, M. ch. f. 760: Fries-Chronik, Echter-Exemplar, um 1580, fol. 31v)

Leylachen, Handtswellen machen, Bettziechen und alles, das von Noedten ist zu bessern.[8] Gewaschen wurde (1552) auf Waschschiffen im Main, wobei die Frauen auch in Streit geraten konnten, wenn Wäsche in den Fluss fiel und fortgetrieben wurde.[9]

Speis und Trank

Zu einer vollständigen Mahlzeit gehörten Suppen (Mehlsuppen, Brotsuppen); als weitere wichtige Bestandteile Brei und Mus aus unterschiedlichen Mehlfrüchten: Roggen, Weizen, Hafer, Gerste, Hirse, Dinkel. Bei der Hauptmahlzeit, dem Mittagessen, durfte Kraut nicht fehlen. Man aß Sauer-, Weiß- oder Rotkraut, auch Hülsenfrüchte: Bohnen, Linsen, Erbsen – alles, wie auch Salate, im Hausgarten, kaum im Feldbau gezogen. Die Kartoffel kam erst seit der Mitte des 18. Jahrhunderts allmählich dazu.[10] Fleisch stand sehr wohl auf dem Speiseplan, Fisch eher auf gutbürgerlichen und herrschaftlichen Tischen. Freitags- und Fastengerichte in weniger begüterten Haushalten waren zumeist pfannkuchenähnliche Mehlspeisen. Auch der Samstag war noch lange Abstinenztag, erst 1795 galt: *Den Bewohnern hiesiger Stadt ist das Fleischessen auf den Samstägen, kraft Bischöflicher Dispensation erlaubt; den Diöcesanen auf dem Lande ist diese Vergünstigung noch nicht ertheilt worden.*[11]

Ein gar nicht so karges Speisenangebot für die *oberen,* die besser gestellten Pfründner des Bürgerspitals verrät die »Ordnung« von 1626/27: *Mittag: 1. Suppen, 2. Rindtfleisch, 3. Compas [Sauerkraut], 4. Hammel- oder Dürrfleisch. Nachts: 1. Habernbrey oder Birn und dergleichen Gartengewächs, 2. Fleisch auf zwo Manier gekocht.* Am Freitag gab es: *Mittag: 1. Erbessuppen, 2. Grün-, Weiß- oder Sauerkraut, 3. Ein Essen Fische, so halb gebacken und halb gebraten werden oder je zu zeiten auch ein Pfannkuchen darfür.*[12] Auch die ärmeren, die *untere Pfründtner* genossen, wie die Speiseordnungen vermuten lassen, für ihren Lebensabend eine bessere Kost als in ihrem Arbeitsleben: *Alle und Jede bekommen des Tags gleich*

denen Oberpfründtnern ein Maaß Wein [...]. An besonderen Tagen gab es sogar noch ¼
oder ½ Maß *zu der ordinari Ration*.[13] Wein trank man also reichlich. Er war, ausgenommen Jahre schlechter Ernten, billiger als Bier, das lange Zeit etwa doppelt so viel kostete: *Das bier verachten sy, vnd lassen es nit leichtlich yn zugefüret werden*.[14] Der Grund hierfür lag darin, dass der Rat bestrebt war, zum Schutz der Winzer den Bierkonsum
einzuschränken. Auf Bier lag daher hoher Einfuhrzoll. Die Stadt hatte denn auch nur
das landesherrliche Regal des Schankrechts übernommen, jedoch das angetragene Brau-
recht 1643 erneut abgelehnt, was Fürstbischof Johann Philipp von Schönborn dann
veranlasste, das Bierbrauen in eigener Regie zu betreiben.[15]

Auf den Gassen und Märkten

Die engen Gassen wurden bis ins 17. Jahrhundert hinein bei Aufläufen und Truppendurchzügen sowie abends mit Ketten abgesperrt.[16] In diesen Gassen liefen Haus- und
Nutztiere zunächst noch frei herum. Als dann den Bäckern, den Müllern und den Anto-
nitern das Privileg längst entzogen war, ihre Schweine frei laufen zu lassen, gab es doch
lästige, vor den Häusern errichtete Schweineställe; noch 1728 musste eine *hochfürstliche
Verordnung* erlassen werden, weil *die allhiesige Beckhen, Müller, Metzger, auch einige Burger
so viele Schweine halten, daß öfters der erforderliche Platz hierzu nicht da seye*, wodurch *unerträglicher Gestanckh causieret undt endlich gar Kranckheiten darauf erfolgen müßten*.[17] *Kuchel-
Abgüsse*, selbst das *Nachtwasser* wurden oft auf die Gasse ausgeschüttet, *Abraum und Pöt-
zig* vor der Haustür abgeladen. Laufend suchten Verordnungen unter Strafandrohung
die Einwohner von solchen Verunreinigungen abzuhalten und forderten sie auch zum
Säubern und Kehren der Straßen und Gassen an Samstagen und vor Feiertagen auf.[18]
Wasser musste aus Schöpfbrunnen in die Häuser getragen werden; seit 1733 wurden
endlich auf fürstlichen Befehl Röhren- bzw. Laufbrunnen, gespeist mit Quellwasser,
installiert.[19]

Mandate und Maßnahmen der Behörden, das Betteln in geregelte Bahnen zu lenken
oder gänzlich zu verbieten,[20] konnten nicht verhindern, dass sich zuweilen *viele Bettel
Leuth unter denen Kirchen Thüren dahier aufhalten* und dass Bürger auf Gassen, Straßen und
Plätzen *durch das Bettelen ungestüm angegangen und belästiget* wurden.[21] Mit Singen bettelten besonders Studenten und Handwerksburschen um ein Almosen. So wird ausdrücklich
das *Nacht-Bettlen undt Singen vor denen Häusern* jenen untersagt, die *nicht allein bey Tag
ohne Unterschiedt, sondern so gar auch zur Nachts Zeith in der Statt herumblauffen, undt mit
Absingung verschiedener Gesängern undt Liedern die Bürgerschafft nicht nur molestiren, sondern
auch andere Insolentien mehr darbey ausüben*.[22] Dennoch wollte man arme Studenten unterstützen; deshalb führte Bischof Friedrich Karl von Schönborn eine *Scheda immatriculatio-
nis* ein, eine Art Studentenausweis, der auf Verlangen dem Stadtkommandanten und den
Bürgermeistern vorzuzeigen war, *damit liederliche Pursche unter dem Scheine von Studenten
mit Betteln oder übler Aufführung der Residenzstadt nicht beschwerlich fallen*.[23]

Nachts durften die finsteren Straßen nur mit Laternen und ohne Wehr begangen werden.[24] *Handwerksburschen und anderen, denen es nicht gebühret, geringen Leuten* also, wie es

Abb. 158: Die Schönbornkapelle des Doms,
Kupferstich und Radierung (Mischtechnik) von Johann August Corvinus
nach einer Zeichnung von Salomon Kleiner, 1740.
Zahlreiche Staffagefiguren beleben das Straßenbild.
(Mainfränkisches Museum Würzburg, Inv.-Nr. S. 20657)

auch heißt, war es generell untersagt, *Gewehr*, das heißt Degen und dergleichen, zu tragen.[25] Nicht zuletzt um *nächtlichen Unruhen und Excessen* entgegenzusteuern, mussten die Wirte ihre Gäste nach der Weinglocke – das war gewöhnlich im Sommer um 10 Uhr, zur Winterzeit schon um 8 Uhr – nach Hause schicken.[26] *Scharwächter* hatten anfänglich die nächtliche Sicherheit zu überwachen und zu gewährleisten, als *Horschreier* mussten sie dazu auch die Stunden ausrufen. Später hatten die teils vom Stadtrat, teils vom Oberrat eingestellten *Rumorknechte* für Ordnung zu sorgen.[27] 1791 gelang es Franz Ludwig von Erthal endlich, eine Straßenbeleuchtung einzuführen.[28] Der Verkehr belebte sich besonders an Markttagen: das Hin und Her der Geschäftigen, die Fuhren der Kärrner, dazwischen Vornehme zu Pferd (s. Abb. 160, 161); erst zwischen 1670 und 1680 tauchte die Chaise auf, ein lackierter Kastenwagen; seit 1720 kamen die Tragsänften dazu.[29]

Auf den Marktplätzen pulsierte das Leben. Unterschiedliche Stände und soziale Gruppen trafen dort aufeinander. Wie die Handwerker und Händler um die Mitte des 16. Jahrhunderts ihre Waren präsentierten, zeigt die Darstellung des Jahrmarkts vor den Domgreden im Domkapitel-Exemplar der Fries-Chronik (s. Abb. 126): Holzbuden mit heruntergeklappten Läden als Verkaufstische, die Hutverkäufer haben ihre Hüte auf dürre Astgabeln gesteckt, der Quacksalber preist seine Heilmittel auf einer Schautafel an, ein Schusterehepaar wartet in einem Brettergestell mit aufgereihten Schuhen auf Käufer, ein anderes Paar kocht auf offener Feuerstelle, ein Waffenschmied weist ein Schwert zum Verkauf; der Büttel mit Schwert und Spieß schreitet über den Platz und überwacht das Marktgeschehen. Zahlreich kam zu den Märkten die Landbevölkerung mit ihren Produkten und dem Vieh in die Stadt. Einen Viehmarkt vor der Marienkapelle stellt Oswald Onghers um 1680 in einem Ölgemälde dar: Eine Gruppe von Handelsleuten und Bauern ist gerade im Begriff, den Kauf mit Handschlag zu besiegeln (s. Abb. 181). Im Zusammenhang mit den Märkten erging 1754 ein Mandat, *kein Vieh oder Eßwaaren in und durch die Kirchen zu tragen*, weil *zeithero vielfältig wahrgenommen worden, daß die allhiesigen Dienstbothen sowohl, als die von dem Lande auf die Wochenmärkte hereinkommenden Bauersleute allerhand lebendiges Vieh und verschiedene andere Eßwaaren in die Stadtkirchen und besonders in die Mariä Kapelle auf dem Markt hinein bringen, und selbige darin hinstellen oder durchtragen.*[30] Dagegen schien es noch keinen Anstoß zu erregen, wenn ein Jahrhundert davor im Dom ein Hündchen vor den Kavalieren umhersprang (s. Abb. 159). Den bewegten barocken Alltag illustrieren die Marktszenen, die Salomon Kleiner als Vorlagen für die Radierungen von August Corvinus gezeichnet hat: Arbeit, Handel und Gewerbe, Verkehr, auch Spiel und Vergnügen; auf dem Markt vor der Marienkapelle steht dazu das Instrumentarium der Schandstrafen (s. Abb. 160), auf dem Fischmarkt gibt es Zank und Streit der *Vischerweiber* (s. Abb. 161).[31]

Abb. 159: Das Innere des Domes im Jahr 1627,
Predella eines Bartholomäus-Altars aus dem Dom, Hans Ulrich Büeler, 1627.
(Martin von Wagner-Museum der Universität Würzburg, Inv.-Nr. F 418)

Abb. 160: Marktplatz und Marienkapelle, Kupferstich und Radierung (Mischtechnik) von Johann August Corvinus nach einer Zeichnung von Salomon Kleiner, 1740. (Mainfränkisches Museum Würzburg, Inv.-Nr. S. 20554)

Abb. 161: Karmelitenstraße und Fischmarkt, Kupferstich und Radierung (Mischtechnik) von Johann August Corvinus nach einer Zeichnung von Salomon Kleiner, 1740.
(Mainfränkisches Museum Würzburg, Stadtgeschichtliche Dauerausstellung, Inv.-Nr. S. 20551)

Kleidung, Kostüm und Tracht

Kostbare Stoffe wie Seide und Samt, besonders als Verbrämung der Frauenkleidung, kennt die erneuerte *Ordnung und Satzung der Schneiderlöhne* von 1549. Ein besseres modisches Männer-Wams ist *zerschnitten oder mit Seiden untergefuttert*, es gibt *geistliche Kappen mit Zendel* und *Bauernkappen mit Knöpfen* (s. Tafel 43 a, b; 44).[32] Sinn für solide Kleidung und für Qualität des Materials zeigen die einschlägigen Notizen im Merkkalender des Tuchscherermeisters Jakob Röder. Er kauft für sich ein Wams aus Musselin, ein andermal aus Seide und Atlas, und Samthosen; für seinen Lehrbuben kalbslederne Hosen, ein Wams. Seiner Frau Margret lässt er 1606 einen Halsrock – ein kittelartiges Kleidungsstück zum Ausgehen – machen, 1609 kauft er je ein Paar Pantoffeln, Stiefel und Trippschuhe, eine Art Sandalen mit massiver Holzsohle.[33]

Im Unterschied zu Nürnberg und zu anderen Reichsstädten fehlt für Würzburg die reiche Bildüberlieferung zu Kostüm und Tracht.[34] Die Fries-Chronik jedoch vermittelt in ihren Miniaturen, die ja die historischen Ereignisse bildlich in die Lebenswelt ihrer Entstehungszeit versetzen, eine Anschauung von Amts- und Standestrachten, von Fest- und Alltagskleidung in der Stadt Würzburg im 16. Jahrhundert. Sie zeigt Domherren und Räte in bodenlanger, dunkler Schaube mit Barett, Bürger in festlicher kurzer, teils verbrämter Schaube, in engem Wams mit gefälteltem Stehkragen, mit Kniehosen und bunten Strümpfen; die Geistlichkeit bei Prozessionen in farbigen Soutanen und weißem Superpelliceum; in eine Art von bäuerlicher Tracht gekleidete Mädchen bei der Pfingstprozession mit Zopffrisur und Stirnband (Schapel); Männer in dem bis zu den Knien reichenden Faltrock; Frauen in figurbetonendem Mieder mit viereckigem Ausschnitt, den ein weißes Hemd züchtig bedeckt, mit gebundener Haube (zum Beispiel Abb. 162; s. auch Abb. 157). Bei genauerem Hinsehen und im Vergleich der Miniaturen des Echter-Exemplars der Chronik (1582) mit deren Vorlage im Domkapitel-Exemplar

Abb. 162: Die Würzburger Pfingstprozession.
(UBW, M. ch. f. 760:
Fries-Chronik, Echter-Exemplar, um 1582, fol. 160v)

*Abb. 163: Porträt der Mutter des Inge-
nieurhauptmanns und Architekten Andre-
as Müller, Gemälde eines unbekannten
Künstlers, Anfang 18. Jahrhundert.
(Mainfränkisches Museum Würzburg,
Inv.-Nr. H. 43869)*

(1546) sind in der eine Generation späteren Gestaltung einige modische Neuerungen
der Echterzeit zu beobachten: Etwa taucht bei Vornehmen vereinzelt schon die ärmello-
se spanische Capa auf, die Handwerker tragen Pluderhosen anstatt der langen Strumpf-
hosen. Die Kleidung der Bauern dagegen behält eher ihren spätmittelalterlichen Habi-
tus.[35] Festlich gewandet in einer ausgezierten Heuke (mantelartiger Überwurf) mit
Halshemd und Bundhaube zeigt der Grabstein die 1563 verstorbene Walpurgis Eck mit
zweien ihrer Kinder, die Tochter mit Zopffrisur, Goller, gefälteltem Rock und Gürtelta-
sche, das Söhnchen in wadenlanger Schaube, ein Barett vor der Brust haltend. Uniformen der gleichen Zeit stellen der »Würzburger Bürgertambour« (s. Tafel 44) oder der
»Bannerträger von Würzburg« (s. Abb. 7) vor. Ein halbes Jahrhundert später (1627) sehen wir im Dom die Kavaliere degentragend, in modischer spanischer Capa, mit Hals-
krause, in Pluderhosen und Strümpfen mit Strumpfbändern; einen Frommen, Gebet-
buch und Paternoster in Händen haltend, in langem schwarzen Mantel mit
Schlapphut; den Bettlerjungen im Lumpengewand (s. Abb. 159). Um 1680 zeigt Oswald
Onghers in seinem Viehmarkt-Bild die Handelsmänner in ärmellosen Schultermänteln,
mit Beffchen-Kragen, Viehtreiber und Metzger in einfacher Arbeitskleidung, alle mit
Hüten oder Kappen (s. Abb. 181). Schwieriger ist es, Einzelheiten der Bekleidung bei
den klein gezeichneten Personen in den Marktszenen von Salomon Kleiner im 18. Jahr-

Abb. 164: Porträt der Dorothea Ottilia Müller, der Frau des Ingenieurhauptmanns Andreas Müller, Ölgemälde eines unbekannten Künstlers, 1742. (Mainfränkisches Museum Würzburg, Inv.-Nr. H. 43866)

hundert zu beschreiben (s. Abb. 160, 161). Porträts von Einzelpersonen indes vermitteln einen genaueren Eindruck der Bekleidung der Zeit wie das Bild der Mutter des Würzburger Ingenieurhauptmanns und Architekten Andreas Müller im Alltagskleid: weißes Hemd, am Hals gebunden, darüber dunkles Leibchen, an der Brust leicht geschnürt, weißes Häubchen (s. Abb. 163). Die Gattin des Ingenieurhauptmanns dagegen zeigt sich im Feststaat: spitzenverbrämtes Kleid, Spitzenhäubchen, Perlenkette und Schmuckkreuz am Hals, einen Fächer in der Rechten (s. Abb. 164). Am Ende unserer Epoche, genau im Jahr des endgültigen Übergangs des Hochstifts an Bayern, zeigt Johann Adam Klein in zwei Aquarellen die Arbeitskleidung eines »Schiffsknechts«, eher wohl eines Kärrners, und eines Bierwirts (s. Abb. 49, 165).

Klagen wegen Kleiderluxus und Verschwendung gab es immer wieder und auch Bestrebungen der Obrigkeit, dagegen anzukämpfen. Im so genannten Haubenkrieg wollte Fürstbischof Johann Philipp von Greiffenclau kostbare Hauben – die *Schaufelhauben, Schnipphauben mit Rosen von Taffet oder Seidenband* – sowie die aufwändige Verbrämung und Verzierung der Kleidung mit Atlas und Seide, die *Falbala und Frisuren*, den Frauen zu tragen verbieten, ausgenommen die Frauen des *ersten Standes*. Das Verbot konnte nicht durchgesetzt werden. Niemand wollte für dessen Überwachung zuständig sein.[36] 1795 beklagt der »Fränkische Merkur« den Kleiderluxus der *Weiber und Töchter: Die Klei-*

*Abb. 165: Bierwirt aus Heidingsfeld,
Zeichnung, zum Teil aquarelliert,
von Johann Adam Klein, 1815.
(Museen der Stadt Nürnberg, Graphische
Sammlung, Inv.-Nr. Norica 80)*

*derpracht ist bey ihnen aufs höchste gestiegen. Mutter Tochter und Magd schämen sich, leine-
ne, baumwollene oder sonst dauerhafte Kleider zu tragen. Mousseline, Taffet, Seide, die feinste
Zitze, [...] werden in ärmsten bürgerlichen Familien zu Kleidungen verwendet.*[37] Zehn Jahre
später konstatiert Stadtpysikus Philipp Horsch nüchtern, *[...] die Unterscheidung der Stände nach dem äußern Anzuge ist nicht möglich, wenn nicht im Kopfputze der Frauenzimmer
noch einiger Unterschied statt fände. Jede Klasse sucht es einer höhern nachzumachen* (s. Abb.
166).[38] Im gleichen Jahr, 1805, spricht auch der Sekretär an der kurfürstlichen Landesdirektion, Carl Gottfried Scharold, vom Luxus, der sich mit der Mode durch alle Stände

Abb. 166: Würzburger Bürgertochter vor der 1824 abgebrochenen Augustiner-kirche, handkolorierte Umrissradierung von Margarethe Geiger, aus der Folge »Costumes im Würzburgischen«, Wien 1808, Blatt 1.
(UBW, 35/A 4.7)

ausgebreitet und *die äußern Merkmale eines jeden fast ganz unkennbar gemacht* hat. *Eigen-thümlichkeiten einer provinziellen Tracht* sieht er nur in *einigen Kleidungsstücken der hiesi-gen Bürgersfrauen und Bürgermädchen, […] nemlich in dem Mantel und der Haube. Beyde kleiden sich in Seide, Mousselin und feinen Zitz, und richten sich nach den herrschenden Mo-den.* Beeindruckt von der Anmut der Mädchen fährt er fort: *ein niedliches Häubchen von reichem Goldstoff schmückt ihr Haar, und ein einziges leichtes Kleid nach dem Zuschnitt fran-zösischer Mode umschließt ihren schlanken Leib. Den farbigen Schuh wählen sie mit Sorgfalt zur malerischen Haltung ihres ganzen einfachen Putzes. Nur unmerklich geringer tragen sich Köchinnen und Kindermägde.* Der Männerkleidung widmet er weniger Aufmerksamkeit: *Mannspersonen bedienen sich durchgängig tuchener Röcke und sogenannter Schanzenlaufer.*[39] Scharolds Beschreibungen lassen sich auf die Kostümradierungen der Margarete Geiger beziehen, die seinem Büchlein beigegeben sind (s. Abb. 167 und Tafel 45, 46).[40]

*Abb. 167: Kindsmagd im Würz-
burgischen, handkolorierte Umriss-
radierung von Margarethe Geiger, aus der
Folge »Costumes im Würzburgischen«,
Wien 1808, Blatt 3.
(StadtAW, Zeitgeschichtliche Sammlung)*

Lebensstationen

Ein einzigartiges Dokument zum Alltag und zu den Lebensverhältnissen eines Kleinbür-
gers in der Stadt um 1600 liegt in den Kalendereinträgen des Handwerksmeisters Jakob
Röder vor. Er beginnt seine Aufzeichnungen 1598. In diesem Jahr macht er sich im Alter von 27 Jahren als Tuchscherer selbstständig und heiratet. Bis 1618 reichen seine Notizen zu seiner Haushaltung, seinem Handwerk und seinem Weinbau. 1621 gibt er sein
Geschäft auf; den Lebensabend verbringt er im Spital St. Gabriel, wo er 70jährig stirbt.[41]

Röder ist sich seiner begrenzten Einsicht in den Ablauf des großen Weltgeschehens bewusst, wenn er zur Versammlung der Liga 1611 in Würzburg anmerkt: *Waß sie beschlossen und gehandelt, ist dem gemainen Man unwissent.*[42] Umso mehr geht es ihm um seine Nahwelt, um Haushalt und Geschäft; er notiert Mitwirkung und Teilnahme an Hochzeiten und Begräbnissen von Verwandten und Freunden, ebenso die Übernahme von Patenschaften. Kennzeichnend für ihn ist sein religiöser Eifer. Er nimmt fortwährend an Wallfahrten teil, nach Walldürn, Dettelbach, Mariabuchen, zum Kreuzberg – dorthin erstmals 1614, noch vor Gründung der Kreuzbruderschaft.[43] Er ist Mitbegründer der Bürgersodalität »Maria Himmelfahrt« bei der Jesuitenkirche, dann ihr Präfekt. Gewöhnlich zweimal im Monat notiert er den Empfang der Kommunion.

Drei- bis viermal im Jahr fungiert Jakob Röder als Hochzeitslader. Wenn er darüber hinaus Hochzeiten von Verwandten und Freunden besucht, bringt er als Geschenk gewöhnlich einen Dukaten oder zwei Gulden. Fürstbischöfliche Mandate hatten vorgeschrieben, wie viel bei Hochzeiten geschenkt werden durfte, auch wie viele Gäste – je nach dem Stand der Brautleute – geladen und wie viele Speisen (Gänge) aufgetragen werden durften. Julius Echter wollte die Einwohner der Stadt vier Ständen zuordnen: 1. Fürstbischöfliche Räte und Universitätsprofessoren, 2. Kanzlei- und Kammer-Offizianten, Stadträte, Gerichtsassessoren, Kaufleute und Bürger mit über 4000 Gulden Steuerveranlagung, 3. Krämer, Handwerker und Häcker, die mehr als 3000 Gulden Steuer zahlten, 4. die übrigen gemeinen Bürger. Darüber hinaus bestimmte die *Ordnung, wie es inskünftig mit Hochzeiten, Kindtauffen, Begräbnussen unnd dergleichen zuhalten*: Die Brautleute sollten sich mit ihrem Gefolge bis 9 Uhr früh vor der Kirche einfinden, um am gleichen Tag *copuliert* zu werden. Der Hochzeitstanz, bei dem die Tänzer sich des *Geschreihs und unzüchtiger Gebärden* zu enthalten hatten, durfte von 4 bis 6 Uhr im Winter, bis 7 Uhr im Sommer dauern, danach musste ein jeder nach Hause gehen. Spielleute, Köche und Köchinnen sollten neben ihrem Lohn nicht noch an den Tischen der Gäste betteln.[44] Es kam vor, dass der Dienstherr die Hochzeit ausrichtete. So *hilt Kilian, Wirt zur Schleihen, seinem Heckersknecht und Maid ein Hochzeit.*[45] Außer der Ordnung war es, wenn *die Landt[s]knechtsbreuth am Freytag, Sambstag, desgleichen in der gantzen Fasten zur Kirchen [gingen] und hetten Hochzeit.*[46] Nach der von Bischof Friedrich Karl von Schönborn erlassenen Verordnung erhielt später eine Heiratserlaubnis nur noch, wer ein Vermögen von 200 Gulden *in Geld oder Gütern oder Nahrung-Werth* nachweisen konnte.[47] Söhne und Töchter der ohnehin begüterten Ratsherren dagegen bekamen bei ihrer Verheiratung seit 1704 aus einer Stiftung einen silbernen Becher geschenkt. Erst 1919 wurde diese Stiftung durch Stadtratsbeschluss eingestellt.[48]

Die Ordnung Julius Echters beschränkte auch die Zahl der Gäste bei Kindtaufen. Personen des ersten Standes durften bis zu zwölf, die des vierten Standes nicht mehr als acht Frauen einladen.[49] Nach einem Mandat von Bischof Konrad von Thüngen sollten der Kindbettschmaus innerhalb von sechs Wochen nach der Geburt abgehalten, nur die nächsten Verwandten und Nachbarn geladen und nur ein einziges Gericht nebst Brot und Wein vorgesetzt werden.[50]

Die Toten wurden auf den Kirchhöfen der jeweiligen Pfarreien (Dom, St. Gertraud, St. Peter, Haug und St. Burkard) oder der Klöster (Franziskaner, Dominikaner, Augustiner) bestattet, ehe man um die Mitte des 16. Jahrhunderts wegen der *Sterbensläuft* neue Friedhöfe vor den Toren anlegte und endlich 1806 den Zentralfriedhof eröffnete.[51] Im Pestjahr 1542 war der *Leichhof* zwischen Dom und Neumünster vorübergehend geschlossen worden. Die Toten sollten damals auf dem gerade neu angelegten Friedhof vor dem Stephanstor und *zu Frue alß balden nach dem Aufsperren und zu Nacht vor dem Zusperren begraben werden.*[52] Ging es der Ordnung von Bischof Julius bei den Begräbnissen vornehmlich darum, die Kosten gering zu halten, boten die »Leich- und Trauerordnungen« des 18. Jahrhunderts darüber hinaus umfassende zeremonielle Regelungen. So war etwa das *Mittragen von Todtenköpfen bei den Leichbegängnissen* untersagt, die Zahl der *neben dem Todtensarg getragenen Fackeln* war ebenso wie die Zahl der in der Kirche um den Sarg aufgestellten Kerzen beschränkt: *pro Honoratioribus mit 6, für die vom bürgerlichen Stand aber mit 4 halbpfündigen Kerzen.* Die Trauerzeiten für die einzelnen Verwandtschaftsgrade wurden festgelegt, das Tragen von Trauerkleidung untersagt.[53] Die Ordnungen forderten vom Totengräber, dass er von armen Leuten nur die halbe Gebühr verlange und dass er sich die Entlohnung mit seinem Kollegen teile, wenn der Tote zum Begräbnis in eine andere Pfarrei getragen werden musste. Ansonsten stand er unter der *Botmäßigkeit* des Stadtrats, doch gab es 1751 in der Pleicher Pfarrei Streit zwischen dem Pfarrer und dem Stadtrat um die Anstellungsbefugnis für einen Totengräber.[54] Jakob Röder hat sich mehrmals als Sargträger bei Begräbnissen betätigt: *hielf ich in zu Grab* oder *zum Grab helfft tragen* hat er dann in seinem Kalender notiert.[55] Die im 17. und 18. Jahrhundert besonders in vornehmeren Kreisen üblichen *Totenzettel* (s. Abb. 152, S. 487), Vorläufer der Todesanzeigen und Sterbebilder, lasen sich zunehmend redseliger und durften daher seit der Trauerordnung von 1747 nicht mehr als den Namen, das Alter des Verstorbenen, seinen Beruf und *Monat, Tag und Stund dessen Hinscheidens* enthalten.[56]

Geselligkeit und Unterhaltung

In den Trinkstuben und Wirtshäusern wurde musiziert, gezecht und getanzt. Um die ungezügelte Tanzlust einzudämmen, erfolgte 1542 sogar einmal ein generelles Verbot für den öffentlichen Tanz: *das hinfuro niemands, er sey, were der woll, ainichen offen Tantz halten, noch Pfeiffen und Trumen uf der Gassen oder [in] Heusern, es sey Tage oder Nacht, brauchen lassen soll, alles bey Vermeidung Straf des Thurns und zehen Gulden. Welcher aber Hochzeit halten will, der mage in seiner Behausung mit seinen guten Freunden und geladen Gesten mit Lauten oder Geigen zimlich Frolichkeit uben und tantzen.*[57] Offiziell geduldeter öffentlicher Tanz wurde sonst an Sonn- und Feiertagen – und nicht an den höchsten Kirchenfesten und in der Advents- und Fastenzeit – abgehalten. Er durfte erst *nach geendigten öffentlichen Andachten und nachmittägigem Gottesdienst* beginnen und nicht länger als bis 10 Uhr abends im Sommer, bis 9 Uhr im Winter dauern.[58] Die geselligen Runden vertrieben sich die Zeit mit Karten-, Würfel- und Brettspiel. Das Kegelspiel wurde auch auf offener Straße ausgeübt. So hat der Schuster Endres Putner *alle Feiertag eine Kugelstat vorm Eusser Pleicher Thor* aufgerichtet.[59] Üblicherweise spielte man um Geld, einmal sogar um eine *schone Frauen*, wohl um ein Freudenmädchen: *Entlich hab in gemelter Goltschmidsgesell mit ime umb eine schone Frauen zu spilen angemut, das er gethan und dieselbigen verloren.*[60] Der Einsatz beim Würfel- und Kartenspiel muss manchmal existenzbedrohend hoch gewesen sein. Die »Neue Würzburger Stadtordnung von 1528« sieht deshalb im Spiel sogar für *Diebstall, Raub vnnd Mordt Vrsach vnnd Anreitzung* gegeben.[61] So ist es nicht verwunderlich, dass die Stadtordnung *geuerliche und grosse Spill* – wie auch das übermäßige *Zutrinken* – verbietet.[62] Auf großen Widerstand der bischöflichen Gewalt stieß auch *das abscheuliche Schwören, Vermaledeyen und Fluchen*, das offensichtlich immer wieder *bey hohen und niedern Standspersonen, Geist- und Weltlichen, Jungen und Alten, bevorab aber gemeinen Zusammenkünften, Wirtshäusern, Hochzeiten, Gastungen* auffiel.[63]

Einschlägige Verbote wiederholen sich fortan regelmäßig. Überhaupt versucht die Obrigkeit, das Treiben ihrer Untertanen scharf im Auge zu behalten. Bischof Konrad von Thüngen bestimmt in der »Neuen Stadtordnung« auch, dass *Drungkhhewser, auch alle anndere heimliche Winckhel vnnd Schlupffegkhen zum Zechen, Zeren, Hofeln vnnd annderen Wirtschafften abgethonn vnnd ernstlich verbotten sein*. Gezecht sollte nur im Grünbaum werden und *sonnst in offen Schenngkh oder Wurtzheusern vnuerhollen vnnd vnuerporgen*.[64] Zu den öffentlichen Schenken gehörte auch die Bierschenke des Rats, die freilich ohne Bequemlichkeit war, denn 1640 heißt es von ihr, dass man dort weder rauchen noch Feuer anmachen durfte, und noch 1748 war sie nicht so eingerichtet, *das auch ein ehrlicher Mann zu zechen Lust haben möge*.[65] Seit 1768 durfte das Kartenspiel nur mit *gestampften*, das heißt mit einem Steuerstempel versehenen Karten gespielt werden.[66] Das Lotto-Spiel hat Adam Friedrich von Seinsheim zunächst sogar von der Kanzel herab propagiert, um eine Einnahmequelle zu erschließen.[67] In Sorge um die Wohlfahrt seiner Untertanen hat es dann Franz Ludwig von Erthal *wegen der schädlichen Folgen* wieder verboten.[68]

Die öffentlichen Badstuben – einst ein Dutzend an der Zahl in der Stadt und hauptsächliche Vergnügungsstätten des Mittelalters – kamen wegen der Seuchengefahren im Lauf des 16. Jahrhunderts immer mehr ab. Das Baden *im Main und anderen öffentlichen Gewässern* nahm zu, bis Bischof von Erthal auch dies wegen der Gefährlichkeit des Freischwimmens und aus sittlichen Bedenken verbieten ließ.[69] Anfang des 19. Jahrhunderts gab es dann zwei Badeschiffe im Main unterhalb des Alten Kranen – mit kalten und warmen Bädern und auf Verlangen verschiedenen Erfrischungen –, außerdem durfte an bestimmten Plätzen im offenen Main gebadet werden, während es außerhalb dieser verboten blieb.[70]

Das Tabakrauchen, vermutlich von der schwedischen Armee im Dreißigjährigen Krieg nach Franken gebracht und in Würzburg erstmals 1655 erwähnt, war zunächst noch Sache unterer Volksschichten. Eingesessene, zum Wachtdienst bestimmte Bürger nämlich beklagten sich, wenn sie mit geworbenen Soldaten die Wachstube teilen mussten, dass *darin dieselbe also mit Tabaktrinken stinckendt machen, daß kein ehrlicher Bürger darin kann bleiben, sondern sich in der Kält darauß muß aufhalten*.[71] Verpönt blieb das Rauchen auf der Straße aber auch, als es bereits weiter verbreitet war. Franz Ludwig von Erthal ließ das Rauchen auf der Straße ausdrücklich verbieten,[72] und unter seinem Nachfolger erging gar das Mandat, *daß jeder Soldat von der dahiesiger Garnison beauftragt und authorisiert sey, demjenigen der auf der Strasse in Tabakrauchen betretten wird, wer er auch immer sey, die Tabackspfeiffe wegzunehmen.*[73]

Abgeschlossen vom Volk vergnügten sich der Adel und die Hofgesellschaft: *Im Karneval gibt der Bischof dem gesamten Adel von Würzburg wöchentlich zwei- oder dreimal große Tafel; zuweilen gibt es Bälle bei Hof und sogar Maskenfeste.*[74] Der reichliche Weingenuss bei Hof und das übliche Zutrinken waren manchem auswärtigen Gast wie dem Baron Karl Ludwig von Pöllnitz, der Würzburg im Jahr 1729 besuchte, verdrießlich: *Der Fürst überwältigt mich mit Freundlichkeit, der Adel mit Zuvorkommenheit. Wäre das leidige Trinkenmüssen nicht, es gefiele mir hier recht gut.*[75] Von zuvorkommender Behandlung berichtet zwei Jahrzehnte später auch der kursächsisch-polnische Gesandte. Dann spricht er überschwänglich, wohl etwas liebedienerisch von der Beliebtheit des neu gewählten Fürstbischofs Karl Philipp von Greiffenclau: *Anbey kan Ew. Excellenz nicht genugsam berichten, was vor Vergnügen undt Freidten über die jetzige Regierung ein jedwödter in Wirzburg bezeiget. Der Fürst darf sich nur plickhen lassen, so rufet man überall Vivat.*[76]

Die Studenten verbrachten ihre freien Nachmittage gerne in den Kaffeehäusern, von denen zahlreiche weitere in der Stadt eröffnet worden waren, seit der getaufte Türke Strauß 1697 das erste gegründet hatte. Dort trank man Kaffee oder Schokolade, rauchte aus langen Tonpfeifen und vergnügte sich mit mancherlei Spielen.[77] Beliebt waren Weinwanderungen in die benachbarten Dörfer. Wenn aber eine *Mostexpedition* in Tumult ausartete, dabei Scheiben zu Bruch gingen und die örtliche Polizei *insultiert* wurde, dann gab es drastische Strafen wie Universitäts- und Landesverweis für die Rädelsführer und Karzer für die Mitläufer.[78]

Für sich ging auch das gehobene Bürgertum seinen Vergnügungen nach: *Den Versammlungspunkt der höheren Kreise im Winter bilden einige Häuser, in welchen gespielt wird; während des Karnevals sind wöchentlich drei Bälle im Hause eines Unternehmers, bei welchem man sich abonnirt und wobei Fremde freien Zutritt haben,* berichtet wiederum Baron Pöllnitz und kommt dann auch hier auf das übermäßige Trinken zu sprechen: *Alles dies wäre recht hübsch, wenn die Gesellschaft nicht hie und da von Betrunkenen gestört würde; freilich nehmen die Einheimischen keinen großen Anstoß an ihnen.*[79] Anstoß dagegen nimmt ein Besucher der Stadt am Ende des 18. Jahrhunderts an hiesigen Ball-Konventionen. Aufgeklärt zwar, dass ein Entréeball kein *bürgerlicher Ball* sei, *sondern er bestände aus Geheimräthen, Hofräthen, Advocaten, Canzlisten, Medicinern und Juristen, und von dem schönen Geschlechte aus Personen von den nemlichen Ständen,* ist er enttäuscht und verärgert, als er selbst nicht zum Tanzen kommt, da die Damen alle bereits im Voraus *engagiert* waren, also ihre Tänze schon vor dem Ball an die Herren vergeben hatten.[80]

Eine Lockerung der strikten Standesgrenzen trat nach dem Übergang des Hochstifts an Bayern ein: *Die vormals steifen, nur für Titel und Rang offenen EntréeBälle nahmen jetzt auch andere Menschen von Bildung und gutem Äußeren auf, und in den eingeführten – sonst nur vom Hörensagen bekannten Maskenbällen konnte auch der gemeine Bürgersmann mitten im Getümmel von höhern Ständen, froh und fröhlich seyn.*[81] Jetzt wurde auch die Lesegesellschaft behördlich genehmigt. Schon 1785 hatte Professor Franz Oberthür die Gründung einer solchen Gesellschaft betrieben. Diese löste sich jedoch bereits nach Jahresfrist wie-

Abb. 168: Die Residenz im Bau – Einzug von Fürstbischof Friedrich Karl von Schönborn,
lavierte Federzeichnung von Wolfgang Högler, 1731.
(Staatliche Museen zu Berlin, Preußischer Kulturbesitz, Kunstbibliothek)

der auf. *Franz Ludwigs Hypochondrie* und *ängstliche Frömmigkeit,* so Oberthür, *vereitelte alle dergleichen Versuche, so wie er überhaupt den Nationalcharakter der Franken umstimmte.*[82] 1812 wurde der Name der Lesegesellschaft wegen der zusätzlichen »Unterhaltungen mit Spiel, Musik und Tanz« in »Harmonie« geändert.

Messen, Feste, Feiern und Festmahle

Für die Zeit von Messen und Festen, wenn Massen von Menschen in die Stadt drängten, ließ der Landesherr besondere Ordnungen verkünden. Die Privilegien zur Kilianimesse – sie erlaubten für die Dauer der Messe unter anderem Verbannten den Aufenthalt in der Heimatstadt – verlas bis zur Säkularisation ein Regierungskanzlist, auf einem Schimmel reitend. Als man die herkömmliche Prozedur nach dem Dreißigjährigen Krieg wieder aufnahm, notiert das Ratsprotokoll, dass die Ratsherren dem Herold im Grünbaum tapfer zutranken und neben vieler *böser Münze* einen Goldgulden verehrten.[83] Zur Kilianimesse hatte sich der seit 1030 bestehende Jahrmarkt, seit 1328 vor den Domgreden abgehalten (s. Abb. 126), mit den frühen pfarrrechtlichen Prozessionen zum Dom am Kirchweihtag, an Pfingsten (s. Abb. 162) und seit dem Ende des 12. Jahrhunderts auch am Kilianstag vereint. Im Mittelpunkt standen solenne Gottesdienste, Heiltumsweisun-

Abb. 169: Rhinoceros zu Wirtzburg gewesen den 3. October 1748, Zeichnung des Hofmalers Anton Clemens
Lünenschloß (1678–1763).
(Martin von Wagner-Museum der Universität Würzburg, Inv.-Nr. Hz 5905)

gen und das volksfromme Brauchtum am Grab der Frankenapostel und am Brunnen in der Kiliansgruft des Neumünsters. Daneben entwickelte sich das Marktgeschehen, und zu den Händlern, Handwerkern, Garköchen, die ihre Geschäfte machten, gesellten sich zum Vergnügen der Menge immer mehr Gaukler, Seiltänzer, Schwertschlucker und Schausteller.[84] Bei den Kiliamstänzen trafen sich bis zum Beginn des Dreißigjährigen Kriegs an mehreren Tagen die jüngeren Domherren, Prälaten und Hofjunker und saßen in prächtigen Gewändern mit den Frauen und unverheirateten Töchtern der Ratsherren zu Tisch. 1575 soll der Abt von Ebrach dabei in solch auffallender »weltlicher« Kleidung erschienen sein, dass *schier keiner der anwesenden Junker mit ihm dieses Putzes halber zu vergleichen gewesen.*[85]

Dankgottesdienste, Glockengeläut, Illuminationen und Feuerwerke waren kennzeichnende Elemente bei vorfallenden Sieges- oder Friedensfeiern. So wurde bei der Feier des Friedensschlusses zum Dreißigjährigen Krieg, nachdem zuvor bei der Dankpredigt im Dom *darbey vberauß viel Volck sich befunden, [...] Endlich Nachts zwischen 5 vnd 8 Vhr ein künstliches Feuerwerck* abgebrannt.[86] Und pompös, mit Aufbietung der Bevölkerung, sollten zuletzt auch noch die Siege Napoleons auf Anordnung des französischen Gesandten gefeiert werden.[87]

Festliche Tage hoben an, wenn fürstlicher Besuch in der Stadt weilte. Die Kaiser pflegten auf ihrer Krönungsreise in Würzburg Station zu machen. Als Kaiser Karl VI. auf der Rückreise von Frankfurt am 13. Januar 1712 in der Stadt eintraf, waren die Straßen illuminiert, mit Fackeln geschmückte Pyramiden, eine Schaubühne und eine Triumphpforte aufgestellt. *Alle Gassen waren mit freudigem Volck angefüllt, es ware ein unaufhörli-*

Abb. 170: Schützenscheibe von 1791:
Abordnung der Schützen vor der Residenz zum Empfang Kaiser Leopolds II. am 17. Oktober 1790.
(Mainfränkisches Museum Würzburg)

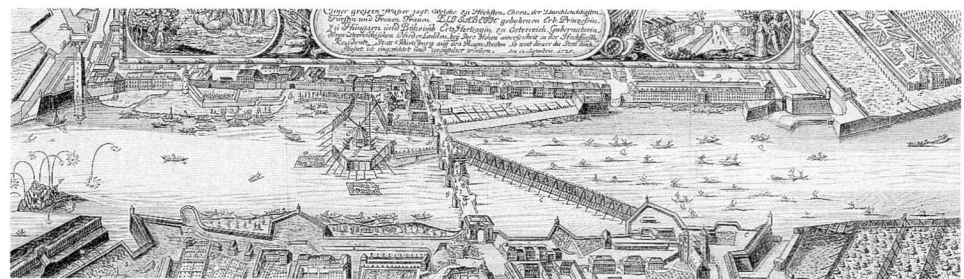

Abb. 171: Wasserjagd anlässlich des Besuchs der Erzherzogin Elisabeth
am 22. September 1725, Kupferstich von Johann Salver nach Balthasar Neumann.
(UBW, 35/A 12.5)

ches ruffen von Klein und Groß: Vivat Carolus![88] Vor dem Rathaus ließ der Stadtrat *den halben Tag unter lieblicher Music [...] rothen und weißen Wein springen.*[89] Überhaupt boten durchreisende kirchliche und weltliche Würdenträger der Bevölkerung Gelegenheit, einen Blick auf die Berühmtheiten zu werfen und sich anschließend an den öffentlichen Veranstaltungen zu erfreuen. Als am 22. September 1725 Erzherzogin Elisabeth, Statthalterin der Österreichischen Niederlande, in Würzburg Station machte, wurde eine Wasserjagd auf Hirsche, Rehe und Wildschweine im Main veranstaltet – damals *zu grossen Augen-Lust der Zuschauenden* (s. Abb. 171).[90] Am Abend des gleichen Tages konnte jedermann ein von Balthasar Neumann eingerichtetes Feuerwerk bewundern (s. Abb. 172).

Abb. 172: Feuerwerk von Balthasar Neumann zu Ehren der Erzherzogin Elisabeth,
Statthalterin der Österreichischen Niederlande, anlässlich ihrer Durchreise
am 22. September 1725, Kupferstich von Andreas Nunzer.
(UBW, 35/A 12.5)

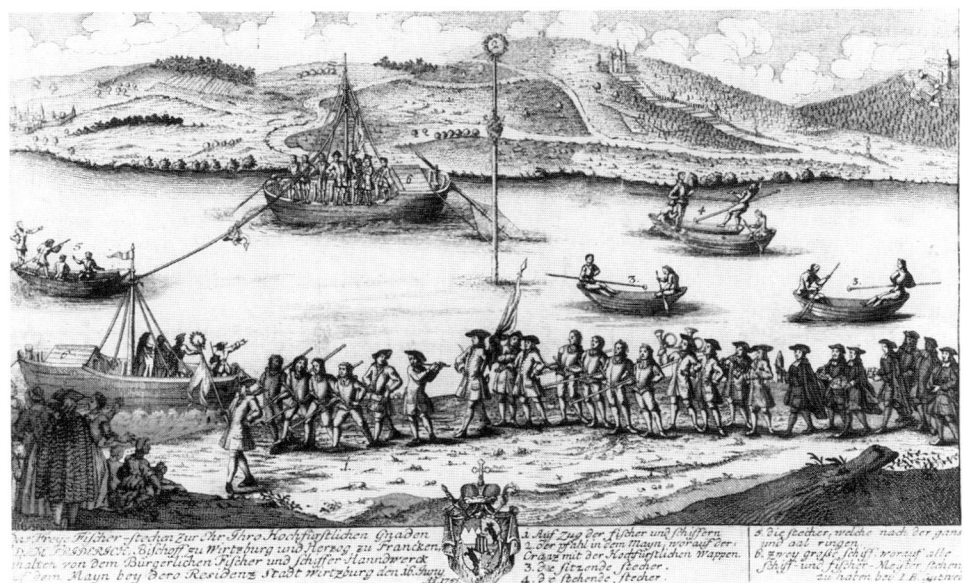

Abb. 173: Fischerstechen am 16. Juni 1755 zur Konsekration von
Fürstbischof Adam Friedrich von Seinsheim, Kupferstich von Balthasar Gutwein, 1755.
(Germanisches Nationalmuseum Nürnberg, Bibl V 204a)

Zu Ehren der Erzherzogin ließ Fürstbischof Christoph Franz von Hutten auch ein großes Fischerstechen veranstalten. Solche Schaukämpfe des Fischerhandwerks sind in Würzburg seit 1508 in manchen Jahren für den Pfingstmontag nachgewiesen.[91] Im 17. und 18. Jahrhundert finden sich mehrfach Gesuche an den Fürstbischof, das Stechen abhalten zu dürfen wie auch von der Abhaltung befreit zu werden. Das Fischerstechen war also nicht nur Privileg des Handwerks, sondern auch Verpflichtung im Rahmen herrschaftlicher Repräsentation. 1666 gibt das Fischerhandwerk dem Stadtrat kund, am zweiten Pfingstfeiertag *die sonst gebrauchliche vndt altem Herkommen gemeße Recreation des Stechens auff dem Main wieder anzufangen,* zugleich wird für den *Mittwochen darnach in dero gemein Fischerhaus zur Mahlzeith eingeladten.* Der Stadtrat beschließt daraufhin, *von Raths wegen ein gros Schiff darzu zubestellen; dan zur Mahlzeit eine Abordnung zu thun, vndt darbey von Raths wegen 32 Rathskandell mit Wein zu praesentiren.*[92] Ein großes Stechen findet wieder 1755 anlässlich der Konsekrationsfeier des Fürstbischofs Adam Friedrich von Seinsheim statt, *gehalten von dem gehorsamsten Bürgerlichen Fischer- und Schiffer-Handwerck* (s. Abb. 173).[93] Wegen der hohen Kosten bitten danach die Geschworenen der Fischerzunft erneut und wiederholt um Erlass der Spiele. Dem Ansuchen wird *mit Vorbehalt der alten Gerechtigkeit* (1759), *jedoch ohne Consequenz* (1777) für das jeweilige Jahr stattgegeben. Erst 1788 ergeht ein Reskript von Fürstbischof Franz Ludwig von Erthal: *Der Nachlaß wird nicht allein für dieses Jahr, sondern auch für die Zukunft insolange gewährt, bis man solches vom Fischerhandwerk anverlangen wird, wodann es dem Herkommen gemäß seiner Schuldigkeit sich zu fügen gehalten sein soll.*[94]

Das Volk stand in den Straßen, neugierig beim *Uffgang*, beim Einzug des neuen Bischofs, und klagend am Prozessionsweg und in den Kirchen bei den Bestattungszeremonien eines Fürstbischofs – wie sie im 16. Jahrhundert in Berichten und im Bild überliefert sind (s. Tafel 47).[95] In der Barockzeit nimmt die Bevölkerung freudigen Anteil an den Feierlichkeiten nach der Wahl des Fürstbischofs. Friedrich Karl von Schönborn ist am Abend des Wahltags noch *ganz in der Still gegen 10 Uhr in der Stadt herumbgefahren, umb zu sehen, waß die in der Stadt Wohnendte für Illuminationes oder Freuden Bezeugungen begehen.*[96]

Weniger von höfischen Zeremonien und äußerer Prachtentfaltung als von der Andacht und von einem übergroßen Zulauf des Volkes wird zur »100-Jahrfeier der Erzbruderschaft Corporis Christi« 1730 berichtet: *Bey allen Predigen, bey allen Aemtern, bey allen Bett-Stunden ware das Volck, also zu reden, gleichsam unzehlbar.* Acht Tage währte das *Jubelfest* und *so bald nur Morgens um 5 Uhr, als zu der hier gewöhnlichen Zeit die Glocken durch die gantze Stadt erschollen […] hörte und sahe man täglich sogleich alle Gassen voller Leuth, welche der Domkirchen zueyleten.*[97]

Mittelpunkt des geselligen und gesellschaftlichen Lebens ist das festliche Mahl. Es festigt soziale Beziehungen, stärkt gruppenspezifisches Selbstbewusstsein, grenzt aber auch aus. An den Ratsmahlzeiten nahmen neben den Ratsherren und ihren Familien auch Vertreter des Domkapitels und ausgewählte Amtsträger teil. Man kam zu den großen Festzeiten des Jahres, Neujahr, Dreikönig, Ostern, im Grünbaum zusammen und schmauste bei Musik und Tanz. Die Mahlzeit zur Fastnacht zog sich sogar über zwei Tage hin. Als sie 1592 einmal wegen der hohen Kosten eingestellt war, verlangten die Frauen von 14 Ratsherren energisch ihre Wiedereinführung, da sie eine *gar löbliche Stiftung* sei.[98] Aus Geldmangel, besonders während des Dreißigjährigen Kriegs und zuletzt mit der Säkularisation, kamen diese Festivitäten aber dennoch zu einem Ende. Bei der so genannten Ratskirchweihe am 30. August, dem Fest der Hl. Felix und Adauctus, den Patronen der Ratskapelle, galt es auch, sich des bedeutungsvollen Tages im Jahr 1303 zu erinnern, als König Albrecht die Stadt von der Reichsacht löste. Bildlich zeichnet das Echter-Exemplar der Fries-Chronik das historische Fest von 1303 nach (s. Abb. 175), während das Domkapitel-Exemplar einen Tanz im Hof des Grafeneckart zeigt, wie er sich eher an das aus jenem Ereignis hervorgegangene Bürgermahl anschloss. Zur Ratskirchweihe und bei der Bürgermeistermahlzeit, die im November zur Wahl der Bürgermeister für das kommende Jahr anfiel, schickten die neu gewählten Bürgermeister, die Verordneten für das Ungeld und die Stubenmeister Speisen und Wein ins Ungeld, das städtische Steueramt, damit auch das einfache Personal mitfeiern konnte.[99] Im August verehrte die Fischerzunft dem Stadtrat kleine Mainfische zum Mahl der *Jakobssenglein.* Die Fische waren am Tag des Hl. Jakob, nach Ablauf der Schonzeit, gefangen worden. Der Fürst mochte den Rat gelegentlich zu einem *Grasessen* oder *Guten Mut* einladen – wie es auch die Domherren schon getan hatten –, so Bischof Melchior Zobel: *[…] hat einen Erbarn Rathe sampt iren Weiben und Dochtern, auch vil andere ausserhalb des Rats uf Morgen Donnerstag unther Unthern Zell hinab zu einem Graßessen laden lassen, dohin sind alle solche geladene Personen in einem Schif so sein furstlich Gnad darzu bestelt gefaren […].* Der Bischof schenkte auch noch einen Hirsch, den er vor den Augen der Gesellschaft

*Abb. 174: Die Hofkirche der Residenz, Kupferstich und Radierung (Mischtechnik)
von Johann Balthasar Gutwein nach einer Vorzeichnung von Balthasar Neumann, 1745.
Die durch viele Figuren belebte Szenerie dokumentiert den festlichen Ablauf der Kirchenweihe.
(Mainfränkisches Museum Würzburg, Inv.-Nr. S. 20646)*

Abb. 175: Bürgermahl mit König Albrecht im Hof zum Grafeneckart im Jahr 1303.
(UBW, M. ch. f. 760: Fries-Chronik, Echter-Exemplar, um 1580, fol. 237v)

erlegt hatte, *einem Rathe uf ir Male, so darnach uf Donnerstag nach Egidi gehalten ward.*[100] Das Schöffenmahl gab Kloster Ebrach im hiesigen Klosterhof für die Mitglieder des Stadt- und Brückengerichts, für die beiden Schultheißen und einige weitere Amtsträger samt ihren Angehörigen. Für das Jahr 1530 ist der Ablauf der Festivität mit Angabe der Speisen überliefert: *Montag nach Johannis Baptiste. Uf heut hat man das Schopfenmal im Ebracher Hof gehalten, mit diser Dignitet, als man zu Morgens geessen, hat man darnach mit Karten und Wurfeln gekurtzweilt bis um zwu Hore, und zu derselben Zeit, als man des Spilens mudt worden, hat man Kes, Prot und Weichsel geessen und alwegen Weins genug einge-schenckt. Nach demselbigen ist man ein Weil in den Garten gangen und spacirt, bis umb die vier Hore, alsdan was zu Morgens uberpliben, von kaltem Gepraten und anders, hat man zu Nacht vollet verzehrt und ufgeessen.*[101] Im Jahr 1554 ist die Speisenfolge des Schöffenmah-les genauer beschrieben: *Erstlich ein eingeschnittene Suppen, volgends Wurst, Kuttelfleck, Rindsmagen und Erbes wol und gut bereith. Die ander Gericht Oel [Aal] in gelber Brue. Die dritte ein versottene Henne in der Prue sampt grunem und duren Flaisch dabeygelegt. Die viert ein Furheeß [Hasenpfeffer]. Die funfte das Gebraten von Hasen, Huner, Gensen, Schweinen und Kelbern, auch Bratwursten zuberaith. Die sechste von Grebsen. Letzlich Kes, Birn, Nuß und Weintreubel.*[102] Eine zeitweilige Unterbrechung dieser Völlerei trat ein, als im Jahr 1611, da man eine Reihe von *extraordinari*, also ungeladene Gäste, mitgebracht hatte, einer dieser Herren *baldt hernach gestorben undt das gemein Geschrey in der Stadt ausgebro-chen, Er hette sich in den Ebracher Hoff zu Dot getruncken.*[103] Das gemeinsame Mahl ist nach dem Aufzug zur Kirche und dem feierlichen Gottesdienst auch Höhepunkt der Jahrtage der Zünfte. Auch die Schützengesellschaft lud an ihrem Jahrfest (20. Januar) nach dem Gottesdienst zum Sebastianimahl. 1742 hielt die hiesige Bäckerzunft nach einer Unterbrechung von 28 Jahren anlässlich ihres Jahrtags einen »Ehrenaufzug«; einen wei-teren hielt das Handwerk wiederum nach einer längeren Unterbrechung 1774. Dabei ist man *im Gasthof zum guldenen Creutz von halb 2 Uhr bis abends 6 Uhr unter Aufsteckung der Handwerksfahnen, und Musicalischen Concerten zu Tisch gesessen.* Am zweiten Tag waren noch einmal 71 Personen geladen, diesmal auch die *Beckenmeisterinnen.*[104]

Bräuche durch das Jahr

Manche der Bräuche, die Johannes Böhm für Franken 1520 erstmals in einer Zusammenschau verzeichnet hat,[105] werden auch in der Stadt Würzburg ausgeübt worden sein. Einige verortet Böhm ausdrücklich in der Residenzstadt, andere sind in anderen Quellen auch für Würzburg nachgewiesen. Dass die Klöpfleinsnächte hier bekannt waren – wenn auch womöglich mit anderen Brauchformen, als sie Johannes Böhm beschreibt –, bezeugt der 1471 protokollierte Vorfall, als Randalierer sich auf die Lizenz der *Kloplinsnacht* beriefen.[106] Bischof Julius schränkte das vorweihnachtliche Umsingen und Heischen 1584 derart ein, dass nur Kinder an den drei Donnerstagen zwischen 3 Uhr nachmittags und der Stunde, *da der Thürmer die Nacht anbläst*, zu Bekannten zum Ansingen geschickt werden durften.[107]

Häufig sind es Mandate der fürstlichen Regierung, die Informationen über termingebundene Bräuche liefern. Schrieb Johannes Böhm – und nach ihm Sebastian Franck – zum Nikolaustag nur vom Schülerbischof und von Geschenken, die Kinder in ihren Schuhen vorfinden, so geht der Umzugs- und Einkehrbrauch des Nikolaus für die Mitte des 18. Jahrhunderts aus einem Mandat hervor. Die Verordnung gegen *Mummereyen und Verkleidungen am St. Nikolai- und Christ-Vorabend* erachtet den Einkehrbrauch für pädagogisch schädlich; er wird daher wegen der *mitunterlaufenden ungeziemenden Ausschweifungen [...] sowohl dahier [in der Stadt Würzburg], als auch auf dem Land gänzlich abgeschaffet.*[108]

In der Christnacht war es laut einer Nachricht von 1600 üblich, dass eine Abordnung des Rats beim Dompropst und Domdechanten ihre Aufwartung machte und die Herren zur Mette in die Domkirche begleitete.[109] Bei der Christmette war der Dom (1776) *mit Byramiden geziert, wo auf jeder gelbe Waxkerzen gesteckt, und zur nehmlichen Zeit samtlich angezündet zu sehen waren.*[110]

Eine Frage nach Neujahrsbräuchen wird 1774 im »Fränkischen Merkur« beantwortet: *In dem Wirzburgischen findet man noch verschiedene Neujahrsbetteleien. Die Hoftrompeter und Pauker blasen und pauken den Domherrn, Fürstlichen Räthen, den Klostervorstehern, und andern ansehnlichen Personen in der Stadt das Neujahr an.*[111] Das in Franken 1578 erstmals belegte und gewöhnlich vom Weihnachtstag bis Dreikönig ausgeübte Sternsingen[112] war schon in der Zeit von Julius Echter derart ausgeartet, dass vor allem Metzger- und Häckerburschen Gaben mit Gewalt ertrotzten oder sie den Schwächeren wieder abnahmen. Deshalb ließ der Bischof dieses Umsingen zur Nachtzeit abstellen. Es sollte künftig nur noch am Vorabend und am Festtag der hl. Dreikönige selbst von 2 Uhr nachmittags bis zum Abend, *da der Thürmer die Nacht anbläst*, allein den Schülern gestattet sein.[113]

An Fastnacht sind es wiederum zuerst Handwerksgesellen, die von sich reden machen. Tagsüber zogen die Häckersbuben, nachts die Metzgersknechte zum *Treglen* umher. Dabei wurde zur Nachtzeit mancher Unfug getrieben, weswegen Bischof Julius auch dieses Umsingen zur Nacht verbot.[114] Beim »Kalbhetzen« führten die Metzgersknechte ein mit Blumenkränzen und bunten Bändern geschmücktes Kalb an den fürstlichen Hof und vor die Häuser der Honoratioren und durften dafür Geld und Wein ein-

Abb. 176: Lehrbrief für den in Würzburg tätigen Gesellen Franz Anton Kilb,
ausgestellt vom Handwerk der Schreinermeister zu Straßburg, 1774.
(Mainfränkisches Museum Würzburg, Inv.-Nr. S. 48738)

kassieren. Dieser Brauch wurde dann 1730 aufgehoben.[115] 1542 erschienen einige, die *vermumbt und verstelt* waren, beim Tanz; einer von ihnen führte eine Ofengabel mit sich, ein anderer *ein Reifle an einer Stangen, wie man das zu dem Weinschenken praucht und aussteckt.*[116] Wenn es in den Verordnungen heißt, dass *nicht allein die Fastnachtsspiele und Mummereyen fast bey menniglich überhand genomen*, so wird es sich um allgemeines Fastnachts- und Maskentreiben und nicht um theatralische Spiele wie etwa in Nürnberg gehandelt haben. Da sich dabei *allerlei Vntzucht, Mutwillen, Gottslesterung, Schand und Schlegerei begeben und zutragen*,[117] kam es auch hier immer wieder zu Verboten.[118]

Bezeugt ist 1539 eine Schlägerei zwischen Häcker- und Bäckersknechten. Die Bäckersknechte *haben die Rock aufgeschurtzt gehabt, als wen sie wollten wandern, derselben haben ire Wehr zum Thail plos getragen.* Sie gerieten mit den Häckern ins Handgemenge: *solches sey geschehen, als die Fasenachten sein hinauf kommen.*[119] 1559 misshandelte und schmähte ein *Mummereigesindt* von Bürgersöhnen einen Landsknecht, der dafür Schmerzensgeld verlangte.[120] Am Fastnachtsdienstag zog das Hofgesinde nach dem Nachtessen mit brennenden Stroh-Schauben um das Schloss und feuerte Hakenbüchsen ab (s. Tafel 48). Lorenz Fries deutet den Brauch historisierend als Gedenken an einen blutigen Streit, bei dem die Hofbediensteten über Häcker und Handwerker aus der Vorstadt St. Burkard triumphiert hatten.[121] Im 18. Jahrhundert gab es die »Maskeraden auf Schlitten«. *Die Offiziere der Garnison hielten eine vermummte Schlittenfahrt, welche sie den Götterball nannten. […] Fürst Adam Friedrich, von seinem Hofstaat umgeben, sah dies Schauspiel von der Altane mit Vergnügen an.*[122] Das Militär hatte es den Studenten nachgemacht, die schon zur Fastnacht 1751 einen maskierten Aufzug vorführten, der in 24 Schlitten Szenen aus dem vergnüglichen Studentenleben darstellte. Weitere studentische Schlittenfahrten sind für 1763 und 1767 bezeugt.[123]

1689 zeigt der Hofschultheiß dem Stadtrat an, *dass sich einige geringe Knaben unterstehen, Maienbäume aufzurichten und ohne Anmelden oder Erlaubnis zu tanzen, teils aber suchten sie um Permission an.* Der Rat kam zu dem Beschluss: *Das Maienstecken sei ein altes Herkommen und an sich nichts Böses oder Aergerliches; ohne Erlaubnis aber offene Tänze und Spielleute aufzuführen, sei nicht zuzulassen. Ob die Concession bei dem Hofschultheißamt oder bei der Kanzlei zu suchen sei, stehe bei Celsissimi gnädigster Determination.* Die Entscheidung des Fürstbischofs notiert der Stadtschreiber wie folgt: *Celsissimus lassen das Maienstecken und dabei das Singen wie beim Johannisfeuer passieren, die offenen Tänze und Spielleut aber, welche gemeiniglich in die Nacht dauern und selten ohne Ungelegenheit abgehen, sollen nicht erlaubt, sondern abgestellt werden, und wie solches beim Ober- und Hofschultheißenamt bishero gewesen, also solle auch von da aus die fernere Verfügung getan werden.*[124]

Bis in die 90er Jahre des 18. Jahrhunderts wurde in einigen Kirchen der Stadt an Christi Himmelfahrt eine geschmückte Christusfigur an einem Seil hochgezogen, an Pfingsten im Dom ein *Bildniß* des hl. Geistes unter dem Hochamte und der Vesper geschwungen. *Das Bildniß war eine ziemlich große Maschine von 3 Schuhen, ringsherum mit Blumen und Schilden begränzt und verpallisadiert, inwendig mit einer lebendigen Taube versehen, und am Ende mit einem 2 Fuß langen Schweife von Rauschgold.*[125] Für den zweiten Pfingstfeiertag – wie auch für den zweiten Weihnachtstag – hatten im Mittelalter die Bäckersknechte die »Freiheit«, einen Tanz abzuhalten. Diesen stellte Bischof Julius 1584 unter die Aufsicht der Zunftgeschworenen, da nach einer Eingabe des Magistrats dabei nichts als *Sünde, Schande und Laster mit Fressen, Saufen, Gotteslästern, unzüchtigem Tanzen, Verdrehen (Drehen), schambaren, unehrbaren Worten und Werken* getrieben werde.[126]

Zum Johannistag ist im 16. Jahrhundert nicht nur das *Freuden feür*, sondern auch das heute noch in den Alpenländern ausgeübte »Scheibenschlagen« bezeugt: *Das Bischofflich hoffgesind wirfft auff disen tag bey yren freuden feür auff dem berg hinder dem schloß feürine kugeln in den fluß Moganum so meysterlich zu gericht, als ob es fliegend Trachen weren.*[127]

Anfang und Ende der Weinlese bestimmte der Zehntherr, um die Kontrolle über die Abführung des Zehnts zu behalten. Da auf der Würzburger Gemarkung das Domkapitel den größten Teil des Weinzehnts innehatte, eröffnete der Dompropst die Lese. Man sagte dazu: »[…] der Domprobst reitet aus«. Auch sorgte er für den Abschluss der Lese. Dann hieß es: »[…] der Domprobst leuchtet den Herbst ein«. Diejenigen, die zur Aufsicht in die Weinberge abgeordnet waren, verfertigten nach Abschluss der Lese *gut handuöllig fackeln, yeglicher zwo, geen zunachtsingend in einer ordnung inn die statt, damit leüchten sy dem herbst auß.*[128] Eine prächtige »Einleuchtung« bzw. »Ausleuchtung« beschreibt 1609

Jakob Röder in seinem Kalender: *Ist zu Nacht im 6 Uhr der Herbst zum alleristattlichsten mit Fackeln, breneten Schauben, Bauken und Pfeuffen, Schalmain und Sackpfeufen und 12 Reutern, Thomherrn, Edelleut, Radtherrn eingeleucht worden.*[129] Franz Oberthür schreibt dazu ergänzend: *Auf eben diese Art zogen dann auch Privatleute mit ihren Winzern vom Felde nach Hause, wo die Nacht mit Essen, Trinken und Tanzen ganz fröhlich durchgebracht wurde.*[130] Um die Wende zum 19. Jahrhundert ist der Brauch *veraltet und man sieht selten ein anderes Specktakel als Winzer mit spitzigen Kappen und verkappte Arlekins auf den Mostwagen durch die Straßen fahren. Schlechte Weinjahre vertrieben diese Feste.*[131]

Am Burkardustag war es, wie Oberthür 1795 schreibt, *lange Sitte, daß sich Freunde, so sich begegneten, an diesem Tag einen guten Morgen um einen Burkardsweck wünschten, den der Freund dem Freunde, der ihm im guten Morgenwünschen zuvorkam, auch schicken mußte.*[132]

Der Martinstag, Vorabend der Adventsfastenzeit und zugleich Zinstermin, bot Anlass zu Schmausereien, zuerst für die Grundherrschaft, die Klöster und die Geistlichkeit, wohin *Capaunen, Hüner und Enten* zu steuern waren. *Dergleichen Frölichkeiten hatten die Layen mit Essen und Trincken in iren Häusern auch* (s. Abb. 157, S. 508).[133] Man trank den neuen Wein an und wollte auch der Armen nicht vergessen: *Vnselig ist das hauß das nit auff diß nacht ein ganß zu essen hat, da zepffen sy yre neüwen wein an, die sy bißher behalten haben, da gibt man zu Würtzburg vnd anderß wa auff disen tag den armen ein gutte notturfft.*[134] Auch wird im 16. Jahrhundert von einem grausamen Tierkampf berichtet: *Zwey eberschwein schleüßt man in ein circkel oder ring auff disen tag zusammen, die einander zerreissen, das fleysch teylt man auß vnder das volck, das best schickt man der Oberkeyt.*[135]

Die zahlreichen Prozessionen das Jahr über demonstrieren neben der religiösen Intention und frommen Gesinnung die Einheit der Stadtgemeinde und spiegeln in ihren Ordnungen die Ständehierarchie und die Gliederung des Gemeinwesens nach Stadtvierteln, Stiften, Klöstern, Handwerkerzusammenschlüssen. Lorenz Fries beschreibt zwei Prozessionen, in denen rechtliche Abhängigkeiten ihren Ausdruck fanden: zum einen die Prozession des Domklerus samt *Schülere und Pfarrvolck* am Palmsonntag nach Stift Haug (s. Tafel 47 b), die, wie er sagt, zur Erinnerung an den Einzug Jesu in Jerusalem eingeführt worden sein soll, die aber zunächst auf eine besondere rechtliche Beziehung von Stift Haug zum Domkapitel hinweist;[136] zum anderen die alte Pflichtprozession zu Pfingsten *aus allen vnd ieden Steten vnd Dorfern des gantzen Bisthumbs* zum hl. Kilian, bei der der Geistlichkeit ein Ehrentrunk aus geschmückten Gläsern gereicht wurde (s. Abb. 162).[137] Letztere lebte in den Wallfahrten zum Bistumspatron in der Kilianswoche weiter. Wie die Palmsonntagsprozession zu seiner Zeit ablief, teilt Franz Oberthür mit: Der Stiftsklerus zog *mit Palmen in der Hand [...] vom Dom aus über den Kirschnerhof, durch das ehemalige Spitalthor zum Graben hinauf, über den Residenzplatz durch den Hatzfelder Zwinger, über den hintern Domplatz, durch die Plattnersgasse wieder zum Dom zurücke.*[138] Am Nachmittag hielt die Akademische Sodalität eine Passionsprozession ab, bei der bis 1756 die Schüler des Gymnasiums *die Geschichte Jesu mit allen jüdischen Vorbildern, oder vielmehr die ganze biblische Geschichte,* vorstellten und der *Hof und alle höheren Stände* sie begleiteten.[139] Bis zu ihrer Verlegung auf den Palmsonntag 1721 durch Bischof Johann Philipp Franz von Schönborn wurde die in der Zeit der Gegenreformation eingeführte

Passionsprozession in der Karfreitagnacht abgehalten. Über sie notierte Jakob Röder 1617: *Ist die Passion Procession mit mechtiger Auffung Zirat vnd Andacht gehalten. Bischof Julius ist in der Kellerei Neumünster gewest, daz er disen Umbgang 2 mal kont sehen. 62 Creuztrager, 50 Gaisler, 42 Ausgespanter, 30 Klagjungfrauen, Maria, Veronica.*[140] Der Stadtrat war *dar zu vmb ein Steur ersucht* und Bürger *in die Wehr verordnet worden* mit Hellebarden und Musketen zur Begleitung der Prozession.[141] Auf gleiche Weise wurde bewaffnete Begleitung für die Fronleichnamsprozession eingefordert.[142] Wie diese dann 1740 abgehalten wurde, beschreibt ausführlich Ignaz Gropp.[143] Von einer anderen großen Stadtprozession, vom *Umzug um die Stadt am Sonntag nach Cyriak* zum Gedenken an die Schlacht bei Kitzingen 1266, berichtet noch Franz Oberthür.[144]

In der Zeit der Gegenreformation, als zahlreiche Gnadenorte unter der Förderung Julius Echters aufblühten, hatte sich Jakob Röder als eifriger Teilnehmer an Wallfahrten hervorgetan. Am Ende des 18. Jahrhunderts, als die Aufklärung Wallfahrten und Prozessionen einschränkte, benennt Franz Oberthür noch einmal die wichtigsten Ziele der Würzburger Wallfahrer: *Unsere Bürger wallfahrten also von da an [1609: Beginn der organisierten Wallfahrt nach Walldürn], als marianische Sodalen, unter der Führung ihres Präses, eines Jesuiten, in einer feyerlichen und zahlreichen Prozession, jährlich zu den berühmtesten Votivorten der Würzburger Diözese, nach Höchberg, Dettelbach, Retzbach, Waldthüren und den Kreuzberg bey Bischofsheim an der Rhöne.*[145] 1804 verbot die neue bayerische Regierung in einem Erlass alle Prozessionen und Bittgänge außer denen am Markustag, in der Bittwoche und an Fronleichnam.[146] In der Toskana-Zeit wurden dann doch wenigstens Wallfahrten, die nur einen halben Tag dauerten, an Sonn- und Feiertagen wieder erlaubt.[147] Erst 1826 lebte die Kreuzbergwallfahrt in der alten Form wieder auf. Dann mochte wieder gelten, was Oberthür 1798 über den Tag ihrer Rückkehr in die Stadt geschrieben hatte: *Alles ist festlich gekleidet, in allen Häusern sind fröhliche Gesellschaften versammelt, so daß dieser Tag das Kirchweihfest in der Semmelgasse genannt wird, wirklich aber ein wahres Volksfest für Würzburg heißen mag.*[148]

Neujahrswünsche von 1621

Ulrich Wagner

Stadtschreiber Michael Müller berichtet, wie er und Bürgermeister Christian Bauer
am 1. Januar 1621 dem Fürstbischof Johann Gottfried von Aschhausen
die Neujahrswünsche der Stadt überbringen.[1]

*[fol. 1] Heut zu früher Tagzeit bin ich, M[ichael] M[üller], Stadtschreiber, nach gestrigem avi-
so [Anweisung] in die Bürgermeisterstuben gangen, aldo der Herren Bürgermeister erwarten
wollen, so bin ich soviel berichtet [unterrichtet] worden, daß der hochwürdig Fürst und Herr,
Herr Johann Gottfried (s. Abb. 98), Bischof zu Bamberg und Würzburg, Herzog zu Franken,
unser gnädiger Fürst und Herr, herab in die Stadt komme, und im Collegio Societatis Jesu [Je-
suitenkolleg] abstehen [vom Pferd steigen], in der Kirche daselbst das Hohe Amt halten, die
Personen communicieren werde, des wegen der Ältere Herr Bürgermeister Christian Agricola
Bauer, genannt von Eiseneck, als Seiner Fürstlichen Gnaden Rat, auch deren Ort [dorthin] gangen und den Gottesdienst abgewartet. Der Jüngere Bürgermeister aber, Herr Jörg Gantz, ist
wegen Leibesschwachheit [Krankheit] zu Hause verblieben.*

*Ungefähr um [fol. 2] zehn Uhr ist der Herr Ältere Bürgermeister zum Grünenbaum [Gra-
feneckart] gekommen und so bald mit mir allein gen Hof gefahren und dern Ort [dort] Ihre
Fürstliche Gnaden untertänig erwartet. Weil aber hochernannte Ihre Fürstlichen Gnaden
erst um 11 Uhr ankommen, haben wir uns mittler Zeit zur Kammer verfügt, den gewöhnlichen Apfel [in Silber getriebenes Neujahrsgeschenk] mit den 50 Goldgulden, welche ganz neu
geprägt und auf einander fern zu Nürnberg verfertigt worden, gezieret auch alldo, occasione
data [weil sich die Gelegenheit bot], den Herren Kammerräten ein glücklich freudenreiches
Neues Jahr gewünscht, dann Herrn Zahlmeister 1 Goldgulden zum Neuen Jahr offeriert [über-
reicht]. So balden auch alle angehörige Kammerräte zum Grünenbaum eingeladen, welche
sich der freundlichsten getanen Einladung bedankt und die Verfügung getan haben, dass ein
Trunk Rainfell [Südwein] zur Kammer gebracht worden.*

*Mittler Zeit sind Ihre Fürstlichen Gnaden samt den Herren Dompropst Graf Poley, Dom-
dechant zu Bamberg, Herrn Johann Georg Fuchs von Dornheim, Herrn Philipp Adolph von
Ehrenberg, Domdechant zu Würzburg [...] [fol. 3] und gelehrten Herren Räten gen Hof gekommen, wir uns für [vor] den fürstlichen Gemach verfügt und neben anderen benannten
Herren untertänig aufgewartet. Bald hernach haben Ihre Fürstlichen Gnaden den Herrn
Bürgermeistern und mich erfordern [eintreten] lassen und unser Anbringen angehört, dessen
ungefähren Inhaltes:*

*Hochwürdiger gnädiger Fürst und Herr, Euren Fürstlichen Gnaden entbieten Bürgermeis-
ter und Rat dieser dero [Ihrer] Haupt- und Residenzstadt Würzburg ihre untertänig gehorsame und bereitwilligste Dienste und wünschen daneben deroselbsten von Gott dem Allmächtigen ein glücklich freudenreiches Neues Jahr, von Herzen wünschend, dass die göttliche*

Abb. 177: Titelseite des Ratsproto-kolls von 1621 mit den Namen der amtierenden Bürgermeister und Stadträte, verfasst von Stadtschreiber Michael Müller.
(StadtAW, Rp 22, 1621, Vorsatz-blatt)

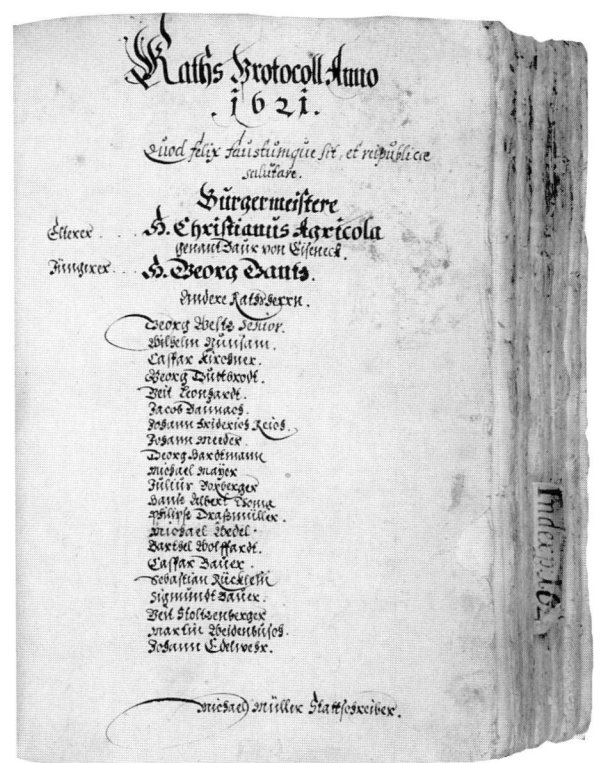

Allmacht Euren Fürstlichen Gnaden in langwährender Gesundheit, glücklicher und friedfer-tiger Regierung, dem [fol. 4] lieben Vaterland zu Nutzen, Aufnehmung der christlichen Kir-chen und vieler Sachen zu Heil gnädig und väterlich erhalten wolle.

Und offerieren daneben Euren Fürstlichen Gnaden dem alten und wohllöblichen Ge-brauch nach diesen gegenwärtigen Apfel, untertänig bittend, dieselbe wollen nicht das Ge-schenk, welches an ihm selbst, dero hohen Stand und Würden viel zu gering, sondern viel-mehr der Offerierenden untertänig Gemüth, getreues Herz und wohlmeinende Affection [Zuneigung] gnädig und väterlich ansehen und wie bisher mit herzlichen Freuden verführt worden, dero gnädig fürstlichen Willen und wohlaffectionierte Meinung gegen einem Ehrba-ren Rat [Stadtrat] und gemeiner Stadt Würzburg noch ferners zu continuiren [fortzufahren]. Hingegen ist ein Ehrbarer Rat des untertänigen Erbietens, sich gegen Eure Fürstlichen Gna-den in aller Untertänigkeit als gehorsame Kinder also zu erweisen, auf dass dieselbe verhof-fentlich, wo nicht ein vollkommentlich Genügen, jedoch ein gnädig und [fol. 5] väterlich Wohlgefallen haben und tragen werden. Wie sie dann deroselben in aller Untertänigkeit nicht allein mit Mund, sondern mit treuem Herzen und Eifer mit Darsetzung Gutes und Blutes [ore, auro, corde et sanguine] sich offerieren, tröstlicher Zuversicht also zu haben, da-mit sie als gehorsame Kinder eines solchen vortrefflichen Vaters nicht unwürdig geschätzt werden mögen.

Abb. 178: Vergoldeter Deckelpokal aus dem Schatz des Würzburger Stadtrates, Geschenk des Fürstbischofs Franz von Hatzfeld (1631–1642). Ausschnitt aus Tafel 49.
(StadtAW, Rb 18, fol. 13)

Letzlichen ist ehergemelten [besagten] Ehrbaren Rates untertänig Bitten, Eure Fürstliche Gnaden wollen dero hochgeehrten Vorfahren hochseligen, wohllöblichen Gebrauch nach samt dero Räten und Diener heute nachmittags um 1 Uhr zum Grünenbaum zu kommen gnädiglich geruhen und alldo das neu angehende Jahr in Freude und Fröhlichkeit anfangen helfen. Solches würde ein Ehrbarer Rat in untertänigem Gehorsam und gebührender Demut zu verdienen sich äußersten Vermögens [Bemühens] befleißigen.

Nach bescehenem Vorbring [Vortrag] haben Ihre Fürstliche Gnaden sich gnädig bedankt und erklärt zu erscheinen, auch uns abgeordnetem [Stadtschreiber] ein Neujahr verehrt und befohlen, bei dem Mittagessen zu bleiben.

[fol. 6] Nach eingenommener Mahlzeit sind Ihre Fürstliche Gnaden samt dem Herrn Dompropst, Johanniterherren, Domdechanten, Domscholastern etc. und anderen anwesenden Domherren, adeligen und gelehrten Räten, Hofjunkern, andern Adels Personen und

Hofdienern zum Grünenbaum gekommen, den Ratsverwandten die Hand geboten und sich neben gemelten [besagten] Herren zu Tisch gesetzt, sich fröhlich erzeigt, alles gnädigen Willens erboten.

Unter währendem Trunk und Gespräch haben hochgedachte Seine Fürstliche Gnaden einem Ehrbaren Rat nochmals gnädiglich Willen anerboten und zugleich einen großen vergoldeten hohen Becher [s. Abb. 178 und Tafel 49, ein ähnliches Geschenk], so ungefähr bei 200 Gulden Wert sein möchte, verehrt, bei welchem Präsent es nicht verblieben, sondern auch zu seinem großen Dankzeichen drei Morgen Weingarten am Stein, welche Seine Fürstliche Gnaden von Herrn Johann Ulrich Schernredts doctoris hinterlassener Witwe um 1 000 Gulden bar erkauft haben, dabei überantwortet [übergeben], [fol. 7] welches Präsent vom Herrn Bürgermeister Christian [Bauer] untertänig angenommen und so bald mit gebührender Danksagung beantwortet worden.

Ist auch nach folgendem Ratstag ein Dankbrieflein, abgelesen durch vorgemelten Herrn Bürgermeister und Herrn Woltz senior, eingeliefert [zugesandt] worden. [...]

Das Spital- und Gesundheitswesen

Peter Kolb

Die Situation des Spitalwesens zu Beginn des konfessionellen Zeitalters

Mittelalterliche Frömmigkeit hatte in Würzburg eine Reihe von sozial-karitativen Einrichtungen ins Leben gerufen, deren wohltätiges Wirken den Alten, Armen, Kranken oder aus sonstigen Ursachen Hilfsbedürftigen galt.[1] Einigen von ihnen war es nicht gelungen, sich dauerhaft zu etablieren, die Mehrzahl aber konnte ihre Aufgaben auch noch zu Beginn des konfessionellen Zeitalters erfüllen. Zu nennen sind beispielsweise die beiden Sondersiechenhäuser, die sich jeweils dem Patronat des hl. Nikolaus unterstellt hatten: jenes vor dem Sander Tor, das ab 1558[2] den Namen Ehehaltenhaus führte und damit seine neue Funktion erkennen ließ, sowie das Sondersiechenhaus vor dem Zeller Tor. Auf beide wird später ebenso einzugehen sein wie auf die zahlreichen Pflegen, Armenhäuser und ähnlichen Einrichtungen.

Was die Spitäler betrifft, bestanden in Würzburg zu Beginn des konfessionellen Zeitalters drei: Das St. Dietrichspital, das im Jahre 1144 gegründet worden war, das Bürgerspital zum Hl. Geist, dessen Wurzeln in die frühen Jahre des 14. Jahrhunderts zurückreichen und das 1317 erstmals urkundlich greifbar wird, und das jüngste, das Spital zu den 14 Nothelfern, das 1498 seinen Betrieb begonnen hatte. Magister Lorenz Fries (1489–1550), fürstbischöflicher Rat und Sekretär dreier Würzburger Fürstbischöfe sowie Geschichtsschreiber, nennt die Anstalten in seiner »Hohen Registratur«.[3] Diese Häuser sollten bis zur Gründung des Juliusspitals in den Jahren 1576/1579 die einzigen Spitäler in Würzburg bleiben. Sie durchlebten die Zeit des 16. Jahrhunderts, die mit der Reformation und dem Konzil von Trient (1545–1563) auch das Spitalwesen entscheidend beeinflusste, zwar zum Teil mit diversen Turbulenzen, gleichwohl aber ohne grundsätzliche Neuprägung. Die Lehre Luthers vermochte in Würzburg nicht dauerhaft Fuß zu fassen und die spitalorientierten Regelungen des Konzils von Trient fanden auch hier nur mit merklicher Verzögerung Anwendung, weil jene Beschlüsse, die der inneren Erneuerung des alten Glaubens und der Reform des Klerus galten, verständlicherweise Vorrang hatten. So fallen die wenigen Aktivitäten, die bis zur Regierungszeit des Fürstbischofs Julius Echter von Mespelbrunn (1573–1617) auf dem Spitalsektor erfolgten, nicht entscheidend ins Gewicht.

Die politischen und kriegerischen Ereignisse, die Franken bis in die 60er Jahre des 16. Jahrhunderts ihren Stempel aufgedrückt hatten (Bauernkrieg, Markgräflerkrieg,

Grumbachsche Händel), aber auch die neue Lehre Luthers hatten für Bistum und Hochstift eine Vielzahl von Problemen geschaffen, deren Lösung Julius Echter nur schrittweise angehen konnte. Prioritäten waren zu setzen, wobei die Bewältigung sozialer Bedürfnisse – insgesamt betrachtet – häufig hinter den politisch-administrativen sowie geistlichen Regelungsbedarf zurücktreten musste. Diese Aussage gilt auch angesichts der außerordentlichen Bedeutung, die der Gründung des Juliusspitals beizumessen ist, weil die verstärkte Hinwendung des Fürstbischofs zur Besserung und Wiederherstellung des teilweise sehr desolaten Spital- und Armenhauswesens seines Hochstifts erst im letzten Drittel seiner fast 44 Jahre währenden Regentschaft geschah.

Gleichwohl, die Sorge um die Armen und Bedürftigen, um die Kranken und Waisen, hatte Julius Echter bereits zu einer Zeit beschäftigt, als er noch Domdechant war. In der Kapitelssitzung vom 21. Oktober 1572[4] erklärte er, in allen Spitälern und Armenhäusern herrsche große Unordnung, und seit langem seien die Rechnungen nicht mehr abgehört worden. Er unterrichtete seine Mitbrüder ferner davon, dass dieser Tage eine Frau auf offener Straße tot aufgefunden worden sei, die in den Spitälern bzw. Armenhäusern der Stadt kein Unterkommen habe finden können. Es sei nötig, die Verwalter dieser Einrichtungen zu gebührlicher Rechnung von Quatember zu Quatember anzuhalten. Man beschloss, der Domdechant und der Oberschultheiß sollten die Spital- und Gotteshauspfleger auf die Kanzlei bestellen und ihnen einschärfen, ihre Rechnungen in Ordnung zu bringen. Am 13. Mai 1574 trug der Domherr Erasmus Neustetter im Kapitel vor, wie erbärmlich es mit den armen Kranken im Seelhaus zuginge. Ihnen mangle es nicht nur an der erforderlichen Nahrung, es fehle ihnen auch ärztliche Hilfe und Arznei. Einige würden sterben, ohne mit den heiligen Sakramenten versehen zu sein. Es wurden daraufhin Kapläne beauftragt, täglich das Seelhaus zu besuchen, um die Armen zu Geduld zu ermahnen, sie zu trösten und ihnen erforderlichenfalls die heiligen Sakramente zu spenden.[5] Zu grundlegenden Reformen konnte sich das Kapitel aber nicht aufraffen.

Ein knappes Jahr später – am 23. Februar 1575 – ließ Julius Echter durch seinen Sekretär Hieronymus Hagen und durch den alten Hofmeister Hans Zobel von Giebelstadt das Domkapitel davon unterrichten, dass im vergangenen Winter viele arme Leute auf den Gassen gestorben und tot aufgefunden worden seien. Die Armenhäuser seien überbelegt gewesen, so dass man die Bedürftigen nicht alle habe aufnehmen können. Dies sei nicht nur schrecklich anzuhören, man müsse auch befürchten, Gott werde ein Exempel statuieren, falls man nicht den Armen zu Hilfe komme. Aus geistlichem Eifer und Mitleiden wolle Julius Echter ein weiteres Seel- oder Armenhaus errichten. Er denke an das Gelände des Reuererklosters, das er gegen das Ulrichskloster einzutauschen wünsche.[6] Der Plan scheiterte letztlich am Widerstand des Domkapitels.

Sozial-karitative Einrichtungen im Wandel der Zeit

Spitäler

Das Juliusspital. Julius Echter war aber offensichtlich fest entschlossen, seine Vorstellungen durchzusetzen. Da die bisherigen Planungen keinen Erfolg hatten, fiel Echters Bauplatzentscheidung auf ein zwischen den Bächen Kürnach und Pleichach gelegenes Gelände, was in der Kapitelssitzung vom 22. November 1575[7] bekannt wurde. Die Kapitulare wurden damals davon unterrichtet, dass der Fürstbischof *auf dem Juden Friedhof im Pleichacher Viertel ein gemein Spital oder Armhaus* errichten wolle. Die Einbeziehung des vor den Stadtmauern gelegenen Friedhofs in das Bauareal geschah gegen den heftigen Widerstand der Juden, deren an den Kaiser gerichtete Beschwerde der Fürstbischof dadurch unterlief, dass er Fakten schuf. Am 12. März 1576 legte er den Grundstein des *Julier Spitals,* das unter der Bauleitung von Georg Robin rasch emporwuchs und einschließlich der Nebengebäude größtenteils bis Ende 1581 fertiggestellt war.[8] An dieser zielstrebigen Vorgehensweise prallten letztlich auch die Einwände des Domkapitels[9] ab. Am 12. März 1579 erließ Echter die Gründungsurkunde.[10]

Entstanden war ein Baukomplex mit vier Flügeln, die einen Innenhof umgaben. In der Mitte des Nordflügels, dessen Arkaden italienischen Einfluss verraten, setzte der Fürstenpavillon durch seinen Zwerchgiebel und den Mittelturm einen besonderen baulichen Akzent. Die Spitalkirche, die am 10. Juli 1580 geweiht wurde, lag am Ostende des Südtrakts, durch einen kleinen Glockenturm auch äußerlich hervorgehoben. An sie schlossen sich zwei Krankensäle an. Von diesem ursprünglichen Bau ist heute praktisch nichts mehr erhalten[11] außer der steinernen Stiftungsurkunde des Bildhauers Hans Rodlein, die im Durchgang vom Innenhof zum Garten angebracht ist.

Die Spitalordnung, die in der Fassung von 1605/09 überliefert ist, lässt zum Beispiel durch die Regelungen hinsichtlich der Aufnahme und des Zusammenlebens der Pfründner deutlich werden, dass der Stifter seine Gründung auch als Instrument der Gegenreformation verstand. Julius Echter weilte übrigens selbst oft in den Mauern des Spitals und benutzte es als Stadtresidenz. Es spricht für seinen Weitblick, dass er seine Stiftung mit einer dauerhaften wirtschaftlichen Grundlage ausstattete. Von Anfang an wies er dem *Julier Spital* erheblichen Grundbesitz zu, wobei die Liegenschaften des im Bauernkrieg zerstörten Zisterzienserinnenklosters Heiligenthal bei Schwanfeld und die des aufgelassenen Augustinerchorherrenstifts Birklingen bei Iphofen besonders zu erwähnen sind. Wald und Weinberge kamen hinzu.

Echter schuf mit seinem Spital nicht nur eine Pfründneranstalt – wobei sich niemand in das Spital sollte einkaufen können –, ein Waisenhaus und eine Unterkunftsstätte für durchziehende Pilger und arme Leute auf der Durchreise, er beschritt auch neue Wege, indem er seiner Gründung die Aufgaben eines Krankenhauses zuwies. Und als er 1581 seinen eigenen Leibarzt, Dr. Wilhelm Upilio, zum Spitalarzt bestellt und ihm bestimmte Aufgaben bezüglich der im Spital befindlichen Kranken dekretiert hatte, erfuhr diese Festlegung ihre personalmäßige Konkretisierung. Sie bedeutete zugleich eine deutliche Zäsur zum Spital bisheriger Prägung, das auf karitative und geistliche Hilfsleis-

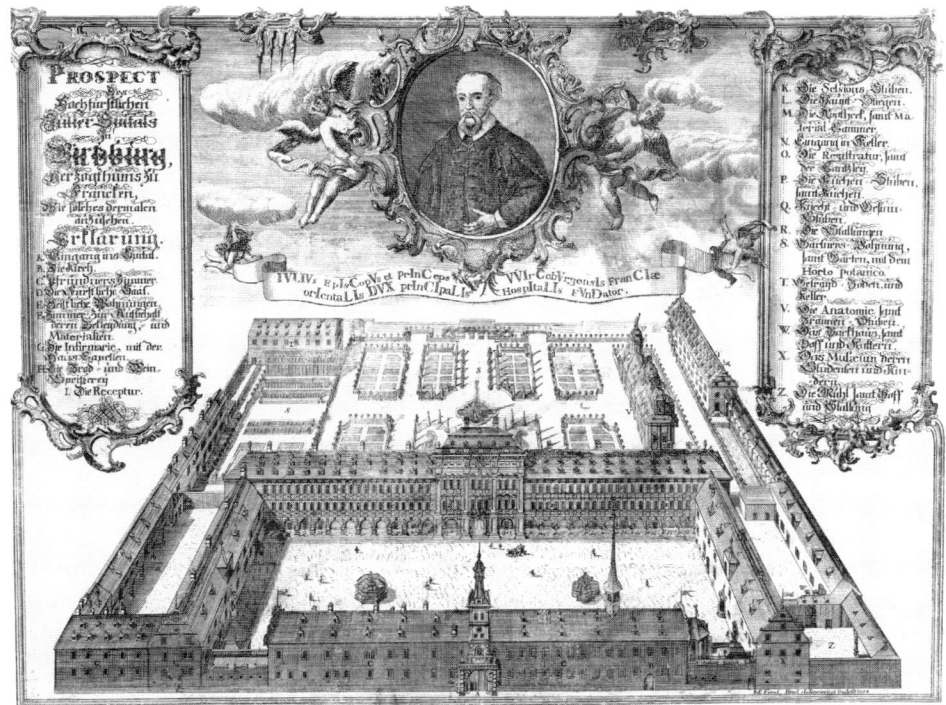

Abb. 179: Juliusspital, Radierung von Josef Ferdinand Ried, 1764.
(UBW, Sammlung Brod, 36/B 7.1)

tungen hin orientiert war und das zwar auch Kranke aufnahm, das eine krankenhaus-
mäßige ärztliche Versorgung jedoch nicht zu seinen Obliegenheiten zählte.

Die Bettenkapazität war bescheiden, die Anzahl der aufgenommenen Kranken
schwankte erheblich. Gab es 1589 im gesamten Jahr 80 Krankenaufnahmen (ohne Irre),
so stiegen diese beispielsweise 1620 auf 302 an.[12] Im Durchschnitt waren es in fürstbischöflicher Zeit 70 bis 80 Kranke, eine Zahl, die auch in der kurpfalzbayerischen Zeit eingehalten wurde.[13]

Das Aufnahmeverfahren von Kranken, das Wendehorst im Einzelnen geschildert
hat,[14] betraf also nur einen kleinen Personenkreis, der am Gesamtcharakter des Spitals
als einer Pfründneranstalt nichts Entscheidendes änderte. Krankenpflege blieb daher bis
in das letzte Jahrzehnt des 18. Jahrhunderts eine nachrangige Aufgabe des Spitals. Zwar
waren die seit der Gründung der medizinischen Fakultät bestehenden personellen
Bindungen zwischen Universität und Juliusspital, die sich in der Personalunion von
lehrendem Professor und Spitalarzt manifestierten, durch die Umgestaltung des Botanischen Gartens, der hinter dem Nordflügel lag, und die Einrichtung eines Anatomiege-
bäudes (1726/27) intensiviert worden.[15] Diese Entwicklung richtete sich jedoch in erster
Linie auf die universitäre Ausbildung der Ärzte und weiterer in Heilberufen tätiger Per-

sonen, verschob aber den Stellenwert der Krankenbetreuung im Spital selbst nicht.[16] Von dieser Bindung zog im Übrigen ohne Zweifel die Universität den weitaus größeren Nutzen. Die finanzielle Beteiligung des Juliusspitals an den diversen Bauprojekten und ihrer Unterhaltung war erheblich. Die Medizin im Juliusspital und in der medizinischen Fakultät der Universität erfuhr durch die Tätigkeit Carl Caspar von Siebolds (1736–1807) (s. Tafel 51) einen außerordentlichen Aufschwung. »Im ersten Jahr seiner Würzburger Tätigkeit wird eine medizinische und eine chirurgische Klinik im Juliusspital eingerichtet [...]. Sein Verdienst ist es, diese (chirurgische) Klinik zu einer Blüte ersten Ranges in Deutschland geführt und der Chirurgie als Fach die Gleichstellung zur Medizin verschafft zu haben«.[17] Können und Ansehen C. C. von Siebolds und seiner »Academia Sieboldiana« waren es auch, die in großherzoglicher Zeit der Medizin im Juliusspital hohe Reputation verschafften, wie später noch zu zeigen sein wird.

Drei entscheidende bauliche Änderungen des Juliusspitals müssen angemerkt werden. 1699 brannte der Mittelteil des Nordflügels nieder. Fürstbischof Johann Philipp von Greiffenclau-Vollraths (1699–1719) ließ durch Antonio Petrini und nach dessen Tod (1701) durch Joseph Greising den Spitaltrakt wieder aufbauen. Kaum drei Jahrzehnte später nun wurde der Nordtrakt abermals ein Opfer des Feuers. Balthasar Neumann führte den Neubau durch (1745–1749), wobei das tragende Mauerwerk des Petrini-Greising-Baus allerdings erhalten werden konnte. Und Fürstbischof Franz Ludwig von Erthal (1779–1795) schließlich ersetzte 1787/89–1793 den noch aus der Echter-Zeit stammenden, mit vielen Baumängeln behafteten Südtrakt durch einen Neubau. Die Pläne für das klassizistische Gebäude (Kuristenbau) lieferte Hofbaumeister Johann Philipp Geigel. »Innerhalb des Gesamtgefüges des Spitals verschob sich durch diesen Bau der Akzent von der Pfründneranstalt hin zu einem Krankenhaus, auch wenn nach wie vor die Aufnahmekapazität für Pfründner, die von Franz Ludwig auf 210 (140 weiblich, 70 männlich) begrenzt worden war, höher lag als die der Kuristen mit etwa 40 Betten«.[18] Neben dem Südtrakt wurden auch die daran anstoßenden Seitenflügel neu errichtet, die Spitalkirche in den Fürstenbau verlegt (1789–1791), das Anatomiegebäude umgebaut (1787/88) und der Botanische Garten umgestaltet (1782). Nicht zu Unrecht wird Franz Ludwig von Erthal deshalb als der »zweite Gründer« des Juliusspitals angesehen.

Durch die Neu- und Umbaumaßnahmen veränderte sich nicht nur das Äußere des Juliusspitals, es hatte sich durch die Fortschritte in der Medizin und durch begabte Ärzte zu einem Ort entwickelt, der die beste medizinische Betreuung erwarten ließ. Damit wandelte sich auch die Struktur seiner Krankenklientel. Bis Mitte des 18. Jahrhunderts waren jene Kranken, die das Spital aufsuchten, in der Regel arm. Nunmehr war es fast zwangsläufig, dass immer mehr heilbare Kranke gegen Entrichtung eines entsprechenden Entgelts um Aufnahme nachsuchten.

Dem Juliusspital wuchs eine besondere Prägung dadurch zu, dass einige medizinische Spezialdisziplinen in ihm angesiedelt waren. Das betrifft zunächst einmal die Aufnahme und Behandlung von Geisteskranken, die bereits kurz nach der Spitalgründung einsetzte.[19] Irre, die verträglich waren, lebten zusammen mit den anderen Insassen des Spitals. Solche, die wegen ihrer Gefährlichkeit isoliert werden mussten, waren in besonderen Räumen untergebracht und dort in Ketten gelegt.[20] Geisteskranken gegenüber

Tafel 45: Das Bürgerehepaar Wittenbauer.
(Mainfränkisches Museum, Inv.-Nr. S. 35209, 35178)

Tafel 46: Köchin aus Würzburg, handkolorierte Umrissradierung von Margarethe Geiger,
aus der Folge »Costumes im Würzburgischen«, Wien 1808, Blatt 4.
(UBW, 35/A 4.7)

Tafel 47:
a) Umzüge bei der Totenfeier und der Einsetzung eines Würzburger Bischofs.
(UBW, M. ch. f. 760, Fries-Chronik, Echter-Exemplar, um 1580, fol. 151r)
b) Die alljährliche Prozession vom Dom nach Stift Haug.
(Ebd., fol. 90v)

Tafel 48: Brennende Schauben (Strohbündel) an Fastnacht,
Miniatur in einer Würzburger Bischofschronik, 16. Jahrhundert.
(UBW, M. ch. f. 248/1, fol. 196r)

war man medizinisch weitgehend hilflos. Es war Fürstbischof Friedrich Karl von Schön-born (1729–1746), der in den Jahren 1742–1745 für die Unterbringung von Geistes-kranken eine neue Ordnung gab. »Alle Tobsüchtigen (*delirantes et simul furiosi*) sollten nach Würzburg geführt und hier im Juliusspital untergebracht werden, soweit es sich um Bürger der Stadt Würzburg handle, auch im Bürgerspital; nur die ruhigen Irren soll-ten in den Landspitälern verbleiben dürfen«.[21] In der Folgezeit ließ das Juliusspital in den beiden an den Kuristenbau anstoßenden Seitenflügeln weitere sechs (zwölf waren bereits vorhanden) so genannte Blockhäuser (Zellen) einbauen, in die die gefährlichen Irren eingewiesen wurden.[22] Auch das Bürgerspital musste Irre aufnehmen. Ab 1742 war ihre Zahl auf fünf begrenzt, sie mussten aus der Stadt Würzburg stammen.[23] Unter Fürstbischof Franz Ludwig von Erthal ergingen weitere reformerische Impulse, die eine Verbesserung in der Wartung der Irren mit sich brachten. Einen besonderen Ruf bei der Behandlung Geisteskranker im Juliusspital erwarb sich Dr. Anton Müller, der seit 1798 zweiter und seit 1807 erster Spitalarzt war. Unter seiner verantwortlichen Leitung wur-den von 1798 bis 1823 rund 55 Prozent der Geisteskranken als vollkommen geheilt ent-lassen,[24] fast 12 Prozent immerhin als gebessert. »Müller änderte zunächst die äußeren Bedingungen für die Kranken: er schaffte die Ketten ab, versuchte die Räumlichkeiten besser zu gestalten und schuf eine Dienstvorschrift für das Wartepersonal. Neben die-sem seinem Engagement für die Pflege gelang es ihm auch, die Stellung der Ärzte und speziell des Irrenarztes so gegen die Administration abzugrenzen, dass hier keine Kom-petenzprobleme mehr auftreten sollten«.[25] Obwohl er in seiner Therapie natürlich den Defiziten seiner Zeit verhaftet blieb, brachte seine Arbeit doch wichtige Impulse für die Entwicklung der Psychiatrie nicht nur in Franken, sondern weit darüber hinaus; von denen sollten freilich erst die Kranken einer späteren Zeit profitieren.

Neben den Geisteskranken fanden auch die Epileptiker im Juliusspital zu Behand-lungszwecken Aufnahme, wohl schon von Anfang an. »Sicher aber ist, dass sie nur zur Kur, nicht zur Pfründe zugelassen wurden«.[26] Bei den Landspitälern war ihre Aufnahme in der Regel ausgeschlossen. Eine entscheidende Wende bewirkte Fürstbischof Adam Friedrich von Seinsheim (1755–1779), der die Errichtung eines eigenen Epileptikerhau-ses in die Wege leitete; bis zu diesem Zeitpunkt waren die Epileptiker im Siechenhaus sowie im Ehehaltenhaus untergebracht.[27] Es handelte sich dabei um ein Haus in der heutigen Klinikstraße, das er vom Kapitular des Stifts Neumünster Philipp Franz Ganz-horn erwarb. 1773 wurden die ersten acht Kranken dort aufgenommen, um die Wende vom 18. zum 19. Jahrhundert war ihre Zahl auf zwölf angestiegen. »Das Epileptikerhaus war eine eigene, bald durch private Vermächtnisse vermehrte Stiftung, die aber unter der Administration des Juliusspitals und unter Aufsicht des Oberarztes der Irren-Abtei-lung stand«.[28] 1804 wurde das Epileptikerhaus zu einer Entbindungsanstalt umgebaut, die Epileptiker fanden nun im Hauptgebäude Unterkommen, eine Maßnahme, die sich nur als Übergangslösung herausstellen sollte.

Die mit Geschlechtskrankheiten behafteten, im Juliusspital lebenden Personen ließ Fürstbischof Adam Friedrich von Seinsheim 1764 in die Elisabethenpflege bringen, ein im Eigentum der Stadt stehendes Pfründner- bzw. Armenhaus.[29] Dort lebten sie mit ei-nigen Pfründnerinnen unter einem Dach. In großherzoglicher Zeit wurde die Elisabe-

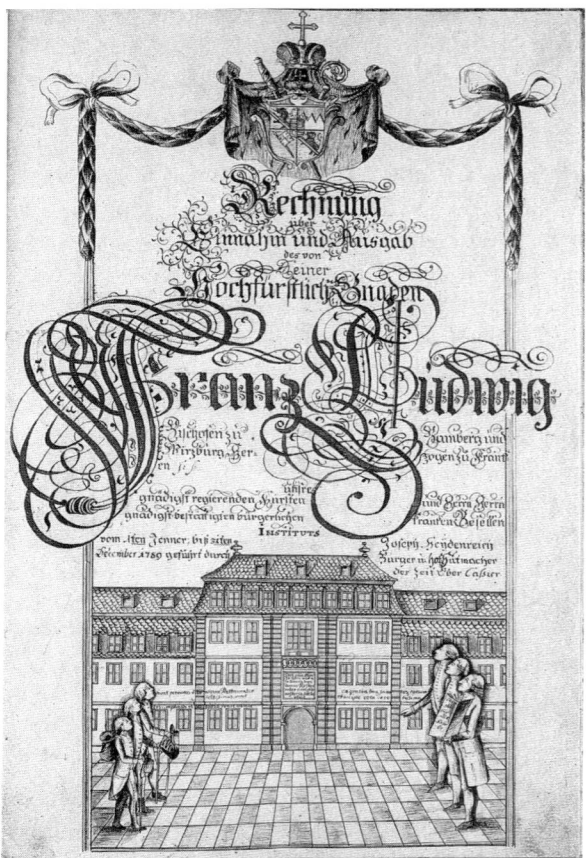

Abb. 180: Jahresrechnung des Kranken-Gesellen-Instituts von 1789, Titelblatt.
(StadtAW, Rb 378)

thenpflege geschlossen. Die Pfründnerinnen zogen ins Bürgerspital, die Venerischen kamen wieder ins Juliusspital.

Damit war der medizinische Aufgabenbereich des Juliusspitals aber noch nicht erschöpft. Ab 1786 war in ihm das Kranken-Gesellen-Institut untergebracht,[30] eine Art Krankenkasse für Handwerkslehrlinge und -gesellen, der die Betreffenden freiwillig beitreten konnten. Erkrankte eines seiner Mitglieder, wurde es in den dem Institut zur Verfügung gestellten zwei Räumen ärztlich behandelt. 1789 waren es beispielsweise 163 kranke Gesellen. Eine gewisse Parallele dazu stellt das Dienstboteninstitut dar, das 1801 entstand. Hier wurde Dienstherren die Möglichkeit geboten, gegen Entrichtung eines Entgelts ihre erkrankten Dienstboten ins Juliusspital zur Kur bzw. zur Behandlung zu geben.[31]

Neben dieser medizinischen Ausrichtung war das Juliusspital von Anfang an auch Waisenhaus für Kinder aus Stadt und Hochstift Würzburg, die dort Nahrung, Kleidung, Unterkunft und Unterricht erhielten. 1786 allerdings wurden die Waisenkinder in das Waisenhaus jenseits des Mains eingewiesen, dem das Juliusspital fortan einen jährlichen Zuschuss beisteuerte. Einige besonders Begabte wurden Mitglieder des schon vor 1700 entstandenen Studentenkonvikts, des späteren Studenten-Musäums, das bis 1803 im Juliusspital bestand.[32]

Das Spital zu den 14 Nothelfern (Hofspital). Für das am linksmainischen Brückenkopf der alten Mainbrücke gelegene Spital vermehrte im Jahre 1559 der Dechant des Stifts Neumünster, Philipp Preuß, durch ein Vermächtnis in Höhe von 4000 Gulden die zwölf Pfründen um zwei weitere, die er seiner Verwandtschaft vorbehielt,[33] und Fürstbischof Friedrich von Wirsberg (1558–1573) öffnete das Haus für kranke Hofdiener (s. Tafel 50).[34] Jetzt gelangten Angehörige des fürstbischöflichen Hofes, wie Jäger-, Büttner- oder Schmiedknechte, später auch Gardereiter, ins Haus. Zu dieser Zeit kam auch der Name »Hofspital« auf. Wirsbergs Nachfolger, Fürstbischof Julius Echter von Mespelbrunn, gab der Stiftung im Jahre 1575 eine Pfründner- und Speiseordnung[35] und erweiterte in den Jahren 1605/06 die Gebäude des Spitals.

Im Erdgeschoss des Hauptgebäudes, dem so genannten Alten Bau, befanden sich damals die Pfründnerstube und drei Zimmer: zwei Vierbettzimmer für Pfründner und ein Einzelzimmer für Fremde, also insgesamt neun Schlafstellen. Das mittlere Stockwerk hielt für die Pfründner zwölf Einzelzimmer vor, von denen 1606 drei unbewohnt waren. Zuoberst gab es nochmals acht Einzelzimmer, von denen fünf mit Pfründnern belegt waren. Insgesamt standen 28 Betten für Pfründner bereit, nur 17 waren vergeben. Elf blieben leer.[36] Die Aufnahmekapazität hatte sich im Vergleich zum Gründungszeitpunkt erhöht, eine Folge gesunden Wirtschaftens und diverser Zuwendungen Dritter.[37] Für Hofdiener und andere kranke Personen standen eine Patientenkammer und -stube zur Verfügung mit insgesamt fünf Schlafstellen. Im alten »Zwerchhaus« befand sich noch eine Krankenstube mit drei Betten. Zusammen mit dem im Zimmer der Wärterin gerichteten Bett gab es neun Betten für Kranke.

Ein Arzt kümmerte sich um die gesundheitlichen Beschwerden der Insassen, und eine Krankenwärterin betreute die Patienten im Haus. Medikamente für Bedürftige besorgte das Spital, ansonsten mussten Arzt und Medikamente von den Pfründnern selbst bezahlt werden. Für die Versorgung der kranken Hofdiener erhielten Medicus und Chirurg ein jährliches Salär vom Spital. Auf das Hofspital kamen auch völlig spitalfremde Leistungen zu: Als Fürstbischof Christoph Franz von Hutten (1724–1729) 1729 seine Garde reduzierte, hatte das Hofspital für vier Gardereiter die Gnadenbesoldung zu übernehmen.[38] Die Administration des Spitals lag bei einem Verwalter, der vom Fürstbischof auf- und angenommen wurde,[39] wobei dem Pfarrer von St. Burkard ab Mitte des 18. Jahrhunderts eine Mitaufsicht zugewachsen war. Das Hofspital war der Oberaufsicht der Hofkammer unterstellt.[40]

Fürstbischof Adam Friedrich von Seinsheim hob 1774 die Zugangsberechtigung für kranke Hofdiener wieder auf. Er betrachtete sie als missbräuchlich und als nicht mit dem Willen des Stifters in Einklang stehend.[41] 1791 erfolgte ein vollständiger Umbau des Spitals, 30 Pfründner sollten dort Unterkommen finden, und 1793 kam es zum Neubau der Kirche. Diese gehört mit ihrer Tempelfassade zu den bedeutendsten Baudenkmälern Würzburgs im klassizistischen Stil. Die Baumaßnahmen standen unter der

Abb. 181: Das St. Dietrichspital (rechts) auf dem Bild »Der Bauernmarkt«,
Ölgemälde von Oswald Onghers, um 1670.
(Mainfränkisches Museum Würzburg, Stadtgeschichtliche Dauerausstellung, Inv.-Nr. H. 33087)

Leitung des Hofarchitekten Adam Salentin Fischer. Mit einem Aktivkapitalvermögen von rund 60 000 Gulden und jährlichen Einnahmen von knapp 8 000 Gulden wurde das Hofspital von den Wirkungen der Säkularisation erfasst und in staatliche Verwaltung überführt. Die damals (1805) im Spital wohnenden 35 Pfründner richteten ihren Alltag nach der Tag- und Lebensordnung vom 4. Februar 1791.[42]

Das St. Dietrichspital.   Das zwischen heutigem Marktplatz und Kürschnerhof gelegene St. Dietrichspital (Dietrichspital, Dietricher Spital) hatte im Laufe der Zeit längst seine ursprüngliche Zweckrichtung, armen, notleidenden Pilgern und Fremden Unterkommen zu bieten, aufgegeben und war zu einer Versorgungsanstalt für die Dienerschaft des Domkapitels geworden. Kein Wunder, vergab doch das Domkapitel selbst die Pfründen. Haus- bzw. Speiseordnungen von 1517, 1556 und 1563[43] geben Einblick in das Alltagsleben der Insassen, das – wie in anderen entsprechenden Einrichtungen auch – nicht ohne Probleme verlief.

Dazu kamen noch die allmählich immer ungünstiger werdenden Unterbringungsbedingungen. Das Spitalgebäude bedurfte 1584 und 1586 einer größeren Renovierung, die 1620–1625 eine Fortführung fand. Zu einem Neubau fehlte lange Zeit das nötige Geld. Erst in den Jahren 1670–1672 kam es dazu.

Damals errichtete man ein neues Spitalgebäude samt Kapelle nach den Plänen des Domkapitelbaumeisters Michael Kaut, die Antonio Petrini verbessert hatte. Von der dem Marktplatz zugewandten Westfassade des Gebäudes steht heute nichts mehr. Im Gegensatz dazu ist der zum Oberen Markt hin ausgerichtete Nordflügel in seinem Äußeren erhalten. Seiner dreigeschossigen Fassade mit Eckpilastern liegt ein Entwurf von Georg Bayer zugrunde, den Balthasar Neumann überarbeitete. Als Bauzeit werden die Jahre 1725–1727 angenommen.

Die ursprünglich auf acht Personen festgesetzte Insassenzahl, die sich durch Verfall in der Zwischenzeit auf vier Personen verringert hatte,[44] erhöhte man 1675 auf zehn; später kamen auch noch äußere Pfründner dazu. Ab 1734 besetzte der Domherr, der turnusmäßig an der Reihe war, die frei gewordene Pfründe mit einer Person aus der Dienerschaft des Domkapitels. Auch kranke Kapitelbedienstete fanden zur Kur Zugang ins Spital. Sie hatten für die Kosten der Medikamente und des Barbiers selbst aufzukommen.[45]

Nach der Säkularisation ging das Dietricher Spital an das Damenstift St. Anna über und wurde von diesem 1804 in private Hände verkauft.

Das Bürgerspital zum Hl. Geist. Die bisher genannten Spitäler unterstanden entweder unmittelbar dem jeweiligen Landesherrn bzw. einer seiner Behörden oder aber einer geistlichen Institution. Galt Ersteres für das Juliusspital und das Hofspital, über das die Aufsicht bei der Hofkammer lag,[46] so betraf Letzteres das Dietricher Spital, bei dem das Domkapitel bzw. einer seiner Domherrn verfügungsberechtigt waren. Im Gegensatz da-

Abb. 182: Das Bürgerspital in der 1. Hälfte des 16. Jahrhunderts,
Rekonstruktionszeichnung.
(Stiftung Bürgerspital zum Hl. Geist)

zu oblag beim Bürgerspital und bei dem unten näher dargestellten Hospital zum hl. Joseph (Hueberspflege) die Aufsicht dem Rat der Stadt Würzburg, der in vielen wichtigen Fragen unmittelbar tätig wurde. Diese Zuständigkeitsfestlegung schloss selbstverständlich nicht aus, dass der Landesherr oder seine Behörden gerade beim Bürgerspital nicht selten eingriffen. Visitationen, Rechnungskontrollen oder Wünsche hinsichtlich der Pfründenvergabe waren beispielsweise solche Einflussnahmen, die auch bei anderen, in der Verwaltung bzw. unter der Aufsicht der Stadt stehenden Pflegen festzustellen sind. Auf die grundsätzliche Verteilung der Kompetenzen blieb dies jedoch ohne nachhaltige Wirkung, obgleich es darüber im 18. Jahrhundert heftigen Streit gab.

Das Bürgerspital war bis zur Gründung des Juliusspitals die reichste Pflege in der Stadt, die mit Ausnahme einer kurzen Zeitspanne unter Fürstbischof Konrad von Thüngen stets unter städtischer Verwaltung blieb. 1540 erfolgte die Restituierung.[47] Ein Jahr später erließen die Pfleger eine zehn Punkte umfassende Spitalordnung, die 1555 erneuert wurde.[48] Im Markgräflerkrieg wurde das Terrain vom Ochsentor bis zum Rennweg freigelegt. Im Zuge dieser Maßnahme sollte 1553 auch das Spitalgebäude samt Kapelle abgebrochen werden, was jedoch offenbar nur teilweise (Dach und Obergeschoss) geschah.[49] Die Pfründner zogen in den Ulmer Hof und blieben dort, bis das Gebäude wieder in Stand gesetzt war. Im Jahre 1582 errichtete Wolf Behringer unter Verwendung eines großzügigen Vermächtnisses des Stadtrats und Spitalpflegers Paulus von Worms für die Pfründner den Südflügel der Anlage ganz oder zum überwiegenden Teil neu, womit eine wesentliche Verbesserung hinsichtlich der Unterbringung geschaffen war.

War das Spital ursprünglich für zwölf Personen ausgelegt, so erlaubten Zustiftungen und Kapitalvermehrungen eine Vergrößerung dieser Zahl. Schon seit dem 14. Jahrhundert gab es normale Pfründen und Pfründen der armen Siechen; im Laufe der Zeit wurden daraus so genannte obere (reiche) und untere (arme) Pfründen. Eine Speiseordnung von 1626 unterschied zwischen beiden Pfründen.[50] Von 1580 bis 1750 pendelte die Zahl der oberen Pfründen zwischen acht und 26, die der unteren zwischen 12 und 36,[51] das heißt, die unteren Pfründen waren stets zahlreicher als die oberen. Im Jahre 1757 wurde die Unterscheidung aufgehoben,[52] in der Folgezeit lebten jetzt 30 und mehr Pfründner im Spital. Seit dem 17. Jahrhundert gab es neben den so genannten inneren Pfründnern auch äußere Pfründner, das heißt Personen, die nicht im Spitalgebäude wohnten, denen aber Pfründeleistungen in Form von Geld oder/und Naturalien zuflossen.

Seit 1717/18 stand den inneren Pfründnern der Rote Bau zur Verfügung. Diese nach Plänen des Ingenieurhauptmanns Andreas Müller vom Würzburger Maurermeister Jacob Bauer errichtete Dreiflügelanlage umschließt den Spitalhof nach Osten und vermittelt durch seine farblich wechselnde gelbe bzw. rote repräsentative Sandsteinfassade der Anlage einen besonderen Akzent.

Aufnahmeberechtigung besaßen nur Würzburger Bürger und Bewohner des Ortes Laub, über den seit 1376 das Spital die volle Herrschaft innehatte. Im 18. Jahrhundert wurde diese Zugangsberechtigung jedoch teilweise aufgebrochen, wobei Wünsche des Fürstbischofs oder seiner Behörden eine unübersehbare Rolle spielten.

Aber nicht nur Pfründner, sondern auch Kranke fanden im Laufe der Zeit Zugang zum Spital. Der Rat der Stadt, der das insbesondere wegen der erhöhten Kosten nicht wollte, konnte sich letztlich nicht durchsetzen. Nach langem Hin und Her wurden 1726 zwei Kurstuben eingerichtet.[53] Und obgleich in der Folgezeit auch Kranke – und wie schon erwähnt auch Geisteskranke – im Bürgerspital untergebracht waren, wurde es nicht zum Krankenhaus. Sein Charakter als Pfründneranstalt blieb prägend.

Die Verwaltung des Bürgerspitals realisierte die Stadt durch zwei Pfleger und einen Verwalter (Spitalmeister), der im Spital wohnte. Die Frage, ob diese Handhabung dem Willen der Stifter entsprach, führte zur Mitte des 18. Jahrhunderts zu einem heftigen Streit zwischen einer fürstbischöflichen Untersuchungskommission und dem Rat, wobei die Absicht, den landesherrlichen Einfluss zu vergrößern, ein wesentliches Moment der Auseinandersetzung bildete. Zu Beginn des 19. Jahrhunderts wurden nach Horsch[54] 16 männliche und 32 weibliche Pfründner verpflegt, deren medizinische Betreuung dem Stadtphysicus oblag.

Das Hospital zum hl. Joseph (Hueberspflege, Josephsspital). Die zeitlich letzte Spitalgründung in Würzburg erfolgte zum Ende des 18. Jahrhunderts. Adam Joseph Hueber, Würzburger Bürger und ab 1752 Ratsherr, von 1786 bis 1790 an der Spitze der Stadt stehend, errichtete durch Testament vom 28. Dezember 1794[55] die Stiftung, die den Namen »Hospital zum heiligen Joseph« tragen sollte. Er ordnete an, *daß in selbe zwölf arme, ledige und niemals verheurathet gewesene Dienstmägde, welche bey hiesigen Burgers Leuten lang gedient wenigstens zwanzig Jahr, sohin alt, unvermüglich und bedürftig seyn, die sämmtlich sehr gut ernähret und gepfleget werden, gute Kost und Trank nebst Ligerstadt und Logie, kurz bestens unterhalten, und von der Pflege selbst ihre Betten erhalten sollen.* Der Würzburger Stadtrat nahm am 5. Januar 1795 die Stiftung an, und noch im selben Jahr legten drei Testamentsvollstrecker den Fundationsbrief vom 12. September 1795 dem Fürstbischof Georg Karl von Fechenbach (reg. 1795–1803, Bischof bis 1808) zur Bestätigung vor, die dieser am 4. November 1795 erteilte.[56] Zwei Jahre später kaufte man den Frhr. Zobelschen Hof, ein dem Baustil Balthasar Neumanns verpflichtetes Gebäude in der Kapuzinerstraße, und richtete es als Altenheim ein.[57] Die Mittelachse der Gebäudefassade wurde klassizistisch verändert. Über dem Eingangsportal befindet sich ein Relief von Balthasar Heinrich Nickel, das die Übergabe der Stiftungsurkunde zeigt. 1805 lebten 26 Pfründnerinnen nebst Hausvater und -mutter, einer Köchin und einer Magd in dem Haus,[58] dessen Verwaltung bei der Stadt lag.

Das St. Nikolausspital (Bürgerspital) in Heidingsfeld. Das Spital, dessen Betrieb im Jahre 1516 eingestellt worden war, erfuhr unter Julius Echter eine Neubegründung. Dem vieljährigen Heidingsfelder Schultheißen Georg Riedtner trug der Fürstbischof auf, den weitaus größten Teil der spitälischen Liegenschaften (Äcker, Wiesen, Weinberge) an die Bürger der Stadt zu veräußern, was im Januar und Februar 1585 auch geschah.[59] Der Schultheiß erhielt außerdem den Auftrag, die *bösen Beu* abzureißen und Spital samt Kapelle neu zu erbauen. Dies bewerkstelligte er in den Jahren 1585 und 1586.[60] Die Kapelle und den Spitalbau errichtete Meister Conradt Reckentzagell (Steinmetz).[61] Den Neubau des Spitals finanzierte man größtenteils aus dem Erlös der Liegenschaftsverkäufe. Was aus dem Verkauf des erst 1577 erbauten, hinter dem Spital gelegenen Seelhauses[62]

Abb. 183: Bauinschrift Fürstbischof Julius Echters
am Spital St. Nikolaus in Heidingsfeld.

und des baufälligen Kelterhauses beim Salmansturm eingegangen war, sollte zum Besten des Spitals angelegt werden.

Fürstbischof Julius Echter traf 1586 eine Anordnung für das Spital.[63] Darin regelte er nicht nur das Spitalleben, den Gottesdienst in der Kapelle und die Verwaltung des Hauses, für die zwei Pfleger aus dem Rat der Stadt Verantwortung trugen, er verfügte auch, dass im Erdgeschoss zwei Stuben für arme Pilger oder Bettler zur Übernachtung vorzuhalten seien und ein Pfründner als besonderer Aufseher dafür (*Pfründmeister*)[64] zu bestellen sei – ganz offensichtlich ein Ersatz für das verkaufte Seelhaus. Eine exakte Pfründnerzahl wurde damals noch nicht festgelegt, sie sollte sich nach den finanziellen Verhältnissen des Spitals richten. Im Jahre 1614 waren es sieben.[65] Und trotz der vielen Liegenschaftsverkäufe waren dem Spital immer noch ausreichend Wiesen, Krautgärten und Weinberge (zum Beispiel am Dallenberg und am Herold) verblieben.

Wie zahlreiche andere Landspitäler, bedachte Fürstbischof Julius Echter gegen Ende seiner Regierungszeit auch das Heidingsfelder Spital mit einer neuen Ordnung. Sie datiert vom 6. Juni 1616 (*St. Norbert des heiligen Bischoffs Tag*)[66] und orientierte sich in ihren Grundzügen an der Rothenfelser Spitalordnung vom 25. April 1601.[67] In ihr legte er nunmehr die Anzahl der Pfründner auf acht fest, verfügte eine Speiseordnung und erließ den Text eines Pfründnereides. Von den beiden Pflegern sollte einer aus dem Rat der Stadt Heidingsfeld kommen und einer aus der *Gemein* oder Bürgerschaft genommen werden, eine Modifikation zur Anordnung von 1586. Ein am 8. Juni 1616 an Bürgermeister und Rat adressierter Befehl regelte weitere Einzelheiten.[68] Damit waren für lange Zeit die maßgeblichen Koordinaten vorgegeben, nach denen sich das Spitalleben zu richten hatte. Und die wirtschaftliche Basis war gesichert,[69] wobei für das 18. Jahrhundert zwei bedeutende Zustiftungen zu vermerken sind. Im Jahre 1773/1774 setzte der aus Heidingsfeld gebürtige Weihbischof von Speyer, Johann Adam von Buckel, das Spital zu seinem Erben ein, wobei allerdings zwei Drittel des Zinsertrags seines vererbten Vermögens an Verwandte des Verstorbenen als äußere Pfründe abzuführen waren.[70] 1798 hinterließ der Geistliche Rat Wiesener dem Spital eine beträchtliche Summe.[71] Das alles reichte für innere und äußere Pfründner.[72]

Spitalarzt Dr. Simon Höchheimer zeichnete am 17. Juli 1804[73] ein sehr positives Bild von dem Spital. Das Areal war von einer Mauer umgeben, zentral in Heidingsfeld an der Hauptstraße gelegen und mit guter Luft versorgt. Die Zimmer im 1. Stock waren trocken, im Erdgeschoß allerdings lagen zwei feuchte Zimmer, eines davon diente als Krankenzimmer. Er schlug eine Verlegung in den 1. Stock vor und sah dort gute Möglichkeiten, die Zimmerzahl zu vergrößern. Ein eigener Brunnen, Keller und ausreichend Abtritte waren vorhanden.

Sondersiechenhäuser, Pflegen, Armenhäuser und ähnliche Einrichtungen

Neben den Spitälern bestand in Würzburg eine bemerkenswerte Anzahl von Pflegen und Kapitalstiftungen. Mehrere Pflegen hielten Häuser zur Unterbringung von Pfründnern, Armen und Kranken vor, die Kapitalstiftungen beschränkten sich in der Regel auf die Unterstützung des genannten Personenkreises durch Geld oder/und Naturalien. Hinzu kamen zwei Sondersiechenhäuser. Sie alle werden – soweit sie Unterbringungsmöglichkeiten hatten – in den Quellen auch häufig als Armenhäuser bezeichnet. Mit dieser Bezeichnung wird eine Umwandlung jener Häuser angedeutet, die früher von Beginen oder ihnen geistlich verbundenen Gemeinschaften bewohnt worden waren. Ab dem Ende des 16. Jahrhunderts verfügte auch die Geistlichkeit – zusätzlich zum Dietricher und Hofspital – über den Zugang zu Einrichtungen, in denen sie ihre Bediensteten unterbringen konnten. Für das Stift Neumünster bot sich das Haus St. Bartholomäus am Rennweg an, und das Stift Haug konnte auf das Haus zur Himmelskrone sowie die Küttenbaumpflege – jedenfalls teilweise – zurückgreifen. Außerdem gab es noch einige Häuser, die speziellen Zwecken dienten. Sie können aus Platzgründen nicht eingehender dargestellt, sondern nur benannt werden. So hatte Fürstbischof Franz von Hatzfeld (1631–1642) 1636 auf dem Schottenanger ein Waisenhaus gegründet, das aber im Dreißigjährigen Krieg stark in Mitleidenschaft gezogen wurde. Ab 1648 lebten daher die Kinder im Hofspital, bis am 9. Dezember 1659 in der Burkarderstraße ein Neubau bezogen werden konnte.[74] Fürstbischof Friedrich Karl von Schönborn initiierte 1745 das Militärspital beim Schottenkloster, das unter Fürstbischof Karl Philipp von Greiffenclau (1749–1754) 1750 vollendet wurde.[75] Das Militär wechselte nun im Jahr darauf vom Ehehaltenhaus (Soldatenpflege) in das neue Haus. Und im Neutor befand sich von 1721

bis 1751 die Neutor-Pflege, das heißt »eine Einrichtung für zwangsweise zur Fortifikation eingezogene Schänzer, die unter der Arbeit erkrankt und verunfallt waren«.[76]

Lenkt man den Blick auf die der Stadt unterstehenden Pflegen und Kapitalstiftungen, betrug deren Anzahl nach dem Dreißigjährigen Krieg 28[77] und im Jahre 1778 26
(ohne Bürgerspital); unter letzteren befanden sich 19, die schon im Jahre 1648 existierten.[78] Einige waren inzwischen untergegangen, aber dafür waren neue hinzugekom-
men. 1795 werden 25 genannt.[79] In Heidingsfeld gab es keine Pflegen; im Ratssatz von
1577[80] werden bei den städtischen Amtsträgern nur die beiden Spitalpfleger aufgeführt.

Das Ehehaltenhaus. Das Sondersiechenhaus vor dem Sander Tor und jenes *jenseits Mains,*
das heißt vor dem Zeller Tor, dienten bis ins 16. Jahrhundert ihrer ursprünglichen Bestimmung.[81] Fürstbischof Konrad von Bibra (1540–1544) erließ 1541 eine Ordnung für
beide Häuser;[82] an deren Spitze stand ein Pfleger, der aus dem Unteren Rat der Stadt kam,
und jedes Haus hatte eine(n) Hausmeister(in), der/die von den Siechen gewählt wurde.
Nachdem man aber der Meinung war, dass für Sondersieche ein einziges Haus ausreichend sei, hat man beim großen Sterben 1542 die Sondersiechen im Haus *jenseits Mains*
zusammengelegt. Das Haus vor dem Sander Tor wurde Seuchenlazarett, zunächst nur für
(pest?)kranke Dienstboten, später auch für andere epidemisch Erkrankte und für Handwerksgesellen. Im Zuge dieser Maßnahme kam die Bezeichnung Ehehaltenhaus auf, die
1558 erstmals urkundlich nachweisbar wird (s. Abb. 151). Über viele Jahrzehnte hinweg
stifteten gutherzige Würzburger Geld für das Haus. So ist für 1564 eine Stiftung von Sigmund Fuchs in Höhe von 200 Gulden nachgewiesen, der später weitere Wohltäter folgten.[83] Aus der Zeit Julius Echters stammt die Nachricht, das Haus sei *zu einer Herberig oder
Spittal der armen Ehehalten verordnet,* zwölf Personen lebten damals darin.[84] In den Jahren
1599–1601 wurde das alte Haus abgebrochen – die Kapelle blieb erhalten – und es entstand
der so genannte Lazarettbau.[85] Den lang gestreckten Bau mit Renaissancegiebeln und -por-
talen schmückt an der Ostseite ein Relief von Michael Junker aus dem Jahre 1601, das die
leiblichen Werke der Barmherzigkeit zeigt. Das Ehehaltenhaus diente in der Folgezeit der
Unterbringung von Menschen mit den unterschiedlichsten Erkrankungen, auch wieder
von Siechen.[86] Und immer wieder war es Seuchenlazarett. Neun Ehehalten lebten im Jahre 1648 im Haus. Seit 1673 verwendete man den nördlichen Teil des Hauses bis 1751 als
Lazarett für kranke Soldaten.[87] Es war dies die so genannte Soldatenpflege,[88] die 1679
durch die Errichtung einer Trennmauer vom zivilen Bereich separiert wurde. Aber auch andere, insbesondere unheilbare Kranke oder an ansteckenden Krankheiten Leidende, fanden sich unter den Insassen. Als dann 1783 die Bewohner des Seelhauses eingewiesen
wurden, waren zwei Pflegen unter einem Dach. Zu Beginn des 19. Jahrhunderts diente das
Ehehaltenhaus nur noch der Unterbringung von obdachlosen Armen und unterstand der
Armenkommission. Für die kranken Dienstboten bot sich nunmehr das Dienstboten-In-
stitut im Juliusspital an.[89]

Das Sondersiechenhaus vor dem Zeller Tor bzw. am Fuße des Steinbergs.   Das Sondersiechenhaus vor dem Zeller Tor erfuhr die besondere Unterstützung Julius Echters. Über viele
Jahre hinweg holte täglich die Hausmutter mit ihrer Magd vom Hofe des Fürstbischofs

gekochtes Essen samt Brot und Wein. Fürstbischof Johann Gottfried von Aschhausen (1617–1622) wandelte die Naturalunterstützung[90] in ein Kostgeld um, das von der fürstlichen Hofkammer ausgereicht wurde. Doch dieses Deputat wurde zunehmend schleppender bzw. gar nicht mehr gezahlt, sodass es stetiger Anmahnung bedurfte.[91] 1806 jedenfalls wurden der Siechenhauspflege noch 20 Malter Korn vom Hochfürstlichen Futteramt geliefert, wobei damals der Grund dieser Lieferung nicht mehr geklärt werden konnte.[92] Im Zuge der Errichtung der barocken Befestigungsanlagen nach dem Dreißigjährigen Krieg wurde das Sondersiechenhaus vor dem Zeller Tor, in dem 1648 insgesamt 13 Personen lebten, 1663 abgebrochen und 1664/1665 am Fuße des Steinbergs wieder aufgebaut.[93] Es diente fortan jedoch nicht nur der Unterbringung Siecher, sondern auch anderer Kranker,[94] bis es 1853 der Trasse der Ludwigs-Westbahn weichen musste.

Auch Heidingsfeld verfügte über ein Siechenhaus. Es lag südlich des Ortes an der alten Landwehr. Im Lagerbuch von 1690 wird es als *Siechenhäuslein* bezeichnet. Es war der Kirche St. Laurentius zinspflichtig. Zu unbekanntem Zeitpunkt wurde es eingelegt.[95]

Die Küttenbaumpflege. In der Küttenbaumpflege, die in der Dominikanergasse lag – auch der Name *Zum Quittenbaum* wird verwendet[96] –, lebten nach der 1590 erneuerten Ordnung[97] durchwegs zwölf Frauen, denen man als Aufnahmevoraussetzung die Bereitschaft abverlangte, Krankenpflegedienste zu übernehmen.[98] Im Jahre 1608 erbaute die Stadt für die Küttenbaumpflege ein neues Haus.[99] Diese Leistung der Stadt führte dazu, dass sie Stift Haug von der Mitverwaltung zu verdrängen suchte, was ihr in erheblichem Umfang auch gelang. Mitte des 18. Jahrhunderts kam es darüber zum Streit,[100] der jedoch zu keiner grundsätzlich neuen Lage führte. Sollten die Frauen ursprünglich täglich zweimal Gemüse, ihr Holz und Licht bekommen, so hatte sich das zu Beginn des 18. Jahrhunderts in Weizenmehl, Erbsen, Linsen, Brot und Wein geändert, ferner wurden an sie Zinsen aus gestifteten Geldern ausgezahlt, sodass sie ihre Nahrungsmittel nun selbst beschaffen und zubereiten konnten. Sie wurden zu Eigenversorgern. Nur die Holzlieferungen blieben.[101] 1803 wohnten noch zehn Personen im Haus.[102]

Die Elisabethenpflege (Franzosenhaus). Die Pflege wird in den Archivalien unter beiden Namen geführt, weil das Haus im Jahre 1497 für Syphiliskranke geöffnet wurde. Die Insassen lebten nach einer um 1516 erlassenen Ordnung samt Speiseordnung, 32 Personen waren damals zu verzeichnen.[103] 1536 wurde das in der Pleich gelegene Haus verkauft, und die Stadt veranlasste am Inneren Graben einen Neubau. Als Konsequenz daraus konnte sie einen städtischen Pfleger bestellen. Die Betreuung der Kranken besorgte ein Barbier.[104]

Wurde der Betrieb des Hauses anfänglich von dem Gemeinen und Reichen Almosen finanziert, konnte es sich im Laufe der Zeit durch diverse Zustiftungen ein respektables Vermögen erwerben, dessen Erträge dem Haus dienten bzw. an die Insassen verteilt wurden.[105] So wuchsen ihm allein zwischen 1550 und 1579 insgesamt 35 Legate im Gesamtwert von 1742 Gulden zu,[106] wobei nach einem Bericht des Pflegers aus dem Jahre 1581 neben Geld auch Naturalien vom fürstlichen Hof geliefert wurden (jährlich zwei

Fuder Wein, jeden Sonntag eine Butte Brot und eine Flasche Wein).[107] Und diese Spendenfreudigkeit dauerte an.[108]

Ab wann sich dort eine Pfründnerinnenanstalt etablierte, ist nicht genau auszumachen. Jedenfalls lebten im Jahre 1620 neun Frauen mit einer Hausmutter als Pfründnerinnen im Haus. Daneben wurden bis zu zehn Personen zur Kur aufgenommen und verpflegt.[109] Den Pfründnerinnen oblagen strenge Verpflichtungen zu Gebet und Gottesdienst. Das Haus verfügte über eine kleine Hauskapelle mit Fenster zu einer Kurstube. Die Pflege hatte bis zum Ende des Dreißigjährigen Krieges das Privileg, durch eine Pfründnerin in allen Stadtvierteln Geld und bestimmte Naturalien einsammeln zu dürfen; ferner war es zwei armen Kindern erlaubt, jedes Vierteljahr mit einer Büchse Almosen für die vermögenslosen Kranken zu sammeln. Die Verwaltung der Pflege und die Entscheidung über die Aufnahme lagen bei der Stadt.

Zur Kur in zwei Zimmern wurden einheimische und ausländische an *morbo Gallico* Erkrankte – auch Soldaten[110] –, aber auch Gallenkranke oder an Skorbut Leidende[111] aufgenommen. Ausländische Patienten und Personen mit Vermögen mussten die Kurkosten (Medizin, Verpflegung usw.) selbst zahlen. Gleichwohl kam es immer wieder zu Differenzen über die Frage, wer letztlich die Kurkosten zu übernehmen hatte. In vielen Fällen trug sie das Juliusspital.[112] Die eigentliche Kurbehandlung erfolgte durch einen Bader oder Feldscherer, dem eine Kurmagd zur Hand ging. Nach der Säkularisation gab es noch fünf Pfründnerinnen im Haus.[113]

Das Haus »Zur Hohen Zinne«. Das in der Hörleingasse gelegene Haus »Zur Hohen Zinne«, auch Beginhaus genannt, nahm arme Frauen auf, die dort lediglich Unterkunft und das nötige Holz erhielten. Sie sollten sich durch Krankenpflegedienste oder durch Almosen das erforderliche Geld erwerben.[114] Der erwählte und bestätigte Bischof Melchior Zobel von Giebelstadt (1544–1558) hatte das heruntergekommene Haus 1544 von den Augustinern, denen bisher die Verwaltung oblag, in die Verwaltung der Stadt gegeben.[115] Damit gelang eine Umkehr. Das Haus konnte nun im Laufe der Zeit ein bemerkenswertes Vermögen ansammeln; immer wieder stifteten gutherzige Menschen Geldbeträge, so beispielsweise Philipp Hauck, der am 3. Oktober 1588 300 Gulden beisteuerte.[116] Zur Zeit Julius Echters lebten 14 Personen in dem Haus,[117] 1651 waren es unter der Hausmutter Dorothea Krieß 15 Frauen, und für das Jahr 1803 werden zehn Frauen genannt.[118]

Die St. Gabrielspflege. Im Jahre 1521 hat der Domprediger Dr. Johann Rieß (Ries, Reyß) zwei in der Hörleingasse gelegene Häuser erworben, die Häuser »Zum kleinen Gabler« und »Zum großen Gabler«, um für Arme und Bedürftige Wohnraum vorzuhalten. Beide Häuser, die zusammen eine Pflege bildeten, waren dem Kloster St. Stephan lehen- und zinspflichtig. 13 Jahre später (1534) übertrug Frau Barbara Weyer der Pflege ihr gesamtes Hab und Gut, das sie in die Verwaltung der Stadt gab. Unter dem Älteren Bürgermeister, Senior des Rats und Pfleger Georg Hartmann bekam das Armenhaus im Jahre 1612 den Namen St. Gabriel.[119] Das Haus diente alten Bürgern, die nicht mehr für ihre Verpflegung sorgen konnten. Sie erhielten dort Speis und Trank. Die recht zahlreichen (bis zu

Abb. 184: Geldtruhe der Almosenrockstiftung, 1538.
(Mainfränkisches Museum Würzburg, Stadtgeschichtliche Dauerausstellung)

36) Insassen wurden teils unentgeltlich und teils gegen Entgelt aufgenommen. In guten, friedlichen Jahren, *do noch alle Capitalien voll gestanden*, lebten 24 Personen im Haus, zwölf von ihnen zahlten ein Pfründgeld, und zwölf wurden umsonst aufgenommen.[120] Zahlreiche Zustiftungen[121] gestatteten, die Ernährung sicherzustellen.[122] Im Jahre 1647/48 befanden sich 21 Pfründner samt Hausmutter und Magd und 1704 24 Pfründner in der Gabrielspflege, dazu ein Hausvater und eine Köchin,[123] 1803 waren es nur noch neun.[124]

Das Seelhaus. Das zunächst hinter der Marienkapelle gelegene Seelhaus[125] wurde unter Julius Echter verlegt. Der Fürstbischof ließ es an der Stelle der alten Grabenmühle nahe dem Juliusspital in den Jahren 1585/87 neu bauen.[126] Dabei stellte er den Bauplatz

(samt alter Grabenmühle), aber auch Kalk, Ziegel und weiteres Baumaterial zur Verfügung. Finanziert wurde der Neubau aus Mitteln des Reichen Almosens und dem Ver-
kaufserlös des Altbaus.[127] Das Seelhaus zur Elenden Ruh lag nun im Pleicher Viertel an
der heutigen Unteren Juliuspromenade. War es ursprünglich eine Herberge für Arme,
Pilger, Kranke und ähnliche Personen, die dort in der Regel nur für kurze Zeit aufgenommen, gespeist und versorgt wurden, so wurde das Haus jetzt vor allem mit Pfründnern belegt. 1658 waren es 21 Frauen und Männer,[128] 1753 lebten elf teils alte Bürgers-
witwen und -töchter, teils arbeitsunfähige, alte Dienstboten nebst einer Hausmagd im
Haus. Pilger wurden zwar nach wie vor für ein bis zwei Nächte aufgenommen, sie bekamen Suppe, Gemüse, Brot und eine Maß Wein, ihre Zahl war jedoch sehr gering. Nicht
selten wurden auch kranke Personen aus dem Juliusspital in das Seelhaus eingewiesen.
Das Seelhaus verfügte über ein ansehnliches Kapitalvermögen,[129] die Verwaltung besorgte ein städtischer Pfleger. 1750 kam es im Seelhaus zur Einrichtung einer Arbeitsstu-
be für das in unmittelbarer Nachbarschaft gelegene Arbeitshaus; 1776 beispielsweise
waren 14 Kinder beschäftigt,[130] und 1783 wurden die Pfründnerinnen in das Ehehaltenhaus verlegt. Es waren jetzt in der Regel zehn Personen und eine Hausmutter.[131] Im Seelhaus selbst richtete man ein fürstliches Waschhaus ein.[132]

Das Haus »Zur Himmelskrone«.   Das Haus »Zur Himmelskrone«, dessen Verwaltung beim
Kollegiatstift Haug lag, wurde 1709 per Tausch verlegt. Es befand sich ursprünglich an
der Stadtmauer nächst dem Garten der Dominikaner und wurde jetzt in ein Anwesen in
der Wöllergasse, Haus zum Spieß genannt, verlegt. Es hatte dem Stift Neumünster jährlich Grundzins zu zahlen[133] und diente der Unterbringung von Bediensteten des Stifts
Haug, denen der Zugang zu städtischen Pflegen grundsätzlich verwehrt war.

Ausblick

In welchem Verhältnis standen nun die von den vorgenannten Spitälern und Pflegen zur
Verfügung gestellten Plätze im Vergleich zur Gesamtbevölkerung der Stadt? Um 1700 lebten 515 Personen in den Würzburger Spitälern und Pflegen[134] bei 13 883 Einwohnern, das
heißt, für 3,7 Prozent gab es die Chance auf einen Platz in einer dieser Institutionen. Um
1800 kann man von 500 Frauen und Männern bei 16 605 Einwohnern[135] ausgehen, was
eine Quote von 3 Prozent entspricht, und im Jahre 1814, bei angenommener unveränderter Pfründnerzahl und 19 814 Einwohnern, sinkt dieser Wert auf 2,5 Prozent. Neben den
Einrichtungen, die über eigene Häuser verfügten, gab es noch eine bemerkenswerte Anzahl teilweise sehr reich dotierter Almosenstiftungen, die insbesondere für die Armen der
Stadt große Bedeutung besaßen, denn diesen war der Zugang zu den Spitälern und Pflegen wegen des zu zahlenden Pfründgeldes sehr erschwert bzw. unmöglich. Einschließlich
der vorgenannten Spitäler und Pflegen bestanden 1803/04 in der Stadt Würzburg 89 Stiftungen. Würzburg war damit die mit Abstand stiftungsreichste Stadt in Franken. Und
dennoch gehörten Armut und Bettel hier zum Stadtbild. »Die Armut der Stadt war wesentlich größer als ihr Stiftungsreichtum.«[136]
    Zu Beginn des 19. Jahrhunderts hatten die kleinen Armen- bzw. Pfründehäuser keine
Zukunft mehr. Ihre wirtschaftlichen Verhältnisse waren nicht gesichert, viele Pflegen

wiesen in ihrer Jahresrechnung ein Minus auf,[137] und nur noch wenige Insassen wohnten dort. Sicherlich hatten sich auch die Erwartungen der Bewohner hinsichtlich ihrer Unterkunft verändert, was angesichts des alten Baubestandes nicht verwundert. Die Forderung nach Zusammenlegung zu oder mit größeren Häusern war unüberhörbar.[138]

Die in der Küttenbaum-, Elisabethen-, Hohe Zinnen- und St. Gabrielspflege sowie im – translozierten – Seelhaus noch lebenden Pfründnerinnen und Pfründner kamen in großherzoglicher Zeit ins Bürgerspital. Damit verloren die Pflegen ihren Status als selbstständige Institutionen. Die jeweiligen Häuser wurden entweder verkauft (Küttenbaum-, St. Gabriels- und Hohe Zinnenpflege) oder für andere Zwecke verwendet: Das Haus der Elisabethenpflege diente bis 1815 als Soldatenquartier, das alte Seelhaus wurde als Waschhaus verwendet. Gleichwohl existierten die Küttenbaum-, Elisabethen-, Hohe Zinnen- und Seelhaus(pflege) als Kapitalstiftungen rechtlich bis zum Jahre 1926 weiter. Damals wurden sie mit der Gabrielspflege vereinigt. Durch Entschließung des Bayerischen Innenministeriums vom 21. Oktober 1964 wurde die Gabrielspflege ihrerseits der Hueberspflege übertragen. Die Himmelskronen-Stiftung war bereits 1926 mit zahlreichen anderen Stiftungen zur Vereinigten Stiftung für Arme und allgemeine Wohltätigkeit zusammengelegt worden.

Das Gesundheitswesen

Das Gesundheitswesen kann aus Platzgründen nur unter drei – schwerpunktmäßig auf die Stadt Würzburg bezogenen – Gesichtspunkten beleuchtet werden. Zum einen soll untersucht werden, mit welchen hygienischen Sicherheitsmaßnahmen die Stadt beim Auftreten epidemischer Krankheiten reagierte, sodann wird kurz darzustellen sein, welches ärztliche Personal in der Stadt für Patienten aller Art zur Verfügung stand, und schließlich wird ein Blick auf die Universität die Ausbildungsmöglichkeiten für dieses Personal verdeutlichen.

»Sterbensleufft«

Zu den schwierigen und kaum effektiv zu lösenden Aufgaben, die sich der Stadt bei der Abwehr von epidemisch auftretenden Krankheiten stellten, gehörte die Frage eines wirksamen Schutzes ihrer Bewohner. Die Stadt war bei ihren Entscheidungen nicht frei, sondern hatte sich mit den entsprechenden Anordnungen des Fürstbischofs bzw. seiner Behörden auseinander zu setzen. Dabei pendelte sie zwischen den berechtigten Schutzbedürfnissen der Menschen und dem Bestreben, die erforderlichen Maßnahmen so erträglich wie möglich zu gestalten. Der Landesherr selbst und viele der Domherren, aber auch Bürger, die es sich leisten konnten, verließen bei Ausbruch einer Seuche gerne die Stadt.[139] Um sich eine Vorstellung davon zu machen, wie man dem Übel beikommen wollte, sei als Beispiel die Zeit des Fürstbischofs Julius Echter herausgegriffen,[140] wobei eine Beschränkung auf die wichtigsten Dinge angezeigt ist.

Die Quellen schildern epidemisch auftretende Krankheiten in der Regel unspezifisch, das heißt, Ausdrücke wie *Pest*, *Pestilenz*, *würgender verderbender Engel*, *einreisende In-*

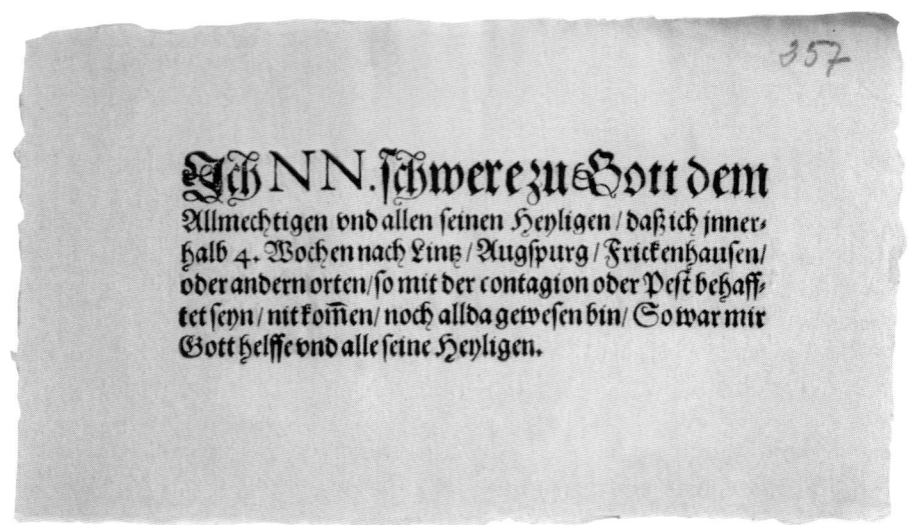

Abb. 185: Text eines in Pestzeiten
bei der Einreise in die Stadt Würzburg zu leistenden Eides.
(StadtAW, RA 1273)

fection, *gefährliche Krankheit*, *Contagion*, *Seucht* und ähnliche Begriffe werden verwendet oder man spricht einfach von *Sterbensleufft*, das heißt Zeiten erhöhter Sterblichkeit. Was sich medizinisch dahinter im Einzelnen verbirgt, kann hier nicht untersucht werden.[141] Ein Hauptmittel der öffentlichen Hand gegen alle diese Krankheiten war die Isolation von Gesunden und Kranken sowie die Anordnung von Hygienemaßnahmen. Diese Isolationsmaßnahmen spiegeln deutlich die Tatsache wider, dass die Möglichkeiten der Medizin höchst begrenzt waren. So sollten die noch Gesunden, die in *vergifften häusern* wohnten, ausgelagert werden – eine Forderung, die sich nicht realisieren ließ. Die Infizierten aber wurden mit Schloss und Kette eingesperrt. Die Häuser sollten morgens und abends mit Wacholder und *anderem verordneten Rauchpulver*[142] ausgeräuchert werden. Das geschah übrigens auch in den Kirchen und auf den öffentlichen Plätzen der Stadt. Die Hausgenossen der Infizierten hatten sich von allen Menschenansammlungen (zum Beispiel in Kirchen, auf dem Markt, in den Badstuben) soweit wie möglich fernzuhalten. Den Mangel an »Krankenpflegepersonal« bekämpfte man dadurch, dass die Insassen von Armen- und Beginenhäusern dazu verordnet wurden – zeitweise auch auf solche Personen beschränkt, die ohne Pfründgeld in ein Armenhaus aufgenommen worden waren. Aber auch Frauen, die über 25 Jahre alt waren und Unterstützung aus dem Hohen Almosen zum Grünbaum erhielten, wurden beigezogen.[143] Das Ehehaltenhaus, das ja weit vor der Stadt lag, wurde immer wieder zum Seuchenlazarett erklärt, gelegentlich auch das Seelhaus. Die bisherigen Insassen mussten weichen. Die Verstorbenen wurden sehr früh, unmittelbar nach dem Öffnen der Stadttore, oder nachts vor dem Zusperren beerdigt, *um weniger Schreckhnuß oder Entsetzung willen*.[144] Die evangelisch Gewordenen durften dort beerdigt werden, wo auch ihre katholisch gebliebenen

Verwandten beigesetzt wurden oder werden wollten[145] – ein besonderes Entgegenkommen des Fürstbischofs. Die Kleider, das Bettzeug oder Hausrat durften nicht verkauft werden, weil man Infektionsgefahr befürchtete.

Als Hygienemaßnahmen wurde die Beseitigung von Unrat in Haus und Hof befohlen, eine Maßnahme, die sich angesichts des alten, engen Baubestandes, vieler schmaler Gassen, einer sich aus (Haus-)Brunnen speisenden Wasserversorgung – jedenfalls bis weit ins 18. Jahrhundert – und einer fehlenden wirksamen Kanalisation und Abfallbeseitigung geradezu aufdrängte. So sollten in bestimmten Gassen – das waren in der Regel die engen – die Mistgruben abgeschafft oder mit Brettern und Stickeln abgedeckt bzw. eingesäumt werden, was insofern problematisch war, als mit dem Abfall und Mist die Weinberge gedüngt wurden und bei Verbot der Mistgruben viele Haustiere hätten geschlachtet werden müssen. Die Gusssteine waren vielerorts unsauber *und kann man an etlich Orten nicht wol unbegoßen fürübergehen.*[146] Jeder Gussstein sollte deshalb an der Mauer herab in einer Röhre bis zu einem halben Schuh vor dem Straßenpflaster geführt werden. Die Badstuben wurden zeitweise geschlossen. Die Marktknechte wurden verschärft dazu angehalten, auf die *unverschämbten Leuth* zu achten, *so uf den Gassen ihres*

Abb. 186: Dekret von Bürgermeister und Rat der Stadt Würzburg vom 7. September 1634, die Seuchenabwehr betreffend. (StadtAW, RA 1273)

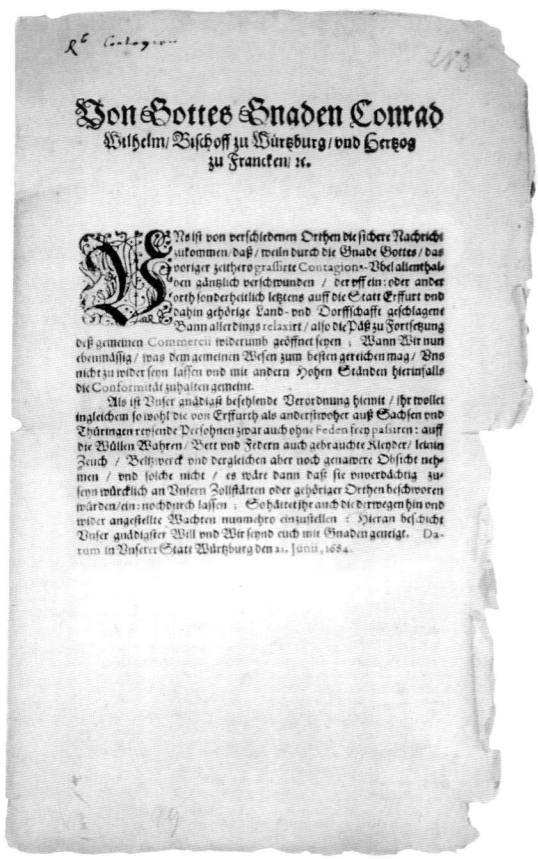

Abb. 187: Dekret Fürstbischof Konrad Wilhelms von Wernau vom 21. Juni 1684, betreffend die Aufhebung von Reise- und Handelsbeschränkungen, die wegen einer im Gebiet von Erfurt grassierenden Seuche verhängt worden waren.
(StadtAW, RA 1273)

Leibs Notturfft thun.[147] Die Torwächter schließlich hatten Fremde, die aus *inficierten Orten* kamen – auch Studenten – abzuweisen. Die Beherbergung fremder Personen war untersagt. Man nutzte auch die Gelegenheit, um *unnützes Gesindel*, die Jauferten[148] und Bettler, aus der Stadt zu weisen.

Welche Abwehrmaßnahmen überhaupt durchgeführt wurden und wie sorgfältig man den einzelnen Anordnungen Folge leistete, muss offen bleiben. Natürlich wurden die Anordnungen entsprechend den Gegebenheiten der jeweiligen Zeit modifiziert, variiert und den fortschreitenden medizinischen und hygienischen Erkenntnissen angepasst. Gleichwohl ähnelten sich in der Substanz die verfügten Maßnahmen durchaus. Was daher für das ausgehende 16. Jahrhundert beispielhaft genannt worden ist, war paradigmatisch für ähnliche Vorkommnisse in späterer Zeit. Eine Parallele zu den städtischen Anordnungen stellen die immer umfangreicher werdenden fürstbischöflichen Mandate oder Contagions-Patente dar, die für alle Orte des Hochstifts Geltung besaßen.[149] Hier fällt auf, dass man insbesondere jene Vorschriften verfeinerte, die die Befragung der Reisenden und den Umgang mit den von diesen eingeführten Waren betrafen. In flugblattähnlichen Schriften wandten sich die Behörden zusätzlich an die Bevölkerung und empfahlen bestimmte Rezepte gegen die aufgetretenen Krankheiten.[150]

Medizinisches Personal

Die Behandlung der Patienten lag – mit unterschiedlichen Zuständigkeitsschwerpunkten – in den Händen von Ärzten, Badern, Barbieren und Chirurgen. Damit ist jener Personenkreis angesprochen, der generell und nicht nur bei Epidemien für die Betreuung der Erkrankten zuständig war. Die meisten Behandlungen wurden sicher in der Wohnung des/der Erkrankten durchgeführt. Einige städtische Pflegen nahmen – wie schon dargestellt – Kranke auf: die Elisabethenpflege, das Ehehaltenhaus, das Seelhaus, das Sondersiechenhaus sowie das Bürgerspital. Hinzu kam das Juliusspital, zu dem aber Würzburger Bürger nur selten Zugang fanden. Bei den Pflegen beschränkte sich deren Leistung in der Regel auf die Bereitstellung eines Krankenbettes und die Verpflegung. Das medizinische Behandlungspersonal musste von außen kommen.

Die Anzahl der Ärzte in Würzburg war klein, nur wenige Patienten wurden von ihnen behandelt. Zu Beginn des konfessionellen Zeitalters treten vor allem die Leibärzte der Fürstbischöfe auf, deren Namen Sticker festgehalten hat.[151] Als besonders prominent seien genannt: Dr. Burkard von Horneck (ca. 1440–1522), Dr. Caspar Dierbach (1514–1543) und Dr. Johannes Sinapius (1505–1561). Ihnen oblag nicht nur die medizinische Betreuung des Fürstbischofs, sondern auch des Domkapitels. In dem Eid, den sie schwören mussten, ist von Treue und Gehorsam zu beiden die Rede, sie versprachen, sich den armen wie den reichen Kranken gleichermaßen zuzuwenden und weder selbst noch zusammen mit dem Apotheker Medikamente zu vertreiben. Sie verpflichteten sich ferner, dem Fürstbischof zu melden, wenn ein Apotheker alte und untaugliche Medikamente habe und die Patienten übervorteile; die Beschau der Sondersiechen sollten sie fleißig durchführen.[152] Zunächst waren die fürstlichen Leibärzte auch als Stadtphysici tätig. Die Leibärzte waren auch immer Armenärzte. In den Jahren 1547 und 1564 praktizierten jeweils zwei Ärzte in Würzburg, von denen drei Leibärzte waren.[153] Die Anzahl der Ärzte nahm zu, als Fürstbischof Julius Echter die Universität gegründet hatte, sich ein »Collegium medicorum« bildete, das anfänglich vier Personen umfasste, und die medizinische Fakultät ihre Arbeit aufnahm. Daneben gab es auch einige wenige freie Ärzte. Die Quellen berichten eher zufällig über sie, so zum Beispiel über den Ratsherrn und Arzt Dr. Georg Schoder, der 1552 dem Franzosenhaus als Vermächtnis seines Vaters den Betrag von 100 Gulden spendete,[154] oder über Dr. Georg Wassermann (Aquarius), der am 9. Februar 1620 dem Würzburger Kanzler Dr. Johann Brand ein Krankenattest ausstellte.[155] Horsch[156] gibt die Anzahl der in Würzburg praktizierenden Ärzte zur Mitte des 18. Jahrhunderts mit acht bis zehn an, die sich aber gegen Ende des Jahrhunderts auf 14 bis 16 steigerte. 1782 waren beispielsweise sechs bis acht Ärzte Professoren an der Universität, daneben gab es Verdienstmöglichkeiten am Juliusspital, als Hofmedicus, als Garnisonsarzt (ab 1748) und als Stadtphysicus. Da die Stellen in der Regel nur mäßig vergütet wurden, war Ämterhäufung nicht ungewöhnlich.

Seit 1582 ist für Würzburg ein eigener Stadtarzt (Stadtphysicus) nachzuweisen: Dr. Johann Posthius.[157] Anfänglich wurde ein Stadtphysicus wohl nur für bestimmte akute Lagen, zum Beispiel bei Epidemien, angestellt, wie das Hin und Her um Dr. Johann Stengel zu Beginn des 17. Jahrhunderts vermuten lässt, der am 1. Dezember 1606 als Stadtphysicus angenommen wurde.[158] In den folgenden Jahrzehnten haben sich dann Institution und Aufgabengebiete des Stadtphysicus, der immer vom Fürstbischof bestätigt werden musste und von diesem auch einen Teil seiner Besoldung erhielt, herausgebildet. Ihm oblagen amtsarztähnliche Pflichten, die sich natürlich im Laufe der Zeit in einigen Bereichen modifizierten. Er hatte sich insbesondere um die Armen und Spitalinsassen zu kümmern. Auch die Behandlung Fremder, die in Würzburg erkrankt waren, gehörte zu seinen Aufgaben. Selbstverständlich waren Arme und Reiche gleich zu behandeln, und wenn er von einer Vergewaltigung Kenntnis erhielt, hatte er dies anzuzeigen. Im Heilmittelhandel übte er eine Aufsichtsfunktion aus und die Visitation der Apotheken oblag ihm ebenfalls. Bei der Vorbeugung und Bekämpfung von Epidemien war er unentbehrlich, bei Viehseuchen war er gleichfalls zuständig.[159] Zu Beginn des 19. Jahrhunderts gab es in Würzburg sogar zwei Stadtphysici. Hatte Fürstbischof Adam Friedrich von Seinsheim 1774 dem Stadtphysicus Dr. Jäger den Arzt Dr. Johann Gerhard Ferrand beigeordnet, widerfuhr letzterem später das Nämliche; auch ihm, der 1797 das Amt des verstorbenen Dr. Jäger übernommen hatte,[160] wurde 1799[161] ein weiterer Stadtphysicus beigegeben: Dr. Philipp Joseph Horsch, zweiter Stadtphysicus und Arzt des Bürgerspitals und der Pflegen.[162]

Bader, Barbiere und (handwerkliche) Chirurgen waren vor allem diejenigen, die über viele Jahrzehnte hinweg bei Erkrankungen unterschiedlichster Art von den Betroffenen beigezogen wurden. Obgleich die Behandlung innerer Krankheiten grundsätzlich den akademisch gebildeten Ärzten vorbehalten war, betätigten sich viele Bader und Barbiere ebenfalls im Bereich der inneren Krankheiten und überschritten damit den ihnen zugewiesenen Wirkungskreis. Das war jedoch angesichts der geringen Bedeutung der Ärzte für die breite Bevölkerung nicht verwunderlich. In Würzburg gab es für die Barbiere eine 23 Punkte umfassende Ordnung des Oberrats, die zum Beispiel die Prüfungsvoraussetzungen, den Ablauf der Prüfung, die Annahme von Lehrjungen und Gesellen und vieles andere mehr regelte.[163] Aus ihr geht hervor, dass an der Spitze der Barbiere vier geschworene Meister standen. Ganz offensichtlich arbeiteten in Würzburg bedeutend mehr Barbiere als Bader. Als Indikator dafür mögen die Aufnahmen von Neubürgern dienen, denen das Bürgerrecht verliehen wurde. Ihnen zufolge zogen von 1509 bis 1611 35 Bader nach Würzburg, aber 62 Barbiere, das heißt, die Anzahl der Barbiere überstieg jene der Bader fast um das Doppelte.[164] Der Grund dafür lag darin, dass der Bader zur Ausübung seines Berufes eine Badstube benötigte, deren Zahl mehr oder weniger begrenzt war. Betrachtet man die Epoche von 1739 bis 1814, so zogen nur drei Bader zu, aber 15 Barbiere und 28 Chirurgen, unter letzteren 13 Stadtchirurgen, zwei Regimentschirurgen, ein Stadt- und Regimentschirurg sowie ein hofchirurgischer Gehilfe.[165] In diesen Zahlen tritt als Berufsbezeichnung auch der »Chirurg« auf, hinter dem sich handwerklich ausgebildete Ärzte verbergen, die aus dem Bader-/Barbierberuf hervorgegangen sind. Für das 16. Jahrhundert lässt sich der nichtakademische Chirurg in Würz-

Abb. 188: Emblematische Darstellung mit einer Ansicht Würzburgs von Osten, aus:
Thesaurus philo-politicus, Frankfurt 1623, Bd. I,2, S. 51.
Die Vordergrundszene zeigt einen im Lehnstuhl sitzenden Kranken,
daneben einen Arzt, der das Uringlas prüft.
(Mainfränkisches Museum Würzburg, Inv.-Nr. S. 42018)

burg noch nicht nachweisen.[166] Gleichwohl standen damals schon Barbiere in städtischen Diensten, die insbesondere die medizinische Betreuung der Spitalinsassen vornahmen,[167] womit die Wurzeln der späteren Stadtchirurgen deutlich werden. Zu Beginn des 19. Jahrhunderts arbeiteten 19 Chirurgen und Barbiere in der Stadt.[168] Heidingsfeld verzeichnet für das ausgehende 18. Jahrhundert sieben Wundärzte und Bader, dazu kamen drei ganz unerfahrene Pfuscher.[169]

Mit der Nennung der Pfuscher soll abschließend noch angemerkt werden, dass sich auf dem medizinischen Sektor eine ganze Reihe von Quacksalbern, Winkel- und Afterärzten, Zahnbrechern, Salbenkrämern und ähnlichen Laientherapeuten tummelten, deren nicht selten marktschreierisches Auftreten durchaus nicht erfolglos war. Die Bemühungen der Obrigkeit, diesen Personenkreis mittels landesherrlicher Erlasse in den Griff zu bekommen, ziehen sich durch die Jahrhunderte, konnten aber – wie ihre vielfachen Wiederholungen zeigen – letztlich keinen durchgreifenden Erfolg erzielen.

Als letzter Personenkreis des medizinischen Personals in Würzburg sollen noch kurz die Hebammen erwähnt werden. In der Stadt erhöhte sich die Zahl der geschworenen Hebammen von vier im Jahre 1536 auf sechs in den Jahren 1566 bzw. 1598.[170] Neben bzw. über diesen Hebammen waren 18 *vorneme erbarr verständige alte Frauen* gesetzt, so genannte *Uberseherinnen*, denen offenbar eine Art fachliche Aufsicht oblag. Diese Konstruktion lässt vermuten, dass damit dem oft festgestellten Mangel an geburtshilflicher Ausbildung der Hebammen entgegengesteuert werden sollte.

Im 18. Jahrhundert ging man das Ausbildungsdefizit der Hebammen intensiver an.[171] Am 18. Juni 1735 wurde eine fürstbischöfliche Verordnung erlassen, welche die Annahme, Prüfung, Verpflichtung und Instruktion der Hebammen in der Stadt und auf dem Lande regelte.[172] Und nur vier Jahre später erfolgte auf Grund der Hebammenordnung vom 11. Mai 1739[173] die Gründung der Hebammenschule in Würzburg – 50 Jahre früher als in Bamberg.[174] Der fürstliche Leibchirurg und Oberwundarzt des Juliusspitals G. Christoph Stang übernahm den Unterricht, den er zumeist in seiner Wohnung abhielt. Die Aufsicht lag bei dem Professor der Chirurgie und Anatomie Dr. Georg Ludwig Huber.[175] Den Lehrkurs hatten sowohl bereits praktizierende Hebammen zu besuchen (ein Jahr lang) wie auch so genannte Lehrtöchter (drei bis vier Jahre lang). Den praktischen Unterricht erteilten den Lehrtöchtern die geschworenen Stadthebammen. Ab 1769 unterrichtete dort übrigens Carl Caspar von Siebold, der dabei erstmals ein geburtshilfliches Phantom einsetzte. »Die Schule, welche sein Sohn Elias fortsetzte, war für das Gebiet der Geburtshilfe von weitreichendem und nachhaltigem Einfluß«.[176]

Die älteste der geschworenen Hebammen lebte in einer Wohnung im Viertelhof des Inneren Grabens, die der Stadt Würzburg gehörte. Sie nahm dort fremde und arme Schwangere auf und versorgte sie während der Zeit nach der Geburt. Darunter waren auch schwangere Frauen vom Land, die in der Stadt von den Geburtswehen überrascht wurden. Im Jahre 1763 wandten sich sämtliche geschworenen Hebammen an den Rat der Stadt und baten unter Beifügung eines Attests des Dompfarrers um eine Vergrößerung dieser Wohnung, weil *das gantze Quartier nur in einer eintzigen und ungesunden kleinen Wohnstub nebst einem Nebencämmerlein besteht, also daß die darinnen wohnende Hebammen dergleichen gebährende Persohn ohne besondere Ärgerniß ihrer Kinder oder sonstigen Hausgenossen besag beiliegenden Attestati niemahls aufzunehmen instand ist.*[177] Ob dieser Bitte entsprochen wurde, muss offen bleiben. Jedenfalls richtete man dort 1791 ein Entbindungshaus, den so genannten Freihof (Freihaus), ein. Sieben Schwangere konnten in ihm jetzt Unterkommen finden. So vermochte man einerseits den niederkommenden Frauen zu helfen, man hatte sich damit aber auch die Möglichkeit geschaffen, die Medizinstudenten der Universität anhand praktischer Fälle unterrichten zu können. »Mit der Eröffnung des Entbindungsinstituts in diesem Hause beginnt die Geschichte der Würzburger Universitäts-Frauenklinik«.[178] Die Trennung der Geburtshilfe von der Chirurgie bedeutete zugleich den ersten Schritt zur Spezialisierung in der Würzburger Medizin.[179] 1804 veranlasste Elias von Siebold, der jüngste Bruder des 1798 verstorbenen Christoph von Siebold, die Einrichtung einer eigenen, als Entbindungsklinik bezeichneten Anstalt im – umgebauten – Epileptikerhaus des Juliusspitals.[180] Dort sollten arme und minderbemittelte Schwangere teils unentgeltlich, teils gegen einen geringen Beitrag Unterkunft und Verpflegung finden. Die Klinik stand aber auch als Zufluchtsstätte für vermögende Schwangere bereit, wenn diese ihre Niederkunft geheim halten wollten. Für angehende Hebammen und für Medizinstudenten der Universität bot das Haus eine günstige Gelegenheit, sich praktisch in der Geburtshilfe ausbilden zu lassen. Im Jahr 1802/03 lebten in Würzburg zehn geschworene Hebammen und fünf Lehrtöchter.[181]

Die Universität als medizinische Lehr- und Forschungsstätte

Durch die Universitätsgründung Julius Echters im Jahre 1582 war eine Lehr- und Forschungsstätte errichtet, die auch im medizinischen Bereich Fortschritte erwarten ließ.
Die Bewohner Würzburgs sollten daran in besonderem Maße Anteil haben. Eine maß-
gebliche Rolle spielte dabei das Juliusspital, das ja durch die Aufnahme Kranker ein Novum im Rahmen des Spitalwesens verkörperte. Wilhelm Upilio war der erste Spitalarzt,
der sich um diese Kranken zu kümmern hatte, deren Anzahl damals nicht hoch war. Als
sich kurz darauf (1587) an der Universität eine medizinische Fakultät gebildet hatte, die
erst 1593 mit ihren Vorlesungen begann, war der Anfang für eine Zusammenarbeit bei
der klinischen Ausbildung der Ärzte und weiterer im Pflegebereich tätiger Personen gegeben. »Die Symbiose, in welcher das Spital mit der medizinischen Fakultät lebte, wurde um so enger, je wichtiger die praktisch-klinische Ausbildung gegenüber der herkömmlichen theoretischen wurde und je stärker sich im Ensemble des alten Spitals die
Gewichte vom Pfründnerheim zum Krankenhaus verschoben«.[182] Die engen Bindungen
blieben zwar nicht ohne – teilweise ganz erhebliche – Streitigkeiten und Friktionen, ja
sie wurden sogar als »hemmend für die freie Wissenschaftsentfaltung und für die Entwicklung der medizinischen Fakultät der Alma Julia« gewertet,[183] hielten aber bis ins 20.
Jahrhundert.

Die Medizin an der neu gegründeten Universität stützte sich über viele Jahrzehnte
hinweg vor allem auf die griechischen, römischen und arabischen Lehren, erst zu Ende
des 17. und in der ersten Hälfte des 18. Jahrhunderts erfuhr die medizinische Fakultät
neue Impulse durch die Kontakte zur holländischen Universität Leyden, der damals
Franciscus de le Boë Sylvius (1614–1672) sowie Hermann Boerhaave (1668–1738) durch
ihre praxisorientierten Heilmethoden ihren besonderen Stempel aufdrückten. Der 1696
urkundlich belegbare Botanische Garten, der unter maßgeblicher Mitwirkung von Professor Johann Bartholomäus Adam Beringer neu angelegt wurde,[184] sowie die Einrichtung des »Theatrum anatomicum« nach Leydener Vorbild im heutigen Gartenpavillon
des Juliusspitals (1726/27) bedeuteten wichtige Schritte zu einer praktisch orientierten
Medizin. Die unter Friedrich Karl von Schönborn erlassene Studienordnung von
1731/34 fasste die bisherigen Neuerungen an der Universität fortführend zusammen
und blieb auf dieser Linie der Praxisorientierung, wie sich beispielsweise an der Anordnung anatomischer Demonstrationen oder der Vermittlung spezieller Operationstech-
niken erkennen lässt.[185] Auch die Einführung einer Vorlesung über die Geschichte der
Medizin regte er darin an.[186] Würzburgs medizinischem Ruf wuchs eine besondere – positive – Akzentuierung durch Carl Caspar von Siebold zu, der zusammen mit seinen
Söhnen dem Würzburger Medizinalwesen einen außerordentlichen Schub verlieh.[187]
Als Carl Caspar von Siebold (1736–1807) nach längerer Ausbildung sich 1766 in Würzburg niedergelassen hatte, ernannte ihn Fürstbischof Adam Friedrich von Seinsheim zu
seinem Leibwundarzt und betraute ihn – neben anderem – kurze Zeit später mit einer
Professur für Anatomie, Chirurgie und Geburtshilfe. Durch seine praxisorientierte medizinische Tätigkeit stieg Würzburg in Chirurgie und Geburtshilfe in eine führende Stellung auf, zugleich begann aber auch die Spezialisierung in der medizinischen Fakultät.[188] Zu Ende des 18. Jahrhunderts stellte Carl Caspar von Siebold mit seinen Söhnen

und Schützlingen das bestimmende Personalpotenzial der medizinischen Fakultät dar; man sprach damals von der »Academia Sieboldiana«. Unter den Mitarbeitern Siebolds befand sich auch Johann Georg Heine, ein Messerschmiedgeselle, der 1798 als Instrumentenmacher ans Juliusspital kam. Er sollte 1816 im Würzburger Stephanskloster eine orthopädische Heilanstalt einrichten, das spätere Karolineninstitut, das in der Folgezeit weltweite Bekanntheit errang.[189]

Der Ruf der Würzburger medizinischen Fakultät spiegelt sich auch in den Studentenzahlen. Dem Medizinstudium widmeten sich 1781–1790 98 Studenten, 1791–1800 waren es 270, 1801–1810 betrug ihre Zahl 704 und von 1811 bis 1820 wurden 535 verzeichnet.[190]

Der Einfluss Carl Caspar von Siebolds und seiner Schüler bedeutete aber nicht nur für die ärztliche Ausbildung einen markanten Fortschritt, auch bei den Badern und Barbieren, den Hebammen und all den anderen handwerklich Behandelnden bzw. Heilenden verbesserten sich das Wissen und Können – oder jedenfalls wurden die Chancen fachgerechter Unterrichtung größer –, sodass durch wachsende anatomische Kenntnisse Fehldiagnosen abnahmen und Heilerfolge und Hilfsbedingungen besser eingeschätzt werden konnten.

Als die Weiterexistenz der Würzburger Universität nach 1803 feststand, war der Boden bereitet für eine hohe Blüte der Würzburger medizinischen Fakultät im 19. Jahrhundert. Professoren wie Ignaz Döllinger, der sich vor allem der Physiologie sowie der Pathologie widmete, Georg Pickel, der schon 1782 Chemie und Pharmazie lehrte, oder Johann Lukas Schönlein, seit 1819 Professor für innere Medizin, sind beispielhaft nur drei Namen von Gelehrten, welche der Medizin in Würzburg einen hervorragenden Ruf verschufen.

Das Apothekenwesen der Stadt Würzburg

Karlheinz Bartels

… Und dieweyle der Ertzet [Ärzte] Vleis, wie groß der sey, kaum zur Hoffnung der Gesundheit raichen mag, es sey dan das des Appoteckers kunstige [kunstreiche] und vleissige Handt auch angelegt werde. Diese Sentenz, welche den die Apotheker betreffenden Teil der Würzburger Medizinalordnung von 1502[1] einleitet, unterstreicht die wichtige Stellung dieses Berufes im Gesundheitswesen einer Stadt.

Würzburger Apotheken und Apotheker

1323 werden erstmals in Würzburg Apotheker im Sinne der heutigen Berufsbedeutung erwähnt.[2] Etwa 225 Jahre später erscheinen namentlich genannte Angehörige dieses Standes in den Akten – 1552 vier gleichzeitig; sie können aber keiner Apotheke zugeordnet werden.[3] 1573 wurde dann in einem Visitationsprotokoll die Firmierung der vier Apotheken festgehalten: »Einhorn«, »Engel«, »Löwe« und »Schwan«. 1609 kam die »Hirsch«-Apotheke hinzu; 1652 ließen sich die vier alten Apotheken (ohne die Hirsch-Apotheke) durch Privileg zusichern, dass keine neue Offizin mehr zugelassen werde.[4] Trotzdem wurde 100 Jahre später (1748) eine sechste Apotheke, die Mohrenapotheke, errichtet.[5] Somit wuchs die Anzahl der Würzburger Stadt-Apotheken von vier in der Mitte des 16. Jahrhunderts bei ca. 8 000 Einwohnern auf sechs am Anfang des 19. Jahrhunderts bei ca. 20 000 Einwohnern.[6]

Die Würzburger Stadt-Apotheken waren bis ins 19. Jahrhundert in der Domstraße (am Dom, am Sternplatz, am Rathaus) und am Marktplatz angesiedelt. Ihre Geschichte wird durch Standortwechsel und Umbenennungen, Konkurse und Schließungen, Wiedereröffnungen und Tausch kompliziert. So mutierte zum Beispiel die Engel- von 1732 bis 1810 zur Adler-Apotheke (I), die Mohren- 1816 zur Stern- und 1845 zur Adler-Apotheke (II), die Schwanen- 1832 zur Kronen-Apotheke.[7]

Neben den sechs privaten Stadt-Apotheken gab es noch zwei Krankenhaus-Apotheken.[8] Schon bei der Errichtung des Juliusspitals (1576–1585) war eine Apotheke mit Arzneikräuter-Garten eingeplant, die zunächst jedoch unter der Leitung von Ärzten mehr als Dispensierstube mit Destillier- und Kräuterfrau betrieben wurde; Arzneimittel wurden teilweise aus der Apotheke *auf der Kreden* bezogen. Ab 1679 leiteten Apotheker die Offizin, unterstützt von bis zu drei Apotheker-Gesellen.[9] Da die Apotheke auch als fürstbischöfliche Hausapotheke diente, wurde sie 1760/65 »fürstlich« eingerichtet: »sehr ansehnlich, eine bewundernswerte Innenraumschöpfung des Rokoko, ein Juwel im Schatzkästlein deutscher Apothekenkunst«.[10] Besonders der »prunkvolle« Rezepturaufsatz wird als »einer der schönsten« in Deutschland hervorgehoben.[11] Der in der Apotheke gefertigte Theriak war sichtlich so gelungen, dass über ihn 1725 eine Abhandlung erschien (*Theriaca caelestis*);[12] 1766 kaufte der Schwanen-Apotheker 2 Pfund *Theriaca Andromachi* von der Juliusspital-Apotheke.[13] 1786 beleuchtete der Professor der Pharmazie Georg Pickel, einer der »Vorkämpfer der Technik«, das Laboratorium der Juliusspital-Apotheke mit Gas, das er durch Verkohlen von Knochen gewann.[14]

Das Würzburger Militär wurde zunächst von den Stadt-Apotheken mit Human- und Tier-Arzneimitteln beliefert. 1773 ist ein *Militaire-Hospital-Apotheker* in dem 1750 nördlich des Schottenklosters errichteten Militärhospital nachgewiesen.[15] Selbst wenn man »den Zeitpunkt der Einrichtung der Würzburger Militärspitalapotheke mit spätestens 1773« ansetzt, »findet sich ... ein sehr frühes Gründungsdatum« im Verhältnis zu anderen Territorien. Aus der Anfangszeit der Garnisons-Apotheke ist ein Inventar mit 509 Positionen erhalten.[16] Speziell für die Würzburger Militär-Spitäler verfasste der bekannte Militärarzt Joseph Herrmann Brünninghausen eine »Pharmacopoea in usum nosocomii militaris Würceburgensis« (1813), die 1815 um »Instructions für das ärztliche und Verwaltungs-Personale« erweitert wurde.[17]

Von den »pharmazie-historischen Sehenswürdigkeiten Würzburgs« ist außer der Einrichtung der Juliusspital-Apotheke, die 1945 vernichtet wurde, wenig erhalten.[18]

Viele der Würzburger Apotheker engagierten sich in der Kommunalpolitik und genossen »gesellschaftlich [...] hohe Achtung«; vor allem Mitglieder der Familien Schroth (Löwen-, Schwanen-Apotheke), Sixt (Einhorn-Apotheke), Stang (Hirsch-Apotheke) und Weigand (Löwen-Apotheke) bekleideten städtische Ämter wie Bürgermeister und Stadtrat.[19]

Auch persönliche Schicksale finden sich in den Akten: 1627 wurden »eine Apothekerin zum Hirsch und ihre Tochter« als Hexen verbrannt; 1819 verlor der Hirsch-Apotheker seine Frau bei einer Explosion in der Apotheke.[20]

Apotheken-Gesetzgebung

Der Beruf des Apothekers ist sicherlich der Stand, welcher am meisten staatlichen Reglementierungen unterworfen ist, dies gilt auch für das Hochstift Würzburg. In den 277 Jahren von 1525 bis 1802 wurden über 40 Apotheker-Eide, -Ordnungen, -Instruktionen, Tax- und Giftordnungen erlassen.[21] Nur zwei dieser apothekenrechtlichen Normen (1549[22], 1686[23]) waren speziell für *die allhier in unserer fürstl. Residenzstadt Wirzburg befindliche Apotheken* erlassen worden, damit diese *mit dien- und nützlichen Arzneyen wohl versehen* seien. Gegenüber den allgemeinen landesherrschaftlichen Verordnungen wiesen die für die Stadt zugeschnittenen Verfügungen aber keine wesentlichen Unterschiede auf; für die *Examinirung* der zukünftigen Apotheker und die *Visitirung* der Apotheken werden hier nur der *Stadt-Physicus* (städti-

Abb. 189: Die historische Apotheke des Juliusspitals aus den Jahren 1760–1765.

scher Amtsarzt) und *Professores* der medizinischen Fakultät beauftragt, während sonst von *Stadt- oder Land-Physici* die Rede ist.

Die wichtigsten Bestimmungen der Würzburger Apotheken-Gesetzgebung waren: Die Erlaubnis zum Betrieb einer Apotheke (*quales apothecarii recipiendi*) wurde nur nach abgelegten Examen und Eid erteilt; auch das Fachpersonal (*de famulis Apothecariorum*) musste geprüft und vereidigt sein, zusätzlich war ein spezieller Treueeid (*Juramentum fidelitatis*) auf den Landesherrn zu leisten. Die einwandfreie Qualität der Arzneimittel und ihre ordnungsgemäße Lagerung kontrollierte der jeweilige Amtsarzt beim Einkauf, bei der Herstellung und bei den alljährlichen Visitationen. Die zusammengesetzten Medikamente (*Composita*) sollten selbst (*selbst verfertigen und nicht von Fremden kaufen*) und nur nach anerkannten Arzneibüchern zusammengestellt werden (1549: *alle unsere Apodecker in der Statt Wirtzburg sollen ein recht und gleichformig Recept Buch, so sie dispensatorium oder antidotarium nennen, haben*; 1686: nach *Authoribus approbatis* arbeiten). Diese allgemein gehaltenen Anforderungen an eine einheitliche Arzneimittelherstellung wurden nur in der Apothekerordnung von 1502 (nach den Antidotarien des Mesue und Nikolaus), von 1583[24] (*nach dem Dispensatorio Valerii Cordi*) und von 1749[25] (*nach dem Wiener- oder anderen solchen approbirten Dispensatoriis*) präzisiert. In der zweiten Hälfte des 18. Jahrhunderts arbeiteten die Würzburger Apotheker nach den Arzneibüchern von Brandenburg, Straßburg, Prag, Wien und Württemberg. Die »Pharmacopoea Herbipolitana« von 1782[26] (s. Abb. 190) war zwar von ihrem Verfasser, dem Professor und Juliusspitalarzt F. H. M. Wilhelm als Norm (*ad cuius normam res pharmaceuticae disponentur*) konzipiert, erlangte aber weder in Würzburg noch in Trier amtliche Anerkennung.[27]

Rezepturen mussten zunächst *in ein sonder Buch* eingetragen werden (1502, 1549); später hatte der Apotheker die Kopien aufzubewahren (1583, 1686[28]). Bei Zweifeln am Rezept (*da auch zuweilen von einem Medico etwas in schneller Eil undeutlich geschrieben, im Gewicht, Maaß oder sonsten was ausgelassen oder geirrt seyn*) oder bei fehlenden Ingredienzien (ein *quid pro quo*, das heißt ein Austausch von Bestandteilen, war nicht erlaubt)[29] hatte der Apotheker mit dem Arzt Rücksprache zu halten (1686, 1750[30]). Stark wirkende Arzneien, *durch deren unrechtmäßigen Gebrauch die armen unverständigen Leute öfters in Leibs- und Lebens-Gefahr gesetzt werden*, blieben der ordnungsgemäßen Abgabe in der Apotheke vorbehalten; *der freye Verkauf der ... Arzneyen* sei *in mannigfaltiger Rücksicht der Gesundheit Ihrer Untertanen schädlich* und stehe *den Grundsätzen der medizinischen Policey geradezu entgegen*.[31] Auch der Verkauf von giftigen Stoffen durfte nur in der Apotheke erfolgen und war genau geregelt.[32] Die Arzneipreise wurden in mehreren Taxordnungen festgelegt, damit der Apotheker nicht *wider die Billichait* überhöhte Preise nehme, sondern einen *ehrlichen Gewinn* habe.

Im Gegensatz zu vielen anderen Städten im deutschsprachigen Raum[33] formulierte der Würzburger Gesetzgeber relativ früh (1502, 1549 und 1750 § 7) die Trennung der beiden Heilberufe: *wir gebieten [...] unsern Apodeckern in unser Statt Wirtzburg bey den Pflichten und Aiden [...], daß sie mit keinem Artzt oder Artztin [...] weder theil noch gemein haben*; dem Apotheker war das *Practiciren, das unbefugte Berathen der Kranken* verboten. Großen Wert legte der Gesetzgeber auch darauf, dass die Apotheker sich untereinander kollegial verhalten und sich *einer guten Verständniß und Einigkeit befleißen* sollten.[34] 1502 führte Würzburg als erste Obrigkeit das so genannte Apotheker-, Arznei- oder Medizinal-Gewicht offiziell in die Apotheken-Gesetzgebung ein, über 50 Jahre vor Nürnberg (1555); 1583 wurde verlangt, nur geeichte *Pondera* zu verwenden. Die Würzburger Apotheken-Gesetzgebung war umfassend, größtenteils eigenständig und teilweise wegweisend. Übereinstimmungen sind nur bei den Apotheker-Eiden (1482, 1554/58, 1558/73) mit Verfügungen von Bamberg und Nürnberg festzustellen.[35]

Ausbildung

[…] ein Apotheker […] ist ein erfahrener Mann, oder Künstler, welcher sowol die einfachen als zusammengesetzten, die natürlichen und die rohen, wie auch die praeparierten Arzney-Mittel aufrichtig zuzurichten weiß […] (1743).[36] Um dieses Können vorzuweisen, musste der zukünftige Apotheker eine mehrjährige Ausbildung als Lehrling und Ge-

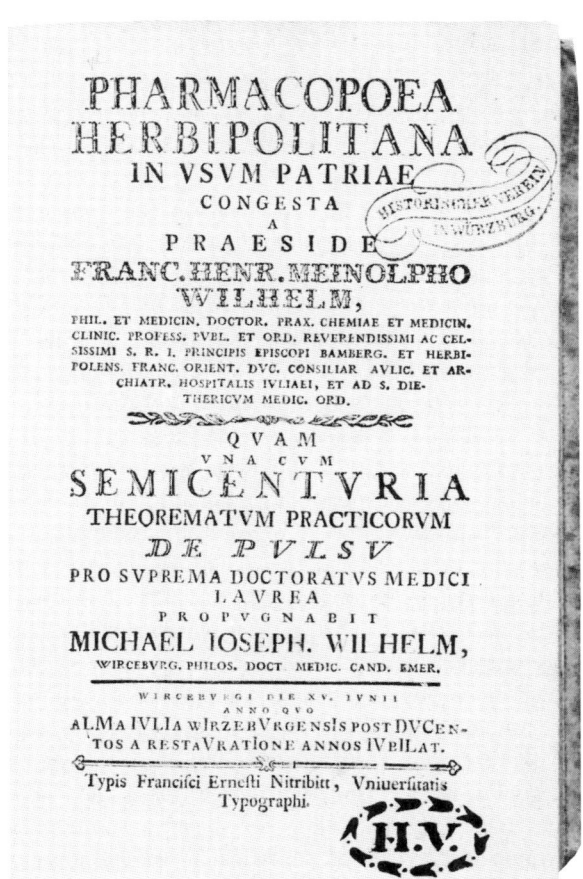

Abb. 190: Titelblatt der
»Pharmacopoea Herbipolitana«,
Würzburg 1782.
(UBW, 52/Franc. 120)

hilfe bei einem *meister apotheker* ableisten und seit 1549 eine Prüfung ablegen; in der Stadt Würzburg wurde er *dahier von unserer Facultate medica* (1743[37]) bzw. *von unserem Stadtphysico in Beysein eines dahiesigen Apotheckers [...] examinieret* und durfte erst dann *hier in unserer Residenzstadt [...] in einer Oficin an- und aufgenommen werden*, wenn er *für fähig befunden* wurde (1750 § 1).

Mindestens seit 1734 wurden in der Juliusspital-Apotheke *Demonstrationes botanicae, anatomicae et chymicae* abgehalten; 1749 wurden den Studenten der Medizin, worunter sich immer wieder auch Pharmazeuten befanden, mindestens einmal in der Woche in einer Würzburger Apotheke die einfachen, die zusammengesetzten und die chemischen Arzneimittel erklärt; der Garten des Juliusspitales war mit *Gewächsen [...] zur Arzney dienlich* bebaut (1604) und diente als *horto academico [...] tractandi studium herbarum*, als medizinisch-pharmazeutisch-akademischer Lehrgarten (s. Tafel 52), als solcher einer der ältesten in Deutschland. Bereits vor 1750 fanden öffentliche Vorlesungen in Arzneimittellehre statt. Ab 1782 hatte Johann Georg Pickel, ein außergewöhnlich vielseitig begabter und tatkräftiger Mann mit pharmazeutischer Ausbildung, den Lehrstuhl für Chemie inne, der auch das Fachgebiet Pharmazie einschloss. Die Vorlesungen und *Demonstrationes* fanden in der Apotheke des Juliusspitales statt, die als Hörsaal und Laboratorium diente. Von 1800 bis 1815 waren 42 Apothekergehilfen in den Universitätsmatrikeln eingetragen; von ihnen stammten neun aus Würzburg.[38]

Arzneimittel-Herstellung und -Versorgung

Die zusammengesetzten Arzneimittel (*Composita*) stellten die Apotheker selbst her – bei stark wirkenden unter Aufsicht des Stadtarztes (*Physicus*)[39] –, sie sollten sie nicht fertig *von Fremden kaufen* (1739[40]). *Medikamente, [...] die im Lande Würzburg nicht gemacht zu werden pflegten*, wurden bei den Apotheken-Visitationen besonders begutachtet (1549). Die Rohstoffe besorgten sich die Apotheker aus der Umgebung (einheimische) oder in Nürnberg und Frankfurt (*exotica, transmarina*).

Die hervorgehobene Stellung der Würzburger Stadt-Apotheken belegen die Landesverordnungen von 1739 und 1750: Landapotheker können sich *wichtige Composita* aus den *dahiesigen Stadtapotheken* besorgen, wenn die sonst geforderte Eigenherstellung *wegen des geringen Vertriebs* nicht verlangt werden kann.

Im Laufe des 18. Jahrhunderts wurden in der Therapie immer mehr chemische Arzneimittel eingesetzt. Die Herstellung der chemischen Grundsubstanzen erforderte gegenüber den so genannten galenischen Präparaten (auf pflanzlicher, tierischer oder mineralischer Grundlage) kostspieligere Apparaturen und mehr Zeit; diese übernahmen mehr und mehr chemische Fabriken. In Würzburg eröffnete der bereits genannte Professor der Chemie Georg Pickel 1784 ein für gewerbliche Zwecke vorgesehenes Laboratorium, das sich zu »einer berühmt gewordenen chemisch-pharmazeutischen Fabrik« entwickelte; er stellte hier Grund-Chemikalien wie Salze, Essig- und Weinsäure-Derivate her. Das anscheinend auf Dauer nicht sehr ertragreiche Unternehmen fiel – wie das des A. B. Klinger – den kriegerischen Unruhen des Jahres 1806 zum Opfer.[41]

Außer der Bevölkerung der Stadt und der näheren Umgebung – hier entstanden erst seit der Mitte des 19. Jahrhunderts eigene Offizinen – versorgten die Würzburger Stadt-Apotheken auch die städtischen Medizinal-Anstalten und die Stifte, dazu umliegende Adelshöfe (zum Beispiel die Weikersheimer Schloss-Apotheke mit pflanzlichen und chemischen Arzneidrogen sowie die Familie von Erthal[42]). Die Belieferung des Würzburger Militärs und der Land-Apotheken wurde bereits angesprochen.

Obwohl seit dem Ende des 16. Jahrhunderts eine bischöfliche Apotheke im Juliusspital bestand, wurden der fürstbischöfliche Hof und seine Einrichtungen (*Arzney Lieferung zur Nothdurft des Hofes*[43]) im Wechsel von den Würzburger Stadt-Apotheken versorgt; wahrscheinlich besaß die Spital-Apotheke nicht die Kapazitäten für solche Aufträge.

Fazit

300 Jahre Würzburger Apotheken- und Apotheker-Historie zusammenfassend kann man sich – cum grano salis – den Aussagen des Würzburger Stadt-Physikus (Amtsarztes) P. J. Horsch von 1805[44] anschließen: *Ich muß übrigens zum Lobe unsrer Apotheker sagen, daß wir sehr gute Apotheken haben, in welchen nichts mangelt, was man vom gründlichsten Apotheker fordern kann, Güte der Materialien, Fleiß und Geschicklichkeit der Zubereitungen, Unverdrossenheit jede neue [Rezeptur-]Formel zu bereiten, humane Bedienung der Kranken.* Die Würzburger Apotheker sicherten – damals wie heute – »die im öffentlichen Interesse gebotene ordnungsgemäße Arzneimittelversorgung« der Bürger und dienten damit »der Gesundheit des einzelnen Menschen und der gesamten Bevölkerung«.[45]

Architektur und bildende Kunst
von den Anfängen der Renaissance
bis zum Ausgang des Barocks

STEFAN KUMMER

Seit dem 15. Jahrhundert werden die Triebkräfte bzw. die »Präzedentien« (Jacob Burckhardt) des Würzburger Kunstschaffens klarer als zuvor erkennbar. Als zumeist beherrschende Auftraggeberpersönlichkeit tritt der Fürstbischof in Erscheinung; nächst ihm bestimmen das Domkapitel, die Klöster, Stifte und Ordensniederlassungen sowie der Adel die Kunsttätigkeit in der Bischofsstadt. Erst danach erscheint das Bürgertum, obwohl es immerhin mit anspruchsvollen Gemeinschaftsaufgaben wie der Errichtung und Ausstattung der Marienkapelle und dem Ausbau des Rathauses über einen langen Zeitraum hinweg beschäftigt ist. Im Verlauf des 16. Jahrhunderts, vor allem seit der Wahl Julius Echters von Mespelbrunn, kristallisiert sich mehr und mehr alle Kunsttätigkeit am fürstbischöflichen Hof: Von ihm gehen die entscheidenden Impulse und Weichenstellungen für die Würzburger Kunst aus. Das Domkapitel und der Adel orientieren sich an der vom Hof geförderten Kunst; dasselbe gilt für das Bürgertum, sofern es in Erscheinung tritt. Dementsprechend gering ist der Einfluss ortsansässiger Künstler und Kunsthandwerker, die meist dem fürstlichen Geschmack nicht genügen können. Seit Julius Echter wird es üblich, dass die Fürstbischöfe von auswärts die ihnen als geeignet erscheinenden Kräfte nach Würzburg holen. Damit sie hier ohne Zunftzugehörigkeit tätig werden können, genießen die von den Fürstbischöfen angeworbenen Künstler »Hoffreiheit«. Im Barock, vor allem in der Greiffenclau- und der Schönborn-Zeit, erreicht der Zustrom auswärtiger Kräfte seinen Höhepunkt. Zugleich richtet sich die gesamte Würzburger Kunsttätigkeit an den Maßstäben aus, die der Hof setzt. Selbst als das Bürgertum im Laufe des 18. Jahrhunderts mehr und mehr als Auftraggeber in Erscheinung tritt, ändert sich daran nichts. Aufgrund dieser Voraussetzungen kann die Homogenität der Würzburger Kunst vor allem im Barock nicht erstaunen. Freilich fehlt es noch weitgehend an eingehenderen Forschungen zu den materiellen Grundlagen des würzburgischen Kunstschaffens in der Renaissance und im Barock, sodass die vorstehenden Bemerkungen nur als vorläufig und gänzlich unvollkommen gelten können.

Tafel 49: Vergoldeter Deckelpokal aus dem Schatz des Würzburger Stadtrates,
Geschenk des Fürstbischofs Johann Gottfried von Aschhausen (1617–1622).
(StadtAW, Rb 18, fol. 13)

127

Auspiciis Fridrice tuis   Sum Castra Sequutus
Cumque toga Sagulum   muto favore tuo.

Herr Carl Heinrich Anding

*Tafel 50: Die Hofspitalkirche auf dem Gedenkblatt des Spitalverwalters Carl Heinrich Anding
anlässlich seiner Aufnahme in den Würzburger Stadtrat am 16. Mai 1771.
(StadtAW, Rb 17 – Silbernes Ratsbuch, fol. 127 r)*

Tafel 51: Carl Caspar von Siebold (1736–1807),
Ölgemälde von Conrad Huber, um 1789.
(Martin von Wagner-Museum der Universität Würzburg, Inv.-Nr. F 604)

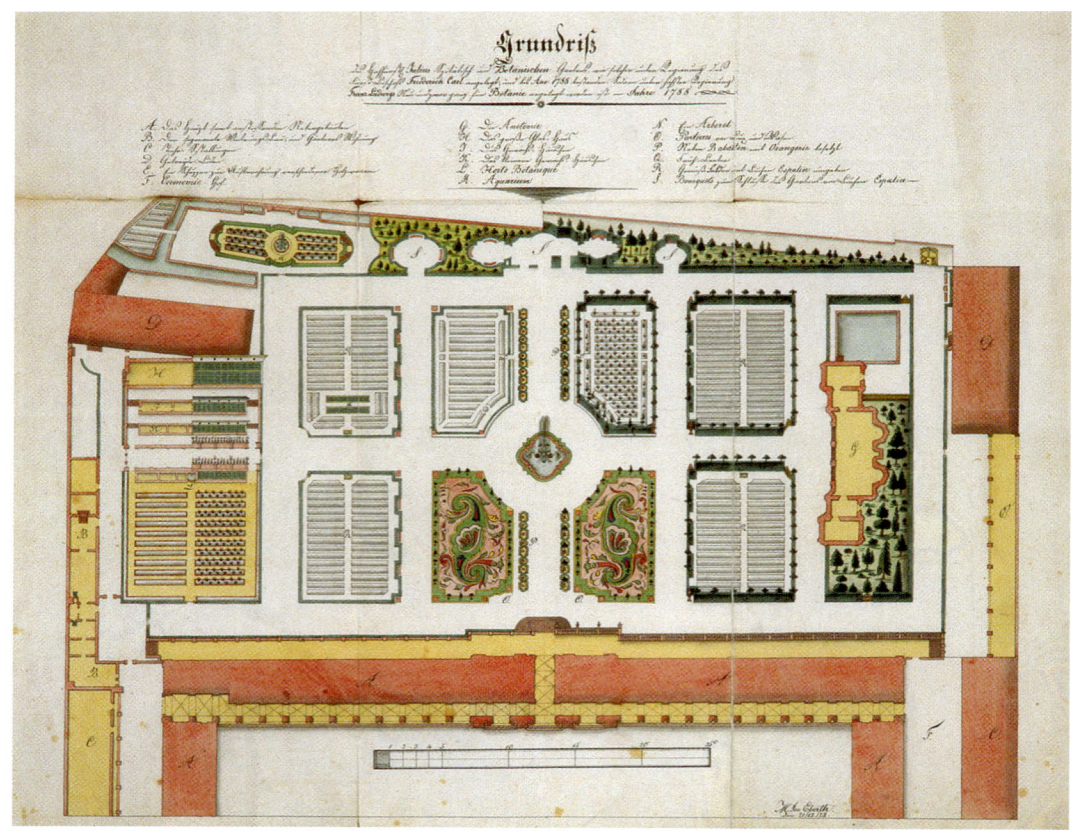

Tafel 52: »Grundriß des Hochfürstl. Julius Spitälisch und Botanischen Gartens,
wie solcher unter Regierung des Fürst Bischofs Friederich Carl angelegt,
und bis Anno 1788 bestanden.
Sodann unter höchster Regierung Franz Ludwigs neu
und zwar ganz für Botanic angelegt worden ist im Jahre 1788«; H. Jos. Ebert, 1828.
(Archiv des Juliusspitals Würzburg, A 4523)

Anfänge der Renaissance in Würzburg

An einem der romanischen Langhauspfeiler der ehemaligen Stiftskirche Neumünster befindet sich, allgemein wenig beachtet, das früheste erhaltene Zeugnis der Renaissancekunst in Würzburg: das Epitaph des Stiftdekans Dr. Engelhard Funk (bzw. Funck alias *Scintilla)*, eine in Bronze gegossene Inschrifttafel, die einst Bestandteil eines umfänglicheren, im Laufe der Zeit fast gänzlich verloren gegangenen Wanddenkmals war. Ein vierzeiliger Schriftzug auf der in den Pfeiler eingelassenen Platte meldet in prachtvoller Renaissance-Kapitalis, dass Dr. Funk am 29. November 1513 verstarb;[1] wohl nicht viel später dürfte das Denkmal entstanden sein. Nicht nur der antikisierende Charakter der Inschrift selbst, sondern auch die Form ihres Trägers ist im damaligen Würzburg zweifellos ungewöhnlich gewesen: Die querrechteckige Bronzetafel mit den henkelartigen »Haltern« an den Schmalseiten vertritt nämlich den antiken Typus der *tabula ansata* (Tafel mit Henkeln), der sich in der italienischen Frührenaissance, etwa seit der Mitte des 15. Jahrhunderts, wieder eingebürgert hatte.[2] Inschriftcharakter und Tafelform sind von den Testamentsvollstreckern Funks, die ihm das Denkmal setzten, wahrscheinlich mit Bedacht gewählt worden, denn der Verstorbene galt nach dem Zeugnis des Johannes Trithemius und des Willibald Pirckheimer als einer der herausragenden humanistischen Dichter und Gottesgelehrten seiner Epoche. Viele Jahre, über eineinhalb Jahrzehnte, hatte Funk, etwa seit 1480, in Rom gelebt, wo seine geistige Persönlichkeit ihre entscheidende Prägung erhielt.[3] Vermutlich wurde das bronzene Epitaph nicht in Würzburg, sondern in Nürnberg gefertigt. Weil es in der Bischofsstadt keine Bronzegießerei gab, wurden allgemein die seit dem 15. und im 16. Jahrhundert gebräuchlichen bronzenen Grabverschlussplatten, von denen sich eine stattliche Anzahl im Dom erhalten hat, in Nürnberger Gusswerkstätten hergestellt.[4] Vermutlich ist auch die Visierung für das Funk-Epitaph einem Nürnberger Künstler von den Testamentariern in Auftrag gegeben worden: Ein Indiz für diese Vermutung ist die auffällige – da unübliche – leichte Schweifung der *ansae*, die auf dem berühmten Meisterstich Albrecht Dürers von 1513,

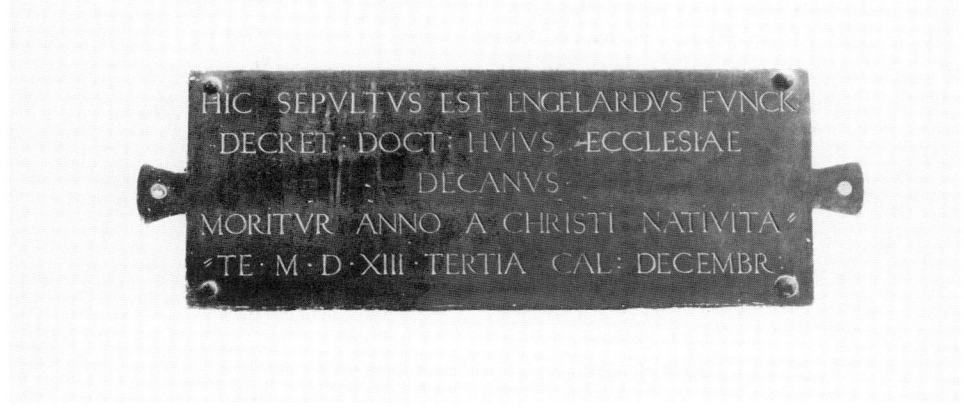

Abb. 191: Epitaph des Dr. Engelhard Funk in der Neumünsterkirche, 1513.

postum betitelt als »Ritter, Tod und Teufel«,[5] wieder begegnet. In Würzburg indessen fehlte für solches antikisches Gestalten im Todesjahr Funks anscheinend noch jegliche künstlerische Voraussetzung.

Zwei Jahre zuvor, 1511, war der im Auftrag von Fürstbischof Lorenz von Bibra neu errichtete Treppenturm am Palas der Marienburg vollendet worden. Die gewöhnlich nach ihrem Erbauer genannte Repräsentationstreppe mit der zartgliedrigen, von fantasievoll geschweiftem Rippenwerk bekrönten Hohlspindel ist ein bedeutendes Zeugnis virtuoser spätgotischer Steinmetzkunst.[6] Erst seit dem Funk-Epitaph (etwa 1513) begannen sich Renaissanceformen im Würzburger Kunstschaffen einzubürgern. Den Laudator Dr. Funks, den berühmten Gelehrten Johannes Trithemius, hatte Lorenz von Bibra, der ein Freund humanistischer Bestrebungen war, nach Würzburg berufen und zum Abt des Schottenklosters bestellt.[7] Vielleicht angeregt von der Gestalt des (weitgehend verlorenen) Funk-Epitaphs, dürfte es der Fürstbischof selbst gewesen sein, der die Neuorientierung der Würzburger Künstlerschaft am Vorbild der italienischen Renaissance einleitete und nachhaltig förderte. Ein Exempel gedachte er offensichtlich mit seinem eigenen Grabmal zu statuieren, das er noch bei Lebzeiten dem führenden Würzburger Bildhauer, Tilman Riemenschneider, in Auftrag gab (vor 1519); erst drei Jahre nach dem Tod des Fürstbischofs, 1522, war es vollendet.[8] Wenn es auch kleinere, gewiss aber nicht gravierende formale Diskrepanzen zwischen der sandsteinernen Rahmung des Monuments und dem marmornen Figurenrelief geben mag[9] – was auf eine Planänderung während der Entstehung des Grabmals schließen lässt –, so erscheint doch das Ganze in stilistischer Hinsicht weitgehend einheitlich:[10] Die statuarische, noble Selbstsicherheit der Bischofsfigur, die von nackten, Wappen haltenden Putti begleitet wird, ist nicht minder vom Geist der Renaissance-Epoche erfüllt wie die klassische Haltung der Rahmenarchitektur in Gestalt eines antikischen Ehrenbogens – einer Form, die sich aus dem ehrwürdigen Typus des Arkosol-Grabmals entwickelte und im 15. Jahrhundert ihre klassische Form im florentinischen Humanisten- und Staatsgrabmal fand. Der Ornamentschmuck der seitlichen Pfosten mit den vorgelagerten Kandelabersäulen und das von Putti sowie dem Weltenrichter in Kindesgestalt bevölkerte Girlandengitterwerk des bekrönenden Baldachinüberbaus nähern sich am entschiedensten den Formen der italienischen Renaissance, wobei diese in einem oberitalienischen Idiom übermittelt worden sind. Für die Detailausbildung der Beizierden[11] und die Ausbildung der Kandelabersäulen könnten ornamentale Musterblätter vorgelegen haben, so genannte Ornamentstiche, wie sie italienische Künstler, etwa Agostino Veneziano,[12] und deren süddeutsche Nachahmer geschaffen haben;[13] ihre Produkte verbreiteten sich mit Windeseile in ganz Europa. Justus Bier und andere meinen,[14] Riemenschneider habe sein eigenes Wesen verleugnen müssen, um einer »im Diesseits heimischen Lebensstimmung«, wie sie am Bibra-Monument ihren Niederschlag fand, Ausdruck zu verleihen. Die überzeugende, noble Figur des Fürstbischofs lässt indessen bezweifeln, dass mit solcher Einschätzung das Richtige getroffen ist. Unbewiesen muss auch die Annahme bleiben, dass die architektonische Rahmung in Renaissanceformen das weitgehend selbstständige Werk eines Mitarbeiters sei.[15] Wenn auch zweifellos hier ein Gehilfe Hand angelegt hat, so bedurfte es doch des Überblicks und der Zusammenschau des Meisters, um zu einem insgesamt stimmigen künstlerischen Resultat zu gelangen. – Das Bibra-Grabmal

Abb. 192: Grabmal des Bischofs
Lorenz von Bibra (1495–1519)
im Dom, Tilman Riemenschneider,
Ausschnitt.

gehört zu den bezeichnendsten Leistungen aus der Frühzeit der deutschen Renaissance-
kunst. Charakteristisch für diese ist, dass, ungeachtet aller echten humanistischen
Antikenbegeisterung, die Verwendung des Renaissanceformenvokabulars im Ganzen
ein wenig »literarisch« und das einzelne Dekorationselement wie eine Lesefrucht
wirkt.

Es sollten noch einige Jahrzehnte ins Land gehen, bevor die Beherrschung der antikischen Formensprache den deutschen Künstlern keine Mühe mehr bereitete. Wenn es
auch nicht zweifelhaft sein kann, dass Tilman Riemenschneider offen und aufgeschlossen gegenüber den neuen Kunstauffassungen war, so liegt es doch auf der Hand, dass es
humanistisch gesinnte Auftraggeber aus der hohen Geistlichkeit waren, welche die Renaissance nach Würzburg brachten. Dies lehren das Funk- und das Bibra-Grabdenkmal
auf unmissverständliche Weise. Während die Testamentsvollstrecker Dr. Funks noch die
Hilfe Nürnberger Künstler in Anspruch nahmen, tat Lorenz von Bibra den für die Würzburger Kunst entscheidenden Schritt, indem er einem einheimischen Künstler, dem
führenden seiner Residenzstadt, auftrug, ein Staatsdenkmal im neuen Stil auszuführen.
Damit waren für das weitere Kunstschaffen in Würzburg Maßstäbe gesetzt.

Doch sollte noch einige Zeit vergehen, bis sich der Renaissancestil in Würzburg verwurzelte. Es waren ungünstige Zeiten für das Kunstschaffen, die nach dem Tod von Fürstbischof Lorenz von Bibra anbrachen. Der Bauernkrieg und seine Folgen, vor allem aber die allgemeinen Umwälzungen, welche die Epoche der Glaubensspaltung im Hochstift und Bistum Würzburg mit sich brachte,[16] schufen ein wenig kunstfreundliches Klima. Überall, vor allem auf dem sakralen Gebiet, mangelte es an großen, den Ehrgeiz der Künstlerschaft anspornenden Aufgaben, sodass es wegen fehlender Gelegenheiten zu einem allgemeinen Rückgang der Kunsttätigkeit kam, was wiederum einen spürbaren Verfall des künstlerischen Niveaus zur Folge hatte. All dies waren keine guten Voraussetzungen für die Einbürgerung der Renaissancekunst, zumal diese zunächst überhaupt nur im erlesenen Zirkel weniger humanistisch gesonnener hoher Geistlicher Anhänger und Förderer fand. In der Sepulkralplastik, auf die sich seit den 30er Jahren des 16. Jahrhunderts jahrzehntelang das Würzburger Kunstschaffen weitgehend beschränkte, lebten zudem die Gestaltungsweisen der Spätgotik fort, wenn sich auch ältere Formen mit »modernen« Renaissanceelementen zu vermischen begannen, wie etwa die Grabmäler des Hans von Grumbach (gest. 1529) (vielleicht von Jörg Riemenschneider gefertigt) und des Peter von Randersacker (gest. 1540) in der Franziskanerkirche[17] sowie der von Peter Dell d. Ä. signierte Grabstein des Paulus Fuchs zu Burgpreppach (gest. 1540) im Domkreuzgang vor Augen führen.[18] Abgesehen von einigen qualitätvollen ornamentalen Titelblattgestaltungen in Würzburger Drucken der 20er Jahre,[19] begegnen ausgeprägte, wenn auch ins deutsche »Idiom« übersetzte Renaissanceformen erst wieder am Grabmal eines Fürstbischofs, nämlich des Konrad von Thüngen (gest. 1540). Den Verfall Würzburger Bildhauerkunst nach dem Tod Tilman Riemenschneiders dokumentiert der Umstand, dass einem namhaften auswärtigen Bildhauer, dem Augsburger Loy Hering, der in Eichstätt eine florierende Werkstatt unterhielt, der Auftrag zur Fertigung des Monuments erteilt wurde.[20] Der von Auftraggeberseite gewünschte oder vom Künstler vorgeschlagene neuartige Epitaphtypus,[21] der sich seit 1540 vor allem unter den mainfränkischen Rittergrabmälern einiger Beliebtheit erfreute,[22] brach mit der Tradition des Würzburger Bischofsgrabmonuments: Die Figur des verewigten Bischofs steht nicht mehr hoheitsvoll, wie bisher üblich, versehen mit ihren gewohnten Attributen, frontal und aufrecht vor dem Betrachter, sondern kniet barhäuptig, in Profilansicht, vor dem Gekreuzigten, zu dessen Füßen, am Kreuzesstamm, die Bischofsmitra demutsvoll niedergelegt ist, während zwei Würdenträger Pedum (Bischofsstab) und Herzogsschwert präsentieren. Die teilweise fast vollplastischen Figuren sind Bestandteile eines konkav gewölbten Hochreliefs, das in eine konvex sich vorwölbende, ziboriumartige, auf einer Wandkonsole ruhende Kleinarchitektur eingefügt ist. Diese wirkt wie ein in die Wandfläche eingelassenes, an antike Memorialbauten erinnerndes Rundtempelchen. Großzügig und frei ging Loy Hering mit dem antikischen Formenvokabular um, wie etwa die vor seichte Rundbogennischen über Eck gestellten Balusterkompositsäulen demonstrieren, die keine architektonischen, sondern allein ornamentale Aufgaben übernehmen.

Das in feinem Solnhofer Marmor ausgeführte und teilweise farbig und golden gefasste Grabmal hat eine eigene Tradition unter den Würzburger Bischofsgrabmälern be-

Abb. 193: Grabmal Bischof Konrads von Thüngen (1519–1540) im Dom, Loy Hering.

gründet. Die nächstfolgenden drei bischöflichen Grabmonumente halten an der Figur des andächtig vor dem Kruzifix knienden und betenden Kirchenfürsten fest. Es dürfte kein Zufall sein, dass im Zeitalter der Glaubensspaltung, in jenen für das Hochstift Würzburg so schwierigen Jahrzehnten, das Bild eines demütigen Fürstbischofs beschworen wurde, zumal der Begriff der *humilitas* auf reformatorischer Seite ebenso wie im Lager der Katholischen Reform ein bedeutungsvoller geworden war. Trotz ihrer ikonographischen Verwandtschaft kennzeichnet die folgenden Bischofsgrabsteine eine beträchtliche formale Spannweite. Während sich das Epitaph Fürstbischof Konrads von Bibra (gest. 1544; nördliches Domquerhaus), das der Würzburger Bildhauer Peter Dell

Abb. 194: Grabmal Bischof Melchior Zobels von Giebelstadt (1544–1558) im Dom, Peter Dell d. J., Ausschnitt.

d. Ä. nach einem Entwurf des fürstbischöflichen Hofmalers Martin Seger gefertigt haben dürfte,[23] ungeachtet mancher Vereinfachungen und Vergröberungen weitgehend an das Vorbild des Bibra-Monumentes von Loy Hering hält, versucht das Grabmal Fürstbischof Melchior Zobels (gest. 1558; Domlanghaus), das Peter Dell d. J. geschaffen haben soll, dem Typus mehr architektonische Festigkeit zu verleihen, wobei der Aufbau des Ganzen teils auf einer Konsole zu schweben, teils auf dem Boden zu stehen scheint. Erstmals tauchen hier in Würzburg betont antikische, ionische Pilaster und das Rollwerkornament auf.

Das Epitaph-Relief schildert anschaulich das Drama der Ermordung Melchior Zobels und zweier seiner Räte, während der vor der Szenerie kniende, mit allen Attributen seiner Würde ausgestattete Bischof ebenso wie seine ihn begleitenden ermordeten Trabanten in der Anbetung des Herrn bereits aller Historie enthoben zu sein scheinen. Zu überlegen ist, ob die erzählfreudige Darstellung des Reliefs[24] nicht auf die Visierung eines Malers, vielleicht wiederum Martin Segers, zurückgeht; hierfür spricht nicht zum Geringsten das eigentümliche, zwischen Gotik und Renaissance schillernde Stilgepräge der Reliefdarstellung. Die etwas steifledern wirkende Bischofsfigur könnte darauf hinweisen, dass der mäßig begabte Bildhauer Schwierigkeiten hatte, der zeichnerischen bzw. malerischen Vorlage plastisches Leben zu verleihen. – Auch das dritte und letzte Monument dieser Bischofsepitaphreihe, der Grabstein für Fürstbischof Friedrich von Wirsberg (gest. 1573; Domlanghaus, Mittelschiff), den der Eichstätter Bildhauer Wilhelm Sarder im Jahr 1574 schuf,[25] stellt den verewigten, demütig knienden und betenden Bischof in fast freiplastischem Hochrelief dar. Allerdings erscheint die Figur noch herausgehobener als bei dem Zobel-Denkmal. Wie auf dem Relief des Konrad von Bibra-

Abb. 195: Grabmal Bischof Friedrichs von Wirsberg (1558–1573) im Dom, Wilhelm Sarder.

Grabmals halten Hofmarschall und -kaplan Pedum und Schwert, neu sind indessen sowohl der Gnadenstuhl, der über dem Fürstbischof erscheint und dem dessen Verehrung gilt, als auch die Empfehlung der Seele des Verstorbenen durch einen Heiligen, hier den hl. Bartholomäus, der hinter dem Knienden aufragt. Die ädikulaartige Rahmung des Monuments bemüht sich unverkennbar um eine strengere antikische Formensprache, wodurch es sich als Werk der fortgeschrittenen deutschen Renaissance erweist.

Auch andere Würzburger Grabmäler, die nach der 1. Hälfte des 16. Jahrhunderts entstanden sind, demonstrieren, dass man sich in der Bischofsstadt schon vor Anbruch der Echterzeit um größere Antikennähe, wenigstens in der Ausbildung der Grabmalsarchitekturen, bemüht hat. Bedeutende Zeugnisse dieses Bestrebens sind das Külwein-Weyer-Epitaph von etwa 1563 in der Marienkapelle,[26] mit allerdings noch »unkanonischer« Bündelung von breitem Pilaster und Säulchen, sowie das Epitaph des im Kindesalter hingerafften Michael von Gebsattel (gest. 1565), ebenda,[27] eine von ionischen Pilastern mit geradem Gebälk streng gerahmte, seichte Muschelnische, in der die Ganzfigur des Kindes erscheint. Beide Bildhauerarbeiten sind von auffallend guter Qualität, wie auch das Grabmal der Johanna von Gebsattel (gest. 1565),[28] wiederum in der Marienkapelle,

*Abb. 196: Grabmal des Marschalls Georg von Lichtenstein (gest. 1564)
im Domkreuzgang, Veit Baumhauer.*

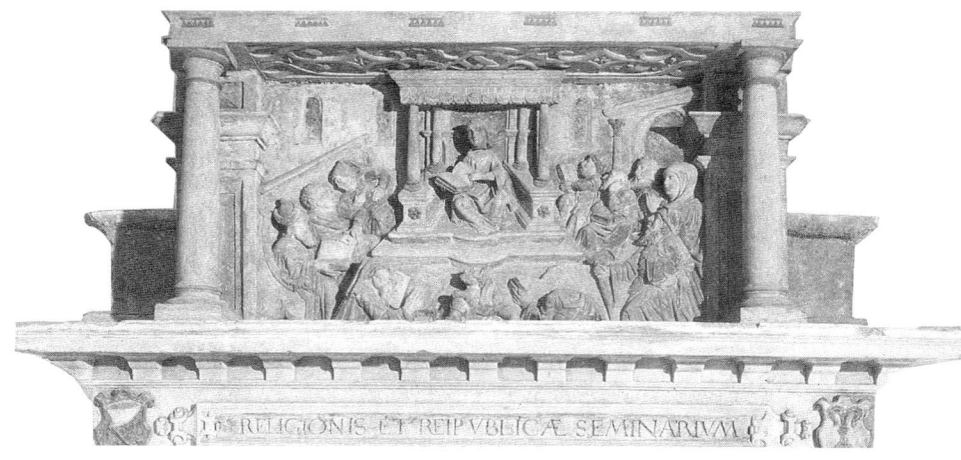

*Abb. 197: Schulszene, Relief vom Portal zur ehemaligen Domschule
im Domkreuzgang, Veit Baumhauer, 1565.*

Abb. 198: Erker am Grafeneckartbau des Rathauses, 1544.

Abb. 199: Gansessen der Bürger in der St. Martinsnacht.
(StadtAW, Rb 412: Fries-Chronik, Domkapitel-Exemplar, 1546, fol. 29v)

die als junges Mädchen verstorben ist: Ihre Ganzfigur erscheint in einer lisenengerahmten Nische, die mit einer jener illusionistischen Architekturperspektiven ausgestaltet ist, welche sich zu dieser Zeit, wohl unter dem Einfluss druckgraphischer Vorbilder, in den süddeutschen Intarsienarbeiten einbürgerten.[29] – Wohl am anspruchsvollsten unter den Grabdenkmälern des letzten Jahrzehnts vor dem Pontifikat Julius Echters ist das hoch ragende Monument für Marschall Georg von Lichtenstein und Hohenstein (gest. 1565) und dessen Ehefrau im Domkreuzgang (s. Abb. 196), eine von dem aus Schwäbisch Hall stammenden Bildhauer Veit Baumhauer signierte und 1569 datierte Arbeit. Das dorische Gebälk über dem Epitaphrelief zeugt von dem Bemühen um den »korrekten« Gebrauch antiker Architekturformen, obgleich der Aufbau des Ganzen als eher fantastisch einzustufen ist. – Mit dem Lichtenstein-Grabmal als verwandt erscheint das dem Veit Baumhauer zugeschriebene Domschulportal im Domkreuzgang, das im Jahr 1565 von dem Scholaster Johannes Egolf von Knöringen gestiftet wurde.[30] Es stellt das wichtigste Zeugnis Würzburger Renaissancearchitektur vor dem Regierungsantritt Julius Echters (1573) dar und ist nahezu das einzig erhaltene – ausgenommen den in das Jahr 1544 datierten Erker am Grafeneckart (s. Abb. 198),[31] dessen kassettierte Brüstungszone samt dem antikischen Figurenschmuck sich um »Modernität« bemüht, während der elegante Vorhangbogen das Fortleben der spätgotischen Formenwelt dokumentiert. Das von humanistischem Geist gesättigte Domschulportal erweist sich indessen als das Resultat angestrengter Bemühung um die Aneignung und die regelgerechte Verwendung antikischer Architekturformen. Unterstützt und angespornt wurde dieses Bestreben vor allem durch die Rezeption der Architekturtraktate des Vitruv sowie insbesondere des Sebastiano Serlio.[32]

Die Anfänge der Würzburger Renaissance-Malerei verbinden sich mit dem Namen Martin Segers, der aus der spätgotischen Tradition – wie sie noch die ins Jahr 1514 datierten Tafeln eines Flügelaltars aus Neumünster[33] vertreten – herauswuchs und vor allem als liebevoller und genau beobachtender Schilderer seiner Lebenswelt ein Repräsentant der beginnenden Neuzeit wurde (s. Abb. 199).[34] Der gegen 1510/15 in Würzburg gebore-ne Künstler empfing prägende Eindrücke von der Nürnberger Malerei. Sein Hauptwerk ist die Illustration der Würzburger Bischofschronik des Magisters Lorenz Fries aus dem Jahr 1546.[35] Die frischen, wenn auch nicht einer gewissen Naivität entbehrenden kolo-rierten Federzeichnungen verstehen es, mit didaktischem Geschick die im Chroniktext geschilderten Ereignisse in einprägsame Bilder zu fassen, wobei diese zugleich zu wert-vollen Dokumenten der Lebenswelt des Malers werden. Hierin sowie in der klaren Zu-ordnung von Bild und Text, die dem Maler vom Verfasser der Chronik, von Lorenz Fries, vorgegeben war, erweist sich der Einfluss humanistischer illustrierter Druckwer-ke.[36] Segers Tätigkeit erstreckte sich bis in die Regierungszeit Fürstbischof Julius Echters von Mespelbrunn; er starb gegen 1580.

Die Echter-Zeit

Obwohl manche eindrucksvolle Leistung von ihr zeugt, scheint die Renaissance-Kunst im Verlauf der sechs Jahrzehnte zwischen 1513 und 1573 nur allmählich in Würzburg heimisch geworden zu sein. Kunstwerke im neuen, antikischen Stil haben anscheinend zunächst allein der Landesherr, einzelne Mitglieder des Domkapitels und der fränki-schen Ritterschaft sowie einige wenige Angehörige des städtischen Patriziats in Auftrag gegeben. Die übliche, alltägliche, auf niedrigerem, rein handwerklichem Niveau ange-siedelte Kunsttätigkeit, deren Hervorbringungen sich nur schlecht – wenn überhaupt – überliefert haben, könnte durchaus, vielleicht mit »modernen« Beimischungen orna-mentaler Art versehen, weiterhin in den gewohnten Bahnen spätgotischer Formgebung verlaufen sein. Für diese Annahme spricht die erstaunliche Lebensdauer hoch stehender gotischer Steinmetzkunst, wovon nicht nur die Fenster des erwähnten Erkers am Rat-haus (s. Abb. 198) Zeugnis ablegen, sondern auch, in besonders eindrücklicher Weise, die unter Julius Echter entstandenen Bauten.

Erst seit der Stuhlbesteigung dieses bedeutenden Kirchenfürsten im Jahr 1573 wurde Würzburg zu einer Renaissance-Stadt. Die weit gespannten kirchenreformerischen und kulturellen Ambitionen des Landesherrn waren, getragen und gefördert durch die früh-absolutistische Struktur seines Regiments, die entscheidende Triebkraft für die nunmehr rasche Ausbreitung der Renaissance-Kunst nicht allein in der Residenzhauptstadt, son-dern auch im gesamten Hochstift.[37] Vor seinem Amtsantritt in noch jugendlichem Alter war der junge Student der Rechte weit in der Welt herumgekommen, hatte in den Niederlanden, in Frankreich und in Italien gelebt. Für seine künstlerische Geschmacks-bildung mögen die in brabantischen bzw. flandrischen Universitätsstädten verlebten Jahre besonders prägend gewesen sein, denn als der Fürstbischof sein ehrgeiziges, um-fassendes Bauprogramm mit der Errichtung des Juliusspitals und des Universitätsgebäu-des in seiner Residenzstadt in Angriff nahm, berief er dazu niederländische Baumeister und Bildhauer, welche den Renaissance-Formenschatz ihrer Heimat nach Franken im-portierten. Obwohl Julius Echter offensichtlich den heimischen Werkleuten kein allzu

IVLIVS·DEI·GRATIA·EPISCO
PVS·VVIRCEBVRGEN·AC
FRANTIA·ORIENTALIS
DVX·I·5·86·

*Abb. 200: Fürstbischof Julius Echter
von Mespelbrunn (1573–1617),
Ölgemälde, 1586.
(Martin von Wagner-Museum der
Universität Würzburg, Inv.-Nr. F 597)*

großes Vertrauen entgegenbrachte, so sah er sich doch zunehmend auf diese angewiesen, um die anspruchsvollen Aufgaben, die er sich vorgenommen hatte, verwirklichen zu können. Vielleicht hatte auch der weit gereiste Bauherr im Lauf der Jahre immer mehr die spezifischen Fähigkeiten eingeborener Bauleute in der Wölbtechnik sowie der Herstellung feiner Maßwerke, wie sie damals in Franken noch üblich waren, schätzen gelernt. Aus dem Zusammenwirken lokaler, in den Traditionen des spätgotischen Steinhauer- und Steinmetzenhandwerks wurzelnder Kräfte einerseits und der in den Renaissance-Formen geschulten, diese jedoch in eigentümlich ornamentaler Art und Weise abwandelnden niederländischen Bauleute und Bildhauer andererseits erwuchs das, was man den »Julius-Stil« nennt,[38] nämlich eine für die so genannte Echter-Zeit typische hochstiftisch-würzburgische Variante des in Deutschland im 16. und frühen 17. Jahrhundert verbreiteten architektonischen Mischstils, der sich durch eine Vermengung gotischer Elemente mit Renaissance-Formen auszeichnet.[39]

Mit der Errichtung dreier Großbauten setzte Julius Echter neue Maßstäbe in seiner Residenzhauptstadt: dem Juliusspital, dem Universitätsgebäude (Alte Universität) samt zugehöriger Kirche (Neubaukirche) und schließlich dem weitgehend erneuerten Schloss

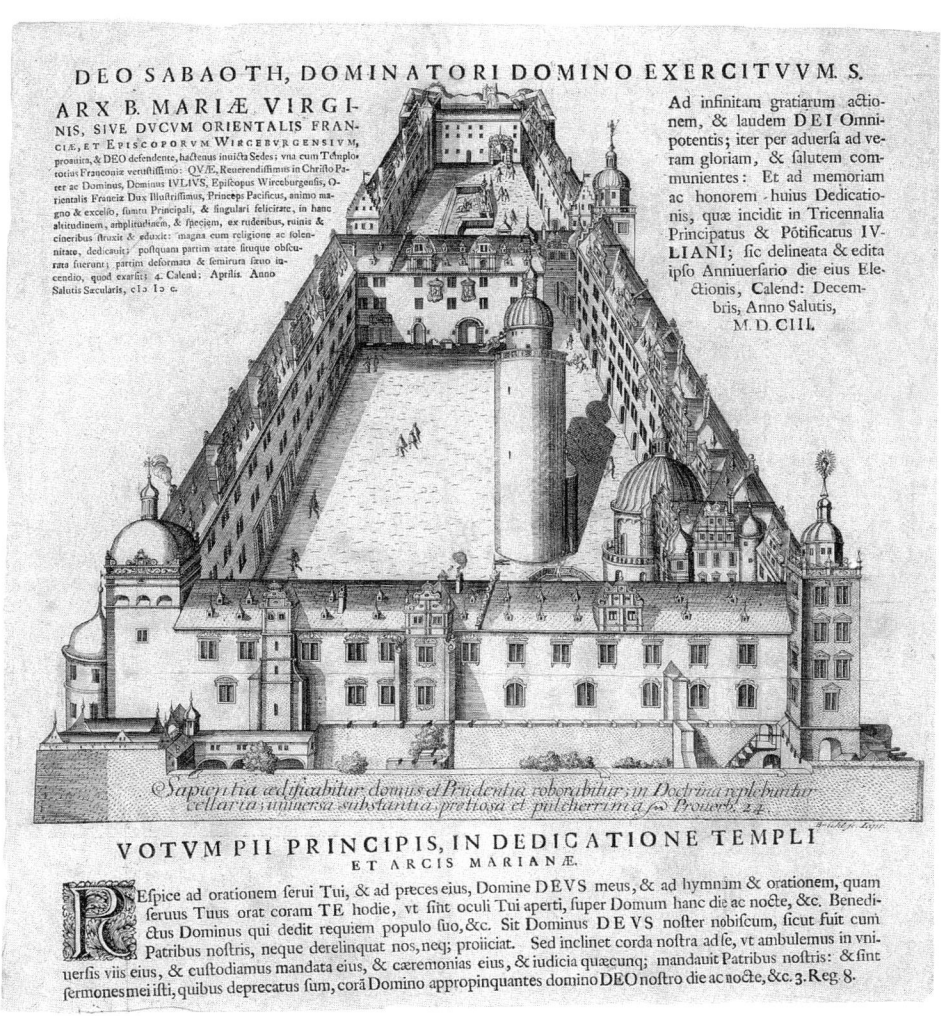

DEO SABAOTH, DOMINATORI DOMINO EXERCITVVM. S.

ARX B. MARIÆ. VIRGI-
NIS, SIVE DVCVM ORIENTALIS FRAN-
CIÆ, ET EPISCOPORVM WIRCEBVRGENSIVM,
pronuba, & DEO defendente, hactenus inuicta Sedes; vna cum Templo
totius Franconiæ vetuſtiſſimo: QVÆ, Reuerendiſſimis in Chriſto Pater ac Dominus, Dominus IVLIVS, Epiſcopus Wirceburgenſis, O-
rientalis Franciæ Dux Illuſtriſſimus, Princeps Pacificus, animo magno & excelſo, ſumra Principali, & ſingulari felicitate, in hanc
altitudinem, amplitudinem, & ſpeciem, ex ruderibus, ruinis &
cineribus ſtruxit & eduxit: magna cum religione ac ſolen-
nitate, dedicauit; poſtquam partim ætate ſituque obſcu-
rata fuerant; partim deformata & ſemiruta ſæuo in-
cendio, quod exarſit 4. Calend: Aprilis. Anno
Salutis Sæcularis, cIↃ IↃ c.

Ad infinitam gratiarum actio-
nem, & laudem DEI Omni-
potentis; iter per aduerſa ad ve-
ram gloriam, & ſalutem com-
munientes: Et ad memoriam
ac honorem huius Dedicatio-
nis, quæ incidit in Tricennalia
Principatus & Pótificatus IV-
LIANI; ſic delineata & edita
ipſo Anniuerſario die eius Electionis, Calend: Decem-
bris, Anno Salutis,
M. D. CIII.

Sapientia ædificabitur domus et Prudentia roborabitur; in Doctrina replebuntur
cellaria; uniuerſa ſubstantia; pretioſa et pulcherrima. ↄↄ Prouerb. 24.

VOTVM PII PRINCIPIS, IN DEDICATIONE TEMPLI
ET ARCIS MARIANÆ.

Reſpice ad orationem ſerui Tui, & ad preces eius, Domine DEVS meus, & ad hymnum & orationem, quam
ſeruus Tuus orat coram TE hodie, vt ſint oculi Tui aperti, ſuper Domum hanc die ac nocte, &c. Bene dictus Dominus qui dedit requiem populo ſuo, &c. Sit Dominus DEVS noſter nobiſcum, ſicut fuit cum
Patribus noſtris, neque derelinquat nos, neq; proiiciat. Sed inclinet corda noſtra ad ſe, vt ambulemus in vni-
uerſis viis eius, & cuſtodiamus mandata eius, & cæremonias eius, & iudicia quæcunq; mandauit Patribus noſtris: & ſint
ſermones mei iſti, quibus deprecatus ſum, corã Domino appropinquantes domino DEO noſtro die ac nocte, &c. 3. Reg. 8.

Abb. 201: Schloss Marienberg, Vogelschauansicht von Osten,
Kupferstich von Johannes Leypolt nach Visierung oder Modell von Jacob Wolff d. Ä., 1603,
aus: Christophorus Marianus, Encaenia et tricennalia Juliana …, Würzburg 1604.
(Mainfränkisches Museum Würzburg, Stadtgeschichtliche Dauerausstellung, Inv.-Nr. S. 20470)

auf dem Marienberg. Alle drei Bauwerke dokumentieren nicht nur den hohen Anspruch und den Rang des Bauherrn, sondern beleuchten geradezu programmatisch die Schwerpunkte seiner Amtszeit. An erster Stelle stand die Wiederherstellung der 1572 durch Feuer teilzerstörten landesherrlichen Residenz, des Schlosses auf dem Marienberg, welches das Zentrum der fürstbischöflichen Gewalt im Hochstift war. Nach den Reparaturen am stadtseitigen Fürstenbau beriet der 1575 von Mainz nach Würzburg gerufene niederländische Architekt Georg Robin (eigentlich: Joris Robijn)[40] den Fürsten beim

Wiederaufbau des Westflügels, des alten Zeughauses, der inneren Burg.[41] Wie ein Stich von Johannes Leypolt von 1603[42] belegt (s. Abb. 201), tauchen an dem erneuerten Trakt erstmals jene zierlichen, wohl mit Beschlagwerksornamentik versehenen Zwerchhausgiebel auf, wie sie in der niederländischen Renaissance gebräuchlich und wie sie von Hans Vredeman de Vries, einem der führenden niederländischen Architekturprospektemaler dieser Zeit,[43] propagiert worden waren.[44] In ähnlicher Weise wurden große Teile des Südflügels, wo die – später berühmte – Bibliothek Julius Echters unterkam, in den Jahren 1578/79 neu gestaltet.[45] Als nach einem weiteren Brand 1601–1607 auch der Nordtrakt der Vierflügelanlage samt Kirche gemäß dem Entwurf des Nürnberger Architekten Jakob Wolff d. Ä. wiederhergestellt worden war, stellte sich die Burg als eine mit drei schmückenden Ecktürmen versehene Renaissance-Schlossanlage dar, deren 4 Flügel insgesamt 17 Zwerchhausgiebel zierten. Besonders aufwändig gestaltet waren das neue säulen- und skulpturengeschmückte achtseitige Brunnenhaus sowie der mit breiten gotischen Fenstern und prachtvollen Renaissance-Giebeln ausgestattete Chorneubau der Marienkirche. Auch die mittelalterliche Vorburg war neu gestaltet, das basteiartige Äußere mit einem tuszisch-rustikalen, martialischen Hauptportal im Stil des Vredeman de Vries versehen worden, über dem die Statue des Reichspatrons und Schutzengels der Gegenreformation, des Erzengels Michael, Schild und Schirm des Himmels beschwört (s. Abb. 202). In einer für den »Julius-Stil« charakteristischen Weise vermischen sich die Renaissance-Elemente (zum Beispiel Portale und Giebel) mit spätgotischen Steinmetzformen (Fenstergewände, Gewölbe). Der architektonische Aufwand war, was den Umfang der Hausteinarbeiten anbelangt, bescheiden: Den Ton geben die einfach verputzten Wände ab, von denen sich die in Haustein ausgeführten Gliederungen, wie Fenstergewände, Portale und Giebel, wirksam abheben. Für das Geschichtsbewusstsein und die haushälterische Gesinnung des Bauherrn gleichermaßen bezeichnend ist, dass alle erhaltensfähige und -würdige mittelalterliche Substanz, wie die Toranlage des Rudolf von Scherenberg und die ottonische Marienkirche, die damals schon als ein würzburgisches »National«-Denkmal gegolten haben dürfte, in den Um- und Neubau des Schlosses einbezogen wurde. Die einst prächtige Innenausstattung des Residenzschlosses ist ebenso wie die dort ehedem beheimatete echtersche Kunst- und Wunderkammer[46] bis auf klägliche Reste untergegangen. Auch das Äußere erlitt schwere Einbußen: Sämtliche Zwerchhausgiebel, die Erker und Schaugiebel des einstigen Saales über dem Kirchenchor sowie die Kuppelhauben dreier der vier Haupttürme sind im 19. Jahrhundert verschwunden, sodass die weitläufige Vierflügelanlage des Bergschlosses heute von ferne an einen Kasernenbau erinnert.

Der zweite bedeutende, ebenfalls schon zu Beginn der Amtszeit Julius Echters begonnene Monumentalbau, das 1576–1588 nach einem Entwurf des bereits erwähnten Niederländers Georg Robin errichtete Juliusspital,[47] ist indessen gänzlich verschwunden bzw. durch Neubauten des 17. und 18. Jahrhunderts ersetzt worden. Zeitgenössische Ansichten überliefern in großen Zügen das ursprüngliche Erscheinungsbild des weitläufigen, vierflügeligen Baukomplexes,[48] der vor der Errichtung der neuen fürstbischöflichen Residenz im 18. Jahrhundert der größte und repräsentativste in der rechtsmainischen Stadt war, weshalb er seit Echters Tagen bis etwa zum Jahr 1720 auch Zwecken

Abb. 202: Festung Marienberg, Echter-Bastei, Außenportal, 1605/06.

der Hofhaltung diente. – Wie der heutige Bau stellte sich auch der ursprüngliche als eine quer gelagerte, lang gestreckte Vierflügelanlage mit einem geräumigen, perspektivenreichen Innenhof dar. Während die von einem Torturm beherrschte stadtseitige Fassade des Südflügels mit ihren recht unregelmäßig angeordneten Fenstern – unter denen die spitzbogigen der Kapelle ins Auge fallen – einen ziemlich spartanischen Anblick bot, zeichnete sich die dem Hof zugewandte Südfassade des Nordflügels mit dem pagodenartigen Fürstenbau in der Mitte und den zweigeschossigen Loggien durch einen heiteren, nahezu festlichen Charakter aus. Von untergeordneter Bedeutung waren indessen die vom Stadtflügel abgerückten Trakte der Schmalseiten des Gevierts, wobei allerdings deren gegen die Stadt gerichtete Giebel wirksame Akzente setzten. Der insgesamt gewiss nicht geringe bauplastische Aufwand konzentrierte sich auf die Gestaltung des Torturms mit seinem rustizierten Portal und dem Stiftungsrelief sowie auf den Säulenschmuck des Turmschaftes, ferner auf den reichen Schaugiebel des Fürstenbaus und nicht zuletzt auf die Figurenbrunnen im Innenhof. – Die relativ strenge Regelmäßigkeit der Vierflügelanlage und die Auflösung der Hoffront des Nordtraktes durch Loggienöffnungen hat man aus dem italienischen Hospitalbau hergeleitet; als Vorbilder wurden auch die Spitäler in Beaune/Burgund und in Salzburg genannt.[49] Für das Baukonzept entscheidende Gedanken dürfte neben Georg Robin der Bauherr selbst, Julius Echter, beigesteuert haben. Der in die Tiefe fluchtende Innenhof des Spitals erscheint als ein charakteristisches Zeugnis der europäischen Spätrenaissancearchitektur: Sicherlich nicht von ungefähr erinnert er, zumindest entfernt, an die Uffizien des Giorgio Vasari in Florenz und an Architekturperspektiven des Hans Vredeman de Vries.[50]

Wie die Errichtung des Juliusspitals, einer Institution landesherrlicher Sozialfürsorge, die dem leiblichen Wohl bedürftiger, *bresthafter* und – was ein Novum darstellte – kranker Menschen[51] diente, war auch die Erbauung des dritten großen Baukomplexes in der Residenzstadt, des Gesamt- bzw. Kollegiengebäudes der von Julius Echter im Jahr 1582 wieder begründeten Universität, der so genannten Alten Universität samt ihrer Kirche, Bestandteil eines umfassenden Reformprogramms des Kirchenfürsten.[52] Im Sinne des Tridentinums und der sich formierenden Gegenreformation wurde die »Academia Juliana« zu einem Hort geistiger und geistlicher Aufrüstung der Landeskinder bestimmt.

Abb. 203: Alte Universität, Vogelschauansicht von Norden, Kupferstich von Johannes Leypolt nach einem Gemälde von Georg Rudolph Hennenberg, 1603, aus: Christoph Marianus, Christlicher Fränckischer Ehrenpreiß …, Würzburg 1604.
(Mainfränkisches Museum Würzburg, Stadtgeschichtliche Dauerausstellung, Inv.-Nr. S. 20542)

Abb. 204: Durchfahrt in den Hof der Alten Universität, 1582/91.

Universitätsgesamtgebäude wie dieses, das zentrale Einrichtungen der Lehrstätte ebenso wie Hörsäle, Bibliothek, Fakultätsräume und ferner ein Internat für adelige Zöglinge umfasste, waren Neuschöpfungen des fortgeschrittenen 16. Jahrhunderts.[53] Unter den vergleichbaren Gebäuden derselben Epoche, etwa in Altdorf bei Nürnberg, in Helmstedt und sogar in Rom (La Sapienza) ist die Würzburger Alte Universität das größte, das noch dazu in relativ kurzer Zeit, innerhalb von neun Jahren (1582–1591), errichtet worden ist. Der entwerfende Architekt war sicherlich – einmal mehr – der Niederländer Georg Robin, und wiederum dürfte der Bauherr, wie sich aus einer Quelle schließen lässt,[54] ein gewichtiges Wort dabei mitgesprochen haben. Der Typus des vierflügeligen Universitätsgesamtgebäudes, der in Würzburg wohl aus topografischen und praktischen Gründen zu Gunsten eines verlängerten Westflügels geringfügig abgewandelt wurde, wurzelt im so genannten Kollegtypus, wie er in Italien im ausgehenden Mittelalter entstanden war.[55] Italienischer Herkunft, wenn auch in nordalpinem Idiom abgewandelt, sind auch die drei Portale der Hauptfront mit ihrem klassischen Säulenschmuck (»dorisch«, »ionisch«, »korinthisch«) sowie die »dorische« Rustikaarkade im Erdgeschoss des Innenhofs, die einst geöffnet war. Die niederländische Handschrift des entwerfenden Architekten verrät sich hingegen in der Beschlagwerksornamentik und im Schneckenwerk der Schaugiebel, für die sich mögliche Vorbilder auch im Architekturtraktat des Hans Vredeman de Vries finden lassen.[56] Zeugnisse heimischer Baukultur sind indessen die Fenstergewände, deren feine Profile an gotisches Maßwerk erinnern, und insbesondere das virtuose Schlingrippengewölbe der Tordurchfahrt (s. Abb. 204), das eindrucksvoll vor Augen führt, auf welch hohem Niveau die spätgotische Steinmetzenkunst weiterlebte. Auch wenn die Alte Universität am 16. März 1945 zu großen Teilen zerstört und in der Folgezeit weitgehend rekonstruiert wurde – zuletzt das verlorene Rippengewölbe im Erdgeschoss des Westflügels –, so erlaubt das monumentale Gebäude doch noch den aufschlussreichsten Einblick in die Eigenart des so genannten Juliusstils, der in seiner spezifischen Mischung italienischer, niederländischer und heimisch-fränkischer Elemente durchaus eine eigene Richtung in der deutschen Baukunst der Renaissance vertritt.[57]

Die nach Art der Jesuitenkirchen in einen Winkel der Vierflügelanlage integrierte Universitätskirche – auch Neubaukirche genannt –, die 1583 begonnen und 1591 geweiht wurde,[58] ist nächst der Münchner Michaelskirche der bedeutendste deutsche Sakralbau der Renaissance. Als Bauaufgabe stellte sie wie das gesamte Universitätsgebäude ein Novum dar: Der Architekt – wahrscheinlich Georg Robin – war gefordert, einen Kirchenbau zu entwerfen, der mindestens vier verschiedene Aufgaben zu erfüllen hatte: Zum einen war zum Zwecke des Gottesdienstes genügend Platz für den Lehrkörper sowie für die Studenten vorzusehen, wobei mit Sicherheit auf die üblichen Unterteilungen des Raums gemäß der Fakultätszugehörigkeit, dem Rang sowie dem sozialen Status der Kirchenbesucher geachtet werden musste. Zum anderen sollte der Innenraum als Predigtkirche, wie sie im Zuge der Katholischen Reform bei den Jesuiten üblich geworden war,[59] geeignet sein. Zum dritten wurde aus liturgischen und ikonographisch-programmatischen Gründen eine Trias von Altären (Haupt-, Marien- und Kiliansaltar) gefordert. Zum vierten schließlich war dem östlichen Teil des Hauptschiffes, etwa von der mittleren Querachse an bis zum Altarhaus, die Aufgabe eines Mausoleums zugedacht: Hier sollte sich ein Grabmonument erheben, das zur Aufnahme des Stifterherzens bestimmt wurde,[60] um damit die besondere Verbundenheit Julius Echters mit seiner Universität, deren erster Rektor er war, zum Ausdruck zu bringen. Die Vermutung ist nahe liegend, dass dieser sich selbst an der Konzeption einer so ungewöhnlichen Schöpfung, wie sie das Bauwerk darstellt, mit der für ihn so charakteristischen Energie beteiligte. Die vielfältigen Aufgaben, die der Universitätskirche zugedacht waren, haben mit Sicherheit zu einem großen Teil die Formenwahl beeinflusst: Der vom Bauherrn und seinem Architekten gewählte Bautypus einer Emporenhallenkirche, der in der gotischen Tradition wurzelt und in sächsischen protestantischen Schlosskapellen des 16. Jahrhunderts fortlebte,[61] gewährleistete das notwendige Raumvolumen, die nötigen Raumunterteilungen und erwies sich auch als Predigtraum geeignet, indem man die Kanzel genau in der Mitte der Kirche aufstellte.[62] Das Altarhaus wurde als Dreiapsidenanlage, in der alle Schiffe mündeten, ausgebildet, womit die gewünschte Altartrias ermöglicht wurde. Ferner war dafür gesorgt, dass das unweit der Kanzel errichtete Grabmonument, das die Herzreliquie barg, annähernd zum Mittelpunkt der akademischen Kommunität wurde.

Abb. 205: Innenraum der Universitäts-kirche, sog. Neubau-Kirche, geweiht 1591.

Nicht allein der Typus der Emporenhallenkirche, sondern auch die steile Proportionie-rung des Hauptschiffes sind gotischer Herkunft sowie manche Details, wie die Maß-werkfenster der Nordwand und das ursprüngliche Schleifsternrippengewölbe, das den Hauptraum bis etwa 1627 überspannte.[63] Geben diese Formelemente wiederum den Zu-sammenhang echterscher Baukunst mit der heimischen Tradition zu erkennen, so ist die Gestaltung der Hauptschiffwände mittels dreistöckiger Pfeilerarkaden samt vorge-blendeten Säulenordnungen gemäß dem antiken, seit der Renaissance wieder gebräuch-lichen Tabulariums- bzw. Theatermotiv weder aus dem Herkommen noch aus der Bau-aufgabe ableitbar: Abgesehen von dem künstlerischen Streben nach »moderner« Gestaltung *all'antica*, dürften für die Formenwahl ikonographische bzw. inhaltliche Gründe den Ausschlag gegeben haben. Mit einiger Wahrscheinlichkeit sollten die an das römische Kolosseum (*amphitheatrum flavium*) erinnernden dreigeschossigen Pfei-lerarkaden mit den vorgeblendeten klassischen Säulenordnungen die Vorstellung eines *theatrum sacrum* provozieren: In dem anlässlich der Kirchenweihe 1591 erschienenen Preisgedicht »Encaenistica Poematia« des Ch. Marianus werden nicht von ungefähr die Emporen mit denen antiker Theater verglichen,[64] und in den »Encaenia et Tricennalia Juliana« desselben Autors aus dem Jahr 1604 wird sogar Folgendes von den Emporen gesagt: *Sie laufen fast um die ganze Kirche herum, sind sehr schön und eignen sich vorzüglich zum Zuschauen* [Hervorhebung von S. K.], *Zuhören* [Predigt!] *und Beten.*[65] Auch für die Ausbildung des Altarhauses in Gestalt einer Dreiapsidenanlage dürfte es, wie dargelegt wurde, ikonographische Motive gegeben haben; als künstlerische Vorbilder hat man venezianische Renaissancekirchen genannt, die Robin während seines von Giorgio Vasari bezeugten Italienaufenthaltes (vor 1567) kennen gelernt haben könnte.[66]

Nur zu Teilen konnte die echtersche Universitätskirche ihre ursprüngliche Gestalt über die Zeiten retten: Die hoch ragenden, antikischen »Schauwände« des Hauptschiffes samt ihrem sorgfältigen bauplastischen Schmuck aus rotem Sandstein haben sich ebenso wie die Nordwand mit den spitzbogigen Maßwerkfenstern, die Hauptapsis und die triumphbogenartige Westwand ungeachtet einiger Verluste an originaler Substanz infolge der Zerstörung im Jahr 1945 weitgehend erhalten.[67] Im Barock wurden die Nebenapsiden vermauert, das Gewölbe des Hauptschiffes, die Südwand und schließlich großenteils der Turm einschließlich der Westfassade erneuert (s. unten);[68] die Mittelschiffwölbung erlebte eine weitere Wiederherstellung nach 1945. Die einst reiche und bedeutende Innenausstattung der Echterzeit ging samt den üppigen Ausmalungen und den Glasmalereien der Fenster im Lauf der Jahrhunderte gänzlich verloren; dasselbe gilt für die figürliche und ornamentale Bemalung des Kirchenäußeren sowie sämtlicher Fassaden des Universitätsgebäudes.[69] – Dass die Würzburger Universitätskirche keine unmittelbare künstlerische Nachfolge erfuhr, kann nicht verwundern, denn ungewöhnlich und auf lokale Verhältnisse zugeschnitten waren die Aufgaben, die das Bauwerk zu erfüllen hatte. Dessen ungeachtet ist die künstlerische Leistung, die hier vollbracht wurde, so originell und überzeugend, dass der Kirchenbau unter die bedeutendsten Werke der nordalpinen Renaissancekunst gezählt werden darf.

Mehr oder minder im Gefolge der ausgreifenden Bautätigkeit Julius Echters begann sich auch das Würzburger Stadtbild allgemein im Sinne der Renaissance zu verwandeln: In dem engmaschigen mittelalterlichen Häusergefüge siedelten sich neue, großzügige, mehrflügelige Hofanlagen an, wie die Curia Conti (heutiges Bischöfliches Palais; 1588–1609; s. Abb. 206) und der (zerstörte) Sandhof (1594–1597), oder es entstanden prächtige Schaugiebel und Prunkerker, wie am ehemaligen Vorderen Gressenhof (heutige Castell-Bank; 1591) und am Haus zum Schönen Eck (um 1600).[70] Wenn auch viele Zeugnisse adeliger und bürgerlicher Baukultur der Echter-Zeit aus dem Stadtbild verschwunden sind, so ist die Architektur dieser Epoche in Würzburg insgesamt wesentlich besser vertreten als die bildende Kunst. Die Ungunst der Zeiten hat nicht nur die Werke Würzburger Malerei und Plastik der Spätrenaissance auf ein Minimum reduziert, sondern auch den Untergang gerade des Wertvollsten herbeigeführt: Zu nennen ist die künstlerische Ausstattung des Schlosses auf dem Marienberg, des Juliusspitals und vor allem, wie erwähnt, der Universitätskirche: Der einstmals dort in der Hauptapsis hoch aufragende Altar mit seinen vielen Alabasterreliefs, die mit Alabasterskulpturen geschmückte Kanzel und schließlich das ebenfalls großteils aus Windsheimer Alabaster gefertigte Herz-Monument, eine Freigrabanlage mit verschwenderischem Skulpturenschmuck – alles Arbeiten des Niederländers Johann (Jan) Robin, Bruder des Architekten Georg Robin,[71] die in den Jahren 1583–1589 geschaffen wurden –, waren mit Sicherheit

Abb. 206: Ehemaliger Domherrenhof Conti, heute Bischöfliches Palais, am Kardinal-Döpfner-Platz, 1588–1609.

die tonangebenden Werke der echterzeitlichen Bildhauerkunst in Würzburg und Mainfranken; sie sind ausnahmslos untergegangen.[72] Bedeutende Würzburger Malwerke dieser Zeit dürften sich gleichfalls in der Universitätskirche befunden haben: Abgesehen von der farbintensiven und goldfunkelnden Fassung der Wände und Gewölbe nennen die Quellen die figürlichen Deckenmalereien, die Tafeln der Seitenaltäre und die Glasmalereien der Fenster.[73]

Namentlich werden in den Quellen die Maler Jost Amman aus Nürnberg (Visierungen für Glasmalereien und Architekturdetails), Bartholomäus Klosser (Kilianstafeln) und Alexander Müller aus Würzburg (Fassmalerei) erwähnt.[74]

Unter den relativ wenigen plastischen Arbeiten, die sich in Würzburg aus der Echter-Zeit erhalten haben, dürfte das von Peter Osten, einem Neffen Georg und Johann Robins,[75] geschaffene Grabmal des jungen Rechtsgelehrten Sebastian Echter von Mespelbrunn die Bedeutendste sein (s. Abb. 207). Auftraggeber war der ältere Bruder des Verstorbenen, der Fürstbischof, der es beim Domkapitel durchgesetzt hatte, dass ausnahmsweise ein Laie in der Kathedrale beigesetzt und dass dort sein Grabmal errichtet werden durfte. Das 1578 vollendete Monument[76] wird nicht nur deswegen, sondern auch wegen seiner Form Aufsehen erregt haben. Der Typus – teils Stand-, teils Hänge- bzw. Konsolepitaph –,

Abb. 207: Grabmal des Sebastian Echter im Dom, Peter Osten, 1578.

die Ikonographie und das ornamentale Detail sind bis dato in Mainfranken ungewöhnlich gewesen und verweisen auf Grabmäler des Niederländers Cornelis Floris, die als Vorbilder gelten dürfen.[77] Die halb sitzende, halb liegende Figur des Verstorbenen sowie die Tugendpersonifikationen – hier der geistlichen Tugenden Fides (Glaube), Caritas (Liebe) und Spes (Hoffnung) – sind in der Ikonographie des italienischen Renaissance-grabmals überaus gebräuchliche Elemente.[78] Letztere bürgerten sich dank der Vermittlung niederländischer Künstler, wie der Bildhauer aus der Familie Osten-Robin, in Mainfranken ein.[79] Die Liegefigur des halbnackten Leichnams am Sockel, ein so genannter Transi, wurzelt indessen in der Ikonographie der höfischen französischen und englischen Sepulkralkunst.[80] Neuartig und zukunftsweisend für die Würzburger und insgesamt für die mainfränkische Bildhauerei war schließlich auch die Verwendung des Werkstoffs Alabaster – als Marmorersatz – und dessen Kombination mit Sandsteinpartien.[81] Gänzlich aus dem letztgenannten Material wurde indessen das hoch aufragende, aufwändige Epitaph des Heinrich Zobel von Giebelstadt und seiner Gattin Amalie in der Würzburger Franziskanerkirche (gegen 1589) gefertigt.[82] Die Architektur des Grabmals und seine Ornamentik, insbesondere die Karyatiden (als Stützen dienende weibliche Statuen) des Sockels, weisen nachdrücklich auf die Kunst des Cornelis Floris, sodass kein Zweifel daran bestehen kann, dass ein Niederländer das Monument konzipierte. Sicherlich ist es nach einem Entwurf Johann Robins, wahrscheinlich aber von Mitgliedern seiner Werkstatt ausgeführt worden. Hierfür spricht vor allem die fabrikmäßige Erscheinung der soldatisch aufgereihten Mitglieder der Zobel-Familie. Die Anlage des Ganzen, insbesondere die nahezu klassische Durchbildung der architektonischen Glie-

Abb. 208: Epitaph des Heinrich Zobel von Giebelstadt in der Franziskanerkirche, wohl Johann Robin, um 1589.

derung und nicht zuletzt der reiche, aber nicht überbordende ornamentale Schmuck
reihen indessen das Grabmal unter die herausragenden der deutschen Renaissance ein.
Freilich steht es in der künstlerischen Qualität dem ebenfalls von Robin und seiner
Werkstatt geschaffenen Grabmal der Familie von der Gabelentz im Mainzer Dom (ca.
1590) sichtlich nach.[83]

Wie intensiv und mit welch großem Erfolg sich gelegentlich heimische Bildhauer
mit der Kunst der nach Würzburg berufenen Niederländer auseinander gesetzt haben,
demonstriert aufs Schönste das ebenfalls in der Franziskanerkirche befindliche Grabmal
des Kindes Daniel Echter von Mespelbrunn (gest. 1582), das dem aus Schwäbisch Hall
stammenden, zeitweilig in Würzburg tätigen Bildhauer Erhard Barg zugeschrieben
wird.[84] Die klassisch-römische Erscheinung der als Theatermotiv[85] gestalteten Figuren-
blendnische steht unter dem unmittelbaren Eindruck der Brüder Georg und Johann Robin, mit denen Barg während seiner Tätigkeit am Bau der Alten Universität[86] in Berührung gekommen war. Die Figur des Kleinkindes in ihrem über den Beinen geschlitzten
Hemdchen ist eine der frischesten und spontansten plastischen Arbeiten der Echter-Zeit
in Würzburg: Das bewegte, kontrapostische Stehen des Knaben auf kraftvollen Kinder-
beinen, sein pausbäckiges Puttoantlitz und nicht zuletzt der munter zur Seite fliegende
Hemdzipfel verleihen der Figur eine Lebendigkeit, die in denkwürdigem Kontrast zum
Schicksal des allzu früh Verstorbenen steht. Nie zuvor hatte man in Würzburg eine von
so sattem Leben erfüllte Figurendarstellung gesehen. Doch die adorierenden Hände mit
dem Rosenkranz und das dem Kruzifixus zugewandte Gesichtchen transzendieren das
so handfest geschilderte irdische Leben und verweisen unmissverständlich auf die Ewig-
keit. – Erhard Barg wird auch der bauplastische Schmuck am Erker der Curia Conti (zwischen 1588 und 1609) zugeschrieben, der vor allem in der Ornamentik wiederum deutliche Bezüge zur Kunst des Cornelis Floris und des Johann Robin zu erkennen gibt.[87]
Den prominentesten Bestandteil des Erkerdekors bilden neben den Hermenpilastern
zwei Reihen römischer Cäsarenhäupter in Reliefarbeit, die wohl die Reichstreue des
Bauherrn, des Domherrn Julius Ludwig Echter, und seiner Familie zum Ausdruck bringen sollen. Ähnlich dürfte es sich mit den Imperatorenreliefs verhalten, die auf Geheiß
des Fürstbischofs Julius Echter wohl von dem Graubündner Bildhauer Sebastian Götz
gegen 1600 für den (1814 abgebrochenen) Chorerker der Marienkirche auf dem Schloss
Marienberg geschaffen wurden. Von den ursprünglich zwölf Cäsarenhäuptern haben
sich fünf erhalten,[88] die gegenwärtig im Fürstenbaumuseum auf der Festung ausgestellt
sind. – Unsicher bleibt, ob der Bildhauer Hans von der Mul, der das von ihm signierte
und ins Jahr 1576 datierte feine Porträtrelief Julius Echters im Martin von Wagner-
Museum der Universität Würzburg geschaffen hat, ein Niederländer oder ein Deutscher
war.[89] Während die Ornamentik auf die Kunst des Floris hinweist, deutet der freie Umgang mit dem Architektonischen eher auf einen (vielleicht nieder-)deutschen Bildhauer. Die Personifikation der Fides und der Spes, die Hochstiftspatrone Kilian und
Burkard und nicht zuletzt eine auf dem Fries der Bildnisädikula eingegrabene Devise
(*Si deus pro nobis quis contra nos* – »Wenn Gott mit uns ist, wer vermag dann etwas gegen uns?«) propagieren unmissverständlich fundamentale Überzeugungen des Dargestellten.

Abb. 209: Fürstbischof Julius Echter von Mespelbrunn (1573-1617),
Relief von Hans von der Mul aus Schloss Mespelbrunn, 1576.
(Martin von Wagner-Museum der Universität Würzburg, Inv.-Nr. H 4675)

Die wenigen erhaltenen plastischen Arbeiten, welche von eingesessenen Würzburger Bildhauern in der Echter-Zeit geschaffen wurden, dokumentieren, dass die gotische Tradition wie in der Steinmetzkunst so auch in der heimischen Bildhauerei noch nicht erloschen war, obgleich diese im Gegensatz zu jener längst nicht mehr das Niveau wie zu Lebzeiten Riemenschneiders erreichte. Das von dem Würzburger Meister Hans Rodlein in den Jahren 1576–1578 geschaffene Portalrelief des Juliusspitals ist eines der bezeichnendsten Zeugnisse der lokalen Bildhauerkunst dieser Epoche.[90] Zu Recht genießt das als Stein gewordene »Stiftungsurkunde« bezeichnete Werk unter Kultur- und Medizinhistorikern einige Berühmtheit, weil Rodlein es verstand, in anschaulicher Weise zu erzählen, welchen Charakters die Juliusspitalstiftung ist und welchen karitativen Aufgaben sie sich widmet. Die Anordnung der Figuren in mehreren Registern und ihre Dimensionierung entsprechend ihrer Bedeutung ließen das Relief als mittelalterlich erscheinen, wenn nicht die kostümlichen Bestandteile unverkennbar das fortgeschrittene 16. Jahrhundert zu erkennen gäben. Bemerkenswert ist die Ungelenkigkeit der Figuren, die im Verein mit unübersehbaren kompositionellen Schwächen eindrucksvoll vor Augen führt, wie es um die heimische Bildhauerei stand. Verständlich, dass Julius Echter für Hans Rodlein keine weitere Verwendung hatte. Gotische Elemente zuhauf weist der 1589 bis 1590 entstandene Marienaltar (ehemaliger Pfarraltar) in St. Burkard auf, ein Flügelaltar, dessen Schnitzwerk mit guten Gründen dem Würzburger Meister Jörg Meurer zugeschrieben wird.[91] Figurenstil und -komposition knüpfen entfernt an Formen der Riemenschneider-Zeit an, ohne das alte Niveau zu erreichen. Sogar die Ornamentik beweist die Lebendigkeit der gotischen Tradition.

Abb. 210: Ehemaliges Portalrelief des Juliusspitals, sog. »Steinerne Stiftungsurkunde«,
heute im Mitteldurchgang des Fürstenbaus, Hans Rodlein, 1576–1578.

Abb. 211: Marienaltar, ehemaliger Pfarraltar, in St. Burkard, Georg Meurer und Alexander Müller, 1590.

Zu Beginn des 17. Jahrhunderts, am Ende der Echter-Epoche, bildeten sich fränkische Künstler heran, die auf der Grundlage, welche die niederländischen Bildhauer gelegt hatten, eigenständig weiterarbeiteten. Für die Würzburger Plastik in den ersten Jahrzehnten des neuen Jahrhunderts war der aus Forchtenberg am Kocher gebürtige Michael Kern der führende Künstler.[92] Seit 1606 als Meister und ein Jahr später bereits als Ratsbildhauer in Würzburg tätig, erhielt er in letztgenannter Eigenschaft vom Rat der Stadt den bedeutenden Auftrag, die Domkanzel zu fertigen; 1609 und 1610 arbeitete er an dem Werk.[93] Der Fuß und der Korpus bestehen aus Sandstein, der reiche figürliche Schmuck ist aus Alabaster hergestellt; nur der nach seiner Zerstörung am 16. März 1945 rekonstruierte Schalldeckel, dessen alabasterne Figuren erhalten blieben, besteht aus Holz. Lässt bereits die Materialwahl erkennen, dass sich Kern an die seinerzeit berühmte Kanzel des Johann Robin in der Universitätskirche anlehnte, so dürfte dies in noch größerem Ausmaß für die Gestalt der Kanzel gelten. Besonders die antikisierenden Hochreliefs mit den Szenen aus der Passion Christi mögen von der Kunst des Niederländers geprägt sein. Der an- und abschwellende Umriss der Kanzel, insbesondere ihr Fuß mit den gebärdenreichen, bewegten Sitzfiguren der Evangelisten (s. Abb. 212) verleihen indessen dem Ganzen ein protobarockes Gepräge. Ähnlich steht es mit dem Alabasteraltar in

Abb. 212: Evangelist Markus vom Sockel der Domkanzel, Michael Kern, 1608/09.

der Hauskapelle der Curia Conti, den Michael Kern etwa zur gleichen Zeit (entweder kurz vor 1609 oder 1611) schuf.[94] Das nicht mehr hoch ragende, sondern nunmehr breit lagernde Retabel mit seinem bewegungsreichen, fließenden Umriss hat die spröde Sperrigkeit unterfränkischer Renaissancealtäre überwunden und versteht sich als eine plastische Einheit, in der architektonische und bildhauerische Elemente aufgehen. Letztere mögen im Einzelnen nicht von so hoher Qualität wie der skulpturale Schmuck der Domkanzel sein; aber in seiner Gesamtheit stellt der Alabasteraltar eine der herausragenden Leistungen deutscher Bildhauerkunst am Übergang zum Barock dar.

Nahezu nichts hat sich von den einst nicht unbedeutenden Malereien der Echter-Zeit in Würzburg erhalten. Erinnert sei nur an die ursprünglich reiche malerische Ausstattung der Universitätskirche, die bereits im Laufe des 17. und 18. Jahrhunderts untergegangen ist. Vergegenwärtigt man sich, wie durchgreifend das Innere der Würzburger Kirchen in der Barockzeit, sodann im Zuge und im Gefolge der Säkularisation und schließlich nach den Zerstörungen des Jahres 1945 sein Erscheinungsbild veränderte, mag dieser große Verlust an Werken der sakralen Renaissancemalerei begreiflich erscheinen. Erstaunlich bleibt, dass auch so gut wie keine Staffeleibilder profanen Inhalts, seien es Porträts, Gemälde mit mythologischer Thematik, Historienbilder usw., weder in adeligem noch in bürgerlichem Besitz, die Wechselfälle der Zeiten überdauert haben. An Werken der sakralen Tafelmalerei sind nur die bemalten Außen- bzw. die Werktags-seiten und Teile der Predella des schon genannten Marienaltars in St. Burkard zu erwäh-nen. Im Jahr 1589 war das Retabel dem Würzburger Maler Alexander Müller in Auftrag gegeben worden; das Jahr der Vollendung, 1590, überliefert eine Inschrift.[95] Während Jörg Meurer die Flügelinnenseiten und den Schrein mit geschnitzten Darstellungen aus dem Marienleben versah (s. Abb. 211), bemalte Müller die Werktagsseiten mit Passions-szenen, die wie Meurers Schnitzwerk relativ bescheidene, eher handwerkliche Leistun-gen sind. Immerhin stellen sie das einzige sichere Zeugnis genuin würzburgischer Tafel-malerei der echterschen Epoche dar. – Aller Wahrscheinlichkeit nach auch in Würzburg entstanden ist das von einem unbekannten Maler geschaffene Bildnis Fürstbischof Ju-lius Echters aus dem Jahr 1586, das im Martin von Wagner-Museum der Universität Würzburg aufbewahrt wird (s. Abb. 200).[96] Der Kirchenfürst erscheint im Vergleich zu

Abb. 213: Deckenausmalung in der Kapelle des ehemaligen Domherren-hofes Seebach: Engel mit Leidenswerk-zeugen, 1611.

anderen Darstellungen seiner Person weniger »offiziell«, weshalb man vermuten möchte, dass das Porträt aus seinem Privatbesitz stammen könnte. Auch wenn das Antlitz durchaus sprechend wirkt, so bleibt doch die Schilderung der Persönlichkeit distanziert, wie es ihr Rang erfordert. – Als bedeutendes Beispiel der Buchmalerei hat sich aus der Epoche das so genannte Echter-Exemplar der Fries-Chronik erhalten, das heute in der Würzburger Universitätsbibliothek aufbewahrt wird.[97] Die Handschrift entstand etwa zwischen 1574 und 1584 als Ersatz für das von Martin Seger illuminierte, 1572 verbrannte Bischofs-Exemplar des Chroniktextes und wurde teils von Mitarbeitern aus der Werkstatt Segers, teils von dem Nürnberger Maler Georg Mack d. Ä. illustriert. Letzterer versuchte offenbar, die Würzburger Buchmaler zu übertreffen, indem er anstelle kolorierter Federzeichnungen kleine Deckfarbenbilder schuf; das Streben nach Effekt und Pracht ist offensichtlich.[98] – Von den teilweise bedeutenden Wandmalereien der Echter-Zeit – erinnert sei an die Ausmalung der Universitätskirche, erwähnt seien noch Andreas Herneysens ausgedehnte Deckenmalereien im Dom[99] – haben sich nur der ornamentale Schmuck im Archivraum des Randersackerer Turms der Festung Marienberg[100] und die Bemalung des spätgotischen Rippengewölbes der 1492 von dem Burkarder Ritterstiftspropst Johannes von Allendorf errichteten Kapelle im Domherrenhof Seebach über die Zeiten gerettet (s. Abb. 213). Die im Jahr 1934 unter einer Übertünchung entdeckten und freigelegten Deckenmalereien sind im Jahr 1611 auf Veranlassung des damaligen Würzburger Dompropstes und Fürstbischofs von Bamberg, Johann Gottfried von Aschhausen, von einem unbekannten Maler, vielleicht dem Nürnberger Andreas Herneysen, geschaffen worden.[101] Büsten der Kirchenväter, Evangelistensymbole und Engel mit den Arma Christi (Leidenswerkzeugen) finden sich in floralen Schmuck eingebettet. Der dekorative Charakter des Ganzen ist offensichtlich, weshalb die Deckenausmalung der Allendorf-Kapelle keine weiter reichenden Schlüsse auf das Niveau und auf die Qualität würzburgischer Wandmalerei der echterschen Epoche erlaubt.

Zwischen den Epochen

Ein Jahr nach dem Tod Julius Echters (1617) brach der Dreißigjährige Krieg aus, der, als katastrophaler Höhepunkt des »Zeitalters der Glaubenskriege«, nicht nur in allgemeingeschichtlicher, sondern auch in kulturgeschichtlicher Hinsicht eine deutliche chronologische Zäsur verkörpert. Im Hinblick auf die Geschichte der deutschen Kunst bedeuten diese unglückseligen Jahrzehnte eine Zeit des Übergangs von der Renaissance zum Barock. Trotz der schwierigen Zeitläufte war die Kunsttätigkeit in Deutschland nicht gänzlich zum Erliegen gekommen, wie auch einige, obschon nicht allzu viele, Würzburger Denkmäler belegen: Selbst in den Jahrzehnten zwischen 1618 und 1648 gab es durchaus anspruchsvolle Auftraggeber, die manchem Maler, Bildhauer und Architekten zu Arbeit und Brot verhalfen. Die zu dieser Zeit entstandenen Kunstwerke geben Aufschlüsse darüber, wie trotz Krieg und Not die Künstler gemäß den Aufgaben, die ihnen gestellt, und entsprechend den Zielen, die ihnen gesetzt wurden, ihren Weg verfolgten, sofern nur die notwendigsten Mittel bereitstanden.

Abb. 214: Die Südfassade der Universitätskirche (Neubaukirche), errichtet 1628.

Das bedeutendste Monument der Echter-Zeit, die Universitätskirche, ist zugleich das anspruchsvollste und eindrücklichste Zeugnis Würzburger Kunsttätigkeit zwischen den Epochen.[102] Einige Jahrzehnte nach deren Fertigstellung begann sich ihre in den alten Stadtgraben gegründete Südwand abzusenken und so stark zu neigen, dass das Mittelschiffgewölbe aus den Fugen geriet und teilweise einstürzte, wobei große Teile der echterschen Kirchenausstattung zugrunde gingen (s. oben). Auch am Turm samt der Westfassade waren massive Schäden aufgetreten. Nachdem 1627 der Bamberger Hofbaumeister Giovanni bzw. Giacomo Bonalino die verbliebenen Gewölbereste abgetragen hatte, begann man ein Jahr später mit der Wiederherstellung der Südwand, des Turmes und der Westfront, ohne die Arbeiten gänzlich vollenden zu können. Die infolge der schwedischen Besetzung der Stadt im Jahr 1631 erzwungene Bauunterbrechung dauerte lange; erst zu Beginn des 18. Jahrhunderts konnte die Instandsetzung abgeschlossen werden. Weil sich mehrere Bauphasen überlagern bzw. miteinander verschmolzen sind, erlaubt der Baubefund keine in jedem Detail präzise Ab- und Eingrenzung der 1628/31 erneuerten Partien. Mit Sicherheit gehören indessen die Fensterachsen der

Süd- und Westfassade dieser Bauphase an. Zur selben Zeit dürften auch die als Strebe-
pfeiler dienenden Kolossalpilaster – »kolossal«, weil sie sich über mehrere Stockwerke
erstrecken – an beiden Fronten sowie am Turmuntergeschoss angelegt worden sein,
wenn sie auch erst gegen 1700 vollendet und wahrscheinlich ganz oder teilweise überarbeitet wurden. Die Fenstergewände beider Fassaden sind als Rundbogenarkaden mit
faszierten Archivolten und gotischem Maßwerk ausgebildet und werden von Segment-
giebelverdachungen auf Volutenspangen bekrönt. Während die Maßwerkformen im
Sinne einheitlicher Wirkung eine Brücke zu den Fenstern der Nordfassade schlagen, erinnert die Arkadenform an die Emporenöffnungen im Innenraum, die Giebelverdachungen betonen indessen den Fassadencharakter. Die sehr durchdachte Außenwand-
gestaltung sucht ihresgleichen in der gleichzeitigen deutschen Kunst: Möglich, dass ein
oberitalienischer Architekt den Entwurf lieferte.[103] Dasselbe lässt das neue Hauptportal
an der Westfassade vermuten: Sein reicher bauplastischer Schmuck, insbesondere die
wohl von Michael Kern geschaffenen[104] quirligen Genien in den Zwickelfeldern seitlich
des Bogens, sowie die weiche Auskehlung des Gewändes und der Archivolte erscheinen

Abb. 215: Grabmal Bischof Johann
Gottfrieds von Aschhausen (1617–1622)
im Dom, Michael Kern, etwa 1622.

Abb. 216: Grabmal Bischof Julius Echters von Mespelbrunn (1573–1617) im Dom, nach 1617.

ebenso als ein Reflex frühbarocker Formensprache der Lombardei und Venetiens wie auch das auf Hell-Dunkel-Effekte abgestimmte Relief der Fassaden.

Dem Bildhauer Michael Kern entsprach die neuartige Tendenz zu plastischer Fülle bei gleichzeitigem Streben nach malerischer Wirkung, wie seine bereits zu Beginn der 20er Jahre entstandenen Werke veranschaulichen. Mit dem sicherlich von ihm gefertigten Grabmal des Fürstbischofs Johann Gottfried von Aschhausen (gest. 1622) im Dom[105] versuchte Kern anscheinend, das am selben Ort befindliche, dem Nikolaus Lenkhart zugeschriebene Grabdenkmal Julius Echters (gest. 1617)[106] zu übertreffen. Zwar greift Kern die in Würzburg damals noch neuartige, aus der italienischen Spätrenaissance entlehnte Ädikulaform des Echter-Grabmals – wenn auch mit Abwandlungen – auf, aber er bereichert die Architektur so üppig mit ornamentalem und figürlichem plastischen Dekor, dass sich, im Verein mit dem offenen, bewegten Kontur der Ädikula, ein nahezu festlich-barocker Gesamteindruck ergibt. Auffallend ist, dass sowohl die Figur von Aschhausens als auch die Echters nicht mehr vor dem Kruzifixus kniend, wie jahrzehntelang üblich (s. oben), sondern wieder stehend mit den Insignien ihrer geistlichen und welt-

Abb. 217: Grabmal des Jakob Baur von Eiseneck (gest. 1621) im Domkreuzgang, Michael Kern, 1623.

lichen Macht dargestellt ist: Der Rückgriff auf eine Jahrhunderte währende Würzburger Tradition dürfte nicht ohne tieferen Grund erfolgt sein. – Ein weiteres bedeutendes Grabmal, das Michael Kern zugeschrieben wird, ist das des Feldherrn Jakob Baur von Eiseneck im Domkreuzgang, das ins Jahr 1623 datiert ist.[107] Die bewegte Standfigur des Obristen drückt Bereitschaft (italienisch: *prontezza*) und Selbstbewusstsein aus. – Sicherlich auch von Michael Kern wurde die Portalbekrönung des Domherrenhofes Heideck aus dem Jahr 1626 geschaffen[108]: Der spannungsvolle, durch kräftige Plastizität sich auszeichnende Aufbau mit den beweglichen Girlandenhaltern lässt das Portal wie ein Frontispiz zur Kunst des Barocks in Franken erscheinen.

Nicht alle Würzburger Künstler vollzogen so geschmeidig und selbstverständlich den Übergang von der Formensprache der Renaissance zu der des Barocks wie Michael Kern. Es gibt eine Reihe von Denkmälern, die vor Augen führen, wie schwer manchem der Abschied von liebgewonnenen, gewohnten Formen und die Aufnahme des Neuen wurde. Gelegentlich mischt sich Altes und »Modernes« in bunter Manier wie an dem sandsteinernen Rahmen des Grabmals für den Dompropst Konrad Friedrich von Thün-

Abb. 218: Portal des ehemaligen Dom-
herrenhofes Heideck (Domerschulstraße 1)
mit Aufsatz von Michael Kern, 1626.

gen (gest. 1629) im Dom[109] oder am Nischengewände des Epitaphs für Johann Albert (gest. 1633) an der Franziskanerkirche.[110] Hier wie dort zeigt sich die Verhaftung der Künstler im Hergebrachten bei gleichzeitigem Bestreben, »Zeitgemäßes« zu schaffen, was zwangsläufig zu problematischen Resultaten führte.

Barock

Grundlagen des Würzburger Barocks

Das erwähnte Epitaph des 1633 verstorbenen Gastwirts und Büttners Johann Albert mit der ernsten Pietà in einer tiefen halbrunden Nische wurde an der Außenwand eines Kirchengebäudes angebracht, wodurch es nicht nur ein persönliches Gedächtnismal, sondern auch ein zur Andacht und Verehrung der Gläubigen einladendes Bildwerk ist, das wohl als öffentliches Bekenntnis zum Katholizismus – vielleicht sogar noch zur Schwedenzeit, die bis 1634 währte – gedacht war. Zugleich ist es Ausdruck sozialen Erfolgs und Ansehens. Als Kunstwerk nimmt es in seiner Entstehungszeit, den 30er Jahren des 17. Jahrhunderts, in diesem von Not und Bedrückung heimgesuchten Jahrzehnt, eine Ausnahmestellung ein, da naturgemäß in solchen schweren Zeiten stets die Kunsttätigkeit weitgehend oder gänzlich zum Erliegen kommt. Nach der Wahl Johann Philipps von Schönborn zum Fürstbischof im Jahr 1642 und nach dem Abschluss des Westfäli-

Abb. 219: Grabmal des Johann Albert (gest. 1633) an der Nordfassade der Franziskanerkirche.

schen Friedens sechs Jahre später nahm das Kunstschaffen wieder zu. Aber zunächst ging es nicht um das, was künftighin den Ruf Würzburgs als Barockstadt begründen sollte, wie die Errichtung neuer und die Umgestaltung alter Gotteshäuser, nicht um die Erbauung und Ausstattung prächtiger Domherrenhöfe und Adelspalais' sowie ansehnlicher Bürgerhäuser und schon gar nicht um die Planung und Verwirklichung eines weitläufigen, opulenten Residenzgebäudes. Vielmehr stand der Neuanfang nach dem Großen Krieg begreiflicherweise zunächst im Zeichen des Kriegsgottes Mars. Die durchgreifende Neubefestigung des fürstbischöflichen Schlosses auf dem Marienberg sowie der links- und rechtsmainischen Stadt gemäß den neuesten Erkenntnissen der *architectura martialis*, die sich nach den schlimmen Erfahrungen des Jahres 1631 als dringend notwendig erwiesen hatte,[111] führte zu ersten ansehnlichen künstlerischen Leistungen, als es galt, neue repräsentative Festungs- und Stadttore zu errichten.[112] Die meisten Toranlagen, die seit dem Ende der 40er Jahre entstanden, folgten der Einheitlichkeit zuliebe einem wohl als verbindlich geltenden Modell: Während das innere Tor nur mit den notwendigen Gliederungen wie Gewänden, Scheitelsteinen etc., versehen und dementsprechend schlicht gehalten war, präsentierte sich die nach außen, ins Land gerichtete

Front in prachtvoller, wehrhafter Rustika, durch die das Gerüst einer klassischen Gliederung mit Pilastern und Gebälk durchschimmert; oberer Abschluss war ein Dreiecksgiebel mit dem in aufwändiger plastischer Arbeit gefertigten Wappen des Landesherrn. Alle Bildhauerarbeiten, wie auch die groteske Scheitelmaske des Torbogens, waren aus gelbem Sandstein, die Rustika und die Gliederungen aus Quaderkalk gehauen.[113] Das Vorbild für solchermaßen gestaltete Befestigungstore gaben oberitalienische Toranlagen der Spätrenaissance ab, etwa eines Michele Sanmichele, aber die spezifische Wendung ins Barocke, Plastische unter Einschluss »malerischer« Wirkung, welche die Würzburger Tore auszeichnet, ist mit Sicherheit einem deutschen oder niederländischen Festungsbaumeister zu verdanken; wer von den Befestigungsfachmännern, die Fürstbischof Johann Philipp von Schönborn nach Würzburg geholt hatte,[114] den entscheidenden Entwurf für die Gestaltung der Würzburger Stadt- und Festungstore lieferte, ist unbekannt. Dies gilt auch für die aufwändigste, anspruchsvollste Toranlage, die in der Ära des ersten Schönborn entstand, das Neutor der Festung Marienberg.[115] Nach Ausweis der Quellen ist dieser »neue« Hauptzugang zum fürstbischöflichen Schloss in den Jahren 1652 bis 1653 errichtet worden, wobei während der Bauzeit eine Planänderung erfolgte.[116] In der Tat lässt sich am Sockel der Außenfront beobachten, dass diese nach einem anderen Plan begonnen und gemäß einem neuen, überarbeiteten Entwurf schließlich weitergeführt und vollendet worden ist.[117] Ausgangspunkt für die Gestaltung der Toraußenseite mag auch hier das zu vermutende »Modell« gewesen sein, allerdings erfuhr es eine Mo-

Abb. 220: Neutor der Festung Marienberg, Innenfassade, 1652/53.

Abb. 221: Personifikation der Abundantia vini am Giebel der Neutorinnenfassade der Festung Marienberg, Zacharias Junker, 1652/53.

difizierung, indem die Front auf drei Travéen erweitert wurde.[118] Auch durch größeren bauplastischen und materiellen Aufwand – die gesamte Torfront wurde aus Sandstein gehauen – suchte man die anderen Tore zu übertreffen. Noch anspruchsvoller wurde die dem Schloss zugewandte Innenfront des Neutors gestaltet. Hier tritt die architektonische Gliederung mittels Pilaster und Gebälk wesentlich klarer hervor, weil sich die Rustika im Gegensatz zur Außenfassade auf die Pilasterschäfte beschränkt, wodurch der martialische Zug zugunsten ziviler, repräsentativer Wirkung zurückgedrängt erscheint. Für eine Auflockerung sorgen auch die dem Torbogen beigesellten Blendbögen, ferner der durch einen so genannten Aufzug gesprengte Giebel und vor allem der reiche ornamentale und figürliche plastische Schmuck, der dem Zacharias Juncker zugeschrieben wird, allerdings im 20. Jahrhundert weitgehend erneuert worden ist.[119] Das ikonographische Programm thematisiert einerseits das gute Regiment des Landesherrn, andererseits spielt es, wie vermutet wurde,[120] auf den wenige Jahre zuvor erfolgten Friedensschluss an, den »Westfälischen Frieden«, an dessen Zustandekommen Johann Philipp von Schönborn wesentlichen Anteil hatte.

Anscheinend unter dem Eindruck der »martialischen Architektur« steht die Giebelfassade des Roten Baus, der, nach Norden zurückversetzt, westlich an den Grafeneckartsbau des Rathauses anschließt. Das seit 1658 geplante Gebäude wurde 1659 aufgeführt und vollendet; es diente vor allem der Aufnahme eines neuen Ratssaales.[121] Den entscheidenden Entwurf lieferte wohl der Steinmetzmeister Sebastian Villinger, der die Ausführung des Bauwerks leitete, während bedeutende plastische Details, wie die zupackenden Keilsteinfratzen an den Erdgeschossbögen, der führende Würzburger Bildhauer dieser Zeit, der aus Erbach/Odenwald stammende Johann Philipp Preuß, schuf.[122] Die Rustika der Dreierarkade im Erdgeschoss sowie die rustizierten Pilaster der Obergeschosse lassen zwar an die gleichzeitigen Tore der Würzburger Befestigungsanlagen denken, aber das Gepräge der Fassadenarchitektur ist wesentlich altertümlicher. Sieht man von den teigigen Voluten ab, so erinnert der preziöse Charakter des Giebels mit den Zierobelisken ebenso an die niederländische Baukunst der Spätrenaissance wie die Vertikalität der mit Dreiecksgiebeln bekrönten Saalfenster. Und die scheinbar so aktuelle Rustika

Abb. 222: Sog. Roter Bau des Würzburger Rathauses,
Dekor von Johann Philipp Preuss, 1659.

(Mauerwerk aus roh behauenen Quadern) wurzelt offensichtlich in älteren Würzburger Voraussetzungen: In Erinnerung gerufen bzw. erwähnt seien in diesem Zusammenhang nur das Schwanen- bzw. Spiegeltor von 1584,[123] die Erdgeschossarkade im Hof der Alten Universität und das Portal des Hofes Heideck von 1626.[124]

Ein gänzlich neues Kapitel in der Würzburger Architekturgeschichte beginnt mit der von 1662 bis 1669 errichteten Karmelitenkirche, auch Reuererkirche genannt (s. Abb. 223).[125] Geraume Zeit zuvor, 1627, waren die den katholischen Reformorden zuzurechnenden Unbeschuhten Karmeliten nach Würzburg gekommen und hatten sich im aufgelassenen, heruntergekommenen Kloster der Reuerinnen niedergelassen. Infolge der schwierigen Zeitläufte konnten erst seit den 50er Jahren die dringend notwendige Instandsetzung der Klosterbaulichkeiten und im Jahrzehnt darauf der schon seit etwa 1630 geplante Kirchenneubau in Angriff genommen werden. Entsprechend ihrer Ordensverfassung und ihren Bauvorschriften wählten die Karmeliten einen Kirchenbautypus, wie er von den führenden Orden der katholischen Reform, wie den Barnabitern und den Jesuiten, in Italien während des 16. Jahrhunderts ausgebildet und durch eine lange während Praxis nahezu »kanonisiert« worden war: Charakteristisch sind die lateinische Kreuzform des Grundrisses, das saalartige, von Kapellen begleitete Langhaus und die sich in dessen Außenflucht einfügenden Querarme. Den spezifisch karmelitischen Bauvorschriften, die auf *simplicitas* (Einfachheit) und *humilitas* (Bescheidenheit) dringen, entspricht, dass das Altarhaus nicht in eine halbkreisförmige Apsis mündet, sondern gerade schließt, und dass die Vierung nicht von einer Kuppel überwölbt, sondern von einem einfachen Kreuzgratgewölbe überspannt wird. Die Proportionen des geräumigen Langhaussaales, seine monumentale Gliederung mit den toskanischen Doppelpilastern und dem Gebälk, das gegurtete Kreuzgratgewölbe und das einheitlich von oben kommende Licht verleihen dem Raum ein vollkommen italienisches Gepräge. Die zweigeschossige Hauptfassade, die aus drei Travéen besteht, wobei die mittlere durch größere Breite und Höhe betont wird, während die seitlichen Achsen im zweiten Geschoss zu geschweiften Wandstücken reduziert sind, folgt einem römischen Schema. Auffallend ist indessen, dass die durch ihre Breite akzentuierte Mitteltravée nicht deutlich hervortritt, obwohl ein solcher Vorsprung von Pilasterbündeln vorbereitet ist, sondern sogar hinter die Ebene der Seitentravéen zurücktritt. Dieser Verzicht auf eine Klimax der Mittelachse zu Gunsten von deren »Verräumlichung« ist ein Charakteristikum lombardischer Barockkirchenfassaden. Deshalb erscheint die auf Carl Scharold zurückgehende Überlieferung, der Oberitaliener Antonio Petrini sei der Architekt der Karmelitenkirche gewesen, entgegen den in neuerer Zeit geäußerten Zweifeln an der Berechtigung dieser Zuschreibung als glaubwürdig.[126] Auf Petrini verweisen auch die durchgängige Straffheit der Fassadengliederung, die konsequent beide Geschosse zu einer Einheit zusammenfasst – wobei die ionische Ordnung ihrem Wesen gemäß leichter und schlanker gebildet ist –, sowie manche Details, wie die Bildung der dorischen Pilaster und der ionischen Kapitelle, für die sich Entsprechungen an den von Petrini restaurierten Teilen der Universitätskirche finden lassen. Auch das »gestreckte« Gebälk mit dem betonten Kranzgesims im Innenraum erinnert an Werke Petrinis. Johann Philipp von Schönborn war es anscheinend, der den oberitalienischen Architekten 1657 von Mainz nach Würz-

Abb. 223: Die 1668 vollendete Haupt-
fassade der Karmelitenkirche, auch
Reuererkirche genannt, Antonio Petrini.

burg gerufen hatte, und da der Fürstbischof laut Inschrift und Wappen am Fassadengie-
bel ein großzügiger Förderer des Kirchenbaus war, liegt die Vermutung nahe, er habe
Petrini den Karmeliten als Baumeister empfohlen.

Zweifellos hat die Karmelitenkirche, die häufig als der »erste« fränkische Barockkir-
chenbau bezeichnet wird, nach ihrer Vollendung in ganz Mainfranken Aufsehen erregt,
und mit Sicherheit war sie der Ausgangspunkt für die eindrucksvolle Laufbahn Antonio
Petrinis, dessen Anfänge als Baumeister sich im Dunkel verlieren; nicht einmal sein Ge-
burtsort ist bekannt, geschweige, wo und bei wem er seine Ausbildung erhielt.[127] Fest
steht, dass er in der lombardischen Baukultur wurzelt. Mit der kraftvoll-plastisch durch-
formten Karmelitenkirchenfassade lieferte Petrini ein Paradigma des damals in Franken
immer noch nicht heimischen Barockstils, obschon seine Formensprache keineswegs
den aktuellen Stand der italienischen Baukunst widerspiegelte, sondern in älteren Vor-

Abb. 224: Innenraum der nach Plänen Antonio Petrinis
1691 vollendeten Hauger Stiftskirche vor der Zerstörung 1945.

aussetzungen wurzelte: Zum Beispiel konnte der Verzicht auf Säulenschmuck zu dieser Zeit jedem, der die Welt, insbesondere Italien kannte, als altmodisch erscheinen, selbst im Falle einer der *simplicitas* verschriebenen Karmelitenkirche. Wie wenig »modern« Antonio Petrini war, demonstriert schlagend ein Vergleich des säulenreichen Innenraums der Münchner Theatinerkirche (1663 ff.)[128] mit dem Inneren der um einige Jahre jüngeren, typologisch verwandten Hauger Stiftskirche in Würzburg.[129] Und dennoch stellt Petrinis 1670 begonnener und 1691 vollendeter Kirchenbau, dessen romanischer Vorgänger dem neuen Befestigungsgürtel weichen musste, eine höchst originelle architektonische Leistung dar. Diese beruht nicht etwa in der Vereinigung eines Langbaus mit einem kuppelüberwölbten Zentralbau unter Einschluss einer Doppelturmfassade; denn eine solche Synthese kennt bereits die römische Sakralbaukunst des 16. und 17. Jahrhunderts, und spätestens seit der Erbauung des Salzburger Domes (1614 ff.) hat sie sich nördlich der Alpen eingebürgert und sogar zum Bautypus (»Salzburg-Typus«) verfestigt. Das Besondere der baulichen Konzeption Petrinis liegt vielmehr darin, wie er aus großteils »altmodischen« Stilelementen ein insgesamt überraschend zukunftsweisendes Neues geformt hat. Die konsequente Auflösung der Wandgrenzen des über einem lateinischen, ja fast griechischen Kreuz errichteten Saalraums mittels Arkaden, die sich zu teils tieferen, teils seichteren Anräumen öffnen, geht auf eine Idee des Donato Bramante zurück, die er gegen 1480 im Inneren der Kirche S. Maria presso S. Satiro in Mailand[130] verwirklichte. Petrini verleiht Bramantes Schöpfung eine neue Aktualität, indem er in dem optisch aufgelösten Raummantel gerüsthafte Strukturen zur Anschauung bringt, wobei die damals eigentlich schon unmodernen Pilasterbündel im Lang- und Querhaus einen aktiven Part übernehmen. Die Gerüststruktur des Raums, die einhergeht mit dessen einheitlicher Durchlichtung, sollte Balthasar Neumanns Wirken als Sakralbaumeister nachhaltig prägen. Auch die ungewöhnlich vielfältige, lebhafte Silhouette des an »altmodischen«, in der lombardischen Renaissance wurzelnden Formelementen reichen Außenbaus von Stift Haug war letztlich zukunftsweisend: Man denke nur an Neumanns untergegangene Abteikirche in Münsterschwarzach und an eine seiner letzten Schöpfungen, das Würzburger Käppele, dessen Äußeres wie eine liebenswürdige Travestie des wölbungsreichen Kont07urs der Hauger Stiftskirche erscheint. – Wie viel Petrini von der Wirkung eines Bauwerks im »Freien«, in der Stadtlandschaft, verstand, veranschaulicht nicht zuletzt der von ihm 1696–1703 auf glanzvolle Weise vollendete neue Turm der Universitätskirche,[131] dessen plastische Straffheit im Verein mit wirkungsvoll eingesetzten großformigen Schmuckmotiven dem mächtig aufstrebenden, viereckigen Schaft ungewöhnliche Kraft verleiht, die wiederum aufgeht und ausklingt in der Silhouette des von Zierobelisken und -kugeln begleiteten und von einer prallen, gegurteten Schieferhaube mit zierlicher Laterne gekrönten Arkadenoktogons. Viele einzelne Formelemente stammen aus der reichen Vergangenheit lombardischer Baukunst der Renaissance und des Frühbarocks, ihre ungewöhnliche, souverän-freie Verwendung im Dienste einer bedeutenden architektonischen Fantasie macht indessen den Universitätskirchenturm zum eindrucksvollsten des europäischen Barocks. – Antonio Petrinis Schaffen als Profanbaumeister[132] fügt sich dagegen eher in einen lokalen und regionalen Rahmen, innerhalb dessen er freilich einmal mehr Bedeutendes geleistet hat. In

Stadt und Land begegnen jene Bauten, die man mit seinem Namen verbindet, von denen gleichwohl kaum einer durch Quellen als sein Werk gesichert ist: Es sind blockarti-
ge, verputzte Baukörper, häufig von gestreckter, aber auch von würfelförmiger Gestalt,
die säuberlich von Gurtgesimsen horizontal in einzelne Geschosse unterteilt und verti-
kal durch Achsen gegliedert werden, welche die in Haustein ausgeführten Gewände
und die Brüstungsschürzen der Fenster bilden. Deren Verdachungen sind häufig als al-
ternierende Segment- und Dreiecksgiebel ausgebildet, auch als gerade Gesimse. Die
Kanten des Baukörpers betonen als Polster- oder Plattenrustika geformte Eckquader,
während ein mächtiges Walmdach den hutartigen Abschluss bildet. Charakteristische
Würzburger Bauten in diesem Stil, den man mit Petrinis Namen verbindet, sind beispielsweise der so genannte Petersbau (ursprünglich Priesterseminar, zeitweilig Münze)
von 1689 ff.[133] und der Hof Bechtolsheim (Ende 17. Jahrhundert).[134] Unklar ist bis heute, in welchen Traditionen Petrinis Profanbaustil wurzelt. Die Vorliebe für Fensterverda-
chungen in Giebelform sowie für die Herausbildung vertikaler Fensterachsen, die ein
Äquivalent zur Horizontalgliederung darstellen, begegnet in der Mailänder Palastarchi-
tektur der Spätrenaissance und des Frühbarocks.[135] Freilich ist der Stil von Petrinis Profanbauten weniger raffiniert, sondern lakonischer, schlichter, aber in besonderem Maße
anwendungsbezogen, woraus sich sein großer Erfolg erklärt. – Mehr noch als seine Sakralbauten wurden Antonio Petrinis Profanbauwerke wegweisend für die Würzburger Barockarchitektur. Die strenge Gliederung der Hausfassaden in horizontaler und vertikaler
Richtung im Sinne einer ästhetischen Balance, der Wechsel zwischen glatter Putzwand
und plastischen Hausteinpartien und generell eine auf ruhige Wirkung zielende Herb-
heit wurde zu einem durchgängigen Kennzeichen Würzburger Profanarchitektur des
Barocks, ungeachtet einer zeitweilig tonangebenden schmuckreichen Stilströmung, die
mit Josef Greising in Verbindung gebracht wird (s. unten). Selbst einen so bedeutenden
Architekten wie Balthasar Neumann haben Petrinis Profanbauten nicht unbeeindruckt
gelassen.

Trotz der beträchtlichen Verluste, die das fortschrittsgläubige 19. Jahrhundert dem
Würzburger Stadtbild zugefügt hat, und trotz der fast vollständigen Zerstörung des historischen Stadtkerns im Zweiten Weltkrieg sowie in den darauffolgenden Jahrzehnten
des »Wiederaufbaus« haben sich doch so viele aussagekräftige Bauwerke des 17. Jahrhunderts erhalten,[136] dass man immer noch einen anschaulichen Eindruck von den
Leistungen Würzburger Baukunst in den ersten Jahrzehnten des Barocks gewinnen
kann. Im Gegensatz dazu hat sich von dem einstigen großen Reichtum an Werken der
bildenden Kunst aus dieser Zeit nur ein kleiner Teil erhalten können. Wer einen Überblick über die Geschichte der Würzburger Malerei und Plastik zwischen 1650/60 und
1700 gewinnen möchte, sieht sich weitgehend auf Schrift- und Bildquellen, vor allem
auf Fotografien des 19. und 20. Jahrhunderts angewiesen, die freilich nur eine vage Vorstellung von der Fülle und der Qualität des Verlorenen vermitteln.

Kristallisationspunkte malerischen und bildhauerischen Schaffens waren in Würzburg
seit etwa 1670 die Ausstattungen der neu errichteten und renovierungsbedürftigen älteren Kirchengebäude. Als die umfänglichste Aufgabe erwies sich die Neugestaltung des
Dominneren, die allerdings schon um einiges früher begonnen worden war, wie die von

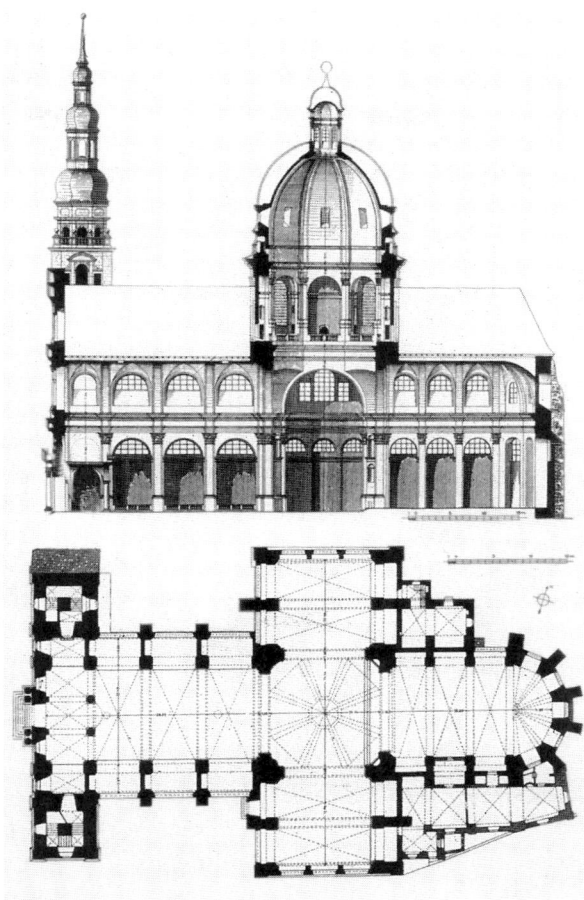

*Abb. 225: Längsschnitt und Grundriss
der Hauger Stiftskirche.
(Longo, 1985, S. 35)*

Hans Ulrich Buehler gemalte Ansicht des Dominterieurs (Martin von Wagner-Museum der Universität Würzburg) bezeugt; sie diente einst als Predella des 1627 geschaffenen Bartholomäusaltars, der an einem der nördlichen Langhauspfeiler aufgestellt wurde (s. Abb. 159, S. 511).[137] Buehler malte auch die Tafel für den von Nikolaus Lenkhart zwischen 1617 und 1630 gefertigten Peter-und-Paul-Altar (1945 samt Gemälde verbrannt) im gleichnamigen »Chörlein« an der Ostwand des südlichen Domquerhauses.[138] Nachdem die Schrecken des Dreißigjährigen Krieges abgeklungen waren, schritt die Neuausstattung energisch voran: Bereits 1660 waren fünf Langhauspfeiler mit hölzernen Altarretabeln versehen, gegen 1699 wurde schließlich die Reihe der Langhausaltäre abgeschlossen.[139] Sämtliche Altaraufbauten aus der Frühzeit des Würzburger Barocks mussten Ende des 18. Jahrhunderts neuen Retabeln weichen, wobei in der Regel die Altargemälde Wiederverwendung fanden.[140] Nächst dem Dom war die gegen 1690 begonnene Ausstattung der Hauger Stiftskirche die bei weitem bedeutendste (s. Abb. 224).[141] Die in verschwenderischer Fülle gestalteten Holzaltäre sind samt ihrem Skulpturen- und Gemäldeschmuck

*Abb. 226: Grabmal Bischof Philipp
Adolfs von Ehrenberg (1623–1631)
im Dom (Ausschnitt), Johann Philipp
Preuß, 1669.*

ebenso wie die Kanzel, das Gestühl und vieles andere mehr im Jahr 1945 ein Raub der
Flammen geworden. Nicht anders erging es der ab dem Ende der 60er Jahre des 17. Jahrhunderts entstandenen, keineswegs bescheidenen Ausstattung der Karmelitenkirche (bzw.
Reuerer-)[142], während die annähernd zur selben Zeit entstandenen Altäre in der Marienkapelle und in St. Burkard bereits im 18. und im 19. Jahrhundert verschwunden sind.[143]

Der führende Bildhauer in der Frühzeit des Würzburger Barocks war der bereits erwähnte, aus Erbach im Odenwald stammende Johann Philipp Preuß, der schon im 17.
Jahrhundert einen nicht unbedeutenden überregionalen Ruf genoss.[144] Einige seiner
wichtigsten Werke hinterließ er in der Bischofsstadt, in der er jahrzehntelang tätig war.
Zu seinen frühen, bedeutenden Würzburger Arbeiten zählen die drei 1659 skulpierten
charaktervollen und ausdrucksstarken Keilsteinfratzen der Arkaden des Roten Baus am
Grafeneckart (s. Abb. 222).[145] Sie beweisen sowohl das hohe plastische Vermögen des
Bildhauers als auch seine Fähigkeit zu thematischer Vertiefung: Die monströsen, apo-
tropäischen Masken, in denen sich Satyr- und Löwennatur zu mischen scheinen, sind
auf den dreifach differenzierten Ausdruck grimmiger, resoluter Verzweiflung gestimmt,
wodurch sie nahezu menschliche Züge annehmen. Wie tiefsinnig Preuß seine Fratzen
aufzufassen und zu gestalten wusste, lehrt ein Vergleich mit den wenige Jahre früher,

1652 von Zacharias Juncker für die Innenseite des Neutors der Festung Marienberg geschaffenen Keilsteinmasken, deren Ausdruck gänzlich im Vordergründigen verharrt (s.
Abb. 220).[146] – Im schönsten Lichte zeigen sich die Qualitäten des zugewanderten
Preuß, wenn man sich vergegenwärtigt, wie tief das Niveau der gleichzeitigen einheimischen Würzburger Bildhauerkunst gesunken war. Ein besonders aufschlussreiches Beispiel für deren Rang ist die 1655 von Gregor Diemeneck gefertigte steifleinene Josefssta-
tue an der Ostfront des Karmelitenklosters, die gemäß einem erlernten, altmodischen
Standbildschema gestaltet wurde, das der Bildhauer, anscheinend ohne Bedenken, auch
für die von ihm skulpierte Marienstatue des Brunnens vor dem Eibelstädter Rathaus als
angemessen und passend erachtete.[147] Eines der bekanntesten Werke des Johann Philipp Preuß ist das Grabmal Fürstbischof Philipp Adolfs von Ehrenberg (gest. 1631), das
erst über drei Jahrzehnte nach dessen Tod in den Jahren 1667–1669 geschaffen wurde[148]
und dem es beschieden war, als Einziges unter den fürstbischöflichen Grabmälern im
Dom[149] die Barockzeit zu repräsentieren. Nachdem es infolge des Einsturzes der nördlichen Hauptschiffwand im Jahr 1946 weitgehend zertrümmert war, wobei dekorative
Bestandteile und Attribute der Figuren zugrunde gegangen sind, fand es nach seiner Rekonstruktion nicht mehr, wie zuvor, an einem Langhauspfeiler, sondern abseits, im
nördlichen Seitenschiff, Aufstellung. Auf hohem, sarkophagähnlichem Podest kniet die
Figur des Verstorbenen, der Arme und Hände zur Anbetung erhoben hat; hinter dem
Knienden ragt ein ädikulaartiger, säulengeschmückter und mit Ziboriumskuppeldach
versehener Aufbau in die Höhe, den klagende Putti bevölkern. Auf einem kleinen Pie-
destal en face der Bischofsfigur befand sich bis 1946 ein Kruzifixus: Dieses Detail wurde,
nach Ausweis einer Quelle, ausdrücklich vom Domkapitel gewünscht, um der Gebets-
haltung des Bischofs ein anschauliches Ziel zu geben. Hiermit reihte sich das Ehren-
berg-Monument in jene Traditionslinie des Würzburger Bischofsgrabmals ein, die mit
dem Epitaph des Konrad von Thüngen begonnen hatte und die von dem Echter- und
Aschhausen-Denkmal unterbrochen wurde. Preuß indessen plante anscheinend zunächst, den Gebetsgestus des Verstorbenen auf das im Tabernakel des Hochaltars aufbe-
wahrte Altarsakrament auszurichten, gemäß dem in Italien gebräuchlichen Typus der
»Ewigen Anbetung«, wie er sich dort seit der Renaissance eingebürgert hatte.[150] Der Verlust des Kruzifixus nähert zwar die Erscheinung des Grabmals wieder dem ursprünglichen Konzept an, aber durch die abseitige Neuaufstellung des Monuments ging dessen
anschaulicher Bezug auf das Altarsakrament verloren. Tatsächlich war der gesamte Aufbau als eine Bühne mit entschieden räumlichen Wirkungen gedacht: Die in die Tiefe
des Domraums zielende Haltung »Ewiger Andacht« des auf seine Erlösung hoffenden
Verstorbenen wurde umrahmt und begleitet von den Aktionen der ausdrucksstark kla-
genden, in vielfältiger Weise schmerzlich bewegten Putti, während das zuoberst befindliche Engelkind in der Rechten die Posaune des Jüngsten Gerichtes bereithielt. Das Instrument ging ebenso wie die Attribute der anderen Putten verloren. So neuartig wie
der hoch getürmte Aufbau mit bewegten *dramatis personae* war in Würzburg auch der
betonte Kontrast zwischen dem bräunlich-schwarzen Marmor der Architekturbestand-
teile und dem weißen Alabaster, aus dem der plastische Schmuck gefertigt wurde. Ungeachtet solcher manifest barocker Züge fehlt dem Grabmal trotz seiner beträchtlichen

Dimensionen (ca. 7 m Höhe und ca. 2,60 m Breite) wahre Monumentalität: Dies liegt
gewiss an dem zu kleinen Maßstab und der Vereinzelung der Figuren, vor allem aber an
der trotz aller Bemühung um geschlossene Form zu kleinteiligen Gestaltung der Hauptfigur, wodurch sie als ein Nachzügler Würzburger Plastik der Spätrenaissance erscheint.
– Demgegenüber strahlt das in den Abmessungen wesentlich kleinere Grabdenkmal des
Dompropstes Ludwig Faust von Stromberg, das Preuß wenige Jahre vor seinem Tod, gegen 1681, geschaffen hat,[151] eine ungleich monumentalere Gesinnung aus, weil hier alles, insbesondere die Physiognomie des in Halbfigur dargestellten Geistlichen, groß auf-
gefasst ist. Das Denkmal befindet sich noch am ursprünglichen Platz im nördlichen
Domquerhaus, einst (bis 1945) vis-à-vis dem von Stromberg gestifteten und ebenfalls
von Preuß geschaffenen Marienaltar in der Apsidiole.[152] Obwohl das Antlitz typenhafte
Züge nicht verleugnen kann, wie ein Vergleich etwa mit der von Preuß gefertigten
Grabplatte Kurfürst-Fürstbischofs Johann Philipp von Schönborn (gest. 1673) in der
Marienkirche der Festung[153] lehrt, ist das Porträt insgesamt von einer Lebensfülle, die in
der gleichzeitigen deutschen Plastik ihresgleichen sucht. Im Gegensatz dazu ist der Bild-
nistypus selbst konventionell, weshalb ein zwiespältiger Eindruck bleibt. – Die am Ende
des 17. Jahrhunderts, nach Preuß' Tod, tonangebenden Bildhauer waren dessen zeitweiliger Mitarbeiter Johann Michael Rieß aus Forchtenberg/Hohenlohe sowie der Karlstäd-
ter Johann Caspar Brandt, deren Hauptwerke sich in der Hauger Stiftskirche befanden,
wo sie, bis auf wenige Ausnahmen, 1945 verbrannten.[154] Ihre Arbeiten erhoben sich im
Unterschied zu den Werken von Preuß kaum über handwerkliches Niveau, obschon etwa Rieß, wie seine Lukas-Statue am südwestlichen Vierungspfeiler in Stift Haug (um
1695)[155] demonstriert, sich um eine betont »modern«-bewegte Faltengebung bemühte.
Brandt wurden einige der ersten barocken Würzburger Hausmadonnen zugeschrieben,[156] wobei abzuwarten bleibt, ob künftige Forschungen noch mehr Licht in die nach
wie vor dunklen Anfänge und in die weitere Geschichte dieser so bedeutenden Gattung
barocker Würzburger Plastik bringen. Nicht zu bestreiten ist, dass die ersten barocken
Hausmadonnen in Würzburg schon vor 1700 aufgetreten sind, wie etwa der plastische
Schmuck des ins Jahr 1699 datierten Portals des Hofes Emeringen beweist.[157]

In einen wahren Tempel deutscher Barockmalerei begann sich im Laufe des 17. Jahrhunderts der Würzburger Dom zu verwandeln.[158] Im Zuge der erwähnten umfänglichen
Neuausstattung seines Innenraums mit einer Fülle von Altarretabeln bot sich ein weites
Betätigungsfeld für die Tafelmalerei: Denn sämtliche Altäre wurden, wie es in Konsequenz des Tridentinischen Bilderdekretes seit etwa 1580 im katholischen Kirchenraum
üblich geworden war,[159] einheitlich mit Tafelgemälden ausgestattet. Ob man dabei systematisch, gemäß einem verbindlichen gestalterischen Plan und einem ikonographischen Programm verfuhr oder einen pragmatischen Weg wählte, indem die jeweilige
Altargestaltung einer Ad-hoc-Entscheidung des Domkapitels überlassen wurde, ist bisher nicht bekannt.[160] Große Namen, solche von überregionalem Rang, finden sich unter den Malern, denen man die Altarbilder in Auftrag gab: Der berühmte Nürnberger
Maler Joachim Sandrart, der »deutsche Vasari«, schuf um 1670 eine Kreuzabnahme
Christi und eine Himmelfahrt Mariens,[161] der Frankfurter Matthäus Merian d. J. im Jahr
1654 eine Anbetung der Könige,[162] und einer der größten deutschen Barockkünstler

Abb. 227: Büßende Magdalena, Ölgemälde von Johann Baptist de Rüll,
1661, ehemals im Dom, 1945 verbrannt.

überhaupt, der aus Biberach/Riß stammende, viele Jahre in Neapel und dann jahrzehntelang in Augsburg wirkende Johann Heinrich Schönfeld malte gegen 1670 einen kreuz-
tragenden Heiland sowie einen hl. Leonhard als Pestpatron.[163] Von eher regionaler Bedeutung waren indessen zwei zugewanderte flämische Maler, die sich in Würzburg kurz
vor 1660 auf Dauer niederließen; auch sie schufen nicht unbedeutende Altargemälde
für den Dom: Das ist zum einen der Antwerpener Johann Baptist de Rüll,[164] der 1659
eine Feuerprobe der hl. Elisabeth und 1661 eine büßende hl. Magdalena – ein besonders
qualitätvolles Bild – malte,[165] das ist zum anderen der aus Mecheln gebürtige Oswald
Onghers,[166] der 1659 eine Enthauptung Johannes d. T. sowie ein Martyrium des hl. Kilian, 1660 einen Christus am Ölberg und 1662 eine Himmelfahrt Mariens schuf.[167] Mit
Ausnahme der drei erstgenannten Gemälde Onghers' sind sämtliche erwähnten
Altartafeln im Feuersturm des 16. März 1945 untergegangen. – Einen ebenso herben

Verlust erlitt am selben Tag die Karmelitenkirche (Reuerer-), in der Altartafeln wiederum de Rülls und Onghers' sowie des bekannten, aus Konstanz stammenden und lange in Oberitalien wirkenden Malers Johann Christoph Storer[168] zusammen mit den Retabeln verbrannten. Und nicht anders erging es den zahlreichen Gemälden, die Oswald Onghers für die Hauger Stiftskirche geschaffen hatte, darunter die Hochaltartafel mit der Darstellung Mariae Himmelfahrt von 1694/95,[169] die samt und sonders ein Raub der Flammen wurden. Nahezu ein gesamtes Kapitel der Würzburger Kunstgeschichte wurde auf diese Weise ausgelöscht. Von den Leistungen Würzburger Barockmaler des 17. Jahrhunderts künden fast nur noch jene Werke, welche sie für Orte außerhalb der Bischofsstadt geschaffen haben.[170] Einige wenige Gemälde Johann Baptist de Rülls und Oswald Onghers' halten das Gedächtnis an diese einst die Würzburger Kunst nachhaltig prägenden Maler am Ort ihres Wirkens wach. Im Mainfränkischen Museum befindet sich ein de Rüll zugeschriebenes, gegen 1680 entstandenes »Porträt eines unbekannten Mädchens«,[171] das Größe und Grenzen der Kunst des Antwerpener Malers demonstriert: Während der Gesichtsausdruck, insbesondere der Rätsel aufgebende Blick der Kleinen, die, zeitüblich, als Erwachsene figurieren muss, den Betrachter in seinen Bann schlägt, enttäuscht die mimetische Qualität in der Wiedergabe des Stofflichen, wie der Klöppelspitze, des Brokats etc., die nicht das in der niederländischen Malerei des »Goldenen Zeitalters« übliche Niveau erreicht. Von der Fülle der Altarbilder, die Oswald Onghers, der angebliche »Nebenbuhler« de Rülls,[172] schuf, haben sich, wie schon erwähnt, drei Tafeln aus dem Dom erhalten, die heute in der Hauger Stiftskirche aufbewahrt werden.[173] Zwei von diesen, das Martyrium des hl. Johannes d. T. sowie das Martyrium des hl. Kilians und seiner Gefährten – charakteristische Stoffe der Gegenreformation und des Barocks –, sind im Jahr 1659 vollendet worden.[174] Beide Gemälde, die noch in dem für das Frühwerk Onghers' typischen, gedämpften Kolorit gehalten sind, folgen einem kompositionellen Schema, das seit dem italienischen Manierismus und nicht minder in der Barockmalerei weit verbreitet war: Über einer rücklings zum unteren Bildrand hin gestürzten, jäh verkürzten Figur baut sich die Komposition aus einerseits bewegt agierenden und andererseits leise das Geschehen kommentierenden Figuren auf. Eine Ungereimtheit der wohl etwas früher entstandenen Johannes-Tafel – gemeint ist der gänzlich falsch platzierte Scherge mit dem Haupt des Täufers – wird stillschweigend durch korrekte Anordnung des Mordgesellen auf dem Kiliansgemälde korrigiert. Letzteres, von besonderer Dramatik erfüllte Bild verbindet Rubens' Pathos mit van Dycks Eleganz, ohne freilich die Qualität der beiden großen Flamen nur entfernt zu erreichen. Bekanntlich hat Onghers gerne nach Reproduktionsgraphiken von Werken dieser von ihm besonders verehrten Vorbilder,[175] aber auch vieler anderer Maler gearbeitet, wodurch sich manche Ungenauigkeit und Künstlichkeit in seinen Bildern ergeben. Nichtsdestoweniger gingen von Onghers' Malerei, die einst in Würzburg weit verbreitet war, mächtige Impulse aus, wie nicht nur die reiche Nachfolge bezeugt, welche diese Kiliansmarter und eine weitere in Kitzingen bewirkt haben,[176] sondern viele andere Bilder auch, etwa seine Assumptionen Mariae. Wie zur Echter-Zeit waren es wieder einmal Niederländer – de Rüll und Onghers –, die der Würzburger Kunsttätigkeit neuen Auftrieb gaben und deren Niveau dem in den überregional tonangebenden Kunstzentren annäherten. –

Abb. 228: Martyrium des hl. Kilian und seiner Gefährten, ehemals im Dom, derzeit in Stift Haug, Ölgemälde von Oswald Onghers, 1659.

Onghers, der seit etwa 1663 den Titel eines Hofmalers führte, hat nicht nur Gemälde sakraler Thematik geschaffen; dass er ein Respekt gebietender Porträtmaler war, bezeugt das ihm zugeschriebene, gegen 1680 entstandene feinfühlige und elegante, licht- und farbgesättigte Bildnis des Botanikers und Arztes Jakob Amling, das im Mainfränkischen Museum aufbewahrt wird (s. Tafel 29).[177] Erstaunlich ist, dass sich generell so wenige profane Staffeleibilder Würzburger Maler der Barockzeit erhalten haben; man darf vermuten, dass vieles, was sich in Privatbesitz befand und der Wissenschaft nicht bekannt geworden ist, beim Stadtbrand im Jahr 1945 vernichtet wurde. – Der umfangreiche zeichnerische Nachlass Oswald Onghers' hat sich indessen im Martin von Wagner-Museum der Universität Würzburg erhalten können:[178] Er führt eindrücklich vor Augen, mit welchem unermüdlichen Fleiß der Maler nach Vervollkommnung seiner künstlerischen Fähigkeiten strebte.

Die Greiffenclau-Zeit

Die Amtszeit von Fürstbischof Johann Philipp von Greiffenclau-Vollraths (1699–1719) markiert in der Kunstgeschichte Würzburgs einen relativ klar abgegrenzten, zwei Jahrzehnte umfassenden Abschnitt – zwar nicht auf allen Gebieten der Kunsttätigkeit gleichermaßen, aber ohne Zweifel auf dem Feld der Baukunst. Denn vor allem als bedeutender Bauherr ist der Fürstbischof in die Geschichte eingegangen, und wo er nicht selbst als Auftraggeber in Erscheinung trat, gab er in vielen Fällen entscheidende Impulse. Insofern übertrifft er deutlich seine Vorgänger – obwohl auch Johann Philipp von Schönborn (1642–1673) sowie Johann Gottfried von Guttenberg (1684–1698) nicht unbedeutende Bauherren waren – und schließt an das Mäzenatentum Julius Echters an.[179] Als charakteristisch erscheint ein Ausspruch Greiffenclaus anlässlich der Beratung über die Planung des neuen Amtshofes des Ritterstifts St. Burkard (Rückermainhof) im Jahr 1715: Je eher gebaut werde, desto besser, ließ sich der Landesherr vernehmen.[180] Der Wunsch, die Residenzstadt zu verschönern, war bei all dem das entscheidende Motiv. Dementsprechend wurden die Verdienste des Fürstbischofs als Bauherr schon von den Zeitgenossen gerühmt, wie eine von dem Würzburger Hofrat Johann Valentin Kirchgeßner anlässlich des 60. Geburtstags Greiffenclaus im Jahr 1712 verfasste und herausgegebene Preisschrift beweist. In diesem Panegyrikus mit dem aufschlussreichen Titel »Gryphus Principalis sive Typus boni Principis« (»Fürstlicher Greif oder Muster eines Fürsten«) war das Fürstenlob freilich so dick aufgetragen worden, dass der Jubilar die Verbreitung der Schrift verbot, die dafür angefertigten Kupferstichplatten (unter anderem von Johann Salver nach Zeichnungen unter anderem Wolfgang Höglers) indessen vergolden und in einen neu von Servatius Arend angefertigten Schreibschrank einbauen ließ.[181] Auf der größten Platte, die in die Tabernakeltüre eingelassen ist, erscheint bezeichnenderweise das Bildnis des Fürstbischofs, das in Gestalt einer Sonne über der Haupt- und Residenzstadt erstrahlt.[182]

Noch im Jahr seiner Stuhlbesteigung, 1699, begann Johann Philipp von Greiffenclau mit notwendig gewordenen Wiederherstellungsarbeiten im fürstbischöflichen Schloss auf dem Marienberg. Sie umfassten eine Neuausstattung der als Schlosskapelle dienenden Marienkirche mit prachtvollen Altarretabeln, ferner die Vollendung und bauplastische Dekoration des schon von Johann Philipp von Schönborn angelegten Fürstengartens und nicht zuletzt die Dekoration von fünf Räumen der Bischofswohnung.[183] Die längst untergegangenen Stuckaturen der teils überreich ausgezierten Zimmer schufen der Schweizer Franziskanerbruder Kilian Staufer und der Lombarde Giovanni Pietro Magno mit seinem Gehilfen Giovanni Battista Clerici.[184] Stuckarbeiten stellten kein Novum in Würzburg dar: Schon zur Zeit Julius Echters waren der Kapellenraum des Schlosses und die dort befindlichen Repräsentationsräume mit ornamentalen und figürlichen Stuckaturen versehen worden.[185] Von den einst sicherlich zahlreich vorhandenen Würzburger Stuckdekorationen des 17. Jahrhunderts haben sich lediglich Reste des von Prospero Brenno 1672 geschaffenen Wand- und Deckenschmucks im Saal des Roten Baus am Grafeneckart[186] und fünf Stuckdecken in der ehemaligen Deutschordenskomturei,[187] die gegen 1694 entstanden sind, erhalten können. Die letztgenannten Ar-

Abb. 229: Innenraum des Doms vor der Zerstörung 1945.

beiten wurden im zeitüblichen »Akanthusstil« ausgeführt. Derselben Stilrichtung gehörten mit Sicherheit Magnos Stuckaturen in der Bischofswohnung auf dem Marienberg an, worauf Reste einer von ihm geschaffenen Dekoration im südlichen Pavillon des Fürstengartens[188] schließen lassen.

Auf Empfehlung des Fürstbischofs erhielt Pietro Magno vom Domkapitel den Auftrag, den gewaltigen Raum des Domes auszustuckieren; die umfangreichen Arbeiten führte der Künstler mit einer aus Landsleuten zusammengestellten Équipe 1701–1706 aus.[189] Im Sinne eines barocken Gesamtkunstwerks sollten die Stuckaturen zwischen der geschichtlich gewachsenen, uneinheitlichen Architektur des Raums[190] und seiner höchst vielgestaltigen bildnerischen und malerischen Ausstattung vermitteln; denn ungeachtet aller im 17. Jahrhundert aufgewandten Mühe um ein einheitliches Erscheinungsbild der Altäre bot das im Laufe von Jahrhunderten zusammengekommene Inventar den Anblick gestalterischer Planlosigkeit und Willkür. Ein den Langhausarkaden aufgesatteltes, aus Pilastern samt Gebälk bestehendes Gliederungsgerüst, das sich in das Querhaus und in den Chor fortsetzte, vervollständigte die im Laufe ihrer Geschichte unleserlich gewordenen architektonischen Strukturen und konstituierte den Ort für Heerscharen bewegter Stuckfiguren, seien es Angehörige des himmlischen Hofstaates, seien es bedeutende Gestalten der Heilsgeschichte: Sie alle wirken, unterstützt von lebendig-beweglichem, vegetabilem Ornament, zusammen, um die gestalterische Vielfalt in formaler und inhaltlicher Einheit aufgehen zu lassen. Mit Sicherheit war geplant, die Felder der vielen von Engeln präsentierten Rahmenelemente und die prächtig gefassten

Spiegel der Gewölbe mit Bildern zu versehen, wodurch die angestrebte Einheit der Künste vollkommen gewesen wäre. Vielleicht waren mangelnde finanzielle Mittel der Grund dafür, dass die Ausmalung nicht verwirklicht wurde. Die Zerstörungen infolge des Brandes am 16. März 1945 und ein widersprüchliches Wiederaufbaukonzept haben zum Untergang großer Teile des Domstucks geführt. Das was davon im südlichen Seitenschiff, im Querhaus und im Chor erhalten blieb, darf nicht nur als Ganzes, sondern auch im ornamentalen und im bildnerischen Detail zu den herausragenden Leistungen europäischer Stuckaturkunst zählen; nur wenige Stuckdekorationen italienischer Sakralräume, wie beispielsweise die gestalterisch verwandte Ausstattung der Chiesa Nuova in Rom, kann man den Arbeiten Pietro Magnos und seiner Mannschaft an die Seite stellen. Dass der Domstuck die Zeitgenossen tief beeindruckte, lassen die Spuren erkennen, die er im Schaffen mainfränkischer Architekten der Greiffenclau-Zeit hinterließ.[191]

Die nächst der Umgestaltung des Domraums bedeutendste Leistung auf dem Gebiet der Sakralbaukunst war in der Greiffenclau-Zeit der Neubau der Westteile der Stiftskirche Neumünster in den Jahren 1711 bis 1716 (s. Tafel 53).[192] Über der Stätte, wo laut einer alten Tradition die Frankenapostel Kilian, Totnan und Kolonat den Märtyrertod erlitten und begraben wurden, sollte sich zu Ehren der »Patrone des Vaterlandes«, wie sie in der Barockzeit bezeichnenderweise tituliert wurden,[193] ein Kuppelbau erheben, um, in Analogie zu ungezählten Memorialbauten des Mittelalters und der Neuzeit – nicht zuletzt auf die römisch-vatikanische Peterskirche anspielend –, den heiligen Platz gebührend in der Stadtlandschaft zu markieren. Dieses besonders für die Barockepoche charakteristische Konzept erfuhr seine Abrundung und Vervollkommnung durch das Angebot des Fürstbischofs, den Kuppelbau mit einer ansehnlichen, den Vorplatz der Stiftskirche beherrschenden Fassade schmücken zu lassen. Der hochherzigen Stiftung gedenkt eine monumentale Inschrift auf dem Fries des Fassadenhauptgebälkes, wo in der Mitte der Name des Landesfürsten erscheint: »JOHANNES PHILIPPUS EPISCOPUS«. Die Analogie zur Fassade der vatikanischen Peterskirche und zu anderen bedeutenden römischen Kirchenfronten der Spätrenaissance und des Barocks ist mit Händen zu greifen. Der unregelmäßig bzw. ungleichseitig achteckige Zentralbau mit der als Klostergewölbe ausgebildeten Kuppel, über der eine pralle, laternengekrönte Schieferhaube thront, ist ungeachtet aller städtebaulichen Qualitäten als eine zu seiner Entstehungszeit recht altertümliche, provinzielle Lösung zu bewerten. Zu Recht schreibt man deshalb den Entwurf Josef Greising zu, dessen Name in der am 18. Juni 1711 in den Grundstein des Kuppelbaus versenkten Urkunde genannt wird.[194] Denn der aus einem Dorf bei Bregenz stammende Baumeister, der nach dem Tod Petrinis (1701) nahezu zwei Jahrzehnte lang nicht nur als Architekt, sondern auch als Bauunternehmer das Baugeschehen in Würzburg und im Hochstift beherrschte,[195] war, nicht zuletzt aufgrund seiner Herkunft, seiner Verbundenheit mit vorarlbergischen Baugewohnheiten, ein Mann der Tradition, dem es zudem an schöpferischer Fantasie mangelte. Andererseits ist deswegen auszuschließen, dass der eher hausbackene Greising die dem Kuppelbau vorgelagerte, von künstlerischer Raffinesse zeugende Hauptfassade entworfen haben könnte. Vielmehr dürfte die teils polygonal gebrochene, teils in ellipsoid-konkaver Kurve geführte Fassadenwand, die in ihrer Raumhaltigkeit den relativ engen Kürschner-

Abb. 230: Fassade der Pfarrkirche St. Peter und Paul, Joseph Greising, 1717–1720.

hof zu weiten scheint und sich darin als plastisch-bewegter Körper behauptet, auf den Entwurf eines überregional bedeutenden Architekten zurückgehen. Während die immer wieder konstatierten formalen Übereinstimmungen mit Carlo Fontanas Schaufront von S. Marcello al Corso in Rom[196] nur oberflächlicher Natur sind, lassen sich umso engere Verbindungen zur Architektur des Theatinermönches Guarino Guarini erkennen: Die von diesem für die Turiner Kirche S. Filippo Neri entworfene Fassade[197] weist denselben Wechsel aus polygonal gebrochenen Seitentravéen und kurvierter Mitteltravée auf, mit dem einzigen, unwesentlichen Unterschied, dass die Kurve dort konvex und hier konkav verläuft. Guarini, der 1679 Entwürfe für die Prager Theatinerkirche St. Maria von Oetting lieferte und sich wohl deshalb in die »Goldene Stadt« begab, hinterließ, obwohl seine Pläne nicht verwirklicht wurden, tiefe Eindrücke im Schaffen der böhmischen Barockarchitekten,[198] namentlich im Werk des Christoph Dientzenhofer. Vor diesem Hintergrund sieht sich die immer wieder geäußerte Vermutung, einer der Brüder des Prager Baumeisters, der in Fulda und Bamberg tätige Johann Dientzenhofer, ein welterfahrener, weit herumgekommener Baumeister, habe den entscheidenden Entwurf für die Neumünsterfassade gefertigt, einmal mehr bestätigt. Die bei aller europäischen Klasse des architektonischen Konzepts unübersehbare Biederkeit im Detail dürfte indessen auf das Konto Greisings gehen, der den Entwurf Dientzenhofers verwirklichte. Als »vorarlbergisch« erscheinen die auffälligen Gebälkkröpfe über den Flanken- bzw. Kantensäulen. »Römisch« hingegen wirkt der reiche Skulpturenschmuck, der den gänzlich in Sandstein ausgeführten Fassadenprospekt zu einem *theatrum sacrum* werden lässt.

Der dritte bedeutende, wiederum vom Fürstbischof geförderte Sakralbau der Greiffenclau-Zeit ist die 1717–1720 von Josef Greising errichtete Pfarrkirche St. Peter (s. Abb. 230). Die romanischen Türme und der gotische Chor des Vorgängers wurden in den Neubau einbezogen.[199] Der Bautypus ist unverkennbar vorarlbergischer Herkunft: Das Langhaus untergliedern zwei Pfeilerreihen in einen geräumigen, gewölbten Saal und zweistöckige, in Joche unterteilte Abseiten, die sich untereinander zu Schiffen verbinden, sodass sich die Struktur einer dreischiffigen Emporenhalle ergibt; der Ursprung des Raumgebildes in der Wandpfeilerkirche bleibt dennoch ablesbar. Zu dem eingezogenen, schmalen Chor vermitteln gekurvte Wandstücke, die in dem relativ altertümlich wirkenden Raumgefüge als vergleichsweise »modern« erscheinen. Den Außenbau dominiert die sich ausbauchende Giebelfassade im Westen. Greising vermied hier einen kurvierten Wandverlauf und erreichte die Auswölbung der Fassade durch polygonale Brechung. Ungewöhnlich erscheint neben manchem kuriosen Detail der Kontrast zwischen der großzügigen Gliederung der seitlichen Achsen und der Kleinteiligkeit der drei mittleren Traveen. Auffällig ist die Entlehnung der Ädikulamotive aus dem Formenschatz Petrinis, während die ornamentalen Schmuckformen, die unverkennbar von den Stuckaturen Pietro Magnos angeregt wurden,[200] Charakteristika des so genannten Greising-Stiles sind.

Unter den vielen Profanbauten, die sich mit dem Namen Johann Philipps von Greiffenclau verbinden, ragen drei besonders aufwändige Bauwerke heraus: An erster Stelle ist der weitläufige Neubau des Juliusspital-Nordflügels zu nennen, der nach Plänen des späten Petrini ab 1700 errichtet und nach dessen Tod (1701) von Greising fortgeführt und 1714 vollendet wurde (s. Abb. 231).[201] Während die langen Arkadengänge der Südfront an den 1699 abgebrannten Vorgängerbau erinnern (s. oben Echter-Zeit) und die Horizontalgliederung durch Stockwerkgesimse wie auch die betonten Fensterachsen der üblichen Formensprache Petrinis entsprechen, weist das Mittelrisalit ein erst an den späten Profanbauten des oberitalienischen Meisters auftretendes Gliederungselement auf: den Kolossalpilaster, der mehrere Stockwerke zur Einheit zusammenfasst, die Gebäudekanten betont und schließlich, wie im vorliegenden Fall, auch der vertikalen Binnengliederung des Baukörpers dienen kann. Wie gerne Petrini gegen 1700 den kolossalen Pilaster zur Gestaltung anspruchsvoller, palastartiger Gebäude verwendete, führen auch der Hof Emeringen (1699), das ehemalige Kapitelhaus von Stift Haug (1699–1703) und das Rosenbachpalais (um 1700)[202] vor Augen (s. Abb. 232). Kennzeichnend für Petrinis Spätstil als Profanbauarchitekt ist ferner seine Neigung zu reicher bauplastischer Zierde. – An zweiter Stelle sei eines der letzten Werke Antonio Petrinis erwähnt, nämlich das 1700–1705 am Rennweg errichtete so genannte *Schlösslein*, der Vorgängerbau der ab

*Abb. 231: Nordflügel des Juliusspitals mit Fürstenbau,
Antonio Petrini, 1699–1714.*

1720 errichteten Residenz.[203] Bereits Fürstbischof Johann Gottfried von Guttenberg hatte den Beschluss gefasst, eine neue Hofhaltung in der Stadt zu erbauen; erst sein Nachfolger, Greiffenclau, führte den Plan aus, nicht ohne an dem angestammten Sitz auf dem Marienberg festzuhalten, wie die Renovierungen im Schloss beweisen. Dem in den Quellen als *Schlösslein* bezeichneten, freilich durchaus stattlichen Bau – seine Länge betrug etwa 68 m! –, war anscheinend die Aufgabe einer nahezu »im Grünen«, nämlich im suburbanen Raum gelegenen Zweitresidenz zugedacht. Hierauf verweist außer der Lage der Residenz auch ihre Trikliniumsform (Dreiflügelform), wie sie sich seit dem 16. Jahrhundert in Frankreich für Lustschlösser eingebürgert hatte. Die Fassaden des zweistöckigen *Schlössleins* waren umlaufend mit Pilastern versehen, nach Art der Wiener und Prager Palastbauten des späten 17. Jahrhunderts. Dem architektonischen Aufwand entsprach eine reiche bauplastische Ausschmückung. Wegen schwerer statischer Mängel wurde die Zweitresidenz nie bezogen und um 1720 schließlich abgebrochen. – An dritter Stelle ist endlich der gewaltige, neue Zeughausbau auf der Festung Marienberg zu nennen. Sogleich nach seiner Wahl hat sich Johann Philipp von Greiffenclau intensiv des weiteren Ausbaus der Festung angenommen,[204] und nichts könnte besser den Einsatz des Fürsten für die Landesverteidigung veranschaulichen als das westliche Tor des 1708 erbauten Ravelins (dem Hauptwall vorgelagertes Außenwerk), hier auf viereckigem Grundriss, namens *Teutschland*, das so genannte Äußere Höchberger Tor: Die beiden Säulenschäfte der Torrahmenarchitektur sind in Form von Kanonenrohren gebildet und mit den Namenszügen und den Reliefdarstellungen der hl. Johannes und Philippus, der Namenspatrone Greiffenclaus, versehen.[205] Vermutlich hat der seit 1704 für das Hochstift tätige Ingenieurhauptmann und Architekt Andreas Müller, der spätere Lehrer Balthasar Neumanns, den Ravelin *Teutschland* samt seinem »sprechenden« Portal erbaut.[207] Müller wird auch der Entwurf für das ein Jahr später, 1709, begonnene und 1712 vollendete Zeughaus auf der Esplanade vor der Echterbastei zugeschrieben.[207] Die Hoffronten des winkelförmigen, zweigeschossigen Baukörpers sind mittels hoher Erdgeschossarkaden, rustizierter Pilastergliederung und feiner Lisenenrahmung der verputzten Wandflächen so aufwändig und vornehm gegliedert, dass sie wesentlich zum großartigen Gesamtbild der Festung Marienberg und zum Ruhm ihres letzten bedeutenden Bauherrn, Johann Philipp von Greiffenclau, beitragen.[208]

Dass sich unter den milden Strahlen der landesfürstlichen Sonne aller Orten die Bau- und Kunsttätigkeit belebte, kann nicht verwundern. Eine Reihe neuer Domherrenhöfe und Adelpalais', Kloster- und Stiftshöfe sowie öffentlicher Gebäude und ungezählte Neubauten von Bürgerhäusern bezeugen den allgemeinen Eifer, die Residenzstadt zu verschönern. Über die schon erwähnten Monumente hinaus ist zunächst an das in der Nähe des neuen *Schlössleins* zwischen 1706 und 1709 errichtete Familienpalais der Greiffenclau zu erinnern, das wegen des roten Sandsteinmaterials seiner Fassaden auch »Roter Bau« genannt wird (s. Abb. 233). Mit guten Gründen hat man Andreas Müller, dem hochstiftischen Ingenieurhauptmann, den Entwurf zugeschrieben,[209] wofür einige architektonische Details sprechen, die an das Zeughaus erinnern. Unverkennbar sind die Anklänge an den Stil des späten Petrini. Andreas Müller wird ferner der 1716–1718 errichtete barocke Erweiterungsbau des Bürgerspitals zugeschrieben,[210] der als zierliche, zivile Neuauflage des wenige Jahre zuvor vollendeten Zeughauses auf der Festung gelten darf. Der für die Fassaden des Gebäudes charakteristische Wechsel von Schichten roten

Abb. 232: Rosenbachpalais, wohl Antonio Petrini,
Ende 17. Jahrhundert.

*Abb. 233: Palais der Familie Greiffenclau, sog. Roter Bau,
Ecke Oegg-/Theaterstraße, Andreas Müller, 1706/08.*

und gelben Sandsteins begegnet an dem auch mit Andreas Müller in Verbindung
gebrachten Hof Friedberg wieder, dem um 1714 errichteten einstigen Wohnsitz des
in der Greiffenclau-Zeit allmächtigen Hofkammerdirektors Gallus Jakob von Hollach
(bzw. Hohlach).[211] Die Erdgeschossarkade im Hof ist mit der des Bürgerspital-Erweite-
rungsbaus nahe verwandt. Ob der gleichfalls dem Ingenieurhauptmann Müller zugeschriebene, zwischen 1710/20 erbaute Hof Ingelheim-Guttenberg (bzw. Hof zum hl.
Gallus)[212] tatsächlich von diesem Architekten entworfen wurde, sei dahingestellt. Das
ursprünglich zweistöckige, 1790 um ein Geschoss erhöhte Bauwerk zeichnet sich durch
betont »moderne« Eckabrundungen und einen von Dynamik erfüllten Portalaufbau
aus.

Gelegentlich, etwa von Fritz Knapp, wurde die Epoche des Fürstbischofs Johann Philipp von Greiffenclau auch »Greising-Zeit« genannt. Wie jüngste Forschungen ergaben,[213] hat der Vorarlberger Baumeister unter dem Eindruck der Domstuckaturen des
Pietro Magno seinen betont ornamentfreudigen Baustil entwickelt, eine barocke Stilrichtung, die auf Anhieb in Würzburg und in ganz Mainfranken Schule gemacht hat.
So kam es, dass manches Bauwerk mit dem Etikett »Greising« versehen wurde, obwohl
es von dem Vorarlberger weder entworfen noch erbaut worden ist. Zu den gesicherten
Profanbauten, die der viel beschäftigte Baumeister gemäß seinen Plänen errichtete, ge-

Abb. 234: Ehemaliges Jesuitenkolleg, heute Priesterseminar, Portal, Joseph Greising, 1715–1719.

hört der Nordflügel des ehemaligen Jesuitenkollegs (heute: Priesterseminar), der in den Jahren 1715–1719 entstand.[214] Die strenge, kasernenartige Gesamterscheinung des Gebäudes ist typisch für jesuitische Kolleggebäude und lässt deshalb keine Rückschlüsse auf die gestalterischen Absichten des Architekten zu. An dem aufwändig gestalteten Mittelrisalit lässt sich indessen durchaus seine Hand erkennen und aus welchen künstlerischen Quellen er schöpfte: Die Kolossalpilaster wie auch die risalitartig verkröpften Fensterachsen sind Gestaltungsmittel, die Greising von Petrini entlehnte, freilich weitgehend ihrer ursprünglichen plastischen Wirkung entkleidete. Die Bündelung der Pilaster indessen, die reichliche Verwendung von Beizierden, die teils bizarr geschweiften Fenstergewände und die Biegungen von Gesimsen wurden von Stuckaturen des Pietro Magno angeregt. Eine unverkennbare Eigenart der greisingschen Fassadenausbildung ist

*Abb. 235: Sog. Greising-Häuser in der Neubaustraße, hier Haus Nr. 14,
2. Jahrzehnt des 18. Jahrhunderts.*

das fein differenzierte, mitunter nahezu weiche Wandrelief, wobei die Komposition der einzelnen Gliederungs- und Schmuckelemente der nötigen Straffheit und Spannung entbehrt. – Nahezu zur selben Zeit, 1715–1723, errichtete Greising den Amtshof des Ritterstifts St. Burkard, den so genannten Rückermainhof (s. Abb. 263, S. 685).[215] Fast möchte man meinen, der Vorarlberger Baumeister habe der vergleichsweise »italienischen« Erscheinung des Jesuitenkollegs eine »deutsche« Alternative entgegensetzen wollen: Denn die Kleinteiligkeit der Sandsteinfassade mit den schulmäßig übereinander gestellten klassischen Ordnungen (dorisch, ionisch, korinthisch) erinnert auffällig an Bauwerke, wenn nicht sogar an so genannte Fassadenschränke der deutschen Renaissance. Ein Übriges tut das reichlich verwendete Ornament, um dem Bau eine heimische Physiognomie zu verleihen. – Ornamentfreudig sind auch die von Greising selbst oder in seinem Stil erbauten zahlreichen Bürgerhäuser, unter denen das Haus »zum Heubarn« (Sanderstraße 7)[216] das qualitätvollste sein dürfte. Verwandt mit diesem, wenn auch ein wenig altmodischer, ist das dem Domkapitelsbaumeister Georg Bayer zugeschriebene, ins Jahr 1716 datierte Wohnhaus Neubaustraße 14, hinter dessen überreicher Fassade sich heute das Stadtarchiv befindet.[217] Mit guten Gründen schreibt man demselben Architekten auch das »Huttenschlösschen«, heute Sitz des Corps Rhenania, zu.[218] Gegen 1720 hat es sich der damalige Domdekan und nachmalige Fürstbischof Christoph Franz von Hutten als zu einem großen Garten gehöriges »Lusthaus« errichten lassen. Stilverwandt mit diesem ist offensichtlich der schmuckfreudige, fast schon bizarr wirkende Pavillon im Lustgarten des Juliusspitals (später: *Theatrum anatomicum*),

Abb. 236: Gartenfassade des Hutten-Schlösschens
in der Sanderglacisstraße, 1724–1729.

Abb. 237: Pavillon, späteres Theatrum Anatomicum, im Garten des Juliusspitals
vor der Zerstörung im Jahr 1945,
Joseph Greising und andere, 1705–1714.

der angeblich zwischen 1705 und 1714 entstand und von einigen dem Josef Greising zugeschrieben wird.[219]

Einseitig wird unsere Sicht der Greiffenclau-Zeit von ihren Baudenkmälern geprägt. Denn trotz großer Verluste an wertvoller Bausubstanz im Laufe der Jahrhunderte, vor allem infolge der Kriegszerstörung, hat sich die Würzburger Baukunst des beginnenden 18. Jahrhunderts insgesamt wesentlich besser überliefert als die gleichzeitige bildende Kunst. Das Ausmaß des Verlorenen lässt sich beispielsweise an der Schwierigkeit ermessen, vom Schaffen eines der führenden würzburgischen Bildhauer der Epoche, des Balthasar Esterbauer,[220] eine anschauliche Vorstellung in der Stadt zu gewinnen, in welcher er jahrzehntelang wirkte und ein reiches Œuvre hinterließ.

Der gebürtige Altbayer kam wahrscheinlich einige Jahre vor 1700 nach Würzburg, wo er im Jahr 1701 als wohnhaft urkundlich erwähnt wird.[221] Im selben Jahr erhielt er seine nachweislich ersten bedeutenden Aufträge. Für das neue Brückentor am westlichen Ende der Alten Mainbrücke, das Fürstbischof Greiffenclau nach dem Entwurf eines unbekannten Architekten errichten ließ,[222] fertigte Esterbauer bis ins Jahr 1702 hinein[223] vier Statuen, die zur Aufstellung in muschelgeschmückten Nischen, und zwei fürstliche Wappen, die zur Anbringung an den Giebeln der beiden rustizierten, mit toskanischer Pilastergliederung versehenen Torfassaden bestimmt waren. Mit dem Brückentor, das 1869 unnötigerweise abgebrochen wurde, verschwand auch dessen plastischer Schmuck, nachdem dieser öffentlich versteigert worden war. Die zwei Statuen von der Ostfassade, die römische Krieger darstellten, sollen an das Gartentor des Anwesens Nr. 15 in der Friedenstraße gelangt sein,[224] sind inzwischen aber anscheinend verschollen. Von ihren weiblichen Pendants an der Westfront hat sich zwar jegliche Spur verloren, aber ihre Erscheinung wurde wenigstens im Lichtbild, wenn auch nicht gänzlich detailscharf, zwischen 1865 und 1869 vom Würzburger Fotografen Gundermann aufgenommen.[225] Einer bis ins späte 18. Jahrhundert zurückreichenden Würzburger Überlieferung zufolge sollen die mit Schild, Speer und Kopfbedeckung gerüsteten, antikisch gewandeten Frauengestalten »Pallas« und »Minerva« verkörpern,[226] was aus nahe liegenden Gründen, aber auch, weil das entscheidende Attribut, die Eule, fehlt, abzulehnen ist. Die Kopfbedeckung der linken (nordwestlichen) Statue weist den charakteristischen Zipfel einer phrygischen Mütze auf, weshalb zu überlegen ist, ob die kriegerischen Frauen »Amazonen« darstellen sollten und insofern würdige Gegenstücke zu den römischen Kriegern der östlichen Torfassade gewesen wären. Dem Foto nach zu urteilen, waren die »Amazonen« betont massige Gestalten, zwar kontrapostisch, aber nicht in gelöster, freier Haltung stehend, zumal das Spielbein in Gewandmassen nahezu gefangen war. Eine gewisse szenische Bewegtheit der rechten (südwestlichen) Amazonenstatue gibt zu erkennen, dass sich der Bildhauer um Expressivität bemühte. – Der zweite bedeutende Auftrag, der 1701 an Balthasar Esterbauer erging, war eine Serie von Apostelstatuen für den Hochaltar der Universitätskirche, der nach einem Entwurf des Hauger Stiftsbildhauers Johann Caspar Brandt im Jahr zuvor begonnen worden war. Zwei der insgesamt zwölf Apostelstatuen, die Standbilder der hl. Petrus und Paulus, die der Bildhauer Tobias Ungleich bereits ausgeführt hatte, wurden von Esterbauer lediglich überarbeitet.[227] Später (1702?) fertigte er noch vier Figuren für die neuen Seitenaltäre der Universitätskirche.[228] Im Jahr 1820 wurden die Altäre aus der Kirche entfernt; Teile des Hauptaltars gelangten nach Schlüsselfeld (Kreis Bamberg), die Seitenaltäre nach Brunntal bei Wenkheim (Main-Tauber-Kreis).[229] Die Apostelserie ist verloren gegangen, während sich von dem plastischen Schmuck der Seitenaltäre vier Putti in den Bekrönungen erhalten zu haben scheinen.[230] – Im Mai 1702 wurden Esterbauer die bildhauerischen Arbeiten am neuen Hauptaltar des Domes übertragen. Der gewaltige Altaraufbau war 1700 gemäß einem Riss Johann Caspar Brandts begonnen worden. Nach dessen Tod im Februar 1701 änderte auf Empfehlung einiger Domherren Johann Michael Rieß den Entwurf Brandts ab und erhielt die Ausführung der plastischen Bestandteile übertragen. Als auch Rieß verstorben war, übernahm schließlich Esterbauer den Auftrag und führte ihn bis 1703 aus.[231] Sein Anteil umfasste weniger figürliches als ornamentales Schnitzwerk. Der als halbkreisförmige Kolonnade gestaltete Hochaltar-Aufbau wurde von einem gewaltigen, auf Volutenspangen ruhenden Herzogshut im wahrsten Sinne des Wortes »bekrönt«. Mit Ausnahme der Säulen aus schwarzem Lahnmarmor verbrannte das großenteils in Holz ausgeführte Altarwerk am 16. März 1945. – Dasselbe Schicksal ereilte die beiden von Balthasar Esterbauer geschaffenen monumentalen hölzernen

Tafel 53: *Fassade und Turmspitze der Neumünsterkirche am Kürschnerhof,*
Joseph Greising und andere, 1712–1716.

Tafel 54: Hofkirche der Residenz, Balthasar Neumann, 1732–1744.

Tafel 55: Deckenfresko im Treppenhaus der Residenz mit Erdteil Europa,
Giovanni Battista Tiepolo, 1753.

Tafel 56: Göttermahl, Deckenfresko im Gartensaal der Residenz,
Johann Zick, 1750.

*Abb. 238: Hochaltar des Doms, Balthasar Esterbauer und andere, 1700–1703,
1945 verbrannt.*

Chorbogenaltäre des Doms, den 1705 von Kurfürst Lothar Franz von Schönborn gestifteten Bruno-Altar (südlicher Chorbogenpfeiler) und den 1709 von Fürstbischof Johann Philipp von Greiffenclau gestifteten Pfarraltar (nördlicher Chorbogenpfeiler).[232] Die säulenreichen, von gesprengten Giebeln und hohen, giebeligen Auszügen bekrönten Zwillingsretabeln waren, im Gegensatz zum Hochaltar, mit einer Fülle von Figuren geschmückt, unter denen jeweils die vier mächtigen, sicherlich überlebensgroßen Statuen vor und zu Seiten der Säulen die meiste Aufmerksamkeit auf sich gezogen haben dürften. Darf man den Beschreibungen in der Literatur und den fotografischen Aufnahmen der Altäre[233] Glauben schenken, so zeichnete die aus Holz geschnitzten, goldgefassten Statuen eine schwere, geradezu wuchtige Leiblichkeit aus, die betont wurde durch ihr Gefangensein in schweren Stoffmassen. Dessen ungeachtet machte sich ein Hang zu szenischer, wenn auch träger Bewegtheit bemerkbar, wobei einige Gesten der Figuren, die deren Kontur durchbrachen, einen solchen Eindruck verstärkten. Der von Gravitas geprägte Stil der Statuen erweist diese als Spätlinge der deutschen plastischen Kunst des 17. Jahrhunderts. – Unter den drei figurengeschmückten hölzernen Altarretabeln, die Balthasar Esterbauer in den Jahren 1706 bis etwa 1717 für die Hauger Stifskirche schuf[234] und die sämtlich am 16. März 1945 verbrannten, war der Dreikönigsaltar, der sich an der Stirnwand des südlichen Querhauses befand, der bedeutendste. Im Frühjahr 1706 nahm Esterbauer die Arbeiten an diesem Altar auf, 1708 wurde er nach seiner Vollendung geweiht.[235] An den geschnitzten und vergoldeten Statuen, die vor den Säulen des Retabels standen, wird gerühmt, dass »ihre wahrhaft grosse, in keiner Weise mehr irgendwie befremdliche Monumentalität« sie entschieden »über das künstlerische Niveau der Domfiguren« erhoben habe. Die Standfigur des hl. Burkardus gar wird als eine »der bedeutendsten Leistungen monumentaler Plastik, die der Würzburger Barock aufzuweisen hat«, bezeichnet.[236] – Auch die 1717–1720 von Esterbauer als Pendants geschaffenen Chorbogenaltäre der Peterskirche[237] gingen am 16. März 1945 in Flammen auf. Fast etwas exzentrisch, wie autonome plastische Gebilde, präsentierten sich die kannelierten Säulen der Retabeln. Dementsprechend auffällig »gestreckt« und schlank sollen die Statuen vor und seitlich der Säulen gewesen sein, was auf eine bemerkenswerte, stilistische Entwicklung im Schaffen des Bildhauers schließen lässt. – Wer heute die Kunst Balthasar Estenbauers in umfassender Weise kennen lernen will, wird die ehemalige Klosterkirche in Bronnbach/Tauber, die ehemalige Stiftskirche auf der Komburg und vor allem die frühere Klosterkirche in Banz[238] aufsuchen müssen: Hier, an der Hauptfassade und am Hochaltar der Banzer Kirche, kann man beobachten,[239] dass der Künstler zwar stets dem »Massenstil« seiner Würzburger Frühzeit treu blieb, dass er andererseits aber im Laufe seines Schaffens den Gesten seiner Statuen einen immer expressiver werdenden Nachdruck zu verleihen wusste, wobei der Kontrast zwischen der Schwere der Leibesbildung und dem teils jähen Ausufern bewegter Gliedmaßen als besonders charakteristisch erscheint. – Einige wenige, und vielleicht nicht gerade seine bedeutendsten Werke zeugen noch heute in Würzburg von Balthasar Esterbauers Schaffen. An erster Stelle ist das in seiner Art und insbesondere vor dem Hintergrund der würzburgischen Bildhauerkunst der Renaissance und des Barocks bemerkenswerte Denkmal für Bischof Heinrich I., den Gründer des Chorherrenstiftes St. Johannis in

Abb. 239: Stiftermedaillon im Epitaph Bischof Heinrichs I. (995/96–1018) in der Pfarrkirche Stift Haug, Balthasar Esterbauer, 1705.

Haug, zu nennen.[240] Im Jahr 1705 schließt das Stiftskapitel den Vertrag mit Esterbauer ab, 1708 wird das vollendete Denkmal am südwestlichen Vierungspfeiler der Stiftskirche errichtet.[241] Das Material, aus dem das Gedächtnismal gefertigt wurde und das ihm, trotz beträchtlicher Schäden im Jahr 1945, sein Überleben gesichert hat, erinnert an das Ehrenberg-Epitaph im Würzburger Dom (s. oben): Die architektonischen Bestandteile und die Draperie bestehen aus schwarzem Lahnmarmor, die figürlichen und ornamentalen Details sind aus weißgelbem Alabaster gearbeitet. Zwei in Würzburg seit dem 16. Jahrhundert gebräuchliche Grabmalsgattungen sind hier miteinander verschmolzen worden: der Ädikula- und der Konsolwandgrabmaltypus. Insofern kann von einer spezifisch würzburgischen Leistung gesprochen werden.[242] Die Würdeform der Draperie, die sich, vielleicht angeregt von der ephemeren Kunstgattung der so genannten Trauergerüste, seit dem Spätwerk Gianlorenzo Berninis eingebürgert hatte,[243] taucht anscheinend erstmals an diesem Denkmal in Würzburg auf. So gelungen der von Esterbauer geschaffene Aufbau des Ganzen erscheint, so ist die Ausführung im Einzelnen nicht gänzlich geglückt: Die unnötig heftig bewegte Figur der Fides, die angestrengt das fiktive Porträtmedaillon des Stifters betrachtet, hat etwas von einer Mänade an sich, während die mit der Aufhängung der Festons beschäftigten geflügelten Putti der Leichtigkeit des Fliegens entbehren.[244] Von wissenschaftsgeschichtlichem Interesse ist das zentrale Relief, auf dem Esterbauer in Form einer fiktiven historischen Szene schildert, wie der Baumeister dem Stifter Modell und Plan der damals schon seit Jahrzehnten abgebrochenen, hier jedoch wiederbeschworenen romanischen Kirche präsentiert.[245] In der Dokumentation historischer Zustände gibt sich ein nahezu »modernes« Geschichtsbewusstsein zu erkennen, wie es im Gefolge des Jean Mabillon bei den Maurinern seit dem späten 17. Jahrhundert gepflegt wurde.[246] Deshalb ist der kulturgeschichtliche Wert des Monuments nicht geringer als sein kunstgeschichtlicher zu schätzen. – Ein mit dem Stift Hauger Gedächtnismal verwandtes Werk, das Esterbauer mit guten Gründen zugeschrieben wird, ist das in Bronze gegossene Epitaph des Kaiserlichen Rates und fürstbischöflichen Kanzlers Johann Lorenz Adelmann (gest. 1719) in der Peterskirche.[247] Im Typus ist es dem Heinrich-Denkmal verwandt, wenn auch der Aufbau sowohl proportional wie in den absoluten Abmessungen deutlich reduziert ist. Zentrale Bedeutung kommt dem ovalen Medaillon mit dem sprechenden Bildnis des Verstorbenen in Reliefarbeit zu. Zuoberst leisten die Namenspatrone Adelmanns angesichts des auferstehenden Herrn Fürbitte. Bemerkenswert ist, dass der Bronzeguss in Würzburg ausgeführt wurde, während wohl alle figürlichen Bronzearbeiten des 16. und 17. Jahrhunderts, die in Würzburg begegnen, aus Nürnberger Gusswerkstätten stammen.[248] Der Gießer des Adelmann-Epitaphs, der Forchheimer Johann Adam Roth, war bereits 1716 für die Ursulinen tätig und erlangte 1726 Würzburger Bürgerrecht.[249] – Zahllose bauplastische Arbeiten führte Esterbauer über die schon erwähnten hinaus in Würzburg, anderen Orten Frankens und sogar in Fulda aus.[250] Er war mit Sicherheit der meistbeschäftigte würzburgische Bildhauer der Greiffenclau-Zeit und darüber hinaus bis zu seinem Tod in der Regierungsperiode des Christoph Franz von Hutten, gegen 1728 (Todesort und -datum sind nicht bekannt). Unter den Hausfiguren, die mit Esterbauer in Verbindung gebracht werden, befinden sich viele Madonnen bzw. Immaculata-Statuen unterschiedlichen Typus', von denen keine einzige als Werk des Bildhauers gesichert ist.[251] Mit einiger Wahrscheinlichkeit dürfte die trotz aller Leibesschwere doch bewegliche Madonna vom Burkarder Pfarrhaus (angeblich nach 1701) von Esterbauer geschaffen worden sein,[252] wie ein Vergleich mit der linken »Amazone« von der Westfassade des Brückentors (s. oben) nahe legt. – Als sicher zugewiesen und datiert (1717) darf indessen die Statue des hl. Kilian vom Giebel des zerstörten Bruderhofportals gelten,[253] die vor einigen Jahren wenig sinnvoll, aus dem nötigen Verband mit einem Bauwerk gelöst, als Freistatue vor dem Burkardus-Haus (Domschule) aufgestellt worden ist. Das Standbild vertritt einen schlankeren Typus als noch die Banzer Bischofsfiguren, scheint auch noch betonter in den Hüften gedreht. Die Vermutung erscheint nicht abwegig, dass Esterbauer hierin seinem großen Würzburger »Konkurrenten« Jakob van der Auwera gefolgt ist.[254]

Der Flame Auwera stammte wie Oswald Onghers aus Mecheln;[255] 1706 gibt der Maler eine seiner Töchter dem Bildhauer zur Frau. In der Traumatrikel der Dompfarrei wird Auwera als *statuarius aulicus* (»Hofbildhauer«) bezeichnet, was auf eine nicht unbeträchtliche Reputation des Künstlers schließen lässt. Seit dem Jahr 1700 soll er im

Dienst des Juliusspitals – sicherlich mit bauplastischen Arbeiten am neuen Nordflügel – beschäftigt gewesen sein.[256] Die bildhauerische Ausstattung vieler weiterer Gebäude wurde die wichtigste Aufgabe seines langen, weit in die Schönborn-Zeit hineinreichenden Schaffens. Unter den zahlreichen bauplastischen Arbeiten, die er bereits in der Amtszeit Greiffenclaus ausführte, waren die bedeutendsten der Vierströmebrunnen im Lustgarten des Juliusspitals und der Figurenschmuck an der Neumünsterfassade. – Esterbauer und Auwera hatten, miteinander konkurrierend, jeder ein Modell für den Vierströmebrunnen geschaffen; beide Arbeiten wurden dem Fürstbischof vorgelegt, und dieser bestimmte am 5. Juni 1706 das Modell des Flamen zur Ausführung. Die 1708 vollendete Brunnenanlage[257] stellte ebenso wie die gesamte Gartenanlage im französischen Stil[258] ein Novum nicht allein in Würzburg, sondern in Franken dar. Die inmitten des vierpassförmigen Bassins platzierte Gruppe der zentrifugal um eine Mittelachse angeordneten Flusspersonifikationen und Delfine spielt formal und inhaltlich auf den berühmten Vierströmebrunnen des Gianlorenzo Bernini auf der Piazza Navona in Rom an.[259] Während Berninis Flussgötter aber auf einem Felsen hoch über dem Bassin lagern, ruhen die Figuren Auweras dicht über der Wasserfläche, in der sie fast zu schwimmen scheinen; nur die eine Mittelachse formierende Gruppe, die in einem wappenhaltenden Greif (!) gipfelt, setzt einen vertikalen Akzent. Deutlich gibt sich in dieser Figurenanordnung das Vorbild von Versailler Brunnenanlagen zu erkennen.[260] So wie das Gesamtkonzept des Juliusspitäler Vierströmebrunnens sowohl eine römische wie eine französisch-höfische Komponente enthält, so möchte man auch im Stil der Figuren eine Synthese der beiden Hauptströmungen der Kunst des 17. Jahrhunderts, nämlich der »barocken« und der »klassischen« Richtung erkennen, wie sie für die flämische Bildhauerkunst seit etwa 1650 charakteristisch ist.[261] Allerdings ist große Vorsicht bei der Beurteilung des Figurenstils geboten: Die auffällige Glätte der Bildwerke spricht entweder für erhebliche Überarbeitung der Oberfläche oder dafür, dass die Originale durch Kopien ersetzt wurden.[262] – Der ehrenvolle Auftrag, den Figurenschmuck der 1716 vollendeten Neumünsterfassade zu fertigen, dürfte Jakob van der Auwera kurz vor oder bald nach dem Abschluss der Bauarbeiten erteilt worden sein.[263] Das Figurenprogramm nimmt seinen Ausgang von den Statuen der Stiftspatrone Johannes des Evangelisten und Johannes des Täufers seitlich des Portals, erfährt darüber seinen Höhepunkt in dem ausgedehnten Tympanonrelief, auf dem Marias Aufnahme in den Himmel dargestellt ist, und klingt aus in der darüber angeordneten Statue des Salvators, die von den Frankenpatronen flankiert wird. Letztere, in beträchtlicher Höhe aufgestellte Standbilder, die wegen der Entfernung vom Betrachter in großen, wenn nicht sogar groben Formen gebildet sind, wurden, von Wind und Wetter beschädigt, vor einigen Jahren in die Hauger Stiftskirche überführt und durch Kopien am alten Standort ersetzt.[264] Vielleicht sind die weniger exponierten Johannesstatuen noch Originale; jedenfalls repräsentieren sie auf authentische Weise Auweras Stil. Die Täuferstatue scheint die erste – erhaltene? – überzeugend ponderierte (eine harmonische Ausbalancierung der Körperschwere aufweisende), kontrapostisch-entspannt stehende monumentale Aktfigur des Würzburger Barocks zu sein. Die Drehung in den Hüften verleiht der Nischenfigur die Qualitäten einer Freistatue. Ihre klassische Haltung bei unstreitig barocker Bewegtheit geht überein

mit überzeugender thematischer Vertiefung, die sich in dem schwermütigen Gesichtsausdruck und dem bedeutungsvollen Zeigen auf das kauernde Lamm als dem Symbol
der Passion Christi kundgibt. Völlig voraussetzungslos in der Würzburger Kunst ist das
Relief der Assunta:[265] Abgesehen von den beträchtlichen Abmessungen, fesselt den
Blick die auffahrende Muttergottes, in deren schwungvoller, zugleich aber elegant-ge-
lassener Bewegtheit sich ganz im Sinne des Barockeklektizismus die künstlerische Welt
des Peter Paul Rubens mit der Klassik der Kunst Raffaels mischt. Von der Neigung des
flämischen Barockkünstlers zu üppiger Fülle zeugen die aus dem Reliefgrund hervor-
quellenden Putti, während die geniengleichen, lang gewandeten Engelsgestalten wiederum einen eher klassischen Typus vertreten. – Dieselbe Ambivalenz des Stils kennzeichnet auch die monumentale Madonna vom Haus Obere Johannitergasse 17 (heute:
Domerpfarrgasse 10).[266] Laut Inschrift am Portal des Hauses, wo sie sich früher befand,
dürfte die Figur gegen 1713 entstanden sein. Mondsichel und Schlange, auf deren Kopf
Mariens linker Fuß tritt, lassen den Immaculata-Typus anklingen, um die Jungfräulich-
keit der Gottesmutter herauszustellen. Aus stilistischen Gründen kann man die Statue
allein dem Jakob van der Auwera zuschreiben.[267] Bewegtheit und klassisch-elegante
Glättung[268] kommen nicht nur in der Haltung, sondern auch in der kontrapostischen
Differenzierung beider Körperhälften der betont schlanken, langbeinigen Figur zum
Ausdruck. Diese Unterscheidung findet sich sogar in den Physiognomien, von denen
die des Kindes flämisch-barock, die der Mutter antikisch idealisiert ist. Ohne zu über-
treiben, darf diese Marienstatue Auweras als die bedeutendste Würzburger Hausfigur aus
dem Zeitraum zwischen 1650 und 1720 bezeichnet werden. – Mehr dekorativ als plastisch wirkend, nur aus der Fernsicht wahrzunehmen und doch in der Altstadt nahezu
omnipräsent ist die monumentale, aus Kupferblech getriebene und feuervergoldete
Strahlenkranzmadonna vom Marienkapellenturm, die der Würzburger Goldschmied
Martin Nötzel nach einem Modell des Jakob van der Auwera 1713 ausgeführt hat.[269]
Um die Präsenz der »Herzogin von Franken« im Stadtbild zu erhöhen, weist die Statue
keine Kehrseite, sondern zwei Frontalansichten auf. Sie gehört zu den wenigen figürlichen Werken, die Würzburger Goldschmiede gefertigt haben, und ist zugleich das
trotz seines hohen Aufstellungsortes wohl volkstümlichste Werk, das Jakob van der Auwera konzipiert hat.

Über die Würzburger Malerei der Greiffenclau-Zeit ist wenig bekannt; fraglich muss
bleiben, ob sie Bedeutendes geleistet hat. Mit Sicherheit können dies die späten, zwischen 1700 und 1706 entstandenen und großenteils verlorenen Altarblätter des Oswald
Onghers[270] nicht für sich in Anspruch nehmen: Wie die ins Jahr 1704 datierte Ecce-ho-
mo-Tafel des Dechantenaltars im nördlichen Domquerhaus beweist,[271] hatte sich die
Kunst des im 8. Lebensjahrzehnt stehenden Malers erschöpft. – Mit einzelnen Altartafeln waren der Wiener Hofmaler Peter von Strudel[272] und der spätere Augsburger Akade-
miedirektor Johann Rieger[273] im Dom vertreten; die Gemälde verbrannten zusammen
mit den Retabeln am 16. März 1945. – Die Ausmalungen, die der bedeutende Innsbru-
cker Künstler Melchior Steidl in den Fürstenzimmern des neu errichteten Juliusspital-
nordflügels um 1706 ausführte, sind bereits 1788/89 zerstört worden.[274] – Mit Sicherheit
befanden sich in vielen der neu errichteten Domherrenhöfe und Adelspalais' maleri-

sche Dekorationen; fotografisch dokumentiert sind nur wenige, wie die im Hof Emeringen und im Rosenbachpalais[275]; untergegangen ist alles. – Wieder einmal erstaunt, dass sich so gut wie keine Staffeleigemälde erhalten haben. Ungezählte Bilder müssen verloren gegangen sein. Was beispielsweise der in den Quellen genannte »Hofmaler« Antoni Dochein aus Antwerpen je gemalt hat, ist heutzutage völlig unbekannt.[276] Von einem weiteren »Hofmaler«, dem Prager Georg Franz Mika, besitzt das Mainfränkische Museum ein zwischen 1710/15 entstandenes Ganzfigurenporträt Fürstbischof Johann Philipps von Greiffenclau, das wohl in Würzburg entstanden sein dürfte.[277]

Die Schönborn-Zeit

Unter der Ägide der Fürstbischöfe Johann Philipp Franz (1719–1724) und Friedrich Karl (1729–1746) aus dem Hause Schönborn erlebte das Würzburger Kunstschaffen eine seiner glanzvollsten Epochen. Die zwischen die Regierungszeiten der beiden Brüder eingeschobene, episodenhafte, da nur fünf Jahre währende, Amtsperiode des Fürstbischofs Christoph Franz von Hutten (1724–1729) bedeutete keine nennenswerte Unterbrechung, sodass man getrost den gesamten Zeitraum zwischen 1719 und 1746 zu einer einheitlichen Epoche zusammenfassen darf. Der Kristallisationspunkt Würzburger Kunsttätigkeit während dieser 27 Jahre war die neue fürstbischöfliche Residenz, die in dieser Zeit im Großen und Ganzen errichtet wurde.

> »Die Residenz ist das sichtbare Denkmal jener Epoche würzburgischer und fränkischer Geschichte, die seit alters ›Schönbornzeit‹ genannt wird. Das Wort ist weder eine Erfindung zeitgenössischer Hof-Historiographen noch neuzeitlicher Barockbegeisterung, sondern eine schon im 18. Jahrhundert volkstümlich gewordene Bezeichnung.«
>
> Max H. von Freeden[278]

Äußere Umstände allein, wie das Bedürfnis nach einer dem Standard spätbarocker Hofhaltung entsprechenden Residenz oder das Vorhandensein ausreichender Mittel, die ein üppig dotiertes Hochstift abwarf, oder schließlich der nötige innere und äußere Frieden und ein gutes Regiment, können nicht erklären, wie es zu einem solch anspruchsvollen und aufwändigen Residenzbau in Würzburg kam, zu einem Schloss, das nicht nur im deutschen, sondern auch im europäischen Maßstab seinesgleichen sucht. Zwar darf man die genannten Umstände, die ohne Zweifel fundamentale Voraussetzungen bilden, auf keinen Fall unterschätzen, aber ausschlaggebend für die Entstehung dieses außerordentlichen Bauwerks wurden die Persönlichkeiten, welche die Planung und Errichtung der Residenz zu ihrer Aufgabe gemacht haben. Das waren zunächst die fürstbischöflichen Auftraggeber, Bauherren von ungewöhnlichem Zuschnitt: höchst ambitionierte, leidenschaftliche Liebhaber der Baukunst, deren weltmännische, umfassende Bildung das Niveau ihrer Bauprojekte und deren Tatkraft den Umfang und das Tempo ihrer Bautätigkeit bestimmte. Als *spiritus rector* des ersten Bauherrn, des Fürstbischofs Johann Philipp Franz, ist noch dessen Oheim Kurfürst Lothar Franz von Schönborn zu

nennen, der nicht unwesentlich zum Gelingen des Residenzbaus beitrug. Die in dieser Hinsicht entscheidende Persönlichkeit war indessen ein überragender Architekt, der als Künstler ebenso wie als Techniker und Bauorganisator die für ein Bauvorhaben dieser Größenordnung und Qualität dringend benötigte Befähigung besaß: Balthasar Neumann. Unter den ungezählten Fähigkeiten des Vielerfahrenen war sicherlich nicht die geringste seine Begabung, das Zusammenwirken vieler Mitarbeiter recht unterschiedlicher Couleur zu koordinieren und die große Schar von Handwerkern und Künstlern zielbewusst und sicher, aber auch einsichtig und verständnisvoll zu führen, was nicht zuletzt auch für ungewöhnliche menschliche Qualitäten des Baumeisters spricht. Von diesen legen seine Briefe an den zweiten Bauherrn der Residenz, Friedrich Karl von Schönborn, eindrucksvoll Zeugnis ab.[279] – Schon sehr bald nach seiner Wahl zum Fürstbischof entschloss sich Johann Philipp Franz von Schönborn, die von seinem Vorgänger bevorzugte doppelte Hofhaltung sowohl auf dem Marienberg als auch in der Stadt aufzugeben und stattdessen künftighin auf Dauer allein in der Stadt zu residieren. Zunächst war er gewillt, das mit statischen Mängeln behaftete und dementsprechend so gut wie gar nicht genutzte *Schlösslein* auf dem Rennweg so auszubauen, dass es nicht nur als temporäre, sondern als ständige Residenz dienen konnte. Trotz durchaus stattlicher Abmessungen – seine Länge betrug etwa 68 Meter[280] – war es doch für die Bedürfnisse einer landesfürstlichen Hauptresidenz zu klein dimensioniert. Denn abgesehen von einem zahlreichen Hofstaat musste ein solches Schloss ausreichend Raum für die Aufnahme hoher und höchster Gäste, namentlich des deutschen Königs und römischen Kaisers, bereithalten. Selbst nur die kurzfristige, vorübergehende Beherbergung von Standespersonen samt deren Gefolge erforderte wegen der Rücksichten auf das höfische Zeremoniell viel Raum. Schließlich war für Unterbringung staatlicher und kirchlicher Einrichtungen und Organe zu sorgen, auch wenn die fürstbischöfliche Kanzlei samt Landgericht am Kürschnerhof, ihrem angestammten Platz, und die Hofkammer neben dem *Schlösslein* auf dem Rennweg jeweils bereits einen neuen, von Greiffenclau errichteten Neubau bezogen hatten. Das alte, weitläufige Schloss auf dem Marienberg entsprach dem großen Raumbedarf des fürstbischöflichen Hofes, während das *Schlösslein* nicht sehr viel größer als ein stattlicher Domherrenhof war.[281] Eine Erweiterung musste demnach als unumgänglich erscheinen, wenn man an dem *Schlösslein* festhalten wollte. Hierfür aber sprachen nicht nur wirtschaftliche Gründe, sondern anscheinend auch die günstige Lage des Bauwerks innerhalb des vom Bastionenkranz umschlossenen Stadtgebiets: Denn die Nähe zum Stadtzentrum einerseits und eine gewisse suburbane Zurückgezogenheit andererseits entsprachen in nahezu idealer Weise – sieht man von dem etwas zu kleinen Hofgarten ab – den damaligen Anforderungen an eine »moderne« fürstliche Residenz. Zum Architekten für die zunächst als überschaubare Maßnahme geplante Bauerweiterung wählte der Fürstbischof Balthasar Neumann, einen Ingenieur aus dem Offizierkorps seines Vorgängers, der in der Baukunst noch ein unbeschriebenes Blatt war, sich gleichwohl als anstellig erwies und vor allem den Vorzug besaß, keine verantwortliche Position in der Ära Greiffenclau, unter die Schönborn einen entschiedenen Strich setzen wollte,[282] bekleidet zu haben.

Seit Oktober 1719 war Neumann mit den Umbauplänen befasst.[283] Nachdem sich um die Jahreswende herausgestellt hatte, dass das *Schlösslein* irreparable Bauschäden aufwies, entschloss sich Fürstbischof Johann Philipp Franz zu einem kompletten Neubau, was nahezu eine Verdoppelung der Baumasse zur Folge hatte. Auf Anraten Lothar Franz' von Schönborn wurde der neue Baukörper so auf dem Rennweg situiert, dass vor ihm ein geräumiger Platz zur Stadt hin entstand, wodurch sein Verhältnis zur Umgebung vollkommen geklärt ist. Im Mai 1720 erfolgte die Grundsteinlegung; als 1724 der erste Bauherr überraschend starb, standen nur Teile des Nordflügels. Unter dem Nachfolger Christoph Franz von Hutten wurde das erste Vierflügelkarree des Nordflügels nahezu vollendet. Nach seiner Wahl zum Fürstbischof 1729 setzte Friedrich Karl von Schönborn den Bau mit der Errichtung des Südflügels fort, um schließlich 1744 nach 24jähriger Bauzeit den gesamten Rohbau abzuschließen. Während der ersten Planungsphase in den Jahren 1719/20 berieten den Bauherrn und Neumann die Mainzer Architekten Maximilian von Welsch und Christoph von Erthal, 1723/24 die französischen Baumeister Robert de Cotte und Germain Boffrand, und ab 1730 trug der Wiener Architekt Johann Lukas von Hildebrandt Gedanken und Entwürfe bei. Die frühere Meinung in der Literatur, die Planung des Bauwerks sei eine »kollektivistische« gewesen, gibt zu Missverständnissen Anlass. Vielmehr lässt sich erkennen, dass konkurrierende Entwürfe zu baureifen Synthesen gebracht wurden, wobei die entscheidenden Gedanken Neumann beisteuerte, dessen Hand überall am Bau bis in Einzelheiten hinein festzustellen ist, weil er nicht nur sämtliche Überlegungen koordinierte, sondern auch die Ausführungspläne, die den Handwerkern vorlagen, anfertigen ließ. Mit der riesenhaften Aufgabe der Residenzplanung und -errichtung wuchs Balthasar Neumann zu einem der bedeutendsten Architekten des Barockzeitalters heran.

Abb. 241: Stadtfassade der Residenz,
Balthasar Neumann, 1720–1744.

Die Residenz ist ein mächtiger Baublock, in den fünf große Höfe eingelassen sind: der so genannte Ehrenhof (*cour d'honneur*) in der Mitte, der sich mit einer Seite gegen die Stadt öffnet, und vier große Binnenhöfe. Die Gesamtform des Baukörpers – von Neumann treffend *haubtfigur* genannt[284] –, die der Grundriss am besten zu erkennen gibt, lässt sich als die Synthese einer zentralen Dreiflügelanlage mit jeweils verdoppelten Vierflügelbauten an den Flanken bezeichnen. Die Baugestalt war kein Produkt spontaner, schöpferischer Fantasie, sondern resultierte aus den Überlegungen, das dreiflügelige *Schlösslein* mittels »angehängter« Vierflügelkarrees zu vergrößern,[285] wodurch sich eine auffällige »Brillenform«[286] ergab. Auf die Umbauplanung geht auch die Differenzierung des Baublocks in Pavillons und Rücklagen zurück. Dasselbe gilt für das Gliederungssystem: die Betonung der Pavillons durch Pilaster, während die Rücklagen der Wandvorlagen entbehren. Zwar hätte sich nach dem Beschluss, das *Schlösslein* abzubrechen, die Gelegenheit zu gänzlich neuen, von jeglicher Bindung an Vorhandenes freien Planungen geboten, aber mit Ausnahme einer beträchtlichen Vergrößerung der Baumasse hielt man an der einmal gefundenen »Hauptfigur« fest, weil diese anscheinend für sinnvoll und aussagekräftig galt, entsprach sie doch der besonderen Lage der Residenz einerseits in der Nähe des Stadtzentrums, andererseits in beinahe suburbaner Zurückgezogenheit: Denn in der »Brillenform« vereinigten sich der Typus des seit der Renaissance traditionell dreiflügeligen Lustschlosses und des vierflügeligen Stadtschlosses.[287] Aus ihrem Verhältnis zu ihrer Umgebung und zur Stadt erklärt sich auch, dass die Residenz eine so herrschaftliche Höhe aufweist. Der vierteilige Aufriss mit seiner charakteristischen Abfolge von zwei Vollgeschossen, über denen jeweils ein Halbgeschoss (Mezzanin) angeordnet wurde, bot sich aus drei Gründen an: Zum einen galt es, den älteren Flankenbau der Residenz, das Rosenbach-Palais, auf einen niedrigeren Rang zu verweisen, zum anderen sollte die Schlossfassade den weiten Vorplatz beherrschen, und zum dritten war offensichtlich ein schöner, freier Blick aus beherrschender Höhe vom Hauptgeschoss auf Stadt und Landschaft gewünscht.[288] Die Detailausbildung der Fassaden durchlief während der langen Bauzeit eine gut ablesbare Entwicklung von traditionell-italianisierenden Formen, wie sie in Würzburg nicht unbekannt waren, über eine Phase französisch-klassischer Prägung bis zu einer partiellen Metamorphose ins Wienerisch-Piemontesische. Dennoch wirkt der Baukörper so einheitlich wie aus einem Guss, weil alle Fassaden aus demselben kostbaren Hausteinmaterial bestehen und eine gleichmäßige, relativ zarte Reliefierung aufweisen; nur die Schlossmitte wird durch das Gliederungsmittel der Halb- und Dreiviertelsäule plastisch hervorgehoben. Entschiedene Akzente setzen die Dächer auf den Pavillons, aber insgesamt schließt sich die Dachlandschaft dennoch zu einem einheitlich mit Schiefer eingedeckten Massiv zusammen. Den besonderen Charakter der Residenzarchitektur bestimmt nicht zuletzt die einzigartige Raumfolge im Schlosszentrum. Während die Reihe der Säle vom Vestibül und vom Gartensaal über das weite Treppenhaus und den Weißen Saal bis zum Kaisersaal eine Fülle wechselnder Eindrücke und Überraschungen bietet, verbindet eine durchgängige Pilaster- und Säulenordnung in beiden Hauptgeschossen vom Eingang bis zum Hauptsaal alle Räume zu einem architektonischen Kontinuum. Der Kaisersaal, in dem der gesamte architektonische Aufwand seinen Höhepunkt erreicht, führt eindrucksvoll vor Augen,

Abb. 242: Kaisersaal der Residenz, 1737–1752.

wie durchdacht und folgerichtig die Residenzarchitektur ist. Nicht zuletzt deswegen gilt sie als ein non-plus-ultra des barocken Schlossbaus.

Nachdem der Bau der Residenz in Gang gekommen war, wandte sich Fürstbischof Johann Philipp Franz einem Projekt zu, das ihn schon in der Zeit, als er noch Dompropst war, beschäftigt hatte: der Errichtung einer Grablege für die Kirchenfürsten aus dem Hause Schönborn. Seit 1721 war Balthasar Neumann mit der Planung und Erbauung der so genannten Schönborn-Kapelle am nördlichen Domquerhaus beschäftigt; 1724 wurde der Rohbau vollendet. Nach einer Bauunterbrechung konnte Friedrich Karl von Schönborn das Mausoleum in den Jahren 1731–1736 vollenden.[289] Wieder hatte sich Neumann mit konkurrierenden Planungen auseinander zu setzen, unter denen allerdings nur die des Maximilian von Welsch eine ernst zu nehmende Alternative darstellte. Ob Johann Lukas von Hildebrandt in die Planung eingeschaltet war, erscheint als sehr fraglich. Jedenfalls steht fest, dass sich allein im Œuvre Neumanns Raumkunstwerke von der Art der Schönborn-Kapelle finden lassen. Während damit zu rechnen ist, dass an der nicht ganz stilsicheren Gestaltung des Außenbaus verschiedene Hände beteiligt waren (s. Abb. 158), kann den eindrucksvollen Raum allein der Baumeister der Kirchen von Etwashausen und Neresheim geschaffen haben. Neumann zeigte mit dem Entwurf für die Schönborn-Kapelle erstmals, welch überragender Raumschöpfer er war. Zwar ist der Grundgedanke der Raumbildung einfach: Ein kreisrunder Zentralbau erfährt eine Erweiterung durch zwei Annexe, sodass sich eine dreigliedrige Raumanlage ergibt. Die Rotundenform bot sich wegen der Bestimmung der Kapelle als Memorialbau an, dessen Ausdehnung ins Oblonge (Längliche) legte die Breite des Domquerhauses nahe. Aber in sehr kunstvoller Weise hat Neumann das Verhältnis der drei Raumglieder zueinander bestimmt. Obwohl die Rotunde, gemäß der sachlich und inhaltlich gegebenen Rangordnung, den Raumeindruck bestimmt, sind die Annexe nicht dem Zentrum unterworfen, sondern mit diesem verschmolzen: Weil die Anräume auf der Grundlage eines Ovals kurviert wurden, verbinden sie sich nahtlos mit dem Mantel der Rotunde, sodass ein kontinuierlicher Wandverlauf alle drei Raumglieder zu einer Einheit zusammenfasst. Die Zusammengehörigkeit der Raumteile betont zusätzlich eine Pilasterordnung, die den Wandmantel rhythmisiert. Den besonderen Rang der Rotunde unterstreichen indessen vier der Raumschale vorgelegte Freisäulenpaare, über denen das als ästhetische Klammer wirkende Gebälk ungewöhnlicher-, aber doch sinnvollerweise einspringt.[290] Die Säulenpaare verbinden sich untereinander durch vier in eine tambourartige Zylinderwand eingeschnittene, windschief geführte Arkaden, die einerseits die Verbindung zu den Rotundenannexen herstellen sowie mit deren Gewölben konvergieren, andererseits eine Altar- und eine Eingangsnische ausbilden. Lotrecht über dem »Tambour« erhebt sich schließlich die von einer Laterne bekrönte, gestelzte und gestreckte[291] Kuppel. Nicht nur seine außergewöhnlich ideenreiche architektonische Gestaltung, sondern auch seine aufwändige materielle Ausstattung mittels Marmor, *stucco lustro* (Stuckmarmor) und reichlicher Blattvergoldung macht den Raum der Schönborn-Kapelle zu einem der kostbarsten des deutschen Barocks. – Übertroffen wird er hinsichtlich des baulichen und dekorativen Aufwands allerdings von der seit 1732 in Planung befindlichen und 1743 vollendeten Hofkirche (s. Tafel 54).[292] Äußerlich unauffällig im

Abb. 243: Innenraum der Schönbornkapelle am Dom,
Balthasar Neumann, 1721–1736.

südwestlichen Trakt des Südflügels der Residenz untergebracht, wirkt der Bau allein durch seine Raumgestaltung. Eine Folge von drei in ein Längsrechteck eingeschriebenen Ovalen bildet den Grundriss, motiviert die Kurvierung der Wand und gelangt schließlich in Gestalt der Kuppeln zu klarer Anschauung: Man erkennt, dass ein größeres, in Längsrichtung sich erstreckendes Kuppeloval von zwei kleineren, in Querrichtung angeordneten Ovaleinheiten in die Mitte genommen wird. Zwar erwecken der Grundriss und der kurvierte Wandverlauf den – vorübergehenden – Eindruck, es zeichneten sich zwei weitere Querovale ab, tatsächlich handelt es sich hierbei aber um Wand- bzw. Raumabschnitte, die zwischen den drei Ovaleinheiten vermitteln. Die Kuppeln ruhen auf hohen, mit Hermenpilastern kaschierten »Stelzen«, die man als Fragmente einer Tambourzone bezeichnen könnte. Trotz seiner herausgehobenen Position und seiner Größe erscheint das mittlere Kuppeloval nicht als dominierend: Im Wandbereich tritt es wegen der vielen Öffnungen und der Seitenaltäre nur fragmentarisch in Erscheinung, während die Stelzzone der Kuppel und deren Anwölbung durch windschief quer über den Raum geführte arkadenförmige Ausschnitte so weit in ihrer Substanz reduziert werden, dass eine räumliche Verbindung zu den gleichermaßen sich öffnenden Nachbarkuppeln hergestellt wird. Auch die Stichkappen über den Maueröffnungen tragen zur Reduzierung des optischen Gewichts der Wölbung bei. Alle drei

Kuppelovale, von denen jedes einen eigenen Abschnitt im Gesamtraum markiert – das Atrium, den Seitenaltarraum und den Hochaltarraum – verbinden sich ungeachtet einer Akzentuierung der Raummitte zu einem ausgewogenen Ganzen. Die erst in der Wölbzone zu Anschaulichkeit gelangende Raumstruktur wird im Wandbereich durch die Säulen verunklärt: Ihnen wurde die Aufgabe zugedacht, teils als Träger der Kuppelschale, teils als Stützen je einer Empore im Westen und Osten des Raums zu dienen. Die recht ungleichgewichtige Aufgabenverteilung bei gleicher Gestalt, vor allem aber das wesentlich größere optische Gewicht der Emporensäulen schwächen empfindlich die ästhetische Wirksamkeit der Kuppelsäulen und somit die Anschaulichkeit der Ovaleinheiten. Für diese Störungen der Raumkonzeption, zu denen auch die sperrigen Seitenaltäre mit den unruhigen geschraubten Säulen das Ihrige beitragen, dürften die nachweislichen Eingriffe Hildebrandts in die Planungen Neumanns verantwortlich sein. Mit dem Wiener Architekten wird auch zumeist die außerordentlich üppige, dennoch höchst geschmackvolle Dekoration des Raums in Verbindung gebracht. Näherer Betrachtung offenbart sich aber die zumindest regieführende Hand Balthasar Neumanns.[293] – Der dritte von diesem in der Schönborn-Zeit errichtete Würzburger Sakralbau ist die ehemalige Dominikaner- und heutige Augustinerkirche; sie wurde 1741 geplant und ab 1743 erbaut.[294] Behutsam bezog der Barockarchitekt den wertvollen, gotischen Langchor der

Abb. 244: Innenraum der ehemaligen Dominikaner-, heutigen Augustinerkirche vor der Zerstörung 1945, Balthasar Neumann, 1741–1744.

Abb. 245: Marmelsteiner Hof, Balthasar Neumann, 1747.

Vorgängerkirche in sein Neubauprojekt mit ein. Das Langhaus gestaltete Neumann als Pfeilerbasilika, deren breite und hohe Arkaden den Eindruck großer Weiträumigkeit hervorrufen. Die auffällig schmalen Seitenschiffe dienen zur Erzeugung einer Lichtfolie. In beabsichtigtem Kontrast zur Weite des Langhauses steht der schmale, himmelan strebende Chor, in dem das Raumbild gipfelt. – Balthasar Neumanns weitgespanntes Wirken als Stadtbaumeister und »Zivilarchitekt«[295] zu würdigen, ist hier nicht der Ort.[296] Nur so viel sei zu diesem Thema angemerkt: Der Aufwand für die Gestaltung der vielen von Neumann entweder selbst entworfenen oder als Stadtbaumeister betreuten Würzburger Wohngebäude bemaß sich weniger nach dem gesellschaftlichen Rang des Bauherrn – wenn überhaupt –, als nach der städtebaulichen Position des Bauwerks und vor allem nach den finanziellen Möglichkeiten des Auftraggebers. Gebäude in exponierter Lage versah Neumann in den 20er Jahren gerne mit Eckpilastern wie der späte Petrini, in den folgenden Jahrzehnten mit Eckrustika oder Lisenen.[297] Generell tendierte der Baumeister zu einem »strengen« Stil, wiederum in Anlehnung an Petrini, von dem er auch die vorspringenden Fensterachsen übernahm. Auch das Vorbild von Neumanns Lehrer, Andreas Müller, dürfte in seinem Wohnbaustil nachwirken. Gelegentlich – und sicherlich nur auf Wunsch eines vermögenden Auftraggebers – wartete der Stadtbaumeister mit reicher Ornamentik auf, die an Festtagsparamente erinnert: so etwa am (1945 zerstörten) Hof Rombach, den sich 1738 der Spezereihändler Carl Anton Venino errichten ließ.[298] Dem Geschmack des Architekten haben aber eher formal zurückhaltende, fast allein durch ihre fein austarierten Proportionen und die Qualität des Steinmetzhandwerks wirkende Fassaden entsprochen, wie die der nach Kriegszerstörung nahezu völlig verschwundenen Reihenhäuser der Theaterstraße (1741 ff.) sowie des Domherrenhofes Stadion (Marmelsteiner Hof, 1747).[299] – Fremd war Neumann ornamentaler Überschwang, wie er an der zweifellos überaus reizvollen Stuckfassade des Hauses zum Falken (1751; nach 1945 großteils rekonstruiert) und, etwas gemäßigter und vornehmer, an der stuckierten Front des Hauses zum Rebstock (1737–1741; nach 1945 teilweise rekonstruiert)[300] begegnet. – Entgegen früheren Meinungen dürfte der ornamentale Schmuck an der Fassade des Fichtelschen Hofes nicht von Balthasar Neumann entworfen worden sein.[301] Mindestens zwei Bauphasen lassen sich ablesen: In einer ersten, inschriftlich in das Jahr 1724 datierten Periode ist der hufeisenförmige Baukörper samt den altmodischen, an die Renaissance erinnernden zwei- und dreiteiligen Fenstern errichtet – oder nur renoviert? – worden; auch das relativ niedrige Hauptportalgewände – ohne den zierlichen Schlussstein – gehört in diese Zeit. Vermutlich etwa ein Jahrzehnt später sind die kurvierte Pilasterrahmung des Portalbogens, der borromineske Giebel darüber samt der prachtvollen Wappenkartusche sowie die schwungvollen Fensterrahmungen mit dem prominenten Motiv der Nabelscheibe angebracht worden. Letzteres gibt einen Hinweis auf den mutmaßlichen Entwerfer der Fassadendekoration, auf Johann Lukas

Abb. 246: Haus zum Falken am Oberen Markt.

Abb. 247: Fichtelscher Hof in der Bronnbacher Gasse, Balthasar Neumann/Johann Lukas von Hildebrandt, 1724 ff.

von Hildebrandt, der mit dieser für ihn charakteristischen Ornamentform (vgl. Wien, Oberes Belvedere; Salzburg, Treppe im Schloss Mirabell) in Würzburg seine Marke hinterließ. Nicht auszuschließen ist freilich, dass der Bauherr, Hofkanzler Franz Ludwig von Fichtl, Neumann beauftragte, Hildebrandts Entwurf auszuführen.[302]

Die bildende Kunst der Schönborn-Zeit hat keine Einzelwerke hervorgebracht, die den von Neumann geschaffenen Bauwerken an Bedeutung gleichkommen. Die Arbeit der Bildhauer, Maler und Kunsthandwerker konzentrierte sich weitgehend auf dekorative Gesamtheiten. Von wenigen Ausnahmen abgesehen, wie der bronzenen Diana-Statuette von Claude Curé (gegossen 1724) in der Residenz[303] oder der Immaculata-Statue des Antonio Bossi in der Hofkirche,[304] verharrte die Würzburger Spätbarockkunst, sofern es sich nicht um Raumdekorationen handelte, wie seit den Anfängen des Barocks um 1650, in Mittelmäßigkeit auf beachtlichem Niveau. Allerdings erschwert wieder einmal die lückenhafte Überlieferung eine gerechte Beurteilung mancher Leistung, die sich entweder überhaupt nicht oder nur bruchstückhaft, vielleicht auch nur in Kopie erhalten hat. Letzteres gilt vor allem für das ungemein reiche bauplastische Schaffen im Würzburg der Schönborn-Zeit: Von den ungezählten Bildhauerarbeiten, die Balthasar

Esterbauer, Jakob van der Auwera, Claude Curé und Johann Wolfgang van der Auwera –
um nur die wichtigsten Namen zu nennen – für die Residenz gefertigt haben,[305] erhielt
sich das Allerwenigste im Original,[306] die Atlanten im Vestibül stellen insofern eine seltene Ausnahme dar. Was von der verlorenen und der wenigen erhaltenen Originalplas-
tik eigenhändige Arbeit der Bildhauer war, lässt sich nicht oder kaum entscheiden. Die
malerische Ausstattung der Residenz aus der Zeit der Schönborn-Bischöfe ging, sofern
sie wandfest war, im 19. und 20. Jahrhundert vollkommen verloren; nur die Suprapor-
ten der Paradezimmer – Gemälde unterschiedlicher Provenienz, meist aus dem Kunst-
handel stammend und keine Würzburger Arbeiten – blieben erhalten.[307] Empfindliche
Verluste haben auch wieder Würzburger Kirchen hinnehmen müssen: Die Ausmalung
der Peterskirche (20er/30er Jahre) ging 1945 gänzlich, die der Neumünsterkirche (Johann Baptist Zimmermann, 1732; Nikolaus Stuber, 1736) zu großen Teilen (nach 1945
weitgehend kopiert) verloren.[308] Die reiche Altarausstattung der Stiftskirche[309] mit Gemälden von Anton Clemens Lünenschloß, Giovanni Conca und Joseph Scheubel wurde ebenfalls großenteils ein Raub der Flammen; nur der Hauptaltar mit Johann Baptist
Zimmermanns Johannes auf Patmos (1724) entging der vollkommenen Zerstörung. –
Unübersehbar ist der vermutlich riesige Verlust an Zeugnissen adeliger und bürgerlicher
Kultur, die zusammen mit den Gebäuden im Stadtbrand am 16. März 1945 verloren
gingen.[310] Das in Museen oder vereinzelt in Privatbesitz Erhaltene lässt beispielsweise
erkennen, welch hohe Qualität Würzburger Kunstschreiner- und Ebenisten (auf die
Herstellung furnierten Mobiliars spezialisierter Tischler)-Arbeiten der Schönborn-Zeit
besaßen.[311] Auch die rein dekorative Ausstattung der Adelshöfe und der Bürgerhäuser
war häufig vorzüglich;[312] mit Ausnahme der zeitweilig nach München ausgelagerten
und heute wieder am ursprünglichen Ort eingebauten Deckenstuckaturen des Saales im
Huttenschlösschen[313] ist alles verloren gegangen.

Die besten künstlerischen Kräfte und die meisten Energien band die Ausstattung der
Residenz. Nachdem der nördliche und der westliche Trakt des ersten nördlichen Vierflügelkarrees samt seinem bauplastischen Schmuck[314] emporgewachsen war, begannen
noch unter Johann Philipp Franz von Schönborn, 1724, die Arbeiten zur Ausstattung
der so genannten Ersten Bischofswohnung.[315] Soweit dies erhaltene Entwürfe und Überreste der Dekoration erkennen lassen, orientierten sich der Bauherr, sicherlich aber
auch sein Architekt, der 1723 in Paris geweilt hatte, am neuesten französischen Geschmack: Elemente der klassischen Epoche Ludwigs XIV. mischen sich mit aktuellen
der Régence. Giovanni Pietro Castelli, der die Dekorationspläne, beraten von dem in
Würzburg weilenden Germain Boffrand (Juli 1724), anfertigte, führte zusammen mit
seinem Bruder Carlo Antonio ab November 1724 – etwa drei Monate nach dem Tod
von Bischof Johann Philipp Franz – bis zum Jahr 1726 die Stuckaturen der Bischofswohnung aus. Die Castelli standen zuvor in den Diensten des Kölner Kurfürsten, waren aber
in Würzburg keine Unbekannten. Ihre Berufung in die Mainmetropole machte Schule:
Da die heimischen Kräfte aus mancherlei Gründen nicht genügen konnten, warb man
viele auswärtige Kunsthandwerker und Künstler an, die unter dem Schirm und dem
Schutz des Hofes an der Ausstattung der Residenz mitwirkten.[316] Unter Friedrich Karl
von Schönborn nahm der Zustrom nach Würzburg dermaßen zu, dass Ignatius Gropp

in seiner »Wirtzburgischen Chronik« von 1750 vermerkte: *Wirtzburg hat nie oder selten so viele Kunst-Meister von allerhand Professionen in sich gesehen, als unter beglückter Regierung seines Friderich Carls.*[317] Die Erste Bischofswohnung wurde fast genau 50 Jahre später im frühklassizistischen Geschmack umgestaltet, wobei man die Deckenstuckaturen der Brüder Castelli einbezog. Charakteristisch für deren an französischen Vorbildern orientierten Stil ist der Verzicht auf flächendeckende Plafondgestaltung und auf Malereien. Die ornamentierten Hohlkehlen der Decken haben die Folgen des Brandes von 1945 überstanden; der übrige Zierrat wurde in den 70er Jahren des letzten Jahrhunderts kopiert. Unter Fürstbischof Christoph Franz von Hutten, der die Wohnung weitgehend im Stile des Vorgängers vollenden ließ, malte der aus Wien stammende Maler Franz Ignaz Roth verschiedene Räume aus.[318] Zu der ursprünglichen Ausstattung gehörte die bereits erwähnte von Claude Curé modellierte und von J. A. Roth 1724 gegossene Bronzestatuette der leichtfüßigen Jagdgöttin Diana.[319] Sie wurde mit Sicherheit noch von Fürstbischof Johann Philipp Franz, einem wahren »Nimrod«, in Auftrag gegeben; ihr Gegenstück ist die von Jakob van der Auwera nach einem Entwurf des Hofmalers A. C. Lünenschloß gegen 1722 geschaffene Figur der Göttin über dem Portal des Jagdzeughauses.[320]

Nachdem sich Friedrich Karl von Schönborn gegen 1730 entschlossen hatte, im Südflügel der Residenz zu residieren, wurde hier ab 1733 eine neue, die so genannte Zweite Bischofswohnung eingerichtet.[321] Ihre Zerstörung zugunsten der Empire-Ausstattung in der Toskana-Ära (nach 1806) stellt einen großen Verlust für die Würzburger Kunstgeschichte des 18., aber eine Bereicherung für die des 19. Jahrhunderts dar. Obwohl es keine sicher mit der Wohnung in Verbindung zu bringenden Bildquellen gibt, die über das Aussehen der Räume unterrichten könnten, lässt eine Fülle von Schriftquellen eine ungefähre Vorstellung von dem Charakter und der Bedeutung des Verlorenen gewinnen. Geschmacklich dürfte sich der Dekorationsstil, wie in den drei ab 1738 entstandenen Paradezimmern südlich des Kaisersaals, an Wiener Vorbildern orientiert haben: Wie in den so genannten Kaiserzimmern haben wohl relativ dunkle Vertäfelungen aus furniertem Holz mit vergoldeten Schnitzereien oder Messingleisten den Ton angegeben. Die Decken waren mit teils weiß geschliffenen, teils vergoldeten Stuckaturen und mit Bildern versehen, die von den Malern A. C. Lünenschloß, Johann Rudolf Bys und Joseph Scheubel sowie dem Stuckator Antonio Bossi geschaffen wurden. Die Wandflächen zierten Wandbespannungen aus Damastseide oder Gobelins. Eine Spezialität waren die gegossenen, vergoldeten Zinnzierrate, mit denen Bys seine in Täfelungen eingelassenen Gemälde rahmte. Das Mobiliar dürfte dem in den genannten Paradezimmern geglichen haben. Insgesamt müssen die Räume den Eindruck gediegener, aber auch ein wenig düsterer Pracht hinterlassen haben. Hierfür spricht das Zeugnis der Markgräfin Wilhelmine, der Lieblingsschwester Friedrichs des Großen, die 1737 die Residenz besuchte und in ihren »Denkwürdigkeiten« feststellt, dass das Schloss *für das schönste in Deutschland gehalten werden* dürfte. Sie fährt fort: *Die Treppe ist prächtig, die Zimmer groß und geräumig, aber die Verzierungen waren nach meinem Geschmack ganz abscheulich.*[322] Wer den *goût* der Markgräfin kennt, weiß, dass ihr alles zu »schwer« und zu prächtig war. Ihrem Geschmack hätte sicherlich eher die Erste Bischofswohnung entsprochen, die in denkwürdigem Kontrast zum Stil der Zweiten steht. – Wiener *gusto* verpflichtet sind im gleichen Maße die genannten ersten drei Paradezimmer gegen Süden,[323] von denen zwei, das Audienz- und das Venezianische Zimmer, deren Täfelungen und Schnitzereien samt dem Mobiliar ausgelagert waren, den Brand von 1945 relativ glimpflich überstanden. Der größte Teil der Stuckplafonds, die Böden sowie die Öfen gingen verloren und wurden nach 1945 kopiert und ersetzt. Das von 1738 bis 1741 ausgestattete Venezianische Zimmer besitzt furnierte, in ein architektonisches Gerüst eingefügte Vertäfelungen, deren bedeutendster Schmuck kartuschenförmige, von vergoldeten Zinnrahmen umgebene Tafelbilder mit allerhand Drôlerien sowie grotesken und pastoralen Motiven sind. Unter Leitung Bys', der während der Arbeiten starb, wirkten hier die so genannten jungen Maler Wolfgang Högler, Johann Thalhofer und Georg Anton Urlaub, vielleicht auch Franz Ignaz Roth.[324] Sie schufen nach Bys' Entwurf auch die Allegorie der Nacht an der Decke (1945 zerstört; kopiert). – Im benachbarten Audienzzimmer sind die ungewöhnlich virtuosen, vergoldeten Schnitzereien der furnierten Täfelung und der Spiegelrahmen das Wertvollste. Ihr Schöpfer, Ferdinand Hundt, hat mit seinen Ornamenten im Jahr 1740 den Schritt zum Rokoko vollzogen und die Grundlage für dessen eigentümliche würzburgische Ausprägung geschaffen.[325] Das einst in die Decke eingelassene Leinwandbild Joseph Scheubels, das die Zerstörung einer Raubritterburg durch Rudolf von Habsburg darstellte, ist 1945 ebenso verbrannt wie das Deckenbild von Lünenschloß im benachbarten Vorzimmer, auf dem der Aufbruch zur Belagerung zu sehen war. Die Themata spielen auf die kaiserliche Gewalt an und auf den Umstand, dass die Räume gelegentlich als Appartement des Kaisers zur Verfügung standen, wenn das Reichsoberhaupt in Würzburg weilte. – Ältere Grotesk-, ferner Régence- und »aktuelle« Rokostilelemente finden sich in der berühmten von 1740 bis 1745 entstandenen Dekoration des Spiegelkabinetts (s. Tafel 57),[326] die ein echtes Gemeinschaftswerk nahezu aller bedeutenden Würzburger Hofkünstler war, wobei mit großer Wahrscheinlichkeit der Architekt Balthasar Neumann nicht nur die Arbeiten organisatorisch betreute, sondern leitete.[327] Das Besondere an dieser einzigartigen Raumschöpfung liegt in der Idee, die gesamten Wände mit goldgerahmten Glasplatten unterschiedlicher Größe und unregelmäßig geschweifter Form zu verkleiden, wobei die Rückseiten der Glasflächen teils mit monochrom goldenen Hinterglasmalereien auf Lapislazuli-Grund, teils mit farbigen Ausmalungen und Blattgoldornamenten auf Spiegelgrund gestaltet sind. Die Malereien imaginieren eine groteske, exotische, zwischen Orient und Okzident pendelnde Gesellschaft liebenswerter, koboldhafter und melancholisch-sanfter Figuren, die den Betrachter in ihre Welt aufgenommen zu haben scheinen, da er mitten unter ihnen immer wieder sein gespiegeltes Konterfei geisterhaft auftauchen sieht. Die auf den ersten Blick scheinbar in anarchischer Freiheit auf der Wand verstreuten, proteusartig ständig ihre Form wechselnden Dekorationsbestandteile ordnen sich bei näherem Zusehen zu überschaubaren Feldern, in denen sich symmetrische Prinzipien, wie sie seit dem 16. Jahrhundert in der Dekorationskunst üblich waren, zu erkennen geben. Das Spiegelkabinett Friedrich Karls von Schönborn ist 1945 im Stadtbrand zugrunde gegangen. Dem Würzburger Kunstmaler Wolfgang Lenz, der in kongenialer Weise die Hinterglasmalereien nicht fantasielos kopiert, sondern, ausgehend von dem Überlieferten, gleichsam neu er-

*Abb. 248: Weißer Saal der Residenz, Stuckaturen
von Antonio Bossi, 1744/45.*

schaffen und mit neuem Leben erfüllt hat, ist es vor allem zu danken, dass die im Krieg zerstörte Raumschöpfung seit 1987 wieder – und zugleich auf neue Weise – ihren magischen Zauber entfaltet.[328] – Vollkommen authentisch ist dagegen das Hauptwerk im Würzburger Rokokostil, die Stuckdekoration im Weißen Saal, die der oberitalienische Bildhauer Antonio Bossi[329] im Jahr 1744 geschaffen hat.[330] Von einzigartiger Vielfalt ist der Duktus der bei aller scheinbaren Gelöstheit durchaus den Gesetzen der Symmetrie folgenden Stuckaturen. In ihrem ornamentalen Reichtum stehen sie in bewusstem Gegensatz zu ausgedehnten leeren Flächen, die den Kontrastgrund bilden. Die Hand des Bildhauers gibt sich in der Plastizität der einzelnen Stuckform zu erkennen. Bossi hat wie kaum ein anderer im Rokokostil arbeitender Künstler mit dem Rocaille- und Schneckenmotiv ernst gemacht; fast gänzlich wurden die Schweifwerkelemente in so genanntes Muschelwerk überführt und entschieden die üblichen pflanzlichen Schmuckmotive zurückgedrängt. Dieselben Stilcharakteristika finden sich in den zwischen 1744 und 1746 von Bossi stuckierten ersten nördlichen Paradezimmern,[331] mit denen die besten Jahre des Würzburger Rokoko an ihr Ende gelangten.

Von den Sakralraumdekorationen der Schönborn-Zeit haben, unterschiedlich gut erhalten, die drei bedeutendsten überlebt. Die Erste von diesen, die Stuckierung und

Ausmalung der Neumünsterer Stiftskirche, wurde anscheinend unter der Leitung des späterhin berühmten altbayerischen Baumeisters und Stuckateurs Dominikus Zimmermann ausgeführt.[332] Die Stuckdekorationen im Kuppelraum und am Gewölbe des Langhauses sind wohl gegen 1720 entstanden, wie Signatur und Datum Zimmermanns an dem in Scagliola-Technik (Gipsintarsie) ausgeführten Antependium des 1945 verbrannten Bonifatiusaltars belegten.[333] Die Ornamentformen des Hauptschiffes schöpfen noch aus dem Reservoir des so genannten Akanthusstils um 1700, wobei die Feinheit der Ranken für dessen Spätstufe um 1720 charakteristisch ist. Régenceformen (Bandlwerk) tauchen erst in der Vierung und im Altarhaus auf. Den Freskenzyklus im Lang-, Altarhaus und in der Vierung (hier datiert 1732) sowie die dazugehörigen (1945 verbrannten) Ölbilder an den Hauptschiffwänden, die das Leiden und die Verherrlichung Christi zum Thema haben bzw. hatten, schuf der Bruder des Baumeisters, der bayerische Hofmaler Johann Baptist Zimmermann. Die großenteils infolge von Wasserschäden erst nach dem Brand von 1945 zerstörten Deckenbilder wurden kopiert, das zeitweise durch ein Gemälde von Karl Klobes[334] ersetzte beschädigte Hauptaltarblatt Zimmermanns, der signierte und ins Jahr 1724 datierte Johannes von Patmos, wurde vor einigen Jahren nach gründlicher Instandsetzung wieder an seinen angestammten Platz zurückgebracht. Auffällig und wohl nur durch besondere Umstände und persönliche Verbindungen erklärlich ist die Berufung der Zimmermann-Brüder nach Würzburg, während Nikolaus Stuber, der 1734 die Neumünsterkuppel ausmalte (nach 1945 weitgehend zerstört und kopiert), anscheinend von Balthasar Neumann aus Mergentheim nach Würzburg geholt worden ist.[335] – Die Schönborn-Kapelle statteten indessen Hofkünstler in den Jahren 1733–1735 aus. Französischer, aber auch würzburgischer Tradition verpflichtet ist die plastische Ausstattung der Anräume, die Claude Curé schuf.[336] Die vier Grabmäler der Schönborn-Kirchenfürsten vertreten den Typus des Konsolwandgrabmals, wie er in Würzburg nicht unbekannt war und wenig zuvor durch das Adelmann-Epitaph Esterbauers seine jüngste Ausprägung erfahren hatte (s. oben). Die Aufbauten der Schönborn-Epitaphien, die aus Obelisken, allerlei vegetabilen Bestandteilen mit symbolischer Bedeutung, Vasen, Wappen, Personifikationen, Putti und nicht zuletzt den mehr oder weniger marginalen Darstellungen der Verstorbenen in Büstenform oder Ganzfigur recht kleinteilig, additiv zusammengesetzt sind, wirken, auch ihrer geringen Größe wegen, wie Wanddekor. Zurückhaltend sind auch die Altaraufsätze – links eine Pietà, rechts eine Kreuzigung mit der hl. Magdalena und einem Putto – gestaltet, die statt eigener architektonischer Rahmung von den pilastergerahmten, gestreckten Rundbogenfenstern eingefasst werden. Ähnlich einer auf französische Vorbilder zurückgehenden Konzeption auf einem 1726 datierten Entwurf des Maximilian von Welsch für die »Hofkirche im Oval« des Residenznordflügels,[337] ragen die Skulpturengruppen vor der Verglasung der Fenster auf. Im Verein mit ihrer Goldfassung nimmt das Gegenlicht den Sandsteinfiguren so viel von ihrer plastischen Wirkung, dass sie nur mehr durch ihre Kontur wirken. Die feinen Régencestuckaturen schuf der frisch nach Würzburg berufene Antonio Bossi,[338] die großenteils nach dem Brand im Jahr 1945 von eingedrungenem Regenwasser zerstörten Deckenbilder der Maler Johann Rudolf Bys.[339] Das ebenfalls von diesem zusammen mit den »jungen Malern« Johann Thalhofer und Anton Joseph Högler gemalte Altarwandfresko, auf dem die Auferstehung Christi dargestellt ist,[340] weist so empfindliche kompositorische Schwächen auf, dass es kaum als Meisterwerk gelten kann. Das zurückhaltende Kolorit nimmt auf die gedämpfte Rottonigkeit des Stuckmarmors im Gebälkfries und in der Arkadenzone Bezug. – Bossi und Bys waren auch die Protagonisten der Ausstattung des Hofkirchenraums. Wieder gingen die von Bys und seinen Schülern Thalhofer und Högler geschaffenen Deckenmalereien an den Folgen des Stadtbrandes von 1945 fast vollständig zugrunde[341] (heute weitgehend kopiert). Mit den unter seiner Leitung ausgeführten Stuckdekorationen vollzog Antonio Bossi,[342] nachdem die Arbeiten in der Wölbzone abgeschlossen waren, gegen 1740 den Übergang vom Régence – in seinen späten Formen – zum Ornamentstil des Rokoko. Die Farbigkeit des Raums, die vor allem von den roten, »achatfarbenen« und grauen Tönen des Marmors sowie des *stucco lustro* im Verein mit dem Weiß der polierten Flächen und dem reichlich verwendeten Gold erzeugt wird, dürfte maßgeblich von Balthasar Neumann festgelegt worden sein.[343] Unbekannte italienische Bildhauer schufen in Massa di Carrara aus weißem, carraresischem Marmor sechs Statuen für die Seitenaltäre und den Hauptaltar; hierfür hatte der junge Johann Wolfgang van der Auwera Entwürfe gefertigt.[344] Die von dem venezianischen Maler Federico Bencovich geschaffenen Altarblätter wurden 1752 durch die des Giovanbattista Tiepolo ersetzt und gingen verloren.[345] Das bei weitem bedeutendste Einzelwerk der Ausstattung ist die Stuckstatue der Immaculata vom bischöflichen Privataltar auf der Empore über dem Hauptaltar; den höchst dekorativen Aufbau mit dem prachtvollen Goldvorhang – Vorgeschmack auf den Kaisersaal! –, den Engel öffnen, um den Blick auf die Jungfrau und die hl. Dreifaltigkeit darüber frei zu geben, schuf Antonio Bossi samt allen Figuren in den Jahren 1734–1738.[346] In der zierlichen, voller Anmut bewegten Statue der »Unbefleckten Jungfrau«, deren ausgebreitete Arme die Aufnahme in den Himmel ankündigen, während das seitlich zurückgelegte Haupt erfüllt ist von »beseeligter Gottesschau« (*visio beata*), gelangt der von Gianlorenzo Bernini begründete plastische Stil an sein Ende, indem er in vollkommene Grazie übergeht. Es kann nicht verwundern, dass die liebliche Figur mit dem von Pneuma erfüllten Gewand großen Eindruck in der Würzburger Bildhauerei hinterließ. Unter den so genannten Hausmadonnen, die sich an Bossis Marienstatue orientieren, dürfte die Immaculata vom Hause Blasiusgasse 9[347] die bedeutendste sein (am Hause heute Kopie; das Original als Leihgabe im Martin von Wagner-Museum); unter der Figur ist ein prächtiger schmiedeeiserner Leuchterarm aus der Werkstatt von Johann Georg Oegg angebracht (wohl um 1745).[348] Im Vergleich mit Werken wie diesen erscheint die Hausmadonna »Vom Siege« (*de victoria*), die Claude Curé zugeschrieben und um bzw. nach 1724 datiert wird (einst Innerer Graben 57; nach 1945 Mainfränkisches Museum),[349] als traditionell, wenn nicht gar als »klassisch«, obwohl sich der Bildhauer sichtlich bemühte, der Figur mittels manieristischer Überlängung und bewegten Mantelflatterns die Schwere früherer Barockplastiken zu nehmen. – Ein herausragendes plastisches Ensemble war einst der Figurenschmuck der Alten Mainbrücke, der eine von der Engelsbrücke in Rom begründete Tradition fortsetzte (vgl. auch die Prager Karlsbrücke).[350] Fürstbischof Christoph Franz von Hutten erteilte 1725 A. C. Lünenschloß den Auftrag, die Entwürfe für ein Figurenprogramm auszuarbeiten (Zeichnungen im

Martin von Wagner-Museum). Ab 1728/29 wurden von den Gebrüdern Johann Sebastian und Volkmar Becker, seit 1730 von Claude Curé die insgesamt zwölf Heiligenstatuen ausgeführt. Zwei Bozzetti (skizzenhafte plastische Entwürfe für Skulpturen) – der eine für die Nepomuk-Statue von den Gebrüdern Becker, der andere von Curé für das Standbild Karls des Großen gefertigt – haben sich erhalten (Mainfränkisches Museum) und vermitteln heute eine authentische Vorstellung von dem barocken Pathos der Figuren, die allesamt von der Ungunst der Witterung zerstört und durch Kopien ersetzt wurden. Dennoch geht nach wie vor von den Heiligenstatuen der Alten Mainbrücke eine stadtbildprägende Wirkung aus. – Gänzlich verloren ist indessen das einst so großartige Ensemble des von J. Lukas von Hildebrandt erdachten Ehrenhofabschlusses der Residenz, dessen reichen Statuenschmuck Johann Wolfgang van der Auwera, der Sohn und Nachfolger des Hofbildhauers Jakob van der Auwera, in den Jahren 1738–1744 geschaffen hat.[351] Zusammen mit den schmiedeeisernen Gittern Oeggs, die dessen Hauptwerk waren,[352] wurde der Ehrenhofabschluss 1821 auf Geheiß Kronprinz Ludwigs von Bayern abgebaut und verschwand spurlos. – Die meisten Arbeiten, die Johann Wolfgang van der Auwera für Würzburger Kirchenausstattungen schuf, sind im Feuersturm von 1945 untergegangen (zum Beispiel Neumünster; Bürgerspitalkirche).[353] Aus der im 19. Jahrhundert von der barocken Ausstattung »befreiten« Marienkapelle am Markt hat sich wenigstens die goldgefasste Holzstatue eines trauernden Engels (Mainfränkisches Museum)[354] erhalten können, während die mit Ausnahme der zuvor geborgenen Figuren

Abb. 249: Porträt des Würzburger Hofschlossers Johann Georg Oegg, Georg Anton Urlaub, um 1751/52. (Mainfränkisches Museum Würzburg, Inv.-Nr. H. 32412)

Abb. 250: Greiffenclau-Tor des Hofgartens am Rennweg, Johann Georg Oegg, 1746–1752.

und Ornamente 1945 verbrannte Kanzel Auweras in St. Peter[355] (um 1745/50) weitgehend rekonstruiert werden konnte und in höchst eindrucksvoller Weise von der unvergleichlichen Virtuosität des Bildhauers Zeugnis ablegt. Der trauernde Engel und die »Peterer«-Kanzel, die zu den bedeutendsten ihrer Art gehört, demonstrieren Größe und Grenzen der Kunst dieses nach Antonio Bossi wichtigsten Würzburger Plastikers der Schönborn-Zeit: Auweras Begabung fürs Dekorative und für das plastische Ensemble erscheint als außerordentlich; hierin gibt es wohl keinen unter den deutschen Künstlern seiner Zeit, der ihn überträfe. Aber das einzelne plastische Werk in einem solchen Ensemble zeichnet durchwegs *mediocritas* auf freilich hohem Niveau aus. Auf der Grundlage des Stils Lorenzo Mattiellis und der ins Klassische, aber auch zurück in den Manierismus tendierenden Formensprache Georg Raphael Donners bildete der jüngere Auwera, den Friedrich Karl von Schönborn in Wien hatte ausbilden lassen,[356] einen synthetischen Personalstil aus, in dem sich all die genannten Komponenten verbinden, ohne freilich unverkennbare Eigenart zu erlangen.

Von einer gewissen Tragik überschattet erscheint das Œuvre des unter den Fürstbischöfen Johann Philipp Franz, Christoph Franz und Friedrich Karl wirkenden Hofmalers Anton Clemens Lünenschloß. Aus Düsseldorf stammend, hatte sich der weit gereiste, italienerfahrene Maler 1719 in Würzburg niedergelassen, wo er im Jahr 1763 hochbetagt verstarb.[357] Sein Stern stand hoch in der Ära Hutten und begann unter Friedrich Karl von Schönborn unaufhörlich zu sinken, woran nicht nur die Überalte-

Abb. 251: Kanzelfigur in der Pfarrkirche St. Peter und Paul, Johann Wolfgang van der Auwera, um 1750.

rung seines Stils, sondern auch seine Abneigung gegenüber der Freskomalerei schuld waren. Alle seine Werke, die er für die Ausstattung der Residenz schuf, sind ebenso verloren wie viele Altarblätter für Würzburger Kirchen, die 1945 verbrannten, darunter das 1726 gemalte Hauptaltargemälde des Domes (der hl. Nepomuk vor dem Kruzifixus kniend), das sowohl wegen seiner Komposition als auch – und vor allem – wegen seines Kolorits »als hervorragende Leistung« galt.[358] Als eines der wenigen in Würzburg erhaltenen Zeugnisse von Lünenschloß' Kunst ist an erster Stelle das im Jahr 1720 von dem erwähnten Hofrat Adelmann gestiftete Blatt des ehemaligen rechten Chorbogenaltars in St. Peter zu nennen, eine Darstellung der Laurentius-Marter.[359] Das von Tizians Gemälde des hl. Laurentius in der Gesuiti-Kirche zu Venedig unverkennbar beeinflusste Altarbild, auf dem nächst dem Heiligen der Uffizien-Apollino eine prominente Rolle in der Komposition spielt, demonstriert, welch ein gebildeter, geschmackvoller Künstler Lünenschloß war, aber auch, dass der Maler sich nicht aus den Netzen des Barockeklektizismus befreien konnte. Sein umfangreicher zeichnerischer Nachlass befindet sich im Martin von Wagner-Museum.[360]

Vom Barock zum Klassizismus

Unter Anselm Franz von Ingelheim, der im August 1746 zum Nachfolger Friedrich Karls von Schönborn gewählt worden war, kam nahezu die gesamte Kunsttätigkeit bei Hofe, die für die Stadt Würzburg von vitalem Interesse war, für die Dauer von drei Jahren zum Erliegen.[361] Nach dem vorzeitigen Tod Ingelheims wurde im Jahr 1749 mit Carl Philipp von Greiffenclau-Vollraths indessen ein Fürstbischof gewählt, der das Kunstpatronat der Schönborns wie auch seines Oheims Johann Philipp zu seiner Sache machte. Da ihm nur fünf Jahre vergönnt waren, konnte seine Ära keine zweite »Greiffenclau-Zeit« werden – abgesehen davon, dass bei längerer Lebenszeit der Siebenjährige Krieg seinem Mäzenatentum Grenzen gesetzt hätte. Dennoch verbindet sich mit seinem Namen stets der letzte, glanzvolle Höhepunkt des Würzburger Barocks. Der Ruf der Residenz als *das schönste Schloss in Deutschland* (Markgräfin Wilhelmine von Bayreuth) war dem Fürstbischof mit Sicherheit förderlich, als es galt, den bestmöglichen Künstler überhaupt für die Ausmalung der Hauptsäle zu gewinnen.[362] Nachdem Greiffenclau von der Qualität des Göttermahl-Freskos, das der 1749 nach Würzburg gerufene schwäbische Maler Johann Zick bis 1750 an die Decke des Gartensaales gemalt hatte (s. Tafel 56),[363] anscheinend nicht überzeugt war, obwohl die Leuchtkraft der Farben jeden weniger verwöhnten Geschmack bestochen hätte, und nachdem er auf einen hochstaplerischen Maler

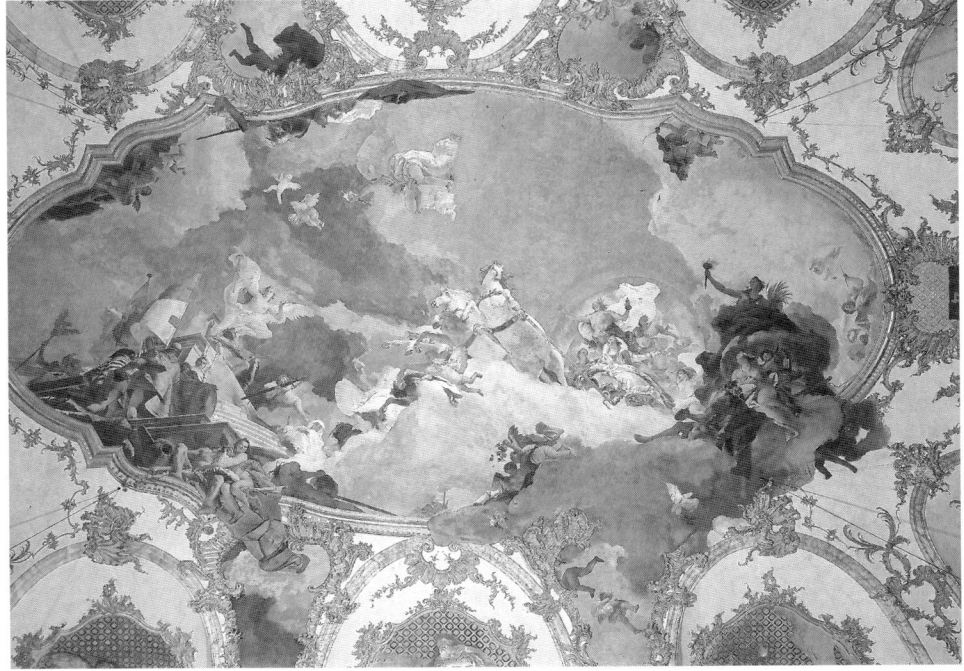

Abb. 252: Hochzeitsallegorie, Deckenfresko im Kaisersaal der Residenz,
Giovanni Battista Tiepolo, 1751.

Abb. 253: Deckenfresko von Giovanni Battista Tiepolo im Treppenhaus der Residenz mit Selbstporträt des Künstlers, 1753.

aus Mailand hereingefallen war, griff er entschlossen nach den Sternen und holte den berühmtesten Freskomaler, den es in Europa gab, den Venezianer Giovanni Battista Tiepolo nach Würzburg.[364] Dass eine solche Zelebrität überhaupt in die mainfränkische Metropole kam, um *seinen nahmen, und Kunst in Teütschland ebenmäßig zu verewigen,* darf als einer der ganz großen Glücksfälle gelten, wie sie in der Kunstgeschichte selten sind: Mit seinen anerkannt besten Werken schmückte der Maler die Säle eines Bauwerks, die, wie dieses selbst, einen Höhepunkt der europäischen Barockbaukunst verkörpern. Was Tiepolo im Kaisersaal und im Treppenhaus geleistet hat, gehört eigentlich in den Rahmen einer venezianischen, noch besser einer europäischen, aber kaum einer würzburgischen Kunstgeschichte. Und doch: In Erstaunen muss versetzen, wie sich im Kaisersaal die Malerei Tiepolos mit der Architektur Balthasar Neumanns, den vergoldeten Stuckaturen Antonio Bossis und dem zartfarbigem Stuckmarmor ganz selbstverständlich zu einem überaus harmonischen Ganzen verbindet. Das europäische Niveau der Fresken Tiepolos, der mit Grazie, Humor und schier unerschöpflicher Erzählfreude einem pedantisch-gelehrten, teils historischen, teils allegorischen »Programm« die denkbar schönsten Seiten abzugewinnen wusste,[365] war der Prüfstein für den Rang der Architektur Neumanns und der Leistungen des Künstlerkreises, der am Würzburger Hofe wirkte: Die schwierige Bewährungsprobe wurde, wie der Kaisersaal veranschaulicht, mit Bravour bestanden. Andererseits hatte sich auch Tiepolo zu bewähren, als er vor der Aufgabe stand, die gewaltige von Balthasar Neumann geschaffene Wölbfläche im Treppenhaus auszumalen: Der Venezianer nahm die außergewöhnliche Chance wahr, eine solch riesige Decke mit einem einzigen Bild zu schmücken, das trotz der von der Ikonographie der vier Erdteile geforderten Untergliederung dank der umlaufenden terrestrischen Zone und dem alles überwölbenden Himmel ein zusammenhängendes großes Ganzes bildet. Der Mittelpunkt des Fresko ist Apollo Musagetes,[366] der das Licht der Kunst und der Wissenschaft über der Welt aufgehen lässt, wo es sich allerdings noch nicht in allen Erdteilen gleichmäßig verbreiten konnte: Während der »junge« Kontinent Amerika noch völlig unzivilisiert ist und die alten Kulturen Asiens und Afrikas sich erschöpft haben, präsentiert sich Europa (s. Tafel 55) in Gestalt des Würzburger Musenhofes samt seinem Mäzenas pars-pro-toto-artig als Hort der Künste und der wissenschaftlichen Studien – eine Botschaft, die das kleine Hochstift Würzburg im schönsten Licht erscheinen lässt, zumal sie vom Maler in vollendeter Liebenswürdigkeit und

Abb. 254: Stuckfigur der Flora im Kaisersaal der Residenz, Antonio Bossi, 1751/52.

Abb. 255: Wallfahrtskirche Mariä Heimsuchung, das »Käppele«, auf dem Nikolausberg,
Balthasar Neumann, 1748–1749.

Schönheit vorgebracht wird. – Während der drei Jahre, die Tiepolo mit seinen Söhnen Giandomenico und Lorenzo in Würzburg verbrachte, entstanden noch manche weiteren Werke, worunter die ins Jahr 1752 datierten großen Leinwandbilder der Hofkirchenseitenaltäre die bedeutendsten sind.[367] – Die Anwesenheit des großen italienischen Landsmannes am Würzburger Hof scheint Antonio Bossi noch einmal zu Höchstleistungen inspiriert zu haben: Die vier, wohl in den Jahren 1750/51 von ihm aus Stuck geformten Götterstatuen in den Nischen der Schmalwände des Kaisersaals[368] stellen seine reifsten figürlich-plastischen Werke dar. Namentlich das Standbild der Flora, in deren unvergleichlicher Anmut sich die Diszipliniertheit klassisch-kontrapostischen Figurenaufbaus mit rokokohafter Gelöstheit und einem gehörigen Schuss Schalkhaftigkeit verbindet, darf als eines der aussagekräftigsten plastischen Werke des ausgehenden Barocks gelten.

Am Ende seiner Laufbahn war es Balthasar Neumann noch einmal vergönnt, die Stadt Würzburg mit einem Bauwerk zu verschönern, das zu einem ihrer Wahrzeichen werden sollte: dem Käppele.[369] Die in den Jahren 1748–1749 errichtete Marienwallfahrtskirche – eine in Kreuzesform erweiterte Rotunde mit Hängekuppel – besitzt einen lapidaren, betont einfach strukturierten Raum. Glücklich war die Entscheidung, die

Zweiturmfront auf das Maintal auszurichten, sodass die bewegte Kontur der kuppeligen Schieferdächer und Zwiebelhauben das Stadtbild Würzburgs entscheidend mitbestimmt. Das Innere statteten in den 50er Jahren zwei altbayerische Künstler, der Stuckateur Johann Michael Feichtmayr und der Maler Matthäus Günther, aus. Die in Würzburg fremdartige bayerische Rokokodekoration setzte sich unbekümmert über die von Neumann vorgegebenen architektonischen Strukturen hinweg.[370]

Den Abschluss einer etwa 100jährigen Geschichte Würzburger Sakralraumdekorationen des Barocks verkörperte die großenteils in den 40er und 50er Jahren entstandene und am 16. März 1945 fast gänzlich vernichtete, einst überaus opulente Altarausstattung der Augustinerkirche (ehemalige Dominikanerkirche, s. Abb. 244), die allgemein Johann Wolfgang van der Auwera zugeschrieben wird.[371] Die nahezu rocaillehafte Form der Altäre, die so angeordnet waren, dass sich vom Eingang der Kirche ein bildhafter Gesamteindruck ergab, und die Raffinesse der Anordnung des figürlichen und ornamentalen Schmucks demonstrierten einmal mehr den hoch entwickelten Sinn Auweras für dekorative Ensemblewirkungen. Während die dem Antonio Bossi zugeschriebenen Stuckaturen am Chorgewölbe[372] den Zweiten Weltkrieg überstanden haben, sind die beschädigten Deckenmalereien Georg Anton Urlaubs (etwa 1754/55) und die Ausmalun-

Abb. 256: Madonna vom Portal des Hauses Theaterstraße 4, Lukas Anton van der Auwera, um 1749.

gen Franz Anton Ermeltrauts im Hauptschiff (1748)[373] nach 1945 entfernt worden. Von Urlaub hat sich indessen ein Leinwandgemälde erhalten, das sich einst im Auszug des südlichen Chorbogenaltars befand; es stellt die Beschneidung Christi dar (um 1752).[374] Neben evidenten Anklängen an Tiepolo, in dessen »Bann« der fränkische Maler geriet, zeigt sich, wie im gleichzeitigen Schaffen des Johann und Januarius Zick, die Faszination durch das Werk Rembrandts – eine verbreitete Erscheinung in der rheinisch-fränkischen Malerei um 1750. Merkmale des Personalstils Urlaubs sind indessen die »bodenständig« fränkisch wirkenden Physiognomien der Figuren, an denen die »geschwollenen« Augenlider auffallen.[375]

Letzte bedeutende bauplastische Ensembles des ausgehenden Barocks finden sich an einigen Wohnhäusern und an öffentlichen Brunnen Würzburgs. Stellvertretend sei das reich mit Rocaille- und Figurenschmuck versehene Portal des von Neumann entworfenen Hauses Theaterstraße 4 genannt, das Lukas van der Auwera, dem Bruder Johann Wolfgangs, zugeschrieben wird[376] und zwischen 1750 und 1760 entstanden sein könnte. Der hohe Aufbau gipfelt in der sehr beweglich erscheinenden Madonnenstatue, die letzte Konsequenzen aus dem Vorbild der genannten Immaculata-Statue Bossis zu ziehen scheint. Wer die wohl gegen 1750 (?) entstandenen, ungewöhnlich qualitätvollen Heiligenstatuen vom Hof Kleinburckstadt – der hl. Nepomuk steht heute am nordwestlichen Kuppelpfeiler von Stift Haug – geschaffen hat, Johann Wolfgang van der Auwera oder Ferdinand Tietz,[377] sei dahingestellt. – Daniel Köhler wird die Fischerbubengruppe auf dem Brunnen am Fischmarkt (ca. 1760/70) zugeschrieben,[378] ein Werk voller Anmut, bezeichnend für die Neigung des ausgehenden Barocks zur Sentimentalität. – Anders dagegen der von Lukas van der Auwera 1763 entworfene Vierröhrenbrunnen, der, vielleicht bewusst, noch einmal an frühere Barockzeiten anknüpft, indem er sich mit seinem – freilich etwas schwerfällig geratenen – Aufbau an dem Delphinbrunnen vor dem römischen Pantheon (1711)[379] orientiert. Den figürlichen Schmuck des Vierröhrenbrunnens (weitgehend kopiert; kriegsbeschädigte Originale im Mainfränkischen Museum) fertigte Johann Peter Wagner in den Jahren 1763–1765.[380] In den anmutigen Tugendpersonifikationen lebt der »synthetische« Stil des Johann Wolfgang van der Auwera weiter, in dessen Werkstatt Wagner eingetreten war. Freilich zeigen sich auch schon die unverkennbar »klassischen« Elemente der wagnerschen Formensprache, die nicht unwesentlich in Wien und Mannheim unter dem Einfluss Georg Raphael Donners und Paul Egells ausgebildet worden ist.[381]

Während die Arbeiten am Vierröhrenbrunnen ihrem Ende entgegengingen, fand in der Kunsttätigkeit bei Hofe eine umfassende Neuorientierung statt. Fürstbischof Adam Friedrich von Seinsheim, der 1754 Greiffenclau nachgefolgt war, beschloss nach dem Ende des Siebenjährigen Krieges (1756–1763), als sich eine Erholung der erschöpften Kassen abzuzeichnen begann, mit der Ausstattung der Residenz fortzufahren. Für die Dekoration des Treppenhauses berief er einen Neffen des verstorbenen Antonio Bossi, Ludovico Bossi, der zuvor in Stuttgart den neuesten Stil *à la grecque* bzw. *à la romaine* kennen und anzuwenden gelernt hatte.[382] Die 1764 von dem für das Neue begeisterten Fürstbischof in Auftrag gegebene Gestaltung der Treppenhauswände in »klassischen« Formen, die sich so deutlich am 16. Jahrhundert orientiert, dass man sie wegen ihrer

Tafel 57: Spiegelkabinett der Residenz, 1740–1745,
1945 zerstört und 1979–1987 rekonstruiert.

*Tafel 58: Saal der Ingelheim-Zimmer in der Residenz
mit Stuckaturen von Materno Bossi, 1776/81.*

Tafel 59: Maschikuliturm am Südhang des Marienbergs,
nach einem Entwurf von Maximilian von Welsch
erbaut unter Fürstbischof Christoph Franz von Hutten (1724–1729).

Tafel 60: Alter Kranen am Mainkai,
nach einem Entwurf von Franz Ignaz Neumann erbaut 1768–1773.

Abb. 257: Vierröhrenbrunnen vor dem Rathaus,
Lukas Anton van der Auwera und Johann Peter Wagner, 1763/65.
(Mainfränkisches Museum Würzburg, Inv.-Nr. H. 14188)

Abb. 258: Fassade von St. Michael, Johann Philipp Geigel und Johann Michael Fischer, ab 1765.

Rückwärtsgewandtheit bereits als klassizistisch bezeichnen darf, stellte einen radikalen Bruch mit der Formensprache des Würzburger Barocks dar. Zwar hat sich Seinsheim in den Jahren darauf, bis etwa 1775, unter maßgeblichem Einfluss Materno Bossis, des Bruders Ludovicos, bemüht, in den von ihm vollendeten nördlichen Paradezimmern (s. Tafel 58) der Residenz den neuen klassizistischen Geschmack mit den gewohnten Rokokoformen in Einklang zu bringen; aber seit der Mitte der 70er Jahre, als die erste Bischofswohnung eine großenteils neue Ausstattung erhielt, wurden die Rokokoformen zugunsten einer frühklassizistischen Wanddekoration im »style Delafosse«, der den *goût grec* ablöste, gänzlich verdrängt.[383] Hatte der im Stil des ausgehenden Rokoko angelegte Veitshöchheimer Hofgarten mit den grotesken Rokokofiguren des Ferdinand Tietz[384] noch die Neigung Adam Friedrichs von Seinsheim für die Welt des Spätbarocks dokumentiert, so war jetzt allgemein sichtbar eine neue Kunstperiode angebrochen. Außerhalb der Residenz demonstrierten den Umschwung die betont klassisch-römischen Kolonnaden mit den begehbaren Monumentalsäulen, die Johann Philipp Geigel als seitlichen Abschluss des Residenzvorplatzes 1765 entworfen hatte und die in der Folgezeit errichtet wurden.[385] Einen Abgesang auf den Barock mag man in Oeggs schmiedeeisernen Gittern in den Kolonnadenarkaden, die allerdings nicht mehr die ornamentale Freiheit etwa des so genannten Greiffenclau-Tors am Rennweg[386] erreichen, und in dem anmutig bewegten Skulpturenschmuck J. P. Wagners erblicken.

Der neue Stil des Hofes begann sich schon ab der Mitte der 60er Jahre in der Stadt Würzburg zu verbreiten und schließlich durchzusetzen. Die von J. P. Geigel und Johann Michael Fischer – dem Würzburger Architekten dieses Namens! – geplante und ab 1765 erbaute neue Jesuitenkirche St. Michael[387] greift offensichtlich Charakteristika der Architektur Balthasar Neumanns und seines Sohnes Franz Ignaz auf,[388] erweist sich aber in der Rückbesinnung auf die Formensprache des 16. und 17. Jahrhunderts als unverkennbar klassizistisch; dies gilt sowohl für die Fassade wie für den Innenraum. Die von Materno Bossi geschaffene Dekoration des Langhauses (vollendet 1773)[389] erinnerte an die des Vestibüls der Residenz. Die Ausmalung in der Vierung, die der Lombarde Giuseppe Appiani schuf (1773), ist seit 1945 ebenso verloren wie die Stuckdekoration des Langhauses. – Im Jahr 1788 fertigte Johann Philipp Geigel die Pläne für einen Neubau der ehrwürdigen Stephanskirche.[390] Anstelle des dreischiffigen, ottonischen Langhauses wurde zwischen dem barocken Altarhaus und dem mittelalterlichen Westchor ein geräumiger, lichter Saal eingefügt; neue hohe Türme mit glockenförmigen Hauben sollten für städtebauliche Wirkung sorgen. Das Innere war, wohl von Materno Bossi,[391] im Sinne des Louis-XVI.-Stiles sehr fein und zurückhaltend gestaltet worden; von geradezu Staunen erregender Leere war das von Konrad Huber, dem Augsburger Akademiedirek-

*Abb. 259: Christus und Veronika
von der sechsten Station des Kreuzweges
zum Käppele, Johann Peter Wagner,
um 1775/78.*

tor, 1789 gemalte Langhausdeckenbild, das die Glorie des hl. Benedikt und das Wirken seines Ordens auf der Erde zum Thema hatte;[392] mit der gesamten Ausstattung ging es 1945 verloren, während sich der Entwurf Hubers im Martin von Wagner-Museum erhalten hat. – Auch außerhalb des Hofes und der Kirche begann sich der klassizistische Dekorationsstil durchzusetzen, wie beispielsweise die neuen Raumausstattungen im Hof Ingelheim-Guttenberg und im Hause Blasiusgasse 9 bezeugten (1945 zerstört).[393] – Ein reizvolles Zeugnis der Würzburger klassizistischen Architektur ist nicht zuletzt die von Adam Salentin Fischer 1793 entworfene Fassade der Kapelle des Hofspitals zu den Vierzehn Nothelfern, genannt das »Spitäle«.[394] Obwohl sich Fischer sichtlich bemühte, eine antike Antentempelfassade (Tempel mit einer aus den verlängerten Seitenwänden gebildeten Vorhalle mit zwei Säulen zwischen den pfeilerartig ausgebildeten Wandenden) zu erbauen, geriet das Ganze doch mehr oder weniger barock-klassizistisch, und den (zerstörten) Dachreiter, der den Glockenstuhl aufnahm, bekrönte sogar eine Zwiebelhaube: deutliches Anzeichen, dass der Abschied vom Barock nicht leicht fiel.

Abb. 260: Relief vom Brunnen (Obelisk) auf dem Unteren Markt. Der Obelisk wurde 1805 nach einem Entwurf von Johann Andreas Gärtner errichtet.

Abb. 261: Relief vom Brunnen (Obelisk) auf dem Unteren Markt.

Dies lehrt auch das Werk des unter Adam Friedrich von Seinsheim zum Hofbildhauer aufgestiegenen Johann Peter Wagner. Als Werkstattnachfolger des Johann Wolfgang
van der Auwera war er gewohnt, in den hergebrachten Formen des Barockstils weiterzu-
arbeiten. Davon legen ungezählte Kirchenausstattungen Wagners in Stadt und Land
Zeugnis ab, wobei das, was er für Würzburger Kirchen schuf, großenteils 1945 zerstört
wurde.³⁹⁵ Doch auch – und gerade – der Hofbildhauer wurde von den Strömungen seiner Zeit erfasst, wie besonders anschaulich die Entstehungsgeschichte des Käppele-
kreuzweges, dessen Statuen Wagner schuf, vor Augen führt:³⁹⁶ Die 1768 entstandene
Kreuzigungsgruppe der 12. Station (Christus und die Schächer) ist noch in barocker, bewegter Form gestaltet, während die etwa 1775/78 hinzugekommenen Figuren Mariens,
Johannes' und Magdalenas schon die antikisierenden Formen des frühen Klassizismus
vertreten. Aber Wagner konnte dennoch niemals die Formensprache des Barocks gänzlich verleugnen, wie die Balustradenfiguren im Treppenhaus der Residenz belegen.³⁹⁷
Erst Balthasar Heinrich Nickel mit seinem Stiftungsrelief für den 1791 vollendeten neu-

en Südflügel des Juliusspitals, das bereits den Historismus des 19. Jahrhunderts ankündigt,[398] und sein Sohn Anton, der in den 90er Jahren das Portalrelief[399] des Hueberschen Josephspitals geschaffen hat, vollziehen ganz entschieden den Übergang zum Klassizismus, wobei sich Naturalismus und antikische Idealität in unverbundener Weise überlagern. Kleinere barocke Reminiszenzen, wie der Genius auf dem Relief am Hueberspital, lassen besonders deutlich die große Distanz erkennen, die Werke wie dieses von der barocken Tradition trennt.

Antonio Petrini

Hanswernfried Muth

Wer jemals von den umliegenden Höhen auf Würzburg geblickt hat, wird kaum den kraftvollen Dreiklang aus ragendem Turmpaar und mächtig aufstrebender Kuppel vergessen, der abseits der türmereichen Stadtmitte gleich dem Grundmotiv einer Fuge aufklingt. Ein *welscher Baumeister*,[1] Antonio Petrini, war es, der dieses Fanal des kommenden Barock in den fränkischen Himmel eingeschrieben hat.

Der Lebensweg des »Italieners« Antonio Petrini ist erst mit seinem Auftreten in Würzburg zu fassen. Er stammte vermutlich aus dem alpin-romanischen Grenzgebiet zwischen Graubünden, dem Vintschgau und dem Veltliner Land.[2] Seit Petrini in Würzburg tätig geworden war, arbeiteten regelmäßig Maurer aus diesem Gebiet in Würzburg.[3] Damit deutet sich Petrinis Stellung als Führer eines jener Maurertrupps an, die alljährlich im Frühjahr aus den Tälern Graubündens nach dem Norden zogen. Sie trugen wesentlich zur Begegnung des Nordens mit südländisch-barocker Baugesinnung bei.

Der Werdegang Petrinis mag ähnlich verlaufen sein, wie wir ihn von den Vorarlberger Baumeistern kennen: Vom Polier im Rahmen eines Bautrupps zum ausführenden Bauunternehmer und zum selbstständigen Baumeister.[4]

1657 ist Petrini, aus Mainz kommend, erstmals in Würzburg nachweisbar. Vermutlich veranlasste ihn die von Johann Philipp von Schönborn projektierte Befestigung der Stadt, sich nach Würzburg zu wenden. Jedoch hatte Petrini an der Planung der gewaltigen Fortifikationsanlagen keinen Anteil. Er trat bei deren Bau lediglich als Unternehmer auf.[5]

Sobald Petrini versuchte, als entwerfender Architekt tätig zu werden, wandten sich sogleich die heimischen Baumeister gegen den Fremden. Anlass hierzu gab 1657 der Bau der Kreuzkapelle in Eibelstadt. Sowohl der domkapitelsche Werkmeister Heinrich Eberhardt wie auch Petrini hatten der Kommission zur Entscheidung ihre Risse vorgelegt. Eberhardt schlug eine schlichte, einschiffige Anlage in Kreuzform vor. Petrini hatte ebenfalls einen einschiffigen Langhausbau projektiert, als Variante jedoch auch einen achteckigen Zentralbau mit hoher Kuppel.[6] Die Kommission gab dem Plan Eberhardts den Vorzug, *indem er ein teutscher*, während der *welsche Baumeister Antonio* mit einer Entschädigung abgefunden wurde.[7]

Trotz dieses Misserfolgs gelang es Petrini, zunächst wohl vorwiegend als Bauunternehmer tätig, in Würzburg Fuß zu fassen. Er heiratete Maria Katharina Strieg-

Abb. 262: Blick in die Kuppel der nach Plänen Antonio Petrinis 1691 vollendeten Hauger Stiftskirche.

ler, die Witwe des juliusspitälischen Verwalters und Stadtrates Wolfgang Striegler.[8] 1674 erwarb er ein Haus *zue Sandt zum Birnbaum*, das freilich bald wieder in andere Hände überging.[9] Seit 1677 wohnte er im alten Pfarrhof des Stiftes Haug.[10] 1685 kaufte er das Haus *uffn Marckt zum Vögelein genennt*;[11] nur noch eine Inschriftkartusche erinnert daran, dass Petrini dieses Haus noch im gleichen Jahr durch einen 1945 zerstörten Neubau ersetzte.[12] 1691 nahm er auf dieses Haus eine beträchtliche Hypothek auf,[13] verkaufte es schließlich zwei Jahre später.[14]

Am 8. April 1701 starb Antonio Petrini.[15] In der Karmelitenkirche St. Barbara, die seinem Wohnhaus unmittelbar benachbart war, fand er sein Grab. 1824 wurde die Kirche abgebrochen und damit auch Petrinis Grabstätte demoliert.

In der Funktion eines planenden Architekten trat Petrini sogleich mit seinem Hauptwerk auf, der Kirche des Stiftes St. Johannis in Haug in Würzburg.[16] 1657 wurden die ungeschützt vor der Stadt gelegenen Stiftsgebäude abgebrochen, da sie den geplanten Bastionen im Weg standen. Kurfürst Johann Philipp von Schönborn hatte versprochen, *nach drei bis vier Jahren* eine neue Kirche zu bauen, doch der Baubeginn zog sich mehr als ein Jahrzehnt hin.[17] Erst das Stiftsprotokoll vom 3. Januar 1670 berichtet, dass nach vielen Verhandlungen sich ein Baumeister gefunden habe: Antonio Petrini. Dieser habe versprochen, dass er *die neue Stifftskirchen innerhalb sechs Jahren jetzund aufferbauwen wollte, falls ihm jährlich 4000 Thaler gereicht würden.* Zunächst schritt der Bau rasch voran. Doch dann geriet der Fortgang über den Problemen des Kuppelbaus ins Stocken. Im März 1677 legte Petrini Pläne für eine größere und für eine kleine Kuppel vor. Aus finanziellen Gründen entschloss man sich zunächst für letztere, stieß diesen Beschluss kaum zwei Wochen später um aus Sorge, dass … *die kleine Kuppel den ganzen Baw schandten wird.* Dann wurde vorgeschlagen, auf die Kuppel ganz zu verzichten und sie erst in besseren Zeiten hochzuführen. Dennoch wurde, als 1678 die Gewölbe über Langhaus, Querschiff und Chor geschlossen waren, der Kuppeltambour bis zum Gesims hochgeführt. Bis 1683 zog sich die Einwölbung der Kuppel noch hin. 1691 endlich konnte Fürstbischof Johann Gottfried von Guttenberg die Einweihung der Kirche vollziehen. Diese Schwierigkeiten sowie bedrohliche Schäden bereits während der Bauzeit gaben Anlass zu jenen Sagen, die erzählen, Petrini habe nur mit Hilfe des Teufels das kühne Werk vollenden können.[18]

Seit dem Bau der Hauger Stiftskirche war Petrinis Stellung nicht nur in Würzburg endgültig gesichert. In den nächsten Jahren mehrten sich die Aufträge an ihn. 1677 wurde Petrini nach Bamberg berufen. Dort sollte auf dem steil zum Regnitztal abfallenden Stephansberg ein kuppelbekrönter Bau entstehen, gleichsam ein zweites Stift Haug.[19] Doch 1680 musste das Kapitel, da *die bewuste Kuppel zu bauen dermalen in unseren Vermogen nicht stehet*, die *Kuppel underlassen undt nur das Loch* (die Vierungsöffnung) *zumachen*, obwohl man sehr wohl erkannte, dass *die Kirchen wenig Licht und Form haben würdte.*[20] In Wiesentheid baute Petrini 1680–1683 die Pfarrkirche, 1686–1689 die Kreuzkapelle. Die 1681 von ihm für das Jesuitenkolleg in Paderborn geplante Kirche kam freilich nicht zur Ausführung; ein Konkurrenzentwurf wurde seinem aufwändigeren und kostspieligeren Projekt vorgezogen. Bereits seit 1669 wurde Petrini wiederholt in den mainzischen Gebieten auf dem Eichsfeld und in Thüringen tätig. 1685 entstand in Kitzingen die Klosterkirche der Ursulinen, die heutige protestantische Pfarrkirche, neben Stift Haug Petrinis bedeutendster Kirchenbau.

Petrinis zuweilen fast derb-kräftig gliedernder Stil fand auch im Profanbau seinen Niederschlag, so etwa beim Bau des Schlosses Seehof bei Bamberg (1684–1695), der ehemaligen Münze (1691) oder beim Rosenbach-Hof in Würzburg (1695), dessen Lage im bislang nahezu unbebauten Gelände im Osten der Stadt für die spätere Situierung der Residenz und die Gestaltung des Residenzplatzes von Bedeutung werden sollte. Wichtig im Stadtgefüge Würzburgs war vor allem auch der Bau des Dietricher Spitals (erbaut um 1670; 1945 ausgebrannt, die Ruine 1949 ff. abgebrochen), der mit seiner schweren Fassadengliederung die Ostseite des Marktplatzes eindrucksvoll bestimmte.

Die Spätzeit Petrinis wird durch drei Bauten charakterisiert, die an der Wende zum 18. Jahrhundert begonnen wurden. In den Jahren 1699 bis 1701 entstand das unmittelbar an die Hauger Kirche anschließende Kapitelhaus des Stiftes. Gleichzeitig wurde nach Plänen Petrinis der Fürstenbau des Juliusspitals begonnen. Petrinis grad-

linige, großflächige und klar gegliederte Baublöcke mussten in den noch mittelalterlichen Straßen Würzburgs wie die Zeichen einer neuen Zeit wirken.

1696 wurde Petrini mit der Wiederherstellung der Universitätskirche in Würzburg eine schwierige Aufgabe schöpferischer Denkmalpflege übertragen.[21] Er hat mit
dem Turmbau, der im warm leuchtenden Sandsteinrot über der Stadt steht, und den
Georg Dehio den »wohl schönsten Turm des oberdeutschen Barock« nannte, eine
imposante Lösung gefunden; Petrini habe »den antiken Formapparat der nordischen Turmidee merkwürdig glücklich dienstbar gemacht.«[22] Die erfolgreiche
Wiederherstellung der Neubaukirche war wohl Anlass, Petrini mit einer weiteren
Aufgabe der »schöpferischen Denkmalpflege« zu betrauen: 1697 gab das Domkapitel bei Petrini Pläne zu einer Westfassade des Domes in Auftrag, die freilich ebenso
wenig wie die späteren Projekte von Maximilian von Welsch, von Johann Lucas von
Hildebrandt und von Balthasar Neumann zur Ausführung kommen sollten. Domkapitular Siegmund von Aufseß, von dem gesagt wird, er sei *in der Baukunst sehr er-
fahrn*, hatte dazu geraten, da *Petrini ein alter Mann seye, wann er sollte sterben, seinesgleichen man nicht sogleich haben würde*.[23] Leider ist uns Petrinis Vorschlag nicht
einmal als Planzeichnung überliefert.

Im Kirchen- und Profanbau ist Antonio Petrini seit der Mitte des 17. Jahrhun-
derts durch fast 50 Jahre bis zu seinem Tod im Jahr 1701 die Rolle des führenden
Baumeisters in Würzburg zugefallen. Dennoch, es scheint, als sei er – der welsche
Baumeister – hier nie ganz heimisch geworden. Wenige Wochen nach seinem Tod
schon regt sich misstrauende Kritik: Petrini habe in Stift Haug *unglaublich dickhe
Mauer und Widerlager ohne Sparung einiger Kosten gemacht*, die Kuppel sei *mit solchen
Pfeilern verwahrt, daß solche für Bollwerker zu gebrauchen sei*.[24] Man spricht in Würzburg über die vom Einsturz bedrohten Bauten des Fremden und Fremdgebliebenen,
die Fama rankt ihre düsteren Erzählungen um sein Geschick.

Joseph Greising

HANSWERNFRIED MUTH

»Saisonwanderung« war in alter Zeit eine in den Alpenländern besonders gebräuchliche Form der Erwerbstätigkeit. Im Frühjahr zogen aus dem Hinteren Bregenzerwald die Scharen der Bauleute auf der Suche nach Arbeit in die Fremde. Im Herbst kehrten die meisten zurück; einige fanden in der Fremde ihr Glück, Anerkennung und eine neue Heimat. Einer von ihnen: Joseph Greising.[1] Am 9. Januar 1664 als Sohn des Zimmermeisters Jacob Greising in Hohenweiler bei Bregenz geboren, wird er die erste Ausbildung bei seinem Vater erhalten haben. Daneben muss er auch das Maurerhandwerk erlernt haben, denn er ist beim Bau der Wallfahrtskirche auf dem Schönenberg bei Ellwangen, begonnen 1682, beschäftigt. Das bedeutet wohl, dass er als Geselle dem Bautrupp der Brüder Michael und Christian Thumb angehörte. 1686 war dort der Rohbau vollendet.[2] Im Frühjahr 1698 ist Greising Polier bei dem Würzburger Stadtzimmermeister Adam Nick.[3] Nach dem Erwerb des Meisterrechts übernahm er 1699, nunmehr auch Bürger der Stadt, als Geschäftsnachfolger Adam Nicks auch dessen Amt. Er verstand es, in den folgenden Jahren den Betrieb zu einem Großunternehmen auszubauen. Dank seines Fleißes und eines ausgeprägten Geschäftssinns wurde Greising ein vermögender Mann, Besitzer mehrerer Häuser, Weinberge und Gärten. 1707 wurde Greising Stadtgeschworener, 1715 Oberratsassessor; von der Abtei Ebrach bezog er seit 1716 eine *jährliche Bestallung* als leitender Baudirektor.[4] Am 12. Dezember 1721 starb Joseph Greising *ahn einer hitzigen Kranckheit.*[5]

Unter Fürstbischof Johann Philipp von Greiffenclau (1699–1718) hielt barockes Leben in vollem Glanz Einzug in Würzburg. Baugerüste standen damals überall in der Stadt. Joseph Greising wurde zum führenden Baumeister dieser zweiten Epoche der Barockarchitektur im Hochstift Würzburg. Als fürstbischöflicher Stadt- und Landbaumeister garantierte ihm »zwischen 1710 und 1720 [...] diese Stellung den absoluten Einfluss auf das gesamte Bauwesen im Fürstbistum«.[6]

Zu Beginn seiner selbstständigen Tätigkeit arbeitete Greising eng mit Antonio Petrini zusammen. Für den Fürstenbau des Juliusspitals lieferte Greising neben Petrini mehrere Pläne.[7] Nach dem Tod Petrinis am 8. April 1701 wurde er zum verantwortlichen Leiter für diesen prächtigen Neubau des Spitals bestellt. Im Garten des Spitals errichtete Greising nach eigenem Riss den Gartenpavillon, einen bemerkenswerten, zugleich kuriosen Bau.[8]

Es hat den Anschein, als habe sich Greising erst nach dem Tod Petrinis der Tätigkeit eines planenden Baumeisters zugewendet. Jedenfalls wird er erst seit dem Jahr 1700 als *Baumeister* bezeichnet.[9] Als planender Architekt erwies sich Greising als ein anpassungsfähiger Charakter, der es verstand, Anregungen verschiedenster Art bei seinen Planungen zu verarbeiten.[10]

Fortan entfaltete Joseph Greising als Unternehmer und Architekt eine rege Tätigkeit. In Würzburg wurde nach seinen Plänen 1717/20 die Pfarrkirche St. Peter erbaut. Gefordert war, das romanische Turmpaar und den gotischen Chor in den Neubau zu integrieren. Greising tat dies, indem er die übernommenen Bauteile für eine differenzierte Raumordnung nutzte. Den Türmen legte er ein tiefes Eingangsjoch vor. Nach Durchschreiten dieses Raumteils öffnet sich eine dreijochige Hallenanlage mit seitlichen Emporen. Ein Zwischenjoch mit abgemuldeten Ecken vermittelt zum schmalen und niedrigeren Chor, der erhöht und neu gewölbt wurde. Besonders dekorativ ist die auf Licht- und Schattenwirkung hinzielende Fassade behandelt. Das Langhaus überspannt ein breites Satteldach, aus dem die romanischen Türme, abgerückt von der Westfassade, herauswachsen. Dieselbe Lösung hatte Greising schon bei der Abteikirche Theres und der Stiftskirche auf der Comburg gefunden.

Das wichtigste Bauvorhaben in Würzburg unter der Regierung des Fürstbischofs Greiffenclau war ohne Zweifel der Entschluss, dem Westteil der Neumünsterkirche durch einen Neubau eine architektonische Gestaltung zu geben, die der hohen Bedeutung dieses Ortes entsprach.[11] Joseph Greising wurde namentlich in der Urkunde genannt, die am 18. Juni 1711 dem Grundstein beigegeben wurde. Den ehemaligen Westchor ersetzte man durch einen weiten, oktogonalen Zentralbau. In der Außenerscheinung ist die pralle, doppelschalige Kuppel von bedeutender städtebaulicher Wirkung und dokumentiert die Bedeutung dieses Ortes. Während dieser Kuppelbau wohl von Greising geplant wurde, ist die Fassade offensichtlich das Ergebnis einer kollektiven Planung, an der Greising beteiligt war.

Zwei bedeutende Profanbauten konnte Greising nach eigener Planung in Würzburg bauen: den Rückermainhof in der Karmelitenstraße, ein ehemaliges Amtsgebäude des Ritterstifts St. Burkard, und das ehemalige Jesuitenkolleg an der Domerschulstraße, heute Priesterseminar.[12] Obwohl beide Gebäude in den gleichen Jahren errichtet wurden (Baubeginn des Jesuitenkollegs 1715, des Rückermainhofes 1716), zeigen sie auf den ersten Blick eine unterschiedliche Gestaltung. Der Rückermainhof präsentiert sich mit einer breit gelagerten, reich ornamentierten Fassade im Wechsel von rotem und gelbem Sandstein. Das Jesuitenkolleg ist ein Putzbau mit einer langen Straßenfront, die durch die Fensterachsen und durch hohe, über zwei Geschosse reichende Pilaster gegliedert wird. Der überhöhte Mittelbau aus rotem Sandstein hebt sich vorteilhaft aus dieser Flucht heraus. Beim Bau des Rückermaingebäudes setzte Greising den ganzen Formenapparat antikisierender Gliederungen ein, um den Eindruck der Repräsentation zu erreichen. Die unterschiedliche Gestaltung der beiden Bauten ist ganz offensichtlich durch die jeweilige städtebauliche Situation bedingt.

Nur allmählich hatte sich das Bürgertum von den Folgen des Dreißigjährigen Krieges erholen können. Erst jetzt, in der Zeit um 1710, konnten Handelsleute, Be-

*Abb. 263: Ehemaliger Amtshof des Ritterstifts St. Burkard,
sog. Rückermainhof, Joseph Greising, 1715–1723.*

amte und Handwerker daran denken, neue Wohnbauten zu errichten. Die von Greising erbauten Wohnhäuser haben bis zum Auftreten Balthasar Neumanns beispielgebend den Stil des barocken Bürgerhauses in Würzburg geprägt. Zu nennen sind vor allem: der Hof Friedberg 1712/14 für den vermögenden, einflussreichen und kunstfreudigen Kammerdirektor Gallus Jakob von Hohlach erbaut (Bronnbachergasse 43), der Hof Zum Ellringen (Sanderstraße 7), um 1714 für den Kriegskommissär Urban Schropp errichtet, und das Wohnhaus des zu seiner Zeit berühmten Glocken- und Geschützgießers Ignaz Kopp von 1708 (Schottenanger 13).

Joseph Greising wurde auch als »der Architekt der fränkischen Barockklöster« bezeichnet.[13] Vor allem für die Abteien Schöntal, Ebrach, Theres und Münsterschwarzach ist er tätig gewesen. Von den von ihm selbst geplanten Konventsbauten ist, nach dem völligen Abbruch der Benediktinerabtei Münsterschwarzach als Folge der Säkularisation, allein der Klosterbau, heute Schloss der Freiherren von Swaine, in Obertheres erhalten. Den Konventsgebäuden vergleichbar ist der von Greising 1715 projektierte, 1717 begonnene Schlossbau in Burgpreppach.[14]

Zur Abteikirche in Theres war am 7. Juli 1716 im Beisein Greisings der Grundstein gelegt worden. Die Kirche wurde nach der Säkularisation abgebrochen.[15] Ihr Aussehen ist durch zwei Pläne und durch eine Kupferstich-Ansicht überliefert.[16] Wie bei der Wallfahrtskirche auf dem Schönenberg in Ellwangen, an der Greising als Geselle mitgearbeitet hatte, war das Langhaus als Wandpfeilerkirche mit Emporen angelegt. Aus der Fassade trat der Turm mit abgerundeten Kanten vor. Diese Lösung erinnert an die Universitätskirche in Würzburg, deren Turmkuppel Greising 1703 aufgerichtet hatte.

Dieses System der Einturmfassade hat Joseph Greising auch auf die Pfarrkirchen in Friesenhausen (1713/15), Gereuth (1714/17) und Steinbach bei Lohr (1719/21), drei besonders vornehme Bauten, übertragen. Das Beispiel dieser Landkirchen mit Turmfassaden, einschiffigem Langhaus und eingezogenem Chor wurde durch das ganze 18. Jahrhundert immer wieder aufgegriffen und vor allem durch Balthasar Neumann in ausgereifter Form weit verbreitet. Sie sind fast ebenso zu einem »Markenzeichen« des ehemaligen Bistums Würzburg geworden wie die nadelspitzen Kirchtürme aus der Zeit des Fürstbischofs Julius Echter.

Auch mehrere Amtshäuser hat Joseph Greising errichtet, 1716 für das Stift Haug in Acholshausen, gegen 1719 in Bad Neustadt, 1719 in Haßfurt. Ein besonders schönes Beispiel ist das Rathaus in Iphofen, erbaut 1716–1718.[17] Für das Spital in Arnstein, das bis heute das Stadtbild wesentlich prägt, legte Greising bereits 1713 eine Neubauplanung vor. Dort oblag ihm auch von 1715 bis zu seinem Tod die Bauleitung.[18]

Die überragende Stellung Balthasar Neumanns hat Greisings Bedeutung für die barocke Architektur Mainfrankens verblassen lassen. Für die Epoche zwischen Petrini und Neumann gilt dagegen die würdigende Feststellung, niedergeschrieben in der Chronik der Abtei Münsterschwarzach. Sie nennt Joseph Greising *architectum tota Franconia et finitimis provinciis a peritia architectonica omnium ore celebratissimum* – den nach allgemeinem Urteil in ganz Franken und den benachbarten Provinzen berühmtesten Architekten.[19]

Balthasar Neumann

HANSWERNFRIED MUTH

An einem Frühlingstag des Jahres 1711 kam ein junger Mann *mit nichts andern als seinem Wander Päckchen nach Würzburg.*[i] Der Torwache gab er Auskunft: Sein Name: Balthasar Neumann; er sei 24 Jahre alt,[2] seine Heimat die Stadt Eger. Er habe das Handwerk der Geschütz- und Glockengießer erlernt, auch den Lehrbrief der *Büchsenmeister-, Ernst- und Lustfeuerwerkerey* erhalten; zudem habe er sein Können im Brunnenbau erwiesen. In der Werkstatt des Stück- und Glockengießers Ignaz Kopp wolle er arbeiten, sich dort weiterbilden, um die Werkstatt seines Paten Balthasar Platzer übernehmen zu können. Der Weg zur Gießhütte führte durch eine noch vorwiegend mittelalterlich geprägte Stadt, über die Mainbrücke in das Viertel unterhalb des

Abb. 264: Balthasar Neumann, Gemälde von Marcus Friedrich Kleinert, 1727.
(Mainfränkisches Museum Würzburg, Inv.-Nr. Lg. 40117 – Leihgabe des Bezirks Unterfranken)

Marienberges. Kaum beachtet zog der fremde Geselle in die Stadt ein. Doch für ihn begann mit diesem Einzug ein neuer Lebensweg, für die Stadt eine neue Epoche: Hier fand Balthasar Neumann zu seiner Berufung, Würzburg wandelte sich durch sein Tun zur »Stadt des Barock und Rokoko«.[3] Am Ende seines Lebens meinten die Zeitgenossen, Balthasar Neumann sei *geliebt von großen Churfürsten und Fürsten wegen seiner Kunst und großen Erfahrnus in der Architectur*.[4] Und über Würzburg urteilte Wolfgang Amadeus Mozart am Ende des Jahrhunderts, es sei *eine schöne, prächtige Stadt*.[5]

In der Gießhütte auf dem Schottenanger fiel der Geselle Neumann dem Ingenieurhauptmann und Architekten Andreas Müller auf; er meinte: *in dießen burschen liegt ein seltenes Talent, wenn er wissenschaftliche Vorbildung hätte, dürfte er ein großer Mann werden*.[6] Die Anregung veranlasste Neumann, Unterricht in Geometrie, Feldmesserei und Architektur zu nehmen; sein Berufsziel: Ingenieur und Architekt. Die Heimatstadt Eger ermöglichte durch finanzielle Hilfe dem bereits 25jährigen ein Studium frei von den Verpflichtungen des erlernten Berufes.[7] Wie üblich begann auch Balthasar Neumann die Laufbahn eines Ingenieur-Architekten in militärischen Diensten. 1714 wurde er Fähnrich der hochfürstlich-würzburgischen Schloss-Leibkompanie; 1717 nahm er an der Eroberung Belgrads durch Prinz Eugen teil. Zurückgekehrt wurde Neumann zum Ingenieurhauptmann befördert. 1719 konnte er sich ein Wohnhaus in der Burkarderstraße errichten. Das Reihenhaus ist das erste, bescheidene Werk des angehenden Architekten.

Die Bischofswahl im Herbst 1719 bedeutete für Balthasar Neumann die Wende seines Lebens. Johann Philipp Franz von Schönborn war entschlossen, die Hofhaltung vom Marienberg in die Stadt zu verlegen, am Rennweg eine neue Residenz zu errichten. Neumann, in der Architekturtheorie wohlfundiert, legte gemeinsam mit dem Fürstbischof die Grundplanung des Projektes fest, von dem der Bauherr befürchtete, dass es ein *castello in aria*[8] (Luftschloss) werden könnte. Fortan stand Neumann im Brennpunkt der Planungen, der Diskussionen mit den beratenden Architekten, mit Maximilian von Welsch und Johann Lucas von Hildebrandt vor allem. In diesem Prozess wurde er zum genialen Baumeister. Dem inneren Reifen entsprach der persönliche Aufstieg. Statt des kleinen Reihenhauses baute er für sich nahe der Residenz, in der Kapuzinerstraße, ein stattliches Wohnhaus, das er freilich kurz nach der Vollendung gegen den Hof Oberfrankfurt in der Franziskanergasse vertauschte. 1724 erfolgte die Beförderung zum Artilleriemajor. Im folgenden Jahr feierte er Hochzeit mit Maria Eva Schild, der Tochter eines würzburgischen Geheimen Rates. 1727 hat Marcus Friedrich Kleinert den 40-jährigen porträtiert.[9] Neumann hat sich als Offizier malen lassen. Mit der rechten Hand präsentiert er einen Festungsbauplan, die andere weist auf die Residenz; als Kundigen der »architectura militaris« und der »architectura civilis« will das Bild den Dargestellten vorstellen.

In diesen Jahren, als nach dem Tod des Schönborn-Bischofs der Residenzbau ins Stocken kam, wurden die fränkischen Abteien auf den Architekten aufmerksam. 1726 plante Neumann die Kirche für die Benediktinerpropstei Holzkirchen. Ein großer Auftrag kam ihm 1727 aus der Benediktinerabtei Münsterschwarzach zu. Ein

*Abb. 265: Rotkreuz-Klinik (Kapuzinergasse 2) mit Brunnen und Gartenpforte,
1723 von Balthasar Neumann als Wohnhaus erbaut.*

imposanter Kirchenbau sollte die neu errichtete Klosteranlage krönen. Neumann erhielt hier erstmals Gelegenheit, auch im Kirchenbau seine Meisterschaft zu erweisen.

1729 führte ein abermaliger Herrschaftswechsel Balthasar Neumann zur Fülle seines Schaffens. Friedrich Karl von Schönborn bestieg den Würzburger Bischofsstuhl. Neumann fand das Wohlwollen des neuen Landesherrn und erhielt noch im gleichen Jahr die Beförderung zum Oberstleutnant der fränkischen Kreisartillerie, zu deren Obristen er dann 1741 ernannt wurde.

Die Hauptsorge des Bauherrn galt zunächst der Weiterführung des Schlossbaus in Würzburg. Daneben sind Neumann eine Fülle dienstlicher Verpflichtungen übertragen: Aufsicht über die Festungen der Hochstifte Würzburg und Bamberg, über Schlösser und Schlossgärten des Bischofs, über das Kirchenbauwesen beider Bistümer, über Amtsbauten, Straßen-, Brücken- und Wasserbau; städtebauliche Planungen für Würzburg und Bamberg; Beratung der fürstlichen Brüder in Trier, Koblenz, Ehrenbreitstein, in Worms und Ellwangen, in Bruchsal, Speyer und Konstanz. Neumann wurde als Lehrer für Militär- und Zivilarchitektur auf den neu errichteten Lehrstuhl der Universität Würzburg berufen, betrieb eine Glashütte im Steigerwald, eine Spiegelschleiferei in Würzburg. Trotz dieser Verpflichtungen, trotz der immer zahlreicheren Reisen fand Neumann die schöpferische Kraft, neue Projekte zu pla-

nen. In diesen Jahren entstanden das Schloss Werneck, die Wallfahrtskirche Göß-
weinstein, die Augustinerkirche in Würzburg, das Kapitelhaus in Bamberg; es erweist des Baumeisters Takt gegenüber dem romanischen Dom ebenso wie der Anbau
der Sakristeien am Chor des Würzburger Domes.

Doch im Mittelpunkt seines Wirkens befand sich wieder Würzburgs Residenz.
Besonders das Treppenhaus, von Neumann als weiter, lichter Saal mit freitragendem
Gewölbe geplant, geht in seiner Raumphantasie auf den Künstler, in seiner Verwirk-
lichung auf den kühnen Techniker Neumann zurück.

Der Architekt stand jetzt im Zenit seines Schaffens. Sein Rat war überall begehrt,
wo zwischen Wien und Koblenz, zwischen Konstanz und Köln neue Schlossbauten
entstanden. Daneben hatte Neumann eine Fülle von Landkirchen begutachtend,
teils selbst planend betreut, etwa die Kirchen zu Retzbach und Euerbach. Die reicheren Grundrissbildungen von Gaibach und Etwashausen wirken wie Vorankündigun-
gen seiner letzten großen Raumideen. Das Käppele in Würzburg, die Wallfahrtskirche Vierzehnheiligen, die Abteikirche zu Neresheim beschließen neben dem
schlichten Alterswerk der Kirche zu Maria Limbach Neumanns Wirken im Kirchenbau.

Als Neumann das Raumwunder von Neresheim, die überdimensionale »kaiserliche« Treppe für eine neue Hofburg in Wien plante, als Vierzehnheiligen Gestalt gewann und das Käppele gebaut wurde, hatte ihn Fürstbischof Anselm Franz von Ingelheim 1746 aller Ämter enthoben. Diese Zurücksetzung mochte Neumann
verletzen, gefährden konnte sie Werk und Schaffen des Baumeisters jedoch nicht.
Doch bedeutete es dem 63-jährigen Genugtuung und die Krönung seines Lebens-
werkes, als er – 1749 beim Regierungsantritt des Fürstbischofs Karl Philipp von
Greiffenclau wieder in alle Ämter berufen – wenig später erleben durfte, dass Giovanni Battista Tiepolo unter den Gewölben im Kaisersaal wie im Treppenhaus der
Residenz seine Gerüste aufschlug, damit er den Himmel, den Neumann hier gebaut,
nun mit seinen Gestalten belebe.

Im Juni 1753 besuchte Neumann die Wallfahrtskirche Maria Limbach; die Bauin-
spektion dort in Begleitung der ganzen Familie wirkt fast wie eine private Wallfahrt,
wie ein Abschied. Ein bösartiges Leiden hatte den Baumeister befallen und warf ihn
auf das Krankenlager. Am 19. August 1753 starb Balthasar Neumann in der Frühe
des Tages. Viele mochten bei seinem Tod empfinden, was der Abt von Neresheim
aussprach: dass mit diesem Todesfall auch die Hauptsäule seines Kirchenbaus gefallen sei.[10]

Tiepolo hat uns im Treppenhausfresko der Residenz ein eindrucksvolles Denkmal
des Architekten Neumann hinterlassen: herausgehoben aus dem figurenreichen
Welttheater, dennoch eingebunden in dessen allegorischen Sinn, lebensvoll porträtiert, doch zugleich der Realität entrückt, ein »Symbol« der Baukunst. Auch die
Nachwelt hat Neumanns Werk und Leistung zu würdigen gewusst: Von König Ludwig I. von Bayern nach den bedeutendsten deutschen Baumeistern befragt, nannte
ihm Leo von Klenze neben Erwin von Steinbach, dem von Goethe gefeierten Leiter
der Straßburger Münsterbauhütte und neben dem Berliner Barockarchitekten An-

dreas Schlüter als Dritten »Balthasar Neumann, den Erbauer des Schlosses von Würzburg«.[11] Auch Ludwig II., der »Märchenkönig« von Bayern, bemühte sich, Näheres
über Neumann und sein Werk in Erfahrung zu bringen.[12] Georg Dehio, der sonst
eher nüchtern abwägende Herausgeber des Handbuches der deutschen Kunstdenkmäler, urteilte, »in Neumann habe der Vater des Barock, Michelangelo, einen kongenialen Enkel erhalten«.[13]

Steinbrüche der Barockzeit im Würzburger Stadtgebiet

Martin Okrusch, Klaus-Peter Kelber
und Michaela Neubert

Mit dem Einsetzen einer verstärkten öffentlichen Bautätigkeit seit der Mitte des 17. Jahrhunderts war in Würzburg der Bedarf an Baumaterial enorm gestiegen. Großprojekte wie die 1643 begonnene neuzeitliche Stadtumwallung in französisch-niederländischer Manier, die später nach dem Vaubanschen System fortgeführt wurde,[1] oder die fürstbischöfliche Residenz ab 1720[2] erforderten insbesondere riesige Mengen an Naturstein. Auch im privaten Bereich ging man aus Gründen der Repräsentation, aber auch des Feuerschutzes immer mehr vom traditionellen Fachwerkbau zum Steinbau über. Dies geschah zunächst freiwillig, wurde jedoch zunehmend durch behördliche Verordnungen, wie die fürstbischöfliche Feuerordnung von 1769, erzwungen.[3] Dabei gestatteten es die geologischen Gegebenheiten im Raum Würzburg, auf lokale Natursteine zurückzugreifen. Demgegenüber trat die Verwendung von Ziegeln zurück, weil sich – als Folge des jahrhundertelangen Raubbaus am Wald – das von den Ziegeleien benötigte Feuerholz zunehmend verknappt hatte und fast nur noch zur Produktion von Dachziegeln ausreichte.[4]

Aus wirtschaftlichen Gründen kamen für die Natursteingewinnung in erster Linie lokale Vorkommen in Frage, wobei man auf vier verschiedene Quellen zurückgreifen konnte: Wiederverwendung von Naturstein aus abgebrochenen Bauwerken, insbesondere der mittelalterlichen Stadtbefestigung,[5] Aushub beim Bau der Befestigungsgräben beim Pleichacher Tor und im Mainviertel,[6] systematisches Auslesen von Steinen aus der Blockstreu, insbesondere auf der Gäufläche oberhalb der Stadt[7] und Steinbrüche in der näheren Umgebung der barocken Stadt Würzburg. Ortsnahe Steinbrüche waren zweifellos die wichtigsten Natursteinlieferanten; manche reichen nach Ausweis der Würzburger Ratsprotokolle bis ins 16. Jahrhundert zurück.[8] Umgekehrt standen einige der großen Steinbrüche im Würzburger Stadtgebiet und seiner näheren Umgebung bis weit ins 19. Jahrhundert hinein im Abbau und lassen sich zum Teil noch heute nachweisen. Bausteine besonderer Größe und erster Qualität gewann man allerdings auch aus entlegeneren Vorkommen und transportierte sie auf dem Wasserweg nach Würzburg.[9]

Die Natursteine der historischen Bauten Würzburgs

Betrachtet man die im Würzburger Stadtgebiet noch erhaltenen Bauwerke des Mittelalters, der Renaissance und der Barockzeit, so erkennt man, dass als Werksteine fast ausschließlich Sandsteine und Kalksteine der fränkischen Trias Verwendung fanden.[10] Im Einzelnen sind dies die »roten Mainsandsteine« (Miltenberger Sandstein) des Unteren Buntsandsteins, hauptsächlich im Maintal zwischen Miltenberg und Wertheim, die roten Plattensandsteine des Oberen Buntsandsteins im Maintal zwischen Wertheim und Rothenfels sowie im Bereich des Thüngersheimer Sattels bei Erlabrunn, die Kalksteine des Muschelkalks, insbesondere der Quaderkalk des Oberen Muschelkalks im Maintal zwischen Würzburg und Marktbreit sowie im Raum Kirchheim, der gelblich-grüne Werksandstein des Unteren Keupers im Gebiet zwischen Würzburg und Schweinfurt, insbesondere bei Estenfeld, sowie an der Steigerwaldstufe bei Gerolzhofen, der grünliche bis grünlich-gelbe Schilfsandstein des Mittleren Keupers (»grüner Mainsandstein«) im Gebiet von Zeil am Main, der weißlich-graue Coburger Sandstein (Eltmanner Bausandstein) des Mittleren Keupers in der Gegend von Eltmann und Zeil und der gelbe Rhät-Sandstein des Obersten Keupers in den Hassbergen, insbesondere bei Burgpreppach, sowie im Maintal und im Itzgrund nördlich von Bamberg.

Die Steinbrüche im Würzburger Stadtgebiet lieferten wohl überwiegend gewöhnliche Mauersteine, während die Gewinnung anspruchsvollerer Werksteine nur in begrenztem Umfang möglich war. So stammen *eichene Quatersteine*, die zum Beispiel für die Fundamente und die Sockelzone der Würzburger Residenz benötigt wurden, aus den Quaderkalkbrüchen bei Randersacker.[11] Aus dem Werksandsteinbruch am Faulenberg wurden *grosse Quater Sandt Stein* gewonnen,[12] die beispielsweise an den Fassaden der Würzburger Residenz für die architektonische Gestaltung der Fenster und Portale Verwendung fanden.[13] Um den Natursteinbedarf für staatliche und kirchliche Großbauten zu decken, musste man jedoch auch auf weiter entfernte Vorkommen zurückgreifen, wobei das Material mittels Schiffen und Flößen herbeigeschafft wurde.[14] So wurden beim Bau der Würzburger Residenz Fassadenteile, Monolithsäulen und Statuen aus dem Schilfsandstein des Keupers hergestellt, der aus den Steinbrüchen bei Abtswind im Steigerwald stammte,[15] während die Fußbodenplatten (*gevierte Sandblatten*) aus den Plattensandsteinbrüchen im Oberen Buntsandstein bei Gambach[16], Wernfeld[17] und Rothenfels[18] gewonnen wurden. Die Steinbrüche im Miltenberger Sandstein des Unteren Buntsandsteins am südlichen Spessartrand lieferten Werksteine für zahlreiche Würzburger Bauten, zum Beispiel für die Fassade des Neumünsters.[19]

Steinbrüche auf Karten der Barockzeit

Angesichts der großen wirtschaftlichen Bedeutung, die die Steinbruchindustrie in der Barockzeit hatte, überrascht es nicht, dass auf großmaßstäblichen zeitgenössischen Karten von Würzburg und Umgebung auch die Lage von Steinbrüchen mehr oder weniger umfassend dokumentiert ist. In vielen Fällen handelt es sich dabei um handgezeichnete und handkolorierte Unikate. Meist ist das Entstehungsjahr in der Beschriftung der Karte angegeben, in anderen Fällen lässt es sich anhand fürstbischöflicher Wappen oder durch das Fehlen bzw. Vorhandensein wichtiger öffentlicher Gebäude zumindest zeitlich eingrenzen. Die Steinbrüche sind in der geologischen Karte (s. Tafel 60/61) eingetragen, wobei die Nummerierung, im Westen beginnend, nach ihrer Position erfolgt. Dabei werden Steinbrüche, die ausweislich der Würzburger Ratsprotokolle, der Baurechnungen der Würzburger Residenz, der Hofkammerprotokolle und der zeitgenössischen Karten bereits vor 1750 existierten, mit Rot, solche, die erst nach 1750, aber vor 1800 dokumentiert sind, mit Grün dargestellt. Die gelben Punkte ohne Nummern beziehen sich auf Steinbrüche, die erst nach 1800 nachgewiesen sind, zum Teil aber auch älter sein können.

Im Anmerkungsteil sind in chronologischer Abfolge zeitgenössische Stadtansichten, Pläne und Karten aufgelistet,[20] die Steinbrüche in unmittelbarer Nähe der barocken Stadt, zum Teil auch im linksmainischen Umland dokumentieren.

Die Würzburger Steinbrüche: Geschichte und Bedeutung

Aufbauend auf den Erkenntnissen, die sich aus dem Studium der zeitgenössischen Karten ergeben, soll nun versucht werden, die Geschichte der wichtigsten Würzburger Steinbrüche zu verfolgen sowie ihre wirtschaftliche Bedeutung darzulegen. Dabei werden auch die Ratsprotokolle der Stadt Würzburg aus dem 16. und 17. Jahrhundert,[21] die Rechnungsbücher der Würzburger Residenz von 1720 bis 1730[22] und weitere Archivalien zu Rate gezogen. Die geologische Einstufung erfolgt nach U. Hoffmann.[23]*

Die Steinbrüche am Nikolausberg

Erste Hinweise auf Bruchanlagen im Bereich des Nikolausberges finden sich bereits in einem Ratsprotokoll von 1596. Dort wird ein *Steinpruch in der Winterleidten* erwähnt, in dem das Kloster St. Burkard ohne Antrag beim Stadtrat widerrechtlich Steine gebrochen hatte.[24] Mit der Ortsangabe *in der Winterleidten* dürfte die südliche Talflanke des Leistengrundes unterhalb des Nikolausberges gemeint sein. Nicht sicher ist hingegen, ob sich die Bezeichnung *im Steinbruch ahn dem Kalchofen*, die in den Baurechnungen der Würzburger Residenz von 1721[25] vermerkt ist, auf Steinbruch 3 bezieht. Der heutige Weg Am Kalkofen führt vom Hinteren Johannishof auf die Höhe des Nikolausberges und würde in nördlicher Verlängerung an der Kniebreche enden.

Die erste kartografische Darstellung eines Steinbruchs auf dem Nikolausberg erfolgte auf dem Reitzensteinschen Thesenblatt von 1723 (Karte 1, s. Abb. 266). Seitdem sind die Steinbruchanlagen auf dem Nikolausberg in Stadtansichten und Stadtplänen der Barockzeit fast lückenlos dokumentiert, wenn auch zunächst nur schematisch (Karte 2, 3). Aber bereits der Plan Kilian Bauers von 1726 (Karte 4, s. Abb. 80) zeigt auf dem Nikolausberg drei Steinbrüche, die sich anhand des heute noch vorhandenen Wegenetzes topografisch und damit auch geologisch gut einordnen lassen. Demnach sollten Stein-

---

* Zu den in Klammern genannten Karten vgl. die Angaben zu Anmerkung 20.

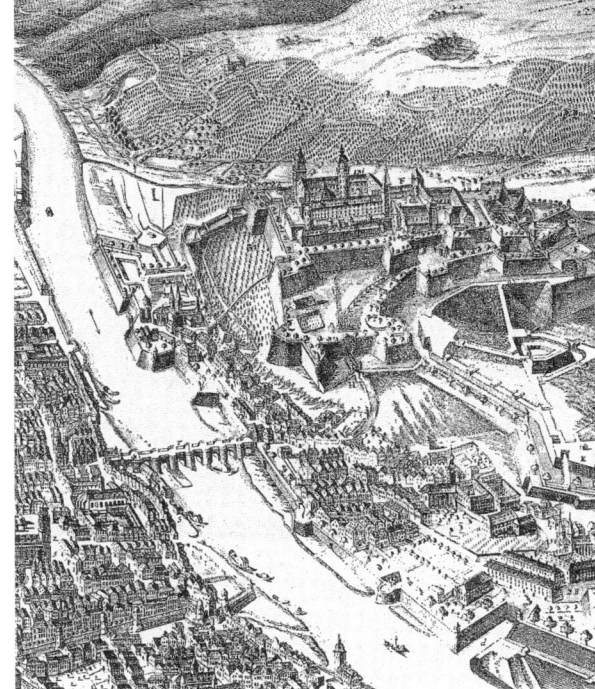

Abb. 266: Steinbrüche auf dem Nikolaus-berg in einem Ausschnitt aus der Stadt-ansicht von Norden auf dem Thesenblatt des Freiherrn Franz Wilhelm von Reitzen-stein, Kupferstich von Johann Salver d. J. nach einer Vorzeichnung von Balthasar Neumann, 1723.
(Mainfränkisches Museum Würzburg, Inv.-Nr. S. 43849)

bruch 3 im Bereich der heutigen Kniebreche im Oberen Muschelkalk (mo1), Steinbruch 4 und 5 dagegen wahrscheinlich im Mittleren Muschelkalk (mm) angelegt worden sein. Letztere Steinbrüche dürften lediglich Bruchsteine mäßiger Qualität geliefert haben. Vermutlich deswegen ist Steinbruch 4 auf den in den 30er und 40er Jahren des 18. Jahr-hunderts erstellten Plänen (Karte 7; s. auch Karte 6) schon nicht mehr enthalten. Im Plan des Ingenieur-Oberleutnants Carl Zear von 1817/18[26] sind Steinbruch 4 und 5 nur noch als landwirtschaftlich genutzte Grundstücke dargestellt, waren also bereits seit längerer Zeit aufgegeben. Stattdessen enthält der Zear-Plan zusätzlich zu Steinbruch 3 noch vier weitere Steinbrüche, die allesamt im Oberen Muschelkalk (mo2) angelegt wa-ren und wahrscheinlich höherwertiges Bausteinmaterial lieferten. Ihr zeitlicher Beginn kann leider nicht rekonstruiert werden, da die Karten und Pläne, die gegen Ende des 18. Jahrhunderts angefertigt wurden, das Gebiet des Nikolausberges nicht darstellen. Auch in den Baurechnungen der Würzburger Residenz finden sich keine Hinweise auf die Nutzung von Steinbrüchen in diesem Gebiet.

Steinbrüche im östlichen Vorfeld
der barocken Stadtbefestigung (Inneres Frauenland)

Für Steinbrüche, die unmittelbar im östlichen Vorfeld des barocken Befestigungsgürtels angelegt waren, gibt es zahlreiche archivalische Belege. So werden in den Baurechnun-gen der Würzburger Residenz zwei Steinbrüche, die an der Nord-Ost-Ecke der barocken

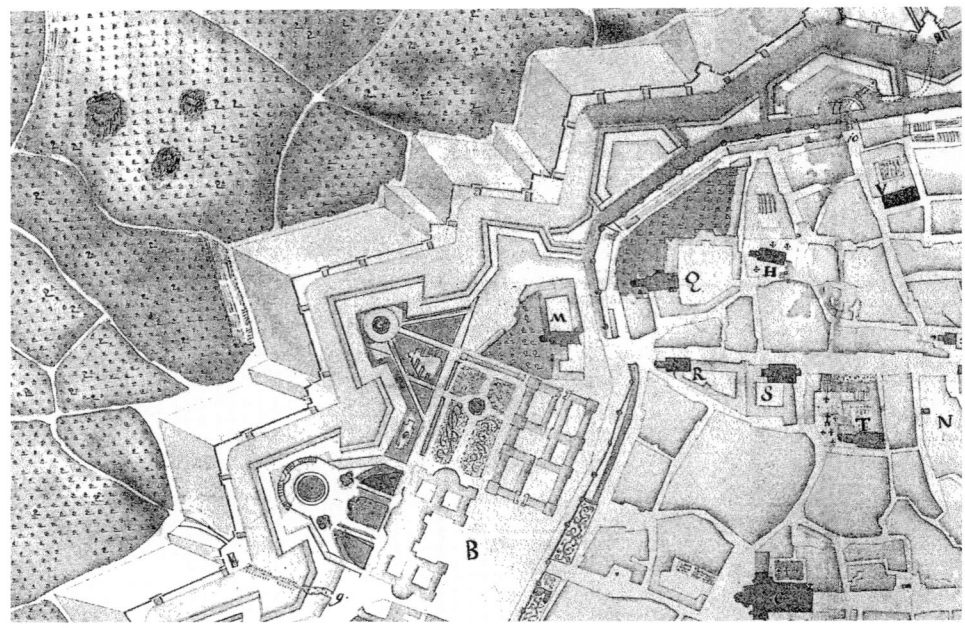

Abb. 267: Stadtplan von Würzburg (nach Süden) mit mehreren Steinbrüchen,
aquarellierte Federzeichnung, um 1737/1740, Ausschnitt.
(Mainfränkisches Museum Würzburg, Inv.-Nr. S. 42215)

Stadt *ausser dem Neuen Thor*[27] und *bey d[er] Pulfer Mühl*[28] gelegen haben, als Produktions-
orte von Mauersteinen angeführt. Kilian Bauers »Grundriss« von 1726 (Karte 4) zeigt einen Steinbruch (Nr. 11) zwischen Kurtine 12 und 13 der barocken Stadtbefestigung,
dessen Lage wohl mit der Bezeichnung *ausser dem Neuen Thor* in Zusammenhang gebracht werden darf. An das Neue Tor, das 1668 fertig gestellt wurde und sich zwischen
Kurtine 13 und 14 der Stadtbefestigung befand,[29] erinnert noch die heutige Neutorstra-
ße. Im Karten-Konvolut von 1775/77 (Karte 10 und 13) sowie im Zear-Plan finden sich
schon keine Hinweise mehr auf Steinbruch 11.

Schwieriger gestaltet sich dagegen die Positionierung des Steinbruchs *bey d[er] Pulfer
Mühl*. Der Neumann-Plan von 1715/17 (s. Abb. S. 82) zeigt eine *Pulver Mühl* wenig westlich vom *Neu Thor*, etwa im Kreuzungsbereich von Marienstraße und Wallgasse.[30] Jedoch ist im Plan Kilian Bauers (1726) an dieser Stelle kein Steinbruch aufgeführt, wohl
aber Steinbruch 12, der ca. 100 m nordöstlich von Steinbruch 11 an der Kürnach lag.[31]
Hier befand sich die Mühle des alten Afraklosters, das 1670/71 zu Gunsten der Errichtung der Stadtbefestigung abgebrochen worden war. Das Karten-Konvolut von 1775/77
dokumentiert auf TAB. III (Karte 13) an vergleichbarer Stelle, nahe dem *Neue[n] Thor*, eine *Pulver Mühl*. Der Übersichtsplan (Karte 10) zeigt gleichfalls an diesem Ort Vertiefungen, die auf den ehemaligen Steinbruch 12 zurückgehen könnten; allerdings ist die
Darstellung in der Detailkarte 13 weniger überzeugend. Auch im Zear-Plan von 1817/18
lassen sich noch Vertiefungen ausmachen, die auf die Existenz eines Steinbruches hin-

weisen könnten. Nach der Geologischen Karte 1 : 25 000[32] (s. Tafel 60/61) waren Steinbruch 11 und 12 wohl im Oberen Muschelkalk (mo1) angelegt. Vielleicht lieferten sie zu wenig hochwertiges Material, sodass sie im Laufe des 18. Jahrhunderts aufgelassen wurden. Nachweislich bis etwa 1785 aktiv war dagegen Steinbruch 13 im Gebiet der heutigen Kreuzung Walther-/Salvatorstraße, der im Oberen Muschelkalk (mo1) stand und vielleicht der späteren Bahntrasse zum Opfer fiel. Dieser Bruch, der bereits von Bauer (1726, Karte 4) dargestellt ist, erscheint auch in Pleitners Plan von ca. 1770 (Karte 8), im Karten-Konvolut von 1775/77 (Karte 10 und 13) – dort allerdings als *Sand=Gruben* bezeichnet – sowie im »Plan de … Wircebourg« von ca. 1779 (Karte 9).

Die Steinbrüche im südöstlichen Festungsvorfeld bei Kurtine 5–9 sind erstmals in Kilian Bauers »Grundriss« von 1726 (Karte 4) erfasst. Bauer gibt in diesem Gebiet insgesamt 12 Steinbrüche an, die zum Teil im Mittleren Muschelkalk (mm), wahrscheinlich aber im Oberen Muschelkalk (mo1) angelegt waren. Von ihnen sind allerdings in später erschienenen Karten und Stadtplänen nur noch wenige eingezeichnet, so zum Beispiel Steinbruch 15 und 16 auf den Karten 6 (um 1730/35) und 7 (um 1737/40, s. Abb. 267). Falls die Darstellung von Bauer und den nachfolgenden Kartografen zuverlässig ist, muss man annehmen, dass diese Brüche in ihrer Mehrzahl kurzlebig und bis zur Mitte des 18. Jahrhunderts bereits wieder aufgegeben waren.

Steinbruch 17 und 18, die in der Nähe des heutigen Wittelsbacher Platzes im Oberen Muschelkalk (mo1) lagen, sind lediglich – allerdings in nicht exakt übereinstimmender Position – auf den Karten 8 (um 1770) und 9 (um 1779) wiedergegeben. Da Bauer dieses Gebiet in seinem Plan von 1726 nicht erfasst, lässt sich keine Aussage über die Anfänge dieser Steinbrüche machen. Wahrscheinlich besaßen auch sie nur eine relativ kurze Lebensdauer; denn im Karten-Konvolut von 1775/77 erscheinen sie schon nicht mehr, dafür allerdings ein Bruch am *Zwerchs=Böglein* (Nr. 19 in Karte 14), der ebenfalls im Oberen Muschelkalk (mo1) angelegt war.

Die Steinbrüche im östlichen Weichbild
der barocken Stadt (Äußeres Frauenland – Hubland)

Wichtige Steinbrüche im östlichen Weichbild von Würzburg lagen so weit außerhalb der barocken Stadt, dass sie in Stadtansichten und Stadtplänen des 18. Jahrhunderts meist nicht wiedergegeben sind. Erst das Karten-Konvolut von 1775 bis 1777 (Karte 10–14) ermöglicht es, die genannten Steinbrüche kartografisch nachzuweisen. Konsultiert man die erhaltenen Schriftquellen, so zeigt sich, dass zumindest einige dieser Steinbrüche bis ins 17. Jahrhundert zurückgehen. So wird bereits im Ratsprotokoll von 1618[33] ein *Steinbruch in der Leinleuthen* erwähnt, der vielleicht mit Steinbruch 25 östlich der »Lehenleiten« am Mönchberg in Karte 10 und 13 identisch sein könnte. Ausweislich der Baurechnungen der Würzburger Residenz wurden in der Lage *Münnichsberg* Mauersteine für den Bau der Residenz gebrochen. Es erfolgten Zahlungen an verschiedene Steinhauer für insgesamt ca. 230 Ruten und 4 319 Schuhe Mauerstein im Zeitraum vom 25. September 1719 bis 21. Dezember 1720.[34] Sedlmaier/Pfister geben den *Mönichsberg* auch als Lieferanten für *Quatersteine* an.[35] Möglicherweise lieferten diese Steinbrüche, die im Oberen Muschelkalk (mo3) standen, neben Bruchsteinen auch größere Hausteine guter Qualität, wie sie beispielsweise für die Sockelzone der Residenz benötigt wurden.

Der Übersichtsplan von 1775/77 (Karte 10) zeigt im Bereich *Lehenleiten-Münchsberg* vier Steinbrüche (Nr. 23, 24, 25 und 26), von denen Steinbruch 25 laut Detailplan TAB. III (Karte 13) allerdings schon als *Ein Alter Steinbruch* bezeichnet wird und damit wohl bereits 1775/77 auflässig war.

In den Baurechnungen der Würzburger Residenz sind auch Ausgaben für Mauersteine, *in dem Hitzbühl zu brechen*,[36] sowie für das Brechen und für den Transport von Mauerstein im *Huplands Stainbruch*[37] angegeben. Mit dem Bruch am *Hitzbühl* dürfte der große *Hof Cammer Steinbruch* (Nr. 27) gemeint sein, der – wie die anderen Steinbrüche im Gebiet des Zwerchgrabens und des Hublandes – im Oberen Muschelkalk (mo3) angelegt war. Eine Ausnahme bildet lediglich der kleine Steinbruch an der *Feeg=Gruben*, der nur im Detailplan TAB. I von 1775/77 (Karte 11) erscheint und wohl im Oberen Muschelkalk (mo1) gestanden haben dürfte. Der *Huplands Stainbruch* ist wahrscheinlich ebenfalls mit Steinbruch 27 identisch, da er sich im Besitz der Hofkammer befand. Darüber hinaus sind dem Karten-Konvolut von 1775/1777 noch weitere Steinbrüche am *Zwerchs=Graben* (Nr. 28–30), zwischen *Huppland, Oberer Bogen* und *Mittlerer Bogen* (Nr. 31) sowie am Sander Heinrichsleiten (Nr. 32, 33) zu entnehmen (s. Tafel 60/61).

Bereits in einem Ratsprotokoll von 1614 wird erwähnt, dass ein *neuerer Steinbruch [...] an der Elbertsklingen* zu suchen sei, der *Pflasterstein* liefert.[38] Dabei dürfte es sich um Steinbruch 20 oder 21 im Bereich Keesburgstraße/Ebertsklinge (westlich der Sanderrothstraße) handeln. Möglicherweise bezieht sich eine Angabe in den Rechnungsbüchern der Würzburger Residenz, die auf Maurerarbeiten *ahn dem Santher Roth in dem herrschaftl[ichen] Steinbruch ahn dem Canal* hinweist, ebenfalls auf die Bruchanlagen an der Ebertsklinge (s. Abb. 268).[39]

Kartografisch werden die meisten der Steinbrüche im Hubland-Gebiet erstmalig im Karten-Konvolut (Karte 10, 12–14) von 1775/77 dargestellt. Von diesen wird Steinbruch 20 in den Detailplänen TAB. I und TAB. IV (Karte 11 und 14) bereits als *der Alte Steinbruch* bezeichnet, das heißt, dass er schon auflässig war. Der im Ratsprotokoll von 1584 erwähnte *Steinbruchen am Alandsgrund auf Randersackerer Marckung* ist auf keiner Karte der Barockzeit wiedergegeben.[40]

Die Steinbrüche im nördlichen Weichbild der barocken Stadt

Auch für das Gebiet nördlich des alten Würzburg ist eine frühe Natursteingewinnung belegt. So wird bereits in einem Ratsprotokoll von 1590 ein Steinbruch im *Ziehruck* erwähnt.[41] Diese Ortsangabe ist sicherlich identisch mit dem Flurnamen *Züruckh* in Karte 10, der den Westsporn des Steinberges bezeichnet, auf dem sich Steinbruch 6 befand. Eine kartografische Darstellung der ausgedehnten Bruchanlagen auf dem Steinberg, die im Oberen Muschelkalk (mo3) angelegt waren, erfolgte jedoch erst im Übersichtsplan von 1775/77 (Karte 10: Steinbruch 6, 7, 8) und teilweise im Zear-Plan[42] von 1817/18 (Steinbruch 6, 7). Der Steinbruch am südlichen Ortsrand von Unterdürrbach (Nr. 9), der nur in Karte 10 wiedergegeben ist, schloss untere Schichtglieder des Oberen Muschelkalks (mo1) auf.

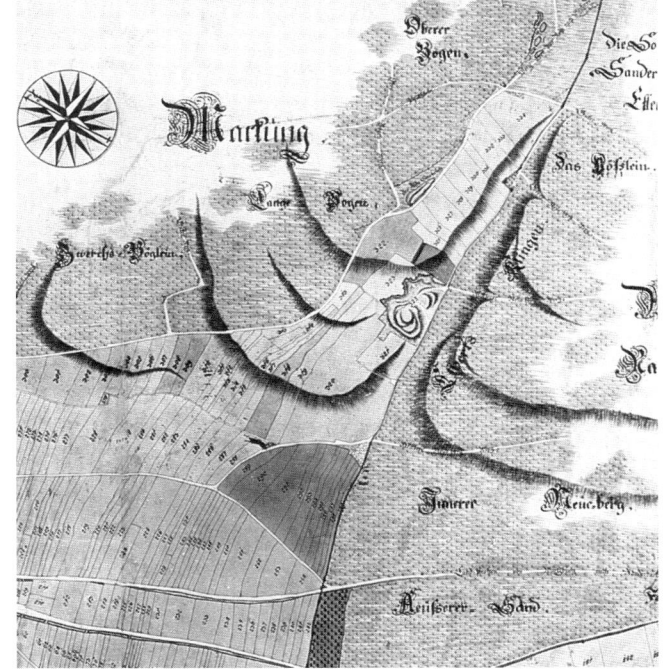

Abb. 268: Tabula I des Karten-konvoluts von 1775/1777, Bereich Sandertor – Neuberg, Ausschnitt. Gut erkennbar ist der Steinbruch an der Ebertsklinge mit seinen ausgedehnten Abraumhalden. (StAW, Würzburger Risse und Pläne I/107)

Einen Steinbruch an der *Rimpar Steig* benennt bereits eine Urkunde vom 22. März 1601.[43] Durch die Baurechnungen der Würzburger Residenz wird der Transport von *Stain von der Rimpahrer Steeg* zu Kalköfen und zur neuen Stallung bei der Residenz belegt.[44] Dieser Bruch (Steinbruch 10) lag außerhalb des Gebietes, das von den Stadtplänen und Stadtansichten des frühen 18. Jahrhunderts erfasst wurde. Auch auf den Karten 7, 8 und 9, die etwas weiter nach Norden ausgreifen, ist er nicht wiedergegeben. Erst im Übersichtsplan (Karte 10) des Karten-Konvoluts von 1775/77 sind die Steinbrüche nördlich der Stadt umfassend dokumentiert, wobei auch der erwähnte Steinbruch 10 im *Frohnloch* am Zusammentreffen von *Kleine[r] Rimparer Steeg* und *Große[r] Rimparer Steeg* dargestellt ist; er wurde wohl im Oberen Muschelkalk (mo1) angelegt. Die Steinbrüche nahe der heutigen Lindleinsmühle (Nr. 22) und an der *Au=Mühl* (Nr. 23), die in Karte 10 eingetragen sind, standen im Oberen Muschelkalk (mo3).

Die Steinbrüche auf dem Faulenberg

Bereits in einem Ratsprotokoll von 1596 wird ein *Steinpruch im Faulenberg* erwähnt.[45] Wie die Hofkammerprotokolle und die Baurechnungen der Würzburger Residenz für die Jahre 1721 bis 1730 belegen,[46] lieferte der nur *dreiviertel Stunden vom Bau entfernte herrschaftliche Bruch*[47] für die Fassaden des Schlosses erhebliche Mengen an *grossen Quater Sandt Stein*[48] bzw. *Quaterstück*.[49] Die erste schriftliche Erwähnung des Faulenberger Steinbruchs im Zusammenhang mit der Errichtung der Würzburger Residenz dürfte wohl in einem Gutachten Balthasar Neumanns vom 29. Mai 1720 enthalten sein.[50] In den Rechnungsbüchern der Würzburger Residenz findet sich die Bezeichnung *herr-schaftlicher Steinbruch Faulenberg* erstmals im Jahr 1721.[51] Allerdings zeigte sich bald, dass die großen Werksandsteinblöcke, die vom Herbst 1738 bis zum Frühjahr 1741 für den Bau des großen Giebels über dem Ehrenhof der Residenz benötigt wurden, im Faulenberger Bruch nicht in ausreichender Qualität gewonnen werden konnten.[52] Daher musste man auf den petrografisch sehr ähnlichen Schilfsandstein[53] aus den Brüchen am Friedrichsberg bei Abtswind im Steigerwald zurückgreifen.

Ein Hinweis auf den Ratssteinbruch am Faulenberg findet sich in TAB. III (Karte 13) des Karten-Konvoluts von 1775/77, in der im *Wisen=Grund* der *Treuth=Weeg oder Straß nach dem Faulenberg=Steinbruch* angegeben ist. In der Albertschen Katasterkarte von 1789 (Karte 15) ist ein *alter Steinbruch* am *Weeg nach dem Faulenberg=Steinbruch* eingetragen. Aus dieser Angabe lässt sich schließen, dass damals neben dem auflässigen Steinbruch 34 ein aktiver Steinbruch 35 existierte.

Steinbrüche im Gebiet von Höchberg und Zell

Für die großen Steinbrüche in der näheren Umgebung von Höchberg und Zell gibt es für die Zeit bis 1800 kaum Quellen. Die Stadtpläne und Stadtansichten aus der ersten Hälfte des 18. Jahrhunderts, so zum Beispiel auch Kilian Bauers »Grundriss« von 1726 (Karte 4), erfassen dieses Gebiet nicht mehr; und im Kartenkonvolut von 1775/77 (Karte 10–14) ist nur das rechtsmainische Gebiet dargestellt. Auch in den Würzburger Ratsprotokollen des 16. und 17. Jahrhunderts oder in den Baurechnungen der Würzburger Residenz finden diese Steinbrüche keine Erwähnung. Möglicherweise existierten die meisten dieser Brüche, die im 19. Jahrhundert eine erhebliche wirtschaftliche Rolle spielten, in der Barockzeit überhaupt noch nicht. Das Gleiche gilt wohl für den Steinbruch an der heutigen Hettstadter Steige westlich des Klosters Oberzell.

Ausnahmen bilden die großen Anlagen des Hexenbruchs (Nr. 2) zwischen Würzburg und Höchberg, die im Oberen Muschelkalk (mo3) angelegt waren. In der kleinmaßstäblichen Übersichtskarte des Fürstentums Würzburg von 1791 und 1804 (Karte 16 und 17) sind diese Bruchanlagen schematisch eingetragen; eine exakte Darstellung bietet jedoch erst der Zear-Plan von 1817/18, in der sich sogar zwei verschiedene Steinbrüche unterscheiden lassen. Ein Steinbruch an der *Ziegelhütte* südlich des Klosters Oberzell, der nach der geologischen Kartierung vermutlich im Mittleren Muschelkalk (mm) stand (Steinbruch 1), stammt wahrscheinlich ebenfalls noch aus dem 18. Jahrhundert. Dieser Bruch ist auf der um 1810 von einem unbekannten Meister geschaffenen Radierung »Die Moschee u[nd] das Kloster Himmelspforten bey Würzburg« erkennbar.[54] Da der Steinbruch in dieser Darstellung bereits mit einer Gebäudegruppe besetzt ist, muss er 1810 bereits auflässig gewesen sein und könnte daher gegen Ende des 18. Jahrhunderts noch im Abbau gestanden haben.

Die Steinbrüche im weiteren Umland von Würzburg

Trotz der Bedeutung, die viele der von uns behandelten Steinbrüche aus dem heutigen Stadtgebiet für das Bauen der Barockzeit zweifellos hatten, darf nicht übersehen werden, dass auch im weiteren Umland wichtige Natursteinvorkommen liegen, die zum

Teil bis in unsere Zeit im Abbau standen und beachtliche Mengen an Hausteinen für Würzburger Barockbauten lieferten. Umfassende Belege dafür finden sich zum Beispiel in den Rechnungsbüchern der Würzburger Residenz[55], in den Hofkammerprotokollen[56] und in den Archivalien aus dem Nachlass Ziegler[57]. Da diese Steinbrüche außerhalb von jenem Gebiet liegen, das durch Pläne und Karten Würzburgs aus dem 18. Jahrhundert erschlossen wird,[58] sollen sie im Folgenden nur kurz behandelt werden.

Wie bereits in der Einleitung erwähnt, lieferten die Plattensandsteinbrüche im Oberen Buntsandstein (so1, s) bei Gambach in der Zeit von 1722 bis 1730 erhebliche Mengen *rothe Sandtplatten* bzw. *gevierte Sandtblatt*,[59] während Wernfeld nur für die Jahre 1728 bis 1730, Rothenfels nur 1729 aufgeführt ist.

Große Steinbrüche in der wirtschaftlich bedeutsamen Quaderkalksteinfazies des Oberen Muschelkalks (mo3, Q) liegen noch heute bei Kirchheim und Kleinrinderfeld; umfangreiche Bruchanlagen säumten das Maintal von Randersacker bis nach Frickenhausen und stehen zwischen Sommerhausen und Kleinochsenfurt noch heute im Abbau. In der näheren Umgebung Würzburgs lagen Quaderkalk-Steinbrüche bei Reichenberg, Rottenbauer, im Guttenberger Wald und auf dem Katzenberg südlich von Heidingsfeld. Als Lieferanten von *eichenen Stainen*[60], *eichenen Fuessquatter[n]*[61] oder *eichenen Sockhel Steinen*[62] spielten die Steinbrüche bei Randersacker, die ja auch in der von Fackenhofenschen Übersichtskarte (Karte 17) von 1791/1804 dargestellt sind, eine wichtige Rolle. Sie werden in den Baurechnungen der Würzburger Residenz durchgehend für die Jahre 1720 bis 1730 erwähnt.[63] Demgegenüber treten in dem Zeitraum von 1720 bis 1730 die entfernter liegenden Steinbrüche in Eibelstadt und Winterhausen offensichtlich an Bedeutung zurück.[64]

Neben dem herrschaftlichen Steinbruch (Nr. 35) am Faulenberg werden in den Rechnungsbüchern der Würzburger Residenz als weitere Lieferanten für *Quater Sandt Stein, Fenster-gestell* bzw. *Fenster Sanndt Stein* die herrschaftlichen Steinbrüche bei Estenfeld, Kaltensondheim und Gnodstadt (bei Marktbreit) genannt.[65] Von Gnodstadt wurden die Quadersteine nach Ochsenfurt gebracht und von dort nach Würzburg verschifft.[66] In den Hofkammerprotokollen finden sich auch Belege zu den Brüchen im Eltmanner Forst und am Zabelstein, die im Coburger Sandstein bzw. im Blasensandstein des Mittleren Keupers angelegt waren.[67] Keine Belege aus der Barockzeit konnten wir für die bekannten Werksandstein-Brüche bei Maidbronn, Reichenberg sowie zwischen Waldbüttelbrunn und Höchberg finden.

Zusammenfassung und Ausblick

Wir konnten zeigen, dass im 18. Jahrhundert sowohl im näheren als auch im weiteren Umfeld der Stadt Würzburg zahlreiche Steinbrüche existierten, die – wie die Würzburger Ratsprotokolle belegen – teilweise bis ins 16. Jahrhundert zurückreichten. Für die zunehmende Bautätigkeit im Würzburg der Barockzeit spielten sie eine wichtige wirtschaftliche Rolle. So lieferten einige von ihnen – ausweislich der Rechnungsbücher und Hofkammerprotokolle – erhebliche Mengen an Baumaterial für die Würzburger Residenz, insbesondere Kalksteine des Oberen Muschelkalks und Werksandsteine des Keupers. Entsprechend ihrer Bedeutung sind die Steinbrüche des Würzburger Stadtgebietes häufig in Plänen und Karten des 18. Jahrhunderts dokumentiert, und damit lässt sich ihre ehemalige Position meist noch recht genau rekonstruieren.

Während einige dieser Steinbrüche auch im 19. Jahrhundert noch im Abbau standen, wurden andere neu aufgefahren. Auch hier stellen zeitgenössische Karten, wie der Zear-Plan von 1817/18 oder die seit 1832 erschienenen Flurpläne, wertvolle Dokumente dar. Zusätzliche Belege für diese Bruchanlagen lieferten in steigendem Maße die frühen geologisch-paläontologischen Arbeiten, mit denen die Erforschung der fränkischen Trias und ihrer Lebenswelt vorangetrieben wurde.

Lateinische und deutsche Literatur

Ulrich Schlegelmilch

Die Stadt Würzburg kann literaturgeschichtlich nicht ohne Einbeziehung des Hochstifts betrachtet werden: Der geistliche Fürstenhof und die landesherrliche Universität geben über lange Zeit die entscheidenden Impulse, Literatur in der Stadt ist rar. Insbesondere die lateinische Literatur, bis weit ins 18. Jahrhundert tonangebend, ist unmittelbar an die genannten Institutionen gebunden. Hinzu kommt die in der frühen Neuzeit sehr wichtige Patronatsbeziehung zwischen Autoren und Würzburger Gönnern. Als »Literatur in Würzburg« soll daher bezeichnet sein, was zur Stadt – einerseits als Stadt, andererseits als Residenz – in direktem Bezug steht.[1]

Würzburger Geschichtsschreiber
zwischen frühneuzeitlicher Landeschronistik und Universalgeschichte

Geschichtsschreibung bedeutet in der frühen Neuzeit zumeist Auftragsarbeit für den Landesherrn.[2] Die dadurch bedingte Nähe der Geschichtswerke zur Regierung und ihren Arcana trägt zum einen die Gefahr des Publikationsverbots in sich, zum anderen eröffnet sie dem Autor auch Chancen: Es entsteht die Funktion des Hofhistoriographen, die häufig mit der des Archivars verknüpft ist.

Als Erster in einer Reihe würzburgischer Historiographen der Neuzeit muss der große Klosterhumanist Johannes Trithemius (1462–1516) genannt werden, seit 1506 Abt im Schottenkloster. Mit seinen »Annales Hirsaugienses« und dem »Lob der Schreiber« (»De laude scriptorum«), verfasst in der Umbruchszeit von der Handschrift zum Massenmedium des Buchdrucks, erscheint er als Vollender und Bewahrer mittelalterlicher gelehrter Tradition und monastischer Kulturtechniken, greift aber zugleich mit »De origine gentis Francorum« (1514) das neue Interesse der Humanisten an der deutschen Geschichte auf.[3]

In der ersten Hälfte des 16. Jahrhunderts ist in der Stadt eine bemerkenswerte Anzahl von Historikern tätig, die zudem untereinander in engem Kontakt stehen.[4] Sie alle sind bemüht, auf den Grundlagen der mittelalterlichen Annalistik und Chronistik eine historische Gesamtdarstellung des würzburgischen Staates zu liefern. Diese fast immer in lateinischer Sprache abgefasste Bistumshistoriographie orientiert sich allerdings stärker an den geistlichen Herrscherpersönlichkeiten als an der Landesgeschichte und ist letztlich eher als eine »humanistische Bischofschronistik« zu bezeichnen, die sich an die traditionelle Reihenform des *catalogus* (Abfolge von Viten) anlehnt.[5]

Am Anfang dieses Komplexes steht in Würzburg jedoch ein deutschsprachiges Geschichtswerk, das zu den umfangreichsten des 16. Jahrhunderts gehört: die in den Jahren 1538–1550 von der Hand des schwäbischen Grafen Wilhelm Werner von Zimmern (1485–1575) entstandene Chronik der Mainzer Suffraganbistümer.[6]

Zimmern, der sowohl die seinerzeit aktuellen Quelleneditionen als auch die Schriften des Trithemius heranzog, strahlte in mehrfacher Hinsicht auf die anderen Würzburger Historiker ab. So benutzte ihn Lorenz Fries ausgiebig; besonders bemerkenswert ist aber, dass ihn Caspar Brusch zur Grundlage einer nun lateinischen Darstellung machte und wohl erst damit dem Zimmernschen Werk zu seiner wissenschaftlichen Wirkung verhalf.[7]

Caspar Brusch (1518–1557),[8] gebürtiger Egerländer, fällt als ein später »Wanderhumanist« ohne dauerhafte Bindung an einen Fürstenhof in seiner Generation auf. Hinter seinen zahllosen literarischen Projekten zeichnet sich – neben umfangreicher lateinischer Gelegenheitsdichtung – deutlich das Großunternehmen einer ganz Deutschland umfassenden Kirchengeschichte ab,[9] die aus je einem Teil über die Diözesen und die Klöster bestehen sollte. Es gelang ihm nur, von jedem dieser Teile einen ersten Band zu vollenden (»Magni operis de omnibus Germaniae episcopatibus epitomes tomus primus« [darin auch Würzburg], Nürnberg 1549, und »Monasteriorum Germaniae praecipuorum ac maxime illustrium centuria prima«, Ingolstadt 1551). Bisher ist man davon ausgegangen, dass Bruschs Eigenanteil an den Werken eher gering ist – W. Engel sah den Band von 1549 als ein nicht als solches gekennzeichnetes, ins Lateinische übersetztes Exzerpt aus der Zimmernschen Darstellung an, das Brusch zwischen 1546 und seinem Aufenthalt in Würzburg 1549 anfertigte.[10] Doch belegt der erhaltene Brusch-Briefwechsel, dass dieser ähnlich wie die Autoren anderer großer Sammelwerke der Zeit – zum Beispiel Sebastian Münster, siehe unten – überhaupt in großem Stil Beiträger und Informanten einzubeziehen suchte.[11] Dies passt gut zu der Tatsache, dass Brusch sich sogar an das verwandte Projekt einer Weltchronik wagte.[12] Der Verbreitung seines »Magnum opus« schließlich kam die baldige Übersetzung ins Deutsche durch Johann Herold (Frankfurt 1551) entgegen, die man je nach Bewertung der lateinischen Vorlage auch als »Rückübersetzung« des Zimmern-Textes eingeschätzt hat.[13]

Ähnliche Pläne zu überregionalen Geschichtswerken verfolgte auch Lorenz Fries (1489/91–1550), der bekannteste Würzburger Geschichtsschreiber.[14] Dank seiner Tätigkeit als fürstbischöflicher Rat und Archivar konnte er in großem Umfang Quellen heranziehen, zu denen Außenstehenden der Zugang verwehrt geblieben wäre. Nicht zuletzt deshalb blieb ihm aber die gedruckte Verbreitung seiner Schriften über lange Zeit untersagt. Das wichtigste Werk, die Würzburger Bischofschronik,[15] wurde jedoch schon früh in Abschriften vervielfältigt, die auf den auch selbst als Geschichtsschreiber tätigen Johann Reinhart (gest. 1551) zurückgehen.[16]

Fries sucht in seiner 1546 abgeschlossenen Chronik der Bischöfe zu Würzburg, obwohl er konventionell von der Lebensgeschichte der geistlichen Landesherren ausgeht, eine Gesamtdarstellung der Geschichte des Herzogtums Franken bis zum Jahr 1495 zu

Tafel 61: Propstbuch von Neumünster, Widmung an den Apostel Johannes.
(StAW, Stb. 197, fol. IIIr)

Tafel 64: Heinrich von Kleist (1777–1811), Miniatur von Peter Friedel, 1801.
(Staatsbibliothek Berlin, Preußischer Kulturbesitz, Handschriftenabteilung)

Tafel 61: Propstbuch von Neumünster, Widmung an den Apostel Johannes.
(StAW, Stb. 197, fol. IIIr)

Main
Hochberg
Festung Marienberg
Nikolausberg
qpj,S
mm
mu3
mo3
mo2
mo1
Löl
0
1 km
1
2
3
4
5
6
7
8
9

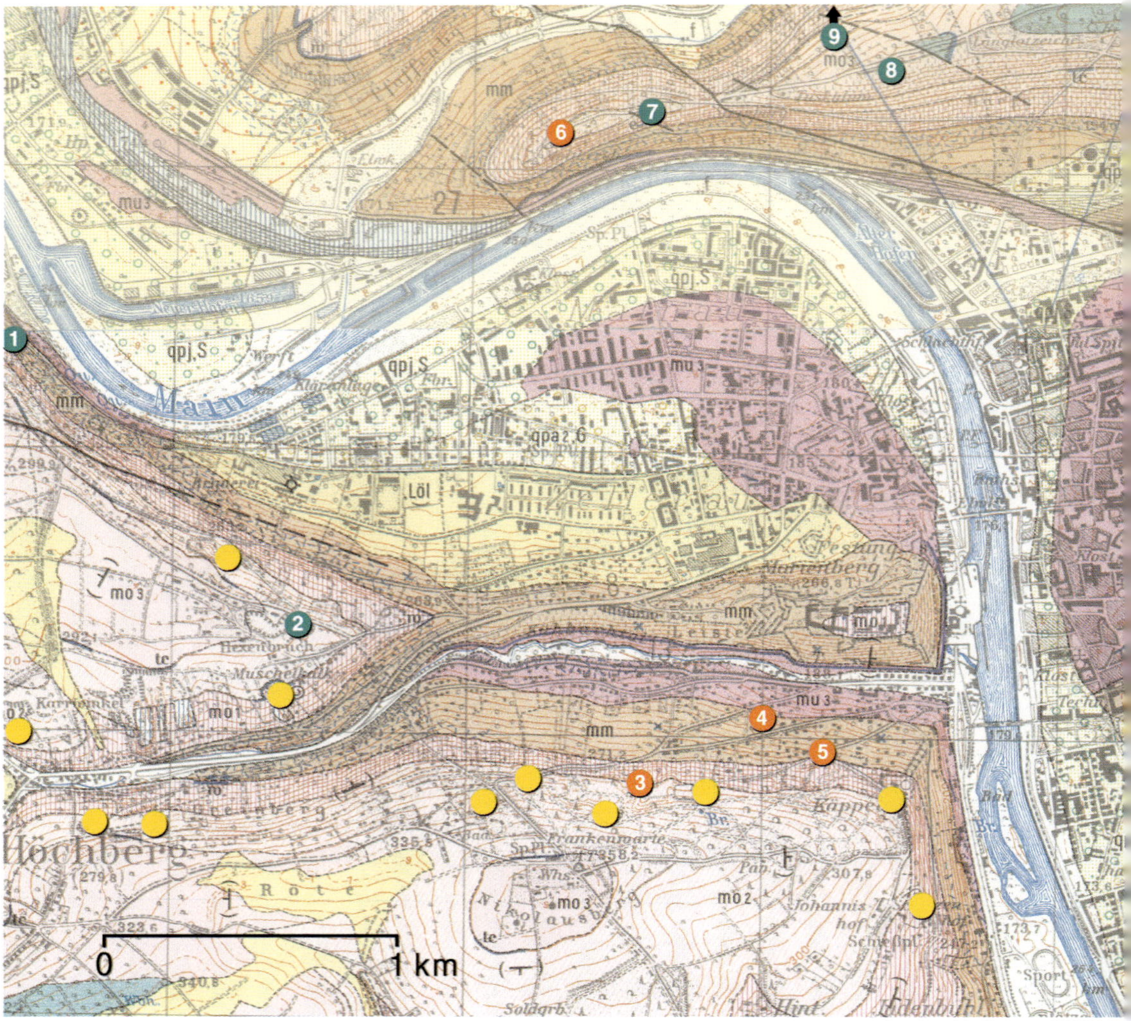

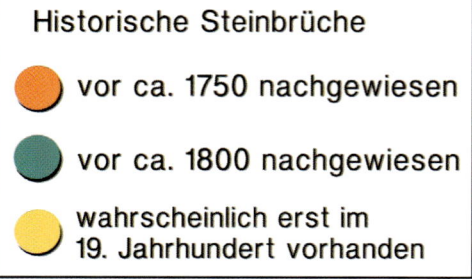

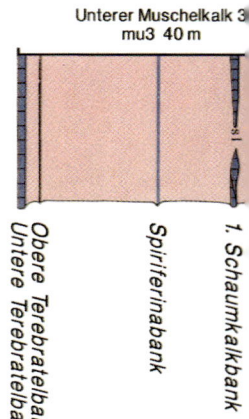

Historische Steinbrüche

- vor ca. 1750 nachgewiesen
- vor ca. 1800 nachgewiesen
- wahrscheinlich erst im 19. Jahrhundert vorhanden

Unterer Muschelkalk 3
mu3 40 m
Obere Terebratelbank
Untere Terebratelbank
Spiriferinabank
1. Schaumkalkbank

Tafel 62/63: Stratigraphisches Profil und geologische Karte des Würzburger Stadtgebietes, zusammengesetzt aus Ausschnitten der Geologischen Karte von Bayern 1 : 25 000, Blatt Nr. 6125, Würzburg Nord, und Blatt Nr. 6225, Würzburg Süd (U. Hoffmann, 1976).

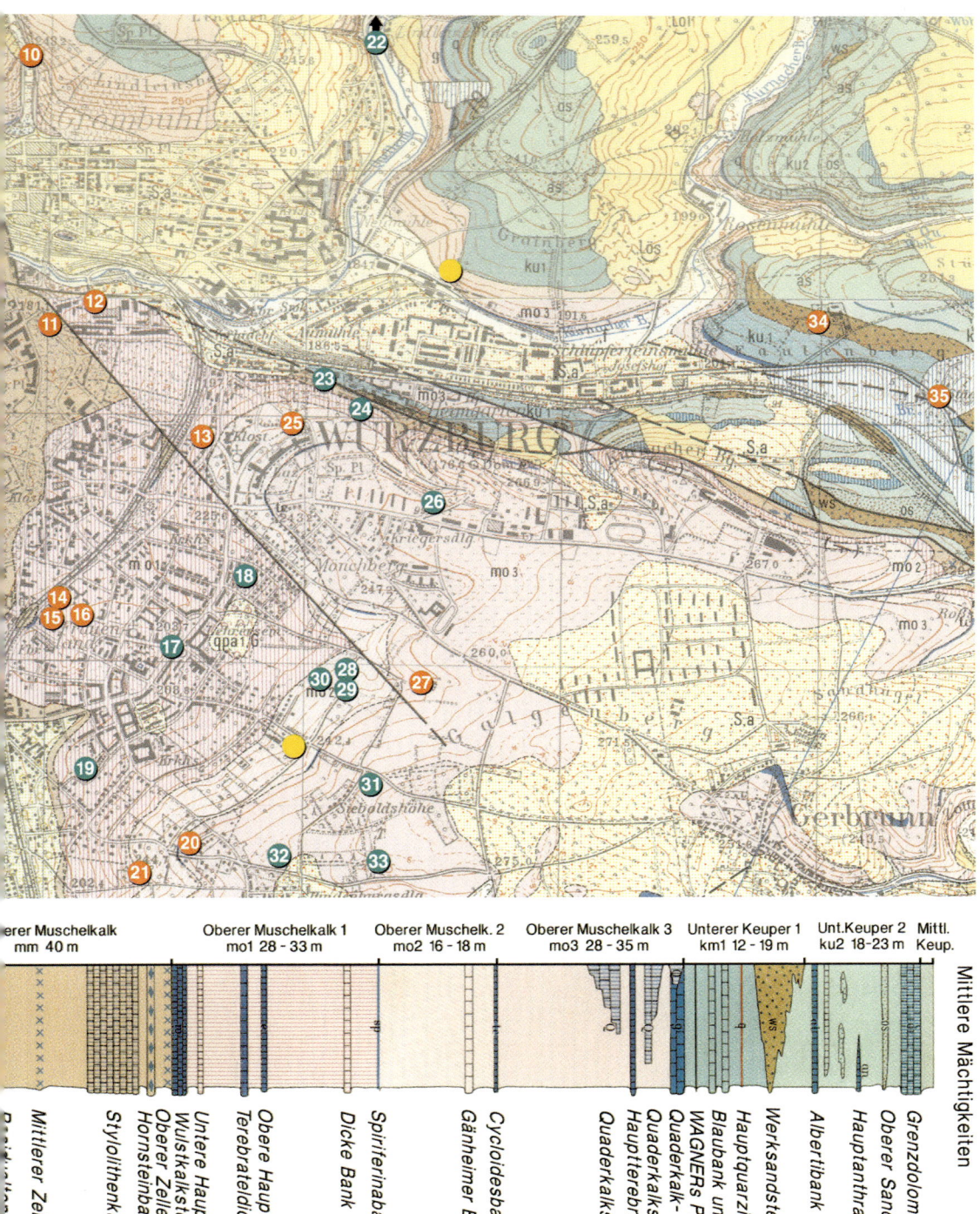

| Unterer Muschelkalk mm 40 m | Oberer Muschelkalk 1 mo1 28 - 33 m | Oberer Muschelk. 2 mo2 16 - 18 m | Oberer Muschelkalk 3 mo3 28 - 35 m | Unterer Keuper 1 km1 12 - 19 m | Unt.Keuper 2 ku2 18-23 m | Mittl. Keup. |

Mittlere Mächtigkeiten

Mittlerer Zellenkalkstein

Stylolithenkalkstein

Hornsteinbank

Oberer Zellenkalkstein

Wulstkalkstein

Untere Hauptencrinitenbank

Terebrateldickbank

Obere Hauptencrinitenbank

Dicke Bank

Spiriferinabank

Gänheimer Bank

Cycloidesbank

Hauptterebratelbank

Quaderterebratelbank

Quaderkalkstein

Quaderkalk - Grenzglaukonitkalkstein

WAGNERs Plattenhorizont

Blaubank und Untere Dolomite

Hauptquarzitschieferplatten

Werksandstein

Albertibank

Hauptanthrakonitbank

Oberer Sandstein

Grenzdolomit

Tafel 64: Heinrich von Kleist (1777–1811), Miniatur von Peter Friedel, 1801.
(Staatsbibliothek Berlin, Preußischer Kulturbesitz, Handschriftenabteilung)

*Abb. 269: Markgräfliche Räte leisten vor der Kiliansbüste
auf dem Hochaltar des Doms den Lehnseid.
(UBW, M. ch. f. 760: Fries-Chronik, Echter-Exemplar, um 1580, fol. 480r)*

geben.[17] Er stellt sich dabei ganz in den politischen Dienst seiner Herren und bemüht sich, ihre territorialen und diplomatischen Ansprüche mit seiner Darstellung der Vorgänge zu bestärken. Ganz ähnlich lässt sich dies bereits bei Fries' »Geschichte des Bauernkrieges« (1525) beobachten, bei der es sich weitgehend um eine kommentierte Aktenedition aus herrschaftlich-konservativer – und damit antilutherischer – Perspektive handelt. Außergewöhnlich an Fries ist für seine Zeit, dass er – wenigstens in seinen selbstständigen Werken – ausschließlich deutsch schreibt.[18] Dieser Umstand sicherte ihm eine bis ins 20. Jahrhundert während außerordentliche Popularität, lässt ihn aber in Kontrast zu den anderen, lateinischsprachigen Historikern seiner Zeit treten. Doch nicht so sehr aufgrund der Sprache als wegen gewisser methodischer Schwächen (eigenmächtiger bzw. selektiver, häufig genug aus Loyalität zu erklärender Umgang mit den Quellen) ist seine Einstufung als »Humanist« – ungeachtet seiner zweifellos humanistischen Ausbildung an den Universitäten Wien, Ingolstadt und Wittenberg – nicht unumstritten.[19] Mit vielen deutschen Humanisten seiner Zeit – man denke an Hutten! – ist Fries allerdings durch sein ausgeprägtes Nationalgefühl und seine kritische Haltung gegenüber dem Papsttum verbunden.[20] Unter den von ihm benutzten nichtarchivalischen Quellen[21] sind besonders Johannes Trithemius und Wilhelm Werner von Zimmern zu nennen, aber auch der bayerische Geschichtsschreiber Johannes Aventinus, dessen deutschsprachige Werke Fries' Sprachwahl mitbeeinflusst haben dürften.

Neben dem Fries'schen Werk fallen einige spätere Erzeugnisse der Würzburger Historiographie weniger ins Gewicht. Gleichwohl sind die Würzburger Reimchroniken des Johannes Episcopius (Bischof, gest. 1575)[22]: »Ein news und schönes Büchlein von der Stat Würtzburg« (3366 deutsche Verse, Rothenburg/T. 1569) und des Lorenz Albrecht (Albert, um 1540 – nach 1583)[23]: »Chronick [...] der fürnembsten Geschicht der Francken« (Köln 1571) erwähnenswert, hängen sie doch beide von Caspar Bruschs lateinischer Würzburger Chronik ab.[24] Beide Autoren sind auch als Gelegenheitsdichter und Übersetzer antiker Autoren tätig gewesen.

Den Gegenpol zur lokalen Chronistik darf man in den »nationalen« Großprojekten Hartmann Schedels (Weltchronik, 1492) oder Sebastian Münsters (Cosmographia, deutsch 1544, lateinisch 1550) erblicken. Letzterer hatte seit dem Beginn des Unternehmens auf die Zuarbeit durch lokale Gelehrte gesetzt; in Würzburg waren wiederum Fries sowie der aus Schweinfurt stammende Leibarzt des Bischofs Melchior Zobel, Johannes Sinapius (1505–1561),[25] Münsters kundige Informanten.[26] Sinapius folgte in dieser Funktion Sebastian von Rotenhan (1478–1532) nach.[27] Der fränkische Ritter, würzburgische und kaiserliche Rat ist als Kartograf, Erstherausgeber der Chronik Reginos von Prüm (Mainz 1521) und Dichter einer Reisebeschreibung ins Heilige Land (Wittenberg 1544) von Bedeutung.

Michael Beuther aus Karlstadt (1522–1587)[28] war lange Zeit als Rat des Bischofs Zobel tätig, bevor er aus konfessionellen Gründen nach Heidelberg ging. Aus seiner Würzburger Zeit (1548–1557) stammen mehrere Beiträge zur historischen Chronologie und Kalenderforschung (»Fasti Hebraeorum Atheniensium et Romanorum« und »Ephemeris historica«, Basel 1556, »Calendarium historicum«, Frankfurt 1557), die Beuther auch über die sich bildenden Konfessionsgrenzen hinweg einen Rang als Handbuchautor sicherten.[29]

Neben den zahlreichen Historikern in fürstlichem Dienst stehen schließlich einige wenige, die der Stadt Würzburg dienten. Zu ihnen gehörte der Stadtschreiber (ab 1504) Martin Cronthal, der ähnlich wie Fries, jedoch aus städtischer Sicht, eine Darstellung des Bauernkrieges nach den Akten verfasste.[30] Als wichtigste Aufzeichnung der Stadt wird die Ratschronik von wechselnden Schreibern seit dem frühen 15. Jahrhundert bis zum Anfang des 17. Jahrhunderts fortgeführt und später noch bis 1744 ergänzt.[31] Verschiedene andere, bisher nicht genauer untersuchte Chroniken können hier nur erwähnt werden. Neben der häufigsten Form, dem deutschsprachigen Bischofskatalog, wie er zum Beispiel in dem »Kurtz Register oder Geschichtbüchlein aller [...] gewesenen Bischoffen zu Wirtzburg [...] mit schönen Lob oder Kundtsprüchen« vorliegt,[32] finden sich weniger schematische Texte, aus denen wir auch einiges über literarisch bedeutende Figuren der Region erfahren.[33]

Nicht mehr erhalten sind uns dagegen einige historische Dichtungen aus Würzburg, in denen unter anderem die Anfänge der Stadt behandelt wurden.[34] Wir wenden uns daher dem geschichtlichen Ereignis zu, das wie kein anderes in Würzburg die Dichter deutscher und lateinischer Sprache fesselte.

Der Tod Melchior Zobels: historische Dichtung um 1560

Nach den lateinischen Oden des Konrad Celtis (1459–1508), der, obwohl aus Wipfeld gebürtig, Würzburg seine Heimat genannt hat (zum Beispiel »Amores« 1,12,31 ff.), liegen für das frühere 16. Jahrhundert kaum dichterische Zeugnisse vor. Zu nennen sind allenfalls einige deutsche Lieder auf den Bauernkrieg und andere politisch-militärische Ereignisse der 1520er Jahre,[35] wie sie vielerorts entstanden sind; die lateinische Dichtung zum Bauernkrieg berührt Würzburg nur am Rande.[36]

Abb. 270: Porträt des Conrad Dinner, in: Heinrich Pantaleon, Prosopographia heroum atque illustrium uirorum totius Germaniae, Bd. III, Basel 1566, S. 552.
(Bayerische Staatsbibliothek München, 2⁰ Biogr. c. 68c–3)

Umso mehr Resonanz fand die spektakuläre Ermordung des Fürstbischofs Melchior Zobel am 15. April 1558 durch Gefolgsleute des seit langem mit dem Würzburger verfeindeten Reichsritters Wilhelm von Grumbach.[37] Konrad Dinner aus Überlingen (um 1540 – nach 1596)[38] und der Allgäuer Caspar Stiblin (1526–1562),[39] die 1561, gemeinsam aus Freiburg kommend, in den Dienst des neuen Bischofs Friedrich von Wirsberg traten, hatten sich mit Dichtungen in elegischem (»Elegia Conradi Dinneri in miserabilem caedem D. Melchioris Zobelli«) und epischem Versmaß (»Historia de caede M. Zobell G. Stiblino autore«, zusammen gedruckt bei Oporin in Basel) ihrem Herrn empfohlen; gewidmet ist der Band dem mit Dinner und Stiblin seit längerem befreundeten Domkapitular Johann Eg(en)olf von Knöringen (1537–1575),[40] welcher die Reihe der Würzburger Kunst- und Literaturförderer des Späthumanismus eröffnet.[41] Stiblin wiederum hatte das Geschehen um Zobel auch schon 1559 in einem Schmähgedicht gegen die Mörder des Bischofs (»Satyra in sicarios« etc.) behandelt.[42]

Neben Dinner und Stiblin lieferten auch andere Autoren poetische Beiträge zu den Ereignissen um Zobel. Besonders hervorgehoben zu werden verdient dabei Petrus Lotichius Secundus (1528–1560), den seine Zeitgenossen als ihren *princeps poetarum* feierten,[43] mit einer »Historica narratio« über das Attentat. Auch eine Vielzahl anonymer deutschsprachiger Verfasser nahm zu den Vorgängen Stellung.[44] Schließlich ist Johannes Major (1533–1600) zu nennen. Von dem Wittenberger Poetikprofessor und Vereh-

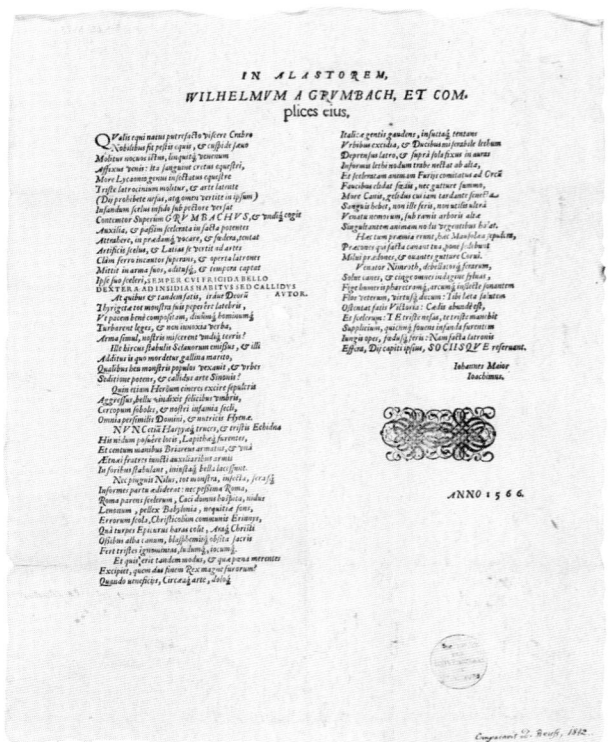

Abb. 271: »In alastorem [...]
Grumbach«, Schmähgedicht des Johann
Major auf Wilhelm von Grumbach, 1566.
(UBW, 35/A 30.1–8.)

rer Melanchthons stammt ein polemisches »Carmen in alastorem W. a Grumbach«, das 1566 als Plakatdruck erschien; ein Exemplar hat sich in der Würzburger Universitätsbibliothek erhalten.[45] Major geht nicht auf die schon einige Jahre zurückliegenden Würzburger Ereignisse ein, sondern kleidet die Invektive gegen den Rebellen Grumbach in die Form von Tierallegorien, wie sie für seine Stellungnahmen im sächsischen Glaubenskampf typisch sind. Dennoch darf man davon ausgehen, dass die frühe Bekanntschaft mit den Würzburger Verhältnissen Majors langwährendes Interesse an der Grumbachsache bestärkt hat, fand sich der Wittenberger Magister doch 1556 in Würzburg ein, wo er den Bischof *nicht gnugsam rhuemen konte*, um *die Academiam daselbs instaurieren zu helffen* – ein Dichteraufenthalt in der Stadt Zobels, der bisher kaum beachtet worden ist.[46]

Der Würzburger Späthumanismus
unter Wirsberg und Echter, seine Dichter und Mäzene (ca. 1560–1594)

Nach Konrad Celtis, der nach eigenem Verständnis die lateinische Poesie nach Deutschland geführt hat (epod. 12,5) und den noch zwei Generationen später Konrad Dinner als »ersten deutschen Dichter« preist,[47] hat Würzburg für einige Jahrzehnte keine wesentlichen Leistungen in der lateinischen Humanistendichtung aufzuweisen. Dagegen

Abb. 272: Bronzegrabplatte des Dompropsts Erasmus Neustetter (gest. 1594) im Dom.

entstanden in der ersten Jahrhunderthälfte in Würzburg einige bemerkenswerte Übersetzungen antiker Werke, so das »Gedichte Lucii Apuleii von ainem gulden Esel« (Apuleius, Metamorphosen) durch den bischöflichen Sekretär Johann Sieder (1538)[48] und die Version des römischen Architekturtheoretikers Vitruv durch Walther Rivius (1547),[49] den wohl produktivsten populärwissenschaftlichen Schriftsteller seines Jahrhunderts, ohne dass wir heute über die Entstehungsbedingungen dieser Texte Genaueres sagen könnten.[50]

Nach der Jahrhundertmitte wandelte sich das Bild. Konrad Dinner und der früh verstorbene Stiblin sind nur zwei aus einer beeindruckenden Reihe von Dichtern, für die das Würzburg der Wirsberg- und Echterzeit zum Mittelpunkt ihres Lebens oder Schreibens wurde. Die entscheidende Voraussetzung dafür war ein ausgeprägtes Mäzenatentum, für das die Namen Egolf von Knöringen, Daniel Stiebar (1503–1555) und Erasmus Neustetter (1523–1594) stehen. Alle drei Männer bekleideten hohe kirchliche Ämter, standen aber nicht selbst an der Spitze des geistlichen Staates: Es entstand so eine litera-risch-künstlerische Sphäre jenseits der Macht, die sich auch unter den härteren Bedin-gungen der echterschen Religionspolitik – seit etwa 1585 – behaupten konnte und es ermöglichte, dass noch für einige Zeit protestantische und katholische Literaten neben-einander in Würzburg arbeiten konnten. Der Tod Neustetters markiert das Ende dieser Epoche. Zugleich begann sich die durch Echter 1582 gegründete katholische Landes-universität als Hort eines nicht minder aktiven und gelehrten, doch weniger freien Hu-manismus zu etablieren. Dichtung und panegyrische Prosa aus Hochschule und Jesui-tenkolleg lösten die Produktion der von auswärts stammenden bürgerlichen Gelehrten am fürstbischöflichen Hof[51] weitgehend ab.

Die frühe Phase des Würzburger Mäzenatentums ist mit dem Namen Daniel Stiebars verbunden. Seine jahrzehntelangen Freundschaften mit Joachim Camerarius, Philipp Melanchthon und Erasmus von Rotterdam, die er während des Studiums in Leipzig, Wit-tenberg und Basel schloss, weisen ihn als Angehörigen einer Gelehrtengeneration aus, für die die entstehenden Konfessionsgrenzen noch wenig Bedeutung haben. Seit 1530 Dom-kapitular in Würzburg, ist Stiebar zunächst vor allem als gelehrter Briefpartner und kriti-scher Lektor der philologischen Schriften des Camerarius (1500–1574) bedeutsam gewe-sen.[52] Davon zeugen der leider nur auf Camerarius' Seite erhaltene Briefwechsel der Jahre

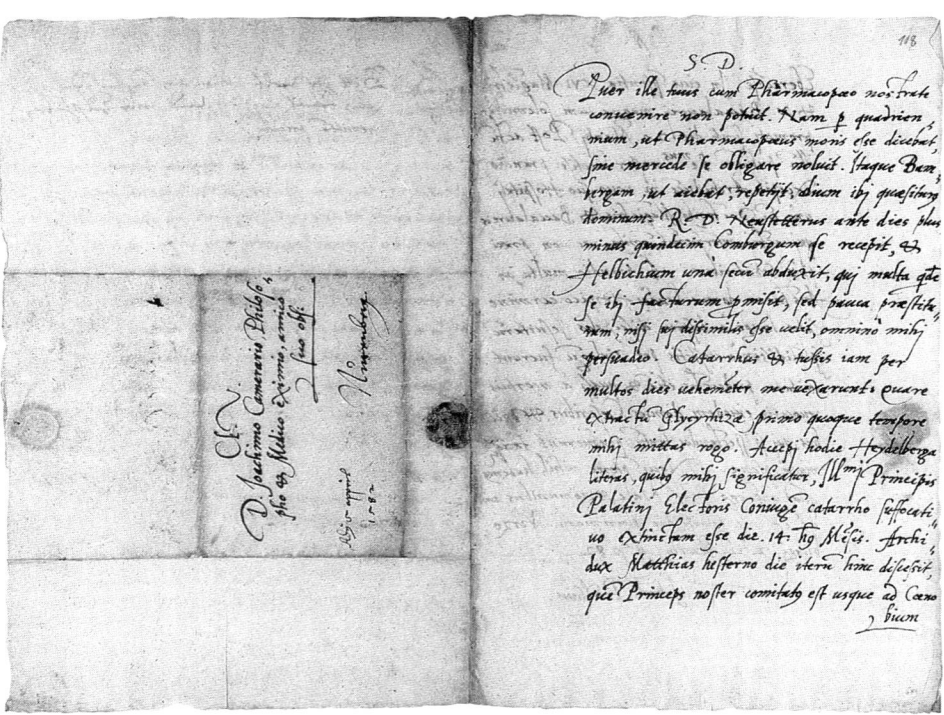

Abb. 273: Brief des Johannes Posthius an Joachim Camerarius aus dem Jahr 1582.
(UB Erlangen, Sammlung Trew, Posthius Nr. 108)

Abb. 274: Porträt (Stich) des Franciscus Modius, in: Bibliotheca Chalcographica, hoc est uirtute et eruditione clarorum uirorum imagines [...], Heidelberg 1669, Bd. 1, fol. Kk 3. (UBW, Horn 2635a)

1526 bis 1555[53] ebenso wie die Widmungen des Tübinger Philologen an seinen Würzburger Freund (so in der Cicero-Ausgabe von 1540[54]). Besonders prägnant treten uns Daniel Stiebar und die mit seinem Haus verbundene Atmosphäre des Gelehrtengesprächs in einem weiteren Werk des Camerarius entgegen: Dieser fügte in seinen Kommentar zu Ciceros philosophischer Abhandlung »Gespräche in Tusculum« (Basel 1538) einen umfangreichen Dialog mit dem Titel »De imitatione« ein, in dem Stiebar mit seinem Gegenüber erörtert, inwieweit Cicero als literarisches und stilistisches Vorbild des lateinischen Humanismus heranzuziehen sei.[55] Allein schon die Wahl Stiebars zum Protagonisten der Diskussion, die zu den beherrschenden Themen der Erasmuszeit gehört, lässt die hohe Reputation des Würzburger Domherrn deutlich hervortreten.

Neben seinem Wirken für eine friedliche Koexistenz der Konfessionen[56] und der Unterstützung, die er dem gelehrten Arzt Johannes Sinapius zuteil werden ließ,[57] hat Stiebar vor allem als Förderer des Petrus Lotichius einen Namen. Von Camerarius nach Würzburg empfohlen, übernahm der Schlüchterner Dichter bald die Erziehung von Stiebars Neffen und begleitete sie auf ihrer akademischen *peregrinatio* durch Frankreich. 1551 widmete Lotichius Stiebar sein erstes – in Paris erschienenes – Elegienbuch, und noch kurz vor dem Tod seines Mäzens konnte er dank dessen Unterstützung eine Studienreise nach Italien antreten.

Erasmus Neustetter, wie sein Großonkel Stiebar der fränkischen Ritterschaft entstammend, absolvierte eine Generation später eine ganz ähnliche Karriere und bekleidete teilweise die gleichen Funktionen in Kirche und Verwaltung.[58] Insgesamt zeichnete sich jedoch für ihn ein bedeutenderer Aufstieg ab, bis er 1573 gegen Julius Echter bei der Bischofswahl unterlag. Der scharfen konfessionellen Auseinandersetzung und dem persönlichen Stil des neuen Bischofs gleichermaßen fremd, zog er sich in seine Propstei Comburg zurück, wo er als Büchersammler, Restaurator der Burganlage und Dichtermäzen wirkte. Einen vordergründigen Ausgleich mit Echter deutete Neustetters Übernahme des Universitätsrektorates 1589/91 an.

Mehr als zu Zeiten Stiebars war das literarische Leben um Neustetter von in Würzburg tätigen Autoren geprägt, insbesondere von dem aus der Pfalz stammenden bischöflichen Leibarzt Johannes Posthius (1537–1597), mit dem Neustetter schon seit 1560 eine durch Lotichius vermittelte Freundschaft verband, sowie von dem Niederländer Franciscus Modius (1556–1597), der in den Jahren 1581 bis 1584 bei Neustetter

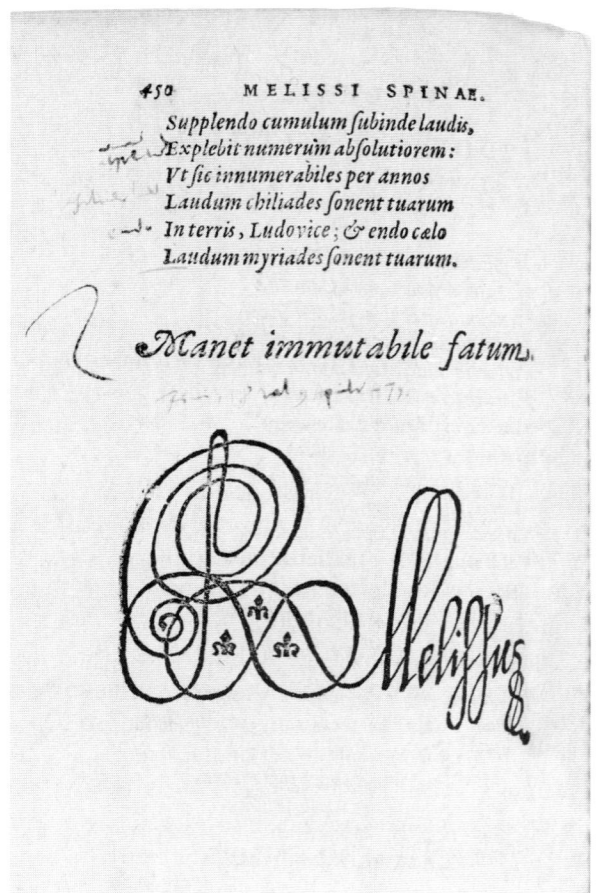

Abb. 275: Unterschrift des Paulus Melissus, in: Pauli Melissi Schediasmatum Reliquiae, [Frankfurt] 1575, S. 450.
(UBW, L. r. r. o. 235)

Abb. 276: Porträt (Stich) des 30-jährigen Paulus Melissus »Francus«, in: Pauli Melissi Schediasmatum Reliquiae, [Frankfurt] 1575, nach S. 270.
(UBW, L. r. r. o. 235)

lebte. Dieser führte aber auch den engen Kontakt zu Lotichius fort – seine späteren Werkausgaben sind dem neuen Gönner gewidmet – und stand im Austausch mit Jacob Micyllus[59], Paulus Melissus, Konrad Dinner und dem Historiker Nikolaus Cisner, dem er aus der Comburger Bibliothek ein Autograph der »Annalen« des bayerischen Geschichtsschreibers Aventin für die erste vollständige Druckausgabe (Basel 1580) zur Verfügung stellte.[60]

Während sich von eigenen literarischen Arbeiten Neustetters mit Ausnahme einiger Briefe[61] nichts erhalten hat,[62] zählen die von ihm geförderten neulateinischen Dichter zu den wichtigsten ihrer Zeit, sodass das Würzburg der frühen Echterzeit als »nahezu der Hauptort des deutschen Späthumanismus« bezeichnet worden ist.[63]

Die Dichtungen des Lotichius, zu großen Teilen im elegischen Versmaß gehalten, behandeln unter hoher persönlicher Anteilnahme die Kriegszeiten der Jahrhundertmitte, leben aber zugleich vom gelehrt-intellektuellen Spiel mit reichen Zitaten aus antiker und neuzeitlicher lateinischer Dichtung (vor allem aus Italien). In dem Vers *Martis inexpertis dulce uidetur opus* (Das Werk des Kriegsgottes dünkt jene süß, die es nie erlebt; 1,11,8) mischt sich die Absage der antiken Elegiker wie Ovid und Tibull an das Heroische mit den irenischen Bestrebungen des Erasmus.

Paulus Melissus,[64] geboren in Mellrichstadt, gestorben in Heidelberg, nennt sich Zeit seines Lebens *Francus*. Zugleich öffnet er der Renaissancedichtung weiteste Horizonte, indem er Freundschaft mit großen Franzosen wie Ronsard und Baïf schloss. Er führt die in Frankreich viel weiter entwickelte Gattung der Ode in Deutschland ein – indes auf Lateinisch – und bringt zugleich neue poetische Formen wie den Alexandriner und das Sonett ins Deutsche. Seine Versuche, im heimischen Franken dauerhaft Fuß zu fassen, scheitern an den Zeitläuften:[65] Weder die Lobgedichte, die Melissus zu Echters Herrschaftsbeginn publiziert, noch die dem neuen Bischof gewidmeten »Melica« (in: »Schediasmata poetica«, Frankfurt 1574) zeigen Wirkung, und auch ein Jahre später entstandener Preis der Bauwerke Echters[66] öffnet dem zum Calvinismus tendierenden Dichter keine neuen Wege. Melissus bleibt der unterfränkische Raum verwehrt, während er im protestantischen Nürnberg viele Male als Verfasser von Hochzeits- und Trauerdichtungen Verleger findet.[67]

Franciscus Modius'[68] fränkische Jahre haben ihren belletristischen Niederschlag in den »Poemata« (Würzburg 1583) und in seiner poetischen Beschreibung der mit Neustetter unternommenen Badereise nach Karlsbad (»Hodoeporicum Francicum seu Thermae Carolinae«)[69] gefunden. Höher einzuschätzen als diese ist Modius' fachwissenschaftliche Leistung: Als »Bibliothekar von Komburg« (P. Lehmann) sorgte er nicht nur für den Ausbau der Neustetter'schen Sammlung, sondern wertete auch zahlreiche zuvor nicht beachtete Handschriften für die Verbesserung der Klassikertexte aus (»Novantiquae lectiones«, Frankfurt 1584).[70] Als es Modius nicht gelang, in die vom Bürgerkrieg heimgesuchten Niederlande zurückzukehren, bot sich 1591 die Möglichkeit zum Antritt einer kanonistischen Professur an der Julius-Universität an.[71] Modius steuerte daher auch einige Widmungsverse zur Festschrift auf die Einweihung der Neubaukirche bei,[72] doch verzichtete er wenig später auf die Stellung und verließ Deutschland endgültig.

Zu Stande gekommen war die Beziehung zwischen Modius und Neustetter durch Johannes Posthius. Von 1574 bis 1585 war dieser Leibarzt Julius Echters. Zugleich entstand eine große Menge an Gelegenheitsgedichten, die das »bürgerliche Gelehrten- und Familienideal, das Motive und Farben aus der Spannung von beruflicher Situation und Poetenexistenz gewinnt«, für diese Autorengeneration paradigmatisch vorführen.[73] Posthius ordnete seine Gedichte gern nach Landschaften, darunter sind auch »Francica« (in: »Parerga poetica«, Würzburg 1580), in denen die am Main entstandenen Stücke zusammengestellt sind. Außer als Dichter ist Johannes Posthius durch seine zahlreich erhaltenen Gelehrtenbriefe bedeutsam,[74] in denen sich medizinische, historische und literarische Themen zu einem umfassenden Zeitbild ergänzen.

Zugleich Jurist und Dichter vervollständigte Konrad Dinner das Bild des gelehrten Würzburg vor 1600. Der Mittelpunkt seines Schreibens war nicht die Bischofsstadt, wo er pflichtschuldig Huldigungsverse an Julius Echter drucken ließ (»De electione […] Iulii […] gratulatio«, 1573), sondern das Kloster Schwarzach und sein humanistisch-bibliophil gesonnener Abt Johannes Burckhardt (1537–1598). Unter Verwendung der Klosterchroniken und anderer historischer Quellen entstanden zwei hexametrische Äbtekataloge, mit denen Dinner auch in den zeitgenössischen Streitigkeiten – vor allem um Kloster Banz – Stellung bezog (»Catalogus abbatum monasterii S. Felicitatis«; »Bantho«).[75] Dinner war auch im Griechischen versiert und gab eine Sammlung der schmückenden Beiwörter altgriechischer Poesie (»Farrago epithetorum«, Frankfurt 1589) heraus.[76]

Abb. 277: Propstbuch von Neumünster,
Titelblatt.
(StAW, Stb. 197, fol. IIv)

Neben diesen prominenten Vertretern des Würzburger Späthumanismus bestand schließlich auch eine – schmale – Tradition klösterlicher Gelehrsamkeit und Schriftstellerei um 1600 fort. Als individuelle Dichter werden der Franziskaner Beatus Bishalm (1566/67–1629),[77] wie Dinner aus Überlingen stammend, und die Schottenmönche Thomas Duff (gest. vor 1643)[78] und George Thomson[79] greifbar; ob sie als Humanisten im vollen Wortsinn gelten dürfen, bleibt eher zweifelhaft.

Würzburg zur Echterzeit:
Humanismus und Konfession

Julius Echter, dessen Regierung das Fürstbistum über 40 Jahre lang prägte, stand dem Humanismus innerlich fern: Zwar führte der Bischof nach der Art der Zeit eine gelehrte Korrespondenz,[80] doch waren weder Adressaten noch Gehalt wirklich bedeutend. Person und Politik Echters bedingten die Hinwendung der humanistischen Gelehrten zu anderen Gönnern wie Neustetter; ob man deshalb schon von »Humanismus als Ausdruck politischer Opposition« sprechen darf,[81] scheint allerdings zweifelhaft.

Abb. 278: Christophorus Marianus,
Encaenia et tricennalia Juliana, Würzburg 1604, Widmungsblatt mit Echter-
bauten.
(UBW, 35/E 7.308)

Zugleich darf heute nicht mehr übersehen werden, dass der – vor allem lateinische, aber auch griechische – Humanismus in den Schulen und konfessionell geprägten Universitäten der Zeit zwar institutionalisiert und damit zum philologischen Unterricht »degradiert« wurde, gerade dadurch aber unendlich viel stärker als zuvor in die Breite wirken konnte. Mit der Julius-Universität und dem Jesuitenkolleg entstanden in Würzburg zwei eng miteinander verbundene, aber eigenständige Produktionsstätten späthumanistischer Gelegenheitsliteratur, deren dokumentarischer Wert, aber auch literarische Qualität nicht zu unterschätzen ist. Aus der bedeutenden Menge dieser oft anonymen Schriften, die in unserer Zeit häufig als bloße Schönrednerei missdeutet werden, für einen Kenner des alten Fürstbistums wie Ignaz Gropp aber noch das eigentliche literarische Bild der Echterzeit bestimmten,[82] seien einige Beispiele herausgegriffen.

Die umfassende Bautätigkeit Echters, die in der Errichtung der Würzburger Großbauten Juliusspital, Neubaukirche und Universität ihren bleibenden Ausdruck fand, zog umfangreiche panegyrische Dichtungen nach sich. Besondere Aufmerksamkeit verdienen die »Encaenistica poematia« (Kirchweihgedichte), welche das Jesuitenkolleg 1591 zur Weihe der Neubaukirche publizierte. Neben Epigrammen, die im Sinne der tridentinischen Kirchenreform das Fest und seine Liturgie deuten und erklären, findet man hier das früheste Beispiel einer *descriptio templi*, das heißt einer ebenso theologisch wie künstlerisch ambitionierten, poetischen Gebäudebeschreibung, in der Architektur, sakrale Bildkunst und sinnbildliche Deutung des neuen Gotteshauses eine Symbiose

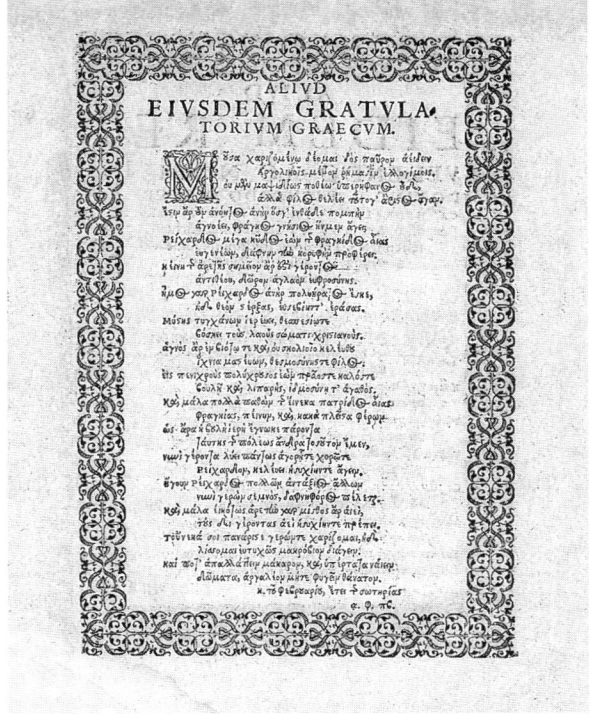

Abb. 279: Griechisches Lobgedicht des Sixtus Wenger auf Dompropst Richard von der Kere, 1581, in: Oratio habita in celeberrimo conventu [...] principis Julii, [Würzburg] 1581, fol. F 4 r.
(UBW, 50/Rp 24, 269)

eingehen und unter raffinierter Verwendung der antiken Dichter und ihres poetischen Formenschatzes zu einem neuen Literaturtyp geformt werden, der auf barocke Andachtstexte vorausweist.[83] Daneben stehen umfangreiche Prosareden wie die des Schottenmönchs Francis Hamilton aus Anlass der Wiederherstellung des Klosters (1595) oder die »Encaenia et Tricennalia« (1604) des Theologen Christoph Marianus (1563–1607), eine triumphierende Bilanz von 30 Jahren echterscher Herrschaft und Bauherrenschaft in Franken, das derselbe Autor in seinen »Trophaea Mariana« (1601) als Schauplatz eines existentiellen Kampfes von Häresie und katholischem Glauben vorstellt – an dessen Ende das Territorium mit steinernen und geistigen »Siegesdenkmälern des Marienglaubens« bereichert und erhöht ist.

Neben solcher immer stärker auf den Fürsten und seine Taten konvergierenden Literatur entstand in Universität und adliger Kirche weiterhin zahlreiches Gelegenheitsschrifttum. Dabei lassen sich – ungeachtet der häufig austauschbaren Inhalte und Formen – allerlei Einblicke in den literarischen Alltag gewinnen: So geht zum Beispiel aus den Autorenverzeichnissen verschiedener um 1600 entstandener Sammeldrucke hervor, dass sich damals eine beträchtliche Zahl adliger polnischer Studenten an der *Academia Iulia* befand.[84] Die Gedichte, welche dem Dompropst Richard von der Kere 1581 zu seinem Jubiläum überreicht wurden, enthalten neben Versen des Posthius auch einen respektablen Versuch griechischer Gratulationsdichtung des Sixtus Wenger – ein im damaligen Würzburg seltener werdendes Zeugnis eines zweisprachigen Humanismus.

Tridentinische Kontroversen und geistliche Gelehrsamkeit –
Würzburg in der Barockzeit

Gegen Ende des 16. Jahrhunderts setzten sich die Reformideen des Konzils von Trient auch nördlich der Alpen bei Fürsten und Theologen durch. Die mittlere und späte Echterzeit war geprägt von der obrigkeitlichen Gegenreformation, der Schwerpunkt der literarischen Produktion verlagerte sich zur Theologie. Der schon genannte Francis Hamilton beteiligte sich an der lebhaft geführten Diskussion über Bilderverehrung und Heiligenkult (»De legitimo sanctorum cultu«, 1597), Echters Kaplan Eucharius Sang (1555–1620)[85] begleitete die Errichtung der Wallfahrtskirche zu Dettelbach mit einem »Mirakelbuch«, das 1607 auf Latein und 1608 auf Deutsch erschien; daneben sind von ihm charakteristische Trauerpredigten[86] und die Lobschrift »Triumphus Franconiae« erhalten. Der produktivste unter den Theologen dieser Zeit war aber Nikolaus Serarius (1555–1609), Jesuit aus Lothringen, der seit 1573 für etwa zwei Jahrzehnte am Würzburger Kolleg weilte. Aus den zahlreichen theologischen Schriften, die hier und an seiner späteren Wirkungsstätte Mainz entstanden, verdienen in unserem Zusammenhang die akademische Disputationsschrift »De XII sanctis apostolis« (1585) und die »Sancti Kiliani gesta« (1598) Beachtung. Beide zeigen Serarius als hochgelehrten Quellenforscher, der die anerkannten Methoden der philologisch-historischen Kritik nun auch gezielt auf die christliche Antike anwandte[87] bzw. eine kritische Sichtung des hagiographischen Materials über den Frankenapostel in Angriff nahm. Bei einer solchen Einstellung ist es nicht verwunderlich, dass der Jesuit Serarius seine Apostelschrift dem wissenschaftlich-irenisch gesonnenen Erasmus Neustetter widmete.[88]

Schärfer im Ton und in der Sache ist – eine Generation später – der niederländische Jesuit Maximilian Sandaeus (1578–1656), der lange Jahrzehnte in Würzburg lebte.[89] Er hielt 1617 die Trauerrede auf Julius Echter (»Commentatio academica de donario cordis«), vor allem jedoch eine Fülle allegorischer Marienpredigten; daneben entstanden polemische Traktate gegen seine reformierten Landsleute.

Hexenwahn und Kriegsangst

1631 erschien erstmals – anonym in Rinteln – die »Cautio criminalis«, die hellsichtige Abhandlung des Jesuiten Friedrich von Spee (1591–1635) gegen die wahnhafte Hexenverfolgung seiner Zeit. Die früher verbreitete Annahme, Spees Haltung sei wesentlich durch seine Tätigkeit als Beichtvater verurteilter Frauen in Würzburg geprägt worden, lässt sich aus chronologischen Gründen kaum mehr aufrechterhalten:[90] Nach heutigem Wissen hielt sich Spee nur zwischen 1612 und 1615 zum Studium in Würzburg auf; später kamen hier mehrere Sammlungen deutscher Gedichte Spees heraus.[91] Gleichwohl wirft die alte These ein scharfes Licht auf die Stadt in der ersten Hälfte des 17. Jahrhunderts: Unter Fürstbischof Ehrenberg erreichte das »Hexenbrennen« seinen grauenvollen Höhepunkt.[92] Wie zum Beleg dafür erschien im Jahr 1627 eine Neuauflage des »Gründliche[n] Bericht[s], ob Zauberey die ärgste und grewlichste Sünd auff Erden

Abb. 280: Athanasius Kircher, Porträt von I. F. Schmidt nach einem Stich von C. Bloemaert, 1655. (UBW, 36/A 30.71)

sey«, ein siebenteiliger Traktat des Jülicher Pfarrers Franz Agricola (gest. 1621). Seine Antwort auf die im Titel gestellte Frage lautet: Zauberei ist tatsächlich die furchtbarste Sünde, doch steht Reumütigen die Vergebung durch Christus offen. Die logischen Paradoxien und tödlichen Fangstricke der zeitgenössischen Gerichtspraxis zweifelt Agricola, anders als Spee, nur in einzelnen Punkten an. Entscheidend sind die Adressaten des Werkes: Die *gottliebende Obrigkeit*, welche am jüngsten Tag besonders scharfe Richter finden wird, darf keine Schwäche zeigen, *dann an vielen und schier dem mehrern theil hilfft heutiges Tages kein Ermahnen noch Warnen, kein schelten noch trohen, sondern wie der Prophet Esaias sagt am 28. Capittel: Allein die Straff gibt Verstandt.*[93]

Die Schreckensbilder sollten sich bald noch mehren. Athanasius Kircher, Jesuit und barocker Universalforscher (1602–1680),[94] lehrte von 1629 bis 1631 in Würzburg Mathematik, Moralphilosophie, Hebräisch und Syrisch. In seiner Autobiografie beschreibt Kircher, wie er wenige Monate vor dem schwedischen Einmarsch in Würzburg von nächtlichem Lärm und geisterhaftem Licht im Hof des Kollegs erwachte und das ganze Areal von Bewaffneten erfüllt glaubte. *Von Schrecken ergriffen, begab ich mich zu den anstoßenden Schlafzimmern. Da ich hier Alle in tiefsten Schlaf versunken fand, glaubte ich, ich hätte mich in der Schlaftrunkenheit getäuscht und suchte nochmals mein Fenster auf. Doch es bot sich mir wieder dasselbe Schauspiel dar. Ich eilte nochmals weg, um Zeugen für das Gesehene herbeizurufen, fand aber bald, daß das Gesicht wieder verschwunden sei [...].*[95]

Es dauerte lange, bis sich Würzburg von Krieg und Notlage erholte, und dies lässt sich auch aus der Situation der Literatur ablesen. Zwar entstand nach der Jahrhundertmitte hier die »Würzburger Bibelübersetzung«, die lange Zeit Gültigkeit behalten sollte,[96] und 1668 brachte die Druckerei von Elias Zinck einen stattlichen Folioband mit weltlichen und religiösen Dichtungen (»Opuscula prosa et metro argumento etiam varia«) des Franziskaners Bonaventura Baro heraus, doch blieb dies ein Einzelfall. Insgesamt scheint das Spektrum des Gedruckten zunehmend von religiöser Gebrauchsliteratur – Gesangbücher, Evangelienlieder und die »Fülle der geistlichen Prosa« (S. Römmelt) – dominiert zu werden. Typische barocke Kerngedanken von Vergänglichkeit und *vanitas* vermögen aber auch hier, in Texten anonym gebliebener Dichter, anzurühren: *O schöne Sonn / ich muß darvon: / Mein Spiel muß sich nun enden. / Die Nacht anbricht: / dein Angesicht / wöllest von mir abwenden. / Leucht andern fort; / ich bin am Port: / Mein Schifflein thut anlenden.*[97] Daneben blieb sicherlich vieles ungedruckt, wie die folgende Nachricht zeigt: Der Domkapitular Philipp Ernst von Guttenberg (1679–1728) habe 18 Foliobände handschriftlicher Dichtung, »vorzüglich Chronographika, moralischen, religiösen, historischen Inhalts« hinterlassen;[98] Reste davon haben sich bis heute erhalten[99] und lassen die Selbstverständlichkeit literarisch-poetischer Betätigung unter den gebildeten Adligen erahnen.

Das Wiederaufleben
der Geschichtsschreibung im 18. Jahrhundert[100]

Ein »Außenposten der Mauriner«, in den neuesten Methoden der Diplomatik und Geschichtswissenschaft seiner Zeit geschult, kam mit Johann Friedrich Schannat (1683–1739) zwischen 1716 und 1721 mehrfach nach Würzburg.[101] Allerdings machte sich der streitbare Autor hier Feinde, als er seine Geschichte Fuldas auf den Nachweis einer gleichnamigen eigenständigen Diözese hin anlegte und so ein typisches *bellum diplomaticum* der Epoche auslöste.[102] Schannats Gegner in würzburgischem Dienst ist eine außergewöhnliche Figur: Johann Georg Eckhart (1674–1730),[103] geboren in Duingen, ausgebildet in Schulpforta und Leipzig, seit 1698 Mitarbeiter Leibniz' in Hannover, Professor für Geschichte in Helmstedt – all dies Biographica, die nicht gerade ins Hochstift der Schönbornfürsten weisen. Nach Leibniz' Tod 1716 mehrten sich indes die Schwierigkeiten für Eckhart: Zensur, Intrigen am welfischen Hof und finanzielle Not – weniger dagegen konfessionelle Motive – bewogen ihn 1723 zur Flucht nach Köln, wo er sich doch zur Konversion entschloss. 1724 vermittelte ihm Schannat die Stelle eines Hof- und Regierungsrates in Würzburg. Hier entstanden zunächst kleinere historische Schriften, vor allem aber eine erste moderne Landesgeschichte des Hochstiftes unter dem Titel »Commentarii de rebus Franciae Orientalis«, deren Entstehung allerdings durch neue Streitigkeiten mit Geistlichem Rat und Domkapitel stark behindert wurde. Das Werk bricht bereits im 10. Jahrhundert ab und konnte erst nach Eckharts Tod 1731 erscheinen. Trotz dieses unglücklichen Ausgangs ist Eckharts Bedeutung nicht zu unterschätzen: Als Diplomatiker setzte er neue Maßstäbe bei der differenzierten Beurteilung verfälschter und falscher Urkunden,[104] als Wissenschaftsorganisator bemühte er sich um eine »Teutsche Akademie« mit geplantem Sitz in Würzburg[105] und um eine Rezensionszeitschrift »Acta Eruditorum Herbipolensia« – und wirkte, auch als diese Projekte scheiterten, an der Modernisierung der Universität mit.

Nicht unmittelbar in Würzburg gewirkt hat der Hallenser Staatsrechtler Johann Peter Ludewig (1668–1743),[106] doch hat er durch die Zusammenstellung der »Geschicht-Schreiber von dem Bischoffthum Wirtzburg« (Frankfurt 1713) eine wichtige Grundlage für die weiteren Forschungen geliefert. Nach Ludewigs eigenem Bekunden[107] ging es ihm besonders darum, der häufigen Vernachlässigung deutschsprachiger Geschichtswerke Einhalt zu gebieten und zugleich aus den oft genaueren, das heißt weniger als die Reichshistoriographie mit Ideologien behafteten Regionalgeschichten zu einem verbesserten Verständnis auch der Reichsgeschichte zu gelangen.

Einen besonderen Platz als Geschichtsforscher des Würzburger Barock nimmt Ignatius Gropp (1695–1758)[108] ein, »der einzige fränkische Benediktiner, der noch vor der Mitte des 18. Jahrhunderts dem Vorbild der Mauriner Historiker nacheiferte«.[109] Seine vier Folianten umfassende Sammlung lateinischer und deutscher Quellen zur Geschichte Würzburgs (»Collectio novissima scriptorum et rerum Wirceburgensium«, 1741–1750) ist, angereichert durch eigene thematische Abhandlungen (*dissertationes*), bis heute der wichtigste Fundort für zahlreiche Dokumente und literarische Texte, die oft anderweitig nicht mehr erhalten sind; für die Zeit ab 1500 treten noch einmal zwei Bände »Wirtzburgische Chronick« (1748–1750) hinzu. Daneben verfasste Gropp zahlreiche hagiographische und lokalhistorische Studien, die allerdings weitgehend unpubliziert blieben; ein geplantes Kompendium der Geschichte des Ordens in Franken, die »Franconia Benedictina«, kam nicht mehr zustande.[110]

Der Bereich der Chronistik ist bis heute unzureichend erforscht[111] und kann daher nicht im Einzelnen behandelt werden; gegenüber dem oft beträchtlichen Quellenwert tritt darin die literarische Ausgestaltung in den Hintergrund. Erwähnung verdient neben der bereits genannten städtischen Ratschronik eine zweite über Jahrhunderte fortgeführte Aufzeichnung, allerdings rein internen Charakters: die Hauschronik der Jesuiten (»Historia Collegii S. J. Herbipolensis«), von der heute nur noch der letzte Teil (1742–1772) erhalten ist.[112] Weitere Chroniken, die zumeist weder erforscht noch publiziert sind, entstanden auch noch im 18. Jahrhundert, so zum Beispiel von Andreas Pfaff O. P.[113] oder von dem Domvikar Andreas Geißler (1705–1779).[114]

Allmählicher Rückzug der lateinischen Sprache
im 18. Jahrhundert

Der weitaus überwiegende Teil der Gelegenheitsliteratur – die wiederum stets den größten Teil der literarischen Produktion darstellte – blieb auch im 18. Jahrhundert lateinisch.[115] Verfallserscheinungen innerhalb dieses stark mit dem jesuitischen Schulbetrieb[116] verknüpften Traditionsbezirkes sind jedoch unübersehbar: Die Druckqualität sank – teilweise schon früher – ab, der Motivschatz erfuhr kaum noch Zuwachs.

Gleichwohl lässt sich heute nicht mehr von einer Phase bloßer Stagnation sprechen, in der »gefrorene Lateiner« (G. Hess) das Überwintern vor den Stürmen der Aufklärung geübt hätten. Die lange Zeit nicht zuletzt in einer preußisch dominierten Literaturgeschichtsschreibung gepflegte und bis ins 20. Jahrhundert fortwirkende Vorstellung einer allgegenwärtigen süddeutschen Rückständigkeit während der Voraufklärungszeit erweist sich bei näherem Hinsehen zumindest auch als eine Spätfolge der zeitgenössischen aufklärerischen Polemik nach Art eines Friedrich Nicolai.[117] Zwar gehörte Würzburg auch jetzt nicht zu den ersten Literaturzentren in Deutschland,[118] und wenn Heinrich von Kleists ebenso erfolgloser wie komischer Versuch, im Würzburg des Jahres 1800 Schriften von Erfolgsautoren wie Schiller und Goethe zu entleihen,[119] auch eher ein satirisches Zerrbild vermitteln mag, so war doch mit scharfer Zensur als Behinderung freien Lesens und Schreibens zu rechnen.[120] Dennoch waren die Zeichen einer neuen Epoche auch am Main unübersehbar: Insbesondere die Reform der Universität zu einer stark von aufgeklärten Gelehrten bestimmten Hochschule[121] und der philosophisch-literarische Kreis um Karl Theodor von Dalberg sind hier zu nennen.

Aufklärerische Schriftsteller in Würzburg

Der Wandel zur aufgeklärten Universität, der sich in Würzburg seit Friedrich Karl von Schönborn (1729–1746) vollzog, war maßgeblich vom Aufstieg der Staats- und Rechtswissenschaften und der Verdrängung der Theologie aus ihrer zuvor unangefochtenen Führungsposition bestimmt.[122] Obwohl das Zusammengehen von Katholizismus und Aufklärung »nur unter Ausklammerung wesentlicher Probleme eine Wegstrecke« lang währen konnte,[123] bezeichnete es doch einen entscheidenden Umbruch in der Geistesgeschichte des Hochstifts. Nachdem zunächst vor allem die fachwissenschaftliche Literaturproduktion davon profitierte – genannt sei der Kanonist und Reformer Johann Caspar Barthel (1697–1771)[124] –, fanden in der Folgezeit mehrere vielseitig tätige Würzburger Professoren einen aufgeschlossenen Förderer in dem späteren Mainzer Kurfürsten Karl Theodor von Dalberg (1744–1817).[125]

Franz Oberthür (1745–1831)[126] repräsentiert dabei besonders die philanthropischen Ideen seiner Zeit. Der Geistliche, der ein humanitär-irenisches Christentum vertritt, der Schulreformer, dem an Lebensnähe und Nützlichkeit gelegen ist, der »patriotische Kosmopolit«, der hartnäckig die kulturelle Topografie seiner Heimatstadt um moderne Institutionen wie eine Dichterakademie, ein festes Theater und eine Lesegesellschaft – nur dies gelingt, kurzzeitig, von 1785–1786 – bereichern will: Alle diese Bemühungen Oberthürs mündeten in eine reiche, allerdings nicht systematische und stets utilitaristische Publikationstätigkeit. Stellvertretend seien die Biografie des aufgeklärten Fürsten Dalberg oder die des »fränkischen Landmanns« Klör genannt, letztere ein Beispiel für die idealisierenden Anschauungen der Epoche. In eine ähnliche Richtung weist das über mehrere Jahre hinweg publizierte »Taschenbuch für die Geschichte, Topographie und Statistik des Frankenlandes« (1795–1798), das Landeskunde, Lokalgeschichte und Lebensbilder bringen sollte. Als bedeutendes Dokument des von Oberthür gepflegten »Freundschaftskultes« ist sein Briefwechsel mit ca. 6 000 Stücken erhalten.[127]

Johann Michael Feder (1754–1824) war in erster Linie Prediger. Dabei standen die menschliche Tugend und die Vernunft als zeitbeherrschende Ideen im Mittelpunkt: *der Vernunft (zu) huldigen [...] mit Hinsicht auf Gott, der uns diese Gebietherinn aufgestellet hat,* ist Aufgabe des Theologen wie des Gläubigen.[128] Neben Feders Predigttätigkeit traten einige Arbeiten zur älteren fränkischen Literaturgeschichte, so eine Biografie des Erasmus Neustetter (1799), für den Feder als Erster wieder Interesse zeigte, und eine Studie zu Konrad Celtis, die in Zusammenarbeit mit Engelbert Klüpfel entstand.

Bedeutender, zugleich schärfer und polarisierender als Feder war der Theologe, Philosoph und Historiker Franz Berg (1753–1821).[129] Schon früh wurde er zum radikalen Kritiker an der überkommenen Religion, ja zum Zweifler, der das Christentum nur noch als kulturhistorisches Produkt anzuerkennen vermochte. Mit philosophisch-reflektierenden Kirchenliedern überforderte er 1781 ein noch an barocken Ausdruck gewöhntes Publikum, predigte zwölf Jahre später über die *Pflichten der höheren Stände*, deren Nachlässigkeit er die Wirren der Revolution anlastete, vertrat immer wieder radikalaufklärerische Positionen – ohne sich jedoch dem allenthalben verehrten Immanuel Kant anzuschließen. Überhaupt suchte Berg in den Jahren nach 1800 stets eigene Wege zu gehen, wandte sich gegen den in Würzburg lehrenden Schelling („Sextus«, 1804), begann eine eigene Philosophiegeschichte (»Epikritik«, 1805), gab die polemische Zeitschrift »Anti-Argus« (1803) heraus. Die Vielfältigkeit seines Wirkens zeigt aber zugleich die zeitgeschichtlich wie biografisch bedingten Widersprüche einer im Wesentlichen theologischen Laufbahn eines radikalen Skeptikers zwischen aufgeklärtem Hochstift (bis ca. 1795) und Reaktion der Toskana-Zeit. Berg gehört so zu den prägnanten Vertretern einer »inneren Säkularisation in der katholischen Reichskirche«,[130] eines Prozesses, der schließlich zu deren Abschaffung führen musste und der damit, ähnlich wie der aufgeklärte Absolutismus, zu einem von den Betroffenen selbst ergriffenen Hebel zur Auflösung des Alten Reiches wurde.

Wie stark die Wirkung Kants auch in Würzburg war, zeigen zwei Episoden aus den letzten Jahren des Jahrhunderts. Maternus Reuß (1751–1798), Benediktiner und Philosophieprofessor, erhielt 1792 von Fürstbischof Erthal ein Reisestipendium nach Königsberg, um Kant persönlich treffen und dessen Lehre danach in Würzburg präziser vertreten zu können – ein seinerzeit nicht einmal ungewöhnlicher Vorgang.[131] Nahezu gleichzeitig brachte Karl von Benzel[132] unter dem Titel »Dichterische Versuche über Gegenstände der kritischen Philosophie« (Würzburg 1794) eine Sammlung schwärmerischer Oden heraus: *Gewölke wandeln, und unbeweglich harrt | Ihr blauer Pfad, die Wogen empören sich | Und Felsen stehn, so will's der Schöpfer – | Aber der Mensch soll vernünftig handeln […].*[133]

Die Reihe der aufgeklärten Autoren in Würzburg soll ein berühmter Historiker schließen, der lange Zeit mit dem Ehrentitel »Geschichtsschreiber der Deutschen« bedacht worden ist: Michael Ignaz Schmidt (1736–1794), erster laikaler Inhaber der Professur für Reichsgeschichte nach der Auflösung des Jesuitenordens 1773 und Verfasser der ersten Bände einer umfangreichen, über seinen Tod hinaus fortgeführten »Geschichte der Deutschen«, eines neuartigen Versuches, »Geschichte als Entstehungsgeschichte der Gegenwart« zu verstehen und damit »wesentliche Elemente einer pragmatischen Geschichtsschreibung wie Kausalitätsdenken, Gegenwartsbezug und belehrende Funktion« über die traditionelle Konzentrierung auf Haupt- und Staatsaktionen hinaus auch auf neue Größen wie Volk und Nation anzuwenden.[134]

Romantische Philosophie: Schelling und Wagner

Nur ein Jahrzehnt nach Reuß' und Benzels Kant-Begeisterung hatte sich die Situation in Würzburg ebenso politisch wie auch geistig stark gewandelt:[135] Der nach dem Übergang an Bayern (1802) von München und seinem Kurator Graf Thürheim nachdrücklich betriebene Umbau der Universität zu einer säkularisierten zweiten Landeshochschule hatte einen weit gehenden Austausch des akademischen Personals zur Folge. Unter den neu berufenen Professoren war auch Friedrich Wilhelm Schelling (1775–1854), der 1801 in Jena die »Darstellung meines Systems« publiziert und damit eine »neue«, die Idealphilosophie, vorgestellt hatte: Ihr Ziel ist die Erkenntnis des Absoluten, die nicht durch den Intellekt, wohl aber »intellektuelle Anschauung«, einen fast mystischen Vorgang, möglich sein soll, in dem die Seele eine Position erreicht, die ihr den Blick von höchster Warte erlaubt.

Die exponierte Stellung, die ein solchermaßen Philosophierender in seiner »Anschauung« einnimmt, und der spekulative, »romantische« Zug solchen Denkens erregten in Würzburg sehr bald heftige Opposition von unterschiedlicher Seite. Franz Berg bewies in seinem Dialog »Sextus«, dass es auch Schelling nicht gelingen konnte, sein organizistisches Gesamtsystem ohne Zuhilfenahme herkömmlicher Logik zu errichten; zugleich fand die pantheistische Tendenz der Ideal- und Naturphilosophie einerseits begeisterte Anhänger in denen, die darin nach Aufklärung und Revolution die Wiedergeburt des Religiösen zu erkennen hofften, andererseits ebenso scharfe Gegner in den aufgeklärten Politikern und Theologen, die hier neuen »Obskurantismus« witterten. Noch in Schellings Berufungsjahr 1803 verbot der Bischof trotz lebhafter Proteste, dass Theologen seine Vorlesungen besuchten; verschiedene polemische Kontroversen kamen hinzu. 1806 wechselte Schelling nach München, allerdings voller Befürchtungen, *nun in das eigentliche Bayern* – und in die Stadt seiner Hauptgegner – *hinein zu müssen*.[136] Die in der kurzen Würzburger Phase entstandenen Arbeiten erschienen zumeist an anderen Orten; von Bedeutung für das Gesamtwerk sind aber die Würzburger Vorlesungen, in denen einzelne Teile des philosophischen Gesamtsystems deutlicher ausgearbeitet sind als in den Druckschriften.[137]

Schellings Wirkung während der drei Jahre seiner Lehrtätigkeit war sehr stark. Insbesondere der gleichzeitig und auf Schellings Betreiben berufene Ulmer Johann Jakob Wagner (1775–1841) hat, obwohl heute nur noch wenig bekannt, eine wichtige Rolle bei der Verbreitung und weiteren Ausformung idealphilosophischer Konzepte gespielt.[138] Dabei hob er seit Beginn seiner Lehrtätigkeit die Differenzen mit Schelling geradezu programmatisch heraus. »Ueber das Wesen der Philosophie« las Wagner im Winter 1804/05 und zeigte in der dazugehörigen Programmschrift sein Konzept eines »Gleichgewichtes der Elemente« auf. Nicht die Anschauung des Idealen, Absoluten, sondern die Erkenntnis der gegenseitig ausgewogenen Kräfte ist hier das Ziel des Philosophierens. Anstelle des dialektischen Dreischritts entsteht hieraus ein Schema aus je zwei begrifflichen Gegensatzpaaren, die einander die Waage halten.[139] So artifiziell dieses Tetradensystem erscheinen mag, hat es doch dadurch weitergehende Bedeutung erlangt, dass es sowohl Friedrich Rückert (1788–1866), der während seines Jurastudiums

Abb. 281: Johann Seyfried SJ / Anton Reinhard Höffling, Philosophia Herbipolensis, 1712, Vorsatzblatt, Stich von Johann Salver.
(UBW, 35/A 12.7)

in Würzburg zwischen 1805 und 1808 auch Wagner hörte, als auch August von Platen (1796–1835), der 1818 dessen Vorlesungen besuchte, ihren eigenen sprach- und literaturtheoretischen Arbeiten zugrunde legten: Rückert baut auf Wagners System seine Rekonstruktion der menschlichen Ur- und Idealsprache auf (»De idea philologiae«, 1811),[140] Platen versucht, es auf die Entwicklung der Weltliteratur anzuwenden.[141]

Briefe und Lebenspläne um 1800

Als Caroline (1763–1809)[142] und Friedrich Schelling im Herbst 1803 nach Würzburg kamen, lagen Carolines Trennung von August Wilhelm Schlegel und die neue Heirat erst wenige Monate zurück. Doch so sehr beiden daran gelegen sein musste, Jena hinter sich zu lassen, konnte doch Würzburg kein Ort der Anerkennung und Ruhe werden: Während man an Schelling seine kühne Philosophie kritisierte, war die Stadt gegenüber seiner Frau nicht gewillt, ihr außergewöhnliches Temperament und unstetes Vorleben zu akzeptieren. Verleumderische Kampagnen, die Schlegels Bruder Friedrich gegen sie führte,

Abb. 282: Caroline Schelling, Ölgemälde von Johann Friedrich August Tischbein, 1798.

verleideten ihr die Würzburger Jahre vollends; die zahlreich erhaltenen Briefe aus dieser Zeit sind beredtes Zeugnis.[143] Voller Erleichterung folgte Caroline ihrem Mann im Herbst 1806 nach München, während Würzburg der überzeugten Republikanerin mit dem Übergang an Toskana noch suspekter wurde.

Von Caroline Schellings Klagen über die Würzburger Zustände unendlich weit geschieden ist das zweite, beinahe gleichzeitig in der Stadt entstandene Briefcorpus. Heinrich von Kleist (1777–1811) traf im Herbst 1800 für etwa sechs Wochen in Würzburg ein, ohne dass bis heute die Beweggründe seines Aufenthaltes zweifelsfrei geklärt wären (s. Tafel 66). Während dieser Wochen gingen 14 zum Teil umfangreiche Briefe an seine Braut Wilhelmine von Zenge ab, die mit ihrem Bilderreichtum, ihrer Selbstverrätselung und Qual bis heute erschüttern. »Unsägliche Liebesbriefe«, die nicht selten eine »Vereisung des Tons« zeigen, ohne dass ihnen die Liebe fehlte – vielmehr dürften sie »Projektionen auf einen Idealpartner« sein, »der kraft dieser Briefe erst konstruiert und erudiert werden soll«. Zugleich liegt aber auch der »frühaufklärerische Typ des Briefs als Abhandlung« vor[144] – eines Schreibexperimentes somit, das der Geliebten Traktate zumutet: *Ich denke einst diese Papiere für mich zu nützen.*[145] Kleists Briefe bewegen sich zwischen bekannten, aber beim Schreiben verwandelten Stereotypen – zum Beispiel in seiner schon erwähnten Kritik der Bücherzensur, die eher als szenisch-dialogischer Versuch denn als traditionelle Aufklärerpolemik zu lesen ist[146] –, einem neuen Blick auf die Landschaft, der schon an Jean Pauls Naturvisionen erinnert,[147] und der systematischen Arbeit an einem »Lebensplan«[148], der

Abb. 283: Juliane von Mudersbach,
Die vier Weltalter nach dem Ovid in vier
Idyllen, Wien 1793, S. 9: Das erste
Weltalter.
(UBW, Misc. o. 26)

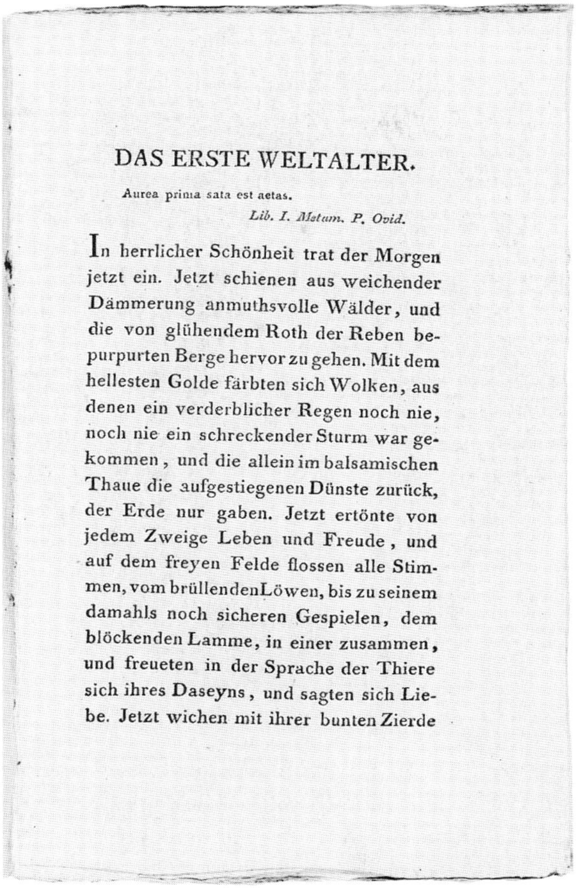

DAS ERSTE WELTALTER.

Aurea prima sata est aetas.

Lib. I. Metam. P. Ovid.

In herrlicher Schönheit trat der Morgen jetzt ein. Jetzt schienen aus weichender Dämmerung anmuthsvolle Wälder, und die von glühendem Roth der Reben bepurpurten Berge hervor zu gehen. Mit dem hellesten Golde färbten sich Wolken, aus denen ein verderblicher Regen noch nie, noch nie ein schreckender Sturm war gekommen, und die allein im balsamischen Thaue die aufgestiegenen Dünste zurück, der Erde nur gaben. Jetzt ertönte von jedem Zweige Leben und Freude, und auf dem freyen Felde flossen alle Stimmen, vom brüllenden Löwen, bis zu seinem damahls noch sicheren Gespielen, dem blöckenden Lamme, in einer zusammen, und freueten in der Sprache der Thiere sich ihres Daseyns, und sagten sich Liebe. Jetzt wichen mit ihrer bunten Zierde

die Vereinigung des Dichters mit Wilhelmine erst erlaubt, *wenn die Sonne aufgehen wird über Deinen unbegreiflichen Freund.*[149]

Eine ganz andere Art von (Lebens-)Plan hat die Würzburger Freifrau Juliane von Mudersbach (1766–1805), Gemahlin des italienischen Herzogs Giovane, im Auge, als sie 1797 in Wien ihren »Plan pour faire servir les voyages à la culture des jeunes gens qui se vouent au service de l'État« drucken lässt. Die »vergessene Dichterin« (H. Reitberger), die in den achtziger Jahren des 18. Jahrhunderts mit »Idyllen« zu sozialen Fragen der Zeit Beachtung gefunden hatte, gibt in der französischen Schrift an ihren Sohn Ratschläge für die Ausprägung der »Grand Tour« angehender Politiker, die patriotisches Selbstbewusstsein und Aufgeschlossenheit für das Fremde mit einem möglichst weiten Menschheits- und Bürgerbegriff verbinden sollen: *Le voyageur est homme, il est citoyen de sa patrie, et l'objet de ses observations sont l'homme et les membres d'une société civile quelconque.*[150]

Neue Zeiten

Die Umwälzungen der napoleonischen Epoche hatten auch das Ende des Hochstifts Würzburg zur Folge; für die Stadt bedeuteten sie zumindest wechselnde Besatzungen, auswärtige Regierungsbeamte und unsichere Zeiten. Am Schluss dieses kurzen Überblicks über drei Jahrhunderte Literatur in und um Würzburg mag daher Friedrich Rückert stehen, dessen unerschöpfliches dichterisches Wirken lange Jahrzehnte des 19. Jahrhunderts in Franken prägte. 1813 wurde in der Würzburger Literaturzeitschrift »Aurora« das erste Gedicht Rückerts publiziert:[151] *Wir Jäger frey aus Frankenland, | Im grün- und rothen Jagdgewand, | Das Grün bedeutet Muth, | Das Roth bedeutet Blut. [...] Mein Schatz gab mir 'nen silbren Ring, | Daß ich ihr einen goldnen bring', | Der Ring soll seyn entwandt | Von eines Franzmanns Hand.* Mit diesem »Fränkischen Jägerlied« reihte sich Rückert für eine erste Phase seines Schaffens unter die Sänger der Befreiungskriege ein; die Mischung aus »volkstümlichem« und nationalem Ton zeigt unübersehbar, dass auch in der Literatur eine neue Epoche begonnen hatte.

Sprachgeschichte

Norbert Richard Wolf

Vorbemerkung

Die Würzburger Sprachgeschichte der frühen Neuzeit verlief, soweit sich das heute beurteilen lässt, durchaus im gesamtdeutschen Rahmen. Es geht daher im Folgenden
nicht so sehr um eine Wiederholung dessen, was in den allgemeinen Sprachgeschich-
ten zu lesen ist, sondern um das, was sich im kleineren, im lokalen Rahmen vollzog; es
sollen drei »Spezialfälle«, die geradezu »typisch« für Würzburg sind, vorgestellt und
sprachgeschichtlich interpretiert werden. Diese drei »Spezialfälle« werden die Aufgabe
von Fallstudien haben, an denen die allgemeine Sprachentwicklung mit Hilfe Würzburger Spezifika exemplifiziert werden kann.

Der Buchdruck

Der um 1450 erfundene Buchdruck mit beweglichen Lettern bedeutet für die Sprachver-
wendung eine Revolution, deren Wirkung kaum zu überschätzen ist: Texte können in großer Zahl völlig identisch reproduziert werden; man kann auf aktuelle Ereignisse öffentlich,
schnell und ebenfalls in großer Zahl reagieren; man produziert Bücher auf Vorrat, wodurch der Markt die vorherrschende Instanz der Distribution von Büchern wird.

In Würzburg verlief dieser Prozess zunächst etwas anders. Schon 1479 holte Bischof
Rudolf von Scherenberg den Drucker Georg Reyser in die Stadt[1] und gab ihm den Auftrag, »den Klerus des Bistums mit den zum Chorgebet und im Gottesdienst notwendigen liturgischen Drucken zu versorgen«.[2] Reyser legte unter anderem 1481 das »Missale
Herbipolense« vor, das bis 1503 sechs weitere Auflagen erlebte und teilweise mit wertvollen Illustrationen ausgestattet wurde, wobei Reyser nicht die damals übliche Holz-
schnitttechnik, sondern die weitaus anspruchsvollere Kupferstichtechnik anwandte.
Diese Literatur aber war lateinisch, ein Markt existierte dafür nicht oder nur in geringem Umfang, denn es wurde hauptsächlich auf Bestellung produziert; die Abnahme der
Bücher war damit weitgehend gesichert.

Literatur in deutscher Sprache druckte Reyser wohl nicht, soviel bislang bekannt ist.
Auch in diesem Bereich waren es vor allem Auftragsarbeiten wie »Schießbriefe« oder
»Almanache«, die seine Arbeit ausmachten; der früheste Druck, eine »Einladung zum

Armbrustschießen«[3], stammt aus dem Jahr 1480. In den Jahren 1502, 1503 und 1504 erschienen »fünf kleinere selbstständige Schriften« mit pädagogischen und theologischen Schriften von Hieronymus Schenck von Siemau (bzw. Sumau) »in der Würzburger Offizin des Martin Schubart im Druck«.[4] Es steht zu vermuten, dass auch dies Auftragsarbeiten des Autors waren. Insgesamt lässt sich festhalten, dass »die Würzburger Offizinen kein besonderes Profil« gewannen, dass also Würzburg in der Zeit des Frühdrucks keine besondere Bedeutung erlangt hat. Dies kann auch damit zusammenhängen, dass die (sprach)geschichtlich wirksamen Drucker und Texte vor allem mit der Reformation und den sozialen Unruhen der Zeit in Zusammenhang stehen; zumindest die öffentliche publizistische Auseinandersetzung mit zahlreichen Texten dieser Strömungen scheint an Würzburg vorbeigegangen zu sein.

Der Sonderfall Lorenz Fries

Im Jahr 1544 vollendete, vermutlich nach langjährigen Vorarbeiten, Lorenz Fries, Sekretär des Würzburger Bischofs Konrad von Bibra (1540–1544) und Leiter von dessen Archiv, seine »Bischofschronik«. Die geschichtliche Darstellung reicht von der Christianisierung Mainfrankens bis zum Jahr 1495, dem Todesjahr Bischof Rudolfs von Scherenberg. Konrad von Bibra, zu dessen Regierungszeit Fries sein Werk in einer ersten Reinschrift abschloss, legte fest, dass von dieser Chronik nicht mehr als drei Exemplare[6] existieren sollten. So gab es gemäß traditioneller Forschungsmeinung ein erstes Dedikationsexemplar, das Fries dem Bischof Melchior Zobel von Giebelstadt (1544–1558) widmete; dieses wurde wahrscheinlich im Jahr 1572 beim Brand der Festung Marienberg vernichtet. Eine zweite Abschrift war für die Würzburger Kanzlei bestimmt und ist verschollen; möglicherweise wurde sie 1631 von den Schweden verschleppt. Heute ist nur noch das Exemplar, das für das Domkapitel bestimmt war, erhalten; es liegt jetzt im Stadtarchiv Würzburg (Ratsbuch 412).

Die Fries'sche Chronik wurde bewusst nicht gedruckt, obwohl dies auch in Würzburg schon möglich gewesen wäre (vgl. den vorigen Abschnitt). Mehrere Gründe dürften hierfür verantwortlich gewesen sein:
- Der Bischof wünschte, dass höchstens drei Exemplare hergestellt würden. Für eine solche Zahl ist der Buchdruck kaum geeignet.
- Das Buch sollte nicht nur exklusiv, sondern auch repräsentativ sein. Dies war mit Schreibern und Illustratoren, die manuell arbeiteten, besser zu erreichen.
- Schreiber des Domkapitel-Exemplars war Johann Schetzler, ebenfalls Beschäftigter des Würzburger Bischofs und Fries' Amtsnachfolger. Fries scheint Wert darauf gelegt zu haben, dass eine in der Geschichte des Hochstifts bewanderte Persönlichkeit dieses Buch schrieb; dies wäre bei einem Drucker kaum der Fall gewesen.

Fries schrieb diese drei Ausfertigungen nicht selbst, er ließ schreiben. Die Herstellung überwachte er persönlich. Jedes der drei »offiziellen Exemplare« war vermutlich repräsentativ ausgestattet. Die Domkapitel-Abschrift jedenfalls ist mit 176 Miniaturen und zahlreichen kleinen Wappenzeichnungen geschmückt, wobei jedes neue Kapitel – Gliederungsprinzip sind die Regierungszeiten der einzelnen Bischöfe – von drei farbigen Wappen eingeleitet wird. Diese äußere Ausstattung illustriert in gewisser Weise die Haltung des Autors: Fries hatte zwar u. a. an den Universitäten Leipzig, Wittenberg und Wien studiert, doch machte sich bei ihm kaum ein humanistisches oder gar reformatorisches Gedankengut bemerkbar. Letztlich blieb er dem Mittelalter verhaftet;[7] in der Regel nahm er die Position seiner Herrschaft ein, Geschichtsschreibung war für ihn Legitimation seines Dienstherrn, der eben auch auf die Exklusivität dieses Werkes achtete.

Der äußeren Repräsentativität entspricht auch die sprachliche Form. Wir müssen uns vor Augen führen, dass es im 16. Jahrhundert noch keine deutsche Einheitssprache gab, sondern lediglich regionale Schreibsprachen; es gab keine feste orthografische Norm, sondern innerhalb eines gewissen Rahmens die Möglichkeiten rechtschriftlicher Variation. Man konnte auch in der Schriftlichkeit höhere oder niedrigere (Schreib-)Stilebenen anstreben, wobei die höhere Stilebene sich durch weniger Varianten als die niedrigere auszeichnet. Ein besonderes Indiz für eine niedrige Stilebene sind Konsonantenhäufungen, die man gerne als typisch gerade für die spätmittelalterliche und frühneuzeitliche Schriftlichkeit ansieht – und in modernen Editionen dann eliminiert. Für die »Bischofschronik« lässt sich feststellen, dass von solchen Häufungen sehr sparsam Gebrauch gemacht wird; schon dies ist ein Indiz für die angestrebte hohe Stilebene. Hinzu kommt die Verwendung von diakritischen Zeichen über bestimmten Buchstaben. Die Fries-Chronik kennt über dem Buchstaben *u* zwei verschiedene Diakritika: ein Trema, das sind zwei Pünktchen wie heute noch beim Buchstaben *ü*, und einen Haken. Der Haken hat in erster Linie die Aufgabe, das *u* von anderen Buchstaben, etwa vom *n*, leichter unterscheidbar zu machen. Das Trema hingegen hat Signalwert, es steht unter anderem über Entsprechungen von mhd. *uo* (zum Beispiel *des bistümbs*), oder es deutet einen Umlaut an (*grüntlich*). Gerade eine solche »Kleinigkeit« ist dazu angetan, uns heute noch kundzutun, dass auch die Orthografie der »Bischofschronik« sehr sorgfältig geplant worden ist.[8]

Die Schriftlichkeit des 16. Jahrhunderts – auch schon der Zeit davor – ist vor allem dadurch gekennzeichnet, dass bewusst arbeitende Schreiber und Autoren einen überregionalen Schreibusus anstrebten. Für Würzburg ist erkennbar, dass sich in der ersten Hälfte des 16. Jahrhunderts eine ziemlich große »Einheitlichkeit der Sprachform« herausgebildet hatte, deren »Geltungsbereich nur die bedeutenderen Kanzleien, allen voran die fürstbischöfliche, [...] denen gebildete und schreibgeübte Kräfte zur Verfügung standen«, einschließt;[9] ein solcher Schreiber war sicherlich Johann Schetzler. Von der Mitte des 16. Jahrhunderts an tauchen in der Würzburger Schriftlichkeit bairische Eigentümlichkeiten auf, und man hat sogar angenommen, dass Lorenz Fries diese Kennzeichen eingeführt habe, weil zum Beispiel bei ihm zum ersten Mal die Schreibung *ai* für mhd. *ei* begegne,[10] was allerdings auch auf das Schwäbische weisen könnte. Wichtig ist auf alle Fälle, dass derartige Schreibsprachen sich weitgehend verselbstständigt und als schreibsprachliche Norm zu gelten haben und mit der gesprochenen Mundart kaum in Verbindung stehen. Sowohl in den Texten, die Lorenz Fries selbst geschrieben hat, als auch in den Schriften, die aus der Feder Johann Schetzlers stammen, manifestiert sich, bei allen Unterschieden, der Wille zu einer überregionalen und gepflegten Sprachform, die sich weitgehend einem ostoberdeutschen Usus anschließt.

Die Fries'sche Chronik – und hier ist nun der Autor und nicht ein Schreiber ursächlich verantwortlich – ist noch in einem weiteren Fall als Symptom für die Sprach(en)-verhältnisse in Würzburg anzusehen.

Im Abschnitt über Bischof Burghard I. findet sich das Kapitel[11]: *Von der wirtzburgischen mark, wie weit die anfenglich gangen ist.*[12] Der Text beginnt erzählend: *Ain alte schrift hab ich bei dem domstifft gesehen [...] dar in die wirtzburgisch marck verzaichet stet.* Darauf folgt der Text der ersten, also der lateinischen Markbeschreibung, freilich ins Deutsche übersetzt.

Unmittelbar daran schließt der Text der zweiten, der deutschen »Markbeschreibung« an, diesmal – wie im Original – mit der lateinischen Überschrift *MARCHIA AD VVIRZI-BURG*. Es folgt der Text der zweiten Markbeschreibung. Dann bringt Fries einen kurzen Kommentar mit dem Hinweis, dass das ursprünglich Lateinische von ihm übersetzt und schwarz geschrieben worden sei, während er das schon ursprünglich Deutsche rot habe schreiben lassen (s. Tafel 68). Schließlich erwähnt Fries, in welcher Handschrift er diese beiden Texte gefunden habe, und liefert eine knappe Beschreibung vor allem des äußeren Eindrucks des Buches, das er im Übrigen in einer Miniatur wiedergibt. Dieser Teil endet mit den vier Versen des Schreibers, die ebenfalls ins Deutsche übersetzt werden. Soweit also der textliche Bestand.

Fries erwähnt mit keinem Wort, dass das Deutsch der Markbeschreibungen altertümlich, fremd, sonderbar oder schwer verständlich sei. Er sagt nur, dass eine *alte schrift* aus der Zeit *kunig Carln des Grossen* diese Texte enthalte. Nach der Abschrift dieser Schriftblöcke betont Fries nur, dass das rot Geschriebene *von jm selb deutsch* ist. Wichtig ist hier, dass Fries offensichtlich schon erkannt hat, dass die Örtlichkeitsnamen mit den dazu gehörigen Präpositionen eine Domäne des Deutschen sind: *Was aber mit roter dinten geschrieben, das ist von jm selb deutsch, vnd also mit worten vnd buchstaben in solcher bezirckung verleibet.* Fries ändert das Althochdeutsche nicht. Zwar weicht die Schreibung einiger Namen vom Original ab, doch dürfte es sich in diesen Fällen um ein Versehen handeln. Ansonsten besteht der Eindruck, dass der alte und für Fries sicherlich veraltete Wortlaut der verbindliche Wortlaut ist, der nicht geändert werden darf. Demgegenüber ist – in der Würzburger fürstbischöflichen Kanzlei des 16. Jahrhunderts – Latein nicht mehr die Sprache der Beurkundung. Hier kann Fries in die Sprache seiner Zeit übersetzen, sodass im Ergebnis die erste Markbeschreibung als ein neuartiger Mischtext erscheint. Was also in althochdeutscher Zeit als Mischung von Latein und Deutsch möglich war, wird in frühneuhochdeutscher Zeit durch Althochdeutsch und zeitgenössischen Sprachstand ersetzt. Latein ist aber wie Deutsch möglich als Sprache der Dichtung.

Die »Würzburger Regeln«

Die Sprachgeschichte des 18. Jahrhunderts ist besonders dadurch bestimmt, dass Grammatiker die Einheit der deutschen (Schrift-)Sprache fordern und schließlich auch durchsetzen. Das Deutsche erreichte seine Einheitlichkeit nicht auf der Basis einer gesprochenen Sprache, etwa einer politisch – wie in England oder Frankreich – oder kulturell

– wie in Italien – hervorstechenden Region, sondern über die einheitliche Orthografie. Dabei spielten die Schulen eine nicht unwesentliche Rolle.

In diesem Zusammenhang sind zwei Werke zu nennen, die in Würzburg erschienen sind und gerade die Bemühungen um eine schulische Orthografie demonstrieren können. Diese Texte sind im Zusammenhang mit dem Versuch der Fürstbischöfe des 18. Jahrhunderts zu sehen, in Würzburg das Schul- und Universitätswesen, teilweise im Sinne der Aufklärung, neu zu gestalten. Friedrich Karl von Schönborn, der in Personalunion auch das Bistum Bamberg regierte, erließ im Jahr 1731 und mit einigen Änderungen 1734 eine *Verordnung | Vnd | Verbesserte Einrichtung | Bey Dero | Wirtzburgischen Universität*, die 1743 mit etlichen Zusätzen gedruckt wurde[13] und worin er auch einige Grundzüge des Unterrichts an den »Unteren Schulen« regelte; darin heißt es, dass schon in den Vorbereitungsklassen des Gymnasiums *hinführo keiner zu einem Schulmeister solle angenommen werden, der nicht nebst denen guten Sitten vnd einer vernünfftigen bescheidenen Auffführung auch mit genugsamer Wissenschafft versehen seye, und anbey eine saubere Handschrifft, und die erste Gründe der Rechnungs=Kunst genugsam innen habe, um die Kinder in dem Schreiben und Rechnen alsbalden abrichten zu können, damit sie von ihrer Jugend an die teutsche und lateinische Buchstaben deutlich, leßbar und in rechter Form zu machen, auch ohne Fehler zu schreiben, und etwas rechnen lernen, mithin der in dem Alter und künfftig erhaltenden Stellen und Bedienungen so gehässige und spöttliche Mangel einer Fehlerhafften Schreib=Art oder falschen sogenannten Orthographie desto leichter vermeydet werde.*

Der deutschen Sprache kommt hier also schon ein ziemlich großer Raum zu. Für die Gymnasialklassen wird gefordert, *daß […] die Studenten […] sowohl in der lateinischen Sprach einen grösseren und leichteren Fortgang gewinnen, als auch die teutsche Mutter=Sprach nach ihrer Fürtrefflichkeit und überflüssigem Reichthum billiger massen in einer höheren Achtung zu haben, auch recht und rein zu reden und zu schreiben sollen angehalten, und von dem ungeschickten Fehler abgemahnet werden, daß solche nicht mit so vielen eingeflickten unnöthigen fremden Worten gleichsam zu einem Spott des edlen teutschen Volcks zerstümmelet und verdorben werde.* Die Nachfolger von Friedrich Karl stärkten noch die Stellung der deutschen Sprache.

Es überrascht in diesem Kontext nicht, dass die beiden Texte, die beim Würzburger Drucker Johann Jacob Stahel erschienen sind, auch die Orthografie zum Ziele haben. Der erste Text hat den Titel (s. Abb. 284):

> Rechtschreibung | Der | hochdeutschen | Sprache | mit | Kritischen Anmer-
> kungen | zum | Gebrauche der Jugend | verfasset | Von einem | Lehrer | der
> Grammatik | Aus der Gesellschaft Jesu | zu Wirzburg. | Im Jahr 1764. |

Der Autor nennt sich nicht, er gibt sich nur als Mitglied des Jesuitenordens zu erkennen, der bis ins dritte Viertel des 18. Jahrhunderts in den meisten katholischen Ländern »das gesamte höhere Unterrichtswesen«[14] leitete und in Würzburg schon 1567 ein Kolleg übernommen hatte. Von diesem Werk gibt es noch einen zweiten, inhaltlich völlig identischen Druck, der ebenfalls bei Stahel erschienen ist und in dem der Autor nun seinen Namen preisgibt:

Rechtschreibung | Der | hochdeutschen | Sprache | mit | Kritischen Anmer-
kungen | zum | Gebrauche der Jugend | verfasset | Von | Joseph Rieffel, |
Lehrern der Grammatik | zu Wirtzburg. | Im Jahr 1764. |

Rieffel war Jesuit und, wie beide Titelblätter bezeugen, Lehrer in der Grammatikklasse
des Gymnasiums. Der zweite Text, der 1772 zum ersten Male gedruckt wurde, könnte
ebenfalls von einem Jesuiten stammen, und zwar von Johann Baptist Hillenbrand, der
1771 auch eine »Lateinische Sprachkunst zum Gebrauch der Catholischen Schulen
Deutschlands« herausgebracht hatte und von 1769 bis 1771 am Würzburger Jesuitengymnasium in den Grammatikklassen als Professor wirkte (s. Abb. 285):

Regeln | vom | Schreiben, Reden | und | Versemachen | in deutscher Spra-
che | nebst einem | Wörterbuche | zum Gebrauche der wirzburgischen
Schulen.

Dieses Buch wurde zwischen 1775 und 1800 fünfmal nachgedruckt, darunter dreimal
von dem Bamberger Drucker Tobias Goebhard, der als Nachdrucker schon zu seiner Zeit
bekannt war.[16] Ziel dieses Werkes ist, ganz im Sinne der erwähnten pädagogischen Re-

Abb. 285: Titelblatt der »Regeln«, Würzburg 1772.
(Staatsbibliothek Bamberg, Phil. o. 640)

formbemühungen der Würzburger Fürstbischöfe, *der Sprache* [...], *welche das Edelste von uns, den Gedanken, ausdrücket,* die ihr gebührende *Zierde* zukommen zu lassen.[17] Das Buch ist in Paragraphen eingeteilt, und der erste Paragraph auf Seite 1, die wie keine andere Seite in dem Buch mit Zierrat geschmückt ist (s. Abb. 286), erläutert, dass der *Ausdruck* von Gedanken *auf eine dreyfache Art* vor sich gehe, durch schmuckloses Sprechen und Schreiben sowie durch die Verwendung von sprachlichem Schmuck in Versen.

Das dritte Viertel des 18. Jahrhunderts ist für die Geschichte der deutschen Schriftsprache von großer Bedeutung. Im Jahr 1748 brachte der in Königsberg geborene und dann in Leipzig als Professor der Poesie, der Logik und Metaphysik wirkende Johann Christoph Gottsched (1700–1766) die »Deutsche Sprachkunst nach den Mustern der besten Schriftsteller« heraus. Bereits 1762 erschien die fünfte Auflage unter dem Titel »Vollständige und Neuerläuterte | Deutsche | Sprachkunst, | Nach | den | Mustern der besten Schriftsteller | des vorigen und itzigen Jahrhunderts | abgefasset |«. Dieses Buch hatte eine sehr nachhaltige Wirkung, seine orthografischen Regeln sind letztlich Grundlage geworden für die deutsche Rechtschreibung bis heute. Gottscheds Regelwerk basiert auf ostmitteldeutschem Schreibusus, der sich zum Beispiel durch die Beibehaltung des finalen *e* auszeichnet, während süddeutsche Schreibgewohnheiten ein solches *e* weglassen (»Apo-

Abb. 286: Faksimile der »Regeln«, Würz-
burg 1772, S. 1.
(Staatsbibliothek Bamberg, Phil. o. 640)

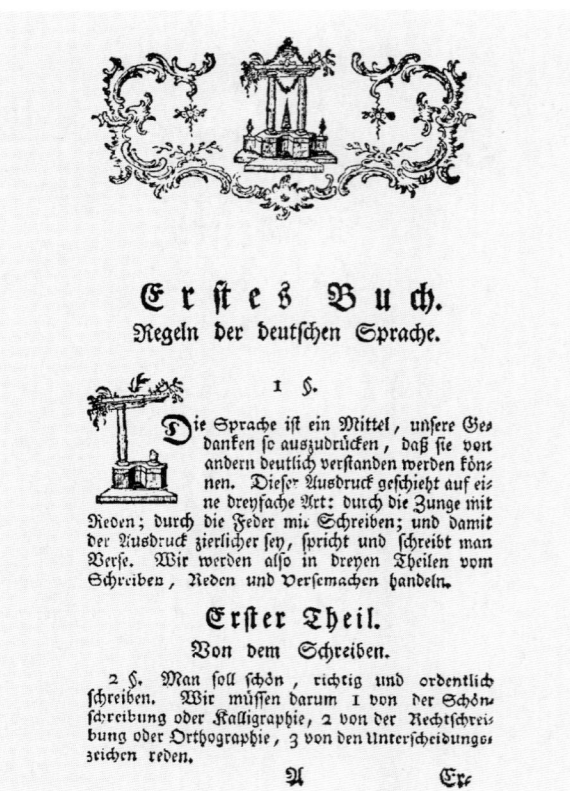

kope« des *e*). Gottsched sagt dazu: *Die dritte Art der Verkürzung* [von Wörtern] *ist die Apo-cope, oder die Stutzung, da man den Wörtern den Schwanz abbeißt. Diesen Fehler begehn aber-mal viele gar zu freye Dichter, welche Wörter, die sich auf e endigen, ganz zu gern eine Spanne kürzer haben mögen. Sie schreiben also* die Gnad', die Güt', die Kron', die Seel', die Taub', [...]: *gerade wie einige oberdeutsche Landschaften sprechen.* In der Würzburger »Rechtschreibung« von 1764 heißt es dazu: *Mann kann* [das e] *setzen 1.) bey vielen einsyllbigen deutschen Haupt-wörtern* [...], z. B. Die Liebe, die Sonne; und dazu wird dann vermerkt: *In der Aussprach* [!] *wird es von uns wie das französische stumme e verbiessen.* Die »Würzburger Regeln« von 1772 for-mulieren explizit, dass *die sächsischen und oberrheinischen Länder* über *die beste deutsche Mundart* verfügten und deshalb Vorbildfunktion für die anderen deutschen Sprachland-schaften hätten. Vom finalen *e* sagen die »Regeln«: *Diesen Buchstaben brauchen einige zu viel, andre zu wenig,* und plädieren gegen die oberdeutsche Apokope. Von der Auflage von 1785 an kommt »die Orientierung an der obersächsischen Mundart«[18] hinzu. Mit ande-ren Worten, die beiden Würzburger Regelwerke nehmen einen für die damalige Zeit fort-schrittlichen Standpunkt ein und dürften, sofern sie tatsächlich im Deutsch-Unterricht verwendet wurden, erheblich zur Verbreitung und Durchsetzung einer einheitlichen Schriftsprache beigetragen haben.

Tafel 65: Porträt des Archivars Johann Oktavius Salver, Ölgemälde, Georg Karl Urlaub.
(Mainfränkisches Museum Würzburg)

WOR

Vnser Fraw

Heidingfeld.

S. Burck

Butliners thor

Augustinerns

Reunern

Thon

S. Agnes

S. Stephan

Cnonar

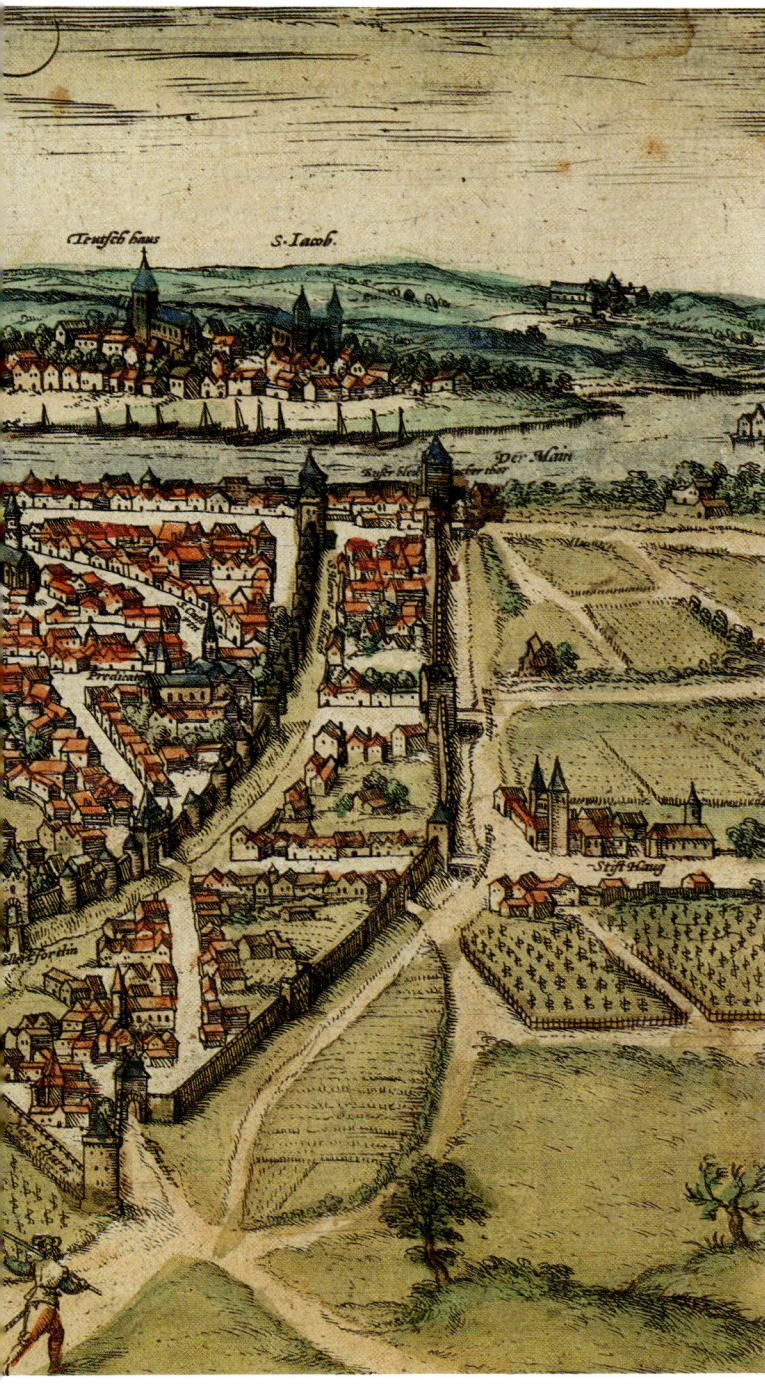

Tafel 66/67: Würzburg von Osten im Jahr 1572,
Radierung von Franz Hogenberg oder Simon van den Neuwel,
Georg Braun und Franz Hogenberg, Civitates orbis terrarum, Bd. 1, Köln 1572, fol. 37 v.

Don der wirtzburgischen marck
wie weit die anfenglich
gangen ist /

Ein alte schrift hab ich bei dem domstlfft gesehen, die mir Johan
reinhart pfesenmeyster gewisen, daran die weirtzburgische marck verlaugt sst / wie der bei zaiten
Künig Carls des grossen Cantzlei in dem Jar des Herrn 780. durch etliche verordente nunmer
in bei sein Künig Carls gesanten Rathe einer Eberharden genant, abgängen vnd vnterscheiden
worden ist, also lautend / In dem namen vnser Herrn Jhesu Christi. Offenbar sei allen den

Tafel 68: Miniatur »Abgrenzung der Würzburger Stadtmarkung« mit roter und schwarzer Schrift.
(StadtAW, Rb 412, Fries-Chronik, Domkapitel-Exemplar, 1546, fol. 17 v)

Würzburger Theater 1650–1814[1]

WOLFGANG SCHULZ

*Vom Schultheater und
Jesuitenschauspiel zum Wanderbühnentheater*

Neben dem Volksschauspiel des Hans Sachs, dem Fastnachtsspiel und dem Passionsschauspiel des 16. Jahrhunderts kommt seit dem Ende des 15. Jahrhunderts das an Universitäten und Gymnasien gepflegte Humanisten- und Schuldrama auf, dessen Autoren überwiegend die lateinischen Komödiendichter Terenz und Plautus waren und dessen Stoffe in den geistlichen Herrschaften ansonsten vorzugsweise historischen oder biblischen, immer aber belehrenden Inhalts waren.

Für Würzburg setzt die Überlieferung erst im Jahr 1633 ein. Am 10. November führten die Minoriten, die an Stelle der für die Dauer der schwedischen Besatzungszeit (1631–1635) aus Würzburg geflüchteten Jesuiten den Unterricht an den Gymnasien übernommen hatten, eine schon mehrmals gespielte Komödie auf, deren Stoff der Legende vom heiligen Christophorus entnommen war. 1770 wurde von Studenten oder Gymnasiasten ein Schauspiel in drei Aufzügen mit dem Titel »Die kindliche Liebe« gegeben, das zur Zeit der Kreuzzüge spielte: Hier Christen, dort Heiden. Das wohl im gleichen Jahre von *sämtlichen Kandidaten* aufgeführte »Schauspiel Usong oder die Belohnung der Rechtschaffenheit« nach einem Werk des Schweizers Albrecht von Haller spielte *bey den Palmenwäldern am Ufer des Euphrats, der Gränze Persiens und Arabiens, und währet vom Aufgange der Sonne bis zu ihrem Niedergange.*

Untrennbar verbunden mit dem Schultheater ist das Jesuitenschauspiel, war doch die Tätigkeit dieses Ordens – neben der Ketzerverfolgung – auf den Unterricht an Universitäten, Gymnasien und Kollegien konzentriert. Außer von Historien und Bekehrungsgeschichten, Romanzen und Eremitenspielen werden im Übergang von der Renaissance zum Barock die Jesuitenbühnen von den großen Tragödien beherrscht, in denen Martyrium und Tod als Gipfel und Erfüllung alles Menschseins hingestellt werden – weniger dramatisch dargebracht denn lyrisch, mehr allegorisch und von fasslicher Plastizität, aber alles *ad maiorem Dei gloriam.*

Die Schauspiele fanden in der Karwoche statt, zu Ostern und am Fronleichnamsfest, zum Fest der Marianischen Kongregation, bei Jubiläen und anlässlich hohen Besuchs, regelmäßig aber im Frühjahr und Herbst. *Im Jar [15]70 haben die Jesuiten eine tragediam de s. Kiliano agirt*, schrieb der Würzburger Bürger Adam Kahl in sein Tagebuch. Dies ist die ers te Nachricht von einem Jesuitenschauspiel in Würzburg. Für das 17. Jahrhundert liegen weitere Belege für aufgeführte Jesuitenschauspiele vor. So wurden zum Beispiel die Jesuiten Gottfried Henschen und Daniel Papebroch auf einer Gelehrtenreise durch Mainfranken 1669 in Würzburg zu einem Schauspiel eingeladen. Papebroch notierte in sein Tagebuch: »In diesem Theater, in dem ein Altar war, führten vor aufgerichteter Bühne und Vorhängen musische Schauspieler aus dem Stegreif gefällig und fromm im Vortragsstile vor: die göttliche Gerechtigkeit, bewaffnet mit bluttriefendem Schwert gegen die sündige Seele und im Ringen mit einem Büßenden, fordert zum Aufgang der Morgenröte entlassen zu werden; die Seele verweigert ihr dies, wenn sie nicht den Segen erhalte.«

Wie in Italien und Frankreich, so entstanden auch an den deutschen Fürstenhöfen des 17. und 18. Jahrhunderts, selbst in den Fürstbistümern, besonders in den südlich des Mains gelegenen, von den einzelnen Souveränen errichtete und auf sie ausgerichtete Theater, deren Entstehungsgründe und geistige Voraussetzungen nur aus dem besonderen Lebensgefühl des Barock und Rokoko zu verstehen sind. Fürsten und Adel waren Träger einer neuen geistigen und gesellschaftlichen Kultur. Deren Pflege ließen sie sich an ihren Höfen und auf den Schlössern, die Mittel zur Repräsentation nicht scheuend, eifrig angelegen sein. Ob nun Humanist und dem Glanze weniger zugetan, ob auch die Zeiten nach Ausgabenbeschränkungen verlangten, alle Fürstbischöfe umgaben sich mit einer kostspieligen Hofhaltung, hielten ausgedehnte Jagden ab und ließen sich von Kammermusici zur Tafel aufspielen, besaßen möglicherweise ein Theater, in dem italienische Ballette, Schäferspiele allegorischer Bedeutung gegeben wurden, in prachtvoller Ausstattung, zum eigenen Vergnügen und dem eines hoffähigen Adels. Aufklärung und Sinn für die selbstverliebte Tändelei des Rokoko: Hier widersprach es sich nicht. Und doch alles so gesehen: Dass nichts ist, sondern alles nur scheint, hier zu Hofe aber erhöhter.

Schon unter der Regierung des Fürstbischofs Johann Philipp von Schönborn (1642–1673) soll verschiedenen Angaben nach ein Hoftheater bestanden haben.[2] Danach richtete Johann Philipp zum Vergnügen des Hofes auf dem Marienschloss neben einer Schule nach neuerem Geschmack ein Theater im so genannten Weißen Saale ein. Als Kapellmeister berief er den in Italien ausgebildeten Philipp Friedrich Buchner. Aufführungen, die dort stattfanden, wurden von studierenden Dilettanten unter der Leitung der Jesuiten veranstaltet, so 1669 die Komödie »Joseph, Statthalter von Ägypten«. Von weiteren Aufführungen in diesem Theater liegen keine Nachrichten vor. Mit dem Tod Johann Philipps fand diese kurze Periode ihren Abschluss, denn wenngleich seine Nachfolger der Malerei und Musik ihre Aufmerksamkeit widmeten, so fand doch das Theater bei ihnen keine Beachtung, ja der Fürstbischof Johann Philipp Franz von Schönborn (1719–1724), in dessen Regierungszeit der Baubeginn der Würzburger Residenz fällt, sah das Theater als einen *schädlichen Verlust der so kostbaren Zeit* an. *Alle lächerliche Schauspiel und kindische Gaukeleyen, alle unnütze Gespräch, oder lächerliche Possen waren bei ihm in höchster Verachtung*, berichtet der Chronist Ignatius Gropp.

Nachrichten von einem Hoftheater fallen erst wieder in die Regierungszeit des Fürsten Adam Friedrich von Seinsheim (1755–1779), Bischof von Bamberg und Würzburg, einem großen Opernliebhaber, der nach dem Vorbild anderer deutscher Fürsten sich im Schloss Seehof bei Bamberg ein Opern- und in der Würzburger Residenz 1767 *ein über-*

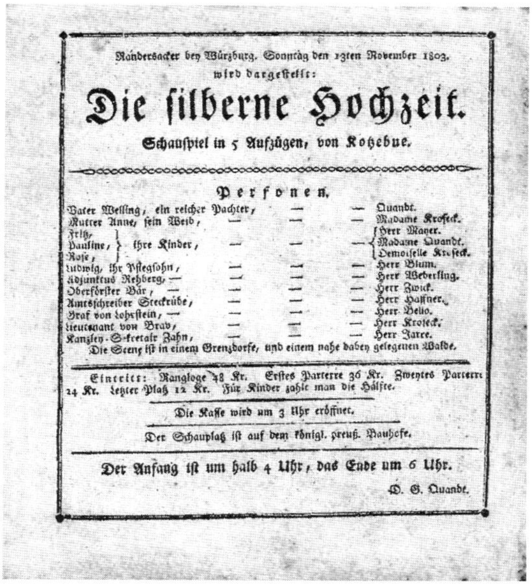

Randersacker bey Würzburg. Sonntag den 13ten November 1803.
wird dargestellt:

Die silberne Hochzeit.

Schauspiel in 5 Aufzügen, von Kotzebue.

Personen.

Vater Welling, ein reicher Pachter, — — —	Quandt.
Mutter Anne, sein Weib, — — —	Madame Krofeck.
Fritz,	Herr Mayer.
Pauline, } ihre Kinder, — — —	Madame Quandt.
Rose,	Demoiselle Krofeck.
Ludwig, ihr Pflegsohn, — — —	Herr Blum.
Adjunktus Rehberg, — — — —	Herr Weberling.
Oberförster Bär, — — — —	Herr Zwick.
Amtsschreiber Steckrübe, — — —	Herr Haffner.
Graf von Lohrstein, — — — —	Herr Belio.
Lieutenant von Brav, — — —	Herr Kroteck.
Kanzley-Sekretair Zahn, — — —	Herr Jarre.

Die Scene ist in einem Grenzdorfe, und einem nahe daben gelegenen Walde.

Eintritt: Rangloge 48 Kr. Erstes Parterre 36 Kr. Zweytes Parterre 24 Kr. Letzter Platz 12 Kr. Für Kinder zahlt man die Hälfte.

Die Kasse wird um 3 Uhr eröffnet.

Der Schauplatz ist auf dem königl. preuß. Bauhofe.

Der Anfang ist um halb 4 Uhr, das Ende um 6 Uhr.

D. G. Quandt.

Abb. 287: Theaterzettel aus Randersacker von 1803. (StadtAW, TZL 0)

aus niedliches Theater errichten ließ. Die Bühne unterstand der Aufsicht des Oberhofmarschalls Freiherr von Gebsattel. Unter der Leitung von Konzertmeister Luigi Fracassini und Ballettmeister Antonio Voltelino sang dort 1774 das italienisch-deutsche Opernpersonal in italienischer Sprache die nur wenige Monate vorher beim römischen Karneval uraufgeführte »Operetta La Finta Giardiniera« von Pasquale Anfossi. Seit 1763 existierte auch ein Heckentheater im Garten zu Veitshöchheim, in dem während der Sommermonate gespielt wurde.

Adam Friedrichs Nachfolger, Franz Ludwig von Erthal (1779–1795), war dagegen ganz und gar kein Freund solch weltlicher Lustbarkeiten. Er war *immer in seinem Palast zur Arbeit und Gebet verbannt.*[3] Deshalb ließ er das Theater niederreißen und die Garderobe zum Besten eines Waisenhauses verkaufen. Doch die Theatromanie war im 18. Jahrhundert zu groß, als dass der Adel ganz auf Theateraufführungen verzichten wollte. So gab man im Haus des Präsidenten des Polizeigerichts des Oberrats, Graf Heinrich Wilhelm von Rotenhan, 1781 »Minna von Barnhelm« und 1782 »Emilia Galotti« von Lessing, wobei die Rollen von den Adligen selbst gespielt wurden, so die Emilia Galotti von Fräulein Karoline von Hutten: *Herrlich spielte sie die Scene, wo der Vater ihr den Dolch ins Herz stößt. Lessing würde die ganze Stärke seines Stückes gefühlt haben, hätte er sie so sterben sehen,* meinte der Rezensent.

Liebhaber- und Gesellschaftstheater bürgerlicher Provenienz, so auch Studententheater, gab es später noch im 19. und 20. Jahrhundert, und diese Tradition ist bis heute nicht abgerissen.

Von einem professionellen Schauspielerstand lässt sich vor dem Ende des 17. Jahrhunderts kaum sprechen. Wohl kannte man umherziehende Sänger und Spielleute, waren Narren und Spaßmacher keine unbekannten Erscheinungen an Fürstenhöfen, mag es hier und da auch Hausmimen im Gefolge der Dienstleute gegeben haben, vorherrschend aber wurden Passions- und Heiligenspiele sowie Schulkomödien, Stücke meist geistlichen Inhalts in lateinischer Sprache, aufgeführt nicht von berufsmäßigen Schauspielern, sondern von Dilettanten, von Gelehrten und Schülern. Wohl weiß man von der Blüte des Meistersangs, dieser bürgerlich-naturalistischen Kunst der Spätgotik, aber erst mit dem Auftreten der englischen Komödianten – als Nachwirkung des elisabethanischen Theaters –, die bald auch Einlass in die Fürstenhöfe fanden, kann man von wandernden Schauspieltruppen sprechen. Sie waren die ersten gewerbsmäßigen Schauspieler. In Deutschland begann man es ihnen gleichzutun, allerdings nicht vor Beendigung des Dreißigjährigen Krieges. Doch bis zur Mitte des 18. Jahrhunderts kann von einem deutschen Schauspiel kaum gesprochen werden.

Erst nach der Gottschedschen Bühnenreform und unter dem Einfluss der Neuberin, mit Lessing und beispielhaften Prinzipalen wie Eckhof und Döbbelin, hob sich das Niveau der deutschen Wanderbühnen, um schließlich in den Versuchen zu einer deutschen Nationalbühne zu münden.

In Würzburg scheint sich die erste anhand der Ratsprotokolle nachweisbare Komödiantentruppe im Jahr 1668 eingefunden und die Allerhöchste Erlaubnis erhalten zu haben, ihre Stücke aufführen zu dürfen, denn am 16. April lud der Direktor dieser *Compagnie*, Jacob Kuhlmann, die Ratsherren der Stadt zu einer *tragedia St. Dorothea genannt* ein, wobei es sich um ein typisches Passionsspiel handelte, *bittend sich dabei in frequentia einzufinden*. Es war dies der Brauch der Wandertruppen, den Aufenthalt in einer Stadt mit einer so genannten Ratskomödie zu beenden, in der Erwartung, dass der Rat eine mehr oder weniger große Wegzehrungssteuer in Form von Geld oder Naturalien aussetzen würde. Der Rat enttäuschte des Direktors Erwartung nicht, denn den Komödianten wurden *1/2 Rthlr* [Reichstaler] *dann 1 Eymer* [ca. 72 Liter] *Wein vom Bürgermeisterambt* überreicht.[4] Immer wieder wurde in den Folgejahren den Wandertruppen die Spielerlaubnis erteilt, aber auch abgelehnt mit Hinweis, dass sie *den Untertanen das Geld aus der Tasche lockten,*[5] dass der Fürstbischof *difficilich in dergleichen inutilen Dingen* sei,[6] immer wurden Attestate verlangt und Genehmigungen nur unter der Auflage erteilt, dass man sich *ärgerlicher ungebührlicher Wortte und Exhibitionen* zu enthalten habe.[7]

In den 20er und 30er Jahren des 18. Jahrhunderts besuchte mehrmals Johann Friedrich Beck Würzburg, einmal mit seiner Gesellschaft Sachsen-Hildburghausischer Komödianten, dann mit einer *churbayerischen Comoedianten banda* und schließlich 1739 mit den *Fürstlich-Waldeckischen Comoedianten,* wobei er unter anderem auch die *Iphigenia* des Euripides im Programm hatte. Im Jahr 1753 wollte die Bruniansche Gesellschaft, zu der die später berühmte Schauspielerin Karoline Schulze-Kummerfeld gehörte, in Würzburg gastieren, auch an den einträglichen Sonn- und Feiertagen, aber alle Gesuche wurden abschlägig beschieden. Der jungen Karoline gelang es schließlich, das neunte Memorial dem Fürstbischof Karl Philipp von Greiffenclau (1749–1754) persönlich zu überreichen, und trotz der ablehnenden Haltung der Jesuiten hatte sie Erfolg: *Den Tag darauf kam ein gnädiges Ja auf mein Memorial. Wer war fröhlicher wie ich und wohl alle. Brunian spielte bis nach Pfingsten weg; doch die Einnahmen blieben aus, und Brunian mußte sich nach einem anderen Ort umsehen.*[8]

Abb. 288: Der »Hochteutschen Compagnie Comoedianten«
laden Bürgermeister und Rat der Stadt Würzburg zu einer Theateraufführung ein, 1684.
(StadtAW, Rp 52, fol. 567–568)

1767 bat der Herzoglich Hildburghausische Hofkomödiant Peter Florenz Ilgener in einer Eingabe, fünf bis sechs Jahre lang mit seiner Gesellschaft in Würzburg spielen zu dürfen. Besonders *Glieder der hiesigen Noblesse* hatten zu verstehen gegeben, dass sie in solch einem Falle gerne ins Abonnement treten würden. Die Regierung war einverstanden, *weil solche abendliche Unterhaltung denen Fremden und Inheimischen weit besser und in mehreren Betracht nutzlicher seye als wann selbige die Zeit in Wirts-, Cafée oder Spielhäusern umbringen.*[9] Ilgener errichtete nahe dem so genannten Ochsentor, am unteren Ende der Juliuspromenade, ein hölzernes Gebäude. Am 7. Januar führte er dort zum ersten Male auf: »Kilianus. Ein Trauerspiel in ungebundener Rede und fünf Aufzügen«. Anfang 1771 machte die Gesellschaft bankrott, und die *Hütte* wurde zur Materialausschlachtung den Gläubigern überlassen.

Noch einmal 1777 erhielt die *Teutsche Schauspieler Gesellschaft* unter der Leitung der Herren Joseph Schwertfeger und Anton Fendler die Erlaubnis, Schauspiele aufzuführen, wozu ein Bretterhaus am Kornmarkt errichtet wurde. Die Gesellschaft spielte »Der Hausvater« von Diderot in der Übertragung von Lessing. Auf dem Spielplan standen außerdem »Minna von Barnhelm« und »Emilia Galotti« von Lessing, Goethes »Clavi-

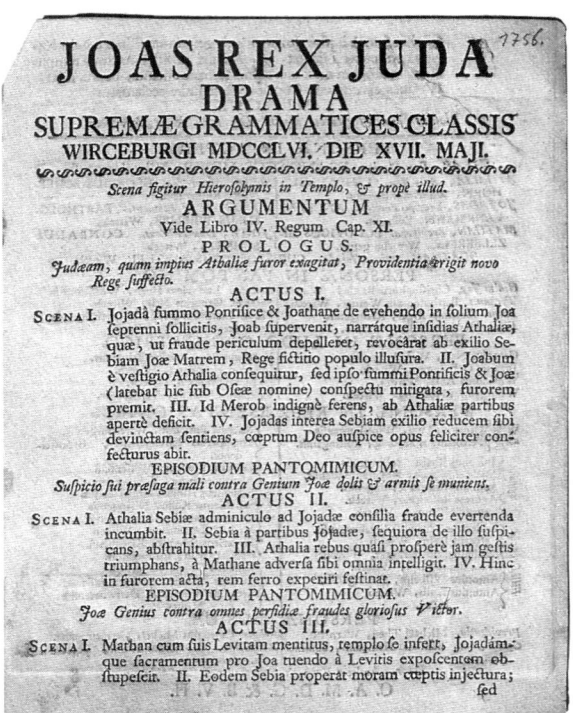

Abb. 289: Periochenheft Joas Rex,
Würzburg, 17. Mai 1756.
(StadtAW, ZGS, Theaterarchiv 3)

go« sowie zeitgenössische Unterhaltungsstücke. Mit dem Tod Adam Friedrichs 1779 und der Herrschaft des sittenstrengen Franz Ludwig von Erthal endete diese Periode Würzburger Theaterlebens. Das Brettergebäude am Kornmarkt wurde abgerissen.

Die Gründung des Würzburger Theaters

Daniel Gottlieb Quandt, der sich mit einer wandernden Schauspieltruppe zwischen 1794 und 1796 im fränkischen Raum aufhielt, machte am 7. Juli 1796, zu dieser Zeit Schauspieldirektor in Mainbernheim, an den Fürstbischof Georg Karl von Fechenbach (1795–1803) eine Eingabe, in der er seine *Ideen über den Plan und Bestand einer guten Provinzialbühne für Franken* darlegte.[10] Diese Bühne sollte *eine Schule zur Erhaltung und Fortpflanzung des guten Geschmacks* werden, um *die wahre, bessere Kunst zu erhalten*. Die Städte Würzburg, Bamberg, Ansbach, Erlangen-Fürth und Bayreuth wollte Quandt mit getrenntem Opern- und Schauspielpersonal turnusmäßig in einem bestimmten Abstand drei bis vier Monate lang mit beiden Gattungen wechselnd versorgen. Quandt unterbreitete diesen bemerkenswert weitsichtigen Plan, der sich mit der noch heute oft erhobenen Forderung nach Städtebundtheatern vergleichen lässt, zu einem denkbar ungünstigen Zeitpunkt, befand sich das Reich doch seit 1792 mit dem revolutionären

*Abb. 290: Daniel Gottlieb Quandt
(1762–1815), Stich.
(StadtAW, Theaterarchiv, TFB 1)*

Frankreich im Kriegszustand. Und so konnte Quandt erst 1801 in einem Gasthof als Provisorium mit Aufführungen beginnen. Da eine finanzielle Unterstützung zur Erbauung eines Theaters von fürstbischöflicher Seite nicht zu erhalten war, steuerte Quandt dem finanziellen Ruin entgegen – wäre da nicht Julius Graf von Soden gewesen.

Soden, einst preußischer Minister und Kreis-Direktorial-Gesandter, war schon als Kind mit dem Theater in Berührung gekommen, hatte selbst auf verschiedenen Bühnen dilettiert und eine Vielzahl von Theaterstücken geschrieben – ein aufgeklärter Geist und *Polyhistor im besten Sinne*. Er erbarmte sich der misslichen Lage Quandts. Nach Ankauf eines Gartens und Tanzsaals konnte nach kurzer Bauzeit das neue Bamberger Schauspielhaus am 4. Oktober 1802 mit »Bianca Capello« von Soden eröffnet werden. Während Quandt die Direktionsgeschäfte wahrnahm, hatte Soden die Oberleitung inne. Aber schon bald verpachtete er das Theater, da er infolge der Säkularisation durch die Degradierung Bambergs von einer Residenz- zur Provinzstadt nachteilige finanzielle Folgen für das Theater erwartete. Er beschloss, sich nach Würzburg zu wenden. In dieser Stadt erhoffte er sich, vom liberalen Geist der neuen Regierung begünstigt, wegen des über zwei Jahrzehnte langen Fehlens eines Theaters und aufgrund der größeren Einwohnerzahl mehr Erfolg für seine Pläne. Im Dezember wurde Soden zum Inhaber des Quandtschen Privilegiums und erreichte von der kurfürstlich bayerischen Regierung dessen Ausdehnung auf ganz Franken für eine Dauer von 25 Jahren. 1803 erwarb er das Gebäude des aufgehobenen Adeligen Damenstifts zur Heiligen Anna und ließ es von Hofbaudirektor Johann Andreas Gärtner umbauen. Die Würzburger nahmen regen Anteil am Bau des Theaters, und dann jubelte man: *Wir haben ein Theater! [...] Die Bastille mußte am 14. July*

1789 erstürmt werden und die Lieder der Freyheit die Welt erschüttern, ein tobendes Meer von diesem Wort berauschter Gallier sich über alle Grenzen ihres weiten Landes ergießen, der haltlose Verband der Souveraine Europas immer lockerer werden, und neue Freundschaft die Feindseligen vereinen [...] Deutschlands Gestalt mußte umgewandelt werden – ehe in diesen stillen Mauern eines ehemaligen Damenstiftes, Thaliens und Melpomenes Altar stehen konnte.[11]

Nach einer Bauzeit von nicht ganz neun Monaten konnte eines der ersten stehenden Theater Deutschlands mit einem Fassungsvermögen von 700 Zuschauern unter der Bezeichnung *Churfürstlich privilegirte fränkische Nationalbühne* am 3. August 1804 seine Pforten öffnen. Es wurde das Lustspiel »Stille Wasser sind tief« von Friedrich Ludwig Schröder gegeben. Vor Beginn des Stückes sprach Madame Köhler einen von Soden verfassten Monolog, der beim Publikum um freundliche Aufnahme der Muse Thalia als *Mitbürgerin* bat. Anfang Dezember 1805 wurde zusätzlich ein Theaterkasino eröffnet. Die Damen hatten freien Eintritt, für gute Tanzmusik war gesorgt. Auch Redouten, Maskenbälle und Konzerte fanden statt, Karten- und Billardspiel waren beliebt. Der Theatergarten wurde der Treffpunkt des Adels, und später in großherzoglicher Zeit »so recht geeignet für die Creme der Gesellschaft, für geschäftsmüde Räte und dienstfreie Offiziere«.[12]

Nach noch nicht einmal einem Jahr wandte sich Soden wieder vom Theater ab. Infolge wachsender Schulden, durch unmäßige, angeblich ungerechte Angriffe verbittert und von einer Nervenkrankheit heimgesucht, entschloss er sich, seine zweite Theatergründung aufzugeben. Vor allem Habsucht wurde ihm vorgeworfen. So schrieb die Frau des evangelischen Theologen Niethammer am 25. Oktober 1804 an Charlotte von

Abb. 291: Julius Graf von Soden
(1754–1831), Stich von Johann Heinrich
Lips.
(StadtAW, ZGS, Biographische Mappe
»Julius von Soden«)

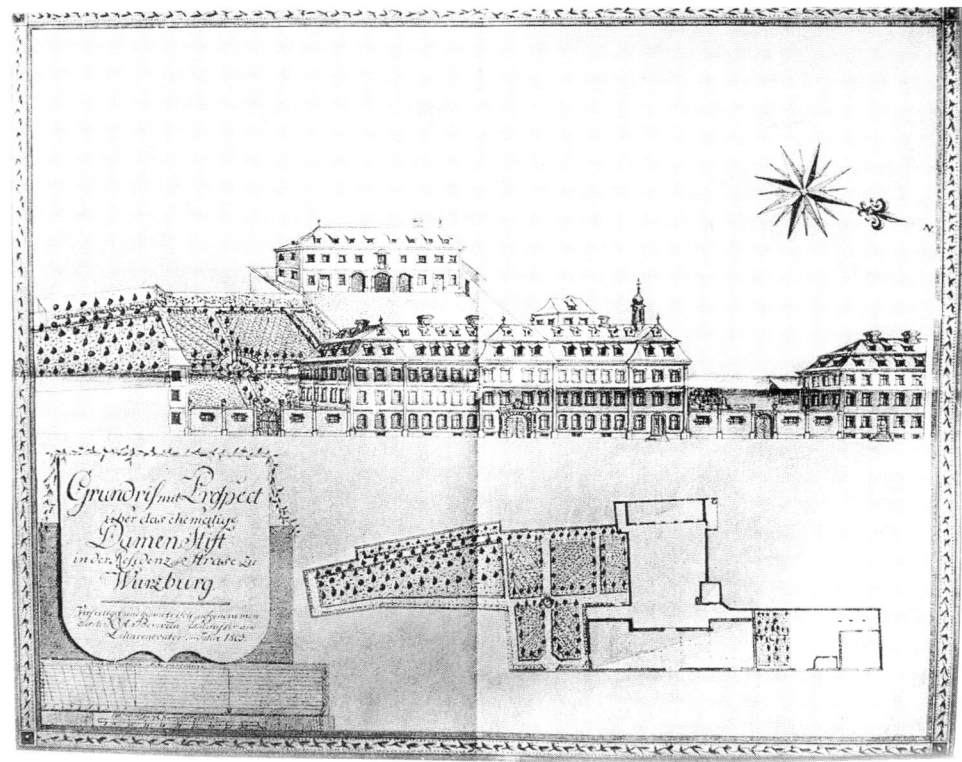

Abb. 292: Grundriss und Prospekt des ehemaligen Damenstifts St. Anna,
Stich von N. A. Berwein, 1803.
(StAW, Lichtbildersammlung 7)

Schiller: *Graf von Soden sucht durch das Theater Geld zu gewinnen, aber nicht die Kunst hier einzuführen.* Selbst Goethe widmete dem Grafen das satirische Gedicht »Der neue Alcinos«, in dem er ihn wegen seines Geizes hinsichtlich der Tantiemenzahlung verspottete.

Am 25. Februar 1805 verkaufte Soden das Theater mit allen Einrichtungen, Dekorationen etc. an seinen Schwiegersohn Friedrich Freiherr von Münchhausen. Anfangs ließ sich alles gut an. Der Kritiker der Würzburger Zeitung begrüßte den neuen Eigentümer überschwänglich: *An dem bisher umwölkten Himmel dramatischer Kunst geht uns eine neue Sonne auf – ein kräftiger, schöpferischer Geist ordnet das theatralische Chaos, ein reges, blühendes Leben geht hervor, ein neuer Eifer wird die Jünger der Kunst beseelen, und dankend reicht ihnen dann das Publikum die verdienten Kränze.*[13] Münchhausen wurden infolge eines Dekrets vom 20. Juni 1805 während dreier Monate 1 000 Gulden ratenweise aus der Provinzialkasse ausgezahlt, und er durfte, so wurde ihm bedeutet, auf größere Unterstützung hoffen. Am 18. September stand auf dem Theaterzettel *Churfürstlich privilegirte Schaubühne.* Für beinahe fünf Wochen erlebte das Theater eine glanzvolle Zeit, als der Bayerische Hof im September infolge des dritten Koalitionskrieges nach Würzburg

Abb. 293: Die Schauspielerin Josephine Köhler als Medea, in: Würzburger Theater-Almanach auf das Jahr 1810, Titelkupfer.
(UBW, 00/Rp 15.81)

flüchtete. Kaum angekommen, stattete der Kurfürst dem Theater einen Besuch ab. Man spielte Ifflands »Die Jäger«. *Die kurfürstliche Familie kehrte zu Fuß aus dem Theater zurück, begleitet von einer großen Volksmenge, die ihnen Vivat zurief.* Die politischen und kriegerischen Ereignisse aber machten der steten Entwicklung der Bühne einen Strich durch die Rechnung. Artikel 11 des zu Pressburg geschlossenen Friedensvertrages bestimmte, dass dem Erzherzog von Toskana Würzburg zufiel. Am 1. Mai zog Kurfürst-Erzherzog Ferdinand (1806–1814) in sein neu geschaffenes Fürstentum ein.

Hatte man Soden noch vorgeworfen, dass sich seine Direktion durch ein *trüb durcheinander gerütteltes Chaos* ausgezeichnet habe, so gab sich Münchhausen alle Mühe, die kritischen Geister zu beruhigen. Es wurden Iffland und Kotzebue gespielt, aber auch Lessing und Schiller; in der Opernsparte sind vor allen Dingen Mozart, Cherubini, Dittersdorf und Müller zu nennen. Das Würzburger Theater war in diesen ersten Monaten sicherlich nicht weniger niveauvoll als andere Theater in Deutschland, auch wenn eine Theaterkennerin wie Caroline Schelling mit Nachsicht urteilte: *Das Schauspiel geht ganz leidlich von statten; langweilt uns Iffland mit der Moral auf dem Theater, so halten wir uns in der Loge schadlos.*[14]

Würzburger Theater in Großherzoglicher Zeit

Nun ist er da, / Der Beherrscher Frankoniens, / der sehnlichst – der ängstlich Herbeigewünsch-te! / Nun ist er Unser, / der Sohn Leopolds – Franzens Bruder – Theresiens Enkel – / der Vielge-liebte! / … deklamierte vor der Aufführung von Mozarts *Entführung aus dem Serail* die Schauspielerin Madame Köhler am 2. Mai *Zur erfreulichen Ankunft Sr. Königl. Hoheit* in einem Prolog von Professor Andres, den Kapellmeister Witt vertont hatte. Vier Tage später erneute Feierlichkeiten zum 38. Geburtstag des Herrschers. Wiederum ein Prolog, wiederum von Professor Andres verfasst, diesmal von Demoiselle Kroseck vorgetragen. Caroline von Schelling vermerkte boshaft in einem Brief an Schelling vom 9. Mai 1806: *Laß Dir erzählen, daß ich gestern in Fanchon* [d. i. »Fanchon, das Leiermädchen« von Kot-zebue/Himmel] *ging, weil der Kurfürst kommen sollte, was er jedoch bleiben ließ. Er hat so ei-ne zarte Seele und kann die Prologe nicht leiden, vermutlich die von Prof. Andres nicht […].*

Am 27. Juni 1806 erging ein Dekret an die Landesdirektion zur ratenweise Auszah-lung von jährlich 5000 Gulden aus der Hauptkasse. An die Zahlung wurde unter ande-rem als Bedingung die Errichtung einer Theaterkommission geknüpft. *Das Geschäft die-ser Commission besteht in der Aufsicht über den moralischen und ästhethischen Theil des Theaters, und über das Betragen des Schauspiel-Personals als solchen, unter sich sowohl, als auf der Bühne – während der ökonomische Theil blos die Sache des Unternehmers ist.*[15] Schon bald war das *Großherzogliche Theater,* wie es sich nun nannte, bankrott. Die Kommission übernahm alle Geschäfte, um sie im Juni 1808 wieder an Graf von Soden zu übergeben.

Abb. 294: Die Schauspielerin Friderike
Kroseck als Maria Stuart, in: Würzburger
Theater-Almanach auf das Jahr 1810,
vor S. 99.
(UBW, 00/Rp 15.81)

Abb. 295: A. C. Lay der Ältere, Sänger und Schauspieler, in: Würzburger Almanach fürs Theater 1816, Titelkupfer. (UBW, 53/Franc. 1869)

Die Schulden häuften sich. Das Theater, nun *Großherzoglich Privilegierte Schaubühne* genannt, wurde unter provisorisch-gerichtliche Administration gestellt. Soden übergab ihr die Kasse *ganz und gar leer.* In der Folge übernahm der Schauspieler Deutsch die Regie und Verwaltungsgeschäfte, dann wieder Münchhausen. So ging es hin und her. Als die Kommission 1810 aufgelöst wurde und das Theater wieder unter der Direktion von Münchhausen stand, nahm die Zerrüttung der Verhältnisse zu. Die Schauspieler, die keine Gage mehr gezahlt bekamen, schilderten ihre jämmerliche Situation in einer Bittvorstellung an die Regierung vom 11. August 1811: *Wir sind nun in die traurige Lage versetzt, wenn uns nicht geholfen wird und wir plötzlich abgehen müssten, als Bettler Würzburg zu verlassen, da mehrere von uns mit Weib und Kindern darben, und weil wir so lange niemanden bezahlen konnten, auch keinen Kredit mehr haben.*[16] Ebenso ging es dem Orchester.

Nun übernahm Franz von Holbein, der zusammen mit E.T.A. Hoffmann 1810 von Soden die Bamberger Bühne übernommen hatte, in Personalunion das Würzburger Theater. Ihm befahl die Regierung nach kurzer Schließung die Wiedereröffnung des Theaters für den 12. Februar 1812, *weil das Publikum, besonders die auswärtigen Herrn Minister, die Lücke in den öffentlichen Vergnügungen bei der zu Ende gehenden Faschingszeit am meisten fühlen und laute Klagen darüber führen.*[17] Holbein erhielt unzureichende Zu- und Vorschüsse, so zur besseren Dekoration und Beleuchtung des Theaters anlässlich des Besuchs Napoleons in Würzburg am 13. Mai 1812. Auf dem französischen Theaterzettel hieß es: *Entrée Libre en remettant des billets distribués: Titus Le Genéreux. Grand' Opéra en Deux Acts, traduite de L'italien par Rochlitz, Musique de Mozart.* Aber schon im November stand das Theater samt Privilegium zur Versteigerung an. Während dem Hofkonditor Bevern die Theaterwirtschaft übergeben wurde, erhielt Münchhausen erneut das Theater zugesprochen. Holbein selbst gab die Direktion wieder an Münchhausen ab. Er, der später Hoftheaterdirektor in Wien wurde, bilanzierte in seinen Memoiren, *daß die Übernahme einer Theater-Anstalt das leichteste, aber deren Abgabe mit voller Zahlungsfähigkeit die schwerste Aufgabe eines Bühnenführers sei.*

Die Würzburger Kritik, die *eine Geschichte des zu- und abnehmenden Geschmacks* sein wollte, erkannte durchaus den Unterhaltungswert des Theaters an, verwarf aber die Ritterstücke eines Ziegler, bezeichnete die Singspiele Häuslers und Schikaneders als *Aftergeburten* und war sich des minderen Werts der Kotzebue-Stücke bewusst. Diese aber standen an ca. 180 Spieltagen 50 mal auf der Bühne. Sie spiegelten des deutschen Philisters Wohnstube mit ihren banalen, alltäglichen Verstrickungen, mit ihrem häuslichen Zwist und häuslichen Glück getreulich wider.

Zur Musikgeschichte der Stadt Würzburg bis zum Ende der Ferdinandäischen Zeit

Bernhard Janz

Die Überlieferungslage

Bis heute ist die Musikgeschichte Würzburgs nur bruchstückhaft erforscht. Einer der Gründe dafür liegt zweifellos in der Katastrophe des 16. März 1945, an dem im damaligen Staatskonservatorium mit dem dort verwahrten Nachlass von Franz Joseph Fröhlich das Musikalienarchiv der Würzburger Hofkapelle restlos verbrannte; in derselben Bombennacht gingen auch die umfänglichen, zum Teil bis ins 17. Jahrhundert zurückreichenden Bestände mehrstimmiger Musik der Domkapelle, des Stiftes Haug, zahlreicher anderer Würzburger Stifte und Klöster und nicht zuletzt auch die des Priesterseminars unwiederbringlich verloren. Während wir darüber, was an Noten beim Brand des Theaters mit diesem unterging, durch einen von Oskar Kaul in den 20er Jahren des 20. Jahrhunderts erstellten Katalog, der im Stadtarchiv glücklicherweise erhalten geblieben ist, einigermaßen informiert sind, verbrannten in den anderen Fällen mit den Beständen selbst auch die Kataloge, sodass alles, was heute darüber noch in Erfahrung zu bringen ist, auf älteren Studien und auf Aufzeichnungen von Personen beruht, die die entsprechenden Bibliotheken und Archive vor ihrer Vernichtung noch kannten.[1] Die wenigen und oftmals nur kursorischen Informationen darüber genügen allerdings, zu belegen, dass mit dem in Würzburg bis gegen Ende des Zweiten Weltkriegs vorliegenden Notenbestand Hunderte von Partituren ein Raub der Flammen wurden, darunter auch eine sehr große Zahl von Handschriften, die als weltweit einzige die darin aufgezeichneten Werke enthielten. Dies betrifft allem Anschein nach nicht nur Werke von Komponisten vorrangig lokaler oder regionaler Bedeutung wie etwa Georg Franz Waßmuth,[2] dessen umfangreiches, in mehr als drei Jahrzehnten für den fürstbischöflichen Hof geschaffenes Lebenswerk fast restlos ausgelöscht wurde, sondern auch Kompositionen, deren Schöpfer zu ihrer Zeit hohes internationales Ansehen genossen hatten, wie zum Beispiel solche von Fortunato Chelleri.[3] Hinzu kommt, dass durch mittelbare Kriegseinwirkungen auch noch andere vor allem für die Rekonstruktion der Geschichte der Würzburger Hofmusik relevante Dokumentenbestände verloren gingen.[4] Es zeugt von einem heute schier unbegreiflichen Leichtsinn im Umgang mit diesem in seiner Art durchaus etwa mit den Beständen in Dresden, Frankfurt am Main oder München vergleichbaren musikalischen Erbe, dass nicht einmal der kleinste Teil davon im Krieg ausgelagert oder doch wenigstens einigermaßen gesichert wurde, um es vor der Vernichtung zu bewahren. Dass dies möglich gewesen wäre, zeigt nicht zuletzt die Tatsache, dass die Verluste an »klassischen« Archivbeständen vergleichsweise gering geblieben sind, da für diese rechtzeitig Vorsorge getroffen worden war. Dies betrifft glücklicherweise auch Dokumentenbestände solcher Einrichtungen, die wenigstens indirekt für die Würzburger Musikgeschichte relevant sind, wie etwa die des Juliusspitals.

Neben dem fast vollkommenen Verlust der konkreten musikalischen Überlieferung gibt es allerdings auch noch andere Gründe für den Rückstand in der Aufarbeitung der Würzburger Musikgeschichte: Zu nennen wäre hier etwa nur die Tatsache, dass ein großer Teil der Hinweise über musikgeschichtlich relevante Ereignisse oft nur sehr vereinzelt, zum Beispiel in Rechnungs- und Quittungsbüchern, Ratsprotokollen usw. enthalten ist, also in Dokumenten, in denen Musikalisches meist nur selten und – wenn überhaupt – eher am Rande erwähnt wird. Eine systematische Durchsicht allein etwa der Bestände des Juliusspitals würde mehrere hochspezialisierte Fachleute, die zudem mit Schrift und Sprache der jeweiligen Epoche aufs Engste vertraut sein müssten, über Jahre hinweg in Anspruch nehmen. Ein weiterer Grund für den unbefriedigenden Stand der Erforschung der Würzburger Musikgeschichte liegt anscheinend nicht zuletzt auch darin, dass in der Öffentlichkeit wenig Interesse daran besteht, und dass selbst unter den historisch Gebildeten und den Musikinteressierten kaum etwas über die Vergangenheit der Würzburger Musikpflege bekannt ist, die wenigstens zeitweise weit über Franken hinaus ausstrahlte und ein wichtiges Bindeglied für den Austausch zwischen Italien und den mittel- und nordeuropäischen Ländern darstellte. Trotz der älteren grundlegenden Studien von Oskar Kaul, Ekkehard Federl und Augustin Scharnagl und der jüngeren Beiträge etwa von Frohmut Dangel-Hofmann, Wolfgang Schulz, Matthias Henke, Klaus Hinrich Stahmer und vor allem der Untersuchungen von Dieter Kirsch wird es doch noch vieler Jahre beharrlicher Arbeit bedürfen, bis sich das Bild der Würzburger Musikgeschichte wenigstens ansatzweise zu einem einigermaßen gerundeten Ganzen fügen wird.[5]

Die Anfänge

Im Verlauf des Mittelalters hatte der einstimmige kirchliche Gesang in Würzburg eine hohe und reiche Blüte erlebt; dabei hatte hier vor allem das Kilians-Offizium eine eigentümliche und charakteristische Ausprägung erfahren, deren musikalische Aspekte noch einer eingehenden Untersuchung und Würdigung harren.[6] Auch die Frage, welche Rolle Würzburg bei der Entstehung und Weitergabe des so genannten germanischen Choraldialekts (einer von der »klassischen« Gregorianik abweichenden Singweise der liturgischen Melodien) spielte, ist noch nicht bis ins Letzte geklärt. Während uns für derartige Untersuchungen immerhin mehrere mit Noten versehene mittelalterliche Handschriften im Bestand der Universitätsbibliothek erhalten geblieben sind, verfügen wir hinsichtlich der Pflege weltlicher Musik im mittelalterlichen Würzburg nur über wenige verstreute Informationen. Immerhin war Würzburg mit seiner Umgebung offenbar ein Zentrum des Minnesangs: So verbrachte Walther von der Vogelweide seinen

Lebensabend wohl als Laienpfründner des Neumünsterstiftes in Würzburg und wurde 1230 im so genannten Lusamgärtlein beigesetzt. Zu nennen wären in diesem Zusammenhang auch noch Meister Konrad von Würzburg, Otto von Botenlauben, Reinmar von Zweter, der zuletzt als Stiftsvogt in Eßfeld amtete, und Michael de Leone, dem wir wichtige Nachrichten über Walthers Aufenthalt in Würzburg verdanken.[7]

Über den musikalischen Alltag jedoch, über die Musik bei Aufzügen, Jagden, Staatsbesuchen und Ähnlichem wissen wir genauso wenig wie über die Lieder und Gesänge, die bei der Arbeit, am Feierabend, als Ständchen, an der Wiege, beim Tanz oder in den Wirtshäusern erklangen. Das Handwerk der Spielleute wurde mündlich tradiert und bedurfte keiner schriftlichen Aufzeichnung. Das musikalische Volksgut blieb ständig im Fluss: Neueres trat an die Stelle des Alten, das mit dem Wechsel der Generationen unterging. Die, die über die technischen Möglichkeiten verfügt hätten, diese Musik aufzuschreiben, achteten sie zu gering, um sich darum zu bemühen, sodass wir uns heute kaum noch eine Vorstellung gerade von der Art von Musik machen können, die damals allgemein verbreitet war.

Musik am Würzburger Hof

Mittelpunkt der Kunstmusikpflege war von Anfang an der Hof.[8] Diese entsprach weitgehend den Voraussetzungen, die sich aus der geistlichen Herrschaft ergaben: Im Zentrum stand die Kirchenmusik, neben der vor allem im 18. Jahrhundert auch die weltliche Musik des Hofes eine wichtige Rolle spielte. Dabei darf nicht vergessen werden, dass die Hofkapelle stets für beide Bereiche, Kirche und Kammer, zuständig war. Eine organisatorische Besonderheit bestand darin, dass die mehrfachen Personalunionen des Hochstiftes Würzburg mit Mainz und Worms bzw. mit Bamberg mitunter zu Zusammenlegungen der entsprechenden Hofkapellen bzw. Überschneidungen führten. Der sich dadurch ergebende Austausch mit den benachbarten geistlich regierten Residenzen wurde noch durch die weit reichenden Familienverbindungen, vor allem durch die der Schönborn, begünstigt. Hemmend wirkte sich dagegen aus, dass neben etlichen der Musik sehr zugetanen Regenten immer wieder auch Fürstbischöfe auf den Thron kamen, die kaum Interesse an der Musik hatten und die Hofmusik auf das für den Gottesdienst und die weltliche Repräsentation absolut Notwendige beschränkten.

Für die angemessene öffentliche Darstellung des Fürstbischofs als Herzog standen von alters her die Hoftrompeter zur Verfügung. Diese Musikergruppe hatte sich bereits 1623 als Zunft organisiert, nahm also – obgleich vom Hof besoldet und privilegiert – eine Mittelstellung zwischen Hof und Stadt ein, die zu besonderen Gelegenheiten ebenfalls die Dienste der Hoftrompeter in Anspruch nahm. Es handelte sich bei diesem Ensemble um wohl kaum jemals mehr als sechs bis acht Trompeter, Hornisten und Pauker. Die Hoftrompeter waren vor allem für festliche Aufzüge, Intraden, Fanfaren usw. zuständig und hatten mit der eigentlichen Hofkapelle, die sich unter anderem aus Sängern und einigen Violinisten zusammensetzte, zunächst wenig zu tun.

Wohl erst unter Fürstbischof Julius Echter von Mespelbrunn, dem Orlando di Lasso 1582 seine »Lectiones sacrae novem« widmete, war im Dom die mehrstimmige Figural-

Abb. 296: Trompeterordnung Kaiser Franz' I. vom 10. Juni 1747. (StadtAW, Ratsbuch 381)

musik (kontrapunktisch gearbeiteter und mit Figuren verzierter Tonsatz) eingeführt worden. Die Liste der Organisten und Kapellmeister lässt sich bis etwa 1600 zurückverfolgen. Für das 17. Jahrhundert ist über die Hofkapelle fast nichts bekannt; wahrscheinlich setzte sie sich zunächst aus Hofpersonal zusammen, das den Musikdienst nebenamtlich ausübte, sodass eine Gehaltsliste speziell für die Hofkapelle nicht geführt werden musste; nach Bedarf wurde dieses Stammensemble durch die Hoftrompeter und wohl auch durch die Stadtpfeifer verstärkt. Dokumentarisch nachweisbar werden einige Instrumentalisten der Hofkapelle erst ab der Regierungszeit von Johann Philipp von Schönborn (reg. 1642–1673), dessen Kapellmeister Philipp Friedrich Buchner (1614–1669) zu den bedeutendsten Komponisten des katholischen Deutschland um die Mitte des 17. Jahrhunderts zu zählen ist. Genauere Nachrichten über die Hofmusik finden sich dann erst wieder aus der Regierungszeit von Johann Philipp von Greiffenclau (reg. 1699–1719). Aus den Dokumenten geht hervor, dass sich unter ihm die Zahl der Musiker noch in recht bescheidenen Grenzen gehalten haben muss. Sein Nachfolger jedoch, Johann Philipp Franz von Schönborn (reg. 1719–1724), stellte vornehmlich aus venezianischen Musikern eine fast von Grund auf neue Hofkapelle zusammen. Der neue Hofkapellmeister, Fortunato Chelleri (1684–1754), hatte sich als Opernkomponist in Oberitalien bereits einen Namen gemacht. Ein anderer zu dieser Zeit nach Würzburg gekommener Musiker, Benedetto Platti, sollte das Erscheinungsbild der Würzburger Hofmusik bis weit über die Mitte des 18. Jahrhunderts hinaus wesentlich bestimmen. Zeitlich parallel zu den Bach-Söhnen verwirklichte Platti in seinen Cembalowerken als einer der Ersten die klassische Sonatenhauptsatzform. Der Nachfolger von Johann Philipp Franz, Christoph Franz von Hutten (reg. 1724–1729), schränkte die Hofmusik zwar wesentlich ein, was das Abwandern Chelleris nach Kassel zur Folge hatte. Mit dem Regierungsantritt von Friedrich Carl von Schönborn (reg. 1729–1746) begann dann jedoch die eigentliche Blütezeit der Würzburger Hofkapelle, die bis zum Ende der Regierungszeit seines Neffen Adam Friedrich von Seinsheim (reg. 1755–1779) reichte, der im Nordflügel der Residenz sogar ein kleines Operntheater bauen ließ.

Es ist auffallend, wie sehr sich die Fürstbischöfe im 18. Jahrhundert um die Vervollkommnung der musikalischen Fähigkeiten der Hofmusiker bemühten. So wurden 1756 Anna Katharina Bayer und Katharina Laudensack auf fürstbischöfliche Kosten nach Italien geschickt, um in Venedig und Padua Gesang zu studieren, allerdings nicht ohne vorher eidlich zugesichert zu haben, nach abgeschlossener Ausbildung wieder an den Würzburger Hof zurückzukehren. Von 1757 bis 1761 schickte von Seinsheim seinen jungen Hofmusiker Joseph Lorenz Schmitt nach Italien, unter anderem um ihn bei Tartini in Padua als Geiger perfektionieren zu lassen. Gleichzeitig versuchten die Fürstbischöfe jedoch immer wieder, erstklassige italienische Virtuosen als ausübende Musiker und Lehrer nach Würzburg zu holen; ihnen wurde hier die Ausbildung einheimischer Kräfte anvertraut, was auf Dauer wohl weniger kostspielig war als die aufwändigen Auslandsstipendien. Schon Benedetto Platti, der 1722 oder 1723 nach Würzburg gekommen war, musste neben seiner Tätigkeit als Komponist, Sänger und Instrumentalvirtuose im Auftrag des Fürstbischofs auch Sänger und Violinisten ausbilden. Da sich die Hofmusik wenigstens zum Teil aus ehemaligen Eleven des *Studenten-Musäums* des Juliusspitals (s. unten) zusammensetzte, die zuvor von Mitgliedern der Hofmusik unterrichtet worden waren, pflanzte sich so die italienische Tradition über Generationen hinweg immer wieder vom Lehrer auf den Schüler fort. In der Seinsheim-Epoche wirkte sich besonders nachhaltig die Berufung Domenico Steffanis an den Würzburger Hof aus. Steffani galt als einer der besten Tenöre seiner Zeit und vereinigte mit diesem Vorzug noch außerordentliche pädagogische Fähigkeiten, die er als Gesangslehrer am venezianischen *Ospedale della Pietà* bereits unter Beweis gestellt hatte. Steffani kam 1769 an den Würzburger Hof. Von seinen Schülerinnen wären hier zunächst Felicitas und Sabina Ritz zu nennen: Felicitas wurde Sopranistin an der Schweriner Hofkapelle. Sabina blieb in Würzburg und wurde 1775 Steffanis Gemahlin. Neben ihrer Tätigkeit am Hof führten sie ausgedehnte Konzerttourneen nach Frankfurt, Lud-

wigsburg, Wien und Amsterdam, und nach Steffanis Tod gehörte sie selbst zu den ge-
suchtesten Gesangslehrerinnen. Zu Steffanis Schülerinnen gehörte auch Sabina Hitzel-
berger, geb. Renk, aus Randersacker, die Angebote an das Mainzer Nationaltheater und an
die Pariser Hofoper ausschlug, um in Würzburg zu bleiben und ihre Fähigkeiten der dortigen Hofbühne und der Gesangsausbildung vor allem ihrer vier Töchter zu widmen, von
denen wiederum zwei als Opernsängerinnen außerordentlich erfolgreich waren. Dass
nicht allein Steffanis Schülerinnen die in Würzburg gepflegte Gesangskunst weitergaben,
sondern auch Männer, belegt die Tatsache, dass Franz Xaver Sterkel (1750–1817, s. unten)
neben seinen Tätigkeiten als Komponist, Kapellmeister und Klaviervirtuose auch Sänger
heranbildete; eine seiner begabtesten Schülerinnen, Anna Häckel, wurde 1815 Hof-
opernsängerin in München.[9] Ein noch prominenterer Vertreter der Würzburger Gesangs-
lehre ist Georg Joseph Vogler, den Christian Friedrich Daniel Schubart als einen der her-
ausragendsten Gesangspädagogen seiner Zeit rühmt.[10] Bei der »Sängerin Lang«, deren
außerordentliche Fähigkeiten Schubart als Frucht des Unterrichts bei Vogler ausführlich
beschreibt, handelt es sich anscheinend um Aloisia Lange, geb. Weber, Mozarts unglücklich Geliebte seiner Mannheimer Tage 1777.[11] Man wird sich fragen müssen, ob die bös-
artigen Ausfälle des 21jährigen Mozart gegen Vogler[12] nicht vielleicht in Aloisias Hoch-
achtung und Respekt ihrem Lehrer gegenüber und in einer daraus möglicherweise
resultierenden Eifersucht Mozarts ihren tieferen Grund haben. Aloisia heiratete 1780 den
aus Würzburg stammenden Schauspieler und Maler Joseph Lange – übrigens ebenfalls ein
Zögling des juliusspitälischen *Studenten-Musäums* –, dem wir das bekannte unvollendete
Portrait Mozarts vom Anfang der 80er Jahre des 18. Jahrhunderts verdanken.

Den ersten bayerischen Einfall 1802 überstand die Hofkapelle noch relativ unbe-
schadet und erlebte unter der Regierung von Großherzog Ferdinand eine letzte Nach-
blüte. 1814 schließlich wurden die Mitglieder der Kapelle pensioniert mit der einzigen
Auflage, auch fürderhin für die Musik in der Hofkirche zu sorgen. Bei Abgängen wurden
keine Neueinstellungen mehr vorgenommen, sodass die Kapelle in den ersten Jahrzehnten des 19. Jahrhunderts allmählich buchstäblich ausstarb.[13]

Musik und Bildung

Wie in vielen anderen vergleichbaren Institutionen des Mittelalters dürfte auch in der
Würzburger Domschule die Lehre und Weitergabe des Gregorianischen Chorals eine herausragende Rolle gespielt haben. Frucht dieser Bemühungen war der hohe Stand der Choralpflege in Würzburg zu Beginn des 16. Jahrhunderts, belegt in Ornitoparchs 1517 gedruckter Schrift »Musicae activae micrologus«, in der der Gesang im Dom zu Würzburg
als vorbildlich bezeichnet wird. Im Jahr 1579 gründete Julius Echter als Teil des nach ihm
benannten Spitals ein Waisenhaus und eine daran angeschlossene Schule.[14] Der Lehrplan
dieser Schule macht deutlich, welch hohen Stellenwert die Musik in der Bildung selbst der
ärmsten Bewohner des Hochstifts, der unversorgt zurückgelassenen Waisen und Findelkinder, einnahm: Neben dem Lesen, Schreiben und der Religionslehre kam dem Singen
eine bevorzugte Stellung zu. Julius Echter zog damit offensichtlich die Konsequenzen aus

den propagandistischen Erfolgen der Reformation, die in der breiten Masse nicht zuletzt auf der Wirkung der deutschen Lieder Martin Luthers und seiner Mitstreiter beruhten. Dies erkannten auch die führenden Köpfe des Jesuitenordens, die – den Spieß gleichsam umdrehend – der Musik in ihrem Bildungskanon einen herausragenden Platz einräumten und sie so in den Dienst der Gegenreformation stellten. Es ist wohl kein Zufall, dass in den darauffolgenden Jahrhunderten das Waisenhaus und seine Schule eine Entwicklung durchmachten, die der der neapolitanischen *Conservatori* bzw. der venezianischen *Ospedali* in manchen Einzelheiten erstaunlich ähnlich ist: Die Zöglinge wurden zunehmend nicht nur mit kirchenmusikalischen Aufgaben an der Spitalkirche, sondern auch mit der Mitwirkung an der Dommusik betraut und mussten im 18. Jahrhundert sogar die Hofkapelle auffüllen. Für die begabteren Schüler des Juliusspitals war Gesangs- und Instrumentalunterricht, der vom Spitalorganisten und von Mitgliedern der Hofkapelle erteilt wurde, eine Selbstverständlichkeit. Ab den 20er Jahren des 18. Jahrhunderts kam es dann sogar so weit, dass für die Aufnahme der 12jährigen in die weiterführende Förderung des so genannten *Studenten-Musäums* die musikalischen Fähigkeiten und Verwendungsmöglichkeiten über alle anderen Qualifikationen gestellt wurden. In manchen Fällen wurden Schüler allein wegen ihrer guten Stimmen aufgenommen und mussten nach dem Stimmbruch ausscheiden; war die Zahl der zur Verfügung stehenden Plätze zu klein, um alle musikbegabten Bewerber berücksichtigen zu können, wurden die überzähligen oftmals einfach extern untergebracht und vorläufig aufgenommen, bis an der Schule selbst wieder Plätze frei wurden. Da den Zöglingen des *Studenten-Musäums* durch die Stiftung ein Universitätsstudium offen stand, wurden die meisten von ihnen dann allerdings nicht Berufsmusiker, sondern vornehmlich Theologen und Juristen, die im Verlauf ihrer Karriere nicht selten in die höchsten Positionen in Klerus und Verwaltung aufrückten, die das Hochstift an Bürgerliche zu vergeben hatte. Dies bedeutet, dass im 18. Jahrhundert musikalische Begabung gerade bei Kindern aus den untersten Volksschichten den Schlüssel zum sozialen Aufstieg darstellte. Namentlich unter der Regentschaft des Fürstbischofs Adam Friedrich von Seinsheim war es für einen unmusikalischen Bewerber fast aussichtslos, überhaupt zum Zug zu kommen. Seinsheim selbst begründete dies ohne Umschweife: […] *indeme die Erfahrung genugsam beweiset, daß diejenige, welche der Music mächtig sind, gemeiniglich die beste Talenten besitzen und zu andern Wissenschaften auch die Fähigsten seien.*[15]

Vor allem in der Zeit zwischen 1763 und 1797, in der Franz Xaver Kürzinger (1724–1797) am Juliusspital als Organist und Instruktor tätig war, ging aus seiner Schule eine große Zahl von Musikern hervor, deren Bedeutung zum Teil weit über Würzburg hinaus ausstrahlte. Zu nennen wären hier unter anderem: Georg Anton Kreusser (1746–1810), Georg Joseph Vogler (Abbé Vogler, 1749–1814), Franz Xaver Sterkel (1750–1817), Joseph Küffner (1777–1856) und Franz Joseph Fröhlich (1780–1862).

Der Verlust der fürstbischöflichen Souveränität besiegelte das Schicksal des *Studenten-Musäums* und der damit verbundenen musikalischen Ausbildung. Im August 1803 dekretierte die Bayerische Regierung die Schließung dieser Institution, die zuletzt in mehrfacher Hinsicht als Eliteschule des Fürstbistums hatte gelten dürfen. Alle Versuche in der Ferdinandäischen Zeit, das *Studenten-Musäum* erneut aufleben zu lassen, scheiterten an wirtschaftlichen Schwierigkeiten, und mit dem definitiven Übergang an Bayern 1814 zerschlugen sich schließlich die letzten Hoffnungen auf eine Wiederherstellung der Einrichtung.

Das von Franz Joseph Fröhlich 1804 gegründete »Akademische Musikinstitut«, die älteste Musikschule in Deutschland, füllte zum Teil das durch die Schließung des *Studenten-Musäums* entstandene Vakuum aus. Die Musikhochschule Würzburg geht in letzter Konsequenz auf Fröhlichs Gründung zurück und kann sich so einer Tradition rühmen, die andernorts kaum ihresgleichen hat.[16]

Musikinstrumentenbau

Bis ins 17. Jahrhundert hinein stammten die Orgeln, die in der Würzburger Kathedrale und den anderen Pfarr- und Stiftskirchen im Gebrauch waren, vornehmlich von auswärtigen Orgelbauern, so etwa von Arnold Rucker aus Seligenstadt und Jacob Nyhoff aus Köln. Erst 1621 tritt mit Hans Ulrich Heffer (Uldaricus Figulus) zum ersten Mal ein in Würzburg ansässiger Orgelbauer in Erscheinung, dem 1638 Johann Linhard Schannat (Schonhart) und wohl Anfang der 60er Jahre des 17. Jahrhunderts Jost Philipp Schleich folgten.[17] Spätestens 1673 ließ sich Nicolaus Will, dessen Werkstatt 1689 sein Sohn Ignaz Samuel übernahm, in Würzburg nieder. Seit 1697 ist das Amt des Hoforgelmachers belegt, das zuerst von dem aus Lauda gebürtigen Johann Hoffmann wahrgenommen wurde; nach dessen Tod 1725 verwaltete Ignaz Samuel Will bis 1729 dieses Amt. Auf Will folgte 1731 Johann Philipp Seuffert. Seuffert hatte sich bei Hoffmann und später auf ausgedehnten Reisen, die ihn über Österreich, Ungarn und Böhmen bis nach Polen geführt hatten, außergewöhnliche Kenntnisse erworben, die ihm bei der unkonventionellen Lösung etwa der äußerst vertrackten Unterbringung der Orgelanlage in der neu erbauten Hofkirche sehr zustatten kamen. Die Orgeln, die Seuffert zunächst allein und später zum Teil zusammen mit seinen Söhnen Franz Ignaz und Johann Ignaz sowie den Stiefsöhnen Elias und Ignaz Hillebrand errichtete, vollendeten den hochbarocken Orgelbau in Franken und prägten seine Charakteristik in unverwechselbarer Weise aus. Als Gipfel seines Schaffens wurde schon von den Zeitgenossen die monumentale Hauptorgel der Klosterkirche in Ebrach gerühmt. Aus der Werkstatt der Seufferts gingen auch Clavichorde und frühe Hammerklaviere hervor, die davon zeugen, dass im Würzburg des ausgehenden 18. Jahrhunderts offenbar eine Nachfrage nach diesen damals noch neuartigen Instrumenten bestand. Mit dem Großherzogtum Würzburg ging 1814 auch das Amt des Hoforgelmachers unter. Als im Jahr 1834 Johann Philipp Albert Seuffert, der Enkel Johann Philipps, starb, schien das Schicksal des Würzburger Orgelbaus zunächst besiegelt, bis dann 1836 Balthasar Schlimbach die Seuffertsche Werkstatt übernahm und damit einen neuen Familienbetrieb gründete, der bis zum Ersten Weltkrieg Instrumente baute, die aufgrund ihrer Solidität und Klangschönheit weit über die Grenzen Frankens hinaus einen ausgezeichneten Ruf genossen. Von den Instrumenten all dieser Orgelbauer ist in Würzburg selbst nichts übrig geblieben, doch legen etliche außerhalb Würzburgs erhaltene Werke Zeugnis ab vom Können ihrer

Abb. 297: Orgel von Johann Philipp Seuffert in der katholischen Kirche zu Fridritt, 1738.

Schöpfer, die den fränkischen Orgelbau im Barock zu hoher handwerklicher und künstlerischer Vollendung geführt hatten.

Mit Kunz Müntzer ist bereits für 1530 in Würzburg ein Lauten- und Geigenbauer belegt, doch sind weiter keine Dokumente bekannt, die über den hiesigen Geigenbau im 16. und 17. Jahrhundert Auskunft geben.[18] Seit dem Beginn des 18. Jahrhunderts stand der Bau von Saiteninstrumenten in Würzburg unter bestimmendem Einfluss von Meistern aus Füssen im Allgäu: 1722 kam Norbert Gedler von dort nach Würzburg und wurde als Hofgeigenmacher mit der Instandhaltung der Streichinstrumente der Hofkapelle betraut. Nach dessen Tod 1729 folgte ihm ein Jahr später der Füssener Johann Georg Fischer. In dem selben Jahr heiratete der Füssener Geigenbauer Johann Georg Vogler die Würzburger Bürgerstochter Maria Catharina Wolffert. Voglers hiesige Werkstatt florierte bis zu seinem Tod 1752. Von seinen zahlreichen Kindern erlernte zwar keines das Handwerk des Vaters, doch gehörte sein jüngster Sohn, Georg Joseph (Abbé Vogler), zu den profiliertesten und zugleich umstrittensten Persönlichkeiten des Musiklebens des ausgehenden 18. und beginnenden 19. Jahrhunderts. Voglers Werkstatt wurde von dem aus Wien zugezogenen Matthäus Wenzel Staudinger weitergeführt. Die Füssener Geigenbautradition wurde nach dem Tod von Johann Georg Fischer 1747 von seinem Sohn Zacharias fortgesetzt. Zum letzten Würzburger Hofgeigenmacher wurde 1812 der Offenbacher Jean C. Vauchel ernannt, dessen Instrumente zu den besten seiner Zeit gezählt wurden.

Die Anfänge des Würzburger Klavierbaus liegen noch weitgehend im Dunkeln. So ist bislang unbekannt, nach welchen Vorbildern die Seuffert ihre frühen Hammerklaviere konstruierten. Die ältesten greifbaren Dokumente über diesen Gegenstand betreffen den aus Opferbaum stammenden Jakob Pfister,[19] der sich nach Lehrjahren in Mainz, Mannheim, Augsburg und zuletzt bei Walter in Wien schließlich in Würzburg niederließ und hier eine Klavierbautradition begründete, die bis zum Zweiten Weltkrieg Bestand haben sollte.

Musikverlagswesen und Notendruck

Das »Missale Herbipolense« und die »Agenda Herbipolensis«, die Georg Reyser 1481 und 1482 in Würzburg herstellte, galten lange Zeit als die ältesten Druckwerke überhaupt, in denen der Notentypendruck zur Anwendung gekommen war.[20] Auch wenn durch jüngere wissenschaftliche Untersuchungen diese Sicht inzwischen relativiert worden ist, bleibt doch die Tatsache bestehen, dass Würzburg zu den Städten gehört, von denen der Notendruck seinen Ausgang genommen und sich schließlich über ganz Europa ausgebreitet hat.[21] Auf dem damaligen technischen Entwicklungsstand dürfte die Vervielfältigung von Noten durch den Druck noch kaum eine wesentliche Zeitersparnis oder einen wirtschaftlichen Vorteil gegenüber dem Abschreiben gehabt haben. Einen entscheidenden Vorzug dürfte der damalige Fürstbischof von Würzburg, Rudolf von Scherenberg (reg. 1466–1495), wohl eher darin gesehen haben, dass durch den Druck die Verbreitung absolut gleicher Versionen der liturgischen Gesänge weitaus leichter si-

Abb. 298: »Ex libris« der Akademischen Musikgesellschaft von 1798. (Archiv der Hochschule für Musik Würzburg)

cherzustellen war als durch Kopistenarbeit. Auch wenn Reyser nicht eigentlich der Erfinder des Notendrucks war, so erwies sich seine Offizin doch als außerordentlich produktiv: Neben dem Druck verschiedener speziell auf den gottesdienstlichen Bedarf und die regionale Tradition der Diözese Würzburg zugeschnittener Bücher in mehreren Auflagen stellte Reyser auch mit Noten ausgestattete liturgische Bücher für die Diözesen Mainz und Eichstätt her.[22] Noch heute beeindrucken die Erzeugnisse Reysers durch ihre für diese Zeit erstaunliche technische Präzision und durch eine klare und ansprechende Gestaltung, die auch ästhetisch wenigstens den Gebrauchshandschriften der Epoche deutlich überlegen ist. Reysers Tätigkeit fand in Würzburg allerdings keine unmittelbare Fortsetzung. Erst mit dem Beginn des 17. Jahrhunderts entwickelte sich in Würzburg zwar kein eigentlich selbstständiges Musikverlagswesen, doch druckten und vertrieben vor allem die Buchverlage von Elias Michael Zinck (Zenck), Johann Vollmar und Heinrich Pigrinus offenbar in erheblichem Umfang auch Noten. So erschienen in Würzburg unter anderem Werke des Domorganisten Caspar Vincentius, des Domkapellmeisters Heinrich Pfendtner und des Hofkapellmeisters Philipp Friedrich Buchner im Druck.[23] Die Würzburger Gesangbuchdrucke des 17. Jahrhunderts zeichnen sich dadurch aus, dass sie über den Text hinaus auch die Noten der Melodien enthalten, was zu damaliger Zeit keineswegs eine Selbstverständlichkeit war, und mitunter sogar mit einer General-bass-Stimme versehen sind, was die Ausführung eines mehrstimmigen instrumentalen Begleitsatzes ermöglichte.[24] Um die Mitte des 17. Jahrhunderts versuchte Johann Ben-cart in Würzburg als Musikverleger Fuß zu fassen, wanderte dann aber bald nach Frank-furt ab. Im Verlauf des 18. Jahrhunderts erschienen vereinzelte Musikdrucke in den Ver-lagen bzw. Druckereien von Heinrich Engmann, Martin Franz Hertz, Johann Michael und Johann Jacob Christoph Kleyer, J. J. Stahel und anderen. Wohl in die Ferdinandäi-sche Epoche fallen die ersten lithographischen Musikdrucke des Verlags Bonitas bzw. Bonitas-Bauer, der im Verlauf des 19. Jahrhunderts wenigstens zeitweise zu den überre-gional bedeutenden Musikverlagen zählte. Da das Mutterhaus der noch heute existie-renden Firma 1945 mitsamt den bis dahin möglicherweise noch vorhandenen Doku-menten restlos zerstört wurde, wird die Sichtung der Produktion dieses für die Anwendung und Fortentwicklung der Lithographie zur Herstellung von Musikdrucken eminent wichtigen Verlagshauses nur noch anhand von anderweitig erhaltenen Druck-exemplaren und zeitgenössischen Neuerscheinungskatalogen möglich sein.

Jüdische Geschichte

Hans-Peter Baum

Die jüdische Geschichte Würzburgs in der frühen Neuzeit gliedert sich in drei natürliche Abschnitte: erstens in die Jahre 1525 bis 1642, während derer wohl meistens Juden in Würzburg wohnten, wenn sie auch immer wieder von der Ausweisung bedroht und zeitweise tatsächlich ausgewiesen waren; zweitens in den Zeitraum 1642 bis 1803, in dem den Juden nach einhelliger Meinung der Literatur die Ansässigkeit in der Stadt Würzburg verwehrt war, und schließlich in die Jahre 1803 bis 1814, in denen Juden sich erneut in merklicher Anzahl in Würzburg niederließen. Diesen von der Sache her gegebenen Abschnitten soll unsere kurze Darstellung folgen. Mit Ausnahme der Jahre 1803 bis 1814 ist die Geschichte der Würzburger Juden in der frühen Neuzeit bisher nur oberflächlich erforscht.

Die Jahre 1525–1642

Da Juden in der Vergangenheit immer wieder für negative Entwicklungen wie Pest, Kriege und Teuerungen verantwortlich gemacht worden waren, überrascht es in gewisser Weise, dass sie vom Bauernkrieg und seinen Folgen in Würzburg anscheinend so gut wie gar nicht betroffen waren. Weder die Bauern noch die Herrschaft erhoben Anschuldigungen gegen sie. Beim Strafgericht gegen die besiegten Bauern wurde am 8. Juni 1525 in Würzburg allerdings auch ein Jude hingerichtet; es ist jedoch nicht bekannt, wie er in den Aufstand verwickelt gewesen war.[1]

Die Würzburger Stadtgerichtsordnung von 1526 kam den Juden insofern entgegen, als sie nicht aufgefordert werden sollten, am Sabbat vor Gericht zu erscheinen und Eide zu schwören. Die Juden im Hochstift und also auch in Würzburg sollten danach nicht wuchern oder auf Pfand leihen, *aber mit irer Kunst und Arbeit irer Hände mogen sie sich neren.*[2] Wie weit diese Bestimmung eingehalten wurde, auch wenn ihre Übertretung mit Strafe bedroht war, muss dahingestellt bleiben, denn wie überall war auch in Würzburg den Juden die Ausübung von Landwirtschaft und Handwerk verwehrt.

Es scheint, dass zweimal in kurzem zeitlichen Abstand gegenüber Juden in Würzburg der Vorwurf des Ritualmords erhoben wurde. Im Juni 1540 soll nach einer unklaren, im Ratsprotokoll festgehaltenen Aussage eine Frau den Juden ein Kind zugeführt haben; daraufhin wurden alle Würzburger Juden zeitweise arrestiert.[3] Im Winter 1543/44

waren in Würzburg fünf Juden, ein Mann und vier Frauen, wegen Ritualmords angeklagt; angeblich stand der fehlgeschlagene Versuch, eine der Angeklagten, ein junges
Mädchen, zu verführen, hinter der Affäre. Der berühmte Josel von Rosheim, der »Befehlshaber« der Judenschaft im Deutschen Reich, verbrachte den ganzen Januar 1544 in
Würzburg, besuchte die Angeklagten im Gefängnis und bemühte sich unter dem Angebot hoher Geldsummen an Bischof Konrad von Bibra um die Aufhebung des Todes-
urteils. Nachdem dieser Versuch ohne Erfolg blieb, wandte er sich an den Kaiser und
erwirkte von ihm das wichtige Privileg vom 3. April 1544, wonach ein Urteil bei Ritual-
mordbeschuldigung allein diesem zustand; damit war das Würzburger Urteil aufgehoben.[4]

Im Jahr 1541, einem Seuchenjahr, gab es in der Stadt Bestrebungen, den jüdischen
Friedhof in der Pleich ganz oder teilweise zu enteignen und als städtischen Begräbnisplatz zu nutzen, aber da man fürchtete, in Auseinandersetzungen mit dem Kaiser zu geraten, und Bischof Konrad eher auf Seiten der Juden stand, konnten diese letztes Endes
ihren Friedhof damals noch behalten.[5]

Zur selben Zeit stritten Bischof, Domkapitel und Oberrat um die Frage, ob Juden gelbe Ringe an der Kleidung tragen müssten und ob sich zu viele Juden im Hochstift und
in der Stadt Würzburg aufhielten. 1542 erging der Befehl, dass zukünftig alle fremden
Juden beim Betreten der Stadt an den Hofschultheißen einen Schilling, im Falle der
Übernachtung in Würzburg einen weiteren Schilling zu entrichten hatten; angeblich
erbrachte diese Sonderabgabe 300 Gulden im Jahr, was auf regen Besuch der Stadt
durch auswärtige Juden schließen lässt.[6]

1547 wandte sich der Würzburger Unterrat mit einer Eingabe an den Bischof: Im
Vorjahr sei aufgrund eines Hochwassers die Stadtmauer im Mainviertel auf eine erhebliche Strecke eingestürzt. Da nun zu diesen Kriegszeiten die Bürger mit Wachen, Wehr,
Harnasch kaufen und Ähnlichem schwer belastet, die Juden aber davon befreit seien,
möge der Bischof aus Gründen der Billigkeit den Juden einen Teil der Kosten für den
Wiederaufbau der Mauer auferlegen. Jedoch musste der Rat schließlich notieren: *Ist nit
geantwort.*[7]

Im selben Jahr 1547 wurden die Würzburger Juden wie die Stadtbürger zu einer
Sondersteuer veranlagt. Danach gab es damals sieben jüdische Haushalte mit 31 Köpfen
in der Stadt; möglicherweise waren nicht alle davon Juden, da nicht zuletzt wegen des
Arbeitsverbots am Sabbat in manchen jüdischen Haushalten auch christliche Knechte
oder Mägde gelebt haben können. Vier der jüdischen Haushaltsvorstände versteuerten
durchschnittliche bis leicht überdurchschnittliche Vermögen, konnten aber keinesfalls
zu den Reichen der Stadt gerechnet werden. Die übrigen zählten zu den Ärmeren – wie
auch der Arzt Jacob Leb – oder zu den ganz Vermögenslosen.[8]

Eine zunehmende Feindseligkeit der Bürger, des Ober- und des Unterrates sowie des
Domkapitels gegenüber den Juden zeigte sich zunächst in Hauserwerbs- und Baufragen
in den 1550er Jahren. Die Viertelmeister des innerstädtischen Dietricher Viertels klagten 1552 darüber, dass ein Wirt einen Juden in sein Haus gesetzt habe, *allen Inwonern
des Viertels […] unleidlich.* 1554 wurde geklagt, dass Juden Häuser in der Stadt kauften,
wodurch der Stadt Rechte entzogen würden. 1553 kaufte der Jude Nathan ein Haus, in

dem zuvor immer Christen gesessen waren; die Stadt als Lehnsherr verweigerte ihre Zustimmung. 1555 begann die Affäre um den unrechtmäßigen Überbau des Stadtgrabens an der Mauer durch den Juden Beifuß, den man verdächtigte, *er wolle ein gantz gros Juden Nest mit der Zeit aufrichten*. Beifuß bat viermal, zuletzt sogar mit Unterstützung von Bischof Melchior Zobel darum, den Überbau gegen Zahlung eines Zinses zu dulden, und versprach auch, niemals weitere Juden in sein Haus aufzunehmen, doch der Rat lehnte ab.[9]

Das Domkapitel behauptete 1556, allein in der Stadt Würzburg hielten sich 300 Juden auf; der Bischof möge ein Einsehen haben. Aufgrund eigener Zählungen stellte Melchior Zobel fest, dass es im ganzen Hochstift nicht mehr als 60 jüdische Haushalte gab, sagte aber zu, sie auf das heftigste zu besteuern.[10]

Noch schärfer traten wenig später der Landtag und der Würzburger Unterrat gegen die Juden auf. Im Jahr 1557 baten die Landschaft, also die Landstädte und Ämter des Hochstifts, und die Stadt Würzburg den Bischof eindringlich darum, die Juden aus dem Land zu weisen, da sie durch Wucher und Hehlerei die Christen ausbeuteten. Ausführlicher noch war die Eingabe, die die Stadtbürger 1558, nach Zobels Ermordung, an den Stadtrat richteten und die dieser an den neuen Bischof weiterleitete: Die Juden drängten vermehrt in die Stadt ein und brächten immer mehr Häuser an sich, sie breiteten sich im Handel zum Nachteil christlicher Kaufleute aus und seien von Fron, Wache, Einquartierung von Soldaten und anderen Pflichten befreit. Sie kauften billig Diebesgut auf und verkauften die Ware wieder unter Preis, wodurch Raub und Diebstahl Vorschub geleistet werde. Die Juden arbeiteten nicht, sondern nährten sich durch ihre Zinsnahme vom Blut und Schweiß der Christen. So wie die Christen bei den Türken die niedrigsten Arbeiten verrichten müssten, solle man es hier auch mit den Juden halten.[11] In anderen Eingaben des Rats aus diesen Jahren ist die Rede davon, dass die Juden täglich und jeden Sabbat in den Synagogen die Christen verfluchten und ihnen Krieg und Unglück wünschten, außerdem ihre Kinder zu Feinden der Christen erzögen.[12]

Schon im Jahr nach seinem Amtsantritt, 1559, erwirkte Friedrich von Wirsberg vom Kaiser die Erlaubnis, die Juden innerhalb 18 Monaten aus dem Hochstift Würzburg zu vertreiben. Der Bischof bemühte sich, die Juden zur Konversion zum Christentum zu bewegen, und bot ihnen dafür *viele und große Gnaden* an, missionierte bei den vornehmsten Juden durch gelehrte Räte und Theologen und sogar in eigener Person, hatte aber keinen Erfolg; daher wies er sie zu den nächst kommenden Mittfasten (1560) aus dem Hochstift aus.[13] Allerdings wurden nach dringenden Eingaben der Juden die Fristen mehrfach verlängert, eventuell nur bis 1562, möglicherweise aber auch bis 1567. Erst danach dürften auf mehrere Jahrzehnte tatsächlich keine Juden mehr in Würzburg gewohnt haben.[14] Doch noch im Februar 1566 wurde wegen angeblicher Falschmünzerei ein Jude in Würzburg vor dem Sandertor verbrannt.[15]

Die aus Stadt und Hochstift Würzburg vertriebenen Juden fanden großenteils Aufnahme in den Dörfern der fränkischen Ritterschaft, der Klöster und Stifte, wobei anfänglich Eibelstadt anscheinend eine wichtige Rolle spielte, und nicht zuletzt auch in Heidingsfeld, das aufgrund anhaltenden Zuzugs zur größten jüdischen Gemeinde Unterfrankens in der frühen Neuzeit wurde; 1813 waren 500 der 2 720 Einwohner Hei-

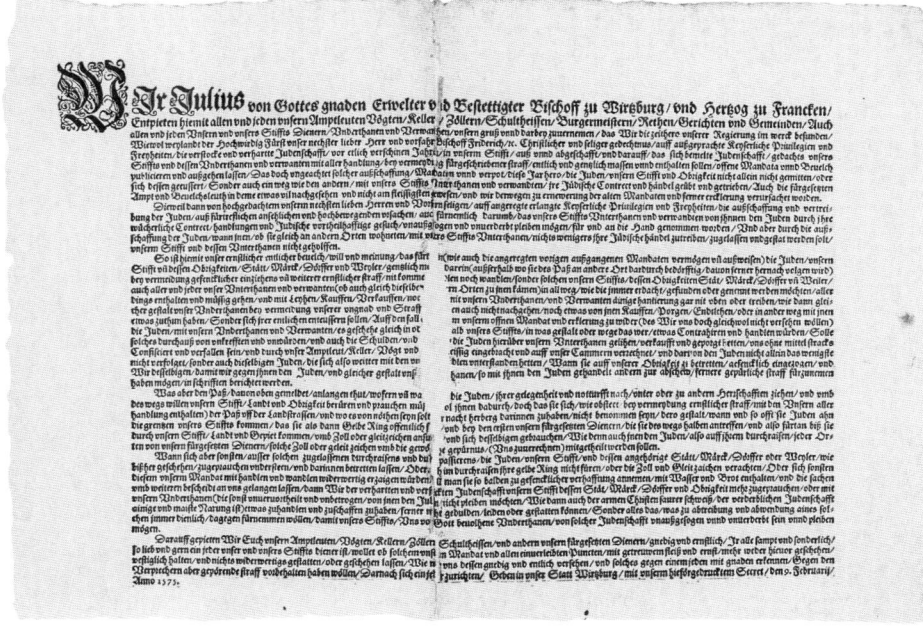

Abb. 299: Landmandat Fürstbischof Julius Echters vom 9. Februar 1575,
die Ausweisung der Juden aus dem Hochstift betreffend.
(StAW, Juden 50)

dingsfelds Juden.[16] Spätestens seit dem Ende des 17. Jahrhunderts war Heidingsfeld auch Sitz des für die hochstiftisch-würzburgischen und die so genannten Unterländer ritterschaftlichen Juden zuständigen Oberrabbiners.[17] Im 18. Jahrhundert amtierten stets angesehene Gelehrte, die meist aus entfernten Großstädten wie Wien, Berlin, Prag, Fürth und Frankfurt kamen, als Oberrabbiner in Heidingsfeld.[18] Im Jahr 1699 wurde eine neue Synagoge als Ersatz für ein noch aus dem Mittelalter stammendes Gotteshaus erbaut, und 1780 wurde diese wiederum durch die schöne, große Synagoge am Dürrenberg (s. Abb. 300) ersetzt.[19]

Die Ritterschaft konnte durch die Aufnahme der Juden – ein Recht, das sie auch mit großen Eingaben an das Reichsoberhaupt energisch beanspruchte – ihre politische Unabhängigkeit gegenüber dem Bischof demonstrieren und zugleich auch die Zahl ihrer Steuerpflichtigen vergrößern.[20] Julius Echter verschärfte in seinen ersten Regierungsjahren die Politik Wirsbergs gegenüber den Juden noch; nicht zuletzt Verordnungen wie etwa das jeden Geschäftsverkehr mit Juden untersagende, die Juden zum Tragen deutlich sichtbarer gelber Ringe an der Kleidung verpflichtende Landmandat vom Februar 1575 oder die widerrechtliche Beschlagnahme des seit 1147 bestehenden jüdischen Friedhofs in der Pleich als Bauplatz für das Juliusspital zeigen seine Haltung deutlich. Wegen des Pleicher Friedhofs wendeten die Juden sich mit einer dringenden Beschwerde an den Kaiser, allerdings ohne Erfolg, da Echter sich auch durch dessen Einwände und die angekündigte Einsetzung einer Untersuchungskommission – die allerdings nie

*Abb. 300: Die Synagoge in Heidingsfeld (Dürrenberg 8), erbaut 1779/80,
zerstört in der Reichspogromnacht 1938.*

zusammentrat – nicht von seinem Vorhaben abbringen ließ.[21] Am Ende seiner Regierungszeit scheint er Juden in geringer Zahl wieder im Territorium des Hochstifts geduldet zu haben; dass dieses auch, wie teilweise in der Literatur angenommen, für die Stadt Würzburg galt, ist weniger wahrscheinlich.[22]

Wohl noch auf Betreiben seines Gründers fiel dem Juliusspital eine besondere Aufgabe zu: Es setzte einen Teil seiner reichen Stiftungsmittel für die Judenmission ein. Juden, die zum Christentum konvertieren wollten oder durch den Einsatz finanzieller Mittel dazu verlockt werden konnten, wurden während ihrer Vorbereitungszeit unentgeltlich im Spital oder, falls dieses voll besetzt war, auf Kosten des Spitals bei *honetten* Würzburger Bürgerfamilien verpflegt; das Spital staffierte sie, falls nötig, mit Kleidung aus und war ihnen vor allem durch Vermittlung beruflicher Positionen behilflich, sich nach der Taufe in der christlichen Gesellschaft zu etablieren. Begabte junge Männer konnten studieren und wurden in das zum Spital gehörige *Studentenmusäum* aufgenommen. Zwischen der Mitte des 17. Jahrhunderts und dem Jahr 1814 dürften im Juliusspital zwischen 1500 und 3000 Juden getauft worden sein. Anfänglich wurden diese Taufen mit großem Gepränge am Gründonnerstag in der Spitalkirche vollzogen, wobei der Bischof selbst, Domherren oder besonders angesehene Bürger die Patenschaft übernahmen. Das Interesse daran ließ nach, als im 18. Jahrhundert Menschen aus ganz

Mitteleuropa zur Taufe herbeikamen und auch mehrfach Betrügereien vorgekommen waren.[23]

Seit dem Beginn des Dreißigjährigen Krieges dürften Juden sich in größerer Anzahl in die Stadt Würzburg geflüchtet haben; ein nur fragmentarisch überliefertes »Judenverzeichnis«, das wohl aus den frühen 1630er Jahren stammt, listet allein für das Sanderviertel 93 Juden, darunter 39 Erwachsene und 54 Kinder, auf.[24] Von dieser Zahl ausgehend kann vermutet werden, dass sich damals mehrere Hundert Juden in Würzburg aufhielten. 1633 baten die hiesigen Schutzjuden den Stadtrat, sie – nicht die ausländischen Juden, mit denen sie nichts zu tun hätten – bis zum Eintritt besserer Sicherheit im Land in der Stadt bleiben zu lassen; sie würden keinen Anlass zu Klagen geben.[25]

Die Juden scheinen in jenen Jahren rapider Geldentwertung vielfach von recht problematischen Geldgeschäften gelebt zu haben. Ein Ratsakt vom März 1637 berichtet, wie die Würzburger Bäcker sich vor dem Oberschultheißen beschwerten, dass sie für ihr Brot fast nur Schillinge einnähmen, mit diesen (wertlosen) Münzen aber kein Getreide einkaufen könnten; die Juden sollten ihnen ihre Schillinge in *grob oder ganz Geld* einwechseln. Nach der Vorstellung des Oberschultheißen sollten die Juden den Bäckern

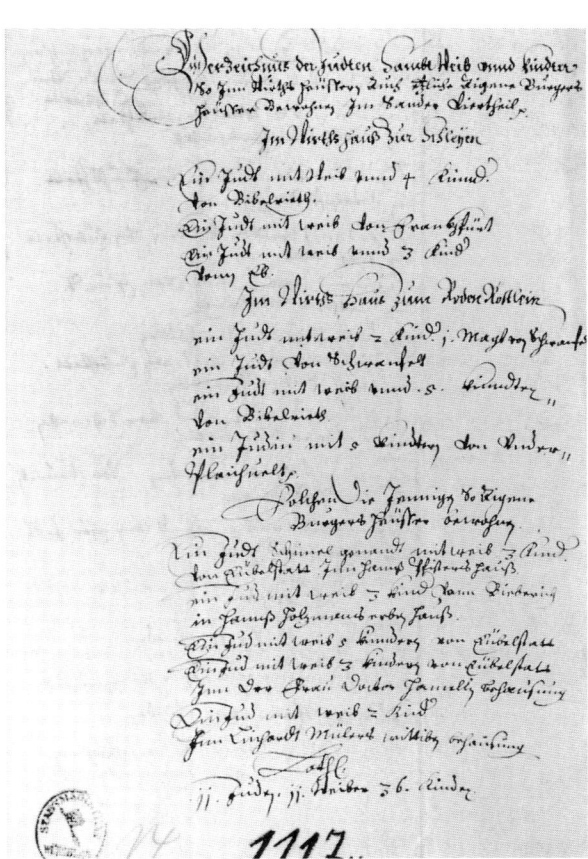

Abb. 301: *Verzeichnis der Juden im Sander Viertel (1. Seite), undatiert, wohl um 1630. (StadtAW, RA 1117)*

wöchentlich Schillinge im Wert von 400 Reichstalern gegen ein gebührliches Agio in bessere Münzen einwechseln; der Oberschultheiß trat deswegen mit einem Dutzend namentlich genannter Würzburger Juden in Verhandlungen ein, die sich allerdings schwierig gestalteten, weil natürlich auch die Juden darauf bedacht sein mussten, das nahezu wertlose Kleingeld irgendwie wieder absetzen zu können.[26]

Der Zeitraum 1642–1803

Obwohl also einerseits Stadtbürger und Stadtverwaltung keine Bedenken trugen, sich in wirtschaftlich schwierigen Fragen an die Juden zu wenden und von ihnen Abhilfe zu erwarten, forderten Rat und Domkapitel schon wenige Jahre später, 1642, erneut deren »Ausschaffung«; vorgebracht wurden dabei die üblichen Vorwürfe wie *wucherliche Conträct*, Handel von Haus zu Haus und Ähnliches.[27] Dieses Mal wurde die Vertreibung der Juden weitestgehend durchgesetzt und blieb bis 1803 in Kraft, nur im Mainviertel war anscheinend *Coßman Judt* noch bis in die 1660er Jahre ansässig.[28] 1673 wurde die Ausweisung der Juden noch einmal wiederholt.[29]

Seit diesen Vertreibungen durften Juden die Stadt Würzburg zwar tagsüber betreten und *ehrlichen Handel und Wandel* treiben, nicht aber über Nacht oder an Sonn- und Feiertagen hier bleiben. Bezeichnend ist, dass in den Ratsprotokollen und Steuerrechnungen tatsächlich keine Juden mehr erscheinen und dass selbst die bekannten bischöflichen Hoffaktoren sich nicht in der Stadt niederlassen durften, obwohl sie sonst rechtlich sehr gut gestellt waren. Die jüdischen Hoffaktoren der Würzburger Bischöfe des 18. Jahrhunderts waren zum Beispiel in Heidingsfeld, Niederwerrn, Fürth, im Ansbachischen oder in solchen Orten des Hochstifts, in denen Juden wohnen durften, ansässig.[30] Allerdings dürften sich viele Juden trotz Strafandrohung durch den Stadtrat nicht an das Übernachtungsverbot gehalten, sondern in Wirtshäusern und auch bei Privatleuten genächtigt haben. Seit 1726 war es den ritterschaftlichen und hochstiftischen Juden wieder erlaubt, in dringenden Fällen – zum Beispiel bei Arztbesuchen, aber auch bei wichtigen Geschäften – in der Stadt Würzburg zu übernachten, wenn sie die Erlaubnis der Hofkammer oder des Judenamtmanns besaßen. Wenig später wurde diese Genehmigung, zunächst bei Vieh- und Pferdehandel, dahingehend erweitert, dass die jüdischen Händler bei einfacher Benachrichtigung des Bürgermeisteramtes und Zahlung einer Gebühr übernachten durften.[31]

Juden sahen sich allerdings gerade in der Stadt Würzburg oft unwürdiger Behandlung mit tätlichen Angriffen durch Jugendliche und durch Erwachsene ausgesetzt; die bischöfliche Regierung musste mit Mandaten wie dem vom Januar 1700 gegen die verbreitete Auffassung vorgehen, Juden seien vogelfrei.[32]

Die hochstiftische Landjudenschaft nahm 1714 bei den beiden Brentanischen Stiftungen in Würzburg ein Kapital von 2 000 Gulden gegen 100 Gulden jährliche Verzinsung auf, wobei nicht bekannt wird, weshalb sie sich verschuldete.[33]

Unter Bischof Anselm Franz von Ingelheim (1746–1749) scheinen einige Juden eine größere Rolle bei Hofe gespielt zu haben; sie kamen auch sonntags zu Hofe und sollen

Abb. 302: Gedrucktes Mandat der fürstbischöflichen Kanzlei vom 19. Februar 1742, betreffend das Hausieren der Juden im Hochstift Würzburg, Vorderseite. Die Anweisung macht deutlich, dass die Juden für die Versorgung der Landbevölkerung mit vielerlei Waren unentbehrlich waren. (StadtAW, Rp 99, fol. 117r)

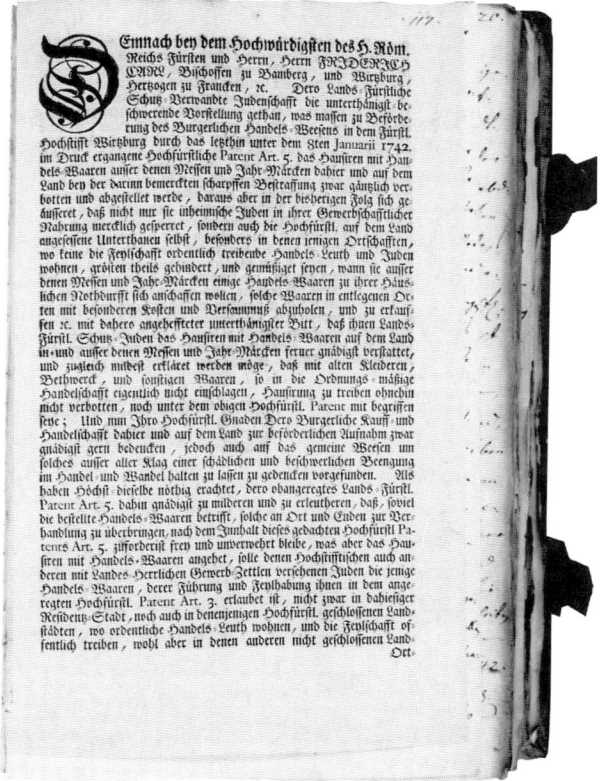

angeblich zeitweise sogar eine Privatsynagoge in Würzburg eingerichtet haben. Nach dem Tod dieses Bischofs verlor sich ihr Einfluss sofort wieder.[34]

1742 erlaubte die bischöfliche Regierung jüdischen Händlern, in Würzburg Kammern anzumieten, in denen sie ihre Waren lagern konnten, für die allerdings jährlich 10 Gulden »Schatzung« (Steuer) zu entrichten waren. Der Verkauf durfte jedoch nach Beschwerden der christlichen Kaufleute, dass die Kammern alle sehr günstig gelegen seien und die jüdischen Händler aggressive Verkaufsmethoden anwendeten, nicht unmittelbar aus diesen Kammern erfolgen, das heißt, die Kammern durften nicht zu öffentlichen Läden werden.[35] Trotz dieser Einschränkung und trotz der Schatzung waren jüdische Kaufleute zunächst offensichtlich in hohem Maß an dieser neuen Einrichtung interessiert. Der Würzburger Stadtrat wurde mit der Erhebung der Steuer beauftragt; das Ratsprotokoll verzeichnet 1742 nicht weniger als 22 jüdische Händler, die für eine solche Kammer in Würzburg die Schatzung entrichteten, wobei der Stadtrat davon ausging, dass zahlreiche weitere jüdische Händler nicht angemeldete Kammern besaßen.[36] Daher sollten die »Judenvorgänger« von Höchberg und Veitshöchheim – wo man offensichtlich die Besitzer der nicht gemeldeten Kammern vermutete – in ihren Synagogen bekannt machen, dass das Versäumnis, die Kammer anzumelden, mit Strafe und Konfiskation der Waren bedroht war. Die Vorgänger wiederum baten den Rat, nicht alle Kammern gleich zu besteuern, sondern je nach dem Umsatz der Händler, wobei das gesamte Steueraufkommen gleich bliebe; darauf gingen Rat und Regierung aber nicht ein.[37] Für viele jüdische Händler war die Steuerforderung zu hoch; sie baten in der Folge darum, statt einer Kammer für nur 2 Gulden Gebühr eine Truhe anmieten zu dürfen. Insgesamt ging die Zahl der »Judenkammern« in den folgenden Jahren erheblich zurück, für schlechter gelegene Kammern mussten Nachlässe gewährt werden, sodass 1757 nur noch 13 jüdische Händler insgesamt 73 Gulden Schatzung zahlten und der Stadtrat das Interesse an der Judenschatzung zusehends verlor.[38]

In Mitteleuropa wurde, soweit es die Juden betrifft, die Aufklärung durch das Buch des preußischen Kriegsrats Christian Wilhelm Dohm »Über die bürgerliche Verbesserung der Juden« aus dem Jahr 1781 eingeleitet; er ging zwar von der Gleichwertigkeit aller Menschen, also auch der Juden, aus, knüpfte die Gewährung gleicher Rechte jedoch an die Bedingung, dass ihr derzeit *staatsschädlicher* Zustand durch Erziehung gebessert werde.[39] Im Hochstift Würzburg wurde aufklärerisches Gedankengut durch Fürstbischof Franz Ludwig von Erthal aufgenommen, der 1792 der unter seinem Vorsitz in Nürnberg tagenden fränkischen Kreisversammlung unter anderem die Frage vorlegte, wie der *sittliche und bürgerliche Zustand* der Juden zu verbessern sei.[40]

1785 wurde mit einer Ausnahmegenehmigung der erste jüdische Schüler am Würzburger Gymnasium aufgenommen, ein Jahr später der erste jüdische Student an der Medizinischen Fakultät der Universität zugelassen.[41] Im Jahr 1800 wurde zwei jüdischen Metzgern gestattet, in Würzburg zur Versorgung der jüdischen Händler, die aufgrund der religiösen Gebote keine christlichen Gasthäuser aufsuchen konnten, einfache Speisegaststätten zu eröffnen. Kennzeichnend dabei war, dass – wie im Fall der jüdischen Schüler und Studenten – die Metzger nur eine temporäre Aufenthaltsgenehmigung für Würzburg besaßen.[42]

Die Jahre 1803–1814

Erst im Oktober 1803 erwarben gegen den Widerstand des Würzburger Stadtrats der jüdische Großkaufmann Moses Hirsch aus Gaukönigshofen und seine Söhne von der bayerischen Regierung eine dauerhafte Aufenthaltsgenehmigung in Würzburg. Bayern hatte 1802 auch die Stadt Würzburg in Besitz genommen; der bayerische Staat, der sich in finanziellen Schwierigkeiten befand, suchte durch den Verkauf des säkularisierten Besitzes der Kirchen und Klöster rasch Einnahmen zu erzielen. So war auch der große Hof des ehemaligen Klosters Ebrach in Würzburg 1803 bereits zweimal zur Versteigerung gekommen, ohne dass ernsthafte Gebote abgegeben worden wären. Erst bei der dritten Auktion im Juli 1803 fand sich für das Höchstgebot von 15 620 Gulden ein Käufer, der erwähnte Moses Hirsch mit seinen Söhnen. Jakob Hirsch, der bevollmächtigte Sohn des Moses, forderte allerdings für die Familie das Wohnrecht in der neu erworbenen Immobilie und brachte damit die bayerische Regierung in einen schwierigen Konflikt. Einerseits konnte und wollte sie auf das Geld nicht verzichten, andererseits hatten Juden in

Würzburg kein Wohnrecht, worauf der Stadtrat insistierte. Schließlich entschied sich der bayerische Kurfürst Max Joseph, das prinzipielle Niederlassungsverbot für Juden in Würzburg zwar nicht aufzuheben, der durch ihre großen Anleihen zu günstigen Bedingungen um den bayerischen Staat verdienten Familie Hirsch aber eine Ausnahmegenehmigung zum dauerhaften Aufenthalt zu gewähren.[43] Der Ebracher Hof wurde durch den für die Würzburger Baugeschichte bedeutenden Architekten Peter Speeth im klassizistischen Stil umgestaltet; drei Medaillons mit Hirschen und Widdern in der Fassade, die den Aufstieg der Familie Hirsch auch nach außen zeigen, sind heute noch zu sehen.

Mit der Aufnahme der Familie Hirsch war eine wesentliche Schranke durchbrochen, denn in den folgenden Jahren wurden nunmehr auch anderen wohlhabenden jüdischen Familien entsprechende Sondergenehmigungen nicht verweigert, wenn sie Besitz in Würzburg erwarben. Bis 1807 war die Zahl der in Würzburg mit Sondergenehmigungen ansässigen jüdischen Familien auf 16 gestiegen.[44] Am 12. September 1808 gestattete die nunmehr großherzoglich-toskanische Regierung Juden wieder generell die Ansässigmachung in Würzburg, wenn sie *Redlichkeit, Geschicklichkeit und ein beträchtliches Vermögen* nachweisen konnten und sich zur Erbauung neuer Wohnhäuser in der Stadt verpflichteten.[45] Obwohl diese Bedingungen weiterhin viele arme Landjuden vom Zuzug nach Würzburg ausschlossen – was auch die Absicht der Regierung war –, erwies sich die unterfränkische Hauptstadt doch als Anziehungspunkt für wohlhabende jüdische Familien, deren Zahl bis 1814 auf 29 mit 172 Köpfen anstieg.[46] Interessant ist dabei die Beobachtung, dass es sich nicht nur um besonders wohlhabende, sondern auch um gebildete und assimilationswillige Familien handelte, die aber kaum eine Notwendigkeit sahen, sich als religiöse Gemeinde zu organisieren. Es gab mehrere private Beträume, aber bis zum Ende unseres Untersuchungszeitraums keine öffentliche Synagoge in Würzburg; eine Synagogengemeinde entstand hier erst wieder nach 1830 auf Druck der Regierung.[47]

Im Jahr 1803 hatte der Würzburger Theologieprofessor Franz Oberthür, ein Anhänger der Aufklärung und den Juden wohlgesonnen, im Auftrag einiger fränkischer, nun bayerisch gewordener Landjuden eine Denkschrift an die neue Regierung verfasst, in der er um Erleichterung der drückenden Sondergesetze und -gebühren für die Juden bat, allerdings – entgegen den Vorstellungen seiner Auftraggeber – noch nicht deren volle Gleichberechtigung forderte.[48] 1805 wurde ein Freund Oberthürs, Simon Höchheimer, einer der ersten in Deutschland promovierten Juden, ein Mediziner und Schriftsteller, kurzzeitig in Würzburg als amtlicher Leichenbeschauer angestellt.[49] Im Jahr 1806 war als eine der ersten Maßnahmen der großherzoglich-toskanischen Regierung der jüdische Leibzoll – wodurch Juden ihre eigene Person wie eine Handelsware bei Überschreiten von Territorialgrenzen verzollen mussten – weggefallen. 1807 entfiel auf Druck Mainzer Juden, die sich auf ihren Status als französische Bürger beriefen, endlich auch in Würzburg die Übernachtungsgebühr für Juden. Zwei Jahre später wurde ein weiteres entwürdigendes Relikt der Vergangenheit abgeschafft, der jüdische Braut- und Totenzoll, durch den jüdische Bräute und die Leichname von Juden beim Überschreiten von Territorialgrenzen zur Zahlung einer Gebühr verpflichtet waren.[50] 1808 wurde die Kammergebühr, die – wie oben geschildert – Juden für die Anmietung von Warenlagern zu entrichten hatten, in eine verminderte Gewerbesteuer umgewandelt; sie wurde auf Anweisung der Regierung für Juden vermindert, weil sie immer noch zahlreichen anderen Sonderabgaben unterlagen.[51]

Schon im Jahr 1811 hatte der seit 1794 in Heidingsfeld amtierende Oberrabbiner Abraham Bing, der – wie erwähnt – für die hochstiftischen und einen Teil der ritterschaftlichen Juden zuständig war, die großherzogliche Regierung darum gebeten, seinen Sitz nach Würzburg verlegen zu dürfen. Darauf war zunächst keine Reaktion erfolgt. Im September 1813 erneuerte er sein Gesuch, dem einen Monat später stattgegeben wurde. Im August 1814 zog Bing dann nach Würzburg in die Peterer Pfarrgasse um. Damit war ein weiterer wichtiger Schritt auf dem Wege Würzburgs von der Stadt ohne ortsansässige Juden des 18. Jahrhunderts zu einem bedeutenden wirtschaftlichen und geistigen Zentrum des deutschen Judentums im 19. Jahrhundert erfolgt, hatte Würzburg in Unterfranken eine wichtige Führungsrolle eingenommen.[52]

Festzuhalten bleibt allerdings, dass trotz vieler rechtlicher Fortschritte die Würzburger Juden im Jahr 1814 noch weit davon entfernt waren, gleichberechtigte Stadt- und Staatsbürger zu sein. Sie wehrten das Ansinnen der großherzoglichen Landesdirektion von 1813, auch das Bürgergeld in Würzburg zu zahlen, denn auch mit dem Hinweis auf ihre zahlreichen Sonderabgaben, vor allem aber mit dem Fehlen gleicher Rechte ab.[53] So hatten Juden in Würzburg beispielsweise weder aktive noch passive Wahlrechte, konnten keine Beamten werden, durften ohne Ausnahmegenehmigung weder öffentliche Schulen noch die Universität besuchen und ihren Beruf nicht frei wählen. Wesentliche Fortschritte wurden erst einige Jahre später mit der Einführung des bayerischen Judenedikts in Unterfranken erzielt.

Heidingsfeld

Karl Borchardt

Die böhmische, zuletzt an adelige Pfandnehmer versetzte Stadt Heidingsfeld löste Bischof Lorenz von Bibra 1508 für das Hochstift Würzburg aus. Obwohl daraufhin der Rat huldigte und den Bischof als neuen Herrn anerkannte, wurde Heidingsfeld rechtlich keineswegs dem Hochstift einverleibt. Die Oberherrlichkeit der böhmischen Krone blieb vielmehr bis zum Ende des Alten Reiches erhalten, stellte jedoch dem Streben der Fürstbischöfe, Heidingsfeld zur Landstadt zu machen, kaum Hindernisse entgegen. Dazu war Böhmen zu weit entfernt, lag Heidingsfeld allzu nahe an der Bischofsstadt. Zu viele würzburgische Rechte waren in Heidingsfeld vorhanden, sei es des Fürstbischofs selbst mit seiner Kellerei und seinem Hubgericht, sei es nachgeordneter Institutionen, besonders des Ritterstiftes St. Burkard, das die Pfarrei und die Zehnten besaß.[1] Die Ratsoligarchie in Heidingsfeld hatte einen schweren Stand zwischen reichen Klöstern und Stiften, die im Ort begütert waren, Niederadeligen und zunehmend auch bürgerlichen Beamten der würzburgischen Verwaltungen, die sich in dem Städtchen niederließen. Dass Heidingsfeld sich 1525 wie viele fränkische Städte am Bauernkrieg beteiligte, erleichterte es dem Fürstbischof, den städtischen Rat zum Befehlsempfänger herabzudrücken. Die Reformation fasste zwar Fuß in Heidingsfeld, wurde aber durch obrigkeitlichen Druck und katholische Reformen 1585/86 unter Fürstbischof Julius Echter auf längere Sicht erfolgreich bekämpft. Wie die anderen Städte des Hochstifts blieb Heidingsfeld bis zum 19. Jahrhundert eine rein katholische Gemeinde. Das Hochstift drängte auswärtige Besitzrechte in Heidingsfeld zurück, im 16. Jahrhundert von Waldsassen, im 18. Jahrhundert von Solnhofen, und förderte den Handel, nicht zuletzt durch Duldung einer kopfstarken Judengemeinde, die in der Residenz Würzburg selbst nicht zugelassen war. In gewisser Weise wurde Heidingsfeld damit ein hofnahes Experimentierfeld kameralistischer, merkantilistischer und aufgeklärter Wirtschaftsförderung, was für seine weitere Entwicklung in bayerischer Zeit gute Voraussetzungen schuf, auch wenn die in Landwirtschaft und Handwerk tätige Bevölkerung eher arm blieb.

Der Bauernkrieg 1525 und die fürstbischöfliche Landeshoheit

Die durch Martin Luther 1517 angestoßene evangelische Bewegung ergriff bald breite Schichten, zumal die hohen Obrigkeiten sich nicht zu einer klaren und überzeugenden Stellungnahme durchrangen und deshalb niedere Obrigkeiten bis hinab zu Städten und

Gemeinden sich berechtigt, ja um des Seelenheiles willen verpflichtet glaubten, selbst das Kirchenwesen und das christliche Zusammenleben neu zu ordnen. Zahlreiche hergebrachte Einrichtungen wurden infrage gestellt, von der Mess- und Eucharistiefeier über die Privilegien und Einnahmen der Geistlichkeit bis hin zur Leibeigenschaft. In Heidingsfeld sind Streitigkeiten um die Zehntpflicht an das Ritterstift St. Burkard dokumentiert; 1524 mussten Propst, Dekan und Kapitel wenigstens neu gerodete Güter vom Zehnten befreien, während der verhasste, weil durch Einnehmer auf jedem Hof gesammelte Kleinzehnt vorerst erhalten blieb.[2] Wie wenig die durch gute Wirtschaftskonjunkturen selbstbewussten Bürger und Bauern ihrer Obrigkeit vertrauten, zeigten nachbarschaftliche Auseinandersetzungen, die 1524 ihren Höhepunkt erreichten: Gegenüber den niederadeligen Wolfskeel zu Reichenberg beriefen sich die Heidingsfelder für ihre Markungsgrenze auf den Flurumgang in der Kreuzwoche und schlugen auf dem von ihnen beanspruchten Gebiet eigenmächtig beträchtliche Mengen Bauholz. Gegenüber den Würzburgern, die ihr Vieh auf von Heidingsfeld beanspruchtem Gebiet weiden ließen, schritten die Heidingsfelder eigenmächtig zur Pfändung. Acht Ochsen wurden beschlagnahmt und bei feucht-fröhlichem Gelage im Neuen Hof verzehrt, bis im Auftrag des Fürstbischofs der Sekretär Lorenz Fries erschien und mit acht Reitern die Hauptträdelsführer Heinz Sturm und Peter Kind gefangen setzte; daraufhin entschuldigte sich der Rat, er habe von dem Vorfall nichts gewusst.[3]

Der offene Aufstand der Bauern nahm in Franken im März 1525 seinen Ausgang vom Landgebiet der Reichsstadt Rothenburg ob der Tauber. Zur Abwehr forderte Bischof Konrad von Thüngen am 5. April seine Amtmänner, Schultheißen und Bürgermeister auf, den Landsturm einzuberufen. Bald rückten jedoch drei Bauernhaufen, der Taubertäler, der Odenwälder und der Bildhäuser, auf Würzburg vor. Vom Zabelstein kommend bewogen die Bauern am 24. April Ochsenfurt zum Anschluss. In Würzburg tagte am 1./2. Mai 1525 ein Landtag, auf dem Heidingsfeld vertreten war. Die Stadt erkundigte sich am 6. Mai bei Würzburg über die laufenden Verhandlungen. Als am gleichen Tag der helle Haufen mit Götz von Berlichingen in Höchberg und der schwarze Haufen mit Florian Geyer vor Heidingsfeld erschienen, zusammen rund 15 000 Mann stark, verbündete sich die Stadt mit der Übermacht, zumal weite Kreise ihrer Einwohnerschaft mit den Forderungen nach Predigt des reinen Evangeliums und Abschaffung unchristlicher Abgaben sympathisierten. Die Gelegenheit zum Plündern adeliger und geistlicher Besitztümer wollten sich viele nicht entgehen lassen, in Heidingsfeld mutmaßlich beim Nonnenkloster Paradies.[4] Ebenfalls am 6. Mai 1525 übergab der Bischof den Befehl über die Feste Marienberg seinem Hofmeister Sebastian von Rotenhan und floh nach Heidelberg. Wie zuvor Heidingsfeld öffnete die Stadt Würzburg die Tore und verbündete sich am 9. Mai mit den Bauernhaufen. Nach ergebnislosen Verhandlungen begann am 15. Mai die Belagerung der Feste Marienberg. Die Bauern planten eine Neuordnung Frankens unter Säkularisation der geistlichen Besitzungen. Darüber wurde in Schweinfurt eine Versammlung einberufen, an der Heidingsfeld teilnahm. Unterdessen schlossen sich Bischof Konrad und sein Gastgeber Kurfürst Ludwig von der Pfalz dem Heer des Schwäbischen Bundes unter Georg Truchseß von Waldburg an, der in Schwaben die Bauern niedergeworfen hatte und nun mit 3 000 Reitern und 9 000 Landsknechten am 2. Juni bei Königshofen an der Tauber die fränkischen Aufständischen zersprengte. Hans Bauer von Mergentheim, der dem Gemetzel entronnen war, warnte zu Heidingsfeld Verstärkungen, die Georg Truchseß entgegenziehen wollten. Trotzdem sammelten sich 5000 Mann und zogen am 4. Juni 1525, dem Pfingstsonntag, die Heidingsfelder Steige hinauf den Feinden entgegen, wurden aber bereits im nahen Sulzdorf geschlagen.

Die mit den Bauern verbündeten Städte hatten sich nun auf Gnade und Ungnade zu unterwerfen. Am 5. Juni lagerten Georg Truchseß und seine Reiter zwischen Heidingsfeld und Würzburg. Heidingsfeld musste kapitulieren;[5] Würzburg folgte einige Tage später. Daraufhin begann ein Strafgericht mit Hinrichtungen, in der Stadt Würzburg betraf es zahlreiche Personen, darunter jedoch nur wenige Würzburger Bürger, im übrigen Hochstift, das Bischof Konrad anschließend durchzog, mindestens 211 Personen. Ferner wurden Körper- und Kerkerstrafen, Vermögenskonfiskationen und Verbannungen ausgesprochen. Mit dem Schwert hingerichtet wurden unter anderem *ein alter Pfaff von Heidingsfelt* sowie in Heidingsfeld am 8. Juni auf dem Marktplatz vor dem Rathaus drei Aufrührer.[6] Wie alle Ämter und Städte des Hochstifts musste Heidingsfeld die Rädelsführer anzeigen, seine Waffen sowie die Schlüssel der Stadttore abliefern. Es verlor seine Privilegien und hatte Schadenersatz zu versprechen, nicht nur dem Bischof, sondern auch den durch die Aufständischen geschädigten Adeligen, denen Konrad von Thüngen dies vertraglich zusagte. Im Amt Heidingsfeld sollten 235 Hintersassen je acht Gulden Geldbuße entrichten.[7]

Fürstbischof Konrad kam am 11. Januar 1526 persönlich nach Heidingsfeld, ließ sich durch Bürgermeister, Rat und Viertelmeister erneut huldigen und änderte die Stadtverfassung: Die Mitwirkungsrechte der Gemeinde wurden erheblich eingeschränkt, indem man die Zahl der Ratsherren halbierte. Hatte es bisher 24 Ratsherren gegeben, 12 im inneren und 12 im äußeren Rat, so wurde jetzt der äußere Rat ersatzlos gestrichen. Künftig gab es nur noch 12 Ratsherren, darunter zwei Bürgermeister für die laufenden Geschäfte und drei Steuermeister für die fürstbischöflichen Abgaben und die Finanzen der Stadt. Die Gemeinde repräsentierten künftig allein die vier Viertelmeister, welche der Rat ernannte. Den Vorsitz im Rat führte weiterhin der Schultheiß.[8] Am 14. April 1526 versprach die Stadt, sie werde bei der christlichen Kirche bleiben nach den bisherigen Satzungen, wie sie durch ein allgemeines Konzil geordnet würde; dies bedeutete den Verzicht auf die Reformation, die in anderen Städten der Rat um des Seelenheiles der Einwohner willen durchführte. Die Rädelsführer des Aufruhrs sollten gefasst und bestraft werden. Neben den Waffen hatte Heidingsfeld seine Freiheitsbriefe, Register, Barschaften, Silbergeschirr und Zubehör abzuliefern. Was die Heidingsfelder selbst oder andere Adeligen oder Geistlichen geraubt hatten, sollte zurückgegeben werden. Bei den Plünderungen verursachte Schäden waren zu ersetzen; Heidingsfeld musste insbesondere auf seine Kosten die bischöflichen Schlösser Werneck und Zabelstein wieder erbauen. Als getreue Untertanen sollten die Heidingsfelder dem Hochstift alle schuldigen Steuern, Fronen, Dienste und Reisen leisten. Nach Erfüllung dieser Auflagen wurde Heidingsfeld am 10. September 1528 wieder in Gnaden angenommen.[9]

Während im Spätmittelalter die beiden Ratsgremien sich durch Wahl gegenseitig ergänzt hatten und die stadtherrliche Genehmigung Formsache gewesen war, erfolgte die

Einsetzung der neuen Ratsherren fortan – aufgrund einer Liste, welche der alte Rat dem Fürstbischof vorschlug – durch eine Regierungskommission. Wie bisher bemühten sich zum gewöhnlichen Termin der Ratsveränderung um Bartholomäi (24. August) der Kanzler und hohe Amtsträger am bischöflichen Hof nach Heidingsfeld. Beim ersten Mal 1508 kam Bischof Lorenz von Bibra sogar höchstselbst neben dem Dompropst Peter von Aufsess, den Räten Sigismund von Thüngen und Hans Zollner, dem Kanzler Kilian Münch und dem Junker Nikolaus Cronthal. Bei den jährlichen Besuchen wurden die neuen Ratsherren, der Bürgermeister und andere Amtsträger der Stadt feierlich eingeführt und die Stadtrechnung abgehört. Neben dem Kanzler kamen ein, zwei oder drei Domherren oder Räte, darunter 1521 und 1522 der aus Heidingsfeld stammende Dr. Eucharius Steinmetz. Nach dem Bauernkrieg blieb man zunächst dabei. So nahmen 1526 neben dem Kanzler Dr. Marsilius Prenninger der Hofmeister und Ritter Sebastian von Rotenhan, 1527 und 1528 der Marschall Heinz Truchseß an der Ratsetzung teil. Doch je mehr sich das Verfahren einspielte, desto rangniedriger wurden die Vertreter der fürstbischöflichen Regierung. Der Kanzler bemühte sich nicht mehr persönlich. Die Ratsetzung 1546 nahmen beispielsweise der nun als Hofmeister fungierende Heinz Truchseß und der Sekretär Lorenz Fries vor. Während des Markgrafenkrieges gelangte keine Kommission nach Heidingsfeld, sodass der alte Rat weiter amtierte und die drei Jahresrechnungen 1551, 1552 und 1553 erst 1554 abgehört wurden. Ausnahmsweise ließen sich weiter hochrangige Persönlichkeiten zur Ratsetzung nach Heidingsfeld einladen, 1549 Georg Zobel, der Bruder des Bischofs Melchior Zobel, 1567 der Junker Julius von Thüngen und der Kanzler Dr. Hieronymus Hoffmann, 1581 der Hofmeister Eustachius von Schlitz genannt Görtz. Die Regierung überließ die jährliche Ratsetzung dem in Heidingsfeld ansässigen Johann Christoph von Berlichingen 1556–1558 als fürstlichem Rat, seinem Sohn Johann Christoph 1588–1596 als fürstlichem Amtmann, und nachgeordneten Beamten wie dem Rent-, später Zahlmeister Lorenz Gulmann mit Unterbrechungen 1549–1566, dem Kammermeister Leo Frey 1567–1577 oder dem Kammermeister Nikolaus Greif 1580–1596. So angenehm die mit festlicher Tafel verbundene Ratsetzung für die Beteiligten war, so sehr scheute man die Kosten für ein Geschäft, das mehr und mehr zur Routine herabsank. Was 1593 Ausnahme war, nämlich dass die Änderung der Ratsämter und die Abhörung der Ratsrechnung auf der fürstbischöflichen Kammer zu Würzburg erfolgte,[10] wurde bald zur Regel. Nur beim Antritt ihrer Regierung kamen die Fürstbischöfe persönlich zur Erbhuldigung, so 1540 Konrad von Bibra, 1573 Julius Echter, 1618 Johann Gottfried von Aschhausen; später erfolgte die Erbhuldigung gegenüber deputierten Kommissaren.[11] Ein bürokratisches Reglement löste somit schrittweise die persönlichen Beziehungen zum Landesherrn ab.

Wichtigster Amtsträger in Heidingsfeld blieb der bischöfliche Schultheiß, seit 1521 der vormalige Ratsherr Endres Büttner, der über den Bauernkrieg hinweg bis zu seinem Tod 1540 amtierte, gefolgt von seinem Sohn Hans Büttner; allerdings musste Endres 1530 sein Schloss Rottendorf um 800 rheinische Gulden dem Kanzler Dr. Marsilius Prenninger verkaufen.[12] Im Jahr 1549 ergab sich eine wichtige Änderung: Der bisherige Schultheiß Hans Büttner wurde Ratsherr. Dafür setzte die Regierung einen Amtmann in Heidingsfeld ein, Clemens von Kreuzberg. Doch als dieser 1555 fürstbischöflicher Amtmann zu Zabelstein wurde, kehrte man vorübergehend zur früheren Ordnung zurück. Hans Büttner wurde erneut Schultheiß, nach seinem Tod 1556 gefolgt von dem Bürgermeister Klaus Beyer dem Alten. Dann wurde 1559 der bisherige Stadtschreiber Georg Riedner Schultheiß. Erst als er 1586 starb, kehrte man endgültig zum Amtmann zurück. Der Fürstbischof ernannte für diesen Posten Johann Christoph von Berlichingen, der in Heidingsfeld ansässig war und Georg Riedner auch als Verwalter des ausgestorbenen Nonnenklosters Paradies nachfolgte.[13] Den alten bischöflichen Kellerhof, die steinerne Kemenate, verkaufte Fürstbischof Friedrich von Wirsberg 1570 der Stadt Heidingsfeld für 1400 Gulden; den Hub- und Betwein, der dem Bischof zustand, sollte die Stadt in einem Hof und Platz bei ihrem Spital St. Nikolaus einsammeln.[14] Bis zum Ende des Alten Reiches blieb Heidingsfeld fortan der Sitz eines würzburgischen adeligen Amtmanns, später Oberamtmann genannt, und eines bürgerlichen Amtskellers, neben denen es einen Schultheißen und einen Stadtschreiber gab. Sie alle wurden vom Fürstbischof ernannt oder präsentiert. Der Rat, der im Spätmittelalter wenigstens den Stadtschreiber allein bestimmt und oft genug die Auswahl des Schultheißen mitbestimmt hatte, musste jetzt die Personalentscheidungen der Regierung hinnehmen.[15]

Dabei garantierte nächst dem Schultheißen gerade der Stadtschreiber administrative Kontinuität im Alltag, zumal er gewöhnlich gleichzeitig Schreiber des Stadtgerichts und des bischöflichen Hubgerichts war. Während der Schultheiß Endres Büttner 1526 im Amt blieb, folgten dem Stadtschreiber Johann Fuchs der aus Heidingsfeld gebürtige Jakob Büttner, Bakkalaureus und Notar, dann Johann Cronthal, belegt 1535, Jobst Rüdel, belegt 1538, Johann Fuchs, belegt 1540, und Peter Constat, belegt 1543. Dessen Nachfolger wurden 1549 Georg Riedner von Frickenhausen, der spätere langjährige Schultheiß, Moritz Frankmann, 1568 Kilian Weiß, 1573 der Notar Reichard Vollmuth aus Würzburg und nach dessen Tod 1586 Magister Simon Marius aus Lenting in der Diözese Eichstätt. Dieser war Notar kaiserlicher und päpstlicher Autorität und wurde 1594 Präsenzmeister des Stifts Neumünster in Würzburg. Er bekam Johann Mayer zum Nachfolger, der aus Schwaben stammte und zuvor neun Vierteljahre Schulmeister in Heidingsfeld gewesen war. Schließlich folgte aufgrund fürstbischöflicher Präsentation 1608 Johann Schuhmann aus Bamberg. Im Gegensatz zu den Ratsherren war der Stadtschreiber hauptberuflich tätig und erhielt seinen Lebensunterhalt von der Stadt, 1568 im Jahr 40 Gulden und kleinere Reichnisse.[16] Protokolle des Rates, die der Stadtschreiber führte, sind ab 1570 erhalten, mit Lücken für die Jahre 1623–1644, 1667–1676, 1737–1750. Protokolle des Stadtgerichts liegen von 1525 bis zum Erlass der neuen Gerichtsordnung 1583 fast vollständig vor, mit einer Lücke 1535–1540, danach in Bruchstücken. Protokolle des Hubgerichts dagegen sind sehr lückenhaft überliefert.[17] Während das Hubgericht sich ohnehin auf die Hubner und deren Besitz beschränkte, verlor das Stadtgericht in der frühen Neuzeit erheblich an Bedeutung gegenüber den Gerichten in der Residenzstadt Würzburg. Zwar verlangte Julius Echter 1577, der Rat solle vier Bürger als Fürsprecher benennen, um die Verfahren am Stadtgericht zu systematisieren, und erließ 1583 neben einer Steinsetzerordnung auch eine neue Stadtgerichtsordnung. Der Schultheiß und die sieben Schöffen mussten jedoch ab zehn Gulden Streitwert die Appellation an das fürstbischöfliche Hofgericht zulassen. Bei Strafsachen war früher das Halsge-

Abb. 303: Rathaus in Heidingsfeld, errichtet 1690/93.
(Schneider, 1908, S. 25)

richt in Heidingsfeld mit den Schöffen des Stadtgerichts auf dem Kirchberg gehalten worden; jetzt überstellte man Missetäter nach Würzburg an das Brückengericht, ungeachtet eines Protestes von 1470/71, als Heidingsfeld direkt ans Landgericht wollte. Die räumliche Abgrenzung des Gerichtssprengels wurde 1584 von den Wolfskeel zu Reichenberg infrage gestellt, die zu ihrer gerade 1580 wieder errichteten Zent Albertshausen nicht nur Heuchelheim und Hattenhausen, sondern auch Heidingsfeld ziehen wollten. Sie schrieben deshalb dem Rat, er solle einen Schöffen an die Zent Albertshausen entsenden. Dies geschah kaum zufällig kurz vor der Gegenreformation, welche die evangelischen Wolfskeel aufgrund der Zentgerichtsbarkeit hätten bestreiten können, wenn man diese als Grundlage der Landeshoheit akzeptierte; jedoch drangen sie damit nicht durch.[18]

Die laufenden Geschäfte des Rates und damit der Stadt besorgten die beiden Bürgermeister. Wegen der Arbeitsbelastung, der erst im Laufe der frühen Neuzeit eine Aufwandsentschädigung entsprach, mussten sich zwei Personen das Bürgermeisteramt teilen. Über die Zäsur des Bauernkrieges hinweg blieben die gleichen Familien im Rat vertreten und tonangebend. Bürgermeister waren:

1521	Veit Zeitlos und Balthasar Hänlein
1522	Balthasar Hänlein und Lorenz Kleinkauf
1523	Lorenz Kleinkauf und Veit Zeitlos
1526	Veit Zeitlos und Jörg Satthes
1527	Jörg Satthes und Balthasar Hänlein
1528	Balthasar Hänlein und Michel Adelsbach
1535	Lorenz Kleinkauf und Klaus Eltlein
1536, 1537	Klaus Eltlein und Hans Wolfhart
1538	Hans Wolfhart und Hans Woltz
1539	Hans Woltz und Jörg Satthes
1543	Hans Wolfhart und Klaus Beyer
1546	Klaus Beyer und Klaus Eltlein
1547	Klaus Eltlein und Philipp Schell
1548, 1549	Philipp Schell und Lorenz Kleinkauf
1550	Philipp Schell und Johann Büttner

Die Wiederkehr der immer gleichen Namen bezeugt die Kontinuität, welche für die laufenden Geschäfte sicher hilfreich war. Ähnliches gilt für das Amt der Steuerer, das auch nach der Aufhebung des äußeren Rates, der einen Steuerer gestellt hatte, mit drei und nicht mit zwei Personen wie die gewöhnlichen Ratsämter besetzt blieb:

1526	Lorenz Kleinkauf, Hans Beyer, Balthasar Hänlein
1527	Veit Zeitlos, Hans Beyer, Michel Adelsbach
1528	Jörg Satthes, Hans Beyer, Veit Zeitlos
1535	Philipp Schell, Hans Wolfhart, Bastian Eltlein
1536, 1537	Lorenz Kleinkauf, Bastian Eltlein, Jörg Satthes
1538	Klaus Eltlein, Bastian Eltlein, Klaus Zeller
1539	Klaus Eltlein, Klaus Zeller, Philipp Schell
1543	Lorenz Kleinkauf, Klaus Zeller, Klaus Eltlein
1547	Klaus Beyer, Lorenz Kleinkauf, Hans Woltz[19]

Die übrigen Ratsämter, die sieben Gerichtsschöffen, der Baumeister, die beiden Gotteshausmeister, die beiden Spitalpfleger, die drei Mühlmeister, die drei Lauber, zuständig für die Verteilung des Holzes aus den Gemeindewaldungen, die beiden Ungelter, die beiden Fleischbeschauer, die fünf Steinsetzer, die vier Viertelmeister, waren inzwischen zu unbedeutend, als dass die fürstbischöfliche Verwaltung sich dafür im Normalfall interessiert hätte. Außerdem waren Gerichtsschöffen automatisch die beiden Bürgermeister und die drei Steuermeister, Fleischbeschauer die beiden Bürgermeister, Steinsetzer auch die beiden Bürgermeister. Eine Ausnahme bildeten lediglich die vier Viertelmeister, welche nach der Abschaffung des äußeren Rates allein die Gemeinde repräsentierten, 1535–1539 Klaus Beyer, Hans Weiß, Kunz Wolfhart und Peter Siegel, 1540 Michel Pechnitz, Hans Weiß, Endres Strolein und Hans Zeitlos. Die Viertelmeister waren für die Sicherheit in ihrem Viertel dem Rat verantwortlich. Gewöhnlich keine Ratsherren, machte man jetzt bevorzugt junge Leute aus ratsfähigen Familien zu Viertelmeistern, die erwarten durften, in den Rat aufzusteigen, und sich deshalb konform verhielten. Bei Handwerkern konnte es dagegen Probleme geben. So befahl der Fürstbischof 1571, den Wagner Klaus Schmidt als Viertelmeister abzusetzen, worauf der Rat den Schmied Jakob Cleen zum Nachfolger ernannte. Als dieser 1572 starb, schärfte der Schultheiß seinem Nachfolger Hans Weiß ein, fleißig die Kirche zu besuchen, *an den hohen Vesten, wann man den Himell umbtragen soll,* eifrig mitzuwirken und keine Uneinigkeit in der Bürgerschaft oder gegen den Rat zu schüren.[20] Die religiösen und sozialen Unruhen der Jahre 1524/25 glommen im Untergrund fort.

Dabei überließ der Landesherr trotz aller Normierungsversuche dem Rat ein weites Feld zu selbstständiger Regelung im Rahmen landesherrlicher Vorgaben.[21] Den Alltag in Heidingsfeld bestimmten keine obrigkeitlichen Schergen, welche der Fürstbischof gar nicht hätte besolden und beaufsichtigen können, sondern Bedienstete des Rates. Im Anschluss an die Ratsveränderung gewöhnlich für ein Jahr benannt, spiegelten ihre Aufgaben die beachtlichen Kompetenzen, welche der frühmoderne Staat dem Rat zuerkannte: für Handel und Wandel zwei Unterkäufer, zwei Eicher, zwei Waagmeister, drei Schrötter, zwei Umgehner, ein Gropper, ein Weinschreier, ein Spenger, ein Kornmesser, ein Frongebieter, für den kirchlich-karitativen Bereich ein Kirchner, ein Seelhausmeister, ein Schulmeister, ein Kantor, eine Hebamme, ein Totengräber, für die Sicherheit ein Stadtknecht, je ein Torwart und zwei Torschließer für das Obertor, das Klingentor und das Nikolaustor, für das Vieh, das man gemeinsam hüten ließ, je ein Hirt für Kühe, Schweine und Geißen, für die gemeine Markung ein Förster und vier Weingarthüter, dazu neu 1601 ein Brunnenfeger. Der Schäfer hatte ein eigenes Haus mit zwei Scheunen. Kleine Häuser bewohnten 1802 der Kuhhirt, der Gemeindediener, der Ratsdiener und die Hebamme. Ferner hatte jedes der drei Stadttore ein eigenes Torhaus mit Wachstube.[22] Sogar an der Landesdefension blieb der Rat beteiligt, obwohl der Landesherr nach dem Bauernkrieg eine Entwaffnung gefordert hatte. Zu seinem Aufgebot stellte Heidingsfeld zwei Reis- oder Kriegswagen, einen die Stadt und den anderen das Spital St. Nikolaus. Kurz nach der Gegenreformation ließ der Fürstbischof 1587 die Bürgerschaft mustern. Zum Schutz vor Überfällen, aber auch gegen Wildschäden wurde eine Landwehr gebaut mit einem doppelt aufgeworfenen Graben, einem hohen lichten Zaun sowie Riegeln und Gattern, zu denen die Bürger und Einwohner von Heidingsfeld Frondienste leisteten. Stadtmauern und Stadttore wurden intakt gehalten und durch Schützen verteidigt, die in einer Bruderschaft zusammengeschlossen waren.[23]

Solange der Rat die Bürgerschaft gegenüber dem Stadtherrn vertreten hatte, wollten die führenden Familien von Heidingsfeld dort ihre Angehörigen platzieren. Je mehr der

Abb. 304: Kaiser Ferdinand II. (1619–1637), Kupferstich von Jacob van der Heyden, nach einem Gemälde von M. von Valckenburg, 1619. (Bildarchiv der Österreichischen National- bibliothek Wien)

Rat jedoch zum Instrument der fürstbischöflichen Regierung wurde, desto stärker empfand man die Mitgliedschaft als unangenehme Last. Nicht nur wegen der zunächst fehlenden Aufwandsentschädigungen, sondern auch wegen der Peinlichkeit, obrigkeitliche Steuer- und Militäranforderungen, fürstliche Wirtschafts- und Religionsedikte gegenüber der Gemeinde vertreten zu müssen, drängten immer weniger Personen nach Vertretung im Rat. Unter diesen Umständen wurde die Mitgliedschaft nahezu zwangsläufig lebenslänglich, denn wen die fürstbischöfliche Kommission einmal berufen hatte, den ließ sie nicht leicht wieder los. Nur im Todesfall mussten neue Leute aufgenommen werden, nach Adam Hufnagel 1541 Hans Gneucker, nach Hans Wolfhart und Hans Zeitlos 1550 Valentin Adelsbach und der Schneider Jörg Meier, nach Lorenz Kleinkauf und Klaus Zeller 1553 Hans Vogel und Lienhard Hoffmann, nach Hans Kleinkauf 1554 Michel Segnitz, nach Philipp Schell, Hans Woltz und Michel Segnitz 1555 Veit Kleinkauf, Erhard Schell und Endres Woltz, nach den beiden Bastian Eltlein 1568 Hans Strölein und Jörg Hauff.[24] Fast alle Ratsherren waren mit Ratsämtern belastet. Bei Alter oder Krankheit blieb man im Rat, wurde aber wie 1567 Bastian Eltlein der Alte und Klaus Beyer gnadenhalber von Ämtern verschont; Klaus Beyer wurde wegen seiner Leibesschwachheit 1571 als Steinsetzer durch Philipp Rößner ersetzt.[25]

Die fürstbischöfliche Stadtherrschaft in Heidingsfeld wurde mithin während der frühen Neuzeit immer intensiver, die bürgerliche Selbstverwaltung durch den Rat immer mehr zum Befehlsempfänger. Der Ausbau des Obrigkeitsstaates auf kirchlichem, militä-

risch-steuerlichem und wirtschaftlichem Gebiet durch zahllose, häufig erneuerte Dekrete und Verordnungen entsprach der allgemeinen Entwicklung. Allen Einwohnern des
Hochstifts sollte die Gott verantwortliche Obrigkeit ihr geistliches und weltliches Wohl
garantieren. Die Sonderstellung von Heidingsfeld baute die Regierung schrittweise ab.
Eine wesentliche Etappe war die Umwandlung der böhmischen Pfandschaft 1628 in ein
böhmisches Lehen. Die Pfandsumme, für welche die böhmische Krone Heidingsfeld
und theoretisch auch das von den Zollern gehaltene Mainbernheim an die Bischöfe
von Würzburg versetzte, hatte unter Lorenz von Bibra 1508 19 000 Gulden betragen und
wurde unter Konrad von Thüngen 1521 auf 36 000 Gulden nahezu verdoppelt. Noch
unter dem gleichen Bischof folgte 1534 eine weitere Erhöhung um 13 000 auf zusammen 49 000 Gulden. Davon hatte Würzburg 10 000 Gulden voreilig aufgrund eines
päpstlichen Befehls an den deutschen Klerus dem König Ferdinand I. gegen die Türken
entrichtet. Als auf dem Augsburger Reichstag 1530 die päpstliche Anweisung rückgängig gemacht wurde, konnte der Habsburger die Summe nicht zurückzahlen und schlug
sie auf das Pfand für Heidingsfeld und Mainbernheim; 3 000 Gulden zahlte der Bischof
freiwillig, damit der König ihn bei der Gewinnung von Mainbernheim unterstützte. Doch
die Zollern wussten dies abzuwenden. Selbst anlässlich des Krieges des Markgrafen Albrecht Alkibiades blieb Mainbernheim den Zollern erhalten.[26] Eine Änderung trat erst
ein, als Würzburg 1620 gemeinsam mit Bayern und der katholischen Liga den Kaiser
gegen die Aufständischen in Böhmen unterstützte, die Kurfürst Friedrich V. von der
Pfalz zu ihrem König gewählt hatten. Bayern erhielt damals erst Oberösterreich, dann
an dessen Stelle die Oberpfalz und die pfälzische Kurwürde. Gegenüber Würzburg fand
sich Kaiser Ferdinand II. (s. Abb. 304) in seiner Eigenschaft als böhmischer König 1628
bereit, die bisherige Pfandschaft über Heidingsfeld und Mainbernheim in ein Lehnsver-
hältnis umzuwandeln. Eine Auslösung, angesichts der Geldknappheit des Hauses Habsburg bisher unwahrscheinlich, wurde damit vollends unmöglich. Ein Lehen konnte
nämlich nur bei Felonie (Bruch der Lehenstreue) aberkannt werden, während gegen eine
Auslösung der Pfandnehmer keine Rechtsmittel hatte, wie Fürstbischof Philipp Adolf
von Ehrenberg gegenüber Markgraf Friedrich von Ansbach gerade selbst demonstrierte:
Für 39 100 Gulden, die Würzburg 1626 entrichtete, musste Ansbach Stadt und Amt Kitzingen 1629 zurückgeben. Der weiteren Einschmelzung von Heidingsfeld in das Hochstift
stand somit nichts mehr im Wege. Philipp Adolf durfte sogar hoffen, von den protestantischen Zollern Mainbernheim herauszubekommen. Um Heidingsfeld und Mainbernheim als böhmische Lehen zu erhalten, zahlte er 1628 dem Kaiser 30 000 Gulden
und versprach weitere 20 000 Gulden, falls Mainbernheim wirklich in würzburgischen
Besitz käme. Fortan musste Heidingsfeld bei jedem Herren- und Mannfall durch den
König von Böhmen dem Bischof von Würzburg zu Lehen gegeben werden.[27] Anders als in
Kitzingen, wo ungeachtet der Verpfändung an die Zollern der Fürstbischof zur Erbhuldigung erschienen war, hatten die böhmischen Könige darauf in Heidingsfeld wegen der
großen Entfernung verzichtet. Immerhin zeigte das Stadtsiegel den böhmischen Löwen,
doch 1655 wurde ein neues Siegel dem Schultheißen übergeben (s. Abb. 306, S. 793).[28] Bis
zu Georg Karl von Fechenbach 1796 wurden alle Fürstbischöfe durch die böhmischen Könige mit Heidingsfeld und Mainbernheim belehnt, ohne Letzteres jemals zu erlangen.

Die Gegenreformation 1585/86 und die kirchlichen Verhältnisse

In kirchlicher Hinsicht änderte sich gegenüber dem späteren Mittelalter äußerlich wenig, weil die Gegenreformation Rechts- und Besitzverhältnisse bewusst konservierte, doch der Rat, der zwar nicht die Pfarrei besetzte, aber außerhalb des Nonnenklosters alle Messpfründen zu vergeben hatte, verlor an Einfluss zugunsten des zentral für die ganze Diözese ausgebildeten Klerus. Heidingsfeld war und blieb eine Pfarrei des Landkapitels Ochsenfurt in der Diözese Würzburg. Das Landkapitel Ochsenfurt zählte neben dem Landkapitel Mergentheim zum Archidiakonat X, doch wurde die Archidiakonatseinteilung in der frühen Neuzeit bedeutungslos. Pfarrpatron und Zehntherr war und blieb das Ritterstift St. Burkard zu Würzburg. Das benachbarte Dorf Reichenberg, das den Wolfskeel gehörte und dem Ritterkanton Odenwald unterstand, wurde durch die Schlossbesitzer im 16. Jahrhundert evangelisch,[29] ohne dass dies auf Heidingsfeld zurückwirkte. Neben der Pfarrkirche St. Laurentius bestanden in Heidingsfeld vor der Reformation das niederadelige Nonnenkloster Paradies und das von der Familie Rebstock gestiftete Spital St. Nikolaus. Je zwei Ratsherren wirkten als Gotteshaus- und als Spitalpfleger. Sieben Messpfründen vergab am Vorabend der Reformation der Rat: In der Stadtpfarrkirche die Frühmesse St. Katharina mit dem Predigtamt, die Vikarie Corporis Christi, auch Animarum oder Engelmesse genannt, die Vikarie St. Anna und die Vikarie St. Jodokus und Veit, in der Spitalkirche die Vikarie St. Peter und Paul, in Kapellen die Vikarien St. Barbara und St. Egidius. Hinzu kamen in der Kirche des Nonnenklosters die Vikarie St. Marien, Wolfgang und Walpurgis, die aufgrund Stiftung der Rat der Reichsstadt Rothenburg ob der Tauber vergab, und die Vikarie St. Marien und Andreas, die Äbtissin und Konvent besetzten.[30] Damit bestimmte der Rat den überwiegenden Teil der in der Stadt tätigen Geistlichen, insbesondere den als Prediger wichtigen Frühmesser, wenn auch nicht den Stadtpfarrer. Ihn der städtischen Ernennung zu unterwerfen und damit die religiöse Geschlossenheit der Gemeinde zu vollenden, dürfte ein wesentliches Ziel der evangelischen Bewegung in Heidingsfeld gewesen sein.

Nach dem Bauernkrieg hatte die Stadt Heidingsfeld versprechen müssen, keine Änderungen in Kirchen- und Religionsangelegenheiten vorzunehmen. So mussten alle Zehnten weiter an St. Burkard entrichtet werden. So konnte für das Nonnenkloster Paradies unter der Äbtissin Anna von Bibra 1528 der Mönch Johann Miltenberger ein neues Gültbuch anlegen.[31] Obschon radikale Prediger, die mit den Bauern sympathisiert hatten, nicht nur in den Augen vieler Obrigkeiten, sondern breiter Schichten diskreditiert waren, nahmen in den dreißiger und vierziger Jahren des 16. Jahrhunderts immer mehr Fürsten, Grafen und Herren sowie Reichsstädte Frankens und der Nachbarregionen die Reformation an. Hinzu kam, dass immer mehr Geistliche sich den neuen Lehren zuwandten, die ihnen die Verehelichung erlaubten. Da der Priesternachwuchs fehlte, brach die altgläubige Seelsorge weithin zusammen. Zwar schickte das Ritterstift St. Burkard Pfarrer nach Heidingsfeld, doch viele Messpfründen konnten nicht wiederbesetzt werden. Für die Vikarie St. Jodokus und Veit in der Pfarrkirche präsentierte der Rat von Heidingsfeld, nachdem der Chorherr und Kantor des Stifts Neumünster Matthias Bernhardi gestorben war, 1548 Kaspar Kleinkauf von Heidingsfeld;[32] doch bald nach

1558 war sie vakant, und der Fürstbischof erlaubte 1565, ihre Einkünfte vorläufig für einen Kantor und Organisten zu verwenden.[33] Die bürgerliche Führungsschicht vieler Hochstiftsstädte wurde protestantisch. Die Bischofsstadt Würzburg[34] und das benachbarte Heidingsfeld machten keine Ausnahme. Eheangelegenheiten kamen nicht mehr vor das geistliche Gericht, sondern vor das Landgericht, von dem an das Hofgericht appelliert wurde, so 1546, als der Witwer Georg Gretzner, der außerehelich ein Kind gezeugt hatte, zwei Drittel seiner Habe herausgeben sollte an seinen Stiefsohn Henslein, den Sohn des verstorbenen Marx Kleinkauf, vertreten durch dessen Vormünder Hans Kleinkauf und Hans Minner, beide Bürger zu Heidingsfeld.[35] Allmählich fiel es auf, wenn ein Ratsherr in Heidingsfeld wie Hans Kraft 1569 nach Empfang der Sakramente katholisch verstarb.[36] Das Nonnenkloster Paradies bekam keine Novizinnen mehr, nahm aber weiter Laienpfründner an aufgrund kaiserlicher Panisbriefe (Anweisungen von Pfründen an Laien), was Bischof Melchior 1548 aus grundsätzlichen Erwägungen verbot, vielleicht auch wegen des Ärgernisses, wenn Männer in einem Frauenkloster versorgt wurden. Die letzte Äbtissin verstarb 1566. Wie bei anderen ausgestorbenen Ordensniederlassungen richtete Fürstbischof Friedrich von Wirsberg ein Klosteramt ein; Verwalter wurde der Schultheiß Georg Riedner, der 1571 ein neues Sal- und Gültbuch anfertigte. Seine Witwe übergab Kirche, Haus und Keller 1586 dem Amtmann Johann Christoph von Berlichingen. Kurz zuvor hatte Georg noch seinem gleichnamigen Sohn und dessen Gemahlin ein Darlehen von 60 Gulden aus dem Klostervermögen gewährt.[37]

Bald nach dem Ende des Konzils von Trient 1563 und angesichts der desolaten seelsorgerlichen Situation in Heidingsfeld begann die fürstbischöfliche Regierung, Druck auszuüben, damit die Bevölkerung und insbesondere die Ratsherren die auf dem Konzil verfügten Reformen annahmen und sich fest zur alten Kirche bekannten. Sehr geschickt schob man wirtschaftlich-administrative Verbesserungen vor, gegen die aus Gewissensgründen kaum Einwände möglich waren,[38] so eine Feuerordnung durch den Amtmann schon 1550, dann 1569 die Anordnung der zur Ratsveränderung angereisten Kommission, *das man eine gemeine Landschiedung soll furnemen*, also den steuerpflichtigen Grundbesitz neu vermaß, und 1571 die Einführung des Kornmaßes aus Würzburg.[39] Ähnlich sahen zwei Reformdekrete aus, welche die Kommissionen 1572 und 1573 anlässlich der Ratsveränderung erließen, 1572 der Kammermeister Leo Frey und der Zollschreiber Barthel Hoffmann, 1573 vor diesen beiden auch die Chorherren von Neumünster Dr. Johann Gelchsheimer und Georg Schleenried, zwei Räte des Fürstbischofs Friedrich von Wirsberg.[40] Die beiden Dekrete betrafen insgesamt zehn Einzelpunkte, von dem Stillschweigen über die Ratsverhandlungen über die Holzausgaben der Stadt und die Fenster und Löcher in der Stadtmauer bis zum Vorgehen gegen Gotteslästerung und zur Einschärfung des Messbesuchs.

Unter dem neuen Fürstbischof Julius Echter von Mespelbrunn hatten die Kommissionen 1574 und 1576, 1580 und 1581 Anlass, die zehn Punkte nochmals einzuschärfen, offensichtlich weil man ihnen nicht nachkam.[41] Der neue Landesherr forcierte darüber hinaus die obrigkeitliche Gegenreformation. Bereits 1577 verbot er den Bürgern von Heidingsfeld, auswärts evangelische Gottesdienste zu besuchen, was sich wohl gegen das benachbarte Reichenberg richtete, wo Wolf Bartholomäus von Wolfskeel die

Reformation durchführte. Gleichzeitig wurde ein neues Zinsregister der Pfarrei angelegt,[42] was mit äußerer Rechtswahrung zu begründen war, aber sicher auf konfessionelle Festigung zielte. Als 1581 Lienhard Hoffmann und Veit Kleinkauf aus dem Rat verstarben, konnte nur die Stelle des Ersteren durch Hans Summerschmidt wieder besetzt werden; für die Stelle des Letzteren ergab sich keine Einigung zwischen dem Rat, der Vorschläge machte, und der fürstbischöflichen Kommission, welche zustimmen musste, sodass man die Ratsstelle vorläufig unbesetzt ließ. Ärgerlich war dies besonders deshalb, weil die beiden Ratsherren Jörg Meier und Kilian Schüsselbinder kränkelten und deshalb zu Ratsämtern nicht herangezogen werden konnten.[43] Eine Bitte aber, die Wahl der Ratsherren gemäß altem Herkommen dem Rat selbst zu überlassen, lehnte Julius Echter ab, und zwar mit der eindeutigen Begründung, überall im Hochstift sollten jetzt verstorbene Ratsherren durch Katholiken ersetzt werden. Dagegen genehmigte der Landesherr am 14. September 1581, dass Nichtmitglieder zu Ratsämtern herangezogen werden durften, bei den Steinsetzern außer zwei Ratsherren einer der Viertelmeister und zwei aus der Gemeinde, bei den Mühlmeistern einer aus dem Rat und einer aus der Gemeinde, ebenso bei den Gotteshausmeistern, bei den Laubern einer aus dem Rat und einer der Viertelmeister. Das Gericht und die Steinsetzer in Heidingsfeld erhielten am 11. März 1583 jeweils eine neue Ordnung, und 1585 wurde Heidingsfeld ermahnt, keine Leibeigenen mehr ins Bürgerrecht aufzunehmen, auch nicht Leibeigene des Fürstbischofs. Gleichzeitig wurde dekretiert, dass nur noch Katholiken das Bürgerrecht bekommen durften.[44]

Neben und vor wirtschaftlichen, sozialen und rechtlichen Punkten erschien damit konfessionelle Konformität als Hauptziel der Regierungspolitik. Schon 1582 schärfte auf Befehl des Fürstbischofs der Schultheiß ein, bei Strafe von einem Pfund Wachs solle sich niemand während Messe und Predigt unter den Toren oder auf dem Kirchhof aufhalten, *alda gemeinlich der gröste Hauff steet*.[45] Viele Bürger und Einwohner gingen anscheinend pflichtgemäß zur Kirche, protestierten aber gegen den Pfarrer, den das Ritterstift St. Burkard bestimmte, und gegen den Prediger, den die Stadt Heidingsfeld bestimmte, indem sie während Messe und Predigt das Gotteshaus verließen. Solche Manifestationen lösten offenbar neue Geistliche aus, die der Fürstbischof durch das Ritterstift und die Stadt einsetzen ließ, um katholische Reformen durchzuführen. Dabei hatten sich 1580 Bürgermeister und Rat selbst beklagt, ihr Pfarrer lebe gar unordentlich und verhalte sich unfleißig. Die Stadt dokumentierte damit aber nur ihren guten Willen und schob die Schuld für Missstände dem Ritterstift St. Burkard als Patronatsherrn zu, das aufgrund des allgemeinen Mangels an qualifizierten Priestern kaum Abhilfe leisten konnte. Julius Echter ließ solche Entschuldigungen nicht gelten, sondern sorgte 1581 für die Einsetzung des Pfarrers Johann Auerbach, dem 1584 der bisherige Prediger Barthel Arweyler von Lautersheim im Stift Köln nachfolgte, während auf Befehl des Fürstbischofs der Schultheiß als neuen Prediger Daniel Stauber der Stadt aufzwang. Bei dem adeligen Stift St. Burkard konnte Julius Echter nicht so rigoros durchgreifen. Während er ernstlich verlangte, den Stiftsvikar Johann Beymer als Stadtpfarrer nach Heidingsfeld zu entsenden, schickte St. Burkard 1585 Johann Schnabel, der aus Ingolstadt in Bayern stammte, 1592 Johann Braun und 1594 Siegmund Wermerskirchen.[46] Prädikanten wa-

ren nach Barthel Arweyler Leonhard Gröning und Johann Hartmann.[47] Der Magister-
grad der neuen Geistlichen mochte ihre gute Ausbildung dokumentieren, wahrscheinlich an streng katholischen Universitäten wie Ingolstadt, doch ihre geringe Amtsdauer
setzte ihrer Wirksamkeit in der Gemeinde Grenzen. Immerhin begann Johann Auerbach 1581 die Ehematrikel, Johann Schnabel 1585 das Taufregister.[48]

Umso wichtiger war der obrigkeitliche Druck auf Rat und Bürger. Beim Begräbnis des
Akatholiken Kilian Seybott machten die Geistlichen Schwierigkeiten. Schließlich dekretierte der Fürstbischof, während der österlichen Zeit 1586 müsse das Sakrament nach
katholischem Ritus empfangen werden; alle Akatholiken müssten innerhalb bestimmter Frist ihr Eigentum verkaufen und das Hochstift verlassen. Neben anderen Bürgern
weigerten sich die Ratsherren Endres Woltz und Matthias Eckstein, die deshalb am 18.
April durch Hans Beyer und Clemens Konrad ersetzt wurden.[49] Weil die Frist zum Verkauf des Eigentums nicht ausreichte, bat die Stadt Heidingsfeld beim Domkapitel in
Würzburg um Verlängerung. Das Domkapitel wurde wirklich beim Fürstbischof vorstellig, formal aus Besorgnis vor Unrecht, real wohl weniger aus Sympathie für die Reformation, obwohl dies bei einigen Domherren nicht auszuschließen ist, sondern mehr
aus Solidarität innerhalb der adelig-bürgerlichen Führungsschicht des Hochstifts. Doch
Julius Echter wies die Intervention zurück mit dem Bemerken, er wolle seine Untertanen keineswegs zum Verkauf ihrer Güter zwingen, sondern nur gegen wenige Konspira-
teure und Verführer vorgehen. Um die gleiche Zeit wurde Heidingsfeld auch bei der
Reichsstadt Nürnberg vorstellig, die einst sein Pfandherr gewesen war und häufig seine
Beziehungen nach Böhmen vermittelt hatte, aber ebenso vergeblich, da die Befugnis
der Obrigkeit, einen konfessionell einheitlichen Untertanenverband zu erzwingen,
reichsrechtlich gestützt wurde. Wegen altersbedingter Schwachheit des Leibes und
wegen Abneigung gegen die katholische Religion wurde Jörg Meier am 11. September
aus dem Rat entfernt und durch Hans Büttner d. J. ersetzt. Damit war 1586 der Sieg der
Gegenreformation entschieden. Als der 1575 zum Ratsherrn erwählte Michel Beheim
im Spital verstarb, kam 1588 ohne weitere Probleme Klaus Kleinkauf an seine Stelle.[50]
Fortan funktionierte der Rat wie vom Landesherrn gewünscht, schärfte den Besuch der
Gottesdienste ein und erließ 1602 eine ausführliche Ordnung über die Messen und Prozessionen. Äußerer Gehorsam aber bedeutete noch lange nicht innere Überzeugung.
Gelegentlich brach die latente Opposition offen hervor. Wegen Injurien gegen den Rat
wurde 1602 Hans Schreiber bestraft.[51]

Um die Bürger und Einwohner innerlich für die katholische Konfession zu gewinnen, reichten weder äußerer Druck noch die guten Worte und der – vielleicht – vorbild-
liche Wandel der neuen Geistlichen, die katholische Reformuniversitäten absolviert
hatten. Julius Echter verließ sich nicht allein auf die Peitsche, sondern nutzte auch Zu-
ckerbrot. Dem Druck auf die Bürger, Einwohner und Bauern, entweder zu konvertieren
oder zu emigrieren, entsprachen Verbesserungen des Bildungswesens und der Kranken-
fürsorge. So begründete Julius Echter für das Hochstift in Würzburg die Universität und
das Juliusspital. In Heidingsfeld stellte er zugunsten der Armen und Kranken das Spital
St. Nikolaus wieder her; eine Inschrifttafel erinnerte daran (s. Abb. 305),[52] denn es genügte nicht, Gutes zu tun, sondern man musste auch darüber sprechen. Dadurch über-

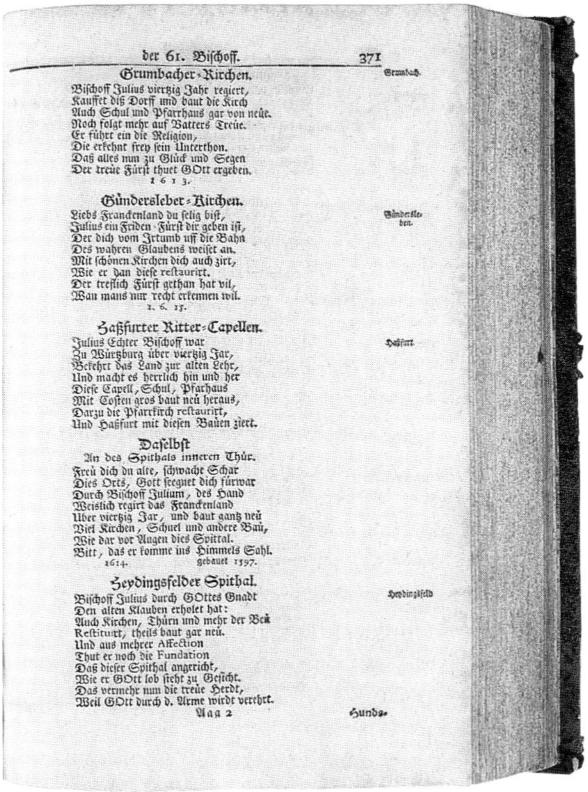

Abb. 305: Text der Bauinschrift des Fürstbischofs Julius Echter am Spital St. Nikolaus in Heidingsfeld (letzter Absatz).
(Gropp, Bd. 3, 1748, S. 371)

der 61. Bischoff.   371

Grumbacher-Kirchen.
Bischoff Julius vierzig Jahr regiert,
Kaufft diß Dorff und baut die Kirch
Auch Schul und Pfarrhaus gar von neü.
Noch folgt mehr auf Vatters Treüe.
Er führt ein die Religion,
Die erkehnt frey sein Unterthon.
Daß alles nun zu Glück und Segen
Der treüe Fürst thuet GOtt ergeben.
1 6 1 3.

Günderslebet-Kirchen.
Liebs Franckenland du selig bist,
Julius ein Friden-Fürst dir geben ist,
Der dich vom Irtumb uff die Bahn
Des wahren Glaubens weiset an.
Mit schönen Kirchen dich auch ziert,
Wie er dan diese restauirt.
Der trefflich Fürst gethan hat vil,
Wan mans nur recht erkennen wil.
1. 6. 15.

Haßfurter Ritter-Capellen.
Julius Echter Bischoff war
Zu Würtzburg über vierzig Jar,
Bekehrt das Land zur alten Lehr,
Und macht es herrlich hin und her
Diese Capell, Schul, Pfarhaus
Mit Kosten gros baut neü heraus,
Darzu die Pfarrkirch restauirt,
Und Haßfurt mit diesen Baüen ziert.

Daselbst
An des Spithals inneren Thür.
Freü dich du alte, schwache Schar
Dies Orts, GOtt seegnet dich fürwar
Durch Bischoff Julium, des Hand
Weislich regirt das Franckenland
Über vierzig Jar, und baut gantz neü
Viel Kirchen, Schuel und andere Baü,
Wie dar vor Augen dies Spital.
Bitt, das er komme ins Himmels Sahl.
1614.   gebaut 1597.

Seydingsfelder Spithal.
Bischoff Julius durch GOttes Gnadt
Den alten Klauben erholet hat:
Auch Kirchen, Thürn und mehr der Bek
Restaurirt, theils baut gar neü.
Und aus mehrer Affection
Thut er noch die Fundation
Daß dieser Spithal angericht,
Wie er GOtt lob steht zu Gesicht.
Das vermehr nun die treüe Herdt,
Weil GOtt durch d. Arme wirdt verehrt.
Aaa 2

trumpfte der Fürstbischof das 1571/72 vom Rat eingerichtete, bald durch Stiftungen und Vermächtnisse vermehrte Reichalmosen, das an ortsansässige Arme und Kranke in den vier Stadtvierteln Brot und Tuch ausgab.[53] Im Spital St. Nikolaus hatten seit 1516 keine Pfründner mehr gelebt, sondern die vom Rat bestellten Pfleger verwendeten Erträge zur Unterstützung der Armen. In der Stadt hatte man ein Haus des Spitals als Seelhaus eingerichtet, wo Arme bis zum Tod gepflegt wurden, gegen Anfall des Nachlasses an das Spital. Julius Echter kam nun 1585 mit der Stadt überein, das Seelhaus zu verkaufen und dafür den Spitalbetrieb bei St. Nikolaus zu erneuern. Dessen in Verfall geratene Baulichkeiten wurden von Grund auf erneuert. Zur Finanzierung verkaufte man den Einwohnern 132 Morgen Äcker des Spitals, was 2 004 Gulden ertrug, zog die Gefälle der Messpfründe St. Peter und Paul in der Spitalkirche heran und organisierte Zuschüsse, vom Fürstbischof selbst eher symbolisch 100 Taler, von dessen Kammeramt, vom Klosteramt, auch von der Stadt aus deren Kasten. Der Schultheiß Georg Riedner kümmerte sich um die Durchführung. Aufnehmen sollte das Spital in Heidingsfeld geborene oder daselbst wohnhafte, mit keiner ansteckenden Krankheit behaftete Katholiken, und zwar für ein ihrem Vermögen angemessenes Entgelt oder, im Fall gänzlicher Armut, unentgeltlich. Die beiden Spitalpfleger stellten, mit Rat des Fürstbischofs oder seines Schultheißen, einen Spital- oder Pfründmeister an, der das Haus leitete. Zwei besondere Stuben am Eingang des Hauses beherbergten über Nacht arme Pilger oder Bettler, beaufsichtigt, bekocht und beheizt durch einen Aufseher, den die Pfründner aus ihrem Kreis wählten. Der Besuch des Gottesdienstes in der Spitalkapelle oder in der Pfarrkirche, das Tischgebet vor und nach dem Essen sowie generell ein sittliches Betragen wurden ganz im Sinne der Gegenreformation ebenso eingeschärft wie die körperliche Reinlichkeit. Den Pfründnern wurden wöchentliche Reichnisse an Brot, Fleisch und Butter zugesichert, außerdem Bargeld zum Kauf von Eiern und Fisch. Die acht Pfründner speisten an einem Tisch und aus einer Schüssel, sofern nicht einzelne aufgrund von Krankheit oder Unreinlichkeit abgesondert werden mussten. Frauen sollten nach Anweisung der Pfleger und zum Nutzen des Spitals Flachs spinnen. Die fürstbischöfliche Spitalordnung 1616 schärfte die Fastenvorschriften ein. Gleichzeitig wurde dem an die Grenze seiner personellen Kapazität gelangten Rat gestattet, künftig einen der beiden Spitalpfleger aus der Gemeinde zu ernennen. Das Seelhaus in der Unterstadt, das 1604 Endres Schott und seine Gemahlin Ursula auf Befehl des Fürstbischofs kauften, und das Reichalmosen wurden organisatorisch verselbstständigt, die Güter des Spitals 1585 und erneut 1604 verzeichnet, die der Almosenpflege und des Siechhauses 1589.[54]

Für die Stadt schlossen 1594 und 1595 zwei Ordnungen mit 24 und 21 Punkten die obrigkeitlichen, administrativ-konfessionellen Reformen ab. Passiver Widerstand aber dauerte an. So musste 1594 erneut das Herumstehen auf dem Kirchhof während Messe und Predigt untersagt werden. Mit den Wortführern Hans Siegel, Georg Esel und Endres Ort beschwerte sich die Bürgerschaft 1597 vor dem Fürstbischof über den Rat wegen Ungerechtigkeiten bei Abgaben und Fronen. Obwohl konfessionelle Fragen nicht angesprochen wurden, darf man darin Erbitterung über die religiöse Situation sehen. Der Landesherr stärkte jedoch seinem nun eindeutig katholischen Rat den Rücken.[55] Eine Wiedererrichtung des Nonnenklosters Paradies, parallel zur Wiedererrichtung des Spitals St. Nikolaus, machte der Mangel an Novizinnen unmöglich. Immerhin ließ Julius Echter die Besitzungen sorgfältig verwalten und dem Salbuch, das der Schultheiß Georg Riedner 1571 angelegt hatte, 1586 Urkundenabschriften hinzufügen. Die Mobilien des ehemaligen Klosters übergab Julius Echter 1587 dem Spital St. Nikolaus, ausgenommen die Messgewänder, die auf dem Schloss Marienberg abgeliefert wurden. Die Einkünfte nutzte der Fürstbischof allerdings für seine Politik, beispielsweise 1595 für den Ankauf einiger Zehnten und Gefälle von den Niederadeligen Philipp Daniel und Philipp Jakob von Thüngen. Für den Fürstbischof verwaltete das Klosteramt 1624 der Heidingsfelder Ratsherr Endres Beyer, der die Einkünfte neu zusammenstellte.[56] So weit, das Klostervermögen für Seelsorge oder Kirchenbau einzusetzen, ging der gegenreformatorische Eifer am Ende nicht.

Das Vermögen vakanter Messpfründen behielt in der Regel der Patronatsherr, doch schloss Julius Echter 1597 die drei geringsten Messpfründen in Heidingsfeld, Corporis Christi und St. Anna in der Pfarrkirche sowie St. Marien im Nonnenkloster, zu einem einzigen Benefizium zusammen, um einen zusätzlichen Geistlichen vor Ort unterhalten zu können. Der Inhaber erhielt in der Pfarrkirche die gleichen Rechte und Pflichten wie die anderen Benefiziaten, sollte dem Pfarrer aushelfen und in der Klosterkirche dreimal wöchentlich zelebrieren, ebenso an deren Kirchweihfest, dem Sonntag nach Philippi und Jacobi (1. Mai), wobei besonders der Stifter und Wohltäter des Klosters zu gedenken war. Die Besoldung betrug stattliche 82 Gulden 5 Pfund 3 Pfennige im Jahr, dazu 8 Morgen Äcker und 3 Morgen Weinberge.[57] Ferner wurde die Pfarrkirche St. Laurentius instand gesetzt; sie hatte 1577 durch Christoph Glockengießer aus Nürnberg eine neue Glocke erhalten und bekam 1581 einen neuen Taufstein, und ihre Friedhofskapelle St. Michael wurde restauriert.[58] Die Baulast für die Pfarrkirche lag bei der Stadt, für das Pfarrhaus jedoch beim Stift St. Burkard. Strittig war sie für die Pfründenhäuser. Am Ende unterhielt der Rat die Häuser des Frühmessers, des Engelmessers und des Kirchners.[59] Die Pfarrkirche hatte elf Altäre, ein Orgelwerk, das 1672 als reparaturbedürftig galt, an Silber zwei Monstranzen, ein Ziborium, fünf Kelche und ein Reliquienkreuz; hinzu kamen Messgewänder und im Jahre 1672 über 20 liturgische Bücher: drei neue römische Chorbücher für den neuen Cantus, zwei römische und drei würzburgische Missale, vier mehr oder weniger gute Agenden, drei alte würzburgische Psalter, zwei Sommer- und drei Winterantiphonare nach würzburgischem Gebrauch und ein würzburgisches Graduale. Das zweistöckige Pfarrhaus mit seiner ummauerten Hofreite und Scheune lag am Kirchhof, ebenso die Häuser der vier Messpfründen in der Stadtpfarrkirche und der Vikarie St. Peter und Paul in der Spitalkirche. Außer Stuben, Kammern und Küchen verfügten sie alle über Böden für Getreide und Keller für Wein, da zu den Gefällen außer Geld auch Naturalien kamen. Ständig bewohnt waren die Pfründnerhäuser nicht mehr, denn außer dem Pfarrer lebte und wirkte gewöhnlich nur ein weiterer Geistlicher, der Prädikant als Inhaber der Frühmesse, in Heidingsfeld.[60] An den Sonn- und Feiertagen hielt der Pfarrer das Hochamt und die Frühpredigt, der Prädikant die Frühmesse und die Mittagspredigt, doch durfte er im Sommer an Stelle der Mittagspredigt die Jesuiten eine Kinderlehre halten lassen. Der Prädikant hielt einmal wöchentlich Messe im Spital. Unter Assistenz aller Benefiziaten hielt der Pfarrer an den Marienfesten, der Kirchweih zu Laurentii (10. August), Christi Himmelfahrt, Trinitatis, Fronleichnam und Allerheiligen Metten. Die Kirchweih zog zahlreiche trinkfreudige Besucher an, sodass der Rat bewaffnete Wächter bestellte, um für Ordnung zu sorgen.[61]

Gegenüber dem Stift St. Burkard als dem Patronats- und Zehntherrn, der im Zweifel die Rückendeckung des Landesfürsten genoss, hatte der im 16. Jahrhundert lange lutherischer Neigungen verdächtigte Rat von Heidingsfeld keinen leichten Stand, um die eigenen Rechte hinsichtlich der Kirchenpflegschaft, der Besetzung von Messpfründen und des Schulwesens zu wahren, wie sie aus dem Spätmittelalter überkommen waren. Erst bei der Neuorganisation des Kirchenwesens nach dem Dreißigjährigen Krieg konnte der inzwischen unzweifelhaft katholische Rat von Heidingsfeld Boden gutmachen. So verkaufte der Rat 1668 um 1000 Gulden der Gemeinde Wolkshausen die dortigen Gefälle der Vikarie St. Peter und Paul im Spital.[62] Wegen des Ausfalls vieler Einkünfte, weil Güter brachlagen oder mit großen Investitionen gegen Gültnachlass wieder in Kultur genommen werden mussten, kumulierte man Benefizien. So erhielt der Stadtpfarrer Nikolaus Vollmuth 1691 die drei durch Bischof Julius vereinigten Benefizien, 1692 die Pfründe St. Jodokus und Veit, 1694 das Engel-Frühmess-Benefizium. Dadurch entstand ein fühlbarer Mangel an Geistlichen in der Stadt, sodass der Rat den Pfarrer um Abstellung einiger Einkünfte für einen Kaplan ersuchte. In rechtlich ungesicherter Stellung

gerieten die Kapläne sofort in Streitigkeiten mit den Pfarrern. Jetzt unterstützte der Rat
die Kapläne gegen die von St. Burkard eingesetzten Pfarrer, nach Nikolaus Vollmuth
1705 Johann Valentin Hepp, 1729 Georg Richard Öhninger, 1742 Lothar Eberhard Becker und 1751 Johann Adam Emmert. Dazu präsentierte der Rat auf die Pfründe St. Jodokus und Veit 1697 den Kaplan Andreas Hermann, auf die Engel-Frühmesse 1712 den
Kaplan Johann Bernhard Konrad. Während sich die Pfarrer auf die Gewohnheit beriefen, kraft deren die Messpfründen mit der Stadtpfarrei vereinigt seien, pochte der Rat
auf sein Präsentationsrecht, als Fürstbischof Karl Philipp von Greiffenclau zu Vollraths
1750 zu einer geistlichen Visitation nach Heidingsfeld kam. Bei nächster Gelegenheit
präsentierte der Rat 1751 den aus Heidingsfeld stammenden bischöflichen Fiskal Kaspar
Arnold Baum, der sich trotz seines hohen Amtes jedoch gegen den neuen Pfarrer auf
der geistlichen Regierung nicht durchsetzte.[63] Die Errichtung einer Kaplanei auf dem
Benefizium St. Anna wurde 1764 dekretiert, doch reichten die Einnahmen nicht. Erst
1790 wurde in aufgeklärtem Eifer die Vereinigung der Benefizien St. Anna und St. Jodokus und Veit mit der Stadtpfarrei angeordnet, damit der Pfarrer sich einen Kaplan halten konnte.[64]

Die an sich nicht unbeträchtlichen Pfarreinkünfte fielen aufgrund der 1355 erfolgten Inkorporation überwiegend an St. Burkard. Der Sold von 30 Gulden und 1 Fuder 3
Eimern Wein, den das Stift darbot, hob die Einnahmen des Pfarrers nur mit Mühe auf
ein Niveau, das dem vergleichbarer Stellen entsprach.[65] Deshalb bemühten sich die
Pfarrer, weitere Pfründen in Heidingsfeld selbst oder bessere Stellungen anderwärts zu
erlangen. Nur wenn der Pfarrer zusätzlich in Heidingsfeld die Engelmesse und die drei
durch Bischof Julius vereinigten Messpfründen besaß, kam er auf ähnliche Einkünfte
wie der Prädikant, der neben seiner Frühmesse gewöhnlich die Vikarie St. Peter und
Paul im Spital besaß.[66] Dabei hatte der Pfarrer von Amts wegen erheblich größere Ausgaben als der Prädikant, an den Schulmeister und den Kirchner, vor allem aber für
Messwein.[67] Guten Beziehungen zwischen Pfarrer und Prädikant musste diese Situation
abträglich sein. Deshalb strebten besonders Universitätsabsolventen bald wieder aus
Heidingsfeld weg. Zwischen 1585 und 1685 waren Magistertitel fast durchgängig belegt,
was die Qualitätsanforderungen und das Bemühen des Ritterstifts unterstreicht, diesen
nachzukommen. Zwei Pfarrer in Heidingsfeld waren sogar Doktoren der Theologie, Michael Heim 1664–1672 und Jakob Werner Thein 1762–1785. Doch nur wenige Pfarrer
wie 1705 Nikolaus Vollmuth starben in Heidingsfeld. Vielmehr wurden Georg Richard
Öhninger 1742 Pfarrer zu Gau-Eßfeld, Lothar Eberhard Becker 1751 Juliusspital-Pfarrer
und Kanoniker im Stift Haug, Johann Adam Emmert 1762 Pfarrer zu St. Peter in Würzburg und geistlicher Rat, Johann Philipp Ernst Ehlen 1790 Pfarrer zu Oberpleichfeld,
Letzterer im Tausch mit Johann Nepomuk Adam König, der bis 1808 in Heidingsfeld
amtierte und dann nach Oellingen versetzt wurde.[68] Wegen der hohen Fluktuation der
Pfarrer kam den Kaplänen große Bedeutung zu, doch auch dort wechselten die Inhaber
häufig. Inhaber der Frühmesse in Heidingsfeld war ab 1782 der aus Heidingsfeld gebürtige Exjesuit Franz Münch.[69]

Das Schulwesen finanzierte und beaufsichtigte wie im Spätmittelalter in erster Linie
der Rat; der Pfarrer wirkte daran kaum mit. Ein Schulmeister, später Rektor genannt,

und ein Kantor unterrichteten Deutsch und Latein. Kamen Beschwerden wie 1576 wegen unfreundlichen Verhaltens gegenüber den Kindern, so führte der Rat die Untersuchung. Mit den Geistlichen mussten Schulmeister wie Kantor bei Gottesdiensten zusammenarbeiten, was anscheinend kaum Probleme aufwarf, insbesondere nach der Gegenreformation. Schwieriger war die Finanzierung, die außer auf dem Schulgeld vor allem auf der festen Besoldung durch den Rat beruhte. Sie betrug 1576 für den Schulmeister Magister Johann Rieter von Heckstatt im Stift Halberstadt, den ein Schreiben des fürstbischöflichen Fiskals dem Rat empfohlen hatte, 80 Gulden und für den vom Schulmeister vorgeschlagenen Kantor Georg Kernle, Sohn des verstorbenen Bürgers Hermann Kernle, 30 Gulden. Gern hätte der Rat dazu auf unbesetzte Messpfründen zurückgegriffen, doch Versuche in dieser Richtung erwiesen sich nicht als dauerhaft, da der Landesherr das Pfründengut dem Klerus vorbehielt. Immerhin konnte das Engelmesserhaus am Kirchhof dem Schulmeister zugewiesen werden. Dort wurde die große Knabenschule abgehalten. Das Haus hatte zwei Stockwerke, eine große Stube für die Kinderlehre, eine kleine Stube als Wohnung für den Schulmeister und einen Keller ohne eigene Fässer. Der Kantor dagegen zog mit seiner Magd in das Schulhaus neben der Stadtschreiberei.[70] Wenn die Feldarbeit im Winter ruhte, kamen 80, sonst 40 Kinder. Schulgeld wurde nicht für Latein, wohl aber für Deutsch erhoben und betrug sieben Solidi (Schillinge) pro Quartal; von der Einnahme, um 1672 gewöhnlich zwölf Gulden, fielen zwei Drittel an den Schulmeister und ein Drittel an den Kantor. Wie wenig Priorität der Rat der Schule beimaß, zeigt der Rückgang bei der Besoldung, die für den Schulmeister jetzt auf 50 Gulden gesunken war, wozu allerdings Präsenzgelder und Getreide kamen, anfangs 2 Malter, später nur noch 1,5 Malter Korn. Hier musste der Landesherr eingreifen. Im Jahr 1786 besuchten die Schule immerhin 240 Kinder, und der Rektor erhielt 226, der Kantor 128 fränkische Gulden Gehalt.[71] Da sich die Bevölkerung unterdessen keineswegs vervierfacht hatte, dürften Bemühungen der aufgeklärten Obrigkeit um besseren Schulbesuch Wirkung gezeitigt haben.

Wirtschaftliche Verhältnisse vor und nach dem Dreißigjährigen Krieg

Zu Bevölkerungszahl und -entwicklung liegen Daten für Gült- und Zinspflichtige vor, frühneuzeitlich zudem für Steuer- und Militärpflichtige sowie zu Taufen, Heiraten und Begräbnissen, damit erstmals Frauen und Kinder einschließend. Dennoch zählen das 16. bis 18. Jahrhundert zur vorstatistischen Zeit, sodass mehr als Näherungswerte nicht gegeben werden können. Trotz der Nähe zu und der Konkurrenz mit Würzburg hielt Heidingsfeld mit rund 300 Untertanen und 1000 Seelen, gegen Ende des Alten Reiches anwachsend auf rund 410 Untertanen und 1700 Seelen, einen vorderen Platz unter den Landstädten des Hochstifts. Der Dreißigjährige Krieg änderte daran wenig, zumal seine demografischen Folgen offenbar nicht so schwer wogen wie in anderen Teilen Frankens. Ein Ämterverzeichnis aus dem Jahr 1530 gibt die steuerpflichtigen Hintersassen bei Heidingsfeld leider nicht für die Stadt, sondern nur für das fürstbischöfliche Kammeramt. Nächst Neustadt an der Saale, Trimberg, Arnstein, Karlburg und Königshofen,

aber vor Haßfurt, Gerolzhofen und Rothenfels zählte damals das Kammeramt Heidingsfeld mit 578 Untertanen in acht Orten zu den wichtigeren Bezirken des Hochstifts. Seine Orte Sulzfeld am Main, Kürnach, Zellingen, Ober- und Unterleinach, Kist, Waldbüttelbrunn und Kleinrinderfeld lagen teilweise weit entfernt von der Stadt und hatten zu
Heidingsfeld kaum Bezüge. Später blieben bei dem Amt nur Kist, Waldbüttelbrunn und
Kleinrinderfeld; neu hinzu kamen Eßfeld und Gerbrunn.[72] Im Jahr 1530 hatten vier
Städte im Hochstift deutlich mehr, vier Städte etwa gleich viele und zehn Städte teils
deutlich weniger fürstbischöfliche oder domkapitelische Untertanen:

Karlstadt	457	Mellrichstadt	252
Meiningen	412	Lauda	242
Neustadt an der Saale	396	Eibelstadt	205
Ochsenfurt	357	Frickenhausen am Main	160
		Röttingen	144
Haßfurt	321	Eltmann	127
Gerolzhofen	295	Arnstein	124
Königshofen im Grabfeld	283	Stadtlauringen	102
Iphofen	275	Fladungen	86
		Bischofsheim vor der Rhön	80

Auf den Landtagen rangierte Heidingsfeld, wo im Jahr 1573 292 Bürger die Erbhuldigung leisteten, nach Würzburg, Ochsenfurt, Gerolzhofen und Karlstadt, aber vor Neustadt, Haßfurt, Arnstein und Volkach.[73] Die Pfarrbeschreibung von 1672 rechnete mit
mehr als 1000 Kommunikanten. Um 1700 hatte die Stadt nach wie vor etwa 300 Bürger; Ungeld und Akzise ertrugen 414 Gulden; das Amt hatte damals außer der Stadt
sechs Dörfer und einen Hof, gab als einfache Schatzung monatlich 126 Reichstaler 9
Batzen, als Akzise und Ungeld 540 Gulden, als Rauchpfund jährlich 526 Pfund.[74] Im
Jahr 1798 zählte das Amt, bestehend aus der Stadt und den fünf Dörfern Kist, Waldbüttelbrunn, Kleinrinderfeld, Eßfeld und Gerbrunn, 3771 Seelen in 843 Häusern. Andernorts hatte die Bevölkerung des Hochstifts während des 18. Jahrhundert anscheinend
wesentlich stärker zugenommen, sodass Heidingsfeld nun weit abgeschlagen rangierte,
sogar hinter ländlichen Ämtern wie Aschach, Bischofsheim, Gemünden, Homburg am
Main, Kitzingen, Röttingen oder Trimberg. Das Städtchen selbst hatte 460 Häuser und
nach der Konskription von 1797 1975 Seelen, darunter 1694 Christen und 281 Juden,
die über 50 Haushaltungen stellten.[75] Der Durchschnitt der Personen pro Haus lag in
der Stadt leicht niedriger als auf dem Land, was auf eine restriktive Praxis des Rates bei
der Genehmigung von Ansiedlungen schließen lässt. Mochte der Fürstbischof mehr
Menschen in seinem Land wünschen, der Rat sorgte sich vor allzu raschem Wachstum,
das die Nahrungsbasis schmälerte und Konkurrenzkämpfe verursachte.

Die Einwohner von Heidingsfeld waren keineswegs alle Bürger, geschweige denn
Ratsbürger. Wer nur Einwohner war, gehörte jedoch nicht automatisch zur Unterschicht. Vielmehr gab es darunter Geistliche, Adelige und bürgerliche Beamte des Fürst-

Abb. 306: Aufgedrücktes Papiersiegel
der Stadt Heidingsfeld
an einer Urkunde von 1686.
(StAW, WU 51/183)

bischofs wie anderer Herrschaften. Tonangebend waren dennoch die Familien der Ratsherren, denen ihre Stellung neben vielen Belastungen manche Vorteile verschaffte, vor allem bei Darlehen und Pfründenvergaben. Bisher sind sie leider nicht systematisch erforscht. Dass die Familie Steinmetz zu Anfang des 16. Jahrhunderts hervorragt, rührt allerdings von der Tätigkeit des Dr. Eucharius Steinmetz für den Fürstbischof her. Margarethe, dessen Witwe, nahm 1528 bei der Stadt 300 Gulden Kapital auf gegen 15 Gulden Zins. An Helena Steinmetz, Priorin von St. Agnes in Würzburg, verkaufte die Stadt 1543 um 100 Gulden einen Zins von 5 Gulden. Um das Darlehen an Margarethe abzulösen, nahm die Stadt 1549 bei dem fürstbischöflichen Zoll- und Kammerschreiber Johann Woltz und dessen Gemahlin Anna 300 Gulden auf und verschrieb ihnen 1551 15 Gulden Zins, der 1589 für Adam Woltz durch dessen Kurator, den Landgerichtsprokurator Magister Friedrich Brosamer, abgelöst wurde.[76] Welche Adeligen und Beamten sich in Heidingsfeld niederließen, überliefern die städtischen Archivalien nicht systematisch. Erwähnt seien Johann Schultheiß, der 1545 vom Fürstbischof Melchior ein Viertel des Zehnten zu Schraudenbach kaufte, und der Junker Veit Modschiedler mit Gemahlin, die einen Hof und Weingärten in Heidingsfeld 1567 um 120 Gulden an Stift Haug gegen sechs Gulden Jahreszins veräußerten. Solche Personen besiegelten gelegentlich an Stelle der Stadt Urkunden von Bürgern, so 1564 der Junker Albrecht Haberkorn.[77] Der Rat von Heidingsfeld achtete darauf, dass bei Verkäufen die Steuerpflicht erhalten blieb, indem die Transaktionen in den Gerichtsbüchern oder, im 18. Jahrhundert, in eigenen Büchern verzeichnet wurden.[78] Steuerfrei gegenüber der Stadt und nicht zur Erbhuldigung gegenüber dem Fürstbischof verpflichtet waren außer dem Zehnthof des Stifts St. Burkard lediglich drei Freihöfe; einer davon gehörte zur alten

Burg, und Johann Christoph von Berlichingen erwarb auch den Freihof der Witwe Modschiedler, den zuvor die Zobel besessen hatten und dessen Gülten an Neumünster und das Augustinerkloster zu entrichten waren.[79] Der Rat verzeichnete Aufnahmen in das Bürgerrecht und Ansässigmachungen, Verehelichungen, besonders die in der kleinen Gemeinde häufigen kirchenrechtlich problematischen Verwandtenehen, Vormundschaften, welche er über Bürgerkinder ausübte, und Handwerksgesellen, die in Heidingsfeld beschäftigt wurden. Für die Dienstboten erließ der Rat 1596 einen Verhaltenskodex. Bettler und anderes Gesindel sollten die Torwächter abweisen. Neubürger mussten eine erhebliche Gebühr bezahlen und versichern, dass sie an ihrem früheren Wohnort keine offenen Verbindlichkeiten hinterlassen hatten, aus denen Heidingsfeld Nachteile entstehen konnten. Der Rat behielt die Aufsicht über die Bürger und Einwohner, auch wenn Ordnungen gegen Sittenverfall und Luxus, für standesgemäßes Verhalten bei Taufen, Hochzeiten und Beerdigungen für das Hochstift einheitlich formuliert und in Heidingsfeld durch den Rat nur auftragsgemäß umzusetzen waren.[80]

Der Grundbesitz in der Stadt und in der Markung bestand aus Höfen und Häusern, Äckern, Wiesen und Weingärten, welche teils Gülten an einen Grundherrn entrichteten und von ihm verliehen wurden, was nicht mit adeligem Lehen verwechselt werden darf, teils freieigen waren. Sowohl auf Gültgüter als auch auf freieigene Güter konnte man Darlehen aufnehmen und Zinse verschreiben, nur hatten der Grundherr und etwaige weitere Zinsherren zuzustimmen.[81] Durch Zinsverschreibungen konnten Besitzverhältnisse sehr komplex werden. Aus Aufzeichnungen einzelner Grund- und Zinsherren geht dies gewöhnlich nicht hervor, und eine systematische Auswertung aller Heidingsfeld betreffenden derartigen Aufzeichnungen steht noch aus. Gelegentlich beleuchten aber Darlehensverträge die Situation. Beispielsweise liehen sich 1534 die Bürger Heinz und Katharina Sturm 20 Gulden vom Schultheißen Endres Büttner und setzten als Sicherheit ihre Behausung, in welche Klaus Zeller und Hans Hanf Zins entrichteten, doch war die Behausung ihrerseits zinspflichtig an die Johanniter in Würzburg, deren Komtur darum zustimmen musste.[82] Wichtigster Grund- und Zinsherr in Heidingsfeld war der Fürstbischof. Parallel zur Übernahme der Pfandherrschaft ließ Bischof Lorenz von Bibra 1508 die seinem Hubgericht unterstehenden 73 Huben aufzeichnen, was 1579 erneuert wurde; die Güter zum Königszins wurden 1551 und 1604 verzeichnet. Ein fürstbischöfliches Salbuch wurde 1595 angelegt und 1690 erneuert.[83] Neben dem Landesherrn hatten die Stadt, ihre geistlichen Institutionen, ihre Bürger und Einwohner Gült- und Zinsgüter. Hinzu kam eine stattliche Reihe von älteren und jüngeren geistlichen Institutionen in Würzburg, das Domkapitel mit seinem Präsenz-, Pforten- und Bauamt, die Vikarierbruderschaft am Dom, die Stifte Neumünster und Haug, die Benediktiner von St. Stephan, das Schottenkloster St. Jakob, die Johanniter, die Karmeliten, die Kartause Engelgarten, die Benediktinerinnen von St. Afra und von St. Ulrich, die Dominikanerinnen von St. Marx, die Reuerinnen, das Bürgerspital, die Marienkapelle am Marktplatz, die Liebfrauenbruderschaft und, ebenfalls neuerdings, das Juliusspital,[84] ferner außerhalb von Würzburg die Zisterzienser von Bronnbach, Ebrach und Waldsassen, die Zisterzienserinnen von Himmelspforten, die Prämonstratenserinnen zu Unterzell, die Benediktinerinnen von Kitzingen, die Benediktiner vom

Michelsberg zu Bamberg, die fuldische Benediktinerpropstei Solnhofen und, ebenfalls neuerdings, die nach dem Ankauf von Castell rekatholisierte Pfarrei Gerbrunn.[85] Den Hof des Klosters Waldsassen beim Klingentor und den zugehörigen Grundbesitz in Heidingsfeld veräußerte der Klosteradministrator Johann, Erzbischof von Lund, 1544 an den Fürstbischof Konrad von Bibra, der dies im gleichen Jahr um die gleiche Summe von 1 400 Gulden dem Rat der Stadt Heidingsfeld weiterverkaufte. Der Rat verlieh zahlreiche Grundstücke an Bürger und Einwohner, insgesamt 156 Personen, darunter natürlich auch Ratsherren.[86] Da Solnhofen markgräflicher Landeshoheit unterstand und seit dem 16. Jahrhundert durch markgräfliche Amtleute verwaltet wurde, ergaben sich Spannungen, die man 1742 durch einen Vertrag bereinigte.[87] Außer solchen geistlichen Institutionen waren Adelige in Heidingsfeld begütert, unter anderem die Seckendorff, deren Hof später die Guttenberg übernahmen.[88] Für den Landesherrn noch wichtiger als Gülten und Zinse, welche die Kellerei verwaltete, waren die Steuern, die der Rat einzog. Im 16. Jahrhundert von Fall zu Fall im Auftrag des Reiches vornehmlich für die Abwehr der Türken eingeführt, wurden die Steuern im 17. Jahrhundert zur ständigen Einrichtung. Über Steuer und Schatzung unterrichten Listen vom frühen 16. Jahrhundert und dann wieder nach dem Dreißigjährigen Krieg. Für die Steuererhebung wurden seit 1541 Güterbeschreibungen angelegt.[89] Im Laufe der Zeit kamen Kontributionen, Einquartierungen und Konskriptionen hinzu. Das 18. Jahrhundert verfeinerte die Aufzeichnungen erheblich, nicht nur beim Landesherrn,[90] sondern auch bei der Stadt und ihren Einrichtungen wie dem Spital und der Almosenpflege.[91]

Eine besondere Rolle in der Stadt spielten die Inhaber der alten Burg und aufgrund seiner Pfarrei- und Zehntrechte das Stift St. Burkard. Die alte Burg hatte Fürstbischof Lorenz von Bibra 1512 einem Vetter des bekannten Götz mit der eisernen Hand (1480–1562), dem Ritter Gottfried von Berlichingen, verpfändet, der sich bei den Verhandlungen mit Böhmen um die Pfandauslösung verdient gemacht hatte. Fortan blieb die Burg im Besitz der Familie. Auf Gottfried, der 1531 starb, folgte sein Sohn Johann Christoph I., der die Burg 1546 von Fürstbischof Melchior Zobel zu Lehen empfing, und diesem noch im gleichen Jahr sein Sohn Johann Christoph II. Der Burgbesitzer behauptete 1549 vom Vorhof, er sei Zubehör und einst durch eine Mauer umschlossen und abgegrenzt gewesen, während die Stadt Heidingsfeld ihn für öffentlich erklärte. Der Vorhof sei ihr Eichplatz gewesen, bis man um 1530 die neue Eich einrichtete; die Stöcke und Schwellen als Auflage für die Eich seien noch zu sehen. Dort hätten auch die Schützen mit ihren Büchsen und Armbrüsten geübt, wie Einschusslöcher in der Stadtmauer zeigten. Ferner diene der Vorhof gewöhnlich als Lager für Zimmer- und Bauholz, wenn ein Bürger bauen wolle. Auf Johann Christoph II. folgte 1570 sein Sohn Johann Christoph III., der bestritt, dass der Mühlbach schon immer durch den Burgbereich geflossen sei. Die Stadt Heidingsfeld dagegen bestritt, dass die Burg schon immer an ihre Stadtmauer angestoßen sei. Zwischen 1557 und 1561 ließ Sebastian Geyer von Giebelstadt viermal die Örtlichkeiten besichtigen und Zeugen befragen. Gegen das Urteil des Landgerichts appellierte Johann Christoph an das Reichskammergericht, willigte nach seiner Annahme in Heidingsfeld 1586 als Amtmann in einen Schied, den der Amtmann zu Lauda Marschalk von Pappenheim und Licentiat Andreas Schultheiß durchführten, lehnte aber den Schiedsspruch 1589 ab. Rufina von Berlichingen, eine geborene Rüdt von Kollenberg, besaß 1609 ein Bürgerhaus in der Klingengasse, für das sie sich gegenüber dem Rat von Heidingsfeld zu den üblichen Steuern und Abgaben verpflichtete. Johann Christoph III. empfing zuletzt 1618 seine Lehen und starb am 13. November 1620 ohne männliche, lehnsfähige Erben. Der Fürstbischof zog deshalb die Lehen als heimgefallen ein und nutzte die alte Burg in Heidingsfeld fortan für seine Kellerei.[92]

Dem Ritterstift St. Burkard standen aufgrund der Pfarrei die Zehnten zu. Das Stift zog den Weinzehnten ganz, den Getreide- und Heuzehnten zu zwei Dritteln selbst ein; ein Drittel des Getreide- und Heuzehnten überließ es dem Pfarrer. Kleinzehnten wurden zwar 1524 noch eingeschärft, aber später nicht mehr erhoben.[93] Darüber hinaus hatte St. Burkard Gültgüter, die erblich als Lehen ausgegeben waren, darunter Weingärten, wegen des Fischfangs bedeutsame Altwasser am Main und nicht zuletzt Waldungen. Das Stift betrieb in Heidingsfeld seinen Zehnthof, einen großen und einen kleinen Keller und eine Försterei.[94] Verliehen hat das Stift seine Gültgüter vornehmlich an Bürger und Einwohner von Heidingsfeld, aber auch an stiftische Bedienstete, 1678 einen Morgen Weinberg an seinen Amtmann Lanius, 1698 zwei Morgen öden Feldes bei der alten Kapelle St. Wendelin und 1710 0,5 Morgen Feld in der Schweinau an seinen Förster Friedrich Hannbaum.[95] Man kann sich vorstellen, dass solche Nachbarn in Heidingsfeld nicht immer beliebt waren. Hinzu kamen Streitigkeiten wegen der Zehnten 1585 und 1596 während der Gegenreformation, dann während des Wiederaufbaus nach dem Dreißigjährigen Krieg 1679/80 und 1693, insbesondere beim Wein- und Getreidezehnt. Im 16. Jahrhundert meist durch Vertrag zwischen Stift und Stadt geregelt, erließ im 17. Jahrhundert der Fürstbischof Dekrete über die Zehntangelegenheiten. Wegen des Zehnten in Heuchelheim schloss das Stift 1547 einen Vertrag mit Philipp von Wolfskeel und erwirkte 1644 ein Dekret der fürstbischöflichen Regierung.[96]

Die Bürger und Einwohner lebten vom Getreide- und Weinbau, der Viehzucht und Fischerei, dem Handwerk, das Nahrungs- und Genussmittel sowie Werkzeuge für Haus und Hof herstellte, und schließlich vom Handel zu Schiff auf dem Main oder zu Lande mit Fuhrwerken.[97] Die Handwerker erhielten 1616 eine Rahmenordnung für das ganze Hochstift, in Heidingsfeld die Metzger 1582, die Bäcker und Müller 1630 eine Spezialordnung. Insgesamt bestanden in Heidingsfeld elf Zünfte der Bäcker, Müller, Häcker, Maurer, Schneider, Schuhmacher, Schreiner, Drechsler, Glaser, Wagner und Schmiede. Viele Berufe waren so wenig zahlreich, dass mehrere von ihnen gemeinsam Geschworene bestellten.[98] Die Inhaber von 73 Huben bildeten, anscheinend seit dem stauferzeitlichen Landesausbau, eine eigene Genossenschaft mit Gerichtsbarkeit, einem niederadeligen Hubrichter, zwei Lehensträgern und mehreren, aus ihrem Kreis gewählten Ältesten. Schon vor 1508 hatten die Hubner dem Fürstbischof unterstanden, der sie seit der zweiten Hälfte des 16. Jahrhunderts durch seinen Amtmann verwalten ließ.[99] Im Alltag der Stadt spielten die drei Wirte und die drei Müller eine besondere Rolle. An Wirtshäusern bestanden der Alte Hof, der Neue Hof und die Kellerei, die der Rat 1570 vom Fürstbischof gekauft hatte.[100] Zwei Mühlen rührten vom Stift Neumünster zu Lehen, doch stellte der Rat die Lehnsträger, was 1557 bestätigt wurde; die Bachmühle ging vom Nonnenkloster Paradies zu Lehen. Nicht mehr der Rat, sondern der Fürstbischof erließ 1562 die neue Getreide- und Mehlordnung. Im Dreißigjährigen Krieg wurde eine Pulvermühle angelegt.[101] Der Main wurde nicht nur für Mühlen genutzt, sondern auch als Verkehrsweg und für die Fischerei. Die Mainfähre gehörte dem Kloster Kitzingen; die Schiffslände kontrollierten die Inhaber der alten Burg, 1532 Johann Christoph von Berlichingen.[102] Altwasser und Wiesen am Main kaufte die Stadt Heidingsfeld 1536 um 300 Gulden von Georg Span zu Würzburg, doch Lehensherren waren hier das Stift St. Burkard und wie bei den Mühlen das Stift Neumünster. Streitigkeiten über die Fischweide zwischen dem Stift Neumünster als Lehensherren und der Stadt Heidingsfeld als Lehensträger einerseits, dem Fischerhandwerk zu Würzburg andererseits entschied 1601 Fürstbischof Julius Echter, sodass ein Vertrag zwischen der Stadt und der Fischerzunft zustande kam.[103]

In der Markung, 1597 ohne die Waldungen gerechnet auf 1870 Morgen weniger 1 Viertel Weingärten, 159 Morgen Wiesen und 1388,5 Morgen 0,5 Viertel Äcker, gab es eine Sandgrube, eine Ziegelhütte und einen Steinbruch,[104] doch diente die Markung bevorzugt dem Viehtrieb, besonders der Schäferei. Das städtische Schafhaus war eine eindrucksvolle Anlage, die dem Wert nach 1802 mit 1600 Gulden zusammen mit dem Stadtschreiberhaus an zweiter Stelle nach dem Rathaus mit 2000 Gulden rangierte. Die Stadt verpachtete den Heuchelhof mit 300 Morgen Äckern in drei Feldern und nutzte dessen Markung für die Schäferei. Nachbarliche Streitigkeiten ergaben sich mit den Wolfskeel zu Reichenberg. So mussten 1544 die fürstbischöflichen Räte zwischen Philipp von Wolfskeel zu Rottenbauer und der Stadt Heidingsfeld urteilen.[105] Die Waldungen umfassten 1597 an Eichen 2193 Morgen 30 Gerten, an Tannen 593,5 Morgen 74 Gerten, 1609 an Eichen 2193 Morgen 30 Gerten, an Tannen 538 Morgen 64 Gerten; im Jahr 1753 wurden sie durch fünf Geschworene im Beisein einer dreiköpfigen Ratsdeputation und des Försters auf zusammen 2356 Morgen gemessen. Bürger und Einwohner erhielten daraus Brenn- und Bauholz. Zum Bauen verwendbare Stämme brachten der Stadt mitunter beträchtliche Einnahmen.[106] Zu den frühneuzeitlich oft strittigen Rechten zählte die Jagd, besonders die hohe Jagd auf Rot- und Schwarzwild, ein standesgemäßes Vergnügen aller Adeligen weltlichen und geistlichen Standes, das Macht demonstrierte. Die Bürger und Einwohner von Heidingsfeld mussten hier zurückstehen, selbst bei der niederen Jagd auf Hasen oder Hühner und beim Vogelstellen. Ihnen entgingen damit nicht nur seltene Braten, sondern sie durften sich nicht einmal gegen Wildschaden wehren. Wie beim Viehtrieb kam es besonders mit dem benachbarten Reichenberg immer wieder zu Zwischenfällen, ungeachtet der Verträge, durch welche die Fürstbischöfe 1572 und 1586 den Wolfskeel außerhalb des Zauns, aber innerhalb der Markung auf bestimmten Örtlichkeiten das kleine Waidwerk zugestanden. Wegen des Holzeinschlags in dem Wald mit dem sprechenden Namen Hadertanne, des Vogelstellens und des Schaftriebs unterlag die Stadt Heidingsfeld 1529 gegen die Wolfskeel vor dem adeligen Landgericht, siegte aber 1532 vor dem fürstbischöflichen Hofgericht sowie mit Unterstützung ihres Landesherrn 1549 und 1588 vor dem Reichskammergericht. Doch abgenommene Flinten musste der Ritter Philipp Jakob von Wolfskeel noch 1751 aufgrund kaiserlichen Mandats zurückgeben.[107] Das Ritterstift St. Burkard besaß ebenfalls umfangreiche Waldungen bei Heidingsfeld, ließ dort seinen Oberförster wohnen, mit zehn Gulden und fünf Maltern Korn besoldet, musste aber nach langen Querelen die hohe Jagd ausschließlich dem Landesherrn zugestehen; nur an der niederen Jagd wahrte es durch Rezess mit Fürstbischof Friedrich Karl von Schönborn 1735 einen Anteil.[108] Wegen der Trieb- und Jagdrechte, aber auch wegen der Zehnten musste die Markung stets genau versteint sein, was gelegentlich erneuert wurde. Die Streitigkeiten mit Würzburg, das sein Vieh auf von Heidingsfeld beanspruchtem Gebiet weiden ließ, dauerten mit unverminderter Heftigkeit an. Tätlichkeiten und Pfändungen blieben an der Tagesordnung, bis die Stadt Würzburg 1660 für 800 Gulden die Heidingsfelder Rechte am Nikolausberg aufkaufte und dadurch den Wasserlauf im Steinbachtal zur Markungsgrenze machte.[109]

Nähere Quantifizierungen zu Landwirtschaft, Gewerbe und Handel sind beim jetzigen Stande der Forschung nicht möglich, obschon die Quellenlage nicht ungünstig ist, denn Rat und Amt beaufsichtigten wirtschaftliche Aktivitäten wie das Mahlen des Getreides, den Ausschank von Wein und Bier oder den Transport zollpflichtiger Waren.[110] Die wirtschaftliche Lage in Heidingsfeld war trotz ungebrochener Agrarkonjunktur nach dem Bauernkrieg keineswegs befriedigend. Wegen der großen Armut der Leute beschloss die Stadt 1580/81 sogar, die Türkensteuer nicht von den einzelnen Steuerpflichtigen einzuziehen, sondern dem Fürstbischof pauschal von ihrem Kornamt 200 Gulden zu überweisen.[111] Im Dreißigjährigen Krieg teilte Heidingsfeld die Schicksale der Stadt und des Hochstifts Würzburg, wurde im Oktober 1631 von den Schweden besetzt, im Juni 1633 als Lehen an Herzog Bernhard von Weimar gegeben, jedoch nach der Schlacht bei Nördlingen vom 6. November 1634 zurückerobert, sodass die fürstbischöfliche Verwaltung zurückkehrte. Seit dem Prager Frieden 1635 war das Hochstift nicht mehr grundsätzlich gefährdet, doch litt Heidingsfeld unter Truppendurchzügen und Einquartierungen, zuletzt 1645 durch französische und schwedische Soldaten des Obersten Hans Christopher von Königsmarck. Als die Schweden nahten, flüchteten die katholischen Geistlichen, da sie Rache für die Zerstörung Magdeburgs durch das katholische Heer unter Tilly fürchteten. Paul Bub, der Pfarrer zu Heidingsfeld, der erst seit dem 6. Januar 1631 amtierte, enteilte nach Reichenberg, wurde schon in der ersten Nacht von schwedischen Reitern aufgescheucht und lief nach Uengershausen, wo er sich acht Tage in einem Stall verbarg. Nach Hause zurückgekehrt, fand er seine Wohnung völlig ausgeplündert vor.[112]

Nach dem Dreißigjährigen Krieg dauerte es Jahre, bis die Schäden überwunden, Gebäude repariert, Güter wieder bebaut und Abgaben wieder geleistet wurden. Doch sollen die Bevölkerungsverluste um 1700 ausgeglichen gewesen sein; für das Gotteshaus St. Laurentius, die Prädikatur und die Frühmesse legte der Stadtschreiber Christoph Buckel 1692 neue Zins-, Sal- und Lehenbücher an.[113] Erneuert wurden das Rathaus und die Pfarrkirche. Das Rathaus erhöhte man unter Fürstbischof Johann Gottfried von Guttenberg 1690/93 um ein Stockwerk (s. Abb. 303). Der Stadtschreiber erhielt 1719 einen Neubau, der über der Wohnung den Gültboden, unten den Steuer- und Gotteshauskeller enthielt. Das gemeine Badhaus wurde 1739 neu erbaut, die Mainmühle 1786. Wegen der Pfarrkirche wurde 1698 ein Vertrag mit St. Burkard geschlossen. Ihr Hochaltar wurde laut Bauzahl 1712 erneuert. Wenig später wurden ein neues Ziborium und zwei Kel-

Abb. 307: Heidingsfelder Rathaus-Uhr
mit Darstellung des »Giemauls«.
(Schneider, 1908, S. 26)

che angeschafft. Neu ausgetüncht wurde die Pfarrkirche 1751 durch Balthasar Uhl gegen 50 Gulden. Das Spital St. Nikolaus war seit Julius Echter in so gutem Zustand, dass erst in klassizistischer Zeit Altar und Kanzel erneuert werden mussten.[114] Bei dem ausgestorbenen Nonnenkonvent Paradies wollte Fürstbischof Johann Gottfried von Guttenberg Kloster und Kirche wieder aufbauen, er starb aber 1698, bevor dies verwirklicht werden konnte. Die Hofkammer wollte 1755 die Kirche abreißen und mit den Steinen eine neue Wohnung für den Amtskeller errichten, doch unterblieb das Vorhaben, weil die profane Verwendung den Bestimmungen des Konzils von Trient entgegenstand. Die Gebäude standen noch großenteils im Jahr 1769, wurden aber in der Folge niedergeris-

Abb. 308: Nikolaustor in Heidingsfeld, Stich aus:
Vaterländisches Magazin für Belehrung, Nutzen und Unterhaltung ...,
1841, Nr. 45, nach S. 361.
(StadtAW, Zeitgeschichtliche Sammlung)

sen.[115] In der Markung ließ das Stift St. Burkard die Kapelle St. Wendelin eingehen und errichtete dafür eine Feldkapelle südöstlich der Stadt, eine quadratische Anlage mit der Jahreszahl 1699.[116]

Hinsichtlich der Wirtschaftsstruktur waren nach einer Übersicht aus dem Jahr 1798 in der Stadt und dem Amt Heidingsfeld von 3 547 oder 3 507 christlichen Seelen 366 Bauern und Häcker, 215 Handwerker und 12 Handwerksgesellen, 131 Mägde und 51 Knechte, 118 Tagelöhner, 40 Arme, dazu 11 hohe und 38 niedere Bedienstete, 31 Handels- und Gewerbetreibende sowie 30 Fremde. Nächst der Verwaltung nahmen mithin Handel und Gewerbe einen Aufschwung, vergleichbar im 18. Jahrhundert mit Marktbreit und hervorgerufen durch fürstbischöfliche Förderung. Genauere Forschungen fehlen, doch könnte sich Heidingsfeld gegenüber der Residenzstadt Würzburg im 18. Jahrhundert durch größere Offenheit über Konfessionsgrenzen hinweg ausgezeichnet haben. Im Verkehr zwischen den Niederlanden und Nürnberg oder Wien adressierte man Briefe und Waren so häufig über Heidingsfeld, dass Sendungen in die benachbarte Residenzstadt unwillkürlich nach Würzburg bei Heidingsfeld oder nach Würzburg über Heidingsfeld bezeichnet wurden.[117] Der expandierende Handel erhöhte den Kreditbedarf, doch die Grundstücke waren durch so zahlreiche Gülten und Zinse an unterschiedliche Herren belastet, dass Obligationen zum Problem wurden, obwohl das fürstbischöfliche Amt wie der städtische Rat sich darum kümmerten. Eine revolutionäre

Rationalisierung der Rechts- und Besitzverhältnisse erschien immer drängender, fand aber erst nach der Säkularisation 1803 im 19. Jahrhundert statt.[118] Insgesamt blieben bürgerliche Kreise in Heidingsfeld während des 18. Jahrhunderts anscheinend wenig vermögend; Stiftungen jedenfalls machten ausschließlich Geistliche, darunter solche, die aus Heidingsfeld stammten und auswärts Karriere gemacht hatten. Für die Beleuchtung der Pfarrkirche in Heidingsfeld vom Gründonnerstag bis Karsamstag schenkte 1714 der Domherr zu Würzburg und Stiftskanoniker zu St. Burkard Friedrich Gottfried Ignaz Freiherr von Pfürdt 100 Reichstaler an den Amtskeller, Bürgermeister und Rat.[119] Der aus Heidingsfeld gebürtige Fiskal und Kanoniker im Stift Haug, Kaspar Arnold Baum, hinterließ 1758 der Stadtpfarrkirche 3 000 rheinische Gulden.[120] Die Armenfürsorge im Spital St. Nikolaus profitierte 1774 durch eine Stiftung des aus Heidingsfeld gebürtigen Speyerer Weihbischofs Johann Adam Buckel (1706–1771), die zunächst dessen Blutsfreunden und Verwandten bis zum vierten Grad einschließlich, dann anderen Armen der Stadt zugute kam.[121]

Die Judengemeinde

Gewichtigen Anteil an der Entwicklung des tertiären Wirtschaftssektors während des 18. Jahrhunderts in Heidingsfeld hatte zweifellos die Judengemeinde, die schon im Mittelalter existiert hatte und nun außerordentlich wuchs. Die große Anziehungskraft des Städtchens für Juden ergab sich aus den Möglichkeiten, größere und kleinere Geschäfte in der drei Viertelstunden entfernten Residenzstadt Würzburg zu tätigen, die selbst keine Juden zuließ. Zu Fuß oder zu Schiff begaben sich die Juden aus Heidingsfeld täglich nach Würzburg; Heidingsfeld selbst bot ihnen, wie zeitgenössischen Beobachtern auffiel, kaum Erwerbsmöglichkeiten.[122] Hatten im 17. Jahrhundert nur drei Judenfamilien in zwei Häusern zu Heidingsfeld gelebt, so stieg durch Zuzug, angeblich aus Kitzingen,[123] deren Zahl binnen 80 Jahren auf 72 Familien in 29 Häusern. Soweit sie nicht im Kapitelshof lebten, mussten sie von ihren Häusern der Stadt Steuern entrichten. Weiter leistete die Judenschaft der Stadt eine kleine Pauschalabgabe, 28 Gulden im Jahr 1802, und bezog von ihr die Tannenwedel für ihre Laubhütten, 1802 für 1 Gulden 1 Pfund 3 Pfennige.[124] An der Rechtsstellung gegenüber dem Rat änderte sich wenig. Weiterhin wurden zwei bis drei Bürger als Salmannen vom Rat bestimmt, welche für die Bezahlung der Abgaben durch die Juden hafteten und diese bei Streitigkeiten mit Christen vor Gericht unterstützten.[125]

Nicht die Stadt, die kaum davon profitierte, sondern der Fürstbischof förderte die Ansiedlung von Juden und verkaufte deshalb dem Juden Moses Jäcklein seine Kellerei, die alte Burg. Moses Jäcklein ließ die Gebäude erneuern und für Wohnzwecke herrichten. Die Stadt fürchtete, nun könnten zehn weitere Judenfamilien nach Heidingsfeld kommen und die Nahrung der Einwohner schmälern. Um ihrem Protest Nachdruck zu verleihen, wies sie die fürstbischöfliche Regierung darauf hin, bei den durch die Kirchgasse führenden Prozessionen würde vor der Kellerei ein Altar errichtet und das Evangelium verlesen; außerdem befände sich an der Frontseite der Kellerei ein altes Maria-Ves-

Abb. 309: Modell der 1779/80 erbauten und 1938 zerstörten Heidingsfelder Synagoge.
(StadtAW, Jüdisches Dokumentationszentrum)

perbild, das ohne Erregung von öffentlichem Ärgernis weder entfernt werden noch natürlich an seinem Platz bleiben dürfe. Da die Prozession die jüdischen Häuser nicht be-
rührte, überging die Regierung diesen Punkt mit Stillschweigen, während das Maria-
Vesperbild im Beisein des Stadtpfarrers durch einen christlichen Handwerker von dem
jetzt jüdischen Gebäude entfernt und geeignet aufgehoben wurde. Die alte Synagoge
wurde am 20. März 1778 wegen Baufälligkeit geschlossen. Die Juden erstrebten einen
Neubau unter gleichzeitiger Vergrößerung und beriefen sich dazu auf ihre direkte
Unterstellung unter den Fürstbischof. Die Stadt dagegen wollte nur eine Erneuerung am
alten Platz und im alten Umfang gestatten. Dabei fand sie die Unterstützung des Domkapitels, das die Juden als seine Untertanen ansah. Als schließlich ein Baugutachten
feststellte, dass selbst für eine bloße Wiederherstellung eine Neufundamentierung notwendig sei und die Kosten eines Neubaus deshalb kaum höher sein würden, wurde der
Neubau der Synagoge im ehemaligen Burghof der Kellerei beschlossen. Die Genehmigung erfolgte am 4. Juli 1779. Oberstwachtmeister Fischer übernahm die Ausführung,
die sowohl technisch wegen des feuchten Baugrundes am Mühlbach als auch religiös
Schwierigkeiten machte, weil alles vermieden werden musste, was an ein christliches
Gotteshaus erinnerte. Um ein Lust- oder Gartenhaus vorzutäuschen, erhielt die Synagoge Schornsteinattrappen. Bis zum Winter des Jahres 1779/80 stand der Bau. In dem
quadratischen Hauptraum versammelten sich die Männer; an der Südwestseite schlossen sich vergitterte Emporen für die Frauen an. Am 16. Mai 1780 wurde die neue Syna-

goge in Anwesenheit vieler Gäste und Neugieriger eingeweiht. Die angrenzende Kellerei selbst diente als Wohnhaus des Rabbiners und als Judenschule. Von dort geleitete man bei der Einweihung feierlich die Thorarollen in die neue Synagoge (s. Abb. 300 und 309).[126] Die große jüdische Gemeinde bekam ferner ein Ritualbad und im Süden des Ortes einen Friedhof mit Leichenhalle, umgeben von einer massiven Steinmauer.[127] Am Ende des Alten Reiches lebten in Heidingsfeld nach einer Amtsstatistik 264 Juden, 121 Männer und 143 Frauen, nach der Konskription von 1797 jedoch 281 Juden. Bei 3 672 mittelbar oder unmittelbar dem Hochstift zustehenden Juden stellte Heidingsfeld die größte Einzelgruppe; mehr als 100 jüdische Familienvorstände lebten sonst nur verteilt in den fürstbischöflichen Ämtern Haltenbergstetten und Karlstadt sowie in den Dörfern des Ritterstiftes St. Burkard.[128] Dass die Stadt dies aus religiösen und wirtschaftlichen Gründen beargwöhnte, weist exemplarisch auf Widerstände, welchen eine kameralistisch-etatistisch ausgerichtete Obrigkeit begegnete, selbst wenn sie sich traditionell auf das Gemeinwohl oder aufgeklärt auf das Menschenwohl berief.

Abb. 310: Chuppa-Stein (Hochzeitsstein) aus der 1780 eingeweihten Synagoge in Heidingsfeld.
(Israelitische Gemeinde Würzburg)

Aufgaben und Ausblick

Gegen Ende des 18. Jahrhunderts stieß die demografisch-ökonomische Expansion, die durch rationalistisch-aufgeklärte Regierungspolitik angestoßen worden war, mit hergebrachten Rechten und Vorstellungen zusammen. Dies galt nicht nur für die Stellung der Juden, sondern generell bedurften alle Besitz- und Rechtsverhältnisse einer grundlegenden Systematisierung und Liberalisierung, um Kapital und Arbeit freizusetzen. Die Spannungen entluden sich in einer Revolution, getragen in Frankreich durch Politiker, in Deutschland durch Bürokraten. Vor Ort in Heidingsfeld sind Verlauf und Folgen im nächsten Band zu schildern. Für das 16. bis 18. Jahrhundert muss die erfolgreiche Umsetzung des frühmodernen Obrigkeitsstaates betont werden. Die bürgerliche Autonomie, die der Rat im Spätmittelalter repräsentierte, ging durch Bauernkrieg und Gegenreformation weitgehend verloren. Der Rat wahrte zwar seine Besitzungen und Rechte, musste aber die landesherrlichen Dekrete gegenüber den Bürgern und Einwohnern vertreten und durchsetzen. Faktisch wandelte sich der Rat vom Mitträger der Herrschaft im späteren Mittelalter, der die Stadt eigenverantwortlich leitete, während der frühen Neuzeit zur nachgeordneten Verwaltungsinstanz im Staat, die in der Stadt realisierte, was für das ganze Hochstift gelten sollte. Die Auswirkungen im Einzelnen sollten genauer erforscht werden, als das im Rahmen eines Überblicks möglich ist. Trotz umfangreicher Aktenverluste stehen genügend Quellen – Statuten und Verordnungen, Ratsprotokolle, Gerichtsbücher, Gült- und Zinsbücher sowie Rechnungen – zur Verfügung, um die Besonderheiten dieser würzburgischen Landstadt herauszuarbeiten. Zu untersuchen wäre die Prosopografie des weltlichen und geistlichen Verwaltungspersonals von den Amtmännern und Schultheißen, den Ratsherren, Pfarrern, Kaplänen, Schulmeistern bis zu den Schäfern und Hebammen. Zu untersuchen wären ferner die Grundbesitzer, Zunftmitglieder und Juden, die Preise und Löhne, die Zölle, die mit aller Vorsicht Rückschlüsse auf Wirtschaftskonjunkturen erlauben, der Haushalt der Stadt, die Sachüberreste, Gebäude, Skulpturen, Möbel, Gemälde und Zeichnungen, Bücher und Beschreibungen, welche das Leben und Treiben im frühneuzeitlichen Heidingsfeld beleuchten können. Nach den schweren Verlusten, welche gerade auf diesem Gebiet die Kriegszerstörungen 1945 für Heidingsfeld brachten, nach dem nicht immer einfühlsamen Wiederaufbau und einer rasanten Entwicklung, welche in der zweiten Hälfte des 20. Jahrhunderts die historische Topografie und Landschaft von Heidingsfeld tiefgreifend veränderte, können solche Bemühungen nur näherungsweise eine virtuelle Rekonstruktion erbringen. Doch ohne ein Bewusstsein von dem früheren funktionellen Zusammenhang, das die Publikation alter Postkarten allein nicht schaffen kann,[129] sondern das wissenschaftliches Bemühen um alle Quellengattungen erfordert, werden sich die wenigen erhaltenen Relikte nicht auf Dauer sichern lassen. Damit würde nicht nur Heidingsfeld einen Teil seiner gewachsenen Identität und Individualität verlieren. Vielmehr würden aus landesgeschichtlicher Perspektive wichtige Informationen verloren gehen, auf die nicht verzichtet werden kann, wenn man die komplexen, tief greifenden und – denkt man an Radikalismus, Pogrome und Kriege – keineswegs unproblematischen Transformationen des 19. und 20. Jahrhunderts in der fränkischen, bayerischen, deutschen Kleinstadt Heidingsfeld erklären und verstehen möchte.

Rottenbauer – Von den Anfängen bis zum Übergang an Bayern

Joachim Braun

Archäologische Funde

Schon früh war die Gemarkung Rottenbauer, die einen Umfang von 525 Hektar aufweist[1] und sich aufgrund ihrer Bodenbeschaffenheit (vor allem Lehm, Ton und Kalkstein) für Ackerbau eignet, aber auch Weinbau zulässt,[2] Ziel menschlicher Besiedlung. So wurde um 1900 nahe der Flurabteilung »Schleifäcker« ein spitzhackiges Beil gefunden, das aus der Jungsteinzeit (5500–1800 v. Chr.) stammt.[3] In den 30er Jahren des letzten Jahrhunderts förderten zudem Geländeuntersuchungen auf der Ortsgemarkung bandkeramische Kulturreste aus dem Zeitraum 5500–4900 v. Chr. zutage.[4] Weitere Fundstücke aus der Jungsteinzeit, darunter Keramik, Waffen und Schneide- bzw. Schlaggeräte, der Rössener Kultur (um 3000 v. Chr.) sowie der Hallstattzeit (750–450 v. Chr.), die in den Jahren 1987 bis 1997 dem Bayerischen Landesamt für Denkmalpflege, Außenstelle Würzburg der Abteilung für Vor- und Frühgeschichte, von Privatleuten zur Begutachtung vorgelegt wurden,[5] belegen, dass die Rottenbauerer Gemarkung ein uralter Siedlungsplatz ist.

Frühe urkundliche Zeugnisse

Der Name »Rottenbauer«, der sich von einer Rodungssiedlung ableiten könnte,[6] wird ab dem 13. Jahrhundert in den schriftlichen Quellen fassbar. Den frühesten Nachweis liefert eine Urkunde von 1212, in der ein *Fridericus de Rotenbur* als Zeuge genannt wird.[7] 40 Jahre später wird erstmals auch eine im Ort befindliche Burg erwähnt, als Bischof Hermann von Würzburg mit Urkunde vom 1. Mai 1252 dem Konrad Truchsess, genannt Thorso, für die Summe von 120 Mark Silber unter anderem das *castrum Rothebur* mit all seinen Zugehörungen verpfändete. Zeuge dieser Vereinbarung war *Conradus de Rothenbur*.[8]

Die Herren von Rottenbauer, zu denen die genannten Friedrich und Conrad gehörten, hatten anfänglich wohl ihren Sitz in der gleichnamigen Feste und dienten den Würzburger Fürstbischöfen als Burgmannen.[9] Im 13. und 14. Jahrhundert trugen sie meist bischöfliche Lehen[10] und bekleideten teilweise hohe Ämter in der Würzburger Diözese, etwa im Domkapitel[11] oder in der Abtei St. Stephan[12]. Obwohl die Herren nach wie vor ihren ursprünglichen Herkunftsort im Namen führten, waren sie ab dem 14. Jahrhundert kaum noch in Rottenbauer ansässig, sondern wohnten meist in anderen Orten, zum Beispiel in Fladungen, Heidingsfeld, Rimpar oder Würzburg.[13] Das Burglehen, zu dem auch Grundbesitz in Rottenbauer und Umgebung gehörte, ging dann Zug um Zug durch bischöfliche Vergabe an andere Personen über. Um 1334 erhielt Heinrich de Vite (vom Rebstock) den vierten Teil der Burg Rottenbauer mit Ackerland für einen Pflug sowie den Zehnt daselbst zu Lehen,[14] 1346 sind Johannes von Mergentheim, der in der Burg wohnte, und Friedrich von hern Zinken die Begünstigten, die mit drei Teilen der genannten Feste samt zugehörigem Bestand an Wald, Baumland, Wiesen und Fischwasser belehnt wurden.[15] Zwei Jahre später ging ein Drittel des Burglehens an Ritter Kuno vom Rebstock über.[16] Den Herren vom Rebstock, die Teile ihres Lehensbesitzes weiter veräußerten,[17] folgten bis 1433 weitere Lehensinhaber.[18]

Zu den frühen Grundbesitzern im Ort gehörte das Benediktinerinnenkloster Paradies in Heidingsfeld, dem Papst Clemens IV. mit einer Bulle von 1267 einen Hof mit zwei Pflugbauern in Rottenbauer zusprach.[19] Von diesem größeren Anwesen bezog das Frauenkloster verschiedene Einkünfte, von denen ein Teil (Korngült) durch Verkauf und Schenkung an das Zisterzienserkloster Heilsbronn gelangte, das diese 1302 wiederum zur Begründung einer ständigen Vikarie am Altar des hl. Kilian im Würzburger Dom verwendete.[20] Wegen drückender Gültschulden übergab das Frauenkloster Paradies seinen Hof in Rottenbauer schließlich im Jahr 1416 an Bischof Johann von Würzburg, der noch im selben Jahr den Ritter Hans Voit von Salzburg (bei Neustadt a. d. Saale) damit belehnte.[21] An jenes Gehöft erinnert vermutlich noch heute die Flurbezeichnung »Paradies« auf Rottenbauerer Gemarkung.[22] Neben der geistlichen Jurisdiktion[23] hatte die Würzburger Abtei St. Burkard im 14. Jahrhundert hier sicherlich noch weitere (grundherrliche?) Rechte, denn im Jahr 1363 belehnte sie ihren Vasallen Dietrich von Heidingsfeld wegen des *Ampts zu Rottenbawer* mit der Hälfte der dem Kloster zustehenden Vogtei in Fuchsstadt.[24] Ebenfalls Grundbesitz in Rottenbauer hatten im Mittelalter die Freiherren von Zobel, darunter einen Hof, auf dem im Jahr 1494 der Schultheiß Hans Keßler saß.[25]

Der Übergang der Dorfherrschaft
an die Freiherren von Wolfskeel zu Reichenberg

Zu Beginn des 15. Jahrhunderts war Schloss Rottenbauer mit seinen Zugehörungen mehrfach Gegenstand bischöflicher Pfandleihe. So verpfändete Bischof Johann von Würzburg zuletzt im Jahre 1412 die Hälfte von Schloss Rottenbauer und das Dorf Fuchsstadt für 500 Gulden an den bereits oben erwähnten Hans Voit von Salzburg.[26] Vier Jahre später übergab er demselben das Rottenbauerer Schloss, den dortigen Hof des Benediktinerinnenklosters Paradies, der zwischenzeitlich in bischöflichen Besitz gekommen war, die Rottenbauerer Waldbezirke Stockbrunn und Windberg sowie das Dorf Fuchsstadt gegen eine Zahlung von 800 Gulden zu Lehen.[27] Unter Beteiligung desselben Bischofs wurde 1430 ein Vergleich zwischen Hans Voit von Salzburg sowie Fried-

Abb. 311: Familienepitaph des Freiherrn Georg Sigmund von Wolfskeel zu Rottenbauer
(gest. 1607) und seiner Ehefrau Emilia Brigitta, geb. von Hessberg (gest. 1633),
in der Trinitatis-Kirche in Rottenbauer.

rich, Eberhard und Else von Wolfskeel zu Reichenberg geschlossen, wonach beim Tod des Erstgenannten das Rittergut Rottenbauer an die Wolfskeel fallen sollte.[28] Drei Jahre später ging dann das Schloss Rottenbauer mit seinen Zugehörungen, dem Paradies-Hof und dem halben Dorf Fuchsstadt für 1000 Gulden an Friedrich von Wolfskeel über, dem noch im selben Jahr von der bischöflichen Kanzlei der Lehenbrief über die genannten Besitzgüter ausgestellt wurde.[29] Friedrich von Wolfskeel und seine Nachfolger besaßen Rottenbauer als so genanntes Mannlehen (Erbfolge im Mannesstamm) und verdrängten durch Kauf und Tausch allmählich die bis dahin hier noch bestehenden fremden Besitz- und Rechtsansprüche.[30] Im Zuge der Teilungsverträge von 1565 und 1569 entstanden mehrere Linien des Wolfskeelschen Geschlechtes, darunter die Rottenbauerer Linie, welche sich wiederum in zwei Seitenlinien verzweigte und nach der Errichtung eines weiteren Adelsansitzes im Dorf zwei Schlösser bewohnte.[31]

Die alte Burg und die Schlösser

Die Existenz einer Burg in Rottenbauer ist, wie oben angeführt, bereits für das Jahr 1252 urkundlich belegt. Dieses *castrum* wurde von den Würzburger Bischöfen als Höhenfestung errichtet und mit Dienstmannen aus dem niederen Adel besetzt. Obwohl keine näheren Angaben zum Erscheinungsbild der Feste vorliegen, dürfte es sich um eine kleinere Anlage mit einem Bergfried und einer Wehrmauer gehandelt haben. Spätestens unter wolfskeelischer Regie wurde die alte Burg dann erweitert, mit Wohngebäuden und Stallungen versehen und mit einem Wassergraben umgeben, über den eine Zugbrücke (später eine Brücke aus Stein) zum Burgeingang führte.[32] Wolf von Wolfskeel zu Rottenbauer ließ dann 1505 ein neues Wohngebäude (Nordflügel) erbauen.[33] Im Zuge des Familienvertrages von 1565, der zu einer Trennung von Reichenberger und Rottenbauerer Besitz führte, einigten sich die Wolfskeel-Brüder Wolf Barthelmes zu Reichenberg und Hans und Jacob zu Rottenbauer im Jahr 1569 darauf, dass in Rottenbauer ein zweiter adeliger Ansitz errichtet werden sollte.[34] Nachdem das bereits bestehende alte (obere) Schloss durch Losentscheid an Hans von Wolfskeel fiel,[35] erbaute sein Bruder Jacob in unmittelbarer Nachbarschaft ein neues repräsentatives Domizil mit Nebengebäuden, darunter ein 1575 entstandenes Kelterhaus (Inschrift). Nach einem anlässlich einer Begehung durch verordnete Bauleute angefertigten Protokoll vom 15. Juli 1596, das die baulichen Verhältnisse im gesamten Schlossbereich zu Rottenbauer festhält, verfügte das neu errichtete Schloss wie das ältere über Wohn- und Gesinderäume, Gewölbekeller und Schüttungen sowie über eine Kapelle (»Kirchlein«). Flankiert wurde es von zwei Türmen mit so genannten welschen Hauben.[36]

Im Dreißigjährigen Krieg wurden auch die Schlossgebäude schwer in Mitleidenschaft gezogen. Noch kurz vor Kriegsende brannten französische Soldaten eine Schlossscheune nieder.[37] Die allgemeine Armut bewirkte einen Rückgang der Einkünfte, daher kümmerten sich die Wolfskeel wenig um die Instandhaltung ihrer Schlösser; diese verfielen immer mehr. 1659 wird von einem der Schlösser berichtet, es sei *übel gewartet und zimblich baufellig, in deme in der Wohnung nichts gebessert würdt, der Regen aller Orthen*

*Abb. 312: Das im 16. Jahrhundert erbaute
und noch bestehende untere Schloss in Rottenbauer.*

durchdringet, die Gebew aber im Vorhoff so wohlen als Stallungen, Scheuern als andern gantz in Aschen liegen und *die Schenkstatt* [das Gasthaus] *wurd anstatt der abgebrandt Hof Scheuern gebraucht und ist sehr baufellig.*[38] Bis 1687 änderte sich an diesem Zustand wenig, wie aus einem Schreiben vom 30. Oktober dieses Jahres hervorgeht.[39] Erst unter Eitel Ernst von Wolfskeel kam es zu einer Instandsetzung bzw. grundlegenden Erneuerung der Schlossgebäude. 1699 wurden im Bauhof des oberen Schlosses ein bescheidener zweistöckiger Barockbau mit französischem Dach neu errichtet und die Gebäude des alten Schlosses, soweit noch brauchbar, anderen Zwecken zugeführt. Aber auch das untere, neue Schloss, im 16. Jahrhundert erbaut, erfuhr um dieselbe Zeit und dann nochmals 1779 eine bauliche Erneuerung.[40] Infolge des Rechtsstreits um das Erbe des Generalmajors Johann Philipp von Wolfskeel, der sich von 1801 bis in die 70er Jahre des 19. Jahrhunderts hinzog, unterblieb allerdings weitgehend eine Instandhaltung der Schlossbauten in Rottenbauer, sodass sich deren Bausubstanz im Laufe der Zeit dramatisch

*Abb. 313: Das 1699 neu errichtete,
nach 1911 abgebrochene obere Schloss in Rottenbauer.*

verschlechterte.[41] Pfarrer Johann Baptist Kestler, der frühe Rottenbauerer Chronist, bemerkt in seinen um 1831 angefertigten chronikalischen Notizen über das obere Schloss, das sich seit 1804 im Besitz der Wolfskeel von Reichenberg befand:[42] *Die Gebäude sind nicht mehr in wohnlichen Stande und mehr zu Scheuern und Stallungen eingerichtet.*[43] Nach der letztinstanzlichen Gerichtsentscheidung des Erbstreits zugunsten der Wolfskeel von Reichenberg[44] gingen die beiden Schlösser und der übrige Grundbesitz durch Verkauf in bürgerliche Hände über. Georg Herbolsheimer, seit den 90er Jahren des 19. Jahrhunderts im Besitz des ehemaligen Wolfskeelschen Rittergutes, ließ nach 1911 den Bergfried und den ruinösen Westflügel des oberen Schlosses abtragen und an deren Stelle neue Wirtschaftsgebäude errichten. Das heute noch bestehende untere Schloss mit seinen Nebengebäuden wird von seinen Nachkommen bewohnt und genutzt.[45]

Das Rittergut Rottenbauer

Bis 1682 wurden der Rottenbauerer Besitz und die anderen Rechtstitel von den beiden Wolfskeelschen Familien vom oberen und unteren Schloss gemeinschaftlich verwaltet.[46] Die Gutsverwaltung im engeren Sinn besorgte ein bestellter Verwalter (1634 Stefan Frieß[47]), dem weiteres Personal, zum Beispiel Weinbergs- und Flurhüter,[48] zur Seite standen. Nach 1634 geriet der Wolfskeelsche Gutsbetrieb wegen der kriegerischen Ereignisse in arge Bedrängnis. Fast alle Dorfbewohner verließen aus Angst vor marodierenden Soldaten zeitweise oder auf Dauer ihre Häuser und Höfe, weshalb auch die herrschaftlichen Äcker, Weinberge und Wiesen unbestellt blieben, zunehmend verödeten und kaum noch Erträge abwarfen.[49] Trotz der Rückkehr einiger Geflohener konnten noch lange Zeit nach Kriegsende kaum Einkünfte erzielt werden, weshalb auch die dringend notwendige Sanierung der Schlossgebäude unterbleiben musste.[50] Eine spürbare Besserung der trostlosen Lage trat erst gegen Ende des 17. Jahrhunderts ein. Die bis dahin noch verlassenen Höfe wurden durch Zuzug von auswärts (Katholiken!) erneut besetzt, die landwirtschaftlichen Nutzflächen wieder wie früher bearbeitet und die maroden Schlossgebäude instand gesetzt bzw. erneuert.[51] 1696 erwarb Eitel Ernst von Wolfskeel von seinem Bruder Johann Philipp dessen Besitz und Rechte in Rottenbauer für 21 000 Gulden, musste allerdings zwei Jahre später zur Finanzierung dieses Kaufs zwei Höfe mit beträchtlichen Gülteinkünften sowie weitere hoheitliche Rechte im Dorf und in der Gemarkung an Fürstbischof Johann Gottfried von Guttenberg veräußern. Die Gehöfte und Rechte gelangten später an das Würzburger Domkapitel, das bis 1802 darüber verfügen konnte.[52]

Im 18. Jahrhundert zogen sich die Rottenbauerer Wolfskeel wie ihre Vettern in Reichenberg und den anderen Adelssitzen der Familie immer mehr aus der Gutsverwaltung zurück. Die Wirtschaftsführung übernahm ein bestellter Amtmann (1770 Erhard Kuhn), dem im Bereich des unteren Schlosses ein Haus mit Amtsstube und -reposit (Archiv) sowie ein Reitpferd zur Verfügung standen.[53] Der landwirtschaftliche Besitz wurde überwiegend verpachtet.[54] 1770 wird erstmals ein Pächter für die Güter des unteren Schlosses erwähnt, 1796 gibt es nach dem Aussterben der Wolfskeel-Linie vom oberen Schloss zwei Pächter für den gesamten landwirtschaftlichen Gutskomplex.[55]

Der Streit um das Wolfskeelsche Erbe

Bereits um 1670 kam es zwischen den beiden Wolfskeel-Familien in Rottenbauer und ihren Vettern zu heftigen Streitigkeiten um Besitz und Rechte im Ort.[56] In die Auseinandersetzungen, die darin gipfelten, dass eine der beteiligten Parteien, Johann Christoph von Wolfskeel d. J., nach eigenen Angaben zeitweise *das Schloß Rottenbauer meiden* musste, griff schließlich sogar Fürstbischof Peter Philipp von Dernbach als Lehensherr ein und verlegte Militär nach Rottenbauer.[57] Mit Vertrag vom 30. März/9. April 1682 (»Wolfskeelsche Amnestie«) wurden die Erbengemeinschaft der Wolfskeel aufgehoben und die Rottenbauerer Wolfskeel wegen ihrer Sympathien für den Katholizismus von den Angelegenheiten der protestantischen Wolfskeel ausgeschlossen.[58] Die Wolfskeel-Linie vom oberen Schloss starb mit dem Tod des Domherrn Johann Gottfried Ignaz von Wolfskeel im Jahr 1779 aus, ihr Besitz ging an die Linie vom unteren Schloss über. Der letzte männliche Vertreter der Wolfskeel von Rottenbauer war schließlich der kurpfälzisch-bayerische Generalmajor Johann Philipp vom unteren Schloss. Wegen fehlender männlicher Nachkommen setzte er in seinem Testament vom 5. März 1801 seine verheirateten Töchter Johanna von Groß und Amalia von Redwitz als Erbinnen ein. Diese ergriffen am 4. Mai 1801 von ihrem väterlichen Erbe Besitz und forderten von ihren Untertanen in Rottenbauer den Huldigungseid. Die Wolfskeel von Reichenberg erhoben daraufhin wegen Verstoßes gegen das Gesetz der männlichen Erbfolge am 20. Juli 1801 gegen die beiden Frauen Beschwerde bei der Regierung (Lehenhof) in Würzburg, wurden dort aber wegen fehlender rechtlicher Unterlagen am 10. Oktober 1802 abgewiesen.[59]

Während das Gerichtsverfahren noch beim fürstbischöflichen Lehenhof anhängig war, unternahm das Würzburger Domkapitel den Versuch, die rechtlich unklare Situation für sich zu nutzen. Wegen seiner beiden Höfe in Rottenbauer und einiger weiterer Rechte beanspruchte es dort den dritten Teil an der Feldmarkung, am Jagdrecht und an der Kirchenherrschaft und ermutigte zur Durchsetzung dieser Ansprüche seine Untertanen aus Städten und Dörfern der Umgebung zu einem Überfall auf das Dorf am 19. Dezember 1801. Die Freifrauen von Groß und von Redwitz protestierten gegen diese gewaltsame Rechtsanmaßung beim Reichshofrat in Wien. Von dort wurden die Ansprüche des Domkapitels mit Mandat vom 16. März 1802 als unberechtigt zurückgewiesen.[60]

Als Kurpfalzbayern im Zuge der Säkularisation der geistlichen Staaten im Herbst 1802 vom Fürstbistum Würzburg militärisch Besitz ergriff, blieben die Güter der Reichsritterschaft zunächst unangetastet. Am 4. April 1803 erschien dann allerdings ein kurpfälzisches Militärkommando, um Rottenbauer für den bayerischen Regenten in Besitz zu nehmen. Die Dorfbewohner fügten sich zwar widerstandslos der Gewalt, aber nach einem energischen Protest der beiden Freifrauen erkannte der bayerische Kurfürst deren Besitzrechte in Rottenbauer uneingeschränkt an.[61]

Kaum war diese Krise überstanden, zog kurz nach dem Ableben von Johann Philipp von Wolfskeel eine militärische Abordnung der Wolfskeel von Reichenberg nach Rottenbauer und übernahm am 3. Juli 1804 gewaltsam die Orts- und Kirchenherrschaft. Dabei kam es auch zu Übergriffen gegen örtliche Amtsträger; alle diejenigen, welche der bisherigen Dorfherrschaft die Treue hielten, mussten Schikanen über sich ergehen lassen.[62] Als die Freifrauen von Groß und von Redwitz gegen dieses Vorgehen ihrer Verwandten juristische Schritte einleiteten, entwickelte sich daraus ein langjähriger Rechtsstreit, der über mehrere Gerichtsinstanzen ging und erst in den 70er Jahren des 19. Jahrhunderts ein Ende fand.[63]

Das Dorf und seine Bewohner

Bis zum 15. Jahrhundert liegen über den Ort und seine Bewohner nur wenige Nachrichten vor. Wenn in den frühen Urkunden von Rottenbauer selbst die Rede ist, dann ist in der Regel die Burg bzw. das Schloss gleichen Namens gemeint. Außerdem finden die Höfe des Heidingsfelder Benediktinerinnenklosters Paradies und der Freiherren von Zobel Erwähnung, die von abhängigen Bauern bewirtschaftet wurden.[64] Das Dorf oder besser der Weiler dürfte aus einigen kleineren Bauerngehöften bestanden haben, deren Inhaber zur Versorgung der Bewohner der Burg bzw. des Schlosses beitrugen. Nach dem Erwerb durch Friedrich von Wolfskeel im Jahr 1433 kam es unter ihm und seinen Nachfolgern zu weiteren Ansiedlungen.[65] Mit der allmählichen Zunahme der Zahl der Gehöfte wurde der Aufbau einer Gemeindeverwaltung notwendig. Wolf von Wolfskeel, der von 1480 bis 1505 die Dorfherrschaft ausübte, verlegte gegen den Widerstand des Würzburger Ritterstiftes St. Burkard das herrschaftliche Gericht von Fuchsstadt nach Rottenbauer und setzte hier mit dem 1494 erwähnten Hans Keßler auch den ersten Schultheißen ein.[66] Gefördert wurde die Konsolidierung der Dorfgemeinschaft sicherlich durch den Kirchenbau von 1490 bis 1493 und die Begründung der Pfarrei Rottenbauer.[67] Unter Philipp von Wolfskeel (gest. 1553) erhielt Rottenbauer eine umfangreiche Dorfordnung, welche die Beziehungen der Ortsbewohner untereinander und ihr Verhältnis zur Wolfskeelschen Herrschaft regelte.[68] Bis zum Beginn des 17. Jahrhunderts war das örtliche Gemeinwesen soweit organisiert, dass Schultheiß, Dorfmeister und Gemeinde Verträge mit dem eigenen Gerichtssiegel bekräftigen konnten.[69]

Über die Größe und das Aussehen des Dorfes vor 1600 lassen sich nur vage Angaben machen. Aufgrund einer erheblichen Zunahme der Dorfbevölkerung zwischen 1500 und 1600, möglicherweise durch die Aufnahme von Glaubensflüchtlingen aus dem Hochstift Würzburg bedingt, musste die von 1490 bis 1493 errichtete Kirche im Laufe des 16. Jahrhunderts bereits erweitert werden.[70] Nach einem ca. 1570 erstellten Teilungsregister, das den Besitz der Wolfskeel-Brüder Hans und Jacob betraf, umfasste eine Hälfte *am Haus Rottenbauer* 16 Untertanen, *darunter 2 Frohnpflueg und 14 Söldner*, was auf einen Gesamtbestand von etwa 32 Familien schließen lässt.[71] Genauere Angaben liefert ein um 1630 angefertigtes Gült- und Zinsbuch, in dem neben den zwei adeligen noch 36 bürgerliche Haushalte namentlich genannt werden. Die Ortsbewohner widmeten sich damals überwiegend der Landwirtschaft. Zu den Bauerngütern gehörten meist Äcker, Gärten sowie ein oder mehrere Weingärten (vor den Toren, am Bromberg oder in Heuchelheim). Erwähnt wird ferner ein Hirte, der den gemeindlichen Hirtengarten nutzen durfte. Außerdem existierte bereits eine *Schenckstatt* (Gastwirtschaft).[72]

Wertvolle Angaben zur Befestigung des Dorfes aus der Zeit unmittelbar vor den Zerstörungen des Dreißigjährigen Krieges liefert die *Beschreibung, wie daß Dorff Rottenbauer von Alters her verzäunt gewesen*. Danach stand am Anfang des Dorfes in Richtung Fuchsstadt das Obere Tor, *so von Alters nur ein Pfordten gewesen*. Von dort führte ein Flechtzaun aus Latten, die mit einer Hecke verbunden waren, an den einzelnen Häusern und Höfen vorbei zum *Peters Thor* und weiter zum *Undern Thor* und von dort zurück zum Wolfskeelschen Schafhof und zum Schlossgarten. Jede der damals vorhandenen 39 Bauernfamilien wie auch die Dorfherren waren für die Instandhaltung eines bestimmten Abschnitts des Schutzzauns verantwortlich.[73] Die bauliche Unterhaltung der Torhäuser übernahm wohl die Gemeinde.[74]

Die ruhige Entwicklung des Dorfes, das auch im Bauernkrieg keinen nennenswerten Schaden erlitten hatte,[75] wurde durch die schlimmen Ereignisse des Dreißigjährigen Krieges jäh gestört. Bis zum Beginn der 30er Jahre des 17. Jahrhunderts scheint Rottenbauer von den Wirren des Krieges noch weitgehend verschont geblieben zu sein. Jedenfalls gibt das Tagebuch des Schulmeisters Gerlach von Albertshausen, das über die Geschehnisse in der Zeit von 1629 bis 1650 in den Wolfskeel-Dörfern berichtet, keine diesbezüglichen Hinweise. Ab dem Herbst 1634 finden sich in dem genannten Tagebuch auch Einträge über Rottenbauer. Geht es anfangs vorrangig um Einquartierungen und die Leistung von Kontributionen zur Truppenverpflegung, so häufen sich ab 1638

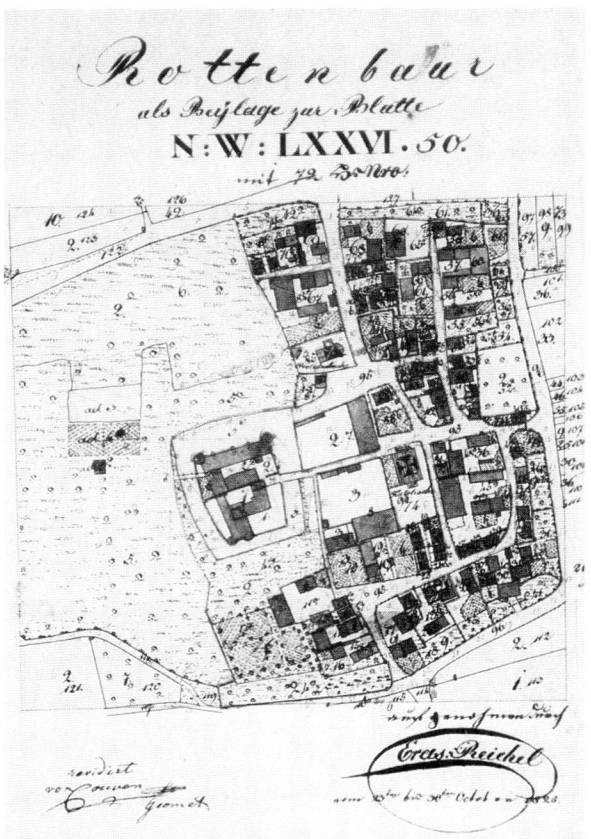

Abb. 314: Alter Dorfplan von Rottenbauer aus dem Jahre 1825. Eingezeichnet sind u. a. das obere und das untere Schloss sowie die protestantische und die katholische Kirche. Deutlich sichtbar sind die drei Dorfein- bzw. -ausgänge.

die Mitteilungen von Übergriffen fremder Soldaten gegen die Zivilbevölkerung. Bald war niemand mehr sicher vor Diebstahl, Raub und Plünderung, auch körperliche Gewaltakte blieben nicht aus. Ab 1638 flohen die Bewohner von Rottenbauer beim Herannahen fremder Truppen in stärker befestigte Orte, zum Beispiel Heidingsfeld oder Würzburg, und kehrten nur vereinzelt wieder zurück. In der Folgezeit waren viele Gehöfte verlassen, Felder lagen brach, und im Winter wagten sich sogar Wölfe in den Ort. Nach der Verkündung des Westfälischen Friedens am 1. November 1648 forderte Jacob Christoph von Wolfskeel seine geflohenen Untertanen unter Androhung einer Strafe von 15 Reichstalern auf, zu ihren Höfen zurückzukehren; aber nur wenige leisteten dem Aufruf sofort Folge.[76] Der Wiederaufbau der Häuser und Gehöfte und die Bewirtschaftung der Felder verzögerten sich lange, weil es neben Saatgut und Gespannen vor allem an aufbauwilligen Menschen fehlte.[77] In einem Bericht von 1659 ist davon die Rede, dass die Wolfskeelsche Herrschaft kaum Zehnterträge habe, *da der Zeit keine Leuth vorhanden und fast nichts angebawet würdt.*[78] 1687 sind von ehemals 40 Höfen immer noch 18 verlassen und auch das obere Schloss wird als sehr baufällig beschrieben.[79]

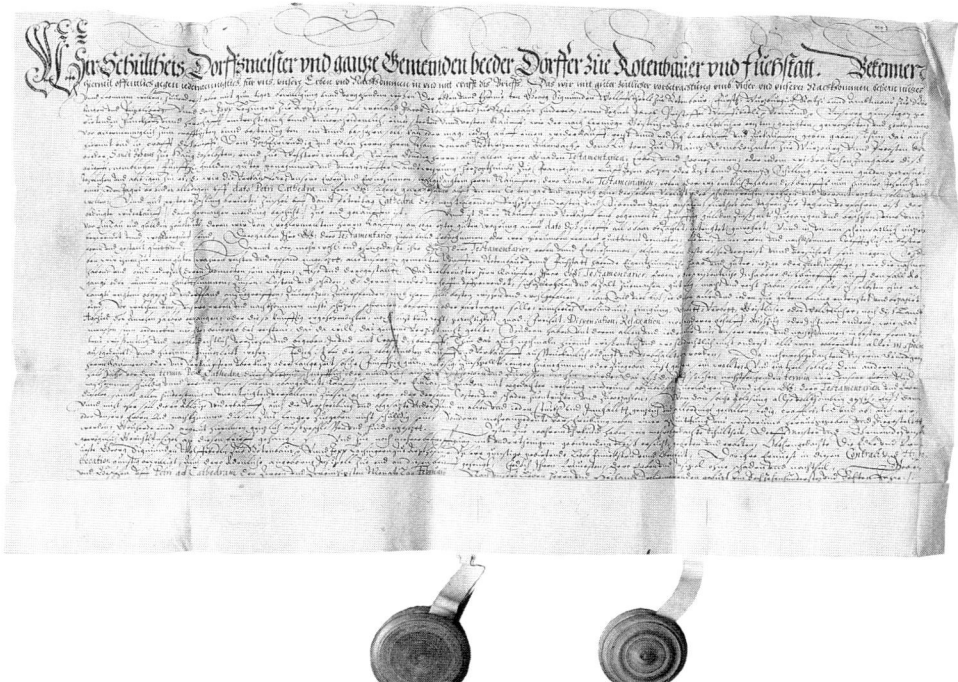

*Abb. 315: Die Gemeinden Rottenbauer und Fuchsstadt nehmen bei dem Domherrn
Johann Konrad Kottwitz von Aulenbach ein Kapital von 1000 Gulden auf, 22. Februar 1606.
Frühester Nachweis für ein Rottenbauerer Gerichtssiegel.
(Archiv der Stiftung Juliusspital, U 701)*

Im Zuge der Hinwendung der Rottenbauerer Wolfskeel zur katholischen Religion ab 1690 wuchs die Einwohnerzahl des Ortes durch Zuzug stark an, und auch die Bevölkerungsstruktur änderte sich erheblich. Zu den hier wohnenden evangelischen Bauern kamen jetzt vor allem katholische Handwerker und Tagelöhner hinzu, welche sich mit Einverständnis der Dorfherren im Ort niederlassen durften und zum Teil in den Gutsbetrieben Arbeit fanden. 1723 hielten sich in Rottenbauer 26 katholische Familien mit 123 Angehörigen auf, bis 1770 war die Zahl der Katholiken auf 170 gestiegen.[80] 1801, also wenige Jahre vor dem Übergang an das Königreich Bayern, wies Rottenbauer etwa 420 Einwohner auf, davon ca. 110 evangelischen und 250 katholischen Glaubens sowie 60 jüdischen Bekenntnisses. Der Ort hatte sich längst von den Schrecken des Dreißigjährigen Krieges und der nachfolgenden Kriegshandlungen erholt.

Größter Grundbesitzer des Dorfes war Generalmajor Johann Philipp von Wolfskeel, dem das obere und das untere Schloss mit Hofraum, Nebengebäuden und umlaufendem Schlossgraben gehörten. Die herrschaftlichen Besitzungen bestanden ferner aus dem oberen und unteren Pächterhof mit Gebäuden und Gärten, neun Wohnhäusern, welche teilweise an Ortsbewohner vermietet waren, über 900 Morgen Äckern sowie einigen Morgen Wiesen, Weinbergen und Wald. Zwei größere Höfe mit umfangreichem landwirtschaftlich genutztem Gelände besaß das Würzburger Domkapitel. Darüber hinaus gab es in Rottenbauer eine evangelische Kirche, ein evangelisches Pfarrhaus und ein evangelisches Schulhaus, ein katholisches Schulhaus – damals von Juden bewohnt –, eine Synagoge mit Hof und Lehrerwohnung, eine Hirtenwohnung und außerhalb des Dorfes einen Leichenacker für verstorbene Christen beider Konfessionen.[81] Die in gemeindlichem Besitz befindlichen Waldbezirke wurden 1812/13 gerodet und in Ackerland umgewandelt, die Grasgärten durfte der Hirte nutzen.[82] Die meisten Dorfbewohner waren damals Kleinbauern mit einem Hof, einem Garten und weiteren landwirtschaftlichen Nutzflächen. Daneben gab es noch eine ganze Reihe von Handwerkern verschiedenster Profession. Die jüdischen Familien widmeten sich fast ausschließlich dem Handel.[83]

Die religiösen Bekenntnisse

Katholizismus und Protestantismus

Wann das Christentum in Rottenbauer Eingang fand, ist nicht bekannt. Im Spätmittelalter bot der Ort in religiöser Hinsicht jedenfalls ein einheitliches Bild. Die Dorfherren, ab 1433 die Ritter, später Freiherren von Wolfskeel, wie auch ihre Untertanen besuchten den Gottesdienst in Fuchsstadt, das schon 1372 eine eigenständige Pfarrei war[84] (1363 noch Filiale von Lindflur[85]), und wurden von dort auch seelsorgerlich betreut. In Rottenbauer bestanden bis zum 15. Jahrhundert vermutlich weder eine Kirche noch ein Friedhof. Die Aufsicht über die Pfarrei Fuchsstadt und damit auch über die Katholiken von Rottenbauer übte bis dahin die Abtei – ab 1494 Ritterstift – St. Burkard in Würzburg aus, welche auch den Seelsorger einsetzte (Patronatsrecht).[86] Die Beschwerlichkeit des Kirchgangs und auch machtpolitische Überlegungen dürften Wolf von Wolfskeel veranlasst haben, diese Abhängigkeit von St. Burkard Zug um Zug zu verringern. Ein erster Schritt war der Bau einer Kirche in Rottenbauer in den Jahren 1490 bis 1493.[87] Um 1498 verlegte Wolf von Wolfskeel dann gegen den erbitterten Widerstand des genannten Ritterstiftes den Pfarrsitz von Fuchsstadt nach Rottenbauer, das damit den Status einer Pfarrei erhielt mit Fuchsstadt als Filiale, und übernahm zugleich das Patronat über Kirche und Pfarrei.[88] Die neu erbaute Trinitatis-Kirche, die den Wolfskeel bis 1691 als Grablege diente (s. Abb. 311)[89] und seit ihrer Errichtung von einem Friedhof umgeben war,[90] erwies sich bald als zu klein für die wachsende Zahl von Gläubigen. Daher ließen die Dorfherren noch im Laufe des 16. Jahrhunderts das Gotteshaus nach Westen hin verlängern und sorgten für eine Erneuerung bzw. Ergänzung der zum Teil heute noch erhaltenen Kirchenausstattung.[91]

In die zweite Hälfte des 16. Jahrhunderts fällt der Einzug der Reformation in die Pfarrei Rottenbauer. Nach Angaben von Pfarrer Kestler war das Dorf bis 1570 noch ganz katholisch.[92] Danach scheinen sich aber die religiösen Verhältnisse rasch geändert zu haben. Unter maßgeblichem Einfluss ihres Vetters Wolf Barthelmes von Wolfskeel zu Reichenberg wandten sich Hans und Jacob von Wolfskeel der lutherischen Lehre zu und veranlassten unter Rückgriff auf das im Augsburger Religionsfrieden von 1555 der Ritterschaft zugebilligte Religionswahlrecht (»cuius regio eius religio«) ihre Untertanen,

*Abb. 316: Die 1490–1493 erbaute Trinitatis-Kirche in Rottenbauer
mit der alten Kirchhofsmauer und dem alten evangelischen Schulhaus.*

ebenfalls das Augsburger Bekenntnis zu übernehmen.[93] Anfang der 90er Jahre des 16. Jahrhunderts wurde in der Rottenbauerer Kirche nachweislich evangelischer Gottesdienst gefeiert und wolfskeelische Prädikanten, darunter der örtliche Pfarrer, warben in katholischen Gemeinden, zum Beispiel Eibelstadt, offen für die Sache Luthers.[94] Ab 1600 war der Protestantismus in Rottenbauer so weit gefestigt, dass die Pfarrei durchgängig mit evangelischen Geistlichen besetzt werden konnte, die unter der Aufsicht des markgräflich-ansbachischen Konsistoriums in Bayreuth standen.[95]

Bis etwa 1680 blieb Rottenbauer einheitlich protestantisch, dann sympathisierten die Dorfherren, zunächst Hans Christoph Wolfskeel d. Ä. vom unteren Schloss, wenig später auch die Bewohner des oberen Schlosses, wieder mit der katholischen Religion, gestatteten ihren Untertanen allerdings den Verbleib bei ihrem bisherigen Bekenntnis. Nach ihrer um 1690 erfolgten Rückkehr zur katholischen Kirche erlaubten die Rottenbauerer Wolfskeel zahlreichen Katholiken die Ansiedlung im Dorf.[96] Da der Familienvertrag der verschiedenen Wolfskeel-Linien von 1682 (»Wolfskeelsche Amnestie«) die Errichtung einer katholischen Pfarrei in Rottenbauer untersagte,[97] sicherten die beiden Dorfherren die Seelsorge der Katholiken, indem sie meist Patres aus Klöstern der Umgebung als Schlossgeistliche[98] bestellten und die seit 1596 nachweisbare Kapelle im unteren Schloss[99] für gottesdienstliche Zwecke zur Verfügung stellten. Die Begünstigung durch die Dorfherren, welche auch die Besoldung des Schlossgeistlichen und eines eigenen Lehrers übernahmen, und das rapide Wachstum der Zahl der Katholiken – 1723 standen etwa 100 evangelischen Bewohnern bereits 123 katholische gegenüber – führ-

*Abb. 317: Der wertvolle Abendmahls-
kelch (14. Jahrhundert) in der Trinitatis-
Kirche Rottenbauer.*

ten zu heftigen konfessionellen Spannungen in der Gemeinde.[100] 1723 erreichte die evangelische Bevölkerung bei der Dorfherrschaft ein Verbot der seit 1718 durchgeführten katholischen Fronleichnamsprozession und verweigerte den Katholiken den Mitgebrauch der Kirchenglocken. Noch im selben Jahr wie auch im Juni des folgenden Jahres wurden mehrere Bildstöcke, einige schon Jahrhunderte alt,[101] von unbekannten Tätern vorsätzlich zerstört.[102] In der Folgezeit legte sich jedoch allmählich der Gegensatz zwischen den beiden Konfessionen.[103] Nachdem für die evangelischen Kinder bereits seit 1682 ein eigener Lehrer zur Verfügung stand[104] – 1784 existierte am Unteren Kirchplatz ein evangelisches Schulhaus[105] –, konnte 1760 auch eine katholische Schule errichtet[106] und mit einem Lehrer[107] besetzt werden.[108] Obwohl Johann Gottfried Ignaz Freiherr von Wolfskeel, als letzter Vertreter der Familie vom oberen Schloss, 1777, zwei Jahre vor seinem Ableben, 9 000 Gulden zur Begründung einer katholischen Pfarrei stiftete, war dieses Unterfangen aufgrund der restriktiven Bestimmungen des Familienvertrages von 1682 erst im Jahr 1851 möglich.[109] Auch der Bau einer katholischen Kirche verzögerte sich aus diesem und anderen Gründen bis 1818; die Vollendung des Kirchenbaus erfolgte 1824.[110]

Abb. 318: Widmung der Rottenbauerer Juden an die Wolfskeelsche Herrschaft (um 1800;
deutsch und hebräisch) mit historischen Bemerkungen über den Synagogenbau von 1764
und die Erweiterung des jüdischen Gottes- und Gemeindehauses im Jahr 1811
am Blattende.
(StAW, Adelsarchiv Wolffskeel, Akt 179)

Die jüdische Gemeinde

Während in den von der Ritterschaft kontrollierten Orten der Umgebung sich schon früh Juden ansiedeln konnten, weil sie seit dem 16. Jahrhundert aufgrund der ausgrenzenden Religionspolitik der Fürstbischöfe im Bereich des Hochstifts Würzburg unerwünscht waren,[111] sind sie im Wolfskeelschen Rottenbauer erst vergleichsweise spät nachweisbar. 1682 wird mit dem unter Jacob Ernst von Wolfskeels Schutz stehenden Joseph der erste Rottenbauerer Jude in den historischen Quellen erwähnt. In der Folgezeit durften sich allerdings im Ort weitere Juden niederlassen, die aufgrund ihrer zahlreichen Abgaben an die Dorfherren (Schutzgeld und andere) für diese eine lukrative Einnahmequelle darstellten.[112] 1739 ist dann bereits von einer »Judenschul« (Synagoge) die Rede, die sich im Hause des Moses Knack befand. Für das Anwesen, das nach dem Tod des Knack zusammen mit dem Versammlungsraum in jüdischen Gemeindebesitz überging, mussten die Rottenbauer Juden im selben Jahr der Dorfherrschaft Handlohn (Besitzwechselabgabe) entrichten.[113] 1764 kam es dann zur Errichtung eines neuen Synagogengebäudes mit Schulzimmer und Lehrerwohnung.[114] Aufgrund des Wachstums der jüdischen Bevölkerung – 1796/97 waren über 20 Personen der Herrschaft abgabenpflichtig – wurde die Synagoge 1809/11 erweitert und renoviert. Neben dem Gottes- und Schulhaus verfügte die jüdische Gemeinde, deren Mitglieder überwiegend im Vieh- und Warenhandel (Hausierer) tätig waren, über eine Mikwe (Ritualbad)[115] und einen eigenen Brunnen (»Judenbrunnen«). Die Toten der Gemeinde wurden in der Regel auf dem jüdischen Bezirksfriedhof in Allersheim begraben.[116]

Ober- und Unterdürrbach
sowie Burg Rossberg

Ekhard Schöffler

Lage

Die Orte Ober- und Unterdürrbach liegen nördlich der Stadt Würzburg an dem gleichnamigen Bach, nach dem sie auch benannt wurden. Der Name bedeutet so viel wie wasserarmer Bach bzw. Bach, der nicht ständig Wasser führt.[1] Ursprünglich ist in den Quellen nur von »Dürrbach« die Rede. Eine Unterscheidung der Orte durch die Adjektive »Ober« und »Unter« lässt sich urkundlich erstmals 1326 belegen.[2] Der Dürrbach hat sein Tal in die fränkische Kalkplatte eingetieft. Er entspringt mit einem westlichen Arm nördlich von Güntersleben und mit einem östlichen Arm in zwei Riedseen im Gramschatzer Wald. Das Tal des Baches verläuft zunächst von Nord nach Süd, um beim heutigen Ort Unterdürrbach nach Westen umzubiegen und im Würzburger Kessel in den Main zu münden. Ein Teil des Wassers versickert bei Oberdürrbach in einer Doline, der andere Teil bis auf einen kleinen Rest im Kalkgestein. Das Bachbett ist daher nur bei starken Regenfällen oder während der Schneeschmelze mit Wasser gefüllt, woraus sich auch der Name des Baches erklärt.[3] Das Tal des Dürrbaches prägt mit seinen Prall- und Gleithängen die Landschaft um die Orte Ober- und Unterdürrbach. Im Talgrund lagerte sich über dem Kalk eine dünne lehmartige Schicht ab, die oft noch mit dem Sand des alten Bachlaufes durchsetzt ist. Wo im oberen Teil des Tales Lettenkohle ansteht, wächst Laubwald. An den südlichen Kalkhängen des unteren Dürrbachtales gedeiht Wein, während die Hochflächen der Kalkkuppe für den Ackerbau genutzt werden.[4]

Während Oberdürrbach wohl von Anfang an über eine eigene Gemarkung verfügte, die vor allem den Oberlauf des Dürrbaches umschloss und sich dann hauptsächlich auf die Hochfläche erstreckte, gehörte die Umgebung von Unterdürrbach anfangs zur Gemarkung Würzburg. Erst 1575 begannen die Einwohner mit der Versteinung einer eigenen Gemarkung, was zu längeren Streitigkeiten mit dem Würzburger Stadtrat führte. Dieser gab erst 1580 seine Zustimmung zu der neuen Ortsgemarkung. Die Grenze zwischen den Gemarkungen Würzburg und Unterdürrbach verlief von der heutigen Steinburg schräg nach Westen abwärts bis zur Zufahrtsstraße im Tal, an dieser entlang nach Osten bis zum Dorfrand, dort am Südhang hoch bis zur Bergkante, an dieser entlang nach Westen und dann auf der Höhe am Maintal entlang nach Norden bis an die Grenze der Gemarkung von Veitshöchheim. Das Dorf Unterdürrbach lag also am Südrand seiner hauptsächlich sich auf der Hochfläche erstreckenden Gemarkung. Lediglich der Nordhang des Steinbergs gehörte noch dazu. Ansonsten wurde die Ortsgemarkung im Süden, Osten und Westen von der Gemarkung Würzburg umfasst (s. Tafel 71).[5]

Besitzverhältnisse

Oberdürrbach

1178 erklärte Bischof Reginhard von Abenberg, dass sein Vorgänger Herold dem Kloster Oberzell 16 Huben in dem nahe gelegenen Wald in *Durrebah*, der von alters her dem Hochstift gehörte, überlassen hatte. Von jeder Hube sollte das Kloster dem Hochstift jährlich vier Unzen, einen halben Scheffel Korn und vier Hühner geben. Da es sich dabei aber um unkultiviertes Land handelte, das bisher höchstens als Viehweide genutzt worden war, konnte das Kloster diese Abgaben nur mit Mühe erwirtschaften. Um die Last zu erleichtern und für sein Seelenheil schenkte nun Bischof Reginhard dem Kloster Oberzell drei dieser 16 Huben zu vollem Eigentum. Außerdem überließ er dem Kloster für die Kranken dort zwölf Joch Weinberge an der öffentlichen Straße, die von dem Berg ins Tal hinabführt.[6] Man kann dieser Urkunde entnehmen, dass Bischof Herold begonnen hatte, unkultiviertes und bewaldetes Land an den Hängen des Dürrbachtales, das bisher allenfalls als Viehweide gedient hatte, roden zu lassen. Für diese Aufgabe setzte er das Kloster Oberzell ein, dem er das Land zur Nutzung gegen festgelegte Abgaben überließ. Anscheinend warf das neu gerodete Land aber anfangs nur geringe Erträge ab, sodass sich das Kloster kaum in der Lage sah, die geforderten Abgaben zu erwirtschaften. Daher übergab ihm Bischof Reginhard einen Teil des Landes zu vollem Eigentum. Daneben muss es aber bereits kultiviertes Land in der Umgebung gegeben haben, denn gleichzeitig schenkte der Bischof für die Kranken im Kloster zwölf Joch Weinberge. Außerdem gab es bereits eine öffentliche Straße, die wohl von den Höhen durch das Dürrbachtal zum Main hinabführte. Dieser Besitz wird auch in der Besitzbestätigung von Papst Lucius III. für das Kloster vom 1. Mai 1182 erwähnt, doch heißt es in dieser Urkunde, dass Bischof Reginhard dem Kloster zum Nutzen der Kranken dort den Zehnt in *Turrebach* geschenkt habe.[7] Zum letzten Mal wird Besitz des Klosters in Dürrbach in einer Urkunde von Papst Honorius III. vom 4. Mai 1221 erwähnt.[8] Eventuell hat das Kloster die ihm geschenkten Güter veräußert, während ihm an den übrigen Huben ja sowieso nur ein Nutzungsrecht zugestanden hatte. Vermutlich fielen sie später an den Bischof zurück.

Im Übrigen hatte aber Bischof Herold nicht nur das Kloster Oberzell für diese Rodungsarbeiten eingesetzt. Im Jahr 1170 baten Abt und Konvent des Klosters Ebrach Bischof Herold, ihnen am Berg *Durrebah* vier Huben zur Anlage von Weinbergen zu überlassen. Dieser Bitte kam der Bischof gegen eine Zahlung von 70 Mark nach. Da die Anlage von Weinbergen an dieser Stelle mit hohen Kosten verbunden war, befreite der Bischof diese Weinberge vom Zehnt und gestand dem Kloster zusätzlich das Recht zur Einsetzung von Weinbergshütern zu. Außerdem überließ er ihm einen Pfad aus diesen Weinbergen bis zur öffentlichen Straße.[9] Am 5. Juni 1483 verkaufte die Würzburger

Bürgerin Anna Secklerin genannt Münzmeisterin an Hans Ewlen sieben Morgen Weinberge auf der Steige zu Oberdürrbach für 63 Gulden. Von diesen Weinbergen standen dem Kloster Ebrach jährliche Abgaben zu.[10] Dies belegt, dass das Kloster hier bis zum Ende des 15. Jahrhunderts über Weinbergsbesitz verfügte und dass diese Weinberge in der Gemarkung Oberdürrbach lagen. Besitz des Klosters hier ist später nicht mehr belegt. Dass sich die vorige Urkunde im Archiv des Juliusspitals befindet, deutet aber darauf hin, dass Kloster Ebrach sein Obereigentum an diesen Weinbergen entweder direkt an das Juliusspital veräußerte oder dieses über das Kloster St. Stephan an das Spital gelangte.

Leider geht aus den angeführten Belegen nicht hervor, wo genau im Dürrbachtal diese Neurodungen angelegt wurden. Sicher ist aber, dass es hier bereits Weinberge und kultiviertes Land sowie eine Verkehrsverbindung in Form einer Straße gab. Vermutlich dürfte die Besiedlung im unteren Dürrbachtal, also im Bereich des heutigen Unterdürrbach, ihren Anfang genommen haben, da dieses vom Maintal her leicht zugänglich war. Außerdem handelt es sich in diesem Bereich um einen Südhang, der für den Weinbau sicher wesentlich günstiger war als die Ost- und Westhänge des späteren Oberdürrbach. Bischof Herold hat dann wohl die Kultivierung des oberen Dürrbachtales und der noch nicht gerodeten Hänge in Angriff genommen. Auch geht aus den Urkunden nicht hervor, wann die beiden Dürrbach gegründet wurden. Nachrichten über die Geschichte der Orte setzen erst wieder Anfang des 14. Jahrhunderts ein. In diese Zeit fällt dann auch die Unterscheidung der beiden Siedlungen durch das beigegebene Adjektiv. 1303/04 verleiht Bischof Andreas von Gundelfingen dem Heinrich Schenk von Rossberg unter anderem jährliche Einkünfte in *Du(e)rrbach*, nämlich 3,5 Pfund Pfennige, 14 Malter [Getreide] und 46 Hühner. Außerdem das Gericht (*iudicium*) und die Güter dort, von denen diese Abgaben gefallen.[11] Das verliehene Gericht macht es sehr wahrscheinlich, dass die gleichzeitig verliehenen Abgaben und Güter in Zusammenhang mit einer bestehenden Siedlung stehen. Diese Siedlung gehörte mit der Gerichtsbarkeit, einigen weiteren Rechten, wie wir später noch sehen werden, sowie dem größten Teil des Grundbesitzes dem Würzburger Bischof, der sie nun zur Nutzung an einen Vasallen verlieh. Die Abgaben deuten darauf hin, dass die Einwohner des Ortes nicht allein vom Weinbau, sondern in starkem Maße auch vom Getreideanbau und von der Viehzucht lebten. 1319 erhalten derselbe Heinrich und sein wohl etwas jüngerer gleichnamiger Bruder von Bischof Gottfried von Hohenlohe alle ihre Güter zu *Durrebach*.[12] 1319/20 erhält der Ritter Heinrich der Ältere Schenk von Rossberg vom selben Bischof einen jährlichen Zins zu *Durrebach*.[13] Nachdem sein älterer Bruder wohl inzwischen verstorben ist, erhält Heinrich der Jüngere von Rossberg 1322/23 von Bischof Wolfram von Grumbach sieben Joch Weinberge in der Gemarkung *Durrebach* am Fischer, seinen Hof in dem Ort mit Äckern, für deren Bewirtschaftung acht Pferde notwendig sind, sowie ein Sechstel des Zehnten und einen Kleinzehnt dort.[14] 1345 verlieh Bischof Albrecht von Hohenlohe dem Domherrn und Archidiakon Wolfram Schenk von Rossberg als Träger für seine wohl noch minderjährigen Oheime Eberhard und Heinrich unter anderem das Dorf *in superiori Durrebach* mit allen ihren Besitzungen und Rechten dort sowie den Eigenleuten, die gegenwärtig dort leben oder sich künftig dort niederlassen werden.[15] Hier wird nun klar, dass es sich bei den Lehen der Schenken in Dürrbach um das Dorf Oberdürrbach handelt. Die Bischöfe hatten dort wohl Leibeigene angesiedelt, die ebenfalls an die Schenken verliehen wurden. Am 11. September 1363 verkauften der Ritter Heinrich Schenk von Rossberg und seine Ehefrau Jutta dem Ritter Eberhard Schenk, dem Bruder Heinrichs, ihre Güter, Einkünfte und Rechte zu Oberdürrbach mit ihrem Anteil am Weinzehnten und den Weingärten dort. Da die verkauften Besitzungen und Rechte Lehen des Würzburger Bischofs waren, mussten sie diese zuvor dem Bischof aufgeben, der sie dann auf ihre Bitte hin dem Käufer verlieh.[16] Eberhard Schenk von Rossberg und seine Ehefrau Walpurga verkauften am 28. April 1411 Güter und Zehnt im Dorf Oberdürrbach, die vom Hochstift Würzburg zu Lehen gingen, um 80 Gulden an ihren Schwiegersohn Hans von Retzstadt.[17] Damit endete die Ära der Schenken von Rossberg als Dorfherren von Oberdürrbach.

Den erkauften Besitz in Oberdürrbach konnte Hans von Retzstadt im Jahr 1424 arrondieren, als er am 3. Juni von Hans Schultheiß, Schultheiß zu Würzburg, und dessen Ehefrau ihren Anteil an Oberdürrbach in Dorf und Gemarkung erwarb. Auch diese Güter waren Lehen des Hochstifts Würzburg und gehörten früher dem Jakob Schenk von Rossberg.[18] Am 7. Januar 1449 verkaufte Hans von Retzstadt dann aber seinen Teil zu Oberdürrbach mit Ausnahme einer Hofstatt und einiger dazugehöriger Feldgüter an seinen Bruder Anton von Retzstadt.[19] Einige Jahre später, am 18. Mai 1456, veräußerten Hans von Retzstadt und seine Ehefrau Katharina ihren restlichen Besitz in Oberdürrbach an ihren Bruder bzw. Schwager Anton von Retzstadt.[20] Anton von Retzstadt verkauft dann am 21. November 1474 seine drei Höfe in Oberdürrbach mit dem Schaftrieb dort um 230 Gulden an das Kloster St. Stephan, behält sich allerdings ein Rückkaufsrecht vor. Die Höfe sind zu diesem Zeitpunkt an zwei Bauern verliehen, die davon jährlich 12 Malter Korn, 6 Malter Hafer, 60 Schütten Roggenstroh und 60 Büschel Haferstroh zinsen.[21] Nachdem das Kloster aber 1481 und 1482 die Besitzrechte der bisherigen Nutznießer gekauft hatte, bewirtschaftete es die Höfe ab diesem Zeitpunkt im Eigenbau.[22] Am 2. Dezember erteilte Bischof Rudolf von Scherenberg als Lehensherr die Zustimmung zu dem Verkauf.[23] Allerdings scheinen sich dann Anton von Retzstadt und seine beiden Söhne Eckarius und Jobst die Sache nochmals überlegt zu haben. Am 9. April 1482 wollten sie von dem Verkauf ihres *geseße und weiler Oberndurbach* an das Kloster zurücktreten und versprachen ihm die Rückzahlung einer bereits geleisteten Anzahlung. Anscheinend hatte sich Anton von Retzstadt bei den Verkaufsverhandlungen auch eine Pfründe in dem Kloster für seinen Lebensabend ausbedungen. Dafür wollen sie dem Kloster nun bis spätestens 22. Februar 1484 160 Gulden ausbezahlen.[24] Allerdings gaben am 12. August 1482 Georg und Otto, die übrigen Söhne des Anton von Retzstadt, und ihre Schwester Margarete von Dottenheim ihre Zustimmung zu dem Verkauf.[25] Wohl um die Sache dann endgültig rechtskräftig zu machen, hat Anton von Retzstadt dem Kloster St. Stephan am 20. November 1484 nochmals eine Urkunde über den Verkauf ausgestellt. Er veräußerte darin mit Zustimmung von Bischof und Domkapitel zusätzlich zu den bereits verkauften drei Höfen seinen Ansitz und Weiler Oberdürrbach mit der Vogtei, den Gerichtsrechten, dem Schaftrieb, Zehntrechten, allen zugehörigen Leuten, Gütern, Einkünften und Rechten um 680 Gulden.[26] Damit hatte der Ort nach längerem Hin und Her nunmehr einen neuen Ortsherrn in dem Kloster St. Stephan zu

Abb. 319: Zehntscheune in Oberdürrbach.

Würzburg erhalten. Vermutlich bestand der Ort damals aus den drei in den Verkaufsurkunden erwähnten Höfen, die im Eigenbau bewirtschaftet wurden. Nach einem Inventar aus dem Jahr 1496 umfasste der Eigenbau in den drei Fluren des Dorfes ungefähr 500 Morgen.[27] Allerdings wurden die ehemals drei getrennten Höfe im Laufe der Zeit zu einem großen Hof zusammengefasst. Dieser Hof wurde noch Ende des 16. Jahrhunderts in Eigenregie bewirtschaftet. Damals hatte das Kloster dort 18 Bedienstete, darunter einen Förster, einen Winzer und mehrere Hirten. Doch scheint der Ertrag des Betriebes nicht mehr den Erwartungen entsprochen zu haben, denn im Kloster wurde daran gedacht, ihn gegen festgelegte jährliche Abgaben zu verleihen. Teile des zu dem Hof gehörenden Grundbesitzes wurden zur Ausweitung der Schafzucht des Klosters verwendet.[28] Die Hufen und Lehen im Ort blieben dagegen an Bauern verpachtet.[29] Die Erwähnung von Eigenleuten deutet darauf hin, dass es neben den Höfen noch einige behauste Anwesen in dem Ort gab. Auch nach dem Verkauf blieb der Ort weiterhin ein Lehen des

Hochstifts Würzburg. Daneben scheinen aber auch noch die Schenken von Rossberg gewisse Rechte dort beansprucht zu haben. Am 10. November 1484 wurde ein Streit zwischen dem Kloster St. Stephan und Heinz Schenk von Rossberg beigelegt. Das Kloster verblieb im Besitz des Weilers Oberdürrbach mit dem Schaftrieb, den es von Anton von Retzstadt erworben hatte, musste aber Heinz Schenk 200 Gulden bezahlen. Außerdem wurde bestimmt, dass das Kloster die Belehnung mit den Gütern durch Bischof Rudolf von Scherenberg nachzuholen hatte.[30]

Damit befand sich das Kloster St. Stephan im rechtmäßigen Besitz der Güter, Einkünfte und Herrschaftsrechte in Oberdürrbach, allerdings als Lehen des Hochstifts Würzburg. Um den Ort auch von dieser Bindung zu befreien, überließ das Kloster am 15. November 1484 dem Bischof Rudolf von Scherenberg unter anderem seine Gerichtsrechte in einem Teil der Würzburger Vorstadt Sand. Dafür löste der Bischof den Ort aus der Lehenshoheit des Hochstifts und übertrug ihn nun dem Kloster als freies Eigentum.[31] Abt und Konvent mussten allerdings im Gegenzug versprechen, das Dorf ohne Zustimmung des Bischofs oder des Domkapitels nicht zu verkaufen, zu verpfänden, einem anderen Herren als Lehen aufzutragen oder einen Schirmvogt dort einzusetzen.[32] Gewisse Rechte anderer Herren muss das Kloster aber auch weiterhin anerkennen. So entschied am 31. Mai 1488 der Landrichter Georg von Giech einen Streit zwischen dem Kloster St. Stephan und Eberhard von Grumbach zu Rimpar dahingehend, dass Eberhard seine Schafe auch weiterhin auf der Oberdürrbacher Gemarkung weiden lassen durfte.[33] Das Kloster St. Stephan hatte allerdings zum Zeitpunkt des Kaufes bereits Grundbesitz dort. Während die für das Jahr 1162 belegten Weinberge in *Durribach*[34] auch in der Gemarkung Unterdürrbach gelegen haben könnten, verlieh es 1294 Weinberge *in rufo monte iuxta Durrebach*, die im Laufe der Jahre wüst geworden waren, zur Neubebauung zu Erbrecht.[35] 1299 verzichteten die bisherigen Inhaber auf Weinberge *an deme Rotenberge*, die dem Kloster St. Stephan gehörten, und übertrugen ihre Rechte daran der Johanniterkommende in Würzburg, die davon dem Kloster jährliche Abgaben reichen musste.[36] Bei der Reformation des Klosters durch Bischof Otto von Wolfskeel und der dabei vorgenommenen Güterteilung zwischen Abt und Konvent fielen die Einkünfte am Rotenberg an den Konvent des Klosters.[37] Das Kloster konnte im Laufe der Zeit seinen Besitz dort noch weiter abrunden. So erwarb es am 22. Dezember 1512 vom Kloster St. Marx in Würzburg ungefähr sieben Morgen Acker und Gehölz am *Crafftsberg* zwischen den Gemarkungen Oberdürrbach, Rossberg und Unterdürrbach[38] und am 12. Dezember 1515 vom Kloster Bronnbach drei Morgen Weinberge an der *Somerleyten* neben der großen Steinmauer.[39]

Genauere Einblicke in die Verhältnisse in dem Ort gibt ein Vertrag zwischen dem Kloster St. Stephan und Hans Zehender und seiner Ehefrau vom 22. Januar 1537, mit dem die Eheleute Zehender als Hofmeister auf dem Klosterhof in Oberdürrbach angestellt wurden. Sie führten die Aufsicht über das Gesinde und die Wirtschaft auf dem Hof. Ohne Erlaubnis des Klosters durften sie dort niemanden über Nacht beherbergen. Die Hoftore sollten sie zur festgelegten Zeit verschließen, die zum Hof gehörenden Gerätschaften und Güter sorgfältig behandeln und bewirtschaften. Sie durften sie nicht verkaufen, verpfänden oder verleihen. Auch mussten sie dem Kloster jedes Jahr eine Abrechnung über ihre Einnahmen und Ausgaben übergeben. Von den Zinsleuten des Klosters im Ort durften sie keinerlei Abgaben oder Zahlungen ohne besondere Anweisung durch das Kloster annehmen. Dies deutet darauf hin, dass es zu diesem Zeitpunkt neben dem Wirtschaftshof des Klosters noch weitere kleinere Güter im Ort gab, von denen das Kloster Abgaben erhielt. Von dem Vieh auf dem Hof durften die Hofmeister nichts verkaufen oder für den Eigenbedarf schlachten. Was an Käse, Butter und Eiern nach der Versorgung der Leute auf dem Hof noch übrig blieb, sollte an das Kloster geliefert werden.[40] Da das Kloster aber gegen Ende des 16. Jahrhunderts in finanzielle Schwierigkeiten geriet, musste es am 6. März 1579 Bischof Julius Echter seinen Bauhof in Oberdürrbach mit dem benachbarten Ort Gadheim für 20 Jahre zu Gunsten des Juliusspitals verpfänden. Zu dem Hof gehörten damals ein neu erbautes Hofhaus mit den zugehörigen Stallungen und Scheunen, die Kirche, eine Schafscheune und zwei schlechte Bauernhäuser. Der zu dem Hof gehörige Grundbesitz bestand aus 1 562 Morgen Feld, wovon 612 Morgen gutes Ackerland in den Lagen Wanne, Rödberg, Mittelberg, Neuenhof, im Grund, Birkleite und Sehgarten waren, sowie 950 Morgen Ackerfeld genannt der Sand, das zum größten Teil mit Wintergetreide besamt war. Beim See am Hof lagen 3 Morgen Krautgärten, 24 Morgen Baum- und Grasgärten und 7 Morgen Wiesen. Der See selbst war etwa 1 Morgen groß. Von den zum Hof gehörenden Weingärten lagen 8 Morgen an der Konradleite und 12 Morgen nördlich des Hofes. An Waldungen gehörten dazu 250 Morgen altes und junges Tannenholz auf dem Neuenhof, 300 Morgen Tannenwald diesem gegenüber und bis an die Gemarkung Gadheim reichend sowie 60 Morgen Mischwald anstoßend an den Rossberger Wald. Auf dem Hof befanden sich damals 25 Stück Rindvieh, 200 alte Schafe mit ihren Lämmern, 30 alte und junge Schweine, vier Wagenpferde und drei Zugochsen. Der Wert wurde auf 16 000 Gulden festgesetzt.[41] Es handelte sich dabei noch nicht um einen endgültigen Verkauf, sondern lediglich um eine Verpfändung. Das Kloster konnte den Hof innerhalb von 20 Jahren gegen Rückzahlung der Pfandsumme zurückerwerben. Allerdings erhöhte der Bischof am 15. Juni 1584 mit Zustimmung des Klosters die Pfandsumme auf 19 000 Gulden, da das Spital wegen der Baufälligkeit der Hofgebäude 1583 zwei Bauernhäuser, zwei Scheunen, drei neue Seldnerhäuser, ein Schafhaus mit Stallungen und eine Schafscheune auf seine Kosten hatte erbauen lassen. Diese Kosten sollten ihm beim etwaigen Rückkauf vergolten werden.[42]

Da das Kloster St. Stephan die zum Rückkauf notwendige Summe nicht aufbringen konnte, verblieb der Ort bis zur Säkularisation im Besitz des Juliusspitals. Im Jahr 1633 verfügte das Spital in dem Ort über ein Amtshaus, ein Schafhaus und zwei Häuser für den Förster und den Aufseher über die Weinberge. Diese Gebäude waren eigengenutzt. Daneben gab es noch drei größere Höfe (Klosterhof, Oberer und Unterer Hof), die gegen festgelegte Abgaben verliehen waren.[43] Das Spital setzte in dem Ort einen Amtsvogt ein, der den Hof- und Feldbesitz dort für befristete Zeit verpachtete. Dies führte aber anscheinend zu einer starken Beeinträchtigung der Wirtschaft in dem Ort und damit natürlich auch der Einkünfte des Spitals. Dieses zog am 10. September 1787 die Konsequenz. Damals bestand in dem Ort wohl nur noch ein großer Bauhof, eine regelrechte Dorfgemeinschaft gab es dagegen nicht mehr. Der Hof wurde nun in zehn einzelne Güter aufgeteilt und diese an interessierte Bauern aus den benachbarten Orten zu Erbrecht verliehen.[44] Damit war die Grundlage gelegt für die Neuentstehung des Dorfes Ober-dürrbach, das in der Vergangenheit bis auf einen Hof eingegangen war. Am Ende des Alten Reiches gab es in dem Ort wieder 33 Gebäude sowie ein Schul- und Gemeindedie-nerhaus.[45] Die Vogtei Oberdürrbach des Juliusspitals verfügte über einen Amtshof, eine Zehntscheune, eine Ziegelhütte, zehn verpachtete Höfe und einzelne Feldgüter, die ebenfalls verpachtet waren.[46]

Über Grundbesitz in der Gemarkung verfügte auch die Johanniterkommende in Würzburg. Sie erwarb 1299 Weinberge *an deme Rotenberge*, die dem Kloster St. Stephan gehörten, und musste davon Abgaben an das Kloster entrichten.[47] 1590 entschied Bi-schof Julius Echter, dass die Johanniter dem Kloster St. Stephan für einige Weinberge am Rotenberg Abgaben entrichten mussten.[48] Ein Urbar der Kommende erwähnt 1662 einen Tannenwald am *Rothenberg*, von dem sie Abgaben an das Juliusspital und das Kloster St. Stephan zu entrichten hatte.[49] Ein Gut der Johanniter, das aber ausschließ-lich aus Feldgütern bestand, ist auch noch für das Ende des 18. Jahrhunderts belegt.[50] Daneben hatte um diese Zeit auch die Pfarrei Haug in Oberdürrbach Grundbesitz, der aus einigen Feldgütern bestand.[51]

Unterdürrbach

Etwas komplizierter als in Oberdürrbach waren die Besitzverhältnisse in Unterdürrbach. Dadurch, dass die Einwohner hauptsächlich vom Weinbau lebten, gab es in dem Ort kaum größere geschlossene Güter, sondern der Besitz war sehr zersplittert. Wie bereits erwähnt ließ Bischof Herold in den sechziger Jahren des 12. Jahrhunderts Rodungen im Dürrbachtal vornehmen. Bereits vorher sind aber dort Weinberge belegt. Vermutlich dürfte es sich bei Unterdürrbach um die ältere Siedlung handeln, da die dortigen Süd-hänge für den Weinbau wesentlich günstiger waren als das obere Dürrbachtal. Der größte Grundbesitzer im Ort war das Domstift Würzburg, und zwar die zu dem Stift ge-hörende Erboblei Heideck. Unter Obleien versteht man Besitzungen und/oder Einkünf-te, die an einzelne Domherren zur Nutzung vergeben sind. Sie haben davon jährlich ei-nen festgelegten so genannten Kanon an das Stift abzuführen. Man unterscheidet dabei zwischen Teilobleien, die beim Tod ihrer Inhaber neu unter die berechtigten Domher-ren aufgeteilt werden, und Erbobleien, deren Inhaber Verfügungen über die Vergabe ih-rer Obleien nach ihrem Tod treffen können, wobei in der Regel nur eine Übergabe an Stiftsangehörige möglich ist. Meist fielen solche Obleien nach dem Tod ihres Inhabers an Angehörige seiner Familie im Domstift oder an befreundete Domherren. Die mit ei-ner Erboblei verbundenen besonderen Rechte wurden ihr deshalb eingeräumt, weil die damit verbundenen Güter und Rechte in der Regel von einem Domherrn aus seinem Privatvermögen erworben oder von ihm ererbt und dann dem Domstift geschenkt wor-den waren. Die Erboblei Heideck hatte ihren Namen von dem Domherrenhof Heideck in Würzburg, mit dem sie verbunden war. Der Hof lag an der Ostseite der ehemaligen Domerschulgasse bei der Einmündung der Plattnersgasse. Seine baulichen Überreste sind heute Bestandteil der Theresienklinik.[52] Aus den erhaltenen Quellen lässt sich nicht er-mitteln, wie das Domstift in den Besitz des Ortes Unterdürrbach kam. Eine Erboblei *Turr-bach* ist urkundlich erstmals 1364 belegt, als ihr damaliger Inhaber Friedrich von Stahl-

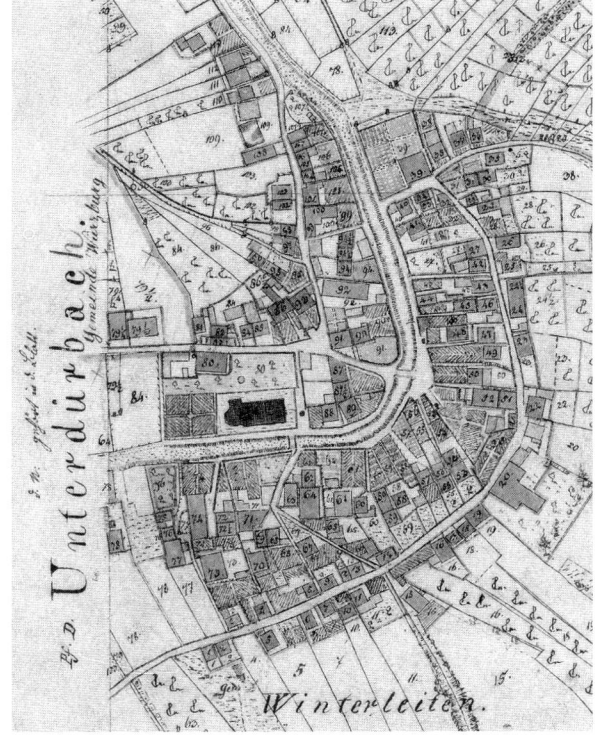

*Abb. 320: Unterdürrbach, Uraufnahme-
blatt der Bayerischen Vermessungs-
verwaltung von 1832.
(Vermessungsamt Würzburg)*

berg jährliche Einkünfte davon für einen Jahrtag verschrieben hat.[53] Dieser ist zwar bei
Lusin nicht unter den Inhabern des Domherrenhofs Heideck belegt, doch klafft in der
Liste bei Lusin zwischen 1354 und 1400 eine Lücke.[54] Genauere Nachrichten über den
Besitz der Erboblei gibt es erst aus dem 17. und 18. Jahrhundert. Damals besaß sie mit
Sicherheit alle behausten Anwesen in dem Ort und den Großteil der Feldgüter in der
Gemarkung. Ein 1649, also kurz nach Ende des Dreißigjährigen Krieges, angelegtes
Zinsbuch verzeichnet 36 Häuser mit den dazugehörigen Feldgütern.[55] Ein zum Zwecke
der Steuererhebung aufgestelltes Register vom 11. Januar 1692 listet bereits 45 Häuser
auf. Daneben gab es im Ort 25 Kühe und 8 Ziegen. An Handwerkern waren ein Metzger,
ein Zimmermann, ein Maurer und ein Weber vertreten.[56] Aus diesem Register geht hervor, dass die Einwohner von Unterdürrbach hauptsächlich vom Weinbau lebten, während Ackerbau und Viehzucht kaum eine Rolle spielten. Die wohlhabenderen Einwohner besaßen in der Regel eine, im Höchstfall zwei Kühe, die ärmeren allenfalls eine
Ziege. Leider lässt sich der Umfang des Weinbergsbesitzes hieraus nicht ermitteln, da
ein großer Teil der Weinberge in der Gemarkung Würzburg lag und dorthin steuerpflichtig war. 1699 besaß die Erboblei 52 Häuser[57], 1708 waren es 59[58] und im Jahr 1777
87[59]. Aus einer 1774 angelegten Zehntbeschreibung geht zudem hervor, dass alle Häuser und Hofstätten sowie die in der Gemarkung gelegenen Feldgüter, soweit sie überhaupt zehntpflichtig waren, ihren Zehnt der Erboblei abzuliefern hatten.[60]

Neben der Erboblei Heideck sind noch weitere Grundbesitzer belegt, die allerdings nur Feldgüter in der Gemarkung Unterdürrbach besaßen. Weinbergsbesitz des Stiftes Neumünster in *Durrebach* ist bereits für das Jahr 1135 belegt. Die Weinberge gehörten zum Altar in der Kilianskrypta des Stiftes bzw. zu der an dem Altar errichteten Vikarie. Aufgrund der Schenkung eines Stiftskanonikers besaß das Stift dort weitere Weinberge, die erstmals 1162 erwähnt werden. Einen anderen Weinberg hat Berthold vom Rebstock dem Stift um 1200 als Pfand übertragen. Das Verzeichnis aus dem Jahr 1233 über diejenigen Personen, die dem Stift Wachszinse schuldig sind, erwähnt ebenfalls Grundbesitz des Stiftes in Dürrbach, darunter einen Hof (*curtis*). 1242 überlässt das Stift seinem Keller Arno gegen festgelegte Abgaben 2,25 Morgen Weinberge in *Durrebach*.[61] In späterer Zeit werden die Nachrichten über Besitz des Stiftes Neumünster in Unterdürrbach spärlicher. Am 12. Dezember 1373 kann die Vikarie an dem dem Evangelisten Johannes geweihten Altar in der Stiftskirche einen Weinberg am *Nuwenbrunne* erwerben, wobei sich die Verkäufer aber ein Rückkaufrecht vorbehalten.[62] Das Präsenzamt des Stiftes besitzt 1590 Weinberge an der Heinrichsleite in der Gemarkung Dürrbach.[63] Aus späterer Zeit ist kein Besitz des Stiftes hier mehr belegt.

Die Vikarie St. Martin im Stift Haug erwarb 1395 einen Weinberg am *Ku(e)nenberge* in der Gemarkung Unterdürrbach.[64] Besitz des Stiftes dort ist aber in der Folge nicht mehr belegt.

Für die zweite Hälfte des 16. und die erste Hälfte des 17. Jahrhunderts sind noch folgende Institutionen mit Grundbesitz in Unterdürrbach belegt: das Pfortenamt des Domstifts[65], das Dominikanerkloster in Würzburg[66], das Kloster St. Marx[67] sowie das Bürgerspital[68] und das Juliusspital in Würzburg[69]. Alle diese Grundherren besaßen aber keine behausten Anwesen, sondern lediglich Feldgüter. Nur die Gemeinde Unterdürrbach ist 1805 im Besitz von fünf Häusern im Ort.[70]

Herrschaftsrechte

Bei der Gerichtsbarkeit muss man im behandelten Zeitraum zwischen der Hoch- und der Niedergerichtsbarkeit unterscheiden. Die Hochgerichtsbarkeit umfasste in der Regel schwere Kriminalfälle wie Mord, Totschlag, Raub, Notzucht und Verwundungen ab einem gewissen Schweregrad, die mit der Todesstrafe oder einer Leibesstrafe bedroht waren. Für diese Fälle war in beiden Orten das Brückengericht bzw. die Oberzent in Würzburg zuständig.[71] Der genaue Zuständigkeitsbereich der Zent lässt sich aus den Quellen nicht ermitteln, ebenso wenig der Zeitpunkt, ab dem das Brückengericht in den Orten für die Hochgerichtsbarkeit zuständig war. Beide Orte hatten eine bestimmte Anzahl Schöffen an das Brückengericht abzustellen und sich an bestimmten Lasten, zum Beispiel dem Galgenbau, zu beteiligen. Die Niedergerichtsbarkeit umfasste dagegen Besitz-, Erbschafts- und sonstige Streitigkeiten zwischen den Einwohnern sowie die Rechtsprechung über Flurschäden und Kriminalfälle, soweit diese nicht an die Zent gehörten. 1303/04 verlieh Bischof Andreas von Gundelfingen dem Heinrich Hofschultheiß die Gerichtsbarkeit über die Leute auf den Gütern im Dorf *Du(e)rrbach*.[72] Ob es sich dabei

um Ober- oder Unterdürrbach handelte, geht aus dem Eintrag im Lehenbuch nicht hervor. Um dieselbe Zeit verlieh der Bischof dem Heinrich Schenk von Rossberg das *iudicium* und Güter ebenfalls zu *Du(e)rrbach*.[73] Hier könnte es sich um Oberdürrbach gehandelt haben, denn die Schenken von Rossberg waren bis zum Verkauf ihrer Rechte an die
Herren von Retzstadt Besitzer des Ortes. Anton von Retzstadt veräußerte dann seine
Rechte in Oberdürrbach, wozu auch die Gerichtsrechte gehörten, 1484 an das Kloster
St. Stephan. Dieses wiederum verpfändete den Ort mit allen Rechten 1579 an das Juliusspital, bei dem er bis zur Säkularisation verblieb.[74] Über die Ausübung der Niedergerichtsbarkeit im Einzelnen ist wenig bekannt. Vermutlich wurde sie vom Schultheißen
des jeweiligen Dorfherrn zusammen mit einigen Schöffen aus der Gemeinde ausgeübt.

In Unterdürrbach lag die Niedergerichtsbarkeit bei der domstiftischen Erboblei Heideck. Über die Ausübung der Gerichtsbarkeit sind wir hier durch zwei Gerichtsbücher,
die den Zeitraum 1578–1758 umgreifen, besser unterrichtet.[75] Das Gericht wurde einberufen im Namen des jeweiligen Inhabers der Erboblei. Anwesend waren dabei der Verwalter oder Vogt des Obleiherrn, der aber nicht in die Verhandlungen eingriff, sowie
der Schultheiß als Vorsitzender und fünf oder sechs Schöffen, die aus den Gemeindemitgliedern bestimmt wurden. Neben der Urteilsfindung bei Streitigkeiten und Vergehen hatte das Gericht auch die Aufgabe, aus den Gemeindemitgliedern einen Bürgermeister zu wählen, der die Gemeinde vor dem Dorfherrn vertrat. Der Verwalter des
Obleiherrn hatte der Wahl zuzustimmen und den Bürgermeister auf die Gemeinde und
den Dorfherrn zu verpflichten.

Neben der Gerichtsbarkeit gehörten die Vogtei und die Dorfherrschaft zu den wichtigsten Herrschaftsrechten. Damit verbunden war das Recht, das Zusammenleben im
Dorf mit Hilfe von Ge- und Verboten zu regeln, wofür dem Dorfherrn meist bestimmte
Abgaben zustanden. Auch konnten seine Vertreter, wenn sie im Ort tätig wurden, Anspruch auf Unterkunft und Verpflegung auf Kosten der Gemeinde erheben. Die Dorfherrschaft übte in Oberdürrbach zunächst der Bischof von Würzburg aus, der sie aber
durch Verleihung an die Schenken von Rossberg weitergab. Von diesen fiel sie, offiziell
immer noch als Lehen des Hochstifts, an die Herren von Retzstadt. Diese veräußerten
ihre Rechte an das Kloster St. Stephan, das 1484 auf dem Tauschweg die Lehensrechte
des Hochstifts ablösen konnte. Von nun an übte es die Dorfherrschaft aus eigener
Machtvollkommenheit aus. Vom Kloster St. Stephan gingen die Rechte dann 1579 bzw.
endgültig 1599 an das Juliusspital über.[76] Das Kloster hatte als seinen Vertreter vermutlich einen Schultheißen im Ort sitzen, das Juliusspital später dort einen Vogt oder Amtmann.

In Unterdürrbach lag die Dorfherrschaft bei der Erboblei Heideck. Wie aus den Gerichtsbüchern hervorgeht, wurde sie vom Schultheißen im Namen des Inhabers der Erboblei ausgeübt, der seinerseits wieder vom Verwalter bzw. Vogt der Erboblei in Würzburg kontrolliert wurde. Daneben besaß die Gemeinde wohl auch gewisse Selbstverwaltungsrechte, da sie über einen eigenen Bürgermeister verfügte, der vom Dorfgericht
jährlich gewählt wurde, allerdings vom Vertreter des Obleiinhabers bestätigt werden
musste.

Kirchliche Verhältnisse

Oberdürrbach gehörte im Spätmittelalter anscheinend wie Unterdürrbach zum Sprengel der Pfarrei Haug in Würzburg. Zu einem unbekannten Zeitpunkt muss es aber aus dem Sprengel der Pfarrei Haug ausgegliedert worden sein, denn später gehörte der Ort zum Pfarrsprengel der Pfarrei Veitshöchheim. Der dortige Pfarrer war auch Ortspfarrer in Oberdürrbach und hatte hier Gottesdienste zu halten und die Sakramente zu spenden. Eventuell erfolgte diese Ausgliederung aus dem Sprengel der Pfarrei Haug in der zweiten Hälfte des 15. Jahrhunderts, als das Kloster St. Stephan das Dorf erwarb und seine Herrschaftsrechte dort systematisch ausbaute, denn das Patronatsrecht für die Pfarrei Veitshöchheim stand dem Kloster St. Stephan zu. Eine kleine Kirche oder Kapelle für die Gottesdienste ist 1525 belegt, als sich das Dorf im Besitz des Klosters St. Stephan befand. Als sich die Bevölkerung im Ort im 18. Jahrhundert vermehrte, einigte sich das Juliusspital mit dem Augustinerkloster in Würzburg über die Abstellung eines Geistlichen, der die Gottesdienste an Sonn- und Feiertagen in Oberdürrbach halten sollte. Der Pfarrer von Veitshöchheim behielt allerdings bis zur Säkularisation seine Rechte als Ortspfarrer. 1791/92 musste die Kapelle im Ort wegen drohender Einsturzgefahr abgetragen werden. Die Gottesdienste fanden nun in einem Raum im Amtshaus des Spitals statt. Eine eigene Kirche erhielt der Ort erst im 19. Jahrhundert.[77]

Unterdürrbach war zunächst Filialkirche. Ein zwischen 1340 und 1350 angelegtes Formularbuch des Protonotars Michael de Leone erwähnt, dass dem Dompropst die archidiakonale Gerichtsbarkeit in der Stadt Würzburg sowie in Rossberg und den beiden Dürrbach zusteht. Diese Orte liegen im Sprengel der Pfarrei Haug (*intra limites parochie in Haugis*).[78] Die Bauzeit der ersten Kirche ist nicht bekannt. 1672 wurde am westlichen Ortsrand eine Kirche errichtet und am 16. August geweiht. Sie wurde 1776 auf Veranlassung des damaligen Obleiinhabers Johann Gottfried von Wolfskeel zur eigenständigen Pfarrei erhoben. Das Patronatsrecht stand dem Inhaber der Erboblei Heideck zu. Durch einen Zuschuss aus seinem väterlichen Vermögen ermöglichte er außerdem den Bau eines Pfarrhauses, eines zweistöckigen Gebäudes mit Stallungen, Holzhalle und Kelterhaus. Der Pfarrei gehörten ein Garten und einige Feldgüter. Am 22. März 1791 hinterließ der Obleiinhaber Freiherr von Zu-Rhein der Pfarrkirche ein Vermögen von 30 000 Gulden. Damit konnte ein Neubau an der Stelle der alten Kirche errichtet werden.[79]

Die Burg Rossberg

Über dem Dorf Unterdürrbach entstand auf der Höhe des Oehberges eine Burg, die ihren Namen nach dem benachbarten Rossberg erhielt und deren Bergfried, der so genannte Schenkenturm, noch heute steht. Sie soll angeblich um 1200 von Eberhard Schenk von Rossberg erbaut worden sein, der in der so genannten Cyriakusschlacht bei Kitzingen 1266 gefallen sein soll.[80] Falls die Nachricht vom Tod Eberhards richtig sein sollte, würde dies allerdings für einen späteren Zeitpunkt der Anlage der Burg sprechen. Erstmals erwähnt wird sie jedenfalls erst am 8. Juli 1293, als Heinrich Schenk von Ross-

Tafel 69: Orgelzeichnung im Ratsprotokoll von 1612.
(StadtAW, Rp 20, 1612, S. 105 f.)

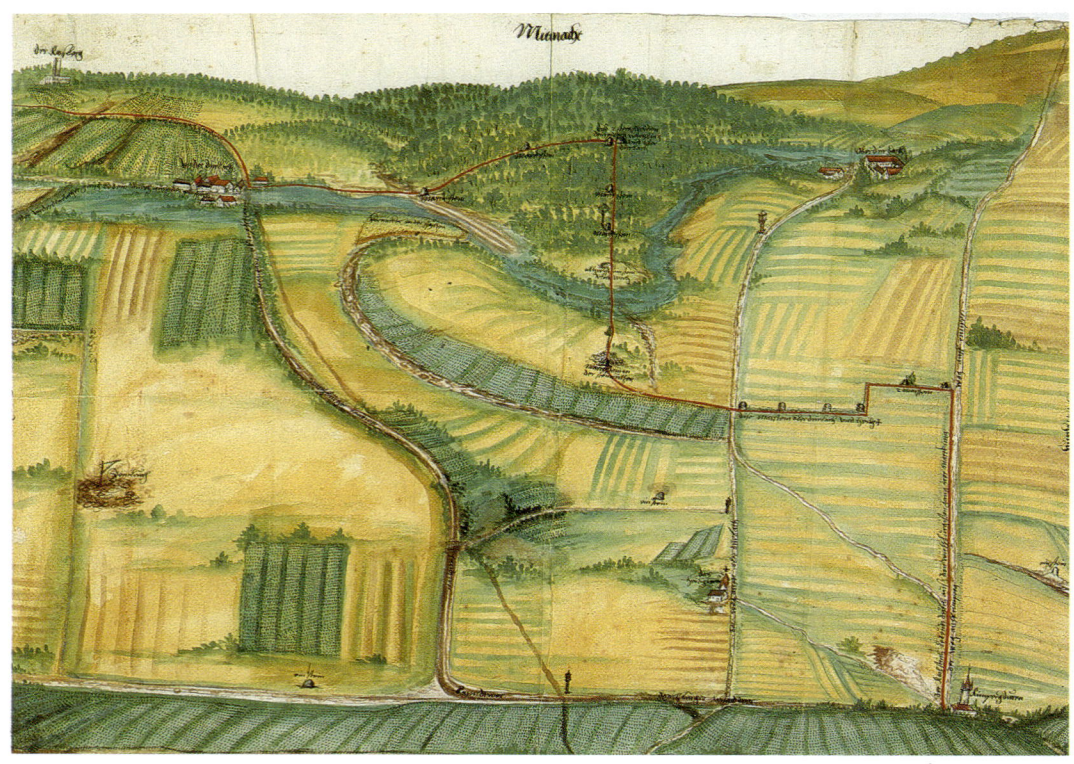

Tafel 70: Historische Flurkarte mit mehreren Vororten im Norden und Osten von Würzburg.
(StAW, Würzburger Risse und Pläne I/533)

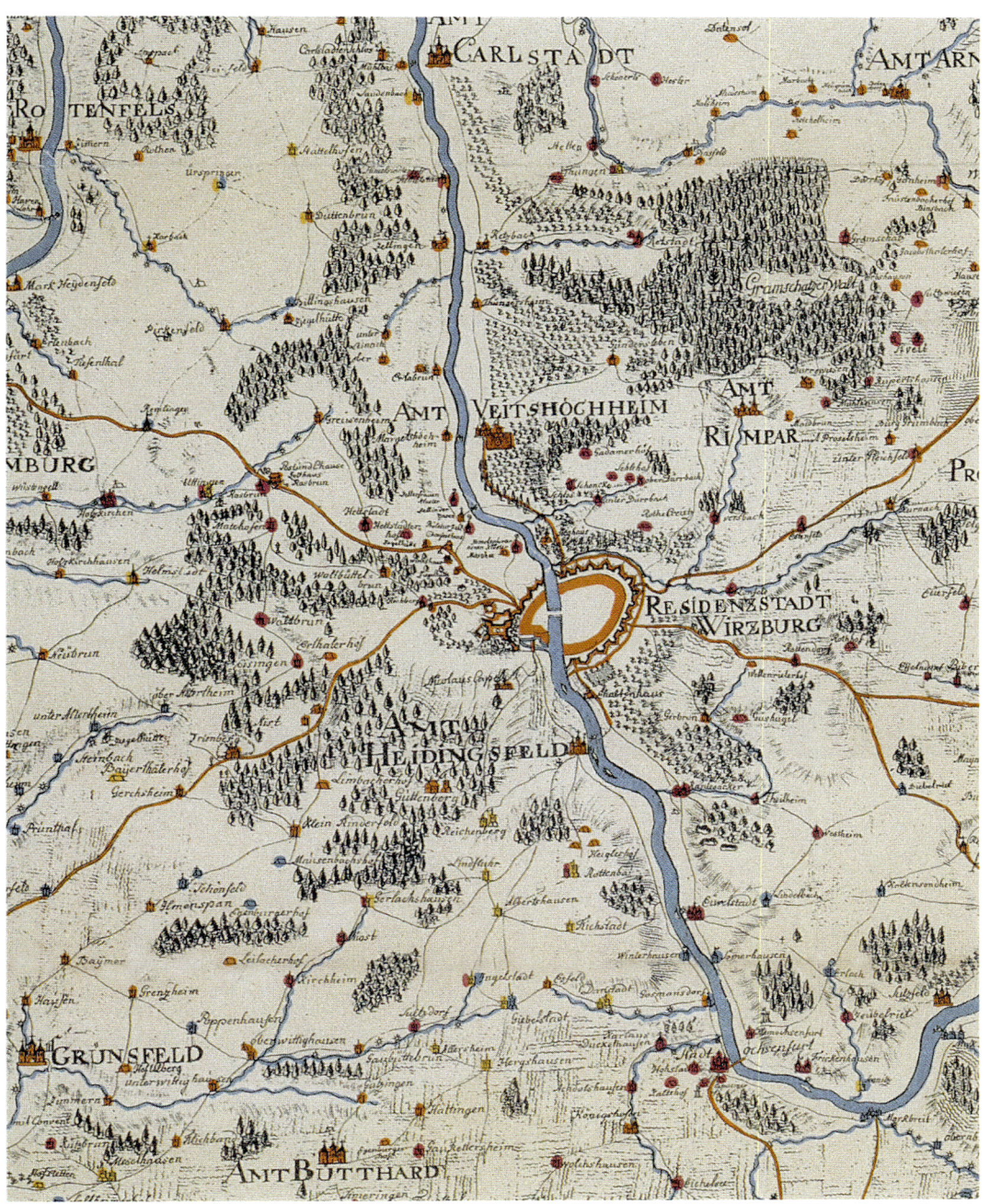

Tafel 71: Würzburg und Umgebung auf der Hochstiftskarte
des Oberleutnants von Fackenhofen von 1791.
(Mainfränkisches Museum Würzburg)

Tafel 72: Würzburg von Südwesten, Ölgemälde eines unbekannten Künstlers, um 1750.
(Mainfränkisches Museum Würzburg, Stadtgeschichtliche Dauerausstellung, Inv.-Nr. 33071)

Abb. 321: Pfarrhaus in Unterdürrbach.

berg bestätigt, dass ihm Walkun, der Verwalter auf der dem Kloster Ebrach gehörenden Grangie Dürrenhof, einen Zins von einem Weinberg und drei Hofstätten vor der Burg Rossberg bezahlt hat.[81] Am 10. Dezember desselben Jahres ist von Weinbergen bei der Burg die Rede.[82] Ob die Burg ursprünglich auf Eigengut errichtet wurde, lässt sich nicht klären. Falls dies der Fall war, so muss sie relativ schnell dem Hochstift Würzburg zu Lehen aufgetragen worden sein, denn als Lehen des Hochstifts erscheint sie seit dem Beginn des 14. Jahrhunderts regelmäßig in den bischöflichen Lehenbüchern. Die Bischöfe hätten auch sicherlich keine Burg in adeligem Eigenbesitz in unmittelbarer Nähe ihrer Residenzstadt geduldet. Die Schenken von Rossberg verfügten aber in der Umgebung der Burg über solches Eigengut, wie schon die Urkunde von 1293 belegt. Am 7. September 1303 belehnte dann Bischof Andreas von Gundelfingen Heinrich Schenk von Rossberg unter anderem mit der Burg Rossberg und Feldgütern dort.[83] Am 25. Oktober 1317 erhielt derselbe von Bischof Gottfried von Hohenlohe unter anderem zehn Huben auf dem Rossberg. Auf einer dieser Huben stand die Burg.[84] 1319 wurden Heinrich Schenk von Rossberg und sein gleichnamiger Bruder nochmals mit der Burg belehnt.[85] Dass bei der Burg ein gleichnamiges Dorf bestand, belegt die Lehenurkunde Bischof Wolframs von Grumbach vom 16. November 1322 für Heinrich den Jüngeren Schenk von Rossberg. Er erhielt neben anderen Gütern das ganze Dorf Rossberg, Einkünfte von Gütern vor der Burg sowie Weinberge, die der Kapelle in der Burg gehörten.[86] Am 2. September

1345 verlieh Bischof Albrecht von Hohenlohe Eberhard Schenk von Rossberg und seinem Bruder Heinrich jeweils eine Hälfte der Burg Rossberg.[87] Eberhard kaufte allerdings am 11. September 1363 seinem Bruder Heinrich dessen Hälfte der Burg ab.[88] Bischof Gerhard von Schwarzburg verlieh am 19. Januar 1373 Feste und Dorf Rossberg mit allem Zubehör an Eberhard Schenk von Rossberg.[89] Dieser verkaufte zusammen mit seiner Ehefrau Agnes am 19. September 1383 dem Bischof alle ihre Eigenleute im Hochstift mit Ausnahme der Eigenleute im Dorf und in der Burg Rossberg.[90] Am 31. Oktober 1390 verkauften Eberhard Schenk von Rossberg, seine Mutter Agnes und seine Ehefrau Walburga ihrem Vetter Wolfram Schenk von Rossberg ein Viertel an der Feste Rossberg, und zwar das Viertel auf den Main zu von einer Ecke zur anderen mit einem Viertel des Kellers, einem Viertel am Vorhof, an der Schmiede sowie den oberen Hof. Die Tore, Türme und Brunnen auf der Burg sollten gemeinsam genutzt werden.[91] Am 24. November 1398 trug Eberhard Schenk für 200 Goldgulden dem Deutschmeister seinen freieigenen Hof zu *Rosperg* zwischen der Burg und der Kapelle als Burglehen auf.[92] Dies belegt eindeutig, dass die Schenken von Rossberg bei der Burg auch über Allodialbesitz verfügten. Am 21. April 1401 belehnte Bischof Johann von Egloffstein Eberhard von Rossberg mit der Feste Rossberg und dem Dorf daran, ausgenommen einen Hof dort.[93] Ein Teil der Burg – wohl das 1390 an Wolfram Schenk verkaufte Viertel – befand sich inzwischen in anderer Hand, denn am 21. März 1406 verkauften Heinrich von Dingsleben und seine Ehefrau Agnes dem Bischof Johann von Egloffstein ihr Viertel der Burg Rossberg, an dem allerdings Eberhard Schenk und seinen Erben das Wiederkaufsrecht zustand.[94] Am 12. Juli 1411 erhielt dann Eberhard Schenk von Bischof Johann von Brunn auch nur drei Viertel der Burg Rossberg zu Lehen.[95] Ein Viertel verblieb beim Bischof, der es zeitweise anderweitig vergab. So veräußerte am 13. März 1424 Graf Eberhard von Wertheim, Domherr zu Würzburg, sein Achtel an dem Schloss Rossberg, das ihm der Bischof verpfändet hatte, an Georg Zollner von Rottenstein, wobei dem Hochstift aber das Recht zur Auslösung vorbehalten blieb.[96] Später scheinen die Schenken aber wieder die gesamte Burg an sich gebracht zu haben. Belehnungen sind belegt 1445 Januar 9 durch Bischof Gottfried Schenk von Limpurg für Burkhard Schenk von Rossberg,[97] 1456 März 1 durch Bischof Johann von Grumbach ebenfalls für Burkhard Schenk[98] und 1467 Januar 31 durch Bischof Rudolf von Scherenberg je zur Hälfte für Burkhard Schenk und Heinz Schenk.[99] Am 19. Februar 1496 erhielt dann Heinz Schenk das ganze Schloss Rossberg von Bischof Lorenz von Bibra zu Lehen.[100] Unter ihm wurde die Burg durch einen Brand schwer beschädigt. Am 3. Februar 1520 erhielt sein Sohn Georg die Burg von Bischof Konrad von Thüngen zu Lehen.[101] Die Brandschäden waren gerade erst notdürftig beseitigt, als 1525 die aufständischen Bauern die Burg niederbrannten. Zwar erkannte der Bischof nach der Niederschlagung des Aufstandes dem Georg Schenk eine Entschädigung in Höhe von 1525 Gulden zu, doch hat diese Summe anscheinend zum Wiederaufbau der Burg nicht ausgereicht, und über genügend eigene Mittel scheint Georg nicht verfügt zu haben. Nach längeren Verhandlungen erklärte sich Bischof Konrad von Thüngen bereit, die zerstörte Burg mit allen ihren Zugehörungen und den umliegenden, den Schenken gehörenden Feldgütern zu übernehmen und dafür dem Georg Schenk, seiner Ehefrau, seinem Sohn und seinen Töchtern ein Leibgeding auszubezahlen.[102]

Die Bischöfe ließen die Burg nicht mehr aufbauen. Die zu der Burg gehörenden Feldgüter, die bis dahin an Unterdürrbacher und Veitshöchheimer Einwohner verliehen waren, wurden 1580 von der Hofkammer zu einem Hofgut vereinigt, das Ende des 16. Jahrhunderts vom Juliusspital bewirtschaftet wurde. Damals gehörten zu dem Gut die unbewohnte Schlossruine, eine alte Kirche und dann das eigentliche Hofgut mit 399 Morgen 24 Gerten Ackerland, 3,25 Morgen 27 Gerten Gärten, 5,75 Morgen und 10 Gerten unbebautem Land sowie 1090,75 Morgen 17 Gerten Gehölz.[103] Später wurde dann das Gut zum Schleehof bei Veitshöchheim geschlagen.[104] Über Feldgüter verfügte dort aber auch noch das Juliusspital.[105]

Bei der Burg existierte eine Kapelle. Am 16. November 1322 belehnte Bischof Wolfram von Grumbach Heinrich Schenk von Rossberg den Jüngeren außer der Burg auch mit Weinbergen, die er als Träger für die Kapelle dort erhielt.[106] Zu einem unbekannten Zeitpunkt transferierte Bischof Albrecht von Hohenlohe (1345–1372) den Priester Johann von Schweinfurt mit Zustimmung des Domschatzmeisters Wolfram Schenk von Limpurg als Inhaber des Patronats an die Kapelle zu Rossberg.[107] Am 13. Juli 1351 ist Arnold von Langheim als Kaplan in der Kapelle zu Rossberg belegt.[108] 1398 trug Eberhard Schenk dem Deutschmeister seinen freieigenen Hof als Burglehen auf, der zwischen der Burg und der Kapelle lag.[109] Letztmals erwähnt ist die Kapelle am 9. Dezember 1479, als Heinrich Schenk von Rossberg dem Bischof Rudolf von Scherenberg den Kleriker Johann Gerber als Kaplan für die Kapelle präsentierte.[110]

In der Nähe der Burg befand sich ein gleichnamiges Dorf. Ob es zusammen mit der Burg entstanden ist, lässt sich aus den vorhandenen Quellen nicht ermitteln. 1303/04 erhielten Eckehard und Fritz, die Söhne des verstorbenen Eckehard Truchsess von Rossberg, von Bischof Andreas von Gundelfingen einen Hof in *Rozzeberg* zu Lehen.[111] 1317/18 wurden dem Ritter Heinrich Wide Feldgüter und Einkünfte in dem Dorf Rossberg verliehen.[112] Dorfherren waren wohl die Schenken von Rossberg. 1319/20 erhielt Heinrich Schenk der Ältere von Bischof Gottfried von Hohenlohe Einkünfte zu Rossberg zu Lehen,[113] 1322 wurde Heinrich Schenk dem Jüngeren von Bischof Wolfram von Grumbach das ganze Dorf Rossberg verliehen,[114] 1322/23 erhielt er noch einen Zehnt von einem Weinberg hinter dem Dorf.[115] Neben den Schenken gab es auch noch andere Grundherren in dem Dorf: 1335/37 verlieh Bischof Otto von Wolfskeel den Würzburger Bürgern Konrad genannt Schütz und Konrad Windsheim Einkünfte von Obstgärten und Häusern in Rossberg, die vormals dem H. Bettelmann gehört haben.[116] Als Bischof Otto von Wolfskeel am 10. April 1344 das Kloster St. Stephan reformierte und dabei auch das Gut des Abtes von dem des Konventes trennte, erhielt der Konvent jährliche Einkünfte in Rossberg.[117] Als Bischof Albrecht von Hohenlohe diese Trennung am 2. Januar 1348 nochmals erneuerte, wurden dem Konvent wieder Güter und Rechte zu Rossberg zugesprochen.[118] Letztmals wurde das Dorf 1401 an die Schenken verliehen, danach taucht es in den Lehenurkunden nicht mehr auf.[119] Vermutlich Anfang des 15. Jahrhunderts dürfte es wüst gefallen sein.

Lengfeld

INGRID HEEG-ENGELHART

Lengfeld im Mittelalter

Die erste Erwähnung des Ortes Lengfeld ist ca. 1230 in einem Verzeichnis von Personen überliefert, die einen Wachszins an das Würzburger Stift Neumünster abliefern müssen. Unter ihnen sind ein Jude Joseph von Wertheim mit einem Wachszins von Weinbergen *in monte qui dicitur Bilses* (Pilziggrund) *iuxta Lengeuelt* und die Würzburger Deutschherren von einem Weinberg in *Lengeuelt* selbst.[1] Besitzungen am Ort, *tres mansos in Lengenfelt cum eorum attinentiis quesitis et non quesitis*, werden in einer Urkunde vom 21. Februar 1280 genannt, die von einem Konrad von Sondheim, hier wohl Mainsondheim gemeint, an das Zisterzienserkloster Ebrach geschenkt werden.[2] Weitere Güterschenkungen an Ebrach gehen ebenfalls von einem Adeligen aus der Umgebung Würzburgs, nämlich Gottfried von Wolkshausen, und dem Würzburger Bürger Aplo Salzkestner aus, nämlich 1281 und 1291.[3] Die Deutung des Ortsnamens Lengfeld als »Siedlung am langen Feld« ist eindeutig und in der Forschung unumstritten.[4]

Interessant dürfte ebenfalls sein, dass neben dem Ort selbst auch nach diesem sich nennende Personen sicher 1270 und 1271 erwähnt werden.[5] Beide mit dem Namen Konrad von Lengfeld gehörten dem Konversenstand an, der eine dem des Klosters Ebrach, der andere dem des Würzburger Dominikanerinnenklosters St. Markus; sie waren also Laienbrüder. Wein- und Getreidezehnten zu Lengfeld werden 1283 erwähnt, als die Hauger Vikarie St. Peter und Paul gestiftet wird.[6] Von Flurnamen, die heute noch bekannt sind, erfahren wir 1313 in der wichtigen Aufteilung von Zehnten zwischen dem Benediktinerkloster (ab 1464 Ritterstift) St. Burkard, dem späteren Dorfherrn, und dem Kollegiatstift Stift Haug, zu dessen Patronatspfarrei Rottendorf Lengfeld als Filialkirche bis 1803 gehörte. Die Zehnten in *Valenberg et in Steingruben* gehen an Haug, die Zehnten im Berg *zu der Röten, in monte Grinberg, in monte Glentzelberg et in monte Kotzenberg* gehen an St. Burkard, ausgenommen 6 ½ Morgen *zu der Roten*, die zur Pfarrei Rottendorf mit Lengfeld gehören. Die Hälfte von *Bilseze versus ripam dictam Kürnach* gehört von alters her St. Burkard, der Zehnt des übrigen Teiles geht an Haug. Die Zehntteiler sind Schultheiß Konrad, Heinrich *dictus Bleychuelt,* Heinrich *Ratsam* und Heinrich *Laurin* von Lengfeld.[7] Damit werden erstmals die Namen von Bewohnern Lengfelds, in einem Fall sogar von einem Amtsträger, wohl dem Schultheißen des Klosters St. Burkard, greifbar, und dies vor dem Hintergrund der beiden für die Geschichte Lengfelds bis 1803

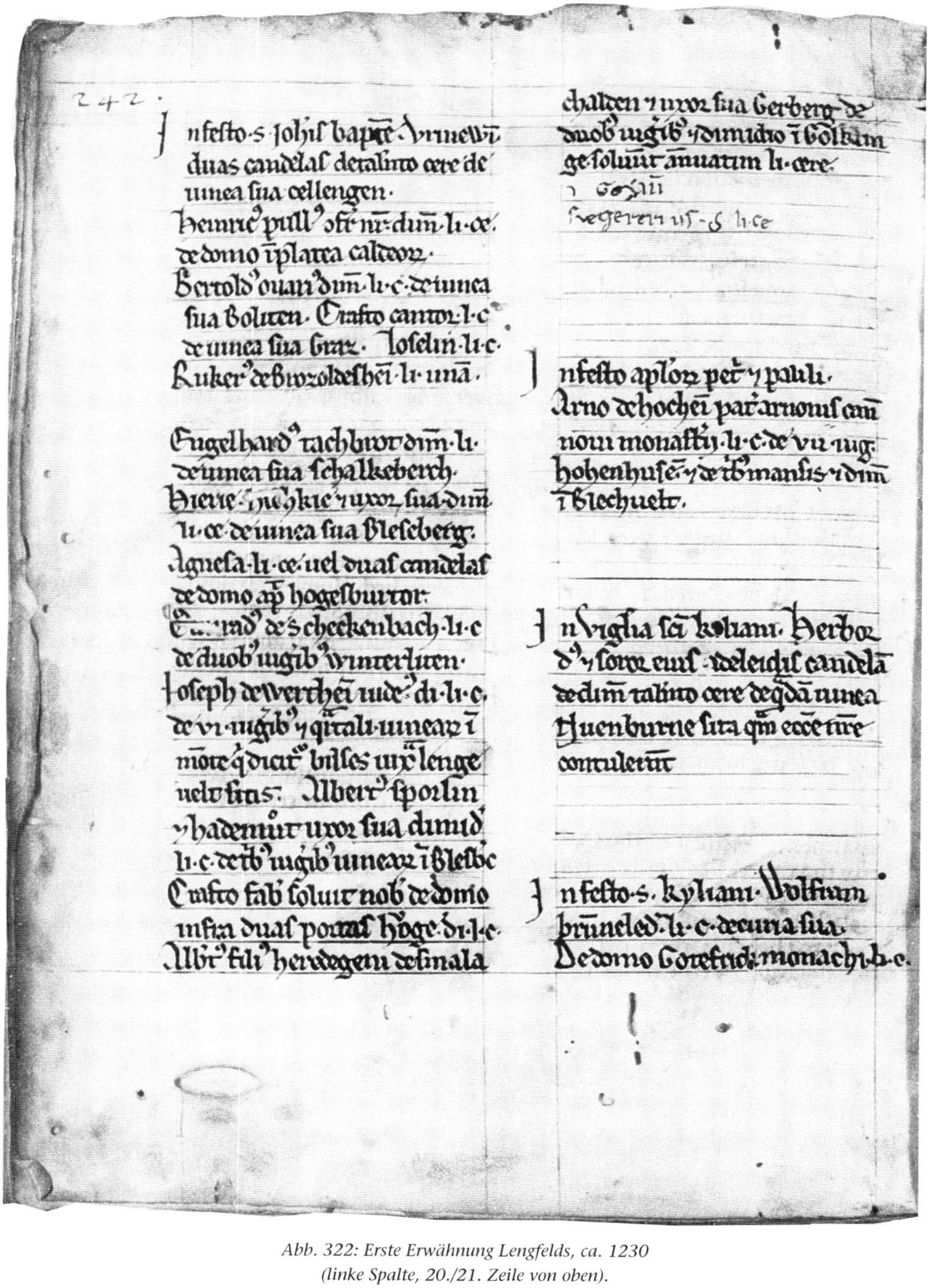

Abb. 322: Erste Erwähnung Lengfelds, ca. 1230
(linke Spalte, 20./21. Zeile von oben).
(StAW, Stb. 184, S. 242)

wesentlichen geistlichen Institutionen, die die weltliche und geistliche Entwicklung des Ortes bestimmten.

Güter und Einkünfte anderer Würzburger Stifte und Klöster, etwa des in Verbindung mit der Ersterwähnung bereits genannten Stifts Neumünster, des Franziskanerklosters, der Jesuitenniederlassung oder der hochbedeutenden Zisterze Ebrach im Steigerwald treten dagegen zurück. Gleiches gilt für den Würzburger Fürstbischof, zu dessen Zent Estenfeld-Rimpar Lengfeld zwar gehörte; die Niedergerichtsbarkeit und Vogtei aber lag bei St. Burkard. Die Dorfherrschaft der Mönche und späteren Stiftsherren kommt klar darin zum Ausdruck, dass die Lilie (goldene Lilie auf Blau) als Wappen von St. Burkard sich im Siegel von Schultheiß, Gerichtsverwandten und Feldgeschworenen des Ortes Lengfeld wiederfindet.[8]

Grundherrschaftliche Verhältnisse

Der größte Grundherr am Ort war das Ritterstift. Neun Höfe waren ihm Ende des 18. Jahrhunderts lehenbar – der Ackermannshof, der Steinleinshof, der Theilheimer Hof, der Hornungshof, der Valtshof (auch Valtin Öhrleins oder Bösen Hof), der Bailshof, der Sauershof, der Baurnhof und der Fronhof, der zehntfrei war, außerdem das so genannte Häuslein.[9] Zu jedem der neun Höfe gehörten eine Hofreit, beträchtliche Morgen Artfeld, also pflügbares Ackerland, Wiesen und Krautfeld, zum Fronhof, zum Bailshof und zum Baurnhof auch Weinberge.[10] Die St. Burkard ebenfalls lehenbaren und an der Kürnach gelegenen Mühlen waren die Riethmühle (Riedmühle) *ober dem Dorf*, die von einer Mauer umgeben war und deren Handlohn zur Hälfte an das Bürgerspital ging, die Dorfmühle, die aus einem Haus, zwei Scheuern und einem Keller bestehende Holzmühle, schließlich die Rosenmühle *unterm Dorfe gegen Würzburg* mit zwei Häusern, zwei Stallungen und einer Scheuer, umgeben von einer Mauer.[11] Die vier Mühlen zu Lengfeld werden am 2. Mai 1549 erneut als bestehend erwähnt.[12] Drei der Mühlen – die Dorfmühle, Holzmühle und Rosenmühle – sind auf der Karte des Jahres 1761/1772 (s. Abb. 323) mit ihren Gebäuden zu erkennen;[13] in der Molographie, dem Mühlenverzeichnis des Großherzogtums Würzburg von 1813, fehlt in der Aufstellung zu den Mühlen im Gericht Würzburg rechts des Mains der Ort Lengfeld.[14] Die Einkünfte, die von den neun Höfen und dem Häuslein jährlich an St. Burkard gingen, waren nicht unbeträchtlich, nämlich insgesamt 35 Malter 4 Metzen Hafer, 33 Malter 6 Metzen Weizen, 95 Malter 7 Metzen Korn.[15] Das Ritterstift besaß außerdem umfangreiche Wasser- und Fischrechte in Lengfeld; die Ausfischung des oberen und unteren Sees in Lengfeld im Jahr 1585 lieferte immerhin 650 Karpfen.[16]

Dagegen nehmen sich die Einkünfte, die das seit 1280 mit Besitz in Lengfeld belegte Kloster Ebrach erhielt, in Form von Pfennig- und Hühnerzinsen eher bescheiden aus. Zum Lehen- oder Gülthof des Klosters Ebrach, der 1749 in drei Teile geteilt wurde, gehörten Äcker, Wiesen und Weinberge *am Bilseße/Bilsesser*.[17] Gleiches gilt für den Gülthof von Stift Haug in Lengfeld, der jährlich zwei Malter sieben Metzen Korngült abzuliefern hatte.[18] Einkünfte in Lengfeld, insbesondere von Feldgütern, hatten neben

*Abb. 323: Handgezeichnete Karte von Lengfeld mit Dorfmühle (1), Holzmühle (2) und Rosenmühle (3) von 1761/62.
(StAW, Würzburger Risse und Pläne I/116)*

Neumünster das Würzburger Benediktinerinnenkloster St. Afra,[19] die Würzburger Ursulinen,[20] die Franziskaner[21] und die Jesuiten.[22] Die Kartause Engelgarten in Würzburg
hatte 1652 die Riedmühle gekauft,[23] außerdem stand ihr ein Drittel des Zehnten zu.[24]
Von der Lengfelder Gemarkung erfahren wir detaillierte Einzelheiten aus dem Lengfelder Feldgeschworenenprotokoll der Jahre 1726–1773.[25] Zu nennen ist insbesondere die
Besichtigung der Lengfelder *Markungsschiedsteine*, die am 31. Oktober 1726 durch den
Syndikus des Ritterstifts St. Burkard, Franz Ludwig Habermann, den Lengfelder Schultheißen und die sieben Angehörigen des Feldgerichts vorgenommen wurde und zu einem Befehl des Syndikus führte, die Distanz zwischen den einzelnen Markungssteinen
zu messen.[26] Ausgehend von der Rosenmühle mit dem Grenzstein Nr. 1 werden als angrenzende Gemeinden Würzburg, Versbach, Estenfeld und Rottendorf benannt und der
Verlauf der Lengfelder Gemarkung genau festgelegt. Die Grenzsteine Nr. 14 (Lengfeld,
Würzburg, Versbach), Nr. 19 (Lengfeld, Versbach, Estenfeld), Nr. 32 (Lengfeld, Estenfeld, Rottendorf) und Nr. 36, verschrieben für 46 (Lengfeld, Rottendorf, Würzburg),
sind so genannte Dreimärker. Die Lengfelder Gemarkung war 1726 durch insgesamt 60
Grenzsteine festgelegt.[27] Auch einzelne Würzburger Institutionen, die in Lengfeld Güter
hatten, ließen diese im 18. Jahrhundert versteinen, so die Jesuiten und das Würzburger
Kammerzinsamt 1731, die Franziskaner 1738 und das Bürgerspital 1747.[28]

Gerichtliche Zuständigkeiten

Das Lengfelder Gerichtsprotokoll der Jahre 1593 bis 1652[29] informiert über die Praxis
des Dorfgerichts zu Lengfeld, das auch *Offen- oder Hochgericht*[30] genannt wird. Es wurde
ab 1618 einmal pro Jahr abgehalten, im Beisein eines oder mehrerer Kapitulare des Ritterstifts und/oder des Syndikus, des Amtmanns des burkardinischen Rückermainamts,
dem Lengfeld unterstellt war, vielfach auch des Kapitelschreibers. Während des Dreißigjährigen Kriegs fand das Hochgericht meist in Würzburg statt, und zwar im Amtshof
Rückermain[31] oder in der Wohnung des Dekans des Ritterstifts. Mit dem von St. Burkard
eingesetzten Schultheißen bildeten die Schöffen, deren Zahl in Lengfeld zwischen sechs
und sieben variierte, das Dorfgericht. Dieses entschied in niedergerichtlichen Angelegenheiten, etwa bei Beleidigungen, Scheltworten, Gotteslästerungen, Klagen um Geld-
schulden, Feldfrevel, und es konnte Bußen bis zu 10 Pfund verhängen. Es war aber auch
zuständig für wesentliche Bereiche der Verwaltung, etwa den Zuzug ins Dorf und die
Annahme neuer Bürger, die Anhörung von Gotteshaus- und Bürgermeisterrechnung.
Die Mitglieder der *Gemein[d]*, also die politisch vollberechtigten Nachbarn, mussten bei
jeder Gerichtssitzung anwesend sein. 1698 verfügte diese *Gemeindt* über ein neues an
der Kirche gelegenes Schul- und Gemeindehaus, eine ebenfalls neu gebaute Gemeinde-
schmiede und ein altes Gemeindebackhaus, in dem auch der Hirte wohnte.[32] Bei jeder
Gerichtssitzung wurde die Dorfordnung verlesen.

   Diese Dorf- und Gerichtsordnungen, die mit Zustimmung des Dorfherrn, des Ritterstifts St. Burkard, erlassen bzw. bestätigt wurden, legten herrschaftliche Rechte und ge-
meindliches Zusammenleben fest; am 10. März 1689 wurden ältere Ordnungen bestä-

tigt.[33] Die wichtigsten Bestimmungen der erneuerten Dorf- und Gerichtsordnung von 1689 seien in der Abfolge des Textes hier genannt: Dekan und Kapitel des Ritterstifts St. Burkard sind Erb- und Vogtherren auf der ganzen Gemarkung, in Dorf und Feld. Leibeigene, die von auswärts kommend im Dorf ansässig werden wollen, müssen sich von der Leibeigenschaft freikaufen; wenn ein Fremder ins Dorf einheiratet, muss der Schultheiß dies der Herrschaft innerhalb 14 Tagen anzeigen. Die *junge Mannschafft, so 15 Jahr alt vndt Nachtbahrs Kindter*[34] sind, muss beim jährlichen Hochgericht anwesend sein. Das Fischen in den herrschaftlichen Bächen ist bei 10 Pfund Strafe verboten. Jeder Einwohner ist bei Verstößen gegen die Ordnung zur Rüge, also zur gerichtlichen Anzeige, verpflichtet. Der Inhaber des Fronhofs muss den Gemeindeochsen und den Gemeindebeusen, d. i. der Gemeindeeber, halten. Jedes Jahr zwischen Martini und Weihnachten sollen Gotteshaus-, Gemeinde- und Vormundschaftsrechnungen beim Hochgericht im Beisein von Schultheiß, Gericht und Gemeinde und den dazu verordneten Vorstehern abgehört werden. Die Inhaber der Ämter von Schultheiß, Gerichtsmännern, Gotteshausmeister,[35] Dorfmeister[36] und Steinsetzern werden zwar von der Gemeinde gewählt,[37] aber aus den Gewählten von der Dorfherrschaft beim Hochgericht jeweils eine Person ausgewählt. Um 9 Uhr abends darf kein Nachbar mehr auf der Straße oder im Wirtshaus sein. Der Zuzug in den Ort wird geregelt durch Stellung von 40 Gulden Bürgschaft und 10 Gulden Bürgergeld, die halb der Herrschaft, halb der Gemeinde zustehen. Die Ordnung enthält weitere Bestimmungen zu den gerichtlichen Instanzen. Dann folgen eine Waldordnung, welche die Holzrechte des Einzelnen festhält, Bestimmungen zur Verhinderung von *gemeine Brunn vndt Dorffschädten,* also zur Erhaltung der Sauberkeit des Brunnenwassers, von gesundem Vieh und der Dorfhege. Die Artikel gegen *Feldschädten* betreffen die Steinsetzung, die Ernten an Obst und Wein, den Verkauf von Feldgütern, Hut und Schaftrieb. Gegen *Feuersbrunst* sollen genaue Bestimmungen über sorgsamen Umgang mit dem Feuer helfen, jeder Nachbar muss einen Feuereimer bereithalten, der *Feuerbesichtiger* geht jedes Quartal von Haus zu Haus. Auf die *Schlägerey Ordnung* folgt die *Gemeine Dorffs Ordnung,* die die Teilnahme an der *Gemein[d]*, die Wachtpflicht, die Verpflichtung, das Vieh vor den Hirten zu treiben, die Rügepflicht, die Säumigkeit bei Zehnt- und Gültlieferungen, die Reinhaltung des geweihten Kirchhofs und Strafen bei Gotteslästerung regeln.

Schließlich folgen in der Ordnung auf den Erbhuldigungseid die Eide der einzelnen Ämter, von Schultheiß, Schöffe, Gotteshausmeister, Bürgermeister bzw. Dorfmeister, Ungelter,[38] Wortredner,[39] Steinsetzer oder Feldgeschworener, Zeuge, Schulmeister und Kirchner.

Für die vier Fälle schwerer Kriminalität – Mord, Diebstahl, Notzucht und Brandstiftung – war die Zent Estenfeld-Rimpar zuständig, zu der neben Estenfeld und Rimpar Burggrumbach, Kürnach, Lengfeld, Mühlhausen, der Rothof, Rupprechtshausen, Unterpleichfeld und Versbach gehörten. Einzelheiten über die Zent, die aus 14 Schöffen bestand, von denen einer aus Lengfeld kam, finden sich in der von Fürstbischof Julius Echter (1573–1617) 1596 erlassenen Zentordnung.[40] Die Zent wurde 1596 von Estenfeld nach Rimpar verlegt,[41] von dort ging die Appellation an die *oberste Cent*, d. i. das Brückengericht der Stadt Würzburg.[42]

Kirchliche Verhältnisse, Juden

Aus der Rechnung des Abtes Johann von Wallenfels von St. Burkard von 1408 erfahren wir in Verbindung mit baulichen Maßnahmen erstmals von der Lengfelder Kirche.[43] Bei der Visitation des Landkapitels Dettelbach 1576, zu dem die 1258/1266 dem Würzburger Stift Haug inkorporierte Pfarrei Rottendorf[44] mit ihren Filialen Lengfeld und Effeldorf gehörte, wird auch die Situation der Filialpfarrei Lengfeld beleuchtet, die dem Hl. Laurentius geweiht war: *Das Dorf Lengenfeldt hat sein aigen Kirchen, so in guettem Baw gehalten wird, aigen Baptisterium und Ciborium, ain Meßgewand, ain Kelch, ain Monstranz und andern Zugehor, ist ein gehorsam, willig Volk zu Kirchen und Gottsdienst. Siend auch mit ires Pfarrherrn Lehr und Predig wohl zufriden. Das Gotteshauß hat 7 oder 8 fl. Einkommens.*[45]

1582 wurde der Diebstahl des erwähnten Kelchs aus der Kirche aktenkundig, ein einfacher kupferner Kelch ersetzte den gestohlenen goldenen.[46] 1586 wird von Gläubigen in Lengfeld berichtet, die dem neuen Glauben anhängen und deshalb den Ort verlassen müssen.[47] Die schreckliche Feuersbrunst vom 28. April 1593, welche die Ehefrau des Schultheißen Hans Henlein (Heilein, Helein) durch Fahrlässigkeit im Umgang mit dem gemeindlichen Backofen verursacht hatte, legte auch die Kirche in Schutt und Asche.[48] Ab 1595 berichten die Kapitelsprotokolle von St. Burkard von den Problemen beim Wiederaufbau der Kirche, die – wie so häufig – insbesondere finanzieller Natur waren. Die Baulast für die Kirche lag beim Ritterstift, das aber auch einen Beitrag von Stift Haug zum Neubau erwartete.[49] 1602 stiftete Neumünster auf Bitten von St. Burkard Reliquien für den Lengfelder Altar, nämlich solche der Heiligen Simon und Juda, der Muttergottes, der 10 000 Jungfrauen und einige andere.[50] Die Weihe der Kirche durch den Würzburger Weihbischof Eucharius Sang erfolgte zu einem unbekannten Zeitpunkt, aber wohl ebenfalls im Verlauf des Jahres 1602.[51] Ein Chorrock für die Kirche wurde 1605 bewilligt; der Amtmann (des Rückermainamts von St. Burkard) stiftete im gleichen Jahr eine Agende,[52] also ein Handbuch, das die Texte der wichtigsten liturgischen Handlungen enthält. Mit den Priestern, die in Lengfeld die Seelsorge versahen und den Gottesdienst abhielten, hat sich Enno Bünz in der Rottendorfer Ortsgeschichte ausführlicher beschäftigt: So begann 1585 die lange Reihe von Hauger Vikaren auf der Rottendorfer Pfarrei, bis im 18. Jahrhundert – von einer Ausnahme abgesehen – Alumnen des Priesterseminars die Pfarrei versahen.[53] Die *Kinderlehr* wurde zu bestimmten Zeiten auch von den Würzburger Jesuiten unterrichtet; 1616 wird den jungen Leuten mit einer Geldstrafe gedroht, die sich zur Zeit der Unterweisung *uff der Gassen* aufhalten.[54] In Lengfeld hatte der Rottendorfer Pfarrer jeden vierten Sonntag, am Fest des Kirchenpatrons, des hl. Laurentius (10. August), und an Kirchweih zu predigen. Konnte der Pfarrer in Rottendorf oder Lengfeld seinen kirchlichen Verpflichtungen nicht nachkommen, sprang ein Dominikaner aus Würzburg ein, seit dem frühen 18. Jahrhundert ein Franziskaner.[55] Auch im 18. Jahrhundert bemühte man sich um Verbesserungen des baulichen Zustands der Kirche: 1770 genehmigte das Ritterstift eine Eiche für eine Kommunikantenbank in der *nunmehro erweiterten Kirch*,[56] und während des Jahres 1771 wurde die Absicht laut, aus Geld von Wohltätern, Einkünften aus Handlohn und bezahlten Kirchenstrafen einen neuen Altar anzuschaffen und den Bogen am Chor zu verändern.

Abb. 324: Eintrag im Lengfelder Dorf-gerichtsprotokoll, betreffend die Feuers-brunst in Lengfeld am 28. April 1593. (StAW, Ger. Würzburg r/M 13/652, fol. 3r)

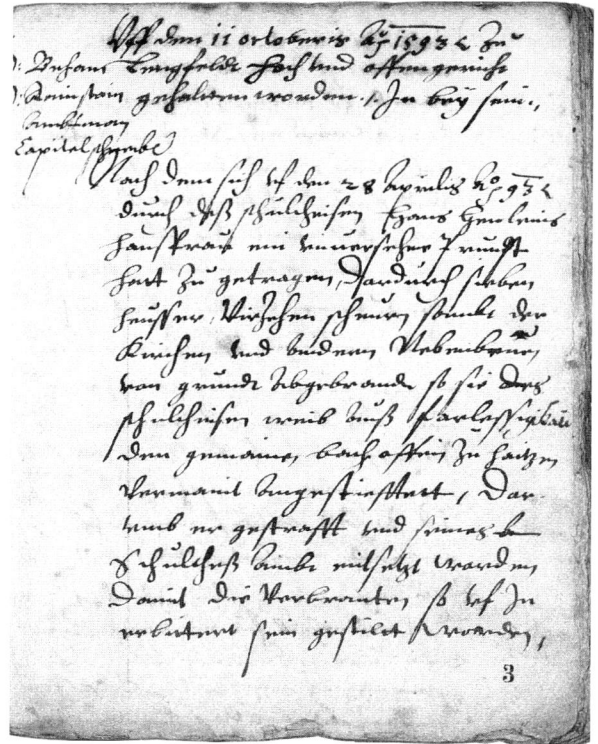

In der so genannten Schlacht von Würzburg zwischen Erzherzog Karl von Habsburg (1771–1847) mit seiner österreichischen Armee und den französischen Truppen vom 2. und 3. September 1796 wurden der Ort Lengfeld und auch die Kirche erneut ein Raub der Flammen, als die Österreicher das Dorf in Brand schossen, um die in Lengfeld ver-schanzten, geschlagenen Franzosen zu vertreiben.[58] Der Neubau der Kirche in klassizis-tischem Stil mit eingezogenem breitem Chor und aufgesetztem Fassadenturm erfolgte 1803/04. Die Ausstattungsstücke stammten aus säkularisierten Klosterkirchen, der Hochaltar mit dem Altarbild, welches das Martyrium des hl. Laurentius darstellt, aus dem Würzburger Benediktinerkloster St. Stephan, das Orgelgehäuse mit Rokokoschnit-zereien aus dem Afrakloster.[59] Die Vierzehnheiligen-Darstellung aus dem frühen 18. Jahrhundert, die den Brand von 1796 überstand, befindet sich heute in dem 1973–1975 erbauten Gottesdienstraum im Ökumenischen Zentrum, der zur Pfarrkirche erhoben wurde, während man die alte Pfarrkirche zur Nebenkirche herabstufte.[60]

Am 14. November 1803 wurde die Erhebung Lengfelds zur Pfarrei durch den neuen Landesherrn, den bayerischen Kurfürsten Max Joseph, genehmigt.[61]

In den zum Ritterstift St. Burkard gehörenden Orten waren Juden ansässig, die meis-ten im Ort Höchberg, während in Kirchheim zum Jahr 1716 sechs Juden, in Eisingen und Lengfeld jeweils ein Jude belegt sind.[62] Der genannte Jude *Lößer* ist bereits 1699 in Lengfeld wohnhaft, und zwar mit seiner Frau, zwei Kindern und einem bei ihm im

Dienst stehenden *Jungen*. An die Hofkammer musste er sechs Gulden Schutzgeld abliefern, außerdem 1 Gulden 4 Pfund 14 Pfennige Wacht- und Frongeld an die Gemeinde. Außerdem wird bemerkt, dass er schon *bei 12 Jahr* in Lengfeld ist und seinen Schutzbrief vom verstorbenen Fürstbischof[63] hat. Möglicherweise blieb die Ansiedlung dieses Juden in Lengfeld ein Einzelfall; denn in Amtsberichten des Jahres 1740 und im Bericht des Rückermainamts für das Jahr 1803 werden nur Juden in Höchberg und Kirchheim erwähnt.[64]

Versbach

INGRID HEEG-ENGELHART

Versbach im Mittelalter und zu Beginn der frühen Neuzeit

Die erste Erwähnung des Ortes erfolgt ca. 1070 in einem Urbar des Benediktinerinnen-klosters Kitzingen, das für die frühe schriftlich belegte Geschichte Versbachs von großer Bedeutung ist. In dem in der Staatsbibliothek Bamberg aufbewahrten Besitzverzeichnis sind die Besitzungen und Eigengüter dieses bereits im 8. Jahrhundert gegründeten Frau-enklosters aufgeführt, darunter auch die zum Fronhof *Persbahc* gehörenden elf Huben, von denen zehn Huben Schweine abliefern und eine Hube 20 Pfennige sowie jede Hube ein Huhn mit zehn Eiern und 16 Pfennige. Weiterhin werden zwei Lehengüter und eine Mühle erwähnt.[1] Die Kitzinger Nonnen hatten nämlich ursprünglich das Patronatsrecht über die Versbacher Pfarrkirche, bis sie dieses zusammen mit weiterem Besitz 1273 für 150 Pfund Heller an das Würzburger Kollegiatstift Haug verkauften.[2] 1173 erhielt das Würz-burger Schottenkloster St. Jakob Zinsen von einem Weinberg in Versbach,[3] zwischen 1171 und 1186 übertrug die Äbtissin des Klosters Kitzingen Güter in Versbach an einen gewis-sen *Swepherus*.[4] 1199 hatte das Würzburger Neumünsterstift Weinberge in Versbach.[5]

Der Name des Ortes kommt bereits im Mittelalter fast ausschließlich in den beiden Va-rianten *Versbach/Verspach* vor. Ankenbrand deutet den Namen als »Siedlung am Versbach, d.h. Bach, an dem Färsen = Stiere/Jungvieh weiden«.[6] Thomas Heiler hält eine zweite Deu-tung als »Siedlung an der Verse«, wobei Verse ein bisher ungeklärter Flussname wäre, für möglich. Das Zweitglied *-bach* wäre dann lediglich eine zusätzliche Verdeutlichung.[7]

Neben verschiedenen geistlichen Institutionen spielten die Herren und späteren Grafen von Hohenlohe und niederadelige Familien, zu denen auch eine nach dem Ort sich nennende Familie gehörte, eine nicht unbedeutende Rolle in der Geschichte Vers-bachs. Diese Familie von Versbach gehörte zur Ministerialität des Klosters Kitzingen[8] und hatte verwandtschaftliche Beziehungen zu den Wolfolt, die ihrerseits mit den Mi-nisterialen von Grumbach und Wolfskeel verwandt waren.[9] Nach Versbach sich nen-nende Personen, *de Versbach, dictus Versbach*, werden bereits im 13. und frühen 14. Jahr-hundert Bürger der Stadt Würzburg.[10]

In der zweiten Hälfte des 13. Jahrhunderts sind die Herren von Hohenlohe, eine edelfreie Familie, als Vögte von Stift Haug belegt.[11] Es ist festzuhalten, dass Peter Bruen-lin 1361 dem Dekan und Kapitel von Haug seine Hälfte der Vogtei zu Versbach verkauf-te, die von Kraft von Hohenlohe zu Lehen ging. Von nun an besaß das Stift die halbe

Abb. 325: Erste Erwähnung (s. Pfeil) von Versbach (Persbahc) in einem
Urbar des Benediktinerinnenklosters Kitzingen, ca. 1070.
(Staatsbibliothek Bamberg, Msc. Bibl. 41, fol. 29r)

Versbacher Vogtei als Lehen der Herren von Hohenlohe bis 1803,[12] die andere Hälfte hatten die Wolfskeel und später bis zu ihrem Aussterben im 17. Jahrhundert die Grumbach inne.[13] Aus dem Eintrag über die Zent, den Hochgerichtsbezirk Estenfeld(-Rimpar), im Zentbuch des Fürstbischofs Julius Echter 1576 geht hervor, dass Stift Haug und die Grumbach sich damals die Dorfherrschaft teilten.[14]

Die bis 1803 dauernde enge Verbindung Versbachs mit Stift Haug, seinem Dorfherrn, dokumentiert sich auch im Siegel. 1607 baten Schultheiß, Bauernmeister und die ganze Gemeinde zu Versbach, *weiln wir aigenen Insigels in mangel*, Stift Haug um Besiegelung mit dem Kapitelssiegel. 1735 dagegen hatte die Gemeinde Versbach ein »gewöhnliches Siegel«, einen hersehenden Löwenkopf mit einem Sparren im Maul, unter dem Sparren der Buchstabe *H*; eine Siegelumschrift fehlt.[15] Die Gemeinde Versbach bediente sich somit in ihrem Siegel eines Wappenbildes ihrer Herrschaft; das *H* (vielleicht für Haug) fehlt im Kapitelssiegel.[16]

Grundherrschaftliche Verhältnisse

Der größte Grundherr am Ort war Ende des 18. Jahrhunderts Stift Haug. Mit dem Fronhof und dem Fröschhof[17] und 13 Huben – das waren die Doktors Hube, die Hornungs Hube, die Kellers Hube, die Stimmers Hube, die Mörders Hube, die Verlorene Hube als siebte Hube, die Pfisters Hube, die Heinbecken Hube, die Ringelmanns Hube, die Gullemanns Hube, die Stihlen Hube und die Reussen Hube – hatte Stift Haug, namentlich sein *Procuracey-Amt*, beträchtliche Einkünfte,[18] im Einzelnen Korn und Weizen, Fastnachtshühner, Geldzinsen und Wein. Aber auch andere, insbesondere Würzburger Klöster und Stifte hatten Besitzungen am Ort bzw. bezogen daraus Einnahmen. Zu nennen sind neben Stift Haug und den bereits erwähnten Schottenkloster und Neumünsterstift das Benediktinerkloster St. Stephan[19], die Benediktinerinnen von St. Afra[20], die Karmeliten[21], die Johanniterkommende[22], die Kartause Engelgarten und das Bürgerspital[23], das Domkapitel Würzburg[24], schließlich das im 16. Jahrhundert aufgelöste Zisterzienserinnenkloster Heiligenthal bei Schwanfeld[25].

Die Versbacher Mühlen, alle an der Pleichach oder einem davon abgeleiteten Mühlkanal gelegen, sind in der Molographie, der Mühlenstatistik des Großherzogtums Würzburg von 1813, enthalten, oberhalb des Orts die Schäf(f)ersmühle und die Herrenmühle mit zwei Mahlgängen, im Ort die Haselmühle und die Mahlmühle mit jeweils einem Mahlgang, unterhalb des Orts die Straubmühle mit einem Mahlgang.[26] Die Schäffers- und die Herrenmühle waren Mühlen des Stifts Haug.[27]

Gerichtliche Zuständigkeiten und gemeindliches Leben

An Martini 1653 wurden Dorf- und Gerichtsordnung zu Versbach erneuert, wobei in der Vorrede Bezug genommen wird auf das Verderben, das die Ereignisse des Bauernkriegs 1525 gebracht hatten, und darauf, dass die Dorfordnung im *langwirigen* (Dreißigjährigen) *Krieg verzogen wortten*.[28] Gemeinde- und Dorfherr war Stift Haug, das Dorf

Versbach – so eine Formulierung im Kapitelsprotokoll – *mit allen Rechten und Gerechtigkeiten diesem Stift Haug immediate unterworfen*.[29] Der Schultheiß übte im Auftrag dieses Gerichtsherrn die niedergerichtliche Befehls- und Zwangsgewalt am Ort aus,[30] dagegen war der Bürgermeister ein Gemeindeamt. Aus der Nachbarschaft wurde an Martini jeweils ein Bürgermeister oder Bauernmeister und auch ein Gotteshauspfleger zu dem alten hinzugewählt, sodass immer zwei Bürgermeister[31] und zwei Gotteshauspfleger zum festgelegten Termin Rechnung ablegen mussten. Nach der Gerichtsordnung bestand das Gericht aus dem Schultheiß und zehn, elf oder zwölf Männern, den Schöffen, die mindestens 25 Jahre alt und von ehelicher Geburt sein mussten, dazu *from, redtlich, ehrbahr, verstendig vnd vnuerleumeth*. Die Zahl der so genannten *offenen Gerichte* wurde 1653 von drei auf acht pro Jahr erhöht; das im Beisein von Vertretern der Dorfherrschaft abgehaltene *Hochgericht*[32] sollte weiterhin dreimal stattfinden.[33] Weitere Ämter sind diejenigen der Siebener oder Feldgeschworenen, der Mitglieder des Feldgerichts, außerdem sind zu nennen der Schulmeister[34], der in Personalunion häufig Gerichtsschreiber war, der Gemeindeschmied, der Gemeindeknecht und der Gemeindehirte.[35] Von einem Bader, der grundsätzlich zunächst für die Versorgung der Gemeindebadestube zuständig war, sich aber auch um die Versorgung von Wunden und um Seuchenkranke kümmerte,[36] erfahren wir 1782, als der Versbacher Bader als *untauglich* bezeichnet wird.[37]

Was die Einwohnerzahl Versbachs angeht, so spricht der Visitationsbericht von 1576 für das Landkapitel Dettelbach für Versbach von 250 Kommunikanten.[38] Im Dreißigjährigen Krieg hat der Ort Versbach wie so viele andere unter den Kriegshandlungen und Truppendurchzügen schwer gelitten und sicherlich auch Verluste unter der Bevölkerung beklagen müssen.[39] Auch die Verfolgung und Hinrichtung von Hexen und der Hexerei angeklagten Klerikern von Stift Haug berührten den Ort zumindest mittelbar, denn zu den zwischen 1627 und 1629 Hingerichteten gehörte auch Michel Wagner, Vikar von Stift Haug, der Weinberge in Versbach bewirtschaftet hatte.[40] 1630 bat die Gemeinde wegen des beim Durchzug des kaiserlichen Kriegsvolks erlittenen Schadens um eine *Ergötzlichkeit* und erhielt 30 Gulden von Stift Haug,[41] 1636 konnte sie die drei dorthin gelegten Soldaten nur versorgen, indem sie mit Zustimmung des Kapitels *gemein Holz* verkaufte.[42] Die Truppen des Obristen Königsmarck waren im September 1639 vor die Stadt Würzburg gezogen[43] und hatten offenbar in Versbach Häuser[44] und die Straubmühle abgebrannt, da deren Müller 1642 um Halbierung der Weizengült bat.[45] Auch der Versbacher Schultheiß war durch Königsmarck schwer geschädigt worden, worauf er das Recht erhielt, den von Stift Haug beanspruchten Bannwein auszuschenken.[46]

Die Gerichtsordnung von 1653 legte fest, dass der *frembte Einkömmling* beim Zuzug vier Gulden zahlen musste, die zur Hälfte an die Herrschaft, zur Hälfte an die Gemein(de) gingen.[47] Aus dem 18. Jahrhundert ist eine Aufstellung der Orte überliefert, aus denen Zuzug nach Versbach unter Vorlage eines Geburtsbriefes, also des Nachweises ehelicher Geburt, erfolgte. Aus den Nachbarorten Estenfeld, Mühlhausen, Veitshöchheim, Lengfeld, Rimpar, Kürnach und Würzburg, schließlich aus Castell kamen die meisten neuen Bewohner. Aber auch aus Städten wie Fulda und Salzburg sowie aus Orten in den heutigen benachbarten Landkreisen, etwa Arnstein, Schwanfeld, Oberschwarzach und Remlingen, erfolgte der Zuzug.[48] 1752 war die Gemeinde so angewachsen, dass kein Auswärtiger als Beisasse und noch weniger als Bürger aufgenommen werden durfte.[49] 1770 wurden im Beisein von Vertretern des Kollegiatstifts Haug neun im Ort geborene Männer in die Gemeinde, die Nachbarschaft, aufgenommen.[50] Zwei nicht legitimierte Familien, die weder Bürger- noch Beisassenrecht hatten, mussten 1773 innerhalb von 14 Tagen den Ort verlassen.[51]

An gemeindlichen Einrichtungen verfügte Versbach über ein Rathaus[52] und ein Schulhaus. 1743 war das alte Schulhaus baufällig. Aus Geldmangel war aber nur eine Reparatur und kein Neubau möglich.[53] Als 1772 wegen des fehlenden Aborts im Schulhaus der Bürgermeister um die Bereitstellung einiger Bäume bat, um einen solchen anfertigen zu können, schlug Stift Haug mit Weitsicht die Anfertigung eines Abortes aus Stein vor.[54] Ein Backhaus in Versbach ist bereits 1339 belegt.[55]

Für die Zeit um 1800 wird man für den Ort von mehreren Gasthäusern ausgehen dürfen, die mit Sicherheit unterschiedlichen rechtlichen Status hatten. Neben den Schildwirten[56], die ein öffentliches Schild führen durften und damit auch Zimmer oder Betten vermieteten, Speisen servierten und Getränke ausschenkten, gab es die Gassenwirte mit einem gewissen Kontingent an Getränken und einer kleinen Vesper und die Heckenwirte mit dem Recht, den Most der eigenen Ernte auszuschenken.[57] Der Denkmälerband Unterfranken nennt ein um 1800 gebautes Gasthaus in der heutigen Steigstraße 11, des Weiteren das Gasthaus zum Adler und das Gasthaus zur Krone aus dem 18./19. Jahrhundert (Versbacher Straße 199 und 207).[58] Der Wirt des Gasthauses zum Lamm wird 1787 im Kapitelsprotokoll erwähnt.[59] 1773 berichtet das Kapitelsprotokoll mehrfach von Nachtschwärmerei und Spielen in den Wirtshäusern nach der angeordneten Zeit[60] und davon, dass an allen Feiertagen Musikanten in den Wirtshäusern aufspielen und sich die Jugend nicht nur von Versbach, sondern auch von Rimpar und Estenfeld dazu einfinde.[61] Unter Bezug auf ein gedrucktes Mandat des Fürstbischofs wurden für Wirte und Tanzende gleichermaßen Geldstrafen angedroht.

Auch zu Handgreiflichkeiten oder Schlimmerem kam es immer wieder einmal. 1630 wurde berichtet, dass Hans Woltz von Versbach vor etlichen Jahren den Sohn des Schultheißen zu Lengfeld erstochen hatte,[62] 1637 sollte nach einer Schlägerei zwischen dem Schultheißen von Versbach, dem Gullenmüller und dem Waffenschmied zu Würzburg eine gütliche Einigung erzielt werden, andernfalls werde das Zentgericht eingeschaltet.[63] Und 1716 hatte bei einer Schlägerei zu Versbach einer dem anderen mit dem Brotmesser ins Auge gestochen.[64]

Wie bereits erwähnt, übte Stift Haug die Niedergerichtsbarkeit in Form offener Gerichte und Hochgerichte aus. Die Zentgerichtsbarkeit, also insbesondere die Zuständigkeit für die vier hohen Rügen Mord, Diebstahl, Notzucht und Brandstiftung, *samt alle diejenigen, welche Leib- und Lebensstraf nach sich ziehen,* lag beim Zentgericht Estenfeld,[65] dessen Sitz 1596 nach Rimpar verlegt wurde.[66] Versbach entsandte zwei Schöffen zum Zentgericht, die jeweils zwei Jahre Schöffen waren und von denen an Martini jeweils einer durch einen neuen ersetzt wurde. Immer wieder kam es vor, dass das Zentgericht Rimpar sich auch in solche Fälle einmischte, für die es nicht zuständig war. Daher wurden die Versbacher mündlich angehalten, jede Meldung vor das Zentgericht Rimpar der Vogteiherrschaft, also Stift Haug, bzw. dem Schultheißen zu melden.[67] Appellationsin-

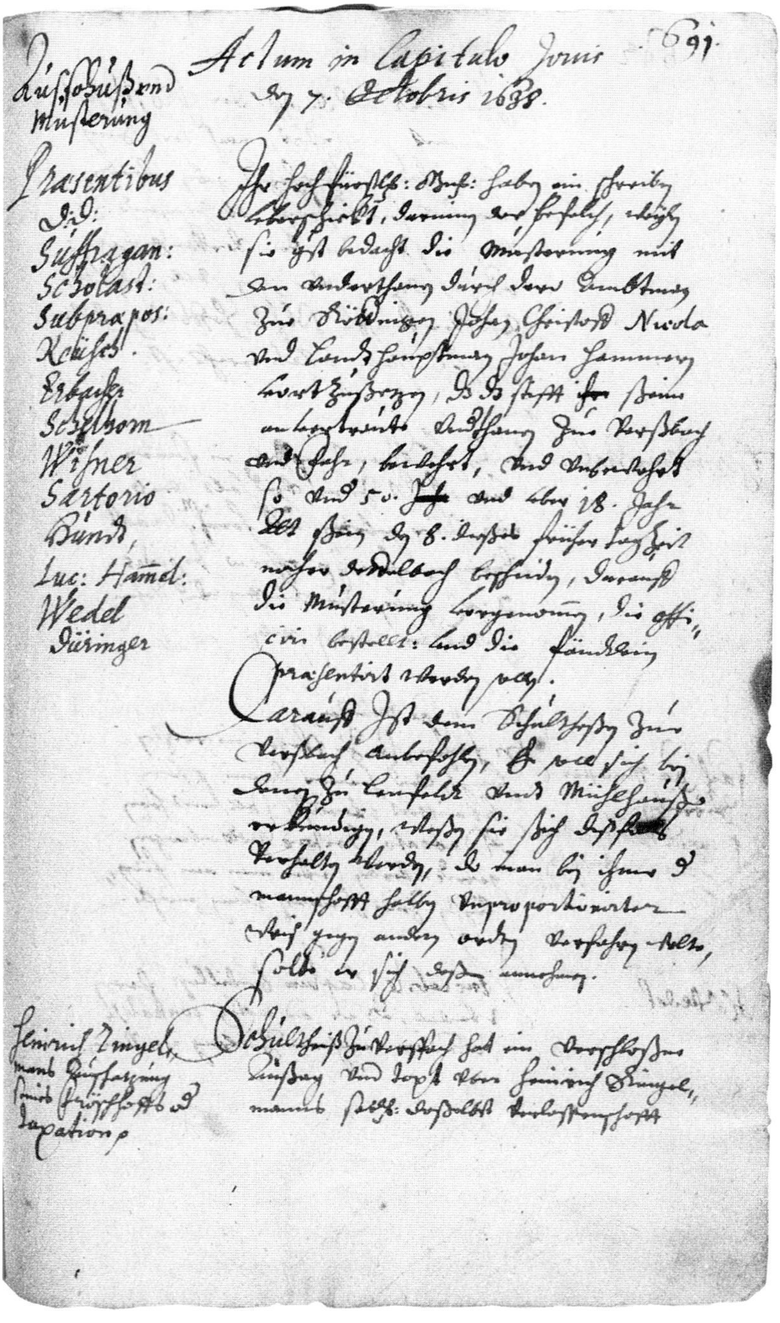

Abb. 326: Eintrag über die Musterung der Versbacher Stiftsuntertanen 1638
im Stift Hauger Kapitelsprotokoll.
(StAW, Stift Hauger Kapitelsprotokolle 5, S. 691)

stanz für das Zentgericht Rimpar war das Brückengericht der Stadt Würzburg.[68] Die Musterung der Untertanen war Angelegenheit des Hochstifts bzw. seiner Amtleute. Für den 8. Oktober 1638 waren die Stiftsuntertanen zu Versbach und Fahr, und zwar die über 18 und unter 50 Jahren, nach Dettelbach bestellt, wo vom würzburgischen Amtmann zu Röttingen und einem Landhauptmann die Musterung vorgenommen werden sollte. Auch hier wies das Hauger Kapitel den Schultheißen zu Versbach an, in Versbach und Mühlhausen wegen der Vorgehensweise nachzufragen bzw. aufzupassen, wenn man *unproportionierter Weis gegen anderen Ordten verfahren wolte*,[69] damit die Rechte des Kapitels nicht beeinträchtigt würden.

Kirchliche Verhältnisse

Wie bereits erwähnt, ging das Patronatsrecht über die Versbacher Pfarrkirche 1273 vom Benediktinerinnenkloster Kitzingen an Stift Haug. 1274 inkorporierte das Würzburger Domkapitel die Pfarrei dem Stift Haug,[70] was 1275 vom Würzburger Bischof bestätigt wurde.[71] Eine Liste der Versbacher Pfarrer bis 1400 hat Bünz zusammengestellt, der erste genau datierte Hinweis auf einen Versbacher Pfarrer, *Eberhardus sacerdos in Versbach,* stammt aus dem Jahr 1184.[72] Im Stiftsstatut vom 22. Oktober 1320 wurde festgelegt, dass das Besetzungsrecht der Pfarrei Versbach mit dem Eigentümer der Kurie Kleinburgstatt, also einem Hauger Kapitular, verbunden sein sollte. Später wurden die Pfarreien aber durch das Kapitel vergeben,[73] so beispielsweise 1628, als drei Vikare sich um die Nachfolge des Versbacher Pfarrers bewarben und schließlich Vikar Johannes Ludwig zum neuen Pfarrer ernannt wurde.[74] 1349 war bestimmt worden, dass zwei Gotteshausmeister, die vom Pfarrer und sechs oder acht Bauern mit Stimmenmehrheit gewählt werden, die Kirchengüter mit Wissen des Pfarrers verwalten sollten.[75]

Wie viele Gotteshäuser es im Ort durch die Jahrhunderte hindurch gab, bedarf noch genauer Untersuchungen. Amrhein spricht von einer älteren oder unteren Pfarrkirche mit dem Patrozinium des Hl. Stephan,[76] Wehner nennt eine erste, vermutlich in der Nähe des jetzigen Friedhofs stehende Kirche, die zweite mit dem 1273 erwähnten Stephanspatrozinium sei nahe der Pleichach zu lokalisieren.[77] Bei der Visitation des Landkapitels Dettelbach 1576 wurde auch die zu diesem Landkapitel gehörende Pfarrei Versbach visitiert: damals noch wird die Pfarrkirche *im zimlichem Baw gehalten, hat drey Altaria nach Nodturft kleidet, eines aber ist prophanirt […]* Weiter wird ausgeführt: *Zu Verspach ist noch ein Cappeln S. Jacobi, da ist ein Stuk an der Maur des Kirchhoffs eingefalln, möcht und solt billig wiederum zegericht werden.*[78] Die Kapelle zum hl. Jakobus auf dem Berge, die Gottesackerkapelle, soll 1588 zur Pfarrkirche erhoben worden sein.[79] 1642 wurde sie nach Amrhein restauriert,[80] 1670/71 ein neuer Kirchturm errichtet,[81] zwischen 1747 und 1749 das Kirchenschiff verlängert bzw. die Kirche umgebaut.[82] Am 16. Oktober 1754 wurde die Kirche vom Würzburger Weihbischof Daniel Johann Anton von Gebsattel konsekriert; die Weihehandlung begann früh am Morgen und war gegen 10 Uhr beendet. Sie war – um Kosten zu sparen – verbunden mit der Huldigung der Versbacher und Waigolshäuser Stiftsuntertanen und schloss mit einem Festmahl am

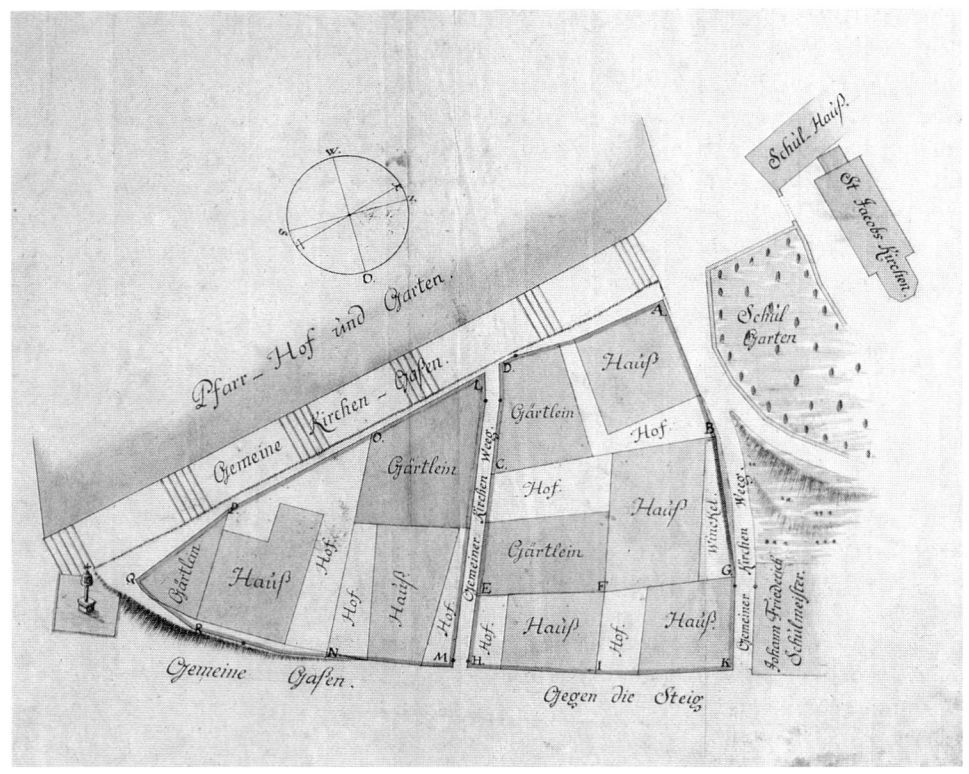

Abb. 327: Lageplanskizze von Pfarrkirche St. Jakob, Pfarrhof,
Schulhaus, Schulgarten und Wohnung des Schulmeisters in Versbach 1783.
(StAW, Rentamt Würzburg r/M 98, Tabelle III)

Mittag, an dem der Weihbischof, der Oberamtmann von Rimpar, Herr von Münster, und – mit einer Ausnahme – alle Kapitulare von Stift Haug teilnahmen, *der hohe Ehrentag [war] mit allmänniglicher Vergnügenheit verbracht und beschlossen worden.*[83]

1772 war das Fundament an der Stirnseite des Chores dieser Kirche, das aus einer alten Mauer bestand, gewichen, und es wurde vorgeschlagen, von außen einen neuen starken Pfeiler einzuziehen.[84] 1773 erhielt die Pfarrkirche in Versbach – da die Gemeinde für einen neuen keine Mittel hatte – den alten Pfarraltar aus der Hauger Stiftskirche gegen Zahlung von 50 Gulden und mit der Auflage, für den verstorbenen Dekan Wiesner, den Stifter des Altars, jährlich einen Jahrtag abzuhalten.[85] Ein Jahr später, 1774, ging die Kirchenuhr in Versbach nicht richtig und wurde Anlass für *Unordnung*, die Kosten für die Reparatur von 80 Reichstalern waren noch zu klären.[86] 1783 berichtet das Hauger Kapitelsprotokoll von der Anschaffung einer neuen Orgel für die Pfarrkirche und die dafür erforderliche Finanzierung.[87] 1962 wurde die Versbacher Kirche abgerissen. Aus der alten Kirche wurden unter anderem eine Statue des hl. Rochus und eine Statue des hl. Jakobus d. Ä. sowie ein Taufstein aus Sandstein von 1575 in den an gleicher Stelle errichteten Neubau übernommen,[88] ein romanisches Portal – wohl aus einem frühen Vorgängerbau – wurde ebenfalls wieder eingebaut.[89]

Eine alte, auf dem Gottesacker zu Versbach stehende Kirche, *in der Vorzeit die Pfarrkirche,* wurde Anfang des 19. Jahrhunderts wegen Baufälligkeit und drohendem Einsturz eingelegt.[90] Dies würde auch bedeuten, dass der im 16. Jahrhundert auf dem Hügel der späteren Pfarrkirche befindliche Friedhof des Ortes verlegt wurde.[91] Das 1713/14 errichtete Pfarrhaus[92] wurde 1738 mit Fensterläden im unteren Stock ausgestattet, und dies nicht nur zur Sicherheit des Pfarrers, sondern auch der liturgischen Geräte (Monstranz, Kelch usw.).[93] 1752 war der Kanal im Pfarrhofe wegen der *scharpfen Materie* verstopft,[94] 1771 das Pfarrhaus in einigen Teilen baufällig.[95] Die Baulast an der Pfarrkirche lag bei der Gemeinde, diejenige des Pfarrhauses bei Stift Haug. Das Pfarrhaus des 18. Jahrhunderts wurde 1976 abgerissen.[96] 1786 wurde von privater Seite an der Kreuzung der Feldwege Versbach/Oberdürrbach und Rotkreuzhof/Rimpar eine Kapelle erbaut, die heute im Schematismus als Nebenkirche eingetragen ist.[97]

Würzburger Landesherren, Bürgermeister, Stadtschreiber und Oberschultheißen 1525–1814

ULRICH WAGNER

Würzburger Landesherren
Fürstbischöfe von Würzburg

1519–1540	Konrad II. von Thüngen	1683–1684	Konrad Wilhelm von Wer(de)nau
1540–1544	Konrad III. von Bibra	1684–1698	Johann Gottfried II. von Guttenberg
1544–1558	Melchior Zobel von Giebelstadt	1699–1719	Johann Philipp von Greiffenclau zu Vollraths
1558–1573	Friedrich von Wirsberg		
1573–1617	Julius Echter von Mespelbrunn	1719–1724	Johann Philipp Franz von Schönborn
1617–1622	Johann Gottfried I. von Aschhausen	1724–1729	Christoph Franz von Hutten
		1729–1746	Friedrich Karl von Schönborn
1623–1631	Philipp Adolf von Ehrenberg	1746–1749	Anselm Franz von Ingelheim
1631–1634	Schwedisches und sachsen-weimarisches Interregnum	1749–1754	Karl Philipp von Greiffenclau zu Vollraths
1631–1642	Franz von Hatzfeld	1755–1779	Adam Friedrich von Seinsheim
1642–1673	Johann Philipp von Schönborn	1779–1795	Franz Ludwig von Erthal
1673–1675	Johann Hartmann von Rosenbach	1795–1802	Georg Karl von Fechenbach (gest. 1808)
1675–1683	Peter Philipp von Dernbach		

Kurfürst von Pfalz-Bayern

1802–1806   Maximilian IV. Joseph, Pfalzgraf bei Rhein, Herzog von Bayern

Großherzog von Würzburg

1806–1814   Ferdinand, Erzherzog von Österreich, Großherzog von Toskana

König von Bayern

1814–1825   Maximilian I. (IV.) Joseph, Pfalzgraf bei Rhein, Herzog von Bayern

Ältere und Jüngere Bürgermeister

Die Wahl der beiden Bürgermeister durch den Stadtrat fand in der Regel um Martini (11. November) statt. Die Stimmabgabe erfolgte ursprünglich mündlich vor dem Ober-schultheißen, den bisherigen Bürgermeistern und dem Stadtschreiber, später mit Stimmzetteln. Die Amtszeit währte ein Jahr, eine Wiederwahl war zulässig. Von 1526 bis 1540 wurden, bedingt durch die Niederlage im Bauernkrieg 1525, die beiden Bürger-meister durch den Fürstbischof eingesetzt. Erst ab 1540 konnte die Stadt ihre Stadtober-häupter wieder durch den Rat wählen.

Die beiden Bürgermeister – ihrer Zeit gemäß entweder als Älterer und Jüngerer, Oberer und Unterer oder Erster und Zweiter Bürgermeister bezeichnet – sprechen für die Stadt insgesamt, nicht nur für die Bürgerschaft. Seit dem 17. Jahrhundert zeichnen sie offizielle Schreiben häufiger mit *Bürgermeister und Rat der Hauptstadt Würzburg* ab, handeln demnach auch formal für den Rat insgesamt. In der Regel bestand das Ratsgremium aus den beiden Bürgermeistern und 22 Stadträten, doch konnte die Zahl schwanken. Zu Beginn des 17. Jahrhunderts (bspw. 1616, 1619, 1621) saßen teilweise mehr, teilweise weniger als 24 Personen im Rat; der Stadtschreiber zählte nicht zum Gremium. Seit 1630 ist der Ältere Bürgermeister oft zwei und mehr Jahre ohne Unterbrechung im Amt. Georg Ignaz Brock brachte es bis 1814 auf insgesamt 19 Amtszeiten. Im Hofkalender von 1748 wird der Ältere als Oberbürgermeister und der Jüngere als Unterbürgermeister bezeichnet, im Hofkalender von 1785 ff. ist der Unterbürgermeister wieder als Jüngerer Bürgermeister ausgewiesen. 1810 werden die beiden Stadtoberhäupter als Erster und Zweiter Bürgermeister benannt.

Ältere, Ober-, Erste Bürgermeister		*Jüngere, Unter-, Zweite Bürgermeister*
1525/26	Johann Wagenknecht	Anton Keller (Kelner)
1526/27	Hans Franck	Johann Birnesser
1527/28	Georg Span	Philipp Aschenberger
1528/29	Claus Schmitt	Peter Gräff (Gref)
1529/30	Peter Weyer	Peter Duchel
1530/31	Wendel Byn (Bin)	Georg Tasch (Dasch)
1531/32	Claus Hoffmann	Hans Fuchs
1532/33	Hans Winter	Barthelmes Veller/Voller
1533/34	Hans Heinrich	Peter Nusser
1534/35	Johann (Stephan) Seuffert	Hans Espacher (gest.), Nachwahl von Claus Hofmann 1535
1535/36	Claus Schmitt	Georg Hagen
1536/37	Hans Schneider	Johann Hilprandt
1537/38	Georg von Wurmbs (Wormbs)	Hans Meyer
1538/39	Georg Plorock	Pankratz Betzold
1539/40	Bernhard Weigle	Georg Gobel
1540/41	Claus Schmitt	Claus Friederich (gest.), Nachwahl von Barthelmes Veller 1541
1541/42	Hans Heinrich	Endres Morder
1542/43	Claus Hofmann	Barthelmes Veller
1543/44	Philipp Aschenbrenner	Mathäs Heschlein
1544/45	Hans Fuchs	Anton Helbig
1545/46	Georg von Wurmbs	Bastian Hartmann
1546/47	Endres Morder	Peter Weyer
1547/48	Hans Heinrich	Jacob Ochsner
1548/49	Georg Gobel (gest.), Nachwahl von Philipp Aschenbrenner 1549	Hans Butner
1549/50	Mathäs Heschlein	Melchior Renkner
1550/51	Anton Helbig	Kilian Raspe
1551/52	Endres Morder	Sebastian Rußwurm
1552/53	Jakob Ochsner	Balthasar Kulwein

1553/54	Hanns Butner	Lorenz Deckhert
1554/55	Anton Helbig (erkr.), Nachwahl von Endres Morder 1555	Hans Ochsner
1555/56	Mathäs Heschlein	Caspar Eck
1556/57	Balthasar Kulwein	Christoph Sturm
1557/58	Jacob Ochsner (erkr.), Nachwahl von Balthasar Kulwein 1558	Hans Müller (zu Sand)
1558/59	Hans Ochsner	Paul von Wurmbs
1559/60	Caspar Eck	Michael Neithart (gest.), Nachwahl von Paul von Wurmbs 1560
1560/61	Balthasar Kulwein	Lorenz Fingerer
1561/62	Hans Müller	Valtin Kern
1562/63	Caspar Eck	Caspar Gros
1563/64	Paul von Wurmbs	Hans Müller
1564/65	Lorenz Fingerer	Georg Braun
1565/66	Hans Ochsner	Hans Lamprecht
1566/67	Hans Müller	Stefan Ramspeck
1567/68	Caspar Eck	Heinrich Wilhelm
1568/69	Paul von Wurmbs	Heinrich Göbel
1569/70	Lorenz Fingerer	Hans Steinbickel
1570/71	Jörg Braun	Christoph Anshelm
1571/72	Caspar Eck	Georg Schwartzmann
1572/73	Heinrich Wilhelm	Paul Düring
1573/74	Paul von Wurmbs	Sebastian Helmuth
1574/75	Lorenz Fingerer	Hans Strobel
1575/76	Johann Steinbickel	Georg Reumann
1576/77	Christoph Anshelm	Philips Mercklein
1577/78	Heinrich Wilhelm	Conrad Müller
1578/79	Hans Müller	Balthasar Rüffer
1579/80	Georg Reumann	Martin Gattenhof
1580/81	Johann Steinbickel	Hans Schwalm
1581/82	Christoph Anshelm	Jobst Burckhard
1582/83	Conrad Müller	Hans Fenchel
1583/84	Heinrich Wilhelm	Caspar Reumann
1584/85	Philips Mercklein	Hans Weidenbusch
1585/86	Balthasar Rüffer	Dr. Johann Lachmann
1586/87	Johann Steinbickel	Barthel Hoffmann
1587/88	Heinrich Wilhelm	Conrad Weiner
1588/89	Dr. Johann Lachmann	Sebastian Loschert
1589/90	Barthel Hoffmann	Neydhardt Meier
1590/91	Heinrich Wilhelm	Niclas Nunsam
1591/92	Dr. Johann Lachmann	Georg Renckner
1592/93	Barthel Hoffmann	Oswald Hegwein
1593/94	Heinrich Wilhelm	Eucharius (Charges) Fleischmann
1594/95	Jörg Renckner	Jörg Holzmann
1595/96	Dr. Johann Lachmann	Jörg Weltz
1596/97	Barthel Hoffmann	Veit Gulmann
1597/98	Niclas Nunsam	Veit Falck
1598/99	Neithart Meier	Georg Sauer
1599/1600	Georg Holzmann	Jörg Jung
1600/01	Eucharius Fleischmann	Johann Thain
1601/02	Jörg Weltz	Martin Zinck
1602/03	Veit Gulmann	Hans Dieff

1603/04	Veit Falck	Christian Agricola (Baur von Eyseneck)
1604/05	Neithart Meier	Linhart Seyfrid
1605/06	Eucharius Fleischmann	Jörg Weißbeck
1606/07	Christian Agricola	Georg Hummel
1607/08	Veit Falck	Wilhelm Nunsam
1608/09	Georg Weltz	Georg Gutbrod
1609/10	Martin Zinck	Johann Schneider
1610/11	Christian Agricola	Caspar Kirchner
1611/12	Jörg Weißbeck	Johann Friedrich Reich
1612/13	Georg Weltz	Johann Meder
1613/14	Wilhelm Nunsam	Jacob Baunach
1614/15	Georg Gutbrod	Martin Rhein
1615/16	Christian Agricola	Julius Boxberger
1616/17	Johann Friedrich Reich	Veit Leonhardt
1617/18	Christian Agricola	Michael Mayer
1618/19	Wilhelm Nunsam	Georg Hartmann
1619/20	Georg Gutbrod	Philipp Graßmüller
1620/21	Christian Agricola	Georg Gantz
1621/22	Michael Mayer	Johann Edelwehr
1622/23	Julius Boxberger	Sebastian Rücklein
1623/24	Christian Agricola	Barthelmes Wolffart
1624/25	Jacob Baunach	Michael Wedel
1625/26	Wilhelm Nunsam	Caspar Bauer
1626/27	Julius Boxberger	Sigmund Bauer
1627/28	Johann Meder	Octavian Maternstein
1628/29	Georg Hartmann	Hieronymus Andreas Kunrath
1629/30	Johann Edelwehr	Hieronymus Göbel
1630–33	Wilhelm Nunsam	Sebastian Loschart
1633/34	Octavian Maternstein	Johann Seiffert
1634/35	Octavian Maternstein	Steffan Reibolt
1635/36	Hieronymus Andreas Kunrath	Christof Ruth
1636/37	Johann Edelwehr	Laurentius Kilian
1637/38	Georg Hartmann	Andreas Sperger
1638/39	Stefan Reibolt	Ludwig Stumpf
1639/40	Sebastian Loschart	Georg Dülck
1640/41	Laurentius Kilian	Johann Georg Thein
1641/42	Laurentius Kilian	Nicolaus Dietmann
1642/43	Laurentius Kilian	Michael Karl Arnold
1643/44	Georg Dülck	Johann Prößler
1644/45	Christof Ruth	Peter Gelltmann
1645/46	Laurentius Kilian	Johann Thumb
1646/47	Johann Pleickhard	Nikolaus Hoen
1647/48	Johann Pleickhard	Arnold Schatz
1648/49	Johann Pleickhard	Caspar Muelheintz
1649/50	Octavian Maternstein	Georg Dürr
1650/51	Laurentius Kilian	Johann Conrad Fick
1651/52	Johann Pleickhard	Wilhelm Walther
1652/53	Georg Dülck	Johann Bischof
1653/54	Johann Pleickhard	Johann Wilhelm Balbus
1654/55	Nicolaus Dietmann	Jörg Max Bapp
1655/56	Johann Pleickhard	Caspar Ebelein
1656/57	Nicolaus Dietmann	Michael Schaupp
1657/58	Johann Pleickhard	Johann Götz

1658/59	Johann Thumb	Johann Conradt Seyfrit
1659/60	Johann Pleickhard	Bernhardt Schrodt
1660/61	Jacob Zinck	Veit Stolzenberger
1661/62	Johann Pleickhard	Johann Dietz
1662/63	Johann Pleickhard	Johann Philipp Reibelt
1663/64	Nicolaus Dietmann	Elias Adam Weingarten
1664/65	Michael Schaupp	Johann Dieterich
1665/66	Michael Schaupp	Johann Conradt Widtmann
1666/67	Michael Schaupp	Johann Adam Wigant
1667/68	Johann Conradt Seyfrit	Georg Anton Ziegler
1668/69	Johann Conradt Seyfrit	Johann Georg Lanius
1669/70	Johann Dietz	Johann Rudolph Rapp
1670/71	Johann Dietz	Felix Brenzer
1671/72	Nicolaus Dietmann	Johann Carol Kamb
1672/73	Nicolaus Dietmann	Johann Philipp Müzel
1673/74	Johann Rudolph Rapp	Johann Wolfgang Steigler
1674/75	Johann Rudolph Rapp	Andreas Braster
1675-77	Johann Dietz	Conrad Friedrich Papius
1677/78	Johann Dietz	Johann Adolph Popp
1678/79	Johann Dietz	Johann Caspar Roßhirt
1679/80	Johann Felix Brenzer	Johann Christof Heilich
1680/81	Conrad Friedrich Papius	Georg Reiboldt
1681/82	Conrad Friedrich Papius	Johann Melchior Dietmann
1682/83	Johann Dietz	Wilderich Lagus
1683/84	Johann Rudolph Rapp	Johann Basthel Keller
1684/85	Johann Rudolph Rapp	Johann Bernhard Pfenning
1685/86	Johann Carol Kamb	Johann Martin Wigandt
1686/87	Johann Carol Kamb	Stephan Bornschlegel
1687/88	Johann Christoph Heylig	Georg Marx Hahn
1688/89	Johann Christoph Heylig	Johann Georg Heunisch
1689/90	Johann Felix Brenzer	Johann Georg Zinck
1690/91	Johann Barthel Keller	Martin Sandt
1691/92	Johann Bernhard Pfenning	Georg Adam Mützel
1692/93	Johann Bernhard Pfenning	Johann Lorenz Heylgenthal
1693/94	Johann Martin Wigandt	Johann Oswald Müller
1694/95	Johann Martin Wigandt	Johann Christian Lanius
1695/96	Georg Reibelt	Johann Veith Apfelbach
1696/97	Georg Reibelt	Valentin Maulbeckh
1697/98	Johann Leonhard Pfenning	Johann Pleickard Weingart
1698/99	Johann Leonhard Pfenning	Johann Adam Kihn
1699/1700	Johann Bartholomäus Keller	Johann Philipp Weigandt
1700/01	Johann Bartholomäus Keller	Johann Jacob Schnapp
1701/02	Johann Bartholomäus Keller	Johann Adam Dischler
1702/03	Johann Christian Lanius	Johann Adam Siedler
1703/04	Johann Christian Lanius	Dominicus Zecher
1704/05	Johann Christian Lanius	Johann Nikolaus Ferdinand Schmidt
1705/06	Georg Reibelt	Christian Schäffner
1706/07	Georg Reibelt	Johann Leonhard Schrott
1707/08	Georg Reibelt	Georg Bernard Stang
1708/09	Johann Nikolaus Ferdinand Schmidt	Johann Georg Behr
1709/10	Johann Nikolaus Ferdinand Schmidt	Philipp Friedrich Agricola
1710/11	Johann Nikolaus Ferdinand Schmidt	Johannes Roth
1711/12	Johann Christian Schaffner	Johann Melchior Geigel

1712/13	Johann Christian Lanius	Johann Barthel Antoni
1713/14	Johann Nikolaus Ferdinand Schmidt	Friedrich Wilhelm Winchel
1714/15	Johann Nikolaus Ferdinand Schmidt	Jakob Werner Stadler
1715/16	Johann Jacob Schnapp	Johann Konrad Werner
1716/17	Johann Jacob Schnapp	Johann Philipp Siebenbeutel
1717/18	Jakob Werner Stadler	Johann Michael Hoffmann
1718/19	Jakob Werner Stadler	Johann Philipp Papius
1719/20	Johann Nikolaus Ferdinand Schmidt	Johann Georg Schrodt
1720/21	Johann Nikolaus Ferdinand Schmidt	Johann Michael Klüpfel
1721/22	Johann Nikolaus Ferdinand Schmidt	Viktor Carli
1722/23	Johann Philipp Siebenbeutel	Sebastian Gotha
1723/24	Johann Philipp Siebenbeutel	Johann Pedro Landtmann
1724/25	Johann Philipp Papius	Johann Heinrich Fries
1725/26	Johann Philipp Papius	Johann Caspar Geßner
1726/27	Johann Philipp Papius	Johann Wilhelm Ebenhöch
1727/28	Johann Michael Hoffmann	Johann Martin Pfanzer
1728/29	Johann Michael Hoffmann	Johann Paul Zimmer
1729/30	Johann Heinrich Fries	Balthasar Dietherich
1730/31	Johann Heinrich Fries	Johann Ludwig Discher
1731/32	Johann Sebastian Gotha	Anton Sindermahler
1732/33	Johann Sebastian Gotha	Johann Bernhard Siebenbeutel
1733/34	Johann Philipp Papius	Johann Heinrich Reichard
1734/35	Johann Philipp Papius	Johann Michael Laudensack
1735/36	Johann Heinrich Fries	Georg Adam Bauer
1736/37	Johann Heinrich Fries	Johann Bartholomäus Stang
1737/38	Johann Philipp Papius	Johann Peter Ohrlein
1738/39	Johann Philipp Papius	Johann Andreas Braun
1739/40	Johann Wilhelm Ebenhöch	Ernst Alexander Giech
1740/41	Johann Wilhelm Ebenhöch	Johann Christoph Faulhaber
1741/42	Balthasar Ditterich	Johann Christoph Anton Plauer
1742/43	Balthasar Ditterich	Eugen Colonat Heinrich Geigel
1743/44	Johann Wilhelm Ebenhöch	Niclaus Thomann
1744/45	Johann Wilhelm Ebenhöch	Johann Josef Bernard Behringer
1745/46	Johann Joseph Michael Laudensack	Heinrich Kilian Metzger
1746/47	Johann Joseph Michael Laudensack	Johann Kilian Martin Werner
1747/48	Johann Wilhelm Ebenhöch	Georg Joseph Hertzing
1748/49	Johann Wilhelm Ebenhöch	Johann Adam Rügemer
1749/50	Johann Andreas Braun	Friedrich Hermann Joseph Ebenhöch
1750/51	Johann Andreas Braun	Johann Gett
1751/52	Johann Joseph Michael Laudensack	Georg Heinrich Seidner
1752/53	Johann Joseph Michael Laudensack	Georg Wilhelm Casimir Lurtz
1753/54	Johann Christoph Faulhaber	Johann Caspar Rainson
1754/55	Johann Christoph Faulhaber	Johann Adam Schirmer
1755/56	Johann Joseph Michael Laudensack	Johann Philipp Papius
1756/57	Johann Joseph Michael Laudensack	Niclaus Jacob Siebler
1757/58	Eugen Colonat Geigel	Adam Joseph Hueber
1758/59	Eugen Colonat Geigel	Johann Georg Laudensack
1759/60	Johann Christoph Faulhaber	Georg Anton Ditterich
1760/61	Johann Christoph Faulhaber	Johann Erhard Joseph Franckenberger
1761/62	Johann Joseph Michael Laudensack	Johann Georg Andreas Uz
1762/63	Johann Joseph Michael Laudensack	Franz Levin Vogel
1763/64	Friedrich Hermann Joseph Ebenhöch	Johann Philipp Xaver Krieg
1764/65	Friedrich Hermann Joseph Ebenhöch	Georg Joseph Peter

1765/66	Friedrich Hermann Joseph Ebenhöch	Heinrich Josef Englert
1766/67	Johann Philipp Papius	Johann Balthasar Nicolaus Höfling
1767/68	Johann Philipp Papius	Dominicus Joseph Laudensack
1768/69	Georg Friedrich Hermann Ebenhöch	Johann Balthasar Hammer
1769/70	Georg Friedrich Hermann Ebenhöch	Abraham Heßemer
1770/71	Johann Philipp Papius	Anton Joseph Schmittlein
1771/72	Johann Philipp Papius	Johann Baptist Broili
1772/73	Georg Friedrich Hermann Ebenhöch	Johann Peter Mohr
1773/74	Georg Friedrich Hermann Ebenhöch	Johann Georg Stumpf
1774/75	Georg Anton Ditterich	Tobias Joseph Zachäo
1775/76	Georg Anton Ditterich	Georg Adam Rees
1776/77	Georg Friedrich Hermann Ebenhöch	Johann Laurentius Vogel
1777/78	Georg Friedrich Hermann Ebenhöch	Johann Georg Güßbacher
1778/79	Georg Anton Ditterich	Karl Heinrich Anding
1779/80	Johann Philipp Papius	Jonas Philipp Appelius
1780/81	Johann Philipp Papius	Franz Joseph Stadler
1781/82	Friedrich Georg Hermann Ebenhöch	Georg Ferdinand Schönig
1782/83	Friedrich Georg Hermann Ebenhöch	Joseph Ignaz Werner
1783/84	Friedrich Georg Hermann Ebenhöch	Georg Ignaz Brock
1784/85	Johann Balthasar Nikolaus Höfling	Johann Georg Lurz
1785/86	Johann Balthasar Nikolaus Höfling	Anton Philipp Willibald Gett
1786/87	Adam Josef Hueber	Johann Michael Adelmann
1787/88	Adam Josef Hueber	Johann Andreas Mihlon
1788/89	Adam Josef Hueber	Ferdinand Hübner
1789/90	Adam Josef Hueber	Franz Joseph Oehninger
1790/91	Johann Lorenz Vogel	Johann Michael Müller
1791–93	Johann Lorenz Vogel	Kaspar Ott
1793/94	Jonas Philipp Appelius	Philipp Joseph Jenum
1794/95	Jonas Philipp Appelius	Adam Joseph Sartorius
1795/96	Georg Ferdinand Schönig	Matthäus Joseph Lauer
1796/97	Georg Ignaz Brock	Valentin Friedrich
1797/98	Georg Ignaz Brock	Franz Georg Buchler
1798/99	Georg Ignaz Brock	Friedrich Carl Anz
1799/1800	Georg Ignaz Brock	Lorenz Ignaz Lurz
1800/01	Georg Ignaz Brock	Georg Franz Endres
1801/02	Georg Ignaz Brock	Johann Baptist Häußler
1802-05	Georg Ignaz Brock	Georg Franz Neundörfer
1805-14	Georg Ignaz Brock	Philipp Josef Jenum

Stadtschreiber

Das Amt des Stadtschreibers war das bedeutendste unter den ständigen städtischen Ämtern. Die besondere Stellung des Stadtschreibers innerhalb der Bürgerschaft zeigt sich nicht zuletzt in seiner häufigen Nennung als Zeuge bei Rechtsgeschäften. Seine Aufgaben waren anfangs noch die Vertretung der Stadt bei Prozessen, teilweise auch die Übernahme diplomatischer Missionen, das Führen der Registratur, schließlich die Niederschrift der Ratsprotokolle. Fallweise wurde er auch mit Spezialaufträgen bedacht, so hatte er zeitweise die städtische Getreideversorgung zu überwachen oder zum Beispiel in den Jahren 1558 bis 1564 den Einkauf des Süßweines für die Ratsschenke im Grünen

Baum zu organisieren. Spätestens seit der 2. Hälfte des 16. Jahrhunderts ließ sich die Stadt bei Prozessen vor weltlichen und geistlichen Gerichten von einem studierten Advokaten oder Syndicus vertreten.

Erwarb sich ein Stadtschreiber Verdienste um die Kommune, erwies sich der Rat als großzügig. So schenkte man 1605 dem Stadtschreiber Georg Hummel beim Ausscheiden aus dem Amt einen silbernen, mit dem Stadtwappen geschmückten Pokal, in den man 50 Guldentaler im Wert von 100 Gulden legte. Hiermit wollte man seine erfolgreiche Arbeit u. a. bei den Markungssachen, bei seinen dienstlichen Reisen, schließlich bei seinem *Schreiben und Reden* anerkennen und auszeichnen. 1609 versuchte der Fürstbischof, einen Kammerschreiber als Stadtschreiber einzusetzen. Dies lehnte der Rat jedoch mit dem Argument ab, dass man das Amt bereits Johann Friedrich Reich versprochen habe.

1628 bezeichnete sich Michael Müller aus Burgau (*Burgauianus*) als *öffentlicher Notar und Stadtschreiber*. Am 23. Februar 1629 bestätigte er mit Siegel und Unterschrift die Rückgabe des ausgeliehenen Silbergeschirrs, des *Fuchs'schen Depositums*, an den Würzburger Stadtrat, das in zwei verschließbaren Truhen im Gewölbe der Ratsstube zum Grünen Baum verwahrt wurde. Am 22. November 1629 resignierte Michael Müller nach 20 Jahren, sodass man M. Nikolaus, Stadtschreiber zu Ochsenfurt, präsentierte. Dieser scheint seinen Dienst jedoch nicht angetreten zu haben, denn bis 1630, eventuell sogar bis 1632, amtete Müller weiter als Stadtschreiber. Erst am 13. Februar 1632 wurde wieder ein neuer Stadtschreiber eingesetzt. 1633 erhielt der Stadtschreiber bzw. Stadtsyndicus vier Malter Korn auf Abschlag seiner Besoldung, die 1621 mit 200 Gulden beziffert wurde. Fallweise, d. h. bei Krankheit oder Abwesenheit, konnte der Stadtschreiber vom Steuerschreiber vertreten werden.

Die Hofkalender nach 1748 führen den Stadtschreiber nicht mehr, es zeichnet nunmehr der Stadtsyndicus als Leiter der inneren Verwaltung ab. In der großherzoglichen Zeit gab es auch keinen Stadtsyndicus mehr, in den Hofkalendern erscheinen neben den beiden Bürgermeistern und den nur noch fünf bzw. sechs Stadträten dann ein *Actuar bey dem Protokolle* und ein *Actuar bey der Registratur*.

Stadtschreiber

1525–1557	Martin Hofmann (vom Bischof eingesetzt)	1605–1610	M. Tobias Graff (1610 auch Hofschultheiß)
1557–1564	Johann Helffer (wird Kanzleisekretär)	1609	Johann Friedrich Reich
1565–1568	Niclaus Huber	1610–1632	Michael Müller (zeitweise auch
1568–1574	Georg Dusel (geht als Syndicus in domkapitelsche Dienste)		fürstl. Lehengerichtsvorsteher)
1574/75	Vakanz. Das Protokoll führt der Steuerschreiber Daniel Baunach.	1632–1657	Johann Heinrich Roth (präsentiert am 13. Februar)
		1658–1668	Johann Adam Wigandt
1575–1586	Valtin Wildmeister (wegen seines protestantischen Bekenntnisses entlassen)	1669–1685	Johann Martin Wigandt (1685–1695 mehrfach Bürgermeister)
1586–1605	Dr. Georg Hummel (zuvor Kanzleischreiber; erster promov. Jurist auf dieser Stelle, kommt 1606 als erster Stadtschreiber in den Stadtrat)	1685–1700	Johann Adam Siedler (ab 1690 als Stadtsyndicus, 1702/03 als Bürgermeister erwähnt)

Stadtsyndici / Advokaten

1558	Magister Thomas Fabri	1690–1700	Johann Adam Siedler
1597–1604?	Dr. Johann Gelchsamer	1710–1730	Dr. Johann Paul Zimmer
1604	Hieronimus Brenninger	1740–1785	Friedrich Georg Hermann Joseph
1610	Dr. Wolff Mayrhover		Ebenhöch (nach 1763 mehrfach
1670–1681	Johann Martin Wigandt		Bürgermeister)
	(1685–1695 mehrfach Bürger-	1786–1802	Johann Andreas Mihlon (1787/88
	meister)		als Bürgermeister erwähnt)

Actuare

Bey dem Protokolle		Bey der Registratur	
1810	Nikolaus Reinhard	1810	Johann Michael Klüpfel
1813	Nikolaus Reinhard	1813	Johann Michael Klüpfel

Oberschultheißen

Der Oberschultheiß saß in Vertretung des Fürsten bzw. des Domkapitels den Ratssitzungen vor, ließ sich jedoch (im 17. Jh.) häufig vertreten. Im November leitete er die jährliche Bürgermeisterwahl und teilte das Ergebnis dem Landesherrn mit. Nahm er an den Ratssitzungen teil, so steht er im Protokoll jeweils vor den beiden Bürgermeistern. Beim Ausscheiden eines Stadtrates oblag ihm die Präsentation des neuen Kandidaten in das Ratsgremium, vor ihm hatte der Neuaufgenommene *seine Pflicht zu leisten*, den Eid abzulegen. Der Rat legte Wert auf ein gutes Verhältnis zum Oberschultheißen. 1633 schenkte er zum Beispiel Hans Christoph von Stiebar ein halbes Fuder Wein des wohl besonders geschätzten Jahrganges 1629. Ab den 20er Jahren des 18. Jahrhunderts, spätestens ab 1748, erscheint der Oberschultheiß unter dem Titel des Vicedoms.

Oberschultheißen

1600–1609	Friedrich Albert von Heßberg	1632	Junker Joachim Christoff von
1610	Endres Hey		Seckendorff zu Uhlstatt
1616–1631	Sigmund Joachim Truchseß von	1633	Hans Christoph von Stiebar (am
	Henneberg (fiel beim Sturm der		14. Febr. durch sachsen-weimari-
	Schweden auf die Festung)		sche Regierung eingesetzt)
		1708	Faust Freiherr von Stromberg

Vicedome

1740 (–1785?)	Johann Philipp Joseph Freiherr von	1786	Vakanz
	Münster	1787–1802	Karl Philipp Freiherr von Würtz-
1756	Johann Adam Rudolf Voit von		burg
	Rieneck		

Großherzogliche Stadtcommissäre

1810	Christoph Caspar Joseph Edler von Germersheim
1813	Vakanz

Zeittafel zur Geschichte der Stadt
von 1525 bis 1814

Sybille Grübel

1525	Am 4. April wird im Stadtrat bekannt, dass Fürstbischof Konrad von Thüngen gegen die heranrückenden aufrührerischen Bauern die Ritterschaft aufgeboten hat.
1525	Zwischen dem 23. und 29. April plündern Würzburger Bürger die Klöster Oberzell, Unterzell und Himmelspforten.
1525	Konrad von Thüngen verlässt am 5. Mai, u. a. begleitet von seinem Sekretär Lorenz Fries, die Festung, um in Heidelberg bei Herzog Ludwig V., Pfalzgraf bei Rhein, um Schutz und Hilfe zu bitten. Am 6. Mai erscheinen der Helle Haufen des Götz von Berlichingen in Höchberg, der Schwarze Haufen des Florian Geyer vor Heidingsfeld.
1525	Am 9. Mai verbündet sich die bedrängte Stadt mit den Bauern, die unter Florian Geyers Führung in Würzburg einziehen; der Beschuss der Feste Marienberg beginnt am 14. Mai. Nach den vernichtenden Niederlagen der Bauernhaufen am 2. und 4. Juni müssen Heidingsfeld und Würzburg kapitulieren. Es folgen Strafgerichte des Bischofs in beiden Orten. 65 Personen, darunter aber nur wenige Stadtbürger, werden in der Stadt enthauptet. Mehr als 150 Bürger werden gefangen genommen. Zehn Würzburger Ratsherren sowie der Stadtschreiber Martin Cronthal werden durch den Bischof aus dem Amt entfernt. Die Würzburger Bürgerschaft muss am 9. August ihre Erbhuldigung erneuern.
1525	Am 18. November erlässt Konrad von Thüngen zur Regelung der Würzburger Stadtverwaltung eine Stadtordnung.
1526	Im Januar wird die Stadtverfassung Heidingsfelds durch den Bischof beschnitten. Die Zahl der Ratsherren wird halbiert.
1527	Das Würzburger Brückengericht erhält von Fürstbischof Konrad eine neue Ordnung.
1528	Im April wird der ehemalige Augustinermönch Friedrich Pretscher, den man der Wiedertäuferei verdächtigt, vor dem Sandertor verbrannt.
1528	Die Stadt erhält von Konrad von Thüngen eine erweiterte Stadtordnung.
1528	Die Stadt Würzburg wird im sog. Hessenkrieg (»Packsche Händel«) durch die Truppen des Landgrafen Philipp von Hessen und des Kurfürsten Johann von Sachsen bedroht. Ein Krieg wird vermieden, an den Landgrafen

müssen Entschädigungszahlungen geleistet werden. Die Allerheiligenkapelle nahe dem Domchor wird zur Vorbereitung der Verteidigung abgebrochen.

1530	Mit Kunz Münzer ist erstmals ein Lauten- und Geigenbauer in Würzburg belegt.
1531	Der über Mainfranken hinaus bekannte Bildschnitzer Tilman Riemenschneider, vor dem Bauernkrieg Ratsherr und mehrfach Bürgermeister, stirbt am 7. Juli.
1533	Die Schützengesellschaft wird wieder zugelassen.
1536	In der Stadt gibt es vier Hebammen.
1540	Das Domkapitel überträgt dem Stadtrat wieder die ihm 1525 entzogene Verwaltung des Bürgerspitals.
1540	Ein heißes und trockenes Jahr in Würzburg; es kann einer der besten Weinjahrgänge geerntet werden.
1541	Die Stadt erhält im November das Recht der alljährlichen Bürgermeisterwahl zurück. Auch die anderen Ratsämter dürfen wieder vom Rat selbst besetzt werden.
1542	In der Stadt bricht eine schwere Seuche, wahrscheinlich die Pest, aus. Es werden zwei neue Friedhöfe angelegt.
1547	In Würzburg leben 31 Juden.
1548	Im November findet im Dom eine Diözesansynode statt.
1549	Der Oberrat erlässt eine Ordnung und Satzung über Schneiderlöhne.
1549	In Lengfeld sind, wie bereits im Mittelalter, vier Mühlen in Betrieb.
1550	Am 5. Dezember stirbt der bischöfliche Sekretär, Rat und Archivar Lorenz Fries. Vier Jahre zuvor hat Fries sein Hauptwerk, die Würzburger Bischofschronik, vollendet.
1552	Das Domkapitel verkauft den Wasserzoll an den Stadtrat.
1552	In Würzburg sind vier Apotheker nachweisbar.
1553	Im Markgräflerkrieg werden im Zuge von Verteidigungsmaßnahmen Kirche und Pfründnergebäude des Bürgerspitals teilweise abgerissen. Die Vermögensschäden der Würzburger Bürger infolge der kriegerischen Auseinandersetzungen belaufen sich auf 140 000 Gulden.
1554	In der Stadt Würzburg wird eine Bergwerksordnung erlassen.
1558	Am 15. April wird Bischof Melchior Zobel von Giebelstadt im Auftrag des Ritters Wilhelm von Grumbach ermordet.
1558	Das Rüggericht des Stadtrats, u. a. zuständig für Flurdelikte, wird gegründet.
1560	Bischof Friedrich von Wirsberg verweist die Juden aus Stadt und Hochstift. 1567 ergeht ein zweites Vertreibungsmandat.
1560	Die Stadt erhält ein neues Hauptsiegel.
1561	Neuregelung des Weinhandels in Würzburg.
1563	Im Oktober Einfall des Wilhelm von Grumbach in die Stadt, wobei 12 oder 13 Bürger zu Tode kommen. Grumbach erzwingt vom Domkapitel einen Vertrag, durch den ihm seine Stammgüter und die 1552 zugewiese-

nen, aber 1553 wieder entzogenen Güter zugesprochen werden; der Bischof annulliert wenig später diese aufoktroyierte Übereinkunft.

1564   Der Jesuit Petrus Canisius predigt in diesem und in den folgenden Jahren mehrfach im Dom.

1566   Erlass, demzufolge Protestanten nur außerhalb der Würzburger Mauern bestattet werden dürfen.

1567   Bischof Friedrich von Wirsberg stellt am 27. Juni den Stiftungsbrief für das Jesuitenkolleg aus.

1567   Im November nimmt das von Wirsberg gegründete Gymnasium, die *newe Schul*, den Lehrbetrieb auf. Der erste Versuch einer Gymnasiumsgründung scheiterte im Jahr 1561 nach kurzer Zeit.

1569   In Rottenbauer wird ein zweiter Adelssitz (von Wolfskeel) errichtet.

1570   Ein Tagebucheintrag des Würzburgers Adam Kahl erwähnt erstmals die Aufführung eines Jesuitenschauspiels.

1570   Im Januar bricht in der Domstraße ein Feuer aus. Acht Häuser brennen nieder, zwei Tote sind zu beklagen.

1570   In Rottenbauer leben etwa 32 Familien.

1571   Übertragung der Getreideversorgung und Aufsicht über die Bäcker an den Unterrat.

1571   Die Stadt zählt 8 590 Einwohner (ohne Geistlichkeit, Spitäler und Armenhäuser).

1572   Am 22. Februar kommt es auf der Festung Marienberg zu einem sich schnell ausbreitenden Feuer, Fürstenbau und Südflügel werden beschädigt.

1572   Am 8. Oktober wird durch den Oberrat eine Zunftordnung für Schlosser und Büchsenmacher erlassen, die in den Jahren 1684 und 1714 modifiziert wird.

1573   Im Januar wird Würzburg von einem Hochwasser heimgesucht.

1573   Am 1. Dezember wird Julius Echter von Mespelbrunn mit 11 von 22 Stimmen des Domkapitels zum Nachfolger des im November verstorbenen Bischofs Friedrich von Wirsberg gewählt.

1574–77   Bau eines städtischen Kornhauses.

1575   Unterdürrbacher Einwohner versteinen ihre Gemarkung, was zu Streitigkeiten mit dem Würzburger Stadtrat führt.

1576   Am 12. März findet auf dem Gelände des widerrechtlich beschlagnahmten jüdischen Friedhofs die Grundsteinlegung für das Juliusspital statt. Der Bau ist 1585 vollendet.

1577   Julius Echter verbietet Heidingsfelds Bürgern, auswärtige evangelische Gottesdienste zu besuchen.

1579   Das Kloster St. Stephan verpfändet Oberdürrbach mit allen Rechten an das Juliusspital.

1579   Julius Echter gründet ein Waisenhaus und eine daran angeschlossene Schule als Teil des Juliusspitals.

um 1580	Der Maler Martin Seger, dessen Hauptwerk die Illustration der Bischofs-chronik des Lorenz Fries ist, stirbt.
1580	Am 10. Juli wird die Kirche des Juliusspitals geweiht.
1582	Julius Echter verfügt die Vereinigung von Stadt- und Brückengericht zu einem gemeinsamen Gericht.
1582	Am 2. Januar beginnen die Feierlichkeiten für die zweite Gründung der Universität. Am 11. Juni erfolgt die Grundsteinlegung. Die Einweihung findet am 8. September 1591 statt.
1582	Der Rat beschäftigt mit Dr. Johann Posthius erstmals einen Stadtarzt.
1582	Der Südflügel des Bürgerspitals wird erbaut.
1583	In Stadt und Hochstift Würzburg wird am 29. Oktober der neue Gregorianische Kalender eingeführt und von den Kanzeln verkündet.
1585	Erstmals wird in der Stadt eine Buchbinderordnung erlassen. Die Buchbinder werden der Universität unterstellt.
1586	Baubeginn an der Neubaukirche. Die Kirche ist 1591 vollendet.
1587	Bischof Julius Echter führt in Würzburg die Gegenreformation durch. Protestantische Ratsmitglieder verlassen daher den Stadtrat und ziehen mit anderen Bürgern, die protestantisch bleiben wollen, aus der Stadt. Bis 1802 müssen alle Würzburger Einwohner der katholischen Konfession angehören.
1589	Am 2. Januar gründet Bischof Echter das Priesterseminar.
1590	Julius Echter erlässt eine Rats- und Stadtordnung, die 1599 erneuert wird. Auch Wachtordnungsvorschriften werden ergänzt.
1592	Die Universitätskirche (Neubaukirche) wird eingeweiht.
1593	Ein Großfeuer in Lengfeld richtet enormen Schaden an. Unter anderem brennt die Kirche nieder.
1594	Die letzten Protestanten verlassen die Stadt, Würzburg ist nunmehr rein katholisch. Evangelische Gottesdienste werden erst wieder nach Einzug der Schweden im Oktober 1631 abgehalten.
1595	Schottenmönche siedeln sich erneut im Kloster St. Jakob an.
1597	Alexander Müller erhält 29 Gulden für das Lindenbaumgemälde an der Südfassade des Rathauses.
1598	Im April beginnt der Tuchscherer Jakob Röder sein Tagebuch. Seine Notizen und Kommentare zu privaten Dingen und Würzburger Ereignissen reichen bis 1618.
1599	Julius Echter erlässt eine Ratsordnung, die der Selbstständigkeit des Würzburger Rates enge Grenzen setzt.
1600	Zu Ostern bricht auf der Festung ein Feuer aus. Große Teile der Anlage brennen nieder, der Wiederaufbau ist 1607 abgeschlossen.
1604	Eine Ordnung Bischof Echters regelt die Pflasterung der Stadt und überträgt die Zuständigkeit dem Würzburger Stadtrat.
1604–12	Kriegerische Auseinandersetzungen um das Wertheimer Erbe, an denen auch das Würzburger Bürgermilitär beteiligt ist.

1606	Julius Echter erlässt eine Almosenordnung, die bis 1732 noch mehrfach ergänzt wird.
1607/08	Große Umbauarbeiten im Dom, der neu eingewölbt wird und eine neue Orgel sowie eine neue Kanzel erhält. 1615 wird im Kirchenschiff das Ratsherrengestühl eingebaut.
1607/08	Die Stadt wird von einer schweren Pestepidemie heimgesucht. Ein weiterer Ausbruch erfolgt 1611.
1607–10	Bau der ersten Jesuitenkirche St. Michael.
1610/11	In Würzburg finden mehrere Treffen der katholischen Liga statt.
1611	Neubau der Pleicher Pfarrkirche St. Gertraud.
1612	Im Mai besucht Kaiser Matthias auf dem Weg nach Frankfurt zur Krönung die Stadt.
1612	Friedrich von Spee studiert in Würzburg; er bleibt bis 1615.
1615	Die Kapuziner kommen nach Würzburg. Das Bürgerspital muss Grundstücke für den Klosterbau zur Verfügung stellen.
1616	Würzburger Bürger werden auf bischöflichen Befehl in die Handhabung von Geschützen eingewiesen.
1616	Das Heidingsfelder St. Nikolausspital erhält durch Julius Echter eine neue Ordnung.
1617	Im Todesjahr Julius Echters werden in Würzburg erstmals verschiedene Personen wegen Hexerei verbrannt.
1618	Bischof Johann Gottfried von Aschhausen erlässt eine Ratsordnung, die bis zum Ende des Hochstifts in Kraft bleibt. Es werden ein innerer (acht Personen) und ein äußerer Rat (16 Personen) gebildet.
1619	Die Universität richtet eine Bibliothek ein.
1619	Kaiser Ferdinand II. besucht Würzburg.
1620	Würzburg unterstützt gemeinsam mit Bayern und der katholischen Liga den Kaiser gegen die Aufständischen in Böhmen.
1621	In Würzburg gibt es 1120 Häuser und 9782 Einwohner (ohne die Insassen von Spitälern und Klosterangehörige).
1623	Die Würzburger Hoftrompeter organisieren sich als Zunft.
1626	Am Stephanstor entsteht eine neue Bastion.
1627–29	Im Frühjahr 1627 beginnen die Ermittlungen und Verfahren gegen Würzburger Einwohner wegen Zauberei und Hexerei. Insgesamt werden bis 1629, dem Höhepunkt der Verfolgungen, 42 Verbrennungen durchgeführt, bei denen mindestens 219 Menschen in der Stadt hingerichtet werden.
1628	Ab diesem Jahr muss Heidingsfeld bei jedem Herrn- und Mannfall durch den König von Böhmen dem Bischof von Würzburg zu Lehen gegeben werden.
1629	Der Universalgelehrte Athanasius Kircher lehrt in Würzburg Mathematik, Hebräisch, Syrisch und Moralphilosophie.
1631	Am 15. Oktober ergibt sich die Stadt kampflos den Schweden; König Gustav Adolf zieht in Würzburg ein und belagert die angeblich uneinnehm-

	bare Festung, die nach drei Tagen fällt. Fürstbischof Franz von Hatzfeld flieht nach Köln.
1631	Die Sonnenuhr am Rathausturm wird erstmals urkundlich erwähnt.
1633	Im Dom werden auch evangelische Gottesdienste abgehalten.
1634	Würzburg wird am 14. Oktober durch kaiserliche Truppen unter der Führung Piccolominis zurückerobert. Kurz vor Jahresende kehrt auch der Fürstbischof in die Stadt zurück. Die Festung fällt erst im Januar 1635.
1636	Auf dem Schottenanger wird ein Waisenhaus gegründet.
1640	Angesichts wachsender Bedrohungen im Dreißigjährigen Krieg werden im Sanderviertel die Hirtenschanze angelegt und der Hirtenturm umgebaut, im Pleichacher Viertel die Ochsenschanze aufgeworfen.
1642	Am 16. August wird Johann Philipp von Schönborn zum Fürstbischof gewählt.
1642	Neuerliche Vertreibung der Juden (bis 1803).
1643	Das Würzburger Hofbräuhaus wird durch Bischof Johann Philipp gegründet.
1643/44	Auf der rechten Mainseite wird an der Mainbrücke die untere Mainmühle gebaut.
1644	In der Stadt sind mehr als 160 Weinbergslagen nachweisbar.
1647	Die Kreuzbruderschaft wallt erstmals zum Kreuzberg.
1648	Die Stadt wird zur Reichsfestung erhoben. Reichsrechtlich ist dies aber umstritten.
1648	Würzburg muss anlässlich des Friedensschlusses von Münster und Osnabrück, der den Dreißigjährigen Krieg beendet, über 122 000 Reichstaler »Satisfaktionsgelder«, zusätzlich mehrere Monate je 13 500 Taler für den Unterhalt des Militärs zahlen. Anzunehmen ist, dass es aufgrund des Krieges zu merklichen Bevölkerungsverlusten gekommen ist.
1649	Neuausgabe des Würzburger Gesangbuches.
1652	Auf der Festung wird das Neutor als Hauptzugang errichtet.
um 1653	Die obere Mainmühle wird erbaut.
ab 1656	Die Stadt wird aufwändig im Bastionensystem neu befestigt, etwa seit 1680 im Vaubanschen System.
1657	Abbruch von Stift Haug, das in die neue Befestigungsanlage verlegt wird.
1657	Über Ratsbesetzungen wird erstmals in geheimer Wahl abgestimmt. Bereits 1651 war die Stimmzettelwahl bei den Bürgermeisterwahlen eingeführt worden.
1658	Kaiser Leopold I. besucht im August Würzburg.
1659	Errichtung des Roten Baus am Rathaus.
1659	Würzburg erhält ein Kinderhaus, in dem ehelich geborene Waisen versorgt werden.
1662	Baubeginn an der Karmelitenkirche. Architekt dieses ersten fränkischen Barockkirchenbaus ist wahrscheinlich Antonio Petrini.
1663	Das Sondersiechenhaus vor dem Zeller Tor wird abgebrochen.
1667	Am 3. Juli wird die umgebaute Kirche des Ritterstiftes St. Burkard eingeweiht.

1668	Erstmals ist in Würzburg eine Schauspiel- und Komödiantentruppe nachweisbar.
1669	Einweihung der Reuerer-(Karmeliten-)Kirche am 19. März.
1670	Grundsteinlegung für den Neubau von Stift Haug. Baumeister ist Antonio Petrini. Die Anlage wird bis 1691 vollendet.
1670	Das Kloster St. Afra und das Konradstor werden zu Gunsten der neuen Stadtbefestigung abgerissen. Im gleichen Jahr wird der Neubau des St. Dietrichsspitals begonnen.
1672	In Unterdürrbach wird eine Kirche errichtet.
1673	Erneuerung der Erlaubnis, dass Würzburger Bürger ihr Fleisch auch aus umliegenden Orten beziehen dürfen.
1673	Mit *Paraquen* hinter dem Schottenkloster werden erstmals Kasernen in der Stadt erwähnt.
1675	Baubeginn am Umlaufkanal bei St. Burkard.
1680	An Weihnachten erscheint ein Komet am Himmel, der bis März 1681 sichtbar bleibt.
1682	Erstmals ist in Rottenbauer ein Jude nachweisbar.
1684	Der Würzburger Stadtrat gibt einen eigenen Wappenkalender in Auftrag.
1688	Würzburger Häuser dürfen wegen Brandgefahr keine Strohdächer mehr haben.
1689	Am 10. März werden in Lengfeld die traditionellen Dorf- und Gerichtsordnungen bestätigt.
1690	Gründung eines Zucht- und Arbeitshauses, das dem Juliusspital angegliedert ist. Es wird im Jahr 1695 eröffnet.
ab 1695	Gestaltung des botanischen Gartens hinter dem Juliusspital.
ab 1696	Wiederaufbau der Universitätskirche und Aufstockung des Turmes nach Plänen von Antonio Petrini.
1697	Eröffnung des ersten Würzburger Kaffeehauses in einer Bretterbude in der unteren Domstraße.
1697	Der Judenplatz, der heutige Marktplatz, wird neu gepflastert.
1699	Ein Teil des Nordflügels des Juliusspitals wird durch einen Brand zerstört. Der Neubau wird von Antonio Petrini entworfen und von Joseph Greising bis 1704 vollendet.
1701	Im April stirbt Antonio Petrini.
1703	In Würzburg leben fast 13 900 Einwohner.
1708	In der Stadt gibt es 26 Weiß- und Schwarzbäcker.
1711	In den Turm der Marienkapelle schlägt am 1. Juni der Blitz ein und zerstört den Turmhelm.
1711	Der Gießereigeselle Balthasar Neumann kommt von Eger nach Würzburg.
1712	Kaiser Karl VI. besucht am 13. Januar die Stadt.
1712	Die Ursulinen lassen sich in Würzburg nieder.
1715	Baubeginn an der Dreiflügelanlage des Rückermainhofes in der Karmelitenstraße. Der repräsentative Bau Joseph Greisings ist 1723 vollendet.

1716	Erweiterung des Bürgerspitals durch den Roten Bau.
1717	Die Dombibliothek wird durch den späteren Fürstbischof Christoph Franz von Hutten auf dem Dachboden der Kathedrale wieder entdeckt.
1720	Im Mai lässt der im September 1719 neu gewählte Bischof Johann Philipp Franz von Schönborn den Grundstein für die neue Würzburger Residenz legen.
1721	Einweihung des Neubaus der Pfarrkirche St. Peter; der Bau Joseph Greisings war 1717 begonnen worden.
1722	Am 1. Juni wird ein neu erbautes Schlachthaus in Betrieb genommen.
1723	Die evangelischen Bewohner Rottenbauers erreichen ein Verbot der Fronleichnamsprozession in ihrem Dorf.
1724	Die Ratsordnung des Fürstbischofs Johann Philipp Franz von Schönborn vom 6. März, die die Befugnisse des inneren Rates stark einschränkt, wird nach Protest der Ratsmitglieder im September wieder beseitigt.
1725	Anlässlich des Besuchs der Erzherzogin Elisabeth von Österreich werden ein von Balthasar Neumann gestaltetes Feuerwerk abgebrannt und eine Wasserjagd veranstaltet.
1726	Auf Veranlassung des Professors Johann Bartholomäus Adam Beringer werden in einer Würzburger medizinischen Dissertation, *Lithographiae Wirceburgensis …*, die als Lügensteine bezeichneten angeblichen Versteinerungen beschrieben.
1728	Der Maschikuliturm auf der Südwestseite der Festung ist vollendet.
ab 1728	Auf der Mainbrücke werden die ersten Heiligenfiguren angebracht.
1731	Friedrich Karl von Schönborn erlässt eine Verordnung für die Universität, die 1734 nochmals modifiziert und 1743 gedruckt wird.
1736	Mit dem Abbruch des Stephanstores beginnt die Niederlegung der kriegstechnisch überholten vorbarocken Wallanlagen.
1736	Einweihung der Schönbornkapelle am 1. Juli. Seit 1721 war Balthasar Neumann mit deren Planung und Erbauung beschäftigt.
1737	Das Brauhaus findet im ehemaligen Waschhaus ein Domizil.
1739	Eine *Judenschul*, also eine Synagoge, ist in Rottenbauer nachweisbar. Ein Neubau wird 1764 errichtet.
1739	Gründung einer Hebammenschule.
1742	Balthasar Neumann gründet einen Spiegel-Veredlungsbetrieb.
1742	Tausendjahrfeier der Bistumsgründung.
1743	Am 15. September wird die Hofkirche in der Würzburger Residenz eingeweiht. Die Planung für das Bauwerk war 1732 begonnen worden.
1745	Balthasar Neumanns Wasserkunst ersetzt ein 1733 eingerichtetes Wasserversorgungssystem in der Stadt.
1745	Kaiserin Maria Theresia und Kaiser Franz Stephan besuchen Würzburg.
1748	Baubeginn am Käppele, dem Spätwerk Balthasar Neumanns.
1749	Die erste Würzburger Zeitung, die *Hoch-Fürstlich Würtzburgischen Wochentlichen Frag- und Anzeigungs-Nachrichten*, erscheint.

1749	Die Subpriorin des Klosters Unterzell, Maria Renata Singer, wird in Würzburg im letzten Hexenprozess angeklagt und mit dem Schwert hingerichtet.
1750	Der geniale venezianische Maler Giovanni Battista Tiepolo kommt mit seinen beiden Söhnen nach Würzburg.
1753	Balthasar Neumann stirbt am 19. August in Würzburg.
1758	Neubau der Sandertorbrücke.
1763	Johann Jakob Stahel kauft zur Ergänzung seiner Buchhandlung die Universitätsbuchdruckerei auf.
1765	Neubau der Jesuitenkirche St. Michael.
1768	In Würzburg entsteht die Brandassekuranzgesellschaft, ein Vorläufer der heutigen Brandversicherung.
1769	Carl Caspar Siebold wird als Anatom, Geburtshelfer und Chirurg an die Universität berufen.
1770/71	Witterungsbedingt kommt es zu Missernten. In der Stadt herrscht bis 1772 akuter Brot- und Brennholzmangel.
1772	Die Stadt hat (ohne Militär und Klöster) 15 000 Einwohner.
1773	Das Jesuitenkolleg wird aufgelöst.
1777	Johann Balthasar Buchler errichtet eine Lederfabrik. Zwei Jahre zuvor hatte Johan Caspar Geyger eine Porzellanmanufaktur gegründet.
1778	Die alte Heidingsfelder Synagoge wird wegen Baufälligkeit geschlossen. Die neue Synagoge am Dürrenberg wird am 16. Mai 1780 eingeweiht.
ab 1780	Die Ziehbrunnen in der Stadt werden allmählich durch Pumpbrunnen ersetzt.
1780	Der Theologe und Aufklärer Franz Oberthür wird Stadtschuldirektor.
1782	Nach dem Bericht der Schulkommission existieren in jeder Würzburger Pfarrei Mädchenschulen.
1782	Umgestaltung des botanischen Gartens beim Juliusspital.
1784	Jahrhunderthochwasser in der Stadt vom 28. Februar bis zum 1. März.
1784	Der Chemieprofessor Georg Pickel eröffnet ein Laboratorium.
1785	Das Kranken-Gesellen-Institut, ein Vorläufer der Krankenkasse, wird gegründet.
1787	Am Burkarder Tor wird ein Zuchthaus gebaut.
1787	Eine Uhr- und Büchsenmacherzunft wird errichtet.
1790	Wolfgang Amadeus Mozart hält sich im Oktober in Würzburg auf.
1791	Mit der Einrichtung eines Entbindungshauses beginnt die Geschichte der Universitäts-Frauenklinik.
1791	Unter Fürstbischof Franz Ludwig von Erthal erhält Würzburg eine Straßenbeleuchtung.
1792	Kaiser Leopold II. in Würzburg.
1794	Der Kaufmann Adam Josef Hueber stiftet das Josephsspital in der Kapuzinerstraße.
1796	Der letzte Fürstbischof Georg Karl von Fechenbach flieht im Juli vor den anrückenden französischen Truppen aus Würzburg. Sechs Tage später, am 24. Juli, kapituliert die Stadt kampflos.

1796	Am 25. Juli marschieren die Franzosen in Würzburg ein. Die Besatzer können sich bis zum 3. September in der Stadt halten.
1796	In der St. Afra-Kirche stellen die Franzosen Ende August ihren Kriegsballon *L'Hercule* aus. Die Österreicher erbeuten den Ballon, als sie den Franzosen am 2./3. September in der Schlacht bei Würzburg eine schwere Niederlage beibringen. Lengfeld wird von den Österreichern in Brand geschossen. Einen Tag später rücken die Truppen von Erzherzog Karl von Österreich in die Stadt ein.
1797	In Heidingsfeld werden 1975 Einwohner gezählt, darunter sind 281 Juden.
1798	Johann Georg Heine, der spätere Begründer der orthopädischen Heilanstalt, des Karolineninstituts, kommt als Instrumentenmacher ans Juliusspital.
um 1800	In Würzburg gibt es 600 Privat- und noch 40 Pumpbrunnen.
1800	Die zweite französische Besatzungszeit beginnt mit der Kündigung des Waffenstillstands zwischen Frankreich und dem Reich vom 28. November 1800 und der Übergabe der rechtsmainischen Stadt am 30. November. Die kaiserliche Besatzung verlässt die Festung erst am 6. Januar 1801 mit allen militärischen Ehren.
1800	Spätestens seit diesem Jahr existiert in Würzburg eine erste Leihbibliothek.
1800	Heinrich von Kleist hält sich für sechs Wochen in der Stadt auf.
1801	In Rottenbauer leben ca. 420 Personen, davon sind 110 evangelisch, 250 katholisch, 60 jüdisch.
1801	Das Dienstboteninstitut wird gegründet. Kranke Dienstboten können im Juliusspital behandelt werden.
1802	Im September besetzen kurpfalzbayerische Truppen die Stadt.
1802	Georg Karl von Fechenbach, der letzte Fürstbischof, meldet dem Papst das Ende seiner Herrschaft. Am 28. November dankt er von Werneck aus ab.
1803	Der Philosoph Friedrich Wilhelm Schelling wird an die Universität berufen.
1803	Erlass der kurpfalzbayerischen Regierung, nach der die Friedhöfe aus der Stadt heraus zu verlegen sind.
1803	Mit dem *Museum* entsteht in Würzburg erstmals auf Dauer eine Lesegesellschaft, die ab 1812 unter dem Namen *Harmonie* weiter besteht.
1803	Im Oktober werden nach 160 Jahren mit der Familie Hirsch wieder Juden in Würzburg ansässig.
1803/04	In der Stadt gibt es 89 Stiftungen.
1804	Die bayerische Regierung verbietet bis auf wenige Ausnahmen alle Prozessionen.
1804	Am 3. August eröffnet die *Churfürstlich privilegierte fränkische Nationalbühne*, ein privat finanziertes Theater, im umgebauten Adligen Damenstift St. Anna ihren Spielbetrieb.

1804	Mit dem Akademischen Musikinstitut entsteht die erste Musikschule Deutschlands.
1805	Die Stadt wird in fünf Distrikte eingeteilt.
1805	Es werden Wärmestuben für arme Stadtbewohner und Reisende eingerichtet.
1805	Nach weiterem erheblichen Zuzug leben mehr als 500 Juden in Heidingsfeld, das damit die größte jüdische Gemeinde Frankens nach Fürth beherbergt.
1806	Der Zentralfriedhof wird eröffnet.
1806	Erzherzog Ferdinand von Toskana zieht am 1. Mai in Würzburg ein, die Stadt ist wieder Residenz.
1806	Am 2. Oktober trifft Napoleon Bonaparte zu seinem ersten Besuch in Würzburg ein. Der Kaiser hält sich noch zweimal (1812 und 1813) in der Stadt auf.
1806	Der Theologe und Aufklärer Franz Oberthür begründet die Polytechnische Gesellschaft.
1808	*Redlichen* und wohlhabenden Juden, die sich zur Erbauung von Häusern verpflichten, wird der Zuzug nach Würzburg gestattet.
1808	Der Bau von Wohnhäusern aus Holz wird verboten.
1809	Baubeginn am Frauenzuchthaus unter dem Architekten Peter Speeth.
1809	Im Februar wird die erste rein evangelische Schule eingerichtet.
1809–11	Die Rottenbauerer Synagoge wird erweitert.
1813	Der österreichische Kaiser Franz besucht im November Würzburg.
1814	Der Sitz des Oberrabbiners wird von Heidingsfeld nach Würzburg verlegt.
1814	Am 28. Juni ergreift Fürst Wrede für das Königreich Bayern Besitz von Großherzogtum und Stadt.
1814	In Würzburg leben 19 481 Katholiken, 396 Lutheraner, 14 Reformierte und 172 Juden.

Anmerkungen

Aspekte der vorindustriellen Umweltgeschichte des Würzburger Siedlungsraums

1 S. Glaser/Schenk, 2001; außerdem im Überblick Müller, 1996, und Schenk, 1996/I.
2 Schenk, 1999.
3 Scherzer, 1966, S. 15 f.
4 Opp, 1925; Schenk, 2001/II.
5 Rückert, 1991.
6 Jäger/Scherzer, 1962 ff.; dies., 1984; Schenk, 1996/II, S. 112 ff.
7 Jagdschlösser, 1994.
8 Im Detail Schenk, 1996/II.
9 Ebd., S. 129.
10 Schmidt, 1978, S. 3.
11 Allgemein Stöhr/Schenk, 2001.
12 Wittmann, 1966.
13 Ohlhaut, 1907, S. 39 ff.
14 Schenk, 1994; ders., 1998.
15 Einen wohl realistischen Eindruck dazu vermittelt das Bild »Ansicht vom letzten Hieb« Gustav Franks von 1858 in Mälzer, 1995, S. 78 f.
16 Ohlhaut, 1907, S. 44 ff.
17 Ebd., S. 45.
18 Ebd., S. 47 mit Angaben zu deren Verlauf.
19 Gerlach, 1990.
20 Brod u. a., 1971.
21 Ohlhaut, 1907, S. 10 ff., dort auch mit genauen Örtlichkeitsangaben; Ulrich u. a., 1985, S. 18.
22 Auch im Folgenden nach Seberich, 1962, S. 9 ff.
23 Das zeigt sehr schön ein Bild auf S. 130 f. in Mälzer, 1995.
24 Wamser, 1992, S. 41.
25 Seberich, 1954/1955.
26 Ders., 1968.
27 Koch, 1958; Brod u. a., 1971.
28 Nachfolgend im Wesentlichen nach Friedmann, 1993, S. 26 ff., s. dort auch beiliegenden Reprint einer Altkarte mit dem Verlauf der Röhrenbrunnenleitung Balthasar Neumanns, welche von 1733 bis 1855 existierte.
29 Nachweise bei Friedmann, 1993, S. 39.
30 Vogt, 1869, S. 63, zitiert nach Friedmann, 1993, S. 39.
31 Ohlhaut, 1907, S. 8.
32 Claussen, 1995, S. 24.
33 Dazu generell und mit weiteren Beispielen aus der Dürrbachau: Beil, 2000.
34 Hahn, 1992; Schenk, 2001/I.
35 Nach Seberich, 1962, S. 12.

36 Zusammenfassend Glaser, 2001, außerdem ders., 1991, 1995 und 1996.
37 Glaser/Hagedorn, 1990.
38 Seberich, 1958/I; Schiller, 1986.

Das Hochwasser von 1784

1 StadtAW, Rp 1784, S. 62.
2 StAW, Gebrechenprotokoll 1784, fol. 209 r–209 v.
3 StAW, Protokolle von St. Burkard 1784, S. 16.
4 Prior und Konvent der Karmeliter oder Reuerer an den Bischof, präsentiert 8. März 1784, in StAW, Gebrechenamt VII W 662.
5 Gebrechenprotokoll v. 2. März 1784, in: StAW, Gebrechenamt VII W 662.
6 Empfehlungen der medizinischen Fakultät, Gebrechenprotokoll v. 9. März 1784, in: StAW, Gebrechenamt VII W 662.
7 StAW, Gebrechenprotokoll 1784, fol. 262 (5. April 1784).
8 StadtAW, Rp 1784, nach S. 118.

Die Stadt Würzburg im Bauernkrieg

1 Zur begrifflichen Klärung vgl. Blickle, 1983[2], S. 12–22.
2 Arnold, 1980.
3 Wagner, 2001, S. 164.
4 Vgl. Blickle, 1983[2], S. 279–281.
5 Vgl. Wendehorst, 1978, S. 81 f.
6 Scarbath, 1935, S. 15. Nach Fries, 1883, S. 32.
7 Fries, 1883, S. 111.
8 Vgl. zu den Vorgängen im Einzelnen Sippel, 1903, S. 16 ff.; s. auch Scarbath, 1935, S. 22–24.
9 Rublack, 1976, S. 79.
10 Cronthal, 1887, S. 3.
11 Cronthal, 1887, S. 1–4.
12 Rublack, 1976, S. 82.
13 Rublack, 1976, S. 87–90.
14 Rublack, 1976, S. 90–94.
15 Fries, 1883, S. 261/262. Am Heidelberger Hof hielten sich u. a. bereits der von Schloss Horneck über Gundelsheim geflohene Deutschmeister Dietrich von Cleen und der Bruder des Pfalzgrafen, Herzog Georg, Bischof von Speyer, auf. Wegen entsprechender Nachrichten aus den Bauernlagern um Würzburg und Hinweisen Konrads von Thüngen befürchtete der Pfalzgraf, dass die Aufständischen nach einer Eroberung der Marienburg in die pfälzischen Gebiete und gegen Heidelberg ziehen wollten. Ebd.
16 Cronthal, 1887, S. 50–54.
17 Cronthal, 1887, S. 53. Gleichlautend bei Fries, 1883, S. 221/222. Obwohl die Bürgerschaft im Aufsageschreiben ihre Zwangslage nachdrücklich darlegte, wurde ihr dies nach dem Niederwerfen des Aufstandes nicht mildernd berücksichtigt.
18 Fuchs, 1969, S. 127.
19 Nach Fries, 1883, S. 244.
20 Berlichingen, 1981, S. 27.
21 Fuchs, 1969, S. 134.
22 Fries, 1883, S. 238/239.
23 Vgl. Wendehorst, 1978, S. 88, und Endres, 1981, S. 70. Nach Arnold, 1995, S. 74, hatte man bereits am 13. Mai die Burg vom gegenüberliegenden Nikolausberg aus beschossen.
24 Fries, 1883, S. 239.
25 Fries, 1883, S. 182.
26 Arnold, 1995, S. 70, 73.
27 Arnold, 1995, S. 74.
28 Arnold, 1995, S. 75.

29 Die Korrespondenz ist abgedruckt bei Cronthal, 1887, S. 79–84, bzw. Fries, 1883, S. 314, 330–333.
30 Cronthal, 1887, S. 89.
31 Fries, 1883, S. 334. Vgl. Wendehorst, 1978, S. 84; Arnold, 1995, S. 76.
32 Cronthal, 1887, S. 91. Vgl. Endres, 1981, S. 71; Arnold, 1995, S. 76.
33 Arnold, 1995, S. 76.
34 Vgl. Cronthal, 1887, S. 93, 95.
35 Abgedruckt bei Cronthal, 1887, S. 97 f.
36 Vgl. Wendehorst, 1978, S. 86, und Endres, 1981, S. 71.
37 Wagner, 2001, S. 160–162.
38 Die von Wendehorst, 1978, S. 87, erwähnte, bei Gropp, 1748, S. 522–525, und Schneidt, 1788, S. 826–834, abgedruckte, im Jahre 1527 aufgerichtete Stadtordnung ist inhaltlich größtenteils identisch mit der bereits im Jahre 1525 erlassenen.
39 Arnold, 1995, S. 77/78.

Das konfessionelle Zeitalter (1525–1617)

1 Vgl. dazu etwa de Vries, 1994, bes. S. 12 f. u. S. 15.
2 S. dazu Baum, 2001, S. 366 f.
3 StadtAW, Rp 13, fol. 15v, v. 9. März 1571.
4 Vgl. dazu Götz, 1986, S. 51 u. S. 55 m. Anm. 219, sowie Seberich, 1960, S. 58.
5 Scharold, 1836/I, S. 127. Scharold gibt seine Quelle nicht an, man kann bei seiner im Allgemeinen hohen Zuverlässigkeit aber davon ausgehen, dass er eine heute nicht mehr vorhandene Quelle zitiert. Seberich, 1960, S. 58, nimmt an, dass dieser Zahl die Spital- und Klosterinsassen noch hinzuzufügen sind.
6 Vgl. dazu Götz, 1986, S. 54 f.
7 StadtAW, Rp 11, fol. 32v.
8 S. Seberich, 1962, S. 194 f., 290.
9 Vgl. Gropp III, 1748, S. 135.
10 StadtAW, Rp 10 (1525–1541), fol. 5v und 7r/v.
11 Ebd, fol. 5v.
12 Vgl. dazu StadtAW, Rp 10, fol. 9v–10v.
13 Der Wortlaut der Quelle macht nicht deutlich, ob das verfallene Drittel der bürgerlichen Vermögen auf 100 000 fl geschätzt wurde – was zutreffend gewesen wäre; vgl. Götz, 1986, S. 78, Tab. 9 – oder ob die Bürger in ihrer Supplik der bischöflichen Verwaltung gegenüber den Gesamtwert ihrer Güter so beziffern wollten.
14 StadtAW, Rp 10, fol. 11r/v.
15 Ebd., fol. 18r/v.
16 Ebd., fol. 42r/v.
17 Ebd., fol. 42v–46r; dieselbe Zählung auch bei Scharold, H. 3, 1820, S. 234–238.
18 Ebd., fol. 47r/v.
19 S. dazu Gropp III, 1748, S. 181 f.
20 Dazu ausführlich ebd., S. 180 f., sowie StadtAW, Rp 10, fol. 48v/49r.
21 Zu dieser merkwürdigen Angelegenheit ausführlich Gropp III, 1748, S. 179–191. In den würzburgischen Quellen ist immer die Rede vom »Hessenkrieg«, während in der Literatur zur Reichsgeschichte meist von »Packschen Händeln« gesprochen wird.
22 StadtAW, Rp 10, fol. 52v/53r.
23 Zur Anleihe der Stadt s. StadtAW, RA 144. Die dort aufgelisteten, von einzelnen Bürgern aufgenommenen Summen sind sämtlich gelöscht; wahrscheinlich wurde die Anleihe wieder zurückgezahlt, nachdem eine Steueranlage zu dem Zweck durchgeführt worden war. Zur Quittung StadtAW, Rp 10, fol. 56v.
24 S. dazu auch Götz, 1986, S. 11 f., 88 f.
25 Abgedruckt bei Ludewig, 1713, S. 920.
26 Edition von Wagner, 1988.
27 Dazu und zum Folgenden Rublack, 1977, S. 123–128, und Götz, 1986, S. 168–177.
28 S. Arnold, 2001, S. 98, 100.
29 S. dazu Rublack, 1978/I, S. 50, Anm. 1, gestützt auf Cronthal.
30 Zu den neuen Stadtordnungen im Hochstift außerhalb von Würzburg Rublack, 1977, S. 128–131.

31 Zu ihnen v. a. Rublack, 1978/I, S. 10–18.

32 Zu ihm ebd., S. 19 f.

33 S. Wendehorst, 1978, S. 91.

34 Dazu Rublack, 1978/I, S. 22–29; Wendehorst, 1978, S. 89 f.

35 Vgl. dazu und zum Folgenden Rublack, 1978/I, S. 37–41.

36 So Wendehorst, 1978, S. 91.

37 Allgemein Wendehorst, 1978, S. 91; speziell zur Hinrichtung Pretschers Ludewig, 1713, S. 908–910.

38 Die Darstellung folgt Ludewig, 1713, S. 920–923.

39 S. dazu Götz, 1986, Tab. 43, S. 236, und StadtAW, RA 613, fol. 24 v.

40 Zu den Modalitäten und Feierlichkeiten des Begräbnisses s. Ludewig, 1713, S. 923 f.

41 Zur Wahl des neuen Bischofs s. Gropp III, 1748, S. 197, sowie Wendehorst, 1978, S. 101.

42 Vgl. zu Grumbach auch unten S. 72–76; zu seiner Einflussnahme auf die Wahl Bauer, 1998, S. 550.

43 Abert, 1904, S. 51.

44 Dazu StadtAW, Rp 10, fol. 252 r, sowie Rublack, 1977, S. 134.

45 Dazu v. a. Rublack, 1977, S. 134 f.

46 Götz, 1986, S. 172 f.; Rublack, 1977, S. 134 f.

47 Ebd.

48 Götz, 1986, S. 169, sowie StadtAW, Rp 11, fol. 12 r.

49 Zum Wein des Jahrgangs 1540 Ludewig, 1713, S. 925.

50 StadtAW, Rp 11, fol. 7 r.

51 Ebd., fol. 7 v/8 r.

52 Vgl. dazu Ludewig, 1713, S. 926 f.

53 StadtAW, Rp 11, fol. 9 r/v.

54 Vgl. dazu Gropp III, 1748, S. 193, und Ludewig, 1713, S. 928.

55 Wendehorst, 1978, S. 104; auch Gropp III, 1748, S. 193; Ludewig, 1713, S. 929.

56 Dazu und zum Folgenden StadtAW, Rp 11, fol. 15 r–16 r.

57 Vgl. unten S. 85 f.

58 S. dazu und zum Folgenden Wendehorst, 1978, S. 103 f.; Gropp III, 1748, S. 193 f.; zu Grumbach auch Press, 1977.

59 S. unten S. 72–76. Zur Bestallung als Amtmann bereits 1528 Reuschling, 1984, S. 221.

60 StadtAW, Rp 11, fol. 23 r/v.

61 Ebd., fol. 33 r/v.

62 Ebd., fol. 33 v.

63 Zum Tode Konrads, zu seinen Kindern und den Legaten Wendehorst, 1978, S. 107; vgl. auch unten S. 68, 99.

64 Wendehorst, 1978, S. 110.

65 Dazu ebd., S. 122; zur Wahlkapitulation Abert, 1904, S. 81 f.

66 Bauer, 1998, S. 551.

67 S. unten S. 64, 72–76.

68 Engel, 1950/I, S. 84.

69 Zur Stadtmauer s. StadtAW, Rp 11, fol. 47 v/48 r; zur Kriegsgefahr unten S. 62 f.

70 Engel, 1950/I, S. 84.

71 Bauer, 1998, S. 276–278.

72 StadtAW, Rp 11, fol. 43 r–45 r.

73 Dazu Bauer, 1998, S. 277 f.

74 Ebd., S. 280–282.

75 Zu den Planungen in Würzburg gegen die Bürger s. ebd., S. 286 f.; zur Einladung an den Stadtrat s. Stadt-AW, Rp 11, fol. 47 r.

76 Gesamtdarstellung des Kriegsverlaufs im Winter 1546/47 und Frühjahr 1547 vom Blickwinkel des Hochstifts zuletzt bei Bauer, 1998, S. 282–310.

77 Dazu Sicken, 1995, S. 142 f.

78 Dazu Wendehorst, 1978, S. 125.

79 StadtAW, Rp 11, fol. 55 v.

80 Zu Fries s. Weidisch, 1989, hier bes. S. 40–42.

81 Die Darstellung des Markgräfler Krieges folgt, soweit nicht anders angemerkt, im Wesentlichen Sicken, 1995, S. 143–154.

82 Zu den Abtretungen an Grumbach s. Gropp III, 1748, S. 199; zu dessen Schulden gegenüber dem Hochstift s. o. S. 61.

83 S. Bauer, 1998, S. 556.

84 StadtAW, Rp 11, fol. 99 r.

85 Ebd., fol. 96 v.

86 Dazu Bechtold, 1935/V, S. 149–152.

87 Ebd., S. 150.

88 StadtAW, Rp 11, fol. 104 r.

89 Dazu Sicken, 1995, S. 150; Wendehorst, 1978, S. 118; Bauer, 1998, S. 346; die überall implizierte Nachricht über das Kilians-Standbild bei Ludewig, 1713, S. 867.

90 StadtAW, Rp 11, fol. 103 r.

91 Ebd., fol. 110 v.

92 Ebd.

93 Zur Summe des Gesamtvermögens der Bürgerschaft zwischen 1529 und 1564 s. Götz, 1986, S. 78.

94 Dazu etwa Henning, 1991, S. 537–554, oder Handbuch der europäischen Wirtschafts- und Sozialgeschichte, Bd. 3, 1986, S. 351–355.

95 StadtAW, Rp 11, fol. 114 v/115 r.

96 So übereinstimmend Wendehorst, 1978, S. 120, und Bauer, 1998, S. 506.

97 Zum Schuldenstand des Hochstifts im Jahr 1555 Bauer, 1998, S. 505; die dort genannte Summe der regulären jährlichen Einnahmen des Hochstifts von 8000 bis 9000 fl kann kaum zutreffen, da diese schon im 15. Jahrhundert mit etwa 30 000 fl wesentlich höher lagen; dazu Sprandel, 1977, S. 61. Wahrscheinlich meint diese Angabe die Summe, die nach den Einkommensverlusten aufgrund von Verpfändungen und nach den Zinszahlungen noch verblieb und die jährlichen Ausgaben des Hochstifts jedenfalls nicht decken konnte.

98 StadtAW, Rp 11, fol. 112 r.

99 Ebd., fol. 148 r–152 v.

100 Ebd., fol. 148 v.

101 Wendehorst, 1978, S. 124.

102 Ebd.

103 Ausführliche Darstellung der Auseinandersetzung bei Bauer, 1998, S. 555–565.

104 Darüber zuletzt ebd., S. 565–573; vgl. auch das Schlaglicht im vorliegenden Band, S. 97–100.

105 Wendehorst, 1978, S. 129.

106 StadtAW, Rp 11, fol. 165 v.

107 Zur Wahl allgemein Wendehorst, 1978, S. 135, dort auch die wichtigsten Bestimmungen der Wahlkapitulation; dazu speziell Abert, 1904, S. 82–87.

108 StadtAW, Rp 11, fol. 167 r/v.

109 Dazu Rublack, 1978/I, S. 55.

110 S. Baum, 1987, S. 45 f., sowie StadtAW, Rp 11, fol. 171 r.

111 Wendehorst, 1978, S. 145.

112 Zu den Mandaten Wirsbergs s. Heffner, 1855, S. 32–36.

113 Wendehorst, 1978, S. 146.

114 Dazu Krenig, 1961, S. 5, auch zu den folgenden Ausführungen zur Schulgründung.

115 Ebd., S. 5 f., 11.

116 Ebd., S. 4–6.

117 Dazu Schubert, 1968, S. 283.

118 Hierzu Gropp III, 1748, S. 239.

119 Zu den hohen Besuchen in Würzburg Engel, 1950/I, S. 87 f.; zu Wirsbergs Dienst bei der Krönung Wendehorst, 1978, S. 136.

120 Dazu Bechtold, 1935/V, S. 152 f.

121 Die Darstellung von Grumbachs Überfall auf die Stadt Würzburg folgt im Wesentlichen Ludewig, 1713, S. 937–945, und Gropp III, 1748, S. 248–264.

122 Dazu auch Lechner, 1929, S. 258.

123 So StadtAW, Rp 11, fol. 331 v.

124 So das Tagebuch Adam Kahls, Endres/Engel, 1952, S. 51, Nr. 317. Nach Kahl rückte Grumbachs Truppe erst zwischen 4 und 5 Uhr vor die Stadt, und zwar vor ein Tor am Main.

125 Ebd. zur Zahl der Opfer.

126 StadtAW, Rp 11, fol. 339 r.

127 Zitiert in der Volksausgabe der »Würzburger Chronik«, Bd. 2, 1924, S. 132, und nachfolgend auch bei Dettelbacher, 1974, S. 74.

128 Zum Gesamtwert der bürgerlichen Vermögen Würzburgs 1547 und 1564 s. Götz, 1986, S. 78. Die zwischen 1547 und 1564 eingetretene Minderung wird am ehesten durch die viel niedrigere Zahl der erfassten Haushalte erklärt.

129 Nach StadtAW, Rp 11, fol. 331 v, erfolgte der vertragsgemäße Abzug Grumbachs erst am 9. Oktober.

130 Wendehorst, 1978, S. 139.

131 Das Folgende überwiegend ebd., S. 139–143, sowie Gropp III, 1748, S. 285–306.

132 Das grausame Detail, der Henker habe ihm zuvor das Herz aus der Brust gerissen und um das Maul geschlagen, wird weder von Gropp noch von Ludewig berichtet und findet sich nur in der Volksausgabe der »Würzburger Chronik«, Bd. 2, 1924, S. 138.

133 Nach Wendehorst, 1978, S. 151, Ende 1563; nach Krenig, 1961, S. 16, vielleicht erst 1564.

134 Ebd., S. 17.

135 Zur Einrichtung des Gymnasiums ebd., S. 17–19; Wendehorst, 1978, S. 151–153.

136 Ebd., S. 153.

137 Endres/Engel, 1952, S. 28 f. (Nr. 26 u. 36).

138 Schubert, 1967/II, S. 155.

139 StadtAW, Rp 11, fol. 338 r–339 v.

140 Schubert, 1967/II, S. 155 f.

141 Ebd., S. 162.

142 Krenig, 1995, S. 189, sowie Wendehorst, 1978, S. 218 f., wonach Echter bei seinem Regierungsantritt ein »einigermaßen geordnetes Finanzwesen« vorfindet; die Hochstiftsschulden betragen knapp 330 000 fl.

143 So z. B. Specker, 1965, S. 53; Krenig, 1995, S. 175, 189, 193.

144 Wendehorst, 1978, S. 144; Krenig, 1995, S. 175.

145 Dies und das Folgende nach Bechtold, 1935/V, S. 164–169.

146 Dazu Wendehorst, 1978, S. 145; Endres/Engel, 1952, S. 32 f. (Nr. 84); Krenig, 1995, S. 193; Gropp III, 1748, S. 307 f.

147 Dazu Götz, 1986, S. 258–261.

148 Ebd., S. 193 f.

149 Endres/Engel, 1952, S. 27 (Nr. 14).

150 Wendehorst, 1978, S. 153 f.; Specker, 1965, S. 49–52; Krenig, S. 190–193; zu den protestantisch gewordenen Bevölkerungskreisen s. unten S. 83–85.

151 Dazu Specker, 1965, S. 52.

152 Wendehorst, 1978, S. 159 f.

153 Zu Wahl und Huldigung s. Wendehorst, 1978, S. 166–169; Krenig, 1995, S. 194.

154 Dazu Schubert, 1969, S. 165 f.

155 StadtAW, Rp 13 (1574–81), fol. 44 v.

156 Zu den Privilegien von 1575 s. Wendehorst, 1978, S. 214; zur Universitätsgründung s. im vorliegenden Band den Beitrag von P. Baumgart.

157 Dazu Gropp III, 1748, S. 316.

158 Dazu Baum, 1987, S. 47 f.

159 Vgl. o. S. 69 f.

160 StadtAW, Rp 13 (1574–81), fol. 48 v.

161 Ebd., fol. 193 v–195 v.

162 Ebd., fol. 73 v.

163 Ebd., fol. 211 v; andere Erwähnungen etwa 1576 (fol. 83 r), 1577 (fol. 100 r, 101 v), 1578 (fol. 138 r).

164 Urkunde in StadtAW, RA 1850; auch RA 1849 enthält Markungsstreitigkeiten mit Unterdürrbach.

165 StadtAW, Rp 13 (1574–81), fol. 115 v, 116 v, 120 v, 121 r, 125 v, 130 v.

166 Ebd., fol. 100 v.

167 Schubert, 1969, S. 167.

168 Überblicke über die Fuldischen Händel bei Wendehorst, 1978, S. 182–189, oder Krenig, 1995, S. 197 f.

169 Dazu Wendehorst, 1976, S. 28, oder Kolb, 1995, S. 632.

170 Wendehorst, 1976, S. 28; insbes. Dettelbacher, 1974, S. 77.

171 Wendehorst, 1976, S. 30 f.
172 Ebd., S. 29 f.
173 Ebd., S. 33.
174 Ebd., S. 39 f.
175 Ebd., S. 31 u. 34.
176 Wendehorst, 1978, S. 43. Ausführlicher zum Juliusspital der Beitrag von P. Kolb im vorliegenden Band, S. 542–547.
177 StadtAW, Rp 13 (1574–81), fol. 117 r, 118 r.
178 Ebd., fol. 180 r.
179 Ebd., fol. 184 r–187 r.
180 Bechtold, 1935/V, S. 170–173.
181 StadtAW, RA 1662, Schreiben v. 24. Dez. 1584; Rp 17, fol. 418 f.
182 Zur Universitätsgründung Wendehorst, 1978, S. 213–216, und bes. Baumgart, 1995/II, S. 255–264.
183 Baumgart, 1995/II, S. 261; Baumgart wird auch bei den sonstigen Ausführungen zur Universitätsgründung gefolgt; s. außerdem den Beitrag von Baumgart im vorliegenden Band, S. 353–363, sowie Süß, 2002.
184 Vgl. etwa die bei Baumgart, 1995/II, S. 259, zitierten Äußerungen des Ordens über Echter.
185 Zur architektonischen Bedeutung des Bauwerks s. auch den Beitrag von Lusin im vorliegenden Band, S. 269 f.
186 Gropp III, 1748, S. 348.
187 Dazu Ahlhaus, 1932, S. 20 f.
188 Schubert, 1968, S. 281.
189 Wendehorst, 1978, S. 203 u. 196.
190 Zur Obereinnahme s. oben S. 77; vgl. auch Schubert, 1971, S. 72, u. Rublack, 1978/I, S. 60; bes. Schubert, 1968, S. 291.
191 Wendehorst, 1978, S. 197 f., sowie Schubert, 1968, S. 294.
192 Dazu Schubert, 1971, S. 75 f.; dazu, dass solche Werte für Würzburger Verhältnisse sehr große Vermögen bedeuteten, s. Götz, 1986, S. 321 f., sowie S. 78, Tab. 9, zum Durchschnittsvermögen.
193 Dazu Schubert, 1971, S. 74 f.
194 Rublack, 1978/I, S. 52, Anm. 9.
195 Dazu und zum Vorstehenden ebd., S. 52.
196 Ebd., S. 65.
197 Ebd., S. 53 f. unter Berufung auf StadtAW, Rp 14, fol. 25 v–26 r.
198 S. dazu Schubert, 1971, S. 71–75.
199 So Rublack, 1978/I, S. 56.
200 Ebd., S. 70 f.
201 Dazu Schubert, 1968, S. 291.
202 Zitiert nach Schubert, 1968, S. 287.
203 Beispiel dafür ebd.
204 Dazu etwa Krenig, 1995, S. 199.
205 S. Schubert, 1969, S. 179, und ders., 1971, S. 77 f.
206 Zu dieser Angelegenheit ausführlich ders., 1971.
207 Vgl. zu diesem Friedhof auch o. S. 60.
208 Zu diesen Vorgängen Rublack, 1978/I, S. 62 f.
209 StadtAW, Rp 14, fol. 117 r.
210 Zu diesen Vorgängen Rublack, 1978/I, S. 66.
211 Götz, 1986, S. 319.
212 Vgl. dazu etwa Krenig, 1995, S. 201.
213 Zitiert bei Schubert, 1969, S. 189.
214 Dazu ebd., S. 181; auch Rublack, 1978/I, S. 62, 67; neuerdings Baumgart, 2001, S. 575–579, 586.
215 S. etwa Schubert, 1968, S. 278 f.
216 StadtAW, Rp 14, fol. 92 v.
217 Rublack, 1978/I, S. 67.
218 Wenn ein Haushalt durchschnittlich 4 Personen umfasste, wären rund 2 400 Würzburger protestantisch gewesen; zur gesamten Einwohnerzahl s. oben S. 50; zur Zahl von 600 Protestanten Wendehorst, 1978, S. 199; Krenig, 1995, S. 201.

219 Zu dieser Zahl Wendehorst, 1978, S. 199; Krenig, 1995, S. 201.
220 Schubert, 1968, S. 300 f.
221 Ebd., S. 300.
222 Rublack, 1978/I, S. 67; Wendehorst, 1978, S. 199.
223 Schubert, 1971, S. 69.
224 S. dazu unten S. 113 (Beitrag Sicken).
225 Dazu Schubert, 1968, S. 305 f.
226 S. dazu Arnold, 2001, S. 102; Baum, 2001, S. 363.
227 S. dazu Schubert, 1968, S. 299.
228 Ders., 1971, S. 71.
229 S. Rublack, 1978/I, S. 68, sowie Schubert, 1968, S. 295; im gesamten Hochstift, nicht allein in der Stadt Würzburg, wie teils fälschlich in der Literatur behauptet, sinkt die Einnahme aus einer bestimmten Steuer, nämlich dem Rauchpfund, durch den Wegzug der Protestanten von 21 832 fl 1584 auf 12 817 fl im Jahre 1588. S. im Übrigen Götz, 1986, S. 186.
230 Wendehorst, 1978, S. 193.
231 Rublack, 1978/I, S. 67.
232 Zu den Stadtordnungen von 1525 und 1528 s. oben S. 54 f.; zu 1599 Götz, 1986, S. 173, 180 f.
233 Dazu und zum Folgenden Rublack, 1977, S. 131.
234 S. Götz, 1986, S. 266.
235 Dazu ebd., S. 174; Dümig, 1974, S. 17 f.
236 Dazu Götz, 1986, S. 174 f.; Dümig, 1974, S. 18 f.
237 Götz, 1986, S. 173–177; Dümig, 1974, S. 18–20.
238 Ebd., S. 49–51.
239 Ebd., S. 37–40.
240 Ebd., S. 39–42.
241 Ebd., S. 45–47; Götz, 1986, S. 200.
242 S. dazu Götz, 1986, S. 205 f.; Dümig, 1974, S. 104 f.
243 Götz, 1986, S. 207–209; Dümig, 1974, S. 103 f.
244 Hierzu und zum Folgenden ebd., S. 65–78, sowie Götz, 1986, S. 226.
245 Dazu Götz, 1986, S. 191 f.
246 Zum Stadtschreiberamt ebd., S. 221 f.; Dümig, 1974, S. 21–25.
247 Götz, 1986, S. 222 f.
248 Zu diesen Stadtbediensteten im 16. Jh. s. Götz, 1986, S. 224–228.
249 Zu den beiden Ärzten Lechner, 1929, S. 322–325.
250 Ebd., S. 332.
251 Vgl. Kerler, 1899/I, S. 19 f.; vgl. auch die entsprechenden Stellen bei Kleinlauth, 1988.
252 Ebd., S. 42; vgl. auch Lechner, 1929, S. 332, wonach allein in der Dompfarrei 180 Personen verstarben.
253 Kerler, 1899/I, S. 10.
254 Wendehorst, 1978, S. 220.
255 Kerler, 1899/I, S. 16 u. 21.
256 Ebd., S. 25.
257 Ebd., S. 26.
258 Ebd., S. 57.
259 Ebd., S. 55 f.
260 Ebd., S. 56 f.
261 Ebd., S. 15 u. 21.
262 Ebd., S. 43, 49 u. 51.
263 Ebd., S. 55.
264 Dazu Wendehorst, 1978, S. 220; Gropp III, 1748, S. 364; Dümig, 1974, S. 74 f.
265 Wendehorst, 1978, S. 191.
266 Kerler, 1899/I, S. 13.
267 Wendehorst, 1978, S. 192 f.
268 Kerler, 1899/I, S. 31.
269 Ebd., S. 30.
270 Ebd., S. 30 f., 36 f.

271 Dazu Krenig, 1995, S. 210.

272 Kerler, 1899/I, S. 38.

273 Ebd., S. 33.

274 Ebd., S. 27 f., 39 f.

275 Ebd., S. 44 f.

276 Ebd., passim.

277 Ebd., S. 49.

278 Wendehorst, 1978, S. 222, sowie Weiß, 1995, S. 331–336.

279 Kerler, 1899/I, S. 60 f.; s. hierzu auch den Beitrag von Drüppel im vorliegenden Band, S. 492–505.

280 Kerler, 1899/I, S. 63.

Dreißigjähriger Krieg (1618–1648)

1 S. zum Aufkommen der Bezeichnung »Dreißigjähriger Krieg« Repgen, 1982.

2 S. als Überblicksdarstellung Schnitter, 1977.

3 Seberich, 1960, S. 58, 65. Verlässliche Angaben über Schwankungen in der Einwohnerschaft im Gefolge des Kriegs fehlen.

4 Seberich, 1962, S. 234, 238. Vgl. dazu auch die Angaben bei Arnold, 1934, S. 101, und Kopp, 1979, S. 40.

5 Dümig, 1974, S. 74 f.; Seberich, 1962, S. 232.

6 Seberich, 1962, S. 244 f.; s. a. Dümig, 1974, S. 76 f.

7 Dümig, 1974, S. 76; Kopp, 1979, S. 36.

8 Seberich, 1962, S. 241.

9 S. resümierend Knemeyer, 1978.

10 S. zusammenfassend Dümig, 1974, S. 65 ff.

11 Zum Festungsbau in jener Epoche s. Neumann, 1988, v. a. S. 128 ff., Wagner, 1980, S. 189 ff., und aus zeitgenössischer Sicht Kirchhof, 1976, S. 21 ff.

12 Dümig, 1974, S. 65 f.

13 S. zur Befestigung des Marienbergs und zu den Unzulänglichkeiten v. Freeden, 1952, S. 141 ff., 148.

14 Seberich, 1962, S. 290 f.

15 Ebd., S. 98 f.

16 Dümig, 1974, S. 65.

17 StadtAW, Rb 399, Verzeichnis ettlicher Puncten, datiert 19. April 1621, 12. Juli 1621 und 13. Juli 1621.

18 Zu den Klagen über Unfleiß bei der Ausbildung s. StadtAW, Rp 22, 1620, S. 90, Rp 23, 1624, S. 126.

19 StadtAW, Rp 23, 1625, S. 123, 198, 241.

20 Seberich, 1962, S. 261 ff.

21 S. etwa StadtAW, Rp 24, 1628, S. 291, 1629, S. 160, 1630, S. 319, Rp 25, 1631, S. 164.

22 S. Dürr, 1935, S. 13; Hagen, 1910, S. 72. Zur Rüstung der Liga und somit auch Würzburgs s. Neuer-Landfried, 1968, S. 162 ff., 178 ff.

23 Dürr, 1935, S. 14, 20. Zu den Zahlungsrückständen Würzburgs bei der Liga s. Stieve, 1893, S. 101. – Bei Geldangaben in den Quellen finden sowohl Gulden als auch Reichstaler Verwendung; 1 Gulden entsprach ab 1623 0,667 Reichstaler.

24 Arnold, 1934, S. 24 ff.; Dürr, 1935, S. 23. Zu den Unterhaltskosten dieser Truppen s. a. Arnold, 1934, S. 131 ff.

25 Arnold, 1934, S. 41 f. S. auch Kaiser, 1999, S. 36.

26 S. als Beispiel StadtAW, Rp 23, 1625, S. 269.

27 Dürr, 1935, S. 28 f.; Kaiser, 1999, S. 196.

28 S. Arnold, 1934, S. 98 ff.

29 Ebd., S. 30; Hagen, 1910, S. 72 f. Bei Weber, 1979, S. 38, ist dagegen von 500 Reitern und 1200 Fußsoldaten die Rede. Zu solchen »Partikulardefensionen« s. a. Kaiser, 1999, S. 195 ff.

30 Roberts II, 1958, S. 251 ff.; Sveriges Krig IV, 1937, S. 497 ff. S. resümierend auch Sicken, 1995, S. 299 ff. – Die Datierung erfolgt hier und im Folgenden nach dem Gregorianischen Kalender.

31 Sveriges Krig V, 1938, S. 1 ff.

32 Sperl, 1974, S. 69 ff.; Weber, 1979, S. 46.

33 Deinert, 1966, S. 53 ff.

34 S. v. Freeden, 1952, S. 150 f., und Stöber, 1910, S. 213.

35 v. Freeden, 1952, S. 156 ff.; Seberich, 1963, S. 222 f.

36 v. Freeden, 1952, S. 152 ff.; Stöber, 1910, S. 214. S. a. Sveriges Krig V, 1938, S. 58 ff.

37 Fechner, 1973, S. 16 ff. Hingegen scheint der Fürstbischof einen größeren Geldvorrat rechtzeitig in Sicherheit gebracht zu haben; Kaiser, 1999, S. 479.

38 Weber, 1979, S. 57.

39 StadtAW, Rp 25, 1632, S. 120, 641.

40 Seberich, 1963, S. 9 f.; s. a. v. Freeden, 1952, S. 159.

41 StadtAW, Rp 25, 1631, S. 281 ff., 390 ff., 442, 464.

42 Ebd., 1632, S. 291, 636, 945.

43 Ebd., 1632, S. 371, 385 ff., 444; RA 502 »Verzeichnis …« v. 21. März 1633.

44 Reuschling, 1984, S. 370 ff.; s. außerdem Deinert, 1966, S. 66 f.

45 Deinert, 1966, S. 75 f.; Weber, 1979, S. 62. S. a. die Klagen von Bürgermeister und Rat Würzburgs über die manchem Geistlichen vorenthaltenen Güter und Gefälle; StadtAW, RA 147, Würzburg, 21. Juni 1632.

46 Deinert, 1966, S. 146 ff.; Weber, 1979, S. 79.

47 Deinert, 1966, S. 146 ff.

48 Ebd., S. 177 ff.; Weber, 1979, S. 87 ff.

49 Weber, 1979, S. 69 f., 77, 87 f.

50 Ebd., S. 83, 87 f.; s. a. Deinert, 1966, S. 173.

51 Weber, 1979, S. 89 f. Zur Verteilung der Kontribution auf die Stadtviertel und demnach deren finanzieller »Leistungsfähigkeit« s. StAW, RA 502, »Neue Veranlagung« [Nov./Dez. 1633].

52 S. Sicken, 1985, S. 207 ff.

53 Weber, 1979, S. 92.

54 Ebd., S. 157 f.

55 Ebd., S. 159 f. S. a. StadtAW, RA 4027, Würzburg, 7. Feb. 1635.

56 Weber, 1979, S. 166 ff.

57 Scharold, 1832, S. 25 ff.; s. a. Stöber, 1910, S. 216 f.

58 Arnold, 1934, S. 18. Als Vorbild scheint der in der schwedischen Ära errichtete Kriegsrat gedient zu haben; s. Reuschling, 1984, S. 385.

59 Dümig, 1974, S. 43 f.

60 Arnold, 1934, S. 31; Hagen, 1910, S. 73 f.; Kopp, 1979, S. 48; Weber, 1979, S. 221 f.

61 Arnold, 1934, S. 103; Weber, 1979, S. 227 f.

62 Hagen, 1910, S. 73 f.

63 Weber, 1979, S. 221 f. Die Angaben zur Dislokation weichen bei Arnold, 1934, S. 31, zum Teil ab.

64 S. dazu generell Schnitter, 1977, S. 137 f.

65 Arnold, 1934, S. 107; Kopp, 1979, S. 49.

66 v. Freeden, 1952, S. 157 ff.; Seberich, 1962, S. 263 f.

67 Seberich, 1962, S. 266 f.

68 StadtAW, RA 1778, Würzburg, 22. Mai 1640.

69 S. Sicken, 1983, S. 129 f.

70 Seberich, 1963, S. 14 f.

71 Ebd., S. 223. S. zudem v. Freeden, 1952, S. 162.

72 Punktuelle Angaben zu diesem Aufwand finden sich bei Arnold, 1934, S. 134 f.

73 Seberich, 1963, S. 14.

74 StadtAW, Rp 33, fol. 185 f., 273 f., 545; Rp 37, fol. 46 f. Vgl. auch Seberich, 1963, S. 14.

75 StadtAW, Rp 33, fol. 623 f.; StAW, R 32140 a, passim, sowie R 32141, passim. Vgl. zudem Seberich, 1963, S. 15.

76 StadtAW, RA 1670, Besichtigung … 30. Aug. 1647.

77 StadtAW, Rp 33, fol. 185, 267, 284.

78 Kahlenberg, 1963, S. 117 f. Vgl. auch StadtAW, Rp 37, fol. 46 f.

79 Arnold, 1934, S. 32, 38.

80 Ebd., S. 31 ff.

81 Mentz I, 1896, S. 25 f.

82 Ebd., S. 29, 32.

83 Deinert, 1966, S. 177 ff.; Weber, 1979, S. 69 ff., 87 ff.

84 StadtAW, RA 147, Würzburg, 21. Juni 1632.

85 StadtAW, Rp 25, 1631, S. 419.

86 Ebd., 1632, S. 805.

87 Ebd., 1631, S. 455.

88 Ebd., 1631, S. 459.

89 Ebd., 1631, S. 459; s. mit ähnlichem Tenor auch ebd., 1632, S. 639.

90 StadtAW, RA 502, Würzburg, 7. April 1636.

91 Oschmann, 1991, S. 41 ff., 76 ff.

92 Pleiss II, 1999, S. 97 f. S. a. StadtAW, R 9288, 9289, hier finden sich die Ansätze für den Sold von zwei schwachen Kompanien und Artilleriepersonal für die Jahre 1649 und 1650.

93 StadtAW, R 1839.

94 Oschmann, 1991, S. 598.

95 Pleiss I, 1998, S. 170 ff.

96 Ebd. II, 1999, S. 98.

97 Ebd. I, 1998, S. 178.

98 Ebd. II, S. 98. Zwangsmaßnahmen waren auch in den Vorjahren erforderlich gewesen; s. StadtAW, R 2110. Die Bemerkung von Pleiss, dass Geistlichkeit und Adel im Unterschied zu den unteren Bevölkerungsschichten eine schlechte Zahlungsmoral bewiesen hätten, ist als generelle Aussage fragwürdig, weil hier nur ein fiskalischer Teilaspekt zur Grundlage dient; s. dazu StadtAW, R 5615.

99 Burkhardt, 1992, S. 21 ff., bes. S. 27.

100 Schubert, 1967/II, S. 172 ff.

101 Roeck, 1999, S. 614 f.

102 StadtAW, Rp 25, 1631, S. 485.

Fürstlicher Absolutismus und barocke Stadt

1 Kurzbiographien aller in diesem Beitrag behandelten Bischöfe finden sich bei Gatz, 1990; die Artikel über die Würzburger Fürstbischöfe wurden von Egon Johannes Greipl verfasst.

2 Zum Ablauf der Bischofswahlen vgl. Schott, 1995/I, S. 55–58, hier auch Beschreibung der Wahl Adam Friedrichs 1755.

3 StadtAW, Rp 1673, fol. 28 v–29 r und 44 v.

4 Bürgermeister und Rat an Johann Philipp, 31. Dez. 1652, in StAW, Schönborn-Archiv Korrespondenzarchiv Johann Philipp 639. Mandat der Regierung v. 22. Aug. 1753 in StadtAW, RA 1737. Zu den Vorstellungen bezüglich des Gemeinwohls und des paternalistischen Gedankens vgl. Schott, 1995/I, S. 76–79.

5 Vgl. die Angaben des Hofkammerregistrators Holzheimer in StAW, HV N. 13, S. 752 f., 758 f., 771.

6 Zur Erbhuldigung vgl. Schott, 1995/I, S. 72–76; die Huldigung für Anselm Franz v. Ingelheim ist dort ausführlich beschrieben (S. 73–75).

7 Jürgensmeier, 1977; Mentz, 1896/99; Schneider, 1931.

8 StAW, HVf. 11; die Chronik ist nicht foliiert, das Zitat steht am Anfang der Ausführungen über Johann Philipp. Gustav Adolf von Schweden galt als der Fürst aus Mitternacht.

9 StadtAW, Rp 1648, S. 521.

10 Jürgensmeier, 1977, S. 230 f.

11 Zu den Einzelheiten des Ausbaus der Würzburger Stadtbefestigung vgl. Seberich, 1962/63.

12 Johann Hartmann v. Rosenbach an Bürgermeister und Rat, 9. Feb. 1658, in StadtAW, RA 133.

13 Gropp, 1750, IV, S. 256–258; vgl. auch StadtAW, Rp 1658, fol. 153 v und 155 v–157 v.

14 Gropp, 1750, IV, S. 259.

15 Ebd., S. 254; Gropp weiter: *er hat manchen Frieden befördert, manchen Krieg verhindert.* StadtAW, Rp 1673, fol. 27 r.

16 StAW, HV N. 13, S. 762.

17 So heißt es in einer Chronik; UBW, M. ch. f. 313a/3, fol. 294 r. Bei Gropp, 1750, IV, S. 277 heißt es, er habe die Wahl zum Bischof *nicht gesucht, nicht verlangt, nicht gehofft, sondern gefürchtet.*

18 UBW, M. ch. f. 313a/3, fol. 294 v. Der Bischof befahl am 24. Okt. 1673 Obristleutnant Johann Sigmund Gopp v. Moritzeck, mit der ihm anvertrauten Kompanie nach Würzburg zu marschieren und sich in der Stadt einzuquartieren; StadtAW, RA 174, Prod. 163.

19 StAW, Stb. 711, fol. 173 v.

20 Vgl. auch Rödel, 1993.

21 Dekret des Bischofs v. 5. März 1674 in StadtAW, RA 519.

22 Gropp, 1750, IV, S. 278.

23 Wunschel, 1979.

24 Gropp, 1750, IV, S. 284.

25 Die Abrechnung in StadtAW, RA 649. Die Einnahmen betrugen ca. 42 709 fl, die Ausgaben ca. 37 171 fl.

26 Dies sagte Peter Philipp zu seinem Gesandten Schrottenberg; Wunschel, 1979, S. 180.

27 Laut Quartier-Repartition für die Kompanien Thüngen und Milchling v. 14. Mai 1682 musste allein die Stadt Würzburg 258 Mann mit 281 Portionen zu je 1,5 Bz sowie 22 Portionen für andere Personen bezahlen; StadtAW, RA 174, Prod. 113.

28 UBW, M. ch. f. 313a/3, fol. 300v.

29 StAW, HVf. 11; die Chronik ist unfoliiert.

30 Zum Hochwasser vgl. UBW, M. ch. f. 313a/3, fol. 302r; zum Kometen vgl. Brod, 1956. Im Hausbuch des Klosters St. Marx heißt es: *Was er bedeute, würdt die Zeit geben. Gott wolle uns gnädig sein!* (ebd., S. 300).

31 Christ, 1964.

32 Gropp, 1750, IV, S. 296.

33 UBW, M. ch. f. 313a/3, fol. 305r; dort wird auch berichtet, dass bei einem Mahl im Zuge der Erbhuldigung ein Schuss gefallen sei, der Bischof war entsetzt – bald danach starb er.

34 Vgl. Romberg, 1998.

35 UBW, M. ch. f. 313a/3, fol. 308r.

36 StAW, HV N. 13, S. 765 f.

37 Grundlegend: Abert, 1904. Vgl. auch Schott, 1995/II, S. 29 f. Auch nach Johann Gottfried gab es Wahlkapitulationen, diese wurden allerdings anders genannt, zum Beispiel Monita. Die Würzburger Bischöfe hielten sich im Wesentlichen an diese Monita.

38 Gropp, 1750, IV, S. 302.

39 Romberg, 1998, S. 413; Romberg zitiert einen ungenannten Hofrat. Nach der Würzburger Chronik II, 1924, S. 311 war es Hofrat Demerat.

40 Gropp, 1750, IV, S. 300. Zum Pfälzer Erbfolgekrieg vgl. Schott, 1998, S. 35–38.

41 So Kammerregistrator Holzheimer; StAW, HV N. 13, S. 764. Er soll 5 000 Mann in die Stadt gelegt haben; UBW, M. ch. f. 313a/3, fol. 307r – 307v.

42 Romberg, 1998, S. 408 f.

43 Schreiben des Johann Gottfried v. 23. Sept. 1693 (Zitat) und von Bürgermeister und Rat an die umliegenden Gemeinden, 2. Okt. 1693, in StadtAW, RA 174, Prod. 100 und 101.

44 Schott, 1998, S. 38.

45 StAW, HV N. 13, S. 789–792.

46 Romberg, 1998, S. 409; die Übersetzung der im Original lateinischen Umschrift erfolgte durch Romberg.

47 StadtAW, Rp 1664, fol. 82r–82v.

48 Holzheimer schreibt: 1683 *hat der Türckh die Christenheit angefallen* und die Stadt Wien belagert; StAW, HV N. 13, S. 758.

49 Würzburger Chronik II, 1924, S. 297.

50 StAW, HVf. 205, fol. 73r. Zur Beteiligung von Truppen des Hochstifts an den Türkenkriegen vgl. Schott, 1998, S. 41 f.

51 Gropp, 1750, IV, S. 336. Zum Spanischen Erbfolgekrieg vgl. zusammenfassend Schott, 1998, S. 38–40.

52 Scherf, 1930.

53 Gropp, 1750, IV, S. 365 f.

54 Sein Onkel und sein Bruder äußerten in Briefen dagegen oft heftige, ja maßlose Kritik an ihm. Sie kritisierten seine manchmal eigenwilligen Entscheidungen in Baufragen, warfen ihm, *der in dem Land ärger als die Zigeuner herumb vagiret* (Lothar Franz v. Schönborn an Friedrich Karl, 30. Aug. 1722, in StAW, Schönborn-Archiv Korrespondenzarchiv Friedrich Karl 24), seine Jagdleidenschaft vor, die ihn im Land verhasst mache. Balthasar Neumann sollte für ihn ein Jagdschloss bei Mädelhofen bauen, doch starb der Bischof vor dessen Fertigstellung (vgl. Jagdschlösser, 1994). Johann Philipp Franz war vielleicht der Würzburger Bischof, der den Absolutismus am konsequentesten verkörperte. Es entsprach seiner Art, anzuordnen und widerspruchslosen Gehorsam zu erwarten. Hätte er nicht so sehr seiner Jagdleidenschaft gefrönt und wäre er deshalb mehr in Würzburg gewesen, wäre dieser Zug sicherlich noch deutlicher hervorgetreten.

55 Scherf, 1930, S. 134 f. Zur Ratsordnung von 1724 vgl. Schott, 1995/I, S. 107 f.

56 StAW, WDKP 1724, S. 236.

57 Zitiert bei Scherf, 1930, S. 164.

58 Zum Schlachthaus vgl. Schott, 1995/I, S. 430, zur Versorgung mit Fleisch ebd., S. 429–432.

59 Fleckenstein, 1924; es handelt sich um eine theologische Dissertation, die historischen Aspekte kommen dort daher zu kurz.

60 Der Bamberger Bischof Lothar Franz v. Schönborn schrieb seinem Neffen Friedrich Karl, die Domkapitulare seien *wie die Säu zusammengeloffen, umb Ihm die negativam zu geben, wenn er dahero kommen würde.* Friedrich Karl bezeichnete die Kapitulare als Bestien. Vgl. Christ, 1966, S. 476 bzw. 478. Christ stellt die Auseinandersetzungen um die Wahl detailliert dar, die Arbeit ist wohl als exemplarisch anzusehen.

61 Zu Gerhard vgl. Schott, 1995/I, S. 113 f.

62 StAW, HVf. 205, fol. 4 r.

63 Gropp, 1750, IV, S. 384.

64 Es gibt zahlreiche Literatur zu Friedrich Karl; hinzuweisen ist vor allem auf die Arbeiten von Hantsch, 1929; Wild, 1906; Jürgensmeier, 1986.

65 Friedrich Karl an Franz Georg v. Schönborn, 30. Aug 1729, zit. bei Hantsch, 1929, S. 319.

66 Gropp, 1750, IV, S. 466.

67 Braubach, 1965, V, S. 320.

68 Sicken, 1983, S. 133.

69 Einen sehr ausführlichen Bericht zum Kaiserbesuch 1792 findet man in StadtAW, RA 133.

70 Die einschlägigen Quellenstellen s. bei Schott, 1998, S. 47.

71 Zu den Vorgängen von 1732 vgl. Schott, 1995/I, S. 571 f.

72 So heißt es in der Chronik des Klosters Unterzell, StAW, Stb. 712, fol. 103 r.

73 Zur Oberratsordnung von 1745 und ihren Folgen vgl. Schott, 1995/I, S. 130–132 und S. 396 f.; die Oberratsordnung von 1745 ist gedr. in der Sammlung der … Landesverordnungen II, 1776, S. 389–400.

74 Zur Wahl des Anselm Franz vgl. Schott, 1995/I, S. 51.

75 Sedlmaier/Pfister, 1923, S. 50.

76 Vgl. die ausführliche Schilderung durch den Hoffourier Spielberger, zit. bei Sedlmaier/Pfister, 1923, S. 168 f. Anm. 137, sowie die einschlägigen Einträge in StAW, Gebrechenprotokoll 1748, fol. 728 r–728 v und Hofkammerprotokoll 1748, fol. 631 r–634 v und 688 v–689 r.

77 Zitat bei Sedlmaier/Pfister, 1923, S. 218 Anm. 388.

78 StAW, HVf. 205, fol. 115 r.

79 Beierlein, 1952, S. 350.

80 Schmidmaier-Kathke, 1996, S. 60; die Autorin geht v. a. auf das Hofleben ein.

81 Zum Weinhandel vgl. Schott, 1995/I, S. 434–440, zum Kampf gegen Weinpantscher ebd., S. 440–442.

82 Zum sog. Holzkrieg vgl. Schott, 1995/I, S. 260.

83 v. Roda, 1980; Renner, 1987; Ssymank, 1939.

84 Schott, 1995/I, S. 53.

85 Briefe an seinen Bruder Joseph Franz; die Zitate bei Ssymank, 1939, S. 85 und v. Roda, 1980, S. 45.

86 Zum Siebenjährigen Krieg vgl. Schott, 1998, S. 50–53; ders., 1995/I, S. 261–274; Hofmann, 1903.

87 Adam Friedrich an seinen Bruder Joseph Franz, 15. Sept. 1756; eine Abschrift findet man in DAW, Seinsheim-Korrespondenz Karton 3.

88 StadtAW, Rp 1758, S. 124.

89 StadtAW, Rp 1759, S. 108 f.

90 StAW, HVf. 205, fol. 174 r–175 v.

91 Ssymank, 1939, S. 40.

92 Adam Friedrich an seinen Bruder, 30. Jan. 1763, zitiert bei v. Roda, 1980, S. 45.

93 Adam Friedrich an den Statthalter in Würzburg, 29. Sept. 1762, in StAW, Geistliche Sachen 94.

94 StadtAW, Rp 1759, S. 235.

95 Beide Schreiben in StAW, Geistliche Sachen 94.

96 Zu den Details für die Kosten vgl. Schott, 1995/I, S. 270–274.

97 So hatte die Hofkammer beim Regierungsantritt Adam Friedrichs 146 692 fl Überschuss, bei seinem Tod aber 103 082 fl Passivstand, ähnlich sah es bei der Obereinnahme aus; vgl. StAW, WDKP 1779, S. 350 f.

98 Lohmeier, 1964, S. 268.

99 Vgl. v. a. Baumgärtel-Fleischmann, 1995. Für viele Bereiche einschlägig ist weiterhin Flurschütz, 1965, trotz diverser Probleme und Fehleinschätzungen.

100 Greipl, »Erthal, Franz Ludwig Reichsfreiherr von«, in Gatz, 1990, S. 93–95; Zitat S. 94.

101 StAW, WDKP 1779, S. 536 f.; vgl. zu Franz Ludwigs Wahlkapitulation Schott, 1995/II.

102 Heiler, 1995, S. 145.

103 Zu Franz Ludwigs Haltung zur Französischen Revolution vgl. Flurschütz, 1965, S. 242–247 und Wühr, 1938. Die Arbeit von Wühr ist teilweise von ideologischen Urteilen der Entstehungszeit geprägt.

104 Resolution des Bischofs v. 15. Juni 1792, zitiert bei Wühr, 1938, S. 170.

105 *Ich weiß nur zu wohl, daß ich der erste Bürger und Diener des Staates bin,* soll er laut der Trauerrede des Franz Berg v. 5. März 1795 gesagt haben. Zit. nach Flurschütz, 1965, S. 17 Anm. 76.

106 Schreiben des Stadtvogts zu Kitzingen an Franz Ludwig, 10. März 1793; StAW, Gebrechenamt VII K 260.

107 Vgl. Flurschütz, 1965, S. 245.

108 Gebrechenprotokoll v. 30. Okt. 1792, zit. bei Wühr, 1938, S. 169.

109 Resolution Franz Ludwigs v. 4. Mai 1794, zit. bei Wühr, 1938, S. 171.

110 StAW, Gebrechenamt VII W 1148; ein Konvolut mit Übersetzungen der bei Sybilla gefundenen Briefe liegt im Akt.

111 Franz Ludwig an das Vicedomamt, 6. Okt. 1792, in StAW, Gebrechenamt VII W 1041.

112 Vgl. v. a. Wühr, 1938, S. 172 f.; auf S. 259–573 ist ein Verzeichnis der im rechtsrheinischen Bayern festgestellten Emigranten abgedruckt. Vgl. auch Sicken, 1988, S. 311–315.

113 Resolution des Bischofs v. 12. April 1793, zit. bei Wühr, 1938, S. 172.

114 Zur Stellung des Hochstifts Würzburg in den Revolutionskriegen vgl. Flurschütz, 1965, S. 235–242; obwohl v. a. auf Bamberg Bezug nehmend, ist die Darstellung von Berbig, 1976, II, S. 320–339, hier vorrangig zu nennen.

115 Dekret Franz Ludwigs v. 27. Okt. 1792 (Zitat) und weitere Aktenstücke zu den Vorgängen in StAW, Gebrechenamt VII W 1041.

116 Franz Ludwig zum Gebrechenprotokoll vom 6. Nov. 1792; StAW, Gebrechenamt VII W 1097; in dieser Akte weitere Details zur Einquartierung 1792.

117 Franz Ludwig am 2. April 1793 zum Gebrechenprotokoll v. 30. März 1793; StAW, Gebrechenamt VII W 1116.

118 Zur Einquartierung der preußischen Equipage vgl. StAW, Gebrechenamt VII W 1139.

119 Miekisch, 1995, S. 337.

120 Vgl. Schott, 1995/I, S. 99; Bundschuh, 1804, VI, Beilage zu S. 363; die Statistik des Jahres 1703 nach StadtAW, RA 1106. Weitere Angaben zur Bevölkerungsstruktur der Stadt im 18. Jh. bei Schott, 1995/I, Anhang 6 (S. 704 f.).

121 Vgl. StadtAW, RA 327 (Plan des Kellerwerks des Sanderviertelhofes), RA 489 (Sanderviertelhof) und 302 (Dietricher Viertelhof).

122 Vorlage der Rechnung darüber durch den jüngeren Bürgermeister; StadtAW, Rp 1673, fol. 25 r; vgl. auch Rp 1672, fol. 68 r.

123 StadtAW, RA 299; zum Abriss vgl. den Hinweis in Rp 1664, fol. 45 v.

124 Zu den Viertelbedienten vgl. Götz, 1987, S. 216 f. und Schott, 1995/I, S. 127 f.

125 StadtAW, Rp 1673, fol. 4 v–5 r; Vorlage der Viertelrechnungen jedes Viertels.

126 Zum Schulstreit vgl. Schott, 1995/I, S. 568–570; die Prozessakte liegt im BayHStA (Reichskammergericht 666).

127 Die Zahlen für das Jahr 1729 wurden den Erbhuldigungslisten entnommen: StAW, Gebrechenamt V W 358; die Angaben zu den Stadtvierteln findet man auf folgenden Seiten: Sander Viertel (fol. 127–135), Hauger Viertel (fol. 137–144), Pleicher Viertel (fol. 145–155), Mainviertel (fol. 155–164), Cresser Viertel (fol. 165–175), Gänheimer Viertel (fol. 177–186), Bastheimer Viertel (fol. 189–195 v), Dietricher Viertel (fol. 197–207 v). Da beim Sander Viertel nur selten Berufsangaben gemacht werden, wurde für dieses Viertel die Huldigungsliste von 1724 herangezogen: StAW, Stb. 934, fol. 89–99 v. Alle Angaben zum Sander Viertel, die aus dem Jahre 1724 stammen, stehen in Klammern. Auch für das Jahr 1724 werden in der Huldigungsliste die Berufe nicht für alle Stadtviertel angegeben, hier fehlen die detaillierten Angaben zum Mainviertel.

128 Ohne Sander Viertel, so auch in den folgenden Zeilen.

129 Bundschuh zählt um 1800 weder Bauern noch Häcker in der Stadt, was nicht erklärlich scheint; vgl. Bundschuh, 1804, VI, Beilage zu S. 363.

130 Vgl. Götz, 1986, S. 147–154. Hannelore Götz beschreibt vor allem die Einkommensstruktur und den Reichtum bzw. die Armut der einzelnen Stadtviertel.

131 Sicken, 1988, S. 296 f. (Zitate).

132 Die Zahlen aus Schweinfurt nach Saffert, 1993, S. 17; für die Zeit um 1800 stammen die Zahlen aus dem Lexikon von Bundschuh, 1804. Die Zahl der Würzburger Bürger wurde dem summarischen Extrakt der Visitation von 1703 entnommen (StadtAW, RA 1106).

133 Zu diesem Themenkomplex vgl. Schott, 1995/I, S. 101–106, danach auch die folgenden Ausführungen, soweit nicht anders vermerkt.

134 Aufstellung v. 20. Mai 1661 in StadtAW, RA 1115. Im Pleicher Viertel besaß der Adel keine Häuser oder Höfe.

135 Mandat v. 30. Aug. 1681; StadtAW, RA 521.

136 Bürgermeister und Rat an den Bischof, übergeben am 5. März 1701; StadtAW, RA 574.

137 StAW, Gebrechenprotokoll 1762, fol. 269 r.

138 Lutz, 1965, S. 97–147; ein Würzburger Morgen war 1 962,17 Quadratmeter groß.

139 StadtAW, RA 1280.

140 Bezüglich Beisassen und Bürgerrecht vgl. Schott, 1995/I, S. 382–391 und Dümig, 1974, S. 49–58.

141 Errechnet nach StadtAW, RA 1108; weitere Bevölkerungsgruppen waren Soldaten und Konstabler mit ihren Familien, Geistliche, Ehehalten und Bediente. Sicken, 1988, S. 287, schätzt den Anteil der Bürger am Ende des 18. Jh.s auf bis zu 30 %; eingerechnet sind dabei selbstverständlich die Familienangehörigen.

142 StadtAW, Rp 1728, S. 30.

143 Protokoll der Visitationskommission (Kanzler, Oberbürgermeister, Stadträte, geistliche Räte, Hofräte), 16. März 1703, in StadtAW, RA 1106.

144 Zum Kapitel Stadt und Umland vgl. Schott, 1995/I, S. 350–373.

145 Vgl. das Protokoll des Umritts in StadtAW, Rp 1740, nach S. 223.

146 Horsch, 1805, S. 87.

147 StAW, ldf 43, S. 123–126 bzw. 189–197.

148 Bürgermeister und Rat der Stadt Würzburg an den Bischof, 1647; StadtAW, RA 1834.

149 Fragepunkte und Antwort von Bürgermeister und Rat darauf, undatiert, vermutlich um 1648, in StadtAW, RA 1834.

150 Actum 6. Okt. 1741 in StadtAW, RA 1834.

151 Schott, 1995/I, S. 352 f.; Zitate: StadtAW, Rp 1741, S. 576 und 587.

152 StadtAW, RA 1807.

153 StadtAW, Rp 1651, fol. 399 r.

154 Gedrucktes Kanzleimandat v. 17. Aug. 1712 in StadtAW, RA 4030.

155 StadtAW, RA 174, Prod. 83–86, 88, 90.

156 Schreiben an die Orte Zell, Dürrbach, Versbach, Lengfeld, Höchberg, Waldbüttelbrunn und Gerbrunn v. 2. Okt. 1693 in StadtAW, RA 174, Prod. 101.

157 Vgl. StadtAW, Rp 1684, fol. 506 v–507 r.

158 Actum bei der geheimen Konferenz, undatiert, 1700, in StAW, Gebrechenamt IV W 423.

159 StadtAW, RA 888.

160 Zu den Würzburger Mühlen schrieb Franz Seberich in der Zeitungsbeilage »Mainlande« zahlreiche instruktive Beiträge, sie liegen gebunden zum Beispiel in StadtAW, Nachlass Ziegler 18 bzw. 1496.

161 Vgl. das Schreiben der Kanzlei v. 21. April 1664 in StadtAW, RA 1215.

162 StadtAW, Rp 1745, S. 367.

163 Bürgermeister und Rat legten im Interregnum 1699 dem Domkapitel zahlreiche Bitten vor, u. a. wollte man die Rügstrafen und die Abstrafung bei Feuersbrünsten und Viertelvisitationen; das Domkapitel übertrug sie dem Rat. Vgl. Bürgermeister und Rat an das Domkapitel, 2. Jan. 1699, Punkt 4, und Antwort des Domkapitels v. 28. Jan. 1699 in StadtAW, RA 1085.

164 Ssymank, 1939, S. 100.

165 Zur Armenpolitik der Stadt Würzburg vgl. vor allem Schott, 1995/I, S. 497–524; Schubert, 1983; Rublack, 1978/I, Exkurse 1 (Würzburger Armenordnungen in der frühen Neuzeit; S. 128–143) und 2 (Zur Struktur der Armut in der Stadt Würzburg am Ende des 18. Jahrhunderts; S. 143–155); Dümig, 1974, S. 100–107.

166 Zu möglichen Zahlen vgl. Schott, 1995/I, S. 497 f.

167 Die Mehrzahl der Würzburger Almosenordnungen findet man in StadtAW, RA 1907. Die Ordnung von 1490 ist gedruckt bei Hoffmann, 1955, S. 204–207; die Ordnungen von 1676, 1732 und 1772 sind in der Sammlung der ... Landesverordnungen abgedruckt (I, 1776, S. 297 f.; II, 1776, S. 62–69; III, 1801, S. 18–21).

168 Mandat v. 15. März 1676 in StadtAW, Rp 1676, nach fol. 43.

169 Die Ordnung von 1703 ist gedruckt, sie liegt auch in StadtAW, RA 4029 vor; die folgenden Zitate aus dieser gedruckten Ordnung.

170 Zit. nach StAW, Gebrechenprotokoll 1726, fol. 285 r.

171 Adam Friedrich zum Gebrechenprotokoll v. 7. Nov. 1771 in StAW, Gebrechenamt VII W 94.

172 StadtAW, Rp 1673, fol. 42 r–42 v.

173 Zu Erthals Armenpolitik vgl. Schott, 1995/III, und Sicken, 1988, S. 278–281.

174 StAW, WDKP 1779, S. 1054.

175 Der sehr umfangreiche Hirtenbrief wurde gedruckt, benutzt wurde das Exemplar aus der Bibliothek des StadtAW (Signatur: Pe 100).

176 StadtAW, Rb 336.

177 Miekisch, 1995, S. 341.

178 Sammlung der … Landesverordnungen III, 1801, S. 342 Anm.

179 Sicken, 1988, S. 285.

180 Bürgermeister und Rat an den Bischof, 18. Feb. 1692, in StadtAW, RA 1085.

181 Zur Bautätigkeit in Würzburg und dem Schänzerproblem vgl. Schott, 1995/I, S. 232–236; zur Organisation des Bauwesens vgl. v. a. die sehr instruktive Arbeit von A. v. Lüde, 1987.

182 StAW, HV N. f. 13, S. 749.

183 Vgl. Schott, 1995/I, S. 204–208.

184 Brief v. 4. März 1744; Lohmeyer, 1921, S. 137.

185 Horsch, 1805, S. 13.

186 Zu den Aspekten des Militärischen vgl. Schott, 1995/I, S. 223–256; dort auch die Belege für die aufgeführten Details; wichtig ist v. a. Sicken, 1983.

187 Zu den Kasernen in Würzburg vgl. Bühling, 1997.

188 Kopp, 1979, S. 81.

189 StadtAW, Rp 1683, fol. 260 v–261 r.

190 Bürgermeister und Rat an das Domkapitel, 2. Jan. 1699 (Zitat), und Antwort des Domkapitels v. 28. Jan. 1699 in StadtAW, RA 1085.

191 Hofkammer an Bürgermeister und Rat, 19. Juni 1700, in StadtAW, RA 602.

192 Der Begriff wird genannt in StadtAW, Rp 1724, S. 348$^1/_2$.

193 StadtAW, Rp 1683, fol. 335 r–335 v.

194 Vgl. die Aufzeichnungen des Kammerregistrators Holzheimer: StAW, HV N. 13, S. 737, 742, 762.

195 StadtAW, Rp 1648, S. 507–520, 522 f., 532 f., 552; RA 174, Prod. 138 (Quittung der Zahlung v. 14. Dez. 1648).

196 Ein Manual über diese Darlehen, das der Stadtrat am 15. Nov. 1652 approbierte, listet die geliehenen Gelder auf; es handelt sich um 4 530 Rt; über die Gelder, die zur Summe von 6 000 Rt fehlen, geht aus der Akte nichts hervor. Die Details zu den Zahlungen, etwa die Beiträge der einzelnen Stadtviertel, in StadtAW, RA 651.

197 StadtAW, Rp 1649, S. 2, 16 f., 325, 419; Dekret des Bischofs v. 6. Jan. 1649 in RA 171. Im Rp ist von monatlicher Zahlung die Rede, im Dekret steht die Summe nur einmal.

198 Im Dezember 1648 musste die Stadt Würzburg 12 Stück Rindvieh und 15 Fuder Wein an die schwedische Armee in Sommerach liefern; StadtAW, Rp 1648, S. 545 f., 555; RA 174, Prod. 154 (16. Dez. 1648); RA 171 (Schreiben v. 6. und 14. Dez. 1648).

199 StadtAW, Rp 1649, ab S. 89 bzw. 100.

200 Dekret des Bischofs v. 7. Feb. 1649 in StadtAW, RA 171.

201 StadtAW, Rp 1650, fol. 118 r und 96 r–99 v. Die Stadt Würzburg musste Geld und Früchte (Getreide) für einquartierte Soldaten geben, vgl. das bischöfliche Dekret v. 4. Aug. 1659 in StadtAW, RA 517.

202 Das Dekret v. 28. Juli 1650 findet man in StadtAW, RA 171. Vgl. auch Oschmann, 1991, und Schott, 1998, S. 28. Eine Aufstellung der Kontributions- und Einquartierungslasten des Hochstifts Würzburg für November 1649 umfasst mehrere Posten im Umfang von 10 280 Rt; vgl. StAW, Schönborn-Archiv Korrespondenzarchiv Johann Philipp 29.

203 Dekret des Bischofs an Bürgermeister und Rat v. 12. Aug. 1652 in StadtAW, RA 518.

204 Dekret des Bischofs v. 5. März 1654 in StadtAW, RA 519.

205 Zur Abgrenzung vgl. die Bemerkungen des Kammerregistrators Holzheimer in StAW, HV N. 13, S. 759–761. Zu den Finanzen des Hochstifts vgl. v. a. Heiler, 1985. Zur Steuerverwaltung der Stadt Würzburg vgl. Dümig, 1974, S. 37–48 und Schott, 1995/I, S. 274–298.

206 StAW, HV N. 13, S. 740 (Holzheimer); Bericht der Hofkammer über Vorschlagspunkte von Bürgermeister und Rat, 19. Juni 1700, hier: Bemerkungen zu Punkt 1; StAW, Gebrechenamt IV W 146/423. Ein Teil des Zitats (einen Überschuss ... als nöthig) ist in der Quelle unterstrichen.

207 Sie betrug 7 200 Rt in den Jahren 1661–1663, 1665, 1666, 1673–1677; 8 400 Rt für die Jahre 1664, 1667–1671; 10 800 Rt für die Jahre 1655–1660. Zusätzlich wurden gezahlt 4 800 Rt für die brandenburgi-sche Einquartierung 1675 und 10 800 Rt für Einquartierungen im Jahr 1676, weitere Gelder um die Jah-reswende 1676/77. Vgl. die entsprechende Auflistung des Stadtrats für den kaiserlichen Abgesandten Graf v. Öttingen, 7. April 1677, in StadtAW, RA 174, Prod. 81.

208 Vgl. das Dekret des Bischofs v. 18. Nov. 1715, in dem er eine Senkung der Schatzung ankündigt, damit sei-ne Untertanen unsere für sie tragende landtsvätterliche Sorgfalth zue verspühren haben mögen. StadtAW, RA 635.

209 Vgl. Schubert, 1967/I, S. 175 und StAW, HV N. 13, S. 738–740.

210 Zum Problem der Hofhandwerker vgl. Schott, 1995/I, S. 187–196.

211 Vgl. v. a. das Schreiben des Bischofs v. Werdenau an Bürgermeister und Rat v. 25. Mai 1684 in StadtAW, RA 503.

212 Vgl. die Liste in StadtAW, RA 622, Prod. 26.

213 Vgl. dazu z. B. StadtAW, RA 174 (Dekret des Bischofs v. 19. März 1661, Zitat, Prod. 16), 503, 616, 631.

214 StadtAW, RA 602.

215 StadtAW, RA 586 (zu 1708) und 503 (zu 1684).

216 »Die Verfügung über die städtische Steuer war das wichtigste Recht des Unterrats, in dem er auch seinen Anspruch auf ›Herrschaft‹ gegenüber der Bevölkerung dokumentieren konnte«, urteilt Götz, 1986, S. 185 für das 16. Jh.

217 StadtAW, Rp 1676, fol. 28 v–29 v.

218 Mandat des Bischofs v. 5. März 1676, eingebunden in StadtAW, Rp 1676, nach fol. 44.

219 UBW, M. ch. f. 313a/3, fol. 300 v (Zitat) – 301 v.

220 StadtAW, RA 1085 (Eingabe v. 16. Feb. 1692 an den Bischof und v. 2. Jan. 1699 an das Domkapitel, Ant-wort des Domkapitels v. 28. Jan. 1699); RA 602 (Hofkammer, 19. Juni 1700); StAW, Gebrechenamt IV W 146/423 (Bericht v. 19. Juni 1700).

221 Vgl. Schott, 1995/I, S. 298–304.

222 Bürgermeister und Rat an den Bischof, präsentiert 14. März 1695; StAW, Gebrechenamt IV W 198, fol. 31 f.

223 Der Rat wollte, daß die jenige vordessen zu der schwedschen Irruption auf daß Schlos vom Statt Rath salvirte, und nach erfolgter Devastation daselbsten verlohren gegangene, viele Original Documenta unß wider zur Handten kommen wehren. Bürgermeister und Rat an den Bischof, präsentiert 11. Juni 1695; StAW, Gebrechenamt IV W 198, fol. 37 f.

224 Schreiben des Stadtrats an Friedrich Karl (erstes Zitat) und den Grafen v. Schönborn (zweites Zitat) v. 19. Juli 1730; beide Schreiben finden sich in StadtAW, Rp 1730, nach S. 412.

225 Belege für die Zahlungen in Schott, 1995/I, S. 348 Anm. 882 und 883.

226 Zollrolle: StadtAW, Rp 1740, nach S. 85 und nach S. 141. Eine gedruckte Zollrolle aus dem Jahr 1740 mit einer alphabetischen Liste der Waren, doch ohne Angabe der zu zahlenden Zölle liegt in StadtAW, RA 691 vor.

227 Auszüge aus den Mainzoll-Rechnungen der Jahre 1622 bis 1690 bezüglich der Erhebung von Strafen in StAW, Gebrechenamt IV W 198, fol. 27–30.

228 Zur Geschichte der (Alten) Mainbrücke vgl. vor allem Seberich, 1958/I, und Scherzer, 1958.

229 Friedrich Karl wird zitiert im Gebrechenprotokoll vom 3. März 1741; StAW, Gebrechenamt VI W 149. Der Artikel aus dem »Merkur« wird zitiert bei Schöpf, 1802, S. 199.

230 StadtAW, Rp 1746, S. 161 f.; die Pfandhausordnung (undatiert) in StadtAW, RA 1765.

231 Die Pfandhausordnung ist gedr. in der Sammlung der ... Landesverordnungen II, 1776, S. 591–595.

232 Zu diesem Themenkomplex vgl. allgemein Schott, 1995/I, S. 396–414, und Noll, 1927.

233 Eine Abschrift des Dekrets des Domkapitels v. 30. Sept 1684 findet man in StadtAW, Rp 1684, S. 701, eine Abschrift des Dekrets des Bischofs v. 8. Feb. 1701 in StadtAW, RA 1198. Während im erstgenannten De-kret keine Gründe für den Wechsel genannt werden, heißt es 1701, dies sei auf Bitten des Bäcker- und Müllerhandwerks geschehen.

234 StadtAW, Ratsurkunde 891.

235 Die Bäckerordnung von 1612 ist gedruckt bei Noll, 1927, S. 6–11; die Ordnung von 1718 findet man in StadtAW, RA 1195.

236 StadtAW, RA 1185 (Zahlen bis 1708) und Schott, 1995/I, S. 585 Anm. 145 (Zahlen für 1770 nach Stadt-
    AW, Rp 1770, nach S. 64).

237 Vgl. zum Beispiel StadtAW, RA 270 oder Rp 1672, fol. 109 v–110 v.

238 Zu Streitigkeiten der Müller der Stadt mit denen der Umgebung vgl. zum Beispiel StadtAW, RA 1215. In
    RA 1214 finden sich verschiedene Müllerordnungen, so die von Bischof Konrad (undatiert), die vom
    Oberrat aufgerichtete *Ordnung und Satz der Müller in Statt Würtzburg* aus dem Jahre 1595 und der 1652
    aufgerichtete und 1708 konfirmierte *Satz und Ordnung der Müller Jungen*.

239 StadtAW, RA 1180 enthält eine Liste solcher Strafen, undatiert, vermutlich ab 1648.

240 StAW, Gebrechenprotokoll 1771, fol. 288 v–290 v, 325 v–327 v.

241 StadtAW, Rp 1648, S. 495.

242 Vgl. z. B. StadtAW, RA 270 und 1215; StAW, HV N. 13, S. 753, 767 f., 771; UBW, M. ch. f. 313a/3, fol.
    308 v, 310 r.

243 StadtAW, Rp 1758, S. 122.

244 Vgl. auch Vogt, 1921, und Abel, 1986.

245 Bis Ende August 1771 betrug das Defizit nach Angaben der Hofkammer fast 65 000 fl; Schott, 1995/I, S. 426.

246 StAW, HVf. 205, fol. 203 v.

247 StadtAW, Rp 1772, S. 49.

248 StadtAW, ORP 1772, fol. 221 v.

249 Zur Epidemie der Jahre 1771/72 vgl. Schott, 1995/I, S. 528–530.

250 Kieß, 1981, S. 77.

251 Vgl. Schott, 1995/I, S. 453; zum Problem der Holzversorgung ebd., S. 452–469.

252 Mandat v. 31. März 1740 in StadtAW, Rp 1740, nach S. 133.

253 Brief v. Fichtls an Bischof Friedrich Karl, 21. Aug. 1740, in StAW, HVf. 636.

254 StAW, HVf. 205, fol. 81 r.

Übergang an Bayern (1795–1814)

 1 Vgl. Miekisch, 1995, S. 337–346.

 2 Vgl. Wühr, 1938 (1974), S. 169.

 3 Ebd., S. 189.

 4 Ebd., S. 189 Anm. 6. Im Dezember 1795 folgten weitere 99, im Januar 1796 224, im Februar und März
    dieses Jahres 63 bzw. 33, bis Ende Juni nochmals 88; bei der Erfassung der Zahlen gibt es große Probleme,
    denn es wurden immer nur die Ankommenden auf den Emigrantenlisten festgehalten, aber nicht die Ab-
    gehenden.

 5 Habermehl, 1996, S. 46. Gewährsmann ist hier Julius Reichsgraf von Soden, Die Franzosen in Franken im
    Jahre 1796, Nürnberg 1797.

 6 Die böhmische Fluchtreise, 1965, S. 57.

 7 Ebd., S. 58 f.

 8 Dettelbacher, 1969, S. 231.

 9 Ebd., S. 245 f.

10 Vgl. StadtAW, RA 181, gedruckte »Capitulation für die Stadt Würzburg« v. 24. Juli 1796.

11 Dettelbacher, 1969, S. 245.

12 Ebd., S. 247 f.

13 Ebd., S. 251.

14 Ebd., S. 255.

15 Ebd., S. 276.

16 Habermehl, 1996, S. 46.

17 Die böhmische Fluchtreise, 1965, S. 61; die Kontributionen wurden aber nur zu einem geringen Teil ge-
    leistet, da die Franzosen sich bald zurückziehen mussten; s. unten.

18 Dettelbacher, 1969, S. 288–291.

19 Vgl. ebd., S. 301.

20 Vgl. zum Schlachtverlauf Romberg, 1991, S. 128–132.

21 Vgl. ebd., S. 132.

22 Dettelbacher, 1969, S. 335.

23 Romberg, 2001/II, S. 463.

24 Zur Rolle Würzburgs auf dem Rastatter Kongress vgl. Link, 1995, S. 123–310.

25 Die militärischen Maßnahmen sind aufgezeichnet bei Kopp, 1979, S. 109 ff.

26 Vgl. Engel, 1954/I, S. 256.

27 Vgl. StadtAW, RA 176: *Rats-Protocollen über alle bey der französischen Occupation der Stadt und darauf erfolgten Bombardement vorgekommenen Ereignisse* (1800/1801).

28 Vgl. Romberg, 2001/I, S. 448.

29 Würzburger Chronik II, 1924, S. 499.

30 Kopp, 1979, S. 111.

31 StadtAW, RA 181.

32 Brecht, 1980, S. 112.

33 Hofmann, 1954, S. 16 f.

34 Ebd., S. 18.

35 Vgl. Weiß, 1993, S. 49 ff.

36 StadtAW, RA 112: *Die Aufrechthaltung deren landständischen Gerechtsamen bey der bevorstehenden Saecularisation u. Regentenwechsel 1802*; vgl. Schubert, 1967/II, S. 188 f.

37 StadtAW, Rp 141, nach S. 491.

38 Die Einzelheiten bei Günther, 1910, S. 74–83.

39 StadtAW, Rp 143, S. 1.

40 Ebd., S. 3.

41 Vgl. StadtAW, Rp 143, 1802: S. 23, 39, 45, 54; 1803: S. 70, 98, 165.

42 Vgl. Günther, 1910, S. 128 f.

43 Vgl. Kopp, 1979, S. 118; Günther, 1910, S. 132.

44 Vgl. Weiß, 1993, S. 185 ff.

45 Vgl. Domarus, 1964, S. 122–124.

46 Vgl. Kopp, 1979, S. 79.

47 Die Entwicklung der evangelischen Kirche in Würzburg wird in Bd. 3 näher behandelt.

48 Regierungsblatt für die Churbayerischen Fürstenthümer in Franken, 1. Jg. (1803), 4. Stück v. 27. Jan. 1803, S. 13.

49 Vgl. Weiß, 1993, S. 267 ff.

50 Vgl. Engelhorn, 1987, S. 9–25.

51 Vgl. Würzburger Chronik III, 1925, S. 26–40.

52 Chroust, 1932, S. 1.

53 Vgl. Schäfer, 1988, S. 141 ff.

54 Bendel, 1934, S. 30 f.

55 Vgl. Chroust, 1932, S. 50, 59, 82 f., 110 ff.

56 Kopp, 1979, S. 122.

57 Vgl. Weiß, 1993, S. 291.

58 Würzburger Chronik III, 1925, S. 89 f.

59 Kopp, 1979, S. 124.

60 Schmidt, II, 1921, S. 434, 439.

61 Chroust, 1932, S. 261.

62 Ebd., S. 263–265.

63 Ebd., S. 272.

64 Ebd., S. 277 Anm. 1.

65 Vgl. ebd., S. 278.

66 Ebd., S. 308.

67 Vgl. ebd., S. 327 f.

68 Ebd., S. 345 f.

69 Chroust, 1913, S. 22.

70 Vgl. Zimmermann, 1951, S. 53.

71 Chroust, 1932, S. 361.

72 Ebd., S. 377 f.

73 Ebd., S. 382.

74 Vgl. Ullrich, 1879.

75 Vgl. Chroust, 1932, S. 427; vgl. Zimmermann, 1951, S. 55–59.

76 Chroust, 1932, S. 469.

77 Würzburger Chronik III, 1925, S. 223.

Ratsverfassung und Rechtspflege

1 Cronthal, 1887, S. 88: *in Gnad und Ungnad*; Wagner, 1988, S. 101.

2 Vgl. den zeitgenössischen Bericht Cronthals, 1887, S. 88 ff.

3 Zur rechtlichen Bedeutung der Huldigung s. Holenstein, 1991, S. 361 ff.

4 Cronthal, 1887, S. 91 f.

5 Ebd., S. 93–97.

6 Ebd., S. 97 f.

7 StadtAW, Rp 10, fol. 24 r–27 v; hrsg. v. Wagner, 1988, S. 104–108; zu den weiteren zwei überlieferten Fassungen s. Rublack, 1977, S. 123 Anm. 1.

8 R. Schulze, Reformation (Rechtsquelle), in: HRG IV, 1990, Sp. 469.

9 Wagner, 1988, S. 104 (Präambel).

10 StAW, ldf 25, fol. 376–389; StAW, Historisches 318, I, fol. 1–19; hrsg. v. Wagner, 1988, S. 108–116.

11 Art. 1 StadtO 1525, Art. 4 StadtO 1528 (Wagner, 1988, S. 105, 109).

12 Vgl. Hoffmann, 1955, Nr. 318 (1474 Nov. 9).

13 Art. 5 StadtO 1528 (Wagner, 1988, S. 110).

14 Artt. 10, 12 StadtO 1525, Artt. 9, 22–25 StadtO 1528 (Wagner, 1988, S. 106 f., 110 f., 114 ff.).

15 Art. 3 StadtO 1525 (Wagner, 1988, S. 106).

16 Art. 1 StadtO 1525, Art. 3 StadtO 1528 (Wagner, 1988, S. 105, 109).

17 Art. 1 StadtO 1525, Art. 2 StadtO 1528 (Wagner, 1988, S. 105, 109).

18 Art. 3 StadtO 1525, Art. 6 StadtO 1528 (Wagner, 1988, S. 106, 110).

19 Art. 10 StadtO 1525 (Wagner, 1988, S. 107).

20 Art. 1 StadtO 1525, Art. 3 StadtO 1528 (Wagner, 1988, S. 105, 109).

21 Art. 6 StadtO 1525 (Wagner, 1988, S. 106).

22 Art. 1 StadtO 1525, Art. 4 StadtO 1528 (Wagner, 1988, S. 105, 109). – Vgl. dazu auch Cronthal, 1887, S. 97 (Art. 1).

23 Vgl. Wagner, 2001/II, S. 535, Nr. 33 (Eid des Oberratsschreibers, 1474 Nov. 9).

24 Art. 1 StadtO 1525, Art. 3 StadtO 1528 (Wagner, 1988, S. 105, 109).

25 Art. 4 StadtO 1525 (Wagner, 1988, S. 106).

26 Cronthal, 1887, S. 93.

27 Art. 10 StadtO 1528 (Wagner, 1988, S. 111).

28 Art. 9 StadtO 1525, Art. 13 StadtO 1528 (Wagner, 1988, S. 107, 112).

29 Art. 1 StadtO 1525; verschärft in Art. 7 StadtO 1528 (Wagner, 1988, S. 105, 110).

30 Götz, 1986, S. 242 f.

31 Art. 4 StadtO 1525 (Wagner, 1988, S. 106).

32 15 fl als jährliche Vergütung für Bürgermeister: StadtAW, Rp 10, fol. 82 (1528).

33 Art. 5 StadtO 1525 (Wagner, 1988, S. 106).

34 Art. 7 StadtO 1525, Art. 14 StadtO 1528 (Wagner, 1988, S. 107, 112).

35 Art. 24 StadtO 1528 (Wagner, 1988, S. 115 f.).

36 Art. 20 StadtO 1528 (Wagner, 1988, S. 114).

37 Art. 15 StadtO 1528 (Wagner, 1988, S. 112).

38 Art. 16 StadtO 1528 (Wagner, 1988, S. 113).

39 Art. 17 StadtO 1528 (Wagner, 1988, S. 113).

40 G. K. Schmelzeisen, Polizeiordnungen, in: HRG III, 1984, Sp. 1803–1808; Willoweit, 2001, S. 135 f.

41 StadtAW, RA 136; StAW, ldf 27, S. 285; vgl. Cronthal, 1887, S. 112 f.

42 StadtO 1528, Abschnitt 24: StAW, Hist. 318, I, fol. 16; Wagner, 1988, S. 115.

43 Cronthal, 1887, S. 95 f. – Nur *Brodmesser* und notwendige Arbeitsgeräte durften behalten werden.

44 StadtO 1528, Abschnitt 18; StAW, Hist. 318, I, fol. 12; Wagner, 1988, S. 113.

45 StAW, Stb. 963, fol. 74.

46 StadtAW, Rp 10, fol. 32 v–33 v.

47 StAW, ldf 28, S. 860 f.

48 StadtAW, Rp 10, fol. 179 und 96, 96 v (1529).

49 Ebd., fol. 276.

50 Ebd., fol. 276 v, 277; vgl. Rublack, 1977, S. 134.

51 StAW, WDKP 7, fol. 23 v, 40 v; Götz, 1986, S. 169 Anm. 482.

52 StadtAW, Rp 11, fol. 14.

53 Vgl. Götz, 1986, S. 169 Anm. 482.

54 Vgl. StadtAW, Rp 11, fol. 101 (1558).

55 Götz, 1986, S. 169, 246 ff.

56 StAW, WDKP 7, fol. 23 v; StadtAW, Rp 10, fol. 282 v; Rp 11, fol. 10.

57 Vgl. dazu Rublack, 1977, S. 135.

58 Götz, 1986, S. 178 f.

59 StadtAW, RA 1084, fol. 2 v; Rublack, 1977, S. 135.

60 Götz, 1986, S. 173 Anm. 504.

61 Rublack, 1978/I, S. 52 ff., 62 ff., 68 f.; Götz, 1986, S. 264 ff.

62 StAW, ldf 32, fol. 678–706 (1599). – Die RatsO 1618 dagegen nennt das Jahr 1590 und fügt hinzu, man zähle nun *das acht und zwantzigste Jahr* seit der Publikation der echterschen Ordnung (StadtAW, RA 204, fol. 3, 4); zur Novellierung der Wachtordnung im Jahr 1599 vgl. ebd., fol. 22. – Die Datierung *Samstag nach Reminiscere, den 13. Monats Martii* (StAW, ldf 32, fol. 690) trifft nicht für 1590, wohl aber für das Jahr 1599 (neuer Stil) zu.

63 Die StadtO 1525 wurde der echterschen Satzung wortgetreu eingefügt (StAW, ldf 32, fol. 680–684), auf die StadtO 1528 nahm die Präambel allgemeinen Bezug (ebd., fol. 679).

64 StAW, ldf 32, fol. 679.

65 Ebd., fol. 685.

66 Ebd., fol. 691.

67 Ebd., fol. 680, 685.

68 Ebd., fol. 685. – Eidesformel: ebd., fol. 691, 692.

69 Ebd., fol. 685; vgl. ebd., fol. 692 (Steuermeister), 693 f. (Kastenmeister, Baumeister).

70 Ebd., fol. 693.

71 Ebd., fol. 698.

72 Ebd., fol. 693 (Steuerschreiber), 698 (Ungeltschreiber), 700 (Viertelknechte und -schreiber).

73 Ebd., fol. 686, 701.

74 StadtAW, RA 204, Präambel (fol. 3 f.).

75 StadtAW, Rp 19, fol. 20 1/2 ff. (1607); vgl. auch Rp 21, fol. 80 (1617).

76 StadtAW, RA 204.

77 Ebd., z. B. Tit. I (fol. 5), Tit. III (fol. 9), Tit. VIII (fol. 20), Tit. XI (fol. 26), Tit. XIII (fol. 31).

78 Ebd., z. B. Tit. IV (fol. 11), Tit. VII (fol. 17), Tit. XIII (fol. 32).

79 Ebd., Tit. I (fol. 6).

80 StadtAW, RA 194 (RatsO 1724). – Zu dieser von absolutistischem Geist geprägten, nach wenigen Monaten wieder aufgehobenen RatsO s. Schott, 1995/I, S. 107 f.

81 StadtAW, RA 204, Tit. I (fol. 5).

82 Einzelfälle: Dümig, 1974, S. 4; Schott, 1995/I, S. 113 f.

83 StadtAW, RA 204, Tit. I (fol. 6).

84 Zum gescheiterten Versuch der weimarischen Zwischenregierung (1633), zwei evangelische Ratsherren zu ernennen: StadtAW, Rp 27, fol. 992, 1002; Deinert, 1966, S. 178; Dümig, 1974, S. 5.

85 StadtAW, RA 204, Tit. I (fol. 6).

86 StadtAW, Rp 23, fol. 376 (1625).

87 StadtAW, Rp 39, fol. 323 (1657).

88 Dümig, 1974, S. 6; Götz, 1986, S. 169 Anm. 482; Schott, 1995/I, S. 111.

89 Beispiele bei Schott, 1995/I, S. 111 f.

90 Dümig, 1974, S. 7; Schott, 1995/I, S. 111.

91 StadtAW, RA 194, Tit. 1 (RatsO Johann Philipp Franz v. Schönborns, 1724).

92 StadtAW, RA 204, Tit. II (RatsO 1618, fol. 8).

93 Vgl. für das 17. Jh. Dümig, 1974, S. 18 f., für das 18. Jh. Schott, 1995/I, S. 115.

94 Zum Folgenden: StadtAW, RA 204, Tit. III u. IV (fol. 9–15).

95 StadtAW, Rp 36, fol. 379; vgl. Dümig, 1974, S. 12.

96 Dümig, 1974, S. 14 f.

97 StadtAW, RA 204, Tit. IX (fol. 21).

98 Ebd., Tit. III (fol. 10).

99 Ebd., Tit. VIII (fol. 19, 20).

100 Ebd., Tit. IV (fol. 12).

101 Flurschütz, 1965, S. 22; Dümig, 1974, S. 27; Schott, 1995/I, S. 117 ff.

102 StadtAW, RA 204, Tit. VIII (fol. 19).

103 Vgl. dazu Schott, 1995/I, S. 124 f.

104 StadtAW, RA 204, Tit. VIII.

105 Wahl der Viertelmeister durch den Rat: ebd.

106 Zum städtischen Ämterwesen: Flurschütz, 1965, S. 20 ff. ; Dümig, 1974, S. 27 ff.; Schott, 1995/I, S. 117 ff.

107 Vgl. dazu Flurschütz, 1965, S. 78–81; Schott, 1995/I, S. 125 f.

108 StadtAW, RA 204, Tit. V.

109 StadtAW, Rp 40, fol. 10 1/2, 10 1/4 (1658). – Stadtschreibereid: StadtAW, Rb 14, 3 f.

110 StadtAW, RA 204, Tit. V (fol. 15 f.). – Im Einzelnen s. Dümig, 1974, S. 21–25.

111 Schott, 1995/I, S. 116.

112 Dümig, 1974, S. 21. – Vgl. auch StadtAW, RA 207, Tit. V (um 1720).

113 Götz, 1986, S. 216.

114 StadtAW, RA 204, Tit. VII (fol. 18, 19).

115 Dümig, 1974, S. 30 ff.; Schott, 1995/I, S. 127 f.

116 StadtAW, RA 204, Tit. IX.

117 Ebd., Tit. X.

118 Ebd., Tit. XI (fol. 26, 27).

119 Im Einzelnen s. Dümig, 1974, S. 103–107.

120 StAW, ldf 55, fol. 131–164.

121 Im Einzelnen s. Schott, 1995/I, S. 108 f., 124.

122 StAW, ldf 55, fol. 280 f.

123 Vgl. Schott, 1995/I, S. 123–127.

124 Vgl. Daul, 1971, S. 98 f.

125 Scharold, 1805/1980, S. 265 f.

126 Übersicht: F. Merzbacher, Oberrat, in: HRG III, 1984, Sp. 1156–1160.

127 Rublack, 1977, S. 123 f. Anm. 2.

128 Dümig, 1974, S. 3; Schott, 1995/I, S. 128 f.

129 Amrhein, 1916, S. 30 ff.

130 StadtAW, RA 204, Tit. VIII (fol. 20). – Dümig, 1974, S. 2; Götz, 1986, S. 220 Anm. 748; Schott, 1995/I, S. 128 f.

131 Götz, 1986, S. 219 Anm. 743.

132 Ebd., S. 220 f.; Schott, 1995/I, S. 129 ff.

133 Druck: Sammlung der ... Landesverordnungen II, 1776, Nr. 289, S. 389–400.

134 Ebd., S. 393 (Art. 8).

135 Ebd., S. 393 (Art. 9).

136 Ebd., S. 389 (Art. 1).

137 Ebd., S. 391 f. (Art. 2).

138 Ebd., S. 389 f. (Art. 1).

139 Ebd., S. 391 (Art. 4).

140 Schott, 1995/I, S. 135 ff.

141 Scharold, 1805/1980, S. 266 f.

142 Schneidt II, 1788, S. 1001 f.

143 Willoweit, 1998, S. 91.

144 Wagner, 1988, S. 107 f. (Art. 11).

145 StAW, ldf 20, S. 305–325.

146 Ebd., S. 322 ff. (Artt. 57, 58).

147 Ebd., S. 324 (Art. 57).

148 Wagner, 1988, S. 108 (Art. 11); StAW, ldf 20, S. 306 (Art. 4), 309 (Artt. 13–15); 320–322 (Artt. 51–56).

149 Drüppel, 1981, S. 296 ff., 304 ff.

150 Zur Relation zwischen Rats- und Gemeindeschöffen (5 : 4) s. Götz, 1986, S. 211 Anm. 700.

151 StAW, ldf 28, S. 305 (Art. 1).

152 Willoweit, 1995, S. 241 m. Anm. 84.

153 StAW, ldf 28, S. 309 (Art. 18). – Zur Funktion des Fürsprechen s. H. Winterberg in: HRG I, 1971, Sp. 1333–1337.

154 StAW, ldf 28, S. 306 (Art. 2).

155 Ebd., S. 316 (Art. 43).

156 Wagner, 1988, S. 108 (Art. 11).

157 StAW, ldf 28, S. 318 (Artt. 46 u. 47 Abs. 3). – Zur Richterbesoldung s. Drüppel, 1981, S. 384 ff.

158 Vgl. Artt. 23, 24, 27 (StAW, ldf 28, S. 311 f.); Artt. 49, 50 (ebd., S. 319 f.); Art. 28 (ebd., S. 312).

159 StAW, ldf 28, S. 312 (Art. 26).

160 Ebd., S. 313–316 (Artt. 30–40).

161 Ebd., S. 318 f. (Artt. 47, 48).

162 Ebd., S. 312 f. (Art. 29), 315 f. (Artt. 37–42).

163 Ebd., S. 316 (Art. 38).

164 Ebd., S. 317 (Art. 44).

165 Ebd., S. 316 f. (Art. 43); s. dazu König, 1999, S. 132–135.

166 StAW, ldf 28, S. 320 ff. (Artt. 51–56).

167 Flurschütz, 1965, S. 50.

168 StAW, ldf 27, S. 298–306.

169 Ebd., S. 300.

170 Scharold, 1841, S. 133.

171 Ebd., S. 130 f.; Knapp II, 1907, S. 110 f.; Rublack, 1977, S. 137; vgl. noch StadtAW, Rp 11, fol. 262 (1559).

172 Auszugsweise Wiedergabe im Druck bei Scharold, 1841, S. 131–135.

173 Ebd., S. 134.

174 Druck: Schneidt II, 1788, S. 1001–1053; Knapp (mit Datierung 1583) I, 1907, S. 1290–1323.

175 Flurschütz, 1965, S. 47.

176 Ebd., S. 46 f., 48.

177 Schott, 1995/I, S. 130 f.

178 Scharold, 1805/1980, S. 264 f.

179 Vgl. Wagner, 1988, S. 108 (Art. 12 Sonntagsgericht belangend).

180 StAW, ldf 27, S. 315–321.

181 Schott, 1995/I, S. 360.

182 StAW, ldf 27, S. 317.

183 Wagner, 1988, S. 114 (Art. 19).

184 Götz, 1986, S. 203 u. Anm. 656.

185 Flurschütz, 1965, S. 50.

186 Ebd., S. 50; Dümig, 1974, S. 108 ff.; Götz, 1986, S. 203 f.; umfassend Schott, 1995/I, S. 354 ff.

187 Schott, 1995/I, S. 355.

188 Dümig, 1974, S. 108; Schott, 1995/I, S. 358.

189 Schott, 1995/I, S. 358, 361 f.

190 Knapp II, 1907, S. 92 ff.; vgl. auch Götz, 1986, S. 209 f.

191 Vgl. Wagner, 1988, S. 107 (Tit. 7 u. 8 StadtO 1525), S. 110–113, 115 f. (Tit. 9, 14–18, 22–25).

192 StadtAW, RA 204, fol. 31.

193 Ebd., fol. 23 f., 25.

194 Ebd., fol. 31 (Tit. 13).

195 Ebd., fol. 32.

196 Vgl. die von Dümig, 1974, S. 33 ff., mitgeteilten Fälle.

197 Landgerichtsordnung 1618, Theil 2 tit. 2 § 1 (Druck: Sammlung der … Landesverordnungen I, 1776, S. 76); zu dieser Jurisdiktion des Landgerichts im Spätmittelalter s. Merzbacher, 1956, S. 57 m. Anm. 330 u. 331.

198 StadtAW, RA 204, fol. 30 (Tit. 13).

199 Ebd., fol. 31 (Tit. 13).

200 Schott, 1995/I, S. 114.

201 Ebd., S. 170 f. Anm. 602.

202 StadtAW, RA 204, fol. 30.

Eid des Stadtschreibers von 1557

1 StAW, Standbuch 1006, fol. 30 r. Es handelt sich um den mittelalterlichen, 1577 modifzierten und erweiterten Eid des Stadtschreibers. – Die Abschrift wurde buchstabengetreu durchgeführt bis auf »v«, das im vokalischen Gebrauch als »u« wiedergegeben wurde. Satzanfänge und Eigennamen stehen groß, bei Vokalen übergeschriebenes »e« wurde nach unten gezogen.

Siegel und Wappen der Stadt Würzburg im ausgehenden Mittelalter und in der Neuzeit

1 Vgl. Bünz, 2001, S. 250–254 u. S. 621 f.
2 Die Nachgravur war eine Sicherheitsmaßnahme, befürchtete man doch, der vertriebene Stadtschreiber Johannes Dimmingen könne das Stadtsiegel »abgegraben« haben, um es missbräuchlich zu verwenden; s. Heffner, 1871, S. 221. Vgl. grundsätzlich auch Diederich, 1997, S. 185–215.
3 Vgl. dazu allgemein Diederich, 1975, S. 459–498.
4 Heffner, 1871, S. 221.
5 Heffner, 1871, S. 221 f.
6 Zitiert nach Heffner, 1871, S. 222.
7 Mainfr. Museum, Inventarnummer S 33218 (ausgestellt in der Stadtgeschichtlichen Dauerausstellung im Fürstenbau der Festung Marienberg). Für Auskünfte habe ich in diesem Zusammenhang Herrn Leitenden Museumsdirektor Dr. Hans-Peter Trenschel und Frau Dr. Frauke van der Wall vom Mainfränkischen Museum Würzburg verbindlichst zu danken.
8 Vgl. Kittel, 1970, S. 307–314 mit zahlreichen Beispielen.
9 Heffner, 1871, S. 222.
10 Kolb, 1974, S. 35–41. Aufgrund der Wappendarstellungen in der Bischofschronik des Lorenz Fries künftig auch Borchardt (in Vorbereitung).
11 Zu den Gründen Kittel, 1970, S. 302–305 und 316–320. Eingehend auch Kittel, 1969, S. 83–107.
12 Einige Beispiele nennt Heffner, 1871, S. 223. Der Verfasser beabsichtigt, die Entwicklung des mittelalterlichen und neuzeitlichen Siegelwesens der Stadt Würzburg in einem Heft der »Schriften des Stadtarchivs Würzburg« ausführlich darzustellen.
13 Zum Niedergang des Siegelwesens in der Neuzeit eingehend Diederich, 1984, S. 62–66.
14 Mainfr. Museum, Inventarnummer H 6643 (ausgestellt in der Stadtgeschichtlichen Dauerausstellung im Fürstenbau der Festung Marienberg).
15 Grote, 1873, S. 65; Stadler, 1968, S. 100; Pampuch, 1972, S. 30 f.; Wagner, 1984, S. 19; Unterfränkisches Wappenbuch, 1997.
16 Heffner, 1871, S. 225 f.
17 Borchardt, 1988, S. 45–47, Nr. I, mit weiteren Angaben.
18 Kittel, 1970, S. 314; Scherzer, 1962, S. 15–20 u. 192.

Das Rathausinventar im Jahre 1731

1 StadtAW, RA 219, fol. 1 r – 4 v. Die Abschrift erfolgte buchstabengetreu, Satzanfänge und Eigennamen sind groß geschrieben. Ergänzungen und Erläuterungen des Bearbeiters stehen in eckigen Klammern.

Die städtebauliche Entwicklung 1525–1814

1 Kahn, 1918, S. 13 ff.; Seberich, 1955, S. 195 ff.; Feurer/Maidt, 1988, S. 36 ff.; zur Vorzeichnung Segers zuletzt und ausführlich Chr. Kummer, 1995, S. 130 ff.
2 Seberich, 1962.
3 Erschienen am 26. Mai 1933 in der Sonderausgabe »50 Jahre Würzburger Generalanzeiger«.
4 Seberich, 1967.
5 v. Freeden, 1952, S. 54.
6 Seberich, 1958/I, S. 92 ff.

7 Ebd., S. 34 ff.; Bechtold, 1938/I, und Seberich, 1938.

8 Mader, 1915, S. 548 ff.

9 Heffner, 1871, S. 176 f.

10 Bechtold, 1934/I; Schenk/Bechtold, 1928, S. 36.

11 Schich, 1977, S. 36 ff.

12 Seberich, 1962, S. 74 ff.

13 Ludewig, 1713, S. 691 f.

14 Heffner, 1871, S. XXXIX.

15 Lusin, 1984, S. 64 ff.

16 Seberich, 1962, S. 66; ders., 1960, S. 51.

17 Ders., 1953, S. 91 ff.

18 Ebd., S. 89.

19 Cronthal, 1887, berichtet von keinen Verlusten.

20 Mader, 1915, S. 14, nennt zwar nur 5 400 Einwohner, aber zu neueren Zahlen vgl. insbesondere Baum, 2001, S. 366 f.

21 Ludewig, 1713, S. 911; Würzburger Chronik II, 1963, S. 86.

22 Ebd., S. 112 ff.

23 Mader, 1915, S. 535.

24 Würzburger Chronik II, 1963, S. 132 ff.; vgl. dazu Götz, 1986, S. 123 Anm. 362.

25 Bechtold, 1935/V, S. 164 ff.

26 Ebd., Anm. 1.

27 Pfister, 1915, S. 33 ff.

28 Knapp, o. J., S. 30.

29 Lusin, 1984, S. 116 und Abb. 20, 30/31.

30 Mader, 1915, S. 629 f.

31 Dazu beispielsweise Pfister, 1915, S. 1 ff.; St. Kummer, 1995, S. 664 f.

32 Vgl. dazu v. Pölnitz, 1934.

33 Seberich, 1958/II, S. 114 f.

34 Ebd., S. 114.

35 Schenk, 1953, S. 51.

36 Seberich, 1958/II, S. 116 ff.

37 Schenk, 1953, S. 51.

38 Abb. ebd., S. 52.

39 Mader, 1915, S. 519.

40 Bruhns, 1923, S. 114 ff.

41 Buschbom, 1990, S. 78.

42 Mader, 1915, S. 499 f.; Oegg, 1881, S. 408.

43 Mader, 1915, S. 500; Oegg, 1881, S. 87 ff., 408 ff.

44 Lusin, 1989, Lagepläne S. 232 f.

45 St. Kummer, 1995, S. 679 ff.

46 Oegg, 1881, S. 409; zur gemeinsamen Einweihung von Universität und Kirche: Christlicher Fränkischer Ehrenpreis, Würzburg 1604.

47 v. Freeden, 1952, S. 88 ff.

48 Ebd., S. 97, 99 ff.

49 Ebd., S. 107.

50 Ebd., S. 114.

51 St. Kummer, 2000, S. 26; zum Zeughaus: Lusin, 2000, S. 27 f.

52 Mader, 1915, S. 196 f.

53 Ebd., S. 365.

54 Heffner, 1871, S. 88.

55 Pfister, 1915, S. 25; Mader, 1915, S. 629 f.

56 Pfister, 1915, S. 44.

57 Ebd., S. 47 und Abb.: Tafel XV.

58 Lusin, 1984, S. 30 ff.

59 St. Kummer, 1995, S. 689.

60 Mader, 1915, S. 508.

61 Helm, 1976, S. 63; m. Auszügen aus Gropp, 1741, im Anhang S. 162 f.

62 Seberich, 1955, S. 207 ff.; Schenk/Bechtold, 1928, S. 12 f.

63 Kahn, 1918, S. 24 ff.; Seberich, 1955, S. 224 ff.; Feurer/Maidt, 1988, S. 56.

64 Würzburger Chronik II, 1963, S. 196 ff.

65 Seberich, 1963, S. 9 f.; Abb. des »Schwedenplans« bei v. Freeden, 1952, S. 158. Mit letzter Sicherheit kann das schematisch dargestellte Gebäude allerdings nicht als die Burkarder Kirche identifiziert werden.

66 v. Freeden, 1952, S. 160 f.

67 Ebd., S. 162, 168 f.

68 Ebd., S. 180 ff.

69 Ebd., S. 210 ff. Nach den Forschungen Luthard Menkes begann der Bau der Teufelsschanze bereits 1719 und war 1729 noch nicht vollendet. Nachlass Menke, Archiv des Verschönerungsvereins Würzburg.

70 Seberich, 1963, S. 13 ff. m. Abb. 1.

71 v. Freeden, 1950.

72 Seberich, 1963, S. 40 ff., 134 ff. m. Abb. 56.

73 Ebd, S. 53, 137 ff.

74 Seberich, 1959, Nr. 14.

75 Scharold, 1836/I, S. 81.

76 Oswald, 1960, S. 163 m. Hinweis auf Wieland, 1863, S. 29.

77 Seberich, 1963, S. 140 ff.

78 Ebd., S. 52 ff.

79 Seberich, 1938.

80 Ebd., Beilage 3.

81 Ebd., S. 21 ff.

82 Ebd., S. 147 ff. und Abb. 1.

83 Ebd., S. 150 ff.

84 Seberich, 1962, S. 216.

85 Ders., 1963, S. 27 ff.

86 Ders., 1960, S. 59.

87 Scharold, 1836/I, S. 78 ff.

88 Seberich, 1939, S. 103.

89 Ders., 1934, S. 57.

90 Ders., 1963, S. 40 m. Abb. 6 u. 25.

91 Ebd., Abb. 7.

92 Ebd., S. 70 ff. m. Abb. 26.

93 Ebd., S. 127 f.

94 Mader, 1915, S. 200.

95 Scharold, 1836/I, S. 77 ff.; Longo, 1985, S. 16 ff.

96 Leitschuh, 1911, S. 180; Longo, 1985, S. 9.

97 Memminger, 1921, S. 40 ff., 178 f.

98 Würzburger Chronik II, 1963, S. 272; Grundriss im Stadtplan Kilian Bauers von 1726.

99 Zu den folgenden Arbeiten Petrinis insbesondere: Scharold, 1836/I; Heffner, 1871; Mader, 1915; Longo, 1985.

100 Dehio, 1979, S. 904.

101 Sedlmaier/Pfister, 1923, Textbd., S. 9 ff.

102 St. Kummer, 1987, m. Situationsplan in Fig. 10.

103 Lusin, 2000, S. 33 ff.

104 Knapp, o. J., S. 45.

105 Seberich, 1960, S. 59.

106 Nitschke, 1982, S. 31 f.

107 Dehio, 1979, S. 936.

108 Oswald, 1960, S. 103 ff.

109 Mader, 1915, S. 283 f., 612 ff.

110 Dehio, 1979, S. 964.

111 St. Kummer, 2000, S. 21 ff.

112 Mader, 1915, S. 326 ff.

113 Ebd., S. 640 ff.

114 Reitberger, 1977, S. 123 f.

115 Lusin, 2000, S. 38 ff.

116 Mader, 1915, S. 596 f.

117 Trenschel, 1994, S. 14 ff.

118 v. Freeden, 1952, S. 196 ff.

119 Ders., 1937, S. 9 ff.

120 Bechtold/Pfister, o. J.

121 BayHStA, Abt. IV.

122 StadtAW, ZGS, Biografische Mappe Balthasar Neumann, NL Ziegler Nr. 5118; Abdruck bei v. Freeden, 1937, Anhang S. 109 f.

123 v. Freeden, 1937, S. 46 f.

124 Ebd., S. 34.

125 Ebd., S. 13 f., 42 ff.

126 Ebd., S. 14 ff.

127 Kahn, 1918, S. 30 f.; Feurer/Maidt, 1988, S. 98 ff.

128 v. Freeden, 1937, S. 26 ff.

129 Seberich, 1958/I, S. 114 f.

130 Quellen zur Geschichte des Barocks I/2, 1955, Nr. 658.

131 St. Kummer, 1987, S. 79 ff.

132 v. Freeden, 1981, S. 16.

133 Sedlmaier/Pfister, 1923, Textbd., S. 27, Abb. 27.

134 Ebd., S. 52 m. Anm. 143.

135 Mader, 1915, S. 426.

136 v. Freeden, 1937, S. 49 ff.

137 Boll, 1925.

138 v. Lüde, 1987, S. 47.

139 v. Freeden, 1937, S. 79 ff.

140 Ders., 1981, S. 49; Wirsing, 1952.

141 Mader, 1915, S. 674 ff.

142 v. Freeden, 1937, S. 93 ff.

143 Ebd., S. 90 ff., 103 ff.

144 Kieser, 1935/36, S. 54.

145 Mader, 1915, S. 233 ff.

146 v. Freeden, 1937, S. 108.

147 Kieser, 1935/36, S. 62.

148 Sedlmaier/Pfister, 1923, Textbd., S. 54; Dischinger, 1978, S. 93 ff.

149 Kandler, 1989, S. 247 ff.

150 Mader, 1915, S. 674; Suppinger, 1928, S. 30 ff.

151 Memminger, 1921, S. 233 f.

152 Wendehorst, 1976, S. 60.

153 Mader, 1915, S. 522 f.

154 Ebd., S. 541 ff.

155 Lusin, 1984, S. 154 f.

156 Ebd., S. 157.

157 Ziegler, 1914, S. 233 f.; Günther, 1936, S. 78 ff.; Schneider, 1956, S. 95 f.

158 Lusin, 1999, S. 19 ff.

159 Ebd., S. 16 f.

Gallus Jakob und die Finanzierung des Residenzbaues

1 Überwiegend nach Scherf, 1930, S. 37–44; zum Umfang des hochstiftischen Jahreshaushalts um die Mitte des 18. Jhs. Heiler, 1985, S. 167–172.

Bildliche und kartografische Darstellungen der Stadt

1 Zur Entwicklung der Stadtansicht: Muth, 1954; ders., 1970; Jacob, 1982; Luckhardt, 1983.
2 Seberich, 1955.
3 Fauser, 1978.
4 Ebd., Nr. 15727.
5 Muth, 1996/I, S. 287 ff.
6 Ders., 1998, S. 14 f., Kat.-Nr. 154.
7 Feurer/Maidt, 1988, S. 36, Kat.-Nr. 3.
8 Schenk/Bechtold, 1928, S. 10.
9 Feurer/Maidt, 1988, S. 39.
10 Fauser, 1978, Nr. 15728.
11 Feurer/Maidt, 1988, S. 40, Kat.-Nr. 4.
12 Aufgeführt und abgebildet ebd., S. 36 ff., Kat.-Nr. 5–11.
13 Fauser, 1978, Nr. 15736.
14 Feurer/Maidt, 1988, S. 56, Kat.-Nr. 12.
15 Zur Datierung: Schenk/Bechtold, 1928, S. 17; Brod, 1952, S. 30.
16 Mainfränkisches Museum Würzburg, Inv.-Nr. S. 45 804.
17 Muth, 1998, S. 20, Kat.-Nr. 157 und ders., 1997, S. 66, Kat.-Nr. 16.
18 Die aquarellierte Federzeichnung W. Hollars zur Ansicht von Westen aus dem Jahr 1636 befindet sich in der Nationalgalerie Prag; die gleichzeitig entstandene Ansicht von Osten in der Sammlung Schloss Chatsworth, Derbyshire (England).
19 Muth, 2000, S. 82, Kat.-Nr. 411 (Universität) u. S. 136, Kat.-Nr. 436 (Juliusspital).
20 Ders., 1998, S. 16 f., Kat.-Nr. 155.
21 Ders., 2000, S. 78 ff., Kat.-Nr. 410.
22 Ebd., S. 132 ff., Kat.-Nr. 435.
23 Das von Hennenberg geschaffene Gemälde der Universität ist verschollen; die Darstellung des Juliusspitals befindet sich im Besitz der Juliusspital-Stiftung.
24 v. Freeden, 1952, S. 114 f.
25 Ebd., S. 138 f.
26 Ebd., S. 114.
27 Mainfränkisches Museum Würzburg, Inv.-Nr. H. 33 063.
28 Seberich, 1955, S. 207 ff.
29 Ehemals Mainfränkisches Museum Würzburg; am 16. 3. 1945 verbrannt. Seberich, 1936/II, S. 72 ff.; ders., 1955, S. 206, Abb. 11; ders., 1962, Abb. 31.
30 BayHStA (ehem. Kriegsarchiv); Bechtold/Pfister, 1928; v. Freeden, 1937, S. 11; Aus Balthasar Neumanns Baubüro, 1987, S. 113 f., Kat.-Nr. 17.
31 Bechtold/Pfister, 1928.
32 Trenschel, 1997, S. 164, Kat.-Nr. 74; Aus Balthasar Neumanns Baubüro, 1987, S. 116 f., Kat.-Nr. 20; Feurer/Maidt, 1988, S. 98 ff., Kat.-Nr. 33.
33 Trenschel, 1989, S. 81.
34 Mainfränkisches Museum Würzburg, Inv.-Nr. 43 849 und H. 33 066.
35 Wegele, 1867; Schenk/Bechtold, 1928, S. 22 ff.; Kieser, 1935/36; Fauser, 1978, Nr. 15749; v. Freeden, 1937.
36 Feurer/Maidt, 1988, S. 318, Kat.-Nr. 135.
37 Ebd., S. 118, Kat.-Nr. 40.
38 Muth, 1997, S. 74 ff., Kat.-Nr. 20.
39 Ders., 1998, S. 126, Kat.-Nr. 213.
40 Ebd., S. 228, Kat.-Nr. 263.
41 Ebd., S. 408 f., Kat.-Nr. 351.
42 Ebd., S. 448 f., Kat.-Nr. 374.
43 Muth, 2000, S. 90 ff., Kat.-Nr. 415.
44 Ders., 1997, S. 278 f., Kat.-Nr. 119.
45 Ders., 2000, S. 142 f., Kat.-Nr. 439.
46 Ders., 1998, S. 296, Kat.-Nr. 128.
47 Quellen zur Geschichte des Barocks I/2, 1955, Nr. 1124.

48 Scharold, 1821, S. 370.

49 Feurer/Maidt, 1988, S. 108 ff., Kat.-Nr. 37.

50 Abbildung in: Alt Würzburg im Bild, III. Folge, Würzburg 1954.

51 Feurer/Maidt, 1988, S. 158, Kat.-Nr. 60.

Stadt und Kirche

1 Schubert, 1971.

2 Wendehorst, 1989, S. 59, 383 f., 435–437, 550–552, 557 f.; Rublack, 1978/I, S. 10–49.

3 Rublack, 1978/I, S. 5.

4 Freudenberger, 1990. Der Tabelle bei Rublack, 1978,'I, S. 251 f., liegen die ungenauen Zahlen von Braun (nicht wie angegeben von Wegele) I, 1889, S. 87, zugrunde.

5 Über das persönliche Regiment, das Geheime Kabinett, die Kollegialorgane und Ämter, bes. den Kanzler und den Geheimen Referendar, s. Willoweit, 1998.

6 Amrhein, 1889/1890.

7 Wendehorst, 2001.

8 Domarus, 1964.

9 Reuschling, 1984, S. 451–453; Götz, 1986, S. 319–321.

10 Allgemein: Hermann Punsmann, Probleme einer soziologischen Thematisierung religiöser Orden, in: The Annual Review of the Social Sciences of Religion 3 (1979), S. 59–79.

11 De votis monasticis Martini Lutheri iudicium 1521 (D. Martin Luthers Werke, WA 8, 1889, S. 564–669).

12 Schwinger I, 1898, S. 142; Hochholzer, 1988, S. 144–154, 220–223.

13 Wendehorst, 1973.

14 Schwinger I, 1898, S. 186 f.; DBE 4, 1996, S. 188.

15 Gercken II, 1784, S. 347–349; Hirsching I, 1786, S. 279–287.

16 S. unten S. 326.

17 Gams, 1884, S. 193–196.

18 Wieland, 1863, S. 1–182; Dilworth, 1974; Hochholzer, 1988, S. 133 f., 168–170.

19 Wieland, 1863, S. 111–114; Römmelt, 1992. Ein spektakulärer Artikel – »Leben und trauriges Ende des Pater Marianus Gordon, eines gewesenen Benedictiners im Schottenkloster zu Wirzburg« – erschien im Journal von und für Franken 1 (1790), S. 113–148, 361–390; 2 (1791), S. 558–589; als Verfasser wurde Franz Oberthür vermutet.

20 Wieland, 1863, S. 117. Nach dem Tode des Abtes Placidus Hamilton († 28. Juli 1786) wählte der Konvent keinen neuen Abt mehr, ebd., S. 134.

21 London 1807.

22 Wendehorst, 1989, S. 99, 213 f.

23 Eubel, 1921, S. 28.

24 Ebd., S. 21 f.; Eubel, 1886, S. 110.

25 Ders., 1921, S. 23–25; Kerler, 1899/I, S. 40, 42, 53; Mader, 1915, S. 179 f.

26 Eubel, 1884.

27 Kerler, 1899/I, S. 56 f.; Eubel, 1921, S. 27.

28 Ebd., S. 29, 32; Büchner, 1954, S. 124 f.

29 Eubel, 1921, S. 30 f.; Büchner, 1954, S. 124.

30 Die von dem Bibliothekar und zeitweiligen Subprior des Klosters Andreas Pfaff verfassten Annalen des Klosters (UBW, M. ch. o. 41/I–II) brechen bereits mit dem Jahr 1402 ab.

31 Reininger, 1869, S. 171–195.

32 Nuntiaturberichte aus Deutschland III, 5, 1909, S. 326.

33 Frank, 1990, S. 465–467; Kordel, 1990, S. 378, 408 f., 448.

34 Ephemerides Dominicano-Sacrae, 2 Teile, Dillingen 1691/92. Charakteristik und Würdigung: Benz, 2000, S. 490 f.

35 Tubae Sonitus … Geistlicher Posaunen-Schall, durch welchen die Gerechte zu beharrlicher Tugend, die Sünder aber zur eyfrigen Buß nach dem Exempel der Heiligen auffgemuntert, angefrischt und auffgeweckt werden, Augsburg 1716.

36 RB 2, S. 209; MB 30, S. 186, Nr. 706.

37 Baier, 1906, S. 9–11, 13–15, 17–19; Hilarius Barth, Dominikaner, in: Brandmüller II, 1993, S. 721 f.

38 Walz, 1927, S. 31 f.; 1753: Schmid, 1988, S. 280; Barth (wie Anm. 37), S. 729.

39 Lehmann, 1908, S. 123–125.

40 Hirsching I, 1786, S. 293–296.

41 Mader, 1915, S. 132.

42 Zumkeller I, 1966, S. 367 Nr. 489, S. 372–375 Nr. 500, S. 376–378 Nr. 503.

43 Bäumer, 1985.

44 Freudenberger, 1975.

45 Baier, 1895, S. 55–64, 74–78; Zumkeller I, 1966, S. 457 f., Nr. 643.

46 Baier, 1895, S. 30.

47 Ebd., S. 51, 53.

48 Deckert/Hösler, 1995, S. 199.

49 Baier, 1902, S. 32 f.; Deckert, 1990, S. 48.

50 Ebd., S. 15.

51 Baier, 1902, S. 28, 32–37, 43 f.

52 Deckert, 1990, S. 36 (Baier, 1902, S. 29, spricht von Bruderschaften).

53 Reininger, 1865, S. 106–110. Zum Personalstand insgesamt: Adalbert Deckert/Matthäus Hösler, Schematismus der Oberdeutschen Karmelitenprovinz von 1650 bis zur Säkularisation im Jahre 1802, in: Jb. des Hist. Vereins für Straubing und Umgebung 89/90 (1987/88), S. 141–253; 92 (1990/91), S. 145–312; 94 (1992/93), S. 187–316; 95 (1993/94), S. 265–361; 97 (1995), S. 149–297.

54 Mader, 1915, S. 365.

55 Baier, 1902, S. 49 f.

56 Ebd., S. 51, 53.

57 Wendehorst, 1988, S. 395–406.

58 Ullrich I, 1898, S. 36–72.

59 Engel/v. Freeden, 1952, S. 39; über die Ausstattung der Kirche ausführlich: Ullrich II, 1899, S. 113–127.

60 Benz, 2000, S. 93.

61 Ullrich I, 1898, S. 61; Benz, 2000, Register.

62 Ullrich II, 1899, S. 107 f.

63 Mischlewski, 1958.

64 Cod. Vat. Lat. 11136, Bl. 393.

65 Fleckenstein, 1939, S. 65; Ursulinenkloster, 1962, S. 6–17.

66 Wendehorst, 1978, S. 62.

67 Lageskizze: Seberich I, 1962, S. 194 f.

68 Kerler, 1899/I, S. 22.

69 Mader, 1915, S. 363; Bauer, 1971.

70 Denzinger, 1854; Büchner, 1954, S. 120–122. Das Klosterarchiv gelangte an den Verwaltungsausschuss der Universität und verbrannte beim Luftangriff auf Würzburg am 16. März 1945. Regesten eines großen Teiles der Urkunden: DAW, S 5.

71 Wegele II, 1882, S. 65–67, Nr. 36; Duhr I, 1907, S. 382 f.

72 Wilms, 1928, S. 35 f.

73 Ebd., S. 66; Wendehorst, 1978, S. 213.

74 Kordel II, 1990, S. 377.

75 Mader, 1915, S. 364.

76 Stengele, 1899; Mader, 1915, S. 363–365 m. Fig. 292 (Ansicht von Kirche und Kloster 1803); Amrhein, 1934.

77 Walz, 1949, S. 694.

78 Ders., 1927, S. 46.

79 Schmid, 1988, S. 286.

80 Fischer, 1919, S. 3–5.

81 Wendehorst, 1976, S. 214–221.

82 Ebd., S. 212–233; Weiss, 1980.

83 Wegele II, 1882, S. 227, Nr. 91.

84 Hoh, 1950, S. 123.

85 Wendehorst, 1989, S. 359 f.

86 Ders., 2001, S. 120–122.

87 Bünz I, 1998, S. 75 f.

88 Seberich, 1937, Nr. 18, 19.

89 Mader, 1915, S. 200.

90 Kerler, 1899/I, S. 48 f., 51 f.; Mader, 1915, S. 196 f.

91 Schemmel, 1968, S. 101 f.

92 Mader, 1915, S. 326–328, 333 f.

93 Walther, 1999, S. 291.

94 Duhr I, 1907, S. 489; Schmidlin, 1939, bes. S. 25 f.; Rublack, 1978/I, S. 50–75, 199–202; Wendehorst, 1989, S. 64 f.

95 Weiß, 2000, S. 206–212.

96 Wegele II, 1882, S. 55–59, Nr. 32; Duhr I, 1907, S. 121–123; Wendehorst, 1978, S. 150–153; ergänzend Weigand, 1975, und ders., 1991. Überblicke über die Geschichte des Kollegs: Sommervogel 8, 1898, Sp. 1257–1303, (Collège de Wurzbourg); Koch, 1934, Sp. 1863, (Würzburg).

97 Duhr I, 1907, S. 124 f.

98 Sommervogel 8, 1898, Sp. 1300–1303; Duhr I, 1907 S. 362–364; II/1, 1913, S. 163; II/2, 1913, S. 12, 22 f., 101; Koch, 1934, Sp. 1864.

99 Sommervogel 7, 1896, Sp. 1137, Nr. 17.

100 Duhr I, 1907, S. 460; II/1, 1913, S. 163; IV/1, 1928, S. 187–190; IV/2, 1928, S. 212.

101 Duhr, II/1, 1913, S. 162; Kerler, 1899/I, S. 16, 35 f. (Weihedatum 14. November).

102 Mader, 1915, S. 276.

103 Freudenberger, Die Annales Collegii Herbipolensis Societatis Iesu [setzen 1568 ein und brechen 1593 ab], 1981/I. – UBW, M. ch. q. 182: Historia Collegii Wirceburgensis S. J. tom. 2 (1742–1772), Bl. 2–132. Engel/v. Freeden, 1952, S. 20–23.

104 Zahlen aus dem 17. und 18. Jh.: Duhr II/1, 1913, S. 162; III, 1921, S. 98 f.; IV/1, 1928, S. 191.

105 Merkle, 1922, Nr. 3490.

106 Sommervogel 3, 1892, Sp. 1148–1150; 9, 1900, Sp. 392 f.; Meyer, 1981; ders., 1986.

107 Katalog von 1696: Cod. Vat. Lat. 10040.

108 Thurn V, 1994, S. 43–106.

109 Sommervogel 7, 1896, Sp. 1134–1145; Wendehorst, 1978, S. 227; LThK³ 9, 2000, Sp. 479 (Friedhelm Jürgensmeier); Benz, 2000, S. 28.

110 LThK³ 10, 2001, Sp. 19 (Constantin Becker).

111 LThK³ 2, 1994, Sp. 113 (Paul Begheyn).

112 LThK³ 4, 1995, Sp. 1142 (Karl Josef Lesch).

113 LThK³ 9, 2000, Sp. 6 (Guido de Baere).

114 LThK³ 6, 1997, Sp. 85 (Charles H. Lohr).

115 Wendehorst, 1978, S. 228.

116 Ders., 1980, S. 181.

117 Duhr I, 1907, S. 840.

118 Braun II, 1897, S. 98–139; Weigand, 1975, S. 407–410; Überblick: Hillenbrand/Weigand, 1989.

119 Braun II, 1897, S. 141–152; Weigand, 1982, S. 147–163.

120 Braun II, 1897, S. 252–266; Pompey, 1975, bes. S. 32–40.

121 Vollständigster Überblick trotz Korrekturbedürftigkeit in Einzelheiten immer noch bei Scharold, 1842–1845.

122 Ullrich I, 1898, S. 70 f.

123 Scharold I, 1842, S. 28, 32 f.; Eubel, 1884, S. 16 f., Nr. 30.

124 Duhr II/1, 1913, S. 162, 406 f.

125 Baier, 1902, S. 102 f.; Einzelheiten: Kurzhals, 1974, S. 21 f.

126 Scharold I, 1842, S. 53, 97.

127 Wendehorst, 2001, S. 58–61.

128 Scharold III, 1844, S. 79–82.

129 Weber, 1979, S. 74–92.

130 Scharold IV, 1845, S. 20–29; Wendehorst, 1989, S. 70 f.

131 Scharold III, 1844, S. 80–82; IV, 1845, S. 29–33, 39–45; Duhr II/1, 1913, S. 163 f.

132 Weber, 1979, S. 156–166; Pleiss, 1999, S. 97 f.

133 Seberich II, 1963, S. 15, 19; Dilworth, 1974, S. 68.

134 Mader, 1915, S. 199 f.; Seberich, 1937, Nr. 18, 19; ders. II, 1963, S. 66.

135 Seberich II, 1963, S. 32 f.; Bauer, 1971, S. 153–156.

136 Seberich II, 1963, S. 11–16; Wendehorst, 2001, S. 63–66.

137 Lexicon Capuccinum, 1951, Sp. 1847 f.; Kerler, 1899/I, S. 56, 59, 61, 65; Mader, 1915, S. 365.

138 Brückner/Schneider, 1996, S. 251–255.

139 (Sulzbacher) Kalender für katholische Christen 1873, S. 98–105; Mader, 1915, S. 233–244.

140 Jestaedt/Foersch, 1999.

141 Kurzhals, 1974, S. 5–8.

142 Ebd., S. 3, 8–12, 15–21.

143 Weitere Einzelheiten: ebd., S. 53; Deckert, 1990, S. 25–29.

144 Kurzhals, 1974, S. 54–56.

145 Wirsing, 1971, weist auf eine zweite Nachbildung des Prager Jesuleins hin, die sich seit 1755 bei den Ursulinen befand; allgemein: Taddaeus Ballsieper, Das gnadenreiche Prager Jesulein, 22. Aufl. Fürth 1970.

146 Mader, 1915, S. 246; das eindrucksvolle Motiv ist wohl in Spanien beheimatet.

147 Baier, 1902, S. 29 f., 93–134; Kurzhals, 1974, S. 26, 32, 36, 46 f.

148 Mader, 1915, S. 244–249; Kurzhals, 1974, S. 25–30, hat als erster auf »die frappierende Ähnlichkeit zwischen der Würzburger Fassade und denen der beiden römischen Karmelitenkirchen S. Maria della Scala und S. Maria della Vittoria« hingewiesen.

149 Muth, 1968, Bl. 4 v.

150 Kurzhals, 1974, S. 21 f., 57.

151 Einzelheiten: ebd., S. 61; Textprobe: Georg Lohmeier, Bayerische Barockprediger, München 1961, S. 65–83.

152 Sommervogel 4, 1893, Sp. 437–441, 1038–1041; 5, 1894, Sp. 1435–1437, 1638–1641; Duhr IV/2, 1928, S. 65–71; Dictionnaire de Théologie Catholique 15/II, 1950, Sp. 3556–3561 (H. Rondet); Koch, 1934, Sp. 1855; LThK³ 9, 2000, Sp. 1435 (Karl Josef Lesch). – Bönicke II, 1788, S. 172: »Von vielen unbrauchbaren Speculationen waren diese Traktäte gereinigt, und behaupteten ihre Brauchbarkeit bey öffentlichen Disputationen. Ob aber der über die [...] Traktäte geführten Kritik in diesen sey genug gethan worden, wollen mehrere in Zweifel ziehen.«

153 Bönicke II, 1788, S. 71–87; NDB 10, 1974, S. 113–115 (Ludwig Hammermayer).

154 Gercken II, 1784, S. 350; Bönicke II, 1788, S. 62–70; Dictionnaire du droit canonique II, 1937, Sp. 206 f. (Leo Just); Kraus, 1983.

155 Bönicke II, 1788, S. 190 f.; Schwab, 1872, S. 23; Braun II, 1897, S. 250 f.; Wegele I, 1882, S. 454–457.

156 Braun II, 1897, S. 252–266.

157 Bönicke II, 1788, S. 195–199; ADB 29, 1889, S. 258 f.

158 Zuerst in fünf Bänden in Ulm 1778–1785 erschienen.

159 Bönicke II, 1788, S. 208–216, 224 f.; Wegele I, 1882, S. 452–457; Pompey, 1975, S. 4–10, 13–15; Seuffert, 1991.

160 DBE 1, 1995, S. 630.

161 Bönicke II, 1788, S. 218–223, 274 f.; Schwab, 1872, S. 235–251; Braun II, 1897, S. 300–302, 307 f.; Stölzle, 1919; Volk, 1966; Lesch, 1975; LThK³ 7, 1998, Sp. 960 (Ders.).

162 Stelzenberger, 1932, S. 269–278; Pompey, 1975, S. 3–13.

163 Bönicke II, 1788, S. 200–203; Schwab, 1872, S. 28 f., 88 f.; Wendehorst, 1989, S. 654.

164 Braun II, 1897, S. 268–279; Wendehorst, 1989, S. 657–659; DBE 7, 1998, S. 493.

165 Schwab, 1872; Braun II, 1897, S. 302–304; Wendehorst, 1989, S. 660–662.

166 Wendehorst, 1989, S. 76 f.

167 Ebd., S. 367.

168 Ludwig, 1904/06; Wendehorst, 1989, S. 646–666.

169 Wendehorst, 2001, S. 67 f.

170 Schwab, 1872, S. 453; Kurzhals, 1974, S. 37–41.

171 Schwab, 1872, S. 223 f., 375–377; ADB 28, 1889, S. 312 f. (Carl Prantl); Braun II, 1897, S. 304 f.; Motsch, 1932; DBE 8, 1998, S. 258.

Seelsorge und Frömmigkeit im frühneuzeitlichen Würzburg (1525–1814)

1 Synodicon Herbipolense, 1855, S. 311–321.

2 Wittstadt, 1998, S. 24.

3 Sehi, 1981, S. 418.

4 Rublack, 1978/II, S. 112 f.

5 Amrhein, 1923, S. 168 f.

6 Ebd., S. 169 f.

7 Rublack, 1978/II, S. 113 f.

8 Amrhein, 1923, S. 170.

9 Ebd., S. 174.

10 Scherzer, 1985, S. 101 f.

11 Ebd.

12 Ebd., S. 102.

13 Amrhein, 1923, S. 175.

14 Sehi, 1981, S. 413 f.

15 Schubert, 1971, S. 76.

16 Götz, 1986, S. 51, 62.

17 Rublack, 1978/II, S. 114. StadtAW, Rp 14, fol. 25 v–26 r.

18 Rublack, 1978/II, S. 115.

19 Ebd.

20 Ebd.

21 Ebd., S. 115 f.

22 Scherzer, 1985, S. 102 f.

23 Ebd., S. 103.

24 Wittstadt, 1989, S. 25–50.

25 Specker, 1965, S. 84 f.

26 Ebd., S. 86.

27 StAW, Geistliche Sachen 2359, fol. 26–28.

28 Specker, 1965, S. 97.

29 Scherzer, 1985, S. 103 f.

30 Ebd., S. 105.

31 Freudenberger, 1954, S. 35.

32 Ebd., S. 49.

33 StadtAW, Rp 7, fol. 131 r.

34 StadtAW, Rp 6, fol. 64 r, 65 r, 95 r.

35 StadtAW, Rp 7, fol. 198 v.

36 Ebd., fol. 208 v–210 r; Freudenberger, 1954, S. 71.

37 Freudenberger, 1954, S. 72 ff.

38 Ebd., S. 77.

39 StadtAW, Rp 7, fol. 191 r.

40 Freudenberger, 1954, S. 81.

41 Ebd., S. 108.

42 Ziegler, 1992.

43 Freudenberger, 1975.

44 Ebd., S. 655.

45 StAW, WDKP 14, fol. 198 v–199 r.

46 Freudenberger, 1975, S. 655. StAW, WDKP 14, fol. 198 r–199 r. – Es ist wahrscheinlich, dass sogar Hunde in den Dom mitgenommen wurden.

47 Metzger, 1982, S. 2.

48 Ebd., S. 19.

49 Wagner, 1967, S. 19.

50 Schiedermair, 1999, S. 51.

51 Arneth, 1958, S. 291.

52 Domarus, 1951, S. 65 f.

53 Ebd., S. 99 f.
54 Höflich, 1684, S. 13.
55 Ders., 1685, S. 16.
56 Ders., Centuria funebris …, 1686.
57 Domarus, 1951, S. 137–140.
58 Gropp IV, 1750, S. 447.
59 Domarus, 1951, S. 189.
60 v. Freeden, 1961, S. 57.
61 S. auch oben S. 337.
62 Vgl. zu den Ausführungen Wittstadt/Weiß, 2000, S. 5–13.
63 Dünninger, 1995, S. 489.
64 Weiglein, 1939, S. 3.
65 Ebd.
66 Goy, 1969, S. 57.
67 Ebd., S. 121.
68 Weiglein, 1939, S. 20.
69 Ebd., S. 21.
70 1793, Nr. 19 (8. Mai), S. 293.
71 Bd. 2, H. 2, 1790, S. 256 ff.
72 Bd. 3, H. 2, 1791, S. 232–244; Zitate S. 232, 234 f.
73 Oberthür, 1798/II, S. 133.
74 Berg, 1786, S. 5, 7.
75 Trauerrede, 1796, S. 55 ff.
76 Zehen Festpredigten, 1794, S. 20.
77 Ebd., S. 68.
78 Baur, 1799, S. 366.
79 Vgl. Oberthür, 1799, S. 66 ff.
80 Weiglein, 1939, S. 98 f.
81 Würzburger gelehrte Anzeigen, 1795, 10. Jg., 4. Vierteljahr, Nr. 11 v. 16. Dez., S. 221.
82 Würzburger wöchentliche Anzeigen, 1798, Nr. 29, Sp. 225–239, hier 232, 236.
83 Weiglein, 1939, S. 157.
84 Ebd. Vgl. Guth, 1997, S. 197.
85 Archiv für Kirchen- und Schulwesen, 1804, Bd. I, S. 451 ff.
86 Weiglein, 1939, S. 187.
87 Scharold, 1805, S. 96 f.
88 Autobiographie des Staatsrats … von Wagner, 1905, S. 55.
89 Oberthür, 1828/I, S. 97.
90 Weiglein, 1939, S. 309.
91 Ebd., S. 316.
92 Goy, 1969, S. 215.

»Theologia Wirceburgensis«

1 Lesch, 1978, S. 121.
2 Scheeben I, 1948, S. 484.
3 UBW, M. ch. f. 660/3, fol. 46–78, hier 60 v.
4 Oberthür, 1828/II, Bd. I, S. 42.
5 Lesch, 1978, S. 154.

Bildungswesen und Geistesleben (ca. 1525–1814)

1 Rublack, 1977, S. 123.
2 Ebd., S. 126 u. 129. Für das 18. Jh. entsprechend Schott, 1995/I, Schlussbetrachtung, bes. S. 657.
3 Römmelt, 1999.
4 Neuerdings ders., 2000.
5 Jetzt Heiler, 2001.

6 Rublack, 1978/II; auch ders., 1978/I.

7 Neben Rublack auch Schubert, 1971.

8 Einzelhinweise bei Braun I, 1889, S. 29 ff., 33 ff.; ferner bei Liedtke I, 1991, S. 199 ff., 204 f. – Eine breitere, in der Literatur aber teils schon ausgewertete archivalische Überlieferung setzt erst für das 18. Jh. ein; sie konnte für diesen Beitrag nicht herangezogen werden.

9 Dazu Götz, 1986, S. 135 Anm. 393; Liedtke I, 1991, S. 212 ff.

10 Zugleich für das Folgende Baumgart, 1995/II, hier S. 251.

11 Keine moderne Biografie, aber Giesecke, 1978; dazu Krenig, 1961.

12 Vgl. Baumgart, 1995/II, S. 253 f., dazu Stiftungsbrief des Bischofs bei Wegele, 1882, II, Nr. 32, auch Nr. 36.

13 Bestätigung v. 6. Feb. 1568 bei Wegele, 1882, II, Nr. 35.

14 Vgl. Hengst, 1981, S. 59 ff. u. ö.

15 Zum Faktischen Wendehorst, 1978, S. 162–238; ferner v. Pölnitz, 1934, aber Schubert, 1969.

16 v. Pölnitz, 1934, S. 201 f.; dazu Baumgart, 2001, S. 584.

17 Baumgart, 1982/I, S. 13 f.; auch Hengst, 1981, S. 130.

18 Baumgart, 1982/I, S. 14.

19 Ders., 1974, S. 320 f.

20 Abdruck des Privilegs bei Wegele, 1882, II, Nr. 43; zur korrekten Datierung aber Frenz, 1982, S. 31 ff.

21 Dazu Baumgart, 1982/I, S. 16 f.

22 S. unten, S. 358.

23 Zur Interpretation Baumgart, 1982/I, S. 16 ff.; das Privileg bei Wegele, 1882, II, Nr. 45.

24 Ebd., S. 18 f.

25 Fundationsbrief bei Wegele, 1882, II, Nr. 76 u. Nr. 78; dazu Weigand, 1991.

26 Knapp Baumgart, 1982/I, S. 20 f.; ausführlicher Schubert, 1973/II: »akkumulierte Stiftungsuniversität« (S. 17).

27 Baumgart, 1982/I, S. 21.

28 Ebd., S. 21 ff.; jetzt auch zusammenfassend Süß, 2002, S. 26 ff.

29 Vgl. Rückbrod, 1977, bes. S. 133 ff.; zur Universitätskirche noch Helm, 1976.

30 Ausführlich bei Wegele, 1882, I, S. 196 ff.; auch Baumgart, 1982/I, S. 23 ff.

31 Ebd., S. 229 f. u. S. 25. – Der Rektor sollte laut Statuten zölibatär leben.

32 Vgl. jetzt Baumgart, 2001, S. 585 f.; für das Faktische Wendehorst, 1978, S. 196 ff. u. 199; auch Schubert, 1971.

33 Wendehorst, 1978, S. 216 f.; dazu Specker, 1965, S. 85 ff.

34 Wendehorst, 1976, S. 183 ff. u. 185 ff.; Studenten seit 1620 nachgewiesen.

35 Überliefert nur der bei Wegele, 1882, II, Nr. 70, abgedruckte Entwurf; Urkunde vom Februar 1588.

36 Abdruck der theologischen und medizinischen Fakultätsstatuten bei Wegele, 1882, II, Nr. 71 u. 72; philosophische Statuten erst bei Kerler, 1898; vgl. Wegele, 1882, I, S. 232 ff.

37 Für das 18. Jh. Schubert, 1999, bes. S. 86. – Der Studenteneid nach Titel IV kannte keine Verpflichtung auf das Tridentinum!

38 Dazu unten, S. 179, 183; Einzelmandat des Rektors von 1597: Verbot des Betretens und Beschädigens der Weinberge bei Wegele, 1882, II, Nr. 86; aber Schubert 1982, S. 17 ff.

39 Zum Problem Götz, 1986, S. 54 f., für das 18. Jh. Schott, 1995/I, S. 99.

40 Eulenburg, 1904, bleibt trotz Korrekturen unentbehrlich, Tabellen S. 101 u. 103 (Inskriptionen, Frequenzen), dazu S. 93 ff.; demgegenüber weit überhöhte Zahlen bei Wegele, 1882, I, S. 303 f. sowie in der landesgeschichtlichen Literatur.

41 Nach Eulenburg, 1904, unter Auswertung der (ihm noch nicht vorliegenden) Würzburger Matrikel. Vgl. Baumgart, 1969, S. 6 ff.: Jahresdurchschnitt für Helmstedt parallel bei 307, 355, 385 Studenten.

42 Exakte Zahlen sind nicht überliefert.

43 Propädeutischer Charakter der Artistenfakultät und der Verbindung mit dem Gymnasium: Baumgart, 1995/II, S. 265 f.

44 Ebd., S. 269; genauer Specker, 1965, S. 80 f.

45 Statuten, Titel V, bei Wegele, 1882, II, Nr. 70.

46 Merkle, 1922 (zahlreiche Lesefehler!); eine systematische Auswertung bleibt Desiderat. – Zu den Immatrikulierten zählten aber zahlreiche Nichtstudenten.

47 Nur Einzelfälle bei Wegele, 1882, I, S. 306 ff., 324 ff.; zur Problematik vgl. Baumgart, 1969, bes. S. 27 ff.; allgemein: Schulze/Ssymank, 1932.

48 Einrichtung 1586, dazu Beglaubigungsurkunde des Jesuitengenerals Oliva von 1665, in: Wegele, 1882, II, Nr. 113.

49 Vom 2. Januar 1589, bei Wegele, 1882, II, Nr. 77.

50 Wegele, 1882, I, S. 312.

51 Vgl. Handwerker, 1932, S. 102.

52 Merzbacher, 1970/I, S. 45 ff.: »Höhepunkt« mit ca. 900 Hinrichtungen.

53 Merkle, 1922, Nr. 2219 (*studiosus societatis Jesu*); dazu Römmelt, 1999, S. 649 f.: Spees »Cautio Criminalis« entstand schwerlich aufgrund seiner »Hexenerlebnisse« in Würzburg.

54 Merkle, 1922, Nr. 3736 (Schwegler); dazu Wegele, 1882, I, S. 319 Anm.: *Duo studiosi iuris […] hoc nefando scelere infecti combusti fuerunt.*

55 Wegele, 1882, II, Nr. 102: Domkapitelsprotokoll v. 19. Feb. 1630, s. Anm. 44.

56 Vgl. Reindl, 1966, S. 7 ff.; auch Wittstadt, 1984.

57 Deinert, 1966; Weber, 1979 (Hatzfeld); dazu der Bericht Kirchers in seiner Autobiografie über die Flucht aus Würzburg.

58 Vgl. neben Wegele, 1882, I, S. 335 ff., knapp Deinert, 1966, S. 128 ff.; breit u. unkritisch Braun II, 1897, S. 1 ff. – Neue Untersuchung erforderlich.

59 Noch immer Henke, 1853, I, bes. S. 474 ff.

60 Merkle, 1922, S. 175 ff.; zum Turm der Universitätskirche Reindl, 1966, S. 10 f.; Helm, 1976, S. 63 f.: Stützmaßnahmen 1627–1631.

61 Schubert, 1973/II, S. 78 ff.; dazu Weber, 1979, S. 469 f.

62 Knappe Würdigung durch Meyer, 1973.

63 Braun, II, 1897, S. 90 ff.; ferner Wegele, 1882, I, S. 359 f., 382 f.

64 Bei Wegele, 1882, I, S. 386 ff.

65 Ebd., S. 393.

66 Wendehorst, 1976, S. 72 f.; zu Beringer zuletzt Mempel, 1996.

67 Helm, 1976, S. 74 ff.: 2. Umbauphase 1696–1703.

68 Wendehorst, 1976, S. 77 f.; auch Sticker, 1932, S. 478 f.

69 Wegele, 1882, II, Nr. 122, dazu die Vorgängerstatuten von 1610, ebd., Nr. 94.

70 Antrag ebd., Nr. 108.

71 Ebd., Nr. 114; Einzelfälle bei Wegele, 1882, I, S. 374 ff.

72 Ebd., S. 399 ff.; vgl. Scherf, 1930.

73 Ernennungsurkunde Seyfrieds vom 14. Sept. 1720 bei Wegele, 1882, II, Nr. 131; vgl. Scherer, 1927, S. 293 ff., zu Eckart S. 146, 294.

74 Keine umfassende wissenschaftliche Biografie, aber Hantsch, 1929; Universitätsreform: Güß 1996, S. 60 ff.

75 Abdruck bei Wegele, 1882, II, Nr. 136 u. Nr. 146, dazu Ndr. der Fassung von 1743.

76 Vgl. Wegele, 1882, I, S. 433 f. Das gleichzeitige Verbot des Diktierens in den Jesuitenfakultäten wurde alsbald unterlaufen.

77 Zur Interpretation vgl. knapp O. Meyer im Nachwort zur Studienordnung von 1743; auch Hammerstein, 1977, S. 41 ff.

78 Ebd., S. 33 ff., bes. 46 ff. Kritik Ickstatts an der bisherigen juristischen Unterweisung in Würzburg.

79 Zu Barthel Merzbacher, 1977/II.

80 Benennung der Visitatoren bei Wegele, 1882, II, Nr. 143 (S. 392).

81 Vgl. Hammerstein, 1977, S. 45 f.

82 Wegele, 1882, I, S. 435 ff.; u. Merzbacher, 1970/I, S. 49 ff.; positiver Güß, 1996, S. 86 ff.

83 Wegele, 1882, II, Nr. 152.

84 Braun II, 1897, S. 292 ff.: *Musterseminar der Aufklärerei* (!), auch S. 221 ff.; dazu Schindling, 1982, S. 88.

85 Keine moderne Biografie, aber Ssymank, 1939, u. Baumgärtel-Fleischmann, 1995; ferner Flurschütz, 1965.

86 Vgl. Merkle, 1965; generell etwa Möller, 1986.

87 Ssymank, 1939, S. 107 ff.; dazu Küffner, 1888, S. 7 ff.

88 Küffner, 1888, S. 21 ff.; knapp jetzt Körner, 1998, S. 439 f. u. ö. – Zahlenangaben unterschiedlich!

89 Baumgart, 1996, S. 115 ff.; ferner Küffner, 1888, S. 64 ff.; Lesch, 1978, S. 140 ff.

90 Küffner, 1888, S. 67 ff.

91 Ebd., S. 51 ff., 56 ff.; zu den schlesisch-preußischen Vorbildern jetzt auch Baumgart, 1990; ferner Körner, 1996.

92 Ndr. 1981, zur Ordnung auch Küffner, 1888, S. 99 ff.

93 Körner, 1998, S. 448 f.

94 Ebd., S. 445 ff.

95 Ebd., S. 441 f.

96 Vgl. Schindling, 1982, S. 89; ferner Ganzer, 1996, S. 31 f.

97 Ebd., S. 91; ferner Baumgart, 1996, S. 116.

98 Ausführlich Lesch, 1978, S. 144 ff.; Körner, 1996, S. 49 f.

99 Lesch, 1978, S. 162 ff.

100 Körner, 1998, S. 457 f., 460.

101 Baumgart, 1995/I, bes. S. 19; dort die kontroverse Dalbergliteratur.

102 Ebd., S. 19 f.; dazu Flurschütz, 1965, S. 204; auch Liedtke I, 1991, S. 675.

103 Dazu der Sammelband Oberthür (Volk, 1966) mit umfangreichem Literaturverzeichnis; Baumgart, 1995/I, S. 16 f., für das Folgende; aber Weiß, 1993, S. 24 ff.: Aufwertung!

104 Baumgart, 1995/I, S. 20; dazu Wegele, 1882, II, Nr. 169: Verordnung v. 3. Okt. 1794; 1791 gab es allein 356 bedürftige Gymnasiasten in Würzburg.

105 Wegele, 1882, II, Nr. 163 u. I, S. 463 f.

106 Ders., 1882, I, S. 468.

107 Ebd., S. 482 ff.; Baumgart, 1995/I, S. 21 f.; ausführliche Beschreibung der Feierlichkeiten bei Bönicke, 1782, Teil 2, S. 278 ff.

108 Wegele, 1882, II, Nr. 162: Bericht Dalbergs als Rektor v. 2. Juli 1785.

109 Ebd., Nr. 173: Übereignung der Güter des aufgehobenen Jesuitenkollegs durch Verfügung v. 22. Feb. 1802.

110 Zum nicht durchweg spannungsfreien Verhältnis der beiden Prälaten vgl. Schindling, 1982, S. 101 f.; und Baumgart, 1995/I, S. 19 u. 22; demgegenüber Flurschütz, 1965, S. 224.

111 Zusammenfassend Schindling, 1982, S. 103 ff., auch Sticker, 1932, S. 510 ff.

112 Ausführlich Körner, 1967, bes. S. 17–97 (Carl Caspar): »Academia Sieboldiana« als Spott- und Ehrenname bei Sticker, 1932, S. 520.

113 Eulenburg, 1904, S. 153; vgl. die dortige Tabelle V (S. 162 ff.); aber Anm. 134.

114 Wegele, 1882, II, Nr. 159; vgl. Baumgart, 1995/I, S. 22.

115 Vgl. Motsch, 1932.

116 Dazu Schwab, 1869, S. 374 ff.; auch Schindling, 1982, S. 114 ff.

117 Schindling, 1982, S. 112 f.; ferner Ganzer, 1996, S. 32 ff.

118 Vgl. etwa Weiß, 1993, S. 42 ff.: »keine grundsätzliche Wende«; aber Schindling, 1982, S. 119 f.

119 Weiß, 1985.

120 Vgl. Weiß, 1993, S. 111 ff.; auch Brandt, 1998.

121 Wegele, 1882, II, Nr. 174, dazu die Huldigungsadresse an den neuen Landesherrn v. 6. Dez. 1802, ebd., Nr. 175.

122 Thürheim als Kurator bei Engelhorn, 1987, S. 12 ff., 19 ff. u. ö.; dazu Weiß, 1993, S. 157 ff. – Vorher amtierten kurzzeitig Frhr. v. Hompesch u. Frhr. v. Asbeck.

123 Wegele, 1882, II, Nr. 177.

124 Vgl. Steinel, 1895; Haupt, 1986.

125 So das Würzburger Gymnasium nach dem Wismeyr-Lehrplan ab dem Schuljahr 1804/05 mit Fachlehrerprinzip, dazu Haupt, 1986, S. 94 ff.

126 Dettelbacher bei Liedtke I, 1991, S. 674; dazu II, 1993, S. 221.

127 Wegele, 1882, II, Nr. 181; Entschließung v. 5. Okt. 1803, ebd., Nr. 179 u. Nr. 180.

128 Vgl. Engelhorn, 1987, S. 12 f., auch 25 ff.; dazu Hertling, 1925, S. 30 ff.

129 Wegele, 1882, II, Nr. 181: Studienwesen, erste Sektion.

130 Vollständige Aufhebung im April 1805, vgl. Engelhorn, 1987, S. 59 f.

131 Ebd., S. 19.

132 Vgl. neben Engelhorn, 1987, S. 21 ff. detailliert zu den Berufungen Hertling, 1925, S. 45 ff.; daneben generell Boehm, 1975, S. 999 ff.

133 Engelhorn, 1987, S. 19 f.

134 Ebd., S. 104, auch Brandt, 1998, S. 496; Eulenburg, 1904, S. 165 berechnet für 1801–1805 im fünfjährigen Durchschnitt 448, vgl. demgegenüber die Zahlen der Matrikel! Eulenburgs Inskriptionsliste (S. 299) ist danach zu korrigieren.

135 Vgl. Chroust, 1913; daneben Bilz, 1968.

136 Bilz, 1968, S. 139 ff.; Zitat S. 162; zu Zirkel vgl. Anm. 119.

137 So der Staatsrat und Kurator Christian J. B. Wagner, Autobiografie, S. 118; dazu Bilz, 1968, S. 149 f.

138 Meyer, 1966, S. 6 ff.; Lindig, 1966, S. 73 ff.

139 Engelhorn, 1987, S. 99 (August 1806).

140 Ebd., S. 103 u. 105 f.

141 Ebd., S. 93 ff. mit Zahlenangaben; Pensionierungen S. 107 ff.

142 Wegele, 1882, II, Nr. 185.

143 Dekret an die Kuratel v. 7. Sept. 1809 bei Engelhorn, 1987, S. 107.

144 Ursachen des Niedergangs, ebd., S. 131 ff.; Professorengehälter S. 212 ff.

145 So Engelhorn, 1987, S. 139, vgl. aber Anm. 134.

146 Zit. ebd., S. 154.

Würzburger Studentenleben in der frühen Neuzeit (16.–18. Jahrhundert)

1 S. dazu den Beitrag von Baumgart im vorliegenden Band, S. 358 f.

2 Überwiegend nach Bechtold, 1940, S. 209–241.

3 Zu den Lügensteinen Franke, 1981, S. 11–13.

Würzburger Buch- und Bibliothekswesen

1 Der neueste Stand der Forschung in: Gutenberg, 2000. Darin Rautenberg, 2000, S. 239.

2 Druckprivileg v. 20. Sept. 1479 enthalten im Brevierdruck v. 1479 (»Ordo divinorum secundum Chorum Herbipolensem«; Gesamtkatalog der Wiegendrucke, Nr. 5356), fol. 38.

3 Zur Geschichte des Würzburger Buchdrucks allgemein: Welzenbach, 1857; Meyer, 1892; Schäfer, 1923/24; Halbig, 1968; Benzing, 1982; Paisey, 1988. Versucht man auf der Grundlage der in der Literatur gebotenen Daten eine exakte Chronologie der Würzburger Buchdrucker, stößt man auf zahlreiche Widersprüche. Die auch heute noch vorhandenen Quellen im Stadt- und im Staatsarchiv Würzburg sind bisher nur punktuell ausgewertet worden, ihre Auswertung würde den Rahmen dieser Darstellung bei weitem sprengen. Arbeiten einzelner Drucker lassen sich recherchieren im »Verzeichnis der im deutschen Sprachbereich erschienenen Drucke des 16. Jahrhunderts« (VD 16; gedruckt), in den Online-Katalogen »Verzeichnis der Drucke des 17. Jahrhunderts« (www.vd17.de) und dem Bayerischen Verbundkatalog (www.opac.bib-bvb.de) sowie im Dissertationenkatalog der UBW (Würzburger Hochschulschriften, 1992).

4 Przywecka-Samecka, 1978.

5 StAW, WU 16/157 v. 15. Dez. 1481.

6 StAW, ldf 19, S. 308 (28. Jan. 1518).

7 Schäfer, 1923/24, S. 53 ff. Zur Zensur allgemein: Eisenhardt, 1970.

8 Etwa bei Reyser: Endres, 1963.

9 So druckte Reysers unmittelbarer Nachfolger Martin Schubart in den Jahren 1502–1515 zehn Werke.

10 StadtAW, Rb 209, Nr. 2041; da dies nicht nur in Gegenwart der üblichen zwei Bürgen geschah, sondern, wie ausdrücklich vermerkt wurde, auch in Anwesenheit der Bürgermeister, maß man dem Ereignis offenbar größere Bedeutung bei.

11 Ratslisten im StadtAW; auch bei Götz, 1986.

12 Welzenbach, 1857, S. 192; Meyer, 1892, S. 10.

13 So die von Julius Echter erlassenen Statuten der Universität v. 15. Okt. 1587; Artikel 18 regelte die Stellung der Universitätsbuchdrucker und -händler (Wegele, 1882, II, Nr. 70); bestätigt u. a. noch 1748 durch Fürstbischof Anselm Franz (ebd., Nr. 150).

14 Er druckte u. a. einen Wappenkalender des Bernhard v. Sachsen-Weimar, vgl. Brod, 1952, S. 28. UBW, Reuss Materialien VIII, fol. 170v.

15 StAW, HV MS. f. 680: *Diener Soldt insgemein.*

16 Nachvollziehbar wird dies an Hand der Gebrechenamtsakten (StAW, WGebrA VII W 193) und der Gebrechenprotokolle (StAW) seit 1769.

17 StAW, WGebrA VII W 819, 1100 und 1425.

18 StAW, WGebrA VII W 1205.

19 Familie Stahel, 1890. StAW, Familienarchiv Stahel, Akten 2.
20 Lithographiae Wirceburgensis, ducentis lapidum figuratorum, a potiori insectiformium, prodigiosis imaginibus exornatae specimen primum, quod in dissertatione inaugurali physico-historica ... authoritate et consensu inclytae facultatis medicae ... praeside ... D. Joanne Bartholomaeo Adamo Beringer ... submittit ... Georgius Ludovicus Hueber ... , Würzburg 1726.
21 Zu Göbhardt: Walther, 1999.
22 StAW, WGebrA VII W 285.
23 StAW, Gebrechenprotokoll v. 28. Nov. 1782.
24 Brod, 1952; Trenschel, 1989; Kleinlauth, 1992.
25 Göbl, 1896; Stadtmüller, 1940.
26 Eisenhardt, 1970. Mitglieder sind im Hof- und Staatskalender verzeichnet, über die Aufgaben verlautete offiziell nichts; dazu: Aus Wirzburg, 1792.
27 StAW, Gebrechenprotokoll v. 19. Aug. 1768.
28 Aus Wirzburg, 1792; Beyträge, 1798; Stahel, 1803.
29 StadtAW, Rb 208 ff. StAW, Viertelbücher und Rössnerbücher 1606 ff.
30 StAW, Gebrechenprotokoll v. 26. Juli 1768. Laut Gebrechenprotokoll v. 20. Feb. 1769 war die Ordnung einzuführen, ob dies tatsächlich geschah, konnte noch nicht belegt werden.
31 StAW, WGebrA VII W 193.
32 StAW, Gebrechenprotokoll v. 21. April 1769. Anhand der Archivalien in StAW und StadtAW sind bisher 107 Buchbinder und 88 Buchdrucker namentlich fassbar.
33 StAW, HV MS. f.* 177.
34 Schott, 1953; Pabel, 1987.
35 Dies sind seit 1601 zehn Mitglieder der Familie Fesenmeyer, dann zwei Buchbinder Vierheilig (StAW, Viertelbücher und Rössnerbücher; StadtAW, Rb 217). Endres, 1961.
36 Enthalten in der Sammlung der ... Landesverordnungen, besonders ausführlich 1756.
37 Hase, 1967.
38 Heitjan, 1960.
39 Reuss, 1846, S. 55.
40 Catalogus, 1777.
41 Erhalten im StAW, Familienarchiv Stahel, Bde. 1 ff.
42 Koch, 1891.
43 Handwerker, 1932. Gönna, 1997.
44 Fechner, 1973. Bücher aus Würzburg findet man heute in Gotha, in Schweden, in Oxford.
45 Dressler, 1987.
46 Mälzer, 1988; Sprandel-Krafft, 1992.
47 Zumkeller, 1994; Fischer, 1928; Büchner, 1972.
48 StAW, Schulsachen 662 und 663.
49 Reuss, 1845.
50 Versteigerungskataloge in der UBW. Aufgelistet bei Buzas/Dressler, 1986.
51 Kleists Brief aus Würzburg v. 14. Sept. 1800.
52 StAW, Schulsachen 672.
53 Martino, 1990; Pröve, 1967; Göbl, 1893.

Wirtschaftsgeschichte Würzburgs 1525–1650

1 Der Beginn der wirtschaftlichen Stagnation bzw. des Niedergangs wird auf die Zeit zwischen 1620 und 1650 datiert, vgl. Kellenbenz, 1977, S. 3.
2 Mathis, 1992, S. 8.
3 Kellenbenz, 1977, S. 4 (Zeitraum 1520–1560).
4 Mathis, 1992, S. 12 f.
5 Dülmen, 1982, S. 29 ff., und Minchinton, 1979, S. 59; Durniok, 1958, S. 51 f., hingegen sieht hauptsächlich im Zufluss des spanischen Silbers den Grund für den Preisanstieg, der ein gesamteuropäisches Phänomen war.
6 Abel, 1971, S. 397.

7 Dülmen, 1982, S. 31; Abel, 1971, S. 399.

8 Durniok, 1958, S. 21.

9 Mathis, 1992, S. 28.

10 In Unterfranken waren sogar kleinbäuerliche Betriebe gezwungen, zur Deckung ihres Eigenbedarfes Getreide zuzukaufen, vgl. Mathis, 1992, S. 18.

11 Abel, 1971, S. 406.

12 Mathis, 1992, S. 20.

13 Dülmen, 1982, S. 38.

14 Zum Geleit zu den Frankfurter Messen vgl. Schäfer, 1972, S. 309–314; zum Geleitsrecht in Würzburg vgl. Weig, 1970.

15 Zu den Warenströmen Durniok, 1958, S. 102.

16 Jäger, 1973, S. 32.

17 Schenk, 1992, S. 510 f.

18 StadtAW, R 8251 bis R 8360. Dem Folgenden liegen diese Wasserzollrechnungen von 1553 bis 1650/51 zu Grunde.

19 Götz, 1986, S. 200 f.

20 Hoffmann, 1940, S. 121. Dort auch weitere Informationen zu den auf dem Main transportierten Gütern.

21 StadtAW, Rb 259, fol. 112 r–113 v, Kleine Ordnung des Oberrats über Holz von 1602.

22 Ebd., fol. 150 r–151 r, Satz der Unterkäufer am Holz 1521, 1589 erneuert.

23 Ebd., fol. 115 r–116 r, Ordnung der *Pfeel*-Austräger am Main von 1605.

24 Ein Würzburger Kornmalter fasste etwa 173 l; 173,3 l laut Götz, 1986, S. 6, bzw. 172,81 l laut Elsas I, 1936, S. 157.

25 StadtAW, R 8330 (1632/33) und R 8331 (1633/34).

26 StadtAW, R 8263 (1565). Allerdings sind nur bei den wenigsten Schiffern die Ziel- oder Herkunftsorte genannt, sodass dieser Liste eine willkürliche Auswahl der Herkunftsorte zu Grunde liegt.

27 Schenk, 1992, S. 511.

28 StadtAW, R 8263. So wurde auf der Fähre von Karlstadt ¹/₂ Fuder Wein (etwa 450 l) transportiert und verzollt oder brachte eine Fähre aus Kitzingen 15 Scheiben Salz.

29 Götz, 1986, S. 26.

30 Ebd., S. 169.

31 Hoffmann, 1955, S. 10.

32 Zur Quellenkritik und zu methodischen Problemen, insbesondere der Umrechnung der Geldangaben in Gramm Silber vgl. die in Vorbereitung befindliche Dissertation von Sporn.

33 StadtAW, Rb 259, fol. 69 r–72 v, Belohnung der *Werckleuth* 1577.

34 Silbermünze; 168 Pfennige hatten rechnerisch den Wert eines Guldens.

35 Elsas I, 1936, S. 737–753.

36 Ebd., S. 626–648.

37 StadtAW, Rb 259, fol. 136 vff., Der Schneider Satz 1574–1594.

38 Ebd., fol. 125 r, Verneuerte Schneidersatzung 1614. Man darf wohl davon ausgehen, dass die Angestellten nicht nur den Geldlohn erhielten, sondern im Haus des Meisters auch noch verköstigt wurden.

39 Lohntabellen für verschiedene Arbeiter bei Elsas I, 1936, S. 727–753, hier S. 741. Die Löhne für Arbeiter im Steinbruch stiegen am wenigsten, von 1527 bis 1572 um etwa 46 Prozent; Weizenpreise stiegen 1526–1572 um ca. 366 Prozent, Haferpreise im gleichen Zeitraum um ca. 286 Prozent. Der stärkste Preisanstieg war hauptsächlich als Nahrung genutzten Roggen zeigt die verstärkte Hinwendung zum Roggen bei angespannter häuslicher Finanzlage.

40 Eine Gliederung der Berufe nach Vermögen bei Götz, 1986, S. 140 f.

41 Sprandel, 2001, in Bd. I der Stadtgeschichte; Hoffmann, 1940, S. 85 ff.; Schich, 1977, S. 54 f. und 82–85: Auch auf den Domtreppen wurden Waren verkauft; die Fleischbänke und der Kornbaum (Maß für den Getreidehandel) befanden sich in der Karmelitenstraße, das Brothaus befand sich an der Ecke neuer Marktplatz und Rückermaingasse.

42 StadtAW, Rb 259, fol. 47 r–48 v, Marktordnung, renoviert und angeschlagen den 25. Oktober 1574.

43 Ebd., fol. 152 r–153 r, Satz und Ordnung der Würz-Händler von 1551.

44 Elsas I, 1936, S. 497–502.

45 StadtAW, Rb 258, fol. 186 r, Mandat der Juden halben anno 1542.

46 Hoffmann, 1940, S. 79; dort auch weitere Informationen zum Handel in der Waage, S. 78–83.

47 StadtAW, Rb 259, fol. 36–44, Waagordnung v. 21. März 1569.

48 So schon in der Waagordnung Rudolf von Scherenbergs von 1488, vgl. Hoffmann, 1940, S. 80.

49 StadtAW, Rb 259, fol. 38 v.

50 Ebd., fol. 146 v, Satz über Unterkauf des Leders, undatiert.

51 Ebd., fol. 166 vf., Schuster Klage *zadel* [wegen Mangels] an Leder v. 17. April 1577, und ebd., fol. 166 r, Vom Vorkauf des Leders.

52 Saalfeld, 1971, S. 13, hingegen sieht den Getreidepreis als Kontrollindikator für die allgemeine wirtschaftliche Entwicklung an und spricht von ihm als dem »Grundpreis aller vorindustriellen Wirtschaft«.

53 Götz, 1986, S. 258 f.

54 Ebd., S. 260.

55 Der Eid der Kornmesser von 1434 und deren Satz von 1475 sind gedruckt bei Hoffmann, 1955, S. 117 f. und S. 158.

56 So in der Eichordnung von 1475 und folgend die Umrechnungen für das Stift Haug, Neumünster, St. Stephan, St. Afra und Zell, gedruckt bei Hoffmann, 1955. S. 160 f., und später für weitere Orte ebd., S. 212 ff.

57 1547 gab es 15 und 1564 14 Mühlen, vgl. Götz, 1986, S. 125, Tabelle 28.

58 StadtAW, Rb 259, fol. 27 r.

59 Ebd., fol. 191 r–200 r, Geschworener Spruch über den Kürnacher Bach 1596, sowie ebd., fol. 122 r–123 r, Bachfegung belangend 1613.

60 Ebd., fol. 22 r–27 r.

61 1567 waren es 23, 1574 waren es 17 Bäcker, vier Heimbecken und sechs backende Müller, 1587 gab es für die Bäckermeister 26 Brotbänke, vgl. Götz, 1986, S. 128 Anm. 373.

62 30 Pfennige ergaben rechnerisch ein Pfund.

63 StadtAW, Rb 259, fol. 25 v.

64 Götz, 1986, S. 193 f.

65 StadtAW, Rb 259, fol. 31 r, Satz der ledigen Gesellen des Beckenhandwerks von 1544.

66 Ebd., fol. 32 r.

67 Ebd., fol. 32 v.

68 Ebd., fol. 33 r.

69 1527 waren es 28, 1564 waren es 30 und 1566 waren es 29 Metzger, vgl. Götz, 1986, S. 128 Anm. 372; 1547 gab es 22 und 1564 gab es 20 Fleischbänke, vgl. ebd., S. 125, Tabelle 28.

70 StadtAW, Rb 259, fol. 51 r–56 v, Metzgerordnung von 1577, hieraus auch das Folgende.

71 Ebd., fol. 51 r.

72 Ebd., fol. 26 v.

73 Götz, 1986, S. 148; dort auch Angaben zur räumlichen Verteilung der anderen Gewerbe in der Stadt.

74 StadtAW, Rb 258, fol. 149 r–150 v für die Ordnung von 1530 und fol. 157 v–158 r für die Ordnung von 1534.

75 Blaich, 1971, S. 33.

76 StadtAW, Rb 259, fol. 54 v.

77 StadtAW, Rb 258, fol. 158 r.

78 StadtAW, Rb 259, fol. 52 r, Metzgerordnung von 1577; hieraus auch das Folgende.

79 Ebd., fol. 52 v.

80 Ausgenommen war der Karfreitag, an dem junge Geißen und Lämmer auch auf dem Markt verkauft werden durften. Die alten Fleischbänke beim Maintor wurden 1615 abgebrochen und neue Fleischbänke auf dem *kerners-markblaz* (Kärrnergasse) aufgerichtet, vgl. Kerler, 1899/I, S. 55.

81 Blaich, 1971, S. 50.

82 Zu den häufigsten Berufen in Würzburg vgl. Götz, 1986, S. 130, und zum Fischamt ebd., S. 196 f. Zu den Fischern und anderen Handwerken Weiteres in der in Arbeit befindlichen Dissertation von Sporn.

83 StadtAW, Rb 259, fol. 62 r–64 v, Höcknerordnung v. 13. Okt. 1577.

84 Da das Gewicht einer Tonne voll Fisch nicht ermittelt werden kann, lassen sich auch keine Aussagen über die so festgesetzte Gewinnspanne der Fischweiber machen.

85 Zum Weinbau in Würzburg sind vor allem die Arbeiten von Lutz, 1965, Franz, 1958, sowie jüngst die Arbeiten von Sprandel, 1998 u. 2001, zu nennen.

86 Zu einer ausführlichen Beschreibung der historischen Weinbergslagen vgl. Lutz, 1965, S. 24–56.

87 Götz, 1986, S. 117; für 1547 sind 1317 und für 1564 sind 1147 Besitzer von Weingärten aufgeführt. Ein Würzburger Morgen entspricht 1962, 16 m², vgl. Lutz, 1965, S. 22.

88 Zu den auf den Weinbergen lastenden Abgaben vgl. Lutz, 1965, S. 70–94.

89 Lutz, 1965, S. 51 ff. In der besten Kategorie befanden sich die Lagen »Abtsleiten, Äußerer Neuenberg, Felß, Leisten, Lindesberg, Pfaffenberg, Schalchsberg, Stein und Kählen am Pfaffenberg«.

90 Die Herbstordnung von 1544 ist bei Franz, 1958, S. 79 f., gedruckt; StAW, ldf 28, fol. 103.

91 Im Zeitraum 1570–1581 etwa waren 356 der Zuwanderer Häcker und damit zehnmal mehr als jede andere Berufsgruppe, vgl. Götz, 1986, S. 131, Tabelle 30.

92 Etwa 1537, 1555, 1563, 1571 und 1574, vgl. Franz, 1958, S. 96 f.

93 Der Eimer war unterteilt in 64 Eichmaß und 72 zum Ausschank verwendete Schenkmaß. Diese Relation unterlag jedoch Schwankungen. Für einen Eimer kann man wohl mit 74,88 bzw. 74,9 l (laut Elsas I, 1936, S. 156, bzw. Götz, 1986, S. 6) rechnen. Hoffmann, 1940, S. 74, berechnet den Eimer etwas abweichend mit 78,4 l.

94 Bis 1554 war pro ausgeschenktem Eicheimer der Verkaufswert von 5 1/3 Maß je zur Hälfte an die Stadt und an den Bischof abzuführen. Danach erhielt die Stadt bis 1574 einen festen Betrag von 500 fl, der Bischof aber ein neues Ungeld, das nach den Grumbachschen Händeln seit 1566 auf 2 d pro Maß festgesetzt war. 1575 trat eine neue Regelung in Kraft, nach der die Stadt wieder das Ungeld wie vor 1554 erhielt, der Fürstbischof jedoch das neue Ungeld in Höhe von 1 d pro Maß. Anfang des 17. Jh.s, aber noch vor Ausbruch des Dreißigjährigen Krieges, wurde das bischöfliche Ungeld wieder auf 2 d pro Maß erhöht. Laut einem Kalendereintrag des Tuchscherers Röder vom 28. Oktober wurde das fürstbischöfliche Ungeld 1610 auf 2 d angehoben, vgl. Kerler, 1899/I, S. 85. Die Ungeldordnung von 1636, vgl. Franz, 1958, S. 89 f., bestätigt die Abgabe in Höhe von 2 d pro Maß.

95 Ein Fuder Wein war unterteilt in zwölf Eimer und fasste 898,56 l (laut Elsas I, 1936, S. 156) bzw. 899,2 l (laut Götz, 1986, S. 6). Hoffmann, 1940, S. 74, rechnet für das Spätmittelalter ein Fuder gleich 881 l.

96 StadtAW, Rb 259, fol. 145 r–146 r, Satz der Unterkäufer über Wein, undatiert, aber wohl aus den 70er oder 80er Jahren des 16. Jh.s stammend.

97 Ebd., fol. 145 v.

98 StadtAW, Rp 11, fol. 261 v. Zu den historischen Weinsorten vgl. Sprandel, 1998.

99 StadtAW, Rp 11, fol. 265 v.

100 1470 hatte die Stadt für dieses Recht 800 fl an den Bischof gezahlt, vgl. Abert, 1954, S. 173.

101 Genannt werden Einbecker, Naumburger, Braunschweiger, Torgauer, Schwabacher, Nürnberger, Ulmer, Kronacher und Kulmbacher Bier, vgl. Abert, 1954, S. 174 f.

102 Beispielsweise 1616, als man *welsche Treubel* importierte, nachdem viele Weinstöcke erfroren waren, vgl. Kerler, 1899/I, S. 59.

103 Abert, 1954, S. 178 ff.

104 StadtAW, Rb 259, fol. 66 r–67 r, Schmiede- und Wagner-Ordnung von 1578.

105 Zum Textilgewerbe in Würzburg allgemein die Arbeit von Hummel, 1913.

106 StadtAW, Rb 259, fol. 134 r–138 r, Der Schneider Satz 1574–1594.

107 Ebd., fol. 139 v f., Tuchscherer Satz. Die Ordnung ist leicht widersprüchlich, da verschiedene Ordnungen zusammengefasst wurden, ohne auf die chronologische Reihenfolge zu achten. Auf einer der folgenden Seiten (fol. 140 v) wird die Lehrzeit auf ein Jahr festgesetzt, was aber wohl aus einer älteren Ordnung stammen dürfte.

108 StadtAW, Rb 259, fol. 125 v, Verneuerter Schneider Satz 1614.

109 Ebd., fol. 23 v.

110 Ebd., fol. 24 v.

111 North, 1995, S. 330 ff.

112 Eichhorn, 1973, S. 51 ff.

113 Ebd., S. 75. Ein Batzen war eine kleine Silbermünze und rechnerisch ergaben 15 Batzen einen Gulden.

114 Der Münzfuß bestimmte, wie viele Münzen aus einer Gewichtseinheit (Mark) Silber oder Gold mit welchem Feingehalt hergestellt werden sollten. Der Feingehalt (Korn) gab den Anteil des Edelmetalls an der Münze an. Die feine Mark Gold war eingeteilt in 24 Karat zu je 12 Grän (= 288 Grän), die feine Mark Silber in 16 Lot zu je 18 Grän (= 288 Grän).

115 Hartinger, 1996, S. 211 ff.

116 Eichhorn, 1973, S. 90. In den dort verzeichneten neun Münzfunden zwischen 1536 und 1553 kommen so gut wie keine Würzburger Pfennige mehr vor; vgl. ebd., S. 97 ff.

117 Zur Entwicklung des Pfennigs bis zum Ende des 15. Jh.s vgl. Sprandel, 2001, in Bd. I der Stadtgeschichte; Eichhorn vermutet, dass die Abwertung von 1 Gulden = 165 Pfennige zu 1 Gulden = 168 Pfennige in

Würzburg erfolgt sei, um ein einfacheres Umrechnungsverhältnis zum fränkischen Pfennig zu 1/252 Gulden von 2 : 3 zu erreichen, vgl. Eichhorn, 1973, S. 23.

118 Der Silberguldiner mit 60 Kreuzern entsprach dem rheinischen oder Rechnungsgulden.

119 Eichhorn, 1973, S. 124.

120 Ebd., S. 129 f.

121 Blaich, 1971, S. 26.

122 StAW, G 16979, Brief Nürnberg an Würzburg v. 30. Mai 1555.

123 StAW, Miscellanea 4806, Brief an Bischof Friedrich v. 12. Aug. 1566.

124 StAW, Münzwesen 63.

125 Engel, 1950/I, S. 85.

126 StAW, Münzwesen 64, Edikt v. 5. Nov. 1571.

127 StAW, Münzwesen 66, undatierter Ratschlag, der aber in diesen Zusammenhang gehören dürfte.

128 Hartinger, 1996, S. 226.

129 Noss, 1936, S. 135.

130 Hartinger, 1996, S. 235 und 247.

131 Die Namensgebung verweist auf die Betrügereien beim Wechseln der Münzen durch das »Wippen« der Waage beim Wiegen und durch das Beschneiden (Kippen) der Münzen.

132 Vgl. hierzu demnächst die Dissertation von Sporn.

133 StAW, Münzwesen 87, Abschied der Korrespondierenden Kreise v. 18./28. Juli 1623.

134 StAW, Münzwesen 87.

135 Ebd.

136 StAW, Miscellanea 4507, Münzmandat der genannten Reichsstädte v. 13./23. März 1620. Dort auch Verweis auf den beschleunigten Preisanstieg.

137 StAW, Münzwesen 87.

138 Ebd.; der Reichstaler stieg um 34,8 Prozent, der Güldentaler um 34,1 und der Reichsguldiner um 30,6 Prozent, während der Goldgulden auf Grund des bereits zuvor erfolgten Zugewinns nur um 15 Prozent anstieg.

139 StAW, Münzwesen 87, Befehl Johann Gottfrieds v. Aschhausen v. 4. Okt. 1621.

140 Ebd.

141 StAW, Münzwesen 87, Befehl Fürstbischof Johann Gottfrieds v. 22. April 1622.

142 Ebd.

143 Ebd.; die 6-Batzen sollten noch einen Wert von 4 Batzen und die 3-Batzen von 2 Batzen haben und in Würzburg und Bamberg gültig sein. Der Fürstbischof weist zudem immer wieder auf seine eigenen Verluste hin.

144 StAW, Münzwesen 58, Brief der Stadt Kitzingen an Markgraf Joachim Ernst v. Brandenburg v. 2. Mai 1622.

145 StAW, Münzwesen 87, Abschied der Korrespondierenden Kreise v. 18./28. Juli 1623.

146 Hierzu Abb. 130.

147 Hartinger, 1996, S. 247.

148 StAW, Münzwesen 88.

149 Hartinger, 1996, S. 255.

151 Ebd., S. 281.

152 Umfassend hierzu demnächst die Dissertation von Sporn zur Würzburger Wirtschaftsgeschichte.

Balthasar Rüffer, ein protestantischer Würzburger Kaufmann

1 Götz, 1986, S. 130 f. und S. 140 f.; 1547, 1564 und 1568 hatten mehr als 50 Prozent der verzeichneten Händler ein Vermögen von mehr als 1000 Gulden.

2 StAW, HV MS q. 232, Abschrift des Tagebuchs Balthasar Rüffers durch seinen Sohn Hieronymus aus dem Jahr 1602. Die Überlieferung zu Rüffer ist erstaunlich gut, und so sind wir ausführlich über sein Leben informiert; v. a. Wunder, 1980, aber auch Rublack, 1978/I.

3 Zuletzt im Lindwurm (Ursulinergasse 1), vgl. Wunder, 1980, S. 139.

4 Götz, 1986, S. 301. Als Hausgenosse des Domkapitels könnte Rüffer Steuervorteile genossen haben, vgl. Wunder, 1980, S. 139.

5 Wunder, 1980, S. 135.
6 Meyer-Erlach, 1941, S. 6.
7 StAW, HV MS f. 1125.
8 Mainfränkische Edition, SNr. 02057.
9 Wunder, 1980, S. 140.
10 Götz, 1986, S. 114.
11 Rublack, 1978/I, S. 68.
12 Götz, 1986, S. 186, Graphik 7.

Aspekte der Wirtschaftsgeschichte Würzburgs
vom Ende des Dreißigjährigen Krieges bis zum Ausgang des Alten Reiches

1 Kern, 1992/II, S. 25.
2 Sicken, 1988, S. 271.
3 Ein untrügliches Zeichen für die wirtschaftliche Erschöpfung der Bürger und Beisassen waren die wachsenden Steuerrückstände vieler Einwohner. Z. B. StadtAW, Rp 33, 1643/44, fol. 185, 267, 284.
4 Die Höhe der Zahlungen, die die Reichskreise zur schwedischen Armeesatisfaktion beizutragen hatten, wurde auf dem Nürnberger Exekutionstag fixiert und wiederum auf die Reichsstände umgelegt. Eine Aufstellung der auf die Stände des Fränkischen Kreises verteilten Einzelzahlungen bei Oschmann, 1991, S. 598, 612, 627. Der Anteil, den die Stadt Würzburg an der Gesamtsumme zu entrichten hatte, ist bislang nicht erfasst worden. Erste Anmerkungen zu den Zahlungen der Stadt Würzburg bei Pleiss, 1999, S. 63 ff. Die Abzahlungen erfolgten offenbar teilweise auch durch die Abgabe größerer Weinmengen. StadtAW, RA 171, 174.
5 Zur Befestigung der Stadt einschlägig: Seberich, 1963. Für den zeitlichen Ablauf und die verschiedenen bei der Durchführung der Fortifikation auftauchenden Probleme sei auf die detailreiche Darstellung von Sicken (1983) hingewiesen, die für die folgenden Ausführungen wiederholt herangezogen wurde. S. a. Schott, 1995/I, S. 228–232. Zur Stadtbefestigung in der Frühen Neuzeit allgemein Ennen, 1983; Stoob, 1988, S. 25–56; Schott, 1995/I, S. 228–232.
6 Seberich, 1963, S. 230, hat den für die Befestigung erforderlichen Erdaushub auf ca. 1,5 Millionen Kubikmeter geschätzt. – Zwar sind für den Zeitraum 1643 bis 1795 jährliche Abrechnungen über den Fortifikationsbau (StAW, Fortifikationsrechnungen) erhalten, die sich auf 20 000 bis 30 000 fl beliefen – eine Ausnahme scheinen nur die Kriegsjahre gebildet zu haben –, doch wurden hier bei weitem nicht alle Kosten berücksichtigt. So fehlen beispielsweise Aufwendungen für Planung und Aufsicht des Fortifikationswesens, Belege über die Kosten für Holzlieferungen aus den herrschaftlichen Wäldern oder die Rechnungen über den Erwerb des Grund und Bodens.
7 StAW, Rössner-Buch 82.
8 Die Frage nach den ökonomischen Folgen des Landbedarfs für die Fortifikationsarbeiten wird sich wohl auf Grund der Quellenlage nicht abschließend beantworten lassen. Vgl. dazu auch Sicken, 1983, S. 154.
9 Bürger, Untertanen und Landsassen waren zur tatkräftigen Unterstützung reichsrechtlich verpflichtet. Vgl. den Reichsabschied von 1654, § 180, in: Neue Sammlung der Reichsabschiede, 1967 (1747), S. 640–692, hier S. 674.
10 StadtAW, RA 1775, fol. 1, 13, 14. Für die organisatorischen Probleme bei der Einquartierung Schott, 1995/I, S. 232 ff.
11 StadtAW, RA 174 (15. Juli 1659, 9. März 1661), RA 1775, fol. 9. Sicken, 1983, S. 136, bemerkt, dass der Rat des Öfteren »aus Opportunität« Steuern bei einflussreichen Personen nicht geltend gemacht habe.
12 Gegen die Quartierpflicht der Bevölkerung, die ja bereits die Schänzer zu beherbergen hatte, waren häufig Klagen erhoben worden. Z. B. StadtAW, RA 1780, fol. 9 (30. Jan. 1689). Zur Bedeutung der in den meisten Ländern Europas üblichen Einquartierungen für die Bevölkerung s. Pröve, 1996. – Die zahlenmäßige Entwicklung der Soldaten in der Stadt ist dargestellt bei Sicken, 1983, S. 132. Zu den Problemen und Folgen der Entwicklung zum stehenden Heer allgemein: Nowosadtko, 1997; Gräf, 1997.
13 StadtAW, Rp 52, 1683, fol. 260 v f.; RA 1085, fol. 31.
14 So wurden im Jahr 1735 1500–1600 Schänzer sowie 1741 sogar 1 602 Schänzer gezählt. StadtAW, RA 1775, fol. 14; Rp 98, 1741, nach S. 187. – Für die schweren wirtschaftlichen Folgen der ununterbrochen andauernden Fortifikationsarbeiten für die Betroffenen s. Quellen zur Geschichte des Barocks I/2, 1955,

Nr. 712, S. 561 f. Die Vermischung in den Bereichen Befestigungs- und Residenzbau war möglich, weil das gesamte herrschaftliche Bauwesen nicht zuletzt in der Person Balthasar Neumanns als dem gemeinsamen Bauleiter zusammengefasst wurde. So wurden auch die Schanzgelder nicht länger nur für Fortifikationsarbeiten, sondern auch für den Bau der Residenz und des Schlosses Werneck eingesetzt; v. Lüde, 1987, S. 89 ff.

15 Diese Zahl lässt sich für das Jahr 1805 anführen. Dass der Dreißigjährige Krieg auch in der Stadt Würzburg zu Bevölkerungsverlusten geführt hat, ist nicht nachweisbar, aber anzunehmen. Vgl. Elsas I, 1936, S. 78 f. Die erste Bevölkerungszählung im Untersuchungszeitraum ist für 1701 belegt (13 883 Einwohner). Seitdem stieg die Bevölkerung auf 21 380 Einwohner (1788). Verschiedene Einwohnerverzeichnisse finden sich in StadtAW, RA 1102, 1108, 1120, 1135. Übergreifend s. a. Seberich, 1960. – Der wöchentliche Konsum in der Stadt hat nach Vogt, 1921, S. 4, um 1800 etwa 300 Malter Korn und 150 Malter Weizen betragen.

16 Die Ursachen für die fortschreitende Münzverschlechterung wurden unter den Zeitgenossen sehr kontrovers diskutiert. Stellvertretend: Schneider, 1981 (1691); Hagelstein, 1752; Praun, 1784. Über die verheerenden Folgen der Münzdepravation für die Untertanen im fränkischen Raum vgl. v. Meidinger, 1765, bes. S. 3 f. Würzburger Münzgeschichte: Scharold, 1836/II, S. 155–164; Keller, 1850/I; ders., 1850/II. Kipper- und Wipperzeit: Redlich, 1972. Allgemein: Schremmer (Hrsg.), 1993.

17 Allgemein dazu Schwarzer/Schnelzer, 1991, S. 175 ff.

18 Reichsschluss v. 13. April 1737 bei Lori, S. 284 ff.; Hirsch VI, 1760, S. 200 ff.

19 Begriff bei Christmann, 1988, S. 177. Christmann arbeitet heraus, dass der Reichsabschied von 1738 in der früheren Forschung überbewertet worden ist. Dieses Ergebnis bestätigt sich bei einem Blick auf das kaiserliche Dekret vom 1. Dezember 1738, das neben der Ratifizierung des Reichsgutachtens noch einige im Stil einer Proposition gefasste Verbesserungsvorschläge des Kaisers hinsichtlich des Umgangs mit den Scheidemünzen und -gattungen enthält. Abdruck bei Hirsch VI, 1760, S. 333–336.

20 Die Zusammenarbeit der Kreise, die bereits im Deputationstagsabschied von 1571 festgelegt worden war, ist als eine zwangsläufige Folge der territorialen Zerrissenheit im Südwesten des Reiches zu sehen, in dem nur Bayern ein geschlossenes Territorium bildete und Alleingänge der einzelnen Kreisstände wenig Erfolg versprechend waren. Deputationstagsabschied von 1571: Neue Sammlung der Reichsabschiede, 1967 (1747), S. 343–346. Die Kreisabschiede bis 1748 sind abgedruckt bei Moser, 1752, passim.

21 So etwa durch das am 14. Mai 1736 erlassene Patent, Moser, 1752, S. 1219–1222; s. a. Hirsch VI, 1760, S. 336–338 (2. Dez. 1738). Weitere Verordnungen werden genannt bei Keller, 1850/I, S. 165.

22 Über die Entwicklung der städtischen Münzprägung ist bislang wenig bekannt. Einige wenige Anhaltspunkte finden sich in Wagner, 1980. S. a. Ruland, 1875, S. 10 ff.

23 Die Getreidepreise eignen sich zur Darstellung von Erntezyklen, aber auch säkularer Wellen vor allem deshalb, weil die Nachfrage nach Korn bis zur Einführung der Kartoffel wenig elastisch war. Korn kommt neben Fleisch eine besondere Bedeutung als Nahrungsmittel mit Stärkegehalt zu. Wann die Kartoffel im Hochstift in größerem Maß angebaut wurde, sodass der Getreidemarkt beeinflusst werden konnte, ist bislang nicht bekannt. Die Verbreitung des Kartoffelanbaus geht auf den Hofrat und Professor Philipp Adam Ulrich (gest. 1748) zurück, der im Jahr 1741 das Backen von Kartoffelbrot lehrte. Ulrich hatte den Wöllrieder und den Herletshof gepachtet, wo er bessere Kleesorten einführte, Runkelrüben als Futterpflanze anbaute und Seidenzucht betrieb. Heffner, 1871, S. XV; Oberthür, 1784; ders., 1820; Schöpf, 1802, S. 108. Eine gründliche Untersuchung der Leistungen Ulrichs für die Entwicklung der Landwirtschaft in Franken steht noch aus. Zur Bedeutung der Kartoffel allgemein: Achilles, 1992.

24 Aus dem Jahr 1694 ist eine Rechnung mit einem Verzeichnis über den Getreideeinkauf von anderen Märkten wie Ebenhausen, Marktsteinach, Hesselbach, Forst, Hausen und Waldsachsen zur Schonung des Kastenamts erhalten. StadtAW, RA 1731, fol. 15–25. Viel Getreide wurde zudem aus Haßfurt importiert. RA 1731, fol. 26.

25 StadtAW, Rp 1725, S. 425 ff.; am 13. September 1731 klagte der Rat gegenüber Fürstbischof Friedrich Karl, das Getreide auf dem Würzburger Wochenmarkt werde beinahe vollständig von den Lohrern aufgekauft. StadtAW, RA 1221.

26 StadtAW, Rb 245–250 (Getreideproben- und Getreidetaxbücher: Protokolle über Getreidepreise auf den Wochenmärkten in Würzburg und Ochsenfurt – 1655–1677). Es wurde darauf verzichtet, die fehlenden Zeiträume durch Getreidepreisangaben aus den Oberrats- oder Gebrechenamtsprotokollen zu ergänzen, da sich diese häufig nicht auf die Mittelpreise auf dem Wochenmarkt beziehen. Über die Problematik der Erfassung und Auswertung von Ertragsschwankungen z. B. Neveux/Tits-Dieuaide, 1978.

27 Wie bei jeder Preisreihe lassen sich auch bei der Auswahl der Septemberpreise einige Bedenken bez. ihrer Aussagekraft anführen, denn da es den meisten Einwohnern an Lagerraum und Geldkapazität fehlte, hat wohl der geringste Teil der Bevölkerung von den relativ niedrigen Preisen im September durch frühzeitige Bevorratung profitieren können. Die Erstellung einer Idealpreiskurve durch »gesicherte Wochendurchschnitte, die mit dem Umsatz multipliziert das gewogene Mittel als hieb- und stichfesten Jahresdurchschnittspreis ergeben«, wäre wünschenswert, konnte hier jedoch nicht geleistet werden. Dass auch ein solcher Idealpreis die Realität nicht widerspiegelt, bemerkt auch Achilles, 1998 (dort auch das Zitat, S. 348).

28 Die hohen Ertragsschwankungen sind auf die ungünstigen Wachstumsbedingungen (Brache, fehlende Düngung) zurückzuführen, die allgemein erst nach der Mitte des 18. Jh.s verbessert wurden. Die Brache war auch zu Beginn des 19. Jh.s im Hochstift allgemein noch üblich. Schöpf, 1802, S. 103. Zur Fortentwicklung der Landwirtschaft in Franken: Journal von und für Franken 5 (1792), S. 423–438; 6 (1793), S. 91–102.

29 Elsas I, 1936, S. 56. Kriege trieben die Preise zwar nicht zwangsläufig, aber doch in den meisten Fällen in die Höhe: Die Besetzung der Stadt Würzburg durch die Franzosen im Jahr 1796 und die spätere Rückeroberung der Stadt zogen keine Steigerung der ohnehin unerträglich hohen Preise mehr nach sich. Der Fränkische Merkur notierte einen Preisanstieg auf dem Würzburger Wochenmarkt von 9 fl rh. im Mai 1794 auf 21 fl rh. 45 kr pro Malter Weizen im Juni 1795. Danach »sanken« die Preise und betrugen im März 1796 16 fl rh. 24 kr und im Oktober 13 fl rh. 45 kr. Der Fränkische Merkur I (1794), S. 144, 200, 286, 386, 411, 553, 935; II (1795), S. 107, 267, 355, 577, 802; III (1796), passim.

30 So etwa 1770/71, Vogt, 1929/I, passim.

31 Allgemein dazu Schmölders, 1955, der die entscheidende Bedeutung des Ernteertrags für den Konjunkturverlauf im vorindustriellen Zeitalter herausstellt. – Wenn man bedenkt, dass allein die Transportkosten noch im Jahr 1826 bei 50 Meilen (375 km) Entfernung den gesamten Wert des Getreides verschlangen, wird verständlich, warum Getreide über weitere Strecken und womöglich noch auf dem Landweg durch verschiedene Territorien nur in äußersten Notzeiten importiert wurde. Schmitz, 1968, S. 50 ff.

32 Zu den Missernten dieser Jahre Abel, 1974, S. 169 ff., 177 ff. Die verheerenden Folgen der Missernten der Jahre 1770/71 im Hochstift Würzburg sind ausführlich geschildert bei Vogt, 1929/I, passim. Zu den 1770er Hungerjahren allgemein Abel, 1974, S. 191 ff.

33 Über das Zusammenwirken von Getreidepreisen und Handelsbeziehungen allgemein Achilles, 1959.

34 Das Unvermögen der Städte und Landesherrschaften, durch amtliche Kornmagazinierung spekulative Preisaufblähungen zu verhindern, zeigt sich auch in anderen Orten. Schmitz, 1968, S. 111; Achilles, 1959, S. 51 ff. Allerdings ist die Bedeutung des Würzburger Kastenamts für die Wirtschaft der Stadt bislang zu wenig erforscht, als dass sich ein abschließendes Urteil formulieren ließe. Inwieweit die durch kleinere Missernten verursachten Preissteigerungen durch die Einrichtung von Getreideböden abgefedert wurden, lässt sich beim bisherigen Untersuchungsstand nicht abschätzen. Einer lang anhaltenden Getreideknappheit wie 1770–1772 konnte durch die Getreidespeicher nicht entgegengewirkt werden.

35 Die Weinpreise finden sich in StadtAW, Rp, passim, die Fleischpreise sind in die Oberratsprotokolle inseriert. StadtAW, ORP, passim. Über die Fleischpreise s. a. Morgenroth, 1925, S. 72 ff., 84.

36 Diese These wird durch die von Elsas beschriebene Entwicklung der Preise für Butter und Heringe in Würzburg unterstützt. Elsas I, 1936, S. 44 f.

37 Auf den Konnex der Getreide- und sonstigen Lebensmittelpreise weist eine Verordnung Johann Gottfrieds v. Guttenberg hin, der die Lebensmittelpreise herabsetzte, nachdem auch die hohen Getreidepreise gesunken waren. Sammlung der … Landesverordnungen I, S. 459 f. – Unter Friedrich Karl v. Schönborn beteiligte sich auch die Regierung an der Festsetzung der Fleischpreise.

38 Seit einem Erlass Friedrich Karls v. Schönborn berichteten Beamte in vierteljährlichen Abständen über Anzahl und Preise des in den Ämtern vorrätigen Viehs. Auf diese Weise konnte sich der Fürstbischof eine Übersicht über die Marktlage verschaffen und anhand dessen prüfen, ob die Klagen der Metzger über die von ihm festgesetzte Preistaxe berechtigt waren. Scharold, 1822, S. 44 ff.; Sammlung der … Landesverordnungen II, S. 129, 162. – Bamberger Taxe: StadtAW, ORP 7, 1691, fol. 968 f., ORP 53, 1774, fol. 32 v. Bitten der Geschworenen um eine Erhöhung der Taxe unter Hinweis auf Viehmangel, teuren Einkauf, Verluste, Erhöhung der Unkosten sowie hohe Steuern und Abgaben wurden vom Oberrat rigoros abgelehnt.

39 Der Schaden war selbst im Jahr 1805 noch nicht ersetzt. Horsch, 1805, S. 76. Viehseuche und Klagen darüber sowie Gegenmaßnahmen: Journal von und für Franken VI (1793), S. 710–732; Der Fränkische Merkur III (1796), S. 685, 727, 743, 804, 892; IV (1797), S. 349, 691, 808; VI (1799), S. 1081.

40 Wasser war in unbehandeltem Zustand ungenießbar. Milch spielte in einer so vieharmen Gegend wie Würzburg eine untergeordnete Rolle, und das Würzburger Bier wurde wegen der unzureichenden Lagerungsmöglichkeiten häufig bereits im Brauhaus sauer. Die Bedeutung des Weins für Stadt und Hochstift wurde schon von den Zeitgenossen erkannt: Zur Westen, 1728; Fischer, 1992 (1782); Fischer, 1791. Über den Wein ist eine Vielzahl von Literatur erschienen in der die grundsätzliche Bedeutung des Weins für die Stadt herausgestellt wird. Dettelbacher, 1979; Breider, 1964; Eifler, 1908. Eine wertvolle, wenngleich nicht immer präzise Darstellung der Besitzverhältnisse und Abgabenlasten liefert Lutz, 1965. Eine über einzelne Beispiele hinausgehende, umfassende Untersuchung der wirtschaftlichen Bedeutung des Weins für die Stadt steht noch aus.

41 Dettelbacher, 1979, S. 54.

42 Sammlung der … Landesverordnungen I, S. 355; StadtAW, Rp 64, 1700, fol. 348 3/4.

43 So etwa im Jahr 1712, Hänlein, 1743, S. 12.

44 So beklagt Scharold, 1805, S. 292, 1795 noch habe ein Fuder guter Wein 90 bis 100 fl gekostet, während man 10 Jahre später ca. 300 fl dafür bezahlen müsse.

45 Häufig folgen mehrere gute und schlechte Weinjahre aufeinander. Eine für die Erklärung von Ernteerträgen wertvolle Chronologie der klimatischen Verhältnisse in Mitteleuropa liefert Glaser, 2001. Die geografischen und klimatischen Voraussetzungen für den fränkischen Weinbau behandelt Breider, 1964. – Den Frösten suchte man wenig erfolgreich durch Räucherungen zu begegnen. Voit, 1804; Pickel, 1804.

46 Wenn 1726 nicht weniger als 6 520 Morgen Weinberge, 1 489 Morgen Äcker und 117 3/4 Morgen Wiesen innerhalb der Markung verzeichnet wurden, scheint die Reduzierung der Anbauflächen im Zuge der Stadtfortifikation durch die Anlage neuer Weinberge ausgeglichen worden zu sein. StadtAW, Rb 126 (dort auch eine Aufstellung aus dem Jahr 1642).

47 Der Fränkische Merkur V (1798), S. 1409 f.

48 StadtAW, R 8026–8071. Vgl. auch die »Gedanken eines Armen-Commissions-Deputirten über den sinkenden Wohlstand der Häcker oder Weinbauer in Franken«, in: Journal von und für Franken II (1791), S. 238–255.

49 Achilles, 1974. Fraglich ist zudem auch, ob gerade bei Niedrigverdienern nur der Mann mit seinem Lohn die Familie ernährte, oder ob nicht vielmehr auch ein Zuverdienst der Frau und der Kinder anzunehmen ist. Achilles, 1998, S. 327. Umfassend zu den Schwierigkeiten bei der Erfassung von Löhnen neuerdings auch Reith, 1999.

50 Bei der Interpretation der dargestellten Entwicklung des Reallohns ist zu beachten, dass hier der säkulare Trend wiedergegeben ist, d.h. die einzelnen Missernten, die die Kornpreise in die Höhe schnellen ließen, werden nur indirekt berücksichtigt. Das Preis/Lohn-Verhältnis schwankte also stärker, als dies aus der die »langen Wellen« beschreibenden Grafik ersichtlich wird. Trotz einiger methodischer Bedenken wurde die von Abel erstellte Grafik in den Beitrag aufgenommen. Zur Frage nach der in der Forschung nicht unumstrittenen Aussagefähigkeit von Reallöhnen ausgiebig Achilles, 1974, S. 118; ders., 1998, S. 326 ff., 346 f.; Saalfeld, 1964; Kaufhold, 1988.

51 Abel, 1959, S. 310.

52 Der Fränkische Merkur V (1795), S. 817–825; Zitat S. 822. Weiterhin: Journal von und für Franken II (1791), S. 271–306; III (1791), S. 299–327.

53 Schöpf, 1802, S. 199.

54 Eine Zusammenfassung der internationalen Forschungsresultate bez. des Zunftwesens in: Nunez, 1998 (dort mit weiterer Lit.); Schulz/Müller-Luckner, 1999; Kaufhold/Reininghaus, 2000. Zu den erheblichen Forschungslücken in wirtschaftsgeschichtlicher Hinsicht ebd., S. 1 ff., 301 ff. – Einige wenige Zünfte in Würzburg sind in eigenen Arbeiten bereits behandelt worden: Christoph, 1923; Morgenroth, 1925; Noll, 1927; Scharold, 1822; Schön, 1936; Trenschel, 1988; ders., 1990; ders., 1991; Teige, 1998.

55 Beispiele: Sammlung der … Landesverordnungen I, S. 291 f. (Kupferschmiede), 483 f. (Weißgerber), 550 f. (Buchbinder), 589 (Strumpf- und Hosenstricker), 599 f. (Manger und Färber), 603 f. (Wachszieher), 604 f. (Drechsler); Schneidt, II. Abschnitt, H. 13, S. 2522 f. (Spengler). Ausnahme: Einheimische unzünftige Siebmacher durften 1783 ihre Produkte verkaufen, sofern sie einen Beitrag in die Zunfthauptlade entrichteten. Schneidt, II, 13, S. 2521; weitere Beispiele Schneidt, passim. – Über die Bedeutung der *Stümpler* und *Störrer* für das Gewerbeleben der Stadt vgl. Schulz, 1984.

56 Dazu umfassend Ennen, 1971; aus rechtshistorischer Perspektive Hof, 1983.

57 StadtAW, RA 304, 305; im Zuge der Einquartierung sächsischer Truppen im Jahr 1760 wurde das Brothaus an der Marienkapelle unter die Schatzungsstube im Grünen Baum verlegt. Scharold, 1805, S. 23. – Die Brothausordnung von 1677 ist abgedruckt bei Noll, 1927, Anhang S. 12.

58 StadtAW, RA 1187 (Annahme und Verpflichtung eines Brotsitzers 1710/11).

59 So etwa die Bäcker im Jahr 1773, nachdem eine Untersuchung durchgeführt worden war, die die Überbesetzung des Handwerks bestätigte. StadtAW, Rp 117, 1773, S. 44.

60 Morgenroth, 1925, S. 15 ff.

61 StadtAW, Rb 4.

62 S. etwa die fürstbischöfliche Taxordnung aus dem Jahr 1696 in StadtAW, RA 1208.

63 Dazu bemerkt Abel, 1978, S. 5, treffend, die Ordnungen und Satzungen der Frühen Neuzeit hätten ebenso wenig über das Leben ausgesagt »wie etwa eine Verkehrsordnung von heute über den Verkehr auf den Autobahnen«.

64 StadtAW, ORP 1755, fol. 68.

65 Die Angehörigen des Militärs verdingten sich nicht nur im Handwerk, sondern betrieben auch illegale Schenken, handelten mit Fleisch und alten Kleidern, flickten Schuhe und verkauften Lebensmittel. Sammlung der ... Landesverordnungen I, S. 354 f., StadtAW, RA 882, fol. 12 [23. Mai 1701]; RA 1101, fol. 5 [3. April 1730]; RA 1103, passim; Rb 257, fol. 71. Zu den ökonomischen Aspekten Sicken, 1983, S. 140 ff.

66 Beispielsweise wurde die Bäckerzunft im Jahr 1649 mit der Zahlung von 80 fl und 1674 mit 12 fl bestraft, weil sie angeblich Mehl zurückgehalten und dadurch einen *zottel* (Zadel = Mangel) verursacht habe, um auf diese Weise die Brotpreise in die Höhe zu treiben. StadtAW, RA 1221, fol. 66.

67 Zu den folgenden Ausführungen Noll, 1927, S. 49 ff.

68 Noll, 1927, S. 51, schätzt den Anteil der Landbäcker am Brotverkauf in der Stadt »ungefähr auf 1 : 1«.

69 Die für die Bäcker verbindliche Brottaxe, d.h. die Festsetzung von Gewicht und Preis, erfolgte nach den jährlich vom Kastenmeister vorgenommenen Mehl- und Backproben. Die Getreideproben sind inseriert in StadtAW, Rb 245–250. In Krisenzeiten wie 1740 wurde der Brotpreis von der Regierung festgesetzt. StadtAW, RA 1194, fol. 21.

70 Morgenroth, 1925, S. 36 ff.

71 Bisweilen gelang es Freibänkern, in die Zunft aufgenommen zu werden. StadtAW, ORP 34, 1755, fol. 33. Im Jahr 1691 konnte der Oberrat sogar die Aufnahme aller Freibänker in das Handwerk erwirken, führte aber die Freibänke als solche noch im selben Jahr wieder ein. StadtAW, ORP 7, 1691, fol. 974.

72 StadtAW, ORP, 3, 1669, S. 336.

73 Ebd., 1673, o. Pagin. [21. April 1673].

74 In den Eidbüchern des Rats ist fixiert, mit welchen Waren dem einzelnen Gewerbe zu handeln gestattet war. StadtAW, Rb 4. – Über den Handel in Würzburg gibt es einige ältere Abhandlungen: St...r, 1803, S. 405–495; Zöpfl, 1893; ders., 1894.

75 Abdruck bei Zöpfl, 1893, S. 70 Anm. 2. Die Handelsordnung sollte in ihren Grundzügen über ein Jahrhundert bestehen bleiben. Zur Handelskorporation vgl. auch Kittel, 1914, S. 17–85; Johanek, 1968, S. 9 ff.; Brandt, 1992, S. 9 ff.

76 Kittel, 1914, S. 26 ff.

77 StadtAW, ORP 1776, fol. 327 ff.

78 Seit 1699 wurde ein Inkorporierungsbuch geführt, dessen Einträge bis ins Jahr 1867 reichen und das als das erste Würzburger Handelsregister von hoher Bedeutung ist: *Aigenhändige Einschreibung deren jenigen so als Handlungs-Mitglieder, qua principales vor gesambter Handlung auff- und angenommen worden seynd.* Abdruck bei Kittel, 1914, S. 129 ff. Im Inkorporierungsbuch sind die Namen aller aufgenommenen Händler, die Jahreszahl ihrer Inkorporation und das Datum ihrer Geschäftsgründung verzeichnet.

79 »Das war also ein förmlicher ›Numerus clausus‹ für eine bestimmte Handelssparte«. Kittel, 1914, S. 46.

80 Zit. nach Wild, 1906, S. 179.

81 Die wirtschaftliche Bedeutung des Kranen darf nicht überschätzt werden. St...r, 1803, S. 483 ff.

82 Schott, 1995/I, S. 546; Johanek, 1968, S. 55. Auch die 1740 gegründete Kommerzienkommission scheint für die Wirtschaftspolitik von untergeordneter Bedeutung gewesen zu sein.

83 StadtAW, RA 669.

84 Scharold, 1805, S. 158 f. Zu den Problemen von Städten bei der Abhaltung von Messen am Beispiel Bambergs vgl. Journal von und für Franken IV (1792), S. 628–642. Zum Handel in Süddeutschland allgemein Kellenbenz, 1991.

85 Allgemein zum Oberrat Schott, 1995/I, S. 128 ff.

86 StadtAW, ORP 1745, fol. 70 f., 83 ff., 154.

87 StadtAW, RA 1200, fol. 42; s. a. Schott, 1995/I, S. 396 ff.

88 Sammlung der … Landesverordnungen I, S. 503 ff.. 516 f.; StadtAW, Rp 51, 1680, S. 256³/₄ und ⁴/₄; RA 656; RA 1372; RA 2956; StadtAW, Rp 64, 1700, fol. 348³/₄, Nr. 1–3, 12.

89 Einschlägig: Vogt, 1929/I. S. a. Sammlung der … Landesverordnungen III, S. 1–4; Schneidt, II. Abschnitt, H. 13, S. 2470. Zu den Exportverboten der Jahre 1739–1746 und 1753/54: StadtAW, RA 1737, fol. 1, 4, 5. – Die Wirtschaftspolitik der Würzburger Fürstbischöfe ist in einer Dissertation zu erfassen versucht worden, die allerdings gravierende inhaltliche Mängel aufweist und deren faschistische Interpretationsweise die Lektüre überdies bisweilen unerträglich werden lässt. Weineck, 1943.

90 Vogt, 1929/I, S. 33 ff.

91 Sammlung der … Landesverordnungen III, S. 1 f.

92 Z. B. Sammlung der … Landesverordnungen I, S. 425 f., 475; II, S. 770; III, S. 615, 638; Scharold, 1822, S. 40 (1715).

93 Wenn der Fürstbischof 1758 zur Beschaffung von Mastvieh 4000 Reichstaler aus der Magazinkasse zur Verfügung stellte, so ist diese Geste sicherlich vor dem Hintergrund zu verstehen, dass die Regierung die Magazinkasse auf diese Weise vor dem Zugriff der anmarschierenden Franzosen in Sicherheit bringen konnte. StadtAW, ORP 37, fol. 120v.

94 StadtAW, RA 1209.

95 StadtAW, Rp 1737, S. 313 f.; Rp 1738, S. 24 f., 375, 445. Eine allgemeine Einschränkung der Meisterzahlen lehnte Friedrich Karl mit dem Hinweis ab, *in Ländern, wo das Gewerbe am meisten floriere, werde in diesem Punkt eine ganz andere Weise beobachtet.* Wild, 1906, S. 169.

96 Vgl. die Verordnung vom 25. Mai 1660, in der das Verbot an *die ausländischen Kauf- und Handelsleute, vornehmlich aber diejenigen, so man insgemein die Meißnerische oder Reichelbacher und Schmahlkäller nennet, wie nicht weniger die Juden mit ihren wollenen, leinenen, auch den gemengten Tüchern und Zeuchen* auf Grund seiner bisherigen Nichtbeachtung einmal mehr wiederholt wurde. Sammlung der … Landesverordnungen I, S. 256 ff. Dass dem Hausieren kein dauerhafter Einhalt geboten werden konnte, zeigen die immer wieder ausgesprochenen Verbote der Folgezeit, z. B. ebd., S. 175 f., 277 f.

97 Ebd., S. 482.

98 StadtAW, RA 1759.

99 Äußerst wertvoll ist eine von Kreutzer angefertigte Tabelle, in der die Namen der eingewanderten Kaufleute samt ihrem Herkunftsort, ihren Handelswaren sowie dem Jahr ihrer Inkorporierung aufgelistet sind. Kreutzer, 1925, S. 54 ff.

100 Kreutzer, 1925, S. 85. Eine Untersuchung des Umsatzes und der Handelskraft der immigrierten Kaufleute im Vergleich mit denen der einheimischen, denen mangelnder Handelsgeist, fehlende Unternehmungslust und kaum Spekulationssinn nachgesagt wird, steht noch aus. Weiterhin wäre es interessant, zu ermitteln, wann es den Fremden, denen gegenüber sich die Würzburger Kaufleute ablehnend verhielten, gelang, sich mit ihren Familien in die Stadtbevölkerung zu integrieren. Der Werdegang Johann Baptist Broilis etwa, der 1742 in die Handelskorporation inkorporiert, 1757 zum Ratsassessor ernannt und später sogar zum Oberratspräsidenten befördert worden war, lässt darauf schließen, dass der Familie Broili der Aufstieg in die höheren Gesellschaftskreise der Stadt gelungen war.

101 Sammlung der … Landesverordnungen I, S. 488 ff. Wein und Getreide hingegen durften von den Juden nur zum Eigenbedarf eingekauft werden. Ebd., S. 488 ff.; StadtAW, Rp 64, 1700, fol. 30¹/₂. – Den Juden war wie allen anderen Händlern die Ausfuhr guter Münzen und die Einfuhr von Scheidemünzen verboten, der Aufkauf und die Ausfuhr von verrufenen schlechten Münzen, *benanntlich Albus-Stücke, ganze und halbe Batzen und dergleichen* hingegen gestattet. Sammlung der … Landesverordnungen I, S. 491 ff., Zitat S. 491. Zur Geschichte der Juden in Stadt und Hochstift s. Weger, 1920; Flade, 1996.

102 Bereits Johann Philipp Franz v. Schönborn hatte angeordnet, *die Künstler eben nit wie andere hergeloffene Bursch zu tractiren,* denn *wann diesen Künstlern keine Freiheiten und etwelche Exemptiones gegeben, diese nicht bleiben würden.* Quellen zur Geschichte des Barocks in Franken I/2, 1955, Nr. 766, S. 602 und Nr. 986, S. 746 f. Den Künstlern sollte die Aufnahme in die Bürgerschaft erleichtert werden. Ebd., Nr. 1241, S. 956. Für das Bauwesen im 18. Jh. einschlägig: v. Lüde, 1987. Durch die Verleihung des Hofprivilegs wurden die Handwerker zu Angehörigen des Hofes. Zu beachten ist, dass in Würzburg beträchtliche Unterschiede innerhalb der Gruppe der Hofprivilegierten bestanden. Die Hofhandwerker waren von einem Teil der bürgerlichen Lasten, nämlich den *onera personalia,* befreit, mussten aber weiterhin die *onera regalia* (Schatzung, Steuer, Quartiergeld) zahlen. Quellen zur Geschichte des Barocks I/2, 1955, Nr. 976, S. 740, s. a. Anm. 1, S. 740 f.; v. Lüde, 1987, S. 201 Anm. 156.

103 Zu Oegg s. Trenschel, 1973; ders., 1979, S. 22 f.

104 Quellen zur Geschichte des Barocks I/2, 1955, z. B. Nr. 895, S. 686 ff.

105 StadtAW, RA 883. Eine Untersuchung, ob und mit welchen Mitteln der Bedarf an den neuen Handwerken in der Folgezeit gedeckt werden konnte, steht noch aus.

106 Denzinger, 1851, S. 247. Quellen zur Geschichte des Barocks I/2, 1955, Nr. 1255, S. 965 f., Zitat S. 966. Bekannte Stipendiaten sind der Maler Georg Anton Urlaub, der Bildhauer Johann Wolfgang von der Auwera und der spätere Leiter der Gobelinmanufaktur Andreas Pirot. Knott, 1978; Kranzbühler, 1932; Kreisel, 1952.

107 Das Manufakturwesen wird im Beitrag Loibl, S. 454 ff., behandelt.

108 Z. B. Sammlung der … Landesverordnungen II, S. 859; III, S. 163 ff. Vgl. auch Schott, 1995/I, S. 550 f. Über den Seidenbau schreibt noch Oberthür, 1824 (1784).

109 Z. B. Sammlung der … Landesverordnungen II, S. 185 f., 865 ff.; III, S. 64 ff., 118 f. Stieda, 1911, S. 23 ff.

110 Zum Brauhaus Abert, 1954.

111 Dazu auch Grießinger/Reith, 1983, S. 128 ff.

112 Wild, 1906, S. 169, dessen These in der späteren Literatur bisweilen unkritisch übernommen wird.

113 Dass die Entwicklung, die schließlich zur Auflösung der Zünfte geführt hat, ein langfristig zu beobachtendes Phänomen ist, hat bereits Jahn, 1909, wenngleich durch die Auswertung beinahe ausschließlich normativer Quellen, dargestellt.

114 StadtAW, RA 883.

115 Zum in der Forschung mitunter sehr kontrovers diskutierten Begriff des Merkantilismus vgl. Blaich, 1973; van Klaveren, 1960, S. 333–353.

116 Schott, 1995/I, S. 59 ff.

117 Zum Problem des *territorium non clausum* vgl. Hofmann, 1962.

118 Bis ins 19. Jh. hinein bestand der fränkische neben dem rheinischen Münzfuß fort, wobei der fränkische Gulden eine bloße Rechnungsmünze war. Zusätzlich zur fränkischen Währung liefen regelmäßig fremde Münzsorten um. Verschiedene *Land- und Ideal-Münzen* waren nebeneinander im Umlauf, deren Wert immer genau zu benennen kaum möglich war. Noch 1805 wurde daher einem Besucher der Stadt Würzburg geraten, *bey einem Kaufe oder Verkaufe vorher bestimmt sich zu erkundigen oder zu erklären, ob die Zahlung im rheinischen oder fränkischen Fuße geschehen solle; wenn er nicht zu Schaden oder Weitläufigkeiten kommen will: denn beyde RechnungsArten sind im Handel und Wandel noch gebräuchlich.* Scharold, 1805, S. 162. – Zwar waren 1777 einheitliche Getreidemaße für das gesamte Hochstift eingeführt worden, doch wurden die alten Maße in der Praxis weiterhin verwendet. Huberti, 1777; von Bree, 1832; Wagner, 1987. – Forderungen nach Vereinheitlichung von Münze, Maß und Gewicht in der zeitgenössischen Literatur: Der Fränkische Merkur, 1794, S. 115 ff.; 1795, S. 587 ff.

119 Schöpf, 1802, S. 151, 190.

120 Ebd., S. 199 ff.

121 Dies geht beispielsweise aus einem für Johann Philipp Franz v. Schönborn erstellten Gutachten deutlich hervor, Denzinger, 1851, S. 244 ff.; vgl. auch Körner, 1992, der mit den alten, häufig konfessionell geprägten Vorstellungen aufräumt, die Politik der geistlichen Staaten habe sich allein aus christlichen Motiven auf die Wohlfahrt der Untertanen konzentriert.

122 Der Bischof an Fichtl v. 24. März 1741, zit. nach Wild, 1906, S. 99.

Zum Südwarenangebot auf dem Würzburger Markt im Jahre 1725

1 Brustbeeren oder Jujuben, auch welsche Hagebutten oder chinesische Datteln genannt, sind heute bei uns praktisch unbekannt, waren aber im 18. Jahrhundert aus medizinischen Gründen begehrt und wurden in größeren Mengen aus Italien und Südfrankreich nach Mitteleuropa eingeführt.
  Ich danke Frau Dr. Lucia Heiler und Herrn Dr. Thomas Heiler für Hilfestellung bei der Identifizierung von Warenbezeichnungen, Frau Franziska Wenzel für das Gegenlesen der Quelle.

2 Sebesten ist nach Zedlers Lexikon eine andere Bezeichnung für Brustbeeren. Chicosamin konnte weder zweifelsfrei gelesen noch als Ware identifiziert werden.

3 Aufgrund der Zeichensetzung könnte auch gemeint sein: nach Thunfischart eingesalzene Meeräschen.

4 Wahrscheinlich eine Fischart, jedoch nicht identifiziert.

5 Allerdings wäre die lateinische Bezeichnung für Kaffee eigentlich *coffea*, die italienische *caffè*.

6 Mit »Parder« dürfte der südeuropäische Pardelluchs gemeint sein; von diesem Tier gewonnenes Öl dürfte am ehesten medizinischen Zwecken gedient haben.

Die Würzburger Zunft der Schlosser, Büchsen-, Uhr- und Windenmacher

1 Trenschel, 1992. – Ders., 1991. – Stöhr, 1919. – Trenschel, 1999.

Manufakturen – Die Residenzstadt und die Großbetriebe des Merkantilismus

1 Um Wiederholungen zu vermeiden, wird zum Nachweis der verwendeten Begriffe und der allgemeinen Literatur verwiesen auf: Loibl, 1995, und ders., 1998.
2 Leiser, 1983, S. 123.
3 Seberich, 1963, S. 42.
4 Loibl, 1997, S. 67–96.
5 Becher, 1688, S. 764.
6 Loibl, 1996, S. 87.
7 Loibl, 2001.
8 StAW, HV MS. f. 509; fehlt in Napp-Zinn, 1955.
9 Loibl, 1998, S. 339.
10 Zum Begriff: Kriedte, 1989.
11 Abert, 1912, S. 189.
12 Schott, 1995/I, S. 128.
13 *In Residenzstädten sind die Fabriken ohnehin nicht wohl angelegt, sie gehören aufs Land, wo sie freier sind, und der Taglohn wohlfeiler ist* (StAW, Aschaffenburger Archivreste 337/XLI Nr. 1 v. 10. März 1800).
14 Württembergisches Hauptstaatsarchiv Stuttgart, A 282 Bü 1522.
15 Detaillierte Nachweise finden sich in der Auflistung in Loibl, 1998, auf die im Folgenden verwiesen wird.
16 Loibl, 1998, 6.5.1.1.
17 Ebd., 6.5.1.2.
18 Wild, 1906, S. 171 f.
19 Schott, 1995/I, S. 546.
20 Loibl, 1998, 6.5.2.
21 Ebd., 6.5.6.
22 Ebd., 6.5.3.3.1.
23 Ebd., 6.5.3.3.2.
24 Ebd., 6.5.3.3.3.
25 Ebd., 6.5.4.1.
26 Ebd., 6.5.5.
27 Ebd., 6.5.7.
28 Ebd., 6.5.8.
29 Ebd., 6.2.1.
30 Ebd., 6.2.2.
31 Ebd., 6.2.3.
32 Ebd., 6.1.2.
33 Ebd., 6.1.4.2.
34 Ebd., 6.1.4.1.
35 Ebd., 6.3.1.
36 Ebd., 6.3.3.1.
37 StAW, Gebrechenprotokoll 1790, fol. 664.
38 Loibl, 1998, 6.4.3.2.
39 StAW, WU 132/368.
40 Loibl, 1998, 6.7.1.
41 Ebd., 6.9.2.
42 Ebd., 6.8.4.
43 Ebd., 6.6.2.
44 StAW, Sammlung Reinisch, Nr. 60.
45 Ebd.
46 Heiler, 1985, S. 175.
47 Schott, 1995/I, S. 544.

Sozialgeschichte der Stadt Würzburg 1500–1815

1 Seberich, 1968. S. a. die Beiträge von J. Lusin und St. Kummer im vorliegenden Band.

2 Wagner, 1988, und im vorliegenden Band.

3 v. Freeden, 1952.

4 Helmes, 1909; Kopp, 1979.

5 Soder v. Güldenstubbe, 1999.

6 Abert, 1904.

7 Scharold, 1818, Bd. I, H. 1, S. 1–9: Der Oberrath, S. 9–16: Der Unterrath oder Magistrat. S. a. den Beitrag von H. Drüppel, S. 232 ff., im vorliegenden Band.

8 Heiler, 1986/I.

9 Meyer, 1972.

10 Schenk, 1953.

11 650 Jahre Bürgerspital, 1969.

12 VKU, 1994.

13 Das Hospital, 1894.

14 S. a. den Beitrag von P. Kolb im vorliegenden Band. Wendehorst, 1976, S. 5–46; Soder v. Güldenstubbe, 1981, S. 12–14. DAW, Visitationes der Spittäler und Armenhäuser inn- und ausserhalb der Statt Würtzburg, Geschehen Anno 1620 und 1621.

15 Bönicke, 1788; Wegele, 1882; Schubert, 1967/I, 1973/II, 1982; Krenig, 1961; Baumgart, 1982/II; Brandt/Stickler, 1998; Hillenbrand/Weigand, 1989; Soder v. Güldenstubbe, 1990/II.

16 Stölzle, 1914.

17 Lutz, 1965.

18 Scharold, 1818, Bd. I, H. 2, S. 102.

19 Soder v. Güldenstubbe, 1979.

20 Z. B. DAW, Beschreibung deren Grund-Rissen über einem auf Wirtzburger Markung liegenden und zur hohen Dom-Probstey zu Wirtzburg gehörigen Zehend-District, 1778. Soder v. Güldenstubbe, 1988; Endres, 1974; Feineis, 1978.

21 Stahleder, 1957; Merzbacher, 1979.

22 Schubert, 1973/II.

23 Reuschling, 1984.

24 Schott, 1995/I.

25 Stamminger, 1892; Kaul, 1924, 1980; Hauser, 1972.

26 Wendehorst, 1974/II; Remling, 1986, S. 242, 281.

27 Schubert, 1983.

28 Götz, 1986, S. 35–41.

29 Ebd., S. 41–46.

30 Ebd., S. 47.

31 Zimmermann, 1976.

32 Die so genannten Hausgenossen des Domkapitels, die als Amtsleute des Domkapitels unter Sonderrecht standen (Immunität), zählt Amrhein, 1914/II, S. 126–211 auf.

33 StadtAW, Rp 11, fol. 172v–173r.

34 Götz, 1986, S. 51.

35 Bauer, 1998.

36 Götz, 1986, S. 47–50.

37 Flade, 1987, S. 47–54, hier S. 54.

38 Ebd., S. 55–58.

39 Gehring-Münzel, 1992; Baum, 1987.

40 Flade, 1987, S. 61–70; Brandt, 1987. S. a. den Beitrag von H.-P. Baum im vorliegenden Band. DAW, Akten der Familie von Hirsch auf Gereuth, Repertorium erstellt von Gabriele Polster, 1988.

41 StadtAW, Rp 13, fol. 15v–16r (9. März 1571); Scharold, 1818, Bd. I, H. 2, S. 200. S. a. allgemein: Reisenleitner, 2000; van Dülmen, 1999.

42 Heffner/Reuß, 1852, S. XXVII; Ring, 1914, S. 20; Korherr, 1937, S. 33.

43 Horsch, 1805, Beylage IX. Zur Frage der Bevölkerungszunahme im 18. Jh. vgl. ebd., S. 35.

44 Schöpf, 1802, Beylage V.

45 Horsch, 1805, Beylage XII.

46 Schöpf, 1802, Beylage IV.

47 Ebd., S. 73 f.

48 Horsch, 1805, Beylage XIII.

49 Ebd., S. 34, 207.

50 Korherr, 1937, S. 33.

51 Günther, 1910, S. 163.

52 Götz, 1986, S. 337–346.

53 Scherzer, 1985, S. 95–117; Rublack, 1978/I. S. a. die Beiträge von A. Wendehorst und K. Wittstadt im vorliegenden Band.

54 Schöpf, 1802, S. 210.

55 Chroust, 1914, S. 56 f.

56 Wendehorst, 1978, S. 162–238.

57 Hantsch, 1929.

58 Korherr, 1937, S. 39; Selig, 1988.

59 Schöpf, 1802, S. 80.

60 Horsch, 1805, Beylage VIII.

61 Amrhein, 1889/90. DAW, Akten des Domkapitels 14.–20. Jahrhundert, Repertorium von Roger Martin, 1987.

62 Wendehorst, 2001. DAW, Würzburg-St. Burkard, Aktenrepertorium von Thomas Wehner, 1989.

63 Bünz, 1998; Ullrich, 1887. DAW, Würzburg-Stift Haug, Aktenrepertorium von Ingrid Heeg-Engelhart und Thomas Wehner, 1989.

64 Wendehorst, 1989. DAW, Würzburg-Neumünster, Aktenrepertorium von Stefan Römmelt, 1993.

65 Fischer, 1935.

66 Schöpf, 1802, S. 229–235.

67 DAW, Klosterakten St. Afra, Repertorium von Ingrid Heeg-Engelhart und Thomas Wehner.

68 DAW, Klosterakten St. Markus, Repertorium von Thomas Wehner, 1989.

69 Hümmer, 1905.

70 Merkle, 1922, enthält bis 1794 auch die Gymnasiasten, die mit den Universitätsstudenten bis dahin gemeinsam in eine Matrikel eingetragen waren. Wendehorst, 1982; Polster, 1995.

71 Vgl. Żolądź-Strzelczyk, 1996.

72 Reindl, 1965.

73 250 Jahre Ursulinenkloster Würzburg, 1962; Backmund, 1974, S. 105.

74 Wieland, 1864; Stamminger, 1889, S. 50–61; Hemmerle, 1951, S. 144–146.

75 Ullrich, 1939, S. 9.

76 Schöpf, 1802, S. 65–67; Schwaegermann, 1951; Schröcker, 1977.

77 Merzbacher, 1952; Dünninger, 1962; Bartholomäus, 1987; Haberzettl, 1980.

78 S. Sammlung der … Landesverordnungen I–III, 1776–1801.

79 S. a. den Beitrag von J. Lusin im vorliegenden Band. Die Angaben zur Berufsstruktur gelten im Wesentlichen für das 16. Jh.; zur Situation im 18. Jh. vgl. den Beitrag v. H. Schott im vorliegenden Band, S. 160–164.

80 Seberich, 1962, S. 290.

81 Oberthür, 1796, S. 261–272.

82 Heffner/Reuß, 1852, S. XXXIX–XLIV.

83 Stamminger, 1889.

84 Weber, 1979.

85 Memminger, 1923, S. 265 f.

86 Ohlhaut, 1907, S. 31–37.

87 Götz, 1986, S. 147, 151, 161.

88 Ullrich, 1939, S. 12 f.

89 Ohlhaut, 1907, S. 32–36.

90 Backmund, 1974, S. 70 f.

91 Götz, 1986, S. 147, 151.

92 Ullrich, 1939, S. 12.

93 Ohlhaut, 1907, S. 38 f., 41.

94 Würzburger Porzellan, 1986.

95 Wendehorst, 1976, S. 28–30.
96 Götz, 1986, S. 147, 151.
97 Ullrich, 1939, S. 12.
98 Ohlhaut, 1907, S. 38 f.
99 Ebd., S. 36 f.; Schindler, 1970.
100 Götz, 1986, S. 148, 151 f.
101 Ullrich, 1939, S. 12.
102 Götz, 1986, S. 148–150.
103 Ullrich, 1939, S. 12 f.
104 Götz, 1986, S. 149, bes. Anm. 443.
105 Ebd., S. 148, 150, 154.
106 Ebd., S. 104.
107 Ullrich, 1939, S. 12.
108 Oegg, 1881, S. 317.
109 Memminger, 1923, S. 233 f.
110 Vgl. Schich, 1977, S. 161–182, 220–296; Götz, 1986, S. 152 f.
111 Götz, 1986, S. 150.
112 Ullrich, 1939, S. 12.
113 Götz, 1986, S. 150, 153.
114 Ullrich, 1939, S. 12.
115 Scharold, 1805, S. 172.
116 Vgl. die Beiträge von H. Schott, A. Wendehorst, St. Kummer u. a. im vorliegenden Band.
117 Sammlung der … Landesverordnungen I, 1776, S. 376, Nr. 169.
118 Ebd., S. 710 f., Nr. 322.
119 Abert, 1950, S. 8.
120 Gärten und Grünanlagen in Würzburg, hrsg. von Hatto Kallfelz und Ulrich Wagner, 1990.
121 Horsch, 1805, S. 12 ff., 22–24.
122 Sammlung der … Landesverordnungen I, 1776, S. 662–665, Nr. 380 f.
123 Scharold, 1805, S. 23.
124 Horsch, 1805, S. 15; Wittern, 1993.
125 Horsch, 1805, S. 327–334.
126 Brod, 1954.
127 Dettelbacher, 1979.
128 Horsch, 1805, S. 328 f.; Sammlung der … Landesverordnungen III, 1801, S. 2 ff., 7, 43, 317, 331.
129 Horsch, 1805, S. 74–96.
130 Ebd., S. 97–101.
131 Ebd., S. 107–117; Scharold, 1805, S. 22; Essen und Trinken in alter Zeit, 1991.
132 Scharold, 1818, Bd. I, H. 2, S. 176–184.
133 Schöpf, 1802, S. 168 f., 192 f., 200 f. Unter Zitz verstand man damals farbige bedruckte Kattunstoffe von feiner Qualität; Jacob und Wilhelm Grimm, Deutsches Wörterbuch, Bd. 31, Ndr. München 1991, Sp. 1714 f.
134 Scharold, 1805, S. 277–279.
135 Regierungsblatt für die churbaierischen Staaten in Franken v. 17. Feb. 1802: Anzeige der in der Stadt Würzburg befindlichen Gewerbe, Künstler und Handwerker. Pagel, 1886, S. 563; Kaspar, 1963, S. 40; Scharold, 1805, S. 64. S. a. die Beiträge von M. Sporn und E. Christoforatou im vorliegenden Band.
136 Schutz und Blankwaffen, 1992; Uhren aus fünf Jahrhunderten, 1999.
137 Scharold, 1805, S. 37 f., 76 f.
138 Pröve, 1967, S. 33–40.
139 Scharold, 1805, S. 34–36, 111–113, 157–160, 282, 294 f.; Kramer, 1957.
140 Mokroß, 1954.
141 Domarus, 1964; Rosenstock, 2001.
142 Dennerlein, 1853; Heuler, 1954. S. a. den Beitrag von W. Schulz im vorliegenden Band. Soder v. Güldenstubbe, 1990/I.
143 Horsch, 1805, S. 131–134; Kaul, 1924, 1980; Kliebert, 1904; Hörnes, 1867; Sack, 1959. Vgl. den Beitrag von B. Janz im vorliegenden Band.

144 Sehi, 1973, S. 45–53.

145 Baier, 1895, S. 80 f.

146 Beckmann/Zumkeller, 2001, S. 309–320; Remling, 1986, S. 412 f.: Übersicht über die Würzburger Fraternitäten.

147 DAW, Depositum: Archiv der Kreuzbergbruderschaft, Repertorium von Michaela Scheibe, 1990.

148 Gropp, 1730.

149 DAW, Pfarreiakten Würzburg, St. Burkard-Käppele.

150 Vgl. auch die Beiträge von E. Christoforatou, M. Sporn und W. Loibl im vorliegenden Band.

151 Festgabe, 1906.

152 Scharold, 1805, S. 44–47.

153 v. Freeden, 1937, S. 13 u. ö.

154 Scharold, 1805, S. 285 f.

155 Flurschütz, 1965; Baumgärtel-Fleischmann, 1995; Schubert, 1983.

156 Franke/Schröder, 1957.

157 Brinkschulte, 1998.

158 Horsch, 1805, S. 18–21.

159 Ebd., S. 145–147.

160 Scharold, 1805, S. 286 f.

161 Oberthür, 1796, S. 66–69.

162 v. Lüde, 1987, S. 114.

163 v. Freeden, 1983, S. 139, 143.

164 Horsch, 1805, S. 101–106.

165 Oegg, 1881, S. 181 f.

166 Scharold, 1805, S. 15.

167 Ebd., S. 33, 272 f.

168 Horsch, 1805, S. 12 f., 19–26.

169 Scharold, 1805, S. 21; Sammlung der … Landesverordnungen III, 1801, S. 470–473.

170 Blessing, 1993.

171 Backmund, 1974, S. 21 f.

172 Bechtold, 1940/II, S. 82, 106; Eubel, 1884, S. 1–83; Bendel, 1910, S. 159–179; Schulze, 1975, 1978, 1980.

173 Scharold, 1805, S. 19–21.

174 Memminger, 1921.

Hexenprozesse

1 Merzbacher, 1956, S. 152 f.; vgl. auch Knapp II, 1907, S. 563.

2 Engel, 1950/I, Nr. 100, S. 33.

3 Knapp II, 1907, S. 563 f.; Weiß, 1995, S. 329.

4 Decker, 1981/82, S. 344; Behringer, 1987, S. 122 ff., 164 f.

5 Zu den Würzburger Epidemien zwischen 1575 und 1632 s. Lechner, 1929, S. 258–263.

6 Dt. Übersetzung: Jerouschek/Behringer, 2000, S. 139 ff.; Datum der Erstausgabe (Dez. 1486): ebd., S. 22 ff.

7 Segl, 1988, S. 103 ff., 116 f.

8 Frank, 1988, S. 71 ff., 94 ff.

9 Jerouschek/Behringer, 2000, S. 227 ff. (Hexenhammer I/6).

10 Mirbt, 1934, Nr. 408, S. 244 f. – dt. Übersetzung: Jerouschek/Behringer, 2000, S. 101 ff.

11 Speziell zum Delikt der *zauberey*: Artt. 21, 44, 52, 109 CCC.

12 Z. B. die *doctores iuris* Dietmann (Reuschling, 1984, S. 341), Faltermayer (ebd., S. 338), Burckhart (ebd., S. 357), Dürr (ebd., S. 358).

13 StAW, Misc. 1954, 2879, 2880; StAW, Hist. Saal VII 25/374, fol. 111; vgl. Weiß, 1995, S. 332 f.

14 Wendehorst, 1976, S. 48.

15 StAW, Hist. Saal VII 25/375; Weiß, 1995, S. 333.

16 StAW, Misc. 2882; vgl. Knapp II, 1907, S. 572 f.

17 Vgl. dazu Jäger, 1834, S. 5.

18 Knapp II, 1907, S. 113.

19 Sixt, 1892, S. 176; Schormann, 1981, S. 67; vgl. auch Jäger, 1834, S. 6.

20 Faksimile des Titelblatts: Weiß, 1995, S. 335; Druck (Auszug): Behringer, 2000, Nr. 162, S. 247 ff.

21 Behringer, 2000, S. 248.

22 Jerouschek/Behringer, 2000, S. 306 ff. (Hexenhammer I, 14).

23 Kerler, 1899/I, S. 3–72 (Kalendereinträge des Tuchscherers Jakob Röder).

24 Vgl. dazu Weiß, 1995, S. 334, 336; Jäger, 1834, S. 5 ff., 9 ff.

25 Kerler, 1899/I, S. 21.

26 Ebd., S. 60 f.

27 Sixt, 1892, S. 110 ff., 176; vgl. Jäger, 1834, S. 6 ff.; Pfrang, 1987, S. 155, 164; zu den Hexenjagden im Hochstift gegen Ende der Echterzeit s. Weiß, 1995, S. 333 f.

28 StadtAW, Rp 21, fol. 202.

29 Kerler, 1899/I, S. 63 (Eintrag v. 13. Sept. 1617).

30 Vgl. Looshorn VI, 1906, S. 30; Merzbacher, 1989, S. 72 f.; ders., 1950, S. 167; ders., 1970/I, S. 44.

31 Kerler, 1899/I, S. 66.

32 Gropp, 1748, S. 389; Franck, 1755, S. 412; Merzbacher, 1970/I, S. 118.

33 StAW, Mainzer Ingrossaturbuch 85, fol. 304, 317, 340, 345; vgl. Weiß, 1995, S. 337.

34 Weiß, 1995, S. 336 f.; Pfrang, 1987, S. 155.

35 Weiß, 1995, S. 336 f.; Schwillus, 1989, S. 3 f.

36 Sixt, 1892, S. 178; Pfrang, 1987, S. 162.

37 Sammlung der … Landesverordnungen I, 1776, Nr. 29, S. 143.

38 Bechtold, 1940/II, S. 183 Anm. 67.

39 Zur Persönlichkeit Ehrenbergs: Dürr, 1935, S. 121 ff.; Schwillus, 1989, S. 15–19.

40 StAW, Misc. 1954; Dürr, 1935, S. 104.

41 Lechner, 1929, S. 262 f.; Dürr, 1935, S. 93 f.

42 Denzinger, 1849, S. 144.

43 StAW, Hist. Saal VII 28/424; Weiß, 1981, S. 370 f.; ders., 1995, S. 337 f.; Schwillus, 1989, S. 15. – Verfolgungsdruck durch den *gemeine[n] pöffel* in Zeil, 1626: Denzinger, 1849, S. 143 f.; Behringer, 2000, Nr. 163, S. 250.

44 Dürr, 1935, S. 106 ff.; Weiß, 1995, S. 337 f.

45 StAW, WDKP 1630, fol. 75; vgl. Bechtold, 1940/III, S. 129 Anm. 26; Weiß, 1988, S. 72, 89.

46 Zahl von Gropp, Bd. I, 1748, S. 402, u. Franck, 1755, S. 414, überliefert.

47 Hauber, 1745, S. 808 ff.; mit biografischen Anm. hrsg. v. Bechtold, 1940/II, S. 171–186; korrigierte u. erg. Fassung: Schwillus, 1987, S. 150–153.

48 Schwillus, 1987, S. 150.

49 Bechtold, 1940/II, S. 172 Anm. 15; vgl. Midelfort, 1972, S. 178, 187; Behringer, 2000, S. 273.

50 Jerouschek/Behringer, 2000, S. 286 ff., 472 ff. (Hexenhammer I, 11; II/1, 13).

51 Bechtold, 1940/III, S. 122; Schwillus, 1991, S. 234 f.; Behringer, 2000, Nr. 171, S. 262. – Faksimile einer in Nürnberg (1627) gedr. *Druten Zeitung* mit gereimtem Bericht über das Hexenwesen in Stadt u. Hochstift Würzburg: Behringer, 1987, S. 313.

52 Vgl. Jäger, 1834, S. 56, 61 f.; Schwillus, 1989, S. 61.

53 Schwillus, 1987, S. 150; Bechtold, 1940/II, S. 173 Anm. 20, 175.

54 StadtAW, Rb 15: Jakob Baunach (gest. 23. Aug. 1627), Martin Weidenbusch (gest. 20. Dez. 1628), Barthel Wolffarth (gest. 14. März 1629), Matthes Heiligenthal (gest. 23. März 1629), Veit Stoltzenberger (1629); vgl. Bechtold, 1940/III, S. 123.

55 Zu Prozessen gegen Kinderhexen: Behringer, 1987, S. 352 ff.

56 Midelfort, 1972, S. 144.

57 Vgl. aber Weiß, 1988, S. 76.

58 Zu seiner Person s. Bechtold, 1940/II, S. 176 f. Anm. 35; Schwillus, 1989, S. 20 ff., 135, 140, 142.

59 Weiß, 1988, S. 79. – Vgl. aber Bechtold, 1940/II, S. 197; Merzbacher, 1970/I, S. 189; Schwillus, 1989, S. 109 f.

60 Weiß, 1988, S. 83, 85; Schwillus, 1989, S. 31, 33, 36, 38, 55, 61, 63, 66 ff., 70 f.

61 C. 29 C. XVII q. 4 (= Canon 15 des II. Laterankonzils v. 1139).

62 Wegele I, 1882, S. 319; Merzbacher, 1970/I, S. 89 u. Anm. 115.

63 StAW, ldf 41, S. 240–243; ebd., S. 425; Scharold, 1840/III, S. 128 ff.; Schwillus, 1989, S. 7.

64 StAW, ldf 41, S. 420 f.; Faksimile: Soldan/Heppe/Bauer, 1912, nach S. 16.

65 Zur desolaten Finanzlage des Hochstifts: Dürr, 1935, S. 85 f.

66 Ende März 1629 hatten sich aus Vermögenseinzug 80 000 fl angesammelt; StAW, Geistl. Sachen 1240.

67 Knapp II, 1907, S. 576.

68 Chroust, 1929/I, S. 493: *la troisiesme partie de la ville sera depeuplée.*

69 Zur Biographie Brandts s. Reuschling, 1984, S. 337 m. Anhang S. 153 f. Anm. 477–484.

70 Dürr, 1935, S. 166.

71 Vgl. dazu insbesondere StAW, Hist. Saal VII 25/377, fol. 184 ff.

72 StAW, WDKP 78, fol. 207v.

73 v. Lamberg, S. 37; Dürr, 1935, S. 112.

74 Schwillus, 1989, S. 9.

75 Behringer, 2000, Nr. 173, S. 265.

76 Bechtold, 1940/III, S. 121 ff.; Schwillus, 1991, S. 231 ff.

77 *Mandat gegen Hexerey vnd Teuffelskunst* v. 1627; Faksimile: Soldan/Heppe/Bauer II, 1912, nach S. 16.

78 Das vermutete Baschwitz, 1963, S. 268.

79 Zur rechtlichen Bewertung der Zauberei als Häresie s. Jerouschek/Behringer, 2000, S. 504 ff. (Hexenhammer II/1, 16).

80 Zu den Einzelheiten s. Merzbacher, 1970/I, S. 111 ff., und Schwillus, 1989, S. 42 ff.

81 Midelfort, 1972, S. 152.

82 Merzbacher, 1970/I, S. 117 f.

83 Knapp II, 1907, S. 583, 586 f. Anm. 53.

84 StAW, Misc. 1954; Knapp II, 1907, S. 580.

85 Jerouschek/Behringer, 2000, S. 125 ff. (Hexenhammer II/1).

86 Interrogationsschemata: StadtAW, Rb 409; vgl. auch Schwillus, 1989, S. 72–74.

87 StAW, Histor. Saal VII 25/377, fol. 109v–110v; vgl. auch Knapp II, 1907, S. 567; Merzbacher, 1970/I, S. 7 Anm. 12; Behringer, 2000, Nr. 171, S. 263.

88 S. dazu Knapp II, 1907, S. 579 und im horriblen Detail Merzbacher, 1970/I, S. 142 ff.

89 Zu Faltermayers Person und Laufbahn: Wegele I, 1882, S. 289 Anm. 3; Reuschling, 1984, S. 340 f.; über seine Einschaltung als Hexenspezialist in die Klerikerprozesse s. Schwillus, 1989, S. 48 f.

90 Midelfort, 1972, S. 145, 147.

91 Bechtold, 1940/III, S. 129 Anm. 12.

92 Art. 60 CCC.

93 Knapp II, 1907, S. 584 zu den von Fürstbischof Julius persönlich angeordneten Strafmilderungen.

94 Über die durch Zauberei bewirkten, unheilvollen Ehestiftungen dieser *Prügelbäckin* unterrichtet Franck, 1755, S. 414 f., nach einem verlorenen *Tage-Buechlein [...], welches jemand in dem Jahre 1627. genau und sorgfaeltig verbessert* habe.

95 Artt. 65, 66, 67 CCC.

96 Jerouschek/Behringer, 2000, S. 637 ff. (Hexenhammer III/1, 3; III/1, 4).

97 Vgl. Schwillus, 1989, S. 51.

98 StAW, Hist. Saal VII 25/375, fol. 3; Knapp II, 1907, S. 562.

99 Behringer, 2000, Nr. 172, S. 264.

100 Jerouschek/Behringer, 2000, S. 657 ff. (Hexenhammer III/2, 10).

101 Merzbacher, 1970/I, S. 103.

102 Artt. 52, 56 CCC.

103 Schwillus, 1989, S. 72 ff.

104 Chroust, 1929/I, S. 494: [...] *n'ont faiet aucun mal ni endommagé personne.*

105 Zu Barbara Göbel s. Bechtold, 1940/II, S. 180 f. Anm. 51.

106 Zu Fischborn s. Schwillus, 1989, S. 114, 140.

107 Bechtold, 1940/II, S. 187 f. – Von 63 Personen, die nach diesem Verzeichnis bis zum 28. Oktober 1627 verbrannt worden sein sollen, werden 25 einzeln aufgelistet.

108 Bechtold, 1940/II, S. 188 Anm. 111 (6. Brand), S. 196 f.

109 Jerouschek/Behringer, 2000, S. 366 f. (Hexenhammer I/1, 1).

110 Ebd., S. 774 f. (Hexenhammer III/3, 17).

111 Bechtold, 1940/II, S. 175 Anm. 32.

112 Ebd., S. 177.

113 Ebd., S. 184, 181 Anm. 53.

114 Ebd., S. 182 u. Anm. 56; ders., 1940/III, S. 123.

115 Zur Person: Reuschling, 1984, S. 358 u. Anhang S. 162.

116 StAW, Stb. 797, S. 32; vgl. auch StAW, Geistl. Sachen 61/240.

117 Bechtold, 1940/II, S. 188 u. Anm. 102.

118 Zur Person: Reuschling, 1984, S. 73, 357, 452 u. Anhang S. 51, 162.

119 Bechtold, 1940/III, S. 128; Fahndungsbrief v. 31. Jan. 1628: StAW, Hist. Saal VII 25/377.

120 Behringer, 2000, Nr. 192, S. 331; ders., 1987, S. 204 Anm. 284.

121 Schwillus, 1989, S. 29 f.; Weiß, 1988, S. 83.

122 Chroust, 1929/I, S. 494.

123 Dürr, 1935, S. 114 (Mitteilung Ehrenbergs an das Domkapitel, Feb. 1630).

124 Franck, 1755, S. 419.

125 Dazu Weiß, 1995, S. 353; Merzbacher, 1970/I, S. 83 f.; Diefenbach, 1886, S. 124.

126 StAW, Stb. 797, S. 31 f.

127 Oestmann, 1997, S. 505.

128 Laufs, 1976, S. 200 (Reichskammergerichtsordnung 1555, 2. Teil, Tit. XXIII *Von Mandaten und in was Fellen dieselben one oder mit Justificatori-Clausel erkendt werden mögen*).

129 Merzbacher, 1970/I, S. 83; ders., 1989, S. 75 f.; Oestmann, 1997, S. 499 ff.

130 StAW, Hist. Saal VII 25/377, fol. 142 ff.; Weiß, 1988, S. 89; ders., 1995, S. 354; Schwillus, 1989, S. 40.

131 Schwillus, 1987, S. 153; ders., 1989, S. 40, 133, 142; Weiß, 1988, S. 88.

132 Dürr, 1935, S. 114.

133 Zum Konfiskationsrecht im Reich: Midelfort, 1972, S. 164 ff. – Mandate gegen die bambergische Konfiskationspraxis: Diefenbach, 1886, S. 133; Merzbacher, 1970/I, S. 180; zum päpstlichen und kaiserlichen Eingreifen gegen die Bamberger Hexenprozesspraxis 1630: Behringer, 1987, S. 328 ff. – In Würzburg waren beträchtliche Überschüsse »erwirtschaftet« worden, vgl. StAW, WDKP 82, fol. 334 v; Knapp II, 1907, S. 586 f. Anm. 53; Bechtold, 1940/III, S. 127; Weiß, 1988, S. 80 f.; Schwillus, 1989, S. 107 f.

134 Bechtold, 1940/III, S. 124.

135 Weber, 1979, S. 49.

136 Gest. 1650. – Zur Person: Reuschling, 1984, S. 338 f. u. Anhang S. 154 f.

137 Weiß, 1995, S. 354 m. Hinweis auf die Wertheimer Prozesse.

138 Ders., 1988, S. 90; Schwillus, 1989, S. 10 f.

139 Weber, 1979, S. 483.

140 StAW, Misc. 2889, 2890; Merzbacher, 1950, S. 176; Weiß, 1995, S. 355.

141 Riezler, 1896, S. 248; Merzbacher, 1950, S. 177 f.; ders., 1970/I, S. 48 f.; Behringer, 1987, S. 337; Keller, 1995, S. 342. – Leibniz' Bericht über die Begegnung Schönborns und Spees: Soldan/Heppe/Bauer, 1912, S. 189 f.; Behringer, 2000, Nr. 266, S. 441 f.

142 Caput 18 der in diesem Zusammenhang häufig zitierten schönbornschen Kirchenordnung v. 1669 – Druck: Schneidt, II. Abschnitt, H. 8, 1788, S. 1390–1416 – verbietet den *verdambten Aberglauben*, nicht den Prozess gegen seine Adepten. – Skeptisch wohl auch Weiß, 1995, S. 355 f.; vgl. ferner den von Egert, 1964, S. 120, mitgeteilten Fall von 1683.

143 Behringer, 1987, S. 336 f.; ders., 2000, Nr. 240, S. 399.

144 Francisco Goya, Caprichos, 1799, Bl. 43: *El sueño de la razon produce monstruos*.

145 Gropp, 1748, S. 389.

146 Zum gesamten Vorgang: StAW, HV MS f. 20; MS f. 225; MS f. 227; Memminger, 1904, S. 141–273; Merzbacher, 1970/I, S. 49–52, 157 f.; Behringer, 1987, S. 357, 369 ff.; Sussmann-Hanf, 1995, S. 25–36.

147 Im Einzelnen s. Scharold, 1839, S. 171–173.

148 Bechtold, 1940/II, S. 242–262; Merzbacher, 1979, S. 34–37 (m. weiterer Lit.).

Alltag, Feste und Bräuche

1 Münster, 1572/I, S. 958.

2 Z. B. Sammlung der ... Landesverordnungen I, 1776, S. 32 (28. März 1579); StadtAW, RA 1251 (30. Juni 1700); RA 1741 (27. Sept. 1721).

3 Gropp III, 1748, S. 309; Bechtold, 1935/II.

4 Horsch, 1805, S. 14; vgl. Pfister, 1915.

5 Pfister, 1915, S. 30 f.; Reitberger, 1952, S. 23.

6 Kramer, 1957, S. 137 f.

7 Zur Frage, wie authentisch der Zeichner der Miniaturen in der Darstellung historischer Ereignisse die Lebenswelt seiner eigenen Zeit, also des 16. Jh.s, wiedergibt, vgl. Brückner, 1996; Muth 1996/I.

8 Franz, 1951, S. 15.

9 Kramer, 1957, S. 33.

10 Scherzer, 1953.

11 Der fränkische Merkur 2 (1795), S. 827.

12 Franz, 1951, S. 42.

13 Ebd., S. 51.

14 Franck, 1534, fol. Lr.

15 Abert, 1954, S. 170–179.

16 Bechtold, 1934/II.

17 StadtAW, RA 880 (13. und 28. Aug. 1728).

18 Sammlung der ... Landesverordnungen I, 1776, S. 497–499 (24. März 1700); II, 1776, S. 69–72 (8. Okt. 1732), 299 f. (30. Jan. 1742), 783 (19. Dez. 1763); vgl. Bechtold, 1935/VI.

19 Seberich, 1953/I.

20 Würzburger Almosen-Ordnung vom Jahre 1533. Mitgetheilt vom Legationsrath Dr. Scharold, in: AUfr 5/III (1839), S. 137–152; Sammlung der ... Landesverordnungen II, 1776, S. 554–559 (26. Nov. 1749); III, 1801, S. 18 (19. Jan. 1772); zur Armenpolitik Franz Ludwigs v. Erthal: Schott, 1995/I, S. 497–524; ders., 1995/III.

21 StadtAW, RA 1103 (19. Jan. 1737).

22 StadtAW, RA 1740 (7. März 1710).

23 Bechtold, 1910, S. 199.

24 Sammlung der ... Landesverordnungen I, 1776, S. 33 f. (28. März 1579), 271 f. (20. Juni 1668), 593 f. (14. Aug. 1715), 682 f. (2. Dez. 1722); II, 1776, S. 214 f. (21. Aug. 1739), 465 f. (22. Jan. 1747).

25 Sammlung der ... Landesverordnungen I, 1776, S. 259 (19. Juni 1653), 484 (30. Juni 1699), 515 (1. Juni 1701); II, 1776, S. 207 (14. Mai 1739).

26 Sammlung der ... Landesverordnungen I, 1776, S. 505 f. (19. Juli 1700), 766 (14. Jan. 1727); II, 1776, S. 214 f. (21. Aug. 1739).

27 Bechtold, 1935/VII.

28 Schott, 1995/III, S. 132.

29 Redelberger, 1928.

30 Sammlung der ... Landesverordnungen II, 1776, S. 652 f. (19. Juni 1754).

31 Vgl. die Bildbeschreibung: Muth, 1997, S. 297 (zu Abb. 119 und 128).

32 Scharold, 1818/I, S. 177–181; vgl. Schneider, 2001, S. 511 f.

33 Kleinlauth, 1988, S. 35.

34 Behnisch, 1962, bes. S. 7–13.

35 Brückner, 1996, bes. S. 237 f., 241–243.

36 Scharold, 1840/I.

37 Der fränkische Merkur 2 (1795), S. 325.

38 Horsch, 1805, S. 123.

39 Scharold, 1805, S. 278 f.

40 Vier handkolorierte Radierungen Würzburger Frauentrachten von Margarete Geiger brachte der Verlag Artaria und Co., Wien, in einer Mappe im Jahr 1808 heraus; vgl. Müllner, 1982, S. 28–31, Abb. 7–9 und 13–16.

41 Kerler, 1899/I; ders., 1899/II; Kleinlauth, 1988.

42 Kleinlauth, 1988, S. 71 (2. Mai 1611).

43 Brückner, 1997, S. 24.
44 StAW, ldf 36, fol. 997–1011 (30. Jan. 1617); vgl. Merzbacher, 1973, S. 102 f.
45 Endres/Engel, 1952, S. 32 (18. Feb. 1572).
46 Engel, 1950/I, S. 83, Nr. 266 (18. Feb. 1572).
47 Gropp IV, 1750, S. 478 (21. Jan. 1732).
48 Schweser, 1926.
49 StAW, ldf 36, fol. 1006–1008 (30. Dez. 1617).
50 Scharold, 1825, S. 67.
51 Bechtold, 1940/I.
52 Lechner, 1929, S. 328.
53 Sammlung der … Landesverordnungen II (1776), S. 490–492 (7. Juli 1747); III (1801), S. 289–293 (6. Aug. 1783), 332–336 (12. Dez. 1785).
54 Schott, 1999.
55 Kleinlauth, 1988, S. 55 (15. Juli 1607), 57 (22. Dez. 1607), 65 (19. Dez. 1609).
56 Endres, 1938.
57 Kramer, 1957, S. 184.
58 Sammlung der … Landesverordnungen I, 1776, S. 433 (30. Juli 1693), 813 (18. Juni 1765).
59 Kramer, 1957, S. 181 (1543).
60 Ebd., S. 181 (1530).
61 Wagner, 1988, S. 113.
62 Ebd.
63 Sammlung der … Landesverordnungen I, 1776, S. 10 f. (21. Mai 1561), 41 f. (7. Feb. 1602).
64 Wagner, 1988, S. 113.
65 Abert, 1954, S. 175.
66 Sammlung der … Landesverordnungen II, 1776, S. 872 (15. Jan. 1768).
67 Journal von und für Franken 1 (1790), S. 257–262.
68 Sammlung der … Landesverordnungen III, 1801, S. 359 f. (21. Dez. 1786); Schott, 1995/III, S. 136 f.
69 Sammlung der … Landesverordnungen III, 1801, S. 405 (22. Juli 1788).
70 Scharold, 1805, S. 15.
71 StadtAW, Rp 39, fol. 67v (20. März 1656); Bechtold, 1940/IV, S. 207.
72 Sammlung der … Landesverordnungen III, 1801, S. 602 f. (25. Juli 1793).
73 Sammlung der … Landesverordnungen IV, 1810, S. 30 (23. März 1802).
74 Würzburg zu Anfang des vorigen Jahrhunderts, 1895, S. 270.
75 Ebd., S. 271.
76 Beierlein, 1952, S. 350.
77 Bechtold, 1910, S. 201.
78 Ders., 1932.
79 Würzburg zu Anfang des vorigen Jahrhunderts, 1895, S. 270.
80 Der fränkische Merkur 2 (1795), S. 765–767.
81 Scharold, 1805, S. 34.
82 Pröve, 1967, S. 12.
83 Hörnes, 1869, S. 438.
84 Dettelbacher, 1977; Merzbacher, 1952; Dünninger, 1962, S. 151; ders., 1989.
85 Hörnes, 1869, S. 437.
86 StadtAW, Rp 35, S. 521 (11. Nov. 1648).
87 Janson, 1926.
88 Gropp IV, 1750, S. 350.
89 Ebd., S. 351.
90 Ebd., S. 399.
91 Brod, 1954, S. 46–54.
92 StadtAW, Rp 44, fol. 55v; Dünninger/Schopf, 1971, S. 139–141.
93 Brod, 1954, S. 51.
94 Küffner, 1925, S. 73.
95 Engel, 1950/I, S. 95–98; Burkard, 1951; Einzug und Tod eines Bischofs, 1952; Grebner, 1988.
96 v. Freeden, 1940, S. 137.

 97 Gropp IV, 1750, S. 527; vgl. Domarus, 1952/53.
 98 Göbl, 1895/I, S. 107.
 99 Engel, 1950/I, S. 90–94.
100 StadtAW, Rp 11, fol. 64r (29. Aug. 1549); Bechtold, 1935/III.
101 Kramer, 1957, S. 86.
102 Ebd.
103 Heffner, 1863, S. 310.
104 StadtAW, RA 2802; RA 1177.
105 Boemus, 1520, fol. LVIIv–LXr.
106 Bechtold, 1935/IV; Heeger, 1961; vgl. Schneider, 2001, S. 499; Moser, 1985/III, S. 29.
107 Scharold, 1836/I, S. 48.
108 Sammlung der … Landesverordnungen II, 1776, S. 714 f. (13. Dez. 1756).
109 Scharold, 1818/II.
110 Goy, 1969, S. 28.
111 Der fränkische Merkur 1 (1794), S. 528 f.
112 Moser, 1985/II, S. 86.
113 Scharold, 1836/I, S. 30; ag, 1929.
114 Scharold, 1836/I, S. 50.
115 Ebd., S. 51.
116 Kramer, 1957, S. 68.
117 StAW, ldf 30, S. 106 f.; Dünninger/Schopf, 1971, Nr. 51.
118 Sammlung der … Landesverordnungen I, 1776, S. 292 (14. Jan. 1673), 302 (8. Feb. 1677), 338 (10. Feb. 1685), 590 (21. Feb. 1715); Dünninger/Schopf, 1971 Nr. 51, 54.
119 Kramer, 1957, S. 68.
120 Bechtold, 1933/II.
121 Fries II, 1994, S. 257; Dünninger/Schopf, 1971, Nr. 50.
122 Der fränkische Merkur 6 (1799), S. 800 f.
123 Bechtold, 1940/VI, S. 232–235.
124 Pfrenzinger, 1938.
125 Journal von und für Franken 5 (1792), S. 214; Goy, 1969, S. 49.
126 Scharold, 1836/I, S. 32 f.
127 Franck, 1534, fol. LIv.
128 Ebd.
129 Kleinlauth, 1988, S. 64 (31. Okt. 1609).
130 Oberthür, 1796, S. 76.
131 Scharold, 1805, S. 295.
132 Oberthür, 1795, S. 78.
133 Fries I, 1992, S. 110.
134 Franck, 1534, fol. LIv–LVIIr.
135 Ebd., fol. LIIr.
136 Fries I, 1992, S. 212; Brückner, 1996, S. 243 f.
137 Fries II, 1994, S. 73 f.
138 Oberthür, 1795, S. 34.
139 Ebd.
140 Kleinlauth, 1988, S. 87 (24. März 1617); Rausch, 1986.
141 StadtAW, Rp 21 (1617), fol. 91; Rp 23 (1623), fol. 81 f.; Dünninger/Schopf, 1971, Nr. 89.
142 StadtAW, Rp 23 (1625), fol. 181.
143 Gropp II, 1744, S. 22 f.
144 Oberthür, 1795, S. 67 f.
145 Ders., 1798/I, S. 80.
146 Goy, 1969, S. 152.
147 Ebd.
148 Oberthür, 1798/I, S. 107.

Neujahrswünsche von 1621

1 Da Bürgermeister Georg Gantz erkrankt war, konnte der Stadtschreiber als sein Vertreter teilnehmen. Das stark formalisierte Verfahren trägt zeremonielle Züge. – Die Abschrift (StadtAW, Ratsprotokoll 22, 1621, fol. 1–7) wurde leicht modernisiert. Ergänzungen und Erläuterungen des Bearbeiters stehen in eckigen Klammern.

Das Spital- und Gesundheitswesen

1 Der Beitrag versteht sich als eine Fortführung des in Bd. I, S. 386–409, enthaltenen Artikels »Das Spital- und Gesundheitswesen«. Soweit dort themenspezifische Ausführungen grundsätzlicher Art gemacht wurden, wird darauf Bezug genommen. Das gilt auch hinsichtlich der Literatur.
2 StadtAW, Rp 11, S. 177.
3 StAW, Stb. 1012, fol. 531r. Fries führt unter *Spital im Stift, wivil der einem Bischof verwandt sein* zwar auch noch das Spital *zu Sant Johans am Haus darbei*, das Johanniterspital, auf. Allein dieses Spital hatte zu einem nicht exakt ermittelbaren, aber wohl in die 2. Hälfte des 14. Jh.s fallenden Zeitpunkt offensichtlich seinen Spitalbetrieb eingestellt. Es führte nun den Namen Johanniter(ordens)haus. Seine Nennung in der Hohen Registratur wird man daher nur als Hinweis auf vorhandenes Registraturgut verstehen können (vgl. auch StAW, ldf 24, S. 425 neu).
4 StAW, WDKP 28 (1572), S. 266 alt/291 neu.
5 StAW, WDKP 30 (1574), S. 116 alt/140 neu.
6 StAW, WDKP 31 (1575), S. 51 alt/74 neu und 163 alt/186 neu.
7 Ebd., S. 261 alt/284 neu.
8 Die Geschichte des Juliusspitals ist in einem zweibändigen Werk ausführlich dargestellt. Dort findet sich auch die einschlägige Literatur. Auf eine Wiederholung der Gründungsereignisse und auf eine Schilderung des Schicksals der Stiftung im Einzelnen wird daher verzichtet. Es wird verwiesen auf Wendehorst, 1976, und Merzbacher, 1979. Vgl. auch Weiss, 1980, bezüglich der Juliusspitalkirche. Jüngst erschienen: Kern, 1999.
9 StAW, WDKP 33 (1577), S. 122–124 alt/148–150 neu. Das Domkapitel brachte in seiner Sitzung vom 11. März 1577 vor allem vor, das Spital vor den Mauern der Stadt sei im Falle eines Angriffs eine strategisch günstige Kampfposition für den Feind, weil man nach der Eroberung des Spitals auf seinen starken Mauern und Gewölben die Geschütze aufstellen und der Stadt großen Schaden zufügen könne. Es erhob aber auch Bedenken gegen die Finanzierung des Ganzen. Insgesamt hielt es das Domkapital für besser, die bereits bestehenden alten Pflegen und ähnlichen Einrichtungen zu renovieren als den Neubau zu beginnen.
10 StAW, WU 14/49 (Libell 159); ldf 38, S. 311–331 neu/139 ff. alt; HV MS f. 689; Archiv des Juliusspitals, Akten Nr. 3179; StadtAW, RA 2671 (korrigierte Abschrift auf Papier mit Schlusssatz von Fürstbischof Julius´ eigener Hand. Letzter Entwurf für das Original). Von dem oft gedruckten Text seien als einzige Drucke erwähnt Stöhr, 1908, S. 45 ff. und Romberg 2002, S. 7 ff., der die Stiftungsurkunde in modernes Deutsch übertragen hat.
11 Eine Vorstellung des Bauzustands im Gründungszeitpunkt vermitteln das Gemälde von Georg Rudolph Hennenberg und ein danach von Johann Leipolt gearbeiteter Stich.
12 Sticker, 1932, S. 444.
13 Wendehorst, 1976, S. 118 mit Tabelle auf S. 112.
14 Ebd., S. 39 f.
15 Vgl. auch Tausendpfund, 1973, S. 69 ff.
16 Vgl. Brinkschulte, 1995, S. 23 ff., 27 ff.
17 Sperling, 1985, S. 157.
18 Heiler, 1995, S. 139 ff., 144.
19 Vgl. Wendehorst, 1976, S. 153 ff.
20 Vgl. Frühinsfeld, 1991, S. 87.
21 Wendehorst, 1976, S. 158.
22 Vgl. ebd., S. 158, 161 ff., mit eingehender Beschreibung von Unterbringung und Betreuung der Geisteskranken.
23 Horsch, 1805, S. 236; Schott, 1995/I, S. 532.

24 Frühinsfeld, 1991, S. 153.

25 Ebd., S. 157.

26 Wendehorst, 1976, S. 172.

27 Schott, 1995/I, S. 530.

28 Wendehorst, 1976, S. 174.

29 Siehe S. 283.

30 Reubold, 1904, S. 1 ff. Die Finanzierung des Instituts geschah durch jährliche Beiträge der Würzburger Kaufmannschaft, der Zünfte, des Chirurgengremiums sowie durch Einnahmen z. B. von einem Liebhaberkonzert, aus Sammelbüchsen oder durch private Zuwendungen des Fürstbischofs (vgl. StadtAW, Rb 378, 4. Jahresrechnung 1789, geführt vom Bürger und Hutmacher Joseph Heydenreich).

31 Wendehorst, 1976, S. 195 ff.; Chroust, 1914, S. 201 f.

32 Vgl. Janz, 1998, S. 17 ff.

33 StadtAW, Rb 404, S. 4 ff.; von dem Vermächtnis sollte auch noch an einen oder zwei Studenten aus seiner Verwandtschaft ein jährliches Stipendium von 50 fl ausgereicht werden. Diese Verpflichtung wurde der Hofkammer zugewiesen. Bei einer Spitalvisitation im Jahr 1744 stellte man allerdings fest, dass die Pfründenvermehrung in der Praxis mangels Nachfrage nicht realisiert wurde. Kopie des Vermächtnisses (Verschreibung v. 1. Jan. 1559) in StadtAW, Rb 404, S. 145. S. a. StAW, HV MS f. 677, Extractus wegen des Hofspitals.

34 StadtAW, Rb 404, S. 267 ff. Die Aufnahme der kranken Hofdiener durch den Fürstbischof geht aus einer Jahrtagsfundation für Margaretha Weber, eine ehemalige Konventualin in Himmelspforten, aus dem Jahre 1573 hervor: *Ein Jahrtag für alle Christgläubigen Unsers gewesenen Hoffgesindts Seelen, so auff Unserem Fürstl. Schloß Unser lieben Frauen berg ob Wirtzburg und in Jetzt berührten Spithal verstorben seynd [...].*

35 StadtAW, Rb 404, S. 157 ff., in Kopie. Auch die Aufnahme der Hofdiener war wieder verfügt (S. 165/166).

36 StadtAW, Rb 407, o. S., Relation über beschehene Inventur und Visitation im Hoffspital zu den 14 Notthelfern allhier zu Würtzburg v. 27. Nov. 1606.

37 StadtAW, Rb 404, S. 7, 24: 1620 lebten 25 Personen – ohne die Kranken vom Hof – im Spital und 1744 waren es 24.

38 StadtAW, Rb 404, S. 59, 65.

39 Ebd., S. 17.

40 StAW, HV MS f. 191: Haupttabelle über den Stand sämtl. Säcular milden Stiftungen in der Stadt Würzburg nach einem 3-jährigen Durchschnitte, undatiert, wohl von 1803/04; Schott, 1995/I, S. 480 mit weiteren Nachweisen.

41 Krampf, 1889, S. 39. Weitere Literatur zum Hofspital: Muth, 1983, S. 18 ff.; VKU (Hrsg.), 1994.

42 UBW, M. ch. f. 632, S. 252 (Kopie).

43 Die beiden Letzteren abgedruckt bei Denzinger, 1853, S. 189 ff., 214 ff.

44 StAW, WDKP 25 (1569), S. 65 v neu/40 v alt.

45 Vgl. Denzinger, 1853, S. 222 mit Hinweis auf das Jahr 1706.

46 StAW, HV MS f. 1104, undatiertes Schriftstück aus der Zeit Julius Echters. Dort werden sie bezeichnet als *Unser neuerbautes Julier Spital* und *Unser Hoffspital*.

47 Rublack, 1978/I, S. 50 Anm. 1; vgl. dazu Braun, 1998/I, S. V; ders., 1998/II.

48 Sand, 1819, S. 27.

49 So Bechtold, 1935/I, S. 149 ff. und 150 Anm. 9. Für diese Meinung spricht auch die Tatsache, dass bei der 1571 vorgenommenen Erneuerung der Kirche im Wesentlichen deren Dach neu erstand. Nach anderer Meinung sei das Spital im Jahre 1563 durch Wilhelm v. Grumbach geplündert und teilweise niedergebrannt worden.

50 Franz, 1951, S. 42 ff.

51 Meyer, 1969, S. 16.

52 StadtAW, Rp 109, S. 61 (17. März 1757).

53 StadtAW, Rp 84, S. 205 ff. (11. April 1726); Rp 85, S. 250 (8. Mai 1727). Krankenaufnahmen erfolgten aber auch schon zeitlich vorher.

54 Horsch, 1805, S. 234/235. Aus der Literatur im Übrigen: Schleinkofer, 1925; die kunsthistorische Seite beleuchtet Trenschel, 1994.

55 StadtAW, Rb 380.

56 Ebd. Dort Fundationsbrief und Bestätigung. Als Erbe blieben über 200 000 fl rh. übrig, die für die Stiftung verwendet wurden. Schon Fürstbischof Franz Ludwig von Erthal hatte die testamentarisch verfügte Stif-

tung am 18. Januar 1795 genehmigt und den Stadtmagistrat mit der Errichtung eines Denkmals für den Verstorbenen auf bischöfliche Kosten beauftragt. Es existiert ein Entwurf des Syndikus Milon für das Monument vom 29. Juni 1795 (vgl. StadtAW, RA 3028).

57 StadtAW, RA 3028: Kaufvertrag v. 21. Sept. 1797 zwischen Karl Heinrich Joseph Frhr. Zobel von und zu Giebelstadt, Hochf. Würzburger Geheimrat und Oberamtmann zu Gerolzhofen, und seiner Gattin Amalia Eleonora, geb. Freiin von Greiffenclau, und dem Stadtrat Würzburg als zeitlichem Pfleger für das neu gestiftete Josephsspital über das in der Kapuzinergasse liegende Anwesen mit Hochf. Konsens vom 25. Aug. 1797. Das Anwesen wurde für 19 000 fl rh. und 500 fl rh. Schlüsselgeld verkauft. Vgl. im Übrigen auch Schindler, 1973, mit eingehenden Ausführungen zum frühen Würzburger Spitalwesen.

58 Horsch, 1805, S. 239. Vgl. die undatierte Pfründ-Ordnung der Hüberischen Dienstbothen-Stiftung (UBW, M. ch. f. 632, S. 252 ff. – Kopie); zur Geschichte s. a. Schindler, 1973.

59 StAW, Miscellanea 1081. Die Äcker wurden von den Feldgeschworenen besichtigt und geschätzt, auf dem Heidingsfelder Rathaus anschließend verkauft. Dies geschah mit Zustimmung des Heidingsfelder Rats, der bei der Verkaufsaktion durch seine beiden Ratsherren A. Wolz und M. Eckhstain vertreten war.

60 StAW, Miscellanea 1081: Bauzeit der Kapelle: 1585 bis Petri und Pauli 1586; Bauzeit des Spitalgebäudes: in der Fasten 1585 bis in die Woche nach St. Margarethen 1586.

61 StAW, Miscellanea 1081, Baurechnungen 1585/1586 für beide Objekte.

62 Das Seelhaus hatte armen Bettlern und kranken Ehehalten zur Unterkunft gedient.

63 StAW, Ger. Würzburg l/M 173, S. 3 ff., und ldf 38, S. 332 ff., sowie StadtAW, Abt. Heidingsfeld, Rb 60, S. 94 ff., jeweils in Kopie. Die Anordnung datiert von Montag nach Misericordias Domini (18. April 1586).

64 Er hatte für Öffnung und Schließung zu sorgen, die Stuben zu heizen und den Pilgern das Essen, falls sie solches bei sich hatten, zu bereiten; am anderen Tag aber musste er die Bettler wieder aus der Stadt weisen.

65 StAW, Miscellanea 1081, Summarischer Extract 1613–1615.

66 StAW, Stb. 240, S. 63 ff.; Ger. Würzburg l/M 173, S. 15 ff., jeweils in Kopie.

67 Vgl. Kolb, 1985, S. 40 ff.

68 StAW, Stb. 240, S. 71 ff., und Ger. Würzburg l/M 173, S. 37 ff. – von der Höhe des Pfründgeldes (250 fl) bis zur Person der Köchin. Zur Spitalgeschichte vgl. auch Buchinger, 1834, S. 42 ff.; Kestler, 1836, S. 67 ff.; Schneider, 1908, S. 29 ff.

69 StAW, Ger. Würzburg l/M 173, S. 11 ff.; Kapitalstock im Jahr 1586: 2 760 fl; im Jahr 1798: 15 319 fl.

70 StAW, Die Vermächtnisse des Weihbischofs Buckel zu Speyer für das Spital und das Gotteshaus zu Heidingsfeld, 1771 (Akt verbrannt, vgl. StAW, Rep. 15: WK, Bd. IV, S. 30 r-v Nr. 6089).

71 v. Buckel: 7956 fl; Wiesener: 1 532 fl.

72 StAW, Akt der Hofkommission zu Würzburg betr. die Besetzung von inneren und äußeren Pfründen im Spital 1815–1817 (Akt verbrannt, vgl. StAW, Rep. 15: WK, Bd. IV, S. 30v Nr. 6094).

73 StAW, Ger. Würzburg l/M 173, S. 12 ff.

74 StAW, HV MS f. 827, S. 2, 6. Die Findelpflege war eine Stiftung zur Finanzierung des Unterhalts der Findelkinder. Verschiedene Spitäler und Pflegen leisteten Umlagen. 1778 wurde die Findelpflege mit dem Waisenhaus vereinigt (Horsch, 1805, S. 249). Viele Kinder wurden beim Waisenhaus durch eine Drehlade (sog. Winde) abgegeben, vgl. StAW, WU 17/216, Dekret v. 6. Dez. 1704 (Reparatur der Winde).

75 Bühling, 1997, S. 53 ff.

76 Ebd., S. 43; ferner ders., 1999, S. 90 ff.

77 StadtAW, RA 1912, Bericht ohne Datum.

78 StadtAW, RA 1892, Rechnungsstellung v. 23. Nov. 1778 und Summarische Tabelle v. 3. Dez. 1778. Im Einzelnen waren es: Gabrielspflege, Getreidestiftung (Pfleger: Papius); Capellenpflege, Brücknersche, Diemarische, Gelchsheimer, Gutbrodtische, Frankensteinische, Hallische, Baunachische Stiftung (Pfleger: Zacheo); Ehehaltenhauspflege, Brentanische Stiftung für die Neubekehrten und Brentanische Stiftung für die Muttergotteskapelle auf dem Markt (Pfleger: Peter); Siechenhauspflege (Pfleger: Laudensack); Reiche Almosen Pflege, Hohenzinnenpflege, Kehrische Stiftung, Rock- und Schuhalmosenpflege, Küttenbaumpflege, Werdenauische Stiftung (Pfleger: Liebler); Seelhauspflege, Lichtensteinische Stiftung, Dompfarreipflege, Burkardische Stiftung (Pfleger: Schmidtlein); Stadtalmosenpflege (Pfleger: Englert) und Elisabethenpflege (Pfleger: Hessemer). Pfleger des Bürgerspitals war damals Herr Mahlmeister.

79 UBW, M. ch. f. 632, S. 33, Bericht v. 16. Mai 1795, in dem folgende Stadtratspflegen aufgeführt sind: das Reiche Almosen, Rock- und Schuhalmosen, Elisabethenhaus, Gabrielspflege, Getreidestiftung, Fraternität Corporis Christi, Dompfarrei, Seelhaus, Burkardische Stiftung, Gelchsheimer Stiftung, Der lieben Frauen

Kapelle auf dem Markt, Brentanische Muttergottes Kapellen Stiftung, Ehehaltenhaus, Brentanische Convertiten Stiftung, Hohe Zinne, Küttenbaum Haus, Kehrische, Werdenauische, Hallische, Lichtensteinische, Frankensteinische, Gutbrodische, Diemarische, Brücknerische und Baunachische Stiftung.

80 StadtAW, Abt. Heidingsfeld, Rp 1, fol. 81 v.

81 Vgl. Mitterwieser, 1910, S. 79 ff.; Bechtold, 1940/V, S. 1–28.

82 StadtAW, RA 4016, Ordnung von Montag nach dem Sonntag Reminiscere 1541 und StAW, HV MS q. 56 (Original und Kopie von 1705). Diese Ordnung ist eine Fortschreibung und Aktualisierung der Ordnungen von 1396 und 1407. Ihr Text ist abgedr. bei Stamminger, 1889, S. 217 ff.; es folgte später im Jahre 1609 eine weitere Ordnung.

83 StadtAW, RA 2518 und RA 4044, dort ist das undatierte Verzeichnis der Wohltäter zu finden, das 31 Personen ausweist.

84 StadtAW, RA 1906, undatierte Zusammenstellung wohl aus der Zeit Julius Echters. Aus der Literatur wichtig: Schindler, 1969.

85 StadtAW, RA 2543, Rechnung v. 1. Juli 1599, gestellt durch Ratsbürger und Baumeister Andreas Ganser.

86 StadtAW, RA 2569, Dekret des Fürstbischofs Franz v. Hatzfeld v. 18. Okt. 1636, dass Sieche sofort wegen Ansteckungsgefahr aus dem Juliusspital in das Sander Siechenhaus zu verlegen seien.

87 Schott, 1995/I, S. 475; Bühling, 1999, S. 101.

88 Mit dem nämlichen Begriff wird auch die von Fürstbischof Peter Philipp v. Dernbach 1678 initiierte »Kasse« bezeichnet, die mittels Umlagen bei den Landspitälern, aber auch bei städtischen Spitälern, Pflegen und Stiftungen die Kosten der Soldatenpflege im Ehehaltenhaus abdeckte.

89 StadtAW, RA 4114, Entschließung der Regierung des Untermainkreises v. 4. Mai 1818.

90 UBW, M. ch. f. 632, S. 307: Verzeichnis der Nahrungsmittelposten 1620.

91 StadtAW, RA 4016, Auszug aus der Siechenhausrechnung 1622/23 und RA 4423, Mangels Punkte v. 14. Dez. 1640. Dort werden jene 15 Positionen aufgelistet, welche in Geld abbedungen wurden.

92 StadtAW, RA 4016, Bericht des Siechenhauspflegers Häusler v. 11. Feb. 1806; man vermutete Kompensationszahlungen für einen an die Hofkammer einst abgetretenen Hof zu Sonderhofen.

93 StadtAW, RA 2573. Dekret der Geistlichen Kanzlei v. 1. Juni 1663 betreffend die Übertragung des Gottesdienstes *wegen eingebrochenen Sichhauß jenseits Mains* auf das Waisenhaus und die Kapelle am Markt.

94 StadtAW, RA 2579, Protokoll des Stadtrats v. 1. Aug. 1741, demzufolge zwei an Fallsucht leidende Personen eingewiesen wurden.

95 StAW, Miscellanea 1081, S. 4, und verbrannter Akt 6095 in StAW, Rep. 15: WK, Bd. IV, S. 30v/31r.

96 StadtAW, RA 2426.

97 StadtAW, RA 2422.

98 StadtAW, RA 2415, undatierte Rechnungspunkte.

99 StadtAW, RA 1912; Kosten 1300 fl.

100 StadtAW, RA 2426, Beschwerde des Dechanten zu Haug von März/April 1745; vgl. dazu auch Götz, 1986, S. 206 Anm. 676, und Schott, 1995/I, S. 476 f.

101 StadtAW, Rb 317, Zinsbuch renoviert 1702 durch den Ratssteuerherrn und derzeitigen Pfleger Johann Martin Wigant.

102 Horsch, 1805, S. 238.

103 StadtAW, RA 2494: Ordnung und Speiseordnung; RA 2489: Kostordnung ohne Datum, wohl frühes 16. Jh.

104 Götz, 1986, S. 227 Anm. 789: Barbier Blasius Kupferer erhielt 1584 16 fl unter der Auflage, das Franzosenhaus zweimal täglich zu besuchen.

105 StadtAW, RA 1916: Zur Zeit Julius Echters betrugen die Zinseinnahmen von ausgeliehenem Kapital jährlich 360 1/4 Batzen.

106 StadtAW, RA 2356: Verzeichnis der Legate. Im Jahre 1585 verfügte die Pflege über 111 Schuldverschreibungen im Gesamtbetrag von 6385 fl (RA 2481, Verzeichnis der Kapitalien, aufgestellt durch Conrad Müller am 15. Jan. 1585).

107 StadtAW, RA 2492. Der *Hoffgang* wurde jedoch zum großen Teil in eine Kornlieferung umgewandelt, die aber 1595 eingestellt wurde. Vgl. auch RA 2480, Bericht v. 2. April 1708.

108 StadtAW, RA 2493, Auflistung hinsichtlich der in der 1. Hälfte des 17. Jh.s zugeflossenen Zuwendungen. Vgl. auch StadtAW, Rb 319 (Lehenbuch 1593) und Rb 320 (Zinsbuch 1690, das bis 1811 geführt wurde); dort wird im Einzelnen aufgeführt, was das Jahr über an die Armen gegeben wurde.

109 StadtAW, RA 2489, Untertäniger Bericht des Pflegers Graßmüller von 1620.

110 StadtAW, RA 2487, undatierter, wohl von 1700 stammender Bericht von Bürgermeister und Rat.

111 Schott, 1995/I, S. 526.

112 StadtAW, RA 2480, Bericht über die Chur-Kosten v. 2. April 1708, dort Nachweis für die Zeit von 1660–1679; RA 2489 hinsichtlich der Jahre 1680–1698.

113 Horsch, 1805, S. 238.

114 StadtAW, RA 1912, Ungefehrlicher Bericht, undatiert, wohl von 1647/48.

115 StadtAW, Rb 314 o. S., Dekret vom Mittwoch nach Allerheiligen 1544.

116 StadtAW, Rb 313 o. S. (Zinsbuch, angelegt und erneuert 1633 durch Ratsherrn und Pfleger Christoph Rueth). Von den Zinsen gab es für jede Person an Weihnachten, Ostern, Philippi Jacobi und Pfingsten ein paar Semmel und 1 Maß Wein.

117 StadtAW, RA 1906.

118 Horsch, 1805, S. 270.

119 StadtAW, RA 2652, undatiert.

120 StadtAW, Rb 324, Zinsbuch, erneuert 1613 vom Pfleger Georg Hartmann, letzte Seite.

121 StadtAW, Rb 330, Zinsbuch, erneuert durch Ratssenior und seit 34 Jahren Pfleger des Hauses Johann Conradt Seyfridt(en) 1694, o. S.

122 StadtAW, Rb 330, Ordnung von 1570 und Speiseordnung von 1660.

123 StadtAW, RA 1912, Ungefehrlicher Bericht, undatiert, wohl von 1647/48; RA 1086, Status der Pflege v. 5. April 1704; vgl. auch Schott, 1995/I, S. 478 mit Anm. 625; Horsch (1805, S. 236 f.) nennt die nämliche Zahl auch für das Jahr 1776.

124 Horsch, 1805, S. 236.

125 Vgl. dazu in Stadtgeschichte Würzburg, Band 1, 2001, S. 401.

126 StadtAW, RA 2429, Rechnung über den Seelhausbau 1585/87.

127 StadtAW, RA 1906, Seelhausordnung im Rat eröffnet am 2. Aug. 1596 (StAW, Stb. 1006, S. 24 alt/48 neu).

128 StadtAW, RA 2441, Extract aus dem Protokoll v. 27. April 1753.

129 StadtAW, RA 2441, nach dem Bericht des Bürgermeisters von 1749 waren es 16 150 fl.

130 StadtAW, Rp 1776, S. 191.

131 Horsch, 1805, S. 237.

132 Schott, 1995/I, S. 478.

133 StadtAW, RA 436, Bestätigung des Grundstückstausches durch Fürstbischof Johann Philipp v. Greiffenclau-Vollraths v. 28. Feb. 1709. Höhe des Grundzinses: 14 Pfennige.

134 StadtAW, RA 1106, Visitationsbericht 1703.

135 Pfründnerzahl für das Jahr 1800 nach Schubert, 1983, S. 209. Einwohnerzahlen für 1800 und 1814 nach Seberich, 1962, S. 276.

136 Schubert, 1983, S. 209.

137 Küttenbaum-, Elisabethen-, Hohe Zinnen- und Gabrielspflege hatten laut Jahresabschluss 1793/94 mehr ausgegeben als eingenommen, nur das Seelhaus verzeichnete ein geringes Plus, vgl. UBW, M. ch. f. 632, S. 39, 41, 49, 63 und 65.

138 Horsch, 1805, S. 227, 236.

139 1542 floh Konrad v. Bibra nach Aschach, die Kanzlei ging nach Neustadt an der Saale; 1563 verließ Friedrich v. Wirsberg Würzburg, das Domkapitel ging nach Ochsenfurt; 1608 zog Julius Echter samt Kanzlei nach Rimpar und 1625 wählte Philipp Adolph v. Ehrenberg Schlüsselfeld als Aufenthaltsort.

140 StadtAW, RA 1273, Artikel und Punkte des Fürstbischofs bzw. seiner Beamten v. 9. Sept. 1577. In den Text wurden auch solche Maßnahmen mit einbezogen, die im engen zeitlichen Kontext dazu erlassen wurden. Siehe auch Pestordnung v. 11. Nov. 1585 (UBW, M. ch. f. 631, S. 171).

141 Schilderung der Epidemien von 1437 bis 1634 bei Lechner, 1929, S. 257 ff.; Seuchenordnungen und Mandate S. 277 ff. Natürlich wurden auftretende Krankheiten bisweilen auch mit Namen genannt, so ist z. B. in einer »Information wie man sich bei den jetzt regierenden Kranckheiten mit Arzneyen und anderen verhalten solle« von 1607 vom *trittägigem Fieber; böse vergiffte Fieber, die sich mit hefftigem Durchbruch oder roter Flecken anzeigen* die Rede oder in einer Nachricht an das Publikum aus dem Jahre 1788 wird die *Influenza* genannt (UBW, M. ch. f. 631, S. 272 und S. 483). Soweit nähere Angaben fehlen, reichen die Diagnosen von Pest, Masern, Pocken, Fleckfieber, Ruhr, Typhus bis zur Grippe.

142 StadtAW, RA 1273, S. 65/217, Mandat v. 4. Okt. 1625.

143 Ebd., S. 44, Verzeichnis v. 30. Sept. 1585.

144 Ebd., Mandat v. 17. Sept. 1607.

145 Schon 1542 hatte man je einen zusätzlichen Friedhof vor dem Pleicher Tor und vor dem Sander Tor beim Siechhaus St. Claus (Ehehaltenhaus) anlegen lassen. Das war allerdings insofern problematisch, als im Mainviertel Verstorbene über die Alte Mainbrücke durch die Stadt zum Pleicher Friedhof getragen werden mussten. Die Friedhöfe der Augustiner und Dominikaner waren im Übrigen voll belegt. Auf dem Reuerer Friedhof konnte noch beerdigt werden (StadtAW, RA 1273, Visitationsbericht v. 26. Jan. 1577).

146 StadtAW, RA 1273, S. 8, 13: Visitationsbericht v. 26. Jan. 1577.

147 Ebd., Bedenken eines Erbarn Raths ... wegen Sterber.sleufft Anno 1582.

148 Bettler, der Spaß machend und Possen treibend überall herumzieht, vgl. Jacob und Wilhelm Grimm, Deutsches Wörterbuch, 1877, 4. Bd., 2. Abt., Sp. 2272.

149 Vgl. z.B. die zahlreichen »Prophylaktischen Mandate«, beginnend am 19. September 1668 und endend am 6. Mai 1805 in: UBW, M. ch. f. 631, S. 488 ff.; Contagions-Patent des Fürstbischofs Peter Philipp v. Dernbach v. 23. Sept. 1679, ebd., S. 407.

150 UBW, M. ch. f. 631, S. 272, für das Jahr 1607 oder Nachricht an das Publikum aus dem Jahre 1788, ebd., S. 483.

151 Sticker, 1932, S. 422 ff.

152 UBW, M. ch. f. 631, S. 14, Arzteid von 1536.

153 1547: Leibarzt Dr. Caspar Dierbach und Dr. Georg Schoder; 1564: Leibärzte Dr. Anthoni Hubner und Dr. Wilhelm Ruger, vgl. Götz, 1986, S. 292 ff. bzw. 300 ff.

154 StadtAW, RA 2356.

155 UBW, M. ch. f. 631, S. 15.

156 Ebd., S. 359.

157 Götz, 1986, S. 227 Anm. 791. Der 1537 zu Germersheim Geborene verzog 1585 nach Heidelberg (gest. 1597).

158 Lechner, 1929, S. 323 ff.

159 StAW, HV MS f. 721, Beschreibung des Aufgabenbereichs im Bestellungsdekret für den Stadtphysikus Dr. Jäger v. 29. Jan. 1750 als Beispiel.

160 Ebd., Dekret v. 18. Nov. 1797.

161 Ebd., Dekret v. Jan. (?) 1799 (Schriftstück ist beschädigt).

162 StadtAW, RA 1135, Notiz von 1802/03. 1805 war Horsch nicht mehr für die Pflegen, sondern für die Gefängnisse zuständig.

163 StAW, HV MS f.* 147, undatiert, wohl aber 16. Jh. (1549?).

164 StadtAW, Rb 212 bis 215, unter Verwendung der Erschließungsbände von Meyer-Erlach.

165 StadtAW, Rb 217 bis 219, unter Verwendung der Zettelkartei von Meyer-Erlach.

166 Götz, 1986, kennt ihn nicht.

167 Götz, 1986, S. 227 Anm. 789, nennt für 1562 den Barbier Ludwig Plicklein und für 1572 Conrad Friedmann.

168 StadtAW, RA 1135, Verzeichnis ohne Datum. Im Jahre 1815 waren es noch 14 (Bein, 1985, S. 80).

169 StAW, Admin. 2114, S. 44 Tabelle über die chirurgische Verfassung des Hochstifts, undatiert, wohl aber von 1786.

170 UBW, M. ch. f. 631, S. 58 r und v.

171 Dass die Lage in Würzburg insgesamt unbefriedigend war, geht aus einem undatierten Gutachten des 18. Jh.s hervor, das »Allgemeine Beste wegen Verordnung und Bestellung genuchsamer, tüchtiger und geschickter Hebammen betr. in der Stadt Würzburg«. Nach den Vorschlägen sollten in jedem Stadtviertel zwei Hebammen sein; bessere Ausbildung wurde gefordert, desgleichen Beiziehung eines Arztes in schwierigen Fällen und vieles andere mehr (StAW, Würzburger Schulsachen 39).

172 Sammlung der ... Landesverordnungen II, 1776, S. 127.

173 Ebd., S. 202 ff.

174 Guth, 1995/I, S. 135 ff., 140.

175 StadtAW, RA 1256, Dekret v. 6. Aug. 1739.

176 Wendehorst, 1976, S. 87.

177 StadtAW, RA 1257, Schreiben v. 21. Juli 1763.

178 Gauß, 1932, S. 239 ff., 242.

179 Vgl. Sperling, 1985, S. 153 ff.

180 Nähere Einzelheiten bei Wendehorst, 1976, S. 119 f. Vgl. auch bezüglich des jährlichen Zuschusses des Kurfürsten Ferdinand v. Toskana in Höhe von 2 000 fl rh. das Reskript v. 11. Juni 1804 (StAW, Würzburger Schulsachen 9/303).

181 StadtAW, RA 1135, Verzeichnis ohne Datum.

182 Wendehorst, 1976, S. 83.

183 So Sperling, 1982, S. 811 ff.

184 Buschbom, 1982, S. 567 ff., 571 f.

185 Vgl. Süß, 1996, S. 43 ff., 68.

186 Die Neuerungen betrafen alle Fakultäten, nicht nur die medizinische.

187 Zu den Siebolds s. Körner, 1967.

188 Vgl. dazu Sperling, 1985, S. 153 ff.; Leydhecker, 1992, S. 101 ff.; Schiebler, 1983, S. 139 ff.; Kern, 1982, S. 827 ff.

189 Vgl. Rütt/Küsswetter, 1982, S. 841 ff.

190 Probst, 1983, S. 183 ff., 193.

Das Apothekenwesen der Stadt Würzburg

1 StAW, WDKP 1 (dt. Text); Horsch, 1805, S. 351 (dt. Text); Scharold, 1825, S. 119–139 (Beilage IV: lat. Text der Medizinalordnung von 1502, nicht der von 1549 [!]), S. 41–48 (sinngemäße Übersetzung ins Deutsche der Medizinalordnung von 1502, nicht 1505 [!]); Friede, 1926, S. 661 f. (Überblick).

2 *Medicis et apotecariis*: Kallinich/Tenner, 1969, S. 1654; vgl. P. Kolb, 2001, in Bd. 1 der Würzburger Stadtgeschichte.

3 StAW, Archivrepertorium IV der Würzburger Urkunden, S. 784 (1541, Juli 7). Friede, 1927, S. 321 (1543, 1546, 1552, 1564).

4 Scharold, 1825, S. 72, 85; Friede, 1926, S. 4 f.; ders., 1927, S. 321.

5 UBW, M. ch. f. 631, fol. 89. Friede, 1927, S. 322 (nennt 1754 als Gründungsdatum).

6 Seberich, 1960, S. 65.

7 Friede, 1926, S. 5; ders., 1927, S. 322; Wirsing, 1968, S. 91. Wirsing hat die »Mutationen« nicht erkannt.

8 Horsch, 1805, S. 401; Scharold, 1805, S. 12.

9 Scharold, 1825, S. 99; Lutz, 1876, S. 91–96; Schenk, 1937; Lindner, 1953, S. 32–35; Wendehorst, 1976, S. 68–71; Merzbacher, 1979, S. 34, 116.

10 Scharold, 1805, S. 12; Adlung/Urdang, 1935, S. 400 f., 511; Wagner, 1931, S. 510; Schenk, 1937, S. 82 f.; Becker, 1979, S. 41.

11 Mez, 1981, S. 8, 50 f.; Bartels, 1989, S. 1394.

12 UBW, 35/A 12.5.

13 StAW, Erthal-Archiv (noch ohne Signierung).

14 Adlung/Urdang, 1935, S. 418.

15 Anzumerken ist, dass das Würzburger Militärhospital einer der ersten Bauten eines reinen Militär-Krankenhauses im Alten Reich war. Bühling, 1997, S. 61.

16 Ebd., 1997, S. 53 ff., 76–78.

17 UBW, M. o. 572 bzw. 00/Rp XIX,29 (1813) und 53/Franc. 2846 (frdl. Hinweis von Dr. W. Bühling).

18 Friede, 1931/I und II; Apotheker-Kalender, Stuttgart 1985, April.

19 Friede, 1926, S. 5; ders., 1927, S. 321 f.; Schott, 1995/I, S. 690 f.; Bartels, 1986, S. 421.

20 Memminger, 1921, S. 132; Heffner/Reuß, 1852, S. 180.

21 Vgl. Bartels, 1967; ders., 1995.

22 StAW, HV MS. q. 65, fol. 14 f.; StAW, Miscell. 141/5998; UBW, M. ch. f. 631, fol. 83–87; Scharold, 1825, S. 71 f., 112–118 Beilage III (dt.) [vgl. auch Anm. 1].

23 StAW, ldf 48, fol. 205–210; UBW, M. ch. f. 631, fol. 91; Sammlung der … Landesverordnungen I, 1776, Nr. CXLVI, S. 348–352; Sterler, S. 160–173, Beilage II (nicht im Wortlaut).

24 StAW, HV MS. q. 65, fol. 22–26; Scharold, 1825, S. 97 f.

25 1749 § 7; Sammlung der … Landesverordnungen II, 1776.

26 Ausgabe 1782: UBW, 00/Rp XIX,11; 52/Franc. 120; 52/Franc. 1363; Adlung, 1927, S. 1103; Wagner, 1931; Wendehorst, 1976, S. 69. 2., unveränderte Ausgabe 1796: Sächsische Landes-Bibliothek Dresden, Pharm. gen. 604; UB München, 8 med 2186. Die in der Literatur genannte Ausgabe von 1778 (z. B. Schelenz, 1904, S. 568; Adlung/Urdang, 1935, S. 548) konnte bis jetzt nicht eruiert werden.

27 In Trier wird sie in einem nicht in Kraft getretenen Entwurf einer Verordnung für die Apotheker genannt. Lefrère, 1963, S. 49.

28 1583 § 15 (s. Anm. 24); 1686 § 7 (s. Anm. 23).

29 Zu diesem Thema vgl. Berges, 1975.

30 1686 § 8 (s. Anm. 24); 1750 § 8 (Sammlung der … Landesverordnungen II, 1776, Nr. CCCLXXXVIII, S. 572–574).

31 Landesverordnung von 1791; Sammlung der … Landesverordnungen III, 1801, S. 476.

32 1709, 1713, 1735, 1774, 1783 (Sammlung der … Landesverordnungen I, 1776, Nr. CCCX; II, 1776, Nr. CXXX; III, 1801, S. 66 f., 281 f.).

33 Bartels, 1991, S. 2950–2954.

34 1502, 1583 § 8, 1686 § 12.

35 Friede, 1926, S. 3; Bartels, 1967.

36 Zit. nach Zimmermann, 1931, S. 507.

37 Ordnung der hochfürstl. Wirzburgischen Universität.

38 Wagner, 1931; Lindner, 1953; Wankmüller, 1962, S. 1533; Schmitz, 1969, S. 333–335; Wendehorst, 1976, S. 72–77.

39 Vorgeschrieben in den Apothekerordnungen von 1549, 1583, 1686, 1735, 1739.

40 UBW, M. ch. f. 631, fol. 96 f.; Sammlung der … Landesverordnungen II, 1776, Nr. CXC, S. 201.

41 Schmitz, 1969, S. 334 f.; Jacob, 1968, S. 221 f.; Loibl, 1998, S. 339, 349.

42 Wankmüller, 1991, S. 68. StAW, Erthal-Archiv (noch ohne Signatur).

43 StAW, Hofkammerprotokolle des Jahres 1795, Bd. 1, fol. 485–501 (frdl. Hinweis von W. Loibl).

44 Horsch, 1805, S. 401.

45 § 1 der derzeit gültigen Bundes-Apothekerordnung und des Gesetzes über das Apothekenwesen.

Architektur und bildende Kunst von den Anfängen der Renaissance bis zum Ausgang des Barocks

1 Die Bronzetafel misst 28 × 71 cm; die Inschrift lautet: *HIC SEPVLTVS EST ENGELARDVS FVNCK:/DECRET: [ORVM] DOCT: [OR] HVIVS ECCLESIAE DECANVS. / MORITVR ANNO A CHRISTI NATIVITA=/TE. M. D. XIII. TERTIA CAL: [ENDAS] DECEMBR: [IS];* s. und vgl Borchardt, 1988, S. 208 f., Nr. 452 und 453 sowie Taf. XXXVIII, Abb. 90.

2 Vgl. z. B. das von Desiderio da Settignano geschaffene Grabmal des Florentiner Staatsmannes und Humanisten Carlo Marsuppini († 1453) in Florenz, S. Croce (Poeschke, 1990, S. 141 f., Abb. 199–201).

3 Borchardt, 1988, S. 208 f.; Wendehorst, 1989, S. 245, 345–347; Arnold, 1992/I.

4 Mader, 1915, S. 74 ff.

5 Strauss, 1973, S. 150 f.

6 Kummer, 2001, S. 436 f. m. Abb. 91.

7 Scherzer, 1992, S. 79.

8 Bier, 1973, S. 97–117; Kalden-Rosenfeld, 2001, S. 110–115.

9 Bier, 1973, S. 109 ff.; Kalden-Rosenfeld, 2001, S. 111.

10 Vgl. dagegen Bier, ebd.

11 Zu diesem Begriff s. Irmscher, 1984, S. 4 f.

12 Berliner, Teil 1, 1925, Taf. 36 ff., Textbd., 1926, S. 17 ff.

13 Ebd., Teil 1, Taf. 54 A, 55 ff. (Urs Graf d. Ä., Daniel Hopfer), Textbd., S. 21 ff.; s. ferner das Holzschnitt-Widmungsblatt in: Johannes Trithemius, Compendium sive breviarium primi voluminis chronicarum sive annalium de origine regum et gentis Francorum, Mainz 1515, bei Düchting, 2001, S. 457, Abb. 99, u. Kalden-Rosenfeld, 2001, S. 111, Abb. 147, S. 114 f.

14 Bier, 1973, S. 108.

15 Ebd., S. 110 ff.; Kalden-Rosenfeld, 2001, S. 111.

16 Guth, 1995/II; Sicken, 1995.

17 Mader, 1915, S. 188 f. u. Fig. 148 f.; Bruhns, 1923, S. 51.

18 Mader, 1915, S. 113 u. Fig. 84; Bruhns, 1923, S. 38–40; Lill, 1951, S. 151.

19 Eine vollständige Erfassung Würzburger Drucke des 16. Jh.s wird demnächst Frau Dr. Eva Pleticha-Geuder vorlegen; ihr sei für freundliche Auskünfte gedankt.

20 Reindl, 1977, S. 41–44, 374–377.

21 Zum Begriff »Epitaph« s. Schoenen, 1967. – Es ist zu überlegen, ob sich der Typus des Epitaphs mit der vor einem Kruzifix betenden Stifterfigur unter protestantischem Einfluss verbreitete; s. hierzu demnächst: Da-

mian Dombrowski, Das Grabdenkmal des Fürstbischofs Konrad von Thüngen im Dom zu Würzburg; die Studie wird erscheinen in: Reformation und katholische Reform in Franken. Akten des Ökumenischen Kolloquiums, Würzburg, 29./30. November 2001, hrsg. v. Erik Soder v. Güldenstubbe/Helmut Baier, Würzburg/Nürnberg 2003.

22 Eines der frühesten Würzburger Beispiele ist das oben erwähnte Grabmal des Paulus Fuchs v. Burgpreppach († 1540) im Würzburger Domkreuzgang (s. Anm. 18).

23 Mader, 1915, S. 71, Fig. 50, 72; Bruhns, 1923, S. 52–54; Ch. Kummer, 1995, S. 132 f.

24 Mader, 1915, S. 72, 73, Fig. 51; Bruhns, 1923, S. 59 f.

25 Mader, 1915, S. 72, 75, Fig. 52; Bruhns, 1923, S. 111–113.

26 Mader, 1915, S. 263, Fig. 213 u. S. 268 f.; Bruhns, 1923, S. 77 f.

27 Mader, 1915, S. 262, Fig. 212 u. S. 264; Bruhns, 1923, S. 77.

28 Mader, 1915, S. 268, Fig. 218 u. S. 270 f.; Bruhns, 1923, S. 77.

29 Vgl. etwa die sog. Höllricher Stube in Berlin, Kunstgewerbemuseum, die Stube des Burgsinner Schlosses in Thüngen und die Ratsstube im Kitzinger Rathaus; s. dazu v. Pannwitz, 2000, S. 113, 115, 117, Abb. 2–4.

30 Mader, 1915, S. 108 f. u. Fig. 80; Bruhns, 1923, S. 87–89.

31 Mader, 1915, S. 557 f.; Bruhns, 1923, S. 55.

32 Forssman, 1956, S. 55–76.

33 Heute museal im Chor der Marienkapelle am Markt aufgestellt; zu den Tafeln s. S. Kummer, 1995, S. 692.

34 Ch. Kummer, 1995, S. 62–79.

35 Zu Martin Segers Vita und Œuvre s. Ch. Kummer, 1995.

36 Ebd., S. 13–35, 155–158.

37 S. dazu den Überblick bei S. Kummer, 1995.

38 S. Kummer, 1995, S. 664, 673–676.

39 Hipp, 1979, passim.

40 Erwähnt bereits von Vasari, 1568, als »Giorgio Robin d'Ipri«, s. Vasari, Bd. 7, S. 589. – Zu Georg Robin s. insbesondere de Ren, 1982, S. 25–95.

41 v. Freeden, 1952, S. 97 ff.

42 S. Kummer, 1995, S. 682.

43 Zu de Vries s. zuletzt Borggrefe u. a., 2002.

44 de Vries, 1581, fol. 10, 12, 14, 16, 18–21.

45 v. Freeden, 1952, S. 99–103.

46 Ebd., S. 135 f.

47 Grundlegend: Mader, 1915, S. 518–535; Bruhns, 1923, S. 114–119; Schenk, 1953, S. 46–79; Wendehorst, 1976, S. 27–47; s. ferner S. Kummer, 1995, S. 677–679.

48 S. dazu auch den Beitrag von Jörg Lusin im vorliegenden Band.

49 Herrlinger, 1962, S. 591 ff.

50 Borggrefe u. a., 2002, S. 200–233.

51 Wendehorst, 1976, S. 39–42.

52 S. Baumgart, 1995/II, S. 255–264 (Lit.).

53 Rückbrod, 1977, S. 133 ff.; S. Kummer, 1995, S. 679–681.

54 Mader, 1915, S. 500.

55 Rückbrod, 1977, S. 124 ff.

56 de Vries, 1581, fol. 10, 14, 21.

57 S. oben Anm. 38.

58 Grundlegend: Helm, 1976, S. 11–62.

59 Ackerman, 1972, S. 19 ff.

60 Helm, 1976, S. 47–50 u. Plan 5, 7.

61 S. hierzu Ohle, 1936.

62 Helm, 1976, S. 45–47 u. Plan 5, 7.

63 Ebd., S. 36–40 u. Plan 2.

64 Ebd., S. 160.

65 Ebd., S. 161; s. u. vgl. hierzu Hauttmann, 1923, S. 110.

66 Helm, 1976, S. 33–34, 60, 119; s. auch oben Anm. 40.

67 Ebd., S. 19 ff.

68 Ebd., S. 63–92.

69 Ebd., S. 24, 38–54.
70 S. hierzu den Beitrag von Jörg Lusin im vorliegenden Band, ferner S. Kummer, 1995, S. 688 f.
71 de Ren, 1982, S. 96–117.
72 Bruhns, 1923, S. 141, 143–146; Helm, 1976, S. 41–50; de Ren, 1982, S. 102–115.
73 Helm, 1976, S. 44 f., 51, 53 f.
74 Ebd., S. 129 f., Nr. 15, 19, 20, 21, 44.
75 Zu Peter Osten s. Bruhns, 1923, S. 120–139; de Ren, 1982, S. 118–133.
76 Bruhns, 1923, S. 125–131; de Ren, 1982, S. 124 f.
77 S. die Vergleichsbeispiele bei Smith, 1994, S. 150 f.
78 Ebd., S. 152; Evans, 1972, Sp. 379.
79 de Ren, 1982, S. 125.
80 Bruhns, 1923, S. 128; de Ren, 1982, S. 124 f.
81 Siehe S. Kummer, 1995, S. 702.
82 Ebd., S. 703–704.
83 Bruhns, 1923, S. 159–162 u. Taf. II.
84 Ebd., S. 170, 176 f. u. Abb. 46.
85 Vgl. die Emporen der Universitätskirche.
86 Bruhns, 1923, S. 173 f.
87 Ebd., S. 162 f.
88 Ebd., S. 509 Anm. 345; Maga, 1993.
89 Siehe S. Kummer, 1995, S. 705.
90 Bruhns, 1923, S. 117–119, 194 f. u. Abb. 29.
91 Ebd., S. 207–209.
92 Ebd., S. 384 ff.
93 Mader, 1915, S. 54–56 u. Fig. 33; Gradmann, 1917, S 15–17, 206 f.; Bruhns, 1923, S. 391–396; Colsman 1991, S. 126–134, 141, 155.
94 Mader, 1915, S. 572–574 u. Taf. LXVI.
95 Mader, 1915, S. 154; Bruhns, 1923, S. 207 f.
96 Hoffmann/Koppe, 1986, S. 62, Nr. 130 (Lit.). Das Gemälde ist inschriftlich datiert, aber nicht signiert.
97 Mälzer, 1989.
98 Ch. Kummer, 1995, S. 116 ff.
99 v. Freeden, 1952, S. 104; S. Kummer, 1995, S. 693.
100 v. Freeden, 1952, S. 103 f.
101 Lusin, 1984, S. 114 f. u. Taf. 20.12–20.22.
102 Zum Folgenden s. u. vgl. Mader, 1915, S. 508, 512–514; Helm, 1976, S. 63–73; S. Kummer, 1995, S. 666 f.; Michel, 1999, S. 324 f.
103 Siehe S. Kummer, 1995, S. 667.
104 Bruhns, 1923, S. 417–423 u. Taf. VIII; Helm 1976, S. 64–66; Kossatz, 1999, S. 384 f.
105 Bruhns, 1923, S. 408–411; Kossatz, 1988, S. 223 f.
106 Bruhns, 1923, S. 370–372.
107 Mader, 1915, S. 110 f.; Bruhns, 1923, S. 407 f.
108 Bruhns, 1923, S. 416 f.
109 Mader, 1915, S. 80, Nr. 5; Bruhns, 1923, S. 450 f. (schreibt das Grabmal dem Balthasar Grohe zu). – Das Monument befindet an nicht mehr an der Westwand des südlichen Querhauses, sondern an der Süd- wand des südlichen Seitenschiffs, nahe dessen Westwand.
110 Bruhns, 1923, S. 449 f. (schreibt das Monument dem Bildhauer Balthasar Grohe zu).
111 S. hierzu ausführlich den Beitrag von Jörg Lusin im vorliegenden Band.
112 v. Freeden, 1952, S. 168 (Schönborntor der Festung); Seberich, 1963, S. 19, 37, 42 f., 54, 56, 97–99, 109–112, 115–117 (Burkarder Tor, Dreikronentor, Pleichacher Tor, Neutor, Rennweger Tor u. Zeller Tor).
113 Seberich, 1963, S. 43 (Abb. 9), 56 (Abb. 20), 97 (Abb. 37), 109 (Abb. 42), 116 (Abb. 46).
114 v. Freeden, 1952, S. 165 ff.; Seberich, 1963, S. 21–27.
115 Grundlegend: Kossatz, 1988, S. 163–179; ders., 1999, S. 386 f.
116 Ders., 1988, S. 166.
117 Diese vom Verf. des vorliegenden Beitrags gemachte Beobachtung bedarf noch ausführlicher Darlegung und Bewertung.

118 Möglich erscheint auch, dass die Neutoraußenfassade in reduzierter Form zum »Modell« für die übrigen Toraußenfronten wurde; vgl. Kossatz, 1988, S. 168.

119 Ebd., S. 172–175.

120 Ebd., S. 169–172.

121 Mader, 1915, S. 550, 567 f.; Kossatz, 1988, S. 355 f., Q 76.

122 Kossatz, 1988, S. 87–90, 209, 355 f., Q 76.

123 Mader, 1915, S. 372.

124 Ebd., S. 575, 577, Abb. 451.

125 Mader, 1915, S. 244–247; Kurzhals, 1974, S. 25–29; Longo, 1985, S. 26–32.

126 Vgl. Kurzhals, 1974, S. 28 f.; Longo, 1985, S. 28, 31 f.; Muth, 1999, S. 249.

127 Vgl. Longo, 1985, S. 10–12; Muth, 1999, S. 251 f., 304 f. (Anm. 18 f.).

128 Schütz, 2000, S. 67 f. u. Abb. 97.

129 Mader, 1915, S. 199–203; Longo, 1985, S. 34–49.

130 Vgl. Stefano Borsi, 1992, S. 87–102.

131 Mader, 1915, S. 510, 514; Helm, 1976, S. 80–85; Longo, 1985, S. 51 f.; Muth, 1999, S. 255.

132 Longo, 1985, S. 54–61; Muth, 1999, S. 256, 273–275.

133 Mader, 1915, S. 516 f.

134 Ebd., S. 589 f.

135 Vgl. Denti, 1988, S. 26 f. (Palazzo Marino/Mailand), 42 f. (Collegio Borromeo/Pavia), Taf. XXVI (Collegio Elvetico/Mailand), XXVIII (Palazzo Arese/Mailand), XXIX (Palazzo Durini/Mailand), S. 156 (Foresteria der Certosa/Pavia), 164 (Collegio Elvetico/Mailand), 172, 174 (Palazzo Annoni/Mailand), 182 f. (Palazzo Durini/Mailand), 196 (Palazzo di Brera/Mailand).

136 Wenn auch häufig nur in Gestalt rekonstruierender Kopie, stets jedoch verändert und nicht mehr im ursprünglichen Zustand.

137 Hoffmann/Koppe, 1986, S. 38 f., Nr. 55 (Lit.); Kossatz, 1988, S. 33 f.; S. Kummer, 1995, S. 693; Kossatz, 1997, S. 36.

138 Kossatz, 1988, S. 33; ders., 1999, S. 388 f., 391.

139 Ders., 1988, S. 34; ders., 1999, S. 392.

140 Ebd.; Mader, 1915, S. 49–52.

141 Mader, 1915, S. 203–208.

142 Ebd., S. 245 f.; Kossatz, 1988, S. 158–163, 242, 271 ff., 297 ff.

143 Kossatz, 1988, S. 122–124, 128–130.

144 Grundlegend: Kossatz, 1988, S. 12–44, hier insbesondere S. 12–14.

145 Ebd., S. 87–90.

146 Ebd., S. 89, 175, Abb. 60 b, 61 a.

147 Ebd., S. 29 u. Abb. 88 a–b; ders., 1999, S. 402.

148 Kossatz, 1988, S. 37–39, 111–120, 314–326 u. Abb. 32–36 b; ders., 1999, S. 394–396.

149 Sofern man von den Grabmälern in der separaten Schönborn-Kapelle absieht.

150 S. hierzu Bruhns, 1940, passim.

151 Kossatz, 1988, S. 154–156, 231–234, 310–314 u. Abb. 56–57 b.

152 Ebd., S. 91–98.

153 Ebd., S. 124–127 u. Abb. 38.

154 Mader, 1915, S. 203–205; Kossatz, 1999, S. 398 f.

155 Muth, 1996/II, S. 15 (Abb.); Kossatz, 1999, S. 399.

156 Kuhn, 1949, S. 11–18 u. Abb. 2–3.

157 Ebd., S. 30–32 u. Abb. 5. – Vgl. dagegen Hans-Peter Trenschel, in: Ders. (Hrsg.), 1997, S. 192, der die Auffassung vertritt, die von der Portalbekrönung getrennt gearbeitete Madonnenstatue sei »offenbar erst nachträglich eingefügt« worden.

158 S. hierzu die summarische Beschreibung des Dominventars bei Mader, 1915, S. 48–53. – Zur Sakralmalerei des 17. Jh.s in Würzburg generell s. Hausladen, 1918; Schneider 1999, S. 311 ff.

159 Kummer, 1993.

160 Zum gegenwärtigen Stand der Forschung s. Schneider, 1999, S. 313–316.

161 Mader, 1915, S. 50, 52 u. Taf. IV; Klemm, 1986, S. 154–159, Nr. 65 f.

162 Mader, 1915, S. 50.

163 Ebd., S. 51 f.; Pée, 1971, S. 265 (V 113, V 114).

164 Zuletzt: Schneider, 1999, S. 315 f. (Lit.).

165 Mader, 1915, S. 50, 52 u. Taf. V.

166 Grundlegend: Kainz, 1915.

167 Mader, 1915, S. 50, 52 u. Abb. 28, 30; Kainz, 1915, S. 15–20, 25–27, 32–34.

168 Mader, 1915, S. 246.

169 Ebd., S. 203–205; Kainz, 1915, S. 76 f., 79–81, 106–110, 113 f., 118–121, 131–133.

170 S. dazu den Überblick von Schneider, 1999, S. 311 ff.

171 Hans-Peter Trenschel, in: Ders. (Hrsg.), 1997, S. 146 f ; Schneider, 1999, S. 315 f.

172 Kainz, 1915, S. 8–10.

173 Muth, 1996/II, S. 20 f.

174 Kainz, 1915, S. 15–21 u. Abb. 1 f.; Muth, 1996/II, S. 20 (Abb.).

175 Kainz, 1915, passim.

176 Frauke van der Wall, in: Kilian, 1989/II, S. 309, Nr. 318; Muth, 1989, S. 355 f.

177 Hans-Peter Trenschel, in: Ders. (Hrsg.), 1997, S. 148 f.; Schneider, 1999, S. 314.

178 Ein vollständiger Bestandskatalog des zeichnerischen Nachlasses Onghers' im Martin von Wagner-Museum wird gegenwärtig von Frau Sabine Gieß erarbeitet.

179 Zum Kunstpatronat Johann Philipps v. Greiffenclau s. Antz, 1997. Über die Schattenseite der mäzenatischen Freigebigkeit Greiffenclaus s. Scherf, 1930, S. 37 ff.

180 Mader, 1915, S. 613.

181 Zuletzt: Friedrich, 1999, S. 491 f. (Lit.). Der Schreibschrank wird im Mainfränkischen Museum aufbewahrt.

182 Büttner, 1996, S. 58, 60, Abb. 5.

183 v. Freeden, 1952, S. 185–191.

184 Friedrich, 1999, S. 465 f.

185 v. Freeden, 1952, S. 123 f., 131 ff., 137.

186 Mader, 1915, S. 566 f. (Fig. 441 f.), 568 (Fig. 443); Nicht, 1999, S. 206 f.; Friedrich, 1999, S. 463.

187 Mader, 1915, S. 178 (Fig. 138), 179; Friedrich, 1999, S 463, 464 f. (Abbildungen).

188 Die 1945 teilweise zerstörte Dekoration dokumentiert bei Mader, 1915, S. 392 f. (Fig. 314), 394 (Fig. 315).

189 Ress, 1962; Kuhn, 1981; Nicht, 1999, S. 216–222; Friedrich, 1999, S. 466 f.; Maier, 2002. – Die Akkorde mit Pietro Magno (1701, 1703) publiziert von Kossatz, 1988, S. 512–515, Anm. 720.

190 Zu Beginn des 17. Jh.s ließ Fürstbischof Julius Echter Hauptschiff und Querhaus des salischen Bauwerks einwölben, nachdem bereits gegen 1500 die Seitenschiffe mit Wölbungen versehen worden waren; s. Mader, 1915, S. 26, 28.

191 Maier, 2002, S. 392 f.

192 Mader, 1915, S. 285 ff.; Muth, 1999, S. 277–279; Antz, 1997.

193 S. die Inschrift auf dem Fries des Fassadengiebelgebälks: SS. MM. CHILIANO. ET. SOCIIS. PATRIAE. PATRONIS (»Den heiligen Märtyrern Kilian und seinen Gefährten, den Patronen des Vaterlandes« [gewidmet]); s. Mader, 1915, S. 298; Muth, 1989, S. 300.

194 Mader, 1915, S. 286, 290.

195 Grundlegend: Herchenröder, 1930; s. ferner Nitschke 1982; Muth, 1999, S. 275–281. – Ungeachtet der von Nitschke und anderen auf der Basis zeitgenössischer Quellen propagierten Schreibweise »Greissing« wird hier an der seit langem in der Wissenschaft eingebürgerten Schreibweise »Greising« festgehalten.

196 Zuletzt: Breuer u. a., 1999, S. 1181.

197 Guarini, 1968, Taf. 14–15.

198 Zuletzt: Roidl, 1995, S. 35–39.

199 Mader, 1915, S. 326 ff.; Muth, 1999, S. 276 f.

200 Maier, 2002.

201 Mader, 1915, S. 519 ff.; Schenk, 1953, S. 79–97; Wendehorst, 1976, S. 56–58; Longo, 1985, S. 54–56; Muth, 1999, S. 273 f.

202 Mader, 1915, S. 594 f., 599 f., 611 f., 616 (Fig. 492); neuere Abbildungen bei Longo, 1985, S. 59–61.

203 Sedlmaier/Pfister, 1923, Textbd., S. 9 f.; Kraus, 1975, S. 60–65, 71–75; Kummer, 1987, S. 80 ff.

204 v. Freeden, 1952, S. 185, 191 ff.

205 Mader, 1915, S. 401 f.; v. Freeden, 1952, S. 195.

206 v. Freeden, 1952, S. 193, 195.

207 Ebd., S. 196–198.

208 Zu den repräsentativen Aufgaben barocker Zeughäuser s. Neumann, Teil 1, 1992, S. 145–154.
209 Mader, 1915, S. 596 f., 601 (Fig. 475); v. Freeden, 1937, S. 9.
210 Mader, 1915, S. 535 f., 540 (Fig. 420); v. Freeden, 1937, S. 10; Muth, 1999, S. 282.
211 Mader, 1915, S. 643–646; v. Freeden, 1937, S. 10; Muth, 1999, S. 282.
212 Mader, 1915, S. 573 (Fig. 447), 574 f.; v. Freeden, 1937, S. 10; Muth, 1999, S. 282.
213 Maier, 2002.
214 Mader, 1915, S. 283; Muth, 1999, S. 279; Maier, 2002, S. 393.
215 Mader, 1915, S. 612–617 u. Taf. LXVIII; Muth, 1999, S. 279.
216 Mader, 1915, S. 640–642, 643 (Fig. 519). – Angeblich 1714 erbaut. – S. ferner Maier, 2002, S. 402.
217 Ebd., S. 642 f. u. Taf. LXIX; Muth, 1999, S. 283.
218 Mader, 1915, S. 608–613; Muth, 1999, S. 282 f. – Das Gebäude wurde 1904/05 vom benachbarten Main-ufer an seinen heutigen Standort transloziert.
219 Vgl. Schenk, 1953, S. 99 ff.; Muth, 1999, S. 280.
220 Grundlegend: Diehl, 1920; zuletzt: Kossatz, 1999, S. 407–409 (Lit.).
221 Vgl. Diehl, 1920, S. 4; Kossatz, 1999, S. 407 f.
222 Seberich, 1963, S. 54 f. – Weder die in der Literatur vermutete Autorschaft Petrinis († 1701) noch die An-dreas Müllers (Mader, 1915, S. 672; Diehl, 1920, S. 124, hier insbesondere Anm. 1) lässt sich beweisen. Letzterer dürfte als Entwerfer kaum in Frage kommen, da er erst 1704 in Greiffenclaus Dienste trat, wes-halb zu überlegen ist, ob der mainzische Oberingenieur Giovanni Domenico Fontana, der um 1700 den Fürstbischof in militärarchitektonischen Fragen beriet, den Entwurf zu dem stattlichen, schönen Gebäu-de lieferte (zu A. Müller und G. D. Fontana s. v. Freeden, 1952, S. 192 ff.).
223 Diehl, 1920, S. 125, insbesondere Anm. 1.
224 Mader, 1915, S. 672 Anm. 2; Diehl, 1920, S. 124. – Fotografien der Statuen sind dem Verf. nicht bekannt. Deren ausführliche Beschreibung bei Diehl, 1920, S. 125–128 – vorausgesetzt, die von dem Autor be-schriebenen Statuen in der Friedenstraße 15 stammten tatsächlich vom Brückentor.
225 Guter Abdruck der Fotografie bei Drößler, 1958, S. 46. Der Entstehungszeitraum lässt sich wegen der erst 1865 ausgebrochenen seitlichen Durchgänge für Fußgänger (s. Seberich, 1963, S. 54) eingrenzen.
226 Mader, 1915, S. 672 Anm. 2; Diehl, 1920, S. 125.
227 Mader, 1915, S. 510; Diehl, 1920, S. 33 f.; Helm, 1976, S. 87 f., 132 f., Nr. 80 ff.
228 Helm, 1976, S. 89 f., 133, Nr. 100.
229 Diehl, 1920, S. 34; Helm, 1976, S. 87–90, 96.
230 S. die von Helm, 1976, publizierten Abb. 25–26.
231 Kossatz, 1988, S. 510–512, Anm. 724 (Quellenedition); ders., 1999, S. 400 (Abb.), 406 f.
232 Mader, 1915, S. 48 f.; Diehl, 1920, S. 36–40.
233 Diehl, 1920, S. 37–40. – Gute Abbildung bei Friedrich, 1999, S. 468.
234 Diehl, 1920, S. 40–49.
235 Ebd., S. 42 f.
236 Ebd., S. 43.
237 Mader, 1915, S. 332 (Fig. 269), 333; Diehl, 1920, S. 101–104.
238 Diehl, 1920, S. 50–59, 65 ff., 82–98; Kossatz, 1999, S. 408.
239 Kuhn, 1959, Taf. 23, 25, 27, 34–35, 38–39; Kossatz, 1999, S. 408.
240 Kummer, 2001, S. 415.
241 Diehl, 1920, S. 113–119; Kossatz, 1999, S. 409.
242 Erinnert sei an die folgenden, oben genannten Grabmäler der Fürstbischöfe Konrad v. Thüngen, Konrad v. Bibra, Melchior Zobel, Friedrich v. Wirsberg, Julius Echter und Philipp Adolf v. Ehrenberg.
243 S. das von der Bernini-Werkstatt geschaffene Grabmal des Rodrigo Lopez de Silva und seiner Gemahlin in S. Isidoro zu Rom von 1663, abgebildet bei Magnuson, Bd. 2, 1986, S. 303.
244 Laut Muth, 1996/II, S. 19, wurde der rechte Putto 1946 von Julius Bausenwein nach einer Fotografie neu geschaffen.
245 Zur Glaubwürdigkeit der mit Sicherheit auf historische Bildquellen gestützten Darstellung s. Oswald, 1966, S. 148 ff.
246 Zu Mabillon und den Maurinern s. Bickendorf, 1995, S. 26 f.
247 Diehl, 1920, S. 119–123.
248 Mader, 1915, S. 691.
249 Ebd., S. 694; Diehl, 1920, S. 120.

250 Diehl, 1920, S. 136–150.

251 Ebd., S. 128–135; Kuhn, 1949, S. 19–50.

252 Kuhn, 1949, S. 37 f.

253 Diehl, 1920, S. 131 f.

254 Vgl. dagegen Kranzbühler, 1932, S. 189.

255 Krüger, 1931, S. 9 f.; Kainz, 1915, S. 13.

256 Krüger, 1931, S. 10.

257 Ebd., S. IV–V (Quellenanhang).

258 Mit den zur selben Zeit von Kurfürst Lothar Franz v. Schönborn in Seehof und Gaibach begonnenen Gartenanlagen gehörte der Juliusspitalgarten zur Zeit seiner Entstehung (1. Jahrzehnt des 18. Jh.s) zu den ansehnlichsten in Mainfranken – ein noch nicht ausreichend gewürdigtes Faktum.

259 D'Onofrio, 1957, S. 201–212.

260 Vgl. das Bassin du Dragon (1667/68), das Bassin d'Apollon (1668/70) u. die Bassins des Saisons (1672/79) bei Carric, 2001, S. 58 f., 74–77, 88–95.

261 Siehe hierzu Gerson/Ter Kuile, 1960, S. 37–43. – Zu den flämischen Voraussetzungen des Stils Auweras s. u. vgl. Krüger, 1931, S. 61 ff.; Kranzbühler, 1932, S. 188.

262 Vgl. die widersprüchlichen Angaben bei Kranzbühler, 1932, S. 188 u. ebd., Anm. 30.

263 Mader, 1915, S. 290, 298; Krüger, 1931, S. 15, 33.

264 Muth, 1996/II, S. 20 f. – Offen bleiben muss, ob die in die Hauger Stiftskirche translozierten Statuen Originale oder bereits Kopien des 19. oder frühen 20. Jh.s sind.

265 Vgl. Krüger, 1931, S. 32; Kuhn, 1949, S. 66–68 u. Abb. 15; Kossatz, 1999, S. 412.

266 Mader, 1915, S. 653 f. m. Fig. 531; Krüger, 1931, S. 22 f.; Kuhn, 1949, S. 54–56 (hier führt die Obere Johannitergasse noch den inzwischen obsoleten Namen »Oswaldspitalgasse«). – Strittig zwischen Krüger und Kuhn ist, ob die Würzburger Madonna vor oder nach der Gereuther (s. unten Anm. 267) entstanden ist.

267 Vgl. die als Werk Auweras urkundlich gesicherte, 1716 vollendete Madonna vom Hochaltar der Kirche in Gereuth bei Ebern; s. hierzu Karlinger, 1916, S. 98 f. (hier die Hochaltarfiguren noch fälschlich Esterbauer zugeschrieben); Krüger, 1931, S. 25 f., Anhang II (Quellen); Kuhn, 1949, S. 42–54.

268 Nicht zu verwechseln mit einer gewissen »Glätte« der Oberfläche, die das Ergebnis verschiedener Restaurierungen sein dürfte.

269 Zuletzt: Friedrich, 1999, S. 527 (Lit.).

270 Dom: Dechantenaltar (1704) und Propstaltar (ca. 1704), s. Mader, 1915, S. 49; Stift Haug: Aquilinusaltar (1705), Dreikönigsaltar (1706), s. ebd., S. 203 f.; Marienkirche/Festung: Hauptaltar (um 1700), s. ebd., S. 409; sämtliche Altarblätter sind am 16. März 1945 verbrannt. – Universitäts-(Neubau-)Kirche: Hauptaltar und zwei Nebenaltäre (um 1703); 1820 verschleudert: Hauptaltarblatt heute in Schlüsselfeld, Nebenaltartafeln in Brunntal bei Wenkheim, Main-Tauber-Kreis, s. v. Oechelhaeuser, 1898, S. 14.

271 Die 1945 verbrannte Tafel ist dokumentiert bei Kainz, 1915, Abb. 14.

272 Bruno-Altar (1705 ff.), Mantelspende des hl. Martin, s. Mader, 1915, S. 49.

273 Pfarraltar (um 1709), Anbetung des Allerheiligsten Altarsakraments durch die vier Erdteile, datiert 1709, s. ebd., S. 48.

274 Ebd., S. 520 (Anm. 1), 523; Schneider, 1999, S. 322.

275 Mader, 1915, S. 594 f., 612 u. Taf. LXVII.

276 Dochein wird seit 1717 in den Würzburger Steuerlisten zusammen mit seiner Ehefrau, Anna Barbara, einer Bürgertochter, erwähnt (StadtAW, R 5747, S. 247); noch am 21. August 1720 wird er als Hofmaler am Kammerdienertisch genannt. Im Juli 1721 heiratete seine Witwe den Maler Franz Ignaz Roth (StAW, HKP 1721/22). – Verf. dankt Frau Dr. Verena Friedrich für die freundlichen Hinweise auf diese Quellen sowie für die darauf bezüglichen Angaben. – S. auch Scherf, 1930, S. 94 u. ebd., Anm. 4, S. 96; Sedlmaier/Pfister, 1923, Textbd., S. 184 (Anm. 244).

277 Schneider, 1999, S. 323.

278 v. Freeden, 1961, S. 5.

279 Lohmeyer, 1921.

280 Kummer, 1987, S. 82.

281 Vgl. das Größenverhältnis des Schlössleins zum Rosenbach-Palais auf dem ca. 1719/20 entstandenen Situationsplan in Berlin/Kunstbibliothek, Hdz 4672; ebd., Abb. 41.

282 Scherf, 1930, S. 37 ff., 49 ff.

283 Grundlegende Darstellungen der Residenzbaugeschichte: Eckert, 1917; Sedlmaier/Pfister, 1923; Herrmann, 1928. – Grundlegende Quelleneditionen: Lohmeyer, 1921; Quellen zur Geschichte des Barocks 1,2, 1955. – Letzte zusammenfassende Darstellung: Hubala/Mayer, 1984. – Zu den Umbauabsichten bzw. -plänen s. Kummer, 1987.

284 Quellen zur Geschichte des Barocks 1,2, 1955, S. 785, Nr. 1029 (Brief Neumanns aus Paris v. 15. Feb. 1723).

285 Überliefert ist dieses sog. »Umbauprojekt« im (1945 verbrannten) Plan der Sammlung Eckert Nr. 286 (= SE 286+), ehemals Mainfränkisches Museum Würzburg; s. hierzu Kummer, 1987, S. 81 ff.

286 Rose, 1922, S. 133.

287 Kummer, 1996/I, S. 33 f., 34 Anm. 31; ders., 1996/II, S. 69 ff.

288 Ders., 1987, S. 86 f.

289 Grundlegend, aber teilweise veraltet: Boll, 1925; gegenwärtig maßgeblich: Korth, 1987. – S. ferner: Erichsen, 1988, S. 359–362, 375; Manitz, 1992, S. 93–168.

290 Korth, 1987, S. 58.

291 S. die von Erhard Milde und Dietrich Worbs 1967 angefertigte Bauaufnahme (Querschnitt) bei Korth, 1987, Abb. 16.

292 Zuletzt: Kremeier, 1999, S. 107 ff. (Lit.).

293 Ebd., S. 158 ff.

294 Mader, 1915, S. 132 ff.; Reuther, 1960, S. 34, 100 f.

295 Grundlegend: v. Freeden, 1937.

296 S. dazu den Beitrag von Jörg Lusin im vorliegenden Band.

297 v. Freeden, 1937, Abb. 11, 13, 15, 17, 40, 44–47, 49, 54–56, 61.

298 Ebd., Abb. 49.

299 Ebd., Abb. 40, 44–47, 60 f.

300 Mader, 1915, S. 662 f.; Kuhn, 1949, S. 81, 205 Anm. 158.

301 Vgl. Mader, 1915, S. 596, 599 (Abb. 473), 600 (Abb. 474); Reuther, 1983, S. 234.

302 Reuther, 1983, S. 234, weist bereits auf Stilelemente Hildebrandts hin, ordnet den Fichtelhof aber dennoch unter die Werke Balthasar Neumanns ein.

303 Nadler, 1974, S. 31–34, 250–253 u. Abb. 25.

304 Kuhn, 1949, S. 131 f. u. Abb. 41.

305 Sedlmaier/Pfister, 1923, Textbd., S. 83 f., 95, 105–110, 247, 270 (Übersichtstabelle); s. ferner die Nennungen im Künstlerregister, S. 271 ff. – Frau Dr. Michaela Neubert erarbeitet gegenwärtig eine umfassende Darstellung der bauplastischen Ausstattung der Residenz.

306 Freundliche Mitteilung von Frau Dr. Michaela Neubert (s. oben Anm. 305).

307 Bachmann/v. Roda, 1994, S. 19 ff., 63 ff.

308 Mader, 1915, S. 304, 332 f.

309 Ebd., S. 304 ff.

310 v. Freeden, 1947, S. 44 ff., 51 ff.

311 Friedrich, 1999, S. 493–512.

312 S. z. B. Mader, 1915, S. 582–584 (Hof Öttingen), 596 (Fichtelscher Hof), 606, 610 (Abb. 485–486) (Huttenpalais), 617 (Rückermainhof), 655 ff. (Bürgerhäuser).

313 Zuletzt: Friedrich, 1999, S. 473 f., 543 Anm. 76.

314 Auf den bauplastischen Schmuck kann wegen der im Fluss befindlichen Forschungen nicht eingegangen werden (s. oben Anm. 305).

315 Sedlmaier/Pfister, 1923, Textbd., S. 85–90, 180–186, Anm. 224–251; Friedrich, 1999, S. 471 f. – Frau Dr. Verena Friedrich bereitet eine Gesamtdarstellung der Geschichte der Innendekoration von ca. 1723 – ca. 1779 vor.

316 Zu den wirtschaftlichen und sozialen Voraussetzungen Würzburger Kunsttätigkeit im 18. Jh. s. zuletzt Friedrich, 1999, S. 459 f.

317 Zitiert nach Sedlmaier/Pfister, 1923, Textbd., S. 90.

318 Ebd., S. 184 Anm. 244. – Die Ausmalungen gingen bereits im 18. Jh. verloren.

319 S. oben Anm. 303; ferner Sedlmaier/Pfister, 1923, Textbd., S. 89, 179, Anm. 220. Die Figur ist von Curé und dem Gießer J. A. Roth (s. oben das Adelmann-Epitaph Esterbauers) signiert sowie »1724« datiert worden.

320 Zuletzt: Kossatz, 1999, S. 413.

321 Sedlmaier/Pfister, 1923, Textbd., S. 96–98, 199–204, Anm. 290–302, 245 f.

322 Wilhelmine v. Bayreuth, 1915, S. 436.

323 Zum Folgenden s. Sedlmaier/Pfister, 1923, Textbd., S. 95 f., 98 f., 111–115, 248 f. – Zur Ausstattung der Paradezimmer und des Weißen Saales s. künftighin die bisher gründlichste Untersuchung zu diesem Thema von Verena Friedrich: Studien zu Dekoration und Ornament des Rokoko in der fürstbischöflichen Residenz zu Würzburg, Diss. phil., Würzburg 1999 (Drucklegung vorbereitet).

324 Mayer, 1994, S. 101–105, 209 f., G 51–G 53.

325 Hiermit folgt der Verf. den grundlegenden Forschungsergebnissen von Verena Friedrich (s. Anm. 323); vgl. Sedlmaier/Pfister, 1923, Textbd., S. 112.

326 Sedlmaier/Pfister, 1923, Textbd., S. 114 f.; Kummer, 1988; Friedrich (wie Anm. 323) mit Bibliografie.

327 Vgl. dagegen die wenig freundliche Einschätzung des »künstlerischen Verhältnisses« Balthasar Neumanns zum Dekorativen und Ornamentalen bei Sedlmaier/Pfister, 1923, Textbd., S. 181 Anm. 226.

328 S. Spiegelkabinett, 1988.

329 Friedrich, 1996, S. 213 f.

330 Sedlmaier/Pfister, 1923, Textbd., S. 116–118, 252; Friedrich (wie Anm. 323); dies., 1999, S. 476.

331 Sedlmaier/Pfister, 1923, Textbd., S. 115 f., 251; Friedrich, 1999, S. 476.

332 S. u. vgl. dazu die widersprüchlichen Angaben bei Mader, 1915, S. 304, 309 f., u. zuletzt Muth, 1986, S. 16. – Möglich erscheint, dass D. Zimmermann einen Entwurf fertigte, den lokale Kräfte ausführten. Wenig wahrscheinlich ist es, dass Zimmermann nur Stuckarbeiten an den Altären der östlichen Kuppelnischen ausführte (s. unten Anm. 333).

333 Der Bonifatiusaltar befand sich in der nordöstlichen Kuppelnische; Wortlaut der Inschrift auf einer Schwertklinge: *Dominicus Zimmermann a: 1721*. Der ehemals in der gegenüberliegenden südöstlichen Nische befindliche Burkardusalter (1945 zerstört) besaß ebenfalls ein Scagliola-Antependium von D. Zimmermann (attribuiert); s. dazu Mader, 1915, S. 309 f.; Schnell, 1943, S. 116–119.

334 Muth, 1986, S. 12 (Abb.), 20.

335 Schneider, 1999, S. 326.

336 Boll, 1925, S. 97–104; Nadler, 1974, S. 42–48, 65–74, 253–283 u. Abb. 38–52.

337 Sedlmaier/Pfister, 1923, Textbd., S. 24, Abb. 25; Kremeier, 1999, S. 76, Abb. 76. Es handelt sich um den 1945 verbrannten Plan Sammlung Eckert (SE) LXX. S. hierzu ausführlich demnächst Christoph Nicht – dem der Verf. für den Hinweis auf SE LXX+ in diesem Zusammenhang dankt – in seiner Diss. phil. (Würzburg) über die Altarbaukunst Balthasar Neumanns.

338 Boll, 1925, S. 46, 47, 49 f., 105 ff.; Friedrich, 1999, S. 474.

339 Mayer, 1994, S. 301 f.

340 Ebd., S. 88 f., 296 f. u. Abb. 99. – Farbabbildung bei Korth, 1987, Taf. II.

341 Mayer, 1994, S. 95–98, 302–305.

342 Sedlmaier/Pfister, 1923, Textbd., S. 100 ff.; Friedrich, 1999, S. 475.

343 S. die von Sedlmaier/Pfister, 1923, Textbd., S. 246, genannten Quellen, aus denen hervorgeht, wie intensiv sich Neumann der Marmorbeschaffung u. dergleichen annahm.

344 Sedlmaier/Pfister, 1923, Textbd., S. 104, 206 Anm. 314.

345 Schneider, 1999, S. 320, 336 (Lit.).

346 Sedlmaier/Pfister, 1923, Textbd., S. 246, Tafelbd., Taf. 72; Kuhn, 1949, S. 131 f. u. Abb. 41.

347 Kuhn, 1949, S. 134 f. u. Abb. 42. Die hier vorgeschlagene Attribution der Figur an Antonio Bossi dürfte irrig sein.

348 Lang, 1982, S. 31; Friedrich, 1999, S. 519 f.

349 Kuhn, 1949, S. 84 f. u. Abb. 24; Nadler, 1974, S. 56–59, 222–225 u. Abb. 27; Hans-Peter Trenschel, in: Ders., 1997, S. 194 f.

350 Meyer, 1972, S. 13–39; Nadler, 1974, S. 38–41, 64 f., 203–222 u. Abb. 32–37; Trenschel, 1987, S. 44 f., 48 f.

351 Sedlmaier/Pfister, 1923, Textbd., S. 248.

352 Friedrich, 1993; dies., 1999, S. 519–521.

353 Kranzbühler, 1932, S. 197–199.

354 Hans-Peter Trenschel, in: Ders., 1997, S. 202 f.

355 Kranzbühler, 1932, S. 205, 207 f.; Kuhn, o. J., S. 13–16.

356 Zur Vita des J. W. v. d. Auwera s. insbesondere Kranzbühler, 1932, S. 182 ff., 190 ff.

357 Richter, 1939, S. 1–20.

358 Mader, 1915, S. 48; Richter, 1939, S. 46 f.

359 Richter, 1939, S. 37–41, 107.

360 Michael Koller bereitet im Rahmen seiner Promotion einen Bestandskatalog der Lünenschloß-Zeichnungen des Martin von Wagner-Museums vor.

361 Zum »Intermezzo Ingelheim« s. Sedlmaier/Pfister, 1923, Textbd., S. 123 f.

362 Kummer, 1996/I, S. 29 ff.

363 Strieder, 1990, S. 65–75, 200–205. Der von Strieder (S. 202) zitierte Passus in den Hofkammerprotokollen, Zick habe den *Plavon in der unteren Sala zum Vergnügen [...] ausgemahlet,* ist nicht unbedingt als Lob zu werten, sondern eher als Bestätigung, dass das Deckenbild den Anforderungen genügte.

364 Krückmann, 1996.

365 S. hierzu ausführlicher Kummer, 1999, S. 184 ff.

366 Ebd., S. 189 f. – Vgl. dagegen Büttner, 1996, S. 57–61.

367 Krückmann, 1996, Bd. 1, S. 136.

368 Sedlmaier/Pfister, 1923, Textbd., S. 129, 223 (Anm. 414), 255.

369 Zuletzt: Manitz, 1992, S. 170–188.

370 Kummer, 1989, S. 395 f. – Über das Verhältnis von Architektur und Dekoration im süddeutschen Sakralraum des Barocks bereitet derzeit Michaela Queck, ausgehend vom Käppele, dessen Ausstattung sie in ihrer Würzburger Magisterarbeit untersuchte, eine eingehende Untersuchung (Diss.) vor.

371 Mader, 1915, S. 133; Kranzbühler, 1932, S. 211–215.

372 Mader, 1915, S. 134 f.

373 Ebd., S. 132 f., 135; Keß, 1996, S. 45–58.

374 Georg Anton Urlaub, 1996, S. 118 f.

375 Löhr, 1996, S. 63.

376 Mader, 1915, S. 656 f.; Kuhn, 1949, S. 125–128 u. Abb. 38.

377 Mader, 1915, S. 598 f., 604 f., Abb. 478–479; Lindemann, 1989, S. 26, 315 f. (Kat.-Nr. 2.1–2.2); Muth, 1996/II, S. 20.

378 Mader, 1915, S. 675.

379 D'Onofrio, 1957, S. 43–47. – Das Bassin wurde bereits 1575 ff. unter Papst Gregor XIII. nach einem Entwurf des Giacomo della Porta geschaffen. Unter Papst Clemens XI. kam 1711 der zentrale Aufbau samt Obelisk hinzu.

380 Trenschel, 1980, S. 101–103.

381 Ebd., S. 10.

382 Grundlegend: v. Roda, 1980, S. 123 ff., 168. – S. ferner Klaiber, 1959, S. 24–30, 42, 64; Kummer, 1998, S. 47 ff.; Visosky-Antrack, 2000, S. 55 f., 75 ff.; Friedrich, 1999, S. 482 f.

383 v. Roda, 1980, S. 143–146, 177–191; Kummer, 1998, S. 50 f.; Visosky-Antrack, 2000, S. 57 ff., 62 ff., 223–241; Friedrich, 1999, S. 482–484.

384 Lindemann, 1989, S. 245–302, 361–372 (Nr. 18.1–18.36).

385 Sedlmaier/Pfister, 1923, Textbd., S. 54; Neumann, 1927, S. 57 ff.; Dischinger, 1978.

386 Zum Greiffenclau-Tor s. Sedlmaier/Pfister, 1923, Textbd., S. 130; Friedrich, 1993, S. 77 f. – Zu den Kolonnadengittern s. Sedlmaier/Pfister, 1923, Textbd., S. 136; Friedrich, 1993, S. 81–85; dies., 1999, S. 524 f. Johann Georg Oegg erhielt 1766 den Auftrag für diese Gitter, die laut Sedlmaier/Pfister und Friedrich, 1999, vom Sohn des Kunstschmieds, Johann Anton, dem 1767 die Werkstatt übergeben worden war, ausgeführt wurden.

387 Mader, 1915, S. 276 ff.; Neumann, 1927, S. 16–28; Muth, 1999, S. 300 f. (Lit.).

388 Reuther, 1960, S. 105 f. (Lit.); van Treeck, 1973, S. 27–54 (van Treeck vertritt die Auffassung, dass F. I. Neumanns Entwürfe als eine 1765 eingereichte Alternativplanung zum Geigel/Fischer-Projekt zu betrachten sind); Schütz, 1986, S. 127–129.

389 Mader, 1915, S. 276; Visosky-Antrack, 2000, S. 64, 267–276.

390 Zum ottonischen Vorgängerbau s. zuletzt: Kummer, 2001, S. 415 ff. (Lit.). – Zum Neubau Geigels s. Mader, 1915, S. 348, 353–356; Neumann, 1927, S. 45–49.

391 Mader, 1915, S. 354; Visosky-Antrack, 2000, S. 277–281.

392 Mader, 1915, S. 354. – Zum Bozzetto Hubers für das Deckenbild im Martin von Wagner-Museum s. Hoffmann/Koppe, 1986, S. 100, Nr. 243.

393 Mader, 1915, S. 574 f., 669 f.; Visosky-Antrack, 2000, S. 245 f. (Zuschreibung an Materno Bossi).

394 Mader, 1915, S. 541 f.; Menke, 1994, S. 31 ff.

395 Trenschel, 1968, S. 377–421.

396 Ebd., S. 397–415, hier insbesondere S. 412.

397 Sedlmaier/Pfister, 1923, Textbd., S. 134. – Zu den Skulpturen der Residenzplatzkolonnaden und des Hofgartens, die Wagner in den 60er und 70er Jahren schuf, s. ebd., S. 138–141.

398 Mader, 1915, S. 522 f., 525 (Fig. 405); Schenk, 1953, S. 105 f.; Wendehorst, 1976, S. 59–61 u. Abb. 5.

399 Mader, 1915, S. 546 f.

Antonio Petrini

1 So wird Petrini anlässlich des Baues der Kreuzkapelle in Eibelstadt bezeichnet; StAW, WDKP 1657, fol. 104.

2 Die Herkunft Petrinis ist nicht gesichert. Der Rektor des Jesuitenkollegs in Paderborn bezeichnet ihn als *insignem illum architectum Antonium Petrini Tridentinum*, als den ausgezeichneten Architekten aus dem Trientinischen (Diarium des Rektors P. Johannes Wiese, Paderborn, Erzbischöfliche Akademische Bibliothek, Pa 127, fol. 73 f.). 1692 erhält in Würzburg einen Pass *Michel Berge, ein Maurer aus Trient aus Italien, so bey H. Petrini gearbeith, geht auff Wien* (StadtAW, Rb 229). Diese Nachrichten gaben Anlass, die Heimat Petrinis in der näheren Umgebung von Trient zu suchen. Longo, 1985, S. 12, hat auf einen Eintrag im Taufregister von Calavino hingewiesen. In diesem Pfarrdorf im Sacra-Tal wurde am 17. März 1621 ein *Antonius Pedrinus*, Sohn eines *Balthasar Pedrinus* aus dem nahe gelegenen Lasino, getauft. Mit diesem Täufling hat Longo den späteren Baumeister identifizieren wollen. Die Sterbematrikel der Dompfarrei Würzburg vermerkt jedoch, Antonio Petrini sei am 8. April 1701 *aetate 76* – im Alter von 76 Jahren – verstorben. Dieser ungewöhnlich exakten Altersangabe entsprechend kann Petrini erst 1624/25 geboren, demnach nicht mit dem erwähnten Täufling identisch sein.

3 StadtAW, Rb 228 und 229. Sie kamen aus Chur, aus Villa im Adda-Tal, aus Tauffers bei Müstair – von dort kommt ein Johann Baptist Petrini – und aus dem nahe dabei gelegenen Bormio, der Heimat eines Bernardino Petrini.

4 Lieb, 1976, S. 15.

5 Seberich, 1963, S. 21 ff.

6 Longo, 1985, S. 62 f.

7 StAW, WDKP 1657, fol. 104.

8 StAW, Stb 973, fol. 223 v, 224.

9 StAW, Rößner-Buch 1609, fol. 109.

10 StAW, Stift Hauger Protokolle 1677, fol. 264 v.

11 StAW, Rößner-Buch 1610, fol. 175.

12 Sandsteinrelief von dem 1945 zerstörten Haus im Mainfränkischen Museum Würzburg, Inv.-Nr. 40216.

13 StAW, Stb 973, fol. 223 v, 224.

14 StAW, Rößner-Buch 1610, fol. 175.

15 Matrikel der Dompfarrei Würzburg.

16 Muth, 1985; Longo, 1985, S. 34 ff.; Muth, 1993.

17 Quellen zur Baugeschichte von Stift Haug: StAW, Stift Hauger Protokolle 1656–1691.

18 Bechstein, 1981, S. 84.

19 Zimmermann, 1952/II.

20 Staatsbibliothek Bamberg, Bauakten vom St. Stephans-Stift zu Bamberg, J. H. Msc. 5.

21 Helm, 1976.

22 Dehio, 1924, S. 411.

23 StAW, WDKP 1696.

24 StAW, Stift Hauger Protokolle 1701.

Joseph Greising

1 Ostler, 1918; Schenk, 1922; Herchenröder, 1930; Kengel, 1952/1953; Greissing, 1955; Lieb, 1976. Es kommen auch die Schreibweisen »Greissing«, »Greißing«, »Greussing« vor.

2 Lieb, 1976, S. 37.

3 Nitschke, 1982, S. 31.

4 Kengel, 1952/53, S. 583.

5 Brief Ph. Chr. Reibelt v. 21. Dez. 1721, zit. nach Rößner, 2000, S. 236.

6 Kengel, 1952/53, S. 568.

7 Nitschke, 1989, S. 23 f.

8 Ebd., S. 31.

9 v. Freeden, 1938, S. 77 ff.

10 Maier, 2002.

11 Ausführlich dazu in diesem Band St. Kummer; ferner: Oswald, 1960; Eminger, 1987.

12 Grebner, 1989, S. 181 ff.

13 Kengel, 1952/53, S. 565.

14 Rößer, 2000, S. 17 ff.

15 Kengel, 1952/53, S. 586 f.; Zimmermann, 1954/55, S. 272 ff.; Hotz, 1961; Vogt, 1979, S. 116 ff.

16 Pläne: Mainfränkisches Museum Würzburg, SE 224+, SE 225; Ansicht: Gedächtnisblatt für Abt Gregor Fuchs, Kupferstich von G. F. Weigand nach J. L. Molitor von 1745, Abb. bei Karlinger, 1912, S. 135, und Zimmermann, 1952/I, S. 3.

17 Güssow, 1956, S. 33.

18 Seuffert, 1990, S. 172.

19 Zit. nach Kengel, 1952/53, S. 566.

Balthasar Neumann

1 Bruchstück einer Lebensbeschreibung, zit. nach v. Freeden, 1937/38, S. 10.

2 Der Tag der Geburt Neumanns ist nicht bekannt; getauft wurde er am 30. Januar 1687 in der Niklaskirche in Eger (Taufbuch des Erzdekanatamtes St. Nikolas Eger).

3 Titel eines populären »Kulturhistorischen Städtebilds«, das von 1895 bis 1920 in 20 Auflagen erschienen ist.

4 Chronik des Pfarrers Geisler, StAW, HV Ms. f. 205, S. 277.

5 Brief W. A. Mozarts an seine Frau Constanze v. 28. Sept. 1790, zit. nach Goetz, 1941, S. 166.

6 Wie Anm. 1.

7 Siegl, 1932, S. 75 ff.

8 Schreiben an Lothar Franz v. Schönborn v. 27. Dez. 1719, Quellen Nr. 650.

9 Ölgemälde auf Leinwand, Mainfränkisches Museum Würzburg, Inv.-Nr. Lg. 40117.

10 Schreiben des Abtes Aurelius Braisch v. 15. Sept. 1753 an Maria Eva Neumann (Fürst Thurn und Taxis Zentralarchiv Regensburg), zit. nach Abdruck in: Pro Neresheim, 1995, S. 107.

11 v. Freeden, 1987, S. 2.

12 Ebd., S. 2.

13 Dehio, 1908, S. 316.

Steinbrüche
der Barockzeit im Würzburger Stadtgebiet

1 Seberich, 1963, S. 13; s. a. Endemann, 1997, S. 42 f.; Lusin in diesem Band, S. 264–290.

2 Vgl. z. B. Sedlmaier/Pfister, 1923, Bd. 1, S. 63 f. Besonderer Dank gilt an dieser Stelle Prof. Dr. Stefan Kummer (Institut für Kunstgeschichte, Universität Würzburg), der zur Zeit ein DFG-Projekt mit dem Thema »Die Genese der Würzburger Residenz« leitet. In vorliegende Untersuchung konnten bereits erste Projektergebnisse eingearbeitet werden, die für den Zeitraum 1720–1730 aus den Rechnungsbüchern der Würzburger Residenz (StAW), den Hofkammerprotokollen (StAW) und dem Nachlass Ziegler (StadtAW) gewonnen wurden. Dr. Verena Friedrich (Institut für Kunstgeschichte, Universität Würzburg) stellte uns in dankenswerter Weise Auszüge aus den transkribierten Hofkammerprotokollen und dem Nachlass Ziegler zur Verfügung.

3 Jäger, 1972, S. 279.

4 Ebd., S. 281. Die Holzknappheit erreichte zu Beginn des 19. Jh.s ihren Höhepunkt, was zur verstärkten Suche nach fossilen Brennstoffen führte (Schöpf, 1802, S. 98).

5 Seberich, 1963, S. 35.

6 Sedlmaier/Pfister, 1923, Bd. 1, S. 63.

7 Jäger, 1972, S. 282.

8 StadtAW, Rp 1580, fol. 170 r; 1584, fol. 74 v; 1590, fol. 533 r; 1596, fol. 449 v. Vgl. auch Ohlhaut, 1907, S. 37 f.

9 Reuther, 1956, S. 128.

10 Vgl. auch Siebert, 1953; Reuther, 1956; Weinig u. a., 1984; Grimm, 1990; Endemann, 1997.

11 Rechnungsbücher zur Würzburger Residenz, StAW, R 39444 (1721), S. 56.

12 StAW, R 39444 (1721), S. 47.

13 S. z. B. auch StAW, R 39458 (1730), S. 45; zur Bautechnik allgemein und zur Oberflächenbehandlung der an den Fassaden der Würzburger Residenz verbauten Natursteine s. Endemann, 1997, S. 35 ff.

14 Z. B. Reuther, 1956, S. 128.

15 Sedlmaier/Pfister, 1923, Bd. 1, S. 63.

16 StAW, R 39445 (1722), S. 53 f.; 39450 (1725), S. 37 f.; 39454 (1726), S. 56–61; 39455 (1727), S. 72–74, 79; 39456 (1728), S. 66–68; 39457 (1729), S. 46, 48–50; 39458 (1730), S. 43.

17 StAW, R 39456 (1728), S. 68; 39457 (1729), S. 47, 51 f.; 39458 (1730), S. 43.

18 StAW, R 39457 (1729), S. 46.

19 Reuther, 1956, S. 130; zur Verwendung des roten Mainsandsteins s. a. Endemann, 1997, S. 35.

20 Die zeitliche Einordnung der im Mainfränkischen Museum Würzburg aufbewahrten Stadtansichten und Pläne orientiert sich an den Katalogbeiträgen von Feurer/Maidt, 1988. Für wertvolle Hinweise und Anregungen danken wir Petra Maidt M. A., Stephanie Kleidt M. A. und Dr. Hans-Peter Trenschel (Mainfränkisches Museum Würzburg), Dr. Christoph Bauer, Dr. Hans-Peter Baum und Michaela Strohalm (Stadtarchiv Würzburg) sowie Dr. Alfred Tausendpfund (Staatsarchiv München, früher Würzburg).
Karte 1 (Abb. 266): Thesenblatt des Freiherrn Franz Wilhelm von Reitzenstein (Mainfr. Museum, Inv.-Nr. S. 43849 u. H. 33066; Format 118,5 × 151,0 cm, Gesamtmaß; Ansicht von Norden; abgebildet in: Kahn, 1918, Taf. 7; v. Freeden, 1976, S. 41; Feurer/Maidt, 1988, S. 98 f., Kat.-Nr. 33; Mälzer, 1995, S. 68 f.). Die Ansicht der Stadt Würzburg von Norden her wurde 1723 von Johann Salver nach einer Zeichnung Balthasar Neumanns (1722) gestochen.
Karte 2: »Accurate Vorstellung der HOCH FÜRSTL. BISCHÖFFL. RESIDENZ und HAUPT-STADT WÜRTZ-BURG des Herzogthums Francken. wie solche unter Höchst Rühmlicher Regirung des jetzigen Hochwürdigsten Fürsten und Herren Herrn Joh. Phil. Franz Gr. von Schönborn mit vielen neu-erbauten herrlichen Palästen und Gebäuden vermehret worden« (Mainfr. Museum, Inv.-Nr. S. 20386 u. a.; Format 49,1 × 59,2 cm (Platte), Ansicht von Norden; Abb. s. Feurer/Maidt, 1988, S. 102 f., Kat.-Nr. 34; vgl. auch Kahn, 1918, S. 31). Der unkolorierte Plan wurde 1723 »in Kupffer herausgegeben von I[ohann] B[aptist] Homann«. Er stellt eine verkleinerte Kopie des Reitzensteinschen Thesenblattes (Karte 1) dar.
Karte 3: »Der HochFürstlich. Residenz-Stadt Würzburg in Francken eigentlicher Grundriß Illustris Principalis Residentiae Herbipolis in Franconia genuina delineatio« (StadtAW, Nr. A 13/2; Format 28 × 40 cm, südorientiert; Abb. 90 in diesem Bd., S. 304). Die Vorzeichnung für den Stich wurde 1723 von Salomon Kleiner geschaffen.
Karte 4: »GRUNDRISS DER HOCHFÜRSTL. RESITENTZSTATT WÜRTZBURG SAMBT DER VESTUNG SCHLOSSMARIAE-BERG UND NAECHST UMBLIGENDER GEGENT« (Mainfr. Museum, Inv.-Nr. H. 33516; Format 80,0 × 160,0 cm (Bild), südorientiert; Abb. s. Feurer/Maidt, 1988, S. 312 f., Kat.-Nr. 132). Der Plan wurde 1726 vom Ingenieurleutnant Kilian Bauer aufgenommen.
Karte 5: »PLAN DE LA VILLE DE WIRCEBOURG ET CHATEAU DE MARIENBERG« (Mainfr. Museum, Inv.-Nr. S. 64937, Format 68,0 × 99,0 cm (Blatt), 67,0 × 83,0 cm (Bild), südorientiert; Abb. s. Feurer/Maidt, 1988, S. 314 f., Kat.-Nr. 133). Der Stadtplan des Ingenieurfähnrichs Adam Schöpflein wurde um 1730 erstellt.
Karte 6: »Plan de La Ville et Chateau de Wurtzbourg« (Mainfr. Museum, Inv.-Nr. S. 40286; Format 60,5 × 90,0 cm (Blatt), südorientiert; Abb. s. Feurer/Maidt, 1988, S. 316 f., Kat.-Nr. 134). Der von einem unbekannten Militärzeichner geschaffene Plan, eine aquarelierte Federzeichnung, entstand um 1730/35.
Karte 7 (Abb. 267): »PLAN DE LA VILLE ET CHATAV DE WURTZBOVRG« (Mainfr. Museum, Inv.-Nr. S. 42215; Format 58,4 × 87,0 cm, südorientiert; Abb. s. Feurer/Maidt, 1988, S. 320 f., Kat.-Nr. 136). Die aquarellierte Federzeichnung mit französischer Beschriftung lässt sich in die Jahre 1737/1740 datieren.
Karte 8: »PLAN DE LA VILLE DE VIRCEBOurg de CHATEAU MARIENBERG« (Mainfr. Museum, Inv.-Nr. H. 33521; Format 66,0 × 97,5 cm (Blatt), 48,0 × 71,0 cm (Bild), südorientiert; Abb. s. Feurer/Maidt, 1988, S. 324 f., Kat.-Nr. 138). Johann Adam Pleitner, »Hochfürstlich Würzburgischer Ingenieur und Artillerie-

Hauptmann« (Feurer/Maidt, 1988, S. 355), gab in seinem Werk, einer aquarellierten Federzeichnung, sowohl einen Stadtplan als auch unterhalb von diesem eine Ansicht des Mainviertels und der Festung wieder. Das Wappen Adam Friedrichs von Seinsheim (1755–1779) sowie bauhistorische Hinweise lassen den Plan in die Zeit um 1770 datieren, doch zeigt sich, dass Pleitner den Stadtplan und die Vedute anhand älterer Vorlagen schuf.

Karte 9: »PLAN de la Ville de Wircebourg du Chateau Marienberg« (sog. »Härth-Plan«) (Mainfr. Museum, Inv.-Nr. S. 40287; Format 81,5 × 160,0 cm (Blatt), 81,5 × 114,0 cm (Bild), südorientiert; Abb. s. Feurer/Maidt, 1988, S. 326 f., Kat.-Nr. 139). Für die aquarellierte Federzeichnung eines unbekannten Zeichners ist eine Entstehungszeit um 1779 anzunehmen.

Das nachfolgend aufgeführte zusammengehörige Karten-Konvolut (Karte 10–14) greift nach Osten zu deutlich über das engere Stadtbild von Würzburg hinaus. Das Konvolut wird im StAW aufbewahrt. Die beigefügten Erläuterungen aus dem 20. Jh. enthalten insbesondere Angaben zu Personen, Flurnamen und Wegen. Es handelt sich um handgezeichnete und handkolorierte Unikate (Papier auf Leinwand), die in den Jahren 1775 bis 1777 entstanden sind und als Katastergrundlagen für rechtliche Belange von Grundbesitzern dienten. Der Karten-Bestand gliedert sich in einen etwa nach Nordnordwest orientierten Übersichtsplan mit schematisierter Höhendarstellung sowie in sieben unterschiedlich orientierte Detailkarten (TAB. I bis TAB. VII), die die so genannten Laub-Distrikte der Gemarkung Würzburg darstellen.

Karte 10: »Grund=Riß Über die Sämbtliche der Wirtzburgischen Hohen Dom=Probstey Zugehörigen und auf Wirtzburger=Markung diesseits des Main=Flußes Liegenden Zehend=Baren Gärten, Weinbergen, Aeckeren, Wisen, etc …« (StAW, Würzburger Risse und Pläne I/106, Format 90 × 150 cm, nordost-orientiert). Der Übersichtsplan gibt die rechtsmainische Würzburger Gemarkung wieder.

Karte 11 (Abb. 268): Detailplan TAB. I (StAW, Würzburger Risse und Pläne I/107, Format 90 × 150 cm, nordost-orientiert) mit der »Würtzburger=Markung« zwischen »Sander Thor, Mayn Fluß« und »Außer= Neue=berg«.

Karte 12: Der Detailplan TAB. II (StAW, Würzburger Risse und Pläne I/108, Format 71 × 101 cm, nordost-orientiert) stellt die »Würtzburger=Markung« zwischen dem »Sogenannte[n] Breite[n]=Weeg, Kloster= Laub«, außerhalb des südwestlichen Befestigungsringes, und dem »Hupp=Land« dar.

Karte 13: Im Detailplan TAB. III (StAW, Würzburger Risse und Pläne I/109, Format 71 × 111 cm, ostnord-ost-orientiert) ist die »Würtzburger=Markung« zwischen »Göbels=Lehen« und »Stift=Haugischer=Cantory=Zehend« dargestellt.

Karte 14: Die Detailkarte TAB. IV (StAW, Würzburger Risse und Pläne I/110, Format 84 × 116 cm, südwest-orientiert) zeigt die »Würtzburger Markung« zwischen »Stift=Haugischer Cantorey=Zehend« und »Die Sander Heinrichsleiten«.

Karte 15: »Grund=Riß. Über die Kasper Schubert, gewesenen Neuen=Müllersche, der Hochfürstl. Wirzburgischen Hofkammer Zinß= und Güldbare Äcker, am Faulen= und aeüßeren Kürnacherberg, Wirzburger Markung« (StAW, Würzburger Risse und Pläne I/103, Format 53 × 86 cm, etwa nordost-orientiert). Diese im Jahr 1789 von Georg Philipp Albert erstellte Katasterkarte erinnert stilistisch an das Karten-Konvolut (Karte 10–14), besitzt aber einen größeren Maßstab.

Karte 16: »GEOGRAPHISCHE MAPPE DES Fürstlichen Hochstiffts Wirzburg mit den auf 3–4 Stunden auslaufenden Grenzen, welche auf höchsten Befehl des Hochwürdigsten des Heiligen Roemischen Reichs Fürsten und Herrn Herrn FRANZ LUDWIG Bischofs zu Bamberg und Wirzburg auch Herzog zu Franken […] aufgenommen und gefertiget worden ist von Seiner Hochfürstlichen Gnaden im Jahr 1791 unterthänigst treu gehorsamster Carl Joseph von Fackenhofen Ober Lieutenant unter des hoch. Lobl. Frankischen Kreises Fürst Wirzburgischen Infanterie« (Sammlung Walter M. Brod, Würzburg, Format 160 × 162 cm, eingeordnet; zit. nach Hofmann, 1956, S. 15 f.).

Karte 17: »Das FÜRSTENTHUM WÜRZBURG aufgenommen und herausgegeben von C[arl] J[oseph] Freyherrn von Fackenhofen Mayor in Churbayerischen Diensten« (StAW, Würzburger Risse und Pläne I/1, Format 160 × 165 cm; UBW, Format 99 × 100 cm, eingeordnet). Dieser Übersichtsplan stellt eine veränderte Fassung der unpublizierten Karte 16 dar; sie wurde von Christoph Joseph Stumpf in Kupfer gestochen und im Jahr 1804 veröffentlicht (Hofmann, 1956, S. 12 f.).

21 StadtAW, Ratsprotokolle, wie nachfolgend angegeben; vgl. auch Ohlhaut, 1907.
22 StAW, R 39443–39450, 39453–39458.
23 Geologische Karte von Bayern 1:25 000, Blatt Nr. 6125, Würzburg Nord; Blatt Nr. 6225, Würzburg Süd.
24 StadtAW, Rp 1596, S. 449 ½.
25 StAW, R 39444 (1721), S. 74.

26 »PLAN DER STADT WUERZBURG MIT DEM MAIN-VIERTEL UND DER FESTUNG MARIENBERG MIT DE-
REN NAECHSTEN UMGEBUNGEN«; BayHStA, Würzburger Pläne Nr. W4dA; kolorierte Fotografien im
Mainfr. Museum, Format 183 × 107 cm, südorientiert. Der Plan wurde 1817/18 durch Ingenieur-Oberleut-
nant Carl Zear im Maßstab 1 : 2500 aufgenommen und 1818–1820 von Ingenieur-Leutnant Johann Leh-
mus handgezeichnet (Seberich, 1964).

27 StAW, R 39455 (1727), S. 39 f.; ebd., S. 39: *Anna Maria Schlegelin von 5 Ruth Stain ausser dem Neuen Thor zu
brechen*; ebd., S. 40: *ofterwehnten Schlegelin von 8 Ruth Stain ausser dem Neuen Thor zu brechen, derselben
wiederumb von 6 Ruth Stain in ged. Bruch zu brechen gerzicht*; Anna Maria Schlegel erhielt im Rechnungsjahr
1727 Zahlungen für insgesamt 46 Ruten Steine, die wohl alle im Steinbruch *ausser dem Neuen Thor* gebrochen wurden.

28 StAW, R 39457 (1729), S. 26: *vor 10 Ruthen Mauerstein à 2 fl 14 bz im Steinbruch bey d[er] Pulfer Mühl zu brechen*; ebd., S. 29: *für 3³/₄ Ruthen Mauerstein à 2 fl 14 bz in Steinbruch bey d[er] neüen Pulfer Mühl zu brechen*;
vgl. auch Sedlmaier/Pfister, 1923, Bd. 1, S. 175 Anm. 184.

29 Seberich, 1963, S. 34, 37, 109.

30 Ebd., S. 31, 34. Wertvolle Hinweise für die Lokalisierung von Steinbruch Nr. 12 verdanken wir Willibald
Böhm (Mineralogisches Institut, Universität Würzburg).

31 Im Bereich des ehem. Ämtergebäudes der Deutschen Bahn an der Schweinfurter Straße 2.

32 Hoffmann, 1967/II.

33 StadtAW, Rp 1618, S. 268.

34 StAW, R 39443 (1720), S. 26–30. Ein Würzburger Schuh = 29,180 cm, 1 Rute (rth) = 12 Schuh = 3,50 m; als
Steinrute zum Ausmessen von Bruchsteinen: 1 rth × 1 rth × 3 od. 4 Schuh; s. Klimpert, 1972, S. 298.

35 Sedlmaier/Pfister, 1923, Bd. 1, S. 175 Anm. 184.

36 StAW, R 39443 (1720), S. 27.

37 StAW, R 39455–39458 (1727–1730); z. B. ebd., 39458 (1730), S. 27–29/30: Zahlungen an Conrad Eckh
für 35 Ruten Mauer- und Kalkstein, 9¹/₂ Ruten Pflaster- und Mauerstein, 36¹/₂ Ruten Kalk- und Pflasterstein, 14³/₄ Ruten Mauerstein, 11¹/₄ Ruten Kalkstein; vgl. auch Sedlmaier/Pfister, 1923, Bd. 1, S. 175 Anm.
184.

38 StadtAW, Rp 1614, S. 299.

39 StAW, R 39444 (1721), S. 24; vgl. auch ebd., S. 25: *Maurers Täg [...] in dem Santher Roth ahn dem Wasser-
werckh zu arbeithen.*

40 StadtAW, Rp 1584, S. 74¹/₂ bis 75¹/₂.

41 StadtAW, Rp 1590, S. 533.

42 S. hierzu Anm. 26.

43 StadtAW, Ratsurk. 1396, vgl. auch Ohlhaut, 1907, S. 38.

44 StAW, R 39454 (1726), S. 25–26 u. ebd., 39455 (1727), S. 30 f.

45 StadtAW, Rp 1596, S. 450.

46 StAW, R 39444–39449 (1721–1724), 39450 (1725), 39454–39458 (1726–1730); s. z. B. ebd., 39444 (1721),
S. 47: *für grosse Quater Sandt Stein einer Steinhauer (wittwe) aus dem Faulenberg Steinbruch accordiert und bezahlt* am 14. Juni 1721; s. a. StAW, HKP 1729 (17. Sept 1729), fol. 322 v: *Steinbrechers Accord: Bauverwalter
Bauer zaigt an, wie Joseph Martin dermahliger Steinbrecher in Faulenberg sich erbotten haben, statt deren biesheri-
gen zwey fürterhin 3 Schuhe Quaterstein umb 1 Bazen, die Mauer Stein aber darein zubrechen, bey welchem man
es auch bewenden lassen wolle, zumalen dergleichen ohne Schaden fast nicht wohlfeiler zubrechen seyen.* S. a.
StAW, R 39460 (1732), S. 61, unter *Ausgab Geld der en Taglöhnern, so ihr hinterständige Schatzung mit
Schantzarbeith abverdien*: *802 fl 12 6/8 bz haben die dahiesige Burger undt Beysassen ahn ihren Contributions
Ruckhstandt mit Schantz Arbeithen im herrschaftl. Faulenberger Steinbruch abverdint.*

47 Sedlmaier/Pfister, 1923, Bd. 1, S. 63.

48 StAW, R 39444 (1721), S. 47.

49 Ebd., S. 49.

50 StadtAW, ZGS, Biografische Mappe Balthasar Neumann: [29. Mai 1720], *Copia, Vnterthanigst ohnvorgreifli-
ches Cameral Guthachten, 4to den Steinbruch im Faulenberg betreffend, worinnen mann die Sandtstein in der Architectur und Fasciata wird brechen können, vnd vnterweilen 50 Ruthen superficie ohnmaasgeblich aufgeraumt
könnte werden, vnter welchem Aufraumen die nöthige Mauerstein als in die Zimmer, welche Winder Zeit nicht
schwitzen, mit gefunden werden, vnd ein guthen Theil der Vnkosten in Aufraumen bezahlet, wären ohnmaßgeb-
lich vnterweilen 200 Rthlr. anzuwenden.*

51 StAW, R 39444 (1721), S. 64.

52 Sedlmaier/Pfister, 1923, Bd. 2, S. 57. Die beiden Autoren weisen in einer Anmerkung (Bd. 1, S. 175 Anm. 183) auf das merkwürdig unregelmäßige Format der Werkstücke für die Residenz-Fassaden hin, das den üblichen Normalwerksteinmaßen der Zeit nicht entsprach. Wahrscheinlich wollte »man bei dem ungeheuren Verbrauch an Steinmaterial auch die kleineren Stücke nicht verwerfen«.

53 Vgl. Gesteinsbeschreibungen und petrografische Analysen des Werksandsteins und des Schilfsandsteins in Grimm, 1990.

54 Mainfr. Museum, Inv.-Nr. S. 20673 bzw. S. 42192, Format 7,8 × 13,4 cm (Bild), 18,2 × 21,9 cm (Blatt); Abb. s. Muth, 1998, S. 298 f., Kat.-Nr. 297.

55 StAW, R 39443–39450, 39453–39458 (1720–1730).

56 StAW, HKP 1720–1729.

57 StadtAW, ZGS, Biografische Mappe Balthasar Neumann: 29. Mai 1720, Balthasar Neumann an Johann Philipp Franz v. Schönborn.

58 Eine Ausnahme bildet die kleinmaßstäbliche Übersichtskarte des Freiherrn v. Fackenhofen (Karte 17, von 1791/1804).

59 Z. B. StAW, R 39445 (1722), S. 53–55, 39454 (1726), S. 56.

60 StAW, R 39443 (1720), S. 46–48.

61 StAW, R 39458 (1730), S. 16–23.

62 Ebd., S. 43; StAW, HKP 1720 (31. Aug. 1720): *Aichene* [eichene] *Kalke* bezeichnen lückig-poröse, kristallinkörnige Schalenkalkstein-Bänke (Biosparite).

63 Allerdings ist in manchen Fällen zu vermuten, dass Randersackerer Steinbrecher für Arbeiten bezahlt wurden, die in anderen Steinbrüchen geleistet wurden; z. B. werden in StAW, R 39443, S. 46–48, mehrere Abschlagszahlungen an Meister Jacob Bauer aus Randersacker für Sandsteine im November und Dezember 1720 genannt; vgl. hierzu auch StAW, HKP 1720 (11. Okt. 1720); Quellen zur Geschichte des Barocks I/2, 1955, S. 636 Anm. 1.

64 StAW, R 39456, S. 35–37 (1728): *29 fl 5 bz für 22 [Schelch] Pflaster Stein Christian Keller von Eipelstatt zahlt*; StadtAW, ZGS, Biografische Mappe Balthasar Neumann: 29. Mai 1720, Balthasar Neumann an Johann Philipp Franz v. Schönborn: *Euer hochfürstl. Gnaden zu dero gnädigsten Befehl in Vnterthänigkeit berichte, wie daß mit H. Dintzenhöffer den Sambstag in Steinbruch gewesen vndt denselben mit den Meistern vntersuchet vndt sogleich bei hochfürstl. Cammer vorgetragen, da dan montags mit Herrn Cammerrath Pfantzer, H. Röschert diesen widerumb besehen vndt gezeiget, so wohl als auch den weißen eichenen Steinbruch zu Winterhaus, auf deren Marckung, wovon der Fuß vndt die starke Quader gemacht werdten, wie in meinem vnterthänigsten Bericht sich finden wirdt*; ebd.: [29. Mai 1720], *Copia, Vnterthanigst ohnvorgreiffliches Cameral Guthachten, 5to Weilen in denen Fues Quadern so von weißen eichen Stein vm die Taurung weilen viele Stein erfordert werden, dahero der Steinbruch bey Eybolstadt auf der Winderhäußer Seithen, so ohne dieß herrschafftlich ist, wohl könnte gebraucht und geraumet werden.*

65 StAW, R 39444 (1721), S. 89: Zahlung am 5. Juli 1721 in Höhe von 8 Gulden an die Maurermeister Paul Brenner, Mathes Kolb und Franz Graser für: *mit Lehn Pferdt in die herrschafftl. Steinbrüch nacher Knottstadt, Kaltensondheimb und Estenfeld zu reithen*; Zahlungen in den Rechnungsbüchern der Würzburger Residenz für Steinlieferungen aus den Brüchen: in Estenfeld in den Jahren 1720–1723, 1728 und 1729: StAW, R 39443 (1720), S. 43 f.; 39444 (1721); 39445 (1722), S. 51; 39446 (1723), S. 49; 39456 (1728), S. 68; 39457 (1730), S. 44; in Gnodstadt in den Jahren 1721–1723: StAW, R 39444 (1721), S. 17–22, 40, 52, 69–70, 89; 39445 (1722), S. 20–26, 42–47, 52, 72–74, 94; 39446 (1723), S. 61 f., 74; in Kaltensondheim in den Jahren 1721–22: StAW, R 39444 (1721), S. 89; 39445 (1722), S. 52. Laut Quellen zur Geschichte des Barocks I/2, 1955, S. 688, Anm. 1 zu Nr. 895, referierte Balthasar Neumann am 7. August 1721 der Hofkammer, *daß zu Knottstadt ein Steinbruch und commode Stein zum hiesigen Bauwerk haben könnte. Es hätten Ansbach und das Stift Haug teil daran.* Erwähnt wird der Steinbruch *Knothstadt* auch in Hofkammerprotokollen von 1721; s. StAW, HKP 1721 (9. Sept. 1721 u. 29. Dez. 1721); Quellen zur Geschichte des Barocks I/2, 1955, Nr. 895 u. Nr. 920.

66 StAW, R 39445 (1722), S. 20–26, unter Ausgaben für *Fuhr=Schiffleuth und Kärner*; vgl. auch StAW, HKP 1727 (7. Nov. 1727), fol. 451 v.

67 StAW, HKP 1719–1722 (12. Feb. 1722): *Actum in Camera*, Lieferungen von *150 eichene[n] Steine[n] mitlerer Gröss … welche in dem Eltmanner Forst gewonnen*; StAW, HKP 1725 (1. Feb. 1725): Befehl von Fürstbischof Christoph Franz v. Hutten an die Hofkammer, dass *verboten werden solle, vom Kloster Theres mehrer Stein im Zabelsteiner Steinbruch brechen zu dörfen, inmaßen man dergleichen selbsten noch zu dahiesiger Residenz vonnöten haben dörfte.*

Lateinische und deutsche Literatur

1 Der hier zur Verfügung stehende Raum erlaubt nur eine äußerst verkürzte Darstellung, in der die eigentlich literaturbestimmenden Faktoren wie Tradition, Imitation (*aemulatio*), Lebenswelt, Gesellschaft, Kunstbetrieb und Kunstförderung nicht in angemessener Weise zur Sprache kommen können. Ebensowenig können alle Stimmen würzburgischer Literatur zu Wort kommen oder auch nur genannt sein. Eine Literaturgeschichte Würzburgs bleibt, ebenso wie die Unterfrankens, zu schreiben: Vorarbeiten fehlen hier fast gänzlich (sehr knapp, aber informativ: Soder, 1981); umso nachdrücklicher sei auf den Beitrag von Stefan Römmelt zum Thema in Kolb/Krenig (Hrsg.), Unterfränkische Geschichte IV/2, 1999, verwiesen, der – in dieser Breite zum ersten Mal überhaupt – eine Fülle von Informationen bringt und der ebenso als willkommene Orientierungshilfe für diesen Beitrag gedient hat, wie er als Grundlage für eine umfassendere Behandlung des Themas verwendet werden sollte. – Für Auskünfte in Detailfragen und Vermittlung von Literatur danke ich herzlich Dr. Christoph Bauer (Würzburg), Birgit Jagdmann (Wolfenbüttel), Dr. Joachim Hamm (Kiel), Dr. Ingrid Heeg-Engelhart (Würzburg), Dr. Thomas Heiler (Fulda), Prof. Dr. Wilhelm Kühlmann (Heidelberg) und PD Dr. Rainer Leng (Würzburg).

2 Merzbacher, 1977/I, bes. S. 515; Schmid, 1996.

3 Arnold, 1973; Merzbacher, 1977/I, S. 528 f.; Arnold, 1991.

4 W. Engel, 1952/II, S. 2 f., spricht von einem Würzburger »Historikerkreis«, A. Schmid, 1996, S. 257, sogar von einer »Würzburger sodalitas«. Zu Formen der Historiographie in Deutschland im 16. Jh. s. bes. Ziegler, 1989; Mertens, 2001.

5 Schmid, 1996, bes. S. 257–259; vgl. Heiler, 2001, S. 419–421.

6 Der Würzburger Abschnitt: Staatsarchiv Darmstadt, Hs. 202 (Entwurf um 1535) und Württembergische Landesbibliothek Stuttgart, Fürstenberg Ms. 575 (Reinschrift, 1550); Edition: Engel, 1952/II. Zu Wilhelm Werner: Engel, 1952/I, S. 107 f.; ders., 1952/II, bes. S. 3–9; Jenny, 1959, S. 35–38, 55–63; Heinzer, 1993, S. 150 f.; Schmid, 1996, S. 237 f., 260; Heiler, 2001, S. 423–425.

7 Engel, 1952/I, S. 108.

8 Ders., 1952/II, S. 9–15; Jenny, 1980; Bezzel, 1982; Schmid, 1996, S. 234–257 passim; Jenny, 2000; Richter, 2001.

9 Schmid, 1996, S. 238 f.

10 Nach Vorarbeiten von Th. Ludwig: Engel, 1952/I, S. 108; ders., 1952/II, S. 12; ebenso auch noch Heiler, 2001, S. 425 f.

11 Schmid, 1996, S. 238 Anm. 50, 253. Zur Beteiligung Bruschs an Münsters Cosmographia s. Burmeister, 1969, S. 146.

12 Hs. erhalten in Wolfenbüttel, s. Schmid, 1996, S. 252 Anm. 131.

13 In diesem Sinne Engel, 1952/II, S. 13–15. Vorsichtiger Schmid, 1996, S. 255.

14 Engel, 1951; Merzbacher, 1977/I, S. 530–533; Mälzer, 1989; Weidisch, 1989; Schmid, 1996, S. 236 f., 249–259 passim; Heiler, 1998; ders., 2001.

15 Kritische Ausgabe in 6 Bänden, hrsg. v. U. Wagner/W. Ziegler, Würzburg 1992 ff.

16 Bünz, 1989; Heiler, 2001, S. 308–325.

17 Eine Fortsetzung bis in seine eigene Zeit scheint Fries geplant zu haben, s. Bauer, 2001, S. 104 m. Anm. 57.

18 Lateinisch ist Fries' Beitrag in Münsters Cosmographie (vgl. unten).

19 Die strittigen Fragen behandelt Tittmann, 1989.

20 Bauer, 2001, S. 109 f.

21 Heiler, 2001, S. 190–217.

22 Die Biografie des Episcopius ist nur lückenhaft bekannt. S. Engel, 1952/I, S. 108 f.; ders., 1952/II, S. 16–19; Merzbacher, 1954/55; ders., 1977/I, S. 533 f.; Wendehorst, 1989, S. 235 (Werkverzeichnis); Deutsches Literatur-Lexikon I, 1968, Sp. 534.

23 Merkle, 1899; Schellhass, 1905; Engel, 1952/I, S. 109 f.; ders., 1952/II, S. 19–23; Deutsches Literatur-Lexikon I, 1968, Sp. 54.

24 Römmelt, 1999, S. 646, stellt dagegen Episcopius zu eng in die Nachfolge des Fries.

25 Drescher, 1994; vgl. Burmeister, 1969, S. 133–151.

26 Münster, 1572/II, S. 792 (Fries an Münster, Würzburg 1. Sept. 1548) und 809 (Sinapius an Münster, Würzburg 21. Juni 1549).

27 Reuschling, 1984, S. 182–184; Arnold, 1999.

28 Jung, 1957; Deutsches Literatur-Lexikon I, 1968, Sp. 473.

29 Vgl. den Besitzeintrag des Kölner Jesuitenkollegs in einem Exemplar des »Calendarium historicum« (Jung, 1957, S. 53); Beuthers Gedichtband »Epigrammaton libri II« (Frankfurt 1544) ist in der UBW in einem Exemplar des Würzburger Jesuitenkollegs erhalten.

30 Ausgabe 1887 von M. Wieland.

31 StadtAW, Rb 1. Ausgabe: Engel, 1950/I, dort auch eine Einführung. S. a. Merzbacher, 1977/I, S. 525–527.

32 Österreichische Nationalbibliothek, cod. 12662, fol. 1–69. Die Aufstellung beginnt mit dem Frankenherzog Genebald und ist somit zumindest in der Konstruktion der Frühgeschichte von Trithemius abhängig; sie bricht mit der Wahl Julius Echters ab. Eine weitere deutsche Bischofsliste bietet UBW, M. ch. f. 187, s. Engel 1952/II, S. 8. Zahlreiche Hinweise auf weitere ähnliche Texte bei Heiler, 2001.

33 S. z. B. die Notizen über die humanistische Bildung des Hofmeisters Hans Zobel, mitgeteilt aus einer Chronik in UBW, M. ch. f. 483/2 bei Schubert, 1973/I, S. 220 Anm. 54.

34 »Aus desselben [sc. Episcopius'] Zeit stammen einige kleine lateinische hexametrische Schriften: De origine metropolis Francicae etc., welche noch ungedruckt im Manuskripte liegen.« (Reuß, Gedrängter Abriß der älteren Würzburgischen geschichtlichen Literatur und der Schicksale der öffentlichen Bibliotheken dieses vormaligen Hochstiftes, StAW, HV MS. f.* 144).

35 Reuss, 1852, S. 114 f.

36 Hamm, 2000, S. 110 f.

37 Bauer, 1998, S. 550–573, bes. S. 567–569; zur politischen Hintergrundsituation Press, 1977.

38 Zur Vita ausführlich Schubert, 1973/I; zu verschiedenen Aspekten seiner panegyrischen Gelegenheitsdichtung Wiener, 2000. Eine Aktennotiz B. Köls, nach der Dinner möglicherweise noch 1598 im würzburgischen Dienst gestanden hätte (StAW, HV MS. q. 74/3, fol. 318), ist mit den heute verfügbaren Archivalien nicht zu belegen, wird aber durch Köls Angabe eines von Dinner verfassten »Epigramma quo Wolfgango Scholl ex iure defendenti 1598 applaudit« bestärkt (ebd., fol. 298).

39 Zur Vita Jahn, 1994, S. XI ff.

40 Leitschuh, 1902, S. 208–213.

41 Dazu s. unten S. 709.

42 Hinweis bei Kleinschmidt, 1998, S. 433 Anm. 28.

43 Kühlmann/Seidel/Wiegand, 1997, S. 1178–1182 m. weiterer Lit.

44 Deutsche Gedichte über Grumbach z. B. in StAW, HV MS. q. 255. Weitere Lit. bei Wendehorst, 1974/I.

45 Gropp hat es dagegen aus einer Heidenfelder Handschrift ediert (1741, S. VIII und 408 f.).

46 Flüchtig erwähnt bei Frank, 1863, S. 133 (ebd., S. 142 auch zum »Carmen«). Majors Leben ist in der Zerbster Leichenpredigt des Wolfgang Amling (1600) beschrieben (Zitate: S. 38 f.).

47 *Francorum gloria Celtes, quem primum uatem Teutona terra tulit* (Dinner/Stiblin, 1561, S. 40).

48 Worstbrock, 1976, S. 22 f., 198; Deutsches Literatur-Lexikon XVII, 1997, Sp. 619 f. Detaillierte Untersuchungen über Sieder sind demnächst von Birgit Plank (Regensburg) und Franziska Küenzlen (Tübingen) zu erwarten.

49 Endres, 1935, S. 606; Benzing, 1958, bes. S. 219–222; Vollmuth, 1998, S. 20–29.

50 Klassikerübersetzungen finden sich in Würzburg danach erst wieder im 19. Jh., nämlich Johann Adam Seufferts zweisprachige Alkaiosausgabe (1811) und seine »Blumen griechischer Lyriker auf den teutschen Boden verpflanzt / 1. Beet« (1811). Vgl. Deutsches Literatur-Lexikon XVII, 1997, Sp. 513.

51 Gleichzeitig verändert sich die Zusammensetzung der Beamtenschaft; an die Stelle einer interregionalen Gelehrtenschicht tritt die Herkunft aus dem Territorium oder dem Stadtbürgertum. Vgl. Reuschling, 1984, S. 451–453 m. Anm. 26.

52 Mayer, 1952/53.

53 Joachimi Camerarii epistolarum libri V posteriores, Frankfurt 1595, S. 100–241.

54 Weiteres bei Baron, 1978.

55 Gerl, 1978; zur *auctoritas*-Diskussion der Zeit Müller, 1999.

56 Z. B. in Rottendorf, das Stiebar als Hauger Propst unterstand: Drüppel, 1991, S. 91 f.; Behnk, 1991, S. 402.

57 Drescher, 1959, S. 9.

58 Zu Neustetter jetzt Römmelt, 2000 (m. weiterer Lit.); eine detaillierte Studie desselben Verf. ist angekündigt.

59 Vgl. den Brief Neustetters bei Burmann, 1754, II, S. 25.

60 Lehmann, 1908, S. 105.

61 Burmann, 1754, II, S. 25, 56, 340.

62 Bönicke I, 1782, S. 58, nennt ihn einen »zierlichen Dichter«; von eigenen poetischen Versuchen berichtet auch Joh. Posthius in einem Brief des Jahres 1595: Burmann, 1754, II, S. 61. Der Hinweis Leitschuhs, 1902, S. 219 Anm. 4, auf Neustetteriana in der Werkausgabe des Nikolaus Reusner führt aber nicht auf Werke Neustetters, sondern nur auf Widmungen an diesen.

63 Schubert, 1973/I, S. 215.

64 Kühlmann/Seidel/Wiegand, 1997, S. 1395–1401 m. weiterer Lit.

65 Schäfer, 1993/I, S. 241 f., 246.

66 »Schediasmata«, Paris 2. Aufl. 1586, S. 79–81; ein nicht fehlerfreier Abdruck in: Die Mainlande, 13. 7. 1962, S. 54–56 (O. Selzer).

67 Reich dokumentiert in dem Sammelband Inc. q. 34 der UBW (Hinweis bereits bei Schäfer, 1993/II, S. 558) mit den Beibänden 1–38, 40, 52 und 57.

68 Biografie und Werke bei Lehmann, 1908, S. 1–36; vgl. Seibt, 1882, und bes. Rœrsch, 1897.

69 Wiegand, 1984, S. 277–283.

70 Lehmann, 1908, S. 37–127.

71 Freytag, 1831, S. 188–191 (Briefwechsel dazu); ergänzend Lehmann, 1908, S. 26 f.

72 Amling, 1592, fol. Av.

73 Kühlmann/Seidel/Wiegand, 1997, S. 1366; weiteres bei Wiegand, 1984, S. 230–235.

74 Karrer, 1993.

75 Wiener, 2000.

76 Bisher nur unzureichend in einer Studie von P. Hummel (1994) untersucht.

77 Himmelstein, 1860; Römmelt, 1999, S. 641.

78 Dilworth, 1974, S. 234–236 u. ö.; Thurn, 1974.

79 UBW, M. ch. q. 58 (Gedichte über das schottisch-irische Mönchtum u. a.).

80 Freytag, 1831; Inhaltsüberblick auch bei Leitschuh, 1902, S. 214–217.

81 So Walther, 2000, S. 121, explizit zur Würzburger Situation des Neustetterkreises.

82 Gropp, 1741, S. 481–756 und 821–829.

83 Über diese Textgattung vgl. meine Untersuchung »Descriptio templi – Architektur und Fest in der lateinischen Dichtung des konfessionellen Zeitalters«, Regensburg 2003.

84 »Threni in obitum [...] Ioannis Comitis a Schwartzenberg [...] a nobilitate Polona Wirceburgi commorante scripti«, 1601 (UBW: 3 an Rp 23,92); »Sapientia triumphans seu prosphonemata gratulatoria [...] magistris et baccalaureis [...] acclamata XV. Kal. Sext. 1606« (UBW: 15 an Franc. 1211b).

85 Greipl, 1996.

86 Auf Theodor Echter (Einzeldruck 1601); auf Rudolf II (1612): Gropp, 1741, S. 695.

87 »De XII sanctis apostolis«, Vorrede.

88 Serarius hielt 1594 auch die Leichenpredigt für Neustetter (fragmentarisch bei Gropp, 1741, S. 755 f., erhalten; vgl. ebd., S. XVI).

89 Freudenberger, 1981/II, S. 97 f., 104 f.

90 Dies hat bereits vor längerer Zeit J.-F. Ritter festgehalten (1939, S. XIX).

91 Genaueres bei Römmelt, 1999, S. 649–651.

92 Zum Folgenden vgl. Weiss, 1995.

93 Agricola, 1627, Vorrede Bl. VIv–VIIr.

94 Kurze Biografie: Wittstadt, 1984. Lo Sardo, 2001.

95 Seng, 1901, S. 29. Der lateinische Text wurde zuerst 1684 hrsg. von Hieronymus Langenmantel; für die Kopie eines undatierten Neudruckes aus den Beständen des Archivum Monacense Societatis Jesu danke ich Frau Dr. Rita Haub. Eine handschriftliche Fassung mit leichten Textabweichungen bietet die Handschrift Österreichische Nationalbibliothek, cod. 13752, auf den Seiten 18–20; daneben existiert der gedruckte und leicht ausgeschmückte Bericht von Kirchers Erzählung, den sein Hörer Kaspar Schott S. J. (1608–1666) in seiner »Physica curiosa« (Würzburg 1662, S. 218) publizierte (Hinweis und Textabdruck bei Wendehorst, 1976, S. 49 m. Anm. 3).

96 Römmelt, 1999, S. 651.

97 »Keusche Meerfräwlein oder Geistliche Gesäng Christo Jesu Unserm Seeligmacher [...] auß Latein in Teutsch übersetzt«, Würzburg 1649, S. 149 (»Schwanenlied vor dem Todt«).

98 Oberthür, 1826, S. 34 f.

99 UBW, M. ch. q. 225; vgl. Handwerker, 1909, S. 512.

100 Grundsätzliches dazu bei Kraus, 1968.

101 Halkin, 1913; Engel, 1936 (Zitat: S. 34); Deutsches Literatur-Lexikon XIV, 1992, Sp. 253 f.

102 Engel, 1936, S. 83–89.

103 Ein Lebensbild gibt Benz, 1993; vgl. auch Raab, 1956/57; Leskien, 1965, S. I–XXIII; Merzbacher, 1977/I, S. 535–537.

104 Benz, 1993, S. 148.

105 Leskien, 1965, S. 159 f.

106 Koser, 1884; Merzbacher, 1977/I, S. 537.

107 Geschicht-Schreiber …, fol. A 2 r; vgl. dazu jetzt Heiler, 2001, S. 387–389.

108 Biografischer Versuch: Hart, 1930.

109 Kraus, 1969, S. 217.

110 Seine Schriften (auch unpubliziert): Hart, 1930, S. 21 f.; ergänzend Wendehorst, 1972.

111 Vgl. Heiler, 2001, S. 301 f.

112 UBW, M. ch. q. 182.

113 Wendehorst, 1952/53.

114 Kurz skizziert bei Schott, 1995/I, S. 28. Eine Edition der Geißler-Chronik (HV MS. f. 205 im StAW) befindet sich in Planung.

115 Zu diesem Gebiet ist demnächst eine ausführliche Darstellung von Stefan W. Römmelt zu erwarten, die am Beispiel Würzburger und Salzburger Bischofspanegyrik die Traditionen später lateinischer Kasualpoesie zeigt. Vgl. vorläufig auch Marigold, 1990. In Würzburg auch 1745 immer noch eine Ausnahme sind die deutschsprachigen Festgedichte zur Weihe der Residenz-Hofkirche Balthasar Neumanns: Renner, 1965.

116 Typische literarisch-poetische Übungen aus dem Würzburger Jesuitenkolleg (1743) sind in der Handschrift UBW, M. ch. q. 292a erhalten.

117 Hess, 1985. Zu einer polemischen Auseinandersetzung Nicolais mit dem Würzburger Exjesuiten B. Andres vgl. Fechner, 1990.

118 Zu deren Entstehungsbedingungen vgl. Stellmacher, 1998, bes. S. 47 f., 60 f.

119 Hess, 1985, S. 25.

120 Vgl. z. B. Römmelt, 1999, S. 661. Unter Franz Ludwig v. Erthal wurde 1792 ein neues Zensurkollegium geschaffen.

121 Vgl. den Beitrag von Peter Baumgart in diesem Band.

122 Allgemein: Klueting, 1993; zu Würzburg: Lesch, 1977; Schindling, 1982; ders., 1996; Guth, 1998, S. 122 f.; Baumgart (wie vorige Anm.).

123 K. O. v. Aretin bei Klueting, 1993, S. 1.

124 Merzbacher, 1977/II.

125 Zu diesem »Dalbergkreis« vgl. Baumgart, 1995, S. 23.

126 Stölzle, 1919.

127 In der UBW, Nachlass Oberthür.

128 Aus einer Predigt Feders, zit. nach Lesch, 1979, S. 173. Zum Wandel der Rolle des Priesters vom Seelsorger zum »Volkslehrer« im 18. Jh. vgl. eindringlich Hegel, 1975, S. 19–21.

129 Merkle, 1922; Schindling, 1984; Schweigard, 2000, S. 353–369.

130 Schindling, 1984, S. 40.

131 Klueting, 1993, S. 13; Schindling, 1996, S. 17–19; Schweigard, 2000, S. 349–352.

132 Karl Graf v. Bentzel-Sternau (1767–1849): Deutsches Literatur-Lexikon I, 1968, Sp. 400 f.

133 Aus der Ode »Die Methodologie«, zit. nach Benzel, 1794, S. 25.

134 Zu Schmidt s. jetzt Baumgart, 1996; zur Biographie bes. S. 111 ff.; die Zitate aus: Bergerhausen, 1996, S. 67.

135 Zum Folgenden: Wiener, 1994, S. 21–51.

136 Brief an Windischmann vom Jan. 1806, zit. nach Fuhrmans, 1962, S. 351. Weitere Briefe aus der Würzburger Zeit sowie eine kommentierende Einführung ebd., S. 287–347.

137 Fuhrmans, 1962, S. 302. Mehrere Vorlesungen Schellings sind handschriftlich erhalten: UBW, M. ch. q. 306–309.

138 Palombari, 1998.

139 Ders., 1996.

140 Wiener, 1994.

141 Dies., 1996, S. 9 f.

142 Ein leidenschaftlich mitempfundenes Lebensbild zeichnet Horn, 1996, S. 9–52; detaillierter Damm, 1980; zu Würzburg ebd., S. 61–63.

143 Vollständig (4. Jan. 1804 – 19. Mai 1806) bei Schmidt, 1921, S. 377–471; Auswahl (nur 1806) bei Damm, 1980, S. 249–260.

144 Schrader, 1981/82 (Zitate S. 87, 90, 92).

145 Kleist an Wilhelmine v. Zenge, 11. Sept. 1800, zit. nach Reuß/Staengle, 1996, S. 278. Dazu: Hess, 1997, S. 27–30.

146 Hess, 1997, S. 23–26; ders., 2000.

147 Ders., 1997, S. 32–36.

148 Fülleborn, 1999.

149 Kleist an Wilhelmine v. Zenge, 19. Sept. 1800, zit. nach Reuß/Staengle, 1996, S. 319.

150 Giovane, 1797, S. 27 f. – Zur Autorin s. Deutsches Literatur-Lexikon VI, 1978, Sp. 344 f.; Reitberger, 1985; ders., 1988; Römmelt, 1999, S. 662 f. (wo »Die vier Weltalter« fälschlich als Epos bezeichnet sind; tatsächlich handelt es sich ebenfalls um »Idyllen«. Vgl. Mudersbachs Begleitbrief zum Widmungsexemplar für F. Oberthür: *Da ich beschloß den goetischen Gedanken, der 4 Zeitalter der Menschen, zum Stof 4 Idillen zu benutzen, so arbeitete ich nun die erste über das Goldene Zeitalter folgender Art aus ...* [UBW, Nachlass Oberthür, Briefe 437: J. v. Mudersbach, Nr. 5, ohne Datum]).

151 Katalog Schweinfurt 2000, S. 66, Nr. 107 (R. Kreutner); Zitat nach Rückert, 1817, S. 119 f.

Sprachgeschichte

1 Vgl. das Kapitel »Würzburger Buch- und Bibliothekswesen« von E. Pleticha-Geuder in diesem Band.

2 Engelhart, 2001, S. 72.

3 Hubay, 1966, Nr. 2229.

4 Arnold, 1992/II, Sp. 635.

5 Römmelt, 1999, S. 627.

6 Vgl. die zusammenfassende Darstellung von Mälzer, 1987.

7 Anders sieht dies Tittmann, 1989, S. 88, der über »Fries' historische Sichtweise« betont, »daß sie sehr stark von der nationalen und romfeindlichen Haltung des deutschen Humanismus beeinflußt« sei. Demgegenüber will Scherzer, 1990, S. 355, in seiner Rezension des von Wagner herausgegebenen Sammelbandes am alten Fries-Bild festhalten: »Die hier [i. e. von Tittmann] geschilderten Anklänge genügen m. E. kaum, um Lorenz Fries mit den großen Humanisten seiner Zeit zu messen.«

8 Vgl. dazu auch Wolf, 1994.

9 Volk, 1967, S. 72.

10 So ebd., S. 76.

11 Die Textbeispiele entstammen der Edition Fries, 1992.

12 Zu den Würzburger Markbeschreibungen und der Handschrift, die sie überliefert, vgl. Wolf, 2001, S. 484 f., 490.

13 Schönborn, 1743.

14 Jahreiß, 1990, S. 60.

15 So die Annahme von Jahreiß, 1990, S. 107.

16 Vgl. Voigt, 1983; Bergmann/Voigt, 1984.

17 So die *Vorrede*.

18 Jahreiß, 1990, S. 111.

Würzburger Theater 1650–1814

1 Die vorliegende Darstellung ist ein Abriss aus meiner Dissertation (Schulz, 1969). Das Erste Würzburger Kulturbuch, hrsg. v. Volker Müller-Veith, Würzburg 1992, S. 39–75, enthält ein weiteres Konzentrat meiner Arbeit. Neuerdings erschien im »theater MAGAZIN würzburg« (= Magazin des Stadttheaters Würzburg), Nr. 1, September–Oktober 1999, S. 22–23, und Nr. 2, November–Dezember 1999, S. 22–23, unter dem Titel »Theatergeschichte(n)«, Redaktion: Dr. Michael Baumgarten, eine weitere komprimierte Darstellung meiner Dissertation. Allgemein mit kurzen Verweisen auf das Würzburger Theater vgl. Brauneck, I–III, 1993–1999.

2 Scharold, 1836/I, S. 185, 356; Schulz, 1969, S. 29 Anm. 1.

3 Kerler, 1895, S. 29.

4 StadtAW, Rp 45, fol. 37 v (16. April 1668).

5 Dekret v. 7. März 1720, zit. nach Scherf, 1930, S. 81 Anm. 37.

6 StAW, Gebrechenprotokoll v. 17. Okt. 1722.

7 StAW, Gebrechenprotokoll v. 1., 4. u. 12. Jan. 1723.

8 Benezé, I, 1915, S. 48.

9 StAW, Gebrechenprotokoll v. 5. Jan. 1768.

10 UBW, M. ch. f. 587.

11 Fränkische Staats- und Gelehrte Zeitung, 1804, Nr. 124 (3. Aug.), S. 508.

12 Abert, 1950, S. 39.

13 Würzburger Zeitung, 1805, Nr. 50 (27. März), S. 209.

14 Schmidt, 1921, II, S. 391.

15 StAW, Regierungsabgabe 1943/45, Nr. 1122: Reskript an Münchhausen v. 30. Juni 1806.

16 StAW, Regierungsabgabe 1943/45, Nr. 1123.

17 Ebd.: Hofgerichtsprotokoll v. 8. Feb. 1812.

Zur Musikgeschichte der Stadt Würzburg bis zum Ende der Ferdinandäischen Zeit

1 Vgl. hierzu v. a.: Eckert, 1922; Kaul, 1924; Scharnagl, 1943; Gottron, 1959. Im Jahr 1986 überreichte Heinrich Sievers anlässlich seines 50-jährigen Promotionsjubiläums dem Institut für Musikwissenschaft die Abschriften mehrerer Vokalstücke, die er zwischen 1930 und 1932 aus den Beständen des Fröhlichschen Nachlasses kopiert hatte. Nach dem gegenwärtigen Stand der Quellenforschung handelt es sich bei einem Teil dieser Abschriften um singuläre Überlieferungen von Kompositionen aus der Zeit um 1730. Vgl. hierzu: Wiesend, 1988.

2 Vgl. Kaul, 1924/25.

3 So erwähnt Eckert, 1922, unter den Beständen der Würzburger Hofkapelle z. B. eine sonst nirgends erhaltene Serenata von Fortunato Chelleri auf einen Text von Domenico Lalli.

4 Zu nennen wäre hier etwa ein Katalog von Musikalien der Hofmusik aus dem Jahr 1766 im Bestand des Staatsarchivs Würzburg (Admin. f. 466), der 1945 bei der Beschießung von Schloss Wässerndorf verbrannte.

5 Vgl. v. a. Kaul, 1924, und ders., 1924/25; ders., 1980; Federl, 1937; Scharnagl, 1943; Dangel-Hofmann, 1997; dies., 1998; Schulz, 1969; ders., 1992; Henke, 1985; Stahmer, 1983; Kirsch, 1995; ders., 1996; ders., 2002.

6 Erste Ansätze hierfür hat Federl bereits 1937 geliefert. Ein eher abschreckendes Beispiel dafür, wie man an diesen Gegenstand gerade nicht herangehen sollte, hat in jüngster Zeit Karp, 2000, geliefert. Neben etlichen schweren Fehlinterpretationen erweckt Karp den Anschein, als sei er überhaupt der Erste, der sich mit diesem Gegenstand befasst, und als habe es die älteren Forschungen Federls nie gegeben.

7 Vgl. hierzu v. a. Kaul, 1924.

8 Vgl. hierzu v. a. Kaul, 1980.

9 Scharnagl, 1943, S. 27.

10 Schubart, 1924, S. 90 f.

11 Bernhard Janz, Abbé Vogler und Aloysia Weber-Lange. In: Abbé Vogler, ein Mannheimer im europäischen Kontext. Internationales Kolloquium Heidelberg 1999. Hrsg. von Thomas Betzwieser und Silke Leopold, Frankfurt 2003 (Quellen und Studien zur Geschichte der Mannheimer Hofkapelle, Band 7), S. 39–47.

12 So schreibt Mozart, Vogler sei *ein elender Musickalischer Spaß-macher, ein Mensch der sich recht viell einbildet und nicht viell kann.* Vgl. Mozart II, 1962, S. 102.

13 Vgl. Kirsch, 1996.

14 Stölzle, 1914; Janz, 1998.

15 Vgl. Stölzle, 1914, S. 104.

16 Vgl. Kirsch, 1998.

17 Zum Würzburger Orgelbau vgl. v. a. Fischer, 1968; ders., 1969; Fischer/Wohnhaas, 1981; Walter, 1988; Fischer/Wohnhaas, 1990.

18 Zum Würzburger Geigenbau vgl. v. Lütgendorff, 1913; Schwinn, 1978; Kirsch, 1995.

19 Vgl. Klaus, 1996.

20 Riemann, 1896; zu Reyser speziell dort S. 59–61.

21 Wohnhaas, 1963.

22 Ebd.

23 Vgl. die einschlägigen Nachweise in: Répertoire International des Sources Musicales, Abt. A/I: Einzeldrucke vor 1800, 13 Bde., Kassel u. a. 1971–1998.

24 Vgl. z. B. Alt vnd Newe Geistliche Catholische außerlesene Gesäng [...] Zu Würtzburg bey Heinrich Pigrin im Jahr M. DC. LIV. [1654].

Jüdische Geschichte

1 Bohrer, 1922, S. 39.

2 Heffner, 1855, S. 27.

3 S. Götz, 1986, S. 49.

4 S. Stern, 1959, S. 158–161.

5 Bohrer, 1922, S. 44 f.

6 Dazu ebd., S. 46 f., sowie Himmelstein, 1853, S. 155.

7 StadtAW, RA 1119; diese Worte können allerdings auch bedeuten, dass die Eingabe nicht in der bischöflichen Kanzlei eingereicht wurde.

8 Vgl. Tabelle 3 bei Götz, 1986, S. 48; danach belief sich das größte jüdische Vermögen auf 785 Gulden, während das durchschnittliche Pro-Kopf-Vermögen 331 Gulden betrug (ebd., Tab. 9, S. 78). Die größten bürgerlichen Vermögen lagen weit über 10 000 Gulden (ebd., S. 292).

9 Dazu v. a. Götz, 1986, S. 49, Anm. 199.

10 Ebd., S. 49 f.

11 Baum, 1987, S. 44–47.

12 Bohrer, 1922, S. 63 f.

13 StAW, ldf 30, S. 129 f.

14 Vgl. ebd., S. 159 f., sowie Baum, Das konfessionelle Zeitalter (1525–1617), im vorliegenden Bd., S. 50–96. Nach Bohrer, 1922, S. 80, lebten Juden seit 1562 nicht mehr in Würzburg; diese Auffassung wird geteilt von Gehring-Münzel, 1992, S. 9.

15 Engel, 1950/I, S. 85.

16 Krug, 1987, S. 47. Die Quellenangaben zur Zahl der jüdischen Einwohner von Heidingsfeld um 1800 differieren erheblich; vgl. auch Anm. 128 im Beitrag über Heidingsfeld. Zur Bedeutung Eibelstadts für die Juden zwischen 1583 und 1653 Schicklberger, 2003.

17 Dazu Geschichte der Rabbiner, 1906, S. 35.

18 Ebd., S. 35–60, zu den in Heidingsfeld amtierenden Rabbinern.

19 Dazu M. T. Bamberger, 1905, S. 11.

20 Vgl. etwa Baum, 1987, S. 48–50.

21 S. dazu Baum, 1987, S. 47 f., sowie dens., Das konfessionelle Zeitalter (im vorliegenden Bd., S. 50–96), den Beitrag von P. Kolb im vorliegenden Bd., S. 540–568, sowie Wendehorst, 1976, S. 29 f.

22 Hochstift und Juliusspital erwarben seit Ende des 16. Jhs. Güter mit jüdischen Hintersassen, die stillschweigend geduldet wurden; vgl. Solleder, 1913, S. 266, und Bohrer, 1922, S. 97. – In den Registern der Ratsprotokolle und in den Ratsakten von etwa 1590 bis 1617 finden sich keine Hinweise auf Juden in der Stadt Würzburg.

23 Dazu Solleder, 1913, S. 298–302; ihm zufolge ist die Zahl der Konvertiten nicht exakt zu eruieren.

24 StadtAW, RA 1117.

25 StadtAW, RA 1118 v. 28. Juli 1633.

26 StadtAW, RA 85 v. 10. März 1637.

27 StadtAW, Rp 32 (1642), S. 651, 667; StadtAW, Rb 65, S. 591.

28 Vgl. dazu v. a. die Steuerrechnungen der Jahre bis 1663 (StadtAW, R 5630–5648); für den Hinweis auf diese Quelle danke ich Frau M. Fischer-Flach. Coßman wird auch in den Ratsprotokollen nach 1642 noch erwähnt; vgl. etwa Rp 33 (1644), S. 111. Dass er Jude war und nicht nur so hieß, wird erhärtet durch die Tatsache, dass auch im RA 85 von 1637 Coßman zu den Juden gehörte, mit denen der Oberschultheiß verhandelte.

29 Schott, 1995/I, S. 278.

30 StAW, Judensachen 1/7 (1728–1784).

31 Dazu Schott, 1995/I, S. 279.

32 Ebd., auch Gehring-Münzel, 1992, S. 16.

33 StadtAW, RA 2758.

34 Schott, 1995/I, S. 279 sowie S. 339, Anm. 733.

35 Vgl. Gehring-Münzel, 1992, S. 12.

36 Dazu StadtAW, Rp 99 (1742), S. 98–103: Liste der jüdischen Händler, die für ihre Kammer die Schatzung entrichteten, sowie zur Vermutung des Stadtrats, dass zahlreiche jüdische Händler ihre Kammern nicht angemeldet hatten; vgl. auch Schott, 1995/I, S. 279 f.

37 StadtAW, Rp 1742, S. 103.

38 Schott, 1995/I, S. 280.

39 Dazu Gehring-Münzel, 1992, S. 34 f.

40 Ebd., S. 37 f.

41 Ebd., S. 41.

42 Ebd., S. 12 f.

43 Ebd., S. 77–79.

44 Ebd., S. 83 u. 95.

45 Ebd., S. 96.

46 Ebd.

47 Ebd., S. 285–314.

48 Ebd., S. 42–44.

49 Ebd., S. 90–94.

50 Ebd., S. 64–66.

51 Ebd.

52 Ebd., S. 98 f.

53 Ebd., S. 99 f.

Heidingsfeld

1 Borchardt, 2001; Buchinger, 1834; Kestler, 1836; Schneider, 1908; Mader, 1911, S. 37–66; Gräf, 1918; Rambs, 1919; Hanftmann, 1931; Simon-Mathes, 1956; Morys, 1958; Jäger/Graenzer, 1977. Allgemein Kolb/Krenig, 1995, 1998; Schmidt, 1999, mit Quellen und Lit.

2 StAW, WU 72/96; Wieland, 1861, S. 90.

3 StadtAW, Abt. Heidingsfeld Gerichtsbuch 28, fol. 41 r–68 r (Würzburg), Gerichtsbuch 29 (Reichenberg).

4 Buchinger, 1834, S. 55, mit dem Bemerken, darüber sei nichts nachzuweisen. Allgemein Endres, 1975.

5 Cronthal, 1887, S. 43, 45–49, 84 f.; Schubert, 1967/II, S. 113 f.; Wendehorst, 1978, S. 81–86; Fries, 1883, S. 136–140.

6 Cronthal, 1887, S. 92; Fries, 1883, S. 140; Morys, 1958, S. 7, 41.

7 Kestler, 1836, S. 64–67.

8 StadtAW, Abt. Heidingsfeld Urkunden 44; Kestler, 1836, S. 67; zum Vergleich für Würzburg Wagner, 1988.

9 1528: StAW, WU 133/52; Buchinger, 1834, S. 38–40; Morys, 1958, S. 7. Reisen sind Kriegsdienste. Das 1482 begonnene Ratsprotokoll StAW, Gericht Würzburg l/M 540 geriet in die Hände der fürstbischöflichen Verwaltung, die es bis 1596 fortführte. Daneben entstand, spätestens 1570, eine neue städtische Protokollführung, StadtAW, Abt. Heidingsfeld Ratsprotokoll 1 (1570–1600).

10 StAW, Gericht Würzburg l/M 540 jeweils ad annum, besonders fol. 233 v (1554), 278 v (1593); nach 1596 nicht mehr protokolliert.

11 StadtAW, Abt. Heidingsfeld Ratsprotokoll 1, fol. 50 v–55 r, Ratsprotokoll 2, pag. 457–469. Kestler, 1836, S. 67; Buchinger, 1834, S. 40–42. StadtAW, Abt. Heidingsfeld Urkunden 49 und StAW, WU 34/84b (1540).

12 StAW, WU 70/3.

13 StAW, Gericht Würzburg l/M 540, fol. 185 r (1521), als Ratsherr 177 r (1519), 224 r (gest. 1540 Sonntag Oculi), 230 v (1549), 234 v–235 r (1555), 236 v–237 v (1556), 247 v (1565), 234 v (Stadtschreiber 1554), 272 v (1585), 276 r (1588). Johann Christoph siegelte 1568, 1570 und 1583 als Amtmann, u. a. für den Schultheißen Georg Riedner als Verwalter des Klosters Paradies: StAW, WU 4/79 cdefn, als Amtmann in Heidingsfeld jedoch erst 1588: ebd., WU 107/382a; Klosterverwalter 1591, 1592: ebd., WU 4/79tx. Kraus,

1999, S. 41 f. Nr. 8 eine Urkundenfälschung für die Berlichingen, beglaubigt durch den Notar und deutschen Schulmeister in Heidingsfeld Kilian Weiß.

14 1570: StAW, WU 34/82b; StadtAW, Abt. Heidingsfeld Ratsbuch 37a, fol. 2r (1570), 14v–15v (irrig 1577); Buchinger, 1834, S. 63.

15 Bundschuh II, 1800, Sp. 653; Riedenauer, 1975, S. 451, nach dem Titular von 1669.

16 StAW, Gericht Würzburg l/M 540, fol. 197r (1526), 188r (1522), 219r (1535), 222r (1538), 225r (1540), 228v (1543), 231r (1549), 233r (1550), 247rv (1565), 251r (1568), 254r (1570), 262v (1576), 273v (1586 Sonntag Misericordias Anstellung), 279v (1594), 280r (1596); StadtAW, Abt. Heidingsfeld Ratsprotokoll 1, fol. 36r (1573), 286v (1594), Ratsprotokoll 2, pag. 184 (1608). Stadt- und Hubgerichtsschreiber 1586: StAW, WU 4/79r.

17 StadtAW, Abt. Heidingsfeld Ratsprotokoll 1 (1570–1600), 2 (1601–22), 3 (1645–55), 4 (1655–66), 5 (1677–91), 6 (1691–1700), 6a (1701–22), 7 (1722–36), 8 (1751–74), 9 (1775–99), 10 (1799–1818); Gerichtsbuch 6 (1525–28), 7 (1528–33), 8 (1533–34), 9 (1541–45), 10 (1545–49), 11 (1549–56), 12 (1556–60), 13 (1561–64), 14 (1564–68), 16 (1568–75), 17 (1575–82), dazu 15 (Entwürfe 1565–71), 18 (Entwürfe 1585–1608), 18a (1651–78, gekauft im Jahre 1964/65). Gerichtsbuch des Schultheißen 1560–82 StAW, Gericht Würzburg l/M 541/XIII. Hubgericht 1537–94, 1637–95 ebd. 542/XIII; 1540–1630 StadtAW, Abt. Heidingsfeld Gerichtsbuch 21. Dazu das Repertorium über das Stadtarchiv von Heidingsfeld 1733: ebd., Ratsbuch 33.

18 Morys, 1958, S. 7 f., 82–108; Knapp, 1907, II, S. 71–73, 99 f., 136, 1263. StadtAW, Abt. Heidingsfeld Ratsprotokoll 1, fol. 78r (Prokuratoren, welche künftig mit dem Unterkäuferamt vereinigt); ebd., Ratsbuch 37a, fol. 16r–17r, Gerichtsbuch 19, fol. 1–27 (Stadtgericht, konzipiert für das Stadtgericht Würzburg, mit nachträglicher Änderung auf Heidingsfeld), fol. 32–45 (Steinsetzer). Renner, 1961, S. XI, 50 Nr. B 4 pag. 5. Zu Hattenhausen und Heuchelheim Ankenbrand, 1952, S. 49 f., 112. Allgemein Jäger, 1803; Amrhein, 1914/16; Heinrich, 1929; Merzbacher, 1956, 1970/II, 1973; für die Verwaltung Reuschling, 1984; für die Dörfer Scherzer, 1976.

19 StAW, Gericht Würzburg l/M 540, fol. 185r (1521), 188r (1522), 190r (1523), 196r–197r (1526), 205r (1527), 210r (1528), 219r (1535), 220r (1536), 221r (1537), 222r (1538), 224r (1539), 225r (1540), 227r (1542), 228r (1543), 229r (1546), 229v (1547), 230v (1548), 230v (1549), 232r (1550).

20 StadtAW, Abt. Heidingsfeld Ratsprotokoll 1, fol. 28v, 32v. StAW, Gericht Würzburg l/M 540, fol. 219rv, 220rv, 221rv, 222rv, 224rv, 225r/226r (1535/40). Über die Viertelmeister Morys, 1958, S. 65.

21 Exemplarisch die Korrespondenzen 1546–65: StadtAW, Abt. Heidingsfeld Ratsbuch 77.

22 Morys, 1958, S. 58–64. 1571: StadtAW, Abt. Heidingsfeld Ratsprotokoll 1, fol. 26v–28r; Hebamme 1573: ebd., fol. 39v. 1601: ebd., Ratsprotokoll 2, pag. 19–21. Häuser 1802: ebd., Ratsbuch 331, pag. 1. Eidbuch 1519–40: ebd., Ratsbuch 34. Der Frongebieter regelte gemäß vom Rat erlassener Ordnung die Frondienste: Morys, 1958, S. 51. Allgemein zum Alltag Kramer, 1957.

23 Morys, 1958, S. 76; Reiswagen StadtAW, Abt. Heidingsfeld Ratsbuch 37a, fol. 13v–14r, 23v. Landwehr in der Steinsetzerordnung 1583: ebd., Gerichtsbuch 19, fol. 41v–43r. Musterung 1587: ebd., Ratsprotokoll 1, fol. 185v–186r. Schützenbruderschaft 1684: ebd., Ratsbuch 119. Liste von über 40 Büchsenschützen 1486: StAW, Gericht Würzburg l/M 540, fol. 36rv. Zu Unrecht stehen heute ökonomische, soziale, politische und religiöse Fragen oft stärker im Interesse der Forschung zur frühen Neuzeit als das Militärwesen, dessen Erfordernisse zahlreiche technische, wirtschaftliche und administrative Innovationen anstießen; Helmes, 1909; Schnitter, 1977; Kopp, 1979; Sicken, 1984.

24 StAW, Gericht Würzburg l/M 540, fol. 227r (1541), 232r (1550), 233v (1553/54), 235v (1555), 251rv (1568). Zur Ratsoligarchie in Würzburg Götz, 1986; Schott, 1995/I.

25 StAW, Gericht Würzburg l/M 540, fol. 249v (1567), 254v (1571).

26 Buchinger, 1834, S. 33 f. StAW, WU 112/100 (1528), 34/43e (1533), 33/77 (1534), 13/71c (1534).

27 Stumpf, 1799; Buchinger, 1834, S. 34–36. StAW, WU 38/38, 45/169 (1628); weitere Belehnungen 39/33 (1632), 36/24 (1638), 36/36 (1658), 37/33 (1675), 37/5aef (1676), 37/5bcd (1677), 34/90a (1689), 39/2 (1709), 39/5 (1713), 36/1b (1722), 36/3 (1726), 36/2 (1730), 41/7 (1747), 41/3 (1750), 40/43 (1756), 40/44a (1780), Libell 200 (1782), WU 38/34 (1791), 38/41, 38/35 (1793), 38/29 (1796). Zu Kitzingen: Bachmann/Pfrenzinger, 1929, S. 83–90; Hock, 1981.

28 1655: StadtAW, Abt. Heidingsfeld Ratsprotokoll 3, fol. 222r. Zu Kitzingen: Bachmann/Pfrenzinger, 1929, S. 82 f.

29 Bundschuh VI, 1804, Sp. 318, 351 f.; IV, 1801, Sp. 462 (Reichenberg).

30 StadtAW, Abt. Heidingsfeld Ratsbuch 37a, fol. 2v.

31 StAW, Stb. 527; Bünz u. a., 1998, S. 94 f. (HEIF-2); Buchinger, 1834, S. 69 f.; Link II, 1876, S. 609.

32 Amrhein, 1914/I, S. 785 Nr. 34 d; Wendehorst, 1989, S. 439. Allgemein Amrhein, 1923.

33 Buchinger, 1834, S. 60 f.; Kandler, 1997, S. 67 f., 106.

34 Schubert, 1971; Scherzer, 1985.

35 StAW, WU 34/87 c. Allgemein Morys, 1958, S. 113–116.

36 StAW, Gericht Würzburg l/M 540, fol. 252 v (1569): Nachfolger Kilian Schüsselbinder.

37 Heeg-Engelhart, 2001/I, S. 279–282. Buchinger, 1834, S. 56 f., 70–72; Wendehorst, 1978, S. 150, unter Verweis auf StAW, Miscellanea 26 mit den Einkünften der Klosterämter, die jetzt an die fürstbischöfliche Kammer gingen. Zins- und Kopialbuch 1571/74: StAW, Stb. 188a (alt), früher WU 11/148. Amrhein, 1914/I, S. 784 Nr. 24, erwähnt das Übergabeinventar am 15. Nov. 1586, erneuert am 3. September 1615. Schuldverschreibung durch Georg Riedner d. J. und dessen Gemahlin Barbara, Bürger zu Heidingsfeld, 1586 Jan. 6: StAW, WU 4/79 r. Ein Johann Baptist Riedner besaß 1586 die vom Rat verliehene Vikarie St. Anna in der Pfarrkirche: StAW, WU 4/79 p; sein Testament StadtAW, Abt. Heidingsfeld Ratsprotokoll 1, fol. 262 v–263 r. Tod des Georg am 13. Oktober 1586 nach 27 Jahren im Schultheißenamt: ebd., fol. 182 v.

38 Dazu grundsätzlich Specker, 1965; v. Pölnitz, 1934, 1959.

39 1550: StadtAW, Abt. Heidingsfeld Urkunden 57. – 1569: StAW, Gericht Würzburg l/M 540, fol. 253 r. – 1571: StAW, WU 34/82a.

40 Wendehorst, 1989, S. 584 f.; Georg Schleenried fehlt dort.

41 StAW, Gericht Würzburg l/M 540, fol. 255 r–256 r, 257 r–258 r (1572 Sept. 4 und 1573 Sept. 22), eingeschärft 259 rv (1574 Sept. 13), 261 v (1576 Sept. 27); dazu ebd., fol. 261 r (1575).

42 Wendehorst, 1978, S. 196; Amrhein, 1914/I, S. 783 Nr. 20.

43 Wegen seiner körperlichen Gebrechen wurde 1585 Kilian Schüsselbinder aus dem Rat entlassen und durch den Müller Endres Rüger ersetzt: StAW, Gericht Würzburg l/M 540, fol. 273 r.

44 1585: StAW, Gericht Würzburg l/M 540, fol. 273 r. 1583: StadtAW, Abt. Heidingsfeld Gerichtsbuch 19 und 20 (Gericht), Ratsakten 7 (Steinsetzer). Ebd., Ratsakten 1 mit den fürstbischöflichen Verordnungen von 1529 bis 1788 fehlt leider.

45 StadtAW, Abt. Heidingsfeld Ratsprotokoll 1, fol. 137 v–138 r.

46 1584 Montag nach Oculi *stilo novo*, also nach dem neuen, gregorianischen Kalender, und 1592 Juni 5/16, 1594 Feb. 6/17: StadtAW, Abt. Heidingsfeld Ratsprotokoll 1, fol. 160 v, 254 v–255 r, 279 r–280 r. Wendehorst, 2001, S. 56, 373. Johann Beymer wurde Hofkaplan des Fürstbischofs, jedoch 1590 als Konkubinarier abgesetzt.

47 Dem Namen nach könnte der 1613 genannte Magister Johann Hartmann mit der evangelischen Pfarrerdynastie Hartmann in Rothenburg ob der Tauber zusammenhängen. Aufgrund der Zeitstellung wäre an Johann zu denken, geboren am 10. September 1589 als Sohn des aus Krautheim stammenden Pfarrers zu Spielbach bei Rothenburg Magister Simon Hartmann: Stadtarchiv Rothenburg, B 43a, pag. 371; Dannheimer, 1952, S. 64–66, bes. Nr. 165.

48 Amrhein, 1914/I, S. 786 Nr. 43 f. Das Sterberegister beginnt 1621.

49 StadtAW, Abt. Heidingsfeld Ratsprotokoll 1, fol. 178 v–179 r.

50 Ebd., fol. 181 r; StAW, Gericht Würzburg l/M 540, fol. 261 r (1575), 266 r–267 r (1580), 267 v–269 v (1581), 270 r (1582), 271 r (1583), 271 v (1584), 272 v–273 v (1585), 274 rv (1586), 275 r (1587), 276 r (1588). Wendehorst, 1978, S. 198; Kestler, 1836, S. 74–77, Listen der Pfarrer und Frühmesser ebd., S. 80–83.

51 StadtAW, Abt. Heidingsfeld Ratsprotokoll 2, pag. 40–41; Ordnung: ebd., Gerichtsbuch 12, fol. 306 r; Morys, 1958, S. 68 f.

52 Kestler, 1836, S. 69; Schneider, 1908, S. 30; Mader, 1911, S. 57.

53 1571/72: StadtAW, Abt. Heidingsfeld Ratsprotokoll 1, fol. 28 v–29 r, 31 r–32 r.

54 Neustiftung und Ordnungen 1585 April 18 und 1616 Juni 6: StAW, Libell 111, früher WU 8/24a. Holz aus dem Gemeindewald 1585: StAW, WU 34/45. Register Sondersiechen 1585: StAW, Miscellanea 1284/85, früher WU 34/90 c. Ordnung 1586: StAW, Miscellanea 1283, früher WU 34/42b, und Libell 291, früher WU 34/42a. Spital 1585 und 1604: StadtAW, Abt. Heidingsfeld Ratsbuch 60 und 61. Almosenpflege und Siechhaus 1589–1659: ebd., Ratsbuch 70. Kopien über das Spital 1586–1794 ebd., Ratsakten 8. Aufnahme im Spital 1619–1798: ebd., Ratsakten 10. Fürstbischöfliches Salbuch 1595: ebd., Ratsbuch 37a, fol. 5 r–14 r. Seelhaus 1604: ebd., Ratsprotokoll 2, pag. 64–65. Akten der Kellerei Heidingsfeld zum Spital, 16. Jh. bis 1804: StAW, Gericht Würzburg l/M 173/IV. Zinsbuch des Spitals 1516: StAW, Rentamt Würzburg l/M 19: Bünz u. a., 1998, S. 95 (HEIF-3). Dazu Buchinger, 1834, S. 42–46.

55 StadtAW, Abt. Heidingsfeld Ratsprotokoll 1, fol. 305 r–308 r, 319 r–322 r, 341 v–350 v.

56 Buchinger, 1834, S. 72. 1595: StAW, WU 4/78; Buchinger, 1834, S. 57 f.; Amrhein, 1914/I, S. 783 Nr. 21 mit den Inventaren v. 16. Okt. und 9. Nov. 1587.

57 Buchinger, 1834, S. 61; Kestler, 1836, S. 74. Dazu Amrhein, 1914/I, S. 782 Nr. 4–7 aus den Jahren 1608–1612 mit dem Siegel des Amtmanns Johann Christoph v. Berlichingen.

58 1577: StadtAW, Abt. Heidingsfeld Ratsprotokoll 1, fol. 79 rv; Mader, 1911, S. 50, 52/54.

59 Aufzeichnungen über St. Laurentius 1658–91: StadtAW, Abt. Heidingsfeld Ratsbuch 75b. Häuser 1802: ebd., Ratsbuch 331, pag. 1.

60 StadtAW, Abt. Heidingsfeld Ratsbuch 127, pag. 1–5, 141 f., 299, 327.

61 1597: StadtAW, Abt. Heidingsfeld Ratsprotokoll 1, fol. 339 v–340 r; 1609: Ratsprotokoll 2, pag. 214.

62 StAW, WU 8/203.

63 Kestler, 1836, S. 77–79.

64 Amrhein, 1914/I, S. 786 Nr. 37, 40 (1764), S. 785 Nr. 34b (1790).

65 Wieland, 1861, S. 118 f.

66 Verzeichnisse der Pfründeneinkünfte für St. Peter und Paul im Spital StadtAW, Abt. Heidingsfeld Ratsbuch 64 (1578), 65 (1762), für die Prädikatur ebd., Ratsbuch 68 (1551), für die Vikarien Ratsbuch 69 (1635).

67 Pfarrbeschreibung von 1672: StadtAW, Abt. Heidingsfeld Ratsbuch 127, pag. 6–140.

68 Kestler, 1836, S. 80–82.

69 Ebd., S. 82 f.

70 StadtAW, Abt. Heidingsfeld Ratsprotokoll 1, fol. 71 v, 72 v–73 r, 75 v (1576); Häuser 1802: ebd., Ratsbuch 331, pag. 1. Amrhein, 1914/I, S. 785 Nr. 34a.

71 Die Geldeinnahmen des Schulmeisters summierten sich 1672 mithin auf 68 Gulden 18 Pfennige: Stadt-AW, Abt. Heidingsfeld Ratsbuch 127, pag. 331–333. 80 Gulden Schulden des Schulmeisters bei dem Kloster St. Stephan 1666: StAW, WU 88/148. 1786: Bundschuh II, 1800, Sp. 653.

72 Bundschuh III, 1801, Sp. 117 (Kist), 159 f. (Kleinrinderfeld); VI, 1804, Sp. 82 (Waldbüttelbrunn); II, 1800, Sp. 90 (Eßfeld), Sp. 301 (Gerbrunn). Der Marktflecken Sulzfeld am Main wurde später zum Amt Kitzingen gezogen, das Dorf Kürnach zum Amt Prosselsheim, die beiden Pfarrdörfer Ober- und Unterleinach zum Amt Veitshöchheim: Bundschuh V, 1802, Sp. 493 f. (Sulzfeld), III, 1801, Sp. 244 (Kürnach), IV, 1801, Sp. 189, V, 1802, Sp. 634 (Ober- und Unterleinach). Den Marktflecken Zellingen hatte Würzburg 1354 von Fulda gekauft: Bundschuh VI, 1804, Sp. 523. Gerbrunn verkauften die Gebrüder Wolfgang und Gottfried Grafen von Castell 1625 dem Fürstbischof Philipp Adolf um 20 000 Gulden und 100 Dukaten: Schröcker, 1977, S. 97.

73 Riedenauer, 1993, S. 251–261, bes. S. 251; Buchinger, 1834, S. 42. Landtag 1594: StadtAW, Abt. Heidingsfeld Ratsprotokoll 1, fol. 291 r–300 v. Allgemein Schubert, 1967/II.

74 StadtAW, Abt. Heidingsfeld Ratsbuch 127, pag. 5. Schröcker, 1977, S. 97 f.

75 Bundschuh II, 1800, Sp. 653; VI, 1804, Tabelle zu Sp. 363. StadtAW, Abt. Heidingsfeld Ratsbuch 331, pag. 25 (Juden). Dazu der Status animarum von 1804: Amrhein, 1914/I, S. 786 Nr. 50.

76 1528: StadtAW, Abt. Heidingsfeld Urkunden 45. Aufforderung zur Bürgschaftsstellung 1529: ebd., Urkunden 46. – 1543: ebd., Urkunden 51. – 1549/51 mit Vermerk 1589: ebd., Urkunden 56, 58. – Solche Geschäfte tätigte die Stadt auch mit Adeligen, so 1553 für 300 Gulden mit Margarethe Zobel v. Guttenberg, Witwe des Johann v. Hutten: ebd., Urkunden 59.

77 1545: StAW, WU 31/13a. – 1567: StAW, WU 89/333. Veit Modschiedler zu Heidingsfeld als Siegler 1575 und 1580: StAW, WU 4/79 km. – Urkunde des Mathes Ernst für das Kloster Paradies, 1564: StAW, WU 4/79b.

78 Revers über die Steuerpflicht nach Verkauf durch Johann Fuchs an Philipp Aschenberger 1530: StadtAW, Abt. Heidingsfeld Urkunden 47. – Verkäufe von Grundbesitz: ebd., Gerichtsbuch 22 (1737–46), 23 (1752–56), 24 (1756–63), 25 (1763–67), 26 (1791–97), 27 (1797–1802).

79 StadtAW, Abt. Heidingsfeld Ratsbuch 37a, fol. 23 rv.

80 Morys, 1958, S. 40–44, 49–51. Bürgeraufnahmen und Eheschließungen 1478–1631: StadtAW, Abt. Heidingsfeld Ratsbuch 76. Verbotene Verwandtschaftsehen 1645–1813: ebd., Ratsakten 4. Vormünder 1560–1627: ebd., Ratsbuch 78. Vormundschaftsrat Protokolle: ebd., Ratsbuch 172–181a (1791–1929); Gesellen 1661–1822: ebd., Ratsbuch 79; Ansässigmachungen 1798–1873: ebd., Ratsbuch 101.

81 Auf eigenen Weingärten in der Mark verschrieb 1550 Barbara Manger zu Heidingsfeld für 50 Gulden dem Präsenzamt des Stifts Haug 2,5 Gulden Jahreszins: StAW, WU 88/312.

82 StAW, WU 107/382.

83 StadtAW, Abt. Heidingsfeld Ratsbuch 36 (1508), 37 (1551), 38 (1604); Bünz u. a., 1998, S. 158 f. (WÜHW-

13 von 1508); 1579: StAW, Stb. 65 (alt), früher WU 34/91. – StadtAW, Abt. Heidingsfeld Ratsbuch 37a (1595), 38a (1690). Dazu das Zins- und Salbuch 1628–51: ebd., Ratsbuch 40b.

84 Bünz u. a., 1998, S. 138–149 (WÜDK-1, 3, 4, 7, 13, 14, 16, 17, 27–30, 32, 35); S. 151 (WÜDV-1); S. 164–168 (WÜNM-1, 8, 10, 11, 18); S. 153–155 (WÜHA-4, 8, 10); S. 172 f. (WÜST 2–6); S. 160 (WÜJA-1, 2, 3); S. 161 (WÜKA-1); S. 151 f. (WÜEN-4); S. 171 (WÜSA-1); S. 175 (WÜUL-1); S. 161–163 (WÜMA-1, 3, 4, 6); S. 170 f. (WÜRE-1); S. 135 f. (WÜBS-2, 3, 4, 5); S. 163 f. (WÜMK-1–4); S. 161 (WÜLF-1). Johanniter Zinsbüchlein 1563/93: StAW, Miscellanea 2773, früher WU 107/368; Renovatur 1713: StAW, Miscellanea 2773, früher WU 108/23. Juliusspital erwähnt 1591: StAW, WU 4/79t.

85 Bünz u. a., 1998, S. 81 (BRON-1), S. 86–88 (EBRA-2, 5, 7, 11); S. 155 (WÜHI-1); S. 130 f. (UNTE-1); S. 103 f. (KTKL-1, 2, 3, 4, 7); S. 69, 72, 73 f. (BAMI-8, 20, 27). Solnhofen Zinsbuch 1679: StAW, Miscellanea 1284/85 (verbrannt), früher WU 34/90b; Register 1738/40: StAW, Miscellanea 1068, früher WU 7/51. Gerbrunn 1712: StAW, WU 50/23b.

86 Zinsregister 1541/44: StAW, Libell 168, früher WU 15/104d. Verkauf 1544: StAW, WU 15/104abcefg und StadtAW, Abt. Heidingsfeld Urkunden 52. Hof 1546: StAW, WU 95/23. Güterbeschreibungen 1544: Stadt-AW, Abt. Heidingsfeld Ratsbuch 58, 59; Liste der 156 Personen Ratsbuch 58, fol. 67 r–68 r. Buchinger, 1834, S. 64; Wieland, 1908, S. 262–264.

87 StAW, Libell 256, früher WU 29/30 a, und Miscellanea 1250, früher WU 29/30 b.

88 Würzburgische Lehen in Heidingsfeld besaß 1470 Georg v. Seckendorff zu Rennhofen: Rechter, 1987, S. 129, 233 u. Stammtafel 10.

89 Steuerbücher StadtAW, Abt. Heidingsfeld Ratsbuch 187 (1497/99), 188 (1500), 189 (1501/02), 190 (1506), 191 (1508), 192 (1511), 193–195 (1513–15), 196 (1517), 197 (1518), 198–330 (1526–1780 mit wenigen Lücken), 331 (1802). – Schatzungen ebd., Ratsbuch 150 (1513), 151 (1519), 152 (1676), 153 (1687), 154 (1698), 155 (1737), 156 (1739), 157 (1740), 158 (1741), 159–164 (1744–49), 165–169 (1754–58), 170 (1762), 170a (1790), 170b (1793); Schatzungsprotokoll ebd., Ratsakten 12 (1660). – Güterbeschreibun-gen ebd., Ratsbuch 39 (1541), 40 (Ende 16. Jh.), 40a (1610), 40c (1628 für die Markung). – Kellerei 1718/27: StAW, WU 51/185a–k.

90 StadtAW, Abt. Heidingsfeld Ratsbuch 103 (1685), 104 (1692/93 Winterquartier), 120 (1759), 121 (1760), 122 (1764), 123 (1769), 81 (1775–1814), 124 (1796), 125 (1806). – Ebd., Ratsbuch 41 (Häuser und Güter 1717), 41a (Zinse und Lehen 1751–1775), 41b (Steuer, vielleicht 1732), 42/43 und Kopie 56/57 (Lager-buch 1774), 44 (Zinse und Lehen des Steueramtes 1776).

91 Spital: StadtAW, Abt. Heidingsfeld Ratsbuch 62 (Kapitalien 1726), 129 (Schuldner 1726–51), 63 (Güter 1773), 126 (Zinsbuch 1787). – Kapitalien der Präsenz 1667: ebd., Ratsbuch 69. – Almosenpflege Darlehen ebd., Ratsbuch 71 (1739–1747 Darlehen), 72 (1706), 73 (1746), 74 (1770), 75 (1797).

92 Kraus, 1999, S. 283–286 Nr. 372, 375; dazu v. Etzel, 1930, Nr. 8; ders., 1931; Buchinger, 1834, S. 65 f.; Mo-rys, 1958, S. 38. Gescheiterter Schied 1589: StadtAW, Abt. Heidingsfeld Ratsprotokoll 1, fol. 213v–214r. 1545: StAW, WU 95/21; 1549: StAW, WU 120/204. Zinsbuch des Johann Christoph 1545–1586 StAW, Stb. 777, alt 687, früher WU 120/223: Bünz u. a., 1998, S. 75 (BERL-1). 1609: StAW, WU 45/133b; StadtAW, Abt. Heidingsfeld Ratsprotokoll 2, pag. 228–231. 1618: StAW, WU 95/24.

93 Pfarrbeschreibung 1672: StadtAW, Abt. Heidingsfeld Ratsbuch 127, pag. 1–5, 42, 51.

94 Zinsbuch von 1454 mit Nachträgen UBW, M. p. th. f. 36, fol. 1 r–79 v: Bünz u. a., 1998, S. 136 (WÜBU-1). Altwasser 1559: StAW, WU 72/103a. 1600: StAW, WU 72/103b; 1742: StAW, WU 72/154 I–III. Wieland, 1861, S. 90. Wendehorst, 2001, S. 134, 174, 178.

95 Wieland, 1861, S. 91.

96 1547: StAW, WU 72/98b. Wieland, 1861, S. 90–92.

97 Der Verkehr über Land ist noch schlechter dokumentiert als auf dem Main, doch traf der Rat 1588 Vor-sorge wegen nächtens ankommender Fuhrleute, damit kein Kriegsvolk durch Betrug die Stadt besetzte: StadtAW, Abt. Heidingsfeld Ratsprotokoll 1, fol. 193 r.

98 Die elf Zunftfahnen waren bis 1945 vorhanden: Morys, 1958, S. 39 f.; 1582: StadtAW, Abt. Heidingsfeld Ratsprotokoll 1, fol. 138v–139r; 1630: StAW, WU 8/95. Lehrbrief der Geschworenen der Maurer-Schrei-ner-Glaser-Zunft zu Heidingsfeld für den Schreiner Valentin Nusser von Spießheim v. 20. Aug. 1731 mit aufgedrücktem Siegel: StadtA Ochsenfurt 720 (frdl. Mitteilung an die StadtAW).

99 Borchardt, 2001, S. 551, 561. Der Junker Johann v. Grumbach als verordneter Hubrichter sowie Michel Adelsbach und Hans Ott als Lehensträger ließen 1528 durch den Notar und Stadtschreiber Jakob Büttner Urkunden beglaubigen: StadtAW, Abt. Heidingsfeld Ratsbuch 36.

100 Wirte waren 1580 Kilian Schüsselbinder im Alten Hof, Jörg Eimes im Neuen Hof und Marx Trost in der

Kellerei, die 1581 auf drei Jahre gegen jährlich 25 Gulden verliehen wurde an Jörg Gelbinger: StadtAW, Abt. Heidingsfeld Ratsprotokoll 1, fol. 126r, 132r.

101 Drei Mühlen StadtAW, Abt. Heidingsfeld Ratsbuch 37a, fol. 23r. 1557: StAW, WU 79/45. 1562: Wendehorst, 1978, S. 146. Kauf der Bachmühle 1620 durch den Bürger Georg Standauf: StadtAW, Abt. Heidingsfeld Ratsprotokoll 2, pag. 486–489; Bachmühle ebd., Ratsakten 14 (1740). Mainmühlen ebd., Ratsakten 17. Pulvermühle 1630–1821: ebd., Ratsakten 11.

102 Fährmann des Klosters Kitzingen Klemens Konrad 1586: StAW, WU 4/79r. – Wegen der Schiffslände auf Bitten des Johann Christoph v. Berlichingen Vidimus des Kaufs von 1437 angefertigt durch Schultheiß, Bürgermeister und Rat von Heidingsfeld 1532: StAW, WU 51/19.

103 1536: StadtAW, Abt. Heidingsfeld Urkunden 48. – Fischerei StAW, WU 79/86, 45/133a; StadtAW, Abt. Heidingsfeld Ratsakten 16. Kauf Fischhaus 1686: StAW, WU 51/183.

104 1597: StadtAW, Abt. Heidingsfeld Ratsprotokoll 1, fol. 335r–337r; dazu kamen 28 Morgen Eigenholz und 6,5 Morgen 0,5 Viertel Eigenfelder. Sandgrube 1586: StAW, WU 4/79r beigelegter Papierzettel. Steinbruch 1488: StAW, Gericht Würzburg l/M 540, fol. 292v; 1582: StadtAW, Abt. Heidingsfeld Ratsprotokoll 1, fol. 139v. Ziegelhütte 1589: ebd., fol. 206v–207v.

105 1802 und Heuchelhof: StadtAW, Abt. Heidingsfeld Ratsbuch 331, pag. 1. 1544: ebd., Urkunden 53.

106 1609: StadtAW, Abt. Heidingsfeld Ratsprotokoll 2, pag. 201–204. Der Steuermeister Georg Anton Münch, der Waldmeister Georg Oswalt, der Baumeister Andreas Maier als Ratsdeputierte, der Waldförster Anton Popp 1753: ebd., Ratsbuch 331, pag. 1. Erlös von 3351 Gulden 3 Pfund 5 Pfennige für 500 Stämme Bauholz beim Tannenstieg: ebd., pag. 13. Waldungen des Fürstbischofs 1595: ebd., Ratsbuch 37a, fol. 19r.

107 1572: StAW, WU 7/83. 1586: StAW, Miscellanea 1340 (verbrannt), früher WU 45/160. 1751: Wieland, 1861, S. 108. Hadertann 1529, 1549, 1588: StadtAW, Abt. Heidingsfeld Gerichtsbuch 30, 31, 32. Jagd und Forst 17. Jh.: ebd., Ratsakten 2, 13, 16, 17. Streitigkeiten 1588/92: ebd., Ratsprotokoll 1, fol. 196v–197v, 230r–243v, 244v, 255v–257r.

108 1735: StAW, WU 22/62. Wieland, 1861, S. 107f., 113f.

109 Versteinungen 1609/12: StadtAW, Abt. Heidingsfeld Ratsprotokoll 2, pag. 207–212, 277–278; 1621: StAW, WU 72/117; 1770: StAW, WU 72/142. Markung mit Würzburg 1446–1522 und 1593–1660: StadtAW, Abt. Heidingsfeld Gerichtsbuch 28. Zu einer Fehde 1565 mit Giebelstadt Rambs, 1913.

110 Zoll und Brückenzoll: StadtAW, Abt. Heidingsfeld Ratsakten 13, 16.

111 StAW, Gericht Heidingsfeld l/M 540, fol. 267r.

112 Bub resignierte die Pfarrei 1659 und wurde dafür auf die durch Bischof Julius vereinigten drei Benefizien präsentiert: Buchinger, 1834, S. 73; Kestler, 1836, S. 77, 81; Wendehorst, 2001, S. 394. Allgemein Weber, 1889; Deinert, 1966; Weber 1979; Wendehorst, 2001, S. 62f. Ein überlebensgroßes Bild an der Giebelfront des Rathauses, das 1945 zerstört wurde (Abb. 307), gab Anlass zu der Sage, hier sei ein entlaufener Knecht verewigt, der bei einer der Belagerungen im Dreißigjährigen Krieg aus Rache eine kleine Pforte in der dem Main zugekehrten Stadtmauer geöffnet habe: Schneider, 1908, S. 26f.; Morys, 1958, S. 77.

113 Amrhein, 1914/I, S. 784 Nr. 26f.; allgemein Schenk, 1998, S. 277f.; Vasold, 1993.

114 Überblick über den Wert der öffentlichen Gebäude 1802: StadtAW, Abt. Heidingsfeld Ratsbuch 331, pag. 1. 1698: StAW, WU 72/138; Amrhein, 1914/I, S. 786 Nr. 36 (Baulast 1740–50), S. 785 Nr. 34b (1751). Mader, 1911, S. 62 (Rathaus), 47, 52 (Pfarrkirche), 54–57 (Spital).

115 Auf der Stätte entstand 1855 ein Neubau für Schulschwestern: Kestler, 1836, S. 70; Schneider, 1908, S. 51ff.; Mader, 1911, S. 57. Vertrag des Fürstbischofs Peter Philipp v. Dernbach mit den Wolfskeel wegen des Hofes des Klosters Paradies in Heidingsfeld zu Lindflur 1676: StAW, WU 34/44.

116 Buchinger, 1834, S. 61; Kestler, 1836, S. 79; Mader, 1911, S. 57. Wieland, 1861, S. 91f. mit Belegen von 1698 und 1743.

117 Bundschuh VI, 1804, zu Sp. 363. Die Zahlen der Tabelle sind unstimmig. Addiert man die Zahl der Einwohner, ergibt sich 3547, subtrahiert man von der Zahl der Seelen die Juden, ergibt sich 3507. Zum Hintergrund besonders Schöpf, 1802; Scharold, 1840/II; Wild, 1906; Chroust, 1914; Schwaegermann, 1951; Flurschütz, 1965; Zimmermann, 1976; Heiler, 1985.

118 Amrhein, 1914/I, S. 783 Nr. 10–13 aus den Jahren 1721 bis 1790. Obligationen 1755–66: StadtAW, Abt. Heidingsfeld Ratsbuch 80. Ebd., Ratsakten 18 (1764–1345), 19 (1836); damals Verteilung der Gemeindefelder.

119 Amrhein, 1914/I, S. 782f. Nr. 9; Wieland, 1861, S. 83, 159; Wendehorst, 2001, S. 256f.: Pfürdt starb am 10. September 1726.

120 Amrhein, 1914/I, S. 786 Nr. 39.

121 Buchinger, 1834, S. 46 f. Fürstbischof Adam Friedrich 1774: StAW, WU 95/25. Hierarchia, 1958, S. 147 mit Anm. 3 unter Corada; H. Ammerich, in: Gatz, 1990, S. 52.

122 Bundschuh II, 1800, Sp. 653 f.

123 In Kitzingen lebten 1641 noch 63 Juden, doch auch danach wurde ihre Zahl höchstens durch Abwanderung in nahe gelegene Nachbarorte wie Etwashausen geringer: Bamberger, 1983, S. 11, 15 f.

124 StadtAW, Abt. Heidingsfeld Ratsbuch 331, pag. 25.

125 Morys, 1958, S. 46–48.

126 Mader, 1911, S. 57/59; v. Etzel, 1930, Nr. 8.

127 Sussmann, 1983, S. 56 f., 120 f.

128 Bundschuh II, 1800, Sp. 653; VI, 1804, Tabelle zu Sp. 363. Die beiden zeitgenössischen Statistiken stimmen nicht zusammen und bedürfen kritischer Nachprüfung.

129 Wolf/Bauer, 1998. Grundlegend Stukowski/Büttner, 1980.

Rottenbauer – Von den Anfängen bis zum Übergang an Bayern

1 Ortschaften-Verzeichnis, 1928, Sp. 1429; Ankenbrand, 1952, S. 78.

2 Kestler, Chronik.

3 Bayerisches Landesamt für Denkmalpflege, Außenstelle Würzburg, Ortsakten Rottenbauer, Inv.-Nr. 6225/120. Vgl. Endrich/Rambs, 1956, S. 163.

4 Hock, 1936, S. 98.

5 Bayerisches Landesamt für Denkmalpflege, Außenstelle Würzburg, Ortsakten Rottenbauer, Inv.-Nr. 6225/119 und 161 sowie Unterlagen »Neolithische Siedlung« mit Einzelnachweisen.

6 Ankenbrand, 1952, S. 79.

7 MB 37, S. 189.

8 Ebd., S. 358.

9 Vgl. dazu MB 42, S. 422 f. (Hans von Rotenbur).

10 Hoffmann, 1972/73, S. 87, 108, 227, 239, 290, 307, 341 f., 364, 371 und 381. Vgl. Schnurrer, 1999, S. 158, 842.

11 Vgl. z. B. MB 37, S. 358 und 421 f. (Conradus von Rotenbur).

12 Vgl. UB St. Stephan 1/1, S. 309 f., 315 f. und 322 f. (Hermannus de Rotenbur).

13 MB 42, S. 422 f. (Hans von Rotenbur); UB StStephan 1/1, S. 462 ff. (Conradus de Rotenbur, armiger); UB StStephan 1/2, S. 183 ff., und Zumkeller, 1966, S. 137 f. (Eberhard von Rottenbur); Bünz, 1998, S. 987 (Heinrich gen. Rottenbur).

14 Hoffmann, 1972/73, S. 307.

15 Ders., 1982, S. 31.

16 Ebd., S. 81.

17 Ebd., S. 142; Schnurrer, 1999, S. 460 f.

18 Kestler, Beschreibung; Heberlein, 1974, S. 2.

19 Buchinger, 1834, S. 48; Heberlein, 1974, S. 2.

20 MB 38, S. 162–166 und 269–271.

21 StAW, Adelsarchiv Wolffskeel, B 6, S. 36–39.

22 StadtAW, ZGS Rottenbauer, Flurnamen der Gemarkung Rottenbauer, Nr. 15 a.

23 Nähere Angaben dazu finden sich im Abschnitt »Die religiösen Bekenntnisse« in diesem Beitrag.

24 UBW, M. ch. f. 43, fol. 28.

25 Kestler, Chronik; Wendehorst, 1974/II, S. 134 f.

26 Kestler, Beschreibung.

27 StAW, Adelsarchiv Wolffskeel, B 6, S. 36–39; B 14, S. 53–59.

28 StAW, Adelsarchiv Wolffskeel, B 6, S. 43.

29 Ebd., S. 39–43.

30 Ebd., S. 41–43; B 14, S. 152–164; Rüthel, 1995, S. 10 und 23.

31 StAW, Adelsarchiv Wolffskeel, B 14, S. 500–506 und 554–557; Rüthel, 1995, S. 23.

32 StAW, Adelsarchiv Wolffskeel, A 1; B 14, S. 500–506.

33 Kestler, Chronik; Heberlein, 1974, S. 3.

34 StAW, Adelsarchiv Wolffskeel, B 14, S. 500–506.

35 Ebd.

36 Ebd., S. 507–513; Kestler, Beschreibung.

37 Zimmermann, 1924, S. 34.

38 StAW, Adelsarchiv Wolffskeel, A 171, Schreiben v. 30. Okt. 1659.

39 StAW, HV Ms. f. 413, Schreiben v. 30. Okt. 1687.

40 Mader, 1982, S. 149; Kestler, Beschreibung; v. Wolffskeel, 1935, Nr. 35.

41 StAW, Adelsarchiv Wolffskeel, A 470/3, Schreiben v. 20. Juli 1874.

42 Kestler, Beschreibung; StAW, Adelsarchiv Wolffskeel, A 470/5, Schreiben v. 5. Jan. 1818.

43 Kestler, Chronik.

44 StAW, Adelsarchiv Wolffskeel, A 470/3, Schreiben v. 14. Nov. 1873 u. 20. Juli 1874.

45 Mader, 1982, S. 148 f.; Heberlein, 1974, S. 7.

46 StAW, Adelsarchiv Wolffskeel, A 470/3, Schreiben v. 20. Juli 1874; Rüthel, 1995, S. 23.

47 Zimmermann, 1924, S. 14 f.

48 StAW, Adelsarchiv Wolffskeel, R 926, S. 77 und 93.

49 Zimmermann, 1924, S. 25–33; StAW, Adelsarchiv Wolffskeel, A 171, Schreiben v. 30. Okt. 1659.

50 Nähere Angaben dazu finden sich im Abschnitt »Die alte Burg und die Schlösser« in diesem Beitrag.

51 S. die Abschnitte »Die alte Burg und die Schlösser« und »Das Dorf und seine Bewohner« in diesem Beitrag.

52 Kestler, Beschreibung; v. Wolffskeel, 1935, Nr. 36.

53 StAW, Adelsarchiv Wolffskeel, R 926, S. 1, 71 f. und 86 f.; Rüthel, 1995, S. 24.

54 Vgl. Rüthel, 1995, S. 24.

55 StAW, Adelsarchiv Wolffskeel, R 926, S. 70 und 88; R 927, S. 34.

56 StAW, Adelsarchiv Wolffskeel, B 15, S. 155–197.

57 StAW, Adelsarchiv Wolffskeel, A 22, Schreiben v. 30. März/9. April 1682.

58 Kestler, Beschreibung; StAW, Adelsarchiv Wolffskeel, A 470/3, Schreiben v. 20. Juli 1874; Rüthel, 1995, S. 18.

59 Heberlein, 1974, S. 5 f.

60 StAW, Adelsarchiv Wolffskeel, A 470/5, Schreiben v. 14. Juni 1844; Heberlein, 1974, S. 6.

61 Heberlein, 1974, S. 6 f.

62 Kestler, Beschreibung; Heberlein, 1974, S. 7.

63 StAW, Adelsarchiv Wolffskeel, A 470/3, Schreiben v. 20. Juli 1874; Heberlein, 1974, S. 7.

64 Nähere Angaben dazu finden sich im Abschnitt »Frühe urkundliche Zeugnisse« in diesem Beitrag.

65 Kestler, Beschreibung.

66 StAW, Adelsarchiv Wolffskeel, B 14, S. 153 (Schultheiß Hans Keßler); Kestler, Beschreibung; Heberlein, 1974, S. 5.

67 Mader, 1982, S. 147; Heberlein, 1974, S. 5.

68 Kestler, Chronik; Mader, 1982, S. 147 (Grabmal Philipp v. Wolfskeel).

69 Hoffmann, 1976, S. 151, Nr. 701 (22. Feb. 1606).

70 Mader, 1982, S. 147. Vgl. dazu Rüthel, 1995, S. 17.

71 StAW, Adelsarchiv Wolffskeel, B 14, S. 554–557.

72 StAW, Adelsarchiv Wolffskeel, B 9, fol. 106–137.

73 Ebd., fol. 202–203; Heberlein, 1974, S. 2.

74 Vgl. Kramer, 1984, S. 17 f. (Dorfbefestigung).

75 Kestler, Chronik; Rüthel, 1995, S. 14.

76 Zimmermann, 1924, S. 14–35. Eine Erinnerung an den Dreißigjährigen Krieg könnte die Rottenbauerer Flurbezeichnung »Wolfsgrund« sein. S. StadtAW, ZGS Rottenbauer, Flurnamen der Gemarkung Rottenbauer, Nr. 25.

77 Rüthel, 1995, S. 18.

78 StAW, Adelsarchiv Wolffskeel, A 171, Schreiben v. 30. Okt. 1659.

79 StAW, HV Ms. f. 413, Schreiben v. 7. April 1685 mit Beilage und Schreiben v. 30. Okt. 1687.

80 Kestler, Notizen; Rüthel, 1995, S. 18.

81 StAW, Adelsarchiv Wolffskeel, B 23, S. 3–333; Kestler, Chronik; ders., Beschreibung.

82 Kestler, Chronik; StAW, Adelsarchiv Wolffskeel, B 23, S. 166.

83 StAW, Adelsarchiv Wolffskeel, B 23, S. 113–333; R 927, S. 2–34.

84 Engel, 1954/II, S. 173, Nr. 219 (20. Feb. 1372).

85 UBW, M. ch. f. 43, fol. 14.

86 StAW, Adelsarchiv Wolffskeel, A 470/5, Schreiben v. 5. Jan. 1818.

87 Bauinschrift am Turm; Mader, 1982, S. 147.

88 StAW, Adelsarchiv Wolffskeel, Schreiben v. 5. Jan. 1818.

89 Zahlreiche Epitaphien; Mader, 1982, S. 147. Das letzte erhaltene Wolfskeel-Grabmal in der Rottenbauerer Trinitatis-Kirche ist dasjenige der Julia Catherina geb. Wolfskeel in Albertshausen, die am 11. September 1691 verstarb. In der Folgezeit (bis 1772) ließen sich die katholisch gewordenen Wolfskeel in der Eibelstädter Kreuzkapelle beisetzen. Vgl. Heinrich Schmidt, Das Pfarrdorf Rottenbauer (undatiertes Ms. im Besitz des Verf.), S. 8, sowie 1200 Jahre Eibelstadt, 1987, S. 142.

90 Die Verlegung des Gottesackers nach außerhalb des Dorfes erfolgte vermutlich gegen Ende des 18. Jahrhunderts. 1801 befand sich der Leichenacker bereits außerhalb des Dorfes. S. StAW, Adelsarchiv Wolfskeel, B 23, S. 174.

91 Zu einem wertvollen Abendmahlskelch aus dem 14. Jh. und den vier Altären zu Baubeginn kamen in der 2. Hälfte des 16. Jhs. noch eine neue Kanzel und ein neuer Taufstein von 1581; Mader, 1982, S. 147 f.

92 Kestler, Chronik.

93 Heberlein, 1974, S. 5; Rüthel, 1995, S. 16.

94 StAW, WDKP 1591, fol. 4; WDKP 1600, fol. 15 und 23; Redelberger, 1971, S. 63 f.; Winkler, 1987, S. 29 f. und 38 f.

95 Kuhr, 1979, S. 473; Rüthel, 1995, S. 16.

96 Heberlein, 1974, S. 5; Rüthel, 1995, S. 18.

97 Wie Anm. 96.

98 Ab 1700 nachgewiesen; Müller, 1832, S. 62.

99 StAW, Adelsarchiv Wolffskeel, B 14, S. 507–513.

100 Kestler, Notizen; StAW, Adelsarchiv Wolffskeel, R 926, S. 77, 86; Heberlein, 1974, S. 5.

101 StAW, Adelsarchiv Wolffskeel, A 146, Beilage »Die Feldung zu Rottenbauer ins Schloß gehörig …« (ca. 1667).

102 Das älteste Flurdenkmal aus dem 15. Jh. wurde später wieder hergerichtet und steht heute in der Rotenburstraße. Kestler, Pfarrcuratie; Mader, 1982, S. 149; Main-Post, Würzburger Ausgabe, 12. Jan. 2001, S. L 5.

103 Kestler, Pfarrcuratie; Heberlein, 1974, S. 5.

104 StAW, HV Ms. f. 413, Schreiben v. 24. Jan. 1682.

105 Heberlein, 1974, S. 7.

106 Neubau 1810 in der Ringstraße 10; StAW, Adelsarchiv Wolffskeel, B 23, S. 170; Heberlein, 1974, S. 7.

107 1770 Nicolaus Fuchs; StAW, Adelsarchiv Wolffskeel, R 926, S. 77 und 86.

108 Heberlein, 1974, S. 7.

109 Bis dahin Kuratie Rottenbauer.

110 Kestler, Pfarrcuratie; Heberlein, 1974, S. 5 f.

111 Baum, 1987, S. 43–51; Sporck-Pfitzer, 1988, S. 70.

112 Braun, 1997, S. 91 f.

113 StAW, Adelsarchiv Wolffskeel, B 9, fol. 139.

114 Ehemals Schulzenstraße 9.

115 Ehemals Wolfskeelstraße 8.

116 Braun, 1997, S. 92–96.

Ober- und Unterdürrbach sowie Burg Rossberg

1 Zur Ortsnamengeschichte vgl. Heiler, 1986/II, S. 39. Herrn Dr. Heiler sei an dieser Stelle für die Erlaubnis zur Einsichtnahme in seine ungedruckte Zulassungsarbeit herzlich gedankt.

2 Ebd.

3 Eichelsbacher, 1979, S. 2.

4 Ebd. Zu den naturräumlichen Gegebenheiten um Würzburg vgl. auch den Beitrag von R. Glaser und W. Schenk in Bd. I der Stadtgeschichte.

5 Eichelsbacher, 1979, S. 4; Ohlhaut, 1907, S. 59. Zu dem Gemarkungsstreit vgl. StAW, WK: Würzburg Stadt 203. Der aus Anlass dieser Streitigkeiten gezeichnete Plan über die Versteinung befindet sich im StAW, Würzburger Risse und Pläne I/533. Vgl. ansonsten auch die im StAW aufbewahrten Liquidationspläne für Ober- und Unterdürrbach.

6 StAW, WU 6289 (72/186).

7 StAW, WU 6291 (72/185b).

8 StAW, WU 6292 (72/187).

9 StAW, WU 49; MB 45, S. 35 ff. Nr. 19.

10 Archiv des Juliusspitals, U 108; Stahleder, 1963, S. 34 f. Nr. 108.

11 Hoffmann, 1972/73, S. 37 Nr. 65.

12 Ebd., S. 167 Nr. 1581.

13 Ebd., S. 191 Nr. 1722.

14 Ebd., S. 218 Nr. 2044.

15 Hoffmann, 1982, S. 16 Nr. 125.

16 StAW, WU 8644 (96/231); Stb. 1152, fol. 41 r–42 r.

17 Archiv des Juliusspitals, U 24; Stahleder, 1963, S. 9 Nr. 24.

18 Archiv des Juliusspitals, U 31; Stahleder, 1963, S. 10 Nr. 31.

19 Archiv des Juliusspitals, U 57; Stahleder, 1963, S. 17 f. Nr. 57.

20 Archiv des Juliusspitals, U 68; Stahleder, 1963, S. 21 f. Nr. 68.

21 Archiv des Juliusspitals, U 87; Stahleder, 1963, S. 27 f. Nr. 87; UB StStephan II, S. 608 f. Nr. 835.

22 Ofer, 1990, S. 304.

23 Archiv des Juliusspitals, U 88; UB StStephan II, S. 609 Nr. 836.

24 Archiv des Juliusspitals, U 105; Stahleder, 1963, S. 34 Nr. 105.

25 StAW, WU 75/281; UB StStephan II, S. 670 f., Nr. 867, 868.

26 Archiv des Juliusspitals, U 111; UB StStephan II, S. 685 Nr. 881; vgl. Ofer, 1990, S. 304.

27 Ofer, 1990, S. 304.

28 Ebd.

29 Ebd.

30 Archiv des Juliusspitals, U 110; UB StStephan II, Nr. 877.

31 StAW, WU 75/285; UB StStephan II, S. 680 ff. Nr. 878.

32 StAW, WU 17/98; UB StStephan II, S. 682 f. Nr. 879.

33 Archiv des Juliusspitals, U 120; Stahleder, 1963, S. 40 f. Nr. 120.

34 UB StStephan I, S. 182 Nr. 175.

35 UB StStephan I, S. 183 Nr. 176 und S. 370 ff. Nr. 329.

36 UB StStephan I, S. 380–383 Nr. 337.

37 StAW, WU 6845, 6846, 6847; UB StStephan II, S. 8–23 Nr. 418.

38 StAW, Stb. 629, fol. 357 rv.

39 Archiv des Juliusspitals, U 161; Stahleder, 1963, S. 55 f. Nr. 161.

40 StAW, Stb. 630, fol. 206–211.

41 Archiv des Juliusspitals, U 336a, 337; Hoffmann, 1976, S. 11 ff. Nr. 336a, 337; Ohlhaut, 1907, S. 75.

42 Archiv des Juliusspitals, U 437, 438; Hoffmann, 1976, S. 49 Nr. 437, 438; Ohlhaut, 1907, S. 75.

43 StAW, Admin. 8344; Archiv des Juliusspitals, Literalien 612.

44 Rottenbach, 1976, S. 36.

45 StadtAW, Oberdürrbach I/18; StAW, Rentamt Würzburg l/M 182.

46 Archiv des Juliusspitals, Literalien 1224, 1225, 1226.

47 UB StStephan I, S. 380–383 Nr. 337.

48 StAW, Stb. 245, fol. 109 v–110 v.

49 StAW, Stb. 321, fol. 164 r.

50 StAW, Rentamt Würzburg r/M 46.

51 StAW, Statistische Sammlung 429.

52 Zum Hof Heideck vgl. Lusin, 1984, S. 106–110.

53 StAW, Stb. 14, S. 81 f.; MB 42, S. 360 Nr. 141.

54 Lusin, 1984, S. 106 f.

55 StAW, Stadtrentamt Würzburg 453.

56 StAW, Rentamt Würzburg r/M 221. Weitere solche so genannte Schatzungsregister sind erhalten für die Jahre 1692 bzw. 1697 (Rentamt Würzburg r/M 188), 1701 (Rentamt Würzburg r/M 187), 1722 (Rentamt Würzburg r/M 216) und 1768 (Rentamt Würzburg r/M 189).

57 StAW, Rentamt Würzburg r/M 190b.

58 StAW, Rentamt Würzburg r/M 190d.

59 StAW, Rentamt Würzburg r/M 88.

60 StAW, Rentamt Würzburg r/M 89.

61 Zur Geschichte des Stiftsbesitzes bis zum Beginn des 14. Jhs. vgl. Bünz, 1987, Teil 2, S. 25–27. Herrn Prof. Dr. Bünz sei an dieser Stelle für die Erlaubnis zur Einsichtnahme in seine ungedruckte Zulassungsarbeit herzlich gedankt.

62 StAW, WU 6094 (78/64).

63 Archiv des Juliusspitals, U 546; Hoffmann, 1976, S. 90 Nr. 546.

64 StAW, WU 4330 (70/119); Bünz, 1997, S. 266.

65 StAW, Stadtrentamt Würzburg 590b (1620).

66 StAW, Stadtrentamt Würzburg 621 (1627).

67 StAW, Stadtrentamt Würzburg 479 (1614).

68 StadtAW, Bürgerspital III/68 (1598).

69 Archiv des Juliusspitals, Literalien 610 (1584–1615), 613 (1590).

70 StadtAW, Unterdürrbach, Amtsbuch 48.

71 Knapp, 1907, I/2, S. 1263 ff.

72 Hoffmann, 1972/73, S. 59 Nr. 378.

73 Ebd., S. 37 Nr. 65.

74 Die Einzelnachweise s. S. 824 u. 826.

75 StAW, HV MS. f. 880, 881. Da bei den Gerichtssitzungen nicht nur Streitigkeiten und Straftaten verhandelt wurden, sondern auch alle die Gesamtheit der Einwohnerschaft betreffenden Angelegenheiten, stellen diese Gerichtsbücher eine wertvolle Quelle für das Zusammenleben im Ort dar.

76 Zu den Einzelnachweisen vgl. S. 824 u. 826.

77 Rottenbach, 1976, S. 37; Seidner 1822, S. 122.

78 Seidner, 1822, S. 122. Von einer Zugehörigkeit der beiden Dürrbach zum Sprengel der Pfarrei Haug spricht auch A. Wendehorst in seinem Beitrag »Stadt und Kirche« in Bd. 1 der Stadtgeschichte, S. 257, allerdings ohne dafür Quellen anzuführen.

79 Schmidt, 1978, S. 3–6; Amrhein, 1897, S. 568.

80 Eichelsbacher, 1979, S. 3; Rottenbach, 1976, S. 31.

81 StAW, WU 8643 (31/108); Seidner, 1822, S. 110. Eine Grangie ist ein besonders bei Zisterzienserklöstern gebräuchlicher Eigenbaubetrieb. Die Grangie Dürrenhof oder *arida curia* lag am Fuß des Rossberges in der Gemarkung Würzburg, vgl. Rückert, 1990, S. 168.

82 StAW, WU 7782 (98/49), 7783 (79/1); MB 38, S. 102 f. Nr. 59.

83 Seidner, 1822, S. 110; Hoffmann, 1972/73, S. 37 Nr. 65.

84 Seidner, 1822, S. 111; Hoffmann, 1972/73, S. 127 Nr. 1218.

85 Hoffmann, 1972/73, S. 155 Nr. 1482, 167 Nr. 1581.

86 Seidner, 1822, S. 113.

87 Ebd., S. 114. Nach den Angaben bei Seidner war Heinrich der Sohn des Eberhard. Dies kann aber nicht sein, da Eberhard 1363 seinem Bruder Heinrich dessen Hälfte der Burg abkauft und die ganze Burg sich später in der Hand Eberhards befindet.

88 StAW, Stb. 1149, fol. 15v–16v; 1152, fol. 41r–42r.

89 Ebd., S. 114 f.

90 StAW, WU 8645; MB 45, S. 419 ff. Nr. 294.

91 Archiv des Juliusspitals, U 17; Stahleder, 1963, S. 7 Nr. 17.

92 StAW, WU 2717.

93 Seidner, 1822, S. 115 f. Es handelt sich dabei allerdings nicht mehr, wie Seidner annimmt, um den schon 1373 erwähnten Eberhard, sondern um dessen gleichnamigen Sohn. Eberhard d. Ä. ist mit seiner Ehefrau Agnes 1383 nochmals belegt, als sie dem Bischof Eigenleute verkaufen. 1390 veräußert dann Eberhard d. J. mit seiner Mutter und seiner Ehefrau einen Anteil an der Burg.

94 StAW, ldf 2, S. 101.

95 Seidner, 1822, S. 116.

96 StAW, ldf 77, fol. 963 f.

97 Seidner, 1822, S. 116.

98 Ebd.

99 Ebd., S. 116 f.

100 Ebd., S. 117.

101 Ebd., S. 117 f.

102 Die Urkunde abgedruckt bei Seidner, 1822, S. 125–130.

103 Archiv des Juliusspitals, Literalien 610, 612, 615.

104 StAW, Rentamt Würzburg r/M 96; Ohlhaut, 1907, S. 76 f.

105 Archiv des Juliusspitals, Literalien 1648–1650.

106 Seidner, 1822, S. 113; Hoffmann, 1972/73, S. 218 Nr. 2044.

107 HUB III, S. 575 f. Nr. 442/826.

108 StAW, WU 988; MB 41, S. 512–520 Nr. 197.

109 StAW, WU 2717.

110 Seidner, 1822, S. 123.

111 Hoffmann, 1972/73, S. 63 Nr. 421. Eventuell kam es bei dem Eintrag in das Lehenbuch zu einer Verschreibung des Namens und es wurde Truchsess statt Schenk eingetragen.

112 Hoffmann, 1972/73, S. 146 Nr. 1399.

113 Ebd., S. 181 Nr. 1722.

114 Seidner, 1822, S. 113.

115 Hoffmann, 1972/73, S. 218 Nr. 2044.

116 Seidner, 1822, S. 115, 122.

117 Hoffmann, 1972/73, S. 341 Nr. 3313.

118 StAW, WU 6845, 6846, 6847; UB StStephan II, S. 8–23 Nr. 418.

119 StAW, WU 6861, 6862; MB 41, S. 313–356; UB StStephan II, S. 42–78 Nr. 428.

Lengfeld

1 Wendehorst, 1989, S. 275. StAW Stb. 184, S. 242–243. Ein später in Würzburg ansässiger Jude Joseph von Wertheim ist bereits 1222 nachweisbar, vgl. Hundsnurscher/Taddey, 1968, S. 294. Frühere Erwähnungen eines Ortes Lengfeld 826 und 1104 beziehen sich auf Lengfeld in Thüringen und Burglengenfeld. Dies hat bereits Ankenbrand, 1952, S. 70, ausführlich erörtert. Bosl, 1969, S. 175, bezieht das in der Fuldaer Überlieferung 826 genannte Lengfeld fälschlicherweise auf unser Lengfeld. Hinzuweisen ist an dieser Stelle auf die in Bearbeitung befindliche Ortsgeschichte von Lengfeld, die der dortige Bürgerverein herausgibt. Ein Vorabdruck des Beitrags über das mittelalterliche Lengfeld ist inzwischen erschienen: Schneider, 2002. Meinem lieben Mann, Herrn Dr. Helmut Engelhart, bin ich für hilfreiche Hinweise sehr verbunden.

2 Goez, 2001, S. 629–631, Nr. 311.

3 Ebd., 2001, S. 642–644, Nr. 318, und S. 814–816, Nr. 403.

4 Ankenbrand, 1952, S. 70/71. Heiler, 1986/II, S. 85.

5 Goez, 2001, S. 522–524, Nr. 260; Hoffmann, 1962, S. 92–93, Nr. 40.

6 Bünz, 1998, S. 270, 448, Anm. 91. StAW, WU 4102.

7 StAW, WU 4141; Stb. 109, fol. 83r–84r. Bünz, 1998, S. 957.

8 StAW, Rentamt Würzburg r/M 35 (1787). Vgl. Schröder, 1971, S. 191–195. Dagegen die Belege aus den 70er Jahren des 18. Jahrhunderts insbesondere für hochstiftische Amtsorte in StAW, Würzburger Gebrechenamt VII W 332, die ihren Kirchenpatron im gemeindlichen Siegel führten.

9 StAW, Rentamt Würzburg r/M 35 (Gült- und Lagerbuch, 1. Bd. von 1787); Rentamt Würzburg r/M 36 (Gült- und Lagerbuch, 2. Bd. von 1793). Vgl. auch die Auflistung der Höfe bei Feineis, 1986, S. 271, und die 1408 bereits erwähnten *Hauß vnnd … vorder Hofhauß* des Benediktinerklosters St. Burkard (StAW, Stb. 109, fol. 31r).

10 StAW, Rentamt Würzburg r/M 36, S. 1, 1003, 1469.

11 StAW, Rentamt Würzburg r/M 36, S. 1552, 1554, 1562, 1566. Vgl. auch Rottmayer, 1830, S. 369.

12 Hornung, 1993. Leider fehlen in beiden Beiträgen jegliche Einzelnachweise. Im Protokoll des Ritterstifts 1547–1568 = Bd. 2 (StAW) wird zum 2. 5. 1549 (fol. 49r) ausgeführt, dass Carl Grumbach zu Estenfeld die vier Müller zu Lengfeld, die bereits vor 27 Jahren den Galgen aufgerichtet hätten, bittet, dies auch jetzt wieder zu tun. Vgl. jetzt Schneider, 2002, S. 54/55.

13 StAW, Würzburger Risse und Pläne I/116.

14 StAW, HV Ms. N. 46. Eine Seite u. a. mit Einträgen zu Lengfeld wurde herausgeschnitten.

15 Ein Malter = acht Metzen = 173,32 Liter Würzburger Stadtbaumaß, vgl. Hendges, 1989, S. 35 f.

16 Feineis, 1986, S. 272.

17 StAW, Stb. 444 (ca. 1437), fol. 21 v. Stb. 433 (1665), fol. 270 rv. Rentamt Würzburg r/M 299 (1678 ff.), S. 88–89. Rentamt Würzburg r/M 244 (1680 ff.), S. 479/480.

18 StAW, Rentamt Würzburg r/M 308 a, b (1735).

19 StAW, Stb. 340 (1512), fol. 139 r. Schröcker, 1977, S. 18.

20 StAW, WU 102/33: 1804 werden 6 Morgen 10 Gerten Artfeld in Lengfelder Markung, die dem Ursuliner-kloster gehörten, an den Rosenmüller verkauft.

21 Feineis, 1986, S. 273: 1589 verkaufte das Barfüßerkloster seinen Hof zu Lengfeld. StAW, Stb. 112, S. 827–829: Revers des Franziskanerklosters zu Würzburg vom 30. 6. 1766 betreffend *die Lehenschaft und Handlohnsgerechtigkeit des sogenannten Baarfüßer- oder Franziscanerlehens zu Lengfeld.*

22 StAW, WU 72/121: 1651 hatte das Jesuitenkolleg vom Ritterstift die Rosenmühle gekauft, damit stand ihm Besthaupt, Handlohn und Einzugsgeld zu. Vgl. auch Memminger, 1921, S. 325.

23 StAW, WU 108/185. Stb. 111, S. 801–814: Rezess zwischen St. Burkard und dem Hofspital jenseits des Mains einerseits, der Kartause Engelgarten andererseits, die Gerechtigkeit, Einzugsgeld, Lehnschaft und dergleichen von der sogenannten Riedmühle zu Lengfeld betreffend, 17. 5. 1652.

24 StAW, Rentamt Würzburg r/M 267 (1698), Vorbemerkung.

25 StAW, Stb. 120.

26 Ebd. 120, S. 11–28.

27 Ebd. Bei der Zählung der Grenzsteine kam es zu einem Irrtum, die Nummern 30–39 wurden zweimal ge-zählt, sodass zu der offiziellen Zählung von 50 Steinen 10 weitere hinzukommen.

28 StAW, Stb. 120, S. 35–36, 45, 50.

29 StAW, Ger. Würzburg r/M 652/13. Leider nicht mehr vorhanden ist der Akt Ger. Würzburg r/M 751/XI des StAW, betreffend Lengfelder Hochgerichtsprotokolle, Spezifikation der Lengfelder Bürger, Juden, Witwen und jüngerer Mannschaft …, 1731–1799. Zu den Dorfgerichten im Hochstift Würzburg vgl. insbesondere Scherzer, 1976.

30 Zum Terminus Hochgericht, der nicht mit der im Wesentlichen die Kriminalgerichtsbarkeit umfassenden Hochgerichtsbarkeit verwechselt werden darf, vgl. Horling, 2001, S. 145–147.

31 Bei der Gerichtssitzung am 29. 4. 1635 war die ganze Gemeind, das waren 16 Männer und 3 Witwen, also 19 Personen, im Amtshof Rückermain anwesend, vgl. StAW, Ger. Würzburg r/M 652/13, fol. 63 v. Anm. 34.

32 StAW, Rentamt Würzburg r/M 267, S. 393.

33 StAW, Ger. Würzburg l/M 6/278 c, fol. 9 r–13 v aus dem 17. Jahrhundert. Die Dorfordnung von 1689 ist im StAW unter der Signatur Ger. Würzburg r/M 4/153 überliefert.

34 Die Nachbarschaft ist die Gemeinschaft der Männer, welche die Verantwortung im Dorf tragen, die Ge-mein oder Gemeind die rechtliche Erscheinungsform dieser Gemeinschaft, so die Definition von Kramer, 1984, S. 38.

35 Manchmal auch als Heiligenmeister bezeichnet; er war verantwortlich für die Verwaltung der kirchlichen Einkünfte.

36 Der Dorfmeister kann auch Bürgermeister oder Bauernmeister genannt werden, zuständig für Rechnungs-führung und gemeindliche Finanzen.

37 Inwiefern die normative Satzung und die Realität übereinstimmen, muss an dieser Stelle offen bleiben. Gotteshausmeister wurde ein jährlich mit der Mehrzahl der Stimmen aus den Reihen der Gemeind Ge-wählter, vgl. StAW, Ger. Würzburg r/M 652/13, fol. 42 v (1617), fol. 44 r (1618), fol. 44 v (1619) u. ö. 1647 war der für dieses Jahr gewählte Bürgermeister zugleich Mitglied des Dorfgerichts, vgl. ebd., fol. 105 v. In der Literatur wird eine scharfe Trennung zwischen herrschaftlichen Schultheiß und Schöffen einerseits, dem Gemeindeamt der gewählten Bürgermeister andererseits gezogen; vgl. Scherzer, 1976, S. 47; Drüppel, 1991, S. 101.

38 Der Ungelter zieht die örtlich anfallende Verbrauchssteuer zugunsten der Herrschaft ein, vgl. Drüppel 1991, S. 103–104.

39 Oder Fürsprech, das ist Redner, durch den der Kläger vor Gericht seine Klage vorzubringen hatte, vgl. Scherzer, 1976, S. 44.

40 Knapp, I,1, 1907, S. 346–375.

41 Barth, 1969, S. 90.

42 Willoweit, 1995, S. 224. Die Appellationsinstanz für das Dorfgericht waren Dekan und Kapitel von St. Bur-kard, vgl. StAW, Ger. Würzburg l/M 278 c, fol. 10 v.

43 StAW, Stb. 109, fol. 31 r (alt fol. 12 r). Die baulichen Maßnahmen in Lengfeld, zu denen auch *den Kirch-thurn zu decken vnnd Thor an die Kirchen vnnd Kirchof zu mauren* gehörte, kosteten 1408 insgesamt 650 Gul-

den, nicht 700, wie fälschlicherweise angegeben bei Wieland, 1860, S. 77. Zu diesem Abt, der von 1408 bis 1423 dem Kloster vorstand, vgl. Wagner, 1988, S. 36.

44 StAW, WU 4058: Der Würzburger Bischof Iring von Reinstein-Homburg inkorporierte 1258 Stift Haug die beiden Pfarreien Rottendorf und Haug. Die Bestätigung durch Papst Clemens IV. erfolgte 1266 (StAW, HV Urkunden, 1266 Juni 27).

45 Hoffmann, 1977, S. 165.

46 Feineis, 1986, S. 278.

47 Wendehorst, 1989, S. 56.

48 StAW, Ger. Würzburg r/M 13/652, fol. 3 r.

49 Feineis, 1986, S. 278. Bereits in der Hauger Kapitelsitzung vom 13. 5. 1593 war beschlossen worden, 20 Gulden für den Wiederaufbau der Kirche und die Restaurierung des Ornats zu geben. Nach einem Eintrag im Protokoll des Ritterstifts St. Burkard zum 19. 4. 1603 (StAW, Kapitelsprotokoll St. Burkard Bd. 11, 1597–1604, S. 205) hatte der Würzburger Bischof den Fiskal angewiesen, von Stift Haug 40 Gulden als Beitrag zum Kirchenbau zu verlangen.

50 StAW, Kapitelsprotokoll Neumünster Bd. 5, fol. 150 r (27. 4. 1602).

51 Reininger, 1865, S. 212.

52 StAW, Ger. Würzburg r/M 13/652, fol. 20 v.

53 Bünz, 1991, S. 117, 121. Ein Verzeichnis der Rottendorfer Pfarrer hat Enno Bünz im Anhang der Rottendorfer Ortsgeschichte publiziert (S. 508–511).

54 StAW, Ger. Würzburg r/M 13/652, fol. 41 v.

55 Bünz, 1991, S. 124.

56 StAW, Kapitelsprotokoll St. Burkard 1770/71, fol. 14 r (13. 1. 1770).

57 StAW, Kapitelsprotokoll St. Burkard 1770/71, fol. 165 v, 166 r (5. 1. 1771), fol. 206 rv (15. 6. 1771).

58 Dettelbacher 1969, S. 328, zur Aufstellung des rechten Flügels der Franzosen *bei Lengfeld, in dessen Hölzchen und Feldern;* ebd. S. 340, Anm. 224, werden die verbrannten Ortschaften, darunter Lengfeld, aufgezählt. Romberg, 1991, gibt eine ausführliche Schlachtbeschreibung und ordnet die Schlacht in den Gesamtablauf der Revolutionskriege ein. Habermehl, 1996, berücksichtigt Lengfeld kaum. Aus einer Auflistung der zerstörten Dörfer im Fränkischen Merkur geht freilich hervor, dass Lengfeld nach Unterpleichfeld mit 11 215 fränkischen Gulden die höchsten Brandschäden hatte und mit 2 616 rheinischen Gulden 50 Kreuzern die zweithöchste Vergütung erhielt (S. 100). Hornung, 1996, spricht S. 59 von einem Schaden von 116 640 rheinischen Gulden (ohne die Kirche).

59 Mader, 1911, S. 87/88, und Wehner, 1992, S. 132/133, differieren bezüglich der Herkunft einzelner Ausstattungsstücke, desgleichen beim Erbauungsjahr der Kirche; denn Mader, 1911, S. 87, setzt das Jahr 1802 an, ebenso Chevalley, 1985, S. 34.

60 Mader, 1911, S. 87. Wehner, 1992, S. 131.

61 Wehner, 1992, S. 131.

62 StAW, Geistl. Sachen 2287.

63 StAW, Würzburger Gebrechenamt IV W 273.

64 StAW, HV Ms. f. 491 (1740) und Würzburger Gebrechenamt VII W 1606, II (1803). Der Akt des StAW, Ger. Würzburg r/M 385/8, betreffend die *Ausschaffung des Schutzjuden David Jacob aus Lengfeld und Höchberg,* 1748–1761, wurde 1945 vernichtet. Der Akt des StAW, Admin. 8319, betreffend die Schutzgeldentrichtung der in Vogteiorten des Ritterstifts St. Burkard ansässigen Juden, 1735/36, nennt keine Namen.

Versbach

1 Arnold, 1996, S. 50–52. Das von Gemeinderat und Verwaltung Versbach herausgegebene und von Wolfgang Voigt u. a. bearbeitete Buch »Versbach im Wandel der Zeit. Ein geschichtlicher Überblick«, Versbach [1977], wurde vor dem Hintergrund der Eingemeindung Versbachs in die Stadt Würzburg zum 1. Januar 1978 erstellt und hat seinen zeitlichen Schwerpunkt im 20. Jahrhundert. Eine umfassende wissenschaftliche Bearbeitung der Versbacher Ortsgeschichte auf der Basis aller archivalischen Quellen steht noch aus und kann hier nicht geleistet werden.

2 Engel, 1954/II, S. 28 f., Nr. 18. Bünz, 1998, S. 981.

3 StAW, WU 6485 (RB 1, S. 285). Zu beachten ist, dass der Weinberg im Urkundentext selbst nicht lokalisiert wird, als Schenker fungiert aber ein *Otto miles de Verspach.* Auf späteren Rückvermerken wird der Weinberg aber explizit in Versbach angesiedelt.

4 StAW, WU 5200 (RB 1, S. 295).

5 Wendehorst, 1989, S. 258. StAW, WU 5684.

6 Ankenbrand, 1952, S. 92.

7 Heiler, 1986/II, S. 128 f.

8 Reimann, 1963, S. 63. 1173 werden *miles Otto de Verspach* und *Boppo miles de Verspach* genannt (s. Anm. 3).

9 Renner, 1961, S. X. Reimann, 1963, S. 66–71. Kolb, 1974, S. 60, 65. Heßberg, 1976, S. 162 f.

10 Hoffmann, 1962, S. 86/87, Nr. 31, und S. 92/93, Nr. 40: *Albertus de Versbach, civis Herbipolensis* 1262 und 1271; ebd., S. 154, Nr. 126: *Conradus dictus de Versbach* 1313.

11 Bünz, 1998, S. 418. Er beschäftigt sich S. 409–429 ausführlich mit der Entwicklung der Vogtei von der hochmittelalterlichen Schutz-, Schirm- und Gerichtsvogtei, die auch die Blutgerichtsvogtei umfasste, zur Vogtei als Bezeichnung für die gesamte Niedergerichtsbarkeit.

12 HUB III, 1912, S. 239, Nr. 186 (1361 Feb. 15); Verzicht des Bruders Fritz Bruenlin auf alle Ansprüche 1361 März 10, ebd., S. 232, Nr. 189. Vgl. insgesamt Bünz, 1998, S. 427 f.

13 1380 wird Friedrich Wolfskeel in ein Viertel der Vogtei zu Versbach eingesetzt, die ebenfalls von den Grafen von Hohenlohe zu Lehen ging, vgl. StAW, Stb. 1149, fol. 216 rv, die anderen drei Teile hatte Stift Haug, vgl. StAW, ldf 15, S. 604–606. Renner, 1961, S. 54: Bd. 6 (Kopialbuch 1590), S. 164–168: Teilungsvertrag zwischen Otto Wolfskeel einerseits, seinem Bruder Weiprecht und seiner Schwester Katharina andererseits, u. a. über die Vogtei Versbach 1411. 1430 verkauften Otto Wolfskeel und seine Ehefrau ihren Teil an Dorf, Gericht und Vogtei Versbach, von seinem Bruder Weiprecht an sie gekommen, an Wilhelm v. Grumbach, vgl. StAW, WU 71/40. Vgl. auch den Repertorieneintrag zu den 1945 vernichteten Würzburger Lehenurkunden WU 217a/21 und 22, in denen Konrad v. Grumbach zu Burggrumbach, Unterpleichfeld und Rimpar reversiert, dass ihm sein Lehenherr Graf Wolfgang v. Hohenlohe erlaubt habe, die hohenlohischen Lehen, namentlich die halbe Vogtei zu Versbach, zu verpfänden (1582 und 1590). 1643 wurde der ursprünglich grumbachische halbe Teil der Vogtei über Versbach, den die Hohenlohe käuflich an sich gebracht hatten, an Stift Haug übergeben, vgl. StAW, Ger. Würzburg r/M 380.

14 Knapp, 1907, I/1, S. 346–375, hier S. 351.

15 StAW, WU 71/118 und 26/35a: Beide Exemplare des Vertrags zwischen der Stadt Würzburg und der Gemeinde Versbach über die Straubmühle. Der goldene Löwenkopf auf Blau mit dem goldenen Sparren im Maul gilt als Wappen der Grafen von Comburg-Rothenburg, deren Familie der Würzburger Bischof Heinrich I., der Begründer von Stift Haug, fälschlicherweise zugeordnet wurde; der Löwenkopf ist erstmals 1715 im Kapitelssiegel von Stift Haug nachweisbar und den Figuren von Johannes dem Täufer und Johannes Evangelist aufgelegt, vgl. Schröder, 1971, S. 195–197.

16 Vgl. Versbach, 1977, Abbildung des Versbacher Gemeindewappens auf dem Titelblatt. Das *H* im Wappen ist dort nicht berücksichtigt.

17 StAW, WU 4104: Fronhof 1292 belegt, WU 4156: Fronhof und Fröschhof 1320. Der Bestänter des Fronhofs musste den Gemeindebullen und den Gemeindeeber stellen, vgl. StAW, Stift Haug Kapitelsprotokolle 5, S. 486 f. (1637).

18 StAW, Rentamt Würzburg r/M 97a–g (1777).

19 UB StStephan I, S. 462–465, Nr. 402: 1338 gehen ein Hof und weitere Güter in Versbach durch Kauf von Konrad v. Rottenbauer und seiner Ehefrau an St. Stephan. Vgl. auch Bünz u. a., 1998, S. 172 f.

20 Bünz u. a., 1998, S. 171 (Lehen- und Zinsbuch des Afraklosters von 1517 bis zum Ende des 16. Jhs.). Schröcker, 1977, S. 17.

21 StAW, Stb. 683, fol. 53 r (1505), Stb. 685, fol. 188 v (1667): ein Haus und ein Gärtlein unter der Mühle liefern ein Fastnachtshuhn.

22 StAW, Stb. 317 (Zins- und Gültbuch über die Gefälle zu Versbach, 1794). Die Johanniterkommende Würzburg hatte am Ort ein *Zins-Erb* und einen Gülthof, beide in der Nähe des Rathauses liegend.

23 StAW, Rentamt Würzburg r/M 104, ein Auszug aus dem Versbacher Lehenbuch des Bürgerspitals Würzburg von 1703. Daraus geht u. a. hervor, dass sich die alte Mühle auf Versbacher Markung befand, auf Würzburger Markung aber neue Scheuer und Stallungen lagen. Die Straubmühle war zur Hälfte der Kartause, zur anderen Hälfte dem Bürgerspital lehenbar.

24 StAW, G. 18153 (verbrannt): 1726 waren dem Domkapitel Würzburg 24 Morgen Feld lehenbar.

25 Tausendpfund, 1975, S. 505.

26 StAW, HV Ms. N. 46 (Landgericht Würzburg rechts des Mains). Vgl. auch Rottmayer, 1830, S. 373; Versbach, 1977, S. 27–34.

27 StAW, Stift Haug Kapitelsprotokolle 22, S. 273–274 (1773).

28 StadtAW, Gemeindearchiv Versbach, Amtsbücher 174a, unfoliiert und unpaginiert. Abschrift der Ordnung 1706: Amtsbücher 174. Die im StAW abschriftlich überlieferten Ordnungen aus dem 17. Jh. bzw. von 1706 (Ger. Würzburg r/M 309/6 und 716/17) wurden 1945 vernichtet. Im Gemeindearchiv Gaukönigshofen, Archiv Acholshausen, konnte Herr Thomas Horling vor kurzem eine Dorfordnung von Versbach aus den achtziger Jahren des 16. Jhs. ermitteln, die der Dorfordnung Acholshausen beigebunden ist. Diese konnte für den vorliegenden Beitrag leider nicht mehr berücksichtigt werden.

29 StAW, Stift Haug Kapitelsprotokolle 6, fol. 31v (1640).

30 Vgl. dazu insgesamt für das ebenfalls haugische Dorf Rottendorf Drüppel, 1991, S. 91–109.

31 Der Bürgermeister kann auch als Dorfmeister bezeichnet werden, vgl. beispielsweise StAW, Rechnungen 11745 (1637/38).

32 Horling, 2001, S. 145–147. Scherzer, 1976, S. 51. Kramer, 1957 (1984), S. 83.

33 1639 war das Hochgericht in Versbach wegen zu großer Armut mit Zustimmung des Kapitels abgesagt worden. Der Brauch, an Martini die Ämter neu zu besetzen und dann beim Hochgericht die Pflicht zu leisten, verbunden mit einem Mahl, entfiel. Die Ableistung der Pflicht sollte in Würzburg erfolgen, vgl. Stift Haug Kapitelsprotokolle 5, S. 819 (10. Nov. 1639). In der Dorf- und Gerichtordnung von 1653 waren als Termine für das Hochgericht der Montag nach Walpurgis, der Montag nach Martini und der Montag nach Oberstens Tag (6. Januar) bestimmt. Zu solchen Verköstigungen durften Dechant und Kapitel mit 10 Personen und Pferden kommen, vgl. StadtAW, Gemeindearchiv Versbach, Amtsbücher 174a.

34 Zu Erwähnungen des Schulmeisters 1629, 1631 und 1637 vgl. StAW, Stift Haug Kapitelsprotokolle 5, S. 185, 307, 475.

35 StAW, Rentamt Würzburg r/M 285, fol. 199v und 275r. StadtAW, Gemeindearchiv Versbach, Amtsbücher 174a.

36 Kramer, 1957 (1984), S. 54 f.

37 StAW, Stift Haug Kapitelsprotokolle 26, S. 163 (11. Juli 1782).

38 Hoffmann, 1977, S. 166.

39 Bereits zwei Jahrhunderte früher, 1461, waren Versbach, Rimpar und weitere unbefestigte Dörfer unmittelbar um Würzburg von den Truppen des Markgrafen Albrecht v. Brandenburg gebrandschatzt und geplündert worden, vgl. Engel, 1950/I, S. 23, Nr. 60.

40 StAW, Stift Haug Kapitelsprotokolle 5, S. 173 (13. März 1629); vgl. Schwillus, 1987, S. 152.

41 StAW, Stift Haug Kapitelsprotokolle 5, S. 215 (8. Jan. 1630).

42 Ebd., S. 375 (27. März 1636).

43 Vgl. Heeg-Engelhart, 2001/II, S. 654, Nr. 32 f.

44 StAW, Stift Haug Kapitelsprotokolle 6, fol. 39rv (29. Nov. 1640).

45 Ebd., fol. 118r (29. Juli 1642).

46 Ebd., fol. 60v–61r (15. April 1641).

47 StadtAW, Gemeindearchiv Versbach, Amtsbücher 174a.

48 StAW, Rentamt Würzburg r/M 285, fol. 133v–135r.

49 StAW, Stift Haug Kapitelsprotokolle 19, S. 23 (6. Juli 1752).

50 StAW, Stift Haug Kapitelsprotokolle 21, S. 165 f. (3. Feb. 1770).

51 StAW, Stift Haug Kapitelsprotokolle 22, S. 372–374 (8. April 1773).

52 Beispielsweise 1773 erwähnt, vgl. ebd., S. 285 (28. Jan. 1773).

53 StAW, Stift Haug Kapitelsprotokolle 18, S. 15 (27. Juni 1743) und S. 49 (19. Dez. 1743).

54 StAW, Stift Haug Kapitelsprotokolle 22, S. 197 (29. Okt. 1772).

55 Kramer, 1957 (1984), S. 28.

56 So beantragte beispielsweise Peter Emmerling 1772 beim Kapitel das Schildrecht, wozu sich die Gemeinde innerhalb von 14 Tagen äußern musste, vgl. StAW, Stift Haug Kapitelsprotokolle 22, S. 143 (1. Aug. 1772).

57 Treiber, 1991, S. 237.

58 Chevalley, 1985, S. 35.

59 StAW, Stift Haug Kapitelsprotokolle 26, S. 799 (4. Jan. 1787).

60 StAW, Stift Haug Kapitelsprotokolle 22, S. 285 (28. Jan. 1773).

61 Ebd., S. 524 f. (7. Sept. 1773).

62 StAW, Stift Haug Kapitelsprotokolle 5, S. 239 (9. April 1630).

63 Ebd., S. 567 (24. Nov. 1637).

64 StAW, Stift Haug Kapitelsprotokolle 12, S. 416 (4. Feb. 1716).

65 Knapp, 1907, I/1, S. 346–375. StAW, Ger. Würzburg r/M 693 (1598), fol. 9v; Stift Haug Kapitelsprotokolle 22, S. 580–582 (27. Nov. 1773).

66 Barth, 1969, S. 90.

67 StAW, Stift Haug Kapitelsprotokolle 22, S. 299 (16. Feb. 1773).

68 StAW, Ger. Würzburg r/M 693, fol. 83 r, und Willoweit, 1995, S. 224.

69 StAW, Stift Haug Kapitelsprotokolle 5, S. 691 (7. Okt. 1638).

70 Engel, 1954/II, S. 29, Nr. 19.

71 Ebd., S. 29 f., Nr. 20.

72 Bünz, 1998, S. 501–503. MB 37, S. 123 f., Nr. 134.

73 Bünz, 1998, S. 485.

74 StAW, Stift Haug Kapitelsprotokolle 5, S. 90, 91, 110, 111.

75 Engel, 1954/II, S. 129, Nr. 156.

76 Amrhein, 1897, S. 570. Bünz, 1998, S. 501, erwähnt dagegen bereits zum Jahr 1312 unter Bezug auf StAW, WU 4136, das Jakobuspatrozinium als das des Kirchenpatrons. In diesem Zusammenhang ist aber der Friedhof von St. Jakob genannt, womit die Gottesackerkapelle 1312 bereits bestanden haben dürfte.

77 Wehner, 1992, S. 102. In StAW, WU 6485 von 1273 wird die Pfarrkirche ohne Angabe eines Patroziniums genannt.

78 Hoffmann, 1977, S. 166.

79 Versbach, 1977, S. 72; Wehner, 1992, S. 102. Die Überprüfung von Stift Haug Kapitelsprotokolle 4 mit den Einträgen zum Jahr 1588 ergab lediglich Hinweise auf einen Eintrag vom 28. Juli (fol. 180v), wonach der Verkauf von Wein durch Konrad v. Grumbach anlässlich der Kirchweih in Versbach zu Streitigkeiten führte. Das Fest des Kirchenpatrons St. Jakobus des Älteren wurde am 25. Juli begangen.

80 Amrhein, 1897, S. 570.

81 StAW, Rentamt Würzburg r/M 285, fol. 109 r, 110 r, 111 r.

82 StAW, Stift Haug Kapitelsprotokolle 18, S. 290, 330, 438, 456.

83 StAW, Stift Haug Kapitelsprotokolle 19, S. 206 f., mit der Festlegung des Termins auf Dienstag, den 15. Oktober 1754. Tatsächlich fanden Kirchenweihe und Huldigung aber am 16. Oktober 1754 statt, ebd., S. 211 f. Vgl. Wehner, 1992, S. 102, und Reininger, 1865, S. 278.

84 StAW, Stift Haug Kapitelsprotokolle 22, S. 156 f. (19. Sept. 1772).

85 Ebd., S. 452 (3. Juni 1773).

86 Ebd., S. 679 f. (12. Feb. 1774).

87 StAW, Stift Haug Kapitelsprotokolle 26, S. 262 (13. März), S. 346 (16. Sept.).

88 Wehner, 1992, S. 103. Mader, 1911, S. 223–225. Ebd., S. 224, ist als Fig. 159 der Taufstein abgebildet. Einen kleinen Eindruck vom Inneren der 1962 abgerissenen Kirche vermitteln drei historische Fotos in Versbach, 1977, S. 72 f.

89 Mader, 1911, S. 223 und Fig. 158.

90 StAW, Geistl. Sachen 1647 (Einlegung einer alten Kirche und Verkauf zweier dahin gehöriger Glöckchen 1808). In StAW, Rentamt Würzburg r/M 101, S. 23, wird als einer der Angrenzer eines Hofs die alte Dorfkirche *zwischen dem Muhlbach oder Wildgraben* genannt (1783).

91 StAW, Rentamt Würzburg r/M 98, Tabelle III, zeigt zum Jahr 1783 Jakobskirche, Schule, Schulgarten, Wohnung des Schulmeisters und Pfarrhof, aber keinen Friedhof.

92 StAW, Stift Haug Kapitelsprotokolle 12, S. 157: Überlegungen zur Errichtung eines Pfarrhofes in Versbach werden bereits 1711 angestellt: Die Untertanen stellen Fuhren, Stein, Holz u. a. zur Verfügung. Wehner, 1992, S. 104. Der Akt G. 15511 des StAW enthält Abrechnungen für die Tüncherarbeit und für die Lieferung von 35 neuen Fenstern am Pfarrhof.

93 StAW, Stift Haug Kapitelsprotokolle 17, S. 12, 24. Buchbesitz eines Hauger Vikars und Versbacher Pfarrers, nämlich des Michael Brenner 1602, belegt ein heute im Franziskanerkloster Dettelbach aufbewahrtes »Missale speciale secundum chorum Herbipolensem« des Würzburger Buchdruckers Georg Reyser, vgl. Engelhart, 2001, S. 134.

94 StAW, Stift Haug Kapitelsprotokolle 19, S. 24 (6. Juli 1752).

95 StAW, Stift Haug Kapitelsprotokolle 21, S. 530 f.

96 Wehner, 1992, S. 104.

97 Ebd., S. 103.

Abkürzungen und Siglen

Abb.	Abbildung
Abh.	Abhandlung(en)
Abt.	Abteilung(en)
a. d.	an der
a. D.	außer Dienst
ADB	Allgemeine Deutsche Biographie, hrsg. durch die Hist. Commission bei der Königl. Akad. der Wiss., 56 Bde., Berlin 1875–1912, Ndr. Berlin 1967–1971
Akad.	Akademie
Anm.	Anmerkung
Art.	Artikel
Aufl.	Auflage
AUfr	Archiv des Historischen Vereins von Unterfranken und Aschaffenburg, 1832 ff.
bayer.	bayerisch
BayHStA	Bayerisches Hauptstaatsarchiv München
Bd., Bde.	Band, Bände
bearb.	bearbeitet
Bearb.	Bearbeiter
begr.	begründet
bes.	besonders
bez.	bezüglich
Bl.	Blatt
BlldLG	Blätter für deutsche Landesgeschichte, 1853 ff.
BVBll.	Bayerische Vorgeschichtsblätter, 1931 ff.
Bz	Batzen
bzw.	beziehungsweise
ca.	circa
CCC	Constitutio Criminalis Carolina
cm	Zentimeter
Cod.Vat. Lat.	Codex Vaticanus Latinus
d	denarius, denarii = Pfennig, Pfennige
d. Ä.	der Ältere
DAW	Diözesanarchiv Würzburg
DBE	Deutsche Biographische Enzyklopädie, 12 Bde., München u. a. 1995–2000

ders., dies.	derselbe, dieselbe(n)
d. h.	das heißt
d. i.	das ist
Dipl.-Ing.	Diplomingenieur
Dipl.-Theol.	Diplomtheologe
Diss.	Dissertation
Diss. masch.	maschinenschriftliche Dissertation
d. J.	der Jüngere
Dr.	Doktor
dt	deutsch
ebd.	ebenda
ehem.	ehemalig
em.	emeritiert
erg.	ergänzt
Erg.	Ergänzungs
erkr.	erkrankt
erw.	erwähnt, erweitert
etc.	et cetera
e. V.	eingetragener Verein
f.	und die folgende Seite
ff.	und die folgenden Seiten
Fig.	Figur
fl (rh.)	Gulden (rheinisch)
fol.	Folio
fränk.	fränkisch
frdl.	freundlich
Frhr.	Freiherr
FS	Festschrift
geb.	geboren
gedr.	gedruckt
gen.	genannt
gest.	gestorben
ggf.	gegebenenfalls
GS	Germania Sacra
H.	Heft(e)
ha	Hektar
hist.	historisch
HJb	Historisches Jahrbuch der Görresgesellschaft, 1880 ff.
HKP	Bestand »Hofkammerprotokolle« im StAW

hl.	heilig	mo1	Oberer Muschelkalk
HRG	Handwörterbuch zur deutschen Rechtsgeschichte, 5 Bde., 1971–1998	Ms.	Manuskript
		NDB	Neue Deutsche Biographie, hrsg. v. der Hist. Kommission bei der bayer. Akad. der Wiss., Bd. 1 ff., Berlin 1953 ff.
hrsg.	herausgegeben		
Hrsg.	Herausgeber		
HS	Handschrift	Ndr.	Nachdruck, Neudruck
HUB	Hohenlohisches Urkundenbuch	NF	Neue Folge
HV	Historischer Verein	Nr.	Nummer
i. Br.	im Breisgau	österr.	österreichisch
i. e.	id est (das ist)	o. J.	ohne Jahr
Inv.-Nr.	Inventar-Nummer	o. O.	ohne Ort
Jb.	Jahrbuch	O.P.	Ordo Fratrum Praedicatorum – Dominikaner
JffL	Jahrbuch für fränkische Landesforschung, 1935 ff.		
		o. Pagin.	ohne Paginierung
Jg.	Jahrgang	ORP	Bestand »Oberratsprotokolle« im StadtAW
Jh.	Jahrhundert		
jur.	juristisch	o. S.	ohne Seitenzählung
Kap.	Kapitel	OSB	Ordo Sancti Benedicti – Benediktiner
Kat.	Katalog	P.	Pater
Kat.-Nr.	Katalog-Nummer	pag.	Pagina
Kl.	Klasse	PD	Privatdozent
km, km²	Kilometer, Quadratkilometer	phil.	philosophisch
königl.	königlich	philolog.	philologisch
kr	Kreuzer	phys.	physikalisch
l	Liter	Prod.	Produkt
lat.	lateinisch	prot.	protestantisch
lb	Pfund	QFW	Quellen und Forschungen zur Geschichte des Bistums und Hochstifts Würzburg, 1948 ff.
LCI	Lexikon der christlichen Ikonographie, 8 Bde., 1968–1976		
ldf	Bestand »libri diversarum formarum« im StAW	r	recto
		R	Rechnung
Lit.	Literatur	R.	Reihe
Lk	Landkreis	RA	Bestand »Ratsakten« im StadtAW
l/M	links des Mains	RatsO	Ratsordnung
LThK³	Lexikon für Theologie und Kirche, 3., völlig neubearb. Aufl., hrsg. v. Walter Kasper, Freiburg 1993 ff.	Rb	Bestand »Ratsbücher« im StadtAW
		RB	Regesta sive Rerum Boicarum Autographa, hrsg. v. K. H. Ritter von Lang u. a., 13 Bde., 1822–1854, Registerbd. 1927
m, m², m³	Meter, Quadratmeter, Kubikmeter		
m.	mit		
M. A.	Magister Artium	Rep.	Repertorium
Mag.	Magister	reg.	regierte
masch.	maschinenschriftlich	rer. nat.	rerum naturalium
MB	Monumenta Boica, hrsg. von der Bayer. Akad. der Wiss., 1763 ff.	RKG	Reichskammergericht
		r/M	rechts des Mains
m. E.	meines Erachtens	Rp	Bestand »Ratsprotokolle« im StadtAW
med.	medizinisch	Rt(hlr.)	Reichstaler
MfrH.	Mainfränkische Hefte, hrsg. von der Gesellschaft der Freunde Mainfränkischer Kunst und Geschichte, 1948 ff.	s	Sekunde
		s.	siehe
		S.	Seite
		s. a.	siehe auch
MfrSt.	Mainfränkische Studien	sc.	scilicet (nämlich)
mg	Milligramm	S. J.	Societas Jesu – Jesuiten
mhd.	mittelhochdeutsch	sog.	so genannt
MJb	Mainfränkisches Jahrbuch für Geschichte und Kunst, 1949 ff.	Sp.	Spalte
		St.	Sankt, Sanctae
mm	Mittlerer Muschelkalk		

StadtA	Stadtarchiv	Veröffentl.	Veröffentlichung(en)
StadtAW	Stadtarchiv Würzburg	VGffG	Veröffentlichungen der Gesellschaft für fränkische Geschichte
StadtO	Stadtordnung		
StAW	Staatsarchiv Würzburg	vgl.	vergleiche
Stb.	Bestand »Standbücher« im StAW	VKU	Vereinigung Kunstschaffender Unterfrankens
StMBO	Studien und Mitteilungen zur Geschichte des Benediktinerordens und seiner Zweige		
		V₂²	Die deutsche Literatur des Mittelalters. Verfasserlexikon, 2. Aufl., Bd. 1 ff., 1978 ff.
Taf.	Tafel		
theol.	theologisch	VSWG	Vierteljahrschrift für Sozial- und Wirtschaftsgeschichte, 1903 ff.
Tit.	Titel		
tom.	Tomus (Band)	WA	D. Martin Luthers Werke, Kritische Gesamtausgabe (Weimarer Ausgabe)
u.	und		
u. a.	und andere, unter anderem	WDGBll	Würzburger Diözesangeschichtsblätter, 1933 ff.
u. Ä.	und Ähnliche(s)		
UB	Universitätsbibliothek	WDKP	Bestand »Würzburger Domkapitelsprotokolle« im StAW
UB StStephan	Urkundenbuch der Benediktiner-Abtei St. Stephan in Würzburg		
		WGA	Würzburger Geographische Arbeiten
UBW	Universitätsbibliothek Würzburg	Wiss.	Wissenschaften
u. ö.	und öfter	WU	Bestand »Würzburger Urkunden« im StAW
Urk.	Urkunde		
usw.	und so weiter	z. B.	zum Beispiel
v	verso	ZBKG	Zeitschrift für bayerische Kirchengeschichte, 1926 ff.
v.	vom, von		
v. a.	vor allem	ZBLG	Zeitschrift für bayerische Landesgeschichte, 1928 ff.
verb.	verbessert		
verehel.	verehelicht(e)	ZGS	Zeitgeschichtliche Sammlung im StadtAW
Verf.	Verfasser(in)		
verm.	vermehrt	zit.	zitiert

Gedruckte Quellen und Literatur

Abel, Wilhelm, Geschichte der deutschen Landwirtschaft vom frühen Mittelalter bis zum 19. Jahrhundert, Deutsche Agrargeschichte 2, Stuttgart 1959.
– Ders., Landwirtschaft 1500–1648, in: Hermann Aubin u. Wolfgang Zorn (Hrsg.), Handbuch der deutschen Wirtschafts- und Sozialgeschichte, Bd. 1, Stuttgart 1971, S. 386–413.
– Ders., Massenarmut und Hungerkrisen im vorindustriellen Europa. Versuch einer Synopsis, Hamburg/Berlin 1974.
– Ders. (Hrsg.), Handwerksgeschichte in neuer Sicht, Göttinger Beiträge zur Wirtschafts- und Sozialgeschichte 1, 2. Aufl. Göttingen 1978.
– Ders., Massenarmut und Hungerkrisen im vorindustriellen Deutschland, Kleine Vandenhoeck-Reihe 1352, 3. Aufl. Göttingen 1986.
Abert, Joseph Friedrich, Die Wahlkapitulationen der Würzburger Bischöfe bis zum Ende des XVII. Jahrhunderts. 1225–1698, in: AUfr 46 (1904), S. 27–186.
– Ders., Vorschläge Karl Theodor v. Dalbergs zur Verbesserung der Armenpolizei im Hochstift Würzburg (1779), in: AUfr 54 (1912), S. 183–215.
– Ders., Aus Würzburg's Biedermeierzeit, in: Hundert Jahre bayerisch. Ein Festbuch, Würzburg 1914, S. 384–468.
– Ders., Aus Würzburgs Vergangenheit. Sieben Jahrhunderte Würzburger Geschichte, 2. Aufl. Würzburg 1924.
– Ders., Aus Würzburgs Biedermeierzeit, MfrH. 4, Würzburg 1950.
– Ders., Würzburgs Gang durch die Jahrhunderte, Würzburg 1951.
– Ders., Kleinod du in Frankenlanden. Begegnungen mit Würzburg in Aussprüchen deutscher und fremder Dichter und Reisenden, Würzburg 1952.
– Ders., Geschichte des Hofbrauhauses Würzburg, in: MJb 6 (1954), S. 170–202.
Achilles, Walter, Getreidepreise und Getreidehandelsbeziehungen europäischer Räume im 16. und 17. Jahrhundert, in: Zeitschrift für Agrargeschichte und Agrarsoziologie 7 (1959), S. 32–55.
– Ders., Die Auswirkungen der Getreidepreissteigerungen gegen Ende des 18. Jahrhunderts auf das Realeinkommen von Erzeuger und Verbraucher, in: Ingomar Bog (Hrsg.), Wirtschaftliche und soziale Strukturen im säkularen Wandel. Festschrift Wilhelm Abel, Schriftenreihe für ländliche Sozialfragen 70, Hannover 1974, S. 112–130.
– Ders., Die Intensivierung der Landwirtschaft durch den Kartoffelbau von 1750–1914. Die Bedeutung des Prozesses für Erzeuger und Verbraucher, in: Helmut Ottenjann u. Karl-Heinz Ziessow (Hrsg.), Die Kartoffel. Geschichte und Zukunft einer Kulturpflanze, Arbeit und Leben auf dem Lande 1, Cloppenburg 1992, S. 205–235.
– Ders., Grundsatzfragen zur Darstellung von Agrarkonjunkturen und -krisen nach der Methode Wilhelm Abels, in: VSWG 85 (1998), S. 307–351.
Ackerman, James S., The Gesù in the Light of Contemporary Church Design, in: Rudolf Wittkower u. Irma B. Jaffe (Hrsg.), Baroque Art: The Jesuit Contribution, New York 1972, S. 15–28.
Adlung, Alfred, Die deutschen Arzneibücher seit dem Jahr 1546, in: Pharmazeutische Zeitung 72 (1927), S. 1101–1107.
– Ders. / Urdang, Georg, Grundriß der Geschichte der deutschen Pharmazie, Berlin 1935.
a-g, Bräuche und allerlei von der Würzburger Metzgerzunft in vergangenen Tagen, in: Die Frankenwarte. Blätter für Heimatkunde, Beilage zum Würzburger General-Anzeiger, 1929, Nr. 11 v. 21. März.
Agricola, Franz, Gründlicher Bericht, ob Zauberey die ärgste und grewlichste Sünd auff Erden sey. Zum andern, ob die Zauberer noch Buß thun und selig werden mögen. Zum dritten, ob die hohe Obrigkeit die Zauberer und Hexen am Leib und Leben zu straffen schuldig. Mit Ableinung

allerley Einreden. In sieben tractat und besondere capittel abgetheilt [...] Allen Christen in gemein und beuorab der Gottliebenden frommen Obrigkeit zu Christlicher Erinnerung [...] Durch Franciscum Agricolam, Pfarrherrn zu Sittart im Fürstenthumb Gülch. Gedruckt in der Fürstl. Statt Wirtzburg durch Stephan Fleischmann 1627.

Ahlhaus, Joseph, Die Finanzierung der Universität Würzburg durch ihren Gründer Fürstbischof Julius Echter von Mespelbrunn. Eine Skizze, in: Max Buchner (Hrsg.), Aus der Vergangenheit der Universität Würzburg, Berlin 1932, S. 9–41.

Alter, Willi, Die Berichte von Peter Harer und Johannes Keßler vom Bauernkrieg 1525, Veröffentl. der Pfälzischen Gesellschaft zur Förderung der Wissenschaften in Speyer 88, Speyer 1995.

Alt-Würzburg im Bild. Eine Sammlung von Stadtansichten aus sechs Jahrhunderten, III. Folge, bearb. v. Walter M. Brod und Max H. v. Freeden, Würzburg 1954.

Amling, Daniel, Pompae sereniss[imorum], reverendiss[imorum] atque illustriss[imorum] principum etc. in novi SS. Apost[olorum] Templi dedicatione 6. Idus Septemb[ris] Anno 1591 Herbipoli solenniter celebrata etc. brevis et historica saltem adumbratio, ad Reverendiss[imum] atque Illustriss[imum] Principem ac D[omi]n[um], D[omi]n[um] Iulium Episcopum Herbipolensem et Franciae Orient[alis] Ducem etc. eiusdem Templi Fundatorem laudatissimum, unaque Reuerendos Generosos ac Nobiliss[imos] Dominos, Dominum Praepositum, Decanum ac Seniorem ceterosque sacrae Cathedralis Aedis Herbip[olensis] Canonicos, Dominos suos perbenignos etc., pio cum gratulandi tum feliciss[imi] etiam novi Anni auspicium comprecandi studio scripta a M. Daniele Amlingo Munerstad[iensi], Herbipol[ensis] Cancell[ariae] Collega. Wirtzburgi ex officina typographica Georgij Fleischmanni Anno MDXCII.

Amrhein, August, Reihenfolge der Mitglieder des adeligen Domstiftes zu Wirzburg, St. Kilians-Brüder genannt, von seiner Gründung bis zur Säkularisation 742–1803, in: AUfr 32 (1889), S. 1–315; 33 (1890), S. 1–380.

– Ders., Realschematismus der Diöcese Würzburg, Würzburg 1897.

– Ders. (Bearb.), Archivinventare der katholischen Pfarreien in der Diözese Würzburg, VGffG V/1, Würzburg 1914. Zitiert: Amrhein, 1914/I.

– Ders., Die Würzburger Zivilgerichte erster Instanz, 1. Teil, in: AUfr 56 (1914), S. 73–212 [zitiert: Amrhein, 1914/II]; 2. Teil, in: AUfr 58 (1916), S. 1–71.

– Ders., Reformationsgeschichtliche Mitteilungen aus dem Bistum Würzburg 1517–1573, Reformationsgeschichtliche Studien und Texte 41/42, Münster 1923.

– Ders., Personalstand des Dominikanerinnenklosters zum hl. Markus in der Vorstadt Bleichach zu Würzburg vom Jahre 1248–1803, in: Fränkische Heimat 1934, S. 41–43, 45–48.

Ankenbrand, Stephan, Die Ortsnamen des Landkreises Würzburg, Mainfränk. Heimatkunde 6, Würzburg 1952.

Antz, Christian, Sacrum Theatrum Romanum. Das Würzburger Neumünster und die katholische Baukunst in Deutschland zwischen 1680 und 1720, Weimar 1997.

Archiv für Kirchen- und Schulwesen, vorzüglich für Prediger und Seelsorger, hrsg. v. Bonaventura Andres, Bd. 1, Würzburg 1804.

Arneth, Michael, Bartholomäus Holzhauser und sein Weltpriesterinstitut, in: Geist und Leben 31 (1958), S. 198–211, 276–292, 352–368.

Arnold, Friedrich, Das Kriegswesen des Hochstifts Würzburg zur Zeit des Dreißigjährigen Krieges, Diss. phil., Würzburg 1934.

Arnold, Klaus (Hrsg.), Johannes Trithemius, De laude scriptorum – Zum Lobe der Schreiber, MfrH. 60, Würzburg 1973.

– Ders., Niklashausen 1476. Quellen und Untersuchungen zur sozialreligiösen Bewegung des Hans Behem und zur Agrarstruktur eines spätmittelalterlichen Dorfes, Saecula spiritalia 3, Baden-Baden 1980.

– Ders., Johannes Trithemius (1462–1516), QFW 23, 2. Aufl. Würzburg 1991.

– Ders., Engelhard Funck (Scintilla). Beiträge zur Biographie eines fränkischen Humanisten, in: JffL 52 (1992), Festschrift Alfred Wendehorst I, S. 367–380. Zitiert: Arnold, 1992/I.

– Ders., Hieronymus Schenck von Siemau, in: VL² 8, 1992, Sp. 635–637. Zitiert: Arnold, 1992/II.

– Ders., Der Bauernkrieg, in: Peter Kolb u. Ernst-Günter Krenig (Hrsg.), Unterfränkische Geschichte 3, Würzburg 1995, S. 63–80.

– Ders., 1250 Jahre Kitzingen. Aus dem Schatten des Klosters zur Stadt am Main, Schriften des Stadtarchivs Kitzingen 5, Kitzingen 1996.

– Ders., Sebastian von Rotenhan – fränkischer Ritter und gelehrter Humanist, in: Eyring Frhr. v. Rotenhan (Hrsg.), Die Erstausgabe der Chronik Reginos von Prüm und ihrer Fortsetzung von Sebastian von Rotenhan Mainz 1521, Eyrichshof 1999, S. 138–140.

– Ders., Im Ringen um die bürgerliche Freiheit: Die Stadt Würzburg im späteren Mittelalter (ca. 1250–1400), in: Geschichte der Stadt Würzburg, hrsg. v. Ulrich Wagner, Bd. 1, Stuttgart 2001, S. 94–109, 594–596.

Aubin, Hermann / Zorn, Wolfgang (Hrsg.), Handbuch der deutschen Wirtschafts- und Sozialgeschichte. Bd. 1: Von der Frühzeit bis zum Ende des 18. Jahrhunderts, Stuttgart 1971.

Ausstellungskatalog, Die Grafen von Schönborn. Kirchenfürsten, Sammler, Mäzene, Ausstellungskatalog des Germanischen Nationalmuseums Nürnberg, Nürnberg 1989.

Autobiographie des Staatsrats Christian Johann Baptist Wagner, hrsg. v. Theodor Henner, in: AUfr 47 (1905), S. 1–124.

Bachmann, Erich / Roda, Burkard v. (Bearb.), Residenz Würzburg und Hofgarten. Amtlicher Führer, 12. Aufl. München 1994.

Bachmann, Gerhard H., u. a., Stratigraphie der Germanischen Trias, in: Norbert Hauschke u. Volker Wilde (Hrsg.), Trias, eine ganz andere Welt. Mitteleuropa im frühen Erdmittelalter, München 1999, S. 81–104.

Bachmann, Leopold / Pfrenzinger, Alfons, Geschichte der Stadt Kitzingen von der Entstehung bis Ende des Dreißigjährigen Krieges, Kitzingen 1929.

Backmund, Norbert, Die kleineren Orden in Bayern und ihre Klöster bis zur Säkularisation, Kloster Windberg 1974.

Bäumer, Remigius, Bartholomäus von Usingen OESA (ca. 1464–1532), in: Katholische Theologen der Reformationszeit, hrsg. v. Erwin Iserloh, Bd. 2, Münster 1985, S. 27–37.

Baier, Johannes, Geschichte des alten Augustinerklosters Würzburg, Würzburg 1895.

– Ders., Geschichte der beiden Karmelitenklöster mit besonderer Berücksichtigung des ehemaligen Reuerinnenklosters in Würzburg, Würzburg 1902.

– Ders., Die Dominikaner und die Inquisition in Würzburg, in: Kunst und Wissenschaft. Wöchentliche Beilage zum Fränkischen und Schweinfurter Volksblatt, 2. Jg. (1906), Nr. 3 v. 22. Jan., S. 9–11, Nr. 4 v. 29. Jan., S. 13–15, Nr. 5 v. 5. Feb., S. 17–19.

Bamberger, M. T., Beiträge zur Geschichte der Juden in Würzburg-Heidingsfeld, Würzburg 1905.

Bamberger, Naphthalie, Geschichte der Juden von Kitzingen. Festgabe anläßlich des 25jähr. Bestehens der Synagoge 1883–1908, Kitzingen 1908, 2. Aufl. [Ndr. mit Erweiterungen], hrsg. v. Nikolaus Arndt u. Isaiah Wohlgemut, Kitzingen 1983.

Baron, Frank, Camerarius and the historical Doctor Faustus, in: Ders. (Hrsg.), Joachim Camerarius (1500–1574). Beiträge zur Geschichte des Humanismus im Zeitalter der Reformation, Humanistische Bibliothek I/24, München 1978, S. 200–222.

Bartels, Karl Heinz, Zusammenhänge in der mainfränkischen Apothekengesetzgebung. Zur Geschichte des älteren deutschen Apothekenwesens IV, in: Pharmazeutische Zeitung 112 (1967), S. 1423–1429.

– Ders., in: Deutsche Apotheker-Biographie, Ergänzungsband [I], Stuttgart 1986.

– Ders., »… diese an dem Mayn schön gelegene … Stadt Würtzburg …«, in: Deutsche Apotheker-Zeitung 129 (1989), S. 1393–1395.

– Ders., Marksteine des Apothekerstandes: Melfi und Coburg, in: Pharmazeutische Zeitung 136 (1991), S. 2950–2954.

– Ders., Unterfrankens Apotheken und ihre Obrigkeit. Abriß der Geschichte des unterfränkischen Apothekenwesens unter besonderer Berücksichtigung des staatlichen Einflusses, in: Ders., Werner Dressendörfer u. Wolf-Dieter Müller-Jahncke (Hrsg.), Apotheke und Staat, Pharmaziegeschichtliche Tagungsberichte, Stuttgart 1995, S. 15–24.

Barth, Wilhelm, Das Gericht zu Estenfeld, in: Vom königlichen Gut zur Gemeinde Estenfeld, Estenfeld 1969, S. 82–91.

Bartholomäus, Christine, Messen und Märkte in Würzburg, Stadtarchiv Würzburg, Hinweise – Informationen 7, Würzburg 1987.

Baschwitz, Kurt, Hexen und Hexenprozesse. Die Geschichte eines Massenwahns und seiner Bekämpfung, München 1963.

Bassermann-Jordan, Friedrich v., Geschichte des Weinbaus, 3 Bde., 2. Aufl. Frankfurt am Main 1923.

Bauer, Christoph, Melchior Zobel von Giebelstadt, Fürstbischof von Würzburg (1544–1558). Diözese und Hochstift Würzburg in der Krise, Reformationsgeschichtliche Studien und Texte 139, Münster 1998.

– Ders., Lorenz Fries, Sekretär und Historiograph der Bischöfe von Würzburg, in: Franz Brendle u. a. (Hrsg.), Deutsche Landesgeschichtsschreibung im Zeichen des Humanismus, Stuttgart 2001, S. 97–111.

Bauer, H[elmut], St. Afra, das Benediktinerinnenkloster, in: 100 Jahre Kilianeum, 1871–1971, Würzburg 1971, S. 148–163.

Baum, Hans-Peter, Quellen zu Judenverfolgungen von 1147 bis 1938, in: Ulrich Wagner (Hrsg.), Zeugnisse jüdischer Geschichte in Unterfranken, Schriften des Stadtarchivs Würzburg 2, Würzburg 1987, S. 19–58.

– Ders., Sozialgeschichte, in: Geschichte der Stadt Würzburg, hrsg. v. Ulrich Wagner, Bd. 1, Stuttgart 2001, S. 361–385, 643–647.

Baumgärtel-Fleischmann, Renate (Hrsg.), Franz Ludwig von Erthal, Fürstbischof von Bamberg und Würzburg 1779–1795, Veröffentl. des Diözesanmuseums Bamberg 7, Bamberg 1995.

Baumgart, Peter, Die Anfänge der Universität Helmstedt im Spiegel ihrer Matrikel (1576–1600), in: Braunschweigisches Jb. 50 (1969), S. 5–32.

– Ders., Die kaiserlichen Privilegien von 1575 für die Universitäten Würzburg und Helmstedt, in: WDGBll 35/36 (1974), S. 319–329.

– Ders., Die Julius-Universität zu Würzburg als Typus einer Hochschulgründung im konfessionellen Zeitalter, in: Ders. (Hrsg.), Vierhundert Jahre Universität Würzburg. Eine Festschrift, Neustadt/Aisch 1982, S. 3–29. Zitiert: Baumgart, 1982/I.

– Ders. (Hrsg.), Vierhundert Jahre Universität Würzburg. Eine Festschrift, Quellen und Beiträge zur Geschichte der Universität Würzburg 6, Neustadt a. d. Aisch 1982. Zitiert: Baumgart, 1982/II.

– Ders., Johann Ignaz von Felbiger (1724–1788). Ein schlesischer Schulreformer der Aufklärung zwischen Preußen und Österreich, in: Jb. der Schlesischen Friedrich-Wilhelms-Universität zu Breslau 31 (1990), S. 121–140.

– Ders., Bildungsreformen im Hochstift Würzburg unter der Mitwirkung Dalbergs, in: Karl Hausberger (Hrsg.), Carl von Dalberg. Der letzte geistliche Reichsfürst, Schriftenreihe der Universität Regensburg 22, Regensburg 1995, S. 11–24. Zitiert: Baumgart, 1995/I.

– Ders., Gymnasium und Universität im Zeichen des Konfessionalismus, in: Peter Kolb u. Ernst-Günter Krenig (Hrsg.), Unterfränkische Geschichte 3, Würzburg 1995, S. 251–276. Zitiert: Baumgart, 1995/II.

– Ders. (Hrsg.), Michael Ignaz Schmidt (1736–1794) in seiner Zeit. Der aufgeklärte Theologe, Bildungsreformer und »Historiker der Deutschen« aus Franken in neuer Sicht. Beiträge zu einem Symposion vom 27. bis 29. Oktober 1994 in Würzburg, Quellen und Beiträge zur Geschichte der Universität Würzburg 9, Neustadt/Aisch 1996.

– Ders., Konfessionalisierung und frühmoderne Staatlichkeit in Franken: Das Beispiel des Fürstbischofs Julius Echter, in: Kirche und Glaube – Politik und Kultur in Franken. Festgabe für Klaus Wittstadt zum 65. Geburtstag, WDGBll 62/63 (2001), S. 575–589.

Baur, Franz Nikolaus, Blicke in das Innere der Prälaturen, oder Kloster-Ceremonien im achtzehnten Jahrhundert. In Briefen, 2 Bde., [Gotha] 1799.

Becher, Johann Joachim, Politischer Discurs, 3. Aufl. Frankfurt 1688, Ndr. Glashütten im Taunus 1972.

Bechstein, Ludwig, Aus dem Sagenschatz des Frankenlandes, hrsg. v. Wolfgang Möhrig, Würzburg 1981.

Bechtold, Arthur, Würzburger Studentenleben im 18. Jahrhundert, in: AUfr 52 (1910), S. 195–246.

– Ders., Würzburger Studentenleben zu Beginn des 19. Jahrhunderts, in: Kartell-Zeitung des S. V. 30, Berlin 1920, Nr. 5–9, S. 1–10.

– Ders., Dürrbacher Mostgeister, in: Die Frankenwarte. Blätter für Heimatkunde, Beilage zum Würzburger General-Anzeiger, 1932, Nr. 42 v. 20. Okt.

– Ders., Von Nachtwächtern und anderen Wächtern im alten Würzburg, in: Die Frankenwarte. Blätter für Heimatkunde, Beilage zum Würzburger General-Anzeiger, 1933, Nr. 5 v. 2. Feb. Zitiert: Bechtold, 1933/I.

– Ders., Würzburger Fastnacht 1559, in: Die Frankenwarte. Blätter für Heimatkunde, Beilage zum Würzburger General-Anzeiger, 1933, Nr. 6 v. 9. Feb. Zitiert: Bechtold, 1933/II.

– Ders., Aus der Geschichte des Würzburger Sternplatzes, in: Die Frankenwarte. Blätter für Heimatkunde, Beilage zum Würzburger General-Anzeiger, 1934, Nr. 26 v. 28. Juni. Zitiert: Bechtold, 1934/I.

– Ders., Gassenketten in Würzburg, in: Die Frankenwarte. Blätter für Heimatkunde, Beilage zum Würzburger General-Anzeiger, 1934, Nr. 32 v. 9. Aug. Zitiert: Bechtold, 1934/II.

– Ders., Aus der Geschichte des Bürgerspitals, in: Ders., Kulturbilder aus dem alten Würzburg, Würzburg [1935], S. 142–155. Zitiert: Bechtold, 1935/I.

– Ders., Der große Domstraßenbrand von 1570, in: Ders., Kulturbilder aus dem alten Würzburg, Würzburg [1935], S. 164–169. Zitiert: Bechtold, 1935/II.

– Ders., »Guter Mut« und »Grasessen«, in: Die Frankenwarte. Blätter für Heimatkunde, Beilage zum Würzburger General-Anzeiger, 1935, Nr. 33 v. 14. Aug. Zitiert: Bechtold, 1935/III.

– Ders., Die Klöpfleinsnacht, in: Ders., Kulturbilder aus dem alten Würzburg, Würzburg [1935], S. 75–77. Zitiert: Bechtold, 1935/IV.

– Ders., Kulturbilder aus dem alten Würzburg, Würzburg [1935]. Zitiert: Bechtold, 1935/V.

– Ders., Das Mistmandat, in: Ders., Kulturbilder aus dem alten Würzburg, Würzburg [1935], S. 170–173. Zitiert: Bechtold, 1935/VI.

– Ders., Von Nachtwächtern und anderen Wächtern, in: Ders., Kulturbilder aus dem alten Würzburg, Würzburg [1935], S. 161–163. Zitiert: Bechtold, 1935/VII.

– Ders., Zur Geschichte des Bauernkriegs: ein unbekanntes Manuskript von Lorenz Fries, in: AUfr 71 (1937/38), S. 162–169.

– Ders., Die St. Gotthardskapelle auf der Würzburger Brücke, in: Die Frankenwarte. Blätter für Heimatkunde, Beilage zum Würzburger General-Anzeiger, 1938, Nr. 17 v. 28. April, Nr. 18 v. 6. Mai.

– Ders., Alte Würzburger Friedhöfe, in: Ders., Aus dem alten Würzburg, Würzburg 1940, S. 82–106. Zitiert: Bechtold, 1940/I.

– Ders., Aus dem alten Würzburg. Beiträge zur Kulturgeschichte der Stadt, Würzburg-Aumühle 1940. Zitiert: Bechtold, 1940/II.

– Ders., Beiträge zur Geschichte der Würzburger Hexenprozesse, in: Frankenkalender 53 (1940), S. 117–129. Zitiert: Bechtold, 1940/III.

– Ders., Die ersten Erwähnungen des Tabakrauchens in Würzburg, in: Ders., Aus dem alten Würzburg, Würzburg 1940, S. 206–208. Zitiert: Bechtold, 1940/IV.

– Ders., Von den Sondersiechen, in: Ders., Aus dem alten Würzburg, Würzburg 1940, S. 1–28. Zitiert: Bechtold, 1940/V.

– Ders., Würzburger Studentenleben in alter Zeit, in: Ders., Aus dem alten Würzburg, Würzburg 1940, S. 209–241. Zitiert: Bechtold, 1940/VI.

– Ders. / Pfister, Rudolf, Ein Würzburger Stadtplan Balthasar Neumanns, in: Zeitschrift für Geschichte der Architektur 8 (1928), S. 196–211.

Beckenkamp, J[akob], Über die geologischen Verhältnisse der Stadt und der nächsten Umgebung von Würzburg, in: Sitzungs-Berichte der physikalisch-medicinischen Gesellschaft zu Würzburg, Würzburg 1907, S. 19–40.

Becker, Helmut, Würzburg und die Juliusspital-Apotheke, in: Apotheker-Journal 1979, S. 38–42.

Beckmann, Thomas / Zumkeller, Adolar, Geschichte des Würzburger Augustinerklosters von der Gründung im Jahre 1262 bis zur Gegenwart, Cassiciacum 49, Würzburg 2001.

Behnisch, Franz Joachim, Die Tracht Nürnbergs und seines Umlandes vom 16. bis zur Mitte des 19. Jahrhunderts, Diss. phil. Würzburg, Kulmbach 1962.

Behnk, Wolfgang, Die Evangelisch-Lutherische Kirchengemeinde Rottendorf, in: Angela Treiber (Hrsg.), Rottendorf. Zur Geschichte einer unterfränkischen Gemeinde, Rottendorf 1991, S. 397–424.

Behringer, Wolfgang, Hexenverfolgung in Bayern. Volksmagie, Glaubenseifer und Staatsräson in der Frühen Neuzeit, München 1987.

– Ders. (Hrsg.), Hexen und Hexenprozesse in Deutschland, 4. Aufl. München 2000.

Beierlein, Paul Reinhard, Das Würzburger Hof-Zeremoniell nach zwei Kursächsisch-Polnischen Gesandtenberichten (1749), in: MJb 4 (1952), S. 344–351.

Beil, Martin, Die Klingen im Dürrbachtal, in: Dürrbacher Geschichte(n) VII, hrsg. von den Dürrbachtaler Natur- und Heimatfreunden e. V., Würzburg 2000, S. 11–21.

Bein, Thomas, Die Reform des bayerischen Medizi-

nalwesens im Spiegel der »Montgelas-Statistik«, Diss., München 1985.

Bendel, Franz Joseph, Kirche und Kloster zu St. Stephan in Würzburg als Begräbnisstätte, in: AUfr 52 (1910), S. 159–179.

– Ders., Aus einer unterfränkischen Pfarrchronik. Aufzeichnungen des Pfarrers zu Euerfeld (bei Würzburg), Michael Rauch, über die Ereignisse in Franken zu Anfang des 19. Jahrhunderts, in: WDGBll 2 (1934), H. 1, S. 19–34.

Benezé, Emil (Hrsg.), Lebenserinnerungen der Karoline Schulze-Kummerfeld, Bd. 1, Schriften der Gesellschaft für Theater-Geschichte 23, Berlin 1915.

Benz, Stefan, Johann Georg von Eckhart (1674–1730), in: Fränk. Lebensbilder 15, VGffG VIIA/15, Neustadt/Aisch 1993, S. 135–156.

– Ders., Zwischen Tradition und Kritik. Katholische Geschichtsschreibung im barocken Heiligen Römischen Reich, Diss. phil., Erlangen-Nürnberg 2000.

Benzel, Karl v., Dichterische Versuche über Gegenstände der kritischen Philosophie, Würzburg 1794.

Benzing, Josef, Walther H. Ryff und sein literarisches Werk, in: Philobiblon 2 (1958), S. 126–154, 203–226.

– Ders., Die Buchdrucker des 16. und 17. Jahrhunderts im deutschen Sprachgebiet, 2., verb. u. ergänzte Aufl. Wiesbaden 1982.

Berbig, Hans Joachim, Das kaiserliche Hochstift Bamberg und das Heilige Römische Reich vom Westfälischen Frieden bis zur Säkularisation, 2 Bde., Beiträge zur Geschichte der Reichskirche in der Neuzeit 5–6, Wiesbaden 1976.

Berg, Franz, Predigt bey der feyerlichen Eröffnung des wohlthätigen Instituts für kranke Handlungsdiener, Gesellen und Lehrjungen zu Wirzburg, gehalten in der Michaelskirche zu Wirzburg den 19. Hornung im Jahre 1786.

Bergerhausen, Hans-Wolfgang, Michael Ignaz Schmidt in der historiographischen Tradition der Aufklärung, in: Peter Baumgart (Hrsg.), Michael Ignaz Schmidt (1736–1794) in seiner Zeit, Neustadt/Aisch 1996, S. 63–79.

Berges, Paul-Hermann, »Quid pro Quo«. Zur Geschichte der Arzneimittelsubstitution, Diss., Marburg 1975.

Bergmann, Rolf / Voigt, Carola, Zur Erforschung der deutschen Orthographietheoretiker und Grammatiker des 16. bis 19. Jahrhunderts, in: Hans-Werner Eroms, Bernhard Gajek u. Herbert Kolb (Hrsg.), Studia Linguistica et Philologica. Festschrift für Klaus Matzel zum 60. Geburtstag, Heidelberg 1984, S. 225–234.

Berlichingen, Götz v., Mein Fehd und Handlungen,

bearb. v. Helgard Ulmschneider, Forschungen aus Württembergisch Franken 17, Sigmaringen 1981.

Berliner, Rudolf, Ornamentale Vorlageblätter des 15. bis 18. Jahrhunderts, 2 Teile, Leipzig 1925, Textbd., Leipzig 1926.

Beyträge zum Behuf der Gewissens-Freyheit und zur Geschichte der Zensur-Kollegien von keinem Zensor, nebst einem Brief von A*, [Nürnberg] 1798.

Bezzel, Irmgard, Kaspar Brusch (1518–1577), Poeta laureatus. Seine Bibliothek, seine Schriften, in: Archiv für Geschichte des Buchwesens 23 (1982), Sp. 389–480.

Bickendorf, Gabriele, Gustav Friedrich Waagen und der Historismus in der Kunstgeschichte, in: Jb. der Berliner Museen 37 (1995), S. 23–32.

Bier, Justus, Tilmann Riemenschneider. Die späten Werke in Stein, Wien 1973.

Das Bild der Stadt in der Neuzeit 1400–1800. Unter Mitwirkung zahlreicher Autoren hrsg. v. Wolfgang Behringer u. Bernd Roeck, München 1999.

Bilz, Wolfram, Die Großherzogtümer Würzburg und Frankfurt. Ein Vergleich, Diss. phil., Würzburg 1968.

– Ders., Die Großherzogtümer Würzburg und Frankfurt. Eine Studie über die Rheinbundzeit, 2. Aufl. Würzburg 1968.

Blaich, Fritz, Fleischpreise und Fleischversorgung in Oberdeutschland im 16. Jahrhundert, in: Wolfram Fischer (Hrsg.), Beiträge zu Wirtschaftswachstum und Wirtschaftsstruktur im 16. und 19. Jahrhundert, Berlin 1971, S. 29–56.

– Ders., Die Epoche des Merkantilismus, Wiesbaden 1973.

Blank, Josef Bonavita, Naturalien-Cabinett in dem Minoriten- sogenannten Franciscaner-Kloster zu Würzburg, Würzburg 1795.

Blessing, Werner K., Ständische Lebenswelten. Frankens Gesellschaft in der Mitte des 18. Jahrhunderts, in: Helmut Neuhaus (Hrsg.), Aufbruch aus dem Ancien régime, Köln/Weimar/Wien 1993, S. 21–56.

Blickle, Peter, Die Funktion der Landtage im »Bauernkrieg«, in: HZ 221 (1975), S. 1–17.

– Ders., Die Revolution von 1525, 2. Aufl. München/Wien 1983.

Boehm, Laetitia, Das akademische Bildungswesen in seiner organisatorischen Entwicklung (1800–1920), in: Max Spindler (Hrsg.), Handbuch der bayerischen Geschichte. Bd. 4: Das Neue Bayern (1800–1970), 2. Teilbd., München 1975, § 59–61, S. 995–1029.

Boemus, Johannes, Omnium gentium mores, leges et ritus …, Augsburg 1520.

Bönicke, Christian, Grundriß einer Geschichte von der Universität zu Wirzburg, 2 Teile, Würzburg 1782–1788.

Bohrer, Markus, Die Juden im Hochstift Würzburg im 16. und am Beginne des 17. Jahrhunderts, Diss. phil. masch., Freiburg 1922.

Boll, Walter, Die Schönbornkapelle am Würzburger Dom. Ein Beitrag zur Kunstgeschichte des XVIII. Jahrhunderts, München 1925.

Borchardt, Karl (Bearb.), Die Würzburger Inschriften bis 1525. Auf der Grundlage des Nachlasses von Theodor Kramer unter Mitarbeit v. Franz Xaver Herrmann bearb. v. Karl Borchardt. Geleitwort v. Peter Herde, Die Deutschen Inschriften 27, Münchner Reihe 7, Wiesbaden 1988.

– Ders., Heidingsfeld, in: Geschichte der Stadt Würzburg, hrsg. v. Ulrich Wagner, Bd. 1, Stuttgart 2001, S. 543–569.

– Ders., Die Wappen in der Chronik des Lorenz Fries, in: Lorenz Fries, Chronik der Bischöfe von Würzburg 742–1495, hrsg. v. Ulrich Wagner u. Walter Ziegler, Bd. V, Fontes Herbipolenses. Editionen und Studien aus dem Stadtarchiv Würzburg V [in Vorbereitung].

Borchardt, Knut / Cipolla, Carlo M. (Hrsg.), Europäische Wirtschaftsgeschichte. Bd. 2: Sechzehntes und siebzehntes Jahrhundert, Stuttgart/New York 1979.

Borggrefe, Heiner, u. a. (Hrsg.), Hans Vredeman de Vries und die Renaissance im Norden, Ausstellung im Weserrenaissance-Museum Schloss Brake, 26. Mai – 25. August 2002, München/Lemgo 2002.

Borsi, Stefano, S. Maria presso S. Satiro e Bramante, in: Insula Ansperti. Il complesso monumentale di S. Satiro, Mailand 1992, S. 87–102.

Bosl, Karl, Franken um 800. Strukturanalyse einer fränkischen Königsprovinz, 2., erw. Aufl. München 1969.

Brandmüller, Walter (Hrsg.), Handbuch der bayerischen Kirchengeschichte. Bd. 2: Von der Glaubensspaltung bis zur Säkularisation, St. Ottilien 1993.

Brandt, Harm-Hinrich (Hrsg.), Zwischen Schutzherrschaft und Emanzipation. Studien zur Geschichte der mainfränkischen Juden im 19. Jahrhundert, MfrSt. 39, Würzburg 1987.

– Ders., »Ein tüchtiges Organ des Handels- und Fabrikantenstandes«. Die Industrie- und Handelskammer Würzburg-Schweinfurt in 150 Jahren, Würzburg 1992.

– Ders., Würzburg von der Säkularisation bis zum endgültigen Übergang an Bayern, in: Peter Kolb u. Ernst-Günter Krenig (Hrsg.), Unterfränkische Geschichte 4/1, Würzburg 1998, S. 477–530.

– Ders. / Stickler, Matthias (Hrsg.), »Der Burschen

Herrlichkeit«. Geschichte und Gegenwart des studentischen Korporationswesens, Veröffentl. des Stadtarchivs Würzburg 8, Würzburg 1998.

Braubach, Max, Prinz Eugen von Savoyen. Eine Biographie. Bd. 5: Mensch und Schicksal, München 1965.

Braun, Albrecht, Antonio Petrini, der Würzburger Baumeister des Barock und sein Werk, Wien 1934.

Braun, Carl, Geschichte der Heranbildung des Klerus in der Diözese Wirzburg seit ihrer Gründung bis zur Gegenwart, 2 Bde., Würzburg 1889–1897.

Braun, Joachim, Die jüdische Gemeinde von Rottenbauer und ihre wechselvolle Geschichte, in: Ulrich Wagner (Hrsg.), »Denn das Sterben des Menschen hört nie auf …«. Aspekte jüdischen Lebens in Vergangenheit und Gegenwart, Schriften des Stadtarchivs Würzburg 11, Würzburg 1997, S. 91–99.

Braun, Rüdiger, Ältestes Vermögensverzeichnis 1583, Bürgerspital zum Hl. Geist Würzburg, Würzburg 1998. Zitiert: Braun, 1998/I.

– Ders., Kommunalbezogene Stiftungen im Spannungsfeld der Kommunalpolitik am Beispiel der Stiftung Bürgerspital zum Hl. Geist in Würzburg, Würzburg 1998. Zitiert: Braun, 1998/II.

Brauneck, Manfred, Die Welt als Bühne. Geschichte des europäischen Theaters, 3 Bde., Stuttgart/Weimar 1993–1999.

Brecht, Josef, Zwischen Furcht und Hoffnung – Die Jahre 1800–1804 in der Chronik des Würzburger Ursulinenklosters, in: MJb 32 (1980), S. 105–135.

Bree, R. v., Hubertische Vergleichung der Unter-Mainkreise bestehenden Getreid-Früchten-Gemäße gegen das nunmehr eingeführte altbayerische Schäffel-Gemäß. Entworfen nach dem Beispiele des von Franz Huberti, vormaligen Professors der Mathematik zu Würzburg, im Jahre 1777 erschienenen Werkchens, und zwar unter Zugrundelegung des im Jahre 1824 von der königlichen Regierung festgesetzten Früchten-Gemäßes, Würzburg 1832.

Breider, Hans, Der fränkische Weinbau in der Landschaft. Eine naturhistorische Studie. Vortrag auf der Veranstaltung der Gesellschaft für Geschichte des Weines am 11. April 1964 in Würzburg, hrsg. von der Gesellschaft für Geschichte des Weines, Schriften zur Weingeschichte 11, Würzburg 1964.

Brendle, Franz u. a. (Hrsg.), Deutsche Landesgeschichtsschreibung im Zeichen des Humanismus, Contubernium 56, Stuttgart 2001.

Breuer, Tilmann, u. a. (Bearb.), Franken, Die Regierungsbezirke Oberfranken, Mittelfranken und Unterfranken, Georg Dehio, Handbuch der Deutschen Kunstdenkmäler, Bayern I: Franken, 2., durchgesehene u. erg. Aufl. München 1999.

Brinkschulte, Eva, Das Juliusspital als Allgemeines Krankenhaus und universitäre Einrichtung. Hauptlinien der Entwicklung bis 1830, in: Johanna Bleker, Eva Brinkschulte u. Pascal Grosse (Hrsg.), Kranke und Krankheiten im Juliusspital zu Würzburg 1819–1829, Abh. zur Geschichte der Medizin und der Naturwissenschaften 72, Husum 1995, S. 23–42.

– Dies., Krankenhaus und Krankenkassen. Soziale und ökonomische Faktoren der Entstehung des modernen Krankenhauses im frühen 19. Jahrhundert. Die Beispiele Würzburg und Bamberg, Abh. zur Geschichte der Medizin und der Naturwissenschaften 80, Husum 1998.

Brod, Walter M., Mainfränkische Kalender aus vier Jahrhunderten. Inkunabel- und Wappenkalender, Würzburg 1952.

– Ders., Altertümer und Bräuche der Fischerzunft zu Würzburg, MfrH. 20, Würzburg 1954.

– Ders., Der Komet des Jahres 1680 über Würzburg, in: MJb 8 (1956), S. 299–304.

– Ders. / Lehrmann, Alexander / Wirsing, Karl-Heinz, Aus Würzburgs Fischereigeschichte, MfrH. 55, Würzburg 1971.

Brückner, Wolfgang, Anschauliche Lebenswelt, in: Lorenz Fries, Chronik der Bischöfe von Würzburg 742–1495. Bd. VI: Die Miniaturen der Bischofschronik, Würzburg 1996, S. 237–251.

– Ders., Die Wallfahrt zum Kreuzberg in der Rhön, Kirche, Kunst und Kultur in Franken 7, Würzburg 1997.

– Ders. / Schneider, Wolfgang, Wallfahrt im Bistum Würzburg. Gnadenorte, Kult- und Andachtsstätten in Unterfranken, Kirche, Kunst und Kultur in Franken 3, Würzburg 1996.

Bruhns, Leo, Würzburger Bildhauer der Renaissance und des werdenden Barock, 1540–1650, München 1923.

– Ders., Das Motiv der Ewigen Anbetung in der römischen Grabplastik des 16., 17. und 18. Jahrhunderts, in: Römisches Jb. für Kunstgeschichte 4 (1940), S. 253–426.

Buchinger, Johann Nepomuk, Beiträge zur Geschichte der Stadt Heidingsfeld aus archivalischen Quellen, in: AUfr 2/II (1834), S. 1–73.

Buchner, Max (Hrsg.), Aus der Vergangenheit der Universität Würzburg. Festschrift zum 350jährigen Bestehen der Universität, Berlin 1932.

Büchner, Alexander, Franziskaner-Minoritenkloster in Würzburg, in: Bavaria Franciscana Antiqua II, München [1954], S. 87–136.

– Ders., Die ehemalige Bibliothek des Würzburger Franziskanerklosters, bearb. v. Meinrad Sehi, in: Im Dienst an der Gemeinde. 750 Jahre Franziskaner-Minoriten in Würzburg 1221–1971, Ellwangen 1972, S. 149–167.

Bücking, Jürgen / Rublack, Hans-Christoph, Der Bauernkrieg in den vorder- und oberösterreichischen Ländern und in der Stadt Würzburg. Ansätze zu einer Theorie des Bauernkrieges, in: Bernd Moeller (Hrsg.), Bauernkriegs-Studien, Schriften des Vereins für Reformationsgeschichte 189, Gütersloh 1975, S. 47–68.

Bühling, Wolfgang, Kaserne und Lazarett im Hochstift Würzburg 1636–1802, Diss. med., Würzburg 1997.

– Ders., Die Neutor-Pflege zu Würzburg. Eine sozial- und medizingeschichtliche Skizze, in: MJb 51 (1999), S. 90–108.

Bünz, Enno, Untersuchungen zur Verfassungs-, Besitz- und Wirtschaftsgeschichte des Kollegiatstifts Neumünster in Würzburg von der Gründung 1057/58 bis 1334, 2 Teile, Schriftliche Hausarbeit für die Erste Staatsprüfung für das Lehramt an Gymnasien, Würzburg 1987.

– Ders., Der Würzburger Dompräsenzmeister Johann Reinhart und seine Bearbeitung und Fortsetzung der Fries-Chronik, in: Ulrich Wagner (Hrsg.), Lorenz Fries (1489–1550), Würzburg 1989, S. 89–105.

– Ders., Kirche und religiöses Leben im 17. und 18. Jahrhundert, in: Angela Treiber (Hrsg.), Rottendorf, Rottendorf 1991, S. 117–134.

– Ders., Stift Haug in Würzburg. Untersuchungen zur Geschichte eines fränkischen Kollegiatstiftes im Mittelalter, 2 Teilbde., Veröffentl. des Max-Planck-Instituts für Geschichte 128, Studien zur GS 20, Göttingen 1998.

– Ders., Die Siegel der Stadt Würzburg im Mittelalter, in: Geschichte der Stadt Würzburg, hrsg. v. Ulrich Wagner, Bd. 1, Stuttgart 2001, S. 250–254, 621 f.

– Ders. / Rödel, Dieter / Rückert, Peter / Schöffler, Ekhard (Bearb.), Fränkische Urbare. Verzeichnis der mittelalterlichen urbariellen Quellen im Bereich des Hochstifts Würzburg, VGffG X/13, Neustadt a. d. Aisch 1998.

Büttner, Frank, Ikonographie, Rhetorik und Zeremoniell in Tiepolos Fresken der Würzburger Residenz, in: Peter O. Krückmann (Hrsg.), Der Himmel auf Erden. Tiepolo in Würzburg, Bd. 2: Aufsätze, München/New York 1996, S. 54–62.

Bundschuh, Johann Kaspar, Geographisches Statistisch-Topographisches Lexikon von Franken, 6 Bde., Ulm 1799–1804, Ndr. München 1979.

Burkard, Clara, Bischofskrönung und Bischofsbestattung zu Beginn der Neuzeit, in: Die Mainlande, 2. Jg., Nr. 9 v. 3. Okt. 1951, S. 33–35.

Burkhardt, Johannes, Der Dreißigjährige Krieg, Frankfurt am Main 1992.

Burmann, Peter (Hrsg.), Petri Lotichii Secundi Solita-

riensis poemata omnia [...] recensuit Petrus Burmannus Secundus, 2 Bde., Amsterdam 1754.

Burmeister, Karl Heinz, Sebastian Münster. Versuch eines biographischen Gesamtbildes, Basler Beiträge zur Geschichtswissenschaft 91, 2. Aufl. Basel/Stuttgart 1969.

Burmeister, Werner, Dom und Neumünster zu Würzburg, Deutsche Bauten 12, Magdeburg 1928.

Buschbom, Uwe, Die Entwicklung des Würzburger Botanischen Gartens, in: Peter Baumgart (Hrsg.), Vierhundert Jahre Universität Würzburg, Neustadt a. d. Aisch 1982, S. 567–600.

– Ders., Der Botanische Garten, in: Gärten und Grünanlagen in Würzburg. Ihre Entwicklung und Bedeutung. Eine Ausstellung des Staatsarchivs Würzburg und des Stadtarchivs Würzburg, Würzburg, 31. Mai – 31. August 1990, Ausstellungskataloge der Staatlichen Archive Bayerns 26, Würzburg 1990, S. 77–153.

Buszello, Horst / Blickle, Peter / Endres, Rudolf (Hrsg.), Der deutsche Bauernkrieg, Uni-Taschenbücher 1275, Paderborn/München/Wien/Zürich 1984.

Buzas, Ladislaus / Dressler, Fridolin, Bibliographie zur Geschichte der Bibliotheken in Bayern, München 1986.

Carric, Jean-François, Versailles. Le Jardin des statues, Paris 2001.

Catalogus derjenigen Bücher welche in dieser Wirzburger S. Kilianimeß 1777 nebst vielen andern hier nicht benannten Büchern bey Paul Lochner und Mayer von Nürnberg, neben an der Domkirch-Stiegen um beygesetzten billigen Preiß zu haben sind, 1777.

Chevalley, Denis André (Bearb.), Unterfranken. Ensembles, Baudenkmäler, Archäologische Geländedenkmäler, Denkmäler in Bayern VI, München 1985.

Christ, Günter, Der Wiener Hof und die Wahl Conrad Wilhelms von Werdenau zum Bischof von Würzburg, in: WDGBll 26 (1964), S. 296–313.

– Ders., Die Würzburger Bischofswahl des Jahres 1724, in: ZBLG 29 (1966), S. 454–501, 689–726.

Christmann, Thomas, Das Bemühen von Kaiser und Reich um die Vereinheitlichung des Münzwesens. Zugleich ein Beitrag zum Rechtsetzungsverfahren im Heiligen Römischen Reich nach dem Westfälischen Frieden, Schriften zur Rechtsgeschichte 41, Berlin 1988.

Christoph, Hans Otto, Die Fischerei in Würzburg unter besonderer Berücksichtigung der Würzburger Fischerzunft, Diss. jur., Würzburg 1923.

Chroust, Anton, Das Großherzogtum Würzburg (1806–1814), Neujahrsblätter der Gesellschaft für fränk. Geschichte VIII, Würzburg 1913.

– Ders. (Hrsg.), Das Würzburger Land vor hundert Jahren. Eine statistisch-ökonomische Darstellung in amtlichen Berichten und Tabellen, VGffG IX/3, Festschrift zur Jahrhundertfeier der Vereinigung Würzburgs mit dem Königreich Bayern, Würzburg 1914.

– Ders., Die Universität Würzburg in der ersten bayerischen Zeit 1803–1805, Festrede, gehalten zur Stiftungsfeier der Universität Würzburg, am 11. Mai 1925, in: Ders., Zwei Rektoratsreden, Würzburg 1925, S. 29–48.

– Ders., Aus Würzburgs dunkelster Zeit, in: AUfr 68 (1929), S. 492–495. Zitiert: Chroust, 1929/I.

– Ders., Eine österreichische Sekundogenitur in Franken, in: ZBLG 2 (1929), S. 395–444. Zitiert: Chroust, 1929/II.

– Ders., Geschichte des Großherzogtums Würzburg (1806–1814). Die äußere Politik des Großherzogtums, VGffG IX/1, Würzburg 1932.

Claussen, Ulf (Hrsg.), Heuchelhof. »Pfahlbauten auf dem Heuchelhof«. Kleine Geschichte des Heuchelhofes, Würzburg 1995.

Colsman, Anette, Michael Kerns Frühwerk, in: Württembergisch Franken 75 (1991), S. 125–156.

Conrad, Hermann, Deutsche Rechtsgeschichte. Bd. 2: Neuzeit bis 1806, Karlsruhe 1966.

Cronthal, Martin, Die Stadt Würzburg im Bauernkriege. Nebst einem Anhang: Geschichte des Kitzinger Bauernkriegs von Hieronymus Hammer, hrsg. v. Michael Wieland, Würzburg 1887.

Damm, Sigrid (Hrsg.), »Lieber Freund, ich komme weit her schon an diesem frühen Morgen« – Caroline Schlegel-Schelling in ihren Briefen, Darmstadt/Neuwied 1980 u. ö.

Dangel-Hofmann, Frohmut, Hofmusiker und Komponist Giovanni Benedetto Platti. Ein Bericht zum 300. Geburtstag, in: MJb 49 (1997), S. 120–140.

Dies., Art. »Würzburg«, in: Die Musik in Geschichte und Gegenwart (MGG), 2., neubearb. Aufl., Sachteil Bd. 9, Kassel u. a. 1998, Sp. 2089–2098.

Dannheimer, Wilhelm, Verzeichnis der im Gebiete der freien Reichsstadt Rothenburg o. T. von 1544 bis 1803 wirkenden ev.-luth. Geistlichen, Einzelarbeiten aus der Kirchengeschichte Bayerns 27, Nürnberg 1952.

Daul, Hansjoachim, Verwaltungs- und Gerichtsorganisation im Hochstift Würzburg am Ende des Alten Reiches, in: MJb 23 (1971), S. 92–108.

Decker, Rainer, Die Hexenverfolgungen im Herzogtum Westfalen, in: Westfälische Zeitschrift 131/132 (1981/1982), S. 339–386.

Deckert, Adalbert, Die Karmelitenklöster in Bayern zwischen Reformation und Säkularisation, in: ZBLG 53 (1990), S. 3–49.

– Ders. / Hösler, Matthäus (Hrsg.), Acta des Karmelitenprovinzials Andreas Stoss (1534–1538), Archivum Historicum Carmelitanum 5, Rom 1995.

Dehio, Georg, Handbuch der deutschen Kunstdenkmäler. Bd. 3: Süddeutschland, Berlin 1908.

– Ders., Handbuch der deutschen Kunstdenkmäler. Bd. 1: Mitteldeutschland, 3. Aufl. Berlin 1924.

– Ders., Handbuch der Deutschen Kunstdenkmäler, Bayern I: Franken, o. O. 1979.

Deinert, Christa, Die schwedische Epoche in Franken von 1631–1635, Diss. phil. Würzburg 1966.

Dennerlein, J. G. Wenzel, Geschichte des Würzburger Theaters von seiner Entstehung im Jahre 1803–4 bis zum 31. Mai 1853, Würzburg 1853.

Denti, Giovanni, Architettura a Milano tra Controriforma e Barocco, Florenz 1988.

Denzinger, Ignaz (Hrsg.), Auszüge aus einer Chronik der Familie Langhans in Zeil, in: AUfr 10/I (1849), S. 143–148.

– Ders., Ueber das sogenannte Jungferngeld oder die Aussteuer armer, ehrbarer Jungfrauen in Würzburg, in: AUfr 11/I (1850), S. 180–197.

– Ders., Gutachten einer von dem Fürstbischof Johann Philipp Franz ernannten Commission über einige Gegenstände der landesherrlichen Administration. Mit Anmerkungen, in: AUfr 11/II–III (1851), S. 229–392.

– Ders., Einige Nachrichten über das St. Dietrichs- und Aegidius-Spital in Würzburg, in: AUfr 12/II–III (1853), S. 189–235.

– Ders., Geschichte des Clarissenklosters zu St. Agnes in Würzburg, in: AUfr 13/I–II (1854), S. 1–110.

Dettelbacher, Werner, Das Tagebuch des Stift Hauger Kapitulars Johann Caspar Dionys Jenum, vom 14. Juli–7. September 1796, in: MJb 21 (1969), S. 205–341.

– Ders., Würzburg – ein Gang durch seine Vergangenheit, Würzburg 1974.

– Ders., Würzburg im Spiegel der Jahrhunderte. Bilddokumente aus der Zeit von 1493–1873, Würzburg 1976.

– Ders., Die Kilianimesse zu Würzburg, Würzburg 1977.

– Ders., 1200 Jahre Weinbau in Würzburg 779–1979, Würzburg 1979.

– Ders., Zu Gast im alten Würzburg. Erinnerungen an Hotels und Restaurants, Weinstuben, Bäcken, Fischhäuser und Saalwirtschaften, an Cafés und Varietés, Garten- und Ausflugslokale, München 1993.

Deutsches Literatur-Lexikon. Biographisch-bibliographisches Handbuch, begr. v. Wilhelm Kosch, 3. Aufl., Bd. 1ff., Bern/München 1968ff.

Diederich, Toni, Geschäftssiegel. Untersuchungen zur Verbreitung, Funktion und Bedeutung des Sigillum ad causas im Rheinland, in: Archiv für Diplomatik 21 (1975), S. 459–498.

– Ders., Rheinische Städtesiegel, Rheinischer Verein für Denkmalpflege und Landschaftsschutz, Jb. 1984/85, Neuss 1984.

– Ders., Nachgravur, Umgravur, Nachschnitt und Neuschnitt. Beobachtungen an Dürener und anderen rheinischen Siegelstempeln, in: Dürener Geschichtsblätter 84 (1997), S. 185–215.

Diefenbach, Johann, Der Hexenwahn vor und nach der Glaubensspaltung in Deutschland, Mainz 1886.

Diehl, Robert, Balthasar Esterbauer. Ein Beitrag zur Künstlergeschichte des fränkischen Barock, Diss. phil., Frankfurt 1920.

Dilworth, Mark, The Scots in Franconia. A Century of Monastic Life, Edinburgh/London 1974.

Dinner, Caspar / Stiblin, Conrad, De caede reuerendiss[imi] Principis et Domini D. Melchioris Zobell Herbipolensis episcopi et Franciae Orientalis Ducis carmen heroicum Caspari Stiblini et elegeia Conradi Dinneri …, Basel 1561.

Dischinger, Gabriele, Der Residenzplatz zu Würzburg – Entwürfe für die Kolonnaden, in: MJb 30 (1978), S. 93–97.

Domarus, Max, Das Bildungswesen in Würzburg unter Friedrich Karl von Schönborn (1729–1746), Diss. phil. masch., Würzburg 1943.

– Ders., Würzburger Kirchenfürsten aus dem Hause Schönborn, Wiesentheid 1951.

– Ders., Zwei religiöse Höhepunkte der Schönbornzeit, in: Herbipolis jubilans, WDGBll 14/15 (1952/1953), S. 555–564.

– Ders., Äbtissin Eva Theresia von Schönborn und das adelige Damenstift zur heiligen Anna in Würzburg, QFW 16, Würzburg 1964.

D'Onofrio, Cesare, Le fontane di Roma. Con documenti e disegni inediti, Rom 1957.

d-r, Der Haubenkrieg im Fürstbistum Würzburg anno 1704. Landesherrliche Kleiderverordnung gegen die Frauenmode, in: Die Mainlande, 1. Jg. (1950), Nr. 2, S. 19 f.

Drescher, Georg, Johannes Sinapius und seine Beschreibung Schweinfurts in der Kosmographie Münsters, in: Uwe Müller u. a. (Hrsg.), Aus vier Jahrhunderten Schweinfurter Geschichte. Festschrift Wilhelm Böhm, Veröffentl. des Hist. Vereins Schweinfurt, NF 2, Schweinfurt 1994, S. 1–27.

Dressler, Fridolin, Fränkische Privatbibliotheken im Spiegel von Reiseberichten des 18. Jahrhunderts, in: Festschrift Otto Schäfer zum 75. Geburtstag, hrsg. v. Manfred v. Arnim, Stuttgart 1987, S. 495–514.

Drößler, Adolf (Hrsg.), Würzburg. Bilder aus alter und neuer Zeit, Würzburg 1958.

Drüppel, Hubert, Iudex Civitatis. Zur Stellung des Richters in der hoch- und spätmittelalterlichen Stadt deutschen Rechts, Forschungen zur deutschen Rechtsgeschichte 12, Köln/Wien 1981.

– Ders., Der Anbruch einer neuen Zeit, in: Angela Treiber (Hrsg.), Rottendorf. Zur Geschichte einer unterfränkischen Gemeinde, Rottendorf 1991, S. 91–109.

Düchting, Reinhard, Die lateinische Literatur, in: Geschichte der Stadt Würzburg, hrsg. v. Ulrich Wagner, Bd. 1, Stuttgart 2001, S. 450–458.

Dülmen, Richard van, Entstehung des frühneuzeitlichen Europa 1550–1648, Fischer Weltgeschichte 24, Frankfurt/Main 1982.

– Ders., Kultur und Alltag in der Frühen Neuzeit. Bd. 1: Das Haus und seine Menschen. 16.–18. Jahrhundert, 3. Aufl. München 1999; Bd. 2: Dorf und Stadt. 16.–18. Jahrhundert, 2. Aufl. München 1999; Bd. 3: Religion, Magie, Aufklärung. 16.–18. Jahrhundert, 2. Aufl. München 1999.

Dümig, Erwin, Die Ratsprotokolle der Stadt Würzburg im 17. Jahrhundert (1600–1700) als Rechtsquelle, Diss. jur. masch., Würzburg 1974.

Dünninger, Hans, Processio peregrinationis. Volkskundliche Untersuchungen zu einer Geschichte des Wallfahrtswesens im Gebiet der heutigen Diözese Würzburg, 2 Teile, in: WDGBll 23 (1961), S. 53–176; 24 (1962), S. 52–188.

– Ders., »Frankens politischer wie religiöser Mittelpunkt«. Die Kilianiwallfahrt in früheren Jahrhunderten, in: Kilian. Mönch aus Irland – aller Franken Patron. Aufsätze, hrsg. v. Johannes Erichsen, Veröffentl. zur bayerischen Geschichte und Kultur 19, München 1989, S. 405–417.

– Ders., Maria siegt in Franken – Die Wallfahrt nach Dettelbach als Bekenntnis, in: Ders., Wallfahrt und Bilderkult. Gesammelte Schriften, Würzburg 1995, S. 441–526.

Dünninger, Josef, Fränkische Sagen vom 15. bis zum Ende des 18. Jahrhunderts, Die Plassenburg 21, 2. durchgesehene Aufl. Kulmbach 1964.

– Ders., / Schopf, Horst (Hrsg.), Bräuche und Feste im fränkischen Jahreslauf. Texte vom 16. bis zum 18. Jahrhundert, Die Plassenburg 30, Kulmbach 1971.

Dürr, Otto, Philipp Adolf von Ehrenberg. Bischof von Würzburg 1623–1631, Diss. phil., Würzburg 1933, Quakenbrück i. H. 1935.

Duhr, Bernhard, Geschichte der Jesuiten in den Ländern deutscher Zunge, 4 Bde., Freiburg i. Br. [ab Bd. 3 München/Regensburg] 1907–1928.

Dunkhase, Heinrich, Verfassung und Verwaltung, in: Alfred Wendehorst (Hrsg.), Würzburg. Geschichte in Bilddokumenten, München 1981, S. 39–44.

Durniok, Peter, Ökonomische Erkenntnisse aus den

preisgeschichtlichen Arbeiten über das 16. Jahrhundert. Darstellung und Kritik eines wirtschaftsgeschichtlichen Problems, Diss., Köln 1958.

Eckert, Georg, Balthasar Neumann und die Würzburger Residenzpläne. Ein Beitrag zur Entwicklungsgeschichte des Würzburger Residenzbaues, Studien zur deutschen Kunstgeschichte 203, Straßburg 1917.

Eckert, Wilhelm, Fortunato Chelleri. Sein Leben und Wirken, besonders an den ehemaligen Höfen zu Würzburg und Kassel, Diss., Heidelberg 1922, handschriftlich.

Egert, Gerhard, Stadt und Pfarrei Volkach am Main. Ein Beitrag zur Stadtgeschichte Frankens, Diss., Würzburg 1964.

Eichelsbacher, Rudolf, Eine Stadtrandgemeinde kehrte heim. Unterdürrbachs Entwicklung vom Landarbeiterdorf zur Wohngemeinde, in: Frankenland 31 (1979), H. 1, S. 2–5.

Eichhorn, Hansheiner, Der Strukturwandel im Geldumlauf Frankens zwischen 1437 und 1610. Ein Beitrag zur Methodologie der Geldgeschichte, VSWG Beihefte 58, Wiesbaden 1973.

Eifler, Ewald, Das ärarialische Weingut in Unterfranken (1805–1905), Wirtschafts- und Verwaltungsstudien mit besonderer Berücksichtigung Bayerns 32, Diss. Würzburg, Naumburg 1908.

Einzug und Tod eines Bischofs, in: Die Mainlande, 3. Jg., Nr. 18. v. 13. Dez. 1952, S. 72.

Eisenhardt, Ulrich, Die kaiserliche Aufsicht über Buchdruck, Buchhandel und Presse im Heiligen Römischen Reich Deutscher Nation (1496–1806), ein Beitrag zur Geschichte der Bücher- und Pressezensur, Studien und Quellen zur Geschichte des deutschen Verfassungsrechts A/3, Karlsruhe 1970.

Elsas, Moritz J., Umriß einer Geschichte der Preise und Löhne in Deutschland vom ausgehenden Mittelalter bis zum Beginn des neunzehnten Jahrhunderts, 3 Bde., Leiden 1936–1949.

Eminger, Jürgen, Die Neumünsterfassade in Würzburg, Schriften aus dem Institut für Kunstgeschichte der Universität München 23, München 1987.

Endemann, Klaus, Balthasar Neumanns Residenzbau in Würzburg und die Werksteinbaukunst in Franken, in: Beiträge zur Erhaltung von Kunstwerken 7, hrsg. vom Restauratoren-Fachverband e. V. u. a., Berlin 1997, S. 33–53.

Endres, Heinrich, Ein Beitrag zum Würzburger Feuer- und Löschwesen, in: Die Frankenwarte. Blätter für Heimatkunde, Beilage zum Würzburger General-Anzeiger, 1925, Nr. 8 v. 16. Juni.

– Ders., Der Arzt Gualterus Hermenius Rivius und der Würzburger Drucker Johann Myller, in: Zentralblatt für Bibliothekswesen 52 (1935), S. 605–607.

– Ders., Zur Geschichte der Würzburger »Totenzettel«, in: Familienkunde. Beilage zum Würzburger General-Anzeiger 1938, Nr. 9 v. 3. Nov. 1938.

– Ders., Die Würzburger Universitätsbuchbinder des 18. Jahrhunderts, in: Festschrift Ernst Kyriss, Stuttgart 1961, S. 361–374.

– Ders., Der Würzburger Buchdrucker Georg Reiser. Neue archivalische Quellen zu seiner Lebensgeschichte, in: Die Mainlande. Geschichte und Gegenwart, 14. Jg. (1963), Nr. 22 v. 16. Nov., S. 87 f., Nr. 23 v. 23. Nov., S. 92.

– Ders. / Engel, Wilhelm, Der Würzburger Bürger Adam Kahl (1539–1594) und sein Tagebuch (1559–1574), MfrH. 14, Würzburg 1952.

Endres, Rudolf, Der Bauernkrieg in Franken, in: BlldLG 109 (1973), S. 31–68.

– Ders., Adelige Lebensformen in Franken zur Zeit des Bauernkrieges, Neujahrsblätter der Gesellschaft für fränk. Geschichte 35, Würzburg 1974.

– Ders., Zur sozialökonomischen Lage und sozialpsychischen Einstellung des »Gemeinen Mannes«. Der Kloster- und Burgensturm in Franken 1525, in: Der Deutsche Bauernkrieg 1524–1526, hrsg. v. Hans-Ulrich Wehler, Geschichte und Gesellschaft, Sonderheft 1, Göttingen 1975, S. 61–78.

– Ders., Der Bauernkrieg, in: Handbuch der bayerischen Geschichte, neu hrsg. v. Andreas Kraus, Bd. 3, Teilbd. 1: Geschichte Frankens bis zum Ausgang des 18. Jahrhunderts, 3. Aufl. München 1997, S. 459–465.

Endrich, Peter / Rambs, Friedrich, Rottenbauer, in: BVBll. 21 (1956), S. 133–363: Fundbericht für die Jahre 1950–1953, S. 163.

Engel, Wilhelm, Johann Friedrich Schannat (1683–1739). Leben – Werk – Nachlaß. I. Teil: Leben und Werk, in: Archivalische Zeitschrift 3, Folge 11 (1936), S. 24–103.

– Ders. (Hrsg.), Die Rats-Chronik der Stadt Würzburg (XV. und XVI. Jahrhundert), QFW 2, Würzburg 1950. Zitiert: Engel, 1950/I.

– Ders., Würzburger Zunftsiegel aus fünf Jahrhunderten, MfrH. 7, Würzburg 1950. Zitiert: Engel, 1950/II.

– Ders., Magister Lorenz Fries (1491–1550), MfrH. 11, Würzburg 1951.

– Ders., Weitere Forschungen zur mittelalterlichen Kilianslegende. Landesgeschichte – Predigt – Gebet, in: Heiliges Franken. Festchronik zum Jahr der Frankenapostel 1952, Würzburg 1952, S. 106–112. Zitiert: Engel, 1952/I.

– Ders. (Hrsg.), Die Würzburger Bischofschronik des Grafen Wilhelm Werner von Zimmern und die Würzburger Geschichtschreibung des 16. Jahrhunderts, VGffG I/2, Würzburg 1952. Zitiert: Engel, 1952/II.

– Ders., Aus den letzten Tagen des Hochstifts Würzburg. Fechenbach und Stadion in Meiningen (1800/1801), in: MJb 6 (1954), S. 253–262. Zitiert: Engel, 1954/I.

– Ders. (Bearb.), Urkundenregesten zur Geschichte der kirchlichen Verwaltung des Bistums Würzburg im hohen und späten Mittelalter (1136–1488), QFW 9, Würzburg 1954. Zitiert: Engel, 1954/II.

– Ders. / Freeden, Max H. v., Eine Gelehrtenreise durch Mainfranken 1660, MfrH. 15, Würzburg 1952.

Engelhart, Helmut, Die frühesten Druckausgaben des Missale Herbipolense (1481–1503). Ein Beitrag zu einem »Census« der liturgischen Drucke aus der Offizin Georg Reysers in Würzburg, in: Kirche und Glaube – Politik und Kultur in Franken. Festgabe für Klaus Wittstadt zum 65. Geburtstag, WDGBll 62/63, Würzburg 2001, S. 69–174.

Engelhorn, Werner, Die Universität Würzburg 1803–1848. Ein Beitrag zur Verfassungs- und Institutionengeschichte, Quellen und Beiträge zur Geschichte der Universität Würzburg 7, Neustadt/Aisch 1987.

Ennen, Edith, Die Festungsstadt als Forschungsgegenstand – die Herausbildung der Festungs- und Garnisonsstadt als Stadttyp, in: Beiträge zur Geschichte der frühneuzeitlichen Garnisons- und Festungsstadt. Referate und Ergebnisse der Diskussion eines Kolloquiums in Saarlouis vom 24.–27. 6. 1980, zusammengestellt v. Hans-Walter Herrmann u. Franz Irsigler, Veröffentl. der Kommission für Saarländische Landesgeschichte und Volksforschung 13, Saarbrücken 1983, S. 19–34, Diskussion S. 34–40.

Ennen, Reinald, Zünfte und Wettbewerb. Möglichkeiten und Grenzen zünftlerischer Wettbewerbsbeschränkungen im städtischen Handel und Gewerbe des Spätmittelalters, Neue Wirtschaftsgeschichte 3, Köln/Wien 1971.

Erichsen, Johannes, Hommage à Balthasar Neumann, in: Kunstchronik 41 (1988), S. 349–377.

Essen und Trinken in alter Zeit. Sonderausstellung. Mainfränkisches Museum Würzburg, Würzburg 1991.

Etzel, Oskar v., Die alte Burg in Heidingsfeld, in: Die Frankenwarte. Blätter für Heimatkunde, Beilage zum Würzburger General-Anzeiger, 1930, Nr. 8 v. 20. Feb.

– Ders., Die alte Burg in Heidingsfeld, in: AUfr 69/I (1931), S. 29–43.

Eubel, Konrad, Die in der Franziskaner-Minoritenkirche zu Würzburg Bestatteten aus dem Adels- und Bürgerstande, in: AUfr 27 (1884), S. 1–83.

– Ders., Geschichte der oberdeutschen (Straßburger) Minoriten-Provinz, Würzburg 1886.

– Ders., Die 700jährige Niederlassung der Franziskaner-Minoriten zu Würzburg, in: Franziskanische Studien 8 (1921), S. 1–47.

Eulenburg, Franz, Die Frequenz der deutschen Universitäten von ihrer Gründung bis zur Gegenwart, Abh. der Königlich-Sächsischen Gesellschaft der Wiss., philolog.-hist. Kl. 24/2, Leipzig 1904, Ndr. Berlin 1994.

Evans, Michael W., Tugenden, in: LCI 4, 1972, Sp. 364–380.

Fauser, Alois, Repertorium älterer Topographie. Druckgraphik von 1486 bis 1750, 2 Bde., Wiesbaden 1978.

Fechner, Jörg Ulrich, Neue Funde und Forschungen zur Hofbibliothek von Fürstbischof Julius Echter von Mespelbrunn, in: MJb 25 (1973), S. 16–32.

– Ders., Aufklärung und »oberdeutsche« Kultur in der Kontroverse. Zu zwei offenen Briefen an und von Friedrich Nicolai, in: Guillaume van Gemert u. Hans Ester (Hrsg.), Grenzgänge. Literatur und Kultur im Kontext. Für Hans Pörnbacher zum 60. Geburtstag und zum Abschied von der Universität Nijmegen, Amsterdam/Atlanta 1990, S. 141–156.

Federl, Ekkehard, Spätmittelalterliche Choralpflege in Würzburg und in mainfränkischen Klöstern, Diss. phil., Würzburg 1937.

Feineis, Dieter Michael, Die Herrschaft des Ritterstiftes St. Burkard in Waldbüttelbrunn, Forschungen zur fränk. Kirchen- und Theologiegeschichte 4, Würzburg 1978.

– Ders., Das Ritterstift St. Burkard zu Würzburg unter der Regierung von Fürstbischof Julius Echter von Mespelbrunn (1573–1617), QFW 36, Würzburg 1986.

– Ders., Untersuchungen zur Finanz- und Wirtschaftsgeschichte des Hochstiftes Würzburg im 18. Jahrhundert, QFW 49, Würzburg 1996.

Festgabe zur Jahrhundertfeier des Polytechnischen Zentral-Vereins für Unterfranken und Aschaffenburg zu Würzburg, Würzburg 1906.

Zehen Festpredigten, gehalten und hrsg. v. Johann Michael Feder, Würzburg 1794.

Feurer, Rudolf / Maidt, Petra (Bearb.), Gesamtansichten und Pläne der Stadt Würzburg, 15.–19. Jahrhundert. Aus der Graphischen Sammlung des Mainfränkischen Museums Würzburg, Kataloge des Mainfränkischen Museums Würzburg 3, Würzburg 1988.

Fischer, Engelbert Lorenz, Die Kirche und die Pfarrherren von St. Gertraud in Würzburg v. J. 1248–1920, Würzburg 1919.

Fischer, Georg, Die »Würzburger Gesellenrevolution« von 1724. Anlaß – Verlauf – Folgen, in: Georg Fischer (Hrsg.), Fränkisches Handwerk. Beiträge zu seiner Geschichte, Kultur und Wirtschaft, Die Plassenburg 13, Kulmbach 1958, S. 11–36.

– Ders., Absolutistische Handwerkspolitik und Friedrich Karl von Schönborn, in: JffL 29 (1969), S. 19–38.

Fischer, Hermann, Der mainfränkische Orgelbau bis zur Säkularisation, in: Acta Organologica 2 (1968), S. 101–204.

– Ders., Die Beziehungen Mainfrankens zu anderen Orgellandschaften, in: Acta Organologica 3 (1969), S. 13–68.

– Ders. / Wohnhaas, Theodor, Historische Orgeln in Unterfranken, Veröffentl. der Gesellschaft für Orgelkunde 91, München/Zürich 1981.

– Dies., Werkverzeichnisse fränkischer Orgelbauer, in: Acta Organologica 21 (1990), S. 13–54.

Fischer, Ivo, Der Nachlass des Abtes Johannes Trithemius von St. Jakob in Würzburg, in: AUfr 67 (1928), S. 41–82.

– Ders., Die Vikarien und Benefizien im Domstift zu Würzburg, in: WDGBll 3 (1935), S. 1–108.

Fischer, Johann Christian, Der Fränkische Weinbau und die daraus entstehende Produkte patriotisch und physicalisch beschrieben in zweyen Theilen, Marktbreit 1782, Ndr. Braunschweig 1992.

– Ders., Der Fränkische Weinbau auf dem Felde und in dem Keller sammt den daraus entstehenden Vortheilen nach patriotischen und physikalischen Grundsätzen beschrieben, Würzburg 1791.

Flade, Roland, Die Würzburger Juden. Ihre Geschichte vom Mittelalter bis zur Gegenwart. Mit einem Beitrag von Ursula Gehring-Münzel, Würzburg 1987, 2., erw. Aufl. Würzburg 1996.

Fleckenstein, Wendelin, Geschichte des Hochstiftes Würzburg unter der Regierung des Fürstbischofs Christoph Franz von Hutten (1724–1729), Diss. theol. masch., Würzburg 1924.

– Ders., Aus dem kirchlichen Leben im Hochstift Würzburg zu Beginn des 18. Jahrhunderts, in: WDGBll 7 (1939), S. 50–68.

Die böhmische Fluchtreise des Fürstbischofs Georg Karl von Fechenbach zu Würzburg mit seinem geheimen Referendär und Kabinettssekretär Johann Michael Seuffert vom 18. Juli 1796 bis 23. August 1796. Ein Fragment aus den Papieren des Staatsrates Johann Michael von Seuffert (1765–1829), mitgeteilt von Franz Alexander Seuffert [Einleitung v. Hansjoachim Daul], in: MJb 17 (1965), S. 54–93.

Flurschütz, Hildegunde, Die Verwaltung des Hochstifts Würzburg unter Franz Ludwig von Erthal (1779–1795), VGffG IX/19, Würzburg 1965.

Forssman, Erik, Säule und Ornament. Studien zum Problem des Manierismus in den nordischen Säulenbüchern und Vorlageblättern des 16. und 17. Jahrhunderts, Acta Universitatis Stockholmiensis, Stockholm Studies in History of Art 1, Stockholm 1956.

Franck, Sebastian, Weltbuch, Tübingen 1534.

Franck, Theophil, Kurtzgefaßte Geschichte des Franckenlandes und dessen Haupt-Stadt Wuertzburg, Frankfurt 1755.

Frank, G., Johann Major, der Wittenberger Poet (1553–1600), in: Zeitschrift für wissenschaftliche Theologie 6 (1863), S. 117–163.

Frank, Isnard W., Femina est mas occasionatus. Deutung und Folgerungen bei Thomas von Aquin, in: Peter Segl (Hrsg.), Der Hexenhammer, Köln/Wien 1988, S. 71–102.

– Ders., Zur nachtridentinischen Erneuerung der deutschen Dominikaner, in: Manfred Weitlauff u. Karl Hausberger (Hrsg.), Papsttum und Kirchenreform. Historische Beiträge. Festschrift für Georg Schwaiger zum 65. Geburtstag, St. Ottilien 1990, S. 443–476.

Franke, Hans, Lügensteine, Klinik-Affe und Marcus-Syndrom. Ausgewählte Kurzgeschichten und Anekdoten über die Julius-Maximilians-Universität Würzburg, ihre Professoren und Studenten im Spiegel der Jahrhunderte, Würzburg 1981.

– Ders., / Schröder, Joachim, Die Würzburger Medizinische Universitäts-Poliklinik 1807–1957, Stuttgart 1957.

Franz, Albert K., Aus vier Jahrhunderten innerer Geschichte des Bürgerspitals zum hl. Geist in Würzburg, MfrH. 13, Würzburg 1951.

– Ders., Vom Würzburger Wein in alten Satzungen des Hochstifts und des Rates vom 14. bis 18. Jahrhundert, in: MJb 10 (1958), S. 70–106.

Franz, Günther, Der deutsche Bauernkrieg, München/Berlin 1933.

Freeden, Max H. v., Balthasar Neumann als Stadtbaumeister, Kunstwissenschaftliche Studien 20, Berlin 1937, Ndr. Würzburg 1978.

– Ders., Balthasar Neumanns Lehrjahre. Das Bruchstück einer Lebensbeschreibung aus Familienbesitz im Vergleich mit Quellen und Überlieferung, in: AUfr 71 (1937/38), S. 1–18.

– Ders. (Rezension), Balthasar Neumann, in: Zeitschrift für Kunstgeschichte 7 (1938), S. 77 ff.

– Ders., Festdekoration zur Wahl- und Huldigungsfeier Friedrich Karl von Schönborns, in: Frankenkalender 1940, S. 130–144.

– Ders., [Abschnitt] »Kunstdenkmäler«, in: Hans Oppelt (Hrsg.), Würzburger Chronik des denkwürdigen Jahres 1945, Würzburg 1947, S. 43–61.

– Ders., Die Burkarder Bastion und ihr Erbauer, in:

Die Mainlande. Geschichte und Gegenwart, 1. Jg. (1950), Nr. 4, S. 25–27.

– Ders., Festung Marienberg, Mainfränk. Heimatkunde 5, Würzburg 1952.

– Ders., Festliche Tage im alten Würzburg. Der Besuch Kaiser Karls VI. im Jahre 1712, in: Die Mainlande, 4. Jg., Nr. 2. v. 7. Feb. 1953, S. 5–7.

– Ders., Würzburgs Residenz und Fürstenhof zur Schönbornzeit, Amorbach 1961.

– Ders. (Hrsg.), Aus den Schätzen des Mainfränkischen Museums Würzburg. Ausgewählte Werke mit 156 Bildtafeln, 3. Aufl. Würzburg 1976.

– Ders., »Würzburg zur Zeit Balthasar Neumanns«, präsentiert in 12 Stichen gezeichnet von Salomon Kleiner. Reproduktion nach Originalstichen aus dem Mainfränkischen Museum Würzburg. Mit einem Geleitwort und Bildtexten v. Max H. v. Freeden, Würzburg [1978].

– Ders., Balthasar Neumann. Leben und Werk, 3. Aufl. München/Berlin 1981.

– Ders., Die Schönbornzeit »... aus Frankens besseren Tagen ...«, MfrH. 80, Würzburg 1983.

– Ders., Balthasar Neumann zum 300. Geburtstag, in: Altfränkische Bilder und Wappenkalender 86 (1987), S. 1–3.

– Ders., Erbe und Auftrag. Von fränkischer Kunst und Kultur, MfrSt. 44, Würzburg 1988.

Frenz, Thomas, Wann genehmigte Papst Gregor XIII. die Wiederbegründung der Universität Würzburg?, in: Peter Baumgart (Hrsg.), Vierhundert Jahre Universität Würzburg. Eine Festschrift, Neustadt/Aisch 1982, S. 31–45.

Freudenberger, Theobald, Der Würzburger Domprediger Dr. Johann Reyss. Ein Beitrag zur Geschichte der Seelsorge im Bistum Würzburg am Vorabend der Reformation, Katholisches Leben und Kämpfen im Zeitalter der Glaubensspaltung 11, Münster 1954.

– Ders., Der Würzburger Domprediger P. Andreas Sigifridus OSA, in: Scientia Augustiniana. Studien über Augustinus, den Augustinismus und den Augustinerorden. Festschrift P. Dr. theol. Dr. phil. Adolar Zumkeller zum 60. Geburtstag, Cassiciacum 30, Würzburg 1975, S. 641–685.

– Ders., Die Annales Collegii Herbipolensis Societatis Iesu und ihr Verfasser Johannes Spitznase aus Mühlhausen in Thüringen, in: WDGBll 43 (1981), S. 163–262. Zitiert: Freudenberger, 1981/I.

– Ders., Aus der Studienzeit Liborius Wagners, in: WDGBll 43 (1981), S. 57–117. Zitiert: Freudenberger, 1981/II.

– Ders. (Hrsg.), Die Würzburger Weihematrikel der Jahre 1520 bis 1552, QFW 41, Würzburg 1990.

Freytag, Theodor Friedrich, Virorum doctorum epistolae selectae, ad Bilib. Pirchheymerum, Joach.

Camerarium, Car. Clusium et Julium Episc. Herbip. datae. Ex autographis nunc primum edidit et illustravit Theod. Frid. Freytagius, Leipzig 1831.

Friede, H[einrich], Aus der Geschichte des Würzburger Apothekenwesens, in: Pharmazeutische Zeitung 71 (1926), S. 661–663 [Seitenzählung nach Sonderdruck].

– Ders., Würzburger Apotheken, in: Pharmazeutische Zeitung 72 (1927), S. 321–323.

– Ders., Aus der Geschichte des Würzburger Apothekenwesens, in: Die Frankenwarte. Blätter für Heimatkunde, Beilage zum Würzburger General-Anzeiger, 1931, Nr. 35 v. 3. Sept. Zitiert: Friede, 1931/I.

– Ders., Die pharmaziehistorischen Sehenswürdigkeiten Würzburgs, in: Apotheker-Zeitung 72 (1931), S. 1120–1123. Zitiert: Friede, 1931/II.

Friedmann, Herbert, Untersuchungen zur Entwicklung der zentralen Wasserversorgung in Unterfranken, WGA 86, Würzburg 1993.

Friedrich, Verena, Johann Georg Oegg. Die schmiedeeisernen Gitter der Fürstbischöflichen Residenz zu Würzburg, MfrSt. 54, Würzburg 1993.

– Dies., Antonio Bossi, in: Saur Allgemeines Künstlerlexikon, Bd. 13, München/Leipzig 1996, S. 213–214.

– Dies., Schwerpunkte des mainfränkischen Kunsthandwerks vom Barock bis zum Klassizismus, in: Peter Kolb u. Ernst-Günter Krenig (Hrsg.), Unterfränkische Geschichte 4/2, Würzburg 1999, S. 459–558.

Fries, Lorenz, Die Geschichte des Bauern-Krieges in Ostfranken, hrsg. v. August Schäffler u. Theodor Henner, 2 Bde., Würzburg 1883, Ndr. Aalen 1978.

– Ders., Chronik der Bischöfe von Würzburg 742–1495, hrsg. v. Ulrich Wagner u. Walter Ziegler. Bd. I: Von den Anfängen bis Rugger 1125, bearb. v. Thomas Heiler, Axel Tittmann u. Walter Ziegler, Würzburg 1992. Bd. II: Von Embricho bis Albrecht III. von Heßberg (1127–1376), bearb. v. Christoph Bauer, Udo Beireis, Thomas Heiler, Georg Salzer, Peter A. Süß, Würzburg 1994. Bd. III: Von Gerhard von Schwarzburg bis Johann II. von Brunn (1372–1440), bearb. v. Christoph Bauer, Hannelore Götz, Asta Schröder u. Ulrich Wagner, Würzburg 1999. Bd. VI: Die Miniaturen der Bischofschronik, Würzburg 1996. Fontes Herbipolenses. Editionen und Studien aus dem Stadtarchiv Würzburg I–III, VI.

Frühinsfeld, Magdalena, Anton Müller – erster Irrenarzt am Juliusspital zu Würzburg. Leben und Werk. Kurzer Abriss der Geschichte der Psychiatrie bis Anton Müller, Diss., Würzburg 1991.

Fuchs, Walther Peter, Florian Geyer, in: Fränkische Lebensbilder 3, VGffG VIIA/3, Würzburg 1969, S. 109–140.

Fülleborn, Ulrich, Die Geburt der Tragödie aus dem Scheitern aller Berechnungen. Die frühen Briefe Heinrichs von Kleist und »Die Familie Schroffenstein«, in: Kleist-Jb. 1999, S. 225–247.

Fuhrmans, Horst (Hrsg.), F. W. J. Schelling. Briefe und Dokumente. Bd. I: 1775–1809, Bonn 1962.

Gärten und Grünanlagen in Würzburg. Ihre Entwicklung und Bedeutung. Eine Ausstellung des Staatsarchivs Würzburg und des Stadtarchivs Würzburg, Ausstellungskataloge der Staatlichen Archive Bayerns 26, hrsg. v. Hatto Kallfelz u. Ulrich Wagner, Würzburg 1990.

Gams, Pius B., Personalstand der s. g. »ständigen« Klöster im Bisthume Würzburg zur Zeit ihrer Aufhebung im J. 1802–3, in: AUfr 27 (1884), S. 165–200.

Ganzer, Klaus, Die Würzburger Theologische Fakultät in der Auseinandersetzung mit den theologischen Zeitströmungen, in: Peter Baumgart (Hrsg.), Michael Ignaz Schmidt (1736–1794) in seiner Zeit, Quellen und Beiträge zur Geschichte der Universität Würzburg 9, Neustadt/Aisch 1996, S. 25–39.

Gatz, Erwin (Hrsg.), Die Bischöfe des Heiligen Römischen Reiches 1648 bis 1803. Ein biographisches Lexikon, Berlin 1990.

Gauß, Carl Joseph, Vom Freihaus zur Frauenklinik, in: Max Buchner (Hrsg.), Aus der Vergangenheit der Universität Würzburg, Berlin 1932, S. 239–254.

Gehring-Münzel, Ursula, Vom Schutzjuden zum Staatsbürger. Die gesellschaftliche Integration der Würzburger Juden 1803–1871, Veröffentl. des Stadtarchivs Würzburg 6, Würzburg 1992.

Georg Anton Urlaub. Ein fränkischer Maler im Banne Tiepolos, Sonderausstellung des Mainfränkischen Museums Würzburg 24. April – 23. Juni 1996, Würzburg 1996.

Gercken, Philipp Wilhelm, Reisen durch Schwaben, Baiern, angränzende Schweiz, Franken, die Rheinische Provinzen und an der Mosel etc. in den Jahren 1779–1783, Bd. 2, Stendal 1784.

Gerl, Hanna-Barbara, »De imitatione« von Camerarius. Die Wichtigkeit der Nachahmung für humanistische Anthropologie und Sprachtheorie, in: Frank Baron (Hrsg.), Joachim Camerarius (1500–1574). Beiträge zur Geschichte des Humanismus im Zeitalter der Reformation, Humanistische Bibliothek I/24, München 1978, S. 187–199.

Gerlach, Renate, Flußdynamik des Mains unter dem Einfluß des Menschen seit dem Spätmittelalter, Forschungen zur deutschen Landeskunde 234, Trier 1990.

Gerson, Horst / Ter Kuile, Engelhart H., Art and Architecture in Belgium. 1600 to 1800, The Pelican History of Art 18, Harmondsworth 1960.

Geschichte der Rabbiner der Stadt und des Bezirkes Würzburg, bearb. v. Herz Bamberger, aus seinem Nachlass hrsg., ergänzt u. vervollständigt v. S. Bamberger, Würzburg 1906.

Geschichte der Stadt Würzburg, hrsg. v. Ulrich Wagner. Bd. 1: Von den Anfängen bis zum Ausbruch des Bauernkriegs, Würzburg 2001.

Geschichte, Namen, Geschlecht, Leben, Thaten und Absterben der Bischöfe von Würzburg und Herzoge zu Franken […], bearb. nach Gropp und anderen Quellen, Würzburger Chronik II, Würzburg 1848, Ndr. Würzburg 1924, 1963.

Geyer, Gerd, Geologie von Unterfranken und angrenzenden Regionen, Gotha 2001.

Giesecke, Brunnhilde, Friedrich von Wirsberg (27. April 1558–12. November 1573), Bischof von Würzburg und Herzog zu Franken. Der Beginn der Gegenreformation im Bistum Würzburg, MfrSt. 18, Würzburg 1978.

[Giovane]: [Julie Duchesse de Giovane, née Baronnesse de Mudersbach], Plan pour faire servir les voyages à la culture des jeunes gens qui se vouent au service de l'État dans la carrière politique, accompagné d'un précis historique de l'usage de voyager et d'une table pour faciliter les observations statistiques et politiques; le tout suivi de l'esquisse d'un porte-feuille à l'usage des voyageurs, et de celle d'une carte statistique, Wien 1797.

Glaser, Anton, Unterschiedtliche begebenheiten undt observantien [= Tagebuch des Hoffouriers Anton Glaser 1719–1740], 2 Bde., Ms. im StAW, HV MS f. 30 a, b.

Glaser, Rüdiger, Klimarekonstruktion für Mainfranken, Bauland und Odenwald anhand direkter und indirekter Witterungsdaten seit 1500, Akad. der Wiss. und der Literatur Mainz, Paläoklimaforschung 5, Stuttgart/New York 1991.

– Ders., Thermische Klimaentwicklung in Mitteleuropa seit dem Jahr 1000, in: Geowissenschaften 13 (1995), H. 8/9, S. 302–312.

– Ders., Data and Methods of Climatological Evaluation in Historical Climatology, in: Historical Social Research, Bd. 77/80 = Vol. 21 (1996), H. 4, S. 56–88.

– Ders., Klimageschichte Mitteleuropas. 1000 Jahre Wetter, Klima, Katastrophen, Darmstadt 2001.

– Ders. / Hagedorn, Horst, Die Überschwemmungskatastrophe von 1784 im Maintal. Eine Chronologie ihrer witterungsklimatischen Voraussetzungen und Auswirkungen, in: Die Erde 121 (1990), S. 1–14.

– Ders. / Schenk, Winfried, Würzburgs Lage im Naturraum – natürliche Potenziale und Begrenzungen, in: Geschichte der Stadt Würzburg, hrsg. v. Ulrich Wagner, Bd. 1, Stuttgart 2001, S. 17–30.

Göbl, Sebastian, Am Hofe des Würzburger Fürstbischofs im Jahre 1526, Würzburg 1887.

– Ders., Die erste öffentliche Lesegesellschaft in Würzburg. Ein Beitrag zur Geschichte des Fürstbischofs Franz Ludwig von Erthal, in: AUfr 36 (1893), S. 193–214.

– Ders., Die Rathsschenke und der »Willkomm« der Stadt Würzburg. Mit urkundlichen Beilagen, in: AUfr 37 (1895), S. 103–157. Zitiert: Göbl, 1895/I.

– Ders., Würzburg, ein kulturhistorisches Städtebild, Würzburg 1895. Zitiert: Göbl, 1895/II.

– Ders., Zur Geschichte der Presse in Würzburg bis zum Jahre 1815, in: AUfr 38 (1896), S. 201–273.

Gönna, Sigrid v. der / Pleticha-Geuder, Eva, Würzburg 1, Universitätsbibliothek, in: Handbuch der historischen Buchbestände in Deutschland 13: Bayern, S–Z, Hildesheim/Zürich/New York 1997, S. 88–125.

Götz, Hannelore, Würzburg im 16. Jahrhundert. Bürgerliche Vermögen und städtische Führungsschichten zwischen Bauernkrieg und fürstbischöflichem Absolutismus, Veröffentl. des Stadtarchivs Würzburg 2, Würzburg 1986.

– Dies., Prosopographie der Würzburger Ober- und Führungsschichten des 16. Jahrhunderts. Unveröffentlichter Anhang zu »Würzburg im 16. Jahrhundert« im StadtAW, Würzburg 1986.

Goetz, Wolfgang, Die Welt Mozarts. Sein Leben in Selbstzeugnissen, Briefen und Berichten, Berlin 1941.

Götz-Günther, Lili, Antonio Petrini. Ein Beitrag zur Geschichte der Barockarchitektur in Franken, Diss. phil., Frankfurt 1923.

Goez, Elke (Bearb.), Codex Diplomaticus Ebracensis, I. Die Urkunden der Zisterze Ebrach 1127–1306, 2 Teilbde., VGffG III/7, Neustadt/Aisch 2001.

Gottron, Adam, Mainzer Musikgeschichte von 1500 bis 1800, Beiträge zur Geschichte der Stadt Mainz 18, Mainz 1959.

Goy, Barbara, Aufklärung und Volksfrömmigkeit in den Bistümern Würzburg und Bamberg, QFW 21, Würzburg 1969.

Gradmann, Gertrud, Die Monumentalwerke der Bildhauerfamilie Kern, Studien zur deutschen Kunstgeschichte 198, Straßburg 1917.

Gräf, August, Heidingsfeld, in: Die Frankenwarte, 6. Jg. (1918), Nr. 20 v. 19. Mai.

Gräf, Holger Th., Militarisierung der Stadt oder Urbanisierung des Militärs? Ein Beitrag zur Militärgeschichte der frühen Neuzeit aus stadtgeschichtlicher Perspektive, in: Ralf Pröve (Hrsg.), Klio in Uniform? Probleme und Perspektiven einer modernen Militärgeschichte der Frühen Neuzeit, Köln/Weimar/Wien 1997, S. 89–108.

Gräter, Carlheinz, Der Bauernkrieg in Franken, Würzburg 1975.

Gramich, Victor, Verfassung und Verwaltung der Stadt Würzburg vom 13. bis zum 15. Jahrhundert. Mit Urkunden, Würzburg 1882.

Grebner, Christian, Tod und Begräbnis des Würzburger Fürstbischofs Konrad von Thüngen (1519–1540), in: WDGBll 50 (1988), S. 121–129.

– Ders., Die Unterbringung des Priesterseminars im Laufe der Jahrhunderte, in: Karl Hillenbrand u. Rudolf Weigand (Hrsg.), Mit der Kirche auf dem Weg. 400 Jahre Priesterseminar Würzburg 1589–1989, Würzburg 1989, S. 181–199.

Greipl, Egon Johannes, Sang (Sangius), Eucharius (1555–1620), in: Erwin Gatz (Hrsg.), Die Bischöfe des Heiligen Römischen Reiches 1448 bis 1648, Berlin 1996, S. 617.

Greissing, Adolf M., Der Barockbaumeister Joseph Greissing, in: Jahresbericht des Bundesgymnasiums Bregenz, Schuljahr 1954/55, [Bregenz 1955], S. 4–18.

Grießinger, Andreas / Reith, Reinhold, Obrigkeitliche Ordnungskonzeptionen und handwerkliches Konfliktverhalten im 18. Jahrhundert. Nürnberg und Würzburg im Vergleich, in: Rainer S. Elkar (Hrsg.), Deutsches Handwerk in Spätmittelalter und Früher Neuzeit. Sozialgeschichte – Volkskunde – Literaturgeschichte, Göttinger Beiträge zur Wirtschafts- und Sozialgeschichte 9, Göttingen 1983, S. 117–180.

[Grimm, Jacob und Wilhelm], Deutsches Wörterbuch von Jacob Grimm und Wilhelm Grimm, Neubearbeitung, hrsg. von der Berlin-Brandenburgischen Akad. der Wiss. und der Akad. der Wiss. zu Göttingen, Bd. 7, Stuttgart/Leipzig 1993.

Grimm, Wolf-Dieter, Bildatlas wichtiger Denkmalgesteine der Bundesrepublik Deutschland, Arbeitshefte des Bayer. Landesamtes für Denkmalpflege 50, München 1990, S. 1–255.

Gropp, Ignaz, Festschrift zum 100jährigen Bestehen der Bruderschaft, Würzburg 1730.

– Ders., Collectio novissima scriptorum et rerum Wirceburgensium a saeculo XVI. XVII. et XVIII. hactenus gestarum […]. Tomus I: Ab anno 1495 usque ad annum 1617, Frankfurt 1741. Tomus II: Ab anno 1617 ad ann[um] 1742, Frankfurt/Leipzig 1744.

– Ders., Wirtzburgische Chronick Deren letzteren Zeiten […] I: 1500–1642, Würzburg 1748; identisch mit: Ders., Neueste Sammlung von allerhand Geschicht-Schrifften, Begebenheit- und Denckwürdigkeiten, welche […] von dem Jahr 1500. bis anhero in dem Hoch-Stifft Wirtzburg und Franckenlandt […] sich zugetragen […] = Collectionis Novissimae Scriptorum et Rerum Wircebursensium Tomus III, Würzburg 1748.

– Ders., Wirtzburgische Chronick Deren letzteren Zeiten [...] II: 1642–1750, Würzburg 1750; identisch mit: Ders., Neueste Sammlung von allerhand Geschicht-Schrifften, Begebenheit- und Denckwürdigkeiten, welche [...] von dem Jahr 1500. bis anhero in dem Hoch-Stifft Wirtzburg und Franckenland [...] sich zugetragen [...] = Collectionis Novissimae Scriptorum & Rerum Wirceburgensium Tomus IV, Würzburg 1750.

[Grote, H.], Das Würzburger Wappen, in: Numismatischer Anzeiger 4 (1873), S. 65.

Guarini, Guarino, Architettura Civile, Trattati di architettura 8, Mailand 1968.

Günther, Adolf, Geschichte der älteren bayerischen Statistik, Beiträge zur Statistik des Königreichs Bayern 77, München 1910.

Günther, Leo, Der Übergang des Fürstbistums Würzburg an Bayern. Das Ende der alten und die Anfänge der neuen Regierung, Würzburger Studien zur Geschichte des Mittelalters und der Neuzeit 2, Leipzig 1910.

– Ders., Würzburger Chronik, Personen und Ereignisse von 1802–1848, Würzburger Chronik III, Würzburg 1925.

– Ders. (Hrsg.), Chronik der kgl. priv. Schützengesellschaft Würzburg. Festschrift zur 500-Jahresfeier im Mai 1932, Würzburg [1932].

– Ders., Einige weniger bekannte Bauten von Peter Speeth, in: Frankenkalender 1936, S. 78–80.

Güssow, Irmgard, Stadtanlage und Stadtbild von Iphofen, MfrH. 25, Würzburg 1956.

Gutenberg – aventur und Kunst. Vom Geheimunternehmen zur ersten Medienrevolution, hrsg. von der Stadt Mainz anlässlich des 600. Geburtstages von Johannes Gutenberg, Mainz 2000.

Guth, Klaus, Lebensformen des Barocks in den Schönborn-Territorien, in: WDGBll 49 (1987), S. 167–183.

– Ders., Bambergs Krankenhaus unter Fürstbischof Franz Ludwig von Erthal (1779–1795), in: Ders., Kultur als Lebensform. Aufsätze und Vorträge. Bd. 1: Volkskultur an der Grenze, hrsg. v. Elisabeth Roth, St. Ottilien 1995, S. 135–148. Zitiert: Guth, 1995/I.

– Ders., Die Würzburger Kirche in der Begegnung und Auseinandersetzung mit der Lehre Luthers, in: Peter Kolb u. Ernst-Günter Krenig (Hrsg.), Unterfränkische Geschichte 3, Würzburg 1995, S. 17–61. Zitiert: Guth, 1995/II.

– Ders., Liturgie, Volksfrömmigkeit und kirchliche Reform im Zeitalter der Aufklärung. Ein Beitrag zur kirchlichen Aufklärung in den alten Bistümern Bamberg und Würzburg, in: Ders., Kultur als Lebensform. Aufsätze und Vorträge. Bd. 2: Kontinuität und Wandel. Beiträge zur Kirchen-, Kultur-,

Bildungsgeschichte und Volkskunde, hrsg. v. Elisabeth Roth, St. Ottilien 1997, S. 191–210.

– Ders., Frühaufklärung in Franken. Reform des Studiums der Philosophie und Theologie an den Universitäten Würzburg und Bamberg, in: Franz Machilek (Hrsg.), Haus der Weisheit. Von der Academia Ottoniana zur Otto-Friedrich-Universität Bamberg. Katalog der Ausstellungen aus Anlaß der 350-Jahrfeier, Bamberg 1998, S. 122–128.

Habermehl, Georg, »Es folgte nun bei uns eine grauenvolle Stille«. Die Folgen des ersten Koalitionskrieges in den Landgemeinden nördlich von Würzburg im Jahre 1796, MfrH. 96, Bergtheim [1996].

Haberzettl, Elisabeth, Kiliansverehrung und Kiliani-Feier in Würzburg, Zulassungsarbeit (Volkskunde) masch., Würzburg 1980.

Häulen, Conrad Caspar, Jahr-Buch alter und neuer Nachrichten, Mainbernheim 1743.

[Hagelstein]: Davides Thomanus ab Hagelstein continuatus. Oder: Acta monetaria novissima. Schriftliche Handlungen, Bedencken und Vorschläge den gegenwärtigen Zustand des Müntz-Wesens in Teutschland und dessen Verbesserung betreffend, Frankfurt/Leipzig 1752.

Hagen, Eduard, Die Fürstlich Würzburgische Hausinfanterie von ihren Anfängen bis zum Beginne des Siebenjährigen Krieges 1636–1756, in: Darstellungen aus der Bayerischen Kriegs- und Heeresgeschichte 19, München 1910, S. 69–203.

Hahn, Hans-Ulrich, Die morphogenetische Wirksamkeit historischer Niederschläge. Die Besselbergäcker und die Grünbachaue – ein Beispiel aus dem Taubereinzugsgebiet, WGA 82, Würzburg 1992.

Halbig, Josef, Die Geschichte der Würzburger Buchdrucker (1479–1700), Zulassungsarbeit, Würzburg 1968.

Halkin, Léon, Jean-Frédéric-Ignace Schannat, in: Biographie nationale de Belgique 21 (1913), Sp. 588–598.

Hamm, Joachim, Der deutsche Bauernaufstand von 1525 im Spiegel neulateinischer Dichtungen des 16. Jahrhunderts, in: Horst Brunner (Hrsg.), Die Wahrnehmung und Darstellung von Kriegen im Mittelalter und in der Frühen Neuzeit, Imagines medii aevi 6, Wiesbaden 2000, S. 95–113.

Hammerstein, Notker, Aufklärung und katholisches Reich. Untersuchungen zur Universitätsreform und Politik katholischer Territorien des Heiligen Römischen Reichs deutscher Nation im 18. Jahrhundert, Historische Forschungen 12, Berlin 1977.

Handbuch der europäischen Wirtschafts- und Sozialgeschichte, hrsg. v. Wolfram Fischer u. a. Bd. 3: Europäische Wirtschafts- und Sozialgeschichte vom ausgehenden Mittelalter bis zur Mitte des

17. Jahrhunderts, hrsg. v. Hermann Kellenbenz, Stuttgart 1986.

Handwerker, Otto, Zur Geschichte der Handschriftensammlung der Würzburger Universitätsbibliothek, in: Zentralblatt für Bibliothekswesen 26 (1909), S. 485–516.

– Ders., Dreihundert Jahre Würzburger Universitäts-Bibliothek (1619–1919), in: Max Buchner (Hrsg.), Aus der Vergangenheit der Universität Würzburg, Berlin 1932, S. 102–133.

Hanftmann, Bartholomäus, Würzburg und Heidingsfeld, in: Die Frankenwarte. Blätter für Heimatkunde, Beilage zum Würzburger General-Anzeiger, 1931, Nr. 26 v. 2. Juli, Nr. 27 v. 9. Juli.

Hansmann, Wilfried, Balthasar Neumann. Leben und Werk, Köln 1986.

Hantsch, Hugo, Reichsvizekanzler Friedrich Karl Graf von Schönborn (1674–1746). Einige Kapitel zur politischen Geschichte Kaiser Josefs I. und Karls VI., Salzburger Abh. und Texte aus Wissenschaft und Kunst 2, Augsburg 1929.

[Hart, Johann Valentin], Lebensbild des fränkischen Geschichtsschreibers und Pfarrherrn zu Güntersleben P. Ignatius Gropp O.S.B., Dr. der Philosophie und Theologie, Würzburg o. J. [1930].

Hartinger, Ludwig, Münzgeschichte der Fürstbischöfe von Würzburg, Eigenverlag 1996.

Hartung, Fritz, Geschichte des fränkischen Kreises. Darstellung und Akten. Bd. 1: Die Geschichte des fränkischen Kreises von 1521–1559, VGffG II/1, Leipzig 1910.

Hase, Oscar v., Die Koberger. Eine Darstellung des buchhändlerischen Geschäftsbetriebes in der Zeit des Überganges vom Mittelalter zur Neuzeit, Ndr. der 2. Aufl. 1885, Amsterdam/Wiesbaden 1967.

Hauber, Eberhard David, Bibliotheca, acta et scripta magica […], 36. Stück, [Lemgo] 1745.

Haupt, Udo, Das Würzburger Gymnasium in der ersten Phase kurpfalz-bayerischer Herrschaft (1803–1806), in: 425 Jahre Wirsberg-Gymnasium Würzburg, hrsg. v. Direktorat des Wirsberg-Gymnasiums Würzburg, Würzburg 1986, S. 85–104.

Hauser, Arnold, Sozialgeschichte der Kunst und Literatur, München 1972.

Hausladen, Armin, Die kirchliche Malerei am fürstbischöflichen Hof Würzburg im 17. Jahrhundert. Ein Beitrag zur Geschichte der kirchlichen Kunst in Franken, Diss. phil. Würzburg, München 1918.

Hauttmann, Max, Geschichte der kirchlichen Baukunst in Bayern, Schwaben und Franken, 1550–1780, Einzeldarstellungen zur süddeutschen Kunst 3, München/Berlin/Leipzig 1921, 2. Aufl. München 1923.

Heberlein, Wilhelm, Aus der Geschichte Rottenbauers, Tatsachen über Würzburg 10, hrsg. vom Amt für Öffentlichkeitsarbeit der Stadt Würzburg, Würzburg 1974.

Heeg-Engelhart, Ingrid, Die Frauenklöster, in: Geschichte der Stadt Würzburg, hrsg. v. Ulrich Wagner, Bd. 1, Stuttgart 2001, S. 272–294. Zitiert: Heeg-Engelhart, 2001/I.

– Dies., Das Protokollbuch des Dominikanerinnenklosters St. Markus in Würzburg 1639–1649, in: Kirche und Glaube – Politik und Kultur in Franken. Festgabe für Klaus Wittstadt zum 65. Geburtstag, WDGBll 62/63 (2001), S. 649–693. Zitiert: Heeg-Engelhart, 2001/II.

Heeger, Fritz, Die Klöpfleinsnächte. Ein vergessener Adventsbrauch in der Würzburger Gegend, in: Die Mainlande, 12. Jg., Nr. 24 v. 16. Nov. 1961, S. 93 f.

– Ders., Der Hundefänger kommt! Im alten Würzburg während der »Hundstage« von Laetare bis Judica, in: Die Mainlande, 17. Jg., Nr. 5 v. 5. März 1966, S. 19 f.

Heffner, Carl, Das Schöffenmahl im ehemaligen Ebracher Klosterhofe zu Würzburg, in: AUfr 16/II–III (1863), S. 303–317.

– Ders., Würzburg und seine Umgebungen, ein historisch-topographisches Handbuch, 2. Ausgabe Würzburg 1871.

– Ders., Würzburgisch-Fränkische Siegel, in: AUfr 21/III (1872), S. 73–232.

– Ders. / Reuß, [Friedrich Anton], Würzburg und seine Umgebungen, ein historisch-topographisches Handbuch, Würzburg 1852.

Heffner, L[udwig], Die Juden in Franken. Ein unpartheiischer Beitrag zur Sitten- und Rechtsgeschichte Frankens, Nürnberg 1855.

Hegel, Eduard, Die katholische Kirche Deutschlands unter dem Einfluß der Aufklärung des 18. Jahrhunderts, Rheinisch-Westfälische Akad. der Wiss., Vorträge G 206, Opladen 1975.

Heiler, Thomas, Die Finanzen des Hochstifts Würzburg im 18. Jahrhundert, in: WDGBll 47 (1985), S. 159–189.

– Ders., Der Grafeneckart. Zur Geschichte des Würzburger Rathauses, Schriften des Stadtarchivs Würzburg 1, Würzburg 1986. Zitiert: Heiler, 1986/I.

– Ders., Die Ortsnamen des (alten) Landkreises Würzburg nach den gedruckten Quellen, ungedruckte Zulassungsarbeit für das Lehramt an Gymnasien, Würzburg 1986. Zitiert: Heiler, 1986/II.

– Ders., Das Juliusspital in Würzburg und Franz Ludwigs Reformwerk im Bereich der Armenversorgung und Krankenpflege, in: Renate Baumgärtel-Fleischmann (Hrsg.), Franz Ludwig von Erthal, Fürstbischof von Bamberg und Würzburg 1779–1795, Bamberg 1995, S. 139–147.

– Ders., Ein früher Repräsentant der »modernen« Geschichtsschreibung. Neue Forschungen zum

Werk des Lorenz Fries (gest. 1550), in: Würzburg-heute 66 (1998), S. 28–31.

– Ders., Die Würzburger Bischofschronik des Lorenz Fries (gest. 1550). Studien zum historiographischen Werk eines fürstbischöflichen Sekretärs und Archivars, Veröffentl. des Stadtarchivs Würzburg 9, Würzburg 2001.

Heinrich, Friedrich, Das fürstlich würzburgische Gebrechenamt. Ein Beitrag zur Organisation der Zentralbehörden im Hochstift Würzburg vom Beginn des 16. Jahrhunderts bis zur Säkularisation, in: AUfr 68 (1929), S. 1–142.

Heinzer, Felix (Hrsg.), »Unberechenbare Zinsen«: bewahrtes Kulturerbe. Katalog zur Ausstellung der vom Land Baden-Württemberg erworbenen Handschriften der Fürstlich Fürstenbergischen Hofbibliothek, Stuttgart 1993.

Heitjan, Isabel, Die Buchhändler, Verleger und Drucker Bencard, 1636–1762, in: Archiv für Geschichte des Buchwesens 3 (1960), Sp. 613–980.

Helm, Reinhard, Die Würzburger Universitätskirche 1583–1973. Zur Geschichte des Baues und seiner Ausstattung, Quellen und Beiträge zur Geschichte der Universität Würzburg 5, Neustadt a. d. Aisch 1976.

Helmes, Hermann, Aus der Geschichte der Würzburger Truppen (1628–1802), Neujahrsblätter der Gesellschaft für fränk. Geschichte IV, Würzburg 1909.

Helmschrott, Klaus / Helmschrott, Rosemarie, Würzburger Münzen und Medaillen von 1500–1800, Kleinrinderfeld 1977.

Hemmerle, Josef, Die Benediktinerklöster in Bayern, Bayer. Heimatforschung 4, München 1951.

Hendges, Gabriele, Maße und Gewichte im Hochstift Würzburg vom 16. bis zum 19. Jahrhundert, Materialien zur bayerischen Landesgeschichte 8, München 1989.

Hengst, Karl, Jesuiten an Universitäten und Jesuitenuniversitäten, Quellen und Forschungen aus dem Gebiet der Geschichte NF 2, Paderborn u. a. 1981.

Henke, Ernst Ludwig Theodor, Georg Calixtus und seine Zeit, Bd. 1, Halle 1853.

Henke, Matthias, Joseph Küffner. Leben und Werk des Würzburger Musikers im Spiegel der Geschichte, 2 Bde., Tutzing 1985.

Henner, Theodor, Julius Echter von Mespelbrunn, Fürstbischof von Würzburg und Herzog von Ostfranken (1573–1617), Neujahrsblätter der Gesellschaft für fränk. Geschichte XIII, München/Leipzig 1918.

Henning, Friedrich Wilhelm, Handbuch der Wirtschafts- und Sozialgeschichte Deutschlands. Bd. 1: Deutsche Wirtschafts- und Sozialgeschichte im Mittelalter und in der frühen Neuzeit, Paderborn/München/Wien/Zürich 1991.

Herchenröder, Max, Joseph Greissing als vorarlberger Baumeister. Ein Beitrag zur fränkischen Künstlergeschichte, Diss. phil. Frankfurt, Darmstadt [1930].

Herde, Peter, Würzburg im 12. Jahrhundert (ca. 1130–1250), in: Geschichte der Stadt Würzburg, hrsg. v. Ulrich Wagner, Bd. 1, S. 74–86, 592–594.

Herold, Alfred, Würzburg. Analyse einer Stadtlandschaft, in: Berichte zur deutschen Landeskunde 35 (1965), H. 2, S. 185–229.

Herrlinger, Robert, Der mediterrane Einfluß bei der Gründung des Würzburger Juliusspitals 1576, in: Atti del Primo Congresso Europeo di Storia Ospitaliera 1960, Reggio Emilia 1962, S. 590–600.

Herrmann, Wolfgang, Neue Entwürfe zur Würzburger Residenz, in: Jb. der Preußischen Kunstsammlungen 49 (1928), S. 111–134.

Hertling, Philippine Freiin v., Geschichte der Universität Würzburg von 1802–1806, Diss. phil. masch., Würzburg 1925.

Hess, Günter, Deutsche Nationalliteratur und oberdeutsche Provinz. Zu Geschichte und Grenzen eines Vorurteils, in: Jb. für Volkskunde NF 8 (1985), S. 7–30.

– Ders., Kleist in Würzburg. Die Verwandlung von »Schauplatz« und »Bildersprache«, in: Kleist-Jb. 1997, S. 21–37.

– Ders., Heinrich von Kleist. Der Ton von Würzburg, in: Ein solches Jahrhundert vergißt sich nicht mehr. Lieblingstexte aus dem 18. Jahrhundert, München 2000, S. 131–134.

Heßberg, Hanns v., Über die Abstammung des Johann von Grumbach, Bischof zu Würzburg und Herzog zu Franken (1455–1466), in: JffL 36 (1976), S. 161–171.

Heßler, A[dam], Würzburg. Eine kurze Geschichte der Stadt in Wort und Bild, Würzburg 1930.

Heuler, Alo, 150 Jahre Würzburger Theater, in: 150 Jahre Würzburger Theater, Blätter des Städtischen Theaters Würzburg 3, Würzburg [1954], S. 8–18.

Hierarchia Catholica medii et recentioris aevi. Bd. 6: 1730–1799, hrsg. v. Remigius Ritzler u. Pirmin Sefrin, Passau 1958.

Hillenbrand, Karl / Weigand, Rudolf (Hrsg.), Mit der Kirche auf dem Weg. 400 Jahre Priesterseminar Würzburg 1589–1989, Würzburg 1989.

Himmelstein, Franz Xaver, Die Juden in Franken. Ein Beitrag zur Kirchen- und Rechtsgeschichte Frankens, in: AUfr 12/II-III (1853), S. 125–188.

– Ders., P. Beatus Bishalm, Poeta laureandus, in: AUfr 15/I (1860), S. 203–218.

Hipp, Hermann, Studien zur ›Nachgotik‹ des 16. und 17. Jahrhunderts in Deutschland, Böhmen, Österreich und der Schweiz, Diss. phil., Tübingen 1979.

Hirsch, Johann Christoph (Hrsg.), Des Teutschen

Reichs Münzarchiv [...], 9 Bde., Nürnberg 1756–
1768.

Hirsching, Friedrich Karl Gottlob, Versuch einer Beschreibung sehenswürdiger Bibliotheken Teutsch-
lands, Bd. 1, Erlangen 1786, Ndr. 1971.

Hochholzer, Elmar, Die Benediktinerabteien im
Hochstift Würzburg in der Zeit der katholischen
Reform (ca. 1550–1618), VGffG IX/35, Neustadt
a. d. Aisch 1988.

Des Fürstlichen Hochstiffts Wirtzburg und Herzogthums Francken [...] Hof-, Stands- und Staats-Ca-
lender, Würzburg 1747 ff. [später unter dem Titel:
Würzburger Hof- und Staats-Kalender].

Hock, Bernd-Joachim, Kitzingen im Dreißigjährigen
Krieg. Darstellung der Geschichte einer landsässigen Mainstadt, Diss. phil., Tübingen 1981.

Hock, Georg, Arbeitsgebiet des Hauptkonservators in
Würzburg (Fränkische Kreise), in: BVBll. 13 (1936),
S. 98 f.

Höflich, Thomas, Der vor Gott und der Welt beliebte
Hertzog in Francken Conradus Wilhelmus [...] so
im Jahr 1684 den 5. Septembris [...] entschlaffen
durch ein Leich- und Lob-Predig den verlassenen
Underthanen [...] vorgestellt [...], Würzburg 1684.

– Ders., Guldener Ancker der wohlgebohrnen
hochadelichen Famili von Stadion vff Dominica
Laetare gesuncken, nicht versuncken im [...] Ableben [...] deß [...] Herrn Francisci Conradi von
Stadion, Würzburg 1685.

– Ders., Centuria funebris in scenam vitae huma-
nae, cujus prologus et epilogus mors, actores varia mortalium funera [...] discursibus centum [...]
repraesentata, Würzburg 1686.

Hörnes, Joseph, Die Kirchenmusik in Franken im
sechzehnten und siebzehnten Jahrhundert (unter
Benützung bis jetzt nicht veröffentlichter Notizen aus den Würzburger Rathsprotokollen), in:
AUfr 19/II (1867), S. 1–34.

– Ders., Die Rathscapelle mit dem Grafeneckhard mit ihrer Vicarie ad sanctum Felicem et Adauctum.
Ein Beitrag zur Cultur- und Entwicklungs-Geschichte
der Stadt Würzburg, in: AUfr 20/I–II (1869), S.
369–463.

Hof, Hagen, Wettbewerb im Zunftrecht. Zur Verhal-
tensgeschichte der Wettbewerbsregelung durch
Zunft und Stadt, Reich und Landesherr bis zu den
Stein-Hardenbergschen Reformen, Dissertationen
zur Rechtsgeschichte 1, Köln/Wien 1983.

Hoffmann, Hermann, Würzburgs Handel und Gewerbe im Mittelalter, I. Allgemeiner Teil, Kallmünz o. J. [1940] (= Diss. Würzburg 1938).

– Ders. (Hrsg.), Würzburger Polizeisätze. Gebote
und Ordnungen des Mittelalters 1125–1495. Ausgewählte Texte, VGffG X/5, Würzburg 1955.

– Ders. (Bearb.), Urkundenregesten zur Geschichte

des Zisterzienserinnenklosters Himmelspforten
(1231–1400), QFW 14, Würzburg 1962.

– Ders. (Bearb.), Das älteste Lehenbuch des Hochstifts Würzburg 1303–1345, 2 Teilbde., QFW
25/1–2, Würzburg 1972/73.

– Ders. (Bearb.), Urkundenregesten zur Geschichte
des Juliusspitals in Würzburg 1576–1849 (Regesta
Herbipolensia 6), QFW 29, Würzburg 1976.

– Ders., Der Visitationsbericht über das Landkapitel
Dettelbach von 1576, in: WDGBll 39 (1977), S.
139–166.

– Ders. (Bearb.), Das Lehenbuch des Fürstbischofs
Albrecht von Hohenlohe (1345–1372), QFW 33,
Würzburg 1982.

Hoffmann, Uwe, Geologische Karte von Bayern
1:25000, Blatt Nr. 6125, Würzburg Nord, mit Erläuterungen, hrsg. v. Bayer. Geologischen Landesamt, München 1967. Zitiert: Hoffmann, 1967/I.

– Ders., Geologische Karte von Bayern 1:25000,
Blatt Nr. 6225, Würzburg Süd, mit Erläuterungen,
hrsg. v. Bayer. Geologischen Landesamt, München 1967. Zitiert: Hoffmann, 1967/II.

Hoffmann, Volker / Koppe, Konrad (Bearb.), Martin
von Wagner-Museum der Universität Würzburg,
Gemäldekatalog, Würzburg 1986.

Hofmann, Anton, Entwicklung der Gesundheitspfle-
ge im alten Würzburg, in: Sitzungsberichte der
Physikalisch-Medizinischen Gesellschaft zu
Würzburg, Würzburg 1919, S. 3–10.

Hofmann, Hanns Hubert, »... sollen bayerisch wer-
den«. Die politische Erkundung des Majors von
Ribaupierre durch Franken und Schwaben im
Frühjahr 1802, Kallmünz 1954.

– Ders., Die Würzburger Hochstiftskarte des Oberleutnants von Fackenhofen (1791), MfrH. 24,
Würzburg 1956.

– Ders., Adelige Herrschaft und souveräner Staat.
Studien über Staat und Gesellschaft in Franken
und Bayern im 18. und 19. Jahrhundert, Studien
zur bayer. Verfassungs- und Sozialgeschichte 2,
München 1962.

Hofmann, Wilhelm, Die Politik des Fürstbischofs von
Würzburg und Bamberg Adam Friedrich Grafen
von Seinsheim von 1756–1763. Ein Beitrag zur Geschichte des Siebenjährigen Krieges, München
1903.

Hoh, Josef, Die Komture der Johanniterkommende
Würzburg, in: WDGBll 11/12 (1950), S. 113–126.

Hohenlohisches Urkundenbuch, hrsg. v. Karl Weller
u. Christian Belschner. Bd. 3: 1351–1375, Stuttgart 1912.

Holenstein, André, Die Huldigung der Untertanen.
Rechtskultur und Herrschaftsordnung (800–1800),
Quellen und Forschungen zur Agrargeschichte
36, Stuttgart/New York 1991.

Horling, Thomas, Anmerkungen zur Rolle des Domkapitels im Herrschaftsgefüge des Hochstifts Würzburg während des 18. Jahrhunderts, in: JffL 61 (2001), S. 111–159.

Horn, Gisela, Romantische Frauen: Caroline Michaelis-Böhmer-Schlegel-Schelling, Dorothea Mendelssohn-Veit-Schlegel, Sophie Schubart-Mereau-Brentano, Rudolstadt 1996.

Horn, Hans, Würzburger Schützenbruderschaft und die Sebastiansverehrung bis in unser Jahrhundert, in: Königlich privilegierte Hauptschützengesellschaft von 1392, 600 Jahre, Würzburg 1992, S. 58–64.

Hornung, Alois, Lengfelder Mühlen, in: Die Brücke 18 (1993), Nr. 1, S. 54–56, Nr. 2, S. 66–67.

– Ders., Die Schlacht bei Lengfeld 1796, in: Die Brücke 21 (1996), Nr. 2, S. 55–59.

Horsch, Phil[ipp] Jos[eph], Versuch einer Topographie der Stadt Würzburg, in Beziehung auf den allgemeinen Gesundheitszustand und die dahin zielenden Anstalten, Arnstadt/Rudolstadt 1805.

Das Hospital zum heiligen Joseph in Würzburg gestiftet von Adam Josef Hueber. Denkschrift, veröffentlicht zur ersten Centennarfeier am 31. Dezember 1894, Würzburg [1894].

Hotz, Joachim, Die Fassade der Abteikirche Theres. Ein Beitrag zum Werk von Joseph Greising, in: Das Münster 14 (1961), S. 321–324.

Hubala, Erich / Meyer, Otto, Die Residenz zu Würzburg, Aufnahmen von Wolf-Christian von der Mülbe, Würzburg 1984.

Hubay, Ilona, Incunabula der Universitätsbibliothek Würzburg, Inkunabelkataloge bayer. Bibliotheken 1, Wiesbaden 1966.

Huberti, Franz, Vergleichung der Hochfürstlich-Wirzburgischen, und mehrern andern fremdherrischen Fruchtmaaße gegen das Wirzburgische Stadtmaaß. Aus Gnädigster Verordnung des Hochwürdigsten Fürsten und Herrn Herrn Adam Friderich Bischofen zu Bamberg und Wirzburg, des Heil. Röm. Reichs Fürsten, auch Herzogen zu Franken etc. untersucht und berichtiget, Würzburg 1777.

Hümmer, Friedrich Karl, Das von Fürstbischof Julius gestiftete Seminarium Nobilium (K. Adelige Julianum) zu Würzburg. Jubiläums-Festgabe, Würzburg 1905.

Hummel, Joseph Friedrich, Das Textilgewerbe der Stadt Würzburg bis zum Ausgang des 17. Jahrhunderts, Diss. phil., Freiburg/Breisgau, Emmendingen 1913.

Hummel, Pascale, Actualité et utilité des lexiques d'épithètes du XVIᵉ siècle: l'Epithetorum Graecorum Farrago de Konrad Dinner (1589), in: Nouvelle Revue du Seizième Siècle 12 (1994), S. 125–135.

Hundsnurscher, Franz / Taddey, Gerhard, Die jüdischen Gemeinden in Baden, Veröffentl. der staatlichen Archivverwaltung Baden-Württemberg 19, Stuttgart 1968.

Illing, Kurt (Hrsg.), Auf den Spuren der Dichter in Würzburg, 2. Aufl. Würzburg 1997.

Irmscher, Günter, Kleine Kunstgeschichte des europäischen Ornaments seit der frühen Neuzeit (1400–1900), Darmstadt 1984.

Jacob, Stefan, Chemische Vor- und Frühindustrie in Franken. Die vorindustrielle Produktion wichtiger Chemikalien und die Anfänge der chemischen Industrie in fränkischen Territorien des 17., 18. und frühen 19. Jahrhunderts, Technikgeschichte in Einzeldarstellungen 9, Düsseldorf 1968.

Jäger, Franz Anton, Versuch einer Geschichte der weltlichen Gerichtsverfassung im Hochstifte und Bisthume Würzburg, von dessen Errichtung im Jahre 741 bis zu seiner Sekularisation im Jahre 1802, in: Argus, Zeitschrift für Franken und die angrenzenden Länder 2 (1803), H. 1, S. 7–162.

– Ders., Geschichte des Hexenbrennens in Franken im siebzehnten Jahrhundert aus Original-Prozeß-Akten, in: AUfr 2/III (1834), S. 1–72.

Jäger, Helmut, Faktoren industrieller Entwicklung und Rückbildung am Beispiel fränkischer Steinindustrie, in: Gerhard Braun (Hrsg.), Räumliche und zeitliche Bewegungen. Methodische und regionale Beiträge zur Erfassung komplexer Räume, WGA 37, Würzburg 1972, S. 277–302.

– Ders., Die mainfränkische Kulturlandschaft zur Echter-Zeit, in: Friedrich Merzbacher (Hrsg.), Julius Echter und seine Zeit. Gedenkschrift aus Anlass des 400. Jahrestages der Wahl des Stifters der Alma Julia zum Fürstbischof von Würzburg am 1. Dezember 1573, Würzburg 1973, S. 7–35.

– Ders. / Graenzer, Werner, Heidingsfeld, seine Entwicklung unter besonderer Berücksichtigung von Bevölkerung und Wirtschaft seit dem 19. Jahrhundert, Würzburger Universitätsschriften zur Regionalforschung 1, Würzburg 1977.

– Ders. / Scherzer, Walter (Bearb.), Siedlung und Wald südwestlich Würzburg 1400–1950, in: Atlas der deutschen Agrarlandschaft, hrsg. v. Erich Otremba, Wiesbaden 1962 ff., Teil IV, Blatt 3,1.

– Dies., Territorienbildung, Forsthoheit und Wüstungsbewegung im Waldgebiet westlich von Würzburg, MfrSt. 29, Würzburg 1984.

Jagdschlösser Balthasar Neumanns in den Schönbornlanden. Ausstellung im Martin von Wagner-Museum der Universität Würzburg, Residenz Würzburg 15. Mai – 3. Juli 1994, Bayer. Landesamt für Denkmalpflege, Arbeitsheft 68, München 1994.

Jahn, Georg, Zur Gewerbepolitik der deutschen Landesfürsten vom 16. bis zum 18. Jahrhundert, Diss., Leipzig 1909.

Jahn, Isabel-Dorothea (Hrsg.), Kaspar Stiblin: Commentariolus de Eudaemonensium Republica (Basel 1555), Regensburg 1994.

Hundert Jahre bayerisch. Ein Festbuch, hrsg. v. der Stadt Würzburg, Würzburg 1914.

650 Jahre Bürgerspital zum Heiligen Geist Würzburg. Festschrift, hrsg. v. Bürgerspital, Würzburg [1969].

1200 Jahre Eibelstadt 787–1987. Festschrift und Heimatbuch, hrsg. von der Stadt Eibelstadt, Eibelstadt 1987.

250 Jahre Ursulinenkloster Würzburg. Festschrift 1712–1962, Würzburg 1962.

Jahreiß, Astrid, Grammatiken und Orthographielehren aus dem Jesuitenorden. Eine Untersuchung zur Normierung der deutschen Schriftsprache in Unterrichtswerken des 18. Jahrhunderts, Heidelberg 1990.

Jakob, Frank-Dietrich, Historische Stadtansichten. Entwicklungsgeschichtliche und quellenkundliche Momente, Leipzig 1982.

Janson, Ph[ilipp], Napoleonische Siegesfeiern in Würzburg, in: Die Frankenwarte. Blätter für Heimatkunde, Beilage zum Würzburger General-Anzeiger, 1926, Nr. 8 v. 22. April.

Janz, Bernhard, Von Vogler bis Fröhlich: Das Würzburger Julius-Spital als Zentrum der Musikausbildung in der zweiten Hälfte des 18. Jahrhunderts, in: Ulrich Konrad (Hrsg.), Musikpflege und ›Musikwissenschaft‹ in Würzburg um 1800, Symposiumsbericht Würzburg 1997, Tutzing 1998, S. 17–28.

– Ders., Abbé Vogler und Aloysia Weber-Lange, in: Abbé Vogler, ein Mannheimer im europäischen Kontext. Internationales Kolloquium Heidelberg 1999, hrsg. v. Thomas Betzwieser u. Silke Leopold, Quellen und Studien zur Geschichte der Mannheimer Hofkapelle 7, Frankfurt 2003, S. 39–47.

Jenny, Beat Rudolf, Graf Froben Christoph von Zimmern. Geschichtschreiber, Erzähler, Landesherr. Ein Beitrag zur Geschichte des Humanismus in Schwaben, Lindau/Konstanz 1959.

– Ders., Der poeta laureatus Gaspar Bruschius in Basel, in: Acta Conventus Neo-Latini Turonensis 1976, Bd. 2, Paris 1980, S. 1093–1104.

– Ders., Der Historiker-Poet Gaspar Brusch (1518–1557) und seine Beziehungen zur Schweiz, in: Ueli Dill u. Beat Rudolf Jenny, Aus der Werkstatt der Amerbach-Edition, Schriften der UB Basel 2, Basel 2000, S. 93–307.

Jerouschek, Günter / Behringer, Wolfgang (Hrsg.), Heinrich Kramer (Institoris), Der Hexenhammer, München 2000.

Jestaedt, Winfried / Foersch, Johannes, Das Würzburger Käppele. Zur Kirchweihe vor 175 Jahren, Würzburg 1999.

Johanek, Peter, Von der Kaufmannsgenossenschaft zur Handelskorporation. Kaufmännische Korporationen in Würzburg und Mainfranken, in: 125 Jahre Industrie- und Handelskammer Würzburg-Schweinfurt, Würzburg [1968], S. 9–63.

Journal von und für Franken, 6 Bde., Nürnberg 1790–1793.

Jürgensmeier, Friedhelm, Johann Philipp von Schönborn (1605–1673) und die römische Kurie, Quellen und Abh. zur mittelrheinischen Kirchengeschichte 28, Mainz 1977.

– Ders., Friedrich Karl von Schönborn (1674–1746), in: Fränk. Lebensbilder 12, VGffG VIIA/12, Neustadt/Aisch 1986, S. 142–162.

Jung, Otto, Dr. Michael Beuther aus Karlstadt. Ein Geschichtschreiber des XVI. Jahrhunderts (1522–1587), MfrH. 27, Würzburg 1957.

Junkelmann, Marcus, Napoleon und Bayern. Von den Anfängen des Königreiches, Regensburg 1985.

Kahlenberg, Friedrich P., Kurmainzische Verteidigungseinrichtungen und Baugeschichte der Festung Mainz im 17. und 18. Jahrhundert, Beiträge zur Geschichte der Stadt Mainz 19, Mainz 1963.

Kahn, Max, Die Stadtansicht von Würzburg im Wechsel der Jahrhunderte, Neujahrsblätter der Gesellschaft für fränk. Geschichte XII, München/Leipzig 1918.

Kainz, Eugen, Oswald Onghers, Sein Leben und seine Werke. Ein Beitrag zur Geschichte der fränkischen Barockmalerei, Studien zur deutschen Kunstgeschichte 179, Straßburg 1915.

Kaiser, Michael, Politik und Kriegführung. Maximilian von Bayern, Tilly und die Katholische Liga im Dreißigjährigen Krieg, Schriftenreihe der Vereinigung zur Erforschung der Neueren Geschichte 28, Münster 1999.

Kalden-Rosenfeld, Iris, Tilman Riemenschneider und seine Werkstatt. Mit einem Katalog der allgemein als Arbeiten Riemenschneiders und seiner Werkstatt akzeptierten Werke, Königstein im Taunus 2001.

Kallfelz, Hatto, Reformation und Gegenreformation, in: Alfred Wendehorst (Hrsg.), Würzburg. Geschichte in Bilddokumenten, München 1981, S. 72–76.

Kallinich, Günter / T[r]enner, Christian, »Apotecarii« im frühesten Gesundheitswesen des Bistums Würzburg, in: Deutsche Apotheker-Zeitung 109 (1969), S. 1652–1655.

Kandler, Norbert, Ein Riß für die St. Michaelskirche von Johann Michael Fischer, in: Karl Hillenbrand

u. Rudolf Weigand (Hrsg.), Mit der Kirche auf dem Weg. 400 Jahre Priesterseminar Würzburg 1589–1989, Würzburg 1989, S. 247–251.

– Ders., Die Steuerlisten des 16. Jahrhunderts als Quelle für Geistliche und Pfründeninhaber im Bistum Würzburg, in: WDGBll 59 (1997), S. 31–140.

Karlinger, Hans (Bearb.), Bezirksamt Haßfurt, Die Kunstdenkmäler des Königreichs Bayern. Regierungsbezirk Unterfranken und Aschaffenburg 4, München 1912.

– Ders. (Bearb.), Bezirksamt Ebern, Die Kunstdenkmäler des Königreichs Bayern. Regierungsbezirk Unterfranken und Aschaffenburg 15, München 1916.

Karp, Theodore, A serendipitous encounter with St. Kilian, in: Early Music 28 (2000), S. 227–237.

Karrer, Klaus, Johannes Posthius. Verzeichnis der Briefe und Werke mit Regesten und Posthius-Biographie, Gratia 23, Wiesbaden 1993.

Kaspar, Adelhard, Professor Johann Georg Pickel, in: Die Mainlande. Geschichte und Gegenwart, 14. Jg., Nr. 10 v. 18. Mai 1963, S. 40.

[Katalog Schweinfurt]: »O sehet her! die allerliebsten Dingerchen ...« Friedrich Rückert und der Almanach. Eine Ausstellung der Bibliothek Otto Schäfer, des Stadtarchivs Schweinfurt, der Städtischen Sammlungen Schweinfurt und der Rückert-Gesellschaft e. V., 25. Juni – 1. Oktober 2000, Veröffentl. des Stadtarchivs Schweinfurt 15 / Rückert zu Ehren X, Würzburg 2000.

Kaufhold, Karl Heinrich, Forschungen zur deutschen Preis- und Lohngeschichte (seit 1930), in: Hermann Kellenbenz u. Hans Pohl (Hrsg.), Historia socialis et oeconomica. Festschrift für Wolfgang Zorn zum 65. Geburtstag, VSWG Beiheft 84, Stuttgart 1987, S. 81–101.

– Ders. / Reininghaus, Wilfried (Hrsg.), Stadt und Handwerk in Mittelalter und früher Neuzeit, Städteforschung. Veröffentl. des Instituts für vergleichende Städtegeschichte in Münster A/54, Köln/Weimar/Wien 2000.

Kaul, Oskar, Geschichte der Würzburger Hofmusik im 18. Jahrhundert, Fränk. Forschungen zur Geschichte und Heimatkunde 2/3, Würzburg 1924.

– Ders., Die musikdramatischen Werke des Würzburger Hofkapellmeisters Georg Franz Waßmuth, in: Zeitschrift für Musikwissenschaft 7 (1924/25), S. 390–408, 478–500.

– Ders., Musica Herbipolensis. Aus Würzburgs musikalischer Vergangenheit, hrsg. v. Frohmut Dangel-Hofmann, Marktbreit 1980.

Kelber, Klaus-Peter, Die versunkene Pflanzenwelt aus den Deltasümpfen Mainfrankens vor 230 Millionen Jahren. Makrofloren aus dem Germanischen Unterkeuper, Beringeria, Sonderheft 1, Würzburg 1990.

– Ders. / Hansch, Wolfgang, Keuperpflanzen. Die Enträtselung einer über 200 Millionen Jahre alten Flora, museo 11/95, Veröffentl. der Städtischen Museen Heilbronn, Heilbronn 1995.

Kellenbenz, Hermann, Deutsche Wirtschaftsgeschichte. Bd. 1: Von den Anfängen bis zum Ende des 18. Jahrhunderts, München 1977.

– Ders., Süddeutsche Wirtschaft im Netz regionaler und überregionaler Verflechtungen – zwischen Westfälischem Frieden und Französischer Revolution, in: Joachim Jahn u. Wolfgang Hartung (Hrsg.), Gewerbe und Handel vor der Industrialisierung. Regionale und überregionale Verflechtungen im 17. und 18. Jahrhundert, Regio Historica. Forschungen zur süddeutschen Regionalgeschichte 1, Sigmaringendorf 1991, S. 9–26.

Keller, Georg J., Geschichte des bischöflich würzburgischen Münzwesens unter Friedrich Carl von Schönborn, in: AUfr 10/II–III (1850), S. 130–186. Zitiert: Keller, 1850/I.

– Ders., Geschichte des bischöflich würzburgischen Münzwesens unter Anselm Franz von Ingelheim, in: AUfr 10/II (1850), S. 187–205. Zitiert: Keller, 1850/II.

Keller, Walter, Die »Cautio Criminalis« des Friedrich von Spee und ihre Wirkungsgeschichte in der Überwindung des Hexenwahns, in: WDGBll 57 (1995), S. 327–344.

Kengel, Rainer, Joseph Greising, der Architekt der fränkischen Barockklöster, in: Herbipolis jubilans, WDGBll 14/15 (1952/1953), S. 565–592.

Kerler, [Dietrich], Zum Gedächtniß des Fürstbischofs Franz Ludwig von Erthal. Mittheilungen aus Oberthür's handschriftlichem Nachlaß und anderen zeitgenössischen Quellen, in: AUfr 37 (1895), S. 1–77.

– Ders. (Hrsg.), Unter Fürstbischof Julius. Kalendereinträge des Tuchscherers Jakob Röder, in: AUfr 41 (1899), S. 1–69, 283f. Zitiert: Kerler, 1899/I.

– Ders., Ein Würzburger Bürger zu Fürstbischof Julius Zeiten. Vortrag, gehalten im historischen Verein, in: Würzburger General-Anzeiger 1899, Nr. 256 v. 8. Nov., S. 1; Nr. 257 v. 9. Nov., S. 1f. Zitiert: Kerler, 1899/II.

Kerler, [F.], Die Statuten der philosophischen Fakultät der Universität Würzburg in ihrer frühesten Fassung, Würzburg 1898.

Kern, Ernst, Zur Geschichte der Chirurgie an der Universität Würzburg, in: Peter Baumgart (Hrsg.), Vierhundert Jahre Universität Würzburg, Neustadt a. d. Aisch 1982, S. 827–839.

Kern, Josef, Schützenscheiben als Quellen der Stadtgeschichte, in: MJb 44 (1992), S. 127–138. Zitiert: Kern, 1992/I.

– Ders., Würzburg erleben. Stadtführer mit 96 farbigen Abbildungen, Stadtplan und ausführlichem
Stichwortverzeichnis, Veitshöchheim 1992. Zitiert: Kern, 1992/II.

– Ders., Das Juliusspital in Würzburg, Würzburg
1999.

Keß, Bettina, Die Fresken im Chor der Augustinerkirche (ehem. Dominikanerkirche) in Würzburg, in:
Georg Anton Urlaub, Würzburg 1996, S. 45–58.

[Kestler, Beschreibung]: Kestler, Johann Baptist, Topo-
grapisch-historisch-statistische Beschreibung der
Schlösser und des Dorfes Rottenbauer, Ms. (undatiert, ca. 1831), in: StadtAW, Nachlass Ziegler,
Karton 15, Nr. 5159.

[Kestler, Chronik]: Kestler, Johann Baptist, Rottenbauer. Kurze Chronik, Ms. (undatiert, ca. 1831),
in: StadtAW, Nachlass Ziegler, Karton 15, Nr.
5159.

[Kestler, Notizen]: Kestler, Johann Baptist, Notizen
über die Seelenzahl der Katholiken in Rottenbauer, Ms. (undatiert, ca. 1831), in: StadtAW, Nachlass Ziegler, Karton 15, Nr. 5159.

[Kestler, Pfarrcuratie]: Kestler, Johann Baptist, Geschichte der katholischen Pfarrcuratie Rottenbauer [...], Ms. (undatiert, ca. 1831), in: StadtAW,
Nachlass Ziegler, Karton 15, Nr. 5159.

Kestler, Johann Baptist, Beiträge zur Geschichte der
Stadt Heidingsfeld, in: AUfr 3/III (1836), S.
61–83.

Kieser, [Emil], Das Stadtbild von Würzburg, in:
Würzburger Universitäts-Almanach 1935/36, S.
54–68.

Kieß, Rudolf, Bemerkungen zur Holzversorgung von
Städten, in: Jürgen Sydow (Hrsg.), Städtische Versorgung und Entsorgung im Wandel der Geschichte, Sigmaringen 1981, S. 77–98.

Kilian. Mönch aus Irland – aller Franken Patron. Aufsätze, hrsg. v. Johannes Erichsen, Veröffentl. zur
Bayerischen Geschichte und Kultur 19/89, München 1989. Zitiert: Kilian, 1989/I.

Kilian. Mönch aus Irland – aller Franken Patron, 689–
989. Katalog der Sonder-Ausstellung zur 1300-
Jahr-Feier des Kiliansmartyriums, 1. Juli 1989 bis
1. Oktober 1989, Festung Marienberg Würzburg,
Würzburg 1989. Zitiert: Kilian, 1989/II.

Kirchhof, Hans Wilhelm, Militaris disciplina. Kritische Ausgabe, hrsg. v. Bodo Gotzkowsky, Bibliothek des literarischen Vereins in Stuttgart 298,
Stuttgart 1976.

Kirsch, Dieter, Füssener Lauten- und Geigenmacher
in Würzburg, in: Musik in Bayern 51 (1995), S.
11–45.

– Ders., Zur Geschichte der Würzburger Hofmusik
im 19. Jahrhundert, in: MJb 48 (1996), S. 199–
232.

– Ders., Die Anfänge institutioneller Musikerausbil-
dung in Würzburg unter Franz Joseph Fröhlich,
in: Ulrich Konrad (Hrsg.), Musikpflege und »Musikwissenschaft« in Würzburg um 1800, Symposiumsbericht Würzburg 1997, Tutzing 1998, S.
121–136.

– Ders., Lexikon Würzburger Hofmusiker vom 16.
bis zum 19. Jahrhundert, Quellen und Studien
zur Musikgeschichte Würzburgs und Mainfrankens 1, Würzburg 2002.

– Ders., Zur Besetzung der Würzburger Dommusik
im Jahr 1729, in: Hans-Georg Ziebertz, Theobald
Stangl und Johannes Windmeißer (Hrsg.), Dom-
musik Würzburg. Eine Festgabe zu Ehren von
Professor Siegfried Koesler, Domkapellmeister zu
Würzburg 1971–2002, S. 50–57.

Kittel, Erich, Die städtischen Siegel und Wappen und
der Landesherr im Mittelalter, in: Festschrift zum
hundertjährigen Bestehen des Herold zu Berlin
1869–1969, hrsg. v. Kurt Winckelsesser, Berlin
1969, S. 83–107.

– Ders., Siegel, Bibliothek für Kunst- und Antiquitä-
tenfreunde 11, Braunschweig 1970.

Kittel, Josef Balduin, Die Würzburger Handelsvertre-
tung in alter und neuer Zeit, in: Festschrift zur
Eröffnung des Handelskammergebäudes Würzburg. Zur Erinnerung an die Feier am 27. April
1914, hrsg. von der Handelskammer Würzburg,
Würzburg [1914], S. 15–128.

Klaiber, Hans Andreas, Der württembergische Ober-
baudirektor Philippe de la Guêpière. Ein Beitrag
zur Kunstgeschichte der Architektur am Ende des
Spätbarock, Veröffentl. der Kommission für Geschichtliche Landeskunde in Baden-Württemberg
9, Stuttgart 1959.

Klaus, Sabine Katharina, Zum Einfluß des Wiener
Klavierbaus auf den süddeutschen Raum um
1800. Dargestellt am Beispiel des Klavierbauers
Jakob Pfister (1770–1838), Würzburg, in: Monika
Lustig (Hrsg.), Zur Geschichte des Hammerkla-
viers, 14. Musikinstrumentenbau-Symposium in
Michaelstein, Michaelstein 1996, S. 63–76.

Klaveren, Jacob van, Fiskalismus – Merkantilismus –
Korruption. Drei Aspekte der Finanz- und Wirt-
schaftspolitik während des Ancien Régime, in:
VSWG 47 (1960), S. 333–353.

Kleinlauth, Brigitte (Hrsg.), Der Schreibkalender des
Jakob Röder 1598–1618, Veröffentl. zur Volkskunde und Kulturgeschichte 28, Würzburg 1988.

Dies., Volkskalender in Unterfranken 1780–1880,
MfrSt. 52, Würzburg 1992.

Kleinschmidt, Erich, Humanistische Frauenbildung
in der frühen Neuzeit. Gaspar Stiblins »Coropae-
dia« (1555), in: Zeitschrift für deutsches Altertum
und deutsche Literatur 127 (1998), S. 427–442.

Klemm, Christian, Joachim von Sandrart, Kunst-Werke u. Lebenslauf, Berlin 1986.

Kliebert, [Karl], Die kgl. Musikschule Würzburg, ihre Gründung, Entwicklung und Neugestaltung. Denkschrift aus Anlaß [des] 100-jährigen Bestehens der Anstalt 1804–1904, Würzburg 1904.

Klimpert, Richard, Lexikon der Münzen, Maße, Gewichte, Zählarten und Zeitgrößen aller Länder der Erde, Graz 1972 (unveränderter Ndr. der 2., verb. Aufl. Berlin 1896).

Klueting, Harm, »Der Genius der Zeit hat sie unbrauchbar gemacht.« Zum Thema Katholische Aufklärung – Oder: Aufklärung und Katholizismus im Deutschland des 18. Jahrhunderts. Eine Einleitung, in: Ders., Norbert Hinske u. Karl Hengst (Hrsg.), Katholische Aufklärung – Aufklärung im katholischen Deutschland, Studien zum 18. Jahrhundert 15, Hamburg 1993, S. 1–35.

Knapp, Fritz, Würzburg. 1200 Jahre deutscher Kunst. Ein Rundgang, Würzburg o. J.

Knapp, Hermann, Die Zenten des Hochstifts Würzburg. Ein Beitrag zur Geschichte des süddeutschen Gerichtswesens und Strafrechts, 2 Bde., Berlin 1907.

Knemeyer, Franz-Ludwig, Polizei, in: Otto Brunner u. a. (Hrsg.), Geschichtliche Grundbegriffe. Historisches Lexikon zur politisch-sozialen Sprache in Deutschland, Bd. 4, Stuttgart 1978, S. 875–897.

Knott, Nagia, Georg Anton Urlaub (1713–1759). Ein fränkischer Maler, MfrSt. 19, Würzburg 1978.

Koch, Adolf, Regierung und Buchhandel vor 100 Jahren, in: Archiv für Geschichte des Deutschen Buchhandels 14 (1891), S. 279–287.

Koch, Ludwig, Jesuiten-Lexikon, Paderborn 1934.

Koch, Wilhelm, Fürstbischöfliche Fischereigesetzgebung und Fischereiverwaltung am Main von 1450–1800, in: Fischereiverband Unterfranken e. V. Würzburg (Hrsg.), 80 Jahre Fischereiverband Unterfranken e. V. Würzburg 1877–1957, Würzburg 1958, S. 206–271.

Kömstedt, Rudolf, Von Bauten und Baumeistern des fränkischen Barock, aus dem Nachlaß hrsg. v. Hans Reuther, Berlin 1963.

König, Imke, Judenverordnungen im Hochstift Würzburg (15.–18. Jh.), Frankfurt 1999.

Körner, Hans, Die Würzburger Siebold. Eine Gelehrtenfamilie des 18. und 19. Jahrhunderts, Quellen und Beiträge zur Geschichte der Universität Würzburg 3, Neustadt/Aisch 1967.

Körner, Hans-Michael, Das Hochstift Würzburg. Die geistlichen Staaten des Alten Reiches – Zerrbild und Wirklichkeit, in: Jahres- und Tagungsbericht der Görres-Gesellschaft 1992, S. 4–21.

– Ders., Michael Ignaz Schmidt, die Schulreformen im Hochstift Würzburg und ihre auswärtigen Vorbilder, in: Peter Baumgart (Hrsg.), Michel Ignaz Schmidt (1736–1794) in seiner Zeit, Quellen und Beiträge zur Geschichte der Universität Würzburg 9, Neustadt/Aisch 1996, S. 43–60.

– Ders., Schulen, Gymnasien und Universitäten im Wandel der Bildungspolitik, in: Peter Kolb u. Ernst-Günter Krenig (Hrsg.), Unterfränkische Geschichte 4/1, Würzburg 1998, S. 437–473.

Kolb, Peter, Die Wappen der Würzburger Fürstbischöfe, Würzburg 1974.

– Ders., Die Juliusspital-Stiftung zu Rothenfels, Würzburg 1985.

– Ders., Das Spitalwesen, in: Ders. u. Ernst-Günter Krenig (Hrsg.), Unterfränkische Geschichte 3, Würzburg 1995, S. 627–661.

– Ders. / Krenig, Ernst-Günter (Hrsg.), Unterfränkische Geschichte. Bd. 2: Vom hohen Mittelalter bis zum Beginn des konfessionellen Zeitalters, Würzburg 1992. Bd. 3: Vom Beginn des konfessionellen Zeitalters bis zum Ende des Dreißigjährigen Krieges, Würzburg 1995. Bd. 4: Vom Ende des Dreißigjährigen Krieges bis zur Eingliederung in das Königreich Bayern, 2 Teilbde., Würzburg 1998/1999.

Konrad, Ulrich, Das Bildprogramm auf dem Titel des Graduale Herbipolense (1583), in: Hans-Georg Ziebertz, Theobald Stangl und Johannes Windmeißer (Hrsg.), Dommusik Würzburg. Eine Festgabe zu Ehren von Professor Siegfried Koesler, Domkapellmeister zu Würzburg 1971–2002, S. 40–49.

Kopp, Walter, Würzburger Wehr. Eine Chronik zur Wehrgeschichte Würzburgs, MfrSt. 22, Würzburg 1979.

Kordel, Alain, Die Visitation der Dominikanerprovinz Teutonia durch Tomaso Marini OP (1617–1619), 2 Teile, in: Archivum Fratrum Praedicatorum 58 (1988), S. 265–359; 60 (1990), S. 375–462.

Korherr, Richard, Würzburg. Seine Entwicklung in Wort und Zahl, Würzburg 1937.

Korth, Thomas, Der Raum der Schönbornkapelle am Würzburger Dom, in: Ders. u. Joachim Poeschke (Hrsg.), Balthasar Neumann. Kunstgeschichtliche Beiträge zum Jubiläumsjahr 1987, München 1987, S. 53–78.

– Ders. / Poeschke, Joachim (Hrsg.), Balthasar Neumann. Kunstgeschichtliche Beiträge zum Jubiläumsjahr 1987, München 1987.

Koser, Ludewig (Johann Peter v.), in: ADB 19 (1884), S. 379–381.

Kossatz, Tilman, Johann Philipp Preuss (1605–ca. 1687). Ein Beitrag zur Genese barocker Bildkunst in Franken, MfrSt. 42, Würzburg 1988.

– Ders., Bühler, Johann Ulrich, in: Saur Allgemeines Künstlerlexikon, Bd. 15, München/Leipzig 1997, S. 36.

– Ders., Die Plastik vom späten Manierismus bis zum Klassizismus, in: Peter Kolb u. Ernst-Günter Krenig (Hrsg.), Unterfränkische Geschichte 4/2, Würzburg 1999, S. 381–457.

Kramer, Karl-Sigismund, Würzburger Volk des 16. Jahrhunderts vor Gericht, in: Bayerisches Jb. für Volkskunde 1955, S. 141–156. Zitiert: Kramer, 1955/I.

– Ders., Würzburger Volk im sechzehnten Jahrhundert, in: MJb 7 (1955), S. 143–170. Zitiert: Kramer, 1955/II.

– Ders., Bauern und Bürger im nachmittelalterlichen Unterfranken. Eine Volkskunde auf Grund archivalischer Quellen, Beiträge zur Volkstumsforschung 11, VGffG IX/12, Würzburg 1957, Ndr. Würzburg 1984 (= Veröffentl. zur Volkskunde und Kulturgeschichte 17).

Krampf, Franz, Das Spital zu den XIV hl. Nothhelfern, Hofspital genannt, in: Franconia Sacra, Bd. 1: Die Pfarrei zu St. Burkard in Würzburg, hrsg. v. Johann Baptist Stamminger, Würzburg 1889, S. 31–44.

Kranzbühler, Mechthild, Johann Wolfgang von der Auwera. Ein fränkischer Bildhauer des 18. Jahrhunderts, in: Städel-Jb. 7/8 (1932), S. 182–219.

Kraus, Andreas, Grundzüge barocker Geschichtsschreibung, in: HJb 88 (1968), S. 54–77.

– Ders., Die benediktinische Geschichtsschreibung im neuzeitlichen Bayern, in: StMBO 80 (1969), S. 205–229.

– Ders., Im Vorhof der Toleranz. Kirchenrecht, Reichsrecht und Naturrecht im Einflußbereich des Würzburger Kanonikers Johann Caspar Barthel, in: HJb 103 (1983), S. 56–75.

Kraus, Dagmar (Bearb.), Archiv der Freiherren von Berlichingen, Jagsthausen. Urkundenregesten 1244–1860, Inventare der nichtstaatlichen Archive in Baden-Württemberg 25, Stuttgart 1999.

Kraus, Erasmus, Hofhaltungen in Würzburg 1675–1719, in: MJb 27 (1975), S. 51–81.

Kreisel, Heinrich, Die Würzburger Gobelinmanufaktur und ihre Erzeugnisse, in: MJb 4 (1952), S. 151–175.

Kremeier, Jarl, Die Hofkirche der Würzburger Residenz, Worms 1999.

Krenig, Ernst-Günter, Collegium Fridericianum. Die Begründung des gymnasialen Schulwesens unter Fürstbischof Friedrich von Wirsberg in Würzburg, in: Ders. u. Otto Schönberger (Hrsg.), Lebendige Tradition. 400 Jahre Humanistisches Gymnasium in Würzburg, Würzburg 1961, S. 1–22.

– Ders., Das Jesuitenschauspiel am Gymnasium in Würzburg, in: Ders., Studien zur Geschichte des Alten Gymnasiums in Würzburg, Würzburg 1986, S. 40–53.

– Ders., Das Hochstift Würzburg in den Jahrzehnten der Gegenreformation. Von den letzten Jahren des Fürstbischofs Melchior Zobel von Giebelstadt bis in die ersten Jahre des Dreißigjährigen Krieges, in: Peter Kolb u. Ernst-Günter Krenig, Unterfränkische Geschichte 3, Würzburg 1995, S. 165–218.

Kreutzer, Gustav Adolf, Immigration fremder Kaufleute nach Würzburg im 18. Jahrhundert, Diss., Würzburg 1925.

Kriedte, Peter, Die Vorbereitung der industriellen Revolution durch die Proto-Industrialisierung, in: Jb. für Wirtschaftsgeschichte 1989, S. 141–152.

Sveriges Krig 1611–1632, hrsg. vom Generalstaben, Bde. IV–V, Stockholm 1937–1938.

Krückmann, Peter O. (Hrsg.), Der Himmel auf Erden. Tiepolo in Würzburg, Ausstellung in der Residenz Würzburg vom 15. Februar bis zum 19. Mai 1996, 2 Bde., München 1996.

Krüger, Gertrud, Jakob van der Auwera. Ein Beitrag zur Entwicklung der Würzburger Barockplastik, Diss. phil., Würzburg 1931.

Krug, Gisela, Die Juden in Mainfranken zu Beginn des 19. Jahrhunderts: Statistische Untersuchungen zu ihrer sozialen und wirtschaftlichen Situation, in: Harm-Hinrich Brandt (Hrsg.), Zwischen Schutzherrschaft und Emanzipation. Studien zur Geschichte der mainfränkischen Juden im 19. Jahrhundert, MfrSt. 39, Würzburg 1987, S. 19–137.

Küffner, Eduard, Der Main als Festplatz in früheren Jahrhunderten, in: Kiliani-Fest Würzburg 1525–1925. Festschrift, hrsg. v. Turn- u. Sportverein »Jahn« Würzburg und der Würzburger Fischerzunft, Würzburg 1925, S. 71–79.

Küffner, Karl, Beiträge zur Geschichte der Volksschule im Hochstift Würzburg von Joh. Gottfried v. Guttenberg bis zum Tode Adam Friedrichs von Seinsheim, Würzburg 1888.

Kühlmann, Wilhelm / Seidel, Robert / Wiegand, Hermann (Hrsg.), Humanistische Lyrik des 16. Jahrhunderts. Lat. u. dt. in Zusammenarbeit mit Christof Bodamer, Lutz Claren, Joachim Huber, Veit Probst, Wolfgang Schibel u. Werner Straube ausgewählt, übersetzt, erläutert u. hrsg. v. ..., Bibliothek der frühen Neuzeit 5; Bibliothek deutscher Klassiker 146, Frankfurt/Main 1997.

Kuhn, Martin, Kloster Banz, Königstein/Taunus [1959].

Kuhn, Rudolf Edwin, Würzburger Madonnen des Barock und Rokoko, Aschaffenburg 1949.

– Ders., Großer Führer durch Würzburgs Dom und Neumünster, Würzburg 1968.

– Ders., Der Thronsaal der himmlischen Herrlichkeit. Das Lebenswerk des Stukkator-Architekten Giovanni Pietro Francesco Magno im Würzburger

St. Kiliansdom. Studien zur fränkischen Stuckforschung, zum erhaltenen, restaurierten und abgenommenen Stuck, Würzburg 1981.
- Ders., St. Peter und Paul zu Würzburg, Würzburg o. J.

Kuhr, Georg (Bearb.), Ritterschaftliches Pfarrerbuch Franken, Einzelarbeiten aus der Kirchengeschichte Bayerns 58, Neustadt/Aisch 1979.

Kummer, Christiane, Die Illustration der Würzburger Bischofschronik des Lorenz Fries aus dem Jahre 1546. Ein Hauptwerk Martin Segers und seiner Werkstatt, Veröffentl. des Stadtarchivs Würzburg 7, Würzburg 1995.

Kummer, Stefan, Balthasar Neumann und die frühe Planungsphase der Würzburger Residenz, in: Thomas Korth u. Joachim Poeschke (Hrsg.), Balthasar Neumann. Kunstgeschichtliche Beiträge zum Jubiläumsjahr 1987, München 1987, S. 79–91.
- Ders., Das Spiegelkabinett Friedrich Carls von Schönborn, in: Das Spiegelkabinett der Würzburger Residenz, Sonderdruck aus: Würzburg-heute 45 (1988), S. 53–57.
- Ders., Architektur und Dekoration des Zwiefalter Münsterraumes, Gesamtkunstwerk oder Ensemble?, in: Hermann Josef Pretsch (Hrsg.), 900 Jahre Benediktinerabtei Zwiefalten, Ulm 1989, S. 391–400.
- Ders., »Doceant Episcopi«. Auswirkungen des Trienter Bilderdekrets im römischen Kirchenraum, in: Zeitschrift für Kunstgeschichte 56 (1993), S. 508–533.
- Ders., Die Kunst der Echterzeit, in: Peter Kolb u. Ernst-Günter Krenig (Hrsg.), Unterfränkische Geschichte 3, Würzburg 1995, S. 663–716.
- Ders., Ruhm und Rang der Würzburger Residenz, in: Peter O. Krückmann (Hrsg.), Der Himmel auf Erden. Tiepolo in Würzburg, Bd. 2, München/New York 1996, S. 29–35. Zitiert: Kummer, 1996/I.
- Ders., Zur Stellung der Würzburger Residenz in der europäischen Schloßbaukunst, in: Würzburg – heute 61 (1996), S. 68–73. Zitiert: Kummer, 1996/II.
- Ders., Die klassizistische Ausstattung des Treppenhauses der Würzburger Residenz, in: Würzburg – heute 66 (1998), S. 46–52.
- Ders., Tiepolo und seine Söhne in Würzburg, in: Frankenland 51 (1999), H. 3, S. 182–194.
- Ders., Die Stadt Würzburg als Gesamtkunstwerk, in: MJb 52 (2000), S. 21–45.
- Ders., Architektur und bildende Kunst von den Anfängen bis zum Ausgang des Mittelalters, in: Geschichte der Stadt Würzburg, hrsg. v. Ulrich Wagner, Bd. 1, Stuttgart 2001, S. 410–449, 653–658.

Kurzhals, Karlhans (P. Konstantin), Geschichte des Klosters der Unbeschuhten Karmeliten in Würzburg (1627–1802). Theol. Diplom-Arbeit masch., Würzburg 1974.

Lamberg, G. v., Criminal-Verfahren vorzüglich bei Hexenprocessen im ehemaligen Bißthum Bamberg während der Jahre 1624 bis 1630, Nürnberg [1836].

Lang, Wilhelm, Johann Georg Oegg, Fürstbischöflicher Hofschlosser zu Würzburg. Ein Meister der Schmiedekunst, Würzburg 1982.

Laufs, Adolf, Der schwäbische Kreis. Studien über Einungswesen und Reichsverfassung im deutschen Südwesten zu Beginn der Neuzeit, Untersuchungen zur deutschen Staats- und Rechtsgeschichte, NF Bd. 16, Aalen 1971.
- Ders. (Hrsg.), Die Reichskammergerichtsordnung von 1555, Köln/Wien 1976.

Lechner, Alfred, Die Pest in Würzburg im sechzehnten Jahrhundert, in: AUfr 68 (1929), S. 247–341.

Lefrère, Sieglinde, Die Entwicklung des saarländischen Apothekenwesens, Quellen und Studien zur Geschichte der Pharmazie 4, Frankfurt 1963.

Lehmann, Paul, Franciscus Modius als Handschriftenforscher, Quellen und Untersuchungen zur lateinischen Philologie des Mittelalters 3/1, München 1908.

Lehner, Julia, Die Mode im alten Nürnberg, Modische Entwicklung und sozialer Wandel in Nürnberg, aufgezeigt an den Nürnberger Kleiderordnungen, Nürnberger Werkstücke zur Stadt- und Landesgeschichte 36, Nürnberg 1984.

Leiser, Wolfgang, Die Stadt im süddeutschen Kleinstaat des Ancien Régime, in: Volker Press (Hrsg.), Städtewesen und Merkantilismus in Mitteleuropa, Köln/Wien 1983, S. 111–134.

Leitschuh, Franz Friedrich, Quellen und Studien zur Geschichte des Kunst- und Geisteslebens in Franken. Erster Teil, in: AUfr 44 (1902), S. 185–223.
- Ders., Würzburg, Berühmte Kunststätten 54, Leipzig 1911.

Lengfelder Chronik. Abhängiges Dorf, selbständige Gemeinde, eingemeindeter Stadtteil, hrsg. v. Arbeitskreis Lengfelder Geschichte, Würzburg 2003.

Lesch, Karl Josef, Oberthürs Polemik gegen die Theologie der Jesuiten und seine Bemühungen um eine Reform des Theologiestudiums, in: WDGBll 37/38 (1975), S. 57–69.
- Ders., Die Säkularisation des Hochstifts Würzburg und ihre Folgen für die Theologische Fakultät der Universität Würzburg. Ein Beitrag zum Höhepunkt und Ende der Aufklärungstheologie in Würzburg, in: WDGBll 39 (1977), S. 203–236.

– Ders., Neuorientierung der Theologie im 18. Jahrhundert in Würzburg und Bamberg, Forschungen zur fränk. Kirchen- und Theologiegeschichte 1, Würzburg 1978.

– Ders., Johann Michael Feder – ein Prediger der Aufklärungszeit, in: WDGBll 41 (1979), S. 169–182.

Leskien, Hermann, Johann Georg von Eckhart (1674–1730). Das Werk eines Vorläufers der Germanistik, Diss., Würzburg 1965.

Lexikon Capuccinum. Promptuarium Historico-Bibliographicum Ordinis Fratrum Minorum Capuccinorum (1525–1950), Rom 1951.

Lexikon der christlichen Ikonographie, hrsg. v. Engelbert Kirschbaum, 8 Bde., Rom/Freiburg/Basel/Wien 1968–1976.

Leydhecker, Wolfgang, Der Beginn der wissenschaftlichen Chirurgie und Augenheilkunde in Würzburg durch Carl Caspar von Siebold (1736–1807), in: Würzburger medizinhistorische Mitteilungen 10 (1992), S. 101–105.

Lieb, Norbert, Die Vorarlberger Barockbaumeister, 3. Aufl. München/Zürich 1976.

Liedtke, Max (Hrsg.), Handbuch der Geschichte des Bayerischen Bildungswesens. Bd. 1: Geschichte der Schule in Bayern. Von den Anfängen bis 1800. Bd. 2: Geschichte der Schule in Bayern. Von 1800–1918, Bad Heilbrunn 1991–1993.

Lill, Georg, Aus der Frühzeit des Würzburger Bildhauers Peter Dell des Älteren, in: MJb 3 (1951), S. 139–159.

Lindemann, Bernd Wolfgang, Ferdinand Tietz, 1708–1777. Studien zu Werk, Stil und Ikonographie, Weißenhorn 1989.

Lindig, Annemarie, Franz Oberthür als Menschenfreund. Ein Kapitel aus der katholischen Aufklärung in Würzburg, in: Otto Volk (Hrsg.), Professor Franz Oberthür. Persönlichkeit und Werk, Quellen und Beiträge zur Geschichte der Universität Würzburg 2, Neustadt a. d. Aisch 1966, S. 11–130.

Lindner, Josef, Die Arznei für die Kranken. Die Apotheke des Juliusspitals, in: Das Juliusspital Würzburg in Vergangenheit und Gegenwart, Würzburg 1953, S. 31–37.

Link, Georg, Klosterbuch der Diöcese Würzburg. Bd. 1: Geschichte der Benediktinerklöster. Bd. 2: Geschichte der übrigen Klöster und klösterlichen Institute, Würzburg 1873–1876.

Link, Thomas Hubertus, Die Reichspolitik des Hochstifts Würzburg und ihr Verhältnis zur Rechtswissenschaft am Ende des Alten Reiches, Europäische Hochschulschriften, R. III: Geschichte und ihre Hilfswissenschaften 603, Frankfurt u. a. 1995.

Lo Sardo, Eugenio (Hrsg.), Athanasius Kircher – Il museo del mondo, Katalog der Ausstellung Palazzo Venezia 28. 2. – 22. 4. 2001, Rom 2001.

Löhr, Alexander, Georg Anton Urlaub – Die Ölgemälde, in: Georg Anton Urlaub, Würzburg 1996, S. 59–64.

Lohmeier, Georg, Adam Friedrich von Seinsheim, Fürstbischof von Würzburg und Bamberg, Herzog in Franken, in: Ludwig Schrott (Hrsg.), Bayerische Kirchenfürsten, München 1964, S. 259–268.

Lohmeyer, Karl, Die Briefe Balthasar Neumanns von seiner Pariser Studienreise 1723, Düsseldorf 1911.

– Ders. (Hrsg.), Die Briefe Balthasar Neumanns an Friedrich Karl von Schönborn, Fürstbischof von Würzburg und Bamberg, und Dokumente aus den ersten Baujahren der Würzburger Residenz, Saarbrücken/Berlin/Leipzig/Stuttgart 1921.

– Ders., Die Baumeister des rheinisch-fränkischen Barocks, Wien/Augsburg 1931.

Loibl, Werner, Franz Ludwig von Erthal und das Manufakturwesen im Hochstift Würzburg, in: Renate Baumgärtel-Fleischmann (Hrsg.), Franz Ludwig von Erthal, Fürstbischof von Bamberg und Würzburg 1779–1795, Bamberg 1995, S. 109–121.

– Ders. (Hrsg.), Asche zu Glas, Lohr 1996.

– Ders., Johann Daniel Crafft (Wertheim 1624 – Amsterdam 1697). Ein Chemiker, Kameralist und Unternehmer des 17. Jahrhunderts, in: Wertheimer Jb. 1997, S. 55–251.

– Ders., Manufakturen – riskante Unternehmen im kleinstaatlichen Merkantilismus, in: Peter Kolb u. Ernst-Günter Krenig (Hrsg.), Unterfränkische Geschichte 4/1, Würzburg 1998, S. 335–365.

– Ders., Athanasius Kircher (1602–1680) und Aschaffenburg, in: Aschaffenburger Jb. für Geschichte, Landeskunde und Kunst des Untermaingebietes 21 (2001), S. 11–48.

Longo, Lucia, Antonio Petrini (um 1620/21–1701). Ein Barockarchitekt in Franken, München/Zürich 1985.

Looshorn, Johann, Die Geschichte des Bisthums Bamberg. Bd. 6: Das Bisthum Bamberg von 1623–1729, Bamberg 1906.

Lori, Johann Georg (Hrsg.), Sammlung des baierischen Münzrechts, 3 Bde., München [1768].

Luckhardt, Jochen, Zum Wandel der Realitätsauffassung in topographischen Darstellungen Westfalens vor 1900, in: Lüneburger Beiträge zur Vedutenforschung, hrsg. v. Eckard Jäger, Lüneburg 1983, S. 75–84.

Ludewig, Johann Peter, Geschicht-Schreiber von dem Bischoffthum Wirtzburg […], Frankfurt 1713.

Ludwig, August Friedrich, Weihbischof Zirkel von Würzburg in seiner Stellung zur theologischen Aufklärung und zur kirchlichen Restauration, 2 Bde., Paderborn 1904–1906.

Lüde, Annegret v., Studien zum Bauwesen in Würzburg 1720 bis 1750, MfrSt. 40, Würzburg 1987.

Lütgendorff, Willibald Leo v., Die Geigenbauer vom Mittelalter bis zur Gegenwart, 2 Bde., Würzburg 1978.

Lusin, Jörg, Die Baugeschichte der Würzburger Domherrnhöfe, Würzburg 1984.

– Ders., Von der Agneskapelle zur Jesuitenkirche. Eine baugeschichtliche Spurensuche, in: Karl Hillenbrand u. Rudolf Weigand (Hrsg.), Mit der Kirche auf dem Weg. 400 Jahre Priesterseminar Würzburg 1589–1989, Würzburg 1989, S. 223–246.

– Ders., Würzburg, wie es früher war. Das Mainviertel, 2 Bde., Würzburg 1999–2000.

Lutz, Caspar, Rückblick auf die Entstehung und Entwicklung des Julius-Hospitales in Würzburg. Festvortrag […] gehalten am 12. März 1876, Würzburg 1876.

Lutz, Werner, Die Geschichte des Weinbaues in Würzburg im Mittelalter und in der Neuzeit bis 1800, MfrH. 43, Würzburg 1965.

Mader, Felix (Bearb.), Bezirksamt Würzburg, Die Kunstdenkmäler des Königreichs Bayern. Regierungsbezirk Unterfranken und Aschaffenburg 3, München 1911, Ndr. München/Wien 1982.

– Ders. (Bearb.), Stadt Würzburg, Die Kunstdenkmäler des Königreichs Bayern. Regierungsbezirk Unterfranken und Aschaffenburg 12, München 1915, Ndr. München/Wien 1981.

Mägdefrau, Werner (Hrsg.), Europäische Stadtgeschichte in Mittelalter und früher Neuzeit, Weimar 1979.

Mälzer, Gottfried, Die Würzburger Bischofs-Chronik des Lorenz Fries. Textzeugen und frühe Überlieferung, MfrH. 84, Würzburg 1987.

– Ders., Die Bibliothek des Würzburger Domstifts, in: WDGBll 50 (1988), S. 509–544.

– Ders., Die Fries-Chronik des Fürstbischofs Julius Echter von Mespelbrunn. Eine fränkische Prachthandschrift des 16. Jahrhunderts aus dem Bestand der Universitätsbibliothek Würzburg, Codex M. ch. f. 760, Würzburg 1989.

– Ders., Alt-Würzburg, einst und jetzt. Begleitbuch zur Ausstellung der Universitätsbibliothek Würzburg zum Gedenken an den 16. März 1945, 4. Mai bis 30. November 1995, Würzburg 1995.

Mäuser, Matthias, Geologische und paläontologische Untersuchungen an der altpleistozänen Säugetier-Fundstelle Würzburg-Schalksberg, Münchner Geowissenschaftliche Abh. A/11, München 1987.

Maga, Christian, Fürstbischof Julius Echter von Mespelbrunn und die römischen Kaiser. Überlegungen zu den Caesarenreliefs des Mainfränkischen Museums, in: MJb 45 (1993), S. 33–46.

Magazin für Prediger zur Beförderung des praktischen Christenthumes und der populären Aufklärung, 4 Bde., Würzburg 1789–1793.

Magnuson, Torgil, Rome in the Age of Bernini, 2 Bde., Stockholm 1982–1986.

Maier, Markus Josef, Vom Stuck zum Stein. Beobachtungen zur Formensprache Joseph Greisings, in: WDGBll 64 (2002), S. 391–403.

Mainka, Peter / Schellakowsky, Johannes / Süss, Peter A. (Hrsg.), Aspekte des 18. Jahrhunderts. Studien zur Geistes-, Bildungs- und Verwaltungsgeschichte in Franken und Brandenburg-Preußen, MfrSt. 60, Würzburg 1996.

Manitz, Bärbel, Wand, Wölbung und Rotunde. Themen und Leitmotive in Balthasar Neumanns kurvierter Sakralarchitektur, 2 Teile, Manuskripte zur Kunstwissenschaft 34, Worms 1992.

Marigold, W. Gordon, Überlegungen zu einigen Jesuitenhuldigungen, in: Guillaume van Gemert u. Hans Ester (Hrsg.), Grenzgänge. Literatur und Kultur im Kontext. Für Hans Pörnbacher zum 60. Geburtstag und zum Abschied von der Universität Nijmegen, Amsterdam/Atlanta 1990, S. 33–50.

Martino, Alberto, Die deutsche Leihbibliothek. Geschichte einer literarischen Institution (1756–1914). Mit einem zusammen mit Georg Jäger erstellten Verzeichnis der erhaltenen Leihbibliothekskataloge, Beiträge zum Buch- und Bibliothekswesen 29, Wiesbaden 1990.

Mayer, Bernd M., Johann Rudolf Bys (1662–1738). Studien zu Leben und Werk, Beiträge zur Kunstwissenschaft 53, München 1994.

Mayer, Eva, Daniel Stiebar von Buttenheim und Joachim Camerarius, in: WDGBll 14/15 (1952/53), S. 485–499.

Meidinger, Johann Friedrich Frhr. v., Patriotische Gedanken über das zerrüttete Münzwesen und die Errichtung einer gesetzmäßigen Creis-Münz-Statt nebst einem Anhange, wie die Münz-Wissenschaft auf Academien zu dociren sey, Würzburg/Nürnberg/Prag 1765.

Memminger, Anton, Das verhexte Kloster, Würzburg 1904.

Memminger, August, Würzburger Friedhofwanderung, Würzburg 1921.

Memminger, Thomas, Würzburgs Straßen und Bauten. Ein Beitrag zur Heimatkunde, 2., verb. u. verm. Aufl. Würzburg 1921, 3., verb. u. verm. Aufl. Würzburg 1923.

Mempel, Dieter, »grebß, grotten, frösch« und anderes mehr – Professor Beringer und die Würzburger Lügensteine im Spiegel zeitgenössischer Quellen, in: Peter Mainka u. a. (Hrsg.), Aspekte des 18. Jahrhunderts, MfrSt. 60, Würzburg 1996, S. 19–41.

Menke, Luthard, Das Spitäle. Bemerkungen zu seiner Bedeutung und Baugeschichte, in: VKU (Hrsg.), Geschichte und Geschichten über das Spitäle, Würzburg 1994, S. 30–39.

Mentz, Georg, Johann Philipp von Schönborn, Kurfürst von Mainz, Bischof von Würzburg und Worms 1605–1673. Ein Beitrag zur Geschichte des siebzehnten Jahrhunderts, 2 Bde., Jena 1896–1899.

Merkle, Sebastian, Eine Klageschrift gegen Fürstbischof Julius Echter von Mespelbrunn aus dem Jahre 1575. Zugleich ein Beitrag zur Charakteristik des fränkischen Gelehrten Lorenz Albert, in: AUfr 41 (1899), S. 263–276.

– Ders., Würzburg im Zeitalter der Aufklärung, in: Archiv für Kulturgeschichte 11 (1914), S. 166–195; wieder abgedruckt in: Ders., Ausgewählte Reden und Aufsätze, hrsg. v. Theobald Freudenberger, QFW 17, Würzburg 1965, S. 421–441.

– Ders., Berg, Franz, katholischer Theologe, Historiker und Philosoph 1753–1821, in: Lebensläufe aus Franken 2, VGffG VII/2, Würzburg 1922, S. 14–25.

– Ders. (Hrsg.), Die Matrikel der Universität Würzburg, 1. Teil: Text, 2 Hälften, VGffG IV/5, 1, 1–2, München/Leipzig 1922; Wendehorst, Alfred / Wendehorst, Christa (Bearb.), Die Matrikel der Universität Würzburg, 2. Teil: Personen- und Ortsregister 1582–1830, VGffG IV/5,2, Berlin 1982.

Der fränkische Merkur, oder Unterhaltungen gemeinnützigen Inhalts für die fränkischen Kreislande und ihre Nachbarn, 6 Bde., hrsg. v. Johann K. Bundschuh, Bd. I–III Schweinfurt, Bd. IV–VI Bayreuth 1794–1799.

Mertens, Dieter, Landeschronistik im Zeitalter des Humanismus und ihre spätmittelalterlichen Wurzeln, in: Franz Brendle u. a. (Hrsg.), Deutsche Landesgeschichtsschreibung im Zeichen des Humanismus, Stuttgart 2001, S. 19–31.

Merzbacher, Friedrich, Geschichte des Hexenprozesses im Hochstifte Würzburg, in: MJb 2 (1950), S. 162–185.

– Ders., Zur Rechtsgeschichte und Volkskunde der Würzburger Kiliansverehrung, in: WDGBll 14/15 (1952), S. 27–56.

– Ders., Zur Lebensgeschichte des Magisters Johannes Episcopius, in: WDGBll 16/17 (1954/55), S. 371–374.

– Ders., Iudicium Provinciale Ducatus Franconiae. Das kaiserliche Landgericht des Herzogtums Franken-Würzburg im Spätmittelalter, Schriftenreihe zur bayer. Landesgeschichte 54, München 1956.

– Ders., Die Bischofsstadt, Arbeitsgemeinschaft für Forschung des Landes Nordrhein-Westfalen. Geisteswissenschaften 93, Köln/Opladen 1961.

– Ders., Die Würzburger Halsgerichtsordnungen, in: Günter Spendel (Hrsg.), Studien zur Strafrechtswissenschaft, Festschrift für Ulrich Stock zum 70. Geburtstag, Würzburg 1966, S. 27–43.

– Ders., Die Hexenprozesse in Franken, 2. Aufl. München 1970. Zitiert: Merzbacher, 1970/I.

– Ders., Ordinatio iudicii provincialis Franconica. Die fränkische Landgerichtsordnung von 1618, in: WDGBll 32 (1970), S. 83–105. Zitiert: Merzbacher, 1970/II.

– Ders., Fürstbischof Julius Echter von Mespelbrunn als Gesetzgeber, in: Ders. (Hrsg.), Julius Echter und seine Zeit. Gedenkschrift aus Anlass des 400. Jahrestages der Wahl des Stifters der Alma Julia zum Fürstbischof von Würzburg am 1. Dezember 1573, Würzburg 1973, S. 65–126.

– Ders., Franconiae historiographia. Konturen der Geschichtsschreibung in Franken, in: ZBLG 40 (1977), S. 515–552. Zitiert: Merzbacher, 1977/I.

– Ders., Johann Caspar Barthel (1697–1771), in: WDGBll 39 (1977), S. 183–201. Zitiert: Merzbacher, 1977/II.

– Ders., Das Juliusspital in Würzburg. Bd. 2: Rechts- und Vermögensgeschichte, Würzburg 1979.

– Ders., Recht – Staat – Kirche. Ausgewählte Aufsätze, hrsg. v. Gerhard Köbler, Hubert Drüppel u. Dietmar Willoweit, Forschungen zur kirchlichen Rechtsgeschichte und zum Kirchenrecht 18, Wien/Köln/Graz 1989.

Metzger, Wolfram, Beispielkatechese der Gegenreformation. Georg Voglers »Catechismus in Außerlesenen Exempeln«, Würzburg 1625, Veröffentl. zur Volkskunde und Kulturgeschichte 8, Würzburg 1982.

Meyer, F. Hermann, Würzburger Befreiungen für Buchdrucker, 1481–1548, in: Archiv für Geschichte des Deutschen Buchhandels 15 (1892), S. 4–10.

Meyer, Otto, Oberthürs Persönlichkeit. Dargestellt an seinem Bemühen um die Polytechnische Gesellschaft in Würzburg, in: Otto Volk (Hrsg.), Professor Franz Oberthür. Persönlichkeit und Werk, Quellen und Beiträge zur Geschichte der Universität Würzburg 2, Neustadt a. d. Aisch 1966, S. 4–10.

– Ders., Bürgerspital Würzburg 1319 bis 1969. Festrede aus Anlaß der 650. Wiederkehr des Stiftungstages am 23. Juni 1969, MfrH 53, Würzburg 1969.

– Ders., Die Alte Mainbrücke zu Würzburg und ihre Heiligen. Religion und Politik um die Alte Mainbrücke, Würzburg 1972.

– Ders., Johann Philipp von Schönborn. Fürstbischof von Würzburg, Erzbischof von Mainz, Bischof von Worms 1605–1673, Würzburg 1973.

– Ders., Johannes Gamans S. J. Ein vergessener Chronist, in: Ders., Varia Franconiae Historica. Aufsätze – Studien – Vorträge zur Geschichte Frankens, Bd. 2, hrsg. v. Dieter Weber u. Gerd Zimmermann, MfrSt. 24/II, Würzburg 1981, S. 821–827.

– Ders., Der Bestand der »Schedae Gamansianae« der Universitätsbibliothek Würzburg, in: Ders., Varia Franconiae Historica. Aufsätze – Studien – Vorträge zur Geschichte Frankens, Bd. 3, hrsg. v. Dieter Weber u. Gerd Zimmermann, MfrSt. 24/III, Würzburg 1986, S. 1302–1328.

Meyer-Erlach, Georg, Abschriften und Register der Würzburger Bürgerbücher bis 1612, Ms. im StadtAW.

– Ders., Nachsteuerbezahler in Würzburg 1572–1700, Schriften des Bayerischen Landesvereins für Familienkunde e. V. 15, München 1941.

– Ders., Vom Wandel der Familiennamen, in: Die Mainlande. Geschichte und Gegenwart, 2. Jg., Nr. 12 v. 18. Dez. 1951, S. 46.

– Ders., Die Ratsherren zu Würzburg und ihre Besoldung, in: MJb 4 (1952), S. 337–343.

– Ders., Die Würzburger Bürgerbücher, in: Die Mainlande. Geschichte und Gegenwart, 13. Jg., Nr. 10 v. 2. Juni 1962, S. 37 ff.

Mez, Lydia, Kunstwerke aus Schmiedeeisen in alten Apotheken, Monographien zur pharmazeutischen Kulturgeschichte 7, Frankfurt 1981.

Michel, Angela, Der Graubündner Baumeister Giovanni Bonalino in Franken und Thüringen, VGffG VIII/10, Neustadt/Aisch 1999.

Midelfort, H. C. Erik, Witch Hunting in Southwestern Germany 1562–1684. The Social and Intellectual Foundations, Stanford 1972.

Miekisch, Horst, Trauerfeierlichkeiten und Testament, in: Renate Baumgärtel-Fleischmann (Hrsg.), Franz Ludwig von Erthal, Fürstbischof von Bamberg und Würzburg 1779–1795, Bamberg 1995, S. 337–346.

Minchinton, Walter, Die Veränderungen der Nachfragestruktur von 1500 bis 1700, in: Knut Borchardt u. Carlo M. Cipolla (Hrsg.), Europäische Wirtschaftsgeschichte, Bd. 2, Stuttgart/New York 1979, S. 51–112.

Mirbt, Carl, Quellen zur Geschichte des Papsttums und des römischen Katholizismus, 5. Aufl. Tübingen 1934.

Mischlewski, Adalbert, Der Antoniterorden in Deutschland, in: Archiv für mittelrheinische Kirchengeschichte 10 (1958), S. 39–66.

Mitterwieser, Alois, Zur Geschichte des Wöllriederhofes und der übrigen Leprosen- oder Sondersiechenhäuser Würzburgs, in: AUfr 52 (1910), S. 77–98.

Möller, Horst, Vernunft und Kritik. Deutsche Aufklärung im 17. und 18. Jahrhundert, Edition Suhrkamp 1269, Frankfurt/M. 1986.

Mokroß, A[nton], Würzburger Theaterbauten einst, jetzt und in der Zukunft, in: 150 Jahre Würzburger Theater, Blätter des Städtischen Theaters Würzburg 3, Würzburg [1954], S. 25–30.

Monumenta Boica, hrsg. v. der Bayer. Akad. der Wiss., München 1763 ff., bes. Bde. 37–46 (Monumenta episcopatus Wirziburgensis), München 1864–1905; Bd. 60 (Register), München 1916.

Morgenroth, Jakob, Die Entwicklung des Metzgerhandwerks in Würzburg unter besonderer Berücksichtigung der letzten fünfhundert Jahre, Wirtschafts- und Verwaltungsstudien mit besonderer Berücksichtigung Bayerns 65, Leipzig/Erlangen 1925.

Morys, Manfred, Das Stadtrecht von Heidingsfeld, Diss. jur., Würzburg 1958.

Moser, Dietz-Rüdiger, Maskeraden auf Schlitten. Studentische Faschings-Schlittenfahrten im Zeitalter der Aufklärung, München 1988.

Moser, Friedrich Carl, Des hochlöblichen Fränckischen Crayses Abschide und Schlüsse, vom Jahr 1600 biß 1748. Aus Archiven an das Licht gestellt, Nürnberg 1752.

Moser, Hans, Nachträge zum Thema Klöpfelnachtbräuche, in: Ders., Volksbräuche im geschichtlichen Wandel. Ergebnisse aus fünfzig Jahren volkskundlicher Quellenforschung, München/Berlin 1985, S. 29–34. Zitiert: Moser, 1985/I.

– Ders., Neue Materialien zur Sternsinger-Forschung, in: Ders., Volksbräuche im geschichtlichen Wandel. Ergebnisse aus fünfzig Jahren volkskundlicher Quellenforschung, München/Berlin 1985, S. 74–97. Zitiert: Moser, 1985/II.

– Ders., Zur Geschichte der Klöpfelnachtbräuche, ihrer Formen und ihrer Deutungen, in: Ders., Volksbräuche im geschichtlichen Wandel. Ergebnisse aus fünfzig Jahren volkskundlicher Quellenforschung, München/Berlin 1985, S. 1–28. Zitiert: Moser, 1985/III.

– Ders., Zur Geschichte des Sternsingens, in: Ders., Volksbräuche im geschichtlichen Wandel. Ergebnisse aus fünfzig Jahren volkskundlicher Quellenforschung, München/Berlin 1985, S. 58–73. Zitiert: Moser, 1985/IV.

Motsch, Karl Eugen, Matern Reuss. Ein Beitrag zur Geschichte des Frühkantianismus an katholischen Hochschulen, Freiburg i. Br. 1932.

Mozart. Briefe und Aufzeichnungen. Gesamtausgabe, hrsg. v. Wilhelm A. Bauer u. Otto Erich Deutsch, 7 Bde., Kassel u. a. 1962–1975.

Müller, Andreas, Archivalische Nachrichten über das ehemalige Frauenkloster Wechterswinkel, den

nunmehrigen Pfarrei- und Schul-Stiftungs-Fond
im Unter-Mainkreise, in: AUfr 1/I (1832), S. 45–64.

Müller, Claus, Zur Familie des Würzburger Bürgermeisters Andreas Sperger, in: Blätter für fränkische
Familienkunde 26, (2003), S. 82–117.

Müller, Jan-Dirk, Warum Cicero? Erasmus' Ciceroni-
anus und das Problem der Autorität, in: Scientia
Poetica 3 (1999), S. 20–46.

Müller, Johannes, Grundzüge der Naturgeographie
von Unterfranken. Landschaftsökologie – Land-
schaftsgenese – Landschaftsräumlicher Vergleich,
Fränkische Landschaft 1, Gotha 1996.

Müllner, Angelika, Unterfränkische Trachtengrafik.
Gesamtkatalog und 24 Einzelblätter. Mit einer Einführung v. Wolfgang Brückner, Würzburg 1982.

Münster, Sebastian, Cosmographey oder Beschreibung aller Länder […], Basel 1572. Zitiert: Münster, 1572/I.

– Ders., Cosmographiae universalis libri VI, in quibus iuxta certioris fidei scriptores […] describuntur
omnium habitabilis orbis partium situs propriae-
que dotes, regionum topographicae picturae, terrarum ingenia […] cunctarum gentium mores, leges, religio, res gestae et mutationes usque ad
annum Christi MDLXXII, item regum ac principum genealogiae, authore Sebastiano Munstero,
Basel 1572. Zitiert: Münster, 1572/II.

Muth, Hanswernfried, Die Ansichten der Stadt Bamberg vom Ausgang des 15. Jahrhunderts bis zur
Mitte des 19. Jahrhunderts. Eine Studie zur Entwicklungsgeschichte der Stadtvedute, Diss. phil.
masch., Würzburg 1954.

– Ders., Antonio Petrini. Ein Baumeister des Barock, Würzburg [1968].

– Ders., Antonio Petrini, in: Fränk. Lebensbilder 3,
VGffG VIIA/3, Würzburg 1969, S. 214–224.

– Ders., »Aigentliche Abbildung« der fränkischen
Stadt – Ansichten vom 15. bis 20. Jahrhundert,
in: Wolfgang Buhl (Hrsg.), Fränkische Städte,
Würzburg 1970, S. 329–366.

– Ders., Aus der Geschichte des Spitals »Zu den
vierzehn Nothelfern« in Würzburg, in: Würzburg
– heute 35 (1983), S. 18–22.

– Ders., Stift Haug/Würzburg [2. u. 3. Aufl.: St.-Jo-
hannes–Stift Haug/Würzburg], Schnell, Kunstführer 1315, München/Zürich 1985, 2. Aufl. Regensburg 1993, 3. Aufl. Regensburg 1996.

– Ders., Kilian, Kolonat und Totnan. Zur Ikonographie der Frankenapostel bis zur Säkularisation,
in: Kilian, 1989/I, S. 349–365.

– Ders., Innenräume, Landschaften, Ortsansichten,
in: Lorenz Fries, Chronik der Bischöfe von Würzburg, Bd. VI, Würzburg 1996, S. 287–299. Zitiert:
Muth, 1996/I.

– Ders., St.-Johannes-Stift Haug/Würzburg, Schnell,

Kunstführer 1315, 3. Aufl. Regensburg 1996. Zitiert: Muth, 1996/II.

– Ders., Ehemalige Kollegiatstiftskirche Neumünster Würzburg, Schnell, Kunstführer 247 (1937),
10. Aufl. München/Zürich 1986, 13. Aufl. Regensburg 1996. Zitiert: Muth, 1996/III.

– Ders. (Bearb.), Ansichten aus dem alten Würzburg 1545–1945, Teil 1, Aus der Graphischen
Sammlung des Mainfränkischen Museums Würzburg, Kataloge des Mainfränkischen Museums
Würzburg 10, Würzburg 1997.

– Ders. (Bearb.), Ansichten aus dem alten Würzburg 1545–1945. Teil 2: Festung, Residenz, Kirchen. Aus der Graphischen Sammlung des Mainfränkischen Museums Würzburg, Kataloge des
Mainfränkischen Museums Würzburg 11, Würzburg 1998.

– Ders., Von der Baukunst des Barock zur Revolu-
tionsarchitektur, in: Peter Kolb u. Ernst-Günter
Krenig (Hrsg.), Unterfränkische Geschichte 4/2,
Würzburg 1999, S. 247–310.

– Ders. (Bearb.), Ansichten aus dem alten Würzburg 1545–1945. Teil 3: Öffentliche Bauten und
Höfe. Aus der Graphischen Sammlung des Mainfränkischen Museums Würzburg, Kataloge des
Mainfränkischen Museums Würzburg 13, Würzburg 2000.

– Ders. / Schnell, Hugo, Wallfahrtskirche Käppele
Würzburg, Schnell, Kunstführer 306, München/
Zürich 1938, 13., überarb. Aufl. München/Zürich
1988.

Nadler, Ute, Der Würzburger Hofbildhauer Claude
Curé, MfrSt. 8, Würzburg 1974.

Napp-Zinn, Anton F., Johann Friedrich von Pfeiffer
und die Kameralwissenschaften an der Universität Mainz, Beiträge zur Geschichte der Universität Mainz 1, Wiesbaden 1955.

PRO NERESHEIM. Zeitschrift für die Mitglieder,
Freunde und Förderer des Vereins zur Erhaltung
der Abteikirche Neresheim e. V., Sonderausgabe:
900 Jahre Benediktinerabtei Neresheim 1095–
1995, Aalen 1995.

Neuer-Landfried, Franziska, Die katholische Liga.
Gründung, Neugründung und Organisation eines
Sonderbundes 1608–1620, Münchener hist. Studien, Abt. Bayerische Geschichte 9, Kallmünz Opf.
1968.

Neumann, Balthasar, Aus Balthasar Neumanns Baubüro. Pläne der Sammlung Eckert zu Bauten
des großen Barockarchitekten. Sonderausstellung
aus Anlass der 300. Wiederkehr des Geburtstages Balthasar Neumanns, Mainfränkisches Museum Würzburg 16. Mai – 19. Juli 1987, Würzburg
1987.

Neumann, Franz Georg, Zwei Nachfolger Balthasar Neumanns, Joh. Philipp Geigel 1731–1800, Heinr. Alois Geigel 1765–1798. Fürstbischöflich Würzburger Hofarchitekten, Diss. phil., Würzburg 1927.

Neumann, Hartwig, Festungsbaukunst und Festungsbautechnik. Deutsche Wehrbauarchitektur vom XV. bis XX. Jahrhundert, Architectura militaris 1, Koblenz 1988.

– Ders., Das Zeughaus. Die Entwicklung eines Bautyps von der spätmittelalterlichen Rüstkammer zum Arsenal im deutschsprachigen Bereich vom XV. bis XIX. Jahrhundert, Teil 1: Textbd., Koblenz 1992, Teil 2: Bildbd., Koblenz 1991.

Neveux, Hugues / Tits-Dieuaide, Marie-Jeanne, Untersuchung über die kurzzeitlichen Schwankungen von Getreideerträgen (14.–18. Jahrhundert), in: Franz Irsigler (Hrsg.), Quantitative Methoden in der Wirtschafts- und Sozialgeschichte der Vorneuzeit, Historisch-Sozialwissenschaftliche Forschungen 4, Stuttgart 1978, S. 159–167.

Nicht, Christoph, Pietro Magno und die italienischen Stukkateurtrupps, in: Frankenland 51 (1999), H. 3, S. 205–227.

Nitschke, Barbara, Joseph Greissing, Architekt, Baumeister und Bauunternehmer, in: Heinz Otremba (Hrsg.), Würzburger Porträts. Lebensbilder von 95 berühmten Würzburgern, Würzburg 1982, S. 31f.

– Dies., Die ehemalige Stiftskirche St. Nikolaus auf der Großcomburg (1707–1715). Ein Werk des Würzburger Baumeisters Joseph Greissing, in: Die Comburg. Vom Mittelalter bis ins 20. Jahrhundert, hrsg. v. Elisabeth Schraut, Sigmaringen 1989, S. 22–35.

Noll, Wilhelm, Die Entwicklung des Bäckerei-Gewerbes in Würzburg, Diss. jur. masch., Würzburg 1927.

North, Michael (Hrsg.), Von Aktie bis Zoll. Ein historisches Lexikon des Geldes, München 1995.

Noss, Alfred, Von würzburgischen Kleinmünzen, in: Deutsche Münzblätter 56, H. 404/405 (1936), S. 135–140.

Nottarp, Hermann, Vom fürstbischöflichen Hof zur Rokokozeit, in: Herbipolis jubilans, WDGBll 14/15 (1952/1953), S. 617–633.

Nowosadtko, Jutta, Ordnungselement oder Störfaktor? Zur Rolle der stehenden Heere innerhalb der frühneuzeitlichen Gesellschaft, in: Ralf Pröve (Hrsg.), Klio in Uniform? Probleme und Perspektiven einer modernen Militärgeschichte der Frühen Neuzeit, Köln/Weimar/Wien 1997, S. 5–34.

Nunez, Clara Eugenia (Hrsg.), Guilds, economy and society/Corporations, économie et société/Gremios, economia y sociedad, Sevilla 1998.

Nuntiaturberichte aus Deutschland, Abt. 3: 1572–1585, Bd. 5: Die süddeutsche Nuntiatur des Grafen Bartholomäus von Portia. Schlussjahre 1575, 1576, bearb. v. Karl Schellhass, Berlin 1909.

Oberthür, Franz, Taschenbuch für die Geschichte, Topographie und Statistik [des] Frankenlands, besonders dessen Hauptstadt Wirzburg, Bd. 1, Frankfurt/Leipzig 1795; Bd. 2, Weimar 1796; Bd. 3, Frankfurt/Leipzig 1798 (zitiert: Oberthür, 1798/I).

– Ders., Drey Reden bey verschiedenen Veranlassungen zu Würzburg gehalten. Zweyte Rede: Ueber den Geist und Charakter der wahren ächtchristlichen Wohltätigkeit. Eine Rede bey der Einweihung der neuen Hospitalkirche jenseits des Mayns in Würzburg am 25. Nov. 1794 gehalten und zum Druck erweitert, Erlangen 1798. Zitiert: Oberthür, 1798/II.

– Ders., Idea biblica Ecclesiae Dei. Bd. 2: Sacramenta ecclesiae christianae, Salzburg 1799.

– Ders., Die Bayern in Franken und die Franken in Bayern. Ein Parallelogramm, Nürnberg 1804.

– Ders., Philipp Adam Ulrichs Denkmale und die feyerliche Weihe derselben, Würzburg 1820.

– Ders., Philipp Adam Ulrichs, ehemaligen öffentlichen Lehrers der Bürgerlichen Rechte an der hohen Schule zu Wirzburg, Lebensgeschichte. Mit drey Kupfern, 2. Aufl. Sulzbach 1824 (zuerst Würzburg 1784).

– Ders., Bildnisse von Männern und Frauen gemalt in Oel von verschiedenen Meistern, Würzburg 1826.

– Ders., Methodologie der theologischen Wissenschaften überhaupt und der Dogmatik insbesondere, Augsburg 1828. Zitiert: Oberthür, 1828/I.

– Ders., Theologische Encyklopädie oder der theologischen Wissenschaften Umfang und Zusammenhang, 2 Bde., Augsburg 1828. Zitiert: Oberthür, 1828/II.

Oechelhaeuser, Adolf v. (Bearb.), Die Kunstdenkmäler des Amtsbezirks Tauberbischofsheim (Kreis Mosbach), Die Kunstdenkmäler des Großherzogthums Baden 4, 2. Abt., Freiburg i. B. 1898.

Oegg, Joseph Anton, Entwicklungsgeschichte der Stadt Würzburg, hrsg. v. August Schäffler, Würzburg 1881.

Oestmann, Peter, Hexenprozesse am Reichskammergericht, Quellen und Forschungen zur höchsten Gerichtsbarkeit im alten Reich 31, Köln u. a. 1997.

Ofer, Monika, St. Stephan in Würzburg. Untersuchungen zu Herrschafts-, Wirtschafts- und Verwaltungsformen eines Benediktinerklosters in Unterfranken 1057–1500, Dissertationen zur mittelalterlichen Geschichte 6, Köln/Wien 1990.

Ohle, Walter, Die protestantischen Schloßkapellen

der Renaissance in Deutschland, Diss. phil. Leipzig, Stettin 1936.

Ohlhaut, Georg, Das Landschaftsbild um Würzburg im 16. und 17. Jahrhundert. Nach archivalischen und literarischen Quellen, vornehmlich aus der Zeit des Fürstbischofs Julius Echter von Mespelbrunn (1573–1617). Ein Beitrag zur historischen Topographie Frankens, Würzburg 1907.

Opp, Else, Die Brennholzversorgung der Stadt Würzburg, Diss. jur. masch., Würzburg 1925.

Ortschaften-Verzeichnis für den Freistaat Bayern nach der Volkszählung vom 16. Juni 1925 und dem Gebietsstand vom 1. Januar 1928, hrsg. v. Bayer. Statistischen Landesamt, Beiträge zur Statistik Bayerns 109, München 1928.

Oschmann, Antje, Der Nürnberger Exekutionstag 1649–1650. Das Ende des Dreißigjährigen Krieges in Deutschland, Schriftenreihe der Vereinigung zur Erforschung der Neueren Geschichte 17, Münster 1991.

Ostler, Joseph, Joseph Greising. Ein Lebensbild aus Würzburgs Geschichte zu Beginn des 18. Jahrhunderts, ungedruckte Zulassungsarbeit, Würzburg 1918.

Oswald, Fritz, Die Vorgeschichte der Fassade von Neumünster. Eine Studie zum Würzburger Bauwesen um 1700, in: MJb 12 (1960), S. 103–113.

Oswald, Friedrich, Würzburger Kirchenbauten des 11. und 12. Jahrhunderts, MfrH. 45, Würzburg 1966.

Pabel, Angelika, Die Buchbinder Julius Echters. Ihre Werke in der Einbandsammlung der Universitätsbibliothek Würzburg, in: MJb 39 (1987), S. 58–65.

Pagel, J. L., Johann Georg Pickel, in: August Hirsch (Hrsg.), Biographisches Lexikon der hervorragenden Ärzte aller Zeiten und Völker, Bd. 4, Wien/Leipzig 1886, S. 563.

Paisey, David L., Deutsche Buchdrucker, Buchhändler und Verleger 1701–1750, Wiesbaden 1988.

Palla, Rudi, Verschwundene Arbeit. Ein Thesaurus der untergegangenen Berufe, Frankfurt a. M. 1995.

Palombari, Stefano, Weltgesetz und Tetrade. Struktur und Besonderheit der Philosophie des Johann Jakob Wagner, in: Rückert-Studien 10 (1996), S. 13–45.

– Ders. (Hrsg.), Johann Jakob Wagner, Dictate über Ideal- und Naturphilosophie, Philosophie und Geschichte der Wissenschaften 39, Frankfurt a. M. u. a. 1998.

Pampuch, Andreas, Stadt- und Landkreiswappen von Unterfranken, Volkach 1972.

Pannwitz, Christiane v., Die holzvertäfelte Stube aus dem mainfränkischen Schloß Höllrich im Kunst-

gewerbemuseum Berlin, in: MJb 52 (2000), S. 110–130.

Pée, Herbert, Johann Heinrich Schönfeld. Die Gemälde, Berlin 1971.

Pfister, Rudolf, Das Würzburger Wohnhaus im XVI. Jahrhundert. Mit einer Abhandlung über den sogenannten Juliusstil, Zeitschrift für Geschichte der Architektur, Beiheft 13, Heidelberg 1915.

Pfrang, Michael, Der Prozeß gegen die der Hexerei angeklagte Margaretha Königer. Ein Hexenverfahren in der Zent Gerolzhofen, in: WDGBll 49 (1987), S. 155–165.

P[frenzinger], A[lfons], Tanz unter dem Maibaum im alten Würzburg, in: Die Frankenwarte. Blätter für Heimatkunde, Beilage zum Würzburger General-Anzeiger, 1938, Nr. 40 v. 6. Okt.

Pfrenzinger, Alfons, Die Aumühle (3. Fortsetzung), in: Die Mainlande. Geschichte und Gegenwart, 1. Jg. (1950), Nr. 9, S. 51f.

Pickel, Johann Georg, Die dießjährigen Wetterbeobachtungen im Früh- und Spätjahre in Bezug auf die allenfalls nöthige Räucherung und Schützung der Weinberge gegen den verheerenden Frost. Nebst einer Entwicklung der Gründe, warum das Rauchfeuer die Weinreben schütze, wie dasselbe auf das zweckmäßigste bewirkt, und der fränkische Weinbau mehr befördert und veredelt werden könne, Würzburg 1804.

Pleiss, Detlev, Friedensquartiere der Schweden und Finnen in Franken und Coburg 1648–1650, in: Jb. der Coburger Landesstiftung 43 (1998), S. 149–198; 44 (1999), S. 87–128.

– Ders., Zu den Kosten des Friedens in Franken 1648–1650 – Wer zahlte an wen?, in: MJb 51 (1999), S. 52–89.

Pölnitz, Götz Frhr. v., Julius Echter von Mespelbrunn, Fürstbischof von Würzburg und Herzog von Franken (1573–1617), Schriftenreihe zur bayer. Landesgeschichte 17, München 1934.

– Ders., Fürstbischof Julius Echter von Mespelbrunn, MfrH. 36, Würzburg 1959.

Pörnbacher, Karl (Hrsg.), Leben und Ereignisse des Peter Prosch, eines Tyrolers von Ried im Zillerthal, oder: Das wunderbare Schicksal, geschrieben in den Zeiten der Aufklärung, München 1964.

Poeschke, Joachim, Die Skulptur der Renaissance in Italien. Bd. 1: Donatello und seine Zeit, München 1990.

Polster, Gabriele, Schule und Universität im Hochstift Würzburg, in: Renate Baumgärtel-Fleischmann (Hrsg.), Franz Ludwig von Erthal, Fürstbischof von Bamberg und Würzburg 1779–1795, Bamberg 1995, S. 179–204.

Pompey, Heinrich, Die Pastoraltheologie in Würzburg von 1773 bis 1803, in: WDGBll 37/38 (1975), S. 3–55.

Praun, Georg Septimus Andreas Frhr. v., Des Freiherrn von Praun […] Gründliche Nachricht von dem Münzwesen insgemein, insbesondere aber von dem Teutschen Münzwesen älterer und neuerer Zeiten. Mit Anmerkungen von Johann David Köhler, 3. Aufl. Leipzig 1784.

Press, Volker, Wilhelm von Grumbach und die deutsche Adelskrise der 1560er Jahre, in: BlldLG 113 (1977), S. 396–431.

Probst, Christian, Die Medizinalreform in Bayern am Beginn des 19. Jahrhunderts und der Bestand an Krankenanstalten, in: Hans Schadewaldt u. Jörn Henning Wolf (Hrsg.), Krankenhausmedizin im 19. Jahrhundert, Schriftenreihe der Münchner Vereinigung für Geschichte der Medizin e. V. 10, München 1983, S. 183–224.

Probst, Erwin, Würzburg – Vom Hochstift zum Rheinbundstaat, in: MJb 9 (1957), S. 70–102.

Pröve, Karl-Heinz, Von der ersten Lesegesellschaft zur Stadtbücherei. Ein Kapitel Würzburger Kulturgeschichte, MfrH. 48, Würzburg 1967, bes. S. 33–40: Die Lesegesellschaft Harmonie.

Pröve, Ralf, Der Soldat in der »guten Bürgerstube«. Das frühneuzeitliche Einquartierungssystem und die sozioökonomischen Folgen, in: Bernhard R. Kroener u. Ralf Pröve (Hrsg.), Krieg und Frieden. Militär und Gesellschaft in der Frühen Neuzeit, Paderborn u. a. 1996, S. 191–217.

Przywecka-Samecka, Maria, Problematik des Musiknotendruckes in der Inkunabelzeit, in: Gutenberg – Jahrbuch 1978, S. 51–56.

Quellen zur Geschichte des Barocks in Franken unter dem Einfluß des Hauses Schönborn, 1. Teil [1693–1729], 1. Halbband, unter Mitwirkung v. Anton Chroust bearb. v. P. Hugo Hantsch u. Andreas Scherf, VGffG VIII/1,1,1, Augsburg 1931; 2. Halbband, unter Mitverwendung der Vorarbeiten v. P. Hugo Hantsch, Andreas Scherf † u. Anton Chroust † bearb. v. Max H. v. Freeden, VGffG VIII/ 1,1,2, Würzburg 1955; 2. Teil [1729–1746], 1. Halbband, bearb. v. Joachim Hotz (†), aus dem Nachlaß hrsg. und mit Ergänzungen versehen v. Katharina Bott, VGffG VIII/1,2,1, Neustadt/Aisch 1993.

Raab, Heribert, Biographisches über den Würzburger Hofhistoriographen Johann Georg von Eckhart (Funde aus der Kölner Nuntiatur), in: WDGBll 18/19 (1956/57), S. 212–216.

Radbruch, Gustav / Kaufmann, Arthur (Hrsg.), Die Peinliche Gerichtsordnung Kaiser Karls V. von 1532 (Carolina), 5. Aufl. Stuttgart 1980.

Rambs, Friedrich, Eine Fehde Heidingsfeld-Giebel-

stadt im Jahre 1565, in: Franken: Halbmonatsschrift für fränkische Geschichte, Kunst, Kunsthandwerk und Literatur in Franken 1 (1913), S. 185 f., 209 f., 233–235, 257 f.

– Ders., Ein Gang durch Heidingsfeld, in: Die Frankenwarte, 1919, 1. Oktober-Nr., S. 3–5; 2. Oktober-Nr., S. 2–6.

Rausch, Fred G., Rom und die Würzburger Karfreitagsprozession. Volksliturgische Frömmigkeitsformen der frühen Neuzeit, in: Jahrbuch für Volkskunde NF 9 (1986), S. 151–166.

Rautenberg, Ursula, Von Mainz in die Welt: Buchdruck und Buchhandel in der Inkunabelzeit, in: Gutenberg – aventur und Kunst, Mainz 2000, S. 236–247.

Rechter, Gerhard, Die Seckendorff. Quellen und Studien zur Genealogie und Besitzgeschichte. Bd. 1: Stammfamilie mit den Linien Jochsberg und Rinhofen, VGffG IX/36,1, Neustadt/Aisch 1987.

R[edelberger], R[ichard], Verkehrsmittel zu Würzburg in der »guten alten Zeit«, in: Die Frankenwarte. Blätter für Heimatkunde, Beilage zum Würzburger General-Anzeiger, 1928, Nr. 24 v. 30. Nov.

Redelberger, Richard, Eibelstadt. Bild einer mainfränkischen Kleinstadt in der Nachbarschaft Würzburgs, MfrH. 56, Würzburg 1971.

Redlich, Fritz, Die deutsche Inflation des frühen 17. Jahrhunderts in der zeitgenössischen Literatur: Die Kipper und Wipper, Forschungen zur internationalen Sozial- und Wirtschaftsgeschichte 6, Köln/Wien 1972.

Regesta Boica. Regesta sive Rerum Boicarum Autographa, hrsg. v. Karl Heinrich Ritter v. Lang u. a., 13 Bde., München 1822–1854; Registerbd., bearb. v. Josef Widemann, München 1927.

Reimann, Johanna, Zur Besitz- und Familiengeschichte der Ministerialen des Hochstifts Würzburg, in: MJb 15 (1963), S. 1–117.

Reindl, Maria, Lehre und Forschung in Mathematik und Naturwissenschaften, insbesondere Astronomie, an der Universität Würzburg von der Gründung bis zum Beginn des 20. Jahrhunderts, Quellen und Beiträge zur Geschichte der Universität Würzburg, Beiheft 1, Neustadt a. d. Aisch 1966.

Reindl, Peter, Loy Hering. Zur Rezeption der Renaissance in Süddeutschland, Basel 1977.

Reininger, Nikolaus, Die Weihbischöfe von Würzburg, in: AUfr 18 (1865), S. 1–428.

Reisenleitner, Markus, Frühe Neuzeit, Reformation und Gegenreformation. Darstellung – Forschungsüberblick – Quellen und Literatur, Handbuch zur neueren Geschichte Österreichs, hrsg. v. Helmut Reinalter, Bd. 1, Innsbruck/Wien/München 2000.

Reitberger, Heiner, Lebendiges Mittelalter. Altes Handwerkerhäuschen wurde vom Bombenhagel ausgespart, in: Die Mainlande, 3. Jg., Nr. 6 v. 23. April 1952, S. 23.

– Ders., Das alte Würzburg, Würzburg 1977.

– Ders., Juliane Herzogin Giovane di Girasole (1766–1805), in: Inge Meidinger-Geise (Hrsg.), Frauengestalten in Franken. Eine Sammlung von Lebensbildern, Würzburg 1985, S. 124–129.

– Ders., Würzburgs vergessene Dichterin. Juliane von Mudersbach, Herzogin Giovane di Girasole (1766–1805), in: Würzburg – heute 46 (1988), S. 89–92.

Reith, Reinhold, Lohn und Leistung. Lohnformen im Gewerbe 1450–1900, VSWG Beihefte 151, Stuttgart 1999.

Remling, Ludwig, Bruderschaften in Franken. Kirchen- und sozialgeschichtliche Untersuchungen zum spätmittelalterlichen und frühneuzeitlichen Bruderschaftswesen, QFW 35, Würzburg 1986.

Ren, Leo de, De familie Robijn-Osten. Ieperse Renaissance-Kunstenaars in Duitsland, Verhandelingen van de Koninklijke Academie voor Wetenschappen, Letteren en Schone Kunsten van België, Klasse der Schone Kunsten, Jg. 44, Nr. 34, Brüssel 1982.

Renner, Michael (Bearb.), Archiv der Grafen Wolffskeel von Reichenberg, mit Unterstützung von Erich Stahleder, Bayerische Archivinventare 17, München 1961.

– Ders., Fürstbischof Friedrich Karl Graf von Schönborn und die Entstehungsgeschichte der Gedichte für das Richtfest der Residenz in Würzburg 1744, in: MJb 17 (1965), S. 44–53.

– Ders., Jugend- und Studienzeit der Brüder Adam Friedrich und Josef Franz von Seinsheim, in: WDGBll 49 (1987), S. 185–300.

Répertoire International des Sources Musicales, Abt. A/I: Einzeldrucke vor 1800, 13 Bde., Kassel u. a. 1971–1998.

Repgen, Konrad, Seit wann gibt es den Begriff »Dreißigjähriger Krieg«?, in: Heinz Dollinger u. a. (Hrsg.), Weltpolitik, Europagedanke, Regionalismus. Festschrift für Heinz Gollwitzer zum 65. Geburtstag, Münster 1982, S. 59–70.

Ress, Anton, Der Würzburger Dom-Stuck. Barockisierung und Wiederherstellung des Würzburger Doms, in: Deutsche Kunst und Denkmalpflege 20 (1962), S. 103–126.

Reubold, Wilhelm, Beiträge zur Geschichte der Krankenkassen von Würzburg, in: AUfr 46 (1904), S. 1–26.

Reuschling, Heinzjürgen N., Die Regierung des Hochstifts Würzburg 1495–1642. Zentralbehörden und führende Gruppen eines geistlichen Staates, Forschungen zur fränk. Kirchen- und Theologiegeschichte 10, Würzburg 1984.

Reuss, Friedrich Anton, Kurzer Abriss einer Geschichte der Bücher- und insbesondere Handschriften-Sammlungen im vormaligen Hochstifte Würzburg, in: Serapeum 6 (1845), S. 161–174, 177–186.

– Ders., Alter Würzburger Buchhändlerkatalog, in: Serapeum 7 (1846), S. 55.

– Ders., Materialien zur Geschichte der deutschen Sprache und Litteratur im vormaligen Herzogthume Ost-Franken. Fortsetzung, in: Serapeum 13 (1852), S. 113–124.

Reuß, Roland / Staengle, Peter (Hrsg.), H. v. Kleist, Sämtliche Werke. Brandenburger Ausgabe. Bd. IV/1: Briefe 1 (März 1793 – April 1801), Basel/ Frankfurt 1996.

Reuther, Hans, Das Neumünster in Würzburg, Führer zu deutschen Kunstdenkmälern 1, München 1952.

– Ders., Beiträge zur Natursteinverwendung in der mainfränkischen Barockarchitektur, in: Deutsche Kunst und Denkmalpflege 14 (1956), S. 128–146.

– Ders., Die Kirchenbauten Balthasar Neumanns, Berlin 1960.

– Ders., Balthasar Neumann. Der mainfränkische Barockmeister, München 1983.

Richter, Bernhard, Kaspar Brusch. Ein gekrönter Dichter als humanistischer Kirchenhistoriograph, in: Franz Brendle u. a. (Hrsg.), Deutsche Landesgeschichtsschreibung im Zeichen des Humanismus, Stuttgart 2001, S. 135–144.

Richter, Dorette, Der Würzburger Hofmaler Anton Clemens Lünenschloß (1678–1763), Sondergabe des Historischen Vereins von Mainfranken für das Jahr 1939, Würzburg 1939.

Riedenauer, Erwin, Die Landämter des Hochstifts Würzburg und ihr Personal im 17. und 18. Jahrhundert, in: WDGBll 37/38 (1975), S. 439–465.

– Ders., Ämter, Orte und Hintersassen im Hochstift Würzburg um 1530, in: WDGBll 55 (1993), S. 249–266.

Riemann, Hugo, Notenschrift und Notendruck, in: Festschrift zur 50jährigen Jubelfeier des Bestehens der Firma C. G. Roeder Leipzig, Leipzig 1896.

Riezler, Sigmund v., Geschichte der Hexenprozesse in Bayern. Im Lichte der allgemeinen Entwicklung dargestellt, Stuttgart 1896, Ndr. Aalen 1968.

Ring, Hans, Würzburgs Werdegang, Würzburg 1914.

Ritter, Joachim-Friedrich (Hrsg.), Friedrich von Spee, Cautio Criminalis oder Rechtliches Bedenken wegen der Hexenprozesse, Deutsche Ausgabe, Weimar 1939, Forschungen zur Geschichte des deutschen Strafrechts I, 6. Aufl. München 2000.

Roberts, Michael, Gustavus Adolphus. A History of Sweden 1611–1632. Bd. 2: 1626–1632, London/ New York/Toronto 1958.

Roda, Burkard v., Adam Friedrich von Seinsheim, Auftraggeber zwischen Rokoko und Klassizismus.

Zur Würzburger und Bamberger Hofkunst anhand der Privatkorrespondenz des Fürstbischofs (1755–1779), VGffG VIII/6, Neustadt/Aisch 1980.

Roeck, Bernd, Lebenswelt und Kultur des Bürgertums in der frühen Neuzeit, München 1991.

– Ders., Einige offene Fragen und Perspektiven der Forschung, in: Benigna v. Krusenstjern u. a. (Hrsg.), Zwischen Alltag und Katastrophe. Der Dreißigjährige Krieg aus der Nähe, Veröffentl. des Max-Planck-Instituts für Geschichte 148, Göttingen 1999, S. 609–620.

Rödel, Volker, Marschall Turennes Feldzug an Main und Tauber im Herbst 1673 in der Berichterstattung der französischen Heeresverwaltung, in: Wertheimer Jb. 1993, S. 109–152.

Römmelt, Stefan, Der Häresieprozeß gegen Pater Marianus Gordon (1703–1743), Schottenmönch im Kloster St. Jakob zu Würzburg. Vorgeschichte – Verlauf – Nachspiel. Forschungsbericht, in: MJb 44 (1992), S. 103–126.

– Ders., Literatur und Theater von der Reformation bis zur Romantik, in: Peter Kolb u. Ernst-Günter Krenig (Hrsg.), Unterfränkische Geschichte 4/2, Würzburg 1999, S. 623–707.

– Ders., Erasmus Neustetter, gen. Stürmer (1523–1594), Domherr zu Würzburg und Propst des Stiftes Comburg, in: Fränk. Lebensbilder 18, VGffG VIIA/18, Neustadt/Aisch 2000, S. 33–54.

Rœrsch, Alphonse, Modius (François), in: Biographie nationale de Belgique 14 (1897), Sp. 921–935.

Rößner, Volker, Schlossbau des 18. Jahrhunderts im Ritterkanton Baunach, VGffG VIII/12, Neustadt/Aisch 2000.

Roidl, Wolf Hartmut, Die kurvierten Sakralräume des Christoph Dientzenhofer, tuduv-Studien, Reihe Kunstgeschichte 70, München 1995.

Romberg, Winfried M., Die Schlacht von Würzburg – ein unbekanntes Kapitel Würzburger Geschichte, in: MJb 43 (1991), S. 124–142.

– Ders., Johann Gottfried von Guttenberg. Zum 300. Todestag eines bedeutenden Würzburger Fürstbischofs, in: Frankenland 50 (1998), H. 6, S. 406–416.

– Ders., »… als ob sich die Glocken selbst zu Grabe läuteten«. Die militärische Blockade Würzburgs im Jahr 1800/1801, in: Frankenland 53 (2001), H. 6, S. 442–450. Zitiert: Romberg, 2001/I.

– Ders., Eine religiöse Stimme zum Franzoseneinfall in Franken 1796, in: Kirche und Glaube – Politik und Kultur in Franken. Festgabe für Klaus Wittstadt zum 65. Geburtstag, WDGBll 62/63, Würzburg 2001, S. 463–474. Zitiert: Romberg, 2001/II.

Rose, Hans, Spätbarock. Studien zur Geschichte des Profanbaues in den Jahren 1660–1760, München 1922.

Rosenstock, Dirk, Das Würzburger Theater, Stadtarchiv Würzburg, Hinweise – Informationen 26, Würzburg 2001.

Rosenthal, Eduard, Zur Geschichte des Eigenthums in der Stadt Wirzburg, Würzburg 1878.

Rottenbach, Bruno, Abt verlor Hose und Wams. Spaziergang durch Oberdürrbachs Geschichte, in: Würzburg-heute 21 (1976), S. 34–39.

Rottmayer, Anton, Statistisch-topographisches Handbuch für den Unter-Mainkreis des Königreichs Bayern, Würzburg 1830.

Rublack, Hans-Christoph, Die Stadt Würzburg im Bauernkrieg, in: Archiv für Reformationsgeschichte 67 (1976), S. 76–100.

– Ders., Landesherrliche Stadtordnungen und städtische Gravamina der Stadt Würzburg im 16. Jahrhundert, in: WDGBll 39 (1977), S. 123–138.

– Ders., Gescheiterte Reformation. Frühreformatorische und protestantische Bewegungen in süd- und westdeutschen geistlichen Residenzen, Spätmittelalter und Frühe Neuzeit. Tübinger Beiträge zur Geschichtsforschung 4, Stuttgart 1978. Zitiert: Rublack, 1978/I.

– Ders., Reformatorische Bewegungen in Würzburg und Bamberg, in: Bernd Moeller (Hrsg.), Stadt und Kirche im 16. Jahrhundert, Schriften des Vereins für Reformationsgeschichte 190, Gütersloh 1978, S. 109–124. Zitiert: Rublack, 1978/II.

Rückbrod, Konrad, Universität und Kollegium, Baugeschichte und Bautyp, Darmstadt 1977.

[Rückert, Friedrich]: Friedrich Rückert's Kranz der Zeit, Zweiter Band, Stuttgart/Tübingen 1817.

Rückert, Peter, Landesausbau und Wüstungen des hohen und späten Mittelalters im Fränkischen Gäuland, MfrSt. 47, Würzburg 1990.

– Ders., Frühe Ortsnamentypen in Mainfranken. Zur Identifizierung des frühmittelalterlichen Siedlungsbestandes und seiner kartographischen Darstellung, in: MJb 43 (1991), S. 187–193.

Rüthel, Ulrich, Die Familie von Wolffskeel. Strukturen einer 800jährigen Geschichte, hrsg. v. Christoph v. Seydlitz-Wolffskeel, Reichenberg 1995.

Rütt, August / Küsswetter, Wolfgang, Würzburg, die »Wiege der Orthopädie«. 150 Jahre Lehre der Orthopädie an der Universität Würzburg, in: Peter Baumgart (Hrsg.), Vierhundert Jahre Universität Würzburg, Neustadt a. d. Aisch 1982, S. 841–870.

Ruland, Anton, Beiträge zur Geschichte des Wirzburgischen Münzwesens unter den Fürstbischöfen Friedrich Carl von Schönborn, Anselm Franz von Ingelheim, Carl Philipp von Greifenklau und Adam Friedrich von Seinsheim, in: AUfr 23/I (1875), S. 1–90.

Rutte, Erwin, Mainfranken und Rhön, Sammlung Geologischer Führer 43, Berlin 1965.

– Ders. / Wilczewski, Norbert, Mainfranken und Rhön, Sammlung Geologischer Führer 74, Berlin/Stuttgart 1983.

Saalfeld, Diedrich, Die Bedeutung des Getreides für die Haushaltsausgaben städtischer Verbraucher in der zweiten Hälfte des 18. Jahrhunderts, in: Landwirtschaft und ländliche Gesellschaft in Geschichte und Gegenwart. Festschrift Wilhelm Abel, Schriftenreihe für ländliche Sozialfragen 44, Hannover 1964, S. 26–38.

– Ders., Die Wandlungen der Preis- und Lohnstruktur während des 16. Jahrhunderts in Deutschland, in: Wolfram Fischer (Hrsg.), Beiträge zu Wirtschaftswachstum und Wirtschaftsstruktur im 16. und 19. Jahrhundert, Berlin 1971, S. 9–28.

Sack, Manfred, Zur Würzburger Musikgeschichte am Anfang des 17. Jahrhunderts, in: MJb 11 (1959), S. 171–196.

Saffert, Erich, Die berufliche Gliederung der Einwohnerschaft Schweinfurts am Ende des 16. Jahrhunderts, in: Ders., Studien zur Geschichte der Stadt Schweinfurt, Veröffentl. des Hist. Vereins Schweinfurt NF 1, Schweinfurt 1993, S. 17–21.

Neue und vollständigere Sammlung der Reichs-Abschiede, welche von den Zeiten Kayser Conrads des II. bis jetzo auf den Teutschen Reichs-Tägen abgefasset worden, sammt den wichtigsten Reichs-Schlüssen, so auf dem noch fürwährenden Reichs-Tage zur Richtigkeit gekommen sind, 4 Bde., Frankfurt 1747, Ndr. Osnabrück 1967.

Sammlung der hochfürstlich-wirzburgischen Landesverordnungen […], Bd. I [1546–1728], Würzburg 1776; Bd. II [1729–1779], Würzburg 1776; Bd. III [1771–1800], Würzburg 1801; Bd. IV: Fürstbischöflich würzburgische Landes-Verordnungen vom Jahre 1800 bis 1803. Als Nachtrag zu den bereits im Druck erschienenen älteren Sammlungen, Würzburg 1810.

[Sand, Joseph Ignaz], Notizen zur Geschichte des Bürgerspitals zum heiligen Geist in Würzburg, Würzburg 1819.

Sandberger, Fridolin v., Beobachtung in der Würzburger Trias. Ein Vortrag in der mineralogischen Section der deutschen Naturforscher-Versammlung zu Giessen 1864, in: Würzburger naturwissenschaftliche Zeitschrift 5 (1864), S. 201–231.

– Ders., Die Gliederung der Würzburger Trias und ihrer Aequivalente, in: Würzburger naturwissenschaftliche Zeitschrift 6 (1866/67), S. 131–208.

– Ders., Die Lagerung der Muschelkalk- und Lettenkohlen-Gruppe in Unterfranken an typischen Profilen erläutert, in: Verhandlungen der physikalisch-medicinischen Gesellschaft zu Würzburg NF 26 (1891/92), S. 183–206.

– Ders., Geologische Skizze der Umgebung von Würzburg. Nebst einem idealen Profil, in: Würzburg, insbesondere seine Einrichtungen für Gesundheitspflege und Unterricht. Festschrift, gewidmet der 18. Versammlung des deutschen Vereins für öffentliche Gesundheitspflege, Würzburg 1892, S. 1–12.

Scarbath, Alma, Bischof Konrad III. von Würzburg und der Bauernkrieg in Franken, Diss. phil., Lohr 1935.

Schäfer, Dieter, Ferdinand von Österreich. Großherzog zu Würzburg, Kurfürst von Salzburg, Großherzog der Toskana, Köln/Graz/Wien 1988.

Schäfer, Eckart, Paulus Melissus Schedius (1539–1602). Leben in Versen, in: Paul Gerhard Schmidt (Hrsg.), Humanismus im deutschen Südwesten. Biographische Profile, Sigmaringen 1993, S. 239–263. Zitiert: Schäfer, 1993/I.

– Ders., Paulus Melissus (Schede), in: Stephan Füssel (Hrsg.), Deutsche Dichter der frühen Neuzeit (1450–1600). Ihr Leben und Werk, Berlin 1993, S. 545–560. Zitiert: Schäfer, 1993/II.

Schäfer, Gustav, Die Entwicklung des Buchdruckgewerbes in Würzburg, Diss. jur., Würzburg 1923/24.

Schäfer, Hans-Peter, Funktionales Verkehrsgefüge, Verkehrszwang und Merkantilismus. Ein Beitrag zur Altstraßenforschung, in: Gerhard Braun (Hrsg.), Räumliche und zeitliche Bewegungen. Methodische und regionale Beiträge zur Erfassung komplexer Räume, WGA 37, Würzburg 1972, S. 303–325.

Scharnagl, Augustin, Johann Franz Xaver Sterkel. Ein Beitrag zur Musikgeschichte Mainfrankens, Würzburg 1943.

Scharold, Carl Gottfried, Würzburg und die umliegende Gegend, für Fremde und Einheimische kurz beschrieben, Würzburg 1805, Ndr. Erlangen 1980.

– Ders., Beyträge zur ältern und neuern Chronik von Würzburg, Bd. 1, H. 1, Würzburg 1818, H. 2, Würzburg 1818, H. 3, Würzburg 1820, H. 4, Würzburg 1821.

– Ders., Alte Kleidertrachten, in: Ders., Beyträge zur ältern und neuern Chronik von Würzburg, Bd. 1, H. 2, Würzburg 1818, S. 176–184. Zitiert: Scharold, 1818/I.

– Ders., Die Feyer der heiligen Christnacht, in: Ders., Beyträge zur ältern und neuern Chronik von Würzburg, Bd. 1, H. 2, Würzburg 1818, S. 157–159. Zitiert: Scharold, 1818/II.

– Ders., Zunft-Chronik aller Gewerbe und Handwerke in Würzburg, Bd. I,1, Würzburg 1822.

– Ders., Wiederabtretung der von Gustav Adolph, dem Schwedenkönig, 1631 eroberten Festung Marienberg ob Würzburg, in: AUfr 1/I (1832), S. 13–36.

– Ders., Mannigfaltiges, in: AUfr 2/II (1834), S. 154–158.

– Ders., Würzburg und seine Umgebungen. Ein Wegweiser und Erinnerungsbuch, Würzburg 1836. Zitiert: Scharold, 1836/I.

– Ders., Zur Geschichte des Würzburger Münzwesens, in: AUfr 3/III (1836), S. 155–164. Zitiert: Scharold, 1836/II.

– Ders., Zur Geschichte des Hexenwesens, in: AUfr 5/II (1839), S. 165–173.

– Ders., Der sogenannte Haubenkrieg im ehemaligen Fürstenthume Würzburg. Beitrag zur Sittengeschichte des 18. Jahrhunderts, in: AUfr 6/I (1840), S. 135–145. Zitiert: Scharold, 1840/I.

– Ders., Hof- und Staatshaushalt unter einigen Fürstbischöfen von Würzburg im sechzehnten Jahrhundert, in: AUfr 6/I (1840), S. 25–67. Zitiert: Scharold, 1840/II.

– Ders., Zur Geschichte des Hexenwesens im ehemaligen Fürstenthume Würzburg, in: AUfr 6/I (1840), S. 128–134. Zitiert: Scharold, 1840/III.

– Ders., Zur Geschichte des Gerichtswesens in Würzburg, in: AUfr 6/III (1841), S. 128–143.

– Ders., Geschichte der k. schwedischen und herzogl. sachsen-weimarischen Zwischenregierung im eroberten Fürstbisthume Würzburg, in besonderer Beziehung auf das reformirte Religions-, Kirchen- und Schulwesen, in: AUfr 7/II (1842), S. 1–113; 7/III (1843), S. 1–138; 8/I (1844), S. 1–124; 8/II–III (1845), S. 1–224 (danach zitiert; auch separat in zwei Bändchen Würzburg 1844–1845).

Scharold, Johann Baptist, Geschichte des gesammten Medizinalwesens im ehemaligen Fürstenthum Würzburg. Erste Abtheilung, das Mittelalter und 16. Jahrhundert darstellend, Würzburg 1825.

Scharr, Adalbert, Geburtsbriefe im Stadtarchiv Würzburg, in: Blätter des Bayerischen Landesvereins für Familienkunde 3, (1925), S. 72–74.

Scheeben, Matthias Joseph, Handbuch der katholischen Dogmatik, 6 Bde., Gesammelte Schriften, Bd. 3–7, 2. Aufl. Freiburg 1948–1961.

Schelenz, Hermann, Geschichte der Pharmazie, Berlin 1904, Ndr. Hildesheim 1965.

Schellhass, Karl, Zur Lebensgeschichte des Laurentius Albertus, in: Quellen und Forschungen aus italienischen Archiven und Bibliotheken 8 (1905), S. 174–195.

Schemmel, Bernhard, Sankt Gertrud in Franken (Sekundäre Legendenbildung an Kultstätten), in: WDGBll 30 (1968), S. 7–153.

– Ders., Fest und Brauch, Kostüm und Tracht, in: Alfred Wendehorst (Hrsg.), Würzburg. Geschichte in Bilddokumenten, München 1981, S. 94–100.

Schenk, Clemens, Petrini–Greissing. Bauanalytische Untersuchungen zum Würzburger Barock, Diss. phil., Würzburg 1922.

– Ders., Die Apotheke des Würzburger Juliusspitals. Eine bewundernswerte Innenraumschöpfung des Rokoko, in: Mainfränkischer Kalender, Würzburg 1937, S. 82–84.

– Ders., Die Würzburger Neumünsterfassade und ihre künstlerische Herkunft, in: Kunst in Mainfranken, Jahresgabe des mainfränkischen Kunst- und Altertums-Vereins, H. 3, Würzburg 1941, S. 19–30.

– Ders., Das Würzburger Juliusspital in seiner architekturgeschichtlichen und städtebaulichen Bedeutung, in: Das Juliusspital Würzburg in Vergangenheit und Gegenwart, Festschrift aus Anlaß der Einweihung der wiederaufgebauten Pfarrkirche des Juliusspitals am 16. Juli 1953, hrsg. v. Oberpflegamt des Juliusspitals Würzburg, Würzburg 1953, S. 46–107.

– Ders. / Bechtold, Arthur, Alt-Würzburg. Eine Auswahl bildlicher Darstellungen aus Würzburgs Vergangenheit […], Würzburg [1928].

Schenk, Winfried, Städtische Siedlungen und Verkehr, in: Peter Kolb u. Ernst-Günter Krenig (Hrsg.), Unterfränkische Geschichte 2, Würzburg 1992, S. 495–528.

– Ders., 1200 Jahre Weinbau in Mainfranken – eine Zusammenschau aus geographischer Sicht, in: Ders. u. Konrad Schliephake (Hrsg.), Mensch und Umwelt in Franken, Festschrift für Alfred Herold, WGA 89, Würzburg 1994, S. 179–201.

– Ders., Landschaft und Siedlung in Unterfranken, in: Helmut Gebhard, Konrad Bedal u. Albrecht Wald (Hrsg.), Bauernhäuser in Bayern. Dokumentation 3: Unterfranken, München 1996, S. 19–46. Zitiert: Schenk, 1996/I.

– Ders., Waldnutzung, Waldzustand und regionale Entwicklung in vorindustrieller Zeit im mittleren Deutschland, Erdkundliches Wissen 117, Stuttgart 1996. Zitiert: Schenk, 1996/II.

– Ders., Ländliche Gesellschaft und Raumnutzung, in: Peter Kolb u. Ernst-Günter Krenig (Hrsg.), Unterfränkische Geschichte 4/1, Würzburg 1998, S. 275–334.

– Ders. (Hrsg.), Aufbau und Auswertung »Langer Reihen« zur Erforschung von historischen Waldzuständen und Waldentwicklungen. Ergebnisse eines Symposiums in Blaubeuren vom 26.–28. 2. 1998, Tübinger Geographische Studien 125, Tübingen 1999.

– Ders., Auen als Siedlungs- und Wirtschaftsräume vor den ingenieurtechnischen Veränderungen des 19. Jhs. – das Mittelmaingebiet als Beispiel, in: Klaus Heine u. Karl-Heinz Pfeffer (Hrsg.), Angewandte Geomorphologie in verschiedenen Geoökosystemen, Zeitschrift für Geomorphologie NF, Supplement-Bd. 124, Berlin/Stuttgart 2001, S. 55–67.

– Ders., Die Brennholzversorgung Würzburgs im 18. und 19. Jahrhundert, München (im Druck).

Scherer, Emil Clemens, Geschichte und Kirchengeschichte an den deutschen Universitäten. Ihre Anfänge im Zeitalter des Humanismus und ihre Ausbildung zu selbständigen Disziplinen, Freiburg 1927, Ndr. Hildesheim/New York 1975.

Scherf, Andreas, Johann Philipp Franz von Schönborn, Bischof von Würzburg (1719–1724), der Erbauer der Residenz, Schriftenreihe zur bayer. Landesgeschichte 4, München 1930, Ndr. Aalen 1973.

Scherzer, Walter, Der Kartoffelanbau im Gebiet des Hochstifts Würzburg, in: Die Mainlande, 4. Jg., Nr. 21 v. 4. Nov. 1953, S. 83 f.

– Ders., Die alten Mainbrücken Unterfrankens und ihre Baulastträger, in: WDGBll 20 (1958), S. 154–177.

– Ders., Die Entwicklung der Wappen und Siegel unterfränkischer Gemeinden und Landkreise, in: Heimatpflege in Unterfranken 5 (1962), S. 15–20, 192.

– Ders., Würzburg: Forst, Tiergarten, Burgberg und Markung von 779, in: Archive und Geschichtsforschung. Studien zur fränkischen und bayerischen Geschichte. Fridolin Solleder zum 80. Geburtstag, Neustadt a. d. Aisch 1966, S. 12–22.

– Ders., Die Dorfverfassung der Gemeinden im Bereich des ehemaligen Hochstifts Würzburg. Ein Vergleich mit den Verhältnissen im Obermaingebiet, in: JffL 36 (1976), S. 37–64.

– Ders., Die Protestanten in Würzburg, in: ZBKG 54 (1985), S. 97–117.

– Ders., Rezension von: Ulrich Wagner (Hrsg.), Lorenz Fries (1489–1550). Fürstbischöflicher Rat und Sekretär. Studien zu einem fränkischen Geschichtsschreiber, Schriften des Stadtarchivs Würzburg 7, Würzburg 1989, in: ZBKG 59 (1990), S. 352–356.

– Ders., Das Hochstift Würzburg, in: Peter Kolb u. Ernst-Günter Krenig (Hrsg.), Unterfränkische Geschichte 2, Würzburg 1992, S. 17–84.

Schich, Winfried, Würzburg im Mittelalter. Studien zum Verhältnis von Topographie und Bevölkerungsstruktur, Städteforschung. Veröffentl. des Instituts für vergleichende Städtegeschichte in Münster A/3, Köln/Wien 1977.

Schicklberger, Franz, Aus der Geschichte der Juden in Eibelstadt, Eibelstadt 2003.

Schiebler, Theodor Heinrich, Zur Geschichte der Würzburger Anatomie, in: Würzburger medizinhistorische Mitteilungen 1 (1983), S. 139–145.

Schiedermair, Werner, Barockfrömmigkeit im Hochstift Würzburg und in Kurbayern im Vergleich, in: Ernst-Günter Krenig (Hrsg.), Wittelsbach und Unterfranken. Vorträge des Symposions: 50 Jahre Freunde Mainfränkischer Kunst und Geschichte, MfrSt. 65, Würzburg 1999, S. 45–57.

Schiller, Heinz, Ermittlung von Hochwasserwahrscheinlichkeiten am schiffbaren Main und überregionaler Vergleich der Ergebnisse, in: Wolfram Mauser u. a. (Hrsg.), Hydrologie und Wasserwirtschaft – Regionale Studien – Festschrift zum 65. Geburtstag v. Prof. Dr. Reiner Keller, Beiträge zur Hydrologie, Sonderheft 6, Kirchzarten 1986, S. 79–101.

Schindler, Gottfried, Die Ehehaltenhaus-Stiftung, Würzburg [1969].

– Ders., Die Siechenhauspflege, Würzburg 1970.

– Ders., Die Huebers-Pflege in Würzburg, Würzburg 1973.

Schindling, Anton, Die Julius-Universität im Zeitalter der Aufklärung, in: Peter Baumgart (Hrsg.), Vierhundert Jahre Universität Würzburg, Neustadt/Aisch 1982, S. 77–127.

– Ders., Professor Franz Berg, ein Aufklärer in Würzburg. Eine biographische Skizze, in: Rottenburger Jb. für Kirchengeschichte 3 (1984), S. 35–43.

– Ders., Die Julius-Universität im Zeichen der Aufklärung. Jurisprudenz, Medizin, Philosophie, in: Peter Baumgart (Hrsg.), Michael Ignaz Schmidt (1736–1794) in seiner Zeit, Neustadt/Aisch 1996, S. 3–24.

Schleinkofer, Ludwig, Die Entwicklung des Bürgerspitals »zum hl. Geist« in Würzburg, Diss. jur., Würzburg 1925.

Schmid, Alois, Die Anfänge der Bistumshistoriographie in den süddeutschen Diözesen im Zeitalter des Humanismus, in: Römische Quartalschrift 91 (1996), S. 230–262.

Schmid, Hermann, Statistisches über die oberdeutschen Dominikaner aus dem Jahr 1787, in: Zeitschrift für Württembergische Landesgeschichte 47 (1988), S. 269–290.

Schmidlin, Joseph, Die Diözesan-Relation des Fürstbischofs von Würzburg, Julius Echter, nach Rom (1590), in: WDGBll 7 (1939), S. 24–31.

Schmidmaier-Kathke, Edith, Fürstbischof Carl Philipp von Greiffenclau. Der Auftraggeber Tiepolos, in: Peter O. Krückmann (Hrsg.), Der Himmel auf Erden. Tiepolo in Würzburg, Bd. 1, München/New York 1996, S. 58–63.

Schmidt, Erhard, Die Kirche zu Unterdürrbach. Aus der Geschichte einer Pfarrei, [Würzburg 1978].

Schmidt, Erich (Hrsg.), Caroline. Briefe aus der Frühromantik, nach Georg Waitz vermehrt hrsg. v. Erich Schmidt, 2 Bde., Leipzig 1921, Ndr. Bern 1970.

Schmidt, Georg, Geschichte des alten Reiches. Staat und Nation in der Frühen Neuzeit 1495–1806, München 1999.

Schmitz, Hans-Jürgen, Faktoren der Preisbildung für Getreide und Wein in der Zeit von 800 bis 1350, Quellen und Forschungen zur Agrargeschichte 20, Stuttgart 1968.

Schmitz, Rudolf, Die deutschen pharmazeutisch-chemischen Hochschulinstitute, Ingelheim 1969.

Schmölders, Günter, Konjunkturen und Krisen, Hamburg 1955.

Schneider, Erich, Die Malerei in Mainfranken vom 30jährigen Krieg bis zum Ende des Alten Reiches, in: Peter Kolb u. Ernst-Günter Krenig (Hrsg.), Unterfränkische Geschichte 4/2, Würzburg 1999, S. 311–379.

Schneider, Franz, Heidingsfeld, ein altfränkisches Städtebild, Heidingsfeld 1908, Ndr. Würzburg-Heidingsfeld 1979.

Schneider, Joachim, Lengfeld im Mittelalter – Chancen und Aufgaben von Dorfstudien anhand eines Fallbeispiels, in: MJb 54 (2002), S. 45–66.

Schneider, Konrad / Krahé, Peter (Hrsg.), Das entlarffte böse Müntz-Wesen [Neue Ausgabe mit Erläuterungen der 1691 unter dem Pseudonym »Filargirius« erschienenen Flugschrift], Koblenz 1981.

Schneider, Kurt, Peter Speeth in Würzburg, in: Die Mainlande. Geschichte und Gegenwart, 7. Jg., Nr. 24 v. 31. Dez. 1956, S. 95 f.

Schneider, Wilhelm, Die Politik des Fränkischen Kreises nach dem Dreißigjährigen Kriege, Erlanger Abh. zur mittleren und neueren Geschichte 8, Erlangen 1931.

Schneider, Wolfgang, Volkskultur und Alltagsleben, in: Geschichte der Stadt Würzburg, hrsg. v. Ulrich Wagner, Bd. 1, Stuttgart 2001, S. 491–514.

Schneidt, Joseph Maria, Thesavrvs ivris Franconici. Oder Sammlung theils gedruckter theils ungedruckter Abhandlungen, Dissertationen, Programmen, Gutachten, Gesätze, Urkunden etc., welche das Fränkische und besonders Hochfürstlich-Wirzburgische Geistliche, Weltliche, Bürgerliche, Peinliche, Lehen-, Polizey- und Kameralrecht erläutern etc., Würzburg 1787–1794.

Schnell, Hugo, St. Peter zu Würzburg, Kleine Kunstführer 10256, München 1937.

– Ders., Die Scagliola-Arbeiten Dominikus Zimmermanns, in: Zeitschrift des Deutschen Vereins für Kunstwissenschaft 10 (1943), S. 105–128.

Schnitter, Helmut, Volk und Landesdefension. Volksaufgebote, Defensionswerke, Landmilizen in den deutschen Territorien vom 15. bis 18. Jahrhundert, Militärhistorische Studien NF 18, Berlin 1977.

Schnurrer, Ludwig (Bearb.), Die Urkunden der Reichsstadt Rothenburg 1182–1400, 2 Teilbände, VGffG III/6, Neustadt/Aisch 1999.

Schön, Sebastian, Würzburger Fischerzunft und Rangschiffahrt, in: Fränkische Heimat, 66. Jg., Nr. 11 v. 2. Juli 1936, S. 41–44.

Schönborn, Friedrich Karl v., Studienordnung für die Universität Würzburg. Mit einem Nachwort von Otto Meyer, Ndr. der 1. Auflage aus dem Jahre 1743, Würzburg 1980.

Schoenen, Paul, Epitaph, in: Reallexikon zur deutschen Kunstgeschichte 5 (1967), Sp. 872–921.

Schöpf, Gregor, Historisch-statistische Beschreibung des Hochstifts Wirzburg. Ein Versuch, Hildburghausen 1802.

Schormann, Gerhard, Hexenprozesse in Deutschland, Kleine Vandenhoeck-Reihe 1470, Göttingen 1981.

Schott, Alfons, Julius Echter und das Buch, Diss., Würzburg 1953.

Schott, Herbert, Das Verhältnis der Stadt Würzburg zur Landesherrschaft im 18. Jahrhundert, MfrSt. 58, zugleich QFW 48, Würzburg 1995. Zitiert: Schott, 1995/I.

– Ders., Franz Ludwig von Erthal und seine Wahlkapitulation für das Domkapitel zu Würzburg 1779, in: Renate Baumgärtel-Fleischmann (Hrsg.), Franz Ludwig von Erthal, Fürstbischof von Bamberg und Würzburg 1779–1795, Bamberg 1995, S. 28–36. Zitiert: Schott, 1995/II.

– Ders., Franz Ludwig von Erthal und die Stadt Würzburg, in: Renate Baumgärtel-Fleischmann (Hrsg.), Franz Ludwig von Erthal, Fürstbischof von Bamberg und Würzburg 1779–1795, Bamberg 1995, S. 126–134. Zitiert: Schott, 1995/III.

– Ders., Im Kräftespiel der Reichspolitik – Die »Außenpolitik« des Hochstifts, in: Peter Kolb u. Ernst-Günter Krenig (Hrsg.), Unterfränkische Geschichte 4/1, Würzburg 1998, S. 17–65.

– Ders., »Keine causa spiritualis, sondern mere saecularis«? Der Streit um den Totengräber in der Würzburger Pleich 1751, in: WDGBll 61 (1999), S. 271–290.

Schrader, Hans-Jürgen, Unsägliche Liebesbriefe. Heinrich von Kleist an Wilhelmine von Zenge, in: Kleist-Jb. 1981/82, S. 86–96.

Schremmer, Eckart (Hrsg.), Geld und Währung vom 16. Jahrhundert bis zur Gegenwart. Referate der 14. Arbeitstagung der Gesellschaft für Sozial- und Wirtschaftsgeschichte vom 9. bis 13. April 1991 in Dortmund, VSWG, Beiheft 106, Stuttgart 1993.

Schröcker, Alfred (Bearb.), Statistik des Hochstifts Würzburg um 1700, QFW 30, Würzburg 1977.

Schröder, Brigitte, Mainfränkische Klosterheraldik. Die wappenführenden Mönchsklöster und Chorherrenstifte im alten Bistum Würzburg, QFW 24, Würzburg 1971.

Schubart, Christian Friedrich Daniel, Ideen zu einer Ästhetik der Tonkunst, hrsg. v. Paul Alfred Merbach, Leipzig 1924.

Schubert, Ernst, Academiae Herbipolensis Fontes. Friedrich Anton Leopold Reuss und seine Materialien zur Geschichte der Universität Würzburg, Quellen und Beiträge zur Geschichte der Universität Würzburg, Beiheft 3, Würzburg 1967. Zitiert: Schubert, 1967/I.

– Ders., Die Landstände des Hochstifts Würzburg, VGffG IX/23, Würzburg 1967. Zitiert: Schubert, 1967/II.

– Ders., Gegenreformationen in Franken, in: JffL 28 (1968), S. 275–307.

– Ders., Julius Echter von Mespelbrunn (1545–1617), in: Fränk. Lebensbilder 3, VGffG VIIA/3, Würzburg 1969, S. 158–193.

– Ders., Protestantisches Bürgertum in Würzburg am Vorabend der Gegenreformation, in: ZBKG 40 (1971), S. 69–82.

– Ders., Conrad Dinner. Ein Beitrag zur geistigen und sozialen Umwelt des Späthumanismus in Würzburg, in: JffL 33 (1973), S. 213–238. Zitiert: Schubert, 1973/I.

– Ders., Materielle und organisatorische Grundlagen der Würzburger Universitätsentwicklung 1582–1821. Ein rechts- und wirtschaftshistorischer Beitrag zu einer Institutionengeschichte, Quellen und Beiträge zur Geschichte der Universität Würzburg 4, Neustadt a. d. Aisch 1973. Zitiert: Schubert, 1973/II.

– Ders., Studium und Studenten an der Alma Julia im 17. und 18. Jahrhundert, in: 1582–1982. Studentenschaft und Korporationswesen an der Universität Würzburg, hrsg. v. Institut für Hochschulkunde an der Universität Würzburg, Würzburg 1982, S. 11–47.

– Ders., Arme Leute, Bettler und Gauner im Franken des 18. Jahrhunderts, VGffG IX/26, Neustadt/Aisch 1983, 2. Aufl. Neustadt/Aisch 1990.

– Ders., Würzburg und Franken – Region und Universität im 18. Jahrhundert, in: BlldLG 135 (1999), S. 59–100.

Schütz, Bernhard, Balthasar Neumann, Freiburg/Basel/Wien 1986.

– Ders., Die kirchliche Barockarchitektur in Bayern und Schwaben, 1580–1780, München 2000.

Schul-Ordnung für die Niedern Stadt- und Landschulen des Fürstlichen Hochstifts Würzburg […], herausgegeben 1774, Ndr. Sondheim/Rhön 1981.

Schultz, Helga, Handwerker, Kaufleute, Bankiers. Wirtschaftsgeschichte Europas 1500–1800, Frankfurt a. Main 1997.

Schulz, Knut, Störer, Stümpler, Pfuscher, Bönhasen und »Fremde«. Wandel und Konsequenzen der städtischen Bevölkerungs- und Gewerbepolitik seit der Mitte des 16. Jahrhunderts, in: Helmut Jäger, Franz Petri u. Heinz Quirin (Hrsg.), Civitatum Communitas. Studien zum europäischen Städtewesen, Festschrift Heinz Stoob zum 65. Geburtstag, Teil 2, Köln/Wien 1984, S. 683–705.

Schulz, Knut / Müller-Luckner, Elisabeth (Hrsg.), Handwerk in Europa. Vom Spätmittelalter bis zur Frühen Neuzeit, Schriften des Historischen Kollegs 41, München 1999.

Schulz, Wolfgang, Würzburger Theater 1600–1945. Eine soziokulturelle Untersuchung, Diss. phil., Würzburg 1969 (Teildruck 1970).

– Ders., Vom Schul- und Jesuitenschauspiel zum Würzburger Stadttheater. Ein Gang durch Würzburgs Theatergeschichte von 1600 bis 1945, in: Volker Müller-Veith (Hrsg.), Das erste Würzburger Kulturbuch, Würzburg 1992, S. 39–75.

Schulze, Friedrich / Ssymank, Paul, Das deutsche Studentum von den ältesten Zeiten bis zur Gegenwart, 4. Aufl. München 1932.

Schulze, Helmut, Die Gräber des Domes in Würzburg, in: WDGBll 37/38 (1975), S. 523–539; Der Würzburger Dom und sein Bereich als Grablege (Zweiter Teil), in: WDGBll 40 (1978), S. 5–42; Der Würzburger Dom und sein Bereich als Grablege (Teil 3), in: WDGBll 41 (1980), S. 1–77.

Schutz- und Blankwaffen 13.–17. Jahrhundert. Aus der Waffensammlung des Mainfränkischen Museums Würzburg, bearb. v. Hans-Peter Trenschel, Kataloge des Mainfränkischen Museums Würzburg 4, Würzburg 1992.

Schwab, Johann Baptist, Franz Berg, geistlicher Rath und Professor der Kirchengeschichte an der Universität Würzburg, Würzburg 1869, 2. Ausgabe Würzburg 1872.

Schwaegermann, Walter, Der Staat der Fürstbischöfe von Würzburg um 1700. Eine historisch-statistische verwaltungsgeschichtliche Untersuchung, Diss. phil. masch., Würzburg 1951.

Schwarzer, Oskar / Schnelzer, Petra, Quellen zur Statistik der Geld- und Wechselkurse in Deutschland, Nordwesteuropa und dem Ostseeraum im 18. und 19. Jahrhundert, in: Wolfram Fischer u. Andreas Kunz (Hrsg.), Grundlagen der historischen Statistik von Deutschland. Quellen, Methoden, Forschungsziele, Schriften des Zentralinstituts für sozialwissenschaftliche Forschung der Freien Universität Berlin 65, Opladen 1991, S. 175–191.

Schweigard, Jörg, Aufklärung und Revolutionsbegeisterung. Die katholischen Universitäten in Mainz, Heidelberg und Würzburg im Zeitalter der Französischen Revolution (1789–1792/93–1803), Schriftenreihe der Internationalen Forschungsstelle »Demokratische Bewegungen in Mitteleuropa 1770–1850« 29, Frankfurt u. a. 2000.

Sch[weser], M[ax], Die Ratsbecherstiftung in Würzburg, in: Die Frankenwarte. Blätter für Heimatkunde, Beilage zum Würzburger General-Anzeiger, 1926, Nr. 8 v. 22. April.

Schwillus, Harald, »Der bischoff läßt nit nach, bis er die gantze statt verbrennt hat«. Bemerkungen zu der 1745 veröffentlichten Liste der unter Fürstbischof Philipp Adolf von Ehrenberg wegen angeblicher Hexerei hingerichteten Menschen, in: WDGBll 49 (1987), S. 145–154.

– Ders., Die Hexenprozesse gegen Würzburger Geistliche unter Fürstbischof Philipp Adolf von Ehrenberg (1623–1631), Forschungen zur fränk. Kirchen- und Theologiegeschichte 14, Würzburg 1989.

– Ders., »Neue Zeitung: Von sechshundert Hexen, Zauberern und Teuffels-Bannern«. Eine Flugschrift über die Bamberger und Würzburger Hexenprozesse des frühen 17. Jahrhunderts, in: WDGBll 53 (1991), S. 231–237.

Schwinger, Georg, Das St. Stephans-Kloster O. S. B. in Würzburg. Beiträge zu dessen Geschichte, in: AUfr 40 (1898), S. 111–198; 41 (1899), S. 157–237; 42 (1900), S. 75–139; 43 (1901), S. 27–84.

Schwinn, Willi, Die Kunst des Geigenbaus in Würzburg von den Anfängen bis zur Gegenwart, Würzburg 1978.

Scott, Tom, Südwestdeutsche Städte im Bauernkrieg. Bündnisse zwischen Opportunismus und Solidarität, in: Stadt und Revolution, hrsg. v. Bernhard Kirchgässner u. Hans-Peter Becht, Stadt in der Geschichte 27, Stuttgart 2001, S. 9–36.

Seberich, Franz, Würzburg als Festung, in: Frankenkalender 1934, S. 53–59; 1935, S. 46–56; 1936, S. 53–63; 1937, S. 51–61; 1938, S. 77–99; 1939, S. 95–120.

– Ders., Die Festung Marienberg. Das Schönborntor, in: Die Frankenwarte. Blätter für Heimatkunde, Beilage zum Würzburger General-Anzeiger, 1936, Nr. 32 v. 6. Aug., Nr. 33 v. 13. Aug., Nr. 34 v. 20. Aug. Zitiert: Seberich, 1936/I.

– Ders., Eine unbekannte Ansicht der Stadt Würzburg, in: Frankenkalender 1936, S. 72–75. Zitiert: Seberich, 1936/II.

– Ders., Vom alten Stift Haug, in: Die Frankenwarte. Blätter für Heimatkunde, Beilage zum Würzburger General-Anzeiger, 1937, Nr. 18 v. 13. Mai, Nr. 19 v. 20. Mai.

– Ders., Das Brückentor, in: Die Frankenwarte. Blätter für Heimatkunde, Beilage zum Würzburger General-Anzeiger, 1938, Nr. 20 v. 19. Mai, Nr. 21 v. 25. Mai, Nr. 22 v. 2. Juni, Nr. 23 v. 9. Juni.

– Ders., Alte Wasserleitungsprojekte in Würzburg, in: Die Mainlande, 4. Jg., Nr. 9 v. 9. Mai 1953, S. 33–35; Nr. 10 v. 22. Mai 1953, S. 37–39. Zitiert: Seberich, 1953/I.

– Ders., Tore und Türme im alten Würzburg, in: Die Mainlande. Geschichte und Gegenwart, 4. Jg. (1953), Nr. 20 v. 15. Okt., S. 77–80, Nr. 21 v. 4. Nov., S. 81–83, Nr. 22 v. 27. Nov., S. 85–87, Nr. 23 v. 24. Dez., S. 89–92, Nr. 24 v. 29. Dez., S. 93–95 (zitiert: Seberich, 1953/II); 5. Jg. (1954), Nr. 1 v. 5. Jan., S. 1–3, Nr. 2 v. 25. Jan., S. 5–8, Nr. 3 v. 9. Feb., S. 9–11, Nr. 4 v. 20. Feb., S. 13 f.; 6. Jg. (1955), Nr. 21 v. 24. Sept., S. 83 f., Nr. 22 v. 8. Okt., S. 85 f., Nr. 23 v. 22. Okt., S. 89–91, Nr. 24 v. 5. Nov., S. 93–96, Nr. 25 v. 19. Nov., S. 97–100, Nr. 26 v. 26. Nov., S. 101–104, Nr. 27 v. 10. Dez., S. 105 f.; 7. Jg. (1956), Nr. 15 v. 25. Aug., S. 60, Nr. 16 v. 19. Sept., S. 64, Nr. 17 v. 28. Sept., S. 67 f., Nr. 18 v. 6. Okt., S. 71 f., Nr. 19 v. 23. Okt., S. 75 f., Nr. 20 v. 3. Nov., S. 79 f., Nr. 21 v. 24. Nov., S. 83 f., Nr. 22 v. 4. Dez., S. 87 f., Nr. 23 v. 22. Dez., S. 91 f., Nr. 24 v. 31. Dez., S. 93–95; 8. Jg. (1957), Nr. 22 v. 14. Dez., S. 85–88, Nr. 23 v. 20. Dez., S. 89–92, Nr. 24 v. 28. Dez., S. 93–96; 9. Jg. (1958), Nr. 1 v. 4. Jan., S. 1 f., Nr. 2 v. 18. Jan., S. 5–7, Nr. 3 v. 8. Feb., S. 9–11, Nr. 4 v. 24. Feb., S. 13–15, Nr. 5 v. 12. März, S. 17–20, Nr. 6 v. 24. März, S. 21–23, Nr. 7 v. 5. April, S. 25–28, Nr. 8 v. 19. April, S. 29–31, Nr. 9 v. 17. Mai, S. 33–36, Nr. 11 v. 12. Juni, S. 41–43, Nr. 12 v. 25. Juni, S. 45–48, Nr. 13 v. 30. Juni, S. 49–51, Nr. 15 v. 28. Juli, S. 57–59, Nr. 16 v. 9. Aug., S. 61–63, Nr. 17 v. 23. Aug., S. 65–67.

– Ders., Pleichach und Kürnach und ihre Mühlen im Stadtbereich, in: Die Mainlande. Geschichte und Gegenwart, 5. Jg. (1954), Nr. 18 v. 18. Sept., S. 69–72, Nr. 19 v. 15. Okt., S. 73–75, Nr. 20 v. 6. Nov., S. 77–79, Nr. 21 v. 4. Dez., S. 81–83, Nr. 22 v. 18. Dez., S. 85–87, Nr. 23 v. 31. Dez., S. 89–92; 6. Jg. (1955), Nr. 1 v. 19. Jan., S. 1–3, Nr. 2 v. 2. Feb., S. 5–7, Nr. 3 v. 18. Feb., S. 9–11, Nr. 4 v. 4. März, S. 13–15, Nr. 5 v. 23. März, S. 17 f.

– Ders., Der topographische Gehalt der älteren Würzburger Stadtansichten, in: MJb 7 (1955), S. 189–235.

– Ders., Die alte Mainbrücke zu Würzburg, MfrH. 31, Würzburg 1958. Zitiert: Seberich, 1958/I.

– Ders., Beiträge zur Geschichte des Juliusspitals, in: MJb 10 (1958), S. 107–137. Zitiert: Seberich, 1958/II.

– Ders., Die Wasserversorgung der Festung Marienberg zu Würzburg, in: Die Mainlande. Geschichte und Gegenwart 10. Jg. (1959), Nr. 5 v. 9. März, S. 17–19, Nr. 6 v. 2. April, S. 21–23, Nr. 8 v. 25. April, S. 29–32, Nr. 9 v. 25. Mai, S. 33–36, Nr. 10 v. 30. Mai, S. 37–39, Nr. 11 v. 6. Juni, S. 41–43,

Nr. 12 v. 20. Juni, S. 45–47, Nr. 13 v. 11. Juli, S. 50–52, Nr. 14 v. 25. Juli, S. 53–55, Nr. 15 v. 8. Aug., S. 57–59, Nr. 16 v. 22. Aug., S. 61–63, Nr. 17 v. 12. Sept., S. 65 f.

– Ders., Die Einwohnerzahl Würzburgs in alter und neuer Zeit, in: MJb 12 (1960), S. 49–68.

– Ders., Die Stadtbefestigung Würzburgs. Teil 1: Die mittelalterliche Befestigung mit Mauern und Türmen, MfrH. 39, Würzburg 1962. Teil 2: Die neuzeitliche Umwallung, MfrH. 40, Würzburg 1963.

– Ders., Der »Zearplan« der Stadt Würzburg, Erläuterung, handschriftlich unterzeichnet, 13. 03. 1964, Mainfränkisches Museum Würzburg.

– Ders., Das Stadtmodell »Würzburg um 1525« im Mainfränkischen Museum, Würzburg 1967, auch MfrH. 50, Würzburg 1968.

Sedlmaier, Richard / Pfister, Rudolf, Die fürstbischöfliche Residenz zu Würzburg, Schlösser in Bayern in Einzeldarstellungen. Bd. 1: Textband. Bd. 2: Tafelband, München 1923.

Segl, Peter (Hrsg.), Der Hexenhammer. Entstehung und Umfeld des Malleus maleficarum von 1487, Bayreuther Hist. Kolloquien 2, Köln/Wien 1988.

Sehi, Meinrad, Die Büttnerzunft und das Franziskanerkloster zu Würzburg, in: 600 Jahre Büttnerzunft Würzburg 1373–1973, MfrH. 59, Würzburg 1973, S. 45–53.

– Ders., Die Bettelorden in der Seelsorgsgeschichte der Stadt und des Bistums Würzburg bis zum Konzil von Trient. Eine Untersuchung über die Mendikantenseelsorge unter besonderer Berücksichtigung der Verhältnisse in Würzburg, Forschungen zur fränk. Kirchen- und Theologiegeschichte 8, Würzburg 1981.

Seibt, G. K. Wilhelm, Franciscus Modius, Rechtsgelehrter, Philologe und Dichter, der Corrector Sigmund Feyerabends, Studien zur Kunst- und Culturgeschichte II, Frankfurt/M. 1882.

Seidner, Johann Ignaz, Urkundliche Nachrichten von dem Geschlechte der Schencke von Roßberg und der Burg derselben, dem sogenannten Schenckenschlosse in der Nähe Würzburgs, in: Die geöffneten Archive für die Geschichte des Königreichs Baiern 1, 1821/22, H. 10, S. 109–132.

Selig, Robert, Räudige Schafe und eizige Hirten. Studien zur Auswanderung aus dem Hochstift Würzburg im 18. Jahrhundert und ihre Ursachen, MfrSt. 43, Würzburg 1988.

Seng, Nikolaus, Selbstbiographie des P. Athanasius Kircher aus der Gesellschaft Jesu. Aus dem Lateinischen übersetzt durch Nikolaus Seng, Fulda 1901.

Seuffert, Ottmar, Arnstein und der Werngrund. Die Entwicklung einer Würzburger Amtsstadt vornehmlich im 16. Jahrhundert, MfrSt. 48, Würzburg 1990.

– Ders., Michael Ignaz Schmidt (1736–1794), in: Fränk. Lebensbilder 14, VGffG VIIA/14, Neustadt/Aisch 1991, S. 162–174.

Sicken, Bernhard, Residenzstadt und Fortifikation. Politische, soziale und wirtschaftliche Probleme der barocken Neubefestigung Würzburgs, in: Beiträge zur Geschichte der frühneuzeitlichen Garnisons- und Festungsstadt. Referate und Ergebnisse der Diskussion eines Kolloquiums in Saarlouis vom 24.–27. 6. 1980, zusammengestellt v. Hans-Walter Herrmann u. Franz Irsigler, Veröffentl. der Kommission für Saarländische Landesgeschichte und Volksforschung 13, Saarbrücken 1983, S. 124–150, Diskussion S. 151–154.

– Ders., Die Streitkräfte des Hochstifts Würzburg gegen Ende des Ancien Régime. Beobachtungen zur Organisation und Sozialstruktur, in: ZBLG 47 (1984), S. 691–744.

– Ders., Die Schlacht bei Nördlingen. Analyse des Kriegswesens und Beobachtungen zum Kampfgeschehen, in: Frieden ernährt, Krieg und Unfrieden zerstört, 27. Jb. des Historischen Vereins für Nördlingen und das Ries, Nördlingen 1985, S. 175–219.

– Ders., Fremde in der Stadt. Beobachtungen zur »Fremdenpolitik« und zur sozioökonomischen Attraktivität der Haupt- und Residenzstadt Würzburg gegen Ende des 18. Jahrhunderts, in: Kersten Krüger (Hrsg.), Europäische Städte im Zeitalter des Barock. Gestalt – Kultur – Sozialgefüge, Köln/Wien 1988, S. 271–329.

– Ders., Würzburg, seine Territorialnachbarn, der Fränkische Reichskreis und das Reich, in: Peter Kolb u. Ernst-Günter Krenig (Hrsg.), Unterfränkische Geschichte 3, Würzburg 1995, S. 131–164.

Siebert, Anneliese, Der Stein als Gestalter der Kulturlandschaft im Maindreieck, Hannover 1953.

Siegl, Karl, Balthasar Neumann, in: Unser Egerland 36 (1932).

Simon-Mathes, Willi, Heidingsfeld. Frankenort und Reichsdorf, böhmische Stadt und bischöfliche Landstadt, Diss. phil., Würzburg 1956.

Sippel, Fridolin, Die Stadt Würzburg im Bauernkriege. Eine Studie zur Geschichte des Bauernkrieges in Franken, Diss. phil., Würzburg 1903.

Sixt, Friedrich, Chronik der Stadt Gerolzhofen in Unterfranken, in: AUfr 35 (1892), S. 33–207 (danach zitiert; auch separat Würzburg 1893, Ndr. Gerolzhofen 1979).

Smith, Jeffrey Chipps, German Sculpture of the Later Renaissance, c. 1520–1580. Art in an Age of Uncertainty, Princeton N. J. 1994.

Soden, Franz Frhr. v., Gustav Adolph und sein Heer in Süddeutschland von 1631 bis 1635. Zur Geschichte des Dreißigjährigen Krieges. Nach archivalischen und anderen Quellen bearbeitet. Bd. 1: Von Gustav Adolphs Erscheinen in Süddeutschland bis zu seinem Tod, 1631 bis 1632. Bd. 2: Von Gustav Adolphs Tode bis zur Eroberung von Regensburg durch König Ferdinand von Ungarn und Böhmen, 1633 bis 1634. Bd. 3: Von der Schlacht bei Nördlingen bis zum Prager Frieden, 1634 bis 1635, Erlangen 1865/1867/1869.

Soder v. Güldenstubbe, Erik, Würzburg, Stadt des heiligen Kilian. Marginalien zur Geschichte der Seelsorge und Frömmigkeit von der Christianisierung bis zur Neuzeit, in: Heinz Otremba (Hrsg.), 15 Jahrhunderte Würzburg. Eine Stadt und ihre Geschichte, Würzburg 1979, S. 56–116, 464–471.

– Ders., Kulturelles Leben im Würzburg der Riemenschneiderzeit (Beiheft zum Katalog der Ausstellung »Tilman Riemenschneider – Frühe Werke«, Mainfränkisches Museum Würzburg, 5. September – 1. November 1981), Berlin 1981.

– Ders., Die Würzburger Dombauamtsrechnung des Rechnungsjahres 1529/30, in: WDGBll 50 (1988), S. 659–686.

– Ders., Kilians-Festspiele im Licht der Geschichte, in: Wolfgang Bullin u. Franz-Ludwig Ganz (Hrsg.), Dich loben, dir danken … 1300 Jahre Mission und Martyrium der Frankenapostel Kilian, Kolonat und Totnan – Das Buch der Diözese Würzburg zum Jubiläumsjahr, Würzburg 1990, S. 39–42. Zitiert: Soder v. Güldenstubbe, 1990/I.

– Ders., Spurensuche zu einer Geschichte der Würzburger Domschule ab 1500, in: Günter Koch u. Josef Pretscher (Hrsg.), Würzburgs Domschule in alter und neuer Zeit, Würzburg 1990, S. 34–58. Zitiert: Soder v. Güldenstubbe, 1990/II.

– Ders., Archivalische Quellen, Bibliothek und Schriftsteller der Würzburger Kartause Engelgarten, in: The mystical tradition and the Carthusians 14 (1997), S. 71–85.

– Ders., Die Würzburger Fürstbischöfe als Oberhirten ihrer Diözese, in: Peter Kolb u. Ernst-Günter Krenig (Hrsg.), Unterfränkische Geschichte 4/2, Würzburg 1999, S. 15–82.

Soldan, Wilhelm Gottlieb / Heppe, Heinrich / Bauer, Max, Geschichte der Hexenprozesse, 2 Bde., 3. Aufl. München 1912.

Solleder, Fridolin, Die Judenschutzherrlichkeit des Julius-Spitals in Würzburg. Ein Beitrag zur Sozial-, Wirtschafts- und Sittengeschichte Frankens, in: Riezler-Festschrift. Beiträge zur Bayerischen Geschichte, hrsg. im Verein mit der Verlagsbuchhandlung v. Karl Alexander v. Müller, Gotha 1913, S. 260–304.

Sommervogel, Carlos, Bibliothèque de la Compagnie de Jésus. Nouvelle Edition, 12 Bde., Bruxelles/Paris [Bd. 10, 11: Paris; Bd. 12: Louvain] 1890–1960.

Specker, Hans Eugen, Die Reformtätigkeit der Würzburger Fürstbischöfe Friedrich von Wirsberg (1558–1573) und Julius Echter von Mespelbrunn (1573–1617), in: WDGBll 27 (1965), S. 29–125.

Sperl, Josef, Stadt und Festung Königshofen i. Grabfeld. Ein geschichtlicher Abriß, Königshofen 1974.

Sperling, Martin, Die Entwicklung der medizinischen Fächer an der Julius-Maximilians-Universität Würzburg, in: Peter Baumgart (Hrsg.), Vierhundert Jahre Universität Würzburg, Neustadt a. d. Aisch 1982, S. 811–826.

– Ders., Spezialisierung in der Medizin im Spiegel der Würzburger Geschichte, in: Würzburger medizinhistorische Mitteilungen 3 (1985), S. 153–184.

– Das Spiegelkabinett der Würzburger Residenz, Sonderdruck aus Würzburg – heute 45 (1988), S. 53–68.

Sponholz, Barbara, Der Muschelkalk-Karst im Raum Würzburg, in: Konrad Schliephake u. Wolfgang Pinkwart (Hrsg.), Geographische Exkursionen in Franken und benachbarten Regionen, Würzburger Geographische Manuskripte 50, Würzburg 1999, S. 93–102.

Sporck-Pfitzer, Jutta, Die ehemaligen jüdischen Gemeinden im Landkreis Würzburg, hrsg. v. Landkreis Würzburg, Würzburg 1988.

Sprandel, Rolf, Die territorialen Ämter des Fürstentums Würzburg im Spätmittelalter, in: JffL 37 (1977), S. 45–64.

– Ders., Von Malvasia bis Kötzschenbroda. Die Weinsorten auf den spätmittelalterlichen Märkten Deutschlands, VSWG, Beiheft 149, Stuttgart 1998.

Sprandel-Krafft, Lore, Bibliotheken im Bereich des Würzburger Domstifts nach den Inkunabeln, in: WDGBll 54 (1992), S. 207–240.

Ssymank, Harald, Fürstbischof Adam Friedrich von Seinsheims Regierung in Würzburg und Bamberg (1755–1779), Diss. phil. masch., Würzburg 1939.

St…r, M. A., Bemerkungen über Würzburgs Lage und Vortheile, in Hinsicht auf den Handel. Mit einer Vorrede vom Herausgeber des Argus, über den Begriff der politischen Selbstgenügsamkeit, in: Argus. Eine Zeitschrift für Franken und die angrenzenden Länder, Bd. I, H. 2, Coburg/Leipzig 1803, S. 405–495.

Stadler, Klemens, Deutsche Wappen, Bundesrepublik Deutschland. Bd. 6: Die Gemeindewappen des Freistaates Bayern. Teil 2: M–Z, Bremen 1968.

Stadtmüller, Alois, Die Geschichte der Würzburger Presse bis zum Jahre 1900, Diss. phil., München 1937, Würzburg 1940.

Familie Stahel. Eine Würzburger Buchhändler-Familie, Separatabdruck aus dem Biographischen Buchhändler-Lexikon, [Leipzig 1890].

Stahel, V[eit] Joseph, Ueber den Zustand des Buchhandels in Würzburg, dem Publicum zur Prüfung vorgelegt, Würzburg 1803.

Stahel, V. Jos. (Hrsg.), Historisches Album der Stadt Würzburg. Zweiunddreißig photographische Ansichten. Mit einer geschichtlichen Einleitung von Dr. Franz X. Wegele, Würzburg 1867.

Stahleder, Erich (Bearb.), Archiv des Juliusspitals zu Würzburg. Teil 1: Akten, Bayer. Archivinventare 9, München 1957. Teil 2: Pergamenturkunden 1162–1575, Bayer. Archivinventare 22, München 1963.

Stahmer, Klaus Hinrich, Musik in der Residenz. Würzburger Hofmusik, Würzburg 1983.

Stambolis, Barbara, Kiliani und Libori – Geschichte und Wandel zweier bedeutender religiöser Volksfeste im Vergleich, in: WDGBll 60 (1998), S. 39–91.

Stamminger, Johann Baptist (Hrsg.), Die Pfarrei zu St. Burkard in Würzburg, Franconia Sacra. Geschichte und Beschreibung des Bisthums Würzburg [1], Würzburg 1889.

– Ders., Das alte Sonder-Siechenhaus zu St. Nikolaus vor dem Zeller Thore, in: Ders. (Hrsg.), Die Pfarrei zu St. Burkard in Würzburg, Würzburg 1889, S. 217–225.

– Ders., Würzburgs Kunstleben im achtzehnten Jahrhundert, in: AUfr 35 (1892), S. 209–255.

Stein, Friedrich, Geschichte Frankens. Bd. 2: Die neue Zeit, Schweinfurt 1886.

Steinel, Oskar, Das Schulwesen im Gebiete des ehemaligen Hochstifts Würzburg während der ersten bayerischen Besitznahme 1803–1806, München 1895.

Stellmacher, Wolfgang, Literarische Zentrenbildung in der Endphase des Heiligen Römischen Reiches und im Zeitalter der Napoleonischen Kriege (1750–1815), in: Ders. (Hrsg.), Stätten deutscher Literatur. Studien zur literarischen Zentrenbildung 1750–1815, Literatur – Sprache – Region 1, Frankfurt u. a. 1998, S. 31–71.

Stelzenberger, Johannes, A. J. Fahrmann, A. J. Rosshirt, J. M. Feder. Drei Würzburger Moraltheologen der Aufklärungszeit, in: Max Buchner (Hrsg.), Aus der Vergangenheit der Universität Würzburg, Berlin 1932, S. 268–295.

St[engele], Benv[enut], Das ehem. Dominikanerinnen-Kloster zu St. Markus in Würzburg, in: (Sulzbacher) Kalender für katholische Christen 1899, S. 110–112.

Stern, Selma, Josel von Rosheim, Befehlshaber der Judenschaft im Heiligen Römischen Reich Deutscher Nation, Stuttgart 1959.

Sticker, Georg, Entwicklungsgeschichte der Medizinischen Fakultät an der Alma Mater Julia, in: Max

Buchner (Hrsg.), Aus der Vergangenheit der Universität Würzburg, Berlin 1932, S. 383–790.

Stieda, Wilhelm, Die Besteuerung des Tabaks in Ansbach-Bayreuth und Bamberg-Würzburg im 18. Jahrhundert, Abh. der Philolog.-Hist. Kl. der Königlich-Sächsischen Gesellschaft der Wiss. 29, 4, Leipzig 1911.

Stieve, Felix, Das »Contobuch« der Deutschen Liga, in: Deutsche Zeitschrift für Geschichtswissenschaft 10 (1893), S. 97–106.

Stöber, Heinrich, Die Feste Marienberg bei Würzburg, in: Darstellungen aus der Bayerischen Kriegs- und Heeresgeschichte 19, München 1910, S. 204–231.

Stöhr, August, Zur Geschichte der Klein- und Großuhrmacher im Fürstbistum Würzburg, in: Monatshefte für Kunstwissenschaft 12 (1919), S. 237–246.

Stöhr, Liane / Schenk, Winfried, Geschichte und kulturhistorische Bedeutung von Steinriegellagen auf der Gemarkung von Weikersheim, in: Württembergisch Franken 85 (2001), S. 227–245.

Stöhr, Philipp, Die Beziehungen zwischen Universität und Julius-Spital, Würzburg 1908.

Sölze, Remigius, Erziehungs- und Unterrichtsanstalten im Juliusspital zu Würzburg von 1580–1803, München 1914.

– Ders., Oberthür, Franz, katholischer Theologe, Pädagog, Kulturhistoriker und Philanthrop, 1745–1831, in: Lebensläufe aus Franken 1, VGffG VII/1, München/Leipzig 1919, S. 336–358.

Stoob, Heinz, Die Stadtbefestigung. Vergleichende Überlegungen zur bürgerlichen Siedlungs- und Baugeschichte, besonders der frühen Neuzeit, in: Kersten Krüger (Hrsg.), Europäische Städte im Zeitalter des Barock. Gestalt – Kultur – Sozialgefüge, Köln/Wien 1988, S. 25–54.

Strack, Paul, Die von Papius'sche Sammlung des Historischen Vereins für Unterfranken und Aschaffenburg in Würzburg, in: Blätter für fränkische Familienkunde, 2. Bd., 1929, S. 123–131.

Strauss, Walter L., The Complete Engravings, Etchings and Drypoints of Albrecht Dürer, 1. Aufl. 1972, 2. Aufl. New York 1973.

Strieder, Barbara, Johann Zick (1702–1762). Die Fresken und Deckengemälde, Manuskripte zur Kunstwissenschaft 33, Worms 1990.

Stukowski, Frieder / Büttner, Reinhard, Städtebauliche Bestandsaufnahme der Heidingsfelder Altstadt 1979, 1980, Würzburg 1980.

[Stumpf, Andreas Sebastian], Sebastian Stumpfs […] Prüfung der historischen Bemerkungen des Herrn Hofrathes Johann Adolph von Schultes über den successiven Länderzuwachs des Hochstiftes Würzburg. Mit Urkunden, Würzburg 1799.

Süß, Peter A., »Zu des Landes wahrer Wohlfahrt und

Unserer getreuen Unterthanen zeitlichem und ewigem Heyl« – Die Universität Würzburg im Vorfeld der Aufklärung: Friedrich Karl von Schönborns Hochschulreform, in: Peter Mainka, Johannes Schellakowsky u. Peter A. Süss (Hrsg.), Aspekte des 18. Jahrhunderts, Würzburg 1996, S. 43–100.

– Ders., Kleine Geschichte der Würzburger Julius-Maximilians-Universität, Würzburg 2002 (ohne wissenschaftlichen Apparat).

Suppinger, Erwin, Technische Kulturdenkmäler. Die alte Mainbrücke und der alte Mainkranen in Würzburg, Würzburg 1928.

Sussmann, Rudolf (Hrsg.), Zeugnisse jüdischer Vergangenheit in Unterfranken, Text und Bilder von Israel Schwierz, Bamberg 1983.

Sussmann-Hanf, Claudia, Maria Renata Singer von Mossau – die letzte Hexe von Würzburg, in: Frankenland 47 (1995), H. 1, S. 25–36.

Synodicon Herbipolense. Geschichte und Statuten der im Bisthum Würzburg gehaltenen Concilien und Dioecesansynoden, hrsg. v. Franz Xaver Himmelstein, Würzburg 1855.

Tausendpfund, Alfred, Die wissenschaftliche Korrelation von Juliusspital und Universität im 18. und 19. Jahrhundert, in: MJb 25 (1973), S. 69–80.

– Ders., Niedergang und Aufhebung des Klosters Heiligenthal, in: JffL 34/35 (1975), S. 501–517.

Teige, Winfried, Büttnerzunft Würzburg. Ein Handwerk im Dienst der Stadt und des Weins, ergänzte Neuauflage Würzburg 1998.

Thurn, Hans, Thomas Duff, Schottenmönch und Dichter zu Würzburg in der Zeit der Gegenreformation, in: WDGBll 35/36 (1974), S. 355–366.

– Ders. (Bearb.), Bestand bis zur Säkularisierung, Erwerbungen und Zugänge bis 1803, Die Handschriften der Universitätsbibliothek Würzburg 5, Wiesbaden 1994.

Tittmann, Axel, Lorenz Fries – ein humanistischer Geschichtsschreiber? Eine Betrachtung seiner geschichtlichen Sichtweise anhand der Darstellung Bischof Adalberos im Vergleich zu anderen zeitgenössischen Chroniken, in: Ulrich Wagner (Hrsg.), Lorenz Fries (1489–1550), Fürstbischöflicher Rat und Sekretär, Würzburg 1989, S. 75–88.

Trauerrede bey der Beerdigung Franz Ludwigs, des Weisen, Fürstbischof zu Bamberg und Würzburg etc. im hohen Dom zu Wirzburg, den 5. März im Jahre 1795 von Franz Berg, Professor zu Wirzburg, Jena 1796.

Treeck, Peter van, Franz Ignaz Michael von Neumann, MfrSt. 6, zugleich Diss. phil., Würzburg 1973.

Treiber, Angela, Handwerk und Gewerbe, in: Dies. (Hrsg.), Rottendorf, Rottendorf 1991, S. 233–244.

– Dies. (Hrsg.), Rottendorf. Zur Geschichte einer unterfränkischen Gemeinde, Rottendorf 1991.

Trenschel, Hans-Peter, Die kirchlichen Werke des Würzburger Hofbildhauers Johann Peter Wagner, VGffG VIII/4, Würzburg 1968.

– Ders., Der Würzburger Hofschlosser Johann Georg Oegg, in: Weltkunst 43 (1973), S. 898f.

– Ders., »Wo also ein Blinder den Sehenden hat das Licht geben müssen«. Der Würzburger Hofschlosser Johann Georg Oegg – ein Meister der Schmiedekunst, in: Schönere Heimat 68 (1979), S. 22–24.

– Ders., Der Würzburger Hofbildhauer Johann Peter Wagner (1730–1809). Zur Sonderausstellung des Mainfränkischen Museums Würzburg (26. Februar – 18. Mai 1980) aus Anlaß des 250. Geburtstages Johann Peter Wagners, MfrH. 71, Würzburg 1980.

– Ders., Die Bozzetti-Sammlung. Kleinbildwerke des 18. Jahrhunderts im Mainfränkischen Museum Würzburg, Kataloge des Mainfränkischen Museums 2, Würzburg 1987.

– Ders., Die Würzburger Zunft der Büchsenmacher, in: MJb 40 (1988), S. 101–122.

– Ders., Die Ratskalender der Stadt Würzburg, MfrH. 86, Würzburg 1989.

– Ders., Würzburger Büchsenmacher des 18. und 19. Jahrhunderts, in: MJb 42 (1990), S. 1–85.

– Ders., Würzburger Büchsenmacher. Zunft – Meister – Werke, Würzburg 1991.

– Ders., Die Würzburger Zunft der Schlosser, in: Unter Verschluss. Schlösser, Schlüssel und Beschläge aus den Sammlungen des Mainfränkischen Museums Würzburg, Sonderausstellung aus der Reihe »Was man sonst nicht sieht« 10. Oktober 1992–10. Januar 1993, Würzburg 1992, S. 17–27.

– Ders., Bürgerspital zum hl. Geist Würzburg, Schnell, Kunstführer 2127, Regensburg 1994.

– Ders. (Hrsg.), 150 Meisterwerke aus dem Mainfränkischen Museum Würzburg, Würzburg 1997.

– Ders., Thesenblatt mit Ansicht der Stadt Würzburg, in: Ders. (Hrsg.), 150 Meisterwerke aus dem Mainfränkischen Museum Würzburg, Würzburg 1997, S. 164f., Kat.-Nr. 74.

– Ders., Die Würzburger Zunft der Uhrmacher, in: Uhren aus fünf Jahrhunderten. Aus den Sammlungen des Mainfränkischen Museums Würzburg, Kataloge des Mainfränkischen Museums Würzburg 12, Würzburg 1999, S. 11–17.

Trüdinger, Karl, Stadt und Kirche im spätmittelalterlichen Würzburg, Spätmittelalter und Frühe Neuzeit 1, Stuttgart 1978.

Uhren aus fünf Jahrhunderten. Aus den Sammlungen des Mainfränkischen Museums Würzburg, bearb. v. Ian D. Fowler, Kataloge des Mainfränkischen Museums 12, Würzburg 1999.

Ullrich, Georg A., Die Blockade der Festung Marienberg und des Mainviertels zu Würzburg in den Jahren 1813 und 1814, 3. Aufl. Würzburg 1879.

Ullrich, Heinrich, Zu- und Abwanderung in der Würzburger Bevölkerung des 16. und 17. Jahrhunderts, Würzburg 1939.

Ullrich, Philipp Emil, Mortuarium Haugense, in: AUfr 30 (1887), S. 85–105.

– Ders., Die Karthause Engelgarten in Würzburg, 3 Teile, in: AUfr 40 (1898), S. 1–72; 41 (1899), S. 71–156; 43 (1901), S. 85–165.

Ulrich, Sigrid / Beck, Hans-Jürgen, Die Naturdenkmäler von Würzburg, eine kritische Bestandsaufnahme, Würzburg [1985].

Urkundenbuch der Benediktiner-Abtei St. Stephan in Würzburg, Bd. 1, bearb. v. Franz Joseph Bendel, neu bearb. v. Franz Heidingsfelder u. Max Kaufmann, VGffG III/1, Leipzig 1912; Bd. 2, bearb. v. Georg Schrötter, VGffG III/2, Würzburg 1932; Erg.-h., bearb. v. Joseph Widemann, Erlangen 1938.

Ursulinenkloster Würzburg von der Verkündigung Mariens 1712–1962, Würzburg 1962.

Vasari, Giorgio, Le opere, hrsg. v. Gaetano Milanesi, 9 Bde., Florenz 1878–1885.

Vasold, Manfred, Die deutschen Bevölkerungsverluste während des Dreißigjährigen Krieges, in: ZBLG 56 (1993), S. 147–160.

Versbach im Wandel der Zeit. Ein geschichtlicher Überblick, hrsg. v. Gemeinderat u. Verwaltung Versbach, Versbach [1977].

Visosky-Antrack, Iris Ch., Materno und Augustin Bossi. Stukkatoren und Ausstatter am Würzburger Hof im Frühklassizismus, München/Berlin 2000.

[VKU]: Vereinigung Kunstschaffender Unterfrankens e. V. (Hrsg.), Geschichte und Geschichten über das Spitäle, Würzburg 1994.

Vogt, Elisabeth, Die wirtschaftspolitischen Maßnahmen der fürstbischöflichen Regierung in Würzburg gegen die Getreideteuerung der Jahre 1770–1772, Diss. masch., Würzburg 1921.

Vogt, F., Ueber die Kanalisation der Stadt Würzburg. Gutachten der von der phys.-medicin. Gesellschaft erwählten Commission, in: Verhandlungen der physikal.-medicin. Gesellschaft in Würzburg NF 1 (1869), S. 57–86.

Vogt, Gabriel, Burg und Dorf, Kloster und Schloß Theres am Main, Münsterschwarzach 1979.

Voigt, Carola, Die Würzburger *Regeln vom Schreiben und Versemachen* (1772–1800). Untersuchungen zu Entstehung, Zweck und Orthographie, Zulassungsarbeit, Bamberg 1983.

Voit, Johann P., Die Rettung der Weinberge in Franken, unternommen im May 1803 und durch Räuchern glücklich ausgeführt, als fasslicher Unterricht für das Volk in Gesprächen dargestellt von einem Freunde der allgemeinen Landeskultur, Würzburg 1804.

Volk, Manfred, Die Sprache des Lorenz Fries im Rahmen des Würzburger Deutsch des 16. Jahrhunderts, in: MJb 19 (1967), S. 68–95.

Volk, Otto (Hrsg.), Professor Franz Oberthür. Persönlichkeit und Werk, Quellen und Beiträge zur Geschichte der Universität Würzburg 2, Neustadt a. d. Aisch 1966.

Volkamer, Johann Christoph, Nürnbergische Hesperides, oder gründliche Beschreibung der edlen Citronat, Citronen und Pomerantzen-Früchte, wie solche, in selbiger oder benachbarter Gegend, recht mögen eingesetzt […] werden […], Nürnberg 1708.

Vollmuth, Ralf, Traumatologie und Feldchirurgie an der Wende vom Mittelalter zur Neuzeit, exemplarisch dargestellt anhand der »Großen Chirurgie« des Walther Hermann Ryff († Würzburg 1548), Habilitationsschrift (masch.), Würzburg 1998.

Vries, Jan de, Population, in: Thomas A. Brady / Heiko A. Oberman / James D. Tracy (Hrsg.), Handbook of European History 1400–1600. Late Middle Ages, Renaissance and Reformation. Volume I: Structures and Assertions, Leiden/New York/Köln 1994, S. 1–50.

Vries, Jan Vredeman de, Architectura, oder Bauung der Antiquen auss dem Vitruvius, Antwerpen 1581, Ndr. Hildesheim/New York 1973.

Wagner, Eduard, Tracht, Wehr und Waffen im Dreißigjährigen Krieg, Hanau 1980 [Original: Prag 1980].

Wagner, Georg, Barockzeitlicher Passionskult in Westfalen, Forschungen zur Volkskunde 42/43, Münster 1967.

Wagner, Gerhard G., Die Vergleichung der Fruchtmaße von 1777 im Hochstift Würzburg durch Professor Franz Huberti und die Maßplatten von Georg Friedrich Brander, in: MJb 39 (1987), S. 66–77.

Wagner, Heinrich, Die Äbte von St. Burkhard zu Würzburg im Mittelalter, in: WDGBll 50 (1988), S. 11–41.

Wagner, Margarete, Das Juliusspital in Würzburg als naturwissenschaftliche und pharmazeutische Bildungsstätte, in: Süddeutsche Apotheker-Zeitung 73 (1931), S. 509 f.

Wagner, Robert, Münzdirektor Johann Friedrich Meidinger und die auf ihn geprägten Medaillen, in: MJb 32 (1980), S. 161–164.

Wagner, Ulrich, Die Zuwanderung nach Mergentheim im 17. Jahrhundert. Eine Migrationsanalyse nach räumlichen und sozialen Kriterien, in: MJb 31 (1979), S. 88–107.

– Ders., Buchkalender vom 17. zum 20. Jahrhundert, in: Hinweise – Informationen des Stadtarchivs Würzburg, Würzburg 1983, S. 1–4.

– Ders., Vor 350 Jahren wurde Würzburg von schwedischer Herrschaft befreit, in: Hinweise – Informationen des Stadtarchivs Würzburg, Würzburg 1984, S. 1–4. Zitiert: Wagner, 1984/I.

– Ders., Wappen und Stadtsiegel [von Würzburg], in: Fränkisches Volksblatt v. 21. März 1984, Nr. 68, S. 19. Zitiert: Wagner, 1984/II.

– Ders., Die Würzburger Stadtordnungen des Bischofs Conrad von Thüngen von 1525 und 1528, in: WDGBll 50 (1988), S. 99–119.

– Ders. (Hrsg.), Lorenz Fries (1489–1550), Fürstbischöflicher Rat und Sekretär. Studien zu einem fränkischen Geschichtsschreiber, Schriften des Stadtarchivs Würzburg 7, Würzburg 1989.

– Ders., Aus der Stadtgeschichte Würzburgs, in: Würzburg. Perspektiven einer Stadt, Würzburg 1990, S. I–XV.

– Ders., Das Stadtarchiv Würzburg und seine Bestände, in: Bayerisches Kulturmosaik. Zeitschrift für das kulturelle Leben in Bayern, Heft 1 (1997), S. 52/53.

– Ders., Geschichte der Stadt zwischen Bergtheim 1400 und Bauernkrieg 1525, in: Geschichte der Stadt Würzburg, hrsg. v. Ulrich Wagner, Bd. 1, Stuttgart 2001, S. 114–165. Zitiert: Wagner, 2001/I.

– Ders., Würzburger Bürgereide im späten Mittelalter, in: Kirche und Glaube – Politik und Kultur in Franken. Festgabe für Klaus Wittstadt zum 65. Geburtstag, WDGBll 62/63 (2001), S. 505–526. Zitiert: Wagner, 2001/II.

Walter, Helga / Schulze Mathias, In Sachen Fürstbischof von Würzburg gegen Brandenburg-Ansbach betreffend Stadt und Burg Kitzingen, in: MJb 36 (1984), S. 148–160.

Walter, Rudolf, Der Orgelbaustil von Joh. Philipp Seuffert (1693–1780), in: Acta Organologica 20 (1988), S. 113–148.

Walther, Gerrit, Die Gegenreformation und ihre Gewinner, in: Intentionen – Wirklichkeiten. 42. Deutscher Historikertag in Frankfurt am Main, 8. bis 11. September 1998, Berichtsband, München 1999, S. 291f.

– Ders., Humanismus und Konfession, in: Notker Hammerstein u. Gerrit Walther (Hrsg.), Späthumanismus. Studien über das Ende einer kulturhistorischen Epoche, Göttingen 2000, S. 113–127.

Walther, Karl Klaus, »Eine kleine Druckerei, in welcher manche Sünde geboren wird«. Bambergs erster Universitätsbuchhändler. Die Geschichte der Firma Göbhardt, Bamberger Studien und Quellen zur Kulturgeschichte 1, Bamberg 1999.

Walz, Angelus, Statistisches über die Süddeutsche Ordensprovinz, Quellen und Forschungen zur Geschichte des Dominikanerordens in Deutschland 23, Leipzig 1927.

– Ders. (Hrsg.), Descriptio Teutoniae. Ein Verwaltungsbericht von 1644 über die Dominikaner und Dominikanerinnen in deutschen Landen, in: Festschrift zur Feier des zweihundertjährigen Bestandes des Haus-, Hof- und Staatsarchivs, hrsg. v. Leo Santifaller, Bd. 1, Wien 1949, S. 690–701.

Wamser, Ludwig, Die Würzburger Siedlungslandschaft im frühen Mittelalter, in: Jürgen Lenssen u. Ludwig Wamser (Hrsg.), 1250 Jahre Bistum Würzburg. Archäologisch-historische Zeugnisse der Frühzeit, Würzburg 1992, S. 39–48.

Wankmüller, Armin, Die Anfänge des Apothekerstudiums in Würzburg, in: Deutsche Apotheker-Zeitung 102 (1962), S. 1533–1535.

– Ders., Die Weikersheimer Schloßapotheke unter Graf Wolfgang II. und die Gräfin Magdalena von Hohenlohe 1587–1610, in: Beiträge zur Württembergischen Apothekengeschichte 17, H. 3 (1991), S. 65–72.

Unterfränkisches Wappenbuch. Öffentliche Wappen Unterfrankens, hrsg. v. Klaus Reder unter Mitwirkung von Günter Lipp (CD-ROM), Würzburg 1997.

Weber, Heinrich, Johann Gottfried von Aschhausen, Fürstbischof von Bamberg und Würzburg, Herzog zu Franken, Würzburg 1889.

Weber, Reinhard, Würzburg und Bamberg im Dreißigjährigen Krieg. Die Regierungszeit des Bischofs Franz von Hatzfeld 1631–1642, Forschungen zur fränk. Kirchen- und Theologiegeschichte [5], Würzburg 1979.

Weckel, Ulrike / Opitz, Claudia / Hochstrasser, Olivia u. a. (Hrsg.), Ordnung, Politik und Geselligkeit der Geschlechter im 18. Jahrhundert, Das achtzehnte Jahrhundert. Supplementa 6, Göttingen 1998.

Wegele, Franz Xaver, Historisches Album der Stadt Würzburg. Zweiunddreissig photographische Ansichten. Mit einer geschichtlichen Einleitung v. Franz X[aver] Wegele, hrsg. v. V. Jos. Stahel, Würzburg 1867.

– Ders., Geschichte der Universität Wirzburg. Teil 1: Geschichte. Teil 2: Urkundenbuch, Würzburg 1882, Ndr. Aalen 1969.

Weger, David, Die Juden im Hochstift Würzburg während des 17. und 18. Jahrhunderts, Diss. phil. masch., Würzburg 1920.

Wehner, Thomas (Bearb.), Realschematismus der Diözese Würzburg, Dekanat Würzburg-Stadt, Würzburg 1992.

Weidisch, Peter, Lorenz Fries – eine biographische Skizze, in: Ulrich Wagner (Hrsg.), Lorenz Fries (1489–1550), Fürstbischöflicher Rat und Sekretär, Würzburg 1989, S. 23–43.

Weig, Gebhard, Das ius conducendi der Bischöfe zu Würzburg. Eine Studie zur Rechtsstruktur, politischen Funktion und Organisation des Geleitsrechtes im Hochstift Würzburg während des 15. und 16. Jahrhunderts, Diss. phil., Würzburg 1970.

Weigand, Rudolf, Dokumente zur frühen Geschichte des Priesterseminars und der Universität Würzburg, in: WDGBll 37/38 (1975), S. 393–410.

– Ders., Philipp Braun (1654–1735), Bartholomäer, Professor, Stiftskapitular und Generalvikar, in: WDGBll 44 (1982), S. 147–194.

– Ders., Die zweite Fundation des Würzburger Jesuitenkollegs 1588 und deren Annahme 1591, in: WDGBll 53 (1991), S. 215–229.

Weiglein, Andreas, Die liturgischen Bestrebungen der Aufklärungszeit im Bistum Würzburg, Diss. theol. masch., Würzburg 1939.

Weineck, Dietrich, Die Wirtschaftsgesetzgebung der »Würzburger Fürstbischöfe« im Zeitalter des Merkantilismus, Diss., Würzburg 1943.

Weinig, Hermann / Dobner, Albert / Lagally, Ulrich / Stephan, Walter / Streit, Reinhard / Weinelt, Winfried, Oberflächennahe mineralische Rohstoffe von Bayern, Geologica Bavarica 86, München 1984.

Weiß, Dieter J., Widerstände gegen die Niederlassung der Jesuiten in den fränkischen Diözesen, in: Archivum Historicum Societatis Jesu 69 (2000), S. 205–221.

Weiß, Elmar, Geschichte der Stadt Grünsfeld, Grünsfeld 1981.

– Ders., Würzburger Kleriker als Angeklagte in Hexenprozessen in den Jahren 1626–1630, in: MJb 40 (1988), S. 70–94.

– Ders., Die Hexenprozesse im Hochstift Würzburg, in: Peter Kolb u. Ernst-Günter Krenig (Hrsg.), Unterfränkische Geschichte 3, Würzburg 1995, S. 327–361.

Weiss, Ludwig, 400 Jahre Pfarrkirche St. Kilian im Juliusspital zu Würzburg, Würzburg 1980.

Weiß, Wolfgang, Ein Kirchenmann zwischen Aufklärung, Romantik und Restauration. Weihbischof Gregor Zirkel, in: WDGBll 47 (1985), S. 191–215.

– Ders., Kirche im Umbruch der Säkularisation. Die Diözese Würzburg in der ersten bayerischen Zeit (1802/1803–1806), QFW 44, Würzburg 1993.

– Ders. / Romberg, Winfried, Helfen und Heilen. Der Stiftungsbrief Julius Echters als Leitbild für die Stiftung Juliusspital heute, Würzburg 2002.

Welzenbach, Thomas, Geschichte der Buchdruckerkunst im ehemaligen Herzogthume Franken und in benachbarten Städten, in: AUfr 14/II (1857), S. 117–258.

Wendehorst, Alfred, Die Nachrichten des Würzburger Dominikaners Andreas Pfaff über Albertus Magnus, in: WDGBll 14/15 (1952/53), S. 299–307.

– Ders., Die Aufzeichnungen des P. Ignaz Gropp († 1758) über die Würzburger Marienkapelle, in: WDGBll 34 (1972), S. 129–143.

– Ders., Eucharius Weiner, in: Fränk. Lebensbilder 5, VGffG VIIA/5, Würzburg 1973, S. 176–189.

– Ders., Mitteilungen aus der Gothaer Handschrift Chart. A. 185 zur Geschichte der Würzburger Bischöfe Konrad von Thüngen (1519–1540) und Melchior Zobel von Giebelstadt (1544–1558), in: WDGBll 35/36 (1974), S. 149–167. Zitiert: Wendehorst, 1974/I.

– Ders. (Hrsg.), Urkundenbuch der Marienkapelle am Markt zu Würzburg 1317–1530, QFW 27, Würzburg 1974. Zitiert: Wendehorst, 1974/II.

– Ders., Das Juliusspital in Würzburg. Bd. 1: Kulturgeschichte, Würzburg 1976.

– Ders. (Bearb.), Das Bistum Würzburg. Teil 3: Die Bischofsreihe von 1455 bis 1617, GS NF 13: Die Bistümer der Kirchenprovinz Mainz. Das Bistum Würzburg 3, Berlin/New York 1978.

– Ders., Johann Gottfried von Aschhausen (1575–1622), in: Fränk. Lebensbilder 9, VGffG VIIA/9, Neustadt/Aisch 1980, S. 167–186.

– Ders., Der Kartäuser Georg Koberer. Ein Beitrag zur Geschichte der Reformation in Würzburg und Nürnberg, in: Ecclesia militans. Studien zur Konzilien- und Reformationsgeschichte. Remigius Bäumer zum 70. Geburtstag gewidmet, Bd. 2, hrsg. v. Walter Brandmüller u. a., Paderborn u. a. 1988, S. 395–406.

– Ders. (Bearb.), Das Stift Neumünster in Würzburg, GS NF 26: Die Bistümer der Kirchenprovinz Mainz. Das Bistum Würzburg 4, Berlin/New York 1989.

– Ders. (Bearb.), Die Benediktinerabtei und das adelige Säkularkanonikerstift St. Burkard in Würzburg, GS NF 40: Die Bistümer der Kirchenprovinz Mainz. Das Bistum Würzburg 6, Berlin/New York 2001.

– Ders. / Wendehorst, Christa (Bearb.), Die Matrikel der Universität Würzburg. 2. Teil: Personen- und Ortsregister 1582–1830, VGffG IV/5,2, Berlin 1982.

Wiegand, Hermann, Hodoeporica. Studien zur neulateinischen Reisedichtung des deutschen Kulturraumes im 16. Jahrhundert, Saecula spiritalia 12, Baden-Baden 1984.

Wieland, Michael, Historische Darstellung des Stiftes St. Burkard zu Würzburg. Erste Abtheilung: Das Kloster St. Burkard, in: AUfr 15/I (1860), S. 43–

114. Zweite Abtheilung: Das Ritterstift St. Burkard, in: AUfr 15/II–III (1861), S. 1–178.
– Ders., Das Schottenkloster zu St. Jakob in Würzburg, in: AUfr 16/II–III (1863), S. 1–182.
– Ders., Der Waldsassener Klosterhof zu Heidingsfeld, in: Cistercienser-Chronik, 20. Jg., Nr. 235 v. 1. Sept. 1908, S. 259–264.
Wiener, Claudia, Friedrich Rückerts »De idea philologiae« als dichtungstheoretische Schrift und Lebensprogramm, Veröffentl. des Stadtarchivs Schweinfurt 10, Schweinfurt 1994.
– Dies., Johann Jakob Wagner – Dichter-Lehrer wider Willen, in: Rückert-Studien 10 (1996), S. 7–11.
– Dies., Ex admiratore amator. Ein Blick auf Conrad Dinners poetisches Werk und seinen Adressaten und Protagonisten Abt Johannes IV. Burckhardt, in: Elmar Hochholzer (Hrsg.), Benediktinisches Mönchtum in Franken vom 12. bis zum 17. Jahrhundert. Zum 400. Todestag des Münsterschwarzacher Abtes Johannes IV. Burckhardt (1563–1598), Münsterschwarzacher Studien 48, Münsterschwarzach 2000, S. 15–67.
Wiesend, Reinhard, Heinrich Sievers' Abschriften verlorener italienischer Manuskripte des 18. Jahrhunderts aus Würzburg, in: Musik in Bayern 36 (1988), S. 83–88.
Wild, Karl, Staat und Wirtschaft in den Bistümern Würzburg und Bamberg. Eine Untersuchung über die organisatorische Tätigkeit des Bischofs Friedrich Karl von Schönborn 1729–1746, Heidelberger Abh. zur mittleren und neueren Geschichte 15, Heidelberg 1906.
[Wilhelmine von Bayreuth,] Eine preußische Königstochter. Denkwürdigkeiten der Markgräfin von Bayreuth, Schwester Friedrichs des Großen, hrsg. v. Johannes Armbruster, München/Leipzig [1915], Ndr. Braunschweig 1998.
Willoweit, Dietmar, Gericht und Obrigkeit im Hochstift Würzburg, in: Peter Kolb u. Ernst-Günter Krenig (Hrsg.), Unterfränkische Geschichte 3, Würzburg 1995, S. 219–249.
– Ders., Staatsorganisation und Verwaltung im Hochstift Würzburg, in: Peter Kolb u. Ernst-Günter Krenig (Hrsg.), Unterfränkische Geschichte 4/1, Würzburg 1998, S. 67–99.
– Ders., Deutsche Verfassungsgeschichte. Vom Frankenreich bis zur Wiedervereinigung Deutschlands. Ein Studienbuch, 4. Aufl. München 2001.
Wilms, Hieronymus, Das älteste Verzeichnis der deutschen Dominikanerinnenklöster, Quellen und Forschungen zur Geschichte des Dominikanerordens in Deutschland 24, Leipzig 1928.
Winkler, Friedrich, Die Reformation kommt nach Winterhausen, Winterhäuser Geschichtshefte 4, Winterhausen 1987.

Wirsing, Karl-Heinz, Der Bärenbrunnen auf dem Kürschnerhof in Würzburg, in: MJb 4 (1952), S. 207–220.
– Ders., Der Apotheker »Zur Goldenen Krone« in Würzburg. Ein Beitrag zu einer Geschichte der Würzburger Apotheken, in: Die Mainlande. Geschichte und Gegenwart, 19. Jg. (1968), Nr. 23 v. 30. Nov., S. 91 f., Nr. 24 v. 24. Dez., S. 95 f.
– Ders., Der Streit um das Prager Jesulein in Würzburg, in: WDGBll 33 (1971), S. 127–138.
Aus Wirzburg, den 3. März, in: Journal von und für Franken 4 (1792), S. 382–384.
Wittern, Renate, Medizin und Aufklärung, in: Helmut Neuhaus (Hrsg.), Aufbruch aus dem Ancien régime, Köln/Weimar/Wien 1993, S. 245–266.
Wittstadt, Klaus, Athanasius Kircher (1602–1680), Theologieprofessor und Universalgelehrter im Zeitalter des Barock, in: WDGBll 46 (1984), S. 109–122.
– Ders., Zur Gründungsgeschichte des Priesterseminars Würzburg, in: Karl Hillenbrand u. Rudolf Weigand (Hrsg.), Mit der Kirche auf dem Weg. 400 Jahre Priesterseminar Würzburg 1589–1989, Würzburg 1989, S. 25–50.
– Ders., Petrus Canisius und das Anliegen der kirchlichen Reform im Bistum Würzburg, in: Petrus Canisius. Zu seinem 400. Todestag am 21. Dezember 1997. Tagung der Domschule, des Diözesangeschichtsvereins und des Priestervereins Würzburg vom 19.–21. Dezember 1997, Würzburg [1998], S. 9–32.
– Ders. / Weiß, Wolfgang, Das Bistum Würzburg. Leben und Auftrag einer Ortskirche im Wandel der Zeit. 4: Von der Schönbornzeit zur Säkularisation, Straßburg 2000.
Wohnhaas, Theodor, Art. »Reyser«, in: Die Musik in Geschichte und Gegenwart, Bd. 11, Kassel u. a. 1963, Sp. 354 f.
Wolf, Horst / Bauer, Christoph, Heidingsfeld. Ansichten einer alten Stadt, Würzburg 1998.
Wolf, Norbert Richard, Die Abhängigkeit des Sprachhistorikers vom Editor, in: Editionsberichte zur mittelalterlichen deutschen Literatur, hrsg. v. Anton Schwob, Litterae 117, Göppingen 1994, S. 347–352.
W[olffskeel] A[ugusta v.], Aus der Geschichte Rottenbauers, in: Die Frankenwarte. Blätter für Heimatkunde, Beilage zum Würzburger General-Anzeiger, 1935, Nr. 35 v. 29. Aug., Nr. 36 v. 5. Sept.
Worstbrock, Franz Josef, Deutsche Antikerezeption 1450–1550. Teil 1: Verzeichnis der deutschen Übersetzungen antiker Autoren. Mit einer Bibliographie der Übersetzer, Veröffentl. zur Humanismusforschung 1/I, Boppard 1976.
Wucherer, Karl, Das Rückermaingebäude in Würz-

burg, in: Altfränkische Chronik in Wort und Bild 7 (1907), S. 30 f.

Wühr, Wilhelm, Die Emigranten der Französischen Revolution im bayerischen und fränkischen Kreis, Schriftenreihe zur bayer. Landesgeschichte 27, München 1938, Ndr. Aalen 1974.

Würzburg zu Anfang des vorigen Jahrhunderts. Mitgetheilt von F. v. B., in: AUfr 37 (1895), S. 263–271.

Würzburger Chronik. Bd. 2: Geschichte, Namen, Geschlecht, Leben, Thaten und Absterben der Bischöfe von Würzburg und Herzoge zu Franken, auch was während der Regierung jedes Einzelnen derselben Merkwürdiges sich ereignet hat, bearb. nach Gropp und anderen Quellen, Würzburg 1924. Bd. 3: Leo Günther, Würzburger Chronik, Personen und Ereignisse von 1802–1848, Würzburg 1925.

Würzburger gelehrte Anzeigen, Würzburg 1786–1796.

Würzburger Hochschulschriften, 1581–1803, Bestandsverzeichnis, nach Vorarbeiten v. J. A. Brein hrsg. v. Gottfried Mälzer, Würzburg 1992.

Würzburger Porzellan. Schätze keramischer Kunst aus fränkischen Sammlungen. Sonderausstellung. Mainfränkisches Museum Würzburg, Würzburg 1986.

Würzburger wöchentliche Anzeigen von gelehrten und anderen gemeinnützigen Gegenständen, 2. Jg., Würzburg 1798.

Wunschel, Hans Jürgen, Die Außenpolitik des Bischofs von Bamberg und Würzburg Peter Philipps von Dernbach, Schriften des Zentralinstituts für fränk. Landeskunde und allgemeine Regionalforschung an der Universität Erlangen-Nürnberg 19, Neustadt a. d. Aisch 1979.

Zeißner, Sebastian, Octavian Materstein † 1658, in: Die Mainlande. Geschichte und Gegenwart, 2. Jg., Nr. 9 v. 3. Okt. 1951, S. 36.

Zelger, Carl, Geognostische Wanderungen im Gebiete der Trias Frankens, Würzburg 1867.

Ziegler, A. Gottfried, Aus dem Kunstleben Würzburgs in der ersten Hälfte des 19. Jahrhunderts, in: Hundert Jahre bayerisch, Würzburg 1914, S. 231–248.

Ziegler, Walter, Die deutsche Geschichtsschreibung zur Zeit des Lorenz Fries, in: Ulrich Wagner (Hrsg.), Lorenz Fries (1489–1550), Fürstbischöflicher Rat und Sekretär, Würzburg 1989, S. 9–22.

– Ders., Würzburg, in: Anton Schindling u. Walter Ziegler (Hrsg.), Die Territorien des Reichs im Zeitalter der Reformation und Konfessionalisierung. Land und Konfession 1500–1650. 4: Mittleres Deutschland, Katholisches Leben und Kirchenre-

form im Zeitalter der Glaubensspaltung 52, Münster 1992, S. 99–126.

Zimmermann, Gerd, Die mittelalterliche Anlage des Klosters Theres, in: Fränk. Blätter für Geschichtsforschung und Heimatpflege 4 (1952), Nr. 1 (12. Jan.), S. 1–3. Zitiert: Zimmermann, 1952/I.

– Ders., Wie die Bamberger Stephanskirche hätte aussehen sollen, in: Fränk. Blätter für Geschichtsforschung und Heimatpflege 4 (1952), Nr. 22 (6. Nov.), S. 85–88. Zitiert: Zimmermann, 1952/II.

– Ders., Das Diarium des Abtes Gregor Fuchs über den Bau der Klosterkirche zu Theres 1716–1726, in: WDGBll 16/17 (1954/55), S. 295–318.

Zimmermann, Gerda, Der Hofstaat der Fürstbischöfe von Würzburg von 1648 bis 1803. Verfassung und Entwicklungsgeschichte, Diss. jur., Würzburg 1976.

Zimmermann, Hans (Hrsg.), Das Tagebuch des Schulmeisters Gerlach in Albertshausen 1629–1650, Uengershausen-Würzburg 1924.

Zimmermann, Ludwig, Die Einheits- und Freiheitsbewegung und die Revolution von 1848 in Franken, VGffG IX/9, Würzburg 1951.

Zimmermann, Walther, Apothekarii, in: Süddeutsche Apotheker-Zeitung 71 (1931), S. 507 f.

Zöpfl, Gottfried, Das Kommerzienwesen in Franken und dessen Förderung im Hochstift Würzburg während der 1. Hälfte des 18. Jahrhunderts, Leipzig 1893 [zugleich Diss., Würzburg 1893].

– Ders., Fränkische Handelspolitik im Zeitalter der Aufklärung. Ein Beitrag zur deutschen Staats- und Wirtschaftsgeschichte, Bayer. Wirtschafts- und Verwaltungsstudien 3, Erlangen 1894.

Żołądź-Strelczyk, Dorota, Peregrinatio academica. Studia młodzieży polskiej z korony i Litwy na akademiach i uniwersytetach niemieckich w XVI i pierwszej połowic XVII. wieku, Uniwersytet … w Poznaniu, Seria Psychologia i pedagogica 106, Poznan 1996.

Zumkeller, Adolar (Bearb.), Urkunden und Regesten zur Geschichte der Augustinerklöster Würzburg und Münnerstadt. Von den Anfängen bis zur Mitte des 17. Jahrhunderts (Regesta Herbipolensia V), 2 Teilbde., QFW 18,1–2, Würzburg 1966–1967.

– Ders., Der Verlust der Manuskripte des nichtsäkularisierten Würzburger Augustinerklosters in den Zeiten der Säkularisation, in: WDGBll 56 (1994), S. 379–390.

Zur Westen, Johann Michael Marcellianus, Montes Franconiae praesertim circa Würzeburgum in vitibus ac vino nobili uti pretio sic salubri remedio fertilissimi [Die durch den Weinbau und den Wein uns so durch ein Heilmittel preiswürdigen Berge Frankens in Sonderheit um Würzburg; Übersetzung E. Christoforatou], Würzburg 1728.

Register

Das Register enthält neben den Personen- und Ortsnamen die Institutionen sowie eine Auswahl wichtiger Sachbegriffe. Würzburg als Ortsname ist nicht aufgenommen. Die in den Bildunterschriften genannten Namen von Malern, Zeichnern, Druckern etc. wurden im Regelfall nicht erfasst. Zur Vermeidung einer Vielzahl von Spiegelstrichen und zur Verbesserung der Übersichtlichkeit wird die strikt alphabetische Reihenfolge der Stichworte durch sachlich gebotene Kapitel und Unterkapitel modifiziert. Die Kapitelüberschriften sind halbfett, die von Unterkapiteln gesperrt gesetzt. Das umfangreichste Hauptkapitel ist »Würzburg«, Unterkapitel sind etwa »Befestigung«, »Gebäude und Einrichtungen«, »Geistliche Institutionen«. Nach den Kapitel- und Unterüberschriften folgen die Stichworte alphabetisch ohne vorgesetzte Spiegelstriche; diese werden erst verwendet, wenn ein Stichwort wiederum durch Unterbegriffe gegliedert ist, so etwa »Domkapitel«. Zumeist wird auch in der alphabetischen Folge auf das Erscheinen eines Begriffs in der Kapitelgliederung verwiesen. Die strikte alphabetische Folge wird weiterhin dadurch modifiziert, dass Ehefrauen – unabhängig vom Vornamen – nach ihrem Ehemann aufgelistet werden.

Erschlossene Namen und Begriffe, die nicht wörtlich im Text vorkommen, sind in Klammern gesetzt.

Abbildungsnachweis

Bei den Unterschriften der Abbildungen und Tafeln wird in Klammern auf den Lager- bzw. Ausstellungsort der abgebildeten Objekte verwiesen; bei öffentlich zugänglicher Architektur entfallen daher besondere Angaben. Im Abbildungsnachweis werden die Bildrechte und – soweit bekannt, abgegrenzt durch Strichpunkt – die Fotografen nachgewiesen.

Archiv der Hochschule für Musik Würzburg:
Abb. 298
Archiv des Rektorats und Senats der Universität Würzburg: Abb. 109
Archiv für Kunst und Geschichte Berlin: Abb. 282
Archiv Heinrich Schmidt, Rottenbauer: Abb. 311, Abb. 312, Abb. 313, Abb. 314, Abb. 316, Abb. 317
Archiv Wolf-Christian von der Mülbe, Dachau: Tafel 54
Artothek Weilheim: Abb. 12
Bayerische Staatsbibliothek München: Abb. 270
Bayerische Verwaltung der Staatlichen Schlösser, Gärten und Seen: Abb. 252, Abb. 253, Tafel 5, Tafel 55, Tafel 58
Bildarchiv Foto Marburg: Abb. 156
Bildarchiv Preußischer Kulturbesitz, Berlin: Abb. 168, Tafel 66
W. M. Brod, Würzburg (Foto A. Bestle): Tafel 1
A. Burkholz, Würzburg: Abb. 54, Abb. 58, Abb. 110, Abb. 146, Abb. 170, Abb. 174
Deutsches Historisches Museum Berlin: Abb. 21
J. Fiedler, Wertingen: Abb. 103
H. Geith, Dittelbrunn: Tafel 37
Germanisches Nationalmuseum Nürnberg:
Abb. 10, Abb. 13, Abb. 22, Abb. 39, Abb. 48, Abb. 173
Kurt Gramer, Bietigheim-Bissingen: Tafel 53
Foto-Verlag Gundermann, Würzburg:
Abb. 50, Abb. 52, Abb. 86, Abb. 94, Abb. 217, Abb. 219, Abb. 220, Abb. 222, Abb. 224, Abb. 227, Abb. 233, Abb. 235, Abb. 236, Abb. 237, Abb. 238, Abb. 241, Abb. 244, Abb. 246, Abb. 249, Abb. 250, Abb. 254, Abb. 256, Abb. 257, Abb. 259, Abb. 263, Abb. 265
Elmar Hahn Studios, Veitshöchheim:
Abb. 255, Tafel 59

H. Heer, Würzburg: Abb. 197, Abb. 202, Abb. 205, Abb. 206
Heeresgeschichtliches Museum Wien:
Tafel 14, Tafel 15
Herzog August Bibliothek Wolfenbüttel: Abb. 23
Institut für Hochschulkunde Würzburg: Abb. 112; Abb. 113 (Foto A. Bestle)
O. Kindermann, Würzburg: Abb. 260, Abb. 261
Edmund von König Verlag & Mediadesign, Dielheim / Heidelberg: Abb. 248
J. Lusin, Würzburg: Abb. 79, Abb. 81, Abb. 84, Abb. 85
Mainfränkisches Museum Würzburg:
Abb. 15, Abb. 17, Abb. 30; Abb. 35 (Foto A. Bestle); Abb. 36, Abb. 51, Abb. 55, Abb. 56; Abb. 57 (Foto A. Bestle); Abb. 59, Abb. 60, Abb. 69, Abb. 71; Abb. 72, Abb. 74, Abb. 75 (Fotos A. Bestle); Abb. 76, Abb. 77, Abb. 80; Abb. 82 (Foto A. Bestle); Abb. 83, Abb. 89, Abb. 92, Abb. 96, Abb. 125, Abb. 131, Abb. 132, Abb. 135, Abb. 141, Abb. 142, Abb. 143; Abb. 144 (Foto A. Bestle); Abb. 150, Abb. 151, Abb. 158, Abb. 163, Abb. 164, Abb. 176; Abb. 181, Abb. 184 (Fotos A. Bestle); Abb. 201, Abb. 203, Abb. 264, Abb. 267; Tafel 7 (Foto O. Mack); Tafel 9; Tafel 22/23, Tafel 29, Tafel 32, Tafel 38, Tafel 43a, Tafel 43b, Tafel 45, Tafel 67, Tafel 72 (Fotos A. Bestle)
Martin von Wagner-Museum der Universität Würzburg: Abb. 169 (Foto M. Neubert); Abb. 200, Abb. 209, Tafel 51
Musée National du Château de Versailles:
Abb. 62, Tafel 17 (Foto l'agence photographique)
Museen der Stadt Nürnberg, Graphische Sammlung:
Abb. 49, Abb. 165
R. Nachbar, Albertshausen: Tafel 18/19
Österreichische Nationalbibliothek Wien, Bildarchiv:
Abb. 14, Abb. 304

Gregor F. Peda, Passau: Abb. 297

R. Scheurich, Würzburg: Abb. 139, Abb. 240

Toni Schneiders, Lindau: Tafel 56

Staatliche Graphische Sammlung München
(Fotos M. Bienenstein): Abb. 32, Abb. 33

Staatsarchiv Bamberg (Foto E. Bauer): Abb. 99

Staatsarchiv Nürnberg: Abb. 154

Staatsarchiv Würzburg: Abb. 61, Abb. 63, Abb. 66,
Abb. 67, Abb. 268, Abb. 292, Abb. 299, Abb.
306, Abb. 318, Abb. 322, Abb. 323, Abb. 324,
Abb. 326, Abb. 327, Tafel 63, Tafel 70

Staatsbibliothek Bamberg: Abb. 43, Abb. 98, Abb.
285, Abb. 286, Abb. 325, Tafel 2/3, Tafel 4,1,
Tafel 4,2

Stadtarchiv Würzburg: Abb. 7, Abb. 8; Abb. 11
(Foto I. Rack); Abb. 16 (Foto A. Bestle); Abb. 20
(Foto B. Kann); Abb. 25, Abb. 26b (Fotos A.
Bestle); Abb. 27 (Foto I. Rack); Abb. 28
(Foto A. Bestle); Abb. 29; Abb. 31, Abb. 34
(Fotos I. Rack); Abb. 40 (Foto A. Bestle); Abb. 44
(Foto I. Rack); Abb. 45, Abb. 46 (Fotos A. Bestle);
Abb. 53; Abb. 64, Abb. 65, Abb. 68 (Fotos A.
Bestle); Abb. 70; Abb. 73 (Foto A. Bestle); Abb.
93 (Foto I. Rack); Abb. 97; Abb. 100, Abb. 108
(Fotos I. Rack); Abb. 124, Abb. 126, Abb. 133
(Fotos A. Bestle); Abb. 145; Abb. 153 (Foto A.
Bestle); Abb. 155 (Foto I. Rack); Abb. 167; Abb.
177, Abb. 178, Abb. 180 (Fotos A. Bestle); Abb.
182 (Foto A. Althaus); Abb. 185 (Foto I. Rack);
Abb. 186 (Foto A. Bestle); Abb. 187 (Foto I.
Rack); Abb. 188 (Foto A. Bestle); Abb. 198
(Foto S. Galvagni); Abb. 199 (Foto A. Bestle);
Abb. 225 (Foto I. Rack); Abb. 229; Abb. 258
(Foto Main-Post, Röder); Abb. 287 (Foto I.
Rack); Abb. 288 (Foto A. Bestle); Abb. 289,
Abb. 290 (Fotos I. Rack); Abb. 291; Abb. 296
(Foto A. Bestle); Abb. 300, Abb. 301; Abb. 302
(Foto A. Bestle); Abb. 303 (Foto I. Rack); Abb.
305 (Foto A. Bestle); Abb. 307 (Foto I. Rack);
Abb. 308; Abb. 309 (Foto A. Bestle); Abb. 310
(Foto A. Althaus); Abb. 315, Tafel 6, Tafel 8 (Fo-
tos A. Bestle); Tafel 12; Tafel 13, Tafel 16 (Fotos

A. Bestle); Tafel 20; Tafel 21, Tafel 25, Tafel 26
(Fotos A. Bestle);
Tafel 27, Tafel 28, Tafel 33, Tafel 34; Tafel 35
(Foto A. Bestle); Tafel 36; Tafel 40, Tafel 44,
Tafel 49 (Fotos A. Bestle); Tafel 50, Tafel 64/65;
Tafel 68 (Foto A. Bestle); Tafel 69

Stadt Würzburg, Congress-Tourismus-Marketing:
Tafel 60

Stiftung Juliusspital Würzburg: Abb. 189; Tafel 11,
Tafel 52 (Fotos A. Bestle)

Universitätsbibliothek Augsburg: Abb. 105

Universitätsbibliothek Erlangen: Abb. 273

Universitätsbibliothek Würzburg: Abb. 47, Abb.
114, Abb. 115, Abb. 116, Abb. 117, Abb. 118,
Abb. 119, Abb. 120, Abb. 121, Abb. 122, Abb.
123, Abb. 140, Abb. 152, Abb. 157, Abb. 162,
Abb. 166, Abb. 171, Abb. 172, Abb. 175, Abb.
179, Abb. 190, Abb. 269, Abb. 271, Abb. 274,
Abb. 275, Abb. 276, Abb. 277, Abb. 278, Abb.
279, Abb. 280, Abb. 281, Abb. 283, Abb. 284,
Abb. 293, Abb. 294, Abb. 295, Tafel 30, Tafel 31,
Tafel 46, Tafel 47a, Tafel 47b, Tafel 48

Vermessungsamt Würzburg: Abb. 320

M. Wohanka, Tiefenbach: Abb. 24, Abb. 87, Abb.
88, Abb. 90, Abb. 91, Abb. 111, Abb. 127, Abb.
160, Abb. 161

Zentralbibliothek Zürich: Tafel 41, Tafel 42

Foto Zwicker-Berberich, Würzburg/Gerchsheim:
Abb. 9, Abb. 18a, b, Abb. 19a, b, Abb. 37, Abb.
38a, b, Abb. 41, Abb. 42a, b, Abb. 78, Abb. 95,
Abb. 101, Abb. 102, Abb. 104, Abb. 106, Abb.
107, Abb. 128, Abb. 129, Abb. 147, Abb. 148,
Abb. 159, Abb. 183, Abb. 191, Abb. 192, Abb.
193, Abb. 194, Abb. 195, Abb. 196, Abb. 204,
Abb. 207, Abb. 208, Abb. 210, Abb. 211, Abb.
212, Abb. 213, Abb. 214, Abb. 215, Abb. 216,
Abb. 218, Abb. 221, Abb. 223, Abb. 226, Abb.
228, Abb. 230, Abb. 231, Abb. 232, Abb. 234,
Abb. 239, Abb. 242, Abb. 243, Abb. 245, Abb.
247, Abb. 251, Abb. 262, Abb. 266, Abb. 272,
Abb. 319, Abb. 321, Tafel 10, Tafel 24, Tafel 39,
Tafel 57, Tafel 71

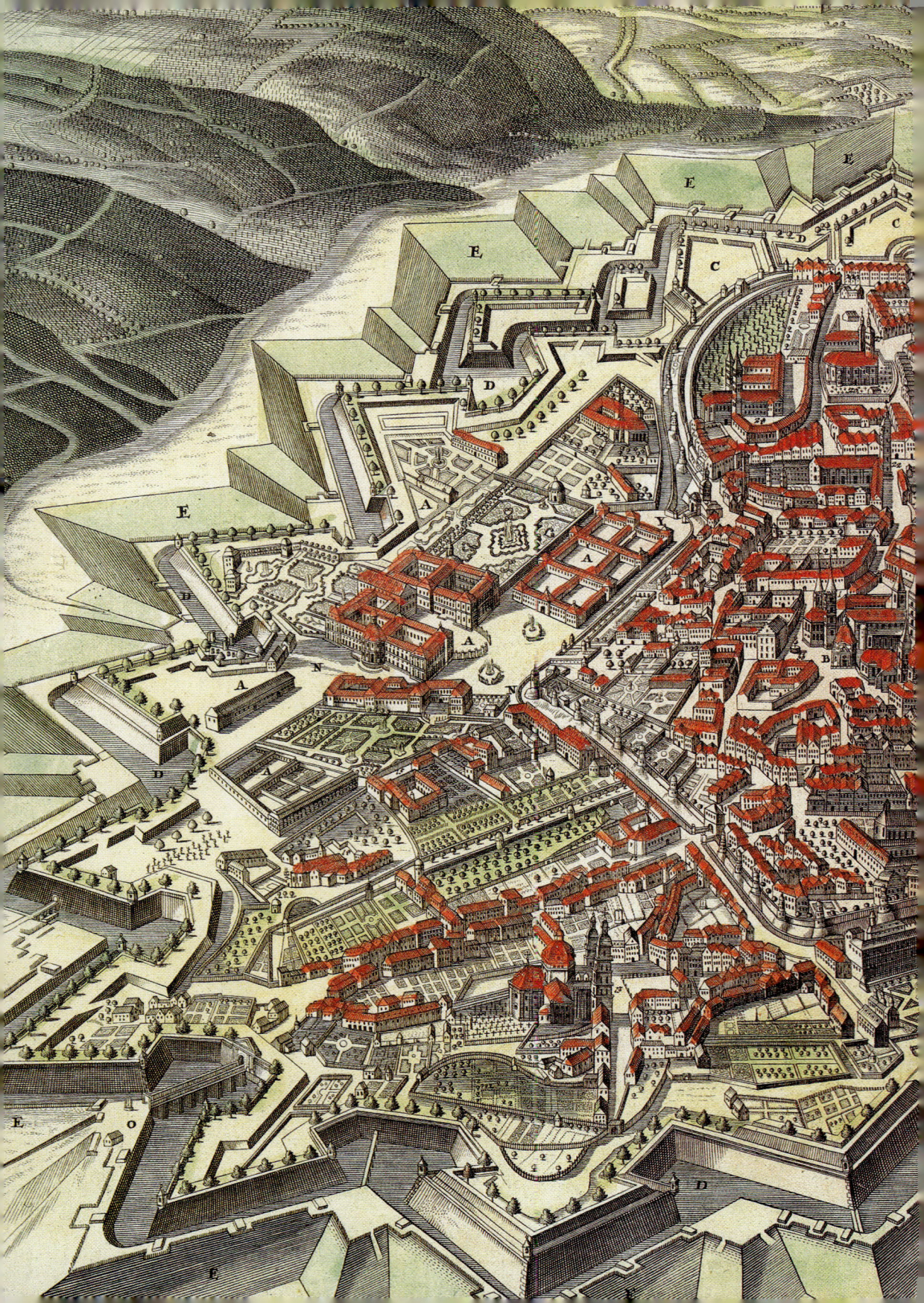

Teutsch haus   S. Iacob.

Der Main

Eyser bleich cher thor

Frauen Bach den platz

S. Gallen

Predicator

S. Steffanse

Elertthor

Haupt thor

Stift Haug

Schneller förtlin

Meesthof